DROITS FONDAMENTAUX ET LIBERTÉS PUBLIQUES

DROITS FONDAMENTAUX ET LIBERTÉS PUBLIQUES

Xavier BIOY
Professeur de droit public
à l'Université Toulouse 1 Capitole
Vice-doyen de la Faculté de droit

7e édition

LGDJ un savoir-faire de Lextenso

Du même auteur

Le concept de personne humaine en droit public. Recherche sur le sujet des droits fondamentaux, Dalloz, Nouvelle bibliothèque de thèses, 2003, t. 22, 913 p.

Protection des droits et libertés fondamentaux et grand oral (avec M. Attal), Larcier, coll. Les métiers du droit, 2013, 257 p.

Biodroit, De la biopolitique au droit la bioéthique, LGDJ, coll. Systèmes, 2016, 175 p.

La liberté personnelle : une autre conception de la liberté ?, Actes du colloque de Toulouse de mai 2005, préf. B. Genevois, LGDJ-PUSST, 2006, 156 p.

Constitution et responsabilité, Montchrestien, coll. Grands colloques, 2009, 269 p.

Constitutions, justice et démocratie, codirection F. Hourquebie, L'Harmattan, 2011, 480 p.

La personnalité juridique, Traditions et évolutions (dir.), Presses de l'Université Toulouse Capitole et Lextenso éd., 2013.

La régulation publique des centres de ressources biologiques - L'exemple des tumorothèques, Les Études hospitalières, 2018, 418 pages.

Le Président de la Cinquième République et les libertés, codirigé A. Laquièze, F. Rouvillois, Th. Rambaud, CNRS éd., collection Alpha, 2017.

Répartition des compétences juridictionnelles et protection des libertés, avec Emilie Debaets et Julia Schmitz, éd. Varenne, 2020.

Rédaction de chapitres d'ouvrages

Troisième partie « Droit de la bioéthique et des biotechnologies », *in Droit de la santé*, X. Bioy, A. Laude et D. Tabuteau, PUF, Thémis, 4e éd., 2020, pp. 533-678.

Partie « Droit constitutionnel » *in Les grands arrêts du droit des libertés fondamentales*, X. Bioy, L. Burgorgue-Larsen, P. Deumier, E. Dreyer, X. Dupre de Boulois (coord.), A. Martinon, R. Tiniere, Dalloz, Grands arrêts, 2021, pp. 234-424.

Chapitre « La personne humaine », *in Précis de culture juridique*, sous la dir. de F.-X. Lucas et Th. Revet, LGDJ, 6e éd., 2022, pp. 151-156.

Rédaction de multiples articles en droit des libertés

DANGER LE PHOTOCOPILLAGE TUE LE LIVRE

1, Parvis de La Défense · 92044 Paris La Défense Cedex
www.lgdj-editions.fr
EAN : 9782275101866 · ISSN : 1945-0450

PRÉFACE À LA 7[E] ÉDITION

De même que devant les juridictions on parle des requérants d'habitude, qu'on qualifie de quérulents (mais parfois ils font avancer la jurisprudence), de même il y a des préfaciers d'habitude !

C'est le cas de l'auteur de ces lignes, qui préface pour la septième fois en douze ans une nouvelle édition du monumental *Droits fondamentaux et libertés publiques*, dans la collection « Cours » de LGDJ, du professeur Xavier Bioy, vice-doyen de la faculté de droit de l'université Toulouse Capitole. Xavier Bioy est d'une grande fidélité en amitié, et c'est à son amicale pression que j'essaie de répondre positivement, et plus par intérêt et par plaisir que par habitude !

Mais la tâche est de plus en plus difficile, tant l'auteur de ce « Cours », dont le succès ne faiblit pas (et ce n'est que justice), enrichit son œuvre de façon continue. Non seulement il scrute tous les nouveaux textes législatifs et réglementaires, voire conventionnels, qui viennent modifier la matière, mais il ne manque pas d'intégrer les événements nationaux et internationaux qui influent, parfois lourdement, sur les droits fondamentaux et sur les libertés publiques. Et la fonction de veille jurisprudentielle que remplit aussi, scrupuleusement, son livre, est également de plus en plus féconde. Quelque 150 arrêts nouveaux sont cités ou analysés depuis la sixième édition ! Rien que l'élaboration de l'index thématique des jurisprudences, apparu à partir de cette sixième édition si je ne me trompe pas, représente un travail considérable – et très utile pour les étudiants et pour les chercheurs.

En accord avec Xavier Bioy, je vais livrer un regard rapide sur les principales nouveautés enregistrées depuis deux années. Je vais essayer de ne pas céder au pessimisme qui semble naturel en ces temps gravement perturbés. Mais pour cela, je commencerai précisément par les raisons d'être inquiet.

Il me semble que déjà présentes, ou en germe, dès 2020, plusieurs *crises* ont éclaté depuis deux ans, ou se sont aggravées.

Crise des libertés tout d'abord. En France, le mouvement des Gilets jaunes a provoqué des troubles graves à l'ordre public, mais aussi des actes de répression policière lourde. Le nombre de blessés, dont plusieurs gravement, chez les manifestants – et aussi au sein des forces de l'ordre –, a été très élevé (des dizaines de milliers), et on a dû même déplorer quelques décès. La liberté de manifestation, pour ne citer qu'elle, a évidemment été fortement entachée, causant l'inquiétude du Conseil de l'Europe et notamment de sa Commissaire aux droits de l'homme. Et le mouvement ne semble s'être vraiment éteint qu'avec l'apparition de la pandémie de Covid-19, surtout à partir de mars 2022 et du premier confinement.

Mais c'était quitter Charybde pour affronter Scylla. En effet, les mesures prises pour enrayer le coronavirus (urgence sanitaire, confinements, couvre-feu, passe sanitaire, controverses sur la vaccination, etc.) ont à leur tour exprimé une autre crise des libertés, internationale celle-ci, et une sorte de survalorisation de la « clause d'ordre public sanitaire ». Beaucoup de libertés importantes ont été jugées trop porteuses de risques pour la santé pour que leur exercice doive être protégé. Certes, depuis la grippe espagnole il n'y avait pas eu de désastre sanitaire de cette ampleur (à la date de ce jour, plus de six millions de décès au moins dans le monde et environ 150 000 en France), mais le prix qu'il a fallu payer pour atténuer les effets de la pandémie est assurément très élevé.

Une autre crise, grave, et qui dure, est celle de la démocratie et de l'État de droit. Les démocraties *illibérales* (Hongrie, Pologne, Turquie et d'autres) ont de plus en plus défié l'Union européenne et le Conseil de l'Europe, ainsi que leurs juridictions, la Cour de justice et la CEDH, en prenant des mesures contraires à l'indépendance du pouvoir judiciaire, à la liberté d'expression, ou peu respectueuses des droits de personnes vulnérables comme les migrants ou les détenus ; et en refusant d'exécuter des jugements et des arrêts de condamnation de Luxembourg ou de Strasbourg.

Cette crise ne s'est pas véritablement atténuée ; mais elle a été en quelque sorte absorbée et dépassée par la très grave crise du droit international déclenchée par la Fédération de Russie à partir de février 2022 avec l'invasion de l'Ukraine et la guerre qui se poursuit, faisant suspecter la Russie et ses dirigeants de crimes internationaux. Pour la première fois depuis sa création en 1950, si on excepte de 1969 à 1974 le retrait de la Grèce des colonels (retrait afin de prévenir son exclusion), le Conseil de l'Europe a dû, en avril 2022, exclure un État membre, la Russie, ce qui entraîne aussi la dénonciation par celle-ci de la Convention européenne des droits de l'homme (article 58, § 3 de la Convention). Ni les deux guerres de Tchétchénie (à partir de 1994 et de 1999), ni l'annexion de l'Abkhazie et de l'Ossétie du Sud en 2008, ni celle de la Crimée en 2014, n'ont paru suffisamment graves au Conseil pour prendre ou envisager une décision aussi lourde de conséquences (en particulier pour les personnes sous la juridiction de la Russie, qui à l'avenir seront privées de la protection par le bouclier conventionnel). C'est comme si l'invasion de l'Ukraine avait été la goutte qui a fait déborder le vase. De façon symptomatique, un pays comme la Pologne, peu favorable à l'accueil de migrants du tiers-monde, a très largement accueilli les Ukrainiens fuyant leur pays… Deux poids, deux mesures ?

Est-ce à dire qu'il ne reste plus aux défenseurs des droits fondamentaux et des libertés publiques que les yeux pour pleurer ? On peut le croire, mais je ne le crois pas, en tout cas pas tout à fait. Xavier Bioy montre dans son livre que quelques espoirs, certes fragiles, peuvent être entretenus.

Sur le plan français, le législateur a renforcé quelques libertés comme celles liées à la bioéthique, s'est efforcé de mieux réguler les conflits possibles entre la liberté de religion et les atteintes à la laïcité, a entendu mieux protéger les mineurs contre le viol et l'inceste. Les juridictions, non sans tâtonnements, commencent à imposer à l'État des obligations positives en matière de lutte contre le réchauffement climatique ou de prise en compte des préjudices écologiques.

Il me semble cependant, pour nuancer ce bilan, que des catégories vulnérables de la population (les migrants, les femmes, les détenus, les handicapés…) ne sont pas suffisamment l'objet de la part des pouvoirs publics d'une sollicitude efficace. Pour ne prendre qu'un exemple, la Cour européenne des droits de l'homme rend des arrêts sévères contre notre pays au sujet de la surpopulation carcérale et plus généralement des conditions de détention. Mais peu de progrès effectifs sont accomplis, au point que la Commission nationale consultative des droits de l'homme, en mars de cette année, a rendu un avis accablant, assorti de vingt-huit recommandations, sur les multiples violations par la France de ses obligations internationales vis-à-vis des détenus. J'ajoute que quand j'ai été élu juge à la CEDH, j'avais demandé à mon prédécesseur, le bâtonnier Louis-Edmond Pettiti, le domaine qui lui semblait le plus critiquable en France du point de vue des libertés, et il m'avait répondu sans hésiter : les prisons. C'était en 1998, il y a plus de vingt ans ! Cela a-t-il beaucoup changé ?

Je terminerai sur une note plus optimiste, qui se situe sur le plan européen. Un des rares effets heureux de la pandémie de Covid-19 a été la relance inattendue de la solidarité et de la coopération au sein de l'Union européenne, et notamment la mutualisation de la dette et la suspension des critères de Maastricht sur les déficits publics. Cela a influé positivement sur les droits économiques et sociaux, car les Européens collectivement ont certainement évité ou en tout cas limité la catastrophe en matière d'emploi et de niveau de vie. Il faut simplement espérer que la guerre en Ukraine ne va pas ruiner le redressement entrepris, à cause des pénuries et de l'inflation.

Reste une question qui me tient à cœur depuis des décennies : celle de l'adhésion (restée lettre morte alors qu'elle a été décidée par le Traité de Lisbonne en 2009 !) de l'Union européenne à la Convention européenne des droits de l'homme. Le processus était bien engagé, mais chacun sait qu'il a été brutalement interrompu par l'avis négatif de décembre 2014 de la Cour de justice (alors que les conclusions de l'avocate générale Juliane Kokott avaient ouvert la porte). Le processus a repris (lentement), et il me semble que le professeur Bioy pense qu'il pourra être couronné de succès. Puisse-t-il avoir raison ! Cela aurait une grande importance juridique et politique. « Compenser » le départ de la Russie par l'arrivée de l'UE ne manquerait pas de panache…

Quoi qu'il en soit, et je me retourne à nouveau vers le livre lui-même, je suis convaincu que ce type de manuel et d'enseignement, par leur existence même, sont un barrage fragile, mais essentiel, non contre le Pacifique (je pense au beau livre de Marguerite Duras), mais contre les crises des libertés, de l'État de droit, de la démocratie, des relations internationales, de la paix dans le monde. L'éducation aux droits de l'homme reste fondamentale. Une fois de plus, cher Xavier Bioy, soyez-en félicité et remercié.

Jean-Paul Costa
Ancien Président de la CEDH, Président d'honneur de la Fondation René Cassin,
Conseiller d'État (h.), Docteur en droit de l'Université Toulouse Capitole
Strasbourg, le 12 juin 2022

SOMMAIRE

DEUXIÈME PARTIE – LES DROITS ET LIBERTÉS FONDAMENTAUX

LISTE DES ABRÉVIATIONS

AAI	Autorités administratives indépendantes
APD	Archives de Philosophie du droit
ARCOM	Autorité publique française de régulation de la communication audiovisuelle et numérique
Cass. civ.	Cour de cassation, chambre civile
Cass. crim.	Cour de cassation, chambre criminelle
Cass. soc.	Cour de cassation, chambre sociale
CC	Conseil constitutionnel
CDFUE	Charte des droits fondamentaux de l'Union européenne
CDH	Comité des droits de l'homme des Nations unies
CE	Conseil d'État
CEDH	Cour européenne des droits de l'homme
CESEDA	Code de l'entrée et du séjour des étrangers et du droit d'asile
CGCT	Code général des collectivités territoriales
CIDE	Convention internationale des droits de l'enfant
CJA	Code de justice administrative
CJCE	Cour de justice des Communautés européennes
CJUE	Cour de justice de l'Union européenne
Com. EDH	Commission européenne des droits de l'homme
CNDA (anc. CRR)	Cour nationale du droit d'asile (anc. Commission de recours des réfugiés)
CCNE	Comité consultatif national d'éthique
CNIL	Commission nationale de l'informatique et des libertés
Conv. EDH	Convention européenne des droits de l'homme
C. pén.	Code pénal
CPI	Cour pénale internationale
C. proc. pén.	Code de procédure pénale
CSP	Code de la santé publique
CSA	Conseil supérieur de l'audiovisuel (devenu ARCOM en 2022)
CSM	Conseil supérieur de la magistrature
C. urb.	Code de l'urbanisme
D.	Recueil Dalloz
DDHC	Déclaration des droits de l'homme et du citoyen
DUDH	Déclaration universelle des droits de l'homme
GDCC	Grandes décisions du Conseil constitutionnel
OFPRA	Office français de protection des réfugiés et apatrides
OIT	Organisation internationale du travail
PIDCP	Pacte international relatif aux droits civils et politiques
PIDESC	Pacte international relatif aux droits économiques, sociaux et culturels
Rec.	Recueil des arrêts du Conseil d'État

RFDA	Revue française de droit administratif
RFDC	Revue française de droit constitutionnel
RGDL	Revue générale du droit, de la législation et de la jurisprudence en France et à l'étranger
RIDC	Revue internationale de droit comparé
RTDH	Revue trimestrielle des droits de l'homme
RUDH	Revue universelle des droits de l'homme
T. confl.	Tribunal des conflits
T. corr.	Tribunal correctionnel

BIBLIOGRAPHIE GÉNÉRALE

Manuels

V. Barbe, *Droit des libertés* fondamentales, Gualino, Mémentos, 4e éd., 2022.

S. Biagini-Girard, *Libertés publiques et droits fondamentaux*, Bréal – Lexifac, 2e éd., 2019.

L. Burgorgue-Larsen, *Libertés fondamentales*, Montchrestien, 2003, 347 p.

R. Cabrillac (dir.), *Libertés et droits fondamentaux*, Dalloz, 28e éd., 2022.

R. Charvin, J.-J. Sueur, *Droits de l'homme et libertés de la personne*, Litec, 5e éd., 2007, 291 p.

F. Crouzatier-Durand, *Fiches de libertés publiques et droits fondamentaux. Rappels de cours et exercices corrigés*, Ellipses Marketing, 4e éd. 2021, 304 p.

M. Delmas-Marty et Cl. Lucas de Leyssac, *Libertés et droits fondamentaux. Introduction, textes et* commentaires, Le Seuil, coll. Points Essais, 1996.

C. Denizeau, *Droit des libertés fondamentales*, Vuibert, Tout le cours, 10e éd., 2021.

X. Dupré de Boulois, *Droits et libertés fondamentaux*, PUF, 3e éd., 2022.

L. Favoreu et autres, *Droits des libertés fondamentales*, Dalloz, 8e éd., 2021.

S. Guinchard (dir.), *Le grand oral : protection des libertés et droits fondamentaux, Examen d'entrée dans un CRFPA*, Gazette du Palais, 2019, 806 p.

S. Hennette-Vauchez, D. Roman, *Droits de l'Homme et libertés fondamentales*, Dalloz, Hypercours, 5e éd., 2022.

A. Heymann-Doat et G. Calvès, *Libertés publiques et droits de l'homme*, Montchrestien, coll. Systèmes, 9e éd., 2008, 296 p.

A. Heymann-Doat, *50 libertés et droits fondamentaux*, Dalloz, 2017.

X. Latour, B. Pauvert, *Manuel de libertés publiques et droits fondamentaux*, Studyrama, Panorama du droit, 9e éd., 2021.

G. Lebreton, *Libertés publiques et droits de l'homme*, Armand Colin, 8e éd., 2009, 569 p.

D. Lochak, *Les droits de l'homme*, La Découverte, coll. Repères, 4e éd., 2018, 127 p.

Y. Lecuyer, *Libertés et des droits fondamentaux*, Gualino, 2020.

J.-C. Masclet et D. Turpin, *Libertés publiques et droit fondamentaux*, Foucher, 2009, 368 p.

B. Mathieu et M. Verpeaux, *Contentieux constitutionnel des droits fondamentaux*, LGDJ, 2002, 808 p.

P. Mbongo, *Libertés et droits fondamentaux*, Berger Levrault, Au fil des études, 2015, 939 p.

F. Melin-Soucramanien, *Libertés fondamentales*, Dalloz, Mémentos, 4e éd., 2021.

J. Morange, *La Déclaration des droits de l'homme et du citoyen, 26 août 1789*, PUF, coll. Que sais-je ?, 4e éd., 2002, 128 p.

J. Morange, *Les libertés publiques*, PUF, 8e éd., 2007, 127 p.

J. Morange, *Manuel des droits de l'homme et libertés publiques*, PUF, 2007, 278 p.

J. Mourgeon, *Les droits de l'homme*, PUF, coll. Que sais-je ?, 8e éd., 2003.

H. Oberdorff, *Droits de l'homme et libertés fondamentales*, LGDJ, 8e éd., 2021, 608 p.

J.-M. Pontier, *Droits fondamentaux et libertés publiques*, Hachette supérieur, coll. Les fondamentaux, 6e éd., 2017, 157 p.

P.-H. Prélot, *Droit des libertés fondamentales*, Hachette, 2e éd., 2010, 317 p.

Th.-S. Renoux, *Protection des libertés et droits fondamentaux*, La Documentation française, 2e éd., 2011, 198 p.

J.-F. Renucci, *Droit européen des droits de l'homme*, LGDJ, 7e éd., 2017, 480 p.

J. Rivero et H. Moutouh, *Libertés publiques - Les droits de l'homme, le régime des principales libertés*, PUF, coll. Thémis, t. I, 7e éd., 2003.

F. Rouvillois, *Libertés fondamentales*, Flammarion, 3e éd., 2019.

B. Stirn, *Les libertés en question*, LGDJ, coll. Clefs, 12e éd., 2021.

F. Sudre, H. Surrel, L. Milano, B. Pastre-Belda, *Droit européen et international et européen des droits de l'homme*, PUF, 15e éd., 2021, 925 p.

F. Sudre, *La Convention européenne des droits de l'homme*, PUF, coll. Que sais-je ?, 11e éd., 2021, 126 p.

P. Waschmann, *Les droits de l'homme*, Dalloz-Sirey, coll. Connaissance du droit, 6e éd., 2018, 187 p.

P. Waschmann, *Libertés publiques*, Dalloz, coll. Cours, 2017, 8e éd., 187 p.

D. Szymczak, C. Gauthier, S. Platon, *Droits européens des droits de l'homme*, Sirey, 2016.

Recueils de jurisprudence

X. Bioy, L. Burgorgue-Larsen, P. Deumier, E. Dreyer, X. Dupre de Boulois (coord.), A. Martinon, R. Tiniere, *Les Grands arrêts du droit des libertés fondamentales*, Dalloz, Grands arrêts, 3e éd., 2021, p. 234-424.

V. Berger, *Jurisprudence de la CEDH*, Sirey, 13e éd., 2014, 880 p.

L. Burgorgue-Larsen, A. Ubeda de Torres, *Les grandes décisions de la Cour interaméricaine des droits de l'homme*, Bruylant, 2008.

L. Favoreu et L. Philip *et alii*, *Les grandes décisions du Conseil constitutionnel*, Dalloz, 19e éd., 2018, 863 p.

M. Lascombe et X. Vandendriessche, *Code constitutionnel et des droits fondamentaux 2021*, commenté, 10e éd., 2020.

Y. Lecuyer, *Jurisprudence de la cour européenne des droits de l'homme*, Hachette, Supérieur, 2018.

Th.-S. Renoux, M. de Villiers, X. Magnon (dir.), *Code constitutionnel*, Litec, 10e éd., 2020.

F. Sudre, J.-P. Marguenaud, J. Andriantsimbazovina, A. Gouttenoire, M. Levinet, *Les grands arrêts de la CEDH*, Paris, PUF, coll. Themis, 10e éd., 2022, 854 p.

M. Verpeaux, P. de Montalivet, A. Roblot-Troizier, A. Vidal-Naquet, *Droit constitutionnel. Les grandes décisions de la jurisprudence*, PUF, coll. Thémis droit, 2e éd., 2017.

Dictionnaires

J. Andriantsimbazovina, H. Gaudin, J.-P. Marguénaud *et a.*, *Dictionnaire des droits de l'homme*, PUF, 2008, 1024 p.

D. Chagnolaud et G. Drago, *Dictionnaire des droits fondamentaux*, Dalloz, 2010, 752 p.

Recueil de textes

J. Andriantsimbazovina, *Code des droits de l'homme et des libertés fondamentales 2022*, LexisNexis.

G. Cohen-Jonathan, *La protection internationale des droits de l'homme, Europe*, Documents réunis et commentés, La Documentation française, 2007, 80 p.

E. Decaux, *Les grands textes internationaux des droits de l'homme*, La Documentation française, 2021.

H. Oberdorff et J. Robert, *Libertés fondamentales et droits de l'homme - Textes français et internationaux*, LGDJ, 19e éd., 2021, 1132 p.

D. Soldini, *Les grands textes de libertés et droits fondamentaux*, Textes officiels sans annotation, Dalloz, 6e éd., 2021.

Revues spécialisées

Toutes les revues juridiques ou presque abordent les questions de droits fondamentaux ; certaines sont néanmoins spécialisées.

Droits fondamentaux en ligne http://www.droits-fondamentaux.org/

Revue trimestrielle des droits de l'homme (*RTDH*), Bruylant.

Revue universelle des droits de l'homme (*RUDH*), N.P. Engel.

Cahiers de la recherche sur les droits fondamentaux, Presses universitaires de Caen

L'Europe des libertés, Revue d'actualité juridique, Université de Strasbourg.

Revue des droits et libertés fondamentaux, revue numérique : http://www.revuedlf.com/

La Revue des droits de l'homme, Centre de recherches et d'études sur les droits fondamentaux (CREDOF-Paris Ouest Nanterre-La Défense), en ligne : http://revdh.org/

Encyclopédies juridiques

On se reportera au *Juris-Classeur Libertés* édité par LexisNexis Juris-Classeur (depuis 2007).

Sites internet

Juridictions françaises

Conseil constitutionnel : www.conseil-constitutionnel.fr

Conseil d'État : www.conseil-etat.fr

Cour de cassation : www.courdecassation.fr

Juridictions et institutions européennes et internationales

Cour européenne des droits de l'homme : www.echr.coe.int

Cour de justice des Communautés européennes : curia.europa.eu

Conseil de l'Europe : www.coe.int

Union européenne : www.europa.eu

Nations unies : http://www.un.org/fr/rights/

Autorités administratives indépendantes

Commission nationale consultative des droits de l'homme : http://www.cncdh.fr/

Défenseur des droits : http://www.defenseurdesdroits.fr/

Contrôleur général des lieux de détention et de privation de liberté : http://www.cglpl.fr/

Autres

Institut international des droits de l'homme : http://www.iidh.org/

http://combatsdroitshomme.blog.lemonde.fr/

INTRODUCTION

« Peu à peu les inégalités politiques sont remises en cause et des limites juridiques sont opposées à la puissance absolue de la loi, montrant que les droits de l'homme ne sont ni un concept immobile ni un dogme identifié à l'Occident, mais un processus transformateur. »

Mireille Delmas-Marty (1941-2022), « Les droits de l'homme et le "pot au noir" »,
Communications, vol. 104, n° 1, 2019, pp. 25-36.

1 La septième édition de ce « Cours » est dédiée à Mireille Delmas-Marty[1] et a nécessité une forte actualisation, tant les mois qui la séparent de la précédente ont livré un nombre très important d'épreuves pour les libertés fondamentales : **l'état d'urgence sanitaire**, limitant les libertés pour lutter contre le virus Covid-19 et ses prolongements dans les contraintes de la vaccination, a nettement dominé la période ; laissant dans l'ombre des sujets qui auraient sinon paru majeurs. Parmi tant d'autres : la **surveillance de masse** sur les réseaux du net et les télécommunications a donné lieu à des bras de fer entre des juges nationaux soucieux de ne pas entraver l'effort de prévention du terrorisme et des juges européens, certes constants mais eux-mêmes hésitants. La révision des **lois de bioéthique**, le 2 août 2021, a profondément modifié les possibles en matière de procréation et de filiation, de génétique et de recherche biomédicale, ouvrant à un droit d'accéder aux techniques biomédicales au nom de l'autonomie individuelle. La lutte contre les « **séparatismes** » (loi du 24 août 2021) a entraîné des modifications substantielles des régimes des cultes, des associations, de la liberté d'expression, de l'enseignement. La loi « pour une **sécurité globale** préservant les libertés » (25 mai 2021) a entendu tirer les leçons de la crise des Gilets jaunes en instituant davantage les polices municipales, les sociétés de sécurité privées, les outils de surveillance (caméras piétons, vidéoprotection...) et la protection des forces de l'ordre. La fameuse « **affaire du siècle** » a fait bouger les lignes en matière de préjudice écologique[2]. La loi du 21 avril 2021, visant à protéger les mineurs des **crimes et délits sexuels** et de l'inceste, a créé de nouvelles incriminations et redéfini certaines comme le viol ou l'exhibition sexuelle. Enfin, **la guerre que la Russie livre à l'Ukraine** depuis le début de l'année 2022 a réveillé les pires démons des droits de l'homme, provoqué le départ de la Russie du Conseil de l'Europe et activé le droit pénal international pour les crimes de guerre. Dans une Europe divisée, s'accroissent les menaces pesant sur la justice, son impartialité et la séparation des pouvoirs, le rôle du ministère public. Les **régimes illibéraux et nationalistes** tournent le dos aux droits fondamentaux unifiés et tentent de dresser la démocratie contre l'État de droit. En réponse, l'Union européenne semble vouloir relancer son processus d'adhésion au Conseil de l'Europe. En France, les juges marquent le pas dans le développement du contrôle concret, individualisé et factuel des effets de droit fondamental, réaffirmant aussi une identité culturelle de droit continental et respectant les choix pourtant désincarnés du législateur. À ce titre, chacun constate les apories pratiques de la loi du 8 avril 2021, n° 2021-403, tendant à garantir le droit au respect de la dignité en détention, qui génère du contentieux, sans aboutir à préserver la dignité des détenus.

Chaque cas cristallise en effet les questions récurrentes du droit des libertés : de quel droit l'individu peut-il se prévaloir, contre la puissance publique ou contre autrui ? En vertu de quel principe les pouvoirs publics se décident-ils ? Comment concilier les prérogatives en présence ? Quelles voies d'action ? L'approche en termes de libertés, empruntant nécessairement à toutes les sources du droit, implique d'adopter un raisonnement contextualisé et casuistique afin de replacer le conflit de droit dans sa lignée juridique et parmi ses enjeux politiques.

C'est alors que l'on s'interroge sur la logique de cette approche première et transversale. Le droit n'est-il pas découpé, sectorisé, selon les différents juges, les différentes sources du droit ? Pourquoi redonner une unité ? Peut-être parce qu'avant d'être une mosaïque de disciplines, le droit de nos sociétés libérales reste un moyen

---

1. Voir *infra*, les lignes qui lui sont consacrées au § 36.
2. TA, Paris, 14 octobre 2021, *Ass. Oxfam et a.*, n°s 1904967, 1904968, 1904972, 1904976/4-1.

d'action et de protection de l'individu. Il faut donc en déterminer l'objet dans la philosophie des droits de l'homme et sa transformation en droit positif (Section 1).

L'évolution du droit des droits de l'homme en Europe depuis la Seconde Guerre mondiale, et sa mutation plus récente en France, ont amené la doctrine à repenser un certain nombre de cadres de réflexion pour expliquer le droit positif. Une parenthèse théorique sur la notion de droit et libertés « fondamentaux » s'impose donc pour justifier le plan adopté pour cet ouvrage (Section 2).

Section 1
La recherche d'un objet

2 Il semble que l'on puisse affirmer que les droits de l'homme ne sont pas, pour le juriste, une catégorie de droit. Ils sont une idéologie, un courant de pensée, dépendant de la façon dont on pense l'individu en Occident depuis environ trois cents ans. Cette notion sera ensuite utilisée comme contenu dans des notions et des catégories juridiques. Les pouvoirs de l'individu deviennent des prérogatives juridiques que l'on peut classer dans des ensembles en fonction de leurs sources ou de leur niveau de protection ou encore de leur titulaire, etc. Les droits de l'homme se sont donc « juridicisés » petit à petit en même temps que des sources de droit les protégeaient et que la doctrine leur donnait des cadres théoriques pour les penser.

Il faut mettre de côté provisoirement un débat, toujours nourri, concernant les termes à employer. On se contentera ici du résultat.

On s'attardera un moment sur la notion de droits de l'homme et sur la façon dont elle a été contestée, avant de voir que malgré tout, les droits de l'homme ont progressivement intégré le droit positif et pris différentes « valeurs » en se diffusant dans les différents ordres juridiques.

I. Notion de droits de l'homme

3 **Pluralité** – La notion de droits de l'homme est plurale et évolutive, on aurait du mal à l'enfermer dans une définition qui fasse l'unanimité. Cœur de la pensée des Lumières, les droits de l'homme ont servi ensuite bien des discours et bien des actions, au point de pouvoir parler aujourd'hui au pluriel « des » philosophies des droits de l'homme, telles que réappropriées par des courants qui lui avaient d'abord été hostiles.

A. Sources philosophiques des droits de l'homme[3]

4 **« Les droits de l'homme n'ont pas d'histoire »** affirme Jacques Mourgeon[4]. Il faut comprendre par là que la revendication de ces droits connaît une très lente, ancienne et irrégulière genèse. Les droits de l'homme tentent d'affirmer l'antériorité logique et éthique de la personne individuelle contre le pouvoir qui organise la société. Dès lors, l'histoire et la philosophie des droits de l'homme se diffractent dans toutes les formes de pouvoir et de sociétés. On ne peut tenter de donner une unité au thème des droits de l'homme qu'en recherchant quelques éléments fondamentaux et communs, livrés par des siècles de philosophie occidentale et rassemblés par le siècle des Lumières (siècle de la contestation du pouvoir) avant que le XIXe ne joigne pouvoir et droits de l'homme faisant du régime politique le moyen de la réalisation des droits sur la promesse de l'article 16 de la

3. Voir *Droits de l'homme et philosophie : Une anthologie* (1789-1914), Collectif, Pocket Agora, 1993.
4. J. Mourgeon, *Les droits de l'homme*, 8e éd., PUF, coll. Que sais-je ?, n° 1728, p. 19-20.

DDHC : « Toute Société dans laquelle la garantie des Droits n'est pas assurée, ni la séparation des Pouvoirs déterminée, n'a point de Constitution ».

Une épure des droits de l'homme peut partir de cinq « ismes », c'est-à-dire des idéologies que l'on peut appréhender autour d'un élément central. Chacune de ses étapes accumule les éléments nécessaires pour penser les droits de l'homme dans leur version « classique » héritée de la Révolution française. Ainsi, il n'y aurait pas de philosophie des droits de l'homme sans humanisme, subjectivisme, jusnaturalisme, individualisme et libéralisme.

1. L'humanisme

5 Antiquité. – Partons de l'affirmation de Michel Levinet selon laquelle « l'histoire des droits et libertés est celle de la découverte de l'humanité, de sa lutte contre ses tendances mortifères »[5]. Dans les systèmes politiques antiques, à la base de notre civilisation occidentale, essentiellement grecs et romains, l'homme en tant que catégorie universelle n'appartient pas à la pensée politique[6]. Dans des sociétés structurées par l'intérêt de cités en guerre les unes contre les autres, où l'autre est le « barbare » ou l'étranger sans droit ; là où l'esclavage paraît fondé en justice et en nature, il n'est guère de place pour la valeur de chaque homme. **Car l'humanisme implique un universalisme qui tardera longtemps à venir.** Certes, les philosophes grecs et les stoïciens commencent à penser, sur le plan de la philosophie de la raison, à la différence entre l'homme et le citoyen. Certaines qualités communes à tout homme émergent mais sans que cela entraîne quelque conséquence que ce soit au plan politique (on se souvient qu'Aristote justifie l'esclavage au nom de l'incapacité de certains à assumer leur liberté). Ce défaut de valeur commune des êtres humains, d'idée même d'humanité comme collectif, implique le monopole de liberté pour les citoyens à part entière. Si l'Antiquité ne pense pas encore à l'homme, son apport majeur demeure d'avoir créé un espace de droit, la Cité, dans laquelle les citoyens ont des droits, se reconnaissent à égalité pour les citoyens et où la liberté se veut politique.

L'enfant de cet humanisme n'est autre que l'universalisme philosophique des droits de l'homme. Tout homme peut réclamer le respect de ces droits au pouvoir qui en accepte l'augure. Tel est le message de l'humanisme des droits. Il se prolonge par l'idée que tout pouvoir devrait accorder le respect des droits et donc qu'il incombe à tout État de convaincre les autres de le faire.

6 Les anciens. – Il n'y a pas encore de liberté au sens d'autonomie mais seulement au sens de « participation », une liberté politique réservée à une poignée. Benjamin Constant a, au XIXe siècle, théorisé l'opposition entre cette liberté des « anciens », par laquelle l'individu est libre parce qu'il participe à la vie politique et infléchit la loi, et la liberté des « modernes », où l'individu agit à sa guise dans sa sphère privée. **Même à Rome, où l'ordre est beaucoup plus juridicisé, il n'est pas encore question non plus de libertés individuelles.** Le droit civil, lié à la religion, au territoire et à la famille, est réservé aux citoyens, *homo* désignant les esclaves.

7 Monothéisme et humanisme. – Le changement apparaît à la naissance du monothéisme car, avec l'Alliance, Dieu parle aux hommes, faits à son image, ce qui leur donne une place particulière. Cette dignité vient de l'appartenance à l'humanité divinisée par l'incarnation du Christ, union proprement « scandaleuse ». Dieu devenant pleinement homme, le christianisme consacre la dignité humaine. Le **Nouveau Testament** destine la Bonne Nouvelle à tous et crée une égalité parmi les hommes. La rupture induite par le christianisme ne s'achève qu'avec la Renaissance et la contestation d'une autorité liée à la Nature, à Dieu et aux institutions qui les servent au profit du souci de l'homme. Le **célèbre discours de Pic de la Mirandole**[7] marque ce moment où les choses basculent : Dieu, toujours présent, chante les louanges de l'homme, lequel semble pouvoir « voler de ses propres ailes ». Il montre que la dignité de l'homme ne se limite pas à une identité ontologique mais se lit dans le fait que celle-ci

---

5. M. Levinet, *Théorie générale des droits et libertés*, Bruylant, coll. Droit et justice, n° 102, 4e éd., 2012, p. 32.
6. D. Fustel de Coulanges, *La cité antique*, rééd. Flammarion, 1997.
7. G. Picco della Mirandola, *Oratio de Hominis Dignitate*, traduit du latin et présenté par Y. Hersant, Éditions de l'Éclat, coll. Philosophie imaginaire, n° 20, 1993.

était associée à la connaissance et à la liberté s'exerçant en société grâce à l'élaboration d'une pensée personnelle. Les grandes découvertes du XVe siècle plongent l'homme dans un abîme d'incertitudes et de solitude (la découverte de l'Amérique et du Pacifique offre l'inconnu et le décentrement de l'Europe, comme l'héliocentrisme de Copernic et l'astronomie de Kepler décentrent la Terre des hommes).

La **Controverse de Valladolid** (1550) se tint en présence d'un légat du Pape et opposa Bartolomé de Las Casas et le philosophe Juan Ginés sur la question de l'appartenance des Indiens d'Amérique à l'humanité. Le verdict du légat fut prononcé en faveur de Las Casas à savoir que les Amérindiens ont bien une âme. Bien que mal acceptée par les conquistadores, cette décision devint la position officielle tant de Charles Quint que de l'Église catholique. Ce sont bien les multiples expressions de la religion qui fondent l'universalité du religieux, l'idée de personne permet d'englober toutes les manifestations de la vie humaine ; une sorte de sujet « consensuel ».

Les discours philosophiques conduisent alors à penser une commune humanité, une condition humaine[8]. Et pourtant les **guerres de Religion** et le massacre des Indiens d'Amérique éloignent les faits de cette pensée qui finit dans le scepticisme à propos de l'humanisme : la multiplicité des discours savants sème le trouble sur la capacité des hommes à atteindre la vérité autrement que par la foi et les échecs de la technique traduisent que l'homme n'occupe sans doute pas dans la création une place si extraordinaire qu'il le pense. Cette crise de l'humanisme ne fait pourtant que confirmer son ancrage dans la vision occidentale de l'homme. L'humanisme prend alors la tournure d'un retour à la philosophie antique de la conscience de soi.

2. Le subjectivisme

8 Le sujet, conscient, connaissant, politique. – Il faut entendre ici subjectivisme au sens de l'existence d'un « sujet » pensant et conscient et non au sens du « relativisme ». Si toute pensée émane d'un sujet, cela ne veut pas dire que toute pensée est relative… La philosophie des droits de l'homme s'appuie en effet sur l'idée que chaque homme porte en lui une humaine condition caractérisée par l'autonomie du sujet, lequel peut en outre se concevoir comme sujet moral, capable de distinguer le bien et le mal et d'agir en conséquence, de manière responsable. **Cette version, celle de Kant, résulte de plusieurs siècles de maturation.**

On peut remonter à des sources théologiques fort anciennes, liées à la question de la connaissance. Avec le moine écossais Saint Jean Duns Scot (XIIIe siècle), qui se sert des sources platoniciennes (idée d'âme) pour développer une conclusion révolutionnaire, **l'objet de la pensée constitue une représentation mentale**. Jusqu'à présent on pensait que la connaissance était purement passive, une sorte de photo des choses. Ainsi, selon Platon, les idées sont là, objectives, on n'a qu'à les contempler et celui qui réfléchit se révèle neutre. Au contraire, selon Duns Scot, l'individu, le sujet en tant que pensant, existe indépendamment de l'objet qu'il projette, ce qui signifie que ce qu'il sait résulte d'un processus mental composé par lui. Or, cette idée se trouvera corroborée ensuite par les sciences dures (physiciens, astronomes, etc.). L'optique de Kepler, à partir du constat selon lequel l'image se forme à l'envers sur la rétine et que le cerveau la remet à l'endroit, commence à indiquer que connaître par l'observation résulte d'un travail de la pensée vers l'objet à connaître. L'astronomie de Copernic ou de Galilée affirme que la connaissance est le fruit d'un travail de déduction, de réflexion et de représentation mathématique. **L'idée de sujet prend alors toute sa place comme ce qui est « *sub-jectum* », « jeté devant ».** Nul n'ignore que Descartes systématisera dans ses *Méditations métaphysiques* et son *Discours de la méthode*, par le doute méthodique qui expurge de la sensation ce qui trompe, ce principe d'une connaissance subjective, représentation du sujet. Le fait de douter implique de pouvoir suspendre le jugement, donc d'user d'une certaine forme de libre arbitre. Léon Duguit déclarait que le *cogito* de Descartes, subjectif et solipsiste, fondait principalement les droits de l'homme[9].

8. Montaigne dira dans les *Essais* « Rien de ce qui est humain ne m'est étranger ».

9. L. Duguit, *Traité de droit constitutionnel*, t. 1, 1927, p. 19 ; également *Le droit social, le droit individuel et les transformations de l'État*, 1908.

9 Lumières. - D'une certaine façon, la naissance du sujet signe la fin de l'objectivité du monde qui se donne à voir. Les conséquences sur la pensée politique seront déterminantes. On assiste à une sorte de **révolution copernicienne dans les idées politiques où le monde social, politique, moral, passera désormais par le prisme de la subjectivité de chacun et non plus par le canal d'une évidence révélée par la foi et ses prêtres**. La Bible, imprimée par Gutenberg, lue par chacun, sans le prisme d'un clergé, sert ainsi de symbole à ce renversement qu'opère la Renaissance. La figure de la subjectivité qui sous-tend le sujet de droit moderne plonge ses racines dans la notion de droit subjectif comme qualité morale (Grotius) sur le modèle de la résistance à l'oppression dont Leibniz serait le père. Le jusnaturalisme moderne aurait ainsi inventé une subjectivité qui ne relève pas de l'indépendance et de la séparation mais de l'autonomie liée à autrui.

Il existe toujours dans l'ensemble du jusnaturalisme moderne une médiation sociale fondamentale entre homme et nature. Cela conduit à relativiser l'idée actuelle d'une « crise du fondement des droits de l'homme », à chaque fois que le collectif se dresse pour limiter les effets pervers d'un ultra-individualisme qui fait de tout désir individuel un droit que le collectif doit satisfaire.

La même atmosphère suscite le développement du « **libertinage** » au sens philosophique que lui donnent Charon ou Gassendi : connaissance de soi, scepticisme vis-à-vis de la foi et de la société. Les premiers libertins adoptent ainsi l'idée du relativisme et de la dissociation de la foi et du savoir qui permettent de se donner, dans la sphère intime, les règles de son choix : « À l'intérieur fais ce qu'il te plaît, à l'extérieur fais selon la coutume ». D'où le passage ensuite à un libertinage de fait que Dom Juan incarne en littérature. Le principe même de la vie privée émerge ainsi.

10 Kant. Le sujet moral. - Dans la conception kantienne, les préceptes de la moralité se fondent sur la liberté et la raison pratique de chacun. Si Kant définit toute *métaphysique* comme un système *a priori* de la connaissance par simples concepts, il s'ensuit qu'une philosophie pratique, qui a pour objet non pas la nature mais au contraire la liberté, exige logiquement une métaphysique des mœurs. Cette métaphysique, **Kant la situe en chaque homme, doué de raison. La dignité de la personne s'y ancre**. Cette métaphysique des mœurs doit receler des principes *a priori* pour constituer une législation universelle. Il énonce par la suite la loi universelle du droit : « Agis extérieurement de telle sorte, que le libre usage de ton arbitre puisse coexister avec la liberté de tout un chacun suivant une loi universelle ». Dans la *Doctrine du droit*, Kant prend soin d'ajouter qu'« il n'y a qu'un unique droit inné » ; cet unique droit originaire « revenant à l'homme de par son humanité » consiste en la *liberté* dans la mesure où elle peut subsister avec la liberté de tout autre suivant une loi universelle. Tout homme en tant que tel a « le droit d'avoir des droits et de régler la vie en commun avec d'autres d'un commun accord ».

11 La crise du subjectivisme. - La philosophie de la conscience et du sujet dominera ainsi la pensée occidentale jusqu'au XXe siècle. Ici n'est pas le lieu de le développer. On insistera néanmoins sur **la crise du subjectivisme, celle qui frappe dans la seconde moitié du XXe siècle dans le sillage du structuralisme** et qui atteint, avec le sujet, aussi bien l'humanisme que l'individualisme. Marx, Nietzsche et Freud sont à l'origine du reflux de la figure classique du sujet rationnel et responsable. En même temps, les individus ont intériorisé la thèse de l'aliénation générique et vivent quotidiennement l'accroissement de la dépendance sociale. Les structuralistes ont annoncé « la mort de l'homme ». En effet, si ce sont des structures qui nous déterminent, toute action collective ou individuelle est réduite à des effets de structures (structures de la parenté, structures du langage, structures économiques) ; plus rien ne peut être attribué à un sujet humain responsable de son action. Mais, surtout, la notion d'homme en tant qu'entité unifiée n'a plus de sens ; les sciences humaines rendent compte des productions humaines, mais ne rattachent pas ces productions à une réalité unique qu'on appellerait l'homme. Les différents aspects de l'homme ont été écartelés entre différentes disciplines (la linguistique, la sociologie, la psychanalyse, l'économie, etc.) qui ont montré comment le sujet, sous les apparences de la liberté, subit les déterminismes. C'est pourquoi **Lévi-Strauss a pu écrire que « les sciences humaines n'ont pas pour but de constituer l'homme, mais de le dissoudre »**[10]. Le structuralisme, comme mouvement de pensée qui envisage de dégager et

10. Voir *La Pensée sauvage*, Pocket, 1990, p. 326.

de mettre à nu les structures profondes organisant les sociétés et les discours, s'inscrit en faux contre le subjectivisme. On doit évoquer Michel Foucault qui, à travers une analyse archéologique du savoir, a montré que l'étude de l'homme reste un phénomène tardif, permis depuis le XVIe siècle. Michel **Foucault** fait observer à la fin de son œuvre, *Les Mots et les choses*, que « l'homme est une invention dont l'archéologie de notre pensée montre aisément la date récente. Et peut-être la fin prochaine [...]. On peut bien parier que l'homme s'effacerait, comme à la limite de la mer un visage de sable ». La domination de cette pensée dans les années 1970, et au-delà, a sérieusement reposé la question du fondement subjectif des droits de l'homme. Les débats qui opposaient déjà **Sartre et Aron**[11] dans les années 1960 se sont prolongés dans les années 1980 qui ont été l'occasion de reposer la question de l'individu, de l'individualisme, de la subjectivité et de redécouvrir la confrontation de l'objectif et du subjectif que le jusnaturalisme moderne avait inauguré. Dans la période contemporaine, le rejet par une frange toujours plus large d'intellectuels et de juristes, de l'individualisme méthodologique, inspiré par la sociologie de **Bourdieu**, objectivise et essentialise les groupes et y assigne l'individu. Cette lecture, qui cherche pourtant à renforcer les droits de groupes (largement construits par le regard du sociologue), contribue néanmoins à la sape du subjectivisme au profit d'un droit du déterminisme, ce qui ne convient pas aux droits de l'être humain, toujours singulier et individuel.

3. L'individualisme

12 **Notion.** – Pas de droits de l'homme sans un minimum d'individualisme, c'est-à-dire l'idée que la réalité vécue se conçoit au niveau de l'individu qui devient très progressivement la mesure et l'objectif de la société. Si le groupe a son existence, il se compose d'abord d'individus. Systématisé par **« l'individualisme méthodologique » qui anime en partie les sciences de la société à partir du XIXe siècle**, l'individualisme plonge ses racines dans un terreau plus ancien et toujours dénoncé par les institutions du pouvoir qui se veulent des phénomènes d'abord collectifs.

13 **Judaïsme.** – On a vu que le judaïsme a d'abord été une pensée du collectif, du peuple juif comme élu parmi les nations pour entendre et porter la parole de Dieu. Mais cette « charge », particulière, cette élection, **implique la responsabilité de sauvegarder l'humanité en chacun et non collectivement**. L'Homme, fait à l'image de Dieu, diffracte sa valeur en chaque individu[12]. Voilà ce que le philosophe Emmanuel Levinas développera vingt-six siècles plus tard, après la Shoah. Il lie fortement humanisme et valeur de l'individu, car le visage de chaque être humain, le regard de tout individu croisé, appelle et attend de chacun qu'il remplisse le devoir d'humanité comme une infinie responsabilité. Chaque individu se voit accorder la valeur du tout dont chacun est le gardien (voir *infra*, *Philosophies de l'humanité*).

14 **Christianisme.** – L'individualisme s'accroît encore avec le Nouveau Testament car **l'homme y devient « personne », définie comme « substance individuelle rationnelle »**, c'est-à-dire qui a la maîtrise de ses actes et trouve par là, en elle, le principe et la fin de son action (selon la définition de Boèce[13]). Le christianisme plonge lui-même ses racines dans cette branche à part de la philosophie antique qu'est le stoïcisme, lequel révéla toute la valeur de la vie intérieure de chacun. Mais il faut surtout mettre en valeur l'apport déterminant de la Réforme et des différentes formes de protestantisme qui en dérivent. La défense de l'individu s'opère directement et pratiquement par ses droits. L'idée d'un individu comme sujet et le droit comme pouvoir de ce sujet trouve son origine dans le nominalisme d'Abélard et de Guillaume d'Occam.

---

11. R. Aron, « Pensée sociologique et droits de l'homme », in *Études politiques*, Gallimard, 1972, p. 233.
12. *Ancien Testament*, « Les Prophéties », Jérémie, 31, 29, 30.
13. Boèce, Contra Eutychen et Nestorium. De duabus naturis et una persona, PL, 64, 1337-1354.

15 Le **nominalisme**, enfant de la « querelle des universaux » (concepts universels et abstraits comme « humanité », « animal », « beauté »...), est né au XIIIe siècle où on défend l'idée que les essences ne sont pas réelles, que le monde ne se compose pas d'idées qui serviraient de modèles à chaque chose. Le monde tel qu'Aristote le décrit se présentait comme un monde « enchanté » où « les choses nous parlent », nous disent quelle est leur nature et quelles obligations il convient de respecter pour avoir un comportement conforme à cette nature. Chacun a une essence, même l'homme, qui ne saurait avoir « contre nature », tel comportement ou telle idée. À l'inverse, le monde de **Guillaume d'Occam** est désenchanté. Occam, frère franciscain, a su mêler le problème juridique de la propriété des biens monastiques à sa philosophie fondamentale de la connaissance. Selon lui, le langage se résume à un signe permettant de « signifier » les choses. Entre les termes et leur objet, **la personne peut établir un rapport de l'universel au singulier mais pas l'inverse car il n'y a pas d'objets abstraits**. En résumé, il n'existe que des individus. L'individu est tout pour l'homme et la société, ou toute autre collectivité, ne pourrait être considérée comme « naturelle ». Ainsi la métaphore du « nom de la rose » reprise par Umberto Eco : la rose en tant que catégorie de fleurs ne peut être pensée, seule existe une rose que je baptise ainsi pour communiquer avec mes semblables. Sur le plan politique cela se traduit par le refus de toute existence collective « réelle » et le refus de la fiction d'une personne collective. Cela permet de justifier le refus du droit de propriété des franciscains. Le Pape refusait en effet la pauvreté de l'ordre sur le modèle de celui du Christ. Occam justifiait au contraire que chaque moine se doit d'être pauvre et que l'ordre comme personne n'existe pas et ne peut être propriétaire. En conséquence, un peuple ou l'humanité se réduisent à l'existence de leurs individus ; nulle obligation ne pèse de se conformer à une nature collective prédéfinie de l'humanité, laquelle n'est de toute manière pas connaissable. Chaque individu, en vertu d'un droit naturel, conserve toujours un pouvoir sur lui-même qui est liberté, volonté.

Emblématique de ce moment, le *Discours de la servitude volontaire* **d'Étienne de la Boétie** explique comment les titulaires du pouvoir se maintiennent à la faveur de l'ignorance et de la passivité des peuples qui se soumettent plus qu'ils ne sont vaincus (« *Ils ne sont grands que parce que nous sommes faibles* »). Le *Discours* constitue une remise en cause de la légitimité des gouvernants, que La Boétie appelle « maîtres » ou « tyrans ». Quelle que soit la manière dont un tyran s'est hissé au pouvoir (élections, violence, succession), ce n'est jamais son bon gouvernement qui explique sa domination et le fait que celle-ci perdure. Au contraire, la tyrannie survit grâce à la coutume, à l'habitude qui solidifie une hiérarchie sociale qui profite au pouvoir du tyran. L'apport de La Boétie se situe dans son analyse interpersonnelle du pouvoir qui se joue à chaque instant entre tous. Cette individualisation écarte l'idée de statut de l'humain, de structuration sociale de la communauté humaine : « *Soyez donc résolus à ne plus servir et vous serez libres.* »

Avec Occam la notion de droit évolue de ce qui est juste à un pouvoir inaliénable de l'individu. Il se résume alors au « droit positif » et toute fondation politique résulte de la volonté individuelle.

4. Le jusnaturalisme moderne

16 **Du droit naturel.** – Le droit positif fait paradoxalement souvent référence au droit naturel. Dès le préambule de la DDHC, **les représentants du peuple français « ont résolu d'exposer, dans une déclaration, les droits naturels, inaliénables et sacrés de l'homme »**. De même l'article 2 dispose que « le but de toute association politique est la conservation des droits naturels et imprescriptibles de l'Homme. Ces droits sont la liberté, la propriété, la sûreté, et la résistance à l'oppression ». Ces textes appartiennent à notre propre corpus, ce qui suscite des questions sur l'usage que les juges pourraient faire de ces références au droit naturel[14] s'ils s'inspiraient de l'exemple de la Cour constitutionnelle allemande se référant à un modèle objectif de justice. Et d'abord, quel droit naturel ?

Pour clarifier les choses **on oppose souvent le droit naturel classique au droit naturel moderne**. Entre les deux, au XIVe siècle, une transition a été assurée par l'école de Salamanque dite de la « seconde scolastique », à

14. S. RIALS, « Des droits de l'homme aux lois de l'homme », in *Commentaire*, 1986, 34, p. 281 ; X. BIOY, « L'usage de l'idée de nature en droit constitutionnel », in *Le droit, de quelle nature ?*, D. ROUSSEAU et A. VIALA (dir.), Montchrestien, 2009.

la fois héritière du thomisme et précurseur d'un droit naturel lié à l'humanité (Francisco de Vitoria proclame que la Loi divine donne des droits aux Indiens. Francisco Suarez rattache les droits de l'homme à la Bible). C'est surtout **Grotius qui, avec Samuel Pufendorf, aura été un des artisans majeurs en laïcisant l'ensemble et en développant l'idée d'un droit naturel** de l'humanité complété par un droit commun, droit des « gens », source de droit international. Dans une perspective laïcisée, l'homme aurait vis-à-vis de ses semblables des droits liés à sa raison. L'idée d'état de nature, introduite par Burlamaqui, aura une destinée fameuse car elle sert de repoussoir à la modernité de la liberté civile. D'autres auteurs ont aussi densifié le droit naturel en listant les futurs droits de l'homme, ainsi Blackstone[15] et Locke[16].

Pour simplifier, dans le droit naturel classique (de l'Antiquité au Moyen Âge chrétien), une cosmogonie (un ordre objectif du monde) règle l'univers. L'homme a une place dans ce système et doit s'y conformer ; plus exactement, l'ordre des « fins » lui impose de poursuivre certaines finalités (comme la survie). Chacun occupe une place dans la société en fonction de sa naissance et de ses mérites et doit agir en conséquence. La société ne peut décider que marginalement du droit, lequel descend de source divine (qu'il s'agisse des dieux mythologiques ou de la Loi naturelle issue des textes des religions monothéistes). Si **Saint Thomas d'Aquin** avait magistralement uni la foi et la raison, le principe demeurait que l'homme faillit s'il ne s'appuie que sur la raison. Au contraire, le droit naturel moderne (au singulier pour gommer la grande diversité d'approches) postule qu'il revient à l'homme de créer les règles de vie sociale (au départ compatibles avec la morale chrétienne) dans la mesure où sa nature (et non la Nature en général) tient dans sa rationalité. Il s'agit encore de droit naturel car les différents penseurs évoquent un « état de nature », comme présupposé philosophique, évaluant la vie de chacun avant la société moderne. Un minimum de droit existe avant le droit des hommes, un droit issu de la raison, un droit logique, déduit de postulats de base comme la liberté inhérente à la condition humaine.

17 Contractualisme. - Le droit naturel se concrétise dans l'aspect rationnel du contrat social. L'individu normal va choisir le contrat social. Il choisit le pouvoir (parfois même l'absolutisme comme chez Hobbes) pour encadrer les hommes et les maintenir dans le droit naturel. La liberté de l'individu se déploie ainsi dans deux dimensions : **être capable de participer à la décision politique (droits civils et politiques), imposer au groupe de respecter toute la part de liberté que le contrat social n'a pas absorbée.** Mais de réelles divergences apparaissent lorsqu'il faut creuser un peu. Est-il conforme aux droits de l'homme que chacun se trouve contraint d'adhérer au contrat social ? Le lien social demeure chez la plupart de ces auteurs une absolue nécessité. Chez **Locke, Rousseau ou Spinoza, l'individu**, quoique naturellement libre, doit, pour le rester, respecter les conditions de cette liberté. L'idée d'Aristote d'un homme « *zoon politicon* » a fait long feu ; le contexte catholique des XVIIe et XVIIIe siècles ne permet que l'idée d'une société « déjà là ». Pour Locke et Spinoza, il y a une obligation de contracter avec nos semblables pour survivre. Selon Rousseau, l'individu s'est donné radicalement à la société qui se gouverne par la démocratie, c'est-à-dire la raison. Ainsi, sans qu'il soit besoin de poser d'interdit dirimant, le pouvoir saura respecter le Contrat en limitant son emprise aux seuls besoins communs, lesquels entrent dans le contrat. Au contraire, certains auteurs placent divers aspects fondamentaux en quelque sorte « hors contrat » pour les sortir de l'escarcelle du pouvoir. Selon Locke, ce qui est important c'est de conserver sa liberté, ensuite une zone irréductible de liberté arrête le pouvoir : le corps sur lequel j'exerce un pouvoir proche du droit de propriété. L'intégrité physique et la vie priment tout intérêt social. De même, pour Voltaire, le contrat social sert à protéger la liberté. Lors de l'affaire *Calas*, à Toulouse, il développe la nécessaire liberté spirituelle de l'individu.

18 Droit de quitter le contrat social. - Mais pour d'autres, comme **Hobbes**[17], l'autonomie (*autos nomos* : se donner sa propre norme) implique une liberté de refuser les contraintes de la vie en société. Le *Léviathan* distingue la loi de nature et le droit de nature. Selon la loi de nature, l'individu cherche à préserver sa vie, c'est

15. W. Blackstone, *Commentaries on the Laws of England*, Clarendon Press, Oxford, England, 1765-1769.

16. J. Locke, *Two treatises of Government*, Aworsham Churchill, London, 1690.

17. T. Hobbes, Léviathan. traité de la matière, de la forme et du pouvoir de la république ecclésiastique et civile, Dalloz, rééd. 1999, introduction, traduction et notes de F. Tricaud. ; O. Cayla, article « Hobbes », in Dictionnaire des grandes œuvres juridiques, O. Cayla et J.-L. Halperin (dir.), Dalloz, 2008, p. 264.

une exigence logique ou tout au moins instinctive mais pas une exigence de droit. La loi de nature va donc pousser chacun à passer contrat avec ses semblables et à renoncer à une part de liberté pour avoir un peu de sécurité. Une fois la convention sociale admise (ce qui s'opère chaque jour par une adhésion aux règles sociales) l'individu bénéficie du droit de nature, droit subjectif, droit de l'homme : « Le droit de nature est la liberté qu'a chacun d'user comme il le veut de son pouvoir propre, pour la préservation de sa propre nature, autrement dit de sa propre vie, et en conséquence de faire tout ce qu'il considérera selon son jugement et sa raison propres, comme le moyen le mieux adapté à cette fin. Le droit de nature s'oppose à la loi de nature comme la liberté à la nécessité ».

Mais, pour Hobbes, **l'homme peut décider d'aller vivre seul et de mourir, se couper du social en refusant d'adhérer au fameux contrat social**. N'entrant dans aucun système juridique, l'individu ne se soumet à aucune règle. *A contrario*, il a ainsi le droit d'être illogique, irrationnel et de refuser d'aller vers les autres. Cette sorte de « droit à la folie » peut paraître incongrue. Pourtant il entre dans la discussion de nombreux points de droits contemporains des plus délicats. Ainsi la question de la liberté du suicide, ou, dans une version plus technique, le droit de refuser des soins médicaux vitaux. La demande d'euthanasie va plus loin en exigeant une action positive, un suicide assisté. Ces situations des personnes qui ne souhaitent plus vivre et vont donc contre la justification principale du contrat social (la sécurité et la vie), s'analysent pour les uns comme le droit de se retirer du contrat social, pour les autres comme une violation de ce contrat dont l'adhésion serait non seulement implicite mais irrévocable. De longues discussions demeurent aujourd'hui vives pour savoir si le droit de mourir peut être consacré au nom des droits de l'homme sans en violer la base jusnaturaliste. On y reviendra.

19 **Droits politiques.** – Pourquoi ne pas s'arrêter quelques instants sur un auteur français à la pensée puissante et séduisante : celle de **Jean-Jacques Rousseau**. Ne serait-ce que par cette formule tonitruante qui ouvre le *Contrat social* : « L'homme est né libre et partout il est dans les fers ». L'auteur du *Contrat social* (1762) a aussi écrit le *Discours sur l'origine et les fondements de l'inégalité entre les hommes* (1755) ; entre les deux textes quelques changements voire des contradictions. Tantôt l'état social se conçoit comme une perversion de l'état de nature, égalitaire, en un état civil où la propriété privée corrompt le lien d'homme à homme ; tantôt le contrat social voit positivement l'aliénation de la violence naturelle dans un lien où « chacun se donne à tous pour ne se donner à personne ». Dès lors, avec Rousseau, on oublie le rôle de la Loi naturelle pour basculer dans le monde politique de la volonté pure où la volonté législative tient lieu de volonté individuelle. **Les droits de l'homme du** *Discours sur l'inégalité* **passent au second plan au profit de la sphère publique qui doit les maintenir.** La liberté et l'égalité restent certes au cœur du système de législation : « la liberté et l'égalité parce que toute dépendance particulière est autant de force ôtée au corps de l'État, l'égalité parce que la liberté ne peut subsister sans elle »[18]. On mesure cependant que les droits naturels sont devenus des droits civils et politiques. La figure du citoyen passe devant celle de l'homme ; ce sera la marque de la Déclaration de 1789. L'aboutissement de cette façon de voir justifiera l'absolu pouvoir du régime démocratique et la minoration des droits individuels. L'égalité des citoyens implique aussi celle des sujets soumis à la volonté générale. Sa pensée sera souvent réutilisée, anachroniquement, pour justifier la souveraineté du Parlement dont Rousseau se méfiait pourtant beaucoup, lui préférant la démocratie directe.

Un dernier auteur mérite une mention ici pour son action politique et sa plume. **Thomas Paine** (1737-1809), né en Grande-Bretagne mais mort à New-York, sympathisant de la cause américaine de la guerre des colonies, est un fervent admirateur de la Révolution française, demande la citoyenneté française et se fait élire à l'Assemblée en 1792. Il participe à la rédaction de la Constitution de 1793. Il est ensuite éliminé lors de la chute des Girondins. Il aura été un des grands défenseurs des droits de l'homme en France. C'est un penseur de la « contre-contre-Révolution » en répondant aux sarcasmes d'Edmund Burke et en reprenant l'œuvre de Locke pour affirmer que les droits de l'homme sont la seule essence du contrat politique qu'est la Révolution française. Il y défend surtout le volontarisme : il n'y a pas d'ordre naturel qui assure le bonheur de l'homme, il n'y a que la volonté, par le droit, de réaliser un ordre social juste.

---

18. J.-J. Rousseau, *Du contrat social*, Livre II, Chapitre XI.

An introductory letter to President Washington

George Washington, PRÉSIDENT OF THE UNITED STATES OF AMERICA SIR,
I present you a small treatise in defence of those principles of freedom which your exemplary virtue hath so eminently contributed to establish. That the Rights of Man may become as universal as your benevolence can wish, and that you may enjoy the happiness of seeing the New World regenerate the Old, is the prayer of
SIR, Your much obliged, and Obedient humble Servant,
Thomas Paine (Rights of Man, 1791)

20 Droit objectif et droits de l'homme. – Cette association entre droit naturel des modernes et droits de l'homme laisse en suspens la question de leur compatibilité avec des systèmes qui conservent une forme de droit naturel classique ; l'Église catholique par exemple[19]. La question de la contestation des droits de l'homme par l'Église sera traitée bientôt mais l'analyse générale des rapports entre droit classique et droits de l'homme peut faire ici l'objet de quelques lignes grâce à l'œuvre de **Michel Villey**[20], lui-même attaché à la pensée thomiste. **Thomas d'Aquin** dégage la singularité de chaque personne mais maintient l'approche juridique pour fonder le principe central de l'égalité objective de toutes les personnes humaines en ce que, toutes étant à l'image de Dieu, elles sont rigoureusement égales devant lui. L'apport de la *Somme Théologique*, considérable, consiste dans cette affirmation d'un droit naturel égalitaire et fondateur de prérogatives individuelles qui deviendront, plus tard, source des droits subjectifs. Cependant, **la conception du droit que se donne le droit naturel classique exclut l'idée de droit propre à la qualité de sujet (la critique du subjectivisme a été parfois radicale)**. En effet, le droit étant un système de justice, d'équité, de distribution des biens, il ne peut être qu'objectif, un ensemble de règles et non des prérogatives automatiquement attribuées à chacun. Pourtant, l'idée de respect de la personne et les droits de l'homme dans leur ensemble, trouvent dans la morale chrétienne leur fondement, même s'il se cantonne au domaine non juridique. Opposant individu et personne, l'Église dénonçait par là, la dérive solipsiste du sujet moderne replié sur lui-même et sur ses droits[21]. Anti-individualiste, le droit naturel classique ne diffère pourtant pas forcément, au concret, des solutions du droit moderne, mais il y parvient par d'autres voies. **Les droits de l'homme y sont disqualifiés comme droits subjectifs**, ce qui, il est vrai, change tout. La doctrine française du XIXe siècle était ainsi encore marquée par le jusnaturalisme avant que ses descendants ne s'orientent vers un positivisme dominant[22].

21 Positivisme sociologique et droits de l'homme. – D'autres courants philosophiques tentent d'ailleurs de fonder les droits de l'homme sur d'autres éléments que le sujet, retrouvant dans l'ordre objectif du collectif et de ses missions les mêmes effets de droit protégeant l'individu. Ainsi le courant du **positivisme sociologique**, notamment suscité par Durkheim et amené dans la doctrine française par Duguit, est aujourd'hui encore renouvelé. L'idée de départ réside dans le fait que les normes sociales effectivement consacrées par l'État le sont (et ne doivent l'être) qu'en raison de leur préexistence dans la conscience collective, c'est-à-dire dans la croyance partagée de leur nécessité. De ce point de vue, il s'agit bien d'une sorte de jusnaturalisme même si la connaissance de ces règles ne s'opère pas grâce à une quelconque raison universelle mais par l'étude sociologique des faits ou par les manifestations de volonté de la population (élections, référendum, sondages). Le positivisme sociologique ne « fonde » pas, à proprement parler, les droits de l'homme, **il permet tout au plus de mesurer l'adéquation du droit positif aux aspirations de la société**. Cette démarche a l'avantage de couper la théorie des droits de l'homme de toute métaphysique et de toute philosophie rationaliste ; elle prend en compte

19. J. Maritain, *Les droits de l'homme et la loi naturelle*, Paul Hartmann éditeur, 1943.
20. M. Villey, *Le droit et les droits de l'homme*, 2e éd., PUF, coll. Questions, 1990.
21. Voir aussi en ce sens l'œuvre d'E. Mounier, par ex., *Le personnalisme*, rééd, PUF, 2010.
22. T. Pouthier, Droit naturel et droits individuels en France au dix-neuvième siècle, thèse Paris II, 2013, 609 p.

l'évolution de la liste des droits de l'homme vers la satisfaction de plus en plus de besoins. Cependant, cette approche manque son objectif. Soit elle se veut prescriptive à l'égard du droit positif en dénonçant ses insuffisances et elle n'est alors pas une théorie juridique, soit elle se veut descriptive de la manière dont les droits ont été juridicisés et elle ne fait que prolonger sans les remplacer les théories jusnaturalistes en fournissant un discours de justification bien inutile car tautologique (puisqu'il se résout à affirmer que les droits de l'homme sont consacrés parce qu'ils sont consacrés sans avoir fourni le pourquoi de cette juridicisation).

22 Institutionnalisme et droits de l'homme. – On peut s'arrêter un instant sur la conception de **Maurice Hauriou** dont on connaît par ailleurs l'influence sur les droits administratifs et constitutionnels du XXe siècle français. La description d'Hauriou reste empreinte de jusnaturalisme, il y évoque un ordre universel de justice[23]. Il entend décrire un ordre global des sociétés modernes dont le droit positif n'est qu'un aspect, un instrument au service d'un dessin qui le dépasse et le transcende et dont la personne humaine constitue l'idéal. **Qualifiant la DDHC de 1789 de « Constitution sociale »** de la France, il mène une étude très fine de ce que sont les droits de l'homme. La conciliation de la liberté individuelle et de l'ordre trouve sa perfection dans l'État moderne qui donne sa forme aux droits, lesquels appartiennent déjà au droit coutumier. Le *Précis de droit constitutionnel*[24] décrit comment les droits de l'homme existent comme droits subjectifs, exigés et entretenus par les individus et comment l'écriture de la Déclaration en fait des institutions juridiques objectives protégées par des recours judiciaires spécifiques et ne se manifestant plus juridiquement que comme cela. L'idée reste proche de celle de Duguit, sans appel à un droit naturel plus contraignant ; car pour **Hauriou** les droits individuels ne sont pas de vrais droits hors de l'État ; il ne reconnaît pas de droit objectif non étatique. Les deux auteurs plaidaient tout de même, chacun à sa façon, pour l'institution d'un contrôle de constitutionnalité de la loi, par voie d'exception, qui donnerait à la Déclaration de 1789 l'efficacité de droit positif qui lui était déniée par la IIIe République. Car l'idée d'Hauriou reste celle de l'autolimitation de l'État. Contrairement au Royaume-Uni et aux États-Unis dont l'État n'a pas capté le monopole du droit, il est utile aux Français d'écrire une Déclaration qui atteste du fait que l'État se plie volontairement au respect des droits qui limitent ainsi sa souveraineté, son pouvoir de gouvernement. Les déclarations des droits, qui ne sont pas reprises dans la Constitution politique de la IIIe, nécessitent des lois organiques. Les droits ne sont pas invocables devant le juge sans cela car les droits ne peuvent être que « relatifs » c'est-à-dire conciliés avec d'autre part un texte de droit objectif. Pour autant, Hauriou remarque, à juste titre et contre toute tentative de faire de lui un fasciste, que l'article 4 de la DDHC fait de toute forme de liberté un droit à condition de ne pas nuire à autrui. Comme le note François Sureau : « La liberté vaut si elle est l'apanage d'un citoyen soucieux de bâtir une société meilleure, et non pas seulement le privilège d'un individu soucieux de sa jouissance personnelle »[25].

23 Droit naturel et droit positif des droits de l'homme. – Le droit naturel a maintes fois en France épaulé les constitutions et déclarations des droits. L'histoire constitutionnelle de la France atteste d'une récurrence des mentions « des droits naturels » avec un net déclin au fur et à mesure des textes. **La constitution de 1791 use et abuse de la mention.** Dès le préambule, la loi endosse le rôle de rempart contre les maux de l'Ancien Régime : « La loi ne reconnaît plus ni vœux religieux, ni aucun autre engagement qui serait contraire aux *droits naturels* ou à la Constitution » ; et alors que « la Constitution garantit, comme *droits naturels* et civils », « le Pouvoir législatif ne pourra faire aucune loi qui porte atteinte et mette obstacle à l'exercice des *droits naturels* et civils ». Cette opposition reprend d'ailleurs la distinction des titulaires, homme ou citoyen. **La Déclaration du 24 juin 1793** réitère que « le peuple français, [est] convaincu que l'oubli et le mépris des *droits naturels* de l'homme, sont les seules causes des malheurs du monde [...] ». Plus intéressant encore pour nous, cette proclamation qui définit la liberté dans un esprit très kantien : « Article 6. – La liberté est le pouvoir qui appartient à l'homme de faire tout ce qui ne nuit pas aux droits d'autrui : elle a pour principe *la nature* ; pour règle la justice ; pour

23. M. Hauriou, « Aux sources du droit. Le pouvoir, l'ordre et la liberté », Paris, Blond et Gay, 1933.
24. M. Hauriou, *Précis de droit constitutionnel*, 2e éd., Sirey, Paris, 1929, p. 618.
25. F. Sureau, *Sans la liberté*, Gallimard, coll. Tracts, 2019, 56 p., p. 26.

sauvegarde la loi ; sa limite morale est dans cette maxime : *Ne fais pas à un autre ce que tu ne veux pas qu'il te soit fait* ». Nature et raison ne se voilent plus derrière le droit, toute la philosophie nouvelle investit le droit... sans jamais avoir été en vigueur. Mais les maximes, devoirs et responsabilités, fondées en nature auront un avenir : **en 1795, l'idée de nature complète sa panoplie en fondant désormais les devoirs** : « Tous les devoirs de l'homme et du citoyen dérivent de ces deux principes, *gravés par la nature dans tous les cœurs* : *Ne faites pas à autrui ce que vous ne voudriez pas qu'on vous fît. Faites constamment aux autres le bien que vous voudriez en recevoir* » (art. 2). La même présence de l'idée de nature, plus transcendante encore, revient avec force dans le texte de 1848. Ce n'est pas le moindre des paradoxes de cette république qui proclame qu'« elle reconnaît des droits et des devoirs antérieurs et supérieurs aux lois positives » (art. III du Préambule) et impose aux citoyens de concourir au bien-être commun en « observant les lois morales et les lois écrites qui régissent la société, la famille et l'individu ». Sur le violon des sources, la corde de la nature connaîtra ensuite une réelle désaffection. Le terme ne séduit plus.

24 **Droits étrangers et idée de nature. –** L'association entre idée de nature et droits fondamentaux se présente sous des visages divers à travers le monde. Elle n'est ni systématique, ni exceptionnelle, mais semble relever d'une certaine rhétorique habituelle. Dans certains États, tous les droits fondamentaux sont dits « naturels », dans d'autres seuls certains trouvent cet ancrage dans le texte : cela va de la seule liberté individuelle en Égypte à une liste d'une vingtaine de droits en Équateur. D'autres droits, attribués à des fonctions ou des groupes, apparaissent plus fréquemment spécifiquement « naturels », il s'agit des droits des parents à éduquer leurs enfants (Allemagne, Irlande, Kazakhstan, Philippines) ou des droits naturels de l'enfant. On serait bien en peine de déterminer une certaine constance. En complément, le juge constitutionnel peut accorder ce caractère naturel : l'égalité en Lituanie, le droit à la vie en Argentine. L'idée de nature fonde encore une sorte de « texture ouverte » de la liste des droits. L'article 39 de la Constitution de Géorgie dispose ainsi que « la Constitution de la Géorgie ne niera pas l'existence d'autres droits universellement reconnus, des libertés et des garanties de l'individu ou du citoyen, qui ne sont pas mentionnés ici, mais sont la *source naturelle* des principes constitutionnels » (24 août 1995).

Enfin, le jusnaturalisme moderne portait en germe la forme politique qui allait concrétiser et juridiciser les prérogatives individuelles pensées comme droit de l'homme : le libéralisme.

5. Le libéralisme

25 **Notion. –** Le libéralisme se rencontre quand on s'interroge : « jusqu'où faut-il gouverner ? ». Le libéralisme renvoie autant à un ensemble de **courants philosophiques et politiques attachés à la protection des libertés individuelles contre le pouvoir, qu'à une ingénierie institutionnelle, juridique, tendant à limiter le pouvoir pour garantir ces libertés**. Le libéralisme donne la priorité aux libertés de chacun sur l'intérêt de tous et réside dans un équilibre perpétuellement renouvelé entre les nécessités de l'ordre public (condition des libertés) et la lecture que chacun fait de ses propres droits contre l'État. Si l'on devait réduire outrageusement le libéralisme à une seule idée, on renverrait fondamentalement à une séparation de la sphère privée et de la sphère publique. Pour revenir aux Lumières, on peut dire que **le libéralisme place la sphère de l'intimité hors du contrat social**. L'individu dispose d'un château fort (sa maison, sa vie privée) et l'État doit avoir de très bonnes raisons pour s'y introduire.

Voilà pourquoi le libéralisme s'oppose à l'autoritarisme et plus encore au totalitarisme. L'autoritarisme renvoie à des régimes politiques où la force publique peut à tout moment violer la sphère privée au nom de l'intérêt général et recourir à la force pour priver de liberté tout individu suspecté de nuire au pouvoir en place. Au-delà, le totalitarisme achève d'effacer complètement la distinction des sphères privée et publique pour que l'État organise lui-même toute la vie des individus, déterminant les adhésions à des groupes, contrôlant toute communication. On verra plus loin que dans une société totalitaire on ne peut plus guère parler d'État ou de droit car rien ne vient limiter le pouvoir du groupe sur chacun ; le pouvoir n'a plus de « vis-à-vis », l'État ne se distingue plus de la société civile et le droit n'encadre plus rien ni personne. Voilà tout ce contre quoi le libéralisme s'insurge.

26 **État et libéralisme.** – L'idée selon laquelle l'ordre libéral ne garantit la liberté que par les limites qu'il lui assigne, se situe aux fondements mêmes du libéralisme politique. Le libéralisme se fonde sur un paradoxe : **le rôle de l'État doit être fort pour protéger les droits mais suffisamment faible pour toujours se limiter au strict nécessaire**. L'analyse la plus classique de la DDHC conclut tout à la fois au rôle central de l'État dans l'établissement et la garantie des droits (pourtant préalablement déclarés naturels) et sur l'abstention des pouvoirs publics. Stéphane Rials, notamment, a pu établir que l'État se trouve dans la Déclaration à la source de l'institution des droits parce qu'il se trouve chargé de modeler le citoyen et partant l'homme naturel[26]. Le libéralisme se montrera donc pluriel, partagé entre étatisme et anti-étatisme. En France plus particulièrement, le monde économique sera anti-étatiste et le monde politique porté à appeler à l'intervention publique pour satisfaire les besoins de chacun.

27 **« Il n'y a point de mot qui ait reçu plus de différentes significations, et qui ait frappé les esprits de tant de manières, que celui de liberté. »**[27]. – L'œuvre de **Montesquieu**, inspirée du régime britannique, marque le passage du libéralisme philosophique aux théories juridiques et institutionnelles le nourrissant. Il déplace les droits de l'homme de l'individu vers le régime politique : d'une certaine façon, il s'agit d'une rupture avec le droit naturel. Montesquieu laisse l'état de nature au rang des hypothèses philosophiques. Son approche plus « sociologique », plus proche des faits historiques et sociaux, s'attache à trouver les ressorts du pouvoir et de la liberté sans trop se préoccuper d'une philosophie de l'homme qu'il emprunte volontiers à Locke. Cependant il entend bien ne pas faire disparaître l'homme derrière la société comme le fera Rousseau : « La société est l'union des hommes et non pas les hommes »[28]. **Certains droits lui paraissent si naturels qu'il les estime inaliénables : la sûreté et la liberté civile.** Pour lui, la liberté de chacun est une partie de la liberté de tous : un homme libre ne peut donc se vendre ni se tuer sans porter préjudice à tous. Sans dire qu'il s'agit d'une violation d'une quelconque loi naturelle, Montesquieu qualifie, au Livre XV, de tels actes « d'extravagance ».

28 **Libéralisme politique et économique.** – **Benjamin Constant** redéfinit la liberté des modernes, la liberté autonomie : « **Le but des modernes est la sécurité dans les jouissances privées et ils nomment libertés les garanties accordées par les institutions à ces jouissances. Aucune autorité ne peut porter atteinte à ces droits sans déchirer son propre titre** ». Le libéralisme français intègre les limites tenant à l'attachement des Français à la démocratie. Au XIXe siècle, les discours sur l'État de droit, inspirés par la doctrine allemande, insistent sur la nécessité de limiter la puissance démocratique par les règles constitutionnelles. La doctrine française ira même plus loin en dépassant les théories de l'autolimitation de l'État par des théories insistant sur la limitation du pouvoir par des normes qui lui sont extérieures[29]. Le libéralisme se présente ensuite comme une hydre à plusieurs têtes. Il présente une face politique, une autre économique. Le grand public retient aujourd'hui surtout le terme « libéralisme » sur le plan économique, le confondant avec le capitalisme sans frein. Mais si l'économie peut être libérale, on doit le lier au fait que le commerce et l'industrie prennent la forme de libertés juridiquement protégées. Dans la conception la plus pure du libéralisme, que les révolutionnaires partageaient au moment d'adopter le Décret d'Allarde et la loi Le Chapelier, que Benjamin Constant louait, l'État doit se tenir en retrait pour laisser l'initiative individuelle se développer comme liberté, comme droit de l'homme. En un second temps, certains économistes comme **Hayek et Ricardo** entendront montrer que cette forme présente les meilleures conditions du développement économique. Mais le libéralisme économique s'accommode fort bien d'un autoritarisme politique. Les physiocrates français (Le Mercier de la Rivière, Quesnay) admettent à la fois les inégalités comme naturelles, l'État comme autorité de police non engagée dans l'économie mais garant de la propriété privée et des moyens de production. Le droit positif aura un rôle important à jouer pour garantir à chacun une sphère privée.

---

26. S. Rials, *La DDHC de 1789*, Hachette, coll. Pluriel-Inédit, 1988.
27. Montesquieu, *De l'esprit des lois* (Chapitre II du Livre XI), Genève, 1748.
28. Montesquieu, *De l'Esprit des Lois*, Livre X, Chap. 3.
29. V. *supra* n° 21, 22 et *infra* n° 249.

6. D'autres philosophies des droits de l'homme au XXe siècle[30]

29 Le XXe siècle a été celui des grands conflits mondiaux, des génocides, des réfugiés, des crimes contre l'humanité. En réaction, un certain nombre d'infléchissements et de refondations ont été réfléchis par les philosophes. On laissera de côté l'action, pourtant importante, d'intellectuels engagés, « voltaires » contemporains, qui n'ont pas nécessairement « pensé » les droits de l'homme dans un système plus général du politique, du droit, de l'homme. Sartre, Camus et Aron par exemple doivent être cités pour leur engagement sans qu'ils aient pour autant théorisé les droits de l'homme. On s'attachera à quelques œuvres marquantes, choisies avec un certain et inévitable arbitraire. Pour plus de lisibilité, il semble que l'on puisse regrouper ces auteurs autour de deux thèmes : le premier, le plus classique, revient sur les théories politiques des droits de l'homme, c'est-à-dire sur le lien qu'ils entretiennent avec la philosophie du pouvoir et de l'État (Habermas, Rawls). Le second, sans doute plus original et important, réside dans les philosophies de l'humanité (Arendt, Foucault, Lévinas, Ricœur).

a. Philosophies du politique

30 **Jurgen Habermas (né en 1929). –** Auteur d'une œuvre considérable, Habermas fait principalement reposer sa tentative pour fonder la raison et le droit sur l'idée d'une communication sociale élémentaire, qui serait garante des principes. Il s'agit pour lui de fonder logiquement une philosophie du contrat social sur les bases de la philosophie du langage. **Les théories des droits de l'homme n'ont fait jusqu'ici que rationaliser et justifier les formes de légitimité existantes** (la force, la religion, le peuple). Or, la société du XXe siècle, devenue plurielle et hétérogène, ne peut se raccrocher à des valeurs communes « déjà là ». La crise du « sens » et de la morale nécessite une autre approche. Il considère que pour que des principes politiques communs soient possibles, il faut les construire sur une communication sincère, dialogique et non stratégique, c'est-à-dire à la recherche d'une vérité et non de la conviction de l'autre. **Habermas propose de donner une autre définition du formalisme juridique qui ne se rattache plus à l'efficacité rationnelle scientifique et instrumentale d'un droit calculable, mais aux procédures d'une raison pratique définissant ce que tous peuvent vouloir dans l'intérêt légitime de chacun.** Pour s'engager dans cette recherche, il faut respecter toute subjectivité et éviter ce qu'il nomme « contradiction performative », c'est-à-dire commettre un acte ou un discours contradictoire avec ce que l'on dit (« toi, je ne te parle pas »). Dans *Droit et démocratie*[31] il va ensuite tenter de renouveler la morale kantienne, en détachant l'impératif catégorique du contexte de la philosophie transcendantale pour le reconstruire en « principe d'universalité ». Les droits de l'homme, en effet, sont pour lui le médium indispensable à l'exercice des droits politiques. L'espace public fournit le seul espace possible pour ce dialogue. Cet espace n'est plus celui des Lumières ou de Kant, il se mondialise. Dans *L'Intégration républicaine*[32], Jürgen Habermas évoque le débat interculturel sur les droits de l'homme qui regarderaient d'après lui « d'un côté vers la morale et de l'autre vers le droit ». **Le concept de droit de l'homme n'est pas, dans la conception de Habermas, d'origine morale, mais une modalité spécifique du concept moderne des droits subjectifs, et donc un concept juridique.** Abandonnant le droit naturel, il recherche la légitimité de droits qui s'imposent au législateur. Pour lui, ce sont les conditions formelles de la justification qui acquièrent elles-mêmes un pouvoir de légitimation. Voilà pourquoi, il renie l'opposition entre des droits de nature et un lien politique juste nécessaire : les droits de l'homme, fondés dans l'autonomie morale des individus, n'acquièrent un aspect positif qu'à travers l'autonomie politique du citoyen. Une démocratie fondée sur l'« agir communicationnel » se pose en condition des droits et non en conséquence d'eux. L'autonomie privée permet l'autonomie publique, seule à même de refonder les droits. Cela se traduit par des mécanismes de transparence, de discussion, d'argumentation, bref de procédures formelles fondées sur la bonne foi et l'adhésion. Au dernier paragraphe de *Droit et démocratie*, Habermas écrit « comme l'État de droit lui-même, [le paradigme procédural du droit] conserve un noyau dogmatique, à savoir l'idée

30. L. Ponton, Philosophie et droits de l'homme de Kant à Levinas, Vrin, 1990.
31. J. Habermas, *Droit et démocratie. Entre faits et normes*, Gallimard, coll. NRF Essais, 1997.
32. J. Habermas, L'Intégration républicaine. Essais de théorie politique, Fayard, 1998.

d'autonomie selon laquelle les hommes n'agissent en tant que sujets libres que dans la mesure où ils obéissent aux lois mêmes qu'ils se donnent en fonction de leurs connaissances intersubjectivement acquises ».

31 John Rawls (1921-2002). – En 1971, Rawls, enseignant à Harvard, écrit sa *Théorie de la justice*. Il s'agit pour lui de produire les normes pures et universelles qui permettent une évaluation rationnelle des institutions et des pratiques constitutives de tout ordre social : « Le premier objectif de la théorie de la justice comme équité est de fournir une analyse convaincante des droits et des libertés de base ainsi que de leur priorité. Le second objectif est de compléter cette analyse par une conception de l'égalité démocratique, ce qui m'a conduit au principe de la juste égalité des chances et au principe de différence ». **L'objet premier de la justice c'est la structure de base de la société ou, plus exactement, la façon dont les institutions sociales les plus importantes (constitution politique et principales structures socio-économiques) répartissent les droits et les devoirs fondamentaux et déterminent la répartition des avantages tirés de la coopération sociale.** Cette théorie réinterprète la doctrine du Contrat social et du droit naturel en simulant une situation originaire comparable à l'état de nature où chacun se retrouve sous un « voile d'ignorance ». Chacun ignore quelle sera sa position dans la société, tous sont égaux. La justice comme équité ne peut être élaborée que rationnellement par des êtres placés dans une situation elle-même équitable. Il en résulte deux principes fondamentaux :

1. Chaque personne doit avoir un droit égal au système le plus étendu de libertés de bases égales pour tous et qui soit compatible avec le même système pour les autres.
2. Les inégalités sociales et économiques doivent être organisées de façon à ce qu'à la fois l'on puisse raisonnablement s'attendre à ce qu'elles soient à l'avantage de chacun et qu'elles soient attachées à des positions et à des fonctions ouvertes à tous. Il n'y a pas d'injustice dans le fait qu'un petit nombre obtienne des avantages supérieurs à la moyenne, à condition que soit par là même améliorée la situation des moins favorisés. L'idée essentielle est que : puisque le bien-être de chacun dépend d'un système de coopération sans lequel nul ne saurait avoir une existence satisfaisante, la répartition des avantages doit être telle qu'elle puisse entraîner la coopération volontaire de chaque participant. Cette réflexion, qui fait des droits de l'homme l'hyper-centre du système politique, a marqué la philosophie politique du XXe.

b. Philosophies de l'humanité

32 Hannah Arendt (1906-1975). – « Dans toutes les choses pratiques et spécialement dans les choses politiques, nous tenons la liberté humaine pour une vérité qui va de soi, et c'est sur cet axiome que les lois reposent dans les communautés humaines, que les décisions sont prises, que les jugements sont rendus.[33] » Arendt, formée par Heidegger à la philosophie de Saint-Augustin, construit une œuvre très cohérente, à la **recherche d'un humanisme perdu dans le nazisme**. Arendt voit dans la destruction des droits de l'homme un préalable à la domination totalitaire, le totalitarisme ayant détruit en premier lieu la personne juridique en l'homme, à la faveur de la chute de l'État-Nation, incapable de protéger les hommes qui ne « sont plus que des hommes ». Elle entreprend dans *Les origines du totalitarisme* (1972) **une critique du droit naturel moderne**, trop abstrait, aboutissant à une standardisation des êtres humains, propice aux totalitarismes. L'individualisme a détruit les « protections » de la personne (la famille, le groupe solidaire) et laissé l'individu seul et étranger à l'action collective. Elle refuse pour autant de revenir à une pensée antique trop naturaliste. Sa refondation des droits de l'homme s'opère par une pensée de l'action et de l'œuvre (*vita activa*) : elle cherche à refonder ces droits en lien avec un droit d'agir, un droit d'avoir des droits, afin d'empêcher l'exclusion de l'humanité dont ont été victimes les sans-droits. Le fondement devient alors un droit de la différence dans le cadre des États-Nations où l'étranger doit pouvoir participer à la vie politique. Elle revalorise la figure du citoyen, sujet de la solidarité et du pluralisme.

33. H. ARENDT, *La crise de la culture (Qu'est-ce que la liberté)*, Paris, Folio Essais, 1954-1972, p. 186.

33 **Michel Foucault (1926-1984). –** Dans les années 1970, Foucault s'engage dans les combats politiques en faveur des minorités et des exclus et renoue avec une réflexion sur la subjectivité, s'attachant à la question du « souci de soi ». C'est alors que la perspective de refonder un nouvel humanisme, dans le sillage du combat anti-totalitaire, impose la notion de « droits de l'homme » comme horizon de tout engagement et de toute pensée. **Sa théorie d'une « biopolitique » s'appuie sur l'idée que le pouvoir se sert des techniques et des savoirs sur le corps pour assurer son emprise sociale.** À travers l'histoire de la sexualité, le cas des prisons[34], et bien avant, du traitement de la folie, il montre et dénonce l'effacement de la sphère privée. L'État agit sur ce qui est naturel chez l'homme et développe des techniques de discipline. Contre la présence du pouvoir dans tous les interstices de la vie privée, Foucault insiste sur l'autonomie d'un sujet qu'il avait contribué à diminuer, pour insister sur le gouvernement de soi[35]. Il plaide alors pour un droit qui ne serait pas complice du contrôle social mais antidisciplinaire et excluant un fondement de souveraineté. **Le sujet du souci de soi n'est plus alors le sujet de droit.** Il revient au modèle de la philosophie cynique dénonçant parfois le modèle démocratique se prétendant pourvoyeur de vérité, dans son *Herméneutique du sujet* (1981). Cette forme de « droit » où le souci de soi devient un art de vivre semble fonder bien des demandes sociales contemporaines, particulièrement dans le domaine de la sexualité et de la procréation médicale.

34 **Emmanuel Lévinas (1906-1995). –** Issue des années 1970, la pensée de Lévinas rencontre son public vingt ans plus tard, à la faveur du « retour du sujet » après le structuralisme. Lévinas plonge sa pensée dans le terreau du judaïsme et se cantonne à une éthique pure, sans visée pratique. Il propose une éthique de l'éthique, une philosophie première du sujet en tant qu'il est d'emblée sujet éthique. Cette éthique est fille de la Shoah : l'humanisme s'est retourné contre l'homme. Pour autant, comme l'œuvre d'Hans Jonas a pu inspirer l'écologie moderne, celle de Lévinas entretient avec le droit qui protège l'humain (dignité de la personne, crimes contre l'humanité, droit humanitaire, droits culturels et patrimoine de l'humanité) des liens éclairants. Il dépasse ainsi de très loin l'homme des droits de l'homme[36]. **Ni la liberté personnelle, ni la primauté de la raison ne sauraient supplanter la révélation qu'est le visage d'autrui** (« Épiphanie du visage »). L'autre appelle chacun à une infinie responsabilité qui fonde ses droits. L'humain appelle l'absolu du social, autrui est celui qui permet au sujet de naître à sa propre condition humaine. En effet, si la liberté demeure un élément intrinsèque de l'homme, le statut de sujet dépend prioritairement du rapport à autrui. Par sa condition d'étranger, autrui arrache le sujet à son être impersonnel et le convoque à la responsabilité pour les autres. Le sujet de droit est un sujet de responsabilité : « Ma liberté et mes droits avant de se montrer dans ma contestation de la liberté et des droits de l'autre homme se montreront précisément en guise de responsabilité, dans la fraternité humaine. Responsabilité inépuisable, car on ne saurait être quitte envers autrui »[37]. Cette conception dépasse, voire dénonce, le cadre naturaliste et contractualiste des droits de l'homme pour les penser dans l'unilatéralité du respect de l'humanité de l'autre. Cela permet d'illustrer l'objectivité des règles qui désormais protègent les droits, principalement la dignité et les règles de responsabilité mais aussi le principe de fraternité, source de droits fondamentaux.

35 **Paul Ricœur (1913-2005). –** « À toute époque et dans toute culture, une plainte, un cri, un proverbe, une chanson, un conte, un traité de sagesse, ont dit le message : si le concept des droits de l'homme n'est pas universel, il n'y en a pas moins chez tous les hommes et dans toutes les cultures le besoin, l'attente, le sens de ces droits. L'exigence a toujours été que "quelque chose est dû à l'être humain, du seul fait qu'il est humain" »[38]. Ricœur vient d'un tout autre horizon, celui de la philosophie herméneutique, du récit, de l'histoire, des textes religieux. Il ne vient au droit que dans les années 1980[39]. Son dernier ouvrage, *Parcours de la*

---

34. M. Foucault, *Surveiller et punir. Naissance de la prison*, Paris, Gallimard, 1975.
35. M. Foucault, *Histoire de la sexualité*, t. 1, *La volonté de savoir*, Gallimard, 1976, t. 2, *Le souci de soi*, Gallimard, 1984, t. 3, *L'usage des plaisirs*, Gallimard, 1984.
36. E. Levinas, *Humanisme de l'autre homme*, Fata Morgana, Paris, 1996.
37. E. Levinas, « Les droits de l'homme et les droits d'autrui » in *Hors Sujet*, Fata morgana, 1987, rééd. Le Livre de poche, coll. Biblio-essais, 1997, p. 170.
38. P. Ricœur, « Pour l'être humain du seul fait qu'il est humain », in *Les enjeux des droits de l'homme*, J.-F. de Raymond (dir.), Larousse, 1988, p. 236.
39. P. Ricœur, *Le juste I*, Esprit, 1995 et *Le juste II*, Esprit, 2001.

reconnaissance. *Trois études* lui permettent de synthétiser ses études sur la justice, sur le sujet, sur l'altérité. **Lui aussi déborde le cadre de la réciprocité des droits de l'homme pour évoquer la dimension objective de la « mutualité ».** Il mobilise l'idée de reconnaissance pour placer les droits de l'homme sur le registre de la constitution du lien politique et non plus de la justice distributive. Le principe cardinal de non-discrimination ne se comprend que par sa différence avec la simple inégalité : il tient compte de la reconnaissance des membres du groupe. À l'inverse, l'égalité abstraite et absolue nie les différences que la reconnaissance valorise. L'analyse débouche sur une justice reconstructrice, celle de l'aveu et du pardon, de la réparation. La reconnaissance se concrétise en droit par le statut du sujet des droits fondamentaux, le droit à avoir des droits.

36 **Mireille Delmas-Marty (1941-2022). –** « Résister à la déshumanisation, responsabiliser les acteurs globaux et anticiper les risques à venir ». Éminente juriste, professeure titulaire de 2002 à 2011 de la chaire « Études juridiques comparatives et internationalisation du droit » du Collège de France, elle a constamment plaidé pour un dialogue des institutions aux niveaux national et international, contribuant notamment à l'efficacité de la justice pénale internationale et à la déclinaison constante du principe de dignité humaine, qu'elle appelait « humanisme ». Elle a étudié avec force le mouvement de globalisation du droit et des droits (par de nombreux écrits de droit comparé) en proposant des concepts liés à l'universalisme et l'internationalisation du droit, permettant une gouvernance polycentrique et un « droit commun » remettant les États à une place secondaire et dénonçant la dérive sécuritaire de ceux-ci. Elle mit également l'accent sur les contradictions inhérentes aux droits de l'homme, lorsque sécurité et raison économique s'allient pour fermer les sociétés sur elles-mêmes[40] : « En entrant dans le droit positif, les droits de l'homme révèlent non seulement des contradictions internes, mais aussi des conflits externes entre les raisons pratiques qui les inspirent et pourraient nous entraîner, de limites en contre-limites, dans le "pot au noir", ce lieu mythique où les navires, pris dans les tourbillons de vents contraires, sont menacés de naufrage. Aux contradictions persistantes entre la raison d'État et l'idéal universaliste des droits de l'homme s'ajoutent désormais les contradictions entre l'humanisme anthropocentré des Lumières et un humanisme d'"interdépendance" qui limiterait les droits des générations présentes au nom d'une raison planétaire nouvellement reconnue. À moins que la montée en puissance des innovations technologiques, prônée par les courants "posthumanistes", ne vienne annoncer la fin des contradictions au profit d'une raison technoscientifique assez puissante pour exclure toute limite, même au nom des droits de l'homme »[41].

B. L'universalisme des droits

37 **Signification classique de l'universalisme. – Cette question de l'universalisme** a beaucoup occupé philosophes et doctrine juridique. Il s'agit pourtant souvent d'un faux problème, mal posé. Universalisme signifie que le sujet abstrait des droits de l'homme peut s'adapter à toute personne, quelle que soit sa culture. Il ne signifie pas que toute personne puisse bénéficier des droits de l'homme, ni en fait, ni en droit, faute d'un système politique qui accepte les présupposés des droits de l'homme (individualisme, subjectivisme, libéralisme notamment). Ce message s'obscurcit à chaque fois que l'on comprend l'universalisme comme un fait et que l'on constate, ô surprise, que finalement de trop nombreux États à travers le monde n'adhèrent pas aux présupposés occidentaux. **L'universalisme ne peut se concevoir comme un fait, mais en droit.** Et même en droit il n'implique pas facilement que tous les droits transcendent les droits nationaux. En outre, même dans nos démocraties libérales, l'universalisme de droit se trouve transformé, voire écarté au profit d'une catégorisation des droits. L'idée est que les droits de l'homme sont forcément universels. Pour les Anglais, les droits de l'homme ne sont pas universels. Ils les ont conquis et ces libertés sont donc valables dans un lieu donné, à un moment donné car ils sont issus d'un rapport de force. Inversement, pour les Français, une déclaration des droits doit être de tous les temps et de tous les peuples. **La DDHC est donc valable pour tous, dans tous les temps, dans tous les lieux, car tout**

40. M. Delmas-Marty, « Les faiblesses de l'universalisme juridique ou l'incomplétude des idées » (Des concepts flous ; Des valeurs conflictuelles ; Des normes ineffectives), in *Le relatif et l'universel : Les forces imaginantes du droit*, vol. 1, Paris, Seuil, 2004, p. 53 *sq.*
41. M. Delmas-Marty, « Les droits de l'homme et le "pot au noir" », *Communications*, vol. 104, n° 1, 2019, pp. 25-36.

être humain dispose de droits inaliénables et sacrés (sous réserve qu'elle soit applicable, c'est-à-dire sous « juridiction » française). Voilà pourquoi la DDHC ne comprend qu'une seule fois le mot « français » et qu'elle résume le rêve de l'humanisme des Lumières. Pour autant, est-ce que les droits de l'homme sont universels ?

Deux significations de l'universalisme ne doivent pas se confondre. Il peut d'abord signifier que le corpus de droits de l'homme s'applique ou a vocation à s'appliquer dans l'ensemble des États de la planète (universalisme international). Il peut signifier ensuite que les droits sont les mêmes pour tous les hommes (universalisme républicain). Dans les deux cas, il ne faut pas oublier le paramètre étatique : chaque État représente un ordre juridique distinct dans lequel les droits de l'homme sont plus ou moins reconnus en droit, plus ou moins respectés en fait. Les droits de l'homme ont une prétention universelle mais ils sont liés à des valeurs occidentales et de nombreuses cultures contestent l'individualisme qui fonde les droits. L'universalisme reste donc celui du sujet de droit dans un système donné et non celui de tous les droits dans tous les systèmes.

38 Universalisme du sujet de droit. – L'universalisme s'entend comme celui du sujet des droits de l'homme. La construction intellectuelle qui fait de tout homme le titulaire de certains droits engendre deux conséquences. La première : tout État qui adhère à une déclaration des droits entend garantir ces droits à ses sujets et aux étrangers ; tout sujet qui tombe sous sa coupe, dans sa juridiction, y sera traité comme sujet des droits de l'homme. L'universalité se comprend, à l'intérieur d'un ordre juridique national, de tous les êtres humains. **En ce sens l'universalisme ne doit pas grand-chose à l'internationalisation.** La seconde : l'universalisme ne saurait être celui de tous les droits, mais seulement de ceux qui figurent dans la déclaration en question, nationale et/ou internationale. L'universalisme ainsi compris repose donc sur le principe de non-discrimination qui veut que le droit garanti le soit intégralement à quiconque.

39 Universalisme et catégorisation des droits. – L'humanisme souffre aujourd'hui paradoxalement du désir de renforcer les droits en les adaptant à la situation concrète de chaque être humain. L'idée générique d'une commune humanité ne conduit plus à protéger suffisamment de prérogatives. Pour cela il faut « catégoriser », c'est-à-dire décliner l'humain en « enfant », « femme », « situation de handicap », « étranger », « homosexuel », « travailleur », ou « membre d'une minorité ». Les droits cessent de rechercher une application universelle, standard, pour devenir des droits spécifiques, « sur mesure » en quelque sorte ; le but étant de rechercher une égalité réelle, compensatrice.

40 Universalisme et internationalisation des droits de l'homme. – Si l'universalisme ne s'entend pas en fait mais en droit, on peut tout de même apprécier la tendance du droit à s'adapter pour modifier les faits et rendre les droits plus universels en fait. Ainsi, plus le droit international évolue vers une « couverture » accrue, plus l'universalisme de fait progresse. Plusieurs facteurs opèrent : le nombre de textes ouverts à la signature, la révision à la baisse de l'individualisme, le renforcement de l'autorité du droit international des droits de l'homme, sa juridictionnalisation.

Tout d'abord, l'universalisme de fait progresse à chaque fois qu'un nouvel aspect de protection de l'individu fait l'objet d'une **juridicisation par un instrument international** ouvert à la signature, même si les États posent des réserves, même si l'entrée en vigueur attend plusieurs années les ratifications nécessaires. En effet, plus les États entrent dans une logique d'engagement juridique envers leurs populations, plus la philosophie universaliste des droits progresse. Il s'agit de refonder sur l'universalité du sujet plutôt que sur l'universalité matérielle de droits conçus très différemment d'une nation à l'autre.

Ensuite, les négociateurs internationaux ont su parfois **émousser l'individualisme** occidental triomphant pour concrétiser tout de même des prérogatives équivalentes. On a vu que l'acceptation de l'idée de droits des groupes ou des peuples en 1948 a eu cet effet. Plus largement, le **durcissement du droit international des droits de l'homme** conduit à densifier leur universalisme. Ainsi, l'idée du *jus cogens*, d'un droit impératif, sert de support à la protection des droits les plus fondamentaux de l'homme : le droit à la vie l'interdiction de la torture. Dans un des arrêts fondamentaux du droit international public, l'affaire de la *Barcelona Traction*[42], la Cour internationale de justice affirme, sans utiliser l'expression *jus cogens*, qu'« une distinction doit être établie entre les obligations des États envers la communauté internationale dans son ensemble [...] et celles qui naissent vis-à-vis d'un autre État dans le cadre de la protection diplomatique ». Dès lors, les valeurs considérées comme universelles peuvent bénéficier d'une protection juridique internationale objective. Certaines seront pénalement sanctionnées à l'encontre de gouvernants et de leurs bras armés.

Le droit international pénal, issu de l'expérience des tribunaux de Nuremberg[43] et de Tokyo[44], poursuit la création de tribunaux pénaux internationaux pour juger spécifiquement de crimes commis dans le cadre de conflits localisés (Tribunal pénal international pour l'ex-Yougoslavie créé en 1993, Tribunal pénal international pour le Rwanda créé en 1994). Ces juridictions fonctionnent, ainsi qu'en atteste la condamnation de cinq responsables serbes en février 2009 pour des crimes contre l'humanité commis au Kosovo. La compétence de ces juridictions à vocation à primer celle des juridictions nationales qui devront donc se dessaisir à leur profit. Enfin, la Cour pénale internationale créée par la convention de Rome de 1998 (en fonctionnement depuis le 1er juillet 2002) siège à La Haye aux Pays-Bas. Sa compétence s'exerce à la demande d'un État partie ou du Conseil de sécurité des Nations unies (qui peut aussi suspendre les poursuites) ou encore de son propre Procureur. Elle juge ainsi les crimes commis sur le territoire d'un État membre ou à l'égard de ses ressortissants ayant commis des crimes à l'étranger, mais sa compétence reste subsidiaire par rapport aux États. Elle a rendu le 10 juillet 2012 sa première sentence condamnant un milicien congolais pour l'enrôlement de mineurs dans l'armée[45].

Ex. Le 21 juin 2016, la chambre de première instance III de la Cour pénale internationale a condamné Jean-Pierre Bemba Gombo à 18 ans d'emprisonnement en tant que chef militaire, de deux chefs de crimes contre l'humanité (meurtre et viol) et de trois chefs de crimes de guerre (meurtre, viol et pillage), commis en République centrafricaine entre octobre 2002 et mars 2003. Considérant que la peine la plus lourde, soit 18 ans pour viol, était proportionnée à sa culpabilité globale, la chambre a décidé que les peines prononcées à son encontre seraient confondues.

La Cour peut aussi prononcer des ordonnances de réparation : le 17 août 2017, par exemple, elle a rendu une ordonnance de réparation dans l'affaire Le Procureur c. Ahmad Al Faqi Al Mahdi. Le condamné avait dirigé intentionnellement des attaques contre des bâtiments à caractère religieux et historique dans Tombouctou. Elle a fixé à 2,7 millions d'euros sa responsabilité au titre des réparations individuelles et collectives. Le condamné étant indigent, elle encourage le Fonds au profit des victimes à compléter les réparations ordonnées.

Après avoir essuyé un refus du Conseil constitutionnel de voir ratifiée la convention de Rome, avoir révisé la Constitution pour éviter les contrariétés avec la souveraineté française, et enfin ratifié le texte, le législateur français a adopté pendant l'été 2010 la loi portant adaptation du droit pénal à l'institution de la CPI.

42. CIJ, Barcelona Traction Light and Power Compagny, Belgique c. Espagne, 5 févr. 1970.
43. Accord de Londres du 8 août 1945, Tribunal Militaire International Nuremberg, 1er octobre 1946.
44. Charte du 19 janv. 1946.
45. CPI, 10 juill. 2012, *Thomas Lubanga*.

41 **Compétence universelle. -** L'évolution contemporaine du **droit pénal international** a conduit un certain nombre d'États à adopter la notion de compétence pénale universelle. Il s'agit de faire exception au principe de territorialité du droit pénal, en **permettant à un État de poursuivre et juger un crime commis en un lieu sans lien avec sa propre souveraineté.** Il le fait au nom des valeurs communes des États signataires des conventions de Genève. Ainsi plusieurs États européens ont adopté des législations leur permettant de juger des ressortissants étrangers pour des crimes commis dans leur propre pays. Mais ce n'est pas une exigence de la CEDH. Dans une affaire de traite des êtres humains ou deux Philippines ont été exploitées aux Émirats arabes et un temps en Autriche, la Cour juge que l'article 4 n'exige pas des États qu'ils établissent une compétence universelle en matière de traite des êtres humains commise à l'étranger[46]. Ce fut le cas de la Belgique dans le cas d'un ministre des Affaires étrangères de la République démocratique du Congo, ce fut également le cas de l'Espagne poursuivant Augusto Pinochet du Chili et, dans une certaine mesure, le cas en Allemagne, au Canada et aux États-Unis. Cependant les excès de cette compétence universelle et absolue ont conduit à de nombreuses tensions internationales et à une multiplication des plaintes auprès des États disposant de ces systèmes. C'est pourquoi ils sont partiellement revenus dessus. Ce faisant l'État français aménage les conditions de sa compétence universelle pour juger ces criminels : **peut être poursuivie et jugée par les juridictions françaises toute personne qui réside habituellement sur le territoire de la République et qui s'est rendue coupable à l'étranger de l'un des crimes relevant de la compétence de la CPI en application de la Convention portant statut de la CPI** signée à Rome le 18 juillet 1998, si les faits sont punis par la législation de l'État où ils ont été commis ou si cet État ou l'État dont elle a la nationalité est partie à la convention précitée. La poursuite de ces crimes ne peut être exercée qu'à l'initiative du ministère public qui s'assure auprès de la CPI « qu'elle décline expressément sa compétence et vérifie qu'aucune autre juridiction internationale compétente pour juger la personne n'a demandé sa remise et qu'aucun autre État n'a demandé son extradition » (art. 689-11, CPP). Dans une décision du 24 novembre, la Cour de cassation a déclaré les juridictions françaises incompétentes pour connaître des poursuites engagées contre un ressortissant syrien pour crimes contre l'humanité, au motif que le droit syrien ne prévoyait pas cette incrimination[47].

Cour suprême des États-Unis, 17 avril 2013, *Kiobel v. Royal dutch petroleum, Co., 569 U.S. (Sillabus)*[48]

« Petitioners, Nigerian nationals residing in the United States, filed suitin federal court under the Alien TortStatute, alleging that respondents - certain Dutch, British, and Nigerian corporations - aided and abetted the Nigerian Government in committing violations of the law of nations in Nigeria. The ATS[49] provides that '[t] he district courts shall have original jurisdiction of any civil action by an alien for a tort only, committed in violation of the law of nations or a treaty of the United States.' 28 U.S. c. § 1350. The District Court dismissed several of petitioners'claims, but on interlocutory appeal, the Second Circuit dismissed the entire complaint, reasoning that the law of nations does not recognize corporate liability. This Court granted certiorari, and ordered supplemental briefing on whether and under what circumstances courts may recognize a cause of action under the ATS, for violations of the law of nations occurring within the territory of a sovereign other than the United States. »

46. CEDH, 17 janvier 2018, *J. et autres c. Autriche*, n° 58216/12.
47. Crim., 24 novembre 2021, n° 21-81.344.
48. La Cour rejette la compétence des juridictions américaines pour juger de la complicité des autorités nigérianes dans la répression de la rébellion de populations nigérianes contre les pollutions engendrées par la société Shell. Pourtant en 1980 une cour d'appel fédérale avait laissé entendre que l'Alien Tort Statute de 1789 donne compétence aux juridictions fédérales américaines « pour connaître de toute action en responsabilité civile engagée par un étranger, sur le seul fondement quasi-délictuel, à raison d'une violation du droit des gens ou d'un traité conclu par les États-Unis » (*Filártiga v. Peña-Irala*, 630 F.2d 876 (2d Circ. 1980)).
49. L'Alien Tort Statute de 1789.

En conclusion, on ne peut affirmer l'universalisme des droits de l'homme qu'à la condition de le limiter à un **universalisme de droit**, pour les droits dont le titulaire est inconditionnel, et pour les ordres juridiques qui l'admettent. Il n'y a d'universalisme ni de fait, ni en droit comparé ou en droit international, simplement une vocation à le devenir, conformément à l'universalisme philosophique, incontestable dans la tradition française. La lutte pour la reconnaissance des droits à travers toute la planète anime de très nombreuses organisations internationales, gouvernementales ou non. De ce point de vue, la conception française d'un minimum de droits valables pour tous dans tous contextes l'a emporté sur la version anglaise.

C. Les typologies de droits de l'homme

42 **Intérêt des typologies. –** Si la notion de droits de l'homme ne perd pas son homogénéité de principe, la liste des droits actuellement reconnus à ce titre relève de l'inventaire à la Prévert. Soit pour leur donner des régimes différents, soit pour en décrire le contenu, législateurs et doctrine ont tenté de les rassembler selon des similitudes et des différences, c'est-à-dire des typologies. **Maurice Hauriou par exemple divisait les libertés en trois groupes.** D'abord celui du *status libertatis* qui intègre la liberté individuelle, celle de la famille, des contrats, du travail, puis les *libertés spirituelles*, libertés de conscience, de culte, d'enseignement, de presse et de réunion, enfin, les *droits individuels créateurs d'institutions sociales*, syndicats, associations, congrégations, etc.[50]. Du point de vue de la théorie du droit **une typologie n'a d'intérêt que si elle reflète des différences de régime (niveau de protection, compétence juridictionnelle, limites, mode de garantie)**. La doctrine propose depuis de nombreuses années des classifications qui ne paraissent pas toujours revêtir un tel intérêt et qui même parfois occultent ou contredisent les réalités du droit positif. Il convient donc de les rappeler rapidement et d'en vérifier l'utilité.

43 **Première typologie. –** Le premier critère proposé renvoie souvent à **l'objet du droit** ou de la liberté. On rassemble ainsi les droits civils, les droits politiques, les libertés physiques et celles de la pensée, les droits sociaux et les droits-libertés. Cette façon de voir permet sans aucun doute de planifier les développements d'un manuel mais ne repose sur aucun critère juridique indicatif d'un régime particulier, plus ou moins restrictif, plus ou moins supporté par une source de droit particulière.

44 **Deuxième typologie. –** Il en va de même d'une deuxième typologie reposant sur la distinction entre les **libertés individuelles et les libertés collectives**. Si on peut en effet retenir que la plupart des droits peuvent s'exercer seul et ne nécessiter qu'un droit personnel à agir devant le juge alors que certains prennent tout leur sens en groupe (culte, réunion, association, manifestation, syndicat), les conséquences d'une telle distinction restent faibles quant à leur régime. Certes on pourra considérer que les libertés collectives comportent plus de risques pour l'ordre public que l'action individuelle et font ainsi l'objet de contrôles ou restrictions plus nombreux, mais cela n'a rien de systématique ; quant à l'action en justice, elle peut se révéler plus difficile pour les groupements de fait ou de droit (personnes morales) mais cela tient plutôt à la configuration de contentieux plutôt objectifs intentés par ces groupes (type recours pour excès de pouvoir en droit administratif, ou action pénale avec constitution de partie civile). On **remarquera enfin l'existence de droits ou libertés « mixtes », défendus individuellement mais dans un contexte collectif** : la liberté de communication ou la liberté de religion par exemple.

Cette deuxième typologie voisine avec une autre qui sépare les droits de l'individu des droits des groupes. Sous cette expression de droit des groupes on confond souvent les droits individuels collectifs et des droits individuels dont la finalité tend à sauvegarder les intérêts de groupes, le plus souvent ethniques, comme les peuples autochtones d'Amérique du Nord dont les droits fonciers, le droit à l'autodétermination ou à l'usage de la langue, se trouvent protégés pour chacun mais aussi par le prisme d'institutions de représentation agissant en justice.

50. M. Hauriou, *Précis de droit constitutionnel, op. cit.*

Mais les droits de l'homme échappent à cette « collectivisation » des prérogatives individuelles et les droits des groupes demeurent très résiduels, y compris en droit international. L'intérêt d'en faire une catégorie reste minime, particulièrement à l'heure de la reconnaissance de droits fondamentaux au profit des personnes morales.

45 **Troisième typologie.** - Elle se base sur l'opposition entre **droits subjectifs et droits objectifs**[51]. Les droits subjectifs sont attachés au sujet qui peut les revendiquer en justice (une des sources du droit le reconnaît titulaire et il dispose en outre d'une voie procédurale adaptée). Il y a donc un critère important de la justiciabilité par des recours individuels et suffisamment efficaces pour restaurer un intérêt propre lésé. Les droits objectifs s'envisagent comme des obligations contenues dans ces mêmes sources mais pesant sur les pouvoirs publics qui sont contraints par des recours objectifs, contre leurs décisions d'agir ou leurs abstentions, comme le recours pour excès de pouvoir. Cette distinction repose notamment sur l'œuvre de **Georg Jellinek**[52]. L'idée se résume à intégrer au système de protection des droits fondamentaux le contrôle de la compatibilité des actes émanant d'autorités publiques avec les droits subjectifs. C'est une façon de mettre en place un ordre juridique favorable au respect des droits, en quelque sorte pacifié, au lieu de s'en remettre à la pugnacité des individus qui se défendront en justice. Cette façon de voir, qui dépend de tout un contexte théorique sur ce qu'est vraiment le droit, permet simplement de mettre en valeur que la garantie des droits ne repose pas seulement sur l'individu titulaire du droit mais aussi sur des conditions globales, de police et de service public. Au-delà, tous les droits fondamentaux sont des droits subjectifs. L'affirmation de l'existence de « droits objectifs » nécessite qu'un ordre juridique donné comporte des principes relatifs aux droits fondamentaux (comme la proportionnalité des limites aux droits ou le principe de non-discrimination) et qu'il ouvre des recours juridictionnels adaptés offrant la possibilité d'agir au nom des droits fondamentaux contre les actes publics, c'est-à-dire avec un intérêt agir du requérant élargi. Le corollaire de cette conception réside dans un certain effet « horizontal » des droits qui permet à un individu de les opposer à un autre mais qui implique aussi que l'État soit responsable d'une législation qui ne permet pas à un individu de violer le droit fondamental d'un autre. Cette question sera précisée plus tard[53].

46 **Quatrième typologie.** - Une quatrième distinction existe entre **droits substantiels et droits-garanties**, comme les fins se séparent des moyens. On parle de droits substantiels quand on reconnaît à l'individu une prérogative : pouvoir de faire ou de ne pas faire, soit une liberté soit les éléments d'un statut ou encore une créance. On parle de droits « garanties » pour les instruments qui assurent la protection des droits substantiels : c'est-à-dire des droits procéduraux : droit au recours, au juge, à un procès équitable, droit des administrés à la défense, droit à l'information, à la transparence, droit de saisir une autorité administrative indépendante, droit de pétition. Ces droits qui protègent d'autres droits appartiennent à l'acquis de la seconde moitié du XXe siècle et ne doivent pas se confondre avec des principes structurels de l'ordre juridique tels que le partage des compétences des juridictions. Les droits-garanties ne doivent pas non plus être confondus avec le principe de sécurité juridique[54]. Ce principe provient du droit communautaire, qui le reçoit du droit allemand. C'est un ensemble de dispositions qui assure la stabilité, l'intelligibilité et la clarté du droit. La sécurité juridique n'est donc pas un droit fondamental mais il en défend certains. L'intérêt de cette typologie se limite ainsi à mettre en lumière des sources spécifiques et des voies juridictionnelles différentes ; car au fond, les droits-garanties revêtent aujourd'hui la même valeur et la même forme, voire les mêmes sources que les droits substantiels.

---

51. J. Arlettaz, J. Bonnet (dir.), *L'objectivation du contentieux des droits et libertés fondamentaux - Du juge des droits au juge du droit ?*, Actes du colloque du 12 décembre 2014, coll. Publ. Institut international des droits de l'homme, Pedone, Paris, 2015.
52. System der öffentlich-subjektiven, Rechte de 1895.
53. N. Foulquier, Les droits publics subjectifs des administrés, Dalloz, 2003.
54. T. Piazzon, La sécurité juridique, Defrénois, 2009 ; P. Raimbault, Recherche sur la sécurité juridique en droit administratif français, LGDJ, 2009.

47 **Cinquième typologie. –** Plus connue, elle mêle le **critère des prérogatives** et celui de la chronologie. L'opposition entre les libertés et les droits sociaux conduit aussi à évoquer des « générations » de droits[55]. **La première génération**, celle des droits civils et politiques, reconnaît une faculté d'agir (« droit de... »), une liberté spontanée, ne nécessitant qu'indirectement l'action publique. Historiquement, il s'agit des droits reconnus aux XVIIIe puis isolés dans le Pacte international sur les droits civils et politiques de 1966 ou encore la Convention européenne des droits de l'homme. Le caractère spontané, inné, de ces droits leur donne ainsi une dimension première particulière.

La deuxième génération rassemble les droits sociaux ou droits « créances » consacrés à partir de 1848 puis en 1946. Il s'agit de droits à prestation publique, de « droits à... » (prestations sociales diverses, éducation, santé) ou, dans une moindre mesure, de droits liés au monde du travail (droit au loisir, droit à l'emploi). L'action publique y devient l'objet du droit et non plus sa condition.

Enfin, sur ces deux premiers temps qui ont fait l'unanimité, **la troisième génération** se nourrit des droits « collectifs », exercés au stade du groupe : droits des peuples à disposer d'eux-mêmes, droit à la paix, au développement, à l'environnement sain, droits culturels (langue, art, coutume, histoire...) etc., mais qui peuvent se concrétiser par une action en justice individuelle ou collective. Ces droits ont plutôt été consacrés par des textes internationaux et par les constitutions les plus récentes d'Afrique ou d'Amérique latine. Leur développement reste concomitant des droits sociaux et très proche dans leur régime, au point qu'une partie de la doctrine entend bien ne pas les distinguer. Ils sont invocables par tout homme mais opposables seulement à la puissance publique sur le mode, le plus souvent, du droit objectif. Enfin, emportés par l'élan, certains évoquent même l'émergence d'une **quatrième génération**, dont le périmètre demeure imprécis : il s'agirait des droits face aux évolutions technologiques ou plus précisément des droits liés au développement des biotechnologies et de la bioéthique (assistance médicale à la procréation, utilisation des produits et cellules humains, etc.) ou du développement des techniques du numérique.

48 **Critique. –** Cette dernière typologie, francocentrée, conserve un certain nombre d'avantages didactiques. Elle permet d'abord de montrer la progressivité de la juridicisation des droits ; elle souligne ensuite le rôle de l'État dans la concrétisation des droits. Elle renvoie enfin à une certaine différence de traitement de ces droits sous la plume des juges en cas de conflits. Cet aspect sera développé plus tard, mais on doit ici admettre que l'exigibilité des droits (et non leur niveau de protection à proprement parler) va *decrescendo* avec les générations. Dans les faits, la troisième génération ne donne que difficilement lieu à procès et la deuxième nécessite des dispositifs législatifs et réglementaires précis pour être exigibles. Ce constat ne doit pas occulter la réalité juridique. Du point de vue de l'usage fait des droits, sur un plan factuel et stratégique, la typologie en générations demeure en adéquation avec la réalité contentieuse. **Mais du point de vue du droit objectif l'intérêt de cette classification s'estompe car ces droits, reconnus aujourd'hui par les mêmes sources (constitutionnelle, européenne, internationale) avec les mêmes limites et les mêmes réserves, possèdent la même valeur et les mêmes types de protection.** Seuls leurs régimes peuvent différer parfois. Ainsi par exemple, depuis 2005, le droit à un environnement sain a-t-il les mêmes valeurs, portées, protections que le droit de propriété. Cette situation traduit en fait un principe de droit international : l'indivisibilité des droits de l'homme.

D. L'indivisibilité des droits de l'homme

49 **Juridiquement, la séparation en générations n'offre plus de pertinence. –** Ainsi que l'écrivait Mireille Delmas-Marty : « Garantir l'indivisibilité des droits est la condition pour que les droits de l'homme soient vraiment reconnus comme un idéal commun »[56]. Négociateurs internationaux et juges affirment que tous ces droits fondamentaux sont consacrés avec la même force et la même valeur. Pour tenter de régler la question de l'universalité

55. K. Vasak, « Le droit international des droits de l'homme », *RCADI*, 1974, t. 140, p. 344.
56. M. Delmas-Marty, *Le relatif et l'universel*, Paris, Seuil, 2004.

des droits de l'homme, le droit international des droits de l'homme a promu le principe de l'indivisibilité des droits. L'idée est que tous les droits sont interdépendants. Chaque droit est la condition d'un autre droit qui a même titulaire. Encore une fois, c'est l'unité du sujet de droit qui amène à l'intrication des droits.

C'est la conception portée par la **proclamation de Téhéran** de l'ONU du 13 mai 1968 à l'article 13 : « Les droits de l'homme et les libertés fondamentales étant indivisibles, la jouissance complète des droits civils et politiques est impossible sans celle des droits économiques, sociaux et culturels ». La Déclaration de la Conférence de Vienne sur les droits de l'homme du 25 juin 1993[57] et la Déclaration sur le droit et la responsabilité des individus la réitère[58]. D'autres textes ont repris les mêmes principes[59], utilisés à neuf reprises par les Pactes. Ils attestent de la non-pertinence du point de vue du sujet, de la distinction des générations de droits. Le même principe a guidé la rédaction de la Charte des droits fondamentaux de l'Union européenne qui refuse de séparer les différentes générations de droits et, dans un premier temps, inscrivant la dignité en principe directeur, au sein du préambule.

De plus en plus de juges établissent clairement les liens qui unissent les droits à la santé, à la vie et à la protection de l'environnement, notamment pour accueillir les actions de groupes (peuples et communautés) contre des pollueurs, souvent des multinationales[60].

Nombre de droits dits « libertés » nécessitent en fait l'action de l'État, ne serait-ce que par l'existence de juridictions accessibles pour pouvoir en dénoncer la violation, mais aussi en termes d'infrastructures (on pense à la liberté d'expression qui nécessite des réseaux et des supports).

Selon une typologie plus moderne, l'État, et avec lui l'ensemble des débiteurs des droits fondamentaux, aurait une triple obligation de respecter, protéger et mettre en œuvre ; faisant des droits de l'homme une « politique » en soi, alors même qu'ils ont été conçus comme des principes d'encadrement et non le programme d'action lui-même[61].

50 **La Cour européenne des droits de l'homme**, qui travaille à partir d'une convention qui ne consacre pas de droits sociaux, n'en affirme pas moins l'interdépendance des droits sociaux et des droits « libertés ». Le principe de « prééminence du droit », c'est-à-dire d'effectivité de la norme, impose de tenir compte du contexte social d'exercice du droit. La Cour affirme qu'il ne sert à rien de proclamer des droits et libertés quand l'État les prive de garantie faute d'un minimum de conditions sociales d'exercice. Dans son arrêt *Airey* **du 9 octobre 1979, elle a explicitement affirmé que si la Convention « énonce pour l'essentiel des droits civils et politiques, nombre d'entre eux ont des prolongements d'ordre économique et social », car « nulle cloison étanche » ne sépare la sphère des droits économiques et sociaux du domaine de la Convention : il s'agit de « protéger des droits non pas théoriques ou illusoires, mais concrets et effectifs »**[62]. Ce raisonnement a d'ailleurs engendré la généralisation d'« obligations positives », d'obligations d'agir à la charge des États signataires de la Convention. **La Cour de justice de l'Union européenne** a reconnu de même que l'égalité de rémunération entre les sexes relève des principes fondamentaux de la Communauté en raison de la nécessité d'un minimum de droits sociaux pour concrétiser la politique sociale d'amélioration des conditions de vie prévue

57. « Tous les droits de l'Homme sont universels, indissociables, interdépendants et intimement liés ».
58. La Déclaration sur le droit et la responsabilité des individus, groupes et organes de la société de promouvoir et protéger les droits de l'homme et les libertés fondamentales universellement reconnus, Résolution de l'Assemblée générale, A/RES/53/144, 8 mars 1999 : « Tous les droits de l'homme et toutes les libertés fondamentales sont universels, indivisibles, interdépendants et indissociables, et il faut les promouvoir et les rendre effectifs en toute équité, sans préjudice de leur mise en œuvre individuelle ».
59. Rés. 32/130 AG 77 ; Rés. 37/200, 18 déc. 1982, Déclaration sur le droit au développement de 1986.
60. Ex. Commission africaine des droits de l'homme et des peuples, 27 octobre 2001, *Social and economic Rights Action Center (SERAC) c/Nigeria*, nº 155/96 ; Cour interaméricaine des droits de l'Homme, 6 février 2021, *Communidades indigenas membros de la Asociacion Lakha Honhat (Nuestra Tierra) c. Argentina*, série C, nº 400 (voir l'analyse de D. Roman, *La cause des droits : Écologie, progrès social et droits humains*, Dalloz, 2022, p. 10 et s.).
61. M. Gauchet, « Les droits de l'homme ne sont pas une politique », *Le Débat*, vol. 3, nº 3, 1980, pp. 3-21 ; C. Colliot-Thélène, « L'interprétation des droits de l'homme : enjeux politiques et théoriques au prisme du débat français », *Trivium* [En ligne], 3 | 2009, mis en ligne le 15 avril 2009.
62. CEDH, 9 oct. 1979, *Airey c. Irlande*, Série A nº 32, p. 17 (§ 26).

dans le traité[63]. **La Cour interaméricaine des droits de l'homme** est invitée par le texte même de la Convention qui la fonde à interpréter les droits civils et politiques à la lumière des droits sociaux proclamés par les textes internationaux. Ce fut chose faite, notamment dans un arrêt de 2004, *Instituto de Reeducacion del Menor c. Paraguay*, qui impose des actions positives de protection, en l'occurrence la mise en place d'une politique à court, moyen et long terme relative aux mineurs détenus, y compris la création d'un programme éducatif, médical et psychologique.

51 **Les droits fondamentaux, en fait, sont souvent étroitement imbriqués** et, dans la pratique juridictionnelle, un même problème, une même prérogative, peut entrer dans plusieurs cadres, faire l'objet de plusieurs droits. Pour illustrer la première dimension, on peut prendre **l'exemple de la liberté syndicale**, incluse en principe dans les droits sociaux ; on perçoit aisément qu'elle emprunte un peu à la liberté de réunion, à la liberté d'expression, d'association, de grève, etc. Elle implique en outre l'action de l'État pour protéger les représentants syndicaux des représailles patronales en instituant des mécanismes de contrôle de leur éventuel licenciement. La seconde dimension apparaît nettement dans le contentieux du « blocage » des universités lors de la crise dite du « contrat première embauche ». Des étudiants désireux de poursuivre les cours, particulièrement ceux qui y suivaient une formation professionnelle, ont eu recours au juge administratif par la voie d'un référé-sauvegarde afin d'obtenir une injonction de réouverture à destination des présidents d'universités. Les arguments alors invoqués et les solutions très diverses retenues par les différents tribunaux saisis confirment qu'une même exigence peut faire l'objet de multiples qualifications. Pour obtenir satisfaction en référé-liberté le requérant doit d'abord convaincre d'une atteinte à une liberté. La plupart des tribunaux ont rejeté les demandes, constatant l'absence de liberté bafouée. D'autres ont admis l'existence d'un droit à la formation (distinct du droit à l'éducation s'éteignant avec l'enseignement obligatoire jusqu'à seize ans), d'autres encore y ont vu une atteinte à la liberté d'aller et venir sur le domaine public universitaire. Les requérants avaient aussi invoqué le droit au travail, le respect de la vie privée ou encore le droit à la sécurité. Pour le tribunal administratif de Toulouse[64] enfin il existe le droit de chacun à la liberté personnelle, c'est-à-dire la liberté de ne pas subir de contraintes excédant celles qu'impose la sauvegarde de l'ordre public ou le respect des droits d'autrui. Le juge a estimé que le président de l'université n'avait pas mis en œuvre tous les pouvoirs dont il disposait pour protéger la liberté des étudiants. En 2018 à nouveau, le blocage et les dégradations dues aux grévistes ou aux personnes qu'ils installent dans les locaux des universités portent atteinte à de multiples libertés : « constitutifs de troubles à l'ordre public et porte atteinte au droit à l'éducation, au droit d'accès au service public de l'enseignement supérieur et à la liberté d'aller et venir »[65].

On le voit, les droits de l'homme se pensent comme un tout, en dépit de nombreuses différences d'objet, de régime, de portée, de source.

II. La contestation des droits de l'homme

52 L'intérêt de décrire ici, même brièvement, les différentes formes de « contestation », parfois de négation catégorique, des droits de l'homme réside dans le fait de bien identifier les menaces qui pèsent encore sur eux. Sans qu'il n'y ait de continuité on s'arrêtera sur l'attitude des principales religions, sur celle de courants philosophiques et politiques, enfin sur celle des régimes politiques.

63. CJCE, 8 avr. 1976, Gabrielle D. c. Société anonyme belge de navigation aérienne Sabena, aff. 43-75.
64. TA Toulouse, ord. réf., 13 avr. 2006, *MM. W. et autres* ; X. Bioy, « L'occupation des universités et les libertés – note sous TA Toulouse, 13 avr. 2006 », *AJDA*, 26 juin 2006, p. 1281.
65. TA Toulouse, 2 mai 2018, *UNI*, n° 1801960.

A. Les religions : de l'hostilité au ralliement

1. Le judaïsme

53 **On a déjà souligné l'apport considérable du judaïsme** à la base de la philosophie des droits de l'homme ; comme la diffusion opérée par les marranes de principes tirés de l'Écriture, à propos du fonctionnement de l'État hébreux, et surtout de la tradition fortement marquée par l'histoire du peuple juif et tout particulièrement par l'esclavage. Tout cela engendre un rejet du droit romain et la naissance de l'humanité. Un Dieu unique, une religion déconnectée d'un territoire, une société attachée à la modération du pouvoir par son partage, tout cela favorise les liens avec les droits de l'homme. L'œuvre de Baruch Spinoza en témoigne.

Toutefois, **l'individualisme qui caractérise la conception moderne ne correspond pas toujours aux exigences concrètes du judaïsme**.

2. Le catholicisme

54 **Traditionnellement, l'Église catholique avait une prévention par rapport aux droits individuels affectés à un sujet suspecté d'individualisme**. – Plus encore, l'exclusion de la foi pour déterminer ce qui doit définir l'homme se concilie difficilement avec les fondements philosophiques de la foi. Elle se fonde sur une vision du droit naturel classique, héritée de la *Somme théologique* de Saint Thomas d'Aquin : ordre de la nature, hiérarchie des êtres et des fins, et hiérarchie des règles de droit. L'autonomie de l'individu se pense dans les liens de la morale et non pas dans ceux du droit ordonné à la justice. L'individu est moralement libre mais cela ne veut pas dire qu'il peut exiger cette liberté, contre l'ordre établi, par les instruments du droit. Pour Saint Thomas d'Aquin, ni la volonté des hommes, ni la morale ne font le droit. Comme communauté dans le Christ, l'Église pense l'homme en relation avec les autres et place son humanisme sous le concept de « personne » et non « d'individu ». La personne « moderne », celle de notre droit civil, a vu le jour dans les œuvres des théologiens catholiques influencés par les prédicats légués avant eux par les juristes romains ; puis elle a grandi sous la plume de Kant et des personnalistes. **L'être humain ne se conçoit pas seul mais dans sa relation à Dieu, aux autres, et à Dieu par les autres. Chacun garde donc la place que la société lui assigne.**

Un enjeu central de la contestation des droits de l'homme tient dans le problème de la **renonciation aux droits**. L'individu ne peut pas renoncer à ses droits puisqu'ils lui ont été donnés par Dieu en raison de son humanité et de sa personnalité. Or, le droit naturel moderne postule souvent la possibilité de ne pas actionner les droits subjectifs.

Le droit de propriété, fondamental dans la Déclaration de 1789, pose fondamentalement problème, et depuis fort longtemps, à la doctrine de l'Église. Pour elle, la propriété est nécessairement finalisée par le Bien commun. Il y a une destination universelle des biens car toute chose terrestre doit être partagée entre tous. Si certains biens peuvent être appropriés ce ne sera que si cela ne nuit pas au groupe et pour la maximisation des bienfaits globaux. Dès lors, le droit de propriété n'est pas aussi absolu que les révolutionnaires français l'ont écrit.

55 **La Déclaration des droits de 1789 fut ainsi mise à l'Index** par Pie VI et ses successeurs, ce qui eut pour effet de couper petit à petit l'Église de l'évolution politique libérale de la fin des XIXe et XXe siècles. Léon XIII, soucieux d'un ralliement progressif en faveur des classes modestes, associa la politique sociale de l'Église[66] à l'idée de « droits innés à chaque homme » même si ces droits demeurent conférés par Dieu et non pas arrachés par l'individu à ses semblables. Vatican II amorce une reconnaissance accrue de la logique des droits individuels, sous réserve d'inventaire, certains droits touchant à la famille ne devant pas amener à la fragiliser. Sans aucun doute, les discours tenus par Jean-Paul II et son Encyclique *Evangelium Vitae* de 1995 ont encore un peu plus

66. Léon XIII, *Rerum novarum*, 1891.

rapproché les catholiques de la logique des droits individuels. Le Pape François a exhorté aujourd'hui au respect des droits, en particulier des migrants.

3. L'islam

56 **L'islam se positionne de façon différente** en raison de son caractère messianique qui compromet toute distinction du spirituel et du temporel. L'emprise globale de la religion sur la vie privée et la vie publique engendre une forme d'État théocratique, fondé sur les préceptes du Coran (sourates rédigées lors du passage du Prophète à Médine commentées par la Sunna), lequel expose la nécessité de se plier à la loi islamique, la Charia (ou Sharî'a). Le droit musulman organise en effet toutes les relations : avec Dieu, avec d'autres musulmans, avec les non-musulmans. Parler de droits de l'homme apparaît hasardeux. Tout juste peut-on chercher des **protections accordées ou des devoirs envers Dieu ayant pour conséquence de garantir des prérogatives aux hommes**. Ainsi, un certain nombre d'« infractions » comme le vol, le meurtre, les relations sexuelles hors mariage, comme violations des droits de Dieu, protègent en fait objectivement les individus. Chaque croyant se trouve en quelque sorte individualisé en étant responsable de sa conduite face à Dieu. Les droits des musulmans impliquent aussi des devoirs vis-à-vis des non-musulmans, tout au moins ceux des religions du Livre. En conséquence, leur vie, leurs biens et même leur liberté de religion devraient être garantis. Mais les non-musulmans ne sont que tolérés et doivent faire l'objet d'un prosélytisme actif (la guerre sainte est légale) et d'une imposition attestant de leur infériorité (interprétation possible du verset 29 de la sourate 9).

57 **Ces éléments ont ainsi permis à certains États d'adopter, au moins formellement, une déclaration de certains droits.** – La conférence de Dacca en 1983 a accouché de la **Déclaration sur les droits de l'homme en Islam** qui reprend ces principes de bases. Allant un peu plus loin la Déclaration du Caire sur les droits de l'homme en Islam de 1990 reconnaît des droits économiques et sociaux et un minimum de droits politiques. La proclamation de l'égalité entre l'homme et la femme y reste cantonnée à la dignité et non aux droits. Sur le plan international, les États théocratiques refusent de signer les textes de protection des droits ou y multiplient les réserves. Les textes servent surtout à garantir les droits des musulmans et la défense de l'identité religieuse, laquelle se situe hors du temps et de la société. Le droit musulman peut ainsi déboucher sur la punition de l'apostasie (conversion d'un musulman à une autre religion) par la peine de mort. La Ligue arabe a également servi de cadre à la **Charte arabe des droits de l'homme** (14 septembre 1994), signée par cinq États, ratifiée par la Jordanie et donc sans valeur juridique à ce jour, mais dans sa version remaniée de 2004, elle est entrée en vigueur le 15 mars 2008. Dix États membres de la Ligue arabe l'ont jusque-là ratifiée mais aucun mécanisme de contrôle n'est prévu au-delà de rapports périodiques. Mettant l'accent sur les solidarités collectives, la Charte met en avant les droits des peuples et des minorités. La liberté de religion y est par ailleurs admise dans un cadre strictement privé. Le principe de non-discrimination qui couronne l'ensemble ne saurait en effet faire l'unanimité des États arabes. **L'Organisation de la conférence islamique** (OCI), forte de 57 États membres, a adopté, le 14 mars 2008, à Dakar une nouvelle charte dont l'article 15 maintient le cap traditionnel en rappelant que « la Commission permanente indépendante des Droits humains favorise les droits civiques, politiques, sociaux et économiques consacrés par les conventions et déclarations de l'Organisation, ainsi que par les autres instruments universellement reconnus, en conformité avec les valeurs islamiques ».

58 Au-delà de ces principes de base, la diversité des régimes politiques des États musulmans et l'adaptation des musulmans dans les autres, interdit de généraliser ou de déterminer une attitude unique. Selon les pays, **la place du droit musulman varie entre son application au seul cadre familial jusqu'à l'État théocratique sans aucune forme de laïcisation**. La place occupée par l'Umma, communauté des croyants, ouvre ainsi la multiplicité des interprétations. On peut distinguer aujourd'hui deux lectures des sources islamiques : une lecture traditionaliste, stricte, et une lecture qui entend adapter les préceptes aux conditions modernes et aux sociétés laïques. D'une façon générale, la tradition y est si riche que la compréhension de nombre de principes peut évoluer, même celle du principe d'une étatisation de l'Islam. Dans la version traditionaliste, on sanctionne l'apostat, on rejette toute liberté d'expression qui conduirait à s'attaquer aux choses sacrées (l'OIC a condamné en 2008 toute caricature du Prophète et toute fiction « profanant le Coran »). Il a également une obligation de prosélytisme pour répandre sa religion. On peut y trouver un dénigrement de la condition de la femme, une justification de l'esclavage, des sanctions physiques des personnes condamnées. Dans la version critique, au contraire, on peut trouver l'égalité homme-femme, le pluralisme religieux, le refus des traitements dégradants, le rejet de la polygamie et de la répudiation. Le pessimisme reste tout de même de mise ; entre mondialisation exacerbant les identités religieuses et difficultés du modèle républicain, le choix entre la laïcité la plus stricte et l'acceptation d'un communautarisme vraiment ou faussement religieux relève des grands enjeux contemporains.

B. La contestation philosophique du rationalisme

59 Les cinq composantes de la philosophie des droits de l'homme déjà décrites multiplient par cinq **les opposants potentiels**. Pour autant cette contestation, que l'on trouvera surtout dans les pages des manuels d'histoire des idées politiques, aura été (et aujourd'hui encore) surtout le fait d'anti-libéraux. Cela ne doit pas masquer que certains courants libéraux ont été aussi d'ardents critiques des droits de l'homme ou du rôle que l'on entend leur faire jouer en droit. À commencer par les **courants utilitaristes qui envisagent l'homme comme un être de besoins et non de droits**, ce qui l'amène à développer une entreprise en vue de la satisfaction de ces besoins au lieu d'en appeler à la société pour les satisfaire à coups de procès. Pensons à Jérémy Bentham[67] pour lequel la société se fonde sur l'identité des intérêts et non pas le contrat social, l'égalité étant alors dangereuse, comme pourra le soutenir également Alexis de Tocqueville.

1. Edmond Burke et la contre-révolution

60 **L'ouvrage de Burke**, *Réflexions sur la Révolution de France*, présente la conception la plus traditionnelle de l'Angleterre en utilisant des arguments déjà développés auparavant par Coke ou Bolingbroke. Chef du parti Whig à la chambre des Communes, il estime que les seuls vrais droits sont ceux qui sont issus de la coutume et de la tradition qui font l'homme libre dont l'archétype est le noble. Il a le pouvoir politique, la protection sociale, etc. Le statut social se gagne par la réussite politique, économique, etc. Dès lors, il **dénonce le droit naturel moderne rationaliste. Les seuls vrais droits sont donc le droit à la justice, la liberté d'entreprendre et la liberté d'éducation des enfants. Ils ne sont garantis que par un régime politique, le régime parlementaire**.

Bien que Burke, en libéral, ait défendu l'indépendance des colonies américaines, l'ensemble du projet politique et juridique de la Révolution française se trouve contesté. À commencer par la conception révolutionnaire du droit comme volonté des représentants. Si les individus ont des droits, ceux-ci ne méritent d'être considérés qu'en tant qu'ils fournissent une prérogative identifiée et limitée. Les droits listés en 1789 ne seraient ainsi que l'image éthérée et rêvée de tels droits.

> **« Semblables à des rayons de lumière qui percent dans un milieu dense et qui, par les lois de la nature, sont infléchis dans leur même direction. En vérité, dans cette masse énorme et compliquée des passions et des intérêts humains, les droits de l'homme sont réfractés et infléchis dans un si grand nombre de directions croisées et différentes qu'il est absurde d'en parler encore comme s'il leur restait quelque ressemblance avec leur simplicité primitive ».**
> **E. Burke, Réflexions sur la Révolution de France, Genève, Slatkine Reprints, 1790, 1980, p. 124.**

67. B. Binoche, J.-P. Cléro, *Bentham contre les droits de l'homme*, Paris, Presses universitaires de France, 2007.

61 **En France et en Allemagne, Joseph de Maistre**[68] **et Louis de Bonald**[69] insistent sur la prétention révolutionnaire du volontarisme pour mettre en valeur la Providence divine ayant fait jusque-là le succès de la France. Mais on trouve encore dans le romantisme allemand et son nationalisme, en écho à la conception historiciste du droit, les mêmes critiques. Particulièrement sous la plume de **Fichte**, dans ses *Discours à la nation allemande* de 1807. Les droits de l'Allemagne y sont préférés aux droits de l'homme, impliquant de limiter la liberté individuelle à son minimum et de désacraliser la propriété. L'égalité et la démocratie y sont vitupérées au profit de la différence des peuples et d'une conception organiciste de la société. Un écho semblable résonne dans les discours de Charles **Maurras qui précise à la fin du XIXe siècle que l'égalité est dangereuse car elle amène la tyrannie d'une minorité agissante et violente**. Inversement, la logique mène à une société hiérarchisée contenue par les principes de la monarchie et du nationalisme.

2. Les devoirs de l'homme

62 **L'idée qu'il existe des devoirs envers la société** ou envers chaque homme accompagne bien sûr toute philosophie du politique. Mais ces devoirs peuvent rester dans l'ombre du droit, soit comme règle de morale, sanctionnée par les usages sociaux (en principe un malotru qui manque de respect à ses voisins pourrait se trouver isolé), soit comme « l'envers d'un droit » c'est-à-dire comme sa réciproque (chacun respecte les droits des autres comme garantie que les siens le soient également). À tout droit proclamé correspond un devoir envers la société. Ainsi, **l'idée de rédiger une déclaration des devoirs, distincte et symétrique de celle des droits, ne va pas de soi et révèle une ambition particulière** qui rejoint davantage le droit naturel classique ou ancien que le naturalisme moderne car ce serait voir dans les devoirs une condition première qui annihile le caractère fondamental des droits.

63 **Pourtant, dès 1789**, il est écrit dans le préambule de la DDHC que la Déclaration rappelle les droits et devoirs de tous les membres du corps social. L'abbé Grégoire soutenait l'intérêt d'exposer des devoirs pour garder les hommes dans les limites de leurs droits. Toutefois, cette idée a fait long feu et il n'y aura pas de déclaration des devoirs complémentaires parallèlement à la déclaration des droits en 1789. **On estime alors qu'il n'est guère opportun de troubler l'élan de liberté et que le message des droits de l'homme inclus dans la Constitution qui pose des devoirs politiques, se suffit à lui-même, pose ses propres limites.** En effet, l'article 4 peut revêtir cette signification en instituant une forme de responsabilité : « La liberté consiste à pouvoir faire tout ce qui ne nuit pas à autrui : ainsi, l'exercice des droits naturels de chaque homme n'a de bornes que celles qui assurent aux autres Membres de la Société la jouissance de ces mêmes droits. Ces bornes ne peuvent être déterminées que par la loi ». Les devoirs de l'homme, teintés de moralisme, devaient eux aussi garantir contre une dérive par trop individualiste de la proclamation des droits. L'abandon progressif de la conviction de la nécessité de déterminer juridiquement les devoirs a lui aussi une signification. Considérer que les devoirs sont inutiles parce que la concurrence des droits suffit a en forger les limites, tend en effet à préférer la responsabilité comme mécanisme de cantonnement de l'individu.

64 **Cette question des devoirs ressurgit régulièrement**. – Si le texte de **1793** ne reconnaît comme devoir que l'insurrection, celui de l'an III, du 5 Fructidor (22 août **1795**), comprend une déclaration des droits et des devoirs de l'homme. La morale dominante s'y fait droit : « Article 2. Tous les devoirs de l'homme et du citoyen dérivent de ces deux principes, gravés par la nature dans tous les cœurs : Ne faites pas à autrui ce que vous ne voudriez pas qu'on vous fît. Faites constamment aux autres le bien que vous voudriez en recevoir. [...] Article 4. Nul n'est bon citoyen, s'il n'est bon fils, bon père, bon frère, bon ami, bon époux. [...] Article 7. Celui qui, sans enfreindre ouvertement les lois, les élude par ruse ou par adresse, blesse les intérêts de tous : il se rend indigne de leur bienveillance et de leur estime ». On croirait lire Kant ou un moraliste, guère un texte de droit. La **Constitution de la**

68. J. de Maistre, *Considérations sur la France*, 1796.
69. L.-G.-A. de Bonald, *La législation primitive considérée par les seules lumières de la raison*, Le Clerc, Paris, 1802.

IIe **République** réitère cette approche, un peu différemment, avec le troisième point du préambule selon lequel la République française « reconnaît des droits et des devoirs antérieurs et supérieurs aux lois positives » ou le sixième qui dispose que « des devoirs réciproques obligent les citoyens envers la République, et la République envers les citoyens ». Mais c'est surtout l'article VII qui inaugure un devoir de fraternité et de solidarité : « Les citoyens doivent aimer la Patrie, servir la République, la défendre au prix de leur vie, participer aux charges de l'État en proportion de leur fortune ; ils doivent s'assurer, par le travail, des moyens d'existence, et, par la prévoyance, des ressources pour l'avenir ; ils doivent concourir au bien-être commun en s'entraidant fraternellement les uns les autres, et à l'ordre général en observant les lois morales et les lois écrites qui régissent la société, la famille et l'individu ».

65 **En dehors du cadre français**, surtout dans les sociétés à fondement communautaire qui ont accepté les droits de l'homme, il y a aussi des devoirs de l'homme. On pense bien sûr aux sociétés africaines ou asiatiques, dont le fondement les éloigne de l'individualisme. Mais on sera plus étonné par la Déclaration américaine des droits et devoirs de l'homme de 1984 dont les droits sont ainsi parfois aux antipodes de 1789.

En droit international, l'individu doit souvent consentir à des devoirs envers la communauté qui lui assurent la jouissance de ses droits. Ainsi dans le texte de compromis de la **DUDH de 1948**, l'article 29 dispose que « l'individu a des devoirs envers la communauté dans laquelle seule le libre et plein développement de sa personnalité est possible ». Mais certains textes mettent plus largement l'accent sur la « communauté humaine » ou la « famille humaine », ce qui fait référence au fait que chaque individu doit respecter la dignité humaine qui est en lui et en tout autre. On rencontre aussi les devoirs envers les générations futures, particulièrement dans le domaine de l'environnement. Le droit à un environnement sain impliquerait en contrepartie les devoirs de préserver un environnement qui appartient à tout le monde. Le préambule du PIDCP prend « en considération le fait que l'individu a des devoirs envers autrui et envers la collectivité à laquelle il appartient [...] ». La **Déclaration sur le droit et la responsabilité des individus**, groupes et organes de la société en vue de promouvoir et protéger les droits de l'homme et les libertés fondamentales universellement reconnus, Résolution de l'Assemblée générale de l'ONU[70], réaffirme à son article 18 que « chacun a des devoirs envers la communauté et au sein de celle-ci, seul cadre permettant le libre et plein épanouissement de sa personnalité ». Loin de se confondre avec les devoirs, la responsabilité induite par le statut constitutionnel des droits fondamentaux insiste sur le lien qui s'établit nécessairement avec les autres titulaires ou bénéficiaires des droits sans impliquer immédiatement des obligations envers le collectif et faisant au contraire du collectif le débiteur principal de responsabilité dans la conciliation de ces droits. Ainsi, chaque individu a l'obligation de respecter chez autrui les droits de ce dernier et vis-à-vis du collectif les conditions d'exercice des droits. Pour autant la responsabilité des droits incombe au premier chef à l'État.

Au niveau régional, l'institution de devoirs s'adapte encore davantage. La **Charte africaine des droits** de l'homme et des peuples (CADHP) comporte un chapitre complet instituant les devoirs les plus divers : devoir de non-discrimination et de tolérance, de mettre ses capacités physiques et intellectuelles au service de sa communauté nationale, de ne pas compromettre la sécurité de l'État, de respecter la famille et les valeurs africaines. La **CADHP énonce deux types de devoirs de l'individu** : des devoirs généraux qui ne prescrivent à l'individu aucune obligation particulière envers des entités précises (art. 27, art. 28, art. 29 § 7) et des devoirs spéciaux envers des entités déterminées : la famille et les parents (art. 29 § 1), la société (art. 29 § 4, § 6, 7), l'État et les autres collectivités légalement reconnues (art. 29 § 2, 3, et 5), la communauté internationale (art. 29 § 8).

La Déclaration américaine des droits et des devoirs de l'homme de 1948 proclame de la même manière d'autres devoirs, tels que les devoirs des enfants et des parents, le devoir de s'instruire, de voter, d'aider la communauté, de payer ses impôts et de travailler. En droit de l'Union aussi, le préambule de la Charte européenne des droits fondamentaux, en son alinéa 7, expose que « la jouissance de ces droits entraîne des responsabilités et des devoirs tant à l'égard d'autrui qu'à l'égard de la communauté humaine et des générations futures ».

70. A/RES/53/144, 8 mars 1999.

66 Reprenant la conception de Karel Vasak[71], les devoirs apparaissent comme **l'expression juridique de la participation de l'individu au groupe** de laquelle on peut disjoindre la responsabilité qui opère sur un autre mode, c'est-à-dire en liaison avec l'exercice de la liberté. Les devoirs apparaissent malencontreusement comme la contrepartie des droits sans connaître les limites de cette « dîme ». Dès lors, les droits de l'homme deviennent de moins en moins inconditionnels.

Pour conclure provisoirement sur cette question, il semble que si **tous les devoirs impliquent des responsabilités, la responsabilité n'implique pas de recourir à la catégorie des devoirs.** Les droits de l'homme, conçus comme droits subjectifs, impliquent des débiteurs, au moins d'obligations « de ne pas faire ». Ces droits n'impliquent pas de devoirs à leur bénéficiaire, si ce n'est de respecter les conditions légales pour l'exercice du droit. Seule une théorie de « l'abus de droit » pourrait ressembler à un devoir. Mais les devoirs auxquels l'on pense à la lecture des déclarations de droit demeurent étrangers à la logique des droits de l'homme. Dans son *Précis*[72], Hauriou faisait remarquer que les devoirs de l'homme ne pouvaient être que des obligations morales liées à la responsabilité de chacun dans l'usage fait de ses droits et non un élément juridique. Les droits ne se fondent pas, non plus, sur des devoirs et l'usage fait des droits doit lui-même demeurer libre. Seule la personne, par sa volonté, peut lier droits et devoirs, qui, juridiquement, n'ont aucun lien. Le devoir ne doit pas être la contrepartie d'un droit mais la manifestation d'une forme de responsabilité à son égard[73].

67 Pour contourner cette fracture, certains ont tenté d'appliquer une **théorie de l'abus de droit au cas des droits de l'homme**[74]. Ainsi, un juge aurait recours à cet argument pour limiter les excès, la disproportion ou tout simplement le détournement de l'usage d'un droit. L'idée revient à dire qu'utiliser un droit de l'homme pourrait relever d'une mauvaise intention et préjudicier à la société ou aux droits d'autrui. Cette théorie n'a vu le jour qu'à la fin du XIXe, dans le contexte du droit social. Le lien avec le champ de la responsabilité est évident puisque l'abus se solde par une réparation, tout comme l'article 4 de la DDHC fonde constitutionnellement les mécanismes de responsabilité[75]. L'article 4 de la DDHC le contient tout entier dans sa version la plus restrictive : **l'abus de droit vient de ce que l'on nuit à autrui, le juge étant amené à rétablir une frontière entre les deux prétentions** (version défendue par Georges Ripert et Raymond Saleilles). Dans une autre construction, celle de Louis Josserand, **l'abus de droit vient d'une violation de la finalité sociale du droit en cause qui remplit une fonction collective**. Or, les droits de la personne n'ont en principe guère d'autre fonction sociale que de satisfaire leur autonomie et l'abus y est si ce n'est difficilement mesurable, au moins dangereusement mesuré. De son côté, **l'article 17 de la Convention européenne des droits de l'homme dispose que nul ne peut utiliser les droits garantis par la Convention dans le but de rechercher l'abolition ou la limitation de ces mêmes droits. Exceptionnellement, la Cour n'entend pas protéger** (sauf s'il s'agit des droits intangibles ou de la sûreté) celui qui utilise les droits contre les valeurs qui les portent. C'est presque exclusivement sur le terrain de la liberté d'expression que cet article joue pour permettre aux États d'interdire les propos incitant à rompre le lien social (appel à la haine raciale par exemple). Il s'agit aussi d'un paramètre d'appréciation de la proportionnalité d'une ingérence étatique (voir les développements sur ce principe).

71. Les dimensions internationales des droits de l'homme : manuel destiné à l'enseignement des droits de l'homme dans les universités, Unesco, Bernan Associates, 1978, 780 pages.
72. H. Hauriou, *Précis de droit constitutionnel*, *op. cit.*, p. 635.
73. H. Dumont, F. Ost, S. van Drooghenbroeck (dir.), *La responsabilité, face cachée des droits de l'homme*, Bruylant, 2005, p. 8.
74. Pour une étude d'ensemble et une refondation, J. Guilbert, *Essai sur le concept de l'abus de droit fondamental*, Thèse Droit, Toulouse, 2021.
75. *Constitution et responsabilité, Actes du colloque de Toulouse*, X. Bioy (dir.), Montchrestien, coll. Grands colloques, 2009, 269 p.

CEDH, 10 novembre 2015, n° 25239/13,
Dieudonné M'Bala M'Bala c. France

« 40. En outre, la Cour souligne que si l'article 17 de la Convention a en principe été jusqu'à présent appliqué à des propos explicites et directs, qui ne nécessitaient aucune interprétation, elle est convaincue qu'une prise de position haineuse et antisémite caractérisée, travestie sous l'apparence d'une production artistique, est aussi dangereuse qu'une attaque frontale et abrupte (voir également, mutatis mutandis, Marais, précitée, pour le recours à une démonstration prétendument technique). Elle ne mérite donc pas la protection de l'article 10 de la Convention.
41. Partant, dès lors que les faits litigieux, tant dans leur contenu que dans leur tonalité générale, et donc dans leur but, ont un caractère négationniste et antisémite marqué, la Cour considère que le requérant tente de détourner l'article 10 de sa vocation en utilisant son droit à la liberté d'expression à des fins contraires au texte et à l'esprit de la Convention et qui, si elles étaient admises, contribueraient à la destruction des droits et libertés garantis par la Convention (voir notamment, mutatis mutandis, les décisions Marais, Garaudy, et Witzsch précitées).
42. En conséquence, la Cour estime qu'en vertu de l'article 17 de la Convention, le requérant ne peut bénéficier de la protection de l'article 10. Il s'ensuit que la requête doit être rejetée comme étant incompatible ratione materiae avec les dispositions de la Convention, conformément à l'article 35 § 3 a) et 4. »

C. La contestation politique

68 Elle prend diverses formes au sein de courants de pensée très différents[76].

69 **Socialismes.** – Karl Marx, dans son ouvrage *À propos de la question juive*, considère les droits de l'homme comme des droits bourgeois, un moyen de plus de dominer le prolétariat. Les droits de l'homme expriment les prérogatives effectivement ouvertes aux dominants d'un système généré par les nouveaux modes de production. Au contraire, **la lutte des classes doit amener à changer la physionomie de ces droits en même temps que l'égalité en étendra la portée**. Il caractérise ainsi l'opposition entre les libertés formelles et les libertés réelles. Les libertés formelles sont celles que proclame la DDHC de 1789. Les libertés réelles sont celles auxquelles il faut aspirer par la libération du prolétariat. Le droit de propriété est le principal droit en ligne de mire.

70 **Communautarismes.** – L'universalisme des droits reçoit souvent l'essentiel des flèches des détracteurs des droits de l'homme. Nombre de nations n'adhèrent pas à l'idée des droits de l'individu et préfèrent lui donner une famille, un clan, un peuple, au sein desquels sa place est déterminée, garantissant une socialisation suffisante à son bonheur. Cette idée de l'homme en communauté **caractérise tout particulièrement la perception africaine ou asiatique des droits de l'homme** et plus largement la doctrine portée par les États émergents depuis la Seconde Guerre mondiale : les droits des peuples.

71 **Les droits des peuples.** – Ces droits doivent protéger les revendications de pays émergents après guerre contre l'impérialisme des grands. L'ambition est donc ouvertement internationale et cherche à rendre les grandes puissances débitrices d'obligations vis-à-vis des territoires sur lesquels elles cherchent une emprise. **L'idée implique alors de profiter des droits de l'homme pour exposer ceux des groupes, particulièrement autodétermination et développement, sous les dehors d'une présentation inverse.** L'égalité des peuples, la

76. B. Binoche, *Critiques* des droits *de l'homme*, Paris, Presses universitaires de France, 1989.

liberté de choisir le système politique, la souveraineté sur les ressources naturelles, le droit à un environnement de qualité, y sont présentés comme devant garantir les droits voulus par les Occidentaux pour l'individu. Il est vrai que la situation précaire de nombreux États, réduits à compter sur des ressources naturelles largement exploitées par les firmes multinationales, les conduit à faire feu de tout bois. On peut aussi penser, bien au-delà des ressources énergétiques ou minières, à la ressource biotechnologique et plus particulièrement génétique. La liberté des peuples doit garantir celle des hommes mais cette conception laisse dubitatif dans la mesure où la liberté d'une nation ne confère pas nécessairement celle de ses membres. À l'inverse, les droits des peuples peuvent conduire à écarter une ingérence parfois salutaire aux minorités dans les conditions exposées par le droit humanitaire.

72 La conception africaine des droits de l'homme[77]. – La Charte africaine des droits de l'homme et des peuples, adoptée le 26 juin 1981 à Nairobi (mais dite « charte de Banjul »), expose ainsi les droits des peuples africains et se rattache expressément à la fois à la DUDH et aux traditions de la civilisation africaine et cela pour deux dimensions complémentaires : **les devoirs de chacun envers sa communauté et la garantie des droits des peuples, elle-même condition des droits de l'homme**. *A contrario*, le respect des règles d'une communauté entraîne parfois des comportements délétères pour l'individu, réprouvés par les sociétés occidentales, tels les mariages forcés ou l'excision de petites filles. Il est vrai que les années 2000 ont vu une certaine inflexion de cette perspective vers un nouvel individualisme. **L'Union africaine a succédé à l'Organisation de l'unité africaine renforçant avec la Commission africaine des droits une lecture plus universelle des droits**[78].

73 La perception asiatique des droits de l'homme. – On ne peut pas parler réellement d'une conception asiatique des droits dans des sociétés, certes fort différentes, mais qui ont en commun d'ignorer l'individualisme et la morale religieuse au profit **d'une philosophie dominante** (particulièrement le confucianisme) qui affecte à chacun une place dans le système. C'est encore plus vrai de l'organisation hindouiste des castes. Les droits de l'homme ne trouvent pas de fondement dans l'idéologie mais comme traduction des valeurs de respect et d'harmonie où chacun se voit objectivement protégé. Ce ne peut être sur la forme du droit, en raison d'une faible pénétration sociale de la relation judiciaire. Là encore, les droits de l'homme apparaissent comme un produit d'importation dont il convient de ne pas surestimer la portée. À cela s'ajoute à fois la greffe marxiste qui affecte encore profondément certaines parties du continent et le maintien de dictatures qui s'ancrent profondément dans la pesanteur des structures sociales et le recours à la violence.

74 Personnalismes. – À partir des années 1930, en Europe, un certain nombre d'intellectuels s'inquiètent d'une forme de déshumanisation amenée par les idéologies montantes et la crise économique. Ils dénoncent une crise de civilisation qui tend à atomiser la société, à isoler l'individu des liens qui tissent sa personnalité. Ils synthétisent cette perception en opposant l'« individu » et la « personne », selon l'approche de Charles **Péguy**, mais c'est à Charles **Renouvier** que l'on doit le terme[79]. Dans le contexte de 1946, le personnalisme pousse à son maximum l'opposition des notions d'individu et de personne, l'accent est mis sur l'ajout d'une dimension supplémentaire à l'individualisme de 1789, celle de l'identité personnelle, du développement personnel, non pas contre, mais à partir et au-delà de la commune appartenance au genre humain, dans les communautés. Il faut évoquer l'influence certaine du courant personnaliste d'après guerre de la revue *Esprit* et la haute figure d'Emmanuel Mounier qui n'a pas hésité à s'impliquer dans le débat constituant et à émettre un projet de déclaration des droits[80] qui, sans renier l'acquis de 1789, en réexamine l'individualisme. L'insertion consentie dans un groupe est au centre de ce personnalisme de la déclaration avec les droits du groupe lui-même.

77. P. Tavernier, *Regards sur les droits de l'Homme en Afrique*, L'Harmattan, 2008.
78. Voir les développements sur la protection des droits de l'homme en Afrique, *infra* n° 123.
79. C. Renouvier, *Le personnalisme*, Alcan, 1903.
80. E. Mounier, « Faut-il réviser la déclaration des droits ? », *Esprit*, mars 1945, p. 581 et mai 1945, p. 696.

75 **Dévoiement du personnalisme. –** Bien sûr, cette perception de la nécessité des liens organiques pour l'épanouissement de l'individu rend toujours plus difficile l'équilibre entre les pouvoirs du groupe et ceux des individus. **Au sein de la nébuleuse des courants personnalistes, si certains poursuivront vers le fédéralisme européen ou l'écologie, d'autres perdront de vue l'objectif de résistance aux fascismes pour s'y laisser prendre.** On peut retrouver d'ailleurs dans certains textes de Vichy les mots mis en avant par le personnalisme. On trouve ainsi dans la loi constitutionnelle du 19 juillet 1940 la première référence complète à la « dignité de la personne humaine », « dont la sauvegarde exige de l'État l'ordre et des citoyens la discipline ». C'est que les négations politiques des droits de l'homme commencent presque toujours par adopter le discours qui les défend.

D. La négation politique

76 **Déshumanisation. –** On ne saurait transformer cet ouvrage en manuel d'histoire des idées politiques ou d'histoire contemporaine mais un rappel des traits caractéristiques des « régimes qui ont tenté d'asservir et de dégrader la personne humaine » selon les propres mots du préambule de 1946, est mérité ; ne serait-ce que pour ne pas oublier ce que sont les extrêmes et la réalité d'un monde sans droits de l'homme. On pourra contester la distinction entre régimes autoritaires et régimes totalitaires tant les atteintes aux droits de l'individu y paraissent semblables ; on pourra contester l'inscription de tel ou tel régime dans une de ces cases. Il ne s'agit pas ici d'établir un palmarès des pires périodes de notre histoire mais uniquement d'indiquer que les ressorts de la violation des droits y montrent des facettes et des origines différentes comme le détaillent certains ouvrages de science politique.

77 **Régimes autoritaires. –** La multiplicité des visages des régimes que l'on peut qualifier « d'autoritaires » hypothèque la possibilité d'un accord unanime sur le concept même d'autoritarisme. Le principe est de **remettre en cause la démocratie libérale représentative, de tenter de se maintenir au pouvoir grâce à une oligarchie clientéliste et un système fortement bureaucratique**. Le recours à la force pour durer, le recrutement des dirigeants par cooptation, la maîtrise des relais d'opinion par le pouvoir, les restrictions à la liberté d'expression caractérisent les autoritarismes. Certains facteurs sociaux, régulateurs du pouvoir, favorisent ces régimes : les religions n'admettant aucune laïcité du pouvoir, les systèmes de castes ou les modèles patriarcaux, tous éléments tendant à parcelliser les liens sociaux, à développer les clientélismes et à inscrire dans les esprits l'habitude d'obéir.

78 **Typologies. –** Au-delà, tout est affaire de classification. Montesquieu avait la sienne, introduisant « le despotisme », pouvoir d'un seul, sans loi ni règle. L'autoritarisme se confond souvent avec la dictature. Raymond Aron[81] établissait, quant à lui, un crescendo entre régimes pluralistes et régimes à parti unique tendant à organiser la société. Sont variables surtout les niveaux d'implication du peuple : les monarchies, les dictatures militaires, les occupations coloniales et les démocraties populaires comportent un monopole plus ou moins large du pouvoir entre les mains d'une « élite ». En croisant le critère du partage du pouvoir avec celui du pluralisme on peut encore affiner les classifications. Le but d'un régime autoritaire, conserver le pouvoir aux mains des dirigeants, n'est pas fondamentalement de supprimer toutes les libertés mais **de limiter la vie privée, la liberté d'expression et réduire le pluralisme des partis**. L'autoritarisme n'y a pas de projet idéologique précis, global. Il peut bien sûr se couler dans les formes de la démocratie et ne refuse surtout pas la force que constitue l'appui du peuple, plus ou moins imposé. Certains régimes du XXᵉ siècle ont épousé le projet totalitaire sans y parvenir, faute d'éradiquer totalement une heureuse autonomie de la société civile (Espagne, Grèce, Portugal, Vichy).

79 **Vichy. –** S'arrêter sur les années du régime de Vichy apparaît nécessaire, tout à la fois parce **qu'il représente un moment politique empruntant à l'autoritarisme et au totalitarisme et qu'il montre le visage d'une**

81. *Démocratie et totalitarisme*, Gallimard, 1965.

France encore récemment hostile aux droits de l'homme. Du point de vue des juristes, cela commence par le texte de la loi constitutionnelle du 10 juin 1940 et les actes constitutionnels qui s'ensuivent et donnent au maréchal Pétain les pleins pouvoirs. La contradiction est totale avec le projet de constitution qui entend proclamer certains droits de l'homme, à commencer par la dignité[82]. Les différentes lois regroupées sous l'appellation de « **statut des Juifs** » (à commencer par celles du 18 octobre 1940 et du 2 juin 1941), organise l'exclusion des Juifs par l'interdiction de différentes fonctions et professions. Pour satisfaire l'Allemagne, Laval instaure la relève (un prisonnier libéré contre l'envoi de trois travailleurs français en Allemagne) en 1942, puis un an plus tard le Service du travail obligatoire. La police française aide les Allemands à pourchasser les Juifs (rafle du « Vel' d'Hiv' » des 16-17 juillet 1942) et d'autres minorités (tziganes, homosexuels, communistes, francs-maçons...). En 1943, la Milice, une organisation paramilitaire, lutte contre les résistants. Les **devoirs des citoyens envers l'État** « sont l'obéissance aux lois, une participation équitable aux dépenses publiques, l'accomplissement de leurs obligations civiques pouvant aller jusqu'au sacrifice total pour le salut de la Patrie » (art. 9). La Constitution consacre les droits des communautés « spirituelles, familiales, professionnelles et territoriales au sein desquelles l'homme prend le sens de sa responsabilité sociale, et trouve appui pour la défense de ses libertés ». La propriété est un droit inviolable, qui est justifié par la fonction sociale qu'elle confère à son détenteur, à condition qu'elle soit acquise par le travail et maintenue par l'épargne familiale.

80 **Régimes totalitaires. –** Ils nient explicitement le principe même du libéralisme et ne s'accommodent qu'en façade des principes démocratiques. Ils caractérisent le XXe siècle qui a permis la conjonction d'un certain nombre d'éléments constitutifs de ces régimes. Il s'agit tout à la fois de l'avènement des masses populaires dans le jeu politique à la faveur des moyens de communication nouveaux et de la difficulté d'intégrer ces masses dans des processus démocratiques de gouvernement ; les défaites militaires et économiques attestent de l'échec des systèmes libéraux. **Mussolini raillera ainsi l'inefficacité du « compromis démo-libéral » fondé sur un individualisme contradictoire avec le bonheur collectif que l'État fasciste doit apporter.** L'Allemagne nazie, l'URSS, l'Italie fasciste et la Chine de Mao ont, chacune dans son contexte culturel, inventé une forme de pratique du pouvoir tout à fait nouvelle et dévastatrice des droits de l'homme car parfaitement anti-humaniste.

81 **Mécanisme. –** Le totalitarisme commence par nier la séparation entre la sphère publique et la sphère privée au fondement du libéralisme. Le projet totalitaire vise à façonner un nouvel homme pour une nouvelle société, laquelle prend le pas sur l'individu qui devra intégrer chaque aspect de sa vie quotidienne dans les cadres sociaux. Le pouvoir central n'est plus seulement relayé par des structures plus ou moins autonomes par rapport à lui : il se coule dans tout espace collectif par le biais d'un parti unique qui littéralement « double » les structures de l'administration publique et ne déserte aucun niveau et aucun mode d'action. **Le régime totalitaire produit un grand nombre de normes régissant tous les domaines de la vie**, pour investir tous les champs politiques et aboutir à ôter toute autonomie à l'individu asservi à un « tout », un but qui ne souffre aucune concurrence : la pureté d'une race, la grandeur d'une nation, une société sans caste ou la domination du prolétariat.
Le totalitarisme élabore des outils de contrainte, de terreur, en commençant par l'élimination de tout opposant, ou tout simplement de toute réticence. Suivant en cela la pensée politique d'un Carl Schmitt[83], l'État se construit contre l'ennemi qu'il désigne. **Les corps intermédiaires spontanés ont été laminés pour laisser l'individu seul face au pouvoir, atomisé aux mains de multiples structures du parti unique** saturant l'espace social. L'utilisation de la propagande, des nouvelles technologies et de la recherche que tout politise, ne laissent plus de place à la réflexion et à la connaissance. L'immersion de l'individu dans des foules flattées dans leur désir de puissance achève de déposséder l'individu de son libre arbitre. Le pluralisme disparaît absolument, jusqu'à ne plus laisser subsister même d'autres forces potentiellement alliées dans l'entreprise autoritaire, comme les religions, écrasées ou investies elles aussi et qui deviendront parfois des îlots de résistance. La seconde moitié du

82. Voir *Le droit antisémite de Vichy*, Le Seuil, coll. Le genre humain, 1996.
83. C. Schmitt, *La valeur de l'État et la signification de l'individu*, trad. S. Baume, Droz, 2003.

XXe siècle a vu s'effondrer ou s'émousser de tels régimes. Mais les conditions de leur renaissance ne semblent pas disparues. Comme le note Serge Bernstein[84], les intégrismes religieux, jouant à la faveur de crises économiques et sociales, de technologies de communication structurant des réseaux où l'individu fait masse dans un discours sans contradiction audible, apparaissent comme ferments à surveiller. Les dérives potentielles doivent y être encadrées par des normes de droit.

82 **La critique « illibérale » contemporaine.** – La multiplication, depuis les années 2010, des mesures attentatoires aux valeurs européennes dans différents États membres de l'Union indique une érosion de l'intérieur de la démocratie libérale[85]. Les régimes hongrois ou polonais multiplient les discours et les actes de radicalisation des nationalismes et d'affirmation identitaire contre les minorités et les institutions qui les défendent. La notion de société illibérale signifie « une démocratie sans libéralisme constitutionnel qui produit des régimes centralisés, l'érosion de la liberté, des compétitions ethniques, des conflits et la guerre »[86]. Ces discours parent la démocratie et la souveraineté populaire de toutes les qualités et décrivent les droits fondamentaux comme leur ennemi, nouveau visage d'un gouvernement des juges, illégitime et porteur d'une domination des minorités sociales sur la majorité. La Nation y prévaut par rapport aux droits fondamentaux ou à l'État de droit, remettant en cause les fondements mêmes du constitutionnalisme européen, les libertés fondamentales étant assujetties à l'intérêt de la Nation. La démocratie libérale est vue comme « une oligarchie aux mains de technocrates animés par une idéologie mondialiste et multiculturaliste, tandis que la "démocratie illibérale" serait soutenue par le peuple réel, celui des laissés-pour-compte de la mondialisation attachés à leurs traditions et à leurs cultures »[87]. Cela conduit à de nouveaux aménagements institutionnels allant de l'affaiblissement systématique de l'équilibre des pouvoirs, jusqu'au cas extrême de rendre particulièrement difficile le changement du pouvoir vers une démocratie « immédiate-identitaire » qui réaliserait la fusion du peuple et du pouvoir. Or, « le propre des démocraties qui se revendiquent "illibérales", et plus généralement du populisme, tient précisément à briser cette séparation entre le "peuple" et le pouvoir. Leur cible, ce sont les institutions "intermédiaires", et plus singulièrement "indépendantes", comme la justice. Ces instances intermédiaires sont la condition au libéralisme conçu comme une séparation du pouvoir et de la société, afin de préserver un certain pluralisme critique en son sein »[88].

III. La juridicisation des droits de l'homme

83 La dimension philosophique des droits de l'homme, dans laquelle tout peut s'envisager, doit, pour se concrétiser, **se couler dans les formes du droit**. Ces formes, les droits nationaux les inventeront progressivement, comme toujours avec l'aide de la doctrine qui synthétise, préconise et joue parfois le rôle de passeur d'une culture juridique à l'autre. Néanmoins, dans un premier temps, une certaine décantation s'opérera, une partie des droits restera lettre morte. La période récente a au contraire vu un déploiement bien plus large de prérogatives.

84 **Les droits de l'homme sont enfants de l'histoire.** – La conception française en fait des droits naturels, intemporels et imprescriptibles mais cela n'empêche pas que leur proclamation s'opère dans des contextes historiques et sociaux absolument déterminants pour leurs caractéristiques. Différentes versions des droits s'expliquent par des cultures nationales et des moments génésiques.

---

84. S. Berstein, *Démocraties, régimes autoritaires et totalitarismes de 1900 à nos jours : Pour une histoire politique comparée du monde développé*, Hachette supérieur, 2007.

85. L. Jaume, « 'Démocratie illibérale' : une nouvelle notion ? », *Constitutions*, 2019 ; B. Mathieu, *Le droit contre la démocratie ?*, LGDJ, coll. Forum, 2017.

86. F. Zakaria, « The Rise of Illiberal Democracy », *Foreign Affairs*, n° 76/6, 1997 ; cf. P. Rosanvallon, « Fondements et problèmes de l'illibéralisme français », (https://academiesciencesmoralesetpolitiques.fr/2001/01/15/fondements-et-problemes-de-lilliberalisme-francais/) ; O. A. Macovei, « L'État illibéral dans l'Union européenne, essai de conceptualisation », *Civitas Europa*, vol. 40, n° 1, 2018, pp. 127-144.

87. D. Mineur, « Qu'est-ce que la démocratie illibérale ? », *Cités*, vol. 79, n° 3, 2019, pp. 105-117.

88. E. Dubout, « Démocratie illibérale et concept de droit », *Revue trimestrielle des droits de l'Homme*, vol. 127, n° 3, 2021, pp. 511-523.

A. Les textes fondateurs

85 **Ces textes fondateurs marquent les esprits** et, comme toute première fois, demeurent des modèles à imiter ou repousser. Ils présentent des traditions et des contextes différents qui alimentent plusieurs significations de la juridicisation des droits de l'homme. Le choix de la rédaction des droits, même si la *Common law* ne l'exige pas, signifie souvent quelque chose, à la fois politiquement et juridiquement, de l'ordre de la formalisation et de l'exigibilité[89].

1. Angleterre (Magna Carta, La Pétition des droits, l'Habeas Corpus, Le Bill of Rights)

86 **Diversité.** – Les textes anglais se succèdent et se ressemblent : issus de périodes de crises où la bourgeoisie et la noblesse se liguent contre un absolutisme royal toujours renaissant, courts et pragmatiques, tournés vers la protection des intérêts des destinataires anglais. La culture britannique ne retient pas l'idée d'un droit naturel universel mais plutôt des droits de source humaine, liés à des rapports de force préexistants et cristallisés par la coutume. Toute une conception du droit fonde cette approche de l'individu. Car **la protection des « droits de l'homme » (l'expression est alors quelque peu anachronique), s'opère au Royaume-Uni, essentiellement par le** *Common law*, **le droit coutumier tel que le juge l'applique**. Les droits naissent de la tradition liée aux statuts sociaux de chacun procurant certains avantages et certaines protections. Ces textes se réfèrent souvent aux traditions et franchises de Londres ou d'autres collectifs comme ports ou bourgs, lesquels se voient reconnaître la possibilité de désigner des représentants dans les conseils du Roi. Les mécanismes du parlementarisme naissant ont en partie la même origine.

87 **Pragmatisme.** – Les droits reconnus par ses textes entendent protéger des prérogatives concrètes, pensées dans un cadre interpersonnel avant d'être généralisées à tous les cercles « d'hommes libres ». Le droit le plus souvent repris reste le respect de l'intégrité physique, toujours lié à la sûreté, au refus de l'emprisonnement arbitraire. Mais suit de très près le consentement à l'impôt du Conseil du Royaume. **L'idée centrale semble bien se structurer autour de la propriété**. Propriété de soi et propriété sur les choses, deux dimensions mêlées pour garantir la vie. La libre circulation des biens en vue de l'enrichissement passe bien avant d'autres soucis.

88 On distingue, au sein d'un ensemble de pétitions et de « *bills* », quelques textes plus marquants.

La Grande Charte accordée par le Roi Jean en 1215 (dite *Magna Carta*), se comprend dans le contexte d'un affaiblissement de l'autorité du roi, assis sur le trône de Richard Cœur de Lion parti en croisade. Elle se compose de 66 articles et s'ouvre sur les droits et libertés de l'Église d'Angleterre, en particulier la liberté des élections. Elle interdit ensuite que l'on saisisse les terres d'un débiteur tant qu'il semble en mesure de régler sa dette autrement. On y trouve divers principes concernant les impôts et la procédure pénale, notamment la proportionnalité des punitions des tenanciers libres et marchands mais aussi les nobles qui bénéficient d'un privilège de juridiction. Au sein de cet ensemble de règles à la fois substantielles et catégorielles, émerge l'article 48 (« On n'arrêtera ni n'emprisonnera, ni ne dépossédera personne, de quelque manière que ce soit, que par le jugement de ses pairs, selon les lois du pays »). La propriété vaut bien donc autant que la liberté individuelle, laquelle ne se trouve pas garantie par une règle unique. Juste après, se trouve garantie, de façon générale, la liberté d'aller et venir des commerçants sans leur imposer de taxe hors temps de guerre.

La *Pétition du droit* accordée par Charles Ier en 1628 abandonne la formulation en articles pour rappeler des droits figurants dans les textes précédents et pose des principes constitutionnels comme le consentement à l'impôt ou l'interdit de prêter au roi contre la volonté du débiteur. Les Anglais y dénoncent les agissements contraires du roi : levée d'emprunts, emprisonnements. Ce à quoi le roi répondit finalement : « soit droit fait comme il est désiré ».

89. C. Faure, *Ce que déclarer des droits veut dire*, PUF, coll. Politique d'aujourd'hui, 1997.

L'Acte d'*Habeas Corpus* adopté par Charles II en 1679 règle la procédure d'emprisonnement, le paiement des cautions, la compétence des juridictions et les délais de procédure.

Le *Bill of Rights* (acte déclarant les droits et libertés des sujets et réglant la succession de la Couronne), de 1689, après l'abdication de Jacques II, caractérise bien la conception anglaise des droits de l'homme que synthétisera notamment l'œuvre emblématique d'Edmund Burke. L'essentiel du texte est tourné vers les questions constitutionnelles : la suspension de la loi sans le Parlement est impossible, l'autorité de la loi y étant déclarée supérieure à celle du roi. Les droits y sont pragmatiques, concrétisés par des procédures écrites. On y trouve par exemple l'ancêtre de l'article 3 de la Convention EDH : « Qu'il ne peut être exigé de cautions, ni imposé d'amendes excessives, ni infligé de peines cruelles et inusitées ». Les autres droits y sont politiques : le droit de pétition, la liberté des élections aux Communes. L'esprit anglais y demeure inductif et conservateur : l'accord écrit, de valeur juridique ordinaire, ne fait que coucher sur le papier le rappel d'une tradition que le pouvoir doit continuer à respecter.

89 **Vers le procès équitable. -** Dans ce système, l'accès à la justice joue un rôle déterminant. Disposer d'une action, d'une procédure dédiée au respect de la jouissance du droit concerné s'y conçoit comme un droit à part entière autant que le droit protégé lui-même (« *remedies precede rights* »). L'interprétation jurisprudentielle opère l'intégration et l'adaptation des droits subjectifs au droit objectif. Le juge se révèle sanctionnateur de l'action du pouvoir exécutif plus encore que du Parlement. Aujourd'hui encore, le Royaume-Uni fonctionne sur un tel schéma. Le caractère fondamental d'une liberté justifie l'intervention du juge. En 1998, **l'adoption du** ***Human Rights Act***, permettant de rapprocher l'ordre juridique des exigences de la Convention EDH, a partiellement modifié la donne en plaçant les droits dans un texte de valeur législative qui fait de la violation d'un droit une illégalité. Cela ne permet pas d'annuler la loi elle-même si elle se révèle porteuse d'une violation des droits mais seulement d'en délaisser l'application[90].

2. L'Allemagne (de l'Aufklärung à la Loi fondamentale de Bonn)

On doit à l'Allemagne des Lumières d'avoir imaginé et initié l'idée que les droits de l'homme puissent être opposés au pouvoir par un double mécanisme de reconnaissance écrite de ces droits (par le prince) et leur **garantie par un tiers**, plus précisément une cour de nature constitutionnelle. C'est une ébauche de ce que seront, au XXe siècle les « droits fondamentaux » (*Grundrechte*). Plusieurs principautés allemandes, bien avant la Révolution de 1848, disposaient de « catalogues de droits de l'homme » insérés dans les chartes octroyées par les gouvernants (essentiellement un embryon de vie privée, de propriété et de liberté de la presse). Il ne s'agit donc pas de droits que le peuple se donne dans le cadre d'un changement de système politique, ni de droits « naturels », mais de droits que seule une loi peut aménager, ce qui implique une intervention parlementaire (même s'il n'y a alors souvent qu'une chambre aristocratique). On est proche ici de la conception anglaise. En 1849, après la Révolution qui cherche l'unité de l'Allemagne, fût adoptée la constitution du Reich (dite aussi « de Francfort » ou « de l'Église de Saint-Paul ») qui garantissait plus de droits. De manière très innovante, cette constitution prévoyait un « Tribunal d'Empire (*Reichsgericht*) » habilité à annuler les lois contraires aux droits fondamentaux. Mais tout cela fut abrogé dès 1851 et les droits n'étaient alors plus opposables qu'au pouvoir réglementaire et non à la loi elle-même, même si dans certains Lands le régime était plus libéral. Cette situation se poursuit même sous la République de Weimar, après 1919, bien que la Constitution indique que « tous les Allemands sont égaux devant la loi. **Hommes et femmes ont, en principe, les mêmes droits et devoirs civiques.** [...] (Art. 109) Tous les Allemands jouissent du droit de libre circulation dans tout l'Empire. [...] (Art. 111) ; **La liberté de la personne est inviolable.** [...] (Art. 114), **Le domicile de tout Allemand constitue** pour lui un lieu d'asile et est inviolable. [...] (Art. 115), Le secret des lettres ainsi que le secret postal, télégraphique et téléphonique sont inviolables. [...] (Art. 117), **Tout Allemand a le droit**, dans les limites des lois générales, **d'exprimer librement son opinion**

90. C. Girard, « Article Royaume-Uni », *Dictionnaire des droits de l'Homme*, S. Rials, F. Sudre, J.-P. Marguénaud, H. Gaudin, J. Andriantsimbazovina (dir.), PUF, 2008, p. 863.

par paroles, écrits, imprimés, images ou de toute autre manière. [...] (Art. 118) ». Ce n'est qu'après la Seconde Guerre mondiale que le modèle des droits fondamentaux se trouve institué (voir *infra*).

3. États-Unis

90 **Contexte. –** Les Treize colonies d'Amérique conçoivent leur texte dans un tout autre contexte. Elles sortent d'une guerre de décolonisation, d'indépendance. Si la culture britannique demeure la leur, les Américains doivent s'inscrire en faux par rapport aux règles contraires à leur nouvel idéal, républicain, démocratique et fédéral. La Démocratie domine alors le paysage qui demeure libéral. Les libertés doivent à présent être celles du peuple des colons. Le tableau d'ensemble résulte là encore de divers textes fondateurs réunis cependant sur une courte période.

La **Déclaration d'indépendance de 1776**, rédigée par Thomas Jefferson, résulte d'une adoption par le Congrès ; soucieuse de justifier la rupture avec les Britanniques, elle met l'accent sur le danger que représente tout pouvoir, y compris le Parlement, alors même que ce dernier restait central au Royaume-Uni. Un corps électoral élargi et une séparation stricte des pouvoirs promettent outre-Atlantique de protéger les droits des Américains mais cela se conjugue avec l'affirmation du jusnaturalisme qui élargit, par l'humanisme dont il est porteur, le cercle des bénéficiaires des droits. Pourtant la question de l'esclavage dans certains États rend impossible la conciliation des droits de l'homme avec les réalités sociales du nouvel ensemble. Néanmoins, ce texte n'a cessé d'influencer ensuite la jurisprudence, y compris celle de la Cour suprême.

91 **Déclarations des États. –** Sept des onze colonies, devenues États, se dotent ainsi d'une Déclaration des droits en tête de leur constitution écrite. Le changement sur ce point indique suffisamment que les droits ne viennent plus d'une concession du pouvoir mais que le peuple se fixe une limite à son propre pouvoir avant de le confier à ses gouvernants par la Constitution. **Les droits deviennent des principes constitutionnels**. Les droits proclamés y sont tous des droits naturels issus d'une loi naturelle d'inspiration divine. On y retrouve la liberté de religion, le consentement à l'impôt des représentants, la sûreté et le droit à un jury populaire en matière pénale, la liberté de la presse, la non-rétroactivité des lois pénales...

92 **Le** *Bill of Rights* américain s'inscrit dans la Constitution sous la forme des dix premiers amendements adoptés depuis 1791. Les débats alors ont été nourris, craignant qu'une Déclaration des droits de citoyens n'affaiblisse le nouveau Pacte fédéral qu'était cette constitution. Comment comprendre que soit limité un pouvoir qui enfin relève des représentants du peuple ? Pourtant il fut admis que même le pouvoir démocratique devait être effectivement et *de jure* limité. Le neuvième amendement renoue avec l'orthodoxie jusnaturaliste en précisant que la liste des droits écrits ne doit pas occulter d'autres droits non-écrits conservés par le peuple. Les droits marquent bien l'identité américaine. Le **premier amendement garantit la liberté de conscience et d'expression** en refusant une religion d'État ou l'interdiction d'une religion. Il assure la liberté de communication, de réunion et de pétition. Le deuxième offre le **droit de porter une arme**. Viennent ensuite l'encadrement des réquisitions militaires de logement, des perquisitions civiles du domicile ou des personnes, l'expropriation d'intérêt public contre indemnité et **les règles de procédure pénale** comme le droit à un jury populaire pour les crimes, le droit de ne pas être poursuivi deux fois pour un même délit, la garantie de l'impartialité des juges, de la rapidité du jugement, de la procédure contradictoire, les droits de la défense, l'interdiction de cautions ou amendes disproportionnées, l'interdiction des châtiments cruels ou inhabituels.

93 Depuis, **d'autres amendements** ont élargi la liste des droits : ceux relatifs au pouvoir judiciaire (1804), l'abolition de l'esclavage (1865), l'absence de discrimination dans le droit de vote, la procédure de vote (1868, 1960, 1962, 1971), l'organisation des pouvoirs constitués (1868, 1912, 1933, 1951, 1967, 1992), l'impôt sur le revenu (1913), le droit de vote des femmes (1919), la prohibition de l'alcool (1933). On doit surtout signaler **le XIVe amendement** ratifié le 9 juillet 1868 et qui dispose que « toute personne née ou naturalisée aux États-Unis, et soumise à leur juridiction, est citoyen des États-Unis et de l'État dans lequel elle réside. Aucun État ne fera ou n'appliquera de lois qui restreindraient les privilèges ou les immunités des citoyens des États-Unis ; ne privera une personne de sa vie, de sa liberté ou de ses biens sans procédure légale régulière ; ni ne refusera à quiconque relève de sa juridiction l'égale protection des lois ». Cet amendement dit « **clause de** *Due process of law* » a permis à la Cour suprême de développer les garanties procédurales des droits de l'homme.

4. La France révolutionnaire

94 **Comparaison des textes français et américain.** – La doctrine discute depuis toujours des sources communes des déclarations françaises et américaines, mettant l'accent sur ce qui les unit ou les sépare. Déjà les contre-révolutionnaires en faisaient du bois pour leurs flèches, mais la controverse de 1902[91] entre **Émile Boutmy**[92] **et Georg Jellinek**[93] donne un cadre à la comparaison ; le second auteur déniant toute originalité au texte français par rapport à celui des États-Unis, lui-même reproduisant le génie saxon[94]. Si le jusnaturalisme, le constitutionnalisme, le recours à l'écrit se retrouvent des deux côtés (à la nuance près que Dieu et la Loi naturelle engendrent le droit naturel des Américains, quand le droit naturel des Français n'a pas d'autre source que la raison, l'Être suprême n'étant qu'un témoin neutre), les droits consacrés ne se superposent pas exactement.

Les **libertés** américaines demeurent largement liées à la mode anglaise : des droits au champ restreint et à l'application concrète procéduralisée où le *Common law* garde sa fonction en renvoyant au juge le soin de prolonger la volonté implicite du peuple. La Déclaration américaine s'ouvrait sur la vie, la liberté, le bonheur et la résistance à l'oppression quand la Déclaration française s'ouvrira sur la liberté, l'égalité, la propriété et la résistance à l'oppression. Si dans les deux textes les peuples s'adressent à l'humanité tout entière, le peuple américain parle de son droit à l'émancipation quand les Français entendent donner des droits à tous les hommes. Dans le système français, **seuls quatre droits s'identifient comme « naturels », attestant du caractère volontariste** de la Déclaration française. Les divergences apparaissent nettes, pour les résumer : « là où la Déclaration américaine cherchait les droits de l'homme dans le respect de la loi naturelle, la Déclaration française construit les droits du citoyen dans la fondation de la société civile »[95]. La Déclaration de 1789 doit surtout ouvrir la Constitution. Elle paraît en avance sur le texte américain qui n'expose que des droits de l'homme d'un peuple à venir ; elle proclame, selon les vœux de Rabaud-Saint-Étienne, les droits du citoyen d'une nation déjà là se donnant un « corps politique ».

95 À l'inverse des Anglo-Saxons, le goût français pour **l'abstraction** et les principes a configuré les droits de l'homme comme des prérogatives qui peuvent se concevoir dans l'absolu, pour tout homme et tout pays. Ici les formulations juridiques ne se sont pas encore émancipées de leur gaine philosophique, ni dans l'esprit, ni dans la formulation. La démarche ressemble ici à une déduction : l'homme y semble un « donné » par la **philosophie rationaliste**, il suffit ensuite d'en déduire les droits nécessaires et d'y ajouter les principes politiques et institutionnels utiles pour leur conservation : le constitutionnalisme, la démocratie, l'égalité, le légicentrisme. La volonté principale réside dans le souci d'effacer les traces d'une société de castes et de privilèges pour retrouver le portrait-robot de l'Homme universel, débarrassé des marques de son ordre, de sa corporation, de sa généalogie. Car, au contraire des Anglais et des Américains, les Français ont connu une histoire bien différente. D'abord quant aux équilibres de la société d'Ancien Régime : quitte à caricaturer quelque peu l'histoire, on peut, à grands traits, poser que l'absolutisme français se fondait sur le bloc que formaient ensemble monarchie et aristocratie. Alors qu'au Royaume-Uni la bourgeoisie a su s'allier avec la noblesse pour sauver leurs privilèges, le génie de Richelieu, puis de Mazarin et Louis XIV a été de dompter les grands par une vie de cour, elle-même liée à une centralisation

91. G. Jellinek, *La DDHC*, trad. Fardis, 1902 ; É. Boutmy, « La DDHC et M. Jellinek », *Annales de l'École libre des sciences politiques*, 1902, p. 415 et s.
92. Fondateur de l'École libre des sciences politiques, 1835-1906.
93. Grand juriste allemand (1851-1911).
94. Sur cette confrontation, voir notamment S. Rials, *La DDHC*, Hachette, 1988, p. 355 et s., B. Barret-Kriegel, *Les droits de l'homme et le droit naturel*, PUF-Quadrige, 1989, p. 20 et s.
95. B. Barret-Kriegel, *op. cit.*, p. 27.

inhérente à un État longuement construit et devenu puissant. En effet, la **période de la Fronde a vu certains intellectuels commencer à justifier la lutte contre l'absolutisme** en invoquant les droits des sujets. Le Cardinal de Retz ou Fénelon rappelleront les droits coutumiers et les privilèges de l'aristocratie pour limiter le champ d'action du monarque... en vain. La Révolution opposera donc le peuple au Roi, à l'Église, et à la noblesse qui n'y trouveront nul soutien. Il n'y a donc rien à sauver de l'ancien système, pas de tradition à laquelle s'attacher, pas de droits coutumiers qui ne puissent être avantageusement réinventés. Les Français n'ont donc qu'à « inventer » l'homme qui sera citoyen, le citoyen qui saura sauvegarder les droits de l'homme.

a. 1789

96 **Élaboration. –** Le texte phare du droit français se comprend lui aussi en raison de son contexte d'origine. Sa compréhension a depuis évolué en fonction de son usage contemporain de droit positif. Elle a été adoptée le 26 août 1789 par l'Assemblée nationale constituante selon le projet du député Target. La rédaction résulte de longs débats à propos de divers projets issus de personnalités, de comités et **groupes de travail donnant lieu à des rapports** (Mounier, Champion de Cicé, Mirabeau). Le marquis de Bonnay, président de l'Assemblée nationale et de la fête de la Fédération du 14 juillet 1790, aurait eu aussi une influence déterminante[96]. Face à l'hésitation de la majorité quant à la nécessité d'un tel texte, nul doute que l'exemple américain a suscité des vocations. Il n'en demeure pas moins que les débats ont été écourtés pour rédiger la Constitution, estimée prioritaire. Les dix-sept articles n'en seront pas moins placés à la tête du texte de 1791 où ils affichent les valeurs politiques de la Révolution, avant de perdre avec elle toute valeur juridique.

97 **Caractères. –** Ces « caractères » fournissent en quelque sorte l'identité propre de la Déclaration. En premier lieu on doit mettre en exergue le volontarisme de l'auteur. L'auteur, certes un peu flou, n'est autre que le peuple français par ses représentants. C'est une déclaration, une mise au jour, une explicitation de ce qui jusque-là existait mais restait dans l'ombre ou l'incertitude. C'est pourquoi, selon le préambule, les rédacteurs exposent, déclarent, rappellent les droits de l'homme. Cela conduit néanmoins à deux interprétations possibles toujours débattues aujourd'hui. La **version « naturaliste »** prend le texte « au mot » et s'arrête au discours explicite : l'homme a des droits naturels que les rédacteurs se contentent de formaliser, d'expliciter. La Déclaration n'a donc qu'un caractère recognitif d'une nature qui ne laisse aucun choix. La **version « volontariste »** met au contraire la forme en contradiction avec le fond : sous couvert d'affirmer quelque chose avant eux, les révolutionnaires savent bien qu'ils créent des droits. Leur attitude volontaire, rationaliste, institutrice, en un mot « performative », crée les droits sans qu'il faille s'arrêter au discours sur la nature qui leur sert de justification. La forme et la valeur juridique indiquent que la proclamation cherche avant tout à instituer une obligation de respect.

Pour autant, la Déclaration ne présente **pas de dimension organisatrice ou rationalisante.** Les droits n'y font pas l'objet d'une classification ou d'une hiérarchisation particulière. Entre les deux versions, on pourrait lire aussi une forme de hiérarchie entre les quatre droits de l'article 2, naturels, inaliénables et imprescriptibles de l'homme et les autres. Il semble bien que le naturalisme soit essentiellement un habillage devenu inutile une fois le texte déroulé. Si les rédacteurs croient en une nature humaine qui fonde les droits de l'homme et du citoyen, le droit naturel ne joue en fait aucun rôle effectif. Dès lors, aucune marche ne sépare l'article 2 des autres droits dont ils ne sont que les figures de proue, l'appellation « générique ». Le Conseil constitutionnel a d'ailleurs adopté cette façon de voir, visant parfois l'article 2 en binôme avec un second article qui le concrétise (l'article 4 pour la responsabilité civile, l'article 17 pour la propriété...).

La Déclaration porte déjà les **principes politiques** de la Constitution et prépare la République. La laïcité de la Déclaration la caractérise encore. Jellinek montrera d'ailleurs que l'origine des droits français est politique et laïque, contrairement au système américain d'origine théologique. La question centrale est celle de l'Être Suprême, une entité métaphysique mais distincte de tous les dieux qui existent. L'iconographie du « grand horloger » de la maçonnerie a aussi sans doute inspiré cet être suprême qui ne doit ressembler à aucun autre.

96. F. Duluc, *Le marquis de Bonnay : Le père oublié de la Déclaration des droits de l'homme*, Passés composés, 2022.

Selon le **légicentrisme**, c'est-à-dire l'appel à la force de la loi pour juridiciser les droits, la loi détermine les bornes naturelles des droits (art. 4) ; elle est aussi présente aux articles 7 à 11. On a une foi absolue dans la loi, sous l'influence de Rousseau. La Déclaration, à aucun moment, ne confie la protection des droits aux juges ou à une quelconque coutume. Alors que les rédacteurs américains ont bien compris qu'il fallait un contrôle efficace de la loi contre la volonté liberticide du législateur, le texte français s'en remet à lui. Il s'agit là sans doute de pallier aussi le caractère extrêmement général et abstrait des droits et principes posés. La loi ne s'impose pas seulement en raison du principe démocratique mais aussi par nécessité pratique de transcription des droits dans des prérogatives plus précises, donc plus effectives. Les droits du citoyen sont les garanties nécessaires des droits de l'homme. C'est l'influence de Rousseau.

La liberté domine l'ensemble du texte. L'affirmation peut surprendre en raison même de l'article 1er qui dresse la statue de l'égalité à l'entrée de l'avenue : « Les hommes naissent et demeurent libres et égaux en droits. Les distinctions sociales ne peuvent être fondées que sur l'utilité commune ». Précisons néanmoins qu'il s'agit moins d'égalité que du principe de non-discrimination applicable à tous les droits, notamment la liberté. Mais, ceci étant dit, l'égalité, absente des droits naturels de l'article 2, s'efface et laisse le rôle central à la liberté. L'individu y occupe le devant de la scène. Les libertés ne prennent pas encore prioritairement le visage du groupe, de l'exercice en réunion.

98 **Aura. –** Quoique partielle et partiale, la Déclaration aura sur le fond et sur la forme un retentissement considérable, mythique, jusqu'à aujourd'hui. Le principe d'une Déclaration des droits au sein des textes constitutionnels a subi les effets de la présence d'un tel phare. Tantôt il a paru inutile de remplacer un tel texte, celui-ci marquant durablement les esprits, il convenait de s'y référer explicitement (1852, 1946, 1958) ou tout simplement de n'en rien dire. Tantôt il a paru dangereux de s'en remettre à elle, on a ainsi rédigé de nouveaux textes (constitutions de l'an VIII, X, XII, 1814, 1815, 1830, 1848). On peut s'arrêter sur deux d'entre eux, datant de la période révolutionnaire.

b. 1793

99 C'est la **déclaration montagnarde** qui ouvre la Constitution de l'an I. Comportant 35 articles, elle complète largement le texte de 1789 et s'inscrit en faux contre le projet plus libéral rédigé alors par les Girondins. Les articles 23 à 31 posent les principes politiques et constitutionnels fondamentaux comme la souveraineté et les fonctions publiques.

100 **L'égalité. –** La Déclaration révèle une modification des priorités au profit de l'égalité qui partage maintenant la scène avec la liberté. On a cependant souvent exagéré la portée sociale voire socialisante de ce texte qui demeure l'œuvre des bourgeois. La Déclaration d'indépendance a fait son chemin, amenant le bonheur au rang des objectifs politiques[97]. **L'égalité entre dans la liste de ces droits naturels[98]. Mais elle y demeure formelle, une égalité en droit, de droit.** Le droit n'y est pas encore l'instrument de politiques publiques tendant à égaliser les situations. L'égalité y signifie seulement que les libertés ici reconnues s'appliquent à tous (à tous ceux qui le pourront). Ainsi, le droit de propriété, toujours aussi présent, se trouve tout de même précisé et davantage finalisé. Nul ne peut être privé de la moindre portion de sa propriété mais pèse sur cette propriété la nécessité d'assurer les secours publics et l'instruction. Au-delà, le constituant pose certains droits pouvant apparaître alors comme des droits tournés vers la réalisation de l'égalité sociale : le droit à l'instruction, l'utilité sociale des impôts et son contrôle par tous ; enfin « La garantie sociale consiste dans l'action de tous, pour assurer à chacun la jouissance et la conservation de ses droits » (art. 23).

---

97. « Article 1. – Le but de la société est le bonheur commun. – Le gouvernement est institué pour garantir à l'homme la puissance de ses droits naturels et imprescriptibles ».

98. « Article 2. – Ces droits sont l'égalité, la liberté, la sûreté, la propriété ; Article 3. – Tous les hommes sont égaux par la nature et devant la loi ».

101 **La liberté.** – On relèvera **la flamboyante définition de la liberté comportant une limite morale qui relève des devoirs de l'homme** : « La liberté est le pouvoir qui appartient à l'homme de faire tout ce qui ne nuit pas aux droits d'autrui : elle a pour principe la nature ; pour règle la justice ; pour sauvegarde la loi ; sa limite morale est dans cette maxime : *Ne fais pas à un autre ce que tu ne veux pas qu'il te soit fait* » (art. 6). L'article 7 garantit les libertés d'expression, de réunion et du culte. On remarque dans ce texte la proscription de la domesticité, la personne y est inaliénable, seule la force de travail peut se vendre.

102 **La résistance à l'oppression** est omniprésente sous l'influence des menaces extérieures. Quatre articles consacrent des formes de garantie des droits. On reste encore loin de l'appel au juge, lequel, selon Robespierre, ne doit avoir aucun pouvoir qui modifierait la volonté des représentants du peuple. Il demeure question de droit de pétition et de résistance : « **La résistance à l'oppression est la conséquence des autres droits de l'homme. Il y a oppression contre le corps social lorsqu'un seul de ses membres est opprimé. Il y a oppression contre chaque membre lorsque le corps social est opprimé** » (art. 33 et 34). La résistance se concrétise notamment par le devoir d'insurrection quand le gouvernement viole les droits du peuple. Il s'agit du droit de chaque portion du peuple. Les droits se perçoivent comme des instruments de la lutte révolutionnaire autant que sa finalité.

On se souvient que ce texte n'entrera jamais en vigueur, la constitution ayant été suspendue pour mettre en œuvre une **« Terreur »** qui en aura été, à l'échelle humaine, une des violations les plus graves des droits alors proclamés. Alors que le texte de 1793 proclame la présomption d'innocence[99], la loi proclame suspect tout individu dénoncé ou mal vu, lequel pourra se voir traduit sans défense devant des juges qui ont tout loisir d'oublier la formule du préambule selon laquelle la déclaration des droits s'écrit « afin que le peuple ait toujours devant les yeux les bases de sa liberté et de son bonheur ; le magistrat la règle de ses devoirs ».

Le texte de 1793 n'en demeure pas moins un **mythe de la pensée socialiste**, de Babœuf à Jaurès et jusqu'aux auteurs de la Constitution de 1946. Parée des atours du romantisme révolutionnaire elle propose un projet de société fondé sur une démocratie semi-directe, on dirait aussi « participative », exigeant un certain niveau de connaissance des citoyens et une grande implication dans la vie de la cité.

c. 1795

103 **Les Thermidoriens**, qui ont abattu les rédacteurs du texte précédent, reviennent à une conception plus girondine des droits. Ils faillirent d'ailleurs ne pas proclamer les droits de peur de susciter une nouvelle agitation. Reprenant les grandes lignes de 1789 ils en apurent les excès. Le naturalisme s'estompe puisque les anciens droits naturels deviennent « les droits de l'homme en société », d'ailleurs, craignant que l'idée d'égalité de naissance n'amène à l'exigence de droits sociaux, on indique plus que les hommes naissent libres et égaux. Oubliés l'instruction, le travail et bien sûr les garanties comme l'insurrection. D'autres tempéraments sont institués : on y rappelle **qu'au-delà des droits, il y a des devoirs** et des garanties à donner à l'individu dans sa dimension collective, sociale. La Constitution doit d'ailleurs être placée sous la garde de toutes les vertus. Plus révélatrice encore de l'évolution de l'esprit de la Révolution, la Déclaration des droits, composée de neuf articles, invite à faire le bien, respecter les lois et ceux qui les font. L'individualisme s'atténue au profit d'un citoyen agent moral : « Nul n'est bon citoyen, s'il n'est bon fils, bon père, bon frère, bon ami, bon époux » (art. 4).

B. La diffusion

104 Nous allons à présent examiner les supports qui, dans le temps, ont relayé les principes ici posés, en France et dans le monde.

99. « Article 13. – Tout homme étant présumé innocent jusqu'à ce qu'il ait été déclaré coupable, s'il est jugé indispensable de l'arrêter, toute rigueur qui ne serait pas nécessaire pour s'assurer de sa personne doit être sévèrement réprimée par la loi ».

1. La consécration des libertés publiques en France

105 Une fois l'orage révolutionnaire passé et l'Empire révolu, l'image des droits de l'homme se trouve singulièrement effacée. Les exactions commises par les porteurs du message des droits et le retour aux affaires de leurs pourfendeurs obscurcissent les perspectives de rebond. **L'histoire du XIXe** sera celle d'une résurgence progressive et pragmatique portée par les progrès du libéralisme au gré de régimes de moins en moins hostiles. La « rechute » du Second Empire atteste elle-même tout à la fois des difficultés du libéralisme à trouver son équilibre et de l'assouplissement de l'autoritarisme. Seule la IIIe République, sans l'emphase de ses devancières, trouvera l'équilibre et le temps d'engendrer les libertés.

a. Avant 1870

106 Le chaos qui sert d'identité à l'histoire constitutionnelle française marque aussi celui des droits et libertés. Entre réaction et libéralisme, les débuts du siècle donneront une version fade et compromissoire des droits de l'homme. L'espoir de 1848 porte certes des avancées significatives mais de brève durée.

107 **La Restauration de 1814**, on le sait, sous des formes très archaïques, ne revient pas fondamentalement à l'Ancien Régime. Les signes d'un certain libéralisme se donnent à voir jusque dans la première partie de la Charte constitutionnelle du 4 juin 1814 qui expose les lignes directrices d'un « Droit public des Français ». **L'égalité de tous, sans considération de rang ou de titre y précède la liberté individuelle et la liberté de religion ou le droit de propriété.** Mais aussitôt des cadres rigides sont rappelés : l'État choisit la religion catholique comme la sienne et ne finance que les cultes chrétiens. Si la liberté de la presse est restaurée c'est sous réserve d'en sanctionner les abus déterminés par la loi. On signalera encore un droit intéressant et étonnamment moderne : le droit à l'oubli comme forme de la liberté d'opinion. L'article 11 expose ainsi que « toutes recherches des opinions et votes émis jusqu'à la restauration sont interdites. Le même oubli est commandé aux tribunaux et aux citoyens ». On peut y voir une forme de « justice réparatrice » ou « reconstructrice », c'est-à-dire l'institution d'un pardon, l'effacement des « erreurs » anciennes en vue d'un nouveau contrat social, d'une adhésion au lien social. Le XXe siècle a vu nombre de ses formes transitoires ou « transitionnelles », en Afrique du Sud ou au Chili par exemple. La Charte constitutionnelle du 14 août 1830 reprend mot pour mot le même dispositif.

108 Historiquement plus intéressant, **l'Acte additionnel aux Constitutions de l'Empire** du 22 avril 1815 tente de concrétiser la pensée libérale de Benjamin Constant que Napoléon a fini par saisir de cette question en dépit de ses préventions à son égard. Le texte y retrace le compromis entre les deux personnages. Si le régime politique ressemble beaucoup à celui de Louis XVIII, la déclaration des droits innove quelque peu en commençant par placer les droits à la fin du texte... **La « Benjamine » reconnaît ainsi « le droit au juge naturel »**, c'est-à-dire le juge que la loi prévoit et non celui que le gouvernement décide de lui donner. Il s'agit d'exclure toute justice d'exception et d'assurer ce que nous appellerions aujourd'hui le droit à un procès équitable. Dans le même ordre d'idées, le texte encadre le recours à l'état de siège comme régime d'exception renforçant les pouvoirs de police. Il ose enfin exclure toute censure préalable à l'expression par voie de presse.

109 **La Constitution de la IIe République** du 4 novembre 1848 avance davantage en raison même de l'idéal républicain qu'elle promeut. **Lamartine y défend la liberté et la fraternité qui, avec l'égalité, en formeront la devise[100]. L'inviolabilité du domicile et l'abolition de la peine de mort en matière politique marquent un**

100. Dans son poème « La liberté, ou une nuit à Rome », il écrit cette ode : « Liberté ! nom sacré, profané par cet âge, J'ai toujours dans mon cœur adoré ton image, Telle qu'aux jours d'Émile et de Léonidas, T'adorèrent jadis le Tibre et l'Eurotas ; Quand tes fils se levant contre la tyrannie, Tu teignais leurs drapeaux du sang de Virginie ».

tournant, tout comme l'abolition de l'esclavage, acte majeur s'il en est, par le décret du 27 avril 1848[101]. Placé sous les auspices de Dieu lui-même, le texte reconnaît encore la liberté de religion mais insiste sur le fait que tous les ministres du culte peuvent bénéficier de fonds publics. La liberté de l'enseignement y est reconnue sous le contrôle de l'État. C'est l'affirmation des fins sociales de l'action du pouvoir. Le pouvoir cesse d'être neutre à l'égard des libertés. On commence à avoir l'idée d'une intervention positive, telle que la répartition équitable des charges de la société, etc. Il y a une idée de responsabilité de la société à l'égard des droits. Le débat a alors lieu sur la reconnaissance d'un droit au travail. Le paragraphe VIII du préambule opère une avancée considérable : « La République doit protéger le citoyen dans sa personne, sa famille, sa religion, sa propriété, son travail, et mettre à la portée de chacun l'instruction indispensable à tous les hommes ; elle doit, par une assistance fraternelle, assurer l'existence des citoyens nécessiteux, soit en leur procurant du travail dans les limites de ses ressources, soit en donnant, à défaut de la famille, des secours à ceux qui sont hors d'état de travailler ». L'État reconnaît un devoir à sa charge mais non un droit corrélatif des citoyens. La IIe République envisage la création d'organes collectifs, des institutions de prévoyance et de crédit. Il faut encore mentionner la loi Falloux du 15 mars 1850 sur la liberté de l'enseignement primaire et secondaire général qui accorde une place ample à l'enseignement confessionnel. Aujourd'hui encore certaines de ses dispositions régissent les conditions d'ouverture des établissements privés d'enseignement, avec ou sans contrat avec l'État et plus particulièrement les limites au financement des établissements privés par les collectivités territoriales.

Pour autant, la **IIe République** n'a pu bien longtemps maintenir la partie libérale de son projet. La liberté d'association y est rapidement suspendue, la presse encadrée et le droit de suffrage limité.

La Constitution du **14 janvier 1852** tourne la page de ces promesses et se contente de confirmer et garantir les principes de 1789 sans autre précision, si ce n'est un Sénat institué pour garder les libertés publiques quand ses membres dépendent financièrement d'un chef de l'État qui se fera proclamer empereur dès 1852. Pour l'essentiel **le Second Empire renoue avec les pratiques du premier, traquant les opposants, reniant les libertés. Il faut attendre les années 1860** pour voir quelques évolutions comme la loi du 25 mai 1864 qui abolit le délit de « coalition », permettant ainsi le mouvement ouvrier, la liberté de réunion s'en trouvant ébauchée sous un régime d'autorisation.

b. Le rôle de la IIIe République

110 Les paradoxes juridiques qui entourent la **IIIe République** ne manquent pas : le texte le plus bref pour le régime le plus long, l'absence de promesse dans le domaine des droits de l'homme pour le régime qui les concrétisera. Né dans l'incertitude d'un retour à la monarchie ou d'une république qui n'osait pas même dire son nom, le nouveau régime hésite entre libéralisme et protection de la république. L'éternel débat français sur le principe de libéralisme, qui mènera à un « compromis démo-libéral » a été pragmatiquement résolu sous la IIIe République, l'ère du libéralisme politique.

La IIIe République se voit souvent décrite comme le moment de concrétisation des droits de l'homme sous la forme des **libertés publiques**, c'est-à-dire par la loi. Le constat, vrai pour l'essentiel, appelle quelques précisions. Faute de Constitution, l'œuvre sera législative, certes, mais lente et conjoncturelle. Royaliste jusqu'en 1876, la représentation nationale réprime la Commune de Paris dans le sang, déstabilise Thiers rallié à la République et néglige les libertés. L'arrivée au pouvoir de Jules Grévy et l'affirmation de la forme républicaine du gouvernement ouvrent une période de consolidation des libertés.

La loi du 12 juillet 1875 ravive la **liberté de l'enseignement** supérieur : « Tout Français âgé de vingt-cinq ans, n'ayant encouru aucune des incapacités prévues par l'article 8 de la présente loi, les associations formées légalement dans un dessein d'enseignement supérieur, pourront ouvrir librement des cours et des établissements d'enseignement supérieur » (mais celle du 18 mars 1880 rétablit le monopole étatique de la collation des grades

101. « L'esclavage sera entièrement aboli dans toutes les colonies et possessions françaises, deux mois après la promulgation du présent décret dans chacune d'elles. À partir de la promulgation du présent décret dans les colonies, tout châtiment corporel, toute vente de personnes non libres, seront interdits. ».

universitaires). La loi du 30 juin 1881 consacre la **liberté de réunion** (la loi 28 mars 1907 la dispensera de déclaration) et celle du 29 juillet 1881 la **liberté de la presse**. Le 1er juillet 1901, la **liberté d'association** ressurgit pour connaître une postérité remarquable permise par sa souplesse[102]. L'aspect social ressurgit aussi grâce à la loi du 21 mars 1884 relative à la **liberté syndicale**[103]. La loi du 16 juin 1881 dispose qu'« Il ne sera plus perçu de rétribution scolaire dans les écoles primaires publiques, ni dans les salles d'asile publiques. Le prix de pension dans les écoles normales est supprimé » ouvrant la gratuité de **l'enseignement primaire**.

Au-delà, la loi du 9 décembre 1905, pose les fondations d'une véritable « **constitution religieuse de l'État** » en imposant la séparation de l'Église et de l'État. Elle assure en quelque sorte la liberté du culte sous un régime de déclaration puis sans cette formalité : « La République assure la liberté de conscience. Elle garantit le libre exercice des cultes sous les seules restrictions édictées ci-après dans l'intérêt de l'ordre public » (art. premier). Mais la pression des royalistes et celle de l'Église ont rendu le régime méfiant. Il a donc été amené à suspendre des libertés à certains moments comme la lutte contre les congrégations et contre les ligues. En refusant par exemple l'ouverture des congrégations ou en interdisant à leurs membres d'enseigner (loi du 7 juillet 1904), les ministres de la IIIe, comme Émile Combes, adopteront des positions de combat. La dissolution des ligues, après la menace que le 6 février 1934 a fait peser sur le Parlement, a signifié aussi la mise des libertés entre parenthèses au nom de la République (10 janvier 1936).

Ces contradictions ont pu être gérées par le **Conseil d'État**, inaugurant une pratique contentieuse, certes mesurée, mais ouverte sur la protection des administrés. Il étend son domaine de contrôle et l'autorité de ses décisions en même temps qu'il encadre particulièrement les mesures de police et inscrit les libertés sous la forme des principes généraux du droit. À l'inverse, la Première Guerre mondiale l'amène à justifier les restrictions aux libertés par la théorie des circonstances exceptionnelles. C'est enfin la voie législative qui suspend les libertés au début de la Seconde Guerre en vue de réquisitionner les biens et tourner la presse vers l'effort patriotique (loi du 11 juillet 1938 sur l'organisation de la Nation en temps de guerre).

On a accusé le **libéralisme français** de la IIIe République d'avoir été faible, de n'avoir pas su contrer le IIIe Reich. La démocratie libérale a pourtant, à l'intérieur, su tant bien que mal dépasser ses contradictions et les handicaps liés aux scandales politiques. L'instabilité politique et la défaite la rendront pourtant pour beaucoup responsable des maux de la France et entraîneront une vive réaction à la Libération.

c. Le préambule de la Constitution du 27 octobre 1946

111 Il a aujourd'hui une valeur constitutionnelle grâce au préambule de la Constitution de 1958. Il résulte du second **référendum constituant**, le premier ayant rejeté le projet de déclaration d'avril 1946, et résulte d'un compromis entre une majorité parlementaire de gauche (dominée par les communistes), qui souhaite une déclaration d'inspiration socialiste pour mettre un terme à l'oppression capitaliste, et le MRP (Mouvement Républicain Populaire) qui souhaite voir refléter la doctrine sociale-chrétienne. Le parti radical et la droite gaulliste se déclarent alors pour la seule réaffirmation de la Déclaration de 1789. Le projet d'avril se montrait en effet trop novateur et prêt à fonder une économie étatisée dans laquelle le droit de la propriété reposait entièrement entre les mains du législateur. La seconde constituante, fortement influencée par ce projet, rédige la Constitution de 1946 et temporise.

112 Elle insiste sur le fait qu'il faut simplement réaffirmer la DDHC de 1789 et la compléter par des droits sociaux. Le contexte reste profondément **marqué par les années de totalitarisme**, en particulier dans cette formule reprise plus tard par le Conseil constitutionnel : « Tout être humain, sans distinction de race, de religion ni de

102. « Les associations de personnes pourront se former librement sans autorisation ni déclaration préalable, mais elles ne jouiront de la capacité juridique que si elles se sont conformées aux dispositions de l'article 5. ».

103. « Les syndicats ou associations professionnelles, même de plus de vingt personnes exerçant la même profession, des métiers similaires, ou des professions connexes concourant à l'établissement de produits déterminés, pourront se constituer librement sans l'autorisation du gouvernement. »

croyance, possède des droits inaliénables et sacrés, en réaction aux régimes qui ont tenté d'asservir et de dégrader la personne humaine ». Le vaste mouvement d'idées sociales et humanistes qui a réuni face à l'occupant des courants très divers et contradictoires porte en lui la conscience de l'impérative nécessité de proclamer la valeur de la personne humaine. Cette dénonciation vient alors autant des résistants de gauche que du courant personnaliste catholique ; cette rencontre s'est opérée bien plus tôt au sein du Conseil national de la Résistance.

113 Le préambule, sur amendement du MRP, ouvre la catégorie des **Principes fondamentaux reconnus par les lois de la République** en vue d'y intégrer implicitement la liberté de l'enseignement ainsi que d'autres droits dont la gauche ne voulait pas. L'autre apport de la Constitution de 1946 est l'apparition des « **Principes particulièrement nécessaires à notre temps** ». Ce sont des droits catégoriels, protecteurs des personnes placées dans une situation sociale donnée. Il s'agit d'abord des droits ou des statuts des travailleurs, qui vont comporter la liberté syndicale, le droit de grève, la liberté d'opinion sur le lieu de travail, une forme de droit à l'emploi et la liberté de déterminer les conditions de travail. Le deuxième bloc de ces principes rassemble les créances sur la société, avec la protection de la santé, la sécurité matérielle, le repos et les loisirs. L'accès à l'instruction et à la formation professionnelle n'est pas oublié. Dans un esprit « IIe République », l'enfant, la mère et le vieux travailleur ont droit, en raison de leur situation, à des moyens convenables d'existence. Enfin, le troisième aspect se retrouve sous la forme d'un certain nombre de principes économiques et sociaux, en particulier la question des nationalisations et du droit de propriété.

2. L'après-guerre en Europe

114 L'après-guerre en Europe connaît trois mouvements concomitants qui auront un impact essentiel sur la protection des droits fondamentaux : la constitutionnalisation, le Conseil de l'Europe, les Communautés européennes.

115 **Mouvement de constitutionnalisation. –** Se relevant d'un conflit qui fût la crise de civilisation la plus grave de l'Occident, certains États vont rédiger des constitutions qui toutes comportent des dispositions relatives aux libertés.

L'**Allemagne**, par la Loi fondamentale de Bonn du 8 mai 1949, affiche les droits fondamentaux dans ses vingt premiers articles. Les articles 1 et 2, de manière remarquable, y consacrent la liberté et la **dignité de la personne et le libre développement de la personnalité**. En réaction au nazisme, l'art. 1 al. 2 LF se fonde sur la dignité de l'être humain, et affirme que le peuple allemand reconnaît « *à l'être humain des droits inviolables et inaliénables comme fondement de toute communauté humaine, de la paix et de la justice dans le monde* ». En outre, les droits fondamentaux furent reconnus expressément comme étant directement applicables et liant tous les organes de l'État. L'art. 79 al. 3 LF exclut les principes énumérés aux art. 1 et 20 de toute révision constitutionnelle et garantit par conséquent de manière indirecte l'existence des droits fondamentaux. Le travail ensuite opéré par la Cour constitutionnelle pour faire primer ces droits sur le reste de l'ordre juridique a consacré un vrai modèle de protection constitutionnelle des droits.

L'**Italie**, le 27 décembre 1947, mentionne dans son article 3 que la République doit écarter les obstacles limitant la liberté et l'égalité et s'opposant ainsi « au plein épanouissement de la personne humaine ». L'article 32 renchérit : « La loi ne peut en aucun cas violer les limites imposées par le respect de la personne humaine ». La constitution du Grand-Duché du **Luxembourg** dispose de l'article 11 alinéa 3 qui prévoit que « l'État garantit les droits naturels de la personne humaine et de la famille », fruit d'une révision constitutionnelle du 21 mai 1948.

Ce mouvement constituant se prolonge dans les **pays de l'Est**, derrière le « rideau de fer », mais alors les États tombent sous la coupe de l'URSS et se plient au régime soviétique en mettant en place une légalité de type marxiste où les droits proclamés prennent le visage de droits catégoriels du travailleur. Si on y voit une ébauche de contrôle de constitutionnalité dans les textes, le rôle des instances exerçant ce contrôle demeure très limité.

Plus tard, les États européens qui sortent de **régimes autoritaires** se dotent de constitutions fidèles à la doctrine de l'État de droit, plaçant la protection des libertés individuelles avant les questions institutionnelles et mettant en place une gamme complète de contrôle de constitutionnalité des normes y compris sur saisine individuelle : **Espagne**, 27 décembre 1978, de même, le **Portugal**, par la Constitution du 2 avril 1976, et la **Grèce** par le texte du 7 juin 1975. Dans la sphère d'influence des États européens, un nombre important d'États issus de la **décolonisation**, émancipés de la tutelle française ou britannique a aussi rédigé des catalogues de droits fondamentaux (l'Inde en 1950, l'Algérie en 1963, la Tunisie en 1959, le Maroc en 1962, etc.). Il faut également compter, dans les années 1990, de très nombreux pays d'Afrique subsaharienne et d'Amérique latine qui se sont tous dotés d'une constitution disposant de catalogues de droits fondamentaux très importants. Le Brésil par exemple s'est doté en 1988 d'une Constitution d'environ cinq cents articles dont une bonne partie consacrée à ces droits fondamentaux.

3. Le consensus international autour des droits de l'homme

116 Si le défenseur des droits de l'homme apprend vite à relativiser les évolutions juridiques, on doit tout de même considérer, à l'échelle de l'ère moderne, que le consensus qui se crée après-guerre pour poser les bases d'une communauté internationale et fonder une structuration internationale de la protection des droits, revêt un caractère extraordinaire. On développera chacun des textes ainsi produits dans le premier chapitre de cet ouvrage, mais on doit ici en poser une approche historique.

a. La consécration dans le cadre de l'Organisation des Nations unies

117 Dès 1944, la Déclaration de Philadelphie relative aux buts de l'Organisation internationale du travail affirme que « tous les êtres humains, quelles que soient leur race, leur croyance ou leur sexe ont le droit de poursuivre leur progrès matériel et leur développement spirituel dans la liberté et la dignité [...] ». La Charte des Nations unies du 26 juin 1945 proclame dès son préambule la foi des peuples « dans les droits fondamentaux de l'homme, dans la dignité et la valeur de la personne humaine [...] ». La rédaction du **préambule de la Charte de l'ONU** a connu bien des vicissitudes notamment quant à son existence même. Plusieurs projets, déjà proposés et discutés alors que la France n'avait pas encore d'influence au sein de la Conférence de San Francisco d'avril 1945, ont servi lors de la rédaction de la Charte. Le jugement issu du **procès de Nuremberg**[104], qui affirme la dignité de la personne humaine, est dans tous les esprits.

118 La « **DUDH** » adoptée le 10 décembre 1948 (qui a failli faire l'objet d'une référence dans le corps du préambule de la Constitution de 1958 au même titre que la Déclaration de 1789 et le préambule de 1946) ouvre un processus de juridicisation marquée des droits de l'homme. On citera simplement : l'« **Acte constitutif de l'Unesco** » qui déclare en son préambule que : « la grande et terrible guerre qui vient de finir a été rendue possible par le reniement de l'idéal démocratique de dignité, d'égalité et de respect de la personne humaine et par la volonté de lui substituer, en exploitant l'ignorance et le préjugé, le dogme de l'inégalité des races et des hommes » ; les deux **pactes des Nations unies du 16 décembre 1966**, le Pacte international relatif aux droits économiques, sociaux et culturels (PIDESC) et le Pacte international relatif aux droits civils et politiques (PIDCP) qui reconnaissent au 2e alinéa de leurs préambules que « ces droits découlent de la dignité inhérente à la personne humaine » ; la « **Convention internationale sur l'élimination de toutes les formes de discrimination raciale** » (adoptée par l'assemblée générale le 21 décembre 1965) qui affirme « la nécessité d'éliminer rapidement toutes les formes et toutes les manifestations de discrimination raciale dans toutes les parties du monde et d'assurer la compréhension et le respect de la dignité de la personne humaine » ; la « **Convention contre la torture et autres peines ou traitements cruels, inhumains ou dégradants** » (10 décembre 1984) qui établit la dignité de la personne humaine dans son rôle de source des droits qu'elle proclame ; la « **Déclaration des droits de l'enfant** »

104. Tribunal Militaire International Nuremberg, 1er octobre 1946.

(20 novembre 1959) ; la « **Convention sur les droits de l'enfant** » (20 novembre 1989) et la « **Convention sur l'élimination de toutes les formes de discrimination à l'égard des femmes** » (18 décembre 1979).

119 La place de **René Cassin**[105], vice-président du Conseil d'État et Prix Nobel de la paix en 1968, dans cette entreprise n'est plus à démontrer. Il semble qu'il soit l'auteur de la rédaction finale du préambule de la DUDH qui aura par la suite tant d'écho dans l'ensemble des textes de l'ONU attestant d'une fonction instituante puissante.

120 En même temps, la naissance du **droit humanitaire** fonde sa protection de la personne sur la dignité affirmée dès l'article 3 commun aux conventions de Genève de 1949 qui vise les « atteintes à la dignité des personnes, notamment les traitements inhumains et dégradants ». Le droit de la guerre, étendu à tous les conflits armés et débouchant sur le droit d'ingérence humanitaire, tente de garantir les droits les plus fondamentaux de l'homme, la vie, la sûreté, la santé. Le droit humanitaire va ainsi se développer de manière constante dès les années 1950.

b. Les systèmes régionaux

121 On retiendra les principaux : le système interaméricain, le système interafricain et les systèmes européens.

122 **Le système interaméricain. –** La naissance de l'ONU a suscité la restructuration des relations et des représentations du continent américain et la rédaction dès 1948 d'une Déclaration américaine des droits en phase avec la DUDH et insistant sur l'indivisibilité des droits. Paradoxalement le mouvement a été porté davantage par les pays d'Amérique latine, dans le cadre de leur émancipation coloniale puis de leur autonomie face aux États-Unis, que par l'initiative de ces derniers. L'Organisation des États américains, alors créée, a ensuite proclamé en 1969 les droits de l'homme sous la forme de la **Convention interaméricaine des droits de l'homme (CADH)**, entrée en vigueur en 1978. Ce nouveau texte met en valeur les droits civils et politiques, proches du texte de la Convention EDH mais avec quelques spécificités comme l'important droit à la reconnaissance de la personnalité juridique, à la nationalité, au nom. Ce texte sert à la fois l'affirmation des nations et l'effacement du passé colonial porteur d'inégalités entre ethnies. Les droits économiques, sociaux et culturels, sont venus s'ajouter à la faveur d'un protocole additionnel en 1988, de même que l'abolition de la peine de mort en 1990. Peu ratifiés, ces protocoles servent d'éléments d'interprétation de la Convention pour la Cour.

En 1959 on met en place un mécanisme de sanction : la Commission interaméricaine des droits de l'homme (à Washington) qui se double après 1969 de la **Cour interaméricaine**[106] (à San José). La **Commission dispose d'une compétence consultative** à l'égard des États non-signataires de la Convention quand la Cour assure une fonction juridictionnelle pour les autres. La juridiction initiale appartient à la Commission des droits de l'homme alors que la Cour des droits de l'homme n'est compétente qu'après l'épuisement des recours devant la Commission interaméricaine des droits de l'homme. D'une certaine façon, on pourrait affirmer que la Commission interaméricaine des droits de l'homme siège en première instance alors que la Cour possède une juridiction d'appel « limitée » sur les décisions de la Commission. La **Commission peut être saisie par requête individuelle ou communication interétatique** à condition que l'État défendeur accepte sa compétence. Son rôle se borne alors à établir les faits et préconiser par voie de rapport une solution au litige. Si les conclusions du rapport de la Commission n'ont pas été suivies à l'expiration d'un délai de trois mois à compter de la date de sa remise aux parties intéressées ou si l'affaire n'a pas été déférée à la Cour interaméricaine des droits de l'homme, la Commission pourra émettre un avis et des conclusions quant à la question soumise à son examen. Elle

105. Voir son « Discours à l'Académie des sciences morales et politiques, du 8 déc. 1948 », in *Bulletin de l'Association pour la fidélité à la pensée du Président Cassin*, mai 1989 et « La Déclaration universelle et la mise en œuvre des droits de l'homme », *Recueil des Cours de l'ADI*, 1951, p. 237 ; X. Bioy, Commentaire du discours de René Cassin lors de la réception du Prix Nobel de la Paix en 1968, in *Les grands discours de la culture juridique*, n° 38, Dalloz, 2ᵉ éd., 2020, pp. 469-483.
106. L. Burgorgue-Larsen, A. Ubeda de Torres, *Les grandes décisions de la Cour interaméricaine des droits de l'Homme*, Bruylant, 2008.

formulera ensuite des recommandations précises et imposera un délai dans lequel l'État membre devra prendre les mesures nécessaires pour remédier à la violation des droits garantis par la Convention américaine relative aux droits de l'homme. La Commission peut ainsi saisir la Cour notamment dans l'hypothèse d'un particulier n'y ayant pas accès. Pour 2019, elle a reçu plus de 3 000 requêtes, s'est saisie de 700, pour 308 décisions et transmis 32 affaires à la Cour (seulement 18 en 2018)[107].

Parmi les 35 États qui composent l'OEA, **vingt d'entre eux reconnaissent la compétence contentieuse de la Cour**. La Cour, quant à elle, cumule fonctions consultative et contentieuse, elle ne dispose toutefois pas non plus d'une compétence de principe : chaque affaire doit donner lieu à une déclaration d'acceptation de l'État défendeur. Comme la CEDH, elle peut prononcer des mesures provisoires et en complément de la solution juridique du litige imposer aux États des sanctions. Lorsqu'une victime présumée ne possède pas de représentation légale ou manque de ressources économiques et a manifesté sa volonté d'être représentée par un Défenseur interaméricain que le Coordinateur général de l'Association interaméricaine des Défenseurs publics désignera.

Le bilan du système apparaît moins important qu'en Europe. La Cour ne rend que peu de décisions contentieuses. En 2019, elle a tenu trente-huit audiences et rendu vingt-cinq jugements. En 2021, elle a été saisie d'une quarantaine d'affaires, rendu vingt-sept sentences, mais un nombre nettement plus important d'actes connexes (mesures provisoires, avis consultatifs, résolutions de suivi d'exécution des décisions). Quelque 200 décisions depuis vingt ans concernent un petit nombre d'articles. Le Pérou, le Guatemala, le Venezuela et l'Argentine sont les pays les plus condamnés. La Cour se spécialise en fait dans les affaires de disparitions forcées, hélas fréquentes en Amérique latine[108], mais sanctionne aussi sur le terrain du droit au procès équitable, le droit au travail, la liberté syndicale et la liberté d'expression, la détention arbitraire, le droit à l'intégrité physique, la protection de l'environnement et même de la discrimination de genre[109].

En 2013, la Cour a par exemple rendu un arrêt[110] en vertu duquel elle a reconnu la responsabilité internationale de l'Argentine pour les violations aux droits de l'homme pour avoir prononcé des peines de réclusion à perpétuité à l'encontre de cinq personnes pour des délits commis lorsqu'elles étaient mineures. La même année, elle a rendu un arrêt en vertu duquel elle a reconnu la responsabilité internationale de la Colombie pour la violation des droits à l'intégrité personnelle pour avoir fait l'objet de déplacements forcés au préjudice des membres des communautés afro descendantes de la vallée du fleuve Cacarica[111].

En 2016[112], l'État brésilien a été condamné au paiement de dommages-intérêts envers les travailleurs d'une exploitation agricole en raison de la violation de l'article 6.1 relatif à l'interdiction de l'esclavage et de la traite humaine, liée à l'article 1.1 de la même convention, dans la mesure où la violation constatée s'est produite dans un cadre de discrimination structurelle en raison du statut économique des 85 travailleurs requérants.

En 2018, dans le cas[113] de près de cinquante personnes atteintes du SIDA (dont certaines décéderont pendant la procédure) et privées de soins et de recours, la Cour relève les carences de l'État comme violations du droit à la vie (article 4) et à l'intégrité physique (article 5) et discriminations à l'égard des femmes enceintes d'origine modeste. Comme le ferait la Cour européenne, elle juge que l'inaction de l'État pour protéger le droit à la santé

107. http://www.oas.org/en/iachr/docs/annual/2019/TOC.asp
108. Lien vers le bilan de la Cour : http://www.corteidh.or.cr/tablas/informe2017/frances.pdf
109. *Affaire Gutiérrez Hernández et autres Vs. Guatemala*. Exceptions Préliminaires, Fond, Réparations et Dépens. Arrêt du 24 août 2017. Série C n° 339 : La Cour a déclaré que l'État était internationalement responsable pour l'atteinte portée aux droits à l'égalité devant la loi et non-discrimination dans l'accès à la justice au cours de l'enquête menée suite à la disparition d'une femme qui aurait fait l'objet d'un « crime passionnel ». La Cour a réitéré que ce concept faisait partie d'un stéréotype qui justifiait la violence contre les femmes, considérant que le qualificatif de « passionnel » met l'accent sur la justification de l'agresseur. Ainsi, la Cour Interaméricaine a rejeté toute pratique étatique contribuant à justifier la violence contre les femmes et à provoquer leur culpabilisation.
110. *Affaire Mendoza et autres contre Argentine*. Exceptions préliminaires, fond et réparations et dépens. Arrêt du 14 mai 2013, Série C N° 260.
111. *Affaire des Communautés Afro descendantes déplacées de force de la vallée du fleuve Cacarica (Opération Génesis) contre Colombie*. Exceptions préliminaires, fond et réparations et dépens. Arrêt du 20 nov. 2013, Série C N° 270.
112. Cour IADH, 20 octobre 2016, *Trabajadores de la Hacienda Brasil Verde c. Brasil*, exception préliminaire, fond, réparations et dépends, n° 318.
113. Cour IDH, 23 août 2018, *Affaire Cuscul Pivaral Vs. Guatemala*. Exceptions préliminaires, fond, réparation et dépens, Série C N° 359.

est une violation du principe de progressivité prévu à l'article 26 de la Convention[114]. Ce même droit lui a permis de condamner le Pérou qui n'a pas garanti un minimum vieillesse à un retraité en situation de handicap[115].

En septembre 2012, le Venezuela a dénoncé sa participation à la Convention et ainsi fermé la compétence de la Cour à son égard sans pour autant le soustraire à la surveillance de la Commission interaméricaine des droits de l'homme, le Venezuela restant membre de l'OEA.

La Cour est ainsi amenée à se prononcer sur des questions à très haute teneur politique qui dépassent de très loin la dimension individuelle des droits de l'homme pour rencontrer celle des peuples à disposer d'eux-mêmes. En 2015, elle a condamné le Surinam pour la méconnaissance de plusieurs **droits de populations amérindiennes dont les territoires et la sécurité ont été méconnus**. C'est principalement sous l'angle de l'absence de reconnaissance de la personnalité juridique collective que les droits territoriaux, le droit de propriété, ont été méconnus.

Corte interamericana de derechos humanos, caso *Pueblos Kaliña y Lokono vs. Surinam, sentencia de 25 de noviembre de 2015 (Fondo, Reparaciones y Costas)*

« 304. La Cour a reconnu l'État responsable de la violation des droits établis aux articles 3, 21, 23 et 25, en relation avec les articles 1.1, 2 et 13 de la Convention, en vertu de :

a) que son ordre juridique interne ne reconnaît pas la personnalité juridique collective ;

b) le manque de reconnaissance de la propriété collective ;

c) l'absence de mécanismes pour la délimitation, la matérialisation et le titre de propriété des territoires ;

d) le manque de mécanismes qui garantissent la participation effective, à travers un processus de consultation ;

e) l'absence de recours adéquats et effectifs pour garantir l'accès à la justice collective des peuples indigènes et tribaux. »

Le 6 février 2020[116], la Cour interaméricaine des droits de l'homme (I / A Court HR) a rendu un arrêt dans l'affaire des communautés autochtones membres de la Lhaka Honhat Association (Our Land), contre Argentine. La décision réitère les normes interaméricaines sur les droits territoriaux des peuples autochtones et établit l'obligation de délivrer un titre de propriété unique et indivisible en faveur des différentes communautés qui composent l'association susmentionnée. Bien que la principale controverse tourne autour de l'absence de titres fonciers, les pétitionnaires ont allégué une série d'impacts dérivés des activités de pâturage, de l'exploitation forestière illégale et de l'installation de clôtures par des non-autochtones sur le territoire des communautés.

114. « Les États parties s'engagent, tant sur le plan intérieur que par la coopération internationale – notamment économique et technique – à prendre des mesures visant à assurer progressivement la pleine jouissance des droits qui découlent des normes économiques et sociales et de celles relatives à l'éducation, la science et la culture, énoncées dans la Charte de l'Organisation des États Américains, réformée par le Protocole de Buenos Aires, ce, dans le cadre des ressources disponibles, et par l'adoption de dispositions législatives ou par tous autres moyens appropriés. »

115. Cour IDH, Décision, 6 mars 2019, *Affaire Muelle Flores Vs. Perú*. Exceptions préliminaires, fond, réparation et dépens. Série C N° 375.

116. Cour IDH, 6 février 2020, *Comunidades indígenas miembros de la AsociaciónLhaka Honhat (Nuestra Tierra) Vs. Argentina*, Exceptions préliminaires, fond, réparation et dépens,. Série C N° 375.

Caso *Guachalá Chimbo y otros vs. Ecuador*, *sentencia de 26 de marzo de 2021 (Fondo, Reparaciones y Costas)*

Ce cas a été soumis par la Commission interaméricaine le 11 juillet 2019 ; il concerne Luis Eduardo Guachalá Chimbo, 23 ans, un homme handicapé qui souffrait d'épilepsie et a été hospitalisé le 10 janvier 2004 à l'hôpital Julio Endara de la ville de Quito, sa mère ayant signé l'autorisation d'admission. M. Guachalá Chimbo a été hospitalisé jusqu'au 17 janvier 2004, jour où, selon les antécédents cliniques, il aurait quitté l'hôpital. Depuis lors, on ignore où il se trouve. Mme Zoila Chimbo a déposé une plainte auprès des autorités qui, après enquête du parquet de Pichincha, a été définitivement classée sans suite le 19 juillet 2006 par la justice.

Le 26 mars 2021, la Cour interaméricaine des droits de l'homme a rendu un arrêt dans lequel elle a déclaré la République de l'Équateur internationalement responsable de la violation des droits i) à la reconnaissance de la personnalité juridique, de la vie, de l'intégrité personnelle, la liberté, la dignité, la vie privée, l'accès à l'information, l'égalité et la santé, en relation avec les obligations de respecter et de garantir les droits sans discrimination et le devoir d'adopter des dispositions de droit interne au détriment de M. G ; ii) à un recours effectif, aux garanties judiciaires et à la protection judiciaire, au détriment de M. G. et de ses proches, et iii) à l'intégrité personnelle et à la connaissance de la vérité, au détriment de ses proches.

123 **Le système interafricain.** – La Charte africaine des droits de l'homme et des peuples (CADHP), adoptée le 26 juin 1981 à Nairobi (mais dite « charte de Banjul »), s'appuie sur l'inscription des droits de l'homme dans les « valeurs de la société africaine » et sur l'indivisibilité des droits. On peut trouver dans la CADHP une nouvelle conception des droits de l'homme fondée sur le principe de solidarité, d'une part la solidarité entre l'individu et la société et d'autre part, la solidarité entre les nations. Trois organes sont responsables de la mise en œuvre de la CADHP dans le cadre de l'Union africaine (créé en 2002, désormais 44 États, mais seulement 32 ont adopté le Protocole relatif à la Cour) : la Commission africaine des droits de l'homme et des peuples (organe d'enquête et de médiation), la Conférence des chefs d'État et de gouvernement (organe de décision), le Secrétaire général de l'Union Africaine (organe de coordination, depuis sa création en 2002). En 2021, deux nouvelles ratifications assorties de dépôts de la déclaration ont
été enregistrées : la République démocratique du Congo et de la Guinée-Bissau.

La **Commission** a été installée le 2 novembre 1987 à Addis Abeba, en Éthiopie. Le Secrétariat de la Commission a par la suite été situé à Banjul, en Gambie. Elle est composée de 11 membres indépendants, élus par les États, qui ont un mandat de 6 ans renouvelable. Elle assure une mission de coopération et d'examen des rapports périodiques biannuels des États ; elle reçoit des communications ou plaintes des États parties et d'autres communications (des particuliers, personnes physiques ou morales et des ONG). Selon l'article 46, la Commission peut recourir à toute méthode d'investigation appropriée ; elle peut entendre le Secrétaire général de l'UA et toute personne susceptible de l'éclairer. À la lumière de tous les renseignements qui lui sont communiqués, la Commission – sur recommandation d'un groupe de travail créé à cette fin – fait part de ses constatations à l'État partie intéressé et informe également l'auteur de la communication. La Commission a su élargir son champ de compétence en levant certains verrous procéduraux comme la nécessité d'une autorisation d'enquête du Secrétariat, en acceptant les actions collectives des ONG au nom de populations déplacées dont l'accès à la justice est compromis, ou en estimant l'épuisement des voies de recours interne satisfait quand les juridictions de l'État semblent inaccessibles. Elle a su en outre développer un système d'injonctions à l'État défenseur et lui imposer la réparation de sa violation par une satisfaction équitable sous forme pécuniaire. Pour vaincre la réticence des États, la Commission a posé la présomption de la véracité des faits allégués par le requérant.

La Commission[117], depuis sa création, a rendu plus de cinq cents décisions au fond (238 communications restent pendantes fin 2019). Elle s'emploie surtout à communiquer avec les États par des « lettres d'appel d'urgent » ou des « lettres d'appréciations », entretenant ainsi une surveillance effective à propos de nombreux cas particuliers sur lesquels elle attire l'attention (état de santé d'opposants détenus, arrestations de journalistes, accueil de réfugiés...). Les décisions de la Commission africaine n'ont pas de force contraignante, mais sa simple saisine peut parfois être décisive. **Le contentieux**, toujours plus abondant, porte essentiellement sur les premiers droits du texte : droit à la vie (art. 4) ; droit à l'intégrité physique et morale (art. 4) ; interdiction de toutes formes d'exploitation et d'avilissement de l'homme (art. 5) ; droit à la liberté et à la sécurité (art. 6). Interprétant l'indivisibilité des droits comme un moyen d'en étendre la portée, la Commission a ainsi reconnu le droit à un logement décent et le droit à l'alimentation comme impliqués par la dignité de la personne et le droit à la santé. Elle a également fait de la protection de l'environnement une obligation étatique. Elle publie ses décisions et enjoint aux États des mesures de plus en plus précises.

Le bilan de la Commission n'étant toutefois pas aussi satisfaisant que dans les autres systèmes régionaux, les États ont créé une Cour à la mission juridictionnelle plus affirmée. **Un protocole relatif à la Cour africaine des droits de l'homme et des peuples a été signé en juin 1998** et entré en vigueur le 25 janvier 2004 (au 1er juillet 2016, le Protocole portant création de la Cour avait été ratifié par trente États membres de l'Union africaine). Il institue une Cour aux prérogatives élargies, composée de 11 juges répartis selon les différentes régions d'Afrique, nommés par la Conférence des Chefs d'État et de gouvernement de l'Union africaine, pour une période de six ou quatre ans et rééligibles une fois. Elle siège à Arusha (Tanzanie), dans des locaux provisoires en attendant la construction d'une structure permanente.

La Cour peut recevoir des plaintes et / ou des requêtes qui lui sont soumises, soit par la Commission africaine, soit par les États parties au Protocole ou des organisations intergouvernementales africaines, soit encore par des victimes ou des ONG affiliées à la Commission. Mais seulement pour les seuls huit pays (Burkina Faso, Gambie, Ghana, Guinée Bissau, Malawi, Mali, Niger et Tunisie) qui ont déposé la déclaration par laquelle ils acceptent la compétence de la Cour pour recevoir de telles requêtes. Entre 2016 et 2020, quatre États parties au Protocole ont retiré leurs déclarations. La Cour peut, lorsqu'elle estime qu'il y a eu violation d'un droit de l'homme ou des peuples, **ordonner toutes les mesures appropriées afin de remédier à la situation**, et même décider qu'une juste compensation ou réparation soit accordée à la partie lésée. La Cour se réunit quatre fois par an en sessions ordinaires et peut se réunir en session extraordinaire. La Cour africaine des droits de l'homme a rendu **son premier arrêt le 15 décembre 2009** dans l'affaire *Michelot Yogogombaye c. Sénégal*[118]. La Cour était saisie par un Tchadien lui demandant d'obtenir le retrait de la procédure engagée par l'État du Sénégal contre Hissène Habré. La Cour a dû conclure à son incompétence, faute pour le Sénégal d'avoir accepté les requêtes individuelles à son encontre. Il est une nouvelle fois regrettable que la Cour ne puisse se prononcer sur une affaire d'importance, puisque Hissène Habré a été accusé de génocide, de crimes contre l'humanité, de crimes de guerre et d'actes de torture et fait l'objet d'un mandat d'arrêt international lancé par la justice belge au nom de sa compétence universelle. En même temps, le Comité des Nations unies contre la torture a rendu, le 19 mai 2006, une décision condamnant l'inaction du Sénégal, pays dans lequel le président Habré s'est réfugié. La CIJ a, en 2012[119], condamné le refus du Sénégal d'extrader M. Habré après s'être déclaré incompétent pour le juger. En 2013, la Cour a statué sur cinq requêtes et deux demandes d'avis consultatif tandis que dix affaires restent pendantes. En 2014, par exemple, la Cour a condamné le Burkina Faso[120], pour avoir violé l'article 7 ainsi que l'article 9 (2) de la Charte lu conjointement avec l'article 66 (2) c) du Traité révisé de la CEDEAO, en ce qu'il n'a pas fait preuve de la diligence due en vue de rechercher, poursuivre et juger les assassins de Norbert Zongo et ses compagnons. Ce faisant, l'État a aussi violé l'article 1er de la Charte en ne

117. Lien vers bilan de la CADH : https://www.achpr.org/fr_activityreports/viewall?id=51

118. CourADH, 15 déc. 2009, *Michelot Yogogombaye c.* République du *Sénégal.*, Arrêt sur le fond, req. n° 001/2008.

119. CIJ, 20 juill. 2012, *Affaire des Questions concernant l'obligation de poursuivre ou d'extrader (Belgique c. Sénégal)*, Rôle général n° 144.

120. CourADH, 28 mars 2014, *Les ayants droit des feus Norbert Zongo, Abdoulaye Nikiema, Ernest Zongo, Blaise Ilboudo et le mouvement Burkinabé des droits de l'homme et des peuples (MBDHP) c. Burkina Faso*, req. n° 013/2011.

prenant pas les mesures judiciaires appropriées pour garantir le respect des droits des requérants aux termes de l'article 7 de la Charte.

Depuis sa création en 2006, la Cour a reçu au total 325 requêtes en matière contentieuse et quinze demandes d'avis consultatif. Elle a rendu 117 arrêts et décisions, et finalisé quinze demandes d'avis consultatif. Fin 2021, un total de 208 requêtes sont pendantes devant elle. En 2021, elle a rendu soixante-quatre arrêts, mais seulement dix-neuf sur le fond.

Pour donner des exemples, la Cour a, en **2018, condamné le Rwanda pour violation de la liberté d'expression** dans le cas d'une femme politique accusée de révisionnisme et d'apologie de génocide[121]. Elle a été longuement incarcérée, dans le but sans doute de l'empêcher de fonder un parti d'opposition. En 2019, elle a constaté la violation du droit à la sûreté et au procès équitable en raison d'un emprisonnement de quinze années d'un individu pourtant acquitté en appel pour un viol présumé et à défaut d'avoir examiné son recours constitutionnel dans des délais raisonnables[122].

L'Afrique a également adopté une **Charte des droits et du bien-être de l'enfant** en 1999 qui repose sur un Comité d'experts se prononçant sur des requêtes individuelles. De même qu'un protocole relatif aux droits des femmes a vu le jour en 2003, amenant une certaine égalité de traitement, même s'il ne comporte pas de mécanisme de sanction.

124 **Les systèmes européens.** – L'immédiat après-guerre, dans ce grand mouvement de sursaut, a vu s'ériger plusieurs organisations intergouvernementales qui vont être étudiées dès le prochain chapitre : l'Organisation pour la sécurité et la coopération en Europe, le Conseil de l'Europe, la Communauté européenne... Toutes font des droits de l'homme le terreau d'une nouvelle façon de nouer des relations internationales.

Section 2
Les cadres théoriques de l'étude

125 **Pluralité des corpus et pluridisciplinarité.** – Le « droit des droits et libertés fondamentaux » est une « discipline » carrefour : elle se constitue autour d'un objet, les droits de l'homme, et toutes les branches du droit sont concernées. Cette entreprise emprunte donc nécessairement aux autres « disciplines » leurs savoirs et leurs méthodes, pour comprendre dans sa globalité un « droit fondamental ». Il faut davantage cerner comment les droits de l'homme intègrent une catégorie juridique.

126 **Nécessité d'un concept pour l'étude.** – D'une certaine façon nous n'avons pas à nous soucier d'une quelconque « identité » du « droit des droits et libertés fondamentaux » du point de vue des méthodes et des sources puisqu'il les embrasse toutes. En revanche, son objet n'en devient que d'avantage problématique. N'étant pas défini par le droit positif, l'objet « droits fondamentaux » devient difficile à circonscrire et implique un travail profondément doctrinal, une approche conceptuelle et constructive qui ne se contente pas de décrire le contenu des textes et leur application jurisprudentielle.

127 **Objectif.** – Le but de ce troisième temps de l'introduction est donc de poser brièvement les définitions et les concepts qui émaillent ensuite le traitement des droits fondamentaux et des libertés publiques, à commencer par ces termes mêmes qui coexistent avec d'autres encore. « Qu'appelle-t-on "droit subjectif" ? » ; « Est-il éclairant de distinguer les droits des libertés ? » ; « Qu'est-ce que l'effet horizontal d'un droit ou les obligations positives qui

121. CourADH, 24 nov. 2017, *Ingabire Victoire Umuhoza c. République du Rwanda*, req. n° 003/2014.
122. CourADH, 26 septembre 2019, *Benedicto Daniel Mallya c. République unie de Tanzanie*, n° 018/2015.

pèsent sur un État ? » sont autant de questions délicates qui mobilisent les chercheurs en droit et auxquelles il convient d'apporter un minimum de réponses pour pouvoir utiliser ces notions par la suite.

I. La coexistence de différents termes et de plusieurs notions juridiques

128 **Désordre sémantique.** – Nos textes évoquent aussi bien les « droits de l'homme », « les libertés publiques », « les droits et libertés », « les libertés fondamentales », « les droits humains » que les « droits fondamentaux ». Beaucoup plaident aujourd'hui pour la dénomination **« droits humains »**, notamment en vue d'effacer la dimension sexiste du terme « Homme » (même avec le « H » majuscule). Pour autant, cette traduction directe du « human rights » anglais ou du « *derechos humanos* » ne paraît pas bien heureuse, dans la mesure où ce ne sont pas les droits qui sont humains mais leur titulaire. Son usage conduirait ainsi accorder les droits des humains à des entités non-humaines (animaux, robots…) et à renoncer à un aspect central de l'humanisme juridique. Si ce débat peut avoir lieu, il ne peut être ainsi négligemment réglé par le fait accompli d'utiliser « droits humains ». Il faudrait au moins dire « droits de l'humain », « droits de l'être humain » ou, mieux encore, « droits de la personne humaine »[123].

Le titulaire de ces droits est lui-même appréhendé comme « être humain », « individu », « personne humaine », « tous » ou « chacun ». Dès lors, pour décrire l'ensemble des mécanismes qui protègent juridiquement les droits de l'homme mis à jour par la philosophie libérale du XVIIIe siècle, il faut arriver à dégager un concept unificateur du fond et de la forme, c'est-à-dire qui permette de décrire un droit et sa valeur, sa force, sa protection. Il s'agit d'un travail doctrinal.

A. L'incohérence sémantique du droit positif

129 **Les textes.** – Le choix de parler de liberté publique ou de droit fondamental dans les textes (outre qu'il n'est à ce jour jamais un choix volontaire et raisonné de l'auteur) ne permet pas de dégager des constantes. Au **niveau international** la Charte des Nations unies dès son article 1er évoque le « respect des droits de l'homme et des libertés fondamentales » tandis que la DUDH reprendra « les droits fondamentaux de l'homme » (5e al.) ou les « libertés fondamentales » (6e al.) et qu'en Europe, la convention de Rome titre bien sur « la sauvegarde des droits de l'homme et Libertés fondamentales », sans qu'il n'y ait de symétrie entre ces textes.

Au **niveau interne**, la Constitution de 1946 utilisait l'expression de « Principes fondamentaux reconnus par les lois de la République » et, dès 1964, le Conseil constitutionnel emploie celle de « principes fondamentaux »[124]. Mieux encore, le premier « texte constitutionnel » qui a employé pour la première fois l'adjectif fondamental est le projet de Constitution du maréchal Pétain, rédigé en application de la loi constitutionnelle du 10 juillet 1940. **La loi peut qualifier un droit de fondamental sans que les textes supérieurs ne le fassent.** Ainsi par exemple, la loi de 2001 relative à la sécurité intérieure proclame que le droit à la sécurité est un droit fondamental sans que d'autres sources ne le reprennent[125]. Il en était de même du Code de l'environnement depuis 1995, avant l'adoption de la Charte de l'environnement. Inversement, le droit international de l'environnement peut estimer que le droit à l'air ou à l'eau est « fondamental » sans que la loi n'en dise ou ne change rien.

123. X. Bioy, « Faut-il parler de "droits humains" plutôt que de "droits de l'homme" ? Retour sur le sujet des droits fondamentaux », in *Mélanges en l'honneur du professeur D. Rousseau*, LGDJ-Lextenso, 2020, pp. 591-601.

124. CC, 18 déc. 1964, déc. n° 64-27 DC, cons. 2.

125. Voir le Code de la sécurité intérieure promulgué le 13 mars 2012 et le refus de reconnaître un tel droit au niveau constitutionnel (CC, 12 mars 2021, n° 2020-889 QPC, *M. Marc A. et autres*).

130 **Comparaison. -** La qualification n'a sans doute parfois aucune portée. L'Allemagne, comme d'autres textes constitutionnels, dispose d'un chapitre complet consacré aux « droits fondamentaux » qui ne bénéficient pourtant pas tous de la même protection, certains seulement ne pouvant faire l'objet d'une révision. De même, en Espagne, au sein des droits dits « fondamentaux » une distinction est posée entre certains qui ne peuvent servir de fondement à un recours « d'*amparo* », recours individuel devant le juge constitutionnel et d'autres qui peuvent servir directement.

131 **La jurisprudence. -** La qualification peut également venir des juges eux-mêmes qui vont alors innover par rapport aux textes. Un des usages les plus anciens trouve sa place au sein de la théorie de la voie de fait. L'arrêt *Action française*[126] y pose en effet qu'une décision administrative insusceptible de se rattacher aux pouvoirs de l'administration et qui, en outre, viole une « liberté fondamentale » ouvre la compétence juridictionnelle du juge judiciaire, sans que sa définition ne soit la même que d'autres sources. Ainsi a-t-on pu recenser les emplois des termes « droit fondamental », « libertés fondamentales », dans la jurisprudence du Conseil constitutionnel pour tenter de déterminer une hiérarchie entre divers droits. **La jurisprudence du Conseil constitutionnel associe depuis la décision n° 89-269 DC du 22 janvier 1990 « fondamentalité » et « constitutionnalité »**, tout droit constitutionnellement protégé pouvant être fondamental sans autre forme de discrimination. Il semblerait en outre que pour le juge constitutionnel français la mention des droits fondamentaux soit encore une façon d'adopter les droits et raisonnement de la Convention EDH sans se soumettre à elle et à la jurisprudence de la Cour. On pourrait faire de même pour les juges civil, administratif, de l'Union européenne, européen des droits de l'homme. En définitive, une telle recherche serait à la fois instructive et probablement inutile. On découvrirait que **la qualification dépend de chaque ordre juridique concerné et de chaque interprète**. En 1990, Robert Badinter, alors président du Conseil constitutionnel, reconnaît que les expressions de libertés fondamentales[127], de droits et libertés constitutionnellement garanties[128] et de libertés et droits fondamentaux de valeur constitutionnelle[129] employées par le Conseil constitutionnel visent le même concept, celui de droits fondamentaux[130]. Mais dans ses décisions du 22 janvier 1990 et du 13 août 1993, le Conseil constitutionnel utilise respectivement les expressions de « droits fondamentaux de valeur constitutionnelle » et de « droit fondamental à caractère constitutionnel » ce qui paraît signifier qu'il existe des droits fondamentaux qui n'ont pas valeur constitutionnelle.

132 **Cacophonie des juges. -** D'un **juge à l'autre une même prérogative se voit qualifiée de fondamentale ou non**. Le droit constitutionnel, plus précisément le juge constitutionnel, a pu qualifier de fondamental un droit qui n'est pas reconnu comme tel par le juge administratif. Cela est rendu possible par le fait même que d'un côté le Conseil constitutionnel a utilisé le terme, de l'autre le Code de la justice administrative n'admet l'utilisation de la procédure de « référé-sauvegarde » que dans le cas d'une « liberté fondamentale » s'en remettant ainsi à la qualification que le Conseil d'État lui donne et à la portée qu'il lui confère au sein de l'ordre administratif. De son côté, la Cour de cassation est amenée aussi à « faire sa liste » lorsqu'il est question de licenciement abusif (car alors le plafonnement des indemnités de licenciement ne joue pas si l'employeur a violé une « liberté fondamentale »). La qualification de liberté fondamentale est reconnue par la Cour de cassation, à la liberté syndicale, en vertu de l'alinéa 6 du préambule de la Constitution du 27 octobre 1946[131], au droit de grève protégé par l'alinéa 7 du même préambule[132], au droit à la protection de la santé visé par l'alinéa 11 du même préambule[133], au principe d'égalité des droits entre l'homme et la femme institué à l'alinéa 3 du même préambule[134], au droit à un recours juridictionnel en

126. T. confl., 8 avr. 1935, *GAJA* n° 51.
127. CC, 10 et 11 oct. 1984, déc. n° 84-181 DC, cons. 37.
128. CC, 13 déc. 1985, déc. n° 85-198 DC, cons. 11.
129. CC, 22 janv. 1990, déc. n° 89-269 DC, cons. 33.
130. R. Badinter et B. Genevois, « Normes de valeur constitutionnelle et degré de protection des droits fondamentaux, Rapport présenté par la délégation française à la Conférence des Cours constitutionnelles européennes (Ankara, 7-10 mai 1990) », *RFDA* 1990, p. 318.
131. Cass. soc., 2 juin 2010, pourvoi n° 08-43.277 ; cass. soc., 9 juillet 2014, pourvois n° 13-16.434, 13-16.805, Bull. 2014, V, n° 186.
132. Cass. soc., 25 novembre 2015, pourvoi n° 14-20.527, Bull. 2015, V, n° 236.
133. Cass. soc., 11 juillet 2012, pourvoi n° 10-15.905, Bull. 2012, V, n° 218 ; cass. soc., 29 mai 2013, pourvoi n° 11-28.734, Bull. 2013, V, n° 136.
134. Cass. soc., 29 janvier 2020, pourvoi n° 18-21.862, publié.

vertu de l'article 16 de la Déclaration de 1789[135], à la liberté d'expression, protégée par l'article 10 de la Convention de sauvegarde des droits de l'homme et des libertés fondamentales[136].

Cette autonomie de chaque ordre peut conduire à des divergences. Ainsi, le droit à un environnement sain est porté par la Charte sans que le Conseil d'État n'y voie une liberté fondamentale. Il en a été de même, avant 2017, pour le droit à la protection de la santé. Inversement, le principe de la libre administration des collectivités territoriales, inscrit dans notre constitution, demeure pour le juge constitutionnel un principe objectif que le législateur doit respecter alors que le juge administratif lui a conféré la forme d'un droit subjectif, d'une liberté fondamentale que des administrés peuvent invoquer à l'encontre de l'administration[137]. Ce faisant cette liberté est accordée à une personne publique qui en est la bénéficiaire même si elle n'en est pas forcément titulaire comme on le verra.

133 Un usage opportuniste. – Mme Champeil-Desplats[138] recense différentes approches de la notion : on parle de « droit fondamental », soit quand le juge emploie le terme, soit quand il s'agit de droits constitutionnellement garantis, soit quand il s'agit d'un fondement de l'ordre juridique en assurant la cohérence, soit quand cela rejoint la reconnaissance internationale par un certain « droit des gens », soit, enfin, parce qu'il se rapporte directement au sujet de droit.

134 Nécessité d'une définition stipulative. – La définition académique des « droits fondamentaux » et des « libertés publiques » est donc quasiment impossible à obtenir à partir du droit positif, lequel soit ne donne pas de définition, soit emploie ces termes de façon peu cohérente. Il faut donc poser une définition stipulative (*stipulatio*, le contrat), c'est-à-dire **une définition rompant avec le droit positif sur laquelle on se met d'accord en raison de son intérêt théorique** (clarification, cohérence, pédagogie, exhaustivité). Une définition stipulative est un accord intersubjectif pour désigner par un terme un concept commun qui sera ainsi circonscrit par d'autres termes qui renvoient, sur le même mode, à d'autres concepts supposés communs. Cependant, une telle définition ne serait d'aucune utilité si elle était totalement étrangère aux présupposés de la doctrine sur ce sujet. C'est pourquoi elle ne peut se construire qu'à partir d'une « tradition », au sens que le courant de la philosophie herméneutique (de Gadamer à Ricœur) donne à ce terme. Au-delà de l'interprétation de documents écrits, il s'agit de définir la compréhension de « *tous les signes extérieurs d'une vie psychique étrangère* »[139]. Tous les concepts viennent à nous avec un certain nombre de « préjugés » accumulés au gré des discours qui ont amené à nous l'objet à connaître. Ce projet revendique une forme de scientificité : d'abord parce qu'il a pour objet les signes qui sont des faits, ensuite parce que ces signes forment un système objectivé, enfin parce que la fixation par l'écriture des faits humains et de leur intentionnalité donne un degré supérieur d'objectivité. **La compréhension est précédée d'une précompréhension inexpugnable qui n'est pas de l'ordre de l'interprétation mais qui la précède** (notion de tradition, de « ce qui va de soi » comme un ensemble d'interprétations sédimentées qui fournissent le matériau des interprétations actuelles). De ce point de vue, les différents termes utilisés dans le domaine des droits de l'homme ne constituent pas un handicap, mais bien une « tradition » riche d'enseignements et qui peut être prolongée. Il n'est plus question de « choisir » une conception qui paraît correspondre mieux que d'autres à une réalité de droit positif, mais de comprendre que ce dernier véhicule ses conceptions qui s'agencent les unes par rapport aux autres.

135. Cass. soc., 21 novembre 2018, pourvoi n° 17-11.122, publié.
136. Cass. soc., 30 juin 2016, pourvoi n° 15-10.557, Bull. 2016, V, n° 140 ; cass. soc., 19 janvier 2022, pourvoi n° 20-10.057, publié.
137. CE, 18 janv. 2001, *Commune de Venelle*, n° 229247.
138. Cf. « La notion de droit "fondamental" en droit constitutionnel français », *Recueil Dalloz-Sirey*, 1995, p. 323-329.
139. P. Ricœur, « Interprétation » in *Lectures 2, La contrée des philosophes*, Points-Essais, Éditions du Seuil, 1999, p. 453.

B. Notion de « fondamentalité »

135 **Importance axiologique. –** Le terme apparaît pour la première fois sous la plume de Portalis dans son discours sur le projet de loi portant sur la propriété[140]. La notion de droit fondamental s'adapte en effet très bien à un mode de raisonnement axiologique. Le droit naissant de la valeur, il suffirait de poser les valeurs à consacrer de façon suprême pour établir la liste des droits fondamentaux. L'approche se diversifie alors mais elle sera principalement jusnaturaliste, soit selon le modèle du droit naturel moderne, pourvoyeur des « droits de l'individu depuis les lumières », soit selon le modèle classique, prétendant rencontrer dans l'ordre naturel des choses, les fondements de l'ordre juridique et la hiérarchie des valeurs, dont certaines, fondamentales, se concrétisent en droits individuels. Pour une part importante de la doctrine, **la notion de droit fondamental opère l'unification des différentes générations** ; elle marquerait un progrès important dans la protection des droits de l'homme en effaçant les différences de régime existantes entre les droits progressivement garantis au fil des décennies et des régimes politiques.

136 **Débat doctrinal. –** Ainsi, pour rechercher ce que signifie « droit fondamental », **la doctrine se divise entre ceux qui cherchent à se mettre à la place des constituants ou des législateurs pour savoir pourquoi ils ont choisi ce terme, ceux qui se mettent à la place des juges qui, trouvant un texte utilisant le mot « droit fondamental », ont allongé (ou non) la liste de ces droits, ou encore ceux qui se font une idée toute faite de ce qu'est le concept de fondamentalité pour expliquer en quoi les praticiens s'en servent ou s'en éloignent, à tort ou à raison**. Parmi ceux-ci certains projettent leur conception politique, philosophique ou théologique, d'autres préfèrent déduire logiquement du projet des droits de l'homme les critères de la fondamentalité. Si on tient compte du fait que la majorité de la doctrine renonce à se poser la question, la cacophonie est complète… Friande de controverses, la doctrine juridique française a tenté de cerner la question par deux thèses que l'on présente comme exclusives l'une de l'autre : soit on retient une approche matérielle, soit on retient une approche formelle.

137 **Thèse formelle. –** La « piste formelle » part d'un point de vue général sur la méthode juridique et prétend que les droits fondamentaux, comme toute autre catégorie juridique, ne peuvent se définir que formellement. Elle procède ainsi d'un regard purement externe au droit positif, sans chercher à en tirer les enseignements. Du point de vue formel, une partie de la doctrine, se fondant sur l'évolution des sources du droit vers la constitutionnalisation et l'internationalisation des droits de l'homme, a considéré qu'il fallait **réserver l'application de la notion de droit fondamental aux sources supra législatives**. Les droits fondamentaux s'opposent ainsi aux « anciennes » libertés publiques consacrées par la loi seule depuis 1789, laquelle doit se plier désormais aux injonctions constitutionnelles et internationales. La définition alors proposée est simple : est fondamental un droit constitutionnellement ou internationalement protégé, éventuellement contre la loi. Le terme de libertés fondamentales renvoie ainsi, assez clairement pour qui le sait, à l'essor de la jurisprudence constitutionnelle en matière de droits et libertés individuelles. Cette approche, d'un maniement simple, a en outre l'avantage de **correspondre à la réalité juridique** de la consécration croissante des prérogatives individuelles par les sources supralégislatives. Elle n'encourt pas le reproche d'irréalisme puisque la forme ainsi retenue est suffisamment large pour inclure toutes les garanties individuelles qui concrétisent matériellement l'individualisme libéral. Ainsi, la conséquence majeure de la consécration des droits qu'est l'effet horizontal de ces droits, c'est-à-dire la possibilité d'exiger de l'État son intervention contre la violation d'un droit fondamental par un autre particulier, se justifie formellement et matériellement.

---

140. « Vous ne serez point surpris que ce projet se réduise à quelques définitions, à quelques règles générales : car le corps entier du Code civil est consacré à définir tout ce qui peut tenir à l'exercice du droit de propriété ; *droit fondamental sur lequel toutes les institutions sociales reposent* et qui, pour *chaque individu*, est aussi précieux que *la vie même*, puisqu'il lui assure les moyens de la conserver ». Et d'ajouter : « Législateurs, *la loi reconnaît* que ce droit est *sacré* dans la *personne* », voir P.-A. Fenet, *Recueil complet des travaux préparatoires du Code civil*, t. 6, p. 132.

138 Critique de la thèse formelle. – Cependant, dans cette perspective, on postule la rationalité des acteurs infralégislatifs qui devront respecter les qualifications et les effets posés au sommet de la hiérarchie. En effet, si le terme de « droit fondamental » apparaît transposé du droit constitutionnel allemand on ne saurait croire que le système constitutionnel français ait la même emprise sur les droits de l'individu. Le contrôle abstrait et *a priori* de notre Conseil constitutionnel ne saurait se comparer avec le système allemand, surtout étant donné la composition actuelle de cette instance. En France, dans les faits, on l'a vu, un droit peut être fondamental pour un juge et non pour un autre. C'est pourquoi on aura tendance à intégrer les droits conventionnellement consacrés, dès lors l'utilité doctrinale (puisque c'est la seule recherchée) d'une telle définition n'est pas évidente dans la mesure où elle embrasse la totalité des droits de l'homme, peu d'entre eux aujourd'hui n'ayant pas de statut supralégislatif. **La définition n'est peut-être pas alors suffisamment discriminante pour être utile**. Soit seuls les droits constitutionnels sont fondamentaux et il serait paradoxal de mesurer qu'ils sont peu protégés, soit il s'agit de tous les droits supralégislatifs et on ne comprend pas l'intérêt de la dénomination.

De plus, la définition purement formelle déçoit assez vite car elle renonce *a priori* à mettre à jour le « pourquoi » de sa définition. Et pourtant, ce pourquoi apparaît vite nécessaire lorsqu'il s'agit de quitter la posture purement théorique pour voir si cela peut avoir une conséquence pour les décideurs publics. Très vite, à la question « pourquoi les droits fondamentaux ont-ils tous valeur supra législative ? » on doit répondre, « parce qu'ils concrétisent les valeurs et le projet démo-libéral ».

C'est pourquoi une telle approche a suscité différentes réactions d'hostilité d'autres bancs de la doctrine.

139 Thèse matérielle. – D'une certaine façon, la définition matérielle des droits fondamentaux part d'un présupposé philosophique ou logique pour prescrire aux sources du droit positif telle ou telle attitude. Le point de vue demeure interne aux acteurs du droit sans se contenter de faire la synthèse de leur travail. **Le droit fondamental se définirait par son contenu et non pas par sa valeur ou par sa procédure.** Est fondamental un droit qui correspond à une valeur fondamentale. Si tous les droits de l'homme sont fondamentaux, c'est parce qu'ils sont importants pour notre société, parce que ce sont des principes libéraux – et non pas parce qu'ils sont dans la Constitution. Il y aurait donc des droits plus fondamentaux que d'autres. En cas de conflit entre deux droits fondamentaux, on arbitre en fonction des valeurs. Existe donc une hiérarchie interne. Une **définition purement matérielle nous mènerait donc à une très grande subjectivité** dans l'appréciation des droits fondamentaux.

Certains auteurs estiment que des droits et libertés sont fondamentaux parce qu'ils sont de droit naturel. Pour d'autres encore, sont fondamentaux les droits et libertés qui constituent le fondement d'un système juridique, d'une société, et sans lesquels tout l'édifice s'écroulerait. Enfin, certains estiment que sont fondamentaux les droits et libertés que l'on retrouve dans divers systèmes juridiques, c'est-à-dire finalement les droits et libertés qui présenteraient un certain universalisme.

140 Critique de la thèse matérielle. – La thèse matérielle insiste sur le contenu des droits. Soit elle décrypte la jurisprudence en confirmant ou dénonçant la qualification d'un droit comme fondamental, ce qui n'éclaire guère, soit elle tente de convaincre les décideurs de la nécessité de reconnaître telle ou telle prérogative. De ce point de vue, elle se rapproche d'une démarche jusnaturaliste, et on retrouve encore les mêmes reproches.

141 Synthèse des deux thèses. – Précisons tout d'abord que presque tous les débats doctrinaux reposent sur des mécompréhensions liées à des préconceptions différentes de ce qu'est le droit. Ainsi, selon l'ontologie juridique choisie les définitions peuvent changer. **Le débat sur le concept de droit fondamental connaît des réponses différentes selon les différents courants de la théorie du droit** : norme formellement supérieure pour les normativistes, norme sociale objective pour les objectivistes, équilibre des forces objectives et subjectives pour les institutionnalistes, ce que le juge en dit pour les réalistes, pas un droit subjectif pour les jusnaturalistes classiques, des principes à concrétiser pour les modernes, etc. Ne peut-on soutenir dès lors que la thèse matérielle et la thèse formelle ne s'excluent pas mais répondent à deux questions différentes. À l'évidence, si certains droits sont qualifiés par les textes et les juges de « fondamentaux », c'est en raison de leur importance politique aux yeux de celui qui les mobilise. Il s'agit de faire de la fondamentalité sociale une fondamentalité juridique. **La thèse matérielle correspond ainsi à une certaine réalité juridique** *ex ante*, **au moment de la production de la norme.** Il n'est pas moins évident que cette fondamentalité-là ne parvient que difficilement à discriminer parmi la demande sociale ce qui est fondamental ou non, chaque groupe de pression demandant son lot. Dès lors, tout ou presque devient fondamental et se retrouve au sommet de l'édifice, dans les sources les plus élevées. Dès lors, **la thèse formelle a raison de dire que, du point de vue** *ex post*, **de l'application de la norme, tous les droits constitutionnels et leurs « doubles conventionnels » sont fondamentaux**. Elle n'en a pas moins raison de retenir que le droit, formellement, ne trie pas, ne hiérarchise pas, ne consacre pas une autre forme de fondamentalité « plus fondamentale ».

142 Dépassement des thèses. - Et pourtant, force est de tenter d'aller plus loin que ce constat de symétrie des thèses. On peut d'ailleurs noter que l'une répond à la question « que doit faire le jurislateur ? » (consacrer un droit parce qu'il est déjà fondamental) et que l'autre répond à la question « qu'est-ce qu'un droit fondamental dans notre droit ? » (un droit reconnu formellement comme tel). En effet, pour comprendre le jeu des normes des droits de l'homme[141], **il faut réaliser que tous les droits formellement fondamentaux ne sont pas matériellement tous aussi fondamentaux et que cela joue dans les textes et dans la jurisprudence. La conciliation des droits entre eux et avec les normes objectives de limitation (ordre public, intérêt général) atteste que certains droits sont plus « fondamentaux » que d'autres.** Il est donc utile de rechercher une autre notion de fondamentalité, doctrinale, qui permette de rendre compte de ces différences. Les notions de « droit intangible » et la « jurisprudence de conciliation » doivent y aider.

C. La signification propre de chaque terme

143 Les droits de l'homme. - L'expression « droits de l'homme » renvoie à **une dimension politique et philosophique** qui sous-tend le droit positif, lequel institutionnalise et formalise ses prérogatives individuelles fondées en raison ou sur des droits naturels. Entre le discours politique et le droit, se situent les déclarations historiques qui ont proclamé ces prérogatives et ses valeurs. Les droits de l'homme peuvent ainsi faire l'objet d'un ouvrage de philosophie politique ; ils peuvent (et doivent même) servir de point de départ au droit des libertés fondamentales, mais ils ne forment pas une catégorie juridique au sens d'un groupe de normes répondant au même régime juridique. Cela n'exclut pas bien sûr qu'ils appartiennent au discours du droit positif, servant même de titre à la plupart des instruments internationaux qui entendent juridiquement les protéger, à commencer par la Convention EDH. Mais cet usage de l'expression « droits de l'homme » par des textes de droit positif n'en fait pas pour autant une catégorie de doctrine opératoire pour saisir par cette simple expression le niveau de protection, les mécanismes qui le protègent, le contenu de ces droits.

144 Les libertés publiques. - Le terme de libertés publiques existe lui aussi dans le droit positif depuis la Constitution du Second Empire qui confiait au Sénat la protection des « libertés publiques ». La notion de **« libertés publiques » renvoie à une certaine source historique et juridique**. On ne peut guère alors parler encore de « notion » de libertés publiques ; celle-ci pourra émerger sous la IIIe République où certaines lois nourrissent la catégorie des libertés publiques, puis sous la IVe (art. 72 de la Constitution). Avec la Constitution de 1958, le terme de libertés apparaît encore à l'article 34 pour définir les contours de la réserve de compétence de la loi. Les juges, aussi bien le Conseil d'État que la Cour de cassation, ont aussi mentionné le terme, mais ils parleront aujourd'hui plus volontiers de droits fondamentaux. Les libertés forment bien une catégorie. Il est en effet possible de regrouper des prérogatives selon leurs points communs, arbitrairement choisis en fonction de

141. L. Burgorgue-Larsen, « Les concepts de liberté publique et de droit fondamental », in Jean-Bernard Auby (dir.), *L'influence du droit européen sur les catégories du droit public*, Paris, Dalloz, coll. Thèmes & commentaires, 2010, p. 389.

constantes du droit positif. **On peut ainsi caractériser les libertés par le fait qu'elles sont consacrées essentiellement pas la loi (et chronologiquement par elle avant les sources supra législatives), que leur objet consiste pour l'essentiel à protéger l'individu de la puissance publique et donc que leur régime relève pour l'essentiel de la jurisprudence administrative, qu'elles sont enfin souvent d'exercice collectif.** On y trouve les démembrements de la liberté d'expression : réunion, syndicat, association, enseignement, religion, grève ; des libertés qui se confrontent directement à l'ordre public comme la liberté d'aller et venir ; des droits exigeant des prestations publiques comme les droits « créance » du travailleur, du bénéficiaire de prestations sociales... La protection juridique de ces libertés dépend donc beaucoup du prisme de la loi et les sources constitutionnelles ou internationales viennent surtout encadrer celle-ci. Encore faut-il pouvoir identifier la prérogative protégée. Ainsi, la loi du 27 janvier 2017 relative à l'égalité et à la citoyenneté prévoyait : « La Nation reconnaît le droit de chaque jeune atteignant à compter de 2020 l'âge de dix-huit ans à bénéficier, avant ses vingt-cinq ans, d'une expérience professionnelle ou associative à l'étranger ». Dépourvu de portée normative, cet article a été contraire à la Constitution[142].

145 Les droits fondamentaux. – La doctrine attribue l'expression « droits fondamentaux » à la tradition allemande. En 1849, la Constitution de Francfort consacre les « *Grundrechte* ». La République de Weimar dresse un long catalogue des « droits et devoirs fondamentaux des Allemands », notamment des droits sociaux. Mais c'est avec la Loi fondamentale de Bonn, l'actuelle Constitution de la République fédérale, que cette expression prend tout son sens. Elle accorde à ces droits les articles 1 à 19 et leur réserve **un recours constitutionnel spécifique garantissant leur applicabilité et leur effectivité face à tout pouvoir public**. Elle prévoit également la « supra-constitutionnalité » de la dignité de la personne humaine en permettant à la Cour constitutionnelle fédérale de s'opposer à une révision constitutionnelle qui lui serait attentatoire.

146 Critique de l'approche en termes de « droits fondamentaux ». – Se focalisant sur l'expression même de droit fondamental pour ce qu'elle représente d'impérialisme du droit constitutionnel ou du droit international, certains ont simplement refusé d'adopter le concept pour estimer que l'ancienne doctrine des libertés publiques suffisait à travailler le droit positif. Les droits de l'homme se traduiraient donc juridiquement et doctrinalement par la catégorie « libertés publiques », c'est-à-dire des droits garantis par le juge ordinaire aux particuliers, contre l'État, et ayant principalement pour source la loi ou les traités. Cela ne veut pas dire que le modèle fondé sur le rôle du juge constitutionnel n'est pas valable pour d'autres États, mais le système français de justice constitutionnelle demeure insuffisant. Le **principe même de la loi « écran » qui empêche le juge ordinaire de se référer à la loi inconstitutionnelle** contredit à lui seul l'effet horizontal des droits qui ne sont pas « fondamentaux ».

147 Critique de la critique. – Cette façon de voir, certes en adéquation avec le système français avant l'institution de la question prioritaire de constitutionnalité, ne permet pas de rendre compte du « jeu de normes » mis en œuvre pas les titulaires des droits supralégislatifs et se sépare sans doute un peu trop d'un modèle commun européen qui entend réellement donner un contenu à la notion de fondamentalité adoptée par le droit positif. Depuis 2008, le verrou théorique, déjà fragilisé par le contrôle de conventionnalité, a cédé. Désormais, **la forme « liberté publique » d'un droit, peut se voir contrainte d'évoluer vers sa forme « droit fondamental » telle que portée par les jurisprudences constitutionnelles et conventionnelles.** Désormais, la notion de droits fondamentaux est la forme juridique dominante. Elle n'a pas remplacé celle de libertés publiques, elle coexiste avec elle dès que le titulaire ou le bénéficiaire du droit le demande valablement. Cela dépend des voies de contentieux ouvertes, lesquelles sont désormais fort nombreuses (la révision de 2008, comme le traité de Lisbonne qui facilite l'accès à la Cour de justice, en attestent).

142. CC, 26 janvier 2017, nº 2016-745 DC – Loi relative à l'égalité et à la citoyenneté.

II. Notion de « droits et libertés fondamentaux »

148 Il convient de s'arrêter sur chacun des termes pour cerner cette notion.

A. Faut-il parler de « droit » et/ou de « liberté » ?

149 **Question. –** La doctrine s'interroge parfois sur la signification de la variation de langage entre « droit » et « liberté ». La réponse peut s'envisager au niveau conceptuel ou au niveau du régime des droits. Or, aucun texte ni aucun juge ne différencient les deux formules. L'intérêt de la question est donc purement doctrinal.

150 **Critère du droit subjectif. –** La distinction droit/liberté peut se fonder sur celle qui sépare droit subjectif et droit objectif. La liberté est un pouvoir, autorisé par les règles objectives, elle est un droit, mais tout droit n'est pas nécessairement une liberté. Pour parler de droit subjectif, il faut un droit objectif avec une possibilité d'ester en justice, ou tout au moins un mécanisme de garantie efficace et mobilisable par un individu (le titulaire ou le représentant du bénéficiaire). Cependant, cette distinction apparaît spécieuse. En effet, ce qui n'est pas interdit est permis : le droit objectif institue et borne la liberté. **Ce qui est permis implique aussi que l'on s'abstienne de l'empêcher nourrissant l'idée de « droit à la liberté ».** Dès lors, selon certains auteurs, il n'y a aucune différence entre les deux, ce sont des prérogatives protégées par le droit. Droit ou liberté, il s'agit de tout ce que le droit objectif permet. La nuance est que toutes les libertés sont des droits mais tous les droits ne sont pas des libertés. À partir du moment où une action est permise, on a la liberté de s'y livrer et on peut exiger en justice que chacun respecte ce droit à exercer cette liberté.

151 **Critère de la « créance ». –** L'opposition entre droit et liberté pourrait aussi recouper la distinction liberté/créance : en effet, on distingue classiquement les droits-libertés qui impliquent l'abstention de l'État et les droits-créances qui en exigent l'action. Mais d'une part, **l'individu dispose de la liberté de revendiquer ou non une créance** et, d'autre part, **les libertés exigent aussi des prestations de la part de l'État ou des particuliers** : par exemple par les obligations positives qui pèsent sur l'État pour que les droits reconnus par la Convention EDH soient effectifs (vie, traitements inhumains, vie privée et environnement, religion et reconnaissance, etc.). La relation est réciproque : nul n'est tenu de percevoir une prestation qu'il ne souhaite pas ; tout droit créance nécessite une liberté.

152 **Conclusion. –** On peut conclure qu'il n'y a **pas de différence significative** entre droit et liberté quand il est question de droit fondamental. Ce sont tous deux des prérogatives protégées par le droit, avec cette nuance que toutes les libertés sont des droits subjectifs mais que tous les droits ne sont pas d'abord des libertés car l'autonomie de l'individu n'y est pas première dans l'obligation, même si chacun peut renoncer à exercer son droit.

B. Notion de droit fondamental

153 **Méthode. –** Interpréter le droit n'est, en principe pas, pour la doctrine, la même chose que pour les « interprètes authentiques ». Le travail de la doctrine juridique, lorsqu'il s'agit de dégager une notion, consiste traditionnellement en une opération d'induction qui examine le régime associé à l'usage d'un terme. Le travail des praticiens (juges, législateur, administration, auxiliaires de justice) opère en principe à l'inverse pour décider des effets à faire découler d'un terme, en s'inspirant du concept que désigne ce mot, des conditions politiques de sa production ou de son usage, etc.

154 **Point de vue externe. –** On se placera ici d'un point de vue externe au droit : déduire de l'état du droit positif une certaine récurrence dans les conditions d'emploi des différentes formes de « fondamentalité ». Une fois établi que lorsqu'il est question de droit ou liberté ou principe « fondamental » on se trouve le plus souvent en présence de telle ou telle caractéristique, alors on peut proposer aux « jurislateurs » de s'en tenir à ce cadre. On formulera ainsi l'hypothèse que les **droits fondamentaux sont essentiels à l'existence du sujet de droit et à la garantie de ces droits et qu'en outre ils se caractérisent par une forme juridique commune**. Ainsi, les thèses formalistes et substantialistes peuvent en quelque sorte se concilier dans la mesure où elles ne se contredisent pas mais se placent d'un point de vue méthodologique au départ différent.

155 **La piste stipulative fidèle à l'esprit des Lumières. –** Puisque l'on doit proposer une définition stipulative qui repose sur quelque intérêt doctrinal ayant prétention à clarifier l'exposé du droit positif et éventuellement à infléchir le travail d'interprétation des jurislateurs, on proposera de revenir au concept de fondamentalité lui-même : les droits fondamentaux se définissent par leur caractère essentiel à l'existence du sujet comme personne.

156 **L'absence de discrimination primaire. –** L'idée qui guide le concept de fondamentalité réside dans l'absence de discrimination « primaire ». Les droits fondamentaux doivent en principes bénéficier à tous sans distinction. Ils sont ceux de tout être humain. Cela donne un premier élément de définition : **ne seraient pas des droits fondamentaux des droits que l'on refuse dans un État à un étranger. Cela a une conséquence grave puisque les droits civils et politiques ne sont alors pas des droits fondamentaux mais des libertés publiques.** La frontière passe plus clairement entre les étrangers et les nationaux, plus précisément quand il s'agit des étrangers en situation irrégulière qui ne peuvent prétendre aux droits offerts à celui qui intègre une communauté nationale (droits sociaux par exemple) mais auxquels les droits minimums de tout humain demeurent dus. On peut ainsi rencontrer des décisions de justice qui adoptent ce point de vue et renseignent sur ce qui apparaît comme juridiquement fondamental. On pense par exemple à la Cour constitutionnelle italienne qui, par un arrêt de 1962, a fait jouer le principe d'égalité en faveur des étrangers (bien que l'article 3 de la Constitution le réserve aux nationaux) lorsqu'il s'agit de droits inviolables de l'homme. En 1999, la même cour explique qu'au-delà de la communauté nationale il existe une communauté de droits et de devoirs fondamentaux impliquant de pouvoir exiger des apatrides accueillis en Italie qu'ils y effectuent leur service militaire…

157 **Droit fondamental et renonciation[143]. –** Le droit subjectif implique de distinguer la règle des situations qu'elle crée, c'est-à-dire de distinguer le Droit des droits. En toute hypothèse, un droit subjectif apparaît comme un pouvoir. Le droit à la santé, ou le droit à la vie, ne semblent pas de prime abord accorder un tel pouvoir. **C'est bien le développement des moyens procéduraux, notamment l'ouverture du prétoire du juge, qui développe les droits subjectifs, au-delà même de la recherche d'une prestation, d'un objet exigible.** Mais cela n'implique pas non plus que toute situation de droit soit subjective. Comme l'écrivait Roubier, il faut se demander si un individu a la possibilité de disposer ou non de sa prérogative. *In fine*, la question de la renonciation à un droit se révèle essentielle. Une approche de la jurisprudence sous l'angle de la renonciation[144] aux droits fondamentaux montre que **certains droits ne peuvent faire l'objet d'une renonciation complète, de leur « noyau dur » de leur substance.** La renonciation au droit caractérise le droit subjectif mais elle n'en est pas moins limitée par l'ordre public et l'intérêt général qui s'attache à la protection de l'individu, son intégrité et son autonomie. Dès lors, un droit fondamental serait un droit auquel l'individu ne pourra renoncer en vue de protéger le sujet dans son existence même. Cela se manifeste autant sur le fond où le juge va adopter un traitement objectif de la situation, par exemple en refusant que le consentement de la victime n'exonère l'auteur d'actes criminels ou

143. P. Frumer, *La renonciation aux droits et libertés. La Convention européenne des droits de l'homme à l'épreuve de la volonté individuelle*, Bruylant, Bruxelles, 2001 ; J. Arroyo, *La renonciation aux droits fondamentaux. Étude de droit français*, Pedone, Publications de l'Institut International des droits de l'Homme, 2016 ; X. Bioy, « Les limites du renoncement aux droits fondamentaux », in N. Jacquinot (Dir.), *Le renoncement en droit public*, Presses de l'Université Toulouse Capitole – LGDJ, 2021.

144. O. De Schutter et J. Ringelheim, *La renonciation aux droits fondamentaux. La libre disposition de soi et le règne de l'échange*, *http://cridho.uclouvain.be/documents/Working.Papers/CridhoWPs012005.PDF.*

quand le juge annulera une clause contractuelle de non-recours ; mais cela existe aussi sous l'angle contentieux quand le juge refusera le désistement en cours d'instance.

158 Droit fondamental et droit intangible. – Pour définir la fondamentalité de manière matérielle, une possibilité consiste à partir de la liste des droits considérés par un certain nombre de textes convergents comme « intangibles » ou « indérogeables ». Ainsi la Convention EDH liste à l'article 15 § 2 de la Convention et à l'article 4 du protocole n° 7, cinq droits qui **ne peuvent faire l'objet d'aucune dérogation même en cas de circonstances exceptionnelles et d'aucune limitation au nom de l'ordre public ou d'un certain nombre d'autres valeurs**. Ces droits sont le droit à la vie, l'interdiction de la torture et des traitements inhumains ou dégradants, l'interdiction de l'esclavage du travail forcé, la non-rétroactivité de la loi pénale et le droit de ne pas être jugé deux fois pour un même fait. Les quatre premiers de ces droits sont également considérés comme intangibles par le PIDCP et la Convention américaine des droits de l'homme. Ils apparaissent ainsi comme au sommet d'une forme de hiérarchie matérielle, comme des droits considérés comme absolus (sous réserve de les concilier bien sûrs entre eux dans l'improbable hypothèse d'un conflit). On peut ainsi les considérer comme « fondamentaux » par rapport à d'autres droits.

159 Définition retenue. – D'un point de vue herméneutique, qui prend au sérieux l'ensemble des éléments traditionnellement attachés aux « droits fondamentaux », « Fondamental » peut se dire de ce qui est important, voire prééminent sur d'autres. valeurs ou se dire de ce qui fonde, qui est sous-jacent. On proposera de joindre ces deux dimensions pour en renforcer l'efficacité et proposer de recentrer la notion de fondamentalité sur celle de sujet de droit. Serait fondamental un droit qui garantit l'existence (et non l'essence comme la doctrine jusnaturaliste le dit) du sujet de droit comme individu doué de volonté et de libre arbitre. Ainsi, au sein des droits et libertés, certains seront fondamentaux en ce sens, d'autres servent d'instruments pour la protection de ceux-ci (droits-garanties et libertés publiques permettant d'exercer en commun un pouvoir politique qui garantit structurellement le système des droits fondamentaux). On appellera donc droits fondamentaux, **les droits individuels, exercés seuls ou collectivement, exigibles de tous contre tous et qui révèlent l'équilibre à opérer entre la libre disposition de soi et la nécessaire garantie sociale de l'existence même du sujet individuel.** Joue aussi le fait que généralement les textes ou les juges estiment que l'on ne peut renoncer à ces droits, en quelque sorte indisponibles tant ils fondent leur titulaire dans son existence même. Ces droits fondamentaux sont appuyés sur un système de garantie qui comporte d'autres droits et libertés, d'exercice individuel ou collectif, et qui d'une certaine façon ne sont fondamentaux que parce qu'ils sont indispensables aux premiers : les droits procéduraux, les libertés publiques...

III. Plan de l'ouvrage

160 Distinction. – De nombreux « manuels de libertés » comportent, outre une théorie générale des libertés, une présentation de chacune d'elles en les regroupant autour de « thèmes » (les libertés de l'esprit, les droits sociaux, les libertés collectives, les libertés individuelles). Cette partition ne renvoie généralement à aucune réalité juridique, ni aux divisions formelles d'un code, ni à des différences de valeur ou de régime ou encore de compétence juridictionnelle. On prendra au contraire ici le parti de séparer, comme on l'a expliqué, les droits fondamentaux des libertés publiques et des garanties procédurales, en raison de leur différence de condition.

161 Théorie générale. – Les « droits fondamentaux » proprement dits, sont les droits substantiels qui appartiennent à tout être humain quelle que soit sa position dans une société donnée. Et les libertés publiques, sont celles qui appartiennent à tous les individus placés dans un rôle social particulier, qui implique donc une certaine discrimination, une qualité pour bénéficier de ces droits. Le critère de l'application la plus générale du droit en question pour le qualifier de droit fondamental rejoint donc la question de la détermination des différents titulaires. Le présent ouvrage présentera donc trois parties, trois temps qui s'agencent et se suivent logiquement. On abordera tout d'abord de façon théorique le système qui s'installe progressivement dans la plupart des démocraties pour la protection des droits de l'homme. En effet, avant d'étudier chacun des droits dits « fondamentaux », on peut aborder ce qui les unit dans la forme juridique, c'est-à-dire la structure qui abrite ces droits, leur donne leur portée et leur effectivité juridique. Principalement seront abordées les « sources », c'est-à-dire les supports textuels ou jurisprudentiels qui servent à l'édiction de la norme ; mais aussi les systèmes de protection, à savoir comment s'organisent les acteurs du rapport de droit quand il s'agit d'un droit fondamental : le titulaire ou le bénéficiaire du droit, son débiteur et comment on peut analyser les hypothèses où plusieurs droits contradictoires entrant en conflit ; enfin il s'agira, dans cette première partie, de prendre en considération les instances qui sécurisent ce rapport et s'assurent de sa correcte exécution, pour l'essentiel des juges, mais aussi de voir comment se sont institutionnalisés des droits procéduraux, accessoires des droits substantiels.

162 **Système de protection.** – C'est pourquoi la première partie évoquera les différentes « figures », c'est-à-dire les différentes conformations du sujet de droit. On peut aussi parler de « condition ». Les droits pourront être dits alors, *a posteriori* et de façon purement constatative, plus ou moins fondamentaux selon que les conditions pour devenir titulaire de ce droit seront plus ou moins restrictives. Ainsi, entre la figure de l'être humain, celle de la personne humaine et celle du citoyen, différents éventails de droits se présentent.

163 **Droits fondamentaux.** – On comprend alors mieux l'intérêt de distinguer certains droits, nécessairement accordés à tous, sans lesquels le sujet ne pourrait exister comme tel et recevoir d'autres droits au contenu plus précis. Parmi ces droits, que l'on choisit ici de qualifier de « fondamentaux » (bien qu'encore une fois, le droit positif ne leur réserve pas ce « label »), la suite de cet ouvrage étudiera le droit à la vie et son revers qu'est le rapport à la mort, puis le vaste domaine que recouvre aujourd'hui la dignité de la personne comme principe et comme droit, avant d'aborder ce qui constitue la porte d'entrée habituelle du sujet : la liberté. Cette première partie s'achèvera par un chapitre consacré à une liberté générique et particulière qu'est la liberté d'expression, à la fois droit en soi et moyen de conserver tous les autres. Avec ce quatuor de notions et de droits on dispose d'un socle sur lesquels et grâce auxquels d'autres prérogatives peuvent s'exercer ; celles-ci étant encadrées, donc limitées par ces normes « fondamentales ».

164 **Libertés publiques.** – Ces prérogatives peuvent se rassembler sous l'ancien étendard des « libertés publiques » dont l'accès est plus ou moins restreint et conditionné par la loi. Ici, on pourrait avec certains auteurs proposer de fonder ces restrictions sur la figure du citoyen, qualité supplémentaire du sujet de droit qui atteste d'une insertion dans un milieu social, une société ou une communauté qui lui donne droit, comme il suscite le besoin, de prérogatives particulières qui relèvent de la liberté « politique ». Et en effet, le citoyen est titulaire de toutes ces libertés. Mais à l'inverse, certaines personnes, qui n'ont pas la qualité de citoyen, bénéficient de certaines de ces libertés : les mineurs, les étrangers. Dès lors le support de la citoyenneté, adéquat quand on veut parler désigner le titulaire de toutes ces libertés, se révèle trop étroit. C'est pourquoi la troisième et dernière partie comportera trois chapitres affichant une progression. Si presque tous bénéficient de la liberté individuelle comprise comme le droit de se mouvoir dans l'espace et de disposer de son corps sans contrainte sociale excessive ; mineurs et étrangers ne bénéficient que partiellement des éléments de cette liberté. Viennent ensuite les libertés qui, quoiqu'individuelles, s'exercent par un moyen ou dans un but collectif. Ces libertés politiques fournissent les éléments de la structure sociale qui permet le libéralisme et donc l'exercice des droits : la liberté de réunion, d'association, de manifestation, le droit de suffrage, mais aussi la liberté de religion, entrent dans cette logique. À un degré inférieur de généralité de titulaire ou de bénéficiaire se trouvent les droits et libertés économiques et sociaux dont l'objet est de permettre à l'individu de bénéficier d'un niveau de vie correspondant généralement à celui de la société dans laquelle il vit. Il s'agit à la fois de libertés permettant d'exercer une activité économique et de droits assurant des prestations.

EXERCICE D'AUTOÉVALUATION

(Après lecture, vous devriez savoir que répondre...)

1. Quels sont les principaux présupposés philosophiques des « droits de l'homme » ?
2. Qu'est-ce qui distingue les différentes traditions juridiques fondatrices : l'Angleterre, les États-Unis, la France, l'Allemagne ?
3. Les « droits fondamentaux » sont-ils une catégorie juridique établie ?
4. Quelles sont les caractéristiques de la Déclaration de 1789 ?
5. Quel est « l'âge d'or » des libertés en France ? Qu'en reste-t-il ?
6. Qu'appelle-t-on « universalisme » des droits de l'homme ?
7. Faut-il parler de « droits humains » ?
8. Y a-t-il encore des oppositions politiques aux droits de l'homme ?
9. Comment fonctionne le système interaméricain des droits de l'homme ?
10. Qu'est-ce qu'un « État de droit » ?

RÉPONSES

1. On peut les synthétiser, très grossièrement par les 5 « ismes » : humanisme, subjectivisme, individualisme, naturalisme, libéralisme (voir *supra* n° 4 à 28).
2. Principalement, les divergences quant à l'universalisme abstrait, la garantie textuelle, le contrôle juridictionnel (voir *supra* n° 85 à 103).
3. Non, une construction doctrinale à partir de différents concepts et traditions (voir *supra* n° 125 à 143).
4. Abstraction, rationalisme, légicentrisme, universalisme, liens avec la démocratie et l'égalité, la Liberté (voir *supra* n° 96 à 98).
5. Il s'agit, habituellement, de la IIIe République (voir *supra* n° 110 et 111).
6. Le fait que le droit reconnaisse ces droits à tout être humain sans condition (voir *supra* n° 36 à 41). La catégorisation des droits et les faiblesses de l'ordre international nuisent à son essor universel.
7. Pas nécessairement, la chose est pourtant à la mode soit par volonté d'effacer la référence à « l'homme » (qui serait trop genrée), soit comme traduction négligente des différentes expressions étrangères non-équivalentes (« Human rights », « Derechos humanos »...) (voir *supra* n° 125 ; consultable aussi : X. Bioy, « Faut-il

parler de "droits humains" plutôt que de "droits de l'homme" ? Retour sur le sujet des droits fondamentaux », in *Mélanges en l'honneur du professeur D. Rousseau*, LGDJ-Lextenso, 2020).

8. Oui, pour des raisons religieuses, philosophiques et politiques, voir *supra* n° 52 à 58 et *supra* n° 68 à 82).
9. Grâce à la Commission et à la Cour (voir *supra* n° 122).
10. Un système dans lequel les normes produites par le système démocratique sont aussi contrôlées par des instances juridictionnelles au regard de droits fondamentaux, constitutionnels et conventionnels (voir not. J. Chevallier, *L'État de droit*, LGDJ, Clefs Politique, 6e éd., 2017).

CONSEILS DE LECTURE

M. Afroukh, L'islam en droit international des droits de l'homme, Institut Universitaire Varenne – Transition & Justice, 2019.

J. Allard, G. Haarscher, L. Hennebel, Juger les droits de l'homme. Europe et États-Unis face à face, Bruylant, 2008.

J. Arlettaz, J. Bonnet (dir.), L'objectivation du contentieux des droits et libertés fondamentaux – Du juge des droits au juge du droit ?, actes du colloque du 12 décembre 2014, coll. Publ. Institut international des droits de l'homme, Pedone, Paris, 2015.

P. Arsac, J.-L. Chabot, H. Pallard (dir.), État de droit, droits fondamentaux et diversité culturelle, L'Harmattan, 1999.

G. Barba Martinez, Théorie générale des droits fondamentaux, LGDJ, 2004.

B. Barret-Kriegel, Les droits de l'homme et le droit naturel, PUF, coll. Quadrige, 1989.

Y. Ben Achour, La deuxième Fatiha. L'Islam et la pensée des droits de l'homme, PUF, 2011.

X. Bioy, Le concept de personne humaine en droit public. Recherche sur le sujet des droits fondamentaux, Dalloz, Nouvelle bibliothèque de thèses, Paris, t. 22, 2003, 913 pages.

X. Bioy, « Qu'appelle-t-on droits fondamentaux ? », Politeia, 30, Dossier constitutionnel : Les droits et libertés fondamentaux, horizon indépassable du droit constitutionnel ?, 1er décembre 2016, pp. 215-226.

C. Boiteux-Picheral (dir.), Les droits de l'homme face aux risques pour l'humanité, LexisNexis, 2022.

Ph. Braud, La notion de liberté publique en droit français, LGDJ, Bibliothèque de droit public, 1968.

F. Brenet, « La notion de liberté fondamentale au sens de l'article L. 521-2 du CJA », RDP 2003, p. 1535-1579.

M. Canto-Sperber, Les règles de la liberté, Plon, 2003.

D. Capitant, Les effets juridiques des droits fondamentaux en Allemagne, LGDJ, coll. Bibliothèque constitutionnelle, 2001, 348 p.

Centre de recherche sur les droits fondamentaux et les évolutions du droit [et] l'Université de Caen Basse-Normandie, L'universalisme des droits en question(s) : la Déclaration universelle des droits de l'homme, 60 ans après, PU de Caen, 2010.

V. Champeil-Desplats (dir.), Pédagogie et droits de l'homme, Presses Universitaires de Paris Ouest, 2014.

V. Champeil-Desplats, Théorie générale des droits et libertés, Dalloz, À droit ouvert, 2019, 452 p.

V. Champeil-Desplats, « La notion de droit "fondamental" en droit constitutionnel français », Recueil Dalloz-Sirey, 1995, p. 323-329 et « Les droits et libertés fondamentaux en France, genèse d'une qualification », in Droits fondamentaux et droit social, A. Lyon-Caen et P. Lokiec (dir.), Dalloz, coll. Thèmes et Commentaires, 2005, p. 11.

V. Champeil-Desplats, D. Lochak, T. Gründler, B. Delzangles, À la recherche de l'effectivité des droits de l'homme, Université Paris 10, 2008, 265 p.

Collectif, La liberté du consentement – Le sujet, les droits de l'homme et la fin des « bonnes mœurs », Droits (Revue de théorie du droit) n° 49, t. 2, PUF, 2009.

O. de Frouville, P. Sturma (dir.), Vers la pénalisation du droit international des droits de l'homme ?, Paris, Pedone, 2022.

M. Delmas-Marty, « De la juste dénomination des droits de l'homme », Droits et Cultures, n° 35, 1998/1, p. 101.

M. Delmas-Marty (dir.), Raisonner la raison d'État. Vers une Europe des droits de l'homme, PUF, coll. Les voies du droit, 1989.

O. Dord, « Libertés publiques ou droits fondamentaux ? », Les Cahiers français, Les libertés publiques, n° 296, 2001, p. 11.

E. Dubout et S. Touze, Refonder les droits de l'homme – Des critiques aux pratiques, Pedone, 2018.

R. Dworkin, Prendre les droits au sérieux, trad. française par M.-J. Rossignol, F. Limare et F. Michaut, PUF, 1995.

S. Etoa, Le passage des « libertés publiques » aux « droits fondamentaux », Mare et Martin, 2016.

D. Fallon, L'abstention de la puissance publique et la garantie des droits fondamentaux, Presses de l'Université Toulouse Capitole-Lextenso, 2014.

Ch. Fauré, Ce que déclarer veut dire : histoires, PUF, coll. Politique d'aujourd'hui, 1997.

L. Favoreu, « La notion de liberté fondamentale devant le juge administratif des référés », D. 2001, p. 1739-1745.

P. Fraisseix, « Les droits fondamentaux prolongement ou dénaturation des droits de l'homme », RDP 2001, p. 531.

M. Gauchet, « Quand les droits de l'homme deviennent une politique », Le Débat, mai 2000, n° 110, p. 258.

Ch. Girard, Des droits fondamentaux au fondement du droit : réflexions sur les discours théoriques relatifs au fondement du droit, Paris, Publications de la Sorbonne, 2010.

M. Hauriou, Principes de droit public, Dalloz-Sirey, réed. 2010.

L. Jaume, Les déclarations des droits de l'homme. Du débat 1789-1793 au préambule de 1946, Flammarion, 1989.

L. Jaume, Les origines philosophiques du libéralisme, Flammarion, 2010.

A. Kouevi, « Les déclarations non occidentales des droits de l'homme », RRJ 1995, p. 629.

J. Lacroix, J.-Y. Pranchère, Les droits de l'homme rendent-ils idiots ?, Seuil, La République des idées, 2019

A. Lapeyre, F. de Tinguy, K. Vasak, Les dimensions universelles des droits de l'homme, Unesco, Bruylant, 1990.

M. Levinet, Droits et libertés fondamentaux, PUF, coll. Que sais-je ?, 2010.

D. Lochak, Mutations de l'État et protection des droits de l'homme, Presses Universitaires de Paris Ouest, 2014.

J.-P. Machelon, P. Chaigneau et F. Nohra (dir.), La Déclaration universelle des droits de l'homme : fondement d'une nouvelle justice mondiale ?, L'Harmattan, 2010.

Y. Madiot, Considérations sur les droits et les devoirs de l'homme, Bruylant, Bruxelles 1998.

P. Manent, La loi naturelle et les droits de l'homme, Presses universitaires de France – P.U.F., Quadrige, 2020.

Th. Meindl, La notion de droit fondamental dans les jurisprudences et doctrines constitutionnelles françaises et allemandes, LGDJ, coll. Bibliothèque constitutionnelle, 2003, 514 p.

P. Meyer-Bisch, Le corps des droits de l'homme. L'indivisibilité comme principe d'interprétation et de mise en œuvre des droits de l'homme, Éditions universitaires de Fribourg, coll. Interdisciplinaire, Série Documents, 1992.

J. Mourgeon, Les droits de l'homme, PUF, coll. Que sais-je ?, 8e éd., 2003.

Th. Paine (présenté par c. Mouchard), Les droits de l'homme, Belin, réed. 2009.

H. Pallard, S. Tzitis, Droits fondamentaux et spécificités culturelles, Actes du colloque, Paris, 4-5 novembre 1994, L'Harmattan, coll. Horizons du droit, 1997, 173 p.

A. Pécheul, Les dates-clefs de la protection des droits de l'homme en France, Ellipse Marketing, 2001, 172 p.

E. Picard, « L'émergence des droits fondamentaux en France », AJDA 1998, nº spécial, p. 6.

T. Pouthier, Au fondement des droits : Droit naturel et droits individuels en France au xixe siècle, Classiques Garnier, 2019.

J.-Y. Pranchere et J. Lacroix, Le procès des droits de l'homme – Généalogie du scepticisme démocratique, Seuil Essai, 2016.

J. Raynaud, Atteintes aux droits fondamentaux dans les actes juridiques privés, PU Aix-Marseille, coll. Faculté Droit Sciences Po, 2003, 439 p.

J. Raz, « Human rights without foundations » in Oxford Legal Studies, Research Paper nº 14/2007, mars 2007, https://papers.ssrn.com/sol3/papers.cfm?abstract_id=999874

S. Rials, La Déclaration des droits de l'homme et du citoyen, Hachette, 1988.

D. Roman, La cause des droits. Écologie, progrès social et droits humains, Dalloz, 2022.

M. Rota, L'interprétation des Conventions américaine et européenne des droits de l'homme : Analyse comparée de la jurisprudence des deux cours de protection des droits de l'homme, LGDJ, Bibliothèque de droit international et de droit de l'Union européenne, Tome 134, 2018.

F. Rouvillois, Les déclarations des droits de l'homme, Flammarion, 2009.

C. Roulhac, L'opposabilité des droits et libertés, thèse Université Paris-Ouest Nanterre La Défense, 2016, nº 689 et s.

L. Sermet, Une anthropologie juridique des droits de l'homme : les chemins de l'océan Indien, Éd. des Archives contemporaines, Agence universitaire de la francophonie, 2009.

Société de Législation comparée, Les droits fondamentaux – inventaire et théorie générale, Actes du colloque Les droits fondamentaux : inventaire et théorie générale, novembre 2003, Université Saint-Joseph de Beyrouth, Bruylant, 2005.

P. Tavernier, Regards sur les droits de l'homme en Afrique, Actes du Colloque du 23 novembre 2006 à la Faculté Jean Monnet à Sceaux, L'Harmattan, 2008.

H. Tran, Les obligations de vigilance des États parties à la Convention européenne des droits de l'homme. Essai sur la transposition en droit européen des droits de l'homme d'un concept de droit international général, Bruylant, 2012.

M. Villey, Le droit et les droits de l'homme, PUF, coll. Quadrige, 2008, 155 p.

V. Zuber, Le culte des droits de l'homme, Gallimard, NRF, 2014.

PREMIÈRE PARTIE

LA JURIDICITÉ DES DROITS ET LIBERTÉS FONDAMENTAUX

165 Le passage par une théorie des droits et libertés marque l'autonomisation de l'approche juridique des droits de l'homme comme droits spécifiquement protégés. Une certaine homogénéité se crée autour d'un groupe de sources communes : constitutionnelles, internationales, européennes (Chapitre 1). Leur garantie par des instances administratives ou contentieuses « fait système » en raison des multiples facettes de cette protection (Chapitre 2). Enfin, une partie des droits fondamentaux, ceux que l'on qualifie de « procéduraux » ou « garanties », jouent à leur tour un rôle de protection des autres droits, dits « substantiels », couronnant cet ensemble protecteur (Chapitre 3).

CHAPITRE 1

Des multiples sources

166 **Sources et normes.** – Voici un passage obligé lorsqu'il est question de droits et libertés, car il ne s'agit pas seulement de dresser un inventaire, ni un catalogue, des textes et jurisprudences concernant le droit des libertés mais de montrer en quoi l'agencement hiérarchique des normes constitue en soi un élément du système de protection des droits de l'homme. Étant **à la croisée d'un certain nombre de corpus, les droits et libertés combinent les problèmes inhérents à la hiérarchie des normes et à la conciliation des systèmes internationaux, européens, constitutionnels, administratifs et judiciaires**. Il conviendra donc d'examiner cette question des sources davantage sous l'angle du dialogue, parfois du conflit entre les juges, que sous celui d'une lecture statique. Car, bien sûr, la hiérarchie des normes reste le fruit du raisonnement judiciaire à partir des affirmations constitutionnelles relatives à leurs valeurs respectives (art. 55, art. 61, art. 53, art. 34 et 37).

167 **Agencement des normes et protection des droits.** – On restera toujours attentif à l'idée que la hiérarchie des normes et le travail de conciliation entre les différentes sources potentiellement contradictoires constituent un élément intrinsèque de protection des droits et libertés. Il conviendra de ramener en mémoire la formule de l'article 16 de la DDHC selon laquelle : « Toute Société dans laquelle la garantie des Droits n'est pas assurée, ni la séparation des Pouvoirs déterminée, n'a point de Constitution ». En effet, au-delà du « manifeste du constitutionnalisme » que constitue cet article 16, il résume à lui seul le noyau de la pensée libérale consistant à enfermer le but de tout régime politique dans une règle de droit : inclure les fins de protection de l'individu dans la règle de droit. L'idée dominante a toujours été de considérer que **la logique juridique, l'agencement des normes, restait la meilleure garantie d'une modération réciproque des pouvoirs**.

168 **Effet horizontal.** – On marquera encore un effacement net de la distinction entre droit public et droit privé car le premier rôle se concentre dans les sources européennes et constitutionnelles qui s'imposent à tous, même si parfois il est tentant pour les juridictions d'y déroger ou de les adapter au nom de l'intérêt général ou de la puissance publique. L'évolution de notre système juridique depuis une quarantaine d'années se tourne très largement vers **la mise en œuvre d'un effet horizontal, entre personnes privées, des normes supralégislatives, par la loi (effet indirect), ou sans elle ou contre elle (effet direct).**

169 **Place de la jurisprudence dans la reconnaissance et la protection des droits.** - Il ne faut surtout pas sous-estimer la place que les juges ont tenue dans l'essor de la protection des droits. Il leur revient en effet souvent d'interpréter et parfois de construire la règle de référence (celle à laquelle l'acte qui est soumis à son contrôle doit se conformer). À ce titre la célèbre **décision du 16 juillet 1971**[1] par laquelle le Conseil constitutionnel décide de se référer à la liberté d'association sous sa forme de principe fondamental reconnu par les lois de la République, a marqué les esprits, tant lui-même, mais avant lui le Conseil d'État, avaient hésité à s'en saisir directement. Ce pouvoir des juges de consacrer des droits au plus haut niveau, parfois même sans texte, n'est pas réservé à la France, mais l'absence, en France, d'un texte unique, complet et organisé, a eu un impact important sur le travail du juge, elle a joué comme une invitation à innover. **Tous les juges se dotent d'un catalogue de principes jurisprudentiels et de droits et libertés** reconnus au détour d'une affaire et qui font pièce avec l'ensemble déjà existant. Une rapide comparaison internationale permet de mesurer que pour le juge la liste des droits fondamentaux n'est jamais close même s'il tient un discours encadrant ces « découvertes ». Ainsi la Cour constitutionnelle italienne a pu introduire des « intérêts protégés » non expressément cités dans la Constitution comme l'identité sexuelle[2].

170 **Plan.** - Si l'on se souvient à présent des éléments posés en introduction, on comprendra aisément la nécessité de commencer par un exposé des sources internationales des droits et libertés ; en faisant la part belle aux sources européennes. On pourra ensuite mieux comprendre l'influence de ces sources internationales sur le droit français, et tout particulièrement sur la place qu'occupe aujourd'hui la source constitutionnelle.

Section 1
Les sources internationales

171 **Forme de l'internationalisation de la protection des droits.** - Avant de commencer à décrire les corpus internationaux protégeant les droits et libertés, on se permettra de renvoyer à l'introduction évoquant le mouvement d'internationalisation des droits de l'homme, moment essentiel au cours du xxe siècle, attestant d'un relatif consensus international autour de valeurs à protéger. On procédera ici en commençant par exposer la façon, la plus classique, dont **la France s'est liée par un certain nombre de conventions bilatérales et multilatérales au sein des Nations unies**, pour ensuite donner toute sa place au Conseil de l'Europe et au texte de la Convention EDH. Cet agencement permet en outre de montrer une certaine évolution dans la protection des droits par le droit international. Les accords entre États, sans effet direct, n'engageaient qu'eux dans la protection de leurs ressortissants. Peu à peu, et la création des Nations unies et du Conseil de l'Europe a profondément engagé ce processus, les États se sont ancrés dans des systèmes multilatéraux où **l'individu, habituellement « objet » de droit international est devenu un acteur-bénéficiaire des droits proclamés au niveau international sans devenir pour autant plein sujet** de droit international au sens où il serait auteur de ces normes. Cette avancée de la subjectivisation doit à présent se montrer. À ce titre, par l'arrêt du 11 avril 2012, *GISTI et FAPIL*[3], le Conseil d'État semble avoir inversé le principe de l'absence d'effet direct des normes internationales : **une stipulation est d'effet direct lorsqu'elle n'a pas pour objet exclusif de régir les relations entre États et ne requiert pas l'intervention d'un autre acte pour produire ses effets**. Cela sans se référer à la rédaction du

1. CC, 16 juill. 1971, déc. n° 71-44 DC.
2. Cour constitutionnelle italienne, 23 mai 1985, arrêt n° 161/1985 ; voir X. Bioy, « Le libre développement de la personnalité en droit constitutionnel, essai de comparaison (Allemagne, Espagne, France, Italie, Suisse) », *RIDC* 2003, n° 1, p. 123-147.
3. CE, Ass., 11 avr. 2012, *GISTI et FAPIL*, 322326, publié au *recueil Lebon* : « une stipulation doit être reconnue d'effet direct par le juge administratif lorsque, eu égard à l'intention exprimée des parties et à l'économie générale du traité invoqué, ainsi qu'à son contenu et à ses termes, elle n'a pas pour objet exclusif de régir les relations entre États et ne requiert l'intervention d'aucun acte complémentaire pour produire des effets à l'égard des particuliers ; que l'absence de tels effets ne saurait être déduite de la seule circonstance que la stipulation désigne les États parties comme sujets de l'obligation qu'elle définit ».

texte (« l'État s'engage » ou « un tel a droit de »). Cela devrait avoir une incidence réelle sur l'invocabilité des normes internationales.

Même si les deux cours suprêmes ont adopté les mêmes critères pour apprécier l'effet direct d'une disposition, elles n'en concluent pas toujours de la même manière. Ainsi, contrairement à la lecture qu'en fait le Conseil d'État[4], la Cour de cassation a refusé cet effet à des dispositions[5] dans lesquelles soit elle ne trouve qu'un engagement entre États[6], soit en ce qu'elles requièrent l'intervention d'actes complémentaires pour produire des effets à l'égard des particuliers[7].

I. D'un réseau de conventions bilatérales à des normes de *jus cogens*

172 **Affirmation de valeurs communes. –** On l'a dit, l'internationalisation des droits de l'homme a aussi modifié en profondeur la perception même du droit international public. Évoluant du statut de règles d'intérêt étatique, servant les intérêts réciproques des États, **vers la reconnaissance de valeurs universellement admises** et la multiplication des instruments conférant des droits directs aux ressortissants des États, le droit international a institué la perception de valeurs communes à protéger. L'efficacité de cet ensemble relève d'un autre champ d'étude.

173 **Bilatéralisme. –** La forme la plus classique de coopération internationale entre États reste la convention bilatérale ou avec une organisation internationale. À titre d'exemples tirés de notre histoire, la résolution des difficultés rencontrées à l'issue de la Première Guerre mondiale, a pu s'opérer grâce à une multiplicité d'accords bilatéraux portant sur la protection des minorités nationales, en Europe centrale notamment. Des droits comme l'égalité civile et politique, le droit à la vie, à la liberté individuelle, au libre usage de la langue, ont ainsi été garantis par un réseau de conventions bilatérales. La France a été signataire de conventions qui ont concrétisé une certaine protection de ses ressortissants ou des ressortissants étrangers. Certaines de ces conventions fixent des cadres complets de relations entre la France et un autre État avec lequel sont nouées des relations. C'est particulièrement le cas des accords franco-algériens qui traitent de très nombreux aspects tenant à l'état civil, au droit des personnes, aux droits sociaux[8]. **La France a signé également de nombreux traités ou accords réglant les relations migratoires,** comme les accords relatifs à la réadmission des personnes en situation irrégulière. D'autres textes enfin portent la marque de relations historiques. On peut ici donner l'exemple de l'Accord entre le gouvernement de la République française et le gouvernement de la République populaire du Congo sur les droits fondamentaux des nationaux, signé en 1974. S'il est rare que les traités bilatéraux soient le cadre d'un vrai programme en faveur des droits fondamentaux, **l'ensemble du droit international privé des personnes**[9]

4. CE, 10 février 2014, n° 358992.

5. Cas de l'article 24 de la Charte sociale européenne : « En vue d'assurer l'exercice effectif du droit à la protection en cas de licenciement, les parties s'engagent à reconnaître : a. le droit des travailleurs à ne pas être licenciés sans motif valable lié à leur aptitude ou conduite, ou fondé sur les nécessités de fonctionnement de l'entreprise, de l'établissement ou du service ; b. le droit des travailleurs licenciés sans motif valable à une indemnité adéquate ou à une autre réparation appropriée. À cette fin, les parties s'engagent à assurer qu'un travailleur qui estime avoir fait l'objet d'une mesure de licenciement sans motif valable ait un droit de recours contre cette mesure devant un organe impartial ».

6. Cass. soc., 11 mai 2022, pourvoi n° 21-15.247.

7. Cass. 1re civ., 21 novembre 2019, pourvoi n° 19-15.890, publié : article 17 de la partie II de la Charte sociale européenne révisée, les États signataires s'engagent, « en vue d'assurer aux enfants et aux adolescents l'exercice effectif du droit de grandir dans un milieu favorable à l'épanouissement de leur personnalité et au développement de leurs aptitudes physiques et mentales », etc...

8. Par ex. l'accord entre le gouvernement de la République française et le gouvernement de la République algérienne démocratique et populaire relatif à la circulation, à l'emploi et au séjour en France des ressortissants algériens et de leurs familles, ensemble une annexe, un protocole et deux échanges de lettres de 1968.

9. P. Kinsch, « Droits de l'homme, droits fondamentaux et droit international privé (volume 318) », *Collected Courses of the Hague Academy of International Law*, Leiden, Koninklijke Brill NV 2019 ; R. Legendre, *Droits fondamentaux et droit international privé : Réflexions en matière personnelle et familiale*, Dalloz, coll. Nouvelle bibliothèque de thèses, 2020, 358 p.

atteste de leur importance réelle pour régler les cas de filiation et de séparation familiale, même si aujourd'hui l'acquis réside nettement vers des réglementations plus globales.

On notera tout de même que le Conseil d'État admet qu'un accord bilatéral déroge aux textes généraux relatifs aux droits de l'homme, notamment à la non-discrimination fondée sur la nationalité. En l'espèce[10], un étranger, héritier d'un porteur d'emprunt russe français n'a pu prétendre au remboursement de cet emprunt car l'accord franco-russe réserve son bénéfice aux seuls nationaux français.

174 **Multilatéralisme. -** L'utilisation de textes multilatéraux, demeure tout de même le principe dans le domaine des droits de l'homme. **La France est signataire de plusieurs dizaines de ces textes très généraux** (Convention européenne de sauvegarde des droits de l'homme du 4 novembre 1950, pacte du 16 décembre 1966 relatif aux droits civils et politiques, pacte du 16 décembre 1966 relatif aux droits économiques, sociaux et culturels) ou catégoriels (convention de Genève du 28 juillet 1951 sur les réfugiés, convention de New York du 28 septembre 1954 sur les apatrides, conventions de La Haye du 5 octobre 1961 sur la protection des mineurs, du 25 octobre 1980 sur les aspects civils de l'enlèvement international des enfants et du 29 mai 1993 sur la coopération en matière d'adoption, etc.). Certains de ces instruments disposent de mécanismes de contrôle, voire de sanctions, notamment par la mise en place de comités *ad hoc* capables de recueillir les rapports fournis par les États membres sur leurs pratiques et leurs objectifs en vue d'améliorer la protection des bénéficiaires des droits. Plus remarquable est la politique menée par un certain nombre de juridictions internationales à vocation généraliste ou pénale.

175 **Rôle des juridictions internationales. -** La Cour internationale de justice a ainsi, dans un **avis du 28 mai 1951**, limité le principe des réserves accordées à un État dans le cadre de la Convention pour la prévention et la répression du crime de génocide. La Cour y rappelle que : « les principes qui sont à la base de la Convention sont des principes reconnus par les nations civilisées comme obligeant les États, même en dehors de tout lien conventionnel »[11]. Désormais, c'est avec **l'appui de la théorie du** *jus cogens* que les droits de l'homme entrent dans le corpus supérieur du droit international. C'est, en effet, grâce à la Commission du droit international et à la Convention de Vienne du 23 mai 1969, relative à la codification du droit des traités, que germe cette idée d'un corpus de normes impératives, s'imposant aux États, qui protège à son tour les droits fondamentaux. Selon l'article 53 de la convention de Vienne, le critère permettant d'identifier le *jus cogens* est celui du caractère partagé de la reconnaissance et de l'importance d'une de ces normes internationales, telles que certains droits fondamentaux. Il ne faudrait toutefois pas surestimer le rôle de cette notion de droit impératif. La jurisprudence reste mince et incertaine. La **Cour internationale de justice** ne s'est ralliée que récemment à un usage positif du *jus cogens* dans une affaire du 3 février 2006[12], considérant que l'interdiction de génocide relevait du droit impératif. Le **Tribunal pénal international pour l'ex-Yougoslavie** a lui aussi intégré l'interdiction de la torture dans ce statut[13]. Le 14 janvier 2000, la chambre de première instance du TPIY affirme également dans l'affaire *Le Procureur c. Zoran Kupreskic, Mirjan* que « la plupart des normes du droit international humanitaire, notamment celles qui prohibent les crimes de guerre, les crimes contre l'humanité et le génocide, sont des normes impératives ou *jus cogens*, c'est-à-dire qu'elles sont impérieuses et qu'on ne saurait y déroger » (§ 520).

10. CE, 23 déc. 2011, *M. Eduardo José K.*, n° 303678.
11. CIJ, Avis consultatif, 28 mai 1951, *Rec.* 1951, p. 15.
12. CIJ, 3 févr. 2006, Activités armées sur le territoire du Congo, *RDC c. Rwanda*.
13. TPI, 10 déc. 1998, *Procureur c. Anton Furundzija*, § 144 et s.

CEDH, 27 mai 2014, requête n° 4455/10, *Marguš c. Croatie*

Sur le terrain de l'article 4 du protocole n° 7 (droit à ne pas être jugé ou puni deux fois), le requérant, emprisonné notamment pour meurtre, soutenait que les infractions pénales en cause dans la procédure clôturée en 1997 étaient les mêmes que celles pour lesquelles il avait été condamné ultérieurement.

La Cour souligne que les articles 2 et 3 figurent parmi les articles primordiaux de la Convention. Dans sa jurisprudence, elle a déjà conclu que lorsqu'un agent public est accusé de crimes concernant des actes de torture ou des mauvais traitements, il est de la plus haute importance que la procédure et la condamnation ne se heurtent pas à la prescription et que l'application de mesures telles que l'amnistie ou la grâce ne soit pas autorisée. Certes, la présente affaire concerne des allégations de violation de l'article 4 du protocole n° 7 et non des articles 2 et 3 de la Convention, mais la Cour rappelle que la Convention et ses protocoles doivent se lire comme un tout et s'interpréter de manière à promouvoir la cohérence interne et l'harmonie entre ses diverses dispositions.

De plus, la Cour observe que le droit international tend de plus en plus à considérer comme inacceptable l'octroi d'amnisties pour des violations graves des droits de l'homme. Il est vrai qu'à l'heure actuelle aucun traité international n'interdit expressément le recours à l'amnistie en pareil cas.

Partant, la Cour estime qu'en dressant un nouvel acte d'accusation contre M. Marguš et en le condamnant pour crimes de guerre contre la population civile, les autorités croates ont agi dans le respect tant des obligations découlant des articles 2 et 3 de la Convention que des exigences et recommandations figurant dans les mécanismes et instruments internationaux susmentionnés.

Eu égard à ce qui précède, la Cour conclut que l'article 4 du protocole n° 7 à la Convention ne trouve pas à s'appliquer aux circonstances de l'espèce.

II. Les normes de l'ONU

176 On se contentera ici d'un aperçu des textes signés dans le cadre des Nations unies. Le système de protection générale fournit par l'ONU en matière de droits de l'homme sera étudié dans le chapitre suivant.

A. La Déclaration universelle des droits de l'homme

177 **Structure et contenu.** – Le moment de la rédaction de cette déclaration a déjà été envisagé plus haut. Il est question ici d'en préciser le contenu. On sait déjà que les droits se trouvent organisés selon quatre axes. La déclaration développe d'abord les droits personnels de l'individu comme le droit à la vie, la liberté ou sûreté personnelle, puis se trouvent exposés les droits de l'individu face à la collectivité, notamment les droits liés à la nationalité et plus particulièrement encore le droit d'asile. Dans un troisième temps, la DUDH reconnaît les libertés publiques et les droits politiques comme la liberté de pensée, la liberté de conscience, la liberté de religion, d'opinion et d'expression. Mais il est également question de droit d'exercice collectif comme le droit de réunion et d'association, le principe d'élections libres sous la forme atténuée du droit pour chacun de prendre part à la direction des affaires publiques. Viennent enfin les droits économiques et sociaux, notamment le droit au travail, la liberté syndicale, et même le droit au repos ou à l'éducation. On remarque ainsi que, dès 1948, les signataires pouvaient reconnaître un authentique droit aux congés payés et à la Sécurité sociale, véritable cheval de bataille des régimes socialistes, lesquels seront par ailleurs plus nombreux à signer le pacte international sur les droits économiques et sociaux que le pacte relatif aux droits civils et politiques. Dans l'ensemble du texte, on remarquera la place de la famille, considérée comme élément naturel fondamental de la société.

178 **Valeur.** – La DUDH demeure une **simple résolution des Nations unies attendant sa mise en forme par des conventions subséquentes**. Ce texte n'en demeure pas moins une source d'inspiration pour les juridictions internationales qui peuvent y puiser des principes généraux du droit reconnu par les nations civilisées. Pour le juge français, faute de ratification, la DUDH ne saurait avoir de valeur propre[14], bien que le Conseil l'intègre parfois dans ses visas[15].

B. Les pactes de 1966

179 **Distinction des deux textes.** – L'Assemblée générale dans sa résolution 2200 A (XXI) du **16 décembre 1966 a adopté à la fois le Pacte international relatif aux droits civils et politiques, entré en vigueur le 23 mars 1976 et le Pacte international relatif aux droits économiques, sociaux et culturels entré en vigueur le 3 janvier 1976.** La séparation en deux textes différents atteste d'un relatif échec de la conception internationale tendant à l'indivisibilité des droits de l'homme. Pour autant, il s'agissait là d'une des conditions d'adhésion des pays du bloc soviétique à une protection des droits de l'homme. La distinction des deux textes a également pour conséquence d'adapter le mode de protection à la spécificité de chaque catégorie de droits (voir ci-après le chapitre consacré aux systèmes de garantie). **Les droits inscrits dans le PIDCP s'imposent immédiatement** aux États parties ; ce qui se concrétise dans le protocole facultatif qui lui est joint, par la possibilité pour les États d'accepter la compétence du Comité des droits de l'homme pour connaître des recours émanant de particuliers. Le **PIDESC, quant à lui n'impose qu'une obligation de moyens**, chaque État s'engageant à mettre en place des politiques publiques favorables au développement des droits créances.

Le 13 novembre 2014, la France a ratifié le protocole facultatif se rapportant au Pacte international relatif aux droits économiques, sociaux et culturels (PIDESC), adopté le 10 décembre 2008 et entré en vigueur le 5 mai 2013 : des particuliers ou des groupes de particuliers peuvent désormais saisir le Comité des droits économiques, sociaux et culturels (CODESC), créé en 1985, et alléguer d'une violation par la France d'un des droits énoncés dans le Pacte. Déjà, le CODESC, composé d'experts indépendants demandait aux États de rendre des comptes sur la mise en œuvre de leurs obligations et en se prononçant clairement sur la violation de telle ou telle disposition du Pacte.

C. La multiplication des conventions sectorielles

180 Comme indiqué en introduction, les Nations unies ont encore été le cadre du développement de très nombreux textes de portée sectorielle, c'est-à-dire protégeant l'homme en position de vulnérabilité en raison de son statut, d'une conjoncture délicate ou encore le protégeant dans une zone géographique donnée par exemple en cas de conflit. On ne pourra ici relever que quelques exemples de ces textes.

181 **Protection des minorités.** – Une part importante du droit international des Nations unies tend à la protection des minorités. C'était déjà le cas au temps du Pacte de la Société des nations sous l'influence du président Wilson qui souhaitait, à l'issue de la Première Guerre mondiale, prendre en compte la situation des minorités européennes ; ainsi fut fait, bien plus tard, par la **Convention pour la prévention et la répression du crime de génocide**, datant de 1948. Elle définit le génocide comme l'acte ayant pour but la destruction d'un groupe national, ethnique, racial ou religieux. Les États signataires s'engageant à traduire les coupables en justice.

182 **Lutte contre la discrimination.** – La **Convention internationale sur l'élimination de toutes les formes de discrimination raciale de 1966** dénonce la doctrine de la supériorité raciale et amène les États à s'engager à

14. CE, 18 avr. 1951, *Élections de Nolay* et CE, Ass., 23 nov. 1984, *Roujansky*.
15. CE, ord. réf., 16 mai 2022, *Ass. Union nationale pour l'instruction et l'épanouissement (UNIE)*, n° 463123.

abolir toute discrimination fondée sur une supposée race. Cette Convention fonctionne grâce au Comité pour l'élimination de la discrimination raciale qui examine les rapports des États et reçoit également les requêtes des particuliers dans le cas où l'État signataire l'a accepté. Les femmes sont également considérées comme une minorité et protégées à ce titre par la **Convention sur l'élimination de toutes les formes de discrimination à l'égard des femmes** adoptée en 1979. Dans la vie politique, dans l'éducation, l'emploi, la santé... la Convention œuvre pour l'égalité des femmes avec les hommes grâce au Comité pour l'élimination de la discrimination à l'égard des femmes, lequel peut recevoir depuis 1999 les plaintes de particuliers. Il sera fait état plus tard de la Convention relative aux droits de l'enfant de 1989.

183 **Migrants et réfugiés. -** Le droit international demeure également le lieu privilégié de protection des migrants. Nombre de textes tentent de protéger ceux qui sont amenés à franchir les frontières. Ainsi par exemple, la **Convention internationale sur la protection des droits de tous les travailleurs migrants** et des membres de leur famille, adoptée en 1990 par les Nations unies définit un certain nombre de droits ouverts aux migrants en situation régulière ou non. Dans le cadre de la Convention relative au statut des réfugiés de 1951, les États s'engagent à ne pas renvoyer de force dans leur pays les réfugiés dont la vie serait en danger, et à octroyer un minimum de protection dans le domaine de la vie, de l'éducation, de la liberté d'aller et venir. Cette Convention a fait l'objet d'une extension en 1967 par le protocole relatif au statut des réfugiés. Encore le 19 septembre 2016, l'Assemblée générale des Nations unies a adopté une résolution (A/71/L.1) dans le cadre de la **Déclaration de New York relative aux réfugiés et migrants** insistant sur la nécessité d'accueillir les réfugiés et pourvoir aux droits des migrants.

184 **Place du droit international pénal. -** Le développement du droit international pénal, au départ dans le cadre du droit humanitaire, tend également à concrétiser le droit international des droits de l'homme en engageant la responsabilité pénale des individus auteurs de ces infractions les plus graves que sont les crimes de guerre ou les crimes contre l'humanité. Ne convoquant au départ que des criminels de guerre allemands et japonais à **Nuremberg et à Tokyo** (par la convention de Londres du 8 août 1945 et la décision du commandant en chef des troupes d'occupation du Japon du 19 janvier 1946), la répression internationale a mené à la création du **Tribunal pénal international pour l'ex-Yougoslavie** en 1993 et du **Tribunal pénal international pour le Rwanda** en 1994. Enfin, la **Cour pénale internationale** a été instituée par le traité de Rome du 17 juillet 1998, entré en vigueur le 1er juillet 2002, auquel 123 États sont parties. La Cour est, aux termes de ce statut, compétente pour juger quatre crimes : génocide, crimes contre l'humanité, crimes de guerre, agression. Elle peut être saisie par un État partie, par le Conseil de sécurité des Nations unies ou de sa propre initiative sur demande du procureur de la Cour. Sauf cas de saisine par le Conseil de sécurité, la compétence est ouverte dès lors que l'État de la nationalité des auteurs présumés ou l'État sur le territoire duquel le crime a eu lieu, est partie à la convention ou donne son consentement exprès. La Cour ne dessaisit pas ces États s'ils souhaitent juger eux-mêmes. Depuis le début de ses activités, 13 situations sont sous enquête en cours, 5 individus ont été jugés définitivement dont 2 acquittés, 7 affaires demeurent en cours mais 15 suspects sont encore recherchés.

Par ailleurs, les Nations unies peuvent contribuer à instituer des tribunaux pénaux internationaux temporaires (TPI) parfois dénommés **« chambres extraordinaires »** : le Tribunal pénal international pour l'ex-Yougoslavie (TPIY, 1993, 23 personnes jugées) ; le Tribunal pénal international pour le Rwanda (TPIR, 1994, 9 condamnés) ; le Tribunal spécial pour la Sierra Leone (TSSL, 2002) ; le Tribunal spécial des Nations unies pour le Liban (2009), les chambres extraordinaires pour le Cambodge et les Chambres africaines extraordinaires dont l'objet est de juger M. Hissene Habré.

Depuis la révision du 28 juin 1999, la Constitution française comprend un nouvel article 53-2[16] et a ratifié le traité. La loi du 26 février 2002 a mis en place une procédure de coopération judiciaire entre les autorités françaises et la CPI. Ces juridictions examinent la responsabilité des autorités accusées de crimes de guerre, de crimes contre

16. « La République peut reconnaître la juridiction de la Cour pénale internationale dans les conditions prévues par le traité signé le 18 juill. 1998 ».

l'humanité ou de crime de génocide. De ce point de vue, le droit pénal international est un complément essentiel du droit international des droits de l'homme.

La guerre en Ukraine va, hélas, susciter de nombreuses procédures pour crimes de guerre et crimes contre l'humanité, bien que ni la Russie ni l'Ukraine ne soient parties au Statut de Rome. Dès décembre 2020, le procureur de la CPI a annoncé qu'il existe une base raisonnable permettant de croire que, depuis 2014, avaient été commis des crimes de guerre et des crimes contre l'humanité dont la gravité justifiait l'ouverture d'une enquête, et a appelé les États parties à lui renvoyer la situation de l'Ukraine. Ce qu'ont fait plus d'une quarantaine d'États. Dès le 2 mars a été ouverte une enquête sur les crimes commis en Ukraine depuis le 21 novembre 2013. Au-delà de la CPI, les tribunaux ukrainiens peuvent juger les crimes internationaux allégués commis sur le territoire national. Au titre de la compétence personnelle, il en va de même des tribunaux des États de la nationalité des suspects des deux camps (compétence personnelle active) ou de la nationalité des victimes (compétence personnelle passive), sauf si les responsables suspectés sont protégés par une immunité de juridiction pénale liée aux fonctions dont ils ont la charge.

Radovan Karadzic, ancien Président de la Republika Serbe et commandant suprême de ses forces armées en Bosnie Herzégovine, a été condamné à 40 ans d'emprisonnement par la Chambre de première instance le 24 mars 2016 pour sa participation, à partir de 1992 dans les crimes de génocide, crimes contre l'humanité (persécutions, assassinat, extermination, expulsion et transfert forcé) et crimes de guerre (meurtre, actes de violence dont le but principal était de répandre la terreur parmi la population civile, attaques illégales contre des civils et prise d'otages)[17].

185 **Loi du 9 août 2010. –** Cette loi **incrimine des comportements listés par le statut de la CPI :** incitation directe et publique à commettre un génocide ; prescription par trente ans des crimes de guerre ; extension des crimes contre l'humanité lorsqu'en exécution d'un plan concerté à l'encontre d'un groupe de population civile dans le cadre d'une attaque généralisée ou systématique, il y a atteinte volontaire à la vie, extermination, réduction en esclavage, déportation ou transfert forcé de population, privation grave de liberté physique, torture, viol, prostitution forcée, grossesse forcée, stérilisation forcée, persécution de tout groupe ou de toute collectivité identifiable pour des motifs d'ordre politique, racial, national, ethnique, culturel, religieux ou sexiste ou en fonction d'autres critères universellement reconnus comme inadmissibles en droit international, disparition, ségrégation et plus généralement des « actes inhumains de caractère analogue causant intentionnellement de grandes souffrances ou des atteintes graves à l'intégrité physique ou psychique ». Il ouvre également la possibilité de mettre en cause la responsabilité pénale du supérieur hiérarchique militaire et civil du fait de sa complicité passive à l'égard d'un crime contre l'humanité ou d'un crime de guerre commis par un subordonné. Hors de la coopération avec la CPI, **l'article 689-11 du Code de procédure pénale** rend possible la poursuite par le seul procureur de la république antiterroriste, et le jugement par les juridictions françaises, de toute personne qui s'est rendue coupable, à l'étranger, de l'un des crimes relevant de la compétence de la CPI (crime de génocide, autres crimes contre l'humanité, crimes et les délits de guerre), si elle réside habituellement sur le territoire de la République et si aucune juridiction internationale ou nationale ne demande la remise ou l'extradition de la personne. Il n'y a donc pas, à proprement parler, de **« compétence universelle »** pour les juridictions françaises pour les crimes de génocide, les crimes contre l'humanité et les crimes de guerre. En mai 2020, la France a arrêté sur son sol un génocidaire rwandais qu'elle remettra probablement, par extradition, à la Cour pénale internationale.

III. Les normes du Conseil de l'Europe

186 On dira un mot des institutions avant de s'attacher aux normes produites.

17. TPY, Procureur c. Radovan Karadzic (IT-95-5/18-T).

A. Le Conseil de l'Europe et son Comité des ministres

187 **Naissance.** – Le Conseil de l'Europe, siégeant à Strasbourg, **a été fondé le 5 mai 1949 par dix États** européens, qui s'engageaient à maintenir la paix, à créer un espace démocratique et juridique commun ; l'idée étant d'arriver rapidement à un texte européen protégeant les droits de l'homme. Pourtant, un consensus fut difficile à obtenir. Aujourd'hui, après l'intégration des pays de l'ex-bloc soviétique qui forment plus de la moitié des membres, **47 États européens y siègent** (contre 50 à l'OSCE dont l'activité est proche). L'absorption de certains États non encore prêts à assumer le standard européen des droits de l'homme n'aurait pu se faire sans une volonté politique forte, notamment dans le cas de la Russie. Le Conseil avait d'ailleurs déjà connu un échec avec le retrait de la Grèce en 1969 lors de la dictature « des colonels ». L'exclusion d'un État sert de sanction à la violation répétée des droits de l'homme. Jamais mise en œuvre avant 2022, elle a parfois été envisagée au détriment de la Turquie, de la Russie (dont les droits de vote ont été provisoirement suspendus entre 2014, date de l'annexion de la Crimée et 2019) ou de l'Ukraine. Mais **le Comité des ministres du Conseil de l'Europe**[18] **a décidé d'exclure la Fédération de Russie**, membre du Conseil de l'Europe depuis 1996, **lors d'une réunion extraordinaire, le 16 mars 2022, suite à l'invasion de l'Ukraine**. Les affaires russes devront être jugées avant septembre 2022, date à laquelle le pays ne sera plus soumis à la Convention.

188 **Comité des ministres et conventions.** – Le Comité des ministres, composé des 47 ministres des Affaires étrangères, pilote l'organisation en promouvant différentes politiques et instruments juridiques à destination des gouvernements en vue d'harmoniser les objectifs. Il génère également **des conventions internationales proposées à la signature des États (225 en 2020)**, parmi lesquelles méritent d'être signalées : la Convention pour la prévention de la torture, la Convention européenne sur la lutte contre la traite des êtres humains, la Convention de lutte contre la cybercriminalité, la Convention sur les droits de l'homme et la biomédecine. À titre d'exemple, la Convention du Conseil de l'Europe sur l'accès aux documents publics signée le 18 juin 2009 est le premier instrument juridique international contraignant qui reconnaisse un droit général d'accès aux documents publics détenus par les autorités publiques et établissant un socle commun de normes minimales limitant les motifs de restriction à l'accès. À titre d'exemple encore, la Convention européenne sur la prévention et la lutte contre la violence à l'égard des femmes et la violence domestique a été adoptée le 11 mai 2011. De même, le 1er mai 2012 est entré en vigueur le troisième protocole additionnel à la Convention européenne d'extradition. La Convention du Conseil de l'Europe sur les infractions visant des biens culturels, adoptée le 19 mai 2017, a pour but de prévenir et combattre le trafic illicite et la destruction de biens culturels, dans le cadre de l´action de l´Organisation pour lutter contre le terrorisme et la criminalité organisée. Par ailleurs, des textes plus anciens font l'objet d'adaptation continue comme en attestent le Protocole portant amendement au Protocole additionnel à la Convention sur le transfèrement des personnes condamnées, adopté le 22 novembre 2017, qui s'adapte à différentes difficultés d'application de la Convention ou enfin le Protocole d'amendement à la Convention pour la protection des personnes à l'égard du traitement automatisé des données à caractère personnel de 2018 (il met en place un cadre juridique multilatéral à la fois solide et souple, destiné à faciliter les flux transfrontières de données tout en offrant des garanties effectives en cas d'utilisation de données à caractère personnel). Dernièrement, le Comité a fait adopter le **deuxième protocole additionnel à la Convention sur la cybercriminalité relatif au renforcement de la coopération et de la divulgation de preuves électroniques**[19].

189 **Assemblées.** – 648 représentants des parlements nationaux (diversement désignés) siègent à **l'Assemblée parlementaire du Conseil de l'Europe**, organe consultatif. Ses membres n'ont pas à suivre les instructions de leur gouvernement, ce qui apporte une petite dimension de supranationalité dans un ensemble dominé par le travail intergouvernemental. Les recommandations adoptées résultent de travaux d'information importants et déterminants pour le Conseil des ministres. Existe aussi un **Congrès des pouvoirs locaux et régionaux**

18. Décision CM/Del/Dec(2022)1428ter/2.3.
19. Strasbourg, 12 mai 2022, Traité ouvert à la signature des États Parties au Traité STE 185.

composé d'une chambre des pouvoirs locaux et d'une chambre des régions. Ils ont notamment écrit la Charte des langues minoritaires et régionales (cette Charte n'a pas encore été ratifiée par la France qui l'a signée en 1999).

190 **Groupes de travail.** – Différents groupes spécialisés complètent la structure obéissant à des géométries variables, les États n'y participant pas tous : la Commission européenne contre le racisme et l'intolérance, la **Commission européenne pour la démocratie par le droit** (dite « Commission de Venise », elle devait être au départ une instance de consultation en matière constitutionnelle d'urgence dans un contexte de transition démocratique, mais a évolué progressivement vers une instance de réflexion indépendante reconnue internationalement), la Banque de développement, etc. En 1999 a été institué un **Commissaire aux droits de l'homme** chargé d'enquêtes. Enfin, le Conseil de l'Europe comprend encore un secrétaire général, élu par l'assemblée parlementaire.

B. La Convention EDH et ses protocoles

191 **Originalité.** – La Convention européenne de sauvegarde des droits de l'homme et des libertés fondamentales a été **signée le 4 novembre 1950 à Rome**. Le contexte de rédaction de ce texte l'amène à ne proclamer que les droits civils et politiques et à retenir des formulations assez proches de la DUDH de 1948. On verra que le principal apport réside dans la mise en place d'une protection juridictionnelle supranationale d'un type nouveau ayant d'ailleurs fait l'objet de l'essentiel des protocoles additionnels. **Le protocole n° 11, entré en vigueur en 1998, a ainsi remplacé la plupart de ces textes** avant que le quatorzième ne vienne en 2004 accompagner la croissance rapide du contentieux. Plusieurs conférences ont été organisées afin de préserver les équilibres du système. La conférence de **Brighton**, en 2012, a ainsi rappelé le principe de subsidiarité qui fait des États les premiers débiteurs des droits reconnus par la Convention. Deux autres conférences se sont tenues à Bruxelles en 2015 et **Copenhague en 2018** sans aboutir à des solutions aux problèmes d'exécution des arrêts et d'engorgement du rôle de la Cour. Elles encouragent les États à user de la tierce intervention.

192 **Structure.** – Le préambule de la Convention affirme ainsi que « le but du Conseil de l'Europe et de réaliser une union plus étroite entre ses membres, et que l'un des moyens d'atteindre ce but est la sauvegarde et le développement des droits de l'homme et des libertés fondamentales [...]. Résolu, en tant que gouvernement d'États européens animés d'un même esprit et possédant un patrimoine commun d'idéal et de traditions politiques, de respect de la liberté et de prééminence du droit, à prendre les premières mesures propres à assurer la garantie collective de certains des droits énoncés dans la Déclaration universelle ». **Le texte de la Convention comporte 66 articles**. Le titre I expose **les principaux droits de l'homme** : droit à la vie, interdiction des traitements inhumains et dégradants, interdiction de l'esclavage du travail forcé, protection de la sûreté, le droit à un procès équitable, principe de légalité des délits et des peines, respect de la vie privée, liberté de pensée et de conscience et de religion, liberté d'expression, liberté de réunion, liberté du mariage, droit au recours effectif, principe de non-discrimination. Ce titre expose en outre les conditions d'aménagement des libertés en période exceptionnelle et indique quelques principes d'interprétation de ces droits notamment le principe de prééminence du droit. Le **titre II organise le fonctionnement et la procédure de la CEDH**. Le troisième et dernier titre prévoit la manière dont les États assureront le fonctionnement des institutions liées à la Convention et fixe d'autres principes d'interprétation au titre desquels l'article 53 prévoit qu'« aucune des dispositions de la présente Convention ne sera interprétée comme limitant ou portant atteinte aux droits de l'homme et aux libertés fondamentales qui pourraient être reconnus conformément aux lois de toute Partie contractante ou à toute autre Convention à laquelle cette Partie contractante est partie. ». La Convention en son article 57 organise également le système des réserves et de signatures.

193 **Principaux protocoles.** – Le **protocole additionnel de Paris signé le 20 mars 1952**, ajoute de nouveaux droits à la liste de la Convention. En particulier, le premier article consacre le droit de toute personne physique ou morale au respect de ses biens, traduction européenne du droit de propriété. L'article 2 prévoit que nul ne peut se voir refuser le droit à l'instruction tandis que l'État respectera le droit des parents d'assurer cette éducation et cet enseignement conformément à leurs convictions religieuses et philosophiques. L'article 3 impose l'organisation d'élections libres à des intervalles raisonnables et à scrutin secret.

Le **protocole n° 2** attribue à la Cour la compétence de donner des avis consultatifs.

Le **protocole n° 4** a lui aussi allongé la liste des droits reconnus à partir de 1963. Il y est notamment prévu que nul ne peut être privé de sa liberté pour la seule raison qu'il n'est pas en mesure d'exécuter une obligation contractuelle, que quiconque se trouve régulièrement sur le territoire d'un État a le droit de circuler librement et d'y choisir sa résidence, de même qu'il peut quitter le pays et ne pas être obligé de quitter le sien. Il interdit également les expulsions collectives d'étrangers.

Les **protocoles n°s 6 et 13** (1983 et 2002) concernent l'abolition de la peine de mort en toutes circonstances.

Le **protocole n° 7** (1984) accorde de nouvelles garanties aux étrangers tout en posant les premiers principes de procédure pénale : l'existence d'un double degré de juridiction en matière pénale, la règle *non bis in idem*, l'indemnisation en cas d'erreur judiciaire reconnue. Il proclame également l'égalité entre époux.

Le **protocole n° 12**, signé à Rome en 2000 et entré en vigueur en 2005 (non ratifié par la France à ce jour), reprend le principe de non-discrimination pour lui donner une portée générale de principe en l'autonomisant par rapport aux droits substantiels déjà existants.

Le **protocole n° 14** est entré en vigueur le 1er juin 2010 (y compris pour la France). Il renforce la capacité de filtrage des requêtes par la Cour pour faire face au grand nombre de requêtes manifestement irrecevables. Désormais, un juge unique peut définitivement rejeter les requêtes manifestement irrecevables, « lorsqu'une telle décision peut être prise sans examen complémentaire ». Avant l'entrée en vigueur du protocole n° 14, ces décisions devaient être prises par un comité de trois juges qui existe toujours en cas de doute quant à la recevabilité de la requête. Il peut aussi statuer sur le fond dans les affaires manifestement bien fondées et pour lesquelles existe une jurisprudence bien établie.

Le protocole n° 14 permet aussi à la Cour d'exclure l'affaire lorsque le requérant n'a subi aucun **préjudice important** et si la requête ne soulève pas de question sérieuse d'application ou d'interprétation de la Convention ou de questions importantes relatives au droit national. Afin de réduire la charge de travail de la Cour, le protocole n° 14 encourage les règlements amiables à un stade précoce de la procédure. Il prévoit également la surveillance de l'exécution des décisions entérinant ces règlements par le Comité des ministres.

Quant à **l'exécution des décisions**, le Comité des ministres peut désormais demander à la Cour une interprétation d'un arrêt définitif si des difficultés surgissent dans le cadre de la surveillance de son exécution. Le Comité peut introduire devant la Grande chambre de la Cour un recours en manquement afin d'obliger l'État concerné à exécuter l'arrêt initial. Le Comité des ministres doit tout d'abord mettre en demeure l'État concerné. Le 5 décembre 2017, le Comité des ministres a décidé de lancer une telle procédure contre l'Azerbaïdjan en raison du refus persistant des autorités de ce pays de remettre un détenu en liberté, après le constat de violations multiples de ses droits formulé par la CEDH en 2014 (la CEDH a constaté qu'il y avait eu violation de l'article 5 § 1 et 4 [droit à la liberté et à la sûreté], de l'article 6 § 2 [droit à la présomption d'innocence] et de l'article 18 [limitation de l'usage des restrictions aux droits] de la Convention européenne). Si la Grande chambre formule un constat de violation au motif que l'Azerbaïdjan ne s'est pas conformé à l'arrêt de la CEDH rendu dans cette affaire en 2014, elle renverra l'affaire au Comité des ministres.

Enfin, l'article 17 du protocole instaure **la possibilité pour l'Union européenne de devenir partie à la Convention**.

Le **15e protocole**, ouvert à la signature le 24 juin 2013, vise à maintenir l'efficacité de la Cour européenne des droits de l'homme, par l'ajout d'une référence au principe de subsidiarité et à la doctrine de la marge d'appréciation, la réduction de six à quatre mois du délai dans lequel une requête doit être introduite devant la Cour, tout en assouplissant la recevabilité (concernant le « préjudice important » il y a suppression de la seconde condition empêchant le rejet d'une affaire qui n'a pas été dûment examinée par un tribunal interne).

Le 2 octobre 2013 le Conseil de l'Europe a ouvert à la signature le **protocole n° 16** qui permet aux plus hautes juridictions d'une Haute Partie contractante, telles que désignées par cette dernière, d'adresser à la Cour européenne des droits de l'homme des **demandes d'avis consultatifs** sur des questions de principe relatives à l'interprétation ou à l'application des droits et libertés définis par la Convention ou ses protocoles. La France a ratifié ce protocole par la loi du 3 avril 2018, permettant son entrée en vigueur. Entre 2018 et 2022, la Cour a **rendu quatre avis consultatifs**, le premier à la demande de la Cour de cassation française à propos de la gestation pour autrui[20], puis pour la Cour constitutionnelle arménienne, concernant les incriminations « par renvoi » à un texte général, et un avis du 13 juillet 2022[21] répondant à la demande du Conseil d'État et concernant la différence de traitement entre les associations de propriétaires créées avant ou après la constitution d'une association communale de chasse agréée[22]. Elle a aussi rejeté une demande d'avis de la Slovaquie qui ne posait pas de question « utile ». À noter que la Cour peut aussi être saisie d'avis selon d'autres sources. Ainsi, en décembre 2019, la Cour européenne des droits de l'homme a reçu, pour la première fois, une demande d'avis consultatif soumise par le Comité de bioéthique du Conseil de l'Europe (DH-BIO) en vertu de l'article 29 de la Convention sur les droits de l'homme et la biomédecine (« Convention d'Oviedo »).

C. Les principes fondamentaux du système de la Convention EDH

194 **Absence d'exigence de réciprocité et réserves. –** Pour commencer, la Convention **échappe aux principes traditionnels de réciprocité applicable en droit international** : un État ne peut se retrancher derrière les agissements fautifs d'un autre État ni d'ailleurs derrière les réserves formulées par d'autres États[23]. Les dispositions de l'article 55 de la Constitution de 1958 ne lui sont pas opposables comme l'ont admis les juridictions internes. Chaque État a d'ailleurs pu formuler, lors de la signature ou de la ratification, comme l'y autorise l'article 57, un certain nombre de réserves, motivées par des traditions ou des textes précis. La Cour dispose d'un **pouvoir de contrôle de ces réserves** afin de faire respecter l'interdiction des réserves de nature générale et d'en vérifier le caractère clair et précis. En cas de refus des limitations données par l'État lui-même (cela vaut pour les déclarations interprétatives), cet État reste soumis à ses obligations telles que formulées par la Cour[24].

La France a ainsi souscrit **deux réserves principales** : la première relative à l'application du droit à la sûreté et du droit au procès équitable au régime disciplinaire des forces armées et la seconde relative à la mise en place des circonstances exceptionnelles. Cette dernière indique que « *les circonstances de l'article 16 de la Constitution, de l'état d'urgence et de l'état de siège doivent être comprises comme correspondant à l'article 15 de la CEDH* ».

195 **Champ d'application. –** Aux termes de l'article premier de la Convention, « les Hautes Parties contractantes reconnaissent à toute personne relevant de leur juridiction les droits et libertés définis au titre I de la présente Convention ». *Ratione personae*, la CEDH s'applique donc à l'égard des parties signataires qui sont toutes des États, à défaut d'adhésion de l'Union européenne. La notion de « juridiction » détermine aussi le **champ territorial** puisque, outre le territoire de chaque État, la Convention a un **effet extraterritorial**. La Cour admet en effet l'applicabilité de la Convention à toutes les situations dans lesquelles un État membre garde la maîtrise des opérations, y compris sur le territoire d'un autre État qui sert de théâtre à des actions militaires. À titre d'exemples, une personne qui se réfugie dans l'ambassade d'un État partie se trouve protégée par la Convention[25] ; une

20. CEDH, 10 avr. 2019, avis consultatif, P16-2018-001.
21. CEDH, 13 juill. 2022, P16-2021-002.
22. CEDH, 29 mai 2020, avis consultatif, P16-2019-001.
23. CEDH, 18 janv. 1978, *Irlande c. Royaume-Uni*.
24. CEDH, 29 avr. 1988, *Belilos c. Suisse*.
25. CEDH, 14 octobre 1992, *M. c. Danemark* (requête n° 17392/90).

personne privée de sa propriété par l'occupation de Chypre par les forces armées turques[26], des personnes arrêtées et remises aux autorités par des militaires russes contrôlant une zone moldave[27], ou la remise à l'armée française, en territoire soudanais, par le Soudan, d'un terroriste recherché[28]. L'arrêt *Al-Saadoon et Mufdhi c. RU*[29] concerne deux Irakiens arrêtés en 2003 par les Britanniques pour leurs actes sous le régime de Saddam Hussein potentiellement qualifiables de crimes de guerre. Avant de les remettre aux juridictions irakiennes qui peuvent prononcer la peine de mort, le gouvernement sollicite l'avis de ses propres juridictions. Les requérants viennent contester leur remise aux autorités irakiennes et le risque encouru de peine de mort, contraire à l'article 3 de la Convention. La Cour se réfère au protocole n° 13 qui abolit la peine de mort en tout temps et en tous lieux. Un État membre a donc le devoir de ne pas conclure d'accord international conduisant à prendre ce risque, même si cela contrevient aux règles traditionnelles de la souveraineté internationale. L'inquiétude suscitée chez les requérants constitue un traitement inhumain. **La Convention s'applique donc à toute personne sous juridiction d'un État membre, même sous mandat des Nations unies** dans la mesure où le Conseil de sécurité n'exerce aucune action effective[30].

La Cour a aussi, par exemple, condamné la Russie en ce qu'elle assure un contrôle effectif sur la « République moldave de Transnistrie » région séparatiste de la Moldova occupée par l'armée russe. Dans cette affaire, 1 646 personnes physiques de nationalité moldave et trois sociétés se plaignaient de ne pas avoir pu **accéder à des terrains dans la région séparatiste**. Faute de base légale pour priver les requérants d'accès à leurs terrains, la Russie assume la responsabilité des violations dont les requérants ont été victimes du droit de propriété. Pour sa part, la République de Moldova a satisfait à son obligation d'aider les requérants en négociant leur accès aux terrains et en les indemnisant pour leurs pertes[31]. Cette notion de juridiction implique d'appliquer la Convention au **cas des immigrants africains interceptés en haute mer, au large de Malte, par les forces militaires italiennes**. Dans le cas d'embarcations fuyant la Libye[32] dont les passagers furent transférés sur les navires militaires italiens et reconduits à Tripoli (en vertu d'accords bilatéraux conclus avec la Libye) et refoulés sans examen individuel des demandes des passagers, l'Italie a été condamnée pour deux violations de l'article 3 (interdiction des traitements inhumains ou dégradants) de la Convention, les requérants ayant été exposés au risque de subir de mauvais traitements en Libye et d'être rapatriés en Somalie ou en Érythrée et pour la violation de l'article 4 du protocole n° 4 (interdiction des expulsions collectives d'étrangers). Alors que l'Italie souhaitait voir appliqué le principe de droit international de la compétence de l'État de pavillon, la Cour estime que de leur montée à bord jusqu'à leur remise aux autorités libyennes, les requérants se sont trouvés sous le contrôle continu et exclusif, en droit et en fait, des autorités italiennes.

Selon la même logique, la France peut d'ailleurs être condamnée pour avoir fondé une condamnation aux assises sur **des aveux obtenus à l'étranger** dans le cadre d'une procédure où le requérant n'était entendu que comme témoin sans l'assistance d'un conseil. Les autorités françaises, auteur des poursuites et assistant à l'interrogatoire, auraient dû veiller à la conventionnalité de la procédure menée par un magistrat belge[33].

La Cour[34] juge que le fait que l'Allemagne ait conservé sa compétence exclusive à l'égard des infractions graves commises par ses troupes déployées dans le cadre de la Force internationale d'assistance à la sécurité, et le fait que le droit interne et le droit international l'obligeaient de surcroît à enquêter sur ces infractions, s'analysent en des « circonstances propres » qui, combinées, font naître un lien juridictionnel aux fins de l'article 1 de la Convention et déclenchent de ce fait l'application de l'obligation procédurale d'enquêter découlant de l'article 2.

---

26. CEDH, 23 mars 1995, *Loizidou c. Turquie*, (40/1993/435/514).
27. CEDH, 8 sept. 2004, *Ilascu c. la Russie et la Moldavie*, (requête n° 48787/99).
28. CEDH, 24 juin 1996, *Sanchez Ramirez c. France*, req. n° 28780/95.
29. CEDH, *Al-Saadoon et Mufdhi c. RU*, 2 mars 2010.
30. CEDH, 7 juill. 2011, n° 27021/08, *Al-Jedda c. Royaume-Uni* : violation de l'article 5 pour un détenu en Irak.
31. CEDH, 17 juill. 2018, *Sandu et autres c. la République de Moldova et la Russie* (requête n° 21034/05).
32. CEDH, 23 févr. 2012, n° 27765/09, *Hirsi Jamaa et autres c. Italie*.
33. CEDH, 27 oct. 2011, n° 5303/08, *Stojkovic c. France et Belgique* : en vertu de l'article 1 de la Convention, la mise en œuvre et la sanction des droits et libertés garantis par la Convention revient au premier chef aux autorités nationales.
34. CEDH, GC, 16 févr. 2021, , n° 4871/16, *Hanan c. Allemagne*.

Cependant, la Convention ne s'applique pas à certaines hypothèses où il n'y a pas d'action effective de l'État. C'est d'abord le cas des demandes de visas soumises aux ambassades et consulats[35]. Est donc irrecevable la requête d'un couple de ressortissants syriens et leurs deux enfants qui se virent refuser des visas de court séjour qu'ils avaient sollicités auprès de l'ambassade de Belgique à Beyrouth en vue de demander l'asile. La Cour rappelle que l'article 1er (obligation de respecter les droits de l'homme) **limite son champ d'application aux personnes relevant de la juridiction des États parties**. En l'espèce, le refus de visa ne relève pas de la juridiction de la Belgique au titre des faits dénoncés sur le terrain des articles 3 et 13 de la Convention. En décider autrement aboutirait à consacrer une application quasi-universelle de la Convention sur la base du choix unilatéral de tout individu, où qu'il se trouve dans le monde, et donc à créer une obligation illimitée pour les États parties d'autoriser l'entrée sur leur territoire de toute personne qui risquerait de subir un traitement contraire à la Convention en dehors de leur juridiction. En outre, aucune circonstance exceptionnelle n'impose l'exercice extraterritorial par la Belgique de sa juridiction à l'égard des requérants.

Plus complexe est **la question du rapatriement de nationaux se trouvant à l'étranger sous l'autorité et la garde de mouvements étrangers**. Ainsi dans **l'affaire du retour des djihadistes, de leurs femmes et enfants, retenus en camps humanitaires contrôlés par des combattants kurdes**, dans des conditions sanitaires alarmantes, le refus implicitement exprimé par le gouvernement a été analysé par le Conseil d'État comme un acte de gouvernement[36]. La tentation était grande en effet d'estimer qu'aucune juridiction ne peut connaître d'un acte dont la nullité impliquerait des négociations diplomatiques et des décisions indétachables des relations internationales. Cependant, le risque est de se trouver en contradiction avec la Convention européenne (art. 3), à condition qu'elle soit applicable par son effet extra-territorial (certaines requérantes ont même demandé la saisine pour avis de la Cour européenne). Implicitement, **le Conseil d'État a écarté cette hypothèse, estimant qu'il n'avait pas la maîtrise effective des opérations** (alors même que des rapatriements ont eu lieu et que d'autres auront lieu et que le Défenseur des droits a une analyse contraire[37]).

196 **Applicabilité directe et effet direct. –** La Convention est, ensuite, **d'effet direct**. Ce principe résulte de l'article 1er : « les Hautes parties contractantes reconnaissent à toute personne relevant de leur juridiction, les droits et libertés définies dans la Convention ». Ce qui permet à tout particulier d'opposer la Convention aux normes nationales. La Convention est également **d'applicabilité directe**, ce qui signifie qu'il n'est nul besoin de normes de transposition ou d'exécution pour lui faire jouer ses effets[38]. De fait, le mode d'intégration et la valeur de la Convention dans les différents ordres internes demeurent très variables. Cela atteste aussi d'une certaine indifférence du système à la voie d'intégration juridique choisie ; seul le résultat compte : aucune norme nationale ne pourra s'extraire du respect de la Convention.

197 **Recours individuel. –** Conçue à l'origine comme facultative, l'existence d'un recours individuel a acquis un caractère non seulement central mais tout à fait essentiel depuis. **Son caractère facultatif a été supprimé par le protocole n° 11** qui pose également la juridiction obligatoire de la Cour et assure ainsi l'uniformité du système des droits. Il arrive cependant que les ressortissants d'États ayant tardivement adopté cette possibilité se voient encore refuser l'accès au prétoire pour des actes antérieurs[39].

198 **Primauté. –** La Convention **s'impose aux décisions de toute instance d'un État membre**, fût-elle suprême. La Cour soumet les procédures et le fond des décisions des cours suprêmes et constitutionnelles dès qu'elles peuvent influer sur l'issue du litige débattu devant les juridictions ordinaires ou que leur issue est déterminante pour des droits et obligations de caractère civil (l'un des critères d'application de l'article 6). Les **cours suprêmes**

35. CEDH, [GC], 05 mai 2020, *M.N. et autres c. Belgique* (requête n° 3599/18).
36. CE, 23 avr. 2019, n° 429668.
37. Décis. n° 2019-129 du 22 mai 2019.
38. CEDH, 6 févr. 1976, *Syndicats suédois des conducteurs de locomotive*.
39. CEDH, 6 avr. 2010, *Florea Pop*.

doivent elles aussi juger dans un délai raisonnable[40] et selon les règles d'équité et de droits de la défense[41]. Il en va de même de la question préjudicielle constitutionnelle comme le recours d'*amparo* espagnol[42]. Comme toute autre juridiction, les cours constitutionnelles doivent ouvrir suffisamment leur prétoire pour qu'un recours effectif puisse s'opérer[43]. Quant au fond, la CEDH veille à ce que l'interprétation que les juges donnent de leur propre constitution reste compatible avec la Convention. Elle peut ainsi l'apprécier au titre du contexte juridique d'une affaire qu'elle a à juger[44] ou directement si c'est une décision de Cour suprême qui lui est soumise[45]. Dans le cas de la France, la censure a été indirecte par la condamnation d'une décision du Conseil constitutionnel pour une interprétation jugée trop laxiste en matière de validations législatives[46].

199 **Droits étrangers. –** La **valeur hiérarchique de la Convention varie d'un système à l'autre.** Le plus souvent simplement supralégislatif, la Convention peut également avoir valeur constitutionnelle comme c'est le cas en Autriche et parfois même supra constitutionnelle comme aux Pays-Bas. Les pays de Common law ont d'ailleurs conservé leur mode spécifique de fonctionnement. Le Royaume-Uni lui a donné la valeur d'un acte du Parlement par le Human Rights Act de 1998 dont l'effectivité dépend encore largement de l'usage que les juges en font. Mais le plus souvent cette question se révèle secondaire en pratique car la Convention constitue surtout une source d'interprétation, explicite ou implicite. Le juge constitutionnel espagnol l'a ainsi consacrée en se référant, comme le prévoit l'article 10-2 de la Constitution, à l'interprétation opérée par la Cour quand les droits concernés sont équivalents dans les deux systèmes[47]. Cela amène à admettre un recours d'*amparo* dans l'hypothèse de faits identiques à ceux déjà jugés par ce même Tribunal constitutionnel selon une procédure désavouée par la Cour européenne.

200 **Cas français – Ratification. –** La France mettra un certain temps pour ratifier le texte de la Convention. L'un des principaux obstacles résidait en effet dans l'article 16 de la Constitution de 1958 comparé à l'article 15 de la Convention. L'article 15 prévoit en effet un système d'information international concernant les mesures que pourraient prendre les autorités en période exceptionnelle. D'une manière générale, les conditions de mise en œuvre de l'article 16 pouvaient être jugées difficilement compatibles avec les conditions de la Convention. Mais d'autres éléments achoppaient, comme le droit à une instruction assurée par les parents figurant à l'article 2 du protocole additionnel à la Convention et qui perturbait le débat français relatif à l'école libre. Le problème du monopole public en matière de radio et de télévision, détenu en France par l'ORTF, ainsi que le délai alors en vigueur de la garde à vue faisaient craindre aux autorités françaises un contrôle européen. Enfin, le contexte de la guerre d'Algérie ne paraissait pas favorable non plus à **cette ratification qui n'intervint que le 31 décembre 1973** en même temps que celle des protocoles additionnels n°s 1, 3, 4 et 5. Il fallut attendre **le 9 octobre 1981 pour que la France accepte la saisine de la Commission** européenne des droits de l'homme par les particuliers. S'ensuivit le débat sur la valeur de ce texte en droit interne et de son autorité vis-à-vis des juges ordinaires.

201 **Valeur. –** Si la **Cour de cassation** ne voyait aucune difficulté à appliquer la Convention EDH, ainsi qu'elle l'a établi dans l'arrêt *Société des cafés Jacques Vabre*, la solution a été différente du côté du **Conseil d'État** jusqu'à

40. CEDH, 29 mai 1986, *Deumeland c. RFA*.
41. CEDH, 23 juin 1993, *Ruiz-Mateos c. Espagne*.
42. CEDH, 30 juill. 1998, *Valenzuela Contreras c. Espagne*.
43. CEDH, 28 juin 2005, *Zednik c. République tchèque*.
44. CEDH, 24 oct. 2000, *Thivet c. France*.
45. CEDH, 31 juill. 2001, *Refah Partisi c. Turquie* qui admet que soit considérée comme constitutionnelle une loi permettant la dissolution de partis politiques extrémistes au nom d'un « besoin social impérieux ».
46. CEDH, 28 oct. 1999, *Zielinski et Pradal et Gonzalez et a. c. France* : il appartient donc au juge de rechercher un juste équilibre entre la sauvegarde du droit au procès équitable et les motifs d'intérêt général représentés par la loi de validation, ce que le Conseil constitutionnel n'a pas fait pour la loi en litige.
47. TCE, 16 déc. 1991, n° 245/1991, *GDCCE*, n° 27 : en l'espèce elle estime nécessaire la possibilité de rouvrir une procédure pénale inéquitable.

l'arrêt CNAF[48] de 1990 concernant la mise sur le marché de la Myfégine, pilule abortive que les associations familiales catholiques ont estimée contraire à l'article 2 de la Convention EDH relatif au droit à la vie. La Convention EDH a désormais pour tous une valeur supra législative. En effet le Conseil d'État a admis son applicabilité et son invocabilité directes par les citoyens devant les juridictions nationales, dont les juridictions administratives[49].

202 Portée. – On verra au chapitre suivant comment concrètement ce texte se trouve mis en œuvre par la Cour de Strasbourg et comment celle-ci veille à son application par les États signataires. On doit ici remarquer que l'impact du corpus (texte et jurisprudence) de la Convention sur le droit français s'accuse toujours plus. La Convention est **désormais invocable même en procédure de référé** en tout cas en référé « liberté », depuis l'abandon de la jurisprudence *Carminati* par l'arrêt *Gomez*[50]. Le gouvernement comme les juridictions ont pris l'habitude de modifier le droit français en fonction de la jurisprudence de la Cour. Citons la loi sur les écoutes téléphoniques ; l'ensemble des évolutions affectant le droit au procès équitable (qui représente l'écrasante majorité des condamnations françaises) qui a trait à l'encadrement de la rétroactivité de la loi, au rôle du ministère public, des rapporteurs, à la publicité des audiences, à l'impartialité ; le respect de la vie privée (par exemple l'adoption par des couples de même sexe, le transsexualisme), l'encadrement des expulsions d'étrangers au regard de la vie privée et familiale et des traitements inhumains ; la non-discrimination en raison du sexe ou de la nationalité ; la limitation des entraves à la liberté d'expression (notamment les infractions de presse, les régimes dérogatoires comme celui des publications étrangères...). Les « poches de résistance » aujourd'hui s'amenuisent même si certaines demeurent au nom de l'identité du système français, particulièrement dans le domaine des institutions judiciaires (notion d'autorité judiciaire, rapporteur public au Conseil d'État, rôle de l'avocat...). Encore récemment, la Cour a souligné les **insuffisances de la procédure française du référé liberté**, lorsqu'elle ne permet pas de mettre fin à des déficiences structurelles de nos prisons[51].

203 Effet utile. – La Cour a de longue date considéré son rôle comme étant celui de donner à la Convention **toute sa portée et toute son utilité dans nos sociétés contemporaines**. Elle a donc opté pour une interprétation téléologique visant à donner effet à chacun des droits proclamés[52]. Les droits de la Convention ne sauraient ainsi être « des droits théoriques ou illusoires mais concrets et effectifs »[53]. Le texte de la Convention sera donc toujours lu de façon à lui faire jouer un rôle réel de promotion des droits fondamentaux. Cela implique **plusieurs corollaires : le développement de notions autonomes, l'interprétation dynamique, les obligations positives, l'effet horizontal, la réduction de la marge nationale d'appréciation, l'extra-territorialité.**

204 Subsidiarité. – Pourtant **les juges nationaux sont les premiers à appliquer la Convention** et le passage devant la Cour européenne doit rester subsidiaire[54]. C'est pourquoi l'article 13 relatif au recours effectif prévoit que ce recours doit s'exercer devant une instance nationale en vue du respect des droits proclamés par la Convention. Une double conséquence se trouve en aval de ce principe. Tout d'abord, le requérant devra épuiser les voies de recours internes utiles avant de saisir la Cour européenne. Ensuite, **les États ont le libre choix des moyens permettant d'exécuter** correctement un arrêt les concernant[55], même si cette liberté a pris depuis quelques années une tournure concrète toute relative[56].

---

48. CE, Sect., 21 déc. 1990, *Confédération nationale des associations familiales catholiques et autres*, *Rec.* n° 105743 ; *RUDH* 1991, p. 1, note Ruiz-Fabri ; *AJDA* 1991 p. 91.
49. CE, Ass., 19 avr. 1991, *Belgacem et Babas*.
50. CE Ass., 31 mai 2016, *Mme Gonzalez Gomez*, n° 396848 ; CE, 30 décembre 2002, *Carminati*, n° 240430.
51. CEDH, 30 janv. 2020, *J.M.B. c. France*, n° 9671/15.
52. CEDH, 27 juin 1968, *Wenhoff c. Allemagne*.
53. CEDH, 9 oct. 1979, *Airey c. Irlande*.
54. CEDH, 7 déc. 1976, Handyside c. Royaume-Uni.
55. CEDH, 13 juin 1979, *Marckx c. Belgique*.
56. Voir les développements relatifs à la CEDH, *infra* n° 581 et s.

205 **De la subsidiarité au standard européen.** – Très clairement, le texte de la Convention autant que la jurisprudence de la Cour qui en est l'interprète officiel entendent instituer un authentique standard européen en matière de droits de l'homme. La prééminence des droits fondamentaux et le **principe d'une société démocratique pluraliste, tolérante et ouverte** guident les principes fondamentaux du système européen des droits de l'homme. L'ensemble concourt à la mise en place d'un système effectif, réellement supranational et guidé par le pragmatisme. Au départ tourné vers un souci d'acceptation du dispositif par les États, ce souci de pragmatisme a ensuite servi à imposer progressivement une protection toujours plus scrupuleuse des droits proclamés par le texte. En principe « subsidiaire », la protection de la Convention s'est faite première et incontournable en dépit de nombreuses réticences des juges nationaux peu enclins à se laisser dicter un niveau d'exigences supérieur émanant d'un juge dépourvu de la légitimité nationale. Ce résultat est le fait d'une **interprétation volontariste et constante des principes fondateurs** que sont la primauté, l'applicabilité directe, la subsidiarité. Désormais, la Convention est considérée comme un texte « vivant » qui doit s'adapter à l'évolution de la société, tant au plan d'un accroissement de la demande de régulation juridique que des menaces nouvelles qui émergent, par exemple, du côté des nouvelles techniques informatiques ou médicales.

Cet « **activisme** » de la CEDH lui a aussi permis d'étendre le champ d'application de la Convention à des droits et libertés généralement consacrés dans les États et absents du texte de 1950. Ce fut le cas du respect de la vie privée qui, par une interprétation réellement généreuse, s'est démultiplié pour donner le droit de vivre dans un environnement sain[57], le droit à la santé[58], le droit des membres d'une minorité d'avoir un mode de vie traditionnel[59]. De même, chaque droit consacré a été poussé dans toutes ses dimensions. Le droit à la vie, par exemple, couvre en fait quatre droits : celui de ne pas être tué par l'État, celui d'être protégé par l'État contre autrui, celui d'exiger une enquête efficace en cas de meurtre ou de disparition d'un proche, celui de vivre dans un environnement qui ne menace pas sa vie[60].

D. L'interprétation de la Convention européenne

206 **Les notions et concepts autonomes.** – Afin d'éviter que les notions employées par le texte de la Convention ne soient comprises à l'aune de chaque droit national, permettant ainsi aux États d'échapper à leurs obligations, la Cour a décidé d'attribuer **une signification européenne propre** aux termes conventionnels qui deviennent ainsi des concepts propres au droit européen. Ainsi, les « droits et obligations de caractère civil » de l'article 6 n'excluent pas, comme en France, le droit administratif ; de même l'« accusation en matière pénale » intègre aussi la répression administrative, notamment fiscale.

CEDH, [GC], 22 décembre 2020, nº 68271/14 et 68273/14, *Gestur Jónsson et Ragnar Halldór Hall c. Islande*

Au cours d'un procès pénal où ils défendaient les accusés (et avec l'accord de ceux-ci), des avocats demandèrent au tribunal à être révoqués, mais le tribunal refusa. Ils ne comparurent quand même pas aux audiences. En leur absence, le tribunal les condamna alors à une amende d'environ 6 200 euros chacun pour outrage à l'autorité de la justice et comportement dilatoire.

La Cour confirme que l'article 6 est inapplicable en l'espèce sous son volet pénal en suivant les trois critères de l'arrêt *Engel*[61].

57. CEDH, 9 déc. 1994, *Lopez Ostra*.
58. CEDH, 9 juin 1998, *McGinley et Egan c. Royaume-Uni*.
59. CEDH, 18 janv. 2001, *Chapman c. Royaume-Uni*.
60. CEDH, Gr. Ch., 30 nov. 2004, *Onëryildiz c. Turquie*.
61. CEDH, 8 juin 1976, *Engel*.

Le premier critère : la qualification juridique de l'infraction en droit interne (prévue au chapitre intitulé « Amendes procédurales » et prononcée d'office, sans ministère public).
Le deuxième critère, la nature de l'infraction, concernait une catégorie spécifique de personnes ayant une qualité particulière.
Le troisième critère : la nature et le degré de gravité de la peine. Le type de comportement pour lequel les requérants ont été condamnés ne pouvait pas être sanctionné par une peine d'emprisonnement, les amendes en cause ne pouvaient être converties en privation de liberté en cas de non-paiement et n'ont pas été inscrites au casier judiciaire des requérants. Le montant – certes élevé – des amendes infligées et l'absence de plafond légal ne permettent pas à eux seuls de considérer que la nature et la gravité de la sanction la font relever de la sphère « pénale ».

La notion de « loi » visée par de nombreux articles de la Convention, ne se résume pas à « l'acte voté dans les mêmes termes par les deux assemblées » selon la formule française, mais inclut toute règle, éventuellement jurisprudentielle, suffisamment accessible et précise pour pouvoir orienter la conduite du citoyen[62]. Mais cela vaut en fait pour l'ensemble des notions utilisées par la Cour (« contestation », « condamnation », « biens », « partie lésée », « détention », « privation de liberté », « magistrat », « arrestation », « tribunal », « association », etc.). Cette posture, inévitable, a le mérite d'assurer partout en Europe la même échelle d'appréciation des atteintes aux droits.

207 **Marge nationale d'appréciation. –** L'évolution d'autres notions liées à la subsidiarité atteste de la même volonté d'unifier les droits en Europe. Ainsi en est-il de la marge d'appréciation qui consiste à **laisser à l'État le soin d'apprécier les conditions de fait qui éclairent la mise en œuvre des droits**, les autorités nationales ayant la meilleure connaissance des circonstances et des conditions locales d'application[63]. Les **éléments d'appréciation politiques repris par des standards comme l'« utilité publique », l'ordre public, la laïcité, etc.** font partie de la notion européenne de pluralisme qui respecte la diversité des cultures européennes et admet les particularismes historiques et locaux qu'ils soient institutionnels[64] ou privés[65], voire liés à l'histoire coloniale[66]. La Cour met en œuvre un contrôle de proportionnalité dont l'intensité varie avec le type de marge laissée à l'État[67]. Plus il existe de principes juridiques communs plus se réduit la marge d'appréciation de l'État : le **principe d'égalité** fait partie des moteurs de cette évolution (égalité de traitement entre enfants légitimes et naturels[68], égalité de l'âge pour le consentement à des relations hétérosexuelles et homosexuelles[69], égalité entre époux pour le choix du nom de famille[70]). Selon la nature du droit, le but poursuivi par l'État, et l'existence ou non d'une solution largement partagée par une majorité d'États, la Cour se montrera plus exigeante. Par exemple, dans le domaine de la vie privée, qui touche l'individu au plus près, la jurisprudence a tendance à réduire la marge au grand dam des États qui souhaitent garder sur la question des mœurs une certaine emprise politique. Si l'État met en avant une donnée spécifique à son système, comme la **protection de la morale**, le juge aura tendance à lui accorder davantage d'autonomie que s'il s'agit d'un principe communément admis, institutionnel notamment. L'absence d'un consensus européen n'empêche toutefois pas la Cour d'imposer ses vues pour unifier (l'administration de force d'émétiques (vomitifs) à un individu soupçonné de trafic de stupéfiants qui

62. CEDH, 26 avr. 1979, *Sunday Times*, 6538/74.
63. CEDH, *Handyside c. Royaume-Uni*, préc.
64. CEDH, 1er juill. 1997, *Gitonas c. Grèce*.
65. CEDH, 18 déc. 1987, *F. c. Suisse*.
66. CEDH, 27 avr. 1995, *Piermont c. France*.
67. Arrêt *Sunday Times*, préc. : « à une liberté d'appréciation moins discrétionnaire correspond donc ici un contrôle européen plus étendu ».
68. CEDH, *Marckx c. Belgique*, préc.
69. CEDH, 9 janv. 2003, *L. et V. c. Autriche*.
70. CEDH, 16 nov. 2004, Unal Tekeli c. Turquie.

tente de détruire les preuves de son comportement délictueux viole l'interdiction des traitements inhumains ou dégradants[71]) ou à l'inverse laisser subsister un système original[72].

Pour un autre exemple troublant, la question de l'obligation vaccinale a suscité une hésitation. Alors qu'est en jeu une atteinte contrainte à l'intégrité corporelle, laquelle appelle en principe l'absence de marge d'appréciation, la Cour a opté pour ne juger que des sanctions encourues en cas de non-respect de l'obligation et donc sur le seul terrain de l'article 8, laissant une large marge aux États[73].

208 **Interprétation dynamique. – L'article 32 donne à la Cour le pouvoir d'interpréter** la Convention. Suivant en cela une logique plus proche de la tradition de *Common Law*, la Cour s'appuie sur sa propre jurisprudence, éventuellement sur d'autres juges comme les juridictions constitutionnelles, la CJUE, voire les juridictions panaméricaines. Les arrêts de la Cour (qui comptent rarement moins de vingt pages) prennent donc le temps d'expliquer tout à la fois un contexte national et une ligne jurisprudentielle. L'ensemble des solutions fait système et se veut cohérent, même si arrivent les revirements ou évolutions flagrantes. L'existence et la **publication d'opinions séparées** aident d'ailleurs cette construction. Il s'agit pour chaque juge, s'il le souhaite, de présenter sa propre argumentation, soit pour justifier autrement la même solution que la majorité de la Cour (opinion concordante), soit de se démarquer de la solution (opinion dissidente).

> La seconde façon d'enrichir la liste des droits garantis est de le faire par voie d'interprétation judiciaire. Un article de la Convention, l'article 32, reconnaît à la Cour européenne des droits de l'homme compétence pour les questions d'interprétation et d'application de la Convention, et ajoute qu'en cas de contestation sur le point de savoir si la Cour est compétente, c'est elle qui décide : c'est ce qu'on appelle « la compétence de la compétence ». Or ce rôle d'interprétation authentique, ainsi conféré à la Cour par les États eux-mêmes, qui tendent quelquefois à l'oublier, s'étend à tous les critères de compétence, y compris la compétence matérielle de la Cour (ratione materiae, dit-on en latin). Autrement dit, l'auteur d'une plainte qui allègue devant la Cour une violation de la Convention oblige la Cour à décider si cette plainte porte ou non, matériellement, sur un droit reconnu dans la Convention. Si ce n'est pas le cas, la Cour doit se déclarer incompétente, et rejeter la demande pour ce motif. C'est souvent le cas. C'est une des raisons pour lesquelles de très nombreuses requêtes adressées à la Cour sont rejetées comme irrecevables. Beaucoup de personnes croient que la Cour peut, au titre de la Convention, leur faire obtenir la santé, la richesse, le bonheur, l'amitié, l'amour..., ce qui n'est bien sûr pas vrai, ou alors très partiellement et très indirectement. Ce malentendu sur le sens de la Convention et les pouvoirs de la Cour explique que beaucoup de requérants déboutés sont désespérés, font des grèves de la faim devant le Palais des droits de l'homme, parfois tentent de se suicider, ou encore insultent ou menacent les membres du greffe et de la Cour. Celle-ci, ultime recours, fait naître des espérances quelquefois impossibles à satisfaire : les « juges pour la liberté » ne sont pas tout-puissants...
>
> J.-P. Costa, **La Cour européenne des droits de l'homme – Des juges pour la liberté**, Dalloz, Les sens du droit, 2013 (p. 39-40).

209 **Les juges servent ainsi de relais à une pensée propre de la Cour** qui elle-même se présente sur son site internet comme « la conscience de l'Europe ». La Convention doit se lire comme « un instrument vivant à

71. CEDH, 11 juill. 2006, *Jalloh c. Allemagne*.

72. CEDH, Gr. Ch., 13 févr. 2003, *Odièvre c. France* : cas de l'accouchement sous X en France qui ne méconnaît pas ainsi le droit d'accéder aux origines.

73. CEDH, 8 avr. 2021, *Vav i ka c. République tchèque*, n° 47621/13.

interpréter à la lumière des conditions de vie actuelle »[74]. Cette ambition politique, qui fait de la **Cour l'interprète des réalités et des aspirations de près d'une cinquantaine d'États très différents** les uns des autres, a ses détracteurs. Dans des domaines aussi sensibles que la famille, la religion ou la sexualité, les populations des États membres ne comprennent pas toujours qu'une Cour aussi éloignée joue les censeurs. Deux exemples suffiront. Le premier concerne la célèbre affaire *K.A. et A.D. c. Belgique* du 17 février 2005 dans laquelle deux couples s'adonnant à des activités sadomasochistes au point de laisser l'une des épouses subir d'authentiques actes de torture que la Cour couvre par son consentement présumé, (par le fait qu'il s'agit de **liberté sexuelle et corporelle**, en bref de vie privée), cette protection cessant avec le refus finalement formulé par celle qui devient alors une victime. Cette confiance absolue en l'autonomie de la personne pour faire respecter ses droits et le refus de toute protection de l'individu malgré lui a suscité de vives réactions doctrinales, ne serait-ce que parce que nos droits pénal, administratif, civil, sont cousus de règles protégeant les personnes contre leurs propres carences à le faire. Le second renvoie à la redoutable question de la **laïcité** dont la Cour enfourche le cheval de bataille, parfois pour aider le gouvernement turc à maintenir le caractère neutre de l'État[75], parfois pour remettre en cause des traditions plus culturelles que religieuses en Italie[76]. **L'activisme de la Cour connaît néanmoins depuis 2012 un déclin assez accusé**, fruit d'une réaction des États souverainistes et de l'arrivée de nouveaux juges moins enclins à l'intégration. Ce déclin est fortement marqué sur le terrain du droit des étrangers. La tendance est aussi à l'objectivation du contrôle et moins à se placer au niveau de la victime et de ses particularités ; l'individu n'étant pas nécessairement la mesure de toute chose.

210 **Objectivité de la protection européenne. –** La Cour a toujours affirmé le caractère objectif de la protection accordée par la Convention sous la forme de l'idée d'une **constitution d'un corpus européen ou d'un ordre public**[77]. La « prééminence du droit », notion visée par le préambule de la Convention et mobilisée par l'arrêt *Golder*[78], sert aussi parfois d'*ultima ratio* à la Cour[79] pour refuser le caractère arbitraire des diverses interventions de la puissance publique dans les droits d'un individu. La Cour peut ainsi condamner sur la base de plusieurs droits ou de plusieurs violations d'un même droit pour des faits liés.

Exemple d'une condamnation multiple
CEDH, 18 mars 2014, req. n° 24069/03, *Öcalan c.Turquie (n° 2)*
Communiqué de presse de la Cour (extraits)

Principaux faits : Le requérant, Abdullah Öcalan, est un ressortissant turc né en 1949 et actuellement détenu à la prison de l'île d' mralı (Turquie). En 1999, il fut reconnu coupable d'avoir mené des actions en faveur de la sécession d'une partie du territoire de la Turquie et d'avoir dirigé dans ce but une bande de terroristes armés. En 2002, à la suite de l'abolition de la peine de mort en temps de paix par la Turquie, sa peine fut commuée en une peine de réclusion à perpétuité « aggravée », c'est-à-dire sans possibilité de libération conditionnelle.
M. Öcalan fut détenu seul dans la prison de l'île d' mralı pendant près de 11 ans, jusqu'au 17 novembre 2009, date à laquelle cinq autres personnes y furent transférées. Durant cette période, il demeura

74. CEDH, 13 juin 1979, *Marckx c. Belgique*.
75. CEDH, 10 nov. 2005, *Leyla ahin c. Turquie* : conventionnalité d'une circulaire interdisant le port du voile islamique à l'Université car « vise également à prémunir l'individu non seulement contre des ingérences arbitraires de l'État mais aussi contre des pressions extérieures émanant des mouvements extrémistes ».
76. CEDH, 3 nov. 2009, *Lautsi c. Italie*, interdiction du crucifix dans les écoles publiques bien que la Cour ait finalement considéré que cela ne méconnaît pas le droit à l'instruction : CEDH, Gr. Ch., 18 mars 2011, *Lautsi et autres c. Italie*.
77. CEDH, 23 mars 1995, *Loizidou c. Turquie* : « la nature particulière de la Convention, instrument constitutionnel de l'ordre public européen pour la protection des êtres humains ».
78. CEDH, 21 févr. 1975.
79. CEDH, 8 juin 1976, *Engel et autres c. Pays-Bas*.

dans la même cellule d'environ 13 mètres carrés. La télévision lui était interdite et ses contacts à l'intérieur de la prison limités aux membres du personnel, lesquels étaient tenus de limiter leur conversation au strict minimum exigé par leur travail. Par ailleurs, il disposait de livres et d'un poste de radio pouvant capter uniquement des émissions étatiques, et son accès à la presse quotidienne et hebdomadaire était restreint.
[...] S'agissant des visites, les médecins généralistes qui se rendent à la prison pour examiner M. Öcalan ne sont jamais les mêmes, ce qui, selon le CPT, rend impossible toute relation constructive avec leur patient. Les visites des proches de M. Öcalan sont limitées à une heure tous les quinze jours. Plusieurs des avocats de M. Öcalan ont de surcroît été frappés d'une interdiction de le représenter et leurs bureaux soumis à des perquisitions.
Par ailleurs, en mars 2007, ses représentants ont indiqué à la Cour européenne des droits de l'homme que des analyses effectuées sur des cheveux censés lui appartenir révélaient une présence anormale de chrome et de sodium.
Décision de la Cour Condamnations Article 3 (s'agissant des conditions de détention de M. Öcalan) Article 3 (s'agissant de la condamnation de M. Öcalan à la peine perpétuelle sans perspective de libération), Article 8 (isolement)

211 **Limitation des droits.** – L'article 18 de la Convention stipule que « les restrictions qui, aux termes de la présente Convention, sont apportées auxdits droits et libertés ne peuvent être appliquées que dans le but pour lequel elles ont été prévues ». Ce qui donne une lecture finaliste qui impose à l'État de ne pas détourner ses limites au profit d'une censure des défenseurs des droits de l'homme. La Cour peut ainsi combiner cet article 18 avec d'autres pour censurer les actes d'intimidation à leur encontre. Par exemple dans le cas d'un homme d'affaires, ayant contribué à la création de nombreuses organisations non-gouvernementales qui œuvrent à la promotion ou à la protection des droits de l'homme en Turquie, qui dénonçait le caractère injustifié de son arrestation et de sa détention provisoire ; la Cour combine les articles 18 et 5 pour exiger sa remise en liberté[80]. Il était accusé de vouloir renverser le régime mais la Cour relève que cette lecture était essentiellement fondée non seulement sur des faits ne pouvant raisonnablement être considérés comme des actes pénalement répréhensibles en droit interne, mais aussi sur des actes manifestement liés à l'exercice des droits garantis par les articles 10 et 11 de la Convention et que ces actes étaient non violents.

La Convention prévoit un **double mécanisme**.

D'abord, les **dérogations**, pour l'ensemble des droits, sont organisées par **l'article 15** en cas d'état d'urgence : en cas de guerre ou en cas d'autre danger public menaçant la vie de la nation, l'État peut prendre des mesures dérogeant aux obligations « dans la stricte mesure où la situation l'exige et à la condition que ces mesures ne soient pas en contradiction avec les autres obligations découlant du droit international ». Certains droits échappent à cette possibilité et sont dits « **indérogeables** » : l'article 2 (droit à la vie), sauf pour le cas de décès résultant d'actes licites de guerre, article 3 (interdiction des traitements inhumains ou dégradants), 4 § 1 (traite des êtres humains) et 7 (*non bis in idem*). En cas de dérogation, l'État doit informer le Secrétaire général du Conseil de l'Europe.

C'est pourquoi la France a fait valoir son souhait de déroger à la Convention pour la mise en place de **l'état d'urgence en 2016-2017**. En revanche, elle ne l'a pas fait en 2020 pour la mise en œuvre de **l'état d'urgence sanitaire en 2020**, estimant sans doute que les atteintes aux libertés restaient en-deçà de l'extraordinaire et pouvaient ainsi être contrôlées selon le standard de droit commun. La doctrine a paru divisée sur ce sujet. L'ancien président de la Cour, Jean-Paul Costa, a regretté l'absence de déclaration car les formalités auxquelles l'article 15 subordonne la dérogation concourent à la publicité de la décision et à la transparence de l'État[81]. Dans

80. CEDH, 10 déc. 2019, *Kavala c. Turquie* (requête n° 28749/18).
81. https://www.leclubdesjuristes.com/blog-du-coronavirus/que-dit-le-droit/recours-article-15-cedh/

l'affaire *Hassan c. Royaume-Uni* du 16 septembre 2014[82], concernant la capture d'un ressortissant irakien, en Irak, par les forces armées britanniques et sa détention au cours des hostilités en 2003, la Cour admet sa juridiction extraterritoriale et l'application de la Convention européenne des droits de l'homme dans le cadre d'un conflit armé international. Elle donne raison au gouvernement qui demandait à la Cour de juger inapplicables ses obligations découlant de l'article 5 ou, autrement, de les interpréter à la lumière des pouvoirs de détention que lui confère le droit international humanitaire. L'article doit s'accorder avec la capture de prisonniers de guerre et la détention de civils représentant un risque pour la sécurité des troupes.

Ensuite, **les exceptions**, pour un certain nombre d'articles qui comportent **un paragraphe (n° 2) posant une clause générale de limitation** : l'article 6 (publicité des audiences), l'article 8 (respect de la vie privée, du domicile, de la correspondance), l'article 9 (la liberté de pensée, de conscience de religion), l'article 10 (la liberté d'expression), l'article 11 (liberté de réunion et d'association) ainsi que le protocole n° 1 (protection de la propriété et droit aux biens), le protocole n° 4 (liberté de circulation de résidence). Ces droits peuvent faire l'objet d'une limitation légale relative à l'ordre public ou à un certain nombre d'autres notions qui lui sont liées : **la santé, la morale, la sûreté de l'État**, etc. La clause d'ordre public autorise un contrôle approfondi de la part du juge, portant à la fois sur la finalité de la mesure litigieuse et sur sa « nécessité ».

Ainsi, certains droits peuvent faire l'objet à la fois de dérogations et de restrictions au titre de leur propre alinéa 2 et de l'article 15. D'autres se voient davantage protégés ne pouvant faire que l'objet de dérogations en cas de circonstances exceptionnelles. Les droits intangibles enfin échappent à toute restriction (si ce n'est une éventuelle conciliation entre eux, voir numéros consacrés à la conciliation, *infra* n° 442 et s.).

L'article 18, enfin, prévoit que « les restrictions qui, aux termes de la présente Convention, sont apportées auxdits droits et libertés ne peuvent être appliquées que dans le but pour lequel elles ont été prévues ». Cet article s'applique aux restrictions de chaque droit et ne peut donc pas s'appliquer seul, mais il peut être violé sans pour autant qu'il y ait violation de l'article avec lequel il est combiné, à condition que le droit découlant de la Convention auquel il a été porté atteinte ne soit pas absolu.

Ainsi, dans une affaire jugée par la Grande chambre[83], un homme politique de premier plan en Géorgie dénonçait son arrestation et sa détention provisoire en ce qu'il n'avait pas obtenu de contrôle juridictionnel adéquat, et surtout que la restriction de son droit à la liberté avait été appliquée à des fins politiques, autres que celles pour lesquelles elle avait été prévue. Il invoquait l'article 18 combiné à l'article 5, § 1, de la Convention européenne. Les États sont supposés de bonne foi et le mélange entre un motif conventionnel et un autre qui serait un « détournement » ne corrompt pas l'ensemble, à condition que le but non conventionnel n'ait pas été prédominant. En l'espèce, la Cour a constaté la violation car, à la lumière du contexte de l'antagonisme politique violent, le but a certainement changé au cours du temps et tendu non plus vers la répression de vraies infractions mais vers la mise à l'écart du requérant du jeu politique.

212 Conditions d'acceptabilité de l'ingérence. – D'une manière générale, et avant de l'examiner pour chacun des droits protégés par la Convention, la Cour vérifie que l'ingérence de l'État dans un droit protégé par la Convention répond à un certain nombre d'exigences pour être jugée compatible avec la Convention.

– D'abord, **l'ingérence doit avoir été prévue par la loi**, c'est-à-dire par un texte officiel, quelle que soit sa place dans la hiérarchie des normes, qui apporte suffisamment de prévisibilité quant au comportement des autorités si l'individu adopte telle ou telle attitude. Certes les États gardent une marge quant au choix des restrictions apportées aux libertés, mais la Cour veille à ce qu'elle soit connue par les citoyens et suffisamment précise. Dans le cas français, on peut citer une affaire du 24 avril 1990 *Kruslin c. France* qui aboutit à mettre en cause la loi française relative aux écoutes téléphoniques administratives manquant de précision et de prévisibilité.

Ainsi, un prélèvement d'un échantillon de salive pour son ADN dans le cadre d'une enquête pour meurtre n'était pas « prévu par la loi » au sens de l'article 8. En effet, la version du Code de procédure pénale qui était en

82. CEDH, Gr. Ch., 16 sept. 2014, n° 29750/09.
83. CEDH, Gr. ch., 28 nov. 2017, *Merabishvili c. Géorgie*, req. n° 72508/13.

vigueur à l'époque des faits disposait uniquement que des prélèvements sanguins ou « d'autres procédures médicales » pouvaient être réalisés[84]. De même, une simple instruction, destinée aux procureurs de la République et aux directions des établissements pénitentiaires, donc des documents internes non publiés qui étaient en principe dépourvus de force obligatoire vis-à-vis des administrés, ne peuvent servir de base légale suffisante pour l'enregistrement de la correspondance de détenus dans un système informatique judiciaire[85].

CEDH, Gr. ch., 23.02.2017, *Tommaso c. Italie (req. n° 43395/09)*

Le 22 mai 2007, le procureur de la ville de Bari proposa au tribunal de soumettre M. de Tommaso, pour une période de deux ans, à une mesure de surveillance spéciale de la police, fondée sur la loi n° 1423 de 1956, assortie d'une assignation à résidence. Le procureur souligna que M. de Tommaso qui avait été condamné pour trafic de drogue, évasion et détention d'armes fréquentait des criminels et qu'il était une personne dangereuse.

Tout d'abord, la Cour considère que la loi n° 1423 de 1956 répondait à la condition de l'accessibilité. Analysant la prévisibilité de cette loi quant aux destinataires des mesures de prévention, la Cour constate que l'application desdites mesures restait liée à une appréciation prospective des juridictions internes, car ni la loi, ni la Cour constitutionnelle n'ont identifié clairement les « éléments factuels » ou les comportements spécifiques qui devaient être pris en compte pour évaluer la dangerosité sociale de l'individu et qui pouvaient donner lieu à l'application de telles mesures. Dès lors, la Cour estime que la loi en cause ne prévoyait pas de manière suffisamment détaillée quels comportements étaient à considérer comme socialement dangereux.

Concernant les mesures qui ont été appliquées à M. de Tommaso, la Cour observe que certaines d'entre elles étaient libellées de façon très générale, avec un contenu extrêmement vague et imprécis. Cela vaut en particulier pour les obligations de « vivre honnêtement et dans le respect des lois » et de « ne pas prêter à soupçon ». Il était dès lors impossible à M. de Tommaso d'établir la teneur précise de certaines des obligations auxquelles il était soumis dans le cadre de la surveillance spéciale.

La Cour conclut qu'on ne saurait considérer que l'atteinte à la liberté de circulation de l'intéressé se fondait sur des dispositions juridiques respectant les exigences de légalité posées par la Convention. Il y a donc eu violation de l'article 2 du Protocole n° 4 à la Convention en raison du manque de prévisibilité de la loi litigieuse.

– Ensuite, **l'ingérence doit viser un but légitime**, correspondant aux objectifs traditionnels des politiques publiques tels qu'ils sont repris dans les listes de limites figurant dans le second paragraphe de l'article établissant le droit (ordre public, santé publique, droits d'autrui...).

– Enfin, **l'ingérence doit être considérée comme nécessaire dans une société démocratique**, **c'est-à-dire qu'aucun autre moyen, moins contraignant pour les libertés**, ne permet d'arriver à la protection du but légitime, et être adaptée à la situation concrète pour atteindre cet objectif. Ce contrôle comporte plusieurs éléments puisque la Cour s'assure de ce que l'ingérence constitue un moyen adéquat à l'objectif poursuivi, autant qu'elle s'assure que les caractéristiques socio-temporelles ou purement quantitatives n'ont pas été sans commune mesure avec ce qui était strictement nécessaire. Nécessité, adéquation et proportionnalité forment ainsi autant d'écueils pour la décision nationale. Le contrôle de proportionnalité n'est pour autant pas toujours exercé pleinement par la Cour elle-même qui s'en remet au contrôle opéré par les autorités nationales, à condition de l'être selon le standard européen. Lorsque des juridictions nationales indépendantes et impartiales ont examiné soigneusement les faits, ont appliqué des standards en matière de droits de l'homme conformes à la Convention

84. CEDH, 14 avr. 2020, *Dragan Petrovi c. Serbie* (requête n° 75229/10).
85. CEDH, 29 mars 2022, *Nuh Uzun et autres c. Turquie*, n° 49341/18 et treize autres.

et à sa jurisprudence, ont procédé à un examen adéquat mettant en balance les intérêts privés et les intérêts publics, la Cour n'a pas à substituer sa propre appréciation à celle des autorités nationales[86].

213 **Principe de proportionnalité. -** Le principe de proportionnalité, traduit une exigence d'adéquation entre un objectif légitime et les moyens utilisés pour l'atteindre et s'applique à la mesure de l'acceptabilité de l'ingérence de l'État dans le droit reconnu. La Cour vérifie autant le lien logique qui existe entre les décisions de l'État et l'objectif poursuivi (adéquation), que l'adaptation quantitative de ces mesures aux effets attendus (proportionnalité au sens strict) (cf. développements spécifiques[87]).

214 **Obligations positives. -** Au terme de la jurisprudence européenne, l'État doit bien souvent agir et non seulement demeurer passif[88]. Les obligations positives peuvent être soit substantielles soit procédurales ; elles deviennent ainsi légion. **Le respect du droit implique que l'État aménage les conditions du respect du droit par des mesures raisonnables et adéquates**. Presque tous les droits se doublent donc d'exigences qui doivent se traduire par des politiques publiques ou des institutions de protection (c'est le cas de la protection de l'environnement qui conditionne positivement le respect du domicile et de la vie privée). Il en va de même du droit à un procès équitable qui implique de garantir aux justiciables un droit effectif d'accès à la justice, de s'assurer de la déontologie d'un avocat. Le texte de la Convention prévoit l'obligation d'indemniser la victime d'une arrestation ou d'une détention contraire à la Convention, de faire en sorte que la personne détenue soit assistée gratuitement par un avocat et, le cas échéant, un interprète. Le droit à la vie implique aussi de mettre en œuvre une législation prévenant les atteintes à l'intégrité physique ou la mise en danger, des enquêtes pour déterminer les coupables de meurtres ou d'enlèvements, etc. Par exemple, viole l'article 8 CEDH, l'État[89] qui n'assure pas, par l'existence d'un recours pénal ou civil, une protection efficace contre la captation de l'image d'autrui sans son consentement. L'affaire concerne la tentative par un beau-père de filmer en secret sa belle-fille de 14 ans alors qu'elle était nue. L'acte commis par le beau-père a porté une atteinte à l'intimité de la jeune fille d'autant plus grave que celle-ci était mineure, à son domicile, et que l'auteur était une personne à qui elle devait pouvoir faire confiance. De même, dans une affaire de disparition de bébés[90] dans une maternité, la Cour européenne condamne l'État pour violation de l'article 8 car rien en définitive n'a été fait en vue d'accorder réparation aux parents ni pour donner des informations crédibles sur le sort de leur fils. En outre, vu le nombre important d'autres requérants potentiels, la Cour dit également au titre de l'article 46 (force obligatoire et exécution des arrêts) que la Serbie doit prendre des mesures en vue de donner des réponses crédibles sur le sort de chacun des enfants disparus et d'offrir aux parents une réparation adéquate.

215 **Effet horizontal. -** L'État est tenu pour responsable d'une violation de la Convention par un particulier vis-à-vis d'un autre particulier lorsqu'il avait la possibilité de l'empêcher. L'arrêt *Young, James et Webster c. RU* **du 13 août 1981** a ouvert cette possibilité à propos d'une obligation d'adhérer à un syndicat dont la méconnaissance avait conduit à un licenciement ; mais bien d'autres arrêts l'ont développé : arrêt *Osman* du 28 octobre 1998 à propos de la protection pénale, arrêt *Vgt Verein Cegen Tielfabriken c. Suisse* du 28 juin 2001, à propos de l'usage des médias publicitaires, arrêt *Siliadin c. France* du 26 juillet 2005 à propos du travail forcé d'une étrangère par un couple français, arrêt *Pla et Puncernau c. Andorre* de 2004 où la CEDH affirme que les juridictions étatiques avaient l'obligation d'interpréter un testament de la manière la plus conforme qui soit à l'article 14 de la Convention ou encore la prévention des sévices sexuels sur les pensionnaires d'une école[91]. De la même manière, le principe de non-discrimination s'applique dans le cas d'un enfant naturel exclu d'une donation-

86. CEDH, 16 mai 2017, *Hamesevic contre Danemark*, décision n° 25748/15, § 43 ; CEDH., 14 septembre 2017, *Ndidi c. Royaume-Uni*, req. n° 41215/14.
87. N° 452.
88. CEDH, *Airey*, préc.
89. CEDH, 12 nov. 2013, *Söderman c. Suède* (requête n° 5786/08).
90. CEDH, 26 mars 2013, *Zorica Jovanovi c. Serbie* (requête n° 21794/08).
91. CEDH, Gr. ch., 28 janv. 2014, *O'Keefe c. Irlande*, req. n° 35810/09.

partage consentie aux enfants légitimes de sa mère (même si en l'occurrence la sécurité juridique avait d'abord conduit à le débouter de ses prétentions)[92].

Communiqué du greffier CEDH, 13 juillet 2004, requête n° 69498/01, *Pla et Puncernau c. Andorre*

Principaux faits. L'affaire concerne des décisions judiciaires énonçant que M. Pla Puncernau, en tant qu'enfant adopté, ne peut prétendre à la succession de la mère de M. Pla Pujol. [...] Le 18 mai 2000, le Tribunal supérieur d'Andorre estima que M. Pla Puncernau, en tant qu'enfant adopté, ne pouvait être considéré comme un « fils d'un mariage légitime et canonique » et ne pouvait donc pas prétendre à la succession de Mme Pujol Oller. Le Tribunal ordonna aux requérants de transmettre les biens aux arrière-petites-filles de Mme Pujol Oller, qu'il déclara être les héritières légitimes de celle-ci. Cette décision fut entérinée par le Tribunal constitutionnel.

Décision de la Cour Article 14

La Cour rappelle que les juridictions internes sont mieux placées que le juge international pour évaluer, à la lumière des traditions juridiques locales, le contexte particulier de la controverse juridique qui leur est soumise – notamment dans le cadre de l'interprétation d'un acte éminemment privé tel qu'une clause testamentaire insérée par un particulier dans son testament – et les divers droits et intérêts concurrents. Dès lors, un problème d'atteinte à la vie privée et familiale ne pourrait se poser que dans l'hypothèse d'une appréciation par le juge national des éléments de fait ou de droit interne qui serait manifestement déraisonnable ou arbitraire ou en flagrante contradiction avec les principes fondamentaux de la Convention.

La Cour constate que le caractère légitime et canonique du mariage du père et de la mère de M. Pla Puncernau ne prête pas à discussion. De même, rien dans le testament de Mme Pujol Oller ne donne à penser que la notion de « fils » ne s'étend qu'aux fils biologiques ou que la testatrice avait l'intention d'exclure un petit-fils adoptif. La Cour conçoit qu'elle aurait pu le faire mais, puisqu'elle ne l'a pas fait, l'unique conclusion possible et logique est qu'elle n'a pas souhaité le faire.

L'interprétation faite par le Tribunal supérieur de justice selon laquelle, puisque la testatrice n'avait pas expressément dit qu'elle n'excluait pas un fils adoptif c'est qu'elle avait voulu l'exclure, est par trop forcée et contraire au principe général du droit selon lequel si l'énoncé est exempt d'ambiguïté, point n'est besoin de s'interroger sur la volonté de celui qui s'est ainsi exprimé.

Certes, la Cour n'est pas appelée, en principe, à régler des différends purement privés. Cela étant, dans l'exercice du contrôle européen qui lui incombe, elle ne saurait rester sans réagir lorsque l'interprétation faite par une juridiction nationale d'un acte juridique apparaît comme étant déraisonnable, arbitraire ou, comme dans le cas d'espèce, en flagrante contradiction avec l'interdiction de la discrimination établie à l'article 14 et, plus largement, avec les principes sous-jacents à la Convention.

L'interprétation faite par le Tribunal supérieur de justice de la clause testamentaire litigieuse a eu pour effet de priver M. Pla Puncernau de son droit à la succession de sa grand-mère et a également entraîné la perte pour Mme Puncernau Pedro de son droit à l'usufruit des biens de l'héritage comme en avait disposé son défunt époux. Dès lors que la clause testamentaire, telle qu'elle fut établie par Mme Pujol Oller, ne faisait aucune distinction entre enfant biologique et enfant adoptif, toute interprétation en ce sens était superfétatoire et s'analyse en une exclusion judiciaire de l'enfant adoptif dans ses droits successoraux.

La Cour ne décèle pas le but légitime qui serait poursuivi par la décision litigieuse ni sur quelle justification objective et raisonnable pourrait reposer la distinction opérée par la juridiction interne.

92. CEDH, 21 juill. 2011, n° 16574/08, *Fabris c. France* et CEDH, Gr. Ch., 7 févr. 2013, req. n° 16574/08, *Fabris c. France*.

D'après elle, un enfant adoptif se trouve dans la même position juridique que s'il était l'enfant biologique de ses parents, et cela à tous égards. Elle a affirmé à maintes reprises que seules des raisons très fortes pourraient amener à estimer compatible avec la Convention une distinction fondée sur la naissance hors mariage.
[...] Dès lors, la Cour estime qu'il y a eu violation de l'article 14 combiné avec l'article 8. Elle conclut également qu'il n'y a pas lieu d'examiner séparément la requête sous l'angle de l'article 8 lu isolément.

E. La Charte sociale européenne

216 **Charte et protocoles.** – Il s'agit d'une convention qui a été adoptée en 1961 à Turin révisée à Strasbourg le 3 mai 1996.

Elle compte aujourd'hui 27 États signataires. Elle a pour but de compléter la Convention EDH en y apportant des droits sociaux. À l'origine, les droits énoncés l'étaient d'une manière générale et les intéressés ne pouvaient pas se prévaloir des dispositions de la Charte devant une juridiction nationale. Les choses ont évolué du fait de deux protocoles, qui n'ont pas été adoptés par tous les États. Le protocole du 5 mai 1988 a ajouté quatre droits, notamment le droit à l'égalité des chances et à l'égalité de traitement en matière d'emploi et le droit des travailleurs à participer à la détermination des conditions de travail. Un protocole n° 2 du 9 novembre 1995 a renforcé le mode de protection de ces droits. La France y adhère. La Charte, contrairement à la CEDH, fonctionne selon un principe de réciprocité, de sorte que ne peuvent réclamer le bénéfice des droits qu'elle énonce que les ressortissants des États qui l'ont ratifiée. La Charte est basée sur ce qui est appelé un **système de ratification** « à la carte », permettant aux États, dans certaines circonstances, de choisir les dispositions qu'ils sont prêts à accepter en tant qu'obligations juridiques internationales contraignantes.

217 **Les droits.** – Y prédominent : le droit au travail, le droit syndical, le droit à la négociation collective, le droit à l'assistance sociale médicale, mais la Charte reconnaît les droits suivants : interdiction de la discrimination dans l'emploi, interdiction du travail forcé et droit de gagner sa vie par un travail librement entrepris ; durée raisonnable du travail ; durée du travail réduite pour travaux dangereux ; repos hebdomadaire ; santé et sécurité au travail ; rémunération décente ; rémunération majorée des heures supplémentaires ; liberté syndicale ; droits de négociation collective ; interdiction du travail des enfants ; droit à la santé ; droit à l'éducation – enfants atteints d'autisme ; droit au logement ; droits des enfants – interdiction des châtiments corporels ; droit à la protection contre la pauvreté et l'exclusion sociale.

218 **Contrôles**[93]. – On se reportera aux analyses portant sur le Comité européen des droits sociaux (*infra* n° 586 et s.)

219 **La valeur.** – La CEDH y fait parfois référence afin d'éclairer son propre travail sur l'effectivité des droits. Le Conseil d'État a longtemps considéré que les dispositions de la Charte sociale européenne « ne créent d'obligations qu'entre les États parties à ces conventions et *ne produisent pas d'effet direct à l'égard des personnes privées* »[94]. Désormais, comme la Cour de cassation à propos de la liberté syndicale et du droit à la négociation collective, il **admet l'effet direct de la Charte sociale européenne**[95]. Cependant, même si les deux cours suprêmes ont adopté les mêmes critères pour apprécier l'effet direct d'une disposition, elles n'en concluent pas toujours de la même manière. Ainsi, contrairement à la lecture qu'en fait le Conseil d'État[96], la Cour de cassation a

93. Voir chapitre 3.
94. CE, 3 mai 2002, Association de réinsertion sociale du Limousin et autres.
95. CE, 10 févr. 2014, *SELARL Cabinet Henri Abecassis*, n° 3672262.
96. CE, 10 févr. 2014, n° 358992.

refusé cet effet à des dispositions[97] dans lesquelles soit elle ne trouve qu'un engagement entre États[98], soit en ce qu'elles requièrent l'intervention d'actes complémentaires pour produire des effets à l'égard des particuliers[99].

La pression du Comité des droits sociaux s'exerce néanmoins sur les États, y compris contre le droit de l'Union. Dans des affaires relatives au calcul du temps de travail des cadres en application des directives européennes, il condamne la France qui doit encadrer la flexibilité de l'emploi[100].

IV. Droit de l'Union des droits fondamentaux

220 **Esprit.** – Le développement des pouvoirs européens appelle légitimement une protection accrue des droits de l'individu. Dans la perspective d'un renforcement des fondations démocratiques de l'Union européenne, les promoteurs de la construction européenne ont à cœur de réconcilier les individus avec les institutions de l'Union. Le **rapport que le droit de l'Union entretient avec les droits fondamentaux se renforce ainsi depuis une quinzaine d'années**, jusqu'à la consécration de sa propre Charte des droits fondamentaux désormais intégrée au droit primaire par la ratification du traité de Lisbonne.

La rigidité des procédures n'a pas empêché la Commission de déclencher en 2017 l'article 7 du traité de l'UE (pouvant aboutir à une **suspension des droits de vote** de la Pologne au conseil de l'Union), pour obliger la Pologne en particulier à respecter l'État de droit. De même pour la Hongrie en septembre 2018. En outre, dans un retentissant arrêt[101], la CJUE a estimé qu'une autorité judiciaire appelée à exécuter un mandat d'arrêt européen doit s'abstenir d'y donner suite si elle estime que la personne concernée risquerait de subir une violation de son droit fondamental à un tribunal indépendant et, partant, du contenu essentiel de son droit fondamental à un procès équitable, en raison de défaillances susceptibles d'affecter l'indépendance du pouvoir judiciaire dans l'État membre d'émission, en l'occurrence la Pologne. En 2019[102], la Cour de justice de l'Union européenne a jugé que la loi sur la Cour suprême polonaise, abaissant l'âge de départ à la retraite des juges de la Cour suprême, est contraire au droit de l'Union et enfreint le principe de l'inamovibilité des juges et par conséquent de l'indépendance de la justice. **La CJUE a ordonné à la Pologne de suspendre immédiatement l'application des dispositions nationales relatives aux compétences de la chambre disciplinaire de la Cour suprême** au regard des affaires disciplinaires concernant les juges. En effet, en 2017, la Pologne a adopté un nouveau régime disciplinaire des juges de la Cour suprême et des juridictions de droit commun devant une instance dépourvue des garanties d'indépendance et d'impartialité car composée exclusivement de juges sélectionnés par le Conseil national de la magistrature, dont les 15 membres juges ont été élus par le Sejm (la Diète)[103]. Ainsi la Cour à la fois sanctionne les réformes nationales en matière judiciaire mais encore rétablit une sorte de méfiance entre États membre de l'Union.

97. Cas de l'article 24 de la Charte sociale européenne : « En vue d'assurer l'exercice effectif du droit à la protection en cas de licenciement, les parties s'engagent à reconnaître : a. le droit des travailleurs à ne pas être licenciés sans motif valable lié à leur aptitude ou conduite, ou fondé sur les nécessités de fonctionnement de l'entreprise, de l'établissement ou du service ; b. le droit des travailleurs licenciés sans motif valable à une indemnité adéquate ou à une autre réparation appropriée. À cette fin, les parties s'engagent à assurer qu'un travailleur qui estime avoir fait l'objet d'une mesure de licenciement sans motif valable ait un droit de recours contre cette mesure devant un organe impartial ».

98. Cass. soc., 11 mai 2022, pourvoi n° 21-15.247.

99. Cass. 1re civ., 21 nov. 2019, pourvoi n° 19-15.890, publié : article 17 de la partie II de la Charte sociale européenne révisée, les États signataires s'engagent, « en vue d'assurer aux enfants et aux adolescents l'exercice effectif du droit de grandir dans un milieu favorable à l'épanouissement de leur personnalité et au développement de leurs aptitudes physiques et mentales », etc.

100. CEDS, 23 juin 2010, n° 55/2009, *CGT c. France*.

101. CJUE, 25 juill. 2018, *Minister for Justice and Equality/LM*, C-216/18 PPU.

102. CJUE, 24 juin 2019, *Commission/Pologne*, C-619/18.

103. CJUE, 8 avr. 2020, Ordonnance de la Cour dans l'affaire, *Commission/Pologne*, C-791/19R.

CJUE, [GC], 16 février 2022, affaire C-157/21,
République de Pologne c. Parlement et Conseil

La Pologne et la Hongrie soutenaient que l'Union avait opéré un détournement de pouvoir en édictant un règlement relatif à des sanctions budgétaires motivées par de prétendues violations de l'État de droit. La Cour relevait que « plusieurs événements récents ont mis au jour des faiblesses généralisées dans l'équilibre des pouvoirs de certains États membres et ont montré en quoi le mépris de l'[É]tat de droit peut devenir un sujet commun de vive préoccupation au sein de l'Union », notamment pour des « institutions telles que le Parlement ». L'Union aurait ainsi contourné les limites posées par les traités à la compétence des institutions de l'Union pour examiner le respect des principes de l'État de droit par les États membres et mobilisé à tort le principe de proportionnalité.
En réponse, la Cour rappelle que le principe de proportionnalité, qui fait partie des principes généraux du droit de l'Union, exige que les actes des institutions de l'Union soient aptes à réaliser les objectifs légitimes poursuivis par la réglementation en cause et ne dépassent pas les limites de ce qui est nécessaire à la réalisation de ces objectifs, étant entendu que, lorsqu'un choix s'offre entre plusieurs mesures appropriées, il convient de recourir à la moins contraignante et que les inconvénients causés ne doivent pas être démesurés par rapport aux buts visés. Seul le caractère manifestement inapproprié de la mesure de l'Union par rapport à l'objectif que les institutions compétentes entendent poursuivre peut affecter la légalité de cette mesure[104]. Ainsi, les mesures prises sont « proportionnées », car « déterminées en fonction de l'incidence réelle ou potentielle » des violations des principes de l'État de droit sur la bonne gestion financière du budget de l'Union ou sur les intérêts financiers de celle-ci et que la nature, la durée, la gravité et la portée des violations des principes de l'État de droit sont « dûment prises en compte ».

Mais, le jeudi 10 mars 2022, le Tribunal constitutionnel, nommé en majeure partie par le pouvoir nationaliste-populiste polonais, a refusé ainsi à la Cour européenne des droits de l'homme (CEDH) et aux juridictions nationales le droit de « contrôler la constitutionnalité et la compatibilité avec la Convention des lois relatives à l'organisation du pouvoir judiciaire, à la compétence des tribunaux, ainsi que de la loi fixant l'organisation, les procédures et le mode d'élection des membres du Conseil national de la magistrature ».

A. La lente consécration des droits fondamentaux dans le cadre communautaire

221 **Textes et juges.** – Il n'en a pas toujours été ainsi. On a pu légitimement s'interroger sur la vacuité des traités fondateurs des Communautés en la matière. Les textes ne consacraient en effet que partiellement des prérogatives individuelles dans une perspective de réalisation des objectifs économiques ou politiques. La pression de certaines cours constitutionnelles nationales a commencé à modifier l'attitude des autorités communautaires. **Précédant les textes, c'est bien la jurisprudence qui, par la voie des principes généraux du droit communautaire a introduit les droits fondamentaux.** Le pragmatisme jurisprudentiel de la CJCE dote le droit communautaire de ses propres sources, puisant au fleuve du Conseil de l'Europe et aux fontaines des traditions constitutionnelles des États membres. On commencera toutefois par les textes avant d'étudier la jurisprudence à laquelle ils renvoient aujourd'hui.

104. CJUE, 3 déc. 2019, *République tchèque/Parlement et Conseil*, C-482/17, EU:C:2019:1035, points 77 et 78 ; CJUE, 8 déc. 2020, *Pologne/Parlement et Conseil*, C-626/18, EU:C:2020:1000, points 95 et 97.

1. Par les textes

222 **Progression.** – Du point de vue des textes, un premier cap devait être franchi avec l'affirmation d'un processus d'intégration plus poussée. Remarquablement, **le traité de Maastricht consacre concomitamment la naissance de l'Union européenne et l'entrée dans le traité des droits fondamentaux comme catégorie générale et comme objectif de cette nouvelle structure**. Le temps est alors à s'interroger sur l'opportunité et la légalité d'une adhésion de l'Union à la Convention EDH. La réponse négative de la CJCE en 1996 a ouvert une ère de retour aux textes jusqu'à l'invitation des sommets de Cologne et de Laeken à se doter d'un texte de référence propre et le traité de Lisbonne qui permet cette adhésion sous réserve d'un accord encore à venir.

Le traité de Lisbonne consacre désormais la pleine valeur de droit primaire de la charte de Nice.

a. Les traités

223 **Premier temps – Rome.** – Les premiers droits fondamentaux des communautés ont été l'accessoire du développement économique. La méthode communautaire caractérisée par son mode fonctionnaliste, marque aussi les droits fondamentaux. Les institutions de l'Union se dotent des compétences nécessaires à l'accomplissement des missions assignées par les traités fondateurs. C'est pour remplir tout d'abord des objectifs de constitution d'un vaste marché que naquit **la libre circulation des personnes et des biens**. Les valeurs communes reposent nettement sur l'acquis communautaire fondamental que sont les droits liés au marché. La liberté de circulation des agents économiques et la non-discrimination en fonction du sexe (anciens art. 48 et 119 CE) et leurs appuis en termes de citoyenneté et de proportionnalité impriment leur logique à tous les droits ultérieurs. La protection médiate des droits fondamentaux demeure la marque du droit communautaire qui n'entend pas appréhender la personne humaine dans toutes ses dimensions. **Ce n'est qu'à travers la construction du marché unique que certains droits se sont vus reconnaître « droit de citer »**. Encadré par le principe de proportionnalité et la non-violation de la substance du droit[105], l'intérêt général conçu par le juge communautaire, peut amener à concilier les droits fondamentaux avec les exigences du marché ou celles qui seraient considérées comme inhérentes à la bonne marche de l'ordre juridique communautaire.

224 **Deuxième temps – Maastricht – Amsterdam.** – La conscience d'une carence de la protection des droits fondamentaux se lit à l'aune des étapes de révision des traités. À la vacuité des premiers textes, s'opposent les avancées du TUE à Maastricht en 1992. Désormais l'article 6 dispose que : « l'Union respecte les droits fondamentaux, tels qu'ils sont garantis par la Convention EDH [...], et tels qu'ils résultent des traditions constitutionnelles communes aux États membres, en tant que principes généraux du droit communautaire ». Le législateur communautaire a alors repris en quelque sorte la main en rédigeant en 1989 la Charte communautaire des droits sociaux fondamentaux, texte sans valeur contraignante. En 1992, **le traité de Maastricht, consolide l'œuvre du juge et exige des candidats à l'adhésion le respect des droits**. C'est alors que s'est posée la question de l'adhésion pure et simple de l'Union au texte du Conseil de l'Europe. Par un avis du 28 mars 1996, la CJCE a exclu l'idée que le traité permette une telle innovation. À **Amsterdam**, en 1997, faute de modification du traité en ce sens, les compétences de la CJCE sont étendues en matière de droits fondamentaux aux domaines de la justice et des affaires intérieures. Est consacré le droit d'asile des ressortissants et le mécanisme de sanctions (toutes politiques) de l'État qui viole gravement les droits reconnus par le traité. L'idée des gouvernements est alors de dépasser l'œuvre de la Convention EDH et d'associer au processus constituant de refonte de l'Union, la rédaction de la Charte européenne des droits fondamentaux.

225 **Troisième temps – Nice – Lisbonne.** – Après des travaux nourris, le traité de Nice de 2000 dévoile la CDFUE, aboutissement de deux cent cinquante ans de déclarations de droits. Le traité de Lisbonne signé le 13 décembre

105. CJCE, 13 déc. 1979, *Hauer*.

2007 est finalement entré en vigueur le 1er décembre 2009. L'Union s'appuie désormais sur deux traités. Le nouvel article 2 du TUE dispose que « **l'Union est fondée sur les valeurs de respect de la dignité humaine, de liberté, de démocratie, d'égalité, de l'État de droit, ainsi que de respect des droits de l'homme**, y compris des droits des personnes appartenant à des minorités. Ces valeurs sont communes aux États membres dans une société caractérisée par le pluralisme, la non-discrimination, la tolérance, la justice, la solidarité et l'égalité entre les femmes et les hommes ». Selon l'article 6, l'Union reconnaît les droits, les libertés et les principes énoncés dans la CDFUE, laquelle a la même valeur juridique que les traités. L'Union peut adhérer à la Convention EDH (un protocole n° 8 relatif à l'article 6, paragraphe 2, du traité sur l'Union européenne sur l'adhésion de l'Union à la Convention EDH a été annexé aux deux nouveaux traités et devrait permettre la rédaction de l'accord nécessaire). Cette adhésion ne modifie pas les compétences de l'Union telles qu'elles sont définies dans les traités. Désormais « les droits fondamentaux, tels qu'ils sont garantis par la Convention européenne de sauvegarde des droits de l'homme et des libertés fondamentales et tels qu'ils résultent des traditions constitutionnelles communes aux États membres, font partie du droit de l'Union en tant que principes généraux ». Enfin, mettant fin aux divisions préexistantes entre piliers, l'article 67 du traité FUE dispose que « **l'Union constitue un espace de liberté, de sécurité et de justice dans le respect des droits fondamentaux** et des différents systèmes et traditions juridiques des États membres ».

b. La Charte communautaire des droits sociaux fondamentaux des travailleurs

226 **Objectif.** – Signée à Strasbourg le 9 décembre 1989, il s'agit d'une déclaration solennelle du Conseil. Elle est issue d'un avis du Comité économique et social du 22 février 1989 soutenu par plusieurs résolutions du Parlement européen (15 mars et 22 novembre 1989) sur « la dimension sociale du marché intérieur » décidant « d'adopter au niveau communautaire des droits sociaux fondamentaux qui ne devront pas être remis en cause sous la pression de la concurrence ou de la recherche de la compétitivité et qui pourront être considérés comme constituant la base de futures négociations entre les partenaires sociaux ».

227 **Contenu.** – Elle se décompose en deux temps : **l'énoncé des droits sociaux fondamentaux et les directives de mise en œuvre**. Les droits comprennent par exemple : le principe de libre circulation (les travailleurs migrants doivent bénéficier de l'égalité de traitement concernant la protection sociale du pays d'accueil) ; le droit à une protection sociale adéquate pour tout travailleur de la Communauté ; la liberté d'association et de négociation collective ; le droit à des prestations et de ressources suffisantes, adaptées pour les personnes exclues du marché du travail, soit qu'elles n'aient pu y avoir accès, soit qu'elles n'aient pu s'y réinsérer ; l'égalité de traitement entre les hommes et les femmes ; l'information, consultation et participation des travailleurs ; le droit à la protection de la santé et de la sécurité dans le milieu du travail ; la protection des enfants et des adolescents ; le droit à une pension de retraite au bénéfice de tout travailleur de la Communauté européenne lui assurant un niveau de vie décent ou allocation de ressources suffisantes et d'une assistance sociale et médicale adaptées à ses besoins spécifiques ; en faveur des personnes en situation de handicap, la formation professionnelle, l'ergonomie, l'accessibilité, la mobilité, les moyens de transport et le logement.

228 **Portée.** – Quant à la mise en œuvre, elle relève de la responsabilité des États signataires par voie législative ou conventionnelle. La Commission est invitée à établir un rapport annuel sur l'application de la Charte par les États membres. À l'exception de la santé et de la sécurité des travailleurs, les réticences britanniques ont notamment limité la réalisation concrète des objectifs contenus dans cette Charte. La CJUE la mentionne parfois[106], même si elle est sans **force juridique contraignante, car elle est mentionnée par l'article 151** du TFUE et dans le préambule du traité d'Union européenne (« Confirmant leur attachement aux droits fondamentaux tels qu'ils sont définis dans la Charte sociale européenne et dans la Charte communautaire des droits sociaux fondamentaux des travailleurs »), depuis le traité d'Amsterdam.

---

106. CJUE, 16 sept. 2010, *Zoi Chatzi*, aff. C-149/10, point 63.

c. La Charte des droits fondamentaux de l'Union européenne

229 **Ambition.** – L'ambition affichée pour le préambule de la Charte de l'Union, selon le mandat donné lors du Conseil européen de Cologne, prétendait : « ancrer l'importance exceptionnelle et la portée des droits fondamentaux de manière visible pour les citoyens de l'Union »[107]. La forme du discours marque cette volonté de forcer le trait d'une identité pourtant problématique en particulier en matière de droits de l'homme lorsqu'il s'agit de se situer, voire de se démarquer, face à « l'autre Europe », celle de la Convention EDH. Cette impression s'explique par le caractère très moral des objectifs de la Charte qui arme de légitimité les acteurs de l'Union, attestant d'une « transformation de l'essence même de l'Europe »[108]. **La Charte se conçoit stratégiquement comme instrument de réforme de l'Union** et se présente en effet comme un élément majeur de la future constitution de l'Europe (au sens matériel du terme) et s'analyse ainsi selon l'« esprit constituant ». Le juge a très vite, sous l'impulsion de ses avocats généraux, admis l'autorité de la Charte et l'a intégrée à ses visas pour éclairer la portée des droits[109]. La Charte joue ainsi un rôle confirmatif de l'intuition du juge.

230 **Modèle européen.** – La rédaction de la CDFUE se présente comme une avancée importante même si des limites demeurent. La Charte s'ouvre par un préambule porteur des valeurs de l'Union. **Le préambule pose en substance l'hypothèse d'un « modèle européen », voire d'un modèle « communautaire » des droits de l'homme**. Le second alinéa expose ainsi les éléments d'un « patrimoine spirituel et moral » qui lui serait propre. Il est affirmé que l'Union est « consciente » de « son patrimoine ». Ainsi personnalisée par cette « conscience », elle tend à se faire l'héritière de principes liés à la conception libérale de l'individu (liberté, dignité, égalité, solidarité) et du régime politique (démocratie, État de droit).

231 **Structure.** – Le contenu de la CDFUE s'organise autour de **chapitres thématiques**. Les droits sont présentés sur le même plan proclamatoire et ordonnés autour de la **dignité** (droit à la dignité, à la vie, à l'intégrité, interdiction de la torture, des peines et traitements inhumains ou dégradants, de l'esclavage et du travail forcé), de la **liberté** (liberté, sûreté, vie privée et familiale, protection des données à caractère personnel, mariage et famille, pensée, conscience, religion, expression, information, réunion, association, arts et sciences, éducation, liberté professionnelle et droit de travailler, entreprise, propriété, asile, protection en cas d'extradition, expulsion, éloignement), de l'**égalité** (égalité, non-discrimination, diversité religieuse, linguistique, sexuelle, droits de l'enfant, des personnes âgées, handicapées), de la **solidarité** (droit à l'information et à la consultation des travailleurs au sein de l'entreprise, négociations et actions collectives, accès aux services de placement, licenciement injustifié, conditions de travail justes et équitables, interdiction du travail des enfants et des jeunes au travail, vie familiale et vie professionnelle, Sécurité sociale et aide sociale, santé, accès aux services d'intérêt économique général, environnement, consommateurs), de la **citoyenneté** (droit de vote et d'éligibilité aux élections au Parlement européen, élections municipales, droit à une bonne administration, accès aux documents, médiateur, droit de pétition, liberté de circulation et de séjour, protection diplomatique et consulaire) et de la **justice** (droit à un recours effectif et à accéder à un tribunal impartial, présomption d'innocence et droits de la défense, principe de légalité et de proportionnalité des délits et des peines, droit de ne pas être jugé ou puni pénalement deux fois pour une même infraction).

232 **Citoyenneté.** – Le thème de la citoyenneté permet de réserver certains droits aux ressortissants de l'Union ce qui pose une double difficulté théorique. D'abord il peut apparaître désormais troublant que des droits réservés à des nationaux, faisant donc l'objet d'une discrimination primaire, soient des « droits fondamentaux ». **Les droits réservés aux citoyens européens révèlent un souci d'autonomisation du droit de l'Union** et posent la question de l'universalité de principe des droits fondamentaux. Ensuite, certains droits qui sont introduits sous

---

107. Communication de la Commission des Communautés européennes du 13 sept. 2000 sur la CDFUE, § 7.
108. G. Braibant, La Charte des droits fondamentaux de l'Union européenne, Le Seuil, coll. Points Essais, 2001.
109. CJUE, Gr. Ch., 27 juin 2006, *Parlement c. Conseil*.

couvert de la citoyenneté pourraient fort bien profiter aux tiers à l'Union et on ne voit pas bien pourquoi les réserver. Ainsi en est-il du droit à une bonne administration, à l'accès aux documents administratifs, au recours au médiateur, au droit de pétition. Si les droits « politiques » peuvent dépendre de l'intégration à une communauté, il n'en va de même des droits des administrés.

233 **Droits sociaux.** – Par ailleurs, la consécration des droits sociaux, distincts de l'égalité et consacrés par la solidarité, atteste d'une approche globale des droits et de la reconnaissance du principe d'indivisibilité de ces droits. Mais **leur statut de « principes », en retrait par rapport à une exigibilité des « droits » proprement dits, révèle un compromis difficile à obtenir** ; les régimes sociaux des pays membres n'étant pas, de fait, uniformes. La Cour se montre réservée quant à l'effet direct des dispositions de la Charte qui dépendent d'un engagement financier des États et même lorsqu'il ne s'agit que des libertés du travailleur. Ainsi, l'article 27 de la Charte des droits, relatif à la liberté syndicale, n'a pas vocation à être évoqué entre particuliers sans l'intermédiaire de dispositions nationales ou de droit de l'Union[110]. L'idée d'harmonisation qui caractérise les politiques de l'Union marque aussi les droits fondamentaux.

CJUE, 17 mars 2015, aff. F-73/13, *AX c. BCE (cf. pts 252, 253)*

Ni l'article 6, paragraphe 2, de la Charte sociale européenne, ni l'article 28 de la Charte des droits fondamentaux de l'Union européenne, ni l'article 11 de la Convention de sauvegarde des droits de l'homme et des libertés fondamentales n'imposent l'obligation d'instaurer une procédure de négociation collective ou de conférer aux syndicats pour la défense des intérêts économiques et sociaux des travailleurs un pouvoir de codécision aux fins de l'élaboration des conditions d'emploi des travailleurs. Ainsi, les conditions d'emploi du personnel de la Banque centrale européenne et les règles applicables audit personnel pouvaient être adoptées unilatéralement par la Banque et être modifiées après consultation du comité du personnel, étant entendu qu'il n'existe pas d'obligation de procéder en la matière par la voie de conventions collectives signées par la Banque et les organisations syndicales représentatives de son personnel. En effet, en tant qu'institution de l'Union visée à l'article 13 UE et en application du protocole sur les statuts du Système européen des banques centrales et de la Banque centrale européenne, cette dernière est habilitée à prévoir, par voie de règlement, les dispositions applicables à son personnel.

2. Par le juge

234 **Jurisprudence.** – On sait que la construction européenne a depuis longtemps tenté de se nourrir des principes étatiques en vue d'ériger une « communauté de droit »[111], c'est-à-dire une soumission au contrôle des juridictions de son organisation et de son action. Dès lors, **la Cour de justice des Communautés a pris l'initiative de développer une protection de ces droits au titre des principes généraux du droit communautaire**[112]. À l'époque, les cours constitutionnelles allemande et italienne avaient fait du respect des droits fondamentaux une condition de la primauté du droit communautaire sur le droit national, aiguillonnant ainsi les acteurs européens[113]. Afin de consolider l'assise de ces principes, le juge entend **les découvrir dans les traditions**

110. CJUE, Gr. Ch., 15 janv. 2014, Association de médiation sociale c/Union locale des syndicats CGT, n° C-176/12.

111. CJCE, 23 avr. 1986, *Les verts c. Parlement*.

112. CJCE, 12 nov. 1969, *Stauder*.

113. Jurisprudence dite « *Solange* I » de la Cour constitutionnelle allemande du 29 mai 1974 (Arrêt du 29 mai 1974 – 2 BvL 52/71, Recueil BVerfGE 37, p. 271.) et *Frontini* de 1973 de la Cour constitutionnelle italienne (CC Ita., 27 décembre 1973 n° 183, *Frontini* e Pozzani c. *Ministère des finances*, Giur. it., 1974, 1, p. 513 et s.). Aujourd'hui, depuis l'arrêt dit « Solange II » du 22 octobre 1986 (2 BvR 197/83, Recueil BVerfGE 73, p. 339), la Cour de Karlsruhe n'exige plus du droit de l'Union européenne une protection identique mais seulement « comparable, pour l'essentiel, à celle de la

constitutionnelles communes aux États membres[114] **ainsi que dans la Convention EDH et à la Charte sociale européenne** (comme l'y invite l'Acte Unique européen de 1986). Les instruments internationaux concernant la protection des droits de l'homme auxquels les États membres ont coopéré ou adhéré peuvent également fournir des indications dont il convient de tenir compte dans le cadre du droit communautaire[115]. Le respect des droits fondamentaux s'impose alors autant aux autorités européennes qu'aux États lorsqu'ils agissent dans le champ du droit communautaire[116] et la Cour, sur recours préjudiciel, indique la manière de cette protection[117]. **La Cour a aussi admis une forme d'effet horizontal indirect des droits** par lequel certaines dispositions du traité relatives à la non-discrimination sur le fondement de la nationalité s'imposent à tous[118]. Toutefois, un principe qui serait commun à tous les États membres n'est pas automatiquement un principe général du droit communautaire faute d'être reconnu comme suffisamment important par les États eux-mêmes (ce fut le cas du principe de la prescription des poursuites pénales[119]).

Cependant, de tels renvois ne doivent pas masquer la profonde autonomie d'interprétation que se réserve la CJUE. **Dans son arrêt *Melloni*[120], mettant fin à la logique « Solange », le juge de l'Union décide de ne pas sacrifier la primauté de l'Union de manière inconditionnelle à la protection des droits fondamentaux telle que comprise par les États membres**. Se prononçant sur la portée de l'article 53 de la Charte des droits fondamentaux, il considère qu'il ne permet pas de déroger à la primauté du droit de l'Union en appliquant des standards nationaux plus favorables. Cela revient, sauf pour l'État à assimiler un droit fondamental à un principe constitutif de son identité constitutionnelle sur le fondement de l'article 4 § 2 du TUE, à conditionner l'application de standards nationaux, inspirés par la CEDH éventuellement, au respect de certains principes de l'Union. Ainsi concernant le Pacte sur les droits civils, elle considère en effet que la jurisprudence du Comité des droits de l'homme ne s'impose pas à elle[121]. Il faut souligner par ailleurs la lente désuétude qui frappe la référence aux obligations internationales communes, abandonnée à l'article 6 § 2 TUE, pour se consacrer à la Convention EDH.

De son côté, le Conseil constitutionnel considère déjà qu'il est fait obstacle à l'obligation constitutionnelle de transposition d'une directive du fait d'une disposition constitutionnelle expresse[122], à laquelle s'ajoutent une règle ou un principe inhérent à l'identité constitutionnelle de la France, sauf à ce que le constituant y ait expressément consenti[123].

Le 15 octobre 2021, il a identifié pour la première fois un principe inhérent à l'identité constitutionnelle de la France[124]. Dans cette affaire, deux articles du CESEDA assurent la transposition de la directive 2001/51/CE du Conseil du 28 juin 2001 issue de la convention d'application de l'accord de Schengen de 1990, et instaurent l'obligation pour les entreprises de transport de reprendre en charge sans délai les personnes étrangères dont l'entrée sur le territoire des États signataires a été refusée et de les ramener vers un État tiers. L'obligation de réacheminement est sanctionnée d'une amende d'un montant maximal de 30 000 euros.

Ces dispositions obligeraient les entreprises de transport aérien à réacheminer ces personnes étrangères, le cas échéant en exerçant des contraintes sur celles dont le comportement présente un risque pour la sécurité à bord de l'aéronef. Ces dispositions auraient pour effet de déléguer à une personne privée des compétences de police administrative générale inhérentes à l'exercice de la force publique, en violation de l'article 12 de la Déclaration des droits de l'homme et du citoyen de 1789. Le Conseil a accepté d'examiner l'argument, faisant, curieusement

Loi fondamentale » (Cour constitutionnelle allemande, 2 BvL 1/97, 7 juin 2000, Réglementation communautaire du marché de la banane, dite « Solange III », BVerfGE 102, 147 Bananenmarktordnung, 7 juin 2000.) Néanmoins, dans une décision du 15 décembre 2015, la Cour de Karlsruhe confirme sa compétence pour contrôler les conditions d'exécution d'un mandat d'arrêt européen au nom de l'identité constitutionnelle allemande.

114. CJCE, 17 déc. 1970, Internationale Handelsgesellschaft mbh.
115. CJCE, 14 mai 1974, *Nold KG c. Commission* ; voir aussi TPICE, 14 déc. 2005, *Gén. Electric c. Comm.*
116. CJCE, 13 juill. 1989, *Wachauf.*
117. CJCE, 18 juin 1991, *Ellinki.*
118. CJCE, 12 déc. 1974, *Walrave.*
119. CJCE, 6 oct. 2005, Sumitomo Chemical c. Commission.
120. CJUE, Gr. Ch., C-399/11, 26 févr. 2013, *Stephano Melloni c. Ministerio Fiscal.*
121. CJCE, 17 févr. 1998, *Grant.*
122. CC, 10 juin 2004, n° 2004-496 DC, loi pour la confiance dans l'économie numérique.
123. CC, 27 juillet 2006, n° 2006-540 DC, loi relative au droit d'auteur et aux droits voisins dans la société de l'information.
124. CC, 15 octobre 2021, n° 2021-940 QPC, *Société Air France.*

de l'interdiction de la délégation de la force publique un principe relevant de l'identité constitutionnelle de la France. Il faut sans doute entendre « identité » au sens de continuité et non en celui de spécificité ou d'exceptionnalisme.

Le juge constitutionnel avait déjà censuré la délégation à une personne privée des compétences de police administrative générale, lorsqu'il s'agissait de la gestion d'un système de vidéoprotection pour le compte d'une personne publique et du visionnage des images prises sur la voie publique[125]. Mais ici, les compagnies aériennes ne sont tenues que de la prise en charge des personnes, sans que leur soit confiée la surveillance ou l'exercice d'une contrainte sur les personnes et sans préjudice de la faculté pour le commandant de bord de débarquer une personne présentant un danger.

B. Intégration des droits au droit de l'Union

235 **Rôle des États.** – Le droit de l'Union exige des États membres que, lors de la transposition des directives, ils veillent à se fonder sur une interprétation de celles-ci qui permette d'assurer un juste équilibre entre les différents droits fondamentaux protégés par l'ordre juridique de l'Union. Ensuite, lors de la mise en œuvre des mesures de transposition desdites directives, il incombe aux autorités et aux juridictions des **États membres non seulement d'interpréter leur droit national d'une manière conforme à ces mêmes directives, mais également de ne pas se fonder sur une interprétation de celles-ci qui entrerait en conflit avec lesdits droits fondamentaux**. Ce fût notamment ce que le juge a rappelé dans le cas de la communication des données personnelles dans le cadre de la procédure civile[126]. Ce fut encore le cas pour la « directive retour » qui concerne les étrangers en situation irrégulière. Le Conseil d'État a posé que cette directive, bien que non encore transposée, impose d'accorder un délai permettant à l'étranger de quitter le territoire[127]. Cela n'implique pas, néanmoins, que les procédures nationales d'intégration des exigences des deux « Europes » soient les mêmes[128].

QPC et question préjudicielle à la Cour de justice de l'Union européenne

CE, 31 mai 2016, M.B..., n° 393881 (Communiqué de presse du Conseil d'État – extraits)

Dans le cadre d'un litige relatif à l'imposition de plus-values, un requérant soutenait que la loi fiscale applicable ne respectait pas le droit de l'Union européenne. L'examen de cette contestation pouvait conduire le Conseil d'État, en tant que juge de l'impôt, à plusieurs solutions :
- écarter l'application de la loi pour les plus-values correspondant à des opérations transfrontalières, qui sont dans le champ d'application du droit de l'Union ;
- appliquer la loi fiscale en estimant qu'elle respectait le droit de l'Union ;
- donner de la loi une interprétation qui permette d'assurer sa compatibilité avec le droit de l'Union.

Le requérant a également soulevé une QPC contre la loi : il estimait que le juge, pour assurer le respect du droit de l'Union, n'appliquerait pas la loi aux plus-values transfrontalières, qui sont dans le champ d'application de ce droit, mais continuerait de l'appliquer aux autres plus-values, qui ne sont pas dans son champ d'application. Il en déduisait que la loi conduisait à une méconnaissance du principe d'égalité.

S'inscrivant dans la ligne de la jurisprudence du Conseil constitutionnel, le Conseil d'État a jugé qu'en l'état, la QPC n'était pas sérieuse, car le juge de l'impôt n'avait pas donné une interprétation du droit

125. CC, 10 mars 2011, n° 2011-625, loi d'orientation et de programmation pour la performance de la sécurité intérieure.
126. CJCE, 29 janv. 2008, *Productores de Música de España (Promusicae) c/Telefónica de España SAU*, C-275/06.
127. CE, avis, 21 mars 2011, *MM. J. et T.*
128. CJUE, Gr. ch., 24 oct. 2018, aff. C-234/17, *XC, YB et ZA*.

de l'Union le conduisant à écarter l'application de la loi aux plus-values transfrontalières ; la loi s'applique donc uniformément à toutes les plus-values.
Le Conseil d'État a ensuite jugé que la question d'interprétation du droit de l'Union posait une difficulté sérieuse ; il a donc transmis une question préjudicielle à la Cour de justice de l'Union européenne (CJUE).
Le Conseil d'État a enfin précisé que, s'il venait à juger, à la suite de la réponse de la CJUE, que le droit de l'Union européenne impose d'écarter la loi pour les plus-values transfrontalières, une nouvelle QPC pourrait être posée par le requérant. [...]
Pour statuer sur le reste du litige, le Conseil d'État a ensuite transmis une question préjudicielle à la Cour de justice de l'Union européenne (CJUE) : dès lors que l'interprétation du droit de l'Union présentait une difficulté sérieuse, il lui appartenait, en vertu de l'article 267 du traité sur le fonctionnement de l'Union européenne, d'interroger la Cour de justice.
En fonction de la réponse de la Cour de justice (CJUE), le juge pourra ensuite déterminer la portée exacte de la loi. Le Conseil d'État a précisé que, une fois que sera levée l'incertitude quant à l'interprétation de la loi et quant à sa conformité au droit de l'Union, le requérant pourra alors, s'il l'estime utile, présenter une nouvelle QPC.

236 **Rôle de l'intérêt général. –** Les juridictions de l'Union doivent, assurer un contrôle, en principe complet, de la légalité de l'ensemble des actes communautaires au regard des droits fondamentaux, y compris sur les actes de l'Union qui visent à mettre en œuvre des résolutions adoptées par le Conseil de sécurité au titre du chapitre VII de la charte des Nations unies. Encadré par le principe de proportionnalité et la non-violation de la substance du droit, **l'intérêt général conçu par le juge de l'Union, peut amener à concilier les droits fondamentaux avec les exigences du marché ou celles qui seraient considérées comme inhérentes à la bonne marche de l'ordre juridique de l'Union**. Inversement, l'intérêt général et le respect de certaines valeurs inhérentes aux États membres peuvent restreindre le jeu du marché. Le droit communautaire ne s'oppose pas ainsi à ce qu'une activité économique consistant en l'exploitation commerciale de jeux de simulation d'actes homicides fasse l'objet d'une mesure nationale d'interdiction adoptée pour des motifs de protection de l'ordre public en raison du fait que cette activité porte atteinte à la dignité humaine[129]. De manière spectaculaire, le juge a également intégré le droit de grève dans la liste des PGD du droit communautaire[130].

237 **Activisme de la Cour. –** La volonté de la Cour de justice de créer une harmonisation dans certains domaines l'amène à priver parfois les États de leurs compétences. Ainsi les directives relatives à la libre circulation ont des conséquences sur le domaine du droit des étrangers. La Cour a pu estimer que les États n'avaient plus à intervenir lors de la première entrée de ressortissants non communautaires ayant des liens familiaux avec un citoyen européen quelle que soit sa situation, au prix d'une interprétation large du champ de la directive n° 2004/38[131]. On pourrait multiplier les exemples ; on verra ainsi que la CJUE est la seule à tenter de définir ce qu'est un embryon[132].

238 **Saisine du juge. –** Tout dépendra aussi de l'action des particuliers devant le juge de l'Union. La protection des droits fondamentaux par le système communautaire souffre des embûches placées sur le chemin d'accès des particuliers au juge communautaire. **L'accès s'opère normalement par le truchement du juge national. Les voies directes demeurent très étroites.** Avant le traité de Lisbonne, les recours en carence et annulation

129. CJCE, 14 oct. 2004, aff. C-36/02, *OMEGA Spielhallen GmbH/Bonn*.
130. CJCE, Gr. Ch., 18 déc. 2007, *Laval un Partneri Ltd*.
131. CJCE, Gr. Ch., 25 juill. 2008, *Metock E.A. c. Commission*.
132. Arrêt du 18 oct. 2011, dans l'affaire C-34/10, *Oliver Brüstle / Greenpeace eV*.

par exemple n'étaient ouverts que pour les actes visant individuellement et directement le particulier[133]. Avec les nouveaux traités, ils peuvent plus facilement saisir le tribunal de première instance d'un recours en annulation ou d'un recours en carence, mais ils doivent en principe d'abord saisir la Commission d'une plainte. Et un intérêt à agir est exigé (la personne physique ou morale est directement concernée, condition rarement remplie car l'Union européenne produit rarement des actes nominatifs, c'est-à-dire des actes personnellement et directement adressés à une personne). Existe également le recours en indemnité si l'on a subi directement un préjudice du fait d'un acte de l'Union.

La possibilité de saisir la CJUE pour qu'elle se prononce sur une question de droits de l'homme peut devenir un enjeu pour la Cour de Strasbourg : un coupable de trafic d'héroïne et de traite d'êtres humains a demandé à la Cour de cassation un renvoi préjudiciel de l'affaire devant la CJUE pour qu'elle définisse le terme « séjour » au sens du droit de l'Union. Le refus des juges nationaux est acceptable au regard de l'article 6 § 1 de la Convention à condition de n'être ni arbitraire ni manifestement déraisonnable[134].

CJUE, 25 janvier 2018, *Maximilian Schrems/Facebook Ireland Limited*, C-498/16

M. Schrems, déjà bien connu pour sa croisade contre la collecte des données personnelles par les GAFAS, se voit reconnaître la qualité de consommateur au sens des articles 15 et 16 du règlement (CE) nº 44/2001 du 22 décembre 2000, dit « Bruxelles I », ce qui lui permet d'engager une action individuelle contre Facebook Ireland en Autriche, mais, par contre, il ne saurait bénéficier du for du consommateur aux fins d'une action collective pour exercer les droits qui lui ont été cédés par d'autres membres du réseau. L'action tendait en effet non seulement au prononcé de la nullité de certaines clauses contractuelles mais aussi à la condamnation de Facebook à cesser l'utilisation des données litigieuses et à indemniser les consommateurs victimes.

C. Les rapports entre droit de l'Union européenne et système de la Convention EDH

239 Fusion en vue de protections complémentaires. – Le principe de la « codification à droit constant » des droits fondamentaux a semble-t-il guidé le travail de rédaction de la Charte. Le 5e alinéa du préambule de la Charte se réfère aux textes qui ont nourri la Charte, chacun apportant son lot de droits ou de principes. Il introduit ainsi aux articles qui ne sont que la reproduction plus ou moins exacte d'extraits de précédents textes. **La question du renvoi à la Convention EDH suscite bien sûr l'essentiel des interrogations car derrière se profile la perspective de conflits de juges** et d'ordres juridiques. Le préambule ne se contente pas en effet de renvoyer au texte mais ajoute également une référence à l'interprétation qu'en donne la Cour. Ce que la CJCE faisait spontanément et de son plein gré prend un caractère plus pressant et plus contraignant, même si l'on connaît la liberté de l'interprète. **Rappelons tout de même que les textes n'ont pas le même champ d'application**, la Charte ne s'appliquant que dans le cadre du droit de l'Union européenne. Dans leur champ commun, le risque de confusion et de conflit entre les deux juges apparaît comme une limite (raisonnable) à la construction de l'Union.

240 Différences de protections concurrentes. – Une rapide comparaison des deux textes permet d'établir **que la plupart des droits sont formulés dans des termes tout à fait semblables** même si la Charte va au-delà de

133. CJCE, 25 juill. 2002, Unión de Pequeños Agricultores.
134. CEDH, 24 avril 2018, *Baydar c. Pays-Bas*, nº 55385/14.

la Convention en donnant une portée plus grande à certains droits communs comme le droit de se marier et de fonder une famille, le droit à l'éducation, la liberté de l'enseignement, le droit à un recours effectif ou encore le droit de ne pas être jugé ou puni deux fois pour une infraction. La Charte reconnaît également des droits relatifs à la solidarité et les droits relatifs à la citoyenneté de l'Union. Cependant, il faut noter que le juge de Strasbourg a pu aussi trouver un moyen indirect de parvenir à un résultat assez proche (protection de l'environnement ou des données personnelles par exemple). **Il en est de même des limitations** apportées aux droits dans les deux corpus. L'article de 52 de la Charte expose en effet que le droit peut être limité par des objectifs d'intérêt général reconnus par l'Union. Cependant, le paragraphe 3 de ce même article prévoit que, lorsque ces droits sont communs, la protection accordée par la Convention est prioritaire.

241 **Rapports entre les deux ordres européens.** – Le risque, en effet, **réside dans des divergences d'interprétation entre les deux juges** à propos de droits proclamés en termes différents par le droit de l'Union et par la Convention EDH ou de droits issus de la Convention EDH elle-même. Des distorsions ont déjà, en effet, affecté la sécurité juridique en la matière. Ainsi, à propos du champ d'application du droit à la **protection du domicile** pour les personnes morales, les deux cours sont restées plus d'une décennie sur des positions différentes. D'abord contre une telle protection[135], le juge communautaire s'est rallié à la position de la CEDH[136]. Des divergences peuvent apparaître en raison de **la différence de question juridique posée devant chacun des deux systèmes alors que cela concerne une seule et même affaire**. Ainsi en est-il en matière d'enlèvement international d'enfants de couples binationaux, en cas de décisions juridictionnelles contradictoires entre deux pays quant à la fixation de la résidence de l'enfant. La Commission européenne peut alors être saisie pour manquement à l'obligation communautaire de respecter les décisions de justice des autres États membres, quand la Cour de Strasbourg peut être saisie de la question de l'intérêt de l'enfant[137]. Sans être totalement écartées, ces divergences devraient demeurer rares tant que le juge de l'Union maintient son souci de suivre les interprétations de la Cour de Strasbourg tout en affirmant, dès avant le rejet de l'adhésion de l'Union au Conseil de l'Europe, un principe d'étanchéité entre les deux ordres européens, comme en atteste l'arrêt *Fransson*[138].

CJUE, Grande chambre, 26 février 2013, *Åklagaren c. Hans Åkerberg Fransson, aff. C-617/10*

La CJUE y était confrontée **au principe *non bis in idem***, *tel qu'il résulte de la CDFUE dans le cas d'une personne faisant l'objet d'une procédure pénale pour fraude fiscale en matière de TVA et qui avait déjà fait l'objet de sanctions fiscales devenues définitives pour les mêmes faits.*

Le premier problème était celui de la compétence de la Cour, c'est-à-dire **l'applicabilité de la Charte**. Les dispositions de la Charte « s'adressent aux institutions, organes et organismes de l'Union dans le respect du principe de subsidiarité, ainsi qu'aux États membres uniquement lorsqu'ils mettent en œuvre le droit de l'Union » (article 51). Selon la Cour, cela ne se limite pas aux actes étatiques d'application des dispositions des directives mais s'étend à tout ce qui vise à mettre en œuvre l'obligation imposée par le traité aux États membres en vue de sanctionner de manière effective les comportements attentatoires aux intérêts de l'Union. Cette conception extensive ne va cependant pas jusqu'à donner à la Charte le même champ d'application que la CEDH qui ne connaît pas de limite matérielle.

Or, la règle ***Non bis in idem est consacrée à la fois par l'article 4 du protocole n° 7 à la Convention européenne des droits de l'homme et par l'article 50 de la Charte des droits fondamentaux de***

135. CJCE, 21 sept. 1989, *Hoechst c. Commission.*
136. CEDH, 16 avr. 2002, *Société Colas Est* : la saisie de documents dans les locaux d'une société commerciale, à des fins de recherche d'infractions à la libre concurrence est une atteinte à la protection du domicile, donc à la vie privée ; CJCE, 22 oct. 2002, *Roquette frères SA.*
137. CEDH, 12 juill. 2011, Sneersone et Kampanella c. Italie.
138. CJUE, Gr. Ch., 26 févr. 2013, *Åklagaren c. Hans Åkerberg Fransson*, aff. C-617/10.

***l'Union européenne**. Si les deux textes garantissent le même principe, ils n'ont pas nécessairement la même place dans l'ordre juridique de l'Union. À travers la question de l'applicabilité de la Charte, se posait aussi celle de l'éventualité d'un conflit, au stade de l'État, entre CDFUE et CEDH. En effet, le juge national avait posé que « sauf indice clair », on ne pouvait pas traiter différemment les exigences de la Charte et celles de la Convention. **La CJUE écarte l'applicabilité de la Convention européenne mais retient celle de la Charte des droits fondamentaux. Il ne revient pas au droit de l'Union de régler pour les États les conflits entre normes de l'UE et normes du Conseil de l'Europe** ; pas plus que la CJUE ne peut se fonder sur la violation de la CEDH comme violation du droit de l'UE. Ce parallélisme pourrait ainsi se révéler propice à des solutions différentes entre les deux systèmes.*

L'article 50 de la Charte ne s'oppose pas à ce que l'État membre impose une double peine, administrative et pénale en matière de fraude fiscale dès lors que le juge pénal est en mesure de prendre en compte l'existence préalable d'une sanction administrative afin d'alléger la peine. Cette solution semble correspondre à la jurisprudence de la CEDH qui pose que ce principe doit être compris comme interdisant de poursuivre ou de juger une personne pour une seconde « infraction » pour autant que celle-ci a pour origine des faits identiques ou des faits qui sont en substance les mêmes[139].

242 **Le projet d'adhésion de l'Union européenne à la CEDH. -** Lors de la rédaction du protocole nº 14 à la Convention, en 2004, les Hautes Parties contractantes ont décidé d'ajouter à l'article 59 de la Convention un nouveau paragraphe prévoyant l'éventuelle adhésion de l'Union européenne. L'entrée en vigueur du traité de Lisbonne en décembre 2009 et celle du protocole nº 14 à la Convention en juin 2010 ont créé les conditions juridiques préalables nécessaires à l'adhésion. Le président de la CEDH a rendu publique, début 2011, la première déclaration commune des présidents de la CEDH et de la CJUE, relative à cette adhésion. **L'article 218 du TFUE (§ 6 et § 8) issu du traité de Lisbonne prévoit une procédure spéciale pour l'adhésion de l'Union à la Convention EDH** : le Parlement devra approuver le traité d'adhésion tout comme le Conseil qui statuera alors à l'unanimité. Ensuite, il faudra une ratification par tous les États membres de l'Union sur le modèle des traités européens, selon leurs règles constitutionnelles propres, puis une ratification par tous les autres États du Conseil de l'Europe.

Par accord, l'Union européenne devait adhérer à la Convention, au protocole additionnel et au protocole nº 6 à la Convention. Aucune des dispositions de la Convention ou de ses protocoles ne peut imposer à l'Union européenne l'obligation d'accomplir un acte ou d'adopter une mesure pour lesquels elle n'aurait pas compétence en vertu du droit de l'Union européenne. Tout avait été prévu pour adapter le fonctionnement des actuelles institutions : la position de l'Union comme défenderesse, la répartition des responsabilités entre Union et États membres, la condition d'épuisement des voies de recours interne, un juge pour l'Union, le vote de l'Union dans les instances du Conseil de l'Europe...

Le Conseil de l'Union devait autoriser à l'unanimité la signature de l'accord. Chaque État membre de l'UE devait ratifier selon sa procédure interne. L'UE devait aussi ratifier l'accord et le Comité des ministres du Conseil de l'Europe doit l'adopter.

243 **Échec de l'adhésion. - Dans son avis C-2/13 du 18 décembre 2014, la CJUE expose que si les obstacles à l'adhésion soulevés en 1996 ont été levés par le traité de Lisbonne, elle considère néanmoins que cette adhésion n'est toujours pas possible**, car le projet d'accord sur l'adhésion de l'Union européenne à la Convention EDH n'est pas compatible avec les dispositions du droit de l'Union.

En effet, l'Union ne pouvant pas être considérée comme étant un État, cette adhésion doit tenir en considération les caractéristiques particulières de **l'Union qui serait ainsi soumise à un contrôle externe** ayant pour objet le

139. CEDH, 10 févr. 2009, *Zolotoukhine c. Russie*, nº 14939/03.

respect des droits et des libertés prévus par la Convention EDH. L'interprétation de la Convention EDH fournie par la CEDH lierait l'Union et toutes ses institutions sans que la réciproque n'existe, alors même que la CJUE resterait la seule à interpréter la Charte des droits fondamentaux de l'Union. Ainsi, **la possibilité d'un standard de l'Union plus élevé que celui de la Convention impliquerait une coordination entre la CEDH et la Charte** pour limiter l'autonomie des États à ce qui est nécessaire, or, aucune disposition du projet d'accord n'a été prévue pour assurer une telle coordination. Ensuite, l'accord impliquerait entre États membres de l'Union **une surveillance réciproque qui méconnaît la confiance mutuelle** entre eux et compromet l'équilibre sur lequel l'Union est fondée, ainsi que l'autonomie du droit de l'Union. En outre, le protocole n° 16 à la Convention EDH, qui autorise les plus hautes juridictions des États membres à adresser à la CEDH des demandes d'avis consultatif sur des questions de principe relatives à l'interprétation ou à l'application des droits et libertés garantis par la Convention EDH ou ses protocoles, **pourrait affecter l'autonomie et l'efficacité de la procédure de renvoi préjudiciel prévue par le TFUE**, notamment lorsque des droits garantis par la Charte correspondent aux droits reconnus par la Convention EDH. Or, les États membres s'engagent à ne pas soumettre un différend relatif à l'interprétation ou à l'application des traités à un mode de règlement autre que ceux prévus par les traités. Il faudrait que la compétence de la CEDH soit expressément exclue pour les litiges qui opposent les États membres entre eux ou les États membres et l'Union au sujet de l'application de la Convention EDH dans le cadre du droit de l'Union. De même, **le mécanisme du codéfendeur conduirait la CEDH à apprécier les règles du droit de l'Union qui régissent la répartition des compétences** entre cette dernière et ses États membres ainsi que les critères d'imputation des actes ou des omissions de ceux-ci. En outre, la procédure de l'implication préalable de la CJUE (savoir si la Cour s'est déjà prononcée sur la même question de droit que celle faisant l'objet de la procédure devant la CEDH) reviendrait à attribuer à la Convention EDH une compétence pour interpréter la jurisprudence de la CJUE. Il faudrait alors que l'Union soit mise en mesure d'apprécier si la Cour s'est déjà prononcée sur la question en cause et, dans la négative, d'obtenir la mise en œuvre de cette procédure. De même, le projet d'accord exclut la possibilité de saisir la CJUE afin que celle-ci se prononce sur une question d'interprétation du droit dérivé au moyen de cette procédure. Enfin, la CJUE analyse les caractéristiques spécifiques du droit de l'Union concernant le contrôle juridictionnel en matière de politique étrangère et de sécurité commune (« PESC »). **La CEDH serait habilitée à se prononcer sur la conformité avec la Convention EDH de certains actes, actions ou omissions intervenus dans le cadre de la PESC, notamment ceux pour lesquels la CJUE n'est pas compétente pour exercer son contrôle de légalité au regard des droits fondamentaux**, ce qui méconnaît les caractéristiques spécifiques du droit de l'Union.

Néanmoins, en octobre 2019, le président et le Premier vice-président de la Commission européenne ont informé la secrétaire générale du Conseil de l'Europe du souhait de l'Union européenne de reprendre les négociations sur son adhésion à la Convention européenne des droits de l'homme. En novembre 2019, le Comité directeur pour les droits de l'homme (CDDH) a proposé un ensemble de dispositions pour la continuation des négociations au sein d'un groupe *ad hoc* composé des quarante-sept États membres du Conseil de l'Europe et d'un représentant de l'Union européenne, approuvé par les Délégués des Ministres. Depuis, les réunions s'enchaînent sur la base des travaux déjà menés. En juillet 2022 se tient la 14e réunion.

244 **Présomptions de protection équivalente. -** Les éventuelles tensions qui pourraient naître de la coexistence de ces textes seront de toute façon très probablement résolues par la volonté des deux juges de parler d'une seule voix. **Les cours s'accordent mutuellement une présomption positive**. La CEDH contrôle assez largement, indirectement, le droit de l'Union[140] et met en avant le rôle de la CJUE pour présumer sa conventionnalité[141].

140. CEDH, 18 févr. 1999, *Matthews c. Royaume-Uni*.

141. CEDH, Gr. Ch., 30 juin 2005, *Bosphorus Hava Yollari turizm ve ticaret anonim sirketi c. Irlande*, req. n° 45036/98.

CEDH, Gr. ch., 30 juin 2005, *Bosphorus Hava Yollari turizm ve ticaret anonim sirketi c. Irlande, req. n° 45036/98*

En mai 1993, les autorités irlandaises saisirent un appareil que « Bosphorus Airways » – la société requérante – une compagnie aérienne charter de droit turc, avait pris en location auprès de Yugoslav Airlines (« la JAT »). Il fut saisi en application du règlement du Conseil des Communautés européennes qui mettait en œuvre le régime des sanctions prises par les Nations unies contre la République fédérative de Yougoslavie. Ce que valida la Cour suprême après avoir demandé à la CJCE de statuer sur le point de savoir si le règlement en cause s'appliquait à l'aéronef. La société requérante perdit donc le bénéfice d'environ trois ans d'un contrat de location de quatre ans ; son aéronef est le seul à avoir été saisi en vertu des textes pertinents de la CEE et de l'ONU.

La société requérante relève de la « juridiction » de l'État irlandais, au sens de l'article 1 de la Convention. Quant à la base légale de la saisie de l'aéronef, la Cour observe que le règlement avait une « portée générale » et était « obligatoire dans tous ses éléments », si bien qu'il s'appliquait à l'ensemble des États membres, dont aucun ne pouvait légalement s'écarter d'une quelconque de ses dispositions. La Cour conclut que l'atteinte litigieuse ne procédait pas de l'exercice par les autorités irlandaises d'un quelconque pouvoir d'appréciation, que ce soit au titre du droit communautaire ou au titre du droit irlandais, mais plutôt du respect par l'État irlandais de ses obligations juridiques résultant du droit communautaire.

Quant à la justification de la saisie, la Cour estime pouvoir considérer que **la protection des droits fondamentaux offerte par le droit communautaire est, et était à l'époque des faits, « équivalente » à celle assurée par le mécanisme de la Convention**. Par conséquent, on peut présumer que l'Irlande ne s'est pas écartée des obligations qui lui incombaient au titre de la Convention lorsqu'elle a mis en œuvre celles qui résultaient de son appartenance à la Communauté européenne. Pareille présomption peut toutefois être renversée dans le cadre d'une affaire donnée si l'on estime que la protection des droits garantis par la Convention était entachée d'une insuffisance manifeste. En l'espèce, la Cour a tenu compte de la nature de l'ingérence litigieuse, de l'intérêt général que poursuivaient la saisie et le régime des sanctions, et **du fait que l'arrêt rendu par la CJCE était obligatoire pour la Cour suprême, qui s'y est donc conformée.** Il s'ensuit que ladite présomption de respect de la Convention par l'État défendeur n'a pas été renversée et que la saisie de l'aéronef n'a pas emporté violation de l'article 1 du Protocole n° 1.

Inversement, **dans son arrêt** *Michaud*[142], **la Cour de Strasbourg a refusé d'appliquer la présomption dans le cas d'un acte de transposition d'une directive en raison de l'absence de renvoi préjudiciel à la CJUE par les juges français** ce qui n'a donc pas permis de déclencher le mécanisme de protection juridictionnelle de l'Union européenne.

Postérieurement à l'avis de la CJUE refusant l'adhésion de l'Union à la CEDH, la Cour de Strasbourg a eu **l'occasion de faire jouer à nouveau cette présomption** de compatibilité du droit de l'Union[143]. L'affaire était pourtant complexe.

142. CEDH, 6 déc. 2012, n° 12323/11, *Michaud c. France*.
143. CEDH, 25 mai 2016, *Avoti š c. Lettonie*, n° 17502/07.

CEDH, 25 mai 2016, req. n° 17502/07, *Avotinš c. Lettonie*

L'affaire concerne la **condamnation du requérant par une juridiction chypriote au paiement d'une dette qu'il avait contractée auprès d'une société chypriote**. Les juridictions lettones l'ont condamné à exécuter cette décision de justice chypriote en Lettonie en vertu du règlement européen Bruxelles I dont le requérant conteste les effets car elle conduirait à violer son droit au procès équitable en lui imposant des obligations procédurales dont il n'a pas été informé (droit à la défense). La Cour est amenée à se prononcer **sur le respect des garanties du procès équitable dans le contexte de la reconnaissance mutuelle des décisions de justice dans le domaine civil et commercial fondée sur le droit de l'Union européenne** et ses effets sur les parties. La Cour rappelle que lorsque les États contractants appliquent le droit de l'Union européenne, ils demeurent soumis aux obligations qu'ils ont contractées en adhérant à la Convention européenne des droits de l'homme. Ces obligations sont à apprécier sous le bénéfice de la présomption de protection équivalente. Cette présomption ne s'applique qu'à la double condition que l'Union soit bien la source de la décision examinée (ce qui n'est pas le cas lorsque l'État a été autonome comme dans le cas d'une directive) et que les instances de l'Union aient contrôlé ou puissent contrôler le respect des droits de l'homme. En l'espèce, la première condition est remplie par le fait qu'il s'agit d'un règlement, et la seconde est considérée comme satisfaite car le requérant n'a pas soulevé de difficulté d'interprétation. **La présomption s'applique donc, mais la Cour doit aussi vérifier qu'en l'espèce, faute de contrôle par la CJUE, il n'y a pas lieu de la renverser en particulier en raison de l'absence de citation et de notification du jugement chypriote.** En l'espèce, elle estime qu'il incombait à M. Avoti š, après qu'il eut pris connaissance en Lettonie du jugement litigieux rendu à Chypre, de s'enquérir lui-même des recours disponibles à Chypre. La Cour considère que M. Avoti š aurait dû être conscient des conséquences juridiques de l'acte de reconnaissance de dette qu'il avait signé. Dès lors, M. Avoti š aurait dû veiller à connaître les modalités d'une éventuelle procédure devant les juridictions chypriotes et sa situation n'est pas automatiquement générée par le droit de l'Union. La non-violation est donc admise.

Dans une affaire[144] concernant la remise d'individus par la France aux autorités roumaines en exécution de mandats d'arrêts européens (MAE) aux fins d'exécution d'une peine de prison, la Cour juge que la présomption de protection équivalente s'applique lorsque, d'une part, on constate l'absence de marge de manœuvre pour les autorités nationales et, d'autre part, le déploiement de l'intégralité des potentialités du mécanisme de contrôle prévu par le droit de l'Union européenne. Une insuffisance manifeste de protection est susceptible de renverser cette présomption : soit parce que l'autorité judiciaire d'exécution dispose de bases factuelles suffisamment solides pour établir l'exposition à un risque concret et individuel de traitements contraires à l'article 3 (en l'occurrence, les conditions de détention en Roumanie), soit parce que le requérant fait le choix de ne pas saisir la CJUE d'une question préjudicielle sur les conséquences à tirer de l'exécution d'un MAE sur l'octroi du statut de réfugié. La Cour estime en outre qu'il n'incombait pas à l'autorité judiciaire d'exécution de demander des informations complémentaires aux autorités du pays de destination.

Pour la CJUE, il est clair que **la ConvEDH ne fait pas partie du droit de l'Union**, même si elle peut servir de source d'inspiration. Une question préjudicielle ne peut avoir pour objet d'interpréter la ConvEDH.

144. CEDH, 25 mars 2021, *Bivolaru et Moldovan c. France*, n° 40324/16 et 12623/17.

Extrait de : CJUE, Gr. ch., 21 déc. 2016, aff. jtes C-203/15 et C-698/15, *Tele2 Sverige AB c/Post-och telestyrelsen et Secretary of State for the Home Department c/Tom Watson*

127 À titre liminaire, il convient de rappeler que, si, comme le confirme l'article 6, paragraphe 3, TUE, **les droits fondamentaux reconnus par la CEDH font partie du droit de l'Union en tant que principes généraux, ladite convention ne constitue pas, tant que l'Union n'y a pas adhéré**, un instrument juridique formellement intégré à l'ordre juridique de l'Union (voir, en ce sens, arrêt du 15 février 2016, N., C-601/15 PPU, EU : C : 2016:84, point 45 et jurisprudence citée).
128 Ainsi, l'interprétation de la directive 2002/58, en cause en l'occurrence, doit être opérée au regard uniquement des droits fondamentaux garantis par la Charte (voir, en ce sens, arrêt du 15 février 2016, N., C-601/15 PPU, EU : C : 2016:84, point 46).
129 En outre, il convient de rappeler que les explications afférentes à l'article 52 de la Charte indiquent que **l'article 52, paragraphe 3, de celle-ci vise à assurer la cohérence nécessaire entre la Charte et la CEDH, « sans que cela porte atteinte à l'autonomie du droit de l'Union et de la Cour de justice de l'Union européenne »** (arrêt du 15 février 2016, N., C-601/15 PPU, EU : C : 2016:84, point 47). En particulier, ainsi que le prévoit expressément l'article 52, paragraphe 3, seconde phrase, de la Charte, l'article 52, paragraphe 3, première phrase, de celle-ci ne fait pas obstacle à ce que le droit de l'Union accorde une protection plus étendue que la CEDH. À cela s'ajoute enfin le fait que l'article 8 de la Charte concerne un droit fondamental distinct de celui consacré à l'article 7 de celle-ci et qui n'a pas d'équivalent dans la CEDH.
130 Or, selon une jurisprudence constante de la Cour, la justification d'une demande de décision préjudicielle est non pas la formulation d'opinions consultatives sur des questions générales ou hypothétiques, mais le besoin inhérent à la solution effective d'un litige portant sur le droit de l'Union (voir, en ce sens, arrêts du 24 avril 2012, Kamberaj, C-571/10, EU : C : 2012:233, point 41 ; du 26 février 2013, Åkerberg Fransson, C-617/10, EU : C : 2013:105, point 42, ainsi que du 27 février 2014, Pohotovos , C-470/12, EU : C : 2014:101, point 29).
131 En l'occurrence, eu égard aux considérations figurant notamment aux points 128 et 129 du présent arrêt, la **question de savoir si la protection conférée aux articles 7 et 8 de la Charte va au-delà de celle garantie à l'article 8 de la CEDH n'est pas de nature à influer sur l'interprétation de la directive 2002/58**, lue à la lumière de la Charte, qui est en cause dans le litige au principal dans l'affaire C-698/15.

245 Convergences de fond. – La CJUE s'aligne, quand elle en a l'occasion, sur la jurisprudence de sa consœur. La CJUE envisage ses rapports avec le système CEDH au vu d'une triple référence : l'article 216 § 2 TFUE (« Les accords conclus par l'Union lient les institutions de l'Union et les États membres »), l'article 52 § 3, de la Charte des droits fondamentaux (« Dans la mesure où la présente Charte contient des droits correspondant à des droits garantis par la Convention européenne de sauvegarde des droits de l'homme et des libertés fondamentales, leur sens et leur portée sont les mêmes que ceux que leur confère ladite convention »), et l'article 53 de la Charte (« Aucune disposition de la présente Charte ne doit être interprétée comme limitant ou portant atteinte aux droits de l'homme et libertés fondamentales reconnus, dans leur champ d'application respectif, par le droit de l'Union, le droit international et les conventions internationales auxquelles sont parties l'Union, ou tous les États membres, et notamment la Convention européenne de sauvegarde des droits de l'homme et des libertés fondamentales, ainsi que par les constitutions des États membres »). La liaison formelle de l'Union par les accords des États membres amène à une conciliation substantielle. L'idée est que le droit de l'UE demeure à la « hauteur » de la Convention sans renier son autonomie[145].

145. CJUE, Gr. ch., 15 févr. 2016, aff. C-601/15 PPU, N., pt 47 ; CJUE, Gr. ch., 20 mars 2018, aff. C-524/15, *Luca Menci*, pt 23.

Par exemple, l'affaire *KB*[146] : il s'agissait d'une femme britannique demandant à ce que son conjoint transsexuel puisse bénéficier de sa pension de survie alors que le Royaume-Uni interdisait encore **le mariage des transsexuels**. La CJCE commence par affirmer que l'Union européenne n'a pas de compétence en la matière mais que la circonstance que cela porte atteinte à un droit fondamental ne peut être ignorée (contrariété avec le principe de non-discrimination). Dès lors, « il existe une inégalité de traitement qui, tout en ne mettant pas en cause directement le bénéfice d'un droit protégé par le droit communautaire, affecte l'une de ses conditions d'octroi ». Le juge, éclairé par l'avocat général[147], affirme qu'une législation qui viole la Convention EDH doit être considérée comme incompatible avec les exigences de l'article 141 (selon lequel chaque État membre assure l'application du principe de l'égalité des rémunérations entre travailleurs masculins et travailleurs féminins pour un même travail ou un travail de même valeur). De même, par un renvoi à la jurisprudence strasbourgeoise, la Cour de Luxembourg entend également protéger les intérêts de la **personne accusée de mauvais traitements** sur de très jeunes enfants[148].

La jurisprudence communautaire se dote de directives telles que « dans l'ordre juridique communautaire, il apparaît légitime de réserver à l'égard de ces droits l'application de certaines limites justifiées par les objectifs d'intérêt général poursuivis par la Communauté, dès lors qu'il n'est pas porté atteinte à la substance de ces droits. Afin de déterminer la portée du droit fondamental de propriété, principe général du droit communautaire, **il y a lieu de tenir compte notamment de l'article 1er du protocole additionnel n°** 1 à la Convention consacrant ce même droit »[149]. Cette politique d'intégration massive de la jurisprudence de Strasbourg, s'appuie sur la confiance que celle-ci témoigne au droit communautaire lorsqu'elle formule une « présomption de compatibilité » ou « d'équivalence » avec la Convention[150]. En l'état actuel du droit cependant, la CJUE considère qu'il ne lui appartient pas d'examiner la compatibilité avec la Convention d'une loi nationale qui se situe dans un domaine qui relève de l'appréciation du législateur national[151].

246 « **Union first!** ». – Le même type de question **se pose à l'égard des engagements internationaux souscrits auprès des Nations unies et qui font l'objet de règlements communautaires « d'application »**, particulièrement lorsqu'il s'agit de geler les avoirs de personnes ou organismes soupçonnés de liens avec le terrorisme, sans mettre ces personnes à même de faire valoir leur défense. **La Cour établit ainsi la suprématie des droits fondamentaux sur l'engagement international après avoir établi les limites de son pouvoir** : les obligations qu'impose un accord international ne sauraient avoir pour effet de porter atteinte aux principes constitutionnels du traité CE, au nombre desquels figure le principe selon lequel tous les actes communautaires doivent respecter les droits fondamentaux, ce respect constituant une condition de leur légalité qu'il incombe à la Cour de contrôler dans le cadre du système complet de voies de recours qu'établit ce traité. Le contrôle de légalité devant ainsi être assuré par le juge communautaire porte sur « l'acte communautaire visant à mettre en œuvre l'accord international en cause, et non sur ce dernier en tant que tel [...], ce contrôle fut-il limité à l'examen de la compatibilité de cette résolution avec le *jus cogens* ». Par ailleurs, un éventuel arrêt d'une juridiction de l'Union par lequel il serait décidé qu'un acte de l'Union visant à mettre en œuvre une telle résolution est contraire à une norme supérieure relevant de l'ordre juridique de l'Union **n'impliquerait pas une remise en cause de la primauté de cette résolution au plan du droit international**[152].

Cependant, **dans son arrêt** *Melloni*[153], souhaitant mettre fin à la logique « Solange », le juge de l'Union décide de ne pas sacrifier la primauté de l'Union de manière inconditionnelle à la protection des droits fondamentaux telle

146. CJCE, 7 janv. 2004, *KB*.

147. Qui reprend le raisonnement de l'arrêt *Goodwin c. RU* condamnant le refus du mariage d'une personne transsexuelle : CEDH, Gr. Ch., 11 juill. 2002.

148. CJCE, Gr. Ch., 16 juin 2005, *Maria Pupino*.

149. CJCE, 12 mai 2005, Regione autonoma Friuli-Venezia Giulia.

150. CEDH, 30 juin 2005, *Bosphorus Hava c. Irlande*, req. n° 45036/98.

151. CJCE, 11 juill. 1985, *Cinéthèque c. Fédération nationale des cinémas français*, aff. jtes 60 et 61/84.

152. CJCE, Gr. Ch., 3 sept. 2008, *Kadi* ; TPICE, 11 juin 2009, *Othman c. Conseil et Commission* ; CJCE, 3 déc. 2009, *Hassan c. Conseil et Commision* et 3 nov. 2009, *Ayadi c. Conseil*.

153. CJUE, Gr. Ch., C-399/11, 26 févr. 2013, *Stephano Melloni c. Ministerio Fiscal*

que comprise par les États membres. Se prononçant sur la portée de l'article 53 de la Charte des droits fondamentaux, il considère qu'il ne permet pas de déroger à la primauté du droit de l'Union en appliquant des standards nationaux plus favorables. Cela revient, sauf pour l'État à assimiler un droit fondamental à un principe constitutif de son identité constitutionnelle sur le fondement de l'article 4 § 2 du TUE, à conditionner l'application de standards nationaux, inspirés par la CEDH éventuellement, au respect de certains principes de l'Union.

247 **Enjeu du mandat d'arrêt européen. -** Le problème se pose aussi pour la mise en œuvre du mandat d'arrêt européen[154] lorsque l'individu a été condamné dans un État et se trouve poursuivi en outre dans un autre pour les mêmes faits. Il résulte en effet de l'article 3, point 2, de la décision-cadre du 13 juin 2002 relative au mandat d'arrêt européen que l'autorité judiciaire de l'État membre d'exécution doit refuser l'exécution du mandat s'il résulte des informations à disposition « *que la personne recherchée a fait l'objet d'un jugement définitif pour les mêmes faits par un État membre, à condition que, en cas de condamnation, celle-ci ait été subie ou soit actuellement en cours d'exécution ou ne puisse plus être exécutée selon les lois de l'État membre de condamnation* ». La CJUE a une lecture quelque peu différente de la Cour de Strasbourg, moins stricte car visant surtout l'efficacité du droit de l'Union. **Pour la CJUE, le cumul des poursuites est en effet admis lorsque les sanctions (pénales ou administratives) imposées à l'issue de la procédure arrivée à son terme ne sont pas, à elles seules, dissuasives, proportionnées et effectives**. Pour la CJUE[155], si l'exécution du mandat d'arrêt fait courir un risque réel de traitement inhumain ou dégradant (article 4 de la charte des droits fondamentaux de l'Union européenne) l'autorité judiciaire d'exécution doit reporter sa décision sur la remise de la personne concernée jusqu'à ce qu'elle obtienne les informations complémentaires lui permettant d'écarter l'existence d'un tel risque et éventuellement abandonner l'exécution. Il faut recourir à des éléments objectifs, fiables, précis et dûment actualisés témoignant de l'existence de défaillances soit systémiques ou généralisées, soit touchant certains groupes de personnes, soit encore certains centres de détention en ce qui concerne les conditions de détention dans l'État membre d'émission.

Il pourrait donc y avoir ici une divergence quant à l'applicabilité même du principe *non bis in idem*. Mais, la Cour européenne, en 2018, estime que, **n'étant pas partie au traité sur l'Union, elle n'est pas compétente pour appliquer les règles de l'Union européenne ou pour en examiner les violations** alléguées, sauf et dans la mesure où ces violations auraient pu porter atteinte aux droits protégés par sa propre Convention. Cela n'empêche pas non plus une protection juridique plus étendue (au titre de l'Union) que celle qu'elle met en œuvre.

Dans cette logique, certaines cours constitutionnelles ont entendu saisir la CJUE. Le Conseil constitutionnel a, pour la première fois, saisi la CJUE en 2014 afin de savoir si le législateur n'a fait qu'appliquer la décision-cadre relative au mandat d'arrêt européen ou si au contraire il a lui-même librement choisi d'interdire tout recours contre la décision rendue par la chambre de l'instruction[156]. La constitutionnalité de la disposition contestée était en effet conditionnée par l'interprétation de la décision-cadre. Mais la Cour constitutionnelle allemande entend apprécier elle-même le problème... La Cour constitutionnelle allemande a, par ailleurs, constaté, de son propre chef, que les actions et décisions des institutions européennes qui n'ont manifestement pas été prises dans le cadre des compétences européennes, ne peuvent donc pas avoir d'effet en Allemagne[157].

---

154. CJCE, Gr. ch., 16 nov. 2010, *Gaetano Mantello*, n° C-261/09.
155. CJUE, Gr. ch., 5 avr. 2016, *Pál Aranyosi*, aff. C-404/15, *Robert C ld raru*, aff. C-659/15 PPU.
156. CC, n° 2013-414 QPC, 4 avr. 2013, *M. Jeremy F.*
157. BVerfG, 5 mai 2020, 2 BvR 859/15, 2 BvR 1651/15, 2 BvR 2006/15, 2 BvR 980/16 : à propos du programme d'achat d'actifs du secteur public sur les marchés secondaires, dit « PSPP » (*Public Sector Purchase Programme*) lancé en mars 2015, et des lacunes du contrôle de la CJUE sur ces décisions.

Cour constitutionnelle fédérale allemande, 5 avril 2016, aff. C-404/15 et C-659/15 PPU, *Pal Aranyosi et Robert Caldararu*

À propos d'une situation proche de l'arrêt Melloni, la Cour constitutionnelle allemande a eu à se prononcer sur **une extradition, effectuée au titre d'un mandat d'arrêt européen, d'un accusé condamné par contumace** (en son absence). Elle a rappelé que **le droit pénal allemand repose sur le principe de responsabilité individuelle, en tant qu'expression du droit à la dignité humaine. Il y a donc violation de l'article 1 de la Loi fondamentale allemande.** Formellement, cela crée un conflit, jugé dans le cadre d'un contrôle de constitutionnalité entre une disposition de droit de l'Union européenne et l'une des clauses non révisables de la Loi fondamentale allemande (ce que la Cour a qualifié de contrôle d'identité constitutionnelle au sens de l'article 1 de la Loi fondamentale et de l'article 4, § 2 TUE). Faute pour la personne poursuivie de pouvoir exercer ses droits de la défense, le juge de l'extradition ne pouvait accepter son éloignement. La décision-cadre 2002/584, fondée sur le principe de reconnaissance mutuelle, qui met en place le système d'extradition est certes abstraitement compatible avec le niveau de protection des droits fondamentaux requis en droit de l'Union européenne mais concrètement inférieure à celui exigé au titre de la Loi fondamentale.

La Cour allemande utilise aussi le principe de souveraineté pour contester les interprétations opérées par la CJUE en vue de la primauté du droit de l'Union (encore cf. BVerfG, **décision du 5 mai 2020 (2 BvR 859/15-, Rn. 1-237 concernant les choix de la Banque centrale européenne)**, ce qui a aussi un impact sur les droits fondamentaux.

La Cour de Strasbourg a, de son côté, validé la procédure du mandat d'arrêt européen y compris la mise en détention d'un individu par les autorités belges ainsi que sa remise aux autorités italiennes sur la base d'un mandat d'arrêt européen[158].

L'affaire *Dieter Krombach*[159]

Les faits. Le 9 mars 1995, Dieter Krombach, médecin cardiologue allemand, a été condamné par la justice française, par contumace, pour le viol et l'homicide involontaire de sa belle-fille, K. B., française âgée de 14 ans, intervenu en 1982. Il est condamné à quinze ans de réclusion criminelle. Mais il n'a jamais été poursuivi pour ces mêmes faits par la justice allemande qui se base sur une expertise bâclée, concluant à une mort accidentelle et sans rechercher de viol. Il a été ensuite condamné pour un autre viol et une escroquerie. La France a lancé le mandat d'arrêt international en 1997, sans succès car l'Allemagne considère que le jugement par contumace français n'avait lui-même pas respecté le standard du procès équitable.

CJUE. La CJUE (alors CJCE)[160] a été saisie par le père de la victime en raison du refus des autorités allemandes d'exécuter la demande française en se fondant sur une clause d'ordre public[161]. Elle souligne alors que, s'il n'appartient pas à la Cour de définir le contenu de l'ordre public d'un État contractant, il lui incombe néanmoins de contrôler les limites dans le cadre desquelles le juge d'un État contractant peut avoir recours à cette notion pour ne pas reconnaître une décision émanant d'une juridiction d'un autre État contractant. L'atteinte devrait constituer une violation manifeste d'une règle de droit considérée comme essentielle dans l'ordre juridique de l'État requis ou d'un droit

158. CEDH, 17 avr. 2018, *Pirozzi c. Belgique*, n° 21055/11.

159. CEDH, 29 mars 2018, *Krombach c. France* (requête n° 67521/14).

160. CJCE, 28 mars 2000, *Krombach c/Bamberski*, Affaire C-7/98.

161. Figurant à l'article 27, point 1, de la convention du 27 septembre 1968 concernant la compétence judiciaire et l'exécution des décisions en matière civile et commerciale.

reconnu comme fondamental dans cet ordre juridique. Se fondant sur la jurisprudence de la Cour de Strasbourg, la CJCE juge que le juge allemand est en droit de considérer que le refus français d'entendre la défense d'un accusé absent des débats constitue une violation manifeste d'un droit fondamental.

La **Cour européenne des droits de l'homme et le jugement par contumace.** – Dans le même sens, le 13 février 2001, la CEDH constate plusieurs violations de la Convention à l'occasion du procès de mars 1995. Même si l'accusé, bien que dûment assigné, ne comparait pas volontairement, cela ne saurait justifier qu'il soit privé du droit à l'assistance d'un défenseur que lui reconnaît l'article 6 § 3 c) de la Convention. Cette condamnation de la France aboutira d'ailleurs à la réforme du système français.

La Cour européenne et le principe *ne bis in idem*. – *Révolté par cette forme d'impunité, le père de la victime, un français, commandite son enlèvement en 2009 et le remet aux autorités françaises qui l'incarcèrent. Le médecin est alors à nouveau jugé en 2011, puis en appel en 2012. Après rejet de recours en cassation, Dieter Krombach a saisi la CEDH. Celle-ci estime que certains des griefs soulevés par le requérant ont été formulés hors-délai, que pour d'autres le requérant n'a pas épuisé toutes les voies de recours interne ; la majeure partie de la requête est donc irrecevable. Il reste qu'il a été jugé en France pour des faits débouchant sur un non-lieu en Allemagne.* ***La Cour retient que l'article 4 du Protocole n° 7 (droit à ne pas être jugé ou puni deux fois) ne fait pas obstacle à ce qu'une personne soit poursuivie ou punie pénalement par les juridictions d'un État partie à la Convention en raison d'une infraction pour laquelle elle avait été acquittée ou condamnée par un jugement définitif dans un autre État partie****. L'article 4 du Protocole n° 7 stipule en effet que « nul ne peut être poursuivi ou puni pénalement par les juridictions du même État en raison d'une infraction pour laquelle il a déjà été acquitté ou condamné par un jugement définitif conformément à la loi et à la procédure pénale de cet État » mais il ne vise que les « juridictions du même État ».*

L'irruption de lectures européennes différentes. – Cela peut poser problème eu égard au droit de l'Union européenne qui comprend lui aussi le principe ne bis in idem (article 50 de la Charte des droits fondamentaux) et lui donne une dimension transétatique. En effet, du point de vue de l'Union, le principe s'applique personnellement à l'individu au sein du seul ordre juridique de l'Union qui conduit à éviter les doubles poursuites ou sanctions dans deux États distincts pour une même obligation européenne[162].

Section 2
Les sources nationales françaises

248 Démarche. – La connaissance des droits et libertés de valeur constitutionnelle passe par l'exposé du **processus de constitutionnalisation des textes anciens et de leur interprétation par les juges**. L'état du droit est en effet bien plus complexe que dans d'autres démocraties disposant d'une codification cohérente de ces droits.

I. La constitutionnalisation des droits fondamentaux en France

249 Processus. – L'introduction du présent ouvrage a permis de montrer que l'accession des droits de l'homme au statut de règle de droit a été longue et difficile. L'acquisition d'une valeur constitutionnelle effective n'a pas

162. CJUE, 11 février 2003, *Hüseyin Gözütok (C-187/01)* et *Klaus Brügge (C-385/01)* et CJUE, 27 mai 2014, *PPU Zoran Spasic*, C-129/14.

moins pris de temps et a dû passer par **une voie jurisprudentielle presque clandestine** permettant à la France de rattraper un retard important par rapport à bien d'autres démocraties européennes. Ce retard n'a pourtant pas été le fait de la doctrine dont les grands auteurs plaidaient depuis la IIIe République pour la solution finalement retenue en 1971.

A. Le débat sur la valeur de la DDHC avant 1971

250 **Tradition.** – Avant la IIIe République, on ne se posait guère la question de savoir si la Déclaration de 1789 avait de la valeur au plan du droit. De nombreuses constitutions ont traité des droits et libertés des citoyens (Déclarations de droits pour les Constitutions de 1791 et 1793, Déclaration des droits et des devoirs pour la Constitution de 1795, énonciation des droits publics des Français pour les Chartes de 1814 et 1830, préambule de la Constitution de 1848). **Dépourvus de portée, ces textes occupaient aussi la place symbolique de la Déclaration**. C'est sans doute grâce à l'absence de tout texte de ce type dans les lois constitutionnelles de 1875, qu'a été retrouvé, sur le plan juridique, le légendaire texte.

251 À partir de la IIIe République, on a commencé à se demander si la Déclaration avait valeur constitutionnelle. Le débat s'engage en doctrine. Il intéresse toujours le lecteur de ce siècle qui pourra mesurer le chemin parcouru et les arguments qui l'expliquent.

Maurice Hauriou défend la thèse selon laquelle la Déclaration de 1789 a une valeur (sans écrire le mot) supra constitutionnelle (elle est la « Constitution sociale de la France »), car elle formule des droits naturels qui doivent nourrir toute jurisprudence, à commencer par celle du Conseil d'État. Les juges ordinaires peuvent appliquer ces droits et pourraient même, dans l'absolu, car Hauriou sait qu'il n'en est rien alors, déclarer une loi inconstitutionnelle si elle méconnaît ces droits. Appelant par ailleurs de ses vœux la prise en compte par le droit de la Déclaration des droits, notamment par un **contrôle de constitutionnalité par voie d'exception**, il voit en effet dans la forme même du sujet de droit un indice de l'évolution de l'État de droit : « Cela reste l'élément principal, et la preuve en est que plus la civilisation progresse, plus la personnalité juridique se rapproche de la personnalité réelle ; ce qu'il y a d'excessif dans sa continuité artificielle s'atténue »[163]. Il se satisfait ainsi de la manière dont le Conseil d'État mobilise matériellement la Déclaration à travers ce que l'on n'appelle pas encore les Principes généraux du droit.

Léon Duguit[164] est globalement d'accord avec cette conclusion mais pour des raisons différentes. Pour lui, l'État n'est pas la puissance souveraine décrite en France depuis Bodin mais un fait immanent à la structure sociale derrière lequel se cachent les gouvernants ; cela le conduit à penser que ce n'est pas l'État qui fait le droit mais le milieu social. Dès lors, la loi n'est pas un acte souverain incontestable mais seulement l'expression temporaire d'une règle qui doit respecter un ordre objectif, lequel suscite et nourrit, par le service public, les valeurs sociales. **Lui aussi plaide donc pour un contrôle de constitutionnalité des lois et pour donner sa place à la Déclaration des droits**, même si la notion même de droit subjectif ne correspond pas, pour Léon Duguit, à la réalité du système des droits. Selon lui, la Déclaration a valeur constitutionnelle parce qu'il s'agit de droits positifs de la conscience collective. Pour lui, même le constituant devra les respecter (forme de supraconstitutionnalité).

Pour **Adhémar Esmein**[165], la Déclaration des droits de 1789 **n'a aucune valeur juridique positive** : « Les Déclarations des droits émanent de corps possédant une autorité légale et même souveraine, d'assemblées constituantes ; mais ce ne sont pas des articles de lois précis et exécutoires. Ce sont purement et simplement des déclarations de principes ».

---

163. M. Hauriou, « De la personnalité comme élément de la réalité sociale », Revue générale du droit, de la législation et de la jurisprudence en France et à l'étranger, 1898, p. 5.
164. L. Duguit, Traité de droit constitutionnel, t. 5, Les libertés publiques, 1925.
165. A. Esmein, Éléments de droit constitutionnel français et comparé, t. I, 8e éd., Sirey, 1927, p. 592.

Raymond Carré de Malberg, quant à lui, relaye la pensée formaliste allemande : il voit dans le volontarisme révolutionnaire le fondement du droit de la IIIe. La souveraineté reste la clef du système et s'exprime par la loi. Dès lors, faute de consécration formelle, la DDHC n'a pas de valeur positive, « de deux choses l'une : ou bien la Déclaration de 1789 faisait partie intégrante de la Constitution de 1791, et en ce cas, elle a disparu avec cette Constitution. Ou, au contraire, elle était distincte de l'acte constitutionnel de 1791, et elle ne faisait qu'énoncer les idées essentielles et fondamentales qui devaient servir de base à la Constitution future. **Mais alors elle n'avait plus que la portée dogmatique d'une déclaration de vérités philosophiques**... ; ou plutôt elle se ramenait à l'énoncé de concepts de droit naturel... qui ne sauraient être considérés comme des prescriptions juridiques ayant l'efficacité de règles de droit positif »[166].

252 Jurisprudence. – Le juge a suivi ce dernier. Le Conseil d'État a posé très clairement que la **DDHC n'avait pas de valeur juridique et que les droits et libertés n'ont donc que la valeur que les lois** leur accordent. Cependant, dès 1873, après l'arrêt *Rotschild*, le Conseil d'État[167] a admis qu'il y avait des Principes généraux du droit qui s'imposent à l'administration, parmi lesquels quelques droits fondamentaux que l'on dit inspirés de la DDHC : l'égalité devant la loi[168], l'égalité des sexes[169].

253 Sous la IVe République. – La IVe République change un peu la donne car sa Constitution s'ouvre avec un préambule qui ramène la Déclaration de 1789 en pleine lumière (comme la Constitution du 14 janvier 1852 et le *senatus-consulte* du 21 mai 1870). Le débat doctrinal n'en est que plus vif. D'une part, **Jean Rivero soutenait la thèse de la valeur constitutionnelle** en raison de la mention explicite ainsi faite. D'autre part, **Claude-Albert Colliard ou Georges Vedel affirmaient que le préambule n'avait pas de valeur** juridique faute pour le Comité constitutionnel de pouvoir contrôler la constitutionnalité des lois au regard du préambule (cela résultait explicitement de l'article 92). Tout juste pouvait-il servir de guide interprétatif. Suivant cette thèse, le **Conseil d'État, dans un avis du 23 avril 1947, estima que les déclarations, qu'elles soient de 1789 ou 1946, n'ont pas de valeur** juridique. C'est pourquoi il développe ensuite les principes généraux du droit[170] en s'inspirant de la Déclaration mais sous une forme infralégislative[171]. Plus explicitement encore, à la fin de la IVe République, le Conseil franchit un pas en se fondant, dans **l'arrêt du 11 juillet 1956** ***Amicale des Annamites de Paris*****, sur le préambule de 1946**. Il ouvrait ainsi la voie à **l'arrêt du 7 juin 1957,** ***Condamine*****, qui se fonde sur la déclaration de 1789**. À partir de ces deux arrêts on a supposé que le Conseil d'État voulait donner au moins une valeur législative, sinon constitutionnelle, aux deux textes fondateurs. De même, la **Cour de cassation a pu, très rarement il est vrai, se référer au préambule à propos du droit de grève**[172].

254 Débuts de la Ve République. – La Constitution de la Ve République a prolongé le débat par un préambule qui énonce que « le peuple français proclame solennellement son attachement aux droits de l'homme et aux principes de la souveraineté nationale tels qu'ils sont définis par la Déclaration de 1789, confirmée et complétée par le préambule de la Constitution de 1946 ». **Les rédacteurs de la Constitution avaient clairement posé que le préambule de la Constitution de 1958 n'avait pas de valeur juridique** et n'était qu'une simple déclaration d'intention[173]. Le système semble donc inchangé mais la doctrine poursuit ses efforts, estimant que le contexte

166. R. Carré de Malberg, *Contribution à la théorie générale de l'État*, Sirey, 1922, p. 580.

167. CE sur conflit, 6 déc. 1855, *Rothschild c. Larcher et Administration des postes*, *Leb.* p. 707 ; voir aussi T. confl., 8 févr. 1873, *Dugave et Bransiet*.

168. CE, 9 mai 1913, *Roubeau*.

169. CE, 3 juill. 1936, *Delle Bobard*.

170. « Principes garantis notamment par le préambule », CE, 26 juin 1959, *Synd. gén. ingénieurs-conseils*.

171. Liberté individuelle : CE, 20 mai 1955, *Soc. Lucien et Cie* ; liberté d'opinion : CE, 29 juill. 1950, *Comité de défense des libertés professionnelles des experts-comptables* ; liberté de conscience : CE, 8 déc. 1948, *Delle Pasteau* ; Liberté du commerce et de l'industrie : CE, 22 juin 1951, *Daudignac* ; liberté syndicale : CE, 7 juill. 1939, *Union corporative des travailleurs français* ; égalité dans les concours d'accès à la fonction publique : CE, 28 mai 1954, *Barel*...

172. Cass. soc., 28 juin 1951.

173. Documents pour servir à l'élaboration de la Constitution du 4 oct. 1958, t. II, La Documentation française, 1991, p. 254.

avait changé et que rien, dans le texte, n'interdit plus au Conseil constitutionnel de se référer au préambule. Le Conseil d'État, quant à lui, fit référence à la Déclaration dès 1960, poursuivant sa jurisprudence[174].

B. Le rôle du Conseil constitutionnel

255 L'incertitude doctrinale a été tranchée par le volontarisme du juge constitutionnel après le départ du général de Gaulle. Le Conseil s'est engagé dans une jurisprudence active de protection des droits fondamentaux qui a, globalement, porté la France au niveau du standard européen. **Certaines résistances persistent, comme un contrôle encore très abstrait, des répugnances à subjectiviser certains droits (notamment sociaux) et une certaine pauvreté des motivations.** On relèvera un changement dans la forme rédactionnelle des décisions qui abandonnent la rédaction en « considérants » et en phrase unique depuis deux décisions QPC rendues publiques le 10 mai 2016 (déc. nº 2016-539 QPC et 2016-540 QPC).

1. La décision du 16 juillet 1971[175]

256 **Genèse.** – L'ouverture des archives du Conseil constitutionnel permet de savoir que les années qui ont précédé 1971 ont été l'occasion pour les membres du Conseil de s'interroger à plusieurs reprises sur la nécessité d'inclure les déclarations de droits dans les normes de référence du contrôle de constitutionnalité. Début 1969, les travaux du Conseil, sous la plume de **Marcel Waline**, évoquent déjà les principes fondamentaux du régime de la propriété telle qu'exposé par la Déclaration de 1789. Déjà, **la décision du 19 juin 1970, vise « la Constitution et notamment son préambule et ses articles 53, 54 et 62 »**[176].

257 **Contenu.** – Mais c'est avec **la décision** *Liberté d'association*[177] **que le Conseil invoque le préambule de la Constitution pour établir l'inconstitutionnalité d'une loi méconnaissant un « principe fondamental reconnu par les lois de la République »**, catégorie créée par le préambule de 1946. Le Conseil reconnaît tout à la fois que la catégorie des Principes fondamentaux reconnue par les lois de la République existe bien comme norme invocable contre la loi et que la liberté d'association en fait partie. Dès lors, la loi ne saurait imposer un régime qui se rapproche de l'autorisation préalable.

258 **Motivation.** – La délibération qui précède ces décisions montre quelle était l'importance du rôle du président du Conseil Gaston Palewski et des professeurs de droit qui l'entouraient. **François Luchaire** a ainsi pu déclarer : « lorsque l'on compare le Conseil constitutionnel aux autres juridictions qui, dans le monde, exercent une activité semblable, on dit toujours que le Conseil constitutionnel est l'organe régulateur de l'activité des pouvoirs publics alors que les autres institutions étrangères sont les défenseurs des libertés »[178]. Enfin, **en 1973, le Conseil constitutionnel vise la Déclaration et utilise dans son raisonnement le principe d'égalité devant la loi « contenu dans la DDHC de 1789 et solennellement réaffirmé par le préambule de la Constitution »**[179]. Ainsi naquit le « bloc de constitutionnalité » et la jurisprudence du Conseil concernant les droits et libertés.

174. CE, Sect., 12 févr. 1960, *Sté Eky*.
175. CC, 16 juill. 1971, déc. nº 71-44 DC.
176. CC, 19 juin 1970, déc. nº 70-39 DC.
177. CC, 16 juill. 1971, déc. nº 71-44 DC.
178. Les grandes délibérations du Conseil constitutionnel, 1958-1983, Dalloz, 2009, p. 215.
179. CC, 27 déc. 1973, déc. nº 73-51 DC.

2. Les droits inclus dans le bloc de constitutionnalité

259 **Composition.** – Il comprend, pour les textes, outre la Constitution elle-même, le préambule de la Constitution de 1958, lequel permet d'identifier plusieurs sources : la Déclaration de 1789, le préambule de la Constitution de 1946 auxquels il faut ajouter, depuis la loi constitutionnelle du 1er mars 2005, la Charte de l'environnement. À cela s'ajoutent les catégories de droits et principes développées jurisprudentiellement.

a. Le texte de 1958 révisé

260 **Article 1.** – La Constitution s'ouvre sur **l'article 1er**, « la France est une République indivisible, laïque, démocratique et sociale. Elle assure **l'égalité devant la loi** de tous les citoyens sans distinction d'origine, de race ou de religion. Elle respecte toutes les croyances ». Le Conseil utilise peu cet article. Il se réfère au principe d'égalité devant la loi, dans les termes qu'en donne l'article 6 de la DDHC. La liberté de croyance et de conscience l'est aussi comme principe fondamental reconnu par les lois de la République. Au contraire, **la laïcité**, y est puisée directement[180]. À l'alinéa 2, **l'égal accès des femmes et des hommes aux mandats électoraux et fonctions électives** est une exigence vis-à-vis du législateur pour les mandats ou fonctions politiques (révision constitutionnelle du 8 juillet 1999) ainsi que pour les responsabilités professionnelles et sociales (depuis 2008). Toujours du point de vue des principes politiques, l'article 88-3 aménage **le droit de vote et d'éligibilité** aux élections municipales des citoyens de l'Union européenne résidant en France.

261 **Article 2.** – L'article 2 (rédaction issue de la révision du 25 juin 1992), dispose que « la langue de la République est le français » et impose[181] l'usage du français lors des relations avec les personnes morales de droit public et les personnes de droit privé dans l'exercice d'une mission de service public[182]. On peut y voir une garantie du droit à l'information des francophones mais aussi une limite à la liberté d'expression qui comporte le droit de choisir son médium et donc sa langue d'expression.

Le Conseil constitutionnel[183] a ainsi rejeté le principe de l'enseignement immersif, ainsi que l'utilisation en état civil de signes diacritiques autres que ceux de la langue française (par exemple, de l'accent aigu sur le "i", le "o" ou le "u", utilisé en catalan, ou encore du tilde utilisé en breton et en basque) ; ce qui constitue un obstacle à la reconnaissance des prénoms traditionnels régionaux.

L'article 2 mentionne aussi la **fraternité comme principe de la République**. Le Conseil constitutionnel a jugé[184], de manière spectaculaire, que la fraternité est un principe à valeur constitutionnelle (article 2 : « La devise de la République est "Liberté, Égalité, Fraternité" ; article 72-3, à l'"idéal commun de liberté, d'égalité et de fraternité"). Il découle de ce principe la liberté d'aider autrui, dans un but humanitaire, sans considération de la régularité de son séjour sur le territoire national. » La loi ne saurait ainsi, sans des motifs dirimants, s'opposer aux formes humanitaires de solidarité, mieux, elle devrait leur fournir des garanties positives. Le juge considère que l'exemption de poursuites pénales bénéficiant aux personnes apportant une aide aux étrangers en situation irrégulière ne peut se limiter, sauf à violer le principe de fraternité, à l'aide au séjour, et doit s'étendre à *l'aide à la circulation* de l'étranger irrégulier « lorsque ces actes sont réalisés dans un but humanitaire » ; par suite, est censurée, au sein des dispositions consacrant une exemption de poursuites pénales (art. L. 622-4, 1°), la référence à la seule aide au séjour irrégulier. De son côté, le tribunal administratif de Besançon a jugé bon d'en tirer une nouvelle liberté, ouvrant un référé, la liberté fondamentale d'aider autrui dans un but humanitaire qui fonde l'illégalité d'un arrêté municipal antimendicité s'il est général et absolu[185].

180. CC, 19 nov. 2004, déc. n° 2004-505 DC.
181. Voir chapitre 7.
182. CC, 29 juill. 1994, déc. n° 94-345 DC.
183. CC, 21 mai 2021, n° 2021-818 DC.
184. CC, 6 juill. 2018, 2018-717/718 QPC. – M. Cédric H. et autre [Délit d'aide à l'entrée, à la circulation ou au séjour irréguliers d'un étranger].
185. TA Besançon, ord., 28 août 2018, n° 1801454.

262 **Article 3. –** L'article 3 consacre **les « principes du politique »** : caractère universel, égal et secret du suffrage et accès à la qualité d'électeur. Cela implique notamment le rejet de toute division du « peuple » ou du « citoyen » par quotas ou régions[186] et implique une représentation sur des bases essentiellement démographiques[187].

263 **Article 4. –** L'article 4 de la Constitution consacre quant à lui **la liberté et le rôle des partis** et groupements politiques maintes fois mobilisés par le Conseil[188].

264 **Article 53-1. –** Enfin, les dispositions de l'article 53-1 (ajouté par la révision du 25 novembre 1993 en vue des accords de Schengen) concrétisent le **droit d'asile**, par ailleurs consacré par le 4e alinéa du préambule de 1946, dans le contexte européen : « La République peut conclure avec les États européens qui sont liés par des engagements identiques aux siens en matière d'asile et de protection des droits de l'homme et des libertés fondamentales, des accords déterminant leurs compétences respectives pour l'examen des demandes d'asile qui leur sont présentées. Toutefois, même si la demande n'entre pas dans leur compétence en vertu de ces accords, les autorités de la République ont toujours le droit de donner asile à tout étranger persécuté en raison de son action en faveur de la liberté ou qui sollicite la protection de la France pour un autre motif ».

265 **Article 66. –** Comme on le détaillera au chapitre 5, l'article 66 (répondant à une exigence posée par la loi du 3 juin 1958 donnant mission aux rédacteurs de la Constitution), énonce que **« nul ne peut être arbitrairement détenu. L'autorité judiciaire, gardienne de la liberté individuelle, assure le respect de ce principe dans les conditions prévues par la loi »**. D'abord formulée comme principe fondamental reconnu par les lois de la République[189], la liberté individuelle est aujourd'hui cantonnée à l'article 66 de la Constitution[190] comme composante de la liberté personnelle au même titre que nombre d'autres droits (liberté d'aller et venir, vie privée, mariage, protection du domicile…) qui, avant la fin des années 1990, composaient la liberté individuelle comme principe fondamental. La loi constitutionnelle n° 2007-239 du 23 février 2007, a inséré un article 66-1, selon lequel « nul ne peut être condamné à la peine de mort », qui sert d'assise à une partie des implications du droit à la vie.

266 **Article 72. –** Bien que cela n'apparaisse pas évident, le Conseil constitutionnel fait jouer un rôle au **principe de libre administration pour protéger indirectement des droits et libertés**. Au nom du principe de libre administration des communes le Conseil constitutionnel[191] a censuré la suppression du bénéfice de la dotation de solidarité urbaine et de cohésion sociale pour les communes qui n'atteignent pas leurs objectifs de réalisation de logements sociaux. Le Conseil constitutionnel a rappelé que cette dotation a pour objet d'améliorer les conditions de vie dans les communes les plus défavorisées alors que le dispositif mis en place par la loi fait perdre sans plafonnement à la commune le bénéfice de la dotation quel que soit l'écart entre le niveau de logements sociaux dans la commune et les objectifs auxquels elle est tenue. Mieux encore, il a globalement abrogé (avec effet différé) le mécanisme de rattachement d'une commune nouvelle à un Établissement de coopération intercommunale parce qu'il permet à l'État notamment d'imposer le rattachement[192].

186. CC, 18 nov. 1982, déc. n° 82-146 DC.
187. CC, 10 janv. 2001, déc. n° 2000-438 DC.
188. CC, 17, 18 et 24 juin 1959, déc. n° 59-2 DC ; CC, 10 mars 1988, déc. n° 88-242 DC ; CC, 4 mai 2000, déc. n° 2000-428 DC.
189. CC, 12 janv. 1977, déc. n° 76-75 DC.
190. CC, 19-20 janv. 1981, déc. n° 80-127 DC.
191. CC, 26 janvier 2017, Loi relative à l'égalité et à la citoyenneté, n° 2016-745 DC.
192. CC, 21 octobre 2016 – *Communauté de communes des sources du lac d'Annecy et autre*, n° 2016-588 QPC [Choix de l'EPCI à fiscalité propre de rattachement pour les communes nouvelles].

b. Le travail d'interprétation de la DDHC

267 **Applicabilité complète. –** Le Conseil constitutionnel s'est saisi de l'intégralité du texte de la Déclaration, sans lui donner de place supérieure à d'autres dispositions du bloc comme le préambule de 1946. Il n'a donc tiré aucune conséquence des formules qui semblent ne constitutionnaliser que ce qui touche aux libertés ou ne faire du préambule de 1946 qu'un complément du texte de 1789. Le Conseil se trouve donc très fréquemment saisi de contrariété d'une loi à la Déclaration, particulièrement encore dans le cadre *a posteriori* de la question prioritaire de constitutionnalité.

268 **Liberté personnelle. –** Il a ainsi fait jouer **les articles 2 et 4** posant le principe général de liberté, plus tard appelé « liberté personnelle » pour le distinguer et englober la liberté individuelle[193] ; l'article 4 sert également de fondement à la liberté d'entreprendre, à la liberté contractuelle, ou encore au droit à réparation.

269 **Égalité devant la loi. – L'article 6 impose l'égalité sous sa forme générale**[194], devant la loi, devant la commande publique[195], en matière d'accès à l'emploi public[196], etc. L'égalité devant la loi pénale est une manifestation du principe général d'égalité : on peut traiter différemment des actes ou des personnes en situations objectivement différentes au regard de l'objectif poursuivi par la loi. Par exemple, le législateur peut pénaliser les propos contestant l'existence de faits commis durant la Seconde Guerre mondiale, qualifiés de crimes contre l'humanité et sanctionnés comme tels par une juridiction française ou internationale (ils constituent en eux-mêmes une incitation au racisme et à l'antisémitisme), différemment des autres crimes contre l'humanité qui ne sont que le fruit d'une qualification législative française[197].

270 **Garanties pénales. –** Le Conseil a également nourri sa jurisprudence des droits qui limitent la puissance répressive de l'État : **l'article 7**, interdiction des accusations, arrestations et détentions arbitraires[198] ; **l'article 9** relatif à la présomption d'innocence[199] ; qui implique le droit de garder le silence[200] ; **l'article 8** relatif à la légalité des délits et des peines : la séparation des fonctions dans la répression pénale[201], la légalité des délits et des peines[202], la non-rétroactivité de la loi pénale[203], l'égalité procédurale[204], la nécessité et la proportionnalité des peines[205], l'individualisation de la peine[206].

---

193. CC, 15 janv. 1975, déc. n° 75-54 DC ; CC, 20 nov. 2003, déc. n° 2003-484 DC.
194. CC, 27 déc. 1973, déc. n° 73-51 DC.
195. CC, 12 févr. 2009, déc. n° 2009-575 DC.
196. CC, 14 janv. 1983, déc. n° 82-153 DC.
197. CC, 8 janv. 2016, n° 2015-512 QPC, *M. Vincent R.*
NB : cette jurisprudence, sur le fond de la liberté d'expression a été renversée par la décision n° 2016-745 DC du 26 janvier 2017 (voir les développements relatifs aux infractions de presse).
198. CC, 2 mars 2004, déc. n° 2004-492 DC.
199. CC, 20 janv. 1981, déc. n° 80-127 DC.
200. CC, 4 novembre 2016 – *Mme Sylvie T.*, n° 2016-594 QPC [Absence de nullité en cas d'audition réalisée sous serment au cours d'une garde à vue].
201. Réserve de la loi : n° 87-149 L, 20 févr. 1987 ; réserve de l'autorité judiciaire, réserve des magistrats professionnels : CC, 29 août 2002, déc. n° 2002-461 DC ; séparation des fonctions de poursuite et de jugement : CC, 2 févr. 1995, déc. n° 95-360 DC.
202. Clarté de la loi pénale : CC, 19 et 20 janv. 1981, déc. n° 80-127 DC ; interprétation stricte de la loi pénale : CC, 16 juill. 1996, déc. n° 96-377 DC.
203. CC, 30 déc. 1982, déc. n° 82-155 DC.
204. CC, 19 et 20 janv. 1981, déc. n° 80-127 DC.
205. CC, 20 janv. 1993, déc. n° 92-316 DC.
206. CC, 22 juill. 2005, déc. n° 2005-520 DC ; l'adaptation aux mineurs : CC, 29 août 2002, déc. n° 2002-461 DC.

271 **Expression. –** Dans ce domaine, on peut relever **l'article 10** relatif à la liberté de conscience[207] ou encore l'article 11 relatif à la libre communication des pensées et des opinions[208] (voir *infra*).

272 **Égalité devant les charges publiques. – L'article 13** institue l'égalité devant les charges publiques[209] qui a un impact non négligeable sur les décisions relatives à la matière fiscale, tout comme **l'article 14** qui pose le principe du consentement à l'impôt[210]. L'exigence de prise en compte des facultés contributives, qui résulte du principe d'égalité devant les charges publiques, implique qu'en principe, lorsque la perception d'un revenu ou d'une ressource est soumise à une imposition, celle-ci doit être acquittée par celui qui dispose de ce revenu ou de cette ressource[211].

273 **Responsabilité des agents publics. –** Enfin, **l'article 15**, presque jamais convoqué, prévoit le contrôle et la responsabilité des agents publics[212]. Est garanti par cette disposition le droit d'accès aux documents d'archives publiques. Il est loisible au législateur d'apporter à ce droit des limitations liées à des exigences constitutionnelles ou justifiées par l'intérêt général, à la condition qu'il n'en résulte pas d'atteintes disproportionnées au regard de l'objectif poursuivi ; c'est le cas du régime d'accès aux archives publiques émanant du président de la République, du Premier ministre et des autres membres du gouvernement[213]. En liaison avec l'article 14 de la Déclaration de 1789, le Conseil l'utilise pour la recherche du bon emploi des deniers publics[214]. Combiné avec les articles 12 et 16 de la Déclaration de 1789, il fonde l'objectif de valeur constitutionnelle de bonne administration de la justice[215].

274 **Article 16. –** Il faut faire une place à part à l'article 16, véritable portail d'entrée d'une série de garanties structurelles comme **la sécurité juridique, le caractère normatif de la loi**[216], **les droits de la défense**[217], **la séparation des pouvoirs et le pouvoir des autorités administratives indépendantes, le droit à un procès équitable et l'indépendance des juridictions, la non-rétroactivité de la loi** sauf motif d'intérêt général.

275 **Propriété. –** Enfin, le droit **de propriété de l'article 17** (déjà mentionné à l'article 2) a nourri les grandes décisions, notamment quant aux nationalisations[218] ou à la protection de la propriété des personnes publiques[219] y compris lorsqu'il s'agit de transferts entre personnes publiques[220].

c. Le travail d'interprétation du préambule de 1946

276 **Structure. –** Le préambule de 1946 offre deux dimensions au travail du juge : **le préambule du Préambule affiche un certain nombre de valeurs**[221] **et les alinéas qui le suivent posent les Principes particulièrement nécessaires à notre temps**. Le Conseil mobilise donc ces deux aspects. Il a ainsi déduit du préambule la

207. CC, 23 nov. 1977, déc. n° 77-87 DC.
208. CC, 27 juill. 1982, déc. n° 82-141 DC ; CC, 13 mars 2003, déc. n° 2003-467 DC.
209. CC, 30 déc. 1981, déc. n° 81-133 DC.
210. CC, 30 déc. 1995, déc. n° 95-370 DC.
211. CC, 30 mars 2017, *Société EDI-TV*, n° 2016-620 QPC [Taxe sur la publicité diffusée par les chaînes de télévision].
212. CC, 13 juill. 2006, déc. n° 2006-538 DC.
213. CC, 15 septembre 2017, *M. François G.*, n° 2017-655 QPC [Accès aux archives publiques émanant du président de la République, du Premier ministre et des autres membres du gouvernement].
214. CC, 28 déc. 2006, déc. n° 2006-545 DC.
215. CC, 10 déc. 2010, déc. n° 2010-77 QPC, *Barta Z.*
216. CC, 21 janv. 1994, déc. n° 93-335 DC.
217. CC, 30 mars 2006, déc. n° 2006-535 DC.
218. CC, 16 janv. 1982, déc. n° 81-132 DC.
219. CC, 25-26 juin 1986, déc. n° 86-207 DC.
220. CC, 23 janv. 2014, 2013-687 DC, cons. 52 et 53.
221. « Au lendemain de la victoire remportée par les peuples libres sur les régimes qui ont tenté d'asservir et de dégrader la personne humaine, le peuple français proclame à nouveau que tout être humain, sans distinction de race, de religion ni de croyance, possède des droits

catégorie des principes fondamentaux reconnus par les lois de la République et le principe de dignité de la personne[222] ainsi que le « principe énoncé dans le préambule de la Constitution du 27 octobre 1946, selon lequel la nation garantit à l'enfant la protection de la santé »[223].

α. *Les principes fondamentaux reconnus par les lois de la République*

277 **Notion de PFRLR.** – Cette catégorie, posée abstraitement par le préambule du Préambule a été nourrie par la jurisprudence du Conseil constitutionnel et du Conseil d'État[224]. De manière sans doute discutable, dans sa décision relative au mariage pour tous[225], le Conseil constitutionnel a, pour exclure l'idée que l'hétérosexualité serait une condition traditionnelle et républicaine du mariage, dessiné les contours d'une définition : **une « législation républicaine antérieure à 1946 », jamais démentie jusqu'à la loi déférée, qui « intéresse les droits et libertés fondamentaux, la souveraineté nationale, ou l'organisation des pouvoirs publics »**. Il revient donc au juge de concrétiser l'idée d'une continuité des principes républicains posés par des lois avant la IVe République[226]. Les PFRLR sont puisés dans les lois républicaines (ordinaires, organiques, décrets-lois de la IIIe République, ordonnances du gouvernement provisoire de la République ou à travers un principe qu'elles révèlent) et nécessitent un **support écrit jamais démenti**. Par exemple, le Conseil rejette l'idée que le principe de la prescription des infractions pénales remplisse la condition de continuité car il y a été fait exception à deux reprises en matière criminelle[227]. Ils doivent être considérés comme suffisamment fondamentaux. Le Conseil a pu ainsi refuser cette qualification au principe d'universalité des allocations familiales[228] ou à la gratuité de la circulation sur les voies publiques[229]. Le Conseil constitutionnel a refusé de dégager d'autres principes comme « la place de la victime dans le procès pénal » même s'il a censuré l'impossibilité pour la victime de se pourvoir en cassation en l'absence de pourvoi du ministère public[230]. **La jurisprudence a simplement pour fonction de hisser le principe de la loi vers la Constitution.** Le Conseil constitutionnel refuse de reconnaître l'existence d'un principe fondamental reconnu par les lois de la République lorsque des entorses à ce principe ont été portées par des lois républicaines. Ainsi, si, dans leur très grande majorité, les textes pris en matière de procédure pénale dans la législation républicaine intervenue avant l'entrée en vigueur de la Constitution de 1946 comportent des dispositions relatives à la prescription de l'action publique en matière criminelle, la prescription a été écartée pour certains crimes, par deux fois au moins. Il n'y a donc pas de principe général de prescription[231]. Si les exigences constitutionnelles qui découlent de l'article 8 de la Déclaration de 1789, impliquent que le temps écoulé entre la faute et la condamnation puisse être pris en compte dans la détermination de la sanction, aucun droit ou liberté que la Constitution garantit n'impose que les poursuites disciplinaires soient nécessairement soumises à une règle de prescription, qu'il est loisible au législateur d'instaurer[232].

---

inaliénables et sacrés. Il réaffirme solennellement les droits et libertés de l'homme et du citoyen consacrés par la Déclaration des droits de 1789 et les principes fondamentaux reconnus par les lois de la République ».

222. CC, 27 juill. 1994, déc. nº 94-343/344 DC.
223. CC, 15 janv. 1975, déc. nº 75-54 DC.
224. CE, Ass., 11 juill. 1956, Amicale des annamites Paris, Rec. 317 ; CE, 24 janv. 1958, Assoc. anciens combattants et victimes guerre dépt Oran ; CE, Ass., 3 juill. 1996, Koné.
225. Décision 2013-669 DC, 17 mai 2013 – Loi ouvrant le mariage aux couples de personnes de même sexe, cons. 21.
226. CC, 4 juill. 1989, déc. nº 89-254 DC.
227. CC, 24 mai 2019, nº 2019-785 QPC, *M. Mario S.*
228. CC, 4 juill. 1989, déc. nº 89-254 DC.
229. CC, 14 janv. 1999, déc. nº 98-407 DC.
230. CC, 23 juill. 2010, déc. 2010-15/23 QPC, *Région Languedoc-Roussillon.*
231. CC, 24 mai 2019, 2019-785 QPC. Cependant, le principe de nécessité des peines, protégé par l'article 8 de la Déclaration de 1789, et de la garantie des droits, proclamée par l'article 16 de la même déclaration, implique qu'en matière pénale, il appartient au législateur, afin de tenir compte des conséquences attachées à l'écoulement du temps, de fixer des règles relatives à la prescription de l'action publique qui ne soient pas manifestement inadaptées à la nature ou à la gravité des infractions.
232. CC, 11 oct. 2018, nº 2018-738 QPC, *M. Pascal D.* [Absence de prescription des poursuites disciplinaires contre les avocats].

278 **Liste.** – Nombre de ces principes portent des droits subjectifs. On retiendra donc : la liberté d'association[233] ; la liberté individuelle[234] ; la liberté d'enseignement et de conscience[235] ; le principe du respect des droits de la défense[236] ; l'indépendance de la juridiction administrative[237] ; le noyau dur de la compétence du juge administratif[238] ; l'indépendance des professeurs d'université[239] ; les attributions spécifiques de l'autorité judiciaire en matière de protection de propriété immobilière[240] ; l'adaptation du droit pénal aux mineurs[241] ; les dispositions particulières applicables dans les départements du Bas-Rhin, du Haut-Rhin et de la Moselle (à défaut de leur abrogation ou de leur harmonisation avec le droit commun, elles ne peuvent être aménagées que dans la mesure où les différences de traitement qui en résultent ne sont pas accrues et que leur champ d'application n'est pas élargi[242]).

β. *Les principes particulièrement nécessaires à notre temps*

279 **Contenu.** – Le préambule se révèle à la lecture moins homogène qu'on ne le croit souvent. Il liste à la fois : des droits « créances », impliquant des prestations de la collectivité[243] ; des droits-libertés[244] ; mais aussi des principes de politique sociale et des obligations pesant sur tous[245].

d. La Charte de l'environnement

280 **Statut.** – Depuis la **révision constitutionnelle du 1er mars 2005**, le peuple français proclame aussi son attachement **« aux droits et devoirs définis dans la Charte de l'environnement de 2004 »**. La Charte s'ouvre par un exposé des motifs qui fait référence aux ressources et équilibres naturels ayant conditionné l'émergence de l'humanité, celle-ci étant indissociable de son milieu naturel menacé par l'influence croissante sur les conditions de vie de l'humanité. Ce que le constitutionnaliste doit entendre par « nature » n'est ensuite complété que par la notion de « diversité biologique » liée avec l'épanouissement de la personne et le progrès des sociétés.

281 **Contenu.** – Selon la Charte, **l'environnement doit être sain et équilibré pour chacun** (art. 1), chacun doit prévenir et limiter les atteintes à l'environnement, en **réparer les dommages** (art. 2, 3 et 4), ce à quoi s'engagent également les autorités publiques (art. 5) tout en le mettant en valeur et en le conciliant avec le développement (art. 6). L'environnement est en outre **un objet d'information et de participation de tous**, induisant éducation et formation, recherche et innovation (art. 7 à 9).

---

233. CC, 16 juill. 1971, déc. n° 71-44 DC.
234. CC, 12 janv. 1977, déc. n° 76-75 DC.
235. CC, 23 nov. 1977, déc. n° 77-87 DC.
236. CC, 2 déc. 1976, déc. n° 76-70 DC.
237. CC, 22 juill. 1980, déc. n° 80-119 DC.
238. CC, 23 janv. 1987, déc. n° 86-224 DC.
239. CC, 20 janv. 1984, déc. n° 83-165 DC.
240. CC, 13 déc. 1985, déc. n° 85-198 DC.
241. CC, 29 août 2002, déc. n° 2002-461 DC (par ex. CC, 9 déc. 2016, n° 2016-601 QPC : le principe s'oppose à ce que le mineur soit privé, par l'exécution provisoire d'une peine d'emprisonnement ferme, « du caractère suspensif du recours et d'une possibilité d'obtenir l'aménagement de sa peine avant le début d'exécution de sa condamnation »).
242. CC, 2011-157 QPC, 5 août 2011, cons. 3 et 4.
243. Protection de la santé : CC, 22 janv. 1990, déc. n° 89-269 DC ; droit à des prestations sociales : CC, 29 juill. 1991, déc. n° 91-296 DC ; l'alinéa 12 et la solidarité et l'égalité de tous les Français devant les charges qui résultent des calamités nationales : CC, 30 déc. 1987, déc. n° 87-237 DC ; droit à l'instruction, à l'enseignement et à la formation professionnelle de l'alinéa 13 : CC, 11 juill. 2001, déc. n° 2001-450 DC.
244. Droit d'asile : CC, 9 janv. 1980, déc. n° 79-109 DC ; le droit à une vie familiale normale de l'alinéa 10 : CC, 13 août 1993, déc. n° 93-325 DC ; la liberté du travail de l'alinéa 5 qui proclame le devoir de chacun de travailler et le droit d'obtenir un emploi : CC, 28 mai 1983, déc. n° 83-156 DC.
245. Politique de solidarité nationale en faveur de la famille : CC, 18 déc. 1997, déc. n° 97-393 DC ; politique de solidarité en faveur des travailleurs retraités : CC, 22 août 2003, déc. n° 2003-483 DC ; connaissant une forme d'effet horizontal (égalité des sexes de l'alinéa 3 : CC, 20 mars 1997, déc. n° 97-388 DC ; droit de grève de l'alinéa 7 : CC, 25 juill. 1979, déc. n° 79-105 DC ; droit de participation des travailleurs de l'alinéa 8 : CC, 5 juill. 1977, déc. n° 77-79 DC ; liberté de croyance ou d'opinion dans son travail (al. 5), liberté syndicale (al. 6), CC, 22 oct. 1982, déc. n° 82-144 DC).

282 **Valeur.** – L'ensemble des droits et devoirs définis dans la Charte de l'environnement a valeur constitutionnelle[246], **y compris les sept alinéas qui précèdent les dix articles de la Charte elle-même**, le devoir de prendre part à la préservation et à l'amélioration de l'environnement, la contribution à la réparation des dommages, le droit d'accéder aux informations relatives à l'environnement, et le principe de précaution[247]. **Mais selon le Conseil constitutionnel, aucun de ces alinéas n'institue un droit ou une liberté que la Constitution garantit**[248]. L'exigence de promotion du développement durable a reçu confirmation de sa valeur constitutionnelle dès 2005[249]. Mais le Conseil constitutionnel a accepté d'utiliser, assez peu en fait, la Charte comme norme de référence (sauf le Préambule et les articles 8, 9, 10) et en QPC (art. 1, 2, 3, 4, 5, 7, même si la dimension de droit subjectif de certaines dispositions n'est pas évidente). Il l'a admis pour les articles 1er et 2 avec effet horizontal[250]. Le principe de participation de l'article 7 appelle également une loi de concrétisation[251]. Le fait de permettre qu'un débat public de concertation ne se tienne qu'avec les seuls représentants des personnes habitant à proximité des zones susceptibles d'être traitées par des produits phytopharmaceutiques, ne satisfait pas les exigences d'une participation de « toute personne » qu'impose l'article 7 de la Charte de l'environnement[252].
Néanmoins, le Conseil constitutionnel a considéré que l'article 6 de la Charte de l'environnement (« Les politiques publiques doivent promouvoir un développement durable ») « n'institue pas un droit ou une liberté que la Constitution garantit »[253].
Le Conseil constitutionnel a aussi mobilisé le fumeux préambule de la Charte de l'environnement[254] pour dégager **un objectif de valeur constitutionnelle : la protection de l'environnement, patrimoine commun des êtres humains**[255]. Le législateur peut ainsi, en dérogation à la liberté d'entreprendre, faire obstacle à ce que des entreprises établies en France participent à la vente de produits phytopharmaceutiques contenant des substances actives non approuvées par l'Union européenne, en raison de leurs effets sur la santé humaine, la santé animale ou l'environnement (pourtant autorisées en dehors de l'Union européenne) et donc, indirectement, aux atteintes qui peuvent en résulter pour la santé humaine et l'environnement. Rappelant que, aux termes de l'article 1er de la Charte de l'environnement, « Chacun a le droit de vivre dans un environnement équilibré et respectueux de la santé », le Conseil constitutionnel[256] juge que les objectifs assignés par la loi à l'action de l'État ne sauraient contrevenir à cette exigence constitutionnelle. Il juge notamment que l'objectif, fixé à l'action de l'État par l'article 73 de la loi, d'atteindre la décarbonation complète du secteur des transports terrestres, d'ici à 2050, n'est pas manifestement inadéquat aux exigences de l'article 1er de la Charte de l'environnement.
La matière environnementale voit resurgir un « effet cliquet » plus exigeant que la moyenne. Le Conseil constitutionnel juge, en effet, au regard des articles 1er, 2 et 6 de la Charte de l'environnement, que, s'il est loisible au législateur de modifier des textes antérieurs ou d'abroger ceux-ci en leur substituant, le cas échéant, d'autres dispositions, il doit prendre en compte, notamment, le devoir de prendre part à la préservation et à l'amélioration de l'environnement mentionné à l'article 2 de la Charte de l'environnement, et ne saurait priver de garanties légales le droit de vivre dans un environnement équilibré et respectueux de la santé consacré par l'article 1er de

246. CC, 19 juin 2008, déc. n° 2008-564 DC.
247. CC, 29 déc. 2009, déc. n° 2009-599 DC ; CC, 31 juillet 2017, Accord économique et commercial global entre le Canada, d'une part, et l'Union européenne et ses États membres, d'autre part, n° 2017-749 DC.
248. CC, 7 mai 2014, 2014-394 QPC.
249. CC, 28 avr. 2005, déc. n° 2005-514 DC.
250. Déc. n° 2011-116 QPC, 8 avr. 2011, *Michel Z.*, « le respect des droits et devoirs énoncés en termes généraux par ces articles s'impose non seulement aux pouvoirs publics et aux autorités administratives dans leur domaine de compétence respectif mais également à l'ensemble des personnes ».
251. CC, 28 mai 2020, n° 2020-843 QPC, Force 5 [Autorisation d'exploiter une installation de production d'électricité].
252. CC, 19 mars 2021, 2021-891 QPC, paragr. 12 à 14.
253. Décision n° 2012-283 QPC du 23 nov. 2012, Association France Nature Environnement et autres.
254. « *l'avenir et l'existence même de l'humanité sont indissociables de son milieu naturel … l'environnement est le patrimoine commun des êtres humains… la préservation de l'environnement doit être recherchée au même titre que les autres intérêts fondamentaux de la Nation … afin d'assurer un développement durable, les choix destinés à répondre aux besoins du présent ne doivent pas compromettre la capacité des générations futures et des autres peuples à satisfaire leurs propres besoins* ».
255. CC, 31 janv. 2020, n° 2019-823 QPC, *Union des industries de la protection des plantes* [Interdiction de la production, du stockage et de la circulation de certains produits phytopharmaceutiques].
256. CC, 20 déc. 2019, n° 2019-794 DC – Loi d'orientation des mobilités.

la Charte de l'environnement. Les limitations portées par le législateur ne sauraient donc être que liées à des exigences constitutionnelles ou justifiées par un motif d'intérêt général et proportionnées à l'objectif poursuivi[257].

Le Conseil d'État, sauf dans les cas où il estime qu'une loi fait écran entre l'acte administratif et la constitution, lui donne également plein effet[258]. Cela vaut même pour les principes qui peuvent guider la décision administrative comme le principe de prévention de l'article 3 (toute personne doit, dans les conditions définies par la loi, prévenir les atteintes qu'elle est susceptible de porter à l'environnement ou, à défaut, en limiter les conséquences)[259]. Le Conseil d'État a adopté la même solution à propos du droit à un environnement sain de l'article 1 de la Charte[260]. Alors que la rédaction de l'article 5 de la Charte de l'environnement semble exclure de son champ d'application le domaine sanitaire, le juge administratif a affirmé dans l'arrêt *Commune de Lunel* que « le principe de précaution s'applique aux activités qui affectent l'environnement dans des conditions susceptibles de nuire à la santé des populations concernées »[261]

e. Les principes à valeur constitutionnelle

283 **Évanescence. –** La doctrine rassemble parfois sous ce terme (qui n'est pas à proprement parler une catégorie) **les normes découvertes par le juge qui ne leur donne pas explicitement de fondement textuel**. Mais, justement, le Conseil constitutionnel s'échine à ne plus s'éloigner des textes. Aujourd'hui, seul le principe de **continuité du service public**[262] répond encore à cette condition, bien que l'article 5 de la Constitution puisse fort bien l'héberger. On peut ensuite évoquer le principe de **sauvegarde de la dignité de la personne humaine**, la liberté personnelle, la séparation des pouvoirs... mais tous trouvent un fondement explicite (préambule de 1946 pour la dignité, articles 2 et 4 de la DDHC pour la **liberté personnelle**, article 16 de la Déclaration des droits enfin pour la séparation des pouvoirs...). Il en va de même du principe de liberté d'aller et venir, qui n'avait pas de rattachement textuel et que le Conseil a affilié à l'article 66 de la Constitution dans les hypothèses d'atteintes graves et prolongées et aux articles 2 et 4 de la Déclaration dans les autres hypothèses[263]. D'autres principes, sous-jacents, ont été fondus dans le cadre d'un article de la Déclaration des droits, comme la sécurité juridique (que l'on retrouvera plus loin), ancrées à l'article 16.

---

257. CC, 10 déc. 2020, n° 2020-809 DC, loi relative aux conditions de mise sur le marché de certains produits phytopharmaceutiques en cas de danger sanitaire pour les betteraves sucrières.

258. CE, 19 juin 2006, *Association Eaux et Rivières de Bretagne*, n° 282456 concernant l'article 7 de la Charte (Toute personne a le droit, dans les conditions et les limites définies par la loi, d'accéder aux informations relatives à l'environnement détenues par les autorités publiques et de participer à l'élaboration des décisions publiques ayant une incidence sur l'environnement), le Conseil fait application de la loi-écran : lorsqu'il existe une loi mettant en œuvre les dispositions de la Charte, l'acte administratif doit être confronté à la loi et non à la Charte ; CE, 3 oct. 2008, *Commune d'Annecy*, n° 297931, publié au *Recueil* : confirme la solution posée par l'arrêt de 2006 en considérant qu'un acte administratif ne peut entrer dans le champ de l'article 7 de la Charte que s'il est pris en application d'une loi qui met en œuvre cet article de la Charte.

259. CE, Ass., 12 juill. 2013, *Fédération nationale de la pêche en France*, req. n° 344522 : publié au *Recueil* : « la conformité au principe énoncé par l'article 3 de la Charte de l'environnement de dispositions législatives définissant le cadre de la prévention ou de la limitation des conséquences d'une atteinte à l'environnement, ou de l'absence de telles dispositions, ne peut être contestée devant le juge administratif en dehors de la procédure prévue à l'article 61-1 de la Constitution ; [...] en revanche, il appartient à celui-ci, au vu de l'argumentation dont il est saisi, de vérifier si les mesures prises pour l'application de la loi, dans la mesure où elles ne se bornent pas à en tirer les conséquences nécessaires, n'ont pas elles-mêmes méconnu ce principe ».

260. Conseil d'État, 26 févr. 2014, n° 351514, *Association Ban Asbestos France et autres* : « il appartient aux autorités administratives de veiller au respect du principe énoncé par l'article 1er de la Charte de l'environnement lorsqu'elles sont appelées à préciser les modalités de mise en œuvre d'une loi définissant le cadre de la protection de la population contre les risques que l'environnement fait courir à la santé ». L'article 1er est d'applicabilité directe, contrairement à l'article 3 qui ne s'impose que « dans les conditions définies par la loi ».

261. CE, 8 oct. 2012, n° 342423, *Cne de Lunel*.

262. CC, 25 juill. 1979, déc. n° 79-105 DC.

263. CC, 2 mars 2004, déc. n° 2004-492 DC.

f. Les objectifs à valeur constitutionnelle

284 **Notion. -** Les objectifs à valeur constitutionnelle apparaissent dans les années 1980 sous la plume du seul Conseil constitutionnel même s'il cherche souvent à les rattacher à une source textuelle[264]. **Les OVC ne portent pas de droit subjectif et n'entrent donc pas dans les droits et libertés**[265], **ils en sont même souvent les principaux adversaires car ils tendent à permettre (et même à imposer) au législateur de limiter les droits en vue de réaliser ces objectifs**. Une loi contraire à un objectif de valeur constitutionnelle sera censurée[266]. Ils fonctionnent un peu alors comme la théorie de l'abus de droit.

285 **Liste. -** Il s'agit d'états, de situations, voire de standards qui caractérisent une bonne gouvernance et que le législateur ne doit pas perdre de vue : la sauvegarde de **l'ordre public**[267], le respect de la liberté d'autrui, la **préservation du caractère pluraliste des courants d'expression** socioculturels, **la santé publique**, l'accession au **logement**, la **lutte contre la fraude fiscale**[268], **l'accessibilité et l'intelligibilité de la loi**[269], la sécurité des personnes et des biens ou la recherche des auteurs d'infraction[270], et (de façon moins explicite) **l'équilibre financier de la Sécurité sociale**, **l'égal accès des femmes et des hommes aux mandats** et fonctions électives, l'égalité entre les collectivités territoriales, mais encore **la protection de l'environnement, patrimoine commun des êtres humains**[271].

286 **Fonction. -** Ils représentent aussi indirectement une forme de garantie pour les droits fondamentaux dans la mesure où **ils assurent l'équilibre du système social et juridique**. L'objectif d'accession à un logement décent, sert ainsi une mission de mise en œuvre de la régulation du marché de l'habitat voire une limitation de la propriété dans le cas d'une réquisition. *In fine*, **les OVC servent en fait à concilier les droits fondamentaux avec des droits ou principes objectifs**[272]. C'est pourquoi ils ne sont en principe pas invocables au fondement d'une QPC[273]. Toutefois, dans sa décision n° 2012-228/229 QPC du 6 avril 2012, le Conseil prononce la censure des articles 64-1 et 116-1 du Code de procédure pénale relatifs à l'enregistrement des interrogatoires des personnes gardées à vue sur le fondement du principe d'égalité sans que « l'objectif de préservation du secret de l'enquête ou de l'instruction » n'y fasse obstacle[274]. Les OVC peuvent ainsi orienter l'interprétation des principes. Ce fut encore le cas en 2016 lorsque l'objectif de lutte contre la fraude fiscale surdétermine le principe *non bis in idem*[275]. L'objectif de bonne administration de la justice, qui généralement permet la rationalisation des procédures et organisations, permet aussi de venir à l'appui d'une prérogative individuelle. Ainsi, le Conseil juge conforme à la Constitution les articles 274 et 317 du Code de procédure pénale qui permettent au président de la cour d'assises, lorsqu'il constate que l'accusé n'est pas défendu, de commettre d'office un avocat ainsi que d'admettre ou de refuser les motifs d'excuse ou d'empêchement invoqués par cet avocat qui souhaite refuser son ministère. Alors que, selon les requérants ce pouvoir méconnaîtrait les droits de la défense, le droit à un recours juridictionnel effectif et le principe d'impartialité des juridictions, le Conseil estime que ces dispositions mettent en œuvre l'objectif de bonne administration de la justice ainsi que les exigences qui s'attachent au respect des droits de la défense[276].

---

264. CC, 27 juill. 1982, déc. n° 82-141 DC.
265. Le Conseil d'État ne leur accorde en principe pas le statut de liberté fondamentale dans le cadre du référé-sauvegarde : CE, ord. réf., 3 mai 2002, *Assoc. réinsertion sociale Limousin*.
266. CC, 21 janv. 1994, déc. n° 93-333 DC.
267. CC, 19 et 20 janv. 1981, déc. n° 80-127 DC.
268. CC, 16 déc. 1999, déc. n° 99-421 DC.
269. CC, 19 janv. 1995, déc. n° 94-359 DC.
270. CC, 18 janv. 1995, déc. n° 94-352 DC.
271. CC, 31 janv. 2020, n° 2019-823 QPC, *Union des industries de la protection des plantes* [Interdiction de la production, du stockage et de la circulation de certains produits phytopharmaceutiques].
272. Voir chapitre 3.
273. Par ex. l'objectif d'intelligibilité et d'accessibilité de la loi (Cass. 1re civ., 23 oct. 2013, n° 13-40054).
274. CC, 6 avr. 2012, *M. Kiril Z.*, déc. n° 2012-228/229 QPC.
275. CC, 24 juin 2016, n° 2016-546 QPC, *M. Jérôme C.*
276. CC, 4 mai 2018, n° 2018-704 QPC, *M. Franck B. et autre.*

CC, 02 mars 2018 – *Association de la presse judiciaire*, n° 2017-693 QPC (Présence des journalistes au cours d'une perquisition)

Le Conseil constitutionnel juge, en premier lieu, que, en instaurant le secret de l'enquête et de l'instruction, le législateur a entendu, d'une part, garantir le bon déroulement de l'enquête et de l'instruction, poursuivant ainsi les objectifs de valeur constitutionnelle de prévention des atteintes à l'ordre public et de recherche des auteurs d'infractions, tous deux nécessaires à la sauvegarde de droits et de principes de valeur constitutionnelle. Le législateur a entendu, d'autre part, protéger les personnes concernées par une enquête ou une instruction, afin de garantir le droit au respect de la vie privée et de la présomption d'innocence, qui résultent des articles 2 et 9 de la Déclaration de 1789.

287 Bilan. – Cet aperçu des éléments qui composent le bloc de constitutionnalité ne permet pas vraiment de mesurer **l'œuvre accomplie par le Conseil constitutionnel en quarante années**. À partir de constructions renouvelées, d'interprétations parfois audacieuses, les juges du palais Montpensier ont élaboré une politique jurisprudentielle tendant à rattraper les retards et surmonter les handicaps de la Constitution de 1958 dans le domaine des libertés. Leur jurisprudence s'adapte souvent, refusant de reconnaître un droit ou un principe un jour, revenant ensuite sur cette décision (cas de la liberté contractuelle, de l'individualisation des peines...). **L'absence de méthode d'interprétation officielle et établie autorise une certaine liberté**. Le résultat, incontestable, a d'ailleurs dissuadé le **Comité présidé en 2007-2008 par Simone Veil** et qui devait déterminer s'il était nécessaire et souhaitable de rédiger une nouvelle déclaration des droits, de s'attaquer à cette révision. Ce Comité a estimé les droits convenablement protégés[277]. Cependant, il faut tenir compte de l'aiguillon des systèmes européens et des lacunes qui persistent ici ou là dans la jurisprudence constitutionnelle. **Le Conseil constitutionnel reste parfois en deçà de son rôle possible de protecteur des libertés** (le traitement de la sûreté lors de la décision relative à la rétention de sûreté, le maintien du ministère public au sein de l'autorité judiciaire chargée de protéger la liberté individuelle, la reconnaissance du droit à la vie, etc.). L'avenir du Conseil passe désormais par **une réforme de sa composition** dans le but d'acquérir une apparence d'impartialité plus conforme aux standards internationaux, particulièrement en excluant les anciens présidents de la République. L'actuel projet de réforme constitutionnelle de 2019 devrait amener certains de ces correctifs. Le Conseil pourrait ainsi s'attaquer ensuite à la modification de la nature de son contrôle : vers des motivations plus étoffées, tendant à poser explicitement les enjeux constitutionnels des droits et libertés, à donner des guides au législateur, **à tendre vers un contrôle concret de l'application de la loi**.

II. Les relais de la constitutionnalisation

288 On entend ici par « relais », les différents mécanismes qui permettent, ou permettraient, d'approfondir la protection constitutionnelle des droits : le rôle de la loi, celui des juges ordinaires, celui du constituant.

A. La réserve de la loi sous la Ve République

289 Tradition légicentriste. – Confirmant la tradition légicentriste dans le domaine des libertés, **l'article 34, alinéa 2**, pose que la loi « fixe les règles concernant les garanties fondamentales accordées aux citoyens pour l'exercice des libertés publiques ». Au-delà, aux termes de l'article 34, la loi fixe les règles concernant de nombreuses dimensions touchant aux droits fondamentaux, notamment la nationalité, l'état et la capacité des personnes, la détermination des crimes et délits ainsi que les peines qui leur sont applicables ou encore la

277. Redécouvrir le préambule de la Constitution – Rapport du comité présidé par Simone Veil, La Doc. française, 2008.

procédure pénale, de même qu'il lui revient de déterminer les principes fondamentaux de l'enseignement, de la préservation de l'environnement, du droit du travail ou encore du droit syndical et de la Sécurité sociale. **De nombreuses autres dispositions constitutionnelles renvoient expressément au législateur en matière de libertés** : les articles 4, 10, 11 et 17 de la Déclaration de 1789, les alinéas 3 et 7 du préambule, les articles 3, 4 et 66 de la Constitution de 1958, les articles 3, 4 et 7 de la Charte de l'environnement.

290 Compétence élargie. – Le Conseil constitutionnel n'a tiré aucune conséquence de la distinction posée à l'article 34 de la Constitution selon laquelle « la loi fixe les règles » ou « détermine les principes fondamentaux ». L'interprétation qu'en donne le Conseil se révèle depuis toujours généreuse. Il a pu faire entrer les régimes d'aide sociale dans la catégorie des régimes de Sécurité sociale pour en déduire la compétence du législateur[278]. Cette politique lui permet aussi de garder sa compétence sur ces questions au lieu de l'abandonner au Conseil d'État qui admet que le pouvoir réglementaire puisse exceptionnellement devenir compétent pour pallier l'inaction du législateur[279]. On sait aussi que depuis 2005, le Conseil constitutionnel, s'il peut indiquer à quel domaine appartient telle ou telle disposition, n'en constate pas pour autant l'inconstitutionnalité lorsqu'il s'agit pour la loi d'empiéter sur le domaine réglementaire.

291 Incompétence négative. – La théorie de l'incompétence négative, interdit au législateur de se défausser des compétences qui lui reviennent, notamment au profit du pouvoir réglementaire. Elle vient garantir cette répartition des compétences, qui fait confiance au débat parlementaire et qu'il convient donc de ne pas surestimer comme élément de protection des libertés (effet du fait majoritaire). Plusieurs décisions ont censuré des délégations implicites de compétence, le législateur étant resté en deçà de son rôle. A. Vidal-Naquet précise ainsi que « tantôt il s'agit de sanctionner le législateur qui n'aurait pas posé de règles suffisamment claires et précises, qui aurait adopté des dispositions obscures, équivoques ou ambiguës. Tantôt, il s'agit de censurer le législateur qui n'aurait pas assorti les principes constitutionnels de garanties légales suffisantes, portant ainsi atteinte aux principes concernés ou qui aurait privé de garanties légales des exigences constitutionnelles. Tantôt, il s'agit d'empêcher le renvoi à d'autres autorités, qu'il s'agisse d'autorités administratives, d'autorités juridictionnelles, de partenaires sociaux, d'établissements publics voire d'organismes de droit privé [...] »[280]. Le législateur se trouve souvent sollicité par les sources des droits et libertés qui doivent agir (art. 7 à 9 de la Déclaration de 1789) ou fournir un cadre général législatif (art. 10, 11 et 17 du même texte ou du préambule de 1946, qui enjoint à la Nation « d'assurer » (al. 10) et de « garantir » (al. 11)). En 2014, par exemple, le Conseil constitutionnel a fort justement censuré la loi qui renvoyait au décret « le soin de déterminer ces conditions qui incluent notamment les principes de l'organisation de la vie en détention, de la surveillance des détenus et de leurs relations avec l'extérieur, les dispositions contestées confient au pouvoir réglementaire le soin de fixer des règles qui relèvent de la loi »[281]. Le juge constitutionnel n'assure pas pour autant le contrôle de cette initiative ou de l'abstention du législateur faute d'une disposition l'y invitant, comparable à celle qui existe au Portugal où le Tribunal constitutionnel « apprécie et constate l'inobservation de la Constitution par omission des mesures législatives nécessaires à l'application des règles constitutionnelles ». Ici, sur le plan constitutionnel, seule la responsabilité politique, bien mal en point sous nos latitudes, sert de limite à l'inaction. Le mécanisme de responsabilité de la loi devant le Conseil d'État, bien qu'en expansion au plan des contraintes internationales[282], n'en est pas à garantir une obligation positive d'action du législateur. L'argument fonctionne également dans le cadre de la procédure de la question prioritaire de constitutionnalité[283]. On retiendra par exemple l'obligation pour la loi de poser les conditions

278. CC, 21 janv. 1997, déc. n° 96-387 DC.
279. CE, Ass., 7 juill. 1950, *Dehaene*, à propos du droit de grève ; CE, 6 sept. 2000, *Hauchemaille*.
280. A. Vidal-Naquet, « L'état de la jurisprudence du Conseil constitutionnel sur l'incompétence négative », *Les Nouveaux Cahiers du Conseil constitutionnel*, n° 46, janv. 2015, p. 7.
281. Décision n° 2014-393 QPC du 25 avr. 2014, cons. 6.
282. CE, Ass., 8 févr. 2007, *Gardedieu*.
283. CC, 18 juin 2010, déc. n° 2010-5 QPC, *SNC Kimberly Clark*.

d'une hospitalisation sous contrainte des personnes jugées pénalement irresponsables[284]. Ou encore l'interdiction de laisser à la loi le soin de régler les prélèvements obligatoires que l'administration pénitentiaire peut opérer dans les revenus des détenus[285]. En prévoyant que l'enregistrement des audiences devant la Cour de justice de la République est « de droit » sans déterminer précisément les conditions et modalités de cet enregistrement, le législateur a méconnu l'étendue de sa compétence et privé de garanties légales les exigences découlant des articles 2 et 9 de la Déclaration de 1789[286].

De même, le Conseil constitutionnel[287] a censuré la loi qui habilitait le gouvernement à prendre par ordonnance les mesures nécessaires pour remplacer, dans le Code de l'éducation, les régimes de déclaration d'ouverture préalable des établissements privés d'enseignement scolaire par un régime d'autorisation. En raison de l'atteinte susceptible d'être portée à la liberté de l'enseignement par ce régime d'autorisation administrative, le législateur, en confiant au gouvernement sans autre indication le soin de préciser « les motifs pour lesquels les autorités compétentes peuvent refuser d'autoriser l'ouverture » de tels établissements, a insuffisamment précisé les finalités des mesures susceptibles d'être prises par voie d'ordonnance. En revanche, la loi qui permet l'instauration d'un régime d'autorisation pour l'organisation de grands évènements exposés à la menace terroriste et qui prévoit seulement qu'un décret déterminera quoi, qui et comment, n'encours pas une QPC selon le Conseil d'État[288].

Au contraire, et de manière critiquable, en matière de sécurité publique (maintien de l'ordre matériel, par exemple dans le cadre des manifestations sur la voie publique), le Conseil constitutionnel[289] et le Conseil d'État[290] ont rejeté toute obligation constitutionnelle d'intervention de la loi, ce qui conduit à confier au pouvoir réglementaire la protection effective de la sécurité individuelle dans l'encadrement des manifestations sur la voie publique.

CC, 20 décembre 2019, n° 2019-794 DC – Loi d'orientation des mobilités

Le Conseil constitutionnel a relevé que si, en principe, les travailleurs en relation avec une plateforme ayant établi une charte exercent leur activité de manière indépendante dans le cadre de la relation commerciale nouée avec elle, il appartient au juge, conformément au Code du travail, de requalifier cette relation en contrat de travail lorsqu'elle se caractérise en réalité par l'existence d'un lien de subordination juridique. Le Conseil constitutionnel en a déduit que les dispositions contestées permettent aux opérateurs de plateforme de fixer eux-mêmes, dans la charte, les éléments de leur relation avec les travailleurs indépendants qui ne pourront être retenus par le juge pour caractériser l'existence d'un lien de subordination juridique et, par voie de conséquence, l'existence d'un contrat de travail. Ce qui conduit à une censure pour incompétence négative.

Cass. soc., 4 mars 2020, n° 19-13.316

La Cour de cassation a décidé de requalifier en contrat de travail la relation contractuelle entre la société Uber et un chauffeur. En effet, lors de la connexion à la plateforme numérique Uber, il existe

284. CC., 20 avr. 2012, déc. n° 2012-235 QPC.
285. CE, 10 févr. 2016, *M. A. B.*, n° 375426.
286. CC, 17 déc. 2021, 2021-829 DC, paragr. 29.
287. CC, 26 janv. 2017, n° 2016-745 DC – Loi relative à l'égalité et à la citoyenneté.
288. CE, 21 févr. 2018, Ligue des droits de l'Homme, n° 414827.
289. CC, 12 mars 2021, n° 2020-889 QPC, *M. Marc A. et autres* (technique de l'encerclement dans le cadre du maintien de l'ordre).
290. CE, 10 juin 2021, *Syndicat national des journalistes et autres*, n° 444849, 445063, 445355, 445365.

un lien de subordination entre le chauffeur et la société. Dès lors, le chauffeur ne réalise pas sa prestation en qualité de travailleur indépendant, mais en qualité de salarié.

B. Le relais des juges ordinaires

292 Ouverture aux textes. - Le Conseil d'État et la Cour de cassation ont largement dépassé les réserves d'autrefois quant au fait de se fonder sur les sources constitutionnelles. Les décisions existent à foison, même si on ne parvient pas toujours à expliquer pourquoi d'autres arrêts, sur des sujets identiques, n'évoquent pas les droits et libertés constitutionnellement protégés. On notera par exemple la liberté d'expression[291], le droit au travail[292], les droits de la défense[293], le droit de grève[294]... **L'effet direct des normes constitutionnelles s'impose parfois de lui-même, faute de texte de loi mobilisable, mais le plus souvent il s'agit de renforcer une disposition législative pour en tirer une interprétation nouvelle ou pour arbitrer entre dispositions contradictoires.** Désormais, il semble même que le Conseil d'État préfère recourir à la forme constitutionnelle de certains droits plutôt qu'aux traditionnels principes généraux du droit. Cela alimente aussi une « subjectivisation » des rapports entre l'administré et l'administration. **Le juge administratif va jusqu'à consacrer lui-même un principe fondamental reconnu par les lois de la République[295], tout comme la Cour de cassation[296].**

293 Effet horizontal. - La Constitution n'explicite pas, à l'inverse de textes étrangers (Portugal, Espagne), l'obligation de son respect par les particuliers dans leurs relations. Néanmoins, l'utilisation que peuvent en faire les juges ordinaires, ne serait-ce que pour ne pas se mettre en contradiction, alimente ce processus qui pourrait se réclamer de l'article 4 de la DDHC. La jurisprudence européenne en matière d'effet horizontal s'adapterait souvent dans l'hypothèse de droits constitutionnels qui ont vocation à régir les rapports privés (non-discrimination, liberté de conscience, liberté d'expression, liberté contractuelle, participation des salariés, protection de l'environnement, etc.). **L'effet indirect horizontal (par la loi), très net, devrait être mis en avant par le contrôle de la question prioritaire de constitutionnalité qui soulève « l'écran » législatif.** Ainsi, si on doit bien sûr distinguer la constitutionnalisation au sens de l'érection de normes à la valeur constitutionnelle du sens désignant les conséquences du premier sur l'ordre juridique, c'est-à-dire l'usage que les producteurs de droit font de la norme constitutionnelle dans les diverses branches du droit, un lien évident existe entre les deux. Plus une norme présente de valeur et de plasticité, plus juges, administrations et particuliers, s'en saisissent et, plus que cela, opèrent l'unification du droit.

294 Conseil d'État. - Le juge administratif se montre assez favorable à une intégration des normes constitutionnelles dans sa propre jurisprudence. N'a-t-il pas érigé le « principe du caractère pluraliste de l'expression des courants de pensée et d'opinion » en liberté fondamentale au sens de l'article L. 521-2 du Code de justice administrative[297] de même que le droit d'asile[298] ? L'écran législatif[299], encore bien réel[300], se montre lui-même

291. CE, 30 juill. 2003, Cons. régional Alsace.
292. CE, 29 sept. 1993, *Roujansky*.
293. Cass. ass. plén., 30 juin 1995.
294. Cass. soc., 2 févr. 2006.
295. Refus de l'extradition d'un étranger demandée dans un but politique : CE, Ass., 3 juill. 1996, *Koné*, comme il l'avait déjà fait : CE, Ass., 11 juill. 1956, *Amicale Annamites de Paris*.
296. Principe constitutionnel de liberté du travail : Cass. soc., 11 juill. 2001, *Sté Informatis*, n° 99-42915.
297. CE, ord. réf., 24 févr. 2001, T.
298. CE, ord. réf., 16 déc. 2005, *Forum Réfugiés*.
299. CE, Sect., 6 nov. 1936, *Arrighi*.
300. CE, 6 nov. 2019, *Fédération des entreprises de portage salarial*, n° 412051 : « la requérante, qui ne critique ni la compétence des parties à la convention pour adopter de telles stipulations, ni la conformité à la loi de ces stipulations, doit être regardée comme critiquant, au regard de la liberté d'entreprendre, le principe, posé par la loi, de conditions pour l'exercice d'une activité en qualité de salarié porté. Or, une telle critique ne saurait être portée devant le Conseil d'État, statuant au contentieux en dehors de la procédure prévue à l'article 61-1 de la Constitution. »

parfois « transparent » quand le juge estime la loi « trop générale »[301]. De même que le Conseil d'État s'estime parfois compétent pour constater l'abrogation implicite d'une loi par une disposition constitutionnelle qui lui est postérieure[302].

295 **Cour de cassation.** – Le juge judiciaire[303] a pourtant donné quelques gages d'intérêt pour la question de l'effet horizontal. Il lui est arrivé par exemple d'utiliser directement le préambule de 1946 pour estimer que le droit de grève ne rompt pas le contrat de travail[304] ou le principe constitutionnel de sauvegarde de la dignité de la personne humaine pour refonder le devoir d'information du médecin vis-à-vis de son patient[305] ou encore « le droit au logement [comme] droit fondamental de la personne humaine »[306]. La cour d'appel de Versailles a eu recours à une application directe du préambule de 1946 concernant le droit d'obtenir un emploi, pour sanctionner une convention collective fixant une limite d'âge[307]. En matière pénale, la chambre criminelle se fonde directement sur les principes constitutionnels[308] ; néanmoins, dans un arrêt du 27 mars 2018, la chambre criminelle a rejeté le sérieux d'une QPC en jugeant que le demandeur « n'est pas fondé à se prévaloir, sur le fondement de l'article 2 de la Déclaration des droits de l'homme et du citoyen de 1789, d'un prétendu droit constitutionnel à la protection de la réputation »[309].

296 **Limites.** – Pour l'heure, les juges se montrent souvent réticents à faire produire des effets précis à des textes qu'ils considèrent comme trop flous ou généraux ; certaines dispositions du préambule de 1946 ne seraient pas invocables en l'absence de dispositions législatives les mettant en œuvre[310]. Mais, **plutôt que d'écarter d'office l'argument constitutionnel, les juges font aujourd'hui plus volontiers un distinguo entre les dispositions qui peuvent s'appliquer sans loi et celles dont la Constitution elle-même exige le prisme législatif**. Dans le cadre de la Charte de l'environnement, le Conseil d'État conditionne ainsi l'invocabilité des articles 1, 2 et 6 de la Charte de l'environnement aux lois prises pour en assurer la mise en œuvre[311] car le texte l'impose. Il admet néanmoins l'invocabilité directe du principe de précaution[312]. Ce raisonnement gagnerait à se généraliser. Si la Charte est toujours invocable, la portée de chacune de ses dispositions s'apprécie *in concreto* selon le caractère déterminable de l'obligation et la nécessité pour le législateur de prendre ses responsabilités[313].

297 **Respect de la jurisprudence du Conseil constitutionnel.** – Le recours à la jurisprudence constitutionnelle comme élément de décision s'est beaucoup développé avec l'institutionnalisation de la question prioritaire de

---

301. CE, 17 mai 1991, *Quintin*.
302. CE, Ass., 16 déc. 2005, Ministre des Affaires sociales, du Travail et de l'Industrie, Syndicat national des huissiers de justice.
303. Par ailleurs assez hostile à la question prioritaire comme en témoigne sa question préjudicielle à la Cour de justice soulevant la difficulté des liens entre « priorité constitutionnelle » et « primauté communautaire », Cass., 16 avr. 2010, n° 10-40002 QPC et la réponse de la CJUE, 22 juin 2010, *Aziz, Melki et Sélim Abdeli*. CJUE, Gr. Ch., 24 avr. 2012, aff. C-571/10, *Kamberaj Servet / Istituto per l'Edilizia Sociale della Provincia di Bolzano (IPES), Giunta Provinciale della Provincia Autonoma di Bolzano, Provincia Autonoma di Bolzano* : « la référence que fait l'article 6, paragraphe 3, TUE à la CEDH n'impose pas au juge national, en cas de conflit entre une règle de droit national et la CEDH, d'appliquer directement les dispositions de ladite convention, en écartant l'application de la règle de droit national incompatible avec celle-ci » (pt 63).
304. Cass. soc., 28 juin 1951.
305. Cass. 1re civ., 9 oct. 2001.
306. Cass. 3e civ., 16 déc. 1997.
307. CA Versailles, 11 mars 1985.
308. Par ex. Cass. crim., 24 mai 2018, n° 17-18918 : « Vu le principe de nécessité des peines reconnu par l'article 8 de la Déclaration des droits de l'homme et du citoyen, ensemble l'article L. 653-8, alinéa 3, du Code de commerce dans sa rédaction issue de la loi du 6 août 2015 ; Attendu que le respect du principe constitutionnel susvisé, dont découle la règle de l'application immédiate de la loi pénale plus douce, commande que, lorsque le juge civil est amené à prononcer une sanction ayant le caractère d'une punition telle que l'interdiction de gérer prévue par l'article L. 653-8 du Code de commerce, la loi nouvelle moins sévère reçoive application aux procédures collectives en cours. »
309. Cass. crim., 27 mars 2018, n° 17-84509.
310. Par ex. le droit d'asile du 4e alinéa : CE, 27 nov. 1985, *France terre d'asile* ; le droit à l'emploi posé par le 5e alinéa : CE, 28 déc. 2005, *Préfet Haute-Savoie c. B.* ; ou la protection de la santé proclamée par le 11e alinéa : CE, 28 juill. 2004, *Préfet police c. S.*, etc.
311. CE, 19 juin 2006, Assoc. Eaux et rivières Bretagne.
312. CE, 6 avr. 2006, Ligue pour protection oiseaux.
313. CC, 19 juin 2008, déc. n° 564 DC et CE, 3 oct. 2008, *Commune d'Annecy*.

constitutionnalité. Ayant consacré le rôle de la Cour de cassation et du Conseil d'État en matière constitutionnelle, ne serait-ce que par leur capacité à ne pas transmettre les questions au Conseil constitutionnel, **le nouveau système a conduit les juges à se référer systématiquement aux décisions QPC qui concernent les dispositions à appliquer**. Les effets des décisions du Conseil constitutionnel se mesurent aussi aux conditions de l'abrogation. Le Conseil d'État entend ainsi donner plein effet à la modulation décidée par le juge constitutionnel[314] ; il peut ainsi donner effet à une abrogation en constatant le défaut de base légale d'un décret, après abrogation de la disposition législative[315]. Désormais **la jurisprudence est utilisée explicitement[316] même si l'implicite existe toujours** (on le remarque par un changement de jurisprudence successif à une décision du Conseil constitutionnel). Assez tardivement, certes, les cours suprêmes ont entrepris de citer dans leurs propres visas les décisions du Conseil constitutionnel, souvent pour expliquer un revirement ou une interprétation de la Constitution[317], **y compris les réserves émises par le juge constitutionnel**. Ces réserves peuvent tendre à « neutraliser » des lectures non conformes ou à « construire » en ajoutant limites ou conditions. Pour un exemple, le Conseil a indiqué qu'un dispositif législatif qui vise la parité des sexes aux élections professionnelles et qui met en place un mécanisme d'arrondissement du calcul électoral ne peut méconnaître le « droit d'éligibilité aux institutions représentatives du personnel résultant du principe de participation », et ne doit pas faire obstacle à ce que les listes de candidats puissent comporter un candidat du sexe sous-représenté dans le collège électoral[318]. Le juge administratif se montre à l'écoute[319], comme la Cour de cassation[320], y compris pour les réserves d'interprétation émises s'agissant d'une question prioritaire de constitutionnalité[321]. Cependant, **les cours suprêmes considèrent généralement qu'elles n'ont pas à appliquer toujours la politique du juge constitutionnel dans le cas où la loi qu'il doit appliquer n'a pas été contrôlée par lui[322]**. Les réserves **« par ricochet »**, qui viennent d'une loi à travers la réserve portant sur le même mécanisme dans une autre loi, ne sont pas forcément suivies. Dans un arrêt de Section du 22 juin 2007, *Lesourd*, par exemple, le Conseil d'État n'a pas relayé une directive du Conseil constitutionnel formulée dans la décision du 12 janvier 2002 alors qu'il s'agissait ici d'appliquer une autre loi que celle qui a donné lieu à la décision constitutionnelle. Le juge judiciaire peut faire de même[323]. Le Conseil constitutionnel a d'ailleurs la même lecture, **estimant que l'autorité de ses décisions ne peut utilement être invoquée pour une autre loi[324] sauf si la substance en est la même[325]**. Les réserves d'interprétation posées par le Conseil constitutionnel rencontrent désormais de réels échos dans la jurisprudence[326].

Mais **d'autre part les juges ne se privent pas d'interpréter à leur tour les décisions du Conseil constitutionnel**. Ainsi, lorsqu'il prononce l'abrogation d'une disposition portant sur l'imposition possible d'assurances santé des salariés à l'ensemble d'une branche d'activité, mais écarte son application aux contrats en cours, il faut encore déterminer si cela ne concerne que les accords de branches ou également chacune des entreprises.

---

314. CE, 13 mai 2011, *Mme Hadda A*, n° 316734 : « il appartient au juge, saisi d'un litige relatif aux effets produits par la disposition déclarée inconstitutionnelle, de les remettre en cause en écartant, pour la solution de ce litige, le cas échéant d'office, cette disposition, dans les conditions et limites fixées par le Conseil constitutionnel ou le législateur ».

315. CE, 30 mai 2018, *Mme. S.*, n° 400912.

316. Par ex. CE, 10 juillet 2015, Élections communautaires de Pont-Hebert (Manche), n° 386068.

317. CE, Ass., 20 déc. 1985, *SA Ets Outters* ; CE, 19 janv. 1990, *Assoc. La télé est à nous* : le pluralisme des courants d'opinion est un objectif à valeur constitutionnelle « ainsi que l'a énoncé le Conseil constitutionnel ».

318. CC, 19 janvier 2018, n° 2017-686 QPC, *Confédération générale du travail - Force ouvrière et autres* [Proportion d'hommes et de femmes sur les listes de candidats aux élections du comité d'entreprise].

319. Voir aussi CE, 6 mai 2009, *Association FNATH et autres*, n° 312462.

320. Civ. 1, 22 mars 2005, n° 04-50024.

321. CE, 26 mars 2012, *Mme Dana*, n° 340466.

322. CE, Ass., 11 mars 1994, *Sté La Cinq*.

323. Assemblée plénière, 10 octobre 2001, Breisacher.

324. CC, 20 juill. 1988, *Loi d'amnistie*.

325. CC, 8 juill. 1989, *Loi d'amnistie II*.

326. Cass. 1re civ., 22 mars 2005 : à propos de l'application de l'article 66 C en droit des étrangers ; Cass. crim., 24 nov. 1998 : à propos du délai d'information de l'autorité judiciaire d'une mise en garde à vue, CE, Ass., 11 mars 2004, *Sté La Cinq* : à propos des compétences du CSA.

Alors que les cours d'appel ont conclu que les entreprises avaient retrouvé leur liberté de choisir leur assureur, la Cour de cassation a entendu maintenir l'obligation en cours, privant ainsi d'effet la décision du Conseil[327].

Ex. d'application des réserves d'interprétation : CE, 14 mars 2018, *M. A... B...*, n° 418689.

« 6. Par sa décision n° 2017-691 QPC du 16 février 2018, le Conseil constitutionnel a relevé que la mesure d'assignation à résidence prévue par l'article L. 228-2 du Code de la sécurité intérieure, d'une part, ne répond pas aux mêmes conditions que celle prévue par l'article 6 de la loi du 3 avril 1955 relative à l'état d'urgence et, d'autre part, n'a pas non plus la même portée. Il en a déduit que le fait qu'une même personne puisse successivement être soumise à l'une puis à l'autre de ces mesures d'assignation à résidence n'imposait pas au législateur de prévoir des mesures transitoires destinées à tenir compte de cette succession. »

C. Constitutionnalité et conventionnalité

298 **Enjeux contentieux.** – Il est très fréquent de trouver sous la plume du juge, pour un même contenu du droit, tout à la fois le refus d'examiner un argument de constitutionnalité de la loi, et l'acceptation de contrôler la conventionnalité de cette loi, parfois avec succès pour le requérant. Jusqu'à la création de la question prioritaire de constitutionnalité, la tentation de la doctrine était de se satisfaire du développement du contrôle conventionnel dans le domaine des libertés. **Les droits constitutionnels disposent en effet, la plupart du temps, d'un certain nombre de « doubles » conventionnels**. La voie du contrôle conventionnel semblait suffisante pour protéger les libertés. Or cette affirmation souffre d'au moins deux handicaps : tout d'abord l'existence même de ces doubles, puisque certains droits n'apparaissent que dans l'un des deux corpus (la laïcité comme principe protecteur de la liberté de conscience apparaît spécifiquement dans le corpus français, le principe d'indépendance des professeurs d'université n'apparaît que dans le régime constitutionnel), ensuite, même si les mots qui désignent les droits comme concepts (« égalité », « liberté de », etc.) sont identiques, les notions juridiques, c'est-à-dire la façon dont les différents droits sont posés, puis interprétés par les juridictions, dans les différents corpus (constitutionnel, communautaire, conventionnel, international) **ne sont sans doute pas identiques.** Il s'agit certes là de limites tout à fait raisonnables, mais au-delà, les systèmes dans leur ensemble ne sont pas comparables, notamment dans l'encadrement des limites, exceptions, dérogations. En outre, utiliser une forme ou une autre d'un droit, amène à intégrer avec lui la jurisprudence de l'organe juridictionnel qui l'a interprété voire consacré. Or il n'est pas certain que les lignes jurisprudentielles de la CEDH, de la CJUE, du Conseil constitutionnel, du Conseil d'État et de la Cour de cassation connaissent les mêmes enjeux et les mêmes conséquences. Enfin, bien sûr, **il ne faut pas négliger le fait que les effets du contrôle de conventionnalité ne se font sentir que pour le requérant qui a soulevé cette exception et non à l'égard de tous. L'apport de la question prioritaire de constitutionnalité est donc aujourd'hui de permettre l'abrogation des dispositions législatives litigieuses.**

299 **Primauté et priorité.** – Au demeurant, les juges suprêmes, comme le Conseil constitutionnel, opèrent en pratique, de manière implicite, une confrontation de la loi avec les standards de la Convention européenne ou le droit de l'Union en même temps qu'ils en apprécient la constitutionnalité. **Si les modes de raisonnement demeurent différents, leurs rapprochements sont évidents (usage du principe de proportionnalité par exemple**). Le contrôle de constitutionnalité utilise donc la marge laissée par les instances européennes. Au demeurant, lorsqu'il

327. Cass. soc., 11 février 2015, Société Ag2r prévoyance, n° 14-13538.

y a incertitude, il est obligatoire de saisir le juge de l'Union d'une question préjudicielle. La Cour de cassation y a vu une incompatibilité entre priorité et primauté, ce que la CJUE a démenti tant que l'une ne fait pas obstacle à l'autre[328]. Dans cette logique, **le Conseil constitutionnel a pour la première fois saisi la CJUE afin de savoir si le législateur n'a fait qu'appliquer la décision-cadre relative au mandat d'arrêt européen ou si au contraire il a lui-même librement choisi d'interdire tout recours contre la décision rendue par la chambre de l'instruction**[329]. La constitutionnalité de la disposition contestée était en effet conditionnée à l'interprétation de la décision-cadre. De son côté le Conseil d'État manie les deux procédures en attendant que la question préjudicielle ait établi une éventuelle interprétation du droit de l'Union qui serait incompatible avec la Constitution pour renvoyer une QPC[330].

300 **L'apport de la « Question Prioritaire de Conventionnalité » (F. Sudre) issue du protocole n° 16 de la Convention EDH.** – La France a ratifié le 4 avril 2018, le 16e protocole, permettant son entrée en vigueur. Désormais, « **les plus hautes juridictions d'une Haute Partie contractante, telles que désignées conformément à l'article 10, peuvent adresser à la Cour des demandes d'avis consultatifs sur des questions de principe relatives à l'interprétation ou à l'application des droits et libertés définis par la Convention** ou ses protocoles. » Elles le feront dans le cadre d'une affaire pendante devant elle après acceptation d'un collège de cinq juges de la Grande chambre, laquelle ne rend qu'un avis consultatif. Afin de prévenir une « mésinterprétation » (qui serait une interprétation nationale de la Convention dévoyant le principe de subsidiarité) qui pourrait conduire à un contentieux devant la Cour, la demande d'avis permet d'unifier en amont l'application de la Convention. Les cours suprêmes nationales pourront ainsi apprécier directement et rapidement la conventionnalité des dispositions nationales, sachant que le juge européen est informé du contexte judiciaire de la question et donnera un avis *in concreto* qui, sauf extraordinaire, devrait être toujours suivi. De son côté, le Conseil constitutionnel pourrait aussi y recourir si cela lui permet, comme il le fait en adressant une question préjudicielle à la CJUE, d'éclairer une question de conformité de la loi qui lui est soumise. Néanmoins, **le fait que le Conseil constitutionnel ne procède pas formellement à un contrôle de conventionnalité de la loi rend improbable une telle action**, sauf à en faire un élément de droit de l'Union qui fait référence aux obligations qui découlent de la Convention comme il le fit pour le traité portant constitution pour l'Europe.

Depuis son entrée en vigueur, la Cour a **rendu cinq avis**, dont deux à la demande de la France : le premier, dès avril 2019, relatif aux effets d'une gestation pour autrui[331], le second, le 13 juillet 2022, relatif à la possibilité pour les associations de propriétaires de retirer leurs terrains du territoire d'une association de chasse agréée[332].

D. De nouveaux textes ?

301 **Actualiser les catalogues ?** – Un autre relais de la constitutionnalisation des droits fondamentaux serait de renouveler les sources écrites des droits de l'homme. L'idée a souvent germé sous la Ve République de rassembler et rationaliser l'ensemble des sources des droits afin d'éviter ce système de « secrétaire Louis XV » dans lequel un tiroir ouvre un autre tiroir secret, qui ouvre un autre tiroir secret, qui... Guidé par un souci de sécurité juridique et d'accessibilité des droits, le gouvernement de Valéry Giscard d'Estaing avait entrepris de codifier cet ensemble. Un travail entamé en 1974 a abouti **en 1977 à une proposition de loi constitutionnelle** discutée au sein d'une Commission spéciale sur les libertés de l'Assemblée nationale dont le travail ne fut jamais mis au vote. La question est revenue sous le septennat de François Mitterrand, puis encore récemment, toujours avec les mêmes résultats. Les parlementaires formulent de temps à autre, pour contester une décision du Conseil constitutionnel qui leur a été défavorable, des propositions tendant à amputer la Constitution pour la « refaire à

328. Cass., 16 avr. 2010, QPC, n° 10-40002 et la réponse de la CJUE, 22 juin 2010, *Aziz, Melki et Sélim Abdeli*.
329. CC, n° 2013-414 QPC, 4 avr. 2013, *M. Jeremy F.*
330. CE, 31 mai 2016, *Jacob*, n° 393881.
331. CEDH, 10 avr. 2019, avis consultatif, P16-2018-001.
332. CEDH, 13 juill. 2022, avis consultatif, P16-2021-002.

neuf ». On peut voir ainsi la proposition de loi constitutionnelle tendant à faire disparaître du préambule de la Constitution de 1958 le renvoi au préambule de la Constitution de 1946[333], toujours sans succès. Il semblerait donc que nous devions encore longtemps fonctionner avec notre « secrétaire Louis XV ». On mentionnera trois grandes institutions de réflexion dont le raisonnement corrobore cette conclusion.

302 **Comité Vedel.** – Le Comité consultatif pour la révision de la Constitution, institué par décret du 2 décembre 1992, a été placé sous la présidence du doyen Georges Vedel et a remis un rapport ayant fait date le **15 février 1993**. Il a donné lieu à deux projets de loi constitutionnelle qui n'ont finalement jamais été adoptés. Au-delà des aspects institutionnels fort nombreux, le rapport du comité fait mention d'un certain nombre de réformes structurelles favorables aux droits et libertés comme le référendum d'initiative minoritaire ou la création d'une question préjudicielle portant sur la constitutionnalité d'une loi ; mais il envisageait également d'instituer de nouveaux droits fondamentaux absents du corpus de 1958. **Le comité préconisait l'affirmation du respect de la vie privée et de la dignité de la personne.** Un projet de nouvel article 66 disposait que « nul ne peut être arbitrairement détenu. L'autorité judiciaire, gardienne de la liberté individuelle, assure le respect de ce principe dans les conditions prévues par la loi. Chacun a droit au respect de sa vie privée et de la dignité de sa personne ». Le comité préconisait enfin de constitutionnaliser l'existence d'une autorité de régulation dans le domaine de l'audiovisuel. Enfin, il apparaissait important de constitutionnaliser le respect de la libre information du citoyen dans les consultations électorales par l'ajout de précisions concernant la liberté des partis politiques de se former et d'exercer librement leurs activités.

303 **Comité Balladur.** – Le Comité de réflexion et de proposition sur la modernisation et le rééquilibrage des institutions de la Vᵉ République, qui a rendu son rapport le **30 octobre 2007**, a accompli une tâche immense de rénovation de l'ensemble du texte constitutionnel. C'est sans doute pourquoi il n'a pas souhaité s'attaquer à un toilettage du corpus des droits fondamentaux. Il s'est refusé à « recommander aux pouvoirs publics d'ajouter au préambule des principes nouveaux, même s'ils font l'objet d'un large assentiment au sein de la société ». Ainsi en est-il selon lui « **de la diversité qui caractérise la composition de la société française, du principe de parité entre les femmes et les hommes, du principe de la dignité de la personne humaine**. Ces principes sont soit trop récents pour que leur contenu juridique soit figé dans un texte aussi solennel que le préambule, soit déjà consacrés par une jurisprudence constante et désormais bien admise qu'il serait inutile sinon fâcheux de perturber »[334]. La seule hésitation du Comité a porté sur le principe dit de la « sécurité juridique » qui veut que les destinataires d'une norme de droit soient en mesure de la comprendre et qu'ils soient assurés de bénéficier d'une certaine prévisibilité. C'est pourquoi le Comité recommande que l'article 34 de la Constitution soit complété par un alinéa qui disposerait que, sauf motif déterminant d'intérêt général, la loi ne dispose que pour l'avenir. À part cela, le Comité restera celui qui aura réussi à porter la question du contrôle de constitutionnalité des lois *a posteriori* à travers la question prioritaire de constitutionnalité.

304 **Comité Veil.** – Ce que le « Comité Balladur » n'a pas souhaité faire a été confié au comité de réflexion présidé par Mme Simone Veil, mandaté par le président de la République pour étudier « si et dans quelle mesure les droits fondamentaux reconnus par le préambule de la Constitution doivent être complétés par des principes nouveaux ». Son rapport a été rendu le **17 décembre 2008**. Il s'agissait, pour ce comité, d'évaluer si la voie de la réforme constitutionnelle était la plus efficace, pour garantir notamment l'effectivité du principe d'égalité dans l'accès des hommes et des femmes aux responsabilités, la promotion de la diversité et de l'égalité des chances ou encore pour inscrire, dans le préambule, les principes relatifs à la bioéthique. Le comité a pourtant lui aussi renoncé, estimant que, **compte tenu des acquis de la jurisprudence, il n'était pas souhaitable de procéder à une révision du préambule de la Constitution** (« le vice principal de l'arsenal constitutionnel des droits fondamentaux n'est pas d'être insuffisant, mais d'être méconnu »). Il a également souligné que dans des domaines

333. Doc. AN 1995, nº 1982.
334. Comité Balladur, rapport, p. 85.

tributaires des évolutions technologiques ou scientifiques, et où le renforcement de la protection des individus appelle des ajustements réguliers (bioéthique, respect de la vie privée et protection des données personnelles), une « constitutionnalisation » des protections pourrait jouer à rebours de l'objectif d'effectivité. Le comité estime néanmoins que le « catalogue actuel » permet d'ouvrir de nouvelles protections à l'exemple de la loi votée en 2007 instituant le droit au logement opposable. Seul l'ajout à l'article 1er de la Constitution du principe de dignité de la personne humaine est proposé. En 2022, en réaction à l'évolution régressive du droit américain, certaines propositions de loi constitutionnelles entendent sanctuariser le droit à l'avortement.

III. L'éventualité de la supraconstitutionnalité des droits fondamentaux

305 **Idée.** – Les partisans d'une protection renforcée des droits fondamentaux en viennent très souvent à considérer que **ces droits devraient être, où sont, hors de portée des constituants ou des interprètes de la constitution.** Bien que restant des normes de droit positif, contraignantes, les normes porteuses de droits fondamentaux seraient hiérarchiquement supérieures à l'ensemble des autres normes constitutionnelles. En réalité, cette affirmation est pourtant discutable.

A. Notion

306 **Primauté.** – La supraconstitutionnalité, c'est-à-dire la primauté d'une norme sur la Constitution elle-même, renvoie dans l'imaginaire des juristes à l'idée de droit naturel puisque la Constitution joue le rôle de « traduction » de ces principes politiques transcendants dans le droit positif. Pourtant, l'idée a germé qu'il pourrait y avoir, en droit positif, des normes au-dessus de la Constitution qui prendraient la forme de normes constitutionnelles intangibles, hors de portée du constituant lui-même. Concrètement il s'agit donc simplement **de normes insusceptibles de révision par le « pouvoir constituant dérivé ou institué »**. D'autres donnent aussi ce nom à la supranationalité des systèmes européens qui s'imposent aux constituants. Mais **le mécanisme de la supranationalité reste différent** : il s'agit d'une question de rapports entre systèmes juridiques et non d'une question de hiérarchie à l'intérieur d'un même ordre juridique comme dans la supraconstitutionnalité.

307 **Concrétisation.** – Il reste que pour sortir la supraconstitutionnalité d'un simple montage doctrinal et lui donner une certaine réalité il faut réunir au moins deux éléments : **une constitution qui affirme l'intangibilité de certaines normes** (pour nous les droits fondamentaux) et **l'existence d'un mécanisme de contrôle du respect de cette hiérarchie** (contrôle *a priori* du texte de la révision constitutionnelle ou *a posteriori* de la révision elle-même par le juge constitutionnel). Dans le cas français, on sait que certains éléments ne peuvent pas faire l'objet d'une révision comme la forme républicaine du gouvernement ; il existe aussi des limites temporelles comme le fait de ne pouvoir réviser pendant la mise en œuvre de l'article 16. Mais, d'une part, aucun contrôle n'est prévu et le Conseil constitutionnel a toujours refusé d'exercer un tel contrôle[335], d'autre part, cela ne concerne pas les droits fondamentaux mais seulement leur contexte politique. Ainsi, la doctrine a souvent émis l'idée que les valeurs portées par le préambule ne pouvaient pas faire l'objet d'une révision. Cependant la fondamentalité matérielle d'une norme constitutionnelle ne se concrétise pas forcément par une supraconstitutionnalité formelle s'il manque la garantie juridictionnelle. C'est à l'étranger que la supraconstitutionnalité trouve à s'illustrer.

335. CC, 28 mars 2003, déc. n° 2003-469 DC : « il ne tient ni de l'article 61, ni de l'article 89, ni d'aucune autre disposition de la Constitution le pouvoir de statuer sur une révision constitutionnelle ».

B. Les exemples étrangers

308 **Allemagne. -** La Loi fondamentale allemande dispose d'un **article 79, alinéa 3 qui prohibe toute modification remettant en cause l'organisation de la Fédération ou la participation des Länder à la législation nationale, mais surtout les articles 1 et 20**[336]. Depuis une décision du 15 décembre 1970, la Cour constitutionnelle a été saisie à sept reprises de la constitutionnalité de lois constitutionnelles (sur le droit de propriété, le droit d'asile, le secret des correspondances)[337]. Aucune censure n'a toutefois frappé ces révisions grâce à un travail d'interprétation minimisant les divergences[338].

309 **Italie. -** La Cour constitutionnelle italienne a estimé que certains principes suprêmes ne peuvent être modifiés, encore moins méconnus, même par des lois de révision de la constitution. Ces principes sont « tant ceux que la Constitution même **prévoit comme limites absolues au pouvoir de révision, telle la forme républicaine**, que dans les principes qui, bien que n'étant pas mentionnés expressément parmi ceux qui ne peuvent pas être soumis à la procédure de révision constitutionnelle, relèvent de l'essence même des **valeurs suprêmes** sur lesquelles se fonde la Constitution italienne »[339].

310 **Espagne. -** Si l'Espagne ne connaît pas de mécanisme de supraconstitutionnalité, admettant que la démocratie puisse choisir ses valeurs[340], la Constitution y prévoit tout de même **deux procédures de révision distinctes, particulièrement rigides lorsqu'il s'agit des droits fondamentaux**.

---

336. Article 1 [Dignité de l'être humain, caractère obligatoire des droits fondamentaux pour la puissance publique] : « (1) La dignité de l'être humain est intangible. Tous les pouvoirs publics ont l'obligation de la respecter et de la protéger. (2) En conséquence, le peuple allemand reconnaît à l'être humain des droits inviolables et inaliénables comme fondement de toute communauté humaine, de la paix et de la justice dans le monde. (3) Les droits fondamentaux énoncés ci-après lient les pouvoirs législatif, exécutif et judiciaire à titre de droit directement applicable ». Article 20 [Fondements de l'ordre étatique, droit de résistance] : « (1) La République fédérale d'Allemagne est un État fédéral démocratique et social. (2) Tout pouvoir d'État émane du peuple. Le peuple l'exerce au moyen d'élections et de votations et par des organes spéciaux investis des pouvoirs législatif, exécutif et judiciaire. (3) Le pouvoir législatif est lié par l'ordre constitutionnel, les pouvoirs exécutif et judiciaire sont liés par la loi et le droit. (4) Tous les Allemands ont le droit de résister à quiconque entreprendrait de renverser cet ordre, s'il n'y a pas d'autre remède possible ».

337. CC all., 15 décembre 1970, BverfGe, 30, 1.

338. Voir l'analyse de M. Fromont, in *Les grandes décisions des cours constitutionnelles européennes*, P. Bon et D. Maus (dir.), n° 14, Dalloz, p. 69.

339. Cour constitutionnelle italienne, 29 déc. 1988, n° 1146/1988, § 2.1.

340. Ainsi les députés doivent prêter serment de respecter la Constitution mais uniquement sous l'angle procédural et non quant aux valeurs (TC, arrêt n° 101/1983).

EXERCICE D'AUTOÉVALUATION

1. L'Union européenne est-elle partie à la Convention européenne des droits de l'homme ?
2. Les objectifs de valeur constitutionnelle protègent-ils des libertés ?
3. Un État doit-il respecter la CEDH hors de son territoire ?
4. La Cour européenne des droits de l'homme peut-elle contrôler les normes de droit de l'Union mise en œuvre par un État partie ?
5. La CESDH prime-t-elle sur les constitutions nationales ?
6. Comment la Cour européenne des droits de l'homme utilise-t-elle la technique de la marge nationale d'appréciation ?
7. La Charte sociale européenne est-elle opposable à un employeur ?
8. Les dispositions de la Charte de l'environnement s'imposent-elles à la loi ?
9. Qu'est-ce qu'une « incompétence négative » dans la jurisprudence du Conseil constitutionnel ?
10. Faut-il écrire une nouvelle déclaration des droits ?

RÉPONSES

1. Non, par son avis C-2/13 du 18 décembre 2014, la CJUE s'y est opposée en dépit des dispositions affirmatives du Traité de Lisbonne, en raison de la perspective d'un contrôle externe à l'Union sur le fonctionnement de celle-ci (voir *supra* n° 242 et s.).

2. Pas directement, au contraire ils permettent de les concilier avec des éléments de droit objectif ; cependant ce droit objectif peut aussi être une protection indirecte des droits (voir *supra* n° 128 et s.).

3. Oui, dès qu'une action est sous sa « juridiction », c'est-à-dire son contrôle, même sur le territoire d'un autre État partie ou non à la Convention. C'est le principe d'extraterritorialité (voir *supra* n° 195).

4. L'Union n'étant pas partie à la Convention, la Cour n'est en principe pas compétente pour contrôler les actes de l'Union au regard de la Convention. Néanmoins, les actes nationaux qui appliquent le droit de l'Union ou le droit primaire ont l'État pour auteur et peuvent trouver la compétence de la Cour. Néanmoins, la Cour a dégagé une présomption de protection équivalente des protections des droits qui l'amène à s'en remettre à la CJUE à condition que celle-ci soit saisie ou puisse l'être utilement (voir *supra* n° 245 et s.).

5. Oui selon le point de vue de la Cour européenne dont le rôle est de s'assurer de la pérennité de l'engagement des États de faire en sorte que toutes les normes étatiques respectent la Convention, y compris les décisions des cours constitutionnelles. Néanmoins, les juges internes continuent à faire primer les normes constitutionnelles sur la Convention qui ne tient sa valeur que la Constitution elle-même (voir *supra* n° 197 et 297).

6. En laissant les États apprécier eux-mêmes les standards d'application de la Convention dans le cadre national : cela relève du principe de subsidiarité. Cependant, il peut s'agir aussi d'un outil de développement de protection européenne plus intégrée en refusant d'accorder la marge nationale d'appréciation dans le

cas où l'État paraît avoir une pratique rétrograde par rapport à l'ensemble des membres du Conseil de l'Europe (voir *supra* n° 207).

7. Si en principe cette Charte a valeur même supérieure à la loi, les juges nationaux n'admettent pas nécessairement l'effet direct à toutes ses dispositions. Seules celles qui encadrent le droit du travail de manière objective (participation, libertés syndicales) semblent opposables tandis que les droits subjectifs nécessitent des dispositions internes comme relais (voir *supra* n° 218).

8. Oui, dans son intégralité, y compris le Préambule. Cependant, nombre de ses dispositions sont des principes objectifs et des objectifs qui nécessitent des lois ou des normes administratives de concrétisation (ces dernières se trouvent ainsi masquées par l'écran législatif). Le Conseil constitutionnel a récemment traduit ses exigences en objectifs de valeur constitutionnelle mobilisables même en QPC (voir *supra* n° 280 et s.).

9. Il s'agit d'un motif de censure devant le Conseil constitutionnel lorsque le législateur n'a pas lui-même adopté les garanties nécessaires aux droits et libertés, par exemple en déléguant ce soin à une autre autorité ou en ayant choisi des normes trop vagues (voir *supra* n° 289).

10. Sur le fond, la quasi-totalité des droits conventionnels existent aussi sous leur forme constitutionnelle, notamment grâce au juge constitutionnel mais, d'un point de vue formel, ces normes sont moins mobilisables par les individus (voir *supra* n° 299 et s.).

CONSEILS DE LECTURE

B. Bonnet, Traité des rapports entre ordres juridiques, LGDJ, Hors collection, 2016.

X. Bioy, L. Burgorgue-Larsen, P. Deumier, E. Dreyer, X. Dupre de Boulois (coord.), A. Martinon, R. Tiniere, Les grands arrêts du droit des libertés fondamentales, Dalloz, Grands arrêts, 2e éd., 2019, pp. 234-424.

L. Burgorgue-Larsen, La Convention européenne des droits de l'homme, LGDJ, 3e éd., 2019.

L. Burgorgue-Larsen, A. Ubeda de Torres, Les grandes décisions de la Cour interaméricaine des droits de l'homme, Sergio Garcia Ramirez (Préfacier), Bruylant (Emile), 2008.

F. Benoît-Rohmer, « La Charte des droits fondamentaux de l'Union européenne », D. 2001, doctr., p. 1483.

X. Bioy, « Le préambule comparé », in La France face à la Charte des droits fondamentaux de l'Union, L. Burgorgue-Larsen (dir.), Bruylant, coll. du CREDHO, t. 8, 2005, p. 91-121.

M. Boumghar, Une approche de la notion de principe dans le système de la Convention européenne des droits de l'homme, Pedone, 2010.

Centre universitaire de recherches administratives et politiques de Picardie (CURAPP), Le préambule de la Constitution de 1946 (Antinomies juridiques et contradictions politiques), PUF, 1996.

M. Candela Soriano, M. Wathelet, c. Chenevière, Les droits de l'homme dans les politiques de l'Union européenne, Larcier, 2006, 483 p.

V. Champeil-Desplats, Les principes fondamentaux reconnus par les lois de la République, Economica-PUAM, 2001.

G. Cohen-Jonathan, La protection internationale des droits de l'homme : Europe, documents réunis et commentés par G. Cohen-Jonathan, La Documentation française, 2007.

J-P. Costa, La Cour européenne des droits de l'homme – Des juges pour la liberté, Dalloz, Les sens du droit-Essai, 2013

A. Debet, L'influence de la Convention européenne des droits de l'homme sur le droit civil, Dalloz, 2002, 998 p.

M. Fabre-Magnan, L'institution de la liberté, PUF, 2018.

C. Gauthier, S. Platon, D. Szymczak, Droits européens des droits de l'homme, Sirey, 2017.

Groupe d'études et de recherches sur la justice constitutionnelle (GERJC), « Justice constitutionnelle, justice ordinaire, justice supranationale : à qui revient la protection des droits fondamentaux en Europe ? », AIJC 2004, vol. XX, 2005.

S. Hennette-Vauchez et J.-M. Sorel (dir.), Les droits de l'homme ont-ils constitutionnalisé le monde ?, Bruxelles, Bruylant, coll. Droit de la convention européenne des droits de l'homme, 2011.

E. Lambert Abdelgawad et K. Martin-Chenut, Réparer les violations graves et massives des droits de l'homme : la cour interaméricaine, pionnière et modèle ?, UMR de Droit comparé de Paris, 2010.

A. Levade, L. Burgorgue-Larsen, F. Picod, Traité établissant une Constitution pour l'Europe, t. 2, La Charte des droits fondamentaux de l'Union, Bruylant, 2005, 837 p.

J.-F. Flauss, « Droit constitutionnel et Convention européenne des droits de l'homme. Le droit constitutionnel national devant les instances de contrôle de la Convention européenne des droits de l'homme », RFDC 1996, p. 388.

C. Madelaine, La technique des obligations positives en droit de la Convention européenne des droits de l'homme (Préface Frédéric Sudre), Dalloz, Nouvelle Bibliothèque de Thèses, n° 133, 2014.

F.-X. Millet, L'Union européenne et l'identité constitutionnelle des États membres, LGDJ, 2013.

P. de Montalivet, Les objectifs de valeur constitutionnelle, Dalloz, 2006.

B. Moutel, L'effet horizontal de la Convention européenne des droits de l'homme en droit privé français : essai sur la diffusion de la CEDH dans les rapports entre personnes privées, thèse Limoges, 2006.

P. Mutzenberg, Agir pour la mise en œuvre des droits civils et politiques. L'apport du Comité des droits de l'homme, L'Harmattan, 2014.

A. Palanco, Le précédent dans la jurisprudence de la Cour européenne des droits de l'homme, Bruylant, Droit de la convention européenne des droits de l'homme, 2019.

C. Picheral, L. Coutron, Charte des droits fondamentaux de l'Union européenne et Convention européenne des droits de l'homme, Bruylant, 2012.

S. Platon, La coexistence des droits fondamentaux constitutionnels et européens dans l'ordre juridique français, Fondation Varenne, thèse, 2008, 709 p.

F. Sudre, La Convention européenne des droits de l'homme, PUF, coll. Que sais-je ?, 2015.

F. Sudre, R. Tinière, Droit communautaire des droits fondamentaux, Recueil de décisions de la Cour de justice des Communautés européennes, Bruylant, coll. Droit et justice, 3e éd., 2013, 337 p.

D. Szymczak, La Convention européenne des droits de l'homme et le juge constitutionnel national, Bruylant, 2006.

P. Tavernier (dir.), La France et la CEDH : la jurisprudence en 2008 : présentation, commentaires et débats, 15e colloque du CREDHO le 20 mars 2009, Bruylant, 2010.

J. Tremeau, La réserve de loi. Compétence législative et Constitution, Economica-PUAM, Paris, 1997.

S. van Drooghenbroeck, La Convention européenne des droits de l'homme, 2 volumes, Larcier, 2006.

CHAPITRE 2

Des systèmes de protection

311 **Objet.** – L'objet de ce chapitre est de montrer comment s'organise la relation complexe entre les sujets de droit lorsqu'il s'agit de protéger les droits fondamentaux. En effet, comme tout droit, **un droit fondamental protège un individu contre un autre ou contre la puissance publique, parfois contre lui-même.** Le droit fondamental est donc opposable à tous mais selon une gradation. En effet, si chacun doit s'abstenir de porter atteinte au droit d'autrui, certains doivent en outre établir des conditions positives de réalisation du droit d'autrui, ils sont des débiteurs privilégiés (les parents pour l'enfant, l'employeur pour ses salariés, l'État pour tous...). En outre, si un droit bénéficie à quelqu'un, cet individu n'est pas forcément en mesure de défendre ce droit, de l'exiger. Il faut en effet pour cela être sujet de droit et que le recours en justice soit ouvert. Par **bénéficiaire, on peut donc entendre l'ensemble des personnes auxquelles est attribuée une permission d'agir constitutive du droit fondamental et par titulaire, on peut entendre l'ensemble des organes habilités à saisir l'instance juridictionnelle chargée du contrôle des normes de concrétisation des droits fondamentaux**.

312 **Plan.** – Il est donc nécessaire d'exposer d'abord quels sont les titulaires et les bénéficiaires des droits fondamentaux avant de décrire le mécanisme de garantie qui fait intervenir le trio bénéficiaire-titulaire-débiteur (Section 1). Cela conduit à examiner ensuite les conflits de droits et leurs résolutions (Section 2).

Section 1
La relation titulaire – débiteur – bénéficiaire des droits

313 **Système des sujets des droits fondamentaux.** – Le système contemporain de protection des droits de l'homme tend à se construire autour de trois pôles ou « sujets » : **celui qui bénéficie de la protection, celui qui doit assurer cette protection, celui qui peut actionner la sanction en cas d'atteinte au droit, qui est souvent aussi le premier**. Le bénéficiaire n'est en effet pas nécessairement toujours une personne, un sujet de droit, à l'inverse du titulaire qui dispose par définition de la personnalité juridique.

I. Titulaires et bénéficiaires des droits

314 Objet de droit et sujet de droit. – Le sujet de droit se définit par la capacité d'imputation des droits et des obligations, la personne comme un complexe de normes personnifié : le droit positif lie les conséquences juridiques à une condition de droit. La personnalité se trouve être la condition première de l'imputation des normes à un sujet. Kelsen est fort clair là-dessus : « La personne physique ou juridique, qui a des obligations juridiques et des droits subjectifs, qui en est « porteur », [...] c'est un complexe d'obligations juridiques et de droits subjectifs, dont la notion de personne ne fait qu'exprimer l'unité de façon figurée. La personne n'est rien d'autre que la personnification de cette unité »[1]. **La personne physique n'est donc pas un individu qui a des droits mais l'unité de ces droits** ; elle sert de support au sujet de droit, c'est-à-dire à l'ensemble des rapports de droit que chaque individu noue avec d'autres. **Inversement, tout ce qui n'est pas une personne, un sujet de droit, devient un objet de droit.** Il ne faut pas réduire la notion d'objet de droit à celle de chose. Le droit civil, héritier du droit romain, enseigne toujours que le monde du droit sépare de manière cardinale les personnes des choses. **Or, l'irruption de la question du corps humain a bousculé cette dichotomie**. Le corps est-il une chose ? Est-il la personne ? Il ne peut pas être une chose car, bien que « corporel », rien du régime des choses réelles ne lui serait applicable. Il n'est pas la personne car celle-ci est une abstraction juridique qui n'a rien de réel, elle n'est que volonté et virtualité. Le corps relève en droit de la personne humaine.

315 Sujet des droits et droits fondamentaux. – Il serait vain de parler des droits de l'homme sans parler de la façon dont le droit institue les sujets de ces droits, bénéficiaires et titulaires. La désignation de ces sujets se révèle en effet être essentielle à leur protection. On verra que le droit utilise une pluralité de termes. **À côté des « personnes » existent les « êtres humains » qui sont bénéficiaires de droits sans être titulaires**. De plus, la « personne », figure de droit commun, se décline en différents titulaires catégoriels en raison de leur vulnérabilité particulière : enfant, étranger, en situation de handicap, malade...

A. Notions de titulaire, bénéficiaire, débiteur

316 Titulaire, bénéficiaire, débiteur. – En principe, l'individu se voit reconnaître la qualité de personne, de sujet de droit et peut donc être titulaire des droits. Mais l'existence d'individus qui ne sont que des objets de droit et l'existence d'entraves au recours en cas de violation d'un droit amènent à distinguer le bénéficiaire d'un droit de son titulaire. En effet, dans la plupart des cas, le bénéficiaire est aussi titulaire des recours qui permettent de protéger son droit, mais il existe des filtres posés au droit au recours (intérêt à agir, capacité) qui font que le titulaire n'est pas toujours le bénéficiaire. De même, l'obligé ou le débiteur de l'obligation se dédouble. Dans un premier temps, il peut s'agir de l'ensemble des tiers qui doivent s'abstenir de porter atteinte au droit fondamental du bénéficiaire (État et particuliers) mais ensuite l'État peut être tenu, devant une juridiction internationale mais aussi interne, pour seul responsable d'une violation d'un droit en raison de son inaction, de son abstention à faire respecter le droit du bénéficiaire. Il en sera ainsi devant le Conseil constitutionnel, le juge administratif, et bien sûr les juges européens.

317 Configuration du rapport de droit. – Les libertés sont conçues comme des facultés, des pouvoirs d'agir. La norme des libertés laisse nécessairement un choix au titulaire du droit, qui peut l'exercer ou ne pas l'exercer. Sous réserve de la théorie de l'interdiction de la renonciation aux droits, **l'intérêt de la norme de droit fondamental est de permettre ce choix et de ne pas être une norme de commandement pour celui qui en bénéficie**. Il ne s'agit pas moins des normes, donc d'obligations reposant sur des tiers (le plus souvent d'abstention pour permettre une action, parfois d'action pour protéger un sujet vulnérable ou lui donner les moyens d'agir). Par exemple le droit de propriété se conçoit généralement comme un droit réel (sur une chose) ; mais du point

1. H. Kelsen, *Théorie pure du droit*, trad. Ch. Eisenmann, Dalloz, 1962, n° 18 « Causalité et imputation : loi naturelle et loi juridique », p. 230 et 231.

de vue des droits fondamentaux, c'est pourtant un droit personnel puisque l'objet de ce droit n'est pas la chose mais la possibilité d'en jouir librement et donc, l'obligation pour les tiers de respecter cette liberté. C'est un raisonnement qu'a pu tenir le Conseil d'État dans un arrêt du 29 mars 2002, *SCI Stephaur*, où il a qualifié le droit pour le locataire de jouir librement des biens pris à bail de « droit corollaire du droit de propriété ». Il y a donc une relation entre le sujet du droit et le bénéficiaire du droit (propriétaire).

318 **Ouverture des actions.** – Le bénéficiaire pourra éventuellement déclencher une procédure judiciaire. Mais tout droit fondamental n'implique pas nécessairement la possibilité d'un recours exercé par la victime elle-même. En pratique, il est possible d'avoir des droits pour lesquels le recours est fermé (conditions supplémentaires de recevabilité comme le recours devant la CEDH ou le recours pour excès de pouvoir) ou des droits pour lesquels celui qui exerce le recours n'est pas nécessairement le bénéficiaire du droit (recours d'un syndicat pour un salarié par exemple). Il y a donc parfois un décalage entre le bénéficiaire du droit et le titulaire réel du recours. Ainsi, les libertés publiques n'ont parfois que des bénéficiaires et non pas des titulaires puisqu'elles sont défendues par des groupes (liberté syndicale...) alors que les droits les plus fondamentaux verront l'unité du titulaire et du bénéficiaire. Ainsi, la CEDH mène une politique d'ouverture aux actions en entendant largement la notion de « victime », même potentielle, au titre de l'intérêt à agir et ce pour éviter qu'il y ait trop d'écart entre la notion de titulaire et celle de bénéficiaire. Un handicap français, l'impossibilité d'invoquer l'inconstitutionnalité d'une loi devant le juge ordinaire, a évolué avec la question prioritaire de constitutionnalité. L'existence d'un recours constitutionnel direct (Allemagne, Espagne) apparaît comme la principale garantie des titulaires de droits.

B. Effets vertical et horizontal des droits fondamentaux

319 **Distinction.** – La distinction entre les effets horizontaux et les effets verticaux repose en fait sur la relation entre bénéficiaire et débiteur. On parle **d'effet vertical quand la permission d'agir du bénéficiaire correspond à une obligation de la puissance publique**, organe de concrétisation des droits fondamentaux. Cette obligation pèse sur tous les organes de l'État, principalement le législateur, mais ensuite toutes les autorités relevant directement ou non de l'État (personnes publiques mais aussi personnes privées gérant un service public). On parle **d'effet horizontal des droits fondamentaux car, bien que consacrés constitutionnellement ou conventionnellement, les droits s'appliquent aux relations entre particuliers**. Toutefois, dans un deuxième temps, c'est l'État qui sera *in fine* le débiteur de ces droits car il lui revient de mettre en place la procédure adéquate qui permettra d'empêcher la violation du droit ou d'en sanctionner la violation.

C'est alors que se pose la question **de l'applicabilité directe et de l'effet direct de certaines normes-relais des droits fondamentaux**. Ainsi, les **règlements de l'Union** européenne sont d'applicabilité directe et peuvent porter des normes qui consacrent des droits fondamentaux de manière assez précise pour que le juge national puisse les appliquer. Les choses sont plus compliquées **pour les directives** qui sont en principe d'effet vertical (elles s'adressent aux États et créent des obligations à leur charge) et d'applicabilité indirecte, en ce sens qu'elles appellent des instruments de mise en œuvre. Toutefois, le juge accepte de leur faire jouer des effets, principalement après que l'État ait laissé s'achever le délai de transposition sans agir, mais aussi en imposant qu'aucune norme contraire à la directive ne soit adoptée ou appliquée (avant comme après le délai de transposition). Le juge administratif, toujours confronté à la puissance publique qui doit se sentir concernée par la directive, admet les recours contre tous types d'actes administratifs dans cette configuration[2]. La Cour de cassation, quant à elle, confrontée à des relations entre personnes privées, part du principe que ces directives, même porteuses de concrétisation de droits fondamentaux de l'Union (disposition de la Charte des droits fondamentaux), ne sont pas invocables, sauf si l'une des personnes privées gère un service public et peut donc être assimilée à la puissance publique (État ou collectivités territoriales) et à condition que les dispositions de la directive soient inconditionnelles et précises[3]. **La CJUE elle-même écarte l'application des directives pour absence**

2. CE Ass., 30 oct. 2009, *Mme Perreux*.
3. Cass. soc., 22 juin 2016, n° 15-20111, *Société Transdev Reims*, arrêt n° 1289.

d'applicabilité directe mais aussi parfois les dispositions de la Charte qu'elles relaient pour défaut de précision[4].

Quel effet direct des directives dans les litiges entre particulier ? Cass. soc., 22 juin 2016, n° 15-20111, *Société Transdev Reims, arrêt n° 1289*

« Attendu, selon l'arrêt attaqué, que M. X... a été engagé le 26 octobre 1978 en qualité de conducteur-receveur par la société des Transports urbains de Reims, aux droits de laquelle vient la société SASU Transdev Reims ; que le salarié a été victime d'un accident du travail le 15 août 2008 et a été placé en arrêt de travail jusqu'au 28 octobre 2012 ; que le médecin du travail a conclu à l'inaptitude définitive du salarié ; que licencié le 8 janvier 2013, le salarié a saisi la juridiction prud'homale de diverses demandes relatives à l'exécution et à la rupture du contrat de travail ; [...]

Attendu que l'employeur fait grief à l'arrêt de le condamner au paiement d'une somme à titre d'indemnité compensatrice de congés payés pour la période du 15 août 2008 au 31 décembre 2011, alors, selon le moyen :

[...] 2°/ qu'en retenant que les dispositions de l'article 7 de la directive 2003/88/CE étaient directement invocables par M. X... à l'encontre de la société de droit privé Transdev Reims, sans caractériser l'exercice par cette dernière d'une mission de service d'intérêt public, sous le contrôle d'une autorité publique et disposant dans ce cadre de prérogatives de puissance publique, la cour d'appel a violé l'article 288 du Traité sur le fonctionnement de l'Union européenne et le principe selon lequel une directive européenne ne peut permettre, dans un litige entre des particuliers, d'écarter les effets d'une disposition de droit national contraire ; [...]

Mais attendu, [...] que, **lorsque les justiciables sont en mesure de se prévaloir d'une directive à l'encontre de l'État, ils peuvent le faire quelle que soit la qualité en laquelle agit ce dernier, employeur ou autorité publique** ; qu'en effet, il convient, d'éviter que l'État ne puisse tirer avantage de sa méconnaissance du droit de l'Union européenne ; que la Cour de justice de l'Union européenne a ainsi admis que des dispositions inconditionnelles et suffisamment précises d'une directive pouvaient être invoquées par les justiciables à l'encontre d'organismes ou d'entités qui étaient soumis à l'autorité ou au contrôle de l'État ou qui disposaient de pouvoirs exorbitants par rapport à ceux qui résultent des règles applicables dans les relations entre particuliers (CJCE, 12 juillet 1990, C-188/89, Foster E.A, points 18 à 20) ;

Et attendu que la cour d'appel a constaté que la société était [...] délégataire de l'exploitation d'un réseau de transport en commun intérieur, qu'un tel délégataire assurait un service public dont l'étendue, les modalités et les tarifs étaient fixés par l'autorité publique organisatrice et que les agents du réseau de transport public étaient habilités par la loi et le règlement à constater les contraventions afférentes ; [...] »

320 **Les systèmes européens des droits** reposent aussi sur cette conception. Les droits y sont opposables, quand cela est possible, entre particuliers. La Charte européenne des droits fondamentaux instaure par exemple, à l'article 24-2, des obligations à la charge des institutions privées dans tous les actes concernant les enfants. **La Charte l'emporte ainsi sur le Code du travail, à la fois quand il s'agit de non-discrimination**[5], et

4. CJUE, Gr. Ch., 15 janv. 2014, Association de médiation sociale c/Union locale des syndicats CGT, n° C-176/12.

5. CJUE, Gr. Ch., 19 janv. 2010, *Kücükdeveci*, aff. C-555/07 : « il incombe à la juridiction nationale, saisie d'un litige entre particuliers, d'assurer le respect du principe de non-discrimination en fonction de l'âge, tel que concrétisé par la directive 2000/78, en laissant au besoin inappliquée toute disposition contraire de la réglementation nationale ».

lorsqu'il s'agit de droit à la participation des travailleurs dans l'entreprise[6]. La jurisprudence de la CEDH développe clairement un effet horizontal[7]. L'article 14, par exemple, emporte un effet horizontal qui implique que les juridictions interprètent les actes de droit privé de manière à ne pas leur donner d'effet discriminatoire[8]. Pour la Cour européenne par exemple : « si l'article 8 tend pour l'essentiel à prémunir la personne humaine contre les ingérences arbitraires des pouvoirs publics, il peut engendrer de surcroît des obligations positives et notamment celle de veiller au respect de la vie privée et familiale jusque dans les relations interpersonnelles »[9]. **La Cour de cassation a en conséquence pu décider aussi que les clauses d'un contrat de bail ne peuvent porter atteinte à des droits garantis par la Convention** européenne, dans le cas de la résiliation d'un bail au motif que la locataire hébergeait des membres de sa famille alors que le contrat précisait qu'elle devait occuper exclusivement le logement pour son habitation personnelle. La Cour a fait prévaloir les dispositions de la Convention sur la loi du contrat en affirmant qu'en vertu de l'article 8-1 de ce texte les clauses d'un bail d'habitation ne peuvent « avoir pour effet de priver le preneur de la possibilité d'héberger ses proches »[10].

321 **Allemagne.** – L'idée de **faire jouer à des droits consacrés par la Constitution ou les conventions internationales des effets dans les relations entre particuliers**, peine à s'imposer en France et trouve sa source en Allemagne, dans une doctrine générale mais aussi dans la jurisprudence de la Cour constitutionnelle fédérale allemande (« *Drittwirkung* »). L'idée est que quand un particulier a un droit fondamental, les autres ont le devoir de le respecter et l'État doit s'engager à punir ceux qui ne le feront pas. Cela se concrétise par l'invocabilité directe des sources de ces droits, c'est-à-dire soit la Constitution, soit les traités. Dans la décision *Lüth* du 15 janvier 1968[11], la Cour constitutionnelle explique l'effet « indirect » des droits qui agissent dans les relations individuelles par les « clauses générales » du Code civil dont les principes fondamentaux relaient la Loi fondamentale.

322 **Espagne.** – Le Tribunal constitutionnel espagnol suit le même chemin. Il pose qu'un droit fondamental peut faire l'objet d'un recours d'*amparo* même lorsque le législateur a négligé d'adopter une loi « de développement »[12]. On en trouve encore une autre manifestation lorsqu'il vérifie qu'un juge du fond en matière de licenciement a bien protégé les droits fondamentaux du salarié[13], notamment sa liberté de conscience quand il lui est reproché de ne pas suivre la ligne de pensée d'un établissement d'enseignement privé.

323 **France.** – La doctrine demeure généralement hostile à cette présentation du rapport de droit, estimant que l'application des droits s'opère par la loi, par effet horizontal indirect et rarement par application directe par le juge d'une source supra législative. L'essentiel du droit peut être ainsi présenté comme un effet horizontal dès qu'une disposition de droit fondamental s'applique autant à la puissance publique qu'aux particuliers : par exemple la loi du 1er juillet 1972 relative à la lutte contre le racisme (les comportements discriminatoires tombent sous le coup de la loi pénale, qu'ils soient le fait d'un particulier ou d'un représentant de l'administration : art. 225-1, C. pén.). Cependant, **le contrôle de conventionnalité a banalisé cette configuration** : la mise à l'écart de la loi inconventionnelle opère un effet horizontal du droit conventionnel. Quant au contrôle de constitutionnalité, d'une certaine façon, le Conseil d'État a pu admettre l'effet horizontal des droits fondamentaux lorsque, sans loi d'application, le droit de grève se voit reconnaître une applicabilité directe par l'arrêt *Dehaene* de 1950 (certes, la catégorie des principes généraux du droit y est convoquée mais bien en application du préambule de 1946). La question prioritaire de constitutionnalité certes n'est qu'un mécanisme d'abrogation de la loi, mais on verra que les effets de la décision du Conseil permettent d'imposer directement des droits au bénéfice des individus, dans

6. CJUE, Gr. Ch., 15 janv. 2014, Association de médiation sociale c. Union locale des syndicats CGT, n° C-176/12.
7. Voir chapitre 1.
8. CEDH, 13 juill. 2004, *Pla et Puncernau c. Andorre* : obligation d'interpréter un testament mettant à l'écart un enfant adopté.
9. CEDH, 21 nov. 1995, Francisco Velosa Barreto c. Portugal.
10. 6 mars 1996, *Bull. civ.* III, n° 60.
11. *BVerfGE*, t. 7, p. 198.
12. Tribunal constitutionnel espagnol, 18 mai 1982, n° 15/1982 (cas de l'objection de conscience).
13. Tribunal constitutionnel espagnol, 27 mars 1985, n° 47/1985.

des contentieux entre particuliers. **L'idée d'effet horizontal n'est donc pas à écarter ; même dans le cas du juge civil.** Les exemples existent : un arrêt de la première chambre civile du 9 octobre 2001 évoque un « devoir constitutionnel » à propos de la dignité qui s'applique dans une relation de droit privé en l'absence de loi concrétisant (à l'époque) le droit d'information du patient en matière médicale. Plus récemment, le juge fait application directe de l'article 11 de la Convention européenne relative à la liberté d'association sans passer par la loi de 1901 en vue de fonder le droit à ne pas adhérer à une association[14].

324 Prolongement dans la théorie de l'abus de droit[15]. – La théorie de l'abus de droit trouve une application toute particulière en matière de droits fondamentaux. **L'article 17 de la Convention EDH prévoit par exemple qu'« aucune des dispositions de la présente convention ne peut être interprétée comme impliquant, pour un État, un groupement ou un individu, un droit quelconque de se livrer à une activité ou d'accomplir un acte visant à la destruction des droits et libertés reconnus dans la présente convention ou à des limitations plus amples de ces droits et libertés que celles prévues par ladite convention ».** Cela implique que le titulaire des droits ne peut pas détruire le droit de quelqu'un sous prétexte d'exercer son propre droit. S'il se livre à cette sorte d'abus de droit, la sanction par l'État est, pour le titulaire, la déchéance de son droit. Cet article 17 trouve principalement à s'appliquer au domaine de la liberté d'expression : selon la Cour « il ne fait aucun doute que tout propos dirigé contre les valeurs qui sous-tendent la Convention se verrait soustrait par l'article 17 à la protection de l'article 10 »[16]. Il ne trouve à s'appliquer toutefois que dans des hypothèses extrêmes pour des actes qui seraient susceptibles de porter atteinte à la démocratie.

Ainsi, dans l'affaire *Pavel Ivanov c. Russie*[17], la Cour a conclu que le requérant ne pouvait se prévaloir de la protection de l'article 10 car les publications dont il était l'auteur, et qui avaient occasionné sa condamnation par les juridictions internes, avaient pour résultat d'attiser la haine envers le peuple juif et étaient donc contraires aux valeurs de tolérance, de paix sociale et de non-discrimination qui sous-tendent la Convention. Dans l'affaire *Seurot c. France*[18], le gouvernement a eu raison d'exclure des propos racistes proférés par une enseignante de la protection de l'article 10[19]. C'est encore la solution de l'affaire *Dieudonné* qui sera évoquée plus loin[20].

Hors de la jurisprudence, **certains textes mentionnent aussi cette approche en termes d'abus de droit à propos des droits fondamentaux.** Ainsi le point 4 des motifs du Règlement européen du Conseil du 27 avril 2016 relatif à la protection des personnes physiques à l'égard du traitement des données à caractère personnel et à la libre circulation de ces données dispose que : « le traitement des données à caractère personnel devrait être conçu pour servir l'humanité. Le droit à la protection des données à caractère personnel n'est pas un droit absolu ; il doit être considéré par rapport à sa fonction dans la société et être mis en balance avec d'autres droits fondamentaux, conformément au principe de proportionnalité. » Ainsi ce droit fondamental ne vaut qu'au regard de sa fonction sociale et peut faire l'objet d'une invocation abusive.

---

14. Cass. 1re civ., 20 mai 2010.
15. V. aussi *supra* n° 67.
16. CEDH, 5e Sect. (déc.), 7 juin 2011, *Bruno Gollnisch c. France*, req. n° 48135/08.
17. n° 35222/04, 20 févr. 2007.
18. n° 57383/00, 18 mai 2004.
19. Mais : Cour EDH, Gr. Ch., 6 janv. 2011, *Paksas c. Lituanie*, req. n° 34932/04 : des opinions séparées ont regretté que l'article 17 ne s'applique pas dans le cadre d'une disposition selon laquelle tout individu ayant été démis de son mandat à l'issue d'une procédure de destitution ne pouvait être élu à la présidence de la République avant l'expiration d'un délai de cinq ans.
20. CEDH, 10 nov. 2015, n° 25239/13, *Dieudonné M'bala M'bala c. France*.

C. Les différents sujets

325 Pluralité de termes. – Le discours juridique utilise plusieurs termes pour désigner le sujet des droits fondamentaux. Il peut **parler d'« *être humain* »[21], d'« *individu* »[22], d'« *homme* »[23], et plus rarement de « *personne humaine* »**. Par ailleurs l'écrasante majorité des références faites à propos du sujet des droits, tous textes confondus, s'opère par le truchement d'une formule neutre : il s'agit très majoritairement de « *toute personne* », sans pour autant qualifier cette personne (humaine, morale, juridique, physique, divine… ?), mais aussi « *chacun* », « *nul* ».

1. Les figures de l'individu

326 Liens. – Un rapport triangulaire s'organise entre *être humain*, *personne juridique* et *personne humaine*, tous trois termes de droit positif, remplissant potentiellement des fonctions distinctes et connaissant des temps différents. **De la conception à la naissance, le droit ne voit qu'un être humain, dont la protection va croissant en fonction d'une ébauche de socialisation (c'est en cela qu'il existe en droit une idée de personnalité humaine potentielle qui se concrétise dans la notion de respect de l'être humain). À la naissance les personnalités humaine et juridique sont conférées ; à la mort la personnalité juridique disparaît quand la personne humaine poursuit ses effets.**

327 Personne juridique et être humain. – La doctrine a su décrire la personne juridique comme une construction proprement juridique, support de droits et lieu d'imputation d'obligations. La plupart des auteurs soulignent l'aspect proprement fonctionnel de la notion qui ne doit rien à une préexistence d'une personnalité qui serait aussi naturellement donnée que le corps. Si la personne physique repose sur l'existence d'un individu, elle pourrait s'appliquer à deux ou trois comme à aucun nommément désigné. **La personne juridique n'a pas besoin d'un corps, s'il s'agit d'une personne physique (qui a un corps) elle peut avoir des droits sur son corps** mais dans l'absolu elle pourrait se passer d'avoir un corps.

328 Personne juridique et personne humaine. – L'analyse sémantique des emplois du terme de personne et de ses qualificatifs indique clairement qu'il existe en droit deux éléments distincts, la personnalité juridique s'analysant comme un support technique et standard, très différent des sens attribués à la personne humaine. Ainsi, la loi relative à la recherche « sur la personne humaine » (autrefois biomédicale) par exemple, précise minutieusement à l'article L. 209-1 du Code de la santé publique que « la personne physique ou morale qui prend l'initiative d'une recherche biomédicale sur l'être humain est dénommée le promoteur » ; il s'agit ici du sujet de droit qui acquiert un statut législatif et dont la prérogative est juridiquement qualifiée. En revanche la loi multiplie l'emploi du terme personne, sans précision, mais pour désigner le corps ; il y est fait mention de la protection de chacun « en sa personne », du « bénéfice pour la personne », de « recherche biomédicale sur la personne », ou encore de « l'intérêt ou de la santé d'une personne malade » ; « personne » signifie alors « humaine » et se confond alors avec « corps ». **Personne juridique et personne humaine se présentent donc comme deux notions juridiques distinctes et pourtant évidemment liées.** Le concept de personne humaine vient « informer » littéralement la personne juridique, c'est-à-dire qu'elle vient lui donner une forme corporelle en même temps qu'elle lui assigne des préoccupations réalistes tenant à la situation sociale de l'individu. Ainsi se comprennent mieux certains textes qui emploient ensemble les deux expressions « être humain » et « personne humaine ». Si on reprend la

21. Art. 1 DUDH, préambules des pactes, préambule de la Convention internationale sur l'élimination de toutes les formes de discrimination raciale dans ses alinéas 1, 2 et 7 ; alinéas 10 et 13 du préambule, art. 2 de la Déclaration sur le droit au développement ; entre dans la définition de l'enfant : art. 1 de la Convention sur les droits de l'enfant de 1989, préambule et art. 3 de la Déclaration sur l'élimination de toutes les formes d'intolérance et de discrimination fondées sur la religion ou la conviction (Rés. n° 36/55 du 25 nov. 1981.).
22. Préambules des pactes, art. 5, art. 6, al. 2, art. 13 al. 4, PIDESC ; art. 2, art. 5, art. 9, al. 1, 2, 3, 5, PIDCP.
23. Art. 6 PIDESC notamment.

même loi du 20 décembre 1988 portant sur la protection des « personnes » qui se prêtent aux recherches biomédicales, elle s'ouvre sur les « essais ou expérimentations organisés et pratiqués sur l'être humain », et poursuit sur « le bénéfice direct de la personne ». Tout au long des articles L. 1121-1 et suivants du Code la santé publique, les deux termes se mêlent et semblent synonymes. **Le terme d'être humain y désigne le corps qui fait l'objet de l'expérimentation, celui de personne l'englobe et ajoute la volonté et l'intérêt du sujet de l'expérience.**

329 Personne humaine et être humain. – Il apparaît que la personne est avant tout un être humain, un individu appartenant à l'humanité. Ainsi, le terme juridique d'être humain qui convoque les représentations juridiques des qualités d'« humain » et d'individu permet-il de mieux cerner une partie du **concept de personne humaine, cette dernière étant nécessairement un être humain contrairement à la personnalité morale qui est aussi une personnalité juridique**. Cette humanité revêt une dimension que l'on peut nommer « humanitude » mais qui demeure liée à l'existence biologique d'un individu humain. **Toute personne humaine est un être humain, mais tout être humain n'est pas une personne, comme en atteste le statut de l'embryon, qualifié d'être humain par le Code civil mais qui ne devient une personne humaine qu'avec l'acquisition de la personnalité juridique**. La personne ajoute donc à l'être une dimension supplémentaire, celle de l'acteur, du sujet, de la volonté, concrétisée par la personnalité juridique. Cette dernière disparaît avec la mort de l'être humain qui cesse d'être vivant et d'être sujet de droit. Cependant le cadavre demeure objet de droit, protégé comme personne humaine par le droit objectif.

330 Humanité de la personne. – Ces questions sont toujours au cœur d'interrogations doctrinales. Tout être humain est-il sujet ? Tout sujet est-il humain ? Montrer que la personne humaine est toujours un être humain, sans que la réciproque ne se vérifie, amène à éclairer le débat : l'être humain, en tant que notion juridique, se voit ainsi attribuer des « personnalités », personne juridique (au sens de support standardisé des droits et obligations) et personne humaine (qui lie être humain et personne juridique entre eux) ; la personne juridique se trouve quant à elle « humanisée » par le concept de personne humaine. Le concept de personne crée l'unité du sujet des droits fondamentaux, unité de son corps, de sa volonté, de son intégration à la société.

2. La reconnaissance de droits fondamentaux aux personnes morales

331 Enjeux. – Les droits fondamentaux sont des droits de la personne humaine, de l'être humain, mais, dans la recherche de mécanismes juridiques permettant de protéger toujours mieux ces droits fondamentaux, l'idée a germé de **protéger les prérogatives des personnes morales comme droits fondamentaux ; le plus souvent dans le but de protéger médiatement, « par ricochet », ceux des individus qui en sont membres**. Par une dérive bien connue chez les juristes qui perdent de vue à quoi servent les institutions, la doctrine et certains juges se sont mis en tête de protéger les droits de toutes les personnes morales, y compris celles qui n'ont aucune réalité humaine, qui ne sont que des patrimoines ou des montages d'autres personnes morales. On retombe ainsi sur le vieux débat du XIXe siècle concernant la réalité ou la fiction de la personnalité.

332 Théories de la fiction. – La **personne morale n'est pas une fiction, elle est seulement une abstraction au même titre que la personne physique**. Il n'y a pas de sens à rechercher la « réalité » de la personne morale lorsque c'est celle de la « personne physique » qui doit faire l'objet d'un doute. D'un point de vue externe, celui de la théorie, la pluralité des individus composant la « personne morale » paraît indépassable. En revanche, d'un point de vue interne (celui du législateur ou du juge), donc d'un point de vue sociologique, on note une réelle différence entre les personnes morales qui donnent forme à un groupe humain et les autres, qui deviennent des fictions (les masses de biens, les sociétés qui regroupent d'autres sociétés, et autres montages de droit des affaires). Hauriou les séparait nettement : les personnes collectives peuvent être « transparentes » et servir en fait les droits des individus. Les autres ne sont vraiment que des instruments juridiques sans réalité sociale. En définitive, seules les premières devraient avoir des droits fondamentaux. C'est à une telle lecture que s'est rendue la Cour constitutionnelle allemande qui considère que « par leur formation et leur activité, elles sont l'expression du libre épanouissement des personnes physiques ». L'idée de fond demeure d'ailleurs que les individus se rassemblent pour leur épanouissement et que c'est cette « valeur ajoutée » qui mérite protection. Pourtant, le texte de la Loi fondamentale n'apporte pas une telle nuance. L'exemple espagnol est révélateur : la Constitution y protège la liberté religieuse tant en faveur des individus que des « communautés » (art. 16). **Le Tribunal constitutionnel espagnol** a ainsi affirmé que les droits des personnes physiques s'appliquent aux personnes morales « à partir du moment où elles se positionnent à la place du sujet privé [...] et dans toutes les hypothèses où l'utilisation du droit n'apparaît pas incompatible avec la nature ou la spécificité des buts de l'entité collective »[24] comme c'est le cas de l'intimité personnelle et de la vie familiale. Dès lors, la protection suit une configuration variable. Mais au fond, ces raisonnements indiquent un profond attachement à une certaine « anthropologie » de la personnalité juridique. On continue à refuser un divorce trop prononcé entre la technique juridique de la personnalité de droit et la « réalité » du sujet humain. Cette attitude, qui repose surtout sur un non-dit, ne se justifie pourtant pas forcément.

333 Le droit à la personnalité morale. – Sur cette base, on peut même lire certaines décisions de justice comme **consacrant un droit à la reconnaissance de la personnalité morale.** C'est notamment le cas de la liberté de religion qui conduit à admettre l'obligation positive de l'État de reconnaître la personnalité des communautés religieuses. À la suite de la demande de l'Église métropolitaine de Bessarabie, revendiquant le droit d'user d'un terrain, compte tenu de ce que sa chapelle y était sise, le bureau national du cadastre répondit aux fidèles que « l'administration publique locale n'était pas en mesure d'adopter une telle décision, puisque l'Église métropolitaine de Bessarabie n'avait pas de personnalité juridique reconnue en Moldova ». Alors même que la loi disposait que « les cultes reconnus par l'État sont des personnes morales [...] ». Le refus de reconnaître cette personnalité a été, cette fois, reconnue comme une violation de l'article 9 CEDH[25]. De même, dans une autre affaire, les requérants soutiennent, à propos du bureau du grand mufti remplacé par les autorités bulgares, que **le droit de toute personne de manifester sa religion collectivement implique la possibilité pour la communauté de s'organiser selon ses propres règles**. En effet, selon la loi relative à la liberté de religion, « une confession est réputée reconnue et acquiert la personnalité juridique après approbation de ses statuts par le Conseil des ministres ou par un vice-premier ministre habilité à cet effet ». La Cour conclut à la violation de l'article 9 pour cette ingérence[26].

On peut aussi évoquer le droit d'agir en justice[27]. Par exemple, la cour d'appel de Paris[28] a considéré que **la personnalité juridique d'une association étrangère devait être reconnue du seul fait qu'elle avait été valablement constituée** au regard de la législation du pays concerné. Devant la Cour européenne, une affaire française confirme cette exigence[29] : les requérantes, associations étrangères, se plaignaient de l'irrecevabilité de leurs plaintes avec constitution de partie civile au motif qu'elles n'auraient pas accompli les formalités exigées par l'article 5 de la loi du 1er juillet 1901 pour obtenir la capacité d'ester en justice en France. La France a en effet imposé une restriction inconventionnelle, au demeurant non suffisamment prévisible, qui porte atteinte à la substance même de leur droit d'accès à un tribunal, de sorte qu'il y a eu violation de l'article 6 de la Convention.

334 Pratiques étrangères. – Cette distinction n'est pourtant pas toujours celle qu'adopte notre droit qui se fonde plutôt sur le caractère « naturel » ou « possible » de la reconnaissance des droits aux personnes morales

24. Tribunal constitutionnel espagnol, 17 oct. 1985, n° 137/1985, préc.
25. CEDH, 27 mars 2002, n° 45701/99, *Église métropolitaine de Bessarabie*.
26. CEDH, 26 oct. 2000, n° 30985/96, *Hassan et Tchaouch*.
27. CEDH, 16 déc. 1997, n° 143/1996/762/963, *Église catholique de la Canée c. Grèce*. La Commission avait dans cette affaire admis la violation combinée de l'article 6 avec l'article 9.
28. CA Paris, 25 janv. 1995, n° 94-9940.
29. CEDH, 15 janv. 2009, *Ligue du monde islamique et Organisation islamique mondiale du secours islamique c. France*, n° 36497/05 et n° 37172/05.

sans s'interroger sur sa nécessité. Les personnes ont des droits fondamentaux dès que les textes parlent de « personne » et non seulement d'individu ou d'homme, ou d'être humain et qu'il est possible qu'elles exercent ces droits, c'est-à-dire tous les droits qui ne sont pas liés au corps, à une action se servant du corps. **La reconnaissance de droits fondamentaux aux personnes morales peut s'effectuer facilement pour les droits procéduraux et patrimoniaux**. La Cour suprême des États-Unis a jugé que les Corporations étaient des personnes au sens du quatorzième amendement[30]. Il peut s'agir de protéger le principe même de la personnalité. Ainsi, le droit français du contentieux administratif conserve à une personnalité morale dissoute l'exercice du recours pour excès de pouvoir pour contester sa dissolution. Le droit constitutionnel espagnol ouvre le droit d'agir pour protéger une association à l'association elle-même. De même, une décision du Tribunal constitutionnel du 17 octobre 1985 a posé que l'inviolabilité du domicile et la protection juridictionnelle effective ne sont pas le privilège des personnes physiques en dépit de la formulation du texte[31] qui les qualifie de droits de la personnalité. En France, l'article 19 alinéa 3 ouvre la titularité des droits fondamentaux aux personnes morales allemandes pour autant que leur essence en permette l'application. Le juge constitutionnel l'a admis aussi pour les personnes morales étrangères dans certains cas. L'article 53 du Code civil suisse dispose que les personnes morales peuvent acquérir tous les droits et assumer toutes les obligations qui ne sont pas inséparables des conditions naturelles de l'homme (le sexe, l'âge ou la parenté).

335 **Droits européens.** – L'article 1er de la Convention EDH dispose que **les Hautes parties contractantes reconnaissent à toute « personne » relevant de leur juridiction les droits et libertés** définis au titre I. La CEDH a eu la jurisprudence la plus remarquable sur ce point. Les droits procéduraux ne posent pas de difficulté[32]. Elle a reconnu aussi aux personnes morales le droit à la **vie privée par la protection de leur domicile**[33]. Il s'agissait de visites et saisies de documents par des agents de la répression des fraudes. Les personnes morales peuvent aussi avoir le droit à la liberté d'expression et le respect du droit aux biens[34]. La CJCE a emboîté le pas à la jurisprudence de la CEDH alors qu'auparavant elle s'en démarquait. Par l'arrêt *Société Roquette Frères* du 22 octobre 2002, elle a admis un droit à la vie privée commerciale pour la protection des locaux professionnels. Une multinationale, comme McDonald's, bénéficie aussi d'un droit à la réputation et à agir en diffamation[35].

CEDH, 14 mars 2013, requête n° 24117/08, *Bernh Larsen Holding As et autres c. Norvège*

La Cour estime que l'injonction faite aux sociétés requérantes de laisser les inspecteurs des impôts accéder à l'intégralité des données stockées sur le serveur partagé par les intéressées et d'en faire une copie s'analyse en **une ingérence dans leur droit au respect de leur « domicile » et de leur « correspondance » au sens de l'article 8**. L'injonction en question visait les trois sociétés requérantes. Selon celles-ci, la copie de sauvegarde du serveur contenait aussi les courriels personnels de leurs salariés. Toutefois, aucun d'entre eux ne s'étant plaint en justice d'une ingérence dans son droit au respect de la vie privée, la Cour n'estime pas nécessaire de rechercher s'il y a eu ou non atteinte à la « vie privée ». En revanche, il convient de tenir compte de l'intérêt légitime des sociétés concernées à protéger la vie privée de leurs employés pour apprécier si l'ingérence était ou non justifiée.

30. Equal protection and Due process : arrêt Santa Clara County v. Southern Pacific Railroad, 118 US 394 de 1886.
31. Tribunal constitutionnel espagnol, 17 oct. 1985, n° 137/1985.
32. CEDH, 21 févr. 2008, *Ravon et al. c. France*.
33. CEDH, 16 avr. 2002, Société Colas Est c. France.
34. CEDH, 16 avr. 2002, Société d'Angeville c. France.
35. CEDH, 15 févr. 2005, *Steel et Morris c. Royaume-Uni*, n° 68416/01.

336 **Perspectives françaises. –** En France, la Constitution ne prévoit rien mais le Conseil constitutionnel **a admis que les personnes morales de droit privé ont des droits fondamentaux**, ne serait-ce que pour protéger les droits des personnes humaines : pour les syndicats[36], pour les sociétés commerciales[37], pour les fondations[38], alors qu'elles ne sont pas composées de personnes physiques, mais aussi aux établissements privés d'enseignement[39]. Dans sa décision du 12 janvier 2002, sur la loi de modernisation sociale, le Conseil constitutionnel a reconnu le principe d'**égalité** entre les sociétés, sans référence aux personnes physiques[40].

337 **Des limites inhérentes à leur objet. –** Contre l'intuition d'origine, **la plupart de ces droits bénéficient aux personnes morales, y compris les droits de la personnalité** (comme le nom, l'image, la réputation). La protection du **domicile** aussi[41]. Tous les **droits et libertés de nature économique**, y compris la propriété, leur sont reconnus, particulièrement par les droits européens. Le principe d'égalité ne fait pas exception. Seuls les droits liés au corps (dignité, liberté corporelle, etc.) apparaissent incongrus. Les libertés liées à **la conscience et à la pensée** seront admises pour les personnes morales dont l'objet s'y rapporte. La **liberté d'expression** ne sera limitée qu'à cette même condition[42] ; elle sera donc protégée dans le domaine de la publicité pour les entreprises[43]. Cependant, cela reste à la condition de ne pas sortir de leur objet social ; les limites peuvent se comprendre. Ainsi, les personnes morales, à l'exception des partis ou groupements politiques, ne peuvent participer au financement de la campagne électorale d'un candidat (art. L. 52-8, C. élect.). La jurisprudence se montre donc ouverte et pragmatique, misant sur les retombées indirectes que cela peut avoir pour les individus.

Ainsi **la Cour de cassation**[44] **a-t-elle étonnamment restreint le droit à la vie privée aux personnes physiques, lorsqu'il s'agit du secret.** L'arrêt de la cour d'appel a ordonné le retrait d'un matériel de vidéo-surveillance et d'un projecteur qui excédait la surveillance de l'intérieur de la propriété des requérants, et enregistrait également les mouvements des personnes se trouvant sur le passage commun, notamment au niveau de l'entrée du personnel d'une société. Elle a retenu que l'atteinte ainsi portée au respect de la vie privée de la société constitue un trouble manifestement illicite qu'il convient de faire cesser. Mais la cassation est encourue au motif que, « si les personnes morales disposent, notamment, d'un droit à la protection de leur nom, de leur domicile, de leurs correspondances et de leur réputation, seules les personnes physiques peuvent se prévaloir d'une atteinte à la vie privée au sens de l'article 9 du Code civil ».

338 **Limites tenant au bénéfice des individus. –** Le fait de reconnaître des droits inhérents à l'individu à des constructions juridiques qui, sans être toujours des fictions, s'éloignent de la personne humaine corporelle, ne va pas de soi. En effet, la doctrine débat abondamment de la finalité de cette reconnaissance : est-ce utile, est-ce nécessaire ? La même protection ne peut-elle être accordée aux individus directement, sans passer par le stade du regroupement ? Certaines cours admettent la titularité des droits aux personnes morales mais limitent la portée des droits reconnus à la condition de leur utilité aux personnes physiques.

339 **Cas particulier des personnes morales de droit public. –** Ainsi le cas des personnes morales de droit public devient-il encore plus problématique. Si elles disposent de la puissance publique, comment pourraient-elles être victime et bourreau ? En **France elles paraissent exclues des droits fondamentaux, sauf lorsqu'il s'agit de droits processuels**, car alors elles apparaissent comme des justiciables simplement et ce rôle suffit à leur faire endosser la titularité. En France, le **Conseil constitutionnel** ne l'exclut pas. Au contraire, il a censuré une

36. CC, 22 juill. 1980, déc. nº 80-117 DC.
37. CC, 16 janv. 1982, déc. nº 81-132 DC.
38. CC, 29 déc. 1984, déc. nº 84-184 DC.
39. CC, 13 janv. 1994, déc. nº 93-329 DC.
40. CC, 12 janv. 2002, déc. nº 2001-455 DC.
41. Cass. crim., 23 mai 1995 ; CEDH, 16 avr. 2002, *Colas c. France*.
42. La société Canal+ en bénéfice : affaire dite des *Guignols de l'info*, Cass. ass. plén., 12 juill. 2000.
43. Cass. crim., 19 nov. 1997, publicité pour le tabac ; CEDH, 20 nov. 1989, *Markt Intern Verlag*.
44. Cass. 1re civ., 17 mars 2016, nº 15-14072.

disposition qui refusait aux « autorités publiques dotées de la personnalité morale autres que l'État » de pouvoir exercer elles-mêmes (sans le ministère public) un recours contre des propos diffamatoires ou injurieux[45]. Il admet en QPC d'examiner la loi au regard de la libre administration[46]. De son côté, le Conseil d'État a franchi un pas important pour étendre les droits fondamentaux au bénéfice des personnes morales de droit public dans l'arrêt *Commune de Venelles* du 18 janvier 2001 dont les membres du Conseil municipal peuvent être les défenseurs[47]. Cet arrêt prévoit que **la libre administration des collectivités est une liberté fondamentale** au sens du « référé-sauvegarde » ; de même, pour le droit de propriété d'un établissement public[48]. Mais il a par la suite limité cette possibilité quant à savoir si les collectivités locales et leurs établissements publics peuvent invoquer le droit au respect des biens[49], refusant de protéger la propriété des personnes publiques par la Convention[50]. La Section de l'intérieur a estimé dans un avis que les stipulations de l'article 1er du protocole n° 1 de la **Convention EDH « ne s'appliquent pas aux rapports entre l'État et les collectivités territoriales dans l'exercice de leurs pouvoirs de puissance publique**, auquel se rattache la gestion de leur domaine public »[51]. Cependant, l'ambiguïté de la nature des sections de commune (administrant des biens domaniaux indivis) leur ouvrirait cette voie[52] même si la CEDH leur ferme son prétoire estimant qu'elles ne sont ni un groupe de particuliers ni une organisation non gouvernementale[53]. La question globale ne saurait encore être tranchée face à la résistance du Conseil d'État à voir la logique des droits fondamentaux détrôner celle du droit de la décentralisation et surtout voir la CEDH s'immiscer dans ce débat. Toujours est-il qu'il ne s'agit jusqu'à présent que des droits des personnes publiques autres que l'État. Le Conseil d'État a de même précisé que si les collectivités territoriales pouvaient se prévaloir du droit au délai raisonnable de jugement issu des principes généraux qui gouvernent le fonctionnement des juridictions administratives, tel n'était pas le cas de l'État qui ne pouvait prétendre agir contre lui-même[54]. La Cour de cassation a soulevé l'impossibilité pour une commune de se prévaloir de la CEDH pour contester une loi de la validation des emprunts toxiques[55].

Pour la Cour de justice de l'Union[56], au contraire, ni la charte des droits fondamentaux de l'Union européenne, ni les traités ne prévoient de dispositions excluant les personnes morales qui sont des émanations des États du bénéfice de la protection des droits fondamentaux.

II. L'être humain, bénéficiaire des droits

340 **Usage du terme.** – Présent dans nombre de textes relatifs à l'ensemble des droits de l'homme dans des textes postérieurs à 1946, le terme d'*être humain* remplace le terme d'*homme* d'autres déclarations antérieures ou contemporaines. Les deux expressions de personne et d'être humain sont employées concomitamment, ce qui permet de les situer l'une par rapport à l'autre. Le texte fait explicitement de l'être humain le titulaire de droits fondamentaux. Certes il n'est pas établi qu'il est le seul titulaire. Sans doute l'idée de **simple bénéficiaire des droits** serait-elle plus juste. En effet, il faut voir dans cette référence à l'*être humain*, identique à celles qui voient le jour dans la même période dans les grands textes relatifs aux droits de l'homme (DUDH et Pactes, Conv. EDH), la reprise sous un vocable moins sexiste de la figure de l'Homme des déclarations du XVIIIe siècle. Cette notion doit elle-même être éclaircie ; elle codéfinit la personne. Le terme d'*être humain* a acquis en droit

45. CC, 25 oct. 2013, n° 2013-350 QPC (Cons. 7).
46. CC, 22 avr. 2022, n° 2022-990 QPC, *Fédération nationale des collectivités de compostage et autres* [Restrictions apportées au développement des installations de tri mécano-biologiques des déchets].
47. Voir aussi T. confl., 19 nov. 2007, Préfet du Val-de-Marne c. Cour d'appel de Paris.
48. CE, ord., 21 nov. 2002, *Gaz de France*.
49. Art. 1er du protocole additionnel n° 1 à la Convention européenne des droits : CE, 29 janv. 2003, *Commune d'Annecy*.
50. CE, 23 mai 2007, Département des Landes.
51. Avis du 26 juill. 2005.
52. CAA Bordeaux, 2 juin 2009.
53. CEDH, 23 nov. 1999, *Section de commune d'Antilly c. France*.
54. CE, 17 juill. 2009, *Ville de Brest*.
55. Cass. com., 28 mars 2018, n° 16-26210.
56. CJUE, 23 janv. 2017, *Justice & Environment / Commission* (T-727/15).

français un statut constitutionnel au potentiel remarquable à travers la constitutionnalisation du préambule de 1946. Le deuxième considérant de la décision *Bioéthique I* du **Conseil constitutionnel distingue le principe du respect de l'être humain dès le commencement de sa vie, issu de la loi IVG et repris dans la décision de 1975, du principe de sauvegarde de la dignité de la personne humaine, seule valeur constitutionnelle qui se « nourrit » du premier principe.**

341 **Sens.** – La notion d'être humain amène à intégrer au cœur du sujet, souvent objet du droit, la notion d'humanité qui elle-même s'en remet aux données de la biologie assimilant l'appartenance à l'humanité à la détention d'un génome de l'espèce humaine. Le texte de la Convention sur les droits de l'homme et la biomédecine du 19 novembre 1996 illustre bien cette configuration en son préambule dont l'alinéa 10 proclame : « Convaincus de **la nécessité de respecter l'être humain à la fois comme individu et dans son appartenance à l'espèce humaine et reconnaissant l'importance d'assurer sa dignité** ».

A. L'humanité de l'être humain

342 **Humanité.** – Le terme d'« être humain » occupe désormais une place grandissante dans les déclarations internationales (la DUDH appelle en préambule « l'avènement d'un monde où les êtres humains seront libres de parler et de croire, libérés de la terreur de la misère »). S'il se définit essentiellement par sa corporéité, par **l'existence biologique dénuée de toute dimension sociale**, l'*être humain* n'en relève pas moins de la qualification juridique des faits. Il est, comme la « personne », une notion juridique. Il permet de faire entrer en droit la notion d'humanité à propos du sujet de droit. Son « humanité » est donc déterminante. On peut la confronter d'abord à celle de l'animal puis s'interroger sur le statut de l'enfant à naître (le rapprochement est saisissant) qualifié en droit « d'être humain ».

1. Droits de l'homme et droits de l'animal

343 **Protection internationale des animaux.** – S'il existe donc des « êtres humains », comme catégorie juridique, ils le doivent aux « êtres non-humains » et aux « choses ». Le traitement des animaux nous en apprend beaucoup sur le sujet humain des droits de l'homme. Aucune déclaration spécifique, de portée internationale ou nationale, issue du droit étatique ne protège les droits des animaux. Certes il existe une déclaration universelle des droits de l'animal, qui fut proclamée le 15 octobre 1978 par la Ligue internationale des droits de l'animal, sans portée juridique. Certaines conventions protègent le bien-être des animaux. Par exemple la Convention européenne sur la protection des animaux dans les élevages (de 1976) qui donne des principes pour les soins et l'hébergement des animaux, et s'est dotée d'un Comité permanent chargé d'élaborer et d'adopter des recommandations du Conseil de l'Europe, la Convention européenne pour la protection des animaux vertébrés utilisés à des fins expérimentales ou à d'autres fins scientifiques, la Convention européenne sur la protection des animaux en transport international, ou la Convention européenne sur la protection des animaux d'abattage. La **Convention européenne sur la protection des animaux de compagnie de 1987** contient des dispositions visant à établir des normes de base définissant la position et le comportement des propriétaires d'animaux de compagnie. Sur la base de l'article 13 TFUE, la Cour de justice de l'Union a aussi veillé au bien-être animal, dans le cadre de l'élevage et de l'abattage, tout en tenant compte des rites religieux et traditions ; l'abattage ne peut avoir lieu que dans un abattoir respectant l'étourdissement, en dépit de la tradition musulmane[57]. Selon la Cour de justice[58], une réglementation nationale qui impose l'obligation d'étourdissement préalable de l'animal lors de l'abattage rituel tout en prescrivant que cet étourdissement soit réversible et qu'il ne provoque pas la mort de l'animal, respecte le contenu essentiel de l'article 10 de la Charte, dès lors que l'ingérence résultant d'une telle

57. CJUE, Gr. ch., 29 mai 2018, *Liva van Moskeën en Islamitische Organisaties Provinvie Antwerper*, C-426/16.
58. CJUE, 17 déc. 2020, Centraal Israëlitisch Consistorie van België e.a., et autres, C-336/19.

réglementation se limite à un aspect de l'acte rituel spécifique que constitue ledit abattage, ce dernier n'étant en revanche pas prohibé en tant que tel. Le règlement sur la protection des animaux[59] au moment de leur mise à mort, lu à la lumière de la liberté de conscience et de religion, doit donc être interprété en ce sens qu'il ne s'oppose pas à la réglementation d'un État membre qui impose, dans le cadre de l'abattage rituel, un procédé d'étourdissement réversible et insusceptible d'entraîner la mort de l'animal.

344 **Protection interne des animaux. –** Concernant la France, dès 1850 la loi prohibait les mauvais traitements envers les animaux domestiques. « **Tout animal étant un être sensible doit être placé par son propriétaire dans des conditions compatibles avec les impératifs biologiques de son espèce** » (art. L. 214-1, C. rur.). De même, « il est interdit d'exercer des mauvais traitements envers les animaux domestiques ainsi qu'envers les animaux sauvages apprivoisés ou tenus en captivité » (art. L. 214-3, C. rur.). Un certain nombre d'infractions protègent les animaux contre des traitements cruels (lois du 12 novembre 1963 et du 10 juillet 1976). **L'infraction de mauvais traitements envers un animal domestique**, prévue à l'article R. 654-1 du Code pénal, est punie d'une peine d'amende dont le montant maximum est de 750 euros (par ex. le fait de laisser un chien enfermé dans une voiture stationnée dans un endroit non ombragé, par temps de chaleur ou de soleil[60]). En 2010, une proposition de loi envisage de pénaliser la saisie et le téléchargement des images de zoophilie au nom de la protection des animaux. Mais la loi du 15 février 2015 énonce que « **les animaux sont des êtres vivants doués de sensibilité. Sous réserve des lois qui les protègent, les animaux sont soumis au régime des biens** » (art. 515-14 du Code civil inscrit au chapitre des modifications de la propriété). Cette loi sort les animaux de la notion de meubles même si « les animaux que le propriétaire d'un fonds y a placés aux mêmes fins sont soumis au régime des immeubles par destination » (art. 524). Cela atteste de ce que l'animal n'est décidément pas une chose que l'on maltraite mais ne change pas réellement son statut juridique. Il doit être traité avec une forme « d'humanitude ». La loi du 30 novembre 2021 sur l'interdiction de la vente des chiens et chats dans les animaleries, impose d'ici sept ans la fin des spectacles d'animaux sauvages dans les cirques et renforce les sanctions pour les sévices infligés aux animaux. Le Conseil d'État, confronté à un recours contre la mise en fourrière et la possibilité d'euthanasie d'un chien estimé dangereux, n'a pas tranché la question de son droit à la vie, mais a vérifié « son bien-être »[61]. Sur la base de cette qualité d'être sensible, le droit argentin a reconnu la personnalité juridique à un chimpanzé comme « personne non-humaine dotée de droits fondamentaux »[62].

345 **Humanitude. –** On le voit, l'animal n'est pas sujet de droit mais il entre sous sa protection juridique objective. Aussi proche soit-il de nous il reste un objet. Un vaste débat pose la question de l'extension de la qualité de sujet de droit aux animaux, voire de la reconnaissance à leur profit des « droits de l'homme »[63]. Loin de personnaliser la nature au même titre que les groupements humains (comme le souhaite la *deep ecology*) notre droit aménage donc une protection pour ce qui reste un objet de droit traité avec humanité. **On peut ainsi traiter avec humanité ce qui n'est pas humain.**

La question de la future extension des droits de l'homme aux robots, humanoïdes ou intelligences artificielles capables de conscience ou simplement de sensibilité, anime aujourd'hui la réflexion de quelques juristes. Il va de soi qu'elle ne se réduit pas à une analogie avec l'animal ni à la seule considération de sa proximité avec l'humain. Au contraire, si de telles intelligences émergent, sans doute supérieures aux nôtres en termes de mémoires et d'apprentissages, elles se doteront sans doute de normes concurrentes de nos droits fondamentaux, lesquels ne sauraient être des concessions à leur égard...[64]

59. Règlement (CE), 24 sept. 2009, n° 1099/2009.
60. T. corr. Saint-Germain-en-Laye, 23 janv. 2004.
61. CE, 1er décembre 2020, n° 446808.
62. Tr. civil de Mendoza, 3 nov. 2016.
63. Dossier « L'humanité au-delà des humains », *Le Débat*, janv. 2000, n° 108.
64. X. Bioy, « Vers un statut juridique des androïdes », *Journal International de bioéthique*, 2013, vol. 24 ; *Lex Robotica – Le droit à l'épreuve de la robotique*, Dir. V. Depadt et D. Guével, LGDJ, 2018 ; Traité de droit et d'éthique de la robotique civile, N. Nevejans, LEH, 2017 ; S. Slama, « Les robots-androïdes, de quels droits fondamentaux ? », *RDLF* 2019 chron. n° 50 (www.revuedlf.com).

2. La juridicisation de l'humanité

346 **Polysémie.** – L'ambiguïté qui pèse sur l'idée d'humanité se mesure dès le premier abord quand on comprend que cela désigne aussi bien le **collectif**, que la **qualité de chacun de ses membres**, mais aussi **l'espèce humaine** ou bien encore le **caractère moral de certains actes**. La « conscience de l'humanité » dont parle le préambule de la DUDH fait référence à la fois au collectif formé par tous les êtres humains et aux valeurs universelles portées par lui. Un troisième sens est celui de la « qualité d'humain », l'appartenance à l'espèce humaine. Cette troisième dimension, le droit tend à la consacrer sous les dehors d'une vérité biologique à laquelle il se raccroche. « Au-delà des « droits de l'homme », se pose désormais la question de **la construction juridique de l'idée d'humanité**, au détour de notions comme le **crime contre l'humanité** ou même la **dignité humaine**, longtemps circonscrite à la personne, alors que les biotechnologies concernent aujourd'hui l'humanité tout entière ; les manipulations génétiques par exemple peuvent mettre en cause l'intégrité de l'espèce humaine, d'un point de vue non seulement physique mais en quelque sorte métaphysique » écrit Mireille Delmas-Marty[65].

347 **Coexistence.** – L'humanité en tant que collectif s'envisage de façon **diachronique** (dans la continuité des générations), là où la qualité d'humain s'analyse de façon **synchronique** avec l'existence même du sujet (tel être est humain ou non). Cherchant une assise réaliste à leurs qualifications, le législateur et le rédacteur de textes internationaux seront tentés de tirer le qualificatif d'humain d'une appartenance biologique à l'espèce humaine. Cependant, ils optent en général pour une conception symbolique. La DUDH emploie en préambule l'expression de « **membres de la famille humaine** ». D'où le traitement « symbolique » du génome humain comme patrimoine de l'humanité par la Déclaration des Nations unies sur le génome humain[66].

a. Aspects bioéthiques

348 **Génétique.** – On retrouve ce traitement dans le régime des données génétiques qui apparaissent donc en droit comme des choses (aspect corporel des chromosomes et incorporel de l'information) à la fois propres à chacun et communes à tous. Les travaux du Comité international de bioéthique ont montré combien le réductionnisme génétique (réduire la personne à son génome) était et doit demeurer étranger au droit, au devoir être. Contre les doctrines racistes qui ont tenté d'asseoir biologiquement les discriminations, le droit contemporain trouve au contraire dans la génétique à la fois des racines communes et la preuve de **l'unicité de chacun**. Les rédacteurs de la Déclaration universelle de l'Unesco sur le génome humain et les droits de l'homme ont établi à l'article 2 (b) que « cette dignité impose de ne pas réduire les individus à leurs caractéristiques génétiques et de respecter leur caractère unique et leur diversité ».

Selon la directive (UE) 2016/680 du Parlement européen et du Conseil du 27 avril 2016 relative à la protection des personnes physiques à l'égard du traitement des données à caractère personnel, les **données génétiques se définissent comme « les données à caractère personnel relatives aux caractéristiques génétiques héréditaires ou acquises d'une personne physique, qui donnent des informations uniques sur la physiologie ou l'état de santé** de cette personne et qui résultent de l'analyse d'un échantillon biologique de la personne physique en question, notamment une analyse des chromosomes, de l'acide désoxyribonucléique (ADN) ou de l'acide ribonucléique (ARN), ou de l'analyse d'un autre élément permettant d'obtenir des informations équivalentes. [...] Il y a lieu d'interdire en principe toute discrimination fondée sur des caractéristiques génétiques »[67].

La loi du 2 août 2021 développe le partage de l'information génétique à des fins de soin et de recherche. Elle institue la distinction des caractéristiques génétiques constitutionnelles (héritées ou acquises à un stade

65. M. Delmas-Marty, *Vers un droit commun de l'humanité*, Éd. Textuel, 1996, p. 72.

66. Art. 1er : « Le génome humain sous-tend l'unité fondamentale de tous les membres de la famille humaine, ainsi que la reconnaissance de leur dignité intrinsèque et de leur diversité. Dans un sens symbolique, il est le patrimoine de l'humanité ».

67. Pour le règlement général européen relatif aux données personnelles il s'agit de données dont la collecte est en principe interdite. Voir *infra*.

précoce du développement prénatal) et les caractéristiques génétiques somatiques (dont le caractère hérité ou transmissible est second).

349 **Protection de l'espèce humaine.** – C'est en ce sens qu'il faut comprendre la position du **Conseil constitutionnel** qui **rattache en 1994 la protection de l'intégrité de l'espèce humaine à la dignité de la personne humaine**. Les lois de 1994 érigent en principe législatif la protection de l'intégrité de l'espèce humaine, principe qui place donc chacun en position de débiteur d'obligations encore mal connues, sans doute essentiellement des obligations de ne pas faire, de ne pas modifier le patrimoine transmissible aux générations suivantes. Le Conseil constitutionnel a constaté la vacuité du bloc de constitutionnalité en la matière et laissé libre champ au législateur pour limiter ou non les atteintes au génome. La **Convention européenne de bioéthique consacre une certaine forme de droit à hériter de caractéristiques génétiques non modifiées**[68]. Cependant, depuis l'invention du mécanisme dit « Crispr.cas 9 », lequel permet de couper, et éventuellement de remplacer, une séquence génétique d'une cellule, la tentation est grande de rechercher à supprimer les maladies monogéniques dans les cellules germinales et donc de modifier le génome de la descendance.

350 **Crimes contre l'espèce.** – **L'article 16-4 du Code civil dispose que « nul ne peut porter atteinte à l'intégrité de l'espèce humaine ».** Dans le Code pénal, en créant les incriminations de « crimes contre l'espèce humaine », portant sur le clonage reproductif et l'eugénisme, le législateur français a maladroitement donné une réalité juridique à une entité (« l'espèce ») qui n'en est pas une biologiquement. En même temps, il en a fait une valeur protégée par le droit sans que l'on sache très bien ce que cela interdit au-delà du **clonage reproductif et de l'eugénisme** qui sont aujourd'hui les deux interdits. Entre 1994 et 2004, le Code pénal comprenait une Section relative à la protection de l'espèce humaine punissant de vingt ans de réclusion criminelle l'organisation et la sélection des personnes. Depuis 2004 s'y ajoute le clonage reproductif. Mais un problème naît alors de la rencontre des deux concepts d'espèce et d'humanité. On peut génétiquement identifier par analogie un individu comme humain ; mais cela n'implique pas « une » espèce humaine ; l'idée d'humanité étant irréductible aux données génétiques. Figer en droit l'espèce, ne trouve guère d'écho en biologie humaine où la diversité des origines génétiques et des mutations caractérisant les différentes populations défient l'établissement d'une intégrité de « l'espèce ».

351 **Eugénisme.** – Toujours selon l'article 16-4 du Code civil dispose que « toute pratique eugénique tendant à l'organisation de la sélection des personnes est interdite. Sans préjudice des recherches tendant à la prévention et au traitement des maladies génétiques, aucune transformation ne peut être apportée aux caractères génétiques dans le but de modifier la descendance de la personne ». L'article 214-1 du Code pénal insiste : « Le fait de mettre en œuvre une pratique eugénique tendant à l'organisation de la sélection des personnes est puni de trente ans de réclusion criminelle et de 7 500 000 euros d'amende ».

On connaît la concordance entre les lois hygiénistes du XIXe siècle recherchant l'éradication des maladies infectieuses et les lois eugénistes tendant à enrayer la propagation des maladies héréditaires. Partant du dessein de protéger l'humanité à travers chaque naissance le projet eugéniste a suscité des techniques de sélection, notamment la stérilisation. Nos sociétés contemporaines admettent généralement la (fausse) distinction entre l'eugénisme thérapeutique, qui tend à éviter des « tares » génétiques, et l'eugénisme mélioriste qui entend développer des « qualités », seul le second serait eugénique. La tolérance de nos sociétés à la forme individuelle, qui n'atteint pas en elle-même le collectif, réserve le nom d'eugénisme aux projets organisés et non seulement autorisés. À ce titre, l'avis 107 du CCNE portant sur les problèmes éthiques liés aux diagnostics anténatals (DPN et DPI), en date du 15 octobre 2009, incitait à « *veiller à ce que le choix des couples ne soit pas menacé par un climat idéologique incitatif. En effet, la pression exercée sur des individus ne vient pas forcément de l'État. Elle peut émaner du corps social lui-même* » et l'avis 138 du 20 mai 2021 (*L'eugénisme : de quoi parle-t-on ?*)

68. Rés. n° 934 de 1982 de l'Assemblée parlementaire du Conseil de l'Europe relative à l'ingénierie génétique.

ajoute que « le critère de l'approche populationnelle, doublé de celui de la coercition étatique, tend à exclure du champ de l'eugénisme les « positions individuelles » évoquées plus haut par le Conseil d'État dans le cadre du diagnostic prénatal », contrairement à ce que le Conseil d'État avait pu laisser entendre dans son étude préalable à la révision des lois de bioéthique de 2020. Le CCNE « attire donc l'attention sur la nécessité de garantir aux futurs parents un consentement réellement libre en développant toutes les mesures nécessaires pouvant faciliter l'accueil d'un enfant pour lequel une maladie ou un handicap a été détecté, ce qui n'est pas le cas aujourd'hui »[69].

352 **DPN-DPI.** – C'est pourquoi le Code de la santé autorise et organise le **diagnostic préimplantatoire (DPI) et le diagnostic prénatal (DPN)**.

Le **DPN** s'entend des examens médicaux mis en œuvre pour détecter *intra utero* chez l'embryon ou le fœtus une affection d'une particulière gravité[70]. De manière très significative, les couples ou femmes seules font le choix d'une interruption médicale de grossesse. Le nombre de prélèvements invasifs diminue, corrélée avec l'augmentation du nombre d'examens prénatals non invasifs à partir d'ADN fœtal libre circulant dans le sang maternel (ADNlc) avec près de 195 000 examens.

Le **DPI**, réalisé **après une fécondation** *in vitro*, n'est autorisé que pour permettre à des couples à risque de sélectionner les embryons sains et ainsi d'éviter de mettre au monde un enfant atteint d'une maladie d'une particulière gravité. La loi du 7 juillet 2007 soumet l'échographie obstétricale et fœtale, ayant pour but de détecter, *in utero* chez l'embryon ou le fœtus, une affection d'une particulière gravité, au même régime que les examens génétiques. Toute femme enceinte a droit à une information loyale sur ces examens et y consent par écrit. La Cour européenne a ainsi pu condamner un État, sur le volet procédural de l'article 8, pour une femme n'ayant pu accéder en pratique à un dépistage prénatal[71]. L'évolution des méthodes de dépistage fait en effet craindre que les examens, qui sont désormais plus précoces, ne portent sur un spectre plus large et ne permettent de connaître les **prédispositions à certaines pathologies graves** et n'amènent à recourir plus souvent à l'IVG[72]. La loi renforce l'accompagnement de la femme enceinte afin que celle-ci soit dûment informée de la portée des résultats des tests. Est autorisée également la technique du « double DPI », c'est-à-dire le « bébé médicament », qui permet de sélectionner génétiquement un enfant à naître en vue d'une greffe de cellules souches pour le soin d'un enfant déjà né et atteint d'une maladie génétique grave. Tèrs peu utilisée en France, cette possibilité sera supprimée au terme de la révision de la loi en 2021. Dans une affaire *Costa et Pavan c. Italie*[73], la Cour européenne est confrontée à un couple d'Italiens porteurs sains de la mucoviscidose, souhaitant éviter de la transmettre à leur enfant en ayant recours à la procréation médicalement assistée et au dépistage génétique. Elle conclut à la violation de l'article 8 de la Convention européenne des droits de l'homme. La Cour a relevé l'incohérence du système législatif italien, qui d'une part prive les requérants de l'accès au diagnostic génétique préimplantatoire, et d'autre part les autorise à effectuer une interruption médicale de grossesse quand le fœtus est affecté par cette même pathologie. La Cour a conclu que l'ingérence dans le droit des requérants au respect de leur vie privée et familiale était ainsi disproportionnée.

353 **Clonage reproductif.** – L'interdit du clonage humain reproductif se répand à travers l'ensemble des ordres juridiques, semblant entraver la liberté individuelle. Interdire le clonage revient à incriminer une technique (ou un ensemble de techniques) en elle-même ou en présupposant la nocivité de toutes ses applications. Cela vient sans doute essentiellement du fait que cette technique éloigne, dans une mesure sans précédent, le mode d'engendrement humain d'un modèle naturel jusque-là préservé. Contre l'extraction de certains individus du grand jeu de la

69. Avis 138, p. 15.
70. À ne pas confondre avec le dépistage prénatal : les examens de biologie médicale ou d'imagerie permettant d'évaluer le risque que l'embryon ou le fœtus présente une affection susceptible de modifier le déroulement ou le suivi de la grossesse.
71. CEDH, 24 juin 2014, *A.K. c. Lettonie*, n° 33011/08.
72. J. Testart, *Faire des enfants demain : Révolutions dans la procréation*, Paris, Seuil, 2014.
73. CEDH, 28 août 2012, *Costa et Pavan c. Italie*, n° 54270/10.

loterie génétique, les boucliers se lèvent de toutes parts. Après le protocole additionnel à la Convention d'Oviedo, l'article 16-4 du Code civil dispose encore qu'« est interdite toute intervention ayant pour but de faire naître un enfant génétiquement identique à une autre personne vivante ou décédée », relayé par le Code de la santé publique (art. L. 2151-2 et s.). **Cette interdiction s'appuie sur la dignité de la personne humaine dans la mesure où l'individu se trouve programmé, instrumentalisé**. L'article 214-2 le punit de **trente ans de réclusion criminelle et 7 500 000 euros d'amende**. Le délai de prescription de trente ans court à compter de la majorité de l'éventuel clone. Car la caractéristique de l'incrimination du clonage est d'anticiper fortement sur la commission de la première infraction. Trois ans d'emprisonnement et 45 000 euros d'amende attendent celui qui par don, promesse, menace, ordre, abus d'autorité ou de pouvoir, aura provoqué autrui à se prêter à un prélèvement de cellules ou de gamètes, dans le but de faire naître un enfant génétiquement identique à une autre personne vivante ou décédée ou aura fait de la propagande ou de la publicité, quel qu'en soit le mode, en faveur de l'eugénisme ou du clonage reproductif.

354 **Clonage thérapeutique.** – En revanche le clonage thérapeutique semble moins choquer et n'entraîne de conséquences que pour les embryons qui feront l'objet des prélèvements de cellules totipotentes ; ceux-là ne viendront jamais se plaindre d'avoir fait l'objet d'un projet les instrumentalisant. Selon l'article L. 2151-4 du Code de la santé, « est également interdite toute constitution par clonage d'un embryon humain à des fins thérapeutiques ». L'incrimination du clonage thérapeutique demeure plus légère que celle du clonage reproductif. Mais la différence ne tient pas au degré de sanction, dans le cas du clonage thérapeutique, **l'incrimination ne sanctionne pas la finalité de l'opération mais le principe général de l'utilisation d'embryon**. Le fait de procéder à la conception *in vitro* ou à la constitution par clonage d'embryons humains à des fins industrielles ou commerciales, à des fins thérapeutiques ou de recherche, est puni de **sept ans d'emprisonnement** et de 100 000 euros d'amende (art. L. 2163-3 et s.).

b. Aspects politiques

355 **Les crimes contre l'humanité dont le crime de génocide.** – L'idée même d'humanité, s'appuyant sur les traits communs, une commune appartenance, fondatrice d'identité et d'égalité, relativement récente dans l'histoire de l'humanité[74], trouve en droit son expression la plus forte avec les institutions internationales de la seconde moitié du XXe siècle. Différentes infractions internationales **protègent l'humanité, soit en tant que qualité d'une personne (crimes contre l'humanité), soit en tant que collectif (génocide).** Le crime contre l'humanité, comme les traitements inhumains et dégradants, dessine en ombres chinoises les contours de l'humanité ou de « l'humanitude » de la personne. Le TPIY a rendu un arrêt *Erdemovic*[75] qualifiant les crimes contre l'humanité de faits graves lésant la dignité de l'être humain. Il faut remonter à l'**accord de Londres du 8 août 1945 et à la loi du 26 décembre 1964 proclamant leur imprescriptibilité « par nature »**. Le Conseil constitutionnel a estimé qu'aucune norme constitutionnelle n'interdit l'institution d'une imprescriptibilité « des crimes les plus graves qui touchent l'ensemble de la communauté internationale »[76].

356 **Les crimes contre l'humanité.** – Selon l'article 6 des statuts du Tribunal international de Nuremberg, du 8 août **1945**, il s'agit de l'« assassinat, extermination, réduction en esclavage, la déportation et tout acte inhumain commis contre toutes populations civiles, avant ou pendant la guerre, ou bien les persécutions pour des motifs politiques, raciaux ou religieux, lorsque ces actes ou persécutions, qu'ils aient constitué ou non une violation du droit interne du pays dans lequel ils ont été perpétrés, ont été commis à la suite de tout crime rentrant dans la compétence du Tribunal ou en liaison avec ce crime ». D'autres textes internationaux en ont modifié le

74. « La notion d'humanité, englobant, sans distinction de race ou de civilisation, toutes les formes de l'espèce humaine, est d'apparition fort tardive et d'expansion limitée », C. Lévi-Strauss, *Anthropologie structurale II*, Plon, 1973, p. 383.

75. TPIY, 29 nov. 1996.

76. CC, 22 janv. 1999, déc. n° 98-408 DC.

champ. Cette définition est pour l'essentiel reprise à **l'article 212-1 du Code pénal** : outre le génocide, « constitue également un crime contre l'humanité et est puni de la réclusion criminelle à perpétuité l'un des actes ci-après commis en exécution d'un plan concerté à l'encontre d'un groupe de population civile dans le cadre d'une attaque généralisée ou systématique :

1° l'atteinte volontaire à la vie ;

2° l'extermination ;

3° la réduction en esclavage ;

4° la déportation ou le transfert forcé de population ;

5° l'emprisonnement ou toute autre forme de privation grave de liberté physique en violation des dispositions fondamentales du droit international ;

6° la torture ;

7° le viol, la prostitution forcée, la grossesse forcée, la stérilisation forcée ou toute autre forme de violence sexuelle de gravité comparable ;

8° la persécution de tout groupe ou de toute collectivité identifiable pour des motifs d'ordre politique, racial, national, ethnique, culturel, religieux ou sexiste ou en fonction d'autres critères universellement reconnus comme inadmissibles en droit international ;

9° la disparition forcée ;

10° les actes de ségrégation commis dans le cadre d'un régime institutionnalisé d'oppression systématique et de domination d'un groupe racial sur tout autre groupe racial ou tous autres groupes raciaux et dans l'intention de maintenir ce régime ;

11° les autres actes inhumains de caractère analogue causant intentionnellement de grandes souffrances ou des atteintes graves à l'intégrité physique ou psychique. »

Lorsqu'ils sont commis en temps de guerre en exécution d'un plan concerté contre ceux qui combattent le système idéologique au nom duquel sont perpétrés des crimes contre l'humanité, les actes visés à l'article 212-1 sont punis de **la réclusion criminelle à perpétuité**. La logique du crime contre l'humanité semble dénoncer aussi bien la réduction de la personne individuelle à sa seule appartenance à un groupe que son opposé qui serait la négation des individualités par élimination d'un groupe en tant que tel. **Assimiler l'individu à son groupe et, inversement, le priver du groupe qui lui confère son appartenance sociale devient un crime contre la personne**. La notion de crime contre l'humanité se réfère clairement à l'humanité de chacune des victimes, mais cette incrimination n'écarte pas la dimension collective qui se retrouve dans l'imprescriptibilité. Si la torture n'est pas expressément considérée comme un crime contre l'humanité selon la définition donnée à Nuremberg[77], les années 1990 l'ont intégrée à cette catégorie plus large dans les statuts des Tribunaux internationaux pour le Rwanda et l'ex-Yougoslavie, puis dans le statut de la CPI.

357 **Interprétation.** – La jurisprudence française a volontairement opéré, dès l'engagement des poursuites contre **Klaus Barbie, une définition large de ce crime**, permettant de juger les responsables locaux pour « les actes inhumains et les persécutions qui, au nom d'un État pratiquant une politique d'hégémonie idéologique, ont été commis de façon systématique, non seulement contre des personnes en raison de leur appartenance à une collectivité raciale ou religieuse, mais aussi contre des adversaires de cette politique, quelle que soit la forme de leur opposition »[78]. **Certains crimes de guerre sont ainsi réintroduits dans le concept de crime contre l'humanité**[79]. L'arrêt d'assemblée plénière du 11 juin 2004[80] admet la complicité de celui qui a participé de façon consciente « aux arrestations et séquestrations de personnes dans le cadre d'un plan concerté, connu de lui,

77. Tribunal Militaire International Nuremberg, 1er octobre 1946.
78. Cass. crim., 20 déc. 1985.
79. Cass. crim., 21 oct. 1993, *Touvier* et Cass. crim., 23 janv. 1997, *Papon*.
80. Cass. ass. plén., 11 juin 2004, n° 98-82323, *M. Maurice Papon*.

visant à leur persécution systématique en raison de leur appartenance à une collectivité raciale ou religieuse », sans exiger ni la connaissance « que ces persécutions pouvaient conduire à leur extermination » ni une adhésion personnelle à la politique d'hégémonie idéologique des auteurs principaux. De même, sur le plan international, le caractère étatique du crime a été entendu largement[81] avant de connaître une phase contemporaine plus restrictive. **L'évolution de la notion juridique de crime contre l'humanité entre 1947 et 2000, atteste d'une intégration de plusieurs types d'atteintes réductrices de la personne humaine qui s'éloignent du référent de Nuremberg** resté attaché au modèle des crimes de guerre. **L'esclavage sous toutes ses formes peut ainsi rencontrer l'incrimination de crime contre l'humanité.** L'humanité n'est donc pas tant alors le collectif que le fait d'appartenir à un collectif auquel on prête, dans l'absolu, certaines qualités. Certains auteurs défendent une conception étroite du crime contre l'humanité afin de lui conserver une place hautement symbolique au lieu de le dissoudre dans toute atteinte collective aux droits de l'homme : traiter un homme de façon inhumaine serait sans doute un crime contre l'humanité de cet homme mais pas contre l'Humanité de tous les hommes.

358 **Le génocide. -** La **Convention sur la prévention et la répression du crime de génocide**, a été adoptée par l'Assemblée générale des Nations unies le 9 décembre 1948, et est entrée en vigueur le 12 janvier 1951. Le génocide s'entend des actes commis dans l'intention de détruire, en tout ou en partie, un groupe national, ethnique, racial ou religieux, comme le meurtre de membres du groupe, l'atteinte grave à l'intégrité physique ou mentale de membres du groupe, la soumission intentionnelle du groupe à des conditions d'existence devant entraîner sa destruction physique totale ou partielle, des mesures visant à entraver les naissances au sein du groupe ou le transfert forcé d'enfants du groupe à un autre groupe. Au sein du Code pénal français, le génocide relève de la catégorie des crimes contre l'humanité. Selon **l'article 211-1 du Code pénal** : « constitue un génocide le fait, en exécution d'un plan concerté tendant à la destruction totale ou partielle d'un groupe national, ethnique, racial ou religieux, ou d'un groupe déterminé à partir de tout autre critère arbitraire, de commettre ou de faire commettre, à l'encontre de membres de ce groupe, l'un des actes suivants : atteinte volontaire à la vie ; atteinte grave à l'intégrité physique ou psychique ; soumission à des conditions d'existence de nature à entraîner la destruction totale ou partielle du groupe ; mesures visant à entraver les naissances ; transfert forcé d'enfants ». Le génocide est puni de la réclusion criminelle à perpétuité.

359 **Patrimoines de l'humanité et droits culturels. -** La question de l'humanité comme sujet de droit a agité la doctrine lors de la consécration par les instruments internationaux des droits de la « troisième génération ». Contrairement aux deux premières « générations » dont le titulaire était connu tandis que l'on cherchait à établir les droits, **les droits de troisième génération sont en quête d'un titulaire (souvent présenté comme les « générations futures »**). Or, cette notion reste difficile à cerner juridiquement et d'abord en raison de sa datation. Les droits culturels par exemple apparaissent individuels dans leur titularité et collectifs dans leur exercice, et non l'inverse. Certains droits attachés à la notion de peuple tendent à être attribués à la personne ou à rejoindre l'idée de patrimoine commun de l'humanité. Imaginé par les juristes de droit international au début des années 1980 à propos des ressources maritimes, le concept de patrimoine commun de l'humanité a ensuite connu une vraie fortune dans le domaine des ressources géostratégiques (ressources minières maritimes, zone antarctique, orbite géostationnaire...), biologiques (biodiversité, génome humain...) et enfin culturelle avec l'action de l'Unesco dans le domaine du patrimoine culturel qui donne une assise objective aux droits culturels de l'homme. **La Convention pour la protection du patrimoine mondial, culturel et naturel** a été adoptée par la Conférence générale de l'Unesco en 1972, et est fondée sur le principe que certains endroits sur Terre ont une « valeur universelle exceptionnelle » et doivent ainsi faire partie du patrimoine commun de l'humanité. C'est cette mission commune de préservation du patrimoine mondial qui réunit les 182 États parties à la Convention. La **Déclaration universelle de l'Unesco sur la diversité culturelle** du 2 novembre 2001, reconnaît la diversité culturelle comme patrimoine commun de l'humanité. L'article 1 expose que « la culture prend des formes diverses à travers le temps et l'espace. Cette diversité s'incarne dans l'originalité et la pluralité des identités qui

81. TPIY, 7 mai 1997, *Tadic*.

caractérisent les groupes et les sociétés composant l'humanité. Source d'échanges, d'innovation et de créativité, la diversité culturelle est, pour le genre humain, aussi nécessaire que l'est la biodiversité dans l'ordre du vivant. En ce sens, **elle constitue le patrimoine commun de l'humanité et elle doit être reconnue et affirmée au bénéfice des générations présentes et des générations futures** ». L'article 4 pose la marche à suivre : « La défense de la diversité culturelle est un impératif éthique, inséparable du respect de la dignité de la personne humaine. Elle implique l'engagement de respecter les droits de l'homme et les libertés fondamentales, en particulier les droits des personnes appartenant à des minorités et ceux des peuples autochtones. Nul ne peut invoquer la diversité culturelle pour porter atteinte aux droits de l'homme garantis par le droit international, ni pour en limiter la portée ».

360 La culture comme droit de l'humain. – Sa consécration comme droit de l'homme en droit positif demeure très faible. **Le Pacte des Nations unies de 1966 porte sur les droits économiques, sociaux et culturels. Cette dernière dimension se trouve cependant peu étoffée.** L'article 15 mentionne par exemple que « Les États parties au présent Pacte reconnaissent à chacun le droit : a) De participer à la vie culturelle. » C'est pourquoi un projet, d'initiative privée, de déclaration sur les droits culturels (Fribourg, 7 mai 2007), dispose à l'article 3 (Identité et patrimoine culturels), « Toute personne, aussi bien seule qu'en commun, a le droit : de choisir et de voir respecter son identité culturelle (l'ensemble des références culturelles par lequel une personne, seule ou en commun, se définit, se constitue, communique et entend être reconnue dans sa dignité) dans la diversité de ses modes d'expression ; ce droit s'exerce dans la connexion notamment des libertés de pensée, de conscience, de religion, d'opinion et d'expression ; de connaître et de voir respecter sa propre culture (les valeurs, les croyances, les convictions, les langues, les savoirs et les arts, les traditions, institutions et modes de vie par lesquels une personne ou un groupe exprime son humanité et les significations qu'il donne à son existence et à son développement) ainsi que les cultures qui, dans leurs diversités, constituent le patrimoine commun de l'humanité ; cela implique notamment le droit à la connaissance des droits de l'homme et des libertés fondamentales, valeurs essentielles de ce patrimoine ; d'accéder, notamment par l'exercice des droits à l'éducation et à l'information, aux patrimoines culturels qui constituent des expressions des différentes cultures ainsi que des ressources pour les générations présentes et futures ».

B. Le statut de l'être humain avant la naissance

361 Enjeux. – L'embryon humain, dans ses premiers moments, intéresse considérablement les biologistes en ce qu'il présente **une accessibilité facilitée au génome humain**. Du point de vue juridique il se présente également, en raison de la faible protection qui l'entoure, comme la plus simple expression de l'appartenance à l'espèce humaine. Il faut ici préalablement remettre en cause le mythe de l'*infans conceptus* qui prévoit que l'enfant est considéré comme né chaque fois qu'il y va de son intérêt. En réalité, l'*infans conceptus* n'est valable rétroactivement que pour quelqu'un qui a déjà la personnalité juridique, qui est né, et uniquement en matière patrimoniale.

362 Socialisation et projet parental – Nos textes semblent distinguer (quant à la qualification et au régime), l'embryon lorsqu'il est *in vitro*, ou *in utero* ou *in vivo*. La **socialisation** joue un rôle dans la perspective du droit, à la condition qu'elle vienne de l'extérieur, des parents. Cela se **vérifie dans la différence de régime que les lois de 1994 opèrent entre embryon** *in vitro* **et embryon** *in utero*, **et que le Conseil constitutionnel a validée.** Plus l'enfant à naître est « socialisé », attendu et surtout « vu », plus sa protection juridique s'étoffe.

1. L'embryon *in vitro*

a. La qualification

363 **Quel nom ?. –** Les sciences de la vie distinguent en principe le préembryon (de la fécondation à 14 jours), **l'embryon de 15 jours à 2 mois, puis le fœtus** jusqu'à l'éventuelle naissance. Si le droit britannique retient aussi ces seuils, en France la vie prénatale est un tout, de la nidation jusqu'au seuil de 12 semaines de grossesse (soit 14 d'aménorrhée), issu de la loi sur l'interruption de grossesse qui qualifie l'embryon « d'être humain ». Reprenant les termes anglais *human* (relatif à l'espèce humaine) et *humane* (qui fait preuve d'humanité), le terme français d'être humain doit être situé par rapport à d'autres (personne, sujet, chose...).

364 **L'embryon *in vitro* est (sans doute) une « chose humaine ». –** La contraception empêchant la nidation, la qualification de l'embryon *in vitro* et sa non-affiliation au régime de l'IVG, attestent du fait que **l'embryon *non implanté*** (qu'il soit fabriqué artificiellement dans le cadre d'une assistance médicale à la procréation ou naturellement) **n'est pas qualifié d'être humain au sens de la loi de 1975**. La décision *Bioéthique I* **du Conseil constitutionnel** interprète en effet la loi qui lui est soumise comme n'appliquant pas aux embryons *in vitro* le principe du respect et n'oppose aucun principe constitutionnel à ce refus, avalisant ainsi l'idée que l'embryon *in vitro* ne serait pas un être humain : « le législateur a assorti la conception, l'implantation et la conservation des embryons fécondés *in vitro* de nombreuses garanties ; que cependant, il n'a pas considéré que devait être assurée la conservation, en toutes circonstances, et pour une durée indéterminée, de tous les embryons déjà formés, qu'il a estimé que le principe du respect de tout être humain dès le commencement de sa vie ne leur était pas applicable ; qu'il a par suite nécessairement considéré que le principe d'égalité n'était pas non plus applicable à ces embryons ; Considérant qu'il n'appartient pas au Conseil constitutionnel, qui ne détient pas un pouvoir d'appréciation et de décision identique à celui de Parlement, de remettre en cause, au regard de l'État des connaissances et des techniques, les dispositions ainsi prises par le législateur ». **Sa position n'a pas changé dans sa décision relative à la loi autorisant les recherches sur l'embryon**[82]. Si la qualification suit indissociablement le régime, les embryons *in vitro* relèveraient d'une autre catégorie, probablement celle des « non-êtres humains », **celle des « choses »** dont il peut être fait don ou qui pourra faire l'objet d'expérimentation. Cependant des éléments de protection sont tout de même posés. Leur fondement tient alors dans un autre élément législatif : l'intégrité de l'espèce humaine, elle-même « affiliée » à la dignité de la personne.

Dans une affaire importante concernant **les limites de la brevetabilité**, la Cour de justice de l'Union européenne[83] a été saisie, sur renvoi préjudiciel, de la question de la brevetabilité d'un procédé qui requiert en amont soit la destruction d'embryons humains, soit leur utilisation comme matériau de départ. La Cour y juge que tout ovule humain doit, dès le stade de sa fécondation, être considéré comme **un « embryon humain » dès lors que cette fécondation est de nature à déclencher le processus de développement d'un être humain**, mais qu'il appartient au juge national de déterminer, à la lumière des développements de la science, si les cellules souches sont de nature à déclencher ce processus de développement d'un être humain.

Dans l'arrêt *International Stem Cell Corporation*[84], la Cour de justice de l'Union est revenue sur l'article[85] selon lequel les utilisations d'embryons humains à des fins industrielles ou commerciales ne sont pas brevetables, dès lors que leur exploitation à de telles fins serait contraire à l'ordre public ou aux bonnes mœurs. Pour elle, **un ovule humain non fécondé qui, par voie de parthénogenèse, a été induit à se diviser et à se développer, ne constitue pas un « embryon humain »**. Est un embryon l'ovule humain non fécondé, dans lequel le noyau d'une cellule humaine mature a été implanté, et l'ovule humain non fécondé induit à se diviser et à se développer par voie de parthénogenèse, dans la mesure où ces organismes sont, par l'effet de la technique utilisée pour les obtenir, de nature à déclencher le processus de développement d'un être humain comme l'embryon

---

82. CC, 1er août 2013, n° 2013-674 DC.
83. CJUE, 18 oct. 2011, aff. C-34/10, *Oliver Brüstle / Greenpeace eV*.
84. CJUE, Gr. ch., 18 déc. 2014, *International Stem Cell Corporation*, aff. C-364/13, EU:C:2014:2451.
85. Art. 6, § 2, sous c), de la directive 98/44 relative à la protection juridique des inventions biotechnologiques.

créé par fécondation d'un ovule. En contrepoint, **ladite exclusion de la brevetabilité n'a pas vocation à s'appliquer à des parthénotes ne disposant pas de la capacité intrinsèque de se développer en un être humain.**

b. Le régime

365 Protection au titre de l'humanité. – Chose humaine ou matériel génétique, les lois de bioéthique (actuellement art. L. 2151-5 et s., CSP) fournissent quelques éléments de protection de l'embryon *in vitro*. En premier lieu, **l'embryon ne peut être conçu *in vitro* qu'à des fins d'assistance médicale à la procréation** et non dans le cadre de la recherche. Mais la recherche peut utiliser des embryons qui lui sont donnés par les géniteurs. En revanche, **ils ne peuvent être utilisés à des fins commerciales et industrielles.** Cependant, la destruction pure et simple des embryons (en l'absence de projet parental, en cas d'impossibilité de don, si la conservation se poursuit depuis cinq ans) atteste d'une limite temporelle du respect apparaissant comme contraire, au fond, à la protection symbolique de l'humanité. En second lieu, une fois conçu et s'il n'est pas réimplanté immédiatement, il est congelé. **Le couple a cinq ans pour réaliser sa demande parentale. Les « embryons orphelins » peuvent être accueillis par un autre couple[86], sinon, ils seront détruits.** La loi du 7 juillet 2011 permet aux couples n'ayant plus de projet parental, outre de mettre fin à la conservation des embryons, de les donner pour la procréation ou pour la recherche mais aussi de permettre à ce que les cellules dérivées à partir de ceux-ci entrent dans **une préparation de thérapie cellulaire à des fins exclusivement thérapeutiques**.

366 Utilisation de l'embryon. – Les embryons *in vitro* font en effet l'objet de normes qui ne le protègent pas « pour eux » mais qui les dépassent en ce qu'elles les considèrent comme matériau humain ; ces normes sont de nature sanitaire, de nature à protéger la collectivité de manipulations génétiques, du clonage... La loi du 7 juillet 2011 satisfaisait au principe quasi constitutionnel de l'intégrité de l'espèce humaine en maintenant le principe de l'interdiction des recherches sur l'embryon. La **loi du 6 août 2013** a autorisé les recherches sur l'embryon et les cellules souches qui en sont issues et ensuite cultivées. Toutefois, depuis la loi du 2 août 2021, la recherche sur l'embryon est soumise à autorisation, mais la recherche sur les cellules souches, embryonnaires ou pluripotentes induites humaines, n'est désormais plus soumise qu'à déclaration. Cette loi autorise la recherche sur l'embryon sans visée médicale, dès lors qu'elle a pour but d'améliorer la connaissance de la biologie humaine et les recherches en matière d'édition du génome sur l'embryon humain. Mais ces embryons génétiquement modifiés ne peuvent être implantés pour une grossesse comme le fit un chercheur chinois en 2019. La responsabilité se limite en effet à éviter les chimères humain-animal. Pour le reste, la loi ouvre différentes possibilités de modification de l'embryon. En restreignant l'interdiction de création de l'embryon à des fins de recherche à l'« humain par fusion de gamètes », elle permet la programmation d'autres cellules pour les ramener à l'état embryonnaire. Le développement de *Crispr-Cas9* et la nécessité de ne pas rester à l'écart ont conduit à ne plus interdire la modification du génome au stade de la recherche.

Concernant l'embryon lui-même, l'obtention de l'autorisation repose sur **plusieurs conditions** : la pertinence scientifique de la recherche ; son inscription dans une finalité médicale ; sa subsidiarité (cette recherche ne peut être menée sans recourir à ces embryons ou ces cellules souches embryonnaires) ; **le respect des principes éthiques relatifs à la recherche sur l'embryon** (fixés notamment aux articles L. 2151-1 et s. du Code de la santé publique, relatifs à la conception et à la conservation des embryons fécondés *in vitro* et aux articles L. 1211-1 et s. du Code de la santé publique) : interdiction du clonage à des fins thérapeutiques ou de recherche, de la création d'embryons transgéniques ou chimériques ainsi que de la conception d'embryon ou de leur utilisation à des fins industrielles. **Seuls peuvent être utilisés des embryons conçus *in vitro* dans le cadre d'une AMP** et qui ne font plus l'objet d'un projet parental (on exige le consentement écrit préalable du couple informé des possibilités d'accueil des embryons par un autre couple ou d'arrêt de leur conservation, confirmé à l'issue d'un délai de réflexion de trois mois). Le consentement des géniteurs est révocable sans motif tant que les recherches n'ont pas débuté. Les ministres chargés de la Santé et de la Recherche peuvent, dans un délai d'un mois

86. Décret du 2 nov. 1999 relatif au don d'embryon.

et conjointement, demander un nouvel examen qui s'effectuera dans un délai de trente jours, soit pour revenir sur un refus dans l'intérêt de la santé publique ou de la recherche scientifique, soit pour revenir sur un accord si les principes éthiques ne leur semblaient pas respectés. Enfin, les embryons sur lesquels une recherche a été conduite ne peuvent être transférés à des fins de gestation.

Dans un arrêt de Grande chambre *Parrillo contre Italie*[87], la CEDH a admis que l'État italien refuse à une femme de donner ses embryons issus d'une fécondation *in vitro* (FIV), à la recherche scientifique dans un pays où cette recherche n'est pas autorisée et même si ce refus constitue une ingérence dans la vie privée de la requérante (puisque les embryons en question sont issus de son patrimoine génétique, et en cela sont constitutifs de son « identité »).

La loi Touraine du 26 janvier 2016 légalise les recherches biomédicales menées dans le cadre de l'assistance médicale à la procréation sur des gamètes destinés à constituer un embryon ou sur l'embryon *in vitro* avant ou après son transfert à des fins de gestation, si chaque membre du couple y consent. Il ne s'agit pas de recherches conduisant à la destruction de l'embryon mais à l'observation de son développement. Avec la loi de 2020 ces recherches rejoindront le cadre général des recherches sur la personne humaine.

2. L'embryon *in utero*

367 **Le respect dû à l'être humain. – Le Conseil constitutionnel a consacré en 1975[88] le respect de la vie de l'embryon auquel sont subordonnées les dispositions de la loi, ce principe étant en 1994 présenté comme garantie du principe constitutionnel de dignité.** L'embryon n'a pas un « droit à la vie », ce qui serait contradictoire avec le fait que l'embryon n'a pas de personnalité juridique pouvant recevoir ces droits. On doit donc comprendre que le Conseil constitutionnel et le juge pénal entendent protéger objectivement l'embryon *in utero* en tant qu'être humain.

a. La qualification

368 **L'embryon n'est pas une personne. –** L'attribution de la personnalité juridique, au sens civiliste, fait l'objet d'exclusions explicites et réitérées de la jurisprudence. **Les juges civil et pénal refusent toute personnalité à l'embryon et au fœtus. Le juge constitutionnel lui applique désormais la dignité de la personne mais selon les conditions requises par le principe législatif du respect de l'être humain dont il estime la garantie suffisante.** Le juge administratif suit à peu près le même raisonnement, sous réserve d'une ambiguïté aisément levée. Le juge européen des droits de l'homme s'engage peu et ne contredit pas de telles positions.

369 **L'embryon *in utero* est un être humain. –** La loi du 31 janvier 1975 se trouve à l'origine de la qualification de l'embryon et du fœtus comme « être humain ». Les lois « bioéthique » confirment ce système. Ainsi **les termes de l'article 16 du Code civil[89], issu de la loi du 29 juillet 1994, instaurent une distinction entre la personne, qui est protégée par un double principe de primauté et de dignité, et l'être humain, dont il est précisé qu'il existe juridiquement dès le commencement de sa vie mais qu'il n'a droit qu'au respect.** Le respect serait donc la forme minorée de la dignité, attaché à ce qui n'est pas une personne, c'est-à-dire, aux termes de la loi de 1975 dont les termes sont repris par celle de 1994 : l'embryon. Certaines conventions internationales au sein desquelles **coexistent les deux terminologies de personne et d'être humain, associent explicitement le second avec la vie prénatale** : c'est le cas de la Convention d'Oviedo en raison de son titre même[90] ; la

87. CEDH, GC, 27 août 2015, *Parrillo c. Italie*, nº 46470/11.
88. CC, 15 janv. 1975, nº 74-54 DC.
89. « La loi assure la primauté de la personne, interdit toute atteinte à la dignité de celle-ci et garantit le respect de l'être humain dès le commencement de sa vie ».
90. Convention pour la protection des droits de l'homme et de la dignité de l'être humain à l'égard des applications de la biologie et de la médecine : Convention sur les droits de l'homme et la biomédecine.

Déclaration universelle sur le génome humain dispose également d'un article 11 relatif au clonage (relatif à l'embryon) qui ne vise que l'être humain.

370 **Jurisprudence constitutionnelle.** – Le Conseil constitutionnel a eu à trois reprises l'occasion de qualifier constitutionnellement l'embryon : **en 1975**[91], **1994**[92] **et 2001**[93]. Les deux premières décisions ont placé l'embryon sous la protection du principe du respect de l'être humain dès le commencement de la (puis « sa ») vie, ce qui reprend la qualification législative. En 2001, il décide de confronter la liberté personnelle de la femme (liberté de disposer de son corps) au principe de sauvegarde de la dignité de la personne humaine. Cela ne fait pas du fœtus une personne car cela aurait également dû, ce qui n'a pas été le cas, entraîner en 1993 l'inconstitutionnalité de la dépénalisation de l'autoavortement, ce dernier ne connaissant pas de « délai ». Le juge constitutionnel a estimé que **le respect de l'être humain, principe législatif, était une garantie de la dignité de la personne**. Ainsi, dans le cas où il serait méconnu, cette dernière le serait aussi. Le respect peut alors être subsumé sous la dignité. Néanmoins, dans sa décision n° 2014-700 DC du 31 juillet 2014, *Loi pour l'égalité réelle entre les femmes et les hommes*, il a admis que la suppression de la « condition de détresse », qui imposait que l'IVG ne soit pas « de convenance » mais la conséquence d'un choix mûri, ne méconnaît pas d'exigence constitutionnelle.

b. Le régime

371 **Droit administratif.** – Il faut toutefois admettre que la mise en place du régime de la « pilule du lendemain » (RU 486) hors du régime des lois de 1975-1979, incite à penser **que les premiers stades de la vie sont moins protégés que par la suite**, non seulement quand la vie de l'embryon rencontre le droit de la femme à disposer de son corps, mais également à travers les qualifications mêmes relatives à l'interruption de grossesse. Le Conseil d'État, dans le cadre de l'affaire relative à la distribution de contraceptifs dans les établissements scolaires, a ainsi clairement posé que le **processus chimique qui aboutit à l'expulsion d'un embryon non encore implanté ne relève pas de la législation sur l'avortement mais sur la contraception**[94]. La loi de 1975 se trouve précisée. Ainsi le **droit de l'IVG ne concerne pas l'embryon mais la grossesse**. Il n'y a pas IVG parce que la grossesse n'a pas commencé, le critère étant non la fécondation mais la nidation. Cette position se comprend dans la mesure où, déjà, de nombreuses mesures de contraception, comme le stérilet ou certaines « pilules », n'empêchent pas une éventuelle fécondation mais seulement la nidation. Concernant la vie de l'embryon, la position du juge administratif ne peut s'établir que sur les termes d'un arrêt du Conseil d'État[95] qui reprend les éléments de la loi de 1975 pour en conclure que ces dispositions assurent une protection compatible avec les textes internationaux.

372 **Droit pénal.** – Le droit pénal, croit-on, protège la vie ; il hésite entre une protection de l'enfant à naître et le constat de l'absence d'incrimination spécifique. Les articles 223-10 à 223-12 incriminent l'interruption volontaire sans le consentement de la mère mais non l'interruption involontaire. Certaines juridictions ont refusé d'étendre au fœtus les incriminations relatives à la personne, se raccrochant parfois, sans réelle raison, aux concepts doctrinaux du droit civil, comme la viabilité. D'autres au contraire n'ont pas hésité à le faire, donnant corps à l'idée de respect de l'être humain dès le commencement de sa vie. Laissant de côté la personnalité juridique, certains juges ont souhaité protéger en partie l'être humain en tant que tel, au titre de la vie humaine. Ce fut le cas de la cour d'appel de Douai qui a retenu la qualification d'homicide dans le cas d'un accident de la circulation entraînant l'extraction par césarienne d'un enfant mort-né[96] et de la cour d'appel de Lyon à propos d'une erreur

91. CC, 15 janv. 1975, déc. n° 74-54 DC, *IVG I*.
92. CC, 27 juill. 1994, déc. n° 94-343/344 DC, *Bioéthique I*.
93. CC, 4 juillet 2001, déc. n° 2001-449 DC, *IVG II*.
94. CE, Sect., 30 juin 2000, Association « Choisir la vie et autres ».
95. CE, Sect., 21 déc. 1990, Confédération nationale des associations familiales catholiques et autres.
96. CA Douai, 2 juin 1987.

médicale ayant nécessité une interruption de grossesse avant le seuil de viabilité[97]. La Cour de cassation semblait avoir tenu un raisonnement analogue qualifiant de non-assistance à personne en danger l'intervention trop tardive d'un obstétricien ayant engendré un grave handicap[98]. Mais **la chambre criminelle de la Cour de cassation a remis la jurisprudence à l'heure d'une interprétation stricte de la loi pénale en matière de protection du fœtus. Le 30 juin 1999[99], elle a considéré qu'un acte ayant entraîné la mort d'un fœtus ne saurait entrer dans la catégorie des infractions contre la personne**. Le fœtus ne serait pas « autrui » au sens de la loi pénale, l'infraction ne saurait donc être constituée. Elle admet par ailleurs sans difficulté l'homicide dans le cas où l'enfant a vécu, ne serait-ce que quelques instants, hors du ventre maternel[100]. La position de la Cour de cassation, très légaliste, a cédé semble-t-il à la confusion des préceptes civilistes et pénalistes, craignant d'étendre la personnalité au-delà du nécessaire et en contradiction avec la législation sur l'IVG. Or, il n'en est rien. La protection pénale, consacrant et définissant les valeurs sociales, envisage essentiellement (du point de vue de la victime) les personnes comme des objets de ses normes. Il ne s'agit nullement pour elle d'ériger un sujet de l'action juridique mais un objet de protection. Il n'y aurait aucune justification à limiter cet effort aux seuls sujets titulaires de la personnalité juridique. Le fœtus reste notamment protégé dans le cas de l'avortement hors des conditions de la loi Veil.

373 Droit européen. – L'arrêt *Vo c. France*[101] **envisage la situation d'une femme ayant dû recourir à une interruption thérapeutique de grossesse à la suite de la faute d'un médecin** qui a percé la poche des eaux croyant avoir affaire à une autre patiente venue pour se faire ôter un stérilet. Les époux Vo ont alors porté plainte avec constitution de partie civile pour blessures et homicide involontaires. La cour d'appel de Lyon reconnut l'homicide en se fondant sur le droit à la vie de l'enfant consacré notamment par l'article 2 de la Convention EDH et sur le principe législatif du respect de l'être humain dès le commencement de sa vie (lois du 17 janvier 1975 et du 29 juillet 1994). La Cour de cassation a rappelé que la loi pénale est d'interprétation stricte et que le droit ne protège le fœtus que dans le cadre de législations spécifiques. La question alors posée par la requérante consiste à apprécier le manquement de l'État dans sa protection du droit à la vie par l'absence de dispositions pénales punissant l'atteinte involontaire au fœtus. **La CEDH, partant du droit européen applicable qui laisse aux États membres le soin de définir les notions d'être humain et de personne, relève l'absence de consensus européen** ainsi que l'absence de jurisprudence européenne déterminant le début de la vie[102], une telle question relevant des États. Tout au plus, en Europe, constate-t-on une protection de l'enfant à naître au nom de la dignité de la personne en raison de sa possibilité de devenir une personne. Il n'en demeure pas moins, qu'en France, selon la Cour, les choses ne paraissent pas établies. Se déclarant « convaincue qu'il n'est ni souhaitable ni même possible actuellement de répondre dans l'abstrait à la question de savoir si l'enfant à naître est une « personne » au sens de l'article 2 de la Convention » elle hésite sur l'applicabilité de l'article 2. **Le fœtus n'est pas actuellement une personne ayant un droit à la vie** ; sa protection passe donc par celle de sa mère (blessures), celle-ci étant suffisante. Selon la cour, si l'homicide involontaire entre dans le champ de la protection de l'article 2[103], le caractère involontaire limite l'intérêt d'une protection pénale[104]. La garantie procédurale de la vie n'exige dès lors pas une protection pénale si l'atteinte est involontaire.

---

97. CA Lyon, 13 mars 1997.
98. Cass. crim., 9 janv. 1992.
99. Cass. crim., 30 juin 1999, n° 97-82351.
100. Cass. crim., 2 déc. 2003.
101. CEDH, 8 juill. 2004, n° 53924/00.
102. Com. EDH, 21 mai 1969, *X. c. Belgique*.
103. CEDH, 23 sept. 1998, *Aytekin c. Turquie*.
104. CEDH, Gr. Ch., 17 janv. 2002, *Calvelli et Ciglio c. Italie* : « si l'atteinte au droit à la vie ou à l'intégrité physique n'est pas volontaire, l'obligation positive découlant de l'article 2 de mettre en place un système judiciaire efficace n'exige pas nécessairement dans tous les cas un recours de nature pénale ».

c. Enfant sans vie

374 **Reconnaissance sociale.** – Selon l'article 24, alinéa 2, du Pacte sur les droits civils « Tout enfant doit être enregistré immédiatement après sa naissance et avoir un nom ». La situation de l'enfant sans vie vient aussi d'être humanisée. L'article 79-1 du Code civil dispose : « lorsqu'un enfant est décédé avant que sa naissance ait été déclarée à l'état civil, l'officier de l'état civil établit un acte de naissance et un acte de décès [...] sur production d'un certificat médical indiquant que l'enfant est né vivant et viable et précisant les jours et heures de sa naissance et de son décès. **À défaut du certificat médical prévu à l'alinéa précédent, l'officier de l'état civil établit un acte d'enfant sans vie** [...]. L'acte dressé ne préjuge pas de savoir si l'enfant a vécu ou non ; tout intéressé pourra saisir le tribunal de grande instance à l'effet de statuer sur la question ». Contrairement à la politique dont l'administration de l'état civil s'était dotée par circulaire et qui posait une condition supplémentaire de viabilité, la Cour de cassation[105] a estimé qu'un acte d'état civil peut être dressé sans seuil de viabilité (sans reconnaissance de personnalité juridique). Le décret du 20 août 2008 prévoit désormais que l'acte d'enfant sans vie est dressé par l'officier d'état civil sauf interruptions de grossesses, ou fausses couches précoces, c'est-à-dire à partir du troisième mois de grossesse. Dans un arrêt du 23 novembre 2009, la cour d'appel de Douai accepte de faire rétroagir sur les faits antérieurs la jurisprudence de la Cour.

d. Le « statut » du grand prématuré

375 **Sur le seuil.** – L'enfant prématuré, s'il n'est pas viable naturellement, c'est-à-dire si les techniques de réanimation le maintiennent artificiellement en vie jusqu'à ce qu'il puisse être naturellement viable, n'est finalement rien d'autre qu'un fœtus *ex utero*. Le droit atteste ici de la force des apparences. Les grands prématurés naissent vivants mais ne sont déclarés viables que par le corps médical. **Ils reçoivent sous condition la personnalité juridique, ce qui en fait instantanément et certainement des personnes humaines** ; mais la décision peut être prise d'extuber et de laisser mourir, dans la mesure où la viabilité se décrète dans l'incertitude. C'est pourquoi l'OMS préconise une règle reprise par les règles de l'état civil[106] qui sont ici de peu de secours dans l'attribution de la personnalité. Le prématuré non-viable n'a pas de personnalité juridique. Cela n'empêche pas une protection, liée à son humanité. Sans droit propre, le grand prématuré non-viable devrait jouir du respect dû à l'être humain et les médecins ont ainsi en principe l'obligation pénale de poursuivre la réanimation. L'enfant, cessant d'être une « partie de la mère », gagne son statut de personne humaine, provisoirement sans la personnalité juridique.

Il reste le délicat encadrement de l'arrêt des traitements en néonatologie. Faisant peu l'objet de saisine en justice, les régimes possibles demeurent incertains. **La CAA de Marseille[107] a opté pour l'application de la loi Léonetti-Claeys, à des triplés vivants mais non viables,** en évaluant, avant même leur naissance, la qualité de la survie en cas de réanimation, mais aussi la volonté et la capacité des parents pour leur assurer des soins ou admettre un handicap pérenne. Le juge a sanctionné les médecins qui n'ont pas suffisamment formalisé la procédure collégiale et l'information des parents. Il n'est pas du tout certain que cette solution s'adapte au temps court et rapide de la néonatologie.

III. La personne humaine, titulaire des droits

376 Bien au-delà de sa condition d'être humain, corporelle et génétique, **la personne humaine abrite aussi la personnalité juridique.** Cette **dernière accueille les droits et obligations qui permettent à la personne d'être sujet de droit**. La clef du système repose donc sur l'attribution de la personnalité juridique.

105. Cass. 1re civ., 6 févr. 2008.
106. Circulaire du 22 juill. 1993 retenant 22 semaines de grossesse ou 500 grammes.
107. CAA Marseille, 28 févr. 2019, *H. c/HP-HM*, n° 17MA01092.

A. Le droit à la personnalité juridique

377 Le premier des droits de l'homme serait ainsi **le droit qui permet d'avoir des droits**, l'attribution puis la reconnaissance de la personnalité juridique à tout être humain, au nom de la dignité de la personne humaine. La **personnalité juridique permet ainsi à la personne humaine d'être intégrée au jeu social**.

I. L'octroi de la personnalité juridique

378 **L'abolition de la mort civile. –** L'institution de la mort civile, héritée de la tradition romaine et inscrite à l'article 22 du Code Napoléon, **supprimée par la loi du 31 mai 1854**, revenait à la **destruction du support du sujet de droit**, à la reprise du « laissez-passer » existentiel délivré par le souverain (cela permettait notamment d'ouvrir de son vivant la succession d'un condamné). La disparition de la confiance sociale, dont le droit ne peut se passer pour faire fonctionner son système ou le désir de se retirer de la vie juridique (les religieux dans l'Ancien Droit), pouvait aller jusqu'à la remise en cause des liens familiaux, de la filiation elle-même. La rigueur de ses effets a conduit à sa disparition par le souci humaniste de faire correspondre les limites temporelles et conceptuelles de l'*être humain* et de la *personne juridique*.

379 **L'obtention de la personnalité – *Persona* et esclavage. –** Trop souvent éludée en la résumant à l'absence de personnalité, la question de l'esclavage ne manque pas de mener au constat que l'existence d'un être humain (notion inconnue à Rome) n'entraîne pas la reconnaissance automatique de l'existence juridique, comme l'institutionnalisera le christianisme. L'esclave serait ainsi doté d'une personnalité ne contenant aucun droit, réduite à sa plus simple existence, à son principe même de support. En effet, il semble que l'on puisse affirmer qu'avant la dégradation de la condition sociale des esclaves sous l'Empire et au cours des derniers siècles de la République, leur proximité avec le maître et les besoins économiques de celui-ci, ont amené le droit à attribuer la *persona* à l'esclave. Par la suite, ce titre leur est généralement refusé. À Rome, **un sujet peut disposer de plusieurs *persona* selon ses domaines d'activité et, inversement, l'ancêtre de la personne morale était une *persona* comprenant plusieurs « sujets ».** C'est notamment ce que révèle l'énigmatique article 8 du Code civil disposant que « tout Français jouira des droits civils ». Si cet article n'a pas pour finalité d'indiquer à quel moment ou à quel sujet s'applique la personnalité juridique, il révèle néanmoins que **la nationalité française ne se conçoit pas sans la personnalité juridique**, sans la « titularité » des droits civils. Le fait donc de conférer la nationalité française à un apatride vaut également reconnaissance pleine et entière de la personnalité juridique.

380 **L'obtention de la personnalité – Droit civil. –** Le fait de conférer la personnalité juridique à un être humain, comme à un groupement, **signifie l'octroi d'une dignité sociale**, d'une appartenance à un groupe, d'une réception au sein d'une collectivité qui accorde à cet être, outre des droits et des obligations, le principe même d'avoir une voix et de pouvoir participer au jeu social. Aujourd'hui, la **reconnaissance de la personnalité juridique à tout être humain apparaît comme une évidence**. Or, cette attribution repose sur des textes (internationaux) explicites, qui consacrent cet octroi comme un acte étatique. L'attribution de la « personnalité juridique physique » connaît elle aussi ses conditions : l'humanité de l'être candidat, sa viabilité et sa « vie » autonome. La condition de viabilité joue aujourd'hui un rôle déterminant dans l'attribution de la personnalité juridique, tout au moins en droit civil. **Une interprétation presque unanime des articles 725, 906, 314 ancien et 311-4 du Code civil** correspond à l'état de la jurisprudence. L'octroi de la personnalité juridique étant la principale et la plus indispensable des dignités, certains ordres juridiques l'instituent clairement, contrairement au droit français. Ainsi le Code civil autrichien précise-t-il que « tout individu jouit dès sa naissance de droits innés qui lui sont conférés par la raison ; aussi doit-il être considéré comme une personne ». Comment ne pas établir un lien avec l'article 1er de 1789, « les hommes naissent et demeurent libres et égaux en droits » ? ; cela n'implique-t-il pas que tous doivent avoir dès leur naissance une même capacité juridique, une même personnalité juridique ?

2. La reconnaissance de la personnalité juridique

381 **Art. 16 PIDCP. –** « Le premier pas essentiel sur la route qui mène à la domination totale consiste à tuer en l'homme la personnalité juridique » écrit Hannah Arendt[108]. On peut même placer le droit à la personnalité juridique en tête des droits indérogeables, au sommet de la hiérarchie des droits fondamentaux. Désormais, **l'article 16 du PIDCP ne laisse aucun doute : « Chacun a droit à la reconnaissance en tous lieux de sa personnalité juridique ».** Cette formule figurait déjà à l'article 6 de la DUDH. Ces dispositifs ne s'appliquent pas à la vie prénatale, ils n'ont comme sujet que les personnes déjà « avérées » ou consacrées comme telles par l'ordre juridique. C'est en ce sens qu'il faudrait comprendre le verbe « reconnaître » de l'article 16. Celui-ci, contrairement aux apparences, ne se réfèrerait pas à un « droit naturel » de tout être humain de se voir conférer la personnalité juridique mais au contraire indiquerait **que lorsqu'un ordre juridique national a doté un sujet de la personnalité, celle-ci doit être utilisée et admise par tous les États signataires du Pacte**. Il ne s'agit pas d'attribuer une personnalité mais de la reconnaître. Cet article protège donc le **réfugié, l'apatride, l'amnésique**...

382 **Concrétisation. –** Le bénéficiaire concret n'est pourtant pas limité à l'apatride ou au *boat people*, **les instances des Nations unies ont étendu son champ aux hypothèses de vulnérabilité qui confinent concrètement à refuser la jouissance même des droits.** La logique se trouve inversée, du fait vers le droit. Ce n'est pas l'absence de personnalité qui supprime la jouissance des droits, elle est déduite de celle-ci. C'est le cas des femmes[109] qui, dans de nombreux pays, se trouvent maintenues dans une position d'infériorité telle qu'elle confine à l'absence de capacité juridique. Le Comité pour l'élimination de la discrimination à l'égard des femmes, sur le fondement de la Convention relative à l'élimination de toute forme de discrimination à l'égard des femmes, s'inquiète ainsi de la **pratique des mariages forcés de mineures**, mariages non enregistrés pour échapper à la sanction de la polygamie[110]. La question de la personnalité est prolongée par celle de la capacité juridique, notamment l'égalité des femmes dans l'exercice de leurs droits.

La Cour européenne[111] parvient à des solutions similaires en combinant l'article 6 § 1 et l'article 8 pour **permettre à un requérant frappé d'incapacité juridique à la suite d'une procédure introduite par son épouse et son fils qui l'ont empêché de se défendre dans ses actions en divorce et en expulsion** contre son épouse ni demander devant le juge à être rétabli dans sa capacité juridique parce que le droit arménien interdisait de manière absolue aux personnes frappées d'incapacité de saisir les tribunaux (le jugement qui avait privé le requérant de sa capacité juridique reposait en outre sur un seul rapport d'expertise psychiatrique superficiel et obsolète).

Techniquement, **le régime autrefois appelé des « incapacités »**, celui de la protection des personnes dont l'autonomie de décision est menacée par un handicap mental ou une dépendance, **ne relève pas directement de la personnalité juridique** mais le point de vue des droits fondamentaux amène à l'y intégrer car elle en est la concrétisation indispensable et la finalité visée. Le Comité des droits des personnes handicapées, dans son observation générale sur l'article 12[112], note que « la reconnaissance de la personnalité juridique de chaque personne est une condition préalable indispensable à la reconnaissance de sa capacité juridique ».

Dans **le domaine du handicap**, la « capacité juridique » est en effet interprétée comme désignant la capacité d'être à la fois titulaire de droits et sujet de droit. Elle confère au titulaire une protection intégrale de ses

108. H. Arendt, *Le système totalitaire*, Le Seuil, 1972, p. 185.
109. CDH, Observation générale n° 28, Égalité des droits entre hommes et femmes (art. 3), 22 mars 2000.
110. CEDAW/C/KGZ/CO/3 (CEDAW, 2008), 7 nov. 2008.
111. CEDH, 03 oct. 2019, *Nikolyan c. Arménie*, n° 74438/14.
112. « Article 12 – Reconnaissance de la personnalité juridique dans des conditions d'égalité :
1. Les États parties réaffirment que les personnes handicapées ont droit à la reconnaissance en tous lieux de leur personnalité juridique.
2. Les États parties reconnaissent que les personnes handicapées jouissent de la capacité juridique dans tous les domaines, sur la base de l'égalité avec les autres.
3. Les États parties prennent des mesures appropriées pour donner aux personnes handicapées accès à l'accompagnement dont elles peuvent avoir besoin pour exercer leur capacité juridique. »

droits par le système juridique et la capacité d'exercer des droits reconnaît la personne comme ayant le pouvoir d'effectuer des transactions et de créer, modifier ou mettre fin à des relations juridiques[113].

383 **Droit à un état civil. –** L'article 16 génère surtout **l'obligation d'enregistrer les naissances**. Plusieurs campagnes de sensibilisation auprès des pays d'Amérique latine visent à inscrire les nourrissons à l'état civil pour leur permettre l'accès à la santé et à l'éducation. Il existe un lien avec l'article 7 de la Convention internationale des droits de l'enfant, « chaque enfant devrait être enregistré aussitôt à sa naissance et a, dès celle-ci, le droit à un nom, le droit d acquérir une nationalité… ». Mais, selon les statistiques, 230 millions des enfants à travers le monde n'ont aucune existence légale[114]. Le Comité des droits de l'homme des Nations unies relève dans ses recommandations subséquentes aux rapports des États qu'ils doivent adopter les mesures nécessaires, y compris sur le plan budgétaire, pour garantir l'enregistrement de toutes les naissances ainsi que celui des adultes non enregistrés. Par exemple, le Comité est préoccupé par le fait que fréquemment, en Bosnie-Herzégovine, **les établissements de santé ne délivrent pas de certificat de naissance aux enfants roms** dont les parents n'ont pas d'assurance-maladie ou d'autre moyen de payer les frais hospitaliers, alors que ce document est nécessaire pour enregistrer l'enfant auprès des autorités publiques et lui permettre d'exercer des droits essentiels tels que l'accès à l'assurance-maladie et à l'éducation (art. 16 et 24 § 2)[115]. En France, la CNCDH[116] a pu relever un accès inégal à l'état civil sur l'ensemble du territoire français, notamment dans des territoires ultramarins. En effet, certains enfants, essentiellement à Mayotte et en Guyane, se voient privés d'état civil et donc d'identité.

384 **Charte américaine. –** La Charte américaine des droits de l'homme présente un article 1 alinéa 2 précisant qu'« aux effets de la présente Convention, **tout être humain est une personne.** ». L'article 3 réitère que « Toute personne a droit à la reconnaissance de sa personnalité juridique ». Pour la Cour de San José, bien que la jurisprudence soit là aussi très rare, l'article 3 est violé en cas de **« méconnaissance en termes absolus de la possibilité d'être titulaire de droits et d'obligations et (qui) rend l'individu vulnérable face à leur violation par l'État ou des particuliers »**[117]. Dans l'affaire du 29 mars 2006, *Communauté indigène Sawhoyamaxa c. Paraguay*, la Cour dénonce l'État qui, en ne reconnaissant pas un peuple indigène, prive ses membres de leur propre personnalité ; ils « étaient restés dans un limbe juridique dans la mesure où, bien qu'ils naquirent et moururent au Paraguay, leur existence même et leur identité ne furent jamais reconnues : en d'autres termes, ils n'avaient pas de personnalité juridique »[118].

B. Le statut de la dépouille mortelle

385 **Chose « sacrée ». –** Le cadavre entre sans conteste **dans la catégorie des choses**[119], certes protégées, mais des choses tout de même. Or, ce qui ne saurait plus être une personne juridique, reste très fortement personnalisé, socialement protégé. La protection du cadavre se place sous le signe de la dignité[120], mais il s'agirait **moins de la dignité de l'être humain qui suppose d'être en vie que d'une réminiscence d'une dignité sociale de la personne dont le souvenir suscite le respect.** C'est pourquoi le cadavre ne connaît qu'un très faible niveau de protection de son intégrité et que les sépultures et les dépouilles fort anciennes ne faisant plus

113. Comité des droits des personnes handicapées des Nations unies (2014), Observation générale n° 1, article 12 : Reconnaissance de la personnalité juridique dans des conditions d'égalité, UN Doc. CRPD/C/GC/1, paragraphe 12.

114. Rapport 2013 de l'Unicef, *Every child's birth right : Inequities and trends in birth registration*.

115. CCPR/C/BIH/CO/1, 22 nov. 2006.

116. Avis, 1er décembre 2019, sur les 30 ans de la Convention internationale relative aux droits de l'enfant. La convention au regard de la construction de l'enfant.

117. Cour IDH, 25 nov. 2000, Fond, *Bàmaca Velàsquez c. Guatemala*, Série C n° 70, § 179. Cité in L. Burgorgue-Larsen et A. Ubeda de Torres, *op. cit.*, p. 546.

118. Cour IDH, déc. préc., § 192.

119. Cass. 2e civ., 17 juill. 1991.

120. Le Code pénal et la jurisprudence en attestent : CA Paris, 2 juill. 1997.

l'objet d'un culte sont violées sans que l'on pense à se soucier de leur dignité. Le cadavre est protégé par une dignité due par les vivants au souvenir et au respect coutumier des morts et non d'une dignité due à l'humanité du corps mort, comme en atteste la qualification retenue par le Conseil d'État lors de l'arrêt *Milhaud*[121]. Les critères de la mort sont posés dans le Code de la santé publique[122].

1. La protection objective de la dépouille mortelle

386 **Droit européen** – L'affaire *Maric*[123] a permis à la Cour européenne de condamner sur le fondement de l'article 8 l'État qui a incinéré la dépouille d'un enfant mort-né selon la procédure des déchets hospitaliers sans permettre aux parents de l'inhumer. Dans une autre affaire, des experts en médecine légale ont prélevé, après autopsie, des tissus sur le corps d'un défunt, à l'insu de sa veuve (informée seulement deux après) et les ont envoyés à une société pharmaceutique en Allemagne pour la création de bio-implants. Les autorités publiques n'y ont pas vu matière à infraction en dépit de ses souffrances morales, mais la Cour a conclu à la violation de l'article 8 et de l'article 3 car la loi concernant le consentement requis pour le prélèvement de tissus manquait de clarté et n'offrait pas de garanties juridiques suffisantes contre l'arbitraire et que les prélèvements, dans le domaine particulier de la transplantation d'organes et de tissus, auraient dû être effectués avec respect, même après le décès.

387 **Droit civil.** – Selon l'article **16-1-1 du Code civil** créé par la loi du 19 décembre 2008 relative à la législation funéraire : « le respect dû au corps humain ne cesse pas avec la mort. Les restes des personnes décédées, y compris les cendres de celles dont le corps a donné lieu à crémation, doivent être traités avec respect, dignité et décence ». Le TGI de Paris[124], confirmé en appel puis en cassation[125], a interdit une **exposition d'écorchés « plastinés »**, retenant que la commercialisation des corps par leur exposition porte une atteinte manifeste au respect qui leur est dû. Plus que l'exhibition des cadavres, il semble que fasse défaut le consentement des personnes venues de Chine dont le corps a été exposé. Depuis la loi du 19 décembre 2008 relative à la **législation funéraire**, l'article 16-2 du Code civil permet au juge de prescrire toutes mesures propres à empêcher ou faire cesser une atteinte illicite au corps humain ou des agissements illicites portant sur des éléments ou des produits de celui-ci, y compris après la mort. En effet, le principe constitutionnel de dignité connaît une extension qui dépasse la stricte personnalité juridique pour s'appliquer à la personne humaine. Contre la vie privée des vivants, le respect de la dépouille permet à l'État de refuser de déplacer une sépulture[126]. La question de **l'exhumation de la dépouille en vue de prélèvements d'ADN** pour établir une filiation a défrayé la chronique dans l'affaire *Yves Montand*[127]. Les juges l'avaient acceptée avant que la loi du 6 août 2004 ne vienne poser que « sauf accord exprès de la personne manifesté de son vivant, aucune identification par empreintes génétiques ne peut être réalisée après sa mort » (art. 16-11, C. civ.). Le Conseil constitutionnel[128] a admis la constitutionnalité de la dernière phrase du cinquième alinéa de l'article 16-11 du Code civil qui dispose que « **sauf accord exprès de la personne manifesté de son vivant, aucune identification par empreintes génétiques ne peut être réalisée après sa mort** ». Pour les requérants, cette disposition porte atteinte « au principe du droit à la vie

121. CE, Ass., 2 juill. 1993, *Milhaud* : principe fondamental relatif au respect dû par le médecin à son patient même après sa mort.

122. Article R 1232-1 : « Si la personne humaine présente un arrêt cardiaque et respiratoire persistant, le constat de la mort ne peut être établi que si les trois critères cliniques suivants sont simultanément présents : 1° Absence totale de conscience et d'activité motrice spontanée ; 2° Abolition de tous les réflexes du tronc cérébral ; 3° Absence totale de ventilation spontanée ».

123. CEDH, 12 juin 2014, *Maric c. Croatie*, n° 50132/12.

124. TGI Paris, réf., 21 avr. 2009.

125. CA Paris, 30 avr. 2009 ; Cass. 1re civ., 16 sept. 2010 : « aux termes de l'article 16-1-1, alinéa 2, du Code civil, les restes des personnes décédées doivent être traités avec respect, dignité et décence ; que l'exposition de cadavres à des fins commerciales méconnaît cette exigence » ; le contrat d'assurance de l'exposition est, en outre, nul en raison de l'illicéité de son objet (Cass. 1re civ., 29 oct. 2014, n° 13-19729).

126. CEDH, 17 janv. 2006, *Elli Poluhas Dödsbo c. Suède*, n° 61564/00.

127. CA Paris, 6 nov. 1997.

128. CC, 30 sept. 2011, déc. n° 2011-173 QPC, M. Louis c. et autres (relative aux conditions de réalisation des expertises génétiques sur une personne décédée à des fins d'actions en matière de filiation).

privée et familiale garanti par la Constitution ». Le Conseil, fidèle à son mode de raisonnement, se refuse à réexaminer l'équilibre opéré par le législateur qui fait prédominer la vie privée posthume sur le droit à l'identité des vivants. De manière originale, la Cour a justement constaté une violation du droit à la vie privée en raison de l'absence de cadre d'examen d'un tel équilibre, dans le cas d'une enquête à propos du crash d'un avion présidentiel polonais ayant nécessité des exhumations sans consentement des familles, ce qui a nui aux droits des épouses des victimes. Certes, la nécessité d'une enquête effective sur un événement d'une gravité sans précédent pour l'État devait être mise en balance avec l'importance de l'intérêt pour les requérantes à voir respecter les dépouilles de leurs maris. Or le droit polonais ne comportait pas de mécanisme permettant d'examiner ces intérêts concurrents[129].

388 **Droit administratif. –** Le Conseil d'État[130] a en effet entendu appliquer, pour la protection du cadavre d'un jeune homme en état de mort cérébrale, les **principes déontologiques relatifs au respect de la personne humaine qui régissent la relation entre médecin et patient**. On peut avoir une lecture littérale de l'arrêt et admettre que l'application d'un régime juridique puisse s'opérer même dans le cas où la qualification en principe nécessaire à sa mise en place n'existe plus. Ainsi, le juge ne dit pas expressément que le cadavre est un moment actif de la personne humaine ; il dit seulement que les principes relatifs à la personne humaine doivent continuer à s'appliquer à lui. Ce ne serait dès lors que pendant ce moment, presque « entre deux morts », que **la personnalité humaine perdurerait quand la personnalité juridique aurait disparu**. Concernant l'inhumation, ordre moral et ordre sanitaire se mêlent comme en attestent les règles précises qui figurent au Code général des collectivités territoriales et qui limitent le choix possible des sépultures.

Le Conseil d'État fit référence à la dignité des morts dans une affaire où le propriétaire d'un chien l'avait fait inhumer dans le caveau familial[131]. Le Conseil avait admis la légalité d'un arrêté municipal ordonnant que le chien soit retiré du cimetière municipal au nom du respect des morts. La même année il reconnut une voie de fait dans le cas d'un maire ayant fait exhumer un couple pour attribuer la concession à d'autres[132]. Dans un arrêt du 26 novembre 2008, *Syndicat mixte de la vallée de l'Oise*, le Conseil d'État a autorisé l'implantation d'une installation de retraitement des déchets sur un site de combats de la Première Guerre où reposeraient trois cents dépouilles. Admettant que le principe de dignité puisse intervenir en matière de police des installations classées, le juge ne le met pas moins en balance avec les nécessités du projet et minimise l'atteinte portée aux restes humains. Concernant le traitement des restes humains dont la concession funéraire est achevée et qui ne font pas l'objet d'une réclamation : une fois la concession funéraire juridiquement reprise, la revente implique l'exhumation des corps sous la surveillance de fonctionnaires municipaux afin d'être « réunis dans un cercueil de dimensions appropriées », reliquaire ou boîte à ossements, pour être ré-inhumés dans un ossuaire ou faire l'objet d'une crémation. À un autre niveau, la **loi du 18 mai 2010** opère un déclassement de **têtes de guerriers maoris** conservées en France pour les remettre à la Nouvelle-Zélande. Le législateur accorde ainsi un traitement particulier aux restes humains, guidé par le respect de la personne humaine pourtant totalement contradictoire avec le régime de protection des biens domaniaux culturels.

389 **Droit pénal. –** Le Code pénal comporte une section intitulée « Des atteintes au respect dû aux morts » (art. 225-17 et s.). Les opérations d'exhumation qui ne respecteraient pas l'objet particulier que sont les restes humains peuvent être constitutives du délit de violation de sépulture et d'atteinte à l'intégrité du cadavre de l'article 225-17 du Code pénal. Toute **atteinte à l'intégrité du cadavre, par quelque moyen que ce soit, est punie d'un an d'emprisonnement et de 15 000 euros d'amende**. La violation ou la profanation, par quelque moyen que ce soit de tombeaux, de sépultures, d'urnes cinéraires ou de monuments édifiés à la mémoire des morts est punie d'un an d'emprisonnement et de 15 000 euros d'amende. L'intention discriminatoire aggrave

129. CEDH, 20 sept. 2018, *Solska et Rybicka c. Pologne*, n°s 30491/17 et 31083/17.

130. CE, Ass., 2 juill. 1993, *Milhaud* : « considérant que les principes déontologiques fondamentaux relatifs au respect de la personne humaine, qui s'imposent au médecin dans ses rapports avec son patient ne cessent pas de s'appliquer avec la mort de celui-ci ».

131. CE, 17 avr. 1963, *Époux Blois*.

132. CE, 25 nov. 1963, Commune de Saint-Just-Chaleyssin et sieur Rey c. Époux Thomas.

l'incrimination. La jurisprudence retient les actes accomplis avant l'inhumation comme attentatoires (dénuder le cadavre, le prendre en photo...). Toute dégradation de tombe, même le fait d'arracher les fleurs, tombe sous le coup du code, quand il y a intention de porter atteinte à la considération due aux morts.

2. La protection subjective de la dépouille

390 **Vie privée posthume.** – Notre droit protège subjectivement la dépouille mortelle en lui reconnaissant la protection des textes relatifs à la vie privée. Les formulations retenues par les juges laissent planer le doute sur le fait de savoir s'il s'agit réellement de **protéger la volonté du défunt ou celle de son entourage**. La protection est donc liée à la « personnalité humaine » du cadavre et non à celle de la famille mais c'est bien la famille qui en concrétise et en exerce les droits subjectifs. Le bénéficiaire de la dignité est bien la personne humaine morte, mais le titulaire semble être chaque membre de la famille. Sur la base de l'article 6 § 1 (impartialité des tribunaux), la CEDH admet le droit de défendre la réputation des époux morts[133].

391 **Autopsie.** – Lorsqu'il a été porté atteinte à l'intégrité du cadavre, les textes imposent une restauration qui permette à la famille d'effectuer son deuil avec dignité. Selon l'article 230-29 CPP : « le **praticien ayant procédé à une autopsie judiciaire est tenu de s'assurer de la meilleure restauration** possible du corps avant sa remise aux proches du défunt. Il ne peut être refusé aux proches du défunt qui le souhaitent d'avoir accès au corps avant sa mise en bière, sauf pour des raisons de santé publique. L'accès au corps se déroule dans des conditions qui leur garantissent respect, dignité, décence et humanité. » Le **retard excessif à restituer un corps d'enfant à la famille** a été condamné par le juge européen[134].

392 **Libre disposition du corps.** – De son vivant, le défunt a pu disposer de sa dépouille. Déjà la **loi du 15 novembre 1887 autorisait le don du corps à la science**. La loi du 2 août 2021 (art. L. 1261-1 CSP) la reprend sous la forme du don de corps à des fins d'enseignement médical et de recherche, jusque-là évoqué par l'article R. 2213-13 du Code général des collectivités territoriales. **Le Code de la santé publique organise le prélèvement d'organes, de tissus, de cellules, de produits** (art. L. 1232-1 et L. 1241-6, CSP). Le consentement de l'intéressé étant toujours présumé, il faudra, pour l'entourage qui s'opposerait au don, apporter la preuve contraire, celle du refus du prélèvement, par tout moyen. À cet effet le défunt a pu s'inscrire sur un registre national de refus. Mais le code fait également obligation aux médecins chargés de prélever de s'efforcer de recueillir auprès des proches l'opposition au don d'organes éventuellement exprimée de son vivant par le défunt. La pratique laisse donc, de fait, à la famille la titularité de la libre disposition du corps (voir développements sur le don de produits et éléments du corps).

393 **Liberté de choix de la sépulture.** – La **loi du 15 novembre 1887, relative à la liberté des funérailles**, reconnaît à tout majeur ou mineur émancipé, en capacité de tester, le droit de régler ses funérailles (civile ou religieuse, mode d'inhumation). Il revient sinon aux proches de décider, éventuellement après décision du juge désignant la personne la mieux à même de déterminer ce que souhaitait le défunt. Cette liberté connaît en revanche de **nombreuses limites d'ordre sanitaire**. L'inhumation se fait dans un cimetière, dérogatoirement dans une propriété privée si existe déjà une sépulture, suffisamment isolée des sources et habitations. **L'administration peut ainsi s'opposer à des pratiques de cryogénisation.** L'arrêt du 6 janvier 2006 rendu par le Conseil d'État[135] concerne une famille qui est persuadée qu'un jour on pourra ressusciter les morts et qu'il faut donc les conserver (par cryogénisation). C'est à l'occasion d'un décès que la famille demande à conserver le corps au domicile. Les autorités administratives refusent de leur permettre de congeler les corps dans la demeure

133. CEDH, 3 mars 2005, *Brudnicka et autres c. Pologne*, n° 54723/00.
134. CEDH, 30 oct. 2001, *Panullo Forte c. France*, n° 37794/97.
135. CE, 6 janv. 2006, *Martinot*.

familiale. Selon la famille, ce refus porterait atteinte à deux articles de la Convention EDH : l'article 9 relatif à la liberté de pensée, de conscience et de religion et l'article 8 relatif à la vie privée. On pouvait s'attendre à ce que le juge récuse l'applicabilité de ces dispositions, mais au contraire le Conseil d'État a appliqué ces deux articles à la volonté du défunt. La liberté de religion est bien applicable *post mortem* pour disposer du cadavre, comme la vie privée. Cela étant, le Conseil d'État estime qu'il existe des restrictions du fait de la santé publique. La loi française n'est pas incompatible avec la Convention EDH mais le préfet devait refuser la congélation en raison des risques sanitaires.

C. La déclinaison de la personne

394 **Déclinaison et catégorisation des droits. -** La personne humaine, union d'être humain et de personnalité juridique, sert de sujet universel des droits fondamentaux. Ce faisant elle permet aussi **d'adapter la protection juridique aux caractéristiques de chaque individu**. La seconde moitié du XXe siècle a connu un mouvement de « catégorisation » des droits en créant des droits spécifiques pour des individus nécessitant de renforcer leur protection. Pour être exact, ce sont les sujets de droit que l'on a multipliés pour les adapter au mieux à la réalité, à la vulnérabilité, de certains individus. La personne humaine a ainsi été déclinée.

La mode étant à la multiplication des droits, le législateur français s'est senti obligé de reconnaître, par exemple, de nouveaux « droits » aux **personnes âgées**. La **loi du 28 décembre 2015** relative à l'adaptation de la société au vieillissement a introduit « la perte d'autonomie » comme nouveau motif illégitime de discrimination (alors que l'âge était déjà un tel critère). Elle a également reconnu le droit à des aides adaptées aux besoins des personnes âgées, une liberté d'aller et de venir dans les établissements sociaux et médico-sociaux et le droit de désigner une personne de confiance.

395 **Universalisme de la personne et catégorisation des droits. -** Le civiliste René Demogue écrivait que « le droit apparaît comme un immense syndicat de lutte contre les souffrances, entre les êtres qui sont pitoyables, parce qu'il peut leur être fait du mal, beaucoup de mal, bien qu'ils soient souvent par la force même des choses, les artisans de leur propre malheur »[136]. On verra en étudiant le principe d'égalité et l'interdit des discriminations que l'un des mouvements les plus marquants du système des droits fondamentaux a été de **rechercher une égalité réelle dans la jouissance des droits.** Cette politique s'est fondée sur **une différenciation des situations et des droits** en faveur des personnes que les aléas de la vie ne mettaient pas en mesure d'accéder à l'exercice de leurs droits. Un des palliatifs utilisés a été le fait de catégoriser les individus, de les identifier ponctuellement à une catégorie mieux protégée. Un autre mécanisme a été **l'interdiction des discriminations** qui s'appuie elle aussi sur ces mêmes catégories. Elles se multiplient et s'additionnent autant de fois que le visage d'une humanité affaiblie croise la volonté politique : l'enfant, la personne handicapée, l'étranger, le malade, la personne âgée, le pauvre, le détenu, la femme... On en retiendra ici quatre, les autres seront retrouvés dans les développements à venir relatifs à la non-discrimination.

1. Les droits de l'enfant

396 **Droits généraux et droits spécifiques. -** Les droits de l'enfant sont autant **les droits de tout être humain** que la qualité d'enfant n'empêche pas d'exercer que des droits **spécifiques attachés au statut de l'enfant**, c'est-à-dire du mineur, en vue de pallier ses faiblesses. Il peut s'agir ainsi du droit d'être élevé, en principe, par ses propres parents. De manière transcendante aux différents droits, la considération de **l'intérêt supérieur de l'enfant prime** (il s'agit de l'application, avec effet direct, de l'article 3 de la Convention des droits de l'enfant[137]). À ce titre, cet intérêt est pris en compte pour les décisions qui « affectent » la situation de l'enfant, qu'il s'agisse

136. R. Demogue, « La notion de sujet de droit », *RDT civ.* 1909, p. 620.
137. CE, 22 sept. 1997, *Melle Cinar*, n° 161364.

d'un acte dont il est l'objet ou d'un acte général dont les effets seront sur lui suffisamment directs et certains, comme un refus de séjour de ses parents alors que l'enfant est malade[138].

397 **Modes de reconnaissance généraux. –** On peut rencontrer ces droits dans les textes généraux ou dans des corpus pensés pour l'enfant. L'ensemble des droits de l'homme peuvent être invoqués par les enfants dans la mesure où ils sont adaptés. Ainsi, comme texte général, la **Charte de l'Union européenne** présente un article 24 qui reconnaît aux enfants, le droit à la protection et aux soins nécessaires à leur bien-être, la liberté d'expression, le droit d'entretenir régulièrement des relations personnelles et des contacts directs avec ses deux parents, sauf si cela est contraire à leur intérêt. L'article 32 y interdit le travail des enfants et impose la protection des jeunes au travail. De même, l'article 24 du **Pacte sur les droits civils** donne à l'enfant, sans discrimination, le « droit, de la part de sa famille, de la société et de l'État, aux mesures de protection qu'exige sa condition de mineur » ; tout comme le Pacte sur les droits économiques dont l'article 10 (al. 3.) exige « des mesures spéciales de protection et d'assistance [...] prises en faveur de tous les enfants et adolescents, sans discrimination aucune pour des raisons de filiation ou autres ». Les enfants et adolescents doivent être protégés contre l'exploitation économique et sociale. Le fait de les employer à des travaux de nature à compromettre leur moralité ou leur santé, à mettre leur vie en danger ou à nuire à leur développement normal doit être sanctionné par la loi. **La Cour européenne tient compte de leur particulière vulnérabilité.** Ainsi, la privation de liberté d'un enfant de huit ans, pendant plus d'un jour, dans un commissariat (suite à des perquisitions effectuées au domicile d'un voisin à qui sa mère l'avait confié) ne poursuivait aucun des buts légitimes autorisés par la Convention[139].

398 **Corpus spécifiques. –** D'autres textes ne régissent que les droits de l'enfant. En droit international particulièrement ; ainsi la **convention de La Haye du 25 octobre 1980 relative aux enlèvements d'enfants**, et celle du 19 octobre 1996 sur la responsabilité parentale.

La CIDE, convention de New York adoptée le 20 novembre 1989, érige l'enfant en authentique sujet de droit, non seulement bénéficiaire des droits fondamentaux, mais encore titulaire par un certain nombre de voies de recours. L'enfant y est défini comme « tout être humain âgé de moins de 18 ans, sauf si la majorité est atteinte plus tôt ». Les Nations unies ont également adopté les « règles de Beijing » (résolution du 29 novembre 1985) établissant des règles minima concernant l'administration de la justice pour mineurs.

399 **Contenu spécifique de la CIDE. –** Les droits spécifiques à l'enfant se concentrent sur **le droit à des relations avec les personnes qui peuvent le protéger et la reconnaissance** de son intérêt supérieur, véritable sésame en la matière. Ils ont aussi le droit d'être protégés contre toute discrimination à l'encontre de leurs parents (art. 2). Les États parties à la CIDE assurent dans toute la mesure possible la survie et le développement de l'enfant (art. 6). L'enfant est enregistré aussitôt après sa naissance et a, dès celle-ci, le droit à un nom, le droit d'acquérir une nationalité et, dans la mesure du possible, le droit de connaître ses parents et d'être élevé par eux (art. 7). Les États parties veillent à ce que l'enfant **ne soit pas séparé de ses parents contre leur gré**, à moins que les autorités compétentes ne décident, sous réserve de révision judiciaire et conformément aux lois et procédures applicables, que cette séparation est nécessaire dans l'intérêt supérieur de l'enfant (art. 9) ; le droit de l'enfant séparé de ses deux parents ou de l'un d'eux d'entretenir régulièrement des relations personnelles et des contacts directs avec ses deux parents (*idem*) ; les États doivent encourager la production et la diffusion de livres pour enfants et élaborer des principes directeurs appropriés destinés à protéger l'enfant contre l'information et les matériels qui nuisent à son bien-être (art. 17) ; tout enfant qui est temporairement ou définitivement privé de son milieu familial, ou qui dans son propre intérêt ne peut être laissé dans ce milieu, a droit à une protection et à une aide spéciales de l'État (art. 20), tout comme il doit bénéficier d'une adoption sûre (art. 21).

138. CE, 25 juin 2014, n° 359359.
139. CEDH, 9 avr. 2019, *Tarak et Depe c. Turquie*, n° 70472/12.

La Cour de cassation en a tiré des conséquences : dans le cadre d'une procédure d'adoption, l'intérêt supérieur de l'enfant étant une norme supra-légale, il doit être pris en considération dans toutes les décisions concernant les enfants. Le tribunal peut donc, au regard des circonstances particulières du dossier et si l'intérêt de l'enfant l'exige, rejeter la demande de déclaration judiciaire de délaissement parental, alors même que les conditions légales posées à l'article 381-1 du Code civil seraient réunies. Lorsque le délaissement parental de l'enfant n'est judiciairement déclaré qu'à l'endroit d'un seul parent, la délégation de l'autorité parentale prévue à l'article 381-2, alinéa 5, du Code civil ne peut porter que sur les droits du parent délaissant, à l'exclusion de ceux de l'autre parent[140].

400 **Application.** – La convention met en place un Comité des droits de l'enfant (dix experts élus pour quatre ans) qui examine sur rapport de l'État les progrès accomplis par les États signataires dans l'exécution des obligations contractées (art. 43 et s.). **Une loi du 12 novembre 2015 autorise la ratification du protocole facultatif à la convention relative aux droits de l'enfant établissant une procédure de présentation de communications.** Il permet à des particuliers, et notamment aux mineurs, de déposer, une fois épuisées toutes les voies de recours internes, des observaticns pour violation d'un ou plusieurs droits de l'enfant devant le Comité des droits de l'enfant. Il n'existe pas encore de recours individuel que les enfants pourraient exercer. Les institutions spécialisées comme l'UNICEF et d'autres organes des Nations unies ont le droit de se faire représenter lors de l'examen de l'application des dispositions de la Convention.

Enfants de DAECH retenus en Syrie

Selon le Comité des droits de l'enfant[141], la France a violé le droit à la vie, ainsi que le droit à ne pas subir de traitements inhumains et dégradants de quarante-neuf enfants français détenus en Syrie, parce que leurs parents auraient collaboré avec Daech, dans des conditions mettant leur vie en danger depuis des années. Même si certains enfants ont déjà été rapatriés, la France « n'a pas démontré qu'elle avait dûment pris en compte l'intérêt supérieur des enfants victimes lors de l'évaluation des demandes de rapatriement de leurs proches ». Le Comité a exhorté la France à prendre des mesures urgentes pour les rapatrier et de prendre des mesures urgentes pour atténuer les risques pour la vie, la survie et le développement des enfants victimes pendant leur séjour dans le nord-est de la Syrie. Le gouvernement français faisait pourtant valoir qu'il ne découle ni de la Convention, ni des travaux et constatations des comités des Nations unies que pèserait sur les États parties une obligation positive de procéder au rapatriement de leurs ressortissants susceptibles d'être exposés à des traitements inhumains ou dégradants. Une telle obligation n'a pas non plus été dégagée par la Cour européenne des droits de l'homme. D'ailleurs, une telle obligation se heurterait en pratique au principe de la souveraineté des États dans lesquels les violations alléguées seraient commises. Mais le Comité relève que l'État a le devoir et le pouvoir de protéger les droits des enfants de sa nationalité, en prenant des mesures pour les rapatrier ou d'autres mesures consulaires. D'ailleurs, l'État partie a procédé déjà au rapatriement avec succès de plus d'une trentaine d'enfants français sans avoir signalé d'incidents dans l'exécution.

401 **Effet direct.** – Du point de vue interne, la principale difficulté rencontrée par ce texte a été l'admission par les juridictions françaises de l'effet direct des dispositions. Dans l'arrêt *Camara* du 28 juillet 1993, **le Conseil d'État n'exclut pas l'application de la Convention mais estime que l'article 2-1 de la Convention sur la non-**

140. Avis, n° 15008 du 19 juin 2019 – Première chambre civile (Demande d'avis n P 19-70.008).

141. CRC, 23 févr. 2022, Constatations adoptées par le Comité au titre du protocole facultatif à la Convention relative aux droits de l'enfant établissant une procédure de présentation de communications, concernant les communications n° 77/2019, 79/2019 et 109/2019.

discrimination ne crée d'obligations qu'entre les États. Il ne se prononce donc pas sur le reste du texte. Il a réitéré cette formulation, jusqu'à finalement attester que certaines des dispositions étaient d'application directe comme le droit à la vie privée de l'enfant (art. 16) dans l'arrêt *Demirpence* du 10 mars 1995. Le Conseil d'État a été le premier à accepter que **l'article 3**[142] **puisse être invoqué directement** devant les juridictions administratives[143]. C'est encore au nom de l'intérêt supérieur de l'enfant que la Cour de cassation a elle aussi adopté cette attitude, par deux arrêts du 18 mai 2005 concernant l'intérêt de l'enfant et son droit à être entendu. Certains juges civils admettent ainsi l'utilisation de l'article 3 de la Convention pour justifier l'établissement de l'état civil dans le cadre d'une gestation pour autrui où il serait en principe contraire à l'ordre public[144]. L'intérêt supérieur de l'enfant ne saurait pour autant permettre de frauder la loi d'ordre public concernant l'interdit des gestations pour autrui qui s'oppose à l'établissement d'une filiation à l'égard de la « mère d'intention »[145]. La Cour de cassation[146] et le Conseil d'État[147] ont respectivement reconnu, de manière implicite, un effet direct à l'article 8 – droit de l'enfant à une identité – et à l'article 13 – droit de l'enfant à la liberté d'expression –, mais les dispositions d'effet direct demeurent minoritaires.

Par l'arrêt du 11 avril 2012 *GISTI et FAPIL*[148], le Conseil d'État semble avoir inversé le principe de l'absence d'effet direct. Dans cet arrêt, du point de vue interne, les traités sont conçus comme des lois et non comme des contrats : une stipulation est d'effet direct lorsqu'elle n'a pas pour objet exclusif de régir les relations entre États et ne requiert pas l'intervention d'un autre acte pour produire ses effets. Cela sans se référer à la rédaction du texte (« l'État s'engage » ou « un tel a droit de »). La dernière étape serait de lever l'exigence de l'effet direct dans le contentieux de la légalité objective, néanmoins cet arrêt change considérablement la question de l'invocabilité de la CIDE.

402 **Protection européenne. –** La France a ratifié le 1er août 2007 la **Convention européenne sur l'exercice des droits de l'enfant** aux termes de laquelle l'État doit « encourager la promotion et l'exercice des droits de l'enfant par l'intermédiaire d'organes en charge de faire des propositions pour renforcer le dispositif législatif relatif à l'exercice de ces droits, formuler des avis sur les projets de lois, fournir des informations générales concernant l'exercice de ces droits aux médias, [...] et aux personnes ou organes s'occupant des questions relatives aux enfants, rechercher l'opinion des enfants et leur fournir toute information appropriée ».

La **jurisprudence de la CEDH**, par effet horizontal et interprétation constructive, amène à protéger particulièrement les enfants. C'est le cas dans le domaine des traitements inhumains et dégradants, dont l'interdiction est applicable dans le cadre familial[149]. La **théorie des obligations positives crée à la charge des services sociaux l'obligation de repérer et aider les mineurs en difficulté**. Dans l'affaire *Z et autres c. Royaume-Uni*[150], la Cour relève que l'apparence physique d'enfants maltraités par leur mère aurait dû alerter les services, entraînant la responsabilité de l'État pour traitement dégradant. Le juge administratif se fonde également sur cette interdiction des traitements inhumains pour s'opposer à l'expulsion de parents vers des pays où leurs filles risquent

142. « Dans toutes les décisions qui concernent les enfants, qu'elle soit le fait des institutions publiques ou privées de protection sociale, des tribunaux, des autorités administratives des organes législatifs, l'intérêt supérieur de l'enfant doit être une considération primordiale ».
143. CE, 22 sept. 1997, *Melle Cinar* : accordant le droit au regroupement familial d'un enfant âgé de quatre ans.
144. CA Paris, 25 oct. 2007 (irrecevabilité de l'action du ministère public tendant à empêcher l'établissement de l'état civil). Arrêt cassé par Cass. 1re civ., 17 déc. 2008.
145. Cass. 1re civ., 6 avr. 2011, arrêts nos 369, 370 et 371 ; voir aussi le communiqué de la Première présidence relatif aux arrêts 369, 370 et 371 du 6 avr. 2011 rendus par la première chambre civile, disponible sur le site de la Cour de cassation.
146. Cass. 1re civ., 6 janv. 2010, no 08-18871.
147. CE, 16 mars 2011, no 334289, *Société TF1*.
148. CE, Ass., 11 avr. 2012, *GISTI et FAPIL*, no 322326, publié au *recueil Lebon* : « une stipulation doit être reconnue d'effet direct par le juge administratif lorsque, eu égard à l'intention exprimée des parties et à l'économie générale du traité invoqué, ainsi qu'à son contenu et à ses termes, elle n'a pas pour objet exclusif de régir les relations entre États et ne requiert l'intervention d'aucun acte complémentaire pour produire des effets à l'égard des particuliers ; que l'absence de tels effets ne saurait être déduite de la seule circonstance que la stipulation désigne les États parties comme sujets de l'obligation qu'elle définit ».
149. CEDH, 23 sept. 1998, *A c. Royaume-Uni*.
150. CEDH, 10 mai 2001.

d'être excisées[151]. La Cour européenne a aussi relevé deux violations de l'article 3 dans le cas d'une petite fille de neuf ans confrontée à l'arrestation violente de son père, dans le cadre d'un trafic de drogue, à laquelle elle avait assisté à l'âge de neuf ans devant son école. D'une part, l'État n'a pas fait attention à l'enfant qui a développé des troubles neurologiques et psychiques post-traumatiques pendant plusieurs années après l'arrestation. D'autre part, confronté à la plainte, la réponse a été ineffective[152].

De même, de façon remarquable, la Cour rappelle que l'intérêt de l'enfant doit passer avant toute considération et que **seul un comportement particulièrement indigne peut autoriser qu'un enfant soit privé de ses parents dans l'intérêt supérieur de l'enfant**. Ainsi, par exemple en droit roumain, l'interdiction d'exercer les droits parentaux est une peine accessoire qui s'applique automatiquement à toute personne qui exécute une peine de prison, sans contrôle des tribunaux et sans prise en compte du type d'infraction et de l'intérêt de l'enfant ce qui viole l'article 8 de la Convention[153]. Paradoxalement, l'intérêt supérieur de l'enfant peut aussi permettre de tolérer des stratégies de fraude à la loi, par exemple en matière de gestation pour autrui. Ainsi, c'est au nom de la vie privée des enfants nés à l'étranger, que l'État doit établir une filiation à l'égard des « parents d'intention » qui ont un lien biologique avec l'enfant[154] (voir aussi les développements consacrés au droit à une vie familiale).

403 **Détermination de l'âge de l'étranger.** – Depuis de nombreuses années, le Défenseur des droits et les associations dénoncent l'utilisation de tests osseux pour déterminer si un étranger doit bénéficier des conditions favorables des mineurs. La loi du **14 mars 2016** a complété l'article 388 du Code civil, permettant à l'autorité judiciaire de procéder à des **examens radiologiques osseux** aux fins de détermination de l'âge, en l'absence de documents d'identité valables et lorsque l'âge allégué n'est pas vraisemblable. Cependant, les conclusions de ces examens, qui doivent préciser la marge d'erreur, ne peuvent à elles seules permettre de déterminer si l'intéressé est mineur, lorsque d'autres éléments indiquent la minorité. Le doute profite à l'intéressé[155]. Est exclu l'examen du développement pubertaire des caractères sexuels primaires et secondaires. Ces dispositions ont été jugées conformes à la Constitution par la décision n° 2018-768 QPC[156] tout en précisant que ces tests ne peuvent être l'unique fondement de la détermination de l'âge. Ce que la Cour de cassation confirme en faisant prévaloir l'opinion de la cour d'appel quant à l'authenticité du passeport sur celle du département qui l'estimait douteux et le confirmait par un test osseux[157]. Cette décision a permis au juge constitutionnel d'ériger l'« intérêt supérieur de l'enfant » fondé sur les alinéas 10 et 11 du préambule de 1946, et qui appelle une protection spécifique qui ne s'oppose pas à ce que les données d'un fichier des étrangers se déclarant mineurs, créé dans leur intérêt selon le Conseil, soit ensuite versé dans le fichier général (AGDREF)[158].

La Cour européenne ne remet pas en cause l'aléa des fameux « tests osseux » si souvent dénoncés[159].

404 **Protection du mineur étranger.** – Selon les chiffres du ministère de la Justice, 16 760 personnes déclarées mineures non accompagnées en 2019 ont été portées à la connaissance de la Mission mineurs non accompagnés, et 9 524 mineurs non accompagnés ont intégré le dispositif de protection de l'enfance. 31 009 MNA étaient pris en charge par les conseils départementaux. En tant que **mineur isolé**, lorsqu'il demande l'asile sans représentant légal sur le territoire français, le procureur de la République lui désigne sans délai un **administrateur** *ad hoc*. Il est ainsi pris en charge par les services sociaux. Les enfants mineurs non accompagnés ayant obtenu une protection pouvaient déjà demander la « **réunification familiale** » en faisant venir leurs parents

151. TA Lyon, 12 juill. 1996, *Minata Ouattara*.
152. CEDH, 12 nov. 2019, *A c. Russie*, n° 37735/09.
153. CEDH, 28 sept. 2004, *Sabou et Pircalab c. Roumanie*.
154. Cf. plus bas les développements consacrés à la gestation pour autrui.
155. C. Cass. 1re civ., 12 janv. 2022, n° 20-17. 343.
156. CC, 21 mars 2019, n° 2018-768 QPC.
157. Cass. 1re civ, 21 nov. 2019, *Département du Cantal*, n° 19-17726 et n° 19-15890.
158. CC, 26 juill. 2019, n° 2019-797 QPC, *Unicef France*.
159. CEDH, 10 oct. 2019, *M.D. c. France*, n° 50376/13.

mais, avec la loi du 10 septembre 2018 pour une immigration maîtrisée, cette possibilité a été étendue aux frères et sœurs. La loi permet aussi l'octroi de plein droit d'une **autorisation de travail** aux mineurs non accompagnés pris en charge par l'aide sociale à l'enfance, dès lors qu'ils présentent un contrat d'apprentissage ou un contrat de professionnalisation.

405 Rétention du mineur étranger. – La France compte environ 2 200 places en centre de rétention administrative (CRA) dont neuf seulement peuvent accueillir des familles. En 2017, plus de 5 000 enfants sont ainsi retenus, principalement à Mayotte. La **loi du 7 mars 2016** a donc réservé la rétention des adultes accompagnés d'enfant à **trois cas** : la méconnaissance d'une précédente assignation à résidence, l'obstruction à une mesure d'éloignement, le placement dans les quarante-huit heures précédant un départ programmé. Mais depuis la **loi du 10 septembre 2018** pour une immigration maîtrisée, le placement d'un enfant en rétention est possible s'il « accompagne un étranger placé en rétention ». La durée de la **rétention doit être la plus brève possible, eu égard au temps strictement nécessaire à l'organisation du départ**, dans des chambres isolées et adaptées à l'accueil des familles. Le CESEDA interdit qu'ils fassent l'objet formellement d'un placement en rétention. Ils sont donc accompagnants de fait de leurs parents, sans que cela ne soit analysé comme un traitement dégradant en soi[160].

De son côté, la **Cour européenne estime que la situation d'extrême vulnérabilité de l'enfant est déterminante et prédomine sur la qualité d'étranger en séjour illégal**[161]. La Cour avait déjà salué « la décision prise par les autorités belges de ne plus procéder à des détentions en centres fermés des familles en séjour illégal en Belgique », formulée dans un arrêt du 13 décembre 2011[162]. De même, elle[163] estime que la ConvEDH et la Convention de La Haye du 25 octobre 1980 sur les aspects civils de l'enlèvement international d'enfants doivent faire l'objet d'une application combinée pour protéger l'intérêt supérieur de l'enfant. En l'espèce, elle considère que les juges lettons n'ont pas satisfait aux exigences procédurales de l'article 8, dès lors qu'ils ont refusé de prendre en compte une allégation défendable de « risque grave » pour l'enfant en cas de retour en Australie.

La Convention européenne ne prohibe pas en soi la rétention des mineurs mais elle dresse tant de conditions qu'elle devient presque impossible à mettre en œuvre. Dans l'arrêt *Popov*[164] la Cour européenne a condamné la France pour violation des articles 3 (interdictions des traitements inhumains et dégradants), 5 (droit à la liberté et à la sûreté) et 8 (droit au respect de la vie familiale) de la Convention pour le placement en rétention administrative de deux enfants de cinq mois et trois ans pendant quinze jours avant leur expulsion. La Cour insiste, en présence d'enfants mineurs, sur la nécessité pour les autorités internes de s'assurer que **le placement en rétention est la mesure de dernier ressort et qu'il n'existe aucune autre mesure de substitution**[165]. La privation de liberté « doit être nécessaire pour atteindre le but poursuivi, à savoir pour assurer l'expulsion de la famille » ; l'État est donc tenu à la recherche infructueuse de mesures alternatives. Cette exigence dépasse ce que la Cour de cassation[166] et le Conseil d'État[167] avaient admis. Pour la Cour européenne, **la vulnérabilité des enfants s'oppose à ce qu'ils soient retenus dans des structures non adaptées.** En attestent les condamnations de la France pour violation des articles 3, 5 et 8[168]. Même si en elles-mêmes les conditions de détention sont adaptées à la présence d'enfants (ce qui implique la séparation des familles et des autres retenus, la fourniture d'équipements spéciaux au sein des chambres et la mise à disposition d'un matériel

160. Cass. 1re civ., 28 mars 2012, nº 10-26141, *Vasile S.*
161. CEDH, 24 mai 2018, *N.T.P. et autres c. France*, nº 68862/13, § 44.
162. CEDH, 2e Sect., 13 déc. 2011, nº 15297/09, *Kanagaratnam c. Belgique*.
163. CEDH, 26 nov. 2013, *X. c. Lettonie*, req. nº 27853/09.
164. CEDH, 5e Sect. 19 janv. 2012, nº 39472/07, *Popov c. France*.
165. CEDH, 12 juill. 2016, *A.B. et autres c. France*, nº 33201/11, *R.M. et M.M. c. France*, nº 24587/12, *A.M. et autres c. France*, nº 68264/14, *R.K. c. France*, et nº 76491/14, *R.C. c. France*.
166. Cass. 1re civ., 10 déc. 2009, nº 08-14141.
167. CE, 12 juin 2006, nº 282275, *Cimade et GISTI*.
168. Cour EDH, 5e section, 12 juillet 2016, *R.M. et autres c. France*, Req. nº 33201/11 ; Cour EDH, 5e section, 12 juillet 2016, *A.B. et autres c. France*, Req. nº 11593/12 ; Cour EDH, 5e section, 12 juillet 2016, *A.M. c. France*, Req. nº 56324/13 ; Cour EDH, 5e section, 12 juillet 2016, *R.K. et autres c. France*, Req. nº 68264/14 ; Cour EDH, 5e section, 12 juillet 2016, *R.C. et V.C. c. France*, Req. nº 76491/14.

de puériculture adapté), la Cour retient les éléments tenant d'abord au bruit « *nécessairement sources importantes de stress et d'angoisse pour un enfant en bas âge et ensuite à la répétition et l'accumulation de ces agressions psychiques et émotionnelles ont nécessairement des conséquences néfastes sur un enfant en bas âge, dépassant le seuil de gravité* ». Les mineurs non-accompagnés doivent bénéficier de lieux adaptés et ne pas rester plusieurs semaines, sans avocats ni recours, dans des postes de police avant d'y être conduits (carence du ministère public)[169]. L'enfermement et sa durée ne peuvent que susciter angoisse et mal être. Un mineur étranger non accompagné en situation irrégulière (« individu relevant de la catégorie des personnes les plus vulnérables de la société ») avant et après le démantèlement des camps de fortune installés dans la zone sud de la « lande » de Calais a ainsi vécu durant plusieurs mois dans un environnement totalement inadapté à sa condition d'enfant et dans une précarité inacceptable au regard de son jeune âge. L'arrêt *Khan c. France* du 28 février 2019 a ainsi condamné la France pour violation de l'article 3[170]. Plus récemment, la France[171] a été condamnée du fait de la rétention administrative d'une mère et de son nourrisson, alors âgé de quatre mois, pendant onze jours, compte tenu du très jeune âge de l'enfant, des conditions d'accueil dans le centre de rétention et de la durée du placement en rétention (art. 3), et parce que les autorités internes n'avaient pas effectivement vérifié que le placement initial en rétention administrative, puis sa prolongation constituaient des mesures de dernier ressort, auxquelles aucune autre mesure moins restrictive, telle l'assignation à résidence dont les requérantes avaient auparavant fait l'objet, ne pouvait être substituée (contraire à l'article 5, § 1).

La Cour européenne[172] a condamné la rétention d'une mère et de ses trois jeunes enfants dans l'attente de leur expulsion de Turquie, pendant quatre mois dans des dortoirs surpeuplés, ne pouvant que rarement sortir à l'air frais, constamment exposés à la fumée de cigarette et sans nourriture adaptée aux enfants. Les autorités grecques n'ont pas fait tout ce que l'on pouvait raisonnablement attendre d'elles pour répondre à l'obligation de prise en charge et de protection de quatre mineurs migrants non accompagnés qui ont vécu dans des postes de police puis durant un mois dans un camp dans un environnement inadapté. Cela viole à la fois l'article 3 et l'article 5[173].

Mais tel ne fut pas le cas d'un jeune guinéen[174] confié à l'aide sociale à l'enfance par décision de justice dont le placement a été levé car, en l'absence de document fiable permettant de déterminer son âge, les tests osseux ont révélé sa majorité. Par la suite, il obtint un passeport des autorités guinéennes, confirmant sa minorité et le juge des enfants a pris une mesure d'assistance éducative jusqu'à sa majorité. **La Cour relève que dès l'instant où les juridictions françaises l'ont considéré comme mineur, M. D. a bénéficié d'une prise en charge complète**. Pour la période où il a été considéré comme majeur, qui s'est concrétisée par une errance de quatorze mois sans protection, la Cour considère qu'elle n'a pas constitué pour l'intéressé un traitement contraire à l'article 3 CEDH et que la France a fait suffisamment diligence.

La loi du 7 février 2022 relative à la protection des enfants a entendu améliorer l'accueil des mineurs non accompagnés et modifié les critères de répartition sur le territoire. Il est désormais interdit pour un département de réévaluer la minorité de ces mineurs. Tous les départements devront recourir au fichier d'aide à l'évaluation de la minorité (AEM) qui enregistre les personnes se déclarant mineurs non accompagnés.

CEDH, 25 juin 2020, *Moustahi c. France, req. n° 9347/14*

Deux enfants comoriens de 3 et 5 ans, ayant voyagé en 2013 à bord d'une embarcation de fortune en vue de rejoindre Mayotte avec dix-sept personnes ont été interpellés en mer par les autorités françaises, après un contrôle d'identité sur une plage, ils furent placés en rétention en vue d'une

169. CEDH, 28 févr. 2019, *H.A. et autres c. Grèce*, n° 19951/16.
170. CEDH, 28 févr. 2019, *Khan c. France*, n° 12267/16.
171. CEDH, 22 juill. 2021, *M. D. et A. D. c/France*, n° 57035/18.
172. CEDH, 17 oct. 2019, *G.B. et autres c. Turquie*, req. n° 4633/15.
173. CEDH, 13 juin 2019, *Sh.D. et autres c. Grèce, Autriche, Croatie, Hongrie, Macédoine du Nord, Serbie et Slovénie*, rq. n° 14165/16.
174. CEDH, 10 oct. 2019, *M.D. c. France*, req. n° 50376/13.

reconduite à la frontière en compagnie d'adultes, rattachés arbitrairement à l'un d'eux et renvoyés expéditivement vers les Comores sans examen attentif et individualisé de leur situation. Leur père, résidant pourtant régulièrement à Mayotte. Prévenu de la présence de ses enfants, il a saisi le juge des référés du tribunal administratif pour obtenir la suspension de l'arrêté d'éloignement. Mais le juge n'a pas eu le temps d'intervenir. La France a encore été condamnée pour traitement dégradant, détention irrégulière, atteinte au droit au respect de la vie privée et familiale, violation de l'interdiction d'expulser collectivement des étrangers et absence de recours effectif.

406 **Protection sexuelle des mineurs.** – L'âge de la majorité sexuelle, c'est-à-dire celui à partir duquel une personne majeure peut avoir un rapport sexuel avec un mineur civil sans commettre une infraction pénale, est de quinze ans (aucun texte ne le définit comme mais c'est la condition d'aggravation des peines applicables en cas d'infraction). L'article **227-25 du Code pénal** punit « hors le cas de viol ou de toute autre agression sexuelle, le fait, par un majeur, d'exercer une atteinte sexuelle sur un mineur de quinze ans » de sept ans d'emprisonnement et de 100 000 euros d'amende. La **loi du 3 août 2018** renforçant la lutte contre les violences sexuelles et sexistes (modifiant notamment l'article 222-22-1 du Code pénal), porte à 30 ans après la majorité des victimes présumées le délai de prescription des crimes sexuels commis sur des mineurs (20 ans auparavant). Elle a renforcé la répression des infractions sexuelles sur les mineurs : la contrainte morale sur la personne mineure peut résulter de la différence d'âge existant entre la victime et l'auteur des faits et de l'autorité de droit ou de fait que celui-ci exerce sur la victime ; le fait pour un majeur d'avoir une relation sexuelle avec un mineur de moins de quinze ans est passible de sept ans d'emprisonnement, contre cinq auparavant. Il allonge le délai de prescription de vingt à trente ans pour les crimes sexuels commis sur les mineurs.

La loi du 21 avril 2021 (visant à protéger les mineurs des crimes et délits sexuels et de l'inceste) a créé de nouvelles incriminations : le crime de viol sur mineur de moins de 15 ans (art. 222-23-1 CP), le crime de viol incestueux sur mineur de moins de 18 ans (art. 222-23-2 CP), punis de vingt ans de réclusion criminelle, le délit d'agression sexuelle sur mineur de moins de 15 ans, puni de dix ans de prison et de 150 000 euros d'amende (art. 222-29-2), et le délit d'agression sexuelle incestueuse sur mineur de moins de 18 ans, puni de dix ans de prison et de 150 000 euros d'amende (art. 222-29-3 CP). Les juges n'ont désormais plus à établir une violence, une contrainte, une menace ou une surprise pour constater et punir le viol ou l'agression sexuelle. La question du consentement de l'enfant ne se pose donc plus au-dessous de l'âge de 15 ans et de 18 ans dans les affaires d'inceste.

Cette même loi crée un délit (dit de « sextorsion », art. 227-23-1 CP) punissant le fait pour un majeur de solliciter auprès d'un mineur la diffusion ou la transmission d'images, vidéos ou représentations à caractère pornographique dudit mineur de sept ans, d'emprisonnement et de 100 000 euros d'amende. Les peines sont alourdies lorsque les faits ont été commis à l'encontre d'un mineur de 15 ans ou lorsque les faits ont été commis en bande organisée. La loi prévoit l'inscription automatique des auteurs d'infractions sexuelles sur mineur, quelle que soit la peine encourue, dans le fichier judiciaire automatisé des auteurs d'infractions sexuelles ou violentes (FIJAISV). Le délit d'exhibition sexuelle a été précisé pour mieux punir certains gestes obscènes qui sont réalisés sans que le corps soit dénudé, et la peine encourue est doublée lorsque la victime a moins de 15 ans.

407 **Exploitation sexuelle des enfants.** – En France, la **loi du 17 juin 1998 relative à la prévention, à la répression des infractions sexuelles et à la protection des mineurs** a développé un certain nombre d'infractions spécifiques lorsqu'il est question d'atteinte aux mineurs : sans développer ici, on peut évoquer la corruption de mineur (le fait de favoriser ou de tenter de favoriser la corruption de mineur en éveillant ses pulsions sexuelles ou en le rendant témoin d'actes sexuels), la proposition sexuelle à un mineur (c'est-à-dire le fait pour un majeur de faire des propositions sexuelles à un mineur de 15 ans ou une personne se présentant comme tel en utilisant un moyen de communication électronique). La loi porte aussi **aggravation de peine pour les infractions générales** ; il peut s'agir de viol, d'agression sexuelle, de proxénétisme, etc.

La communauté internationale tente de lutter contre le développement de la pédopornographie, particulièrement sur internet. Déjà, la Convention internationale sur les droits de l'enfant de 1989 exigeait des États qu'ils prennent toutes mesures pour que « des enfants ne soient pas exploités aux fins de la production de spectacles ou de matériel de caractère pornographique » (art. 34, § c).

Le **protocole du 25 mai 2000 additionnel à la Convention relative aux droits de l'enfant** et concernant la vente d'enfants, la prostitution des enfants et la pornographie mettant en scène des enfants, définit et exhorte à la pénalisation des comportements attentatoires à l'usage du corps de l'enfant (le fait de produire, de distribuer, de diffuser, d'importer, d'exporter, d'offrir, de vendre ou de détenir des matériels pornographiques mettant en scène des enfants). Par ailleurs, les États parties à la **Convention sur la cybercriminalité** (23 novembre 2001) s'engagent à ériger en infraction la production, l'offre, la diffusion, la transmission de pornographie enfantine en vue de sa diffusion par le biais d'un système informatique tout comme le fait de se procurer ou de procurer à autrui de la pornographie enfantine par le biais d'un système informatique ou sa possession dans un système informatique ou un moyen de stockage de données informatiques (art. 9, § 1)[175].

2. Les droits de la personne en situation de handicap

408 **Notion de handicap et de situation de handicap. –** On compte aujourd'hui en Europe au moins 100 millions de personnes en situation de handicap, soit presque 15 % des habitants des États membres. Ceux que notre droit envisage toujours aujourd'hui sous le nom de « personnes handicapées » n'ont pas toujours porté ce nom et ne le porteront sans doute pas longtemps car la tendance « inclusive » tend à dissocier la personne et les difficultés qu'elle rencontre qui ne lui sont pas intrinsèques (ce n'est pas la personne qui n'est pas adaptée à son environnement mais l'inverse). **La société doit ainsi s'adapter pour inclure et non pas aborder la personne comme un handicap personnifié**. Chacun est ainsi potentiellement, temporairement ou de manière pérenne, en situation de handicap. Toutefois, cette façon de voir les choses, celle des Nations unies, n'a pas pénétré encore notre droit.

La loi du 14 juillet **1905** instituait un dispositif d'assistance en faveur des vieillards, des infirmes ou des incurables indigents. Il s'est aussi appelé incapable, invalide, aliéné, infirme, mutilé… et n'avait alors aucun droit. La loi du 30 juin **1975**, loi d'orientation en faveur des personnes handicapées, a commencé à inscrire le handicap dans le champ des droits et libertés. La loi de modernisation sociale du 17 janvier **2002** a renforcé ce mouvement, mais ce n'est que par la loi du 11 février **2005** pour l'égalité des droits et des chances, la participation et la citoyenneté des personnes handicapées que l'on est passé d'une logique dans laquelle le handicap est un élément de la personne à une logique où la personne handicapée a des droits vis-à-vis d'un système qui doit lui permettre un accès général à ses droits fondamentaux.

La loi de 2005 renouvelle la définition du handicap, simplifie et unifie le droit du handicap et impose aux pouvoirs publics un certain nombre d'obligations d'accès (transports publics, lieux publics, marché du travail…). Certes, **le handicap demeure une notion médicale qui permet de mesurer un certain degré d'inadaptation aux contraintes de la vie sociale. Il reste envisagé anatomiquement selon ses incidences physiologiques**. Mais aujourd'hui le handicap apparaît en droit comme une différence entre sujets de droit plus que comme une déficience. Pour le Conseil de l'Europe, « le handicap est fonction des relations des personnes handicapées avec leur environnement. Il surgit lorsque ces personnes rencontrent des obstacles culturels, matériels ou sociaux qui les empêchent d'accéder aux divers services de la société qui sont à la portée de leurs concitoyens »[176]. **L'article L. 114 du Code de l'action sociale et de la famille pose ainsi que « constitue un handicap toute limitation d'activité ou restriction de participation à la vie en société subie dans son environnement par une personne en raison d'une altération substantielle, durable ou définitive d'une ou plusieurs fonctions physique, sensorielle, mentale, cognitive ou psychique, de polyhandicaps ou d'un trouble de santé invalidant »**. Depuis 2005, les commissions techniques d'orientation et de reclassement professionnel (Cotorep) ont

175. Voir aussi la décision-cadre n° 2004/68/JAI du Conseil du 22 déc. 2003 relative à la lutte contre l'exploitation sexuelle des enfants et la pédopornographie qui donne une définition européenne harmonisée de la pédopornographie.
176. Recommandation n° (92) 6 du 9 avr. 1992.

été remplacées par les commissions des droits et de l'autonomie des personnes handicapées qui siègent au sein de la maison départementale des personnes handicapées. Ce système de guichet unique, sous forme de groupement d'intérêt public, permet d'associer désormais des représentants des personnes handicapées afin de statuer sur les divers droits et besoins de ces personnes après leur audition en vue d'établir un plan personnalisé de compensation. Le Défenseur des droits ayant repris les compétences de la HALDE, il peut être saisi par les personnes en situation de handicap en vue de réduire les discriminations ou faciliter leur prise en charge par les services publics.

Dans le même mouvement, l'ordonnance du 15 décembre 2010[177] estime que « la privation pour un enfant, notamment s'il souffre d'un handicap, de toute possibilité de bénéficier d'une scolarisation [...] selon les modalités que le législateur a définies afin d'assurer le respect de l'exigence constitutionnelle d'égal accès à l'instruction, est susceptible de constituer une atteinte grave et manifestement illégale à une liberté fondamentale ».

La loi n° 2021-502 du 26 avril 2021 visant à améliorer le système de santé par la confiance et la simplification, a permis de nouvelles avancées. Il est créé une plateforme numérique nationale d'information et de services personnalisés, dont la gestion est confiée à la Caisse des dépôts et consignations, qui déploie des services numériques permettant de faciliter les démarches administratives des personnes handicapées, de leurs aidants et de leurs représentants légaux, ainsi que le suivi personnalisé de leur parcours, notamment en matière d'accès à l'emploi et à la formation. Cette plateforme est conforme aux référentiels d'interopérabilité et de sécurité. Elle implique un traitement automatisé de données à caractère personnel permettant l'alimentation, la gestion et l'utilisation des droits inscrits sur l'espace personnel de chaque titulaire d'un compte sur la plateforme numérique. Par ailleurs, un référent handicap est nommé dans chaque établissement de soins publics et privés.

409 **Protection européenne. –** Si le Traité d'Amsterdam a été l'occasion d'insérer à l'article 13 du traité une référence explicite au handicap, le droit de l'Union n'appréhende le handicap, pour l'essentiel, que dans le cadre des discriminations à l'accès à l'emploi. La **directive du 29 juin 2000** relative à la mise en œuvre du principe d'égalité de traitement entre les personnes sans distinction de race ou d'origine ethnique implique en effet pour les États d'abattre les obstacles à l'accès au marché du travail pour les personnes handicapées. Elle pose comme principe que les États doivent tendre à l'égalité de traitement et violeraient la directive en cas d'absence « d'aménagement raisonnable ». La Cour de justice des Communautés a ainsi estimé que « la notion de handicap peut être entendue comme visant une limitation résultant notamment d'atteinte physique, mentale ou psychique et entravant la participation de la personne concernée à la vie professionnelle »[178]. La Cour assure également **la protection des travailleurs qui peuvent être victimes de discrimination en raison de leur qualité de parents d'enfants handicapés**. Dans l'affaire *Coleman*[179], la requérante était secrétaire dans un cabinet d'avocats à Londres et mère d'un enfant handicapé. Elle a souhaité voir requalifiée en licenciement sa mise au chômage volontaire acceptée trois ans après son retour de congé maternité. Elle se dit en effet victime de harcèlement et d'une discrimination dans sa vie professionnelle (l'employeur ne montrant aucune souplesse dans l'aménagement des horaires de travail et se montrant injurieux à propos du handicap de son fils). La Cour a fait droit à la demande de la requérante acceptant ainsi les discriminations indirectes (dites aussi « par ricochet ») dans le domaine du handicap. Dans ce cas, le bénéficiaire final est bien la personne handicapée, mais le titulaire est dans son entourage. La Cour ne se focalise plus sur la qualité des personnes mais sur la nature des motifs de discrimination. Un **projet de directive du Conseil du 2 juillet 2008** relatif à la mise en œuvre du principe d'égalité de traitement entre les personnes sans distinction de religion ou de conviction, de handicap d'âge ou d'orientation sexuelle, envisage d'ancrer cette jurisprudence dans le texte. Désormais, la CDFUE, dans le chapitre consacré à l'égalité, renvoie par deux fois à la protection des personnes handicapées. L'article 21 prohibe les discriminations fondées sur le handicap, tandis que l'article 26 affirme un droit à l'intégration sociale et professionnelle. Enfin, la

177. CE, 15 déc. 2010, *Min. éduc. Nat. c. M. et Mme P.*, n° 344729.

178. CJCE, 11 juill. 2006, *S. Chacón Navas*.

179. CJCE, 17 juill. 2008, *Coleman*.

Charte sociale européenne prévoit le droit à la formation professionnelle et à la réadaptation professionnelle et sociale, quelles que soient l'origine et la nature de l'invalidité.

La Cour de Strasbourg se fonde quant à elle sur une combinaison entre le principe de non-discrimination et différents droits substantiels. Elle reconnaît par exemple que le défaut d'aménagement de locaux universitaires pour une personne à mobilité réduite peut être condamné en combinant non-discrimination et droit à l'instruction[180]. Ainsi dans le cas d'un refus d'inscription d'une élève au conservatoire national de musique, en raison de sa cécité[181], la Cour a conclu à la **violation de l'article 14** (interdiction de la discrimination) de la Convention combiné avec l'article 2 (droit à l'instruction) du Protocole n° 1. Elle a jugé en particulier que l'exclusion de la requérante était fondée sur le règlement, alors qu'elle avait toutes les qualités pour intégrer le conservatoire, le refus de son inscription n'avait été motivé que par sa cécité. La Cour a également considéré que la discrimination fondée sur le handicap englobait le refus d'aménagements raisonnables destinés à permettre l'accès des personnes en situation de handicap à l'instruction, indispensable à la réalisation des droits de l'homme. En refusant l'inscription de la requérante, sans envisager de tels aménagements, les instances nationales l'avaient empêchée sans raison objective et raisonnable de suivre une éducation musicale en violation de la Convention. Il en va de même lorsque les autorités fiscales ne prennent pas en compte les besoins d'un enfant handicapé lorsqu'elles s'étaient prononcées sur une demande d'exonération fiscale dans le cadre de l'achat d'une propriété adaptée. La Cour a conclu à la violation de l'article 14 (interdiction de la discrimination) de la Convention combiné avec l'article 1 (protection de la propriété) du Protocole n° 1, jugeant que l'État croate n'avait pas fourni de justification objective et raisonnable à la non-prise en compte de l'inégalité liée à la situation du requérant[182]. De même, pour un paraplégique des membres inférieurs et souffrant d'incontinence urinaire et anale, la Cour a conclu à la violation de l'article 3 car, si le maintien en détention n'était pas en soi constitutif d'un traitement inhumain ou dégradant compte tenu du handicap du requérant, l'insuffisance des soins de rééducation qui lui avaient été dispensés et l'inadaptation des locaux à son handicap étaient en revanche contraires à l'article 3 de la Convention. L'article 8 de la Convention ne s'applique que dans des cas exceptionnels où le manque d'accès aux établissements publics et ouverts au public empêcherait la personne de mener sa vie de façon telle que son droit à un développement personnel et celui d'établir et d'entretenir des rapports avec d'autres êtres humains et le monde extérieur seraient mis en cause.

Le régime de protection contre la discrimination fondée sur le handicap devrait conduire à des solutions portant sur **la reconnaissance de la discrimination multiple** et la protection contre celle-ci, grâce à l'approche individuelle et à l'évaluation du contexte qu'il exige.

410 **Protection internationale. –** Existe également la **Convention internationale sur les droits des personnes handicapées, adoptée par l'Assemblée générale de l'ONU le 13 décembre 2006** et entrée en vigueur le 3 mai 2008 (ratification française le 20 mars 2010). Elle définit le handicap comme « une incapacité physique, mentale, intellectuelle ou sensorielle durable dont l'interaction avec diverses barrières peut faire obstacle à leur pleine effective participation à la société sur la base de l'égalité avec les autres ». L'application de cette convention est surveillée par le Comité des droits des personnes handicapées. Ce texte rappelle les droits civils, politiques sociaux et culturels en insistant sur les différences qui doivent être accordées aux personnes handicapées. On y retrouve donc **l'ensemble des droits consacrés pour toute personne valide** (droit à la vie, à la justice, à la liberté, à la sécurité, le droit de ne pas être soumis à l'exploitation, la violence et la maltraitance, le droit de circuler librement…), mais d'autres droits plus adaptés sont également consacrés comme, à l'article 28, le droit à un niveau de vie adéquat et à la protection sociale, le droit de participer à la vie culturelle récréative, aux loisirs et aux sports.

---

180. CEDH, 30 janvier 2018, *Enver ahin c. Turquie*, n° 23065/12 : l'aide d'accompagnement proposée par le rectorat n'a pas été faite au terme d'une évaluation réelle des besoins de M. ahin et d'une considération sincère de ses effets potentiels sur sa sécurité, sa dignité et son autonomie.
181. CEDH, 23 févr. 2016, *Çam c. Turquie*, n° 51500/08.
182. CEDH, 22 mars 2016, *Guberina c. Croatie*, n° 23682/13.

En mai 2019, saisi par les parents de Vincent Lambert, le Comité international des droits des personnes handicapées de l'ONU a demandé à la France de suspendre toute décision d'arrêt des soins, le temps d'instruire la requête en violation de la convention. Il s'est reconnu compétent, estimant implicitement que le patient était en situation de handicap mental et non « en fin de vie », selon le cadre égal adopté par les juridictions administratives françaises qui auraient ainsi confondu vie et qualité de vie. Cet avis n'a pas été suivi, explicitement à la demande de la ministre de la Santé qui s'est estimée déliée par les exigences de la Convention. Il est vrai que la conception française du handicap demeure en retrait de la réflexion internationale.

411 **Apport de la jurisprudence administrative.** – Le juge administratif se montre depuis quelques années plus ouvert aux requêtes en responsabilité qui entendent obtenir **réparation en raison de défaut d'accessibilité des services publics**. Un **enfant** handicapé qui ne peut être scolarisé ni dans une structure adaptée ni dans les écoles tous publics peut obtenir réparation du juge[183]. Il peut même saisir le juge en référé si la condition d'urgence se trouve satisfaite[184]. Le juge du fond ne peut se borner à relever que l'administration n'avait qu'une **obligation de moyens**. Le Conseil d'État a cependant considéré que, même en l'absence de faute, la responsabilité de l'État se trouvait engagée du fait d'une rupture de l'égalité devant les charges publiques, dans le cas d'une avocate handicapée ne pouvant accéder normalement au palais de justice[185]. Dans le même mouvement, l'ordonnance du 15 décembre 2010[186] estime que « la privation pour un enfant, notamment s'il souffre d'un handicap, de toute possibilité de bénéficier d'une scolarisation [...] selon les modalités que le législateur a définies afin d'assurer le respect de l'exigence constitutionnelle d'égal accès à l'instruction, est susceptible de constituer une atteinte grave et manifestement illégale à une liberté fondamentale ». Néanmoins, le référé ne peut prospérer qu'à la condition de pouvoir prouver une carence de l'autorité administrative dans la recherche d'une solution. Il ne s'agit nullement d'une obligation de résultat[187].

On renverra au chapitre relatif à la non-discrimination, mais il faut signaler ici que le Conseil d'État s'oppose à ce que la perte de revenus liée à une situation de handicap ou de maladie soit retenue comme fondement d'un refus de naturalisation (qui nécessite en principe de ne pas vivre que de l'aide sociale française)[188].

3. Les droits des personnes malades

412 **Relation médicale.** – Le premier droit des malades reste, paradoxalement, **le droit à la santé** (le serment d'Hippocrate invite les médecins a d'abord ne pas nuire) ; il sera abordé plus loin. Lorsque la personne est malade, son autonomie se réduit, elle devient vulnérable. Le contexte de la relation médecin-patient a considérablement évolué mais il reste quelques traces d'une médecine corporatiste, paternaliste, avec un important pouvoir des médecins, seuls à détenir le savoir. Il faut **rééquilibrer la relation thérapeutique**. Ce tournant est pris **à partir des années 1990**. La loi du 20 décembre 1988 sur l'expérimentation biomédicale[189] protège les personnes qui se prêtent à des essais. Le texte marquant est le décret du 6 septembre 1995 portant Code de déontologie médicale. Le 6 mai 1995 est adoptée une circulaire qui porte Charte du patient hospitalisé, laquelle évoque le concept de démocratie sanitaire (la personne malade entre dans un système auquel elle doit participer comme un citoyen). C'est aujourd'hui **la loi du 4 mars 2002 qui est à l'origine des articles** L. 1111-2 et suivants du Code de la santé publique. **La loi « Hôpital, patients, santé, territoires » (HPST)** crée des conditions de participation des usagers du service hospitalier et lutte contre les inégalités. **La loi du 26 juillet 2019 relative à l'organisation et à la transformation du système de santé**, s'attache à développer un collectif de soins et à mieux

183. CE, 8 avr. 2009, *Laruelle* : l'État a l'obligation de mettre en œuvre les moyens nécessaires pour donner un caractère effectif au droit et à l'obligation pour les enfants handicapés de recevoir une éducation adaptée à leur situation.

184. CE, Juge des référés, 15 déc. 2010, nº 344729, *Min. éducation, publié au recueil Lebon*.

185. CE, Ass., 22 oct. 2010, nº 301572, *Mme B*.

186. CE, ord., 15 déc. 2010, Min. éduc. Nat. c. M. et Mme P.

187. CE, 27 nov. 2013, *Epoux C.*, nº 0373300.

188. CE, 29 nov. 2019, nº 421050.

189. Voir plus loin les développements relatifs à la liberté corporelle.

structurer l'offre de soins dans les territoires, d'assurer le déploiement de la télémédecine et des télésoins. Il encourage le développement de projets de santé de territoire. Elle permet à chaque usager d'ouvrir son espace numérique afin d'accéder à son dossier médical partagé ainsi qu'à des outils numériques permettant des échanges sécurisés avec les professionnels et établissements de santé. L'usager peut décider à tout moment de la fermeture de son espace numérique de santé et détruire les données y figurant.

La loi de modernisation de notre système de santé, adoptée le 17 décembre 2015, a en outre ouvert la possibilité **d'actions de groupe** dans le domaine de la santé.

L'ordonnance du 11 mars 2020[190] permet de tenir compte de la multiplicité des mesures de protection juridique que le juge peut prononcer depuis la réforme de la protection juridique du 5 mars 2007, dans le sens d'un renforcement de l'autonomie des personnes sous tutelle ou curatelle. L'ordonnance conforte ainsi le principe d'autonomie de la personne protégée, en prévoyant expressément que les informations nécessaires à la prise de décisions relatives à sa santé et à sa prise en charge médico-sociale et sociale lui sont adressées en première intention. Les professionnels de ces secteurs devront veiller à adapter l'information délivrée au majeur à ses facultés de compréhension, de façon à ce qu'il puisse consentir de façon personnelle s'il est apte à le faire, seul ou, s'il en a besoin, avec l'assistance de la personne en charge de la mesure de protection. Ce n'est que subsidiairement que les personnes chargées de la protection peuvent être amenées à consentir à sa place, s'ils ont un pouvoir de représentation en matière de décisions personnelles.

413 Dignité et non-discrimination. - L'article L. 1110-2 proclame : « La personne malade a droit au respect de sa dignité ». Dès lors, « personne ne peut faire l'objet de discriminations dans l'accès à la prévention ou aux soins » (L. 1110-3, CSP). L'article L. 1110-6 organise même le droit à un suivi scolaire adapté au sein des établissements de santé. La loi de modernisation de notre système de santé adoptée le 17 décembre 2015 a institué un « droit à l'oubli », qui va permettre aux anciens malades du cancer, notamment, de contracter un emprunt et d'accéder à la propriété, sans avoir à mentionner leur ancienne maladie.

414 Droit à l'information. - Le droit du patient à l'information médicale (art. L. 1111-2 et s.) est un devoir qui incombe à tout praticien, sachant que cette information doit être complète, suffisante et continue. Le **patient doit être informé de toute évolution, tout nouveau risque, toute complication**. Toute personne a accès à l'ensemble des informations concernant sa santé, détenues, à quelque titre que ce soit, par des professionnels et établissements de santé, qui sont formalisées ou ont fait l'objet d'échanges écrits entre professionnels de santé. Cependant, le médecin n'est tenu d'informer que des risques fréquents ou graves normalement prévisibles, alors qu'avant la loi Kouchner, il devait aussi parler des risques exceptionnels. Néanmoins, la charge de la preuve que l'information a été délivrée pèse sur le médecin. Le médecin peut s'exonérer de cette obligation par l'urgence ou le refus du patient d'être informé. Cette information soutient le **consentement médical**. On ne peut pas porter atteinte à l'intégrité de la personne sans son consentement libre et éclairé. La volonté d'une personne d'être tenue dans l'ignorance d'un diagnostic ou d'un pronostic doit être respectée, sauf lorsque des tiers sont exposés à un risque de transmission. Toute personne a droit, à sa demande, à une information, délivrée par les établissements et services de santé publics et privés, sur les frais auxquels elle pourrait être exposée à l'occasion d'activités de prévention, de diagnostic et de soins et les conditions de leur prise en charge. Le Code de déontologie médicale prévoit que « le médecin doit à la personne qu'il examine, qu'il soigne ou qu'il conseille, une information loyale, claire et appropriée sur son état, les investigations et les soins qu'il lui propose. Tout au long de la maladie, il tient compte de la personnalité du patient dans ses explications et veille à leur compréhension ». La Cour européenne relève ainsi que les États peuvent être tenus pour responsables d'un défaut d'information imputable à un établissement public[191]. Ce devoir d'information engendre aussi une forme de

190. Relative au régime des décisions prises en matière de santé, de prise en charge ou d'accompagnement social ou médico-social à l'égard des personnes majeures faisant l'objet d'une mesure de protection juridique.
191. CEDH, 2 juin 2009, *Codarcea c. Roumanie*.

responsabilité médicale notamment l'indemnisation du préjudice moral[192]. Le Conseil d'État a fait également évoluer sa jurisprudence en consacrant le préjudice qui résulte de la perte de chance de se soustraire au risque lié au manquement au devoir d'information et en conférant à l'hôpital la charge de prouver que le devoir d'information du malade par le médecin n'a pas été méconnu[193]. Il a consacré en outre l'existence possible d'un préjudice distinct de celui de la perte de chance lié au manquement à l'obligation d'information[194]. Depuis la loi relative à la modernisation de la santé de janvier 2016 : « toute personne a droit à une information sur les frais auxquels elle pourrait être exposée à l'occasion d'activités de prévention, de diagnostic et de soins et, le cas échéant, sur les conditions de leur prise en charge et de dispense d'avance des frais » (art. L. 1111-3, CSP).

415 **Secret médical.** – Le patient a droit au respect de sa vie privée et au secret des informations le concernant. La CEDH estime que les données relatives à la santé bénéficient de la protection de l'article 8 de la Convention[195]. Un État ne peut divulguer la séropositivité d'un individu en l'indiquant dans un certificat d'exemption de service militaire qu'il est amené à produire auprès des administrations[196]. Par ailleurs, l'employeur d'un salarié qui s'est vu reconnaître l'existence d'une maladie professionnelle n'a pas à avoir accès au dossier médical hors du cas où le juge le décide pour sa propre information ; cela ne déséquilibre pas l'égalité des armes dans le procès[197]. Inversement, l'état de santé des personnages publics (politique ou artistique) peut fait l'objet d'une divulgation au nom de l'intérêt du public. Un tabloïd britannique peut ainsi révéler qu'un mannequin célèbre est toxicomane[198].

L'article L. 1110-4 du Code de santé publique, tel qu'issu de la loi n° 2016-41 du 26 janvier 2016, consacre le secret médical comme un droit du patient. Le Code de la santé publique organise le **secret de l'état de santé** (art. L. 355-21), également **protégé par le Code pénal (art. 226-13 et 226-14)**. Le fait d'obtenir ou de tenter d'obtenir la communication de ces informations est puni d'un an d'emprisonnement et de 15 000 euros d'amende. **Toute personne prise en charge par un professionnel de santé a droit au respect de sa vie privée et du secret des informations le concernant qui couvre l'ensemble des informations concernant la personne venues à la connaissance du professionnel et de toute autre personne en relation, par ses activités, avec ces établissements ou** organismes (notions de secret et de dossier médical partagés). Ainsi, le règlement intérieur d'un hôpital ne peut restreindre sans justification le droit à l'intimité des patients[199]. Seul l'intérêt du patient fait exception pour la continuité des soins : les professionnels peuvent échanger à condition qu'ils participent tous à sa prise en charge et que ces informations soient strictement nécessaires à la coordination des soins. La personne est dûment informée de son droit d'exercer une opposition à l'échange et au partage d'informations la concernant. Depuis 2002, on peut accéder à son dossier médical sans l'intermédiaire d'un médecin. Le patient peut se faire conseiller par la personne de son choix.

Toutefois, **en cas de diagnostic ou de pronostic grave, le médecin doit à la famille, les proches de la personne malade ou la personne de confiance les informations** destinées à leur permettre d'apporter un soutien direct à celle-ci, sauf opposition de sa part. Le secret médical ne fait pas obstacle à ce que les informations concernant une personne décédée soient délivrées à ses ayants droit, son concubin ou son partenaire lié par un pacte civil de solidarité, dans la mesure où elles leur sont nécessaires pour leur permettre de connaître les causes de la mort, de défendre la mémoire du défunt ou de faire valoir leurs droits, sauf volonté contraire exprimée par la personne avant son décès. **Le secret médical peut être levé en cas de risques d'épidémie**

192. Cass. 1re civ., 28 janv. 2010.
193. CE, 5 janv. 2000, n° 198530, Assistance publique-Hôpitaux de Paris.
194. CE 10 oct. 2012, n° 350426, *M. A... B... et Mme D... C...* : « indépendamment de la perte d'une chance de refuser l'intervention, le manquement des médecins à leur obligation d'informer le patient des risques courus ouvre pour l'intéressé, lorsque ces risques se réalisent, le droit d'obtenir réparation des troubles qu'il a pu subir du fait qu'il n'a pas pu se préparer à cette éventualité, notamment en prenant certaines dispositions personnelles ».
195. CEDH, 23 févr. 1997, *Z. c. Finlande*.
196. CEDH, 26 mai 2020, *P.T. c. République de Moldova*, n° 1122/12.
197. CEDH, 18 avr. 2012, n° 200041/10, *Eternit c. France*.
198. CEDH, 18 janv. 2011, *Mgn Limited c. RU* : la Chambre des Lords ne peut condamner le journal qui a révélé l'attachement à la drogue de Naomi Campbell.
199. CAA Bordeaux, 6 nov. 2012, n° 11BX01790.

(raisons de santé publique) **ou dans l'intérêt du patient lui-même** (ex : sévices dont il faut informer le procureur de la République). Une partie du secret médical peut être levée pour la recherche médicale ou pour la maîtrise des dépenses de santé (statistiques).

416 **Droit à des soins appropriés. -** L'article L. 1110-5, révisé par la loi du 2 février 2016 créant de nouveaux droits en faveur des malades et des personnes en fin de vie, dispose que « toute personne a, compte tenu de son état de santé et de l'urgence des interventions que celui-ci requiert, **le droit de recevoir, sur l'ensemble du territoire, les traitements et les soins les plus appropriés et de bénéficier des thérapeutiques dont l'efficacité est reconnue et qui garantissent la meilleure sécurité sanitaire et le meilleur apaisement possible de la souffrance au regard des connaissances médicales avérées**. Les actes de prévention, d'investigation ou de traitements et de soins ne doivent pas, en l'état des connaissances médicales, lui faire courir de risques disproportionnés par rapport au bénéfice escompté. [...] Toute personne a le droit d'avoir une fin de vie digne et accompagnée du meilleur apaisement possible de la souffrance. Les professionnels de santé mettent en œuvre tous les moyens à leur disposition pour que ce droit soit respecté. » (Voir plus loin la question de la fin de vie).

Ce droit **ne va pas jusqu'à pouvoir choisir un traitement contre avis médical**[200]. C'est aux médecins qu'il appartient de choisir d'administrer un traitement plutôt qu'un autre, au vu du bilan qu'ils doivent effectuer en tenant compte, ainsi que le prescrit le Code de la santé publique, d'une part, des risques encourus et, d'autre part, du bénéfice escompté. Ici, une chimiothérapie était inutile.

Les traitements **ne doivent pas être mis en œuvre ou poursuivis lorsqu'ils résultent d'une obstination déraisonnable. Lorsqu'ils apparaissent inutiles, disproportionnés ou lorsqu'ils n'ont d'autre effet que le seul maintien artificiel de la vie, ils peuvent être suspendus ou ne pas être entrepris**, conformément à la volonté du patient et, si ce dernier est hors d'état d'exprimer sa volonté, à l'issue d'une procédure collégiale définie par voie réglementaire. La nutrition et l'hydratation artificielles constituent des traitements qui peuvent alors être arrêtés sous réserve de respecter la dignité du patient.

417 **Le libre choix du praticien. -** L'article L. 1110-8 institue le droit du malade au libre choix de son praticien et de son établissement de santé. **Seules les capacités techniques des établissements, de leur mode de tarification et le remboursement des soins peuvent le limiter.** À travers la dimension d'accessibilité des professions de santé, le Conseil constitutionnel montre son attachement aussi au choix que le patient doit conserver quant à son parcours de soins sans pour autant le consacrer explicitement[201]. Le Conseil d'État en a fait un principe général du droit qui s'oppose à ce qu'un patient doive motiver son choix de changer et ne puisse le faire que de manière limitée[202]. Néanmoins, le juge judiciaire (juge des tutelles confirmé par la Cour de cassation le 15 décembre 2017) semble avoir réduit cette liberté dans le contexte de l'affaire *Lambert* en refusant la demande des parents du patient (inconscient), en vue de son transfert dans un nouvel établissement pour échapper la décision d'arrêt des traitements et une meilleure adaptation de ceux-ci. Il est vrai que les parents n'étaient pas les mandataires de leur fils.

418 **Personne de confiance. -** L'article L. 1111-6 CSP tel que réécrit par la loi n° 2016-87 du 2 février 2016, dispose que « toute personne majeure peut désigner une personne de confiance qui peut être un parent, un proche ou le médecin traitant et qui sera consultée au cas où elle-même serait hors d'état d'exprimer sa volonté et de recevoir l'information nécessaire à cette fin. Elle rend compte de la volonté de la personne. **Son témoignage prévaut sur tout autre témoignage**. Cette désignation est faite par écrit et cosignée par la personne désignée. Elle est révisable et révocable à tout moment. Si le patient le souhaite, la personne de confiance l'accompagne dans ses démarches et assiste aux entretiens médicaux afin de l'aider dans ses décisions ». Le rôle de la personne de

200. CE, ord., 26 juil. 2017, *M. D... et Mme B...*, n° 412618, Leb.

201. CC, 23 janv. 2014, déc. n° 2013-686 DC, loi relative aux modalités de mise en œuvre des conventions conclues entre les organismes d'assurance-maladie complémentaire et les professionnels, établissements et services de santé.

202. CE, 6 avr. 2018, *Syndicat des médecins libéraux de Polynésie française et autres*, n° 416563.

confiance devient donc déterminant, **sa volonté s'impose en l'absence de directives anticipées** (ce qui est le cas de l'écrasante majorité des Français).

4. Les droits des étrangers

419 Notions et enjeux. – Sur les 512,4 millions de personnes vivant dans l'UE au 1er janvier 2018, 22,3 millions (4,4 %) étaient des ressortissants de pays tiers et 2,4 millions de ressortissants de pays tiers ont immigré dans l'Union européenne en 2017.[203]. L'étranger n'a pas la nationalité française[204], mais au-delà de cet acquis, répété par le Code de l'entrée et du séjour des étrangers et du droit d'asile (art. L. 111-1), l'étranger peut se trouver dans plusieurs situations, non exclusives l'une de l'autre : **il peut être européen ou tiers par rapport à l'Union, en situation régulière ou non.** C'est à l'aune des droits des étrangers que l'on mesure le niveau de civilisation d'une société. Plus exactement, le fait de refuser aux étrangers ou à certains d'entre eux une frange des droits reconnus aux nationaux permet de mesurer le caractère réellement fondamental ou non d'un droit. Ces choix demeurent éminemment politiques même si parfois les juges s'en emparent. Ainsi la Cour constitutionnelle italienne qui a, dès 1962, appliqué le principe d'égalité à la comparaison entre étrangers et nationaux alors qu'il est, selon l'article 3 de la Constitution, applicable seulement entre citoyens. Inversement les apatrides, qui bénéficient des droits des Italiens, peuvent aussi être soumis au service militaire au nom d'une même « communauté de droits et de devoirs »[205].

420 Principes constitutionnels et internationaux. – Ils résultent notamment de la décision du Conseil constitutionnel du 22 janvier 1990[206] : « Le législateur peut prendre à l'égard des étrangers des dispositions spécifiques à la condition de respecter les engagements internationaux souscrits par la France et les libertés et droits fondamentaux de valeur constitutionnelle reconnus à tous ceux qui résident sur le territoire de la République ». Le régime des étrangers a subi les fluctuations de la politique de l'immigration, de la construction européenne et dans l'avenir, sans doute, de la coopération Euro-Méditerranée (Déclaration commune du 13 juillet 2008). Plusieurs modifications conventionnelles ont élargi les compétences de l'UE dans le domaine des migrations. Ainsi, le **Traité d'Amsterdam** a conféré à l'UE de nouvelles compétences dans le domaine des frontières, de l'immigration et de l'asile, notamment en ce qui concerne les visas et les retours. Ce processus a culminé avec l'adoption du Traité de Lisbonne, qui a conféré à l'UE de nouvelles compétences dans le domaine de l'intégration des ressortissants de pays tiers. En matière d'asile, une série d'accords intergouvernementaux, de règlements et de directives régissent la quasi-totalité des questions relatives à l'asile. Pour le reste, plusieurs **directives européennes harmonisent différents aspects comme la politique des visas, la reconnaissance des décisions d'éloignement, les sanctions imposées aux transporteurs, le regroupement familial, l'admission des ressortissants de pays tiers à des fins d'études ou certains aspects de la répression comme l'infraction d'aide à l'entrée, au transit et au séjour irrégulier...**

La Commission européenne a publié en septembre 2020 un **nouveau pacte sur la migration et l'asile**, tandis que les restrictions à la circulation des personnes dans le contexte de pandémie de Covid-19 ont largement contourné les exigences en cours par le retour des contrôles aux frontières intérieures de l'Union. En vue du renforcement des frontières extérieures, du « partage plus équitable » des responsabilités et de la solidarité et du renforcement de la coopération avec les pays tiers, l'Union souhaite intégrer la procédure d'asile dans la gestion globale des migrations, en l'associant au contrôle préalable et au retour. Trois nouveaux règlements devraient voir le jour d'abord pour créer une procédure de filtrage (« screening ») aux frontières extérieures afin de procéder rapidement à des vérifications d'identité, de sécurité et de vulnérabilité, puis un règlement

203. Source Eurostat.

204. En vue d'éviter les « contrôles au faciès », la Cour de cassation estime que la « qualité d'étranger », qui doit être établie pour exiger la production des documents permettant le séjour, ne se déduit que d'éléments objectifs extérieurs à la personne (tel n'est pas le cas de la seule naissance à l'étranger) : Cass. 1re civ., 28 mars 2012, *Osman*.

205. Cour constitutionnelle italienne, 18 mai 1999, n° 172.

206. CC, 22 janv. 1990, déc. n° 89-269 DC.

établissant un cadre de gestion de l'asile et de la migration (constatant l'échec des règlements « Dublin »), enfin une refonte du règlement « Eurodac » devant permettre une information plus complète sur les demandeurs d'asile. En septembre 2021, la Commission a adopté un nouveau plan d'action de l'UE contre le trafic de migrants pour la période 2021-2025 (prévenir la criminalisation de l'aide humanitaire).

421 **Sources législatives.** – Les sources du droit des étrangers se trouvaient dans l'ordonnance du **2 novembre 1945 (modifiée près de quatre-vingts fois)** relative aux conditions d'entrée et de séjour en France des étrangers devenue Code de l'entrée et du séjour des étrangers et du droit d'asile[207]. Depuis le 1er mai 2021 est entrée en vigueur une nouvelle version recodifiée du CESEDA[208].

La loi du 16 juin 2011 a, par exemple, encore modifié plus d'une centaine d'articles pour intégrer divers textes européens (la « directive retour » du 16 décembre 2008 sur les normes et procédures communes applicables dans les États membres au retour des ressortissants de pays tiers en séjour irrégulier, la directive « carte bleue » du 25 mai 2009 sur les conditions d'entrée et de séjour des ressortissants de pays tiers aux fins d'un emploi hautement qualifié et la directive « sanctions » du 18 juin 2009 sur les sanctions et les mesures à l'encontre des employeurs de ressortissants de pays tiers en séjour irrégulier). La **loi du 31 décembre 2012** a encore modifié le cadre des contrôles d'identité visant des étrangers après les arrêts de la Cour de justice de l'Union européenne et de la Cour de cassation prohibant les contrôles systématiques aux frontières[209]. Elle définit un nouveau cadre de vérification d'identité lorsqu'un étranger ne parvient pas à établir la régularité de son séjour à la suite d'un contrôle sur la voie publique. Elle réforme le délit d'aide apportée à un étranger en situation irrégulière en accordant des immunités plus larges aux proches de l'étranger. La loi du 10 septembre 2018 pour une immigration maîtrisée, un droit d'asile effectif et une intégration réussie et portant diverses dispositions relatives au séjour et à l'intégration des étrangers a modifié les procédures de la demande d'asile, développé les possibilités d'une immigration choisie qui attire les plus diplômés, crée de nouveaux titres de séjour temporaire pour certaines catégories. La caractéristique de l'ordonnance est l'extrême catégorisation des étrangers selon les pays d'origine, le motif du séjour, l'âge, etc.

422 **Exclusion/assimilation.** – Le principe demeure d'un droit spécifique de l'étranger qui entre en contact avec le système juridique national. Si certains droits fondamentaux ne sont accessibles qu'aux étrangers (droit d'asile par exemple), **le cas commun implique d'accorder les mêmes droits que les nationaux sauf restriction liée à la souveraineté ou à l'absence de contribution à la solidarité**. Les grands textes internationaux relatifs aux droits de l'homme bénéficient en principe aux étrangers, même si les gouvernements ont pu formuler des réserves. **La Convention EDH s'applique à tous et comporte même des dispositions spécifiques aux étrangers** comme les articles 2 et 4 du protocole n° 4 (interdiction des expulsions collectives d'étrangers) et l'article 1er du protocole n° 7 (garanties de procédure en cas d'expulsion d'un étranger). En France, l'étranger en situation régulière peut bénéficier des droits des nationaux (pour autant qu'il puisse se maintenir sur le territoire le temps nécessaire), mis à part les droits politiques et les droits civiques qui lui sont associés (accès à la fonction publique), alors que l'étranger en situation irrégulière disposera de moins de droits fondamentaux[210]. Néanmoins, **les droits les plus fondamentaux (ceux qui, pour les mêmes raisons mais par ailleurs, sont indérogeables) à l'aide médicale d'urgence, à ce que la santé ne soit pas mise en danger et aux services de première nécessité (eau, électricité...) doivent être assurés**. Ce fut le sens de la décision du Conseil d'État dans l'affaire de la « Jungle de Calais »[211] et du TA de Nice qui attend du préfet qu'il laisse les associations d'aide aux étrangers accéder à des locaux attenants à ceux de la Police des frontières.

207. Ordonnance du 24 nov. 2004, entrée en vigueur le 1er mars 2005.

208. Ordonnance n° 2020-1733 du 16 décembre 2020 et décret du 16 décembre 2020.

209. CJUE, 22 juin 2010, aff. C-188/10 et C-189/10, *Melki et Abdeli*.

210. Il perd les droits sociaux, à l'exception de l'accès aux soins, sauf s'il est mineur : CC, 29 déc. 2003, déc. n° 2003-488 DC.

211. CE, ord. réf., 23 nov. 2015, n° 394540.

CE, ord. réf., 23 novembre 2015, n° 394540, *Ministre de l'Intérieur c. Cne de Calais*

Le juge des référés du Conseil d'État, en appel, a confirmé l'injonction faite à l'État et à la commune de Calais d'entreprendre des travaux visant à l'installation de points d'eau supplémentaires dans le camp, de mettre en place un dispositif de collecte des ordures, de procéder au nettoyage du site, de permettre l'accès des services d'urgence, de procéder au recensement des mineurs isolés présents sur le site et de se rapprocher du département en vue de leur placement.

« en l'absence de texte particulier, il appartient en tout état de cause aux autorités titulaires du pouvoir de police générale, garantes du respect du principe constitutionnel de sauvegarde de la dignité humaine, de veiller, notamment, à ce que le droit de toute personne à ne pas être soumise à des traitements inhumains ou dégradants soit garanti ; que, lorsque la carence des autorités publiques expose des personnes à être soumises, de manière caractérisée, à un traitement inhumain ou dégradant, portant ainsi une atteinte grave et manifestement illégale à une liberté fondamentale, et que la situation permet de prendre utilement des mesures de sauvegarde dans un délai de quarante-huit heures, le juge des référés peut, au titre de la procédure particulière prévue par l'article L. 521-2 [du Code de justice administrative], prescrire toutes les mesures de nature à faire cesser la situation résultant de cette carence ».

« la prise en compte par les autorités publiques des besoins élémentaires des migrants vivant sur le site en ce qui concerne leur hygiène et leur alimentation en eau potable demeure manifestement insuffisante et révèle une carence de nature à exposer ces personnes, de manière caractérisée, à des traitements inhumains ou dégradants, portant ainsi une atteinte grave et manifestement illégale à une liberté fondamentale ».

Mais les restrictions peuvent aller au-delà, **dans l'accès à l'emploi** par exemple (art. L. 341-2, C. trav.). Notre droit accorde aujourd'hui une place importante à la question de l'assimilation. L'étranger signe un **« contrat d'intégration républicaine »** (autrefois « contrat d'accueil et de solidarité ») qui implique notamment la participation à des formations. Un décret du 1er juillet 2016 (en application de l'article 1er de la loi du 7 mars 2016) définit les nouvelles modalités du « parcours personnalisé d'intégration républicaine » préparé et organisé par l'Office français de l'immigration et de l'intégration. Le préfet peut refuser le renouvellement du titre de séjour si les termes de ce contrat ne sont pas respectés. Le Conseil d'État a aussi validé un rejet de demande de naturalisation par mariage dans le cas d'une femme qui a ostensiblement refusé de serrer la main d'un fonctionnaire de préfecture et d'un élu lors de la cérémonie d'accueil dans la nationalité française organisée à la préfecture – refus motivé par ses convictions religieuses[212]. En revanche la durée de présence sur le territoire français nécessaire à l'obtention de la nationalité française pourra être réduite à deux ans pour ceux qui satisfont manifestement déjà à la condition d'assimilation. Une « charte des droits et des devoirs du citoyen français » doit être signée par tout étranger accédant à la nationalité française. L'intégration des étrangers hautement qualifiés est facilitée.

423 **Limitations des droits et libertés.** – Même s'ils jouissent des mêmes droits, **les étrangers subissent des restrictions particulières, notamment pour que ces droits ne deviennent pas des moyens de contourner les règles relatives à l'entrée et au séjour sur le territoire.** Le droit au mariage en est un bon exemple. Le Conseil d'État développe certains **principes généraux du droit** en tenant compte de ces spécificités. Le droit à une vie familiale normale pour les étrangers, reconnu par l'arrêt d'assemblée du 8 décembre 1978 *GISTI*, s'exerce, selon le Conseil constitutionnel, « sous réserve de restrictions tenant à la sauvegarde de l'ordre public et à la protection de la santé publique, lesquelles revêtent le caractère d'objectif de valeur constitutionnelle »[213]. Le juge

212. CE, 11 avr. 2018, *Mme. B... A...*, n° 412462.
213. CC, 13 août 1993, déc. n° 93-325 DC, et CE, 26 sept. 1986, *Gisti*.

administratif s'attache clairement à garantir l'effectivité de cette protection de la vie familiale. En 1996, le Conseil d'État a rendu un avis conseillant d'accorder la régularisation des étrangers en situation irrégulière si la vie familiale en dépend[214]. Il évolue depuis quelques années vers une politique d'injonction : la cour de Paris[215], alors qu'elle rejette au fond, enjoint un réexamen de la demande de titre de séjour d'une femme devenue veuve entre la décision et le procès (la légalité s'apprécie au jour de la décision) ; le Conseil d'État[216] concrétise l'annulation d'un refus de visa en conduisant l'administration à une compétence liée pour le délivrer.

424 **Séjour.** – La principale limite que les étrangers rencontrent tient dans le fait que **leur assimilation aux nationaux reste conditionnée par la régularité de leur présence sur le territoire**. Ainsi, un étranger ne peut être affilié à la Sécurité sociale ou prétendre au versement de prestations que s'il est titulaire d'un titre de séjour. Il faut donc se reporter au chapitre relatif à la liberté d'aller et venir pour connaître les grandes lignes du régime de cette liberté dans le cas des étrangers. Par ailleurs, la jurisprudence, tant constitutionnelle qu'administrative, pose le principe d'une différence de situation entre étrangers et nationaux qui justifie souvent une différence de traitement, notamment pour s'assurer de la stabilité des liens avec la France et de la compatibilité du séjour avec le mode de vie français (adéquation du logement à la famille, ressources financières, polygamie...). Pour un exemple, l'article 131-30 du Code pénal précise que, « lorsqu'elle est prévue par la loi, la **peine d'interdiction du territoire français peut être prononcée, à titre définitif ou pour une durée de dix ans au plus**, à l'encontre de tout étranger coupable d'un crime ou d'un délit ». Le juge pénal peut alors décider de prononcer une telle peine à titre de peine complémentaire, ou à titre de peine principale, c'est-à-dire qu'il ne prononce alors pas d'emprisonnement. Certaines exceptions existent, comme pour ceux qui peuvent justifier d'un séjour régulier depuis plus de vingt ans ou encore les parents d'enfants français. Cette forme de bannissement sans retour a été soumise au Conseil constitutionnel, sur renvoi de la Cour de cassation, qui a considéré que cette disposition, interdisant aux personnes condamnées à une interdiction définitive du territoire français prononcée à titre principal de former une demande de réhabilitation judiciaire, était conforme aux droits et libertés que la Constitution garantit[217].

425 **Aide au séjour irrégulier.** – Au départ pensé pour lutter contre les passeurs mafieux, l'article L. 622-1 (loi du 31 décembre 2012) dispose que (sauf exception) « toute personne qui aura, par aide directe ou indirecte, facilité ou tenté de faciliter l'entrée, la circulation ou le séjour irréguliers, d'un étranger en France sera punie d'un emprisonnement de cinq ans et d'une amende de 30 000 euros ». Les exceptions concernent la famille de l'étranger ou son conjoint et sa propre famille mais aussi toute personne physique ou morale, lorsque l'acte reproché n'a donné lieu à aucune contrepartie directe ou indirecte et consistait à fournir des conseils juridiques ou des prestations de restauration, d'hébergement ou de soins médicaux destinées à assurer des conditions de vie dignes et décentes à l'étranger, ou bien toute autre aide visant à préserver la dignité ou l'intégrité physique de celui-ci. L'exemption des poursuites judiciaires était déjà prévue en cas de lien de parenté ou de lien conjugal, mais depuis la loi du 10 septembre 2018 pour une immigration maîtrisée, l'exemption est étendue à l'aide à la circulation (transport des étrangers en situation irrégulière par les bénévoles et les associatifs).

426 **Aide au séjour irrégulier. Constitutionnalité** – Dans sa décision n° 96-377 DC du 16 juillet 1996, le Conseil avait refusé de sanctionner une disposition similaire alors que les rédacteurs de la saisine estimaient qu'elle portait atteinte à la dignité de la personne comme exigeant la possibilité de relations personnelles, de contacts sociaux, de ne pas être isolé et exclu. Mais en 2018, le Conseil constitutionnel a jugé cet article partiellement contraire à la Constitution en ce que **la fraternité est un principe à valeur constitutionnelle** (article 2 : « La devise de la République est "Liberté, Égalité, Fraternité" » ; article 72-3, à l'« idéal commun de liberté, d'égalité et de fraternité ») : « Il découle de ce principe la liberté d'aider autrui, dans un but humanitaire, sans considération

214. CE, Ass., 22 août 1996.
215. CA Paris, 4 juill. 2008, *M. et M. Wu*.
216. CE, 27 mars 2009, *Benarab et Kias*.
217. CC, 27 nov. 2015, déc. n° 2015-501 QPC, *M. Anis T.*

de la régularité de son séjour sur le territoire national. » Il appartient donc au législateur d'assurer la conciliation entre le principe de fraternité et la sauvegarde de l'ordre public. En réprimant toute aide apportée à la circulation de l'étranger en situation irrégulière, y compris si elle constitue l'accessoire de l'aide au séjour de l'étranger et si elle est motivée par un but humanitaire, le législateur n'a pas assuré une conciliation équilibrée entre le principe de fraternité et l'objectif de valeur constitutionnelle de sauvegarde de l'ordre public. Le Conseil constate, en revanche, **qu'une telle exemption ne doit pas nécessairement être étendue à l'aide à l'entrée irrégulière, qui, à la différence de l'aide au séjour ou à la circulation, fait naître par principe une situation illicite**. Une réserve d'interprétation concerne l'immunité pénale en cas d'aide au séjour irrégulier : elle s'applique également à tout autre acte d'aide apportée dans un but humanitaire que ceux déjà énumérés par ces dispositions[218]. La Cour de cassation l'a ainsi compris en censurant un arrêt qui réservait l'exception aux « actions purement individuelles et personnelles » en excluant « les actions non spontanées ou militantes exercées au sein d'une association ». Par contre, pour ce même arrêt, **l'aide ne doit pas avoir pour but de soustraire les migrants aux contrôles des autorités**[219].

Le Conseil d'État[220] a validé la circulaire du 12 décembre 2017 qui a demandé aux préfets de constituer des équipes chargées de se rendre dans l'ensemble des structures d'hébergement d'urgence afin de recueillir des informations sur la situation administrative des personnes qui y sont accueillies. Les associations estimaient que cela conduirait à des dénonciations. Mais pour le juge, cela ne donne aucun pouvoir de contrainte aux agents chargés de se rendre dans les lieux d'hébergement d'urgence ni la possibilité de pénétrer dans des locaux privés sans l'accord des personnes intéressées. **Les étrangers soumis à OQTF se verront proposer une aide au retour** et, à défaut de départ volontaire du territoire, devront être orientés vers un dispositif adapté en vue de leur départ contraint, ce qui rappelle le Code de l'entrée et du séjour des étrangers et du droit d'asile.

427 Nationalité et discrimination. – Le premier critère de classement tient à la nationalité. Ce critère est pourtant parfois prohibé[221] pour les droits les plus fondamentaux et ne peut entrer en ligne de compte que si la discrimination répond à des buts légitimes et repose sur une justification objective et raisonnable. **La jurisprudence européenne tend à prohiber les différences de traitement exclusivement fondées sur la nationalité**. Sauf considération très forte, un étranger doit avoir les mêmes droits qu'un national. Dans son arrêt *Koua Poirrez c. France*[222] la Cour de Strasbourg a condamné le refus des autorités françaises d'octroyer au requérant, résidant en France, une allocation d'adulte handicapé, au motif qu'il n'était pas de nationalité française et qu'il n'existait pas d'accord de réciprocité pour l'attribution d'une telle allocation entre la France et le pays dont il était ressortissant. La Cour a estimé qu'en ratifiant la Convention **la France s'était engagée à reconnaître à toute personne relevant de sa juridiction les droits et libertés définis par la Convention**. La Cour de Luxembourg a également rappelé qu'étaient prohibées les discriminations indirectes, fondées sur un autre critère que la nationalité, mais défavorisant les non-nationaux par des conditions plus difficiles à remplir par un étranger que par un national. **Cette évolution va jusqu'au domaine des droits politiques** (art. 3, protocole n° 1 Conv. EDH) : la CEDH sanctionne un État qui interdit à des binationaux de se porter candidats au Parlement, même au nom de la loyauté envers l'État[223]. Les discriminations indirectes sont plus facilement justifiables par des motifs d'intérêt général comme ce fut le cas de quotas d'étudiants étrangers inscrits dans certaines formations universitaires en Belgique[224]. Les domaines relevant de la puissance publique (fonctions régaliennes) échappent à cette interdiction.

218. Le Conseil reporte au 1er décembre 2018 la date de cette abrogation. CC, 6 juill. 2018, 2018-717/718 QPC, *M. Cédric H. et autre* [Délit d'aide à l'entrée, à la circulation ou au séjour irréguliers d'un étranger].
219. Cass. crim., 26 févr. 2020, n° 19-81561.
220. CE, 11 avril 2018, Fédération des acteurs de la solidarité et autres (2), n° 417208.
221. Particulièrement dans l'espace européen où il s'agit d'un principe fondateur de l'Union et une exigence du Conseil de l'Europe : CEDH, 16 sept. 1996, *Gaygusuz c. Autriche*.
222. CEDH, 30 sept. 2003.
223. CEDH, Gr. Ch., 27 avr. 2010, *Tanase c. Moldova*.
224. CJUE, Gr. Ch., 13 avr. 2010, *Bressol et Chaverot*.

Les étrangers peuvent aussi trouver appui dans la **Convention sur l'élimination de toutes les formes de discrimination raciale de 1965** qui exclut « toute distinction, exclusion, restriction ou préférence fondée sur la race, la couleur, l'ascendance ou l'origine nationale ou ethnique, qui a pour but ou pour effet de détruire ou de compromettre la reconnaissance, la jouissance ou l'exercice, dans des conditions d'égalité, des droits de l'homme et des libertés fondamentales ».

L'application constitutionnelle du principe de non-discrimination conduit à des solutions semblables. Le Conseil constitutionnel n'admet ainsi pas que la loi réserve à un héritier de nationalité française le bénéfice d'une loi française luttant contre des avantages octroyés à l'étranger aux héritiers étrangers. Si la France peut, en compensation, favoriser les héritiers des biens situés en France, ce ne peut être exclusivement en faveur des Français[225].

On mettra en contrepoint l'arrêt[226] par lequel **le Conseil d'État admet qu'un accord franco-russe réserve aux seuls nationaux français le bénéfice de cet accord qui permet d'obtenir le remboursement des emprunts russes** contractés avant 1919 et mis en paiement après la chute du communisme. En l'espèce, un étranger, héritier d'un porteur d'emprunt français, ne peut prétendre au remboursement. Le Conseil d'État admet donc que l'accord bilatéral déroge aux textes internationaux généraux relatifs à la non-discrimination. D'ailleurs, en principe, les accords bilatéraux dérogent aux règles nationales pour ce qu'ils prévoient[227].

428 **Droits sociaux.** – La décision du Conseil constitutionnel du 13 août 1993 accorde des **droits sociaux à ceux qui sont installés sur le territoire de façon régulière**. Par un arrêt du 14 janvier 1999[228], la chambre sociale de la Cour de cassation a censuré le refus opposé à une personne étrangère d'une allocation supplémentaire d'un fonds national de solidarité alors que cette personne était bien titulaire d'une pension. De même, les articles 8 et 14 combinés de la Convention EDH l'ont amenée à condamner le fait de subordonner le versement des allocations familiales à l'entrée régulière des enfants sur le territoire français[229]. **Cela n'empêche pas des décisions qui s'apparentent à de la discrimination à rebours** : par exemple lorsque le versement des prestations familiales aux étrangers en situation régulière doit être subordonné à un certificat médical qui ne peut être délivré qu'aux enfants entrés sur le territoire par regroupement familial[230]. La CEDH refuse de telles discriminations[231]. Une allocation de congé parental (prestation sociale facultative) ne peut être refusée sur le fondement d'une condition de nationalité[232]. Symboliquement et paradoxalement, la médaille de la famille française ne peut être refusée à une famille étrangère[233]. De même, dans **l'arrêt d'assemblée** *Ministre de la Défense c. M. Diop* du 30 novembre 2001, le Conseil d'État s'est prononcé sur les pensions de guerre données aux anciens combattants qui ont la nationalité de pays indépendants alors qu'ils avaient combattu pour la France. Leur pension a été bloquée à un niveau dérisoire car leur montant ne tenait pas compte de l'évolution des monnaies et niveaux de vie. Le Conseil d'État a finalement adopté la solution selon laquelle ces pensions devaient être décristallisées[234]. La solution a été étendue au niveau constitutionnel[235]. De même que **la nationalité ne saurait être un critère**

225. CC, 5 août 2011, déc. n° 2011-159 QPC, *Mme Elke B. et autres.*
226. CE, 23 déc. 2011, n° 303678, *M. Eduardo José K.*
227. CE, 2 mars 2012, *Lahouel* (concernant la Tunisie).
228. Cass. soc., 14 janv. 1999, *DRASS région Rhône-Alpes.*
229. Cass. ass. plén., 16 avr. 2004.
230. Cass. 2e civ., 15 avr. 2010.
231. CEDH, 30 sept. 2003, *Koua Poirrez c. France.*
232. CE, 30 juin 1989, *Ville Paris c. Lévy.*
233. CE, 17 déc. 2003, *Gisti.*
234. CE, Ass., 30 nov. 2001, *Diop* ; CE, Sect., avis, 18 juill. 2006, *Ka.*
235. CC, 28 mai 2010, déc. n° 2010-1 QPC, *Consorts L.* ; CC, 8 février 2018 – *M. Abdelkader K.*, n° 2017-690 QPC [Condition de nationalité française pour le bénéfice du droit à pension en cas de dommage physique du fait d'attentat ou de tout autre acte de violence en relation avec les événements de la guerre d'Algérie].

pour l'indemnisation des victimes d'attentats pendant la guerre d'Algérie[236]. Concernant les étrangers en situation irrégulière, ils n'ont pas les mêmes droits, étant en situation objectivement différente[237].

Des différences de traitement entre d'une part, les étrangers en situation régulière et, d'autre part, les Français ou ressortissants de l'Union européenne, peuvent être justifiées par le souci de s'assurer de la stabilité de la présence sur le territoire national comme condition de l'insertion professionnelle. Ainsi, dans sa décision du 17 juin 2011[238], le Conseil constitutionnel a accepté le fait de réserver le bénéfice du RSA, parmi les demandeurs étrangers, aux seuls titulaires depuis au moins cinq ans d'un titre de séjour autorisant à travailler. **Le droit de l'Union admet plus facilement que les droits sociaux puissent être réservés aux nationaux et ressortissants de l'Union**. Ainsi, en limitant aux résidents slovaques le bénéfice des allocations liées à un handicap et la prime de Noël accordée à des personnes à faible revenu, la Slovaquie n'a pas manqué aux obligations qui lui incombent en vertu d'un règlement de l'Union[239]. Cela se vérifie parfois même au détriment des ressortissants de l'Union puisqu'un État membre peut exclure de certaines prestations sociales, à caractère non contributif, des citoyens de l'Union qui s'y rendent pour trouver du travail[240].

429 **Ressortissants privilégiés – Européens. –** Les ressortissants de l'Union européenne ont un statut différent, quant aux droits sociaux et à quelques droits politiques. La directive du 29 avril 2004 relative au droit des citoyens de l'Union et des membres de leurs familles de circuler et de séjourner librement sur le territoire des États membres réitère ce principe en disposant, dans son article 24, que « sous réserve des dispositions spécifiques expressément prévues par le traité et le droit dérivé, **tout citoyen de l'Union qui séjourne sur le territoire de l'État membre d'accueil en vertu de la présente directive bénéficie de l'égalité de traitement avec les ressortissants de cet État membre** dans le domaine d'application du traité ». Cependant, les ressortissants des nouveaux États membres ne jouissent pas encore pleinement de la liberté de circulation. **Les membres de la famille des citoyens de l'Union européenne, même ressortissants d'États tiers à l'Union, sont assimilés à eux**. Certains droits reconnus par la CDFUE sont réservés aux seuls citoyens de l'Union européenne dans le domaine des droits politiques (le droit de vote et d'éligibilité aux élections au Parlement européen et aux élections municipales) et de la bonne administration, cette seconde restriction suscitant l'interrogation. Le droit au travail est également régi de manière discriminante.

430 **Tiers à l'Union. –** Les ressortissants de pays avec laquelle la France a des accords bilatéraux appartiennent à une catégorie de privilégiés parmi les tiers à l'Union. Il s'agit souvent d'anciennes colonies ou protectorats. De telles conventions ont organisé **un statut particulier pour les ressortissants des États d'Afrique subsaharienne** permettant la libre circulation et la dispense de visa de long séjour ou des conditions favorables au regroupement familial ou l'accès à une activité professionnelle. De même, les accords passés avec l'**Algérie** (27 décembre 1968) et la **Tunisie** (17 mars 1988) règlent les droits des ressortissants de ces pays. Désormais, l'Union européenne mène une politique migratoire harmonisée et met en place, par directive, des procédures communes.

431 **Réfugiés. –** Enfin, les réfugiés politiques forment une troisième catégorie, leur donnant un statut privilégié lorsqu'ils sont sous l'emprise d'une menace dans leur pays du fait de leur action politique en faveur de la liberté. Le désormais célèbre arrêt *Agyepong*[241] consacre l'extension de la qualité de réfugié aux membres de la

236. CC, 8 février 2018 – *M. Abdelkader K.*, n° 2017-690 QPC [Condition de nationalité française pour le bénéfice du droit à pension en cas de dommage physique du fait d'attentat ou de tout autre acte de violence en relation avec les événements de la guerre d'Algérie].

237. CE, 6 nov. 2000, *Gisti* et Cass. soc., 19 déc. 2002, *Brahim Gagou*.

238. CC, 17 juin 2011, déc. n° 2011-137 QPC, *M. Zeljko S.*

239. CJUE, 16 sept. 2015, aff. C-361/13, C-433/13, Commission / Slovaquie.

240. CJUE, 15 sept. 2015, aff. C-67/14, Alimanovic.

241. CE, 2 déc. 1994.

famille immédiate selon un principe général du droit déduit de l'unité de la famille. On développera avec la liberté d'aller et venir la question du droit d'asile[242].

CEDH, 1er septembre 2015, et CEDH, Gr. ch., 15 décembre 2016, req. n° 16483/12, *Khlaifia et autres c. Italie*

L'Italie a dû faire face à 55 298 arrivées de migrants fuyant les troubles des « printemps arabes » en 2011. Les requérants ont été retenus soit dans un centre d'accueil de Lampedusa, soit sur des navires amarrés dans le port de Palerme, ont été rapatriés en Tunisie pour la plupart. La Cour a constaté en arrêt de chambre comme de Grande chambre la :
- Violation de l'article 5 § 1 (droit à la liberté et à la sûreté) : la détention des requérants était irrégulière car dénuée de base légale.
- Violation de l'article 5 § 2 (droit d'être informé dans le plus court délai sur les faits reprochés) : la détention des requérants était sans motivation.
- Violation de l'article 5 § 4 (droit de faire statuer à bref délai sur la légalité de sa détention) : sans possibilité de la contester.
- Non-violation de l'article 3 (interdiction des traitements inhumains ou dégradants) quant aux conditions de détention sur les navires : un incendie ravagea le Centre, suite à un mouvement de révolte des migrants. Conduits dans un parc des sports pour la nuit, les requérants parvinrent à tromper la vigilance des forces de l'ordre et à rejoindre le village de Lampedusa où ils entamèrent une manifestation de protestation avec près de 1 800 autres migrants interpellés par la police, les requérants furent finalement transférés en avion à Palerme, puis placés sur deux navires amarrés dans le port de cette ville, à bord desquels ils restèrent quatre jours.
- Violation de l'article 4 du protocole n° 4 (interdiction des expulsions collectives d'étrangers) : leurs décrets de refoulement ne faisant pas référence à leur situation personnelle – la Cour dit notamment que la réalisation d'une procédure d'identification ne suffit pas.
- Violation de l'article 13 (droit à un recours effectif) combiné avec les articles 3 et 4 du protocole n° 4 : pour qu'un recours soit jugé effectif lorsqu'il s'agit d'une expulsion collective, il doit être suspensif de plein droit – à savoir ici qu'il suspend la mesure d'éloignement vers la Tunisie, ce qui n'a pas été le cas.

En revanche, la Chambre avait reconnu la violation de l'article 3 quant aux conditions de détention dans le centre d'accueil de Contrada Imbriacola : conditions d'hygiène déplorables (aucune porte ne séparait les sanitaires et les douches des autres pièces et la distribution d'eau courante était limitée). En raison du surpeuplement, les migrants devaient notamment dormir à même le sol, et en outre, tout contact avec l'extérieur était interdit.

Ce que la Grande chambre n'a plus reconnu. Il n'est pas possible, selon la Cour, de présumer que les autorités italiennes ont fait preuve de passivité ou de négligence ni considérer que le déplacement des migrants aurait dû être organisé et accompli dans un délai inférieur à deux ou trois jours.

242. Voir *infra*, les développements relatifs à ce droit.

Section 2
La coexistence des droits

432 La reconnaissance de droits individuels concurrents, de droits aux personnes morales et de droits des individus en tant que membres de groupes amène à **des situations concrètes conflictuelles**. Classiquement, l'ensemble de ces droits rencontre **les limites objectives tenant à l'ordre public, l'intérêt général, parfois même les régimes d'exception** qui sauvegardent l'existence même de l'État. La relation entre les différents acteurs de la relation des droits fondamentaux se complique encore lorsque **l'État s'ingère dans une relation entre groupes et individus** protégée par les droits de l'individu ou ceux du groupe. Parfois donc la protection objective des droits de l'individu ou les valeurs objectives de l'ordre public viennent limiter ces mêmes droits de l'individu.

I. L'individu, les droits, les groupes

433 **Distinctions.** – Il est très important de **ne pas confondre les droits collectifs et les droits des groupes.** Lorsque l'on parle de droit des groupes on ne parle pas d'un exercice collectif d'un droit individuel, mais de droits appartenant à un individu en tant que membre de ce groupe. Dans cette approche, **le groupe précède l'individu plus que l'individu ne constitue le groupe**. Ainsi les droits des groupes rejoignent très largement les droits attachés à des minorités reconnues depuis un certain nombre d'années par le droit international public et petit à petit par les textes internes[243].

A. La reconnaissance de droits individuels d'exercice collectif

434 On a vu que l'histoire des droits de l'homme et de leur juridicisation révèle le moteur puissant qu'a été l'individualisme. La postmodernité, qui **met au contraire en valeur les déterminants collectifs de l'individu**, a amené une forme de contestation des droits et, paradoxalement, une forme de dépassement et de réappropriation des droits par les groupes. C'est pourquoi il ne faut pas confondre deux logiques qui ne sont pas équivalentes pour le libéralisme : celle des libertés collectives et celle des droits des groupes.

435 **Notion de libertés collectives.** – Lorsque le groupement est subjectivement établi, c'est-à-dire lorsqu'il s'agit d'un groupe qui ne prétend à aucune existence objective indépendamment de l'adhésion de ses membres, il permet de réaliser les prérogatives de ses membres qui y ont volontairement adhéré et sans discrimination possible autre que celle qui a trait aux mérites nécessaires pour adhérer au groupe. En ce cas, **la forme juridique donnée au groupe institutionnalise la liberté de chacun qui resterait sinon vaine**. Il s'agit réellement d'instituer une forme commune pour accomplir une œuvre spéciale : mettre en œuvre le droit subjectif de

243. La façon dont on étudie un phénomène social peut avoir à terme un effet sur la façon dont les producteurs de la norme (législateur surtout, juge parfois) pensent et norment ce même phénomène. Ce qui peut conduire à l'institution de cette façon de voir le monde qui n'était jusque-là qu'un concept académique. Le droit des groupes est ainsi une prophétie autoréalisatrice à laquelle les États-Unis ont cédé, souvent aujourd'hui à regret. Ainsi il est de plus en plus évident que le fort courant d'études sociologiques, qui se construit sur un paradigme objectiviste, tournant le dos à l'individualisme méthodologique (cf. Durkheim), a dominé le paysage intellectuel français des libertés, notamment depuis Bourdieu. Il postule l'individu comme cousu de déterminismes sociaux, particulièrement liés aux groupes sociaux auquel il « appartient » et produit des savoirs qui ne voient plus que ces conditionnements. Le droit indidvidualiste moderne, de la Révolution au XXe siècle avait au contraire misé sur l'autonomie de l'individu face aux groupes. Aujourd'hui dépendant des cadres objectivistes, la loi semble raisonner toujours plus avec le concept de groupe ; tout le droit de la discrimination, de l'identité personnelle et le droit social en sont tissés. Le recul de l'individualisme méthodologique peut pourtant conduire à des renversements regrettables en imposant des normes déterminant l'individu tout en cherchant à l'émanciper.

chacun à réaliser une liberté. La formalisation juridique de ces groupements peut d'ailleurs s'avérer fort légère, provisoire, informelle, comme dans le cas des associations non déclarées.

436 **Les principaux droits d'exercice collectif.** - Il s'agit simplement de rejoindre les autres pour **exercer ensemble des prérogatives qui n'ont pas de sens lorsque l'on est seul** ou qui attendent d'être démultipliées. Ainsi, sans le collectif, point de liberté de réunion, d'association, de manifestation, de culte, d'élection, d'art, d'enseignement, etc. La doctrine évoque parfois des libertés « d'exercice collectif », comme pour reprendre la distinction civiliste entre jouissance et exercice d'un droit. Le titulaire serait toujours l'individu et l'exercice l'apanage du collectif. Or, on l'a vu à propos des droits fondamentaux des personnes morales, **l'exercice de la liberté peut autant en droit être exigé par un individu que par la forme juridique du groupe auquel il appartient** : le syndicat, l'association pourront porter l'action en justice contre un fait ou un acte juridiques qui porte atteinte à leur objet ou à la pratique de l'un de leurs membres. Ici les droits des groupes servent les droits individuels quand les individus le souhaitent. Les hypothèses de conflit se résument à une divergence d'objectifs lorsque les prérogatives accordées au groupe contrarient dans leur mise en œuvre les droits d'un membre qui, soit quittera le groupe, soit tentera d'infléchir l'action du groupe en son sens. Le groupement est un moyen, pas encore une fin. **L'individu peut le quitter à sa guise.** La logique affirmée par les théories des « droits des groupes » est bien différente.

B. La reconnaissance de droits aux membres de groupes

437 **Objectivité du groupe.** - Parler de « groupe » **implique que le droit reconnaisse, ou plutôt confère, l'existence de points communs objectifs entre individus.** Le problème de la connaissance même des groupes se pose juridiquement lorsque l'on veut prévenir les risques de discrimination. La délimitation de ce qu'est un groupe, qui implique de déterminer sa différence avec les autres, ne saurait être le fait de l'État lui-même, sauf à déjouer les persécutions dont un individu est victime au nom de sa supposée appartenance à un tel groupe[244]. Le Conseil constitutionnel l'a ainsi considéré : **les traitements nécessaires à la conduite d'études sur la mesure de la diversité des origines des personnes, de la discrimination et de l'intégration peuvent porter sur des données objectives mais ne sauraient, sans méconnaître le principe énoncé par l'article 1er de la Constitution, reposer sur l'origine ethnique ou la race**[245]. Mais cette interdiction des statistiques ethniques ressemble bien à un faux-fuyant pudique qui n'empêche pas la loi d'instituer des groupes. Il s'agit en effet de tout autre chose que de libertés collectives. Il s'agit de groupes définis objectivement à partir d'éléments considérés comme intrinsèques à l'individu. L'individu y semble inclus avec ou sans manifestation de sa volonté. Mais au nom des droits de l'individu, puis bientôt sans eux, au nom de la justice sociale, de l'équilibre des groupes, de la reconnaissance des minorités, **l'État entend faire jouer des effets juridiques à l'appartenance à ces groupes**. Le traitement différentiel, qui se veut préférentiel, s'y suppose favorable à l'individu. **La notion d'identité devient alors centrale**, qu'il s'agisse d'identité revendiquée ou non, cachée ou affichée. En vue de créer des privilèges (lois particulières) favorables à ses membres, on reconnaît l'existence de groupes qui peuvent fort bien ne pas être juridiquement formalisés ou institués mais qui confèrent des régimes juridiques particuliers. Cela comporte pourtant plusieurs niveaux.

438 **Vulnérabilité.** - La Cour européenne des droits de l'homme développe une jurisprudence abondante relative à la vulnérabilité présumée de personnes appartenant à des groupes qui subissent toutes formes de déclassement s'apparentant à des persécutions : malades, minorités ethniques, handicap, féminité, homosexualité... Ces catégories peuvent en droit contribuer à asseoir des collectifs au nom desquels des protections particulières sont instituées. Le principe

244. Pour le Conseil d'État, dans le cadre du droit d'asile, un tel « groupe social » est « constitué de personnes partageant un caractère inné, une histoire commune ou une caractéristique essentielle à leur identité et à leur conscience, auxquels il ne peut leur être demandé de renoncer, ou une identité propre perçue comme étant différente par la société environnante ou par les institutions », CE, 21 déc 2012, *Mme B A*, n° 332492.
245. CC, 15 nov. 2007, déc. n° 2007-557 DC.

de non-discrimination sert alors de traducteur ou d'adaptateur entre individu et collectif. On a pu rencontrer, dans la rhétorique des tenants du communautarisme, l'idée selon laquelle le plein épanouissement de la personne ne se faisant que par la promotion de son identité, c'est-à-dire, indirectement, de sa communauté, les discriminations positives pouvant ainsi se réclamer des droits de l'homme. Mais cela ne donne pas de droits au groupe, ni des priorités ou privilèges.

439 **Minorité.** – À un autre niveau, le droit des minorités voit se développer des droits attachés aux **groupes comme entités homogènes de langue, de religion, d'ethnie, d'histoire, à l'intérieur d'une nation majoritairement différente**. Cela a commencé par la logique des droits des peuples, en droit international, puis en droit interne.

L'État n'est-il pas le vrai titulaire de ce que les corpus des droits de l'homme attribuent difficilement au « peuple » ? Ce principe, qui concerne tous les peuples, et les peuples dominés en particulier, se trouve consacré à l'article 1er du PIDCP selon lequel « **tous les peuples ont le droit de disposer d'eux-mêmes.** Les peuples déterminent librement leur statut politique et assurent leur développement économique, social et culturel ». S'agissant d'un droit collectif, la Cour internationale de justice considère que ce droit est un des principes essentiels du droit international contemporain[246]. En vérité, **seuls les États se trouvent titulaires de ce droit dont les individus sont les bénéficiaires réels. La Cour africaine a aussi reconnu le droit de populations au développement et à la libre administration de leurs richesses[247].** Le Comité des droits de l'homme rappelle de manière constante que le droit au recours individuel n'est pas ouvert sur le fondement du droit des peuples.

La prolongation de ce mouvement a eu lieu dans les droits internes des États pluriethniques, reconnaissant **des droits aux peuples autochtones**, avant que des sociétés plus homogènes ne soient convaincues de la nécessité de reconnaître des identités culturelles comme porteuses de droits à la différence. La Déclaration sur la race et les préjugés raciaux de 1978 (texte de l'Unesco), proclame, dans le même temps qu'elle fonde l'égalité de tous sur la dignité humaine, que « tous les individus et tous les groupes ont le droit d'être différents, de se concevoir et d'être perçus comme tels. Toutefois, la diversité des formes de vie et le droit à la différence ne peuvent en aucun cas servir de prétexte aux préjugés raciaux ». Les minorités nationales, religieuses, régionales, revendiquent des droits, le plus souvent culturels (langue, enseignement, expression), mais aussi politiques (quotas dans les élections ou dans les assemblées représentatives) et économiques (revendications territoriales relatives à l'exploitation de ressources, réparations pour spoliations…). Les droits des groupes vont donc se traduire objectivement, par la seule appartenance. Pour l'instant, et la plupart du temps, il ne s'agit encore de ne faire jouer cela qu'à la demande d'un individu ou d'une personne morale qui parle pour ses membres, mais **la logique veut que cela puisse s'imposer à tout individu considéré par l'État comme appartenant objectivement au groupe avec les dérives que cela peut amener.** Ainsi, les politiques d'*affirmative action* sur lesquelles les décideurs américains reviennent peu à peu, tendent à mener une politique qui n'a plus rien d'individuel et ne répond pas plus à une volonté du bénéficiaire. Les **discriminations positives** y tendent au plan des groupes à dégager une élite au sein de chaque communauté afin de ne pas superposer classe et communautés, espérant créer les conditions d'une société équilibrée entre communautés ethniques et classes sociales. Le cas individuel n'est pas au cœur de cette problématique qui ne traduit aucunement un droit à la différence individuelle précisément favorable à chaque personne. Le droit du groupe, sans groupe institutionnalisé, définit la situation de l'individu sans que celui-ci ait prise dessus. On touche enfin vraiment à « l'homme situé » qu'annonçait un peu prématurément la doctrine lors des textes de 1946 et 1948. Le sujet de droit se trouve « affecté » à une communauté, situé par rapport aux autres par son entremise. 1789 est loin… Si on tient donc à la logique des droits fondamentaux, il faut se méfier des droits des groupes.

Inversement, personne ne peut revendiquer l'appartenance à un groupe, non reconnu par la loi, pour être traité différemment. Depuis, la loi du 24 août 2021 confortant le respect des principes de la République, un article 433-3-1 du Code pénal vise à réprimer le fait « d'user de menaces ou de violences ou de commettre tout autre acte

246. CIJ, 30 juin 1995, aff. relative au Timor oriental, *Rec. CIJ* 1995, p. 29, § 103.
247. CADH, 26 mai 2017, *CAfDHP c. Rép. Du Kenya*, n° 006/2012.

d'intimidation à l'égard de toute personne participant à l'exécution d'une mission de service public, afin d'obtenir pour soi-même ou pour autrui une exemption totale ou partielle ou une application différenciée des règles qui régissent le fonctionnement dudit service ».

440 **Exemples.** – Bien sûr, ils peuvent servir de relais à des revendications individuelles ; il faut alors laisser l'individu invoquer et prouver lui-même cette appartenance. Ainsi en est-il, en France, des statuts personnels, du crime de génocide, des traitements contraires à la dignité qu'un étranger, membre d'une minorité persécutée dans son pays, pourrait subir comme tel en cas de renvoi par les autorités nationales[248]...

441 **Génocide.** – L'article 211-1 du Code pénal dispose que « constitue un génocide le fait, en exécution d'un plan concerté tendant à la destruction totale ou partielle d'un groupe national, ethnique, racial ou religieux, ou d'un groupe déterminé à partir de tout autre critère arbitraire, de commettre ou de faire commettre, à l'encontre de membres de ce groupe, l'un des actes suivants (atteinte volontaire à la vie et à l'intégrité physique ou psychique, soumission à des conditions d'existence de nature à entraîner la destruction totale ou partielle du groupe, mesures visant à entraver les naissances, transfert forcé d'enfants) ». Il entend protéger les groupes quand ce sont ses membres qui bénéficient de la protection. **On ne peut cependant pas parler de droits fondamentaux des membres de ces groupes qui seraient distincts du droit à la vie ou à l'intégrité physique**.

442 **Statuts personnels.** – Les statuts personnels rencontrent la protection des droits fondamentaux de la personne (liberté de religion notamment) par la reconnaissance du droit des minorités. Le « renouveau » du droit de l'outre-mer à travers les évolutions constitutionnelles et législatives relatives à la Nouvelle-Calédonie, la Polynésie française et Mayotte a ramené sur le devant de la scène juridique **l'article 75 de la Constitution** : « Les citoyens de la République qui n'ont pas le statut civil de droit commun, seul visé à l'article 34, **conservent leur statut personnel tant qu'ils n'y ont pas renoncé** ». Longtemps la Cour de cassation a par exemple reconnu la validité de jugements musulmans de répudiation, jusqu'à ce que, sur le fondement de la Convention EDH, elle établisse l'égalité entre époux et réduise le statut personnel à Mayotte. Traditionnellement, les clauses « coloniales » des traités internationaux permettaient aux États d'échapper dans les territoires non-métropolitains aux exigences les plus sévères, y compris en matière de droits de l'homme. Il existe au sein de **la Convention EDH un article 56 alinéa 3** (ancien art. 63 modifié), indiquant des dérogations pour « nécessités locales » **permettant d'aménager le niveau de protection des droits de l'homme dans les territoires d'Outre-mer**[249]. En **Nouvelle-Calédonie**, l'accord de Nouméa et la révision constitutionnelle qui le permet ont ravivé l'application de ces statuts notamment en permettant de revenir sur les procédures de renoncement. Le statut personnel se présente alors comme un élément de l'identité revendiquée, ou non. Le sentiment d'appartenance se révèle donc plus fort que les considérations d'intégration. Le droit français fait certaines concessions aux **systèmes normatifs religieux ou coutumiers** en les intégrant dans le droit de la République. Depuis 1956, les statuts personnels se trouvent placés dans le champ de compétence des assemblées territoriales des territoires d'outre-mer pour ce qui est d'organiser le jeu des normes d'origine coutumière. À Mayotte ils concernent le droit de la personne et de la famille et certains droits patrimoniaux (successions et libéralités). Cela permet d'étayer un divorce par la fin d'un mariage religieux, de maintenir le droit d'aînesse et même, autrefois, de tolérer la polygamie à Mayotte et à Wallis-et-Futuna.

443 **Populations d'outre-mer.** – Désormais notre Constitution (art. 72-3) reconnaît l'existence de populations d'outre-mer porteuses d'identité politique propre et dotées d'institutions adaptées sans que cela ne se concrétise en droits fondamentaux individuels. Plus généralement, **la jurisprudence du Conseil constitutionnel se montre**

248. CEDH, 11 janv. 2007, *Salah Sheek c. Pays-Bas*.

249. CEDH, 27 avr. 1995, *Piermont c. France* : la condition juridique particulière de la Polynésie française et de la Nouvelle-Calédonie peut justifier une application différenciée de la Convention.

hostile à la reconnaissance des groupes, craignant pour la République une balkanisation des droits par des revendications territoriales. Le principe d'unicité du peuple français, dont aucune Section ne peut s'attribuer l'exercice de la souveraineté nationale, a également valeur constitutionnelle. **Ces principes fondamentaux s'opposent à ce que soient reconnus des droits collectifs à quelque groupe que ce soit, défini par une communauté d'origine, de culture, de langue ou de croyance.** La Charte européenne des langues régionales ou minoritaires, en ce qu'elle confère des droits spécifiques à des « groupes » de locuteurs de langues régionales ou minoritaires, à l'intérieur de « territoires » dans lesquels ces langues sont pratiquées, porte atteinte aux principes constitutionnels d'indivisibilité de la République, d'égalité devant la loi et d'unicité du peuple français[250]. Le nouvel article 75-1 (« les langues régionales appartiennent au patrimoine de la France ») pourrait changer la donne. Pour l'heure, le Conseil constitutionnel français pose que **l'admission d'un enseignement de langues et cultures régionales par l'article 75-1 de la Constitution n'institue pas un droit ou une liberté que la Constitution garantit**[251]. Plus généralement, la question des minorités constitue souvent un « non-dit » pour ne pas dire un « impensé volontaire » de la jurisprudence française[252] quand d'autres nations, ou tout simplement la Cour européenne[253], s'attachent à leur donner un statut propre.

444 Périmètre du groupe. – À l'inverse, se repose la question de la définition de ces groupes non institutionnalisés dont on ne connaît pas les membres *a priori*. Est-ce à l'État de définir ce qu'est une minorité et qui en relève ? Est-ce aux représentants autoproclamés de ces populations de le déterminer ? Est-ce à chacun des intéressés de le faire ou d'y renoncer ? Et s'ils le font, peut-on contester une telle appartenance ? L'administration et les juges doivent-ils se transformer en classificateurs ? L'individu peut-il s'inscrire dans une minorité quand cela l'arrange, puis y renoncer quand cela lui pèse ? On pense ainsi aux « minorités sexuelles » qui revendiquent souvent une identité de groupe (« gays, trans, lesbiens ») dont les membres sont les seuls (et heureusement) à dessiner les contours. **La non-discrimination suffit sans doute à conférer des prérogatives qui n'ont guère besoin de droits des groupes.**

445 CEDH. – La CEDH elle-même commence à consacrer des droits liés au groupe, en particulier à travers l'article 14 de la Convention qui prohibe les discriminations, puisque les droits issus de la Convention appartiennent à tous « sans distinction aucune fondée notamment sur [...] l'appartenance à une minorité nationale ». Sur cette base, **la Cour a pu reconnaître une protection à certaines minorités comme elle le fit pour la population tzigane pouvant exercer au nom de l'article 8** (droit au respect de la vie privée familiale) un mode de vie traditionnel communautaire[254]. La CEDH s'est engagée sur la voie de la reconnaissance d'une identité ethnique vécue, c'est-à-dire à la fois donnée dans son objectivité et choisie dans sa revendication. Elle affilie cette identité à la vie privée et cela la conduit à prescrire des obligations positives à l'État. Dans l'arrêt *CiubotTuru c. Moldova*[255], un Moldave demandait une carte d'identité moldave en remplacement de son ancienne carte soviétique. Il souhaitait indiquer son origine roumaine mais par peur de voir sa demande rejetée a dû opter pour la mention de l'ethnie moldave. Demandant après-coup cette rectification et essuyant un refus, il soutient la violation de l'article 8, ce que la Cour lui accorde, **estimant que le pays met sur sa route des obstacles insurmontables dans l'établissement de son choix d'opter pour une identité**. Elle indique cependant que ce choix n'est pas que subjectif et qu'existent des éléments objectifs. L'identité ne relève pas seulement du for intérieur, seul le choix de s'en servir et de l'établir selon ses convictions étant couvert. Le droit à l'identité ethnique ne va

250. CC, 15 juin 1999, déc. n° 99-412 DC.
251. CC, 20 mai 2011, déc. n° 2011-130 QPC, *JO* 20 mai 2011, p. 8889, texte déc. n° 82, cons. 1 et 3.
252. CC, 17 juill. 2003, déc. n° 2003-474 DC, Loi de programme pour l'outre-mer. L'article 68 de cette loi posait que « l'exercice des droits, individuels ou collectifs, afférents au statut civil de droit local ne peut, en aucun cas, contrarier ou limiter les droits et libertés attachés à la qualité de citoyen français ». La suppression de la polygamie à Mayotte relève d'une évolution largement tournée vers l'intégration culturelle contre les identités.
253. CEDH, 13 juin 2002, n° 38361/97, *Anguelova c. Bulgarie*.
254. CEDH, 18 janv. 2001, *Chapman c. Royaume-Uni*.
255. CEDH, 27 avr. 2010, *Ciubotaru c. Moldova*, n° 27138/04.

cependant pas jusqu'à imposer la transcription exacte d'un prénom dont les caractères n'existent pas dans la langue du pays d'accueil[256].

II. Le système de conciliation des droits

446 **Conflits de droits. -** La plupart du temps, face à un conflit ouvert par les requérants, l'application concurrente de deux normes reste possible parce qu'elles sont en réalité compatibles entre elles ou parce qu'elles ont des champs d'application différents. Ensuite, le conflit de droits fondamentaux peut se dissoudre par les choix législatifs. **C'est au législateur qu'il revient d'opérer la conciliation entre les principes contradictoires. Tout droit fondamental trouve sa limite dans les droits d'autrui (art. 4, Déclaration de 1789) et dans la nécessité pour l'État de maintenir les conditions de cette conciliation par un système objectif reposant sur l'ordre public et l'intérêt général. Ainsi se comprend l'État de droit.** Cependant, ces deux limites ne se présentent pas sur le même plan, ni théoriquement, ni sous la plume du juge. La sanction des limites objectives sert de moyen à la sanction des empiétements de droits entre particuliers, comme la répression du trouble de voisinage protège indirectement la jouissance du domicile. Dans un conflit opposant deux titulaires d'un même droit ou de droits opposés, les juges sont amenés à trouver une conciliation ou à faire primer un intérêt sur l'autre au nom de l'intérêt de tous. Dans un conflit entre un particulier et l'intérêt de tous, la légitimité même de la revendication peut être en cause.

447 **L'évitement du conflit. -** La tendance des différents **juges semble être à la négation des conflits** afin de ne pas avoir à hiérarchiser les droits et libertés. Il arrivera que le juge neutralise une norme, l'estimant inapplicable ou non mise en cause en l'espèce (par exemple le Conseil constitutionnel qui nie que l'article 55 implique pour lui un contrôle de constitutionnalité des traités). Les juges supérieurs pourront ainsi nier l'existence d'une valeur constitutionnelle (par exemple la non-reconnaissance du principe fondamental de l'individualisation des peines, avant de changer d'avis) ou la légitimité du but avancé par un État devant la CEDH (absence de nécessité dans une société démocratique de la protection de la morale minoritaire). Enfin, les cours suprêmes françaises sont entrées dans une politique jurisprudentielle de **contrôle concret des situations de droits fondamentaux, ce qui permet de remédier aux effets trop systématiques d'une loi** (dont la « fondamentalité », sous les traits de la conventionnalité, n'est pas en général menacée) dans un cas particulier.

A. Conflit de droit entre deux titulaires

448 **Différentes configurations. -** Il peut y avoir conflit pour un même droit **entre différents titulaires**. Ainsi, le droit au travail de chacun peut subir des restrictions pour assurer ce droit au plus grand nombre[257]. Ici, la politique, l'intérêt général, arbitrent le conflit. Il en va *a fortiori* ainsi lorsque le conflit de droits n'oppose pas deux titulaires mais un seul. La **protection de l'individu contre lui-même** fait intervenir une forme de priorité accordée à ce qui peut apparaître au juge comme une règle de vie universelle. On trouvera ce type de raisonnement dans le conflit entre intégrité corporelle et liberté corporelle (affaires de sadomasochisme, obligations de sécurité), entre dignité et liberté (affaire du « lancer de nain »), entre vie et autonomie (affaires de suicide assisté).

449 **Absence de hiérarchie formelle. -** La logique hiérarchique qui anime notre système juridique combine les effets d'une hiérarchie formelle (selon la place de la source qui consacre le droit dans la hiérarchie des normes) et une hiérarchie matérielle (que le juge met en place en cas de conflit entre sources de même valeur formelle). **Les droits fondamentaux étant, par définition, reconnus au plus haut de la hiérarchie, leurs conflits sont en**

256. CEDH, 2 févr. 2010, Kemal Taskin c. Turquie.
257. CC, 16 janv. 1986, déc. n° 85-200 DC.

fait tranchés par conciliation, compromis, en fonction des modes de raisonnement de chaque juge. Ces raisonnements sont **conditionnés par leurs procédures, selon que le débat est présenté de manière objective**[258] **ou subjective**[259]. Le contentieux constitutionnel contribue à organiser les données utilisées par les juges ordinaires. Bien sûr, dans l'absolu, le contrôle de conventionnalité de la loi, ou de constitutionnalité d'un traité, pourrait conduire à résoudre un conflit de droits. L'affaire *Moussa Koné* en est un témoignage ; elle fait prévaloir la protection constitutionnelle d'un individu contre l'obligation d'extradition reposant en fait sur un mobile politique et passe outre la Convention d'extradition qui ne prévoyait rien de tel. Mais ces hypothèses sont rares car les droits de l'individu sont reconnus dans des termes semblables dans les différents corpus.

Le problème se pose aujourd'hui davantage en termes **d'équivalence des protections**[260]. Les systèmes juridiques nationaux face aux droits supranationaux, tout comme les systèmes européens entre eux, **excluent la prééminence d'un autre ordre s'il n'accorde pas de protection au moins équivalente à la sienne**. Sous réserve de l'arrêt *Melloni*[261], par lequel, mettant fin à la logique « Solange », le juge de l'Union décide de ne pas sacrifier la primauté de l'Union de manière inconditionnelle à la protection des droits fondamentaux telle que comprise par les États membres.

450 **Hiérarchie matérielle instituée. –** La doctrine a donc considéré que la hiérarchie serait plutôt matérielle et passerait à l'intérieur de la Constitution et des traités. Ainsi la doctrine constitutionnelle a tenté de donner des lignes d'interprétation. Mais ni le classement en termes de génération des droits, ni leur chronologie ne servent à départager les droits. Si la rédaction du préambule de 1958 laisse apparaître une hiérarchie entre les différentes sources constitutionnelles (la Déclaration de 1789 est « confirmée » par le préambule de 1946, ce qui attesterait de son importance, ce dernier ne faisant que la « compléter » sur certains points, marquant ainsi son infériorité), cette interprétation n'a pas été confirmée par le Conseil constitutionnel[262]. Il en est de même, des termes employés : les « droits inviolables et sacrés » de la Déclaration semblant l'emporter sur les « principes particulièrement nécessaires à notre temps » ; de même, selon les termes de l'article 11 de la DDHC, la liberté d'expression serait l'une des libertés les plus précieuses de l'homme.

Pour certains auteurs **la dignité** serait le seul droit inconciliable avec d'autres et toujours vainqueur d'un conflit. Une partie de la doctrine s'essaie à déterminer une hiérarchie parmi les droits de la Convention EDH à la lecture de la jurisprudence. **Les droits supérieurs**, presque toujours vainqueurs de leurs combats (droit à la vie, interdiction des traitements inhumains, interdiction de l'esclavage et, un peu en dessous le *non bis in idem* du protocole n° 7 ; on retrouve les droits indérogeables), l'emporteraient sur des droits **de moyenne puissance** (interdiction du travail forcé, sûreté, libertés d'expression, d'association et de réunion, procès équitable et droit au recours, vie privée). **Les autres droits fermeraient la marche, avec en tête le droit aux biens**. S'il apparaît erroné de dire que les droits sociaux ont une valeur inférieure aux autres, la lecture des décisions de plusieurs cours européennes incite à penser que lors des opérations de conciliation des droits contradictoires ils cèdent plus souvent que les autres, selon l'arbitrage législatif. Certains juges constitutionnels le disent d'ailleurs expressément[263].

451 **Hiérarchie à configuration variable. –** En vérité, **si constance il y a, la hiérarchie fait défaut**. Tous les droits, même la dignité, peuvent céder à la marge sur certains de leurs effets, pourvu que leur **« noyau dur »** ne soit pas totalement nié. Souvent les juges exposent que le législateur peut concilier à sa guise les droits ou principes en conflits à condition de ne pas entamer « le noyau dur » de l'un d'eux (pour l'article 3, la torture ne peut faire l'objet de conciliation). Ainsi, la CEDH tend à apprécier les intérêts publics qui ont pu mener à un

258. Devant la Cour européenne on vient accuser l'État de son action ou de son abstention dans le cadre de l'effet horizontal de la Convention ; devant le Conseil d'État on viendra aussi dénoncer un manquement à la légalité, notamment des obligations d'agir.

259. Devant la Cour de cassation les intérêts privés s'entrechoquent et se configurent selon qu'il y a référé ou procédure au fond.

260. Voir *supra* n° 239.

261. CJUE, Gr. Ch., C-399/11, 26 févr. 2013, *Stephano Melloni c. Ministerio Fiscal*.

262. CC, 16 janv. 1982, déc. n° 81-132 DC.

263. Par ex. le Tribunal constitutionnel polonais : arrêt du 8 avr. 1998, K 10/97.

traitement dégradant (art. 3 de la Convention) et en mesurer la proportionnalité au regard de la nécessité de protéger la sécurité. Cela peut d'ailleurs résulter du texte même (ex. Constitution polonaise, art. 31, al. 3). **Certains droits se trouvent en pratique mieux protégés que d'autres, sans que cela ne mène à une quelconque prédictibilité des solutions jurisprudentielles.** Cela dépend des « modes » et des sensibilités. On mesure ces préférences au régime accordé : interdiction d'un régime d'autorisation, intangibilité en période exceptionnelle, degré de protection irréversible (ancien « effet cliquet » du Conseil constitutionnel)... Mais dans les faits cela résulte aussi de la conjonction de plusieurs droits. Ainsi, la protection de la simple tranquillité peut se réclamer de la propriété, de la vie privée, de la protection du domicile, de la santé, etc. Aujourd'hui, l'interdit de la discrimination, sous sa forme de droit subjectif, vient à l'appui de nombreuses autres prétentions comme le droit à un mode de vie traditionnel, la liberté sexuelle, etc. Dans la jurisprudence de la CEDH, il arrive que la violation reconnue frappe plusieurs de ces droits pour un même fait ou que la Cour estime inutile d'examiner plusieurs droits quand un seul est gravement violé ou que ce droit est prééminent comme l'interdiction des traitements inhumains. **La conciliation des droits peut aussi être l'occasion pour le juge de développer les droits en définissant de nouveaux intérêts à protéger.** La Cour constitutionnelle italienne, en dépit du choix de ne pas consacrer de nouveaux droits (politique du « catalogue fermé »), a pu ainsi dégager le droit au logement à partir du droit de propriété ou encore le droit à l'identité par le droit à la santé dans le cas du transsexualisme.

452 Principe de proportionnalité - Constitution. - La proportionnalité implique donc l'adéquation de la mesure à la fin poursuivie, sa nécessité, faute de mesure moins attentatoire à la liberté, le caractère minimum du sacrifice demandé. **La proportionnalité implique ainsi que les moyens liberticides soient aptes à réaliser l'objectif d'intérêt général poursuivi, qu'ils soient nécessaires, c'est-à-dire sans équivalent (même efficacité) moins liberticides et enfin, ils doivent être réalistes au vu de ce que les destinataires de la norme peuvent supporter.** Cette mise en balance demeure bien sûr un exercice difficile.

Elle peut, à son tour, faire l'objet d'un contrôle juridictionnel de proportionnalité. Il s'agit de se substituer au décideur, qu'il soit le législateur ou l'administration. L'attitude des différents juges à cet égard reste variable. Le Conseil constitutionnel tente de développer ce contrôle. S'il exerce toujours un contrôle minimum (sorte de contrôle de l'erreur manifeste) et s'en remet en ce cas aux choix politiques du législateur et ne contrôle pas la nécessité de la mesure, le Conseil apprécie aussi la portée de l'atteinte aux droits de manière proportionnelle, soit que le texte de la Constitution l'impose (principe de nécessité et de proportionnalité des peines par exemple) soit lorsqu'il s'agit des droits les mieux protégés comme la liberté individuelle[264]. L'extension du champ d'application du contrôle de proportionnalité a progressivement permis de différencier les droits de premier rang, dont les restrictions sont également soumises à l'exigence de la poursuite d'un objectif de valeur constitutionnelle et à un contrôle approfondi, des droits de second rang, dont les restrictions peuvent n'être que d'intérêt général et ne sont pas confrontés à l'exigence de nécessité. Néanmoins, cette dichotomie semble désormais s'estomper avec la généralisation du « triple test »[265]. Cela peut se concrétiser par **des réserves interprétatives, neutralisantes ou directives,** destinées aux autorités qui appliqueront la loi.

453 Droit comparé - Pologne. - La plupart des juges constitutionnels mènent des raisonnements similaires en se référant au principe de proportionnalité pour harmoniser les effets incompatibles de deux droits. Plus exactement, le juge contrôle la façon dont le législateur a apprécié cette conciliation. On peut prendre l'exemple d'une affaire ayant marqué la Pologne. Le Tribunal constitutionnel polonais a en effet eu à examiner une loi qui fait le choix de plafonner le montant des loyers privés pour assurer la transition entre le régime socialiste (où les loyers étaient gratuits) et le libéralisme. Cela revenait à priver d'effet le droit de propriété. Mais le juge constitutionnel a estimé que les intérêts des locataires avaient aussi une dimension constitutionnelle. Il arrive donc à un « consensus essentiel » (12 janvier 2000). La marge d'appréciation du législateur apparaît plus ou moins

264. CC, 21 févr. 2008, déc. n° 2008-562 DC.

265. V. Goesel-Le Bihan, « Le contrôle de proportionnalité au Conseil constitutionnel », *AJDA* 2021.786.

importante selon la formulation du texte mais le juge dispose lui aussi d'un fort pouvoir d'appréciation et, dans certains pays, de modulation des effets de sa décision.

454 **Espagne.** – Dans une autre configuration, le Tribunal constitutionnel espagnol a exposé sa méthode dans le cas très complexe d'un jeune garçon hospitalisé et témoin de Jéhovah, comme ses parents, et dont l'état de santé nécessite une transfusion. D'abord réticents, les parents finissent par l'accepter mais c'est le patient lui-même qui la refuse. Le juge constitutionnel se trouve saisi d'un recours d'*amparo* car l'enfant est décédé et le juge pénal a condamné les parents pour homicide par omission. Le juge établit un équilibre entre le droit à la vie de l'enfant, sa liberté de religion et celle de ses parents. Estimant la maturité de l'enfant insuffisante le juge reporte la responsabilité sur les parents, lesquels ne pouvaient être pénalement sanctionnés pour l'exercice de leur liberté religieuse.

455 **Allemagne.** – Mais il faut surtout se tourner du côté de l'Allemagne pour prendre toute la mesure des trésors de raisonnement visant à protéger les droits lorsqu'il s'agit de les limiter. L'article 19 alinéa 1er de la Loi fondamentale indique ainsi que « lorsque, d'après la présente Loi fondamentale, un droit fondamental peut être restreint par une loi ou en vertu d'une loi, cette loi doit valoir de manière générale et non seulement pour un cas particulier. La loi doit en outre énoncer le droit fondamental avec indication de l'article concerné ». Ainsi le juge constitutionnel exige-t-il que le législateur indique expressément quel droit sera limité par la disposition législative. La conciliation ne se présume donc pas. En toute hypothèse, la conciliation ne saurait détruire la substance même du droit qui doit, dans sa dimension principale, continuer à jouer.

456 **Le PIDCP, comme la Convention EDH**, posent aussi que toute ingérence dans un droit protégé doit constituer une mesure nécessaire dans une société démocratique et proportionnée à l'objectif poursuivi. On retrouve cette logique à l'article 52 § 1 de la Charte de l'Union : « Toute limitation de l'exercice des droits et libertés reconnus par la présente Charte doit être prévue par la loi et respecter le contenu essentiel desdits droits et libertés. **Dans le respect du principe de proportionnalité, des limitations ne peuvent être apportées que si elles sont nécessaires et répondent effectivement à des objectifs d'intérêt général reconnus par l'Union ou au besoin de protection des droits et libertés d'autrui** ». Pour l'étude de la jurisprudence de la CEDH on reverra au chapitre qui lui est consacré.

457 **Juges internes.** – Le Conseil d'État et la Cour de cassation **ont eux aussi généralisé le contrôle de proportionnalité** lorsque des normes de droit fondamental se trouvent en cause. Le juge judiciaire le faisait déjà dans le domaine pénal[266] et le juge administratif a fixé de longue date son usage pour apprécier la légalité des mesures de police. Toutefois, **attention à ne pas confondre l'appréciation de la proportionnalité d'une norme objective à l'égard d'une situation de fait et à l'égard d'une autre norme supérieure, appuyée sur un standard européen et constitutionnel**. La proportionnalité dans le contrôle de conventionnalité de la loi ne se pose pas dans les termes de l'arrêt *Benjamin*... Mais plus récemment, les juges apprécient aussi bien la proportionnalité d'une atteinte à un droit subjectif dans le cadre d'un contrôle abstrait, de norme générale à norme particulière, que lors de **contrôles concrets** occasionnés par la confrontation avec la Convention européenne des droits de l'homme[267]. La proportionnalité **semble verser dans la subjectivité et le relativisme**[268], mais, comme toute notion juridique, elle se « durcit » dans une certaine stabilité de la jurisprudence. Faisant preuve d'un pragmatisme que les défenseurs zélés des libertés ont critiqué, le juge estime que le caractère proportionné d'une mesure de police « s'apprécie nécessairement en tenant compte de ses conséquences pour les personnes concernées et de son caractère approprié pour atteindre le but d'intérêt général poursuivi. Sa

266. Cass., crim., 1er février 2017, arrêts n° 102/104/105 sur la proportionnalité de la peine.
267. Cass. 1re civ., 9 novembre 2016, arrêt n° 1234, 15-25068.
268. Reproche notamment fait par Habermas dans *Droit et Démocratie*, *op. cit.*

simplicité et sa lisibilité, nécessaires à sa bonne connaissance et à sa correcte application par les personnes auxquelles elle s'adresse, sont un élément de son effectivité qui doivent, à ce titre, être prises en considération ». Cela implique que le périmètre dans lequel les préfets peuvent imposer le port du masque doivent être adaptés aux zones de forte densité de personnes ou de difficulté à assurer le respect de la distance physique, tout en délimitant des zones suffisamment larges pour les englober « de sorte que les personnes qui s'y rendent puissent avoir aisément connaissance de la règle applicable et ne soient pas incitées à enlever puis remettre leur masque à plusieurs reprises au cours d'une même sortie ». La qualité de la « réception » de la norme devient donc un élément de sa légalité[269].

458 **Notion de noyau dur.** – La notion de noyau dur peut désigner **le concept de chaque droit**, le seuil minimum qui définit l'existence de l'objet de chaque droit. Ce seuil est fixé par la prestation positive minimum (par ex. l'accès aux soins d'urgence pour le droit à la santé, la liberté individuelle pour la liberté d'aller et venir...). **Les droits sont donc conciliables jusqu'au noyau de chaque droit.** On pourrait aussi recourir au **thème de l'abus de droit** qui indique, en creux, le statut particulier des droits directement constitutifs du statut de sujet. Il y aurait en effet d'un point de vue substantiel une limite au-delà de laquelle le droit n'existe plus faute de consistance ou de pouvoir être exercé. Cette limite se détermine au cas par cas et permet au juge d'établir un contrôle de l'erreur manifeste que constitue le déséquilibre. **L'appréciation peut ainsi se faire à partir de l'importance que prend telle ou telle prérogative attachée à un droit dans un contexte donné.** Le Conseil constitutionnel apprécie par exemple le caractère substantiel ou non d'une atteinte à un droit[270]. Les atteintes non substantielles peuvent être justifiées par d'autres droits ou principes, les autres sont reconnues comme inconstitutionnelles.

459 **Présence continue des normes objectives.** – On doit achever cette analyse en soulignant que le conflit de droits fait presque toujours intervenir pour le résoudre une norme objective, un principe ou un objectif de valeur constitutionnelle. **Entre les intérêts en présence, triomphera celui qui pourra se prévaloir de l'appui d'un intérêt supérieur, collectif ou individuel.** On pourrait multiplier les exemples : le contentieux de la presse par exemple oppose un organe de presse à un individu victime d'une diffamation ou d'une violation de sa vie privée, le conflit est horizontal et se limite à un conflit de droits ; les juges vont pourtant le trancher en ayant recours au droit à l'information du public, l'aspect objectif de la liberté d'expression, ou à la nécessité de protéger la réputation d'un chef d'État étranger qui se rattache plus aux relations diplomatiques[271]. Un conflit social aboutissant à une grève oppose les droits de l'employeur (liberté d'entreprendre, liberté contractuelle) au droit de grève du salarié. Si l'entreprise revêt un caractère de service public ou de sécurité, le principe de continuité impliquera une limitation du droit de grève. Les affaires relatives au port de signes religieux dans les établissements scolaires peuvent se présenter sous la forme d'un conflit entre la liberté de religion des uns et le refus de subir le prosélytisme des autres et seront tranchées selon la lecture objective du principe de laïcité. Ainsi, la jurisprudence européenne intègre-t-elle sous la notion de « protection des droits d'autrui » autant des droits subjectifs que des valeurs et principes[272]. **Les conflits objectifs, par lesquels un individu entend faire admettre l'illégalité d'une norme objective, servent le plus souvent des intérêts privés** et permettront à certains particuliers de faire valoir leurs prétentions contre d'autres ; les conflits de droits individuels peuvent ainsi trouver leur solution dans l'évolution de la réglementation.

460 **Importance du titulaire du droit.** – Le conflit de droits se comprend bien plus si on le regarde aussi comme un conflit de titulaires. **Le conflit de droit se trouve contextualisé en particulier par « qui » l'invoque.**

269. CE, ord. réf., 6 sept. 2020, *Ministre des solidarités et de la santé*, n° 443750, n° 443751.
270. CC, 25 juill. 1979, déc. n° 79-105 DC à propos du droit de grève.
271. CEDH, 25 juin 2002, *Colombani c. France*.
272. Comme la libre concurrence (CEDH, 25 mars 1985, *Barthold c. Allemagne*) la prévention des infractions pénales, la protection de la morale ou de la santé.

La volonté constante de protéger particulièrement les personnes vulnérables amène le juge à hypertrophier en ce cas l'importance d'un droit. Le principe de non-discrimination l'y aide particulièrement. On verra ainsi la CEDH considérer en soi comme un traitement inhumain le refoulement d'un enfant étranger de cinq ans, seul, sans s'assurer qu'il sera accueilli à son arrivée et en raison de l'angoisse ainsi créée chez lui[273]. Sans compter que la conformation même de la procédure juridictionnelle **amène le juge à se focaliser sur la situation de la victime au détriment parfois d'une conception abstraite, rationnelle et hiérarchique des droits.** Un certain nombre de « statuts » portent ainsi les droits dans des situations où d'autres titulaires n'auraient peut-être pas gain de cause : enfant, handicapé, détenu, militaire, journaliste, personnel politique... sont autant de « figures » qui servent de paramètres à une variation des droits.

B. La conciliation des droits avec les normes objectives

461 Comme l'affirme la CJCE dans l'arrêt *Nold*[274], les droits fondamentaux ne sont pas « des prérogatives absolues : ils doivent être considérés comme un droit constitutionnel de tous les États membres en fonction de la fonction sociale des biens et activités protégées ». Sans épouser nécessairement la théorie de la fonction sociale des droits, on doit rapidement évoquer le fait que les sources des droits fondamentaux prévoient aussi leurs limites face aux intérêts de la société et plus particulièrement lorsque celle-ci se sent menacée ; **les « matins calmes » se préfèrent alors aux « périodes exceptionnelles ».**

1. Les « matins calmes » des libertés

462 **Supériorité des intérêts publics sur les droits individuels – Notion d'ingérence. –** On pourrait penser que la prééminence du droit impose de toujours faire passer l'individu avant les intérêts publics. Cela n'est pas le cas, hormis peut-être quand il est question de dignité de la personne en vertu du principe de primauté affirmé par le Conseil constitutionnel en 1994. Cependant, les limitations objectives viennent nombreuses, dans la Constitution et dans la Convention EDH : ordre public, santé, morale, répression des infractions... **Concilier les droits fondamentaux avec les intérêts de la société** revient le plus souvent à concrétiser le rapport de l'individu au groupe, à mesurer le degré d'individualisme de la société. Cette mesure, il faut le rappeler, peut politiquement être effectuée par tous, mais juridiquement elle demeure le monopole de l'État par nécessité. L'administration d'abord, les juridictions ensuite, mesurent l'intrusion de la puissance publique ou d'un autre particulier agissant au nom du groupe, dans la sphère des libertés. En termes juridiques, il faut établir qu'il y a « ingérence ». **L'ingérence constate de manière neutre qu'une prérogative reconnue au titulaire d'un droit a été limitée ou supprimée. Le constat de l'ingérence ne préjuge pas encore de sa légalité, laquelle dépend le plus souvent de la nécessité et de la proportionnalité de l'atteinte**. Une ingérence, fait ou acte juridique, ou une abstention de la puissance publique ou d'une personne privée, empêche le titulaire du droit d'exercer une activité, d'adopter un certain comportement ou de le forcer à agir dans un sens qu'il n'a pas choisi.

463 **Raison d'État. –** La raison d'État n'est jamais bien loin dans des domaines politiquement sensibles ; elle n'est pas réservée aux périodes ou circonstances exceptionnelles. L'État peut invoquer des raisons politiques dont il apprécie en fait seul la nature. On connaît la théorie des **actes de gouvernement** ou les exigences du renseignement, mais ce n'est pas le seul moyen de l'affirmer. Un exemple : dans **l'affaire** *Py c. France*[275] la CEDH a eu à examiner la question de la discrimination dans l'égalité de suffrage instituée par la Constitution française en Nouvelle-Calédonie. Le Conseil constitutionnel l'avait, avant révision de la Constitution, estimée inconstitutionnelle. Confrontée à l'exigence de dix années de résidence pour obtenir la citoyenneté calédonienne, la Cour estime que cette condition « pourrait paraître disproportionnée au but poursuivi » avant d'ajouter qu'il « convient

273. CEDH, 12 oct. 2006, Mubilanzila Mayeka c. Belgique.
274. CJCE, 14 mai 1970.
275. CEDH, 11 janv. 2005, *Py c. France*, n° 66289/01.

toutefois encore de déterminer s'il existe en Nouvelle-Calédonie **des nécessités locales**, au sens de l'article 56, [...] après une histoire politique et institutionnelle tourmentée, cette condition de dix ans de résidence fixée par le statut du 19 mars 1999 a constitué un élément essentiel à l'apaisement du conflit meurtrier ». Elle conclut donc à la non-violation de l'article 3 du protocole nº 1 sans qu'il soit besoin d'examiner la question de la discrimination.

La théorie des actes de gouvernement permet au juge administratif de se dispenser d'examiner des questions de droits fondamentaux teintées de relations internationales. En 2020, le Conseil d'État a considéré que la question du **rapatriement des femmes et enfants des djihadistes** morts en Syrie, retenus en camps humanitaires contrôlés par des combattants kurdes, comme un acte de gouvernement[276]. La tentation était grande en effet d'estimer qu'aucune juridiction ne peut connaître d'un acte dont la nullité impliquerait des négociations diplomatiques et des décisions indétachables des relations internationales. Le Conseil d'État a réitéré cette solution : l'organisation d'opérations d'évacuation à partir d'un territoire étranger et de rapatriement vers la France n'est pas détachable de la conduite des relations internationales de la France. Par suite, la juridiction administrative n'est pas compétente pour connaître des demandes tendant à ce que des rapatriements soient ordonnés[277]. En revanche, le référé libertés peut accueillir leurs conclusions tendant à ce qu'il soit ordonné de prendre, en urgence, les mesures permettant aux étrangers pouvant bénéficier d'une réunification familiale, de faire valoir leur droit par la délivrance d'un visa.

Pourtant, selon le Comité des droits de l'enfant[278], la France a violé le droit à la vie, ainsi que le droit à ne pas subir de traitements inhumains et dégradants de quarante-neuf enfants français détenus en Syrie, dans des conditions mettant leur vie en danger depuis des années. Même si certains enfants ont déjà été rapatriés, la France « n'a pas démontré qu'elle avait dûment pris en compte l'intérêt supérieur des enfants victimes lors de l'évaluation des demandes de rapatriement de leurs proches ». Le gouvernement français faisait pourtant valoir qu'il ne découle ni de la Convention, ni des travaux et constatations des comités des Nations unies que pèserait sur les États parties une obligation positive de procéder au rapatriement de leurs ressortissants susceptibles d'être exposés à des traitements inhumains ou dégradants. D'ailleurs, une telle obligation se heurterait en pratique au principe de la souveraineté des États dans lesquels les violations alléguées seraient commises. Mais le Comité relève que l'État a le devoir et le pouvoir de protéger les droits des enfants de sa nationalité, en prenant des mesures pour les rapatrier ou d'autres mesures consulaires. D'ailleurs, l'État partie a procédé déjà au rapatriement avec succès de plus d'une trentaine d'enfants français sans avoir signalé d'incidents dans l'exécution.

De même, quatre ressortissants afghans, dont trois bénéficient de la protection subsidiaire et un a la qualité de réfugié, ont saisi le Conseil d'État en référé pour obtenir, au titre de la réunification familiale, le rapatriement par le gouvernement français de leurs familles, grâce au pont aérien mis en place par l'armée française depuis l'aéroport de Kaboul. Mais selon le juge, l'organisation de telles opérations d'évacuation à partir d'un territoire étranger n'est pas détachable de la conduite des relations internationales de la France[279].

464 **Le rôle de la notion d'intérêt général.** – L'intérêt général est reconnu par la plupart des textes relatifs aux droits fondamentaux comme une limite nécessaire à la mise en œuvre des droits pour qu'ils ne deviennent pas une source d'abus de l'individu.

D'un point de vue constitutionnel, **l'intérêt général est un objectif de valeur constitutionnelle** qui peut aussi bien limiter une liberté que surdéterminer un conflit entre deux libertés. Il revient au législateur, en principe, de déterminer quel motif il met en avant, mais on peut constater, avance V. Goesel-Le Bihan[280], que le Conseil

276. CE, 23 avr. 2019, nº 429668.

277. CE, 27 septembre 2021, Ministre de l'Europe et des affaires étrangères, nº 456520.

278. CRC, 23 févr. 2022, Constatations adoptées par le Comité au titre du protocole facultatif à la Convention relative aux droits de l'enfant établissant une procédure de présentation de communications, concernant les communications nº 77/2019, 79/2019 et 109/2019.

279. CE, 25 août 2021, nº 455744.

280. *In* « Le Conseil constitutionnel, l'erreur de droit et la substitution de motifs », *AJDA* nº 26/2016, 18 juill. 2016, p. 1417.

constitutionnel, au-delà de la pesée de l'intérêt général, recourt parfois à une substitution de motifs et fonde la loi sur un autre motif que celui qui apparaît explicitement.

D'un **point de vue administratif**, l'intérêt général est le concept invoqué pour justifier toute action de l'administration. Pourtant, aussi centrale qu'elle soit, la notion n'en est pas moins insaisissable. Il n'y a pas de contenu, **l'intérêt général ne se définit pas, il se proclame et se désigne**. Il est ce qui rappelle que l'administration n'est qu'un instrument au service de tous et en particulier de la volonté générale exprimée par la loi. L'intérêt général agit donc comme le fondement, la fin et la limite de l'administration. Celui qui peut dire ce qu'est l'intérêt général contrôle l'administration. C'est pourquoi le contrôle juridictionnel de la notion d'intérêt général se révèle si important et que les juges s'y livrent une forme de concurrence. Le Conseil constitutionnel contrôle la façon dont la loi répond à un objectif d'intérêt général ; le Conseil d'État contrôle le respect de cet objectif par chaque acte administratif et vérifie que l'action administrative s'y cantonne, mais **les juges européens participent aussi à sa détermination**. On verra au chapitre suivant que lorsque la loi entend modifier une situation en validant un acte administratif susceptible d'être déclaré illégal il ne peut le faire que pour un « impérieux motif d'intérêt général ». La CEDH peut ainsi contrôler la façon dont le Conseil constitutionnel apprécie l'intérêt général. La notion est omniprésente dans la limitation des droits fondamentaux. Ainsi, par exemple, **l'article 1er du protocole additionnel de la Convention EDH** dispose que « les dispositions précédentes [celles qui sont relatives à la privation de propriété] ne portent pas atteinte au droit que possèdent les états de mettre en vigueur les lois qu'il juge nécessaire pour réglementer l'usage des biens conformément à l'intérêt général ». La notion d'intérêt général est donc la notion clé qui fonde le caractère dérogatoire et supérieur du droit de l'administration, qui justifie les sujétions particulières, les contraintes qui pèsent sur la puissance publique et qui justifient donc également le contrôle spécifique du juge administratif.

La notion d'ordre public subit aussi les influences du droit de l'UE. Pour la CJCE « l'ordre public suppose une menace réelle et suffisamment grave affectant un intérêt fondamental de la société »[281]. L'ordre public permet de déroger à des obligations relevant de droit de l'Union, il s'agit surtout de droit des étrangers ou de sécurité énergétique mais aussi de santé publique. Le juge communautaire vérifie que l'invocation de l'ordre public en droit interne est bien proportionnée : l'État devra adopter la solution la moins restrictive (par exemple la restriction à la circulation des poids lourds sur les grands axes). Le droit communautaire justifie aussi la mise en place de polices spéciales pour protéger les intérêts européens (sécurité sanitaire agroalimentaire, transport, police des ressortissants des États tiers). Il a suscité la mise en place d'autorités nationales disposant d'un pouvoir de police comme les autorités de régulation économique (ARCEP, autorité de régulation des communications électroniques et des postes).

465 Le rôle de la notion d'ordre public en temps normal. – La notion d'ordre public apparaît à la fois moins large et moins souple que celle d'intérêt général. Au niveau constitutionnel, l'ordre public n'est explicitement mentionné qu'une fois dans nos textes constitutionnels à l'article 11 de la Déclaration de 1789 : « Nul ne doit être inquiété pour ses opinions, même religieuses, pourvu que leur manifestation ne trouble pas l'ordre public établi par la loi ». **Pour le Conseil constitutionnel, il s'agit d'un objectif à valeur constitutionnelle** qui doit guider l'action normative. Le Conseil constitutionnel a ainsi jugé que la liberté individuelle et celle d'aller et venir doivent être conciliées avec « ce qui est nécessaire pour la sauvegarde des fins d'intérêt général ayant valeur constitutionnelle » comme le maintien de l'ordre public[282]. De même, à l'occasion d'une loi mettant en place l'état d'urgence en Nouvelle-Calédonie, il a posé qu'« il appartient au législateur d'opérer la conciliation nécessaire entre le respect des libertés et la sauvegarde de l'ordre public sans lequel l'exercice des libertés ne saurait être assuré ». L'ordre public résulte donc d'une construction jurisprudentielle tendant à assurer la garantie effective de droits et principes constitutionnels en se concentrant sur la sûreté des personnes et en **se fondant matériellement sur le modèle administratif de l'ancien** *Code des communes* (actuel CGCT, art. 2212-2) pour circonscrire

281. CJCE, 9 mars 2000, *CEE c. Belgique*.
282. Décision des 19 et 20 janv. 1981 sur la loi sécurité et liberté : il y juge que « la recherche des auteurs d'infractions et la prévention d'atteintes à l'ordre public, notamment d'atteintes à la sécurité des personnes et des biens, sont nécessaires à la mise en œuvre de principes et de droits ayant valeur constitutionnelle ».

les pouvoirs de police du maire : il se compose traditionnellement de la **tranquillité, la salubrité et la sécurité (et la dignité de la personne)** c'est-à-dire des préoccupations que l'on dit « matérielles », concrètes. Les autorités administratives ne devront intervenir qu'en cas de trouble avéré à ces éléments de l'organisation de la vie sociale. La jurisprudence relative à la police administrative encadre la qualification opérée des faits. **Le juge pose même une obligation d'action**[283].

466 Champ de l'ordre public. - Mais là encore, l'imagination des administrateurs et le souci de souplesse ont amené la notion à évoluer, à s'adapter et surtout à s'élargir pour permettre à l'administration d'agir, en particulier d'interdire ou d'encadrer certaines manifestations. Ainsi, **dès les années 1930 puis de nouveau dans les années 1960, le Conseil d'État a admis que la moralité est une composante de l'ordre public et qu'en son nom, sous certaines conditions de troubles matériels, les autorités de police peuvent interdire certaines manifestations qui troubleraient le « bon ordre »**[284]. La même justification s'applique aujourd'hui à la « protection des mineurs » concernant les « couvre-feux » municipaux[285]. Plus encore, en 1995, il introduit une nouvelle composante, plus puissante et plus floue encore, la dignité de la personne humaine. Sous un minimum de conditions, une autorité de police qui considère une action contraire à la dignité de la personne peut justifier son interdiction en arguant de la dignité de la personne[286]. La notion d'ordre public apporte donc une réelle souplesse au choix des objectifs et des justifications de l'activité administrative.

Le **juge des référés du Conseil d'État**, en 2014, revenant quelque peu sur les acquis de l'arrêt *Benjamin*, a confirmé une interdiction préfectorale d'un spectacle considéré comme portant atteinte à la dignité de la personne humaine en raison de sa teneur antisémite[287]. Ce faisant, le juge considère un discours comme étant en soi attentatoire à la dignité de la personne et à l'ordre public, en raison de sa condamnation pénale[288]. La doctrine y voit l'institution, plus ou moins nouvelle, d'un « **ordre public immatériel** », celui de la liberté d'expression et du symbole qui, tout à la fois et selon les points de vue, fixe les conditions du « vivre ensemble » et menace le libéralisme politique. Mais l'ordre public vise (dans son concept même) à créer les conditions d'un exercice des droits fondamentaux de tous en rabrouant l'expression des violences, physiques ou verbales. Le **recul de la moralité publique** (notamment par la fin de l'utilisation de la notion de « bonnes mœurs ») atteste d'un resserrement de l'ordre immatériel sur les discours de haine, noyau dur de la violence symbolique et non d'une extension du politiquement correct.

C. cass., Civ. 1, 16 décembre 2020, n° 19-19.387

Une association catholique a demandé au juge d'ordonner à une société éditrice d'un site de rencontres en ligne de cesser de faire référence, de quelque manière que ce soit, à l'infidélité ou au caractère extra-conjugal de son activité, à l'occasion de ses campagnes de publicité. Sur ces affiches figurait une pomme croquée accompagnée du slogan : « Le premier site de rencontres extra-conjugales ». Certes, l'obligation de fidélité demeure au titre des obligations du mariage (art. 212 du Code civil) comme étant d'ordre public, les époux ne pouvant s'en délier par un pacte ou une convention « de liberté mutuelle ». Ainsi, l'adultère constitue une faute civile, qui peut conduire au prononcé du divorce pour faute. Mais, en l'absence de sanction civile de l'adultère en dehors de la sphère des relations entre époux, le devoir de fidélité ne peut justifier une interdiction légale de la publicité pour des

283. CE, 23 oct. 1959, *Doublet*, n° 40922.
284. CE, 18 déc. 1959, *Société les films Lutétia*, Rec. 693.
285. CE, 9 juill. 2001, *Préfet du Loiret* ; CE, 6 juin 2018, *Ligue des droits de l'homme c. commune de Béziers*, n° 410774.
286. CE, 13 oct. 1995, *Morsang-sur-Orge*.
287. CE, ord. réf., 9 janv. 2014, *Ministre de l'Intérieur c. Société Les Productions de la Plume et M. Dieudonné M'Bala M'Bala*, n° 374508.
288. CE, ord. réf., 11 janv. 2014, *Société Les Productions de la Plume et M. Dieudonné M'Bala M'Bala*, n° 374552 : les propos pénalement répréhensibles, de nature à porter de graves atteintes au respect de valeurs et principes tels que la dignité de la personne humaine et à provoquer à la haine et la discrimination raciales, constituent en eux-mêmes une menace à l'ordre public.

rencontres extra-conjugales à des fins commerciales. L'interdire porterait une atteinte disproportionnée au droit à la liberté d'expression garanti par l'article 10 de la Convention européenne des droits de l'homme.

Inversement, la conception que la Cour européenne se fait de l'ordre public semble particulièrement étroite et attachée à une dimension matérielle et non seulement symbolique. On en veut pour preuve la condamnation de la Russie, pour avoir sanctionné de quinze jours d'emprisonnement pour trouble à l'ordre public, un opposant qui a craché sur un portrait du président Poutine, à la suite de sa réélection. La Cour[289] ne se dit « pas convaincue de l'existence des éléments constitutifs de l'infraction », à savoir le « trouble à l'ordre public manifestant un manque flagrant de respect pour la société ». La Cour attendait des éléments prouvant « l'emploi d'un langage obscène, une forme de harcèlement, ou la destruction ou la dégradation de biens ». Les autorités nationales « n'ont toutefois produit aucune preuve du trouble à l'ordre public ou de l'outrage aux passants qui aurait été provoqué par la performance incriminée ». On peut cependant sans doute penser que le fait de déshonorer un chef d'État peut être en soi un trouble à l'ordre public.

467 **Contrôle constitutionnel de l'argument tenant à l'ordre public.** – Le **Conseil constitutionnel** met en place un **contrôle abstrait de proportionnalité** qui laisse largement au législateur le soin de concrétiser les exigences de l'ordre public. En mars 2003, par exemple, lors de l'examen de la « loi pour la sécurité intérieure »[290], il a exercé un contrôle des dispositions qui autorisaient **trois types de fouilles de véhicules**. Le **premier** permettait au parquet de mettre plus largement en œuvre les possibilités de visite de véhicules : au-delà de la recherche des terroristes, des auteurs d'infractions à la législation sur les armes et des trafiquants de stupéfiants, il s'étendait à la recherche des auteurs de vol et de recel. Dans ce cas, pour le Conseil, la conciliation assurée par ces dispositions entre les principes constitutionnels rappelés ci-dessus n'était entachée d'aucune erreur manifeste (notamment parce que le parquet faisant partie de l'autorité judiciaire, la condition de compétence de l'article 66 était satisfaite). Le **deuxième type** de fouilles concernait les constats de flagrance. Le Conseil constitutionnel a jugé que les conditions relatives aux visites de véhicules réalisées en vue de constater des infractions flagrantes (« raisons plausibles de soupçonner... ») étaient suffisamment limitées pour être conformes aux exigences constitutionnelles. Enfin, le **troisième type** de fouilles était autorisé dans le but de prévenir une atteinte grave à la sécurité des personnes et des biens (police administrative). Là aussi, la condition à laquelle étaient subordonnées ces visites (menace pour l'ordre public, dont la réalité pourra être ultérieurement contrôlée par le juge compétent) suffisait. Rappelons l'exigence d'un contrôle juridictionnel faisant la part belle à l'examen de la nécessité et de la proportionnalité de la mesure[291].

468 **L'impact du type de contrôle : contrôle « abstrait » ou contrôle « concret » ?** – Les droits fondemantaux dépendent largement de multiples facteurs. La pesée des arguments appelle donc la prise en compte de la situation individuelle de la victime non seulement au stade des faits mais surtout dans le but de **mesurer le caractère excessif des effets d'une norme sur un individu en situation particulière alors même que cette norme apparaît généralement valide**. Il s'agit de pouvoir faire du « sur-mesure », un peu comme lorsque le Conseil d'État applique la responsabilité de l'administration pour rupture de l'égalité devant les charges publiques. Mais sans confondre toutefois le contrôle de la qualification juridique des faits et celui de la conventionnalité de la loi qui intéresse ici.

289. CEDH, 18 janv. 2022, *Karuyev c. Russie*, n° 4161/13.
290. CC, 13 mars 2003, déc. n° 2003-467 DC.
291. CE, 19 mai 1933, *Benjamin*.

L'affaire *Mariana Gomez-Turri* *(CE, Ass., 31 mai 2016, n° 396848, Mme C. A.).*

Le Conseil d'État, au terme de son premier contrôle concret de la conventionnalité de la loi, admet que la requérante déroge à la loi française.

La requérante a demandé à l'administration (Agence de la biomédecine et Hôpitaux de Paris) de lui permettre d'exporter les paillettes de sperme de son mari décédé peu de temps avant. En effet, l'Espagne autorise l'insémination post mortem dans l'année qui suit le décès. Tout au contraire, la France a fait le choix de ne pas permettre la naissance programmée d'un orphelin de père. Ce choix a d'abord été celui du juge puis du législateur. Alors que la loi n'en disait rien, certains juges refusaient à la fois le transfert d'embryon post mortem et l'insémination au nom du droit naturel. Puis la loi dite de « bioéthique » du 29 juillet 1994 a explicitement repris cette solution en mettant en avant l'intérêt de l'enfant. Depuis, le tribunal de grande instance de Rennes[292] a déjà, suivant une jurisprudence constante, refusé la demande d'une veuve tendant à la récupération des paillettes de sperme de son époux décédé afin de procéder à une **insémination *post mortem*** *et ce, alors que l'insémination devait être réalisée à l'étranger, en considérant que la veuve « recherchait en définitive à contourner l'application de la loi française qui prohibe l'insémination post mortem ».*

Cet **interdit apparaît alors comme un élément d'ordre public**. Il entend en effet maintenir le « modèle naturel » qui surplombe tout le système français d'assistance médicale à la procréation. Notre loi veut en effet n'envisager les techniques médicales que sous l'angle de la thérapie. Seul un couple pourrait procréer, donc c'est un couple qui est « infertile » et qu'il s'agit de « soigner » en lui permettant d'avoir l'enfant désiré. Accorder une insémination post mortem reviendrait alors à nier cette double condition du couple hétérosexuel en âge de procréer et donc à faire tomber le masque de la thérapie. La loi française n'est pas une loi qui organise le désir d'enfant.

C'est ce que semble faire au contraire la Cour européenne des droits de l'homme lorsqu'elle applique le droit au respect de la vie privée à ce domaine[293]. Au départ est le texte de **l'article 8 de la Convention. Il protège la vie privée et familiale sans en livrer de définition**. Viennent ensuite les interprêtes. Le juge français voyait habituellement dans la vie privée l'idée d'intimité et de secret qui protège des pressions d'autrui. Le principe de subsidiarité qui endigue l'intervention de la Cour européenne lui permettrait de s'en tenir là. Mais cette Cour a développé une jurisprudence fleuve qui a conduit à hypertrophier cette vie privée au point de l'assimiler à la **notion d'autonomie personnelle**, à l'idée que chacun doit pouvoir disposer de sa vie, sauf à prouver que cela nuit à autrui, immédiatement ou via l'atteinte à des valeurs collectives nécessaires au lien social.

Ici, la **logique des droits fondamentaux vient détricoter celle de l'ordre public** de la santé et de la loi civile. Le prisme y devient celui du droit subjectif qui existerait à utiliser une technique disponible pour la finalité de son choix sans que l'État ne puisse s'y opposer sans prouver qu'il le fait « nécessairement » dans une société démocratique. Plutôt que de voir dans la société un « ordre » (celui de la filiation et de l'engendrement, comme aurait écrit P. Legendre[294]), on y verra des possibles pour l'individu qui tente à tout prix de réaliser ses désirs sans vouloir apprendre à y renoncer. Si la Cour accepte de voir dans les lois nationales des protections d'un ordre social qui sécurise, elle veut, dans chaque affaire, que l'on vérifie que le trouble qu'y apporte la demande de l'individu est bien plus grand que son droit individuel.

D'abord, **le Conseil d'État**, loin de voir dans la loi française une norme d'ordre public, protégeant des valeurs sociales fondatrices de la filiation, y voit un obstacle au bonheur d'être mère. La chose eut été pourtant possible. D'une part, **la loi interdit de faire naître un orphelin de père** suivant ainsi l'avis

292. TGI Rennes, 15 oct. 2009.

293. « La Cour européenne des droits de l'homme et l'assistance médicale à la procréation », *Mélanges en l'honneur de Claire Neirinck*, LexisNexis, 2015, p. 429.

294. P. Legendre, Les enfants du texte. Étude sur la fonction parentale des États, Fayard, 1992, p. 20.

d'un pan de la psychiatrie qui déplore l'obstination de la veuve à voir dans l'enfant le substitutif du père, pour elle et pour les grands-parents qui ont perdu un fils. D'autre part, **l'interdit de l'exportation des gamètes protège la loi de son contournement.** Accorder dérogation à ceux qui effectuent l'insémination à l'étranger reviendrait en effet à organiser la fraude. L'interdit de la loi française doit avoir un effet extraterritorial, et accorder la dérogation aux étrangers serait discriminatoire. Par ailleurs, cet **ordre public interne rencontre l'ordre public international** car l'article 3 de la Convention internationale des droits de l'enfant conduit à ce que l'intérêt de l'enfant soit intégré dans l'ordre public, non pas pour refuser systématiquement l'application ou la réception de la norme étrangère, mais pour apprécier, au cas par cas, la conformité à l'ordre public de la norme étrangère individualisée par son application dans une espèce donnée. Il arrive même que la Cour de cassation ne se réfère pas à la conception française de l'ordre public international mais à un ordre public « de proximité », ce qui pose des limites à la tolérance de la situation créée à l'étranger en protégeant les valeurs du for en raison de l'existence de liens avec la France[295]. Ainsi, **une insémination en Espagne, aux portes de la France et dans l'espace de libre circulation, aurait des effets désastreux pour la société française.**

Ce point de vue, la Cour européenne l'aurait sans doute accepté. La requérante est certes victime de l'ingérence de l'État français, mais celle-ci est prévue par la loi et légitime dans une société démocratique. S'agissant de valeurs morales et de vie privée, nul doute que la Cour aurait accordé à la France **une large « marge nationale d'appréciation ».** Là encore, le Conseil d'État décide de se l'accorder lui-même, transposant tout du raisonnement de la Cour européenne, la logique juridique et l'appréciation de l'opportunité politique. Or, sans doute il ne revient pas aux autorités nationales de s'octroyer une telle prérogative. Elle sert à la Cour à doser l'imposition progressive du standard européen ; elle est donc liée à une position d'observateur européen et entre dans la politique jurisprudentielle de Strasbourg. Il y a dans l'attitude du Conseil d'État une forme de putsch, comme si celui qui demande pardon s'absolvait lui-même par avance[296].

Ensuite, pour la première fois, le juge administratif choisit, non seulement d'importer la jurisprudence de la Cour européenne, **mais encore son mode de raisonnement *in concreto*.** *Il ne juge pas, comme d'habitude, la compatibilité de la loi française avec la Convention, à l'occasion du cas, pour en valider l'équilibre général. Il décide au contraire que* ***cet équilibre est bon et que la loi demeure, mais que ses effets, et non son principe, ont trop lésé la vie privée de la requérante.*** *Après avoir constaté que les dispositions législatives ne sont pas « en elles-mêmes » incompatibles avec la Convention, il pose un principe qui fera date et mérite d'être reproduit : « 9. Toutefois, la compatibilité de la loi avec les stipulations de la convention européenne de sauvegarde des droits de l'homme et des libertés fondamentales ne fait pas obstacle à ce que, dans certaines circonstances particulières, l'application de dispositions législatives puisse constituer une ingérence disproportionnée dans les droits garantis par cette convention. Il appartient par conséquent au juge d'apprécier concrètement si,* ***au regard des finalités des dispositions législatives en cause****, l'atteinte aux droits et libertés protégés par la convention qui résulte de la mise en œuvre de dispositions, par elles-mêmes compatibles avec celle-ci, n'est pas excessive ». La loi est bonne, mais son application dans un cas très particulier peut s'avérer désastreuse et injuste.*

295. Un arrêt du 30 janvier 1979 (Cass. 1re civ., 30 janvier 1979, n° 78-11568, *Bull. civ.* I, n° 37) a invoqué « l'intérêt effectif » de l'enfant, en le reliant « aux exigences de l'ordre public français ».

296. CE, 31 mai 2016, n° 396848, § 8 : « Cette interdiction relève de la marge d'appréciation dont chaque État dispose, dans sa juridiction, pour l'application de la Convention européenne de sauvegarde des droits de l'homme et des libertés fondamentales et elle ne porte pas, par elle-même, une atteinte disproportionnée au droit au respect de la vie privée et familiale, tel qu'il est garanti par les stipulations de l'article 8 de cette Convention ».

Le Conseil d'État a eu depuis d'autres (rares) occasions de développer cette approche concrète, comme dans la confrontation, à nouveau du régime de l'accouchement « sous X » à l'accès conditionné aux origines, appliqué à un cas antérieur à l'entrée en vigueur de la loi prévoyant la levée de l'anonymat[297].

469 **Les précédents judiciaires.** – La Cour de cassation avait semblé donner l'exemple dans une **affaire complexe de mariage incestueux**[298]. Ce précédent fait aujourd'hui l'objet d'une réflexion en vue de sa généralisation sous les traits d'un contrôle de proportionnalité qui dépasse la « simple » mise à l'écart de la loi inconventionnelle pour la pesée de ses effets sur une partie[299]. Ce fut le cas aussi du **droit de propriété qui doit céder quand les conséquences de son application** portent atteinte au droit au respect de la vie privée[300], tout comme un équilibre doit être trouvé entre le droit à la reconnaissance d'une filiation et les intérêts patrimoniaux d'héritiers[301]. La Cour de cassation dépasse, au nom de la conciliation des droits fondamentaux, son rôle strict de gardienne du droit pour évoluer **vers une « pesée » des droits au regard de la situation concrète** qu'il lui revient de qualifier. On sera surpris ainsi de la voir exposer que : « attendu que le droit au respect de la vie privée, prévu par les articles 8 de la Convention de sauvegarde des droits de l'homme et des libertés fondamentales et 9 du Code civil, et le droit à la liberté d'expression, régi par l'article 10 de la Convention, ont la même valeur normative ; qu'il **appartient au juge saisi de rechercher un équilibre entre ces droits et, le cas échéant, de privilégier la solution la plus protectrice de l'intérêt le plus légitime** » et enchaîner sur le fait qu'un film et un débat organisé à son propos n'ont pas assez protégé la vie privée par rapport à la liberté d'expression[302].

Par deux avis du 17 juillet 2019[303], l'assemblée plénière de la Cour de cassation a décidé que la compatibilité d'une disposition de droit interne avec les dispositions de normes européennes et internationales pouvait faire l'objet d'une demande d'avis, sous réserve que son examen implique un contrôle abstrait ne nécessitant pas l'analyse d'éléments de fait relevant de l'office du juge du fond. En creux, cela laissait aux juges du fond la possibilité d'opérer ce contrôle.

Mais depuis, l'Assemblée plénière a semblé vouloir mettre fin au filon jurisprudentiel du contrôle concret que d'aucuns considèrent comme un risque d'arbitraire du juge. Ainsi, dans une affaire[304] concernant la mise en œuvre d'un barème légal d'indemnités de licenciement, elle a cassé l'arrêt qui, pour condamner l'employeur au paiement d'une somme supérieure au montant maximal prévu par l'article L. 1235-3 du Code du travail, retient que ce montant ne permet pas, compte tenu de la situation concrète et particulière de la salariée, une indemnisation adéquate et appropriée du préjudice subi. En effet, d'un côté, le droit français plafonne les indemnités de licenciement, de l'autre, le droit international (l'article 10 de la Convention n° 158 de l'Organisation internationale du travail, ici d'effet direct entre employeur et salarié) évoque une « indemnité adéquate ou toute autre forme de réparation considérée comme appropriée ». L'application automatique et abstraite du droit interne, supposée traduire les exigences internationales, peut aboutir à ne pas rétablir complètement un salarié particulier dans ses droits. La cour d'appel avait ainsi octroyé plus que le plafond pour tenir compte d'une situation particulière. Or, en se fondant sur le principe d'égalité de l'article 6 DDHC, la Cour de cassation le lui interdit (mais cela renforce surtout l'idée de sécurité juridique de l'article 16 DDHC), excluant tout contrôle concret en la matière de

297. CE, 16 oct. 2019, *Mme C...*, n° 420230.

298. Cass. 1re civ., 4 déc. 2013, n° 12-26066 : l'empêchement à mariage entre un beau-père et sa bru prévu par l'article 161 du Code civil, tout en restant justifié par la protection de la famille, conduirait à violer la liberté du mariage d'un tel couple dans le cas particulier d'une union célébrée sans opposition et qui a duré plus de vingt ans.

299. B. Louvel, « Réflexions à la Cour de cassation », *D.* 2015. 1326 : « la "montée en puissance de la jurisprudence européenne, en particulier celle de la Cour de Strasbourg", statuant en fait et en droit, écartant l'application de la loi en raison des circonstances, qui commanderait l'évolution de l'office de la haute juridiction française ».

300. Cass. 3e civ., 17 déc. 2015, n° 14-22095, *D.* 2016. 72, relatif à l'évacuation et à la démolition d'habitations précaires implantées illégalement. La cour d'appel a violé le droit au respect de la vie privée et familiale et du domicile cassation, aux motifs qu'elle n'a pas recherché « si les mesures ordonnées étaient proportionnées ».

301. Cass. 1re civ., 10 juin 2015, n° 14-20790.

302. Cass. 1re civ., 30 sept. 2015, n° 14-16273 (publié au bulletin).

303. N° 19-70.010 et n° 19-70.011.

304. Cass. soc., 11 mai 2022, n° 21-14.490.

la conventionnalité des effets de la loi[305]. La Cour renoue ainsi avec l'idée que l'égalité formelle vaut mieux que l'égalité réelle et que le jugement en équité ferait sortir le juge du rôle dans lequel le système démocratique à la française l'a cantonné. Une partie de la doctrine voit en effet dans le contrôle concret une « aventure » dangereuse pour la tradition jacobine et par trop anglo-saxonne[306], parce qu'elle réintroduit un élément d'équité trop subjectif, quand d'autres voient qu'il se limite à des situations bien balisées que le juge devra justifier précisément[307].

Il faut néanmoins préciser que la Cour de cassation elle-même a entendu souligner que, pour les textes applicables en l'espèce, le juge n'était pas dépourvu de moyen d'individualisation de la norme abstraite. En effet, selon le Code du travail, le mécanisme de barème ainsi institué n'est pas applicable si le licenciement a violé une « liberté fondamentale » ; cette exception permettant « raisonnablement l'indemnisation de la perte injustifiée de l'emploi ».

470 **Un contrôle de conventionnalité poussé même en référé.** – Ce faisant, le Conseil d'État a également confirmé qu'il accepte de contrôler la conventionnalité de la loi alors même qu'il se trouve saisi d'une procédure de référé, dans une situation d'urgence, qu'il n'estimait jusque-là pas propice à un examen aussi complexe. Il abandonne ainsi explicitement sa jurisprudence *Carminati*[308], déjà bien **écornée lors des dossiers** ***Lambert***[309] **et dans le cadre de l'état d'urgence**[310]. Le juge, quand il souhaite accorder la priorité aux droits fondamentaux de l'individu, s'en donne les moyens contentieux, même si c'est au prix d'un risque d'empressement. Il lui appartient « de prendre, en cas d'urgence, toutes les mesures qui sont de nature à remédier aux effets résultant d'une atteinte grave et manifestement illégale, portée par une autorité administrative, à une liberté fondamentale, **y compris lorsque cette atteinte résulte de l'application de dispositions législatives qui sont manifestement incompatibles avec les engagements européens ou internationaux** de la France, ou dont la mise en œuvre entraînerait des conséquences manifestement contraires aux exigences nées de ces engagements » (§ 2). L'urgence, dans l'affaire *Gomez* est ici constituée par le respect du délai de douze mois imposé par la loi espagnole pour réaliser l'insémination.

471 **Réaménagement de l'État de droit.** – Ce choix soulève des problèmes considérables dans la mesure où il peut se comprendre comme la victoire du juge sur la scène de la norme après des décennies d'un retour annoncé : « Remettant en cause les principes fondateurs de notre système juridique (**le jugement en droit et non en équité**) et de notre démocratie politique (la prévalence de la délibération législative sur l'appréciation judiciaire), cette contre-révolution ne saurait être opérée sans l'aval des élus du Peuple »[311]

Pour conclure, le partisan des droits de l'homme verra positivement la mise en œuvre d'un contrôle *in concreto*, au risque d'une jurisprudence désormais en équité et qui fera la part belle à la subjectivité des juges. Pour autant, il n'approuvera pas nécessairement la solution rendue par le Conseil d'État car, si le projet parental n'était pas douteux, le couple avait accepté les limites de la loi française en entamant l'AMP en France (certes sous une forme de contrainte factuelle faute de s'être transporté en Espagne). Le droit d'accès à l'AMP n'existe que dans le cadre légal de la loi qui a régi le dépôt. En signant la demande en France avec tous les éléments d'information sur la loi applicable, la requérante a renoncé explicitement à exporter les gamètes. Le juge,

305. Selon le commentaire officiel : « Un contrôle de conventionnalité *in concreto* en matière d'indemnité de licenciement pourrait laisser la place, selon les cas d'espèce, à une très grande variété de solutions que la chambre sociale ne pourrait que difficilement contrôler, compromettant ainsi le principe de sécurité juridique et venant heurter directement la volonté du législateur lequel, par l'instauration d'un barème impératif, a précisément entendu offrir une plus grande prévisibilité aux employeurs et aux salariés. Le risque aurait été grand de substituer au barème du législateur un barème du juge en fonction de motifs inhérents à la personne du salarié, sans en revêtir la même légitimité ».

306. Par ex. : P. Delvolvé, *RFDA* 2016, 754 et F. Chénédé, *D.* 2016,796.

307. Ph. Jestaz, J.-P. Marguénaud, Ch. Jamin, *D.* 2014, 2061.

308. CE, 30 déc. 2002, *Carminati*, n° 240430, Rec.

309. CE, Ass., 14 févr. 2014, n° 375081, *Mme Lambert*.

310. Not. CE, 11 déc. 2015, n° 395009, *M. H... X...*

311. F. Chénédé, « Contre-révolution tranquille à la Cour de cassation ? », *D.* 2016, p. 796.

justement engagé dans un contrôle concret, aurait pu y voir une renonciation au droit à la vie privée (on discutera plus tard de la possibilité de renoncer à des prérogatives relevant de la périphérie d'un droit fondamental).

472 Limites de la « dérive individualiste » du contrôle concret. – Il ne faut pas penser qu'un contrôle concret conduise systématiquement à donner raison à l'individu contre l'ordre. Très vite après l'affaire *Gomez*, **l'ordonnance *Abdelslam* emprunte la même voie pour une conclusion défavorable** à la vie privée du requérant[312] qui (pendant sa détention provisoire pour terrorisme) se trouve (légalement aux yeux du Conseil d'État) vidéosurveillé sans interruption dans sa cellule, au mépris de son droit à la vie privée. C'est donc justement parce qu'il est « l'ennemi public numéro 1 » que le contrôle concret tourne en sa défaveur. De même, **le Conseil d'État a pu mettre en œuvre un contrôle concret dans le domaine de l'anonymat des donneurs de gamètes**[313]. Alors qu'un individu exposait que la loi qui lui interdit de rechercher son géniteur générait particulièrement chez lui des difficultés personnelles psychologiques lourdes, le juge considère que la « conception française du respect du corps humain » s'oppose à la prise en compte d'aucune « circonstance particulière propre à la situation du demandeur ».

Le contrôle concret n'est pas nécessairement le cheval de Troie de l'individualisme mais certainement sa chance. La Cour européenne ne l'impose d'ailleurs pas systématiquement, laissant une part aux nécessités de la sécurité juridique et tendant aujourd'hui à développer un contrôle abstrait en faveur d'une restauration de la subsidiarité[314].

473 La permanence de « vigipirate ». – Une instruction ministérielle du 7 février 1978 a créé le « plan vigipirate » comme **dispositif de prévention et de protection face à la menace terroriste**. Ce dispositif comporte deux niveaux, le premier prévoyant 117 mesures d'exception encadrant les libertés, le second permettant 136 mesures supplémentaires. Le Premier ministre a activé ce second niveau (« alerte attentat ») le 7 janvier 2015. Le plan comporte une partie publique et une autre confidentielle. Il s'appuie sur **des mesures obligatoires** (ayant par ailleurs leur fondement juridique) et **des recommandations** (notamment à l'égard des personnes privées). Il ne fait donc pas grief en lui-même, ce qui n'empêche pas qu'il ait des effets à travers les nombreuses mentions qu'en fait le juge pour apprécier les circonstances d'une décision se référant à l'ordre public[315], particulièrement pour apprécier la condition d'urgence en référé. La mise en œuvre du plan vigipirate n'emporte pas en soi la justification d'autres mesures comme des contrôles d'identité[316].

2. Les lois antiterroristes

474 La lutte contre le terrorisme. – La lutte contre le terrorisme est devenue un domaine à part entière de nos législations relatives aux libertés. Il s'agit de sauvegarder la sécurité au prix d'une remise en cause des garanties habituelles des libertés (principalement la vie privée, la liberté d'aller et de venir et la propriété). **Plusieurs dizaines de lois de droit commun ont introduit des mesures qui ne sont pas exceptionnelles dans le temps mais dérogent au droit commun des libertés en se fondant sur la notion évanescente de « terrorisme ».** Le Conseil d'État lui-même justifie le rétablissement des contrôles aux frontières, par le Premier ministre, pour six mois, par le niveau élevé de la menace terroriste et cela en contradiction avec nos engagements européens[317]. Il **est toutefois malaisé de distinguer terrorisme et autres menaces.** La Cour européenne[318] a désavoué une législation antiterroriste habilitant les agents des services de l'immigration à interpeller, fouiller et

312. CE, ord., 28 juill. 2016, n° 401800, *M. B.*..
313. CE, 28 décembre 2017, n° 396571. CEDH, Gr. ch., 3 nov. 2011, *SH et autres c. Autriche*, n° 57813/00.
314. CEDH, Gr. ch., 3 nov. 2011, *SH c. Autriche*, n° 57813/00.
315. Par ex. CE, 2 nov. 2001, *SNC Costes*, n° 239617.
316. Cass. 1re civ., 7 nov. 2012, n° 11-21441.
317. CE, 28 décembre 2017, Association nationale d'assistance aux frontières pour les étrangers et autres, n° 415291. Évolution néanmoins admise par la CJUE.
318. CEDH, 28 févr. 2019, *Beghal c. Royaume-Uni*, n° 4755/16.

interroger les passagers dans les ports, les aéroports et les terminaux ferroviaires internationaux. En particulier, il était possible d'interroger des personnes pendant une durée pouvant aller jusqu'à neuf heures et de les contraindre à répondre aux questions sans qu'elles ne fussent officiellement détenues ou n'eussent accès à un avocat. La Cour estime que les contours de cette législation n'ont pas été suffisamment définis et qu'il n'existait pas de garanties juridiques adéquates contre les abus.

475 Notion de lutte contre le terrorisme. – Le phénomène « terroriste » a toujours existé mais il faut surtout savoir ce que cela recouvre. **L'État nomme ainsi les actes de violence auxquels il prête un mobile politique et un objectif de pression par la peur des attentats**. Des anarchistes aux bolcheviques, toute menace qui tend à obtenir la satisfaction de revendications peut être qualifiée généralement de terroriste. Il s'agit souvent d'un « label » sans véritable définition.

Certes quelques textes tentent de donner une définition. Ainsi la **décision-cadre relative à la lutte contre le terrorisme du 13 juin 2002** dans laquelle il est considéré que le terrorisme est un ensemble d'« actes intentionnels [...] tels qu'ils sont définis comme infractions par le droit national, qui, par leur nature ou leur contexte, peuvent porter gravement atteinte à un pays ou à une organisation internationale lorsque l'auteur les commet dans le but de : gravement intimider une population ou contraindre indûment des pouvoirs publics ou une organisation internationale à accomplir ou à s'abstenir d'accomplir un acte quelconque ou gravement déstabiliser ou détruire les structures fondamentales politiques, constitutionnelles, économiques ou sociales d'un pays ou une organisation internationale ». Le Code pénal définit l'acte terroriste comme un acte se rattachant à « *une entreprise individuelle ou collective ayant pour but de troubler gravement l'ordre public par l'intimidation ou la terreur* », ce qui n'est guère précis, sachant que toutes les incriminations qui concrétisent cette définition ne renvoient qu'au concept « d'entreprise terroriste ».

Mais l'appellation évolue, comme les pratiques. Avec les attentats qui se revendiquent islamistes, qu'ils soient mûrement organisés par des mouvements structurés ou qu'ils se réalisent sans réelle coordination par des individus ou des cellules autoproclamés, il s'agit désormais moins de semer la terreur dans une société dans le but d'obtenir quelque chose, que de frapper le plus grand nombre de personnes possibles, à titre de punition ou de haine. **Ces actes relèvent en outre d'une dimension internationale et globale** qui cible davantage des ennemis partout (musulmans ou pas) et non nécessairement des personnalités nationales. C'est pourquoi **le droit français s'insère dans un réseau de conventions internationales** (en application de résolutions des Nations unies[319]) et de normes européennes[320] tendant à la collaboration internationale en vue du renseignement, de la surveillance, de la privation des moyens financiers et techniques des groupes terroristes (avoirs financiers, armes, etc.) et de leur éventuelle arrestation[321]. Les États attaqués n'en continuent pas moins à envisager ces

---

319. Il en existe plusieurs dizaines, soit relatives à la condamnation d'actes en particulier, soit pour initier la collaboration internationale : S/RES/1373 (2001) Création du Comité contre le terrorisme (CCT) ; S/RES/1377 (2001) Déclaration concernant l'action menée à l'échelon mondial contre le terrorisme ; S/RES/1624 (2005) Menaces contre la paix et la sécurité internationales (Interdire par la loi l'incitation à commettre un ou des actes terroristes) ; A/RES/68/276 (2014) Examen de la Stratégie antiterroriste mondiale des Nations unies ; S/RES/2178 (2014) Menaces contre la paix et la sécurité internationales résultant d'actes de terrorisme (La question des combattants terroristes étrangers) ; A/RES/71/291 (2017), Renforcer la capacité du système des Nations unies d'aider les États Membres à appliquer la Stratégie antiterroriste mondiale des Nations unies.

320. Par ex. la directive 2009/101/CE directive (UE) relative à la prévention de l'utilisation du système financier aux fins du blanchiment de capitaux et du financement du terrorisme (modifiée 2015/849) ; mai 2015 : nouvelles règles visant à prévenir le blanchiment d'argent et le financement du terrorisme ; avril 2016 : directive régissant l'utilisation des données des dossiers passagers (PNR). Mai 2017 : lignes directrices pour la stratégie de l'UE visant à lutter contre la radicalisation et le recrutement de terroristes ; 25 avril 2017 : directive relative au contrôle de l'acquisition et de la détention d'armes ; 7 mars 2017, directive relative à la lutte contre le terrorisme qui érige en infraction le fait de suivre un entraînement ou de voyager à des fins de terrorisme, ainsi que d'organiser ou de faciliter un tel voyage ; 7 mars 2017 : règlement modifiant le Code frontières Schengen afin de renforcer les vérifications dans les bases de données pertinentes aux frontières extérieures, qui impose aux États membres d'effectuer des vérifications systématiques dans les bases de données pertinentes sur toutes les personnes lorsqu'elles franchissent les frontières extérieures.

321. Not. Convention de 1971 pour la répression des actes illicites dirigés contre la sécurité de l'aviation civile (dite « Convention de Montréal ») ; Convention internationale de 1979 contre la prise d'otages ; Convention de 1988 pour la répression d'actes illicites menés contre la sécurité de la navigation maritime ; Convention internationale de 1997 pour la répression des attentats terroristes à l'explosif ; Convention internationale de 1999 pour la répression du financement du terrorisme ; Convention internationale de 2005 pour la répression des actes de terrorisme nucléaire.

actes de manière spécifique afin d'y condamner autant une idéologie que des assassinats. C'est pourquoi la répression et la prévention des actes dits « terroristes » **passaient traditionnellement par des incriminations pénales spécifiques** (détournement de moyens de transport, détention d'armes, de produits explosifs ou de matières nucléaires, etc.)[322]. Les infractions terroristes ont été incriminées en tant que telles et soumises à des peines aggravées. Le législateur leur a ainsi consacré **le titre II (intitulé « Du terrorisme ») du livre IV du Code pénal** (articles 421 et suivants) et le titre XV du livre IV du Code de procédure pénale (articles 706-16 et suivants). Il s'agit de deux catégories d'infractions : soit des **infractions existantes** commises en relation avec une entreprise à caractère terroriste ce qui leur confère un caractère spécifique, soit des infractions définies de manière **autonome mais renvoyant toutes à cette idée « d'entreprise terroriste »**[323]. La **loi du 30 octobre 2017 renforçant la sécurité intérieure et la lutte contre le terrorisme** crée d'ailleurs les crimes portant atteinte aux intérêts fondamentaux de la nation (prévus au titre Ier du livre IV du Code pénal). **Mais on a ensuite utilisé en plus des régimes d'exceptions**, comme l'état d'urgence[324]. Le caractère pérenne de la menace amène en outre des lois instituant des mesures purement administratives de prévention qui instituent **des techniques de renseignement intrusives** dans la vie privée, des mesures de rétention ou de limitation de la liberté d'aller et de venir, des perquisitions, des fermetures de lieux publics, des contrôles d'identité[325]. Cette loi a été contrôlée par le Conseil constitutionnel[326] qui l'a validée en demandant aux autorités administratives de toujours contrôler la nécessité des mesures possibles (périmètre de protection, au sein duquel l'accès et la circulation des personnes sont réglementés à des fins de sécurisation d'un lieu ou d'un événement exposé à un risque terroriste, permettant les palpations de sécurité, l'inspection visuelle ou à la fouille des bagages et la visite des véhicules, fermeture de lieux de culte en lien avec la prévention du terrorisme).

Certaines de ces **infractions sont allées trop loin, ne parvenant plus à définir le comportement incriminé et se confondant avec sa prévention**. Ainsi, le Conseil constitutionnel[327] juge que le délit de **recel d'apologie d'actes de terrorisme** (le fait de détenir, en toute connaissance de cause, des fichiers ou des documents caractérisant l'apologie d'actes de terrorisme, lorsque cette détention s'accompagne d'une adhésion à l'idéologie exprimée dans ces fichiers ou documents) porte à la liberté d'expression et de communication une atteinte qui n'est pas nécessaire, adaptée et proportionnée (cinq ans d'emprisonnement et de 375 000 euros d'amende). En effet, le Conseil estime que **les autorités administrative et judiciaire disposent, indépendamment du délit contesté, de nombreuses prérogatives, non seulement pour lutter contre la diffusion publique d'apologies**

322. Loi n° 86-1020 du 9 septembre 1986 relative à la lutte contre le terrorisme et aux atteintes à la sûreté de l'État ; Loi n° 87-542 du 16 juillet 1987 autorisant la ratification de la Convention européenne pour la répression du terrorisme ; Loi n° 92-1336 du 16 décembre 1992 relative à l'entrée en vigueur du nouveau Code pénal et à la modification de certaines dispositions de droit pénal et de procédure pénale rendue nécessaire par cette entrée en vigueur ; Loi n° 96-647 du 22 juillet 1996 tendant à renforcer la répression du terrorisme et des atteintes aux personnes dépositaires de l'autorité publique ou chargées d'une mission de service public et comportant des dispositions relatives à la police judiciaire ; Loi n° 97-1273 du 29 décembre 1997 tendant à faciliter le jugement des actes de terrorisme ; Loi n° 2000-516 du 15 juin 2000 renforçant la protection de la présomption d'innocence et les droits des victimes ; Loi n° 2002-1138 du 9 septembre 2002 d'orientation et de programmation pour la justice ; Loi n° 2004-204 du 9 mars 2004 portant adaptation de la justice aux évolutions de la criminalité ; Loi n° 2005-1549 du 12 décembre 2005 relative au traitement de la récidive des infractions pénales ; Loi n° 2006-64 du 23 janvier 2006 relative à la lutte contre le terrorisme et portant dispositions diverses relatives à la sécurité et aux contrôles frontaliers ; Loi n° 2008-1245 du 1er décembre 2008 visant à prolonger l'application des articles 3, 6 et 9 de la Loi n° 2006-64 du 23 janvier 2006 relative à la lutte contre le terrorisme et portant dispositions diverses relatives à la sécurité et aux contrôles frontaliers ; Loi n° 2014-1353 du 13 novembre 2014 renforçant les dispositions relatives à la lutte contre le terrorisme ; Loi n° 2016-731 du 3 juin 2016 renforçant la lutte contre le crime organisé, le terrorisme et leur financement, et améliorant l'efficacité et les garanties de la procédure pénale.

323. Art. 421-2 CP : est un acte de terrorisme « lorsqu'il est en relation avec une entreprise terroriste » l'introduction dans l'environnement (atmosphère, sol, sous-sol, eaux) ou les aliments d'« *une substance de nature à mettre en péril la santé de l'homme ou des animaux ou le milieu naturel* » ; article 421-2-1 CP : association de malfaiteurs en relation avec une entreprise terroriste ; article 412-2-2 CP : le financement d'une entreprise terroriste.

324. Not. Loi n° 2015-1501 du 20 novembre 2015 prorogeant l'application de la loi n° 55-385 du 3 avril 1955 relative à l'état d'urgence et renforçant l'efficacité de ses dispositions.

325. Loi n° 2003-239 du 18 mars 2003 pour la sécurité intérieure ; décret du 24 décembre 2009 portant création du Conseil national du renseignement et du poste de coordonnateur national du renseignement ; loi n° 2011-267 du 14 mars 2011 d'orientation et de programmation pour la performance de la sécurité intérieure ; loi n° 2013-1117 du 6 décembre 2013 relative à la lutte contre la fraude fiscale et la grande délinquance économique et financière ; loi n° 2015-912 du 24 juillet 2015 relative au renseignement.

326. CC, 29 mars 2018, n° 2017-695 QPC, *M. Rouchdi B. et autre*.

327. CC, 19 juin 2020, *M. Théo S.*, n° 2020-845 QPC [Recel d'apologie du terrorisme].

d'actes de terrorisme et réprimer leurs auteurs, mais aussi pour surveiller une personne consultant ou collectant ces messages et pour l'interpeller et la sanctionner lorsque cette consultation ou cette collection s'accompagnent d'un comportement révélant une intention terroriste, avant même que ce projet soit entré dans sa phase d'exécution. La peine peut aller jusqu'à sept ou dix ans d'emprisonnement pour le seul fait de détenir des fichiers sans les diffuser et sans que soit retenue l'intention terroriste ou apologétique du receleur comme élément constitutif de l'infraction.

476 La loi du 30 octobre 2017 renforçant la sécurité intérieure et la lutte contre le terrorisme et la loi du 30 juillet 2021. – Cette loi, décriée comme violant la séparation entre l'exception et le droit commun, instaure en effet un régime administratif qui rappelle les États de police. Elle tente néanmoins d'assurer un contrôle juridictionnel effectif de ces mesures, sans parvenir à s'extraire de notions floues liées au terrorisme.

– Est caractéristique **le fait de viser des personnes suspectes** qui seront les seules à réellement supporter des atteintes aux libertés. Le nouvel article L. 228-1CSI cible ainsi « toute personne à l'égard de laquelle il existe des raisons sérieuses de penser que son comportement constitue une menace d'une particulière gravité pour la sécurité et l'ordre publics et qui soit entre en relation de manière habituelle avec des personnes ou des organisations incitant, facilitant ou participant à des actes de terrorisme, soit soutient, diffuse, lorsque cette diffusion s'accompagne d'une manifestation d'adhésion à l'idéologie exprimée, ou adhère à des thèses incitant à la commission d'actes de terrorisme ou faisant l'apologie de tels actes peut se voir prescrire par le ministre de l'intérieur les obligations prévues au présent chapitre ». Ces personnes pourront être **privées par l'autorité administrative, de déplacement à l'extérieur d'un périmètre géographique déterminé** (au moins la commune d'habitation et sans léser la vie familiale et professionnelle ; il peut s'étendre au-delà)[328]. Elles devront se présenter périodiquement aux forces de l'ordre, dans la limite d'une fois par jour et déclarer leur lieu d'habitation et tout changement de lieu d'habitation. La loi prévoyait tout cela pour une durée maximale de trois mois renouvelables une fois et même jusqu'à un an en cas d'éléments nouveaux ou complémentaires et sous le contrôle du juge administratif par référé-liberté ayant un caractère suspensif pour toute décision de renouvellement, mais **le Conseil constitutionnel a ramené ces limites au droit commun.** Le ministre de l'intérieur peut proposer à cette même personne l'alternative de la surveillance électronique mobile, après en avoir informé le procureur de la République. La loi interdit que le bracelet électronique soit utilisé pour géolocaliser l'individu (sauf violation de ses obligations). **Ces mêmes « suspects » peuvent sinon être simplement contraints pour une durée maximale de six mois de déclarer leur domicile** et tout changement de domicile, de signaler leurs déplacements à l'extérieur d'un périmètre déterminé (ne pouvant être plus restreint que le territoire de la commune de son domicile) ou encore **de ne pas paraître dans un lieu déterminé** (qui ne peut inclure le domicile de la personne intéressée, tout en tenant compte de la vie familiale et professionnelle). Ces mêmes personnes peuvent encore être contraintes, pour douze mois « **de ne pas se trouver en relation directe ou indirecte avec certaines personnes**, nommément désignées, dont il existe des raisons sérieuses de penser que leur comportement constitue une menace pour la sécurité publique ».

– Peuvent être autorisées les **interceptions de correspondances échangées au sein d'un réseau de communications électroniques empruntant exclusivement la voie hertzienne** et n'impliquant pas l'intervention d'un opérateur de communications électroniques, lorsque ce réseau est conçu pour une utilisation privative par une personne ou un groupe fermé d'utilisateurs (sont visés les moyens de communication à courte portée utilisant des techniques de cryptage entre utilisateurs identifiés, les communications par private mobile radio (PMR), aujourd'hui principalement les talkies-walkies numériques, et les transmissions entre objets connectés).

– Le préfet peut instituer (art. L. 226-1) par arrêté motivé un **périmètre de protection au sein duquel l'accès et la circulation des personnes sont réglementés** et cela afin « d'assurer la sécurité d'un lieu ou d'un événement

328. Le Conseil constitutionnel a validé ces dispositions en limitant le dispositif à une année. Il a toutefois censuré les délais dérogatoires pour saisir le juge (il était prévu un mois seulement). Il a également censuré le fait que la mesure pouvait être mise en place pendant trois mois sans contrôle complet d'un juge du fond (seulement référé liberté). CC, 16 février 2018, *M. Farouk B.* , n° 2017-691 QPC [Mesure administrative d'assignation à résidence aux fins de lutte contre le terrorisme].

exposé à un risque d'actes de terrorisme à raison de sa nature et de l'ampleur de sa fréquentation ». L'accès au périmètre peut impliquer **la visite des véhicules**, avec le consentement du conducteur, à des **palpations de sécurité** ainsi qu'à **l'inspection visuelle et à la fouille des bagages**. En cas de refus, la personne ne pourra pas accéder au site. Ce dispositif est valable un mois, sauf si ses motifs d'instauration perdurent au-delà... Les règles d'accès et de circulation des personnes dans le périmètre doivent tenir compte des impératifs de la vie privée, professionnelle et familiale.

– De même, l'article L. 227-1 du Code de la sécurité intérieure, permet au préfet « aux seules fins de prévenir la commission d'actes de terrorisme », de « **prononcer la fermeture des lieux de culte dans lesquels les propos qui sont tenus, les idées ou théories qui sont diffusées ou les activités qui se déroulent provoquent à la violence**, à la haine ou à la discrimination, provoquent à la commission d'actes de terrorisme ou font l'apologie de tels actes ». Proportionnée aux circonstances qui l'ont motivée, la fermeture ne peut excéder six mois. La diffusion, le 9 octobre 2020, sur le compte Facebook de la grande mosquée de Pantin, d'une vidéo exigeant l'éviction d'un professeur d'histoire parce qu'il avait dispensé quelques jours plus tôt un cours sur la liberté d'expression au travers notamment de caricatures, ainsi que d'un commentaire mentionnant sur ce même compte l'identité de ce professeur, M. Samuel Paty, constitue des propos provoquant à la violence et à la haine en lien avec le risque de commission d'actes de terrorisme, de nature à justifier la fermeture administrative d'un lieu de culte en application de l'article L. 227-1 du Code de la sécurité intérieure[329].

– La loi permet aussi de **nouveaux types de perquisitions et saisies administratives** sous le contrôle du juge des libertés et de la détention du tribunal de grande instance de Paris. Le nouvel article L. 229-1 permet ainsi au préfet « d'autoriser la visite d'un lieu ainsi que la saisie des documents, objets ou données qui s'y trouvent, aux seules fins de prévenir la commission d'actes de terrorisme et lorsqu'il existe des raisons sérieuses de penser qu'un lieu est fréquenté par une personne dont le comportement constitue une menace d'une particulière gravité pour la sécurité et l'ordre publics et qui soit entre en relation de manière habituelle avec des personnes ou des organisations incitant, facilitant ou participant à des actes de terrorisme, soit soutient, diffuse, lorsque cette diffusion s'accompagne d'une manifestation d'adhésion à l'idéologie exprimée, ou adhère à des thèses incitant à la commission d'actes de terrorisme ou faisant l'apologie de tels actes ». Il s'agit donc de permettre à l'État de remonter à la source et de trouver des portes d'entrées dans les réseaux, **sans attendre la révélation d'une infraction pénale et dans l'espoir d'en découvrir une**.

– Le nouvel article L. 229-4.-I.CSI permet de **retenir une personne se trouvant sur les lieux de la perquisition lorsqu'elle est susceptible de fournir des renseignements sur les objets, documents et données** présents sur le lieu de la visite ayant un lien avec la finalité de prévention de la commission d'actes de terrorisme ayant justifié la visite, à condition qu'il existe des raisons sérieuses de penser que son comportement constitue une menace d'une particulière gravité pour la sécurité et l'ordre publics, cela après information sans délai du juge des libertés et de la détention du tribunal de grande instance de Paris. La retenue ne peut excéder quatre heures à compter du début de la visite et le juge des libertés et de la détention peut y mettre fin à tout moment. Les données et matériel informatique peuvent être saisis et exploités avec l'autorisation de ce même JLD avec possibilité d'appel dans les quatre heures devant le président de la cour d'appel. Les données doivent être détruites (sauf usage judiciaire) dans les trois mois qui suivent.

– l'article 421-2-4-1 CP punit désormais de quinze ans de réclusion criminelle et de 225 000 euros **d'amende le fait, par une personne ayant autorité sur un mineur, de faire participer ce mineur à un groupement formé ou à une entente établie en vue de la préparation, caractérisée par un ou plusieurs faits matériels, d'un des actes de terrorisme**.

– La loi institue en outre une forme **de purge de la fonction publique qui se protège des agents en voie de radicalisation.** Lorsque le résultat de l'enquête fait apparaître que le comportement d'un agent public occupant un emploi participant à l'exercice de missions de souveraineté de l'État ou relevant du domaine de la sécurité ou de la défense est devenu incompatible avec l'exercice de ses fonctions, l'administration qui l'emploie procède à son affectation ou à sa mutation dans l'intérêt du service dans un emploi comportant l'exercice d'autres

329. CE, 25 novembre 2020, *Fédération musulmane de Pantin*, n° 446303.

fonctions. En cas d'impossibilité de mettre en œuvre une telle mesure ou lorsque le comportement du fonctionnaire est incompatible avec l'exercice de toute autre fonction eu égard à la menace grave qu'il fait peser sur la sécurité publique, il est procédé à sa radiation des cadres.

– Enfin, la loi donne leur assise à **de nouveaux fichiers de police** : un système national de collecte des données des dossiers passagers des transports aérien et maritime à destination ou au départ de la France, distinct du système « *Passenger Name Record* » (PNR), toujours afin de prévenir et de détecter les infractions terroristes.

– L'article 19 élargit les possibilités de procéder à **des contrôles d'identité dans les zones frontalières** : extension de la durée maximale des contrôles de six à douze heures, possibilité de contrôles aux abords des gares internationales et certains points de passage frontaliers (ports et aéroports) désignés en raison de l'importance de leur fréquentation et de leur vulnérabilité dans la limite d'un périmètre de dix kilomètres. Il s'agit d'une dérogation aux accords de Schengen, mais la Cour de justice de l'Union européenne autorise les contrôles d'identité en vue de rechercher et de prévenir des infractions en lien avec la criminalité transfrontalière.

La loi du 30 juillet 2021 relative à la prévention d'actes de terrorisme et au renseignement a conforté les mesures individuelles de contrôle administratif et de surveillance (MICA), comme l'interdiction faite à une personne de paraître dans certains lieux, en sus de la possibilité existant déjà de lui interdire de se déplacer à l'extérieur d'un périmètre géographique déterminé, qui ne peut être inférieur au territoire de la commune, lorsque son comportement constitue une menace d'une particulière gravité pour la sécurité et l'ordre publics en lien avec le risque de commission d'un acte de terrorisme ou pour les lieux situés au sein de ce périmètre géographique, et dans lesquels se tient un événement exposé, par son ampleur ou ses circonstances particulières, à un risque de menace terroriste. Une telle interdiction ne peut être ordonnée qu'en tenant compte de la vie familiale et professionnelle de la personne. Par ailleurs, les préfets et les services de renseignement seront destinataires des informations sur les soins psychiatriques sans consentement (fichier HOPSYWEB) des personnes radicalisées qu'ils suivent.

Enfin, adopté le 29 avril 2021, **le règlement (UE) 2021/784 relatif à la lutte contre la diffusion des contenus à caractère terroriste en ligne** est entré en application le 7 juin 2022. Il impose aux « fournisseurs de services d'hébergement » en ligne (y compris les réseaux sociaux) une obligation de retrait (ou blocage) en moins d'une heure, des contenus illicites présentant un caractère terroriste, après la réception d'une injonction adressée par l'autorité compétente d'un État membre. Cela s'applique même si l'établissement principal se situe en dehors du territoire de l'Union, dès lors que leurs services sont utilisés par un nombre significatif d'utilisateurs européens. Mais cela exclut les contenus présentant un caractère éducatif, journalistique, artistique ou relevant d'une activité de recherche scientifique.

3. L'affaiblissement des garanties par les régimes d'exception

477 **Exception et droit commun.** – On ne traitera ici que des régimes dont la mise en œuvre est limitée dans le temps et justifié par le caractère temporaire de la menace pesant sur l'ordre public. On pourra par ailleurs penser qu'une législation qui pérennise des mesures semblables à celles qu'utilisent les textes d'exception sont aussi, matériellement, des régimes d'exception. C'est le cas de la loi du 30 octobre 2017 renforçant la sécurité intérieure et la lutte contre le terrorisme qui a mis fin à l'application de deux années d'état d'urgence en le « banalisant » en partie.

a. Les régimes textuels

478 **État de siège.** – Il s'agit d'un régime prévu par **l'article 36 de la Constitution** et institué par les lois des 9 août 1849 et 3 avril 1878 qui peut être mis en œuvre en cas de **péril imminent résultant d'une guerre étrangère ou d'une insurrection à main armée**. En ce cas, **l'autorité militaire se trouve investie de nombreux pouvoirs** (compétence des juridictions militaires, perquisitions, possibilité d'interdictions de réunions et publications...). Il s'agit donc d'un régime de guerre particulièrement liberticide et heureusement non mis en œuvre sous la Vᵉ République. Le Conseil des ministres a compétence pour le déclencher et le Parlement est seul à pouvoir le prolonger au-delà de douze jours.

479 **État d'urgence** - La **loi du 3 avril 1955** permet de le déclarer sur tout ou partie du territoire métropolitain ou des départements d'outre-mer, notamment « **en cas de péril imminent résultant d'atteintes graves à l'ordre public** ou en cas d'événements présentant le caractère de calamité publique ». La déclaration relève d'un **décret en Conseil des ministres** qui détermine la ou les circonscriptions territoriales à l'intérieur desquelles il entre en vigueur. La loi exige que la prorogation de l'état d'urgence **au-delà de douze jours ne puisse être autorisée que par la loi** qui doit fixer sa durée définitive. Ce régime permet au préfet d'interdire la circulation des personnes ou des véhicules, d'instituer des zones de protection ou de sécurité où le séjour des personnes est réglementé ou encore d'interdire le séjour dans tout ou partie du département à toute personne cherchant à entraver, de quelque manière que ce soit, l'action des pouvoirs publics et d'ordonner des perquisitions à domicile de jour et de nuit. Ce régime a été **mis en œuvre à quatre reprises sous la Vᵉ République**. La première fois en Algérie en 1961 puis en Nouvelle-Calédonie en 1985, prorogé par la loi que le Conseil constitutionnel a refusé de confronter aux droits fondamentaux[330]. La troisième fois, en 2005, en métropole, pour réagir à des troubles dans les banlieues sous le contrôle du juge administratif. Le Conseil d'État, saisi en recours en excès de pouvoir, en référé suspension ou en référé-liberté, exerce un contrôle restreint sur la décision du président de la République qui dispose d'un « pouvoir d'appréciation étendu »[331]. La prorogation au-delà de douze jours est autorisée par la loi et prive le Conseil d'État du contrôle autre que sur les mesures administratives subséquentes. La prorogation devient caduque, soit en cas de changement de gouvernement, soit en cas de dissolution de l'assemblée. Dans une première ordonnance du 14 novembre 2005, *M. R.*, le juge reconnaît au président de la République un pouvoir d'appréciation étendu lorsqu'il décide de déclarer l'état d'urgence et d'en définir le champ d'application territorial. Le Conseil d'État se montre à peine plus contraignant lors de sa seconde saisine[332] postérieure à la loi du 18 novembre 2005 ayant prorogé l'état d'urgence pour une durée de trois mois, tout en habilitant le chef de l'État à y mettre fin par décret en Conseil des ministres avant l'expiration de ce délai. Refusant d'examiner le moyen tiré de la contrariété de la loi à des engagements internationaux il pose que le législateur est seul à apprécier la nécessité de l'état d'urgence mais que le juge administratif peut en contrôler l'exécution, notamment le maintien de la nécessité. Il n'a pas eu à se prononcer ensuite, l'état d'urgence ayant été abrogé peu de temps après l'apaisement des troubles.

480 **État d'urgence 2015-2017.** - En réaction aux attentats perpétrés à Paris (notamment dans la salle de spectacle du Bataclan le 13 novembre 2015), la mise en œuvre de l'état d'urgence a été décidée par un décret du président de la République du 14 novembre 2015, suivie d'une **prorogation par la loi à quatre reprises**, notamment après l'attentat de Nice du 14 juillet 2016. La loi du 21 juillet 2016 a prorogé l'état d'urgence de six mois supplémentaires. L'état d'urgence a cessé le 31 octobre 2017. La première loi du 20 novembre 2015 a substantiellement modifié celle de 1955 sur plusieurs points :

- **information sans délai des deux chambres** du Parlement des mesures prises par le gouvernement (art. 4-1), mise en place d'un contrôle spécifique par le Parlement (rapports réguliers de la commission des lois, séances de questions au gouvernement dédiées, auditions du ministre de l'Intérieur, etc.) ;
- absence de limitation de la liberté d'expression (**pas de mesure de contrôle de la presse**) ;
- ouverture de **l'accès direct au juge administratif** par la voie du recours pour excès de pouvoir et des référés.

330. CC, 25 janv. 1985, déc. nº 85-187 DC : si la Constitution, dans son article 36, vise expressément l'état de siège, elle n'a pas exclu pour autant la possibilité pour le législateur de prévoir un régime d'état d'urgence pour concilier les exigences de la liberté et la sauvegarde de l'ordre public.
331. CE, ord., 14 nov. 2005, *Rolin*.
332. CE, 9 déc. 2005, Mme Allouache et autres.

De nombreuses mesures de police sont ainsi ouvertes aux préfets :

- **contrôle d'identité** sans nécessité de justifier de circonstances particulières ;
- **restriction de la circulation des personnes et véhicules par des couvre-feux** limités dans le temps et l'espace ;
- instauration de **périmètres de protection autour des bâtiments publics** ou d'édifices privés qui, par leur affectation ou leur situation, peuvent constituer des cibles privilégiées ; mais dans deux décisions, le Conseil constitutionnel a censuré d'une part[333], le pouvoir « d'instituer, par arrêté, des zones de protection ou de sécurité où le séjour des personnes est réglementé » (car la loi n'a soumis la création de la zone de protection ou de sécurité à aucune autre condition que l'instauration de l'état d'urgence et n'a pas défini la nature des mesures susceptibles d'être prises par le préfet pour réglementer le séjour des personnes à l'intérieur d'une telle zone) et d'autre part[334], les interdictions de séjour dans le cadre de l'état d'urgence. La loi a été modifiée avant la censure.
- **réquisitions de personnes et de biens**, remise des armes ;
- possibilité pour le ministre de l'Intérieur **d'interrompre tout service de communication en ligne** incitant au terrorisme ou en faisant l'apologie ;
- **fermeture provisoire des salles de spectacles, débits de boissons et autres lieux de réunions et interdiction de toute réunion ou manifestation** de nature à provoquer ou entretenir le désordre ou de nature à représenter un risque pour les participants (en Île-de-France) ;
- possibilité pour les forces de l'ordre de conserver les armes de service sur eux ;
- **dissolution d'associations** ;
- **perquisitions à domicile, de jour et de nuit**, y compris les véhicules (la loi du 21 juillet 2016 ajoute que lorsqu'une perquisition révèle qu'un autre lieu répond aux mêmes conditions, l'autorité administrative peut en autoriser par tout moyen la perquisition ; cette autorisation est régularisée en la forme dans les meilleurs délais) ;

Le **Conseil constitutionnel** juge qu'en prévoyant que ces opérations peuvent être autorisées en tout lieu dans les zones où s'applique l'état d'urgence, le législateur a permis leur mise en œuvre **sans qu'elles soient nécessairement justifiées par des circonstances particulières établissant le risque d'atteinte à l'ordre public** dans les lieux en cause. La conciliation n'est donc pas équilibrée entre, d'une part, l'objectif de valeur constitutionnelle de sauvegarde de l'ordre public, et, d'autre part, la liberté d'aller et de venir et le droit au respect de la vie privée[335].

- **saisie de matériel informatique et des données contenues**. Effectuée lors de perquisitions, soit par copie de ces données, soit par saisie du support, cette saisie ne peut avoir lieu que si la perquisition a révélé l'existence des données relatives à la menace ayant motivé la perquisition. Elle est réalisée en présence de l'officier de police judiciaire, sur procès-verbal indiquant remis aussi au procureur de la République ainsi qu'à l'occupant du lieu, à son représentant ou à deux témoins, sur l'autorisation préalable, par un juge, de l'exploitation des données collectées, laquelle ne peut porter sur celles dépourvues de lien avec la menace. Ces éléments étant les conditions de sa constitutionnalité[336].
- **assignations à résidence** (pas nécessairement la résidence normale de la personne) : obligation de se rendre régulièrement au commissariat pour vérification de la présence, remise des papiers et éventuellement surveillance électronique mobile ; l'assignation peut également impliquer de rester en un lieu donné dans la limite de douze heures consécutives ; le Conseil d'État a été amené à contrôler de telles assignations en référé-liberté : il estime que le cadre même de l'état d'urgence présuppose remplie la condition liée à l'urgence en raison du péril même pour l'ordre public et les

333. CC, 11 janvier 2018, *Associations La cabane juridique / Legal Shelter et autre*, n° 2017-684 QPC [Zones de protection ou de sécurité dans le cadre de l'état d'urgence].
334. CC, 9 juin 2017, n° 2017-635 QPC, *M. Émile L.* [Interdiction de séjour dans le cadre de l'état d'urgence].
335. CC, 1er décembre 2017, *Ligue des droits de l'Homme*, n° 2017-677 QPC [Contrôles d'identité, fouilles de bagages et visites de véhicules dans le cadre de l'état d'urgence].
336. CC, 2 décembre 2016, *M. Raime A.*, n° 2016-600 QPC [Perquisitions administratives dans le cadre de l'état d'urgence III].

libertés ; il estime ensuite justifiée l'assignation de personnes qui ne sont pas soupçonnées de lien avec le terrorisme mais qui s'apprêtent à perturber l'ordre public (par ex. en manifestant violemment contre un sommet international)[337]. Le Conseil[338] a formulé une triple réserve d'interprétation pour admettre qu'une mesure d'assignation à résidence puisse ainsi être renouvelée au-delà de douze mois par périodes de trois mois sans qu'il soit porté une atteinte excessive à la liberté d'aller et de venir : d'une part, le comportement de la personne en cause doit constituer une menace d'une particulière gravité pour la sécurité et l'ordre publics ; d'autre part, l'administration doit être en mesure de produire des éléments nouveaux ou complémentaires de nature à justifier la prolongation de la mesure d'assignation à résidence ; enfin, il doit être tenu compte, dans l'examen de la situation de la personne concernée, de la durée totale de son placement sous assignation à résidence, des conditions de cette mesure et des obligations complémentaires dont celle-ci a été assortie.

La violation de ces exigences est pénalement réprimée par des peines de prison :

- non-respect des remises d'armes, des fermetures de salles, des zones sécurisées, des interdictions de réunion ou de circuler et des interdictions de séjour : six mois d'emprisonnement et 7 500 euros d'amende ;
- violation de l'astreinte à demeure, de l'obligation de pointage ou de l'interdiction d'entrer en contact avec certaines personnes : un an d'emprisonnement et 15 000 euros d'amende ;
- non-respect d'une assignation : trois ans d'emprisonnement et 45 000 euros d'amende.

481 Le contrôle par le juge administratif. – Le Conseil constitutionnel a érigé **le contrôle du juge administratif en condition de la constitutionnalité de la loi.** Selon la décision n° 2015-527 QPC[339] « tant la mesure d'assignation à résidence que sa durée, ses conditions d'application et les obligations complémentaires dont elle peut être assortie doivent être justifiées et proportionnées aux raisons ayant motivé la mesure dans les circonstances particulières ayant conduit à la déclaration de l'état d'urgence ; que le juge administratif est chargé de s'assurer que cette mesure est adaptée, nécessaire et proportionnée à la finalité qu'elle poursuit ».

Le **Conseil d'État a été étroitement associé à la conception et à la mise en œuvre de l'état d'urgence**. Il a tout d'abord rendu des avis sur (non pas la mise en œuvre comme en 2005) les prorogations successives (rendus publics les 17 novembre 2015, 2 février 2016 et 18 juillet 2016), rappelant toujours qu'il ne peut s'agir que d'un régime temporaire. Faute de pouvoir en prouver l'efficacité, le conseiller du gouvernement met en avant la nécessité de la levée partielle des libertés et les vertus cardinales de la proportionnalité. Les mesures en cours doivent être réexaminées à nouveaux frais sous les auspices de la nouvelle période. Plus le temps passe et plus la menace devient pérenne, plus il est nécessaire d'adopter une législation permanente et de mettre fin à l'état d'urgence.

Le Conseil d'État a été saisi d'une demande d'abrogation de l'état d'urgence[340]. Le juge des référés du Conseil d'État a rappelé que l'acte de déclaration, devenu législatif, ne peut plus être contesté devant le juge administratif mais seulement au travers d'une question prioritaire de constitutionnalité. La demande portait aussi sur une injonction au président de la République de mettre fin à l'état d'urgence. Ce dernier, qui dispose d'un large pouvoir d'appréciation, a estimé que le péril imminent qui avait conduit, à la suite d'attentats d'une nature et d'une gravité exceptionnelles, à déclarer l'état d'urgence n'avait pas disparu.

---

337. CE, sect., 11 déc. 2015, *M. A.*, n° 394989.
338. CC, 16 mars 2017, *M. Sofiyan I.*, n° 2017-624 QPC, [Assignations à résidence dans le cadre de l'état d'urgence II].
339. CC, n° 2015-527 QPC, 22 déc. 2015, *M. Cédric D.*
340. CE, Ordonnance du 27 janvier 2016, *Ligue des droits de l'homme et autres*, n° 396220

Conseil d'État, Section de l'intérieur, 18 juillet 2016, avis sur un projet de loi prorogeant l'application de la loi n° 55-385 du 3 avril 1955 relative à l'état d'urgence et modifiant certaines de ses dispositions

Nonobstant les dispositions renforçant les moyens administratifs et judiciaires de la lutte contre le terrorisme notamment contenues dans les lois n° 2015-912 du 24 juillet 2015 relative au renseignement, n° 2016-339 du 22 mars 2016 relative à la prévention et à la lutte contre les incivilités, contre les atteintes à la sécurité publique et contre les actes terroristes dans les transports collectifs de voyageurs et n° 2016-731 du 3 juin 2016 renforçant la lutte contre le crime organisé, le terrorisme et leur financement, et améliorant l'efficacité et les garanties de la procédure pénale, **le Conseil d'État estime qu'est dans son principe nécessaire, adaptée et proportionnée et, par suite, justifiée l'application des mesures propres à l'état d'urgence** prévues par les articles 5, 6, 6-1, 8, 9, 10 et 11 de la loi du 3 avril 1955 mentionnée ci-dessus, telles qu'elles ont été proposées par le gouvernement, dans le ressort géographique déterminé par les décrets des 14 et 18 novembre 2015.

Puis les tribunaux administratifs et le Conseil d'État ont été saisis (plusieurs centaines de référés-liberté ou suspension devant les tribunaux et une cinquantaine de décisions du Conseil) de la nécessité et de la proportionnalité des différentes mesures (restrictions à la liberté de culte, interdictions de manifester, interdictions de vente d'articles pyrotechniques, fermetures de restaurants, perquisitions administratives, assignations à résidence, interdiction aux supporters de se rassembler et de manifester un jour de match...) qu'ils ont généralement approuvées (à 80 %), même s'ils ont été **conduits parfois à faire confiance aux forces de police et aux commencements de preuve qu'elles apportaient notamment par de sibyllines « notes blanches » issues des services de renseignement.** Les annulations ont généralement été fondées sur une erreur d'appréciation des faits[341]. Le Conseil a ainsi annulé une assignation à résidence lorsque le ministre a refusé de verser au dossier les données informatiques classées secret-défense qui auraient révélé la dangerosité du requérant[342]. Si le juge en référé ne peut pas en principe exercer un contrôle complet et ne peut enjoindre qu'après avoir constaté une violation manifeste d'un droit ou d'une liberté, le contrôle opéré dans le cadre de l'état d'urgence a semblé assez poussé, certains diront « normal »[343]. Il a néanmoins essuyé **les critiques de la doctrine dans le cas de l'assignation à résidence de militants écologistes pour éviter qu'ils ne perturbent le sommet international de la « COP 21 »**, alors même qu'ils n'apparaissaient pas liés aux attentats de la mouvance islamiste[344]. Il a ainsi découplé l'état d'urgence des motifs qui ont conduit à le déclencher.

Après de multiples hésitations et incohérences des juges de premier ressort, le Conseil d'État a considéré **qu'une décision prononçant l'assignation à résidence d'une personne dans le cadre de l'état d'urgence fait naître une présomption d'urgence**[345]. Il a également accepté de confronter certaines de ces mesures à la Convention européenne, remettant ainsi progressivement en cause sa jurisprudence désormais explicitement abandonnée[346]. Ainsi, il a jugé qu'une assignation à résidence ne constitue pas une mesure privative de liberté au sens de l'article 5 de la Convention mais une mesure restrictive de liberté qui n'est pas « *manifestement*

341. « aucune disposition législative ni aucun principe ne s'oppose à ce que les faits relatés par les « notes blanches » produites par le ministre, qui ont été versées au débat contradictoire et ne sont pas sérieusement contestées par le requérant, soient susceptibles d'être pris en considération par le juge administratif », CE, 11 décembre 2015, *M. H... X...*, n° 395009, cons. 28.

342. CE, Ord., 9 février 2016, *M.Z.*, n° 396570.

343. CE, ord., 23 déc. 2015, n° 395229 ; CE, ord., 18 janv. 2016, n° 396280

344. « Dans ces conditions, qu'il n'apparaît pas, en l'état, qu'en prononçant l'assignation à résidence de M. X... jusqu'à la fin de la conférence des Nations unies sur les changements climatiques au motif qu'il existait de sérieuses raisons de penser que son comportement constitue une menace pour la sécurité et l'ordre publics et en en fixant les modalités d'exécution, le ministre de l'intérieur, conciliant les différents intérêts en présence, aurait porté une atteinte grave et manifestement illégale à la liberté d'aller et venir », CE, 11 déc. 2015, n° 395009, *M. H... X...*, cons. 30.

345. CE, 11 déc. 2015, n° 395009, *M. H... X...*

346. CE, 31 mai 2016, n° 396848, *Mme c. A.*

incompatible » avec les stipulations de l'article 2 du protocole n° 4 additionnel à la Convention. **Les principales critiques ont porté sur l'inefficacité des référés face aux perquisitions** (surtout de nuit) dans la mesure où le juge se prononce nécessairement trop tard et ne fait que le lit du contentieux en responsabilité. **Désormais il existe une procédure d'urgence qui permet aux forces de police de demander au juge administratif d'autoriser l'accès aux données informatiques contenues dans les appareils saisis.** Le juge apprécie la légalité de la perquisition et les indices d'une suite à donner[347]. Il a validé les perquisitions administratives, s'agissant d'une mesure s'inscrivant dans un régime de pouvoirs exceptionnels dont les effets doivent être limités dans le temps et l'espace et qui contribue à prévenir le péril imminent ou les conséquences de la calamité publique auxquels le pays est exposé.

482 **Constitutionnaliser l'état d'urgence. -** Le Conseil constitutionnel a été amené, sur renvoi par le Conseil d'État[348], à contrôler la loi instituant l'état d'urgence en 2015. Il a constaté de nombreuses atteintes aux droits fondamentaux (c'est d'ailleurs le but du système), mais n'en a censuré qu'une (la saisie et de la conservation des données contenues sur les ordinateurs saisis lors des perquisitions administratives).

Un **projet de révision de la Constitution devait créer en 2016 un régime civil d'état de crise**. Faute d'un accord entre les deux assemblées, le projet a été abandonné. L'idée était de donner une assise constitutionnelle contraignante pour le législateur, donc plus protectrice des libertés, mais aussi par là même de mettre fin à des lois liberticides sans habilitation constitutionnelle. Il souhaitait inscrire dans la Constitution les conditions de déclaration et de prorogation de l'état d'urgence, dans les termes aujourd'hui prévus par les articles 1er et 2 de la loi du 3 avril 1955, et les complétant par des dispositions relatives au régime juridique de l'état d'urgence et permettait d'asseoir la compétence du juge administratif pour le contrôle des mesures.

Face à l'état d'urgence sanitaire de 2020, le Conseil constitutionnel a à nouveau validé la possibilité pour la loi de déroger aux libertés sans aucune habilitation constitutionnelle : « la Constitution n'exclut pas la possibilité pour le législateur de prévoir un régime d'état d'urgence sanitaire »[349]. Ce faisant le juge raisonne en juge administratif dépourvu de norme supérieure à la loi ; or, la Constitution prévoit la protection des droits et aucune habilitation à les limiter par un régime d'exception. **La loi d'état d'urgence est donc nécessairement inconstitutionnelle, sauf à rechercher dans les objectifs constitutionnels de protection de l'ordre public et de la santé les justificatifs des régimes d'exception. Instituer un cadre complémentaire de l'article 16 pour des temps différents serait donc nécessaire. Il en est de même pour la loi de « sortie » de l'état d'urgence sanitaire qui maintient pourtant des mesures d'exception...**[350]

483 **L'état d'urgence sanitaire. -** 2020 a connu l'émergence d'un nouveau régime textuel visant à créer les conditions de **lutte contre la pandémie de Covid-19**. L'État hygiéniste a limité **la liberté d'aller et venir, la liberté d'entreprendre et la vie privée, restreint le droit au procès équitable et durci les conditions de la sûreté, aménagé l'instruction, le travail et le droit électoral**. Dans un premier temps, ces restrictions ont été le fruit du pouvoir réglementaire du ministre de la Santé au titre de l'article 3131-1 CSP[351] (not. quarantaines et

347. CE, ord., 5 août 2016, n° 402139, *Ministère de l'Intérieur* et CE, ord. 12 août 2016, n° 402348, *Ministère de l'Intérieur c/M. B.*.

348. CC, 19 févr. 2016, déc. n° 2016-536 QPC, *Ligue des droits de l'homme*.

349. CC, 11 mai 2020, 2020-800 DC.

350. CC, 9 juill. 2020, n° 2020-803 DC du 9 juillet 2020, Loi organisant la sortie de l'état d'urgence sanitaire.

351. « En cas de menace sanitaire grave appelant des mesures d'urgence, notamment en cas de menace d'épidémie, le ministre chargé de la santé peut, par arrêté motivé, prescrire dans l'intérêt de la santé publique toute mesure proportionnée aux risques courus et appropriée aux circonstances de temps et de lieu afin de prévenir et de limiter les conséquences des menaces possibles sur la santé de la population. Le ministre peut également prendre de telles mesures après la fin de l'état d'urgence sanitaire prévu au chapitre Ier bis du présent titre, afin d'assurer la disparition durable de la situation de crise sanitaire.

Le ministre peut habiliter le représentant de l'État territorialement compétent à prendre toutes les mesures d'application de ces dispositions, y compris des mesures individuelles. Ces dernières mesures font immédiatement l'objet d'une information du procureur de la République.

Les mesures individuelles ayant pour objet la mise en quarantaine, le placement et le maintien en isolement de personnes affectées ou susceptibles d'être affectées sont prononcées dans les conditions prévues au II des articles L. 3131-15 et L. 3131-17. »

mises à l'isolement) et du Premier ministre (suivant la jurisprudence *Labonne*[352] qui lui confère un pouvoir de police de principe) ; tout excès étant promis à la protection de la théorie des circonstances exceptionnelles par un avis du Conseil d'État. Dans un second temps, une loi a institué l'ensemble des dérogations aux libertés avant qu'une autre ne le proroge.

484 **État d'urgence sanitaire 2020-2021. –** La loi n° 2020-290 du 23 mars 2020 a créé, pour faire face à l'épidémie de Covid-19, dans le titre III du livre Ier de la troisième partie du Code de la santé publique, un chapitre Ier bis relatif à l'état d'urgence sanitaire, qui **peut être déclaré en cas de catastrophe sanitaire mettant en péril, par sa nature et sa gravité, la santé de la population**. Le dispositif se veut expérimental et prendra fin le 1er avril 2021. Selon l'article L. 3131-13 du Code de la santé publique, l'état d'urgence est déclaré par décret en conseil des ministres sur proposition du ministre de la Santé. **Sa prorogation au-delà d'un mois ne peut être autorisée que par la loi**, après avis du comité de scientifiques prévu à l'article L. 3131-19. Mais l'état d'urgence sanitaire a été déclaré d'emblée pour une durée de deux mois sur l'ensemble du territoire national par l'article 4 de la loi du 23 mars 2020 puis la loi n° 2020-546 du 11 mai 2020 prorogeant l'état d'urgence sanitaire et complétant ses dispositions **l'étend jusqu'au 10 juillet 2020 inclus**. À tout moment un décret en conseil des ministres peut y mettre fin. Il met en œuvre une information « sans délai » du Parlement sur toutes mesures adoptées par le gouvernement.

La déclaration permet au Premier ministre, au ministre de la Santé et, s'ils y sont habilités, aux préfets, de prendre les mesures nécessaires aux seules fins de garantir la santé publique, sur tout ou partie du territoire. **Ces mesures peuvent notamment restreindre ou interdire la circulation des personnes et des véhicules, interdire aux personnes de sortir de leur domicile, ordonner la mise en quarantaine des personnes susceptibles d'être affectées, ordonner la mise à l'isolement des personnes affectées, ordonner la fermeture provisoire de catégories d'établissements recevant du public, ou encore réquisitionner des biens et des services.** Ces mesures doivent être strictement proportionnées aux risques sanitaires encourus et appropriées aux circonstances de temps et de lieu.

L'état d'urgence sanitaire met principalement à mal la liberté d'aller et venir, d'abord en imposant **le confinement de la population** (art. 3131-15, 2° CSP et décret 23 mars 2020) mais encore par les mesures de quarantaine parfois jugées nécessaires à l'encontre de personnes entrant dans des zones saines[353]. Le contrôle est devenu si fin, qu'il a fallu que le juge évalue la liberté d'aller et venir des personnes vaccinées en fonction du risque, encore incertain, qu'elles soient encore porteuses du virus et contribuent à sa diffusion[354]. Alors que le requérant considérait que les mesures de restriction de déplacements, de couvre-feu et de confinement n'étaient plus nécessaires et adaptées pour les personnes vaccinées, le juge observe que la diffusion du virus s'est aggravée et que la levée des restrictions de déplacement pourrait dès lors aggraver le risque de contamination, notamment pour les personnes vulnérables qui sont majoritairement non vaccinées. Les restrictions de déplacements prises à leur encontre par le gouvernement sont donc justifiées.

Mais l'état d'urgence sanitaire porte aussi atteinte, de manière inédite, à la sûreté. Sur habilitation de la loi du 23 mars 2020, l'ordonnance n° 2020-303 du 25 mars 2020 portant adaptation de règles de procédure pénale pour « permettre la continuité de l'activité des juridictions pénales essentielle au maintien de l'ordre public », édicte **des règles dérogatoires en matière de rétention douanière, de détention provisoire et de garde à vue**, allongeant les délais de recours et le temps de la privation de liberté. Pour valider en particulier la **prolongation de la détention provisoire jusqu'à six mois**, le Conseil d'État[355] s'est appuyé sur l'habilitation législative, faisant jouer les circonstances : « eu égard à l'évolution de l'épidémie, à la situation sanitaire et aux conséquences des mesures prises pour lutter contre la propagation de la Covid-19 sur le fonctionnement des juridictions, sur l'action des auxiliaires de justice et sur l'activité des administrations, en particulier des services de

352. CE, 8 août 1919, *Labonne* et CE, 19 mars 2007, *Mme Le Gac*., n° 300467.
353. CE, ord., 5 mai 2020, *Ordre des avocats au barreau de Guadeloupe*, n° 440288.
354. CE, ord. réf., 1er avr. 2021, n° 450956.
355. CE, 3 avril 2020, *Syndicat des avocats de France*, n° 439894.

police et de l'administration pénitentiaire, comme d'ailleurs sur l'ensemble de la société française [...] ». Par contre, dans deux arrêts du 26 mai 2020[356], **la chambre criminelle** s'est opposée à la prolongation purement automatique des détentions provisoires que la loi autorisait dans le cadre de l'urgence sanitaire, imposant qu'un juge puisse contrôler en temps utile (« dans un délai rapproché » qu'elle a évalué comme inférieur à un mois en matière délictuelle et à trois mois en matière criminelle) la nécessité de maintenir en détention les individus incarcérés en raison d'une mise en examen ou d'une condamnation non définitive.

485 L'état d'urgence sanitaire – contrôle constitutionnel. – Après avoir éludé le contrôle de la loi organique et n'avoir pas été saisi de la loi instaurant l'état d'urgence sanitaire, le Conseil constitutionnel a davantage examiné la loi de prorogation[357]. Il a été, inhabituellement, saisi par le président de la République et le président du Sénat. Il a admis la constitutionnalité du principe même de l'état d'urgence en vue de concilier l'objectif de valeur constitutionnelle de protection de la santé et le respect des droits et libertés ; conciliation ici équilibrée entre ces exigences constitutionnelles en adoptant les mesures autorisant le Premier ministre à réglementer ou interdire la circulation des personnes et des véhicules et à réglementer l'accès aux moyens de transport et les conditions de leur usage ou à ordonner la fermeture provisoire et à réglementer l'ouverture des établissements recevant du public ainsi que des lieux de réunion. **Formulant quelques réserves**, les locaux à usage d'habitation échappent à la réglementation et les réquisitions de personnes, de biens et de services doivent être « nécessaires à la lutte contre la catastrophe sanitaire » et indemnisées. Cependant, le Conseil admet qu'il soit dérogé à la Constitution sans que celle-ci ne l'autorise (voir les développements ci-dessus concernant la constitutionnalisation de l'état d'urgence).

À l'occasion des recours formés à l'encontre des dispositions instituant le passeport sanitaire, le Conseil constitutionnel a limité son contrôle à l'erreur manifeste d'appréciation, ce qu'il l'a confirmé à propos de la transformation du passeport sanitaire en passeport vaccinal, renonçant purement et simplement à tout contrôle de nécessité de la mesure[358].

Il a analysé la quarantaine des personnes susceptibles d'être infectées (quatorze jours, renouvelables dans la limite d'une durée maximale d'un mois), et celles qui le sont, comme des mesures privatives de liberté dès lors que l'intéressé doit demeurer à son domicile ou dans son lieu d'hébergement pendant une plage horaire de plus de douze heures par jour. Il en a donc vérifié la nécessité en relevant que ces mesures ne peuvent viser que les personnes ayant séjourné au cours du mois précédent dans une zone de circulation de l'infection qui entrent sur le territoire national, après avis médical et de manière adaptée à l'état de santé.

Le Conseil a admis que la loi impose aux parties, pendant l'état d'urgence sanitaire, des procédures sans audience en matière civile, sociale et commerciale, parce qu'elles contribuent à la mise en œuvre du principe constitutionnel de continuité du fonctionnement de la justice, tout en satisfaisant les exigences de l'objectif de protection de la santé publique[359].

Mais le législateur n'a prévu l'intervention du JLD que pour la prolongation au-delà de quatorze jours ce qui encourt la censure, l'intervention d'un juge judiciaire devant être systématique. Le Conseil constitutionnel a en outre censuré comme méconnaissant la liberté individuelle l'article 13 qui laissait subsister des mesures de mise en quarantaine et de placement et maintien à l'isolement sans garantie de proportionnalité et de nécessité.

Concernant **le système d'information destiné à permettre le traitement de données destinées au « traçage » des personnes atteintes par la Covid-19** et de celles ayant été en contact avec ces dernières, le Conseil constitutionnel a estimé que, s'agissant de données médicales, une particulière vigilance doit être observée dans la conduite de ces opérations et la détermination de leurs modalités. En l'occurrence, le traitement et le partage,

---

356. Crim., 26 mai 2020, n° 20-81.971 et n° 20-81910 : « l'exigence conventionnelle d'un contrôle effectif de la détention provisoire ne peut être abandonnée à la seule initiative de la personne détenue ni à la possibilité pour la juridiction compétente d'ordonner, à tout moment, d'office ou sur demande du ministère public, la mainlevée de la mesure de détention ».

357. CC, 11 mai 2020, n° 2020-800 DC, Loi prorogeant l'état d'urgence sanitaire et complétant ses dispositions.

358. CC, 21 janvier 2022, n° 2022-835 DC.

359. CC, 19 novembre 2020, 2020-866 QPC, paragr. 15.

sans le consentement des intéressés certes portent atteinte au droit au respect de la vie privée, mais, comme cela existe déjà en matière d'épidémie, l'identification des chaînes de contamination satisfait l'objectif de valeur constitutionnelle de protection de la santé selon quatre finalités déterminées et pour des données limitatives, identifiées, pertinentes et anonymisées (nom, prénom, numéro de sécurité sociale, coordonnées téléphoniques et électroniques). Il a aussi contrôlé la liste des personnes susceptibles d'avoir accès à ces données et exclut de ce champ les organismes qui assurent l'accompagnement social des intéressés (non pertinent pour lutter directement contre l'épidémie). Il s'est assuré qu'aucun tiers n'est informé de la contamination sans le consentement du malade et que les détenteurs de l'information sont bien soumis au secret professionnel. **Le dispositif ne peut s'appliquer au-delà du temps strictement nécessaire à la lutte contre la propagation de l'épidémie** de Covid-19 ou, au plus tard, au-delà de six mois après la fin de l'état d'urgence sanitaire et les données supprimées trois mois après leur collecte.

Le Conseil a validé une seconde fois la prorogation de l'état d'urgence sanitaire pour satisfaire l'objectif de valeur constitutionnelle de protection de la santé, tout en assurant le respect des droits et libertés. Le juge n'exerce pas de réel contrôle de l'appréciation du législateur quant au contexte, la durée et l'opportunité des mesures. Il a formulé une réserve tendant à ce que les mesures prévues dans le cadre de l'état d'urgence sanitaire ne peuvent en tout état de cause être prises qu'aux seules fins de garantir la santé publique et être strictement proportionnées aux risques sanitaires encourus et appropriées aux circonstances de temps et de lieu (cas des données de santé)[360].

486 L'état d'urgence sanitaire – Contrôle du juge administratif. – Le juge administratif s'est imposé comme seul contrôleur de la mesure générale de confinement qu'il estime étrangère à la liberté individuelle de l'article 66 de la Constitution. Cette mesure, par « sa nature et à son objet, n'est pas au nombre de celles que l'article 66 de la Constitution réserve à la compétence de l'autorité judiciaire ». Cela semble indiquer que le seuil entre les deux libertés ne soit pas simplement une question de temps de la suspension de la liberté de mouvement, ou des effets que cela peut avoir sur l'individu, mais tient surtout aux éléments substantiels comme les objectifs de la mesure ; ce qui a pour effet de mettre en avant sa nature de police administrative, pour en conserver le contrôle. Cela alimente le mouvement, pour le moins discutable, de « préqualification » par l'administration elle-même, que le juge ne fait qu'enregistrer[361]. Les exigences de modulation des restrictions aux libertés ont amené surtout à une intense activité du Conseil d'État. Dans un premier temps, il a semblé ne contrôler que de manière très souple les décisions administratives, surtout lorsque la saisine appelait une action positive (fourniture de moyens, édiction de réglementation). **Tout au plus, a-t-il enjoint au Premier ministre et au ministre chargé de la Santé de préciser, réexaminer ou évaluer certaines dispositions** réglementant des déplacements et dont le périmètre n'était pas assez précis[362].

Mais avec la maîtrise de l'épidémie et la fin du confinement de la population, il a rendu **quelques décisions qui censurent des interdictions de rassemblements jugées trop larges**. Ce fut le cas de la liberté de culte[363] dont il permit l'exercice dans les lieux consacrés sous réserve du respect des règles de protection, et de la liberté de manifester[364] : si l'article 3 du décret du 31 mai 2020 interdisait les rassemblements, réunions ou activités, le juge des référés, s'appuyant sur les préconisations du Haut Conseil de la santé publique, a suspendu son exécution pour les manifestations sur la voie publique soumises à l'obligation d'une déclaration préalable sauf lorsque les « mesures barrières » ne peuvent être respectées ou que l'événement risque de réunir plus de 5 000 personnes. **Le périmètre dans lequel les préfets peuvent imposer le port du masque** doit être adapté aux zones de forte densité de personnes ou de difficulté à assurer le respect de la distance physique, tout en délimitant des zones suffisamment larges pour les englober « de sorte que les personnes qui s'y rendent puissent avoir aisément

360. CC, 13 novembre 2020, n° 2020-808 DC, loi autorisant la prorogation de l'état d'urgence sanitaire et portant diverses mesures de gestion de la crise sanitaire.
361. CE, ord. réf., 22 juill. 2020, *M. B... et autre*, n° 440149.
362. CE, ord. réf., 22 mars 2020, *Syndicat Jeunes Médecins*, n° 439674.
363. CE, ord. réf., 18 mai 2020, *M. W... et autres*, n°s 440366, 440380, 440410, 440531, 440550, 440562, 440563, 440590.
364. CE, ord. réf., 13 juin 2020, *Ligue des droits de l'Homme, CGT*, n° 440846, 440856, 441015.

connaissance de la règle applicable et ne soient pas incitées à enlever puis remettre leur masque à plusieurs reprises au cours d'une même sortie »[365]. Le Conseil d'État a ensuite désapprouvé le fait que le pouvoir réglementaire ait superposé la procédure d'autorisation qu'il a instituée provisoirement, en l'absence de laquelle toute manifestation de plus de dix personnes est interdite, à la procédure de déclaration prévue ordinairement par le Code de la sécurité intérieure, en vertu de laquelle toute manifestation déclarée est libre en l'absence de décision d'interdiction prise par l'autorité de police. Aussi longtemps que le préfet ne s'est pas prononcé sur la demande et en l'absence de tout délai fixé au préfet pour prendre une décision, il n'existe pas de recours utile avant la date de la manifestation devant le juge administratif[366]. Il a également **exclu que l'usage de drones pour la surveillance des rassemblements** s'opère sans respect du droit des données personnelles[367]. Le juge a rejeté le recours des discothèques contre leur fermeture, seule mesure proportionnée aux risques d'un lieu clos (qui ne permet pas le contrôle des mesures sanitaires), voué à la danse et en fonction de la difficulté de garantir le respect des gestes barrières ou du port du masque dans un contexte festif[368].

Il s'est enfin résigné à s'appuyer sur la CNIL pour le contrôle des données de santé mobilisées en urgence par la nouvelle « plateforme des données de santé ». N'ayant pas les moyens d'instruction nécessaires pour s'assurer de la qualité de la pseudonymisation des données, **il enjoint à la plateforme de fournir à la CNIL les éléments nécessaires à ce contrôle**[369].

Une nouvelle progression de l'épidémie a conduit le président de la République à prendre, sur le fondement des articles L. 3131-12 et L. 3131-13 du Code de la santé publique, **le décret du 14 octobre 2020 déclarant l'état d'urgence à compter du 17 octobre 2020** sur l'ensemble du territoire national. Le législateur, par l'article 1er de la loi du 14 novembre 2020 autorisant la prorogation de l'état d'urgence sanitaire et portant diverses mesures de gestion de la crise sanitaire, a prorogé cet état d'urgence sanitaire jusqu'au 16 février 2021 inclus. Dans ce cadre, l'ordonnance du 18 novembre 2020 a prévu diverses **adaptations des règles de procédure pénale** « afin de permettre la continuité de l'activité des juridictions pénales essentielle au maintien de l'ordre public » (art. 1er). Pour cela, il peut être recouru à un moyen de télécommunication audiovisuelle devant l'ensemble des juridictions pénales et pour les présentations devant le procureur de la République ou devant le procureur général, sans qu'il soit nécessaire de recueillir l'accord des parties. Ces dispositions portent une atteinte grave et manifestement illégale aux droits de la défense. D'ailleurs, le Conseil constitutionnel a censuré des dispositions similaires. Puisque la condition d'urgence est remplie, le juge administratif suspend l'exécution des dispositions contestées[370]. Il a censuré **le recours à la visioconférence**, sans l'accord de l'accusé, autorisé par l'ordonnance du 18 novembre 2020 devant la cour d'assises ou la cour criminelle ; en effet, la gravité des peines encourues et le rôle dévolu à l'intime conviction des magistrats et des jurés confèrent une place spécifique à l'oralité des débats et à la présence physique des parties civiles et de l'accusé, en particulier lorsque l'accusé prend la parole en dernier[371].

Il en va de même du décret du 30 janvier (prescrivant les mesures générales nécessaires pour faire face à l'épidémie de la Covid-19) qui soumet l'entrée sur le territoire métropolitain des ressortissants français présents dans un pays étranger (à quelques exceptions près) à la justification d'un motif impérieux d'ordre personnel ou familial, un motif de santé relevant de l'urgence ou un motif professionnel ne pouvant être différé. Il porte une atteinte disproportionnée à la liberté d'aller et venir : « Il ne peut être porté atteinte au droit fondamental qu'a tout Français de rejoindre le territoire national qu'en cas de nécessité impérieuse pour la sauvegarde de l'ordre public, notamment pour prévenir, de façon temporaire, un péril grave et imminent »[372]. La pandémie mondiale de Covid-19 ne peut, par elle-même, justifier une telle atteinte. Les **restrictions de toute nature mises à l'embarquement de Français depuis l'étranger dans un moyen de transport à destination de la France**, en vue de

365. CE, ord. réf., 6 sept. 2020, *Ministre des solidarités et de la santé*, n° 443750, n° 443751.
366. CE, Ord., 6 juillet 2020, *CGT et autres, Ass. SOS Racisme*, nos 441257, 441263, 441384.
367. CE, Ord. Réf., 18 mai 2020, *Association La quadrature du net, Ligue des droits de l'Homme*, nos 440442, 440445.
368. CE, réf., 13 juil. 2020, *Soc. Plaza Mad et autres, Syndicat national des discothèques et lieux de loisirs*, nos 441449, 441552, 441771.
369. CE, ord., 19 juin 2020, *Association Le Conseil national du logiciel libre et autres*, n° 440916.
370. CE, 12 février 2021, Syndicat des avocats de France et autres, n° 448972, 448975.
371. CE, 27 nov. 2020, *Ass. des avocats pénalistes*, n° 446712.
372. CE, 12 mars 2021, Union des Français de l'étranger, n° 449743, 449830.

préserver la situation sanitaire sur le territoire national, ne peuvent être légalement prises que si le bénéfice, pour la protection de la santé publique, excède manifestement l'atteinte ainsi portée au droit fondamental en cause. Elles ne sauraient, en tout état de cause, avoir pour effet de faire durablement obstacle au retour d'un Français sur le territoire national, quitte à adopter des mesures de quarantaine. À l'inverse, ce type de restrictions peut être édicté à l'égard des déplacements de la métropole à l'outre-mer, eu égard aux données épidémiologiques et au constat du non-respect des mesures d'isolement par les touristes[373].

Le juge administratif[374] a associé **la fermeture au public des cinémas, théâtres et salles de spectacles** à diverses libertés fondamentales : la liberté d'expression et la libre communication des idées, la liberté de création artistique, la liberté d'accès aux œuvres culturelles, la liberté d'entreprendre et la liberté du commerce et de l'industrie, ainsi que le droit au libre exercice d'une profession. La seule circonstance qu'une partie des activités concernées pourrait demeurer accessible au public à travers d'autres supports ou de manière dématérialisée ne saurait faire disparaître cette atteinte. L'interdiction générale et absolue d'ouverture des lieux de spectacles ne se justifie que dans un contexte sanitaire marqué par un niveau particulièrement élevé de diffusion du virus susceptible de compromettre à court terme la prise en charge, notamment hospitalière, des personnes contaminées et des patients atteints d'autres affections. Inversement, l'impact des restrictions sur la santé mentale de la population doit être pris en compte aussi par l'autorité administrative, au titre de la proportionnalité des mesures qu'elle adopte, dont la seule finalité est la préservation de la santé publique.

La prescription par décret de **l'interdiction de sortie des résidents des EHPAD** présentait aussi un caractère général et absolu qui ne pouvait manifestement pas être regardée comme une mesure nécessaire et adaptée et, ainsi, proportionnée à l'objectif de prévention de la diffusion du virus. En effet, le juge pose que les résidents vaccinés doivent pouvoir sortir, selon la décision du responsable de l'EHPAD et dans les conditions qu'il définit, en fonction de la taille de l'établissement, de la nature de la sortie envisagée, du taux de vaccination des résidents et des personnels ou encore de la proportion constatée des nouveaux variants, avec des mesures de protection renforcée lors du retour dans l'établissement[375].

Le contrôle normal du juge a été, au fur et à mesure des décisions, toujours plus confronté à des questions inédites. Notamment lorsque des contraintes avaient comme mobile assumé d'inciter à la vaccination, mais comme motif réel de réduire la circulation du virus, sans y être parfaitement adapté. Le juge a dû déployer des trésors d'arguments. Il[376] se fonde sur une forte reprise épidémique pour expliquer l'absence de détournement de pouvoir quand le Premier ministre décide de réduire la durée pendant laquelle une personne non vaccinée, justifiant du résultat négatif d'un examen de dépistage, est susceptible d'avoir été contaminée postérieurement à cet examen et, par conséquent, en se rendant sur les lieux et en participant aux activités soumises à l'exigence d'un passe sanitaire, de contaminer d'autres personnes vaccinées ou, justifiant seulement d'un test négatif, exposant ces dernières à un risque plus élevé de développer une forme grave de la maladie. **Le contexte sanitaire justifie des mesures de précaution plus importantes**, tout en s'assurant de mesures compensatoires comme le maintien de la gratuité des tests dans un certain nombre de cas et, notamment pour les mineurs, des conséquences de l'absence de présentation du **« passe sanitaire »** qui ne peut être opposée à l'accès aux biens et services de première nécessité et qui conduit, pour les salariés, à la mise en place de solutions de substitution, lorsqu'elles sont possibles et, enfin, de ce qu'il n'existe plus aujourd'hui de difficultés pour les personnes qui le peuvent et le souhaitent de se faire vacciner gratuitement.

Le droit d'exception conduit à n'alléger des restrictions que dans la mesure où elles n'alimentent pas la pandémie ; ainsi de la **liberté de se réunir, dans le cadre de la campagne électorale**. En temps normal, toute manifestation sur la voie publique, y compris les réunions électorales, sauf celles conformes aux usages locaux, doivent être déclarées, en application des articles L. 211-1 et suivants du Code de la sécurité intérieure. Les dispositions de lutte contre la Covid ajoutent l'obligation d'informer l'autorité des mesures qui seront prises pour assurer le respect des mesures de protection de la santé publique, sauf si la manifestation envisagée réunit

373. CE, 12 mars 2021, *Soc. Antillaise de location de véhicules automobiles*, n° 449908.
374. CE, Ord., 26 février 2021, *M. B et autres*, n° 449692.
375. CE, 3 mars 2021, *Mme B. et autres*, n° 449759.
376. CE, 14 déc. 2021, *Ass. La voix du peuple et autres*, n° 458876, 458955, 458965, 459037, 459053, 459124.

moins de cinquante personnes. Néanmoins, les réunions de plus de cinquante personnes demeurent possibles en respectant des exigences plus complexes. Cette dérogation favorable aux petites réunions ne peut donc être suspendue, sauf à aggraver la contrainte sur la liberté d'organiser des manifestations par les partis politiques, et ne serait donc aucunement de nature à préserver les libertés fondamentales objets de restrictions au regard de la crise sanitaire[377].

Le Conseil d'État a enfin admis le principe même de la **vaccination obligatoire** contre la Covid-19 et opéré le même examen de proportionnalité à l'égard de tous les droits invoqués, sans distinction : la vie privée peut céder en partie devant l'objectif d'amélioration de la couverture vaccinale en vue de la protection de la santé publique. Doivent être écartés pour les mêmes raisons les moyens par lesquels les requérants invoquent des règles ou principes tels que le droit à la vie, la dignité de la personne humaine, la liberté de choisir sa religion et le droit à « l'objection de conscience »[378].

Le contrôle de proportionnalité a donné lieu à de longues décisions discutant jusqu'aux alternatives aux décisions absolues comme **la fermeture des bars et restaurants**, pourtant maintenue en justifiant d'une situation différente de la restauration collective et d'un échec des mesures de couvre-feu : « Ainsi, alors même que ni le maintien de l'autorisation de vente à distance et de vente à emporter ni l'élargissement et le renforcement des mesures de soutien aux entreprises, mis en œuvre par le gouvernement, ne sont de nature à compenser les pertes de revenus subies par les restaurateurs, l'atteinte portée à la liberté du commerce et de l'industrie, aussi significative soit-elle, n'est pas excessive eu égard aux risques sanitaires encourus, pour la population générale, du fait du brassage de population dans les salles de consommation sur place de ces établissements »[379]. Et de **ne pas considérer les librairies comme des commerces de première nécessité**, leur fermeture n'empêchant pas l'accès aux livres par le biais de commandes et de livraisons à domicile ou de retrait sur place, les librairies pouvant, comme les autres magasins concernés, rester ouvertes pour procéder aux activités de livraison et de retrait sur place des commandes[380].

Le juge administratif[381] a ainsi donné raison à **des associations cultuelles** et à un membre du clergé catholique qui ont saisi le Conseil d'État pour faire suspendre en urgence la limite imposée de trente personnes pour les rassemblements dans les établissements de culte. Même si les cérémonies religieuses exposent les participants à un risque de contamination d'autant plus élevé qu'elles ont lieu dans un espace clos, de taille restreinte, pendant une durée importante, avec un grand nombre de personnes, et s'accompagnent de prières récitées à haute voix ou de chants, de gestes rituels impliquant des contacts, des déplacements, ou encore des échanges entre les participants, il a ordonné au gouvernement de modifier cette limite sous trois jours, en l'adaptant par exemple à la superficie des établissements ou à leur capacité d'accueil, afin que celle-ci soit strictement proportionnée au risque sanitaire. Au demeurant, aucune des autres activités de nouveau autorisées (commerces « non essentiels » notamment) n'est soumise à une limite du nombre de personnes fixée indépendamment de la superficie des locaux. Le juge des référés a ordonné au ministre de l'Intérieur que des kits d'hygiène (lingettes rafraîchissantes, dentifrice à croquer, serviettes hygiéniques) soient automatiquement proposés dans les plus brefs délais aux personnes gardées à vue, qui devront aussi être informées de la possibilité de renouveler leur masque toutes les quatre heures et de se désinfecter les mains sur simple demande[382].

La sécurité juridique a été également un enjeu. Les préfets ne peuvent imposer le port du masque en extérieur qu'à certaines conditions : il doit être limité aux lieux et aux heures de forte circulation de population quand la distanciation physique n'est pas possible, et uniquement si la situation épidémiologique locale le justifie. Mais le préfet peut délimiter des zones suffisamment larges pour que la règle soit compréhensible et son application cohérente[383].

---

377. CE, 11 juin 2021, *Mme Autain*, n° 453236.
378. CE, 10 déc. 2021, *Syndicat des agents publics de Polynésie et autres*, n° 456004.
379. CE, 8 déc. 2020, *Union des métiers et des industries de l'hôtellerie (UMIH)*, n° 446715.
380. CE, 13 nov. 2020, *Société Le Poirier-au-Loup et a.*, n° 445883.
381. CE, 29 nov. 2020, Ass. Civitas et Conférence des Evêques de France, n° 446930.
382. CE, 22 nov. 2021, *Association des avocats pénalistes*, n° 456924.
383. CE, 11 janv. 2022, n° 460002.

Enfin, le juge administratif[384] a **reconnu des fautes dans la gestion de la crise sanitaire par les pouvoirs publics.** Par exemple, le fait de ne pas avoir, de manière générale et en temps normal, suffisamment anticipé la survenance d'une épidémie quelconque et donc renoncé à constituer un stock de masques (alors que la gestion de la pénurie de masques elle-même n'est pas fautive). Mais il juge aussi fautives les déclarations des autorités politiques plaidant pour l'inutilité générale, pour la population, de porter un masque en raison « du caractère contradictoire avec les données scientifiques disponibles ». Cependant, en l'espèce, le tribunal considère que la contamination des requérants par le virus n'a pas un lien suffisamment direct avec ces fautes.

487 **L'article 16 de la Constitution.** – Modifié par la révision de 2008 qui entend accroître les contrôles, cet article dispose que « **lorsque les institutions de la République, l'indépendance de la nation, l'intégrité de son territoire ou l'exécution de ses engagements internationaux sont menacées d'une manière grave et immédiate et que le fonctionnement régulier des pouvoirs publics constitutionnels est interrompu**, le président de la République prend les mesures exigées par ces circonstances, après consultation officielle du Premier ministre, des présidents des assemblées ainsi que du Conseil constitutionnel. Il en informe la nation par un message. Ces mesures doivent être inspirées par la volonté d'assurer aux pouvoirs publics constitutionnels, dans les moindres délais, les moyens d'accomplir leur mission. Le Conseil constitutionnel est consulté à leur sujet. Le Parlement se réunit de plein droit. L'Assemblée nationale ne peut être dissoute pendant l'exercice des pouvoirs exceptionnels ». Cet article **a été mis en œuvre le 3 mai 1961 dans le cadre du conflit algérien** et a permis la mise en place d'une juridiction militaire d'exception. Son maintien bien au-delà du nécessaire a fait craindre pour les libertés. C'est pourquoi, le constituant de 2008 a ajouté les dispositions suivantes : « Après trente jours d'exercice des pouvoirs exceptionnels, le Conseil constitutionnel peut être saisi par le président de l'Assemblée nationale, le président du Sénat, soixante députés ou soixante sénateurs, aux fins d'examiner si les conditions énoncées au 1er alinéa demeurent réunies. Il se prononce dans les délais les plus brefs par un avis public. Il procède de plein droit à cet examen et se prononce dans les mêmes conditions au terme de soixante jours d'exercice des pouvoirs exceptionnels et à tout moment au-delà de cette durée ». Ce contrôle consultatif (mais public cette fois) s'ajoute à **celui du Conseil d'État qui porte sur les mesures de nature administrative et non celles qui relèvent en temps normal du domaine de la loi.** Le Conseil d'État a également admis une marge d'appréciation au profit du président de la République en cas de mise en œuvre de l'article 16, qui demeure incontrôlée au fond[385]. En cas d'application de l'article 16 les ministres peuvent placer en congé spécial les agents qui ne leur paraissent pas à la hauteur des circonstances[386]. **Le juge contrôle tout de même la réalité et le caractère exceptionnel desdites circonstances**[387].

b. Les approches jurisprudentielles

488 **Rigidité constitutionnelle et état d'exception.** – En dehors de l'article 16, le droit constitutionnel n'offre en principe **pas de possibilité de déroger à ses exigences.** C'est d'ailleurs le principe même du droit constitutionnel que de présenter une certaine rigidité face aux aléas politiques. **Mais cela n'a pas empêché le Conseil constitutionnel de transiger sur une exigence procédurale** (ce qui n'est pas plus excusable car dans la Constitution tout garantit un certain équilibre des pouvoirs) à la faveur de la mise en place de l'état d'urgence sanitaire. À l'occasion de l'examen de la loi organique qui suspendait l'exigence du délai de trois mois pour que les juridictions statuent sur les QPC, il a en effet écarté l'argument tenant au vice de procédure législative (art. 46 al. 2) « compte tenu des circonstances particulières de l'espèce »[388].

384. TA Paris, 28 juin 2022, n° 2012679/6-3.
385. CE, Ass., 2 mars 1962, *Rubin de Servens* : le juge ne vérifie que la forme.
386. CE, Ass., 13 juill. 1965, *Gauthier*.
387. CE, Ass., 23 oct. 1964, *D'Oriano*.
388. CC, 26 mars 2020, n° 2020-799 DC.

Qu'il s'agisse d'éluder les motifs ou d'en négliger l'importance, la solution, à défaut de surprendre, déçoit. En toute hypothèse, elle semble dire qu'elle ne fonde pas une « théorie » constitutionnelle de crise mais une tolérance ponctuelle et discrétionnaire.

489 **Jurisprudence administrative. -** Le juge administratif, de son côté, a fait en sorte d'être plus souple quand l'administration doit faire face à des circonstances qui rendent secondaire le respect de la stricte légalité. Ces **circonstances dépassent les temps de guerre pour embrasser des tensions graves**. Il fait en sorte d'étendre les pouvoirs de l'administration et de fermer les yeux sur certains vices, y compris de compétence, qui peuvent pourtant affecter les libertés. Il intervient a posteriori et, en bonne logique, l'administration ne saurait anticiper sur l'application de cette ligne pour s'autoattribuer le pouvoir de déroger à la légalité. Pourtant, lors de la pandémie de Covid-19, le Conseil d'État a rendu un avis imprudent laissant entendre que les premières mesures de lutte sanitaire, prises parfois sans base légale franche, pouvaient s'en réclamer. Ce ne fut néanmoins pas nécessaire au contentieux.

La jurisprudence est connue : arrêts *Heyriès*[389], *Dames Dol et Laurent*[390], *Marion*[391], *Galliot*[392]. **Le juge contrôle tout de même la réalité et le caractère exceptionnel des circonstances, l'impossibilité de rester dans la légalité courante, la valeur de l'objectif poursuivi au regard de l'atteinte au droit.** Quant aux effets, cette théorie permet de légaliser l'illégal et même d'instituer des prérogatives étrangères à l'administration qui deviennent alors simplement illégales et non plus des voies de fait[393].

490 **La jurisprudence européenne. -** La CEDH connaît elle aussi du contentieux des libertés en période troublée (voir les développements consacrés aux limites des droits). Au cœur des préoccupations contemporaines, les législations antiterroristes tentent de banaliser l'exception en pérennisant des mesures extraordinaires. De deux choses l'une, ou bien **l'État entend bénéficier de l'article 15 ouvrant droit à des dérogations temporaires, ou bien il tente de modifier la perception que la Cour peut avoir de la proportionnalité des mesures**. L'exception ne s'épanouit plus dans le temps mais selon des domaines sensibles, ce que la Cour semble admettre aujourd'hui au regard de sa jurisprudence, en particulier depuis 2003. Bien sûr cela n'affecte pas les droits indérogeables. Dans une affaire *A. et autres c. RU*[394], la Cour a eu à évaluer la proportionnalité des mesures restrictives de liberté au regard des risques pour la sécurité nationale invoqués par le gouvernement. Le Royaume-Uni, dès décembre 2001, a mis en place des régimes dérogeant aux garanties de la Convention (*Anti-terrorism crime and Security Act*), particulièrement la sûreté et la vie privée, en invoquant l'article 15 § 1[395]. Certaines juridictions britanniques inférieures ont notamment accepté l'apport de preuves obtenues par violence et une détention de plus de trois ans sans perspective de sortie. **La CEDH admet que la lutte contre le terrorisme est un but légitime mais l'article 3 ne doit subir aucune dérogation, même si la vie de la Nation est en danger** ; c'est pourquoi elle élude le conflit en estimant que la détention a pu être contestée avec succès et que les souffrances n'ont pas atteint un seuil intolérable. Une condamnation intervient pour défaut de réparation.

Mais pour les droits qui peuvent faire l'objet d'une dérogation, la Cour fait preuve de souplesse dans son appréciation concrète. **D'un côté, les États sont tenus de protéger la sécurité au nom du droit à la vie, ce qui**

389. CE, 28 juin 1918, *Heyriès* : légalité de la suspension de la règle de la communication du dossier dans le cadre des procédures disciplinaires des fonctionnaires pendant la guerre, l'administration peut contrer ainsi une loi.

390. CE, 28 févr. 1919, *Dames Dol et Laurent* : légalité d'un arrêté préfectoral limitant la « liberté du commerce et de l'industrie » sous la forme d'une limitation de l'activité de prostituées.

391. CE, 5 mars 1948, *Marion* : les administrés peuvent valablement se substituer à une administration défaillante et un comité d'habitants peut opérer réquisition quand le Conseil municipal a fui.

392. CE, 3 nov. 1989, *Galliot* : dans le cadre d'émeutes en Nouvelle-Calédonie, un conseil municipal peut créer une délégation spéciale pour assurer le maintien des services publics. L'administration s'octroie une compétence qu'elle n'a pas.

393. T. confl., 27 mars 1952, *Dame Lamurette* : cas d'internements décidés pendant la guerre par un comité officieux.

394. CEDH, 19 févr. 2009.

395. « En cas de guerre ou en cas d'autre danger public menaçant la vie de la nation, toute Haute Partie contractante peut prendre des mesures dérogeant aux obligations prévues par la présente Convention, dans la stricte mesure où la situation l'exige et à la condition que ces mesures ne soient pas en contradiction avec les autres obligations découlant du droit international ».

entraîne des obligations positives de protection qui justifient des restrictions d'autres droits, de l'autre, ils doivent le faire en tenant compte de manière réaliste de la possibilité de maintenir le noyau dur de ces droits. Ainsi, dans l'affaire *Osman contre Royaume-Uni*, la Cour explique que : « nul ne conteste que l'obligation de l'État à cet égard va au-delà du devoir primordial d'assurer le droit à la vie en mettant en place une législation pénale concrète dissuadant de commettre des atteintes contre la personne et s'appuyant sur un mécanisme d'application conçu pour en prévenir, réprimer et sanctionner les violations. [L'article 2 de la Convention] peut, dans certaines circonstances bien définies, mettre à la charge des autorités l'obligation positive de prendre préventivement des mesures d'ordre pratique pour protéger l'individu dont la vie est menacée par les agissements criminels d'autrui »[396].

Dans l'affaire de la **prise d'otage des enfants de l'école de Beslan**[397], la Russie a été condamnée pour violation de l'article 2 car les autorités disposaient en réalité de suffisamment d'informations précises indiquant qu'une attaque terroriste visant un établissement d'enseignement était prévue dans la région, mais n'ont pas pris de mesures suffisantes pour empêcher les terroristes de préparer l'attaque, ni pour les empêcher de se déplacer le jour de l'attaque, ni renforcé la sécurité de l'école, ni seulement averti le personnel de la menace. De même, l'arrêt *Othman contre Royaume-Uni*[398] considère « qu'il est légitime devant une telle menace, que les États fassent preuve d'une grande fermeté à l'égard de ceux qui contribuent à des actes de terrorisme, acte qu'elle ne saurait en aucun cas cautionner ». **Ceci amène à un réel assouplissement des conditions d'examen de la proportionnalité.**

L'arrêt *Ibrahim c. RU*[399] **en témoigne**. Dans cette affaire trois présumés poseurs de bombe (attentat de Londres de 2005 dans lequel quatre bombes furent mises à feu dans le réseau de transports publics de Londres sans exploser) furent arrêtés et un témoin entendu avant d'être à son tour arrêté pour avoir aidé l'un des poseurs de bombes après l'échec de l'attentat. La Cour a conclu à la non-violation de l'article 6 § 1 et 3 c) (droit à un procès équitable et droit à une assistance juridique) à l'égard des trois premiers requérants alors qu'ils ont été privés de l'assistance d'un avocat. Il existait « un besoin urgent de prévenir des atteintes graves à la vie ou à l'intégrité physique des membres de la population, en l'occurrence d'empêcher d'autres attentats suicides ». La violation n'est avérée que pour le complice qui a été entendu comme témoin sans assistance et qui ne subissait pas les mêmes circonstances. En l'absence de raisons impérieuses, c'est au gouvernement britannique qu'il incombait de démontrer que, néanmoins, le procès avait été équitable. **Les attaques terroristes apparaissent donc bien comme des « nécessités impérieuses » qui permettent de suspendre en partie les droits procéduraux.** De même, la Cour admet que la lutte contre le terrorisme et l'urgence de la situation justifient les perquisitions des domiciles des requérants, en dépit d'un mandat de perquisition formulé dans des termes relativement larges mettant en cause la vie privée[400]. L'État peut encore interdire l'apologie des actes terroristes[401].

Néanmoins, les États doivent toujours veiller à la proportionnalité de la mesure. **Ce qui exclut une surveillance généralisée, par le contrôle des télécommunications sans limitation du périmètre et sans contrôle juridictionnel**[402]. La Suisse[403] viole le droit à la vie privée en n'utilisant pas la souplesse que lui donne le droit international antiterroriste (Résolution 1267 (1999), prévoyant des sanctions contre les talibans) pour éviter d'isoler une personne de ses proches et de ses médecins. Certes, cette personne est suspectée de liens avec Al-Qaïda, mais des mesures d'interdiction de transit par la Suisse sont excessives alors que le requérant habite une enclave italienne en territoire suisse.

396. CEDH, 28 oct. 1998, *Osman c. Royaume-Uni*, n° 87/1997/871/1083, § 115.
397. CEDH, 13 avril 2017, *Tagayeva et autres c. Russie*, n° 26562/07, 14755/08, 49339/08 (et autres), §§ 562-574.
398. CEDH, 17 janvier 2012, *Othman (Abu Qatada) c. Royaume-Uni*, n° 8139/09, § 183. Dans le même sens : CEDH, 3 décembre 2009, *Daoudi c. France*, n° 19576/08, § 65.
399. CEDH, 13 septembre 2016, *Ibrahim et autres c. Royaume-Uni*, n° 50541/08, §§ 250-252 et §§ 267-272.
400. CEDH, 20 octobre 2015, *Sher et autres c. Royaume-Uni*, n° 5201/11.
401. CEDH, 12 sept. 2015, *Bidart c. France*, n° 52363/11.
402. CEDH, 12 janvier 2016, *Szabó et Vissy c. Hongrie*, n° 37138/14.
403. CEDH, 12 sept. 2012, *Nada c. Suisse* (requête n° 10593/08).

491 **L'inconventionnalité des « remises extraordinaires ».** - Dans plusieurs affaires, la Cour a été confrontée à d'incroyables faits liés à la coopération que les États européens mettent en place avec les États-Unis pour contrôler les déplacements de supposés terroristes. **Certains États, à la demande de la CIA ou de leur propre initiative, arrêtent de présumés terroristes puis les remettent secrètement aux autorités américaines qui les recherchent. Ces personnes se trouvent détenues pour être interrogées, parfois torturées, sur le territoire du Conseil de l'Europe** (mais éventuellement en dehors). Il va de soi que la complicité de ces États est totale. Dans une affaire *El-Masri*[404], un ressortissant allemand d'origine libanaise alléguait avoir été victime d'une opération de « remise » secrète au cours de laquelle il aurait été arrêté, mis à l'isolement, interrogé, maltraité dans un hôtel de Skopje pendant vingt-trois jours, puis remis à des agents de la CIA qui l'auraient conduit dans un centre de détention secret en Afghanistan, où il aurait subi d'autres mauvais traitements pendant plus de quatre mois. La Cour estime que le récit de M. El-Masri est établi au-delà de tout doute raisonnable et dit que **« l'ex-République yougoslave de Macédoine » doit être tenue pour responsable des actes de torture et des mauvais traitements** subis par l'intéressé dans le pays lui-même et après son transfert aux autorités américaines. La Cour constate des violations de l'article 3 (aux plans substantiel et procédural), de l'article 5, de l'article 8 et de l'article 13. Le caractère coupable est accentué par la déloyauté des États qui refusent d'apporter quelque élément de preuve que ce soit[405]. La Cour européenne a ainsi condamné l'Italie pour avoir permis le « transfèrement extrajudiciaire » (ou remise secrète), à savoir l'enlèvement par des agents de la CIA, avec la collaboration de ressortissants italiens, de l'imam égyptien Abou Omar ainsi que son transfert en Égypte puis sa détention au secret pendant plusieurs mois[406].

De même, la Turquie a obtenu de l'Azerbaïdjan l'expulsion de quatre Turcs installés légalement depuis plusieurs années, mais considérés comme opposants au régime turc. Elle fait valoir qu'elle a retiré leurs passeports, et l'Azerbaïdjan finit par retirer son titre de séjour, les arrête et les expulse vers la Turquie. La Cour[407] juge que le renvoi des requérants s'assimile à une extradition déguisée et que la privation de liberté qui leur a été imposée s'est inscrite dans le cadre d'un transfert extrajudiciaire contraire au droit interne et au droit international ; elle relève la manière dont les autorités ont contourné la procédure d'extradition officielle, ainsi que les garanties internationales pertinentes, portant ainsi atteinte aux droits garantis par l'article 5 et l'article 3 dans le chef des requérants.

CEDH, 31 mai 2018, *Al Nashiri c. Roumanie, n° 33234/12*

La Roumanie a accueilli de septembre 2003 à novembre 2005 une prison secrète de la CIA dont le nom de code était « Site Black », que M. Al Nashiri y a été détenu pendant environ 18 mois, et que les autorités internes savaient que la CIA le soumettrait à des traitements contraires à la Convention. La Roumanie a également permis que M. Al Nashiri soit transféré dans un autre site de détention de la CIA, situé soit en Afghanistan (« Site Brown ») soit en Lituanie (« Site Violet »), l'exposant ainsi à d'autres mauvais traitements. M. Al Nashiri est accusé aux États-Unis de faits passibles de la peine capitale, à savoir la participation à la commission d'attentats terroristes.

La Cour européenne conclut :

- à la **Violation de l'article 3** en raison, d'une part, du manquement des autorités nationales à mener une enquête effective et, d'autre part, de la complicité de l'État avec les agissements de la CIA ayant abouti à des mauvais traitements ;
- à la **Violation des articles 5, 8 et 13, de l'article 6 § 1 et des articles 2 et 3 combinés avec l'article 1 du Protocole n° 6 (abolition de la peine de mort).**

404. CEDH, 13 décembre 2012, *El-Masri c. ex-République yougoslave de Macédoine*, n° 39630/09.
405. CEDH, 24 juillet 2014, *Al Nashiri c. Pologne et Husayn (Abu Zubaydah) c. Pologne*, requête n° 28761/11).
406. CEDH, 23 février 2016, *Nasr et Ghali c. Italie*, n° 44883/09.
407. CEDH, 10 mars 2022, *Shenturk et autres c. Azerbaïdjan*, n° 41326/17.

La Cour ne peut communiquer avec M. Al Nashiri, celui-ci étant toujours détenu par les autorités américaines dans des conditions extrêmement restrictives. Elle a donc dû établir les faits à partir de différentes autres sources d'information.

492 **Conditions de l'article 15.** – Les mesures doivent répondre à trois conditions : **un danger menaçant la vie de la Nation, la nécessité de respecter les engagements internationaux et l'intangibilité des droits.** Quant à l'appréciation du danger, elle revient aux autorités nationales. La Cour se réfère à la notion de « guerre ou autre danger public » c'est-à-dire « une situation de crise ou de danger exceptionnel et imminent qui affecte l'ensemble de la population et constitue une menace pour la vie organisée de la communauté composant l'État », notion dégagée dans les affaires de terrorisme en Irlande du Nord[408]. Le danger peut être potentiel (aucun attentat n'avait encore été commis sur le sol britannique) et durable. En ce cas, l'État doit déclarer formellement au Conseil de l'Europe la mise en place d'une législation d'exception en délimitant le territoire concerné sous peine de voir ses mesures déclarées contraires à la Convention[409]. Les mesures prises doivent respecter les principes de nécessité et de proportionnalité, mais le gouvernement est seul à déterminer le degré du danger... Enfin **les États ne doivent pas déroger à la protection absolue de certains droits**, non seulement dans la Convention mais aussi des autres textes internationaux comme le Pacte sur les droits civils, et ne pas créer de discrimination. La France, lors de son adhésion, a formulé une réserve concernant le régime de l'état d'urgence et l'article 16 de la Constitution.

c. La notion de « droits indérogeables »

493 **Notion.** – Il faut encore aborder une question souvent mal comprise : celle des droits « intangibles » ou « indérogeables », déjà rencontrée lorsqu'il a été question de développer une définition doctrinale des droits fondamentaux. En effet, on s'en souvient, certains textes proposent des listes de droits qu'ils qualifient d'« indérogeables » ce qui est souvent compris comme synonyme d'« absolus ». **Ces droits seraient ainsi inconciliables avec d'autres droits ou normes d'ordre public. Cette lecture semble inexacte, même si la jurisprudence n'a pas réellement explicité ce point**, car aucun droit n'est réellement absolu, ne serait-ce que lorsque le conflit se noue entre deux titulaires qui arguent du même droit. **Le caractère indérogeable s'apprécie principalement d'un point de vue temporel.** En période exceptionnelle, pendant laquelle l'État entend réduire la protection des libertés pour rétablir un ordre public objectivement menacé, il ne peut réduire la protection des droits indérogeables. Cela implique en fait deux éléments. Tout d'abord, l'intangibilité pèse sur la détermination des droits garantis en période exceptionnelle. Si certains droits peuvent être suspendus en cas de troubles rendant l'action de l'État difficile, les droits indérogeables ne peuvent se mettre entre parenthèses. **Les prérogatives de souveraineté de l'État ne cèdent donc que lorsqu'est en cause un droit intangible :** le pouvoir d'expulser un étranger réputé indésirable selon la législation interne cède devant le risque réel d'être soumis, dans le pays de destination, à la torture ou à des traitements inhumains et dégradants[410]. Ensuite, cela peut avoir pour conséquence d'induire une forme de priorité de ces droits. Dans le cadre d'une conciliation avec d'autres, si le droit en question peut céder pour une part la prérogative contestée, l'interprète doit s'efforcer de ne pas le faire disparaître complètement. Il conserve son noyau dur. Intangible signifie donc une certaine priorité, sans que cela implique une supériorité formelle. Le cas extrême est fourni par la possibilité pour un État d'abattre un avion détourné par des terroristes : **peut-on choisir de tuer des personnes pour espérer en sauver d'autres** ? Plus ou moins de vie ? La Cour constitutionnelle de Karlsruhe a annulé ainsi les dispositions d'une loi sur la sécurité aérienne votée en 2004 qui autorisait le ministre de la Défense à donner l'ordre à l'armée de l'air d'abattre, en ultime recours, un appareil détourné menaçant de s'écraser sur une zone urbaine ou une centrale nucléaire[411].

---

408. CEDH, 1er juill. 1961, *Lawless c. Irlande*.
409. Com. EDH, 4 oct. 1983, *Chypre c. Turquie*.
410. CEDH, 15 nov. 1996, Chahal c. Royaume-Uni.
411. 15 février 2006, BVerfGE 115, 118 [151 et ss.].

494 Sources. – **La Convention EDH** distingue trois catégories : **les droits intangibles en toutes circonstances** (même en cas de guerre ou d'autre danger public menaçant la vie de la nation), **les droits intangibles en période normale et les droits susceptibles, même en période normale, de faire l'objet de restrictions dans la mesure prévue par la Convention de manière générale** ou dans le deuxième paragraphe de chaque article. Les droits toujours prioritaires se présentent comme des droits « cadres » ou « conditions », en un mot « fondamentaux », car constitutifs du statut de sujet de droit : il s'agit du droit à la vie, du droit de ne pas être soumis à la torture ou à des peines ou traitements inhumains ou dégradants, du droit de n'être tenu ni en esclavage ni en servitude, du droit au bénéfice de la règle de légalité des délits et des peines et de la règle *non bis in idem*.

Quant au **PIDCP** des Nations unies, il retire de cette liste la règle *non bis in idem*, et ajoute le droit de ne pas être emprisonné pour la seule raison qu'on n'est pas en mesure d'exécuter une obligation contractuelle, le droit de bénéficier d'une loi pénale plus douce intervenue postérieurement à l'infraction, le droit de chacun à la reconnaissance en tous lieux de sa personnalité juridique et certains aspects du droit à la liberté de pensée, de conscience et de religion.

La CDFUE ne reprend pas l'idée d'intangibilité mais insiste sur les limites à toute conciliation opérée par le droit communautaire qui doivent garantir « le contenu essentiel desdits droits et libertés » (art. 52). Elle refuse d'ailleurs l'abus de droit (art. 54).

Dans le même esprit, la **Convention d'Oviedo** relative à la biomédecine (que la France a ratifié le 13 décembre 2011 en vertu de la loi du 7 juillet 2011) a réduit le champ des motifs de restriction aux droits par rapport à la Convention EDH. Cela dessine un noyau dur autour de l'intégrité de la personne (interdiction d'atteintes au génome, protection dans le cadre des recherches biomédicales, prélèvements d'organes, extra-commercialité du corps) et de la non-discrimination par le corps (sur le génome, sur le sexe).

495 Concept. – À partir des conventions internationales, la doctrine a tenté de cerner ce qui fonde « l'intangibilité » de certains droits. Invoquant, sans l'expliciter, la dignité, certains se rabattent sur l'idée de condition ; **certains droits sont intangibles si leur violation rend impossible le respect des autres.** Les droits déterminés par le droit humanitaire seraient alors le minimum indérogeable : interdiction des traitements inhumains et dégradants, le droit à la personnalité juridique, la sûreté, l'identité. **L'article 3, commun aux Conventions de Genève de 1949**, les garantit dans les conflits armés : « sont et demeurent prohibés, en tout temps et en tout lieu, à l'égard des personnes mentionnées ci-dessus : a) les atteintes portées à la vie et à l'intégrité corporelle, notamment le meurtre sous toutes ses formes, les mutilations, les traitements cruels, tortures et supplices ; b) les prises d'otages ; c) les atteintes à la dignité des personnes, notamment les traitements humiliants et dégradants ; d) les condamnations prononcées et les exécutions effectuées sans un jugement préalable, rendu par un tribunal régulièrement constitué, assorti des garanties judiciaires reconnues comme indispensables par les peuples civilisés ».

EXERCICE D'AUTOÉVALUATION

1. Qu'appelle-t-on « contrôle concret » du juge ?
2. Peut-on faire des recherches sur l'embryon humain ?
3. Les personnes morales sont-elles titulaires de droits fondamentaux ?
4. Quelles mesures peuvent-elles être adoptées lors de l'état d'urgence ?
5. Peut-on déroger à la Convention européenne en cas de circonstances exceptionnelles ?
6. Le Conseil constitutionnel se réfère-t-il à l'ordre public ? Comment ?
7. Les étrangers bénéficient-ils des mêmes droits fondamentaux que les nationaux français ?
8. Un mineur étranger peut-il être placé dans un centre de rétention ?
9. Un patient hospitalisé a-t-il accès à son dossier médical ?
10. L'accessibilité constitue-t-elle un droit fondamental de la personne en situation de handicap ?

RÉPONSES

1. Il s'agit d'une variante du contrôle de proportionnalité qui implique que le juge analyse les effets réels d'une mesure sur les droits fondamentaux dans le cas d'une personne précise et non seulement d'un contrôle de norme à norme (voir les développements après l'affaire *Gomez*)
2. Oui, dérogatoirement entre 2009 et 2013, sur autorisation de droit commun depuis. La loi du 2 août 2021 a séparé les recherches relatives aux cellules souches qui connaissent un régime de déclaration.
3. Oui quant aux personnes de droit privé, tous les droits de nature abstraite ou procéduraux, et concrètement en fonction de leur objet. Les personnes morales de droit public n'en ont pas en principe, ne pouvant à la fois être victime et « bourreau », sauf pour le juge administratif, s'agissant de la libre administration des collectivités.
4. Cela dépend de la loi d'avril 1955 et de celles qui prorogent chaque édition. En principe surtout des interdictions de se rassembler, de se déplacer et des ingérences dans la vie privée ou la liberté d'entreprendre.
5. Oui pour les droits dérogeables, soit en faisant varier les exigences de proportionnalité, soit en déclarant s'en émanciper via l'article 15 CEDH et de manière proportionnée aux nécessités.
6. Oui, en tant qu'objectif de valeur constitutionnelle, pour justifier les atteintes que la loi peut porter aux libertés.
7. Plus un droit est fondamental plus il est commun à tous. Néanmoins les étrangers peuvent être écartés, selon les différents statuts, des droits politiques et des droits sociaux, voire des droits économiques. À l'inverse, certains droits ne sont faits que pour eux, comme l'asile.
8. En principe non, seulement s'il est en famille et dans des conditions adaptées.
9. Oui, avec ou sans l'intermédiaire d'un médecin.
10. Oui, selon la Convention internationale des droits de la personne handicapée, mais en réalité cela dépend des types d'accessibilité (physique, numérique, politique) et du type de handicap. La Cour européenne le juge au regard du droit à la vie privée et n'estime pas l'accès à tous les lieux ou services toujours nécessaires à la sauvegarde de l'autonomie.

CONSEILS DE LECTURE

Y. Attal-Galy, Droits de l'homme et catégories d'individus, LGDJ, 2003.

L. Azoux Bacrie, H. Gros Espiell, J. Michaud, G. Teboul, Convention sur les droits de l'homme et la biomédecine : analyses et commentaires, Economica, 2009.

B. Belda, Les droits de l'homme des personnes privées de liberté : contribution à l'étude du pouvoir normatif de la CEDH, Bruylant, 2010.

X. Bioy, « L'arrêt Vo c. France, une lecture publiciste (note sous CEDH, 8 juillet 2004) », RDP 2005, n° 5, p. 1417-1446.

X. Bioy, « Les crimes contre l'espèce humaine », in Bioéthique, biopolitique et biodroit, S. Hennette-Vauchez (dir.), LGDJ, coll. Droit et société, 2006, p. 101-119.

D. Borillo (dir.), Lutter contre les discriminations, La Découverte, 2003, p. 7.

L. Brunet, « De la distinction entre « personne » ou « chose » en droit civil : à propos du transfert post mortem d'embryon », RGDM 2000, n° spécial La recherche sur l'embryon qualifications et enjeux, p. 57.

O. Bui-Xuan, Le droit public français entre universalisme et différencialisme, Economica, Corpus essais, 2004

L. Burgorgue-Larsen, La vulnérabilité saisie par les juges en Europe, Pedone, 2014.

G. Drago, « La conciliation entre principes constitutionnels », D. 1997, chron., p. 265.

R. Drago, « Droits fondamentaux et personnes publiques », in Les droits fondamentaux. Une nouvelle catégorie juridique ?, n° spécial, AJDA juillet/août 1998, p. 130.

P. Ducoulombier, Les conflits de droits fondamentaux devant la CEDH, Bruylant, 2011.

L. Fricotté, Droit des personnes handicapées, Néret, 2021.

J.-C. Galloux, « La personne physique entre réalité biologique et métaréalité », in L'identité politique, CURAPP, PUF, 1994, p. 169.

G.-A. Dal, F. Krenc, Les droits fondamentaux de la personne handicapée, Bruylant, coll. Droit et justice, 2006, 189 p.

Ph. Frumer, La renonciation aux droits et libertés. La Convention européenne des droits de l'homme à l'épreuve de la volonté individuelle, Bruylant, 2001.

O. Guezou et S. Manson (dir.), Droit public et handicap, Dalloz, coll. Thèmes et commentaires, 2009.

J. Guilbert, Essai sur le concept de l'abus de droit fondamental, thèse Université Toulouse Capitole, 2021.

N. Hervieu, « La délicate articulation des engagements onusiens et européens au prisme de la lutte contre le terrorisme », in Lettre « Actualités Droits-Libertés » du CREDOF, 21 septembre 2012.

G. Koubi, « Réflexions sur les distinctions entre droits individuels, droits collectifs et « droits de groupe » », Du droit interne au droit international, Mélanges Raymond Goy, Publications de l'Université de Rouen, 1998, p. 105.

C. Kouchner, A. Laude, D. Tabuteau, Rapport sur les droits des malades, EHESP, 2009.

X. Labbée, « La dépouille mortelle est une chose sacrée », D. 1997, juris., p. 376.

A.-V. Madeira, Nationaux et étrangers en droit public français, LGDJ, Bibliothèque de droit public, Tome 300, 2018.

J.-P. Marguenaud, « La CEDH et les droits revendiqués au profit des minorités », in N. Rouland, Le droit à la différence, PUAM, 2002.

B. Mathieu, « Pour une reconnaissance de « principes matriciels » en matière de protection constitutionnelle des droits de l'homme », D. 1995, chron., p. 211.

B. Mathieu, Génome humain et droits fondamentaux, Economica-PUAM, coll. Droit public positif, 1999.

F. Moderne, « Les bénéficiaires ou titulaires de droits fondamentaux en France », AIJC 1991 VII, p. 237.

D. Ribes, L'État protecteur des droits fondamentaux. Recherche en droit comparé sur les effets des droits fondamentaux entre personnes privées, thèse Université Paul-Cézanne Aix-Marseille III, 2005, 500 p.

J. Rivero, « La protection des droits de l'homme dans ses rapports avec les personnes privées », in René Cassin amicorum discipulorumque liber, III, Pédone, Paris, 1971, p. 314.

K. Roudier, Contrôle de constitutionnalité de la législation antiterroriste. Étude comparée des expériences espagnole, française et italienne, LGDJ, 2012.

E. Saulnier-Cassia et V. Tchen, Unité du droit des étrangers et égalité de traitement, Dalloz, coll. Thèmes et commentaires, 2009.

M. Tandonnet, Droit des étrangers et de l'accès à la nationalité, 2e éd., Ellipses, 2019.

V. Tchen, Droit des étrangers, 2e éd., LexisNexis, 2022.

V. Tchen, L'enfant et le droit, Regards de droit comparé et de droit international, Volume 21, Institut Universitaire Varenne – Colloques & Essais, 2016.

X. Vandendriessche, Le droit des étrangers, 6e éd., Dalloz, 2018.

Z. Moody, Les droits de l'enfant, Genèse, institutionnalisation et diffusion (1924-1989), Alphil – Politique et société, 2017.

CHAPITRE 3

De la garantie des droits aux droits-garanties

496 **Les droits procéduraux, de vrais droits.** – La *doxa* ne s'étonne plus de ce que les droits « de procédure » puissent prétendre à la dignité de « droits fondamentaux ». Signe que les systèmes européens de protection des droits ont peu à peu su imposer le **principe de prééminence du droit qui implique les droits qui garantissent le respect des droits de l'homme**. Les « droits garanties », apparaissent aussi nécessaires que ceux qu'ils protègent. Le droit processuel connaît son heure de gloire. En contrepoint, on pourrait **s'inquiéter d'une tendance assez large des juges à « procéduraliser » les droits fondamentaux**, c'est-à-dire, lorsque le choix existe, à préférer condamner un État pour vice de procédure plutôt qu'à devoir se prononcer sur le fond. Les enjeux de sécurité juridiques finissent ainsi par masquer les conflits de valeurs.

497 **Facteur européen.** – Pourtant, le système de sanction de la violation des droits de l'homme naquit modestement. D'abord en droit interne, de manière non spécifique, par la régulation de **l'accès aux recours juridictionnels et aux mécanismes administratifs permettant la concrétisation des droits**. Internationalement ensuite, notamment par des mécanismes politiques et organiques, toujours là pour en témoigner. On a déjà croisé la menace d'exclusion que brandit le Conseil de l'Europe à l'égard de ses membres défaillants. L'Union européenne peut asseoir le contrôle du respect des droits fondamentaux par ses membres sans recours au juge. Améliorant le système institué par le **traité d'Amsterdam,** l'article 7 du traité sur l'Union européenne permet au Conseil, à la majorité des quatre cinquièmes et après approbation du Parlement, de « constater qu'il existe un risque clair de violation grave par un État membre des valeurs visées à l'article 2 ». En cas de violations graves et persistantes, après vote du Parlement européen, le Conseil européen peut « suspendre certains des droits découlant de l'application des traités à l'État membre en question, y compris les droits de vote du représentant du gouvernement de cet État membre au sein du Conseil ». De même, en cas de violation d'un droit reconnu au niveau de l'Union par un État membre agissant dans le cadre du droit de l'Union, on pourra ouvrir un recours en manquement devant la Cour de justice.

498 **Plan.** – On n'examinera pas les mécanismes de droit pénal, notamment international, qui permettent de sanctionner la violation des droits parmi les plus fondamentaux. La garantie des droits, par des mécanismes non-contentieux de type « objectif », coexiste aujourd'hui avec une multiplicité de droits « garanties », c'est-à-dire des droits qui relèvent du concept de « procès équitable » et donnent une dimension subjective à la garantie des droits de l'homme.

Section 1
La garantie non contentieuse

499 **Notion.** - Hors de tout contentieux, de tout conflit traduit en termes de droit, les droits fondamentaux se voient protégés par des principes politiques et des aménagements institutionnels (à commencer indirectement par la séparation des pouvoirs elle-même). L'encadrement de l'action administrative par certaines procédures et certains pouvoirs constitués permet à l'administration, à son tour, de prendre en compte la protection des libertés dans son action. **Cette double dimension a d'ailleurs été première dans nos systèmes libéraux et n'a cessé d'évoluer et de se complexifier**.

I. L'encadrement de l'action administrative

500 On envisagera ici, tout à la fois, des principes constitutionnels comme **le droit de résistance à l'oppression et son nouveau corollaire, la pétition**, et l'étude des moyens dont disposent certains pouvoirs constitués pour agir à l'encontre d'une puissance publique potentiellement attentatoire aux libertés.

A. La résistance à l'oppression

501 **Source.** - L'article 2 de la Déclaration de 1789 exprime à travers l'idée de droit naturel et imprescriptible de résistance à l'oppression que, **lorsque l'existence même du sujet de droit naturel se trouve en cause, l'individu peut refuser d'obéir à l'ordre légal**. Déjà, l'article 34 de la déclaration de 1793 établissait qu'« il y a oppression du corps social, lorsque l'un de ses membres est opprimé. Il y a oppression contre chaque membre lorsque le corps social est opprimé » ; indiquant ainsi que chaque individu porte la charge du système commun et que le système garantit la liberté de chacun. Il y a ainsi pour Hobbes un droit de résistance relatif à la conservation de soi (entendue largement comme droit de se défendre contre tout ce qui procure de la douleur). L'illégalité n'est pas alors une condition de la validité de la résistance.

502 **Droit positif.** - Devenue un droit positif et **visé comme principe constitutionnel le 16 janvier 1982, par le Conseil constitutionnel**, sa traduction concrète en République se dégage difficilement. Comme l'écrivait Burdeau, la solution au problème du ou des critères de l'oppression « ne peut être trouvée que dans les enseignements de la conscience morale universelle »[1], ce qui renvoie à la dimension internationale de la proclamation de la valeur de la personne humaine. Traditionnellement étudiée comme un équilibre entre liberté et obéissance, la résistance à l'oppression ne renvoie pourtant pas uniquement à la figure du citoyen.

503 **Difficulté.** - S'imposant difficilement à la doctrine juridique, même la plus libérale, le droit de résistance à l'état pur semble **voué aux gémonies du non droit**. Certains auteurs tentent d'en dégager des modalités modernes et renouvelées. Il se conçoit soit comme le refus d'obéir à un ordre illégal dans un système

1. G. Burdeau, Traité de science politique, LGDJ, t. IV, Le statut du pouvoir dans l'État, 1973, p. 533.

globalement accepté : **recours pour excès de pouvoir, droit de grève, désobéissance civile**[2], **objection de conscience, droit de retrait ou de désobéissance des fonctionnaires** (au sens de l'article 28 de la loi du 23 juillet 1983 portant statut des fonctionnaires), **état de nécessité en droit pénal ; soit il se conçoit plus radicalement comme le refus d'entrer dans un système légal** (terrorisme, non-paiement des impôts, droit des peuples à disposer d'eux-mêmes…). Dans le premier cas, comme garde-fou interne au pouvoir administratif, sous ces formes, la résistance à l'oppression défend le système contre ses propres travers et ne sauvegarde que l'intérêt public. Il ne s'agit pas d'admettre la contestation du régime républicain lui-même en s'y soustrayant. L'émancipation de la personne vis-à-vis du pouvoir, grâce aux droits de l'homme et aux libertés publiques, implique à l'inverse la soumission protectrice à l'ordre juridique de l'État de droit. Comme refus plus radical, elle impliquerait que la société se reconnaisse structurellement répressive ou qu'une société libérale accepte d'accueillir les contestataires d'États répressifs. Sous l'angle de la philosophie politique, cela se traduit par le rejet du contrat social[3]. Le droit d'asile peut ainsi se comprendre comme une concrétisation de la résistance car il s'agit pour les démocraties de permettre à un individu de refuser un système arbitraire dans lequel sa vie et sa conscience seraient en danger. Pourtant, face à une demande d'extradition d'un opposant violent, le principe de l'interdiction de l'extradition pour motif politique[4] cède devant le refus de la violence[5] ou la solidarité avec d'autres États de droit qui sauront juger le contestataire[6].

504 **Action collective. –** Bien que la DDHC ne pose nullement une telle exigence, certains auteurs estiment que la résistance ne peut s'exprimer que **collectivement par la grève, l'occupation du domaine public, voire l'insurrection à main armée**[7]. À l'inverse, l'article 433-6 du Code pénal **incrimine la rébellion** comme « le fait d'opposer une résistance violente à une personne dépositaire de l'autorité publique ou chargée d'une mission de service public agissant, dans l'exercice de ses fonctions, pour l'exécution des lois, des ordres de l'autorité publique, des décisions ou mandats de justice ». Il protège les officiers ministériels, les gardes champêtres ou forestiers, la force publique, les préposés à la perception des taxes et des contributions, les préposés des douanes, les séquestres, les officiers ou agents de la police administrative ou judiciaire. Ainsi, la Cour de cassation admet-elle que l'on considère comme une rébellion le fait pour un nageur hors zone de surveillance de se débattre violemment lorsque le maître nageur sauveteur CRS vient le chercher[8]. Il en va de même d'un détenu privé de parloir qui gifle le surveillant l'empêchant d'aller embrasser sa mère[9].

505 **Fonction. –** On mesure la **difficulté qu'il y a à considérer la résistance à l'oppression comme un droit subjectif exigible en justice.** Elle se conçoit mieux comme un concept juridique légitimant de nombreuses formes de protection de la conscience individuelle face aux dérives de l'ordre public et qui trouve sa limite dans la préservation de la République.

---

2. Motif souvent invoqué notamment par les « faucheurs d'OGM », sans succès auprès de la Cour de cassation (Crim., 7 févr. 2007, *J. Bové et al.*, n° 06-80108).
3. À la manière de l'inventeur américain du concept de désobéissance civile, Henry David Thoreau (*Du devoir de désobéissance civile*, 1848) qui refusa de payer ses impôts en signe de refus d'une société à laquelle il n'a pas adhéré.
4. CE, Ass., 3 juill. 1996, *Koné*.
5. CE, Ass., 7 juill. 1978, *Croissant*.
6. CE, Ass., 26 sept. 1984, *Lujambio Galdeano* : cas des terroristes basques.
7. Voir la constitution « montagnarde » de 1793, article 33 : « La résistance à l'oppression est la conséquence des autres droits de l'homme », article 35 : « Quand le gouvernement viole les droits du peuple, l'insurrection est, pour le peuple et pour chaque portion du peuple, le plus sacré des droits et le plus indispensable des devoirs ».
8. Cass. crim., 14 mars 2000.
9. CA Aix, 26 déc. 2001.

B. Le droit de pétition

506 **Droit européen.** – Le droit de pétition devant le Parlement européen, qui trouve son origine dans le règlement intérieur adopté en 1953 par l'assemblée commune de la CECA, se retrouve dans le **TFUE aux articles 20 (ex-art. 17, TCE) : « d) le droit d'adresser des pétitions au Parlement européen** [...] », 24 et 227 (ex-art. 194, TCE) : « Tout citoyen de l'Union, ainsi que toute personne physique ou morale résidant ou ayant son siège statutaire dans un État membre, a le droit de présenter, à titre individuel ou en association avec d'autres citoyens ou personnes, une pétition au Parlement européen sur un sujet relevant des domaines d'activité de l'Union et qui le ou la concerne directement ». Cela inclut l'examen des questions liées à l'application du droit communautaire par les autorités des États membres. De même, **l'article 44 de la CDFUE reprend en substance** cette disposition : « Tout citoyen ou toute citoyenne de l'Union ou toute personne physique ou morale résidant ou ayant son siège statutaire dans un État membre a le droit de pétition devant le Parlement européen ». Une commission des pétitions a été créée en 1987, qui se consacre désormais à l'examen et au suivi des pétitions (environ 600 pétitions par an), et peut auditionner, envoyer ses membres sur place, demander à la Commission de lui communiquer des documents, des informations ou de lui donner accès à ses services. Elle élabore un avis et peut soumettre au vote du Parlement européen une proposition de résolution. Les pétitionnaires sont avisés des décisions prises par la commission des pétitions relativement à leur pétition.

507 **Droit français.** – En France, le droit de pétition a connu quelques précédents (Ancien Régime, Constitutions de 1791 et 1793). **L'article 4 de l'ordonnance du 17 novembre 1958 prévoit qu'« il est interdit d'apporter des pétitions à la barre des deux assemblées parlementaires.** Les règlements de ces deux assemblées fixeront les conditions dans lesquelles des pétitions écrites pourront leur être présentées ». Les articles 147 à 151 du Règlement de l'Assemblée nationale définissent les conditions d'enregistrement et d'examen des pétitions qui sont transmises à la Commission des lois constitutionnelles, de la législation et de l'administration générale de la République. **La commission des lois peut prendre trois types de décisions** : le classement pur et simple de la pétition, le renvoi de celle-ci à une autre commission permanente, à un ministre ou la soumission de la pétition à l'Assemblée. **La révision constitutionnelle du 28 mars 2003 a introduit le nouvel article 72-1 de la Constitution**[10] et suscité le droit de pétition local permettant aux électeurs de chaque collectivité de demander l'inscription à l'ordre du jour de l'assemblée locale d'une question relevant de sa compétence (Const., art. 72-1, al. 1). Depuis celle du 23 juillet 2008, existe une nouvelle version de l'article 11 al. 3 : « Un référendum portant sur un objet mentionné au 1er alinéa peut être organisé à l'initiative d'un cinquième des membres du Parlement, soutenue par un dixième des électeurs inscrits sur les listes électorales. Cette initiative prend la forme d'une proposition de loi et ne peut avoir pour objet l'abrogation d'une disposition législative promulguée depuis moins d'un an ». Il s'agit d'un **référendum d'initiative partagée**, associant élus de la Nation et citoyens. Il peut porter, comme avant, sur l'organisation des pouvoirs publics, la ratification d'un traité, la politique économique et sociale de la Nation, les services publics qui y concourent, mais aussi, désormais, sur les réformes législatives en matière environnementale. De même, selon l'article 69 de la Constitution, **le Conseil économique, social et environnemental peut être saisi par voie de pétition** dans les conditions fixées par une loi organique. Il fait connaître au gouvernement et au Parlement les suites qu'il propose d'y donner.

C. Le rôle du Parlement

508 **État légal**[11]. – Alors que l'idéologie démocratique française accordait au législateur toute sa confiance pour protéger les droits de l'homme, que le législateur de la IIIe République a su faire naître une forme de protection législative des libertés, le bilan de la protection des libertés par le Parlement depuis lors se présente en demi-teinte. Certes, sous la Ve, **l'article 34 de la Constitution affecte à la loi l'obligation d'aménager les libertés.**

10. Voir la loi organique n° 2003-705 du 1er août 2003 relative au référendum local.
11. V. aussi « légicentrisme » en introduction, *supra*.

Dès le 1er alinéa : « La loi fixe les règles concernant : les droits civiques et les garanties fondamentales accordées aux citoyens pour l'exercice des libertés publiques ; la liberté, le pluralisme et l'indépendance des médias ; les sujétions imposées par la défense nationale aux citoyens en leur personne et en leurs biens ». À ce titre, le **Conseil constitutionnel veille à ce que le Parlement ne délègue pas cette mission au pouvoir réglementaire** ; il se rendrait sinon coupable d'une incompétence négative (voir *supra*), sorte de violation « par omission » de la séparation des pouvoirs. Seules des missions de concrétisation qui ne laissent pas au pouvoir réglementaire de pouvoir d'appréciation susceptible d'entraîner des distorsions de droits ou libertés sont admises comme la « labellisation » de certaines activités[12]. Cette sanction de l'incompétence négative vaut aussi dans le cadre de la procédure de la question prioritaire de constitutionnalité[13]. La loi demeure aussi l'outil de **l'uniformité des droits fondamentaux sur l'ensemble du territoire** et une dérogation constitutionnelle est nécessaire pour des adaptations locales (cas de la Nouvelle-Calédonie par ex.)[14].

509 **Politique.** – Mais la **rationalisation du parlementarisme**, sur laquelle toute l'évolution de la Ve République n'a su revenir en dépit de multiples tentatives de revalorisation du travail parlementaire, conduit à une domination écrasante du fait majoritaire sur la logique des institutions et à l'absence réelle de contre-pouvoir au Parlement dans sa fonction législatrice. La discipline des partis amène à des votes presque toujours convenus. Certes, dans le domaine des libertés, **quelques textes relatifs aux mœurs et pour lesquels les députés se partagent davantage selon une fracture « libéraux-conservateurs »** ont suscité une cassure des blocs partisans (l'IVG, la bioéthique, l'abolition de la peine de mort), ou imposé un consensus (répression des formes de maltraitance...).

510 **Contrôle.** – Sa **fonction de contrôle a fait l'objet de nombreuses attentions sans que l'on puisse dire que les assemblées endossent une réelle mission de défenseur des libertés.** En effet depuis les IIIe et IVe République, les commissions d'enquête sont suspectées de vouloir sortir de leur rôle. Depuis **2008, l'article 51-2** prévoit que « pour l'exercice des missions de contrôle et d'évaluation définies au 1er alinéa de l'article 24, des commissions d'enquête peuvent être créées au sein de chaque assemblée pour recueillir, dans les conditions prévues par la loi, des éléments d'information ». Il est nécessaire d'obtenir une résolution adoptée à la majorité pour la création de ces commissions qui devront rester temporaires (six mois au maximum ; mais les commissions parlementaires permanentes peuvent créer des missions d'information comme celles qui se sont réunies sur les signes religieux à l'école ou sur la fin de vie). L'objet de ces commissions est de travailler sur une question d'actualité qui nécessite une information du Parlement, ou sur la gestion d'une administration. **Cela exclut de travailler sur des affaires donnant lieu à des poursuites judiciaires**, ce qui obligera la commission à cesser son travail en cas d'ouverture d'une telle enquête, laquelle dépend en grande partie du gouvernement. Les parlementaires peuvent ici faire citer des témoins, requis par la force publique au besoin ; les séances sont publiques. Elles peuvent se faire communiquer tous les documents nécessaires à l'exception de ceux qui sont couverts par un secret-défense. Le refus de déférer à ces injonctions fait l'objet d'une incrimination. Ces commissions comportent 30 députés ou 21 sénateurs au maximum, désignés à la représentation proportionnelle des groupes. La fonction de président ou de rapporteur revient de droit à un membre de l'opposition. À l'Assemblée nationale, le président d'un groupe d'opposition ou d'un groupe minoritaire peut obtenir une fois par cession l'inscription d'office à l'ordre du jour, d'une séance de contrôle, d'un débat sur une résolution tenant à la création d'une commission d'enquête. Seule une majorité des trois cinquièmes des membres de l'assemblée peut s'y opposer. À part quelques commissions dont les travaux ont su rester dans les mémoires (celle relative aux sectes de 1994, celle relative à l'affaire *d'Outreau*...), le bilan pourrait sans doute être meilleur. Lors de la **mise en œuvre de l'état d'urgence en 2015-2016**, le Parlement a su se donner un rôle important de contrôle en se faisant informer très régulièrement des mesures prises. Il est, de toute manière, seul à pouvoir le proroger.

12. Pour un exemple récent : loi favorisant la diffusion et la protection de la création sur internet pour la labellisation du « caractère légal » des offres de service de communication au public en ligne, CC, déc. n° 2009-580 DC, cons. 32.
13. CC, 18 juin 2010, déc. n° 2010-5 QPC, *Société Kimberly Clark*.
14. CC, 9 avr. 1996, n° 96-373 DC [Loi organique portant statut d'autonomie de la Polynésie française].

Mettons l'accent sur le rôle de **l'Office Parlementaire des choix techniques et scientifiques** qui joue un rôle déterminant dans maints domaines qui concernent les libertés, bioéthique et environnement notamment.

511 Action européenne. – En toute hypothèse, l'impact de la construction européenne conduit à réduire le champ de cette fonction de contrôle. **La procédure de contrôle de l'activité européenne de la France mise en place en 1992 prévoit un contrôle en commission pouvant aboutir à une proposition de résolution.** Les commissions permanentes des assemblées pourront en débattre et voter une résolution sans effet contraignant. De même, l'article 34-1, tel qu'issu de la rédaction de la révision de 2008, autorise désormais les assemblées à voter des résolutions. Là encore le gouvernement peut entraver l'inscription à l'ordre du jour si cela devait engager sa responsabilité ou revenir à lui enjoindre un comportement. Pas plus que les questions parlementaires, cette fonction, purement politique, ne semble en mesure de changer la donne.

512 Contournement. – Mieux encore, l'idée a souvent germé de contourner les blocages parlementaires, dans le domaine de la protection des libertés, par une extension de l'article 11 de la Constitution à la protection des libertés. Ce fut en effet le projet de François Mitterrand à l'été 1984, après l'échec, face à des manifestations monstres, de son projet de remise en cause de l'école privée. Il envisageait de pouvoir soumettre à référendum un projet législatif relatif aux droits et libertés, après saisine du Conseil constitutionnel pour en vérifier la conformité à la constitution. En 1993, la même idée fut reprise puis abandonnée. **La révision constitutionnelle de 2008, on l'a vu, a introduit une forme d'initiative partagée entre le peuple et le Parlement dans la nouvelle mouture de l'article 11,** mais sans en étendre le champ aux droits et libertés, ce qui ne les servira qu'indirectement, par exemple par le prisme du droit de l'environnement ou des services publics. Le **projet de révision constitutionnelle déposé en août 2019** prévoit enfin l'extension aux « *réformes relatives aux questions de société* » et il est précisé que les « *pouvoirs publics* » mentionnés à l'article 11 de la Constitution sont « *nationaux et territoriaux* ».

D. Le régime des libertés (répressif, autorisation, déclaration)

513 Notions. – Sous les réserves qui viennent d'être exposées quant au rôle du Parlement, il revient à la loi, sous le contrôle du juge constitutionnel, de déterminer quel sera le degré d'intervention de la puissance publique dans l'exercice d'une initiative ou d'une prérogative de l'individu. Il pourra d'abord refuser de reconnaître l'existence d'une liberté. On ne peut donc, à proprement parler, évoquer le « régime des libertés » **qu'à propos de prérogatives de l'individu, institutionnalisées, reconnues ou conférées, par un texte fondamental** (Constitution, traité) **et réglées par la loi et le règlement pour leur réalisation concrète.** À ce titre, trois « régimes » sont logiquement possibles dans l'absolu avant d'être choisis par le législateur dans le cadre des textes supérieurs.

514 Régime répressif. – Si le comportement ne présente en lui-même aucun danger pour l'ordre social et ne nécessite pas l'action des pouvoirs publics (prestation ou contrôle), il n'est pas nécessaire de le régler. Cette hypothèse, un peu celle de Robinson sur son île, reste illusoire. Même la liberté d'aller et venir, la plus simple semble-t-il, est encadrée. On pourrait songer aux droits vitaux comme respirer, manger, boire, lesquels ont pu être reconnus par certains textes (droit à l'air, droit à l'eau, reconnus par la Convention d'Helsinki[15]) et dont l'exercice n'exige pas, ou peu, l'intervention de la puissance publique. Au-delà, **les libertés les plus nombreuses, tombent sous le coup du principe général selon lequel ce qui n'est pas interdit par le droit objectif est permis sous forme d'un droit subjectif.** Ce mécanisme peut s'appeler « régime répressif » car **les libertés n'y trouvent de limites que celles de la répression pénale ou administrative préalablement reconnue comme**

15. Protocole de Londres du 17 juin 1999 additionnel à la Convention d'Helsinki sur la protection des cours d'eau transfrontières et des lacs internationaux.

nécessaire et proportionnée dans sa mise en œuvre. Ce régime apparaît comme le plus libéral ; ce d'autant plus qu'il fait en principe intervenir tôt ou tard une juridiction, organe le mieux à même de contenir la définition des infractions dans les limites du raisonnable. Cette fonction échoit en premier lieu au **Conseil constitutionnel lorsqu'il contrôle la nécessité et la proportionnalité des peines** (même si son contrôle de la nécessité des incriminations elles-mêmes reste à ce jour défaillant) **et des sanctions administratives**[16]. Il censure certaines disproportions manifestes[17]. Le juge pénal joue ensuite le rôle principal, notamment au moyen du principe de l'interprétation stricte de la loi pénale. **La CEDH en vient aussi à passer la répression au prisme de sa nécessité** et à étendre ce principe du champ strictement pénal à l'action administrative. La juridiction administrative veille quant à elle à ce que la répression opérée par la puissance publique demeure dans des canaux subsidiaires. Enfin, **ce régime cesse d'être libéral quand il manque concrètement de prévisibilité en raison de critères à la quasi-discrétion de l'administration**. Ainsi, sans nécessité de passer par une autorisation préalable, elle peut parfois interdire purement et simplement une activité soit qu'un texte le prévoit (par exemple une manifestation qui menacerait l'ordre public), soit sur habilitation de la jurisprudence qui admet l'ordre public comme limite pérenne de toute action au plan de la police sous le contrôle du juge qui vérifie l'absence de caractère absolu de l'interdiction[18].

Les liens entre prévention des infractions pénales et police administrative se distendent lorsque le juge administratif demande à la puissance publique de laisser, au nom d'une liberté, les individus libres de commettre une infraction. Ainsi, un préfet fait bien de ne pas interdire totalement une manifestation dont les participants avaient l'intention de se montrer nus aux yeux des autres, la manifestation ayant notamment pour objectif de « défendre notre humaNUté ». Le seul motif que les éléments matériels de l'infraction prévue par l'article 222-32 du Code pénal auraient été réunis (l'exhibition sexuelle, qui consiste à montrer tout ou partie de ses organes sexuels à la vue d'autrui dans un lieu accessible aux regards du public, est constituée alors même que l'intention exprimée par son auteur est dénuée de toute connotation sexuelle). Le préfet a eu raison d'interdire le cortège mais d'admettre une réunion statique[19].

On ne peut néanmoins passer sous **silence l'ordonnance « *Dieudonné* », développée plus loin, qui opère un lien fort entre police administrative et répression**[20]. En effet, le Conseil d'État y estime qu'il appartient en outre à l'autorité administrative de prendre les mesures de nature à éviter que des infractions pénales soient commises. Ce faisant, le juge considère un discours comme étant en soi attentatoire à la dignité de la personne et à l'ordre public, en raison de sa précédente condamnation pénale, en dépit de l'engagement de son auteur de ne plus tenir de propos pénalement répréhensibles[21].

515 **Régime préventif.** – Sinon **le comportement permis doit être autorisé préalablement afin de garantir que les conditions de son exercice paisible sont réunies et d'en assurer un contrôle.** On peut appeler cela le « régime préventif » en ce **qu'il implique l'acceptation de la puissance publique, privant ainsi de liberté son titulaire face à une administration qui dispose, le plus souvent, d'un pouvoir discrétionnaire**. L'atteinte aux libertés culmine lorsque le refus peut être tacite, résultant du silence de la puissance publique et acculant l'individu à demander expressément communication des motifs. De **nombreux régimes d'autorisation préalable** persistent dans notre système, même si la tendance est à la décrue. Tous ne mettent pas en cause des droits fondamentaux, heureusement, et concernent surtout l'urbanisme, la santé, la sécurité, se justifiant donc fortement par l'intérêt général, l'ordre public ou d'autres objectifs de valeur constitutionnelle. Les demandes d'autorisation pèsent donc prioritairement sur la liberté d'entreprendre (pour les professions de santé ou s'exerçant sur la voie publique), la

16. CC, 28 juill. 1989, n° 89-260 DC.
17. CC, 30 déc. 1987, n° 87-237 DC.
18. CE, 19 mai 1933, *Benjamin*. .
19. CAA Paris, 14 avril 2022, *Fédération française de naturisme*, 20PA02298, 514.
20. CE, ord. réf., 9 janv. 2014, Ministre de l'Intérieur c. Société Les Productions de la Plume et M. Dieudonné M'Bala M'Bala, n° 374508.
21. CE, ord. réf., 11 janv. 2014, *Société Les Productions de la Plume et M. Dieudonné M'Bala M'Bala*, n° 374552 : les allégations selon lesquelles les propos pénalement répréhensibles, de nature à porter de graves atteintes au respect de valeurs et principes tels que la dignité de la personne humaine et à provoquer à la haine et la discrimination raciales, relevés lors des séances tenues à Paris, ne seraient pas repris à Orléans, ne suffisent pas pour écarter le risque sérieux que le spectacle prévu constitue lui-même une menace à l'ordre public.

liberté d'expression audiovisuelle (accès aux réseaux), le droit de propriété ou sur certaines catégories de personnes surveillées comme les étrangers (droit de travailler). C'est pourquoi **le Conseil constitutionnel se montre exigeant quant aux justifications apportées par le législateur lors de l'institution d'un tel régime**[22]. Il a néanmoins laissé passer, avec deux petites réserves, l'instauration d'un régime d'autorisation plus strict concernant la possibilité d'instruire les enfants à domicile[23].

La loi n° 2015-990 du 6 août 2015 pour la croissance, l'activité et l'égalité des chances économiques, dite « loi Macron », a entendu réformer en partie **certaines professions réglementées**, notamment en encadrant les tarifs ou l'implantation territoriale. Les monopoles ou situations acquises auxquelles elle s'attaque ne sont au fond que le résultat des régimes d'autorisation en matière de liberté d'entreprendre, particulièrement dans le domaine du droit (postulation des avocats, notaires, huissiers, greffiers des tribunaux de commerce...). Le Conseil constitutionnel a validé ces aménagements en considérant la liberté d'entreprendre de ces professionnels, sans pour autant accorder la même importance à leurs avantages, conférés implicitement au nom du rôle qu'ils remplissent pour l'intérêt général et la sécurité juridique[24].

516 **Régime déclaratif.** – Si enfin le **comportement permis ne nécessite qu'une surveillance**, il doit faire l'objet seulement d'une information de la puissance publique. Il s'agit alors de déclarer à l'avance ce que l'on va faire, **la puissance publique ne pouvant que délivrer un récépissé qui atteste de l'exécution de cette formalité**. L'intérêt de la puissance publique est de pouvoir prendre les mesures qui s'imposent pour encadrer l'activité, **elle pourra éventuellement passer à l'interdiction si elle ne dispose pas des moyens de maintenir l'ordre autrement**. Elle peut également ainsi clairement identifier les organisateurs qui auront éventuellement à répondre de débordements. **Le cas de la liberté de manifestation reste le plus évident**, mais on peut aussi penser au régime de la liberté de la presse (création de journaux), de la liberté d'association. Le régime de la protection des données personnelles connaît une évolution marquée vers moins de déclarations et plus de sanctions dans le cadre de la mise en œuvre du Règlement général européen entré en vigueur en mai 2018.

Le passage d'un régime déclaratif à un régime d'autorisation constitue une régression dans la protection des libertés. C'est pourquoi il ne sera possible, aux yeux du Conseil constitutionnel ou de la Cour européenne, qu'à la condition de le justifier par des motifs d'intérêt général ou d'ordre public impérieux et en conservant le maximum de garanties (notamment des voies de recours rapides et efficaces). Le Conseil constitutionnel[25] a ainsi **censuré la loi qui habilitait le gouvernement à prendre par ordonnance les mesures nécessaires pour remplacer les régimes de déclaration d'ouverture préalable des établissements privés d'enseignement scolaire par un régime d'autorisation**. En revanche, la loi qui permet l'instauration d'un régime d'autorisation pour **l'organisation de grands évènements exposés à la menace terroriste** et qui prévoit seulement qu'un décret déterminera quoi, qui et comment, n'encoure pas une QPC selon le Conseil d'État[26].

II. L'encadrement par l'administration

517 L'objet de ces développements, l'action de la puissance publique vis-à-vis des libertés, sera considérablement réduit à quelques points particuliers peu abordés dans les manuels de droit administratif.

22. CC, 10-11 oct. 1984.
23. CC, 13 août 2021, n° 2021-823 DC.
24. CC, 5 août 2015, déc. n° 2015-715 DC, Loi pour la croissance, l'activité et l'égalité des chances économiques.
25. CC, 26 janvier 2017, n° 2016-745 DC, Loi relative à l'égalité et à la citoyenneté.
26. CE, 21 février 2018, *Ligue des droits de l'Homme*, n° 414827.

A. Le rôle des autorités administratives

518 **Action exécutive.** – On ne reviendra pas ici sur le partage de compétences entre la loi et le règlement. On insistera sur l'action de l'administration et plus particulièrement sur son obligation d'agir. En tant que structure du pouvoir exécutif, il revient aux autorités administratives de concrétiser les régimes liés aux libertés législativement consacrées. On commencera par rappeler **la nécessité d'adopter les règlements d'application des lois**. Le Conseil d'État annule de longue date certains refus d'édicter un règlement d'application d'une ordonnance[27] et admet la responsabilité de l'État en cas d'abstention fautive ayant entraîné un préjudice[28]. Depuis 1995, le prononcé d'injonctions avec astreinte accentue la pression sur le gouvernement ; le juge apprécie si l'existence de normes de concrétisation est indispensable pour l'application et si le délai imparti pour prendre ses mesures est « raisonnable ». **Il enjoint au pouvoir réglementaire d'agir lorsque la loi renvoie expressément au décret**[29]. Le Conseil a pu juger également illégale l'absence de mesures réglementaires d'application de certaines dispositions de la loi du 17 janvier 2002 de modernisation sociale et enjoindre au gouvernement de prendre les mesures nécessaires dans un délai de six mois sous peine d'avoir à s'acquitter d'une astreinte de 500 euros par jour de retard[30]. Même raisonnement en 2014 pour la mise en place du CV anonyme prévu en 2006 et tendant à prévenir les discriminations à l'embauche[31]. Cette inertie amène à réparer les préjudices qui en découlent directement[32]. Mais le **règlement dit « autonome »** (même si l'existence de cette catégorie peut être contestée) garde sa place dans le domaine de la police administrative[33].

519 **Obligation d'action en matière de droits fondamentaux.** – D'une façon générale, **il ne faut pas percevoir le droit des libertés comme étant seulement un système de limites ; il s'agit aussi d'un cadre imposant l'action de la puissance publique.** Si la tradition juridique considère que les droits fondamentaux doivent avant tout générer des obligations d'abstention de l'administration, l'évolution contemporaine conduit à reconnaître toujours plus des obligations d'action en sanctionnant l'abstention de l'administration, c'est-à-dire son refus d'agir, lorsqu'il prive un droit de l'administré de concrétisation. On connaissait déjà l'obligation d'action de la police[34] et des services sociaux (droits créances), mais il s'agit aujourd'hui d'autres champs moins évidents. Le rôle de l'interdit de discrimination et celui des principes d'effectivité et d'indivisibilité des droits ne doivent pas ici être sous-estimés.

520 En outre, les actions de police ne peuvent se déléguer à des personnes privées en l'absence d'habilitation législative[35]. Ainsi, aucune convention de délégation de service public ne peut confier au délégataire la surveillance des baignades[36] ou la constatation des infractions au stationnement payant sur la voie publique[37]. Alors que le Conseil d'État n'y voit pas de principe de valeur constitutionnelle[38], le Conseil constitutionnel a accepté de contrôler la loi au regard de cette exigence qui résulte de l'article 12 DDHC : interdiction d'investir unilatéralement

27. CE, 13 juill. 1962, *Kevers-Pascalis*.
28. CE, Ass., 27 nov. 1964, *Veuve Renard*.
29. CE, Ass., 7 juill. 2004, *M. Danthony*.
30. CE, 27 juill. 2005, Syndicat national des pharmaciens praticiens hospitaliers et praticiens hospitaliers universitaires et autre.
31. CE, 9 juill. 2014, n° 345253, *M. B... A... der Vlist*.
32. CE, 27 juill. 2005, Association Bretagne Ateliers.
33. CE, 8 août 1919, *Labonne* et CE, 4 juin 1975, *Bouvet de la Maisonneuve*.
34. Il faut alors que la mesure soit indispensable pour faire cesser un péril grave résultant d'une situation particulièrement dangereuse : CE, 23 oct. 1959, *Doublet*, n° 40922.
35. CE, Ass., 17 juin 1932, *Commune de Castelnaudary*, Rec. p. 595. Certaines lois le font comme le pouvoir des organisateurs de manifestations sportives à but lucratif ou opérations de lutte contre les épizooties, activités privées de sécurité permet aux collectivités territoriales de recourir à des personnes privées pour assurer la surveillance et le gardiennage. CC, 10 mars 2011, n° 2011-625, loi d'orientation et de programmation pour la performance de la sécurité intérieure.
36. CAA Lyon, 7 mai 2003, *Communauté de communes de Vallons du Lyonnais c. préfet du Rhône*, n° 0162009.
37. CE, 1er avr. 1994, *Commune de Menton*, n° 144152.
38. CE, 4 avr. 2012, *SNIASS*, n° 350952.

une personne privée de pouvoirs de police « aux lieu et place de la puissance publique »[39], notamment la vidéo-surveillance aux abords de « lieux susceptibles d'être exposés à des actes de terrorisme ou particulièrement exposés à des risques d'agression ou de vol »[40]. De même, **le fait de confier aux transporteurs aériens le contrôle des documents d'immigrations**, en ce qu'ils se contentent d'un contrôle « normalement attentif », n'associe pas les compagnies aériennes aux missions de police[41]. Par ailleurs, la loi « sécurité globale » du 25 mai 2021 a renforcé l'association des forces privées au maintien de l'ordre et les compétences du Conseil national des activités privées de sécurité (Cnaps), établissement public assurant la délivrance des titres dans le secteur de la sécurité privée, notamment les conditions d'obtention d'une carte professionnelle pour les agents. Le préfet peut désormais confier à des agents privés des missions de surveillance des personnes contre les actes de terrorisme.

521 **Action, abstention. -** Dans maints domaines le Conseil constitutionnel a amené le législateur à établir des garanties positives en faveur des libertés (théorie de l'incompétence négative, objectif du pluralisme des courants d'opinion). **La CEDH, on l'a vu, développe une jurisprudence favorable à la généralisation des « obligations positives »** des États, qu'elles soient procédurales ou substantielles. Le développement de procédures judiciaires ou administratives permettant d'enjoindre à l'administration d'adopter des mesures « utiles » aux libertés (le référé-sauvegarde de l'art. 521-2 CJA) confirme l'ampleur du mouvement. Il s'agit d'assurer l'efficacité des droits en exigeant de l'État qu'il fournisse les supports et les moyens des droits individuels, même civils et politiques. **La fonction de prestation n'apparaît plus seconde dans l'État quand il est question de droits fondamentaux**. De plus, si l'inaction (qui ne serait pas nécessairement volontaire) peut faire l'objet d'une sanction, il convient de la distinguer de l'abstention, volontaire, qui peut être exigée tant par les droits-libertés que par les droits-créances (comme ne pas procéder à l'expulsion d'un logement d'une personne vulnérable). **L'abstention peut être conçue comme la volonté assumée de ne pas agir**, pour protéger les droits ou au risque de ne pas les protéger et d'engager alors la responsabilité de l'État[42]. Ainsi, penser l'abstention comme une action négative, loin de constituer une aporie, présente l'intérêt de donner un sens à l'inaction et de **permettre aux contrôleurs d'exercer leur propre office**. Cette approche par la volonté de la puissance publique, éclaire en effet la difficulté que les juges appelés à l'évaluer connaissent bien : l'administration ou le législateur ne motivent pas leur inaction, n'affichent pas leur volonté de ne pas agir. Dès lors, cette imputation d'une volonté de ne pas agir s'opère parfois artificiellement par une opération performative par laquelle le juge déduit une obligation d'action des textes pour en déduire que la puissance publique a nécessairement voulu ne pas agir puisqu'elle savait qu'elle le devait. N'ayant pu ignorer son obligation de protection, son inaction s'interprète comme une abstention voulue, quoiqu'en réalité l'auteur inexistant d'une norme sans support réel n'ait jamais rien voulu de tel. Ainsi s'éclaire la parenté de certains contrôles juridictionnels pourtant *a priori* étrangers les uns aux autres, celui des obligations positives de la Cour européenne des droits de l'homme, celui de l'incompétence négative du législateur, celui du manquement en droit de l'Union, la théorie de la décision révélée de l'administration ou encore sa responsabilité sans faute.

Le juge administratif examine en référé la question de l'abstention de faire usage des pouvoirs de police administrative lorsqu'elle est susceptible de porter atteinte aux droits et libertés. Cependant, **pour que le juge fasse droit à la demande du requérant en référé, encore faut-il que l'abstention de la puissance publique soit jugée comme manifestement contraire à une obligation positive. Ce qui est rarement le cas car le juge se prononce au vu des moyens disponibles et des actions déjà entreprises**.

39. CC, 25 février 1992, n° 92-307 DC.

40. CC, 10 mars 2011, n° 2011-625 DC, Loi d'orientation et de programmation pour la performance de la sécurité intérieure.

41. CC, 25 oct. 2019, *Soc. Air France*, n° 2019-810 QPC.

42. D. Fallon, L'abstention de la puissance publique et la garantie des droits fondamentaux, Presses de l'Université Toulouse Capitole-Lextenso, 2014.

B. Le rôle du chef de l'État

522 **Gardien des institutions.** – L'idée qui sous-tend l'article 5 de la Constitution de 1958, quant au président de la République, renvoie à l'image d'un arbitre au-dessus des partis et des contingences politiques, comme garant de la République, du lien social et des libertés. Sous la Ve République les différents présidents ont eu à cœur de mobiliser un discours les plaçant dans cette posture, particulièrement en cas de cohabitation. Au-delà, la place qui lui est assignée comme garant de **l'indépendance de la justice** (notamment par le rôle qu'il assumait en tant que président du Conseil supérieur de la magistrature) tend à lui confier la protection de la liberté individuelle. Le président dispose en partie du **pouvoir réglementaire** (en Conseil des ministres), ce qui lui permet en cas de cohabitation de refuser de signer des ordonnances qui lui paraîtraient contraires à la protection des libertés. Il détient aussi le pouvoir de saisir un certain nombre de **corps d'inspection, d'autorités administratives indépendantes ou de juridictions** comme le Conseil constitutionnel. Son action peut reposer encore sur son initiative dans le **domaine international** où il peut ainsi initier un certain nombre de mouvements pour la protection internationale des droits, des minorités ou des peuples, de l'environnement. Mais tout cela ne le place pas dans un rôle de protecteur en opposition du pouvoir mais au cœur de celui-ci.

523 **Bilan**[43]. – Cependant, un bilan historique montre aisément que **le président se pose davantage en chef de l'exécutif et donc en menace des libertés, et que le nombre de leviers** qui lui sont offerts pour la protection des droits sont autant de leviers pour leur méconnaissance. On rappellera tout de même deux présidences qui ont pu être davantage marquées par ce souci des libertés. Tout d'abord le **septennat exercé par Valéry Giscard d'Estaing**, dans une perspective orléaniste, attachée au libéralisme et à l'individualisme, qui a vu aussi bien la reconnaissance du droit à l'avortement, que celle des droits du citoyen face aux nouvelles technologies de l'informatique, l'accès aux documents administratifs (et plus généralement la politique de transparence de l'administration) ou encore la saisine du Conseil constitutionnel par l'opposition. On pourra toutefois regretter, dans la continuité du régime pompidolien, le maintien d'une certaine emprise du pouvoir sur la société, particulièrement sur les médias et l'absence de réformes sociales ou territoriales que les conditions politiques et économiques n'ont pas permises et qui viendront plus tard. Sans parler du maintien de la peine de mort. Les deux septennats de **François Mitterrand** ont connu également un certain nombre d'avancées particulièrement dans le domaine de la protection sociale, des médias et de la lutte contre les discriminations ; domaines dans lesquels le président s'est particulièrement impliqué. On notera l'apport de **Robert Badinter**, garde des Sceaux : abolition de la peine de mort, suppression de la Cour de sûreté de l'État, dépénalisation de l'homosexualité, ouverture du droit de recours individuel devant la CEDH… À l'inverse François Mitterrand a aussi usé de moyens, révélés depuis, attentatoires à la vie privée comme des écoutes téléphoniques illégales.

C. Des autorités administratives non indépendantes liées aux libertés

524 **Relativisation.** – Certaines autorités administratives interviennent spécifiquement dans le champ privilégié des droits fondamentaux. De nombreuses commissions, n'ayant pas le statut d'autorités indépendantes, se chargent d'une activité spécialisée pour laquelle l'adjonction de compétences particulières nécessite d'autonomiser et spécialiser la structure. **Leur activité se trouve souvent contrôlée par une juridiction administrative spéciale, puis en cassation par le Conseil d'État.** Quelques exemples, à peine évoqués, en convaincront.

525 **Droit des étrangers. – OFPRA.** – L'Office français de protection des réfugiés et apatrides est un **établissement public chargé de l'application des textes relatifs à la reconnaissance de la qualité de réfugié, d'apatride et à l'admission à la protection subsidiaire**. Le statut de protection subsidiaire peut être accordé aux personnes non-citoyennes de l'UE qui ne sont pas qualifiées de réfugié mais qui, pour des motifs sérieux et

43. Voir X. Bioy, F. Rouvillois, A. Laquièze, Th. Rambaud (dir.), *Le Président de la Cinquième République et les libertés*, CNRS éditions, 2017.

avérés, ont besoin d'une protection internationale. Par exemple, la CNDA accorde le bénéfice de la protection subsidiaire au titre de l'article L. 512-1 (ex. L. 712-1 a) du CESEDA à une ressortissante somalienne en raison d'une condamnation à la peine de mort pour adultère par un tribunal islamique[44]. La protection subsidiaire ne s'applique qu'aux civils, ce qui exclut de fait un membre de la police afghane[45]. L'OFPRA assure d'abord **l'examen des demandes de reconnaissance des statuts de réfugié ou d'apatride, mais il a aussi pour fonction d'attribuer les documents administratifs nécessaires au maintien sur le territoire** le temps de l'examen des demandes. Lorsqu'ils arrivent en France, les réfugiés, apatrides et bénéficiaires de la protection subsidiaire, ne possèdent bien souvent pas d'acte d'état civil, soit qu'aucun acte ne leur ait été dressé dans leur État d'origine, soit qu'ils ne puissent en réclamer une expédition aux services d'état civil de cet État. L'OFPRA a reçu une compétence générale pour leur établir des certificats attestant des faits relatifs à l'état civil (actes de naissance, actes de mariage et actes de décès, livrets de famille). Il envoie systématiquement aux préfectures une attestation d'état civil qui fait foi de l'identité de la personne et une attestation de maintien sur le territoire. **Les décisions de l'OFPRA sont susceptibles de recours devant la Cour nationale du droit d'asile (CNDA).**

526 Domaine de la santé – Agence de la biomédecine et Comités de protection des personnes. – Selon l'article L. 1418-1 du Code de la santé publique, l'Agence de la biomédecine est un **établissement public administratif de l'État, compétent dans les domaines de la greffe, de la reproduction, de l'embryologie et de la génétique humaines**. Si sa mission demeure « structurelle », elle garantit l'exercice des droits de l'individu dans ces domaines sensibles : assurer une information permanente du Parlement et du gouvernement, promouvoir la qualité et la sécurité sanitaires, ainsi que le don d'organes, de tissus et de cellules issus du corps humain, le don de gamètes, de mettre en œuvre un suivi de l'état de santé des donneurs d'organes et d'ovocytes, d'enregistrer l'inscription des patients en attente de greffe et d'élaborer les règles de répartition et d'attribution des greffons, etc. De même, les **Comités de protection des personnes dans la recherche** biomédicale, mettent en œuvre une forme de police administrative spéciale en vue de protéger au cas par cas les « cobayes humains ». Ils assurent directement l'information de la personne puisque l'avis est communiqué aux personnes qui envisagent de se prêter à la recherche. Ils apprécient également la pertinence d'un projet de recherche, son adéquation aux objectifs, celle des moyens, la qualification des investigateurs, la protection des participants, les modalités de l'information, du recueil du consentement, des indemnités éventuellement versées. Ils apparaissent ainsi auxiliaires de l'ABM et se situent en droite ligne des anciens comités d'éthique.

527 Domaine de la presse. – On prendra pour exemple la **Commission de la carte d'identité des journalistes professionnels** qui a été créée par la loi du 29 mars 1935, en vue de délivrer une carte d'identité de journaliste professionnel aux postulants qui remplissent les conditions de l'article L. 7111-3 du Code du travail. Commission paritaire, elle est composée de huit représentants des employeurs (six au titre de la presse écrite, un au titre des agences de presse, et un au titre des entreprises de communication audiovisuelle du secteur public) et de huit représentants des journalistes professionnels. En cas de refus une contestation est possible devant la commission supérieure qui comprend en plus des magistrats (voir *infra*).

D. La commission nationale consultative des droits de l'homme

528 Rôle. – Elle assure, auprès du gouvernement, un rôle de conseil et de proposition dans le domaine des droits de l'homme, du droit et de l'action humanitaire et du respect des garanties fondamentales accordées aux citoyens pour l'exercice des libertés publiques. Elle succède en 1984 à d'autres formes d'autorités instituées depuis 1947. **La Commission rédige des avis sur les questions d'actualité relatives aux droits de l'homme.** En cas d'urgence, le président peut adresser au gouvernement une lettre formulant des recommandations ou

44. CNDA 23 mars 2018 *Mme S.* n° 17037345 C.
45. CE, 11 déc., 2019, *Office français de protection des réfugiés et apatrides*, n° 427714.

observations sur un sujet dont la Commission est saisie ou en autosaisine. **Les avis doivent faire l'objet d'un suivi du gouvernement (circulaire du 28 novembre 2007).**

En 2022, elle a, par exemple, rendu des avis relatifs à l'impact de l'intelligence artificielle sur les droits fondamentaux (A-2022-6), sur l'accès aux droits et les non-recours (A-2022-4), « Mieux accompagner la fin de la vie à la lumière des enseignements de la crise sanitaire » (A-2022-2), sur le jugement des ressortissants français détenus dans le Nord-Est syrien (A-2022-3), sur les inégalités sociales de santé (A-2022-1), etc.

Assemblée plénière du 24 mars 2022 – Avis n° A-2022-5 « L'effectivité des droits fondamentaux en prison : du constat aux remèdes pour réduire la surpopulation carcérale et le recours à l'enfermement »

Deux ans après l'arrêt de la Cour européenne des droits de l'homme J.M.B. et autres c/France, point d'orgue de nombreuses condamnations de la France en raison de ses conditions indignes de détention, la Commission nationale consultative des droits de l'homme (CNCDH) regrette l'absence d'une véritable amélioration dans le respect de la dignité humaine des personnes détenues. Dans son avis, la CNCDH formule vingt recommandations à l'attention des pouvoirs publics afin, d'une part, de renforcer le respect des droits fondamentaux des personnes détenues et, d'autre part, de repenser les politiques pénale et pénitentiaire de l'entrée en détention à la sortie.

529 **Composition.** – La composition de la Commission implique la présence de l'État et de la société civile afin de **garantir le pluralisme des convictions et opinions** : pour l'État, des représentants du Premier ministre et des ministres principalement concernés, un député désigné par le président de l'Assemblée nationale, un sénateur désigné par le président du Sénat, un représentant du Conseil économique et social assure la liaison avec cette institution, des membres du Conseil d'État et des magistrats de l'ordre judiciaire facilitent le contact avec le pouvoir juridictionnel et le Défenseur des droits. Pour la société civile : des représentants des principales associations nationales de défense des droits de l'homme et de l'action humanitaire, plusieurs personnalités, notamment des représentants des religions catholique, musulmane, protestante et juive, des membres de l'université, du barreau et des experts français siégeant dans les instances des droits de l'homme des Nations unies ou du Conseil de l'Europe. Agence européenne des droits fondamentaux

530 **Agence européenne des droits fondamentaux.** – Le règlement (CE) n° 168/2007 du Conseil du 15 février 2007 a créé l'Agence des droits fondamentaux de l'Union européenne **pour fournir aux institutions et organes de l'Union européenne, ainsi qu'aux États membres de l'Union européenne, lorsqu'ils mettent en œuvre le droit de l'Union européenne, une assistance et une expertise sur les droits fondamentaux**. La lutte contre le racisme, la xénophobie et l'intolérance font partie des missions premières pour lesquelles l'agence collecte des données et met en place une coopération avec la société civile (« plate-forme des droits fondamentaux »). Mais le cadre qui lui est assigné comporte neuf domaines thématiques, à savoir : le racisme, la xénophobie et l'intolérance ; les discriminations ; l'indemnisation des victimes ; les droits de l'enfant ; le droit d'asile, l'immigration et l'intégration des immigrés ; les visas et les contrôles aux frontières ; la participation des citoyens de l'Union européenne au fonctionnement démocratique de celle-ci ; la société de l'information et l'accès à une justice efficace et indépendante. Un accord définit un cadre de coopération entre l'Agence des droits fondamentaux de l'Union européenne et le Conseil de l'Europe en vue d'éviter les doubles emplois, et d'assurer une complémentarité.

III. Le rôle des autorités administratives indépendantes

531 En vue de gagner en compétence et en efficacité, le choix s'est imposé de recourir à des structures permettant l'insertion de l'administration dans la société. Les autorités administratives indépendantes forment un ensemble nouveau dans le paysage des droits et libertés. On précisera ce point avant de décrire certaines de ces autorités les plus concernées par les libertés.

A. AAI, API et libertés[46]

532 **Esprit.** - La protection des droits fondamentaux n'est optimale que lorsqu'elle s'exerce par le **prisme d'une institution de contre-pouvoir, de défiance ou de méfiance vis-à-vis du pouvoir.** Les libertés devraient donc être prises en charge par des instances qui se distinguent du pouvoir législatif et du pouvoir exécutif. Si les juridictions incarnent cet idéal, les conditions dans lesquelles elles sont saisies, en particulier le fait qu'elles ne se prononcent que sur des questions de droit, limitent leur rôle et manquent de souplesse. Le recours à des instances plus spécialisées capables de recevoir **des arguments d'équité ou de « bonne administration » et de vérifier la correcte application de la loi, apporte une autre solution, à la condition de trouver les conditions de leur indépendance**. La Suède, en 1809, a inventé l'*ombudsman*, et d'autres ont choisi d'adosser au Parlement un contrôle de l'administration allant de la médiation jusqu'à la dénonciation d'agents publics. L'Union européenne a repris ce principe à l'article 20 du TUE (ex-article 17, TCE) : « **chaque citoyen européen a le droit, d) [...], de recourir au médiateur européen, ainsi que le droit de s'adresser aux institutions et aux organes consultatifs de l'Union** dans l'une des langues des traités et de recevoir une réponse dans la même langue ». La solution française, liée à sa tradition administrative a été de créer ces instances au sein de l'exécutif, à la marge du système administratif, hors déconcentration et hors décentralisation. **Il s'agit toujours de l'État** comme système politique et comme personne morale (sauf exception des Autorités Publiques indépendantes) mais avec une souplesse de fonctionnement et une autonomie organique réelles quoique variables d'une instance à l'autre faute de modèle unique. Il n'en demeure pas moins que l'Union européenne impose que ce type d'autorité puisse être saisie par les personnes placées en rétention[47].

533 **Difficulté constitutionnelle.** - Chaque loi qui consacre l'existence d'une telle autorité fait l'objet d'un contrôle sur ce point et le législateur doit justifier l'entorse qui est faite à la répartition constitutionnelle des pouvoirs par un motif de protection des droits ou de régulation de l'intérêt général. **Le rôle de ces instances est souvent perçu positivement par le Conseil constitutionnel lorsqu'il apprécie l'équilibre global opéré par une loi régissant l'exercice d'une liberté**. Ainsi, au regard de la liberté de communication et de l'autorisation d'exploitation du service de radiotélévision par réseau câblé, une autorité indépendante du gouvernement constitue une garantie fondamentale[48]. Bien sûr, cela entraîne des difficultés sur le plan des partages de compétence, le gouvernement devant exercer le pouvoir réglementaire et le législateur devant éviter une incompétence négative dans le domaine de la protection des libertés. **L'article 21 de la Constitution** confère au Premier ministre, sous réserve des pouvoirs reconnus au président de la République, **l'exercice du pouvoir réglementaire à l'échelon national**. Si cet article ne fait pas obstacle à ce que le législateur confie à une autorité de l'État autre que le Premier ministre le soin de fixer des normes permettant de mettre en œuvre une loi, c'est à la condition que cette habilitation ne concerne que des mesures de portée limitée tant par leur champ d'application que par leur contenu. Mais pour le Conseil constitutionnel, les avantages de la formule l'emportent sur ses inconvénients[49]. De même, pour le Conseil d'État : « L'attribution par la loi à une autorité administrative du pouvoir de fixer les règles dans un domaine déterminé et d'en assurer elle-même le respect, par l'exercice d'un pouvoir de contrôle des activités exercées et de sanction des

46. Voir la chronique régulière « AAI et Libertés » que tient l'équipe de l'Institut Maurice Hauriou dans la revue *Les LPA*.
47. Directive 2008/115/CE dont la Cour de cassation a admis l'effet direct (Cass. 1re civ., 1er févr. 2012, n° 11-30086).
48. CC, 26 juill. 1984, déc. n° 84-173 DC, cons. 3.
49. CC, 17 janv. 1989, déc. n° 88-248 DC, cons. 27 à 32.

manquements constatés, ne contrevient pas aux exigences découlant de l'article 16 de la Déclaration des droits de l'homme et du citoyen, dès lors que ce pouvoir de sanction est aménagé de telle façon que soient assurés le respect des droits de la défense, le caractère contradictoire de la procédure et les principes d'indépendance et d'impartialité[50] ». Le **contrôle du juge administratif** sur les AAI rassure le Conseil constitutionnel[51] sans pour autant que celui-ci puisse se fonder sur la Constitution pour exiger du législateur qu'il donne au contrôle des AAI ses lettres de noblesse : indépendance, stabilité, procédure contradictoire, transparence, efficacité au-delà du simple pouvoir de recommandation, respect des règles relatives à la répression.

Deux lois du 20 janvier 2017, l'une organique, relative aux autorités administratives indépendantes et autorités publiques indépendantes, l'autre portant statut général des autorités administratives indépendantes et des autorités publiques indépendantes, sont venues rationaliser le paysage institutionnel et donner un statut général à la notion d'indépendance et de conflits d'intérêts. Sur les 41 autorités indépendantes (AI) recensées jusque-là, **il n'en subsiste que 26**. Afin de garantir leur indépendance et de limiter les conflits d'intérêts, une sorte de « statut général » qui contient des dispositions relatives à l'exercice des mandats des membres, à leur déontologie à celle des personnels. Notamment, la loi interdit expressément l'exercice concomitant de mandats au sein de plusieurs autorités administratives indépendantes. De plus, dans une logique d'impartialité, « le mandat de membre du collège est incompatible avec celui de membre d'une commission des sanctions ou de règlement des différends et des sanctions ». Le mandat ne peut être révoqué. Elles ont peu affecté le rôle des AAI dans le domaine des libertés.

534 **Avenir. – La consécration d'un statut global et unique, éventuellement au niveau constitutionnel, a été suggérée en doctrine**. Une réflexion créative (du « droit-fiction ») conduirait à la création d'un quatrième pouvoir ou d'une nouvelle branche du pouvoir de contrôle à côté du pouvoir juridictionnel. Un pas a été franchi en ce sens par **la révision constitutionnelle du 3 novembre 2008 qui crée le « Défenseur des droits ».** Cette évolution n'a pas encore été pensée comme une habilitation constitutionnelle à développer des instances de régulation et de contrôle. Au contraire, le Conseil constitutionnel a considéré que son statut constitutionnel ne changeait rien à sa nature d'autorité administrative : « en érigeant le Défenseur des droits en « autorité constitutionnelle indépendante », l'article 2 [...] n'a pas pour effet de faire figurer le Défenseur des droits au nombre des pouvoirs publics constitutionnels »[52]. Ce ne serait qu'à ce prix qu'elles se verraient reconnaître un statut de protecteur des libertés. Dans les faits, fort peu de ces autorités sont en lien direct avec les droits fondamentaux comme la CNIL, l'ARCOM (ex-CSA), le Contrôleur des lieux de privation de libertés ou bien sûr le Défenseur des droits, sauf à considérer que celles qui agissent dans le secteur marchand assurent la protection de la liberté du commerce et de l'industrie, la liberté d'entreprendre, la liberté contractuelle, etc., (Autorité de la concurrence, des marchés financiers...), que celles qui opèrent dans les relations administration-administrés (accès aux documents administratifs, médiateurs) concrétisent le droit à une bonne administration, ou que celles qui régulent les systèmes de sécurité établissent un équilibre permanent entre nécessité de l'ordre public et autonomie individuelle (lutte contre le dopage, sécurité nucléaire, autorité de santé, interceptions de sécurité, déontologie des forces publiques...).

535 **Quasi-juridiction. –** Les AAI, dans le domaine des libertés, relèvent en principe de la sphère administrative et du contrôle juridictionnel du Conseil d'État. Celui-ci a dès l'origine constaté que le Médiateur de la République était une autorité administrative[53]. Sous l'influence du droit européen[54], **le Conseil d'État a tenu compte de la dualité du rôle coercitif des AAI qui disposent d'un pouvoir de sanction en appliquant des exigences dignes du droit au procès équitable**. L'arrêt *Didier*[55] expose que « quand il est saisi d'agissements pouvant donner lieu aux

50. CE, 15 octobre 2021, *Société Mazars*, n° 451835.
51. CC, 21 janv. 1994, déc. n° 93-333 DC, cons. 19 et 20.
52. CC, 29 mars 2011, déc. n° 2011-626 DC.
53. CE, Ass., 10 juill. 1981, *Retail*.
54. CEDH, 27 août 2002, *Didier c. France*.
55. CE, Ass., 3 déc. 1999, *Didier*.

sanctions [...], le Conseil des marchés financiers doit être regardé comme décidant du bien-fondé d'accusations en matière pénale au sens des stipulations précitées de la Convention européenne des droits de l'homme [...] alors même que le Conseil des marchés financiers siégeant en formation disciplinaire n'est pas une juridiction au regard du droit interne le moyen tiré de ce qu'il aurait statué dans des conditions qui ne respecteraient pas le principe d'impartialité rappelé à l'article 6-1 précité peut, eu égard à la nature, à la composition et aux attributions de cet organisme, être utilement invoqué à l'appui d'un recours formé devant le Conseil d'État à l'encontre de sa décision ». **En droit interne, la qualification d'autorité administrative, quoiqu'indépendante, demeure en principe exclusive de la qualité de juridiction. Cela n'empêche pas de leur imposer parfois le respect des garanties de qualité de l'article 6 de la Convention EDH.** L'arrêt du Conseil d'État du 19 février 2008, *Société Le profil*, intéresse à ce titre. La société requérante s'occupe du recouvrement de créances et stocke des données relatives aux débiteurs de ses clients. Elle demande la suspension d'une délibération de la CNIL la sanctionnant en se fondant sur l'absence de garanties entourant ses fichiers. Le juge administratif admet que dans cette fonction la CNIL, eu égard à sa nature, à sa composition et à ses attributions, **peut être qualifiée de tribunal** au sens de l'article 6-1 de la Convention européenne de sauvegarde des droits de l'homme et des libertés fondamentales, et se saisir de son propre mouvement d'affaires qui entrent dans le domaine de compétence qui lui est attribué [...].

B. Le Défenseur des droits

536 Sur le modèle espagnol, la loi constitutionnelle du 23 juillet 2008, a opéré une évolution vers l'unification des rôles des médiateurs. Il s'agit d'une mutation vers un nouveau modèle d'autorité constitutionnelle. Le Défenseur concentre toutes les prérogatives préexistantes et dispose de nouveaux pouvoirs. Le Défenseur des droits publie depuis 2012 un rapport d'activité annuel.

Avant-propos au rapport pour 2012, juin 2013, Dominique Baudis (Défenseur des droits 2011-2014)

« Dans une société minée par les incertitudes, le Défenseur des droits et ses adjoints constituent un interlocuteur privilégié de la société civile, des services publics, des entreprises, des syndicats ou des associations représentant ceux qui s'estiment lésés dans leurs droits et leurs libertés.
Dans une société entravée par sa complexité, les collaborateurs – permanents et bénévoles – de l'Institution sont conscients qu'ils constituent au quotidien le dernier recours de proximité pour permettre à tous, gratuitement, d'accéder à des droits qu'il est indispensable de garantir et de rendre effectifs.
Dans une société qui n'accorde guère d'intérêt qu'à l'instant et aux faits divers dramatiques, le Défenseur des droits a la volonté de s'inscrire en garant rigoureux et attentif de la citoyenneté de tous, en mettant en œuvre les pouvoirs que lui confie la Constitution pour rétablir ceux qui le saisissent dans leurs droits et libertés qui sont l'essence même de notre démocratie. »

1. L'institution

a. Le statut

537 **Organe.** – Créé par **la loi organique du 29 mars 2011**, le Défenseur des droits vient se substituer à quatre autorités administratives indépendantes : le Médiateur de la République, la Commission nationale de déontologie de la sécurité, le Défenseur des enfants et la Haute autorité de lutte contre les discriminations et pour l'égalité. L'existence du Défenseur des droits s'appuie sur une ambition formulée lors de la Conférence de Brighton du Conseil de l'Europe, en avril 2012 : établir une institution nationale indépendante chargée des droits de l'homme. L'idée du

« guichet unique » guide cette unification, afin de rationaliser l'offre de protection généraliste des droits. Le Défenseur des droits (Dominique Baudis a été le premier ; Claire Hédon l'est depuis 2020) est **nommé par le chef de l'État dans le cadre de la procédure prévue au dernier alinéa de l'article 13 de la Constitution** (avis public de la commission permanente compétente de chaque assemblée, avis juridiquement contraignant s'il est négatif). Le Comité Balladur avait pourtant préconisé une élection qualifiée par l'Assemblée nationale. Le président de la République ne peut procéder à une nomination lorsque l'addition des votes négatifs dans chaque commission représente au moins trois cinquièmes des suffrages exprimés au sein des deux commissions.

Le Défenseur est assisté de **trois adjoints chargés des différentes missions** (Enfance, Discrimination, Déontologie de la sécurité) et d'un délégué général à la médiation qui ont été habilités par le ministère public pour opérer des vérifications dans les locaux publics et privés des personnes en cause. Vingt-deux personnes, nommées par les présidents des assemblées parlementaires et des juridictions, composent les trois collèges spécialisés par missions.

Il est également relayé par 536 délégués et douze chefs de pôle régionaux, pour la majorité d'entre eux hérités du réseau de l'ancien Médiateur de la République. Le but est de développer un accès de proximité en développant régionalement les compétences.

538 **Indépendance.** – Le Défenseur est **inamovible** (son empêchement ne peut être constaté que par un collège composé des présidents des trois plus hautes juridictions françaises). Il bénéficie d'un régime **d'immunité juridictionnelle et d'incompatibilités nombreuses** qui devraient renforcer son indépendance (les fonctions du Défenseur des droits sont incompatibles avec celles de membre du gouvernement, de membre du Parlement, de membre du Conseil constitutionnel, de membre du CSM, de membre du Conseil économique, social et environnemental, ainsi qu'avec tout mandat électif, toute autre fonction ou emploi public et toute activité professionnelle). Son mandat de **six ans**, non renouvelable, va dans le même sens. Le Défenseur et ses délégués signent une déclaration d'intérêts afin de prévenir les conflits. Les recommandations émises par le Défenseur des droits, de même que le refus de faire usage des pouvoirs qu'il tient de ces dispositions, **ne constituent pas des décisions administratives susceptibles de faire l'objet d'un recours** pour excès de pouvoir[56].

b. Les missions

539 **Missions. – L'article 71-1 de la Constitution énonce que « le Défenseur des droits veille au respect des droits et libertés par les administrations de l'État, les collectivités territoriales, les établissements publics, ainsi que par tout organisme investi d'une mission de service public**, ou à l'égard duquel la loi organique attribue des compétences », en dehors des contentieux entre personnes publiques. La loi organique ajoute la promotion de l'intérêt supérieur de l'enfant, la lutte contre les discriminations et le respect de la déontologie par les personnes exerçant des activités de sécurité. La loi organique du 9 décembre 2016 et la loi du 9 décembre 2016 relative à la transparence, à la lutte contre la corruption et à la modernisation de la vie économique ajoutent la charge « d'orienter vers les autorités compétentes toute personne signalant une alerte dans les conditions fixées par la loi, de veiller aux droits et libertés de cette personne ». Le premier rapport du Défenseur décrit la construction d'une identité unique. **Trois collèges spécialisés** apportent l'expérience des anciennes AAI, mais le Défenseur a également institué des groupes de travail intermissions : prévus par la loi organique du 29 mars 2011, ils traitent des questions communes comme des conditions d'accès aux cantines scolaires ou de la prise en charge des mineurs par les forces de l'ordre.

De plus, la loi n° 2016-1691 du **9 décembre 2016 relative à la transparence**, à la lutte contre la corruption et à la modernisation de la vie économique, **complétée par la loi du 21 mars 2022** visant à améliorer la protection des lanceurs d'alerte, a étendu la compétence du Défenseur des droits à « **la protection, dès le lancement de**

56. CE, 22 mai 2019, *M. R...*, n° 414410.

l'alerte, **des lanceurs d'alerte s'estimant victimes de mesures de représailles** »[57]. Par le biais de cette démarche (61 réclamations en 2020), il s'agit de « mettre en place, en amont et en aval de l'alerte, des structures et des procédures afin que le juge ne soit plus le seul garant de l'effectivité de la protection accordée aux lanceurs d'alerte ». Mais il ne pourra pas leur attribuer une aide financière ou un secours financier nécessaire car le Conseil constitutionnel a censuré cette disposition contraire à l'article 71-1 de la Constitution[58].

Le Défenseur des droits organise **un dialogue régulier et nourrit avec les acteurs de la société civile, les associations et les représentants de professionnels**, au sein de comités d'« entente » et de « liaison » qui constituent des instances de concertation et de réflexion. Il a également créé le pôle « Droits des malades et dépendance ».

540 **Mission « Médiation avec les services publics ». –** En 2020, les réclamations en matière de services publics, ont connu une augmentation de plus de 75 % depuis 2014 soit 60 617 réclamations. Cette mission était auparavant prise en charge par le médiateur de la République, créé par la loi du 3 janvier 1973, afin de recevoir « **les réclamations concernant, dans la relation administration-administré**, le fonctionnement des administrations de l'État, des collectivités publiques territoriales, des établissements publics ou de tout autre organisme investi d'une mission de service public ». Le médiateur s'est, au fil du temps, doté de délégués dans les différents départements et dans les établissements pénitentiaires. Si ces moyens d'investigation existaient, il n'agissait que par voie de recommandation.

Issus des services du médiateur, des pôles se sont spécialisés (affaires générales, justice, fisc, travail et solidarité, santé, réformes). Il s'agit d'aider les personnes de bonne foi à présenter leur requête à l'administration, à obtenir parfois des dérogations. Pour cette mission, le Défenseur ne peut être saisi **qu'en présence d'une mission de service public**, qu'elle soit prise en charge par une personne publique ou privée (à l'exclusion des conflits entre personnes publiques ou entre elles et leurs agents). Le demandeur devra, privilège du préalable oblige, avoir d'abord tenté de trouver une solution avec le gestionnaire du service. Il peut s'agir aussi de révéler des dysfonctionnements ou des abus touchant les libertés comme en matière de fichiers. Ainsi, le cas d'une femme empêchée de quitter le territoire avec sa fille faute de **transcription d'une décision de justice dans les registres de police**. De nombreuses difficultés viennent de la création de nouveaux services, dans les périodes de transition, comme pour le paiement du revenu social d'insertion par le nouvel « Interlocuteur social unique ». Le mouvement constant de dématérialisation des procédures administratives pose de sérieuses difficultés qui remontent en masse au Défenseur, attestant de la « fracture numérique ».

Ex. **La mise en œuvre en 2017 du dispositif prévoyant, pour les véhicules d'entreprise, une obligation d'identification du conducteur en matière de contravention routière**, a entraîné un afflux de réclamations d'artisans, de professions libérales et d'entreprises unipersonnelles. Recevant des avis de contravention au nom de leur entreprise, il leur était reproché d'avoir payé la contravention alors qu'ils auraient dû d'abord se dénoncer comme conducteurs, puis régler un second avis de contravention établi, cette fois, à leur nom en qualité de personne physique... Il est apparu au cours des échanges avec l'administration que si l'obligation de s'auto-dénoncer était si peu claire dans les avis de contravention initiaux, c'est que la situation des autoentrepreneurs n'avait pas été envisagée dans la conception du dispositif.

Le Défenseur peut également être saisi de **maltraitance sur personnes vulnérables** admises en établissements de long séjour, de refus d'accès au dossier médical ou encore de refus de prise en charge de soins à l'étranger. D'autres affaires sont ponctuelles comme le fait de parvenir à autoriser un double don de reins entre vifs pour

57. Voir les développements consacrés à cette notion dans le chapitre relatif à la liberté d'expression.
58. CC, décision n° 2016-740 DC du 8 décembre 2016.

une patiente, avant l'entrée en vigueur de la loi l'autorisant[59]. Il intervient aussi beaucoup au soutien des étrangers en situation irrégulière, par exemple sur la prise en charge de la « jungle » de Calais ou en s'inquiétant de l'action des forces de l'ordre près des lieux d'accueil des migrants.

Avis du Défenseur des droits du 22 octobre 2015 relatif au recueil et à la conservation de gamètes des personnes transsexuelles en parcours de transition

En juin 2013, plusieurs associations ont attiré l'attention du Défenseur des droits (DDD) sur la situation de personnes transsexuelles de l'homme vers la femme engagées dans un parcours de transition s'étant vu opposer des décisions de refus de la part des centres d'études et de conservation des œufs et du sperme (CECOS) sur une demande d'autoconservation de leurs gamètes en vertu de l'article L. 2141-11 du Code de la santé publique (CSP). Dans un avis rendu le 22 octobre 2015 et contre l'avis de différentes instances consultatives[60], le DDD a considéré que les personnes s'engageant dans un processus de réassignation sexuelle de l'homme vers la femme pouvaient se prévaloir des dispositions de l'article L. 2141-11 du CSP alors même que cet article conditionne l'autoconservation des gamètes à la situation médicale de la personne et à la finalité thérapeutique de leur utilisation conforme à la loi (« toute personne dont la prise en charge médicale est susceptible d'altérer la fertilité, ou dont la fertilité risque d'être prématurément altérée [...] »).

541 **Mission « Enfance ». – Cette mission**, gérée jusqu'en 2012 par le Défenseur des enfants a suscité 2 758 réclamations en 2020, soit une hausse de plus de 10 % depuis 2014. Il s'agit **essentiellement de protéger les enfants en cas de conflits familiaux rendant difficile le maintien des liens familiaux**. Mais se développent aussi le contentieux des **mineurs étrangers et celui des mesures éducatives**. Le Défenseur peut ainsi agir contre la maltraitance d'enfants placés en famille d'accueil, la rétention de mineurs dans les locaux pour adultes, pour l'obtention d'un logement, pour l'obtention d'un titre de séjour, en cas de difficulté de scolarisation...

En 2020, plus de 10 % de ses saisines en matière de droits de l'enfant concernaient ainsi des mineurs étrangers, dont la majeure partie était non accompagnée. Depuis sa première décision-cadre du 21 décembre 2012, le Défenseur des droits n'a cessé d'être sollicité sur la question des droits de ces enfants. Pour ces derniers, il détaille les dysfonctionnements administratifs qui compromettent l'obtention d'une protection au titre du droit d'asile. La **détermination de l'âge du mineur est une difficulté sérieuse**. Il préconise la vérification des actes d'état civil plutôt que le recours aux examens osseux, souvent illégaux et peu fiables. Le droit à avoir un avocat n'est pas non plus garanti, le Défenseur a fait, par exemple, valoir dans ses observations devant la cour d'appel de Toulouse[61] le fait que la convocation émise par le juge des enfants n'informait pas le mineur de son droit « de faire choix d'un conseil ou de demander qu'il [lui] en soit désigné un d'office » (art. 1182, Code de procédure civile) et la cour d'appel de Toulouse avait annulé sur ce fondement la décision du juge des enfants de Castres[62].

59. Rapport 2011 du Défenseur des droits, p. 87.

60. Des observations ont été demandées au président de la Fédération française des CECOS, à l'Ordre national des médecins, à l'Agence de la biomédecine, à l'Académie nationale de médecine et au Comité consultatif national d'éthique.

61. MDE-046, 047 et 048 du 12 févr. 2016.

62. CA Toulouse, 11 mars 2016, arrêts n° 2916/38, 2916/39, 2916/40. Sur le fond, la CA a affirmé que la preuve de la minorité résultait des actes d'état civil et constaté, qu'en l'espèce, l'acte d'état civil produit par le mineur n'avait été soumis à aucune appréciation de sa régularité objective. La CA a donc ordonné avant dire droit un examen de la régularité de l'acte de naissance litigieux et totalement ignoré les résultats des tests osseux pratiqués, conformément aux observations du Défenseur.

En matière d'entrée sur le territoire, le Défenseur a choisi comme cheval de bataille de **mettre fin de la privation de liberté pour tous les mineurs isolés demandeurs d'asile** qui sont placés en zone d'attente et, en matière de séjour, l'obtention de plein droit d'un titre de séjour, selon les cas « vie privée et familiale » ou « étudiant », pour les mineurs étrangers devenus majeurs. Il est ainsi à l'origine de condamnations de la France par la Cour européenne des droits de l'homme[63]. La Défenseure des droits rappelle régulièrement que le refus opposé aux demandes de prise en charge formulées par les autorités étrangères à l'égard de mineurs non accompagnés ayant de la famille en France, est susceptible de porter une atteinte disproportionnée à leur droit fondamental de mener une vie familiale normale, en violation de leur intérêt supérieur.

Ex 2017 : Alerté sur des refus d'inscription scolaire, le Défenseur des droits a conclu dans cinq cas à des discriminations dans l'accès à l'éducation fondées sur le lieu de résidence, la particulière vulnérabilité économique des familles, ou encore l'origine. Il s'agissait d'enfants vivant dans des campements (Décisions 2017-134 ; 2017-195 ; 2017-236), en hôtel social (Décision 2017-091) ou encore d'un enfant hébergé par un tiers (Décision 2017-023).
Ex 2019 : En 2019, le rapport annuel sur les droits de l'enfant montre que le fonctionnement des institutions intervenant dans la prise en charge des mineurs, et le fait qu'elles ne priorisent pas toujours l'intérêt supérieur de l'enfant et créent des violences qui nuisent au développement de l'enfant. Les 22 recommandations contenues dans ce rapport ont pour objectif de les prévenir et de les faire cesser.

542 **Mission « Lutte contre les discriminations ».** – Il s'agit de succéder à la HALDE, instance collégiale, créée par la loi du 30 décembre 2004. Elle concerne aujourd'hui 5 196 réclamations, soit une augmentation de presque 15 % depuis 2014. La mise en place en février 2021 d'un nouveau service de signalement et d'accompagnement des victimes de discriminations y contribue. Pour moitié, il s'agit du **domaine de l'emploi, puis du logement, de l'accès aux services, de l'éducation**. Il s'agit souvent de médiation juridique mais aussi de dénonciation et d'observations devant les juridictions. En juin 2020, le rapport *Discrimination et origine : l'urgence d'agir* a mis l'accent sur la prévalence préoccupante des discriminations fondées sur l'origine.

D'un profil à l'origine plus « militant », les anciens membres de la HALDE ont intégré une structure plus large sans avoir perdu les outils nécessaires à la révélation des discriminations. Le Défenseur a créé des « comités d'entente » permettant d'associer la société civile à ses travaux (comité relatif au handicap, comité relatif au critère LGBT *Lesbiennes, gay, bisexuels et transgenres*). Rappelons que l'article 4 de **la loi du 27 mai 2008 met la preuve à la charge de la personne accusée de discrimination, la victime n'ayant à apporter que des faits faisant présumer de la discrimination**. Le Défenseur réunit ainsi ces « commencements de preuve », comme dans le cas d'une femme atteinte d'un léger handicap mental, employée depuis de nombreuses années par la poste, puis licenciée sans que son handicap entre en ligne de compte (le juge judiciaire condamnera pour discrimination). Ce fut encore le cas d'un cadre d'une grande entreprise de travaux publics qui vit sa carrière bloquée après sa grossesse. Le Défenseur a permis de prouver la discrimination en ayant accès aux statistiques de l'entreprise pour comparer sa situation à celle de ses collègues[64].

Décision 2019-108 du 19 avril 2019 relative à la situation de vingt-cinq travailleurs en situation irrégulière s'estimant victimes de traitements discriminatoires de la part de leur employeur, une entreprise du secteur du bâtiment, en raison de leur origine et de leur nationalité : le Défenseur des

63. CEDH, 5e sect., 19 janv. 2012, n° 39472/07, *Popov c. France* ; n° 11593/12, *A.B. et autres c. France* ; n° 33201/11, *R.M. et M.M. c. France* ; n° 24587/12, *A.M. et autres c. France* ; n° 68264/14, *R.K. c. France* ; n° 76491/14, *R.C. c. France*.
64. Rapport 2011 du Défenseur des droits, p. 105.

droits a présenté des observations devant le conseil de prud'hommes de Paris concernant la situation de 25 travailleurs maliens dépourvus d'autorisation de séjour et de travail, employés sur un chantier prestigieux du secteur du bâtiment du 7e arrondissement de Paris. Dans son jugement du 17 décembre 2019, le conseil de prud'hommes a suivi son analyse en reconnaissant que les mauvais traitements de ces travailleurs étaient le produit d'une discrimination « raciale et systémique » : les travailleurs maliens sans papier étant relégués aux tâches les plus pénibles et dangereuses de démolition, tous appelés « mamadou » et interchangeables.

Décision 2019-256 du 22 novembre 2019 relative aux refus de scolarisation et d'inscription à la cantine scolaire opposés à 5 enfants hébergés en hôtel social par le maire d'une commune : situation de cinq enfants, dont les familles sont hébergées par le Samu social dans un hôtel situé sur le ressort d'une autre commune, qui ne parvenaient pas à être inscrits dans les écoles et à la cantine scolaire de la commune à la suite de refus persistants de la mairie. Pour le Défenseur des droits, les refus de scolarisation opposés par la mairie aux enfants caractérisent une discrimination dans l'accès à l'éducation fondée sur l'origine, le lieu de résidence, et la particulière vulnérabilité résultant de la situation économique de leur famille. Il demande notamment au maire de procéder à l'inscription, de donner des précisions sur ce qui peut constituer le justificatif de domicile attendu, en précisant que la preuve du domicile peut se faire par tout moyen et transmet la présente décision au procureur de la République territorialement compétent, en application de l'article 33 de la loi organique du 29 mars 2011, afin qu'il apprécie les suites pénales à donner aux faits relatés.

La loi pour l'égalité des chances (loi n° 2006-396 du 31 mars 2006) indique que lorsque les faits discriminatoires n'ont pas déjà donné lieu à la mise en mouvement de l'action publique, **le Défenseur peut proposer à l'auteur des faits une transaction** consistant dans le versement d'une amende transactionnelle dont le montant ne peut excéder 3 000 euros s'il s'agit d'une personne physique et 15 000 euros s'il s'agit d'une personne morale et, s'il y a lieu, dans l'indemnisation de la victime. L'audition du Défenseur par la juridiction qui mène une enquête pour des faits de discriminations est désormais de droit. De même, les agents assermentés et spécialement habilités par le procureur de la République, pourront dresser des procès-verbaux pour des faits de discriminations qui ont été prouvés par la **méthode du « testing » légalisée par l'article 225-3-1 du Code pénal**. L'application de la transaction met fin à l'action publique. En cas de refus de la transaction, le dossier est transmis au procureur de la République pour qu'il puisse éventuellement déclencher l'action publique (sauf pour les dommages purement civils où la victime pourra tenter un procès). De plus, le Défenseur peut demander à l'autorité publique, par lequel l'auteur des faits est soumis à agrément ou à autorisation, **de faire usage des pouvoirs de suspension et de sanctions dont elle dispose**. Inversement, le Conseil d'État a jugé que « la réponse par laquelle la HALDE (aujourd'hui DDD) refuse de donner suite à une réclamation n'est pas susceptible de recours pour excès de pouvoir »[65].

Le Défenseur agit aussi particulièrement dans le **domaine de l'accueil des enfants en situation de** handicap. Est par exemple discriminatoire le fait de refuser un centre de loisir à un enfant autiste au motif qu'il n'y a pas de personnel adéquat, sans démontrer les risques encourus par l'enfant. L'état de santé d'un enfant épileptique, déjà accueilli les années précédentes, ne peut non plus être retenu. De même, dans le cas d'un enfant rom faisant l'objet d'un refus de scolarisation au motif que ses parents ne résident pas dans la commune et que la rentrée est passée, le Défenseur a monté le dossier devant le juge administratif et obtenu l'injonction de scolarisation.

Sur un autre front, le Défenseur des droits a estimé que le refus systématique de certaines **compagnies aériennes d'embarquer les personnes en situation de handicap** non accompagnées, sans vérifier concrètement leur aptitude à voyager seule au regard des critères de sécurité prévus par les textes, constitue une discrimination fondée sur le handicap. Par arrêt du 5 février 2013, la cour d'appel de Paris, confirmant le jugement du

65. CE, 13 juill. 2007, *Mme Ghislaine X.*

tribunal correctionnel, a condamné la compagnie aérienne Easy jet. Une condamnation correctionnelle a également été obtenue dans le cas d'un refus de louer un emplacement de camping après une opération de testing[66].

Enfin, dans le **domaine des personnes âgées** : à propos d'un refus de louer un appartement à des personnes de 75 et 72 ans alors qu'un bail avait été conclu avec une agence immobilière, le Défenseur des droits a considéré que ce refus caractérisait une discrimination fondée sur l'âge. Reconnaissant le préjudice moral et matériel subi par les locataires, le propriétaire s'est engagé à leur régler une indemnité transactionnelle.

Le Défenseur s'est en outre saisi de diverses questions en vue de **formuler des recommandations** : accès au don de sang pour les homosexuels, discriminations au travail, gratuité de l'enseignement à distance des enfants handicapés... Suite à l'intervention du Défenseur des droits dans une affaire où une transsexuelle s'était vue refuser l'établissement d'une attestation de diplôme tenant compte de sa conversion sexuelle, une circulaire du 22 août 2012 prévoit que toute personne ayant bénéficié d'un changement d'état civil (nom(s), prénom(s), sexe, etc.) peut obtenir la délivrance d'un diplôme conforme à son nouvel état civil.

Ex. Décision du Défenseur des droits n° 2018-088 : Le Défenseur des droits a été saisi d'une réclamation relative à un refus de crédit automobile opposé à une personne bénéficiaire de l'allocation aux adultes handicapés (AAH). L'enquête a révélé que le refus de prêt opposé au réclamant ne l'a été sur la base d'aucune étude concrète de sa situation personnelle, mais sur simple mention de sa qualité de bénéficiaire de l'AAH et du montant de cette ressource. Par ailleurs, il apparaît que les conditions d'acceptation des crédits posées par l'établissement de crédit mis en cause excluent la prise en compte de l'AAH dans le calcul de la solvabilité du demandeur. Sont également exclues les personnes titulaires d'une carte de séjour temporaire ou d'un titre de séjour, ainsi que les personnes résidant dans un foyer, un hôtel, un meublé, une caravane, un mobile home ou parce qu'elles sont sans domicile fixe. Le Défenseur des droits considère que ces conditions sont discriminatoires en raison du handicap, de la particulière vulnérabilité résultant de la situation économique, apparente ou connue, de la nationalité et du lieu de résidence. Il recommande à l'établissement mis en cause de réparer le préjudice subi par le réclamant et de modifier ses règles. Il lui demande de rendre compte des suites données à sa recommandation dans un délai de 3 mois.

Autre exemple, pendant la crise de la Covid-19, les personnes bénéficiant d'une mesure de protection judiciaire (régime de tutelle, de curatelle ou de sauvegarde de justice) ont pu se voir refuser des règlements en espèces dans certains commerces ou grandes enseignes de la distribution, alors même que cette mesure ne faisait pas partie des mesures restrictives relatives à la lutte contre la propagation de la Covid-19, telles que détaillées dans la loi n° 2020-290 du 23 mars 2020 relative à l'état d'urgence sanitaire et les ordonnances d'application. Dès le 30 mars, le Défenseur des droits a appelé l'attention du gouvernement ainsi que des professionnels du commerce et de la distribution sur les difficultés rencontrées. Il a souligné l'importance de garantir aux majeurs protégés et aux personnes en situation de précarité sociale ou économique l'utilisation des moyens de paiement nécessaires aux achats de première nécessité, mais aussi l'existence de bonnes pratiques de la part des commerçants, consistant à ouvrir des comptes pour les achats de première nécessité que le mandataire judiciaire pourra régler ultérieurement.

543 **Mission « Déontologie de la sécurité ». –** Faisant suite à l'ancienne Commission nationale du même nom, le Défenseur peut être saisi des **litiges tenant à l'usage de la force par la puissance publique** (usage du pistolet à impulsion électrique, méthodes pour séparer des manifestants qui se sont enchaînés, coups et blessures sur

66. MLD 2012-36 et T. correc. de Grasse.

des étrangers, contrôles d'identité « au faciès », etc.). Mais il s'agit aussi de refus de dépôts de plainte, de discipline pénitentiaire, de difficultés d'identification d'un fonctionnaire de police, de fouilles à nu… Cela représente 2 162 réclamations pour l'année 2020, soit une augmentation de presque 210 % depuis 2014. **Plusieurs recommandations portent ainsi sur les méthodes d'appréhension de personnes atteintes de troubles mentaux** (après le décès d'un individu violent que les policiers n'ont pu maîtriser qu'en s'asseyant sur lui), **sur le fait de mettre en œuvre sans délai une reconduite à la frontière quand l'intéressé** est venu porter plainte pour infraction grave dont elle a été victime, **sur l'usage des lanceurs de balles** pendant les manifestations de Gilets jaunes… Une décision-cadre a été adoptée le 9 juillet 2020 portant recommandations générales sur les pratiques du maintien de l'ordre au regard des règles de déontologie.

Décision n° 2020-102 du 12 mai 2020

Le Défenseur des droits est intervenu en qualité d'amicus curiae devant le tribunal judiciaire de Paris dans le cadre du recours intenté par dix-sept jeunes gens, pour la plupart mineurs, estimant avoir été victimes de pratiques discriminatoires lors de contrôles d'identité à répétition, effectués par des policiers, sur une période allant de 2013 à 2015. Ses observations ont porté sur l'analyse des situations faisant l'objet du recours sur la base des faits résultant de son enquête et du dossier. Il a relevé qu'en l'espèce, le contexte des instructions et représailles entourant ces discriminations avait un caractère systémique.

Dans sa décision-cadre n° 2020-131 du 9 juillet 2020 relative à des recommandations générales sur les pratiques du maintien de l'ordre au regard des règles de déontologie, le Défenseur des droits, d'une part, a renouvelé les alertes et les recommandations formulées dans son rapport *Le maintien de l'ordre au regard des règles de déontologie* remis au président de l'Assemblée nationale en janvier 2018, et en particulier : l'interdiction du LBD au cours des opérations de maintien de l'ordre ; la fin de la pratique de l'encagement ; les difficultés posées par l'excessive judiciarisation des manifestations et par le recours à des unités non dédiées au maintien de l'ordre. Il formule, d'autre part, de nouvelles recommandations qui font suite aux 198 saisines relatives au maintien de l'ordre reçues depuis dix-huit mois à la suite du mouvement des Gilets jaunes. Notamment, les risques liés à la pratique des interpellations préventives ; la nécessaire clarification du cadre juridique du recours à la confiscation d'objets à l'occasion des opérations de maintien de l'ordre ; l'importance de préserver la liberté de la presse, principe fondamental des systèmes démocratiques ; les difficultés faisant obstacle au contrôle de l'action des forces de l'ordre.

2. Le fonctionnement

544 **Saisine.** – Le Défenseur peut être saisi **gratuitement, suite à un entretien, un courrier ou sur internet**, par toute personne s'estimant lésée par le fonctionnement d'un service public ou par l'action d'une personne privée portant atteinte aux droits de l'enfant, à l'égalité… Il peut être saisi par les **ayants droit d'une telle victime**. Pour la protection de l'enfance, il peut l'être par l'entourage de l'enfant, les services sociaux et les associations de défense des enfants. Pour les discriminations, les associations peuvent agir. Pour les règles de déontologie de la sécurité, **tout témoin peut agir**. Il peut aussi se saisir d'office. L'intéressé devra cependant avoir été averti et ne pas exprimer d'opposition à l'intervention du Défenseur des droits. Cette possibilité permet au Défenseur de mettre en œuvre une vraie politique d'action comme dans le cas de femmes, intermittentes du spectacle, enceintes et ne bénéficiant pas des indemnités journalières de congé de maternité. Outre le département « recevabilité-orientation », le Défenseur dispose de plusieurs départements et pôles spécialisés assurant l'instruction des dossiers (Protection des personnes, Protection sociale, travail, emploi, Protection de l'accès aux biens et services, Expertise et affaires judiciaires).

545 **Pouvoirs.** – Il dispose de pouvoirs **d'enquête accrus : accès aux locaux** (par ex. centres de rétention administrative (CRA) où des enfants étaient internés ont fait l'objet de vérifications près d'une vingtaine de fois), publics et privés, des personnes mises en cause qui ne peuvent pas lui opposer de secret, sous le contrôle du juge et sous peine de sanctions pénales en cas d'opposition. Il dispose également du pouvoir d'injonction de prendre les mesures qui s'imposent et, en cas d'inertie, rédigera un rapport spécial, lequel sera susceptible d'être rendu public. Existe, une gamme importante de moyens d'action. En cas de « maladministration » (erreur, incompréhension, dysfonctionnement), le Défenseur peut **proposer un règlement informel, une recommandation** (document par lequel il demande officiellement par écrit que le problème soit réglé et/ou qu'une mesure soit prise dans un délai qu'il fixe) en vue d'un règlement en droit ou en équité, **une recommandation pour une procédure de médiation ou d'une transaction civile, pénale ou administrative**. En cas, au contraire, en cas de malveillance, de faute ou d'infraction, le Défenseur va aider à la sanction par un accès au droit, la saisine de l'autorité de discipline ou l'intervention devant le juge. **Les juridictions** civiles, administratives et pénales peuvent, d'office, à la demande du Défenseur (de droit) ou à la demande des parties, **inviter le Défenseur à présenter des observations écrites ou orales**. Le ministère public ou le juge administratif saisissent parfois eux-mêmes le Défenseur pour expertise. **Le Défenseur des droits adresse régulièrement des avis à la demande des parquets** (4 en 2019). En 2017, le Défenseur des droits a déposé sa première tierce-intervention devant la Cour de justice de l'Union européenne, dans le cadre d'une procédure de renvoi préjudiciel par le Conseil d'État à propos de la portée territoriale du droit au déréférencement posé par l'arrêt *Google Spain* du 13 mai 2014 et son effectivité. Il pourra saisir le Conseil d'État d'une demande d'avis sur des textes applicables pour trancher entre des interprétations divergentes. Il peut en outre saisir le juge en référé en vue de toute mesure utile.

In fine son pouvoir reste celui de **la dénonciation dans le cadre de son rapport annuel ou de rapports** spéciaux à vocation infamante. À plusieurs reprises, le Défenseur révèle ainsi l'inertie des pouvoirs publics et met en demeure de rendre des comptes sur les suites données à son intervention. Il existe un délit d'entrave à l'action du Défenseur (15 000 euros d'amende).

546 **Interface.** – Outre son obligation de dénoncer toute infraction, il semble que l'unification des quatre autorités précédentes ait permis d'éviter des chevauchements contre-productifs et que les pouvoirs qui lui sont transmis permettent au Défenseur d'être un lien entre les individus et les juges (il peut présenter ses observations devant les juges pénal, civil, administratif), notamment en s'assurant de **l'exécution des arrêts de la Cour européenne ou en exerçant un rôle d'*amicus curiae***. Le Défenseur des droits s'autorise désormais à présenter des observations devant les juridictions. Cela ne fait pourtant pas de lui une partie à l'instance[67]. Par exemple devant une cour administrative d'appel dans une affaire visant la rétention administrative de deux enfants placés, entrés avec leur famille sur le territoire français en 2008 dans le but d'y obtenir l'asile politique. À l'issue de la procédure qui s'est achevée sur un refus, quatre décisions de placement en rétention administrative ont été prises, puis annulées. Alors que le préfet fait appel, le Défenseur rappelle la nécessité de respecter l'intérêt supérieur de l'enfant (Convention internationale des droits de l'enfant de 1989) pour dénoncer les juridictions françaises qui ont accepté la rétention des enfants mineurs en méconnaissance des exigences européennes[68]. Concrètement, l'intervention du Défenseur a conduit à trouver des alternatives d'hébergement. Dans un autre exemple, le Défenseur a été appelé par un tribunal de grande instance dans le cas de trois personnes handicapées qui se sont vues refuser l'accès à un avion faute d'accompagnement. Le tribunal a condamné la compagnie qui n'a pas correctement évalué l'autonomie des requérants.

67. Cass. soc., 2 juin 2010, *Société Yusen air et sea service*, n° 08-40628 et Cass. soc., 2 févr. 2011, *Société BNP Paribas* (refus de transmission d'une QPC sur ce point). Voir aussi CE, Ass : 11 avr. 2012, *GISTI et FAPIL*.

68. CEDH, 19 janv. 2012, Popov c. France, voir aussi n° 11593/12, A.B. et autres c. France ; n° 33201/11, R.M. et M.M. c. France ; n° 24587/12, A.M. et autres c. France ; n° 68264/14, R.K. c. France e tn° 76491/14, R.C. c. France.

C. D'autres AAI clefs

547 La Commission nationale de l'informatique et des libertés sera étudiée plus loin dans le cadre des développements relatifs à la protection de la vie privée. L'Autorité de régulation de la communication audiovisuelle et numérique (ARCOM, ex-Conseil supérieur de l'audiovisuel) le sera lors de l'étude de la liberté d'expression. On s'arrêtera ici sur trois autres instances, parfois moins connues.

1. La CADA

548 **Principe de l'accès aux documents administratifs.** – Il participe du **principe de transparence de la vie publique qui a été érigé en valeur constitutionnelle** par le Conseil constitutionnel[69]. Les dispositions relatives à l'étendue du droit d'accès aux documents administratifs sont une garantie fondamentale pour l'exercice des libertés publiques et relèvent donc de la loi[70]. Du point de vue des droits fondamentaux, l'accès aux documents détenus par l'administration peut se fonder plus précisément **soit sur le droit d'accès aux données personnelles pour les documents identifiants, soit sur le droit à l'information pour les sources, composante de la liberté d'expression**. Le Conseil d'État a d'ailleurs fondé sur l'article 10 de la CEDH sa décision de contourner la législation actuelle sur les archives pour donner accès à un chercheur aux archives de la présidence de la République (pour la période du génocide rwandais[71]). Par ailleurs, le droit des archives publiques est examiné par le prisme de la liberté d'expression et de communication garantie par l'article 11 de la Déclaration de 1789[72].

La **loi nº 78-753 du 17 juillet 1978 reconnaît à toute personne le droit d'obtenir communication des documents détenus dans le cadre de sa mission de service public par une administration**. Ce droit commence à produire des effets contraignants, notamment la mise à disposition du public des actes sous forme électronique gratuite et permanente et l'obligation de communiquer les actes détenus par l'administration : à tous s'ils ne sont pas nominatifs, à l'intéressé seul sinon. La **Commission d'accès aux documents administratifs** (CADA), instituée par la loi du 17 juillet 1978, a été qualifiée d'autorité administrative indépendante par l'ordonnance du 6 juin 2005. Elle comprend onze membres dont trois magistrats (un conseiller d'État, un conseiller à la Cour de cassation, un conseiller à la Cour des comptes), trois élus (un député, un sénateur, un membre d'une collectivité territoriale), un professeur d'université et quatre personnalités qualifiées, tous nommés pour une durée de trois ans renouvelables. La CADA joue un rôle essentiel lorsqu'un demandeur se heurte à un refus de communication qu'il entend contester. **Le refus de communication doit être notifié au demandeur par une décision écrite motivée comportant l'indication des voies et délais de recours**, sinon à l'expiration d'un délai d'un mois (à l'origine, le délai était de deux mois), le silence gardé par l'autorité compétente équivaut à un refus tacite. **La saisine de la CADA est obligatoire avant de saisir le juge** ; « le refus ne peut être déféré directement au juge de l'excès de pouvoir »[73], solution consacrée par la loi du 12 avril 2000. La demande proroge le délai du recours contentieux, si la CADA est saisie dans les deux mois suivant le refus. Le destinataire de l'avis n'est pas lié par celui-ci mais doit informer dans le mois la CADA de la suite qu'il donne à l'avis. La CADA ne peut pas se fonder sur les motifs qui animent le demandeur. Par exemple, refuser de donner les noms des magistrats qui forment les étudiants de l'École de la magistrature à la lutte contre les dérives sectaires, alors même que les demandeurs ont pour projet d'en contester l'impartialité[74]. **La CADA traite environ 7 000 dossiers de réclamations par an** (chiffre en constante augmentation) pour environ 5 000 avis rendus en moyenne en 130 jours. Mais elle est aujourd'hui de plus en plus saisie par l'administration elle-même pour conseil quant à l'interprétation à donner de la loi. Par exemple, selon sa nouvelle compétence, pour déterminer **ce qui relève ou non du secret des**

69. CC, 3 avr. 2020, nº 2020-834 QPC.
70. CE, 29 avr. 2002, *M. Gabriel Ullmann*, nº 228830.
71. CE, ass., 12 juin 2020, *M. Graner*, nº 422327.
72. CC, 15 septembre 2017, *M. François G.*, nº 2017-655 QPC [Accès aux archives publiques émanant du président de la République, du Premier ministre et des autres membres du gouvernement].
73. CE, Sect., 19 févr. 1982, *Commaret*.
74. CE, 8 nov. 2017, *Association spirituelle de l'Église de Scientologie Celebrity Centre*, nº 375704.

affaires (loi du 30 juillet 2018) ou de la propriété intellectuelle. Le nombre de demandes d'avis et de conseils reçues en 2021 a augmenté de 37 % par rapport à 2020, soit 8 428 demandes.

Selon le rapport 2018 de la CADA, les demandes visent désormais moins à obtenir un document pré-identifié qu'à **utiliser ce droit comme de collecte d'informations dans le cadre d'une investigation globale sur une politique publique**, à l'initiative des médias, des organismes promoteurs de la transparence, ou de particuliers. Ainsi un nombre croissant de saisines actuelles correspondent à des demandes « massives » portant sur « tout document » relatif à une action ou un service (courriels compris). Une **forme de détournement ou d'abus a donné lieu à réaction du Conseil d'État qui estime légal de refuser une demande qui a pour effet de faire peser sur l'administration** une « charge disproportionnée » au regard des moyens dont elle dispose[75]. Ce standard « interne » à l'administration menace certainement le droit d'accès et conduit au contentieux. Ainsi, en 2020, La Commission a réaffirmé sa position sur le caractère communicable des registres de contention devant être tenus dans les établissements psychiatriques, malgré les nombreuses pressions de la profession[76]. D'autant que la CADA **évalue l'intérêt réel que constitue la communication d'un document, notamment pour la protection de l'environnement**, refusant de communiquer la localisation d'ours réintroduit dans les Pyrénées dans l'intérêt de la sauvegarde de la diversité biologique et à la protection d'une espèce protégée, jugé supérieur à l'intérêt, pour la protection de l'environnement, de la communication des informations sollicitées[77].

De plus en plus, l'hypertrophie de la notion de donnée personnelle conduit au **chevauchement entre la législation relative aux documents administratifs et celle des données**. Cela particulièrement lorsqu'il est question d'ouverture des données publiques, c'est-à-dire, formellement des documents administratifs au grand public. Depuis 2017, il existe un collège unique CADA-CNIL, visant à élaborer un guide pratique en matière d'ouverture et de réutilisation des données publiques afin d'accompagner les usagers au niveau local ou national en vue de l'occultation et de l'anonymisation des documents diffusés en ligne.

Avis n° 20205136, séance du 21 janvier 2021

La Commission a estimé qu'une demande tendant à la communication du « registre détaillé des activités automatisées et manuelles du traitement » Parcoursup en ce qui concerne le traitement du dossier de la candidature du demandeur, comprenant notamment l'historique de toutes les dates et heures listées des sessions, connexions, communications, consultations opérées sur son dossier de candidature par tout destinataire et le bilan de toutes les durées totales des sessions, connexions, communications et consultations opérées sur son dossier de candidature par tout destinataire, le recensement et le récapitulatif de toute manœuvre de traitement, ne devait pas être regardée comme une demande de communication d'un document administratif sur le fondement du livre III, mais comme une demande d'accès auprès du responsable d'un traitement de ses données à caractère personnel sur le fondement de l'article 15 du RGPD et de l'article 49 de la loi du 6 janvier 1978 relative à l'informatique, aux fichiers et aux libertés qui y renvoie. Elle s'est donc déclarée incompétente.

2. Le Contrôleur général des lieux de privation de liberté

549 **Organe.** – Créé par la loi du 30 octobre 2007, le contrôleur général des lieux de privation de liberté **vérifie les conditions de prise en charge et de transfèrement des personnes privées de liberté « afin de s'assurer du respect de leurs droits fondamentaux »** (art. 1er). Il est nommé par décret du président de la République

75. CE, 14 nov. 2018, *Société pour la protection des paysages et l'esthétique de la France*, n° 420055 : requête au ministre de la Culture de communiquer les certificats de sortie du territoire des biens culturels délivrés entre 2007 et 2016, charge énorme à laquelle s'ajoute la nécessité d'anonymiser les données relevant de la vie privée.

76. Avis n° 20200002.

77. Avis n° 20190133 du 24 janvier 2019.

(Mme Dominique Simonnot depuis 2020), après avis de chaque assemblée parlementaire, pour un mandat non renouvelable de **six ans**. Il peut **visiter de manière inopinée tout lieu de détention** (maisons d'arrêt, établissements pour peines, centres de détention, maisons centrales, centres pénitentiaires, centres de semi-liberté, hôpitaux psychiatriques, centres de rétention pour les étrangers) sauf si l'administration s'y oppose pour des « motifs graves et impérieux liés à la défense nationale, à la sécurité publique, à des catastrophes naturelles ou à des troubles sérieux dans le lieu visité » (art. 8).

550 **Pouvoirs. –** En plus d'un pouvoir **d'auto-saisine**, il peut être saisi par toute personne physique, toute personne morale ayant pour objet le respect des droits fondamentaux, les membres du gouvernement, les parlementaires, le Défenseur des droits. **Il rend des avis généraux sur des évolutions nécessaires.** Pour quelques exemples en 2019-2020, avis relatif à la défense dans les lieux de privation de liberté, relatif à la défense dans les lieux de privation de liberté, relatif à l'accès à internet dans les lieux de privation de liberté, avis relatif à la prise en charge des personnes détenues atteintes de troubles mentaux, avis relatif à la prise en charge sanitaire des personnes étrangères au sein des centres de rétention administrative, avis relatif à la prise en charge sanitaire des personnes étrangères au sein des centres de rétention administrative, avis relatif à la prise en charge sanitaire des personnes étrangères au sein des centres de rétention administrative...

Il peut essentiellement **formuler des observations écrites auxquelles les ministres sont tenus de répondre et informer le procureur de la République des faits laissant présumer l'existence d'une infraction pénale**. L'article 9 de la loi du 30 octobre 2007 permet au Contrôleur général des lieux de privation de liberté, lorsqu'il constate une violation grave des droits fondamentaux des personnes privées de liberté, de saisir sans délai les autorités compétentes de ses observations en leur demandant d'y répondre.

Depuis sa création, **il a effectué 1 691 visites d'établissements, soit 1 367 établissements sur un total de 5 205 lieux de privation de liberté**. En 2021, le CGLPL a effectué 124 visites de contrôle d'établissements : vingt-neuf établissements pénitentiaires, vingt-quatre établissements de santé mentale, quatorze hôpitaux recevant des personnes privées de liberté (chambres sécurisées), neuf centres de rétention administrative (CRA) et zones d'attente, sept centres éducatifs fermés (CEF), neuf tribunaux et trente-deux locaux de garde à vue. 3 232 lettres ont été adressées au CGLPL (moyenne de 269 lettres par mois) qui lui-même transmet autant de courriers d'enquête, notamment adressés aux chefs d'établissements pénitentiaires. La direction de l'administration pénitentiaire (DAP) a mis en place une procédure de suivi qui permet d'informer le CGLPL, à intervalle régulier, de l'état d'avancement du traitement des réponses.

Sa préoccupation majeure reste la surpopulation carcérale comme attentatoire à la dignité des personnes et constituant un traitement inhumain et dégradant au sens de l'article 3 de la CEDH. Au 1er janvier 2018, 80 000 personnes sont écrouées, dont 19 815 personnes prévenues et 59 970 condamnées (87 % pour des peines correctionnelles – 13 % pour des peines criminelles) pour 59 165 places opérationnelles, plus 1 547 matelas au sol. Le taux de densité carcérale globale s'élève à 118 % et celui observé dans les maisons d'arrêt à 141 %, avec des pics à 200 % comme dans celles d'Île-de-France. Le Contrôleur préconise un « système de régulation carcérale, en s'interrogeant enfin sur le sens des très courtes peines ; en développant vraiment les mesures alternatives à l'incarcération ; en dépénalisant ou déjudiciarisant certaines infractions, comme les délits routiers ».

Rapport d'activité 2021 – Avant-propos

« Aussi effarants soient-ils, ces témoignages confirment les constats du CGLPL sur le terrain. Ainsi, la maison d'arrêt de Toulouse Seysses, surpeuplée à 187 %, a-t-elle donné lieu à des « recommandations en urgence », tant la situation y est critique. Là, comme dans toutes les maisons d'arrêt, petites ou grandes, où 1 600 détenus dorment sur un matelas au sol, la surpopulation vicie absolument tout : les relations entre détenus, celles entre surveillants et détenus. L'accès aux soins, au travail, à la formation et même aux douches ou aux promenades est empêché. Faute de temps, faute de médecins, de surveillants, de professeurs. Faute de tout. Car, de façon très déroutante, le nombre de ceux

qui sont censés veiller sur la détention est calculé en fonction du nombre de places et non de la réalité du nombre de détenus. Une prison prévue pour 100 mais comptant 200 détenus ne verra pas augmenter en proportion son personnel pénitentiaire et médical. Ainsi, à Seysses, ouverte en 2003, avec un surveillant pour cinquante détenus, la maison d'arrêt en était en 2021 à un surveillant pour 150. On imagine bien que tensions et violence ne peuvent qu'exploser. Qui sommes-nous devenus, collectivement, pour tolérer pareil déshonneur ? Quel genre de société en vient, finalement, à châtier ses prisonniers dans leur chair ? »

Dans son rapport pour 2019[78] **est épinglée la prolongation des gardes à vue pour des raisons de « confort administratif »**, régulièrement dénoncée par le CGLPL, et désormais validée par la loi. Des officiers de police judiciaire de nuit n'interviennent souvent que pour notifier les mesures et remettent au lendemain les auditions. La difficulté, réelle ou supposée, de joindre le parquet justifie désormais légalement un maintien en garde à vue qui n'a d'autre objet que de s'adapter au fonctionnement des services publics.

Il dénonce aussi en **psychiatrie** les risques d'abus en matière d'isolement et de contention et appelle à voir le patient non comme un objet de soins mais aussi comme une personne qui a des droits et dont il faut respecter les libertés sans autres restrictions que celles qu'impose son état de santé, y compris lorsqu'elle est hospitalisée sans son consentement. Mais ce sont surtout les **centres de rétention administrative** qui posent problème ; car les lieux de privation de liberté sont devenus moins clairement identifiés notamment dans le cas des évacuations des campements installés à Paris ou dans la région de Calais ; ce qui conduit à « des procédures sommaires mises en œuvre dans des endroits précaires ». Le 21 septembre 2021, il a aussi émis des recommandations relatives aux **conditions matérielles de garde à vue** dans les services de police. Les locaux, souvent inadaptés et sous-dimensionnés induisent des conditions d'accueil jugées indignes : « Dans la plupart des commissariats contrôlés, la conception et le nombre des cellules ne sont pas en rapport avec le nombre de mesures de privation de liberté mises en œuvre : plusieurs personnes sont amenées à partager la même cellule dans des conditions de promiscuité indignes. Faute de place ou du fait de l'étroitesse du bat-flanc, les personnes ne peuvent s'étendre ou sont contraintes de se coucher à même le sol. Les conditions d'hygiène, structurellement indignes, sont attentatoires à la sécurité des personnes privées de liberté en période de crise sanitaire ».

Le rapport 2019 se plaint aussi de ce que ces recommandations ne donnent pas lieu à une réelle prise en compte opérationnelle par les pouvoirs publics. Si les ministères répondent aux demandes de suivis, peu ont réellement changé leurs actes. Le Contrôleur général a néanmoins **suscité des mesures législatives** comme l'inscription, dans les textes législatifs ou réglementaires, d'un objectif de réduction du recours à l'isolement et à la contention dans les établissements de santé mentale, de la possibilité d'attribuer des bourses à des étudiants détenus ou de l'obligation de rechercher des alternatives à l'incarcération des femmes enceintes ou des jeunes mères.

Le 4 juin 2020, le CGLPL a publié au journal officiel **257 Recommandations minimales pour le respect de la dignité et des droits fondamentaux des personnes privées de liberté**. Il s'agit d'une vaste synthèse de ses précédentes interventions : « Les droits fondamentaux sont les droits qui, lorsqu'ils sont méconnus, portent atteinte à l'intégrité physique ou morale d'une personne, à ce qui lui confère sa singularité, et à ce qui la relie à ses proches ou à une communauté, c'est-à-dire à sa dignité, qui est par nature égale pour tous les êtres humains. Le contrôleur reconnaît l'atteinte aux droits fondamentaux à l'indignité qui en découle. [...] » Ce CGLPL entend ainsi se fonder sur des textes contraignants ou non pour identifier les droits communs à tous les êtres humains, les droits que les personnes privées de liberté doivent pouvoir exercer dans des conditions équivalentes à celles du milieu libre à moins d'avoir expressément été supprimés ou suspendus par la loi ou par décision d'une autorité compétente (données personnelles, droit de vote, relations familiales) ou encore « les droits

78. https://www.cglpl.fr/wp-content/uploads/2020/06/CGLPL_Rapport-annuel-2019_Dossier-de-presse.pdf

liés à la mesure de privation de liberté n'ayant vocation à s'appliquer qu'aux personnes qui y sont soumises et ayant pour objet d'en définir le cadre légal, de lui fixer des limites ou de l'accompagner de garanties ».

3. Le Comité consultatif national d'éthique pour les sciences de la vie et de la santé (CCNE)

551 **Organe.** – La loi du 6 août 2004, relative à la bioéthique, confère le statut d'autorité indépendante au Comité consultatif national d'éthique pour les sciences de la vie et de la santé, créé en 1983. L'article L. 1412-1 du Code de la santé publique lui donne pour mission de **donner des avis sur les problèmes éthiques et les questions de société soulevés par les progrès de la connaissance dans les domaines de la biologie, de la médecine et de la santé**. Il comprend quarante membres nommés pour une durée de quatre ans renouvelable une fois (cinq personnalités désignées par le président de la République et appartenant aux principales familles philosophiques et spirituelles, dix-neuf personnalités qualifiées choisies en raison de leur compétence et de leur intérêt pour les problèmes d'éthique, quinze personnalités appartenant au secteur de la recherche), par décret du 22 avril 2022 dont, pour la première fois depuis sa création en 1983, six « représentants d'associations de personnes malades et d'usagers du système de santé, d'associations de personnes handicapées, d'associations familiales et d'associations œuvrant dans le domaine de la protection du droit des personnes ». Cette ouverture figure dans la loi de bioéthique d'août 2021.

552 Rôle. – Le CCNE peut s'autosaisir de toutes questions posées par un citoyen ou l'un de ses membres mais peut aussi être saisi par le président de la République, les présidents des assemblées parlementaires, les membres du gouvernement, un établissement d'enseignement supérieur ou un établissement public, une fondation reconnue d'utilité publique ayant pour activité principale la recherche, le développement technologique ou la promotion et la protection de la santé. Contrairement aux autres AAI et paradoxalement eu égard à l'importance des questions traitées, ses pouvoirs sont quasi nuls puisqu'il se contente de publier des recommandations sur les sujets relevant de sa compétence et d'animer la réflexion éthique en région (mission déléguée aux espaces éthiques régionaux). Il a par exemple publié en 2012 un avis sur l'utilisation des cellules souches issues du sang de cordon ombilical, du cordon lui-même et du placenta et leur conservation en biobanques (avis n° 117 du 19 avril 2012) et un autre relatif aux enjeux éthiques de la neuroimagerie fonctionnelle (n° 116 du 22 mars 2012). Seuls les comités de protection des personnes qui se prêtent à la recherche biomédicale disposent d'un pouvoir de décision sous la forme d'un régime d'autorisation des recherches. En 2014, l'enjeu est encore celui de la législation sur la fin de vie et la question de « l'homme augmenté », c'est-à-dire l'utilisation de moyens médicaux sur la personne en bonne santé. Il s'est prononcé sur la contre-indication permanente du don de sang pour tout homme déclarant avoir eu une ou des relation(s) sexuelle(s) avec un ou plusieurs homme(s) (2015) et sur l'évolution des tests génétiques liée au séquençage de l'ADN humain à très haut débit (21 janvier 2016). Dans ce dernier, le comité met en garde contre le risque inhérent aux prédictions basées sur la génétique et au « tout génétique ». Il préconise ainsi de « mettre en œuvre un contrôle renforcé de la pertinence et de la sécurité des applications qui seront faites des connaissances issues de l'analyse du génome, mais qui sache tenir compte de l'évolution des standards mathématiques de la médecine fondée sur des preuves (*evidence based medicine*) ». Il examine aussi les risques que ces technologies font peser sur le respect de la vie privée des individus. Le Comité rappelle à juste titre la nécessité de soumettre ces données personnelles aux principes de la loi informatique et libertés, et souhaite la reconnaissance d'un droit à l'autodétermination informationnelle, visant à améliorer le contrôle des individus sur l'utilisation qui est faite de leurs données. Ces dernières années, le CCNE a abordé les questions des enjeux éthiques du vieillissement, la santé des migrants, la révision de la loi de bioéthique de 2021, les questions éthiques soulevées par la situation des personnes ayant des variations du développement sexuel, les modifications ciblées du génome, ou encore le cadre éthique de l'expérimentation pédagogique en situation réelle et les données massives de santé. Dans le cadre de la crise Covid, il s'est prononcé à quatre reprises sur saisine du gouvernement sur les enjeux éthiques lors du déconfinement, responsabilité, solidarité et confiance, sur l'adoption, sur le renforcement des mesures de protection dans les EHPAD et les USLD, sur la lutte

contre la Covid-19, l'**acceptabilité de la vaccination des enfants de moins de 12 ans**, etc. Le 16 février 2021, il a rendu son avis 138 sur l'eugénisme.

Section 2
La garantie contentieuse

553 Principe et exigences. - Si les droits fondamentaux se présentent comme des droits subjectifs, leur nature même repose sur la possibilité d'agir en justice. **Les garanties procédurales, traditionnellement objectives, liées aux grands principes du procès (impartialité, défense, célérité, etc.) ont été absorbées par un droit subjectif au procès équitable.** Cette subjectivisation comprend deux degrés. Un premier palier consacre **le droit de recourir à un tiers** pour défendre les droits ; à un stade plus avancé, ce droit se complète des **garanties juridictionnelles elles-mêmes** sous la forme que leur reconnaît l'article 6 § 1 de la Convention EDH et l'article 16 de la DDHC.

I. Le droit de recourir à un tiers

554 Notions. - Généralement considérée comme un des critères indispensables pour distinguer le droit d'autres systèmes normatifs (comme la morale), la possibilité de saisir un tiers pour trancher un litige entre deux prétentions concerne plus particulièrement les droits fondamentaux. D'une part, un droit qui ne pourrait faire l'objet d'une telle démarche n'en serait pas un ; d'autre part, la plupart des systèmes de protection ont érigé le recours en droit subjectif autonome, exigible et sanctionnable en soi. Le droit au recours constitue donc le principal des « droits garanties » car il conditionne les autres droits et qu'il est un parmi d'autres. Cette première approche ne rend pas justice à une nécessaire distinction à l'intérieur du droit au recours entre deux types de recours. Le premier consiste à pouvoir s'adresser à une autorité qui pourra revenir sur une violation du droit fondamental ; le second consiste à recourir à un juge qui présente, en plus, des garanties procédurales et organiques d'impartialité. Les deux s'agencent aujourd'hui étroitement car la CEDH tend à exiger les qualités du second chez le premier, mais ils n'en restent pas moins distincts. Dans un premier temps, la victime d'une violation d'un droit doit pouvoir exercer un recours, si celui-ci est juridictionnel, il doit présenter certaines garanties spécifiques.

A. Le droit au recours, éléments généraux

555 Le recours non juridictionnel. - Le Conseil constitutionnel a fait une place à part au principe de ce recours non juridictionnel. Dans une **décision du 21 janvier 1994 il a inscrit dans le champ de l'article 16 de la Déclaration de 1789 les recours administratifs et l'exception d'illégalité**[79]. **L'article 13 de la Convention EDH** dispose que « toute personne dont les droits et libertés reconnus dans la présente Convention ont été violés, a droit à l'octroi d'un recours effectif devant une instance nationale, alors même que la violation aurait été commise par des personnes agissant dans l'exercice de leurs fonctions officielles ». Il s'applique donc également aux recours non juridictionnels même s'ils doivent présenter des garanties similaires.

556 Les droits de la défense. - D'abord consacrés par le Conseil constitutionnel sous la forme d'un principe fondamental reconnu par les lois de la République (ce qui engendre la censure d'une loi permettant à un

79. CC, 21 janv. 1994, déc. n° 93-335 DC.

magistrat d'écarter un avocat des débats), **les droits de la défense se fondent aujourd'hui sur l'article 16 de la DDHC**[80]. Aspects subjectifs du principe du contradictoire, ils s'appliquent dans toute procédure où se trouvent en cause les droits substantiels d'un individu et où il s'agit d'apprécier le comportement d'un individu[81]. Ils peuvent faire l'objet d'une question prioritaire[82]. Le champ d'application des droits de la défense dépasse ainsi de très loin la matière pénale ou le cadre même du procès pour **s'étendre jusqu'aux procédures fiscales et administratives**[83] et même pour une audition libre quand la personne est soupçonnée (cf. la loi du 27 mai 2014 : la personne doit être informée de l'infraction supposée, sa date, son lieu, le droit de se taire ou non, le droit à une assistance juridique et le droit à un avocat dès que l'infraction est passible d'une peine privative de liberté). Il peut y être dérogé pour des motifs d'ordre public, comme le secret défense (ainsi la décision même de mettre en œuvre ou non un traitement secret défense, relevant du livre VIII du Code de la sécurité intérieure, qui serait inévitablement révélée par une communication des motifs la fondant[84]).

Cela implique que **la langue de la procédure soit compréhensible par l'intéressé**, que ses conséquences soient expliquées, que l'individu soit entendu suffisamment pour pouvoir répondre à chaque moyen soulevé à son encontre, ce qui nécessite un délai adéquat. L'assistance d'un avocat librement choisi, ou plus généralement d'une personne susceptible d'apporter son expertise entre également en compte.

En multipliant la possibilité de recours en matière pénale, **notre Code de procédure pénale a aussi démultiplié les occurrences des droits de la défense.** Ainsi, lorsque l'audience porte sur une demande de mise en liberté, le juge peut recourir à un moyen de télécommunication audiovisuelle, pour éviter les difficultés et les coûts occasionnés par les extractions judiciaires (ce qui contribue, selon le Conseil constitutionnel à la bonne administration de la justice et au bon usage des deniers publics). Cela se présente dès le début de sa détention, puis à intervalles réguliers, tous les quatre mois en matière délictuelle et tous les six mois en matière criminelle, à chaque prolongation de celle-ci. Mais, en matière criminelle (article 145-2, CPP), la première prolongation de la détention provisoire peut n'intervenir qu'à l'issue d'une durée d'une année ce qui aurait conduit à ce que le détenu ne puisse comparaître physiquement pendant plus d'un an. C'est pourquoi le Conseil a censuré ce type de contrainte[85]. De même, le Conseil constitutionnel[86] a censuré la disposition supprimant l'obligation de l'accord de l'intéressé pour le recours à une visioconférence à propos de la prolongation d'une mesure de détention provisoire. Certes, la bonne administration de la justice et le bon usage des deniers publics y incitent mais l'importance de la garantie qui s'attache à la présentation physique de l'intéressé devant le magistrat et en l'absence de risque particulier d'évasion, il y a atteinte excessive aux droits de la défense. Le contexte sanitaire de la Covid-19 ne justifie pas que le juge ait la faculté de recourir à la visioconférence sans accord des parties et sans en déterminer les conditions légales[87].

557 **Le droit de saisir le juge.** – Déjà évoqué par l'article 8 de la DUDH, ce droit sauvegarde les autres.

1. La Constitution

558 **Principe.** – La jurisprudence constitutionnelle relative au droit d'accéder au juge, se révèle fort nourrie. Le Conseil avait ainsi évoqué, dès la décision du 2 décembre 1981, le « droit d'agir en justice » pour l'inscrire dans le

80. CC, 30 mars 2006, déc. 2006-535 DC.
81. CC, 18 janv. 1978, déc. n° 77-92 DC, ici le raisonnement suit celui de CE, 5 mai 1944, *Dame Veuve Trompier-Gravier*.
82. CC, 30 juill. 2010, déc. n° 2010-14/22 QPC.
83. CC, 29 déc. 1989, déc. n° 89-268 DC.
84. CE, 14 oct. 2021, *Association La Quadrature du Net*, n° 394925.
85. CC, 20 sept. 2019, n° 2019-802 QPC, *M. Abdelnour B.* [Utilisation de la visioconférence sans accord du détenu dans le cadre d'audiences relatives au contentieux de la détention proviso ire], et CC, 30 avr. 2020, n° 2020-836 QPC, *M. Maxime O.* [Utilisation de la visioconférence sans accord du détenu dans le cadre d'audiences relatives au contentieux de la détention provisoire II].
86. CC, 21 mars 2019, n° 2019-778 DC, Loi de programmation 2018-2022 et de réforme pour la justice.
87. CC, 15 janvier 2021, n° 2020-872 QPC, *M. Krzystof B.*

domaine de la loi[88], avant de considérer le recours à un juge comme « la garantie effective des droits des intéressés »[89]. Enfin, **la décision du 9 avril 1996[90] affirme le caractère constitutionnel du droit à un recours juridictionnel effectif, fondée sur l'article 16 de la DDHC.** Il constitue un droit ou une liberté invocable à l'appui d'une question prioritaire de constitutionnalité[91]. Le Conseil constitutionnel s'est ainsi fondé sur le droit à un recours juridictionnel effectif pour invalider des articles de la loi pénitentiaire du 24 novembre 2009 et du Code de procédure pénale qui ne prévoyaient aucune voie de recours à l'encontre du refus d'un permis de visite à une personne placée en détention provisoire lorsque la demande émane d'une personne qui n'est pas membre de la famille ou en l'absence d'instruction, ni de recours contre des décisions refusant l'accès au téléphone. Il a sanctionné également l'absence de tout délai déterminé imparti au juge d'instruction pour statuer sur une demande de permis de visite d'un membre de la famille de la personne placée en détention provisoire[92]. Le Conseil constitutionnel juge contraires à la Constitution les dispositions subordonnant la contestation des forfaits de post-stationnement à leur paiement préalable. Le législateur n'a en effet pas prévu les garanties de nature à assurer que cette exigence ne porte pas d'atteinte substantielle au droit d'exercer un recours juridictionnel effectif. Certes, la bonne administration de la justice conduit à prévenir les recours dilatoires dans un contentieux exclusivement pécuniaire susceptible de concerner un très grand nombre de personnes, mais il ne garantit pas que le montant du forfait n'excède pas celui de la redevance due, ni qu'il soit tenu compte de certaines circonstances ou de la situation particulière de certains redevables[93]. Le Conseil constitutionnel censure enfin l'absence de recours contre la décision du ministère public de saisir d'office un État de l'Union européenne d'une demande tendant à ce que la condamnation prononcée par une juridiction française soit exécutée sur son territoire, ou contre la décision de refus de demander l'exécution d'une condamnation sur le territoire d'un autre État membre de l'Union européenne et la décision de retrait d'une telle demande[94]. De même, le procureur de la République est compétent pour se prononcer sur les demandes de reconnaissance et d'exécution sur le territoire français des décisions de condamnation à une peine privative de liberté prononcées par les juridictions des autres États membres. Lorsque la personne condamnée est de nationalité étrangère, une telle reconnaissance est subordonnée au consentement du procureur de la République qui peut refuser de donner son consentement, notamment s'il estime que l'exécution en France de la condamnation n'est pas de nature à favoriser la réinsertion sociale de la personne concernée. Le texte exclut tout recours devant la chambre des appels correctionnels pour contester ce refus. Au regard des conséquences qu'est susceptible d'entraîner pour ces personnes une telle décision, l'absence de voie de droit permettant la remise en cause de cette décision méconnaît les exigences découlant de l'article 16 de la Déclaration de 1789[95].

Le Conseil a reconnu l'existence d'un principe constitutionnel de continuité du fonctionnement de la justice qui admet néanmoins que la loi impose aux parties, pendant l'état d'urgence sanitaire, des procédures sans audience en matière civile, sociale et commerciale, parce qu'elles contribuent à la mise en œuvre du tout en satisfaisant les exigences de l'objectif de protection de la santé publique[96].

559 **Conditions.** – Cela implique que **les conditions fixées par la loi pour exercer un recours ne doivent pas aboutir à priver d'effectivité et d'efficacité ce recours**. Depuis, cette formulation s'est vue enrichie à de nombreuses reprises. Par sa décision du 23 juillet 2010[97] le Conseil constitutionnel a censuré l'article 575 du Code de procédure pénale qui prévoyait qu'en principe la partie civile ne peut se pourvoir en cassation contre un arrêt

88. CC, déc. n° 80-119 L.
89. CC, 28 juill. 1989, déc. n° 89-261 DC.
90. CC, 9 avr. 1996, déc. n° 96-373 DC.
91. CC, 29 sept. 2010, déc. n° 2010-38 QPC.
92. CC, 24 mai 2016, déc. n° 2016-543 QPC, Section française de l'observatoire international des prisons.
93. CC, 9 septembre 2020, n° 2020-855 QPC, *Mme Samiha B.*
94. CC, 7 mai 2021, n° 2021-905 QPC, *SFOIP.*
95. CC, 7 janvier 2022, n° 2021-959 QPC, *M. Manuel R.* [Droit de recours dans le cadre de la procédure d'exécution sur le territoire français d'une peine privative de liberté prononcée par une juridiction d'un État membre de l'Union européenne].
96. CC, 19 novembre 2020, 2020-866 QPC, paragr. 15.
97. CC, 23 juill. 2010, déc. n° QPC 2010-15/23, *Région Languedoc-Roussillon.*

de la chambre de l'instruction en l'absence de pourvoi du ministère public. Les requérants contestaient cet article au regard du droit à un recours juridictionnel effectif et du principe d'égalité devant la justice et le Conseil a admis l'atteinte injustifiée aux droits de la défense. **L'existence d'un recours administratif ne dispense pas de maintenir l'accès au juge.** Ainsi, dans le cas de la vidéosurveillance, la possibilité de saisir la commission départementale de toute difficulté d'accès à des enregistrements ne saurait faire obstacle au droit de la personne intéressée de saisir la juridiction compétente, au besoin en la forme du référé[98]. L'exigence d'un recours administratif préalable, à peine d'irrecevabilité d'un recours contentieux, ne méconnaît pas le droit à un recours effectif[99]. Mieux, la création d'un « rescrit juridictionnel », c'est-à-dire la possibilité pour le bénéficiaire d'une décision de saisir le juge administratif en dehors de tout contentieux pour qu'il vérifie *a priori* la légalité externe, afin d'en assurer la sécurité juridique, n'est pas contraire au droit au recours des tiers qui, pourtant, ne pourront plus agir sur ce fondement[100]. Il en est de même dans le domaine de la procédure civile. Ainsi, si le législateur peut conférer un effet exécutoire à certains titres délivrés par des personnes morales de droit public et, le cas échéant, par des personnes morales de droit privé chargées d'une mission de service public, et permettre ainsi la mise en œuvre de mesures d'exécution forcée, il doit garantir au débiteur le droit à un recours effectif[101].

Dans la jurisprudence du Conseil constitutionnel, le droit au recours se distingue mal parfois du droit substantiel lui-même. **Le Conseil a tendance à ne pas se confronter à la violation du droit au fond en se défaussant sur l'existence d'un recours.** On assiste à une forme de procéduralisation du droit. Ainsi, en matière de fin de vie, le Conseil a admis que le législateur puisse ne pas lui-même prévoir les conditions d'arrêt des traitements pourvu qu'un recours d'urgence existe (sans préciser lequel d'ailleurs)[102]. En matière de lutte contre le terrorisme, il a admis toutes les mesures dérogatoires aux libertés pourvu que le juge puisse intervenir. Il a tout de même rejeté le délai dérogatoire de quatre mois qu'instituait la loi du 30 octobre 2017 renforçant la sécurité intérieure et la lutte contre le terrorisme[103].

560 **Limites. –** Cela n'implique pas le caractère absolu du droit au recours qui peut connaître un certain nombre de **restrictions liées aux droits d'autrui ou à l'organisation de la justice**. Ainsi, la limitation dans le temps de la possibilité d'exercer un recours n'est pas en soi inconstitutionnelle[104]. Une autre limite générale tient dans **l'autolimitation de certains juges qui exigent certaines qualités de l'acte attaqué**. C'est d'abord le cas des mesures d'ordre intérieur dans les services publics ; mais, depuis les années 1990, sous l'impulsion de la CEDH[105], le juge administratif admet de recevoir le recours à chaque fois que l'acte met en cause la situation juridique de l'intéressé et donc ses droits fondamentaux[106].

Désormais, le Conseil d'État est vigilant à ce que les détenus puissent contester toute mesure qui affecte ses droits fondamentaux. Il juge par exemple qu'eu égard à leur nature et à leurs effets, afin de respecter les exigences fixées par l'article 13 de la Convention européenne de sauvegarde des droits de l'homme et des libertés fondamentales, les décisions de changement d'affectation entre établissements de même nature doivent pouvoir faire l'objet d'un recours, au moins lorsque la nouvelle affectation s'accompagne d'une modification du régime de détention entraînant une aggravation des conditions de détention ou, si tel n'est pas le cas, lorsque sont en cause des libertés et des droits fondamentaux des détenus. Il s'ensuit que le pouvoir réglementaire ne pouvait légalement intervenir tant que le législateur n'avait pas préalablement organisé, dans son champ de compétence relatif à la procédure pénale, une voie de recours effectif[107].

---

98. CC, 18 janv. 1995, déc. nº 94-352 DC.
99. CC, 20 nov. 2003, déc. nº 2003-484 DC.
100. CC, 28 juin 2019, nº 2019-794 QPC.
101. CC, 23 juill. 1999, déc. nº 99-416 DC.
102. CC, nº 2017-632 QPC du 2 juin 2017 [Union nationale des associations de familles de traumatisés crâniens et de cérébro-lésés].
103. CC, 29 mars 2018, nº 2017-695 QPC, *M. Rouchdi B. et autre.*
104. CC, 28 déc. 2000, déc. nº 2000-441 DC.
105. CEDH, 27 janv. 2005, nº 59450/00, *Ramirez Sanchez c/France.*
106. CE, Ass., 17 févr. *1995*, nº 107766, *Hardouin* et nº 97754, *Marie* du même jour.
107. CE, 12 déc. 2018, *SFOIP*, nº 417244.

Une autre limite, de même nature, tient dans l'existence de « droit souple » ; soit du droit sans contrainte (« mou »), soit du droit imprécis (« flou »). Le juge administratif, là encore, lorsqu'un intérêt fonctionnel existe, lorsqu'un droit individuel est mis en cause, admet qu'un recours soit formulé[108]. Il a même formulé un principe général selon lequel : « Les documents de portée générale émanant d'autorités publiques, matérialisés ou non, tels que les circulaires, instructions, recommandations, notes, présentations ou interprétations du droit positif peuvent être déférés au juge de l'excès de pouvoir **lorsqu'ils sont susceptibles d'avoir des effets notables sur les droits ou la situation d'autres personnes** que les agents chargés, le cas échéant, de les mettre en œuvre. Ont notamment de tels effets ceux de ces documents qui ont un caractère impératif ou présentent le caractère de lignes directrices. »[109] Enfin, le Conseil d'État a estimé que le principe de sécurité juridique s'oppose à ce qu'un administré puisse exercer indéfiniment un recours (par ex. lorsque l'acte attaqué ne mentionne aucune procédure). Il pose même qu'au-delà d'un an il serait excessif d'accepter le recours[110].

Les **régimes d'exception** permettent aussi de suspendre certains éléments inhérents à la qualité de la justice. Par exemple, le recours, pendant l'état d'urgence sanitaire, à des moyens de communication à distance pour l'audience et à une procédure écrite sans audience pour les parties représentées par un avocat ne porte pas une atteinte grave et manifestement illégale au droit à un recours effectif et aux droits de la défense, compte tenu de la nature de ces adaptations et des exigences de la lutte contre l'épidémie[111].

2. Dans le cadre de la Convention EDH

561 **Article 13. –** La Cour a fait maintes fois application de l'article 13 et ce de manière autonome, **sans qu'il soit besoin qu'un droit substantiel ait été également atteint de manière avérée** ; il suffit d'entrer dans le champ de la Convention[112], même si on ne l'invoque pas[113]. Un État méconnaît l'article 13 parce qu'il ne permet pas à l'individu de protester, même si au final, il n'y a pas de violation d'un autre droit (le Comité des Nations unies a une position contraire). La Cour exige tout de même un minimum de sérieux[114]. **Il suffit qu'une autorité politique, administrative ou juridictionnelle puisse exercer un contrôle indépendant, adéquat et effectif dans ses conséquences**. L'article 13 affecte donc toute tradition nationale de fermeture du prétoire comme la théorie des mesures d'ordre intérieur ou celle des actes de gouvernement. On prendra pour exemple le cas des détenus dont les conditions de vie doivent pouvoir être examinée par un juge lorsqu'elles enfreignent la Convention européenne, sans que la qualification de « mesure d'ordre intérieur » ne s'y oppose[115].

La logique de l'article 13 va jusqu'à affecter le contenu même des décisions de justice, car le juge doit s'assurer que la réponse qu'il fournit au justiciable correspond à l'état de sa jurisprudence, à ce que l'individu pouvait espérer en le saisissant. Il n'y a ainsi pas d'effectivité lorsque le juge exerce un contrôle insuffisant ou lorsque le montant alloué d'une indemnité est très inférieur aux barèmes habituellement pratiqués[116]. En France, la Cour de cassation sanctionne une atteinte à l'article 13 lorsque les cours d'appel ne traduisent pas au plan pécuniaire la position adoptée au plan des principes juridiques[117]. Enfin, l'article 13 s'étend jusqu'aux procédures d'exécution qui permettent la concrétisation de la décision.

562 **Coexistence avec l'article 6. –** Il se distingue nettement de l'article 6 § 1, au point qu'il peut venir à son secours : le dépassement du délai raisonnable de jugement qu'implique l'article 6 § 1 doit ainsi pouvoir être lui-

108. CE, Ass., 21 mars 2016, *Société Fairvesta international GMBH*, 368082 et CE, Ass., 21 mars 2016, n° 390023, *Société Numéricable*.
109. CE, Sect., 12 juin 2020, *Gisti*, n° 418142.
110. CE, Assemblée, 13 juillet 2016, M. A... B...
111. CE, 10 avr. 2020, *Conseil national des barreaux et autres*, n°s 439883, 439892.
112. CEDH, 6 sept. 1978, *Klass*.
113. CEDH, 11 juin 2002 *Willis c. RU*.
114. CEDH, 27 avr. 1988, *Byle et Rice c. RU*.
115. CEDH, 20 janv. 2011, *El Shennawi*, à propos de fouilles corporelles.
116. Dans le cadre du délai déraisonnable : CEDH, Gr. ch., 29 mars 2006, *Scordino c. Italie*.
117. Par ex. Cass. 1re civ., 20 mai 2010.

même contesté sur le fondement de l'article 13 devant une instance nationale avant de saisir la CEDH[118]. Cela **contraint les États à développer les voies de recours à l'encontre de l'administration de la justice et à admettre des formes accrues de responsabilité de ce service public contre toutes formes de déni de justice** (délai excessif, défaut de composition des juridictions, réparation des fautes et erreurs...). Cela conduit également le requérant à **devoir exercer ces recours internes**[119]. Il amène aussi à réexaminer le droit des procédures contentieuses et non contentieuses. Par exemple, le 15 janvier 2009[120], le juge européen a sanctionné au nom du droit au juge le système français du désistement d'office par lequel une partie qui n'a pas fourni son mémoire dans les trois mois est considérée comme se désistant. C'est encore sur ce fondement que des obligations procédurales liées à d'autres droits sont exigées. En cas de traitement inhumain ou dégradant, la victime doit pouvoir se plaindre et accéder aux données de l'enquête la concernant[121]. **Les procédures rapides mises en œuvre à l'égard des étrangers doivent ainsi permettre un examen effectif, individuel et complet de leur dossier**[122].

La Cour européenne[123] a **refusé un excès de formalisme procédural « pro-numérique » en condamnant la Cour de cassation française** et son appréciation de l'obligation de saisir la cour d'appel par voie électronique, via la plateforme e-Barreau, alors même que la cour d'appel avait admis la recevabilité du recours en annulation d'une sentence arbitrale présenté, sur papier, par le requérant au motif que le formulaire informatique mis en ligne ne permettait pas de saisir la nature de ce recours et la qualité des parties. En effet, la rigidité informatique conduisait à compléter le formulaire en utilisant des notions juridiques impropres. La sécurité juridique et la bonne administration de la justice n'imposaient pas cette charge disproportionnée qui rompt le juste équilibre entre, d'une part, le souci légitime d'assurer le respect des conditions formelles pour saisir les juridictions et, d'autre part, le droit d'accès au juge.

L'immunité de juridiction d'un État étranger justifie une limitation au droit d'accès à un tribunal compatible avec les exigences de la Convention européenne, car l'octroi de l'immunité souveraine à un État dans une procédure civile poursuit le but légitime d'assurer le respect du droit international afin de favoriser la courtoisie et les bonnes relations entre États, en garantissant le respect de la souveraineté des autres États.

La Cour[124] l'a confirmé dans une affaire pourtant marquante. En 2002, le navire Joola, acquis par l'État sénégalais, a fait naufrage dans les eaux internationales causant la mort de 1 863 passagers, parmi lesquels plusieurs ressortissants français. L'Association des familles des victimes a saisi les juridictions françaises qui ont décerné neuf mandats d'arrêts à diffusion internationale contre plusieurs dirigeants sénégalais de l'époque du naufrage. Cependant, deux de ces mandats (Premier ministre et ministre des Forces armées) furent annulés par la Cour de cassation, **en application de l'immunité de juridiction de l'État étranger**, car les violations des réglementations internationales de navigation maritime qui étaient imputées aux personnes impliquées à un niveau élevé de l'État sénégalais, résultaient d'un exercice de la souveraineté du Sénégal et non d'actes de gestion privée. Les familles invoquaient à Strasbourg une méconnaissance de leur droit d'accès à un tribunal, en raison de l'immunité de juridiction ayant conduit au prononcé d'un non-lieu dans le cadre des plaintes portées devant les juridictions françaises, mais la Cour constate enfin qu'en accordant l'immunité concernée, les juridictions internes ne se sont pas écartées des normes internationales actuellement admises.

118. CEDH, 26 oct. 2000, *Kudla c. Pologne*.
119. CEDH, Gr. Ch., 11 sept. 2002, *Mifsud c. France*.
120. CEDH, 15 janvier 2009, *Guillard c. France*.
121. CEDH, 3 juin 2004, *Bati c. Turquie*.
122. CEDH, 15 nov. 1996, *Chahal c. RU*.
123. CEDH, 9 juin 2022, *Xavier Lucas c. France*, n° 15567/20.
124. CEDH, 24 févr. 2022, Association des familles des victimes du Joola c. France, n° 21119/19.

B. Les qualités du recours juridictionnel : les spécificités du droit à un procès équitable

563 Rappelons que notre **Code civil dispose en son article 4** que « le juge qui refusera de juger, sous prétexte du silence, de l'obscurité ou de l'insuffisance de la loi, pourra être poursuivi comme coupable de déni de justice ». Cet article concrétise l'idée que le juge doit remplir son office intégralement et ne pas laisser le requérant avec le sentiment que la justice n'a pas été rendue.

1. Sources

564 **Sources constitutionnelles. -** Par une décision du 21 janvier 1994, le Conseil constitutionnel, faute de mention explicite, a admis le droit à un juge en rattachant ce droit à l'article 16 de la DDHC. Selon un considérant bien établi, « Aux termes de l'article 16 de la Déclaration des droits de l'homme et du citoyen de 1789 : « Toute société dans laquelle la garantie des droits n'est pas assurée, ni la séparation des pouvoirs déterminée, n'a point de Constitution ». **Sont garantis par cette disposition le droit des personnes intéressées à exercer un recours juridictionnel effectif, le droit à un procès équitable, ainsi que le principe du contradictoire »**[125]. Il a reconnu depuis d'autres éléments du droit processuel (recours effectif, 9 avril 1996). En janvier 2005[126], le Conseil constitutionnel a formalisé le droit au procès équitable comme principe à valeur constitutionnelle, dans le but de rassembler certaines composantes jusque-là éparses et rattachées à l'article 16 de la DDHC. Le Conseil peut abroger, dans le cadre d'une question prioritaire de constitutionnalité, des dispositions méconnaissant l'impartialité des juridictions.

Dans sa décision *Consorts c. et a.*[127], le Conseil constitutionnel était saisi de la conformité des dispositions de l'article 90 du Code disciplinaire et pénal de la marine marchande avec les principes constitutionnels d'indépendance et d'impartialité du juge d'une part, ainsi que du droit à un procès équitable d'autre part (présence au sein de la formation de jugement d'un administrateur des affaires maritimes et d'un agent des affaires maritimes, fonctionnaires soumis à l'autorité hiérarchique du gouvernement). Il prononça la censure intégrale en se référant à l'article 16 sans parler explicitement de procès équitable. Il fit de même[128] à propos de la disposition permettant à la juridiction commerciale (pour éviter un retard dans le traitement de l'affaire) de se saisir d'office pour l'ouverture d'une procédure de redressement judiciaire. **Le Conseil entend appliquer à la procédure de QPC elle-même les règles du procès équitable**. Dans sa décision du 3 décembre 2009 relative à l'examen de la loi organique chargée de mettre en œuvre les dispositions de l'article 61-1 de la Constitution[129], il précise en effet qu'« en l'absence de dispositions procédurales spécifiques à l'examen par le Conseil d'État et la Cour de cassation, les dispositions des articles 23-3 à 23-7 [de la loi organique] doivent s'entendre comme prescrivant le respect d'une procédure juste et équitable [...] ».

L'autorité de chose jugée doit être garantie par la loi qui ne peut autoriser qu'une administration ou une personne privée puisse modifier ou méconnaître le contenu d'un jugement. Ainsi, le Conseil constitutionnel a censuré la loi visant à confier aux caisses d'allocations familiales, à titre expérimental et pour une durée de trois ans, la délivrance de titres exécutoires portant sur la modification du montant d'une contribution à l'entretien et à l'éducation des enfants qui ont fait l'objet d'une fixation par l'autorité judiciaire ou d'une convention homologuée par elle (contraire à l'article 16 de la Déclaration de 1789)[130].

125. Déc. 2012-247 QPC, 16 mai 2012.
126. CC, 20 janv. 2005, déc. n° 2004-510 DC.
127. CC, 2 juill. 2010, déc. n° 2010-10 QPC, *Consorts c. et a.*
128. CC, 7 déc. 2012, déc. n° 2012-286 QPC, *Société Pyrénées services et autres.*
129. Loi organique n° 2009-1523 du 10 déc. 2009.
130. CC, 21 mars 2019, n° 2019-778 DC, Loi de programmation 2018-2022 et de réforme pour la justice.

565 **Sources européennes.** – Le droit à un recours de nature juridictionnelle se fonde, depuis l'arrêt *Golder* du 21 février 1975, sur **l'article 6 § 1** (accès au juge, garanties d'organisation du tribunal et de composition de la juridiction ; garantie dans le déroulement de la procédure).

Le champ d'application de cet article **dépend de la notion de « tribunal »**. Pour que l'article 6 soit applicable il suffit que la décision en cause soit susceptible de recours juridictionnel qui permette d'examiner l'ensemble des questions de fait ou de droit et puisse aboutir à la réformation de la décision pour respecter les exigences de la Convention[131]. Cela **dépasse la notion de juridiction** et peut **s'appliquer à des autorités administratives** qui exercent une fonction répressive ou tranchent des litiges entre personnes privées. La CEDH inclut les autorités indépendantes dans le périmètre du procès équitable sans pour autant leur imposer de présenter les qualités exigées d'une authentique juridiction[132]. La Cour de cassation avait fait de même à propos de la Commission des opérations de Bourse[133] de même que le Conseil d'État pour le Conseil des marchés financiers[134] dans la mesure où il est question de répression (le Conseil d'État va même jusqu'à y intégrer la répression fiscale par l'administration fiscale qui n'est pas une autorité indépendante et collégiale[135]). **L'article 6 ne s'applique pas en matière civile traitée par une autorité administrative** comme le contentieux fiscal (sauf les sanctions) ou le contentieux de la fonction publique. Au contraire, depuis l'arrêt *Ruiz-Mateos c. Espagne*[136], les exigences issues de l'article 6 § 1 sont applicables aux procédures **concrètes de contrôle de constitutionnalité des lois**. Cette applicabilité vaut aussi bien pour les recours directs[137] que pour ceux introduits par le biais d'une question préjudicielle, dès lors que la décision de la Cour peut influer sur l'issue du litige. Il n'est pas rare aujourd'hui de voir certaines cours constitutionnelles européennes condamnées, notamment pour des délais de jugement excessifs.

566 **Charte de l'Union.** – Le champ d'application de **l'article 47[138] relatif au droit au recours effectif et à un tribunal impartial est plus large que celui de l'article 6 de la Convention EDH**, puisqu'il ne concerne pas seulement les contestations relatives à des droits et obligations de caractère civil ou le bien-fondé d'une accusation en matière pénale. Pour exemple, la Cour a jugé :

– que cet article n'interdit pas de punir un professionnel qui continue à faire figurer des clauses contraires à une jurisprudence établie, pourvu que ce professionnel puisse contester sa sanction en justice[139] ;

– que la Commission européenne doit motiver ses décisions infligeant des amendes en matière de concurrence et, notamment, d'expliquer la pondération et l'évaluation qu'elle a faites des différents éléments pris en considération aux fins de la détermination du montant des amendes, ainsi que celui du juge de vérifier d'office la présence d'une telle motivation ;

– que, au titre du contrôle de la légalité des motifs, le juge de l'Union s'assure que cette décision repose sur une base factuelle suffisamment solide, ce qui implique une vérification des faits allégués dans l'exposé des motifs et non seulement l'appréciation de la vraisemblance abstraite des motifs invoqués[140].

---

131. CEDH, 26 avr. 1995, *Fischer c. Autriche*.
132. CEDH, 8 juin 1976, *Engel*.
133. Cass. ass. plén. 5 févr. 1999.
134. CE, Ass., 3 déc. 1999, *Didier*.
135. CE, 27 févr. 2006, *Krempff*.
136. CEDH, 23 juin 1993, *Ruiz-Mateos c. Espagne*.
137. CEDH, 16 sept. 1996, *Süssmann c. Allemagne*.
138. Article 47 « Droit à un recours effectif et à accéder à un tribunal impartial – Toute personne dont les droits et libertés garantis par le droit de l'Union ont été violés a droit à un recours effectif devant un tribunal dans le respect des conditions prévues au présent article. Toute personne a droit à ce que sa cause soit entendue équitablement, publiquement et dans un délai raisonnable par un tribunal indépendant et impartial, établi préalablement par la loi. Toute personne a la possibilité de se faire conseiller, défendre et représenter. Une aide juridictionnelle est accordée à ceux qui ne disposent pas de ressources suffisantes, dans la mesure où cette aide serait nécessaire pour assurer l'effectivité de l'accès à la justice ».
139. CJUE, 21 décembre 2016, Biuro podróy « Partner » sp. z o.o. sp.k. w Dbrowie Górniczej c. Prezes Urzdu Ochrony Konkurencji i Konsumentów, aff. C-119/15.
140. CJUE, 26 octobre 2016, Aiman Jaber c. Conseil de l'Union européenne, aff. T-154/15.

La CJUE a jugé que, dans des circonstances caractérisées par **un refus persistant d'une autorité nationale de se conformer à une décision de justice** lui enjoignant d'exécuter une obligation claire, précise et inconditionnelle découlant du droit de l'Union, notamment de la directive 2008/50, il incombe à la juridiction nationale compétente de prononcer une contrainte par corps à condition qu'il existe, en droit interne, une base légale pour l'adoption d'une telle mesure qui soit suffisamment accessible, précise et prévisible dans son application et que le principe de proportionnalité soit respecté[141].

2. Les qualités requises du juge

567 La notion de juge. – Il ne faut pas se payer de mots. Alors que la tradition française n'aborde la notion de juridiction que lorsqu'il est nécessaire de déterminer quelle voie de recours utiliser, **l'approche européenne, pragmatiquement, impose la qualification de tribunal ou de juge dès qu'il faut apporter des garanties de procédure. Selon l'arrêt** ***Deweer*** **du 27 février 1980**, la CEDH qualifie de tribunal l'organe qui remplit une fonction juridictionnelle : « trancher, sur la base de normes de droit et à l'issue d'une procédure organisée, toute question relevant de sa compétence ». Dès lors, il doit répondre aux garanties institutionnelles (indépendance et impartialité) et procédurales (publicité, célérité et équité) du procès équitable. Les délais de jugement doivent être « raisonnables » au regard de la complexité de l'affaire et des éléments nécessaires à un travail de qualité[142]. C'est pourquoi **la CEDH exige que le tribunal soit établi par la loi**, au sens large, que la Cour donne à ce terme et qui ne laisse pas l'exécutif seul décideur de la création des juridictions. La CJCE s'est appuyée sur la Convention EDH et les traditions constitutionnelles communes aux États membres, pour reconnaître, comme principe fondamental, le droit à un recours juridictionnel[143]. Il y va, pour elle, du respect du droit communautaire par les juridictions nationales faute d'un recours facile devant les instances européennes. **Le juge doit alors avoir la qualité de tiers par rapport à l'autorité qui a pris l'acte litigieux**, avoir été créé par la loi, être permanent, obligatoire, être doté d'un pouvoir juridictionnel et connaître le caractère contradictoire de la procédure et de l'application des règles de droit, être indépendant enfin. Le Conseil constitutionnel[144], à propos de la disposition permettant à la juridiction commerciale de se saisir d'office pour l'ouverture d'une procédure de redressement judiciaire, a censuré l'autosaisine d'une juridiction si aucune garantie n'est apportée pour éviter le préjugement (par exemple, l'attribution de l'affaire à une autre formation). L'approche française se montrait plus restrictive, car d'abord organique et non fonctionnelle. **L'autosaisine d'une juridiction serait en soi contraire à l'article 16 DDHC si aucune garantie n'était apportée** (par exemple l'attribution de l'affaire à une autre formation) : « une juridiction ne saurait, en principe, disposer de la faculté d'introduire spontanément une instance au terme de laquelle elle prononce une décision revêtue de l'autorité de chose jugée. La Constitution ne confère pas à cette interdiction un caractère général et absolu, sauf si la procédure a pour objet le prononcé de sanctions ayant le caractère d'une punition. Dans les autres cas, **la saisine d'office d'une juridiction ne peut trouver de justification qu'à la condition qu'elle soit fondée sur un motif d'intérêt général** et que soient instituées par la loi des garanties propres à assurer le respect du principe d'impartialité »[145]. Ce n'est pas le cas du juge de l'application des peines lorsqu'il se saisit d'office aux fins de modifier, ajourner, retirer ou révoquer une mesure relevant de sa compétence, car il n'introduit pas une nouvelle instance. **Le Conseil constitutionnel admet que des autorités indépendantes de régulation puissent disposer d'un pouvoir de sanction sans pour autant être des juridictions.**

568 Le droit à un double degré de juridiction. – Il n'est reconnu formellement qu'en matière pénale. Le PIDCP consacre, en matière pénale, le droit à un deuxième juge par l'article 14, § 5 : « toute personne déclarée coupable d'une infraction a le droit de faire examiner par une juridiction supérieure la déclaration de culpabilité

141. CJUE, Gr. ch., 19 déc. 2019, *Deutsche Umwelthilfe*, aff. C-752/18, point 37.
142. CEDH, 6 mai 1981, *Buccholz c. RFA*, n° 7759/77.
143. Voir CJCE, 14 oct. 1999, Atlanta c. Communauté européenne.
144. CC, 7 déc. 2012, déc. n° 2012-286 QPC, *Société Pyrénées services et autres*.
145. CC, 10 nov. 2017, n° 2017-671 QPC, *M. Antoine L.* [Saisine d'office du juge de l'application des peines], § 6.

et la condamnation, conformément à la loi ». Ainsi fait de même l'article 2, § 1 du protocole additionnel n° 7 à la Convention EDH. Le Conseil constitutionnel fit de même par la décision du 19 et 20 janvier 1981 (Sécurité et Liberté). Hors la matière pénale, le double degré n'est pas en soi une exigence (pour le juge constitutionnel : déc. 12 février 2004, n° 2004-491 DC). **Mais le principe d'égalité et le maintien d'un certain niveau de protection amènent à exiger du législateur qu'il offre cette garantie au plus grand nombre de situations une fois sa nécessité reconnue.**

569 **Les qualités de la procédure. –** La **publicité** demeure une garantie essentielle. Le PIDCP la consacre (art. 14, § 1) tout comme l'article 6 § 1 qui affirme que toute personne qui fait l'objet d'une contestation de ses droits ou obligations en matière civile ou d'une accusation en matière pénale a droit à ce que sa cause soit entendue publiquement et que le jugement soit rendu publiquement. Selon le Conseil constitutionnel, « il résulte de la combinaison des articles 6, 8, 9 et 16 de la Déclaration des droits de l'homme et du citoyen de 1789 que le jugement d'une affaire pénale doit faire l'objet d'une audience publique sauf circonstances particulières nécessitant, pour un motif d'intérêt général, le huis clos »[146]. **Il a cependant admis que la loi permette à une « victime partie civile » d'obtenir de droit le prononcé du huis clos** devant la cour d'assises pour certains crimes odieux, pour la protection de la vie privée des victimes de certains faits criminels et éviter que, faute d'une telle protection, celles-ci renoncent à dénoncer ces faits. Ce faisant, il a poursuivi un objectif d'intérêt général. **Face à la possibilité de juger les litiges sans audience dès lors que les parties en sont d'accord, la procédure étant alors exclusivement écrite, le Conseil constitutionnel**[147] **a déduit des articles 6 et 16 de la Déclaration de 1789 un principe de publicité des audiences devant les juridictions civiles et administratives.** Il juge qu'il est loisible au législateur d'apporter à ce principe des limitations liées à des exigences constitutionnelles, justifiées par l'intérêt général ou tenant à la nature de l'instance ou aux spécificités de la procédure, à la condition qu'il n'en résulte pas d'atteintes disproportionnées au regard de l'objectif poursuivi. Mais il a censuré le fait que les tiers pouvaient être privés de plein droit de la communication de l'intégralité du jugement si des motifs tenant à un risque d'atteinte à l'intimité de la vie privée, à une demande de toutes les parties ou à des désordres de nature à troubler la sérénité de la justice le justifiaient.

Un décret du 31 mars 2022 précise les conditions dans lesquelles l'enregistrement et la diffusion d'audiences des juridictions judiciaires, administratives et financières. La demande d'autorisation d'enregistrement d'une audience en vue de sa diffusion doit être adressée au garde des sceaux qui l'apprécie au regard « du motif d'intérêt public d'ordre pédagogique, informatif, culturel ou scientifique qui la justifie » et la transmet avec son avis au président de la juridiction concernée. Son refus implicite ou explicite peut faire l'objet d'un recours devant le Conseil d'État ou la Cour de cassation. Le bénéficiaire de l'autorisation devra ensuite, lorsque l'audience n'est pas publique, recueillir le consentement des parties et des personnes enregistrées, et devra occulter les éléments d'identification des mineurs, des majeurs protégés et des personnes qui n'ont pas consenti à la diffusion de leur image. Au bout de cinq ans après la première diffusion ou dix ans après l'autorisation, l'obligation d'occultation est étendue à toutes les personnes enregistrées.

La célérité marque surtout les impératifs contemporains. Le caractère raisonnable de la durée d'une procédure s'apprécie suivant les circonstances de la cause en particulier la complexité de l'affaire, le comportement du requérant et celui des autorités compétentes (appréciation *in concreto*). Les paragraphes 2 et 3 de l'article 6 appellent aussi **l'exigence d'équité**.

L'égalité des armes et le droit à une procédure contradictoire engendrent l'obligation d'offrir à chaque partie une possibilité raisonnable de présenter sa cause, y compris ses preuves dans des conditions qui ne la placent pas dans une situation de net désavantage par rapport à son adversaire.

146. CC, 21 juillet 2017, *M. Gérard B.*, n° 2017-645 QPC [Huis clos de droit à la demande de la victime partie civile pour le jugement de certains crimes].

147. CC, 21 mars 2019, n° 2019-778 DC, Loi de programmation 2018-2022 et de réforme pour la justice.

CC, 11 mars 2022, nº 2021-979 QPC, *Société Prologue*

En application de l'article L. 621-30 du Code monétaire et financier, les décisions prononcées par la commission des sanctions de l'Autorité des marchés financiers à l'encontre de personnes autres que celles soumises à sa régulation, peuvent faire l'objet d'un recours devant le juge judiciaire. Ce recours principal peut être formé par la personne sanctionnée et par le président de l'Autorité des marchés financiers et, lorsque la personne sanctionnée a formé un recours contre la décision de sanction, le président de l'Autorité des marchés financiers peut former un recours incident (mais pas l'inverse). **Le Conseil constitutionnel[148] admet que le législateur déroge ainsi au principe général du droit[149] selon lequel la situation de la personne sanctionnée ne peut être aggravée sur son seul recours,** en permettant à l'autorité de poursuite de solliciter l'aggravation de la sanction et sans procéder à une distinction procédurale injustifiée. Il ne s'agit en effet pas d'égalité des armes, car la personne sanctionnée, en cas de recours principal du président de l'AMF, peut présenter des demandes reconventionnelles tendant à l'annulation ou à la réformation de la sanction prononcée.

Enfin, **des voies d'exécution** doivent exister pour assurer l'efficacité de la chose jugée[150]. La Suisse a, par exemple, violé le droit à un procès équitable en refusant le droit d'être entendu lors de la procédure devant le Tribunal fédéral[151]. En effet, le Tribunal fédéral a privé les requérants de représentation après avoir soulevé d'office la question de la validité de l'avocat qu'ils avaient choisi pour les représenter sans les informer, ni les entendre, comme la loi le prévoyait expressément.

570 **Le droit au « juge naturel » et le problème des juridictions d'exception.** – On évoque parfois dans la tradition juridique française l'idée de « juge naturel ». Il s'agit en fait d'un principe posé par la loi des 16 et 24 août 1790 et qui refuse tout privilège juridictionnel, qu'il soit organique, procédural ou substantiel, de façon à interdire que le pouvoir ne crée des juridictions « sur mesure », des juridictions d'exception ou des juridictions particulières qui seraient ainsi très orientées dans leur décision. L'idée de « juge naturel » implique donc **que l'on ne puisse détourner un justiciable de la juridiction de droit commun qui doit examiner sa requête** (on ne peut « distraire » le justiciable de son juge) et reprend donc à la fois l'idée d'indépendance et sa conséquence, l'impartialité. Au sens large, les juridictions d'exception sont des juridictions qui sont des exceptions aux compétences des juridictions de droit commun qui n'ont pas à justifier leur compétence générale. Au sens strict, une juridiction d'exception a un caractère dérogatoire et politique. Les juges n'y sont pas impartiaux (autrefois les tribunaux de l'Inquisition, les « sections spéciales » du gouvernement de Vichy, certains tribunaux militaires ou encore la fameuse « Cour de sûreté de l'État » créée par deux lois du 15 janvier 1963). Dans le contexte de la guerre d'Algérie, cette Cour jugeait en temps de paix, les crimes et les délits portant atteinte à la sûreté intérieure et extérieure de l'État, comme l'espionnage et le terrorisme, avant d'être supprimée le 4 août 1981 pour les justiciables civils, mais non pour les militaires. Désormais ce type d'infractions relève de la cour d'assises spéciale qui juge également du trafic de stupéfiants en bande organisée, ce qui présente une forme différente d'exception au sens large.

---

148. CC, 11 mars 2022, nº 2021-979 QPC, *Société Prologue* [Recours incident du président de l'Autorité des marchés financiers contre les décisions de la commission des sanctions].
149. CE, 17 juillet 2013, nº 362481 : « Il résulte des principes généraux du droit disciplinaire qu'une sanction infligée en première instance par une juridiction disciplinaire ne peut être aggravée par le juge d'appel saisi du seul recours de la personne frappée par la sanction ; que cette règle s'applique y compris dans le cas où le juge d'appel, après avoir annulé la décision de première instance, se prononce par voie d'évocation ».
150. CEDH, 28 sept. 1995, *Scollo*.
151. CEDH, 22 janv. 2019, *Rivera Vazquez et Calleja Delsordo c. Suisse*, nº 6504848/13.

571 **La plénitude de compétence.** – La juridiction **doit disposer des moyens utiles** pour pouvoir trancher les litiges dans leur ensemble, autant en droit qu'en fait : un contrôle restreint à l'examen de la motivation, des faits et au détournement de la procédure serait insuffisant. Inversement, une autorité administrative peut ainsi se voir qualifiée de tribunal : autorités professionnelles exerçant le contentieux disciplinaire, administration de sanctions administratives répressives, par exemple en matière fiscale, douanière et routière et des autorités de régulation pour le prononcé de sanctions.

572 **L'impartialité.** – Il s'agit de la **qualité finale attendue de tout tiers amené à trancher un litige.** L'impartialité dépend de l'organisation, du fonctionnement interne des juridictions et des qualités personnelles du juge. L'Union européenne en fait un principe majeur. La CJUE a ordonné à la Pologne de suspendre immédiatement l'application des dispositions nationales relatives aux compétences de la chambre disciplinaire de la Cour suprême au regard des affaires disciplinaires concernant les juges. En effet, en 2017, la Pologne a adopté un nouveau régime disciplinaire des juges de la Cour suprême et des juridictions de droit commun devant une instance dépourvue des garanties d'indépendance et d'impartialité car composée exclusivement de juges sélectionnés par le Conseil national de la magistrature, dont les quinze membres juges ont été élus par le Sejm (la Diète)[152].

Les principes d'indépendance et d'impartialité des juridictions figurent au nombre des droits et libertés que la Constitution garantit et peuvent être invoqués à l'appui d'une QPC[153]. Le Conseil constitutionnel a eu à juger du principe selon lequel les conseillers prud'hommes sont désignés en fonction de l'audience des organisations syndicales de salariés et des organisations professionnelles d'employeurs. Il ne l'a pas jugé contraire au principe d'indépendance et d'impartialité des juridictions. Une réserve d'interprétation s'appuie sur la dernière phrase du premier alinéa de l'article 1er prévoit que les dispositions qui seront prises par ordonnances devront respecter les principes d'indépendance et d'impartialité des juridictions et, par suite, comporter les garanties légales de nature à assurer le respect de ces principes dans la désignation des membres de cette juridiction[154].

L'impartialité implique également le principe de séparation des fonctions de poursuite et de jugement. Dans une affaire mettant en cause la possibilité pour l'agence antidopage de se saisir d'office des sanctions prononcées par les fédérations en vue d'exercer son propre pouvoir de répression, le Conseil constitutionnel constate que ce pouvoir n'est pas attribué à une personne ou à un organe spécifique au sein de l'agence alors qu'il appartient ensuite à cette dernière de juger les manquements ayant fait l'objet de la décision de la fédération. Cette absence de séparation entre les fonctions de poursuite des éventuels manquements ayant fait l'objet d'une décision d'une fédération sportive et les fonctions de jugement de ces mêmes manquements méconnaît ainsi le principe d'impartialité[155]. Il en a été de même de l'Autorité de contrôle des nuisances aéroportuaires dont le Président ouvre les sanctions et siège en formation de jugement des manquements[156]. **Le principe d'impartialité des juridictions ne s'oppose pas à ce que le juge des enfants qui a instruit la procédure puisse, à l'issue de cette instruction, prononcer des mesures d'assistance, de surveillance ou d'éducation.** Toutefois, en permettant au juge des enfants, qui a été chargé d'accomplir les diligences utiles à la manifestation de la vérité, de présider une juridiction de jugement habilitée à prononcer des peines, les dispositions contestées méconnaissent le principe d'impartialité des juridictions[157]. En revanche, **le Conseil a jugé conforme au principe d'impartialité une forme d'autosaisine du juge de l'application des peines** lorsqu'il décide d'un sursis de mise à l'épreuve, notamment pour le révoquer. En effet dans ce cas il ne s'agit pas d'ouvrir une instance mais de poursuivre un suivi de la peine dans le cadre de la condamnation prononcée lors du procès[158].

152. CJUE, 8 avr. 2020, Ordonnance de la Cour dans l'affaire, *Commission/Pologne*, C-791/19R.
153. CC, 8 juin 2012, déc. n° 2012-250 QPC, cons. 3.
154. CC, 11 déc. 2014, déc. n° 2014-704 DC, cons. 13 et 17
155. CC, 2 février 2018, *M. Axel N.*, n° 2017-688 QPC [Saisine d'office de l'agence française de lutte contre le dopage et réformation des sanctions disciplinaires prononcées par les fédérations sportives].
156. CC, 24 novembre 2017, *Société Queen Air*, n° 2017-675 QPC [Procédure de sanction devant l'autorité de contrôle des nuisances aéroportuaires].
157. CC, 26 mars 2021, n° 2021-893 QPC, *M. Brahim N.*
158. CC, 10 novembre 2017, n° 2017-671 QPC, *M. Antoine L.* [Saisine d'office du juge de l'application des peines].

Les textes et la jurisprudence ont précisé la nature de l'impartialité. Le juge devra éviter **la partialité subjective** (celle par laquelle il a personnellement intérêt à l'affaire, des convictions personnelles) ou **objective** (il a déjà une opinion connue sur le litige). « La Cour rappelle que **l'impartialité au sens de l'article 6, § 1 s'apprécie selon une double démarche : la première consiste à essayer de déterminer la conviction personnelle de tel ou tel juge en telle occasion ; la seconde amène à s'assurer qu'il offrait des garanties suffisantes pour exclure à cet égard tout doute légitime** »[159].

Dans le cadre de l'Union, si l'exigence d'impartialité est la même, la collégialité est considérée comme une garantie suffisante pour éviter qu'un juge qui s'est déjà prononcé n'entache le procès de partialité[160]. Néanmoins, pour la Cour de cassation : « le défaut d'impartialité d'une juridiction appelée à connaître de la contestation de la mesure d'exécution forcée d'une décision de justice ne peut résulter du seul fait qu'elle ait précédemment connu de l'appel formé contre cette décision ». Il faut ainsi **apporter la preuve concrète d'un soupçon de préjugé**[161]. La double compétence, juridictionnelle et administrative, d'un organe peut ainsi se révéler délicate : dans une affaire[162] concernant un jugement de la Cour des comptes, la Cour considère que les mentions faites au rapport public ont pu faire naître dans le chef du requérant des craintes objectivement justifiées d'un défaut d'impartialité de la Cour des comptes lors de la fixation de la ligne de compte.

573 Le commissaire du gouvernement (rapporteur public). – La France était régulièrement confrontée à la question du rôle du commissaire du gouvernement devant les juridictions administratives. L'intervention d'un tiers à la juridiction, qui peut influer considérablement sur elle, pose en effet question. Le premier point litigieux au regard du droit à un procès équitable a été la communication de ses conclusions au requérant. **Ne dévoilant son raisonnement qu'à l'audience, le commissaire ne permettait pas au requérant de répondre, mettant en péril le contradictoire.** Le Conseil d'État puis le pouvoir réglementaire (décret du 6 mars 2008) ont admis le principe de la « note en délibéré » concrétisant cette réponse. Certains tribunaux ont, en outre, expérimenté de donner la parole au requérant après lecture des conclusions. **La seconde difficulté concerne sa participation au délibéré** (même s'il ne pouvait voter). La CEDH a admis l'institution du commissaire pourvu qu'il ne participe pas au délibéré[163]. Depuis le décret du 1er août 2006, le Code de justice administrative indique que le « rapporteur public » (appellation adoptée depuis le 7 janvier 2009) ne siège plus au délibéré au sein des tribunaux administratifs mais qu'il le peut encore au Conseil d'État si les parties ne s'y opposent pas. Cette solution a été validée dans le cadre du suivi de l'exécution de l'arrêt *Kress*[164] mais la pratique du Conseil d'État a à nouveau été condamnée dans le cadre d'une procédure de non-admission d'un pourvoi[165]. Néanmoins, pour respecter les droits de la défense, les conclusions du rapporteur public doivent être claires et précises pour que sa position soit connue[166].

574 Procédure pénale. – Par un arrêt du 24 juin 2010, *Mancel et Branquart c. France*, la CEDH a par exemple relevé un **défaut d'impartialité dans une procédure pénale** car sept des neuf juges adoptant un arrêt en renvoi de cassation avaient déjà appartenu à la formation de la Cour de cassation jugeant le premier pourvoi. La CEDH vérifie que les questions posées ont été semblables. Dans sa décision du 2 juillet 2010[167], le Conseil constitutionnel a jugé que la présence, au sein d'une juridiction répressive compétente pour prononcer des peines privatives de liberté, d'un militaire ou d'un fonctionnaire soumis à l'autorité hiérarchique du gouvernement,

---

159. CEDH, 6 juin 2003, *Morel c. France*, § 40.
160. CJCE, 17 févr. 2009, *Elgafaji*.
161. Cass. 2e civ., 3 avr. 2014, n° 14-01414.
162. CEDH, 6 octobre 2016, *Beausoleil c. France*, n° 63979/11.
163. CEDH, 7 juin 2001, *Kress c. France* ; CEDH, 12 avr. 2006, *Martinie c. France* : refus de la présence muette du commissaire du gouvernement devant la Cour des comptes.
164. Résolution du 20 avr. 2007.
165. CEDH, 29 oct. 2009, *Chaudet c. France*.
166. CE, 7 juin 2018, n° 406207.
167. CC, 2 juill. 2010, déc. n° 2010-10 QPC.

est contraire au principe d'indépendance des juridictions qui découle de l'article 16 de la DDHC de 1789. En conséquence, le **Conseil a déclaré contraire à la Constitution la composition des tribunaux maritimes commerciaux** qui jugent certaines infractions maritimes et comprennent quatre assesseurs non-magistrats, notamment un administrateur des affaires maritimes et un agent des affaires maritimes.

575 **L'indépendance.** – Elle constitue en principe **la principale garantie de l'impartialité** car elle implique qu'un tiers ne puisse influer sur l'issue du procès (à commencer par les pouvoirs publics mais aussi les parties et les tiers qui y auraient intérêt). L'indépendance a acquis une forme d'autonomie au niveau « macro-institutionnel » quand il s'agit d'aborder la question de la séparation des pouvoirs. Dans un retentissant arrêt de 2018[168], **la CJUE a estimé qu'une autorité judiciaire appelée à exécuter un mandat d'arrêt européen doit s'abstenir d'y donner suite si elle estime que la personne concernée risquerait de subir une violation de son droit fondamental à un tribunal indépendant** et, partant, du contenu essentiel de son droit fondamental à un procès équitable, en raison de défaillances susceptibles d'affecter l'indépendance du pouvoir judiciaire dans l'État membre d'émission, en l'occurrence la Pologne. La Cour de Strasbourg se trouve elle aussi **préoccupée par les évolutions des États de l'est qui ont tendance à purger leur magistrature d'éventuels opposants**. La Cour estime que la révocation d'un juge de sa fonction de président de juridiction était inéquitable en raison d'un manque d'indépendance du Conseil de la magistrature, mais qu'il n'y a pas eu d'atteinte à sa vie privée, même si cet article pouvait s'appliquer aussi aux litiges professionnels si les motifs de la révocation se rattachent à la vie privée ou a ensuite eu de graves conséquences sur sa vie privée (en l'espèce) les répercussions en termes de perte de prestige résultant de sa perte de qualité de président de juridiction ou d'une baisse de ses émoluments n'étaient pas suffisamment graves pour faire entrer en jeu cette disposition de la Convention[169].

Le droit au procès équitable est ainsi violé lorsque la composition de la juridiction est viciée par l'intervention du gouvernement dans la nomination d'un juge et en l'absence de contrôle juridictionnel et de redressement effectifs[170]. La ministre de la justice avait substitué ces candidats à ceux que proposait une commission indépendante et avait fait voter la liste en bloc par le Parlement. Mais pour qu'il y ait violation de la Convention, il faut d'abord, en principe, qu'existe une violation manifeste du droit interne, en ce sens que celle-ci doit être objectivement et réellement reconnaissable en tant que telle. Ici la Cour suprême l'avait établi. Il faut ensuite que cela affecte les qualités substantielles attendues (impartialité). Enfin, il faut ménager un équilibre de manière à déterminer s'il existe un besoin impérieux – de nature substantielle et impérative – de s'écarter des principes de la sécurité juridique et de l'inamovibilité des juges, pour autant qu'ils soient pertinents, au vu des circonstances particulières d'une affaire. Si le contrôle interne a été conforme à la Convention et si les conclusions qui s'imposaient ont été tirées, il faudra de bonnes raisons à la Cour pour substituer son appréciation à celle du juge national.

La CEDH[171] a constaté une violation du droit au procès équitable en ce que le président de la République polonaise a procédé à la nomination de juges de la Cour suprême polonaise qui n'était dès lors pas « un tribunal établi par la loi » et manquait d'impartialité et d'indépendance. Le Président nomme sur recommandation du Conseil national de la magistrature, lui-même composé de juges non plus élus par des juges mais par la chambre basse du Parlement. Pour la Cour, cela a permis aux pouvoirs exécutif et législatif d'interférer, directement ou indirectement, dans la procédure de nomination des juges, compromettant ainsi systématiquement la légitimité d'une juridiction composée de juges nommés de cette manière. De même, la Cour[172] condamne la constitution, par la police catalane, de fichiers, sans base légale, concernant des juges qui avaient exprimé leurs opinions sur l'indépendance de la Catalogne par rapport à l'Espagne. Certains documents avaient en outre fuité dans la presse sans enquête suffisante.

168. CJUE, 25 juill. 2018, *Minister for Justice and Equality/LM*, C-216/18 PPU.
169. CEDH, Gr. ch., 25 sept. 2018, *Denisov c. Ukraine*, req. n° 76639/11).
170. CEDH, [GC], 1er déc. 2020, *Guðmundur Andri Ástráðsson c. Islande*, n° 26374/18.
171. CEDH, 8 novembre 2021, *Reczkowicz c. Pologne* (n° 43447/19) et *Doli ska-Ficek et Ozimek c. Pologne* (n° 49868/19 et 57511/19) ; CEDH, 03 févr. 2022, *Advance Pharma sp. z o.o c. Pologne*, n° 1469/20.
172. CEDH, 28 juin 2022, *M.D. et autres c. Espagne*, n° 36584/17 ;

En France, l'article 64 de **la Constitution accorde en effet, paradoxalement, à l'autorité judiciaire la garantie constitutionnelle du président de la République**. Le Conseil constitutionnel a ensuite étendu cette exigence au bénéfice du juge administratif. Par sa décision du 19 juillet 2010[173], le Conseil constitutionnel a censuré la loi organique relative à l'article 65 de la Constitution portant réforme du Conseil supérieur de la magistrature. Tout d'abord, il a exclu la possibilité d'une auto-saisine du Conseil sur les questions relatives à la déontologie des magistrats, conservant ainsi cette prérogative au seul garde des Sceaux. Il a également totalement exclu que la plainte d'un justiciable puisse être dirigée contre un magistrat qui demeure saisi de la procédure pour éviter que cela ne soit utilisé pour déstabiliser des magistrats. Il estime encore que tout chef de cour ou de juridiction membre du Conseil ne peut participer à l'examen d'une nomination ou d'une sanction d'un magistrat de sa juridiction pour éviter la partialité de ce membre. À l'occasion d'un arrêt rendu en 2016 par la chambre criminelle, on peut rappeler que le secret du délibéré d'une cour d'assises protège l'indépendance du jury. Ainsi, en vue de sanctionner un juré qui aurait violé ce secret, un magistrat instructeur ne peut ordonner un supplément d'information afin d'entendre toutes les personnes ayant participé au délibéré, ces auditions devant permettre de vérifier l'exactitude des révélations[174].

CEDH, Gr. ch., 23 juin 2016, *Baka c. Hongrie, n° 20261/12* *violation de l'article 6 § 1 (droit d'accès à un tribunal)* *violation de l'article 10 (liberté d'expression).*

L'affaire concerne la cessation prématurée des fonctions de M. Baka, président de la Cour suprême hongroise, à la suite de critiques exprimées par ce dernier sur des réformes législatives, et l'impossibilité pour lui de saisir le juge pour s'y opposer. Son mandat, d'une durée de six ans, prit fin trois ans et demi avant son terme par l'entrée en vigueur de la Loi fondamentale portant création de la Kúria, juridiction suprême en Hongrie ayant succédé à la Cour suprême.

La Cour juge en particulier que M. Baka n'a pas bénéficié du droit d'accès à un tribunal, la cessation de son mandat étant la conséquence des dispositions transitoires de la nouvelle Loi fondamentale, texte de rang constitutionnel échappant au contrôle juridictionnel. Pour la Cour, cette absence de contrôle juridictionnel résulte d'un texte de loi dont la compatibilité avec les exigences de l'état de droit est douteuse. La Cour souligne également l'importance de l'intervention d'une autorité indépendante des pouvoirs exécutif et législatif pour toute décision touchant à la cessation d'un mandat de juge.

La Cour juge également que la cessation prématurée du mandat de M. Baka constitue une ingérence dans son droit à la liberté d'expression, étant due aux opinions et critiques qu'il avait exprimées publiquement, à titre professionnel, sur des questions d'intérêt général ; qu'elle a desservi l'objectif de protection de l'indépendance de la justice ; qu'elle a indubitablement eu un effet dissuasif sur M. Baka mais aussi sur les autres juges et présidents de juridictions de participer, à l'avenir, au débat public sur des réformes législatives portant sur les tribunaux et sur des questions relatives à l'indépendance de la justice ; que du point de vue procédural, les restrictions apportées à l'exercice du droit à la liberté d'expression ne s'accompagnaient pas de garanties effectives et adéquates contre les abus.

L'indépendance demeure aussi affaire d'aménagement institutionnel. En 2017 s'est posée la question de l'autonomie financière de la Cour de cassation et de son contrôle. Plusieurs syndicats et associations représentant notamment des magistrats ont demandé au Conseil d'État d'annuler le décret du 5 décembre 2016 portant

173. CC, 19 juill. 2010, déc. n° 2010-611 DC.

174. Cass. crim., 25 mai 2016, n° 15-84099, publié au *Bulletin*.

création de l'inspection générale de la justice ainsi que l'arrêté du garde des Sceaux précisant ses modalités d'organisation et ses missions. **Le Conseil**[175] **a validé le principe même de l'inspection** (sans pouvoir porter une appréciation sur un acte juridictionnel déterminé), **même par des inspecteurs extérieurs à la magistrature judiciaire, mais le comportement d'un magistrat ne peut être apprécié que par un inspecteur ayant lui-même cette qualité, de rang au moins égal à celui du magistrat concerné**. En vertu de la loi organique du 8 août 2016, les magistrats nommés à l'inspection générale le sont d'ailleurs par le garde des Sceaux après avis du Conseil supérieur de la magistrature. L'inspection peut être saisie par le ministre ou d'elle-même et décide seule de son programme et de ses méthodes. Le juge administratif annule toutefois l'article 2 du décret en tant qu'il inclut la Cour de cassation dans le champ de la mission de cette inspection générale. Eu égard à la mission particulière confiée par le législateur à la Cour de cassation, placée au sommet de l'ordre judiciaire, et aux rôles confiés par la Constitution à son premier président et à son procureur général, notamment à la tête du CSM, il faut prévoir de garanties supplémentaires.

576 **Le Conseil supérieur de la magistrature. –** Il est considéré de plus en plus comme l'organe qui garantit l'indépendance de la magistrature en ce qu'**il assure la discipline et surtout la carrière des magistrats de manière de plus en plus indépendante des souhaits de l'exécutif**. Le Conseil d'État a ainsi annulé le retrait du décret du président de la République nommant magistrat une auditrice de justice (élève de l'École nationale de la magistrature), avant qu'elle n'entre en fonction (elle avait volé une carte bancaire), ainsi que les sanctions décidées par le garde des Sceaux. Une fois nommée, elle ne pouvait être sanctionnée que par le Conseil supérieur de la magistrature.

Conseil d'État, 1er octobre 2010, nº 311938, *Mme Nadège A.*

« Considérant que le principe de séparation des pouvoirs et celui de l'indépendance de l'autorité judiciaire, que traduisent ces dispositions constitutionnelles, imposent que des garanties particulières s'attachent à la qualité de magistrat de l'ordre judiciaire ; qu'ils impliquent notamment que ces derniers ne puissent se voir retirer cette qualité et les garanties particulières qui s'y attachent qu'en vertu de dispositions expresses de leur statut et dans les conditions prévues par ces dernières ; qu'aucune disposition ne prévoit qu'un magistrat de l'ordre judiciaire puisse se voir privé de sa qualité en dehors de la procédure disciplinaire régie par les dispositions figurant au chapitre VII de l'ordonnance du 22 décembre 1958 portant loi organique relative au statut de la magistrature ; qu'il en résulte que le président de la République ne pouvait rapporter le décret, fût-il illégal, du 18 juillet 2007 et ainsi priver Mme A, en dehors de toute procédure disciplinaire, de la qualité de magistrat de l'ordre judiciaire que ce décret lui avait conférée ; que Mme A est par suite, et sans qu'il soit besoin d'examiner les autres moyens de la requête dirigés contre le décret du 16 novembre 2007, fondée à en demander l'annulation pour excès de pouvoir. »

De même, le maintien dans un poste d'un magistrat remplaçant (dit « placé ») ne peut passer que par le Conseil supérieur de la magistrature et non seulement le ministère[176].

La loi nº 2008-274 du 23 juillet 2008 de modernisation des institutions de la Ve République et la loi organique nº 2010-830 du 22 juillet 2010 relative à l'application de l'article 65 de la Constitution ont modifié sa composition, son fonctionnement et ses compétences. **Il existe trois formations du Conseil supérieur**. Ainsi, la formation compétente à l'égard des magistrats du siège est présidée par le premier président de la Cour de cassation, non seulement pour leur discipline mais aussi pour leur nomination, remplaçant dans cette mission le président

175. CE, 23 mars 2018, *Syndicat Force ouvrière magistrats et autres*, Nos 406066, 406497, 406498, 407474.
176. CE, 8 juin 2016, nº 382736, *M. H... C...*

de la République. De manière symétrique, la formation compétente à l'égard des magistrats du parquet est présidée par le procureur général près la Cour de cassation, compétente pour la discipline et pour les nominations. Le 7e alinéa de l'article 65 institue une formation plénière, présidée par le premier président de la Cour de cassation, compétente pour connaître des demandes formulées soit par le président de la République, soit par le garde des Sceaux (déontologie des magistrats ainsi que sur toute question relative au fonctionnement de la justice).

Le Conseil supérieur de la magistrature, dans sa formation compétente à l'égard des magistrats du siège, dispose du pouvoir de proposition pour environ 400 postes, les plus élevés (initiative, recension des candidatures, auditions). **Pour les autres nominations des magistrats du siège, le pouvoir de proposition relève du garde des Sceaux, le Conseil supérieur émettant un avis sur le projet de nomination, « conforme » ou « non conforme » liant le garde des Sceaux.** Il peut donner un avis sur les dossiers qui n'ont pas été retenus par la Chancellerie. Pour les magistrats du ministère public, le CSM donne sur les propositions de nomination un avis simple, « favorable » ou « défavorable », qui ne lie pas le ministre de la Justice.

Pour les magistrats du siège, le CSM statue en matière de discipline des juges, prononce directement la sanction. Pour ce qui concerne la formation compétente à l'égard des magistrats du parquet, le Conseil émet un simple avis, le pouvoir de prononcer la sanction n'appartenant qu'au garde des Sceaux, sa décision pouvant faire l'objet d'un recours pour excès de pouvoir.

La révision de 2008 a institué la possibilité pour les citoyens de déposer une plainte contre un magistrat. Trois commissions d'admission des requêtes mettent en œuvre la procédure disciplinaire au cas où une faute disciplinaire est susceptible d'avoir été commise par le magistrat, dans l'exercice de ses fonctions et à l'occasion d'une procédure judiciaire après l'expiration d'un délai d'un an suivant une décision irrévocable mettant fin à la procédure.

Le Conseil d'État est juge de la légalité en excès de pouvoir des décisions du Conseil supérieur de la magistrature relatives aux carrières des magistrats et en cassation des procédures disciplinaires. Le 30 décembre 2010[177] il a annulé la nomination d'un avocat général à la Cour de cassation faute d'avoir été précédée de l'avis du Conseil supérieur de la magistrature (CSM). La question avait bien été inscrite à l'ordre du jour de la séance du CSM, mais le ministre de la Justice qui présidait a décidé de différer l'examen de ce projet de nomination. La réforme du CSM, intervenue en 2011, bien que limitée et en retrait du projet avorté de 1998, n'en va pas moins dans le bon sens. Une autre est projetée en 2016 en vue de donner au CSM un pouvoir d'avis conforme sur l'ensemble des nominations. Elle nécessite une révision constitutionnelle à venir en 2018.

577 Déontologie des magistrats. – La responsabilité des magistrats est traditionnellement, et normalement, fondée sur leurs obligations professionnelles et sur la déontologie de la fonction publique. Le CSM a développé une vraie jurisprudence désormais accessible. Le législateur a néanmoins jugé bon d'adopter une loi spécifique juillet 2016 qui crée un collège de déontologie à côté du CSM. Les magistrats devront ainsi, pour certains, déclarer la composition de leur patrimoine dans les deux mois de leur prise et cessation de fonction.

Selon le Conseil d'État, il n'existe pas de droit à voir la responsabilité d'un magistrat engagée. Même si les justiciables peuvent alerter le CSM en déposant une « plainte », cela ne fait pas d'eux une « partie » à un « procès ». L'article 6 § 1 ne s'applique donc pas et le plaignant ne peut pas attaquer le refus de sanctionner du CSM. Au passage, le Conseil d'État a ainsi confronté une loi organique (relative au statut de la magistrature) à la CEDH car les dispositions en cause ne sont pas les conséquences automatiques des dispositions constitutionnelles[178].

578 L'accessibilité de la justice en France. – La logique des droits fondamentaux amène à régresser dans l'enchaînement des droits. À l'évidence, puisque les droits fondamentaux substantiels dépendent des droits procéduraux, l'accès à ces droits devient lui aussi crucial. La loi du 29 juillet 1998 relative à la lutte contre les

177. CE, 30 déc. 2010, n° 329513 et 329515.
178. CE, 6 avr. 2016, n° 380570.

exclusions consacre en son article 1er un droit fondamental d'accès à la justice (par exemple en domiciliant une personne sans domicile fixe au bureau d'aide juridictionnelle auquel elle s'adresse). **Au nom de la sécurité juridique, le législateur des années 2000 a multiplié les dispositions permettant de garantir et faciliter l'accès aux institutions judiciaires.** Ainsi, la loi du 9 septembre 2002 entend évaluer l'efficacité du service public de la justice à l'aune de son accessibilité. Le gouvernement a mis en place des « **points d'accès au droit** », lieux d'accueil gratuits dispensant une information de proximité ainsi que des maisons de la justice et du droit. Des magistrats, policiers, éducateurs, travailleurs sociaux, avocats… y assurent une mission de prévention pénale et de conciliation pour de petits litiges civils, mais aussi des services pour l'accès aux juridictions. Le cœur du dispositif est occupé par l'aide juridictionnelle.

579 **L'aide juridictionnelle** consiste, pour les personnes ayant de faibles revenus, à bénéficier d'une prise en charge par l'État des honoraires et frais de justice (honoraires d'avocat désigné d'office le cas échéant, frais d'huissier, d'expertise…). Selon la CEDH, **la Convention n'oblige pas à accorder l'aide judiciaire dans toutes les contestations en matière civile.** Un système d'assistance judiciaire ne peut, en effet, fonctionner sans la mise en place d'un dispositif permettant de trier les affaires susceptibles d'en bénéficier[179]. En France, n'en bénéficient que les citoyens de l'Union européenne et les étrangers en situation régulière, toutefois, l'aide peut être exceptionnellement accordée aux personnes dont la situation apparaît particulièrement digne d'intérêt au regard de l'objet du litige ou des charges prévisibles du procès. 900 000 personnes bénéficient chaque année de l'aide juridictionnelle. L'obtention de l'aide est par ailleurs soumise à des conditions de ressources revalorisées chaque année et dépend de la présence ou non de personnes à charge. Depuis le 1er janvier 2022, l'aide juridictionnelle est accordée à la condition que le demandeur dispose d'un revenu fiscal de référence inférieur à 11 580 euros pour une personne seule. Par ailleurs, pour bénéficier de l'aide juridictionnelle partielle ou de l'aide à l'intervention de l'avocat, ce plafond est fixé à 17 367 euros.

Le Conseil constitutionnel[180] a refusé d'abroger l'article 74 de la loi de finances pour 2011 qui maintient à la charge des bénéficiaires de l'aide juridictionnelle les droits de plaidoirie (somme reversée par les avocats à leur caisse de retraite, la Caisse nationale des barreaux français). Eu égard au faible montant de ces droits de plaidoirie, le droit au recours effectif n'est, selon le juge, pas méconnu. En tout état de cause, il appartient au pouvoir réglementaire, compétent pour fixer le montant de ces droits, de le faire dans une mesure compatible avec cette exigence constitutionnelle.

En cas d'urgence ou si le procès met en péril les conditions de vie du demandeur, une admission provisoire à l'aide juridictionnelle peut être accordée. Le coût de ce système pour l'État met en péril sa pérennité. Aussi le législateur a-t-il procédé à une institutionnalisation de garanties privées par la loi du 18 février 2007 relative à l'assurance juridique. Les justiciables disposant d'un contrat de protection juridique sont exclus de l'aide juridictionnelle. **L'État peut être remboursé des sommes avancées dans le cadre de l'aide juridictionnelle par la personne qui a perdu le procès** et qui ne bénéficie pas de cette aide. Le trésorier public demande alors à cette personne de rembourser les frais avancés par l'État, dans le cadre d'une procédure de recouvrement. L'aide peut en outre être retirée si le bénéficiaire ne saisit pas la juridiction dans un délai de 12 mois suivant l'acceptation de la demande d'aide ou si les ressources du bénéficiaire augmentent largement en cours d'instance. Selon la CEDH un État ne peut arguer de problèmes financiers pour justifier des difficultés d'accès à la justice[181].

Enfin, avec la loi de finances pour 2021, l'avocat commis ou désigné d'office a droit à une rétribution, y compris si la personne assistée ne remplit pas les conditions pour bénéficier de l'aide juridictionnelle ou de l'aide à l'intervention de l'avocat, ou lorsque le client ne règle pas la facture d'honoraires émise ou ne retourne pas les justificatifs nécessaires au dépôt du dossier d'aide juridictionnelle. S'il s'avère que le client dispose de revenus

179. CEDH, 26 juill. 2018, *Gohe c. France et trois autres*, n° 65883/14.
180. CC, 25 nov. 2011, déc. n° 2011-198 QPC, *M. Albin R.*
181. CEDH, 7 mai 2002, *Burdov c. Russie*.

supérieurs au plafond de l'AJ, l'État recouvrera à son encontre le montant de l'indemnité d'aide juridictionnelle versée à l'avocat.

3. Les principes relatifs à la répression

580 **Partage des compétences coercitives.** – En se fondant sur l'article 66 de la Constitution, **le Conseil constitutionnel[182] réserve le prononcé d'une peine privative de liberté aux juridictions judiciaires quand les modalités d'exécution des peines privatives de liberté peuvent être décidées par des autorités autres que des juridictions**. La distinction entre police administrative et police judiciaire a d'ailleurs elle-même un fondement constitutionnel. Ainsi, les réquisitions de données informatiques en vue de lutter contre le terrorisme constituent des mesures de police purement administrative qui ne peuvent donc avoir d'autre finalité que de préserver l'ordre public et de prévenir les infractions et non de les réprimer. En indiquant qu'elles visent non seulement à prévenir les actes de terrorisme, mais encore à les réprimer, le législateur a méconnu le principe de la séparation des pouvoirs[183]. **Le fait que l'autorité judiciaire assure le respect de la sûreté, ne s'oppose pas à ce que soient dévolues à la juridiction de proximité des compétences en matière pénale dès lors que ne lui est pas confié le pouvoir de prononcer des mesures privatives de liberté**[184]. De même, le principe de séparation des autorités chargées de l'action publique et des autorités de jugement fonde constitutionnellement une garantie supplémentaire d'impartialité[185]. En revanche, aucune disposition de la Constitution n'exclut que les modalités d'exécution des peines privatives de liberté soient décidées par des autorités autres que des juridictions[186].

Cependant, le Conseil[187] juge qu'il résulte de l'article 66 de la Constitution que la police judiciaire doit être placée sous la direction et le contrôle de l'autorité judiciaire. Cette exigence ne serait pas respectée si des pouvoirs généraux d'enquête criminelle ou délictuelle étaient confiés à des agents qui, relevant des autorités communales (police municipale et gardes champêtres), ne sont pas mis à la disposition d'officiers de police judiciaire ou de personnes présentant des garanties équivalentes.

581 **Droits de la défense.** – **Les droits de la défense trouvent particulièrement à s'exercer lorsqu'est en cause une sanction ayant le caractère d'une punition**[188]. La Cour européenne l'exige de longue date sur le fondement de l'article 6. C'est le cas par exemple dans une affaire où ni le requérant ni son avocat n'avaient eu la possibilité d'interroger les seuls témoins directs d'une des infractions dont il était accusé. Eu égard à l'importance des déclarations des seuls témoins oculaires de l'une des infractions, les mesures prises par le tribunal du fond ont été insuffisantes pour permettre une appréciation équitable et adéquate de la fiabilité des dépositions non vérifiées[189]. **Le droit de préparer sa défense avec son avocat ne peut être méconnu même au regard du secret-défense**. Dans le cas d'un ancien membre des services secrets néerlandais inculpé de divulgation de secrets d'État, la Cour constate la violation de l'article 6 § 1 (droit à un procès équitable) et 3 c) (droit à l'assistance d'un défenseur de son choix) car la menace de poursuites s'il venait à révéler des secrets d'État à ses avocats, a nui à la communication entre lui et ces derniers ce qui a irrémédiablement nui à l'équité de la procédure dirigée contre lui[190].

Cela implique, en matière pénale, l'existence d'une procédure juste et équitable garantissant l'équilibre des droits des parties et, en matière de délits et de crimes, **la séparation des autorités chargées de l'action publique et**

182. CC, 22 nov. 1978.
183. CC, 19 janv. 2006, déc. nº 2005-532 DC.
184. CC, 29 août 2002, déc. nº 2002-461 DC.
185. CC, 2 mars 2004, déc. nº 2004-492 DC.
186. CC, 22 nov. 1978, déc. nº 78-98 DC.
187. CC, 20 mai 2021, nº 2021-817 DC, loi pour une sécurité globale préservant les libertés.
188. CC, 27 juill. 2006, déc. nº 2006-540 DC.
189. CEDH, Gr. Ch., 15 déc. 2015, nº 9154/10, *Schatschaschwili c. Allemagne*.
190. CEDH, 25 janvier 2017, *M c. Pays-Bas*, nº 2156/10.

des autorités de jugement, laquelle concourt à la sauvegarde de la liberté individuelle[191]. Plus généralement, les droits de la défense imposent l'intervention d'un juge dans l'hypothèse des procédures pouvant conduire à une privation de liberté (même décision : le ministère public ne peut, sans contrôle des juges du siège, éteindre l'action publique par simple transaction). Par ex., l'article 197 du Code de procédure pénale concerne les conditions dans lesquelles le dossier déposé au greffe de la chambre de l'instruction est mis à la disposition des parties. Il prive les parties non assistées par un avocat (ce qui est leur droit) de la possibilité d'avoir connaissance des réquisitions du ministère public, ce qui méconnaît le principe du contradictoire et des droits de la défense sans justification du point de vue du respect de la vie privée ou de l'ordre public (secret de l'information par ex.)[192].

Sont absolument contraires aux exigences du procès équitable, la non-comparution de quatre témoins au procès, l'absence de confrontation entre les témoins et le requérant, ainsi que l'utilisation par le tribunal de leurs dépositions comme fondement de la reconnaissance de la culpabilité du requérant et de sa condamnation à la réclusion à perpétuité en l'absence des garanties procédurales requises[193].

L'introduction de **la procédure du « plaider-coupable »** a posé le problème sous l'angle de l'exigence de publicité des débats. En effet, la loi prévoyait que la décision d'homologation de la proposition du ministère public pouvait être adoptée, à huis clos, en « chambre du Conseil ». Le juge constitutionnel[194], se fondant sur la combinaison des articles 6, 8, 9 et 16 de la Déclaration de 1789, en a déduit que « le jugement d'une affaire pénale pouvant conduire à une privation de liberté doit, sauf circonstances particulières nécessitant le huis clos, faire l'objet d'une audience publique » (cons. 117). L'article 41-1-1 du Code de procédure pénale porte une procédure qui permet à l'officier de police judiciaire – tant que l'action publique n'est pas mise en mouvement – de transiger sur la poursuite de certaines contraventions et de certains délits. Mais, selon le Conseil constitutionnel[195], cela ne peut se faire qu'en respectant le droit à être assisté de son avocat avant d'accepter la proposition, y compris pendant la garde à vue. La loi, en outre, doit elle-même fixer la valeur de l'objet volé en deçà de laquelle il est possible de proposer une transaction pénale à l'auteur d'un vol. Le Conseil d'État sanctionne un jugement qui ne mentionne pas le caractère public de son audience[196].

582 **Le droit à un avocat. Constitution** – La présence de l'avocat **devient une exigence impérieuse qui dépasse la procédure pénale**. Dans la décision n° 93-326 DC, le Conseil constitutionnel affirme que « le droit de la personne à s'entretenir avec un avocat au cours de la garde à vue, constitue un droit de la défense qui s'exerce durant la phase d'enquête de la procédure pénale ». Après diverses réserves d'interprétation, dans sa décision du 30 juillet 2010[197], **le Conseil constitutionnel censure le régime de la garde à vue de droit commun** car elle « peut faire l'objet d'une prolongation de vingt-quatre heures sans que cette faculté soit réservée à des infractions présentant une certaine gravité [...], tout comme le fait de ne pas bénéficier de l'assistance effective d'un avocat sans considération des circonstances particulières susceptibles de la justifier, et en l'absence de la notification de son droit de garder le silence ». Le Conseil constitutionnel[198] a ensuite été saisi de certaines dispositions de la loi du 14 avril 2011 qui avait pour objet de remédier à l'inconstitutionnalité ainsi révélée. Les requérants faisaient valoir que ces dispositions du Code de procédure pénale restreignaient le rôle de l'avocat qui ne peut consulter que certaines pièces, dont le procès-verbal de placement en garde à vue, et non l'ensemble du dossier. Pour le juge, ces dispositions n'ont pas pour objet de permettre la discussion de la légalité des actes d'enquête ou du bien-fondé des éléments de preuve rassemblés par les enquêteurs ni de permettre la discussion du bien-fondé de la mesure de garde à vue, dès lors l'équilibre législatif respecte la Constitution. Le Conseil

191. CC, 2 févr. 1995, déc. n° 95-360 DC.
192. CC, 16 septembre 2016, *Mme Marie-Lou B. et autre*, n° 2016-566 QPC [Communication des réquisitions du ministère public devant la chambre de l'instruction].
193. CEDH, 18 janvier 2022, *Faysal Pamuk c. Turquie*, n° 430/13.
194. CC, 22 juill. 2005, déc. n° 2005-520 751.
195. CC, 23 septembre 2016, *Syndicat de la magistrature et autre*, n° 2016-569 QPC [Transaction pénale par officier de police judiciaire – Participation des conseils départementaux de prévention de la délinquance et des zones de sécurité prioritaires à l'exécution des peines].
196. CE, 1er mars 2012, *Elijalat*, n° 338450.
197. CC, 30 juill. 2010, déc. n° 2010-14/22 QPC, *Daniel W. et autres*.
198. CC, 18 nov. 2011, déc. n° 2011-191/194/195/196/197 QPC, *Mme Élise A. et autres [Garde à vue II]*.

constitutionnel a ainsi censuré[199] l'article 706-88-2 du Code de procédure pénale qui **permettait de différer à la fin de la garde à vue le choix de l'avocat pour les personnes gardées à vue pour une des infractions constituant des actes de terrorisme**. Les autorités judiciaires pouvaient en effet décider que la personne serait assistée par un avocat désigné par le bâtonnier pour prendre en compte la nécessité d'entourer le secret de l'enquête de garanties particulières. Pour le Conseil, il incombe au législateur de définir les conditions et les modalités selon lesquelles une telle atteinte aux conditions d'exercice des droits de la défense peut être mise en œuvre. Or, la loi n'obligeait pas le juge à motiver la décision ni ne définissait les raisons permettant d'imposer une telle restriction aux droits de la défense. **Les dispositions du Code de procédure pénale (art. 115) prévoyant la délivrance d'un permis de communiquer aux seuls avocats nominativement désignés par la personne mise en examen, ne méconnaissent pas les droits de la défense[200].** Le législateur n'a pas méconnu sa compétence en ne précisant pas comment la personne détenue communique librement avec son avocat. Ce droit ne peut faire l'objet de restrictions que lorsqu'elles sont justifiées par des contraintes inhérentes à la détention, au maintien de la sécurité et au bon ordre des établissements. De telles restrictions n'ont ni pour objet ni pour effet de faire obstacle à ce que la personne détenue puisse communiquer avec son avocat dans des délais raisonnables, et il appartient à l'administration pénitentiaire de s'en assurer de même qu'elle doit garantir la confidentialité des échanges[201].

583 **Le droit à un avocat – CEDH.** – De son côté, la CEDH envisage ainsi le « rôle de l'avocat, considéré comme collaborateur de la justice et appelé à fournir, en toute indépendance et dans l'intérêt supérieur de celle-ci, l'assistance dont le client a besoin » (§ 24), et précise que « les avocats occupant une situation centrale dans l'administration de la justice, leur qualité d'intermédiaire entre les justiciables et les tribunaux permet de les qualifier d'auxiliaires de justice »[202]. Elle a rappelé que **la personne placée en garde à vue a le droit d'être assistée d'un avocat dès le début des interrogatoires[203] avant de condamner la France[204]**. Enfin, par trois arrêts du 19 octobre 2010[205], la chambre criminelle de la Cour de cassation, a jugé que certaines règles actuelles de la garde à vue ne satisfaisaient pas aux exigences de l'article 6 de la Convention EDH, notamment pour le défaut d'assistance d'un avocat dans des conditions lui permettant d'organiser la défense. Un individu ne peut être reconnu coupable d'une infraction sans avoir bénéficié de l'assistance d'un avocat lors des interrogatoires subis en garde à vue, restriction systémique applicable à tous les accusés à Malte[206]. **La France peut d'ailleurs être condamnée pour avoir fondé une condamnation aux assises sur des aveux obtenus à l'étranger dans le cadre d'une procédure où le requérant n'était entendu que comme témoin sans l'assistance d'un conseil**. Les autorités françaises, auteur des poursuites et assistant à l'interrogatoire, auraient dû veiller à la conventionnalité de la procédure menée par un magistrat belge[207]. Inversement, le fait d'imposer un avocat dans le domaine répressif, même quand l'accusé est lui-même avocat et souhaite se défendre seul, ne viole pas la Convention, à condition que concrètement cela n'ait pas nui au requérant[208]. Les articles 6 § 1 (droit à un procès équitable) et 3 c) (droit à l'assistance d'un défenseur de son choix) sont violés en cas d'auto-incrimination lors d'une détention provisoire au secret du requérant et d'interrogatoires de police subis par l'intéressé hors la présence d'un avocat. Aucune mesure de redressement n'ayant été prise au cours du procès, les droits de l'intéressé ont subi une atteinte irrémédiable[209]. Alors que la Cour de cassation s'est concentrée sur l'absence de l'avocat durant la garde à vue, sans apprécier les conséquences lors des auditions, interrogatoires et autres actes ayant eu lieu

199. CC, 17 févr. 2012, déc. n° 2011-223 QPC, *Ordre des avocats au Barreau de Bastia*.
200. CC, 20 mai 2022, n° 2022-994 QPC.
201. CC, 4 novembre 2021, 2021-945 QPC, paragr. 3 à 8.
202. CEDH 24 juill. 2008, *André et autres c. France*, n° 1860303.
203. CEDH, 27 nov. 2008 *Dayanan c. Turquie*.
204. CEDH, 14 oct. 2010, *Brusco c. France*.
205. Chambre criminelle, 19 octobre 2010 (10-82902, 10-82306, 10-82051).
206. CEDH, 12 janv. 2016, n° 37537/13, *Borg c. Malte*.
207. CEDH, 27 oct. 2011, n° 5303/08, *Stojkovic c. France et Belgique* : en vertu de l'article 1 de la Convention, la mise en œuvre et la sanction des droits et libertés garantis par la Convention revient au premier chef aux autorités nationales.
208. CEDH, 4 avril 2018, *Correia de Matos c. Portugal*, n° 56402/12.
209. CEDH, 18 janv. 2022, *Atristain Gorosabel c. Espagne*, n° 15508/15.

pendant l'instruction, la CEDH[210] envisage la non-assistance de l'avocat pendant la phase préalable au procès pénal qui n'a pas permis de remédier aux lacunes procédurales, qui ont affecté la phase préalable au procès. De même, concernant l'incidence de l'absence d'un avocat sur la qualité des dépositions faites par le co-accusé, alors que la condamnation du requérant repose de façon déterminante sur celles-ci[211]. La France a ainsi violé l'article 6 §§ 1 et 3 par son régime des auditions libres avant les réformes législatives. Dans le cas de personnes poursuivies et condamnées pour exercice illégal de la médecine, qui ont consenti à être entendues librement et ont été informées de leur droit de mettre fin à l'audition à tout moment, mais sans recevoir notification du droit de garder le silence ni de bénéficier de l'assistance d'un avocat, la Cour en a déduit qu'elles se sont auto-incriminées[212].

584 Le droit à un avocat – C. cass. et CE. – Pour la Cour de cassation, l'assistance d'un avocat doit être qualifiée de « droit fondamental à caractère constitutionnel »[213] et l'ordre des avocats du barreau de Montpellier a obtenu du juge des référés du Conseil d'État la suspension de l'exécution du décret du 29 octobre 2020 en tant qu'il ne prévoyait pas de dérogation au couvre-feu instauré de dix-huit heures à six heures du matin afin d'effectuer des déplacements pour se rendre chez un professionnel du droit, pour un acte ou une démarche qui ne peuvent être réalisés à distance[214].

Néanmoins, l'absence d'accès à l'entier dossier ne prive pas d'un droit effectif au procès équitable[215]. L'accès au dossier dans son intégralité est en effet parfois refusé à l'avocat. La loi du 27 mai 2014 portant transposition de la directive 2012/13/UE du Parlement européen et du Conseil, du 22 mai 2012, relative au droit à l'information dans le cadre des procédures pénales aurait pu permettre à la personne gardée à vue et à son avocat un accès complet au dossier du gardé à vue, mais l'amendement n'a finalement pas été voté. L'accès complet au dossier ne demeure possible qu'après la mise en examen ou après renvoi devant une formation de jugement.

Le droit à l'avocat, rendu obligatoire dans la plupart des procédures, **protège aussi l'adversaire**. Selon le Conseil d'État, « La partie qui révoque son mandataire doit immédiatement [...] pourvoir à son remplacement, [...] faute de quoi son adversaire est fondé à poursuivre la procédure et à obtenir jugement en continuant à ne connaître que le représentant révoqué ». La révocation d'un avocat par sa partie ou la décision d'un avocat de mettre fin à son mandat est donc sans effet sur le déroulement de la procédure juridictionnelle et ne met un terme aux obligations professionnelles incombant à cet avocat que lorsqu'un autre avocat s'est constitué pour le remplacer, le cas échéant après qu'une invitation à cette fin a été adressée à la partie concernée par la juridiction[216].

Le droit à un avocat s'oppose à ce qu'un juge refuse d'office d'octroyer aux justiciables des dépens au motif que l'avocat qui les avait jusqu'alors défendus n'a pas la capacité de les représenter et sans les entendre au préalable ni leur laisser l'occasion de remédier à une éventuelle irrégularité[217]. Il **s'oppose aussi à ce que l'administration pénitentiaire exige de l'avocat, pendant l'épidémie de Covid-19, qu'il atteste pour pouvoir voir un détenu, de son bon état de santé**, en l'absence de symptômes évidents[218]. Toutefois le droit à l'avocat ne s'étend pas aux auditions effectuées dans le cadre de l'instruction administrative des décisions de refus d'entrée en France ou organisées pendant le maintien de l'étranger en zone d'attente qui ne relèvent pas d'une procédure de recherche d'auteurs d'infractions, de même que la décision de refus d'entrée, celle de maintien en zone d'attente et celles relatives à l'organisation du départ de l'étranger ne constituent pas des sanctions ayant le caractère de punition mais des mesures de police administrative[219].

210. CEDH, GC, 9 nov. 2018, *Beuze c. Belgique*, n° 71409/10.
211. CEDH, 8 mars 2022, *Tonkov c. Belgique*, n° 41115/14.
212. CEDH, 28 avril 2022, *Wang c. France*, n° 83700/17.
213. Cass. ass. plén., 30 juin 1995.
214. CE, ord., 3 mars 2021, n° 449764.
215. Cass. crim., 19 sept. 2012, n° 11-88111.
216. CE, sect., 23 mars 2018, *Soc. SAS Patrice Parmentier*, n° 406802.
217. CEDH, 22 janv. 2019, *Rivera Vazquez et Celleja Delsordo c. Suisse*, n° 65048/13.
218. TA Toulouse, Ord., 29 avril 2020, n° 20011989.
219. CC, 6 déc. 2019, n° 2019-818 QPC, *Mme Saisda C.* (Assistance de l'avocat dans les procédures de refus d'entrée en France et de maintien en zone d'attente).

La protection de l'avocat est celle de la justice elle-même. Lorsque les deux se contrarient, l'État peut sanctionner l'avocat. Par ex., la condamnation d'avocats de la défense pour atteinte à l'autorité de la justice n'était pas contraire ni à l'article 6 § 1, 2 et 3 (droit à un procès équitable/présomption d'innocence) de la Convention ni à l'article 7 § 1 (pas de peine sans loi). L'affaire concernait la condamnation des requérants à des amendes parce qu'ils avaient démissionné de leurs fonctions d'avocats de la défense dans un procès pénal et ainsi retardé le procès. Ils n'avaient pas été convoqués à l'audience ni informés de l'intention du tribunal de leur infliger une amende mais la Cour a constaté que les requérants disposaient d'un recours suffisant et le montant des amendes prévisible[220]. Si, dans l'exercice de leur profession, les avocats doivent bénéficier d'une protection particulière, il est légitime que des **normes déontologiques de conduite s'imposent à eux, sous la surveillance et le contrôle dévolus aux conseils** des différents Ordres. La visite du bâtonnier dans le cabinet d'un avocat en vertu de son pouvoir disciplinaire a été conforme à la Convention[221].

In fine, la Cour de justice[222] de l'Union européenne confirme la **légalité de l'exclusion des services juridiques fournis par un avocat des règles applicables aux marchés publics** car les prestations de services juridiques fournis par des avocats ne se conçoivent que dans le cadre d'une relation *intuitu personae* entre l'avocat et son client, laquelle doit être marquée par la confidentialité la plus stricte. Cela implique la possibilité de s'adresser en toute liberté à son avocat, possibilité qui pourrait être menacée par l'obligation, pour le pouvoir adjudicateur, de préciser les conditions d'attribution d'un tel marché ainsi que la publicité qui doit être donnée à de telles conditions. La Cour de justice de l'Union[223] rappelle qu'au titre de l'article 19 de son Statut, l'avocat qui représente une partie doit agir en toute indépendance, ainsi que dans le respect de la loi et des règles professionnelles et déontologiques, afin de protéger et de défendre au mieux les intérêts du mandant. La Cour précise que cette notion d'« indépendance » exclut que les liens entre l'avocat et son client portent manifestement atteinte à sa capacité à assurer sa mission de défense ; pas seulement, un lien contractuel de droit civil entre un avocat et son client, mais par exemple si le client est lui-même coassocié et membre fondateur du cabinet d'avocats.

585 **La question de la motivation des décisions de justice.** – Les juridictions doivent répondre aux arguments des parties[224]. **Par un arrêt de Grande chambre[225], la CEDH juge qu'elle ne peut remettre en cause l'institution du jury populaire en soi, mais que cela ne peut signifier l'absence de motivation** telle que le requérant n'a pas bénéficié de garanties procédurales suffisantes pour lui permettre de comprendre le verdict de culpabilité rendu à son encontre (ni l'acte d'accusation, ni les questions posées au jury ne comportaient d'informations). La France a d'ailleurs été sanctionnée dans une affaire où le condamné ne pouvait pas comprendre la sanction[226]. La Cour[227] **n'exige pourtant pas une motivation explicite lorsque la procédure suivie a permis à l'accusé de comprendre sa condamnation**, notamment parce que le jury a répondu aux questions du Président, y compris sur le quantum de la peine.

Le **Conseil constitutionnel** n'en a pas exigé autant. **Il a estimé que la procédure aux assises permet bien d'éviter l'arbitraire, même sans motivation**[228]. Une loi du 10 août 2011 (art. 365-1 du CPP) impose désormais une motivation sur un document annexe à l'acte de condamnation. La motivation ne peut prendre en compte que les

220. CEDH, 30 oct. 2018, *Gestur Jónsson et Ragnar Halldór Hall c. Islande*, req. n° 68273/14.
221. CEDH, 20 sept. 2018, *Tuheiava c. France*, req. n° 25038/13.
222. CJUE, 6 juin 2019, *PM e.a.*, aff. C-264/18.
223. CJUE, 24 mars 2022, *PJ c. EUIPO et PC c. EUIPO*, aff. jointes C-529/18 P et C-531/18 P.
224. CEDH, 17 avril 2018, *Uche c. Suisse*, n° 12211/09 : La Cour observe en particulier que, dans son arrêt du 20 juin 2008, le Tribunal fédéral n'a pas répondu au grief du requérant tiré de la violation du principe accusatoire. À défaut de réponse explicite à ce grief qui avait pourtant été suffisamment étayé dans le mémoire de recours déposé devant le Tribunal fédéral, il est impossible de savoir si le Tribunal fédéral a simplement négligé le moyen tiré du principe accusatoire ou bien s'il a voulu le rejeter et, en cette dernière hypothèse, pour quelles raisons. Le jugement qui a condamné le requérant n'a donc pas été correctement motivé.
225. CEDH, 16 nov. 2010, *Taxquet c. Belgique*.
226. CEDH, 10 janv. 2013, *Agnelet c. France*, n° 61198/08 [sur des faits antérieurs à la loi imposant la motivation].
227. CEDH, 29 novembre 2016, *Lhermitte c. Belgique*, n° 34238/09.
228. CC, 1er avr. 2011, déc. n° 2011-113/115 QPC.

éléments à charge établis à l'audience[229]. **Ensuite le Conseil constitutionnel**[230] **a estimé que « le principe d'individualisation [...] impos[e] la motivation des jugements et arrêts de condamnation, pour la culpabilité comme pour la peine ».** Ce qui a conduit la Cour de cassation à étendre l'exigence de motivation au prononcé des peines contraventionnelles[231]. Selon **la Cour de cassation, les juges doivent faire de même pour les peines correctionnelles** et non seulement prendre en compte les charges et ressources du prévenu mais encore s'expliquer spécialement sur le choix du montant de l'amende au regard « des circonstances de l'infraction, de la personnalité et de la situation personnelle de son auteur, en tenant compte de ses ressources et de ses charges »[232]. Même lorsque le juge pénal est saisi à l'occasion d'un litige du travail, les juges doivent préciser les actes matériels dirigés contre la victime[233].

Cette obligation s'étend à la motivation des décisions de refus de saisir la CJUE d'une question préjudicielle[234].

586 Légalité des délits et des peines. – Le Conseil constitutionnel a fondé sur le principe de légalité des peines le principe d'interprétation stricte des dispositions pénales dans sa décision n° 96-377 DC du 16 juillet 1996. Il a donné, **dès la décision Sécurité et liberté**[235]**, une portée constitutionnelle à l'article 8 de la DDHC.** Le principe de légalité des incriminations et des peines implique que les infractions soient définies en termes suffisamment clairs et précis pour exclure l'arbitraire ; notamment que « la détermination de l'auteur soit certaine et les éléments constitutifs exposés en des termes clairs et précis ». Dans la décision n° 04-492 DC[236], le Conseil a dû à nouveau vérifier la « clarté et la précision » de la loi pénale. Par exemple, le Code pénal renvoie à la partie réglementaire pour déterminer le contenu de la notion de stupéfiants. Pour le Conseil, le législateur n'a pas ainsi méconnu le principe de légalité des délits et des peines[237] : « La notion de stupéfiants, qui désigne des substances psychotropes se caractérisant par un risque de dépendance et des effets nocifs pour la santé, est suffisamment claire et précise pour garantir contre le risque d'arbitraire (...) Il appartient à l'autorité administrative, sous le contrôle du juge, de procéder à ce classement en fonction de l'évolution de l'état des connaissances scientifiques et médicales ».

587 Personnalité des peines. – Ce principe est **lié à celui de la personnalité des peines qui implique que seul l'auteur de l'infraction ait à craindre la répression**. Il résulte des articles 8 et 9 de la Déclaration de 1789 le principe selon lequel nul n'est punissable que de son propre fait[238]. Mais le Conseil constitutionnel a admis[239] la constitutionnalité de dispositions permettant de sanctionner par une amende civile les pratiques restrictives de concurrence d'une entreprise, même si elle peut être prononcée à l'encontre de la personne morale qui n'exploitait pas l'entreprise au moment des faits, mais à laquelle elle a été transmise à la suite d'une opération de fusion-absorption, laquelle ne met pas fin aux activités qu'elle exerce. Le but étant le respect de l'ordre public économique, le principe de personnalité des peines peut subir un aménagement. Sur le fondement du principe de la continuité économique et fonctionnelle de l'entreprise, les juridictions internes n'ont pas porté atteinte au

229. Cass. crim., 11 juill. 2012, n° 11-85220, publié au *Bulletin* ; Cass. crim., 12 déc. 2012, n° 12-80788, « L'arrêt d'une cour d'assises qui déclare l'accusé coupable échappe à la critique dès lors que la motivation annexée à la feuille de questions ne se fonde ni exclusivement ni essentiellement sur les déclarations faites par l'intéressé en garde à vue sans l'assistance effective d'un avocat et sans avoir reçu notification du droit de se taire » ; CC, 2 mars 2018, *M. Ousmane K. et autres*, n° 2017-694 QPC [Motivation de la peine dans les arrêts de cour d'assises].

230. Cons. const. 2 mars 2018, n° 2017-694 QPC, préc.

231. Cass. crim., 30 mai 2018, n° 16-85777.

232. Cass. crim., 1er févr. 2017, n° 15-83984.

233. Cass. crim., 28 févr. 2018, n° 17-81929, publié au bulletin (voir corrigé dans la partie TD).

234. CEDH, 20 sept. 2011, *Ullens de Schooten et Rezabek c. Belgique*, n° 3989/07 et, sanctionnant la Cour de cassation : CEDH, 13 févr. 2020, *Sanofi Pasteur c/France*, n° 25137/16.

235. CC, 19 et 20 janv. 1981, déc. n° 80-127 DC.

236. CC, 2 mars 2004, déc. n° 2004-492 DC.

237. CC, 11 février 2022, n° 2021-967/973 QPC, *M. Nicolas F. et autre* [Définition des substances constituant des stupéfiants pour les infractions de trafic de stupéfiants].

238. CC, 16 juin 1999, déc. n° 99-411 DC, cons. 7

239. CC, 18 mai 2016, déc. n° 2016-542 QPC, *Société ITM Alimentaire International SAS*.

principe de la personnalité des peines en imputant à une société les faits commis par la société qu'elle a rachetée[240].

Ce principe existe également fortement au niveau des deux « Europes ». Pour un exemple en droit de l'Union[241], lorsqu'un État membre invoque des raisons impérieuses d'intérêt général pour justifier une réglementation qui est de nature à entraver l'exercice de la libre prestation des services, cette justification, prévue par le droit de l'Union, doit être interprétée à la lumière des principes généraux du droit de l'Union et notamment des droits fondamentaux désormais garantis par la Charte. Dans la mesure où le droit de l'Union autorise les États membres à imposer des restrictions sur la fourniture de services de jeux de hasard, et pour autant que ces restrictions répondent à des raisons impérieuses d'intérêt général, qu'elles sont propres à garantir la réalisation de l'objectif qu'elles poursuivent et qu'elles ne vont pas au-delà de ce qui est nécessaire pour l'atteindre, **l'imposition de sanctions administratives ou pénales afin de faire appliquer celles-ci, doit être considérée comme répondant aux mêmes raisons impérieuses d'intérêt général que lesdites restrictions**.

C. La sécurité juridique et les droits fondamentaux

588 **Notion.** – Depuis une vingtaine d'années, suivant le droit allemand, le droit français fait siennes les exigences d'une forme de « police » interne au droit, qui **garantit aux individus clarté, intelligibilité, lisibilité, accessibilité et prévisibilité du droit**[242]. Cette exigence a été conceptualisée par la doctrine sous le nom de « sécurité juridique ». Elle dépasse de beaucoup la question du juge ici abordée mais le recours juridictionnel en demeure la clef, notamment pour **protéger l'effectivité de la décision dans ses modalités et ses conséquences**. Si l'État peut modifier les règles du jeu en cours, l'office du juge n'a plus de sens.

589 **Protection des situations légalement acquises.** – Au niveau constitutionnel, sans usage explicite de cette notion par le juge, on peut rassembler certaines exigences sous la bannière de la sécurité juridique. Ainsi, il est à tout moment loisible au législateur, statuant dans le domaine de sa compétence, de **modifier des textes antérieurs ou d'abroger ceux-ci en leur substituant, le cas échéant, d'autres dispositions. Ce faisant, il ne saurait toutefois priver les exigences constitutionnelles de garanties légales**. En particulier, il méconnaîtrait la garantie des droits proclamée par l'article 16 de la Déclaration de 1789 **s'il portait aux situations légalement acquises une atteinte qui ne soit justifiée par un motif d'intérêt général suffisant**. La sécurité juridique peut être invoquée à l'appui d'une question prioritaire de constitutionnalité[243]. Les compétences du juge doivent rester intactes[244]. **La loi ne peut pas remettre en cause des choix qu'elle-même laissait aux contribuables**[245] : « dans la mesure où elles remettent en cause des créances dont le fait générateur était intervenu avant leur entrée en vigueur, les dispositions contestées portent atteinte à des situations légalement

240. CEDH, 24 oct. 2019, *Carrefour France c. France*, req. n° 37858/14.

241. CJUE, 14 octobre 2021, *MT c. Landespolizeidirektion Steiermark*, C-231/20.

242. CC, 16 déc. 1999, déc. n° 99-421 DC, ces éléments sont des objectifs de valeur constitutionnelle ; CC, 29 nov. 2005, déc. n° 2005-530 DC, la loi ne peut recourir qu'à la complexité nécessaire.

243. Contre les dispositions rendant applicables aux instances non jugées de manière irrévocable à la date de leur entrée en vigueur, les règles nouvelles régissant le droit d'agir en justice de l'enfant né atteint d'un handicap, CC, 11 juin 2010, déc. n° 2010-2 QPC.

244. CC, 24 juill. 2008, déc. n° 2008-567 DC.

245. CC, 19 décembre 2013, déc. n° 2013-682 DC, loi de financement de la Sécurité sociale pour 2014 : « Considérant que le législateur, en poursuivant l'objectif d'augmentation du rendement des prélèvements sociaux appliqués aux produits des contrats d'assurance-vie, a pu prévoir une augmentation des taux de ces prélèvements pour la partie de ces produits acquise ou constatée au-delà de la durée légale nécessaire pour bénéficier du régime d'exonération d'impôt sur le revenu ; qu'en revanche, un tel motif, exclusivement financier, ne constitue pas un objectif d'intérêt général suffisant pour justifier que les produits des contrats d'assurance-vie acquis ou constatés pendant la durée légale nécessaire pour bénéficier du régime particulier d'imposition de ces produits fassent l'objet d'une modification des taux de prélèvements sociaux qui leur sont applicables ».

acquises. Dès lors que cette atteinte n'est pas justifiée par un motif d'intérêt général suffisant, ces dispositions méconnaissent la garantie des droits proclamée par l'article 16 de la Déclaration de 1789. »[246]

590 **Droit administratif. –** Sur le plan administratif, aujourd'hui, sous l'influence du droit de l'Union, le Conseil d'État donne forme à la sécurité juridique qui tente de synthétiser un certain nombre de limites à l'arbitraire administratif quand il s'agit d'organiser dans le temps l'agencement des normes. L'arrêt d'Assemblée du 24 mars 2006, *Société KPMG* pose, à propos du nouveau code de déontologie des commissaires aux comptes l'obligation du pouvoir réglementaire d'édicter, pour des motifs de sécurité juridique, les mesures transitoires qu'implique, s'il y a lieu, une réglementation nouvelle. Il pourrait aussi faire une place au « **principe de confiance légitime** », c'est-à-dire l'obligation pour l'administration de ne pas abuser de la position d'attente dans laquelle se trouve l'administré qui voit en l'administration une certaine « providence », une certaine aide qui peut être déçue[247]. Pour le Conseil d'État ce principe s'applique pleinement dans le champ du droit communautaire dont il est issu[248], mais son extension à l'ensemble de l'activité administrative à partir des juridictions inférieures n'est pas exclue[249]. Le Conseil l'aurait fait implicitement à propos du régime du retrait des actes administratifs[250]. On renverra en outre à la jurisprudence administrative relative au régime de l'abrogation et du retrait des actes administratifs qui ne recouvre pas à proprement parler une question de droits fondamentaux étant donné la tournure objectiviste du raisonnement mais n'en concrétise pas moins les droits reconnus aux niveaux constitutionnel et européen.

591 **Protection des situations juridictionnellement acquises. Validations législatives. –** Ces principes gouvernent aussi le rapport que la loi entretient dans le temps avec les droits fondamentaux liés à une situation acquise. **Si le législateur peut modifier rétroactivement une règle de droit ou valider un acte administratif dont la légalité est contestée ou sanctionnée, c'est à la condition de poursuivre un but d'intérêt général suffisant et de respecter tant les décisions de justice ayant force de chose jugée que le principe de non-rétroactivité des peines et des sanctions.** En outre, l'acte modifié ou validé ne doit méconnaître aucune règle, ni aucun principe de valeur constitutionnelle, sauf à ce que le but d'intérêt général visé soit lui-même de valeur constitutionnelle. Enfin, la portée de la modification ou de la validation doit être strictement définie. Ce système des « validations législatives » a fait l'objet d'un contentieux abondant. La CourEDH et le Conseil constitutionnel ont en commun d'exiger que les lois de validation (qui reprennent le contenu d'un acte administratif illégal, annulable ou annulé) **ne portent pas atteinte à une décision définitive**. Ils doivent reposer sur un motif d'ordre général (« d'impérieux motifs d'intérêt général » selon le juge de Strasbourg), et ne pas porter atteinte au droit d'accès à un tribunal des atteintes disproportionnées par rapport à l'objectif à atteindre[251]. **Cela n'empêche pas toute ingérence des pouvoirs publics dans une procédure judiciaire pendante à laquelle ils sont parties.** Dans une affaire *S.C. Concordia Inernational S.R.L. Constanta c. Roumanie*, du 22 septembre 2009, une société ayant réglé ses dettes grâce à une vente aux enchères judiciaires a vu cette situation brusquement remise en cause par une intervention du ministère public. La Cour estime que la remise en cause d'une solution définitivement jugée porte atteinte à la sécurité des rapports juridiques.

592 ***Zielinski, Pradal et autres c. France*. –** Dans une affaire concernant la France[252], où le Conseil constitutionnel avait donné son aval à une loi de validation que la Cour de cassation avait jugée conforme à la

246. À propos de reports en arrière de déficits. CC, 17 janvier 2017, *Société Alinéa*, n° 2016-604 QPC [Application dans le temps de la réforme du régime du report en arrière des déficits pour les entreprises soumises à l'impôt sur les sociétés].
247. CE, 22 nov. 1929, *Cie des mines de Siguiri* : à propos du retrait soudain d'une autorisation.
248. CE, Ass., 11 juill. 2001, *FNSEA*.
249. CAA Nancy, 17 juin 1999, *Ministre de l'Environnement c. Entreprise Transports Freymuth* : « le décret n'a pas porté atteinte à une espérance qu'aurait fait naître une réglementation antérieure, ni aucune promesse, alléguée mais non établie ».
250. CE, Ass., 24 oct. 1997, *Dame Laubier*.
251. CC, 29 déc. 1999, déc. n° 99-425 DC.
252. CEDH, 28 oct. 1999, Zielinski, Pradal et autres c. France.

Convention EDH, la Cour précise que « **si, en principe, le pouvoir législatif n'est pas empêché de réglementer en matière civile, par de nouvelles dispositions à portée rétroactive, des droits découlant de lois en vigueur, le principe de la prééminence du droit et la notion de procès équitable consacrés par l'article 6 de la Convention européenne s'opposent, sauf pour d'impérieux motifs d'intérêt général**, à l'ingérence du pouvoir législatif dans l'administration de la justice dans le but d'influer sur le dénouement judiciaire du litige » ; en l'espèce le risque financier invoqué n'était pas suffisamment précisé et ne pouvait, en soi, justifier une atteinte au pouvoir des juges de régler les litiges. Les juges français ont très vite tiré les enseignements des exigences supérieures de la CEDH écartant la loi inconventionnelle[253].

CEDH, 8 nov. 2018, *Hôpital local Saint-Pierre d'Oléron et autres c. France (req. n° 18096/12 et 23 autres)*

Plusieurs établissements d'hébergement pour personnes âgées dépendantes (EHPAD) avaient demandé à l'URSSAF le remboursement de la part employeur des cotisations pour leurs salariés en se fondant sur une exonération prévue par l'article L. 241-10 III du Code de la sécurité sociale (CSS) pour les prestations d'aide à domicile. Mais l'URSSAF conteste l'applicabilité de la notion de « domicile ». Les requérants avaient fait valoir que le terme « domicile » n'était pas employé dans la loi qui mentionnait la préposition « chez », qui, selon eux, identifie le lieu où la personne âgée se trouve. Certains juges sont allés dans leur sens mais pas la majorité. Pour couper court, alors que le premier pourvoi était pendant devant la Cour de cassation, le législateur adopta une loi qui remplaçait les mots « chez les » par les mots « au domicile à usage privatif des », ce que le Conseil constitutionnel valida pour favoriser le maintien chez elles de personnes dépendantes.
La Cour juge que l'intervention du législateur était prévisible et répondait à une impérieuse justification d'intérêt général et n'a pas violé le droit au procès équitable.

593 **Rehaussement du niveau d'exigences.** – Le Conseil constitutionnel a lui-même rehaussé ses critères de constitutionnalité renonçant à des rentrées d'argent énormes pour l'État pour ne pas remettre en cause un faisceau de décisions de justice[254]. **Ces principes sont applicables dans le cadre de la question prioritaire de constitutionnalité**[255] : l'article L. 114-5 du Code de l'action sociale et des familles (loi contrant la jurisprudence *Perruche*) en ce qu'il privait un enfant de la mise en œuvre de la responsabilité des médecins n'ayant pas décelé *in utero* son handicap amène le Conseil à réaffirmer, tout à la fois, et la compétence législative pour réviser les obligations civiles et commerciales, et l'autonomie politique du législateur concernant l'appréciation du caractère légitime ou non de la demande d'indemnisation. **La décision du Conseil constitutionnel (n° 2010-2 QPC du 11 juin 2010) n'emporte abrogation que d'une partie des effets de la loi** du 11 février 2005 : dans la mesure où cette disposition rend les règles dites « anti-Perruche » applicables aux instances en cours à la date de leur entrée en vigueur, et non en tant qu'elles s'appliquent à la réparation de dommages dont le fait générateur était antérieur à leur entrée en vigueur mais qui, à cette date, n'avaient pas encore donné lieu à une action indemnitaire. La censure intervient à propos de la mise en œuvre de la loi, dès les instances en cours à la date d'entrée en vigueur de la loi. **Elle complète l'analyse opérée par la CEDH** elle-même dans les affaires *Draon*

253. CE, Ass., 5 déc. 1997, *Lambert* ; CE, 28 juill. 2000, *Tête* ; CE, 24 févr. 2006, *M. et Mme Levenez* ; Cass. ass. plén., 23 janv. 2004, *SCI le Bas Noyer c. Castorama*.
254. CC, 29 déc. 2005, déc. n° 2005-531 DC : « la loi de finances rectificative pour 2005 a pour principal objet, par la condition qu'elle pose, de priver d'effet, pour la période antérieure au 1er janv. 2001, l'arrêt précité de la CJCE ainsi que la décision précitée du Conseil d'État ; qu'il porte dès lors atteinte au principe de séparation des pouvoirs et à la garantie des droits ; que, par suite, il y a lieu de le déclarer contraire à la Constitution, sans qu'il soit besoin ni d'examiner les motifs d'intérêt général qui l'inspirent ni de statuer sur les autres griefs de la saisine ». Voir aussi : CC, 29 décembre 2013, déc. n° 2013-685 DC, annulation de la disposition de la loi de finances pour 2014 qui prévoyait la validation rétroactive des contrats de prêts qui seraient contestés pour défaut d'indication du taux effectif global dans les prêts aux personnes morales.
255. CC, 11 juin 2010, déc. n° 2010-2 QPC, *Mme Viviane L.*

c. France et *Maurice c France*[256] sanctionnant la France pour atteinte au droit au bien. La première chambre civile, le 15 décembre 2011, a décidé d'ouvrir le prétoire à toutes les procédures portant sur des préjudices nés avant la loi[257] ; le Conseil d'État les admettant pour tous les recours ouverts avant la loi[258] et non pas pour les préjudices non dénoncés avant elle[259].

594 Le principe de **sécurité juridique peut à l'inverse être invoqué par les États pour échapper à l'application d'un droit fondamental au nom de la stabilité des relations familiales par exemple**. Ainsi, si le principe de non-discrimination s'applique dans le cas d'un enfant naturel exclu d'une donation-partage consentie aux enfants légitimes de sa mère, la sécurité juridique a d'abord conduit à le débouter de ses prétentions en raison d'une situation acquise depuis plusieurs dizaines d'années, sous l'emprise d'une loi depuis abrogée[260] jusqu'à ce que la Cour européenne ne fasse prévaloir la non-discrimination[261].

595 La sécurité juridique peut encore aller **à l'encontre d'une pratique des revirements de jurisprudence qui auraient pour effet de nuire à des droits fondamentaux**, en particulier le droit à un procès équitable en fermant un prétoire. La Cour européenne rappelle qu'elle doit éviter toute immixtion injustifiée dans l'exercice des fonctions juridictionnelles ou dans l'organisation juridictionnelle des États, que les juridictions nationales sont les premières responsables de la cohérence de leur jurisprudence et qu'il n'existe pas de droit acquis à une jurisprudence constante. Ainsi, **la Cour de cassation pouvait faire évoluer progressivement sa jurisprudence relative à l'exercice du droit d'action civile en fermant la voie d'action à une victime qui avait négligé de faire appel d'une ordonnance de non-lieu**[262]. Néanmoins, un revirement imprévisible, signe d'arbitraire, pourrait méconnaître l'article 6 § 1 si l'accessibilité, la clarté et la prévisibilité des dispositions légales et de la jurisprudence n'assurent pas l'effectivité du droit d'accès à un tribunal[263].

De ce fait, alors que depuis 1971, la Cour de cassation jugeait qu'un moyen visant une décision par laquelle la juridiction de renvoi s'est conformée à la doctrine de l'arrêt de cassation, était irrecevable, même si elle avait rendu, plus tard, dans une autre instance, un arrêt revenant sur la solution exprimée[264], elle juge[265] désormais que les juges doivent prendre en compte immédiatement tout changement de norme, tel un revirement de jurisprudence, tant qu'une décision irrévocable n'a pas mis un terme au litige. L'exigence de sécurité juridique ne consacre au demeurant pas un droit acquis à une jurisprudence figée, et un revirement de jurisprudence, dès lors qu'il donne lieu à une motivation renforcée, satisfait à l'impératif de prévisibilité de la norme.

Enfin, le principe de la sécurité juridique est implicite dans l'ensemble des articles de la CEDH et constitue l'un des éléments fondamentaux de l'État de droit[266]. Le juge européen attend des États qu'ils organisent leur système juridique de façon à éviter l'adoption de jugements divergents[267]. Si de telles contradictions existent inévitablement, l'État doit éviter « des divergences profondes et persistantes » dans la jurisprudence d'une juridiction suprême, et prévoir des mécanismes permettant de supprimer ces incohérences. Il apprécie si ces mécanismes ont été appliqués et quels ont été, le cas échéant, les effets de leur application. La violation de l'article 6 § 1 est acquise lorsque le mécanisme prévu par le droit interne n'a pas permis de mettre un terme à la divergence.

256. CEDH, Gr. Ch., 6 oct. 2005 et 21 juin 2006.
257. Cass. 1re civ., 15 déc. 2011, pourvoi n° 10-27473, voir aussi 14 nov. 2013 (bull. 243, p. 1).
258. CE, Ass., 13 mai 2011, *Mme Lazare*, n° 329290, à mentionner aux Tables ; CE, Ass., 13 mai 2011, *Mme Delannoy et autres*, n° 317808.
259. CE, 31 mars 2014, n° 345812, *Centre hospitalier de Senlis*.
260. CEDH, 21 juill. 2011, n° 16574/08, *Fabris c. France*.
261. CEDH, Gr. Ch., 7 févr. 2013, *Fabris c. France*, req. n° 16574/08.
262. CEDH, 12 juill. 2018, *Allègre c. France*, n° 22008/12.
263. CEDH, 26 mai 2011, *Legrand c. France*, n° 23228/08.
264. Ch. mixte, 30 avril 1971, n° 61-11.829.
265. C. cass, ass. plén., 2 avril 2021,19-18.814.
266. CEDH, 2 juillet 2009, *Iordan Iordanov et autres c. Bulgarie*, n° 23530/02.
267. CEDH, 9 février 2021, *Soc. Ahmet Nihat Özsan contre Turquie*, n° 62318/09, § 55 et s.

II. Les juges, principaux défenseurs des libertés

596 Au-delà des juridictions internes, **certains juges internationaux ont été spécialement institués en vue de la protection des droits fondamentaux.** On étudiera le Comité des Nations unies et la CEDH, mais auparavant on verra qu'une garantie générale a été elle aussi aménagée sous la forme du principe de sécurité juridique. En effet, la décision du juge doit elle aussi bénéficier d'une assise solide sous la forme de l'intangibilité des situations juridictionnellement acquises.

A. Les instances des Nations unies

597 **Le Comité des droits de l'homme des Nations unies. – Composition. –** Le Comité des droits de l'homme est établi en vertu de l'article 28 du PIDCP en vue d'assurer son respect. Il est composé de **dix-huit « personnalités de haute moralité** et possédant une compétence reconnue dans le domaine des droits de l'homme » ressortissants des États parties au Pacte, en tenant compte d'une répartition géographique équitable et de la représentation des diverses formes de civilisation ainsi que des principaux systèmes juridiques. **Les membres du Comité sont élus par moitié tous les deux ans par l'Assemblée générale** mais ils siègent à titre individuel, et non en tant que représentants de leur pays. Un membre du Comité ne peut participer à l'examen d'un rapport périodique présenté par l'État dont il est ressortissant. Certains rapporteurs spéciaux se chargent de domaines particuliers ou d'étapes de la procédure. Siégeant à Genève, le Comité tient en principe trois sessions plénières par an, d'une durée de trois semaines.

598 **Le Comité des droits de l'homme des Nations unies. – Rôle. –** Le Comité s'acquitte, par décisions en principe consensuelles, de quatre grandes fonctions. Tout d'abord **il reçoit et examine, selon une périodicité de cinq ans en principe, les rapports des États parties** sur les mesures qu'ils ont prises pour donner effet aux droits énoncés dans le Pacte. Les organisations non gouvernementales (ONG) ainsi que d'autres membres de la société civile jouent un rôle de plus en plus important dans le processus de présentation des rapports, et notamment dans l'établissement de ceux-ci. Deuxièmement, le Comité **émet des observations dites générales où sont analysées dans le détail les obligations de fond et de procédure qui incombent aux États parties**, pour les aider à donner effet aux dispositions du Pacte. Troisièmement, le Comité **reçoit et examine des plaintes, également appelées « communications », émanant de particuliers** qui affirment être victimes d'une violation par un État partie des droits qui leur sont reconnus dans le Pacte. Enfin, le Comité a compétence pour **examiner certaines plaintes émanant d'un État partie** qui prétend qu'un autre État partie ne s'acquitte pas des obligations qu'il a contractées en vertu du Pacte. Par ailleurs, tous les États qui ont ratifié le Pacte ou qui y ont adhéré s'engagent à présenter au Comité des rapports sur les mesures qu'ils ont adoptées pour donner effet aux droits reconnus dans le Pacte et sur les progrès réalisés dans la jouissance de ces droits. L'examen d'un rapport se fait sur deux sessions consécutives. À la première session, le rapport est confié à un groupe de quatre à six membres du Comité qui constituent une équipe spéciale chargée d'établir une « liste de points à traiter » envoyée à l'État partie bien avant la session à laquelle le rapport sera examiné. Le Comité procède ensuite à l'examen de chaque rapport dans le cadre d'une audience publique avec une délégation de l'État partie concerné. Un rapporteur spécial est chargé du suivi des observations finales en demandant à l'État partie de fournir, dans un délai d'un an maximum, des renseignements sur les mesures qu'il aura prises pour y donner suite. Le Comité cherche à susciter tout d'abord dans les États parties une réflexion et un débat public approfondi en diffusant largement ses observations finales. Dans le cas d'États qui négligeraient de rendre leur rapport plusieurs années de suite, le Comité peut examiner leur situation, même en l'absence d'une délégation de l'État partie concerné en vue d'adopter des observations finales provisoires.

La France a fait l'objet d'un peu plus de soixante-dix procédures, notamment en 2018, à propos de la loi interdisant la dissimulation du visage dans l'espace public, désapprouvée par le Comité comme discriminatoire et contraire à la liberté de religion[268]. Le Comité avait déjà désavoué la solution française concernant le port du voile dans les entreprises privées, en l'occurrence la célèbre affaire de la crèche Babyloup, estimant que le licenciement de la salariée voilée, basé sur le règlement intérieur de la crèche, qui prévoit une obligation de neutralité du personnel dans l'exercice de ses tâches, et sur le Code du travail, ne reposait pas sur un critère raisonnable et objectif et constitue donc une discrimination intersectionnelle basée sur le genre et la religion, en violation de l'article 26 du Pacte[269] (voir plus loin les développements relatifs à la laïcité dans l'entreprise privée).

599 **Le Comité des droits économiques, sociaux et culturels. -** Il a été créé en 1985 pour assurer un **examen des rapports étatiques** : « Lorsqu'il examine les communications [...], le Comité détermine le caractère approprié des mesures prises par l'État Partie » (art. 8 § 4) pour « assurer progressivement le plein exercice des droits reconnus dans le présent Pacte » (art. 2 § 1 PIDESC). Le 13 novembre 2014, la France a ratifié le protocole facultatif se rapportant au PIDESC, adopté le 10 décembre 2008 et entré en vigueur le 5 mai 2013. Désormais, des particuliers ou des groupes de particuliers peuvent saisir le CODESC et alléguer une violation par la France d'un des droits énoncés dans le Pacte. À côté des communications interétatiques et des communications individuelles, une **procédure d'autosaisine** du Comité permet aux ONG de dénoncer les atteintes graves ou systématiques à l'un des DESC et de l'inciter à enquêter. Lorsque le CODESC remet ses constatations et ses recommandations, l'État partie doit alors indiquer dans les six mois les actions menées. Il peut également saisir d'autres instances internationales d'une demande d'assistance auprès d'un État. Le Comité des droits économiques, sociaux et culturels a, par exemple, examiné, **lors de sa 58e session (6 au 24 juin 2016), la situation de la France et a remis, à ce titre, 12 pages d'observations qui saluent les lois relatives à l'égalité homme-femme**, les mesures au profit des personnes handicapées, la généralisation du tiers payant, les efforts pour le droit au logement opposable, la réforme du droit d'asile ; mais qui s'inquiètent du manque d'uniformité dans l'application du PIDCP, de la faiblesse de l'aide au développement, des effets extra-territoriaux de nos accords commerciaux qui mettent les partenaires de la France en difficulté, du retard dans la mise en œuvre de la responsabilité sociale des entreprises, des lacunes dans la reconnaissance des minorités...

Le Comité a, par exemple, constaté la violation du Pacte en raison de l'insuffisance de solutions de relogement proposées lors de l'expulsion d'un locataire et de l'impact disproportionné que la résiliation du bail a eu sur lui, en tant que personne âgée aux revenus limités[270].

B. La CEDH

600 La CEDH se place en tête des organes de protection des droits et représente le système le plus abouti de contrôle. **Son statut fait l'objet des articles 19 à 51 de la Convention.**

1. L'institution

601 **Croissance maîtrisée. - Depuis sa création en 1959, la Cour a rendu 20 637 arrêts** (dont plus de la moitié concerne la Turquie, la Russie, la Pologne et l'Ukraine). **La France compte pour moins de 6 % de l'ensemble.** Depuis 1959, la France a fait l'objet de 1 032 arrêts dont 749 condamnations, très majoritairement pour violation du droit au procès équitable et le droit à la sûreté. Chaque année le nombre de saisines augmente de 5 à 10 %. 91 % des arrêts rendus par la Cour depuis sa création en 1959 l'ont été entre 1998 et 2010. Après une croissance très marquée jusqu'à ces dernières années, le nombre de requêtes diminue (28 % de réduction entre 2014 et 2015).

268. Constatations adoptées par le Comité au titre de l'article 5 (par. 4) du Protocole facultatif, concernant la communication n° 2747/2016, Sonia Yaker.

269. CDH, 24 septembre 2018, Constatations adoptées par le Comité au titre de l'article 5 (par. 4) du Protocole facultatif, concernant la communication n° 2662/2015

270. CODESC, 23 novembre 2021, *Lorne Joseph Walters c. Belgique*, communication n° 61/2018, constatations adoptées par le Comité en vertu du protocole facultatif se rapportant au Pacte international relatif aux droits économiques, sociaux et culturels.

Le rapport 2019 de la Cour indique qu'elle a reçu 44 500 requêtes (dont 600 contre la France pour 19 arrêts et 13 violations), rendu 884 arrêts au fond (plus de 1 000 en 2018, 1 625 en 2009), dont les deux tiers concernent quatre États : la Russie (un quart à elle seule), la Turquie (16 %), l'Ukraine (15 %), la Roumanie (13 %). Seules 5 % des requêtes conduisent à un arrêt. Le reste est principalement irrecevable (84 %) ou rayé du rôle en raison d'un accord amiable ou de désistements. Près de 60 000 requêtes attendent encore un traitement (dont 506 pour la France).

Les droits les plus concernés sont :

- Droit à un procès équitable (article 6) : 25 %
- Interdiction de la torture et des traitements inhumains et dégradants (article 3) : 19 %
- Droit à la liberté et à la sûreté (article 5) : 15 %
- Droit à un recours effectif (article 13) : 9 %
- Protection de la propriété (article 1 du Protocole n° 1) : 10 %
- Droit à la vie (article 2) : 5 %

Si les décisions de recevabilité sont connues en moins d'un an, le délai de jugement au fond peut aller jusqu'à quatre années. La Cour a connu une véritable crise de croissance, liée à des contentieux « de série ». **L'augmentation exponentielle du contentieux a nécessité plusieurs réformes de la procédure.** La Cour a mis aussi en œuvre des « politiques de prioritisation » afin de concentrer ses moyens sur les questions nouvelles ou complexes. Mais la réflexion a également porté sur le rôle même de la Cour et son emprise sur les ordres nationaux. **Les conférences d'Interlaken (2010) et d'Izmir (2011), ont admis la nécessité de réformer la Cour afin de garantir l'efficacité continue du système. En avril 2012 s'est tenue la Conférence de Brighton.** Conçue par certains États comme le moment de limiter les pouvoirs de la Cour en remettant la subsidiarité au premier plan, elle a été au contraire la réitération des engagements : toutes les lois et politiques devraient être conçues et tous les agents publics devraient exercer leurs responsabilités d'une manière qui donne plein effet à la Convention. Les États parties doivent aussi prévoir des voies de recours pour les violations alléguées de la Convention. **Certaines évolutions sont néanmoins à l'œuvre comme la réduction du délai de saisine de la Cour à quatre mois** et le durcissement des conditions d'accès. Cette politique a porté ses fruits, au détriment de l'accessibilité de la Cour.

602 **La composition.** – La Cour se compose d'un **nombre de juges égal à celui des Hautes parties contractantes** (mais siégeant à titre individuel), présentant une compétence juridique notoire et « la plus haute considération morale » (art. 21). Avec l'adhésion de l'Union européenne, cette dernière comptera également un juge. Les juges sont **élus par l'Assemblée parlementaire du Conseil de l'Europe à la majorité des voix exprimées, sur une liste de trois candidats présentés par l'État**, pour une durée de neuf ans et ne sont pas rééligibles. Un juge ne peut être relevé de ses fonctions que si les autres juges décident, à la majorité des deux tiers, que ce juge a cessé de répondre aux conditions requises.

603 **Compétence.** – *Rationae personae*, la Cour peut d'abord juger de requêtes interétatiques concernant tout manquement à une obligation issue de la Convention qu'un État pense pouvoir imputer à un autre. La Cour peut ensuite être **saisie d'une requête par toute personne physique, toute organisation non gouvernementale ou tout groupe de particuliers qui se prétend victime d'une violation par un État partie** (depuis 1981 pour la France). *Rationae temporis*, elle ne peut juger que des actes postérieurs à l'adhésion de l'État à la Convention (et éventuellement à la procédure des requêtes individuelles). *Rationae loci*, la **CEDH s'applique à toutes les opérations « sous juridiction » d'une partie**, même hors du territoire des parties (voir l'effet extraterritorial).

2. La procédure

604 **Formations.** – Depuis 2010, selon l'article 26, pour l'examen des affaires portées devant elle, la Cour siège **en formations de juge unique**, en **comités de trois juges, en chambres de sept juges et en une Grande**

chambre de dix-sept juges. Le juge de l'État attrait devant la Cour siège au sein de la Grande chambre ou du Comité mais ne peut être le juge unique qui peut déclarer une requête introduite irrecevable ou la rayer du rôle. Si le juge unique ne déclare pas une requête irrecevable ou ne la raye pas du rôle, ce juge la transmet à un comité ou à une chambre pour examen complémentaire. Lorsque la jurisprudence de la Cour est bien établie, le comité de trois juges peut, s'il l'estime recevable, juger la requête. La formation de jugement normale demeure la chambre de sept juges. Enfin, si l'affaire pendante devant une chambre soulève une question grave relative à l'interprétation de la Convention ou de ses protocoles, ou si la solution d'une question peut conduire à une contradiction avec un arrêt rendu antérieurement par la Cour, la chambre peut, tant qu'elle n'a pas rendu son arrêt, se dessaisir au profit de la Grande chambre, à moins que l'une des parties ne s'y oppose (condition supprimée dans le 15e protocole en cours de ratification). De même, dans un délai de trois mois à compter de la date de l'arrêt d'une chambre, toute partie à l'affaire peut, dans des cas exceptionnels, demander le renvoi de l'affaire devant la Grande chambre. Un **collège de cinq juges** de la Grande chambre accepte alors la demande si l'affaire soulève une question grave relative à l'interprétation ou à l'application de la Convention ou de ses protocoles, ou encore une question grave de caractère général. **L'arrêt d'une chambre ne devient donc définitif que lorsque les parties déclarent qu'elles ne demanderont pas le renvoi de l'affaire, trois mois après la date de l'arrêt en l'absence de demande de renvoi ou enfin lorsque le collège de la Grande chambre rejette la demande de renvoi.** La radiation du rôle peut intervenir pour des causes tenant aux parties ou à l'affaire mais la Cour peut poursuivre l'examen de la requête si le respect des droits de l'homme l'exige. Un **règlement amiable** peut intervenir après une phase confidentielle ; c'est assez fréquemment le cas en pratique.

605 **Contradictoire. –** L'État attaqué peut toujours faire valoir ses observations et la Cour peut en outre autoriser une autre État (art. 36 § 2, ce qui se fait de plus en plus, les États venant au secours les uns des autres pour éviter l'avancée du standard européen le plus exigeant à leur égard[271]) ou toute personne intéressée à l'affaire à y intervenir. Cette **tierce intervention**, dite de « *l'amicus Curiae* », permet ainsi d'élargir et d'éclairer le débat. Elle permet aussi aux États de se soutenir mutuellement et faire ainsi pression sur la Cour. Le Commissaire aux droits de l'homme du Conseil de l'Europe peut présenter « des observations écrites et prendre part aux audiences ». **L'audience est publique, la procédure contradictoire, les éléments du dossier étant publics en principe.**

3. La recevabilité de la requête

606 **Article 34 – Requêtes individuelles. – La recevabilité fait l'objet de « décisions » et non d'« arrêts ». Seuls 5 % des requêtes déposées aboutissent à des arrêts. 80 % sont déclarées irrecevables ; le reste est rayé du rôle pour de multiples raisons.** « La Cour peut être saisie d'une requête par toute personne physique, toute organisation non gouvernementale ou tout groupe de particuliers qui se prétend victime d'une violation par l'une des Hautes parties contractantes des droits reconnus dans la Convention ou ses protocoles. Les Hautes parties contractantes s'engagent à n'entraver par aucune mesure l'exercice efficace de ce droit ». Il constitue l'un des piliers essentiels de l'efficacité du système de la Convention[272]. Ce principe implique **une liberté de communication avec les organes de la Convention** et, par exemple, l'absence de contrôle de la correspondance en détention[273]. L'Accord européen concernant les personnes participant aux procédures devant la CEDH de 1996 accorde des facilités en ce sens. **La Cour peut condamner des états pour des pressions exercées à l'encontre des requérants**[274], comme le refus de l'administration pénitentiaire d'envoyer une requête à la Cour[275]. La Cour condamne les États qui ne permettent pas aux victimes de la saisir. La Cour constate par exemple une violation

271. Cf. Déclaration de Copenhague qui y voit un « dialogue » entre les États et la Cour.
272. CEDH, Gr. ch., 4 févr. 2005, *Mamatkulov et Askarov c. Turquie*. La protection de la Convention peut être invoquée à l'encontre d'un État partie dès lors que la violation alléguée a lieu dans les limites de la juridiction de l'État (art. 1 de la CEDH qui s'interprète très largement).
273. CEDH, 19 avr. 2001, *Peers c. Grèce*.
274. CEDH, 16 sept. 1996, *Akdivar et autres c. Turquie*.
275. CEDH, 7 juin 2007, Nourmagomedov c. Russie.

de l'article 34 lorsqu'un étranger n'a été informé de son expulsion que plus d'un mois après que cette décision a été prise par les autorités françaises, et qu'il a été immédiatement emmené à l'aéroport pour être renvoyé vers le Maroc, ne disposant pas d'un délai suffisant pour demander à la Cour sa suspension[276].

607 **Prérogatives de la Cour.** – L'article 38 impose aux États une **obligation de coopération et de loyauté** que la Cour n'hésite pas à sanctionner lorsque l'État tente de dissimuler les faits et les preuves[277] ou ne communique pas les documents demandés[278]. L'article 39 du règlement de la Cour prévoit **le prononcé de mesures provisoires** afin de garantir l'accès à la Cour. La Cour y fait droit dans une centaine de cas par an, la plupart du temps dans des affaires d'expulsion ou d'immigration. Le nombre de demandes d'indication de mesures provisoires que reçoit la Cour en matière d'asile et d'immigration ne cesse de croître. Par exemple **dans une affaire française, un imam salafiste** faisant l'objet d'une mesure d'expulsion du territoire français vers l'Algérie a obtenu une mesure provisoire visant à suspendre l'exécution de l'expulsion programmée le jour même à quinze heures, en raison de risques allégués de traitements contraires à l'article 3. La Cour a demandé au requérant et au gouvernement de présenter leurs observations dans un délai de soixante-douze heures et, à la lumière des informations fournies par les parties, la Cour décide de lever l'application de la mesure provisoire et de ne pas s'opposer à l'expulsion[279]. La **violation de ces mesures entraîne elle aussi des sanctions**[280]. La Cour dispose de pouvoirs importants **pour instruire les requêtes**, mais elle tient compte aussi de l'attitude du requérant qui doit apporter le maximum de preuves. L'État qui ne collabore pas verra ses arguments écartés[281].

CEDH,16 juin 2022, n° 28944/22, *Saadoune c. Russie et Ukraine*

La Cour européenne des droits de l'homme a décidé d'accorder des mesures provisoires dans l'affaire *Saadoune c. Russie et Ukraine* (requête n° 28944/22) concernant un ressortissant marocain, membre des Forces armées ukrainiennes, qui s'est rendu aux forces russes au cours des dernières hostilités et a depuis été condamné à mort dans la soi-disant « République populaire de Donetsk » (la DPR). La Cour a indiqué en particulier au gouvernement de la Fédération de Russie, en vertu de l'article 39 du règlement de la Cour, qu'il veille à ce que la condamnation ne soit pas exécutée, d'assurer des conditions appropriées de détention et fournir tout ce qui est nécessaire à l'assistance médicale. La Cour a également indiqué au gouvernement ukrainien de s'assurer, dans la mesure du possible, donc, le respect des droits de la Convention du requérant.

608 **Le requérant.** – L'appréciation de **la capacité à agir devant la Cour n'est guère exigeante** : un mineur, un incapable, une mère privée de l'autorité parentale peuvent agir. **Toute organisation non gouvernementale**, au sens large, c'est-à-dire à l'exclusion des organisations ayant des attributs de puissance publique, peut exercer son droit de recours, même des personnes morales de droit public n'exerçant aucune prérogative de puissance publique[282]. Il s'agit de groupements légaux du point de vue de la législation nationale. L'approche demeure concrète, autour du préjudice subi par une victime. Il n'y a pas de contrôle *in abstracto* de la conventionnalité

276. CEDH, 19 avril 2018, *A.S. c. France*, n° 46240/15.
277. CEDH, 26 avr. 2011, n° 25091/07, *Enoukidze et Guirgvliani c. Géorgie*.
278. CEDH, 7 janv. 2016, n° 26581/06, *Zakharov c. Ukraine*.
279. CEDH, 155 (2018), 19 avr. 2018.
280. CEDH, Gr. Ch., 4 févr. 2005, *Mamatkulov et Askarov c. Turquie*.
281. Cas du défaut d'accès aux registres de garde à vue : CEDH, 13 juin 2000, *Timurta c. Turquie*, ou le refus d'accès au dossier médical : CEDH, 11 juill. 2006, *Boicenco c. Moldova*.
282. CEDH, 9 déc. 1994, *Les saints monastères c. Grèce*.

d'une norme nationale[283]. Le **requérant doit avoir une forme d'intérêt à agir.** Cela se concrétise par la notion de « victime », interprétée de façon autonome et large. La victime peut n'être que potentielle et non actuelle[284] mais en principe directe[285] et certaine[286]. À condition toutefois que l'action de l'État soit acquise. Ainsi, est irrecevable un ensemble de requêtes concernant l'opposition à un projet de remplacement d'une ancienne ligne électrique haute tension majoritairement aérienne, qui ne se plaignent pas des effets environnementaux d'une infrastructure existante, sans être victimes actuelles. De même qu'elles ne prouvent pas la violation future (existence d'enfants exposés, proximité du domicile, existence d'un champ électromagnétique excédant des normes internes ou internationales[287]. Un lien particulier et personnel entre la victime directe et le requérant permet à la Cour de le considérer **comme victime indirecte ou « par ricochet »**[288]. Les parents de victimes peuvent donc agir quand elles sont décédées ou disparues après un traitement inhumain ou dégradant. **Le décès de la victime n'emporte pas automatiquement la radiation** de l'affaire du rôle de la Cour si les griefs sont considérés comme transférables[289]. Jusqu'en 2010, elle n'impliquait pas l'existence d'un préjudice mais depuis le protocole n° 14 toute requête doit être déclarée irrecevable si « le requérant n'a subi aucun préjudice important, sauf si le respect des droits de l'homme garantis par la Convention et ses protocoles exige un examen de la requête au fond et à condition de ne rejeter pour ce motif aucune affaire qui n'a pas été dûment examinée par un tribunal interne »[290]. La perte de la qualité de victime entraîne la radiation du rôle[291].

609 **Délais et formalités.** – L'article 35 § 1 exige **d'agir dans un délai de quatre mois** (depuis l'entrée en vigueur du protocole n° 15 le 1er août 2021, six mois auparavant) **à partir de la date de la décision interne définitive**[292], ce qui facilite l'établissement des faits en évitant des délais trop longs. En l'absence de recours interne, le délai commence en principe à courir **à la date à laquelle ont eu lieu les faits incriminés** ou à la date à laquelle le requérant a été directement affecté par les faits en question, en a eu connaissance ou aurait pu en avoir connaissance[293] ou, **pour une situation continue sans délai**. Les requérants doivent donner suite à leur requête avec une diligence raisonnable après le premier contact avec la Cour. Il faut au moins **une indication sommaire de la nature de la violation** alléguée au regard de la Convention pour introduire un grief et interrompre par là même le cours du délai de six mois.

610 **Recours internes – subsidiarité.** – Le même article impose **l'épuisement des voies de recours internes** de façon à s'assurer que l'État reste en première ligne pour constater la violation. Le requérant doit avoir fait appel à tous les moyens de procédure qui peuvent empêcher une violation de la Convention en tenant compte de chaque situation[294]. La Cour, depuis la **réactivation du principe de subsidiarité**, se montre exigeante sur ce point. En 2018[295], elle refuse la requête d'un étranger gravement malade en passe d'être expulsé vers un pays où il risque une violation de l'article 3 parce qu'il n'a pas exercé un recours devenu porteur d'espoir depuis que l'État a assoupli sa jurisprudence en ce domaine. Une plainte par la voie hiérarchique ne constitue pas une voie

283. CEDH, 27 mars 1962, *De Becker c. Belgique*.
284. CEDH, 6 sept. 1978, *Klass et autres c. Allemagne*.
285. CEDH, 25 juin 1996, *Amuur c. France*.
286. CEDH, 27 août 1992, *Vijayanathan et Pusparajah c. France*.
287. CEDH, 7 juillet 2022, *Thibaut c. France*, n° 41892/19.
288. CEDH, 27 sept. 1995, *McCann et autres c. Royaume-Uni*.
289. CEDH, 5 juill. 2005, *Marie-Louise Loyen et Bruneel c. France*.
290. CEDH, 28 juill. 2010, *Korolev (II) c. Russie*.
291. Résolution de l'affaire au niveau interne avec réparation effective de la violation : CEDH, 15 juill. 1982, *Eckle c. Allemagne*.
292. De la connaissance de cette décision par le requérant ou son avocat : CEDH, 29 août 1997, *Worm c. Autriche*.
293. CEDH, 8 nov. 2005, *Gongadze c. Ukraine*.
294. CEDH, 19 mars 1991, *Cardot c. France*.
295. CEDH, 26 avril 2018, *Khaksar c. Royaume-Uni*, n° 2654/18 : La Cour souligne en particulier qu'à une date récente la cour d'appel du Royaume-Uni a fourni des orientations formellement contraignantes aux juridictions inférieures, relativement à l'expulsion de personnes gravement malades. M. Khaksar, qui n'a pas sollicité auprès de la *High Court* l'autorisation de demander un contrôle juridictionnel d'une décision par laquelle le ministre avait refusé de réexaminer son dossier, n'a donc pas donné aux juridictions nationales la possibilité d'examiner sa cause conformément au droit interne.

de recours effective. Il revient d'ailleurs au gouvernement de prouver le caractère utile du recours négligé par le requérant. Si l'épuisement des voies de recours internes est normalement évalué à la date où la requête a été déposée, **la création d'une nouvelle voie de recours devenue accessible au requérant après le dépôt de sa requête avant que la Cour ne se soit prononcée sur sa recevabilité, s'impose au requérant**[296]. Lorsqu'un État a créé une voie de recours nouvelle en exécution d'un arrêt pilote de la Cour, les requérants peuvent se voir contraints d'exercer ce recours qui n'existait pourtant pas à la date de leur propre requête[297]. Concernant le **droit de l'Union européenne**[298], les juridictions nationales peuvent, et dans certains cas doivent, saisir la CJUE d'un renvoi préjudiciel portant sur l'interprétation et/ou la validité d'une disposition litigieuse du droit de l'UE (article 267 du TFUE). Puisque les parties à l'affaire ne peuvent, devant les juridictions nationales, que suggérer un tel renvoi, cette procédure ne peut pas être considérée comme une voie de recours à épuiser par le requérant avant de saisir la Cour.

611 Respect de la chose jugée. – La Cour **ne retient aucune requête individuelle introduite si elle est essentiellement la même qu'une requête précédemment examinée par la Cour ou déjà soumise à une autre instance internationale** d'enquête ou de règlement à la condition qu'elle ne contienne pas de faits nouveaux. Cela vaut surtout pour les affaires en cours devant le Comité des droits de l'homme des Nations unies[299]. Ainsi, en 2022, dans une affaire concernant la cessation des soins de soutien des fonctions vitales d'un garçon âgé de douze ans, estimé en état de mort cérébrale, la Cour[300] a conclu au rejet de mesures provisoires. Les juges britanniques estimaient que, « sur la base des preuves les plus convaincantes », la poursuite de la respiration artificielle n'était pas dans l'intérêt supérieur de l'enfant sans que puisse être exercé de recours. Les parents saisirent le Comité des droits des personnes handicapées des Nations unies qui demanda de « s'abstenir de cesser tout traitement de maintien en vie ». Mais les médecins n'ont pas entendu s'y conformer et les juges ont rejeté toute demande de suspension de la décision d'arrêt des traitements. Les parents arguaient que le non-respect par l'État de la mesure provisoire indiquée par le Comité des droits des personnes handicapées avait emporté violation de l'article 2 de la Convention, pris isolément ou combiné avec l'article 14. Mais la Cour a décidé de ne pas indiquer la mesure provisoire sollicitée et a déclaré les griefs des requérants irrecevables. L'article 35 § 2 b) s'oppose à l'examen d'aucune requête individuelle lorsqu'elle est essentiellement la même qu'une requête déjà soumise à une autre instance internationale d'enquête ou de règlement.

La Cour peut néanmoins accepter une requête soulevant des questions générales déjà examinées par le Comité européen des droits sociaux, dans la mesure où les requérants n'avaient pas été parties à la procédure de réclamation devant ce dernier.

612 Conditions de compétence[301]. – Elles sont posées par l'article 35 § 3. **La requête doit être dirigée contre un État membre et non un autre particulier**. La responsabilité des États contractants pour les actes des personnes privées peut dépendre de la portée des obligations positives associées à ces droits[302]. La violation alléguée de la Convention doit avoir eu lieu dans la juridiction de l'État défendeur ou sur le territoire contrôlé effectivement par cet État[303]. Les requêtes portant sur des territoires dépendants sont recevables si l'État contractant y a étendu l'application de la Convention (art. 56). Mais les États peuvent être tenus responsables des actes

296. CEDH, 14 mars 2002, *Predil Anstalt c. Italie*.
297. CEDH, Gr. Ch., 1er mars 2010, *Demopoulos c. Turquie*.
298. Il est prévu qu'après l'adhésion de l'Union à la Convention EDH (dont la perspective s'éloigne toujours plus), la condition relative à l'épuisement des voies de recours internes, obligera les requérants désireux de s'adresser à la CEDH à saisir au préalable les juridictions de l'Union, dans les conditions prévues par le droit de cette dernière. Ainsi, il est garanti que le contrôle exercé par la CEDH sera précédé par le contrôle interne effectué par la CJUE et que la subsidiarité sera respectée. Le requérant devra en premier lieu épuiser les voies de recours internes disponibles dans les juridictions nationales de l'État membre défendeur.
299. CEDH, 3 oct. 2002, *Smirnova et Smirnova c. Russie*.
300. CEDH, 03 août 2022, *A.B. et autres c. Royaume-Uni*, n° 37412/22.
301. Voir aussi la question de l'extraterritorialité, *supra*.
302. CEDH, 26 juill. 2007, *Siliadin c. France*.
303. CEDH, Gr. Ch., 10 mai 2001, *Chypre c. Turquie*. Voir plus haut les développements relatifs à l'extraterritorialité de la Convention.

émanant de leurs autorités en dehors de leur territoire[304]. **Les requêtes dirigées directement contre les institutions de l'Union européenne sont irrecevables** *ratione personae* faute d'adhésion de l'Union. En revanche, les requêtes dirigées contre des États membres au sujet de leur application du droit communautaire seront recevables[305]. **La Cour contrôle directement le droit primaire et indirectement le droit dérivé par les actes d'application des États**[306]. La Cour contrôle par exemple les conditions d'un mandat d'arrêt européen[307]. La Cour vérifie enfin que l'État était bien lié au moment des faits par les dispositions invoquées. Les situations de violation continue qui ont débuté avant l'entrée en vigueur de la Convention, mais se poursuivent après cette date, relèvent de sa compétence.

613 **Politique jurisprudentielle.** – La tendance de la jurisprudence semble être de rechercher un **équilibre entre une plus grande recevabilité de principe et une rationalisation de l'afflux massif** dans certains contentieux. La volonté d'ouvrir le prétoire se manifeste par exemple par le fait d'admettre le bien-fondé de la requête d'une employée d'ambassade demandant à la justice de l'État de résidence de connaître d'un contentieux social qui l'oppose à son propre État malgré l'argument de souveraineté[308].

4. Les arrêts

614 **Le contenu des arrêts.** – La Cour peut constater la violation d'un ou plusieurs droits proclamés par la Convention **sans « économie de moyen »**, même s'il lui arrive parfois de juger superflu d'examiner d'autres violations quand l'une d'elles s'impose. Si la Cour déclare qu'il y a eu violation de la Convention ou de ses protocoles, et si le droit interne de la Haute Partie contractante ne permet d'effacer qu'imparfaitement les conséquences de cette violation, la Cour accorde à la partie lésée, s'il y a lieu, une satisfaction équitable. Au regard de la tradition française qui apprécie les décisions courtes, brièvement motivées et affichant un raisonnement et une solution unique, les arrêts de la CEDH forment un réel contraste. Comprenant plusieurs dizaines de pages, **ils comprennent un long exposé des faits et du droit pertinent dans l'État en cause, puis les arguments des parties, avant d'exposer le raisonnement et la conclusion de la Cour sur chaque droit prétendument méconnu**. Les juges qui présentent des solutions différentes le font dans le cadre d'« opinions séparées », parfois dissidentes (conclusions contraires à la solution retenue), parfois simplement concordantes (en accord quant à la conclusion mais selon une argumentation distincte).

615 **La portée des arrêts.** – En vertu de l'article 46, les États s'engagent à se conformer aux arrêts définitifs (un recours en révision en cas de faits nouveaux est possible), lesquels **présentent l'autorité relative de la chose jugée**. En cas de condamnation, l'État est tenu de modifier son droit si cela résulte du raisonnement de la Cour. **Les arrêts rendus à l'égard d'autres États se trouvant dans la même situation, n'ont en principe pas de force obligatoire**. La Cour juge *in concreto* : c'est dans la situation du requérant qu'il y a eu violation, l'État devra donc adopter des mesures individuelles[309]. En outre, l'arrêt n'a pas force exécutoire mais déclaratoire : il laisse l'État libre de déterminer ses conséquences[310]. En droit strict, l'État n'est pas tenu par l'arrêt de prévenir d'autres violations, mais il l'est par la Convention ; il aura donc intérêt à en tirer toutes les conséquences en prenant des mesures d'ordre général[311]. Même si l'objet de l'arrêt européen consiste à réprouver une

304. CEDH, 7 juill. 1989, *Soering c. Royaume-Uni* ; CEDH, 2 mars 2010, *Al-Saadoon et Mufdhi c. RU* à propos de l'action des troupes britanniques en Irak.

305. CEDH, Gr. Ch., 18 févr. 1999, *Matthews c. Royaume-Uni*.

306. CEDH, 23 mai 2002, Segi et autres c. les 15 États c. l'Union européenne.

307. CEDH, 17 avril 2018, *Pirozzi c. Belgique*, n° 21055/11.

308. CEDH, Gr. Ch., 23 mars 2010, *Cudak c. Lituanie*.

309. CEDH, 21 févr. 1975, *Golder c. Royaume-Uni*.

310. CEDH, 6 sept. 1978, *Klass c. Allemagne*.

311. CEDH, 13 juill. 2000, *Scozzari et Giunta c. Italie* : la Cour a tendance à estimer que l'exécution d'un arrêt implique malgré tout de ne pas permettre la pérennité de la situation litigieuse.

jurisprudence nationale, l'État n'a pas à remettre en cause l'autorité de chose jugée, mais la réouverture du procès devant les juridictions internes peut constituer une mesure efficace.

616 **La réouverture de la procédure nationale.** – Le **Comité des ministres** a adopté une recommandation sur la réouverture et le réexamen de procédures nationales, les **invitant à s'assurer qu'il existe au niveau interne des possibilités adéquates de réaliser, dans la mesure du possible, la** *restitutio in integrum*.

Tout en rappelant que **la révision demeure le meilleur moyen d'exécution**, la Cour rappelle que **la Convention ne garantit pas le droit à la réouverture d'une procédure**, ainsi que l'absence d'approche uniforme parmi les États membres quant aux modalités de fonctionnement des mécanismes de réouverture existants. Dans un arrêt très contesté[312], la Cour a admis qu'un État n'ouvre pas une procédure de révision après condamnation par la CEDH. En effet, elle a estimé que l'État avait adéquatement examiné cette nécessité pour finalement estimer que d'autres voies permettaient tout autant de satisfaire les exigences de la Cour. Dans cette affaire, eu égard au principe de subsidiarité, la Cour estime que le refus par la Cour suprême d'octroyer la réouverture de la procédure n'a pas dénaturé les constats de cet arrêt et que les motifs invoqués relèvent de la marge d'appréciation.

C'est le cas **en France dans le domaine pénal** : la loi du 15 juin 2000, disposait qu'à la suite d'une condamnation par la Cour de Strasbourg l'affaire peut être réexaminée. Depuis, la loi du 20 juin 2014 (articles 622 et suivants du Code de procédure pénale et aux articles L. 451-1 et suivants du Code de l'organisation judiciaire) dispose que : « la révision d'une décision pénale définitive peut être demandée au bénéfice de toute personne reconnue coupable d'un crime ou d'un délit lorsque, après une condamnation, vient à se produire un fait nouveau ou à se révéler un élément inconnu de la juridiction au jour du procès de nature à établir l'innocence du condamné ou à faire naître un doute sur sa culpabilité ». Le réexamen peut être demandé, dans un délai d'un an à compter de la décision de la Cour européenne, par le ministre de la Justice, le procureur général près la Cour de cassation, le condamné ou ses proches en cas d'absence déclarée de ce dernier. **La Cour de révision et de réexamen** est composée de dix-huit magistrats de la Cour de cassation, dont le président de la chambre criminelle, qui préside. Les dix-sept autres magistrats sont désignés, par l'assemblée générale de la Cour de cassation. Si le réexamen du pourvoi du condamné, dans des conditions conformes à la convention, est de nature à remédier à la violation constatée par la Cour européenne, elle renvoie le requérant devant l'assemblée plénière de la Cour de cassation. Une dizaine de requêtes ont été examinées depuis 2001 pour quelques renvois en matière criminelle et de délits de presse.

Hors du domaine répressif, la Cour de cassation[313] avait jugé qu'un jugement devenu définitif n'ouvrait droit à aucun réexamen de la cause. Le Conseil d'État s'y était également opposé dans l'affaire *Chevrol*[314]. Depuis, la loi nº 2016-1547 du **18 novembre 2016 de modernisation de la justice** du XXIe siècle a créé une procédure de réexamen en matière d'état des personnes (COJ, art. L. 452-1 à L. 452-6) examinée par la **Cour de réexamen composée de treize magistrats de la Cour de cassation**. Toute personne ayant été partie à l'instance et disposant d'un intérêt peut solliciter le réexamen, dans un délai d'un an à compter de l'arrêt définitif de la CEDH constatant une violation assez grave pour entraîner des conséquences dommageables pour le requérant, même s'il s'agit de réexaminer un pourvoi en cassation. Si la cour annule la décision en cause, elle renvoie le requérant devant une juridiction de même ordre et de même degré ou devant l'assemblée plénière de la Cour de cassation. La Cour de réexamen[315] a ainsi exigé le réexamen d'une affaire qui a commencé par le refus de transcription d'un acte d'état civil étranger dans le cadre d'une GPA puis qui a connu une condamnation par la Cour européenne. Selon les juges « par leur nature et leur gravité, les violations constatées entraînent pour les enfants V. et F. X... des conséquences dommageables, auxquelles la satisfaction équitable accordée par la Cour européenne des

312. CEDH, Gr. ch., 11 juillet 2017, *Moreira Ferreira c. Portugal* (nº 2) (req. nº 19867/12).

313. Cass. soc., 30 sept. 2005, *Lemoine c. SNCF*.

314. CE, 11 févr. 2004, *Chevrol*. Refus confirmé depuis CE, Sect., 4 octobre 2012, *M. Gilbert B.*, nº 328502.

315. Cour de réexamen nº 17 RDH 001 du 16 février 2018.

droits de l'homme n'a pas mis un terme ». La procédure se poursuivra devant l'assemblée plénière de la Cour de cassation.

Néanmoins le Conseil d'État[316] juge que, lorsqu'un arrêt de la CEDH condamnant la France concerne une sanction administrative devenue définitive, l'exécution de cet arrêt n'implique pas, en l'absence de procédure organisée à cette fin, que l'autorité administrative compétente réexamine la sanction. Cependant, **l'autorité administrative, saisie d'une demande de réexamen d'une décision qui continue de produire des effets, doit apprécier si la poursuite de l'exécution de cette sanction méconnaît les exigences de la Convention et doit la rapporter si c'est le cas**. Telle était la situation d'une sanction prononcée par la Commission des opérations de Bourse (COB) pourtant confirmée par le Conseil d'État, en raison d'une violation de l'article 6 § 1. Le Conseil d'État en a déduit que le président de l'Autorité des marchés financiers (AMF), qui a succédé à la COB, ne pouvait rejeter la demande de réexamen ou de relèvement présentée par l'intéressé au seul motif que les textes applicables n'organisaient ni procédure de réexamen, ni procédure de relèvement des sanctions.

Le réexamen existe aussi dans le domaine du droit d'asile. Si la Cour européenne a, par exemple, condamné la France pour un éloignement vers un pays dangereux, et que la CNDA a maintenu que le pays est sûr, le Conseil d'État a jugé qu'il fallait accorder la protection subsidiaire[317].

617 **L'exécution des arrêts. – Elle incombe à titre principal à l'État mais le Comité des ministres du Conseil de l'Europe en assure le con**trôle. Depuis l'adoption du protocole 14 en 2010, ses pouvoirs ont été accrus. Le Comité des ministres demande à l'État condamné de l'informer des mesures prises en vue de verser les sommes allouées au titre de la satisfaction équitable ainsi que des mesures individuelles ou générales pouvant se révéler nécessaires pour respecter les exigences de la Cour. Pour ce faire, il existe un service particulier : **le service de l'exécution des arrêts de la Cour**. En cas de difficulté d'interprétation de l'arrêt il peut en appeler à la Cour.

Ainsi, en 2022, le Comité des Ministres du Conseil de l'Europe a saisi la Cour du fait de savoir si la République de Türkiye avait manqué à l'obligation qui lui incombait au titre de l'article 46 § 1 de la Convention de se conformer à un arrêt de chambre qui ordonnait la mise en liberté provisoire du requérant. Certes, il a été libéré mais il a été arrêté le même jour sur ordre du procureur pour tentative de coup d'État puis placé en détention provisoire du chef d'espionnage pour des faits similaires voir identiques à ceux qui avaient justifié la première incarcération, notamment des activités légales menées par dans le cadre d'ONG. La Cour[318] conclut à l'absence « de bonne foi ».

La plupart des affaires suivent la **procédure standard**. Une **procédure soutenue** est quant à elle utilisée dans les affaires qui requièrent des mesures de caractère individuel urgentes ou qui révèlent des problèmes structurels importants (en particulier les arrêts pilotes) et dans les affaires interétatiques. Le cas échéant, le Comité des Ministres peut émettre des recommandations et des résolutions intérimaires et mettre en œuvre un soutien complémentaire sous forme de programmes ciblés (par exemple expertises juridiques, tables rondes ou activités de formation) ainsi qu'une aide du **Fonds fiduciaire pour les droits de l'homme** (HRTF).

De même, lorsque le Comité des ministres estime qu'un État refuse de se conformer à un arrêt définitif, **il peut, après avoir mis en demeure cette partie et par décision prise par un vote à la majorité des deux tiers des représentants ayant le droit de siéger au Comité, saisir la Cour de la question du respect par cette partie de son obligation**. Si, à son tour, la Cour constate une violation, elle renvoie l'affaire au Comité des ministres afin qu'il examine les mesures à prendre. Le 10 mai 2006, le Conseil a adopté **les règles du Comité des ministres pour la surveillance de l'exécution des arrêts** et des termes des règlements amiables qui prévoient que l'affaire dans laquelle l'État se montre récalcitrant doit régulièrement être inscrite à l'ordre du jour. Le Comité tient toutefois compte de « demandes raisonnées de confidentialité » déposées par l'État ou une autre partie. Si le choix des moyens d'exécution est en fait purement théorique au regard de la nature de la violation

316. CE, Ass., 30 juillet 2014, *M. B...*, n° 358564.
317. CE, 3 oct. 2018, n° 406222.
318. CEDH, 11 juillet 2022, *Kavala c. Türkiye*, n° 28749/18.

constatée, la Cour peut elle-même directement ordonner la mesure à prendre. Elle a utilisé cette possibilité pour la première fois en 2004, en ordonnant, dans deux affaires, la libération de requérants détenus arbitrairement en violation de l'article 5 de la Convention[319]. **La Cour n'hésite pas parfois, par le biais d'une nouvelle affaire identique à une affaire précédemment tranchée, à rappeler un État à l'ordre**[320]. L'Assemblée parlementaire du Conseil de l'Europe, par une résolution du 28 septembre 2000, a décidé de tenir un débat annuel autour du rapport d'activité et, en cas de refus d'exécuter ou de retard excessif, d'ouvrir une « procédure de suivi » à l'encontre de l'État. *In fine*, refusant d'exécuter l'arrêt de la Cour, un État qui violerait l'article 3 du statut du Conseil de l'Europe en ne s'exécutant pas pourrait être suspendu de son droit de représentation par le Comité des ministres, chose qui ne s'est jamais faite.

La Cour européenne elle-même **a trouvé un biais permettant de reprendre elle-même une affaire dont l'exécution laisse à désirer. Elle considère qu'une telle inexécution est justiciable de l'article 6 CEDH.**

CEDH, Gr. Ch., 5 février 2015, requête n° 22251/08, *Bochan c. Ukraine (n° 2)*

Dans son arrêt de Grande chambre Bochan c. Ukraine (n° 2), Mme Bochan revendique, en vain jusqu'à présent, la propriété d'une partie d'une maison, en la possession de M. M. au moment des faits, et du terrain sur lequel celle-ci est bâtie. Les juges nationaux ont décidé que M. M. était le propriétaire légal de cette partie de la maison et qu'il avait le droit de jouir du terrain sur lequel celle-ci avait été construite. Mme Bochan conteste l'équité du procès, ce qu'admet la CEDH. Le 14 juin 2007, Mme Bochan forma un « pourvoi à la lumière de circonstances exceptionnelles », comme le permet le droit ukrainien, et priait la Cour suprême d'annuler les décisions de justice adoptées dans son procès et de rendre un nouvel arrêt lui donnant gain de cause sur tous les points. La Cour suprême rejeta son pourvoi au motif que les décisions internes étaient licites et fondées. Finalement ressaisie, la CEDH estime la seconde requête porte sur un défaut d'exécution du premier arrêt mais aussi un grief nouveau qui concerne la conduite et l'équité de la procédure tranchée par la Cour suprême, et non pas son issue elle-même. Elle se reconnaît donc compétente. **S'il appartient aux États contractants de décider de la meilleure manière d'exécuter ses arrêts, la mise en place de procédures permettant de revenir sur une affaire à la lumière d'un constat de violation de l'article 6 démontre l'attachement d'un État membre à la Convention et à la jurisprudence de la Cour et constitue le meilleur moyen de remettre le requérant dans sa situation initiale** (restitutio in integrum). En l'occurrence, la Cour suprême a grossièrement dénaturé les constats opérés par la Cour européenne dans son premier arrêt et commit un « déni de justice ». Il y a donc eu violation de l'article 6 § 1 en raison du manque d'équité de la procédure.

618 Arrêts « pilotes ». - Depuis 2004[321], la Cour a institué le **système de « l'arrêt pilote », dans le but de traiter les séries de dossiers résultant d'un même problème**. Lorsque la Cour est saisie d'un nombre important de requêtes découlant de la même cause, elle s'efforce de parvenir à une solution qui aille au-delà du cas particulier pour faire comprendre à l'État qu'il doit rapidement reprendre sa législation s'il veut éviter une condamnation massive et onéreuse. La Cour ne se limite pas à la question de savoir s'il y a eu ou non violation de la Convention mais **identifie le problème systémique et donne au gouvernement concerné des indications claires sur les mesures de redressement qu'il doit prendre pour y remédier**. L'arrêt pilote donne ainsi des indications qui peuvent aller jusqu'à préconiser de créer un recours interne apte à s'appliquer aux affaires similaires. Cela

319. CEDH, 8 avr. 2004, *Assanidze c. Géorgie* et CEDH, 8 sept. 2004, *Ilascu c. la Russie et la Moldavie*, (requête n° 48787/99).
320. CEDH, 21 déc. 2000, *Rinzivillo c. Italie*.
321. CEDH, 22 juin 2004, *Broniowski c. Pologne* (à propos de l'indemnisation des « rapatriés » des « territoires au-delà du Boug » - qui n'appartenaient alors plus à la Pologne - pour les biens immobiliers qu'ils avaient dû y abandonner à l'issue de la Seconde Guerre mondiale).

s'accompagne de la possibilité de « geler » l'examen de toutes les autres affaires apparentées pendant une certaine durée et de reprendre un dossier si l'intérêt du requérant l'y amène. Par exemple, dans une affaire de disparition de bébés[322] dans une maternité, la Cour européenne condamne l'État pour violation de l'article 8 car rien en définitive n'a été fait en vue d'accorder réparation aux parents ni pour donner des informations crédibles sur le sort de leur fils. En outre, vu le nombre important d'autres requérants potentiels, la Cour dit également au titre de l'article 46 (force obligatoire et exécution des arrêts) que la Serbie doit prendre des mesures en vue de donner des réponses crédibles sur le sort de chacun des enfants disparus et d'offrir aux parents une réparation adéquate.

Depuis 2011, **l'article 61 du règlement de la Cour clarifie la procédure d'examen des violations systémiques ou structurelles.** La Cour peut décider d'appliquer la procédure de l'arrêt pilote et adopter un arrêt pilote lorsque les faits à l'origine d'une requête introduite devant elle révèlent l'existence d'un problème structurel ou systémique ou d'un autre dysfonctionnement similaire qui a donné lieu ou est susceptible de donner lieu à l'introduction d'autres requêtes analogues. Elle doit inviter les parties à donner leur avis sur la question de savoir si la requête à examiner a pour origine pareil problème et si elle se prête à cette procédure. Mais la Cour peut décider d'appliquer la procédure de l'arrêt pilote d'office ou à la demande de l'une ou des deux parties. Un traitement prioritaire s'applique. La Cour doit indiquer le type de mesures de redressement nécessaires et éventuellement un délai déterminé. Elle peut ajourner l'examen de toutes les requêtes procédant du même motif dans l'attente de l'adoption des mesures de redressement indiquées dans le dispositif de l'arrêt pilote mais peut à tout moment examiner une requête ajournée si l'intérêt d'une bonne administration de la justice l'exige.

Dans l'affaire *Torreggiani et autres c. Italie*[323], par exemple, la Cour dénonce **le surpeuplement carcéral en Italie** : le caractère structurel du problème est confirmé par le fait que plusieurs centaines de requêtes sont alors pendantes devant la Cour qui soulèvent un problème de compatibilité des conditions de détention dans différentes prisons italiennes avec l'article 3 de la Convention. Dès lors, l'arrêt demande au gouvernement italien, dans le délai d'un an, de mettre en place un recours ou un ensemble de recours internes effectifs aptes au redressement adéquat. Il en va de même de l'inexécution prolongée de décisions judiciaires et de l'absence de recours interne[324] ou du respect de la vie privée[325]. De même, la Cour[326] a constaté de multiples violations pour ce qui concerne **le transport des détenus en Russie** : violation de l'article 3 parce que les détenus sont transportés sur de longues distances, par la route et par la voie ferrée (distances comprises entre 900 à 2 200 km), avec trajets de nuit sans couchage, en n'allant aux toilettes que deux fois, sans boire suffisamment et exposé à des températures négatives, sans chauffage. Évidemment aucune voie de contestation n'existe. S'agissant d'un problème systémique que l'État doit régler, la Cour, à l'unanimité, juge que l'État russe a manqué à ses obligations découlant de l'article 38 (obligation de fournir toutes facilités nécessaires pour examiner l'affaire) et donne à la Russie dix-huit mois à compter de la date à laquelle l'arrêt sera devenu définitif pour mettre en place des recours internes effectifs aptes à prévenir des violations similaires.

Mais en 2017, à contre-courant de l'efficacité du système, **la Cour a renoncé à imposer ses vues dans un contentieux pourtant marquant** : il s'agit de 12 000 affaires dont le point commun réside dans des problèmes systémiques et récurrents, en Ukraine, dans l'accès au juge et l'exécution des décisions de justice. La Cour a pourtant déjà condamné l'Ukraine dans un arrêt pilote[327] et ces nouvelles affaires accumulées depuis pourraient

322. CEDH, 26 mars 2013, *Zorica Jovanovi c. Serbie* (requête n° 21794/08).
323. CEDH, 8 janv. 2013, *Torreggiani et autres c. Italie* (requête n° 43517/09).
324. CEDH, 15 janv. 2009, *Bourdov c. Russie (n° 2)* (requête n° 33509/04).
325. CEDH, 26 juin 2012, *Kuri et autres c. Slovénie* (requête n° 26828/06) : Il s'agit d'un groupe d'anciens citoyens de la RSFY (République socialiste fédérative de Yougoslavie) ayant été privés de leur statut de résident permanent après la déclaration d'indépendance de la Slovénie en 1991 car ils n'avaient pas demandé la nationalité slovène dans le délai prescrit ou avaient été déboutés de leur demande. Le nombre d'anciens citoyens de la RSFY ayant perdu leur statut de résident permanent en 1991 s'élèverait à 25 671 et en 2009 le statut de 13 426 « effacés » n'aurait toujours pas été régularisé. La Cour demande de mettre en place, dans un délai d'un an, un système pour indemniser les « effacés » en Slovénie. Dans l'intervalle, la Cour a ajourné l'examen des requêtes similaires.
326. CEDH, 9 avr. 2019, *Tomov et autres c. Russie*, req. n°s 18255/10 et autres.
327. CEDH, Gr. ch., 15 oct. 2009, *Ivanov c. Ukraine*, n° 40450/04.

être l'occasion de condamner plus lourdement l'État, mais la Cour préfère rayer ces affaires de son rôle et renvoyer au Conseil des ministres en invoquant le principe de subsidiarité[328].

La Cour assure le suivi de ses arrêts pilotes. Quatre ans après un arrêt pilote de 2017, concernant les conditions de détention dans les prisons roumaines et l'effectivité des recours internes, la Cour[329] constate que la jurisprudence interne a beaucoup évolué au cours des dernières années vers une voie de recours effective. Mais, sous l'angle de l'article 46 (force obligatoire et exécution des arrêts) de la Convention, la Cour constate toutefois que la tendance vers la diminution de la surpopulation s'est arrêtée en juin 2020 et que celle-ci est repartie à la hausse pendant six mois. De ce fait, elle n'est pas en mesure d'arriver à une conclusion différente de celle à laquelle elle était parvenue dans son précédent arrêt. Elle encourage donc l'État roumain à s'assurer de la continuité des réformes visant à réduire la taille de la population carcérale et à la maintenir à des niveaux gérables.

C. Le Comité des droits sociaux du Conseil de l'Europe

619 **Organe.** – Le Comité européen des droits sociaux[330] est **l'organe non permanent de régulation de la Charte sociale européenne** (il tient chaque année sept sessions d'une durée de cinq jours chacune et siège à Strasbourg). Il se compose de quinze membres (sept au départ) élus par le Comité des ministres de l'Organisation, indépendants et impartiaux et spécialistes des différents systèmes juridiques européens. Le mandat est de six ans, renouvelable une fois.

620. **Rôle.** – Il existe deux voies de contrôle : **la voie des rapports** (chaque État explique comment il a adapté ces dispositions) et une procédure permettant des **réclamations collectives**, c'est-à-dire ouvertes aux organisations qui défendent les droits sociaux (ex : ONG, etc.).

621 **Contrôle sur rapports.** Depuis 1968, il examine **les rapports nationaux des États parties sur l'application de la Charte**. Les dispositions de la Charte ont été réparties en quatre groupes thématiques. Les États parties soumettent un rapport sur l'un de ces quatre groupes thématiques chaque année. **Chaque disposition de la Charte fait ainsi l'objet d'un rapport une fois tous les quatre ans.** Mais, depuis 2014, **les États ayant accepté la procédure de réclamations collectives soumettront un rapport simplifié tous les deux ans**. Le système de contrôle sur rapport comporte depuis 2015 deux nouveaux types de rapports, qui s'ajoutent aux rapports consacrés à un groupe thématique de dispositions : premièrement, des rapports simplifiés sur les suites données aux réclamations collectives et, deuxièmement, les rapports portant sur des constats de non-conformité pour manque répété d'informations adoptés par le Comité l'année précédente.

En 2021, le Comité a examiné trente-trois rapports nationaux, couvrant la période du 1er janvier 2015 au 31 décembre 2018. Pour l'évaluation des rapports, les commentaires soumis par les syndicats, les institutions nationales des droits de l'homme et les organisations non gouvernementales ont souvent été cruciaux. Sur les 349 conclusions adoptées, 152 conclusions étaient de non-conformité avec la Charte et 97 conclusions de conformité.

622 **Réclamations collectives.** – Grâce au **protocole additionnel de 1995** prévoyant un système de réclamations collectives, le Comité se charge (depuis le 1er juillet 1998) de l'examen des réclamations collectives présentées à l'encontre des États parties qui l'ont accepté, dont la France émanant de **syndicats, d'organisations d'employeurs et de certaines autres organisations non gouvernementales**, selon une procédure contradictoire quasi juridictionnelle. Cependant la recevabilité dépend de conditions strictes de représentativité (il faut que

328. CEDH, 12 octobre 2017, *Burmych et autres c. Ukraine* (requêtes nos 46852/13 *et al.*).

329. CEDH, 20 juillet 2021, *Polgar c. Roumanie*, n° 39412/19.

330. Qui s'est lui-même baptisé ainsi le 10 mars 1999 lors de la réclamation *Commission internationale de juristes c. Portugal*, n° 1/1998.

l'organisme ait une certaine audience nationale)[331]. Certains pays membres, comme le Portugal, ont été condamnés dès 1999 s'agissant du travail des enfants. Depuis 2011, sur proposition du rapporteur, le président du Comité **peut inviter toute organisation, institution ou personne à communiquer des observations.**

Au cours des sessions tenues en 2020, le Comité a adopté huit décisions sur le fond et dix-sept sur la recevabilité, dont cinq décisions déclarant les réclamations irrecevables et une décision déclarant une réclamation recevable et indiquant des mesures immédiates. Les décisions sur le fond concernaient un large éventail de problèmes, allant de la violation des droits des enfants de parents sans emploi ou en congé de maternité, de paternité ou parental et de l'inégalité géographique entre les enfants et les parents, en fonction de la municipalité où ils vivent en Finlande, à l'écart de rémunération entre les sexes qui persiste encore et à l'absence de mesures efficaces pour assurer une représentation suffisante des femmes dans les organes de décision au sein des entreprises privées dans un certain nombre d'États.

Les rapports annuels font état, de nombreuses décisions sur le bien-fondé : par exemple, l'éducation et la formation inclusives des enfants atteints d'un handicap mental ou intellectuel en Belgique[332] ; la législation, les politiques et les pratiques en matière de logement social en Irlande[333] ; l'accès des enfants Roms à l'éducation et à la formation professionnelle en France[334] ; le traitement des femmes Roms dans les services de maternité en Bulgarie[335] ; les retombées sociales des « mesures d'austérité » en Grèce[336] ; la stérilisation imposée aux personnes transgenre qui souhaitent modifier leurs documents d'identité afin qu'ils reflètent leur identité de genre en République tchèque[337] ; le droit à l'exercice de la liberté syndicale et de la négociation collective par les membres des forces armées en Irlande[338] et en Italie[339] ; le droit à l'exercice de la négociation collective par certaines catégories de travailleurs – tels que les acteurs prêtant leur voix, les journalistes free-lance et certains musiciens[340].

Le Comité[341] considère que le fait que les contrats à durée déterminée dans le secteur de l'enseignement public ne puissent être automatiquement convertis en contrats à durée indéterminée, contrairement à ce qui est prévu pour le secteur privé, ne peut en soi être jugé contraire à la Charte, à condition que des mesures effectives soient prises pour éviter les abus résultant du recours aux contrats à durée déterminée et pour offrir des voies de recours effectives en cas d'abus.

623 **Procédure.** – Selon le règlement du Comité, il a la faculté de déclarer recevable ou non une réclamation qui lui est présentée, sans avoir au préalable invité le gouvernement à présenter des observations, lorsqu'il estime que les conditions sont évidentes. Ainsi, les États n'ont pas voulu établir un système de recours individuel. Pour autant, **l'épuisement des voies de recours internes n'est pas exigé**. Le rapport contenant la décision sur le bien-fondé ne peut être publié jusqu'au moment de l'adoption d'une résolution par le Comité des ministres et, au plus tard, quatre mois après sa transmission. Le Comité des ministres invite l'État concerné à mettre la situation en conformité. La France est, à ce jour, l'État le plus contrôlé par le Comité.

---

331. CEDS, 13 mai 2020, *Syndicat CGT FORD Blanquefort c. France*, n° 184/2019 et CEDS, 13 mai 2020, *Syndicat CGT YTO France c. France*, n° 183/2019.
332. *Centre de défense des droits des personnes handicapées mentales (MDAC) c. Belgique*, réclamation n° 109/2014, décision sur le bien-fondé du 29 mars 2018.
333. *Fédération internationale des Ligues des droits de l'homme (FIDH) c. Irlande*, réclamation n° 110/2014, décision sur le bien-fondé du 12 mai 2017.
334. *Forum européen des Roms et des Gens du voyage (FERV) c. France*, réclamation n° 119/2015, décision sur le bien-fondé du 5 décembre 2017.
335. *Centre européen des droits des Roms (CEDR) c. Bulgarie*, réclamation n° 151/2017, décision sur le bien-fondé du 19 avril 2019.
336. *Confédération générale grecque du travail (GSEE) c. Grèce*, réclamation n° 111/2014, décision sur le bien-fondé du 23 mars 2017.
337. *Transgender-Europe et ILGA-Europe c. République tchèque*, réclamation n° 117/2015, décision sur le bien-fondé du 15 mai 2018.
338. *Organisation européenne des associations militaires (EUROMIL) c. Irlande*, réclamation n° 112/2014, décision sur le bien-fondé du 12 septembre 2017.
339. *Confederazione Generale Italiana del Lavoro (CGIL) c. Italie*, réclamation n° 140/2016, décision sur le bien-fondé du 22 janvier 2019.
340. *Irish Congress of Trade Unions c. Irlande*, réclamation n° 123/2016, décision sur le bien-fondé du 12 septembre 2018.
341. CDS, 8 décembre 2021, *Unione sindacale di base – settore pubblico impiego (USB) c. Italie*, Réclamation n° 153/2017.

Association pour la protection des enfants (Approach) c. France,
réclamation n° 92/2013

Le 4 mars 2015, la décision sur le bien-fondé dans la réclamation n° 92/2013, Association pour la protection des enfants (Approach) c. France, est devenue publique. La décision a été adoptée par le Comité le 12 septembre 2014. L'association Approach alléguait que la situation de la France est en violation de l'article 17 de la Charte en raison de l'absence d'interdiction explicite et efficace de tous les châtiments corporels infligés aux enfants dans la famille, les écoles et autres cadres, et parce que la France n'a pas agi avec la diligence voulue pour éliminer de tels châtiments dans la pratique. Dans sa décision sur le bien-fondé, le Comité a conclu à l'unanimité qu'il y a violation de l'article 17 § 1 de la Charte. Le Comité des ministres a adopté la résolution CM/ResChS (2015) 6 le 15 avril 2015.
La France a depuis modifié sa législation en ce sens.

624 **Bilan.** - Le bilan jurisprudentiel reste modeste puisqu'il a rendu un peu plus de 120 décisions sur réclamation mais son activité augmente régulièrement et il faut compter aussi de nombreuses conclusions et observations relatives aux rapports. Les rapports sont remis en plusieurs étapes selon le plan de la Charte elle-même : d'abord emploi, formation et égalité des chances, puis santé, Sécurité sociale et protection sociale, ensuite droits liés au travail, enfin enfants, familles, migrants.

D. Les juges internes

625 **Rôle.** - On ne reviendra pas ici sur les avantages de systèmes étrangers qui connaissent l'effet horizontal des droits fondamentaux. Dans ce cas le contrôle de constitutionnalité garantissant les droits fondamentaux se trouve pour l'essentiel dans les mains des juges de droit commun selon un **« modèle diffus »**. Comme a pu l'écrire la Cour constitutionnelle italienne[342], l'intervention du juge permet d'éviter des automatismes et des standards préjudiciables à l'application juste des droits fondamentaux. Ainsi une loi excluant par principe la détention des malades du sida méconnaît la Constitution en ce qu'elle manque ses objectifs prophylactiques et se révèle « irrationnelle ». Il vaut ainsi mieux confier au juge ordinaire le soin d'apprécier chaque cas.

1. Le Conseil d'État et les libertés

626 **L'œuvre de consécration.** - Le Conseil d'État a été **l'organe de « l'État légal »** même s'il lui a fallu du temps pour apparaître indépendant et aussi protecteur des droits que le juge judiciaire des droits. La Cour de cassation expose ainsi qu'« eu égard à la valeur constitutionnelle de la compétence et de l'indépendance de la juridiction administrative, le fait qu'un agent public auquel est imputé un fait dommageable commis dans l'exercice de ses fonctions doive, en principe, être attrait devant elle pour en répondre à l'égard de la victime ne porte aucunement atteinte au principe d'égalité des citoyens devant la loi, en particulier devant la justice, **l'accès aux juridictions des deux ordres et les garanties offertes au justiciable étant équivalents**[343] ». Il ne faut pas oublier que le Conseil d'État joue parfois un rôle de « juge des juges judiciaires » dans sa **fonction de contrôle de l'organisation du service public de la justice**. Il peut ainsi s'assurer de la légalité des actes administratifs déterminant les compétences des juridictions judiciaires et assurer la qualité des droits des justiciables. On en veut pour exemple l'annulation de différents textes. Par exemple le décret n° 2008-54 du 16 janvier 2008 relatif aux pôles de l'instruction dans lesquels l'instruction des affaires pénales les plus graves ou les plus complexes est confiée à plusieurs juges. Le gouvernement avait procédé au remplacement de plusieurs représentants de

342. Cour constitutionnelle italienne, 18 oct. 1995, n° 438/1995, *GDCCE*, n° 38.
343. Cass. 1re civ., 8 mars 2012, n° 11-24638.

l'administration, sans respecter les règles prévoyant les conditions dans lesquelles la composition d'un comité technique paritaire (CTP) peut être modifiée en cours de mandat. Pour éviter d'entraîner la nullité de toutes les mesures prises par ces juges d'instruction depuis l'entrée en vigueur du décret, le Conseil a souligné que la disposition en cause ne serait annulée qu'à compter de quatre mois après la décision du juge[344]. Il en avait été de même pour la mise en place de la procédure du « plaider coupable »[345]. En effet, le juge en déduit que les dispositions des circulaires qui déclarent facultative la présence du ministère public lors de l'audience susceptible d'aboutir à la décision d'homologation, sont de nature à créer un doute sérieux sur leur légalité. D'ailleurs, tant le Conseil constitutionnel que la Cour de cassation[346] y avaient vu une garantie et la loi du 9 mars 2004 portant adaptation de la justice aux évolutions de la criminalité avait « laissé inchangé le texte de l'article 32 de ce code aux termes duquel le ministère public « assiste aux débats des juridictions de jugement ; toutes les décisions sont prononcées en sa présence » ». Pour illustrer encore cette progression, retenons l'arrêt d'assemblée du 26 octobre 2011, *Association pour la promotion de l'image et autres*[347] par lequel le Conseil d'État adopte le standard du raisonnement européen, d'origine allemande, de proportionnalité, consistant à apprécier que les mesures qui portent atteinte à l'exercice des libertés fondamentales « doivent être nécessaires, adaptées et proportionnées » (même s'il s'agissait, seulement, de la liberté du commerce et de l'industrie...)[348].

Depuis que se développent les sources supralégislatives, et une fois pour toutes oubliées les réticences à appliquer la Convention européenne ou le droit de l'Union, le **Conseil d'État confronte les normes de l'administration à l'ensemble des droits fondamentaux**, issus de la Convention européenne autant que des traités européens. **Si la chose est claire par voie d'action, elle ne l'est pas autant par voie d'exception**. Le juge refuse ainsi d'examiner « la contrariété d'une disposition législative aux stipulations d'un traité international, à l'appui de conclusions dirigées contre un acte réglementaire, si ce dernier n'a pas été pris pour son application ou si elle n'en constitue pas la base légale »[349]. Du point de vue procédural, le Conseil d'État a limité en 2018 le type de moyens invocables lors d'un recours par voie d'exception contre un acte réglementaire. Lorsque l'acte est attaqué à l'occasion de l'action contre un acte qui y trouve son fondement, mais aussi un refus d'abrogation, seuls les moyens de fond sont examinés et non les vices de forme. Cela renforce la sécurité juridique mais prive les requérants des armes connexes[350].

Il devient **l'arbitre de divergences d'interprétations ou, tout simplement, de la conventionnalité de normes issues du droit de l'Union**. Ainsi dans son arrêt *Conseil national des barreaux*, il a admis de confronter une directive européenne qui imposait la levée du secret professionnel des avocats en vue de dénoncer l'origine frauduleuse de sommes déposées sur les comptes CARPA et liées au terrorisme. Considérant, comme la Cour européenne, que ce secret relève de l'article 8 de la Convention, il juge que sa levée n'est pas une ingérence disproportionnée, ce qui ne soulève pas un doute suffisant pour saisir la CJUE d'une question préjudicielle[351]. Il **confronte aussi les normes administratives à des sources internationales et règle leurs conflits**. Ainsi, il n'estime pas comme trop discriminatoire le fait de réserver le remboursement d'une créance aux nationaux français, puisque c'était le but d'un traité bilatéral. Il estime que la Convention européenne admet les motifs d'intérêt général pour y déroger et qu'en l'occurrence le but du gouvernement français était louable, s'agissant d'obtenir le remboursement d'emprunts russes[352].

Le Conseil d'État doit veiller à ne pas se soustraire à la protection des droits par l'Union. Alors que la législation française avait déjà été jugée incompatible avec le droit de l'Union en raison de la discrimination qu'elle

344. CE, 19 déc. 2008, Conférence des bâtonniers de France et autres.
345. Comparution sur reconnaissance préalable de culpabilité, CE, ord. réf., 11 mai 2005, *Syndicat des avocats de France*.
346. Avis émis le 18 avr. 2005.
347. N° 317827, Lebon.
348. Voir aussi CE, Ass. 21 déc. 2012, *Société Groupe Canal plus* (n° 353856, Lebon).
349. CE, 13 juin 2016, n° 372721.
350. CE, 18 mai 2018, Syndicat CGT de l'administration centrale et des services des ministères économiques et financiers et du Premier ministre, n° 411045 et CE, 18 mai 2018, Fédération des finances et affaires économiques de la CFDT, n° 414583.
351. CE, Sect., 10 avr. 2008, Conseil national des barreaux.
352. CE, 23 déc. 2011, Kandyrine De Britto Paiva.

établissait lorsque la filiale était située dans un autre État membre[353], le Conseil d'État a maintenu dans les arrêts *Rhodia et Accor*[354] le régime discriminatoire contraire aux articles 49 et 63 TFUE, respectivement sur la liberté d'établissement et la libre circulation des capitaux, ce que la Cour confirme. Le Conseil d'État devait prendre en considération la solution d'un arrêt rendu quelques semaines auparavant sur le même objet, visant la législation britannique[355] et a décidé de l'écarter. **La Cour de justice reproche au Conseil d'État de ne pas avoir posé de question préjudicielle en interprétation**, conformément à l'article 267, paragraphe 3 TFUE[356].

627 L'évolution du débat relatif à la protection des libertés par le juge administratif. – La loi du 20 novembre 2015 relative à l'état d'urgence et le projet de révision constitutionnelle ont relancé le **débat sur la capacité du juge administratif à rivaliser avec l'autorité judiciaire comme gardien des libertés.** Le premier président de la Cour de cassation, Bertrand Louvel, s'est en effet officiellement, dans un discours de remontrance, inquiété de la dépossession de son ordre au profit de l'autre du contrôle de mesures habituellement utilisées en procédure pénale et provisoirement placées dans les mains de l'ordre administratif pour la durée de l'état d'urgence. Et d'en tirer des conclusions discutables relayées par la plupart des barreaux de France dont les membres sont peu accoutumés à aller devant le tribunal administratif et s'y rendent avec suspicion. **Plusieurs tempéraments** peuvent être apportés à cette vision des choses.

Le premier est relatif à la fausse impression de voir le juge administratif conforter et élargir son champ de compétences. Il est vrai que **le droit de l'état d'urgence et la loi du 30 octobre 2017 renforçant la sécurité intérieure et la lutte contre le terrorisme ont conduit à permettre au juge du Palais-Royal d'être l'interlocuteur des forces de police** en multipliant les mesures de police administrative. Il est vrai aussi que **la théorie de la voie de fait a été ramenée à des proportions** telles qu'elle peut être tenue pour morte, car elle est ramenée au champ de compétence constitutionnel de l'autorité judiciaire (la sûreté et l'extinction du droit de propriété immobilière). Il est vrai que le **décrochage des libertés de l'individu de la liberté individuelle vers la liberté personnelle**, achevé en 2013 avec la protection du domicile, a ouvert la voie à un contrôle non exclusivement judiciaire. On a donc l'impression d'une évolution néfaste pour le Quai de l'horloge. Mais la réalité est aussi inverse. D'abord parce que ces transferts **ne font que mettre fin aux dérogations législatives au schéma constitutionnel qui veut que le juge administratif juge du contentieux de la légalité des actes de l'exécutif utilisant des prérogatives de puissance publique**, hors répression pénale. Ensuite parce que plusieurs contentieux jusqu'ici administratifs ont été affectés au juge judiciaire, par exemple celui de l'hospitalisation psychiatrique sous contrainte ou celui de la rétention des demandeurs d'asile. Le Tribunal des conflits[357] (certes avant la loi du 7 mars 2016 qui confirme la compétence administrative) n'a-t-il pas ouvert au juge des libertés et de la détention le contentieux de la légalité de l'éloignement et de la rétention des étrangers ? Le JLD est seul compétent pour mettre fin à la rétention lorsqu'il l'a lui-même prolongée[358].

Le deuxième a trait au défaut de perspective attaché à la considération de l'instrument légal hors de son contexte. Le juge judiciaire se sent « propriétaire » de certains mécanismes qu'il manie en procédure pénale et qui seraient étrangers au monde administratif, comme l'assignation à résidence, l'interdiction de quitter le territoire, les perquisitions, le placement sous surveillance électronique mobile et les saisies. Or, **un outil juridique peut servir plusieurs finalités et ce sont celles-ci qui changent provisoirement le temps de l'état d'urgence. Un bracelet électronique n'est pas une détention (même s'il peut en être l'alternative en temps normal), une assignation à résidence non plus et une perquisition ne viole pas le droit de propriété...** tout cela ne relève pas du juge judiciaire. Désormais il ne s'agit plus de donner au parquet le soin de poursuivre des infractions mais de permettre aux forces de l'ordre de prévenir des actes terroristes dont la répression pénale peine à dissuader les auteurs. Le système devient plus rudimentaire, le circuit de décision plus court, le sens de l'État

353. CJUE, 11 sept. 2010, Accor, n° C-310/09.
354. CE, 10 déc. 2012, *Rhodia* et *Accor*, n° 317075 et 317074.
355. CJUE, 13 nov. 2012, gr. ch., *Test Claimants*, n° C-35/11.
356. CJUE, 4 oct. 2018, *Commission contre France*, n° C-416/17.
357. TC, 9 févr. 2015, n° 3986.
358. CE, ord. réf. 15 avril 2016, n° 398550.

plus nécessaire. L'instrument change de mains mais aussi de signification. Le juge pénal dispose d'ailleurs toujours de ces instruments par ailleurs. Le juge administratif ne se substitue donc pas à l'ordre siamois, il occupe une fonction nouvelle et exceptionnelle, avec parfois les mêmes outils.

Troisièmement, on voit bien sur quelles représentations se fonde le discours judiciaire : **le défaut de d'indépendance du juge administratif**. Argument qui fondait jusqu'à la Vᵉ République les choix législatifs et qui a même guidé la jurisprudence du Conseil constitutionnel jusqu'en 1988. L'article 136 du Code de procédure pénale, la loi du 7 février 1933 et même l'arrêt *Dame Lamurette* de 1952[359] n'ont-ils pas évité de confier la liberté individuelle au juge administratif ? L'idée est que le juge administratif ne bénéficie pas de l'indépendance dont le juge judiciaire hérite des parlements d'Ancien Régime, il est l'État qui se juge, sans même prendre la peine de nommer « magistrats » ses agents qui circulent fièrement de l'administration active à l'administration contentieuse, qui obéissent étroitement au Conseil d'État sans l'esprit de résistance et de fronde qui peut animer parfois les juges des tribunaux de grande instance et des cours d'appel, un Conseil d'État toujours au four et au moulin, au conseil juridique et à la sanction des décisions, proche et complice du gouvernement. La charge est rude mais largement dépassée aujourd'hui. L'essentiel des troupes administratives sont des juges à plein temps, nommées « magistrats » depuis 2012[360] et qui ont intégré le ministère de la Justice, sont inamovibles et viennent pour beaucoup aujourd'hui des facultés de droit alors que les juges judiciaires viennent pour beaucoup des instituts d'études politiques. Le juge de l'administration a-t-il moins d'indépendance que le ministère public qui reçoit ses circulaires d'action publique du ministère et dont les actes sont en général insusceptibles de recours ? Bref, les points de convergences entre ordres dominent aujourd'hui les divergences, sauf sûrement au Conseil d'État, timonier de l'État de droit à l'alchimie politique subtile. Mais ne dit-on pas qu'avec l'alternance politique ce Conseil est presque toujours dans l'opposition ?

Quatrièmement, en embuscade si la charge sur l'indépendance échoue, vient **l'argument du manque de moyens ou d'outils du juge administratif pour sauvegarder les libertés** ; ses lenteurs, l'inexécution de ses décisions, son incapacité à enjoindre à l'administration, ses propres réticences à questionner la puissance publique, sa procédure écrite qui ne laisse pas poindre suffisamment le point de vue de l'administré sous le regard du public. Mais, là encore, depuis la réforme des référés de 2000, quelles sont les différences marquantes avec le juge judiciaire ? **Le juge administratif est tout autant désormais un juge de l'urgence qui, de plus, s'entoure parfois de garanties comme le rapporteur public** (certes cela est discutable et certes de moins en moins).

Enfin, une grande partie du malaise vient de la **confusion que beaucoup font encore autour de la notion de « liberté individuelle » mentionnée à l'article 66** de notre Constitution. Certains magistrats et avocats, et certains professeurs de droit, ont encore parfois du mal, même près de vingt années après le début du reflux de cette notion dans la jurisprudence constitutionnelle, à distinguer *la* liberté individuelle *des* libertés individuelles composantes de la liberté personnelle ; distinction qui constitue la clef de répartition des compétences entre les deux ordres. Elle sera décrite ici plus tard, mais notons que « liberté personnelle » ne rime pas avec juge administratif, mais que **les deux ordres sont désormais compétents dans son champ, tandis que le juge judiciaire garde son monopole du contrôle des mesures attentatoires à la liberté individuelle** et que la loi étend même parfois cette compétence aux actes administratifs accessoires. Il faut donc plutôt s'interroger sur la pertinence des blocs définis par la loi au profit de tel ou tel ordre et sur la cohérence de la répartition entre police administrative et judiciaire avant de mettre le juge administratif en procès.

628 **Les procédures de référé. –** On ne peut, ici, décrire tous les moyens dont le juge administratif dispose pour garantir les libertés en urgence. On se contentera d'indiquer que le soupçon de partialité, dont il a longtemps fait l'objet au bénéfice du juge judiciaire, a été levé. Restées longtemps très embryonnaires, voire archaïques, les procédures d'urgence ont fait l'objet d'une loi d'ensemble le 30 juin 2000 qui a étoffé et renforcé les droits des administrés.

359. CE, 27 mars 1952, nº 011339, *Dame Lamurette*.
360. Loi du 12 mars 2012 (CJA, art. L. 231-1).

On distingue différents « référés » :

- Le « **référé suspension** » (art. L. 521-1, CJA) qui complète le recours pour excès de pouvoir, lequel n'est pas suspensif de l'acte attaqué. Tout requérant qui conteste une décision administrative doit néanmoins l'exécuter. Cependant, dans certains cas, l'administré se trouverait en position de voir ses droits fondamentaux atteints. Saisi en ce sens par un acte de procédure spécifique, le juge peut autoriser le requérant à ne pas exécuter l'acte. Il faut pour cela qu'il y ait **urgence**[361] **et un doute sérieux sur la légalité de l'acte**. L'exécution est alors suspendue jusqu'à ce que l'affaire soit jugée au fond. Le juge peut ne suspendre qu'une partie des effets de l'acte.
- le « **référé-sauvegarde ou liberté** »[362] (art. L. 521-2, CJA) permet au juge de prononcer toute mesure nécessaire à la sauvegarde d'une liberté fondamentale. Les conditions à remplir sont alors **l'urgence et l'atteinte grave et manifestement illégale à une liberté dans les pouvoirs de l'administration** (sinon il s'agit d'une voie de fait et le juge judiciaire devient compétent). L'atteinte à la liberté ne constitue donc pas en elle-même la condition de gravité. L'atteinte grave et manifestement illégale peut résulter d'une décision de l'administration ou d'un fait matériel de l'administration ou enfin, d'une abstention de la part de l'administration. À défaut de l'une des conditions, le juge des référés peut rejeter par ordonnance et sans tenir une audience publique. Si la requête est recevable, le juge organise une audience en urgence car il doit agir dans un délai de quarante-huit heures. En cas de rejet de sa demande, le demandeur peut faire **appel devant le Conseil d'État** (le président de la section du contentieux) **dans un délai de quinze jours**. Contrairement au référé suspension, une requête au fond n'est pas nécessaire. Un référé-liberté n'est utile que pour « les injonctions sollicitées [...] au nombre des mesures d'urgence que la situation permet de prendre utilement et à très bref délai »[363]. C'est pourquoi le juge tient compte des moyens dont dispose l'administration au moment où il se prononce et des actions d'ores et déjà engagées pour remédier à la situation. Le Conseil d'État a admis que le juge de référé peut aller au-delà du prononcé de mesures provisoires lorsque celles-ci ne suffisent pas à mettre fin à la violation de la liberté : « il peut enjoindre à la personne qui en est l'auteur de prendre toute disposition de nature à sauvegarder l'exercice effectif de la liberté fondamentale en cause »[364]. Le recours à ce référé connaît un très grand succès. La célérité dont fait parfois preuve le juge administratif (jusqu'au Conseil d'État qui a tranché la journée même de sa saisine dans l'affaire *Dieudonné*[365]), jointe à la possibilité d'invoquer une violation de la Convention européenne (abandon de la jurisprudence *Carminati*[366] entre 2015[367] et 2016[368]), **assure au juge administratif une grande capacité d'action qui en fait aujourd'hui le principal garant des droits et libertés**. Car on peut attaquer aussi bien une action qu'une abstention. Certes, il ne devrait en principe prononcer une injonction que dans l'hypothèse d'une violation « grave et manifeste » et en urgence, mais le juge établit ainsi facilement une telle violation, jusqu'à poser des présomptions d'urgence et estimer qu'une ingérence dans une liberté fondamentale est nécessairement grave. Toutefois, dans le cas de l'évaluation d'éventuelles carences d'une obligation de protéger, le juge a précisé les conditions : l'incertitude profite à l'administration. Lorsque des incertitudes subsistent quant à l'existence ou à la portée de risques pour la santé des personnes, de prendre des mesures de protection sans avoir à attendre que la réalité et la gravité de ces risques soient pleinement démontrées, **l'existence de telles**

361. La nécessité de prévenir une annulation n'est pas une condition d'urgence : CE, 13 juin 2005, *Commune de Saint-Amand les eaux*.
362. O. Le Bot, La protection des libertés fondamentales par la procédure du référé-liberté, Fondation Varenne, 2008, 658 p.
363. CE, 30 juill. 2015, n° 392043, *Section française de l'Observatoire international des prisons (OIP-SF) et Ordre des avocats au barreau de Nîmes* : les requérants demandaient de prescrire la réalisation des travaux de réfection de la maison d'arrêt de Nîmes qu'appelle le respect des exigences de sécurité, de salubrité et d'intimité qui doit être garanti aux détenus, en deuxième lieu, d'allouer aux services judiciaires et pénitentiaires de Nîmes des moyens financiers, humains et matériels supplémentaires et de prendre les mesures de réorganisation des services.
364. CE, ord. réf., 30 mars 2007, *Ville de Lyon*.
365. Cf. les développements consacrés à la liberté d'expression.
366. CE, 30 déc. 2002, n° 240430, *Carminati, Rec.*
367. Not. CE, 11 déc. 2015, n° 395009, *M. H... X...*
368. CE, 31 mai 2016, *Mme C. A.*, n° 396848.

incertitudes fait, en principe, obstacle à ce que soit reconnue une atteinte grave et manifestement illégale à une liberté fondamentale[369].

629 **Domaine du référé-sauvegarde. –** La notion de « liberté fondamentale » s'entend ici de façon autonome ; le juge administratif **ne s'aligne pas nécessairement sur le Conseil constitutionnel ni sur le droit conventionnel** qu'il lui est arrivé d'exclure parfois d'ailleurs des moyens recevables en raison des difficultés qu'il aurait à apprécier toutes les dimensions du problème en urgence (cet argument paraissant difficile à comprendre)[370]. On retiendra notamment : droit de mener une vie familiale normale[371], droit de grève[372], liberté d'expression (et) liberté de communication des idées et des opinions[373], liberté d'aller et de venir[374], droit au respect de la vie privée[375], droit à la sûreté[376], présomption d'innocence[377], droit de ne pas être soumis à des traitements inhumains ou dégradants[378], liberté personnelle[379], droit constitutionnel d'asile[380] et son corollaire, droit de solliciter le statut de réfugié et de demeurer en France le temps nécessaire à l'examen de la demande, liberté d'entreprendre[381], liberté du travail[382], liberté d'association[383], droit de propriété[384], liberté d'opinion[385], caractère pluraliste de l'expression des courants de pensée et d'opinion[386], droit de bénéficier d'une scolarisation ou d'une formation scolaire adaptée[387], liberté de culte[388], libre exercice d'une profession et des droits sociaux qui en découlent[389], respect des garanties relatives à l'extradition[390], liberté de réunion d'un parti politique[391], droit au recours[392], droit au respect de la vie[393], droit à l'hébergement d'urgence[394], liberté syndicale[395], faculté de se déplacer en utilisant un moyen de locomotion dont l'usage est autorisé[396]… Le juge administratif peut ainsi faire preuve de créativité, reconnaissant des droits non clairement admis comme tels par la Constitution (libre administration des collectivités locales[397]) ou au contraire leur refusant la protection que celle-ci leur accorde (droit à un environnement sain[398], avant 2017 le droit à la santé[399]…). À titre d'exemple de « libertés » qui ne paraissent pas « évidentes » on

369. CE, 4 avr. 2020, *Centre hospitalier universitaire de la Guadeloupe – Ministre des solidarités et de la santé*, n°s 439904, 439905.
370. CE, 12 nov. 2005, *SOS racisme*.
371. CE, 30 oct. 2001, n° 238211, *min Int. c. Tliba*.
372. CE, 9 déc. 2003, n° 262186, *Aguillon*.
373. CE, 30 juin 2012, n° 360024, *Cne l'Étang salé*.
374. CE, 9 janv. 2001, n° 228928, *Deperthes*, refus de renouvellement ou de délivrance d'un passeport.
375. CE, 25 oct. 2007, n° 310125, Y. c. Conseil national pour l'accès aux origines personnelles.
376. CE, réf., 20 juill. 2001, n° 236196, *Cne Mandelieu-Napoule*.
377. CE, réf., 14 mars 2005, n° 278435, *Gollnisch*.
378. CE, réf., 22 déc. 2012, n° 364584, Section française de l'observatoire international des prisons.
379. CE, réf., 27 mars 2001, n° 231735, *min. Int. c. Djalout* et CE, réf., 8 sept. 2005, n° 284803, *Garde des Sceaux*.
380. CE, 12 janv. 2001, n° 229039, *Hyacinthe*.
381. CE, réf., 12 nov. 2001, Cne Montreuil-Bellay, CE, réf., 26 mai 2006, n° 293501, Sté Yacht-club international de Marina Baie-des-Anges.
382. CE, 4 oct. 2004, Sté Mona Lisa Investissements.
383. CE, réf., 30 mars 2007, n° 304053, *Ville Lyon*.
384. CE, réf., 23 mars 2001, *Sté Lidl*.
385. CE, sect., 28 févr. 2001, n° 229163, *Casanovas*.
386. CE, 24 févr. 2001, *Tibéri*.
387. CE, 15 déc. 2010, n° 344729, *min. Éduc. nat*.
388. CE, 25 août 2005, n° 284307, *Cne Massat*.
389. CE, 6 mars 2001, n° 230873, *préfet Hérault c. Hajjaj*.
390. CE, ord., 29 juill. 2003, n° 258900.
391. CE, ord. réf., 19 août 2002, n° 249666, Front national, Institut de formation des élus locaux.
392. CE, 13 mars 2006, n° 291118, *Bayrou*.
393. CE, réf., 22 déc. 2012, Section française de l'observatoire international des prisons et CE, sect., 16 nov. 2011, n° 353172 et n° 353173, Ville Paris et SEM PariSeine.
394. CE, réf., 20 sept. 2012, *M. Munkhbayar B*, n° 362750.
395. CE, 31 mai 2007, n° 298293, *Synd. CFDT Interco 28*.
396. CE, Ord. Réf., 30 avr. 2020, *Fédération française des usagers de la bicyclette*, n° 440179.
397. CE, 18 janv. 2001, *Commune de Venelles*.
398. Mais tout de même : TA Châlon en Champagne, 29 avr. 2005 : un préfet a porté une atteinte grave et manifestement illégale à cette liberté en autorisant le technival sur un aérodrome qui se situe dans une zone d'intérêt faunistique de type « Natura 2000 ».
399. CE, 8 sept. 2005, *Bunel*, n° 284803 (même si l'arrêt de traitements est examiné au titre du droit à la vie ; CE, Ass., 24 juin 2014, *Mme L. et autres*, n° 375081).

retiendra par exemple : la présomption d'innocence[400], la liberté corporelle, alors que les droits créances restent souvent en dehors[401]. Certaines audaces ne sont pas réservées aux juges du fond : le Conseil d'État a admis que le droit à la vie est invocable dans le cadre de la lutte contre les requins de l'île de la Réunion ; ce qui conduit à enjoindre au préfet de prendre des dispositions préventives[402]. Cependant, concernant le droit à la vie dans le cadre de la crise de la Covid-19, le juge des référés a surtout tenu compte de mesures déjà prises par l'administration pour juger de sa carence. Il a donc peu ou pas ordonné de mesures concrètes, notamment pas de directives explicites quant à l'accès aux soins de réanimation[403].

Bien sûr, la procédure du référé « sauvegarde » a connu un regain de notoriété à l'occasion de son usage dans l'affaire du spectacle *Le Mur* de Dieudonné et dans l'affaire de l'arrêt des traitements de V. Lambert[404] qui ont mis en évidence autant la grande rapidité d'intervention du juge administratif que la portée de ses pouvoirs d'injonction. Le tribunal administratif de Strasbourg a lui aussi été amené à se prononcer, dans le cadre d'un conflit familial, sur la poursuite de « soins d'éveil » sur une personne dans le coma, dans le sens de leur caractère raisonnable[405].

Conseil d'État, 28 juillet 2017, *Section française de l'Observatoire international des prisons*, nº 410677

3. Aux termes de l'article 22 de la loi du 24 novembre 2009 pénitentiaire : « L'administration pénitentiaire garantit à toute personne détenue le respect de sa dignité et de ses droits. L'exercice de ceux-ci ne peut faire l'objet d'autres restrictions que celles résultant des contraintes inhérentes à la détention, du maintien de la sécurité et du bon ordre des établissements, de la prévention de la récidive et de la protection de l'intérêt des victimes. Ces restrictions tiennent compte de l'âge, de l'état de santé, du handicap et de la personnalité de la personne détenue ».

4. Eu égard à la vulnérabilité des détenus et à leur situation d'entière dépendance vis-à-vis de l'administration, il appartient à celle-ci, et notamment aux directeurs des établissements pénitentiaires, en leur qualité de chefs de service, de prendre les mesures propres à protéger leur vie ainsi qu'à leur éviter tout traitement inhumain ou dégradant afin de garantir le respect effectif des exigences découlant des principes rappelés notamment par les articles 2 et 3 de la convention européenne de sauvegarde des droits de l'homme et des libertés fondamentales. Le droit au respect de la vie ainsi que le droit de ne pas être soumis à des traitements inhumains ou dégradants constituent des libertés fondamentales au sens des dispositions de l'article L. 521-2 du Code de justice administrative. Lorsque la carence de l'autorité publique crée un danger caractérisé et imminent pour la vie des personnes ou les expose à être soumises, de manière caractérisée, à un traitement inhumain ou dégradant, portant ainsi une atteinte grave et manifestement illégale à ces libertés fondamentales, et que la situation permet de prendre utilement des mesures de sauvegarde dans un délai de quarante-huit heures, le juge des référés peut, au titre de la procédure particulière prévue par l'article L. 521-2, prescrire toutes les mesures de nature à faire cesser la situation résultant de cette carence.

5. Le droit au respect de la vie privée et familiale rappelé notamment par l'article 8 de la Convention européenne de sauvegarde des droits de l'homme et des libertés fondamentales dont bénéficient, compte tenu des contraintes inhérentes à la détention, les personnes détenues, revêt le caractère

400. CE, ord. réf., 14 mars 2005, *G.* : un recteur d'académie doit éviter des propos publics tendant à admettre la culpabilité d'un enseignant accusé de révisionnisme, cette présomption doit aussi être conciliée « avec l'information du public sur le déroulement des instances répressives en cours » ce qui permet au recteur d'informer le public sans préjuger de l'issue des procédures judiciaires.

401. Logement : CE, 3 mai 2002, *Tibéri* ; santé : CE, 8 sept. 2005, *Bunel* sauf à faire jouer la liberté personnelle pour parvenir au même résultat.

402. CE, ord. réf., 13 août 2013, *Ministre de l'Intérieur c. Commune de Saint-Leu*, nº 370902.

403. CE, Ord. Réf., 15 avr. 2020, *Association Coronavictimes et autres*, nº 439910.

404. CE, ord. réf., 9 janv. 2014, Ministre de l'Intérieur c. Société Les Productions de la Plume et M. Dieudonné M'Bala M'Bala, nº 374508 et CE, Ass., 14 févr. 2014, Mme Lambert, nº 375081.

405. TA Strasbourg, ord., 7 avr. 2014, nº 1401623.

d'une liberté fondamentale au sens des dispositions de l'article L. 521-2 du Code de justice administrative. Lorsque le fonctionnement d'un établissement pénitentiaire ou des mesures particulières prises à l'égard d'un détenu affectent, de manière caractérisée, son droit au respect de la vie privée et familiale dans des conditions qui excèdent les restrictions inhérentes à la détention, portant ainsi une atteinte grave et manifestement illégale à cette liberté fondamentale, et que la situation permet de prendre utilement des mesures de sauvegarde dans un délai de quarante-huit heures, le juge des référés peut, au titre de la procédure particulière prévue par l'article L. 521-2, prescrire toutes les mesures de nature à faire cesser l'atteinte excessive ainsi portée à ce droit.
6. Il résulte de ce qui précède que les conditions d'intervention du juge des référés, sur le fondement de l'article L. 521-2 du Code de justice administrative, diffèrent selon qu'il s'agit d'assurer la sauvegarde des droits protégés par les articles 2 et 3 de la Convention européenne de sauvegarde des droits de l'homme et des libertés fondamentales, d'une part, et du droit protégé par l'article 8 de la même convention, d'autre part, le paragraphe 2 de ce dernier article prévoyant expressément, sous certaines conditions, que des restrictions puissent être apportées à son exercice.

2. Le juge judiciaire, gardien de la liberté individuelle

630 **Le recentrage par la jurisprudence constitutionnelle de la notion de liberté individuelle sur le champ de la sûreté laisse intacts d'autres filons jurisprudentiels constitués par le Tribunal des conflits.** Certains concrétisent la réserve formulée par l'article 66 de la Constitution, d'autres attribuent à l'autorité judiciaire des contentieux touchant à la propriété et à l'état civil.

a. L'article 66 de la Constitution

631 **Consécration constitutionnelle d'un principe plus ancien. –** Selon cet article « nul ne peut être arbitrairement détenu. L'autorité judiciaire, gardienne de la liberté individuelle, assure le respect de ce principe ». Il fait écho à **l'article 136 du Code de procédure pénale** qui dispose que « l'inobservation des formalités prescrites pour les mandats de comparution, d'amener, de dépôt, d'arrêt et de recherche peut donner lieu à des sanctions disciplinaires [...]. Ces dispositions sont étendues, [...] à toute violation des mesures protectrices de la liberté individuelle prescrites par les articles 56, 57, 59, 96, 97, 138 et 139. Dans les cas visés aux deux alinéas précédents et dans tous les cas d'atteinte à la liberté individuelle, le conflit ne peut jamais être élevé par l'autorité administrative et les tribunaux de l'ordre judiciaire sont toujours exclusivement compétents. Il en est de même dans toute instance civile fondée sur des faits constitutifs d'une atteinte à la liberté individuelle ou à l'inviolabilité du domicile prévue par les articles 432-4 à 432-6 et 432-8 du Code pénal, qu'elle soit dirigée contre la collectivité publique ou contre ses agents ». La jurisprudence lui a donné une interprétation stricte en **limitant cette compétence aux seules actions en réparation** et en interdisant au juge judiciaire d'apprécier par voie d'exception la légalité d'actes administratifs[406]. Selon le champ donné à la liberté individuelle, le rôle du juge judiciaire évolue. **Le Conseil constitutionnel a détaché de la liberté individuelle ses « satellites » que sont la liberté du mariage, celle d'aller et venir, la vie privée, la protection du domicile...**

632 **Champ de la liberté individuelle. –** Il a été réduit, on l'a dit plus haut ; même si certains requérants l'invoquent encore à l'appui de n'importe quelle demande ! **La question de la protection du domicile a été une des dernières à basculer dans le giron de la liberté personnelle.** La jurisprudence du Conseil constitutionnel, depuis sa décision du 29 décembre 1983, accordait encore, jusqu'en 2013, au juge judiciaire le soin d'encadrer les perquisitions domiciliaires au titre de la liberté individuelle, ce qui n'a rien d'évident. Cela semblait logique

406. T. confl., 16 nov. 1964, *Clément*.

quand la vie privée était abritée par la liberté individuelle. Depuis la décision nº 2013-679 DC du 4 décembre 2013[407], le Conseil constitutionnel considère que « la liberté proclamée par l'article 2 de la Déclaration de 1789 implique le droit au respect de la vie privée et, en particulier, de l'inviolabilité du domicile ». Dans sa décision relative à la géolocalisation[408], le Conseil constitutionnel ne mentionne que l'article 2 de la DDHC au fondement de l'inviolabilité du domicile et de la correspondance[409]. Dans le cadre de l'état d'urgence, le Conseil constitutionnel confirme qu'une perquisition « n'affecte pas la liberté individuelle au sens de l'article 66 de la Constitution »[410].

Depuis 2003, **le rôle de l'autorité judiciaire ne peut se justifier que par les critères traditionnels** (par exemple la liaison avec le contentieux fiscal) non constitutionnels et par des raisons institutionnelles comme l'autorité exercée sur la police judiciaire ou les douanes. Cela explique que des violences exercées lors d'un contrôle d'identité sur la voie publique relèvent du juge administratif car elles mettent en cause la liberté personnelle mais non la liberté individuelle au sens strict faute de détention[411]. Inversement, on ne devrait plus voir les juges invoquer « les droits individuels » pour entraîner l'application de l'article 66 C comme la Cour de cassation le fit[412]. Le même fondement conditionne la compétence des juridictions judiciaires à l'égard **des mesures d'hospitalisation d'office en établissement psychiatrique décidées par les préfets**. Cependant la jurisprudence interprétait strictement cette compétence en laissant aux juridictions administratives le soin d'apprécier la régularité formelle de la décision, les juridictions judiciaires appréciant sa seule nécessité[413]. Depuis juillet 2011, le contentieux a été unifié au profit du juge judiciaire. Cette évolution évite les difficultés relevées par la CEDH pour laquelle le contentieux relatif à la légalité externe de l'acte, en ce qu'il met en jeu la liberté individuelle, devrait relever du juge judiciaire[414]. La loi du 27 septembre 2013 a ramené le délai de contrôle de 15 à 12 jours en précisant que le juge des libertés et de la détention (JDL) devra être saisi dans les 6 jours suivant l'admission en soins sans consentement. L'audience se tiendra à l'hôpital et non plus au palais de justice.

633 **Garanties apportées. -** Le juge judiciaire reste en principe le seul à pouvoir prendre un acte attentatoire à la liberté individuelle bien que l'administration puisse enfermer un individu pendant un certain temps. **Le Conseil constitutionnel développe une jurisprudence constante qui permet de concilier ces deux aspects en mettant en avant l'efficacité de l'intervention de l'autorité judiciaire qui doit agir dans un bref délai. Un effet de « seuil » temporel permet à l'administration de prendre une mesure attentatoire à la liberté d'aller et venir, mais, passé ce délai, la liberté individuelle se trouve en cause et le juge judiciaire compétent à ce titre.** Par exemple, dans sa décision du 9 janvier 1980, le Conseil constitutionnel admet la compétence du juge administratif pour contrôler les quarante-huit heures de rétention d'un étranger (mais sept jours avant l'intervention de l'autorité judiciaire seraient excessifs). Le législateur a porté en 2011 ce délai à cinq jours, avant de rééquilibrer les choses par la loi du 7 mars 2016 qui confirme la compétence administrative, mais a ouvert au juge des libertés et de la détention le contentieux de la légalité de l'éloignement et de la rétention des étrangers. Le Conseil constitutionnel a confirmé la constitutionnalité d'un dispositif semblable : « En tout état de cause, la mesure de rétention, qui, en vertu des articles L. 552-1 et L. 552-7 du même code, ne peut être prolongée au-delà de quarante-huit heures qu'avec l'accord du juge judiciaire, ne peut durer plus de quarante-cinq jours »[415]. Le JLD est seul compétent pour mettre fin à la rétention lorsqu'il l'a lui-même prolongée. Une autre loi, du 8 août 2016, a posé un véritable statut propre pour les JLD qui seront nommés par décret du président de la République

---

407. Loi relative à la lutte contre la fraude fiscale et la grande délinquance économique et financière.
408. CC, 2014-693 DC, 25 mars 2014, cons. 9 à 12
409. CC, 4 déc. 2013, déc. nº 2013-679 DC, *Loi relative à la lutte contre la fraude fiscale et la grande délinquance économique et financière* : « 38. Considérant que la liberté proclamée par l'article 2 de la Déclaration de 1789 implique le droit au respect de la vie privée et, en particulier, de l'inviolabilité du domicile ».
410. CC, 19 févr. 2016, nº 2016-536 QPC.
411. Le raisonnement repose alors sur l'opposition entre police administrative et police judiciaire : T. confl., 28 avr. 1980, *Waroquier*.
412. Cass. crim., 25 avr. 1985, *Bogdan*.
413. T. confl., 27 nov. 1995, Préfet de Paris c. Boucheras.
414. CEDH, 30 janv. 2001, *Vaudelle c. France*.
415. CC, 15 mars 2018, nº 2018-762 DC. Loi permettant une bonne application du régime d'asile européen.

parmi les magistrats gradés[416]. Le Conseil d'État a validé le partage de compétences entre les deux juges à propos de la mesure générale de confinement dans le cadre de l'état d'urgence sanitaire. Il souligne que la loi donne au Premier ministre la « possibilité non d'interdire, par une mesure individuelle, à une personne déterminée de sortir de son domicile, mais de prendre un acte réglementaire à caractère général, ayant pour objet de viser un ensemble des personnes » et « qui n'a d'autre but, conformément à l'objectif de valeur constitutionnelle de protection de la santé, que de protéger la santé ». Cette mesure, par « sa nature et à son objet, n'est pas au nombre de celles que l'article 66 de la Constitution réserve à la compétence de l'autorité judiciaire ». Cela semble indiquer que le seuil entre les deux libertés ne soit pas simplement une question de temps de la suspension de la liberté de mouvement, ou des effets que cela peut avoir sur l'individu, mais tient surtout aux éléments substantiels comme les objectifs de la mesure ; ce qui a pour effet de mettre en avant sa nature de police administrative, pour en conserver le contrôle. Cela alimente le mouvement, pour le moins discutable, de « préqualification » par l'administration elle-même, que le juge ne fait qu'enregistrer[417].

634 Débat relatif à la composition de l'autorité judiciaire. – Que signifie « autorité judiciaire » ? Le Conseil constitutionnel maintient que « **l'autorité judiciaire comprend à la fois les magistrats du siège et du parquet** »[418], ce qui permet la constitutionnalité de la législation relative à la garde à vue qui voit l'intervention fréquente du ministère public du point de vue de la répartition des compétences de l'article 66 (mais pas du point de vue de la liberté individuelle elle-même faute d'intervention de l'autorité judiciaire pour les premières vingt-quatre heures de garde à vue quelle que soit la gravité des faits qui motivent une telle mesure). **Le Conseil a même admis qu'un recours du parquet contre une décision de remise en liberté émanant du siège a un effet suspensif**[419]. Au contraire la CEDH émet un doute sur la qualité des membres du parquet pour assurer la protection de la liberté individuelle : **l'arrêt** *Moulin c. France* du 23 novembre 2010 maintient, s'agissant d'une avocate mise en cause dans le cadre d'une procédure relative à un trafic de stupéfiants et placée en garde à vue plusieurs jours par un juge d'instruction sans entendre personnellement la requérante (qui fût présentée au procureur adjoint deux jours après son arrestation), que les membres du ministère public, du fait de leur statut, ne remplissent pas l'exigence d'indépendance requise à l'égard de l'exécutif.

Le Conseil constitutionnel s'est à nouveau prononcé sur le statut du parquet en 2017[420] à propos de l'article 5 de l'ordonnance nº 58-1270 du 22 décembre 1958 portant loi organique relative au statut de la magistrature qui prévoit que « les magistrats du parquet sont placés sous la direction et le contrôle de leurs chefs hiérarchiques et sous l'autorité du garde des Sceaux, ministre de la Justice. À l'audience, leur parole est libre ». Selon les requérants, leur appartenance à l'autorité judiciaire devrait les conduire à bénéficier de l'indépendance et de la séparation des pouvoirs. Le Conseil constitutionnel ne relève pas de contradiction : **la Constitution consacre l'indépendance des magistrats du parquet, dont découle le libre exercice de leur action devant les juridictions**, mais cette indépendance doit être conciliée avec les prérogatives du gouvernement et ne comporte pas les mêmes garanties pour le parquet qui admet l'autorité du garde des Sceaux (pouvoirs de nomination et de sanction, pouvoir d'adresser des instructions générales de politique pénale, sauf dans des affaires individuelles). Cela se justifie aussi au regard de la nécessité d'assurer sur tout le territoire de la République l'égalité des citoyens devant la loi. **Pour le juge cette situation ne porte pas préjudice au principe d'impartialité auquel est tenu le parquet** dans ses missions d'investigations et d'engagement des poursuites. La conciliation serait donc équilibrée entre le principe d'indépendance de l'autorité judiciaire et les prérogatives que le gouvernement tient de l'article 20 de la Constitution. Elles ne méconnaissent pas non plus la séparation des pouvoirs. Il faudrait sans doute discuter cette façon de voir (ou de ne pas voir…). Car la séparation des pouvoirs n'est pas synonyme

416. Loi organique du 8 août 2016 relative aux garanties statutaires, aux obligations déontologiques et au recrutement des magistrats ainsi qu'au Conseil supérieur de la magistrature.
417. CE, ord. réf., 22 juill. 2020, *M. B... et autre*, nº 440149.
418. Encore dans sa décision CC, 30 juill. 2010, déc. nº 2010-14/22 QPC, *Daniel W. et autres*.
419. CC, 20 nov. 2003, nº 2003-484 DC.
420. CC, 8 décembre 2017, *Union syndicale des magistrats*, nº 2017-680 QPC [Indépendance des magistrats du parquet].

d'indépendance, laquelle demeure la condition de l'impartialité objective. Entre unité de la magistrature et dépendance du parquet, il faudrait choisir.

Pour la Cour de justice, questionnée dans le cadre du dispositif du mandat d'arrêt européen, le parquet français présente des garanties d'indépendance suffisantes[421]. La notion d'autorité judiciaire figure en effet également à l'article 6 § 1 de la décision-cadre, comme notion autonome du droit de l'UE qui exclut un organe de l'exécutif[422]. **Seule une autorité indépendante peut émettre un mandat d'arrêt européen[423] mais il n'est pas exigé qu'il s'agisse d'une juridiction** ; il suffit que le mandat suive une décision juridictionnelle (le mandat d'arrêt national) et qu'aucune instruction individuelle de l'administration ne puisse s'imposer, ce à quoi le parquet français semble satisfaire aux yeux du juge de l'Union.

b. La compétence du juge judiciaire face à l'administration

α. *La voie de fait*

635 **Notion.** – Reconnue par l'arrêt *Action française*[424], cette « théorie » (manière de désigner un raisonnement récurrent du juge) **conduit à attribuer aux juridictions judiciaires la compétence à l'égard d'actes émanant de l'administration mais qui, compte tenu de la gravité des vices qui les entachent, ne sauraient être imputés à l'administration en tant qu'institution**. Le juge relève une illégalité inadmissible consistant dans le recours irrégulier à l'exécution forcée d'une décision administrative ou une mesure manifestement insusceptible de se rattacher à un pouvoir de l'administration lorsque cela porte une atteinte grave à une liberté fondamentale ou à la propriété privée. Par exemple, l'administration ne saurait procéder d'office à la destruction d'immeubles en état de péril après le passage d'un cyclone[425] ou encore saisir des documents dans une affaire où le requérant, qui avait critiqué les travaux de restauration de la cathédrale de Chartres, s'était vu confisquer par un commissaire de police les clichés photographiques qu'il venait de prendre pour étayer son argumentation[426].

636 **Effets.** – Les juridictions judiciaires jouissent d'une plénitude de compétence qui s'étend de la constatation de l'existence d'une voie de fait (y compris l'appréciation de la légalité des actes administratifs), au prononcé d'injonctions et à la réparation des dommages causés[427].

637 **Évolution jurisprudentielle.** – Les années 1980 ont vu le juge judiciaire entendre très largement la voie de fait. Le Tribunal des conflits avait montré la voie[428]. Le juge judiciaire accepte sa compétence dès qu'il entend sanctionner la puissance publique[429], voire pour la rétrogradation d'un club de football[430]. Le Tribunal des conflits a recentré la définition[431] jusqu'à un arrêt excessif[432] considérant comme simplement illégal le refus de laisser débarquer lors d'une escale deux passagers clandestins à qui l'entrée sur le territoire français avait été refusée. La création du référé-liberté a eu pour but de permettre un contrôle du juge administratif pour éviter les abus,

---

421. CJUE, 12 déc. 2019, *JR et YC*, aff. C-566/19 PPU et C-626/19 PPU.
422. CJUE, 10 nov. 2016, *KovalKovas*, aff. C-477/16 PPU.
423. CJUE, 27 mai 2019, *OG et PI*, aff. C-508/19, C-82/19.
424. T. confl., 8 avr. 1935, *Action française*.
425. T. confl., 22 juin 1998, *Préfet de la Guadeloupe*.
426. CE, Ass., 18 nov. 1949, *Carlier*.
427. T. confl., 30 oct. 1947, *Barinstein*.
428. T. confl., 9 juin 1986, *Eucat* : est une voie de fait le retrait du passeport, destiné à empêcher un contribuable lourdement endetté envers le fisc de fuir à l'étranger.
429. Dans le cas d'une suspension par l'administration de l'abonnement téléphonique d'une entreprise : T. confl., 15 avr. 1991, *Préfet de la Région Lorraine* ; dans celui d'une mutation dans l'intérêt du service d'un inspecteur de police ayant violé son obligation de réserve : T. confl., 4 juill. 1991, *Gaudino*.
430. T. confl., 13 janv. 1992, Association nouvelle des Girondins de Bordeaux.
431. T. confl., 20 juin 1994, *Madaci et Youbi*.
432. T. confl., 12 mai 1997, Préfet de police de Paris c. Ben Salem et Taznaret.

sans toujours y parvenir[433]. Dans un arrêt rendu le 23 mai 2005[434], le Tribunal des conflits paraît mettre un terme à ces hésitations. Depuis, la Cour de cassation se montre restrictive : une commune qui installe un parking sur une parcelle privée n'est pas coupable d'une voie de fait « aussi longtemps qu'elle se rattache à une mission de service public et ne procède pas d'une erreur grossière ni d'une méconnaissance délibérée des droits du propriétaire »[435]. La rétention d'un passeport s'analyse désormais en une atteinte à la liberté personnelle[436]. Mais en 2013, le Conseil d'État a revendiqué de passer outre cette théorie en admettant que les juridictions administratives puissent être compétentes et prononcer des mesures d'injonctions à l'égard de l'administration « même en cas de voie de fait » (une commune avait entrepris des travaux sur une parcelle privée sans accord du propriétaire)[437]. Puis le Tribunal des conflits a infléchi en ce sens la définition de la voie de fait : « il n'y a voie de fait de la part de l'administration, justifiant, par exception au principe de séparation des autorités administratives et judiciaires, la compétence des juridictions de l'ordre judiciaire pour en ordonner la cessation ou la réparation, que dans la mesure où l'administration a procédé :

- soit à l'exécution forcée, dans des conditions irrégulières, d'une décision, même régulière, portant atteinte à la liberté individuelle ou aboutissant à l'extinction d'un droit de propriété ;
- soit a pris une décision qui a les mêmes effets d'atteinte à la liberté individuelle ou d'extinction d'un droit de propriété et qui est manifestement insusceptible d'être rattachée à un pouvoir appartenant à l'autorité administrative[438] ».

Cet arrêt opère en partie une réduction des hypothèses de voie de fait : d'abord, en passant des « libertés fondamentales » à la seule « liberté individuelle » (recentrage sur compétence constitutionnelle art. 66). Désormais, les actes administratifs portant atteinte à une liberté fondamentale (autre que la liberté individuelle ou l'extinction du droit de propriété) relèvent systématiquement et exclusivement de la compétence du juge administratif quand bien même ils sont manifestement insusceptibles de se rattacher à une compétence détenue par l'administration ou constituent une exécution forcée irrégulière ; ensuite en évoquant seulement l'« extinction » de la propriété privée par opposition à « limitation ». Mais dans le même temps, il opère aussi une extension des hypothèses de la voie de fait **car le critère de « gravité » de l'atteinte disparaît**, ce qui semble indiquer qu'il pourrait y avoir voie de fait **dès qu'il y a atteinte à la compétence du juge judiciaire.** La compétence du juge administratif est admise pour prévenir et constater la voie de fait. En référé, il peut enjoindre la cessation des actes qui créent la voie de fait.

La Cour de cassation a été amenée à rappeler les contours stricts de la voir de fait, en raison d'un arrêt de la cour d'appel de Paris, dans **l'affaire Lambert,** qui retenait la voie de fait pour le refus des autorités françaises de déférer à une demande de mesure provisoire formulée par le **Comité des droits des personnes handicapées** de l'ONU et tendant à ce que l'alimentation et l'hydratation entérales d'un patient ne soient pas suspendues pendant l'examen de son dossier par le Comité, alors que le droit à la vie n'entre pas dans le champ de la liberté individuelle au sens de l'article 66 de la Constitution[439].

β. *La protection de la propriété*

638 « La protection de la propriété privée rentre essentiellement dans les attributions de l'autorité judiciaire » écrit depuis 1949 le Tribunal des conflits. Depuis, le Conseil constitutionnel en a tiré un principe fondamental

433. T. confl., 19 nov. 2001, *Mlle M. c. ministre de l'Intérieur* : cas de la rétention d'un passeport par la police des frontières, à laquelle celle-ci est habilitée à procéder, mais qui n'est autorisée, souligne le Tribunal des conflits, que pendant le temps strictement nécessaire à l'exercice du contrôle d'identité et de nationalité, de sorte que « dans le cas où la durée de la rétention de ce document est manifestement excessive, un tel comportement cesse alors de se rattacher à l'exercice par l'administration de ses pouvoirs ».
434. T. confl., 23 mai 2005, Haut-commissaire de la République en Polynésie française.
435. Cass. 1re civ., 9 janv. 2007.
436. CE, ord. réf., 2 avr. 2001, n° 231965.
437. CE, ord. réf., 23 janv. 2013, *Commune de Chirongui*, req. n° 365262.
438. TC, 17 juin 2013, M. Bergoend c/Société ERDF Annecy Léman.
439. Cass. ass. plén., arrêt n° 647 du 28 juin 2019 (n° 19-17330 ; 19-17342).

reconnu par les lois de la République[440]. De façon constante **le contrôle de toute privation irrégulière de propriété échappe au juge administratif**, tout comme le soin de fixer le prix de cette privation (pour l'expropriation en priorité). Il s'agit de l'emprise qui consiste pour une administration à prendre possession temporairement ou définitivement, de façon partielle ou totale d'un immeuble, et d'empêcher ainsi son propriétaire de l'utiliser[441]. Les juridictions judiciaires se cantonnaient à l'indemnisation, jusqu'à ce que le Tribunal des conflits l'attribue au juge administratif, mettant ainsi fin à une solution brouillant les compétences et ralentissant l'accès du justiciable à la réparation[442]. Le Conseil constitutionnel a d'ailleurs eu l'occasion, lors d'une QPC, de confirmer cet état de la répartition des compétences[443].

Si la juridiction administrative est seule compétente pour se prononcer sur l'appartenance d'une voie communale au domaine public ou privé de la commune, c'est à la condition que soit préalablement tranchée, par le juge judiciaire, la question de la propriété de l'assiette de cette voie lorsqu'elle est revendiquée par une personne privée[444]. La Cour de cassation[445] a aussi estimé que, **faute d'extinction du droit de propriété, ne s'analysent pas comme une voie de fait des travaux d'aménagement réalisés par une commune qui ont, d'une part, supprimé les signes distinctifs de la limite entre une propriété privée et le domaine public**, entraînant ainsi une occupation irrégulière de la propriété privée par les automobilistes, et, d'autre part, créé trois points d'ancrage supplémentaires sur la façade pour l'éclairage public. Elle a par la suite adopté la même définition que celle que propose l'arrêt *Bergoend* en ce que des travaux effectués par un EPCI sur des ouvrages appartenant à l'opérateur Orange ne sont pas des voies de fait[446]. Le Tribunal des conflits a confirmé cette conception[447]. Désormais donc, **la rétention d'un étranger pendant deux jours et, au-delà, de ses documents d'identité supposés frauduleux, porte sans doute atteinte à la liberté d'aller et venir, mais pas à la liberté individuelle**[448]. La situation est encore moins constitutive d'une voie de fait, et la responsabilité de l'État sera jugée par le juge administratif.

3. Le Conseil constitutionnel

639 Il a déjà été fait état de l'œuvre prétorienne de consécration des normes du contrôle de constitutionnalité. Il s'agit ici simplement de rappeler les différentes hypothèses dans lesquelles le Conseil peut être amené à protéger les libertés. **Aux contrôles *a priori* d'origine s'ajoute depuis 2010 la voie de la question prioritaire de constitutionnalité**.

a. Les contrôles des textes *a priori*

640 **Articles 54 et 61. – Au titre de l'article 61, le Conseil peut être saisi de la constitutionnalité d'une loi en attente de promulgation. La saisine du Conseil constitutionnel suspend le délai de promulgation.** Jusqu'à la loi constitutionnelle du 29 octobre 1974, seules les quatre plus hautes autorités de l'État avaient le droit de déférer au Conseil, avant sa promulgation, une loi définitivement adoptée par le Parlement : le président de la République, le Premier ministre, le président de l'Assemblée nationale et le président du Sénat. La révision de l'article 61, en 1974, de la Constitution a étendu cette prérogative à soixante députés ou soixante sénateurs. Le Conseil constitutionnel doit statuer dans le délai d'un mois. Le Conseil peut alors opérer le contrôle d'un traité international, lui aussi pouvant se révéler attentatoire aux libertés (art. 54). Si c'est le cas, il ne peut être ratifié

440. CC, 13 déc. 1985, déc. n° 85-198 DC.
441. T. confl., 17 mars 1949, Société « Hôtel du vieux Beffroi ».
442. T. confl., 9 déc. 2013, Panizzon c. Cne de Saint-Palais sur mer.
443. CC, 20 janv. 2011, déc. n° 2010-624 DC et 21 janv. 2011, déc. n° 2010-87 QPC.
444. Cass. 3e civ., 16 mai 2019, n° 17-26210.
445. Cass. 1re civ., 13 mai 2014, n° 12-28248, *Commune d'Uzerche*, *Juris-Data* n° 2014-009805.
446. Cass. 1re civ., 9 déc. 2015, *Communauté d'agglomération de Saint-Quentin en Yvelines c. Soc. Orange*, n° 14-24880.
447. T. confl., 11 janv. 2016, *Réseau ferré de France*, n° 4040 : le droit de propriété n'étant pas éteint, il n'y a pas voie de fait.
448. TC, 12 février 2018, *M. G.*, n° 4110.

sans révision préalable de la Constitution (comme ce fut le cas lors de la ratification des accords de Schengen). Les limites persistent. **À ce jour, les citoyens ne peuvent donc saisir, ni directement ni indirectement, le Conseil constitutionnel de la constitutionnalité d'une loi avant sa promulgation.**

641 Bilan. - Si des textes importants échappent encore au contrôle du Conseil constitutionnel, la plupart des lois lui sont aujourd'hui soumises et son bloc de normes de référence inclut désormais un nombre important de principes et de règles qui encadrent la loi. L'insertion de la Charte de l'environnement (utilisée de manière normale depuis, par exemple dans le cas de la loi relative aux organismes génétiquement modifiés en 2008), mais aussi des normes d'origine jurisprudentielle (comme les objectifs à valeur constitutionnelle de clarté et d'intelligibilité de la loi ou comme le principe fondamental reconnu par les lois de la République d'adaptation de la justice pénale aux mineurs) accroissent l'action du Conseil. Bien sûr, **on pourra toujours souligner une certaine pusillanimité de cette instance, notamment composée des anciens présidents de la République, initiateurs de textes proches de ceux qui sont examinés.** Les lois constitutionnelles elles-mêmes échappent à tout contrôle, alors même que rien n'exclut qu'elles soient liberticides.

Demeure également un point qui pourrait être « noir », à savoir **le refus de contrôler les lois adoptées par référendum**. Ainsi, il a refusé de juger une loi relative aux principes du droit de travail en Nouvelle-Calédonie[449], pourtant porteuse de traitements inégalitaires, au motif que « ces dispositions législatives adoptées par le Peuple français par la voie du référendum constituent l'expression directe de la souveraineté nationale ». En France, **le peuple peut donc aller encore à l'encontre de l'État de droit avec la bénédiction silencieuse de celui qui se considère pourtant comme le premier rempart des libertés**. Si la solution est ancienne (1962 à propos de la révision de la Constitution pour le passage de l'élection présidentielle au suffrage universel), elle n'en est pas moins très contestable. Cependant, par certains mécanismes comme la sanction de l'incompétence négative du législateur (qui permet d'exiger de la loi qu'elle ne s'en remette pas aveuglément au gouvernement), le Conseil permet une régulation de la répartition des pouvoirs.

b. La question prioritaire de constitutionnalité

642 Article 61-1. - La **révision constitutionnelle du 23 juillet 2008 est complétée par la loi organique n° 2009-1523 du 10 décembre 2009** relative à l'application de l'article 61-1 de la Constitution. Ce texte crée la « **question prioritaire de constitutionnalité** » et non pas « exception d'inconstitutionnalité », dans la mesure où il ne s'agit pas de faire une exception pour un justiciable mais d'amener à l'abrogation complète de la disposition législative contraire aux droits et libertés. La loi organique prévoit ainsi que l'on peut devant toutes les juridictions relevant du Conseil d'État ou de la Cour de cassation exciper d'une inconstitutionnalité de la loi déjà applicable. **Cet argument pourrait être soulevé pour la première fois en appel ou en cassation mais il ne pourra pas être relevé d'office par le juge.** La question prioritaire peut également être soulevée dans le cadre de l'instruction pénale, mais pas devant la cour d'assises au premier degré.

Attention d'ailleurs à **ne pas confondre la QPC, sur le terrain de la constitutionnalité, avec la procédure ouverte par le protocole 16 à la CEDH** qui ouvre ce qu'on appelle parfois « QPC » pour évoquer une question préjudicielle de conventionnalité (voir plus haut).

Entre 2008 et juillet 2022, le Conseil a rendu 1 000 décisions en question prioritaire de constitutionnalité, soit plus que de décisions DC (840 entre 1958 et 2022) et ainsi largement contribué à effacer de nos lois les dispositions contraires aux libertés en dépit de certaines réticences (même si elles sont en déclin) des cours suprêmes à transmettre les requêtes.

643 Procédure. - Le juge devant lequel la question est soulevée doit statuer sans délai et procéder à la transmission du mémoire spécifique à cette question au Conseil d'État ou à la Cour de cassation dans l'hypothèse où

449. CC, 25 avr. 2014, déc. n° 2014-392 QPC, *Province Sud de Nouvelle-Calédonie*.

trois conditions sont réunies : d'abord les dispositions contestées doivent être applicables aux litiges ou à la procédure en cours, ensuite la disposition contestée ne doit pas avoir été d'ores et déjà déclarée conforme à la Constitution par le Conseil constitutionnel, enfin la question ne doit pas être dépourvue de caractère sérieux.

Cette nouvelle forme de contestation de la loi est nommée question prioritaire dans la mesure où **un juge, saisi à la fois d'un argument tenant à l'inconstitutionnalité et à l'inconventionnalité de la loi, doit donner priorité à la question constitutionnelle sans que cela ne remette en cause la primauté du droit de l'Union**[450]. Le juge constitutionnel entend d'ailleurs ne pas entrer en conflit avec le droit de l'Union. **Il a saisi**[451] **en urgence, dans le cadre d'une QPC, la Cour de justice de l'Union européenne d'une question préjudicielle** relative à l'article 695-46 du CPP, transposant le mandat d'arrêt européen (MAE) institué par la décision-cadre du Conseil de l'Union européenne du 13 juin 2002. Il a donc demandé une interprétation dont dépend le sens de la norme à confronter ensuite à la Constitution. La CJUE est en effet compétente pour fixer l'interprétation du droit de l'Union, et le Conseil n'avait pas à se substituer à elle en ce domaine. Dans le même sens, le droit de l'Union, bien qu'il mentionne la CEDH comme source des principes du droit de l'Union, n'a pas pour effet d'imposer le respect de la CEDH aux normes de droit interne[452]. Le juge doit surseoir à statuer jusqu'à la décision, sauf si la liberté d'une personne est en cause ou en cas d'urgence (car la loi prévoit qu'il statue dans un délai déterminé). C'est alors en appel que pourra être examinée la question prioritaire de constitutionnalité. **Le Conseil d'État ou la Cour de cassation disposent d'un délai de trois mois à compter de la transmission pour statuer à leur tour sur la possibilité d'un renvoi au Conseil constitutionnel.** Ils examinent à nouveau la dimension sérieuse de la question et son éventuelle nouveauté (il ne doit pas y avoir de précédent : il n'existe pas de décision antérieure sur la disposition attaquée, et il faut une question nouvelle par rapport à une disposition constitutionnelle que le Conseil n'a jamais utilisée). Ce filtrage n'est pas jugé contraire au droit à un procès équitable par la Cour européenne[453].

644 **Portée.** – Certains **arguments ne peuvent être invoqués à l'appui d'une question prioritaire de constitutionnalité : la méconnaissance de la procédure parlementaire, la méconnaissance des objectifs à valeur constitutionnelle** qui ne portent pas directement un droit subjectif comme l'objectif d'intelligibilité et d'accessibilité de la loi, la violation des engagements internationaux. En revanche, le Conseil constitutionnel a jugé recevable une QPC qui portait sur une disposition qui a ensuite été modifiée par le législateur dans la mesure où cette disposition a été reconnue applicable au litige par le Conseil d'État et que la décision d'inconstitutionnalité doit pouvoir logiquement lui bénéficier. **La procédure doit ainsi conserver un « effet utile »**[454]. Une autre limite tient à « l'écran » que forment les directives européennes ou les règlements européens[455] entre la loi qui les transposent ou les adaptent et la Constitution, sauf le cas d'une disposition mettant en cause l'identité constitutionnelle de la France[456]. Ainsi, dans la décision *M. Kamel D.*[457], le Conseil a été saisi de l'article L. 512-2 (ex. L. 712-2) du CESEDA qui exclut du bénéfice de la protection subsidiaire des étrangers réfugiés certaines catégories de personnes qui ont commis des actes d'une gravité particulière. Le requérant soutenait que ces dispositions méconnaissent le principe de la dignité humaine et l'article 66-1 de la Constitution relatif à l'interdiction de la peine de mort. Toutefois le Conseil juge que ces dispositions se bornent à tirer les conséquences nécessaires de dispositions inconditionnelles et précises d'une directive européenne du 29 avril 2004. Il n'y a donc pas lieu qu'il examine la question prioritaire de constitutionnalité renvoyée.

---

450. CJUE, 22 juin 2010, *Melki*.
451. Décision n° 2013-314 P QPC du 4 avr. 2013.
452. CJUE, Gr. Ch., 24 avr. 2012, aff. C-571/10, Kamberaj Servet / Istituto per l'Edilizia Sociale della Provincia di Bolzano (IPES), Giunta Provinciale della Provincia Autonoma di Bolzano, Provincia Autonoma di Bolzano : « la référence que fait l'article 6, paragraphe 3, TUE à la CEDH n'impose pas au juge national, en cas de conflit entre une règle de droit national et la CEDH, d'appliquer directement les dispositions de ladite convention, en écartant l'application de la règle de droit national incompatible avec celle-ci » (pt 63).
453. CEDH, 25 août 2015, *Jacky Renard c. France*, n° 3569/12.
454. CC, 23 juill. 2010, déc. n° 2010-16 QPC, *M. Philippe E.*
455. CC, 12 juin 2018, n° 2018-765 DC. Loi relative à la protection des données personnelles.
456. Sur ce point, voir n° 234.
457. CC, 17 déc. 2010, déc. n° 2010-79 QPC, *M. Kamel D.*

645 **Limites.** – Il résulte de l'article 23-2 de l'ordonnance du 7 novembre 1958 et de l'article 23-5 que le Conseil constitutionnel ne peut être saisi d'une question prioritaire de constitutionnalité relative à une disposition qui a déjà été déclarée conforme à la Constitution, sauf changement des circonstances. C'est la raison pour laquelle le Conseil a pu rejeter le recours exercé contre certains articles du Code de procédure pénale relatifs à la garde à vue en matière de lutte contre la délinquance et la criminalité organisées déjà examinés lors la décision du 2 mars 2004[458]. La même décision **admet que soient réexaminées des dispositions dont le contexte a été plusieurs fois modifié, affectant les conditions de mise en œuvre et constituant un changement des circonstances de fait**[459] (qui conduisent à ce qu'une personne est désormais le plus souvent jugée sur la base des seuls éléments de preuve rassemblés avant l'expiration de sa garde à vue, ainsi qu'à la réduction des exigences conditionnant l'attribution de la qualité d'officier de police judiciaire).

L'appréciation de la « nouveauté » de la question invite à l'interprétation. Si le Conseil s'est déjà prononcé, la QPC est possible à condition de prouver l'existence de nouvelles circonstances de fait ou de droit : il peut s'agir par exemple d'une révision de la Constitution, d'une pratique qui révèle une interprétation du texte contraire à la Constitution (comme un nombre de gardes à vue trop élevé) ou encore d'une jurisprudence de la CEDH qui modifie l'état du droit[460]. **La notion de circonstances de droit nouvelle a ainsi permis de réexaminer les dispositions relatives à la garde à vue**. Elle inclut l'éventuelle évolution de la jurisprudence du Conseil constitutionnel lui-même.

646 **Effets.** – Quant aux effets de l'abrogation prononcée, « une disposition déclarée inconstitutionnelle sur le fondement de l'article 61-1 est abrogée à compter de la publication de la décision du Conseil constitutionnel ou d'une date ultérieure fixée par cette décision. Le Conseil constitutionnel détermine les conditions et limites dans lesquelles les effets que la disposition a produits sont susceptibles d'être remis en cause ». La décision d'abrogation a un effet *erga omnes*, contrairement au contrôle d'inconventionnalité des juges ordinaires. **La norme disparaît et ce au bénéfice de tous.** Selon l'article 62 de la Constitution, le Conseil est investi, lorsqu'il constate cette inconstitutionnalité, du pouvoir de déterminer des règles transitoires dans l'attente de l'adoption d'une éventuelle réforme destinée à remédier à l'inconstitutionnalité, il n'y a ainsi pas de vide juridique. **Le Conseil estime qu'il ne « dispose pas d'un pouvoir général d'appréciation de même nature que celui du Parlement** ; qu'il ne lui appartient pas d'indiquer les modifications des règles de procédure pénale qui doivent être choisies pour qu'il soit remédié à l'inconstitutionnalité constatée »[461]. Il se contente donc d'enjoindre une modification avant une date qu'il fixe et de préciser si l'effet de l'abrogation peut être immédiat ou s'il conviendra d'attendre la date à laquelle les nouvelles dispositions devront avoir été adoptées. En cas d'inconstitutionnalité, la décision rendue par le Conseil doit logiquement bénéficier au requérant porteur de la QPC et à tous ceux qui avaient également un contentieux en cours. **C'est pourquoi la décision**[462] **qui a abrogé sans modulation le délit de harcèlement sexuel a suscité un trouble important dans l'opinion publique** (en ce qu'il a conduit à la relaxe d'auteurs poursuivis) et suscité l'engagement du Défenseur des droits auprès du Parlement afin d'obtenir une réécriture rapide de la loi.

Le juge administratif s'estime lié par la censure de dispositions déclarées contraires à la Constitution à l'égard de dispositions identiques, quoiqu'antérieures[463]. La déclaration d'inconstitutionnalité d'une disposition

458. CC, 30 juill. 2010, déc. n° 2010-14/22 QPC, *Daniel W. et autres*.
459. « Certaines modifications des règles de la procédure pénale ainsi que des changements dans les conditions de sa mise en œuvre ont conduit à un recours de plus en plus fréquent à la garde à vue et modifié l'équilibre des pouvoirs et des droits fixés par le Code de procédure pénale », cons. 15.
460. Cass. crim., 20 août 2014, n° 14-80394.
461. CC, 30 juill. 2010, déc. n° 2010-14/22 QPC, *Daniel W. et autres*.
462. Déc. 2012-240 QPC du 4 mai 2012 : « l'article 222-33 du Code pénal, qui réprime "le fait de harceler autrui dans le but d'obtenir des faveurs de nature sexuelle" permet que le délit de harcèlement sexuel soit punissable sans que les éléments constitutifs de l'infraction soient suffisamment définis. Ainsi, ces dispositions méconnaissent le principe de légalité des délits et des peines et doivent être déclarées contraires à la Constitution. 7. Considérant que l'abrogation de l'article 222-33 du Code pénal prend effet à compter de la publication de la présente décision ; qu'elle est applicable à toutes les affaires non jugées définitivement à cette date ».
463. CE, 16 janv. 2015, n° 386031, *Société Métropole télévision*.

législative par le Conseil constitutionnel a pour effet, en l'absence de report dans le temps de l'abrogation de cette disposition, de priver de base légale les actes réglementaires pris pour son application. L'auteur de la QPC soulevée à l'occasion d'un REP dirigé contre de tels actes réglementaires est fondé à en demander pour ce motif l'annulation pour excès de pouvoir[464]. Il relève également d'office les contrariétés avec les réserves d'interprétation du Conseil constitutionnel[465].

647 Modulation de l'abrogation. – Dès sa décision n° 2009-595 DC du 3 décembre 2009, rendue sur la loi organique relative à l'application de l'article 61-1 de la Constitution, le Conseil constitutionnel s'est montré attentif à la préservation de « l'effet utile de la question prioritaire de constitutionnalité pour le justiciable qui l'a posée » (cons. 17). Il a ainsi jugé qu'en principe, en cas de déclaration d'inconstitutionnalité, celle-ci devait bénéficier aux procédures en cours. Dans la décision n° 2010-1 QPC du 28 mai 2010, le Conseil a reporté la date de la prise d'effet de la déclaration d'inconstitutionnalité mais pour préserver l'effet utile de sa décision, il a précisé « **qu'il appartient, d'une part aux juridictions de surseoir à statuer jusqu'à cette date dans les instances dont l'issue dépend de l'application des dispositions déclarées inconstitutionnelles et, d'autre part, au législateur de prévoir une application des nouvelles dispositions à ces instances en cours à la date de (sa) décision** ». Dans la décision n° 2010-2 QPC du 11 juin 2010, il n'a pas précisé de date, l'abrogation prenant effet à compter de la publication de la décision du Conseil au *Journal officiel*. Le même mécanisme, dans la décision n° 2010-6/7 QPC du 11 juin 2010, qui abroge l'article L. 7 du Code électoral, permet aux personnes condamnées sur ce fondement de s'inscrire dès cette publication sur les listes électorales. Enfin, dans la décision n° 2010-10 QPC du 2 juillet 2010, il fournit le « mode d'emploi » de sa décision en indiquant quelle doit être la composition des juridictions (point censuré) dès la décision. Selon le Conseil d'État, le fait que le Conseil constitutionnel ait différé l'abrogation de la disposition déclarée inconstitutionnelle, prive les administrés de la possibilité d'obtenir l'annulation d'un acte réglementaire pris sur son fondement[466].

L'abrogation peut aussi être différée tout en prévoyant une réserve pour une période transitoire[467]. **L'abrogation peut en outre être totalement neutralisée**. Ainsi, dans une version antérieure à la loi du 20 novembre 2015, la loi relative à l'état d'urgence prévoyait la possibilité de recours à des perquisitions sans condition et en n'encadrant leur mise en œuvre d'aucune garantie. Le Conseil constitutionnel a donc jugé les dispositions contestées contraires à la Constitution. Mais, pour autant il a décidé que la remise en cause des actes de procédure pénale consécutifs à une perquisition décidée sur le fondement des dispositions jugées contraires à la Constitution méconnaîtrait l'objectif de valeur constitutionnelle de sauvegarde de l'ordre public et aurait des conséquences manifestement excessives. Les mesures prises sont donc incontestables sur le fondement de cette inconstitutionnalité[468].

Le Conseil constitutionnel[469] a, pour un autre exemple, examiné l'article 40 de la loi pénitentiaire du 24 novembre 2009 qui reconnaît aux personnes placées en détention provisoire le droit de correspondre par écrit avec toute personne de leur choix, « sous réserve que l'autorité judiciaire ne s'y oppose pas ». Il a censuré l'absence de voie de droit permettant la remise en cause de l'éventuel refus du magistrat conduit à une méconnaissance du droit au recours juridictionnel effectif. **Tout en reportant au 1er mars 2019 la date de cette abrogation, il a énoncé une réserve transitoire imposant dans l'intervalle que les personnes placées en détention provisoire puissent contester devant le président de la chambre de l'instruction les décisions de refus de l'autorité judiciaire**.

464. CE, 30 mai 2018, *Mme S...*, n° 400912.
465. CE, 15 mai 2013, n° 340554, Commune de Gurmençon.
466. CE, 14 nov. 2012, Association France Nature Environnement.
467. CC, 16 septembre 2016, *Mme Marie-Lou B. et autre*, n° 2016-566 QPC [Communication des réquisitions du ministère public devant la chambre de l'instruction].
468. CC, 23 septembre 2016, *M. Georges F. et autre*, n° 2016-567/568 QPC [Perquisitions administratives dans le cadre de l'état d'urgence II].
469. CC, 22 juin 2018, n° 2018-715 QPC, *Section française de l'Observatoire international des prisons* [Restrictions des communications des personnes détenues].

Le constat d'inconstitutionnalité **peut aussi se faire « date à date », c'est-à-dire, sur une période précise où le texte applicable a été en contradiction avec la norme constitutionnelle.** Ainsi d'un dispositif relatif à l'élimination des déchets qui n'a d'abord été contraire à rien, puis, en raison de son statut réglementaire insuffisant, à la Charte de l'environnement mais qui enfin était conforme par l'intervention de la loi[470].

Ce pouvoir de modulation est lui-même évalué par la Cour européenne des droits de l'homme qui considère que le requérant ne saurait en principe souffrir de manière disproportionnée de cette exigence de sécurité juridique. Ainsi, dans un arrêt[471] portant sur une affaire d'hospitalisation sous contrainte, la Cour n'estime pas contraire au droit à la sûreté de n'avoir pas appliqué immédiatement l'abrogation des dispositions concernées. Ce n'est pas nouveau dans le principe[472], mais il est remarquable que la Cour admette les motifs avancés par le Conseil constitutionnel selon lesquels l'abrogation immédiate des articles en cause « méconnaîtrait les exigences de la protection de la santé et de la prévention des atteintes à l'ordre public et entraînerait des conséquences manifestement excessives ».

E. Le droit à réparation

648 La **responsabilité se présente depuis plusieurs années maintenant comme une exigence constitutionnelle fondée notamment sur l'article 4 de la DDHC[473] que le législateur doit mettre en œuvre et qui devient ainsi un corollaire des droits fondamentaux, voire un droit subjectif en lui-même**. D'ailleurs, le droit contemporain tire toutes les conséquences de ce droit en cas de violation de la hiérarchie des normes. **La responsabilité de l'État du fait des lois est ainsi susceptible d'être engagée pour réparer l'ensemble des préjudices qui résultent de l'application d'une loi méconnaissant la Constitution**[474], sauf si le Conseil constitutionnel a exclu cette responsabilité dans son dispositif de modulation des effets de l'inconstitutionnalité[475]. Il appartient, par exemple, au législateur, dans le respect du droit de grève et du droit syndical ainsi que des autres droits et libertés ayant également valeur constitutionnelle, de définir les conditions d'exercice du droit de grève et du droit syndical et ainsi de tracer avec précision la limite séparant les actes et comportements licites des actes et comportements fautifs, de telle sorte que l'exercice de ces droits ne puisse être entravé par des actions en justice abusives, et, le cas échéant, d'aménager un régime spécial de réparation approprié conciliant les intérêts en présence. Mais il ne peut, même pour réaliser les objectifs qui sont les siens, dénier dans son principe même le droit des victimes d'actes fautifs à l'égalité devant la loi et devant les charges publiques[476]. De même, dans le cadre de la question prioritaire de constitutionnalité, portant sur le régime d'indemnisation applicable aux victimes d'accidents du travail, le Conseil l'examine au regard du principe de responsabilité qui découle de l'article 4 de la Déclaration de 1789[477]. Il **admet la constitutionnalité du régime d'indemnisation des accidents du travail qui concrétise le 11e alinéa du préambule de 1946** (droit à la protection de la santé). Il émet une réserve d'interprétation (la première en QPC) invitant, au nom de l'exigence de responsabilité et du droit au recours effectif, les juridictions de la sécurité sociale à apprécier en cas de faute inexcusable l'ensemble des préjudices, y compris les postes non couverts par le régime spécial[478]. Le législateur peut décider, pour rendre la réparation plus automatique et plus sûre, de substituer, en cas de faute inexcusable de l'employeur, un régime

470. CC, 18 novembre 2016, *Société Aprochim et autres*, n° 2016-595 QPC [Conditions d'exercice de l'activité d'élimination des déchets].
471. CEDH, 6 février 2018, *Jean-Louis CHESSA c. la France* (déc.), n° 76186/11.
472. CEDH, 6 novembre 2003, *Roshka c. Russie* (déc.), n° 63343/00.
473. Décision n° 99-419 DC du 9 nov. 1999 : « l'affirmation de la faculté d'agir en responsabilité met en œuvre l'exigence constitutionnelle posée par l'article 4 de la Déclaration des droits de l'homme et du citoyen de 1789, dont il résulte que tout fait quelconque de l'homme qui cause à autrui un dommage oblige celui par la faute duquel il est arrivé, à le réparer ».
474. CE, Ass., 24 déc. 2019, *Société hôtelière Paris Eiffel Suffren*, n° 425983, A ; CE, Ass., 24 déc. 2019, *M. L...*, n° 428162.
475. CC, 28 févr. 2020, n° 2019-828/829 QPC, *M. Raphaël S. et autre* [Déposition sans prestation de serment pour le conjoint de l'accusé].
476. CC, 22 oct. 1982, déc. n° 82-144 DC.
477. Déc. 2010-8 QPC, 18 juin 2010.
478. CC, 18 juin 2010, déc. n° 2010-8 QPC, *Époux L.*

d'assurance, mais c'est sous réserve que l'employeur puisse être actionné tout de même pour ce qui n'est pas couvert par l'assurance[479].

Une application peut encore en être trouvée à propos de **l'indemnisation des victimes d'actes de terrorisme** qui bénéficient d'un fonds de solidarité mais obtiennent également l'engagement de la responsabilité pour faute de l'État. Un jugement remarquable rendu par le tribunal administratif de Nîmes[480] pour les victimes d'actes terroristes que l'État a admis à côté de la responsabilité sans faute de l'État qui indemnise ces victimes via un fond de solidarité, une responsabilité pour faute en mettant bout à bout les négligences des services de renseignements : car « si la surveillance adéquate de [M. Merah] n'aurait pas nécessairement permis, compte tenu notamment de son mode opératoire, d'éviter ses actions terroristes, le défaut de surveillance a facilité son forfait et empêché la détection de tout signe annonciateur des intentions de l'individu, alors notamment, que quatre jours avant l'assassinat de M. X, il avait déjà fait une première victime ; qu'ainsi, l'absence de toutes mesures de surveillance a compromis les chances d'éviter le décès de M. X ». Si le principe est maintenu par le Conseil d'État, il réduit à la seule hypothèse de faute lourde cet engagement de responsabilité (ce qui n'est pas établi en l'espèce...)[481].

Dans le même esprit, l'État engage sa responsabilité lorsqu'un contrôle défectueux aux frontières a permis à une mineure de partir en Syrie pour rejoindre des mouvements terroristes[482].

479. CC, 14 avr. 2016, déc. n° 2016-533 QPC, *M. Jean-Marc P.*
480. TA, Nîmes, 12 juill. 2016, n° 1400420, 1500005.
481. CE, 18 juill. 2018, *Mme Monnet*, n° 411156.
482. CE, 26 avril 2017, *M. et Mme K...*, n° 394651.

EXERCICE D'AUTOÉVALUATION

1. Le législateur peut-il remplacer un régime de déclaration par un régime d'autorisation ?
2. Quels sont les pouvoirs du Défenseur des droits ?
3. Le droit au recours est-il absolu ?
4. Le standard du procès équitable s'applique-t-il aux autorités administratives ?
5. Comment saisit-on la Grande chambre de la CourEDH ?
6. Qu'est-ce qu'un « arrêt pilote » ?
7. Qui assure l'exécution des arrêts de la CourEDH ?
8. Quelles sont les conditions du référé-liberté devant le juge administratif ?
9. La Cour de cassation est-elle la protectrice des libertés individuelles ?
10. Qu'est-ce que l'« effet utile » de la QPC ?

RÉPONSES

1. Il s'agit de revenir sur une garantie légale d'une liberté. Si le Conseil constitutionnel n'impose plus d'« effet cliquet » qui figerait le droit et s'il permet que la loi soit modifiée, c'est à condition de conserver un niveau équivalent de protection en respectant la proportionnalité des limites au regard des objectifs de valeur constitutionnelle. Il risque sinon de constater une incompétence négative.

2. Il peut se faire communiquer tout document et enquêter sans qu'on lui oppose de secret (à l'exception du secret défense). Dans le domaine des discriminations, il peut susciter des tests. Il peut ensuite mener une médiation et proposer des transactions civiles ou pénales. Il peut demander que des individus soient sanctionnés disciplinairement ou poursuivis pénalement.

3. Comme tout droit fondamental, il comporte des limites liées à la sécurité juridique, à l'autorité de chose jugée et les droits acquis des tiers. Les conditions de recevabilité des recours assurent cette conciliation.

4. C'est en effet une exigence de la Convention européenne relayée par les juges français mais uniquement pour les activités qui impliquent une évaluation des situations individuelles susceptibles de faire grief, *a fortiori* d'aboutir à une sanction. En ce cas, impartialité, droits de la défense, publicité et célérité s'appliquent. C'est surtout le cas des procédures répressives des autorités administratives indépendantes.

5. Cette saisine peut être le fait de la chambre de la Cour elle-même qui peut se dessaisir, ou des parties au procès (dans les trois mois suivant l'arrêt de chambre) en passant par une sélection incombant à un collège de cinq juges qui évalue l'intérêt et la possibilité d'un apport jurisprudentiel.

6. Il s'agit de juger d'une affaire représentative d'une série d'autres, voire d'un problème structurel auquel l'État n'entend pas remédier sans pression du juge. La Cour retient donc une série d'affaires en attendant que l'État remplisse les exigences fixées par l'arrêt « pilote ».

7. Seuls les États apprécient la manière d'exécuter les mesures d'ordre individuel ou général à adopter. Mais c'est le Comité des ministres du Conseil de l'Europe qui recueille ces éléments et les approuve éventuellement. Il réexamine chaque année les affaires qui n'ont pas été exécutées et peut revenir vers la Cour pour

obtenir des précisions. Celle-ci a aussi, exceptionnellement, décidé de déroger à l'interdiction de rouvrir une affaire, en évaluant l'exécution de l'arrêt à l'aune de l'article 6 (procès équitable).

8. L'urgence et l'atteinte grave et manifestement illégale à une liberté dans les pouvoirs de l'administration. Le juge ne prononcera que des mesures temporaires susceptibles de mettre fin à la violation de la liberté, tout en tenant compte des moyens dont dispose l'administration et des actions déjà entreprises.

9. Elle le fut à l'époque d'une lecture très extensive et suspicieuse à l'égard du juge administratif. Le Conseil constitutionnel a d'ailleurs lié les libertés de l'individu à la liberté individuelle avant, dans les années 2000, de les détacher une à une pour les rassembler autour de la liberté personnelle. Aujourd'hui, la réserve de compétence du juge judiciaire se limite à la sûreté et à la privation de propriété immobilière, deux éléments sur lesquels a été également rabattue la notion de voie de fait.

10. Il s'agit de s'assurer que le requérant à l'origine de la QPC bénéficiera de l'abrogation de la disposition législative litigieuse. Le report de cette abrogation pour des motifs de sécurité juridique nuit à cet effet utile.

CONSEILS DE LECTURE

J. Andriantsimbazovina, Code des droits de l'homme et des libertés fondamentales, 2022, LexisNexis, 2021.

Ch. de Aranjo, Justice constitutionnelle et justices européennes des droits de l'homme : étude comparée, France-Allemagne, Bruylant, 2009.

J. Arlettaz et J. Bonnet (Dir.), Le juge judiciaire et la séparation des pouvoirs, Mare et Martin, 2020.

M.-A. Beernaert, F. Krenc, Le droit à un procès équitable dans la jurisprudence de la Cour européenne des droits de l'homme, Anthemis, 2019.

X. Bioy, E. Debaets et J. Schmitz (Dir.), Répartition des compétences juridictionnelles et protection des libertés, Ed. Varenne, 2020.

J. Bonnet et P-Y Gahdoun, La question prioritaire de constitutionnalité, QSJ, PUF, 2014.

L. Burgorgue-Larsen, Les 3 Cours régionales des droits de l'homme in context, Pedone, 2020.

P. Cassia, Contre l'état d'urgence, Dalloz, 2017.

B. Delzangles, Activisme et autolimitation de la CEDH, Fondation Varennes, 2009.

E. Desmons, Droit et devoir de résistance en droit interne. Contribution à une théorie du droit positif, LGDJ, Bibliothèque de droit public, t. 193, 1999.

G. Drago, Contentieux constitutionnel français, PUF, 5e éd., 2020.

D. Fallon, Les normes de référence du contrôle de constitutionnalité, Presses de l'Université de Poitiers, 2017.

L. Favoreu, « Résurgence de la notion de déni de justice et droit au juge », in Mélanges Jean Waline, Dalloz, 2011.

L. Favoreu, W. Mastor, Les Cours constitutionnelles, Dalloz, coll. Connaissance du droit, 2e éd., 2016.

J. Ferrero, L'interprétation évolutive des conventions internationales de protection des droits de l'homme, Pedone, 2019.

K. Foucher, L'apport de la QPC à la protection des droits et des libertés, Dalloz, Thêmes & commentaires, 2020.

H. Gaudin, M. Blanquet, J. Andriantsimbazovina, F. Fines, Grands arrêts de la Cour de justice de l'Union européenne, Dalloz, 2e éd., 2022.

V. Goesel-Le Bihan, Contentieux constitutionnel, 2e éd. Ellipses-Marketing, 2016.

S. Guinchard (dir.), Droit processuel, Dalloz, Précis, 11e éd., 2021.

S. Hennette-Vauchez, La Déclaration universelle des droits de l'homme, Dalloz, 2e éd. 2018.

S. Hennette Vauchez, La Démocratie en état d'urgence : Quand l'exception devient permanente, Le Compte à rebours, 2022.

M. Lascombe, X. Vandendriessche, Ch. de Gaudemont, Code constitutionnel et des droits fondamentaux commenté, Dalloz, 12e éd., 2022.

C. Lazerges, Les grands avis de la Commission nationale consultative des droits de l'homme, Dalloz – Grands textes, 2016.

O. Le bot, La protection des libertés fondamentales par la procédure du référé-liberté, LGDJ, 2008.

L. Leveneur, C.-M. Péglion-Zika (Dir.), Question Prioritaire de Constitutionnalité (QPC) et droit privé, Dalloz – Thèmes & commentaires, 2020.

X. Magnon, V. Bernaud, K. Foucher, J.-P. Mignard, Th. S. Renoux, La question prioritaire de constitutionnalité, Pratique et contentieux, Litec, 2e éd., 2013.

J.-P. Marguenaud, La CEDH, Dalloz, coll. Connaissance du droit, 7e éd. 2016.

W. Mastor, L'art de la motivation, substance du droit – Mieux motiver pour mieux juger, Dalloz, Les sens du droit, Essai, 2020.

L. Milano, Le droit à un tribunal au sens de la Convention européenne des droits de l'homme, Dalloz, 2006.

S. Parsa et F. Tulkens (dir.), État de droit, état d'exception et libertés publiques, Anthémis, 2022.

S. Platon, La coexistence des droits fondamentaux constitutionnels et européens dans l'ordre juridique français, Paris, LGDJ, Fondation Varenne, coll. Thèses, 2008.

A. de Raulin, Situations d'urgence et droits fondamentaux, L'Harmattan, 2006.

D. Rousseau, P.-Y. Gadhoun, J. Bonnet, Droit du contentieux constitutionnel, Montchrestien, 11e éd., 2016.

D. Rousseau, P. Pasquino (Dir.), La question prioritaire de la constitutionnalité Une mutation réelle de la démocratie constitutionnelle française ?, Tome 3, Mare & Martin, 2019.

X.-B. Ruedin, Exécution des arrêts de la CEDH : Procédure, obligations des États, pratique et réforme, Bruylant, 2009.

E. Sales, « Vers l'émergence d'un droit administratif des libertés fondamentales ? », RDP 2004, p. 207-241.

F. Sudre, R. Tinière, Droit communautaire des droits fondamentaux. Recueil d'arrêts de la Cour de justice de l'Union européenne, Anthémis, 3e éd., 2013.

F. Sudre et al., Les grands arrêts de la Cour européenne des droits de l'homme, Presses universitaires de France, PUF, Thémis, 9e éd., 2019.

DEUXIÈME PARTIE

LES DROITS ET LIBERTÉS FONDAMENTAUX

649 L'introduction a permis de dégager les raisons pour lesquelles **certains droits de l'homme méritent plus que d'autres le qualificatif de « fondamental »**. Les textes et les juges les protègent particulièrement, ce qui s'explique par leur fonction constitutive auprès du sujet de droit qui ne peut se passer d'eux. Il s'agit du droit à la vie et de disposer de soi (Chapitre 4), de la dignité et de ses corollaires, notamment l'interdiction des discriminations (Chapitre 5), de la liberté personnelle (Chapitre 6) et de la liberté d'expression qui constitue la clé de voûte du système des droits (Chapitre 7).

CHAPITRE 1

La vie et la mort

650 **Caractère fondamental. –** Commencer l'étude des droits fondamentaux par les questions qui touchent à la vie et à la mort de la personne constitue un choix logique mais aussi fortement lié à l'approche théorique posée en introduction. Si le terme « fondamental » doit avoir un sens, **comment éviter de penser que l'existence même du sujet titulaire des droits fondamentaux conditionne absolument la reconnaissance et la réalisation de ses droits ?** Au-delà de cet aspect, la vie a aussi pris la forme d'un droit subjectif sous l'impulsion de la CEDH, tout comme la mort qui se traduit par une forme de liberté garantie par des prérogatives individuelles juridiquement protégées. Le **« droit de vivre » et la « liberté de mourir »** débouchent ainsi sur des droits corollaires qui tiennent à la qualité de cette vie que l'on veut vivre ou quitter. Les droits à la santé et à l'environnement sain complètent donc nécessairement le tableau.

651 **Titulaire. –** De façon assez constante **les juges internationaux ont éludé la question du titulaire du droit à la vie**[1], refusant de se substituer aux États dans la détermination de la protection du fœtus[2], ce qui conduit à la solution la plus communément admise en Europe selon laquelle **l'embryon ne relève pas de la protection de l'article 2 de la Convention EDH**[3]. On renverra à ce qui a été dit déjà à propos du statut de la vie *in utero* au chapitre précédent et ce qui sera dit plus tard sur le recours à l'interruption de grossesse. Il sera ici question du droit de vivre, de disposer de sa vie et du droit de bénéficier de conditions de vie qui permettent d'exercer ces droits.

652 **Définitions. –** Paradoxalement, la vie et la mort ne peuvent se définir simplement. On a souvent recours à une approche purement temporelle. On stipule que la vie commence et finit à certains moments. **Le Code civil, cela a été dit plus haut, évoque, à propos de l'embryon** *in utero*, **le respect de l'être humain dès le commencement de sa vie. On peut en déduire que juridiquement la vie commence par la grossesse**. La vie autonome,

1. CEDH, 29 oct. 2002, Open Door et autres c. Irlande.
2. CEDH, Gr. Ch., 8 juill. 2004, *Vo c. France*, n° 53924/00.
3. CEDH, Gr. Ch., 10 avr. 2007, *Evans*.

pour le droit, ne commence ensuite qu'avec la naissance. Quant à **la mort, jusqu'à un décret du 2 décembre 1996, intégré au Code de la santé publique en vue du don d'organes, elle était liée au caractère irréversible de l'altération du système nerveux central selon des critères énumérés par une circulaire du 24 avril 1968.** Le Conseil d'État avait dû, jurisprudentiellement[4], poser la différence entre **la mort « de droit commun » (arrêt cardiovasculaire) et la mort « dérogatoire » nécessaire dans le cadre des prélèvements d'organes sur « cadavre chaud » (mort « cérébrale »).** L'article R. 1232-1 du Code de la santé publique précise depuis 2005 que si la personne présente un arrêt cardiaque et respiratoire persistant, le constat de la mort ne peut être établi que si les trois critères cliniques suivants sont simultanément présents : absence totale de conscience et d'activité motrice spontanée, abolition de tous les réflexes du tronc cérébral, absence totale de ventilation spontanée.

Section 1
Le droit de vivre et la liberté de mourir

653 Le **droit à la vie appartient au cercle fermé des droits particulièrement protégés quand ils appartiennent à un titulaire qui peut les défendre.** Il ne bénéficie sinon à l'enfant à naître que dans la mesure où son entourage, de la femme enceinte à la société, lui accorde cette protection. La vie fait l'objet d'une valorisation intense dans les droits constitutionnels des États contemporains (plus de quatre-vingts textes constitutionnels mentionnent la vie comme droit ou comme objet de protection des pouvoirs publics, mais pas en France) et en droit international lorsqu'il s'agit de prohiber la peine de mort. « Le droit à la vie constitue un attribut inaliénable de la personne humaine et forme la valeur suprême dans l'échelle des droits de l'homme » selon les termes mêmes de la CEDH[5], proches de ceux qu'utilise le Comité des droits de l'homme de l'ONU[6]. Ces sources internationales sont d'autant plus importantes que **le droit constitutionnel français semble vide du droit à la vie.** Alors qu'on aurait pu penser que l'article 66-1 de la Constitution, qui prohibe la peine de mort, consacre en même temps le droit à la vie, le Conseil constitutionnel n'a pas, à ce jour dégagé un tel droit. **L'occasion lui en a été pourtant fournie par la saisine contre la loi sur la fin de vie qui soulevait l'argument d'une incompétence négative** de cette loi en ce qu'elle n'institue pas elle-même la procédure collégiale préalable à l'arrêt des traitements d'une personne hors d'état d'exprimer sa volonté[7].

I. L'interdiction de donner la mort

654 **L'article 2 § 1 de la Convention EDH. -** « Le **droit de toute personne à la vie est protégé par la loi. La mort ne peut être infligée à quiconque intentionnellement,** sauf en exécution d'une sentence capitale prononcée par un tribunal au cas où le délit est puni de cette peine par la loi. » Cet article implique d'abord de s'abstenir de provoquer la mort et ensuite de prendre les mesures nécessaires à la protection de la vie. Insensiblement l'interdit de donner la mort devient obligation positive de protéger la vie.

4. CE, Ass., 2 juill. 1993, *Milhaud*.
5. CEDH, 22 mars 2001, *Streletz, Kessler et Krenz c. Allemagne*, n° 34044/96, 35532/97 et 44801/98.
6. CDH, n° 146/1983, Baboeram c. Surinam.
7. CC, n° 2017-632 QPC du 2 juin 2017 [Union nationale des associations de familles de traumatisés crâniens et de cérébro-lésés].

A. L'abolition de la peine de mort

655 **Dans le monde et en Europe.** – Le premier degré des obligations auxquelles l'État s'engage au titre de la Convention EDH se traduit par l'interdiction de donner la mort. Selon Amnesty International[8], 58 États maintiennent la peine capitale mais nombre d'entre eux ne la pratiquent plus. Depuis 1985, plus de 55 pays ont banni la peine de mort de leur législation. En Europe, seul le Bélarus maintient cette peine (il a procédé à deux mises à mort en 2017). Le **protocole n° 13** à la Convention EDH, adopté le 3 mai 2002, prévoit son abolition en toutes circonstances. **La CEDH, tirant toutes les conséquences d'une forme d'unité européenne, a considéré que l'abolition de la peine de mort « en toutes circonstances, est protégée par la Convention »**[9]

Selon Amnesty International[10], 579 personnes ont été exécutées en 2021 dont **vingt-quatre femmes. Il s'agit principalement de la Chine, de l'Irak, de l'Iran, de l'Arabie saoudite, de l'Égypte, du Nigeria… Onze** exécutions ont eu lieu aux États-Unis. **2 052** condamnations à mort ont été prononcées dans **cinquante-six** pays, soit 39 % de plus qu'en 2020, où elle en avait enregistré au moins **1 477** dans **cinquante-quatre** pays. Au moins **28 670** personnes se trouvent sous le coup d'une condamnation à mort. Dans **plus des deux tiers** des pays du monde, la peine de mort était abolie en droit ou en pratique : **108** pays (la majorité des États dans le monde) ont aboli la peine de mort dans leur législation pour tous les crimes, et **144** sont abolitionnistes en droit ou en pratique. Mais la peine de mort reste en vigueur dans **cinquante-cinq** pays.

656 **En France.** – La **loi du 9 octobre 1981 abolit la peine de mort** prévue par le Code pénal. La France a ratifié le 17 février 1986 le protocole n° 6 de la Convention EDH supprimant la peine de mort (sauf pour les actes commis en temps de guerre ou de danger imminent de guerre) puis le protocole n° 13 qui l'abolit en toutes circonstances, même en temps de guerre et enfin le deuxième Protocole facultatif se rapportant au **Pacte international** relatif aux **droits civils et politiques**, visant à **abolir** la **peine de mort**, qui a été adopté le 15 décembre 1989. Tentée par une proposition de loi de 2004 de la rétablir pour les terroristes, la France a choisi de passer à une abolition générale constitutionnelle. Le Conseil constitutionnel[11], bien que constatant qu'il s'agit d'une question de souveraineté, n'avait posé aucune difficulté à la signature du protocole n° 6 de la Convention par la France, en raison de la possibilité de dénoncer le protocole. En 2005[12], la situation au regard du protocole n° 13 est apparue identique (ce qui pourrait se discuter) mais la perspective de la signature du protocole des Nations unies, ne prévoyant pas de procédure de dénonciation, a entraîné après la décision du 13 octobre 2005, la **révision de la Constitution par la loi constitutionnelle n° 2007-239 du 23 février 2007 : « Nul ne peut être condamné à la peine de mort » (art. 66-1).**

657 **Aux États-Unis.** – La **Cour suprême a pu considérer que la peine de mort n'est pas en soi un châtiment cruel et inhabituel mais qu'elle le devient si elle tend à sanctionner un viol ou un vol sans homicide**[13]. D'ores et déjà, la Cour suprême, par un revirement de 2005[14], avait admis qu'il existe un **consensus américain pour ne pas infliger la peine de mort à une personne mineure**. La Cour a jugé qu'une interdiction catégorique de l'exécution des délinquants âgés de 16 ou 17 ans au moment des faits s'imposait en vertu de « l'évolution des normes de décence marquant le progrès d'une société qui devient adulte »[15]. En 2011, le gouvernement de l'Illinois et en 2013 le Maryland, ont aboli la peine de mort comme dans quinze autres États (le Texas représentant à lui seul

8. http://www.amnesty.fr/Presse/Communiques-de-presse/La-peine-de-mort-en-2015-Hausse-alarmante-des-executions-dont-le-nombre-n-jamais-ete-aussi-eleve-dep-18086.
9. CEDH, 2 mars 2010, *Al Saadoon et Mufdhi c. RU.*
10. https://www.amnesty.org/fr/latest/news/2022/05/death-penalty-2021-facts-and-figures/
11. CC, 22 mai 1985, déc. n° 85-188 DC.
12. CC, 13 oct. 2005, déc. n° 2005-524/525 DC.
13. Cour suprême, 25 juin 2008, *Kennedy c. Louisiane* : il est contraire à la Constitution d'infliger la peine capitale à un individu coupable d'avoir violé un enfant mais qui ne l'a pas tué et n'avait pas l'intention d'aider autrui à tuer cet enfant.
14. Cour suprême, 3 janv. 2005, *Roper c. Simmons.*
15. Cour suprême, 25 avr. 2007, *Abdul-Kabir v. Quaterman.*

41 % de toutes les exécutions). En 2021, la Virginie est devenue le 22e État à abolir la peine de mort pour tous les crimes et, en Californie, État où le nombre de prisonniers sous le coup d'une sentence capitale est le plus élevé, le gouverneur a institué en 2019 un moratoire sur les exécutions. Alors que les États-Unis avaient exécuté vingt-deux personnes en 2019, le nouveau gouvernement des États-Unis a instauré en juillet un moratoire provisoire sur les exécutions fédérales à partir de 2021.

B. Les obligations négatives

658 Selon la CEDH, **l'État doit prévenir toute atteinte à la vie dont il pourrait être involontairement l'auteur ou dont un particulier peut se rendre coupable**.

659 **Encadrement du recours à la force.** – L'article 2 de la Convention EDH vise à encadrer le « recours à la force absolument nécessaire » pour sauvegarder l'ordre public, lequel peut conduire à donner la mort de façon involontaire. **Le recours à la force doit cependant être rendu « absolument nécessaire » pour atteindre l'un des objectifs** mentionnés à l'article 2 : « assurer la défense de toute personne contre la violence illégale, effectuer une arrestation régulière ou pour empêcher l'évasion d'une personne régulièrement détenue ; réprimer, conformément à la loi, une émeute ou une insurrection ».

Cette force légale dont seul l'État dispose doit donc rester strictement proportionnée à ces buts[16]. L'usage de **la force ne peut ainsi se justifier dans l'hypothèse d'un délinquant non violent qui ne présente pas une menace**[17]. Dans une affaire où un jeune a été tué par le tir d'un gendarme, alors qu'il était passager arrière d'un véhicule en fuite, la Cour[18] relève que certes les gendarmes avaient préalablement utilisé des méthodes alternatives pour tenter d'arrêter la voiture mais que, au vu de l'absence de danger immédiat posé par le conducteur et de l'absence d'urgence à arrêter le véhicule, l'usage d'une arme à feu par le gendarme O.G. n'était pas absolument nécessaire pour procéder à une arrestation régulière.

En droit interne, la jurisprudence tant judiciaire qu'administrative détermine les obligations de l'État par l'application du Code pénal qui prohibe l'homicide et par la détermination d'indemnités en cas de « bavures » de la puissance publique. Depuis la loi du **28 février 2017 relative à la sécurité publique**, l'article L. 435-1 dispose que « les agents de la police nationale et les militaires de la gendarmerie nationale peuvent, dans l'exercice de leurs fonctions et revêtus de leur uniforme ou des insignes extérieurs et apparents de leur qualité, **faire usage de leurs armes en cas d'absolue nécessité et de manière strictement proportionnée dans les cas suivants** :
1° Lorsque des atteintes à la vie ou à l'intégrité physique sont portées contre eux ou contre autrui ou lorsque des personnes armées menacent leur vie ou leur intégrité physique ou celles d'autrui ;
2° Lorsque, après deux sommations faites à haute voix, ils ne peuvent défendre autrement les lieux qu'ils occupent ou les personnes qui leur sont confiées ;
3° Lorsque, immédiatement après deux sommations adressées à haute voix, ils ne peuvent contraindre à s'arrêter, autrement que par l'usage des armes, des personnes qui cherchent à échapper à leur garde ou à leurs investigations et qui sont susceptibles de perpétrer, dans leur fuite, des atteintes à leur vie ou à leur intégrité physique ou à celles d'autrui ;
4° Lorsqu'ils ne peuvent immobiliser, autrement que par l'usage des armes, des véhicules, embarcations ou autres moyens de transport, dont les conducteurs n'obtempèrent pas à l'ordre d'arrêt et dont les occupants sont susceptibles de perpétrer, dans leur fuite, des atteintes à leur vie ou à leur intégrité physique ou à celles d'autrui ;
5° Dans le but exclusif d'empêcher la réitération, dans un temps rapproché, d'un ou de plusieurs meurtres ou tentatives de meurtre venant d'être commis, lorsqu'ils ont des raisons réelles et objectives d'estimer que cette réitération est probable au regard des informations dont ils disposent au moment où ils font usage de leurs

16. CEDH, 27 sept. 1995, *Mac Cann c. RU*.
17. CEDH, 6 juill. 2005, Natchova et autres c. Bulgarie.
18. CEDH, 7 juin 2018, *Toubache c. France*, n° 19510/15.

armes. ».On aura recours aux moyens militaires de la gendarmerie nationale qu'en cas de troubles graves à l'ordre public, sur autorisation du préfet de zone de défense et de sécurité.

Le décret du 5 mai 2021 modifie le Code de la sécurité intérieure. L'usage de la force et l'utilisation des armes nécessitent le prononcé de sommations, sauf si des violences ou voies de fait sont exercées contre la force publique et si cette dernière ne peut défendre autrement le terrain qu'elle occupe. Sinon l'adresse aux manifestants devient **« Attention ! Attention ! Vous participez à un attroupement. Obéissance à la loi. Vous devez vous disperser et quitter les lieux »**, et les termes des deux sommations, « Nous allons faire usage de la force. Quittez immédiatement les lieux ». Le recours à la force publique peut être décidé par tous les membres du corps préfectoral, dont le directeur de cabinet et les préfets délégués ou tout sous-préfet de permanence, mais aussi par le directeur territorial de police en charge de l'ordre public ou son adjoint, le commandant de groupement de gendarmerie départementale ou son commandant en second, le commissaire ou un officier de police mandaté par l'autorité préfectorale. D'ailleurs, c'est en pratique le directeur du service d'ordre [DSO], généralement le chef territorial de la police ou de la gendarmerie ou le directeur de l'ordre public et de la circulation à la préfecture de police.

Lors des manifestations des Gilets jaunes qui ont vu la violence monter de semaines en semaines avec les forces de l'ordre, **le Défenseur des droits a fait valoir ses réserves quant à la possibilité d'utiliser des lanceurs de balles de défense**[19] au regard de l'absence d'évaluation de la réelle dangerosité du lanceur de balles de défense, de la gravité des blessures constatées et des « difficultés à suivre à la lettre les préconisations d'emploi diffusées dans les instructions de la gendarmerie et de la police nationales ». **Le Conseil d'État**[20] **a néanmoins confirmé la légalité des décisions implicites de les utiliser** dans le cadre de la répression de manifestations illégales ainsi que le cadre réglementaire qui la fonde, tous deux jugés compatibles avec les articles 2, 3 et 18 de la Convention.

660 **L'interdiction de mettre en danger autrui. –** Les juges européens et constitutionnels ont imposé aux États de refuser toute extradition d'un étranger vers un pays où il risquerait la peine de mort, notamment parce que l'État n'aurait aucun moyen de s'assurer que cette peine ne sera pas exécutée même si les autorités s'y engagent. La **Cour constitutionnelle italienne** a ainsi fondé cette solution vis-à-vis des États-Unis, sur l'article 27 de la Constitution et le droit à la vie[21]. Le juge constitutionnel portugais, confronté à une demande d'extradition indienne pouvant mener à la peine de mort ou à la prison à perpétuité a imposé aux juges du fonds de s'assurer que de telles peines ne seraient pas appliquées[22].

La Cour européenne dispose d'une jurisprudence bien établie sur ce point. La France a ainsi été condamnée en 2013 pour ne pas avoir exclu de renvoyer au Maroc un militant de la cause indépendantiste sahraouie alors qu'il y risque la torture[23]. La fille d'un irakien ayant eu un différend avec un collègue chiite alors qu'il travaillait comme enquêteur au ministère de l'Intérieur irakien et ayant fait l'objet de deux tentatives d'assassinat, a obtenu la condamnation de la Finlande qui n'avait pas effectivement examiné la situation et finalement contraint l'intéressé à accepter un retour volontaire en Irak, où il a été tué par balles peu après son arrivée[24]. L'arrêt *Al-Saadoon et Mufdhi c. RU*[25] concerne ainsi deux Irakiens arrêtés en 2003 par les Britanniques pour leurs actes sous le régime de Saddam Hussein potentiellement qualifiables de crimes de guerre. Avant de les remettre aux juridictions irakiennes qui peuvent prononcer la peine de mort, le gouvernement sollicite l'avis de ses propres juridictions. Les requérants viennent contester leur remise aux autorités irakiennes et le risque encouru de peine de mort, contraire à l'article 3 de la Convention. **La Cour se réfère au protocole n° 13 qui abolit la peine de mort en tout temps et en tous lieux** (même si un État n'en est pas signataire). Un État membre a donc le devoir de

19. Décision du Défenseur des droits n° 2019-029, 30 janvier 2019.
20. CE, 1er février 2019, *CGT*, n° 427390 ; CE, 24 juill. 2019, *Ligue des droits de l'Homme, Confédération générale du travail et autres*, nos 427638, 428895, 429621.
21. Arrêt n° 223/1996 du 27 juin 1996, *GDCCE*, n° 36.
22. Arrêt n° 384/2005 du 13 juill. 2005, *GDCCE*, n° 37.
23. CEDH, 30 mai 2013, *Rafaa c. France*.
24. CEDH, 14 nov. 2019, *N.A. c. Finlande*, req. n° 25244/18.
25. CEDH, 2 mars 2010.

ne pas conclure d'accord international conduisant à prendre ce risque, même si cela contrevient aux règles traditionnelles de la souveraineté internationale. L'inquiétude suscitée chez les requérants constitue en outre un traitement inhumain. L'arrêt *Demiray c. Turquie* du 21 novembre 2000 sanctionne l'État qui avait utilisé un individu comme « bouclier humain » lors de la visite d'un dépôt de munitions de présumés terroristes, jugeant cette mise en danger inacceptable. **À l'inverse, dans le cas du décès d'un manifestant lors du G8 de Gênes qui attaquait à coups de barre à mine une voiture de police encerclée, le recours à la « force meurtrière » a semblé justifié à la Cour**[26].

Dans l'affaire *Aydan c. Turquie*[27], la Cour européenne a condamné la Turquie pour la mort accidentelle d'un passant, suite aux tirs d'un gendarme, survenue en marge d'une manifestation violente alors qu'il attendait à un arrêt de bus à proximité de la manifestation. Pour la Cour, il n'est pas suffisamment établi que l'attaque dont les policiers étaient l'objet a été suffisamment violente pour justifier une réplique aussi grave. Le gendarme auteur du tir, sans sommation, a été pourtant dispensé de peine ; après n'avoir été entendu que sept jours plus tard.

CEDH, 21 juin 2018, *Semache c. France, n° 36083/16*

La Cour a constaté une violation de l'article 2, par la France, dans le cas du décès d'un individu de 70 ans, alcoolisé et agité, suite à son arrestation par la police et à sa privation de liberté dans le commissariat d'Argenteuil. **Pour éviter qu'il ne crache au visage des policiers, il a été menotté plié en deux, la tête sur les genoux. Si la Cour juge que cette immobilisation forcée était justifiée et strictement proportionnée au but poursuivi dans le véhicule de police à destination du commissariat, il n'en était pas de même au commissariat.** La négligence méconnaît ce que l'on pouvait raisonnablement attendre d'elles pour prévenir le risque de décès auquel il était exposé.

C. Les obligations positives de l'article 2 de la Convention EDH

661 La Commission européenne des droits de l'homme a admis le principe selon lequel l'État doit « **prendre les mesures nécessaires à la protection de la vie** »[28].

662 **Les garanties préventives.** – La CEDH n'a eu de cesse que de multiplier les obligations positives liées à la prévention des causes de mortalité. Classiquement, il s'agit le plus souvent d'endiguer la violence policière. La Cour apprécie l'organisation adoptée par les forces de l'ordre pour évaluer la nécessité du recours à la force, sa proportionnalité et les mesures prises pour éviter le décès des personnes visées par l'opération de police ainsi que des tiers[29]. L'arrêt *Eugena Lazăr c. Roumanie*[30] pose ainsi que « **les actes et omissions des autorités dans le cadre des politiques publiques peuvent en certaines circonstances engager la responsabilité sous l'angle du volet matériel de l'article 2** ». Ainsi, dans le cas du décès d'un jeune homme, la Cour sanctionne le fait que l'État ait laissé pratiquer des médecins qui n'avaient pas les licences adéquates et que l'hôpital lui-même exerçait différentes activités médicales sans détenir les autorisations nécessaires à cette fin[31]. Cela vaut pour le degré **de formation des professionnels de santé**. Cette jurisprudence qui tend à exiger un cadre propice à la

26. CEDH, 28 août 2009, Giuliani et Gaggio c. Italie.
27. CEDH, 12 mars 2013, *Aydan c. Turquie*, req. n° 16281/10.
28. Com. EDH, 10 oct. 1986, *Naddaf c. RFA*.
29. CEDH, 28 juill. 1998, *Ergi c. Turquie*.
30. CEDH, 16 févr. 2010.
31. CEDH, 19 juill. 2018, *Sarishvili-Bolkvadze c. Géorgie*, n° 58240/08.

protection du droit à la vie a fait évoluer la conception d'origine qui s'en tenait à un contrôle concret et non général ou structurel[32].

La Cour a encore relevé le défaut de saisie préventive du pistolet d'un étudiant ayant ensuite commis une tuerie dans son école, alors que ses publications antérieures sur internet, bien que dépourvues de menaces spécifiques, jetaient un doute sur son aptitude à posséder une arme à feu en toute sécurité[33].662 **Obligations substantielles.** – Au nom du droit à la vie, la Cour a aussi reconnu des **obligations positives dans le domaine de l'environnement** dans les cas susceptibles de donner lieu à un risque sérieux pour la vie comme les négligences commises par les autorités dans la sécurité ou le défaut d'information sur les risques dérivant de l'existence d'une décharge publique ayant entraîné le décès de neuf membres de la famille du requérant suite à une explosion survenue dans une décharge d'ordures ménagères située à proximité du taudis qu'ils occupaient[34].

CEDH, 17 novembre 2015, n° 14350/05, 15245/05 et 16051/05, *Özel et autres c. Turquie*

Cette affaire concernait le décès des proches des requérants, ensevelis sous les décombres des immeubles d'habitation qui se sont effondrés dans la ville de Çınarcık située dans une région classée comme « zone à risque majeur » sur la carte des régions sismiques – lors du tremblement de terre du 17 août 1999, qui fut l'un des plus meurtriers en Turquie. La Cour a conclu à la violation de l'article 2 de la Convention sous son volet procédural, jugeant en particulier que les autorités turques n'avaient pas fait preuve de promptitude pour déterminer les responsabilités et les circonstances de l'effondrement des immeubles ayant causé le décès des proches des requérants.
Or, l'enjeu de l'enquête aurait dû inciter les autorités à traiter le dossier avec célérité pour permettre de déterminer les responsabilités et les circonstances de l'effondrement, et ainsi prévenir toute apparence de tolérance d'actes illégaux ou de collusion dans leur perpétration.

L'article 2 joue encore lorsqu'il est prouvé que les autorités d'un État contractant ont mis la vie d'une personne en danger **en lui refusant les soins médicaux qu'elles se sont engagées à fournir à l'ensemble de la population**[35]. Dans le cas d'une femme enceinte décédée après avoir été renvoyée d'hôpitaux en cliniques, faute de protection sociale, la Cour européenne[36] estime qu'elle a été victime d'un dysfonctionnement flagrant des services hospitaliers. Cependant, concernant le droit à la vie dans le cadre de la crise de Covid-19, le juge des référés du Conseil d'État a surtout tenu compte des mesures déjà prises par l'administration pour juger de sa carence. Il a donc peu ou pas ordonné de mesures concrètes, notamment pas de directives explicites quant à l'accès aux soins de réanimation[37]. La Cour condamne la Géorgie pour le décès d'un individu suite à des erreurs médicales liées à un défaut de cadre réglementaire et administratif sanitaire et l'incompétence du personnel médical[38].

La Cour reconnaît encore des obligations positives dans le **domaine de la sécurité ferroviaire et routière**. L'État a été condamné faute d'une législation adéquate pour encadrer les activités dangereuses alors que la requérante a perdu son mari et sa belle-mère dans un accident ferroviaire dû à un éclairage insuffisant[39]. L'État se trouve particulièrement responsable lorsqu'il a la charge des personnes qui ont perdu la vie.

32. CEDH, Gr. Ch., 20 déc. 2004, *Makaratzis*.
33. CEDH, 17 septembre 2020, *Kotilainen et autres c. Finlande*, n° 62439/12.
34. CEDH, 18 juin 2002, Oneryildiz c. Turquie.
35. CEDH, 10 mai 2001, *Chypre c. Turquie*.
36. CEDH, 9 avr. 2013, Mehmet entürk et Bekir entürk c. Turquie, n° 13423/09.
37. CE, Ord. Réf., 15 avr 2020, *Association coronavictimes et autres*, n° 439910.
38. CEDH, 19 juill. 2018, *Sarishvili-Bolkvadze c. Géorgie*, req. n° 58240/08.
39. CEDH, Gr. Ch., 15 déc. 2009, *Kalender c. Turquie*, n° 4314/02.

Lorsque survient le **décès d'un détenu**, même s'il s'agit d'un suicide, l'État doit avoir mis en œuvre tout ce qu'il est raisonnable et possible de faire pour prévenir le décès[40]. Il s'agit d'une obligation de moyen qui se traduit par une bonne organisation du service permettant notamment que les informations pertinentes soient acheminées[41].

C'est notamment pourquoi la France a adapté sa législation relative à **l'incrimination de disparitions forcées.** La loi du 5 août 2013 adaptant la législation française aux dispositions de la convention internationale pour la protection de toutes les personnes contre les disparitions forcées, adoptée à New York le 20 décembre 2006, crée au sein du titre II (Atteintes à la personne humaine) du Livre II du Code pénal un chapitre Ier *bis* intitulé « Des atteintes à la personne constituées par les disparitions forcées ». Constitue ainsi une disparition forcée punie de la réclusion criminelle à perpétuité « l'arrestation, la détention, l'enlèvement ou toute autre forme de privation de liberté d'une personne, dans des conditions la soustrayant à la protection de la loi, par un ou plusieurs agents de l'État ou par une personne ou un groupe de personnes agissant avec l'autorisation, l'appui ou l'acquiescement des autorités de l'État, lorsque ces agissements sont suivis de sa disparition et accompagnés soit du déni de la reconnaissance de la privation de liberté, soit de la dissimulation du sort qui lui a été réservé ou de l'endroit où elle se trouve » (C. pén., art. 221-12 nouveau).

Les frontières de la vie sont communes avec l'interdiction d'atteintes à l'intégrité physique.

CEDH, 16 novembre 2017, *Boukrourou et autres c. France* (*requête n° 30059/15*)

L'affaire concerne **le décès d'une personne atteinte de troubles psychiatriques (M.B.) lors d'une intervention policière.** Les requérants sont les frères, sœur, veuve, père et mère du défunt. La Cour juge en particulier que les fonctionnaires de police n'ont pas eu recours à une force en soi fatale pour M.B. Par ailleurs, même s'il existe un certain lien de causalité entre la force utilisée par les policiers et la mort de M.B, cette conséquence n'était pas prévisible en l'espèce : les policiers ignoraient la pathologie cardiaque dont souffrait M.B. et ne pouvaient pas envisager l'existence du danger encouru en raison de l'accumulation de deux facteurs – le stress et la pathologie cardiaque – susceptibles de présenter un risque pour la victime. Enfin, la demande rapide d'assistance des policiers et l'intervention rapide des services de secours sur les lieux permettent d'exclure tout manquement des autorités quant à leur obligation de protéger la vie de M.B.

La Cour juge en revanche que les traitements infligés à M.B – des gestes, violents, répétés et inefficaces, pratiqués sur une personne vulnérable – sont constitutifs d'une atteinte à la dignité humaine et atteignent un seuil de gravité les rendant incompatibles avec l'article 3 de la Convention.

663 Les obligations procédurales. – Le droit européen **impose à l'État de mettre en œuvre les cadres procéduraux permettant d'établir les responsabilités en cas d'atteinte à la vie.** Il s'agit d'abord de mettre en place des législations répressives et préventives et d'assurer un certain niveau de sanction proportionné à l'importance du droit à la vie. L'essentiel de la jurisprudence tient ainsi dans l'obligation de mener une **enquête effective**[42]. Le plus souvent la Cour épingle la longueur des procédures qui ne permettent pas de faire la lumière sur les causes d'un décès[43]. Cette procéduralisation permet d'éviter que l'État ne masque sa propre responsabilité derrière son incapacité à établir les faits. L'État ne peut donc invoquer une « disparition » de la victime pour s'exonérer ; au contraire, l'absence physique de la victime met en cause l'État lorsque celui-ci en avait la garde[44]. Les obligations

40. CEDH, 3 avr. 2001, *Keenan c. Royaume-Uni*, n° 27229/95.
41. CEDH, 14 mars 2002, *Edwards c. Royaume-Uni*, n° 46477/99.
42. Rapide, sincère et efficace : CEDH, 24 avr. 2003, *Aktas c. Turquie*.
43. CEDH, 16 févr. 2010, Eugena Lazăr c. Roumanie.
44. CEDH, 10 mai 2001, *Chypre c. Turquie*.

procédurales **encadrent aussi les différentes immunités dont les dirigeants peuvent se prévaloir**. La Cour juge contraire à l'article 2 l'immunité d'un membre du ministère public qui avait entravé une enquête sur le meurtre d'un de ses proches[45]. La France a été par exemple condamnée pour avoir tardé à ouvrir une enquête sur la disparition d'un couple[46].

664 **Exemples. –** L'arrêt *Finogenov*[47] **cumule ces différentes approches**. Les 64 requérants sont des **otages ou des parents de personnes prises en otages le 23 octobre 2002 dans un théâtre de Moscou** par un groupe de plus de 40 terroristes appartenant au mouvement séparatiste tchétchène. Les forces de l'ordre russes diffusèrent un gaz inconnu dans l'auditorium principal par le système d'aération du théâtre, et la brigade d'intervention spéciale prit le bâtiment d'assaut. Tous les terroristes furent tués. Si la majorité des otages furent libérés, 125 d'entre eux décédèrent sur les lieux mêmes ou dans les hôpitaux de la ville. Certains des survivants continuent de souffrir de graves problèmes de santé. Si la Cour ne condamne pas sur le fondement de l'article 2 quant à la décision de résoudre la crise des otages par le recours à la force et l'utilisation d'un gaz, elle condamne au contraire en raison de la mauvaise planification et mise en œuvre de l'opération de secours et l'ineffectivité de l'enquête sur les allégations de négligence de la part des autorités quant à la planification et la mise en œuvre de l'opération de secours et au défaut d'assistance médicale aux otages.

La Cour a eu l'occasion de préciser que si l'État a mis en œuvre l'examen minutieux des **circonstances qui ont conduit à abattre un présumé kamikaze, qui n'en était pas un**, il n'y a pas de raison d'engager la responsabilité fondée sur l'article 2[48]. De même, dans le cas d'un policier, appelé sur un cambriolage[49], acculé par des malfrats agressifs contre un grillage et qui a raisonnablement pu penser qu'il fallait utiliser son arme pour neutraliser la menace. L'usage de la force, dans ces conditions, n'a pas dépassé ce qui était « absolument nécessaire » pour « assurer la défense de toute personne contre la violence » et, notamment, « effectuer une arrestation régulière ». Elle en conclut qu'il n'y a pas eu violation de l'article 2 de la Convention sous son aspect matériel. En revanche, sur le volet procédural, la condamnation est encourue faute d'une expertise médicale complète de l'intéressé, ni d'une expertise balistique ou d'une analyse des vêtements du requérant.

La Cour[50] a condamné un État sur le double volet matériel et procédural dans le cas du **décès d'un bébé prématuré dû à une faute professionnelle du personnel soignant des hôpitaux.** Il a été victime d'un manque de coordination entre les professionnels de la santé, combiné avec des dysfonctionnements structurels des services hospitaliers. La procédure pénale a manqué d'effectivité du fait des expertises lacunaires. La Cour a invité l'État à prendre des mesures en vue d'imposer, dans son système juridique, des enquêtes indépendantes et impartiales, permettant une participation efficace des victimes à l'enquête. Le même raisonnement a été tenu à propos de l'enlèvement pendant plusieurs années et le décès d'une personne. Le procès des coupables a attendu plus de dix-sept ans, ce qui atteste d'un problème endémique[51].

II. La liberté du suicide

665 **Absence de droit à mourir. –** Si le suicide demeure une énigme pour la psychologie et la sociologie, il l'est aussi pour le droit qui ne sait comment le traiter. Son analyse s'inscrit dans le biopouvoir décrit par Foucault. L'Église ayant incriminé le fait de soustraire à Dieu une vie qui ne dépend que de lui, l'État laïque poursuit par une tolérance hostile : non criminalisé, le suicide n'en est pas moins prévenu. Admettre le suicide c'est, pour l'État moderne en voie de formation, se priver de sujets, donc de souveraineté, par la maîtrise du droit de vie et

45. CEDH, 5 nov. 2009, *Kolevi c. Bulgarie*.
46. CEDH, 30 juin 2011, *Girard c. France*.
47. CEDH, 20 déc. 2011, n° 18299/03 et 27311/03, *Finogenov et autres c. Russie*.
48. CEDH, Gr. ch., 30 mars 2016, *Armani Da Silva c. Royaume-Uni*, n° 5878/08.
49. CEDH, 23 mai 2019, *C. c/France*, n° 542/13.
50. CEDH, Gr. ch., 30 août 2016, *Aydo du c. Turquie*, n° 40448/06.
51. CEDH, 5 sept. 2019, *Olewnik-Ciepli ska et Olewnik c. Pologne*, req. n° 20147/15.

de mort. L'acquisition des pouvoirs étatiques depuis le XVIIIe siècle dans les domaines de la police, de la santé, de la justice, confine à la préservation par l'État de « ses » sujets. **C'est pourquoi, face au suicide, l'État ne consacre pas de droit mais n'entrave pas « l'intérêt » qu'il représente.** Le suicide apparaît comme une « prérogative personnelle » ajuridique.

666 Répression de l'assistance au suicide. – En droit pénal, le consentement de l'intéressé n'exonère pas l'auteur du décès et ne saurait lever la qualification de meurtre, mais dans la pratique les verdicts des cours d'assises se montrent cléments. La dépénalisation annoncée porte en général sur le suicide assisté seulement. La jurisprudence des juges d'instruction et des cours d'assises montre une certaine tolérance vis-à-vis des personnes ayant convaincu leurs juges du caractère humanitaire de leur acte.

667 Paysage européen. – Le **suicide assisté a été dépénalisé aux Pays-Bas, en Suisse et dans quelques rares autres pays** (état de l'Oregon, aux États-Unis, par exemple). Cette forme d'assistance à la mort reste interdite, comme l'euthanasie au sens strict, dans la plupart des pays car trop dangereuse et particulièrement dans une période où le vieillissement de la population peut faire craindre que des esprits peu scrupuleux la préconisent pour des raisons économiques. Elle est rigoureusement interdite en France autant par la déontologie médicale que par la loi. Quant à la Cour de Strasbourg, **elle a jugé dans l'affaire *Pretty c. RU*, le 29 avril 2002 que le droit à la vie ne saurait être interprété comme conférant à une personne le droit symétrique de mourir avec l'assistance d'un tiers. Elle estime cependant que le droit au suicide assisté entre dans le champ du droit à la vie privée, lequel trouve à se concilier, nationalement, avec l'ordre public et la prévention de l'assassinat.**

668 CEDH. Le droit à la vie ne présente pas une seconde face, négative, qui consisterait en un droit à mourir ; l'État n'a pas à donner la mort sur demande ni à fournir les moyens de se la donner. Dans l'affaire *Pretty*[52], la requérante est une dame âgée de quarante-trois ans qui souffre d'une maladie neurodégénérative progressive qui conduit à un grave affaiblissement des bras et des jambes ainsi que des muscles impliqués dans le contrôle de la respiration, entraînant la mort. Mme Pretty est quasiment paralysée du cou aux pieds quand elle demande l'aide de son mari pour mourir et invite le ministère public à prendre l'engagement de ne pas le poursuivre. Le procureur et la Chambre des lords refusent. La requérante soutient que le droit à l'autodétermination (issu de l'article 8, droit à la vie privée) comporterait celui de disposer de son corps et le droit de choisir quand et comment mourir. Classiquement, le gouvernement soutenait au contraire que le droit allégué emporterait extinction du bénéfice même sur lequel il se fonde ; une forme de contradiction. **La Cour observe inversement que la faculté pour chacun de mener sa vie comme il l'entend peut également inclure la possibilité de s'adonner à des activités perçues comme étant d'une nature physiquement ou moralement dommageable ou dangereuse pour sa personne.** L'imposition par l'État de mesures contraignantes ou à caractère pénal est alors attentatoire à la vie privée et n'est justifiée que par des motifs proportionnés d'ordre public. La requérante en l'espèce est empêchée par la loi d'exercer son choix d'éviter ce qui, à ses yeux, constituera une fin de vie indigne et pénible mais les États ont le droit de contrôler, au travers de l'application du droit pénal général, les activités préjudiciables à la vie et à la sécurité d'autrui. **Pour la Cour « il incombe au premier chef aux États d'apprécier le risque d'abus et les conséquences probables des abus éventuellement commis** qu'impliquerait un assouplissement de l'interdiction générale du suicide assisté ou la création d'exceptions au principe. Il existe des risques manifestes d'abus, nonobstant les arguments développés quant à la possibilité de prévoir des garde-fous et des procédures protectrices ». Aussi la Cour considère-t-elle que, bien que générale l'interdiction du suicide assisté n'est pas disproportionnée.

Les États doivent néanmoins porter attention à chaque demande. **L'Allemagne a été ainsi condamnée pour ne pas avoir reconnu la situation de M. Koch comme digne d'intérêt juridictionnel.** M. Koch a dû accompagner

52. CEDH, 29 avr. 2002, Pretty c. Royaume-Uni.

son épouse, sous assistance respiratoire et souffrante, en Suisse pour s'y suicider. Les autorités et juridictions allemandes ont en effet refusé la délivrance des produits nécessaires pour un suicide assisté. En 2008, la Cour constitutionnelle l'a même débouté faute d'être victime directe de ce refus. La Cour européenne considère au contraire qu'il a ce statut de victime et que le débat sur l'euthanasie mérite d'être posé dans chaque affaire ; que le fait que seuls quatre États sur les quarante-sept que compte le Conseil de l'Europe admettent le suicide assisté ne suffit pas à établir l'absence de violation de l'article 8. Les États doivent donc, à chaque cas, opérer un examen au fond et justifier d'un but légitime conduisant à refuser l'aide au suicide[53]. La Cour admet implicitement que l'État peut accorder la mort à qui la demande comme un droit subjectif issu du droit à la vie privée. Il s'agit donc d'une obligation positive. Cela sous réserve que les conditions soient clarifiées.

Mais dans son arrêt *Haas c. Suisse* du 20 janvier 2011, la CEDH a jugé, sur le terrain de la vie privée, que **l'État peut poser des conditions (expertise psychiatrique notamment) à l'accès à un produit analgésique puissant pouvant servir à un suicide sans douleur**. L'ingérence est légitime comme procédure propre à s'assurer de la liberté de choix du patient. Par la suite le juge a admis que l'État doit se doter d'une procédure d'examen des demandes d'accès à un produit létal, même si la personne est en bonne santé[54].

669 **La prévention du suicide. –** Le **droit français n'incrimine pas en soi le suicide, ni sa tentative, mais seulement certains agissements d'autrui en sa faveur** ; ce n'est que vis-à-vis de l'intervention d'autrui que l'État agit. Plus qu'un droit, la vie demeure une valeur objectivement protégée par les États. **La provocation au suicide est réprimée** depuis une loi du 31 décembre 1987 (trois ans d'emprisonnement). Ce texte a été adopté à la suite de la parution d'un ouvrage intitulé *Suicide, mode d'emploi*, se présentant comme une sorte de guide, à l'usage principalement des adolescents (on compte 150 000 tentatives de suicide par an chez les moins de 25 ans pour 1 000 décès), et destiné à leur permettre de « réussir leur suicide ». La CEDH sanctionne également lourdement l'État qui n'a pas su prévenir le suicide des personnes dont il a la charge comme les détenus. Dans l'affaire *Renolde c. France*[55] par exemple, la Cour conclut tout à la fois à la violation de l'article 2 (droit à la vie), du fait du manquement des autorités françaises à leur obligation positive, et à la violation de l'article 3 (interdiction des traitements inhumains ou dégradants) en raison du placement du détenu suicidaire en cellule disciplinaire non appropriée à ses troubles mentaux, connus de l'administration pénitentiaire sans qu'elle modifie réellement son organisation.

A. La liberté de refuser les soins

670 Il ne faut confondre la liberté de refuser les soins, ni avec la décision du médecin de ne pas en administrer, ni, inversement, avec un hypothétique droit à choisir son traitement. Il s'agit de respecter l'absence de consentement aux soins. Le droit à la vie privée serait sinon méconnu.

La Cour européenne[56] condamne ainsi l'État qui n'a pas exigé des médecins qu'ils mettent le patient (en l'occurrence, l'entourage d'un mineur) en mesure de refuser une opération. L'enfant de six ans a été opéré à trois reprises, parfois dans l'urgence, pour une tumeur cérébrale et se trouve dans un état de dépendance et d'incapacité totales : il souffre d'une paralysie générale qui l'empêche de bouger, de communiquer, de parler, de voir, de mâcher et de déglutir. Il est alité, incapable de se lever et de se tenir assis. Ses parents se plaignent de fautes professionnelles de la part des médecins, ainsi que des manquements quant à l'information et au consentement éclairé que la loi espagnole exige par écrit, conformément à la Convention sur les droits de l'homme et la biomédecine. La Cour[57] relève que les juridictions internes ont alors conclu que le consentement qui aurait été

53. CEDH, 19 juill. 2012, n° 497/09, *Koch c. Allemagne*.

54. CEDH, 14 mai 2013, *Gross c. Suisse* (req. n° 67810/10) même si en Grande chambre la Cour a, par la suite, jugé la requête irrecevable en raison des manœuvres de la requérante (n° 67810/10 du 30 sept. 2014).

55. CEDH, 16 oct. 2008, *Renolde c. France*.

56. CEDH, 8 mars 2022, *Reyes Jimenez c. Espagne*, n° 57020/18.

57. CEDH, 8 mars 2022, *Reyes Jimenez c. Espagne*, n° 57020/18.

donné verbalement pour la deuxième était suffisant, sans tenir compte des conséquences de la première intervention et sans avoir précisé pourquoi il ne s'agissait pas d'une intervention distincte.

671 **Droit au refus de soins.** – Le Comité national consultatif d'éthique estime que « le refus de traitement clairement exprimé par une personne majeure ayant encore le gouvernement d'elle-même ne peut être que respecté, même s'il doit aboutir à sa mort. »[58] La jurisprudence administrative a eu à s'interroger sur le droit de refuser des soins avant que le législateur ne précise les cadres de la décision. **En 2001, le Conseil d'État[59] a été confronté à la demande de témoins de Jéhovah de reconnaître leur refus de toute transfusion sanguine**. Le juge y estime que les médecins, qui transfusent tout de même quand il s'agit de la seule solution pour sauver la vie de la patiente hors d'état de consentir, ne sont pas fautifs[60]. **La loi du 4 mars 2002 pose explicitement l'obligation de respecter la volonté du patient.** Pourtant, en 2002[61], le juge réitère que le droit pour le patient majeur de donner, lorsqu'il se trouve en état de l'exprimer, son consentement à un traitement médical revêt le caractère d'une liberté fondamentale, que toutefois les médecins ne portent pas atteinte à cette liberté fondamentale lorsqu'après avoir tout mis en œuvre pour convaincre un patient d'accepter les soins indispensables, ils accomplissent, dans le but de tenter de le sauver, un acte indispensable à sa survie et proportionné à son état.

Aux termes de l'article L. 1111-4, « toute personne prend, avec le professionnel de santé et compte tenu des informations et des préconisations qu'il lui fournit, les décisions concernant sa santé ». Le médecin doit respecter la volonté de la personne après l'avoir informée des conséquences de ses choix. **Aucun acte médical ni aucun traitement ne peuvent être pratiqués sans le consentement libre et éclairé de la personne, et ce consentement peut être retiré à tout moment**. Si la volonté de la personne de refuser ou d'interrompre tout traitement met sa vie en danger, le médecin doit tout mettre en œuvre pour la convaincre d'accepter les soins indispensables. **Dans tous les cas, le malade doit réitérer sa décision après un délai raisonnable.** Lorsque la personne est hors d'état d'exprimer sa volonté, aucune intervention ou investigation ne peut être réalisée, sauf urgence, et après avoir consulté la personne de confiance prévue à l'article L. 1111-6, ou la famille, ou à défaut, un de ses proches.

Pourtant, même après la loi du 4 mars 2002 dont les termes sont très clairs, même en présence de directives claires et d'une personne de confiance qui réitère le refus, **le Conseil d'État refuse d'imposer le respect du refus de soin si, cumulativement, le pronostic vital du patient est engagé, si aucune alternative thérapeutique n'existe, si la transfusion est indispensable à la survie et enfin si la transfusion est proportionnée à l'état du patient**. Le juge retient que les médecins ont administré le minimum nécessaire à la chirurgie vitale[62].

Le point de vue de **la Cour de cassation se comprend dans le cadre de la relation contractuelle** : le médecin qui passe outre le refus doit assumer l'intégralité du préjudice. Inversement, il n'est pas responsable d'avoir respecté la volonté du patient. La Cour de cassation a jugé une affaire concernant un patient qui a refusé la pose d'une sonde ce qui a conduit à ce que son état de santé se dégrade, contraignant le chirurgien à procéder à une intervention mutilante. Elle a jugé qu'il convient de rechercher si le patient avait été informé des risques graves encourus en cas d'opposition au traitement préconisé et de recours à l'intervention réalisée, pour donner un consentement ou un refus éclairé aux actes médicaux envisagés, sans conclure à la responsabilité du médecin[63]. **Le respect du refus de soin n'est donc pas fautif d'un point de vue civil**[64]. Le refus de soin peut légalement entraîner la mort sans qu'aucune responsabilité ne soit encourue. La cour d'appel d'Aix-en-Provence[65] a aussi jugé qu'« il ne saurait être reproché au médecin, qui doit respecter la volonté du malade, d'avoir

58. Avis nº 87 du 14 avr. 2005, « Refus de traitement et autonomie de la personne ».
59. CE, Ass., 26 oct. 2001 *Mme Senanayake*.
60. Contrairement à son commissaire du gouvernement, D. Chauvaux, pour lequel « il semble radicalement impossible que le droit d'une personne de recevoir des soins puisse se transformer en une obligation de les subir. Une obligation de soin ne peut venir que des droits de tiers ».
61. CE, 16 août 2002, *Feuillatey*.
62. CE, ord., 20 mai 2022, *M. Justine*, nº 462713.
63. Cass. 1re civ., 15 nov. 2005, nº 04-18180.
64. Cass. 2e civ., 19 mars 1997.
65. 10e ch., 21 décembre 2006.

éventuellement tardé à pratiquer une intervention vitale, alors qu'il ne pouvait la réaliser sans procéder, contre la volonté du patient, à une transfusion sanguine ».

672 Le cas spécifique de la vaccination obligatoire. – Les politiques de prophylaxie en faveur de l'éradication des épidémies nécessitent de vastes campagnes de vaccination des populations, prioritairement des jeunes enfants. La plupart des États financent des campagnes d'information qui suffisent à atteindre la « couverture vaccinale » ainsi visée. Cependant, d'autres, dont la France (« pays de Pasteur »), recourent traditionnellement à l'**obligation, sanctionnée par l'administration** (éviction scolaire des enfants non-vaccinés, amende), et parfois même des peines d'emprisonnement. Pour le juge, à défaut de vaccination, « s'agissant de la police de la santé publique, les intéressés ou leurs parents (ne peuvent) exciper d'aucun droit au maintien d'une telle autorisation (de scolarisation) »[66]. En France, à l'origine, cette obligation vaccinale résulte de la loi du 15 février 1902, qui a rendu obligatoire le vaccin antivariolique. Depuis, selon les lieux et les populations, ce sont plus de trente vaccins qui peuvent être obligatoires, dont onze pour presque tout le monde. La loi du 30 décembre 2017 a fait passer de six mois d'emprisonnement et 3 750 euros d'amende à deux ans d'emprisonnement et 30 000 euros d'amende la peine maximale encourue par les parents qui ne respectent pas l'obligation vaccinale concernant leur enfant. **Le principe même d'une ingérence dans la liberté personnelle au nom de la santé publique est admis, avec une large marge d'appréciation** du législateur, tant par le Conseil constitutionnel[67], le Conseil d'État[68], que la Cour européenne[69]. Cette dernière applique d'ailleurs à cette question un contrôle plus adapté à des mesures de politiques publiques qu'à une atteinte à l'intégrité physique.

Le Conseil d'État a admis le principe même de la vaccination obligatoire contre la Covid-19 et opéré le même examen de proportionnalité à l'égard de tous les droits invoqués qui doivent se concilier avec l'objectif d'amélioration de la couverture vaccinale en vue de la protection de la santé publique, et proportionnée à ce but. Doivent être écartés pour les mêmes raisons les moyens par lesquels les requérants invoquent des règles ou principes tels que le droit à la vie, la dignité de la personne humaine, la liberté de choisir sa religion et le droit à « l'objection de conscience »[70].

Face à un prétendu statut « expérimental » déguisé du vaccin, le juge observe que tous les vaccins contre la Covid-19 ont fait l'objet d'une autorisation de mise sur le marché par l'Agence européenne du médicament, certes conditionnelle, mais après l'expérimentation, et qui ne peuvent être confondus avec des essais cliniques.

La proportionnalité porte d'abord sur la nécessité du vaccin, lequel est supposé réduire de 95 % le risque d'hospitalisation et présenter une innocuité suffisante. Puis, sur le périmètre des personnes : écartant celles qui présentent une contrindication, il s'applique à celles que leurs activités mettent en contact avec le public ou avec des personnes fragiles, celles exerçant des activités indispensables à la vie de la collectivité, celles dont l'activité n'est pas compatible avec les « gestes barrières » et celles que leur état de santé expose aux formes les plus graves de la maladie. Le but n'étant pas seulement de préserver directement les personnes fragiles, mais aussi de ralentir la circulation du virus, la loi n'était pas tenue d'en exclure les personnes qui travaillent au contact d'enfants, ni de limiter la mesure aux personnels de santé ou encore aux personnes rétablies qui ne sont immunisées qu'à court terme. Ensuite sur la durée : le législateur pouvait choisir de ne pas fixer de limite dans le temps, dès lors qu'il lui appartenait d'agir, non seulement face à la vague épidémique alors en cours, mais aussi en prévision de vagues épidémiques futures.

---

66. CE, Ass., 4 juill. 1958, *Sieur Graff*, n° 41.841.
67. CC, 20 mars 2015, n° 2015-458 QPC, *Époux L. (Obligation de vaccination)*.
68. CE, 26 novembre 2001, *Ass. Liberté Information Santé*, n° 222741 : « Si ces dispositions ont pour effet de porter une atteinte limitée aux principes d'inviolabilité et d'intégrité du corps humain invoqués par les requérants, elles sont mises en œuvre dans le but d'assurer la protection de la santé, qui est un principe garanti par le préambule de la Constitution de 1946 auquel se réfère le préambule de la Constitution de 1958, et sont proportionnées à cet objectif ; que, dès lors, elles ne méconnaissent pas le principe constitutionnel de sauvegarde de la dignité de la personne humaine ; que, pour les mêmes raisons, elles ne portent pas une atteinte illégale au principe constitutionnel de la liberté de conscience » ; voir aussi CE, 6 mai 2019, *M. G. T. et autres*, n° 415694.
69. CEDH, 8 avril 2021, *Vav i ka c. République tchèque*, n° 47621/13.
70. CE, 10 décembre 2021, *Syndicat des agents publics de Polynésie et autres*, n° 456004.

673 **Droit de la « fin de vie » - Loi du 2 février 2016.** - La loi du 22 avril 2005, sur la fin de vie, est allée plus loin que la seule obligation de soins en précisant les conditions d'arrêt des traitements. La **loi du 2 février 2016 « créant de nouveaux droits en faveur des malades et des personnes en fin de vie » renforce la libre disposition de sa vie**. Si, en apparence, elle ne consacre pas un droit à mourir quand la personne le souhaite, elle autorise, en fin de vie, **le recours à une sédation profonde et irréversible en même temps que l'arrêt de l'hydratation et de la nutrition qui entraînent la mort** : « Toute personne a droit d'avoir une fin de vie digne et accompagnée du meilleur apaisement possible de la souffrance ». (art. L. 1110-5, CSP). **Lorsqu'ils apparaissent inutiles ou disproportionnés ou lorsqu'ils n'ont d'autre effet que le seul maintien artificiel de la vie, les traitements (y compris la nutrition et l'hydratation) peuvent être suspendus, soit conformément à la volonté du patient, soit, si ce dernier est hors d'état d'exprimer sa volonté, à l'issue d'une procédure collégiale définie par voie réglementaire.**

L'article L. 1110-5-2 du Code de la santé publique permet donc de mettre en place une « **sédation profonde et continue** provoquant une altération de la conscience maintenue jusqu'au décès, associée à une analgésie et à l'arrêt de l'ensemble des traitements de maintien en vie » :

- **soit à la demande du patient atteint d'une affection grave et incurable et dont le pronostic vital est engagé à court terme et qui présente une souffrance réfractaire au traitement ;**

- **soit lorsque la décision du patient atteint d'une affection grave et incurable d'arrêter un traitement engage son pronostic vital à court terme et est susceptible d'entraîner une souffrance insupportable.**

Les traitements analgésiques sont de plein droit, même s'ils ont pour effet d'abréger la vie.

Le rôle de la volonté du patient est ainsi directement renforcé, notamment parce que **les directives anticipées** (art. L. 1111-11, CSP), par lesquelles le patient a fait connaître sa volonté avant d'en être incapable, sont désormais contraignantes pour le médecin, mais aussi indirectement par l'information continue et le recueil de l'avis de la personne de confiance ou des proches en cas d'incapacité du patient à s'exprimer (art. L. 1111-4, CSP). **Les directives anticipées s'imposent au médecin, pour toute décision d'investigation, d'actes, d'intervention ou de traitement, sauf en cas d'urgence vitale** pendant le temps nécessaire à une évaluation complète de la situation et lorsque les directives anticipées apparaissent manifestement inappropriées ou non conformes à la situation médicale (art. L. 1111-11, CSP).

Une proposition de la loi (« donnant le droit à une fin de vie libre et choisie ») déposée en 2017 et adoptée en 2021 en première lecture, prévoit la consécration d'une assistance médicalisée active à mourir. Techniquement, sur le modèle belge, le dispositif concernerait une personne (majeure et capable) en phase avancée ou terminale d'une affection grave et incurable, provoquant une souffrance physique ou psychique qui ne peut être apaisée ou que la personne juge insupportable. Il faudrait alors que la personne malade sollicite expressément le recours à cette assistance médicale active à mourir. La décision de faire droit à la demande du patient serait prise par une équipe médicale après vérification de son consentement, et devra donner lieu à un rapport établi *a posteriori*. La loi permettrait la prescription par un médecin d'un produit létal et l'assistance à l'administration de ce produit par ce même médecin. Le dispositif serait envisageable dans le cadre des directives anticipées.

674 **Protection des personnes protégées.** - **Le consentement du mineur ou du majeur sous tutelle doit être systématiquement recherché s'il est apte à exprimer sa volonté et à participer à la décision**. Il reste que le cas du mineur n'est pas en France traité en tant que tel. La décision du médecin et des parents fait tout. **La Belgique, après les Pays-Bas, a légalisé la demande du mineur**[71]. Dans le cas où le refus d'un traitement par la personne titulaire de l'autorité parentale ou par le tuteur risque d'entraîner des conséquences graves pour la santé du mineur ou du majeur sous tutelle, le médecin délivre les soins indispensables. Sur le fondement de l'article 8 de la Convention EDH, « la CEDH juge que la décision de médecins hospitaliers d'administrer à un enfant gravement

71. X. Bioy, « Moi aussi, aujourd'hui, je rentre chez moi... », (obs. sous CC, 29 oct. 2015, n° 153/2015, *Loi légalisant l'euthanasie pour les mineurs*), *Rev. trim. dr. homme*, Bruxelles, n° 107, 2016, p. 775-800.

handicapé de la diamorphine aux fins d'une mort paisible, malgré le refus de la mère d'un tel traitement, porte atteinte au droit de l'enfant au respect de sa vie privée et en particulier à son droit à l'intégrité physique »[72].

Il reste le délicat encadrement de **l'arrêt des traitements en néonatologie**. Faisant peu l'objet de saisine en justice, les régimes possibles demeurent incertains. La CAA de Marseille[73] a opté pour l'application de la loi Léonetti-Claeys, à des triplés vivants mais non viables, en évaluant, avant même leur naissance, la qualité de la survie en cas de réanimation, mais aussi la volonté et la capacité des parents pour leur assurer des soins ou admettre un handicap pérenne. Le juge a sanctionné les médecins qui n'ont pas suffisamment formalisé la procédure collégiale et l'information des parents. Il n'est pas du tout certain que cette solution s'adapte au temps court et rapide de la néonatologie.

675 **Injonctions de soins.** – Elles relèvent du **droit pénal** : « Sauf décision contraire du juge de l'application des peines, le condamné placé sous surveillance judiciaire est soumis à une injonction de soins, [...] lorsqu'il est établi, après expertise médicale prévue à l'article 723-31, qu'il est susceptible de faire l'objet d'un traitement » (art. 723-30, C. pén.). En cas de sursis avec mise à l'épreuve ou travail d'intérêt général, de suivi judiciaire, de libération conditionnelle, de placement à l'extérieur hors surveillance pénitentiaire, etc., les magistrats peuvent imposer des examens médicaux, des soins et plus particulièrement des cures de désintoxication (art. L. 3424-1, CSP). Dans le cadre de la lutte contre la récidive en matière de crimes sexuels, la loi du 17 juin 1998 a organisé les soins dans le cadre d'un suivi socio-judiciaire (art. 131-36-4, C. pén.). Dans tous les cas, la personne condamnée peut refuser le traitement, quitte à recevoir des sanctions ou une restriction des facilités accordées. Dans le cas d'un détenu : « Si un détenu se livre à une grève de la faim prolongée, il ne peut être traité sans son consentement, sauf lorsque son état de santé s'altère gravement et seulement sur décision et sous surveillance médicales », (art. D. 364, C. proc. pén.).

Le refus de soins, aujourd'hui mieux garanti, ne se confond théoriquement pas avec le droit à l'euthanasie.

B. Le refus (provisoire) du « droit à l'euthanasie »

676 Il faut d'abord préciser de quoi il s'agit avant d'exposer la solution française.

677 **Notion d'euthanasie.** – On distingue souvent **l'euthanasie active** (un médecin ou un tiers provoque délibérément la mort du malade avec le consentement de ce dernier et pour mettre fin à ses souffrances) et **l'euthanasie passive** (l'aide à la mort est le résultat d'une omission). Le médecin arrête le traitement ou le fonctionnement des machines adjuvantes et laisse le malade mourir « naturellement », à sa demande. Il est souvent question d'euthanasie dans l'hypothèse où la personne ne peut consentir ; il s'agit d'un acte unilatéral, en principe « altruiste ». Si le malade peut encore consentir mais ne peut se suicider seul, l'acte mortifère peut s'appeler suicide assisté. Enfin, la mort peut résulter du refus de soins lui-même, comme on vient de le voir.
Cette distinction ne renvoie pourtant pas à des définitions juridiques. En droit, la première (suicide assisté) s'analyse comme un **meurtre prémédité** ; la seconde **se confond avec le refus de soins** (pour le patient) et **la non-assistance à personne** (pour les soignants et l'entourage). Dans un troisième cas, celui où le médecin décide de s'abstenir de soins, de son seul fait, la loi parle **« d'arrêt des traitements »** pour éviter l'acharnement thérapeutique. Il ne sera donc pas question ici d'euthanasie ou de suicide assisté.

678 **Droit de la fin de vie – Loi du 2 février 2016.** – La loi du 22 avril 2005, sur la fin de vie, est allée plus loin que la seule obligation de soins en précisant les conditions d'arrêt des traitements. La loi du 2 février 2016 « créant de nouveaux droits en faveur des malades et des personnes en fin de vie » renforce la libre disposition

72. CEDH, Glass c. Royaume-Uni, 9 mars 2004.
73. CAA Marseille, 28 févr. 2019, *H. c/HP-HM*, n° 17MA01092.

de sa vie. **Si en apparence elle ne consacre pas un droit à mourir quand la personne le souhaite, elle autorise, en fin de vie, le recours à une sédation profonde et irréversible en même temps que l'arrêt de l'hydratation et de la nutrition qui entraînent la mort** : « Toute personne a droit d'avoir une fin de vie digne et accompagnée du meilleur apaisement possible de la souffrance ». (art. L. 1110-5-1, CSP). Lorsqu'ils apparaissent inutiles ou disproportionnés ou lorsqu'ils n'ont d'autre effet que le seul maintien artificiel de la vie, les traitements (y compris la nutrition et l'hydratation) peuvent être suspendus, si ce dernier est hors d'état d'exprimer sa volonté, à l'issue d'une procédure collégiale définie par voie réglementaire.

La « sédation profonde et continue peut donc être mise en œuvre aussi lorsque le patient ne peut pas exprimer sa volonté et au titre du refus de l'obstination déraisonnable ».

L'institution par l'article L. 1111-11 CSP d'une **procédure collégiale préalable à la décision d'interruption des traitements** (dont l'alimentation) constitue un point clef lorsque la personne n'est plus à même de consentir. Cette procédure est ainsi décrite **par un décret du 3 août 2016** comme prenant « la forme d'une concertation avec les membres présents de l'équipe de soins, si elle existe, et de l'avis motivé d'au moins un médecin, appelé en qualité de consultant. Il ne doit exister aucun lien de nature hiérarchique entre le médecin en charge du patient et le consultant. L'avis motivé d'un deuxième consultant est recueilli par ces médecins si l'un d'eux l'estime utile. » L'occasion a été fournie au Conseil constitutionnel de sanctionner l'incompétence négative de la loi « Léonetti-Claeys » en ce qu'elle n'institue pas elle-même la procédure collégiale préalable à l'arrêt des traitements d'une personne hors d'état d'exprimer sa volonté. Mais le Conseil n'a pas sanctionné, car d'une part, il n'a pas dégagé un droit à la vie qui impliquerait une telle obligation positive (alors qu'on aurait pu penser que l'article 66-1 de la Constitution, qui prohibe la peine de mort, consacre en même temps le droit à la vie) et que, d'autre part, la dignité ou la liberté personnelle ne sont pas méconnues[74].

679 **Affaire** ***Lambert*****. –** Le juge administratif, en référé-liberté[75], a dû **se prononcer sur le recours de parents (à l'encontre de l'épouse qui souhaitait le décès) contre la décision des médecins de cesser l'alimentation d'un patient**. M. Vincent Lambert a été victime d'un accident de la route en 2008. Suite à d'importantes lésions cérébrales il est demeuré en coma végétatif avant d'évoluer en état pauci-relationnel[76], pris en charge depuis juin 2009 par le CHU de Reims. Fin 2012, après avoir interprété certaines manifestations du patient comme autant de refus de soins, l'équipe médicale, confortée par le consentement de l'épouse de M. Lambert, décide d'enclencher la procédure collégiale prévue par l'article R. 4127-37 du Code de santé publique et, le 10 avril 2013, d'interrompre l'alimentation artificielle de V. Lambert et de réduire son hydratation à 500 ml par jour. Saisi en référé libertés sur le fondement du droit à la vie, par les parents, un demi-frère et une sœur du patient, le **tribunal administratif de Châlons-en-Champagne rend une première ordonnance en référé le 9 mai 2013 dans laquelle il enjoint au CHU de rétablir l'alimentation et l'hydratation**. Une nouvelle procédure collégiale aboutit le 11 janvier 2014 à la décision d'interrompre à nouveau la nutrition et l'hydratation artificielles du patient à compter du 14 janvier 2014. **Un nouveau référé liberté suspend cette décision en application de la loi « Léonetti »** (le juge considère donc que l'on est en « fin de vie »). Le juge a considéré que l'alimentation et l'hydratation artificielles par voie entérale sont des « traitements », au sens du Code, car ils relèvent, comme les médicaments, du monopole de distribution des pharmacies, ont pour objet d'apporter des nutriments spécifiques au patient dont les fonctions sont altérées, et nécessitent le recours à des techniques invasives en vue de leur administration. Dès lors, faute de pouvoir établir avec certitude, en dépit des témoignages de l'entourage, la volonté du patient, le juge considère que « l'alimentation et l'hydratation artificielles qui lui sont administrées, dès lors qu'elles peuvent avoir pour effet la conservation d'un certain lien relationnel, n'ont pas pour objet de

74. CC, n° 2017-632 QPC du 2 juin 2017 (Union nationale des associations de familles de traumatisés crâniens et de cérébro-lésés.

75. TA Châlons-en-Champagne, 16 janv. 2014, *M. Pierre L. et autres c. CHU de Reims*, req. n° 1400029.

76. La personne en état pauci-relationnel présente des réactions comportementales minimales mais précises, lesquelles semblent témoigner de la conscience que le patient a de lui-même ou de l'environnement. Ce comportement est incohérent, mais il se distingue nettement du comportement réflexe en raison de sa reproductibilité ou du fait qu'il soit maintenu pendant une durée suffisante. La distinction entre coma végétatif et état pauci-relationnel revêt une grande importance en raison des implications en termes de pronostic et des décisions thérapeutiques qui y sont liées.

maintenir le patient artificiellement en vie, cet artifice ne pouvant au demeurant se déduire du seul caractère irréversible des lésions cérébrales et l'absence de perspective d'évolution favorable dans l'état des connaissances médicales ; que pour les mêmes motifs, et dès lors que le centre hospitalier universitaire de Reims ne fait valoir aucunes contraintes ou souffrances qui seraient engendrées par le traitement, celui-ci ne peut être qualifié d'inutile ou de disproportionné, de sorte qu'il n'est pas constitutif d'une obstination déraisonnable ». Saisi en appel, le **Conseil d'État a décidé d'attendre le résultat d'expertises complémentaires**[77] **puis il a admis la légalité de la décision d'arrêt des soins**[78] **aux motifs que l'alimentation et l'hydratation sont des « traitements » et que l'obstination déraisonnable** (qui s'entend objectivement, indépendamment de la capacité à consentir de l'intéressé) **s'analyse à partir de la disproportion, de l'inutilité, du seul « effet que le maintien artificiel de la vie »**. Le médecin **doit se fonder sur un ensemble d'éléments dont il apprécie le poids en fonction des circonstances particulières et de la situation singulière propres à chaque patient** : les données médicales sur une période suffisamment longue (l'état actuel du patient, son évolution, sa souffrance et le pronostic clinique) et la volonté du patient. En cas d'incertitude de celle-ci, elle ne peut être présumée refuser la poursuite d'un traitement. Le Conseil d'État a précisé que le médecin devait, dans l'examen de la situation propre de son patient, être avant tout guidé par le souci de la plus grande bienfaisance à son égard.

Les dispositions du Code de la santé publique « ne permettent à un médecin de prendre, à l'égard d'une personne hors d'état d'exprimer sa volonté, une décision de limitation ou d'arrêt de traitement susceptible de mettre sa vie en danger que sous la double et stricte condition que la poursuite de ce traitement traduise une obstination déraisonnable et que soient respectées les garanties tenant à la prise en compte des souhaits éventuellement exprimés par le patient, à la consultation d'au moins un autre médecin et de l'équipe soignante et à la consultation de la personne de confiance, de la famille ou d'un proche »[79].

La Cour européenne a été saisie et a d'abord ordonné la suspension de la décision d'arrêt des soins avant de se prononcer au fond en considérant que la position du Conseil d'État n'était pas contraire au droit à la vie (les parents de Vincent Lambert ont été autorisés à agir sur le fondement de l'article 2 en leur nom propre car rien n'indique que l'intéressé aurait lui-même agi)[80]. Depuis, après le départ du premier médecin, un nouveau a décidé d'engager une nouvelle procédure collégiale. Le 23 juillet 2015, un communiqué de presse émanant du centre hospitalier universitaire de Reims annonçait la décision de ce second médecin de suspendre la procédure collégiale au motif que « les conditions de sérénité et de sécurité nécessaires à la poursuite de cette procédure, tant pour V. Lambert que pour l'équipe soignante [n'étaient] pas réunies ». **Le tribunal administratif de Châlons-en-Champagne a donc été une nouvelle fois saisi par le neveu de V. Lambert pour que soit exécutée la décision du 11 janvier 2014**. Il demandait également l'annulation pour excès de pouvoir des deux décisions du 7 et 23 juillet 2015 par lesquelles le nouveau médecin avait engagé puis suspendu la procédure collégiale. Le 9 octobre 2015, le tribunal administratif rejetait ses demandes, en estimant, d'une part, que le communiqué de l'hôpital ne fait pas grief et, d'autre part, en se fondant sur le principe d'indépendance professionnelle des médecins. Ce principe permet au nouveau médecin de ne pas appliquer une décision prise par son prédécesseur. **En appel, la cour administrative d'appel de Nancy, le 16 juin 2016, a ordonné la reprise de la procédure collégiale** qui avait été interrompue. Peu avant, le 8 juillet 2016, la cour d'appel de Reims a confirmé **l'octroi de la tutelle de Vincent Lambert à son épouse** ce qui a fragilisé les prétentions des parents de V. Lambert qui souhaitaient **obtenir le transfert de leur fils** au sein d'un autre centre hospitalier. Après une nouvelle décision d'arrêt des traitements, les parents de V. Lambert ont saisi le Comité international qui assure le suivi de l'exécution de la Convention internationale des droits des personnes handicapées et son protocole additionnel tous deux ratifiés par la France le 18 février 2010. Ce comité a demandé, à titre de mesure provisoire, la reprise des traitements, en attendant qu'il ait statué, retenant donc la qualification de personne en situation de handicap et non de « fin de vie ». Les médecins ignorant cette demande, avec l'appui de la ministre de la Santé, en

77. CE, Ass., 14 févr. 2014, *Mme Lambert.*, n° 375081.
78. CE, 24 juin 2014, n° 375081, 375090, 375091, *Mme F... I... et autres.*
79. CE, 24 juin 2014, *Mme F... I... et autres*, n° 375081, 375090, 375091, préc.
80. CEDH, Gr. Ch., 5 juin 2015, *Lambert et autres c. France*, requête n° 46043/14.

méconnaissance des engagements internationaux, la cour d'appel de Paris[81] a conclu à l'existence d'une voie de fait dans le fait de ne pas suivre la demande de suspension de la décision (17 mai 2019). Vincent Lambert est décédé le 11 juillet 2019.

Cette triste affaire témoigne tout à la fois de la difficulté de qualifier une situation lorsque la volonté du patient n'est pas connue, de l'impossibilité d'admettre collectivement la mort d'un individu quand son entourage se déchire, du pouvoir du juge quant aux qualifications (fin de vie, notion de « traitement ») et sans doute d'une conception trop extensive de la notion de « fin de vie » à la frontière de la mort cérébrale et de l'état pauci-relationnel. Désormais, le Conseil d'État applique donc la loi relative à la fin de vie, même si le patient n'est pas en « fin de vie » : « que le patient soit ou non en fin de vie »[82] **Les médecins peuvent ainsi décider, hors hypothèse d'agonie, des vies qui méritent ou pas d'être vécues**, manifestant l'abandon aux médecins et à l'État d'un droit de vie et de mort qui leur avait été lentement et difficilement retiré.

680 Arrêt des traitements sur mineur. – Demeure la question de la fin de vie du mineur. D'un côté **aucune autonomie n'est reconnue à l'enfant par rapport à son entourage** ; de l'autre, il n'est pas acquis que les parents décident seuls. Ainsi, **une enfant d'un an**, en réanimation, porteuse de lésions neurologiques graves, entraînant une paralysie des membres, de la face et une dépendance à une respiration et une alimentation artificielles, **a fait l'objet d'une décision d'arrêt des traitements, estimant qu'elle traduirait une obstination déraisonnable** (après procédure collégiale). Les parents s'y sont opposés et ont saisi le juge des référés du tribunal administratif de Marseille qui a suspendu la décision d'arrêter les traitements et enjoint à l'équipe médicale de maintenir les soins. Le **Conseil d'État[83] a confirmé cette ordonnance car, d'une part, l'arrêt des traitements n'avait pas été décidé à l'issue d'un délai suffisamment long pour évaluer les conséquences des lésions** neurologiques et d'autre part, l'avis des parents revêtait une importance particulière.

Une autre affaire a été âprement discutée. **L'ordonnance du 5 janvier 2018,** *Mme. B et M. D*[84]**, concerne une jeune fille de quatorze ans qui souffre d'une myasthénie auto-immune sévère**. À la suite d'un arrêt cardiorespiratoire à domicile, elle a été conduite en réanimation sous ventilation mécanique. Quatre électroencéphalogrammes et une IRM conduisent à un pronostic neurologique très défavorable comportant de nombreuses et graves lésions cérébrales. Une réunion de concertation pluridisciplinaire conclut alors à la nécessité d'arrêter la ventilation, sa poursuite étant considérée comme une obstination déraisonnable, et à la mise en place de traitements de confort. Informés et consultés par le chef du service de réanimation pédiatrique, les parents reçurent l'assurance du respect de leur décision, quelle qu'elle soit. Puis fut engagée la procédure collégiale prévue par l'article L. 1110-5-1 du Code de la santé publique lorsque le patient dont l'arrêt des traitements est envisagé est hors d'état de manifester sa volonté, tout en réitérant par lettre que l'équipe soignante agirait dans le respect des décisions des parents et l'intérêt de leur fille. Peu de temps après, le médecin demanda la sortie du service de réanimation et informa de la nécessité d'envisager une trachéotomie et une gastrostomie pour

81. CA Paris, chambre 3, mai 2019, n° 239.

82. C'est ce qui résulte de la formulation aujourd'hui retenue depuis 2017 (CE, 6 déc. 2017, Union nationale des associations de familles de traumatisés crâniens et de cérébro-lésés (UNAFTC, n° 403944 : « toute personne doit pouvoir recevoir les traitements et les soins les plus appropriés à son état de santé, sans que les actes de prévention, d'investigation, de traitements et de soins qui sont pratiqués ne lui fassent courir des risques disproportionnés par rapport au bénéfice escompté. Ces actes ne doivent toutefois pas être mis en œuvre ou poursuivis lorsqu'ils résultent d'une obstination déraisonnable et peuvent être suspendus ou ne pas être entrepris lorsqu'ils apparaissent inutiles ou disproportionnés ou n'ont d'autre effet que le seul maintien artificiel de la vie, que le patient soit ou non en fin de vie. Le législateur a précisé qu'une décision de limiter ou d'arrêter un traitement peut être prise par un médecin dans le cas où sa poursuite traduirait une obstination déraisonnable, conformément à la volonté du patient. Si ce dernier est hors d'état d'exprimer sa volonté, le médecin ne peut prendre une telle décision qu'à l'issue d'une procédure collégiale, destinée à l'éclairer sur le respect des conditions légales et médicales d'un arrêt du traitement, et, sauf dans les cas mentionnés au troisième alinéa de l'article L. 1111-11 du Code de la santé publique, dans le respect des directives anticipées du patient, ou, à défaut de telles directives, après consultation de la personne de confiance désignée par le patient ou, à défaut, de sa famille ou de ses proches. Si le médecin prend une telle décision, il lui appartient de sauvegarder en tout état de cause la dignité du patient et, en assurant son accompagnement palliatif et dans le respect des conditions prévues par la loi, de lui appliquer une sédation profonde et continue provoquant une altération de la conscience maintenue jusqu'au décès, associée à une analgésie ».

83. CE, 8 mars 2017, Assistance publique – Hôpitaux de Marseille, n° 408146.

84. CE, ord. réf., 5 janv. 2018, *Mme. B et M. D...*, n° 416689.

limiter les risques infectieux, ce que les parents refusèrent d'abord. Une réunion de l'ensemble de l'équipe médicale, paramédicale et administrative conclut à nouveau en faveur de l'arrêt des traitements tout en envisageant le cas où les requérants souhaiteraient le maintien artificiel de la vie de leur fille pour envisager « un projet de vie décent et adapté ». Après plusieurs rencontres qui n'aboutirent qu'à l'acceptation de la trachéotomie et la gastrostomie, **les parents saisirent le tribunal administratif d'une requête en référé visant la suspension de l'exécution de la décision d'arrêt des traitements**. Les experts judiciaires constatèrent un « état végétatif persistant » avec un « pronostic neurologique catastrophique », sans perception de la douleur. Ils conclurent au caractère déraisonnable du maintien de l'assistance respiratoire par voie mécanique et du maintien de la nutrition artificielle par une sonde, sans exclure (en cas de poursuite des traitements) la prise en charge dans un centre spécialisé. **Le Tribunal et le Conseil d'État estimèrent que, malgré l'opposition des requérants, la poursuite des traitements caractérisait une obstination déraisonnable** et que, faute de volonté certaine de la patiente, la décision d'arrêt des traitements ne portait pas, en l'espèce, une atteinte grave et manifestement illégale au respect d'une liberté fondamentale. En appel, par ordonnance du 5 janvier 2018, le Conseil d'État, siégeant exceptionnellement en formation collégiale de trois membres, rejeta leur demande de maintenir les traitements. Plus tard, la Cour européenne a déclaré irrecevable la requête des parents. Pour la Cour, en dépit du désaccord des parents, le droit français, qui bénéficie d'une ample marge d'appréciation, ménage un équilibre satisfaisant en décidant de laisser au médecin, sous le contrôle du juge, le soin d'évaluer l'intérêt de l'enfant[85].

681 **Droit aux soins palliatifs.** – Dans tous les cas, **des soins palliatifs doivent être prodigués et la douleur doit être soulagée et ceci alors même que les traitements contre la douleur ont un double effet et peuvent accélérer la fin d'une personne affaiblie par la maladie**. Enfin, un décret du 19 février 2010 (n° 2010-158) crée l'Observatoire national de la fin de vie afin d'améliorer la connaissance des conditions de la fin de vie et des pratiques d'accompagnement. Il est chargé d'identifier également le besoin de recherche et de promouvoir l'émergence de recherches pluridisciplinaires dans différents domaines d'application de la fin de vie.

682 **Évolution à venir.** – La question de l'euthanasie fait l'objet de nombreux débats remettant en cause la légitimité du dispositif juridique actuel prohibant toute assistance au suicide et *a fortiori* toute aide à la mort. Le débat porte aujourd'hui sur le droit de mourir dans la dignité (le plus souvent sans souffrir) que méconnaîtrait le dispositif législatif. **Un avis du CCNE[86] se prononce dans le sens d'un assouplissement sous contrôle afin de parvenir à une réappropriation de la mort par la personne, condamnant l'acharnement thérapeutique**. L'argument de la dignité de la personne est employé de part et d'autre soit pour certaines formes d'euthanasie soit contre celle-ci. D'une part la dignité de la personne (indisponible en soi mais rendant la vie elle-même disponible), celle qui préserve la socialisation, l'image sociale que le corps suscite, prend le visage de la qualité de vie et plaide pour la maîtrise de la fin de vie par l'individu. D'autre part, la dignité humaine, indisponible concrètement, impose le respect absolu de la vie contre et avec autrui, la vie étant condition du sujet de dignité. Ainsi le Conseil d'État, dans une affaire où un médecin avait inoculé du chlorure de potassium à une personne hospitalisée en soins palliatifs et souffrant terriblement, a-t-il pu juger « qu'en qualifiant de faute déontologique le fait, pour M. D. d'avoir provoqué délibérément dans les circonstances qu'elle a relevées la mort de sa patiente, la Section disciplinaire du conseil de l'ordre n'a méconnu ni les dispositions de l'article 38 du Code de déontologie médicale, ni le principe de sauvegarde de la dignité de la personne humaine, ni les stipulations de l'article 3 de la Convention EDH [...] »[87]. En définitive, l'interdiction de l'euthanasie repose autant sur l'indisponibilité de la vie que sur la crainte d'abus d'un droit à l'aide pour mourir que certains auteurs analysent comme une conciliation avec les droits d'autrui. La dépénalisation de l'euthanasie représenterait l'acceptation par l'État d'une nouvelle ligne de partage du pouvoir sur la personne, au même titre que la peine de mort ou l'avortement, et une remise

85. CEDH, 25 janvier 2018, *Afiri et Biddarri c. France*, n° 1828/18.
86. CCNE, avis n° 63, 27 janv. 2000, Fin de vie, arrêt de vie, euthanasie.
87. CE, 29 déc. 2000, *D.*

en cause de la frontière entre vie privée et vie publique. La loi de 2016 semble être un maximum dans le contexte actuel.

Néanmoins, l'Assemblée a adopté, en première lecture, en 2021 la proposition de loi dite « Falorni » « donnant et garantissant le droit à une fin de vie libre et choisie ». Elle prévoit la modification de l'article L. 1110-9 CSP : « Toute personne capable et majeure, en phase avancée ou terminale d'une affection grave et incurable, quelle qu'en soit la cause, provoquant une souffrance physique ou psychique qui ne peut être apaisée ou qu'elle juge insupportable, peut demander à disposer, dans les conditions prévues au présent titre, d'une assistance médicalisée active à mourir, c'est-à-dire la prescription à une personne par un médecin, à la demande expresse de celle-ci, d'un produit létal et l'assistance à l'administration de ce produit par un médecin ». Ce médecin saisit sans délai deux autres praticiens, dont au moins un est spécialiste de l'affection dont souffre le demandeur. Ils examinent ensemble la situation médicale de la personne et vérifient, lors d'un entretien conjoint avec la personne, le caractère libre, éclairé, réfléchi et explicite de sa demande, ainsi que l'impasse thérapeutique dans laquelle elle se trouve. Ils l'informent des possibilités qui lui sont offertes par les dispositifs de soins palliatifs adaptés à sa situation et prennent, si la personne en manifeste la volonté, les mesures nécessaires pour qu'elle puisse effectivement en bénéficier. Il s'agit encore d'une procédure très médicalisée qui reste en deçà de la législation suisse et qui n'aborde par le cas du mineur comme en Belgique.

Section 2
Le droit à la qualité de la vie

683 Ce droit, presque jamais formulé ainsi en dehors de la jurisprudence de la CEDH, comporte deux domaines principaux : le droit de la santé et le droit de l'environnement.

I. Le droit de vivre en bonne santé

684 **Texte constitutionnel. –** Le droit à la santé apparaît explicitement dans le projet constitutionnel du 19 avril 1946 dans plusieurs de ses dispositions, clairement en lien avec la Sécurité sociale. De manière moins ambitieuse, **le préambule de la Constitution du 27 octobre 1946 pose que : « 10. La Nation assure à l'individu et à la famille les conditions nécessaires à leur développement. 11. Elle garantit à tous, notamment à l'enfant, à la mère et aux vieux travailleurs, la protection de la santé**, la sécurité matérielle, le repos et les loisirs. Tout être humain qui, en raison de son âge, de son état physique ou mental, de la situation économique, se trouve dans l'incapacité de travailler a le droit d'obtenir de la collectivité des moyens convenables d'existence ». Ce faisant, la santé en droit constitutionnel **apparaît à la fois comme un prolongement du droit à la vie, un droit « liberté » et comme exigence liée aux prestations étatiques, un « droit créance »**. On peut aussi considérer qu'il n'est pas un droit directement constitutionnel en tant que tel mais qu'il **nourrit le principe de dignité**, lequel regroupe les deux aspects du droit à la santé : celui de la protection de l'intégrité physique et de l'état de santé, celui des prestations sociales. La protection implique ainsi autant une action qu'une abstention de l'État. D'un point de vue externe, celui des droits de l'homme, la santé est bien un tel droit.

685 **Jurisprudence constitutionnelle. –** L'expression même « droit à la santé » apparaît dans la jurisprudence en 1978[88]. La jurisprudence constitutionnelle laisse au législateur le soin de graduer l'accès aux soins par la politique de prise en charge par l'assurance-maladie. **Seuls les soins considérés comme vitaux forment le noyau**

88. CC, 18 janv. 1978 et CE, 29 déc. 2000, *Syndicat national des Masseurs-Kinésithérapeutes*.

dur impliquant éventuellement la gratuité pour les catégories les plus économiquement faibles (étrangers en situation irrégulière ne bénéficiant pas de l'aide médicale d'État). Le Conseil constitutionnel se révèle assez réaliste, traitant le droit à la santé davantage comme un objectif que comme un acquis irréversible. La maîtrise des dépenses de santé ne saurait justifier une restriction dans l'accès aux soins[89]. **Comme objectif constitutionnel, la santé permet de limiter la liberté d'entreprendre et le droit de propriété**[90]. La question prioritaire de constitutionnalité a été un terrain de mobilisation du droit à la santé. Cependant, **le Conseil l'utilise plutôt au sens d'ordre public, pour limiter les droits de l'individu**, plus que pour exiger un relèvement des exigences législatives favorables à un droit subjectif. **La santé justifie ainsi l'hospitalisation psychiatrique sans consentement**[91], **voire le placement en cellule de dégrisement**[92]. Mais, de façon moins évidente, l'objectif de santé publique l'emporte aussi sur la liberté personnelle qui justifierait qu'une jeune accouchée puisse conserver les cellules souches du cordon ombilical en vue de soigner plus tard son enfant (usage autologue du sang de cordon). Le Conseil estime que la loi qui impose l'usage allogène, c'est-à-dire le partage de cette ressource, se justifie pleinement[93]. Enfin, par une décision du 16 mai 2012, le Conseil a ainsi accepté de confronter à l'alinéa 11 du préambule de 1946, l'article L. 222-6 du Code de l'action sociale et des familles relatif à l'accouchement sous X[94]. Dans cette décision, le Conseil s'assure que les dispositions contestées n'ont pas privé de garanties légales les exigences constitutionnelles de protection de la santé, au titre desquelles figure « l'objectif de valeur constitutionnelle de protection de la santé » (cons. 6). Le droit à la santé a connu un regain de vigueur grâce à la **décision du 21 janvier 2016,** *Loi de modernisation de notre système de santé*[95] par laquelle le Conseil fait fléchir la vie privée (obligation de déclarer les conflits d'intérêts), la liberté contractuelle (fin des dépassements d'honoraire dans les établissements publics), la liberté d'entreprendre (interdiction de la publicité pour le tabac dans les débits), le droit de propriété (institution du « paquet neutre »), crée de nouvelles immunités pénales (consommateurs des salles de *shoot*), facilite le recours à l'IVG (suppression de la semaine de réflexion), généralise le tiers payant et autorise les recherches sur l'embryon dans le cadre de l'AMP ; tout cela au nom du droit à la santé et à l'objectif de protection de la santé. Le Conseil a admis que la loi impose aux parties, pendant l'état d'urgence sanitaire, des procédures sans audience en matière civile, sociale et commerciale, parce qu'elles contribuent à la mise en œuvre du principe constitutionnel de continuité du fonctionnement de la justice, tout en satisfaisant les exigences de l'objectif de protection de la santé publique[96] (voir les développements consacrés au contrôle de l'état d'urgence).

686 **Sources internationales.** – Adoptée en 1946, la **Constitution de l'Organisation mondiale de la santé (OMS)** proclame : « La possession du meilleur état de santé qu'il est capable d'atteindre constitue l'un des droits fondamentaux de tout être humain, quelles que soient sa race, sa religion, ses opinions politiques, sa condition économique ou sociale ». La santé est « un état de complet bien-être physique, mental et social, et ne consiste pas seulement en une absence de maladie ou d'infirmité. » Deux ans plus tard, l'article 25, paragraphe 1, de la DUDH a jeté les bases du cadre juridique international du droit à la santé. **L'article 12 du PIDESC** introduit des dispositions juridiquement contraignantes applicables à toutes les personnes dans les 146 États qui l'ont ratifié. Des garanties supplémentaires destinées à protéger le droit à la santé des groupes marginalisés sont énoncées dans les traités internationaux spécialement conçus pour des groupes déterminés. Dans le cadre du Conseil de l'Europe, **la Charte sociale européenne de 1961 présente un article 11 qui ouvre à toute personne « le droit de bénéficier de toutes mesures lui permettant de jouir du meilleur état de santé qu'il puisse atteindre »**, ce qui implique en premier lieu l'accès aux soins appropriés. La santé se trouve très médiatement protégée par la

89. CC, 25 juill. 1979, Droit de grève à la radio et à la télévision et CC, 16 janv. 1991, Santé publique et assurances sociales.
90. CC, 8 janv. 1991, n° 90-283 DC.
91. CC, 26 nov. 2010, déc. n° 2010-71 QPC, *Mlle Danielle S.*
92. CC, 8 juin 2012, déc. n° 2012-253 QPC, *M. Mickaël D.*
93. CC, 16 mai 2012, déc. n° 2012-249 QPC, *Société Cryo Save France.*
94. CC, 16 mai 2012, déc. n° 2012-248 QPC, *Mathieu E.*
95. X. Bioy, « L'objectif de protection de la santé publique sort renforcé de l'examen constitutionnel de la "loi Touraine" », note sous CC, 21 janv. 2016, n° 2015-727 DC, *Loi de modernisation de notre système de santé*, p. 125-138.
96. CC, 19 novembre 2020, 2020-866 QPC, paragr. 15.

Cour européenne : ainsi le droit à la vie privée peut être violé lorsque l'État n'accorde qu'une trop faible indemnité accordée à la suite d'une intoxication par l'eau du robinet contaminée[97].

687 **Notion.** – Du **point de vue de la CEDH**, ce droit bénéficie de la protection de ses « aînés » : le droit à la vie, le droit à ne pas subir de traitements inhumains et dégradants. En soi, il n'est d'ailleurs pas protégé explicitement par la Convention EDH, mais par la jurisprudence relative à l'article 8 (vie privée)[98] ou l'article 2 (vie)[99]. Par exemple, dans une affaire où un patient est décédé à l'hôpital du fait d'un défaut d'organisation du service public et pour lequel l'enquête relative au décès n'a pas été effective[100]. **Les États doivent ainsi garantir de ne pas porter atteinte à la santé des populations (il ressemble ainsi à un droit liberté), mettre en œuvre des moyens pour protéger cette santé et permettre l'accès aux soins**[101]. Il s'agit donc d'un droit fortement protégé qui appartient (c'est toujours un bon critère pour mesurer la fondamentalité) aussi aux étrangers en situation irrégulière[102] même si ce droit ne saurait être absolu comme l'admet la CEDH[103]. Pour autant, on ne peut le comprendre comme l'obligation positive de faire en sorte que tous soient en bonne santé. **Le Conseil d'État dans son rapport de 1998, explique qu'il ne faut pas le confondre avec « l'existence d'un droit individuel à vivre en bonne santé qui autoriserait chacun à s'en prévaloir et, le cas échéant, à exiger réparation dans tous les cas où la jouissance de ce droit serait perturbée »**.

CEDH, 5 décembre 2013, n° 52806/09, *Vilnes et autres c. Norvège*

D'anciens plongeurs allèguent être invalides du fait de leur activité de plongeur en mer du Nord pour des compagnies pétrolières durant la période pionnière d'exploration (de 1965 à 1990). Pour eux, les autorités n'ont rien fait pour empêcher que leur santé et leur vie ne fussent mises en danger. La Cour estime que les autorités ont pris un large éventail de mesures pour assurer la sécurité des plongeurs et ont donc respecté l'obligation qui leur incombe en vertu des articles 2, 3 et 8. **Toutefois, elle conclut également que les autorités ont manqué à l'obligation que leur impose l'article 8 (droit au respect de la vie privée et familiale) de fournir des informations essentielles permettant à des individus d'apprécier les risques pour leur santé et leur vie.** En fait, en dépit de l'absence de consensus au sein de la communauté scientifique quant aux effets à long terme des symptômes résultants de la plongée en haute mer, les sociétés de plongée ont été autorisées à garder secrètes leurs tables de plongée respectives dans le seul but de conserver leur position concurrentielle sur d'autres sociétés. Dès lors, les plongeurs n'ont pas eu accès à des informations essentielles sur les durées de décompression rapide et sur leurs conséquences potentielles sur leur santé et leur sécurité. Par conséquent, ils n'ont pas été en mesure d'apprécier pleinement les risques liés à leur activité et de donner leur consentement éclairé.

688 **Caractère objectif.** – Il s'agit d'un droit qui commence par une obligation reposant sur les décideurs publics et qui se concrétise par les politiques publiques. Ce n'est que récemment qu'il devient peu à peu un droit subjectif. **Un authentique droit à la santé devrait imposer la multiplication des obligations de moyens de la**

97. CEDH, 25 octobre 2016, *Otgon c. République de Moldova*, n° 22743/07.
98. CEDH, 13 nov. 2012, n° 47039/11 et 358/12, *Hristozov et autres c. Bulgarie*.
99. CEDH, 17 juill. 2014, Gr. Ch., n° 47848/08, Centre de ressources juridiques au nom de Valentin Câmpeanu c. Roumanie.
100. CEDH, 15 déc. 2015, n° 56080/13, *Lopes de Sousa Fernandes c. Portugal* même si dans son arrêt de Grande chambre (19 déc. 2017) la Cour a finalement conclu à la non-violation du volet substantiel.
101. Voir I. Poirot-Mazères, *L'accès aux soins*, LGDJ-PUCT, 2011.
102. CC, 29 déc. 2003, déc. n° 2003-488 DC.
103. CEDH, 27 mai 2008, *N. c. RU*.

part des pouvoirs publics et des personnes privées ainsi que des obligations de résultat, au moins de ne pas dégrader la santé d'autrui.

On ne saurait trop attendre de **la CDFUE** qui proclame pourtant un droit subjectif en son article 35, car elle se rabat sur les droits nationaux : « Toute personne a le droit d'accéder à la prévention en matière de santé et de bénéficier de soins médicaux dans les conditions établies par les législations et pratiques nationales ». En droit de l'Union, si seules la liberté de circulation et la libre prestation des services apparaissent comme des libertés primaires du droit de l'Union, la Cour fait de la santé une exigence communautaire qui tend à imposer aux États de nouvelles obligations. De manière classique, à propos de la France[104], elle maintient que « dans l'appréciation du respect de cette obligation, il doit être tenu compte du fait que la santé et la vie des personnes occupent le premier rang parmi les biens et les intérêts protégés par le traité CE et qu'il appartient aux États membres de décider du niveau auquel ils entendent assurer la protection de la santé publique ainsi que de la manière dont ce niveau doit être atteint. Celui-ci pouvant varier d'un État membre à l'autre, il convient de reconnaître aux États membres une marge d'appréciation »[105]. La Charte des droits fondamentaux de l'Union ainsi que la directive relative aux soins transfrontaliers[106] confortent le principe d'une compétence d'abord dévolue aux États, mais, au nom de la circulation des éléments du corps humain, l'Union entend régir la qualité sanitaire. Le fait d'assimiler complètement les soins à une prestation de service accuse un risque de « dérive libérale » réel. La Charte communautaire des droits sociaux du travailleur ne mentionne pas l'accès aux soins, si ce n'est sous l'aspect de la libre circulation. Elle pourrait ainsi représenter un archétype de l'approche de l'Union. Celle-ci repose sur une intégration de la santé à l'objectif de développement économique. Les politiques de l'Union assurent un niveau élevé de protection de la santé (art. 9 TFUE). L'Union concrétise l'accès aux soins sous l'angle des soins transfrontaliers[107].

689 **Caractère subjectif.** – S'il n'est pas possible de penser la santé comme une exigence positive, son caractère subjectif reste hypothétique faute pour les juges d'admettre les dimensions d'un droit subjectif. Le juge administratif hésite par exemple à établir une exigibilité trop poussée. Le Conseil d'État a exclu la santé de la liste des libertés fondamentales ouvrant le recours au référé-sauvegarde[108]. Le Conseil d'État fait néanmoins application directe du préambule de 1946 pour interpréter les dispositions du Code de l'action sociale et des familles[109].

690 **Composantes.** – Le droit à la santé comporte en réalité deux dimensions inégalement protégées : l'accès aux soins appropriés et le droit de ne pas subir d'atteintes à la santé. **Le droit d'accès aux soins présente lui-même deux faces : la première, de droit commun, est celle d'un droit objectif**, consacré pour tous et dépendant des politiques publiques d'offre de soins, mais non « subjectivisé » car aucune procédure juridictionnelle efficace, encore moins spécifique, n'existe. Il se décline en diverses prérogatives comme le libre choix du médecin et de l'établissement de soins. **La seconde face serait celle d'un droit subjectif. Dans les faits, il est plutôt reconnu aux personnes vulnérables** (enfant, malades au pronostic vital engagé).

691 **Accès aux soins.** – Selon **l'article L. 1110-5 du Code de la santé publique**, « toute personne a, compte tenu de son état de santé et de l'urgence des interventions que celui-ci requiert, le droit de recevoir les soins les plus appropriés et de bénéficier des thérapeutiques dont l'efficacité est reconnue ». Selon **l'article L. 1110-3 du même code** : « Aucune personne ne peut faire l'objet de discriminations dans l'accès à la prévention ou aux soins ». La loi précise d'ailleurs que les professionnels de santé ne peuvent refuser de soigner une personne au motif qu'elle

104. CJCE, 16 déc. 2010, aff. C-89/09, *Commission c. France*, n° 41.
105. CJCE, 11 sept. 2008, aff. C-141/07, *Commission/Allemagne*.
106. Directive 2011/24/UE du Parlement et du Conseil, voir N. De Grove-Valdeyron, *RTD eur.* 47 (2), 2011, p. 299.
107. Directive 2011/24/UE du Parlement et du Conseil.
108. CE, 5 nov. 2005, Bunel c. Garde des Sceaux.
109. CE, 14 déc. 2007, Dpt Charente-Maritime.

est bénéficiaire de la couverture maladie universelle ou de l'aide médicale d'État aux étrangers. Toute personne qui s'estime victime d'un refus de soins illégitime peut saisir le directeur de l'organisme local d'assurance maladie ou le président du conseil territorialement compétent de l'ordre professionnel concerné des faits qui permettent d'en présumer l'existence. Cette saisine vaut dépôt de plainte. Désormais, l'accès aux soins doit être identique[110]. Confrontée à un refus de soins illégitime la personne malade peut dénoncer le praticien à l'assurance-maladie ou l'ordre des médecins qui, après conciliation, pourra poursuivre disciplinairement. Le Comité des droits économiques, sociaux et culturels fait observer qu'il faut qu'existent des installations, des biens et des services de santé, y compris les déterminants fondamentaux de la santé, qui soient disponibles, accessibles, acceptables et de bonne qualité. Le Comité explique chaque terme – par exemple, « l'accessibilité » comporte quatre dimensions : non-discrimination, accessibilité physique, accessibilité économique et accessibilité de l'information relative à la santé.

Défenseur des droits : Décision 18 novembre 2019 liée à un refus de soins (2019-281)

Le Défenseur des droits a été saisi par une mère rencontrant des difficultés pour prendre rendez-vous auprès d'un radiologue pour son fils mineur en raison de l'obligation, pour les bénéficiaires de la CMU-C, de se présenter au cabinet sans rendez-vous et à des dates et des horaires spécifiques afin de bénéficier d'une consultation selon les disponibilités. Le radiologue a pris acte de la décision de l'institution en mettant fin à ces restrictions.

692 **Débiteurs.** – Selon l'article **L. 1110-1 du Code de la santé publique** : « Le droit fondamental à la protection de la santé doit être mis en œuvre par tous moyens disponibles au bénéfice de toute personne. Les professionnels, les établissements et réseaux de santé, les organismes d'assurance-maladie ou tous autres organismes participant à la prévention et aux soins, et les autorités sanitaires contribuent, avec les usagers, à développer la prévention, garantir l'égal accès de chaque personne aux soins nécessités par son état de santé et assurer la continuité des soins et la meilleure sécurité sanitaire possible ».

693 **Débiteur étatique.** – L'État se trouve bien sûr en première ligne des débiteurs, sous les traits d'un service public constitutionnel. La **loi du 29 juillet 1998 relative à la lutte contre l'exclusion, garantit « l'accès effectif de tous aux droits fondamentaux dans les domaines de l'emploi, du logement, de la protection de la santé [...]. L'accès à la prévention et aux soins des personnes les plus démunies constitue un objectif prioritaire de la politique de santé** ». La loi de 2009 relative à la réforme de l'hôpital (HPST) a entendu redéfinir les missions des centres hospitaliers et plus généralement des établissements de santé. Désormais, la permanence des soins, la prise en charge des soins palliatifs font partie des priorités des missions de service public sans distinction selon la nature privée ou publique de l'établissement.

694 **Autres débiteurs** – N'oublions pas en outre les entreprises, les employeurs, les parents et l'individu lui-même devant parfois se soumettre à des soins dans son intérêt et celui de tous. Parfois même, l'individu est tenu de protéger sa propre santé (art. 64 de la Constitution du Portugal). La négligence est en tout cas un fait de la victime susceptible d'exonérer par exemple les industriels du tabac actionnés devant les juridictions

110. CE, Sect., 7 avr. 2010, *Min. Intérieur et Aménagement du territoire c. Jabnoun* : lorsque le défaut de prise en charge risque d'avoir des conséquences d'une exceptionnelle gravité sur la santé de l'intéressé, l'autorité administrative ne peut légalement décider l'éloignement de l'étranger que s'il existe des possibilités de traitement approprié de l'affection en cause dans le pays de renvoi ; que si de telles possibilités existent mais que l'étranger fait valoir qu'il ne peut en bénéficier, il appartient à cette même autorité, au vu de l'ensemble des informations dont elle dispose, d'apprécier si l'intéressé peut ou non bénéficier effectivement d'un traitement approprié dans le pays de renvoi.

civiles[111]. Pour autant, la démocratisation du système sanitaire apporte sa pierre au développement des droits fondamentaux des malades.

II. Le droit de vivre dans un environnement sain

695 **Notion d'environnement. –** L'environnement, du point de vue juridique, ne fait pas l'objet d'une définition synthétique mais, selon les sources, d'une approche sous forme d'énumération fermée ou ouverte. Ainsi, par exemple, la loi du 10 juillet 1976 relative à la protection de la nature, dont s'inspire **l'article L. 110 du Code de l'environnement**, **associe la nature (espaces, espèces, diversité et équilibres), les ressources naturelles et la qualité de l'air, les sites, monuments et paysages** ; la convention de Lugano du 21 juin 1993 relative à la responsabilité civile des dommages résultant d'activités dangereuses pour l'environnement et signée dans le cadre du Conseil de l'Europe évoque quant à elle les ressources naturelles abiotiques et biotiques (air, eau, sols, faune et flore) et les biens de l'héritage culturel et des paysages.

696 **Subjectivité. –** La consécration d'un droit à l'environnement se révèle peu directement normative. **Les textes les plus explicites n'ont de réelle portée normative que médiate et s'en remettent à des sources infralégislatives**. La concrétisation s'opère alors sans précision du champ ainsi protégé. La dimension individuelle de l'environnement **se concentrera sur les garanties « procédurales »**, celles-là mêmes qui, petit à petit, aménagent et permettent la consécration d'un droit au respect des biens environnementaux dont l'individu est bénéficiaire (droit à l'information sur les risques environnementaux et projets urbanistiques ; participation à la prise de décision...). Les précisions apportées à la définition de l'environnement indiquent bien l'absence de droit subjectif direct. On notera que **l'article 37 de la Charte des droits fondamentaux de l'Union** met en place le même type de paradoxe : au sein d'une liste de droits fondamentaux dont la quasi-totalité se présente expressément comme des droits de la personne, l'environnement n'est qu'un objet de protection publique par le biais du principe d'intégration aux politiques publiques. La Charte appelle la loi.

697 **Source constitutionnelle. –** La **Charte de l'environnement** adoptée en juin 2004 et intégrée à la Constitution le 28 février 2005 entend constitutionnaliser plusieurs aspects de la protection : **l'environnement doit être sain et équilibré pour chacun (art. 1)**, chacun doit prévenir et limiter les atteintes à l'environnement, en réparer les dommages (art. 2, 3 et 4) ; ce à quoi s'engagent également les autorités publiques (art. 5) tout en le mettant en valeur et en le conciliant avec le développement (art. 6). L'environnement est en outre un objet d'information et de participation de tous, induisant éducation et formation, recherche et innovation (art. 7 à 9).

Le Conseil constitutionnel a accepté d'utiliser la Charte comme norme de référence dans une vingtaine de décisions qui reconnaissent son invocabilité en DC (sauf le Préambule et les articles 8, 9, 10) et en QPC (art. 1, 2, 3, 4, 5, 7, même si la dimension de droit subjectif de certaines dispositions n'est pas évidente). Il l'a admis pour les articles 1er et 2 avec effet horizontal[112]. Le Conseil accepte de se situer sur le terrain subjectif du droit à un environnement sain pour examiner l'équilibre, tout à fait objectif, d'une sorte de « bilan coût-avantage » d'une disposition législative. Ainsi[113], l'article L. 214-18-1 du Code de l'environnement exempte les moulins à eau équipés pour produire de l'électricité des règles qui tendent à préserver la continuité écologique de ces cours d'eau. Mais il le fait pour développer une énergie renouvelable et ne s'applique pas au cours d'eau en très bon état écologique, etc.

111. Cass. 2e civ., 20 nov. 2003.
112. Déc. n° 2011-116 QPC, 08 avril 2011, *Michel Z.*, « le respect des droits et devoirs énoncés en termes généraux par ces articles s'impose non seulement aux pouvoirs publics et aux autorités administratives dans leur domaine de compétence respectif mais également à l'ensemble des personnes ».
113. CC, 13 mai 2022, n° 2022-991 QPC, *Association France nature environnement et autres* [Exemption pour certains moulins à eau des obligations visant à assurer la continuité écologique des cours d'eau].

Néanmoins, le Conseil constitutionnel a considéré que l'article 6 de la Charte de l'environnement, relatif au développement durable, « n'institue pas un droit ou une liberté que la Constitution garantit »[114]. Le Conseil constitutionnel a aussi mobilisé le fumeux Préambule pour dégager **un objectif de valeur constitutionnelle : la protection de l'environnement, patrimoine commun des êtres humains**[115]. Le législateur peut ainsi, en dérogation à la liberté d'entreprendre, faire obstacle à ce que des entreprises établies en France participent à la vente de produits phytopharmaceutiques contenant des substances actives non approuvées par l'Union européenne, en raison de leurs effets sur la santé humaine, la santé animale ou l'environnement (pourtant autorisées en dehors de l'Union européenne) et donc, indirectement, aux atteintes qui peuvent en résulter pour la santé humaine et l'environnement. Se fondant sur l'article 1er, il juge que l'objectif d'atteindre la décarbonation complète du secteur des transports terrestres, d'ici à 2050, n'est pas manifestement inadéquat. Le principe de précaution peut être envisagé aussi comme sauvegardant le droit à la sécurité des personnes, même si le Conseil constitutionnel n'en a encore tiré aucune conséquence réelle[116].

Le Code de l'environnement consacrait déjà le droit à un environnement sain : « Les lois et règlements organisent le droit de chacun à un environnement sain et contribuent à assurer un équilibre harmonieux entre les zones urbaines et les zones rurales. Il est du devoir de chacun de veiller à la sauvegarde et de contribuer à la protection de l'environnement [...] » (art. L. 110-2). La difficulté principale tient toujours dans le **maintien de la théorie de la loi-écran** et dans le partage de compétences, au profit de la loi, opéré par la Charte elle-même. **Le Conseil d'État, sauf dans les cas où il estime qu'une loi fait écran entre l'acte administratif et la Constitution, lui donne également plein effet**[117]. Cela vaut même pour les principes qui peuvent guider la décision administrative comme le principe de prévention de l'article 3 (toute personne doit, dans les conditions définies par la loi, prévenir les atteintes qu'elle est susceptible de porter à l'environnement ou, à défaut, en limiter les conséquences)[118]. Le Conseil d'État a adopté la même solution à propos du droit à un environnement sain de l'article 1 de la Charte[119]. Alors que la rédaction de l'article 5 de la Charte de l'environnement semble exclure de son champ d'application le domaine sanitaire, le juge administratif a affirmé dans l'arrêt *Commune de Lunel* que « **le principe de précaution s'applique aux activités qui affectent l'environnement dans des conditions susceptibles de nuire à la santé des populations concernées** »[120]. Le Conseil d'État a ainsi pu invalider des dispositifs protecteurs des droits procéduraux des individus en matière d'environnement en raison de la nécessité de passer par la loi[121]. Sans viser le droit à un environnement sain mais la Directive 2008/50/CE du Parlement européen et du Conseil du 21 mai 2008 concernant la qualité de l'air ambiant et un air pur pour l'Europe, le

114. Décision n° 2012-283 QPC du 23 nov. 2012, Association France Nature Environnement et autres.

115. CC, 31 janvier 2020, n° 2019-823 QPC, *Union des industries de la protection des plantes* (Interdiction de la production, du stockage et de la circulation de certains produits phytopharmaceutiques).

116. CC, 19 juin 2008 DC, déc. n° 2008-564, 11 oct. 2013, déc. n° 2013-346 QPC, *Société Schuepbach Energy LLC*.

117. CE, 19 juin 2006, *Association Eaux et Rivières de Bretagne*, n° 282456 concernant l'article 7 de la Charte (Toute personne a le droit, dans les conditions et les limites définies par la loi, d'accéder aux informations relatives à l'environnement détenues par les autorités publiques et de participer à l'élaboration des décisions publiques ayant une incidence sur l'environnement) le Conseil fait application de la loi écran : lorsqu'il existe une loi mettant en œuvre les dispositions de la Charte, l'acte administratif doit être confronté à la loi et non à la Charte ; CE, 3 oct. 2008, *Commune d'Annecy*, n° 297931, publié au *Recueil* : confirme la solution posée par l'arrêt de 2006 en considérant qu'un acte administratif ne peut entrer dans le champ de l'article 7 de la Charte que s'il est pris en application d'une loi qui met en œuvre cet article de la Charte.

118. CE, Ass, 12 juill. 2013, *Fédération nationale de la pêche en France*, req. n° 344522 : publié au *Recueil* : « la conformité au principe énoncé par l'article 3 de la Charte de l'environnement de dispositions législatives définissant le cadre de la prévention ou de la limitation des conséquences d'une atteinte à l'environnement, ou de l'absence de telles dispositions, ne peut être contestée devant le juge administratif en dehors de la procédure prévue à l'article 61-1 de la Constitution ; qu'en revanche, il appartient à celui-ci, au vu de l'argumentation dont il est saisi, de vérifier si les mesures prises pour l'application de la loi, dans la mesure où elles ne se bornent pas à en tirer les conséquences nécessaires, n'ont pas elles-mêmes méconnu ce principe ».

119. Conseil d'État, 26 févr. 2014, n° 351514, *Association Ban Asbestos France et autres* : « il appartient aux autorités administratives de veiller au respect du principe énoncé par l'article 1er de la Charte de l'environnement lorsqu'elles sont appelées à préciser les modalités de mise en œuvre d'une loi définissant le cadre de la protection de la population contre les risques que l'environnement fait courir à la santé ». L'article 1er est d'applicabilité directe, contrairement à l'article 3 qui ne s'impose que « dans les conditions définies par la loi ».

120. CE, 8 oct. 2012, n° 342423, *Cne de Lunel*.

121. CE, 3 oct. 2008, *Commune d'Annecy*, n° 297931.

Conseil d'État ordonne au gouvernement de prendre des mesures pour réduire la pollution de l'air, sous astreinte de 10 M € par semestre de retard[122].

698 **Sources internationales.** – Le Conseil des droits de l'homme considère que « l'exercice du droit de bénéficier d'un environnement propre, sain et durable est un élément important de la jouissance des droits de l'homme »[123]. La **convention d'Aarhus** du 25 juin 1998, désormais ratifiée par la France s'ouvre sur un « droit de chacun de vivre dans un environnement propre à assurer sa santé et son bien-être et le devoir, tant individuellement qu'en association avec d'autres, de protéger et d'améliorer l'environnement dans l'intérêt des générations présentes et futures ». Il s'agit surtout d'un droit à l'information. D'autres textes évoquent un « droit à l'eau potable »[124].

699 **Manifestations substantielles.** – Le droit à l'environnement induit en réalité la consécration de « notions relais » : soit elles sont plus techniques comme le principe de participation, soit elles sont plus précises comme le droit à l'eau ou à l'air, soit enfin elles instituent le sujet de droit comme lié à ses conditions d'épanouissement. La protection de l'environnement peut apparaître aussi **comme un objectif d'intérêt général susceptible de limiter le droit de propriété ou la liberté d'entreprendre** : dans une affaire irlandaise, après que la Cour de justice de l'Union européenne eut déclaré que l'Irlande avait manqué à ses obligations découlant de deux directives européennes en matière d'environnement, le gouvernement interdit temporairement la récolte de naissain dans le port où la société exerçait son activité. De ce fait, celle-ci n'eut aucune moule adulte à vendre en 2010 et subit un manque à gagner. La Cour de Strasbourg observe que la protection de l'environnement et le respect par l'État défendeur de ses obligations découlant du droit de l'Union européenne sont deux objectifs légitimes. En tant qu'opérateur commercial, une société aurait dû savoir que la nécessité de se conformer aux règles de l'Union européenne pouvait avoir une incidence sur ses affaires[125].

700 **Environnement et vie privée.** – La construction de la CEDH apparaît, à ce titre remarquable même si elle semble atteindre vite ses limites : la Cour protège essentiellement l'environnement par le droit à la vie privée : **depuis l'affaire *Powell et Rayner c. RU* du 21 février 1990**, à propos du contentieux des nuisances sonores d'un aéroport londonien, qui se poursuit par les arrêts *Hatton I* du 2 octobre 2001 et *Hatton II* du 8 juillet 2003, elle admet l'applicabilité de l'article 8 à des contentieux liés aux conditions de vie. L'arrêt *Lopez-Ostra c. Espagne* du 9 décembre 1994 amène la première condamnation dans l'hypothèse d'une station d'épuration nuisant à la qualité de vie d'une famille. Dans l'affaire *Guerra c. Italie* **du 19 février 1998**, elle condamne les conditions environnementales qui portent atteinte à la jouissance du domicile. Elle semble désormais se concentrer sur l'aspect relatif à la protection du domicile[126]. Plus récemment[127], invoquant notamment l'article 8, la requérante se plaignait que la pollution de l'environnement par l'exploitation d'un gisement de métaux affectait gravement sa santé et son habitat, ainsi que de la passivité des autorités locales pour prendre des mesures afin de remédier à cette pollution[128]. **La Cour rappelle que des atteintes graves à l'environnement peuvent affecter le bien-être des personnes et les priver de la jouissance de leur domicile et ainsi nuire à leur vie privée et familiale**[129]. Les

122. CE, 10 juill0 2020, *Association Les Amis de la Terre France et autres*, n° 428409.

123. Conseil des droits de l'homme, résolution adoptée par le Conseil des droits de l'homme le 8 octobre 2021, 48/13. Droit à un environnement propre, sain et durable.

124. Protocole de Londres du 17 juin 1999 sur l'eau et la santé, additionnel à la convention d'Helsinki sur l'utilisation des cours d'eau transfrontières et des lacs internationaux de 1992.

125. CEDH, 7 juin 2018, O'Sullivan McCarthy Mussel Development Ltd c. Irlande, n° 44460/16.

126. CEDH, 10 nov. 2004, *Taskin c. Turquie* : à propos d'une mine d'or utilisant du cyanure, elle pose l'obligation positive de l'État de mettre en oeuvre des « mesures raisonnables et adéquates en vue de prévenir les atteintes graves à l'environnement pouvant affecter le bien-être d'une personne et la priver de la jouissance de son domicile de manière à nuire à sa vie privée et familiale sans pour autant mettre en grave danger la santé de l'intéressé ».

127. CEDH, 30 mars 2010, *Bacila c. Roumanie*.

128. CEDH, 10 févr. 2011, *Dubetska et autres c. Ukraine*, req. n° 30499/03.

129. CEDH, 2 nov. 2006, *Giacomelli c. Italie*, req. n° 59909/00.

États ont l'obligation de régir l'autorisation, le fonctionnement, l'exploitation, la sécurité et le contrôle des activités dangereuses et de s'assurer de la protection effective des citoyens dont la vie pourrait être mise en danger par ces activités. Ils doivent ménager un juste équilibre[130]. Confrontée à une carence italienne dans la collecte des déchets, la Cour condamne au motif que « cette situation a pu conduire à une détérioration de la qualité de vie des intéressés et, en particulier, nuire à leur droit au respect de la vie privée et du domicile »[131]. La CEDH a pu estimer qu'un délai de huit ans pour parvenir à une limitation des nuisances sonores liées à un bar induit une violation de l'article 8[132]. La Cour observe la violation de l'article 8 de la Convention, faute pour les autorités roumaines d'avoir pris les mesures nécessaires pour traiter la question des nuisances olfactives générées par une décharge d'ordures[133]. Elle a aussi reconnu la violation des articles 8 et 13 pour 180 requérants résidents de la ville de Tarente qui dénonçaient les effets des émissions nocives d'une usine sidérurgique faute pour l'État d'avoir adopté les mesures juridiques et réglementaires visant à protéger leur santé et l'environnement, et d'avoir omis de leur fournir des informations concernant la pollution et les risques corrélatifs pour leur santé[134]. **Le droit à la vie privée implique aussi l'accès à l'eau potable** (sans discrimination)[135].

La Cour a néanmoins déclaré irrecevable une requête mettant en cause la présence d'une ligne électrique à haute tension traversant un terrain privé, faute de preuve d'un niveau propre à avoir un effet néfaste sur la sphère privée et familiale des requérants[136]. Il n'existe non plus **aucun consensus européen ni même une tendance parmi les États membres du Conseil de l'Europe en faveur de la reconnaissance d'un droit individuel universel à la protection de tel ou tel héritage culturel**[137].

CEDH, 24 juillet 2014, requête n° 60908/11, *Brincat et autres c. Malte*

Des ouvriers de chantier naval ont été **exposés à l'amiante** pendant plusieurs décennies des années 1950 au début des années 2000 et en ont gardé des séquelles. La Cour dit que, étant donné la gravité des risques liés à l'amiante, même si les États ont une certaine latitude (« marge d'appréciation ») pour décider comment gérer de tels risques, le gouvernement maltais a manqué aux obligations positives que lui impose la Convention européenne, en ce qu'il n'a pas légiféré ni pris de mesures pratiques pour faire en sorte que les requérants soient suffisamment protégés et informés du risque auquel étaient exposées leur santé et leur vie. Estimant que, depuis le début des années 1970 au plus tard, le gouvernement maltais savait ou aurait dû savoir que la santé des ouvriers du chantier naval était mise en danger par l'exposition à l'amiante, **la Cour observe qu'il n'a pas pris de mesures positives pour parer à ce risque avant 2003 (violation art. 2 et 8).**

701 **Environnement et autres droits de substitution**. – L'environnement est aussi protégé médiatement par le **droit à la vie (art. 2) depuis l'affaire** *Öneryildiz c. Turquie*[138]. La CEDH entend protéger encore le droit à un environnement sain par le droit de propriété (art. 1 du protocole n° 1). Par l'arrêt *Zander c. Suède* de 1993 elle exige à ce titre la protection d'une source d'eau. C'est également par le biais du droit de propriété que la Cour européenne[139] et le Conseil constitutionnel ont déjà été amenés à protéger indirectement l'environnement. Le

130. CEDH, 13 déc. 2012, *Flamenbaum et autres c. France* (n° 3675/04 et 23264/04).
131. CEDH, 2e Sect., 10 janv. 2012, *Di Sarno et autres c. Italie*, req. n° 30765/08, § 108.
132. CEDH, 20 mai 2010, *Olvic c. Croatie*.
133. CEDH, 7 avr. 2009, *Brându e c. Roumanie*, req. n° 6586/03.
134. CEDH, 24 janv. 2019, *Cordella et autres c. Italie*, nos 54414/13 et 54264/15.
135. CEDH, 10 mars 2020, *Hudorovi et autres c. Slovénie*, n° 24816/14 et 25140/14.
136. CEDH, 6 février 2018, *Calancea et autres c. République de Moldova*, n° 23225/05.
137. CEDH, 21 févr. 2019, *Ahunbay et autres c. Turquie*, req. n° 6080/06.
138. CEDH, Gr. Ch., *Öneryildiz c. Turquie*, 30 nov. 2004 : explosion industrielle ayant entraîné le décès de plusieurs personnes.
139. CEDH, 18 nov. 2010, *Consorts Richet et Le Ber c. France*, req. n° 18990/07 et 23905/07.

droit à un environnement sain se trouve médiatement concrétisé (et donc empêché de venir au jour de manière directe) par des notions très classiques comme le trouble de voisinage.

702 **Manifestations procédurales. –** La CEDH a également eu l'occasion de faire du droit à l'information en matière environnementale, exigible de l'État, un corollaire de la vie privée[140]. Ainsi le principe de participation devient un droit à la participation comme aspect procédural du droit à un environnement sain. Il se décline à **son tour en exigences constitutionnelles d'information**, d'éducation, de formation. La directive communautaire du 23 janvier 2003, elle-même suscitée par la Convention d'Aarhus, concrétise le droit à l'environnement par le droit de participation et d'information. En droit proprement interne, les procédures de l'enquête publique, du débat public (en particulier depuis la loi « Démocratie de proximité » de février 2002) et de la concertation (art. L. 300-2, C. urb.) concrétisent en partie la dimension participative du droit à un environnement sain.

Le droit à un environnement sain se trouve enfin protégé indirectement par les exigences chiffrées des engagements internationaux. Ainsi, par un jugement du 3 février 2021, le tribunal administratif de Paris[141] a considéré que l'État devait réparer le préjudice écologique causé par le non-respect des objectifs fixés par la France en matière de réduction des émissions de gaz à effet de serre. Et par son jugement rendu le 14 octobre 2021, il indique tout d'abord qu'il lui revient de vérifier si le préjudice né du dépassement du premier budget carbone perdure et s'il a déjà fait l'objet de mesures de réparation à la date du jugement. En revanche, il ne lui appartient pas de se prononcer, ainsi que le demandaient les associations, sur le caractère suffisant de l'ensemble des mesures susceptibles de permettre d'atteindre l'objectif de réduction de 40 % des gaz à effet de serre d'ici 2030, par rapport à leur niveau de 1990, cette question ayant été examinée par le Conseil d'État dans sa décision *Commune de Grande-Synthe*[142], par laquelle il enjoint au gouvernement de prendre avant le 31 mars 2022 toutes mesures utiles pour atteindre l'objectif issu de l'Accord de Paris.

140. CEDH, 9 juin 1998, *Mc Ginley et Egan* : consécration d'un droit à l'information dans le domaine du nucléaire.
141. TA, Paris, 14 octobre 2021, *Ass. Oxfam et a.*, n° 1904967, 1904968, 1904972, 1904976/4-1.
142. CE, 1er juillet 2021, *Commune de Grande-Synthe et a.*, n° 427301.

EXERCICE D'AUTOÉVALUATION

1. Pourrait-on rétablir la peine de mort en France ?
2. À quelles conditions les forces de l'ordre peuvent-elles recourir à la violence ?
3. L'État est-il responsable du décès d'un détenu ?
4. Quelles obligations procédurales découlent-elles de l'article 2 CEDH ?
5. La CEDH protège-t-elle le droit à l'euthanasie ?
6. Le médecin doit-il respecter le refus de soin d'un patient qui en mourrait ?
7. Pourrait-on interdire la publicité pour des produits polluants ?
8. La CEDH protège-t-elle le droit à la santé ?
9. Le droit de vivre en bonne santé est-il invocable en QPC ?
10. Existe-t-il un droit constitutionnel à l'environnement sain ?

RÉPONSES

1. Il faudrait à la fois réviser l'article 66-1 de la Constitution et dénoncer les protocoles 6 et 13 de la CEDH ainsi que le Deuxième Protocole facultatif se rapportant au Pacte international relatif aux droits civils et politiques du 15 décembre 1989.

2. De manière nécessaire au maintien de l'ordre et proportionnée à la violence ou la résistance exercée par les personnes. Tout en prévenant les éventuelles atteintes à l'intégrité physique, en s'assurant de la présence de secours pour prendre en charge les éventuels blessés et en pouvant déterminer qui est à l'origine d'abus éventuels.

3. L'État supporte une obligation de moyen quant à la santé physique, mentale et à la vie des personnes qu'il a sous sa garde. Dans l'hypothèse où un détenu se suiciderait faute de soins psychiatriques et d'une surveillance adaptée, en fonction de signes précurseurs, l'État serait tenu pour responsable. S'il est tué par un codétenu, également.

4. L'État, disposant des plus grands moyens d'investigation, est tenu de faire la lumière sur toute cause de décès ou de disparition et sur la part de responsabilité de chacun ; il doit mener une enquête sincère, rapide et effective. Il lui incombe ensuite d'engager de manière effective la responsabilité des coupables.

5. La Cour juge que l'article 8 CEDH protège le droit à l'autodétermination, même quand cela conduit à une mise en danger de soi. Une demande d'assistance au suicide et le refus de soin sont donc protégés. Néanmoins, l'État est aussi légitime à prévenir les homicides et peut donc opposer des normes d'ordre public à la reconnaissance d'un droit à mourir.

6. Oui, tant du point de vue de la CEDH que du Code de la santé, le médecin est tenu de respecter la volonté explicite du patient, qu'il soit conscient ou qu'il ait laissé des directives anticipées en ce sens. Le médecin doit aussi l'informer de tout ce qui peut advenir à l'issue de ce refus de soin et sans doute tenter de le dissuader si le choix ne lui paraît pas rationnel ou raisonnable. En cas d'urgence et d'incertitude sur le choix du patient, ces

obligations sont allégées. En 2022, le Conseil d'État a néanmoins refusé d'enjoindre au médecin de ne plus transfuser un patient nécessitant une neurochirurgie.

7. Il en est question dans les débats publics. Il s'agit en réalité de concilier d'un côté la liberté d'expression et la liberté d'entreprendre avec, de l'autre, le droit à la santé et le droit à un environnement sain. Les deux derniers agissant comme objectifs de valeur constitutionnelle, le législateur peut en prendre l'initiative, sans y être tenu et jugé pour incompétence négative. Le schéma est celui de la décision du Conseil constitutionnel relative à la « loi Evin » (concernant la publicité pour le tabac et l'alcool : Décision n° 90-283 DC du 8 janvier 1991). Il faudra garder la proportionnalité et ne pas réduire le noyau dur de la liberté d'expression en gardant sans doute la possibilité de publicité sur des supports spécialisés.

8. Pas explicitement ou directement mais par le jeu de « droits ricochets » : le droit à la vie, l'interdiction de traitements inhumains ou dégradants, le droit au respect de la vie privée, le droit de propriété, le droit à l'information...

9. Oui, sur le fondement de l'alinéa 11 du préambule de 1946. Cependant, le Conseil constitutionnel n'en tire pas un authentique droit subjectif, car celait aurait sans doute pour effet de privatiser les ressources de l'assurance maladie. Il l'utilise surtout comme limite à d'autres droits dont l'exercice peut nuire à la santé (liberté d'entreprendre, propriété...). Mais il peut aussi l'invoquer dans l'intérêt de la santé d'un individu pour justifier des mécanismes d'ordre public comme les vaccinations obligatoires, l'hospitalisation psychiatrique sous contrainte.

10. Oui, à l'article premier de la Charte de l'environnement. Néanmoins, comme pour le droit à la santé, son usage est purement objectif et collectif, tourné vers la limitation d'autres droits. Ni le Conseil constitutionnel, ni le Conseil d'État n'en tirent de prérogative individuelle autonome.

CONSEILS DE LECTURE

« Droit à la vie, droit à la mort », Politéia, n° 3, 2003.

P. Baumann, Le droit à l'environnement sain et la CEDH, LGDJ, 2021.

J.-P. Baud, Le droit de vie et de mort. Archéologie de la bioéthique, ALTO-Aubier, 2001.

N. Aumonier, B. Beignier, Ph. Letellier, L'euthanasie, PUF, coll. Que sais-je ?, 8e éd. 2017.

H. Bandolo Kenfack, « La revendication du droit de mourir dans la dignité au nom du droit à la vie : approche innovatrice et conciliatrice de la Cour EDH », RDLF 2020 chron. n° 36 (www.revuedlf.com).

X. Bioy, « Approches constitutionnelles du droit à la vie », in Le droit au respect de la vie au sens de la CEDH, M. Levinet (dir.), Bruylant, 2010, p. 93.

X. Bioy, « Le droit d'accès aux soins : droit fondamental ? » in L'accès aux soins, I. Poirot-Mazères (dir.), Presses de l'Université Toulouse Capitole – Lextenso, 2011, p. 45.

C. Boiteux-Picheral, La vulnérabilité en droit européen des droits de l'homme, Anthemis, Droit & Justice, 2019.

V. Fournier, La mort est-elle un droit ?, Documentation Francaise, 2016.

D. Garciá San José, La protection de l'environnement et la Convention européenne des droits de l'homme, Conseil de l'Europe, 2013.

H. Labayle, « L'abolition de la peine capitale, exigences constitutionnelles et mutations européennes », RFDA 2006, p. 308.

S. Maljean Dubois, Quel droit pour l'environnement ?, Hachette, 2008.

B. Mathieu, Le droit à la vie dans les jurisprudences constitutionnelles et conventionnelles européennes, Conseil de l'Europe, L'Europe des droits, 2005, p. 13.

R. Ogien, La vie, la mort, l'État. Le débat bioéthique, Grasset, 2009.

L. Robert, L'Environnement et la Convention européenne des droits de l'homme, Bruylant, 2013.

M. Touzeil-Divina, M. Bouteille-Brigant et J.-F. Boudet (dir.), Traité des nouveaux droits de la mort, éd. L'Épitoge, 2014.

CHAPITRE 2

La dignité et ses éléments

703 Le concept de dignité. – La dignité ramenée au stade du concept (c'est-à-dire sans les éléments d'une notion juridique : valeur des sources, effets de droit, régime...) se concentre autour du **mécanisme de valorisation d'un élément d'une hiérarchie** (le digne face à l'indigne). Il s'agit de promouvoir un objet de valeur. Au cours des siècles, l'objet de cette valorisation s'est diversifié en faveur essentiellement de deux « bénéficiaires » ou « titulaires de dignité » : **l'humanité et la personne, réunis dans le concept de personne humaine**. Dès lors, on a affaire à plusieurs concepts de dignité, ou à un concept pluriel, puisque ces différentes occurrences coexistent dans notre droit : dignité humaine, dignité de la personne. **La dignité devient contradictoire quand la dignité de l'humain (indisponible et définie par le collectif) et la dignité de la personne (subjective, liée à l'autonomie) se confrontent à l'occasion d'un comportement d'auto-disposition.** Étendant son champ à tout être humain, la dignité perd de sa sélectivité et tend à s'identifier à son contraire : le concept d'égalité (Tous humains, tous également dignes ; si tous sont dignes aucun ne l'est plus que d'autres). **Le concept de dignité cesse d'être créateur d'une hiérarchie pour être utilisé comme correctif des faits discriminatoires.** Il sert en fait au droit et aux juges à revaloriser, à promouvoir, ce qui apparaît menacé : le vulnérable, le fragile, l'exclu. Élément plastique d'une politique jurisprudentielle, la dignité promeut à son tour les juges comme interprètes de ce que la société entend par dignité.

704 De la philosophie au droit. – L'intégration du principe de dignité, devenu « droit à la dignité » dans les corpus juridiques, a été sans doute la « grande affaire » de ces vingt dernières années, même si c'est un mouvement qui a commencé par le second conflit mondial. Lorsque, **depuis les années 1990, les juges s'emparent de la dignité pour lui faire produire des effets de droit,** la doctrine a globalement parié sur un usage à la fois massif et dangereux d'une notion insaisissable. En définitive, les juges se sont montrés plus mesurés et la notion plus circonscrite que prévu. La surprise vient de ce que la dignité embrasse toutes les branches du droit, aussi bien comme principe supérieur, voire absolu, que comme droit subjectif. Ses reconnaissances et ses manifestations, fort nombreuses, ne doivent pas masquer ses aspects principaux : **la protection de la valeur accordée au sujet de droit au moyen d'une « dignité », qui se présente à la fois comme un principe général et un droit subjectif, et l'égalité fondamentale qui en résulte.**

Section 1
Principe et droit subjectif

705 **Une notion « matricielle »[1].** - Un débat agite la doctrine juridique et les auteurs de philosophie politique quant à savoir si la dignité fonde l'ensemble des droits de l'homme ou si elle n'en est qu'un parmi d'autres ; si elle conforte la liberté ou lui dispute la première place ; **si elle est un droit subjectif ou si elle occupe le rang de principe objectif et transcendant, étant indisponible pour chacun**. À la vérité, il semble bien que la dignité soit tout cela à la fois. Sa consécration, véritable phénomène juridique, prend toutes les formes et toutes les valeurs, permettant des usages juridiques d'une variété inépuisable.

I. La consécration de la dignité

706 **Une juridicité aussi marquée que diverse.** - Il semble que le recours à la notion de dignité de l'humanité ou de la personne humaine **accompagne l'après-guerre comme volonté de revenir à ce qui fonde les droits de l'homme : le partage d'une commune humanité**. Le mouvement de consécration naît donc d'abord du droit international en même temps qu'il investit les constitutions des États qui se reconstruisent après le second conflit mondial. La diffusion s'opère ensuite dans toutes les couches de la hiérarchie des normes. De la supra-constitutionnalité au droit des contrats ou des actes administratifs, la dignité est partout chez elle, jusqu'aux accords de coopération touristique...

A. Les sources internationales

707 **Les Nations unies.** - Dès 1944, la **Déclaration de Philadelphie** relative aux buts de l'OIT affirme que « tous les êtres humains, quels que soient leur race, leur croyance ou leur sexe ont le droit de poursuivre leur progrès matériel et leur développement spirituel dans la liberté et la dignité [...] ». Peu après, la **Charte des Nations unies du 26 juin 1945** proclame dès son préambule la foi des peuples « dans les droits fondamentaux de l'homme, dans la dignité et la valeur de la personne humaine [...] ». La plupart des textes relatifs aux droits de l'homme négociés sous l'égide de l'ONU la mentionnent ensuite. **La DUDH** reprend la formule dès le cinquième considérant de son préambule. **L'Acte constitutif de l'Unesco** déclare en son préambule que « la grande et terrible guerre qui vient de finir a été rendue possible par le reniement de l'idéal démocratique de dignité, d'égalité et de respect de la personne humaine et par la volonté de lui substituer, en exploitant l'ignorance et le préjugé, le dogme de l'inégalité des races et des hommes ». Les **deux pactes des Nations unies** du 16 décembre 1966 reconnaissent au 2e alinéa de leurs préambules que « ces droits découlent de la dignité inhérente à la personne humaine ». L'article 13 du **PIDESC** souligne quant à lui que « l'éducation doit viser au plein épanouissement de la personnalité humaine et du sens de sa dignité [...] ». Le droit humanitaire fonde sa protection de la personne sur la dignité affirmée dès l'article 3 commun aux **conventions de Genève** de 1949 qui vise les « atteintes à la dignité des personnes, notamment les traitements inhumains et dégradants ». Le **TPIY** en fait un principe cardinal du droit international humanitaire : « Le principe général du respect de la dignité humaine est à la base du droit international humanitaire et des droits de l'homme et en est, en fait, la raison d'être ; il est désormais si important qu'il imprègne le droit international dans son ensemble »[2].

---

1. B. Mathieu, « Pour une reconnaissance de "principes matriciels" en matière de protection constitutionnelle des droits de l'homme », *Recueil Dalloz*, Dalloz, 1995, pp. 211.
2. TPIY, 10 déc. 1998, aff. n° IT-95-17/1-T, *Anto Furundzija*, § 183.

708 **Conseil de l'Europe.** – Alors que le texte de la Convention ne la mentionne pas, la **CEDH** fait régulièrement référence à la dignité de la personne ; essentiellement dans le cadre de l'article 3 (traitements inhumains), mais également pour les articles 6, 7 et 8. La « Convention européenne des droits de l'homme doit se comprendre et s'interpréter comme un tout. Les droits de l'homme constituent un système intégré visant à protéger la dignité de l'être humain »[3]. **Les juges se sont saisis de la dignité comme notion cadre afin de fonder et guider d'autres droits (interdiction des traitements inhumains ou dégradants, non-discrimination...) mais aussi directement pour invalider des comportements étatiques.** Par exemple, dans l'affaire *Logvinenko c. Ukraine*[4], un détenu à perpétuité atteint de tuberculose et du sida se plaint, sous l'angle de l'article 3 de la Convention, du caractère inadéquat des soins médicaux reçus en détention et des conditions de détention incompatibles avec son état de santé.

709 **Union européenne.** – La Cour de Luxembourg a développé une ligne de références à la dignité **dans le cadre du contentieux des discriminations à l'emploi, en particulier sexuelle**. Elle invoque à l'appui de sa censure « les droits fondamentaux de la personne humaine »[5]. La CJCE a ainsi spectaculairement introduit le principe de dignité, dans une affaire opposant un transsexuel, licencié en raison de sa conversion sexuelle, à son employeur, à l'occasion de laquelle elle dispose que « tolérer une telle discrimination reviendrait à méconnaître, à l'égard d'une telle personne, le respect de la dignité et de la liberté auquel elle a droit et que la Cour doit protéger »[6]. Plusieurs décisions ou recommandations se réclament de ce principe[7]. Désormais, **le premier chapitre de la CDFUE s'ouvre sur « La dignité humaine est inviolable. Elle doit être respectée et protégée »** (art. 1).

B. Les sources constitutionnelles

710 **Textes.** – Un nombre considérable de constitutions place la protection des droits de l'homme sous le signe de la dignité humaine ou de la personne humaine ; tout autant font de la dignité le premier des droits de l'homme. Une place à part doit être faite à la France qui au lendemain de la guerre, insérait une référence poignante à la personne humaine dans son texte fondamental. Le préambule du préambule de la **Constitution du 27 octobre 1946** mentionne à la fois la « personne humaine » et « l'être humain »[8]. Le terme de dignité n'est pas mentionné, mais la dénonciation de **l'asservissement et de la dégradation de la personne humaine l'implique.**

711 **Conseil constitutionnel.** – Par sa **décision relative aux lois de « bioéthique »**[9] le Conseil constitutionnel a donné toute sa portée à ce préambule, reconnaissant valeur constitutionnelle au principe de sauvegarde de la dignité de la personne humaine, **lui-même garant de la primauté de la personne, du respect de l'être humain depuis le commencement de sa vie, de l'intégrité de l'espèce humaine et de l'extra-patrimonialité du corps.** Le Conseil constitutionnel s'y est depuis référé à plusieurs reprises dans des contextes différents mais

3. CEDH, 31 juill. 2001, Aff. Refah Partisi et autres c. Turquie.
4. CEDH, Sect., I, 14 oct. 2010.
5. CJCE, 27 oct. 1976, Vivien Prais c. Conseil ; CJCE, 15 juin 1978, Gabrielle D. c. SA belge de navigation aérienne Sabena.
6. CJCE, 30 avr. 1996, P. c. S. et Cornwall County Council.
7. Décision du Conseil du 29 mai 2000, relative à la lutte contre la pédopornographie sur l'internet, liée à une recommandation de 1998 combinant déjà dignité humaine et personne afin d'encadrer le développement des services audiovisuels ; recommandation du 24 sept. 1998, *JOCE*, L 270, 7 oct. 1998, p. 48.
8. « Au lendemain de la victoire remportée par les peuples libres sur les régimes qui ont tenté d'asservir et de dégrader la personne humaine, le peuple français proclame à nouveau que tout être humain, sans distinction de race, de religion ni de croyance, possède des droits inaliénables et sacrés [...] ».
9. CC, 27 juill. 1994, déc. n° 94-343-344 DC.

symboliquement forts : bioéthique[10], droit au logement[11], droit des étrangers[12], lutte contre l'exclusion[13], CPI[14], révision de la loi IVG[15], conditions de détention[16], de privation de liberté[17], statut de l'embryon[18]. Par la QPC, la dignité trouve même une nouvelle vigueur car les requérants mobilisent le Conseil plus spontanément, en dépit du fait que le juge estime que la loi donne en général suffisamment de garanties *in abstracto*. Malgré ce déploiement, en définitive, au sein de la jurisprudence constitutionnelle le principe de dignité n'a connu que peu d'emplois « effectifs » ou « positifs », c'est-à-dire produisant des effets et non seulement une proclamation : **par exemple pour induire un objectif constitutionnel relatif au logement**[19]**, ou pour consacrer un équilibre avec la libre disposition corporelle de la femme enceinte**[20].

712 La protection législative. – L'article 16 du Code civil pose ainsi, depuis les lois de bioéthique de 1994 que « la loi assure la primauté de la personne, interdit toute atteinte à la dignité de celle-ci et garantit le respect de l'être humain dès le commencement de sa vie ». Le Code pénal, le Code du travail et le Code de la santé publique déploient ensuite abondamment les références à la dignité.

II. Les multiples visages de la dignité

713 Pluralité des emplois. – Le principe de dignité revêt une pluralité de fonctions. On l'associe souvent au concept de « matrice »[21] car les juges s'y réfèrent comme valeur permettant de concilier des droits ou valeurs en conflit. **La dignité permet de fonder des droits, de les restreindre, de les intégrer au système juridique ou plus simplement d'imposer le respect minimum de la personne dans des hypothèses où aucune autre norme ne fournit de solution**. Elle constitue une valeur à inculquer comme en témoigne l'article 131-5-1 qui prévoit, lorsqu'un délit est puni d'une peine d'emprisonnement, que la juridiction peut, à la place, prescrire que le condamné devra accomplir un stage de citoyenneté qui a pour objet de lui rappeler les valeurs républicaines de tolérance et de respect de la dignité humaine sur lesquelles est fondée la société.

714 Dignité de l'humanité et dignité de la personne. – Le partage de la dignité entre être humain et personne humaine entraîne une forme de hiérarchie matérielle qui fait de l'être humain un **bénéficiaire moins bien protégé que la personne.** Le second considérant de la décision *Bioéthique* du Conseil constitutionnel distingue le principe du respect de l'être humain dès le commencement de sa vie, issu de la loi IVG et repris dans la décision de 1975, du principe de sauvegarde de la dignité de la personne humaine, seule valeur constitutionnelle qui se « nourrit » du premier principe. La décision *IVG II* de juin 2001, pose que le législateur, en autorisant l'interruption de la grossesse, n'a pas rompu l'équilibre entre la dignité de la personne et la liberté de la femme, dont la situation de détresse demeure la condition nécessaire pour ne pas méconnaître le respect dû à l'être humain.

10. CC, 27 juill. 1994, préc., puis CC, 29 juill. 2004, déc. n° 2004-498 DC.
11. CC, 19 janv. 1995, déc. n° 94-359 DC.
12. CC, 16 juill. 1996, déc. n° 96-377 DC ; CC, 20 juill. 2006, déc. n° 2006-539 DC ; CC, 15 nov. 2007, déc. n° 2007-557 DC.
13. CC, 29 juill. 1998, déc. n° 98-403 DC.
14. CC, 22 janv. 1999, déc. n° 98-408 DC.
15. CC, 27 juin 2001, déc. n° 2001-446 DC.
16. CC, 19 nov. 2009, déc. n° 2009-593 DC ; CC, 30 juill. 2010, déc. n° 2010-14/22 QPC.
17. CC, 26 nov. 2010, déc. n° 2010-71 QPC, *Mlle Danielle S.*
18. CC, 1er août 2013, n° 2013-674 DC, loi tendant à modifier la loi n° 2011-814 du 7 juill. 2011 relative à la bioéthique en autorisant sous certaines conditions la recherche sur l'embryon et les cellules souches embryonnaires.
19. CC, 19 janv. 1995, déc. n° 359 DC.
20. CC, 4 juillet 2001, déc. n° 2001-449 DC, *IVG II*.
21. L'expression est celle du Pr. B. Mathieu.

A. La protection de la personne contre autrui

715 La dignité s'inscrit dans de multiples rapports de droit, contre la puissance publique, contre d'autres particuliers, mais aussi contre la personne elle-même.

1. Contre la puissance publique

716 **Procédure pénale et détention.** – Le champ de la procédure pénale, une des principales manifestations de la puissance publique, présente de nombreuses protections au nom de la dignité. Le juge doit faire en sorte que **les débats et les procédures d'instruction restent garants de la dignité de la personne** (art. 120 et 145, C. proc. pén.). L'article D. 189 du Code de procédure pénale se donne comme principe général qu'« **à l'égard de toutes les personnes qui lui sont confiées par l'autorité judiciaire, à quelque titre que ce soit, le service public pénitentiaire assure le respect de la dignité inhérente à la personne humaine** et prend toutes les mesures destinées à faciliter leur réinsertion sociale ». Cela se concrétise par la retenue dont les surveillants doivent faire preuve dans l'usage des fouilles corporelles. L'article R. 57-7-79 CPP précise ainsi que les mesures de fouilles des personnes détenues, intégrales ou par palpation, sont mises en œuvre au vu de la personnalité des personnes intéressées, des circonstances de la vie en détention et de la spécificité de l'établissement. **Sont prohibées toutes formes de violence physique ou morale**[22], ce qui exclut également l'interrogatoire par un psychologue conseil sous couvert d'une mission d'expertise[23] ou le témoignage sous hypnose, qui a pour effet d'annihiler la volonté[24]. Le **port du bracelet électronique** doit lui aussi s'effectuer dans le respect de la dignité. L'article 723-8 du Code de procédure pénale précise que sa mise en œuvre doit garantir le respect de la dignité, de l'intégrité et de la vie privée de la personne et favoriser sa réinsertion sociale.

717 **Détenus.** – Le principe même de la détention opère **une désocialisation voulue et potentiellement attentatoire à la dignité**. La Cour constitutionnelle allemande a pu, en 1977 déjà, estimer qu'une peine de prison à vie, sans espoir de sortie et de réinsertion dans la société, même pour un assassinat dans des conditions très graves, méconnaît le principe constitutionnel de dignité. Le juge qui condamne doit ainsi tenir compte de la personnalité du condamné et faire jouer tout élément atténuant le caractère odieux de l'acte[25] (voir aussi les développements relatifs aux conditions de détention).

718 **Dans le cadre de la santé et de la bioéthique** – Le principe du **consentement** s'analyse comme une prescription du principe de dignité qui se comprend ici comme le fait de ne pas diviser la personne, de **ne pas séparer le corps de la volonté**[26]. L'article L. 1111-4 du Code de la santé (loi du 4 mars 2002) pose que « le médecin sauvegarde **la dignité du mourant** et assure la qualité de sa fin de vie en dispensant les soins visés à l'article L. 1110-10. Aucun acte médical ni aucun traitement ne peuvent être pratiqués sans le consentement libre et éclairé de la personne et ce consentement peut être retiré à tout moment ». À l'inverse, **les vaccinations obligatoires ne portent pas atteinte à la dignité de la personne**[27]. Leur extension à onze vaccins ne méconnaît pas le droit à l'intégrité physique qui découle de l'article 8 de la Convention EDH, compte tenu de la gravité des maladies, de l'efficacité de ces vaccins et de la nécessité de les rendre obligatoires pour atteindre une couverture vaccinale satisfaisante pour l'ensemble de la population[28].

22. Prolongation anormale d'un interrogatoire sanctionné : Cass. crim., 26 févr. 1991.
23. Cass. crim., 28 nov. 2001.
24. Ce qui contrevient au serment et « divise » la personne en passant outre la volonté consciente : Cass. crim., 12 déc. 2000.
25. Cour constitutionnelle allemande, 21 juin 1977, *BVerfGE*, t. 45, p. 187, *GDCCE*, nº 32.
26. CA Douai, 10 juill. 1949.
27. CE, 26 nov. 2001, Ass. Liberté Information Santé.
28. CE, 6 mai 2019, *Ligue nationale pour la liberté des vaccinations*, nº 419242.

719 **Le clonage.** – L'interdit du clonage humain reproductif, après le protocole additionnel à la convention d'Oviedo, s'appuie sur la dignité de la personne humaine dans la mesure où il s'agit essentiellement **d'interdire le clonage qui porterait atteinte à la dignité du clone venant à la vie.** Selon le CCNE, l'abandon de la « loterie naturelle » porte atteinte à un des « fondamentaux de la personne »[29].

720 **Droits sociaux.** – La dignité se voit encore mobilisée par les juges pour contraindre l'État à améliorer le niveau de vie de ces sujets les plus vulnérables. **La liaison constitutionnelle entre dignité de la personne humaine et droits sociaux** trouve une première étape dans la décision du 19 janvier 1995[30] qui consacre l'existence d'un objectif à valeur constitutionnelle consistant en la **possibilité de disposer d'un logement décent**[31]. Ainsi, le Tribunal constitutionnel portugais a pu annuler, dans le cadre d'une procédure *a priori*, une loi supprimant le revenu minimum d'insertion aux 18-25 ans[32]. Il a pour cela dû concilier la dignité de la personne avec la souveraineté démocratique du législateur pouvant adapter les prestations sociales aux contraintes économiques. La Cour constitutionnelle allemande a pu invoquer la dignité pour contraindre l'État à protéger les individus contre certaines nuisances (risques nucléaires, bruits d'avions).

2. Contre d'autres particuliers

721 **Droit pénal.** – Le Code pénal comprend un Livre II, Titre II relatif aux atteintes à la personne humaine, dont le Chapitre **V incrimine les atteintes à la dignité de la personne**. Il se trouve nettement sous la coupe de l'idée d'égalité et de **non-discrimination**. Il renvoie à la traite des êtres humains (art. 225-4-1 à 225-4-9), au **proxénétisme** et aux infractions qui en résultent (art. 225-5 à 225-12), au recours à la **prostitution de mineurs** ou de personnes particulièrement vulnérables (art. 225-12-1 à 225-12-4), à **l'exploitation de la mendicité** (art. 225-12-5 à 225-12-7), aux **conditions de travail et d'hébergemen**t contraires à la dignité de la personne (art. 225-13 à 225-16[33]) au bizutage (art. 225-16-1 à 225-16-3), et enfin aux **atteintes au respect dû aux morts**. L'importance de ces incriminations conduit à les exclure des lois d'amnistie (par exemple, loi du 6 août 2002) et à se dispenser de l'exigence de la double incrimination, préalable nécessaire à l'exécution d'un mandat d'arrêt européen. La prescription de l'action publique, se trouve en outre retardée lorsque l'on est en présence d'atteintes à la dignité des mineurs.

722 **Droit du travail.** – L'article L. 1152-1 du Code du travail (repris 222-33-2, C. pén.) prohibe les agissements répétés, à l'égard d'un salarié, de **harcèlement moral** qui ont pour objet ou pour effet une dégradation des conditions de travail susceptible de porter atteinte à ses droits et à sa dignité, d'altérer sa santé physique ou mentale ou de compromettre son avenir professionnel. Peuvent être ainsi protégés les « **stagiaires se trouvant dans une situation de dépendance,** en raison, notamment, du caractère obligatoire de leur stage pour l'obtention du brevet de technicien supérieur », et affectés, durant la saison estivale, à la réception d'un hôtel, sept jours sur sept, pour une durée de travail hebdomadaire allant jusqu'à soixante-trois heures et pour une rémunération de 1 760 francs[34], ou encore **des salariées publiquement insultées et humiliées par un employeur profitant de leur « situation de vulnérabilité sociale** et économique résultant de leur absence de qualification et de la situation particulièrement difficile de l'emploi, en milieu rural et… dans le secteur de la confection »[35]. Alors qu'une cour d'appel déboutait une salariée de ses demandes en considérant que si « l'employeur ne conteste pas avoir tenu

29. CCNE, Avis sur l'avant-projet de révision des lois de bioéthique, Avis n° 67, 27 janv. 2000.
30. CC, 19 janv. 1995, déc. n° 94-359 DC.
31. Confirmé par CC, 29 juill. 1998, déc. n° 98-403 DC.
32. Tribunal constitutionnel portugais, 19 déc. 2002, n° 509/02.
33. L'infraction est ainsi constituée par le fait d'employer plus de trente ans une personne à des travaux manuels (jardinage et entretien) pendant toute la journée, sur une propriété, sans horaires définis, ni journée de repos et sans contrepartie en rapport avec le travail fourni (Cass. crim., 30 mai 2006).
34. Cass. crim., 3 déc. 2002.
35. Cass. crim., 4 avr. 2003.

à son égard, au cours d'un entretien des propos indélicats aux termes desquels il lui reprochait de dégager des odeurs nauséabondes en évoquant "une gangrène, une incontinence", ces faits ne justifient pas, à eux seuls, la résiliation du contrat de travail aux torts de l'employeur », la Cour de cassation juge que **l'atteinte à la dignité de son salarié constitue pour l'employeur un manquement grave à ses obligations**[36]. La cour d'appel, qui s'est contentée de relever le caractère courtois des courriers de remontrance adressés par l'employeur, n'a pas recherché, comme elle y était invitée, si les agissements dont la matérialité était établie avaient eu pour objet ou pour effet d'entraîner une dégradation des conditions de travail du salarié susceptibles de porter atteinte à ses droits et à sa dignité, d'altérer sa santé physique ou mentale ou de compromettre son avenir professionnel, n'a pas donné de base légale à sa décision au regard des articles L. 1152-1 et L. 1154-1 du Code du travail[37]. Le juge ne doit retenir que les agissements répétés subis par le salarié ; par conséquent, des propos tenus par l'employeur ne peuvent constituer de tels actes que s'ils ont été tenus personnellement au salarié concerné, et non pas en son absence, à d'autres salariés ; encourt la cassation la cour d'appel qui a seulement relevé l'existence de propos agressifs et misogynes tenus en l'absence de la salariée[38]. Le fait qu'une salariée a pu contribuer par son propre comportement, lors des réunions des représentants du personnel, à la dégradation de ses conditions de travail ne peut justifier que le montant des dommages et intérêts que l'employeur est condamné à lui verser au titre d'un harcèlement moral soit minoré[39].

723 **Dignité et droit de la responsabilité. –** La dignité peut aussi fonder la responsabilité en vue de réintégrer un individu dans ses droits et dans son groupe. La **jurisprudence répare ainsi certaines atteintes à la dignité : racisme, atteinte à l'image, honorabilité, logement décent.** L'indemnisation du préjudice moral d'une personne en coma dépassé se fonde sur la dignité selon la cour d'appel de Bordeaux[40], puis selon la Cour de cassation[41]. Dans **l'affaire** *Perruche*, cet enfant demandant sa propre indemnisation pour son handicap du fait qu'une faute médicale n'a pas permis à sa mère de recourir à une interruption de grossesse, la dignité de l'enfant a été invoquée pour peser sur la considération de la causalité. Les conclusions de l'avocat général Sainte-Rose développaient l'idée que la réparation reviendrait à la réduction de la personne à son handicap, à son corps ; à l'inverse, les « perruchistes » estimaient que, puisque cet enfant était né et que sa dignité de personne se trouvait pour le moins amoindrie, il serait normal de lui accorder les moyens matériels de lui redonner une certaine dignité sociale. Le rapporteur, Pierre Sargos, écrivit : « Est-il dès lors légitime, au regard du principe fondamental du respect de la personne humaine, que l'enfant puisse en quelque sorte faire abstraction de la vie à laquelle la faute commise lui a permis d'accéder pour réclamer la réparation de son handicap ? ».

Sur un tout autre terrain, le Conseil d'État juge que la cour d'appel a correctement caractérisé comme **indignes les conditions de vie qui ont été réservées aux anciens supplétifs de l'armée française en Algérie et à leurs familles dans des camps**, comme le camp Joffre et le camp de Bias, ainsi que les restrictions apportées à leurs libertés individuelles, du fait, en particulier, du contrôle de leurs courriers et de leurs colis, de l'affectation de leurs prestations sociales au financement des dépenses des camps et de l'absence de scolarisation des enfants dans des conditions de droit commun, la cour administrative d'appel de Versailles a donné aux faits qui lui étaient soumis une exacte qualification en jugeant qu'avait ainsi été commise une faute de nature à engager la responsabilité de l'État. Au demeurant, le préjudice tiré de l'absence de protection de ces populations sur le territoire algérien après la signature des accords d'Évian n'est pas détachable de la conduite des relations entre la France et l'Algérie[42].

36. Cass. soc., 7 févr. 2012, n° 10-18686.
37. Cass. soc., 6 oct. 2017, n° 16-12743.
38. Cass. soc., 29 janv. 2020, n° 18-24296.
39. Cass. soc., 13 juin 2019, n° 18-11115.
40. CA Bordeaux, 18 avr. 1991, *JCP* 1992, IV, 1048.
41. Cass. 2e civ., 1995, *D.* 1996.
42. CE, 3 oct. 2018, *M. T...*, n° 410611.

724 **Dignité et Liberté d'expression.** (voir aussi le chapitre sur la liberté d'expression) – La dignité se révèle être le principal adversaire de la liberté d'expression. La **répression des messages tendant à l'exclusion et la discrimination des personnes se fonde sur la dignité**, tant en droit pénal qu'administratif. Il s'agit avant tout de protéger la jeunesse des messages à caractère violent ou pornographique ou de nature à porter gravement atteinte à la dignité humaine. L'article 227-24 du Code pénal réprime différents faits, de la fabrication au commerce de tels messages (puni de trois ans d'emprisonnement et de 75 000 euros d'amende) lorsqu'ils sont susceptibles d'être vus ou perçus par un mineur. La loi n° 2018-703 du 3 août 2018, renforçant la lutte contre les violences sexuelles et sexistes, crée une infraction d'outrage sexiste, **pour réprimer le harcèlement dit « de rue »** (jusqu'à 3 000 euros en cas de récidive). L'outrage sexiste est caractérisé par des propos ou des comportements à connotation sexuelle ou sexiste qui soit porte atteinte à sa dignité en raison de son caractère dégradant ou humiliant, soit crée à son encontre une situation intimidante, hostile ou offensante. La loi sanctionne également le fait d'user de tout moyen pour apercevoir les parties intimes d'une personne à son insu ou sans son contentement.

Un volet important réside dans la protection des personnes **dans le cadre de la procédure pénale avec la présomption d'innocence**. La loi du 15 juin 2000 qui modifie l'article 48 de la loi du 29 juillet 1881 sur la liberté de la presse et l'article 803 du Code de procédure pénale réprime la diffusion de l'image d'une personne identifiée ou identifiable, faisant apparaître qu'elle est placée en **détention provisoire ou qu'elle porte des menottes**, sans son accord[43]. En mai 2011, le CSA a ainsi mis en garde les chaînes de télévision contre la diffusion d'images de D. Strauss-Kahn entravé.

725 **L'Autorité de régulation de la communication audiovisuelle et numérique (ARCOM, ex-CSA) et la dignité. –** Dans le domaine des médias, la loi du 30 septembre 1986 relative à la liberté de communication (dite loi Léotard) dispose que l'ARCOM « **veille à la protection de l'enfance et de l'adolescence et au respect de la dignité de la personne** dans les programmes mis à disposition du public par un service de communication audiovisuelle. Il veille à ce que des programmes susceptibles de nuire à l'épanouissement physique, mental ou moral des mineurs ne soient pas mis à disposition du public par un service de radio et de télévision, sauf lorsqu'il est assuré, par le choix de l'heure de diffusion ou par tout procédé technique approprié, que des mineurs ne sont normalement pas susceptibles de les voir ou de les entendre. [...] Il **veille enfin à ce que les programmes ne contiennent aucune incitation à la haine ou à la violence pour des raisons de race, de sexe, de mœurs, de religion ou de nationalité** ». Sur ce fondement, le Conseil d'État a rendu, le 20 mai 1996, l'arrêt *Société Vortex* relatif à des propos tenus au cours d'une émission de radio se réjouissant du décès d'un policier, émission qualifiée d'« atteinte à la dignité de la personne humaine et à la sauvegarde de l'ordre public », ce qui, d'un autre côté, limite « la liberté d'expression des idées et des opinions affirmée dans l'article 11 de la Déclaration de 1789 et dans l'article 10 de la Convention européenne des droits de l'homme ». Des **propos racistes et antisémites** sont **également attentatoires à la dignité de la personne** humaine et constituent un manquement aux obligations de l'émetteur[44]. Dans une autre affaire[45], la condamnation porte sur une émission radiophonique dont les animateurs, informés par les auditeurs de la découverte des corps d'un enfant puis d'une femme dont les noms ont été révélés à l'antenne, ont incité les auditeurs à multiplier les témoignages sur l'état des cadavres découverts et les ont encouragés à donner des détails particulièrement choquants. Le Conseil d'État valide aussi la décision du Conseil supérieur de l'audiovisuel (devenu ARCOM en 2022) de considérer que la retransmission de **combats de « *free fight* » à la télévision porte atteinte à la dignité des participants**, car elle est susceptible de nuire gravement à l'épanouissement physique, mental ou moral des mineurs et se trouve contraire à la sauvegarde de l'ordre public[46]. Le Conseil supérieur de l'audiovisuel mettait parfois en demeure les émissions de téléréalité comme le fait pour une **candidate d'être affublée d'un collier de chien et d'une laisse**. Il considère que cette séquence, quand bien même la candidate s'était prêtée librement à ce jeu, conduisait à rabaisser un être

43. Voir Cass. crim., 8 juin 2004.
44. CE, 9 oct. 1996, Ass. Ici et maintenant.
45. CE, 30 août 2006, *Ass. Free DOM*.
46. CE, 18 déc. 2009, *Sté Canal+*.

humain au rang d'animal et portait atteinte, par son objet même, au respect la dignité de la personne humaine[47]. De même, le 3 novembre 2009, la mise en demeure concernait « une succession d'images d'agressions et de bagarres, filmées par des témoins ou par des caméras embarquées à bord des véhicules de police, illustrant avec complaisance différents faits divers et pouvant induire une confusion chez les téléspectateurs entre information et divertissement ». En mai 2013, le CSA a mis en garde les médias contre la diffusion de la vidéo *College Boy* du groupe Indochine qui prétendait dénoncer le drame de l'exclusion et de la persécution des jeunes en imaginant un élève crucifié sous les yeux de ses camarades. En janvier 2014, le CSA a également adressé une mise en demeure à Canal+ pour un **sketch parodique sur le génocide au Rwanda** intitulé « Rendez-vous en terre inattendue », censé se passer au Rwanda, au cours duquel deux célébrités et un animateur rencontraient un jeune Rwandais présenté comme un survivant du génocide. Une « référence explicite, sur le mode de la dérision, à des corps de victimes décédées et de survivants mutilés », « [est] en [elle-même] et quel que soit [son] contexte, [attentatoire] aux personnes frappées par un génocide ».

De même, le 10 juillet 2014, le CSA a mis en garde Canal+ à la suite de la diffusion, le 10 avril 2014, de l'émission *La Nouvelle Édition*, au cours de laquelle un chroniqueur a tenu des propos qui tendaient à **minimiser la portée des exactions intervenues à Maragha en 1992 à l'encontre de la population arménienne.** De tels propos, même exprimés sur un ton humoristique, méconnaissent les obligations prévues à l'article 1er de la loi du 30 septembre 1986. Le 18 mai 2016, la chaîne NRJ 12 a été fermement mise en garde à la suite de la diffusion de plusieurs émissions du *Mad Mag* et des *Anges de la téléréalité* qui **comprenaient plusieurs scènes portant directement atteinte à l'image des femmes en raison de propos stéréotypés et dégradants et** parfois des « scènes d'intimidation envers une candidate ». Le CSA a appelé la chaîne à la plus grande vigilance quant à, d'une part, la mise en avant excessive de l'esprit d'exclusion et des conflits violents entre candidats et, d'autre part, l'image des femmes qui y est véhiculée, et à faire le choix de ne pas diffuser certains propos ou comportements, dès lors qu'ils sont susceptibles de contrevenir à ses obligations. La sanction à terme serait une interdiction aux moins de 12 ans. Le Conseil a mis en demeure les responsables de France Inter de respecter leurs obligations en matière de dignité de la personne humaine après la diffusion d'une chanson *Humour noir et banderilles*, du 23 juin 2017, qui portait sur le décès d'un torero lors d'une corrida : le fait de se moquer – voire de se réjouir – du décès d'une personne sous les rires et les applaudissements des personnes présentes sur le plateau, méconnaît les dispositions de la loi du 30 septembre 1986 et du cahier des charges de Radio France. Le Conseil d'État a encore confirmé, à l'égard d'une radio, une sanction de 25 000 euros, non révisable malgré le renvoi de l'animateur fautif qui avait présenté, à plusieurs reprises, un programme qualifié de « vade-mecum sur les races humaines en dix points » et a notamment affirmé que « les races ne sont pas égales et ne peuvent pas l'être, car l'égalité n'est pas dans la nature » et que l'augmentation de la « population noire » en France, qu'il désigne sous le terme de « mélanisation de la France », etc.[48]

Depuis, **la Cour de cassation[49] regarde comme un abus de liberté d'expression les propos d'un humoriste accompagnés d'une réitération de comportements sexistes**. Employé par une chaîne de télévision, il avait dit à l'antenne : « Comme c'est un sujet super sensible, je la tente : les gars vous savez c'qu'on dit à une femme qu'a déjà les deux yeux au beurre noir ? – Elle est terrible celle-là ! – on lui dit plus rien, on vient déjà d'lui expliquer deux fois ! ». Le contexte était celui des mouvements #MeToo et #BalanceTonPorc et de la journée internationale pour l'élimination de la violence à l'égard des femmes. Par ailleurs, désavoué par la chaîne, loin de le distancier de la banalisation apparente de la violence vis-à-vis des femmes, l'humoriste a dénoncé une censure imputée à son employeur et réitéré des propos misogynes, déplacés et injurieux ne permettant pas de retenir la légitimité des transgressions. Il s'est ainsi affranchi de la clause d'éthique à laquelle il avait contractuellement souscrit et a terni durablement l'image de la société qui l'employait.

47. CSA, déc. du 1er juin 2010.
48. CE, 17 déc. 2018, *Comité de défense des auditeurs de Radio Solidarité*, n° 416311.
49. Cass. soc., 20 avril 2022, n° J2010852.

CE, 15 octobre 2018, *Société RTL France Radio*, n° 417228

Le 2 février 2017, sur l'antenne de la radio RTL, éditée par la société requérante, M. A... (Éric Zemmour) a commenté de manière critique l'application faite selon lui par la Cour suprême des États-Unis d'Amérique de ce qu'il a appelé le « principe de non-discrimination » et dénoncé l'influence de cette jurisprudence sur la Cour européenne des droits de l'homme, le Conseil constitutionnel et le Conseil d'État, accusés de perpétrer un « putsch judiciaire » ; que, par la décision attaquée du 14 juin 2017, le CSA a décidé d'adresser à la société requérante, à raison de cette séquence, une mise en demeure de respecter à l'avenir les obligations qui résultent pour elle de l'article 2-4 de la convention mentionnée ci-dessus du 2 octobre 2012, aux termes duquel : « Le titulaire veille dans son programme [...] à promouvoir les valeurs d'intégration et de solidarité qui sont celles de la République. [...] Le titulaire contribue aux actions en faveur de la cohésion sociale et à la lutte contre les discriminations » ;

4. Considérant que les principes républicains, notamment le principe d'égalité devant la loi, qui interdit les discriminations et exige que des différences de traitement soient justifiées par des différences de situation objectives et pertinentes ou par l'intérêt général, confèrent une place éminente aux valeurs d'intégration et de solidarité ainsi qu'à l'objectif de cohésion sociale ; que l'engagement prévu à l'article 2-4 précité de la convention relative au service RTL de promouvoir ces valeurs et de contribuer à la lutte contre les discriminations doit se combiner avec le principe de la liberté de communication des pensées et des opinions, consacré et protégé par les dispositions de valeur constitutionnelle de la Déclaration des droits de l'homme et du citoyen de 1789 et rappelé par les dispositions précitées de l'article 1er de la loi du 30 septembre 1986 ; qu'eu égard à ce principe, cet engagement ne saurait être interprété comme imposant à l'éditeur du service de prohiber sur son antenne toute critique des principes et des valeurs républicains ;

5. Considérant qu'il ressort des pièces du dossier que, pendant la séquence en cause, M. A... a exprimé de manière polémique son point de vue sur la prohibition des discriminations, telle qu'interprétée, selon lui de manière extensive, par les juridictions aux États-Unis et en France, auxquelles il a reproché de rendre impossible toute différence de traitement ; que cette prise de parole intervenait dans le cadre d'une émission quotidienne de trois minutes intitulée « On n'est pas forcément d'accord », à laquelle sont invités des chroniqueurs de différentes opinions et dont le titre même invite les auditeurs à ne la recevoir qu'en tenant compte de son caractère polémique ; que, dans ces conditions, c'est à tort que le CSA a estimé pouvoir relever une méconnaissance des obligations résultant de l'article 2-4 de la convention relative au service RTL et adresser en conséquence à la société requérante une mise en demeure ; que la société RTL France Radio est par suite fondée, sans qu'il soit besoin d'examiner les autres moyens de la requête, à demander l'annulation de la décision qu'elle attaque ainsi que de la décision implicite de rejet du recours gracieux qu'elle a formé contre cette décision ;

6. Considérant qu'il y a lieu, dans les circonstances de l'espèce, de mettre à la charge du CSA la somme de 3 000 euros que demande la société RTL France Radio au titre des dispositions de l'article L. 761-1 du Code de justice administrative.

CE, 18 juin 2018, *Société C8*, n° 412071 (3 décisions)

Par 3 décisions du 7 juin et 26 juillet 2017, le Conseil supérieur de l'audiovisuel (CSA, devenu ARCOM en 2022) avait sanctionné la chaîne de télévision C8 pour « Touche pas à mon poste » et « TPMP ! Baba hot line ». Différentes séquences tendaient à piéger les chroniqueurs et les pousser, soit à mentir, soit à révéler leur orientation sexuelle, soit à toucher les parties génitales de l'animateur. Le CSA a

sanctionné la chaîne par la suspension de la publicité. L'annulation de cette décision de sanction a été prononcée par le juge au motif que la séquence qui en avait justifié l'édiction, ne révélait, contrairement à ce qu'avait retenu le Conseil supérieur, aucune méconnaissance des stipulations de l'article 2-3-4 de la convention de service relative aux obligations qui s'imposent à l'éditeur de service en matière d'absence d'atteinte à la dignité de la personne humaine et de retenue dans la diffusion d'images ou de témoignages susceptibles d'humilier les personnes.
Par suite, le Conseil d'État a indemnisé C8 du préjudice subi à hauteur de 1 100 000 euros (CE, 13 nov. 2019, Soc. C8, n° 415397).

Dans le même sens, le TGI de Paris[50] avait condamné pour atteinte à la dignité une société faisant assaut de publicité en utilisant des photos mettant **en scène des corps tatoués par « HIV »**. La diffusion des **photos des cadavres de François Mitterrand[51] et de Claude Érignac[52]** a entraîné une réparation fondée sur le respect de la personne humaine. Les juges, administratifs comme civil, condamnent les propos ségrégationnistes ou violents lorsque l'objectif n'est clairement pas l'information du public mais la recherche de l'audience par l'étalage de faits morbides. À l'inverse, **il écarte toute atteinte à la dignité humaine, même pour des scènes d'exactions, dans un but d'information du public.**

La loi de 1986 relative à l'audiovisuel limite la liberté d'expression par la dignité par une action *a posteriori* de l'ARCOM (ex-CSA). À l'inverse, la censure (interdit *a priori*) peut intervenir exceptionnellement par le prisme du pouvoir général de police. Ainsi, le juge des référés du Conseil d'État, en 2014, revenant quelque peu sur les acquis de l'arrêt *Benjamin*, a confirmé une interdiction préfectorale d'un spectacle considéré comme portant atteinte à la dignité de la personne humaine en raison de sa teneur antisémite[53]. En effet, le Conseil a relevé que « la réalité et la gravité des risques de troubles à l'ordre public mentionnés par l'arrêté du préfet étaient établies. Il a estimé que les allégations selon lesquelles les propos pénalement répréhensibles et de nature à mettre en cause la cohésion nationale, relevés lors des séances du spectacle *Le Mur* tenues à Paris, ne seraient pas repris à Nantes ne suffisaient pas pour écarter le risque sérieux que soient de nouveau portées de graves atteintes au respect des valeurs et principes, notamment de dignité de la personne humaine, consacrés par la Déclaration des droits de l'homme et du citoyen et par la tradition républicaine »[54]. Pour l'ordonnance, il appartient en outre à l'autorité administrative de prendre les mesures de nature à éviter que des infractions pénales soient commises. Ce faisant, **le juge considère un discours comme étant en soi attentatoire à la dignité de la personne et à l'ordre public, en raison de sa condamnation pénale**. Le référé-liberté devient ainsi un instrument de censure en étant l'accessoire de la répression pénale : il anticipe sur la commission de l'infraction. Le Conseil d'État a réitéré cette solution à propos du même spectacle, en dépit de l'engagement de son auteur de ne plus tenir de propos pénalement répréhensibles[55].

726 Dignité et vulnérabilité. – La vulnérabilité facilite **l'exploitation d'autrui** ; elle rend celle-ci d'autant plus indigne en ce qu'elle réduit la personne au rang d'objet (voir *infra*, la notion de traite des êtres humains). C'est pourquoi notre droit multiplie les références à la dignité et à la personne humaine dans le cas des personnes vulnérables et des personnes exclues de la société. **La dignité devient aujourd'hui le premier rempart contre**

50. TGI Paris, 1er févr. 1995.
51. CA Paris, 2 juill. 1997.
52. Cass. 1re civ., 20 déc. 2000.
53. CE, ord. réf., 9 janv. 2014, Ministre de l'Intérieur c. Société Les Productions de la Plume et M. Dieudonné M'Bala M'Bala, n° 374508.
54. Pour une étude plus complète de cette affaire, voir le chapitre relatif à la liberté d'expression.
55. CE, ord. réf., 11 janv. 2014, *Société Les Productions de la Plume et M. Dieudonné M'Bala M'Bala*, n° 374552 : les allégations selon lesquelles les propos pénalement répréhensibles, de nature à porter de graves atteintes au respect de valeurs et principes tels que la dignité de la personne humaine et à provoquer à la haine et la discrimination raciales, relevés lors des séances tenues à Paris, ne seraient pas repris à Orléans, ne suffisent pas pour écarter le risque sérieux que le spectacle prévu constitue lui-même une menace à l'ordre public. Le juge a aussi rejeté une question prioritaire de constitutionnalité (QPC) dirigée contre une décision du Conseil d'État du 27 oct. 1995, *Commune de Morsang-sur-Orge*.

l'exploitation d'autrui. Le Tribunal constitutionnel portugais par exemple a ainsi inscrit sous le signe de la dignité de la personne la conformité à la constitution de la loi incriminant l'exploitation sexuelle d'autrui[56]. Le Tribunal pose ainsi que l'admission progressive de la prostitution et la « professionnalisation des services sexuels » n'empêche pas l'interdit de se servir du corps d'autrui comme source de revenus ; « il est évident que cette perspective est dominée par une certaine notion culturelle et historique de la personne et une certaine idée de la valeur de la sexualité [...] ». Si la dignité implique de pouvoir nouer des relations avec ses semblables, elle n'implique pas l'inconstitutionnalité de la loi qui autorise le divorce par décision unilatérale de l'un des conjoints seulement. Ainsi en ont décidé le Tribunal constitutionnel portugais[57] et le Conseil constitutionnel français dans le cas du PACS[58].

C'est encore sous le signe de la personne que le droit met en place des dispositifs de socialisation des mourants, des **soins palliatifs** ou la prise en compte juridique de la situation des personnes en état végétatif chronique, des personnes âgées dépendantes[59]. En droit pénal, la vulnérabilité entre en jeu pour apprécier l'atteinte à la dignité de la personne : par exemple en condamnant le propriétaire d'un **logement insalubre** abusant de la vulnérabilité de populations en situation précaire[60], en stigmatisant le comportement odieux de l'auteur d'une agression sexuelle sur une personne âgée[61], en condamnant le proxénétisme comme exploitant la détresse des prostitués. C'est particulièrement le cas des étrangers, *a fortiori* en situation irrégulière, qui font l'objet de **travail forcé, de conditions d'hébergement indignes**[62]. Dans le cas des personnes volontairement exclues par le groupe, la vulnérabilité trouve une base objective, la société elle-même l'aménageant pour se protéger : détenus et malades mentaux. L'article L. 332-3 du Code la santé publique attire l'attention sur la protection des **personnes hospitalisées pour troubles mentaux**. L'objet de cette protection se divise en deux aspects distincts : les libertés individuelles d'une part et la dignité des personnes d'autre part.

D'autres champs moins attendus ouvrent pour certains juges la voie à l'utilisation de la dignité. La Cour administrative d'appel de Nancy[63] a pu juger qu'un maire ne peut obliger des **gens du voyage** à s'installer sur un terrain non aménagé. Se fondant sur la décision du Conseil constitutionnel du 21 janvier 1995, elle considère que les gens du voyage, en l'absence d'aménagements convenables des terrains en cause, qui constituent des accessoires indispensables à leurs caravanes, n'ont pas bénéficié, lors de leurs arrêts sur le territoire de la commune, de logement décent. D'ailleurs, les communes qui n'ont pas intégré un schéma départemental d'accueil peuvent voir leur responsabilité engagée pour faute[64].

La vulnérabilité fonde encore une atteinte à la dignité dans le cas du **bizutage**. L'article 225-16-1 *incrimine* le fait pour une personne d'amener autrui, contre son gré ou non, à subir ou à commettre des actes humiliants ou dégradants lors de manifestations ou de réunions liées aux milieux scolaire et socio-éducatif (puni de six mois d'emprisonnement et de 7 500 euros d'amende). L'incrimination se voit aggravée lorsqu'elle est commise sur une personne dont la particulière vulnérabilité, due à son âge, à une maladie, à une infirmité, à une déficience physique ou psychique ou à un état de grossesse, est apparente ou connue de son auteur.

L'État doit une procédure pénale digne à une enfant de quatorze ans victime de viols, lors du procès de ses agresseurs. L'absence d'assistance à la requérante, le manquement à sa protection face aux accusés, la reconstitution inutile des viols, les examens médicaux répétitifs, le manque de sérénité et de sécurité durant les audiences, l'évaluation du consentement de la victime, la durée excessive de la procédure, et enfin, la prescription pénale de deux chefs d'accusation, ont constitué des cas graves de victimisation secondaire de la

56. Arrêt n° 144/2004, 10 mars 2004, *GDCCE*, n° 35.
57. Arrêt du 29 mars 1990.
58. CC, 9 nov. 1999, déc. n° 99-419 DC.
59. Arrêté du 26 avr. 1999 fixant le contenu du cahier des charges de la convention pluriannuelle prévue à l'article 5-1 de la loi n° 75-535 du 30 juin 1975 relative aux institutions sociales et médico-sociales.
60. TGI Paris, 1997.
61. Cass. crim., 29 janv. 1997.
62. Cass. crim., 6 mai 1997.
63. CAA Nancy, 4 déc. 2003, *Commune de Verdun*.
64. CAA Nancy, 28 nov. 2013, *Commune de Lunéville*, n° 12NC01317.

requérante. Le comportement des autorités nationales n'a pas été conforme à l'obligation de protéger un enfant victime d'exploitation et d'abus sexuels[65].

B. La protection de la personne contre elle-même

727 **« Lancer de nain ».** – Deux arrêts de l'Assemblée du contentieux du Conseil d'État du **27 octobre 1995**[66] **ont fait naître un véritable « paradigme » d'un usage de la dignité, lié à l'ordre public, qui vient limiter la liberté de chacun de disposer de son corps lorsque cela porte atteinte à une commune dignité.** Le Conseil d'État y admet que les maires puissent interdire le « lancer un nain » au nom de l'ordre public. L'individu se voit juridiquement contraint de répondre de sa condition d'humain, il en devient ainsi responsable. La plupart des commentateurs ont d'ailleurs fait clairement apparaître le déclin de la liberté individuelle au profit de la « faute » envers l'humanité. Bien sûr, l'aspect le plus commenté dans cette affaire avait été **l'indisponibilité de la dignité pour son titulaire,** ou autrement dit, la protection « contre soi-même » ; mais cet aspect agit comme révélateur du mécanisme de la dignité humaine que l'on peut distinguer de la dignité de la personne. D'emblée l'idée de faute entraîne la juridicisation de la morale, mais celle de dignité irait encore au-delà. Pour Patrick Frydman, alors commissaire du gouvernement, « une attraction consistant ainsi, en vue de flatter les plus vils instincts, à ravaler au rang d'objet une personne handicapée à raison même de ce handicap ne paraît pas pouvoir trouver sa place dans une société civilisée ». En cela, il s'agit **d'une faute qui nuit à la civilisation, au sens propre du terme : l'institution de la civilité, du sujet.** L'effet pervers de cette posture, de prime abord louable, tient dans le fait que l'État intervient pour souligner le handicap et stigmatiser les personnes vulnérables qui se trouvent privées des libertés d'action reconnues à d'autres. On peut encore évoquer la décision de la Cour administrative fédérale allemande de justifier la prohibition des « *peep-shows* » sur le fondement de la dignité[67].

728 **Refus de soins.** – Le refus de soins révèle encore que la dignité peut limiter la liberté de disposer de soi (voir *infra*).

Section 2
L'interdiction des traitements inhumains

729 On touche ici au cœur de la dignité : par la manipulation du corps ou par celle de l'esprit, l'individu peut être rabaissé au rang de chose aux mains d'autrui. La dignité renvoie donc à l'idée de considération ; elle se décline « en soi », pour « soi », pour « nous ».

I. L'interdiction de la torture et des traitements inhumains ou dégradants

730 **Principe général.** – Selon **l'article 7 PIDCP, « nul ne sera soumis à la torture ni à des peines ou traitements cruels, inhumains ou dégradants.** En particulier, il est interdit de soumettre une personne sans son libre consentement à une expérience médicale ou scientifique ». **L'article 3 de la Convention EDH** dit de même,

65. CEDH, 9 févr. 2021, *N.Ç. c. Turquie*, n° 40591/11.
66. CE, 27 oct. 1995, Commune de Morsang sur Orge et Ville d'Aix en Provence.
67. CC All., Première Chambre du 15 janvier 1958 (Recueil des décisions de la Cour constitutionnelle fédérale, *BVerfGE*, t. 7, p. 198).

sans ce second aspect relatif à la bioéthique[68]. La Cour confère à cet article 3 une valeur considérable. Elle rappelle fréquemment que la prohibition des mauvais traitements revêt un caractère absolu, et **qu'il ne peut y être dérogé** même dans le cadre de la lutte contre le terrorisme[69]. **L'article 2 de la Convention des Nations unies contre la torture** pose qu'« aucune circonstance exceptionnelle, quelle qu'elle soit, qu'il s'agisse de l'état de guerre ou de menace de guerre, d'instabilité politique intérieure ou de tout autre état d'exception, ne peut être invoquée pour justifier la torture ».

A. L'interdiction de la torture

731 **Notion. –** La torture a été définie par la Convention sur la torture et autres traitements cruels, inhumains ou dégradants (ONU, 3 décembre 1984), comme « **tout acte par lequel une douleur ou des souffrances aiguës, physiques ou mentales, sont intentionnellement infligées à une personne** aux fins notamment d'obtenir d'elle ou d'une tierce personne des renseignements ou des aveux, de la punir d'un acte qu'elle ou une tierce personne a commis ou est soupçonnée d'avoir commis, de l'intimider ou de faire pression sur elle ou d'intimider ou de faire pression sur une tierce personne, ou pour tout autre motif fondé sur une forme de discrimination quelle qu'elle soit, lorsqu'une telle douleur ou de telles souffrances sont infligées par un agent de la fonction publique ou toute autre personne agissant à titre officiel ou à son instigation ou avec son consentement exprès ou tacite. Ce terme ne s'étend pas à la douleur ou aux souffrances résultant uniquement de sanctions légitimes, inhérentes à ces sanctions ou occasionnées par elles ». Selon la CEDH, qui s'appuie sur cette définition, la notion de torture renvoie à des « **traitements inhumains délibérés provoquant de fort graves et cruelles souffrances »[70]. L'interprétation des conditions ainsi posées a petit à petit assoupli la définition** et conduit à reconnaître plus largement des violences policières comme de la torture[71]. Selon la chambre criminelle : « les actes de tortures et de barbarie consistent en la commission d'un ou plusieurs actes de violences qui, par leur nature, intensité, répétition ou les circonstances dans lesquelles ils sont accomplis causent intentionnellement à celui sur la personne de qui ils sont pratiqués une souffrance insupportable et portant gravement atteinte à sa dignité »[72].

732 **Valeur internationale. –** L'interdiction de la torture a fait l'objet **d'une intégration au** ***jus cogens*** international par le **Tribunal pénal international** pour l'ex-Yougoslavie par un arrêt *Furundzija* du 10 décembre 1998[73] : « en raison de l'importance des valeurs qu'il protège, ce principe est devenu une norme impérative ou *jus cogens*, c'est-à-dire une norme qui se situe dans la hiérarchisation internationale à un rang plus élevé que le droit conventionnel et même que les règles de droit coutumier ordinaire ». Dans le même sens, l'arrêt *Al-Adsani c. Royaume-Uni* rendu **par la CEDH** le 21 novembre 2001, reconnaît la portée de *jus cogens* de l'interdit de la torture. Concernant la torture, la Cour note que son interdiction « a désormais valeur de norme impérative, c'est-à-dire de *jus cogens* ». Le requérant avait assigné en Angleterre un cheikh koweïtien et l'État du Koweït en dommages-intérêts pour atteinte à son intégrité physique et mentale causée par des actes de torture et s'était vu opposer le refus du jugement de l'État du Koweït, celui-ci étant protégé par son immunité de juridiction. M. Al-Adsani saisit alors la CEDH en 1997, alléguant que le Royaume-Uni, en accordant l'immunité de juridiction au Koweït, avait violé les articles 3 et 13 de la Convention EDH. La Cour estima cependant que cela ne lève pas

---

68. Même si la Cour européenne peut condamner l'infliction d'un traitement médical non consenti : CEDH, 11 juill. 2006, *Jalloh c. Allemagne* : est contraire à l'article 3, l'administration de force d'émétiques (vomitifs) à un individu soupçonné de trafic de stupéfiants qui tente de détruire les preuves de son comportement délictueux.
69. CEDH, 3 déc. 2009, *Daoudi c. France*.
70. CEDH, 18 janv. 1978, *Irlande c. RU*.
71. CEDH, 3 juin 2004, Bati et autres c. Turquie.
72. Cass. crim., 23 janv. 2019, nº 18-80842.
73. Voir TPIY, *Le Procureur c. Zejnil Delalic et autres (Celebici)*, aff. nº IT-96-21-T et affaire du 10 décembre 1998, § 151, IT-95-17/1-T, *Le procureur c. Furundzija, chambre de première instance* II, § 153. Même analyse de la Cour de San José (Voir CIDH, *De la Cruz Flores c. Pérou*, 18 nov. 2004, série C, nº 115, § 125).

l'immunité d'un État mais seulement celle des individus. Les juridictions nationales d'un pays qui a accueilli un réfugié ne sont cependant pas tenues d'accepter une requête civile en indemnisation pour faits de torture lorsqu'il n'y a pas de liens suffisants avec le pays d'accueil[74]. **Le Comité des droits de l'homme de l'ONU** a considéré que le Pacte international relatif aux droits civils et politiques s'applique dans le cadre de la lutte contre le terrorisme et quand bien même les actions en question consistaient en des activités extraterritoriales[75].

CEDH, 26 avril 2022, nº P16-2021-001, Avis consultatif concernant l'applicabilité de la prescription aux poursuites, condamnations et sanctions pour des infractions constitutives, en substance, d'actes de torture

L'interdiction de la torture est devenue une règle impérative du droit international, et elle a désormais valeur de *jus cogens*. En matière de torture ou de mauvais traitements infligés par des agents de l'État, l'action pénale ne devrait pas s'éteindre par l'effet de la prescription, de même que l'amnistie et la grâce ne devraient pas être tolérées dans ce domaine.

Au demeurant, l'application de la prescription devrait être compatible avec les exigences de la Convention. Il est dès lors difficile d'accepter des délais de prescriptions inflexibles ne souffrant aucune exception. Ainsi, lorsqu'une infraction est prescriptible en vertu du droit interne et que le délai de prescription arrive à expiration, de sorte que la responsabilité pénale est exclue, l'article 7 s'oppose, faute d'une base légale valable, à ce que des poursuites puissent à nouveau être engagées relativement à cette infraction.

Il appartient donc à la juridiction nationale de déterminer, dans le contexte de ses normes constitutionnelles et pénales internes, si des règles de droit international ayant valeur normative dans l'ordre juridique interne peuvent constituer une base légale suffisamment claire et prévisible au sens de l'article 7 CEDH pour permettre de conclure que l'infraction en question est imprescriptible.

Néanmoins, la loi pénale s'interprétant strictement, les répercussions psychologiques voire des crimes affectant le frère d'un individu syrien torturé et assassiné en Syrie n'entrent pas dans les prévisions de l'article 1er de la Convention contre la torture et ne peuvent être constitutives du crime de torture prévu et réprimé par le droit français. **Seule la qualité de victime directe de nationalité française au moment de la commission d'une infraction commise à l'étranger attribue compétence aux lois et juridictions françaises.** Les dispositions de la Convention européenne des droits de l'homme ne sauraient s'interpréter comme étant de nature à remettre en cause les règles relatives à la compétence internationale des lois et juridictions pénales françaises[76].

733 **La Convention des Nations unies contre la torture et le Comité contre la torture.** – Adoptée par l'Assemblée générale de l'ONU le 10 décembre 1984, elle concrétise l'interdiction générale de la torture : les États parties ont l'obligation de prendre une série de mesures appropriées pour réprimer les actes de torture et pour protéger les personnes privées de leur liberté contre des atteintes à leur intégrité physique et morale. Un **État est juridictionnellement compétent pour juger tout acte de torture pratiqué sur son sol, par ses ressortissants, sur ses ressortissants ou par un auteur présent sur son territoire.** La chambre criminelle de la Cour de cassation dans un arrêt du **23 octobre 2002** a appliqué cette disposition à propos d'un officier mauritanien ayant participé à des actes de

74. CEDH, 21 juin 2016, *Nait-Liman c. Suisse*, nº 51357/07.
75. Observations du Comité des droits de l'homme des Nations unies rendues publiques le 28 juillet 2006 formulées à l'occasion des 2e et 3e rapports périodiques présentés par les États-Unis sur la mise en œuvre par cet État des dispositions du Pacte international relatif aux droits civils et politiques.
76. Cass. crim., 20 nov. 2018, nº 17-86640.

torture dans son pays, amnistiés par une loi de cet État. Alors qu'il se trouvait sur le sol français, il fut néanmoins arrêté et poursuivi, notamment sur le fondement de la Convention des Nations unies contre la torture du 10 décembre 1984 et de l'article 689-1 du Code de procédure pénale. **Le juge français estime que « l'exercice par une juridiction française de la compétence universelle emporte la compétence de la loi française, même en présence d'une loi étrangère portant amnistie ».** L'officier, condamné par contumace après avoir fui la France, conteste l'application de la loi française devant la CEDH pour violation de l'article 7. **Pour la CEDH**, « l'impérieuse nécessité de l'interdiction de la torture et de la poursuite éventuelle des personnes qui enfreignent cette règle universelle, ainsi que l'exercice par un État signataire de la compétence universelle prévue par la Convention contre la torture, seraient vidés de leur substance s'il fallait retenir seulement la compétence juridictionnelle de cet État, sans pour autant admettre l'applicabilité de la législation pertinente dudit État »[77].

Cette convention présente un article 3 § 1 qui prohibe le renvoi d'un étranger dans un État où il existe des motifs sérieux de craindre qu'il ne soit soumis à la torture. Le **Comité contre la torture** institué par cette convention examine les rapports des États mais peut aussi, dans certaines conditions, examiner des requêtes individuelles ou des communications émanant de particuliers qui se disent victimes d'une violation des droits reconnus dans la Convention, entreprendre des enquêtes et examiner des plaintes entre États. Par exemple, le 26 avril 2018, l'examen du rapport du Sénégal a été l'occasion pour les experts du **Comité contre la torture d'interpeller Dakar sur la surpopulation carcérale et les conditions de vie dans les prisons sénégalaises**[78]. Le protocole facultatif se rapportant à la Convention crée le sous-comité de la prévention et permet l'inspection, en collaboration avec les institutions nationales, des lieux de détention nationaux.

734 **La Convention européenne et le Comité européen pour la prévention de la torture.** – Formé dans le cadre du Conseil de l'Europe sur le fondement de la **Convention européenne pour la prévention de la torture et des peines ou traitements inhumains ou dégradants** de 1987, il contrôle les activités de la puissance publique, particulièrement les conditions de détention conformément aux « règles minima pour le traitement des détenus » émises en 1973 et révisées en 1987 et 2006[79]. Ce comité peut pénétrer dans tout établissement où les personnes sont privées de liberté et contrôler les conditions de vie. Il établit des recommandations qui ne sont rendues publiques qu'avec l'accord de l'État ou lorsqu'il ne coopère pas. Ce comité développe sa propre jurisprudence.

Pour quelques exemples : La Russie a été condamnée pour torture dans l'affaire *Ivanov* dans laquelle un détenu a été passé à tabac à plusieurs reprises par la police, en garde à vue, et des détenus condamnés agissant sur les instructions de la police, dans une colonie pénitentiaire, afin de lui faire avouer les infractions dont il avait finalement été reconnu coupable. Mais aussi les insuffisances de la justice qui a rejeté les témoignages en faveur de la victime[80]. La Cour est d'autant plus exigeante quand elle constate qu'un État est resté sourd à sa jurisprudence. Dans une affaire[81] qui concernait **le passage à tabac de 42 manifestants « altermondialistes »** qui occupaient une école dans le cadre du sommet du « G8 », la Cour juge qu'il s'agit d'actes de torture, en raison des souffrances physiques et psychologiques « aiguës » provoquées chez les intéressés et de leur caractère particulièrement grave et cruel car tous ont été frappés, y compris ceux qui étaient allongés par terre ou assis mains en l'air, sans avoir commis d'acte de violence ni de résistance à l'encontre des forces de l'ordre. Or, ayant déjà condamné l'État pour défaut de répression de la torture[82], elle estime qu'une violation de l'article sous l'angle procédural, s'ajoute à la violation matérielle.

77. CEDH, 17 mars 2009, *Ould Dah c. France*.
78. https://undocs.org/pdf?symbol=fr/A/74/44
79. *Règles pénitentiaires européennes*, Recommandation du Comité des ministres du Conseil de l'Europe.
80. CEDH, 15 mai 2018, *Sergey Ivanov c. Russie*, n° 14416/06.
81. CEDH, 22 juin 2017, *Bartesaghi Gallo et autres c Italie*, n°s 12131/13 et 43390/13.
82. CEDH, 7 avril 2015, *Cestaro c. Italie*, n° 6884/11.

735 **Répression.** – Si les tortures n'ont été érigées en crime autonome qu'en 2013, elles constituaient auparavant une circonstance aggravante de certaines infractions comme l'arrestation et la séquestration. Selon **l'article 222-1 du Code pénal, « le fait de soumettre une personne à des tortures ou à des actes de barbarie est puni de quinze ans de réclusion criminelle »**. La peine est portée à vingt ans lorsque la victime était en situation de vulnérabilité ; trente ans de réclusion criminelle lorsque la torture est commise en bande organisée ou de manière habituelle sur un mineur de quinze ans ou sur une personne dont la particulière vulnérabilité, due à son âge, à une maladie, à une infirmité, à une déficience physique ou psychique ou à un état de grossesse, apparent ou connu de son auteur.

B. L'interdiction des traitements inhumains et dégradants

736 **Notion.** – Une **moindre intensité de souffrances** que la torture permet de parler de « traitement inhumain » que la CEDH définit comme **provoquant « volontairement des souffrances mentales ou physiques d'une intensité particulière »**. À un degré moindre encore, le « traitement dégradant » **« humilie l'individu grossièrement devant autrui ou le pousse à agir contre sa volonté ou sa conscience » ce qui l'humilie à ses propres yeux**[83]. La différence entre ces degrés s'établit **en fonction du titulaire du droit**, de sa vulnérabilité et du ressenti probable de la souffrance, mais aussi, plus objectivement, de la durée des actes et de leur contexte.

737 **Victime médiate.** – Les juges admettent de qualifier **de traitement inhumain des actes qui ne touchent directement pas l'intégrité du requérant comme la disparition d'un proche**[84] **ou bien encore la mutilation du cadavre d'un proche**[85].

738 **Caractère indérogeable et terrorisme (voir aussi les développements relatifs aux législations antiterroristes).** – Dans le Pacte comme dans la Convention, **l'article 3 ne souffre ni dérogation en cas de circonstances exceptionnelles ni restriction au regard d'autres normes**. La Cour conclut à une violation de l'article 3 dans le cas de **M. Daoudi**, Algérien de 36 ans, arrivé en France à cinq ans et naturalisé, dont la famille vit en France[86]. Entre 1999 et 2001, il aurait noué des contacts étroits avec des groupes radicaux islamistes et a notamment reconnu avoir suivi une formation paramilitaire en Afghanistan courant 2001. Il est soupçonné d'avoir préparé un attentat suicide contre l'ambassade des États-Unis à Paris et mis en examen pour ce chef. Il est déclaré coupable, déchu de sa nationalité française et condamné à neuf ans d'emprisonnement et à une interdiction définitive du territoire français. À sa levée d'écrou, il est conduit en centre de rétention administrative et demanda immédiatement l'asile, conteste la décision administrative fixant l'Algérie comme pays de renvoi en demandant la suspension de la mesure ordonnée à son encontre. Le même jour, la CEDH, saisie par M. Daoudi à cet effet sur la base de l'article 39 du Règlement de la Cour (mesures provisoires), indique au gouvernement français qu'il est souhaitable de ne pas le renvoyer vers l'Algérie ; ce que fait la France. **La Cour se dit consciente de l'ampleur du danger que représente le terrorisme pour la collectivité et, par conséquent, de l'importance des enjeux de la lutte antiterroriste, mais la prohibition absolue de la torture et des peines et traitements inhumains ou dégradants la conduit néanmoins à évaluer le risque d'exposition à de tels traitements**. Or, en Algérie, les personnes impliquées dans des faits de terrorisme sont arrêtées et détenues par les services de sécurité (DRS) de façon peu prévisible et sans base légale clairement établie, essentiellement afin d'être interrogées ou obtenir des renseignements et non dans un but uniquement judiciaire et peuvent être soumises à des mauvais traitements, y compris la torture.

83. CEDH, 25 avr. 1978, *Tyrer*.
84. CEDH, 10 mai 2001, *Chypre c. Turquie*.
85. CEDH, 24 mars 2005, *Akkum c. Turquie*.
86. CEDH, 3 déc. 2009, *Daoudi c. France*.

739 **Principe de l'atteinte.** – L'État doit protéger l'intégrité physique et morale des personnes dont il a la charge. S'il n'est plus nécessaire d'atteindre un certain degré de gravité pour mettre en jeu l'article 3[87], **la Cour apprécie** *in concreto* **le caractère inhumain**, dégradant ou de torture en fonction de la vulnérabilité ou de l'infériorité de la victime. L'âge, l'état de santé, le sexe, la souffrance de la victime servent de paramètres mais, plus encore, **il pèse sur l'État une suspicion de violation** quand la victime est privée de liberté, sous la puissance de l'État. La Cour met donc à la charge de l'État le renversement de cette présomption. Les personnes en garde à vue, en zone de transit avant sortie du territoire, en rétention administrative, en détention, ne peuvent subir d'usage de la force physique qui ne serait pas strictement nécessaire (le comportement de la victime fait partie de l'appréciation de cette nécessité)[88]. **L'essentiel de la jurisprudence vise donc des personnes privées de liberté ; mais l'usage excessif de la violence peut aussi être le fait de la police lors de la dispersion d'une manifestation[89] ou de l'incendie volontaire d'un village[90]**. L'État devra, pour s'exonérer, prouver le caractère nécessaire du recours à la force « au-delà de tout doute raisonnable » selon l'expression de la Cour elle-même.

D'ailleurs, l'article 3 peut également impliquer **des obligations positives procédurales** comme le fait de rouvrir une procédure nationale pénale relative aux mauvais traitements subis par la victime. Dans l'affaire *Jeronovi s*[91], à la suite d'une déclaration unilatérale dans laquelle le gouvernement avait reconnu, entre autres, une violation de l'article 3, la Cour avait adopté une décision de radiation, sur laquelle elle est revenue ensuite faute pour l'État d'avoir effectivement opéré ce réexamen. S'il en était autrement, selon la Cour, « les autorités pourraient, en cas de mauvais traitements délibérés infligés par des agents de l'État, se borner à réagir en accordant une simple indemnité, sans s'employer à poursuivre et punir les responsables, permettant ainsi aux agents de l'État d'enfreindre les droits des personnes soumises à leur contrôle pratiquement en toute impunité, ce qui priverait l'interdiction légale absolue de la torture et des traitements inhumains ou dégradants de tout effet utile en dépit de son importance fondamentale ».

Bien sûr, la valeur accordée à l'intégrité physique n'a rien d'universel et de nombreuses pratiques sont acceptées voire exigées. Le Conseil de l'Europe a au contraire adopté une résolution invitant les États membres à prendre des mesures contre les « **violations de l'intégrité physique des enfants** ». Les parlementaires recommandent d'« adopter des dispositions juridiques spécifiques pour que certaines interventions et pratiques ne soient pas réalisées avant qu'un enfant soit en âge d'être consulté ». Cela viserait autant **la circoncision que les mutilations génitales féminines**, les interventions médicales à un âge précoce sur les enfants intersexués, les piercings, les tatouages et les opérations de chirurgie plastique.

740 **Caractère évolutif de l'appréciation.** – Depuis l'arrêt *Selmouni c. France*[92], la Cour affirme que, la société évoluant, des actes qualifiés jusque-là d'inhumains peuvent être appelés « torture ». La Cour ne précise pas nécessairement l'intensité atteinte par le mauvais traitement. Elle se contente d'exprimer qu'il y a eu violation de l'article 3. Ainsi, **des actes de coercition corporelle peuvent provoquer l'enclenchement de l'article 3 en raison de la nature de la victime : punitions corporelles à l'école[93], expérimentation biomédicale[94], prostitution forcée[95]**. Là encore, la conjonction avec le principe de non-discrimination embrasse la cause des plus vulnérables dont les conditions de vie peuvent être en elles-mêmes dégradantes en raison de leur isolement forcé[96]. La **Grande chambre a assimilé une gifle** assénée aux requérants par des agents de police alors qu'ils se trouvaient sous leur contrôle dans le commissariat à un traitement dégradant[97].

87. CEDH, 27 août 1992, *Tomasi*.
88. CEDH, 28 nov. 2000, *Rehbock c. Slovénie*.
89. CEDH, 10 janv. 2006, *Güler c. Turquie*.
90. CEDH, 24 avr. 1998, *Selçuk c. Turquie*.
91. CEDH, 10 février 2009, dans l'affaire *Jeronovi s c. Lettonie* (n° 547/02).
92. CEDH, 28 juill. 1999.
93. CEDH, 25 févr. 1982, Campbell et Cosans c. RU.
94. Com. EDH, 2 mars 1983, *X. c. Danemark*.
95. CEDH, 11 sept. 2007, *Tremblay c. France*.
96. CEDH, 12 juill. 2005, *Chypre c. Turquie*.
97. CEDH, 28 sept. 2015, *Bouyid c. Belgique*, req. n° 23380/09.

CEDH, 3 octobre 2013, n° 16705/10, *D. c. France*

« En août 2005, alors qu'il circulait de nuit sur une route de campagne, le requérant avait fait brusquement demi-tour à la vue d'un véhicule de gendarmerie qui le prit alors en chasse et procéda à son arrestation.
Condamné à quatre mois d'emprisonnement avec sursis, à la suspension de son permis de conduire et à une amende de 300 euros pour avoir résisté avec violence aux deux gendarmes, omis sciemment d'obtempérer à une sommation de s'arrêter, conduit sous l'empire d'un état alcoolique et omis de s'arrêter à un stop, il déposa une plainte pour les violences dont il estimait avoir été victime lors de son interpellation. Sa plainte fut classée sans suite. Il saisit alors la CEDH. Le requérant se plaignait des blessures infligées lors de son arrestation, dénonçant tout particulièrement le fait que les gendarmes qui avaient procédé à celle-ci l'avaient frappé à l'aide de leur bâton télescopique de protection. Le requérant considérait que l'usage de la force à son encontre n'était ni nécessaire ni proportionné, et se disait victime de mauvais traitements au sens de l'article 3 de la Convention.
La CEDH condamne la France, estimant que l**e gouvernement n'a pas démontré que le recours à la force à l'encontre du requérant avait été à la fois proportionné et nécessaire.** »

741 **Droit des étrangers.** – Dans le domaine du droit des étrangers l'article 3 **proscrit de prendre le risque d'éloigner** (expulsion, extradition, reconduite à la frontière) **un étranger dans un État où il existe un risque « au-delà de tout doute raisonnable » de subir un traitement prohibé**[98]. La Cour s'appuie sur les informations recueillies auprès des Nations unies ou d'organisations non gouvernementales qui permettent de prévoir ce qui pourrait arriver à l'individu lui-même, même si cela résulte de son appartenance à une minorité persécutée[99]. Par exemple, dans le cas de trois ressortissants irakiens[100] demandeurs d'asile en Suède et visés par une décision d'expulsion vers l'Irak, la Cour dépasse l'examen de la situation générale en matière de sécurité en Irak qui n'empêche pas en soi leur éloignement et regarde la situation personnelle des requérants. En Irak, ils demeureraient exposés à un risque émanant d'acteurs non étatiques en raison de leurs liens avec les forces armées américaines. Cela peut se faire, le cas échéant, en méconnaissance d'engagements internationaux (une convention d'extradition par exemple). La violation est alors encourue même si la décision d'éloignement n'a pas été exécutée, du seul fait de la menace qu'elle représente, a fortiori si la Cour avait indiqué des mesures provisoires en ce sens comme une suspension. Le risque peut résulter du comportement des autorités officielles dont l'étranger aurait à craindre directement ou de leur incapacité à le protéger contre des groupes ou des particuliers qui entretiennent une situation d'insécurité[101]. Le seul fait que la peine de mort fasse partie de l'arsenal répressif du pays de destination suffit à interdire le renvoi[102] tout comme l'existence de peines perpétuelles incompressibles[103]. **La Cour européenne estime que l'article 3 serait violé si l'État procédait à l'extradition vers l'Afghanistan d'une femme qui pourrait être considérée comme adultère**[104].

La Cour sanctionne aussi l'insuffisance de l'examen des risques de mauvais traitements qu'un homosexuel encourt, en Gambie, aux mains de groupes non étatiques, ainsi que des protections disponibles à cet égard[105]. La France a, par exemple, été condamnée pour le renvoi vers le Maroc d'un militant de la cause sahraouie soupçonné d'appartenir à Al-Qaïda en raison de mauvais traitements qu'il pourrait y subir[106]. La Cour a également

98. CEDH, 7 juill. 1989, *Soering c. RU.*
99. CEDH, 20 sept. 2007, *Sultani c. France.*
100. CEDH, Gr. ch., 23 août 2016, *J.K. et autres c. Suède*, n° 59166/12.
101. CEDH, 29 avr. 1997, *HLR c. France.*
102. CEDH, 2 mars 2010, Al-Saadoon et Mufdhi c. RU.
103. CEDH, 6 nov. 2000, *Nivette.*
104. CEDH, 20 juill. 2010, *N. c. Suède.*
105. CEDH, 17 novembre 2020, *B et C c. Suisse*, n° 43987/16 et 889/19.
106. CEDH, 30 mai 2013, *Rafaa c. France*, n° 25393/10.

constaté une violation de l'article 3 ainsi que de l'article 34 (droit de requête individuelle) dans le fait de **renvoyer vers l'Algérie un ressortissant algérien pourtant condamné en France pour son implication dans une organisation terroriste**. Cela l'exposait à un risque réel et sérieux de traitements contraires à l'article 3 de la part du gouvernement algérien. L'expulsion a eu lieu sept heures seulement après que le requérant en a été informé[107]. En revanche, les rapports internationaux n'évoquent pas les mêmes risques à l'égard du Maroc[108]. Lorsque le statut de réfugié a été retiré à un ressortissant russe d'origine tchétchène, arrivé en France encore mineur, mais qui a été condamné pour des faits de terrorisme et expulsé, car sa présence en France constituait une menace grave, les autorités françaises doivent spécifiquement prendre en compte que le requérant est présumé avoir conservé la qualité de réfugié en dépit de la révocation de son statut dans l'évaluation des risques encourus en cas de retour en Russie[109]. Néanmoins, un État ne peut être auteur d'une violation de l'article 3 « par ricochet » qu'à la condition que le danger soit grave et avéré. Ainsi, l'extradition de supposés terroristes vers les États-Unis n'entraîne pas de condamnation[110].

La position du juge l'Union[111]**, par d'autres biais, parvient au même** : Lorsqu'un État membre doit statuer sur une demande d'extradition d'un État tiers concernant un ressortissant d'un État de l'Association européenne de libre-échange (AELE), partie à l'accord sur l'Espace économique européen (EEE), il lui incombe de vérifier que ce ressortissant ne sera pas soumis à la peine de mort, à la torture ou à des peines ou traitements inhumains ou dégradants. Avant d'envisager d'exécuter la demande d'extradition, l'État membre doit en informer l'État de l'AELE pour permettre à celui-ci de solliciter la remise de son ressortissant notamment pour être attentif au fait que l'intéressé, avant d'acquérir la nationalité de l'État de l'AELE concerné, s'est vu octroyer l'asile, précisément en raison des poursuites à l'origine de la demande d'extradition. En l'espèce, un ressortissant russe a fait l'objet d'un avis de recherche international publié par le bureau d'Interpol de Moscou (Russie) et acquit la nationalité islandaise, puis arrêté en Croatie sur le fondement dudit avis de recherche international. Le 6 août 2019, les autorités croates ont cédé à la demande d'extradition émanant de la Russie alors que l'Islande lui avait reconnu le statut de réfugié, précisément en raison des poursuites dont il faisait l'objet en Russie.

L'état de santé de l'étranger peut aussi, à lui seul, décider de son maintien sur le territoire[112] même si la Cour a semblé trop encadrer cette obligation en exonérant un État expulsant une personne séropositive sous traitement vers un pays dépourvu de capacité de soins au motif qu'il ne s'agit pas de mauvais traitements intentionnels mais liés à la situation économique. Ainsi, **seules des considérations humanitaires impérieuses imposeraient à l'État le maintien sur le territoire**[113]. Concernant un arrêté d'expulsion vers l'Algérie qui exposerait un diabétique atteint de plus d'une maladie cardiaque, à un traitement inhumain, la Cour refuse la requête au motif que l'expulsion n'est pas imminente[114]. Expulser un étranger souffrant de troubles mentaux, qui avait commis des infractions pénales violentes, n'est pas contraire à l'article 3, même si cela met en danger sa santé mentale, tant qu'il n'est pas prouvé qu'il se trouverait exposé à un « déclin grave, rapide et irréversible de son état de santé entraînant des souffrances intenses » (étant donné qu'une diminution de traitement faisait principalement naître un risque pour autrui). La condamnation est encourue au titre du droit à la vie privée, car les autorités n'ont pas correctement apprécié la situation particulière du requérant[115].

Le **Conseil d'État** interprète l'article 26 de l'ordonnance du 2 novembre 1945 comme prohibant la reconduite à la frontière d'un étranger en situation régulière si la privation de soins avait pour lui des conséquences d'une exceptionnelle gravité[116]. Par **deux arrêts du 7 avril 2010**[117], le Conseil d'État avait en outre posé que lorsque le

---

107. CEDH, 1er février 2018, *M.A. c. France*, n° 9373/15.
108. CEDH, 19 avril 2018, *A.S. c. France*, n° 46240/15.
109. CEDH, 15 avril 2021, *K.I. c. France*, n° 5560/19.
110. CEDH, 10 avr. 2012, n° 24027/07, 11949/08, *Babar Ahmad et autres c. Royaume-Uni*.
111. CJUE, Gr. ch., 2 avr. 2020, *Ruska Federacija*, affaire C-897/19.
112. CEDH, 2 mai 1997, *D. c. RU* : cas d'un malade du sida en phase terminale qui ne pourrait bénéficier de soins adaptés.
113. CEDH, Gr. Ch., 27 mai 2008, *N. c. RU*.
114. CEDH, 5 juill. 2018, *Medjaouri c. France*, n° 45196/15.
115. CEDH, GC, 07 déc. 2021, *Savran c. Danemark*, n° 57467/15.
116. CE, 17 mai 1999, *Damba*.
117. CE, 7 avr. 2010, n° 316625, Ministre de l'Immigration, de l'Intégration, de l'Identité nationale et du Développement solidaire.

défaut de prise en charge risque d'avoir des conséquences d'une exceptionnelle gravité sur la santé de l'intéressé, l'autorité administrative ne peut légalement refuser le titre de séjour sollicité que s'il existe des possibilités de traitement approprié de l'affection en cause dans son pays d'origine. De plus, si de telles possibilités existent mais que l'étranger fait valoir qu'il ne peut en bénéficier, soit parce qu'elles ne sont pas accessibles à la généralité de la population, eu égard notamment aux coûts du traitement ou à l'absence de modes de prise en charge adaptés, soit parce qu'en dépit de leur accessibilité, des circonstances exceptionnelles tirées des particularités de sa situation personnelle l'empêcheraient d'y accéder effectivement, il appartient à cette même autorité, au vu de l'ensemble des informations dont elle dispose, d'apprécier si l'intéressé peut ou non bénéficier effectivement d'un traitement approprié dans son pays d'origine. Pour mettre fin à cette ouverture, la loi n° 2011-672 du 16 juin 2011 relative à l'immigration, à l'intégration et à la nationalité a limité l'octroi du titre de séjour « étranger malade » aux situations où le traitement n'existe pas dans le pays d'origine, indépendamment des conditions d'accès plus ou moins assurées à ce traitement dans les autres. Dans le cas d'un étranger souffrant d'une pathologie ophtalmique qui sollicite son admission au séjour en qualité d'étranger malade, contre le choix des juges du fond qui enjoignaient au préfet de police de délivrer un certificat de résidence de ressortissant algérien mention vie privée et familiale, le Conseil d'État considère qu'à supposer que le défaut de traitement de l'affection dont souffre M. A puisse entraîner des conséquences d'une exceptionnelle gravité sur son état de santé, il est pour autant établi qu'un traitement approprié à son état existe en Algérie ce qui justifie le refus de lui délivrer un titre de séjour[118]. La loi n° 2016-274 **du 7 mars 2016** relative au droit des étrangers en France a néanmoins assoupli à nouveau les conditions, **notamment en prenant en compte la capacité du système de soins du pays d'origine, pour faire bénéficier l'étranger du traitement que sa pathologie requiert.**

La Cour de justice a adopté plus récemment ce raisonnement en estimant qu'un **État doit accorder la protection subsidiaire à un étranger qui garde de graves séquelles psychologiques** liées à des actes de tortures subis dans le potentiel pays de renvoi, même s'il ne risque plus de tels actes, mais à condition qu'il ne puisse être soigné dans ce pays[119]. La CJUE a rendu un arrêt dans lequel elle énonce que le transfert d'un demandeur d'asile vers un autre État membre doit être suspendu si ce transfert est susceptible d'entraîner un risque réel d'une aggravation significative et irrémédiable de l'état de santé du demandeur[120], ici une femme syrienne qui rencontre, depuis son accouchement, des difficultés d'ordre psychiatrique en raison de l'incertitude de la situation et du stress qui en découle. Ce transfert constituerait précisément un traitement inhumain et dégradant.

742 **Fourniture de moyens minimaux d'existence.** – Le juge des référés du Conseil d'État[121], en appel, a confirmé **l'injonction faite à l'État et à la commune de Calais d'entreprendre des travaux** visant à l'installation de points d'eau supplémentaires dans le camp, de mettre en place un dispositif de collecte des ordures, de procéder au nettoyage du site, de permettre l'accès des services d'urgence, de procéder au recensement des mineurs isolés présents sur le site et de se rapprocher du département en vue de leur placement au motif **« qu'en l'absence de texte particulier, il appartient en tout état de cause aux autorités titulaires du pouvoir de police générale, garantes du respect du principe constitutionnel de sauvegarde de la dignité humaine, de veiller, notamment, à ce que le droit de toute personne à ne pas être soumise à des traitements inhumains ou dégradants soit garanti »**. À nouveau en 2017[122], le Conseil d'État a fini par approuver les injonctions du juge des référés du tribunal administratif de Lille de créer plusieurs **dispositifs d'accès à l'eau permettant aux migrants de boire, de se laver et de laver leurs vêtements, ainsi que des latrines, et d'organiser un dispositif adapté d'accès à des douches** ; en outre, il a enjoint au préfet d'organiser, à destination des migrants qui le souhaitent, des départs depuis la commune de Calais vers les centres d'accueil et d'orientation ouverts sur le territoire français dans lesquels des places sont disponibles.

118. CE, 15 déc. 2011, n° 345452.
119. CJUE, 24 avr. 2018, *M.P. c. Scretary of State for the Home Department*, C-353/16.
120. CJUE, 16 févr. 2017, aff. C-578/16, *PPU c. K. e.a.*
121. CE, Ord. Réf., 23 novembre 2015, *Ministre de l'Intérieur c. Cne de Calais*, n° 394540.
122. CE, 31 juillet 2017, Commune de Calais, Ministre d'État, ministre de l'Intérieur, N°s 412125, 412171.

Compétence, au nom du principe de dignité et des pouvoirs de police, de l'État pour créer des centres d'accueil pour les mineurs issus du démantèlement de la jungle de Calais CE, 8 novembre 2017, *GISTI et autres*, n° 406256.

« 5. Considérant qu'il appartient cependant en outre, en tout état de cause, aux autorités titulaires du pouvoir de police générale, garantes du respect du principe constitutionnel de sauvegarde de la dignité humaine, de veiller, notamment, à ce que le droit de toute personne à ne pas être soumise à des traitements inhumains ou dégradants soit garanti et de prendre toute mesure en ce sens ; que la compétence de principe du département en matière d'aide sociale à l'enfance ne fait pas obstacle à l'intervention de l'État, au titre de ses pouvoirs de police, pour la prise en charge, à titre exceptionnel, des mineurs, dès lors qu'une telle intervention est nécessaire, lorsqu'il apparaît que, du fait notamment de l'ampleur et de l'urgence des mesures à prendre, le département est manifestement dans l'impossibilité d'exercer sa mission de protection des mineurs ;
6. Considérant qu'il ressort des pièces du dossier que le nombre des mineurs isolés présents sur le site de la Lande, à Calais, au moment du démantèlement, était évalué, ainsi qu'il a été dit, à plus de 1 500 ; que la prise en charge de ces mineurs excédait manifestement les capacités d'accueil du service de l'aide sociale à l'enfance du Pas-de-Calais, seul compétent, en vertu de l'article R. 221-11 du Code de l'action sociale et des familles, pour procéder à un accueil provisoire d'urgence ; que l'État a alors mis en place des centres d'accueil et d'orientation des mineurs non accompagnés destinés à les accueillir dans les conditions rappelées au point 2 ci-dessus ; qu'il a prévu que les centres garantiraient un hébergement sécurisé aux mineurs, qu'une identification et une prise en charge de leurs besoins médicaux et psychologiques serait proposée, qu'ils seraient accompagnés dans leurs différentes démarches administratives et se verraient proposer des activités éducatives, sportives, ainsi qu'une sensibilisation à l'apprentissage du français ; que compte tenu des finalités poursuivies, de l'ampleur des moyens qu'il convenait de déployer et du contexte d'urgence dans lequel les mineurs non accompagnés devaient être pris en charge, le gouvernement a pu légalement mettre en place, dans l'intérêt de l'enfant, de tels centres, dont les modalités d'organisation et de fonctionnement étaient en adéquation avec les circonstances particulières de leur création. »

Aux termes des articles L. 345-2, L. 345-2-2, L. 345-2-3 et s. du Code de l'action sociale et des familles, **il appartient aux autorités de l'État de mettre en œuvre le droit à l'hébergement d'urgence reconnu par la loi à toute personne sans abri qui se trouve en situation de détresse médicale, psychique ou sociale.** Une carence caractérisée dans l'accomplissement de cette mission peut faire apparaître, au titre du référé-liberté, une atteinte grave et manifestement illégale lorsqu'elle entraîne des conséquences graves pour la personne intéressée (en fonction des diligences accomplies par l'administration et des moyens dont elle dispose, ainsi que de l'âge, de l'état de la santé et de la situation de famille de la personne intéressée)[123]. Ce **droit à l'hébergement d'urgence s'applique aux ressortissants étrangers à l'exception de ceux qui font l'objet d'une mesure d'éloignement** (sauf circonstances exceptionnelles). Pour le cas particulier des personnes étrangères qui ont l'obligation de quitter le territoire, le juge précise que l'hébergement ne peut être ordonné qu'en cas de circonstances exceptionnelles, notamment en cas de risque grave pour la santé ou la sécurité d'enfants mineurs[124].

La prise en charge des migrants n'a pas à s'effectuer nécessairement là où ils se trouvent. L'État peut leur proposer de les acheminer vers les lieux adaptés d'hébergement et de restauration. Le juge des référés peut

123. CE, 21 juin 2019, *M. C... et autres*, n° 431115.
124. CE, 13 juill. 2016, *Département de la Seine-Saint-Denis*, n° 388317 et CE, 13 juill. 2016, *Ministre des Affaires sociales et de la Santé*, n° 400074.

néanmoins enjoindre au préfet de mettre en place des maraudes (prises en charge par l'État et le service d'aide sociale à l'enfance du département), dont le but est autant d'apporter, là où se trouvent les migrants, les moyens de subsistance, que des brochures d'informations, dans les différentes langues, concernant leurs droits. Le fait que ces maraudes ne portent pas sur les lieux d'hébergement connaissant une forte densité (en l'espèce plus de sept cents personnes dans un gymnase de Grande-Synthe) témoigne d'une carence.

La Cour de l'Union adopte des exigences similaires : un demandeur de protection internationale (en l'espèce un mineur isolé afghan), même coupable d'un manquement grave au règlement du centre d'hébergement dans lequel il est accueilli ou d'un comportement particulièrement violent, ne peut être sanctionné par le retrait du bénéfice des conditions matérielles d'accueil ayant trait au logement, à la nourriture ou à l'habillement[125].

743 **La peine de mort et la perpétuité. –** Avant même l'adoption du protocole n° 13 interdisant la peine de mort en tout temps, **la Cour a considéré que son exécution constitue un traitement inhumain**[126]. Déjà auparavant, il était question **des conditions de détention dans l'attente de l'exécution (« couloir de la mort ») qui devaient être aussi humaines que possible**[127]. Suivant en cela l'esprit de la jurisprudence américaine qui distingue des méthodes plus ou moins douloureuses ou lentes de faire mourir, le **Comité des droits de l'homme** des Nations unies avait aussi stigmatisé certaines conditions de détention avant l'exécution de la mort (celles qui entraînent une aggravation de l'état de santé) et de certaines modalités des exécutions, avant de retenir l'incompatibilité de la peine de mort avec l'article 7[128].

Comme le fait la Cour constitutionnelle allemande[129], la CEDH estime indigne, dans des circonstances particulières, **l'exécution de peines privatives de liberté à vie et incompressibles, lorsqu'il n'existe aucun espoir de pouvoir bénéficier de mesures telles que la libération conditionnelle** par exemple[130]. Prenons le cas de M. Öcalan : accusé d'avoir mené des actions terroristes pour obtenir la sécession d'une partie du territoire turc, il fut condamné à mort, en 1999, peine commuée en prison perpétuelle, après l'abolition par la Turquie de la peine de mort en temps de paix. Sans possibilité de libération conditionnelle, la Cour rappelle qu'une peine perpétuelle n'est pas en soi contraire à la Convention, à condition qu'elle ne soit pas incompressible. Après avoir estimé que tel n'était pas le cas en l'espèce, la Cour condamne finalement la Turquie pour violation de l'article 3[131]. Pour un homme coupable de meurtre condamné à perpétuité et détenu de 1980 à 2014 sans le moindre traitement psychiatrique et sans perspective de sortir car le risque d'une récidive de sa part continuait d'être considéré comme trop élevé, la Cour juge[132] que la peine perpétuelle de *M. Murray* n'était pas de facto compressible, car il avait été identifié comme une personne nécessitant un traitement. La persistance du risque de récidive était donc le fait de l'État et sans issue. En revanche, après un premier arrêt mettant en garde le Royaume-Uni, la Cour a admis la conformité à la convention du régime britannique d'une peine de prison à vie en raison d'une jurisprudence interne qui permet des modalités réelles de réexamen et de mise en liberté[133]. À l'inverse, à la suite d'une première condamnation, l'Ukraine, en exécution (art. 46) se voit enjoindre de mettre fin à l'absence de perspective de libération ni de possibilité de réexamen des peines incompressibles d'emprisonnement à vie[134].

Par ailleurs, la CEDH estime en principe incompatible avec l'article 3 **le fait d'incarcérer un être humain pour toute sa vie sans lui laisser l'espoir de pouvoir sortir un jour**[135]. Ce sont les perspectives de révision de la

---

125. CJUE, 12 nov. 2019, *Haqbin/Federaal Agentschap voor de opvang van asielzoekers*, C-233/18.
126. CEDH, 12 mai 2005, *Öcalan c. Turquie*.
127. CEDH, 7 juill. 1989, *Soering c. RU* ; CEDH, Gr. Ch., 8 juill. 2004, *Ilascu c. Moldavie*.
128. CDH, 5 août 2003, *Judge c. Canada*.
129. Cour constitutionnelle allemande, Première Chambre du 21 juin 1977, rendu après audience orale des 22 et 23 mars 1977 (Recueil des décisions de la Cour constitutionnelle fédérale BVerfGE, t. 45, pp. 187-271).
130. CEDH, 3 juill. 2001, *Nivette c. France*.
131. CEDH, 18 mars 2014, n° 24069/03, *Öcalan c. Turquie (n° 2)*, voir aussi CEDH, 9 juill. 2013, n° 66069/09, *Vinter et autres c. RU*., 130/10 et 3896/10.
132. CEDH, 26 avr. 2016, n° 10511/10, *Murray c. Pays-Bas*.
133. CEDH, Gr. ch., 17 janv. 2017, *Hutchinson c. Royaume-Uni*, req. n° 57592/08.
134. CEDH, 12 mars 2019, *Petukhov c. Ukraine* (n° 2), req. n° 41216/13.
135. CEDH, 3 juill. 2001, *Nivette c. France*.

peine qui assurent la compatibilité avec l'article 3[136]. La Turquie a été rappelée à l'ordre[137] à propos du chef du mouvement indépendantiste kurde dont la condamnation à la peine de mort a été commuée en perpétuité sans aucun aménagement de peine possible. Alors que la Hongrie avait adopté une législation afin de se conformer à un arrêt de la Cour européenne de 2014, la Cour juge trop longue une période d'attente de 40 ans instaurée par cette nouvelle loi, avant qu'un détenu puisse pour la première fois espérer qu'une mesure de clémence soit envisagée dans son cas[138]. Cependant, **le fait qu'une peine de réclusion à vie puisse en pratique être purgée dans son intégralité ne la rend pas incompressible mais la possibilité de réexamen de la réclusion à perpétuité implique pour le condamné la possibilité de demander un élargissement** mais pas forcément d'obtenir sa libération si ce dernier constitue toujours un danger pour la société[139]. Pour un homme coupable de meurtre condamné à perpétuité et détenu de 1980 à 2014 sans le moindre traitement psychiatrique et sans perspective de sortir car le risque d'une récidive de sa part continuait d'être considéré comme trop élevé, la Cour juge[140] que la peine n'était pas *de facto* compressible, car il avait été identifié comme une personne nécessitant un traitement. La persistance du risque de récidive était donc le fait de l'État et sans issue. Même solution dans une affaire concernant des peines d'emprisonnement à vie avec possibilité de libération conditionnelle seulement après quarante ans de détention[141].

Le Conseil constitutionnel a adopté un point de vue similaire en face d'une disposition du Code de procédure pénale qui conditionnait l'octroi d'une libération conditionnelle à une personne condamnée à une peine privative de liberté pour des faits de terrorisme, à l'exécution préalable, à titre probatoire, d'une mesure de semi-liberté, de placement à l'extérieur ou de placement sous surveillance électronique pendant une période d'un an à trois ans. En effet, **la jurisprudence de la Cour de cassation refusait le bénéfice de ces dispositions aux étrangers sous le coup d'une décision d'éloignement du territoire**, telle qu'une expulsion ou une interdiction du territoire français, dès lors que l'exécution de mesures probatoires est incompatible avec la décision d'éloignement du territoire. Faute de toute possibilité d'aménagement de leur peine, en particulier dans le cas où elles ont été condamnées à la réclusion criminelle à perpétuité, la loi était contraire au principe de proportionnalité des peines[142].

À titre de comparaison, **la Cour suprême des États-Unis** a déclaré inconstitutionnelle (« peine cruelle » du huitième amendement), l'infliction de la perpétuité à une personne mineure au moment des faits[143].

744 **Conditions de détention.** – Le Conseil constitutionnel entend protéger la dignité : il incombe au législateur de garantir aux personnes placées en détention provisoire la possibilité de saisir le juge des conditions de détention contraires à la dignité de la personne humaine, afin qu'il y soit mis fin[144]. En droit interne, la condition des détenus est réglée par l'**ordonnance du 30 mars 2022** qui codifie, pour l'essentiel, les dispositions de la **loi pénitentiaire n° 2009-1436 du 24 novembre 2009** et celles du Code de procédure pénale sous la forme **d'un code pénitentiaire qui comporte sept livres thématiques** traitant du service public pénitentiaire, de la détention en établissement, des droits et obligations des personnes détenues, des dispositifs mis en œuvre pour la réinsertion de ces personnes, de la libération des personnes détenues, des interventions de l'administration pénitentiaire auprès de personnes non détenues.

Les conditions de détention tombent sous le coup de l'article 10 § 1 du Pacte et l'article 3 de la Convention EDH, bien que la Convention ne le spécifie pas, **dès que des violences ou contraintes inutiles ont été imposées**. Pour le **Comité des droits de l'homme**, la violation peut venir par exemple de la détention d'un mineur avec des

136. CEDH, 11 avr. 2006, *Léger c. France*.
137. CEDH, 18 mars 2014, n° 24069/03, 197/04, 6201/06 et 10464/07, *Öcalan c. Turquie*.
138. CEDH, 4 octobre 2016, *T.P. et A.T. c. Hongrie*, n°s 37871/14 et 73986/14.
139. CEDH, 13 juin 2019, *Marcello Viola c. Italie* (n° 2), n° 77633/16.
140. CEDH, 26 avr. 2016, n° 10511/10, *Murray c. Pays-Bas*.
141. CEDH, 28 oct. .2021, *Bancsók et László Magyar (no 2) c. Hongrie*, n° 52374/15 et 53364/15.
142. CC, 6 sept. 2019, n° 2019-799/800 QPC, *Mme Alaitz A. et autre*.
143. Arrêt du 25 juin 2012, *Miller v. Alabama*.
144. CC, 2 octobre 2020, n° 2020-858/859 QPC, *M. Geoffrey F. et autre*.

adultes[145], de l'insalubrité absolue de la cellule[146], d'un espace individuel inférieur à 3m² sauf à disposer d'une liberté de circulation et d'activités hors cellule[147] ; c'est le cas enfin d'une mise à l'isolement de longue durée[148]. C'est le cas lors d'une détention provisoire, cadre dans lequel la CEDH a rendu, en Grande chambre, un arrêt de référence[149]. Cet **arrêt** *Kudla* place l'article 3 sous le concept de dignité de la personne humaine. Il n'est plus question de relever l'intention d'humilier, **la violation est objective mais tient compte du cas de chaque détenu et de son ressenti particulier**[150]. La Cour estime aussi dégradant d'enfermer un prévenu dans **une cage en fer** pendant son procès[151] même quand le procès n'est pas public et se déroule en visioconférence[152]. S'il n'y a pas d'obligation générale de libérer un détenu pour motif de santé ou d'obligation de soins particuliers, il existe un devoir constant d'assurer la dignité des personnes par une surveillance permanente et la non-atteinte à l'intégrité physique[153], par la garantie d'un espace minimum salubre et éclairé[154], ou encore par **l'abstention d'administrer de force l'alimentation quand le pronostic vital n'est pas engagé**[155]. L'humiliation naît encore de pratiques étonnantes comme le fait de raser le crâne d'un détenu mis à l'isolement[156]. Elle survient de même pour un détenu de 75 ans, menotté et entravé lors d'un séjour hospitalier[157]. L'appréciation de l'humiliation dépend de toute manière de la situation concrète d'un détenu, notamment quand celui-ci attend l'exécution de la peine de mort[158]. Pour le Conseil d'État aussi, tout est affaire de cas particulier, les mesures adoptées se justifiant par l'appréciation de la nécessité de la coercition[159]. Ainsi la France n'est pas condamnable dans le cas d'un détenu homosexuel maltraité par ses codétenus dans la mesure où l'administration pénitentiaire a mis en œuvre une protection (isolement) et des enquêtes quand il le fallait (après une dénonciation de viol) et que, bien souvent, les auteurs de ces agissements n'ont pu être déterminés à cause du silence de la victime[160]. Néanmoins, **la même cour condamne pour traitement dégradant et discrimination le fait d'isoler un détenu homosexuel** au motif de le protéger avec pour conséquence de rendre ses conditions de détention moins favorables[161].

La Cour[162] a **sanctionné la France dans le cas d'un détenu psychiquement vulnérable, en attente de transfert, pour le moins agité** (refus de réintégrer la cellule, scarifications, incendie de cellule...), qui fût l'objet de placement en quartier disciplinaire, arrosé à la lance incendie et molesté avant d'être finalement transféré presque nu (faute d'effets personnels secs). Le requérant déposa une plainte pour actes de tortures et de barbarie commis avec usage d'une arme par personnes dépositaires de l'autorité publique. Laquelle ne fût pas accueillie. La Cour, rappelle que, si « le recours à la force peut parfois être nécessaire pour assurer la sécurité dans les prisons, maintenir l'ordre ou prévenir la criminalité dans les lieux de détention », « lorsqu'une personne est privée de sa liberté, tout usage de la force physique qui n'est pas rendu strictement nécessaire par le propre comportement de cette personne porte atteinte à la dignité humaine et constitue, en principe, une violation du droit garanti par l'article 3 ». Le seuil minimum de gravité a été franchi et elle applique le renversement de la charge de la preuve au profit de la victime quand les événements dommageables, dans leur totalité ou pour

145. CDH, 800/1998, *Thomas c. Jamaïque*.
146. CDH, 705/1996, *Taylor c. Jamaïque*.
147. CEDH, Gr. ch., 20 oct. 2016, *Murši c. Croatie*, n° 7334/13.
148. CDH, 49/1979, Marais c. Madagascar.
149. CEDH, 26 oct. 2000, *Kudla c. Pologne*.
150. CEDH, 6 mars 2001, *Dougoz c. Grèce*.
151. CEDH, 15 juin 2010, *Ashot Harutyunyan c. Arménie* et CEDH, Gr. Ch., 17 juill. 2014, n° 32541/08, *Svinarenko et Slyadnev c. Russie*.
152. CEDH, 17 avril 2018, *Karachentsev c. Russie*, n° 23229/11.
153. CEDH, 3 juin 2003, *Pantea c. Roumanie*.
154. CEDH, 20 janv. 2005, *Mayzit c. Russie*.
155. CEDH, 5 avr. 2005, Nemerzhisky c. Ukraine.
156. CEDH, 11 déc. 2003, *Yankov c. Bulgarie*.
157. CEDH, 27 nov. 2003, *Henaf c. France*.
158. CEDH, 19 avr. 2003, *Poltoratskiy et a. c. Ukraine*.
159. CE, 30 mars 2005, Observatoire international des prisons.
160. CEDH, 20 oct. 2011, n° 25001/07, *Stasi c. France*.
161. CEDH, 9 oct. 2012, n° 24626/09, *X c. Turquie*.
162. CEDH, 5e sect., 5 déc. 2019, *J.M. c. France*, req. n° 71670/14.

une large part, ne sont connus que des autorités. La condamnation est aussi procédurale : même si un gradé a été suspendu, tous les coupables n'ont pas été identifiés.

CEDH, 25 avril 2013, nº 40119/09, *Canali c. France*

« M. Canali est détenu pour une peine de huit ans. Il a adressé à la directrice de l'établissement et au surveillant-chef une demande écrite afin que soit **installée une porte aux toilettes de sa cellule** et que diverses réparations soient effectuées. Il ne reçoit aucune réponse. Il a déposé une plainte avec constitution de partie civile. La chambre criminelle de la Cour de cassation a estimé qu'une plainte pour des faits relatifs à des conditions d'hébergement incompatibles avec la dignité humaine pendant la détention en maison d'arrêt n'entre pas dans la prévision de l'article 225-14 du Code pénal et ne peut admettre aucune qualification pénale.

La Cour considère que l'effet c**umulé de la promiscuité et des manquements relevés aux règles de l'hygiène a provoqué chez le requérant des sentiments de désespoir et d'infériorité propres à le rabaisser et à l'humilier.** Ces conditions de détention s'analysent en un traitement dégradant qui conduit à une violation de l'article 3.

Lorsque la voie pénale a été fermée par l'arrêt de la Cour de cassation du 20 janvier 2009, le recours indemnitaire devant la juridiction administrative restait disponible pour se plaindre de conditions de détention contraires à la dignité. La Cour estime que le requérant ne peut soutenir que la décision rendue par la Cour de cassation l'a privé de tout recours effectif. »

La loi nº 2021-403 du 8 avril 2021[163] tendant à garantir le droit au respect de la dignité en détention, réagit à trois décisions juridictionnelles :

- d'abord, l'arrêt *J.M.B. et a. c. France*[164], établissant à la fois, pour les détenus ne disposant pas d'un espace personnel au moins égal à 3 m², une forte présomption de violation de l'article 3 et l'absence de recours effectif pour contester efficacement des conditions de détention indignes ;
- puis l'arrêt **du 8 juillet 2020**[165] **de la chambre criminelle** qui érige le juge pénal, en tant que gardien de la liberté individuelle, en contrôleur de ce que la détention provisoire soit, en toutes circonstances, mise en œuvre dans des conditions respectant la dignité des personnes, et de ce que cette privation de liberté est exempte de tout traitement inhumain et dégradant, créant ainsi une forme de recours en matière d'application des peines ;
- enfin, la **décision du Conseil constitutionnel (déc. nº 2020-858/859 QPC du 2 octobre 2020, M. Geoffrey F. et autre)** qui abroge, au 1er mars 2021, le second alinéa de l'article 144-1 du Code de procédure pénale, car il ne permet pas de mettre fin à une détention provisoire indigne. Par la même décision, les juges constitutionnels ont demandé au législateur de modifier la loi pour prévoir un recours juridictionnel effectif.

La loi crée donc, dans le Code de procédure pénale, un dispositif à deux niveaux : soit le juge des libertés et de la détention (JLD) en cas de détention provisoire, soit le juge de l'application des peines (JAP) en cas de condamnation. Saisis d'allégations *« circonstanciées, personnelles et actuelles »*, le juge fait procéder aux vérifications nécessaires et recueille les observations de **l'administration pénitentiaire** dans un délai de trois à dix jours. Si le juge estime la requête fondée, il demande à l'administration pénitentiaire **de remédier sous un mois**

163. Cass. crim., 20 octobre 2021, nº 21-84.498 : Pour les demandes présentées avant le 1er octobre : la jurisprudence de la Cour de cassation du 8 juillet 2020 reste cependant applicable. Pour les demandes présentées à compter du 1er octobre : les personnes détenues doivent présenter un recours devant le JLD dans les conditions prévues par la loi du 8 avril 2021. Toutefois, la Cour de cassation précise qu'elle pourra, le cas échéant, être amenée à contrôler l'effectivité du nouveau recours, au regard des exigences de la Convention européenne des droits de l'homme.
164. CEDH, 30 janv. 2020, *J.M.B. c. France*, nº 9671/15.
165. Cass. crim., 8 juillet 2020, nº 20-81.739.

maximum aux conditions de détention indignes constatées, notamment en transférant le détenu dans un autre établissement.

À défaut, il peut ordonner soit **le transfèrement** de la personne détenue, soit **la mise en liberté immédiate** de la personne placée en détention provisoire, éventuellement assortie d'un contrôle judiciaire ou d'une assignation à résidence avec bracelet électronique, soit **un aménagement de peine** du détenu définitivement condamné (sauf si le détenu a déjà refusé un transfèrement de l'administration pénitentiaire sans motif valable). Les décisions du juge peuvent faire **l'objet d'un appel**. L'appel du ministère public est suspensif s'il est formé dans un délai de vingt-quatre heures.

La CNCDH[166] appelle à une révision de la loi pour en raccourcir les délais de mise en œuvre (le délai obligatoire de 13 à 37 jours entre le dépôt de la requête du prévenu et la décision du juge fait obstacle à une intervention en urgence) et pour que le juge dispose d'un pouvoir de contrôle a posteriori sur le bien-fondé de la décision de transfèrement afin d'éviter une dégradation globale (éloignement de la famille, perte du travail).

L'usage de la force physique porte atteinte à la dignité de la personne et son usage doit être justifié par le comportement du détenu[167]. La Cour européenne fait peser la charge de la preuve sur l'État qui doit justifier d'un usage proportionné de la force à propos de coups de pied et de poing assenés pendant un transport après arrestation alors que les juges n'ont pas cherché à savoir à qui étaient imputables les coups[168]. Le **Pacte relatif aux droits civils et politiques prévoit ainsi que : « toute personne privée de sa liberté est traitée avec humanité et avec le respect de la dignité inhérente à la personne humaine »** (art. 10). La CEDH admet que les mauvaises conditions de détention (exiguïté des cellules, surpopulation, insalubrité, etc.) conduisent à une violation de l'article 3 de la Convention[169]. **La Cour estime même que l'espace dévolu à chaque détenu doit être suffisant et sanctionne un État pour surpopulation carcérale**[170]. De même, les **sanctions disciplinaires** comme la mise à l'isolement font l'objet d'un contrôle de la durée, de l'information par écrit du détenu sur les causes et les suites de la décision, notamment les recours possibles[171]. Même si cette situation ne fait pas naître une présomption d'urgence en référé-liberté[172]. Le transport des détenus doit s'effectuer dans des conditions dignes. La Russie dispose de normes qui prévoient notamment que certains détenus doivent être transportés dans des cabines faites de lourdes plaques métalliques placées dans les fourgons cellulaires, que d'autres voyagent de nuit dans des compartiments de train qui ne disposent pas de places de couchage en nombre suffisant (violation des articles 3, 13, 6§1, 38). Face à ce problème structurel, sur le terrain de l'article 46 (exécution), la Cour indique les mesures visant à résoudre ce qui constitue un problème structurel récurrent et donne à la Russie dix-huit mois à compter de la date à laquelle l'arrêt sera devenu définitif pour mettre en place des recours internes effectifs aptes à prévenir des violations similaires[173].

Les juridictions administratives françaises se montrent petit à petit ouvertes à l'idée de faire jouer la responsabilité de l'État sur le fondement de la dignité, concrétisée par le Code de procédure pénale (art. D. 350) en raison de très mauvaises conditions de détention. **Après la cour d'appel administrative de Douai**[174], **celle de Lyon**[175] **estime recevable la demande indemnitaire d'un détenu qui a occupé une cellule collective dont l'exiguïté ne permettait pas aux détenus de se mouvoir normalement**, sans aération, qui ne protégeait pas l'intimité, dont les lieux d'aisance, démunis d'un système d'aération spécifique, étaient situés à proximité immédiate du lieu de vie et de prise des repas. Le montant alloué reste néanmoins modeste (800 à 1 200 euros), afin de ne

166. CNCDH, Assemblée plénière du 24 mars 2022, Avis n° A-2022-5 « L'effectivité des droits fondamentaux en prison : du constat aux remèdes pour réduire la surpopulation carcérale et le recours à l'enfermement ».

167. CEDH, 28 oct. 1998, *Assnov c. Bulgarie*, n° 90/1997/874/1086.

168. CEDH, 13 février 2018, *Portu Juanenea et Sarasola Yarzabal c. Espagne*, n° 1653/13.

169. CEDH, Gr. Ch., 26 oct. 2000, *K. c. Pologne*. Pour un ex. récent, concernant un contentieux structurel de la Pologne, CEDH, 22 oct. 2009, *Norbert Sikorski c. Pologne*, qui liste des éléments d'insalubrité.

170. CEDH, 16 juill. 2009, *Sulejmanovic c. Italie*, n° 22635/03.

171. CEDH, 7 janv. 2010, *Onoufriou c. Chypre*, n° 24407/04.

172. CE, ord., 20 nov. 2019, n° 435785.

173. CEDH, 9 avr. 2019, *Tomov et autres c. Russie*, n°s 18255/10, 63058/10, 10270/11, 73227/11, 56201/13 et 41234/16.

174. CAA Douai, 12 nov. 2009, n° 09DA00782.

175. CAA, Lyon, 8 avr. 2010, *M. C.*, n° 09LY02918.

pas mettre l'administration en difficulté. Pour le Conseil d'État, le préjudice moral subi par un détenu à raison de conditions de détention attentatoires à la dignité humaine revêt un caractère continu et évolutif. Il s'ensuit que la créance indemnitaire qui résulte de ce préjudice doit être rattachée, dans la mesure où il s'y rapporte, à chacune des années au cours desquelles il a été subi[176].

745 **Mise à l'isolement.** – La question de la mise à l'isolement (art. 726-1 du CPP) a fait l'objet de multiples évolutions ces dernières années, d'abord de la part de la CEDH, puis du Conseil d'État. L'isolement peut être décidé pour des motifs disciplinaires ou pour les nécessités d'une enquête. Deux aspects au moins concentrent ces évolutions. Le premier est la possibilité **d'exercer un recours contre la décision elle-même**. Du point de vue de la jurisprudence administrative, la chose n'est acquise que depuis que le juge estime que la mise à l'isolement n'est pas une mesure d'ordre intérieur en raison du fait qu'elle concerne les droits fondamentaux des détenus[177]. La décision plaçant d'office à l'isolement et sa prolongation, portent en principe une atteinte grave et immédiate à la situation de la personne détenue, de nature à créer une situation d'urgence justifiant la suspension de leur exécution[178]. Le deuxième concerne les effets mêmes de la mesure d'isolement sur les droits du détenu. **Les modalités d'exécution de l'isolement peuvent le faire tomber sous la coupe de l'article 3 de la Convention EDH. L'isolement doit ainsi rester « partiel et relatif »**, même s'il a duré plus de huit années, comme ce fut le cas pour le terroriste surnommé « Carlos »[179]. L'absence totale de contacts, particulièrement avec un médecin ou un avocat, dans des conditions matérielles en dessous du standard européen, encourt la condamnation[180], y compris en garde à vue.

746 **Fouilles corporelles.** – Vient ensuite le problème récurrent des mesures de fouille des détenus. **Mais la fouille ne s'analyse pas en principe comme une atteinte à l'intégrité physique, étant visuelle en général et se résumant à une palpation** (sauf fouille des orifices). Elle n'en demeure pas moins une atteinte grave et réelle à la vie privée qui ne se justifie que dans des circonstances particulières où la sécurité se trouve engagée. La CEDH a eu l'occasion de le rappeler en sanctionnant le Royaume-Uni pour une fouille exécutée dans la rue, aux yeux de tous, dans les environs d'une « foire aux armes ». Le gouvernement s'appuyait sur la législation antiterroriste pour justifier le recours à des excès. Une fouille dans la rue ne peut s'assimiler à celle pratiquée dans les aéroports en raison de son caractère subi involontairement. La Cour sanctionne le caractère public de la fouille qui suscite embarras et humiliation, notamment par l'exposition d'effets personnels[181].

En général le procédé, par des palpations, est considéré comme nécessaire et ne souffre la censure qu'en raison des atteintes portées à la dignité par les **fouilles « intégrales »** qui impliquent de dénuder la personne et d'inspecter les orifices[182]. Ces pratiques doivent, pour être compatibles avec l'article 3, pouvoir **se justifier au regard de circonstances très particulières et ne pas servir de moyen d'intimidation de façon à créer un sentiment d'arbitraire.** L'arrêt *Frérot c. France* du 12 juin 2007 a ainsi imposé un standard important. Au sein d'une triple condamnation, notamment parce que le refus de transmettre une correspondance entre détenus méconnaît le droit à la vie privée et que le refus de tout recours contre cette décision viole l'article 13, la CEDH pose encore que le fait d'exposer le détenu aléatoirement à des fouilles non justifiées a fait naître en lui un sentiment d'arbitraire et d'humiliation, traitement dégradant. La Cour a réédité sa solution en soulignant le caractère humiliant de la fouille dans le cas d'un détenu atteint de troubles psychiatriques[183] ou en sanctionnant l'examen gynécologique systématique imposé aux détenues turques pour déjouer d'éventuelles plaintes pour viol par les surveillants[184]. **L'article 57 de la loi « pénitentiaire »** du 24 novembre 2009 prévoit précisément que « les fouilles

176. CE, Section, 3 déc. 2018, *M. B...*, n° 412010.
177. CE, 30 juill. 2003, *Remli*.
178. CE, 7 juin 2019, *Mme M...*, n° 426772.
179. CEDH, 27 janv. 2005, Ramirez-Sanchez c. France.
180. CEDH, Gr. Ch., 8 juill. 2004, Ilascu et a. c. Moldova et Russie.
181. CEDH, 12 janv. 2010, *Gillan et Quinton c. RU*.
182. CEDH, 24 juill. 2001, *Vasilinas c. Lituanie*.
183. CEDH, 9 juill. 2009, *Khider c. France*.
184. CEDH, 1er févr. 2011, *Yazgül Yilmaz c. Turquie*.

doivent être justifiées par la présomption d'une infraction ou par les risques que le comportement des personnes détenues fait courir à la sécurité des personnes et au maintien du bon ordre dans l'établissement. Leur nature et leur fréquence sont strictement adaptées à ces nécessités et à la personnalité des personnes détenues. Le régime de l'article 57 de la loi pénitentiaire ne s'applique pas aux fouilles par palpation[185]. **Les fouilles intégrales ne sont possibles que si les fouilles par palpation ou l'utilisation de moyens de détection électronique sont insuffisantes** [...] ». La France a été condamnée pour des fouilles répétées plusieurs fois par jour, effectuées par des agents constamment cagoulés, avec inspection visuelle anale, par la force en cas de refus de la part des détenus de faire une flexion ou de tousser[186]. **Les fouilles intégrales ont été déclarées illégales lorsqu'elles sont systématiques[187] ou aléatoires[188]**. En référé, le juge administratif peut ainsi enjoindre à un directeur d'établissement pénitentiaire de ne pas recourir à une fouille systématique, même quand les détecteurs de métaux ne fonctionnent pas[189]. L'article R57-7-79 CPP précise ainsi que les mesures de fouilles des personnes détenues, intégrales ou par palpation, sont mises en œuvre au vu de la personnalité des personnes intéressées, des circonstances de la vie en détention et de la spécificité de l'établissement. Une fouille intégrale n'est envisageable que s'il n'existe aucun autre moyen de parvenir à un résultat satisfaisant en usant de moyens moins coercitifs[190] et la condition d'urgence est constituée « eu égard au nombre de détenus susceptibles d'être exposés à pareille mesure d'ici au 30 juin 2013, la fréquence et le caractère répété des fouilles intégrales encourues à l'échelle de l'établissement pénitentiaire ». Une fouille intégrale, à l'occasion de l'extraction médicale prévue pour une opération de l'intéressé, motivée par le risque qu'il dissimule une arme afin de profiter de sa sortie de l'établissement pénitentiaire pour s'évader apparaît, eu égard au caractère subsidiaire des fouilles intégrales, nécessaire et proportionné, dès lors qu'aucune autre mesure moins intrusive n'aurait permis d'atteindre le même but dans des conditions équivalentes. Elle n'a pas porté atteinte à la dignité de la personne[191].

747 **Obligations positives substantielles. – L'État doit mettre en place une réglementation permettant de prévenir les violations de l'article 3.** En combinaison avec l'article 8, la Cour a imposé d'adopter une législation réprimant les abus sexuels comme atteinte à l'intégrité physique[192].

748 **Obligation positive d'administrer des soins aux détenus. –** La Cour impose aux États de protéger l'intégrité physique des personnes privées de liberté, notamment par l'administration des soins médicaux requis. La Cour rappelle que les modalités d'exécution des mesures prises ne doivent pas soumettre le détenu à une détresse ou une épreuve d'une intensité excédant le niveau inévitable de souffrance inhérent à la détention. **La privation de soins nécessaires peut devenir une violation de l'article 3 après un certain temps**[193]. L'état de santé du détenu entre en ligne de compte pour mesurer l'adéquation des conditions de détention. **L'état de santé n'implique pas nécessairement la libération ou l'hospitalisation d'un détenu, encore faut-il que l'état soit en lui-même compatible avec la détention**[194]. Il faut alors que la détention soit en soi intolérable[195]. Dans l'affaire *Papon c. France*, du 7 juin 2001, la CEDH n'a pas exclu que le maintien en détention pour une période prolongée d'une personne d'un âge avancé puisse poser problème sous l'angle de l'article 3 de la Convention, mais elle a précisé qu'en l'occurrence, compte tenu de l'état de santé général du requérant et de ses conditions

185. Circ. n° JUSK2017670C, 15 juill. 2020, BOMJ compl., 14 août 2020.
186. Cour EDH, 5e sect., 20 janv. 2011, *El Shennawy c. France*, req. n° 51246/08.
187. CE, ord. réf. 20 mai 2010, Ministre de la Justice c. Dominique G. et OIP, n° 339259.
188. CE, 26 sept. 2012, Ministre de la Justice c. Pierre T., n° 359479.
189. CE, Juge des référés, 22 déc. 2012, *Section française de l'observatoire international des prisons*, n° 364584.
190. CE, Juge des référés, 6 juin 2013, n° 368816, *SFOIP*.
191. CE, 30 janv. 2019, *M. C...*, n° 416999.
192. CEDH, 4 déc. 2003, *M. c. c. Bulgarie*.
193. CEDH, Gr. Ch., 27 juin 2000, *Ilhan c. Turquie*.
194. CEDH, Gr. Ch., 26 oct. 2000, *Kudla c. Pologne*.
195. Ce qui n'est pas le cas d'une personne atteinte du sida et qui développe des maladies opportunistes, CEDH, 14 déc. 2004, *Gelfmann c. France*.

de détention, sa situation n'atteignait pas un seuil suffisant de gravité, contrairement à l'affaire *Vincent c. France*[196] où un homme handicapé, ne pouvant quitter la cellule par ses propres moyens, n'a pas bénéficié de conditions adéquates de détention. Un malade du sida doit pouvoir quitter la prison pour un établissement adapté[197]. Plus encore, **le remarquable arrêt *Mouisel c. France*[198] où le requérant était menotté pendant ses séances de chimiothérapie, condamne la France.** Dans une triste affaire, la Cour européenne a constaté un traitement inhumain dans le cas d'un détenu en phase avancée d'un cancer que les autorités russes n'ont pas autorisé à sortir par ce qu'il « ne s'est pas amendé ». La Russie a ainsi méconnu en outre la mesure provisoire indiquée par la Cour européenne qui demandait qu'il soit examiné par des médecins indépendants. Décédé en prison, ses avocats ont été autorisés à poursuivre l'instance devant la Cour à sa place[199]. La Cour[200] reconnaît un traitement dégradant dans le cas d'un délinquant sexuel souffrant de troubles mentaux, maintenu en détention à durée indéterminée (depuis neuf ans) dans une aile psychiatrique d'une prison, sans thérapie adaptée à son état de santé mentale et sans perspective de réinsertion, ce qui constitue une épreuve particulièrement pénible, l'ayant soumis à une détresse d'une intensité excédant le niveau inévitable de souffrance inhérent à la détention. La Cour a condamné l'Allemagne pour ne pas avoir su soigner un détenu héroïnomane de longue date, en refusant de lui délivrer une thérapie de substitution[201]. La détention d'une personne atteinte de troubles mentaux n'est pas régulière au regard de cet article si celui-ci ne bénéficie pas de soins appropriés destinés à lui offrir une possibilité de réinsertion[202].

CEDH, 19 février 2015, n° 10401/12, *Helhal c. France*

Le requérant purge actuellement une peine de trente ans de réclusion criminelle pour des faits d'assassinat, de tentative d'assassinat et de violence. Il est détenu depuis septembre 2014. Il a fait une chute de plusieurs mètres lors d'une tentative d'évasion. Il en résulta une fracture de la colonne vertébrale entraînant une paraplégie des membres inférieurs et une incontinence urinaire et anale. Il demanda une suspension de peine pour raison médicale au juge de l'application des peines. **Il argua que les locaux, en particulier sanitaires, n'étaient pas adaptés à son handicap qui l'obligeait à se déplacer en fauteuil roulant,** que les soins de kinésithérapie qui lui étaient prodigués étaient insuffisants et qu'il devait se faire assister d'un détenu mis à sa disposition, ce qui le plaçait dans une situation humiliante vis-à-vis des autres détenus. Le JAP rejeta sa demande, prenant en considération les avis concordants des deux médecins experts qu'il avait désignés, et jugea que l'état de santé du requérant était durablement compatible avec son incarcération. Jugement confirmé ensuite.
L'État doit s'assurer que le détenu soit capable de purger sa peine, lui administrer les soins nécessaires et adapter les conditions générales de détention à la situation particulière de son état de santé. Ici, la Cour estime que les autorités nationales n'ont pas fait tout ce qu'on pouvait exiger d'elles pour offrir à M. Helhal la rééducation dont il avait besoin. La Cour juge que l'assistance d'un codétenu pour faire sa toilette, en l'absence de douches aménagées pour les personnes à mobilité réduite, ne suffit pas à satisfaire l'obligation de santé et de sécurité qui incombe à l'État.

196. CEDH, 24 oct. 2006.
197. CEDH, 22 déc. 2008, *Alexanian c. Russie*.
198. CEDH, 14 nov. 2002.
199. CEDH, 20 sept. 2016, *Kondrulin c. Russie*, n° 12987/15.
200. CEDH, 6 sept. 2016, *W.D. c. Belgique*, n° 73548/13.
201. CEDH, 1er sept. 2016, *Wenner c. Allemagne*, n° 62303/13.
202. CEDH, Gr. ch., 31 janv. 2019, *Rooman c/Belgique*, n° 18052/11.

Pendant **l'épidémie de Covid-19, le juge des référés a posé que la vulnérabilité et l'état de dépendance des détenus, qui constitue l'urgence, imposaient de prendre des mesures particulières de prophylaxie** (distribution de masques et de gants, capacité d'isolement des malades ou supposés tels)[203].

749 Notre Code de procédure pénale[204] prévoit une **suspension de peine** (sauf s'il existe un risque grave de renouvellement de l'infraction), sans considération de la nature ou de la durée de la peine, **pour les détenus dont le pronostic vital est en jeu** ou dont l'état de santé est durablement incompatible avec la détention. Au vu de deux expertises médicales, le juge décide surtout du terme dans lequel s'apprécie la première condition.

Tribunal de l'Application des Peines de Melun, 15 sept. 2017, n° 2017/112

Patrick Henry, est l'un des plus anciens détenus de France, pour une **peine de réclusion que l'intéressé exécutait notamment pour des faits d'enlèvement et de meurtre d'un enfant de sept ans.** Bien que la dernière expertise psychiatrique et médico psychologique dont il a fait l'objet, le 12 janvier 2015, concluait à l'existence d'une « dangerosité en milieu libre », les juges ont accepté sa demande de suspension de peine, car le requérant produit trois certificats médicaux qui attestent qu'il est atteint d'un cancer du poumon à un stade évolué, traité par chimiothérapie. Dans ces documents, les médecins affirment que son pronostic vital est engagé a minima à moyen terme et que son état de santé est durablement incompatible avec la détention notamment en raison de douleurs thoraciques intenses.

La jurisprudence européenne sert encore d'aiguillon. **La santé s'entend aussi de la santé mentale du détenu.** Le **problème du suicide des détenus** a occupé la CEDH et les juridictions françaises. Déjà, l'arrêt *Keenan c. Royaume-Uni* du 3 avril 2001 condamnait l'État sur le fondement de l'article 3 qui n'avait pas exercé une surveillance suffisante les jours précédant le suicide. Le tour de la France est venu avec l'affaire *Renolde* du 16 octobre 2008. Psychotique violent, le détenu a bien été pris en charge et traité mais sans contrôle suffisant. Après l'agression d'un surveillant il fut placé en cellule disciplinaire où il s'est suicidé. L'État a ainsi violé les articles 2 et 3. La France a aussi été condamnée[205] pour une détenue souffrant d'anorexie et qui n'a pas été hospitalisée dans une structure adéquate. L'alternance entre séjour en institut psychiatrique et séjour en milieu carcéral constitue un traitement inhumain et dégradant[206]. **La surpopulation carcérale ne peut exonérer l'État de sa responsabilité quand il tarde à accueillir un détenu atteint de troubles mentaux dans une structure de surveillance adaptée**[207]. Le 19 juillet 2012, la France a à nouveau été condamnée, pour le suicide d'un détenu violent et multitoxicomane qui avait néanmoins fait l'objet d'une mesure disciplinaire sans consultation du psychiatre[208] et encore en 2016 en raison du dysfonctionnement du dispositif de collaboration entre les services pénitentiaires et médicaux dans la surveillance des détenus[209].

L'État doit aussi indemniser suffisamment le défaut de soin. Ainsi la Cour admet-elle la plainte fondée sur le fait que la police avait torturé le requérant pendant sa garde à vue et lui avait refusé des soins médicaux urgents. La CEDH remarque tout d'abord que la Cour suprême moldave a fait droit à la demande de M. X. en retenant que celui-ci a subi un traitement inhumain contraire à l'article 3 de la Convention EDH. Constatant toutefois

203. CE, ord., 7 mai 2020, *Garde des Sceaux c. Ordre des avocats de la Martinique*, n° 440151.
204. Article 720-1-1, loi du 15 août 2014.
205. CEDH, 21 déc. 2010, Raffray Taddei c. France.
206. CEDH, 5e sect., 23 févr. 2012, n° 27244/09, *G. v. France*.
207. CEDH, 6 déc. 2011, n° 8595/06, De Donder et De Clippel c. Belgique.
208. CEDH, 19 juill. 2012, n° 38447/09, *Ketreb c. France*.
209. CEDH, 4 févr. 2016, n° 58828/13, *Isenc c. France*.

que la réparation octroyée à M. X. était « très inférieure au minimum qu'elle-même alloue généralement dans les affaires où elle constate des violations de l'article 3 », la CEDH décide que celui-ci « n'a donc pas obtenu une réparation suffisante pour le préjudice subi par lui et il peut donc toujours se prétendre victime d'une violation de l'article 3 »[210].

Les étrangers retenus, en voie d'éloignement, doivent aussi bénéficier de soins[211]. Un délinquant atteint de maladie psychiatrique ne peut être expulsé sans assurances suffisantes d'accès aux soins réguliers et adaptés vers un pays où il n'a pas de proches[212].

750 Obligations positives procédurales. – En cas de suspicion de violation de l'article 3 ou de la Convention des Nations unies, **il incombe à l'État de mener une enquête indépendante, adéquate et contradictoire**[213]. Fondée sur l'article 3 jusqu'en 2000[214] cette obligation se trouve aujourd'hui rattachée à l'article 13 et couvre la procédure juridictionnelle.

751 Effet horizontal. – L'article 3 connaît également un effet horizontal lorsque la condamnation porte sur **des violences entre détenus**[215]. Hors le cas des personnes sous sa garde, l'État est jugé responsable, indirectement, d'actes infligés par un particulier à un autre, lorsqu'une certaine implication de sa part était nécessaire. Par exemple lorsque les services sociaux ont eu connaissance ou auraient dû avoir connaissance de maltraitance sur enfants[216]. La Cour a condamné la France qui, malgré le « signalement pour suspicion de maltraitance » d'une fillette de 8 ans, par de la directrice de l'école n'a pas enquêté et pas empêché son décès à l'issue de graves abus de ses parents[217]. Le législateur, en particulier par la loi du 5 novembre 2015 tendant à clarifier la procédure de signalement de situations de maltraitance par les professionnels de santé, a en effet entendu protéger ces professionnels contre l'engagement de leur responsabilité disciplinaire, civile ou pénale, à raison d'un signalement qu'ils ont dûment effectué.

Le Conseil d'État admet également, dans ce cas, l'effet horizontal direct de l'article 3 pour établir la responsabilité de l'État[218]. Cela s'applique aussi aux violences exercées entre détenus[219] et aux abus sexuels entre particuliers lorsque l'État ne les réprime pas adéquatement[220]. **Cela vaut aussi pour l'exposition à des violences domestiques par la justice slovaque qui a maintenu une épouse divorcée au domicile conjugal après violences sur elle et sur ses enfants et abus sexuels sur l'une de ses filles**[221]. La Cour a condamné un État qui n'a pas fait preuve de la diligence requise car le tribunal pour enfants et les services sociaux n'ont adopté aucune mesure de protection, en temps utile, pour empêcher qu'une mineure de quinze ans dépendante de l'alcool et de la drogue ne soit victime d'un réseau de prostitution d'enfants et d'un viol en réunion[222]. En combinaison avec l'article 8, l'article 3 conduit aussi à condamner l'État qui n'a pas pris au sérieux des violences conjugales, physiques ou par cyberharcèlement[223].

---

210. CEDH, 20 juill. 2010, *Ciorap c. Moldavie*.

211. CE, Sect., 7 avr. 2010, *Min. Intérieur et Aménagement du territoire c. Jabnoun* : lorsque le défaut de prise en charge risque d'avoir des conséquences d'une exceptionnelle gravité sur la santé de l'intéressé, l'autorité administrative ne peut légalement décider l'éloignement de l'étranger que s'il existe des possibilités de traitement approprié de l'affection en cause dans le pays de renvoi ; que si de telles possibilités existent mais que l'étranger fait valoir qu'il ne peut en bénéficier, il appartient à cette même autorité, au vu de l'ensemble des informations dont elle dispose, d'apprécier si l'intéressé peut ou non bénéficier effectivement d'un traitement approprié dans le pays de renvoi.

212. CEDH, 1er oct. 2019, *Savran c. Danemark*, req. n° 57467/15.

213. CEDH, 28 oct. 1998, *Assenov c. Bulgarie*.

214. CEDH, Gr. Ch., 27 juin 2000 *Ilhan c. Turquie*.

215. CEDH, 1er oct. 2013, *Marius Radu c. Roumanie*.

216. CEDH, 23 sept. 1998, *A. c. RU*.

217. CEDH, 4 juin 2020, *Association Innocence en Danger et Association Enfance et Partage c. France*, req. nos 15343/15 et 16806/15.

218. CE, 13 oct. 2003, *V.*

219. CEDH, 3 juin 2003, *Pantea c. Roumanie*.

220. CEDH, 4 déc. 2003, *M.C. c. Bulgarie*.

221. CEDH, 15 sept. 2009, E. S. et autres c. Slovaquie.

222. CEDH, 1er janvier 2018, *V.C. c. Italie*, n° 54227/14.

223. CEDH, 23 mai 2017, *Balsan c. Roumanie*, n° 49645/09 et CEDH, 11 févr. 2020, *Buturugă c. Roumanie*, n° 56867/15.

Dans une affaire dans laquelle les violences d'un homme se portaient sur sa femme, les autorités n'ont pas pu prévoir le décès de l'enfant[224], même si la Cour rappelle que les autorités doivent apporter une réponse immédiate et diligente dans le traitement des violences domestiques. Elles doivent rechercher s'il existe un risque réel et immédiat pour la vie de la ou des victimes qui ont été identifiées, et elles doivent pour cela mener une évaluation du risque qui soit autonome, proactive et exhaustive. S'il ressort de l'évaluation du risque qu'il existe un risque réel et immédiat pour la vie d'autrui, elles ont l'obligation de prendre des mesures opérationnelles préventives adéquates et proportionnées. Pour mieux prendre en charge **les violences intrafamiliales, la loi n° 2019-1480 du 28 décembre 2019** visant à agir contre les violences au sein de la famille fixe à six jours maximum le délai de délivrance par le juge aux affaires familiales d'une ordonnance de protection qui permet d'attester de la réalité des violences subies et de mettre en place, sans attendre la décision de la victime sur le dépôt d'une plainte, les mesures d'urgence : éviction du conjoint violent, relogement hors de portée du conjoint en cas de départ du domicile conjugal, interdiction pour le conjoint violent de porter une arme. Par ailleurs, si la victime quitte le logement, le texte prévoit, à titre expérimental pendant trois ans, la mise en place d'une aide financière pour son relogement. Le préfet peut attribuer en urgence un logement aux victimes de violences sur le contingent de logements réservés à l'État. Lorsqu'une interdiction de se rapprocher de la victime est prononcée, le respect de cette interdiction peut être contrôlé par le port (par le condamné) d'un bracelet anti-rapprochement. La pose du bracelet ne peut pas être réalisée sans le consentement du condamné. Si le condamné la refuse, il s'agit d'une violation des obligations qui lui incombent.

II. L'interdiction de l'esclavage et du travail forcé

752 Les Nations unies ont entendu abolir l'esclavage et le servage[225]. **L'article 8 du PIDCP et l'article 5 de la Charte de l'Union prohibent l'esclavage et le travail forcé. L'article 4 de la Convention EDH énonce que « nul ne peut être tenu en esclavage ni en servitude »** (il est indérogeable, ne souffre aucune dérogation ou exception), **tandis que le § 2 dispose que « nul ne peut être astreint à accomplir un travail forcé ou obligatoire »**. Une notion connexe consiste en la traite des êtres humains.

A. Esclavage

753 **Notion.** – L'esclave est **celui qui ne s'appartient pas, qui n'a pas de maîtrise sur lui-même** (suppression des moyens d'aller et venir, absence d'effets personnels, impossibilité de consentir). Ses visages ont évolué. **L'esclavage concerne aujourd'hui les enlèvements en vue de prélèvements d'organes, la prostitution forcée**[226], voire les pratiques de certaines sectes dont les membres, privés de liberté, se livrent corps et âme. L'unité de la personne est éclatée, réduite à sa composante corporelle, à sa force de travail. L'esclavage se distingue cependant du travail forcé qui fait appel à la contrainte physique, là où l'esclavage peut n'être qu'économique et consenti[227] ; de plus l'esclavage ou la servitude seraient des états, des statuts, quand le travail forcé peut n'être qu'un acte. L'esclavage[228] ou la traite des êtres humains[229] attentent à la dignité de la personne *stricto sensu* ou au premier degré à la dignité humaine, celle de l'être humain. Depuis 2013, **l'article 224-1 A définit l'esclavage comme « le fait d'exercer à l'encontre d'une personne l'un des attributs du droit de propriété »**.

224. CEDH, GC, 15 juin 2021, *Kurt c. Autriche*, n° 62903/15.
225. Résolution 317 (IV), 2 déc. 1949, pour la répression et l'abolition de la traite des êtres humains et de l'exploitation de la prostitution d'autrui.
226. La prostitution forcée est considérée comme un esclavage par la Recommandation 1325 du 23 avr. 1997 de l'Assemblée Parlementaire du Conseil de l'Europe relative à la traite des femmes et à la prostitution forcée.
227. Voir Convention de l'OIT du 28 juin 1930, n° 29.
228. « État ou condition d'un individu sur lequel s'exercent les attributs du droit de propriété », Convention du 25 sept. 1926.
229. « Tout acte de capture, d'acquisition ou de cession d'un individu, en vue de le réduire en esclavage ».

754 **Pénalisation.** – *A priori*, la dimension personnelle proprement dite s'oppose essentiellement à toute exclusion par hiérarchisation sociale, mais c'est bien l'égalité inhérente au statut d'humain qui s'oppose plus encore à l'esclavage. C'est pourquoi l'esclavage, sous une forme aggravée déterminée par chaque texte pénal international (Londres, Rome, Rwanda, ex-Yougoslavie...), tombe sous le coup de l'incrimination de crime contre l'humanité. **Le droit international multiplie les instruments de lutte contre l'esclavage et les juridictions internationales en font un élément de** *jus cogens*[230]. En effet, le texte du Code pénal l'inscrit, dans le cadre étroit du crime contre l'humanité (art. 212-1) avec les conditions tenant au caractère collectif. La jurisprudence faisait une application plus large par le biais des atteintes à la dignité de la personne, en particulier avec les articles 225-13 et 225-14 du Code pénal[231]. En France, la commission de l'infraction est punie de vingt années de réclusion criminelle tout comme l'exploitation d'une personne réduite en esclavage, c'est-à-dire le fait de l'agresser sexuellement, de la séquestrer ou de la soumettre à du travail forcé ou du service forcé à l'encontre d'une personne dont la réduction en esclavage est apparente ou connue de l'auteur.

B. Traite des êtres humains

755 **Définition.** – La **Convention du Conseil de l'Europe sur la lutte contre la traite des êtres humains**, en son article 4, définit la traite des êtres humains comme « le recrutement, le transport, le transfert, l'hébergement ou l'accueil de personnes, par la menace de recours ou le recours à la force ou d'autres formes de contrainte, par enlèvement, fraude, tromperie, abus d'autorité ou d'une situation de vulnérabilité, ou par l'offre ou l'acceptation de paiements ou d'avantages pour obtenir le consentement d'une personne ayant autorité sur une autre aux fins d'exploitation ». L'exploitation concerne le bénéfice de la prostitution d'autrui ou d'autres formes d'exploitation sexuelle, le travail ou les services forcés, l'esclavage ou les pratiques analogues à l'esclavage ou, enfin, la servitude. Qu'il y ait ou non consentement.

Le **Code pénal (art. 225-4-1)** définit la traite des êtres humains comme le fait, « en échange d'une rémunération ou de tout autre avantage ou d'une promesse de rémunération ou d'avantage, de recruter une personne, de la transporter, de la transférer, de l'héberger ou de l'accueillir, pour la mettre à la disposition d'un tiers, même non identifié, afin, soit de permettre la commission contre cette personne des infractions de proxénétisme, d'agression ou d'atteintes sexuelles, d'exploitation de la mendicité, de conditions de travail ou d'hébergement contraires à sa dignité, soit de contraindre cette personne à commettre tout crime ou délit ». La **peine de sept ans d'emprisonnement et de 150 000 euros d'amende se trouve aggravée en cas de vulnérabilité de la victime**. Depuis 2007, sont incriminées non seulement la mise à disposition d'une personne au bénéfice d'un tiers même non identifié, mais encore la mise à disposition d'une personne pour le bénéfice même de l'auteur de l'infraction.

Cass. crim., 16 décembre 2015, n° 14-85900

« Attendu qu'il résulte de l'arrêt attaqué et des pièces de procédure que M. X... a obtenu la remise d'une mineure, V. Z..., âgée de 13 ans, par son père, moyennant une somme de 120 000 euros, pour la marier à son fils A. et, selon les interceptions téléphoniques recueillies, pour l'utiliser dans ses équipes de voleuses ; que le tribunal correctionnel l'a déclaré notamment coupable du délit de traite d'être humain à l'égard de la mineure ; que le prévenu et le ministère public ont interjeté appel de la décision ;

Attendu que, pour relaxer M. X... du délit de traite des êtres humains commis à l'égard d'un mineur, l'arrêt énonce que, pour immoral qu'il soit, le comportement du prévenu n'entre pas dans les prévisions de l'incrimination définie par l'article 225-4-1 du Code pénal, lesquelles sont d'éradiquer le

230. CIJ, 5 févr. 1970, Barcelona Traction et autres c. Espagne.

231. TGI Paris, 16 mars 1999 : rémunération de 200 francs par mois pour vingt heures de travail sans jour de repos, dénutrition, couchage à même le sol dans la cuisine.

commerce des êtres humains afin de combattre des comportements d'esclavagisme particulièrement destructeurs pour la dignité humaine et inscrits dans un contexte de déséquilibre économique mondial ; que si l'aspect mercantile d'un « mariage arrangé », même correspondant à une pratique culturelle, est choquant, il convient d'éviter de banaliser cette incrimination spécifique laquelle dépasse le cas d'espèce ;
Mais attendu qu'en prononçant ainsi, alors que la cour d'appel a constaté que l'achat de la mineure avait pour finalité de la contraindre à commettre des vols, la cour d'appel n'a pas justifié sa décision. »

756 **Prohibition.** – Dans son arrêt *Rantsev c. Chypre et Russie*[232], la CEDH fait pour la première fois **application de l'article 4 au trafic d'êtres humains dans le cas d'une prostituée russe venue à Chypre dans le cadre d'un réseau** et qui a tenté de fuir avant que son souteneur ne la rattrape et ne demande son expulsion à la police qui la refusa. Revenue avec le souteneur, elle est ensuite retrouvée morte. Se fondant sur le protocole de Palerme additionnel à la Convention des Nations unies contre le crime organisé transnational, la Cour condamne les deux États pour ne pas avoir poursuivi le souteneur et ne pas avoir mis en place de réglementation des sociétés de commerce servant de couverture à ce trafic d'êtres humains, et cela sans avoir à établir la qualification d'esclavage. La Cour a ajouté une dimension complémentaire sous forme d'obligation positive : alors qu'une Nigériane venue travailler en Grèce a été contrainte à la prostitution et condamnée pour cela, **les autorités grecques négligent de poursuivre ses proxénètes, ce qui justifie une condamnation sur le fondement de l'article 4**[233]. La Cour a aussi condamné un État, qui, malgré avoir ratifié les textes internationaux de répression de la traite, n'a pas effectivement empêché la prostitution forcée : les juges nationaux ont négligé le traitement de la plainte d'une femme contre son proxénète et, surtout, relevé que la requérante avait procuré des services sexuels de son plein gré, alors que les textes internationaux applicables à la traite des êtres humains disposent que le consentement de la victime est indifférent[234]. **S'agissant d'une très jeune fille forcée à se prostituer par un policier**, la Cour européenne[235] estime réunies les conditions de la traite un acte (comme le recrutement, le transport, le transfert, l'hébergement ou l'accueil de personnes) ; des moyens (y compris la menace de recours ou le recours à la force ou à d'autres formes de contrainte, l'enlèvement, la fraude, la tromperie, l'abus d'autorité ou d'une situation de vulnérabilité, ou l'offre ou l'acceptation de paiements ou d'avantages visant à permettre de prendre le contrôle sur une autre personne), et un objectif (comme l'exploitation de la prostitution d'autrui ou d'autres formes d'exploitation sexuelle). Cela impose alors une enquête effective. **L'article 4 peut encore être violé par un défaut de protection adéquate de deux victimes potentielles de la traite des enfants**, qui furent arrêtées et accusées d'infractions à la législation sur les stupéfiants, et détenues dans des centres pour jeunes délinquants. Une fois que les autorités ont eu connaissance d'un soupçon crédible de traite d'une personne, une personne qualifiée doit évaluer la situation avant toute décision de poursuivre d'éventuelles victimes, lesquelles pourraient sinon être empêchées d'obtenir des éléments de preuve importants[236].

La Cour de cassation a pu condamner l'abus de vulnérabilité et de dépendance s'agissant d'une mineure, étrangère, dépourvue de titre de séjour et de travail et sans ressources[237]. Depuis 2003, les articles 225-4-1 et suivants du Code pénal répriment la traite des êtres humains selon un crescendo de circonstances aggravantes.

232. CEDH, 7 janv. 2010.
233. CEDH, 21 janv. 2016, n° 7545/12, *L.E. c. Grèce*.
234. CEDH, 19 juill. 2018, *S.M. c. Croatie*, n° 60561/14
235. CEDH, Gr. ch., 25 juin 2020, *S.M. c. Croatie*, req. n° 60561/14.
236. CEDH, 16 févr.2021, *V.C.L et A.N. c. Royaume-Uni*, n° 77587/12 et 74603/12.
237. Cass. crim., 11 déc. 2001.

C. Travail forcé et servitude

757 **Distinction esclavage-servitude. –** Dans un arrêt *Van Droogenbroeck c. Belgique* de 1982[238], la CEDH a recherché les contours de la notion de travail forcé. Un condamné mis à la disposition du gouvernement belge **dans une colonie pénitentiaire où il était astreint au travail et dont il ne pouvait sortir sans l'autorisation discrétionnaire du ministre** de la Justice peut-il se prévaloir de l'article 4 ? Tenant d'abord compte du statut juridique de celui qui prétend être dans une situation de servitude, le juge considère que la mesure restrictive, limitée dans le temps, n'affectait pas la situation juridique de l'intéressé et que le travail rémunéré des détenus fait partie des conditions de détention. L'article 4 n'est donc pas violé. **L'arrêt** *Siliadin c. France*[239] **lui a permis de reprendre sa jurisprudence.** Togolaise de quinze ans à son arrivée en France, la victime devint la bonne à tout faire de la maison, ses maîtres la firent travailler tous les jours de la semaine de 7 h 30 à 22 h 30, sans jour de repos et en lui accordant une permission de sortie exceptionnelle pour aller à la messe certains dimanches. La requérante dormait dans la chambre des enfants, sur un matelas posé à même le sol, et portait des vêtements usagés. Elle ne fut jamais payée. Bien que la requérante ait été privée de son libre arbitre, pour la Cour, il ne ressort pas du dossier qu'elle ait été tenue en esclavage (absence de véritable droit de propriété la réduisant à l'état d'objet). **Quant à la servitude, la Cour admet son existence comme « une obligation de prêter ses services sous l'empire de la contrainte »**. Le juge européen finit par constater que l'esclavage et la servitude n'étaient pas alors en tant que tels réprimés par le droit pénal français.

La CEDH[240] entend par **« travail forcé » toute activité de service, sous contrainte, physique ou morale.** La servitude constitue une qualification spéciale du travail forcé ou obligatoire, une forme « aggravée », elle englobe une obligation de prêter ses services avec le sentiment des victimes que leur condition est immuable et que la situation n'est pas susceptible d'évoluer. Au premier degré, le travail « obligatoire » se comprend comme le « travail ou service exigé d'un individu sous la menace d'une peine quelconque et pour lequel ledit individu ne s'est pas offert de son plein gré ». La jurisprudence est peu abondante car le juge doit établir l'absence de consentement, d'une part, et l'existence d'une menace, d'autre part. Le travail de la Cour s'apparente ici à celui de l'OIT[241]. Si l'individu a au préalable accepté les contraintes ou consenti, la violation de la Convention n'est guère évidente. **La Cour apprécie alors « le caractère disproportionné ou anormal du travail imposé par rapport aux avantages retirés par ailleurs »** (ainsi l'obligation pour un avocat stagiaire d'assurer gratuitement la défense d'un prévenu ne s'entend pas comme travail forcé). **Dans son arrêt** *C.N. et V. c. France*[242], l'une des requérantes a été reconnue comme en situation de servitude car elle ne pouvait pas s'émanciper de la tutelle de ses « patrons » sans risquer de se trouver en situation irrégulière (hospitalisation sous un autre nom que le sien, absence de scolarisation et de formation professionnelle, absence de rémunération, aucun jour de repos, ni aucun loisir, absence de contact à l'extérieur lui permettant de demander de l'aide) ; alors que la seconde requérante, scolarisée, moins isolée et supportant une charge de travail moins importante, ne relevait pas d'un « travail forcé ou obligatoire ». L'interdit ne s'applique pas au travail normalement requis des personnes détenues ou en liberté conditionnelle[243], pour le service militaire ou civil[244], le service requis en période de crise ou de calamité menaçant la vie ou le bien-être de la communauté, et plus généralement, au travail faisant partie des obligations civiques. De même, les États n'ont pas l'obligation d'affilier les détenus qui travaillent au régime des pensions de retraite relevant du régime général de la Sécurité sociale[245].

---

238. CEDH, 24 juin 1982, *Van Droogenbroeck c. Belgique*.
239. CEDH, 26 juill. 2005.
240. CEDH, 23 nov. 1983, Van der Mussele c. Belgique.
241. Article 2 de la Convention n° 29 de l'OIT adoptée le 28 juin 1930.
242. CEDH, 11 oct. 2012, req. n° 67724/09.
243. CEDH, 18 juin 1971, De Wilde, Ooms et Versyp c. Belgique.
244. Com. EDH, *Johansen c. Norvège*, 14 oct. 1985.
245. CEDH, 7 juill. 2011, n° 37452/02, *Stummer c. Autriche*.

758 **France.** – La **loi du 5 août 2013, qui transpose notamment la directive 2011/36/UE du Parlement européen et du Conseil du 5 avril 2011 concernant la prévention de la traite des êtres humains** et la lutte contre ce phénomène, crée deux nouvelles infractions de « travail forcé » et de « réduction en servitude » (C. pén., art. 225-14-1 et 225-14-2 nouveaux). **Le travail forcé consiste dans le fait « par la violence ou la menace, de contraindre une personne à effectuer un travail sans rétribution ou en échange d'une rétribution manifestement sans rapport avec l'importance du travail accompli »**. Elle est punie de sept ans d'emprisonnement et de 200 000 euros d'amende. **La réduction en servitude consiste dans le fait de « faire subir, de manière habituelle, l'infraction prévue à l'article 225-14-1 à une personne dont la vulnérabilité ou l'état de dépendance sont apparents ou connus de l'auteur »**. Elle est punie de dix ans d'emprisonnement et de 300 000 euros d'amende. La répression de ces infractions est aggravée, parfois criminalisée, lorsqu'elles sont commises à l'égard de plusieurs personnes, à l'égard d'un mineur ou à l'égard de plusieurs personnes parmi lesquelles figurent un ou plusieurs mineurs (C. pén., art. 225-15, réd. L. n° 2013-711, 5 août 2013, art. 1).

Section 3
La non-discrimination et le droit à l'indifférence

759 **Différentes dimensions.** – La dignité humaine exige l'égalité de tous, le traitement juridique de chacun sans discrimination tenant aux qualités intrinsèques de l'être humain. Au-delà de cette affirmation, **égalité et non-discrimination se séparent car le principe d'égalité, lorsqu'il cherche l'égalité de fait, implique de discriminer, de traiter différemment. La non-discrimination est donc à la fois l'aspect négatif de la dignité et de l'égalité et le degré minimum et formel de l'égalité.** Le principe de non-discrimination refuse de différencier selon des critères qui constituent la personnalité de l'individu (obligation d'indifférence). **L'égalité de fait implique au contraire de réserver ou de créer juridiquement des avantages pour certains. Cet aspect « positif » amène ainsi à différencier pour égaliser (différenciation).** Tous ont droit à l'égalité, mais l'égalité n'est pas la même pour tous.

Les politiques de lutte contre les discriminations sont devenues depuis une vingtaine d'années une des priorités de l'action gouvernementale et parfois même la seule ligne directrice de nombreux programmes. Entre autres, **depuis la loi du 27 janvier 2017 relative à l'égalité et à la citoyenneté, les conditions d'exécution d'un marché public peuvent prendre en compte la politique menée par l'entreprise en matière de lutte contre les discriminations**, en plus des considérations relatives à l'économie, à l'innovation, à l'environnement, au domaine social ou à l'emploi, à condition qu'elles soient liées à l'objet du marché public[246].

Pour les juges également elle devient un élément important de l'évolution des jurisprudences et modalités de jugement, notamment la charge de la preuve.

Conseil d'État, 15 avril 2015, n° 373893, *Mme B... A... c. Directeur régional Guadeloupe de Pôle emploi*

La requérante, agent contractuel de droit public auprès de Pôle emploi, s'était vue refuser au profit d'un autre agent les fonctions de « correspondant régional justice ». S'estimant mieux qualifiée que ce dernier, elle se pensait victime d'une discrimination syndicale. La recevabilité de son recours n'était pas certaine. Les décisions d'affectation aux postes de la fonction publique sont des mesures d'ordre intérieur en principe, tant qu'elles n'affectent « ni les prérogatives, ni les droits statutaires » de l'agent et ne portent atteinte « ni à sa situation pécuniaire, [ni à ses] perspectives de

246. Cf. ordonnance du 23 juillet 2015 relative aux marchés publics, art. 38.

carrière »[247]. Le juge a néanmoins accepté son recours pour finalement estimer que, certes, **lorsque le requérant apporte à l'appui de son argumentation des éléments précis et concordants, il incombe à l'administration de produire tous les éléments permettant d'établir que la mesure contestée repose sur des éléments objectifs étrangers à toute discrimination**, mais qu'en l'espèce cette dame n'avait pas apporté ces premiers éléments (son adversaire était aussi syndicaliste...).

I. L'aspect négatif : l'indifférence à ce qui constitue la personne

760 **Le principe de non-discrimination** renvoie à une obligation d'indifférence à un certain nombre de qualités que présente le bénéficiaire des droits. Chacun devant bénéficier du plus grand éventail de droits, les débiteurs de ces droits ne peuvent sélectionner les bénéficiaires. La notion de discrimination se comprend par ses **multiples consécrations, lesquelles permettent de déterminer les « critères illégitimes »** qui ne peuvent fonder un traitement différencié.

A. Notion de non-discrimination

761 **Définition.** – Selon Valérie Doumeng : « [La discrimination] peut se définir comme **une inégalité d'attribution et d'exercice de droits, plus précisément, une distinction entre des personnes, placées dans des conditions ou situations semblables, fondée sur un critère prohibé ou neutre**, mais ayant un effet discriminatoire sur un groupe de personnes, **et en l'absence de tout motif légitime ou d'une justification objective et raisonnable**. Pour qu'il y ait discrimination, deux éléments doivent donc être cumulativement réunis. Le premier consiste en **une distinction**, entre les individus, fondée sur un critère inacceptable. Cette distinction peut se traduire soit par une exclusion, soit par une préférence, « discrimination positive » ou « à rebours ». Elle peut être **fondée sur un critère [le second élément] prohibé** – discrimination directe – ou sur un critère neutre – discrimination indirecte »[248]. Depuis la loi du 27 mai 2008, la définition de la discrimination s'est élargie et fait désormais référence à « tout agissement [...] subi par une personne et ayant pour objet ou pour effet de porter atteinte à sa dignité ou de créer un environnement intimidant, hostile, dégradant, humiliant ou offensant ».

Le Conseil d'État a introduit explicitement un critère tenant à **la nature favorable ou non de la mesure concernée**, ainsi une mesure instituant une différence de traitement favorable à ceux qui en bénéficient ne constitue pas, pour eux, une discrimination au sens des stipulations combinées de l'article 14 de la convention EDH[249]. En l'espèce, la différence de traitement critiquée réside dans l'absence, pour les seuls enfants de harkis, de condition d'âge pour bénéficier des emplois réservés. Cette lecture, prévisible, n'en est pas moins problématique dans la mesure où le caractère favorable ne saurait s'apprécier toujours objectivement car, soit on s'en remet au ressenti de la personne, soit on l'objectivise alors même que chacun a son appréciation. Il est par exemple tout à fait courant qu'une personne en situation de handicap ou de maladie ne souhaite pas bénéficier d'un avantage de ce fait. En outre, un dispositif favorable peut aussi l'être moins qu'un autre. **Il ne faudrait donc pas confondre discriminant et discriminatoire** ; le premier ne devenant le second qu'en raison de son illégitimité et de son inadéquation au regard de l'objet de la mesure.

762 **Principe ou droit ?** – La non-discrimination peut se qualifier autant de « principe » que de « droit » à l'application de ce principe. Aspects objectif et subjectif se renforcent, imposant tour à tour aux pouvoirs publics et aux

---

247. CE, 12 avr. 1995, n° 136914, *Hourcade*.

248. V. Doumeng, « Discrimination et actes thérapeutiques sans le consentement du patient adulte », in *Personne et discrimination : perspectives historiques et comparées*, M. Mercat-Bruns (dir.), Dalloz, coll. Thèmes et commentaires, 2006, p. 170.

249. CE, 4 oct. 2019, *M. D... et Association générations harkis*, n° 418521.

personnes privées de le respecter et aux particuliers et personnes morales de l'invoquer. À vrai dire, **il s'agit d'un droit tout à fait à part, un droit qui régit le fonctionnement des autres**, qui appartient à la « police du droit » (expression de Maurice Hauriou), lui-même protégé par des dispositifs de droit pénal. La déclaration de Vienne de 1993 (issue de la Conférence mondiale sur les droits de l'homme) le qualifie de « règle élémentaire du droit international des droits de l'homme ». Le fond du problème réside sans doute dans cette intuition selon laquelle le refus de la différenciation masque le principe de l'exclusion. Refuser la différence serait exclure l'individu non conforme au modèle. **La non-discrimination impose donc, par le droit, le fait de ne pas tenir compte des différences et donc de leur permettre de s'exprimer**, voire de s'institutionnaliser sous forme de droit subjectif.

763 **Discriminations directes, indirectes et à rebours.** – On parle de **discrimination directe lorsque des personnes en situation identiques au regard de l'objet de la norme se trouvent traitées de manière différente**. On parlera de **discrimination « à rebours », dans le cadre du droit de l'Union**[250], pour le fait de traiter un national moins favorablement qu'un étranger bénéficiant du droit de l'Union. Ce que le Conseil constitutionnel a adopté[251]. La **discrimination indirecte traite de manière identique des personnes dont la situation est objectivement différente, ce qui les prive en fait de l'accès au droit complet.** Cela peut se faire intentionnellement, ce qui peut engendrer une forme de responsabilité pénale, ou non intentionnellement, ce qui peut encourir les foudres européennes. Selon l'article 1 de la loi n° 2008-496 du 27 mai 2008 : « La **discrimination indirecte** est constituée par "une disposition, un critère ou une pratique neutre en apparence, mais susceptible d'entraîner, pour l'un des motifs [prohibés n.d.l], un désavantage particulier pour des personnes par rapport à d'autres personnes, à moins que cette disposition, ce critère ou cette pratique ne soient objectivement justifiés par un but légitime et que les moyens pour réaliser ce but ne soient nécessaires et appropriés" ». Ainsi, l'article 2, *b*, de la directive n° 2000/43/CE du 29 juin 2000 dispose : « une **discrimination indirecte se produit lorsqu'une disposition, un critère ou une pratique apparemment neutre est susceptible d'entraîner un désavantage particulier** pour des personnes d'une race ou d'une origine ethnique donnée par rapport à d'autres personnes, à moins que cette disposition, ce critère ou cette pratique ne soient objectivement justifiés par un objectif légitime et que les moyens de réaliser cet objectif ne soient appropriés et nécessaires ». Ainsi, le critère du travail à temps partiel affecte en pratique davantage les femmes, ce qui se révèle discriminatoire car repose en fait sur des facteurs étrangers à toute considération relative au sexe des individus[252]. La CJUE établit systématiquement un lien entre la catégorie juridique et la « réalité » de ses membres. En effet, il y a discrimination indirecte lorsque l'application d'une mesure nationale, bien que formulée de façon neutre, désavantage en fait un nombre beaucoup plus élevé de femmes que d'hommes. Ainsi, les dispositions qui régissent le travail à temps partiel renvoient au fait que, majoritairement, cela concerne les femmes. Cependant, la Cour examine la pertinence des statistiques. Dans une affaire espagnole[253], la Cour estime qu'« *elles ne permettent pas de considérer que le groupe de travailleurs défavorisés par la réglementation nationale en cause au principal est composé majoritairement de travailleurs à temps partiel et, en particulier, de travailleurs féminins* » (§ 32). Par conséquent, elle en déduit que la loi espagnole ne désavantage pas de manière prépondérante une catégorie déterminée de travailleurs. Pour la CEDH, il peut y avoir discrimination directement, lorsqu'un individu en situation identique à d'autres est traité différemment, mais aussi, indirectement, lorsque, « sans justification objective et raisonnable, les États n'appliquent pas un traitement différent à des personnes dont les situations sont sensiblement différentes »[254]. Les arrêts *Zarb Adami c. Malte*[255] et *DH et autres c. République tchèque*[256] ont permis à la Cour de dénoncer des discriminations indirectes déguisées.

250. CJCE, 16 juin 1994, affaire C-132/93, « Steen ».
251. CC, décision n° 2015-520 QPC du 3 février 2016, *Société Metro Holding France SA*.
252. CJCE, 13 mai 1986, *Bilka-kaufhaus*.
253. CJUE, Gr. ch., 14 avril 2015, *Fernandez c. Instituto Nacional de la Seguridad Social*, Aff. C-527/13.
254. CEDH, 6 avr. 2000, *Thlimmenos c. Grèce*.
255. CEDH, 20 juin 2006, à propos du fait que, nonobstant l'existence d'une législation « sexuellement neutre » à cet égard, seuls des hommes étaient en fait appelés à siéger dans des jurys d'assises.
256. CEDH, 13 nov. 2007, à propos de la surreprésentation inexpliquée des enfants roms dans l'enseignement spécial en République tchèque.

Les États doivent non seulement se garder de toute discrimination mais également s'assurer que les personnes se trouvant dans des situations sensiblement différentes sont traitées différemment lorsque cela est nécessaire. **Toute différence de traitement liée au handicap d'une personne ou fondée sur le sexe doit être justifiée par des « considérations très fortes » pour être jugée conforme à la Convention.** L'appréciation se veut toujours concrète. Par exemple, la Cour a examiné les effets d'une législation anglaise qui taxe les logements sociaux devenus trop grands pour leurs occupants afin de les inciter à déménager. Généralement neutre, cette taxe a mis en difficultés d'une part une femme vivant avec sa fille handicapée et, d'autre part, une femme victime de violences conjugales. Toutes deux vivent dans des logements adaptés et l'incapacité de payer la taxe et toutes deux sont dans des situations que la Cour estime caractéristiques de catégories pertinentes pour l'article 14 (combiné ici avec le droit à la protection des biens). Pourtant l'État n'est pas condamné pour la mère de l'enfant handicapé qui a pu bénéficier, à ce titre, d'une aide supplémentaire[257].

L'article 1 du Protocole n° 12 a conduit à sanctionner le refus d'un État de récompenser des joueurs d'échecs non-voyants, pourtant vainqueurs d'importants tournois internationaux, alors qu'il l'avait fait pour d'autres porteurs de handicaps ou joueurs voyants ayant obtenu des résultats sportifs identiques ou similaires. Cela revenait à traiter différemment les requérants du fait de leur handicap sans aucune justification objective et raisonnable[258].

CEDH, 29 janvier 2013, *Horváth et Kiss c. Hongrie (req. n° 11146/11)*

« L'affaire concernait les griefs de deux jeunes hommes d'origine rom qui se plaignaient d'avoir été placés de manière discriminatoire et infondée en école pour handicapés mentaux. La Cour a souligné qu'il y avait en Hongrie de nombreux précédents d'affectation infondée d'enfants roms dans des écoles spécialisées. Elle a conclu qu'il ressortait du parcours scolaire des requérants que les autorités n'avaient pas dûment pris en compte leurs besoins particuliers en tant que membres d'un groupe désavantagé. Ils ont par conséquent été isolés et le programme scolaire qu'ils ont suivi a rendu difficile leur intégration dans la société majoritaire. »

B. La consécration de la non-discrimination

764 **Nations unies. –** Le principe de non-discrimination est repris de façon systématique par les Nations unies, mais son champ d'application varie selon les textes. Ainsi, **la Charte des Nations unies** fait référence à l'interdiction de toute distinction fondée limitativement sur la race, le sexe, la langue ou la religion. **La DUDH,** pour sa part, proclame que chacun peut se prévaloir de tous les droits et de toutes les libertés qu'elle énonce sans distinction aucune notamment de race, de couleur ou d'origine nationale. **L'article 26 du PIDCP** offre un champ d'application illimité : « Toutes les personnes sont égales devant la loi et ont droit sans discrimination à une égale protection de la loi [...] ». Selon le **Comité des droits de l'homme** : « alors qu'aux termes de l'article 2, les droits qui doivent être protégés contre la discrimination sont limités aux droits énoncés dans le Pacte, l'article 26 ne précise pas une telle limite. Il interdit toute discrimination en droit ou en fait dans tout domaine réglementé et protégé par les pouvoirs publics. L'article 26 est par conséquent lié aux obligations qui sont imposées aux États parties en ce qui concerne leur législation et l'application de celle-ci »[259].

765 **La Convention internationale sur l'élimination de toutes les formes de discrimination raciale** a été adoptée par l'Assemblée générale le 21 décembre 1965, et est entrée en vigueur le 4 janvier 1969. Elle a été ratifiée

257. CEDH, 24 oct. 2019, *J.D. et A c. Royaume-Uni*, req. n°s 32949/17 et 34614/17.
258. CEDH, 25 janv. 2022, *Negovanovi et autres c. Serbie*, n° 29907/16 et trois autres.
259. Observation générale n° 18 sur la non-discrimination.

par la France le 28 juillet 1971, qui a reconnu la compétence du Comité de contrôle pour l'examen de requêtes individuelles. Le préambule indique que les signataires sont « convaincus que toute doctrine de supériorité fondée sur la différenciation entre les races est scientifiquement fausse, moralement condamnable et socialement injuste et dangereuse ». **La discrimination raciale « vise toute distinction, exclusion, restriction ou préférence fondée sur la race, la couleur, l'ascendance ou l'origine nationale ou ethnique qui a pour but ou pour effet de détruire ou de compromettre la reconnaissance, la jouissance ou l'exercice, dans des conditions d'égalité, des droits de l'homme et des libertés fondamentales** dans les domaines politique, économique, social et culturel ou dans tout autre domaine de la vie publique ». La Convention dresse une liste importante de droits qui ne peuvent subir de différenciation fondée sur des motifs illégitimes (à l'exclusion de la nationalité, la citoyenneté). Les États s'engagent à des politiques d'intégration des différents groupes humains et à limiter l'expression de propos racistes.

766 Droit du Conseil de l'Europe : l'article 14 de la Convention EDH. – « La jouissance des droits et libertés reconnus dans la présente Convention doit être assurée, sans distinction aucune, fondée notamment sur le sexe, la race, la couleur, la langue, la religion, les opinions politiques ou toutes autres opinions, l'origine nationale ou sociale, l'appartenance à une minorité nationale, la fortune, la naissance ou toute autre situation. »

L'article 14 n'a pas, en principe, d'existence autonome, puisqu'il n'a d'effet que par rapport à « la jouissance des droits et libertés » qu'il garantit. Son application ne saurait avoir lieu que si les faits en cause relèvent d'un article de la Convention. Cependant, la Cour estime qu'il complète les autres dispositions de fond de la Convention et de ses protocoles, et s'étend ainsi au-delà. Il s'applique également aux droits supplémentaires, entrant dans le champ d'application général de tout article de la Convention, que l'État a volontairement décidé de prévoir (CEDH, [GC], 19 décembre 2018, *Molla Sali c. Grèce*, n° 20452/14, § 123).

Bien que la liste soit « ouverte » à la découverte d'autres critères illégitimes par le juge, seules sont en cause les distinctions de traitement qui se fondent sur une « caractéristique personnelle » des supposées victimes de discrimination. Il ne peut être invoqué que lorsqu'est en cause l'un des droits garantis par la Convention. La CEDH, dans **l'affaire** *Linguistique belge* **du 23 juillet 1968**, pose que « Si cette garantie (d'égalité) n'a pas, il est vrai, d'existence indépendante en ce sens qu'elle vise uniquement, aux termes de l'article 14, les « droits et libertés reconnus dans la Convention », une mesure conforme en elle-même aux exigences de l'article consacrant le droit ou la liberté en question peut cependant enfreindre cet article, combiné avec l'article 14, pour le motif qu'elle revêt un caractère discriminatoire ». Cependant, la Cour a élargi son champ d'application à des droits sociaux en les rattachant à l'un des droits énumérés par la Convention, le droit à une allocation-chômage étant rattachable au droit au respect de ses biens[260], le droit à une allocation de congé parental pouvant être considéré comme un aspect du droit au respect de la vie familiale[261]. **La Cour n'hésite pas à exploiter le caractère ouvert de la liste des critères illégitimes**[262] : elle condamne une différence de traitement qui repose sur l'orientation sexuelle du requérant, notion qui est couverte, « à n'en pas douter », par l'article 14 de la Convention. La Cour rappelle à cet égard que la liste que renferme cette disposition revêt un caractère indicatif, et non limitatif, dont témoigne **l'adverbe « notamment »**. L'article 14 emporte un effet horizontal qui implique que les juridictions interprètent les actes de droit privé de manière à ne pas leur donner d'effet discriminatoire[263].

767 Droit du Conseil de l'Europe : le protocole n° 12 de la Convention EDH. – Signé en 2000 et entré en vigueur en 2005, il dispose notamment que « la jouissance de tout droit prévu par la loi doit être assurée, sans discrimination aucune, fondée notamment sur le sexe, la race, la couleur, la langue, la religion, les opinions politiques ou

260. CEDH, 16 sept. 1996, *Gaygusuz c. Autriche*.

261. CEDH, 27 mars 1998, *Petrovic c. Autriche*.

262. CEDH, 21 déc. 1999, *Salgueiro Da Silva Mouta c. Portugal*, à propos du refus de droit de garde opposé à un père en raison de son homosexualité.

263. CEDH, 13 juill. 2004, *Pla et Puncernau c. Andorre* : obligation d'interpréter un testament mettant à l'écart un enfant adopté.

toutes autres opinions, l'origine nationale ou sociale, l'appartenance à une minorité nationale, la fortune, la naissance ou toute autre situation. 2. Nul ne peut faire l'objet d'une discrimination de la part d'une autorité publique quelle qu'elle soit, fondée notamment sur les motifs mentionnés au paragraphe 1 ». **Désormais, le principe de non-discrimination n'est plus cantonné aux droits de la Convention. Si la France n'a pas encore ratifié ce protocole**, le travail d'interprétation de la Cour l'amène à en faire application tout de même, implicitement, aux affaires françaises[264]. Le Conseil d'État, de son côté, n'admet d'examiner l'argument de la non-discrimination qu'à la condition qu'il soit fondé sur une disposition précise de la Convention et non de ses protocoles[265].

768 **Jurisprudence CEDH. –** L'arrêt *DH c. République tchèque*[266] indique que « dans une société démocratique contemporaine basée sur le principe du pluralisme et de respect pour les différentes cultures, aucune différence de traitement fondée exclusivement ou dans une mesure déterminante sur l'origine ethnique d'une personne ne peut-être objectivement justifiée ». La Cour habituellement s'interroge dans un **premier temps sur l'existence d'une différence de traitement puis**, le cas échéant, **apprécie la justification mise en avant par le gouvernement.** Par exemple[267], une employée du service public, agent de sécurité pendant près de trois ans, avait été licenciée aux motifs qu'elle n'avait pas accompli le service militaire et « n'était pas un homme ». Cette seule motivation, sans tenir compte de ses aptitudes à la mission, emporte violation de l'article 14 combiné avec l'article 8 de la Convention européenne des droits de l'homme. **La Cour n'en a pas moins semblé admettre de telles différences si la paix sociale en dépend**. Par exemple le 22 décembre 2009, dans l'affaire *Sejdic et Finci c. Bosnie-Herzégovine*, où les requérants se plaignaient de ne pouvoir être candidats à la chambre des peuples de l'assemblée parlementaire en raison de leur appartenance à une minorité que la constitution bosniaque exclut de la liste des peuples constituants seuls à pouvoir fournir des parlementaires. La Cour a ainsi jugé discriminatoire le défaut d'exécution par l'Azerbaïdjan d'une peine de prison pour crime de haine contre des victimes arméniennes qui avait été prononcée à l'étranger contre l'un de ses agents, lequel, à son retour en Azerbaïdjan, a été accueilli en héros, a reçu une promotion et a bénéficié d'avantages[268].

En combinant, non-discrimination et vie privée, la Cour impose, par exemple, **une stricte égalité des filiations naturelles et légitimes**, y compris en matière de successions[269], égalité consacrée en droit français depuis la loi du 3 décembre 2001[270]. Dans une affaire[271], dans laquelle la requérante se plaignait de ne pas avoir pu faire valoir ses droits successoraux après le décès de son père en 2009, car elle était née hors mariage et avant la date charnière prévue par la législation en vigueur à ce moment-là, la Cour a reconnu une discrimination car, même si la limite temporelle vise la sécurité juridique, le père de la requérante avait reconnu celle-ci et elle était entrée dans sa vie. La Cour note en Europe une nette tendance à l'élimination de toute discrimination concernant les droits successoraux des enfants nés hors mariage.

769 **Droit de l'Union – Textes. –** Le TUE donne compétence à l'Union pour « prendre les mesures nécessaires en vue de combattre toute discrimination fondée sur le sexe, la race ou les origines ethniques, la religion ou les convictions, un handicap, l'âge ou l'orientation sexuelle ». En raison de l'adoption de **quatre directives**

264. CEDH, 22 janv. 2008, *E.B. c. France*, à propos de la compatibilité, avec les articles 14 et 8 combinés de la Convention européenne des droits de l'homme, du refus d'agrément à l'adoption opposé à une personne en raison de son homosexualité.

265. CE, 1er févr. 2012, *Alberola*, n° 340866.

266. CEDH, Gr. Ch., 13 nov. 2007.

267. CEDH, 2 déc. 2014, n° 61960/08, *Emel Boyraz c. Turquie*.

268. CEDH, 26 mai 2020, *Makuchyan et Minasyan c. Azerbaïdjan et Hongrie*, n° 17247/13.

269. CEDH, 13 juin 1979, *Marckx c. Belgique*.

270. Cette égalité a été imposée par la Cour européenne, malgré les réticences de la Cour de cassation qui refusait de considérer comme contraire à l'article 8 les dispositions de l'article 760 du Code civil qui établissaient une inégalité successorale au détriment de l'enfant adultérin (CEDH, 1er févr. 2000, aff. 34406/97, *Mazurek c. France*). Voir aussi CEDH, 21 juill. 2011, n° 16574/08, *Fabris c. France* et CEDH, Gr. Ch., 7 févr. 2013, n° 16574/08, *Fabris c. France*.

271. CEDH, 9 févr. 2017, *Mitzinger c. Allemagne*, n° 29762/10.

« thématiques »[272], de portées matérielles et personnelles différentes, le droit de l'Union offre une protection dont la portée varie en fonction du critère sur lequel repose la différence de traitement : **la nationalité, la « race ou origine ethnique », le sexe, puis la religion ou les convictions, le handicap, l'âge, l'orientation sexuelle.** Ce dispositif serait profondément modifié en cas d'adoption de la proposition de directive COM (2008) 0426 relative à la mise en œuvre du principe de l'égalité de traitement entre les personnes sans distinction de religion ou de convictions, de handicap, d'âge ou d'orientation sexuelle. Devant le juge, l'interprétation du principe de non-discrimination évolue en fonction des différents domaines et va jusqu'à la correction de certaines formes d'inégalités. Désormais, l'article 21 de la CDFUE dispose qu'**« est interdite, toute discrimination fondée notamment sur le sexe, la race, la couleur, les origines ethniques ou sociales, les caractéristiques génétiques, la langue, la religion ou les convictions, les opinions politiques ou toute autre opinion, l'appartenance à une minorité nationale, la fortune, la naissance, un handicap, l'âge ou l'orientation sexuelle »**.

770 **Droit de l'Union – Jurisprudence. –** Le contrôle s'attache donc à vérifier la légitimité de l'objectif poursuivi, la nécessité de la mesure, l'adéquation de la mesure aux buts poursuivis[273], l'absence d'effet pervers sous forme de discrimination de fait[274]. Au-delà de cette structure générale, il existe une pluralité de contentieux de la non-discrimination en fonction de la directive en cause ou du principe général d'égalité qui guide le système de l'Union de libre circulation. L'uniformité d'application du droit de l'Union reste une priorité, mais une égalité formelle peut masquer une discrimination de fait. **La Cour exige donc des États qu'ils mettent en œuvre des moyens de comparaisons de situation afin de détecter les discriminations tout en maintenant le principe de l'application singulière**[275].

La nationalité vient en première ligne des critères prohibés[276]. L'interdiction de toute discrimination en raison de la nationalité, prévue à l'article 18, premier alinéa, TFUE ne s'applique qu'à deux conditions cumulatives : en premier lieu, la situation à l'origine de la discrimination invoquée doit relever du champ d'application du droit de l'Union et, en second lieu, aucune règle spécifique prévue par les traités et visant à interdire une discrimination en raison de la nationalité ne doit trouver à s'appliquer à une telle situation. Ainsi, elle ne peut être invoquée pour contester une clause, contenue dans un contrat conclu entre un fabricant de dispositifs médicaux et une compagnie d'assurances, limitant territorialement la couverture d'assurance de responsabilité civile car l'objet de ce contrat (portant sur des prothèses mammaires défectueuses implantées en France, à une Française) ne concerne aucun droit fondamental de l'UE (ni libre circulation, ni libre prestation de service)[277]. Toutefois les États peuvent refuser une prestation sociale non contributive (à laquelle l'étranger n'a pas cotisé)[278]. La Cour considère qu'il n'y a pas discrimination en l'absence d'indemnité allouée aux travailleurs intérimaires quand elle l'est pour ceux qui sont titulaires à durée indéterminée à l'occasion de la résiliation de leur contrat de travail pour un motif objectif[279].

272. Directive n° 2000/43/CE du Conseil du 29 juin 2000 relative à la mise en œuvre du principe de l'égalité de traitement entre les personnes sans distinction de race ou d'origine ethnique ; directive n° 2000/78/CE du Conseil du 27 nov. 2000 portant création d'un cadre général en faveur de l'égalité de traitement en matière d'emploi et de travail, directive n° 2004/113/CE du Conseil du 13 déc. 2004 mettant en œuvre le principe de l'égalité de traitement entre les hommes et les femmes dans l'accès à des biens et services et la fourniture de biens et services ; directives adoptées sur le fondement de l'ex article 141 TCE, refondues notamment dans la directive n° 2006/54/CE du Parlement européen et du Conseil du 5 juill. 2006 relative à la mise en œuvre du principe de l'égalité des chances et de l'égalité de traitement entre hommes et femmes en matière d'emploi et de travail.

273. CJCE, 11 juill. 1989, *Schräder*.

274. Discrimination à rebours essentiellement dans le domaine de libre circulation et de l'égalité homme-femme : CJCE, 12 févr. 1974, *Sotgiu c. Deutsche Bundespost*.

275. CJCE, 6 juill. 1982, *Commission c. RU*.

276. CJCE, 2 juill. 1996, Commission c. Luxembourg.

277. CJUE, 11 juin 2020, *RB/TÜV Rheinland LGA Products GmbH et Allianz IARD S.A.*, affaire C-581/18.

278. CJUE, Gr. ch., 11 nov. 2014, aff. C-333/13, *Dano*.

279. CJUE, Gr. ch., 5 juin 2018, *Lucía Montero Mateos c. Agencia Madrileña de Atención Social de la Consejería de Políticas Sociales y Familia de la Comunidad Autónoma de Madrid*, C-677/16.

La jurisprudence concerne aussi **le critère du sexe**, dans le cadre du droit du travail. La Cour[280] relève que la condition selon laquelle le mariage doit être annulé afin qu'une pension de retraite de l'État puisse être accordée à compter de l'âge légal de départ à la retraite des personnes du sexe concerné ne s'applique qu'aux personnes ayant changé de sexe, ce qui constitue un traitement moins favorable pour ces dernières. La Cour conclut, dès lors, que la réglementation britannique est constitutive d'une discrimination directe fondée sur le sexe, interdite par le droit de l'Union européenne.

On trouvera aussi quelques décisions **en matière de religion** : par ex., le licenciement d'un médecin-chef catholique par un hôpital catholique en raison de son remariage après un divorce peut constituer une discrimination interdite fondée sur la religion[281].

CJUE, 18 janvier 2018, *Carlos Enrique Ruiz Conejero c. Ferroser Servicios Auxiliares SA, Ministerio Fiscal, C-270/16.*

Un agent de nettoyage souffrant des divers troubles de santé (dont obésité et limitation fonctionnelle de la colonne vertébrale) ayant entraîné la reconnaissance de son handicap, a été licencié au motif que la durée de ses absences cumulées, fussent-elles justifiées, avait dépassé le maximum prévu par réglementation nationale relative au statut des travailleurs.
La CJUE rappelle que **la notion de « handicap » au sens de la directive 2000/78 doit être entendue comme visant une limitation de la capacité, résultant notamment d'atteintes physiques, mentales ou psychiques durables, dont l'interaction avec diverses barrières peut faire obstacle à la pleine et effective participation de la personne concernée à la vie professionnelle sur la base de l'égalité avec les autres travailleurs.** À cet égard, dans l'hypothèse où, dans des circonstances données, l'état d'obésité du travailleur concerné entraîne une limitation de la capacité telle que celle visée au point précédent du présent arrêt, un tel état relève de la notion de « handicap », au sens de la directive.
S'agissant de la question de savoir si la réglementation nationale est susceptible d'entraîner une différence de traitement indirectement fondée sur le handicap, il y a lieu de relever que **la prise en compte des jours d'absence pour cause de maladie liée au handicap dans le calcul des jours d'absence pour cause de maladie revient à assimiler une maladie liée à un handicap à la notion générale de maladie.**
Il apparaît donc que la règle prévue à cette disposition est susceptible de désavantager les travailleurs handicapés et ainsi d'entraîner une différence de traitement indirectement fondée sur le handicap.

Le Conseil d'État doit veiller à ne pas se soustraire à la protection des droits par l'Union. Alors que la législation française avait déjà été jugée incompatible avec le droit de l'Union en raison de la discrimination qu'elle établissait lorsque la filiale était située dans un autre État membre[282], **le Conseil d'État a maintenu dans les arrêts** *Rhodia et Accor*[283] **le régime discriminatoire contraire aux articles 49 et 63 TFUE**, respectivement sur la liberté d'établissement et la libre circulation des capitaux, ce que la Cour confirme. Le Conseil d'État devait prendre en considération la solution d'un arrêt rendu quelques semaines auparavant sur le même objet, visant

280. CJUE, Gr. ch., 26 juin 2018, *MB, c. Secretary of State for Work and Pensions*, C-451/16.
281. CJUE, 11 sept. 2018, *IR*, n° C-68/17.
282. CJUE, 11 sept. 2010, *Accor*, n° C-310/09.
283. CE, 10 déc. 2012, *Rhodia* et *Accor*, n° 317075 et 317074.

la législation britannique[284] et a décidé de l'écarter. La Cour de justice reproche au Conseil d'État de ne pas avoir posé de question préjudicielle en interprétation, conformément à l'article 267, paragraphe 3 TFUE[285].

771 **Droit interne. – Constitutionnel. –** Le principe de non-discrimination est principalement consacré par **l'article premier de notre Constitution de 1958**. Il a conduit le Conseil constitutionnel à prohiber les « statistiques ethniques »[286]. Mais **l'article 6 de la DDHC dispose aussi que « la loi doit être la même pour tous »** ; l'article 13 de la DDHC que « pour les dépenses de l'administration une contribution commune est indispensable » et qu'« elle doit être également répartie entre tous les citoyens en raison de leurs facultés » ; ensuite, l'article 3 de la Constitution, en matière de citoyenneté, prohibe « qu'aucune Section du peuple » s'attribue « l'exercice de la souveraineté » ce qui impose au suffrage d'être égal ; enfin, **le préambule de la Constitution de 1946 dispose que « nul ne peut être lésé dans son travail ou son emploi en raison de ses origines, de ses opinions ou de ses croyances »**. Ces principes, qui concrétisent l'égalité devant la loi, ont été assouplis par le Conseil constitutionnel qui admet, suivant en cela le Conseil d'État, des modulations lorsque celles-ci reposent sur des critères objectifs et rationnels au regard de l'objectif recherché par le législateur et que cet objectif n'est lui-même ni contraire à la Constitution, ni entaché d'une erreur manifeste d'appréciation.

Le principe d'égalité devant la loi (dont le principe d'égalité devant les charges publiques est le corollaire) implique qu'à situations semblables il soit fait application de solutions semblables. Il ne fait **pas obstacle à ce que des situations différentes fassent l'objet de solutions différentes**[287]. La **loi peut encore déroger à l'égalité pour un motif d'intérêt général lié à l'objet de la loi**[288]. Mais, à l'inverse, notre droit constitutionnel n'envisage pas encore les discriminations indirectes ou « à rebours » ; **le Conseil constitutionnel n'oblige pas encore à traiter différemment des personnes se trouvant dans des situations différentes**[289]. Le principe d'égalité impose que les enfants adoptés en la forme plénière bénéficient, dans leur famille adoptive, des mêmes droits que les autres[290]. De même, le législateur peut permettre à deux personnes de même sexe de nationalité étrangère, dont la loi personnelle prohibe le mariage entre personnes de même sexe, de se marier en France dès lors que les autres conditions du mariage, et notamment la condition de résidence, sont remplies. Le législateur, qui n'était pas tenu de retenir les mêmes règles pour les mariages contractés entre personnes de sexe différent, n'a pas traité différemment des personnes se trouvant dans des situations semblables[291].

772 **Le renouveau de la non-discrimination via la QPC. –** La toute première décision QPC[292] a remis en cause, une nouvelle fois, **le principe de la « cristallisation » des pensions d'anciens combattants** étrangers engagés pour la France. Une ordonnance du 30 décembre 1958 avait en effet institué diverses formes d'allocations mais une loi de 1960 a posé le principe de leur « cristallisation », c'est-à-dire le remplacement du droit à pension par une indemnité insusceptible de revalorisation s'appuyant sur une condition de nationalité. Après contrôle de conventionnalité du Conseil d'État dans l'affaire *Diop*, le législateur a adopté en 2002, à visée rétroactive, un mécanisme de décristallisation partielle modifiant les conditions de calcul des prestations consistant à diviser, pour chaque pays de résidence d'un bénéficiaire, la parité de pouvoir d'achat du pays, par la parité du pouvoir d'achat en France. Le Conseil constitutionnel a déclaré ce dispositif inconstitutionnel car, si le critère du lieu de résidence peut être retenu dès lors qu'il répond à l'objet de loi (adéquation au pouvoir d'achat), la différence ne

284. CJUE, 13 nov. 2012, Gr. ch., *Test Claimants*, n° C-35/11.

285. CJUE, 4 oct. 2018, *Commission contre France*, n° C-416/17.

286. CC, 15 nov. 2007, déc. n° 2007-557 DC, cons. 29. Les traitements nécessaires à la conduite d'études sur la mesure de la diversité des origines des personnes, de la discrimination et de l'intégration peuvent porter sur des données objectives mais ne sauraient, sans méconnaître le principe énoncé par l'article 1er de la Constitution, reposer sur l'origine ethnique ou la race.

287. CC, 12 juill. 1979, déc. n° 79-107 DC.

288. CC, 20 mars 1997, déc. n° 97-388.

289. CC, 8 janv. 2009, déc. n° 2008-573 DC.

290. CC, 17 mai 2013, 2013-669 DC, cons. 50.

291. CC, 17 mai 2013, 2013-669 DC, cons. 29.

292. CC, 28 mai 2010, déc. n° 2010-1 QPC, *Consorts L.*

peut être fondée sur la nationalité. De même, le Conseil constitutionnel a jugé le 23 juillet 2010[293] qu'était contraire à la Constitution l'article L. 253 bis du Code des pensions militaires d'invalidité et des victimes de la guerre qui prévoyait l'attribution de la carte du combattant aux « **membres des forces supplétives françaises** » à la condition alternative que ceux-ci possèdent la nationalité française à la date de la présentation de leur demande ou soient domiciliés en France à la même date. Il a d'ailleurs réitéré cette position dans le cas de l'indemnisation des victimes d'attentats pendant la guerre d'Algérie[294].

Plus récemment[295], le juge souligne une différence objective quant à l'acquisition de la nationalité entre certains **Français musulmans d'Algérie** relevant depuis 1944 d'un statut personnel privilégié (ayant des droits politiques identiques aux Français) et les Français de statut civil de droit commun domiciliés en Algérie. En prévoyant des règles particulières applicables aux **agents contractuels recrutés** par une personne publique en Nouvelle-Calédonie (ils ne sont pas soumis à un statut de droit public), qui diffèrent des règles de droit commun, le législateur n'a pas méconnu le principe d'égalité devant la loi[296]. Dans le même sens, **la partie civile au procès pénal** n'est pas dans une situation identique à celle de la personne poursuivie ou à celle du ministère public. Par suite, l'interdiction faite à la partie civile d'appeler seule d'un jugement correctionnel dans ses dispositions statuant au fond sur l'action publique ne méconnaît pas le principe d'égalité devant la justice[297]. Plus récemment, pour **l'accès à la profession d'avocat** sans passer par la voie classique de l'école d'avocat, la loi peut exiger que l'expérience professionnelle validée se soit effectuée en France car du point de vue des compétences les situations sont différentes[298]. Le Conseil n'admet pas que l'on traite différemment les contribuables selon que leur contribution est versée ou non en exécution d'une décision de justice lorsque cela n'a aucun lien avec l'objet (en l'occurrence des époux devant s'acquitter de son obligation de contribuer aux charges du mariage)[299]. Le principe d'égalité devant la justice n'est pas méconnu lors de la modification du régime de la postulation des avocats spécifique à l'Alsace-Moselle[300].

La Cour européenne mène des raisonnements comparables sous la bannière du principe de non-discrimination. En se fondant sur le droit au bien et sur le droit à la non-discrimination, la Cour[301] examine la différence entre le **régime spécial de responsabilité en cas d'accidents du travail ou de maladies professionnelles** (solidarité et l'automaticité) et le régime de droit commun (faute et juridiction). La situation d'un salarié victime d'un accident du travail ou d'une maladie professionnelle n'est pas la même que celle d'une personne victime d'un dommage qui se produit dans un autre contexte, il n'y a pas eu de discrimination contraire à la Convention.

Ainsi, le fait d'octroyer **des montants d'allocation différents à des personnes paraplégiques** selon qu'ils sont anciens combattants ou non n'apparaît pas discriminatoire en raison de l'existence de motifs pertinents et

293. CC, 23 juill. 2010, déc. n° 2010-18 QPC, *M. Lahcène A.*
294. CC, 8 février 2018, *M. Abdelkader K.*, n° 2017-690 QPC [Condition de nationalité française pour le bénéfice du droit à pension en cas de dommage physique du fait d'attentat ou de tout autre acte de violence en relation avec les événements de la guerre d'Algérie] : la loi du 31 juillet 1963 établissait un régime d'indemnisation des personnes de nationalité française victimes de dommages physiques subis en Algérie entre le 31 octobre 1954 et le 29 septembre 1962 du fait d'attentat ou de tout autre acte de violence, ainsi que de leurs ayants droit de nationalité française.
295. CC, 29 juin 2012, déc. n° 2012-259 QPC.
296. CC, 25 avr. 2014, 2014-392 QPC.
297. CC, 31 janv. 2014, 2013-363 QPC, cons. 6 à 8.
298. CC, 6 juillet 2016, *M. Éric B.*, n° 2016-551 QPC [Conditions tenant à l'exercice de certaines fonctions ou activités en France pour l'accès à la profession d'avocat].
299. CC, 28 mai 2020, n° 2020-842 QPC, *M. Rémi V.* [Conditions de déduction de la contribution aux charges du mariage].
300. En effet, d'un côté, il n'existe pas de garantie constitutionnelle du maintien des dispositions législatives ou réglementaires constituant le droit local. Le Parlement ou le pouvoir réglementaire, selon que sont concernées les matières relevant de l'article 34 ou 37 de la Constitution, peuvent à tout moment modifier ou abroger des dispositions de droit local pour les remplacer par les dispositions de droit commun ou les harmoniser avec celles-ci. De l'autre, toutefois, la législation républicaine antérieure à l'entrée en vigueur de la Constitution de 1946 a consacré le principe selon lequel, tant qu'elles n'ont pas été remplacées par les dispositions de droit commun ou harmonisées avec elles, des dispositions législatives et réglementaires particulières aux départements du Bas-Rhin, du Haut-Rhin et de la Moselle peuvent demeurer en vigueur. À défaut de leur abrogation ou de leur harmonisation avec le droit commun, ces dispositions particulières ne peuvent être aménagées que dans la mesure où les différences de traitement qui en résultent ne sont pas accrues et où leur champ d'application n'est pas élargi (CC, n° 2021-938 QPC du 15 octobre 2021, *M. Pierre-Étienne R.)* (Maintien du régime d'encadrement des frais de postulation des avocats en Alsace-Moselle). En ce sens aussi : CE, 21 juin 2000, n° 213472.
301. CEDH, 12 janv. 2017, *Saumier c. France*, n° 74734/14.

suffisants : les anciens combattants handicapés l'ont été dans l'exercice de leurs fonctions, ce qui implique un risque plus élevé et des difficultés accrues pour obtenir réparation, tandis que les civils handicapés ont accès à d'autres prestations qui ne sont pas nécessairement accessibles à tous les anciens combattants[302].

773 **Différence de traitement liée à un motif d'intérêt général. –** Certains critères prohibés peuvent jouer lorsqu'ils sont logiquement en rapport avec l'objet de la mesure. Encore faut-il un lien nécessaire. Un décret du 4 mai 1972 réservait de manière discriminatoire (violation de l'article 21 CDFUE) l'accès à l'ENM sur titre aux personnes ayant atteint trente et un ans. Cette différence n'est justifiée par aucun élément de nature qui répondrait effectivement à une exigence professionnelle essentielle et déterminante, alors même que l'accès par concours aux fonctions d'auditeurs de justice n'est soumise à aucune **condition d'âge** minimal[303]. Cela vaut aussi pour l'agrégation de droit[304].

Dans le **domaine fiscal**, les QPC foisonnent et permettent d'examiner la pertinence du motif ou des moyens qui lient l'objectif et la différence de traitement. Ainsi, une exonération fiscale qui porte sur des plus-values de vente de logements meublés ne saurait être subordonnée à l'inscription au registre du commerce et des sociétés, car, si légitimement le législateur a entendu empêcher que des personnes exerçant l'activité de loueur en meublé à titre seulement occasionnel en bénéficient, la condition d'être inscrit au registre du commerce et des sociétés (« ayant la qualité de commerçant » et faisant donc des « actes de commerce ») est inadéquat, car l'activité de location de biens immeubles ne constitue pas un acte de commerce. Le législateur ne s'est pas fondé sur un critère objectif et rationnel en fonction du but visé. Par conséquent, les dispositions contestées méconnaissent le principe d'égalité devant les charges publiques[305]. De manière plus complexe, pour le calcul de l'impôt sur le revenu, la loi attribue une demi-part supplémentaire de quotient familial aux titulaires d'une pension prévue par les dispositions du Code des pensions militaires d'invalidité et des victimes de la guerre ou à leurs veuves. En témoignage de la reconnaissance de la République française, le législateur a entendu accorder une telle mesure à ces personnes sans considération liée à la nationalité. En leur réservant cette mesure, il a pris en considération leur situation particulière et répondu à un objectif d'intérêt général en rapport direct avec l'objet de la loi[306]. Plus récemment, le juge indique que la loi ne saurait priver un citoyen **du droit d'éligibilité** dont il jouit en vertu de l'article 6 de la Déclaration de 1789 que dans la mesure nécessaire au respect du principe d'égalité devant le suffrage et à la préservation de la liberté de l'électeur[307].

À l'inverse, en prévoyant une **attribution de prestation différente selon la durée de cotisation auprès de la Caisse nationale des barreaux français, la loi institue une différence de traitement entre les assurés sociaux relevant du même régime de retraite** mais elle le justifie par un motif d'intérêt général : poursuivre des carrières suffisamment longues pour garantir le financement de leur propre régime d'assurance vieillesse et éviter ainsi que les pensions de retraite versées à ceux qui ne justifient pas d'une durée d'assurance minimale ne grèvent trop lourdement les ressources[308].

774 **Absence de discrimination prohibée** : examinant la loi relative à l'accueil et à **l'habitat des gens du voyage**, le Conseil estime que les procédures de mise en demeure et d'évacuation forcée sont fondées sur une différence de situation entre les personnes, quelles que soient leurs origines, dont l'habitat est constitué de résidences mobiles et qui ont choisi un mode de vie itinérant et celles qui vivent de manière sédentaire. Ainsi la distinction qu'elles opèrent repose sur des critères objectifs et rationnels en rapport direct avec le but que s'est assigné le législateur en vue d'accueillir les gens du voyage dans des conditions compatibles avec l'ordre public

302. CEDH, 30 juin 2020, *Popovi et autres c. Serbie*, req. n° 26944/13.
303. CE, 8 sept. 2021, n° 453471.
304. CE, 26 janv. 2015, *M. Slama*, n° 373746.
305. CC, 8 févr. 2018, *M. Gabriel S.*, n° 2017-689 QPC, [Inscription au registre du commerce et des sociétés des loueurs en meublé professionnels].
306. CC, 9 juill. 2010, déc. n° 2010-11 QPC.
307. CC, 28 déc. 2010, déc. n° 2010-622 DC.
308. CC, 20 mai 2020, n° 2020-840 QPC, *M. Emmanuel W.* [Liquidation de la pension de retraite de base des avocats ne justifiant pas d'une durée d'assurance vieillesse suffisante].

et les droits des tiers. Par suite, elles ne sont pas contraires au principe d'égalité proclamé par les articles 1er de la Déclaration de 1789 et de la Constitution de 1958[309]. Il en est de même du **critère de la nationalité** : dans le but de faire obstacle à l'utilisation des règles relatives à la nationalité pour échapper aux obligations du service militaire, le législateur pouvait, sans méconnaître le principe d'égalité, prévoir que le gouvernement peut s'opposer à la perte de la nationalité française en cas d'acquisition volontaire d'une nationalité étrangère pour les seuls Français du sexe masculin soumis aux obligations du service militaire. Toutefois, le fait de réserver aux Français du sexe masculin, quelle que soit leur situation au regard des obligations militaires, le droit de choisir de conserver la nationalité française lors de l'acquisition volontaire d'une nationalité étrangère institue entre les femmes et les hommes une différence de traitement sans rapport avec l'objectif poursuivi et qui ne peut être regardée comme justifiée[310].

775 **La loi.** – À partir des années 1980, sur le **socle de la loi du 1er juillet 1972** qui punissait les discriminations consistant en un refus d'accès à un bien ou à un service, motivé par des considérations raciales, nationales ou religieuses, les domaines de protection contre la discrimination et les motifs interdits n'ont cessé de s'étendre. La discrimination consiste dans ce cas à refuser le bénéfice d'un droit accordé par la loi ou à entraver l'exercice normal d'une activité économique quelconque.

776 **Droit interne – Pénal.** – La discrimination existe à l'égard d'une personne morale en raison de ses membres. Depuis le décret n° 2008-799 du 20 août 2008, en matière pénale, se voient reconnaître la possibilité **d'engager des poursuites les associations spécialisées en** matière de discriminations fondées sur l'origine nationale, ethnique, raciale ou religieuse (art. 2-1, C. proc. pén.) ; le sexe ou sur les mœurs (art. 2-6, C. proc. pén.) ; ainsi que l'état de santé ou le handicap (art. 2-8, C. proc. pén.). En matière professionnelle, l'article L. 1134-3 du Code du travail ouvre également cette faculté. Dans tous ces cas, l'accord de la victime est nécessaire. En matière pénale, les associations peuvent également se substituer aux victimes pour déclencher des poursuites en cas de propos discriminatoires, conformément aux nouveaux articles 48-4 à 48-6 de la loi du 29 juillet 1881 sur la liberté de la presse. Les infractions à la non-discrimination peuvent se prouver **par la méthode du « testing »**, en mettant les présumés coupables en situation de récidive. La Cour de cassation estime ainsi que, dans le cadre d'une opération de testing diligentée par le parquet, le refus de personnes d'origine maghrébine alors que d'autres sont admises suffit à établir l'infraction sans avoir besoin de rechercher d'autres éléments[311].

777 **Droit interne – Social.** – Par ailleurs, la loi du 31 mars 2006 pour l'égalité des chances (art. L. 1221-7 du Code du travail) a prévu la mise en place obligatoire du *curriculum vitae* **anonyme** pour les candidatures à un emploi dans les entreprises de cinquante salariés et plus, dans l'objectif de prévenir les discriminations à l'embauche. Comme aucun décret n'a été pris pour préciser ces modalités d'application, des associations ont obtenu du Conseil d'État l'annulation des refus implicites nés du silence gardé par le Premier ministre sur leurs demandes de prendre les textes réglementaires nécessaires à l'application. Le juge a enjoint au Premier ministre de prendre le décret d'application de cette loi dans un délai de six mois[312], sans succès. Un rapport de 2016[313] sur le suivi de la mise en œuvre des propositions du groupe de dialogue sur la lutte contre les discriminations en entreprise achève de le discréditer.

309. CC, 9 juill. 2010, déc. n° 2010-13 QPC. Même raisonnement en estimant que l'itinérance est une situation objective pouvant fonder une différence de traitement : CC, 5 oct. 2012, déc. n° 2012-279 QPC, *M. Jean-Claude P.*

310. CC, 2013-360 QPC, 9 janv. 2014, cons. 6 à 8.

311. Cass. crim., 27 nov. 2012, n° 11-84395.

312. CE, 9 juillet 2014, *M. A... et autres*, n° 345253, 352987, 373610.

313. Min. du travail – Min. Ville, 16 novembre 2016, Jean-Christophe Sciberras.

778 **Charge de la preuve. – La discrimination se prouve par tous moyens, notamment statistiques**[314]. Les juges ont **tendance à présumer l'intention discriminatoire afin de ne pas reporter la charge de la preuve sur l'individu.** La **CJUE**[315] en est l'exemple type quand elle juge (sur le fondement de la directive 2000/78/CE portant création d'un cadre général en faveur de l'égalité de traitement en matière d'emploi et de travail) que les déclarations du « patron » d'un club de football professionnel, indiquant qu'il ne recruterait jamais un homosexuel, peuvent faire peser, sur ce club, la charge de prouver qu'il ne mène pas une politique d'embauche discriminatoire. L'État doit alors sanctionner le club. La **Cour de cassation**[316] ne dit pas autre chose lorsqu'elle affirme qu'un employeur doit fournir à un salarié qui s'estime victime de discrimination, les éléments nécessaires pour le prouver devant le juge (art. 145 du Code de procédure civile), y compris si cela entame la vie privée des autres salariés ou le secret des affaires.

779 **« Loi Gayssot ». –** Enfin, un texte a été voté **le 13 juillet 1990, dit « loi Gayssot »**, qui **condamne les propos révisionnistes ou négationnistes**, à savoir les thèses niant la réalité du génocide des Juifs durant la Seconde Guerre mondiale ; elle prévoit **des peines entraînant l'inéligibilité des personnes condamnées pour délit de révisionnisme**. Il s'agit avant tout d'empêcher certains parlementaires de profiter de leur immunité pour inciter au racisme. La **constitutionnalité de cette loi a d'abord été admise par le Conseil constitutionnel**[317], au motif que les propos contestant l'existence de faits commis durant la Seconde Guerre mondiale qualifiés de crimes contre l'humanité et sanctionnés comme tels par une juridiction française ou internationale, constituent en eux-mêmes une incitation au racisme et à l'antisémitisme. Mais à l'occasion de la réécriture de ces dispositions par la loi du 27 janvier 2017 relative à l'égalité et à la citoyenneté, il a estimé que **la négation ne peut constituer l'apologie** (voir les développements sur les infractions de presse).

> Décision 2020-010 du 15 janvier 2020 relative au refus d'un établissement public d'accueillir un personnel des forces de sécurité publique en formation en raison de sa coiffure.
> Le **Défenseur des droits** a été saisi par un agent des forces de sécurité publique, qui exerce les fonctions d'expert psychologue au sein de ce corps, et qui a été privé d'une formation, par le directeur de l'école de formation, en raison de sa coiffure : cheveux longs, attachés en chignon. Le fait de reprocher à un homme de porter une telle coiffure peut être constitutif d'une discrimination en raison de son apparence physique et de son sexe. En l'espèce, le directeur de l'école de formation entendait faire valoir que la coiffure du réclamant n'était pas correcte et, en cela, portait atteinte à l'image du corps. Si le Défenseur des droits reconnaît l'importance des règles de présentation pour certains métiers de la sécurité publique, et son rôle d'identification au corps, il rappelle qu'il convient de rester mesuré dans l'appréciation qui est faite de chaque situation.

C. Les critères illégitimes de discrimination

780 **Absence de discrimination primaire. –** La question des critères illégitimes recoupe en définitive celle de l'identité de la personne. La non-discrimination implique de rester indifférent à l'identité de la personne. À ce sujet, **les auteurs varient dans leur terminologie pour évoquer des « critères intrinsèques ou extrinsèques », « objectifs ou subjectifs ». Mais, dans un contexte d'individualisme libéral, ces formulations paraissent dénuées d'intérêt**. L'identité est aujourd'hui quelque chose qui se revendique ou se cache au gré des souhaits individuels, elle est aussi quelque chose dont on hérite et qui en même temps se constitue. L'identité n'est pas

314. Ex. pour les concours d'accès à la fonction publique : CE, 16 octobre 2017, n° 383459.
315. CJUE, 25 avr. 2013, aff. C-81/12, *Asociaia Accept c. Consiliul Na ional pentru Combaterea Discrimin rii*.
316. Cass. soc., 19 déc. 2012, n° 10-20526.
317. CC, 8 janv. 2016, déc. n° 2015-512 QPC, *M. Vincent R.*

principalement affaire d'objectivité. On **préférera parler d'éléments disponibles ou indisponibles**. Les discriminations les moins acceptées sont fondées sur des propriétés physiques, dont la modification est objectivement hors de portée des intéressés ; par exemple une distinction entre personnes selon la couleur de leur peau, leur lignage ou leur sexe constitue une discrimination primaire.

781 Critères disponibles ou indisponibles. – Il semble que les critères les plus illégitimes soient **ceux sur lesquels l'individu n'exerce aucun choix**, qui sont en quelque sorte « indisponibles » pour lui[318]. Cependant, la tendance est à inclure les choix fondamentaux de l'individu tenant à son identité voulue/choisie et à ce qui relève de sa conscience[319].

782 Interdits fondamentaux. – Le préambule de **1946** et la Constitution de **1958** ont posé les interdits fondamentaux (interdiction de la discrimination fondée sur la race, la religion, les opinions politiques) mais la loi a largement dépassé ce périmètre. La loi du 1er juillet **1972** a pénalisé les comportements discriminatoires à l'égard des origines, de l'appartenance à un groupe ou une religion. Le sexe et la situation de famille sont ajoutés en **1975**, tout comme les mœurs, le handicap et l'état de santé entre **1989 et 1990**. L'orientation sexuelle, l'âge, l'apparence physique, le nom et enfin les caractéristiques génétiques ont été ajoutés en **2002**. La loi du 28 février **2017** a ajouté encore le nom de famille, le lieu de résidence ou de sa domiciliation bancaire, la perte d'autonomie ou le handicap. Le dispositif législatif, particulièrement développé en droit social, se voit dépassé à son tour par les approches européennes.

783 Droit interne – Pénal. – Au chapitre des atteintes à la dignité de la personne, **l'article 225-1** du Code pénal définit la discrimination par une liste close : « **Constitue une discrimination toute distinction opérée entre les personnes physiques à raison de leur origine, de leur sexe, de leur situation de famille, de leur grossesse, de leur apparence physique, de leur patronyme, de leur état de santé, de leur handicap, de leurs caractéristiques génétiques, de leurs mœurs, de leur orientation sexuelle, de leur âge, de leurs opinions politiques, de leurs activités syndicales, de leur appartenance ou de leur non-appartenance, vraie ou supposée, à une ethnie, une nation, une race ou une religion déterminée** ». La loi du 27 janvier 2017 relative à l'égalité et à la citoyenneté, ajoute à la liste des hypothèses de discrimination toute distinction opérée entre les personnes parce qu'elles ont subi ou refusé de subir des faits de bizutage, ou témoigné de tels faits y compris dans le milieu sportif.

784 Droit interne – Social. – Le Code du travail met en œuvre un important dispositif de lutte contre les discriminations. L'article L. 1132-1, tel qu'issu de la loi du 27 mai 2008 révisée par la loi du 28 février 2017, dispose qu'« aucune personne ne peut être écartée d'une procédure de recrutement ou de l'accès à un stage ou à une période de formation en entreprise, aucun salarié ne peut être sanctionné, licencié ou faire l'objet d'une mesure discriminatoire, directe ou indirecte [...], notamment en matière de rémunération [...], de mesures d'intéressement ou de distribution d'actions, de formation, de reclassement, d'affectation, de qualification, de classification, de promotion professionnelle, de mutation ou de renouvellement de contrat en raison de :

- son origine,
- son sexe,
- ses mœurs,
- son orientation sexuelle,
- son identité de genre,
- son âge,

318. CEDH, 4 nov. 2008, *Carson c. Royaume-Uni*.

319. CEDH, 8 déc. 2009, *Munoz Diaz c. Espagne* : « Une approche consistant à débouter la victime au motif qu'elle aurait pu échapper à la discrimination en modifiant l'un des éléments litigieux – par ex., en se mariant civilement – viderait l'article 14 de sa substance ».

- sa situation de famille ou sa grossesse,
- ses caractéristiques génétiques,
- la particulière vulnérabilité résultant de sa situation économique, apparente ou connue de son auteur,
- son appartenance ou sa non-appartenance, vraie ou supposée, à une ethnie, une nation ou une prétendue race,
- ses opinions politiques,
- ses activités syndicales ou mutualistes,
- ses convictions religieuses,
- son apparence physique,
- son nom de famille,
- son lieu de résidence ou sa domiciliation bancaire,
- son état de santé,
- sa perte d'autonomie ou son handicap,
- sa capacité à s'exprimer dans une langue autre que le français ».

La Cour de cassation affirme aussi la nullité de principe des dispositions trop catégorielles, comme une convention collective excluant les salariés licenciés pour inaptitude du bénéfice des indemnités de licenciement[320]. Ainsi, la convention du personnel de la mutualité sociale agricole prévoyait une indemnité de licenciement dont étaient exclus les salariés licenciés pour inaptitude médicale à la suite d'un accident du travail ou d'une maladie professionnelle. Pour le juge, « en l'absence d'élément objectif et pertinent la justifiant, est nulle en raison de son caractère discriminatoire fondé sur l'état de santé du salarié, la disposition d'une convention collective excluant les salariés licenciés pour cause d'inaptitude consécutive à une maladie ou à un accident non professionnel du bénéfice de l'indemnité de licenciement qu'elle institue ».

785 Systèmes ouverts ou fermés. – Les textes européens ont en effet ceci de marquant que les listes de critères y restent « ouvertes », permettant au juge de poser un nouveau critère illégitime. La Cour rappelle à cet égard que la liste que renferme **l'article 14 de la Convention EDH revêt un caractère indicatif, et non limitatif, dont témoigne l'adverbe « notamment »**. Elle mène une jurisprudence active pour cela. Certains juges n'hésitent pas à mettre à jour les finalités du principe de non-discrimination, avouant ainsi la portée circonstancielle et opportuniste de l'application de ce principe lorsqu'il ne s'agit pas de critères intrinsèques au sujet. On peut retenir la décision du Tribunal polonais censurant le critère du domicile stable comme condition pour accéder à des « bons de privatisation » : « la différenciation de la situation juridique de sujets similaires a donc une plus grande chance d'être reconnue conforme à la Constitution si elle est conforme aux principes de justice sociale ou si elle sert à la mise en œuvre de ces principes »[321]. Cette façon de concevoir la non-discrimination implique de toujours la lier à un autre droit ou principe et non de l'appréhender de manière autonome. Ce n'est désormais plus le cas au niveau européen où **la CEDH entend sanctionner une discrimination pour son principe même**.

786 L'interdiction des discriminations fondées sur la nationalité. – On renverra ici aux développements présentés au chapitre relatif aux droits des étrangers[322]. La nationalité ne peut plus, en droit interne, constituer **un critère légal de discrimination que dans le domaine des droits politiques et pour l'accès aux fonctions publiques relatives à l'exercice de prérogatives de puissance publique**. L'accès au marché du travail se trouve également conditionné. Tous les étrangers, hormis ceux qui se trouvent en situation irrégulière, ont les droits des nationaux.

320. Cass. soc., 8 oct. 2014, n° 13-11789.
321. Jugement n° K 10/96, *GDCCE*, n° 53.
322. Voir *supra*, Chapitre 2.

787 **L'interdiction du racisme. -** La **CEDH précise** que « nulle différence de traitement fondée exclusivement ou d'une manière décisive sur l'origine ethnique d'une personne, n'est susceptible d'être justifiée dans une société démocratique contemporaine construite sur les principes du pluralisme et du respect des différentes cultures »[323]. Lorsqu'une différence de traitement est fondée sur la race, la couleur ou l'origine ethnique, **la notion de justification objective et raisonnable doit être interprétée de manière aussi stricte que possible**[324]. En outre, la Cour légitime les sanctions pénales et politiques à l'égard du personnel politique qui se livre à des propos incitant à la haine raciale[325] en dépit de la très forte protection de la liberté d'expression politique.

Il en va de même du droit de l'Union. Le fait pour un employeur de déclarer publiquement qu'il ne recrutera pas de salariés ayant une certaine origine ethnique ou raciale, constitue une discrimination directe à l'embauche, même s'il tente de le justifier par le fait que ses clients de services à domicile n'accepteront pas ces salariés[326].

Le fondement constitutionnel de la prohibition se trouve à l'article 1er de notre actuelle Constitution. Plusieurs lois se sont ensuite ajoutées à ces textes fondamentaux. Jusqu'en 1972, la législation était très lacunaire puisqu'elle ne réprimait que « l'incitation par voie de presse à la discrimination, la haine ou la violence… à l'égard d'une personne ou d'un groupe de personnes en raison de leur origine, leur appartenance ou leur non-appartenance à une ethnie, une nation, une race ou une religion »[327]. Le mérite de **la loi du 2 juillet 1972** a été d'élargir la répression dans les domaines où s'exerce souvent le racisme le plus quotidien : la fourniture de biens ou de services, l'embauche ou le licenciement. Elle a également consacré le rôle des associations (associations déclarées depuis au moins cinq ans) combattant le racisme pour exercer les droits reconnus à la partie civile dans le procès pénal. Ces mêmes associations veillent à ce que le critère ethnique n'entre pas dans les paramètres de l'action publique. Elles ont obtenu l'annulation d'une circulaire qui visait à faire évacuer prioritairement les camps de Roms. Le Conseil d'État a en effet relevé que **le fait de spécifier l'origine ethnique est contraire au principe d'égalité**[328].

788 **Critère du genre. -** La notion de genre est ambiguë. Elle permet principalement de **lier entre elles les notions de sexe biologique et les notions de rôles socio-politiques**. On peut aussi s'en servir pour contester la pérennité d'une structuration sociale en fonction des genres qui serait construite et conduirait à des traitements inégalitaires, discriminatoires et parfois même mutilants quand cela conduit par exemple à des changements chirurgicaux pour affecter une apparence de genre à un individu (voir plus loin la question de l'intersexualité). **Notre droit accorde ainsi une place déterminante au genre dans nombre de situations sans toujours que cela ne soit ni pertinent ni nécessaire**. Inversement, les partisans de la promotion de femmes pourront regretter qu'une stricte égalité formelle laisse finalement une forme de liberté à la société qui entretient ainsi spontanément des habitudes sexistes[329].

La loi adopte le langage juridique à la distinction entre sexe et genre dans différentes dispositions pénales réprimant notamment la diffamation ou des discriminations qui utilisaient **jusqu'à présent les notions de sexe, d'orientation sexuelle et d'identité sexuelle.** Le Conseil constitutionnel s'est prononcé sur **l'introduction de la notion d'« identité de genre ».** Il estime que « le législateur a entendu **viser le genre auquel s'identifie une personne, qu'il corresponde ou non au sexe indiqué sur les registres de l'état-civil ou aux différentes**

323. CEDH, 13 déc. 2005, *Timishev c. Fédération de Russie.*
324. CEDH, 22 déc. 2009, *Sejdic et Finci c. Bosnie Herzégovine.*
325. CEDH, *Féret c. Belgique*, 16 juill. 2009.
326. CJUE, 10 juillet 2008, *Centrum voor gelijkheid van kansen en voor racismebestrijding c/Firma Feryn NV*, C-54/07.
327. Loi du 29 juill. 1881 modifiée.
328. CE, 7 avr. 2011, *Ass. SOS racisme - Touche pas à mon pote.*
329. REGINE (Recherches et études sur le genre et les inégalités dans les normes en Europe), *Ce que le genre fait au droit*, Dalloz, 2013, coll. A droit ouvert.

expressions de l'appartenance au sexe masculin ou au sexe féminin ». Les termes d'« identité de genre » **sont suffisamment clairs et précis** pour respecter le principe de légalité des délits et des peines[330].

La Cour européenne a ainsi pu s'indigner[331] face à l'attitude de la Cour administrative suprême réduisant le montant d'une indemnité accordée à une quinquagénaire atteinte de problèmes gynécologiques, à la suite d'une faute lors d'une intervention chirurgicale ayant engendré de graves douleurs, une incontinence et des difficultés en matière de relations sexuelles. **La Cour constate en particulier que l'âge et le sexe de la requérante étaient apparemment des éléments décisifs dans la décision définitive des juridictions nationales** non seulement de réduire le montant de l'indemnité accordée pour souffrance physique et mentale mais aussi pour le recours aux services d'une domestique. La décision était de surcroît fondée sur le postulat général que la sexualité n'a pas autant d'importance pour une quinquagénaire mère de deux enfants que pour une femme plus jeune. Pour la Cour, ces considérations sont révélatrices des préjugés dominants au sein de la magistrature portugaise.

Sur le plan international, **les textes sur l'égalité des sexes abondent** : textes généraux (DUDH, Convention EDH) ; textes spéciaux (convention de New York sur l'élimination de toutes les formes de discrimination à l'égard des femmes, 1er mars 1980). En France, les textes sont nombreux aussi depuis que l'égalité entre les hommes et les femmes a été reconnue solennellement par le préambule de 1946. Les textes restrictifs ont été peu à peu purgés de l'essentiel de leurs dispositions discriminatoires (par exemple : en matière de répression de l'adultère) et plusieurs lois positives ont été adoptées afin de doter les femmes de droits civils, politiques et professionnels égaux à ceux des hommes. Il sera fait état, quelques paragraphes plus loin, de l'égalité politique entre hommes et femmes.

L'égalité professionnelle a mis le même temps à être reconnue sur le plan des principes, mais son application effective a été plus difficile encore à réaliser[332]. Désormais, **l'article L. 1142-1 du Code du travail prohibe le fait de mentionner dans une offre d'emploi le sexe ou la situation de famille du candidat recherché**, de refuser d'embaucher une personne, prononcer une mutation, résilier ou refuser de renouveler le contrat de travail d'un salarié en considération du sexe, de la situation de famille ou de la grossesse et enfin de prendre en considération du sexe ou de la grossesse toute mesure, notamment en matière de rémunération, de formation, d'affectation, de qualification, de classification, de promotion professionnelle ou de mutation.

Dans la **fonction publique**, il a fallu attendre 1936 pour que le Conseil d'État reconnaisse l'aptitude légale des femmes à exercer un emploi public et abandonne le raisonnement antérieur selon lequel n'accomplissant pas de service militaire leur citoyenneté demeure en quelque sorte imparfaite[333]. Par ailleurs le statut de 1946 a interdit toute distinction à l'entrée de la fonction publique et dans la carrière sauf exceptions, lesquelles sont acceptées par le Conseil d'État en fonction de la nature des emplois exercé. Il en demeure encore, mais elles tendent à se raréfier sous la pression du droit européen.

Au-delà de la jurisprudence, **les politiques de l'Union européenne**, notamment extérieure, tiennent compte de ce traitement[334]. À partir de l'article 141 du traité, la Cour a développé les éléments d'un principe général de non-discrimination entre femme et homme[335]. Cela a notamment déterminé la modification de la Loi fondamentale allemande pour autoriser la féminisation de l'armée[336]. Pour la France, **le Code des pensions qui réservait aux femmes le bénéfice d'une bonification attribuée aux fonctionnaires ayant élevé des enfants a été**

330. CC, 26 janvier 2017, Loi relative à l'égalité et à la citoyenneté, n° 2016-745 DC.

331. CEDH, 25 juillet 2017, *Carvalho Pinto de Sousa Morais c. Portugal* (requête n° 17484/15).

332. Loi n° 2001-397 du 9 mai 2001 relative à l'égalité professionnelle entre les femmes et les hommes et loi n° 2006-340 du 23 mars 2006 relative à l'égalité salariale entre les femmes et les hommes.

333. CE, Ass., 3 juill. 1936, *Delle Bobard*.

334. Voir par ex. le Règlement du Conseil du 22 déc. 1998 relatif à l'intégration des questions d'égalité des sexes dans la coopération au développement, la directive du Conseil du 27 nov. 2000 pour l'égalité de traitement dans l'emploi et celle du 13 déc. 2004 sur l'égalité des sexes dans l'accès aux biens et services.

335. CJCE, 15 juin 1978, Gabrielle Defrenne c. Sabena.

336. CJCE, 11 janv. 2000, aff. C-285/98, *Tanja Kreil*.

également condamné sur ce principe[337]. Dans l'affaire *Mayr c. Bäckerel und Konditorei Gerhard Flöner OHG*[338], le licenciement d'une femme en plein processus de **fécondation *in vitro* a été jugé potentiellement discriminatoire** à condition de prouver que l'employeur a en fait été guidé par le mobile de ce processus qui n'affecte que la femme. L'État doit reconnaître une discrimination, combinée avec le droit aux biens dans le cas d'un refus d'accorder à une salariée une couverture d'assurance maladie professionnelle, pendant qu'elle subissait un traitement de fécondation *in vitro* et durant la grossesse. Les autorités considéraient en effet que son emploi était fictif et visait uniquement à assurer le paiement de son salaire pendant sa grossesse, et que la requérante était médicalement inapte à travailler dans une ville éloignée en raison de la procédure de FIV, constituant une différence de traitement de la femme enceinte en raison de sa grossesse, discrimination directe fondée sur le sexe[339].

C'est aussi le droit européen qui a conduit notre droit à franchir les étapes supplémentaires sur la voie de l'égalité[340]. La Cour de justice condamne par exemple la directive qui autorise les assureurs à moduler les primes d'assurance en fonction du sexe lorsqu'il se révèle être un élément important du contrat[341]. Elle estime également que le **congé lié à l'allaitement** ne peut être réservé à la femme...[342].

La Cour de justice de l'Union Européenne[343] a indiqué que peut constituer une discrimination illicite envers les femmes une réglementation qui prévoit, en tant que critère d'admission à l'école de police, une taille physique minimale indépendamment du sexe. La **directive 76/207/CEE du Conseil du 9 février 1976** fixe les dispositions relatives à la mise en œuvre du principe de l'égalité de traitement entre les hommes et les femmes en ce qui concerne l'accès à l'emploi, à la formation et à la promotion professionnelles, et les conditions de travail, le principe d'égalité de traitement implique l'absence de toute discrimination fondée sur le sexe, soit directement, soit indirectement par référence, notamment, à l'état matrimonial ou familial. Ici, **la fixation d'une taille physique minimale identique pour tous les candidats, de sexe masculin ou féminin, constitue une discrimination indirecte** dès lors qu'elle désavantage un nombre beaucoup plus élevé de personnes de sexe féminin que de personnes de sexe masculin. L'État peut la justifier s'il dévoile son objectif, en termes légitimes de compétences requises (mais on verra alors que cela ne se résume pas à la taille), mais dans ce cas il faut que les moyens pour parvenir à ce but soient appropriés et nécessaires. En l'occurrence, l'État ne semble pas respecter ces conditions en subordonnant l'admission des candidats au concours d'entrée à l'école de police, quel que soit leur sexe, à une exigence de taille physique minimale de 1,70 m.

CEDH, Gr. Ch., 22 mars 2012, *Konstantin Markin c. Russie*

Un militaire russe qui avait obtenu la garde de ses trois enfants a sollicité, juste après la naissance du dernier de ceux-ci, un congé parental de trois ans. Mais les autorités militaires ne lui accordèrent qu'un congé de trois mois au motif que celui de trois ans était réservé aux seules femmes militaires. Si « l'article 8 ne comporte pas un droit au congé parental et n'impose pas non plus aux États l'obligation positive de prévoir une allocation de congé parental », ce « congé parental et l'allocation [financière] correspondante entrent [...] dans le champ d'application de l'article 8 de la Convention ». La Cour déploie l'interdiction de la discrimination prévue à l'article 14 en *recherchant si le requérant se trouvait à l'époque des faits dans une situation comparable à celle d'une femme travaillant dans l'armée.* ***Revenant sur sa solution précédente (CEDH, Ch., 27 mars 1998, Petrovic c. Autriche, req. n° 20458/92), la Cour constate que « pour ce qui est des soins à apporter à l'enfant pendant la***

337. CJCE, 29 nov. 2001, Joseph Greismar c. ministre de l'Économie.
338. CJCE, 26 févr. 2008.
339. CEDH, 4 février 2021, *Jur i c. Croatie*, n° 54711/15.
340. Loi du 7 mai 1982 pour le secteur public, loi du 13 juill. 1982 modifiant le Code du travail et loi du 9 mai 2001.
341. CJUE, Gr. ch., 1er mars 2011, aff. C-236/09, *Ass. Belge des consommateurs test-achats*.
342. CJUE, 30 sept. 2010, *Pedro Manuel Roca Álvarez*, C-104/09, § 36.
343. CJUE, 18 octobre 2017, Ypourgos Esoterikon, Ypourgos Ethnikis paideias kai Thriskevmaton contre Maria-Eleni Kalliri, C-409/16.

> *période correspondant au congé parental, les hommes et les femmes sont placés dans des « situations analogues » » (§ 132).*

789 **Le critère de l'orientation sexuelle (voir aussi les développements relatifs à la liberté sexuelle). – En droit français**, le législateur est **revenu sur la pénalisation de l'homosexualité** « acte contre nature avec un mineur » imposée par Vichy. La dépénalisation s'est ensuite prolongée en 1985 par la répression de la discrimination « en raison des mœurs ». L'orientation sexuelle doit laisser indifférent, particulièrement un employeur ou futur employeur. **La CEDH** a jugé qu'une distinction est discriminatoire, au sens de l'article 14, si elle manque de justification objective et raisonnable, c'est-à-dire si elle ne poursuit pas un « but légitime » ou s'il n'y a pas de « rapport raisonnable de proportionnalité entre les moyens employés et le but visé ». Lorsque l'orientation sexuelle est en jeu, il faut des raisons particulièrement graves et convaincantes pour justifier une différence de traitement s'agissant de droits tombant sous l'empire de l'article 8[344]. Le 9 janvier 2003, dans un arrêt *L et V c. Autriche*, la CEDH **condamne la législation autrichienne qui établissait des âges différents pour l'interdiction des relations hétérosexuelles et homosexuelles**[345]. Les droits corollaires comme le droit au bail ou les pensions ne s'accommodent plus non plus de distinctions selon l'orientation sexuelle du couple[346]. Dans le même sens, la Cour condamne pour traitement dégradant et discrimination **le fait d'isoler un détenu homosexuel** au motif de le protéger avec pour conséquence de rendre ses conditions de détention moins favorables[347]. L'interdit de la discrimination **s'étend au transsexualisme** depuis l'arrêt *P c. S et Cornwall County Council*[348], jusqu'à imposer que les pensions liées au nouveau conjoint d'un transsexuel soient versées comme pour tout autre[349]. La CJUE adopte d'ailleurs la même position, interdisant la discrimination des couples homosexuels mariés concernant les pensions de retraite complémentaire[350].

790 **Exemple des unions entre personnes de même sexe. – (Voir aussi développements relatifs à la liberté du mariage)**. Une limite tient aux institutions qui structurent la famille, comme le mariage, pour lesquelles les États conservent une large marge d'appréciation. **Le fait de refuser le mariage à des couples homosexuels ne constitue ni une discrimination, ni une atteinte à la vie privée, ni une atteinte à la liberté du mariage.** La CEDH l'a ainsi jugé dans une affaire *Schalk et Kopf c. Autriche*[351]. La CEDH y constate qu'aucun consensus ne se dégage parmi les États membres du Conseil de l'Europe sur la question du mariage homosexuel. Par ailleurs, la Cour note que l'article de la CDFUE (citée par le gouvernement autrichien dans ses observations), par lequel elle consacre le droit de se marier, ne parle pas de l'homme et de la femme ; par conséquent, ce droit n'est pas limité absolument au mariage entre deux personnes de sexe opposé. Cela étant, la Charte laisse à chaque État membre le soin de décider si, dans son ordre juridique, le mariage homosexuel doit être permis. De ce fait, le droit au mariage n'implique pas que les États doivent l'offrir aux couples de même sexe. Pourtant, du point de vue de la vie privée, **un couple d'homosexuels qui vit une liaison stable, relève de la notion de « vie familiale », au même titre que la relation d'un couple de sexe opposé dans la même situation**. Cependant, la Cour de Strasbourg après s'être montrée réticente à une utilisation immodérée de la combinaison de ces articles dans le domaine de la sexualité en déclarant irrecevables trois requêtes françaises[352], condamne le refus d'enregistrer des déclarations de mariage et l'absence de toute possibilité pour les couples de même sexe de faire

344. Exclusion de l'armée britannique : CEDH, 27 nov. 1999, *Lusting-Prean and Becket, Smith and Grady* ; droit de garde des enfants d'un père divorcé : CEDH, 21 déc. 1999, *Salgueiro Da Silva Mourta c. Portugal*.
345. Voir aussi CEDH, 27 mars 2001, *Sutherland c. RU*.
346. CEDH, 24 juill. 2003, *Karner c. Autriche* ; CJCE, Gr. Ch., 1er avr. 2008, *Maruko*.
347. CEDH, 9 oct. 2012, n° 24626/09, *X c. Turquie*.
348. CJCE, 30 avr. 1996.
349. CJCE, 7 janv. 2004, KB c. National Health Service Pensions Agency.
350. CJUE, Gr. Ch., 10 mai 2011, *Romer*.
351. CEDH, 24 juin 2010.
352. CEDH, 6 février 2018, *Bonnaud et Lecoq c. France*, n° 6190/11 ; CEDH, 16 janvier 2018, *Charron et Merle-Montet c. France*, n° 22612/15 ; CEDH, 12 décembre 2017, *Hallier et autres c. France*, n° 46386/10.

reconnaître officiellement leur relation[353]. Elle rejette l'argument du gouvernement selon lequel les intérêts de la société dans son ensemble peuvent justifier l'absence de possibilité pour les couples de même sexe d'officialiser leur relation.

II. L'aspect positif : la reconnaissance des différences

791 De l'égalité formelle à l'égalité réelle. – La non-discrimination renvoie à la notion plus classique d'égalité devant la loi. Il s'agit de l'égalité formelle. Elle garde la « vieille maison » de l'égalité pendant que le principe d'égalité lui-même se répand pour donner chair à une égalité de fait, à des politiques compensatoires qui créent des catégories destinées à des régimes spécifiques. Les **faiblesses de l'égalité réelle de l'État-providence se surmontent par la non-discrimination** qui dépasse pourtant l'aspect social en objectivant les inégalités, affiliées à la notion de vulnérabilité et finalement de minorité. Le rapport *Belorgey* de 1999[354] ne dit pas autre chose, **car lutter contre les discriminations signifie également, selon les termes du rapport, « déplacer l'accent d'une réflexion sur les carences des candidats à l'intégration vers une réflexion sur les raideurs de la société d'accueil »**.

A. Le principe général d'égalité et le droit à l'égalité

792 Droit constitutionnel. – Outre la première QPC relative aux pensions d'anciens combattants qui se fonde sur la non-discrimination, dès les premières décisions QPC[355] le Conseil examine le grief de rupture d'égalité. Tous les domaines sont concernés tant au regard des différences de situation, que de leur absence, ou de l'interdit de discrimination. Bien au-delà de l'égalité « en droits » affichée par la DDHC, le principe d'égalité s'est **transformé en « droit à l'égalité »** impliquant de pouvoir obtenir plus ou de perdre moins, en vue d'acquérir une égalité de fait. L'égalité des chances implique l'égalité formelle, et l'égalité réelle implique le traitement différencié de personnes en situations différentes. L'égalité occupe les colonnes de jurisprudence. Elle reste aujourd'hui le plus invoqué des principes devant le juge constitutionnel. Dès qu'un droit est reconnu, tous peuvent en jouir de la même façon, sauf si le législateur a entendu réserver la garantie de certaines prérogatives à un groupe selon un motif légitime et de manière justifiée. Dans des domaines aussi divers que les **collectivités territoriales**, le **droit de la communication, le droit économique, la procédure pénale ou le droit civil, l'égalité n'implique pas un traitement uniforme.** La loi peut, par exemple, autoriser des régimes différents pour l'exécution d'une peine, dès lors que tous les condamnés à une même peine remplissant les conditions requises, peuvent accéder aux mêmes régimes. **L'individualisation des peines**, qui conduit à appliquer à certains condamnés des conditions de détention strictes et à d'autres un régime libéral, n'est pas contraire aux articles 6 et 7 de la Déclaration de 1789[356]. Dans le domaine fiscal, le législateur a pu assujettir de manière différente à la taxe sur les salaires des entreprises qui ne sont pas dans la même situation[357]. Mais c'est dans le domaine des **prestations sociales** que les écarts se creusent, au nom de l'égalité, entre des catégories particulières de bénéficiaires de droits. Ainsi, eu égard aux difficultés et aux handicaps qui peuvent affecter **l'insertion professionnelle** de personnes rencontrant des difficultés particulières, le législateur a pu ouvrir à celles-ci la faculté d'être employées par les associations intermédiaires sans méconnaître le principe d'égalité[358]. Le principe **d'égal accès aux**

---

353. CEDH, 13 juillet 2021, *Fedotova et autres c. Russie*, n° 40792/10.

354. *Lutter contre les discriminations*, Rapport à Madame la ministre de l'Emploi et de la Solidarité.

355. CC, 11 juin 2010, déc. n° 2010-2 QPC, différence de régime de responsabilité, selon que la faute médicale est ou non à l'origine du handicap ; 28 mai 2010, déc. n° 2010-3, différence entre associations : l'union nationale et les unions départementales des associations familiales sont différentes de leurs composantes ; 22 juill. 2010, déc. n° 2010-4/17 QPC, différence objective entre fonction publique d'État et agents territoriaux de Nouvelle-Calédonie.

356. CC, 27 juill. 1978, déc. n° 78-97 DC.

357. CC, 17 sept. 2010, déc. n° 2010-28 QPC.

358. CC, 25 janv. 1995, déc. n° 94-357 DC.

emplois publics peut être invoqué dans le cadre d'une QPC[359]. Cette configuration se présente dans une infinité de domaines et fait des distorsions d'égalité un instrument politique majeur.

793 **Légitimation des catégories.** – Le principal mouvement d'adaptation de l'égalité juridique à l'égalité réelle demeure la création de catégories, mais les structures juridiques restent ici abstraites et **ne correspondent pas à des faits particuliers, ni à des groupes ni à des minorités**. La généralité du droit républicain persiste. Il n'est pas encore question de sentiment d'identité, et l'individu occupe toujours la première place et non le groupe. Ici, le système juridique n'entend pas « coller » à la réalité, mais donner sa propre vision des vulnérabilités. La simple égalité compensatrice ou correctrice déroge certes à l'égalité formelle, de droit, mais elle se contente de distinguer, de surexposer une catégorie dont les avantages sont accrus, sans préjudice direct pour d'autres catégories.

794 La décision nº 2010-11 QPC[360] soulève **l'argument de la nationalité**, laquelle ne joue qu'un rôle factuel et non *de jure* pour le calcul de l'impôt sur le revenu des titulaires d'une pension militaire d'invalidité et des victimes de la guerre ou de leurs veuves. Pour le Conseil, le législateur a pris en considération leur situation particulière et répondu à un objectif d'intérêt général en rapport direct avec l'objet de la loi. L'allègement d'impôt qui en résulte ne crée pas de rupture caractérisée de l'égalité devant les charges publiques.

Par exemple, le Code de procédure pénale (art. 335) prévoit que le mari ou la femme de l'accusé devant la cour d'assises, témoigne sans avoir à prêter serment. Le Conseil constitutionnel a reconnu une **rupture de l'égalité avec les concubins ou les partenaires liés par un pacte civil de solidarité**, qui sont, eux, soumis à une telle obligation de prêter serment (le témoin qui refuse de déposer encourt une amende de 3 750 euros ; celui qui ment sous serment encourt une peine de cinq ans d'emprisonnement et 75 000 euros d'amende). Pour lui « le mariage, le concubinage ou le pacte civil de solidarité sont les trois formes d'union sous lesquelles peut s'organiser, juridiquement, la vie commune d'un couple. Si l'intensité des droits et obligations qui s'imposent aux membres du couple diffère selon qu'ils choisissent l'une ou l'autre de ces unions, les concubins ou les partenaires liés par un pacte civil de solidarité ne sont pas moins exposés que les conjoints au dilemme moral dont le législateur a entendu préserver ces derniers lorsqu'ils sont appelés à témoigner au procès de leur conjoint accusé »[361].

795 **Différences de situations objectives** – Plusieurs exemples : les **professionnels de santé** conventionnés sont, au regard de l'objet de la loi, dans une situation différente de celle des professionnels non conventionnés. Dès lors, en réservant la qualité d'électeur aux seuls professionnels de santé conventionnés, le législateur n'a pas porté atteinte au principe d'égalité[362].

Le Conseil a jugé contraires à l'égalité les dispositions qui établissent, au regard de l'accès à la retraite progressive, une différence de traitement entre les salariés qui exercent une activité mesurée en jours sur l'année et les salariés à temps partiel. Certes, ils sont dans des situations différentes au regard de la définition et de l'organisation de leur temps de travail, mais les salariés, ayant conclu avec leur employeur une convention de forfait en jours sur l'année fixant un nombre de jours travaillés inférieur au plafond légal ou conventionnel, exercent, par rapport à cette durée maximale, une activité réduite, sans avoir accès à la retraite progressive, quel que soit le nombre de jours travaillés dans l'année[363].

Le Conseil a censuré la disposition du Code général des impôts qui affranchissait d'impôt sur le **revenu les rentes viagères visant à réparer un préjudice corporel** ayant entraîné une incapacité permanente totale,

359. CC, 28 janv. 2011, déc. nº 2010-94 QPC.
360. CC, 9 juill. 2010, déc. nº 2010-11 QPC, *Mme Virginie M.*
361. CC, 28 févr. 2020, nº 2019-828/829 QPC, *M. Raphaël S. et autre* [Déposition sans prestation de serment pour le conjoint de l'accusé].
362. CC, 19 nov. 2010, déc. nº 2010-68 QPC.
363. CC, 26 février 2021, nº 2020-885 QPC, *Mme Nadine F.*

lorsqu'elles sont versées en exécution d'une décision de justice sans en faire profiter celles versées en application d'une transaction. Cette différence de traitement entre les victimes d'un même préjudice corporel étant sans rapport avec l'objet de la loi, qui est de faire bénéficier d'un régime fiscal favorable les personnes percevant une rente viagère en réparation du préjudice né d'une incapacité permanente totale, méconnaît les articles 6 et 13 de la Déclaration de 1789[364].

Lorsque le législateur crée une procédure spécifique d'expropriation pour cause d'utilité publique pour protéger la vie des personnes habitant dans les logements exposés à certains risques naturels, il n'a pas entendu instituer un dispositif de solidarité pour tous les propriétaires d'un bien exposé à un risque naturel, mais uniquement permettre d'exproprier, contre indemnisation, ceux exposés à certains risques naturels. Il peut donc traiter différemment le propriétaire d'un bien exposé à un risque d'érosion côtière et le propriétaire d'un bien exposé à un risque mentionné au premier alinéa de l'article L. 561-1, lesquels sont placés dans des situations différentes[365].

Retour des ponts à péage[366]

Comme le Conseil d'État avait fixé le principe d'égalité à propos du pont de l'île de Ré (CE, Sect., 10 mai 1974, Denoyez et Chorques, Rec. 274), le Conseil constitutionnel se prononce à nouveau (CC, 2 juillet 1979, n° 79-107 DC, « Ponts à péage ») sur les tarifs du pont d'Oléron.

En premier lieu, il ressort des travaux préparatoires qu'en instituant l'imposition prévue à l'article L. 321-11, le législateur a entendu limiter le trafic routier dans les îles maritimes reliées au continent par un ouvrage d'art et préserver l'environnement.

En second lieu, d'une part, en prévoyant la modulation du montant du droit départemental de passage en fonction de la « silhouette » des véhicules, les dispositions contestées permettent de prendre en compte, au regard de l'emprise au sol et du gabarit des véhicules, leur impact sur le trafic routier et sur l'environnement.

D'autre part, en permettant d'accorder des tarifs différents ou la gratuité aux usagers domiciliés ou travaillant dans l'île et à ceux ayant leur domicile dans le département, le législateur a entendu tenir compte de la fréquence particulière à laquelle ces usagers sont susceptibles d'emprunter l'ouvrage d'art, qui les place dans une situation différente de celle des autres usagers. En procédant de même s'agissant des usagers accomplissant une mission de service public, il a souhaité ne pas entraver l'exercice d'une telle mission.

Par conséquent, pour déterminer les conditions de modulation du montant du droit départemental de passage, le législateur s'est fondé sur des critères objectifs et rationnels en fonction du but poursuivi. Le grief tiré de la méconnaissance du principe d'égalité devant les charges publiques doit ainsi être écarté.

Le Conseil a été amené à constater **l'inconstitutionnalité de différences de traitement, pourtant déterminées par le droit européen, entre les sociétés mères, selon que les dividendes qu'elles redistribuent proviennent ou non de filiales établies dans un État membre de l'Union européenne autre que la France.** Or, ces sociétés se trouvent dans la même situation au regard de l'objet de la contribution, qui consiste à imposer tous les montants distribués, indépendamment de leur localisation d'origine, et y compris ceux relevant du régime mère-fille issu du droit de l'Union européenne. Ces dispositions instituent une discrimination « à rebours » injustifiée

364. CC, 23 nov. 2018, n° 2018-747 QPC, *M. Kamel H.* [Assujettissement à l'impôt sur le revenu des rentes viagères servies en réparation d'un préjudice corporel].

365. CC, 6 avril 2018, n° 2018-698 QPC, *Syndicat secondaire Le Signal* [Exclusion de la procédure d'expropriation pour risques naturels majeurs en cas d'érosion dunaire].

366. CC, 24 mai 2017, *Association pour la gratuité du pont de l'île d'Oléron*, n° 2017-631 QPC [Droit départemental de passage sur les ponts reliant une île maritime au continent].

entre les sociétés redevables de la contribution, selon l'origine des revenus distribués, constitutive d'une méconnaissance des principes d'égalité devant la loi et devant les charges publiques[367].

796 **Droit administratif.** - Chronologiquement, **le juge administratif a été le premier à moduler l'égalité entre uniformité et modularité pour créer l'égalité de fait.** L'objectif de solidarité a transformé le principe selon lequel **il convient de « traiter de la même façon les personnes qui sont, au regard de l'objet du service, dans la même situation »**. Ce principe s'applique à ceux qui veulent accéder au service public, à ceux qui sont usagers du service comme aux agents qui veulent travailler dans le service. Il se concrétise parfois par la **gratuité** (pour les services obligatoires comme l'éducation jusqu'à 16 ans) ou par des tarifs adaptés mais par un traitement identique de tous dans le service (parfois un traitement adapté selon les besoins pour pouvoir bénéficier du service). Un traitement différent se met en place si les usagers sont en situations différentes au regard de l'objet du service. Cette différence doit être objective, rationnelle et appréciable[368]. Ce n'est pas le cas de l'ancienneté des élèves pour une différence tarifaire[369]. Mais **le Conseil d'État a su faire évoluer le principe en jouant sur la question du lien logique entre l'objet de la loi et le motif de différenciation**. On en veut pour preuve l'évolution de la jurisprudence concernant les tarifs des services sociaux facultatifs comme les **services culturels**. Alors qu'il avait refusé des modulations selon les ressources des familles pour une école de musique[370], il a découvert le lien qui existe entre culture et politiques sociales[371]. Il a ainsi tendance à faire jouer le motif d'intérêt général pour justifier la multiplication des catégories à promouvoir. **Le service public demeure un outil de solidarité**.

B. Le principe de la parité « homme-femme »

797 **Représentation sociale et représentation politique.** - Donnant raison aux « suffragettes », ce sont les droits politiques qui ont été accordés les premiers[372]. Cinquante ans plus tard toutefois, les Françaises étaient moins de 6 % à siéger au Parlement soit moins qu'en 1945, faisant de la France l'avant-dernier des pays d'Europe pour le niveau de participation active à la politique nationale, bien qu'elles représentent 53 % de l'électorat et 44 % de la population active. **En 1982, le Conseil constitutionnel a refusé d'admettre la validité de la fixation de « quotas électoraux »** (pas plus de 75 % de candidats de même sexe sur les listes).

Cour européenne des droits de l'homme, Avis consultatif sur certaines questions juridiques relatives aux listes de candidats présentées en vue de l'élection des juges de la Cour européenne des droits de l'homme, 12 février 2008

« 1. Les questions posées dans la demande d'avis consultatif sont formulées comme suit :
(a) une liste de candidats au poste de juge à la Cour européenne des droits de l'homme satisfaisant aux critères énumérés dans l'article 21 de la Convention peut-elle être refusée du seul fait de considérations de sexe ?

367. CC, 8 juill. 2016, *Société Natixis*, n° 2016-553 QPC [Application du régime fiscal des sociétés mères aux produits de titres auxquels ne sont pas attachés des droits de vote II] ; CC, 6 oct. 2017, *Société de participations financière*, n° 2017-660 QPC [Contribution de 3 % sur les montants distribués].
368. CE, 10 mai 1974, *Denoyez et Chorques*.
369. CE, 22 déc. 1987, *Commune de Romainville*.
370. CE, 26 avr. 1985, *Ville de Tarbes*.
371. CE, 29 déc. 1997, *Commune de Gennevilliers et Commune de Nanterre*.
372. Ordonnance du 21 avr. 1944.

[...] Résolution 1366 (2004) :
3. L'Assemblée décide de ne pas prendre en considération les listes de candidats :
i. qui donnent à penser que les domaines de compétence dans lesquels ont été sélectionnés les candidats sont indûment restreints ;
ii. ne comportant pas au moins un candidat de chaque sexe ;
La question posée porte donc sur les droits et obligations de l'Assemblée parlementaire dans la procédure d'élection des juges, tels qu'ils résultent de l'article 22 en particulier et du système de la Convention en général.
Il convient de noter que **ce critère procède d'une politique de reconnaissance de l'égalité des sexes**, laquelle politique reflète l'importance de cette égalité dans la société contemporaine et le rôle que jouent l'interdiction de la discrimination et les mesures de discrimination positive en vue d'atteindre cet objectif. Or les mesures dont il s'agit en l'espèce relèvent bien de cette dernière catégorie. On observe par ailleurs un large consensus sur la nécessité de favoriser l'équilibre des sexes au sein de l'État et dans les emplois publics nationaux ou internationaux, y compris dans l'appareil judiciaire.
2. De l'avis de la Cour, les Parties contractantes, seules compétentes pour modifier la Convention, ont indiqué par là les limites à ne pas franchir par l'Assemblée dans la poursuite de sa politique visant à assurer la présence sur les listes de candidats du sexe sous-représenté : **elle ne saurait avoir pour conséquence de rendre plus difficile pour les Parties contractantes la tâche de présenter des candidats satisfaisant par ailleurs à toutes les exigences** de l'article 21 § 1, lesquelles sont, par conséquent, à considérer comme prioritaires. »

798 **L'obligation de parité.** – En 1999, la Constitution a fait l'objet d'une révision[373]. **Son article 3 est ainsi complété : « La loi favorise l'égal accès des femmes et des hommes aux mandats électoraux et fonctions électives »**. Reste à traduire effectivement ce principe dit de « parité » dans les dispositions du Code électoral et dans les faits pour que l'égalité politique ne reste pas purement théorique. Il revient en effet à la loi, et à elle seule, de déterminer le champ et les modalités de la parité[374]. Les lois du 6 juin 2000 et du **4 juillet 2000 concrétisent sous forme de quotas dans les scrutins de liste** la représentation des femmes. Celle du **9 mai 2001 fait de même en assurant l'équilibre des genres au sein des instances paritaires professionnelles**, aussi bien dans le secteur privé que dans la fonction publique. La loi du 27 janvier 2011, relative à la représentation équilibrée des femmes et des hommes au sein des conseils d'administration et de surveillance et à l'égalité professionnelle, prévoit l'instauration progressive (par paliers en 2014 et 2017) de quotas de femmes (20 % puis 40 %) sous peine de nullité des nominations masculines. Des sanctions financières sont aussi prévues. Le choix français n'a pourtant pas été suivi partout. Le juge constitutionnel italien a ainsi raisonné comme le juge français avant la révision constitutionnelle de 1998. Dans une décision du 12 septembre 1995[375], il a rejeté le système des quotas homme-femme sur les listes électorales les jugeant « contraires aux paramètres constitutionnels ». En 2003, après diverses révisions de la Constitution, la Cour a néanmoins changé de solution.

La loi du 12 mars 2012 relative à l'accès à l'emploi titulaire et à l'amélioration des conditions d'emploi des agents contractuels dans la fonction publique, à la lutte contre les discriminations prévoit un renforcement progressif de la présence des femmes dans la haute fonction publique. L'objectif est d'arriver progressivement à un quota de 40 % de femmes en 2018 (20 % pour la période 2013-2014, 30 % pour 2015-2017 et 40 % en 2017-2018). Le décret du 10 octobre 2013 relatif aux modalités de désignation des membres des jurys et des comités de sélection pour le recrutement et la promotion des fonctionnaires relevant de la fonction publique impose **qu'à compter de 2015 chaque jury et comité de sélection respectent une proportion minimale de 40 % de chaque sexe parmi ses membres.**

373. Loi constitutionnelle du 8 juill. 1999.
374. CE, 10 oct. 2013, Fédération française de gymnastique.
375. Cour constitutionnelle italienne, 12 sept. 1995, n° 422/1995.

La loi du 4 août 2014 pour l'égalité entre les femmes et les hommes vise à combattre les inégalités entre hommes et femmes dans les sphères privée, professionnelle et publique à l'aide de différentes mesures : réforme du congé parental, obligation des employeurs d'accorder au conjoint salarié de la femme enceinte jusqu'à trois autorisations d'absence pour les examens médicaux obligatoires, mécanisme de garantie contre les impayés de pensions alimentaires, des dispositions visant à préserver l'autorité partagée et à privilégier la résidence alternée en cas de séparation, clarification de la définition du délit de violences psychologiques, sanction des entreprises de plus de 50 salariés qui ne respectent pas les dispositions de l'égalité professionnelle et qui se verront interdire l'accès aux marchés publics, renforcement des compétences du Conseil supérieur de l'audiovisuel (devenu ARCOM) afin d'assurer le respect des droits des femmes dans les médias, signalement des contenus illégaux par les éditeurs de sites internet étendu aux propos sexistes, homophobes et handiphobes, doublement du taux de modulation du financement des partis politiques en cas de non-respect de la parité aux élections législatives, généralisation de la parité dans les instances dirigeantes des fédérations sportives, les établissements publics à caractère industriel et commercial, les chambres de commerce et d'industrie (CCI) et chambres d'agriculture, obligation pour les entreprises non cotées en Bourse comptant plus de 250 salariés de compter 40 % de représentants de chaque sexe dans leurs instances dirigeantes.

Le Haut Conseil à l'égalité entre les femmes et les hommes (HCE) a été institué par la **loi n° 2017-86 du 27 janvier 2017 relative à l'égalité et à la citoyenneté**. Il doit remettre, tous les ans, au ou à la Premièr(e) ministre et au ou à la ministre chargé(e) des droits des femmes un rapport sur l'état du sexisme en France. Cette même loi impose aux contrats de ville conclus à partir du 1er janvier 2017 de définir des actions stratégiques dans le domaine de l'égalité entre les femmes et les hommes, et mentionne notamment la part des femmes et des hommes dans les postes de décisions. La loi vise également la mixité sociale et l'égalité des chances dans l'habitat. Au sein des commissions ou instances des établissements publics placés sous la tutelle du ou de la ministre chargé(e) de la culture, une proportion minimale de 40 % de personnes de chaque sexe s'applique à la désignation des membres pour les nominations intervenant à compter du 1er janvier 2018.

Créé par la loi du 5 septembre 2018 pour la liberté de choisir son avenir professionnel, l'Index de l'égalité professionnelle permet aux entreprises de mesurer les écarts de rémunération entre les femmes et les hommes, et met en évidence les points de progression sur lesquels agir quand ces disparités sont injustifiées. Ses résultats peuvent entraîner des mises en demeures de l'inspection du travail. Enfin, la loi n° 2019-1461 du **27 décembre 2019 relative à l'engagement dans la vie locale** et à la proximité de l'action publique prévoit la modification à venir du Code électoral pour étendre les dispositifs paritaires aux mandats électifs du bloc communal.

C. Les discriminations « positives »

799 Principe. – L'aboutissement de la logique de la promotion de l'égalité réelle tient dans le fait de renier l'égalité de droit, formelle, **au profit de la distribution d'avantages, à mérite équivalent, aux membres de minorités, jusqu'à des politiques de quotas**. On préfère parfois parler d'« action positive », ou encore, d'« action affirmative », en copiant l'anglais, pour mieux coller à la réalité de ces mécanismes préférentiels, en principe provisoires car correctifs d'inégalités entre les groupes sociaux.

800 Notion. – **« Ce sont des mesures juridiques qui ont d'une part pour sujet des groupes d'individus, lesquels ont été ou sont victimes de discriminations (négatives) de droit ou de fait ; elles visent en outre un certain résultat : soit l'égalité (de réussite, de représentation, de participation...) avec le reste de la population, soit l'atteinte d'un certain seuil ou quota (de réussite, de représentation, de participation...) équivalent au pourcentage que représente le groupe dans la population totale »**[376]. La différenciation juridique de traitement doit être claire et finalisée par le rétablissement dans ses droits d'une catégorie désavantagée dans le passé. Ces dispositifs sont souvent confondus avec les mesures qui tendent simplement à favoriser l'égalité

376. O. Bui-Xuan, Le droit public français entre universalisme et différencialisme, Economica, coll. Corpus essais, 2004, p. 187.

des chances. Tout dispositif tendant à l'égalité réelle des groupes ne s'analyse en effet pas forcément en discrimination positive car discriminer implique d'exclure, soit positivement ceux qui n'appartiennent pas à la minorité, soit négativement l'individu qui se voit refuser un avantage. Les discriminations positives servent, à travers l'individu, le groupe auquel il appartient plus ou moins malgré lui. **L'individu qui était jusque-là l'entier bénéficiaire de la non-discrimination s'efface au profit du groupe auquel il se voit irrémédiablement lié**. Seul demeure constant le critère de l'intérêt collectif incarné par l'État qui doit contrebalancer les discriminations les moins admissibles, celles qui se fondent sur le racisme.

801 **Légalité. –** Cette possibilité se dégage de la lettre du **protocole n° 12 de la Convention EDH** signé en novembre 2000 selon lequel « le principe de non-discrimination n'empêche pas les États parties de prendre des mesures afin de promouvoir une égalité pleine et effective ». La CEDH[377] a admis que dans certaines circonstances, l'absence d'un traitement différencié pour corriger une inégalité peut en soi emporter violation de la disposition en cause : « **L'article 14 n'interdit pas à un État membre de traiter des groupes de manière différenciée pour corriger des « inégalités factuelles » »**. Mais c'est le droit de l'Union qui invite le mieux à ces discriminations positives, particulièrement dans le domaine de l'égalité professionnelle des sexes. Les dispositifs de discrimination positive, cependant ne doivent pas avoir un caractère trop systématique[378].

802 **Manifestations en droit français. –** Le **Conseil constitutionnel** reste prudent avec les mécanismes de promotions des « minorités ». Face à l'article L. 621-3 du Code de l'éducation qui habilite l'Institut d'études politiques de Paris à « adopter des procédures d'admission comportant notamment des modalités particulières destinées à assurer un recrutement diversifié parmi l'ensemble des élèves de l'enseignement du second degré », il formule simplement une réserve selon laquelle « il **appartiendra au conseil de direction de définir ces modalités selon des critères de nature à garantir le respect de l'égal accès à l'enseignement », ce qui lui permet d'admettre le dispositif**[379]. Lors d'une décision n° 2006-533 DC du 16 mars 2006, le Conseil a rappelé que la loi relative à l'égalité salariale entre les femmes et les hommes invite les régions à prendre en compte l'égal accès à l'emploi des deux sexes, mais que cela ne saurait avoir pour effet de faire prévaloir la considération du sexe sur celle des capacités. Certains dispositifs fixent des **quotas compensatoires** qui s'assimilent à de la discrimination positive. Le Code du travail (art. L. 5212-2) prévoit ainsi que « tout employeur emploie, dans la proportion de 6 % de l'effectif total de ses salariés, à temps plein ou à temps partiel, des travailleurs handicapés, mutilés de guerre et assimilés ». La loi peut prendre aussi des mesures favorisant **l'accès des jeunes à l'emploi**[380]. Le législateur français a adopté en faveur des femmes sur le marché du travail des dispositifs proches de la discrimination positive[381]. D'autres mécanismes tiennent compte des localisations des bénéficiaires des droits (éducation, emploi, rémunération, avantages fiscaux...), présumant que les groupes touchés se concentrent sur ces zones.

377. CEDH, Stec et autres c. Royaume-Uni, 12 avr. 2006.
378. CJCE, 11 nov. 1997, *H. Marschall*.
379. CC, 11 juill. 2001, déc. n° 2001-450 DC.
380. CC, 30 mars 2006.
381. Loi du 13 juill. 1983 qui permet notamment des mesures de rattrapage mentionnées dans les conventions collectives, assouplissement des conditions d'âge pour les femmes seulement, accès favorisé pour les mères de plus de trois enfants...

EXERCICE D'AUTOÉVALUATION

1. Comment définir la dignité de la personne humaine ?
2. Quelle est la valeur du principe de dignité de la personne humaine ?
3. Quels usages sont faits de la dignité dans le domaine de la liberté d'expression ?
4. Qu'est-ce qu'un traitement inhumain ? Et un traitement dégradant ?
5. Que veut dire « droit indérogeable » concernant l'article 3 ?
6. Comment les juges se saisissent-ils de la question des conditions de détention ?
7. Qu'est-ce que la traite des êtres humains ?
8. Comment identifier une discrimination indirecte ?
9. Quelle place pour le principe d'égalité en droit constitutionnel ?
10. Quels sont les critères illégitimes de discrimination en droit interne ?

RÉPONSES

1. Le concept de dignité n'a pas de contenu propre ; il s'agit de hiérarchiser une valeur par rapport à d'autres : l'humain par rapport à l'animal ou la chose inanimée, la personne par rapport à l'être humain. La notion juridique consiste donc à imposer à chacun de considérer l'humanité et la personne en chacun comme prioritaire ; empêchant de traiter un humain comme une chose (esclavage et travail forcé, manipulation, déconsidération), ou de séparer les composantes de l'unité de la personne (le corps sans le consentement par ex.), atteinte à l'intégrité physique ou mentale, l'individu sans son statut social (la personne est relationnelle), réductionnismes de toutes sortes (aux gènes, au groupe social, à la situation de handicap...). Il s'agit donc d'inclure l'individu dans la société par des droits sociaux adaptés, permettre des contacts avec les autres, et en interdisant les discours de haine et d'appel à la violence. La dignité c'est l'unité des composantes de la personne.
2. Formellement il s'agit d'un principe et de plusieurs droits subjectifs de valeur constitutionnelle ou conventionnelle. Matériellement, il s'agit de prérogatives jugées prioritaires sur d'autre part la jurisprudence en cas de conflits de droits d'une même personne ou avec d'autres personnes. La dignité est ainsi vue comme un droit « absolu », ce qui n'est pas exact mais synthétise cette primauté.
3. Quand il s'agit de dignité, « dire c'est faire ». Le discours peut être un acte qui apporte déconsidération et exclusion, voire appelle à la violence en raison d'une réduction de la personne à l'un de ses attributs. Le juge pénal, l'Autorité de régulation de la communication audiovisuelle et numérique (ARCOM), les juges administratif et civil, peuvent donc être amenés à censurer ou punir les discours de haine, attentatoires à la dignité en se réjouissant du malheur d'une personne ou d'un groupe ainsi exclu de l'ensemble politique.
4. Il s'agit de concrétiser la notion de dignité en identifiant des souffrances pour lesquelles l'auteur mérite sanction et la victime considération, mais qui n'atteignent pas le niveau qualifiable de torture (souffrances physiques ou mentales aiguës). Il s'agit de graves souffrances ou d'humiliation subjective et/ou objective, qui s'apprécient *in concreto*. Cela implique de faire cesser ces violations de l'article 3 CEDH, de les prévenir et de les punir. Le standard imposé par la Cour est évolutif au fil des années, généralement vers le meilleur.
5. Le sens étroit et exact est celui de l'interdiction de toute variation de protection en raison des circonstances de fait ou de droit. Même en période sociale exceptionnelle, où les autres droits souffrent des

dérogations, les droits indérogeables ne peuvent subir d'atteintes justifiées. Dans un sens plus large et souvent admis, il s'agit d'accorder, en temps normal, à ces droits la primauté du principe de dignité sur toute autre considération.

6. Longtemps restées dans le domaine du non-droit, les conditions de détentions sont aujourd'hui fortement contrôlées par des associations qui saisissent les autorités administratives indépendantes (comme le CGLPL), le ministère public et les juges. La Cour européenne traite de ces questions à travers les articles 2, 3, 8 et détermine les seuils de tolérance devenus assez contraignants. Le juge administratif, après avoir écarté l'approche en termes de mesures d'ordre intérieur, l'aborde aujourd'hui par le prisme du droit de la responsabilité en vue de peser sur les aspects financiers. Récemment, le juge judiciaire a trouvé une nouvelle voie en s'opposant à l'incarcération quand les conditions de détention seraient indignes.

7. Sous différentes définitions apportées par les conventions internationales et le Code pénal, il s'agit de considérer comme atteinte à la dignité, l'exploitation de la vulnérabilité d'autrui dans toutes sortes d'hypothèses : prostitution, mendicité, délinquance, handicap, extranéité, salariat... ou la mise à disposition d'autrui de personnes vulnérables. La traite peut s'accompagner de servitude, de travail forcé, voire d'esclavage.

8. Il s'agit de toutes les hypothèses où un traitement apparaît égalitaire car il n'utilise pas un des critères prohibés pour créer une différenciation, mais qui, en pratique, prive d'une action (en général perçue comme un avantage) une personne qui peut s'identifier par un des critères prohibés (souvent catégoriel). Il s'agit alors d'y remédier en exigeant que les personnes objectivement en situation différente soient effectivement traitées différemment pour ne pas tomber dans un usage « de fait » du critère prohibé. Par exemple, imposer les mêmes exigences physiques entre valides et personnes en situation de handicap, ou les performances physiques entre hommes et femmes, revient à priver de fait les seconds de l'action ou la place convoitée.

9. Le principe d'égalité et son corollaire, la non-discrimination, se fondent sur l'article 1er de la Constitution et l'article 6 DDHC, notamment. Il s'agit de l'argument le plus souvent soulevé devant le Conseil constitutionnel qui est donc amené à user de l'égalité formelle, matérielle et à vérifier que des critères prohibés ne soient pas utilisés sans un motif d'intérêt général ou en raison de différences objectives de situation ayant un lien avec l'objet de la loi. Il reprend ainsi à la fois le raisonnement ancien du Conseil d'État et l'approche plus européenne de la Cour de Strasbourg et, plus rarement, celle de Luxembourg.

10. Il faut se reporter au Code pénal et au Code du travail : origine, sexe, mœurs, orientation sexuelle, identité de genre, âge, situation de famille, état de grossesse, caractéristiques génétiques, la particulière vulnérabilité résultant de sa situation économique, apparente ou connue de son auteur, appartenance ou non-appartenance, vraie ou supposée, à une ethnie, une nation ou une prétendue race, ses opinions politiques, activités syndicales ou mutualistes, convictions religieuses, apparence physique, nom de famille, lieu de résidence ou de sa domiciliation bancaire, état de santé, perte d'autonomie ou handicap, capacité à s'exprimer dans une langue autre que le français.

CONSEILS DE LECTURE

« Les discriminations positives », AIJC 1997, vol. XIII, 1998.

N. Belloubet-Frier, « Le principe d'égalité », AJDA 1998, n° spécial « Les droits fondamentaux », p. 152.

X. Bioy, « Le concept de dignité », in La dignité et les juges en Europe, Colloque Université Paris I, L. Burgorgue-Larsen (dir.), Bruylant, 2011.

X. Bioy et M.-L. Fages (dir.), Égalité et parité, une nouvelle approche de la démocratie, PUTC-Lextenso, 2013, 271 p.

G. Calves, Les discriminations positives, PUF, coll. Que sais-je ?, 4e éd., 2016.

O. Cayla, « Jeux de nains, jeux de vilains », in G. Lebreton (dir.), Les droits fondamentaux de la personne humaine en 1995 et 1996, L'Harmattan, 1998, p. 149.

C.-A. Chassin (dir.), La portée de l'article 3 de la Convention européenne des droits de l'homme, Bruylant, 2006.

E. Decaux, « Dignité et universalité », in S. Marcus Helmons (dir.), Dignité humaine et hiérarchie des valeurs : les limites irréductibles, Université catholique de Louvain, Academia, 1999, p. 163.

F. Edel, « Le chaos des interprétations du principe d'égalité ou de non-discrimination », Droits, 2015, vol. 61 (1), pp. 117-142.

C. Gourdeau, Racisme, antisémitisme et discriminations en France, Documentation Francaise, Essai, 2020.

R. Hernu, Principe d'égalité et principe de non-discrimination dans la jurisprudence de la Cour de justice des Communautés européennes, LGDJ, Bibliothèque de droit publique, t. 232, 2003.

S. Hennette-Vauchez, M. Pichard et D. Roman, La loi et le genre, Études critiques de droit français, CNRS éd., 2014.

E. Jos, « La traite des êtres humains et l'esclave. », in H. Ascensio, E. Decaux, A. Pellet (dir.), Droit international pénal, Pedone, 2000, p. 337.

G. Koubi, « Droit, droit à la différence, droit à l'indifférence en France… », RTDH 1993, p. 243.

M. Mercat-Bruns (dir.), Personne et discrimination : perspectives historiques et comparées, Dalloz, coll. Thèmes et commentaires, 2006, p. 170.

M. Mercat-Bruns (dir.), Nouveaux modes de détection et de prévention de la discrimination et accès au droit : action de groupe et discrimination systémique ; algorithmes et préjugés ; réseaux sociaux et harcèlement, vol. 14, Société de législation comparée, coll. Trans Europe Experts, 2020.

Ministère de la jeunesse, Lutter contre les discriminations et les inégalités Enseignements du Fonds d'expérimentation pour la jeunesse, Documentation Française, Essai, 2019.

O. Pluen et J.-F. Niort, Esclavage, traite et exploitation des êtres humains. Du Code noir à nos jours, Dalloz, 2018.

F. Sudre et H. Surrel (dir.), Le droit à la non-discrimination au sens de la CEDH, Droit et justice, n° 81, IDEDH, Bruylant, 2008.

D. Tharaud et C. Boyer-Capelle (dir.), Dictionnaire juridique de l'égalité et de la non-discrimination, L'Harmattan, Le droit aujourd'hui, 2021.

CHAPITRE 3

La liberté personnelle

803 **Autonomie.** – Pour commencer, rappelons cette pensée signée Jacques Ellul : « Le droit n'est pas la traduction des situations de fait, il n'est pas enregistrement de ce qui est. C'est l'intention, le projet de comportement qui caractérise l'activité juridique »[1]. Loin de n'être qu'un rappel du *sollen* kelsenien, cette citation peut amener à mesurer que **le droit ne saurait se réduire à la protection du comportement dominant mais qu'il peut aussi créer les cadres d'une grande autonomie de l'individu**. De fait, l'évolution la plus récente du droit a cessé de voir dans la loi le principal régulateur des comportements. Des normes aussi libérales et aussi générales que **le droit de développer librement la personnalité de chacun, la libre disposition du corps et leur corollaire, le droit de ne pas subir de contrainte excessive de la part d'autrui**, donnent un visage nouveau aux droits de l'homme et limitent le champ de ce que la loi peut elle-même réguler. La sphère d'autonomie n'a cessé de croître, discréditant les limites imposées par la sphère publique. La vie privée a grignoté la chose publique, définitivement vouée à la satisfaction de chacun.

804 **Plan.** – Cette évolution se nourrit principalement de la jurisprudence de la CEDH, mais les droits constitutionnels des États européens ne sont pas en reste. Tous promeuvent l'ambition de voir chacun développer sa personnalité au contact d'autrui et selon ses choix, dans le souci du respect des identités et au prix d'une croissance inouïe de la vie privée. **Un certain fléchissement se constate néanmoins ces dernières années à la faveur d'une virulente critique des droits de l'homme, souvent jugés trop individualistes**[2].

1. J. Ellul, « Sur l'artificialité du droit et le droit d'exception », *APD* 1963, n° 8, p. 21.
2. Refonder les droits de l'homme – Des critiques aux *pratiques*, sous dir. S. Touzé et E. Dubout, Pedone, 2018.

Section 1
Liberté personnelle et libre développement de la personnalité

805 **Réalisme juridique.** – Le doyen Hauriou écrivait à propos de la personnalité du sujet que « **plus la civilisation progresse, plus la personnalité juridique se rapproche de la personnalité réelle ; ce qu'il y a d'excessif dans sa continuité artificielle s'atténue** »[3]. Son intuition a trouvé confirmation dans nos droits contemporains qui n'ont cessé de protéger les volontés individuelles à l'aide de notions qui guident la loi dans son adaptation aux souhaits individuels. En effet, les constitutions d'après guerre et les conventions internationales proclament solennellement **le droit de tous au libre développement de la personnalité**. Ce droit appelle en principe des notions de droits civil ou social mais c'est le droit constitutionnel qui lui donne son fondement.

806 **Perspectives.** – En droit constitutionnel français, **la liberté personnelle est le nom que le juge constitutionnel a donné au concept porté par les articles 2 et 4 de la Déclaration des droits, c'est-à-dire la Liberté au sens le plus général, le moins précisé dans ses manifestations**. Il s'agit d'une porte d'entrée unique pour toutes les manifestations de l'autonomie personnelle, pour les libertés individuelles (liberté individuelle, vie privée, liberté d'aller et venir, liberté du mariage, liberté corporelle...). Elle est donc une « liberté mère » ou « matricielle »[4] qui n'en est pas pour autant écartée de tout usage direct ou semi-direct, par exemple à travers la liberté de disposer de son corps qui n'est pas explicitement posée ainsi.

I. De la liberté personnelle comme liberté mère

A. Les mentions de la liberté personnelle

807 **Notions constitutionnelles – Droits étrangers.** – On pense en priorité au droit constitutionnel **allemand qui déploie les implications de l'article 2 de la Loi fondamentale**[5] tant dans le domaine des droits de la personnalité qu'au-delà. Mais c'est également le cas en Espagne où l'article 10, adossé au principe de dignité, permet de répondre à des questions similaires, ou encore en Suisse et en Italie qui accentuent parallèlement la notion corollaire de liberté personnelle. L'Italie dispose d'une Constitution dont l'article 3 assigne à la République l'objectif fondamental d'« écarter les obstacles d'ordre économique et social qui, en limitant dans les faits la liberté et l'égalité des citoyens, s'opposent au plein épanouissement de la personne humaine [...] ». L'article 2 évoque également la personnalité de l'individu en liaison avec les « formations sociales ». Le Tribunal constitutionnel suisse a relevé ainsi que la liberté personnelle, fondée sur la dignité de la personne, impose de pouvoir déterminer le sort de sa propre dépouille[6]. La même tonalité anime la **Constitution espagnole dont l'article 10** dispose que « la dignité de la personne, les droits individuels qui lui sont inhérents, le libre développement de la personnalité, le respect de la loi et des droits d'autrui sont le fondement de l'ordre politique et de la paix sociale ». L'élément déterminant du libre développement, celui qui cimente l'union de la liberté et de la personnalité, de l'agir et de l'être, demeure celui de l'autodétermination de la personne en ce qui concerne son existence publique. Ce qui peut être révélé, la façon dont on souhaite être perçu, en bref la porosité de la frontière public-privé, tombe de plus en plus dans le domaine du libre choix individuel et de la subsidiarité.

---

3. M. Hauriou, « De la personnalité comme élément de la réalité sociale », *RGDL* 1898, p. 20.
4. B. Mathieu, « La dignité de la personne humaine. Quel droit ? Quel titulaire ? », *Dalloz* 1996, Chronique, p. 282.
5. « Chacun a droit au libre épanouissement de sa personnalité pourvu qu'il ne viole pas les droits d'autrui, ni n'enfreigne l'ordre constitutionnel ou la loi morale ».
6. ATF 111, 16 avr. 1997.

808 **Notion constitutionnelle – Droit français. –** À l'inverse la France ne semble pas consacrer un tel droit. Si le préambule de 1946 entend se référer à une notion connexe de développement[7], le **Conseil constitutionnel n'a en effet que peu tenté l'aventure de faire produire à ce texte des effets assimilables à ce qu'est ailleurs le libre développement de la personnalité.** Pas plus qu'il n'a tiré de conséquences du 5e alinéa du préambule de la Charte de l'environnement selon lequel « la diversité biologique, l'épanouissement de la personne et le progrès des sociétés humaines sont affectés par certains modes de consommation ou de production et par l'exploitation excessive des ressources naturelles ». Cette notion de libre développement demeure en France une « idée neuve » à envisager sous les traits de la liberté personnelle.

809 **Jurisprudence du Conseil. –** Le Conseil constitutionnel a utilisé pour la première fois le terme **« liberté personnelle » en 1988 à propos de la loi d'amnistie** prévoyant la réintégration de salariés protégés licenciés pour séquestration de leur employeur. Pour le Conseil, cela risque de mettre en cause la liberté personnelle de l'employeur et des salariés de l'entreprise en leur imposant la fréquentation, sur les lieux de travail, des auteurs d'actes dont ils ont été victimes[8]. **L'idée était alors de sortir de la liberté individuelle les domaines qui relèvent traditionnellement du juge administratif dont il ne fallait pas fragiliser la compétence.** La décision n° 89-257 DC du 25 juillet 1989 a ensuite jugé contraire à la liberté personnelle l'obligation pour un employeur de réintégrer certes des personnes amnistiées, mais dont le contrat de travail avait été légalement résilié. De même, le Conseil constitutionnel, autant dans la grande décision de 1982 relative aux droits et libertés des salariés, que dans celle du 25 juillet 1989, dite *Prévention des licenciements économiques*, consacrant explicitement la **liberté personnelle des salariés**, a entendu préserver la personnalité en distinguant vie privée et vie professionnelle. Étaient en effet en cause les termes de l'article 29 de la loi relative aux droits d'ester en justice des organisations syndicales en matière de licenciements pour motif économique. La loi ouvrait ce recours aux syndicats en leur nom propre, sans avoir à justifier d'un mandat de l'intéressé. Les requérants faisaient valoir que la liberté de conscience de l'article 1er de la DDHC était méconnue dans la mesure où le syndicat agissait sans lien avec lui et que le préambule de 1946 qui lie action syndicale singulière et adhésion de l'intéressé était également méconnu. Neutralisant ce second motif pour dégager une sphère d'action syndicale autonome, le Conseil n'en estime pas moins que « les modalités de mise en œuvre de prérogatives reconnues aux organisations syndicales doivent respecter la liberté personnelle du salarié, qui, comme la liberté syndicale, a valeur constitutionnelle ». **Le juge en déduit une réécriture de la loi, une interprétation constructive, acceptant le dispositif à condition que le salarié accepte le soutien du syndicat et puisse conduire personnellement la défense de ses intérêts.** La liberté personnelle a fait ensuite l'objet d'une extension dans le domaine de la **protection des informations à caractère personnel lors des décisions n° 91-294 DC du 25 juillet 1991 et n° 92-316 DC du 20 janvier 1993** (cette dernière traite à nouveau des relations de travail).

810 **L'autonomisation. –** La question qui se pose alors est celle du rattachement des libertés de l'individu jusqu'alors affecté à l'article 66 de la Constitution. Le Conseil décide de les affilier à la liberté personnelle. La **décision du 23 juillet 1999, sur la loi portant création d'une couverture maladie universelle, détache de la liberté individuelle la vie privée** ; la décision du 20 novembre 2003 sur la loi relative à la maîtrise de l'immigration détache la **liberté du mariage** de la liberté individuelle en des termes particulièrement nets en ce qui concerne la définition de la liberté personnelle, puisque le considérant 94 de cette décision mentionne « le respect de la liberté du mariage, composante de la liberté personnelle, protégée par les articles 2 et 4 de la Déclaration de 1789 ». Depuis 2003, le Conseil donne un fondement textuel à cette liberté, ce qui permet de révéler certains usages antérieurs implicites comme la **liberté de disposer du corps** dans le cadre de l'interruption de grossesse.

811 **Usage direct ou simplement fondateur d'autres libertés. –** Petit à petit, le Conseil mentionne les composantes de la liberté personnelle, en précisant explicitement leur rattachement ou en rappelant simplement leur

7. « La Nation assure à l'individu et à la famille les conditions nécessaires à leur développement », al. 10.
8. CC, 20 juill. 1988, déc. n° 88-244 DC.

fondement textuel : **la vie privée**[9], **la liberté d'aller et venir**[10], **la liberté du mariage**[11] **et la protection du domicile.** Mais le Conseil ne semble pas vouloir lui donner le caractère englobant qui est conceptuellement le sien[12] et qui implique tout particulièrement les prérogatives attachées au corps, à la **liberté corporelle et à la santé**[13]. Mais il n'a pas renoncé à un usage général et direct. Dans sa décision *Mlle Danielle S.*[14] il met en balance la liberté personnelle, qu'il n'avait plus évoquée expressément depuis le 20 juillet 2006[15], avec les contraintes de l'hospitalisation psychiatrique sur demande d'un tiers. En 2013, il a rappelé que « la liberté du mariage est une composante de la liberté personnelle protégée par les articles 2 et 4 de la Déclaration de 1789, et au droit au **maintien des conventions légalement conclues**, qui résulte de son article 4 »[16]. L'utilisation reste aussi souvent implicite comme dans le cas des prélèvements **biologiques à finalité génétique**[17]. Le Conseil a cependant tendance à négliger la liberté personnelle afin de ne pas tomber dans les difficultés que rencontre la Cour européenne sur le terrain de l'article 8. Le Conseil a ainsi exclu que l'autonomie de la personne soit en cause dans le placement en cellule de dégrisement[18] (alors que la liberté individuelle n'était pas en cause non plus) ou encore dans le cas de l'usage du sang de cordon ombilical[19].

812 **Usage par le juge administratif. –** À la faveur de la création du référé-sauvegarde, la liberté personnelle apparaît dans la jurisprudence du Conseil d'État **en droit des étrangers**[20]. Il s'agit alors de censurer des entraves à l'autonomie qui ne contrarient pas vraiment la liberté d'aller et venir ou la **liberté du mariage comme l'obtention ou la rétention de papiers administratifs**. Le Conseil d'État estime que la liberté personnelle implique de se voir délivrer une carte d'identité[21] et s'applique au retrait illégal par l'autorité administrative de cartes nationales d'identité du requérant, de son épouse et de ses enfants[22]. Mais l'usage peut en être plus large comme celui qui sanctionne l'administration pénitentiaire exposant un détenu au tabagisme passif : « entrent notamment dans le champ des prévisions de cet article le consentement libre et éclairé du patient aux soins médicaux qui lui sont prodigués, ainsi que le droit de chacun au respect de sa liberté personnelle qui implique en particulier **qu'il ne puisse subir de contraintes excédant celles qu'imposent la sauvegarde de l'ordre public ou le respect des droits d'autrui** »[23]. Le tribunal administratif de Toulouse, sur ce fondement, a condamné également un président d'université à tout mettre en œuvre pour débloquer les locaux occupés par des étudiants grévistes au nom de la liberté personnelle des non-grévistes qui risquent de perdre le bénéfice d'allocations d'aide à la formation[24]. Pour le Conseil d'État, la faculté de se déplacer en utilisant un moyen de locomotion dont l'usage est autorisé constitue, au titre de la liberté d'aller et venir et du droit de chacun au respect de sa liberté personnelle, une liberté fondamentale au sens des dispositions de l'article L. 521-2 du Code de justice administrative[25].

Certes, la jurisprudence reste modeste, mais cela résulte du caractère subsidiaire des effets normatifs directs de la liberté personnelle.

---

9. CC, 16 sept. 2010, déc. n° 2010-25 QPC.
10. CC, 9 juill. 2010, déc. n° 2010-13 QPC, cons. 8.
11. CC, 9 nov. 2006, déc. n° 2006-542 DC, cons. 4.
12. Le considérant 7 de la décision CC, 21 févr. 2008, déc. n° 2008-562 DC, la mentionne sous la plume des requérants tout comme dans la décision CC, 20 juill. 2006, déc. n° 2006-539 DC, cons. 23.
13. CC, 4 juill. 2001, déc. n° 2001-449 DC.
14. CC, 26 nov. 2010, déc. n° 2010-71 QPC, *Mlle Danielle S.*
15. CC, déc. n° 2006-539 DC, loi n° 2006-911 du 24 juill. 2006 relative à l'immigration et à l'intégration, cons. 25 qui l'associe à la liberté contractuelle.
16. CC, 17 mai 2013, 2013-669 DC, cons. 23.
17. CC, 16 sept. 2010, déc. n° 2010-25 QPC, *M. Jean-Victor C.*
18. CC, 8 juin 2012, déc. n° 2012-253 QPC, *M. Mickaël D.*
19. CC, 16 mai 2012, déc. n° 2012-249 QPC, *Société Cryo Save France.*
20. CE, ord. réf., 27 mars 2001, *Ministre de l'Intérieur c. Djalout*, Lebon, p. 158 ; CE, ord. réf., 2 avr. 2001, *Ministre de l'Intérieur c. Consorts Marcel*, Lebon, p. 167.
21. CE, ord. réf., 26 avr. 2005, n° 279842, *Préfet de la Seine Saint-Denis.*
22. CE, ord. réf., 2 avr. 2001, n° 231965.
23. CE, 8 sept. 2005, *Bunel.*
24. TA Toulouse, 13 avr. 2006, *Wenger.*
25. CE, Ord. Réf., 30 avr. 2020, *Fédération française des usagers de la bicyclette*, n° 440179.

B. La notion de liberté personnelle

813 **Droits étrangers.** – Pour la **Cour constitutionnelle italienne l'article 2 de la Constitution est un « rempart pour l'intégrité de la sphère personnelle de l'homme et de sa liberté de s'autodéterminer dans la vie privée »**[26]. La liberté personnelle entend protéger les choix et l'identité personnelle en les préservant, dans une certaine mesure, des concessions à faire à la vie sociale. Le concept de liberté personnelle ressemble bien au « libre épanouissement de la personnalité ». L'usage de ce terme permet de remplir une fonction différente des autres droits substantiels, celle d'un « méta-droit », un droit à avoir des droits. Car la liberté personnelle fonde les libertés de l'individu en général ; au besoin on peut remonter jusqu'à son niveau pour justifier une prérogative inhérente à la personnalité de chacun. Dans un registre assez proche, le Tribunal **constitutionnel du Portugal, dans un arrêt du 17 avril 1998 relatif à l'avortement, a construit un droit à l'autodétermination,** défini comme « [...] le droit au libre développement de la personnalité – lequel comprend l'autonomie individuelle et l'autodétermination et garantit à tout un chacun la liberté de tracer son propre plan de vie, notamment lorsqu'il est associé au droit à une maternité consciente [...] ».

814 **Une liberté « matricielle »**[27]. – La liberté personnelle, si elle se distingue bien de l'article 66 C, peut tout à fait cohabiter avec lui et l'inclure au sein de l'ensemble de libertés retenues dans la notion de l'article 4 de la DDHC. Ainsi, le régime de la vie privée se répartit entre les deux, la liberté d'un côté, le secret de l'autre. La décision du 23 juillet 1999 portant sur la couverture maladie universelle confirme l'ancrage de la vie privée à l'article 2 de la Déclaration de 1789, c'est-à-dire son affiliation à la liberté personnelle. La liberté personnelle, comme le libre développement de la personnalité à l'étranger, connaît un usage fondatif et supplétif ; **il sert de soubassement aux libertés de l'individu et servira exceptionnellement au juge pour asseoir une prérogative non couverte par l'une de ces libertés au champ étroit ou inadéquat.** Ainsi, par exemple, le juge confronte la liberté personnelle à l'obligation éventuelle de signer un contrat d'insertion sans recourir à la liberté contractuelle[28].

815 **Préservation de la compétence du juge administratif.** – Grâce à l'autonomisation de la liberté personnelle, les libertés individuelles mises en cause par l'action administrative peuvent être régulées par le juge administratif dont la compétence n'entre pas en conflit avec la liberté individuelle de l'article 66. La **décision du 19 janvier 2006**[29] **a pu associer liberté personnelle et séparation des polices administrative et judiciaire** à propos de l'immixtion de la police dans les fichiers des fournisseurs d'accès à internet en vue de lutter contre le terrorisme. Ainsi, dans le cas de la fermeture de camps de gens du voyage, les mesures de police administrative susceptibles d'affecter l'exercice des libertés constitutionnellement garanties, au nombre desquelles figure la liberté d'aller et venir, composante de la liberté personnelle, doivent être justifiées par la nécessité de sauvegarder l'ordre public et proportionnées à cet objectif[30]. De même, **la liberté de la personne ne saurait être entravée par une rigueur qui ne serait pas nécessaire dans le cadre du placement sous surveillance électronique mobile** (bracelet électronique), ce qui nécessite le consentement du condamné[31] ou dans le cas d'identification des passagers de véhicules dans une activité de prévention du terrorisme[32]. La liberté personnelle permet ainsi de conserver toute sa portée à la « séparation des pouvoirs à la française » qui veut que la séparation des autorités administratives et judiciaires coupe en deux la fonction juridictionnelle, permettant au juge administratif de contrôler les autorités administratives indépendantes comme la CNIL ou la police des étrangers. Il faut cependant souligner que l'intensité d'une atteinte à la liberté d'aller et venir ou à la vie privée conduit à nouveau à mobiliser la liberté individuelle et à transférer la compétence au juge judiciaire. **La liberté personnelle ne s'oppose ni à**

26. Cour constitutionnelle italienne, 24 juill. 2000, n° 332/2000.
27. Cf. B. Mathieu, « Principes matriciels des droits de l'homme », *Dalloz* 1995, Chron., p. 211.
28. CC, 18 déc. 2003, déc. n° 2003-487 DC.
29. CC, déc. n° 532 DC.
30. CC, 9 juill. 2010, déc. n° 2010-13 QPC.
31. CC, 8 déc. 2005, déc. n° 2005-527 DC.
32. CC, déc. n° 532 DC, préc.

l'exception de l'article 66 de la Constitution ni à un partage des compétences quant aux libertés de l'individu qui lui sont rattachées selon les critères classiques mis en place par la jurisprudence du Tribunal des conflits.

II. La liberté corporelle

816 Elle nécessite de comprendre ce qu'est, en droit, le corps, avant d'aborder la libre disposition de celui-ci et la possibilité d'accepter qu'il soit porté atteinte à la personnalité.

A. Corps et droit

817 **Corps et État. Biopolitique** – Benjamin Constant écrivait que « si l'on place le bonheur des gouvernés dans les jouissances purement physiques, il est possible de dire avec quelque raison, que l'intérêt des gouvernants, surtout dans les grandes associations modernes, n'est presque jamais de troubler les gouvernés dans ces jouissances. Mais si l'on place le bonheur des gouvernés plus haut, dans le développement de leurs facultés intellectuelles, l'intérêt de la plupart des gouvernements sera d'arrêter ce développement »[33]. Pour l'État, **le corps apparaît comme un objet, mais, dans certains domaines, un objet d'attention et de soins**. En matière de santé publique, le corps apparaît dans l'histoire comme objet de politiques hygiénistes et de limites aux comportements dangereux. Les obligations de vaccination, de soins et de déclaration, passent outre les libertés de la personne (en particulier la lutte contre les maladies vénériennes qui pouvait aller jusqu'à l'hospitalisation d'office). Par ailleurs, **école et armée concentrent l'attention portée à une éducation des corps** et limitent indirectement la liberté comme les politiques démographiques de l'État, les intérêts de la conscription (l'État s'interpose entre le sujet et son corps dans le cadre de l'incrimination des automutilations visant à échapper aux obligations militaires).

818 **Corps et personnalité juridique.** – Une position anthropocentriste largement partagée dans la doctrine civiliste française, vivement critiquée depuis quelques années, affirme haut et fort, avec le doyen Carbonnier que « le corps, c'est la personne ». Cette opinion a pour elle une longue tradition doctrinale et philosophique renforcée par les nécessités pratiques de la défense de l'unité concrète entre le corps et l'esprit (traditionnellement réduit à la seule expression de la volonté). C'est de cette identification des deux éléments qu'émerge le principe du consentement à toute atteinte au corps. Pour la doctrine dominante, le fait que **corps et personne aient des régimes juridiques proches** (par exemple le corps doit être exclu du commerce, la personne est par définition hors commerce) amène à penser qu'il y a identité des deux notions. Or, cela ne va pas de soi. Si corps et personne sont deux notions étroitement mêlées de façon générale, la nature très abstraite de la personnalité juridique ne peut qu'entretenir des relations très complexes avec le corps face auquel le droit fait preuve de pragmatisme. **Le corps humain se trouve exilé, rejeté hors de la construction juridique de la personne. Le corps en droit est une abstraction qui retient certains traits saillants de la réalité corporelle.**

819 **Statut juridique du corps.** – Le corps fait l'objet de règles de droit mais ne se confond pas avec la personnalité juridique. Le corps en droit est nécessairement « concrétisé » à l'inverse de la personnalité juridique qui se voit constamment épurée, débarrassée des questions de fait. En droit positif, le lien entre corps et personne n'est pas ontologique mais relève au contraire de la relation, **des droits « sur » les corps contenus « dans » la personnalité juridique**. La personne juridique individuelle reste liée au corps au moment où elle est conférée mais plus après. L'hypothèse des articles 112 et suivants du Code civil qui aménagent le régime de « l'absence » confirme en effet la règle de l'indépendance entre personnalité juridique (la « personne physique ») et corps, puisque le droit admettra à terme, faute de certitude quant à la vie ou la mort de l'individu, la disparition de la

33. B. Constant, *Principes de politique*, coll. Hachette pluriel, 1997, p. 391.

personnalité (mort juridique), même sans la preuve en principe nécessaire que constitue la découverte d'un cadavre, alors même que ce corps, qui a servi de base à l'attribution de la personnalité, peut continuer à vivre dans un autre pays où il peut être doté encore de la personnalité juridique.

820 **Corps et personne humaine. – Le corps est lié à la personnalité juridique par le concept de personne humaine**. S'il y a une assimilation exacte c'est entre personne humaine et corps. L'assimilation du corps à la personne est aussi le fait du droit positif. La loi du 20 décembre 1988 relative à la protection des personnes se prêtant à des recherches biomédicales ne prévoyait-elle pas en son article 20 que chacun est protégé en cas d'atteinte « à sa personne » ? « Personne » désigne ici la personne humaine comme concept qui exprime le « tout » qu'est la personne, sujet de droit et corps. D'ailleurs, la révision de ce texte par la loi du 5 mars 2012 a modifié l'intitulé du dispositif en parlant désormais de « recherches impliquant la personne humaine ». **Le concept de personne humaine protège à la fois l'intégrité physique (interdiction des traitements inhumains et dégradants, consentement biomédical) et la liberté corporelle, c'est-à-dire le droit de renoncer à son intégrité physique et d'user du corps jusqu'à le mettre en danger**. La personne juridique n'est pas le corps, mais elle regroupe des droits subjectifs et des obligations objectives relatifs au corps. **Le corps « s'intègre » à la personnalité juridique par les droits subjectifs qui lui sont relatifs.**

821 **L'absence de droit de propriété sur le corps.** – On sait que le « modèle » anglo-saxon, hérité de l'*Habeas corpus*, formalise le lien entre personne et corps par le droit de propriété. Reprenant un à un les termes de l'article 544 du Code civil[34], on doit admettre que tout sujet a le droit « d'user » de son corps, d'en « jouir » de manière absolue, et d'en disposer (au moins physiquement) dans le respect des règles juridiques. Le corps est susceptible de satisfaire à chacune des conditions du droit de propriété, à la condition, bien sûr, d'admettre qu'il s'agit bien d'une chose. **Seul le droit de disposition se trouve largement entravé en droit positif. Pourtant, le droit positif n'exclut que la patrimonialité du corps et de ses éléments**. Afin d'éviter la commercialisation des éléments du corps et de ses fonctions, les travaux préparatoires aux lois de bioéthique et la jurisprudence refusent de qualifier la relation au corps comme droit de propriété[35]. Néanmoins, **certaines lectures doctrinales qui rapprochent la propriété de la liberté** (dépassant la lecture du droit des biens) convainquent que l'on peut parler de « propriété » sur le corps, certes grevée de nombreuses limites[36].

B. Le droit de disposer de son corps

822 **Liberté personnelle et liberté corporelle.** – Au nom de l'ordre public, de la santé, de l'intérêt général, l'État moderne a limité l'autonomie de l'individu dans l'usage du corps. Aujourd'hui, face à ces exigences constitutionnelles, **la liberté personnelle protège différentes manifestations de la « liberté corporelle » particulièrement quand il s'agit de sexualité, lieu d'intimité et d'épanouissement**. Inversement, les lois de bioéthique consacrent ainsi une institutionnalisation du processus de décision. De nombreuses instances permettent à l'État de conserver le contrôle de l'activité médicale. Il impose des procédures et des lieux précis, en secteur public, pour de nombreuses opérations médicales (c'est par exemple le cas des procréations médicalement assistées). L'État prend indirectement en charge la protection des incapables de fait, parfois contre la famille. Mais il est loin le temps où l'on jugeait qu'une convention portant sur un strip-tease se fondait sur un objet illicite[37].

34. « La propriété est le droit de jouir et disposer des choses de la manière la plus absolue, pourvu qu'on n'en fasse un usage prohibé par les lois ou par les règlements ».
35. Voir en outre CA Toulouse, 21 sept. 1987.
36. Th. Revet, F. Zenati-Castaing, *Manuel de droit des personnes*, P.U.F., Droit fondamental, Manuels, 2006.
37. TGI Paris, 8 nov. 1973, *D.* 1975, 401.

1. La prostitution

823 **Question de la prostitution.** – Le mot « prostitution » vient du latin *prostituere*, c'est-à-dire « exposer au regard d'autrui ». Aux termes du décret du 5 novembre 1945 la prostitution est « l'activité d'une personne qui consent habituellement à des rapports sexuels avec un nombre indéterminé d'individus moyennant rémunération ». Pour la Cour de cassation il s'agit de « se prêter, moyennant une rémunération, à des contacts physiques de quelque nature qu'ils soient, afin de satisfaire les besoins sexuels d'autrui »[38]. **La prostitution implique la liberté de donner un caractère commercial à l'usage des fonctions sexuelles que la morale publique distingue de la seule force de travail**. L'enjeu reste ici le corps et son intimité. **En l'absence de contact physique avec le client lui-même, l'activité de « caming », qui consiste à proposer, moyennant rémunération, une diffusion d'images ou de vidéos à contenu sexuel, avec instructions spécifiques ou non du client données à distance sur la nature du comportement ou de l'acte sexuel à accomplir, se distingue de la prostitution**[39].

824 **Politiques publiques.** – Plusieurs politiques ont cours dans les États pour faire coexister liberté, prévention de la traite des êtres humains et désapprobation des consommateurs. Certaines, dites « **politiques réglementaristes** » (Grèce, Allemagne, Pays-Bas), s'efforcent de donner un cadre légal. La répression ne porte que sur les mineurs et les personnes non consentantes. En Grèce, seules les femmes de plus de 21 ans peuvent se prostituer avec une autorisation de la police valable deux ans. D'autres, dites « **politiques permissives** », se rencontrent dans les États abolitionnistes. L'interdiction ne porte que sur les maisons closes, le racolage et le proxénétisme. Peu sont les pays qui **pénalisent** le client comme au Royaume-Uni qui réprime la « drague motorisée » (*kerb-crawling*).

825 **France.** – La prostitution a toujours bénéficié d'une certaine tolérance. Le 28 février 1919, le Conseil d'État dans **son arrêt** *Dames Dol et Laurent* avait visé la liberté individuelle des « filles galantes », tout en acceptant des restrictions à cette liberté du fait de circonstances exceptionnelles de temps et de lieu. De manière plus générale, **seul était réprimé le mode d'expression de la prostitution, à savoir le** *racolage* défini par l'article R. 625-8 du Code pénal comme le fait d'inciter autrui à des relations sexuelles mais le texte n'était guère appliqué. Jusqu'en 1946 la prostitution ne pouvait s'exercer que dans le cadre de maisons dites « de tolérance ». **Sous l'impulsion de Marthe Richard, les maisons furent fermées par la loi du 13 avril 1946. Ce texte supprimait aussi le registre sur lequel les prostituées étaient inscrites**. Elle le remplaçait par un fichier national, dans le but de prévenir la propagation des maladies vénériennes. L'inscription obligeait les prostituées à des visites médicales périodiques. Ce fichier fut à son tour supprimé car incompatible avec certaines dispositions conventionnelles internationales (convention du 2 décembre 1949). **La prostitution est donc légale, sauf la prostitution des mineurs (art. 225-12-1, C. pén.) ; seul le proxénétisme fait l'objet d'une répression au titre de la dignité de la personne**[40]. On estime ainsi que seules les personnes consentantes et autonomes s'y livrent. C'est l'instrumentalisation de la personne de la prostituée « en son entier » qui est sanctionnée comme niant la personne réduite à sa seule dimension corporelle, alors que la prostitution semble respecter l'unité de la personne qui dispose de son corps. La répression de certaines manifestations (depuis 2003 était puni le racolage passif[41]), qui se préoccupe d'ordre moral, tend à pousser les prostituées dans la clandestinité au mépris de leurs

38. Cass. crim., 27 mars 1997.
39. Cass. crim., 18 mai 2022, n° 21-82.283, FS-B.
40. Cass. crim., 9 nov. 2011, n° 09-86381/05-8775 : « Le fait d'escorter des jeunes femmes de l'aéroport à l'hôtel à Nice, d'organiser leur séjour dans l'hôtel dans le seul but de les conduire quotidiennement à Monaco où elles auraient des relations sexuelles au préalable rémunérées constituent des actes d'aide et d'assistance à la prostitution ; que ces actes sont des éléments constitutifs de délit de proxénétisme par aide et assistance ».
41. « Le fait, par tout moyen, y compris par une attitude même passive, de procéder publiquement au racolage d'autrui en vue de l'inciter à des relations sexuelles en échange d'une rémunération ou d'une promesse de rémunération est puni de deux mois d'emprisonnement et de 3 750 euros d'amende », art. 225-10-1.

conditions « de travail » (l'activité aux yeux de tous se perçoit comme une protection). Un mouvement dit des « travailleurs du sexe » revendique désormais un statut professionnel à part entière afin de compléter leur insertion sociale, estimant indigne de devoir exercer leur activité sans garantie sociale, et sous les pressions notamment de l'administration fiscale.

La loi du 13 avril 2016 « visant à renforcer la lutte contre le système prostitutionnel et à accompagner les personnes prostituées » crée un parcours de sortie de la prostitution et d'insertion sociale et professionnelle aménagée par une commission départementale[42]. Cela **implique l'autorisation provisoire de séjour** d'une durée minimale de six mois pour les étrangers et une aide financière (fonds pour la prévention de la prostitution et accompagnement social et professionnel des personnes prostituées). La loi met fortement à contribution les associations de lutte contre l'esclavage, la traite des êtres humains, le proxénétisme ou d'action sociale en faveur des personnes prostituées, qui pourront se constituer partie civile à condition d'être déclarées depuis au moins cinq ans à la date des faits. La mesure la plus discutée a porté sur la **pénalisation des clients**. Le préfet de département se prononce sur la demande initiale d'engagement dans le parcours au vu de l'instruction et de l'avis de l'association agréée et de l'avis de la commission compétente, et vérifie la réalité de l'engagement de la personne à sortir de la prostitution. Lors de la demande de renouvellement, il tient compte du respect de ses engagements par la personne accompagnée, ainsi que des difficultés rencontrées, et le juge administratif examine lui aussi la situation de l'intéressé, en tenant compte de l'ensemble des circonstances de fait[43].

Désormais, **l'article 611-1 du Code pénal** réprime « le fait de solliciter, d'accepter ou d'obtenir des relations de nature sexuelle d'une personne qui se livre à la prostitution, y compris de façon occasionnelle, en échange d'une rémunération, d'une promesse de rémunération, de la fourniture d'un avantage en nature ou de la promesse d'un tel avantage est puni de l'amende prévue pour les contraventions de la cinquième classe » (1 500 euros, 3 750 euros en cas de récidive, trois ans d'emprisonnement et de 45 000 euros d'amende lorsque la personne est mineure ou présente une particulière vulnérabilité) et une peine complémentaire de stage de sensibilisation à la lutte contre l'achat d'actes sexuels est également prévue La loi prévoit aussi une « information sur les réalités de la prostitution et les dangers de la marchandisation du corps est dispensée dans les établissements secondaires ».

Par sa **décision n° 2018-761 QPC du 1er février 2019**, le Conseil constitutionnel a déclaré ces dispositions conformes à la Constitution en dépit de l'atteinte ainsi portée à la liberté du client en raison des objectifs poursuivis par la loi, en lien avec la dignité et la santé publique. Puis c'est le Conseil d'État qui a été saisi de leur conventionnalité et qui reprend le même raisonnement : « la prostitution est incompatible avec les droits et la dignité de la personne humaine. Le choix de prohiber la demande de relations sexuelles tarifées par l'incrimination instituée par les dispositions contestées de la loi du 13 avril 2016 repose sur le constat que, dans leur très grande majorité, les personnes qui se livrent à la prostitution sont victimes du proxénétisme et de la traite d'êtres humains qui sont rendus possibles par l'existence d'une telle demande. Dans ces conditions, alors même qu'elles sont susceptibles de viser des actes sexuels se présentant comme accomplis librement entre adultes consentants dans un espace privé, les dispositions litigieuses ne peuvent, eu égard aux finalités d'intérêt général qu'elles poursuivent, être regardées comme constituant une ingérence excessive dans l'exercice du droit au respect de la vie privée »[44].

826 **Risque d'exploitation d'autrui. –** L'État doit lutter, sous une forme ou sous une autre, contre l'exploitation de la prostitution (art. 6 de la Convention internationale sur l'élimination de toutes les formes de discrimination à l'égard des femmes ; décret du 12 mars 1984). **La Convention des Nations unies pour la répression de la traite des êtres humains et l'exploitation d'autrui du 2 décembre 1949**, entrée en vigueur en 1951, estime la prostitution contraire à la dignité et prévoit de punir toute personne qui exploite la prostitution d'autrui, même avec son

42. Qui transpose en partie la directive 2011/36/UE du Parlement européen et du Conseil du 5 avril 2011 concernant la prévention de la traite des êtres humains.

43. CE, 19 nov. 2021, n° 440802.

44. CE, 7 juin 2019, *Médecins du Monde et autres*, n° 423892.

consentement, sans interdire celle-ci. La **Déclaration sur l'élimination de la violence à l'égard des femmes du 20 décembre 1993** considère également le proxénétisme comme une violence faite aux femmes mais pas la prostitution volontaire. La **Convention du Conseil de l'Europe sur la lutte contre la traite des êtres humains du 16 mai 2005 (dite de « Varsovie »)**, entrée en vigueur en France en mai 2008, pose que « l'exploitation comprend, au minimum, l'exploitation de la prostitution d'autrui ou d'autres formes d'exploitation sexuelle, le travail ou les services forcés, l'esclavage ou les pratiques analogues à l'esclavage, la servitude ou le prélèvement d'organes ». L'article 235 du Code général des impôts instaure la taxe sur les services d'information ou interactifs à caractère pornographique. De plus, dès 1975, **ont été renforcées les peines prévues en cas de proxénétisme (art. 225-5 à 12, C. pén.)**, c'est-à-dire le fait d'aider, d'assister, de protéger la prostitution d'autrui et d'en partager les profits. Depuis la loi du 19 mars 2003 est également réprimée sévèrement « la traite des êtres humains » (art. 225-4-1, C. pén.). On sait en effet qu'il existe des réseaux organisés, pratiquant une forme moderne d'esclavage consistant à enlever des jeunes filles dans des pays pauvres pour les livrer à la prostitution. La fiscalité rejoint l'arsenal des moyens d'endiguement des procédés d'exploitation sexuelle. Tout comme le Conseil constitutionnel admet encore la constitutionnalité de l'article 225-10 du Code pénal qui réprime le fait, par quiconque, de vendre, de louer ou de tenir à la disposition d'une ou plusieurs personnes, des véhicules de toute nature en sachant qu'elles s'y livreront à la prostitution.

827 **Europe. –** Du côté de **l'Union européenne,** la Cour de justice entretient une jurisprudence en demi-teinte. Dans un arrêt du 20 novembre 2001[45], elle définit la prostitution comme « une activité par laquelle le prestataire satisfait, à titre onéreux, une demande du bénéficiaire sans produire ou céder des biens matériels ». Dès lors, la prostitution constitue une prestation de services rémunérée qui, ainsi qu'il ressort du point 33 du présent arrêt, relève de la notion d'« activités économiques » tombant sous le coup de la liberté d'établissement. La CJUE[46] admet que l'activité de prostitution puisse être soumise à un régime d'autorisation. Ainsi, a-t-elle condamné l'Autriche dans le cas de la fermeture d'un salon de massage (dont la propriétaire, une Bulgare, a été pourtant agréée), la police étant convaincue qu'il s'agissait en réalité de services sexuels sans autorisation contrevenant aux lois de police. La fermeture doit être motivée, en fait et en droit, par écrit et communiquée à sa destinataire.

Le Conseil a, néanmoins, mis en place des « actions communes » et des propositions de décision-cadre (1er juillet 2002) tendant à soutenir les réseaux de lutte contre la traite et l'exploitation des êtres humains.

Du côté du Conseil de l'Europe, la Commission EDH avait estimé que « le droit d'entretenir des relations sexuelles en se prostituant n'est pas garanti par la Convention »[47]. La Cour, dans le fameux arrêt *Tremblay c. France*[48], a également traité la prostitution comme toute autre activité économique. Après avoir posé en 2005 que « **le droit d'entretenir des relations sexuelles découle du droit de disposer de son corps, partie intégrante de la notion d'autonomie personnelle** »[49], la Cour européenne des droits de l'homme ne se prononce pas sur la question de savoir si la prostitution est en elle-même « inhumaine » ou « dégradante » au sens de l'article 3 de la Convention. En revanche, contre l'argument de la requérante consistant à établir que le paiement de cotisations sociales la conduisait à poursuivre son activité de prostituée, la Cour souligne **qu'elle juge la prostitution incompatible avec les droits et la dignité de la personne humaine dès lors qu'elle est contrainte** (en l'espèce cependant il n'était pas prouvé que la requérante n'avait pas les ressources nécessaires).

2. L'expérimentation biomédicale

828 **Indisponibilité du corps et intérêt scientifique. –** Si le Code de la santé publique et le Code civil affirment que le corps doit faire l'objet d'une protection objective contre toute instrumentalisation, l'intérêt de la recherche

45. CJUE 20 nov. 2001, aff. C-268/99, *Aldona Malgorzata Jany e.a.*
46. CJUE, 8 mai 2019, PI c/Landespolizeidirektion Tirol, C-230/18.
47. Com. EDH, 10 mars 1988, *France c. Suisse*.
48. CEDH, 11 sept. 2007, *Tremblay c. France*.
49. CEDH, 17 févr. 2005, *KA et AD c. Belgique* (Req. nos 42758/98 et 45558/99).

médicale et du soin va en sens contraire. Plus les thérapeutiques se diversifient et se complexifient, plus il devient **nécessaire d'expérimenter sur l'humain avant la mise sur le marché des produits et techniques de santé**. Or, ces expérimentations ont pu être le lieu de tous les excès. L'article L. 1121-1 CSP, pose le principe général d'un régime d'autorisation : « Les recherches organisées et pratiquées sur l'être humain en vue du développement des connaissances biologiques ou médicales sont autorisées dans les conditions prévues au présent livre et sont désignées ci-après par les termes "recherche impliquant la personne humaine" ».

829 **Code de Nuremberg.** – On appelle ainsi les attendus du jugement prononcé par le tribunal de **Nuremberg le 19 août 1947 à l'issue du procès des médecins nazis ayant procédé à toutes formes d'essais monstrueux d'armes et de produits chimiques sur des cobayes humains**. Il pose le principe du consentement volontaire construit sur l'autonomie du sujet (le patient devra pouvoir arrêter le test quand il le voudra). Il indique également quelques principes objectifs comme le fait que l'essai devra donner des résultats intéressants pour la société, qu'aucun essai ne devra être entrepris s'il existe un risque de mort ou d'infirmité, que les risques devront être moins importants que les bénéfices attendus, qu'il faudra éviter les effets secondaires à long terme... Ce code, essentiel, ne pose pourtant que les rudiments de la protection. Il n'engage que la responsabilité du chercheur, un avis extérieur n'est pas imposé. **Le 10 janvier 2016, les médias ont révélé le décès à Rennes d'une personne dans le cadre d'un essai clinique de médicaments avant mise sur le marché**. Le ministère de la Santé a indiqué que la législation avait été respectée.

830 **Paysage législatif.** – La législation actuelle est issue de l'Ordonnance n° 2016-800 du 16 juin 2016 mais résulte d'une longue évolution depuis la première loi du 20 décembre 1988 (dite « Huriet-Sérusclat ») qui fondait la distinction entre les recherches biomédicales avec « bénéfice individuel direct » (qui permettaient à l'individu de prendre des risques pour lui-même) et les recherches « sans bénéfice individuel direct » plus encadrées. Puis **les lois de bioéthique de 2004** ont refondu le système en supprimant cela pour une approche plus globale et protectrice. Enfin une **nouvelle loi en 2012 (dite « Loi Jardé »)**, au champ élargi, n'a pas été immédiatement mise en œuvre car ses décrets d'application ont été suspendus dans l'attente de l'adoption d'un règlement européen en la matière. Ce règlement a été adopté en 2015, mais il n'est entré en vigueur qu'avec son outil d'application, à savoir un « portail européen » de la recherche biomédicale en 2016. Le décret d'application de la loi Jardé du 16 novembre 2016 est lui-même entré en vigueur le 18 novembre 2016.

831 **Les apports du règlement européen.** – Les dispositions législatives françaises ne s'appliquent pas dans le champ du règlement européen relatif aux essais cliniques de médicaments à usage humain publié le 27 mai 2014[50] (sauf bien sûr celles qui **visent les essais cliniques de médicaments**). **Ce dernier tend à faciliter les essais ayant lieu dans plusieurs États membres de l'Union européenne** en unifiant les procédures d'autorisation dans l'Union et à faciliter l'accès des patients aux traitements innovants sur le territoire européen tout en garantissant leur sécurité. En cas de recherches associant plusieurs États membres, l'un d'eux est désigné comme « rapporteur » et prend en charge une unique autorisation à l'issue d'une procédure d'examen séparé de la partie technique proprement médicale (évaluation coordonnée entre États membres concernés aboutissant à une conclusion unique)[51], et de la partie éthique (évaluation par chaque État membre concerné)[52]. Cette réforme pourrait aboutir à marginaliser les CPP dont l'avis ne deviendrait qu'un élément de l'autorisation si on ne maintient pas un avis conforme. **Les règles relatives au consentement évoluent aussi** : des recherches pourront être menées en urgence avec l'accord d'un tiers ; les recherches menées dans le cadre de *clusters* (consortium, pôles de compétitivité) feront l'objet d'un consentement « simplifié » ; en cas de retrait du patient de l'essai les données déjà recueillies pourront être conservées (sauf opposition) et un consentement global à leur réutilisation

50. Règlement (UE) n° 536/2014 du Parlement européen et du Conseil du 16 avril 2014 relatif aux essais cliniques de médicaments à usage humain et abrogeant la directive 2001/20/CE.
51. En France, par l'ANSM : pertinence méthodologique, qualité scientifique, nécessité et proportionnalité des risques...
52. En France, par un CPP : recrutement, qualité du consentement, indemnisation, collections de ressources biologiques...

pourra être donné en amont. **Le règlement crée aussi une catégorie de recherches dites à « faible niveau d'intervention »** (à faible risque car ils disposent déjà d'une autorisation de mise sur le marché) qui pourront faire l'objet d'une autorisation unique de l'Agence nationale de sécurité du médicament et des produits de santé (ANSM), qui met en place une phase pilote en vue de l'application de ce règlement. En vue de renforcer la transparence et l'accès aux données issues des essais cliniques, depuis leur autorisation jusqu'à la publication de leurs résultats, l'Agence européenne des médicaments (EMA) met en œuvre les outils permettant aux promoteurs de publier les résultats des essais cliniques dans la base européenne EudracT (European Clinical Trials Database), qui préfigure le futur « portail » et les rend ainsi accessibles au public via le Registre des essais cliniques de l'Union européenne et comprendra notamment la synthèse des résultats rédigée par les promoteurs.

832 **L'apport de la loi « Jardé ».** – Les « vraies » recherches relèvent de trois hypothèses :

- les **recherches interventionnelles** (autrefois « recherches biomédicales »), soumises à l'autorisation de l'Agence du médicament et des comités de protection des personnes car ce sont celles qui portent atteinte à l'intégrité physique en modifiant la physiologie mais plus généralement celles qui explorent des risques mal connus ;
- les recherches « **ne comportant que des risques et des contraintes négligeables** » (correspondent aux recherches autrefois « visant à évaluer les soins courants ») ;
- les recherches **non interventionnelles**, ou encore observationnelles (jusqu'ici non encadrées). Toutes (y compris les travaux de seule psychologie) doivent, selon des procédures plus ou moins contraignantes, être régies par la loi et la puissance publique, à travers les comités de protection des personnes. **Il s'agit de s'assurer de l'existence de « bonnes pratiques », en particulier sur l'utilisation des données personnelles.** L'Agence du médicament et le Comité consultatif sur le traitement de l'information en matière de recherche (CCTIRS) dans le domaine de la santé pourront être informés. Ce dernier donnera son avis sur la pertinence des données nominatives à caractère personnel par rapport à l'objectif de la recherche et sur réutilisation de données existantes.

833 **Le cadre français en 2016 – Protection objective.** – Il s'agit d'abord des **principes généraux liés au respect du corps humain, à son inviolabilité (nécessité d'un consentement éclairé), à son inaliénabilité (les sujets ne peuvent être rémunérés, mais seulement défrayés).** Il s'agit ensuite de principes spécifiques comme le **contrôle de l'intérêt scientifique de la recherche** qui ne peut être entreprise que pour étendre la connaissance de l'être humain et les moyens susceptibles d'améliorer sa condition. Elle doit se fonder sur une **expérimentation préclinique** suffisante (essais préalables menés en laboratoire et/ou sur les animaux). Ensuite, **les risques prévisibles ne doivent pas être hors de proportion avec le bénéfice escompté ou l'intérêt de cette recherche.** Le principe de primauté de la personne humaine implique que l'intérêt des personnes qui se prêtent à une recherche impliquant la personne humaine prime toujours les seuls intérêts de la science et de la société. Pas de recherche si elle n'a pas été conçue de telle façon que **soient réduits au minimum la douleur, les désagréments, la peur** et tout autre inconvénient prévisible lié à la maladie ou à la recherche, en tenant compte particulièrement du degré de maturité pour les mineurs et de la capacité de compréhension pour les majeurs hors d'état d'exprimer leur consentement. En outre les risques doivent être minimes. De nombreuses dispositions s'assurent de la compétence des investigateurs.

La recherche biomédicale **ne « donne lieu à aucune contrepartie financière directe ou indirecte** pour les personnes qui s'y prêtent » (art. L. 1121-11, CSP). Toutefois la loi de 1994 a admis le « remboursement de frais exposés » et la loi du 9 août 2004 y ajoute « le cas échéant, l'indemnité en compensation des contraintes subies » et prévoit qu'un montant maximum est fixé pour les indemnités versées.

834 **Le cadre français en 2016 – Protection subjective.** – Aucune recherche biomédicale ne peut être pratiquée sur une personne sans son consentement libre et éclairé. **Ce consentement est donné par écrit.** Les personnes susceptibles de se prêter à des recherches biomédicales bénéficient d'un examen médical préalable, adapté à la recherche, les résultats étant communiqués à la personne. Par dérogation, cet examen n'est pas jugé nécessaire pour les recherches biomédicales ne comportant que des risques négligeables et n'ayant aucune influence sur la prise en charge médicale de la personne. La loi insiste sur **la complète information** des « cobayes » : l'objectif, la méthodologie et la durée de la recherche ; les bénéfices attendus, les contraintes et les risques prévisibles, y compris en cas d'arrêt de la recherche avant son terme ; les éventuelles alternatives médicales ; les modalités de prise en charge médicale prévues en fin de recherche, l'avis du CPP et l'autorisation de l'autorité compétente, **l'interdiction de participer simultanément à une autre recherche ou la période d'exclusion prévues par le protocole** et, pour les recherches à finalité commerciale, les modalités de versement de contreparties en sus de la prise en charge des frais supplémentaires liés à la recherche, enfin la nécessité d'un traitement des données personnelles. La personne dont la participation est sollicitée est informée de son droit d'avoir communication, au cours ou à l'issue de la recherche, des informations concernant sa santé, détenues par l'investigateur ou, le cas échéant, le médecin ou la personne qualifiée qui le représente.

Les personnes vulnérables (mineurs, majeurs protégés, femmes enceintes, détenus) ne peuvent, en principe, se prêter à une telle recherche. Elles ne peuvent être autorisées qu'en raison du bénéfice escompté pour ces personnes ou lorsqu'elles ne peuvent être menées sur une autre catégorie de la population. **Les mineurs et majeurs protégés reçoivent une information adaptée à leur capacité de compréhension. Ils sont consultés dans la mesure où leur état le permet** ; il ne peut être passé outre à leur refus. La chambre criminelle[53], dans le domaine de l'expérimentation des soins courants, a validé la condamnation d'un médecin pour recherche biomédicale non consentie. Il avait administré, pendant cinq jours, un nouveau produit qui faisait l'objet d'une étude destinée à en comparer les effets avec un médicament de référence alors que le sujet n'avait pas la possibilité d'y consentir. L'investigateur informe également la personne de son droit d'avoir communication, au cours ou à l'issue de la recherche, des informations concernant sa santé, de l'interdiction de participer simultanément à une autre recherche et de son inscription dans un fichier national. Il est de principe depuis la loi du 25 juillet 1994 **qu'aucune recherche biomédicale ne peut être effectuée sur une personne décédée, en état de mort cérébrale, sans son consentement exprimé de son vivant** ou par le témoignage de sa famille (art. L. 1121-14, CSP). Si cette personne est un mineur, le consentement est alors exprimé par chacun des titulaires de l'autorité parentale. En cas d'impossibilité de consulter l'un des titulaires de l'autorité parentale, la recherche peut être effectuée à condition que l'autre titulaire y consente. En cas de recherches biomédicales à mettre en œuvre **dans des situations d'urgence** ne permettant pas de recueillir le consentement préalable, le protocole soumis au comité de protection de personnes peut prévoir que le consentement de la personne n'est pas recherché et que seul est sollicité celui des membres de sa famille ou celui de la personne de confiance.

835 Le cadre français en 2016 – Mécanisme de contrôle. – Le contrôle est assuré au niveau régional par l'un des 39 comités de protection des personnes, organismes indépendants et pluralistes qui émettent un avis motivé sur la pertinence de la recherche et les conditions de protection des sujets (information, consentement, risques, qualification des investigateurs, agrément des lieux). **Tout protocole de recherche est soumis à la procédure de contrôle, préalablement à sa mise en œuvre mais également en cas de modification ultérieure.** Les CPP sont saisis aléatoirement et non plus selon la région où se déroule l'essai[54]. **Il est ensuite nécessaire d'obtenir une autorisation de l'autorité ministérielle compétente au niveau national.** Des sanctions pénales et civiles sévères sont prévues pour les promoteurs (laboratoires) et investigateurs (médecins ou scientifiques) qui ne respecteraient pas les principes et les règles de procédure prévus (art. 1126-1 à 1126-7, CSP). Est fautif le fait d'intégrer un patient dans un essai clinique dommageable en l'exposant à un risque prévisible, sans qu'il soit établi que ce dernier puisse en escompter un quelconque bénéfice. Cependant, la Cour de cassation estime qu'un promoteur n'a pas fait courir de risque par un traitement « évoqué par différentes études et [auquel] beaucoup d'équipes médicales recouraient de façon systématique »[55]. Constitutionnellement, l'équilibre

53. Cass. crim., 24 févr. 2009.
54. Loi n° 2018-892 du 17 octobre 2018, relative à la désignation aléatoire des comités de protection des personnes.
55. Cass. 1re civ., 14 janv. 2010.

complexe entre la liberté de la recherche, la dignité et la liberté de la personne qui se prête à la recherche, se traduit aussi dans une **exigence de responsabilité pour faute présumée du promoteur**, laquelle pourrait sans doute se retourner contre l'État en raison de son activité d'autorisation (c'est déjà le cas si le Comité de protection des personnes commet une faute dans sa mission, art. L. 1123-7, dernier al.). L'internationalisation des protocoles de recherche conduit les institutions internationales comme l'Union européenne à se doter de procédures et de comités d'éthique aptes à évaluer la protection des personnes avant l'octroi de financements publics. Par ailleurs, **la tendance du législateur l'entraîne à multiplier les régimes juridiques pour les adapter aux différents dangers de la recherche en allégeant les contraintes pesant sur les recherches les moins invasives** (dites « observationnelles » ou dites « en soins courants »).

836 Vers un droit à participer à une recherche innovante ? - Le **droit à la protection de la santé pourrait théoriquement fonder un droit à intégrer un protocole de recherche** ou une thérapie innovante dont le bénéfice est escompté sans être certain. La Cour européenne a ainsi admis de se **fonder sur le droit à la vie privée pour juger du rejet d'une patiente incurable d'un tel soin**. La Cour rappelle que pour les cas d'interdictions d'accès à des soins compassionnels opposées à des personnes affectées par des pathologies graves, la marge d'appréciation des États membres est ample. Il s'ensuit que l'ingérence dans le droit au respect de la vie privée peut être considérée comme nécessaire dans une société démocratique[56]. Dans sa décision du 27 juin 2017 en l'affaire *Gard et autres c. Royaume-Uni (requête n° 39793/17)*, la Cour européenne avait déjà déclaré l'irrecevabilité d'une requête de maintien de soins sur un bébé atteint d'une maladie génétique rare et mortelle. Convaincue qu'il souffrirait considérablement si ses douleurs actuelles étaient prolongées sans perspective réaliste d'amélioration, et que les soins expérimentaux ne lui procureraient aucun avantage.

3. Le droit de procréer

837 Droit ou liberté. - Il peut paraître surprenant de parler d'un « droit » de procréer tant il semble, de prime abord, qu'il s'agit là d'une liberté aussi hasardeuse que spontanée. Et pourtant, **le droit permet d'accéder à des procédés permettant de ne pas procréer et encadre l'accès à des mécanismes d'assistance à la procréation lorsqu'un couple (et bientôt une personne seule) ne parvient pas seul à ses fins**. Il faut donc un motif « thérapeutique ». Dans la mesure où ces moyens existent, une forme de droit subjectif se concrétise bien qu'il n'y ait pas de contentieux concernant leur refus. En allant plus loin, il convient de limiter cette idée de droit lorsqu'il s'agit de personnes qui n'entrent pas dans les conditions requises et qui arguent d'un droit fondamental, international ou constitutionnel, pour contraindre le législateur à modifier les conditions d'accès.

838 L'accès à la contraception. - Il n'est que **depuis peu un choix essentiellement individuel** car la procréation reste un enjeu de société en raison d'impératifs démographiques qui guident les États et les religions. Une **loi de 1920 interdit la propagande anticonceptionnelle** mais non la prescription et l'usage des contraceptifs. La régulation des naissances par les contraceptifs n'est autorisée en France que depuis la loi du 28 décembre 1967 (modifiée par la loi du 4 décembre 1974 qui en étend le bénéfice aux mineurs sans autorisation des parents). Elle instaurait un contrôle médical par l'obligation du carnet à souches pour les contraceptifs oraux (à l'image des toxiques). Ce carnet ne sera en fait jamais utilisé. Elle interdit toute publicité même indirecte concernant la contraception ce qui est un frein important à sa diffusion. Ce n'est que le 30 décembre 1987 que seront abrogés les articles de la loi de 1920 concernant la publicité et la propagande pour les préservatifs ; l'interdit sur la publicité pour les autres moyens contraceptifs perdure. Les centres de planification ou d'éducation familiale sont chargés de donner des consultations médicales en ce domaine (art. L. 2311-1, CSP) et peuvent délivrer des contraceptifs. **L'accès à la contraception a été cependant facilité par la loi du 13 décembre 2000 qui pose une exception à l'obligation de prescription médicale de la « pilule du lendemain »** qui entrave l'éventuelle nidation

56. CEDH, 28 mai 2014, n° 62804/13, *Durisotto c. Italie*.

de l'œuf (possibilité de délivrance par l'infirmière scolaire à une élève même mineure[57] ou à titre gratuit dans les pharmacies). Par ailleurs, la loi du 4 juillet 2001 permet la prescription et la délivrance de contraceptifs aux mineurs sans le consentement des parents.

839 **La stérilisation contraceptive volontaire. –** Assimilée juridiquement à une mutilation, la stérilisation a été jusqu'en 2001 interdite en France sauf motifs « thérapeutiques » et pénalement sanctionnée ; elle se pratiquait néanmoins fréquemment pour motifs contraceptifs de confort. L'appréciation des médecins se sait libérale, les jurisprudences quasi inexistantes à l'exception d'un avis retentissant par lequel la Cour de cassation a estimé qu'une ligature des trompes de Fallope, demandée par une mère pour sa fille incapable majeure, est prohibée par l'article 16-3 du Code civil[58]. Depuis **la loi du 4 juillet 2001 réformant l'IVG, le Code de la santé publique ouvre cette possibilité (art. L. 2123, CSP) pour les personnes majeures sous certaines conditions** (consentement, délais de réflexion).

840 **La stérilisation contraceptive involontaire. –** Certains États admettent la stérilisation imposée des malades mentaux ou des personnes dont le coefficient intellectuel est faible, pour **des raisons eugéniques** (autrefois Allemagne hitlérienne mais aujourd'hui aussi certains États des États-Unis et du Danemark). En France, **la loi actuelle interdit la stérilisation des mineurs, même s'ils sont handicapés mentaux mais rend possible, sous conditions très strictes, celle des handicapés mentaux majeurs**. Il ressort des termes mêmes de l'article L. 2123-2 du Code de la santé publique qu'une stérilisation ne peut être pratiquée que sur une personne majeure et quand l'existence d'une contre-indication médicale absolue aux méthodes de contraception ou une impossibilité avérée de les mettre en œuvre efficacement a été constatée. Cette stérilisation ne peut par ailleurs avoir lieu lorsque, la personne étant apte à exprimer sa volonté, elle s'y est opposée. Enfin, **les conditions dans lesquelles le juge des tutelles est amené à se prononcer sont définies avec précision**. En particulier, ce juge est tenu d'entendre la personne concernée, ses parents ou son représentant légal et de recueillir l'avis d'un comité d'experts composé de personnes qualifiées sur le plan médical et de représentants d'associations de personnes handicapées, lequel apprécie la justification médicale de l'intervention, ses risques ainsi que ses conséquences normalement prévisibles sur les plans physique et psychologique. Le Conseil d'État a admis la conformité de cette loi aux sources internationales[59].

De son côté **la CEDH a condamné la Slovaquie concernant des femmes roms, illettrées, sans doute stérilisées sans leur consentement**[60] qui n'ont pas la possibilité de photocopier leur dossier médical. Le même État a été condamné pour traitement dégradant en 2011 pour la stérilisation d'une femme rom en même temps que son accouchement, sans qu'elle ait demandé cette opération et malgré sa signature du protocole de consentement. Pour la Cour, si rien n'indique que le personnel médical ait eu l'intention de maltraiter la requérante, il n'en demeure pas moins que les médecins ont fait preuve d'un manque de respect flagrant de son droit à l'autonomie et au choix en tant que patiente[61].

841 **Procréation et vie privée. –** La **CEDH a eu l'occasion de ranger le « droit de procréer », en l'occurrence le recours à l'assistance médicale à la procréation (AMP), sous l'article 8**, c'est-à-dire le droit au respect de la vie privée et familiale. Dans l'affaire *Evans c. Royaume-Uni*[62], la Cour était confrontée à la loi britannique sur l'AMP qui autorise chaque membre du couple à revenir sur son consentement. Le juge a estimé en l'espèce que **l'absence de consensus européen ne saurait permettre de poser l'obligation positive pour l'État d'imposer de poursuivre une AMP qui n'est plus souhaitée par les deux partenaires**. Plus tard, par une décision *Dickson*

57. Décret nº 2016-683 du 26 mai 2016 relatif à la délivrance de la contraception d'urgence par les infirmiers scolaires.
58. Cass., Avis nº 11, 6 juill. 1998.
59. CE, 26 sept. 2005, Ass. Collectif contre l'handiphobie.
60. CEDH, 28 avr. 2009, K. H. et autres c. Slovaquie.
61. CEDH, 8 nov. 2011, nº 18968/07, *V.C. c. Slovaquie*. Voir aussi CEDH, 12 juin 2012, nº 29518/10, *aff. N.B. c. Slovaquie*.
62. CEDH, Gr. ch., 10 avr. 2007.

c. RU[63], la Cour a eu à connaître du cas d'un couple dont l'homme était détenu après une condamnation à perpétuité avec une période de sûreté de quinze ans et qui voulait recourir à une insémination artificielle. Elle a estimé que **l'administration pénitentiaire doit permettre de recourir à la procédure d'AMP**, même en prison et même quand l'un des partenaires n'élèvera pas l'enfant. Le gouvernement britannique a violé le droit à la vie privée en ne ménageant pas un juste équilibre entre les intérêts publics et privés en présence. La CEDH[64] a adopté une formulation qui évoque « le droit d'un couple de concevoir un enfant et de faire usage de la procréation médicalement assistée [...] » comme entrant dans le champ d'application de l'article 8. Si « les États contractants jouissent d'une marge d'appréciation », la Cour a estimé injustifiées les différences de traitements existant dans la loi autrichienne quant à l'accès au **don de sperme ou au don d'ovules**. Elle précise que « les préoccupations fondées sur des considérations morales ou sur l'acceptabilité sociale ne sont pas en elles-mêmes des raisons suffisantes pour une interdiction totale d'une technique spécifique [...] ».

842 Autrefois, le régime légal ne concernait que des techniques conformes à une reproduction sans assistance. – Les conditions d'accès à l'assistance médicale à la procréation. – Depuis la mise à disposition des techniques de procréation dans les années 1980 (« bébé éprouvette », fécondation *in vitro*), le législateur envisageait l'assistance à la procréation comme un correctif de la nature et non comme un moyen de s'y substituer. Les techniques étant médicalisées, il faut passer par l'intermédiaire d'un médecin agréé (officiant dans un établissement autorisé) qui est juge des indications. **Les indications étaient limitées et d'ordre pathologique (et non de convenance personnelle) : soit remédier à une infertilité médicalement constatée, soit éviter à l'enfant la transmission d'une « maladie d'une particulière gravité » (par un diagnostic préimplantatoire et un tri d'embryons).** Seuls l'homme et la femme formant un couple, en âge de procréer, mariés, pacsés ou concubins, et consentant préalablement au transfert des embryons ou à l'insémination, pouvaient y recourir. Ces restrictions n'étaient pas jugées discriminatoires, mais s'analysaient comme une différence de traitement justifiée par des différences de situation objectives et liée à l'objet même de la loi (la différence de sexe est pertinente en matière de procréation). Ce qui l'a conduit à considérer que la demande de transmission d'une question prioritaire de constitutionnalité sur ce point ne présente pas un caractère sérieux[65].

En termes constitutionnels, le législateur peut limiter la liberté personnelle au nom de l'intérêt de l'enfant et de l'ordre public. Ainsi, se heurtant à un refus d'AMP en France, un couple, dont la femme n'a pas d'ovocytes et dont l'homme de soixante-dix ans a fait conserver ses gamètes à 63 ans avant une opération, a demandé l'autorisation d'exporter les gamètes à la directrice générale de l'ABM qui a refusé au motif que l'homme ne pouvait être regardé comme étant encore en âge de procréer au sens de l'article L. 2141-2 du Code de la santé publique. Le juge a confirmé en se fondant sur les données médicales et sur les objectifs de la loi consistant à protéger l'enfant, la femme et les finances sociales[66]. Un autre arrêt juge le système français compatible avec la Convention européenne[67]. Selon les termes de l'article L. 2141-2 du Code de la santé publique, **l'assistance à la procréation est « destinée à répondre à la demande parentale d'un couple », « l'homme et la femme formant le couple doivent être vivants »**. Cela explique le refus de l'affaire Lanzman : la requérante, désireuse d'être grand-mère, demandait le transfert des gamètes de son fils décédé vers un établissement en mesure de procéder à une procréation médicalement assistée (PMA), en réalité une gestation pour autrui (GPA). Mais la Cour relève que **le droit de décider de quelle manière et à quel moment un individu souhaite devenir parent est un droit intransférable et que l'article 8 ne garantit pas de droit à devenir grands-parents** et déclare la requête irrecevable[68].

63. CEDH, Gr. ch., 4 déc. 2007.
64. CEDH, 1er avr. 2010, n° 57813/00, *S.H et a. c. Autriche* ; CEDH, Gr. ch., 3 nov. 2011, *S.H. et autres c. Autriche*, n° 57813/00.
65. CE, 28 sept. 2018, *Mme A... C... et Mme D... B...*, n° 421899.
66. CAA, Versailles, 5 mars 2018, Agence de la biomédecine, n° 17VE00824.
67. CAA, Versailles, 5 mars 2018, Agence de la biomédecine, n° 17VE00826.
68. CEDH, 5 déc. 2019, *Petithory Lanzmann c. France*, req. n° 23038/19.

Ces restrictions justifient la mise en œuvre d'une police administrative spéciale aux mains de l'Agence de la biomédecine qui délivre les agréments et participe à l'évaluation du fonctionnement des établissements autorisés.

843 **Du « thérapeutique » au « sociétal ».** – Au **prisme des droits fondamentaux, l'AMP cesse d'être un acte thérapeutique, pour relever du droit à la vie privée et aux prémices d'un « droit à l'enfant ».** Il n'est pas difficile pour les personnes exclues, jusqu'en 2021, de l'accès à ces techniques de montrer que, dès le départ, elles ne « soignent » pas la stérilité mais permettent de la contourner. Dès lors, certains évoquent une « stérilité sociale » pour les personnes célibataires ou les couples de même sexe qui serait de même « nature » que la stérilité physique d'un membre d'un couple hétérosexuel.

Mais avec la loi nº 2021-1017 du 2 août 2021, la possibilité est ouverte à tous d'une procréation artificielle, sans aucune indication pathologique, comme alternative à un engendrement « spontané ». Depuis la loi du 7 juillet 2011, l'assistance médicale à la procréation fait l'objet d'une redéfinition et s'entend de « l'assistance médicale à la procréation s'entend des pratiques cliniques et biologiques permettant la conception *in vitro*, la conservation des gamètes, des tissus germinaux et des embryons, le transfert d'embryons et l'insémination artificielle » (art. L. 4121-1 CSP).

L'article L. 2141-2 CSP dispose désormais que : « L'assistance médicale à la procréation est destinée à répondre à un projet parental. Tout couple formé d'un homme et d'une femme, ou de deux femmes, ou toute femme non mariée ont accès à l'assistance médicale à la procréation après les entretiens particuliers des demandeurs avec les membres de l'équipe médicale clinicobiologique pluridisciplinaire ». Toutes les formes d'AMP seront prises en charge par l'assurance maladie (pour un acte qui n'est pourtant plus considéré comme un soin…). Ces dispositions n'ont leur place dans le Code de la santé qu'en raison de la technicité médicale des actes d'assistance et des risques encourus et non pour sa finalité sociale qui n'entretient plus de lien avec la stérilité de la personne ou du couple. Pour les femmes seules ou en couple avec une autre femme, le don de gamète ou d'embryon devient la norme et un simple accessoire de l'AMP. **On peut souligner le changement majeur qu'opèrent ces dispositions dans l'engendrement.**

Le processus sera interrompu si le couple est dissous par le décès d'un des membres du couple, une demande en divorce ou de séparation de corps, la cessation de la communauté de vie ou encore la révocation par écrit du consentement. L'insémination ou le transfert d'embryon *post-mortem* aurait pourtant été logique, puisqu'une femme seule peut procréer ; cependant, le législateur a pensé éviter des troubles psychologiques aux enfants nés orphelins.

844 **Don et conservation de gamètes – Droit interne.** – Avant 2021, le **recours à un don de gamète d'un tiers donneur, en cas d'échec au sein du couple, supposait un consentement donné devant un juge ou un notaire.** Le don était anonyme et gratuit, en dépit du droit à la connaissance des origines biologiques, lui aussi assis sur l'article 8 CEDH[69]. Le double don (don du sperme et d'ovocyte) était interdit. Les donneurs étaient seuls à pouvoir conserver leurs propres gamètes sans motif médical. **Depuis le 4 août 2021, le don est libéralisé pour permettre l'AMP aux femmes seules ou en couple (à l'exception d'une « mère porteuse », qui utiliserait ses propres ovocytes), mais aussi l'autoconservation des gamètes par convenance pour s'assurer de pouvoir recourir à un AMP autologue au moment de son choix.** Les frais de cette autoconservation sont à la charge de la personne (sauf indication médicale) et ne peuvent être assumés par un employeur ou une personne vis-à-vis de laquelle le bénéficiaire est en situation de dépendance économique, afin d'éviter des pressions en vue de retarder un projet parental.

Le don est conditionné au fait que les donneurs consentent à ce que leur identité et un certain nombre de données non identifiantes soient recueillies et conservées (âge, caractéristiques physiques, situation familiale, etc.). Y compris pour les dons antérieurs à la loi (les anciens donneurs pourront donner leur consentement au

69. CE, Avis contentieux, 13 juin 2013, *M. M.*, nº 362981 ; CE, 28 décembre 2017, nº 396571.

nouveau dispositif), les données seront centralisées par l'Agence de biomédecine avec les données relatives aux enfants issus des dons. Rompant avec le droit commun et le principe d'égalité des couples, la filiation de l'enfant issu d'une AMP avec tiers donneur au sein d'un couple de femmes s'établit, pour la femme qui accouche par l'effet de la loi, pour l'autre par une reconnaissance conjointe devant notaire au moment du consentement à la PMA (C. civ., art. 342-1).

845 Don de gamètes – Convention EDH. – L'accès au don de gamètes a fait l'objet d'une décision remarquée de la Cour de Strasbourg[70] qui tend à consolider le droit d'accéder à l'AMP. La loi autrichienne sur la procréation artificielle interdit le recours au sperme d'un donneur aux fins de fécondation *in vitro* et le don d'ovules en général. Deux couples attaquent ce choix législatif que la Cour accepte une nouvelle fois de confronter au droit à la vie privée fondée sur l'article 8. La Cour constitutionnelle autrichienne avait jugé l'affaire en 1999, estimant que l'ingérence dans le droit des requérants au respect de leur vie familiale était réelle, mais qu'elle était justifiée car elle visait à éviter à la fois la création de relations inhabituelles entre des personnes (cas des gestations pour autrui), et le risque d'exploitation des femmes soumises à des pressions pour qu'elles donnent leurs ovules. **De son côté, la CEDH admet qu'un État puisse ne pas reconnaître le droit à une assistance à la procréation mais sous réserve de ne pas discriminer les demandes une fois ce droit reconnu. Or, les requérants contestaient également la différence de traitement dont ils faisaient l'objet par rapport aux couples qui souhaitaient eux aussi recourir à la procréation médicalement assistée mais qui n'avaient pas besoin de don d'ovules ou de sperme pour la fécondation.** Cependant, dans son arrêt de Grande chambre, cette thèse n'est pas reprise ; la Cour y admet que le don de gamètes ne soit pas imposé, même celui concernant le sperme est autorisé, au nom des représentations morales[71].

846 Gestation pour autrui – Interdit. – On distingue parfois, contre la lettre et l'esprit du Code civil, **d'une part la** ***gestation pour autrui*****, qui se résume à une « location d'utérus » puisque la femme n'a aucun lien génétique avec l'enfant, et d'autre part la** ***mère porteuse*** **qui donne aussi son ovocyte**. Pour la Cour européenne, en effet, les liens biologiques comptent, notamment parce qu'ils fondent le droit à connaître ses origines personnelles. Pour le droit français, l'une et l'autre doivent être exclues car elles soulèvent autant des questions de filiation (pour établir ou non des liens entre l'enfant obtenu à l'étranger et le couple commanditaire dont souvent seul l'un des deux membres a donné ses gènes), que des questions de droits fondamentaux. **En 1991[72] la Cour de cassation a estimé que les conventions qui lient « parents d'intention » et « gestatrice » sont contraires à l'ordre public**, tant au regard de l'état civil inscrit en fraude après abandon (la mère est celle qui accouche), qu'au regard de l'indisponibilité du corps. **Le Code civil et le Code de la santé l'interdisent aussi depuis 1994**. Le juge a pu ainsi condamner un hébergeur à suspendre un site internet d'une société espagnole qui faisait en France la promotion de services de Gestation pour autrui (GPA)[73]. Une autre façon de pénaliser la gestation pour autrui réside dans le refus de lui accorder les mêmes conséquences qu'un autre mode de procréation. Bien sûr en ne donnant pas suite dans l'état civil de l'enfant à l'égard de la mère d'intention mais aussi en n'accordant pas à cette dernière les mêmes avantages que la femme qui accouche. C'est par exemple ce qu'a fait la CJUE[74] en acceptant que l'on refuse un congé de maternité à celle qui n'a pas accouché, protégeant ainsi préférentiellement la dimension corporelle de la maternité et non seulement le temps de l'arrivée d'un nouveau-né[75].

---

70. CEDH, 1er avr. 2010, *SH et a. contre Autriche*, n° 57813/00.

71. CEDH, Gr. ch., 3 nov. 2011, *S.H. et autres c. Autriche*, n° 57813/00.

72. Cass. ass. plén., 31 mai 1991, n° 90-20105.

73. TGI de Versailles, 1re ch., 26 févr. 2019, *Association des Juristes pour l'Enfance / OVH et Subrogalia SL*.

74. CJUE, 18 mars 2014, *CD v. ST*, C-167/12 ; et CJUE, 18 mars 2014, *Z. v. A Government Department*, C-363/12 : CJUE, C-167/12, § 37 : « Il découle de ce qui précède que l'attribution d'un congé de maternité sur le fondement de l'article 8 de la directive 92/85 suppose que la travailleuse en bénéficiant ait été enceinte et ait accouché de l'enfant ».

75. Au Royaume-Uni, depuis 2008, les parents commanditaires peuvent solliciter le statut de parents dans les six mois qui suivent la naissance si l'enfant a été conçu avec les gamètes d'au moins un des deux membres du couple, que les demandeurs vivent effectivement en couple et si la gestatrice donne son accord.

En juin 2008, un groupe de travail sénatorial a préconisé la légalisation d'une forme « *ad minima* » de ces conventions : à titre gratuit, dans un cercle restreint, sans lien génétique. Mais le 6 mai 2010, par son avis n° 110, le CCNE se prononce en faveur de l'interdiction de la gestation pour autrui en se situant à deux reprises sur le terrain des normes constitutionnelles. Le CCNE rappelle que si les principes fondateurs de la législation relative à la biomédecine, notamment la dignité de la personne humaine, la primauté de l'intérêt de l'enfant et la non-commercialité du corps, sont assortis d'exceptions, celles-ci ne peuvent être trop importantes ni permanentes, sauf à ce que ces principes se vident de leur substance. Il refuse également de faire droit à l'argument de l'égalité. Pour les partisans de la légalisation, il s'agirait en effet de restaurer l'égalité entre les couples, qui ont les moyens de contourner la législation française pour recourir à une mère porteuse dans un pays qui l'autorise, et les autres. Mais, faute d'un « droit à l'enfant », on peut en effet exclure une discrimination subséquente. Le CCNE estime, à raison, « qu'il faut se garder d'accréditer l'idée que toute injustice, y compris physiologique, mette en cause l'égalité devant la loi ».

Le Conseil de l'Europe a rejeté en commission, le 15 mars 2016, par seize voix contre quatorze, un rapport préconisant la légalisation d'une gestation pour autrui « altruiste », c'est-à-dire sans contrepartie financière pour la mère porteuse.

847 **Gestation pour autrui – Filiation.** – **Par trois arrêts du 6 avril 2011, la Cour de cassation a réitéré son refus de voir les filiations issues de gestations pour autrui effectuées à l'étranger transcrites à l'état civil français.** Selon elle, la filiation établie à l'étranger et la communauté de vie maintenue avec les parents satisfont les exigences de la CEDH (vie privée) et de la convention de New York (intérêt supérieur de l'enfant)[76].

De son côté, **la Cour de Strasbourg[77] estime que, si la vie privée ou la vie familiale des « parents » ne subit qu'une ingérence proportionnée aux objectifs poursuivis par l'interdit, l'identité des enfants issus de la GPA demande à être reconnue**, incitant ainsi les fraudeurs à la loi à persévérer dans leur tourisme procréatif. La Cour a ainsi à nouveau condamné la France pour ne pas avoir transcrit un acte de filiation indien alors que le père d'intention, célibataire, est bien le père biologique (mais seulement au nom de la vie privée de l'enfant)[78].

Cependant, la Cour européenne a finalement apporté son soutien aux autorités nationales soucieuses de ne pas encourager la fraude dans l'affaire ***Paradiso***[79]. L'Italie avait refusé l'enregistrement à l'état civil et placé en famille d'accueil un bébé de six mois obtenu par GPA en Russie, bien que les requérants aient obtenu un agrément d'adoption. Le premier arrêt avait condamné l'État car il n'apportait pas la preuve de la nécessité de ce placement, dans la mesure où l'enfant n'était pas en danger et que la soustraction de l'enfant à un milieu de vie familial ne peut s'opérer que pour des motifs graves non réunis ici. La Grande chambre considère, au contraire, que les mesures litigieuses avaient pour but légitime la défense de l'ordre et la protection des droits et libertés d'autrui. En l'occurrence l'absence de liens biologiques entre le couple d'intention et l'enfant n'impose pas à l'État d'établir une filiation. Les juridictions italiennes, ayant notamment conclu que l'enfant ne subirait pas un préjudice grave ou irréparable en conséquence de la séparation, ont ménagé un juste équilibre entre les différents intérêts en jeu, tout en demeurant dans les limites de la marge d'appréciation dont elles disposaient.

Le 3 juillet 2015, l'Assemblée plénière de la Cour de cassation a donc admis la transcription de l'acte de naissance d'enfants nés par GPA, à tout le moins en ce qui concerne la filiation du père d'intention disposant d'un lien biologique avec l'enfant[80]. Le Conseil d'État a également jugé que l'intérêt de l'enfant justifie que soit délivré un laisser-passer pour qu'il puisse entrer en France alors même qu'il a été conçu pour une célibataire en Arménie et que donc ni sa filiation, ni sa nationalité ne sont encore établies[81]. La circonstance qu'un enfant est né de GPA ne peut, à elle seule, conduire à priver cet enfant de la nationalité subséquente à la décision de

76. Cass. 1re civ., 6 avr. 2011 (3 espèces).
77. CEDH, 26 juin 2014, *Mennesson c. France*, n° 65192/11 et n° 65941/11, *Labassée c. France*.
78. CEDH, 21 juill. 2016, nos 9063/14 et 10410/14, *Foulon et Bouvet c. France*.
79. CEDH, 27 janv. 2015, *Paradiso et Campanelli c. Italie*, n° 25358/12 et Gr. ch., 24 janv. 2017.
80. Cass., ass. plén., 3 juillet 2015, n° 14-21323 et n° 15-50002.
81. CE, ord., 3 août 2016, n° 401924, Ministre des affaires étrangères et du développement international c/Mme A.

naturaliser l'un de ses parents[82]. Puis dans un arrêt du 29 novembre 2017[83], **la Cour de cassation rappelle que l'acte de naissance d'un enfant, dressé à l'étranger, peut être transcrit sur les registres d'état civil français à condition que les faits qui y sont déclarés correspondent à la « réalité »** : la filiation peut être établie à l'égard du père biologique de l'enfant mais pas pour la mère désignée – l'épouse du père – qui n'est pas la femme qui a accouché. Enfin, dans un arrêt du 4 octobre 2019[84], la Cour de cassation a ainsi ordonné la transcription d'un acte de naissance désignant le père biologique et son épouse, puis deux arrêts du 18 décembre 2019 ont étendu cette solution en ordonnant la transcription d'un acte de naissance désignant le père biologique et son compagnon ou son époux, dès lors que celui-ci est probant au sens de l'article 47 du Code civil[85].

Cependant, la loi du 2 août 2021, complétant l'article 47 du Code civil, vient contrecarrer la jurisprudence de la Cour de cassation qui autorisait la transcription intégrale de l'acte de naissance d'un enfant issu d'une GPA réalisée à l'étranger, dès lors que les faits déclarés dans l'acte étaient conformes au droit étranger. Désormais, la réalité de la filiation déclarée dans l'acte doit être appréciée au regard de la loi française, qui interdit les conventions de mère porteuse et qui, hormis les exceptions qu'elle détermine, attache la filiation maternelle à l'accouchement, et ne permet pas, en dehors de l'adoption, l'établissement d'une double filiation paternelle.

Entre-temps, dans le cadre de l'affaire *Mennesson*, concernant la transcription d'un acte de naissance en ce qu'il désigne la « mère d'intention », indépendamment de toute réalité biologique, la Cour de cassation a sollicité et obtenu un avis consultatif de la CEDH. Dans son avis[86], la Cour confirme que le droit au respect de la vie privée de l'enfant requiert que le droit interne offre une possibilité de reconnaissance d'un lien de filiation entre l'enfant et la mère d'intention, désignée dans l'acte de naissance légalement établi à l'étranger comme étant la « mère légale » mais pas que cette reconnaissance se fasse nécessairement par la transcription sur les registres de l'état civil de l'acte de naissance légalement établi à l'étranger ; elle peut se faire par une autre voie, telle l'adoption de l'enfant par la mère d'intention. La même solution a été retenue dans l'arrêt *C et E c. France*[87]. À propos du refus des autorités françaises de transcription d'enfants nés à l'étranger des gamètes du père d'intention et d'une tierce donneuse, pour autant qu'ils désignent la mère d'intention comme étant leur mère, la Cour y estime que le refus des autorités françaises n'est pas disproportionné car le droit interne offre une possibilité de reconnaissance du lien de filiation entre les enfants requérants et leur mère d'intention par la voie de l'adoption de l'enfant du conjoint.

Faisant pendant à l'affaire *Mennesson*, qui concernait le père biologique, s'agissant cette fois de la mère, **l'arrêt** *D. c. France* **juge que le refus de transcrire l'acte de naissance d'un enfant né à l'étranger d'une GPA qui désigne la mère d'intention comme étant sa mère, celle-ci étant sa mère génétique, ne porte pas atteinte au respect de la vie privée si, concrètement, la procédure d'adoption permet de reconnaître un lien de filiation**. L'existence d'un lien génétique n'a pas pour conséquence que le droit au respect de la vie privée de l'enfant requière que la reconnaissance du lien de filiation puisse se faire spécifiquement par la voie de la transcription de son acte de naissance étranger[88].

CEDH, 18 mai 2021, *Valdís Fjölnisdóttir et autres c. Islande, n° 71552/17*

Deux femmes mariées islandaises ont eu recours à une mère porteuse aux États-Unis, mais se voient refuser la reconnaissance de leur parenté d'intention et la nationalité islandaise de l'enfant. Considéré comme un mineur non accompagné, les autorités le placèrent néanmoins en accueil familial auprès des deux « mères d'intention » qui présentèrent une demande d'adoption. Toutefois, elles divorcèrent

82. CE, 31 juill. 2019, *M. W… et M. T…*, n° 411984.
83. Cass. 1re civ., 29 nov. 2017, n° 16-50061.
84. Cass., ass. plén., 4 oct. 2019, n° 648, (10-19053).
85. Cass. 1re civ., 18 déc. 2019, (n° 18-11815), n° 1111 et n° 1112.
86. CEDH, 10 avr. 2019, avis consulatif P16-2018-001.
87. CEDH, 12 déc. 2019, *C et E c. France*, req. nos 1462/18 et 17348/18.
88. CEDH, 16 juill. 2020, *D c. France*, req. n° 11288/18.

en 2015 et retirèrent par la suite leur demande d'adoption, car elles n'étaient plus admissibles à adopter conjointement un enfant. La Cour suprême estima toutefois qu'il n'existait pas entre les requérants de « vie familiale » au sens de la CEDH, en raison de l'illégalité de la pratique de la gestation pour autrui. Pour la Cour européenne, le refus de reconnaître un couple comme les parents d'un enfant né d'une gestation pour autrui ne constitue pas une violation, bien que les liens existants entre les intéressées et l'enfant relèvent bien d'une vie familiale en dépit de l'absence de lien biologique. En effet, les mesures prises à l'égard de l'enfant depuis son arrivée sur le territoire étaient respectueuses de cette vie familiale, car les autorités avaient placé l'enfant en accueil familial alterné auprès des deux femmes, et préservé la possibilité pour elles d'une adoption conjointe pendant le temps où elles étaient restées mariées.

La Cour européenne a sanctionné le refus des juridictions internes d'établir la paternité d'un homme à l'égard de son fils biologique, né d'une gestation pour autrui pratiquée en France, après que l'enfant ait été confié par la mère porteuse à un couple tiers. Si la France a pris soin de caractériser concrètement l'intérêt de l'enfant, en prenant en compte la réalité biologique de la paternité et le droit au respect de la vie privée et familiale de son « fils » (lequel implique le respect du principe de la primauté qui doit être conférée à l'intérêt de l'enfant), la Cour constate que la procédure a duré six ans au total, ce qui viole le devoir de diligence exceptionnelle qui s'imposait pour éviter que l'écoulement du temps n'aboutisse à ce que la question de droit ne soit tranchée au regard d'un fait accompli[89].

4. Le droit à l'avortement

848 **Notion.** – Avorter se définit objectivement pour la médecine comme la fin, volontaire ou non, de la grossesse (l'avortement peut être une fausse couche, on le dit alors « spontané »). Pour les sciences sociales, comme pour le droit, la dimension subjective de la volonté de l'acte réalisé en vue de ne pas avoir d'enfant vient au premier plan, qu'il s'agisse de refuser la maternité ou qu'il s'agisse de refuser une grossesse dangereuse ou un enfant handicapé. Cela n'a pas toujours été le cas. Dans l'Antiquité le recours à l'avortement dépendait du chef de famille : l'interdit protégeait son autorité et sa maîtrise de la reproduction, il ne protégeait pas le fœtus pour lui-même. L'avortement désigne aussi le résultat de l'action d'un tiers qui, par négligence, a provoqué l'arrêt de la gestation ; on parlera alors d'interruption involontaire de grossesse.

849 **Pénalisation et tolérance.** – Jusqu'en 1923, l'IVG était un crime. C'est ensuite devenu un délit correctionnel. Au plus fort de la répression, sous le régime de Vichy, il devient un crime contre la Nation autant pour la femme que pour celui qui lui prête assistance. Plus l'avortement était pénalisé, plus il était toléré par la société. D'un côté, on ne trouve quasiment pas de procès dans les annales ; d'un autre les femmes suscitaient la compassion des jurys populaires. **La correctionnalisation avait pour but de durcir la répression en la confiant à des magistrats**. Malgré tout, les poursuites sont restées rares vis-à-vis de la femme elle-même et plus sévères pour les avorteurs. **L'objet de la loi proposée par Simone Veil a été de dépénaliser**, donc d'empêcher toute poursuite. La loi du 17 janvier 1975, a été déclarée constitutionnelle par le Conseil constitutionnel et compatible avec les textes internationaux par l'arrêt d'assemblée du **Conseil d'État du 21 décembre 1990,** *Confédération nationale des associations familiales catholiques*. L'auto-avortement a été aussi dépénalisé par la loi du 27 janvier 1993 (mais la personne qui aide commet un délit). Depuis 1980, aucune condamnation n'a été rendue pour avortement illégal.

89. CEDH, 7 avril 2022, *A. L. c. France*, n° 13344/20.

850 **Interruption médicale de grossesse. –** La question de l'avortement thérapeutique a été historiquement première. Fruit d'un débat vieux de trois siècles, son autorisation intervient en 1852 malgré l'opposition des catholiques qui refusent de hiérarchiser la vie de la mère et celle de l'enfant à naître. **L'avortement thérapeutique est à nouveau légalisé en 1939 dans l'hypothèse restrictive de danger grave pour la vie de la mère** (mais le secret médical peut être alors levé). L'interruption thérapeutique de grossesse (devenue « médicale » par la loi du 4 juillet 2001) existait donc déjà en 1975 lorsque la loi Veil l'a reprise. **Elle est possible lorsque la grossesse met en péril grave la santé de la femme (avant il fallait qu'elle mette sa vie en danger) ou lorsqu'il existe une forte probabilité que l'enfant à naître soit atteint d'une infection incurable**. Le corps médical conserve ici un pouvoir, sur le papier, un pouvoir d'appréciation de la qualité de vie liée à la pathologie dont souffre le fœtus. L'affection incurable doit être attestée par deux médecins qualifiés de deux services différents. Si le médecin estime que c'est une affection incurable mais qu'on peut vivre avec, il essayera de convaincre la femme de l'accepter. **Néanmoins, la Cour de cassation admit qu'il s'agissait d'un droit subjectif de la femme à disposer de son corps et de sa maternité lors de l'affaire** *Perruche*[90]. Il en est de même pour le juge administratif[91]. Le 7 avril 2010, le CHU de Nantes a été condamné par le tribunal administratif de Nantes pour n'avoir pas détecté avant la naissance le handicap d'un enfant porteur de trisomie 21, né en janvier 1994. Après des examens qui laissaient présager une anomalie, les médecins ne proposèrent pas de réaliser une amniocentèse ce qui a privé la mère de recourir éventuellement à une interruption de grossesse. Pendant la vie de l'enfant, la famille bénéficie de 60 euros par jour. **L'interruption médicale de grossesse peut se pratiquer sans condition de délai.** La loi du 7 juillet 2011 porte, lorsque la santé de la femme est en jeu, à quatre personnes le collège décideur : un médecin qualifié en gynécologie-obstétrique, membre d'un centre pluridisciplinaire de diagnostic prénatal, un praticien spécialiste de l'affection dont la femme est atteinte, un médecin choisi par la femme et une personne qualifiée (assistant social ou psychologue). Désormais, hors urgence médicale, la femme se voit proposer **un délai de réflexion d'au moins une semaine** avant de décider d'interrompre ou de poursuivre sa grossesse. La loi du 2 août 2021 reproduit dans l'IVG pour motif médical les dispositions existantes en matière d'IVG dans le délai de douze semaines pour les femmes mineures (v. art. 29 de la loi ; CSP, art. L. 2213-2 s.).

Du point de vue européen, il peut être nécessaire d'aménager l'accès à l'IMG afin d'éviter une ingérence manifestement disproportionnée à la vie privée, notamment dans le cas d'une femme qui semble avoir le droit d'y recourir sans qu'aucun médecin ne l'accepte ou n'y soit contraint[92].

851 **Interruption volontaire de grossesse. –** Après guerre, la politique de répression ne faiblit pas mais les mouvements favorables à une évolution s'organisent notamment avec la « Maternité heureuse » qui deviendra le planning familial. Le procès dit « de Bobigny » en 1972, à l'occasion de l'avortement d'une mineure, offre une tribune aux personnalités favorables à une révision de la loi de 1920. La clémence du jugement annonce une évolution majeure. Après plusieurs projets en demi-teinte auxquels manquera la volonté politique, l'arrivée au pouvoir de Valéry Giscard d'Estaing permet un engagement concrétisé par la volonté de Simone Veil. **Entre 1975 et 2000 disparaissent les conditions d'accès et freins à l'interruption volontaire de grossesse : le remboursement des frais de l'intervention par la Sécurité sociale**[93] et l'érosion progressive des réticences des chefs de service qui s'abritaient derrière « la clause de conscience » leur permettant de se soustraire à la prestation impliquée par la liberté d'avorter. La loi dite « Aubry-Guigou », du 4 juillet 2001, complète le dispositif. Depuis cette loi, l'IVG était pratiquée jusqu'à douze semaines. L'allongement de ce délai a été validé par le Conseil constitutionnel. La justification s'appuyait alors sur la « situation de détresse ». Or, cette condition de détresse a été également abrogée par la loi du 4 août 2014 relative à l'égalité des femmes et des hommes. **La loi du 2 mars 2022 a allongé de deux semaines le délai légal de l'IVG chirurgicale, porté à quatorze semaines de grossesse** (soit

90. Cass. ass. plén., 17 nov. 2000 : la volonté réitérée de la mère de recourir à l'ITG en cas de diagnostic défavorable était évidente et la Cour de cassation a admis que l'absence de ce diagnostic, à l'origine de la naissance, était une faute.

91. CE, 14 févr. 1997, CHR de Nice c. Époux Q.

92. CEDH, 20 mars 2007, *Tysiac* c. *Pologne*, Req. n° 5410/03.

93. Loi du 31 déc. 1982 puis du 20 déc. 2002 qui transfère la charge de l'État vers les organismes de Sécurité sociale. En octobre 2012 le législateur a porté à 100 % le remboursement des frais.

seize semaines après le début des dernières règles). Les sages-femmes peuvent désormais réaliser des IVG par voie chirurgicale jusqu'à la fin de la dixième semaine de grossesse dans les hôpitaux (et non plus seulement des IVG médicamenteuses, jusqu'à cinq semaines de grossesse en ville et sept semaines à l'hôpital). La loi supprime le délai de réflexion de deux jours avant de confirmer par écrit son souhait de recourir à une IVG après l'entretien psychosocial (obligatoire pour mineures non émancipées). Un répertoire recensant, avec leur accord, les professionnels et les structures pratiquant l'IVG devra être publié par les agences régionales de santé.

L'article L. 2213-1 CSP de la loi du 2 août 2021 a introduit la possibilité de procéder à une « réduction embryonnaire » (interruption de la grossesse d'un ou plusieurs fœtus d'une grossesse multiple) dans le délai légal de douze semaines de grossesse, si une telle réduction permet de réduire les risques pour la santé de la femme ou des embryons.

La femme seule est concernée ici, même si le texte déclare que, dans la mesure du possible, il faut recueillir l'accord du couple. Mais le Conseil d'État a estimé que l'article L. 162-4 du Code de la santé publique, concernant la consultation préalable qui peut se faire en couple, ne donnait **aucun droit au père**[94]. En revanche, sur le plan de la jurisprudence européenne des droits de l'homme, si la solution est la même, une décision de la Commission a explicitement estimé que cette mise à l'écart du père entravait (de façon acceptable) le droit à une vie familiale normale[95]. **Lorsque la femme est mineure**, jusqu'en 2001, il fallait l'accord d'une des personnes exerçant l'autorité parentale ; depuis le médecin doit s'efforcer de la convaincre de demander l'autorisation de ses parents mais sinon, elle peut se faire assister de la personne de son choix (par exemple du planning familial). La femme doit adresser sa demande à un médecin (ou une sage-femme s'agissant d'une IVG médicamenteuse), qui doit l'informer des risques médicaux encourus. Elle devait ensuite laisser courir un **délai d'une semaine avant de réitérer sa demande**, mais ce délai a été supprimé par la loi votée le 17 décembre 2015 dite « de modernisation de notre système de santé ». Cette même loi indique à l'article L. 2212-1 du Code de la santé publique que « toute personne a le droit d'être informée sur les méthodes abortives et d'en choisir une librement ».

852 Une loi du 20 mars 2017 **a étendu de délit d'entrave à l'IVG aux hypothèses de « désinformation »** de sites internet qui dissuaderaient de recourir à l'IVG. Deux ans d'emprisonnement et 30 000 euros d'amende sont promis à celui qui tente d'empêcher de pratiquer ou de s'informer sur une interruption volontaire de grossesse ou les actes préalables notamment par la diffusion ou la transmission d'allégations ou d'indications de nature à induire intentionnellement en erreur, dans un but dissuasif, sur les caractéristiques ou les conséquences médicales d'une interruption volontaire de grossesse. En deuxième lieu, **la loi réprime également les pressions morales et psychologiques, menaces et actes d'intimidation exercés à l'encontre des personnels des établissements** habilités, des femmes venues y recourir à une interruption volontaire de grossesse ou de leur entourage, ainsi que des personnes venues s'y informer. On est ici loin de la conception de la liberté d'expression qui tient les individus pour des êtres capables de s'orienter et de confronter les points de vue. Le Conseil constitutionnel a pourtant également vu dans les comportements ainsi réprimés des « abus de la liberté d'expression » et jugé proportionnée l'atteinte à cette liberté[96].

853 **IVG – Clause de conscience. – Les médecins et sages-femmes ont une clause de conscience qui leur permet de refuser d'autoriser l'IVG.** Toutefois, la loi de 2001 a supprimé la clause de conscience des chefs de service qui pouvaient refuser la pratique de l'IVG dans leur service. Le régime pénal a criminalisé l'obstacle à l'avortement. Il n'existe pas de clause de conscience des pharmaciens, lesquels se trouvent dans une situation différente des médecins au regard de l'IVG[97]. Dans une affaire contre la Suède, deux jeunes sages-femmes ayant terminé leurs études ne sont pas pour autant recrutées car elles refusent de pratiquer des IVG. Or, la Suède offre

94. CE, Ass., 31 oct. 1980, *L.*
95. Com. EDH, 13 mai 1980, n° 8416/79, *X c. RU.*
96. CC, 16 mars 2017, n° 2017-747 DC, Loi relative à l'extension du délit d'entrave à l'interruption volontaire de grossesse.
97. CE, 22 mai 2020, *Ass. Alliance Vita, Ass. Juristes pour l'enfance, Ass. Pharmac'ethique*, n°s 440216, 440317.

un service national pour le droit à l'avortement et n'accepte pas de clause de conscience. Les sages-femmes invoquent leur liberté de religion et se disent prêtes à effectuer d'autres tâches en compensation. Bien que la Cour européenne n'ait reconnu aucun droit à l'avortement et que la Suède n'apporte pas la preuve d'effets négatifs sur la liberté des femmes des refus en cause, la Cour déclare la requête irrecevable (non-violation de l'article 9, ni de l'article 14)[98].

854 **Jurisprudence européenne. -** La CJUE considère l'IVG **comme une prestation de service**, à l'équivalent de tout autre soin, et l'information délivrée aux femmes qui souhaitent y avoir recours relève de la liberté d'expression et non strictement d'une information liée à l'activité économique[99]. La CEDH a consacré **un droit à l'information en matière d'avortement** sur le fondement général de la liberté d'expression[100]. Le 16 décembre 2010, dans **l'arrêt** *A, B, C c. Irlande*[101], la Cour a fondé, dans des conditions restrictives, le droit à l'avortement sur le respect de la vie privée. En raison de l'interdiction constitutionnelle de l'avortement, les trois requérantes se sont rendues en Angleterre en 2005 pour y subir un avortement, les deux premières requérantes pour des raisons de santé et de bien-être, et la troisième requérante parce qu'elle craignait que sa grossesse ne mît sa vie en danger. La Cour exclut une violation de l'article 2, faute pour l'État d'avoir empêché l'IVG qui aurait été la condition de survie de l'une d'entre elles. L'épreuve tant psychologique que physique qu'a incontestablement représentée pour les intéressées le fait d'aller subir un avortement à l'étranger n'a pas atteint le seuil de gravité requis pour une violation de l'article 3. En revanche, **si l'article 8 ne saurait s'interpréter comme consacrant un droit à l'avortement, l'interdiction de l'avortement ne doit pas porter atteinte à la vie privée de manière disproportionnée**. Le consensus observé parmi les États membres du Conseil de l'Europe ne réduit pas de manière décisive l'ample marge d'appréciation dont jouit l'État irlandais à cet égard. Ainsi, la troisième requérante était atteinte d'une forme rare de cancer et elle pensait que sa grossesse pouvait favoriser une récidive ce qui touchait manifestement à des valeurs fondamentales et à des aspects essentiels de son droit au respect de sa vie privée. La Cour estime que ni le processus de consultation médicale ni les recours judiciaires invoqués par le gouvernement ne constituaient des procédures effectives et accessibles ; dès lors il y a eu violation de l'article 8.

855 **Disposer de soi** implique encore que l'individu puisse admettre une atteinte à son intégrité physique pour d'autres motifs que la sauvegarde de sa santé. Le **consentement se fait ici altruiste**, en faveur de dons de produits ou d'organes pour autrui. Au-delà, la liberté personnelle fonde également de nombreuses dérogations à l'intangibilité du corps. **La règle semble s'inverser au profit d'une libre modification de l'apparence corporelle.**

5. Le don d'éléments du corps

856 **Produits, éléments, organes. -** Le Code de la santé publique distingue **deux régimes de prélèvements, à la fois selon leur nature et leur finalité**. La différence de régime tient, essentiellement, à la non-régénérabilité ou régénérabilité limitée des organes ou éléments du corps humain (rein, cœur, foie...) et à la régénérabilité des produits (cellules de la peau, sang, cheveux...). Il est d'usage de **ne pas appliquer les principes généraux de protection aux produits courants**, notamment les cheveux, les ongles, les poils et les dents. La transfusion sanguine, l'usage du lait humain, le don de gamètes et le don de sang placentaire ou de cordon ombilical obéissent quant à eux à des régimes spéciaux de prélèvement, de conservation et de distribution en vue de leur qualité sanitaire et non pour la protection du corps. **Le don de moelle osseuse, en raison des risques encourus comporte des exigences renforcées**. Le don d'organe doit, quant à lui, être sérieusement encadré en vue

98. CEDH, déc., 11 févr. 2020, *Grimmark et Steén c. Suède* (déc.), n° 43726/17, n° 18724/05.
99. CJCE, 4 oct. 1991, *Grogan v. Society for the Protection of Unborn Children*, C-159/90 : L'Union ne s'oppose pas à ce qu'un État membre, où l'interruption médicale de grossesse est prohibée, interdise à des associations d'étudiants de diffuser des informations au sujet de la désignation et du lieu d'implantation de cliniques d'un autre État membre où sont légalement pratiquées des interruptions volontaires de grossesse.
100. CEDH, 29 oct. 1992, n° 14235/88, *Open Door and Dublin Well Woman*.
101. N° 25579/05.

d'éviter l'exploitation des plus vulnérables. Un des plus anciens textes de biodroit, la loi « Caillavet » du 22 décembre 1976 (modifiée par les lois de bioéthique de 1994, 2004 et 2011), a donné naissance aux articles L. 1231-1 à L. 1235-7 du Code de la santé publique.

857 **Tissus et cellules. –** Les prélèvements de tissus ou de cellules ou la collecte de produits du corps humain ne peuvent être effectués **sur une personne vivante que dans un but thérapeutique ou scientifique ainsi que dans un but de réalisation ou de contrôle des dispositifs médicaux de diagnostic** *in vitro* ou de qualité des analyses biologiques ou dans le cadre de certains contrôles de dispositifs médicaux de diagnostic. Il est nécessaire d'obtenir le consentement préalable par écrit, ce consentement étant révocable à tout moment. Les prélèvements de tissus, cellules et collecte de produits du corps humain en vue de don ne peuvent avoir lieu sur une personne vivante mineure ou sur personne majeure protégée. Un **régime spécial concerne les cellules hématopoïétiques** issues de la moelle osseuse[102]. La possibilité de prélever un mineur ou un majeur protégé pour une greffe de cellules hématopoïétiques est étendue depuis 2021 aux parents du mineur ou du majeur protégé, sous réserve d'une représentation juridique *ad hoc* le cas échéant, pour éviter une situation de conflit d'intérêts (art. L. 1241-3 s. CSP).

858 **Le don d'organes – Principes. –** Quel que soit le don d'organe, médecins et patients doivent respecter certains principes comme **le consentement du donneur, la gratuité et l'anonymat du don, la sécurité sanitaire (agrément des établissements), l'interdiction du paiement à l'acte pour les praticiens et, enfin, la séparation entre l'acte de prélèvement et l'acte de transplantation** réalisés par des médecins différents dans des services différents (assurer l'indépendance de décision des médecins réalisant le prélèvement ou la greffe). Les opérations de prélèvement ou de greffe ne peuvent avoir lieu que dans des établissements agréés par l'autorité administrative.

859 **Police. –** La gestion et l'attribution des organes en vue de greffes sont confiées depuis 2004 à **l'Agence de la biomédecine**. L'article L. 1251-1 du Code de la santé publique dispose que « peuvent seules bénéficier d'une greffe d'organes, de cornée ou d'autres tissus dont la liste est fixée par arrêté, après avis de l'Agence de la biomédecine, les personnes, quel que soit leur lieu de résidence, qui sont inscrites sur une liste nationale ». L'Agence de la biomédecine est compétente aussi en matière d'importation et d'exportation de gamètes, d'élaboration de bonnes pratiques, de gestion de fichiers de donneurs, de contrôle des activités de conservation ou de préparation.

860 **Don d'organe d'une personne vivante. –** Il est soumis à des conditions très strictes pour éviter les abus, mais la pénurie d'organes disponibles pousse le législateur à desserrer les conditions. Elles concernent la finalité, exclusivement thérapeutique (équilibre des risques pour le donneur et des avantages pour le receveur) et **le consentement du donneur, exprimé devant un magistrat**. Le donneur doit être informé par un comité d'experts spécifiques sur toutes les conséquences prévisibles d'ordre physique et psychologique du prélèvement ainsi que sur les répercussions éventuelles de ce prélèvement sur la vie personnelle, familiale et professionnelle du donneur. En cas d'urgence vitale le consentement est recueilli par tout moyen par le procureur de la République. Le consentement est révocable sans forme à tout moment. Le don est en principe réservé aux père et mère du receveur mais il peut être autorisé pour le conjoint, les frères et sœurs, les fils et filles, les grands-parents, les oncles et tantes, les cousins et cousines germains du receveur ainsi que sur le conjoint de son père ou de sa mère. **La loi du 7 juillet 2011 a étendu le cercle des donneurs vivants d'organes à « toute personne pouvant apporter la preuve d'un lien affectif étroit et stable depuis au moins deux ans avec le receveur »** et non plus seulement l'exigence d'une vie commune. Elle a institué la possibilité d'un don croisé dans le cas de deux

102. Voir art. 1241-1, CSP : le donneur, préalablement informé des risques qu'il encourt et des conséquences éventuelles du prélèvement exprime son consentement devant le président du tribunal de grande instance, consentement révocable à tout moment.

personnes ayant exprimé l'intention de don mais dans une situation d'incompatibilité à l'égard de la personne dans l'intérêt de laquelle le prélèvement peut être opéré. En ce cas les prélèvements sont opérés simultanément et anonymement pour bénéficier aux receveurs. Est institué un registre des paires associant donneurs vivants et receveurs potentiels ayant consenti à un don croisé d'organes. La loi du 2 août 2021 facilite le don croisé entre vivants en faisant passer le nombre maximal de paires de donneurs et de receveurs consécutifs de deux à six, et en ouvrant la possibilité d'intégrer à une procédure de dons croisés le recours à un organe prélevé sur une personne décédée (art. L. 1231-1 s., CSP). Au titre des prélèvements *post-mortem*, seuls les prélèvements sur les mineurs restent soumis à un régime dérogatoire, les majeurs sous tutelle étant désormais soumis au droit commun (consentement présumé).

861 **Le prélèvement d'organes sur le cadavre.** – Le prélèvement ne peut avoir lieu que sur une personne dont la mort a été constatée selon des procédures scientifiques complexes[103]. La particularité essentielle concerne la présomption de consentement applicable lorsque la personne n'a pas fait connaître son refus de son vivant. **La loi du 6 août 2004 a généralisé la présomption de consentement à tous les prélèvements** *post mortem* **quelle que soit leur finalité, thérapeutique ou scientifique.** La présomption peut être renversée par l'inscription du refus sur un registre national, depuis la loi « Touraine » du 26 janvier 2016 relative à la rénovation de notre système de santé (art. L. 1232-1, CSP) : « Ce prélèvement peut être pratiqué sur une personne majeure dès lors qu'elle n'a pas fait connaître, de son vivant, son refus d'un tel prélèvement, principalement par l'inscription sur un registre national automatisé prévu à cet effet. Ce refus est révocable à tout moment. ». Ainsi, seul le refus express pourra être opposé, principalement par inscription sur le fichier national ou par écrit confié à un proche ou encore par le témoignage d'un tiers. Mais les contradictions posées interrogent au regard de la jurisprudence européenne. En effet, **la Cour européenne des droits de l'homme**[104] **a sanctionné la mise en œuvre pratique d'un système de consentement présumé au prélèvement post-mortem chez un adulte** dans le cas particulier où sa mère n'avait pas été contactée (l'hôpital ne possédait pas ses coordonnées) et, légalement, les parents n'avaient à se prononcer que pour un mineur. La Cour relève bien une violation du droit à la vie privée de la mère alors que l'hôpital avait eu le temps de chercher à la contacter. La Cour ne crée cependant pas un droit d'opposition des proches mais estime que la législation n'était pas formulée de manière suffisamment précise quant aux modalités d'expression du refus. Le consentement pur et simple réapparaît s'agissant du prélèvement sur le cadavre d'un incapable (consentement des deux titulaires de l'autorité parentale ou écrit de l'un des deux ou du tuteur).

6. Les modifications de convenance du corps

862 **Thérapie ou convenance.** – Le recours à la **chirurgie réparatrice** (par opposition à la chirurgie esthétique qui repose sur la convenance personnelle) est une indication thérapeutique. Elle reste bien sûr libre, le juge ne pouvant contraindre une victime à l'opération si celle-ci préfère une indemnisation du préjudice esthétique qu'elle refuse d'éliminer. Au-delà, la **chirurgie esthétique**, les tatouages, le *body art*, ne sont pas à proprement parler des droits reconnus expressément pas les textes mais les juges ne leur opposent pas de normes objectives. Du point de vue des juges de Strasbourg, **l'apparence physique doit demeurer encore de l'ordre du choisi**, certains actes par lesquels l'État impose une apparence étant vus comme attentatoires à la dignité des personnes (violation de l'article 3). Selon la Cour[105], est attentatoire le fait, par exemple, de raser le crâne d'un détenu contre son gré. Une personne subissant pareil traitement ressent très vraisemblablement un sentiment d'infériorité lié au changement de son aspect physique contre sa volonté, même sans l'intention d'humilier.

103. Voir introduction du chapitre 2.
104. CEDH, 24 juin 2014, *Petrova c. Lettonie*, n° 4605/05.
105. CEDH, 11 déc. 2003, *Yankov c. Bulgarie*.

863 **Chirurgie esthétique.** – Cet élan de liberté a suscité en droit français une évolution intéressante du « non-dit » au réglementé. La chirurgie dite « esthétique » relevait traditionnellement de l'interdit dans la mesure où le Code civil (art. 16-3), appuyé sur le bras du Code pénal, prohibe en principe les atteintes à l'intégrité corporelle non justifiées par un motif thérapeutique. En tirant un peu sur les faits, il était admis en doctrine que l'absence de contentieux demeurait liée à une tolérance sociale relayée par les parquets et fondée sur l'idée que la personne qui n'assume pas son apparence physique est un dépressif en puissance. **Il y aurait une dimension thérapeutique à toute intervention chirurgicale**. Cette approche insatisfaisante a laissé place à la liberté et à une nécessaire réglementation sanitaire des blocs opératoires de chirurgie esthétique basée sur un régime d'autorisation (art. L. 6322-1 et s., CSP). Restait à définir la notion de chirurgie esthétique. Le gouvernement a alors pris l'initiative d'une telle définition en posant qu'il s'agit des « actes chirurgicaux tendant à modifier l'apparence corporelle d'une personne, à sa demande, sans visée thérapeutique ou reconstructrice » et en excluant ainsi de son champ d'application tant les actes chirurgicaux qui tendent à modifier cette apparence dans un but thérapeutique ou de reconstruction que les actes médicaux non chirurgicaux poursuivant des visées esthétiques (décret du 11 juillet 2005). Toutefois, l'accès à la chirurgie esthétique demeure, selon le Conseil d'État, une dérogation à l'interdit (donc une liberté encadrée), et non une créance. Dans cette logique les chirurgiens ne peuvent venir contester ces limites[106].

Section 2
L'identité : de l'identification à l'identité vécue

864 **Identité et identification.** – L'identité ne se résume pas à l'identification, même si celle-ci joue un rôle central. L'identité comme droit fondamental se comprend comme la projection de l'identité vécue par l'individu ; elle répond à la double question : « Qui suis-je ? », « Est-ce que les données qui pour les autres m'identifient me correspondent ? ». Dans l'arrêt *Goodwin*[107], la CEDH, à propos du mariage des personnes transsexuelles, affirme que, sur le terrain de l'article 8 de la Convention en particulier, **la notion d'autonomie personnelle reflète un principe important qui sous-tend l'interprétation des garanties de cette disposition où la sphère personnelle de chaque individu est protégée, y compris le droit pour chacun d'établir les détails de son identité d'être humain.** L'identité en droit implique ainsi autant le droit à une identification par l'État que celui d'acquérir une certaine maîtrise sur l'établissement de cette identification en agissant sur ses fondements réels ou sur la souplesse de l'état civil.

I. Le droit à une identification

865 Avec le droit à la reconnaissance de la personnalité juridique, on a vu que le défaut d'état civil prive d'identification et donc compromet l'insertion sociale. Ne pas avoir d'identité, ou ne pas avoir « son » identité, mène à l'exclusion et à une construction de soi des plus chaotiques. **La protection accordée par le collectif est en jeu à travers l'établissement d'un état civil et l'octroi d'une nationalité.**

A. Le droit à un état civil

866 **Notion.** – L'état des personnes comprend en principe **le sexe, la filiation, le nom, le prénom, la date et le lieu de naissance, le domicile et la profession**. Ces éléments ne sont pas tous nécessaires à une identification fondamentale exigée par la modernité qui a institué cet état civil au profit du développement de l'État et de la

106. CE, 21 mars 2007, Association française des médecins esthéticiens.
107. CEDH, 11 juill. 2002.

sécurité juridique. Du point de vue des droits fondamentaux, l'état civil doit refléter une certaine réalité vécue, une vérité qui permet de se construire. Cela passe par la filiation, le nom, le sexe.

867 Sources. – Le droit à un état civil se fonde sur des conventions internationales comme la **Convention des Nations unies relative aux droits de l'enfant** qui reconnaît à tout enfant le droit d'être enregistré aussitôt après sa naissance, d'avoir un nom et d'acquérir une nationalité (20 nov. 1989, art. 7). **La jurisprudence s'en fait l'écho**, comme le TGI de Lille : « l'impossibilité d'établir un état civil place [la personne] dans une situation administrative inextricable et la prive des droits attachés à la personne humaine, tels que la liberté d'aller et venir (tout contrôle d'identité conduisant systématiquement à son arrestation, faute de pouvoir justifier de son identité), le droit de travailler, d'avoir un logement, de fonder une famille »[108]. Le même tribunal consacre la nécessité de constituer un état civil provisoire à un amnésique. Par un arrêt du 12 avril 1994, la Cour de Toulouse a d'ailleurs censuré le jugement ayant refusé de déclarer judiciairement la naissance d'un enfant du seul fait que la date de sa naissance ne pouvait être exactement déterminée.

868 Le droit à une filiation véritable. – Prôné par **loi du 8 janvier 1993 relative à l'état civil**, à la famille et aux droits de l'enfant et instituant le juge aux affaires familiales, il s'agit de donner une tournure subjective à un système d'identification nécessaire à l'État. Le législateur a notamment interdit, contre la jurisprudence antérieure, d'exhumer le cadavre d'un possible géniteur pour faire parler l'ADN. Les présomptions de paternité se trouvent aussi davantage contestables. Des débats se créent à propos des enfants conçus *in vitro* avec tiers donneur auxquels **il est, pour l'instant, interdit d'établir la filiation entre l'auteur du don et l'enfant (art. 311-19, C. civ.**.). Le consentement donné à une procréation de ce type interdit toute action en contestation de filiation à moins qu'il ne soit soutenu que l'enfant n'est pas issu de la procréation médicale assistée ou que le consentement n'était pas valide. Le législateur a renoncé à revenir sur cet acquis favorable à la vie privée des géniteurs.

L'article 8 CEDH peut aussi **impliquer des procédures d'établissement de la filiation**. Par exemple, la Cour européenne[109] a condamné le droit bulgare qui ne prévoit pas la possibilité pour un homme qui prétend être le père biologique d'un enfant dont la filiation paternelle a été établie par reconnaissance de directement contester cette reconnaissance ou d'établir sa propre paternité. Seul le parquet et la direction territoriale de l'aide sociale peuvent introduire une action en contestation d'une reconnaissance de paternité qui peut aboutir à l'annulation de celle-ci s'il s'avère qu'elle ne correspond pas à la réalité biologique mais cela sans automaticité ni même obligation d'examen ce qui n'apparaît pas comme une voie de recours effective, susceptible de remédier à la situation dénoncée par les requérants. En l'occurrence les deux hommes étaient face à des reconnaissances anticipées de tiers et n'étaient pas au courant de la grossesse. Dans le même sens, même après quarante ans, un individu peut avoir intérêt à connaître sa filiation et l'État doit s'assurer de peser les intérêts en vue de la réouverture d'une procédure en reconnaissance de paternité remontant aux années 1970 lorsque la personne qu'il pensait être son père biologique est décédée et qu'une procédure de partage d'héritage a été engagée[110].

869 Le droit du nom. – Le **PIDCP (art. 24-2) et la convention de New York relative aux droits de l'enfant (art. 7.1)** prévoient l'obligation pour les États de donner un nom à l'enfant à sa naissance. Le nom et le prénom s'envisagent d'abord comme le moyen pour nos cultures occidentales d'individualiser chacun, de le reconnaître, de l'identifier. La jurisprudence judiciaire a entériné ces exigences de l'ordre public des personnes. Le Code civil français identifie toujours chacun par son nom de naissance et admet l'usage du nom du conjoint. Il a d'ailleurs été modifié par la loi du 4 mars 2002 concernant le nom de l'enfant. Désormais l'article 311-21 dispose que « lorsque la filiation d'un enfant est établie à l'égard de ses deux parents au plus tard le jour de la déclaration de sa naissance ou par la suite mais simultanément, ces derniers choisissent le nom de famille qui lui est dévolu : soit le nom du père, soit le nom de la mère, soit leurs deux noms accolés dans l'ordre choisi par eux

---

108. TGI Lille, 28 sept. 1995.
109. CEDH, 8 décembre 2016, *L.D. et P.K. c. Bulgarie*, n°s 7949/11 et 45522/13.
110. CEDH, 16 juin 2020, *Boljevi c. Serbie*, req. n° 47443/14.

dans la limite d'un nom de famille pour chacun d'eux ». **Le principe de fixité du nom de famille ne connaît que de rares exceptions, liées aux circonstances** comme celles que le Conseil d'État a identifiées pour que des parents puissent ajouter au nom du père celui de la mère plus d'un an après la naissance[111]. Mais le nom peut aussi s'envisager comme élément d'un droit à l'identité choisie.

870 **Le droit au nom. –** Le juge européen estime que l'État doit prendre en compte le nom de la personne au titre du respect de l'identité[112]. La **CEDH rattache le nom à la vie privée** : « En tant que moyen d'identification personnelle et de rattachement à une famille, le nom d'une personne n'en concerne pas moins la vie privée et familiale de celle-ci. Que l'État et la société aient intérêt à en réglementer l'usage n'y met pas obstacle, car ces aspects de droit public se concilient avec la vie privée conçue comme englobant, dans une certaine mesure, le droit pour l'individu de nouer et développer des relations avec ses semblables »[113]. Ainsi, le refus pour un mari d'accoler le nom de son épouse au sien est jugé discriminatoire quand l'épouse peut faire l'inverse. De même, dans une affaire turque, la Cour a condamné l'État qui impose à la femme de porter le nom du mari[114].

871 **Droit au prénom. –** Concernant le prénom, la Cour a pu, lors d'un arrêt *Guillot c. France*[115], poser que « **le choix du prénom de l'enfant revêt un caractère intime** et entre donc dans la sphère privée des parents » (s'agissant du refus de l'état civil d'enregistrer « Fleur de Marie »). Toute personne peut demander à changer de prénom. La loi du 18 novembre 2016 de modernisation de la justice du XXIe siècle introduit prévoit à l'article 60 du Code civil que toute personne peut demander à l'officier de l'état civil à changer de prénom. Pour un incapable, la demande est remise par son représentant légal (mais au-delà de treize ans le consentement est requis). L'adjonction, la suppression ou la modification de l'ordre des prénoms peut également être demandée. L'officier de l'état civil saisit le procureur de la République s'il estime que la demande ne revêt pas un intérêt légitime. En cas de refus, il peut alors saisir le juge aux affaires familiales. On peut inverser à titre usuel l'ordre des prénoms donnés à l'état civil et le juge doit accéder à la demande d'officialiser le changement de convenance[116]. De même pour un changement de prénom opéré à l'étranger pour une personne « binationale »[117]. On peut même changer plusieurs fois de prénom pour reprendre celui qu'on avait abandonné, notamment pour retrouver des racines musulmanes[118].

872 **Changement de nom. –** L'état civil se voit solliciter chaque année par environ 3 000 demandes de changement de nom qui doivent reposer sur un intérêt moral avéré (nom ridicule ou déshonoré, éviter l'extinction d'un nom, intérêt pratique à « franciser » un nom trop marqué par son extranéité). L'institution de police s'ouvre ainsi à la personnalité. La Cour de cassation a néanmoins estimé qu'une personne qui avait changé son nom illégalement pour prendre celui que son père utilisait dans la Résistance, ne pouvait venir se plaindre d'une violation de sa vie privée quand l'État lui impose, plus de cinquante ans après, de le reprendre modifiant ainsi son acte de naissance, son acte de mariage et les actes de naissance de ses enfants[119]. Allant au contraire dans le sens de l'identification-identité, la CNIL a demandé en 1981 que l'Insee ne divulgue pas l'ancien nom d'une personne quand elle en avait changé[120]. **La CEDH se montre plus attentive, quant à elle, à l'adéquation entre le nom et la**

111. CE, 16 oct. 2019, n° 421616.
112. CEDH, 30 mars 1993, *Konstantidinis*.
113. CEDH, 22 févr. 1994, *Burghartz c. Suisse*.
114. CEDH, 16 nov. 2004, *Unal Telkeli*.
115. CEDH, 24 oct. 1996.
116. Cass. 1re civ., 18 mai 2011, n° 09-72606.
117. Cass. 1re civ., 23 mars 2011, n° 10-16761.
118. Cass. 1re civ., 22 juin 1999, n° 97-14794.
119. Cass. 1re civ., 11 juill. 2006.
120. Délib. du 9 juin 1981, 21e rapport, p. 224.

personnalité, admettant que l'État doive tenir compte de la notoriété professionnelle de la requérante qui demandait ainsi à porter le nom par lequel elle est connue du grand public[121].

Le législateur est intervenu à deux reprises en ce sens. D'abord, **la loi du 8 janvier 1993** a déjà simplifié les procédures de changement de nom et aménagé les conditions du consentement du mineur aux actes parentaux affectant ses noms et prénoms, à partir de treize ans (art. 60, C. civ.). La demande de changement de nom doit être adressée au garde des Sceaux. Il est autorisé par décret et tout intéressé peut faire opposition devant le Conseil d'État dans un délai de deux mois à compter de sa publication au Journal officiel. **Le juge administratif accorde la priorité à la stabilité des noms patronymiques**. Ainsi, une requérante demandant à changer son nom pour en porter un qui soit de consonance juive, afin d'être en adéquation avec « sa véritable identité religieuse et ses origines familiales », n'établit pas, selon la cour administrative de Paris, un intérêt légitime[122], pas plus qu'une personne dont le nom a été francisé ne peut être amenée à revenir sur ce changement pour réintégrer sa communauté d'origine[123]. Le relèvement d'un nom implique qu'il soit éteint[124]. Le motif « affectif » plus fréquent n'en est pas moins examiné de manière rigoureuse. Il s'agit souvent de situations pour lesquelles les voies légales de changement de nom sont fermées : la violation des devoirs parentaux ou l'abandon par le parent ayant transmis le nom, l'enfant victime de violences de la part du parent dont il porte le nom. **La loi du 2 mars 2022 relative au choix du nom issu de la filiation tente d'améliorer le cas des mères qui élèvent seules leurs enfants et qui doivent en permanence apporter la preuve de leur parentalité, au moyen d'un livret de famille.** Selon l'article 311-24-2 du Code civil, toute personne majeure peut porter, à titre d'usage, le nom de son parent qui ne lui a pas été transmis à la naissance (généralement le nom de la mère) ou les noms accolés de ses deux parents dans l'ordre qu'il souhaite (déjà le cas depuis 1985). Pour les mineurs, cette faculté est mise en œuvre par le ou les parents exerçant l'autorité parentale (l'accord entre les deux parents est nécessaire, sauf à saisir le juge). Si l'enfant est âgé de plus de treize ans, son consentement sera obligatoire. Par ailleurs, tout majeur peut choisir, par substitution, le nom de famille du parent qui ne lui a pas été transmis à sa naissance.

Chacun peut, une fois dans sa vie, choisir son nom de famille pour garder celui de sa mère ou celui de son père ou les deux, dans le sens qu'il souhaite (article 61-3-1 du Code civil). Cette démarche se fera par formulaire à la mairie du domicile ou de naissance (un délai de réflexion d'un mois est imposé), et non plus auprès du ministère de la Justice. Aucun intérêt légitime ne sera exigé, pas plus que l'obligation d'une publication légale. Le changement de nom s'étend automatiquement aux enfants du demandeur lorsqu'ils ont moins de treize ans, et avec leur consentement au-dessus de cet âge.

B. Le droit à une nationalité

873 Le droit à la protection de l'État. – Comme l'a montré **Hannah Arendt**, dans un siècle qui fut celui des réfugiés, la protection accordée par les États à leurs ressortissants, quant à la reconnaissance de l'appartenance à une communauté nationale, a quelque chose de crucial pour l'exercice des droits fondamentaux. Elle l'est encore aujourd'hui dans nos systèmes globalisés. La CJUE se reconnaît compétente pour apprécier le retrait d'une nationalité obtenue par fraude au motif que cela fait perdre à un citoyen européen l'accès aux droits fondamentaux[125].

874 Les sources. – Selon **l'article 15 de la DUDH** : « Tout individu a droit à une nationalité. Nul ne peut être arbitrairement privé de sa nationalité, ni du droit de changer de nationalité ». Le même type de formulation se rencontre dans le PIDCP, dans la Convention sur les droits de l'enfant et dans la Convention des Nations unies sur l'élimination de toutes formes de discrimination dans l'attribution du droit à une nationalité. **La Convention**

121. CEDH, 20 mars 2001, *Gisèle Taieb dite Halimi c. France*.
122. CAA Paris, 29 juin 1999, *F.*
123. CAA Paris, 28 sept. 1999, *Benamet* : rejet de la demande de retour au nom de Ben Ahmed.
124. CE, Ass., 19 mai 2004, Consorts Bourbon.
125. CJUE, Gr. Ch., 2 mars 2010, *Rottmann*.

européenne sur la nationalité (6 novembre 1997), non encore ratifiée par la France, fait de même (l'apatridie doit être évitée et nul ne peut être arbitrairement privé de sa nationalité). Cependant, l'attribution de la nationalité reste une prérogative étatique de souveraineté. Les États ne peuvent être tenus d'attribuer une nationalité à un apatride sauf en vertu de la Convention européenne sur la nationalité qui prévoit une forme de droit du sol subsidiaire pour tout enfant né sur le territoire d'un État partie. Le Conseil d'État a pu juger que **la nationalité n'était en revanche pas un droit reconnu par la Convention EDH**, ni explicitement, ni en vertu d'un autre article comme le droit à la vie privée[126]. Différemment, la Cour européenne a ainsi condamné la Slovénie[127] pour avoir privé du statut de résident permanent des habitants qui autrefois avaient ce statut en raison de leur nationalité yougoslave et qui, après l'indépendance, n'ont pas demandé dans les temps la nationalité du nouvel État slovène. Leur situation « d'effacés » viole leur droit à la vie privée, le droit au recours et l'interdit de discrimination. Si les requérants pouvaient prévoir qu'ils seraient traités comme des étrangers s'ils ne demandaient pas la nationalité slovène, ils ne pouvaient raisonnablement anticiper qu'ils deviendraient des « illégaux ».

Par le fait que la nationalité d'un État membre confère également la nationalité de l'Union, **la CJUE peut contrôler la perte de nationalité décidée par un État** et vérifier qu'elle ne conduit pas à l'apatridie[128].

875 Droit français – Obtention de la nationalité. – La solution française, traditionnellement plus généreuse que nombre d'autres, **attribue la nationalité à tout enfant d'un français**[129]. En l'absence de tout autre rattachement, **un enfant né en France bénéficie de la nationalité française** (principe retenu depuis 1889). Selon l'article 19-1 du Code civil, « est français l'enfant né en France de parents inconnus. Toutefois, il sera réputé n'avoir jamais été français si, au cours de sa minorité, sa filiation est établie à l'égard d'un étranger et s'il a, conformément à la loi nationale de son auteur, la nationalité de celui-ci ». La nationalité française s'acquiert sinon à raison de la filiation (art. 21, C. civ.), du **mariage** (art. 21-1 à 21-6), de la naissance et de la résidence en France (art. 21-7 à 21-11), par déclaration de nationalité (art. 21-12 à 21-14), **par décision de l'autorité publique** (art. 21-14-1 à 21-25-1). Le droit français reconnaît en outre, sous condition, la double nationalité. Cependant, la loi instaurait, pour l'attribution de la nationalité, une différence de traitement entre enfants légitimes nés à l'étranger d'un seul parent français, selon qu'il s'agit de leur mère ou de leur père, ainsi qu'une différence de traitement entre les pères et mères. Le 1° de l'article 1er de la loi du 10 août 1927 prévoyait qu'est français : « Tout enfant légitime né d'un Français en France ou à l'étranger » et le 3° qu'est français : « Tout enfant légitime né en France d'une mère française ». Le requérant devant le Conseil constitutionnel reprochait à ces dispositions de réserver au père français la transmission de la nationalité française à son enfant légitime né à l'étranger et, corrélativement, de **priver l'enfant légitime né à l'étranger d'une mère française du bénéfice d'une telle transmission**. Cette différenciation se justifiait alors par les règles relatives à la conscription et par le souci d'éviter d'éventuels conflits de nationalité. Mais le Conseil n'en a pas moins déclaré l'inconstitutionnalité[130].

Selon l'article 21-24, **la naturalisation reste conditionnée par une assimilation réussie à la communauté française,** notamment par une connaissance suffisante de la langue française et des droits et devoirs conférés par la nationalité française (sauf pour les réfugiés politiques et apatrides résidant régulièrement et habituellement en France depuis quinze années au moins et âgés de plus de soixante-dix ans). Le défaut d'assimilation se mesure parfois par la pratique de la polygamie (art. 21-4 C. civ. et CE, 11 février 1994, même si la Cour de cassation admet que la polygamie soit source de droits pour les épouses « supplémentaires » si les mariages ont été conclus sans fraude à l'étranger[131]) ou en raison d'une pratique jugée trop radicale de la religion[132]. Pour le Conseil

---

126. CE, 18 juin 2003, *Omar X.*
127. CEDH, Gr. Ch., 26 juin 2012, n° 26828/06, *Kuri et autres c. Slovénie*.
128. CJUE, Gr. ch., 12 mars 2019, *Tjebbes e. a.*, C-221/17.
129. Loi du 9 janv. 1973, ordonnance du 4 juill. 2005.
130. CC, 5 oct. 2018, n° 2018-737 QPC, *M. Jaime Rodrigo F.* [Transmission de la nationalité française aux enfants légitimes nés à l'étranger d'un parent français].
131. Cass. 2e civ., 22 mars 2006, n° 05-21816.
132. Admis par CE, 27 juin 2008, *Mme Faiza A* : hypothèse du port de la burqa jugé « incompatible avec les valeurs essentielles de la communauté française, et notamment avec le principe d'égalité des sexes » par le décret notifiant le refus de naturalisation dont la constitutionnalité et la conventionnalité sont admises par le Conseil d'État au regard de la liberté de religion.

constitutionnel, le législateur peut subordonner l'acquisition de la nationalité par le conjoint d'un ressortissant français à une durée d'une année de mariage sans cessation de la communauté de vie sans porter atteinte au droit au respect de la vie privée[133]. En 2018, les États membres de l'Union ont accordé la nationalité à 670 000 personnes[134].

876 Droit français – Perte de la nationalité. – La déchéance de nationalité ne **vise que les Français par naturalisation qui ont conservé leur nationalité d'origine**. La déchéance n'est encourue (art. 25 du Code civil) que si les faits reprochés à l'intéressé se sont produits antérieurement à l'acquisition de la nationalité française ou dans le délai de dix à vingt-cinq ans à compter de la date de cette acquisition (selon leur gravité). La privation de nationalité ne peut résulter que **d'un décret après avis du Conseil d'État déclarant l'indignité ou le défaut de loyalisme d'un individu** qui a acquis la qualité de Français et seulement si la déchéance n'a pas pour résultat de le rendre apatride. Il faut pour cela qu'il ait été condamné pour un acte qualifié de crime ou délit constituant une atteinte aux intérêts fondamentaux de la Nation ou pour terrorisme, pour s'être soustrait aux obligations résultant pour lui du Code du service national, ou enfin s'il s'est livré au profit d'un État étranger à des actes incompatibles avec la qualité de Français et préjudiciables aux intérêts de la France. La constitutionnalité des dispositions sanctionnant le terrorisme a ainsi été **admise**[135].

877 Droit européen. – La CEDH n'interdit nullement le principe de la déchéance de nationalité, notamment pour liens avec le terrorisme. **Néanmoins cela peut avoir une incidence, qui ne doit pas être disproportionnée, sur le droit à la vie privée**. Dans une affaire[136] où le requérant était soupçonné d'avoir pris part en Somalie à des activités en rapport avec le terrorisme et pour cela déchu de la nationalité britannique et frappé d'une interdiction de territoire, la Cour a estimé la requête irrecevable faute de prouver des troubles dans sa vie privée et familiale (cela ne le conduisait pas à être apatride) ou dans l'exercice de son droit au procès équitable. La Cour a jugé que l'article 8 de la Convention ne pouvait être interprété comme imposant à l'État de faciliter le retour de toute personne déchue de sa nationalité de manière à lui permettre de former un recours contre cette décision. Elle a rejeté le grief tiré par le requérant de l'impossibilité pour lui de présenter ses arguments depuis l'étranger. La Cour européenne[137] **n'a pas retenu de violation de l'article 8 dans le cas de la déchéance de nationalité de cinq binationaux qui furent condamnés pour participation à une association de malfaiteurs dans un contexte terroriste** et déchus de leur nationalité française en octobre 2015, dans la mesure où cela n'a pas eu pour conséquence de les rendre apatrides et que cela n'emporte pas automatiquement éloignement du territoire, qu'enfin la déchéance de nationalité prévue par l'article 25 du Code civil n'est pas une punition pénale qui tomberait sous le coup de l'article 4 du Protocole n° 7.

878 Droit français – Projet de loi constitutionnelle de protection de la Nation. – En 2015, en réaction aux attentats commis à Paris le 13 novembre, *le gouvernement a porté au Parlement un projet de loi constitutionnelle destiné à instaurer un nouveau cas de déchéance de la nationalité*. Le projet prévoyait qu'un binational peut être déchu de la nationalité française lorsqu'il est définitivement condamné pour un acte qualifié de crime ou de délit constituant une atteinte aux intérêts fondamentaux de la Nation ou pour un crime ou un délit constituant un acte de terrorisme, même si la nationalité française a été délivrée à la naissance. Saisi de ce projet, **le Conseil d'État a considéré qu'il fallait effectivement passer par une révision de la Constitution, car cette mesure** *« pourrait se heurter à un éventuel principe fondamental reconnu par les lois de la République »*, **qui interdit de priver les Français de naissance de leur nationalité**. Si l'Assemblée l'a adopté en vue d'un éventuel Congrès, le Sénat a mis fin à la procédure en refusant de retirer le soutien de la Nation... aux terroristes qui

133. CC, 30 mars 2012, déc. n° 2012-227 QPC, *M. Omar S.*
134. Sources Eurostat.
135. CC, 16 juill. 1996, déc. n 96-377 DC.
136. CEDH, 7 février 2017, *K2 c. Royaume-Uni* (n° 42387/13) (décision sur la recevabilité).
137. CEDH, 25 juin 2020, *Ghoumid et autres c. France*, req. n°s 52273/16, 52285/16, 52290/16, 52294/16 et 52302/16.

n'auraient pas trouvé de soutien auprès de l'État dont ils gardaient la nationalité, ce qui aurait eu pour conséquence d'en faire des apatrides. Ces terroristes pourront donc demeurer sur le sol français.

879 **Régime de l'apatride.** – Le terme « apatride » désigne une personne qu'aucun État ne considère comme son ressortissant par application de sa législation. Il fait l'objet de la **convention de New York du 28 septembre 1954 en vertu de laquelle le droit français lui accorde de plein droit la carte de séjour temporaire, puis au bout de trois ans, la carte de résident** (L. 424-21, CESEDA). Tout État contractant accordera aux apatrides le régime relatif aux étrangers en général, notamment pour l'accès à l'emploi, la protection de la propriété, la conservation du statut personnel. Les États contractants accorderont aux apatrides sur leur territoire un traitement au moins aussi favorable que celui accordé aux nationaux en ce qui concerne la liberté de pratiquer leur religion et en ce qui concerne la liberté d'instruction religieuse de leurs enfants et même pour les droits sociaux.

La convention de New York du 28 septembre 1954 n'est pas applicable aux personnes qui bénéficient d'une protection ou d'une assistance de la part d'un organisme ou d'une institution des Nations unies. Le Conseil d'État[138] a précisé les hypothèses dans lesquelles un réfugié palestinien se trouvant hors de la zone d'activité de l'UNWRA doit être regardé comme ne bénéficiant plus effectivement de la protection ou de l'assistance de cet Office : si une menace grave pour sa sécurité a contraint un réfugié palestinien à quitter l'État ou le territoire situé dans la zone d'intervention de l'UNRWA dans lequel il avait sa résidence habituelle et fait obstacle à ce qu'il y retourne ou si le centre de ses intérêts se trouve désormais en France en raison de liens familiaux ou personnels, compte tenu notamment de la durée de sa résidence sur le territoire

L'apatride peut circuler librement et choisir le lieu de sa résidence. L'expulsion d'un apatride ne peut se faire que pour des motifs de sécurité nationale et en lui laissant le temps de se faire admettre régulièrement dans un autre État. Notre droit tente aussi de prévenir le régime de l'apatride en prévoyant de ne pas le faire déchoir de la nationalité française quand l'intéressé n'en a pas d'autre (loi du 16 mars 1998, art. 25 C. civ.).

II. Le droit à l'identité vécue

880 **Reconnaissance.** – Le droit à l'identité, au sens d'identification, se complète peu à peu d'un droit plus substantiel à pouvoir développer sa personnalité en faisant **reconnaître une identité vécue par l'ensemble de la collectivité**. Cela passe à la fois par l'absence de discrimination fondée sur des éléments choisis de la personnalité et par la souplesse des moyens d'identification qui doivent pouvoir s'adapter aux choix que l'individu lui-même, sous contrôle éventuel du juge. Ici, le concept de liberté personnelle s'exprime à plein, **accordant à l'individu la libre détermination** de la frontière entre ce qui relève de sa sphère privée et ce que la sphère publique doit reconnaître. Le maître mot est alors celui de « reconnaissance » au sens que lui donne notamment Paul Ricœur : identification, reconnaissance de soi puis reconnaissance mutuelle[139]. Le transsexualisme renvoie explicitement à toutes ces dimensions, en fait et en droit ; mais il faut aussi ici envisager le redoutable problème de l'accès aux origines biologiques qui, selon les psychologues, conditionne l'épanouissement de chacun par sa propre reconnaissance. D'un point de vue anthropologique, les structures sociales sont ainsi faites que l'identité plonge ses racines dans les ascendances. Le droit, œuvre de fictions, ne reprend qu'imparfaitement ces données, créant un hiatus dont souffrent les personnes dont l'identité personnelle est brouillée.

A. Transsexualisme et personnes transgenres

881 **Identité de genre.** – L'identité sexuelle est, en principe, une donnée immuable de la personne. Le droit consacre (autant qu'il entretient) la structuration des rapports sociaux en fonction de l'identité genrée, c'est-à-

138. CE, Ass., 24 déc. 2019, *Office français de protection des réfugiés et apatrides*, n° 427017.
139. P. Ricœur, *Parcours de la reconnaissance*, Stock, coll. Les Essais, Paris, 2004.

dire en faisant le lien entre affectation à un des deux sexes et rôle social. Cette construction est remise en cause par le transsexualisme ou transgenre. L'Organisation mondiale de la santé (OMS) a ainsi retiré, le 27 mai 2019, la transidentité de la classification des troubles mentaux et confirmé un mouvement d'adaptation des normes sociales et juridiques.

Cependant, certaines personnes ont la ferme conviction d'appartenir à l'autre sexe. Le transsexualisme (ou personnes transgenres) se définit donc comme une **discordance entre le sexe anatomique et le « sexe psychologique »**. On retient en effet que le concept de sexe ou de genre renvoie à cinq dimensions (chromosomique, hormonale, anatomique, civile, psychologique). Pour retrouver l'harmonie, le transsexuel manifeste un désir obsessionnel **de changer de sexe, sexe physique et sexe de l'état civil**. L'apparence y apparaît comme le maître mot. Cette mise en concordance se heurte néanmoins à de nombreuses rigidités de nos ordres juridiques. Peu à peu, le cas du transsexualisme atteste d'une évolution du droit, au nom de l'unité de la personne humaine, en faveur d'une identité choisie car cohérente.

882 Évolution de la perception du transsexualisme. - Sous l'influence de la CEDH qui met en avant l'identité vécue comme une liberté de disposer de soi[140], le transsexualisme apparaît de moins en moins comme une pathologie dont le droit permet le soin médicalisé. L'idée de libre disposition de soi sous l'angle de l'article 8 de la Convention EDH imprime un mouvement de « normalisation ». Ainsi, dans **l'affaire** *Schlumpf c. Suisse* du 8 janvier 2009, l'objet de la requête réside dans la décision de l'assurance maladie de la requérante de ne pas prendre en charge les coûts de son opération de changement de sexe, en raison du non-respect d'un délai de deux ans avant l'opération, période d'observation établie par la jurisprudence du tribunal fédéral des assurances comme condition pour la prise en charge des frais relatifs aux opérations de conversion sexuelle. Bien qu'il s'agisse d'une requérante âgée de 67 ans, la Cour estime que le respect de la vie privée aurait exigé la prise en compte des réalités médicale, biologique et psychologique, exprimées sans équivoque par l'avis des experts médicaux, pour éviter une application mécanique du délai de deux ans, et conclut que, eu égard à la situation très particulière de la requérante, un juste équilibre n'a pas été ménagé entre les intérêts de la compagnie d'assurances et les intérêts de la requérante, en imposant deux ans avant de mettre les apparences physiques en conformité avec le sexe souhaité. Les apparences choisies l'emportent désormais sur le sexe chromosomique[141].

883 Changement de sexe anatomique. - Pour mettre en concordance le sexe vécu (psychologique) avec le sexe anatomique, **une modification de l'apparence physique n'est plus exigée**. Une chirurgie lourde porterait en effet atteinte à l'intégrité physique et ne peut se réaliser que pour motif dit « thérapeutique ». C'est pourquoi traditionnellement le transsexualisme impliquait la qualification de pathologie, de « syndrome », qui renvoyait à un **régime d'autorisation par le pouvoir médical comme auxiliaire d'expertise du juge**. Il ne s'agissait donc pas juridiquement d'une vraie liberté. En France, l'opération chirurgicale modificatrice a été longtemps assimilée à une mutilation. Les médecins pouvaient être condamnés si « l'individu opéré ne présentait pas un syndrome de transsexualisme avéré »[142]. Ainsi en matière de transsexualisme, les **opérations chirurgicales tendant à modifier le sexe physique afin d'unifier les différents « sexes » étaient (et sont si la personne le souhaite) autorisées en dépit des risques encourus** et même parfois posées comme condition préalable au changement de l'état civil.

Désormais, la liberté corporelle, entendue comme la liberté de disposer de son corps, l'emporte sur la protection objective de l'intégrité corporelle. D'ailleurs, le refus de remboursement d'une opération mammaire à une femme trans par la caisse primaire a été condamné pour discrimination par le tribunal judiciaire de Lille en février 2022 : « Une différence de traitement avec une femme cisgenre, discriminatoire au regard de l'article 8 de la Convention européenne des droits de l'homme comme de nature à créer une inégalité de traitement en matière d'accès à la

140. CEDH, 25 mars 1992, *B. c. France*, n° 13343/87.
141. CEDH, 11 juill. 2002, *I. c. RU*.
142. CA Aix-en-Provence, 23 avr. 1990.

santé en fonction de l'identité de genre »[143]. De même, le Contrôleur général des lieux de privation de liberté (CGLPL) a estimé nécessaire de rendre un avis sur la situation des personnes transgenres privées de liberté[144].

Le juge européen cherche alors à la fois à mesurer la volonté du sujet et à apprécier l'effet produit sur la société. Au départ et à l'arrivée, la question de l'apparence concentre toutes les difficultés : la personne transsexuelle a-t-elle suffisamment souffert du regard sur son apparence pour qu'il soit certain qu'il ne s'agit pas d'un caprice ? La société ne sera-t-elle pas troublée si l'état civil ne correspond pas suffisamment à ce que l'on donne à voir ? Les juges hésitent toujours à juger les apparences concluantes. On doit ici insister sur le fait que l'apparence fait l'identité mais, en même temps, la libre disposition de cette apparence demeure objet de débats jurisprudentiels. Dans de nombreuses affaires le juge se livre donc à une casuistique anticipant sur le jugement que la société portera sur les apparences physiques. Dans l'arrêt A. P., *Nicot et Garçon c. France*[145], la Cour européenne[146], a jugé **qu'on ne saurait subordonner le changement de la mention du sexe à l'état civil à une stérilisation préalable** (l'obligation d'établir le caractère irréversible de la transformation de l'apparence), mais qu'il est en revanche loisible aux États de conserver une procédure de changement de sexe médicalisée (l'obligation d'établir la réalité du syndrome transsexuel, de subir un examen médical). La Cour accepte donc la médicalisation des procédures de changement de sexe.

884 **Changement d'état civil. –** Les requérants argumentent principalement autour du fait que les différentes occasions où il leur est demandé de prouver leur identité, à l'aide de papiers en contradiction avec l'apparence physique obtenue à l'issue d'une opération de conversion sexuelle, provoquent chez eux un sentiment d'humiliation et de détresse[147]. **La modification de l'état civil a longtemps été refusée par la Cour de cassation** qui opposait à l'intéressé « le principe de l'indisponibilité de l'état des personnes ». **La CEDH a condamné l'État français le 25 mars 1992** : « il ne s'agit pas d'acquérir un autre sexe que le sien mais de s'identifier juridiquement à un autre sexe ». La Cour de cassation s'est inclinée et admet le droit des transsexuels à obtenir la rectification de leur état civil et le changement de leur prénom[148]. L'arrêt de la Cour de cassation ne se prononce certes que sur une action d'état civil, mais il justifie implicitement la légitimité de l'intervention correctrice en soulignant toutefois qu'elle doit être effectuée dans un « but thérapeutique ». De jurisprudence constante avant 2016 : « pour justifier une demande de rectification de la mention du sexe figurant dans un acte de naissance, la personne doit établir, au regard de ce qui est communément admis par la communauté scientifique, la réalité du syndrome transsexuel dont elle est atteinte ainsi que le caractère irréversible de la transformation de son apparence »[149]. Dans une affaire *S.V. c. Italie*[150], **les autorités italiennes ont été condamnées pour avoir refusé d'autoriser le changement de prénom « masculin »** d'une personne transsexuelle, d'apparence féminine, au motif qu'elle n'avait pas encore eu d'opération de conversion sexuelle et qu'aucune décision judiciaire définitive constatant la conversion sexuelle n'avait été rendue.

La Cour européenne n'agit cependant pas de manière dogmatique ; elle examine la réalité des entraves à la vie privée. Ainsi, elle ne voit aucune violation[151] dans le cas d'une femme devenue homme pour lequel le juge national a ordonné la modification de son acte de naissance. Par la suite, il demanda aux autorités polonaises de retirer de son acte de naissance la mention de cette décision de justice. Il demanda enfin un nouvel acte de naissance.

---

143. Rapporté par, Léa Galanopoulo (*Le Quotidien du médecin*, 22 mars 2022, en ligne).
144. Avis du 25 mai 2021.
145. CEDH, 6 avril 2017, A. P., *Nicot et Garçon c. France*, n° 79885/12, 52471/13 et 52596/13.
146. Voir aussi l'arrêt *Y. Y. c. Turquie* du 10 mars 2015, (Requête n° 14793/08) : le requérant a saisi le tribunal turc en vue d'obtenir l'autorisation de recourir à une opération de changement de sexe et conteste la mention dans la loi turque de l'incapacité définitive de procréer comme exigence préalable au changement de sexe, le requérant a saisi la Cour européenne. Alors que l'État soutient que l'encadrement de ces interventions chirurgicales vise à éviter la banalisation de ces interventions, la Cour estime qu'il s'agit davantage de la liberté du requérant de définir son appartenance sexuelle, « liberté qui constitue un élément essentiel du droit à l'autodétermination » (§ 102). Il y a atteinte grave au droit au respect de la vie privée.
147. CEDH, 30 juill. 1998, Sheffield et Horsham c. Royaume-Uni.
148. Cass. ass. plén., 11 déc. 1992.
149. Cass. 1re civ., 7 juin 2012, n° 10-26947 et n° 11-22490. Par ex. Cass. 1re civ., 13 févr. 2013, n° 12-11949.
150. CEDH, 11 oct. 2018, *S.V. c. Italie*, n° 55216/08.
151. CEDH, 17 févr. 2022, *Y c. Pologne*, n° 74131/14.

Ce qui lui fût refusé, légitimement aux yeux de la Cour qui relève notamment que le requérant vit comme un homme et qu'il est marié, que l'extrait de son acte de naissance et ses documents d'identité n'indiquent que son nouveau sexe, et que l'acte de naissance complet n'est pas accessible au public et n'est demandé qu'à de rares occasions. Elle se dit consciente de la nécessité de garantir la fiabilité des actes de l'état civil dans les limites de l'ample marge d'appréciation.

De plus en plus on entend plaider l'idée que le respect de la vie privée justifierait à lui tout seul un changement de sexe de convenance sans traitement médical. Certains pays ont fait le choix de la loi pour autoriser la modification de la mention du sexe sur l'état civil. Ce fut le cas de l'Italie dont la loi a été l'occasion d'une décision importante de la Cour constitutionnelle[152] qui a fondé le droit à l'identité sexuelle sur le droit constitutionnel au libre développement de la personnalité. C'est aujourd'hui le cas de la France, **depuis la loi du 18 novembre 2016 de modernisation de la justice du xxie siècle. Elle introduit au sein du Code civil une nouvelle section consacrée à « la modification de la mention du sexe à l'état-civil » (C. civ., art. 61-5 à 61-8). Elle octroie, par le truchement du juge, le changement de sexe à toute personne « majeure ou mineure émancipée » « [...] qui démontre par une réunion suffisante de faits que la mention relative à son sexe ne correspond pas à celui dans lequel elle se présente et dans lequel elle est connue peut en obtenir modification »**. Le demandeur devra donc disposer d'un prénom adapté, être connu sous son nouveau sexe et adopter « les signes du genre » correspondant au sexe demandé ; avoir l'air de ce qu'il demande à être. Pour le Conseil constitutionnel, en permettant à une personne d'obtenir la modification de la mention de son sexe à l'état civil sans lui imposer des traitements médicaux, des interventions chirurgicales ou une stérilisation, les dispositions ne portent aucune atteinte au principe de sauvegarde de la dignité de la personne humaine[153].

Le changement d'état civil ne doit cependant pas se faire au prix de **l'ordre public du mariage et de la filiation**. La Cour considère qu'il n'est pas disproportionné de poser comme condition préalable à la reconnaissance juridique d'un changement de sexe que le mariage soit transformé en partenariat enregistré, ce dernier représentant une option sérieuse offrant aux couples de même sexe une protection juridique pratiquement identique à celle du mariage[154]. En revanche, **la Turquie a violé le droit au respect de la vie privée en refusant le changement d'état civil à une personne transsexuelle au motif que cette personne n'était pas dans l'incapacité définitive de procréer**. La Cour réaffirme que la faculté pour les transsexuels de jouir pleinement du droit au développement personnel et à l'intégrité physique et morale ne saurait être considérée comme une question controversée. Le refus du requérant de procéder à une chirurgie n'est pas un motif suffisant[155].

Filiation des enfants nés postérieurement à la modification de la mention du sexe à l'état civil

La loi du 18 novembre 2016 autorise donc dorénavant le changement de sexe sans réassignation sexuelle et fait coexister des réalités juridique et biologique distinctes. Elle ouvre une difficulté relative à la filiation des enfants nés postérieurement à la modification de la mention du sexe à l'état civil.

Ainsi est née l'affaire de « Claire » : l'époux d'un couple hétérosexuel ayant déjà donné naissance à plusieurs enfants, a changé de sexe tout en conservant son appareil reproductif masculin. Un nouvel enfant est né du couple, après le changement d'état civil du mari devenu femme. Suite au refus de l'officier de l'état civil de transcrire sur l'acte de naissance de l'enfant, la reconnaissance de maternité souscrite par la femme non gestatrice, et le choix de ne pas procéder à une adoption intraconjugale, le couple a saisi la justice.

152. Cour constitutionnelle italienne, n° 161/1985, voir X. Bioy, « Le libre développement de la personnalité en droit constitutionnel, essai de comparaison (Allemagne, Espagne, France, Italie, Suisse) », *RIDC* 2003, *op. cit.*, p. 123-147.

153. CC, 17 novembre 2016, n° 2016-739 DC, Loi de modernisation de la justice du xxie siècle.

154. CEDH, 16 juill. 2014, n° 37359/09, *Hämäläinen c. Finlande*.

155. CEDH, 10 mars 2015, *Y.Y. c. Turquie*, n° 14793/08.

Par arrêt du 14 novembre 2018, la cour d'appel de Montpellier a ordonné la mention de celle-ci sur l'acte de naissance de l'enfant comme « parent biologique », mais le parquet en a relevé cassation.
Par arrêt du 16 septembre 2020, la Cour de cassation[156] a jugé que la loi française ne permet pas de désigner, dans les actes de l'état civil, le père ou la mère de l'enfant comme « parent biologique », et que le droit au respect de la vie privée et familiale n'impose pas une telle mention. La cour d'appel de Montpellier ne pouvait créer une nouvelle catégorie à l'état civil et, loin d'imposer une telle mention sur l'acte de naissance de l'enfant, le droit au respect de la vie privée et familiale des intéressées y faisait obstacle.
Elle a renvoyé l'affaire devant la cour d'appel de Toulouse qui autorise la mention sur l'acte de naissance de l'enfant, de l'époux devenu femme en qualité de mère. La cour d'appel a considéré que deux filiations maternelles pouvaient en l'espèce être établies, contrairement à ce que la Cour de cassation avait dit pour droit à partir de l'article 311-25 du Code civil (aux termes duquel la filiation est établie, à l'égard de la mère, par la désignation de celle-ci dans l'acte de naissance de l'enfant) et de l'article 320 du même code (la filiation légalement établie fait obstacle à l'établissement d'une autre filiation qui la contredirait). La Cour de cassation donnait alors une solution : en application des articles 313 et 316, alinéa 1er, du Code civil, la filiation de l'enfant peut, en revanche, être établie par une reconnaissance de paternité, lorsque la présomption de paternité est écartée faute de désignation du mari en qualité de père dans l'acte de naissance de l'enfant. Et la Cour de cassation avait elle-même établi la conventionnalité de sa propre interprétation (elle permet la double filiation, elle donne la même filiation que les enfants avant le changement de sexe, la filiation paternelle n'est pas « publique »).
Mais la Cour de renvoi a résisté à ce compromis[157]. Selon elle, l'intérêt supérieur de l'enfant et le droit au respect de la vie privée rendent impérative la nécessité de permettre à l'enfant né d'un couple, dont l'un de ses membres est transgenre, de voir sa filiation doublement établie à l'égard de ses deux parents, dès lors qu'il n'est pas contrevenu aux principes fondamentaux du droit national. S'appuyant sur l'évolution législative (la loi du 2 août 2021 permettant, dans un couple de femmes, à la mère non gestatrice de reconnaître l'enfant à venir de manière anticipée dans le cadre d'une assistance médicale à la procréation) pour démontrer l'absence de trouble à l'ordre public découlant de l'établissement d'une double filiation maternelle hors adoption, la cour d'appel a jugé qu'il n'était pas nécessaire d'ordonner la mention, sur l'acte de naissance de l'enfant, du jugement de changement de sexe de son parent, et a admis la double filiation maternelle.
Il est reproché aux juges toulousains, en écartant l'interdit de l'établissement d'un double lien de filiation identique, de subdiviser la filiation maternelle entre la filiation maternelle « biologique non gestatrice » et la filiation « maternelle biologique gestatrice », ce qui évite le conflit de filiation prohibé à l'article 320. Cette solution conduit à une forme de « sur-mesure » stigmatisant, là où la Cour de cassation appliquait le droit commun (qu'une filiation paternelle peut être établie sans qu'à un seul moment la personne ne soit désignée comme père dans l'acte de naissance). Au lieu de faire jouer la présomption de paternité ou bien la reconnaissance de filiation paternelle, la cour d'appel de Toulouse exige de recourir à une reconnaissance judiciaire, longue et complexe de cette filiation.
Confondant encore sexe et genre, les juges exposent que « la reconnaissance de paternité ne peut non plus être retenue dans la mesure où, d'une part, elle contraindrait C... V... à nier sa nouvelle identité sexuelle [...] et, d'autre part, serait contraire aux droits au respect de sa vie privée et à l'autodétermination sexuelle ». On retrouve le même exceptionnalisme que dans la loi de bioéthique de 2021 à l'égard des couples homosexuels recourant à une assistance médicale à la procréation.

885 Extension des droits civils. – Dans l'arrêt *Christine Goodwin c. RU* du 11 juillet 2002, la Cour autorise les personnes qui ont changé de sexe à accéder au mariage. Le dernier verrou concerne les droits parentaux sur

156. Cass. 1re civ., 16 septembre 2020, n° 18-50.080, n° 19-11.251, publié au bulletin.
157. CA Toulouse, 9 février 2022.

lesquels le législateur français, et à défaut la jurisprudence, devra se prononcer. La Cour se montre réservée face à une conception large du droit à des relations familiales fondées sur un article 8 trop ouvertement compris comme un droit à l'épanouissement personnel. Ainsi, ayant déjà refusé le droit au mariage sur le fondement de l'article 12[158], la Cour, tout en constatant les apparences d'une famille, **admet que l'État refuse qu'un transsexuel puisse être enregistré comme le père de l'enfant de sa compagne issu d'une insémination artificielle avec donneur** (IAD)[159]. La Cour de justice des Communautés lui a emboîté le pas le 7 janvier 2004 dans l'affaire *KB c. RU* qui concernait le problème d'une pension que le gouvernement britannique refusait d'attribuer au conjoint transsexuel de la requérante. **Le juge communautaire censure les États au nom du droit à l'égalité de traitement des transsexuels**[160].

CEDH, 9 juillet 2020, *Y.T. c. Bulgarie* (requête n° 41701/16)

La Cour constate que les autorités judiciaires ont établi que Y.T. s'était engagé dans un parcours de transition sexuelle modifiant son apparence physique et que son identité sociale et familiale était déjà masculine depuis longtemps. Elles ont toutefois considéré que l'intérêt général exigeait de ne pas permettre le changement juridique du sexe, sans préciser la nature exacte de cet intérêt général et sans le mettre en balance avec le droit de Y.T. à la reconnaissance de son identité sexuelle. La Cour voit là une rigidité de raisonnement qui a placé Y.T., pendant une période déraisonnable et continue, dans une situation troublante lui inspirant des sentiments de vulnérabilité, d'humiliation et d'anxiété. **Le refus des autorités internes de reconnaître légalement la réassignation de sexe de Y.T. sans avancer pour cela de motivation suffisante et pertinente, et sans expliquer pourquoi dans d'autres affaires une telle réassignation pouvait être reconnue, a donc porté une atteinte injustifiée au droit de Y.T. au respect de sa vie privée.**

886 **Évolution de la perception du transsexualisme.** – Le changement de sexe entraîne avec lui aussi peut-être, à terme, celui d'avoir des enfants. Le Défenseur des droits est d'avis que les personnes envisageant de s'engager dans un parcours de transition de l'homme vers la femme, peuvent recourir à une procédure de recueil et de conservation des gamètes selon l'article L. 2141-11 du Code de la santé publique qui a été conçu dans l'idée de permettre à la personne de les utiliser dans le cadre d'une assistance médicale à la procréation (ce qui ne sera pas le cas de cette personne ainsi que l'a rappelé l'agence de la biomédecine consultée dans cette affaire)[161]. Même s'il en a été fortement question, la loi de bioéthique du 2 août 2021 n'a pas inclus les hommes transgenres dans l'accès à l'AMP.

Cependant, le Conseil constitutionnel[162] n'a pas trouvé de rupture d'égalité dans le cas du refus d'accès à l'AMP des hommes transgenres ayant conservé leur capacité de gestation. Selon l'association requérante, la loi créait une différence de traitement injustifiée entre les personnes disposant de capacités gestationnelles selon la mention de leur sexe à l'état civil, et était ainsi contraire aux principes d'égalité devant la loi et d'égalité entre les hommes et les femmes. Reculant toujours plus, le Conseil se contente non seulement de mesurer l'ambition du législateur, limitée à l'égal accès des femmes à l'assistance médicale à la procréation, sans distinction liée à leur statut matrimonial ou à leur orientation sexuelle, mais encore renonce à apprécier la rupture d'égalité entre hommes et femmes. Le législateur a estimé que la différence de situation entre les hommes et les femmes, au regard des règles de l'état civil, pouvait justifier une différence de traitement, en rapport avec l'objet de la loi ; mais il n'appartient pas au Conseil constitutionnel d'apprécier une telle différence de situation.

158. CEDH, 17 oct. 1986, *Rees*.
159. CEDH, 22 avr. 1997, *X., Y., Z., c. RU*.
160. CJCE, 30 avr. 1996, Cornwall County Council.
161. Décision *MSP-2015-009* du 22 oct. 2015.
162. CC, 8 juillet 2022, n° 2022-1003 QPC

887 **Vers l'absence de genre ?** – Le 20 août 2015, le tribunal de grande instance de Tours a ordonné **la substitution de la mention « de sexe neutre »** à la mention « de sexe masculin », inscrite dans l'acte de naissance d'un intersexué (dont les organes génitaux ne correspondent pas à la distinction habituelle masculin-féminin). Cette personne avait demandé au président du TGI, sur le fondement de l'article 99 du Code civil, la rectification de son acte de naissance. Le ministère public s'y opposait, car l'article 57 du Code civil impose que toute personne soit rattachée à l'un des deux sexes. C'est ce que la cour d'appel de Versailles avait jugé dans le cas d'un enfant porteur d'un micropénis et de testicules mais sans ovaires, sans réaction aux androgènes et XY ; l'enfant avait alors été opéré pour en faire une fille – préalablement à l'indication à l'état civil, ce qui paraît aberrant[163]. Mais le TGI, sur la base de témoignages et certificats médicaux, a jugé que le requérant ne dispose pas biologiquement et psychologiquement de prédisposition à être plus un homme qu'une femme. Sur le fondement de l'article 8 de la Convention EDH et considérant qu'une **circulaire du 28 octobre 2011 admet qu'il ne soit fait aucune mention du sexe dans l'acte de naissance dans les cas exceptionnels où le médecin ne peut se prononcer immédiatement sur le sexe**, le tribunal relève qu'il n'y a pas de contrariété à l'ordre public, puisque le requérant demande la rectification de son acte de naissance, sans aller jusqu'à la création d'une troisième catégorie de sexe. Cela permet également au tribunal de considérer qu'il ne viole pas l'article 5 du Code civil qui lui interdit de se prononcer de façon générale sur les causes qu'on lui soumet. Forme d'appréciation *in concreto*, le juge estime que « le sexe qui a été assigné à M. X. à sa naissance apparaît comme une pure fiction, qui lui aura été imposée pendant toute son existence sans que jamais il ait pu exprimer son sentiment profond ».

Le parquet a interjeté appel et cette décision a été annulée par la **cour d'appel d'Orléans**[164] qui considère qu'au regard « des obligations qui incombent [aux autorités nationales] au titre de l'article 8 de la Convention EDH, il doit être recherché un juste équilibre entre la protection de l'état des personnes qui est d'ordre public et le respect de la vie privée des personnes présentant une variation du développement sexuel », équilibre satisfait dès lors que la loi permet que puisse être « modifié le sexe qui leur a été assigné », s'« il n'est pas en correspondance avec leur apparence physique et leur comportement social ». Elle juge que le requérant, tant par son comportement social que par son apparence physique, correspond à l'assignation du sexe masculin sur son état civil.

Saisie à son tour, la Cour de cassation n'a pas jugé bon de consacrer elle-même cette troisième possibilité[165]. Pour justifier une ingérence dans le **droit au respect de la vie privée**, la Cour précise que la binarité poursuit un but légitime, car « elle est **nécessaire à l'organisation sociale et juridique**, dont elle constitue un élément fondateur ». Renvoyant clairement au législateur, elle juge tout de même que concrètement dans l'affaire, **l'atteinte au droit au respect de sa vie privée n'est pas disproportionnée au regard du but légitime poursuivi** car, même si une ambiguïté sexuelle existe, l'apparence physique du requérant est masculine depuis 63 ans, qu'il s'est marié et qu'il a adopté un enfant avec son épouse, dès lors son apparence et son comportement sont, aux yeux des tiers, conformes à la mention figurant dans son acte de naissance.

Le **Commissaire aux droits de l'homme du Conseil de l'Europe souligne la nécessité « de revoir les classifications médicales** qui assimilent les variations des caractéristiques sexuelles à des pathologies, et de garantir aux personnes intersexes le droit à l'autodétermination en facilitant leur reconnaissance juridique dans les documents officiels »[166]. L'Allemagne a créé législativement en 2013 la catégorie « sexe neutre » à la suite d'un arrêt du Tribunal constitutionnel fédéral allemand qui a jugé contraire à la Loi fondamentale la condition de stérilité irréversible d'une personne transgenre[167]. En France, **le sexe mentionné à l'état civil n'est pas vérifié par les officiers d'état civil et il n'est pas obligatoire d'amener un certificat médical, le sexe est déclaré**[168] ; on peut aussi interpréter le Code civil comme permettant de déclarer un sexe « indéterminé » de façon pérenne. Certains

---

163. CA Versailles, 22 juin 2000, n° 1999-7799.
164. CA, Orléans, 23 mars 2016.
165. Civ 1. Arrêt n° 531 du 4 mai 2017 (16-17189).
166. https ://wcd.coe.int/com.instranet.InstraServlet ?command=com.instranet.CmdBlobGet&InstranetImage=2768770&SecMode=1&DocId=2282730&Usage=2.
167. Bundesverfassungsgericht, 11 janv. 2011, 1 BvR3295/07.
168. Cf. M-X Catto, « La mention du sexe à l'état civil », *in* S. Hennette-Vauchez, M. Pichard et D. Roman (dir.), *La loi et le genre, Études critiques de droit français*, CNRS éd., 2014, p. 29.

plaident pour que l'on admette que le sexe mentionné est un construit, inutilement exigé par nos règles d'état civil, alors qu'il n'existe pas de « vrai sexe ». Mais, en France, certains obstacles devront être levés pour une réforme générale, notamment l'article 3 de la Constitution du 4 octobre 1958 qui dispose que « sont électeurs, dans les conditions déterminées par la loi, tous les nationaux français majeurs des deux sexes, jouissant de leurs droits civils et politiques ».

L'Assemblée parlementaire du Conseil de l'Europe a donc adopté une **Résolution 2191 (2017) tendant à « promouvoir les droits humains et éliminer les discriminations à l'égard des personnes intersexes »**. C'est-à-dire, notamment :
- à interdire les actes chirurgicaux de « normalisation sexuelle » sans nécessité médicale ainsi que les stérilisations et autres traitements pratiqués sur les enfants intersexes sans leur consentement éclairé ;
- à reporter toute modification jusqu'au moment où cet enfant est en mesure de participer à la décision, en vertu du droit à l'autodétermination et du principe du consentement libre et éclairé ;
- à assurer des soins de santé dispensés par une équipe multidisciplinaire spécialisée, et l'accès à leur dossier médical ;
- à former les personnels de santé ;
- à veiller à ce qu'il existe des mécanismes de soutien psychosocial adaptés ;
- à garantir que les lois et les pratiques relatives à l'enregistrement des naissances, en particulier à l'enregistrement du sexe des nouveau-nés, respectent dûment le droit à la vie privée en laissant une latitude suffisante pour prendre en compte la situation des enfants intersexes sans contraindre les parents ni les professionnels de santé à révéler inutilement le statut intersexe d'un enfant ;
- à simplifier les procédures de reconnaissance juridique du genre et à veiller en particulier à ce que ces procédures soient rapides, transparentes et accessibles à tous sur la base du droit à l'autodétermination ;
- à veiller à ce qu'il existe un ensemble d'options pour tous, y compris pour les personnes intersexes qui ne s'identifient ni comme homme ni comme femme lorsque les pouvoirs publics recourent à des classifications en matière de genre ;
- à s'assurer que les personnes intersexes ne soient pas privées de la possibilité de conclure un partenariat civil ou un mariage, ou de rester dans une telle relation après la reconnaissance juridique de leur genre.

La loi du 2 août 2021 n'a pas réussi à acter de tout cela et notamment pas de l'interdiction d'affecter à un sexe. Le consentement du mineur doit être systématiquement recherché, mais seulement s'il est apte à exprimer sa volonté et à participer à la décision. Elle a temporisé par un nouvel article L. 2131-6 CSP qui crée un chapitre spécial intitulé « Enfants présentant une variation du développement génital » et confie leur prise en charge par des établissements de santé disposant d'une expertise suffisante et pluridisciplinaire qui décidera en application du principe de proportionnalité : l'acte médical ne doit pas « faire courir de risques disproportionnés par rapport au bénéfice escompté ». Cette équipe « veille à ce que ces derniers disposent du temps nécessaire pour procéder à un choix éclairé ».

L'article 57 du Code civil permet de dissocier la déclaration de naissance et la déclaration du sexe à l'état civil, mais les délais restent très courts, la mention du sexe ne pouvant être reportée plus de trois mois après la déclaration de naissance. Enfin, l'article 99 du Code civil prévoit que « la rectification du sexe et, le cas échéant, des prénoms peut être ordonnée à la demande de toute personne présentant une telle variation ou, si elle est mineure, à la demande de ses représentants légaux, s'il est médicalement constaté que son sexe ne correspond pas à celui figurant sur son acte de naissance ».

B. Le droit à la connaissance des origines biologiques

888 **Désordre identitaire.** – Un courant important de la psychiatrie vient depuis quelques années appuyer les revendications groupées des personnes qui ignorent leurs origines biologiques (enfants naturels sans père, accouchés sous X, abandonnés, ceux qui sont issus des inséminations artificielles avec donneur...). Les **répercussions psychologiques à plus ou moins long terme constitueraient autant d'entraves à un bon épanouissement de la personnalité**, emportant des troubles de l'identité et, partant, de la socialisation. Le droit français véhicule une conception assez artificielle de l'identité, laquelle, pour beaucoup, reste ancrée dans les données biologiques. La France hésite à s'engager ouvertement sur la voie de la reconnaissance du libre épanouissement de la personnalité de l'enfant qui nécessiterait l'accès systématique aux informations relatives aux origines. La convention de New York relative aux droits de l'enfant présente un article 7 qui stipule que l'enfant a le droit de connaître ses parents et d'être élevé par eux « dans la mesure du possible ».

889 **Jurisprudence constitutionnelle.** – Elle reste décevante, le Conseil n'ayant pas pu vraiment se prononcer. La question du droit à connaître ses origines a été indirectement posée au juge constitutionnel concernant l'interdiction d'établir une filiation avec le donneur de gamètes dans une assistance à la procréation avec tiers donneur. Les auteurs de la saisine contestaient cette interdiction sur le fondement d'un éventuel droit à la connaissance de ses origines lié au principe du libre épanouissement de l'enfant. Ils souhaitaient par ailleurs voir consacrer un principe fondamental reconnu par les lois de la République issue de la loi du 16 novembre 1912 permettant à l'enfant de rechercher la paternité hors mariage sous certaines conditions. **Le Conseil relève l'absence de principe constitutionnel opposé à ce type d'interdiction**[169]. **Le Conseil constitutionnel a de façon générale estimé que « l'interdiction de donner les moyens aux enfants ainsi conçus de connaître l'identité des donneurs ne saurait être regardée comme portant atteinte à la santé telle qu'elle est garantie par ce préambule ».**

Le Conseil constitutionnel[170] a admis la constitutionnalité de la dernière phrase du 5e alinéa de l'article 16-11 du Code civil qui dispose que « sauf accord exprès de la personne manifesté de son vivant, aucune identification par empreintes génétiques ne peut être réalisée après sa mort ». Pour les requérants, cette disposition portait atteinte « au principe du droit à la vie privée et familiale garanti par la Constitution ». Le Conseil, fidèle à son mode de raisonnement, se refuse à réexaminer **l'équilibre opéré par le législateur qui fait prédominer la vie privée posthume sur le droit à l'identité des vivants**. Dans le même esprit, l'analyse du régime de l'accouchement « sous X »[171] justifie de limiter l'accès aux origines personnelles (la liberté personnelle) par l'objectif de santé en ce que la loi entend protéger la santé des femmes enceintes.

890 **Jurisprudence européenne.** – Voilà pourquoi **la CEDH fixe des objectifs de transparence des origines biologiques aux États.** Elle examine[172] si l'État, en refusant la demande d'information de la requérante quant à l'identité de sa mère biologique, a manqué à l'obligation positive qui découle de l'article 8 de la Convention. Il ne s'agit donc pas de vérifier si l'ingérence dans le droit de la requérante au respect de la vie privée est proportionnée au but poursuivi mais de déterminer si l'obligation mise à la charge de l'État n'est pas excessive au regard du droit individuel à protéger, même si dans les deux cas les principes sont, d'une certaine manière, comparables en ce qui concerne l'équilibre à assurer entre les droits de l'individu et de la société. **Le respect de la vie privée exige que chacun puisse établir les détails de son identité d'être humain et le droit d'un individu à de telles informations est essentiel du fait de leurs incidences sur la formation de la personnalité**[173].

---

169. CC, 27 juill. 1994, déc. n° 94-343-344 DC : « aucune disposition ni aucun principe à valeur constitutionnelle ne prohibe les interdictions prescrites par le législateur d'établir un lien de filiation entre l'enfant issu de la procréation et l'auteur du don ».

170. CC, 30 sept. 2011, déc. n° 2011-173 QPC, *M. Louis c. et autres* (relative aux conditions de réalisation des expertises génétiques sur une personne décédée à des fins d'actions en matière de filiation).

171. CC, 16 mai 2012, déc. n° 2012-248 QPC, *Mathieu E.*

172. CEDH, 26 mai 1994, *Keegan c. Irlande*, série A n° 290, p. 19, § 49 ; CEDH, 27 oct. 1994, *Kroon et autres c. Pays-Bas*.

173. CEDH, 7 juill. 1989, *Gaskin c. Royaume-Uni*.

Pour la Cour, la vie privée implique le droit d'obtenir des informations nécessaires à la découverte de la vérité concernant un aspect important de son identité personnelle, par exemple l'identité de ses géniteurs[174]. L'arrêt *Mikulic c. Croatie* **du 7 février 2002** voyait la requérante se plaindre de l'impossibilité d'établir l'identité de son père dans la mesure où celui-ci se refusait à tout prélèvement ADN. La Cour estime que les personnes se trouvant dans la situation de la requérante ont un intérêt vital, protégé par la Convention, à obtenir les informations nécessaires à la découverte de la vérité concernant un aspect important de leur identité personnelle. En revanche, il convient de garder à l'esprit que **la protection des tiers peut s'opposer à ce qu'ils soient contraints de se soumettre à des examens médicaux de quelque sorte que ce soit, y compris à des tests ADN**. La Croatie n'en est pas moins condamnée faute de procédure adéquate pour régler le conflit en temps utiles[175]. Le système français a donné lieu à une condamnation[176], alors que le test ADN était positif, car les juges français, en application de la loi, ont refusé d'établir la filiation, faute d'un consentement du défunt régulièrement établi et faute de pouvoir demander une nouvelle expertise ADN sur la dépouille de son père présumé. Il n'y a pas, en revanche, violation de l'article 8 quand les juges français prononcent, à la demande du père biologique de l'enfant, l'annulation d'une reconnaissance de paternité accomplie par l'époux de la mère[177]. **L'intérêt supérieur de l'enfant rejoint en effet selon la Cour celui du père biologique : connaître la vérité sur ses origines sans que cela ne le coupe de sa mère et de son mari auprès desquels il continue à vivre.** La Cour[178] a jugé que les juges français peuvent tirer des conséquences (ils l'ont reconnu père) du refus d'un homme actionné en paternité de se soumettre à un test ADN, faisant prévaloir le droit au respect de la vie privée de sa fille. Ils n'ont pas excédé l'importante marge d'appréciation dont elles disposaient. La requête est irrecevable.

891 **L'affaire** ***Odièvre c. France.*** **–** Dans l'affaire *Odièvre c. France*[179], la requérante, née sous X, a été déboutée par le TGI de Paris de sa demande de « lever le secret de sa naissance en l'autorisant à se faire communiquer tous documents, pièces d'état civils et extraits intégraux d'actes de naissance complets ». Saisie à son tour, la Cour rappelle que l'article 8 de la Convention protège notamment un droit à l'épanouissement personnel. La naissance et singulièrement les circonstances de celle-ci relèvent de la vie privée de l'enfant, puis de l'adulte. La Cour relève que les intérêts en présence font apparaître d'une part le droit à la connaissance de ses origines et l'intérêt vital de l'enfant dans son épanouissement et d'autre part l'intérêt d'une femme à conserver l'anonymat pour sauvegarder sa santé en accouchant dans des conditions médicales appropriées. Il s'agit de deux intérêts difficilement conciliables concernant deux adultes jouissant chacun de l'autonomie de sa volonté. De surcroît, il y a lieu de tenir compte de l'intérêt des tiers et de leur protection, essentiellement les parents adoptifs, le père ou le restant de la famille biologique. L'intérêt général est également en jeu dans la mesure où la loi française a pour objectif de protéger la santé de la mère et de l'enfant lors de l'accouchement, d'éviter des avortements en particulier clandestins et des abandons. Eu égard à la diversité des systèmes et pratiques juridiques, ainsi que des pratiques d'abandon, **la Cour estime que les États doivent jouir d'une marge d'appréciation pour décider des mesures de nature à assurer la reconnaissance des droits garantis par la Convention.** Le Conseil d'État a opéré la même conciliation[180], bien que l'enfant n'ait pas pu connaître l'identité de sa mère biologique, car il « a pu disposer, hormis l'identité de sa mère biologique encore en vie, d'informations relatives à sa naissance recueillies par le CNAOP ».

892 **Arrêt** ***Godelli.*** **–** Inversement, dans un arrêt *Godelli* du 25 septembre 2012, la Cour condamne l'Italie pour violation du droit au respect de la vie privée dans le cas d'une femme abandonnée à sa naissance en 1943 et

174. CEDH, 13 juill. 2006, *Jäggi c. Suisse.*
175. Solution réitérée : CEDH, 6 déc. 2011, n° 2899/05, *yilik c. Turquie.*
176. CEDH, 16 juin 2011, n° 19535/08, *Pascaud c. France.*
177. CEDH, 14 janv. 2016, n° 30955/12, *Mandet c. France.*
178. CEDH, 25 juin 2015, n° 22037/13, *Canonne c. France.*
179. CEDH, Gr. Ch., 13 févr. 2003.
180. CE (2e et 7e chambres réunies), 16 oct. 2019, n° 420230, *Mme B... F...*

dont **la mère avait refusé de dévoiler son identité. La condamnation repose sur le caractère irréversible de ce choix**. Cette marge n'est pas, pour la France, jugée excessive en raison même de l'équilibre opéré par la création du CNAOP. Se fondant sur ce précédent, dans l'affaire *SH et autres c. Autriche*[181], la Cour estime que le procédé du don de gamètes dans une AMP n'est pas en soi contraire à l'article 8 car le législateur peut parvenir à une « solution appropriée instaurant un juste équilibre entre l'intérêt des donneurs de gamètes à préserver leur anonymat et le droit légitime des enfants conçus par procréation assistée hétérologue à l'information ». Dans le même sens, **même après quarante ans, un individu peut avoir intérêt à connaître sa filiation et l'État doit s'assurer de peser les intérêts en vue de la réouverture d'une procédure** en reconnaissance de paternité remontant aux années 1970 lorsque la personne qu'il pensait être son père biologique est décédée et qu'une procédure de partage d'héritage a été engagée[182].

893 **Accouchement sous X. –** Le dispositif concernant l'accouchement sous X, dont un motif important relève de la politique de limitation du recours à l'IVG, justifie les réticences à lever le secret. L'article 326 du Code civil dispose que « lors de l'accouchement, la mère peut demander que le secret de son admission et de son identité soit préservé ». Les frais d'hébergement et d'accouchement des femmes qui ont demandé, lors de leur admission dans un établissement public ou privé conventionné, à ce que le secret de leur identité soit préservé, sont pris en charge par le service de l'aide sociale à l'enfance du département siège de l'établissement. Avec la loi du 5 juillet 1996, relative à la réforme de l'adoption, le débat a été relancé, aboutissant au rejet de l'idée d'un médiateur pouvant fournir les informations identifiantes des parents biologiques. Aux termes de **l'article L. 222-6 du Code de l'action sociale et des familles, « toute femme qui demande, lors de son accouchement, la préservation du secret de son admission et de son identité par un établissement de santé est informée des conséquences juridiques de cette demande et de l'importance pour toute personne de connaître ses origines et son histoire**. Elle est donc invitée à laisser, si elle l'accepte, des renseignements sur sa santé et celle du père, les origines de l'enfant et les circonstances de la naissance, ainsi que, sous pli fermé, son identité ». Des grands-parents ne peuvent s'opposer à l'adoption de leur petit-fils né sous X ; aucun lien ne pouvant être établi avec eux[183].

894 **Le CNAOP. –** L'article L. 147-1 du Code de l'action sociale met en place le Conseil national pour l'accès aux origines personnelles (loi du 22 janvier 2002). Il est **chargé d'assurer l'information sur les dispositifs d'accueil et d'accompagnement des personnes à la recherche de leurs origines, des parents de naissance et des familles adoptives concernés par cette recherche, ainsi que sur l'accueil et l'accompagnement des femmes demandant l'accouchement sous X**. Il est composé d'un magistrat de l'ordre judiciaire, d'un membre de la juridiction administrative, de représentants des ministres concernés, d'un représentant des conseils généraux, de trois représentants d'associations de défense des droits des femmes, d'un représentant d'associations de familles adoptives, d'un représentant d'associations de pupilles de l'État, d'un représentant d'associations de défense du droit à la connaissance de ses origines, et de deux personnalités que leurs expériences et compétences professionnelles médicales, paramédicales ou sociales qualifient particulièrement pour l'exercice de fonctions en son sein. Le Conseil national pour l'accès aux origines personnelles reçoit la demande d'accès à la connaissance des origines de l'enfant (moins de 2 % des demandes reçues par le CNAOP émanent de mineurs, soit une cinquantaine de cas depuis la création du conseil), lorsqu'il a atteint l'âge de discernement (avec l'accord de ses représentants légaux) ou seul, lorsqu'il est majeur. Il conserve la déclaration de la mère ou, le cas échéant, du père de naissance par laquelle chacun d'entre eux autorise la levée du secret de sa propre identité. Il recueille la demande du père ou de la mère de naissance s'enquérant de leur recherche éventuelle par l'enfant. Les rapports du CNAOP soulignent de nombreuses difficultés, notamment pour les mères biologiques qui tentent de retrouver leur enfant.

---

181. CEDH, 1er avr. 2010.
182. CEDH, 16 juin 2020, *Boljevi c. Serbie*, req. n° 47443/14.
183. Cass. 1re civ., 8 juill. 2009.

895 **La situation de l'enfant issu d'un don de gamètes** se heurte au fait que le donneur n'est nullement reconnu comme géniteur, contrairement à l'hypothèse de l'accouchement « sous X » qui prévoit depuis 1993 de lever le secret de l'identité de la mère sous certaines conditions qui ont été reconnues compatibles avec l'article 8 CEDH[184] et avec la Constitution[185]. Depuis **la loi de bioéthique du 2 août 2021** l'accès aux données identifiantes et non identifiantes du donneur est ouvert à la majorité de l'enfant issu du don. Ces enfants, une fois majeurs, peuvent s'adresser à une nouvelle commission (commission d'accès aux données non identifiantes et à l'identité du tiers donneur) pour obtenir soit l'identité du donneur, soit les données non identifiantes collectées, soit les deux. Avant, pourtant, le juge considérait que la « conception française du respect du corps humain » s'oppose à la prise en compte d'aucune « circonstance particulière propre à la situation du demandeur »[186]. Cependant, depuis 1994, l'anonymat du don de gamètes pouvant nuire à la santé de l'enfant, la loi admettait une exception de principe au bénéfice des médecins qui peuvent « accéder aux informations médicales non identifiantes en cas de nécessité thérapeutique concernant un enfant conçu par une assistance médicale à la procréation avec tiers donneur » (art. L. 1244-6, CSP).

Section 3
La vie privée : du secret à l'autonomie

896 Notion. – « **La notion de vie privée est une notion large non susceptible d'une définition exhaustive** », **écrit la CourEDH dans l'affaire** *Pretty*[187]. La vie privée est un concept juridique qui rassemble de multiples manifestations de la protection de l'intimité de l'individu et de l'expression de ses choix de vie dans un cadre public ou professionnel. En droit français elle se fonde sur le principe de liberté personnelle[188], alors que pour la CEDH cette autonomie personnelle est inhérente au respect de la vie privée et familiale de l'article 8. Dès lors, la protection de la vie privée apparaît moins comme un problème de moyen que comme une question de détermination de frontière. Dans un contexte libéral de séparation des sphères publique et privée, face à la montée des identités et des communautarismes qui se conjugue pour d'autres avec la montée de l'individualisme vers le goût du secret, **la vie privée apparaît comme une notion tout à fait contradictoire qui peut se synthétiser par la formule de Daniel Gutmann : « toujours moins connu et toujours plus reconnu »**[189], ou, pour le dire autrement « droit à la différence et à l'indifférence ». Traditionnellement, la France a une **conception étroite fondée sur le secret** (champ couvert par la loi du 17 juillet 1970 qui a créé l'article 9 du Code civil) et traitant à part, comme éléments intéressant l'État et l'ordre public, les questions d'identité, de sexe, de famille, de libre disposition de soi. Au contraire, la CEDH présente une **conception large et très évolutive, intégrant toutes les dimensions de l'autonomie personnelle**.

Le Conseil d'État peut se faire l'écho d'une telle conception. Il a eu à connaître[190] de l'article 30 du règlement intérieur type des **établissements pénitentiaires qui soumet à l'autorisation du chef d'établissement la possibilité pour les personnes détenues d'envoyer des sommes d'argent** aux membres de leur famille, ou qui limite la possibilité pour les personnes détenues de recevoir des subsides en argent de la part des seules personnes titulaires d'un permis de visite ou sur autorisation du chef d'établissement. Pourtant discutables sur le plan du droit de propriété, **le Conseil n'examine la légalité de ces dispositions que sous l'angle du droit à la vie privée, pour exclure tout problème, dans la mesure où les restrictions autorisées ne seront mises en œuvre que si elles sont justifiées par les contraintes inhérentes à la détention**, le maintien de la sécurité

184. CE, 16 oct. 2019, *Mme C...*, n° 420230.
185. CC, 16 mai 2012, n° 2012-248 QPC.
186. CE, 28 décembre 2017, n° 396571.
187. CEDH, 25 avr. 2002, § 61.
188. Rattachement exprès à l'article 2 de la Déclaration de 1789 par CC, 23 juill. 1999, déc. n° 99-416 DC.
189. D. Gutmann, Le sentiment d'identité. Étude de droit des personnes et de la famille, LGDJ, Bibliothèque de droit privé, t. 327, 2000.
190. CE, 25 févr. 2015, *Stojanovic*, n° 375724.

et du bon ordre des établissements, la prévention de la récidive et la protection de l'intérêt des victimes. Plus récemment, **il a désavoué le règlement intérieur d'un monument historique qui imposait aux visiteurs une tenue correcte** (et particulièrement de ne pas marcher pieds nus) sans distinguer les lieux clos de visite de l'immense parc qui les environne et dans lequel le droit à la vie privée protège de pouvoir marcher sans chaussures[191]...

897 Comparaison américaine. – La vie privée « à l'européenne » se donne des airs de « *privacy* », concept américain qui donne une **portée hyperbolique à la vie privée dans ses relations plus fondues avec la vie publique**. Le travail jurisprudentiel (droit des « torts » et jurisprudence de la Cour suprême) et doctrinal (en 1890 Samuel Warren et Louis Brandeis, juges à la Cour suprême, conceptualisent la notion de « *right of privacy* ») aboutit là-bas à une distinction fondamentale selon que l'atteinte potentielle à la vie privée provient de la puissance publique ou d'autres particuliers. Vis-à-vis de ces derniers la protection est bien moins favorable qu'en Europe en particulier face à la liberté d'expression qui dispose d'une suprématie (1er amendement). Mais vis-à-vis de l'État, la protection est aussi plus radicale tant que le secret est gardé. **Aux États-Unis,** l'individu peut tout garder secret tant qu'il reste anonyme ; à l'inverse tout personnage public doit accepter de vivre sa vie privée au grand jour[192]. La *privacy* connaît en effet à l'origine un ancrage dans le droit de propriété (« *a man's house is his castle* »), pour lequel le 4e amendement interdit les perquisitions déraisonnables. Le lien avec le domicile s'étend pour fonder en 1965[193] la légalisation de la vente de contraceptifs. L'autonomisation de la *privacy*[194] permet ensuite de fonder sur elle le droit à l'avortement[195], avant que la Cour suprême ne limite ses effets pour ne pas y fondre toute l'autonomie personnelle[196]. Ainsi, si la Cour reconnaît le droit à des relations homosexuelles, en 2003[197], elle le fonde sur le 14e amendement.

898 Sources internationales. – Le droit au respect de la vie privée est énoncé à **l'article 12 de la DUDH de 1948 et à l'article 17 du PIDCP de 1966** dans des termes identiques : « 1. Nul ne sera l'objet d'immixtions arbitraires ou illégales dans sa vie privée, sa famille, son domicile ou sa correspondance, ni d'atteintes illégales à son honneur et à sa réputation. 2. Toute personne a droit à la protection de la loi contre de telles immixtions ou de telles atteintes ».

899 Droits européens. – **L'article 8 paragraphe 1 de la Convention EDH consacre également ce principe en précisant : « Toute personne a droit au respect de sa vie privée et familiale, de son domicile et de sa correspondance »**, alors que l'article 8 paragraphe 2 expose les conditions d'une limitation de ce droit en soulignant : « Il ne peut y avoir ingérence d'une autorité publique dans l'exercice de ce droit que pour autant que cette ingérence est prévue par la loi et qu'elle constitue une mesure qui, dans une société démocratique, est nécessaire à la sécurité nationale, à la sûreté publique, au bien-être économique du pays, à la défense de l'ordre et à la prévention des infractions pénales, à la protection de la santé ou de la morale, ou à la protection des droits et libertés d'autrui ». La Cour européenne étend la notion de « toute personne » aux personnes morales. La Cour de cassation semble plus en retrait : « si les personnes morales disposent, notamment, d'un droit à la protection de leur nom, de leur domicile, de leurs correspondances et de leur réputation, seules les personnes physiques peuvent se prévaloir d'une atteinte à la vie privée au sens de l'article 9 du Code civil »[198]. **La CDFUE consacre également le droit de toute personne « au respect de sa vie privée et familiale,** de son domicile et de ses communications » (art. 7).

---

191. CE, 3 oct. 2018, n° 406222.
192. Cour suprême des États-Unis, *US v.* Miller, 1976.
193. Cour suprême des États-Unis, *Griswold v. Connecticut*, 1965.
194. Cour suprême des États-Unis, *Katz v.* US, 1967.
195. Cour suprême des États-Unis, *Roe v. Wade*, 1973.
196. La Cour confirme le droit à l'avortement sur le fondement de la liberté, le 14e amendement, arrêt *Casey*, 1992.
197. Cour suprême des États-Unis, *Laurence v. Texas.*
198. Cass. 1re civ., 17 mars 2016, n° 15-14072.

La CEDH a une conception extensive de la notion de vie privée qui la conduit à inclure le lieu de travail dans la mesure où il est conçu comme le lieu de liens avec le monde extérieur et rejoint ainsi le droit de nouer des relations avec autrui[199]. Le droit européen conduit donc à placer sur le terrain de la vie privée de nombreux aspects qui ne relèvent qu'indirectement de la protection du secret de l'intimité comme **la protection de la santé**[200], **le droit de vivre dans un environnement sain**[201], **le droit à un mode de vie traditionnel**[202], **le droit de se voir restituer le corps d'un membre de sa famille**[203] **ou encore le droit au nom**[204] **et un droit au prénom**[205]. Le droit à la vie privée implique aussi l'accès à l'eau potable (sans discrimination)[206]. Exemplaire à ce titre est l'arrêt *Sidabras et Dziautas c. Lituanie*[207] : les requérants se plaignaient de l'interdiction qui leur a été faite de travailler dans le secteur privé de 1999 à 2009 au motif qu'ils ont été agents du KGB. La CEDH accepte de pénétrer de plain-pied sur le terrain des droits sociaux pour consacrer, le droit de gagner sa vie par un travail librement choisi : l'État compromet les possibilités de développer des relations avec le monde extérieur, ce qui cause de graves difficultés pour gagner sa vie et a des répercussions évidentes sur le respect de la vie privée. Dans cette affaire, comme dans d'autres, la Cour combine en outre l'article 8 avec d'autres afin de renforcer certains interdits. Ainsi, l'arrêt *M.C. c. Bulgarie*, du 4 décembre 2003, se fonde à la fois sur l'article 3 et l'article 8 pour reconnaître comme insuffisante **la protection offerte par le droit interne contre le viol**. L'action combinée de la vie privée et du principe de non-discrimination (art. 14) emporte des conséquences potentiellement illimitées en conduisant à la reconnaissance d'un vrai droit à la différence exigeant l'acceptation par la collectivité de tous les choix individuels que la personne estime constitutifs de sa personnalité. Depuis son arrêt *X et Y c. Pays-Bas* du 26 mars 1985, la Cour impose aux États des obligations positives qui peuvent « impliquer l'adoption de mesures visant au respect de la vie privée, jusque dans les relations des individus entre eux ». Ainsi, le droit à la vie privée peut imposer à un État d'aider un étranger à établir son statut, voire à lui conférer sa nationalité[208]. Il exige aussi que des responsabilités soient établies en cas de préjudice lié à une opération chirurgicale[209]. L'obligation d'informer les autorités de lutte contre le dopage des différents lieux de résidence des athlètes pour pouvoir effectuer des contrôles constitue une ingérence proportionnée[210].

Plus récemment, la Cour européenne[211] fait jouer l'article 8 dans le cas d'une mère biologique somalienne, qui a accepté que son fils soit adopté faute de liens suffisants avec elle, pour imposer de respecter ses souhaits de garder au moins certains liens avec ses racines culturelles et d'être élevé dans la foi musulmane.

900 **Plan.** – Le **noyau dur de la vie privée reste concentré autour du droit d'être laissé tranquille**. Il confère à son titulaire le droit de s'opposer à toute intrusion dans la sphère de sa vie privée, objectivement définie par le droit. Au-delà de cet espace protégé, **le droit à l'autonomie de la vie privée implique le libre choix de ses occupations, de son identité, de ses relations**. Du principe selon lequel l'État et les autres particuliers doivent ignorer ce que l'individu tient secret, on passe à l'idée qu'ils doivent aussi être indifférents à ce que l'individu révèle de sa vie privée, c'est-à-dire que leur comportement à son égard ne doit pas être discriminatoire en raison des révélations de l'individu sur ses choix privés.

---

199. CEDH, 23 nov. 1992, *Niemietz c. Allemagne*.
200. CEDH, 6 févr. 2001, *Bensaid c. Royaume-Uni*.
201. CEDH, 9 déc. 1994, Lopez Ostra c. Espagne.
202. CEDH, 18 janv. 2001, *Chapman c. RU*.
203. CEDH, 30 oct. 2001, Pannullo et Forte c. France.
204. CEDH, 22 févr. 1994, *Burghartz c. Suisse*.
205. CEDH, 24 oct. 1996, *Guillot c. France*.
206. CEDH, 10 mars 2020, *Hudorovi et autres c. Slovénie*, n° 24816/14 et 25140/14.
207. CEDH, 27 juill. 2004.
208. CEDH, 26 avril 2018, *Hoti c. Croatie* (n° 63311/14) : s'agissant d'un enfant né en Croatie de parents en situation irrégulière et qui vit en Croatie depuis plus de cinquante ans sans pouvoir prouver son apatridie et donc régulariser sa situation. Il n'a pu, ni ne peut construire aucune vie, ni travailler, etc.
209. CEDH, 6 juin 2017, *Erdinç Kurt et autres c. Turquie*, n° 50772/11.
210. CEDH, 18 janvier 2018, Fédération Nationale des associations et des syndicats Sportifs (FNASS) et autres c. France, n° 48151/11 et 77769/13.
211. CEDH, GC, 10 déc. 2021, *Abdi Ibrahim c. Norvège*, n° 15379/16.

I. La protection du « château fort »

901 **Noyau dur de la vie privée.** – On mesure qu'il s'agit du « noyau dur » à ce que l'intimité fait l'objet d'une protection pénale par **les articles 226-1 et suivants du Code pénal** qui sanctionnent ainsi la simple **interception à l'insu des personnes d'informations relatives à leur vie privée** (écoutes téléphoniques illicites, enregistrements effectués à l'insu des personnes, photographies volées dans des lieux privés, montages réalisés avec la parole ou l'image d'une personne sans son consentement, violation des correspondances, accès frauduleux à un système de traitement de données...).

L'article L. 801-1 du Code de la sécurité intérieure, issu de la loi du 24 juillet 2015 relative au renseignement, confirme cette approche et dispose que « le respect de la vie privée, dans toutes ses composantes, notamment le secret des correspondances, la protection des données personnelles et l'inviolabilité du domicile, est garanti par la loi. L'autorité publique ne peut y porter atteinte que dans les seuls cas de nécessité d'intérêt public prévus par la loi, dans les limites fixées par celle-ci et dans le respect du principe de proportionnalité ».

L'intimité du corps et de la santé convoque différents thèmes comme le secret médical (voir « droits des malades ») ou le régime des fouilles corporelles (voir en particulier des « conditions de détention »).

A. Le lieu d'exercice de la vie privée : le domicile

902 **Notion.** – La notion est plurielle, connaissant différentes définitions selon le **domaine fiscal, commercial, civil**, etc. Du point de vue de la vie privée, il faut l'entendre comme le lieu de résidence[212]. Le « lieu privé » est **celui dans lequel nul ne peut pénétrer sans l'autorisation de celui qui l'occupe**. La Cour de cassation insiste sur le fait **qu'il faut avoir un lien suffisamment établi avec le lieu pour y avoir son domicile**[213] : ainsi dans le cas de gens du voyage qui avaient constitué une société civile immobilière, fait l'acquisition d'une parcelle située en zone naturelle et entrepris sans autorisation des travaux pour permettre l'implantation de caravanes. La commune avait pris un arrêté enjoignant l'interruption des travaux et la remise en état des lieux. La SCI se prévaut devant le juge du droit au domicile garanti par l'article 8 de Convention EDH. La Cour confirme un précédent arrêt[214], estimant que la notion de domicile implique de démontrer que les membres de la SCI étaient établis depuis plusieurs années et en a déduit « qu'ils n'avaient pas entretenu avec les lieux des liens suffisamment étroits et continus »[215]. **Un véhicule** se voit aussi considéré comme un domicile. Lorsqu'il est habitable bien sûr[216], mais encore quand il ne l'est pas[217].

Preuve d'un changement de paradigme, **la Cour de cassation n'admet plus que les juges du fond exigent la démolition d'un immeuble, violant pourtant ouvertement, et de manière réitérée, au seul motif de cette méconnaissance des règles d'urbanisme. Ils doivent mettre en balance les intérêts protégés par le document d'urbanisme avec le droit au respect de la vie privée et du domicile** (lequel peut céder pour des motifs de sécurité comme un risque d'inondation)[218].

Étonnamment, preuve que le régime vient avant le concept et le besoin de protéger avant la cohérence, la notion européenne de domicile inclut le lieu où s'exerce une activité professionnelle[219]. Si la CJCE n'a pas toujours suivi sa consœur de Strasbourg, l'arrêt *Roquette SA* du 22 octobre 2002 lui a permis d'inclure dans la notion de domicile le siège social, les agences et les locaux professionnels d'une personne morale. Extension de la

212. Permanent ou temporaire : CC, 29 déc. 1983, déc. n° 83-164 DC, avec droit de propriété ou non.
213. Cass. 3e civ., 7 avr. 2016, n° 15-15011.
214. Cass. 3e civ., 17 déc. 2015, n° 14-22095
215. Voir aussi CEDH, 17 oct. 2013, n° 27013/07, *Winterstein et autres c. France*.
216. CE, 2 déc. 1983, *Ville de Lille c. Ackermann* ; CEDH, 25 sept. 1996, *Bucley c. Royaume-Uni*.
217. CC, 18 janv. 1995, déc. n° 94-352 DC.
218. Cass. 3e civ., 16 janv. 2020, n° 19-13645 et n° 19-10375.
219. Pour un cabinet d'avocat : CEDH, 16 déc. 1992, *Niemietz c. Allemagne* ; pour une entreprise : CEDH, 16 avr. 2002, *Société Colas Est*.

profession, **le cabinet d'un avocat** bénéficie d'une protection particulière contre les actes de perquisition de la police, son domicile aussi, même dans le cas d'un avocat exerçant à l'étranger[220].

903 **Liberté du choix du domicile.** – Déterminer le lieu de sa résidence relève du droit à la vie privée et peut même concrétiser un mode de vie identitaire[221]. Cela n'en comporte pas moins des limites tenant au droit de propriété, aux règles d'urbanisme, au respect de la dignité et de la décence du logement et bien sûr de la liberté contractuelle. Dans le cas d'une gouvernante licenciée, dont le contrat de travail stipulait l'obligation d'habiter à moins de 200 mètres de son lieu de travail mais qui avait déménagé au-delà, la Cour de cassation[222] a considéré, au visa des articles 8 de la Convention EDH, 9 du Code civil et L. 1121-1 du Code du travail, que **toute personne dispose de la liberté de choisir son domicile et que nul ne peut apporter aux droits des personnes et aux libertés individuelles et collectives des restrictions qui ne seraient pas justifiées par la nature de la tâche à accomplir et proportionnées au but recherché.** Un autre aspect réside dans l'obligation de démolition des constructions illégales : le Cour de cassation estime nécessaire que le juge pénal examine cette mesure au regard du droit à la vie privée et du domicile[223].

904 **Inviolabilité du domicile.** – L'article 226-4 réprime la violation de domicile (l'introduction ou le maintien dans le domicile d'autrui à l'aide de manœuvres, menaces, voies de fait ou contrainte). Il s'agit d'un **élément de la liberté personnelle**[224]. Le Conseil veille à ce que les pouvoirs de police judiciaire ne conduisent pas à méconnaître la protection du domicile. Cela n'empêche pas l'administration de l'urbanisme de pouvoir venir vérifier *in situ* le respect de la réglementation (le Code de l'urbanisme réprime légitimement le fait de faire obstacle à ce droit de visite[225]), mais sans pour autant pouvoir le faire sans l'accord de l'occupant et sans autorisation judiciaire[226]. Mais une visite policière à toute heure, sans autorisation juridictionnelle et sans voie de recours adaptée, même lorsqu'il s'agit d'adapter le droit des enquêtes judiciaires aux spécificités des navires (C. douanes, art. 62 et 63), ne saurait respecter les exigences qui résultent de l'article 2 de la Déclaration de 1789[227], de même en permettant que le juge autorise l'administration fiscale à procéder à des visites domiciliaires sur le fondement de documents, pièces ou informations de quelque origine que ce soit, y compris illégale[228].

L'article 66 de la Constitution réservait jusqu'en 2003 en principe à l'autorité judiciaire la protection de l'inviolabilité du domicile[229]. Si le lien entre sûreté et domicile n'est pas évident, le Conseil constitutionnel persistait, sans doute en raison du droit de propriété, à réserver à l'autorité judiciaire le contrôle des perquisitions, visites domiciliaires et saisies de nuit[230]. **L'intervention de l'autorité judiciaire doit être prévue ; elle doit vérifier de façon concrète le bien-fondé de la demande de perquisition**[231]. Seuls l'état d'urgence et la lutte contre le terrorisme permettent de déroger à ce principe en permettant au préfet de faire procéder à une perquisition. **Dans le cadre de l'état d'urgence**, la loi et le Conseil constitutionnel ont admis **les perquisitions administratives sous le contrôle du juge administratif**, à condition de respecter nécessité et proportionnalité (notamment dans l'enregistrement de données personnelles au domicile qui doit être encadré pour ne concerner que l'enquête menée).

La nuit protège davantage la tranquillité du domicile. Selon l'article 59 du Code de procédure pénale, « Sauf réclamation faite de l'intérieur de la maison ou exceptions prévues par la loi, les perquisitions et les visites domiciliaires ne peuvent être commencées avant six heures et après vingt et une heures ». Le trafic de stupéfiants ou

---

220. CEDH, 21 janv. 2010, Xavier Da Silvera c. France.
221. CEDH, 18 janv. 2001, *Chapman c. Royaume-Uni*.
222. Cass. soc., 28 févr. 2012, n° 10-18308, Mme C. c. Association Maison départementale de la famille.
223. Cass. crim., 31 janvier 2017, n° 16-82945 et Cass. crim., 16 janvier 2018, n° 17-81884.
224. CC, 2 mars 2004, déc. n° 2004-492 DC.
225. CC, 9 avr. 2015, n° 2015-464 QPC.
226. CC, 5 avril 2019, n° 2019-772 QPC, *Sing Kwon*.
227. CC, 29 nov. 2013, n° 2013-357 QPC.
228. CC, 4 déc. 2013, n° 2013-679 DC.
229. CC, 29 déc. 1983, déc. n° 83-164 DC.
230. CC, 2 mars 2004, déc. n° 2004-492 DC.
231. CC, 29 déc. 1983, déc. n° 83-164 DC.

le terrorisme permettent ces visites de nuit, sous contrôle du juge des libertés et de la détention, sur requête du procureur de la République, lorsqu'il existe un risque immédiat de disparition des preuves ou indices matériels. Le Conseil constitutionnel[232] a **censuré la disposition de la loi du 23 mars 2019** de programmation 2018-2022 et de réforme pour la justice permettant au procureur de la République d'autoriser les agents chargés de procéder à la comparution d'une personne à pénétrer dans un domicile après six heures et avant vingt et une heures. En effet, cette autorisation, sans autorisation d'un magistrat du siège peut être délivrée à l'encontre de toute personne soupçonnée d'avoir commis ou tenté de commettre un crime ou tout délit puni d'une peine d'au moins trois ans d'emprisonnement. Il suffit, même en l'absence de convocation préalable de craindre que la personne ne réponde pas à une telle convocation.

905 **Visites domiciliaires et perquisitions. – L'État s'autorise maintes fois à pénétrer au domicile des particuliers (perquisitions judiciaires, fiscales, douanières, de renseignement).** Selon le Conseil constitutionnel, le législateur peut prévoir la possibilité d'opérer des perquisitions, visites domiciliaires et saisies de nuit **dans le cas où un crime ou un délit relevant de la criminalité et de la délinquance organisées vient de se commettre**, à condition que l'autorisation de procéder à ces opérations émane de l'autorité judiciaire, gardienne de la liberté individuelle, et que le déroulement des mesures autorisées soit assorti de garanties procédurales appropriées[233]. La nécessité de lutter contre le travail illégal légitime des visites dans des lieux privés à usage professionnel, sous le contrôle du procureur de la République. Pour la fouille des véhicules, les pouvoirs conférés aux officiers de police judiciaire ne doivent pas être trop étendus[234]. **Une perquisition s'effectue selon des règles strictes** : en présence de l'habitant ou d'un représentant de son choix ou de deux témoins requis par l'officier de police judiciaire (le bâtonnier pour le domicile ou le cabinet d'un avocat[235]), avec autorisation par une commission rogatoire du juge d'instruction (sauf en cas de crime ou de délit flagrant puni d'emprisonnement). Une pièce saisie lors d'une perquisition illégale ne peut être utilisée à l'appui de poursuites pénales. La loi du 3 juin 2016 renforçant la lutte contre le crime organisé, **le terrorisme** et leur financement permet désormais, avec l'autorisation du juge des libertés et de la détention, **des perquisitions de nuit en enquête préliminaire**.

906 **Visites domiciliaires administratives, fiscales, douanières. –** L'administration peut aussi, généralement avec l'accord préalable du JLD, visiter les domiciles et saisir les biens et données.

Le Conseil constitutionnel dans sa décision du 30 juillet 2010[236] a admis la constitutionnalité du cadre légal des visites et saisies effectuées **par les agents de l'administration fiscale**. Pour lui, elles ne sont pas contraires au droit à un recours juridictionnel effectif, car elles n'affectent aucune situation légalement acquise. L'article L. 16 B du livre des procédures fiscales permet aux agents habilités de l'administration fiscale d'effectuer des visites en tous lieux, même privés, où sont susceptibles d'être détenus des pièces et documents se rapportant à des agissements frauduleux en matière d'impôts sur le revenu ou sur les bénéfices, ou de taxes sur le chiffre d'affaires. Le Conseil constitutionnel[237] a validé la constitutionnalité des visites fiscales permettant de saisir toutes les données accessibles ou disponibles depuis les supports informatiques présents dans les lieux visités, y compris lorsque ces données sont stockées dans des lieux distincts de ceux dont la visite a été autorisée par le juge et appartiennent à des tiers à la procédure, et cela sans prévoir l'information des tiers à la procédure en cas de saisie d'un document informatique leur appartenant. Cette constitutionnalité implique que le JLD vérifie de

232. CC, 21 mars 2019, n° 2019-778 DC, Loi de programmation 2018-2022 et de réforme pour la justice.

233. CC, 2 mars 2004, déc. n° 2004-492 DC.

234. Il faut les conditionner à un risque particulier, à la commission d'une infraction, à une précision suffisante de la portée des contrôles : CC, 12 janv. 1977, déc. n° 76-75 DC.

235. Le magistrat qui ordonne la perquisition doit d'ailleurs motiver expressément sa décision de façon à ce que le bâtonnier puisse lui-même exercer son contrôle : Cass. crim., 9 févr. 2016, n° 15-85063, *M. X. c. Min. pub.*

236. CC, 30 juill. 2010, déc. n° 2010-19/27 QPC, *Époux P. et autres*.

237. CC, 11 mars 2022, n° 2021-980 QPC, *Société H. et autres* [Droit de visite et de saisie en matière fiscale] : conciliation équilibrée entre l'objectif de valeur constitutionnelle de lutte contre la fraude fiscale et le droit au respect de la vie privée.

manière concrète que la demande d'autorisation qui lui est soumise comporte tous les éléments de fait et de droit qui laissent présumer l'existence des agissements frauduleux dont la preuve est recherchée.

Ces décisions peuvent d'ailleurs se réclamer de l'arrêt *Ravon c. France* du 21 février 2008, par lequel la CEDH avait jugé les dispositions antérieures contraires à l'article 6 § 1 dans la mesure où les contrôles juridictionnels n'étaient pas suffisants. On rappellera en outre que le droit à la jouissance du domicile implique une protection effective contre les nuisances environnementales[238]. **La Cour européenne[239] juge conventionnelle une perquisition du domicile**, en raison de soupçons d'évasion fiscale issus d'informations sur des avoirs déposés dans une banque au Liechtenstein, même copiées illégalement par un employé de la banque, puis vendues aux services secrets allemands. La Cour constate que la perquisition était une mesure prévue par la loi, car la Cour constitutionnelle fédérale n'interdit pas nécessairement l'utilisation dans un procès pénal de preuves recueillies en violation des règles procédurales. En outre, il s'agit d'une mesure proportionnée, parce que l'évasion fiscale est une infraction grave.

La Cour européenne a aussi désavoué l'article L. 461-1 du Code de l'urbanisme grâce auquel l'administration pouvait visiter, jusqu'à six ans après l'achèvement des travaux, les lieux accueillant ou susceptibles d'accueillir des constructions, aménagements, installations et travaux soumis aux dispositions du présent code, afin de vérifier que ces dispositions sont respectées et se faire communiquer tous documents se rapportant à la réalisation de ces opérations. Faute de prévoir le refus de l'occupant et alors la nécessité de recourir à un juge, la disposition est disproportionnée par rapport à l'objectif de prévention des infractions pénales et la sécurité des personnes[240].

Même pour contrôler et arrêter un étranger qui avait fait l'objet d'un ordre de quitter le territoire assorti d'une décision de maintien dans un lieu déterminé, la police ne peut pénétrer dans le domicile de cette personne, y compris si celle-ci a ouvert la porte. La Cour[241] constate que le gouvernement ne fournit aucune base légale, car, en droit belge, l'inviolabilité du domicile est spécialement consacrée par la Constitution, et qu'aucune loi (au dire de la Cour de cassation) ne confère une habilitation aux agents de police de pénétrer au domicile d'un étranger.

Les visites domiciliaires douanières sont prévues par l'article 64 du Code des douanes : **les agents des douanes habilités à cet effet par le ministre chargé des douanes peuvent procéder à des visites en tous lieux, même privés, où les marchandises et documents se rapportant aux délits douaniers** ainsi que les biens et avoirs en provenant directement ou indirectement qui sont susceptibles d'être détenus ou d'être accessibles ou disponibles. Ils peuvent saisir ces biens. Ils sont accompagnés d'un officier de police judiciaire. Ils peuvent aussi sans délai faire ouvrir les coffres de banque que la visite a permis de révéler. Sauf flagrant délit, ces visites doivent être autorisées par une ordonnance du juge des libertés et de la détention. La Cour de cassation a confirmé la conventionnalité de ces dispositions[242].

907 Visites dans le cadre de la prévention des actes terroristes. – La **loi du 30 octobre 2017 renforçant la sécurité intérieure et la lutte contre le terrorisme** (loi « SILT »), entrée en vigueur le 1er novembre 2017, a pour objet d'établir en droit commun un régime de mesures individuelles de contrôle administratif et de surveillance (« MICAS »), dont les « visites domiciliaires », en l'absence de tout élément laissant supposer la commission ou la préparation d'une infraction pénale. Certes le législateur s'est efforcé de rapprocher les conditions de leur mise en œuvre, de leur contrôle et les voies de recours avec celles applicables aux visites domiciliaires menées en matière pénale. Sous le **contrôle du juge des libertés et de la détention du tribunal de grande instance de Paris, le nouvel article L. 229-1 permet ainsi au préfet « d'autoriser la visite d'un lieu ainsi que la saisie des documents, objets ou données qui s'y trouvent, aux seules fins de prévenir la commission d'actes de**

238. Affaires CEDH, *Lopez-Ostra c. Espagne* ; *Hatton c. RU.*
239. CEDH, 6 oct. 2016, *K.S. et M.S. c. Allemagne*, n° 33696/11.
240. CEDH, 16 mai 2019, *Halabi c. France*, n° 66554/14.
241. CEDH, 8 mars 2022, *Sabani c. Belgique*, n° 53069/15.
242. Com., 21 juin 2016, n° 15-10730.

terrorisme et lorsqu'il existe des raisons sérieuses de penser qu'un lieu est fréquenté par une personne dont le comportement constitue une menace d'une particulière gravité pour la sécurité et l'ordre publics et qui soit entre en relation de manière habituelle avec des personnes ou des organisations incitant, facilitant ou participant à des actes de terrorisme, soit soutient, diffuse, lorsque cette diffusion s'accompagne d'une manifestation d'adhésion à l'idéologie exprimée, ou adhère à des thèses incitant à la commission d'actes de terrorisme ou faisant l'apologie de tels actes ». Il s'agit donc de permettre à l'État de remonter à la source et de trouver des portes d'entrées dans les réseaux, sans attendre la révélation d'une infraction pénale et dans l'espoir d'en découvrir une. **La visite est effectuée en présence de l'occupant des lieux ou de son représentant, qui peut se faire assister d'un conseil de son choix, sinon les agents chargés de la visite ne peuvent procéder à celle-ci qu'en présence de deux témoins qui ne sont pas placés sous leur autorité**. La visite ne peut être commencée avant six heures ni après vingt et une heures, sauf autorisation expresse, écrite et motivée accordée par le juge des libertés et de la détention du tribunal de grande instance de Paris, fondée sur l'urgence ou les nécessités de l'opération. La mesure est susceptible de se dérouler **non seulement au domicile** de la personne ciblée, mais aussi **en tout autre lieu fréquenté par celle-ci** dès lors qu'elle entretient des relations avec d'autres personnes appartenant à une mouvance terroriste ou qu'elle manifeste des velléités en ce sens. Seuls sont exclus du périmètre des perquisitions certains lieux « protégés », qui sont affectés à l'exercice d'un mandat parlementaire ou à l'activité professionnelle des avocats, des magistrats ou des journalistes et les domiciles des personnes en cause. Les visites et saisies ne peuvent concerner les lieux affectés à l'exercice d'un mandat parlementaire ou à l'activité professionnelle des avocats, des magistrats ou des journalistes et les domiciles de ces personnes. Ce même texte **permet de retenir sur les lieux les personnes qui s'y trouvent s'il existe des raisons sérieuses de penser que leur comportement constitue une menace** d'une particulière gravité pour la sécurité et l'ordre publics. Le Conseil constitutionnel[243] a soumis toute visite et saisie à l'autorisation préalable du juge des libertés et de la détention, qui doit être saisi par une requête motivée du préfet et statuer par une ordonnance écrite et motivée, après avis du procureur de la République. Le Conseil constitutionnel relève que les dispositions contestées permettent la saisie, au cours de la visite, non seulement de données et des systèmes informatiques et équipements terminaux qui en sont le support, mais aussi de « documents » et d'« objets ». Toutefois, à la différence du régime qu'il a défini pour les données et les supports, le législateur n'a fixé aucune règle encadrant l'exploitation, la conservation et la restitution des documents et objets saisis au cours de la visite. Il a donc déclaré ces dispositions contraires à la Constitution.

908 **Fouille de véhicule. –** Le véhicule, qu'il soit un domicile ou non, est protégé aussi par le respect de la vie privée. La fouille des véhicules aux abords des manifestations doit bénéficier du contrôle de l'autorité judiciaire comme pour l'habitation[244]. **Il peut être l'objet d'une fouille s'il est sur un lieu accessible au public, dans le cadre d'une opération de police judiciaire pour la recherche de certaines infractions (terrorisme, stupéfiants, législation sur les armes, vol, recel… ; l'autorité de police doit pouvoir justifier du risque d'atteinte à l'ordre public), sur réquisition du parquet, pour une période de vingt-quatre heures.** L'opération ne peut durer que le temps nécessaire, en présence du conducteur ou du propriétaire. Des fouilles administratives sont prévues par la loi LOPPSI de 2003, si le conducteur y consent ou sur réquisition du parquet, pour une durée de trente minutes maximum. La loi du 30 octobre 2017 permet la fouille de véhicules entrant dans les périmètres à contrôle renforcé, avec l'accord du conducteur (ce qui suppose qu'il ne peut accéder sinon audit périmètre).

243. CC, 29 mars 2018, n° 2017-695 QPC, *M. Rouchdi B. et autre*.
244. CC, 12 janv. 1977, déc. n° 76-75 DC.

B. La correspondance

909 **Notion. -** Selon une circulaire du 17 février 1988[245], « il y a correspondance privée **lorsque le message est exclusivement destiné à une (ou plusieurs) personne, physique ou morale, déterminée et individualisée** ». Une correspondance n'est privée qu'à **la condition d'être sous pli**. Ainsi, du point de vue de la Cour de cassation, un policier ne viole pas le secret des correspondances en prenant connaissance d'un papier échangé entre un avocat et ses clients[246]. Mais pour la Cour européenne, il y a bien violation de l'article 8 car le contenu des documents interceptés par le policier importe peu dès lors que, quelle qu'en soit la finalité, **les correspondances entre un avocat et son client portent sur des sujets de nature confidentielle et privée**[247]. La loi du **10 juillet 1991** précise dans son article 1er « le secret des correspondances émises par la voie des télécommunications est garanti par la loi ». La loi pour la confiance dans l'économie numérique du **21 juin 2004** y assimile les messages électroniques[248]. Pour le tribunal correctionnel de Paris, « l'envoi de messages électroniques de personne à personne constitue de la correspondance privée »[249]. Le secret des correspondances est reconnu par le Conseil constitutionnel comme un élément autonome, composante de la liberté personnelle[250]. N'est pas contraire au secret, le fait d'imposer (art. 434-15-2 du Code pénal) à « quiconque » ayant connaissance de la « convention secrète de déchiffrement d'un moyen de cryptologie », susceptible d'avoir été utilisé pour préparer, faciliter ou commettre une infraction, de délivrer le code ou de ne pas le mettre en œuvre[251]. Il en est de même pour la CEDH alors même qu'il peut aussi s'agir, dans l'absolu, d'une violation de la liberté d'expression. On relèvera encore que **l'utilisation de courriers obtenus en violant le secret des correspondances est irrégulière**[252].

910 **Répression. -** Le Code pénal (art. 226-15) **réprime le fait d'ouvrir, de supprimer, de retarder ou de détourner des correspondances adressées à des tiers, ou d'en prendre frauduleusement connaissance** (un an d'emprisonnement et 45 000 euros d'amende) mais aussi le fait d'intercepter, de détourner, d'utiliser ou de divulguer des correspondances émises, transmises ou reçues par la voie électronique ou de procéder à l'installation d'appareils conçus pour réaliser de telles interceptions. La pratique de ces détournements se révèle pourtant quotidienne par l'usage des « transferts » de courriels d'un destinataire à un autre. Le droit se trouve ici parfois inadapté à des pratiques socialement tolérées. **Les peines sont aggravées lorsque l'auteur de l'indiscrétion est dépositaire de l'autorité publique ou chargé d'une mission de service public**.

911 **La justice et l'administration fiscale peuvent déroger à cet interdit**. Le juge d'instruction dispose du moyen de prescrire l'interception, l'enregistrement et la transcription de correspondances émises par la voie des télécommunications si la peine encourue est égale ou supérieure à deux ans d'emprisonnement (art. 100, CPP). **Face à l'extension des pouvoirs des enquêteurs, l'objectif de valeur constitutionnelle de recherche des auteurs d'infractions et le droit au respect de la vie privée et le secret des correspondances doivent se concilier**. Le Conseil constitutionnel[253] a censuré le législateur qui a autorisé le recours à des mesures d'interception de correspondances émises par voie de communications électroniques pour des infractions ne présentant pas nécessairement un caractère de particulière gravité et complexité, sans assortir ce recours des

245. Prise en application de l'article 43 de la loi 86-1067 du 30 sept. 1986 relative à la liberté de communication concernant le régime déclaratif applicable à certains services de communication audiovisuelle.
246. Cass. crim., 16 oct. 2012, n° 11-88136, publié au *Bulletin*.
247. CEDH, 24 mai 2018, *Laurent c. France*, n° 28798/13.
248. « On entend par courrier électronique tout message, sous forme de texte, de voix, de son ou d'image, envoyé par un réseau public de communication, stocké sur un serveur du réseau ou dans l'équipement terminal du destinataire, jusqu'à ce que ce dernier le récupère ».
249. Trib. corr. Paris, 2 nov. 2000.
250. CC, 2 mars 2004, déc. n° 2004-492 DC.
251. CC, 30 mars 2018, *M. Malek B.*, n° 2018-696 QPC [Pénalisation du refus de remettre aux autorités judiciaires la convention secrète de déchiffrement d'un moyen de cryptologie].
252. CAA Versailles, 8 mars 2012, n° 10VE03910.
253. CC, 21 mars 2019, n° 2019-778 DC, Loi de programmation 2018-2022 et de réforme pour la justice.

garanties permettant un contrôle suffisant par le juge du maintien du caractère nécessaire et proportionné de ces mesures durant leur déroulé.

912 **Cas des personnes privées de liberté.** – Par **sa décision n° 2018-715 QPC du 22 juin 2018,** le Conseil constitutionnel a déclaré contraires à la Constitution les mots « sous réserve que l'autorité judiciaire ne s'y oppose pas » au motif que ces dispositions méconnaissent le droit à un recours juridictionnel effectif garanti par l'article 16 de la Déclaration des droits de l'homme et du citoyen. Ce faisant, le Conseil constitutionnel a consacré l'existence d'une voie de recours permettant, dès la date de publication de sa décision, aux détenus prévenus de contester le refus par l'autorité judiciaire de les autoriser à exercer leur droit de correspondance[254].

Dans son arrêt *Lavents c. Lettonie* du 28 novembre 2002, la CEDH sanctionne un régime législatif qui autorise le contrôle de la correspondance à l'encontre des personnes accusées de crime ou de délit particulièrement grave. Cette formulation laissait aux juridictions une trop grande latitude en se bornant à identifier des catégories d'infractions, sans indiquer la durée de la mesure ou les raisons pouvant la justifier. Elle estime dès lors que cette ingérence n'était pas prévue par la loi. Pour la Cour de Strasbourg, les conversations tenues dans le parloir d'une prison peuvent se trouver comprises dans les notions de « vie privée » et de « correspondance »[255].

Le **courrier des détenus n'est donc pas inviolable en raison des risques encourus pour la sécurité de l'établissement ou d'autrui, ou en raison de son caractère délictueux**. Cela ne concerne cependant pas la correspondance avec l'avocat, sauf s'il y a lieu de penser à une fraude[256]. L'article 40 de la loi pénitentiaire du 24 novembre 2009 dispose que : « Les personnes condamnées et, sous réserve que l'autorité judiciaire ne s'y oppose pas, les personnes prévenues peuvent correspondre par écrit avec toute personne de leur choix ». Aux termes de l'article R. 57-8-16 CPP : « Les personnes détenues peuvent correspondre par écrit tous les jours et sans limitation avec toute personne de leur choix. Pour les personnes prévenues, le magistrat saisi du dossier de la procédure peut s'y opposer soit de façon générale soit à l'égard d'un ou plusieurs destinataires expressément mentionnés dans sa décision. Les correspondances écrites par les prévenus ou à eux adressées sont, sauf décision contraire du magistrat, communiquées à celui-ci ».

C. L'image

913 **L'image, élément de la vie privée.** – L'image fut historiquement le premier attribut de la personnalité protégé par la jurisprudence[257]. Elle demeure un élément complexe, car elle relève autant de la catégorie du bien commercial, de l'élément d'information que de l'objet pouvant susciter tant de convoitises, qu'il amène à troubler la tranquillité de son modèle en ce qu'elle révèle des traits de la vie privée. Là encore, le problème de l'image est autant celui de sa captation que celui de sa diffusion[258]. **Le seul fait de permettre l'identification d'une personne à travers son image est donc constitutif d'une atteinte à la vie privée**[259].

Pour la Cour européenne, le droit à l'image reconnu à toute personne, même non publique, implique non seulement « la possibilité de refuser la diffusion de son image », mais également le droit de s'opposer « à la captation, la conservation et la reproduction de celle-ci par autrui »[260].

Plus récemment, pour la Cour de cassation : « Le droit dont la personne dispose sur son image porte sur sa captation, sa conservation, sa reproduction et son utilisation, et [...] la seule constatation d'une atteinte ouvre

254. CE, 12 déc. 2018, *SFOIP*, n° 417244.
255. CEDH, 20 déc. 2005, *Wisse c. France*.
256. CEDH, 21 févr. 1975, *Golder*.
257. T. civ. Seine, 16 juin 1858, affaire dite « Rachel ».
258. Cass. 2e civ., 30 juin 2004 : « Toute personne a sur son image un droit exclusif et absolu et peut s'opposer à sa fixation, à sa reproduction ou à son utilisation sans autorisation préalable ».
259. CEDH, 21 févr. 2002, *Schüssel c. Autriche* (déc.) ; CEDH, 17 oct. 2006, *Gourguenidze c. Géorgie*.
260. CEDH, 15 janv. 2009, *Reklos et Davourlis c/Grèce*, n° 1234/05 ; CEDH, 27 mai 2014, *De la Flor Cabrera c/Espagne*, n° 10764/09.

droit à réparation ». On ne peut ainsi limiter l'éventuelle faute du photographe à seule hypothèse d'une vente du cliché volé. **La seule preuve de la captation de l'image de l'acteur sans son autorisation suffisait à engager la responsabilité de la société de presse**[261].

L'image protégée par la vie privée est donc **celle qui a été captée dans un lieu privé, sans consentement pour cela ou pour sa diffusion**. Les risques sont aujourd'hui démultipliés par les sites internet sociaux. L'image captée dans un lieu dont l'accès est contrôlé[262] doit être autorisée (ou tout au moins tolérée par celui qui se sait photographié). Plus largement, **un lieu où on se sent dans l'intimité, à l'abri des regards, peut être jugé privé**[263]. Viole l'article 8 CEDH, l'État[264] qui n'assure pas, par l'existence d'un recours pénal ou civil, une protection efficace contre la captation de l'image d'autrui sans son consentement. L'affaire concerne la tentative par un beau-père de filmer en secret sa belle-fille de quatorze ans alors qu'elle était nue. L'acte commis par le beau-père a porté une atteinte à l'intimité de la jeune fille d'autant plus grave que celle-ci était mineure, à son domicile et que l'auteur est une personne à qui elle devait pouvoir faire confiance.

Après que la Cour de cassation a décidé, selon une interprétation stricte de la loi pénale, que la diffusion d'une photo intime, prise avec le consentement de la personne (en l'occurrence une femme nue, alors qu'elle était enceinte, photographiée par son ex-compagnon[265]), n'est pas pénalement réprimée[266], le législateur est intervenu : **la loi pour une République numérique du 7 octobre 2016 a introduit un nouvel article 226-2-1 dans le Code pénal qui, d'une part, aggrave la répression des contenus à caractère sexuel** (paroles ou images présentant un caractère sexuel prises dans un lieu public ou privé)[267] ; d'autre part, punit des mêmes peines le fait, en l'absence d'accord de la personne pour la diffusion, **de « porter à la connaissance du public ou d'un tiers tout enregistrement ou tout document portant sur des paroles ou des images présentant un caractère sexuel**, obtenu, avec le consentement exprès ou présumé de la personne ou par elle-même, à l'aide de l'un des actes prévus à l'article 226-1 ».

À l'inverse, **l'image captée dans un lieu public** (accessible à tous sans autorisation) est présumée acceptée par le modèle, même si la diffusion ne peut avoir lieu sans l'accord des personnes aisément identifiables et qui font l'objet de révélations relevant de la sphère privée[268]. L'absence de refus explicite n'équivaut pas à un consentement lorsque la personne est identifiable[269]. Le juge judiciaire admet **néanmoins qu'un assureur, victime d'une fraude** de la part d'une personne qui se dit handicapée et n'en mène pas moins une vie très mobile, puisse produire à l'audience des vidéos captées sur la voie publique et révélant la fraude. Pour le juge, s'il y a en ce cas atteinte à la vie privée, elle n'est pas disproportionnée[270]. Dans une affaire similaire, la Cour[271] européenne a jugé de même (l'assureur étant regardé comme une entité publique en droit suisse) : la surveillance secrète litigieuse avait porté atteinte à la vie privée, mais l'utilisation des preuves obtenues au moyen de la surveillance dans le litige avec l'assureur n'a pas rendu le procès inéquitable, car la victime avait dûment eu la possibilité de contester les preuves ainsi recueillies, et les juridictions internes avaient motivé leurs décisions autorisant l'admission de ces pièces.

L'image d'un domicile fait l'objet d'une protection lorsqu'elle permet d'identifier l'habitant et révèle ainsi un élément de la vie privée[272]. De même, l'État peut interdire la diffusion de l'image d'un accusé lors de son procès (ce qui n'empêche pas sa captation), dans la mesure où il n'est pas un personnage public[273].

261. Cass. 1re civ., 2 juin 2021, n° 20-13.753.
262. CA Paris, 2 juill. 1997, l'appartement du président Mitterrand où est exposée sa dépouille.
263. Comme un bateau au large des côtes : CA Paris, 30 mars 1991.
264. CEDH, 12 nov. 2013, *Söderman c. Suède* (requête n° 5786/08).
265. Ce que le grand public qualifie de « *revenge porn* ». Certains créant des sites internet dédiés…
266. Cass. crim., 16 mars 2016, n° 15-82676, *M. X.*..
267. Les peines sont portées à deux ans d'emprisonnement et à 60 000 euros d'amende.
268. CA Paris, 14 juin 1985, défilé de la Gay pride.
269. CA Paris, 20 févr. 2001, cas de l'attentat dans le RER.
270. Cass. 1re civ., 31 oct. 2012, n° 11-17476.
271. CEDH, 18 octobre 2016, *Vukota-Bojic c. Suisse*, n° 61838/10.
272. Cass. 1re civ., 10 mars 1999.
273. CEDH, 21 sept. 2017, *Axel Springer SE et RTL Television GmbH c. Allemagne*, n° 51405/12.

914 Les « personnages publics ». – Pour autant, un « personnage public » (ceux dont la vie privée importe légitimement au public) peut s'attendre à être photographié et ne pourra protéger sa vie privée que dans l'espace privé et en s'opposant explicitement à cette captation. Inversement, un anonyme, reconnaissable par son entourage, subit une atteinte à son image lorsqu'il apparaît fortuitement sur une photo illustrant un article dénonçant des malversations[274].

L'exigence de consentement exprès des célébrités n'est en fait plus requise que pour la diffusion des images et pour protéger l'usage commercial des photographies, dès qu'il l'emporte sur les besoins d'information du public[275]. La jurisprudence sanctionne le fait de diffuser des photos d'une personne sur internet sans son accord[276], mais aussi le fait de publier par voie de presse des photos disponibles sur internet quand elles ont une destination professionnelle et que, dès lors, elles ne sont pas disponibles pour tout usage et pour tous[277], chaque usage étant considéré comme une première utilisation. À l'inverse, lorsque l'information l'emporte sur le voyeurisme, cela permet de limiter le respect de la vie privée. Encore faut-il qu'il s'agisse de personnages ayant une fonction d'intérêt public[278] et que les informations ainsi utilisées soient en lien avec l'actualité. Le fait d'exercer une fonction publique ou de prétendre à un rôle politique expose nécessairement à l'attention du public, y compris dans des domaines relevant de la vie privée, de sorte que certains actes privés de personnes publiques peuvent ne pas être considérés comme tels, en raison de l'impact qu'ils peuvent avoir, eu égard au rôle de ces personnes sur la scène politique ou sociale et de l'intérêt que le public peut avoir, en conséquence, à en prendre connaissance[279].

Si en 2004 la Cour européenne a considéré que la vie de Caroline de Monaco n'a pas d'intérêt informatif, elle a néanmoins, ultérieurement, admis la publication d'une photographie prise avec son époux pendant leurs vacances au ski dans le cadre d'un article relatif au prince Rainier de Monaco. Les juges estiment que, indépendamment de la question de savoir dans quelle mesure **la princesse Caroline** assume des fonctions officielles pour le compte de la principauté de Monaco, elle doit être considérée comme un personnage public[280]. Le même jour, un autre arrêt sanctionne le choix des juges allemands d'avoir réprimé la publication d'informations relatives à un célèbre acteur arrêté pour consommation de drogue. Lui aussi est considéré comme personnage public dont la vie privée n'est pas trop entamée par ces révélations[281]. La Cour de cassation adopte aujourd'hui clairement cette lecture, exigeant que les juges du fond mettent en balance le droit à l'information du public à propos d'un mariage princier, et le droit à la vie privée de cette famille qui n'avait pas approuvé la publication des photos[282].

Le juge n'a donc pas non plus à indemniser **le secrétaire général d'un parti politique du fait de la révélation, dans un ouvrage, de son homosexualité**, notamment parce que le journaliste traite de l'évolution de la doctrine d'un parti politique, présenté comme plutôt homophobe à l'origine, et l'influence que pourrait exercer, à ce titre, l'orientation sexuelle de plusieurs de ses membres dirigeants relevait d'un débat d'intérêt général[283].

Le fait d'être une **chanteuse connue** et dont la vie privée (orientation sexuelle, consommation de drogue) a déjà été dévoilée par l'intéressée, ne dispense pas les autorités de procéder à une appréciation des émissions de télévision litigieuses, afin de distinguer et de mettre en balance ce qui était susceptible de toucher le cœur de sa vie privée et ce qui pouvait présenter un intérêt légitime pour le public. Ainsi, le fait de répandre des rumeurs non vérifiées, ou de faire des commentaires sans contrôle ni limite sur n'importe quel sujet relatif à la vie

274. Cass. 1re civ., 16 janv. 2013, n° 12-15547.
275. TGI Paris, 25 févr. 1998, *V. c. Calmann-Lévy*.
276. Par ex., CA Paris, 14e ch., Sect., A, 10 févr. 1999, *Estelle H.*
277. TGI Paris, ch. presse, 12 sept. 2000, *Charlotte R. épse Jean-Michel J. c. Sarl DF Presse*.
278. TGI Nanterre, 1re ch., Sect., A, 19 avr. 2000 : le droit à l'information autorise à dévoiler les circonstances de la naissance de la fille de Caroline de Monaco.
279. CEDH, 10 nov. 2015, *Couderc et Hachette Filipacchi associés c. France [GC]*, n° 40454/07.
280. CEDH, 24 juin 2004, n° 59320/00, *Von Hannover c. Allemagne* ; CEDH, 7 févr. 2012, n° 40660/08 et 60641/08, *Von Hannover c. Allemagne* (n° 2).
281. CEDH, Gr. ch., 7 févr. 2012, n° 39954/08, *Axel Springer AG c. Allemagne*.
282. Cass. 1re civ., 21 mars 2018, n° 16-28741.
283. Cass. 1re civ., 11 juill. 2018, n° 17-22381.

d'autrui, ne doit pas être vu comme anodin[284]. L'intimité peut être révélée dans des cas exceptionnels, c'est-à-dire en raison de l'intérêt que le public peut avoir à connaître certains traits de la personnalité du « personnage public » en cause, comme un homme politique de premier plan[285].

915 **L'exemple de l'affaire *Johnny*.** - L'arrêt du 23 juillet 2009[286] permet de comprendre l'équilibre opéré entre images et droit à l'information. En 1996, un hebdomadaire publia un article intitulé « S'il faisait un bide à Las Vegas ? Johnny l'angoisse ! ». L'article faisait notamment état des difficultés financières supposées du chanteur avec quatre photographies, notamment des publicités. Le chanteur assigna la société éditrice aux fins de la voir condamnée pour violation du droit au respect de sa vie privée. Les juges le déboutèrent au motif notamment que le magazine litigieux s'était borné à reprendre des éléments connus de son patrimoine et de son mode de vie, révélés par lui-même à de nombreuses reprises. Après cassation, la cour d'appel de Versailles condamna Hachette Filipacchi estimant, d'une part, que la publication des photographies ne respectait pas l'objectif publicitaire pour lequel le chanteur avait donné son autorisation d'utiliser son image et, d'autre part, que les informations données sur le mode de vie violaient le droit au respect de la vie privée. La Cour de cassation rejeta définitivement le pourvoi en cassation de la société requérante le 23 septembre 2004. La CEDH conclut au contraire, à l'unanimité, à la **violation de l'article 10 (liberté d'expression). Les révélations du chanteur affaiblissent le degré de protection auquel il pouvait prétendre au titre de sa vie privée.** Ce critère déterminant aurait dû être pris en compte par le juge français dans l'appréciation de la faute reprochée à la société d'édition.

916 Dans un tout autre registre, **l'affaire *Kaboglu* rappelle l'exigence d'effet horizontal de l'article 8**. Il s'agit de deux universitaires turcs qui ont rédigé un rapport portant sur les droits des minorités et les droits culturels et destiné au gouvernement. Cela leur a attiré des menaces et discours de haine formulés en raison des idées dans la presse. La Cour juge que les juridictions internes n'ont pas apporté de réponse satisfaisante à la question de savoir si la liberté de la presse pouvait justifier, dans les circonstances de l'espèce, l'atteinte portée au droit des requérants au respect de leur vie privée par des passages de nature à constituer un discours de haine et un appel à la violence, et susceptibles ainsi de livrer les intéressés à la vindicte publique[287]. Cet arrêt ne fait que souligner que **le gouvernement turc ne soutenait pas les idées du rapport ; les universitaires seront eux-mêmes plus tard personnellement inquiétés** par cette même justice.

D. La voix

917 **La voix, élément de la vie privée.** - Pour la CEDH, **toute écoute téléphonique ou enregistrement d'une conversation, à l'insu des protagonistes, est constitutive d'une violation de l'article 8 de la Convention à moins qu'elle ne soit prévue par la loi, nécessaire dans une société démocratique à la poursuite d'un but légitime et proportionnée à cet objectif**[288]. La voix se trouve protégée par le droit **contre sa captation et contre sa diffusion non consenties**. Elle peut l'être pour des raisons patrimoniales en raison de sa valeur marchande mais aussi comme droit de la personnalité, pour ce qu'elle dévoile de son propriétaire. Dans cette seconde dimension, elle relève de la vie privée. La voix constitue l'un des attributs de la personnalité et peut bénéficier de la protection instituée par l'article 9 **dans la mesure où une voix caractéristique peut être rattachée à une personne identifiable**[289]. La CourEDH[290] a aussi condamné le système russe par lequel les opérateurs de réseaux mobiles étaient tenus d'installer un dispositif permettant aux organes d'application des lois de

284. CEDH, 21 février 2017, *Rubio Dosamantes c. Espagne*, n° 20996/10.
285. CEDH, 14 janv. 2014, *Ojala et Etukeno Oy c. Finlande*, n° 69939/10, § 54-55 ; CEDH, 14 janv. 2014, *Ruusunen c. Finlande*, n° 73579/10, § 49-50.
286. CEDH, 23 juill. 2009, *Hachette Filipacchi Associés (« Ici Paris ») c. France*.
287. CEDH, 30 oct. 2018, *Kabo lu et Oran c. Turquie*, req. n°s 1759/08, 50766/10, et 50782/10.
288. CEDH, 6 sept. 1978, *Klass c. Allemagne*.
289. CA Pau, 1re ch., 22 janv. 2001.
290. CEDH, Gr. ch., 4 décembre 2015, *Roman Zakharov c. Russie*, n° 47143/06.

mener à bien des mesures opérationnelles d'investigation. Même si cela poursuit un but légitime et même si l'on suppose qu'il existe des garanties contre les abus, les circonstances, la durée de ces mesures, les procédures relatives à l'autorisation de l'interception ainsi qu'à la conservation et à la destruction des données interceptées, le contrôle des interceptions et l'absence de recours demeurent incertains.

CEDH, 14 janvier 2021, *Société Éditrice de Mediapart et autres c. France*, n° 281/15 et n° 34445/15

L'État est donc légitime pour exiger qu'un contenu illicite soit retiré d'un site journalistique comme dans l'affaire Mediapart[291]. Ce site d'information d'actualités en ligne avait en effet publié des extraits d'enregistrements réalisés au domicile de Mme Bettencourt, qu'ils savaient réalisés à son insu. L'appartenance d'un individu à la catégorie des personnalités publiques ne saurait, a fortiori lorsqu'elles n'exercent pas de fonctions officielles, comme c'était le cas, autoriser les médias à transgresser les principes déontologiques et éthiques qui devraient s'imposer à eux, ni légitimer des intrusions dans la vie privée.

La Cour de cassation[292] en tire toutes les conséquences en censurant une conception trop stricte de la vie privée. Ainsi, le magazine Le Point a publié un article intitulé « Les enregistrements secrets du Maître d'hôtel », « **Affaire Bettencourt** : Les conversations de la milliardaire avec ses proches, captées à leur insu, révèlent une femme sous influence » et dont il ressortait que le maître d'hôtel avait, une année durant, capté les conversations tenues dans la salle de l'hôtel particulier où Mme Bettencourt tenait « ses réunions d'affaires » avec certains de ses proches. La cour d'appel avait rejeté les demandes en retenant une interprétation stricte de l'article 226-2 du Code pénal qui n'englobe pas tout enregistrement de propos effectués sans le consentement de l'auteur qui les a tenus, mais uniquement ceux qui portent « atteinte à l'intimité de la vie privée d'autrui ». Or, selon la cour d'appel, les entretiens litigieux portaient sur la gestion patrimoniale et financière donc de nature professionnelle et patrimoniale, mettant en cause la principale actionnaire de l'un des premiers groupes industriels français, dont l'activité et les libéralités font l'objet de très nombreux commentaires publics, relèvent de la légitime information du public. Mais la Cour de cassation juge que « la captation, l'enregistrement ou la transmission sans le consentement de leur auteur des paroles prononcées à titre privé ou confidentiel constitue une atteinte à l'intimité de la vie privée, que ne légitime pas l'information du public ».

918 Sanction pénale des écoutes illicites. – Les **articles 226-1 à 226-9 du Code pénal** répriment le fait de fixer, d'enregistrer ou de transmettre sans consentement les paroles d'une personne prononcées à titre privé ou confidentiel et l'image d'une personne se trouvant dans un lieu privé. Le **consentement de la personne est présumé si tout cela a été accompli au vu et au su de l'intéressé sans qu'il s'y oppose, alors qu'il était en mesure de le faire**. Le fait de porter à la connaissance du public ou d'un tiers, soit des paroles prononcées à titre privé ou confidentiel, soit l'image d'une personne se trouvant dans un lieu privé, n'est punissable que si l'enregistrement ou le document qui les contient a été réalisé sans le consentement de la personne concernée. Est puni encore le fait de conserver ces informations, de les porter ou laisser porter à la connaissance du public ou d'un tiers ou de les utiliser, *a fortiori* par la voie de la presse. Le code va jusqu'à réprimer la fabrication et la possession sans autorisation de matériel permettant une captation à distance.

Confrontée au fait qu'un journaliste, présent dans les locaux du commissariat de police, a filmé une personne gardée à vue pour un reportage, la Cour de cassation retient, contre la cour d'appel, que **l'enregistrement de**

291. CEDH, 14 janv. 2021, *Société Éditrice de Mediapart et autres c. France*, n° 281/15 et n° 34445/15.
292. Cass. 1re civ., 6 octobre 2011, n° 10-21822, *Bull. civ.* I, n° 161.

la parole ou de l'image d'une personne placée en garde à vue est susceptible de constituer une atteinte à l'intimité de sa vie privée au sens de l'article 226-1 du Code pénal, et d'autre part, qu'une personne faisant l'objet d'une mesure de garde à vue n'est pas en mesure de s'opposer à un tel enregistrement[293].

919 Les écoutes téléphoniques. - Tout pouvoir est tenté d'écouter les conversations téléphoniques de ses sujets. N'étant pas toujours illégitimes, celles-ci font l'objet d'un encadrement strict depuis que la France a été condamnée par la CEDH en raison de l'absence de base légale pour les écoutes administratives[294]. Il existe depuis la **loi du 10 juillet 1991, revue en 2015, d'un côté les « interceptions de sécurité » qui reposent sur les nécessités de la sécurité publique et d'un autre les « écoutes judiciaires » dans le cadre d'une enquête judiciaire**.

920 Les écoutes judiciaires. - La loi du 10 juillet 1991, modifiée par celle du 9 mars 2004, permet au juge d'instruction (et parfois aux officiers de police judiciaire sous contrôle des magistrats) d'écouter **dans le cadre de l'enquête préliminaire ou de l'enquête de flagrance sur autorisation du juge des libertés et de la détention**. La décision du juge est écrite et couvre une durée maximum de quatre mois sans possibilité de recours. La loi du 3 juin 2016 renforçant la lutte contre le crime organisé, le terrorisme et leur financement permet désormais la sonorisation et la captation de données en enquête de flagrance ou préliminaire ainsi que **les images et l'accès aux mails archivés**. Elle autorise aussi le recours à des « **Imsi catcher** », c'est-à-dire des relais mobiles et occasionnels de téléphonie qui permettent les écoutes des téléphones placés à proximité.

Les détenus subissent un régime particulier. Ils ont le droit de téléphoner (art. 39 de la loi Pénitentiaire de 2009) mais cela passe par un opérateur unique qui fournit à la justice le service de pouvoir écouter et enregistrer ces conversations comme le prévoit l'article 727-1 CPP aux fins de prévenir les évasions et d'assurer la sécurité, à l'exception de celles avec leur avocat. Ces conversations peuvent même être interrompues par l'administration pénitentiaire sous le contrôle du procureur de la République territorialement compétent, et les enregistrements qui ne sont pas transmis à l'autorité judiciaire peuvent être conservés jusqu'à trois mois. Le surcoût de facturation de ce service n'est pas imputable au détenu[295].

921 Les interceptions de sécurité (voir aussi les développements relatifs aux données personnelles et à la surveillance généralisée). - Le mécanisme de la loi du 10 juillet 1991, permettant d'écouter les conversations à l'insu des personnes a été dépassé et étendu par la **loi du 24 juillet 2015** relative au renseignement. Cette loi a **en partie été censurée par le Conseil constitutionnel** eu égard à l'atteinte manifestement disproportionnée au droit au respect de la vie privée et au secret des correspondances. Des dispositions permettaient en effet, en cas d'urgence « opérationnelle », de déroger à l'autorisation préalable de l'autorité publique et à l'avis du Premier ministre et de la commission de contrôle. La loi n'avait pas non plus rempli sa compétence concernant la « surveillance internationale », notamment quant à la durée de conservation des renseignements ainsi obtenus. D'où le vote d'une seconde loi, le 30 novembre 2015, relative aux mesures de surveillance des communications électroniques internationales.

Désormais, la loi soumet **la mise en œuvre des techniques de renseignement** par la Direction générale de la sécurité extérieure (DGSE), la direction de la protection et de la sécurité de la défense (DPSD), la direction du renseignement militaire (DRM), la Direction générale de la sécurité intérieure (DGSI), la Direction nationale du renseignement et des enquêtes douanières et Tracfin (service de renseignement rattaché aux ministères financiers) à une autorisation du Premier ministre, après avis d'une nouvelle autorité administrative indépendante : la **Commission nationale de contrôle des techniques de renseignement (CNCTR)**. La CNCTR succède à la Commission nationale de contrôle des interceptions de sécurité. Elle est composée de deux députés, deux

293. Cass. crim., 21 avr. 2020, n° 19-81507.
294. CEDH, 24 avr. 1990, *Kruslin et Huvig*.
295. CE, 14 nov. 2018, n° 418788.

sénateurs, deux membres du Conseil d'État, deux magistrats de la Cour de cassation et un représentant de l'Autorité de régulation des communications électroniques et des postes (Arcep). Elle peut demander communication de toutes les informations utiles pendant et après la mise en œuvre de la technique. La loi du 30 juillet 2021 relative à la prévention d'actes de terrorisme et au renseignement a renforcé le contrôle préalable de la CNCTR pour l'ensemble des techniques de renseignement sur le territoire national, et donné un caractère contraignant à ses avis.

La loi instaure en outre **un droit de recours spécial devant le Conseil d'État** qui s'assure du respect des procédures.

La loi définit un cadre dans lequel les services de renseignement sont autorisés à recourir à des techniques d'accès à l'information, en respectant les principes de proportionnalité et de subsidiarité. Les **finalités sont larges**, mais liées au terrorisme : la sécurité nationale, les intérêts essentiels de la politique étrangère et l'exécution des engagements internationaux de la France, les intérêts économiques et scientifiques essentiels de la France, la prévention du terrorisme, la prévention de la criminalité et de la délinquance organisées, la prévention de la prolifération des armes de destruction massive, la prévention des violences collectives de nature à porter gravement atteinte à la paix publique.

Des techniques de recueil de renseignements aujourd'hui permises dans un cadre judiciaire sont étendues aux services de renseignement : par exemple, **le balisage de véhicule, les micros et caméras dans des lieux privés, l'accès aux réseaux des opérateurs de télécommunications (en cas de menace terroriste) ou le contrôle des communications des détenus**. Pour la captation de données informatiques dans le cadre de la lutte antiterroriste, un dispositif d'analyse automatique des données par les fournisseurs d'accès à internet surveillera le trafic. **Les hébergeurs ne communiqueront que les données de connexion (métadonnées) et non les contenus**.

La loi du 30 juillet 2021 relative à la prévention d'actes de terrorisme et au renseignement crée de **nouveaux moyens de contrôle**, en particulier la possibilité à titre expérimental d'**intercepter des communications satellitaires.** La **technique dite de l'algorithme**, qui permet un traitement automatisé des données de connexion et de navigation est étendue aux **adresses (URL) de connexion.** Elle fluidifie, tout en les encadrant, les **partages de renseignements** et d'informations entre services de renseignement et par les autorités administratives. Cette loi du 30 juillet 2021 autorise le **brouillage des drones privés**, pour prévenir les menaces lors de grands événements ou à l'occasion de certains convois, ou en cas de survol d'une zone interdite, et généralise **l'accès aux archives classées secret défense** à des fins d'études et de recherches, mais le champ des exceptions au délai de cinquante ans pour les documents les plus sensibles est élargi. Le décret du 20 octobre 2021[296] enjoint donc aux opérateurs de communications électroniques, « vu la menace grave et actuelle contre la sécurité nationale », de conserver les données de trafic et de localisation pour une durée d'un an (nom et prénoms de l'utilisateur au numéro de téléphone utilisé pour la communication, en passant par l'adresse IP, les pseudonymes, les adresses de courrier électronique de l'utilisateur…). **Le Conseil constitutionnel a abrogé**, pour violation du droit à la vie privée, les dispositions qui permettaient, « aux seules fins de défense des intérêts nationaux », aux pouvoirs publics de prendre des mesures de surveillance et de contrôle de toute transmission empruntant la voie hertzienne, sans exclure que puissent être interceptées des communications ou recueillies des données individualisables, et sans définir la nature des mesures de surveillance et de contrôle en question qui ne sont donc soumises à aucune condition de fond ni de procédure et n'encadrent leur mise en œuvre d'aucune garantie[297]. Depuis la loi du 30 octobre 2017 renforçant la sécurité intérieure et la lutte contre le terrorisme, **peuvent être autorisées les interceptions de correspondances échangées au sein d'un réseau de communications électroniques empruntant exclusivement la voie hertzienne et n'impliquant pas l'intervention d'un opérateur de communications électroniques**, lorsque ce réseau est conçu pour une utilisation privative par une personne ou un groupe fermé d'utilisateurs. Le Conseil constitutionnel[298], lors du contrôle de la loi du

296. Décr. n° 2021-1361, 1362 et 1363, 20 oct. 2021, *JO* 21 oct.
297. CC, 21 octobre 2016, Déc. n° 2016-590 QPC, *La Quadrature du Net et autres*.
298. CC, 30 juill. 2021, n° 2021-822 DC.

30 juillet 2021 relative à la prévention d'actes de terrorisme et au renseignement, a encadré les mesures individuelles de contrôle administratif et de surveillance (MICA), lesquelles ne doivent pas excéder, de manière continue ou non, une durée totale cumulée de douze mois.

De même, le Conseil constitutionnel[299] a **censuré** un article du Code de la sécurité intérieure, introduit par la loi du 21 juillet 2016 prorogeant l'état d'urgence. Ces dispositions permettaient à l'administration, pour la prévention du terrorisme, d'être autorisée à obtenir **le recueil en temps réel des données de connexion relatives à aux personnes appartenant à l'entourage d'une personne concernée par une autorisation de collecte de données de connexion**, lorsqu'il y a des raisons sérieuses de penser qu'elles sont susceptibles de fournir des informations au titre de la finalité qui motive l'autorisation. Pour le Conseil, le législateur a permis que fasse l'objet de la technique de renseignement en cause un nombre élevé de personnes, sans que leur lien avec la menace soit nécessairement étroit.

TD 8

II. Vie privée et données personnelles

A. La protection des données personnelles

922 **Droit autonome. Sources. –** Autrefois accessoire de la vie privée, la question de la protection des données personnelles dans le domaine de l'informatique est aujourd'hui centrale. Après avoir rattaché cette question à la vie privée par l'arrêt *Rotaru c. Roumanie*[300], la CEDH précise que « **la protection des données à caractère personnel joue un rôle fondamental pour l'exercice du droit au respect de la vie privée et familiale consacrée par l'article 8 de la Convention** ». De même, **l'article 8 de la Charte des droits de l'Union européenne proclame que « 1. Toute personne a droit à la protection des données à caractère personnel la concernant. 2. Ces données doivent être traitées loyalement, à des fins déterminées et sur la base du consentement de la personne concernée ou en vertu d'un autre fondement légitime prévu par la loi. Toute personne a le droit d'accéder aux données collectées la concernant et d'en obtenir la rectification. 3. Le respect de ces règles est soumis au contrôle d'une autorité indépendante »**[301]. L'article 16 du traité sur le fonctionnement de l'Union européenne énonce le droit de toute personne « à la protection des données à caractère personnel la concernant » et habilite l'Union à fixer des règles relatives à la protection des personnes physiques à l'égard des données à caractère personnel par les institutions, organes et organismes de l'Union et les États membres dans le champ d'application du droit de l'Union.

923 **Constitution. –** La **liberté personnelle (article 2 de la DDHC) implique le droit au respect de la vie privée et des données personnelles**. Par suite, la collecte, l'enregistrement, la conservation, la consultation et la communication de données à caractère personnel doivent être justifiés par un motif d'intérêt général et mis en œuvre de manière adéquate et proportionnée à cet objectif. Par la création du registre national des crédits aux particuliers, le législateur a poursuivi un motif d'intérêt général de prévention des situations de surendettement. Dans sa décision relative à ce fichier[302], le Conseil estime que la grande quantité de données personnelles, leur durée de conservation et l'obligation de consultation qu'ont les banques avant l'octroi d'un crédit à la consommation, conduisent à juger que cela porte atteinte au droit au respect de la vie privée de manière disproportionnée au but poursuivi. Plus récemment, il a censuré également les dispositions, incluses dans la loi relative à la confiance dans la vie publique, donnant à la Haute autorité pour la transparence de la vie publique un droit de communication de certains documents ou renseignements, notamment la communication de métadonnées de connexion jusqu'ici reconnu à l'administration fiscale[303]. **Il s'assure que la loi limite la conservation aux**

299. CC, 4 août 2017, n° 2017-648 QPC, *La Quadrature du Net et autres.*
300. CEDH, 4 mai 2000.
301. CEDH, 17 décembre 2009, *Rotaru c. Roumanie*, n° 16428/05.
302. CC, 13 mars 2014, déc. n° 2014-690 DC, cons. 51 à 57.
303. CC, 8 septembre 2017, n° 2017-752 DC, loi pour la confiance dans la vie politique.

données adéquates et nécessaires. Ainsi, même pour sanctionner les violations du droit de propriété intellectuelle, l'Hadopi n'a pas besoin de « *tous documents, quel qu'en soit le support* », sans préciser en outre les personnes auprès desquelles ce droit de communication est susceptible de s'exercer[304].

Le Conseil constitutionnel a, de même, refusé de voir les agents de l'Autorité des marchés financiers habilités à conduire les enquêtes et à se faire communiquer les données de connexion détenues par les opérateurs de communications électroniques, les fournisseurs d'accès à un service de communication au public en ligne ou les hébergeurs de contenu sur un tel service, faute d'avoir assorti la procédure prévue par les dispositions en cause de garanties pour le respect de la vie privée face à l'ordre public et la recherche des auteurs d'infractions[305].

Les administrations fiscale et douanière n'ont ainsi pas pu se voir autorisées à collecter et à exploiter de manière automatisée les contenus accessibles publiquement sur les sites internet de certains opérateurs de plateforme, aux fins de recherche de manquements et d'infractions en matière fiscale et douanière. En effet, même rendues publiques, ces données personnelles, traitées, peuvent révéler des éléments inédits de vie privée et ainsi dissuader les personnes d'utiliser les services en ligne, ce qui, en outre, méconnaît la liberté de communication[306]. De même, le Conseil[307] a censuré l'article L. 34-1 du Code des postes et des communications électroniques en ce qu'il permet la mise à disposition de l'autorité judiciaire ou administrative (ARCOM), pour les besoins de la recherche, de la constatation et de la poursuite des infractions pénales ou atteintes à la propriété intellectuelle de données de connexion (l'identification des utilisateurs des services de communications électroniques, mais aussi la localisation de leurs équipements terminaux de communication, les caractéristiques techniques, la date, l'horaire et la durée des communications, ainsi que les données d'identification de leurs destinataires), informations nombreuses et précises, particulièrement attentatoires à leur vie privée. Pour le Conseil, **une telle conservation s'applique de façon générale à tous les utilisateurs des services de communications électroniques et porte indifféremment sur toutes les données de connexion relatives à ces personnes**, quelle qu'en soit la sensibilité et sans considération de la nature et de la gravité des infractions susceptibles d'être recherchées.

Le Conseil[308] a, au contraire, admis l'équilibre opéré par la loi entre l'objectif de valeur constitutionnelle de recherche des auteurs d'infractions et la liberté personnelle à propos de la collecte de données de connexion (comportant notamment les données relatives à l'identification des personnes, à leur localisation et à leurs contacts téléphoniques et numériques, ainsi qu'aux services de communication au public en ligne qu'elles consultent) en police judiciaire (seulement pour un crime flagrant ou un délit flagrant puni d'une peine d'emprisonnement, et pour huit jours renouvelables ou pour un crime ou un délit puni d'une peine d'emprisonnement égale ou supérieure à cinq ans, et si les investigations ne peuvent être différées).

924 La loi du 6 janvier 1978 relative à l'informatique, aux fichiers et aux libertés. – Cette loi connaît, depuis quelques années, un destin formidable. Suscitée à l'époque par le projet Safari qui créait un fichier rassemblant des informations relatives aux individus et des interconnexions avec d'autres fichiers accessibles par un identifiant unique, cette loi sert désormais de base à l'ensemble de droits relatifs à la protection des personnes face aux usages de l'informatique, c'est-à-dire pour l'essentiel les fichiers. Cette loi a fait l'objet d'une **révision importante par la loi du 29 juillet 2004**, laquelle a fait l'objet d'un contrôle de constitutionnalité qui en a validé le dispositif à l'exception d'une nouvelle modalité permettant la lutte contre le piratage des œuvres de l'esprit en autorisant la constitution de fichiers de connexion, permettant aux sociétés de défense de droits d'auteur de traiter les données personnelles relatives aux infractions et aux condamnations en matière de contrefaçon (après autorisation de la CNIL et du juge judiciaire). Or, le Conseil constitutionnel a précisé dans sa décision du

304. CC, 20 mai 2020, n° 2020-841 QPC, *La Quadrature du Net et autres* [Droit de communication à l'Hadopi].
305. CC, 21 juillet 2017, *M. Alexis K. et autre*, n° 2017-646/647 QPC [Droit de communication aux enquêteurs de l'AMF des données de connexion].
306. CC, 27 déc. 2019, n° 2019-796 DC.
307. CC, 25 février 2022, n° 2021-976/977 QPC, *M. Habib A. et autre* [Conservation des données de connexion pour les besoins de la recherche, de la constatation et de la poursuite des infractions pénales].
308. CC, 20 mai 2022, n° 2022-993 QPC, *M. Lotfi H.* [Réquisition de données informatiques dans le cadre d'une enquête de flagrance].

10 juin 2009 que ces types de traitements portent atteinte à la vie privée et devraient dès lors se limiter à la déclaration de ces infractions à la justice. Ils doivent être soumis aux conditions de la loi du 6 janvier 1978, et les agents qui pourront opérer ne doivent ni surveiller ni intercepter des correspondances privées ; c'est pourquoi le conseil a censuré l'extension de ce dispositif à l'ensemble des professions victimes de fraude[309]. **Après le RGPD, cette loi a été entièrement refondue par l'ordonnance du 13 décembre 2018 (128 nouveaux articles)** qui distingue les principes communs à tous traitements, ceux qui relèvent spécifiquement du RGPD et de la directive « police-justice » et divers cas particuliers comme les archives, de recherche scientifique ou encore les données des personnes décédées. Le décret n° 2018-687 du 1er août 2018 comprend des mesures d'application de la loi du 20 juin 2018 sur la protection des données personnelles, et notamment la mise en œuvre du traitement des données.

925 **Droit européen.** – La loi de 1978 sert aussi de relais à la **Convention 108/81 du 28 janvier 1981 du Conseil de l'Europe à l'égard du traitement automatisé de données à caractère personnel.** Cette convention compte cinquante-cinq États signataires, plus l'Union européenne, et entend protéger l'ensemble des droits fondamentaux à l'égard des traitements automatisés de données à caractère personnel, par un certain nombre de principes directeurs comme le principe de licéité et de loyauté, le principe d'exactitude (qui implique la vérification des données conservées), le principe de finalité (il faut se limiter à la finalité affichée au départ), les principes d'accès et de rectification par les personnes concernées, le principe de non-discrimination (qui implique que les données dites sensibles ne puissent être collectées sauf dérogation). Un protocole d'amendement à la Convention du 18 mai 2018 a modernisé le texte, notamment à propos des conditions du consentement, mais aussi en développant des principes objectifs comme le fait que « le traitement de données doit être proportionné à la finalité légitime poursuivie et refléter à chaque étape du traitement un juste équilibre entre tous les intérêts en présence, qu'ils soient publics ou privés, ainsi que les droits et les libertés en jeu » (art. 5).

926 **Droit de l'Union.** – La loi de 1978 a, par la suite, transposé le droit communautaire dont le principal objectif demeure la libre circulation des données dans l'espace européen. Il a été concrétisé d'abord par la **directive du 24 octobre 1995 relative aux données personnelles. Puis par la directive du 12 juillet 2002 concernant le traitement des données à caractère personnel et la protection de la vie privée dans le secteur des communications électroniques, et enfin par la directive du 15 mars 2006**, dite directive *e-Privacy*, **relative à la conservation des données générées aux traités dans le cadre de la fourniture de services de communications électroniques accessibles au public ou de réseaux publics de communication**. En vue de son actualisation, la Commission européenne a publié une proposition de règlement *e-Privacy* le 10 janvier 2017, en attente d'adoption. **La directive 2002/58** (*concernant le traitement des données à caractère personnel et la protection de la vie privée dans le secteur des communications électroniques* dite *e-Privacy*, modifiée **par la directive du 15 mars 2006)**, qui a trait aux relations entre les États membres, les fournisseurs de services de communications électroniques et leurs utilisateurs, garantit la confidentialité des communications, l'effacement des données relatives au trafic (métadonnées), dès lors qu'elles ne sont plus nécessaires pour assurer une prestation de services (article 6), ainsi que l'anonymat des données de localisation, lorsque ces dernières sont traitées dans le cadre d'un service à valeur ajoutée. Un projet de règlement « e-Privacy » abrogeant la directive 2002/58 est en discussion au Conseil de l'Union européenne depuis 2017, en « trilogue » depuis 2021. L'encadrement prévu par ces directives s'applique lorsque le responsable du traitement automatisé est établi sur le territoire d'un État membre de l'Union.

L'Union européenne a d'ailleurs mis en place un groupe dit « G29 », à caractère consultatif et indépendant, évoluant en Comité européen de la protection des données (CEPD), nouvel organe de l'Union européenne mis en place par le RGPD et qui rassemble les autorités de l'UE, poursuit ses activités en matière de coopération et de cohérence européennes.

309. CC, 10 juin 2009, déc. n° 2009-580 DC, *loi Hadopi*.

Mais le droit de l'Union a dû évoluer en raison de certaines insuffisances soulevées par le juge européen à l'égard de l'échange de données transfrontalier. En effet, les programmes américains de renseignement *PRISM*[310] (en matière d'acquisition de données par les services de renseignement auprès de prestataires de services internet) et *Upstream* (en matière d'interception immédiate de données par les services de renseignement à travers des câbles sous-marins de fibre optique) sont dépourvus de tout mécanisme de supervision et insusceptibles d'être contestés judiciairement. Le 10 avril 2014, le G29[311] a adopté un avis sur la surveillance des citoyens européens qui fait suite aux révélations d'Edward Snowden sur les activités de surveillance massive de la part des services de renseignement aux États-Unis et dans l'Union, avis qui souligne l'illégalité de la surveillance massive, systématique et sans distinction des citoyens européens ; laquelle ne saurait être justifiée par la seule lutte contre le terrorisme ou d'autres considérations de sécurité publique. Il recommande notamment que les États membres de l'Union garantissent plus de contrôle et de transparence dans les activités de surveillance de leurs services de renseignement. Les individus doivent être informés et bénéficier de garanties adéquates de protection de leurs données lorsque celles-ci sont collectées et transférées.

Après l'affaire « *PRISM* », le Parlement et le Conseil ont adopté d'une part, **un règlement définissant un cadre général au sein de l'Union européenne pour la protection des données (RGPD)**. Le règlement est **complété par la directive 2016/680** du même jour applicable à la sphère pénale (prévention et détection des infractions pénales, enquêtes, poursuites, exécution des sanctions et menaces à la sécurité) et qui maintient le régime d'autorisation préalable pour les traitements mis en œuvre sur les données biométriques, les données génétiques et sur celles comportant le numéro d'inscription des personnes au répertoire national d'identification des personnes physiques. Cette directive fait l'objet d'une transposition par la loi de 2018 relative aux données personnelles. Elle **renforce les droits des personnes en créant un droit à l'information de la personne concernée par les données personnelles traitées en matière pénale** et l'exercice direct des droits d'accès, de rectification et d'effacement des données.

927 Les apports du règlement européen de 2016. « RGPD » – Le règlement n° 2016/679 du Parlement européen et du Conseil du 27 avril 2016 (pleinement applicable à partir du 25 mai 2018) relatif à la protection des personnes physiques à l'égard du traitement des données à caractère personnel et à la libre circulation de ces données, et abrogeant la directive 95/46/CE, insuffle une nouvelle approche du problème. Il **renonce à une administration publique à la mode française et met en avant l'autorégulation des détenteurs de fichiers sous réserve d'un système de contrôle et de sanctions** *a posteriori*. Le rôle des autorités de contrôle qui composent actuellement le G29 sera donc redéfini et leur indépendance devra être mieux garantie. Ces autorités pourront proposer des codes de conduite (ce que la CNIL fait peu actuellement) et des référentiels adaptés à chaque secteur d'activité.

Il met ainsi en place une nouvelle architecture institutionnelle enfin harmonisée dans toute l'Union. Si les États demeurent en première ligne pour l'application du règlement, la Commission européenne a adopté **un certain nombre d'actes d'exécution concernant la certification des mécanismes de protection des données et les échanges de données entre autorités de contrôle ou avec des États tiers**. De même, si le règlement **fait confiance à l'instrument contractuel pour réguler la matière**, il impose des règles de contenu et les contrats de sous-traitance des données devront comporter des clauses type. Les autorités de contrôle, après l'abandon des formalités préalables à la mise en œuvre du traitement, auront ainsi à valider les documents d'autorégulation.

De même, **concernant les transferts de données hors Union européenne**, alors qu'il fallait se référer à une liste d'États ou secteurs sûrs dressée par la Commission européenne (« décision d'adéquation »), **on se référera à un certain nombre de critères, au nombre desquels l'adhésion à la convention de 1981 du Conseil de**

310. PRISM est un programme supervisé par la United States Foreign Intelligence Surveillance Court (FISC) relevant de la National Security Agency (NSA) américaine qui assure la surveillance électronique de personnes vivant hors des États-Unis par la collecte de renseignements à partir d'internet et d'autres fournisseurs de services électroniques. Il a été dénoncé par Edward Snowden, ex-consultant de la NSA, qui a dû quitter les États-Unis.

311. Réunion des autorités nationales chargées de la protection de la vie privée au regard des applications informatiques des États membres de l'Union.

l'Europe, et l'adoption de *BCR (Binding Corporate Rules)*, c'est-à-dire des règles contraignantes pour toutes les entreprises d'un groupe et qui profitent aux tiers, de nature réglementaire, déterminées par les acteurs du secteur et reconnues par un acte d'exécution révisable. On généralisera aussi les codes de conduite, les mécanismes de certification et les clauses types de protection des données approuvés par la Commission. Tout cela remplace les demandes d'autorisation nationales, trop lentes et trop onéreuses. Mais **les formalités préalables sont maintenues pour les données les plus sensibles** par l'ordonnance relative aux données personnelles de 2018. Le règlement mise donc sur une meilleure adéquation des protections à chaque secteur d'activité et selon la taille des acteurs. Il s'appliquera aux entreprises établies en dehors de l'Union européenne à partir du moment où elles ont une activité au sein de l'Union. Elles seront également soumises au règlement dans l'hypothèse où elles cibleraient des résidents de l'Union par le profilage ou en leur proposant des produits ou services. Une seule autorité nationale de protection des données pourra agir comme chef de file vis-à-vis des questions de conformité au sein de l'Europe et ainsi servir de guichet unique pour l'accomplissement des formalités lorsque l'organisation est implantée dans plusieurs pays de l'Union.

Côté sanctions aussi, **le règlement décide de devenir contraignant** à l'égard des géants américains et asiatiques du secteur (jusqu'à 4 % du chiffre d'affaires mondial ou 20 millions d'euros – première harmonisation européenne). De nouvelles définitions et de nouveaux droits sont posés que l'on verra plus loin. Il est également créé un Comité européen à la protection des données (qui institutionnalise le G29) et un contrôleur européen à la protection des données personnelles en charge de la publication de recommandations et de règlement des litiges.

1. Le cadre de la réglementation

928 **Champ de la loi de 1978. –** La loi de 1978 ne protège pas seulement le droit à la vie privée. L'article 1er de cette loi précise que « **le développement de l'informatique doit être au service de chaque citoyen et qu'elle ne doit porter atteinte ni à l'identité humaine, ni aux droits de l'homme, ni à la vie privée ni aux libertés individuelles ou publiques** ». Au regard de la généralité de ces objectifs, celui de la vie privée apparaît comme central dans le dispositif en raison de la pénétration de l'outil informatique dans l'ensemble des relations humaines, qu'il s'agisse du droit de propriété, de la liberté contractuelle, de la liberté du commerce et de l'industrie, de l'accès à la justice, de la liberté d'expression et de conscience, de la liberté d'association, etc. C'est pourquoi la loi de 1978 **s'applique à l'ensemble des fichiers non seulement automatisés mais également manuels, qu'ils soient du secteur public ou du secteur privé**. La loi française s'applique aux responsables du traitement de données personnelles situés en France ou qui recourent à des moyens de traitement situés en France, sauf s'il ne s'agit que de transit sur le territoire. Lorsque le responsable du traitement n'est pas situé en France mais que les données personnelles mises en ligne le sont par un internaute français, la loi française ne s'applique pas[312], en ce sens elle n'est pas une loi de police. Elle s'applique aux traitements de données à caractère personnel contenus, ou appelés à figurer, dans des fichiers, qu'ils soient automatisés (utilisation de matériel informatique) ou non. **Le principe, implicitement, est la liberté de collecter des informations. S'il est possible de constituer librement des fichiers nominatifs ou de traiter des informations collectées c'est sous réserve d'un certain nombre de droits des personnes**. La loi du 6 août 2004 a supprimé la distinction entre les fichiers des personnes publiques et ceux des personnes privées. Elle n'en continue pas moins à faciliter l'établissement des fichiers des autorités publiques mis en œuvre pour le compte de l'État dans le domaine de la sécurité, lesquels se voient autorisés par arrêté ministériel. Elle ne s'applique pas en revanche pour l'exercice d'activités exclusivement personnelles ou domestiques (tenue de carnets d'adresses…), c'est-à-dire non professionnelles, non politiques ou non associatives[313].

312. TGI Paris, ord. réf., 14 avr. 2008, *Bénédicte S. c. Google Inc., Google France* : faute d'établir que l'archivage de messages publiés sur le forum Google Group utilise des moyens, matériels ou humains, situés en France, la loi française ne s'applique pas.
313. Délibération de la CNIL n° 2005-284 du 22 nov. 2005.

929 **Champ du droit de l'Union.** – Le RGPD s'applique **dès lors que le responsable de traitement ou le sous-traitant est établi sur le territoire de l'Union européenne**, ou que le traitement vise à fournir des biens et des services aux résidents européens, ou encore **chaque fois qu'un résident européen sera directement visé par un traitement de données, y compris par internet**. Du point de vue de la Cour de justice, il faut davantage tenir compte du degré d'accessibilité de ces données au public, particulièrement lorsqu'il s'agit de page internet[314]. **L'administrateur d'une page Facebook doit être considéré comme responsable conjointement avec Facebook** (mais dans une moindre mesure) du traitement des données personnelles des visiteurs dans la mesure où il contribue, par son action de paramétrage, à la définition des finalités et des moyens du traitement des données des visiteurs. Les autorités de contrôle sont pleinement compétentes à l'égard des établissements de Facebook chargés de la vente d'espaces publicitaires, cette activité étant indissociablement liée au traitement en cause[315]. Elle **ne s'applique pas aux données temporaires sur internet**.

930 **Données à caractère personnel.** – Pour la loi française, depuis 2004, il s'agit de données **permettant l'identification d'une personne : le nom, la voix, l'image** (ce qui intègre la vidéosurveillance), des **empreintes génétiques ou tout numéro d'identification**. « Pour déterminer si une personne est identifiable, il convient de considérer l'ensemble des moyens susceptibles d'être raisonnablement mis en œuvre, soit par le responsable du traitement, soit par une autre personne, pour identifier ladite personne » (§ 26). Selon la taille d'un organisme, les informations relatives à la tranche d'âge, à l'ancienneté et au poste occupé peuvent suffire à déterminer une personne. **Selon le règlement européen de 2016, les « données à caractère personnel », sont « toute information se rapportant à une personne physique identifiée ou identifiable** (ci-après dénommée « personne concernée ») ; est réputée être une « personne physique identifiable » une personne physique qui peut être identifiée, directement ou indirectement, **notamment par référence à un identifiant**, tel qu'un nom, un numéro d'identification, des données de localisation, un identifiant en ligne, ou à un ou plusieurs éléments spécifiques propres à son identité physique, physiologique, génétique, psychique, économique, culturelle ou sociale ». On peut d'ailleurs noter que l'adresse IP (*Internet Protocol*) est en elle-même une donnée à caractère personnel même si cela est indirect[316] dans la mesure où elle permet d'identifier la personne qui a ouvert la ligne. La Cour européenne a ainsi sanctionné un État qui a identifié, sans autorisation judiciaire, un abonné à un réseau de partage de fichiers pédopornographiques, à partir de son adresse IP[317]. **Les réponses écrites fournies lors d'un examen professionnel** constituent des données à caractère personnel du candidat auxquelles il a, en principe, un droit d'accès. Plus étonnant, il en va de même des éventuelles annotations de l'examinateur qui ont « précisément pour finalité de documenter l'évaluation par l'examinateur des performances du candidat et sont susceptibles d'avoir des effets pour ce dernier [...] » (§ 43)[318].

931 **Données « sensibles ».** – Aux termes de l'article 6-1 de la loi française et « il est **interdit de traiter des données à caractère personnel qui révèlent la prétendue origine raciale ou l'origine ethnique, les opinions politiques, les convictions religieuses ou philosophiques ou l'appartenance syndicale d'une personne physique ou de traiter des données génétiques, des données biométriques** aux fins d'identifier une personne physique de manière unique, des données concernant la santé ou des données concernant la vie sexuelle ou l'orientation sexuelle d'une personne physique ». Selon l'article 9 RGPD, « le traitement des données à caractère personnel qui révèle l'origine raciale ou ethnique, les opinions politiques, les convictions religieuses ou philosophiques ou l'appartenance syndicale, ainsi que le traitement des données génétiques, des données biométriques aux fins d'identifier une personne physique de manière unique, des données concernant la santé ou des données

314. CJCE, 6 nov. 2003, aff. C-101/01, *Bodil Lindqvist*.
315. CJUE, Gr. ch., 5 juin 2018, *Wirschaftakademie Schleswig-Holstein*, aff. C-210/16.
316. Cass. crim., 13 janv. 2009 et TGI Paris, 24 juin 2009, *J-Y L. et autres c. Google*.
317. CEDH, 24 avril 2018, *Benedik v. Slovenia*, n° 62357/14.
318. CJUE, 20 déc. 2017, *Peter Nowak c/Data Protection Commissioner*, aff. C-434/16 : s'agissant d'un expert-comptable stagiaire ayant échoué à un des examens nécessaires pour pouvoir intégrer la profession et auquel était refusée la consultation de ses copies.

concernant la vie sexuelle ou l'orientation sexuelle d'une personne physique sont interdits. » Mais les exceptions sont nombreuses :

- la personne concernée a donné son **consentement explicite** ;
- en matière de droit du **travail, de la Sécurité sociale et de la protection sociale** (sous conditions) ;
- le traitement est nécessaire à la sauvegarde des **intérêts vitaux de la personne concernée** ou d'une autre personne physique, dans le cas où la personne concernée se trouve dans l'incapacité physique ou juridique de donner son consentement ;
- le traitement est mis en œuvre par **une fondation, une association ou tout autre organisme à but non lucratif et poursuivant une finalité politique, philosophique, religieuse ou syndicale**, à condition que ledit traitement se rapporte exclusivement aux membres ;
- les données sont **manifestement rendues publiques** par la personne concernée ;
- pour **l'exercice ou la défense d'un droit en justice** ou chaque fois que des juridictions agissent dans le cadre de leur fonction juridictionnelle ;
- pour des **motifs d'intérêt public important, sur** la base du droit de l'Union ou du droit d'un État membre qui doit être proportionné à l'objectif poursuivi, respecter l'essence du droit à la protection des données et prévoir des mesures appropriées et spécifiques pour la sauvegarde des droits fondamentaux et des intérêts de la personne concernée ;
- dans le **cadre de la médecine préventive ou de la médecine du travail, de l'appréciation de la capacité de travail du travailleur, de diagnostics médicaux, de la prise en charge sanitaire ou sociale, ou de la gestion des systèmes et des services de soins de santé ou de protection sociale** ;
- si le traitement est nécessaire pour des motifs d'intérêt public dans le domaine de **la santé publique** ;
- les traitements de données de santé bénéficient d'une protection accrue. S'agissant notamment des formalités préalables à accomplir avant leur mise en œuvre, la loi informatique et libertés implique de distinguer, d'une part, ceux qui ont pour finalité la constitution d'un entrepôt de données, et d'autre part ceux qui ont pour finalité la réalisation d'un projet de recherche dans le domaine de la santé. Car les traitements de données de santé comportant le numéro d'inscription des personnes au répertoire national d'identification des personnes physiques (NIR) doivent être prévus par un décret cadre, pris après avis motivé et publié de la CNIL, à l'exception de ceux d'entre eux qui entrent dans le champ de l'autorisation (traitement fondé sur l'intérêt public ou concernant une recherche) ;
- si le traitement est nécessaire à des **fins archivistiques** dans l'intérêt public, à des fins de recherche scientifique ou historique ou à des fins statistiques.

Sans utiliser de données sensibles, la réunion des données personnelles peut permettre d'établir des données sensibles. Le grand danger des *big data* est le « profilage », c'est-à-dire « toute forme de traitement automatisé de données à caractère personnel **consistant à utiliser ces données à caractère personnel pour évaluer certains aspects personnels relatifs à une personne physique, notamment pour analyser ou prédire des éléments** concernant le rendement au travail, la situation économique, la santé, les préférences personnelles, les intérêts, la fiabilité, le comportement, la localisation ou les déplacements de cette personne physique » (règlement européen du 27 avril 2016, art. 4). Ce profilage ne sera autorisé que si la personne concernée donne son consentement, si la loi le permet ou s'il est nécessaire à la conclusion d'un contrat. Ainsi, le règlement institue **le droit de ne pas faire l'objet d'une décision qui se fonderait exclusivement sur un traitement de données automatisées qui affecterait une personne de manière significative**. Cela implique qu'on puisse exiger une intervention humaine.

À ces dérogations la Convention du Conseil de l'Europe de 1981[319] ajoute la sécurité nationale, l'ordre public, la santé ou la moralité publique, notamment les droits et libertés d'autrui, et spécialement des personnes persécutées.

319. La convention du Conseil de l'Europe du 28 janv. 1981 estime, quant à elle, qu'il s'agit des données à caractère personnel révélant l'origine raciale, les opinions politiques, les convictions religieuses ou autres convictions, ainsi que les données à caractère personnel relatives à la

Sur cette base, le **Conseil d'État**[320] **a invalidé les fichiers « Base élèves** 1er degré » et BNIE (Base nationale des identifiants élèves) accessibles aux directeurs d'école, et pour partie, aux agents des services communaux en charge des inscriptions scolaires. En effet, ces bases permettaient d'accéder à des données relatives à la santé des élèves et de mettre en relation des données avec d'autres fichiers sans déclaration préalable à la CNIL. La BNIE, outre qu'elle avait été mise en œuvre avant la délivrance par la CNIL du récépissé de la déclaration, prévoyait, sans nécessité, une durée de conservation des données de 35 ans. Le juge administratif a également censuré **un autre fichier de l'éducation nationale** (nommé « SIRHEN ») relatif à la gestion des enseignants et qui mentionnait, de manière inutile et attentatoire à la vie privée, le sexe et la nationalité du conjoint[321]. Plus récemment, il a censuré la **collecte de la température corporelle des élèves** pendant la crise de la Covid-19, en les qualifiant de données de santé alors même qu'elles ne font pas l'objet d'un enregistrement ni d'un traitement automatique, mais du seul fait qu'elles portent sur le corps et sont liées à une identification par le personnel de l'école et que ce traitement conduit à l'éviction scolaire. Faute d'étude d'impact, de secret professionnel et de consentement individualisé et express, la mesure est illégale[322].

932 Notions de « traitement » et de « fichier ». – La notion de **traitement** renvoie à **toutes opérations ou à tout ensemble d'opérations portant sur des données personnelles quel que soit le procédé utilisé** : collecte, enregistrement, organisation, conservation, adaptation ou modifications, extraction, consultation, utilisation, diffusion ou toute autre forme de mise à disposition, rapprochement ou interconnexions, verrouillage, effacement et destruction[323]. Un fichier se définit comme « tout ensemble structuré de données à caractère personnel accessibles selon des critères déterminés, que cet ensemble soit centralisé, décentralisé ou réparti de manière fonctionnelle ou géographique » (art. 2 LIL). Le responsable du traitement est donc la personne physique ou morale qui détermine les finalités et les moyens du traitement des données à caractère personnel. La loi fait également apparaître la notion de destinataires d'un traitement de données à caractère personnel, c'est-à-dire toute personne habilitée à recevoir communication de ces données autres que le responsable du traitement ou la personne concernée par les données.

933 Circulation des données transfrontières. – L'enjeu est le renforcement de la souveraineté numérique de l'Union européenne. Il existe deux textes dans ce champ : le RGPD, qui se fonde sur l'article 8 de la Charte des droits fondamentaux de l'Union européenne, et la directive *e-Privacy*, qui se base, quant à elle, sur l'article 7 de cette Charte et s'attache à encadrer les communications électroniques et, plus particulièrement, l'usage des cookies.

Le **principe en la matière est celui de l'équivalence des protections**. Tant au niveau national qu'au niveau européen, les États doivent s'assurer, sauf consentement de la personne en cause, que les opérateurs disposant des données ne leur fassent pas passer les frontières s'il ne s'agit pas de les envoyer vers un État qui assure le même niveau de protection quant aux droits fondamentaux (art. 68 al. 1). Le règlement européen sur la protection des données (RGPD) permet les transferts internationaux de données et précise les conditions alternatives : soit en s'appuyant sur **une décision d'adéquation** (art. 45 du RGPD), prise sur la base d'un examen global de la législation en vigueur dans un État, sur un territoire ou applicable à un ou plusieurs secteurs déterminés au sein de cet État ; soit en se fondant sur **le constat de « garanties appropriées »** (art. 46 du RGPD), par des autorités de contrôle et qui sont prises à la lumière des engagements des organismes concernés. Mais, dérogatoirement, des

santé ou à la vie sexuelle, lesquelles ne peuvent être traitées automatiquement à moins que le droit interne ne prévoie des garanties appropriées.

320. CE, 19 juill. 2010, *M. F. et Mme C.*

321. CE, 28 mars 2014, *SNES*, n° 361042.

322. CE, ord., 26 juin 2020, *Ligue des droits de l'Homme*, n° 441065.

323. Règlement du 27 avril 2016 : « toute opération ou tout ensemble d'opérations effectuées ou non à l'aide de procédés automatisés et appliquées à des données ou des ensembles de données à caractère personnel, telles que la collecte, l'enregistrement, l'organisation, la structuration, la conservation, l'adaptation ou la modification, l'extraction, la consultation, l'utilisation, la communication par transmission, la diffusion ou toute autre forme de mise à disposition, le rapprochement ou l'interconnexion, la limitation, l'effacement ou la destruction ».

moyens existant avant le RGPD sont maintenus comme un code de conduite approuvé (comportant l'engagement contraignant et exécutoire pris par les destinataires hors UE d'appliquer les garanties appropriées), un mécanisme de certification approuvé (comportant l'engagement contraignant et exécutoire pris par les destinataires hors UE d'appliquer les garanties appropriées)... De même, le responsable du traitement pourra transférer les données vers un État à la protection moindre s'il s'agit de sauvegarder la vie de la personne concernée, s'il s'agit de sauvegarder l'intérêt général, d'assurer la défense en justice, ou encore en vue de la conclusion ou de l'exécution d'un contrat conclu entre le responsable du traitement et un tiers. De ce fait, les données personnelles peuvent circuler entre les vingt-sept États membres de l'Union et les trois États membres de l'Espace économique européen. La sécurité nationale constitue à ce titre un motif d'ingérence dans la confidentialité des communications et des données de connexion qui justifie une « ample marge d'appréciation »[324].

La convention du **Conseil de l'Europe de 1981 comporte un protocole additionnel** en date du 8 novembre 2001 qui exige des parties signataires la mise en place d'autorités de contrôle en vue de la protection des personnes dans le cadre de flux transfrontières de données. Le règlement européen du 27 avril 2016 renforcera le contrôle de ces transferts en exigeant de la part de toute entreprise qui a des activités en Europe et exporte des données vers l'étranger un cadre préalable contraignant mais négocié par les acteurs du secteur et approuvé par la Commission ou une autorité nationale « chef de file ».

934 **Europe-États-Unis.** – Le RGPD réagit notamment à la jurisprudence de **la CJUE qui a désavoué les accords négociés par la Commission avec les États-Unis**[325]. Estimant que cet accord n'est pas protecteur des données des internautes européens, la CJUE admet que l'existence d'une décision de la Commission constatant qu'un pays tiers assure un niveau de protection adéquat aux données à caractère personnel transférées ne saurait annihiler ni même réduire les pouvoirs dont disposent les autorités nationales de contrôle en vertu de la Charte des droits fondamentaux de l'Union européenne et de la directive. La Cour considère tout d'abord qu'aucune disposition de la directive n'empêche les autorités nationales de contrôler les transferts de données personnelles vers des pays tiers ayant fait l'objet d'une décision de la Commission. Une autorité nationale peut donc suspendre le transfert des données des abonnés européens de Facebook vers les États-Unis au motif que ce pays n'offre pas un niveau de protection adéquat des données personnelles. Or, **le *Safe Harbor* qui lie l'Union européenne et les États-Unis n'est pas protecteur, car il repose sur système d'autocertification**. Comme le dit la Cour, ce n'est pas, en soi, « contraire à l'exigence prévue à l'article 25, paragraphe 6, de la directive 95/46, selon laquelle le pays tiers concerné doit assurer un niveau de protection adéquat « en raison de [la] législation interne ou [des] engagements internationaux » de ce pays » mais « la fiabilité d'un tel système, au regard de cette exigence, repose essentiellement sur la mise en place de mécanismes efficaces de détection et de contrôle permettant d'identifier et de sanctionner, en pratique, d'éventuelles violations des règles assurant la protection des droits fondamentaux, notamment du droit au respect de la vie privée ainsi que du droit à la protection des données à caractère personnel ». Or, côté américain ces exigences cèdent devant des « exigences relatives à la sécurité nationale, [à] l'intérêt public et [au] respect des lois des États-Unis ».

CJUE, 6 octobre 2015, aff. C-362/14, *Maximillian Schrems c. Data Protection Commissioner*[326]

« 93. Ainsi, n'est pas limitée au strict nécessaire une réglementation qui autorise de manière généralisée la conservation de l'intégralité des données à caractère personnel de toutes les personnes dont les données ont été transférées depuis l'Union vers les États-Unis sans qu'aucune différenciation, limitation ou exception soit opérée en fonction de l'objectif poursuivi et sans que soit prévu un critère

324. CEDH, *Centrum för Rättvisa c. Suède*, arrêt du 19 juin 2018, req. n° 35252/08.
325. CJUE, 6 oct. 2015, aff. C-362/14, *Maximillian Schrems c/Data Protection Commissioner* (voir commentaire dans la partie TD).
326. Voir commentaire dans la partie « TD ».

objectif permettant de délimiter l'accès des autorités publiques aux données et leur utilisation ultérieure à des fins précises, strictement restreintes et susceptibles de justifier l'ingérence que comportent tant l'accès que l'utilisation de ces données. »

Cette décision a fragilisé les 4 000 entreprises américaines qui pouvaient se prévaloir du *Safe Harbor* en cas de litige. La Commission européenne a donc adopté **un nouvel accord, le *Privacy Shield*, dont la négociation avait commencé bien avant**. Le gouvernement des États-Unis s'engage ainsi à ne pas échanger de données avec les entreprises qui n'ont pas obtenu une certification aux États-Unis les engageant à respecter les règles négociées avec Bruxelles. Toutefois, cet accord n'intègre pas les nouvelles exigences du règlement de 2016. La Commission européenne a néanmoins adopté **le 12 juillet 2016**[327] **une décision d'adéquation portant sur cet accord en dépit du fait que le G29 avait**[328]**, en particulier, regretté l'absence de plusieurs principes** tels que la limitation de la durée de conservation et l'interdiction des décisions automatisées. En ce qui concerne l'accès par les autorités publiques aux données, le G29 avait déploré que les autorités américaines n'aient pas apporté d'éléments suffisamment précis pour écarter la possibilité d'une surveillance massive et indiscriminée des données des citoyens européens.

Le ministère américain du commerce s'engage à procéder régulièrement à des mises à jour et à des réexamens concernant les entreprises participantes, afin de veiller à ce qu'elles observent les règles auxquelles elles ont souscrit. Les entreprises fraudeuses seront radiées de la liste des entreprises adhérant au dispositif. **Les États-Unis ont exclu toute surveillance de masse systématique des données à caractère personnel transférées vers leur territoire**. Le recours à la collecte de données en vrac devrait être soumis à certaines conditions préalables. C'est le « bouclier de protection des données UE-États-Unis » qui repose sur un système d'autocertification en vertu duquel les organisations américaines s'engagent à respecter une série de principes de protection de la vie privée, constitués de principes-cadres et de principes complémentaires. **Des voies de recours devraient être ouvertes pour les Européens** tant à l'égard des entreprises américaines que du département d'État. L'intéressé pourra s'adresser à son autorité nationale de protection des données, qui collaborera avec la commission fédérale du commerce pour que les plaintes déposées par les citoyens de l'Union soient examinées et réglées puis, le cas échéant, un mécanisme d'arbitrage sera disponible. Enfin, un mécanisme de réexamen annuel conjoint sera mis en place.

Cependant, **dans l'arrêt du 16 juillet 2020, *Facebook Ireland et Schrems*, la Cour de justice a à nouveau dénoncé un marché de dupes**. Pour elle, la directive 95/46/CE fixe les règles applicables au transfert de données à caractère personnel des États membres vers des pays tiers, dans la mesure où ces transferts relèvent de son champ d'application. Le RGPD s'applique à tout transfert de données à caractère personnel effectué à des fins commerciales par un opérateur économique établi dans un État membre vers un autre opérateur économique établi dans un pays tiers, même si ces données sont susceptibles d'être traitées à des fins de sécurité publique, de défense et de sûreté de l'État. **L'évaluation de l'équivalence des protections doit prendre en compte tant les stipulations contractuelles entre l'exportateur et le destinataire, les éléments pertinents du système juridique du pays tiers, notamment un éventuel accès des autorités publiques aux données transférées que l'existence d'une voie de recours devant un organe offrant des garanties équivalentes de nature à assurer l'indépendance de l'organisme indépendant de règlement des litiges (médiateur) étranger**. De ce point de vue, la décision d'exécution (UE) 2016/1250 du 12 juillet 2016 relative à l'adéquation de la protection assurée par le bouclier de protection des données UE-États-Unis n'encadre pas suffisamment les limitations à la protection des données à caractère personnel prévues par le droit des États-Unis d'Amérique, pays dans lequel il n'existe pas de normes habilitant le médiateur à adopter des décisions contraignantes à l'égard des services de renseignement américains[329]. La CJCE a d'ailleurs eu l'occasion **de préciser que les pages**

327. Comm. UE, communiqué IP/16/2461, 12 juill. 2016.

328. Avis du 13 avril 2016.

329. CJUE, 16 juill. 2020, *Facebook Ireland et Schrems*, aff. C-311/18.

internet n'étaient pas couvertes par la notion de transfert de données vers un pays tiers[330] (voir chapitre sur les données personnelles).

Depuis, l'absence de base légale a perturbé les entreprises qui ont eu recours à des solutions alternatives plus incertaines, et l'UE a conclu des accords de transferts des données personnelles avec douze entités et pays (dont le Japon, la Suisse, le Canada, Israël et le Royaume-Uni). Le G29 a dénoncé les risques pris, faute de chiffrage des données. En mars 2022, la Commission européenne et les États-Unis ont annoncé un texte qui succédera au *Privacy Shield*.

935 Principe de confidentialité, principe de conservation et surveillance de masse UE. – L'article 5.1 de la directive de 2002 protège le principe de **confidentialité des communications effectuées au moyen d'un réseau public de communication (internet) ainsi que la confidentialité des données relatives au trafic de ce réseau.** Il est donc interdit à toute autre personne que les utilisateurs d'écouter, d'intercepter ou de stocker les communications et les données. Il impose également **l'effacement ou l'anonymisation des données** relatives au trafic par le fournisseur du réseau public de communication. À l'inverse, **les opérateurs ont une obligation de conservation et de mise à disposition de l'autorité judiciaire des données techniques qui pourraient être utiles dans le cadre de la constatation de la poursuite des infractions pénales**. Ils doivent conserver ces informations pendant un an (loi du 23 janvier 2006 relative à la lutte contre le terrorisme). Il en est **de même des fournisseurs de services de connexion**. La loi sur l'économie numérique prévoit qu'ils détiennent et conservent les données de nature à permettre l'identification de quiconque a contribué à la création du contenu des services dont ils sont prestataires. La directive européenne du 15 mars 2006 a indiqué que les données relatives au trafic et à la localisation, générées par l'utilisation de services de communications électroniques, doivent être effacées ou rendues anonymes lorsqu'elles ne sont plus nécessaires à la transmission d'une communication. D'une manière générale il doit être mis fin aux traitements informatiques lorsque la durée nécessaire aux finalités poursuivies est achevée.

La directive 2002/58 du 12 juillet 2002, impose que « **les systèmes mis au point pour la fourniture de réseaux et de services de communications électroniques devraient être conçus de manière à limiter au strict minimum la quantité de données personnelles nécessaires** ». L'article 15 de la directive permet pourtant d'y déroger : « lorsqu'une telle limitation constitue une mesure nécessaire, appropriée et proportionnée, au sein d'une société démocratique, pour sauvegarder la sécurité nationale – c'est-à-dire la sûreté de l'État – la défense et la sécurité publique, ou assurer la prévention, la recherche, la détection et la poursuite d'infractions pénales ou d'utilisations non autorisées du système de communications électroniques ». L'avis 1/15[331], admet le principe du transfert de données (passagers aériens) dans le cadre de la lutte contre le terrorisme.

Selon la directive du 15 mars 2006, dite directive *e-Privacy*, pour lutter contre le terrorisme, la conservation de toutes les données relatives au trafic en matière de téléphonie fixe et mobile, d'accès à internet, de courrier électronique et de téléphonie via internet alors même que l'article 7 de la Charte des droits fondamentaux et l'article 8 prévoient la protection des données personnelles et leur effacement. **Par deux arrêts du 8 avril 2014**[332]**, la Cour de justice de l'Union européenne a invalidé ces dispositions au motif que le législateur européen avait dépassé les limites appropriées et nécessaires aux objectifs de recherche, de détention et de poursuite d'infractions graves, en imposant à ces fournisseurs une trop large obligation de conservation des données, sans encadrement strict** : « la directive 2006/24 couvre de manière généralisée toute personne et tous les moyens de communication électronique ainsi que l'ensemble des données relatives au trafic sans qu'aucune différenciation, limitation ou exception soient opérées en fonction de l'objectif de lutte contre les infractions graves ». Et elle conclut que « force est donc de constater que cette directive comporte une

330. CJCE, 6 nov. 2003, aff. C-101/01, *Bodil Lindqvist* : il s'agissait d'une page web, dans le cadre d'une communauté religieuse, qui donnait des informations sur les animateurs de la paroisse. Le responsable de la page estimait qu'il s'agissait d'une activité domestique, mais la cour a au contraire montré qu'une activité associative lui faisait perdre cette qualité en raison de l'accessibilité de la page et non de l'objet des données.
331. CJUE, Gr. ch., 26 juill. 2017, Avis 1/15, Projet d'accord entre le Canada et l'Union européenne sur le transfert et le traitement de données des dossiers passagers.
332. CJUE, Gr. ch., 8 avr. 2014, *Digital Rights Ireland Ltd et autres et Kärntner Landesregierung et autres*, aff. jtes C-293 et 594/12.

ingérence dans ces droits fondamentaux d'une vaste ampleur et d'une gravité particulière dans l'ordre juridique de l'Union sans qu'une telle ingérence soit précisément encadrée par des dispositions permettant de garantir qu'elle est effectivement limitée au strict nécessaire ». La Cour considère que la directive aurait dû prévoir des règles claires et précises régissant la portée et l'application de cette mesure et imposer un minimum d'exigences pour que les personnes disposent de garanties suffisantes comme la conservation des données sur le territoire de l'Union.

En 2017, **dans l'affaire** *Tele2 Sverige AB*[333], la CJUE a été amenée à compléter sa jurisprudence quant à l'obligation générale de conservation des données : est-elle, *en soi*, excessive indépendamment d'éventuelles garanties ? Appliquant la directive 2002/58/CE au domaine de la sécurité et de la répression pénale, **la Cour s'oppose à une réglementation nationale prévoyant, à des fins de lutte contre la criminalité, une conservation généralisée et indifférenciée de l'ensemble des données relatives au trafic et des données de localisation** de tous les abonnés et utilisateurs inscrits concernant tous les moyens de communication électronique. Elle refuse de laisser aux États le soin d'apprécier des nécessités particulières accompagnées de garanties propres comme elle refuse que la conservation et l'accès aux données soient traités différemment l'un de l'autre : l'accès des autorités nationales aux données conservées doit être limité au cadre de la lutte contre la criminalité grave, sous le contrôle préalable d'une juridiction ou d'une autorité administrative indépendante. **Les données en cause doivent en outre être conservées sur le territoire de l'Union**. La règle devient la non-conservation des données, l'interdiction de la surveillance généralisée mais la **possibilité d'une surveillance ciblée, adéquate et proportionnée** (ce que la Cour accepte à l'égard des fichiers de police, voir *infra*). L'arrêt *Tele2 Sverige AB*, exige en outre une information à destination des personnes concernées, cette information étant, de fait, « nécessaire pour permettre à celles-ci d'exercer, notamment, le droit de recours ».

La Cour[334] admet, au demeurant, l'o**bligation légale pour les opérateurs de téléphonie mobile de recueillir des données personnelles des utilisateurs de cartes SIM prépayées**, y compris en dehors de toute nécessité liée à la facturation ou au contrat, et de les tenir à la disposition d'autorités sans avoir à disposer d'une décision de justice ou à en notifier les personnes concernées si cela est nécessaire « à la poursuite des infractions pénales et administratives, à la prévention d'un danger et à l'accomplissement de tâches liées au renseignement ». En l'absence de consensus européen quant à la collecte et à la conservation d'informations sur les détenteurs de cartes SIM prépayées, les États membres du Conseil de l'Europe jouissent d'une certaine marge d'appréciation. En outre, l'enregistrement ne portait pas sur des informations hautement personnelles ou permettant de créer des profils de personnes ou de retracer les déplacements des abonnés. De plus, aucune donnée concernant des communications particulières n'était conservée. Sans être insignifiante, l'ingérence a donc été de nature relativement limitée, comme la durée de la conservation (un an).

En France, l'article L. 851-2 du Code de la sécurité intérieure, depuis **la loi « renseignement » du 24 juillet 2015, permet (pour deux mois renouvelables et après avis de la Commission nationale de contrôle des techniques de renseignement), pour les seuls besoins de la prévention du terrorisme, dans le cas d'une personne préalablement identifiée susceptible d'être en lien avec une menace terroriste, le recueil en temps réel, sur les réseaux des opérateurs à l'égard de tous les services de communication au public en ligne**, des informations ou documents traités ou conservés par leurs réseaux ou services de communications électroniques, y compris les données techniques relatives à l'identification des numéros d'abonnement ou de connexion à des services de communications électroniques, au recensement de l'ensemble des numéros d'abonnement ou de connexion, à la localisation des équipements terminaux utilisés, ainsi qu'aux communications d'un abonné portant sur la liste des numéros appelés et appelants, la durée et la date des communications. Depuis la loi du 21 juillet 2016, **la mesure s'étend à l'entourage de la personne** lorsqu'il existe des raisons sérieuses de penser qu'une ou plusieurs personnes appartenant à l'entourage de la personne concernée par l'autorisation, sont susceptibles de fournir des informations au titre de la finalité qui motive l'autorisation ; celle-ci peut être également accordée individuellement pour chacune de ces personnes.

333. CJUE, Gr. ch., 21 déc. 2016, aff. jtes C-203/15 et C-698/15, *Tele2 Sverige AB c/Post*-ochtelestyrelsen *et Secretary of State for the Home Department c/Tom Watson*, ECLI:EU:C:2016:970.

334. CEDH, 30 janv. 2020, *Breyer c. Allemagne*, n° 50001/12.

À propos de ces données de trafic, **le Conseil d'État a tenté de demander à la CJUE d'assouplir sa position**[335]. Mais en même temps[336], la Cour a admis que **toutes les infractions pénales, sans atteindre une particulière gravité peuvent néanmoins justifier un accès du juge national aux données à caractère personnel conservées par des fournisseurs de services de communications électroniques dès lors que cet accès ne porte pas une atteinte grave à la vie privée**. Dans le cadre de l'enquête sur un vol avec violences d'un portefeuille et d'un téléphone mobile, la police judiciaire espagnole a demandé au juge d'instruction responsable de l'affaire de lui accorder l'accès aux données d'identification des utilisateurs des numéros de téléphone activés depuis le téléphone volé. La loi espagnole s'y oppose, prévoyant que seules les infractions punies d'une peine de prison supérieure à cinq ans le permettent. Mais la directive *Vie privée et communications électroniques* ne prévoit rien de tel. Cette nouvelle précision n'est pas contradictoire dans la mesure où **l'objectif poursuivi par une réglementation régissant cet accès doit être en relation avec la gravité de l'ingérence dans les droits fondamentaux** en cause que cette opération entraîne. En effet, conformément au principe de proportionnalité, une ingérence grave ne peut être justifiée dans ce domaine que par un objectif de lutte contre la criminalité devant également être qualifiée de « grave ».

Le droit de l'UE s'oppose à une conservation généralisée et indifférenciée des données relatives au trafic et à la localisation afférentes aux communications électroniques, même pour lutter contre les infractions graves. En particulier, les obligations pour les fournisseurs de services de communications électroniques, de transmettre ou de conserver des données de connexion de leurs utilisateurs, de manière généralisée et indifférenciée, même limitées aux fins de lutte contre les infractions ou en cas d'atteinte à la sécurité nationale[337]. L'objectif de lutte contre la criminalité ne saurait à lui seul justifier qu'une mesure de conservation généralisée et indifférenciée des données relatives au trafic et à la localisation soit considérée comme nécessaire. Par trois décisions rendues le 6 octobre 2020[338], la CJUE a précisé que la conservation généralisée et indifférenciée des données de connexion (autres que les données d'identité) ne peut être imposée aux opérateurs que pour les besoins de la sécurité nationale en cas de menace grave et sous le contrôle préalable d'une autorité indépendante et d'un juge en aval, lors de l'exploitation des données conservées. Toutefois, pour la lutte contre la criminalité grave, les États peuvent imposer la conservation ciblée de données, dans certaines zones ou pour certaines catégories de personnes pré-identifiées comme présentant des risques particuliers.

La Cour censure d'ailleurs, des formes de détournement de procédure tel le fait d'admettre comme éléments de preuve des données relatives au trafic et des données de localisation afférentes à des appels téléphoniques dans une procédure pour homicide[339].

Le Conseil d'État[340], pour concilier le respect du droit européen et les exigences du gouvernement français dans sa lutte contre le terrorisme et la criminalité grave, avait admis le maintien de la conservation et d'accès des autorités publiques aux données, et jugeait que la conservation généralisée des données était justifiée par l'existence d'une menace pour la sécurité nationale. Mais la CJUE rappelle que la menace grave pour la sécurité nationale doit être réelle et actuelle ou prévisible[341].

La Cour admet néanmoins comme proportionnées (à condition d'être posées par des règles claires et précises, et de poser des garanties effectives contre les risques d'abus) :

- une conservation ciblée des données relatives au trafic et à la localisation en fonction de catégories de personnes concernées ou au moyen d'un critère géographique (comme le taux moyen de criminalité dans une zone, les infrastructures stratégiques ou très fréquentées comme aéroports, gares, ports maritimes, zones de péage) pour obtenir des informations de fréquentation.

335. CE, 26 juill. 2018, *Ass. Quadrature du Net et autres, Igwan.net.*, n° 394922 ; CE, 26 juill. 2018, *French Data Network*, n° 393099.
336. CJUE, 2 oct. 2018, *Ministerio Fiscal*, C-207/16.
337. CJUE, 6 oct. 2020, *Privacy International*, aff. C-623/17.
338. CJUE, 6 octobre 2020, *Privacy International*, aff. C-623/17 ; *La* Quadrature du Net *e.a.*, *French Data Network e.a.*, aff. C-511/18 et C-512/18 ; *Ordre des barreaux francophones et germanophone e.a.*, aff. C-520/18.
339. CJUE, GC, 5 avr. 2022, *Commissioner of the Garda Síochána e.a.*, aff. C-140/20.
340. CE, 21 avr. 2021, *La Quadrature du Net e.a.*, n° 393099.
341. CJUE, 6 oct. 2020, *La Quadrature du Net e.a.*, aff. jtes C-511/18.

- une conservation généralisée et indifférenciée des adresses IP attribuées à la source d'une connexion, des données relatives à l'identité civile des utilisateurs de moyens de communications électroniques (carte SIM prépayée par exemple, pour laquelle le vendeur vérifiera et enregistrera les documents d'identité officiels), pour une période temporellement limitée au strict nécessaire.
- une conservation rapide (*quick freeze*) des données relatives au trafic et à la localisation, dont disposent les fournisseurs de services dès le premier stade de l'enquête portant sur une menace grave pour la sécurité publique, ou sur un éventuel acte de criminalité grave, sur la base d'éléments objectifs et non discriminatoires.

En outre, ce type de décision doit pouvoir faire l'objet d'un contrôle effectif soit par une juridiction, soit par une entité administrative indépendante (donc pas un fonctionnaire de police), dont la décision est dotée d'un effet contraignant, visant à vérifier l'existence d'une de ces situations, ainsi que le respect des conditions et des garanties devant être prévues.

La chambre criminelle a également tiré les conséquences de ces positions européennes concernant les données de trafic (qui établissent les contacts qu'une personne a eus par téléphone ou SMS, la date et l'heure de ces contacts, la durée de l'échange) et les données de localisation (qui permettent de connaître les zones d'émission et de réception d'une communication passée avec un téléphone mobile identifié, et d'obtenir la liste des appels ayant borné à la même antenne relais). Elle juge que la réglementation française (avant la loi du 30 juillet 2021), en ce qu'elle prévoyait la conservation générale des données de connexion pour la protection des intérêts fondamentaux de la Nation et la lutte contre le terrorisme, était conforme au droit de l'Union, sous réserve d'un réexamen périodique de l'existence d'une menace grave pour la sécurité nationale. Il faut donc qu'un juge d'instruction (et non seulement le parquet) puisse vérifier que les faits en cause relèvent de la criminalité grave et que la conservation « rapide » des données de connexion et l'accès à celles-ci respectent les limites du strict nécessaire. La loi en ce qu'elle permet au procureur de la République, ou à un enquêteur, d'accéder aux données est donc contraire au droit de l'Union, car elle ne prévoit pas un contrôle préalable par une juridiction ou une entité administrative indépendante. Cependant, l'acte ayant permis d'accéder aux données ne peut être annulé par le juge que s'il a été porté atteinte à la vie privée de la personne mise en examen et si celle-ci a subi un préjudice. La personne mise en examen peut contester efficacement la pertinence des preuves tirées de ses données, mais elle ne peut invoquer la violation des exigences en matière de contrôle de l'accès aux données que si elle prétend être titulaire ou utilisatrice d'une ligne identifiée, ou si elle démontre qu'à l'occasion de ces investigations, il a été porté atteinte à sa vie privée (par exemple que les données n'étaient pas limitées à ce qui était strictement nécessaire au bon déroulement de l'enquête en cause). Ce qui n'était pas le cas dans les affaires jugées[342].

936 Principes de confidentialité, de conservation et surveillance de masse – CEDH. – La Cour européenne a été saisie de ce type de mesures dans son arrêt *Big Brother Watch et autres c. Royaume-Uni*[343] qui **censure en partie des systèmes britanniques de surveillance sur des plaintes de journalistes et d'organisations de défense des droits** : il s'agit d'abord, d'interception massive de communications, qui certes n'emporte pas en lui-même violation de la Convention, mais pour laquelle l'exploitation doit toutefois répondre, pour respecter l'article 8, à **six exigences fondamentales**, énoncées dans l'arrêt *Weber et Saravia c. Allemagne*[344] : les buts pour lesquels l'interception peut être autorisée ne doivent pas être trop vagues (« l'intérêt de la sécurité nationale », « la prospérité économique du Royaume-Uni ») pour pouvoir constituer une limite claire aux activités des services de renseignement ; le champ d'application doit être clair (par. ex. la notion de communication « intérieure » est floue) ; la durée doit être délimitée et non renouvelable à l'infini ; le filtrage, le stockage et l'analyse des éléments interceptés doivent présenter des garanties contre l'ingérence arbitraire et disproportionnée ; la divulgation des éléments interceptés doit être limitée au « minimum nécessaire dans les buts autorisés » ; enfin

342. Cass. crim., 12 juill. 2022, n° 21-83.710, 21-83.820, 21-84.096 et 20-86.652.
343. CEDH, 13 sept. 2018, *Big Brother Watch et autres c. Royaume-Uni*, requête n°s 58170/13, 62322/14 et 24960/15.
344. CEDH, 29 juin 2006, *Weber et Saravia c. Allemagne* (déc.), n° 54934/00.

il faut des garanties efficaces ou contraignantes contre la conservation disproportionnée des données interceptées. Il s'agit ensuite de l'obtention de données de communication auprès de fournisseurs de services de communication, qui doit tenir compte de la spécificité des informations journalistiques confidentielles pour respecter l'article 10. Enfin, la Cour dit que le dispositif de partage de renseignements avec des États étrangers n'emporte violation ni de l'article 8 ni de l'article 10.

La Cour européenne[345] a dû toute de même sanctionner le système de renseignements britannique (*Regulation of Investigatory Powers Act 2000*) impliquant l'interception en masse de communications, la réception d'éléments interceptés obtenus auprès de gouvernements et de services de renseignement étrangers et l'obtention de données de communication auprès des fournisseurs de services de communication. Compte tenu des multiples menaces auxquelles les États doivent faire face dans les sociétés modernes, le recours à un régime d'interception en masse n'est pas en soi contraire à la Convention. Toutefois, pareil régime doit être encadré par des « garanties de bout en bout », c'est-à-dire qu'au niveau national la nécessité et la proportionnalité des mesures prises devraient être appréciées à chaque étape du processus, que les activités d'interception en masse devraient être soumises à l'autorisation d'une autorité indépendante dès le départ (dès la définition de l'objet et de l'étendue de l'opération) et que les opérations devraient faire l'objet d'une supervision et d'un contrôle indépendant opéré *a posteriori*. Ainsi[346], le système de renseignement de la Suède présente des carences en l'absence de règle claire concernant la destruction des éléments interceptés, la décision de partage de renseignements avec des partenaires étrangers, et l'absence de contrôle *a posteriori* effectif.

2. Les droits de la personne fichée

937 **Adaptation de la vie privée à l'informatique. –** La personne concernée par le fichage informatique dispose d'un certain nombre de droits qui concrétisent la protection de sa vie privée. Il s'agit tout d'abord du **droit d'être informé de la mise en place du traitement automatisé** des données. L'information délivrée concerne l'identité du responsable du traitement, la finalité de ce traitement, le caractère obligatoire ou facultatif des réponses, les destinataires des données, les droits dont la personne dispose, **les éventuels transferts à l'étranger**. Cette obligation d'information ne s'applique pas à la conservation des données à des fins historiques, statistiques ou scientifiques. Systématisant la philosophie du droit des données, le règlement européen du 27 avril 2016 fixe le respect de la vie privée comme principe cardinal « dès la conception » et « par défaut ». **Les entreprises auront donc l'obligation de prendre en compte le risque pour la vie privée tout au long du processus d'élaboration d'un nouveau produit ou service** et d'adopter des mécanismes permettant de s'assurer que, par défaut, seul un minimum de données personnelles soit collecté, utilisé et conservé. Le règlement prévoit un renforcement de l'information des particuliers par les responsables de traitement qui devront notamment bénéficier d'informations complémentaires sur le traitement de leurs données mais également les obtenir sous une forme claire, accessible et compréhensible.

Selon l'article 6 du règlement, le traitement n'est licite qu'à une des conditions suivantes :

- soit la personne concernée a **consenti au traitement** de ses données à caractère personnel pour une ou plusieurs finalités spécifiques ;
- soit le traitement est **nécessaire à l'exécution d'un contrat** auquel la personne concernée est partie ou à l'exécution de mesures précontractuelles prises à la demande de celle-ci ;
- soit le traitement est nécessaire **au respect d'une obligation légale** à laquelle le responsable du traitement est soumis ;
- soit le traitement est nécessaire à **la sauvegarde des intérêts vitaux de la personne** concernée ou d'une autre personne physique ;
- soit le traitement est nécessaire à **l'exécution d'une mission d'intérêt public** ou relevant de l'exercice de l'autorité publique dont est investi le responsable du traitement ;

345. CEDH, GC, 25 mai 2021, *Big Brother Watch et autres c. Royaume-Uni*, n° 58170/13, 62322/14 et 24969/15.
346. CEDH, GC, 25 mai 2021, *Centrum för rättvisa c. Suède*, n° 35252/08.

- soit le traitement est **nécessaire aux fins des intérêts légitimes poursuivis par le responsable du traitement ou par un tiers,** à moins que ne prévalent les intérêts ou les libertés et droits fondamentaux de la personne concernée qui exigent une protection des données à caractère personnel, notamment lorsque la personne concernée est un enfant. Ce qui ne s'applique pas au traitement effectué par les autorités publiques dans l'exécution de leurs missions.

938 **Consentement. –** Ce droit est la condition d'un second, le droit au consentement préalable déterminé par l'article 7 de la loi et l'article 4, point 11, du RGPD qui définit le consentement comme « **toute manifestation de volonté, libre, spécifique, éclairée et univoque par laquelle la personne concernée accepte, par une déclaration ou par un acte positif clair, que des données à caractère personnel la concernant fassent l'objet d'un traitement** ». Selon l'article 7, paragraphe 3, du même règlement : « *La personne concernée a le droit de retirer son consentement à tout moment* ».

Le RGPD exige que l'utilisateur de services (téléphonie ou internet) soit mis en mesure de donner son consentement de façon libre, spécifique, éclairée et univoque au traitement de ses données personnelles (opérations de lecture et d'écriture dans le terminal d'un utilisateur), ce qui suppose une présentation claire et distincte de l'ensemble des utilisations qui seront faites des données recueillies. **Le consentement doit porter sur chacune des finalités poursuivies par le traitement de données et toute nouvelle finalité ultérieure, compatible avec la ou les finalités initiales, assignée au traitement de données est soumise au recueil d'un consentement propre.** En cas de recueil effectué de manière globale, il doit être précédé d'une information spécifique à chacune des finalités. Il doit être distinct de toute autre démarche désormais. **La charge de la preuve de ce consentement incombe au responsable du traitement le cas échéant.** Pour les mineurs de moins de quinze ans, le consentement des titulaires de l'autorité parentale sera nécessaire avec l'entrée en vigueur de la loi de 2018 relative aux données personnelles pour le traitement des données personnelles sur les réseaux sociaux.

Le Conseil d'État[347] a ainsi **confirmé une sanction de 50 millions d'euros à la charge de Google** car l'utilisateur qui souhaite créer un compte Google pour utiliser le système Android est d'abord invité à accepter que ses informations soient traitées conformément à un paramétrage par défaut, incluant un ciblage publicitaire au milieu d'informations relatives à d'autres finalités. L'information fournie est donc insuffisante. Il a aussi[348] confirmé deux amendes d'un montant total de 100 millions d'euros infligées par la CNIL à l'encontre de Google qui n'a pas respecté ses obligations en matière de recueil du consentement de ses utilisateurs pour le dépôt de cookies (article 82 de la loi informatique et libertés, transposant la directive européenne e-Privacy de 2002) : absence d'information claire et complète des utilisateurs, défaut de recueil préalable de leur consentement et mécanisme défaillant d'opposition aux cookies publicitaires. En effet, sept cookies étaient automatiquement installés sur les ordinateurs des utilisateurs dès leur arrivée sur le site, dont quatre qui n'avaient qu'une finalité publicitaire. Durant la procédure de contrôle effectuée par la CNIL, Google a modifié ses pratiques en août 2020, mais a continué à ne pas informer directement et explicitement l'utilisateur sur les finalités de ses cookies et les moyens de s'y opposer. Par ailleurs, la pratique des « *cookies wall* » (le fait de soumettre l'accès à un site à l'acceptation des cookies) n'est pas interdite expressément[349] ; la CNIL peut constater au cas par cas que le consentement aux cookies est vicié. Ce peut être le cas lorsque le site impose de choisir entre payer ou admettre les cookies et les publicités, si l'alternative payante demeure proportionnée à la valeur des données transmises. Ainsi, le Conseil d'État[350] confirme l'amende d'un montant de trente-cinq millions d'euros à l'encontre de la société Amazon Europe Core, notamment pour avoir déposé des cookies publicitaires sur les ordinateurs d'utilisateurs du site de vente Amazon.fr, sans consentement préalable ni information satisfaisante.

Le 30 juin 3022, la formation restreinte de la CNIL a prononcé à l'encontre de la société Total Energies Électricité et Gaz France une amende d'un million d'euros rendue publique, tout en tenant compte de l'ensemble des

347. CE, 19 juin 2020, *Société Google LLC*, n° 430810.
348. CE, 28 janvier 2022, *Soc. Google LLC*, n° 449209.
349. CE, 19 juin 2020, Association des agences-conseils en communication et autres, n° 434684.
350. CE, 27 juin 2022, n° 451423.

mesures prises par la société au cours de la procédure pour se mettre en conformité. La société proposait, sur son site web, un formulaire de souscription à un contrat d'énergie dans lequel l'utilisateur reconnaissait donner son accord pour l'utilisation de ses données personnelles afin de recevoir ultérieurement des offres commerciales, sans avoir la possibilité de s'y opposer. La société n'a pas pris en compte les demandes des plaignants souhaitant accéder à leurs données personnelles et ne plus recevoir aucun appel de prospection commerciale.
Le responsable du traitement ne peut **s'affranchir de ce consentement qu'en cas d'obligation légale, en cas de sauvegarde de la vie de la personne concernée, pour l'exécution d'une mission de service public ou d'un contrat auquel la personne concernée est partie**. Pour autant, même accessoire du contrat, le traitement de données doit faire l'objet d'une information spécifique. La cour d'appel de Bordeaux[351] a ainsi jugé qu'un compteur Enedis-Linky, connecté et collectant des données de consommation individualisées, doit faire l'objet d'un consentement spécifique et donc d'une information précise et préalable. Son absence créant un « trouble manifestement illicite ».

939 **Droits d'opposition, d'accès, de rectification.** – Sauf obligation légale contraire, pour des raisons légitimes, **la personne intéressée peut s'opposer au traitement. Il doit s'agir de motifs tenant à une situation particulière l'emportant sur les intérêts du responsable du traitement**. Ainsi, des parents ne peuvent pas s'opposer, par principe, sans motif particulier, à un traitement de données de leur enfant scolarisé dans la « base élève 1er degré » de l'éducation nationale[352]. Seule la personne concernée dispose de ce droit, ce qui n'est pas le cas, selon le Conseil d'État, des ayants droit d'un défunt (qui demandaient à son employeur de leur communiquer les relevés de téléphone pour étayer un contentieux d'ordre médical)[353]. Il s'agit le plus souvent de s'opposer à l'utilisation des données à des fins de prospection commerciale. Mais parfois la motivation va plus loin, comme dans le cas d'un homme voulant faire arracher la page du registre paroissial mentionnant son baptême (alors qu'il avait déjà obtenu son annulation). La Cour de cassation considère que cette donnée est « un fait dont la réalité historique ne pouvait être contestée »[354]. **L'exercice de ce droit suppose également le droit d'interroger et d'accéder à la base de données sans avoir à fournir un motif**. L'article 39 de la loi précise que toute personne physique justifiant de son identité a le droit d'interroger le responsable du traitement de données à caractère personnel. Les opérateurs sur l'internet doivent fournir aux internautes les données qui les concernent dont ils disposent. La CNIL assure le contrôle de cette obligation. Elle a par exemple prononcé le 12 juin 2008 une sanction de 7 000 euros à l'encontre de Neuf-Cl (anciennement Club internet) qui n'avait répondu que partiellement aux demandes d'une cliente souhaitant accéder à l'ensemble de ses informations personnelles détenues par cet opérateur internet[355]. L'abonnée n'avait reçu que quelques informations la concernant (nom, adresse, références bancaires…) mais sans obtenir les éléments enregistrés par le service client lors de ses différents appels (commentaires, réponses formulées et décisions prises…).
L'individu dispose également **d'un droit de copie de ses propres données**. Toutefois lorsqu'il s'agit d'un traitement intéressant la sûreté de l'État, la défense ou la sécurité publique, le droit d'accès s'exerce dans des conditions spécifiques, de manière indirecte, par l'un des membres de la CNIL. Il en est de même des données à caractère médical pour lesquelles le droit d'accès peut s'exercer directement ou par l'intermédiaire d'un médecin désigné par la personne concernée. Seule la personne fichée a droit à la communication des données ; les ayants droit n'y ont en principe pas droit, sauf si la personne fichée en a décidé autrement ou au titre de la transmission d'un droit à réparation (quand l'ayant cause avait ouvert une procédure **ou lorsque ses héritiers ont ultérieurement eux-mêmes engagé une telle action** : ce droit d'accès n'est effectif que « **dans la mesure nécessaire à l'établissement du préjudice** que ce dernier a subi en vue de sa réparation et pour les seuls besoins de l'instance engagée) »[356] (voir ci-après les développements relatifs aux données après la mort). Le

351. CA Bordeaux, 17 novembre 2020, *SA ENEDIS c. autres.*, n° RG 19/02419.
352. CE, 18 nov. 2015, n° 384869.
353. CE, 8 juin 2016, n° 386525.
354. Cass. 1re civ., 19 novembre 2014, n° 13-25156.
355. CNIL, délibération n° 2008-163, 12 juin 2008.
356. CE, 7 juin 2017, n° 399446.

droit de rectification permet à toute personne de corriger les erreurs décelées à l'occasion de la communication des informations. Le **responsable doit procéder à la modification sans frais et la justifier auprès des demandeurs**. Le responsable du traitement doit respecter les obligations correspondantes aux droits de la personne concernée mais il doit aussi s'assurer de la sécurité (non-accès de tiers non autorisés, éviter l'endommagement...). Il doit mettre fin à la conservation des données à l'issue de la durée prévue. Le Code pénal déploie un impressionnant arsenal pénal (art. 226-16-1 et s.) y compris à l'égard des personnes morales.

Une des difficultés rencontrées tient à la question de l'identité numérique. Sur internet, l'identité est souvent portée par **des pseudonymes qui garantissent l'anonymat et donc la vie privée** (même si par ailleurs ils sont aussi source d'impunité pour la commission d'infractions). Outre le fait qu'un pseudonyme soit aussi une donnée personnelle, lorsqu'une demande de droit d'accès aux données est effectuée (notamment auprès des autorités publiques), **il est exigé de présenter son identité nominative**, ce qui revient à créer de nouvelles données personnelles et à lever l'anonymat protecteur.

940 Le règlement européen du 27 avril 2016 **ajoute le droit à la « portabilité des données »**, c'est-à-dire le droit de récupérer les données personnelles recueillies par les prestataires de services numériques auxquels ils ont fait appel (e-mails, listes de contacts, etc.) et de les transférer auprès d'autres prestataires en cas de changement. Il s'agit ici moins d'un droit à la protection de la vie privée que d'un droit du consommateur permettant de faire jouer la concurrence et, collectivement, de fluidifier le marché. La portabilité concerne uniquement les données dont le traitement repose sur le consentement et déclarées activement et consciemment par la personne ou les données générées par l'activité de la personne concernée. Elle exclut donc les données personnelles qui sont dérivées, calculées ou inférées à partir des données fournies par la personne concernée (par. ex. les listes de recommandations d'une plateforme de streaming musical).

941 **Protection de la vie privée – Cookies.** – De même, pour les *cookies* (ou « mouchards »), la directive européenne et la loi du 6 août 2004 impliquent que les sites qui se livrent à ce placement de mouchards dans les ordinateurs privés doivent justifier de leur utilisation et en avertir les internautes.

Rapport annuel 2019 de la CNIL

« **Les cookies "nécessaires"**, internes, permettent d'enregistrer des informations entre deux consultations d'un même site web sur un même appareil. Ils permettent d'enregistrer un panier d'achat, des identifiants de connexion ou encore des éléments de personnalisation de l'interface. Ils ne requièrent pas de consentement de la part de l'utilisateur.
Les cookies "statistiques" permettent à un site de suivre les actions d'un internaute sur un site web. Lorsque les statistiques sont anonymes (c'est-à-dire ne permettent pas de retrouver une personne), le consentement de l'utilisateur n'est pas nécessaire.
Les cookies "non nécessaires" au fonctionnement du service demandé par l'utilisateur supposent un consentement de la part de celui-ci : il s'agit des cookies "internes" ou "first-party" sont déposés pour suivre le comportement de l'utilisateur et servir à des finalités publicitaires. Les cookies dits "tiers", "tierce partie" ou "third party" sont des cookies déposés par (ou pour) un site B (souvent une régie publicitaire) sur un site A : cela permet au site B de voir quelles pages ont été visitées sur le site A par un utilisateur et de collecter des informations sur lui. »

Le placement de cookies requiert le consentement actif des internautes. **Une case cochée par défaut est donc insuffisante**[357]. Le RGPD prévoit que ces « mouchards » ne peuvent être implantés **que pour des motifs légitimes** (pour faciliter la fourniture de services par exemple : les traceurs de mesure d'audience bénéficient d'une exemption du recueil du consentement mais pas d'information) et avec le consentement de l'internaute ; **une case cochée par défaut est donc insuffisante**[358]. Cela ne peut se faire qu'à condition que les utilisateurs se voient donner des informations claires et précises sur la finalité de ces témoins. Parmi les informations devant être portées à la connaissance de l'utilisateur figure notamment et à tout le moins l'identité du ou des responsables de traitement et l'ensemble des entités ayant recours à des traceurs. Le Conseil d'État confirme d'ailleurs que : « **les éditeurs de site qui autorisent le dépôt et l'utilisation de tels "cookies" par des tiers à l'occasion de la visite de leur site doivent également être considérés comme responsables de traitement**, alors même qu'ils ne sont pas soumis à l'ensemble des obligations qui s'imposent au tiers qui a émis le "cookie", notamment lorsque ce dernier conserve seul la maîtrise du respect de sa finalité ou de sa durée de conservation. Au titre des obligations qui pèsent sur l'éditeur de site dans une telle hypothèse, figure celle de s'assurer auprès de ses partenaires qu'ils n'émettent pas, par l'intermédiaire de son site, des "cookies" qui ne respectent pas la réglementation applicable en France et celle d'effectuer toute démarche utile auprès d'eux pour mettre fin à des manquements.[359] » Alors que la CNIL avait prononcé une sanction pécuniaire de 25 000 euros contre l'éditeur du site challenges.fr pour n'avoir pas respecté ses obligations d'information sur le dépôt de cookies sur le terminal de l'utilisateur et sur le droit d'opposition alors qu'il avait été mis en demeure de le faire, le Conseil d'État[360] confirme la position de la CNIL **sur le fait que le paramétrage du navigateur n'est pas un mode valable d'opposition au dépôt de cookies. Le responsable de traitement doit être en mesure, à tout moment, de fournir la preuve du recueil valable du consentement de l'utilisateur.**

942 Protection de la vie privée – Spam. – En matière de *spamming* (ce que l'on traduit en français par pollupostage, c'est-à-dire de messages publicitaires non sollicités), le principe demeure celui du consentement préalable des personnes physiques (interdit repris par la loi du 21 juin 2004). Il est **interdit d'émettre de tels messages électroniques à des fins de prospection directe en dissimulant l'identité de l'émetteur** et sans indiquer d'adresse valable qui pourrait permettre aux destinataires de refuser les messages à venir. En principe, l'émetteur doit avoir obtenu le consentement préalable de la personne destinataire. La **seule véritable exception à ce principe étant celle du « fichier clients » à la condition que ceux-ci puissent refuser**. Pour la Cour de cassation, le spamming constitue une collecte de données nominatives au sens de la loi « informatique et libertés » et « le fait de recueillir, à leur insu, des adresses électroniques personnelles de personnes physiques sur l'espace public d'internet, ce procédé faisant obstacle à leur droit d'opposition » représente une collecte déloyale[361].

943 Droit à l'oubli. – Cette expression, très galvaudée, **peut désigner plusieurs objets**, comme **l'effacement de pages internet, le déréférencement des moteurs de recherche (voir le chapitre sur la liberté d'expression sur internet), l'interdiction faite aux assureurs ou employeurs de discriminer** une personne dont le dossier médical fait apparaître un cancer en rémission, **l'effacement des données contenues dans un fichier**... Chaque année, la CNIL reçoit plusieurs milliers de plaintes en matière de déréférencement (près de 2 500 en 2021, pour faire effacer du texte, des photos, des vidéos) et l'obtient dans 87 % des cas. Par exemple, « Madame K. se marie, et l'événement fait l'objet d'un article dans la presse locale, illustré par une photographie. Quatre ans après, elle divorce et se remarie. Elle demande donc, sans succès, la suppression des données concernant son

357. CJUE, 1er oct. 2019, *Bundesverband der Verbraucherzentralen und Verbraucherverbände Verbraucherzentrale Bundesverband eV/Planet49 GmbH*, affaire C-673/17 B.

358. CJUE, 1er oct. 2019, *Bundesverband der Verbraucherzentralen und Verbraucherverbände Verbraucherzentrale Bundesverband eV/Planet49 GmbH*, affaire C-673/17 B.

359. CE, 6 juin 2018, *Société Éditions Croque Futur*, n° 412589.

360. CE, 6 juin 2018, *Société Éditions Croque Futur*, n° 412589.

361. Cass. crim., 14 mars 2006, *Fabrice H. c. min. public*.

premier mariage. La CNIL a rappelé ses obligations au journal qui a supprimé le nom et la photographie de Mme K. Les moteurs de recherche ont été avertis afin qu'ils ne renvoient plus vers l'ancienne version de l'article ».

Dans le cas des données personnelles, **l'article 17 du règlement européen** (« droit à l'effacement – droit à l'oubli ») ne fait au fond que rassembler des hypothèses déjà prévues : « 1. La personne concernée a le droit d'obtenir du responsable du traitement l'effacement, dans les meilleurs délais, de données à caractère personnel la concernant et le responsable du traitement a **l'obligation d'effacer ces données à caractère personnel dans les meilleurs délais**, lorsque l'un des motifs suivants s'applique : les données à caractère personnel ne sont plus nécessaires au regard des finalités pour lesquelles elles ont été collectées ou traitées d'une autre manière, la personne concernée retire le consentement sur lequel est fondé le traitement, la personne concernée s'oppose au traitement et il n'existe pas de motif légitime impérieux pour le traitement, les données à caractère personnel ont fait l'objet d'un traitement illicite, les données à caractère personnel doivent être effacées pour respecter une obligation légale, les données à caractère personnel ont été collectées dans le cadre de l'offre de services de la société de l'information ».

Le Conseil constitutionnel[362] a eu l'occasion d'appliquer la même philosophie en censurant les dispositions qui restreignaient la liste des personnes pouvant demander l'effacement de leurs données contenues dans le **TAJ (fichier de traitement d'antécédents judiciaires)**. Ce fichier peut contenir les informations recueillies au cours d'une enquête ou d'une instruction concernant une personne à l'encontre de laquelle il existe des indices graves ou concordants rendant vraisemblable qu'elle ait pu participer à la commission de certaines infractions et seules peuvent demander l'effacement les personnes ayant fait l'objet d'un acquittement, d'une relaxe, d'un non-lieu ou d'un classement sans suite. Eu égard à l'ampleur des occasions où ce fichier est consulté, le Conseil juge ces restrictions disproportionnées.

La Cour de cassation[363] a audacieusement appliqué ce droit dans l'hypothèse d'un fichier judiciaire. Le requérant a demandé l'effacement de ses données dans le fichier automatisé des empreintes digitales (**FAED**) mais le président de la chambre de l'instruction s'y était opposé au motif que sa demande était irrecevable car ne lui avait pas fourni les éléments objectifs sur les circonstances de la commission de l'infraction et sur sa personnalité, lui permettant d'apprécier la nécessité de la conservation de ses empreintes digitales. Le décret instituant le fichier (du 8 avril 1987), prévoit les hypothèses dans lesquelles le procureur responsable du traitement doit effacer les données. Le juge s'est fondé sur ces dispositions pour demander au demandeur de lui fournir la preuve d'un des éléments. La Cour de cassation casse l'ordonnance car **il appartenait au président de la chambre de l'instruction de vérifier lui-même si l'enregistrement des empreintes répondait aux conditions réglementaires,** et d'apprécier si leur conservation était ou non nécessaire pour des raisons liées à la finalité du fichier au regard notamment de la nature ou des circonstances de la commission de l'infraction, ou de la personnalité de la personne concernée. La Cour intègre ainsi clairement le changement de paradigme du droit des données : désormais, même le fichage judiciaire ne paraît plus en soi légitime et la puissance publique doit en justifier l'usage.

Pour la CJUE, la directive sur le commerce électronique pose qu'un hébergeur tel que Facebook n'est pas responsable des informations stockées lorsqu'il n'a pas connaissance de leur caractère illicite ou lorsqu'il agit promptement pour les retirer ou en rendre l'accès impossible dès qu'il en prend connaissance. Mais **une élue nationale autrichienne a obtenu la condamnation de Facebook à supprimer une fausse information sous forme de commentaire sur le programme** (un revenu minimum pour les étrangers) de son parti et qu'elle estimait attentatoire à son honneur par la forme injurieuse. **Le droit de l'Union ne s'oppose pas à ce qu'un État condamne l'hébergeur à supprimer des commentaires identiques** et, sous certaines conditions, équivalents à un commentaire précédemment déclaré illicite ni à ce qu'une telle injonction produise des effets à l'échelle mondiale[364].

---

362. CC, 27 octobre 2017, *M. Mikhail P.* nº 2017-670 QPC [Effacement anticipé des données à caractère personnel inscrites dans un fichier de traitement d'antécédents judiciaires].

363. Cass. crim., 10 avr. 2018, nº 17-84674.

364. CJUE, 3 oct. 2019, *Eva Glawischnig-Piesczek/Facebook Ireland Limited*, C-18/18.

944 **Droit au déréférencement des moteurs de recherche.** – En fonction de la densité des recherches effectuées par les internautes et leurs mots-clefs (le nom d'une personne par exemple), certaines pages, même anciennes, apparaissent dans les premières mentions des moteurs de recherche et anéantissent toute possibilité d'oubli de l'information, même quand la justice a lavé la personne de tout soupçon. Sous l'angle du droit des données personnelles, cela contrarie le droit à l'effacement. **Les moteurs de recherche étant des traitements, les entreprises qui commercialisent ses moteurs doivent accéder à la demande de « déréférencement ». Cette obligation n'est pas prévue par les textes européens et n'existe qu'à la demande de la personne fichée et peut être limitée géographiquement au pays concerné** (« géoblocage » à partir de l'adresse IP de l'internaute consultant). La CNIL ne peut ainsi exiger que le déréférencement s'opère pour l'ensemble des traitements, UE et hors UE[365]. **Cependant cela s'oppose aussi à la liberté de l'information, il ne s'agit donc pas d'effacer la page qui fournit une information exacte et légale mais de ne pas en faciliter l'accès.** Pour la Cour européenne, ces moteurs sont un instrument susceptible « bien plus que la presse de porter atteinte à l'exercice et à la jouissance des droits et libertés fondamentaux, en particulier du droit au respect de la vie privée »[366]. Au nom du droit à l'oubli, les juges peuvent contraindre, sans violer la liberté d'expression, un journal à anonymiser l'archive électronique d'un article mentionnant le nom complet d'un conducteur responsable d'un accident de la route meurtrier et facilement accessible par les moteurs de recherche. La conciliation avec la vie privée est proportionnée en raison du préjudice souffert par le conducteur à cause de la mise en ligne de l'article litigieux, eu égard notamment au temps qui s'était écoulé (environ vingt ans) depuis la publication de l'article d'origine, ainsi qu'au fait que l'anonymisation sur le site web du *Soir* laissait intactes les archives[367].

La CJUE a déjà posé les bases de ce droit[368] pour les données personnelles non sensibles et posé le principe selon lequel les droits fondamentaux contenus aux articles 7 et 8 de la Charte « prévalent, en principe, non seulement sur l'intérêt économique de l'exploitant du moteur de recherche, mais également sur l'intérêt de ce public à accéder à ladite information lors d'une recherche portant sur le nom de cette personne ». **Un intérêt du public prépondérant pour une information peut néanmoins conduire à refuser le déréférencement**[369]. Pour identifier l'existence d'un intérêt du public prépondérant à obtenir une information particulière en tapant le nom d'une personne, la CNIL doit s'intéresser à la nature des données en cause, leur contenu, leur caractère plus ou moins objectif, leur exactitude, leur source, les conditions et la date de leur mise en ligne et les répercussions que leur référencement est susceptible d'avoir pour la personne concernée d'une part, mais aussi à la notoriété de cette personne, son rôle dans la vie publique et sa fonction dans la société d'autre part, tout en prenant en compte « la possibilité d'accéder aux mêmes informations à partir d'une recherche portant sur des mots-clés ne mentionnant pas le nom de la personne concernée ainsi que le rôle qu'a, le cas échéant, joué cette dernière dans la publicité conférée aux données la concernant »[370].

Concernant les données sensibles, la Cour de cassation[371], à propos d'informations relatives à un procès pénal, a estimé que le juge du fond devait éviter d'ordonner une mesure d'injonction d'ordre général conférant un caractère automatique à la suppression de la liste de résultats et apprécier la portée effective du sacrifice de la vie privée au bénéfice du droit à l'information du public sans autre précision.

Selon son rapport annuel, en 2021, la CNIL a reçu près de trois cents plaintes relatives au déréférencement et a obtenu la résolution des situations dans 98 % des cas transmis aux moteurs de recherche.

Le Conseil d'État a été saisi par plusieurs requérants de recours à l'encontre de décisions de la CNIL refusant de mettre en demeure la société Google de procéder à certains déréférencements vers une vidéo YouTube et plusieurs liens renvoyant à des articles de journaux, des billets de blogs faisant état de la proximité des requérantes avec l'ancien président de l'Algérie ou leur condamnation pour apologie de crimes contre

365. CE, 27 mars 2020, *Soc. Google Inc.*, n° 399922.
366. CEDH, 5 mai 2011, *Comité de rédaction de Pravoye Delo et Shtekel c. Ukraine*, n° 63/949, § 63.
367. CEDH, 22 juin 2021, *Hurbain c. Belgique*, n° 57292/16.
368. CJUE, Gr. ch., 13 mai 2014, *Google Spain SL et Google Inc. c. Agencia Española de Protección de Datos (AEPD) et a.*, aff. C-131/12.
369. CJUE, Gr. ch., 24 sept. 2019, *GC, AF, BH, ED c/CNIL*, n° C-136/17 et CJUE, gr. ch., 24 sept. 2019, *Google LLC c/CNIL*, n° C-507/17.
370. CE, 6 nov. 2019, n° 395335, cons. 11 ; n° 405910, cons. 9 ; n° 409212, cons. 10.
371. Cass., 1re civ., 14 févr. 2018, n° 17-10499, *Sté Google Inc.* et Cass, 1er civ., 27 nov. 2019, n° 18-14675.

l'humanité (alors que la Cour de cassation avait par ailleurs cassé ces décisions), ou bien encore vers une fiche descriptive d'un livre autobiographique écrit par l'un des requérants et dans lequel il fait état de son homosexualité. **Ici il faut resserrer les exigences et ne refuser le déréférencement que s'il est strictement nécessaire à l'information du public**[372] **c'est-à-dire si on ne peut y accéder autrement que par la mention du nom.** Le maintien de l'information nominative sera assorti d'une obligation lourde pour le moteur de recherche : il se devra « au plus tard à l'occasion de la demande de déréférencement, aménager la liste de résultats de telle sorte que les liens litigieux soient précédés sur cette liste de résultats d'au moins un lien menant vers une ou des pages web comportant des informations à jour »[373]. Cela pour s'assurer du respect de la réputation. Enfin, si la personne ayant fait la demande de déréférencement est aussi celle qui est à l'origine de la publication de l'information, le CNIL devra abaisser l'intensité de son contrôle : elle n'aura plus à vérifier s'il existe un intérêt impérieux du public à avoir accès à l'information en tapant le nom de la personne.

945 **Le décès de la personne fichée. – Les droits de la personne fichée s'éteignent au décès de la personne.** Toutefois, ils peuvent **être provisoirement maintenus par des directives de l'intéressé relatives à la conservation, à l'effacement et à la communication** de ses données à caractère personnel après son décès qui peuvent avoir été communiquées à **un tiers de confiance** auprès duquel elles sont enregistrées et qui peut être chargé de leur exécution et sont inscrites dans un registre unique dont les modalités et l'accès sont fixés par décret. Des directives particulières peuvent être enregistrées auprès des responsables de traitement concernés. Toute clause contractuelle des conditions générales d'utilisation d'un traitement qui limiterait les prérogatives reconnues à la personne de confiance est nulle. **À défaut de désignation ou, sauf directive contraire, en cas de décès de la personne désignée, ses héritiers ont qualité pour prendre connaissance des directives et demander leur mise en œuvre aux responsables** de traitement concernés. En l'absence de directives ou de mention contraire dans ces directives, les héritiers peuvent exercer les droits de l'ayant cause pour la succession du défunt, la clôture des comptes et s'opposer à la poursuite des traitements de données à caractère personnel le concernant ou faire procéder à leur mise à jour. **Tout prestataire d'un service de communication au public en ligne informe l'utilisateur du sort des données qui le concernent à son décès** et lui permet de choisir de communiquer ou non ses données à un tiers qu'il désigne.

3. Les obligations du responsable du traitement de données

946 **Procédure. –** Selon le règlement européen du 27 avril 2016, le « responsable du traitement », est **« la personne physique ou morale, l'autorité publique, le service ou un autre organisme qui, seul ou conjointement avec d'autres, détermine les finalités et les moyens du traitement** ; lorsque les finalités et les moyens de ce traitement sont déterminés par le droit de l'Union ou le droit d'un État membre, le responsable du traitement peut être désigné ou les critères spécifiques applicables à sa désignation peuvent être prévus par le droit de l'Union ou par le droit d'un État membre » (art. 4). Le gestionnaire d'un site internet équipé du bouton « j'aime » de Facebook, pour optimiser sa publicité, peut être conjointement responsable avec Facebook de la collecte et de la transmission à Facebook des données à caractère personnel des visiteurs de son site. En revanche, il n'est, en principe, pas responsable du traitement ultérieur de ces données par Facebook[374].

Avant 2018, il lui incombait d'opérer déclaration simple à la CNIL, mais le règlement européen prévoit d'abandonner ces procédures **pour une régulation interne par le correspondant (le législateur européen transforme le correspondant informatique et libertés en** *Data Protection Officer* **ou DPO)**. Le DPO est obligatoire pour les traitements à grande échelle ; ceux « qui visent à traiter un volume considérable de données à caractère personnel au niveau régional, national ou supranational, qui peuvent affecter un nombre important de personnes concernées et qui sont susceptibles d'engendrer un risque élevé, par exemple, en raison de leur caractère

372. CE, 6 nov. 2019, n° 395335, cons. 15.
373. CE, 6 nov. 2019, n° 401258, cons. 13.
374. CJUE, 29 juill. 2019, *Fashion ID GmbH & Co. KG/Verbraucherzentrale NRW eV*, affaire C-40/17.

sensible, lorsque, en conformité avec l'état des connaissances technologiques, une nouvelle technique est appliquée à grande échelle, ainsi qu'à d'autres opérations de traitement qui engendrent un risque élevé pour les droits et libertés des personnes concernées, en particulier lorsque, du fait de ces opérations, il est plus difficile pour ces personnes d'exercer leurs droits. » La loi prévoyait déjà une dispense de déclaration préalable pour un certain nombre de traitements spécifiques : ceux destinés à l'information du public, relatifs aux membres d'une association ou d'un groupement à caractère religieux, philosophique, politique ou syndical et ceux pour lesquels a été désigné « un correspondant informatique et liberté » qui assure le respect des préconisations de la loi.

Depuis le 25 mai 2018, date de l'entrée en application du Règlement général sur la protection des données (RGPD), **les formalités auprès de la CNIL ont quasiment toutes disparu** : déclaration normale, déclaration simplifiée (sauf pour les méthodologies de référence en matière de recherche dans le domaine de la santé et certains actes réglementaires uniques dans le domaine de la sécurité publique), demande d'autorisation (sauf données sensibles). **Seuls subsistent deux régimes de formalités préalables à réaliser auprès de la CNIL.** D'abord, le régime de l'autorisation pour les traitements présentant une **finalité d'intérêt public** (ce qui nécessite une analyse d'impact) pour instruire les demandes d'autorisation présentant une finalité d'intérêt public et, plus explicitement les traitements automatisés dont la finalité est ou devient **la recherche ou les études dans le domaine de la santé ainsi que l'évaluation ou l'analyse des pratiques ou des activités de soins ou de prévention**. Des procédures allégées sont prévues si on suit des référentiels. Ensuite, le régime de la demande d'avis sur un projet d'acte réglementaire (décret cadre autorisant un traitement de données de santé).

Désormais, **il s'agit de corégulation qui internalise le contrôle de la protection des données**. Le règlement européen s'applique à tous les traitements de données à caractère personnel, sauf exceptions (les fichiers de sécurité restent régis par les États et les traitements en matière pénale). Les personnes publiques ou privées (lorsque les activités de base du responsable de traitement consistent en des opérations de traitement exigeant un suivi régulier ou à grande échelle de données sensibles) devront désigner un délégué à la protection des données. **Toutes les organisations de plus de 250 salariés doivent tenir un registre** des activités des traitements, sauf si ces traitements sont occasionnels.

Pour les traitements de données présentant un risque élevé pour les droits et libertés des personnes, le responsable du traitement **doit mener une analyse d'impact sur la vie privée (PIA)** pour évaluer, en particulier l'origine, la nature, la particularité et la gravité de ce risque.

947 **Algorithme. –** Un traitement peut **impliquer un algorithme** qui remplace l'intelligence humaine pour trier parmi les données celles qui doivent attirer l'attention ou déclencher un comportement. Un tel traitement peut ainsi affecter les conditions de travail des salariés et nécessiter l'intervention du comité d'hygiène, de sécurité et des conditions de travail (CHSCT)[375].

Le Conseil constitutionnel[376], saisi de la loi relative aux données personnelles consécutive à l'entrée en vigueur du RGPD, a admis **qu'une décision administrative puisse être le fruit exclusif de la mise en œuvre d'un algorithme à la condition que celui-ci soit communicable aux administrés concernés.** Il a complété cette exigence en la fondant sur l'article 15 de la DDHC à propos du droit d'accès à **l'algorithme de Parcoursup**[377] (accessible uniquement aux candidats après que la décision a été prise, en lien avec le principe de motivation, à l'exclusion des tiers[378]). Les domaines où le secret s'impose devront donc toujours faire intervenir une sensibilité humaine dans les arbitrages. Il en est de même pour les décisions basées sur le brassage des données sensibles. Enfin, le responsable du traitement doit s'assurer de la maîtrise du traitement algorithmique et de ses évolutions afin de pouvoir expliquer, en détail et sous une forme intelligible, à la personne concernée la manière dont le traitement a été mis en œuvre à son égard. Il en résulte que ne peuvent être utilisés, comme fondement exclusif

375. *A contrario* Cass. soc., 12 avr. 2018, n° 16-27866.
376. CC, 12 juin 2018, n° 2018-765 DC – Loi relative à la protection des données personnelles.
377. CC, 3 avr. 2020, *Union nationale des étudiants de France*, n° 2020-834 QPC.
378. CE, 12 juin 2019, *Université des Antilles*, n° 427916.

d'une décision administrative individuelle, des algorithmes susceptibles de réviser eux-mêmes les règles qu'ils appliquent, sans le contrôle et la validation du responsable du traitement (algorithme « auto-apprenant »).

948 **Obligation de sécurité informatique.** – Le règlement européen se préoccupe aussi de **sécurité informatique**. Il impose aux responsables de traitement trois niveaux d'obligations : d'abord, documenter, en interne, toutes les violations de données personnelles ; ensuite, notifier les violations présentant un risque pour les droits et libertés des personnes à la CNIL ; enfin, lorsque le risque est élevé, notifier la violation aux personnes concernées elles-mêmes, afin qu'elles puissent se protéger des conséquences de la violation. Les entreprises devront informer l'autorité de surveillance nationale, sans délai, en cas de violation grave des données pour permettre aux utilisateurs d'agir rapidement. Des sanctions pour complicité sont prévues pour les entreprises qui ne se conforment pas à cette obligation d'information. Le rapport de la CNIL pour 2019 fait état de 2 287 notifications de violations.

949 **Responsabilité du sous-traitant**. – Le « sous-traitant » est la personne physique ou morale, l'autorité publique, le service ou un autre organisme qui traite des données à caractère personnel pour le compte du responsable du traitement (règlement européen du 27 avril 2016). Lorsqu'un traitement doit être effectué pour le compte d'un responsable du traitement, celui-ci devra faire uniquement appel à des sous-traitants qui présentent des garanties suffisantes. Le sous-traitant ne peut recruter un autre sous-traitant sans l'autorisation écrite préalable, spécifique ou générale, du responsable du traitement. Le **traitement par un sous-traitant doit être régi par un contrat ou un autre acte juridique au titre du droit de l'Union ou du droit d'un État membre**, qui lie le sous-traitant à l'égard du responsable du traitement et définit l'objet et la durée du traitement, la nature et la finalité du traitement, le type de données à caractère personnel et les catégories de personnes concernées, ainsi que les obligations et les droits du responsable du traitement.

950 **Contrôle.** (pour le descriptif de l'institution on renverra aux développements sur les autorités administratives). – La CNIL est ainsi amenée à vérifier *a posteriori* les objectifs, les modalités ou encore les garanties accordées au traitement de ces données. Avec l'entrée en application du RGPD, la plupart des formalités déclaratives ont disparu. La liste des fichiers déclarés à la CNIL, dite « liste article 31 », a été « gelée » à la date du 24 mai 2018. L'autorisation de la CNIL est encore nécessaire pour l'interconnexion des fichiers des personnes publiques lorsqu'ils correspondent à des finalités différentes.

La CNIL **doit vérifier que le traitement automatisé n'aura pas pour effet d'exclure des personnes du bénéfice d'un droit, d'une prestation, d'un contrat**. Elle peut vérifier les fichiers portant sur les origines raciales ou ethniques, aux opinions politiques, philosophiques ou religieuses, à l'appartenance syndicale, à la santé, la sexualité, à la génétique, aux infractions, condamnations ou mesures de sûreté, aux données biométriques.

En revanche, le Conseil d'État a dû rappeler que **la CNIL ne dispose pas d'un pouvoir réglementaire au-delà de ce que la loi lui accorde. Le droit souple qu'elle édicte ne peut donc pas servir de base à une répression portant sur des normes nouvelles qu'elle aurait ainsi édictées**. Ce fut le cas des lignes directrices souples spécifiques aux cookies. Elle en a la compétence, à condition de ne pas leur accorder de valeur contraignante[379]. Sur cette base, elle a tout de même considéré que la pratique qui consiste à bloquer l'accès à un site web ou à une application mobile si l'utilisateur ne consent pas à être suivi (« *cookie walls* ») n'est pas conforme au RGPD, ce que le Conseil d'État a censuré. À l'inverse, la CNIL peut se donner à elle-même une doctrine de tolérance en s'engageant à ne pas poursuivre certains comportements pendant un certain temps[380].

379. CE, 19 juin 2020, *Association des agences-conseils en communication et autres*, n° 434684.
380. CE, 16 oct. 2019, *La Quadrature du net et Caliopen*, n° 433069.

Le 15 avril 2022, la formation restreinte de la CNIL a sanctionné la société Dedalus Biologie d'une amende de 1,5 million d'euros, notamment pour des défauts de sécurité ayant conduit à la fuite de données médicales de près de 500 000 personnes diffusées sur internet : nom, prénom, numéro de sécurité sociale, nom du médecin prescripteur, date de l'examen, informations médicales (VIH, cancers, maladies génétiques, grossesses, traitements médicamenteux suivis par le patient, ou encore des données génétiques). La CNIL a saisi le tribunal judiciaire de Paris qui a bloqué l'accès au site sur lequel étaient publiées les données ayant fuité. Cette décision du 4 mars 2021 a permis de limiter les conséquences pour les personnes. La CNIL retient d'abord un manquement à l'obligation pour le sous-traitant de respecter les instructions du responsable de traitement (article 29 du RGPD), car la société a extrait un volume de données plus important que celui requis par deux laboratoires utilisant ses services pour la migration d'un logiciel vers un autre outil. Puis, un manquement à l'obligation d'assurer la sécurité des données personnelles (article 32 du RGPD) : absence de procédure spécifique pour les opérations de migration de données, absence de chiffrement des données personnelles stockées sur le serveur problématique, absence d'effacement automatique des données après migration vers l'autre logiciel, absence d'authentification requise depuis internet pour accéder à la zone publique du serveur, utilisation de comptes utilisateurs partagés entre plusieurs salariés sur la zone privée du serveur, absence de procédure de supervision et de remontée d'alertes de sécurité sur le serveur. Enfin, un manquement à l'obligation d'encadrer par un acte juridique formalisé les traitements effectués pour le compte du responsable de traitement (article 28 du RGPD).

B. Le rôle de la CNIL

951 **Composition et indépendance. -** La CJUE[381] estime que **les autorités nationales, selon la directive, doivent disposer d'un « un pouvoir décisionnel soustrait à toute influence extérieure à l'autorité de contrôle, qu'elle soit directe ou indirecte »**. Les autorités de contrôle sont tenues d'agir « de manière objective et impartiale ».

La CNIL est composée de dix-sept membres : quatre parlementaires, deux membres du conseil économique et social, deux conseillers d'État, deux conseillers de la Cour de cassation, deux conseillers à la Cour des comptes, cinq personnalités qualifiées pour leurs connaissances en informatique ou des questions touchant aux libertés individuelles. Le président est élu en son sein. Le mandat est de cinq ans renouvelables une fois sans qu'il puisse être mis fin à ce mandat de façon anticipée, sauf empêchement constaté par la commission. Un certain nombre d'incompatibilités assure l'indépendance et l'impartialité de la commission comme l'interdiction pour un membre de participer à une délibération où serait en cause un organisme au sein duquel il détient ou a détenu au cours des 36 derniers mois un intérêt. Le budget de la CNIL est financé par l'État tout comme le personnel qui lui est dédié.

952 **Missions. -** La CNIL se charge de nombreuses missions, particulièrement **d'information auprès de toute personne concernée**, mais aussi une mission de **publication et d'élaboration des normes souples destinées** et aux responsables de données ainsi qu'aux procédures d'autorisations et de déclarations qui subsistent. Elle répond aux **demandes d'avis des pouvoirs publics** et assure **le suivi des réclamations et plaintes** relatives au traitement de données à caractère personnel. Pour ce faire la CNIL peut **procéder à un certain nombre de vérifications** et accéder ainsi au traitement qui entre dans son champ de compétence. Le refus de la CNIL de donner suite à une réclamation est susceptible de recours pour excès de pouvoir, si tant est que la demande soit suffisamment précise[382].

381. CJUE, Gr. Ch., 9 mars 2010, *Commission européenne c/République fédérale d'Allemagne*, aff. C-518-07 ; CJUE, 3 juill. 2012, Commission européenne contre République d'Autriche, aff. C-614-10.
382. CE, 5 déc. 2011, n° 319545, *M. Philippe A.*

La CNIL **sert aussi d'intermédiaire entre la personne qui veut exercer ses droits et les personnes publiques dans le cadre de missions régaliennes** – sécurités intérieure et extérieure, justice, taxes et impôts, etc. Une fois la demande reçue par la CNIL, un membre du collège de la CNIL vérifie, avec l'appui des services, que le responsable de traitement respecte effectivement les droits de la personne. Le membre du collège de la CNIL vérifie alors si des données concernant la personne figurent dans le traitement. Il peut également vérifier si ces données sont exactes ou complètes ou encore si leur collecte et leur utilisation sont conformes aux dispositions relatives à la protection des données personnelles. La CNIL a traité 6 158 notifications de violation de données personnelles en 2021, dont 3 000 résultant d'un piratage informatique, soit environ 59 % des notifications.

Exemple d'intervention pour l'effacement de données incluses dans des fichiers de police (rapport CNIL 2019)

Monsieur C. a effectué une mission auprès d'une entreprise du secteur nucléaire. Son travail jugé satisfaisant, l'entreprise souhaite lui proposer un emploi mais l'informe que son recrutement ne peut se poursuivre en l'état au regard des résultats d'une enquête administrative conduite. En effet, cette enquête a permis d'identifier que Monsieur C. est inscrit dans le TAJ. L'entreprise invite alors le candidat à régulariser sa situation. Monsieur C. sollicite le ministère de l'Intérieur afin d'obtenir l'accès et l'effacement des données inscrites dans le TAJ. Il indique alors avoir été mis en cause dans une affaire de violation de domicile : au cours d'une soirée étudiante, il était entré dans le jardin d'un particulier. Sans réponse du ministère de l'Intérieur dans un délai de deux mois, il adresse sa demande à la CNIL. Il ressort des vérifications conduites par la CNIL que Monsieur C. figure bel et bien dans le TAJ en tant que mis en cause pour des faits de violation de domicile. Sollicité, le procureur de la République compétent a néanmoins accepté l'effacement de ces données. Dans ces circonstances, et sous le contrôle de la CNIL, les informations relatives à Monsieur C. ont été supprimées. Elles n'apparaîtront plus si une nouvelle enquête administrative est conduite.

La CNIL s'est vue confier **deux nouvelles missions en 2011**. La première a été introduite par l'article 18 de la loi n° 2011-267 du 14 mars 2011 dite LOPPSI 2, qui attribue à la CNIL la compétence pour contrôler tous les systèmes de vidéoprotection installés sur la voie publique (auparavant elle n'était compétente que pour les locaux n'accueillant pas du public) soit presque 13 000 caméras. La seconde procède de l'ordonnance du 24 août 2011 opérant transposition de la directive « paquet télécom » : les responsables de traitements de données à caractère personnel du secteur des **télécommunications sont désormais obligés d'informer la CNIL « en cas de violation » de l'intégrité ou de la confidentialité de ces données**. La CNIL pourra ensuite, en cas d'atteinte portée aux données d'une ou plusieurs personnes physiques, opérer de nouveaux contrôles et de nouvelles sanctions. La CNIL peut en outre être sollicitée pour accorder des « labels » de qualité.

La loi du 17 mars 2014 relative à la consommation donne à la CNIL la **possibilité d'effectuer des contrôles en ligne, afin de constater à distance**, depuis un ordinateur connecté à internet, des manquements à la loi informatique et libertés. De nouvelles missions incombent à la CNIL depuis l'adoption du RGPD : certification, outils de droit souple, accompagnement des délégués à la protection des données, réponse aux analyses d'impact relatives à la protection des données, gestion des notifications de violations, instruction des codes de conduite, etc.

953 **Sanctions.** – Elle dispose aussi d'un large pouvoir de sanction. En 2021, elle a reçu 14 143 plaintes et en a clôturé 12 522, procédé à 384 contrôles, 135 mises en demeure et 18 sanctions, dont 15 amendes pour un montant de 214 millions d'euros. Par exemple, la CNIL met en demeure des sites de rencontre qui ne recueillent pas le consentement exprès des personnes pour la collecte de données sensibles, ne procèdent pas à la suppression des données des membres ayant demandé leur désinscription ou ayant cessé d'utiliser leurs comptes depuis une longue durée, mettent en œuvre des fichiers afin d'exclure des personnes de l'accès au service sans avoir procédé à des demandes d'autorisation auprès de la CNIL ou encore n'informent pas correctement les internautes de leurs droits (accès, suppression, rectification) ainsi que des conditions dans lesquelles des cookies sont déposés sur leur ordinateur. Elle constate des suites cryptographiques obsolètes rendant des sites web vulnérables. Par exemple, la société Ricard a été sanctionnée[383] pour défaut de sécurité des données de ses clients. Le juge a aussi confirmé une amende de 200 000 euros pour une faille de sécurité du site internet d'un opticien permettant l'accès à des données personnelles[384]. Le Conseil d'État admet aussi que la CNIL décide de ne pas mettre en mouvement son pouvoir répressif pendant un délai donné, pour laisser aux acteurs du secteur le temps de se mettre en conformité avec le nouveau cadre légal[385].

Le RGPD a ouvert de nouvelles modalités d'action coercitives, notamment dans le domaine de la vidéosurveillance et sur les données collectées lors du déplacement en véhicule des personnes. De même, le **pouvoir d'injonction avec astreinte** que la formation restreinte peut utiliser lorsqu'un manquement est constitué mais que le responsable de traitement ou le sous-traitant ne s'est pas mis en conformité au jour où la formation restreinte se prononce, sauf dans les cas où le traitement est mis en œuvre par l'État. Son montant ne peut excéder 100 000 euros par jour de retard à compter de la date fixée. L'organisme doit alors fournir, dans le délai fixé par la délibération de sanction, les justificatifs permettant d'établir qu'il s'est mis en conformité. En 2021, quatre sanctions ont été adoptées en coopération dans le cadre du « guichet unique » prévu par le RGPD. En parallèle, la CNIL a examiné dix-sept projets de décision d'homologues, parmi lesquels un projet de sanction de l'autorité irlandaise contre la société WhatsApp pour lequel elle a formulé des objections avant l'annonce finale du montant de l'amende infligée (225 millions d'euros).

Ensuite, le président de la CNIL **peut saisir en référé le juge compétent** pour faire cesser une atteinte grave et immédiate aux droits fondamentaux et saisir le parquet des infractions dont la Commission a connaissance. De son propre chef, en cas d'urgence, la CNIL peut décider l'interruption du traitement pour trois mois maximum, décider le verrouillage de certaines données, informer le Premier ministre pour qu'il prenne les décisions concernant les services de l'État. Des sanctions pécuniaires pouvant aller jusqu'à 300 000 euros d'amende ou 5 % du chiffre d'affaires permettent de dissuader les responsables.

En 2019, la formation restreinte a prononcé 8 sanctions, dont 5 publiques, ainsi que 2 délibérations aboutissant à un non-lieu. Ces sanctions se composent de 7 amendes administratives d'un montant total de 51 370 000 euros et 5 injonctions sous astreinte allant de 200 euros à 3 000 euros par jour de retard. 5 amendes administratives prononcées par la formation restreinte concernaient notamment des atteintes à la sécurité des données personnelles. 5 délibérations de sanction ont souligné un manquement à l'obligation d'information, 2 un manquement aux durées de conservation et, pour la première fois, la formation restreinte a eu à se prononcer sur le non-respect du droit d'accès prévu par le RGPD.

La sanction de la CNIL contre Google – 2019

Le 21 janvier 2019, la CNIL a prononcé une amende de 50 millions d'euros à l'encontre de Google pour manque de transparence, information insatisfaisante et absence de consentement valable pour la personnalisation de la publicité. À la suite de plaintes déposées par les associations La Quadrature du Net et None of your business en mai 2018, la CNIL a ainsi analysé le parcours d'un utilisateur lors de la création d'un compte Google à partir d'un téléphone fonctionnant avec le système d'exploitation Android. Sur la base de ces investigations, la formation restreinte a principalement retenu deux manquements au RGPD. Tout d'abord, les **informations fournies à l'utilisateur au moment de la création d'un compte n'étaient pas toujours claires et facilement accessibles** (des informations

383. Délibération de la formation restreinte n° 2016-108 du 21 avr. 2016 prononçant un avertissement à l'encontre de la société Ricard.
384. CE, 17 avr. 2019, *Société Optical Center*, n° 422575.
385. CE, 16 oct. 2019, *La Quadrature du net et Caliopen*, n° 433069.

essentielles sur les finalités, les durées de conservation ou les catégories de données pour la personnalisation de la publicité étaient éparpillées sur plusieurs pages). Les informations mises à disposition par Google étaient rédigées de façon trop vague et **les données des utilisateurs étaient collectées à partir de nombreux services tels que Google mail, Google Maps ou YouTube, ce qui avait pour effet de rendre le traitement massif et intrusif**. Ensuite, la formation restreinte a estimé que le consentement des utilisateurs n'était pas valablement recueilli pour le traitement relatif à la personnalisation de la publicité. Pour déterminer le montant de l'amende, la formation restreinte a notamment tenu compte de la place prépondérante qu'occupe le système d'exploitation Android sur le marché français, du nombre d'utilisateurs concernés et des gains financiers générés par la publicité personnalisée.

III. Vie privée et techniques sécuritaires

A. Les fichiers de police

954 **Lutte contre la criminalité.** – Sur le fondement de la loi du 18 mars 2003 pour la sécurité intérieure, la lutte contre la criminalité amène le gouvernement à multiplier les fichiers de police automatisés, à les renseigner de toujours plus de données et à les interconnecter. La législation sur les fichiers évolue en fonction de la directive 2016/680/UE du Parlement européen et du Conseil relative à la protection des personnes physiques à l'égard du traitement des données à caractère personnel par les autorités compétentes à des fins de prévention et de détection des infractions pénales, d'enquêtes et de poursuites en la matière ou d'exécution de sanctions pénales et à la libre circulation de ces données du 27 avril 2016. Cette directive adapte pour le champ de la sécurité les exigences du règlement 2016/679/UE du même jour (voir *supra*). Elle tend à **garantir le libre flux des données à caractère personnel entre les autorités et à sécuriser les transferts de données à caractère personnel de l'Union vers Interpol**. Pour être licite, le traitement des données à caractère personnel devrait être nécessaire à l'exécution d'une mission d'intérêt général par une autorité compétente, fondée sur le droit de l'Union ou le droit d'un État membre, à des fins de prévention et de détection des infractions pénales, d'enquêtes et de poursuites en la matière ou d'exécution de sanctions pénales. Le droit des États membres, qui réglemente le traitement des données à caractère personnel relevant du champ d'application de cette directive, devrait **préciser au minimum les objectifs, les données à caractère personnel qui feront l'objet d'un traitement, les finalités du traitement et les procédures pour garantir l'intégrité et la confidentialité des données à caractère personnel** et les procédures prévues pour la destruction de celles-ci, fournissant ainsi des garanties suffisantes vis-à-vis des risques d'utilisation abusive et d'arbitraire.

L'article 31 de la loi informatique et libertés prévoit que les traitements ayant pour « objet » la prévention, la recherche, la constatation ou la poursuite des infractions pénales ou l'exécution des condamnations pénales ou des mesures de sûreté sont **institués par arrêté du ou des ministres compétents ou par décret en Conseil d'État** (dans les deux cas pris après avis motivé et publié de la CNIL), en cas de traitement de données. Cet article s'applique, quel que soit le régime juridique applicable au traitement. En effet, **les fichiers peuvent relever soit du RGPD soit de la Directive « Police-Justice » de 2006 révisée en fonction de l'usage qui en est fait.** Il est ainsi concevable qu'un fichier poursuive une finalité le conduisant à relever du RGPD, bien qu'il comporte, parmi ses objets (c'est-à-dire les utilisations qui sont faites de ses données), des usages relevant du champ pénal.

Le Conseil d'État, dans son arrêt *Association des Américains accidentels*, du 19 juillet 2019[386], devait déterminer si le traitement automatisé d'échange automatique des informations dénommé EAI, mis en œuvre par la direction générale des finances publiques (DGFiP) en vue de transférer des données personnelles sur des

386. CE, Ass., 19 juill. 2019, *Association des Américains accidentels*, n° 424216.

contribuables « Américains accidentels » aux autorités fiscales des États-Unis, relevait du RGPD ou de la directive « Police-Justice ». Il rappelle que **le critère déterminant dans la détermination du champ juridique applicable est la finalité poursuivie par le traitement**. Ce faisant, il distingue la notion de finalité et celle d'objet d'un traitement. En effet, la haute juridiction souligne que si le traitement en question a plusieurs objets dont celui de la prévention, la détection et la répression des infractions pénales, sa finalité est de permettre, en luttant contre la fraude et l'évasion fiscale, l'amélioration du respect de leurs obligations fiscales par les contribuables français et américains. Le traitement EAI n'a pas été mis en œuvre avec une finalité pénale, il relève donc du RGPD.

955 **Cadre CEDH.** – Ces fichiers doivent désormais tenir compte de la mise en garde formulée par la CEDH dans l'arrêt de Grande chambre rendu en décembre **2008**, *S et Marper c. Royaume-Uni*[387] (voir *infra*), par lequel elle stigmatise la pratique britannique qui consiste à prendre systématiquement les empreintes digitales et des échantillons d'ADN sur toute personne impliquée dans une procédure pénale, quelle qu'en soit la gravité ou l'issue (non-lieu, acquittement ou condamnation). Concernant les empreintes digitales (le raisonnement pourra certainement être étendu à l'iris) la jurisprudence revient sur une analyse bienveillante à l'égard des États[388] pour affirmer que « les empreintes digitales numérisées des requérants constituent des données à caractère personnel les concernant et qu'elles contiennent certains traits externes d'identification, tout comme, par exemple, des photographies ou des échantillons de voix » (§ 81). Dès lors, la conservation des empreintes digitales constitue une ingérence dans la vie privée qui doit se justifier par des motifs d'ordre public et rester proportionnée au but recherché (ce qui n'est pas le cas en l'espèce). **La Cour a aussi sanctionné l'enregistrement d'un militant russe des droits de l'homme dans une base de données relative aux surveillances secrètes de « potentiels extrémistes » et le suivi de ses déplacements** (multiples contrôles d'identité)[389]. **La France a été condamnée**[390] **s'agissant du recueil d'empreintes digitales au cours de deux enquêtes ouvertes pour vol, qui firent respectivement l'objet d'une relaxe et d'un classement sans suite.** La CEDH estime la conservation disproportionnée, notamment parce que le décret n'opère aucune distinction entre les personnes condamnées et celles qui, comme le requérant, n'ont jamais été reconnues coupables d'infractions. Concrétisant une sorte de « droit à l'oubli », elle considère que le droit de présenter à tout moment une demande d'effacement au juge constitue une garantie de la vie privée qui serait « théorique et illusoire » et non « concrète et effective », la période d'archivage de vingt-cinq ans est en pratique assimilable à une conservation indéfinie. A fortiori la conservation indéfinie du profil ADN, des empreintes digitales et de la photographie d'un homme condamné pour conduite en état d'ivresse a enfreint son droit au respect de la vie privée[391].

956 **Loppsi 2.** – La loi d'orientation et de programmation pour la performance de la sécurité intérieure (**Loppsi 2**), adoptée le 21 décembre 2010, instaure, outre la modification du régime de la **vidéoprotection** et **la possibilité de recourir à la captation à distance de données informatiques** dans les affaires de criminalité organisée, outre la création d'un délit d'utilisation frauduleuse de l'identité ou de données à caractère personnel de tiers sur un réseau de communications électroniques, **l'identification d'une personne par ses empreintes génétiques** par l'enregistrement au Fichier national automatisé des empreintes génétiques (FNAEG) des traces biologiques recueillies pour l'identification d'une personne par ses empreintes génétiques. Ces informations nominatives sont recueillies au cours des enquêtes préliminaires ou de flagrance ou des investigations exécutées sur commission rogatoire, s'il existe des indices graves ou concordants rendant vraisemblable que la personne ait pu participer, comme auteurs ou complices, à ces infractions ainsi, mais aussi concernant des informations sur les victimes. Les données personnelles seront toutefois effacées dès lors que l'enquête aura permis de retrouver la personne disparue ou d'écarter toute suspicion de crime ou délit. La loi crée le **délit d'usurpation d'identité sur internet** (puni jusqu'à deux ans de prison et 20 000 euros d'amende). L'Assemblée a aussi étendu le délit

387. CEDH, Gr. Ch., 4 déc. 2008, *S et Marper c. Royaume-Uni*, n°s 30562/04 et 30566/04.
388. *Kinnunen c. Finlande*, n° 24950/94, décision de la Commission du 15 mai 1996.
389. CEDH, 28 juin 2011, n° 30194/09, *Shimovolos c. Russie*.
390. CEDH, 18 avr. 2013, *M.K. c. France*, n° 19522/09.
391. CEDH, 13 févr. 2020, *Gaughran c. Royaume-Uni*, req. n° 45245/15.

d'usurpation d'identité aux pratiques d'« hameçonnage » (« *phishing* ») sur internet. Ces pratiques consistent à usurper une identité pour récupérer des données à des fins crapuleuses.

957 **Contrôle UE des fichiers de police.** – La directive 2016/680 du 27 avril 2016 maintient le régime d'autorisation préalable pour les traitements mis en œuvre sur les données biométriques, les données génétiques et sur celles comportant le numéro d'inscription des personnes au répertoire national d'identification des personnes physiques.

Les deux cours européennes ont eu à se prononcer sur les données contenues dans les fichiers de police. **La CJUE a notamment rendu un avis général**[392] **en 2017**, qui a aussi été pour elle la première occasion de contrôler un traité international par rapport à la Charte des droits fondamentaux. Était en cause la compatibilité avec la Charte du transfert au Canada par **les transporteurs aériens européens de données relatives aux passagers (données PNR)**, auxquelles auraient accès les autorités canadiennes avant l'arrivée d'un vol dans le cadre de la lutte contre le terrorisme et d'autres formes graves de criminalité transnationale. Le traitement automatisé et la conservation de ces données pour une période de cinq ans visent à permettre une comparaison, le cas échéant rétrospective, de ces données avec des schémas préétablis de comportements « à risque » ou « préoccupants », en lien avec des activités terroristes et/ou de criminalité transnationale grave, afin d'identifier des personnes jusque-là inconnues des services de police ou non suspectées. La Cour a validé le principe de ce fichier, même s'il fait de tout voyageur un suspect en puissance et révèle : un itinéraire de voyage complet, des habitudes de voyage, des relations existant entre deux ou plusieurs personnes ainsi que des informations sur la situation financière des passagers aériens, leurs habitudes alimentaires ou leur état de santé, et pourraient même fournir des informations sensibles sur ces passagers. Par la suite, elle a jugé que le droit de l'Union[393] s'oppose à une législation nationale prévoyant le transfert et le traitement des données PNR (Directive Passenger Name Record) des vols intra-UE, ainsi que des transports effectués par d'autres moyens à l'intérieur de l'Union, sauf menace terroriste réelle et actuelle ou prévisible à laquelle fait face un État membre. L'application du système établi par la directive PNR doit être limitée aux infractions terroristes et aux seules formes graves de criminalité présentant un lien objectif, à tout le moins indirect, avec le transport aérien des passagers. La directive PNR, lue à la lumière des articles 7 et 8 ainsi que de l'article 52, § 1, de la Charte, s'oppose à une législation nationale qui prévoit une durée générale de conservation de ces données de cinq ans, applicable indifféremment à tous les passagers aériens.

Pour la Cour, faisant écho à la jurisprudence *Tele2 et Ministerio fiscal* (cf. *supra*), **la garantie de la sécurité publique constitue « un objectif d'intérêt général de l'Union susceptible de justifier des ingérences, même graves, dans les droits fondamentaux consacrés aux articles 7 et 8 de la Charte »**. Les individus dont les données peuvent être stockées ne sont en principe que ceux soupçonnés de projeter, de commettre ou d'avoir commis une infraction grave ou encore d'être impliqués d'une manière ou d'une autre dans une telle infraction. Toutefois, « dans des situations particulières, telles que celles dans lesquelles des intérêts vitaux de la sécurité nationale, de la défense ou de la sécurité publique sont menacés par des activités de terrorisme, l'accès aux données d'autres personnes pourrait également être accordé lorsqu'il existe des éléments objectifs permettant de considérer que ces données pourraient, dans un cas concret, apporter une contribution effective à la lutte contre de telles activités. » **La Cour a tout de même exigé des garanties renforcées comme l'intervention d'une autorité indépendante avant utilisation des données, information des passagers**, la limitation de principe de la conservation des données à la durée de séjour au Canada, le caractère fiable, actuel et limité des bases de données exploitées par le Canada avec lesquelles il peut recouper les données. La non-communication des données à des tiers.

392. CJUE, gr. ch., 26 juill. 2017, Avis 1/15, Projet d'accord entre le Canada et l'Union européenne sur le transfert et le traitement de données des dossiers passagers.
393. CJUE, 21 juin 2022, aff. C-817/19, *Ligue des droits humains*.

958 **Contrôle CEDH des fichiers de police.** – La **CEDH**[394] **a validé la conventionnalité du Fijais** (fichier judiciaire national automatisé des auteurs d'infractions sexuelles, devenu par la suite fichier judiciaire national automatisé des auteurs d'infractions sexuelles ou violentes), créé par la loi du 9 mars 2004, portant adaptation de la justice aux évolutions de la criminalité. Invoquant les articles 7 (pas de peine sans loi) et 8 (droit au respect de la vie privée et familiale), les requérants se plaignaient en particulier de leur inscription au Fijais et de l'application rétroactive de la loi à l'origine de ce fichier. La Cour admet les objectifs de prévention du fichier en question (les sévices sexuels constituent incontestablement un type odieux de méfaits, et les enfants et autres personnes vulnérables ont droit à la protection efficace de l'État dans ce domaine) et estime que la durée de conservation des données – trente ans maximum – n'est pas disproportionnée au regard du but poursuivi par la mémorisation des informations. **La police doit néanmoins supprimer de ses fichiers les mentions dont la consultation récurrente peut conduire à entraver l'exercice de la vie privée sous la forme d'un « droit à l'oubli ».** Ainsi l'histoire de Mme Khelili[395] arrêtée par la police genevoise en possession de cartes de visite sur lesquelles on lisait « Gentille, jolie femme fin trentaine attend ami pour prendre un verre de temps en temps ou sortir. Tel. [...] ». Elle s'est trouvée fichée comme prostituée, profession qu'elle a toujours contesté exercer. Plusieurs fois inquiétée par la police, en dépit de l'engagement de celle-ci de faire disparaître cette mention, la requérante a été régulièrement interrogée sur son activité d'alors. La Cour conclut en 2011 que la mémorisation, dans le dossier de police, d'une donnée à caractère personnel, prétendument erronée, a violé le respect de la vie privée et elle estime que le maintien de la mention « prostituée » pendant des années n'était ni justifié, ni nécessaire dans une société démocratique.

959 **Constitutionnalité des fichiers de police.** – De son côté, le Conseil constitutionnel, dans sa **décision n° 2003-467 DC du 13 mars 2003**, a validé l'article 55-1 du Code de procédure pénale permettant à l'officier de police judiciaire de procéder ou de faire procéder aux « opérations de prélèvements externes nécessaires à la réalisation d'examens techniques et scientifiques de comparaison avec les traces et indices prélevés pour les nécessités de l'enquête en matière de crime ou délit flagrant » ; « l'expression "prélèvement externe" faisant référence à un prélèvement n'impliquant aucune intervention corporelle interne ; qu'il ne comportera donc aucun procédé douloureux, intrusif ou attentatoire à la dignité des intéressés ». **En 2010, il a été amené à examiner deux autres types de prélèvements**[396] : une réserve d'interprétation entend limiter le prélèvement aux cas d'infractions les plus graves, selon la liste que le législateur a lui-même établie. Pour le Conseil, le prélèvement génétique apparaît bien comme une contrainte en soi. Il doit être utile à la manifestation de la vérité pour être constitutionnel[397]. Cela ne l'a pas empêché[398] d'admettre la constitutionnalité d'un nouveau fichier concernant les mineurs étrangers isolés demandant la protection sociale des départements. Ce fichier, qui comprend les empreintes digitales et le traitement biométrique de la photographie, vise à éviter le « nomadisme » de ces mineurs entre les différents départements et à améliorer leur prise en charge. L'intérêt supérieur de l'enfant est ici estimé convergent avec la lutte contre l'immigration clandestine alors que le consentement (et les effets d'un refus) au traitement des données reste problématique s'agissant de mineurs et du contentieux lié à la détermination de leur âge.

960 **Le contrôle du Conseil d'État – Si le juge judiciaire est en principe compétent pour les droits de la personne fichée, le juge administratif s'estime compétent pour examiner les décisions en matière d'effacement ou de rectification prises par le procureur de la République ou par le magistrat qui ont pour objet la tenue à jour des fichiers et sont détachables d'une procédure judiciaire, car elles constituent non pas des mesures d'administration judiciaire, mais des actes de gestion administrative du fichier. Le contentieux de l'effacement des données des fichiers (en l'occurrence le fichier de traitement des antécédents judiciaires,**

394. CEDH, 17 déc. 2009, *Bouchacourt, Gardel, M.B. c. France.*
395. CEDH, 18 oct. 2011, n° 16188/07, *Khelili c. Suisse.*
396. CC, 16 sept. 2010, déc. n° 2010-25 QPC, *M. Jean-Victor C.*
397. Déc. 10 mars 2011, n° 2011-625 DC.
398. CC, 26 juill. 2019, *Unicef France*, n° 2019-797 QPC.

le TAJ) relève par défaut de la juridiction judiciaire[399]. Pour la légalité, les traitements de données à caractère personnel mis en œuvre pour le compte de l'État, qui intéressent la sûreté de l'État, la défense ou la sécurité publique et qui portent sur des données à caractère personnel qui font apparaître, directement ou indirectement, les origines raciales ou ethniques, les opinions politiques, philosophiques ou religieuses ou l'appartenance syndicale des personnes, ou qui sont relatives à la santé ou à la vie sexuelle de celles-ci, sont autorisés par décret en Conseil d'État pris après avis motivé et publié de la CNIL.

Du point de vue contentieux, **le Conseil d'État est de plus en plus saisi de la mise en œuvre des fichiers de police** ; il vérifie la liste des personnes y ayant accès, la nature des données, leur adéquation à la finalité du fichier, la durée de la conservation ainsi que le risque d'interconnexion des fichiers[400]. Le Conseil d'État[401] estime que **l'administration ne peut se cacher derrière la raison d'État pour ne pas justifier de la nécessité d'un fichier**. Il appartient au ministre de verser au dossier de l'instruction écrite, à la demande du juge, ces informations ou tous éléments appropriés sur leur nature et les motifs fondant le refus de les communiquer de façon à lui permettre de se prononcer en connaissance de cause sur la légalité de ce dernier sans que ces éléments puissent être communiqués aux autres parties, auxquelles ils révéleraient les finalités du fichier qui ont fondé la non-publication du décret l'autorisant.

Le Conseil d'État[402] a eu également à se prononcer sur la création d'un traitement automatisé de données à caractère personnel dénommé « **application des peines, probation et insertion** » **(APPI), lequel vise à faciliter « l'évaluation de la situation des personnes placées sous main de justice** pour la détermination de l'exécution des décisions de l'autorité judiciaire relatives à leur insertion ou à leur probation et de faciliter la gestion et le suivi des procédures, de l'aide et des mesures confiées aux services pénitentiaires d'insertion et de probation (SPIP) ». Le décret le créant autorisait la conservation des données pendant cinq années aussi bien pour une personne effectivement concernée que pour « la personne (qui) ne fait l'objet d'aucune peine ou mesure de sûreté [...] ». C'est ce que le juge a sanctionné. De même, un décret du 16 octobre 2009 a autorisé **un traitement de données à caractère personnel relatif à la prévention des atteintes à la sécurité publique (PASP[403]) que le Conseil d'État a validé**[404]. Les requérants estimaient contraire à l'égalité la collecte de données relatives « à l'origine géographique », mais selon le Conseil cela ne pose pas de problème car il est prévu que, d'une part, les données doivent être en rapport direct avec le motif de l'enregistrement et, d'autre part, elles ne sauraient être que de nature factuelle et objective.

961 L'affaire du fichier EDVIGE. – Un décret du 27 juin 2008 avait ainsi autorisé le fichier EDVIGE (exploitation documentaire et valorisation de l'information générale) qui **devait recenser « toute personne physique ou morale ayant sollicité, exercé ou exerçant un mandat politique, syndical ou économique ou qui joue un rôle institutionnel, économique, social ou religieux significatif, ainsi que sur toute organisation et toute personne susceptible de porter atteinte à l'ordre public** ». Ce fichier pouvait « à titre exceptionnel » comprendre des données personnelles incluant l'origine ethnique, la santé, la vie sexuelle des personnes fichées. Finalement retiré en raison de la pression de l'opinion publique, ce fichier a été **remplacé par le fichier EDVIRSP** (exploitation documentaire et valorisation de l'information relative à la sécurité publique) qui n'est applicable qu'aux services de la police nationale et non aux informations recueillies par la direction centrale du renseignement intérieur ni le service de protection de la sécurité et de la défense. Désormais la règle est l'interdiction du fichage généralisé ; le fichage des mineurs de 13 ans n'est autorisé que s'ils apparaissent comme une menace à la sécurité publique ; de plus leurs données sont effacées à la majorité.

399. T. confl., 8 oct. 2018, *M. G. c/Ministre de la justice*, n° 4134.
400. CE, 7 mai 2012, *GISTI et autres*.
401. CE, 11 juillet 2016, n° 375977, Ministre de l'Intérieur et ministre de la Défense.
402. CE, 11 avr. 2014, n° 355624, Union générale des syndicats pénitentiaires CGT.
403. Notamment les personnes susceptibles d'être impliquées dans des actions de violence collectives, en particulier en milieu urbain ou à l'occasion de manifestations sportives.
404. CE, 11 mars 2013, *ass. SOS Racisme*, n° 332886.

962 **Cristina, Salvac et les autres.** – Le Premier ministre a décidé, par décret, la création du fichier « **Cristina** » (**centralisation du renseignement intérieur pour la sécurité du territoire et les intérêts nationaux**) qui permet le traitement automatisé des données personnelles des individus suspectés d'appartenir à un réseau terroriste, au profit de la direction centrale du renseignement intérieur. Ainsi que l'y autorise l'article 26 de la loi du 6 janvier 1978, il l'a dispensé de publication ce que le Conseil d'État a jugé conforme à la Convention EDH[405], en dépit de l'avis réservé de la CNIL.

De même, un décret du 23 juin 2009 a autorisé la mise en œuvre d'un traitement automatisé de données à caractère personnel dénommé « **système d'analyse des liens de la violence associée aux crimes** » (**Salvac**) dont la finalité est « de faciliter la constatation des crimes et délits portant atteinte aux personnes et présentant un caractère sériel, d'en rassembler les preuves et d'en identifier les auteurs, grâce à l'établissement de liens entre les individus, les événements ou les infractions pouvant mettre en évidence ce caractère sériel ». Le traitement porte sur les données collectées au cours d'enquêtes préliminaires ou de flagrance, d'investigations exécutées sur commission rogatoire, concernant les infractions de meurtre, d'assassinat, d'empoisonnement, d'actes de torture et de barbarie, d'enlèvement et séquestration, de viol, d'agression sexuelle, d'atteinte sexuelle sur mineur et de corruption de mineur… Le **Fichier national des interdits de stade (FNIS)** a pour objectif de prévenir et de lutter contre les violences lors des manifestations sportives, par l'exécution des mesures d'interdiction administrative ou judiciaire de stade. Un décret du 7 mai 2012 met en œuvre les logiciels de rapprochement judiciaire à des fins d'analyse criminelle (ANACRIM : exploitation automatisée de relevés bancaires et de documents téléphoniques, de représentation visuelle de données, et **MERCURE** : permettant l'analyse et le traitement des données téléphoniques obtenues sur réquisitions). Le Fichier automatisé des empreintes digitales **FAED** (4 682 387 d'individus y sont enregistrés) sert à la recherche et à l'identification des auteurs de crimes et de délits ainsi qu'à l'identification de personnes condamnées à une peine privative de liberté ou encore les personnes retenues pour vérification d'identité ou pour l'identification des étrangers sans papier.

963 **Le traitement des antécédents judiciaires** (art. 230-6, C. proc. pén.) est un fichier commun à la police et à la gendarmerie nationales, qui contient près de 90 millions d'affaires. Il rassemble les données relatives au passé judiciaire des personnes mises en cause dans le cadre des procédures établies par les services chargés des opérations de police judiciaire. Il peut contenir des informations sur les personnes à l'encontre desquelles il existe des indices graves ou concordants rendant vraisemblable qu'elles aient pu participer, comme auteurs ou complices, à la commission de certaines infractions.

Le Conseil d'État[406] a d'abord été saisi par la Ligue des droits de l'homme. Il avait alors estimé que la durée de conservation de droit commun de vingt ans n'était pas excessive pour les personnes mises en cause majeures, de même qu'une durée de conservation de cinq ans (pouvant être portée à dix ou vingt ans), pour les personnes mises en cause mineures. Le décret prévoit une durée de conservation maximale de quinze ans pour les données à caractère personnel concernant les victimes et l'effacement des données concernant les personnes faisant l'objet d'une enquête ou d'une instruction pour recherche des causes de la mort ou d'une disparition, lorsque l'enquête a permis de retrouver la personne disparue ou d'écarter toute suspicion de crime ou de délit. Puis, saisi pour avis[407], **il a estimé que « si la procédure a abouti à une décision de relaxe ou d'acquittement, le principe est l'effacement des données et l'exception, le maintien pour des raisons tenant à la finalité du fichier**. Les magistrats peuvent décider d'effacer les données en considérant « la nature et la gravité des faits constatés, les motifs de la relaxe, de l'acquittement, du non-lieu ou du classement sans suite, le temps écoulé depuis les faits et la durée légale de conservation restant à courir, au regard de la situation personnelle de

---

405. Le décret « ne porte pas au droit des individus au respect de leur vie privée et familiale une atteinte disproportionnée aux buts de protection de la sécurité publique en vue desquels a été pris le décret ; par suite, les moyens tirés de la méconnaissance de l'article 6 de la loi du 6 janv. 1978 et de l'article 8 de la Convention européenne de sauvegarde des droits de l'homme et des libertés fondamentales doivent être écartés ; qu'il en va de même du moyen tiré de la méconnaissance du principe de sécurité juridique », CE, 16 avr. 2010, *Association AIDES et autres*.

406. CE, 11 avr. 2014, n° 360759, *Ligue des droits de l'homme*.

407. CE, Avis, 30 mars 2016, n° 395119.

l'intéressé, protégée par les stipulations de l'article 8 de la Convention EDH. Ils peuvent prendre ainsi en considération l'âge auquel l'intéressé a commis les faits, son comportement depuis et son attitude vis-à-vis des éventuelles victimes ou son insertion sociale ».

964 **Création et interconnexion de fichiers terroristes.** – En 2015, **le gouvernement a décidé de créer un fichier d'adresses spécifiques à une catégorie particulière d'infractions liées au terrorisme afin d'assurer un suivi des personnes qui y sont inscrites au travers de différentes obligations** (justification d'adresses, des déplacements à l'étranger, etc.). La même année est créé un fichier nommé « fichier des signalements pour la prévention et la radicalisation à caractère terroriste » (FSPRT), distinct du Fichier des personnes recherchées (FPR) contenant les fiches « S » de signalement pour la sûreté de l'État et visant à individualiser le suivi des personnes « suspectées » par les renseignements[408]. **C'est pour compléter cette individualisation et prévenir le passage à l'acte de personnes « radicalisées », qu'un décret du 23 mai 2018[409] institue une interconnexion entre ce fichier et celui des personnes internées, désormais nationalisé (fichier HOPSYWEB) et habituellement consulté dans le cadre de la procédure d'autorisation de détention d'armes.** Les agences régionales de santé échangent donc, toutes les vingt-quatre heures, ces informations (« *les dates de début et de fin de mesure, les types de mesures prononcées et le cas échéant le lieu d'hospitalisation* ») avec les préfectures, sans le consentement des intéressés. Il s'agit de données sensibles. Le Conseil d'État[410] ne considère pas que l'interconnexion soit une finalité supplémentaire. Contrairement à la CNIL qui y voyait un fichier de santé soumis au RGPD, **le juge le confronte au régime des fichiers liés à la sûreté de l'État et au renseignement.** Il constate donc la proportionnalité du mécanisme, l'absence d'atteinte au secret médical, la nécessité d'un cercle élargi de personnes ayant accès à l'information. On mesure à quel point la lutte contre le terrorisme change les cadres du droit commun sans être en période d'exception (voir *supra* n° 453 et s.).

965 **Fichiers biométriques de police.** – (voir développements relatifs à la biométrie ci-après).

966 **Contrôle de la CNIL.** – La Commission nationale de l'informatique et des libertés (CNIL) a pour mission de protéger la vie privée et les libertés individuelles et publiques, selon la loi du 6 janvier 1978, relative à l'informatique, aux fichiers et aux libertés. Cette loi a été révisée le 6 août 2004 lors de la révision des lois de bioéthique pour aménager un régime d'autorisation des fichiers biométriques. Dans son rapport 2008, « la Commission considère que, si légitimes soient-elles, les finalités **invoquées ne justifient pas la conservation, sur le plan national, de données biométriques telles que les empreintes digitales et que les traitements ainsi mis en œuvre seraient de nature à porter une atteinte excessive à la liberté individuelle** ». Car la loi ne peut confier à une autorité indépendante le soin d'intervenir cas par cas. Or, la CNIL manque de moyens et de compétences juridiques, notamment de sanction. Selon un rapport parlementaire, la moitié des fichiers restent clandestins[411]. À l'égard de ses propres structures, l'Union européenne confie **au Contrôleur européen de la protection des données** la mission de veiller au respect des principes énoncés par le règlement 45/2001 relatif à la protection des personnes physiques à l'égard du traitement des données à caractère personnel.

967 **Fichiers d'étrangers.** – Les politiques migratoires utilisent aussi, entre Union européenne et États, des fichiers relatifs aux étrangers en fonction de leur situation propre. La question a été posée au Conseil d'État de pouvoir partager des informations entre les différents fichiers, par exemple pour signaler des cas à partir du

408. Assemblée nationale, *Rapport d'information sur les services publics face à la radicalisation*, n° 2082, 27 juin 2019, p. 16 ; *Assemblée nationale, Rapport d'information sur les fichiers mis à la disposition des forces de sécurité*, n° 1335, D. Paris et P. Morel-À-L'Huissier, 17 oct. 2018, p. 51.

409. N° 2818-383, autorisant les traitements de données à caractère personnel relatifs au suivi des personnes en soins psychiatriques sans consentement.

410. CE, 27 mars 2020, *Association Cercle de réflexion et de proposition d'actions sur la psychiatrie (CRPA)*, n° 431350.

411. Rapp. AN, 24 mars 2009, n° 1548, de Mme D. Bartho et M. J.-A. Benisti.

terrain pour vérifier que la présence sur le territoire est légale. Ainsi, l'instruction du 4 juillet 2019 qui demande aux services intégrés d'accueil et d'orientation de transmettre la liste des personnes hébergées d'urgence à l'Office français de l'immigration et de l'intégration, n'a pas été jugée illégale. Cela conduit à un traitement de données personnelles qui nécessite une étude d'impact et la possibilité pour les personnes d'être informé des usages faits des données et de pouvoir refuser sans pénalité d'intégrer ce traitement[412].

B. La vidéosurveillance

968 **Le problème de la vidéosurveillance-vidéoprotection. -** La lutte contre l'insécurité, et plus particulièrement le terrorisme, a suscité le développement d'un réseau de vidéosurveillance public et privé. C'est essentiellement sous l'angle de la vie privée que la surveillance pose problème (bien que ce ne soit pas le seul droit en cause), levant le secret des déplacements et des rencontres ; il suffit que la personne concernée soit reconnaissable ou identifiable[413]. En France, la loi du 21 janvier 1995 relative à la sécurité intérieure a été complétée par celle du 23 janvier 2006 relative à la lutte contre le terrorisme ; toutes deux ont été validées par le Conseil constitutionnel opérant un contrôle de la nécessité des restrictions aux libertés opérées par le législateur. **La loi adoptée le 21 décembre 2010 d'orientation et de programmation pour la performance de la sécurité intérieure a rebaptisé le procédé en « vidéoprotection » tout en étendant le champ des possibles : aux fins d'assurer la protection des bâtiments et installations publics et de leurs abords** ; la sauvegarde des installations utiles à la défense nationale ; la régulation des flux de transport ; la constatation des infractions aux règles de la circulation ; la prévention des atteintes à la sécurité des personnes et des biens dans des lieux particulièrement exposés à des risques d'agression, de vol ou de trafic de stupéfiants, ainsi que la prévention, dans des zones particulièrement exposées à ces infractions, des fraudes douanières [...] ; la prévention d'actes de terrorisme ; la prévention des risques naturels ou technologiques ; le secours aux personnes et la défense contre l'incendie ; la sécurité des installations accueillant du public dans les parcs d'attractions. Elle permet les systèmes d'identification automatique des personnes (« après avis de la Commission nationale de la vidéoprotection »). **Ces lois organisent le recours à la vidéosurveillance et distinguent les dispositifs publics, tendant à la protection des bâtiments et intérêts publics (régulation du trafic routier, constatation des infractions...), des dispositifs privés concernant les propriétés privées et les intérêts commerciaux.** Les autorités publiques doivent bénéficier d'une autorisation préfectorale après consultation d'une commission départementale (présidée par un magistrat) qui détermine la durée de conservation des enregistrements (au maximum un mois). Les personnes publiques peuvent déléguer cette activité. Le public doit être informé et doit pouvoir accéder aux enregistrements (sauf intérêt public de sécurité).

Pour **la prévention des actes de terrorisme**, la surveillance aux abords de bâtiments privés est autorisée, au bénéfice de personnes privées (pour cinq ans) avec un accès restreint aux données aux bénéfices d'agents autorisés. La loi de 2010 autorise la signature de conventions permettant la transmission des images aux polices municipales. Néanmoins celles-ci ne peuvent pas enregistrer les numéros de plaque minéralogiques. En effet, une commune ne peut fournir le système permettant de collecter les données relatives aux véhicules afin de les transmettre à la gendarmerie pour identification, car il revient à la seule gendarmerie d'être le détenteur des fichiers d'images en vue de la poursuite des infractions[414].

969 **Cas particulier de la vidéosurveillance des détenus -** Quant à la vidéosurveillance des détenus, **la Cour européenne ne la refuse pas par principe mais l'État doit avoir une législation prévisible et proportionnée** ; ce qui ne fut pas le cas de la Russie[415] dont la Cour constitutionnelle a considéré que le placement d'un condamné sous vidéosurveillance était une conséquence de sa condamnation à une peine d'emprisonnement et

412. CE, 6 nov. 2019, *Fédération des acteurs de la solidarité et autres*, n°434376.
413. Cass. 1re civ., 21 mars 2006.
414. CE, 27 juin 2016, n° 385091, *Commune de Gujan-Mestras*.
415. CEDH, 27 août 2019, *Izmestyev c. Russie*, req. n° 74141/10.

que cette mesure « faisait partie des restrictions auxquelles une personne devait s'attendre si elle commettait sciemment une infraction pénale sans décision spécifique ».

En France, **la loi du 21 juillet 2016 dispose que le garde des Sceaux peut faire mettre en œuvre des traitements de données à caractère personnel relatifs aux systèmes de vidéosurveillance des cellules de détention** dans lesquelles sont affectées les personnes faisant l'objet d'un mandat de dépôt criminel, les personnes mises en examen, prévenues et accusées soumises à la détention provisoire, et placées sous main de justice, faisant l'objet d'une mesure d'isolement, dont l'évasion ou le suicide pourraient avoir un impact important sur l'ordre public « eu égard aux circonstances particulières à l'origine de leur incarcération et à l'impact de celles-ci sur l'opinion publique ». À la question soulevée d'une vie privée des terroristes qui exclurait une surveillance constante, la loi dispose que « le système de vidéosurveillance permet un contrôle en temps réel de l'intéressé. Un pare-vue fixé dans la cellule garantit l'intimité de la personne tout en permettant la restitution d'images opacifiées. L'emplacement des caméras est visible ». Mais « il n'y a ni transmission, ni enregistrement sonore ». Les images enregistrées « sont conservées sur support numérique pendant un délai d'un mois ». Le nombre de personnes y ayant accès est limité. Le Conseil d'État, en référé, a, rétroactivement, fondé sur cette loi l'arrêté du ministre autorisant une vidéosurveillance permanente d'un présumé terroriste. Il en a également validé la conventionnalité à l'issue d'un contrôle concret[416].

Cependant, sont inconstitutionnelles les dispositions autorisant le placement sous vidéosurveillance des personnes retenues dans les chambres d'isolement des centres de rétention administrative, et de celles en garde à vue sur la seule décision du chef de service responsable de la sécurité des lieux, et sous l'unique condition d'en informer le procureur[417].

970 Vidéosurveillance – Contrôles. – La CNIL s'est vue confier de nouvelles missions en 2011. L'article 18 de la loi n° 2011-267 du 14 mars 2011, dite **LOPPSI 2, attribue à la CNIL la compétence pour contrôler tous les systèmes de vidéoprotection installés sur la voie publique** (auparavant elle n'était compétente que pour les locaux n'accueillant pas du public) soit 12 000 (sur près de 900 000 au total). Cette autorité administrative n'est compétente **que pour les dispositifs « utilisés dans des traitements automatisés ou contenus dans des fichiers structurés selon des critères permettant d'identifier, directement ou indirectement, des personnes physiques »**. Les formalités déclaratives permettent de mesurer une multiplication par vingt de la vidéosurveillance depuis 2003 (1 317 demandes en 2007). La CNIL accueille aussi des plaintes lui permettant de contrôler sur le terrain la légalité des dispositifs. De son côté, la CEDH estime que la conservation des enregistrements et leur diffusion portent atteinte à la vie privée[418] ; ce qui l'a conduite à sanctionner un État qui avait implanté des caméras dans les lieux d'enseignement d'Universités (défaut de base légale)[419].

971 Vidéosurveillance privée. – Les enregistrements privés protègent moins les personnes, spécialement dans une entreprise, car alors le droit à l'image est neutralisé par le droit de contrôle et de surveillance (art. L. 1222-4, C. trav.). La CNIL refuse que des salariés soient filmés en continu sur leurs lieux de travail, sauf circonstances particulières (personnes exposées à un risque d'une particulière gravité). Elle a pu sanctionner une copropriété de centre commercial pour avoir placé ses vigiles sous surveillance caméra permanente[420]. Aux termes de l'article L. 1121-1 du Code du travail, nul ne peut apporter aux droits des personnes et aux libertés individuelles et collectives des restrictions qui ne seraient pas justifiées par la nature de la tâche à accomplir, ni proportionnées

416. CE, ord., 28 juill. 2016, n° 401800, *M. B.*.

417. CC, 20 mai 2021, n° 2021-817 DC, Loi pour une sécurité globale préservant les libertés.

418. CEDH, 28 janv. 2003, *Peck c. R.U* : M. Peck, qui souffrait de dépression, marcha seul un couteau de cuisine dans la main, puis il tenta de se suicider en se tranchant les veines du poignet. Il ne se doutait pas qu'il était filmé par une caméra de télévision en circuit fermé qui avait été installée par la mairie. Pour vanter les mérites de son système de vidéosurveillance, le maire transmet des photos de la scène à la presse puis des séquences vidéo à la télévision locale sans jamais masquer le visage de M. Peck. La Cour conclut à l'absence de raison pertinente ou suffisante propre à justifier que la mairie ait divulgué au public, des images du requérant sans avoir au préalable obtenu l'assentiment de l'intéressé.

419. CEDH, 28 novembre 2017, *Antovic et Mirkovic c. Montenegro*, n° 70838/13.

420. Délibération n° 2012-475 du 3 janv. 2013, *Syndicat des copropriétaires « arcades des Champs Élysées »*.

au but recherché. Ainsi, une caméra ne peut être installée pour surveiller constamment un cuisinier exerçant seul dans sa cuisine[421].

Mais **la Cour européenne a hésité sur cette question** : après avoir sanctionné, par un arrêt de chambre, le même type de surveillance pour des caissières de supermarché filmées à leur insu afin de déterminer l'origine de vols (car d'autres moyens moins intrusifs étaient possibles)[422], la Grande chambre a jugé que, dans le cadre de leur marge nationale, les tribunaux espagnols avaient minutieusement mis en balance les droits des requérantes (averties au préalable de leur mise sous surveillance, malgré une obligation légale) et ceux de l'employeur (en raison des soupçons légitimes d'irrégularités graves et des pertes constatées)[423].

972 **Vidéosurveillance – Caméras mobiles. –** L'usage de ces caméras mobiles (dites « piéton ») a été légalisé (loi du 3 juin 2016) pour les gendarmes et policiers et par les policiers municipaux (loi du 3 août 2018, article L. 241-2 CSI), mais aussi, à titre expérimental aux sapeurs-pompiers et aux surveillants de prison. L'enregistrement n'est pas permanent et doit poursuivre la prévention des incidents au cours des interventions, le constat des infractions et la poursuite de leurs auteurs par la collecte de preuves ainsi que la formation et la pédagogie des agents. Le déclenchement de l'enregistrement fait l'objet d'une information des personnes filmées, sauf si les circonstances l'interdisent. **Les enregistrements doivent être effacés au bout de six mois**, exceptés s'ils sont utilisés dans le cadre d'une procédure judiciaire, administrative ou disciplinaire. Les personnels auxquels les caméras individuelles sont fournies ne peuvent avoir accès directement aux enregistrements auxquels ils procèdent. **Depuis, la loi « sécurité globale » du 25 mai 2021, lorsque la sécurité des agents est engagée, les images peuvent être transmises en direct au poste de commandement**, ainsi qu'aux agents impliqués dans la conduite et dans l'exécution de l'intervention.

973 **Vidéosurveillance – Caméras mobiles embarquées. –** Le législateur ne peut cependant légaliser les caméras embarquées à bord de drones ou véhicules qui peuvent suivre des personnes dans leurs déplacements ou filmer les propriétés privées. Ces systèmes, **pour être compatibles avec la Constitution, doivent fixer des conditions de nécessité et d'information du public sans que la police ne puisse invoquer des circonstances formulées très vaguement, pour s'en dispenser**. De même, la décision de recourir à des caméras embarquées relève des seuls agents des forces de sécurité intérieure et des services de secours[424]. Le Conseil d'État a ainsi enjoint au préfet de police de cesser « sans délai » de procéder à ces mesures de surveillance durant le confinement général de la population au printemps 2020[425] ou à l'occasion de manifestations[426]. Et la CNIL, dans une délibération n° 2021-011 du 26 janvier 2021 portant avis sur la proposition de loi relative à la sécurité globale, s'inquiétait d'un « changement de paradigme vers une société de surveillance ». Peu avant[427], elle avait sanctionné le ministère de l'Intérieur pour avoir utilisé, sans cadre légal, des drones équipés de caméras, notamment pour surveiller le respect des mesures de confinement.

C'est pourquoi **la loi n° 2021-646 du 25 mai 2021 pour une sécurité globale préservant les libertés dite « Sécurité globale », prévoyait l'usage de drones**, pour des missions de prévention, de recherche, de constatation ou de poursuite des infractions pénales, sur autorisation de l'autorité judiciaire, mais aussi sur autorisation du préfet de département, aux fins d'assurer la prévention des atteintes à la sécurité des personnes et des biens dans des lieux particulièrement exposés à certains risques d'infractions pénales, la sécurité des rassemblements de personnes, la prévention d'actes de terrorisme, la protection des bâtiments publics, la régulation des flux de transport, la surveillance des frontières en vue de lutter contre leur franchissement irrégulier ainsi que le secours aux personnes. Et, à titre expérimental, les services de police municipale devaient pouvoir être autorisés

421. Cass. soc., 23 juin 2021 (19-13.856).
422. CEDH, 9 janv. 2018, *López Ribalda et autres c. Espagne*, n° 1874/13.
423. CEDH, GC, 17 oct. 2019, *López Ribalda et autres c. Espagne*, req. n° 1874/13 et 8567/13.
424. CC, 20 mai 2021, n° 2021-817 DC, Loi pour une sécurité globale préservant les libertés.
425. CE, réf., 18 mai 2020, *Quadrature du Net et LDH*, n° 440442, 440445.
426. CE, réf., 20 décembre 2020, *Quadrature du Net*, n° 446155.
427. CNIL, 12 janvier 2021, *Délibération de la formation restreinte*, n° SAN-2021-003.

à les utiliser. **Mais le Conseil constitutionnel**[428] **a censuré ces dispositions** : « Eu égard à leur mobilité et à la hauteur à laquelle ils peuvent évoluer, ces appareils sont susceptibles de capter, en tout lieu et sans que leur présence soit détectée, des images d'un nombre très important de personnes et de suivre leurs déplacements dans un vaste périmètre. Dès lors, la mise en œuvre de tels systèmes de surveillance doit être assortie de garanties particulières de nature à sauvegarder le droit au respect de la vie privée ». Il appelle donc à un encadrement plus précis : « L'autorisation de recourir au dispositif de captation d'images contesté est soumise à la condition que des circonstances liées aux lieux de l'opération rendent particulièrement difficile le recours à d'autres outils de captation d'images, ou que ces circonstances soient susceptibles d'exposer les agents à un danger significatif ».

C. La géolocalisation

974 **Notion.** – Elle permet de **donner une adresse à un objet par géocodeur, par satellite, par GSM, par Wi-Fi, par adresse IP** (sur internet), ou encore par **puce RFID**. La géolocalisation peut être couplée à des systèmes de « télérelève » (à l'aide de boîtiers télématiques), pour y joindre une série d'informations annexes relatives à l'objet géolocalisé (vitesse d'un véhicule par exemple). Les applications en sont très nombreuses pour le suivi des marchandises, pour les professions liées à l'espace (transports, agriculture...) et bien sûr la téléphonie. L'ingérence dans la vie privée est donc inhérente à la technique. La **géolocalisation** par l'apposition d'un récepteur GPS sur le véhicule du requérant, ainsi que le traitement et l'utilisation des données obtenues s'analysent en une ingérence dans la vie privée non prévue par la loi (sur la base du droit antérieur à la loi du 28 mars 2014)[429].

975 **Géolocalisation des salariés** – La CNIL considère que le consentement donné à un traitement de données par un salarié dans le cadre de ses relations de travail ne peut être, en principe, considéré comme un consentement libre compte tenu de l'existence du lien de subordination. **La Cour de cassation n'accepte la géolocalisation des salariés qu'à la condition d'une finalité explicite, légitime et sans équivoque**[430]. Le Conseil d'État le confirme dans le cas d'un avertissement donné par la CNIL dans la mesure où l'employeur avait d'autres moyens que la géolocalisation pour s'assurer du travail de ses salariés spécialisés dans la maintenance de systèmes informatiques et non le transport[431].

La CNIL[432] interprète la loi « informatique et libertés » en subordonnant la mise en œuvre d'un traitement à l'existence d'une finalité légitime, comme la **protection de la sûreté ou la sécurité de l'employé lui-même ou d'objets (travailleurs isolés, transports de fonds et de valeurs, etc.), mais aussi une rationalisation des moyens des entreprises, ou encore le suivi et la facturation d'une prestation de transport de personnes ou de marchandises notamment le suivi du temps de travail**. En ces cas, la personne géolocalisée doit avoir consenti. L'article 34-1 IV du Code des postes et des communications électroniques exige que les employés soient informés individuellement de la finalité, des catégories de données de localisation traitées, de la durée de conservation des données et des destinataires ou catégories de destinataires des données. Le détournement de finalité s'analyse comme une preuve illicite[433]. La CNIL dénonce régulièrement les usages des entreprises de téléphonie (par ex. l'iPhone qui, sans autorisation de la personne, envoie à Apple la liste des points d'accès Wi-Fi qu'il a détectés à proximité ; « *crowd sourcing* »). Le G29, qui regroupe les équivalents de la CNIL dans l'Union, a également rendu un avis sur ces questions le 16 mai 2011 qui attire l'attention sur la responsabilité des parents à l'égard de la géolocalisation des enfants.

---

428. CC, 20 mai 2021, n° 2021-817 DC.
429. CEDH 8 févr. 2018, *Ben Faiza c. France*, n° 31446/12 § 55.
430. Cass. soc., 3 nov. 2011, n° 10-18036.
431. Conseil d'État, 15 déc. 2017, *Odeolis (Sté)*, n° 403776.
432. Délibération n° 2006-066 du 16 mars 2006 portant adoption d'une recommandation relative à la mise en œuvre de dispositifs destinés à géolocaliser les véhicules automobiles utilisés par les employés d'un organisme privé ou public.
433. Cass. soc., 26 avr. 2006, *Société Argedis c. M. Jeannot Audin*, n° 04-43582.

976 **Géolocalisation judiciaire.** – La loi du 28 mars 2014 relative à la géolocalisation est venue encadrer ses usages judiciaires. **Pour l'État elle sert surtout à prouver la présence de suspects sur les lieux de commission des crimes ou délits**. Or, la Cour de cassation a rendu deux arrêts[434] qui obligent, au nom de la protection de la vie privée, **les policiers à demander l'autorisation d'un juge indépendant (juge d'instruction ou juge des libertés et de la détention et non pas le parquet) pour déclencher la géolocalisation de téléphones portables en temps réel**. Une circulaire étend d'ailleurs cette exigence à tous les « dispositifs dédiés », comme les balises placées sous les véhicules aux dispositifs installés par les constructeurs des voitures pour aider à les retrouver en cas de vol. D'ailleurs, la directive « vie privée et communications électroniques » (2002/58/CE) s'oppose à une réglementation nationale permettant l'accès d'autorités publiques à un ensemble de données relatives au trafic ou de données de localisation, susceptibles de fournir des informations sur les communications effectuées par un utilisateur d'un moyen de communication électronique ou sur la localisation des équipements terminaux qu'il utilise, et de permettre ainsi de tirer des conclusions précises sur sa vie privée, même à des fins de politique pénale, sauf à ce que cet accès soit circonscrit à des procédures visant à la lutte contre la criminalité grave ou à la prévention de menaces graves contre la sécurité publique, ce indépendamment de la durée de la période pour laquelle l'accès auxdites données est sollicité et de la quantité ou de la nature des données disponibles pour une telle période[435].

Le texte prévoit que **la géolocalisation ne sera désormais possible qu'en cas d'investigations concernant un crime ou un délit puni d'au moins trois ans d'emprisonnement**. Au cours de l'enquête, elle devra être autorisée par une décision écrite du procureur de la République, pour une durée initiale de 15 jours, qui pourra être prolongée par le juge des libertés et de la détention pour une durée d'un mois renouvelable. **Au cours de l'instruction, elle devra être autorisée par une décision écrite du juge d'instruction, pour une durée de quatre mois renouvelable**. Dans toutes les hypothèses, seul le juge des libertés ou de la détention ou le juge d'instruction pourra, sous réserve que l'infraction soit passible d'une peine d'au moins cinq ans d'emprisonnement, autoriser l'introduction dans un domicile pour la pose d'un dispositif de géolocalisation. En cas d'urgence, notamment de risque d'atteinte grave aux personnes ou aux biens, un officier de police judiciaire pourra décider d'une géolocalisation, sous réserve d'une autorisation *a posteriori* dans les vingt-quatre heures du procureur de la République. **L'intervention d'un magistrat ne sera en revanche pas nécessaire pour permettre la géolocalisation d'une victime**. Le Conseil constitutionnel a validé l'équilibre ainsi opéré sous le contrôle de l'autorité judiciaire[436].

D. La biométrie

977 **La biométrie.** – Bien que n'étant pas une définition légale, on peut appeler biométrie **l'ensemble des techniques informatiques permettant de reconnaître automatiquement un individu à partir de ses caractéristiques physiques, biologiques, voire comportementales.** L'examen de l'empreinte digitale, l'ADN, la rétine, l'iris, la reconnaissance faciale, le contour de la main, la voix, l'écriture manuscrite soit pour déverrouiller les ordinateurs, soit pour identifier les enfants d'une cantine scolaire, produire les passeports biométriques, connaître la récurrence du passage d'un client dans un grand magasin, autant d'usages de nouvelles techniques rassemblées sous le terme de biométrie, car elles tendent à identifier un individu par ses caractéristiques physiques. Les technologies biométriques peuvent servir dans les procédures criminelles, à contrôler l'accès à des sites protégés, à prouver l'identité de demandeurs de prestations, à vérifier l'identité des inscrits dans un bureau de vote, mais elles sont mobilisées surtout désormais pour le contrôle des flux migratoires[437]. Leur avenir dans le domaine des

434. Cass. crim., 22 oct. 2013, n° 13-81945 et 81949.

435. CJUE, Gr. ch., 2 mars 2021, aff. C-746/18, *H. K. c/Prokuratuur*.

436. CC, 25 mars 2014, 2014-693 DC et CC, 23 sept. 2021, n° 2021-930 QPC (nouveau contrôle effectué à la faveur d'un changement de circonstances constitué par l'arrêt CJUE, gr. ch., 2 mars 2021, aff. C-746/18, *H. K. c/Prokuratuur*).

437. Le règlement européen (CE) 2252/2004 établit des normes pour les éléments de sécurité et les éléments biométriques intégrés dans les passeports et les documents de voyage délivrés par les États membres ; il a été approuvé par le Conseil de l'Union européenne le 13 décembre 2004. La carte d'identité est toujours en cours d'examen ; cette nouvelle carte devrait contenir deux identifiants biométriques (les empreintes digitales et la photo) et elle bénéficierait de la technologie RFID (de l'anglais *Radio Frequency Identification*), système permettant de lire à

entreprises sera de contrôler les salariés, mais également les clients et leur consommation. Ce n'est pas la technique qui est réglementée, mais ses usages.

978 **Les nombreux dangers de la biométrie. – la biométrie objectivise totalement l'identité, réduite à des données physiques accessibles, car liées à l'apparence.** L'individu « biométrique » est un individu dépossédé d'une partie de son corps, cette partie même de son corps pouvant se retourner contre lui à son corps défendant. La biométrie transforme symboliquement l'identité en « authentification ». L'individu n'est plus le porteur de son identité, les données le concernant étant le plus souvent enregistrées dans le système informatique et non sur les documents dont il est porteur. Cette dépossession inquiète d'autant plus que même les techniques les plus avancées n'échappent pas au risque d'erreur. Enfin, les données de type génétique recueillies, par exemple par les tests ADN, permettent d'établir, au besoin, par simple recoupement avec les données biographiques de l'individu, des statistiques de type ethnique mettant en jeu des discriminations.

En France, le Comité consultatif national d'éthique (CCNE), dans son 98e avis[438], demande la mise en place « d'un réel contre-pouvoir » devant la « généralisation excessive » de la biométrie. Le CCNE dénonce « la collusion entre les données publiques et privées » qui représente selon lui un risque majeur, et il estime qu'un « strict respect de la finalité recherchée est essentiel », afin d'éviter cette collusion-là qui risquerait d'entraîner « de graves discriminations dans le domaine des assurances ou de l'emploi en particulier au moment de l'embauche ».

Le Parlement examine, depuis le printemps 2014 (en attente à la Commission des lois de l'Assemblée depuis 2017), **une proposition de loi qui tend à restreindre le recours à la biométrie**. Ne seraient autorisés que « les traitements ayant pour finalité le contrôle de l'accès physique ou logique à des locaux, équipements, applications ou services représentant ou contenant un enjeu majeur, dépassant l'intérêt strict de l'organisme et ayant trait à la protection de l'intégrité physique des personnes, à celle des biens ou à celle d'informations dont la divulgation, le détournement ou la destruction porterait un préjudice grave et irréversible ».

979 **Fichiers de police biométriques. –** Souvenons-nous de la loi du 16 juillet 1912 relative à la circulation des nomades et itinérants, aux termes de laquelle les personnes sans domicile fixe devaient détenir un carnet anthropométrique. Le décret du 7 juillet 1926 imposait ainsi de répertorier les traits identifiants[439]. Autrefois réservée à une catégorie attirant peu la compassion publique, la mesure de l'individu – « malmesure de l'homme » aurait écrit Stéphane Jay-Gould[440] – connaît une évolution technique telle que sa généralisation touche aujourd'hui chacun et multiplie les effets pervers. Jadis le soldat mobilisé se coupait un doigt pour échapper aux tranchées, aujourd'hui les clandestins se liment le bout des doigts pour ne pas être identifiés. Que fera-t-on quand notre iris même nous dénoncera ?

Depuis le 1er mai 2012, **le nouveau Code de la sécurité intérieure regroupe les dispositions relatives aux activités de police et à leur conciliation avec les libertés**. Parmi les techniques encadrées, certaines relèvent de la biométrie. La question de la biométrie permet ainsi de mettre en perspective la lecture individuelle du droit : d'un côté le « fiché » qui, le plus souvent, se trouve instrumentalisé au profit de la finalité sécuritaire, mais qui attendra beaucoup de ce fichier pour retrouver son agresseur ou le membre disparu de sa famille ; de l'autre, la lecture collective qui cherche à augmenter le taux d'élucidation des enquêtes, pendant qu'augmente toujours la criminalité qui fait l'objet de l'enregistrement. La biométrie atteste encore de l'internationalisation des politiques sécuritaires et de la « captation » de l'individu : **depuis le traité de Prüm du 27 mai 2005[441], un accès réciproque aux données du FNAEG s'ouvre à tous les pays** signataires en vue de la traque des délinquants

distance ces cartes. L'objectif de ces nouveaux documents d'identité biométriques est clair, à savoir lutter contre le terrorisme, l'immigration clandestine et l'usurpation d'identité.

438. Rendu public le 31 mai 2007.

439. Hauteur de la taille, celle du buste, dimensions de la boîte crânienne, diamètre bizygomatique, longueur des oreilles, de certains doigts, de la coudée, des pieds, la couleur des yeux.

440. S. Jay-Gould, La mal-mesure de l'homme : l'intelligence sous la toise des savants, LGF, coll. Biblio Essais, 1996.

441. Ce traité, signé entre sept États membres de l'Union européenne, renforce la coopération transfrontalière, en vue de lutter contre le terrorisme, la criminalité et l'immigration illégale. Établi en dehors du cadre des traités de l'Union européenne, ce traité prévoit l'échange de données

partout en Europe. La biométrie permet enfin d'insister sur le rapport des libertés au « temps de l'individu » : le FNAEG conserve les données pour au moins vingt-cinq ans, parfois quarante. La société a ses impératifs d'ordre public qui ne satisfont pas à l'oubli que demande l'individu. Cela génère un nouveau droit, celui dont l'individu dispose pour demander sa radiation du fichier qui sera appréciée par le ministère public sous le contrôle du juge des libertés.

980 **Interconnexions. -** Désormais, de nombreux fichiers de police utilisent les données biométriques et tendent à recouper leurs informations. Au premier rang de ceux-ci, le fichier national automatisé des empreintes génétiques (FNAEG), relié au système de circulation hiérarchisée des enregistrements opérationnels de police sécurisés (CHEOPS, qui fédère onze fichiers), qui sert tout à la fois à la gendarmerie et à la police nationale[442]. Au départ réservé au fichage des délinquants les plus dangereux, il a vu son contenu augmenter au fil des lois relatives à la sécurité, jusqu'à intégrer l'ADN des personnes simplement mises en cause dans une liste impressionnante d'infractions allant jusqu'à celles contre les biens et au port d'armes. On y intègre également les empreintes non identifiées relevées sur les scènes de crime et, à leur demande, l'ADN des ascendants et descendants des personnes disparues. De ce fait, la traque du caractère pathologique de certains crimes graves a été confiée au fichier judiciaire national automatisé des auteurs d'infractions sexuelles (FIJAIS[443]), lui-même ouvert depuis 2007 aux actes de torture et barbarie.

À l'échelle européenne, **le système de visas « VIS »**, qui recueille les empreintes digitales et les informations biométriques concernant le visage (une photo numérisée) de tous les postulants à un visa de court séjour pour l'espace Schengen, comporte déjà plus de cent millions de profils. Le Système d'information Schengen (SIS) permet de signaler les individus dont l'accès au territoire est refusé pour motifs d'ordre public. Ainsi, d'un prêcheur salafiste radical qui prône régulièrement le rejet des juifs et des chrétiens, de la démocratie et d'un certain nombre de principes républicains, notamment la mixité et qui contribue, par un prosélytisme actif, en particulier au moyen des conférences et séminaires qu'il tient à l'étranger, à la conversion de jeunes musulmans à ce dogme radical[444].

981 **INES et TES, l'identité numérique. -** En 2005, la France a lancé le programme INES (Identité nationale électronique sécurisée), remplacé depuis par le projet « protection de l'identité ». Fin 2011[445], le Conseil d'État a été amené à examiner, à travers sa circulaire d'application, la légalité du décret du 30 avril 2008 exigeant l'inclusion dans le composant électronique du passeport de l'image numérisée des empreintes digitales de deux doigts, le recueil de l'image numérisée du visage, ainsi que des empreintes digitales de huit doigts du demandeur.

La loi du 27 mars 2012, relative à la protection de l'identité, lutte contre l'usurpation et la falsification d'identité, prévoyait, à cette fin, avant la décision du Conseil constitutionnel du 22 mars 2012, la mise en place d'un nouveau type de carte d'identité pouvant intégrer deux types de puces électroniques ; l'une qui contiendrait les données d'identité et les données biométriques (taille et couleur des yeux, empreintes digitales, photographie) ; l'autre facultative, destinée à faciliter l'usage des services en ligne (mise en œuvre de la signature électronique). Une base centrale devrait être constituée (dite « Titres électroniques sécurisés », TES) pour « recenser, confronter, vérifier les informations ». Or, le Conseil constitutionnel a censuré les dispositions concernant ce

---

génétiques, d'empreintes digitales et de données à caractère personnel, la constitution de patrouilles policières communes ainsi que d'autres formes d'intervention (gardes armés à bord des aéronefs, assistance lors d'événements de grande envergure, etc.).

442. Art. 706-54, C. proc. pén., loi du 18 mars 2003, al. 2 : « Les empreintes génétiques des personnes à l'encontre desquelles il existe des indices graves ou concordants rendant vraisemblable qu'elles aient commis l'une des infractions mentionnées à l'article 706-55 sont également conservées dans ce fichier sur décision d'un officier de police judiciaire agissant soit d'office, soit à la demande du procureur de la République ou du juge d'instruction [...] ».

443. Voir décret n° 2011-1729 du 2 déc. 2011.

444. CE, 28 décembre 2017, *M. B... A...*, n° 408672 : la cour d'appel a dénaturé le droit en estimant que la seule mention de ce « profil » dans le fichier ne pouvait justifier un refus d'accès au territoire.

445. CE, 26 oct. 2011, n° 317827 et s., *Association pour la promotion de l'image et autres.*

fichier pour « atteinte au droit au respect de la vie privée » non « proportionnée au but poursuivi ». Il a également refusé d'autoriser la puce facultative.

Néanmoins, le fichier national « **TES** » (« Titres électroniques sécurisés ») a été instauré par le décret n° 2016-1480 du 28 octobre 2016, autorisant la création d'un traitement de données biométriques (empreintes digitales et photographie du visage) des cartes d'identité sécurisées et des passeports. Le Conseil d'État a validé le dispositif, en dépit de la durée de conservation portée à quinze ans, au motif que « la collecte des images numérisées du visage et des empreintes digitales des titulaires de passeports ou de cartes nationales d'identité, sans que soit requis le consentement mentionné à l'article 6 de la loi du 6 janvier 1978, et la centralisation de leur traitement informatisé, compte tenu des restrictions et précautions dont ce traitement est assorti, sont en adéquation avec les finalités légitimes du traitement ainsi institué, et ne portent pas au droit des individus au respect de leur vie privée une atteinte disproportionnée aux buts de protection de l'ordre public en vue desquels ce traitement a été créé »[446].

982 **Reconnaissance faciale et dissimulation du visage dans l'espace public.** – Les pouvoirs publics veulent pouvoir accéder à tout instant à l'apparence physique de chacun. L'idée est de coupler vidéosurveillance et biométrie pour identifier en temps réel les personnes se trouvant sur la voie publique. La technique de la reconnaissance faciale suit le droit commun, mais la CNIL en appelle à un usage exceptionnel et consenti[447]. Si cela est proportionné aux contrôles aux frontières dans les aéroports, ce n'est pas le cas du contrôle d'accès d'élèves dans des établissements scolaires (dans le seul but de fluidifier et de sécuriser les accès) qui n'apparaît ni nécessaire, ni proportionné pour atteindre ces finalités[448].

Pour s'assurer de la visibilité du visage, le décret du 19 juin 2009 relatif à l'incrimination de dissimulation illicite du visage à l'occasion de manifestations sur la voie publique, et la **loi du 11 octobre 2010 interdisant la dissimulation du visage** dans l'espace public, prévoient qu'« est puni de l'amende prévue pour les contraventions de la cinquième classe le fait pour une personne, au sein ou aux abords immédiats d'une manifestation sur la voie publique, de dissimuler volontairement son visage afin de ne pas être identifiée dans des circonstances faisant craindre des atteintes à l'ordre public ». Pour ne pas priver les Français de carnaval, une limite tient aux « manifestations conformes aux usages locaux ou lorsque la dissimulation du visage est justifiée par un motif légitime ». Néanmoins, le fait de voiler son apparence devient ainsi un délit en soi, car annonçant la volonté d'en commettre un. D'aucuns considéreront qu'il s'agit d'une ingérence dans la liberté d'expression, notamment celle de caricaturer par le port d'un masque représentant un décideur politique. Mais la lutte anti-casseur vient nous rappeler que l'apparence physique se présente avant tout comme élément d'identification et d'ordre public. La Cour européenne a ainsi validé la conventionnalité de cette loi[449].

983 **Contrôle CEDH.** – **Dans l'affaire** *Aycaguer c. France*[450]**, la Cour européenne a constaté la violation de l'article 8 en raison de la sanction d'une personne refusant de se prêter à un prélèvement biologique destiné à un enregistrement dans le FNAEG.** Dans un contexte de lutte syndicale, le requérant avait brandi un parapluie en direction des gendarmes ; le fichage au FNAEG est concrètement de quarante années faute de décret adaptant la durée au type d'infraction. La Cour a observé que le Conseil constitutionnel avait rendu, le 16 septembre 2010, une décision déclarant que les dispositions relatives au FNAEG n'étaient conformes à la Constitution que sous réserve entre autres « de proportionner la durée de conservation de ces données personnelles, compte tenu de l'objet du fichier, à la nature ou à la gravité des infractions concernées ». Or, cette réserve

446. CE, 18 oct. 2018, *Association Génération Libre et autre*, n° 404996.

447. Contribution du 15 novembre 2019 : « La reconnaissance faciale ne peut être utilisée sans impératif particulier de forte fiabilité de vérification de l'identité des personnes. Ces textes exigent également de s'assurer de la proportionnalité des moyens déployés et de veiller à la protection particulière dont doivent bénéficier les enfants. Ils imposent de placer le respect des personnes au cœur des dispositifs, par exemple, en recueillant leur consentement ou en leur garantissant le contrôle de leurs données ».

448. Recommandation du 17 octobre 2019.

449. CEDH, 1er juill. 2014, n° 43835/11, *SAS c. France*.

450. CEDH, 22 juin 2017, *Aycaguer c. France*, n° 8806/12.

n'a pas reçu de suite appropriée et aucune différenciation n'est prévue en fonction de la nature et de la gravité des infractions commises. **La Cour a estimé, d'autre part, que le régime de conservation des profils ADN dans le FNAEG n'offrait pas, en raison de sa durée et de l'absence de possibilité d'effacement, de protection suffisante aux intéressés.** De même, le phénomène « BYOB » (*Bring your own device*) inquiète. Il consiste en une multiplication des capteurs biométriques dans les téléphones ou dans les ordinateurs, ainsi qu'en une personnalisation de l'usage – la personne étant alors responsable du traitement des informations – avec le développement des capteurs d'empreintes digitales dans les téléphones portables, dans le but d'en contrôler l'accès ou de sécuriser les paiements. De tels dispositifs relèvent de l'article 25 (I, 8°) de la loi du 6 janvier 1978 modifiée, qui soumet à autorisation les traitements comportant des données biométriques nécessaires au contrôle de l'identité des personnes[451].

984 **Réglementation européenne.** – Le droit de l'Union encadre fortement la matière, et les juges convergent vers une réaction ferme aux différentes législations antiterroristes qui ont fleuri après les attentats du 11 septembre 2001. Ainsi, **la directive du 15 mars 2006 sur la conservation de données générées ou traitées dans le cadre de la fourniture de services de communications électroniques accessibles au public imposait, pour lutter contre le terrorisme, la conservation de toutes les données relatives au trafic en matière de téléphonie fixe et mobile, d'accès à internet, de courrier électronique et de téléphonie via internet, alors même que les articles 7 et 8 de la Charte des droits fondamentaux prévoient la protection des données personnelles et leur effacement. Par deux arrêts du 8 avril 2014[452], la Cour de justice de l'Union européenne a invalidé ces dispositions** au motif que le législateur européen avait dépassé les limites appropriées et nécessaires aux objectifs de recherche, de détention et de poursuite d'infractions graves, en imposant à ces fournisseurs une trop large obligation de conservation des données, sans encadrement strict. La Cour considère que la directive aurait dû prévoir des règles claires et précises régissant la portée et l'application de cette mesure, et imposer un minimum d'exigences pour que les personnes disposent de garanties suffisantes comme la conservation des données sur le territoire de l'Union. La portée plus générale de ces décisions concerne toutes conservations de données relatives à la vie privée.

985 **Lecture par la Cour européenne des droits de l'homme.** – Dans un arrêt de Grande chambre rendu en décembre 2008, *S. et Marper c. Royaume-Uni*[453], la CEDH stigmatise la pratique britannique qui consiste à prendre systématiquement les empreintes digitales et des échantillons d'ADN de toute personne impliquée dans une procédure pénale, quelle qu'en soit la gravité ou l'issue (non-lieu, acquittement ou condamnation). **La Cour ne se contente pas de condamner l'usage fait de ces données personnelles, elle en refuse le prélèvement même, estimant que « le simple fait de mémoriser des données relatives à la vie privée d'un individu constitue une ingérence au sens de l'article 8 ».** Pourtant, il s'agit bien dans les deux cas de données physiques révélées techniquement et entraînant des risques certains pour la vie privée et la non-discrimination. Le juge ne s'y est pas trompé. Concernant les empreintes digitales (le raisonnement pourra certainement être étendu à l'iris), il revient sur une analyse bienveillante à l'égard des États[454] pour affirmer que « les empreintes digitales numérisées des requérants constituent des données à caractère personnel les concernant et qu'elles contiennent certains traits externes d'identification, tout comme, par exemple, des photographies ou des échantillons de voix » (§ 81). Dès lors, **la conservation des empreintes digitales,** *a fortiori* **de l'ADN, constitue une ingérence dans la vie privée qui doit se justifier par des motifs d'ordre public et rester proportionnée au but recherché** (ce qui n'est pas le cas en l'espèce). Un élément de l'apparence physique permettant l'identification très précise s'analyse donc d'abord

---

451. Délibération n° 2011-074 du 10 mars 2011 portant autorisation unique de mise en œuvre de dispositifs biométriques reposant sur la reconnaissance de l'empreinte digitale et ayant pour finalité le contrôle de l'accès aux postes informatiques portables professionnels (décision d'autorisation unique n° AU-27).

452. CJUE, Gr. Ch., 8 avr. 2014, aff. jtes C-293 et 594/12, *Digital Rights Ireland Ltd et autres et Kärntner Landesregierung et autres.*

453. CEDH, Gr. Ch., 4 déc. 2008, *S et Marper c. Royaume-Uni*, nos 30562/04 et 30566/04.

454. Com. EDH, 15 mai 1996, *Kinnunen c. Finlande*, n° 24950/94.

comme le lieu de la vie privée et de l'identité, domaines dans lesquels la marge d'appréciation des États se resserre.

C'est pourquoi **la France a été condamnée à son tour**[455]**. Il s'agissait du recueil d'empreintes digitales au cours de deux enquêtes ouvertes pour vol, qui firent respectivement l'objet d'une relaxe et d'un classement sans suite**. Suite un courrier demandant l'effacement, le procureur de la République n'accepta que pour les prélèvements effectués au cours de la première procédure, ce qui fût confirmé jusqu'à la Cour de cassation. La CEDH reconnaît que la conservation des empreintes digitales par les autorités nationales constitue bien une ingérence prévue par la loi (CPP, art. 55-1, relatif au fichier automatisé des empreintes digitales géré par le ministère de l'Intérieur) et vise un but légitime ; elle estime la conservation disproportionnée, notamment parce que n'est pas recevable l'argument selon lequel cela préserve les intérêts du requérant, en permettant d'exclure sa participation en cas d'usurpation de son identité par un tiers. Pour le juge, cet argument « reviendrait, en pratique, à justifier le fichage de l'intégralité de la population présente sur le sol français, ce qui serait assurément excessif et non pertinent » (§ 40). Par ailleurs, le décret n'opère aucune distinction entre les personnes condamnées et celles qui, comme le requérant, n'ont jamais été reconnues coupables d'infractions. Concrétisant une sorte de « droit à l'oubli », elle considère que le droit de présenter à tout moment une demande d'effacement au juge constitue une garantie de la vie privée qui serait « théorique et illusoire » et non « concrète et effective » ; la période d'archivage de vingt-cinq ans est en pratique assimilable à une conservation indéfinie.

972-9 **Contrôle par le juge administratif. –** Le **Conseil d'État**[456] **a adopté le même standard à propos d'un fichier relatif à l'« Application des peines, probation et insertion » (APPI).** Il autorisait la conservation des données pendant cinq années aussi bien pour une personne effectivement concernée que pour « la personne [qui] ne fait l'objet d'aucune peine ou mesure de sûreté [...] ». C'est ce que le juge a sanctionné : « L'ingérence dans l'exercice du droit de toute personne au respect de sa vie privée que constituent la collecte, la conservation et le traitement, par une autorité publique, d'informations personnelles et nominatives, ne peut être légalement autorisée que si elle répond à des finalités légitimes, et que le choix, la collecte et le traitement des données sont effectués de manière adéquate et proportionnée au regard de ces finalités ».

Le Conseil d'État a opéré une nouvelle censure d'un **ancien fichier créé par un décret du 22 octobre 1955, non numérisé, des empreintes digitales.** Le fichier ne prévoyait pas de limite de conservation, alors que la collecte et la conservation ne concernent que les cartes d'identité. Cette disproportion méconnaît l'article 6 de la loi du 6 janvier 1978[457]. Il a également censuré la durée de conservation de données relatives à la santé des détenus dans un fichier plus général de gestion des personnes détenues (Genesis). Si ces données peuvent être conservées le temps nécessaire au règlement d'éventuels contentieux, le délai de huit années supplémentaires prévu est excessif faute de garanties quant aux limitations d'accès[458].

Le juge a donc à cœur de ne prendre de risques qu'à la condition que la finalité en vaille la peine. Il freine certaines velléités comme celle du conseil régional PACA qui a décidé d'expérimenter la reconnaissance faciale dans ses lycées. Outre son incompétence (la surveillance relève du chef d'établissement), le juge a relevé le caractère disproportionné entre l'atteinte à la vie privée et l'objectif de sécurisation qui pourrait être atteint par des procédés moins intrusifs[459].

455. CEDH, 18 avr. 2013, n° 19522/09, *M.K. c. France*.
456. CE, 11 avr. 2014, n° 355624, Union générale des syndicats pénitentiaires CGT.
457. CE, 18 nov. 2015, n° 372111, *Mmes D. et C.*
458. CE, 9 nov. 2015, n° 383313, Conseil national de l'ordre des médecins.
459. TA Marseille, 27 févr. 2020, *Ass. La Quadrature du net et autres*, n° 1901249.

986 **Usages de la biométrie par les particuliers.** – Dans sa mission d'émission de bonnes pratiques, la CNIL multiplie les recommandations concernant la biométrie utilisée par les particuliers et les employeurs, privilégiant par exemple les stockages des « gabarits » référentiels sur des supports individuels. La fin du régime d'autorisation par le RGPD a conduit à émettre des guides[460]. Le principe demeure celui d'une maîtrise individuelle.

Ainsi pour la biométrie utilisée pour les smartphones, les dispositifs **d'authentification biométrique peuvent relever de l'exemption domestique de l'article 2 RGPD** si l'utilisateur utilise ce dispositif à titre privé, grâce à ses propres données biométriques, par exemple pour déverrouiller son téléphone ou pour accéder à des applications qu'il a téléchargées de son propre chef, et il décide seul d'utiliser l'authentification biométrique intégrée dans son appareil. Cela implique une analyse d'impact relative à la protection des données (AIPD).

En décembre 2007, la CNIL a informé des conditions d'autorisation dans le domaine de la biométrie. Elle examine d'abord la finalité du dispositif en posant par exemple que le recours aux empreintes digitales doit être limité au contrôle de l'accès à des locaux très particuliers pour garantir la sécurité des personnels ou les secrets industriels. Elle **vérifie ensuite la proportionnalité du dispositif, notamment pour s'assurer que d'autres éléments ne sont pas utilisables à un niveau de protection équivalent.** Elle a ainsi refusé en juin 2008 l'utilisation d'empreintes digitales pour contrôler l'accès d'un établissement scolaire, alors même qu'elle accepte depuis 2006 que la reconnaissance du contour de la main donne accès à une cantine scolaire. La CNIL vérifie ensuite la sécurité du dispositif et l'information des personnes concernées.

La faiblesse des garde-fous atteste des difficultés que rencontrent encore les droits et libertés face aux technologies qui démultiplient les problèmes et les victimes potentielles. De nouvelles techniques apparaissent, comme en atteste l'autorisation par la CNIL, le 7 mai 2009, de la mise en œuvre de la reconnaissance par le réseau veineux des doigts de la main sur les lieux de travail et, le 15 juillet 2009, du recours à un système biométrique reposant sur la reconnaissance du réseau veineux pour lutter contre la fraude à un examen. Par délibération du 11 juillet 2013, la Commission a autorisé la Banque postale à mettre en œuvre à titre expérimental un système d'authentification des titulaires de cartes de paiement avec pour biométrie utilisée, la reconnaissance vocale (*Talk to pay*). Cette expérimentation a été prolongée en 2015. Depuis, plusieurs autres banques ont été autorisées à y recourir (10 mars 2016 pour le Crédit lyonnais) et neuf autres le 29 mai 2017.

Mais la biométrie peut aussi être une solution pour la protection de la vie privée à condition de ne pas utiliser de « gabarit », c'est-à-dire un modèle stocké à l'extérieur des supports dont l'individu concerné dispose, et de crypter les informations. Dans ses recommandations du 22 mars 2012 sur l'utilisation de la reconnaissance faciale en ligne et du 27 avril 2012 sur l'évolution des technologies biométriques, le G29, qui regroupe **les autorités européennes de protection des données, fait référence au cryptage biométrique et à la biométrie non traçable comme solutions permettant de protéger la vie privée des personnes** : « Lorsque la reconnaissance faciale est utilisée à des fins de vérification, notamment, des techniques de cryptage biométrique peuvent être utilisées ; avec ces techniques, la clé cryptographique est directement liée aux données biométriques et elle n'est recréée que si l'échantillon biométrique correct est présenté en direct lors de la vérification, sans qu'aucune image ni aucun modèle ne soit stocké (formant ainsi un type de « biométrie intraçable ») »[461].

CNIL 10 avril 2018
Biométrie à disposition de particuliers : quels sont les principes à respecter ?

La biométrie regroupe l'ensemble des techniques permettant de reconnaître automatiquement un individu à partir de ses caractéristiques physiques, biologiques, voire comportementales (empreintes digitales, réseaux veineux de la paume de la main, reconnaissance vocale, de visage, de l'iris, analyse

460. Cf. « règlement type relatif aux obligations des organismes souhaitant se doter de dispositifs biométriques à des fins de contrôle d'accès aux locaux, aux applications et aux outils de travail » de la CNIL du 28 mars 2019.
461. Avis 02/2012

comportementale telle que la dynamique de frappe au clavier, etc.). Ces caractéristiques ont la particularité d'être uniques et, pour la plupart, permanentes. Données sensibles, les données biométriques appellent des règles :
- justifier d'un besoin spécifique ;
- laisser la personne libre d'y recourir ou de choisir un dispositif alternatif (information individuelle renforcée ; choix d'utiliser un autre mode d'authentification ; accord spécifique sur l'authentification biométrique) ;
- maintenir les données biométriques sous le contrôle exclusif de la personne concernée.

En pratique,
- soit le gabarit biométrique est enregistré sur un support individuel remis à la personne (tel qu'un badge) ou conservé en sa possession (sur son appareil mobile) ;
- soit le gabarit biométrique est stocké en base de données sous une forme le rendant inutilisable sans intervention de la personne concernée, qui dispose d'un élément ou secret permettant de déchiffrer son gabarit.

987 **Des fichiers pour protéger les fichiers d'information. – En 2021[462], pour lutter contre la désinformation, est institué le fichier de vigilance et de protection contre les ingérences numériques étrangères**, aux mains du secrétaire général de la défense et de la sécurité nationale pour la détection et la caractérisation des opérations impliquant, de manière directe ou indirecte, un État étranger ou une entité non étatique étrangère, et visant à la diffusion artificielle ou automatisée, massive et délibérée, par le biais d'un service de communication au public en ligne, d'allégations ou imputations de faits manifestement inexactes ou trompeuses de nature à porter atteinte aux intérêts fondamentaux de la Nation (notamment lors périodes électorales). Ce traitement repose sur la collecte et l'exploitation des contenus publiquement accessibles aux utilisateurs des plateformes en ligne des opérateurs dont l'activité sur le territoire français dépasse un seuil de cinq millions de visiteurs uniques par mois, y compris lorsque l'accès à ces plateformes requiert une inscription à un compte. Le service de vigilance et de protection contre les ingérences numériques étrangères (Viginum) repère ainsi les « stratégies hostiles » : une activité inauthentique, constituée par exemple de comportements techniques anormaux, ou dévoilant une intention malveillante à l'encontre des intérêts fondamentaux de la Nation avec pour objectif central la déstabilisation, et rattachable à une origine étrangère supposée, étatique ou non étatique.

Le traitement envisagé s'appuie sur une veille permanente et, parce qu'il peut concerner tous les champs du débat public, est susceptible de permettre à tout instant une collecte massive de données. Dans un premier temps, le service Viginum s'attache à détecter un soupçon relatif à *la diffusion d'allégations ou imputations de faits manifestement inexactes ou trompeuses* avant d'initier l'opération de collecte. Ensuite, la collecte des données à caractère personnel est activée sur l'ensemble des plateformes identifiées comme pertinentes, notamment par des techniques d'extraction du contenu de sites. Elles font ensuite l'objet de traitements techniques automatisés afin de séparer les informations à conserver (celles qui correspondent aux catégories de données formant le modèle de données préalablement défini) de celles qui doivent être immédiatement supprimées. Les données conservées à l'issue de cette opération seront ensuite exploitées et analysées, afin de confirmer, le cas échéant, la présence d'une opération d'ingérence numérique étrangère.

La CNIL[463] a alerté sur la dangerosité de ce dispositif et a appelé à l'intervention du législateur. La loi n° 2018-1202 du 22 décembre 2018 de lutte contre la manipulation de l'information ne lui paraissant pas suffisante. Ces informations peuvent porter sur des informations sensibles, telles que les opinions politiques, les convictions religieuses ou philosophiques, ainsi que l'état de santé ou l'orientation sexuelle, alors que de telles données

462. Décret n° 2021-1587 du 7 décembre 2021 portant autorisation d'un traitement automatisé de données à caractère personnel dans le but d'identifier les ingérences numériques étrangères.

463. Délibération n° 2021-116 du 7 octobre 2021 portant avis sur un projet de décret portant création d'un traitement automatisé de données à caractère personnel visant à détecter et caractériser les opérations d'ingérence numérique étrangères aux fins de manipulation de l'information sur les plateformes en ligne (demande d'avis n° 21013837).

bénéficient d'une protection particulière, indépendamment de toute enquête pénale ou procédure judiciaire et en dehors du cadre prévu pour les techniques de renseignement. Par ailleurs, la collecte selon certains paramètres déterminés par avance implique la collecte et le traitement de données non pertinentes au regard des finalités poursuivies. En outre, les fiches d'analyse finales seront diffusées à nombre de services et même à des États étrangers. Parmi de nombreuses autres recommandations, la CNIL en appelle à un contrôle externe et à des études d'impact, notamment parce que le SGDSN prévoit l'utilisation de traitements algorithmiques pour analyser les contenus collectés, et notamment l'utilisation de techniques de reconnaissances d'image, ce qui comprend de nombreuses failles qui ont parfois eu des impacts discriminatoires sur les personnes. La CNIL demandait qu'une attention particulière soit accordée au principe de transparence à l'égard du grand public et aux principes de minimisation des données et de respect de la vie privée dès la conception, en limitant le traitement de données non pertinentes au regard des finalités poursuivies et en limitant les périodes au cours desquelles ce traitement peut être mis en œuvre.

Finalement, le décret a tenu compte de certaines remarques :

- aucune collecte automatisée de données à caractère personnel n'est mise en œuvre à l'occasion des travaux de veille. Ne sont collectées d'abord que les données d'identification déclarées par les titulaires de comptes ; ensuite, les données permettant de caractériser l'activité et l'audience de ces comptes ; enfin, les contenus publiquement accessibles diffusés ou relayés au moyen de ces comptes et les indicateurs d'audience associés.
- les contenus sont collectés pendant une période maximale de sept jours, renouvelables dans la limite d'une durée qui ne peut excéder six mois à compter du déclenchement de l'opération de collecte.
- un comité éthique et scientifique est immédiatement informé du déclenchement de la collecte et, le cas échéant, de son renouvellement.

IV. L'expression de la vie privée dans la sphère publique

988 **Autonomie.** – Bien au-delà du cadre juridique dans lequel se pensait la vie privée en droit français, **l'article 8 de la Convention EDH et son interprétation créative par la Cour a conduit à donner à la liberté personnelle, à l'autonomie de chacun, à sa libre disposition, un fondement nouveau dont les effets restent difficiles à mesurer**.

Rappelons les termes de la Cour dans l'affaire *Pretty*[464], déjà rencontrée lorsqu'il était question du refus de soins : « **La dignité et la liberté de l'homme sont l'essence même de la Convention. Sans nier en aucune manière le principe du caractère sacré de la vie protégé par la Convention, la Cour considère que c'est sous l'angle de l'article 8 que la notion de qualité de la vie prend toute sa signification.** La requérante en l'espèce est empêchée par la loi d'exercer son choix d'éviter ce qui, à ses yeux, constituera une fin de vie indigne et pénible. La Cour ne peut exclure que cela représente une atteinte au droit de l'intéressée au respect de sa vie privée, au sens de l'article 8 § 1 de la Convention ». **La vie privée inclut le libre choix de la qualité de vie, laquelle passe par le droit d'élaborer sa personnalité, ses choix de vie, de nouer des relations personnelles, d'avoir des relations sexuelles, de communiquer...** La vie privée à l'européenne, confondue avec ce que les droits constitutionnels de plusieurs États européens désignent par la liberté personnelle, concentre les manifestations d'un fort individualisme. Un écho certain de cette conception s'entend dans la jurisprudence de la Cour de cassation à propos de la vie privée du salarié dont la convenance personnelle tient aujourd'hui une large place dans l'entreprise.

464. CEDH, 29 avr. 2002, *Diane Pretty c. RU.*

A. La vie privée du travailleur

989 La protection de **la vie privée inclut les relations professionnelles**[465]. Si la vie professionnelle ne relève que rarement du secret[466], le salarié doit pouvoir exercer certaines libertés au travail.

1. Du salarié

990 **Vie privée sur le lieu de travail.** – La Cour de cassation indique ainsi que « **le salarié a droit, même au temps et au lieu de travail, au respect de l'intimité de sa vie privée ; que celle-ci implique en particulier le secret des correspondances** »[467]. L'employeur ne peut porter atteinte à la vie privée de ses salariés que pour un motif légitime, de manière proportionnée et après une information préalable des salariés (art. L. 120-2). Cela inclut bien sûr la protection du **secret des correspondances** quand bien même celle-ci serait douteuse voire gênante pour l'employeur. On en veut pour preuve la solution retenue par la Cour de cassation dans l'hypothèse d'un salarié qui se faisait envoyer sur son lieu de travail une revue pornographique d'un réseau échangiste ; ladite lettre avait été ouverte par le service du courrier et le salarié avait fait l'objet d'une sanction. La Cour de cassation estime que l'employeur ne pouvait tenir compte de cela et devait s'abstenir d'une telle sanction[468]. Pour la CEDH, le fait pour un employeur **d'écouter les conversations téléphoniques des salariées** constitue une violation de la vie privée, laquelle n'est pas nécessairement illicite si le salarié est prévenu qu'il peut être écouté[469] tandis que la Cour européenne a hésité sur cette question : après avoir sanctionné, par un arrêt de chambre, le même type de surveillance pour des caissières de supermarché filmées à leur insu afin de déterminer l'origine de vols (car d'autres moyens moins intrusifs étaient possibles)[470], la Grande chambre a jugé que, dans le cadre de leur marge nationale, les tribunaux espagnols avaient minutieusement mis en balance les droits des requérantes (averties au préalable de leur mise sous surveillance, malgré une obligation légale) et ceux de l'employeur (en raison des soupçons légitimes d'irrégularités graves et des pertes constatées)[471]. **La CNIL refuse que des salariés soient filmés en continu sur leur lieu de travail sauf circonstances particulières** (personnes exposées à un risque d'une particulière gravité). Elle a pu sanctionner une copropriété de centre commercial pour avoir placé ses vigiles sous surveillance caméra permanente[472]. De même, un directeur de laboratoire de recherche ne peut pirater les mails d'une de ses subordonnés. Alors qu'un employeur a licencié un salarié après avoir surveillé ses communications électroniques, les juridictions roumaines n'ont pas ménagé un juste équilibre la vie privée et le droit de l'employeur à prendre des mesures destinées à assurer le bon fonctionnement de l'entreprise. Les juges nationaux doivent ainsi s'assurer que le salarié est préalablement averti par son employeur de la possibilité que ses communications soient surveillées (nature et étendue, en particulier, quant à l'accès au contenu même de ses messages), des raisons spécifiques de surveillance, de l'existence de mesures moins intrusives, et enfin, de savoir si l'accès au contenu des communications avait été possible à l'insu du salarié[473].

Le Conseil d'État (compétent pour le contrôle de l'autorisation de licenciement d'un salarié protégé) a jugé **disproportionné qu'une fédération d'établissements bancaires profite de son accès à certains fichiers pour entrer sur les comptes d'un de ses salariés** (par ailleurs représentant du personnel) lui-même suspecté d'avoir détourné ses outils numériques à des fins privées. Si l'enquête a permis en effet d'établir des détournements de

465. CEDH, 16 déc. 1992, *Niemietz c. Allemagne*.
466. Les activités professionnelles impliquent parfois des éléments de confidentialité d'ordre privé : CA Paris, 11e ch., 13 mars 2007 à propos des médecins.
467. Cass. soc., 12 oct 2001, *Sté Nikon*.
468. Cass., ch. mixte, 18 mai 2007.
469. CEDH, 25 juin 1997, *Halford c. Royaume-Uni*.
470. CEDH, 9 janv. 2018, *López Ribalda et autres c. Espagne*, n° 1874/13.
471. CEDH, 17 oct. 2019, *López Ribalda et autres c. Espagne*, req. nos 1874/13 et 8567/13.
472. Délibération n° 2012-475 du 3 janv. 2013, Syndicat des copropriétaires « arcades des Champs Élysées ».
473. CEDH, 5 septembre 2017, Gr. Ch., *B rbulescu c. Roumanie*, n° 61496/08.

fonds au détriment du syndicat, l'enquête de la banque a porté une atteinte disproportionnée à la vie privée du salarié dans la mesure où il n'était pas nécessaire de consulter des comptes privés pour établir les faits[474].

L'employeur peut **restreindre l'usage personnel de l'ordinateur ou de la connexion internet** (interdiction d'accéder à la boîte aux lettres personnelle, filtrage des sites non autorisés, etc.) à condition de le justifier et de l'expliciter. **Les dossiers informatiques affichés comme étant personnels sur l'ordinateur des salariés ne peuvent être ouverts par l'employeur**[475], sauf autorisation judiciaire parfois demandée en référé et donc justifiée par une suspicion particulière comme c'est le cas d'un salarié utilisant son outil de travail pour exercer une concurrence déloyale[476]. Il paraît ainsi légitime pour un employeur de consulter les fichiers même indiqués « privés » (à vrai dire dans l'affaire, le salarié avait ainsi nommé tous les fichiers !) pour s'assurer que ses salariés utilisent les équipements informatiques qu'il met à leur disposition en conformité avec leurs obligations contractuelles et la réglementation applicable. Il peut par la suite le licencier pour le stockage de fichiers à caractère pornographique et de fausses attestations réalisées au bénéfice de tiers[477].

Un employeur se doit enfin d'être discret sur les informations dont il dispose et ne peut révéler qu'un salarié est atteint du sida[478].

991 Vie privée et vie professionnelle[479]**.** – La vie privée semble se distinguer clairement de la vie professionnelle et pourtant de nombreux emplois ont des répercussions légales importantes sur la vie privée. **Le contrat de travail peut prévoir des conditions de moralité liées à l'objet de l'entreprise.** Tant l'article 9 du Code civil que les articles L. 1321-3 et L. 1132-1 du Code du travail impliquent que les événements tirés de la vie privée du salarié ne puissent en principe constituer une cause réelle et sérieuse de licenciement ou de sanction[480] comme une liaison avec un autre salarié[481], l'homosexualité d'un aide sacristain, celle-ci n'ayant entraîné aucun trouble caractérisé au sein de « l'entreprise »[482], le recours aux services d'une entreprise concurrente[483], etc. Cependant, les entreprises dites « de tendance » peuvent spécifier davantage les exigences tenant à la vie privée.

L'employeur ne peut cependant exiger le sacrifice d'une partie de la vie privée, ainsi, l'occupation, à la demande de l'employeur, du domicile du salarié à des fins professionnelles constitue une immixtion dans la vie privée de celui-ci et n'entre pas dans l'économie générale du contrat de travail. Si **le salarié, qui n'est tenu ni d'accepter de travailler à son domicile, ni d'y installer ses dossiers et ses instruments de travail, accède à la demande de son employeur, ce dernier doit l'indemniser de cette sujétion particulière** ainsi que des frais engendrés par l'occupation à titre professionnel du domicile[484]. Lorsque le matériel informatique de l'entreprise est utilisé à domicile avec l'autorisation de l'employeur et qu'il donne lieu à connexion à des sites internet considérés comme « contraires à l'image de l'entreprise », cela repose sur un fait relevant de la vie privée du salarié ne constitue pas en soi une cause réelle et sérieuse de licenciement[485]. Selon la CNIL, les outils, dits de « Data Loss Prévention » (DLP), qui permettent d'analyser les réseaux internes de la société, les postes de travail professionnels ainsi que les points de sortie des réseaux internes afin de détecter et de prévenir la perte de données détenues par l'entreprise ne doivent pas intégrer les courriers électroniques et les fichiers identifiés par leurs émetteurs

474. CE, 2 mars 2020, *Fédération du crédit mutuel Centre est Europe*, n° 418640.
475. Cass. soc., 18 oct. 2006.
476. « Le respect de la vie personnelle du salarié ne constitue pas en lui-même un obstacle à l'application de l'article 145 du Code de procédure civile, dès lors que le juge constate que les mesures qu'il ordonne procèdent d'un motif légitime et sont nécessaires à la protection des droits de la partie qui les a sollicitées », Cass. soc., 10 juin 2008.
477. CEDH, 22 février 2018, *Libert c. France*, n° 588/13.
478. CA Paris, 24 sept. 1990.
479. V. *infra* n° 1417.
480. Cass. soc., 30 juin 1992.
481. Cass. soc., 30 mars 1982.
482. Cass. soc., 17 avr. 1991.
483. Cass. soc., 22 janv. 1992.
484. Cass. soc., 7 avr. 2010.
485. CA Versailles, 6e ch., 18 mars 2003.

comme étant à caractère privé[486]. De même, l'employeur peut demander de venir travailler exceptionnellement en dehors des horaires habituels plusieurs mois à l'avance[487].

La solution devient différente si le comportement a causé un trouble apprécié au regard de la nature de ses fonctions et de la finalité propre de l'entreprise, ou un manquement à ses obligations contractuelles. Ainsi, peut fonder un licenciement la délinquance du salarié, sans aucune relation avec sa vie professionnelle, si les agissements ou la condamnation pénale sont de nature à causer un préjudice à l'entreprise[488] ou le fait, pour un salarié affecté à la conduite de véhicules automobiles, de se voir retirer son permis pour des faits de conduite sous l'emprise d'un état alcoolique, même commis en dehors de son temps de travail[489].

992 **Vie privée de l'avocat.** – La CEDH[490] a constaté la violation de l'article 8 en raison de la consultation des extraits de comptes bancaires d'une avocate (ingérence dans son droit au respect du secret professionnel), car elle n'a pu à aucun moment présenter ses arguments. L'Ordre des avocats n'a pas été sollicité au cours de la procédure. En revanche, pas de violation quand, dans le cadre d'une procédure disciplinaire, l'État français a intercepté, transcrit et utilisé les conversations d'un avocat avec un de ses clients, placé sur écoute dans le cadre d'une commission rogatoire. La Cour juge étonnamment que, dès lors que la transcription de la conversation était fondée sur le fait que son contenu était de nature à faire présumer que la requérante avait elle-même commis une infraction, et que le juge interne s'est assuré que cette transcription ne portait pas atteinte aux droits de la défense de son client, la circonstance que la première était l'avocate du second ne suffit pas pour caractériser une violation de l'article 8 de la Convention à l'égard de celle-ci[491].

2. De l'agent public

993 **Obligations générales de réserve et de dignité dans la vie privée.** – Dans la fonction publique, le **respect de l'obligation de réserve soumet les agents au respect d'une certaine moralité**, d'une éthique, y compris dans leurs actions privées. En effet, selon le commissaire de gouvernement Laurent, « en se livrant à certaines manifestations en sortant de la réserve que ses fonctions publiques doivent imposer à sa vie privée, le fonctionnaire peut porter atteinte à la considération du service public et jeter le trouble parmi les administrés : il commet alors une faute contre le service »[492]. Le juge cautionne donc des poursuites disciplinaires visant des actes contraires aux bonnes mœurs, à l'honnêteté ou à l'honneur[493]. Toute la question est de savoir quel comportement peut heurter la dignité de la fonction, même si cela se révèle de plus en plus rare et pour des actes peu ordinaires par exemple la prostitution et la vente de photographies à caractère pornographique sur internet et dans des revues d'une professeur de lycée[494]. Inversement, la vie privée ne saurait s'exercer pendant le service comme la consultation de sites internet à caractère pornographique[495].

994 **Professions aux limites renforcées.** – Les **professions de la justice et de la police connaissent des restrictions accrues de leur vie privée**. La jurisprudence du Conseil supérieur de la magistrature atteste du maintien de ces exigences déjà classiques dans celle du Conseil d'État. Les chefs de juridiction peuvent fonder une sanction sur des faits touchant la vie privée du magistrat s'ils sont susceptibles d'affecter la considération qui s'attache à l'exercice des fonctions judiciaires comme le fait d'accepter l'exécution gratuite de travaux à son

486. Délib. n° 2014-079, 13 mars 2014.
487. Cass. soc., 27 nov. 1991.
488. Cass. soc., 25 janv. 2006.
489. Cass. soc., 2 déc. 2003.
490. CEDH, 1er déc. 2015, n° 69436/10, *Brito Ferrinho Bexiga Villa-Nova c. Portugal*.
491. CEDH, 16 juin 2016, n° 49176/11, Versini-Campinchi et Crasnianski c. France.
492. Concl. ss CE, 1er oct. 1954, G.
493. CE, 26 févr. 1986, B.
494. CAA Versailles, 8 mars 2006.
495. CAA Paris, 12 févr. 2008.

domicile[496] ou le fait de ne pas payer ses impôts et de ne pas répondre aux lettres de relance[497]. Le **Conseil supérieur de la magistrature construit une jurisprudence forte qui rappelle aux magistrats d'évidentes exigences déontologiques** : est déchu de ses fonctions de procureur le magistrat qui ne s'est pas déporté dans une procédure dont il s'était réservé le contrôle malgré les liens l'unissant à l'une des parties et dont il avait ordonné le classement sans suite pour des motifs étrangers aux faits de la cause[498] ; est révoqué le magistrat mis en examen des chefs de viols et agressions sexuelles commis antérieurement à son intégration dans la magistrature en vendant des vidéos pornographiques mettant en scène des mineurs[499] ; est mis à la retraite d'office celui qui détient et transmet des images pédophiles[500] ; est révoqué le magistrat condamné pour vol et escroqueries à la suite du vol d'une somme d'argent et d'une carte bancaire et de l'usage frauduleux de cette carte bancaire dans un bar de nuit... Enfin, la sécurité publique justifie que, dans les services publics de transports de passagers ou de matières dangereuses, des enquêtes administratives soient menées sur les candidats au recrutement, à condition de les prévenir[501].

Tweeter pendant l'audience

Fin 2012, le vice-procureur de Mont-de-Marsan et un assesseur avaient échangé plusieurs messages sur Twitter concernant l'audience de cour d'assises à laquelle ils participaient tous les deux. « Question de jurisprudence : un assesseur exaspéré qui étrangle sa présidente, ça vaut combien ? » avait commencé l'assesseur. « Je te renvoie l'ascenseur en cas de meurtre de la directrice du greffe », lui avait ensuite répondu le vice-procureur. « On a le droit de gifler un témoin ? » avait-il poursuivi, puis : « Bon, ça y est, j'ai fait pleurer le témoin... #Oranginarouge ». En avril 2014, le CSM a préconisé, concernant le premier, sa mutation d'office. L'assesseur a pour sa part reçu un blâme.

B. La liberté sexuelle

995 **Évolution.** – La liberté sexuelle comprend de multiples dimensions. Peu d'entre elles faisaient, jusqu'à il y a peu, l'objet d'une juridicisation. Le **régime actuel implique d'abord d'admettre, au nom de la vie privée et de la non-discrimination, l'indifférence de tous à l'orientation sexuelle choisie** (sauf quelques limites tenant à la vulnérabilité ou à l'incongruité comme la pédophilie ou la zoophilie). Mais surtout, la volonté individuelle devient le seul déterminant de **la licéité des pratiques sexuelles**.

1. Liberté de l'orientation sexuelle

996 **Norme sociale et norme juridique.** – L'expression d'**« orientation sexuelle », inscrite dans le traité d'Amsterdam et, depuis peu, dans la loi française (art. L. 1132-1 à 1132-3 et 1134-1, C. trav.)**, est, en elle-même, porteuse d'une certaine tolérance. Elle implique l'idée de différences possibles dans cette orientation. Elle figure également à l'article 21 de la CDFUE qui interdit toute discrimination pour ce motif. L'utilisation de l'article 14 de la Convention EDH, c'est-à-dire le droit à la non-discrimination, accentue la reconnaissance d'un « droit à la différence » dans le champ de la liberté corporelle. Ainsi, **la Cour européenne peut fonder sur l'interdit de la discrimination une condamnation de l'interprétation restrictive de la notion de « membre de la famille »** (faute de pouvoir se

496. CSM, déc. 2 juill. 1992.
497. CSM, déc. 2 avr. 1999.
498. CSM, déc. 21 nov. 2008, P060.
499. CSM, déc. 23 oct. 2009, P062.
500. CSM, déc. 11 juin 2004, P048.
501. CE, 1er juin 2018, *CGT et autre*, n° 412161.

marier dans le pays d'accueil) pour les couples homosexuels quand cela fait obstacle à l'octroi du permis de séjour pour raison familiale[502].

997 Homosexualité – Liberté. – L'homosexualité, ou « affinité pour les personnes de son propre sexe », a connu un régime variable selon les époques et les pays. Dans les pays occidentaux, se **généralise la reconnaissance d'un statut du couple homosexuel**, spécifiquement ou selon le droit commun. Le **juge européen sanctionne les États qui répriment les relations homosexuelles**[503]. En France, la loi du 4 août 1982 a fait disparaître la différence de traitement existant alors dans la répression des relations sexuelles avec un mineur de même sexe. Par ailleurs toutes les discriminations, notamment en matière d'embauche ou de bail, sont interdites et pénalement sanctionnées. Afin de réduire les inégalités, la loi du 27 janvier 1993 a reconnu à toute personne vivant avec un assuré social et se trouvant à sa charge totale, la qualité d'ayant droit de l'assuré pour la maladie et la maternité. **La CEDH sanctionne les États qui refusent encore de transférer un bail au conjoint homosexuel survivant**[504]. Dans l'arrêt *Karner c. Autriche* du 24 juillet 2003, le refus de faire bénéficier le concubin de même sexe du transfert du bail d'habitation en cas de décès du preneur se trouve rattaché au droit au respect du domicile. De la même manière, un État ne peut refuser d'admettre sur son territoire le conjoint de même sexe d'un de ses ressortissants qui s'est marié légalement dans un autre État membre[505]. **Elle admet aussi de limiter la liberté d'expression pour sanctionner des propos homophobes.** Une légère peine d'emprisonnement ne lui paraît pas disproportionnée pour la distribution de tracts dans un lycée présentant l'homosexualité comme une « propension à la déviance sexuelle », ayant un « effet moralement destructeur » sur la société et étant responsable de l'extension du VIH[506]. Le droit français sanctionne la tenue de propos homophobes[507]. De même, **parler de « déviance sexuelle » peut être condamné par l'État**[508], ces commentaires ont encouragé l'intolérance et la haine envers les homosexuels. La Cour de Luxembourg avait déjà condamné un refus de tarif préférentiel opposé à des concubins de même sexe[509].

998 Homosexualité – Institution (voir aussi les développements relatifs à la liberté du mariage). – **L'article 515-8 du Code civil consacre le concubinage comme union de fait et en ouvre la possibilité aux personnes du même sexe**, vivant en couple et ayant une vie commune, stable et continue. Plus encore, la loi n° 99-944 du 15 novembre 1999 relative au **pacte civil de solidarité** permet aux couples de même sexe d'acquérir un véritable statut civil, à égalité avec les couples hétérosexuels qui choisissent cette forme d'union (art. 515-1 à 515-7, C. civ.). Le Pacs est un contrat qui est conclu par deux personnes physiques majeures, de sexe différent ou de même sexe, pour organiser leur vie commune. Il s'agit d'un engagement déclaré en mairie[510], ce qui lui donne date certaine et le rend opposable aux tiers. Dans leurs rapports personnels, les partenaires se doivent une aide mutuelle et matérielle. À l'égard des tiers ils sont soumis à une obligation solidaire pour les dettes concernant les besoins de la vie courante et les dépenses relatives au logement commun. Ils sont soumis aussi à des impositions communes mais ils bénéficient d'un abattement pour les droits de succession et les mutations, ainsi qu'un tarif spécifique. Est prévue également la continuation du contrat de location en cas de rupture du pacte ou de décès. La rupture du pacte intervient par la volonté conjointe ou unilatérale, le mariage ou le décès. **Le principe de non-discrimination prend parfois le pas sur la vie privée en elle-même, l'égalité de traitement étant l'unique préoccupation du juge.** La Cour a condamné l'Italie au motif que le droit italien n'offrait aucune protection ou reconnaissance légale à six couples homosexuels unis à l'étranger par le mariage. Cependant, la

502. CEDH, 30 juin 2016, *Taddeucci et McCall c. Italie*, n° 51362/09.
503. CEDH, 22 oct. 1981, *Dudgeon c. RU* ; CEDH, 22 avr. 1993, *Modinos c. Chypre*.
504. CEDH, 2 mars 2010, *Kosak c. Pologne*.
505. CJUE, 5 juin 2018, Coman c. Inspectoratul General pentru Imigrari, aff. C-673/16.
506. CEDH, 9 févr. 2012, n° 1813/07, *Vejdeland et autres c. Suède*.
507. Art. 20 loi du 30 déc. 2004 relative à la lutte contre les discriminations.
508. CEDH, 11 juin 2020, *Carl Jóhann Lilliendahl c. Islande*, req. n° 29297/18.
509. CJCE, 17 févr. 1998, *Lisa Jacqueline Grant contre South-West Trains Ltd.*, aff. C-249/96, 258.
510. Loi du 18 novembre 2016 de modernisation de la justice du XXIe siècle.

Cour[511] a confirmé que le refus du mariage pour les couples homosexuels ne viole pas le droit à la vie privée et que, lorsque l'État décide de leur offrir un autre mode de reconnaissance juridique, il bénéficie d'une marge d'appréciation quant à la nature exacte du statut conféré. La Cour n'a pas reconnu une discrimination fondée sur leur orientation sexuelle (les États jouissent d'une marge d'appréciation étendue quant au choix de permettre ou non l'enregistrement des mariages homosexuels) mais une violation de la vie privée[512]. Depuis 2016, l'Italie dispose d'une telle formule.

Le Parlement français a consacré la liberté du mariage des couples de même sexe par la loi du 17 mai 2013[513]. La loi ouvre également la voie de l'adoption à ces couples mariés. Ce texte reconnaît par ailleurs les mariages entre deux personnes du même sexe célébrés à l'étranger avant l'entrée en vigueur de la loi. Il rend aussi possible la célébration du mariage en France lorsque les futurs époux, dont l'un au moins a la nationalité française, vivent dans un pays qui n'autorise pas le mariage entre deux personnes de même sexe. Confrontés à des conventions internationales qui privilégient la loi personnelle d'un étranger dont le pays est hostile au mariage entre personnes du même sexe, les juges autorisent le mariage, parfois contre l'avis du ministère public[514]. Le juge des référés du Conseil d'État a estimé que la liberté de se marier est **une liberté fondamentale au sens de l'article L. 521-2 CJA**. Le juge, saisi par un ressortissant sénégalais résidant au Maroc et qui s'était vu refuser la délivrance d'un visa pour venir se marier en France avec son compagnon français, a estimé que lorsque les futurs époux de même sexe résident dans un pays n'autorisant pas le mariage homosexuel et que l'un d'eux est français, le mariage est célébré en France. Il a donc enjoint la remise d'un visa dans les vingt-quatre heures et pour le temps nécessaire à la célébration du mariage[515].

2. La liberté des relations sexuelles

999 Principe. – La liberté des relations sexuelles implique que le droit ne norme pas les comportements lorsqu'il s'agit d'une liberté située au cœur de l'épanouissement personnel. **Toutefois, un minimum de régulation entend protéger l'intégrité physique, au moins par le principe du consentement.** La frontière entre ordre public et vie privée connaît une évolution rapide et nette en faveur de l'autonomie personnelle.

1000 Ordre public (voir aussi les développements relatifs à la Protection sexuelle des mineurs). – Dans le domaine du sexe, la limite d'ordre public existe toujours à condition d'être claire. Le droit de l'Union laisse par exemple aux États une marge fondée sur l'ordre public ; par exemple dans le domaine de la circulation des produits pornographiques[516] particulièrement lorsqu'il s'agit de protéger les mineurs[517]. **Le développement du droit pénal dans le cadre de la sexualité pourrait rencontrer l'autonomie personnelle de l'article 8**. Ainsi l'article 222-33 du Code pénal, qui incrimine depuis 2002 « le fait de harceler autrui dans le but d'obtenir des faveurs de nature sexuelle » ne tenait plus compte du contexte d'autorité ou de la répétition des faits. Le Conseil constitutionnel a abrogé sèchement cet article[518] au motif que cette formulation permettait que le délit de harcèlement sexuel soit punissable sans que les éléments constitutifs de l'infraction soient suffisamment définis ce qui méconnaît le principe de légalité des délits et des peines.

Aux termes des modifications apportées par la loi du 21 avril 2021, le viol est désormais défini comme : « *Tout acte de pénétration sexuelle, de quelque nature qu'il soit, ou tout acte bucco-génital commis sur la*

511. CEDH, 15 mars 2012, n° 25951/07, *Gas et Dubois c. France*.

512. CEDH, 14 décembre 2017, *Orlandi et autres c. Italie*, n° 26431/12.

513. Loi n° 2013-404 du 17 mai 2013 ouvrant le mariage aux couples de personnes de même sexe et modifiant diverses dispositions relatives à l'état civil et au Code de procédure civile, le décret n° 2013-429 du 24 mai 2013 et l'arrêté du même jour fixant le modèle de livret de famille ; ainsi que la circulaire du 29 mai 2013 de présentation de la loi ouvrant le mariage aux couples de personnes de même sexe.

514. CA Chambéry, 22 oct. 2013, *D.* 2013, 2464.

515. CE, ord. réf., 9 juill. 2014, *M. A.*, n° 382145.

516. CJCE, 14 déc. 1979, *Regina c. Maurice D. H.*

517. CJCE, 14 févr. 2008, Dynamic Medien Vertriers GmbH.

518. CC, 4 mai 2012, déc. n° 2012-240 QPC, *M. Gérard D.*

personne d'autrui ou sur la personne de l'auteur par violence, contrainte, menace ou surprise». La notion de viol est ainsi de nouveau élargie, puisque les actes bucco-génitaux commis sur la personne d'autrui (homme ou femme) ou de l'auteur (homme ou femme) sont dorénavant clairement inclus dans sa définition. Le délai de prescription du viol sur un enfant peut désormais être prolongé si la même personne viole ou agresse sexuellement par la suite un autre enfant jusqu'à la date de prescription de cette nouvelle infraction.

La loi du 31 juillet 2012 pose une nouvelle définition du harcèlement sexuel : « I. – Le harcèlement sexuel est le fait d'imposer à une personne, de façon répétée, des propos ou comportements à connotation sexuelle qui soit portent atteinte à sa dignité en raison de leur caractère dégradant ou humiliant, soit créent à son encontre une situation intimidante, hostile ou offensante. II. – Est assimilé au harcèlement sexuel le fait, même non répété, d'user de toute forme de pression grave dans le but réel ou apparent d'obtenir un acte de nature sexuelle, que celui-ci soit recherché au profit de l'auteur des faits ou au profit d'un tiers » (art. 222-33). **Le Conseil d'État a pu en faire application** dans le cadre de la fonction publique pour justifier le prononcé d'une sanction disciplinaire à l'encontre d'un agent public : les propos ou comportements à connotation sexuelle, répétés ou même, lorsqu'ils atteignent un certain degré de gravité, non répétés, qui sont tenus dans le cadre ou à l'occasion du service, qui ne sont pas désirés par celui ou celle qui en est le destinataire et qui ont pour objet ou pour effet soit de porter atteinte à sa dignité, soit, notamment lorsqu'ils sont le fait d'un supérieur hiérarchique ou d'une personne qu'elle pense susceptible d'avoir une influence sur ses conditions de travail ou le déroulement de sa carrière, de créer à l'encontre de la victime une situation intimidante, hostile ou offensante[519]. Ces faits sont punis de deux ans d'emprisonnement et de 30 000 euros d'amende. La loi n° 2013-711 du 5 août 2013 a modifié notamment la définition de l'infraction d'agression sexuelle : « le fait de contraindre une personne par la violence, la menace ou la surprise à subir une atteinte sexuelle de la part d'un tiers » (C. pén., art. 222-22-2 nouveau).

La loi n° 2018-703 du 3 août 2018, renforçant la lutte contre les violences sexuelles et sexistes, élargit la définition du harcèlement en ligne afin de pouvoir réprimer les cas où une personne est victime d'une attaque coordonnée de plusieurs internautes, même lorsque chacune des personnes n'a pas agi de façon répétée. Le juge pourra distinguer l'instigateur et les comparses et adapter les peines à la gravité des actes commis. Elle crée **une infraction d'outrage sexiste**, pour réprimer le harcèlement dit « de rue » (jusqu'à 3 000 euros en cas de récidive). L'outrage sexiste est caractérisé par des propos ou des comportements à connotation sexuelle ou sexiste qui soit porte atteinte à sa dignité en raison de son caractère dégradant ou humiliant, soit crée à son encontre une situation intimidante, hostile ou offensante. La loi sanctionne également le fait d'user de tout moyen pour apercevoir les parties intimes d'une personne à son insu ou sans son contentement.

1001 **CEDH. –** La CEDH a fondé sur les articles 3 et 8, **l'intégrité physique sexuelle, le refus des relations sexuelles et l'obligation étatique d'organiser une répression pénale**[520]. L'effet horizontal de la Convention joue ici son rôle. Au-delà, la question de la portée du consentement à tous types de relations pose **celle de savoir qui de l'individu ou de l'État détermine ce qui est pratique sexuelle et ce qui ne l'est pas**. C'est dans le domaine du choix des pratiques sexuelles que la Cour a suscité les réactions doctrinales les plus vives. Le choix que la Cour y opère en faveur d'une autonomie quasi absolue de l'individu, et ce au prix d'une évolution très rapide de sa jurisprudence, conduit en effet à faire du consentement de l'individu l'*alpha* et l'*omega* des relations humaines.

1002 **Liberté des pratiques sexuelles – Premier temps – Affaire** ***Laskey*****. –** Cela avait pourtant commencé dans une atmosphère plus classique autour d'un ordre public porteur de limites morales socialement sanctionnées.

519. CE, 15 janv. 2014, *La Poste SA*, à propos d'un chef d'équipe qui s'était comporté de manière très familière avec plusieurs agents féminins placés sous son autorité, en particulier à l'égard de l'une d'entre elles, par des attentions particulières, des propos et des gestes déplacés et réitérés malgré les refus, sur une période de plus de dix ans.
520. CEDH, 4 déc. 2003, *M.C. c. Bulgarie*.

L'affaire *Laskey, Jaggard et Brown c. RU*[521] avait en effet tourné à l'avantage de l'État qui pouvait s'immiscer dans l'intimité d'adultes homosexuels, parfaitement consentants à des pratiques sadomasochistes au sein d'une organisation de 44 membres, échangeant des vidéos de leurs ébats, lesquels conduisent à des atteintes sérieuses à l'intégrité physique (brûlures au fer rouge notamment). La Cour y **admet que l'État puisse condamner à de la prison ferme trois des protagonistes en raison des coups et blessures occasionnés**. À cette occasion, la Cour fait observer que toute pratique sexuelle menée à huis clos ne relève pas nécessairement du domaine de l'article 8 en raison des dimensions de la pratique qui n'avait plus grand-chose d'intime, ce qui conduit à penser que les mesures prises à leur encontre ne sont pas disproportionnées.

1003 **Liberté des pratiques sexuelles - Second temps - Affaire** *K.A. et A.D. c. Belgique* **(17 février 2005). -** La Cour **est revenue sur son raisonnement pour ne plus admettre d'ingérence dans la liberté sexuelle qui ne soit le fruit d'une demande d'un individu qui ne consent plus à des atteintes à son intégrité physique**. Dans le domaine de la sexualité, haut lieu de l'expression de la personnalité, le consentement de la victime des coups et blessures exonère son partenaire de sanctions pénales. Les faits étaient pourtant cruels et en d'autres lieux qualifiés de traitements inhumains, voire de torture en raison de la vulnérabilité des victimes. Il s'agissait de deux couples se laissant aller à une escalade dans la pratique du sadomasochisme au point que la cour d'appel reconnut les maris, avec trois autres personnes, coupables de coups et blessures volontaires, d'incitation à la débauche ou à la prostitution (le premier requérant fut condamné à un an d'emprisonnement). Certaines scènes enregistrées en vidéo montrent la victime hurlant de douleur face à des bourreaux ignorant que la victime criait « pitié ! », le mot par lequel il aurait été convenu entre les intéressés que la victime pouvait immédiatement mettre fin aux opérations en cours. Nul doute que la violence utilisée à cette occasion ainsi que la douleur, l'angoisse et l'humiliation infligées à la victime, et la perte de tout contrôle de la situation par des protagonistes fortement alcoolisés, ont ôté tout plaisir à la scène. Pourtant, la Cour conclut à une ingérence dans la vie privée, même si celle-ci est considérée comme proportionnée en raison de l'absence de consentement. **Si l'ingérence est bien prévue par la loi et répond à un but légitime, la sanction étatique doit encore se fonder sur un besoin social impérieux ce qui impose, notamment, qu'elle demeure proportionnée au but légitime recherché.** Le domaine des relations sexuelles est l'un des plus intimes de la sphère privée[522]. Il en résulte que le droit pénal ne peut, en principe, intervenir dans le domaine des pratiques sexuelles consenties qui relèvent du libre arbitre des individus. Il faut dès lors qu'il existe des « raisons particulièrement graves » pour que soit justifiée, aux fins de l'article 8 § 2 de la Convention, une ingérence des pouvoirs publics dans le domaine de la sexualité. Pour la Cour, « si une personne peut revendiquer le droit d'exercer des pratiques sexuelles le plus librement possible, une limite qui doit trouver application est celle du respect de la volonté de la « victime » de ces pratiques, dont le propre droit au libre choix quant aux modalités d'exercice de sa sexualité doit aussi être garanti. Ceci implique que les pratiques se déroulent dans des conditions qui permettent un tel respect, ce qui ne fut pas le cas ». Finalement, l'individu est seul maître de donner ou non une signification sexuelle à son comportement, ce qui ne laisse pas de poser question.

C. Le droit de nouer des relations personnelles

1004 La vie privée implique en outre de pouvoir nouer des relations avec ses semblables, y compris sous des formes institutionnalisées comme le mariage. L'article 8 s'oppose à la non-exécution du droit de visite d'une grand-mère sur sa petite-fille[523].

521. CEDH, 19 févr. 1997.
522. CEDH, 27 sept. 1999, Smith et Grady c. Royaume-Uni.
523. CEDH, 14 janv. 2021, *Terna c. Italie*, n° 21052/18.

1. Le principe général de la « vie privée » sociale

1005 Droit d'entretenir des relations avec d'autres êtres humains. – En 1976, la Commission des droits de l'homme lie **le droit au respect de la vie privée avec « le droit d'établir et d'entretenir des relations avec d'autres êtres humains, notamment dans le domaine affectif pour le développement et l'accomplissement de sa propre personnalité »**[524]. Cette position fait écho à celle de la Cour de cassation qui protège au titre de la vie privée l'ensemble des relations sentimentales[525]. Mieux encore, « la garantie offerte par l'article 8 de la Convention est principalement destinée à assurer le développement, sans ingérences extérieures, de la personnalité de chaque individu dans les relations avec ses semblables »[526]. Ce besoin de socialisation peut **également sauver un étranger menacé d'éloignement** vers un pays dont il a la nationalité sans y avoir aucune attache, ayant vécu sans interruption depuis la naissance dans le pays qui l'expulse où il a toutes « ses relations personnelles, sociales et économiques » et analyse les mesures d'éloignement comme une ingérence dans la « vie privée sociale » des intéressés[527].

Le Conseil d'État semble faire droit à cette conception. Il annule ainsi certaines dispositions du décret du 30 septembre 2010 **portant code de déontologie du service pénitentiaire en ce qu'il interdit, de manière trop générale et absolue, aux agents d'avoir des relations avec les anciens détenus**[528].

Le Conseil constitutionnel a lui aussi inclus le droit de nouer des relations dans le droit de mener une vie familiale normale, le droit au respect de la vie privée et la liberté d'aller et de venir. Il a ainsi censuré l'article 434-35 du Code pénal qui **réprimait la communication, par tout moyen, avec une personne détenue** et laissait au pouvoir réglementaire le soin de poser des exceptions, sans les encadrer. La loi a méconnu les exigences découlant du principe de légalité des délits et des peines[529]. Toutefois, en se basant sur ce principe, il s'est focalisé sur la spécificité du détenu et non sur la liberté de communication, ce qui paraît anormalement restrictif. Il a tout de même **validé l'article L. 228-1 du Code de la sécurité intérieure qui interdit de se trouver en relation directe ou indirecte avec certaines personnes**, nommément désignées, dont il existe des raisons sérieuses de penser que leur comportement constitue une menace pour la sécurité publique si elles sont en lien avec le risque de commission d'actes de terrorisme. Simplement, l'État doit tenir compte des liens familiaux de l'intéressé et s'assurer de ne pas porter une atteinte disproportionnée au droit de mener une vie familiale normale ; la mesure ne doit pas dépasser une durée totale cumulée de douze mois et un juge doit intervenir au-delà de trois mois[530].

2. La liberté du mariage

1006 Notion. – Le mariage est une institution contractuelle civile qui copie (copiait ?) au plus près une institution commune aux religions. Elle a pour principe de « **créer un lien de droit stable qui permet tout à la fois des relations patrimoniales stables, une association juridiquement solidaire entre un homme et une femme** »[531] et la fondation d'une famille, même si les deux droits sont distincts[532].

1007 Source constitutionnelle. – Pour le Conseil constitutionnel : « le principe de la liberté du mariage est une des composantes de la liberté individuelle »[533]. Depuis novembre 2003, elle est une **composante de la liberté**

524. Com. EDH, 13 mai 1976, *X. c. Islande*.
525. Cass. 2e civ., 26 nov. 1975, *Soc. Éditions parisiennes associées c. G.*
526. CEDH, 24 févr. 1998, *Botta c. Italie*.
527. CEDH, 9 oct. 2003, *Slivenko c. Slovénie*.
528. CE, 11 juin 2012, n° 347148, Section française de l'Observatoire international des prisons.
529. CC, 24 janvier 2017, *Mme Audrey J.*, n° 2016-608 QPC [Délit de communication irrégulière avec un détenu].
530. CC, 29 mars 2018, n° 2017-695 QPC, *M. Rouchdi B. et autre*.
531. Com. EDH, 13 déc. 1979, *Hamer c. Royaume-Uni*.
532. CEDH, Gr. Ch., 11 juill. 2002, *Goodwin c. RU*.
533. CC, déc. du 13 août 1993, loi relative à la maîtrise de l'immigration.

personnelle protégée par les articles 2 et 4 de la Déclaration de 1789. Son respect s'oppose à ce que le caractère irrégulier du séjour d'un étranger fasse obstacle, par lui-même, au mariage de l'intéressé. Le législateur viole cette liberté en prévoyant le signalement à l'autorité préfectorale de la situation d'un étranger accomplissant les formalités de mariage sans justifier de la régularité de son séjour et la transmission au préfet de la décision du procureur de la République de s'opposer à la célébration du mariage. On notera par exemple que le Conseil constitutionnel a jugé qu'en subordonnant le mariage d'une personne en curatelle à l'autorisation du curateur ou à défaut, à celle du juge, le législateur n'a pas privé la liberté du mariage de garanties légales[534]. La loi dissuade ainsi les intéressés de se marier[535]. Pour le **Conseil d'État, il s'agit d'un principe général du droit**[536].

1008 Source européenne. – L'article 12 de la Convention EDH énonce qu'« à partir de l'âge nubile, l'homme et la femme ont le droit de se marier et de fonder une famille selon les lois nationales régissant l'exercice de ce droit ». La CEDH condamne les États qui ne mettent pas tout en œuvre de manière raisonnable pour permettre aux détenus de se marier[537]. Elle impose donc aux États de reconnaître le droit au mariage des personnes ayant changé de sexe[538]. Pour autant, le droit au mariage se lit positivement **sans se concrétiser par un droit de divorcer**[539]. De son côté, l'article 9 de la Charte des droits fondamentaux de l'Union le consacre : « le droit de se marier et le droit de fonder une famille sont garantis selon les lois nationales qui en régissent l'exercice ». Ainsi le **caractère hétérosexuel de l'union se trouve effacé, tandis que les États retrouvent une autonomie plus importante**. La Cour européenne désavoue la législation grecque qui prohibe le mariage entre anciens belle-sœur et beau-frère (mariage entre alliés en ligne collatérale jusqu'au troisième degré)[540].

1009 Limites. – Le droit au mariage s'entend toujours dans les limites de l'ordre public et de la fraude à la loi. Il s'agit notamment de donner les moyens aux pouvoirs publics de s'opposer à des « mariages blancs ». En **1993, la décision** *Maîtrise de l'immigration* **avait permis au Conseil constitutionnel d'admettre le principe d'un contrôle des pouvoirs publics**. Le ministère public peut s'opposer au mariage, sous le contrôle du tribunal de grande instance, lorsque les époux n'ont recherché que l'obtention de la nationalité française, à condition d'établir l'absence de communauté de vie. L'âge légal du mariage, qui était de quinze ans pour les jeunes filles, a été modifié par la loi du 4 avril 2006 en vue de lutter contre les mariages forcés[541].

La France **lutte aussi contre la pratique des mariages religieux pratiqués avant (ou tout simplement sans) le mariage civil**. Selon l'article 433-21 CP, en effet, « tout ministre d'un culte qui procédera, de manière habituelle, aux cérémonies religieuses de mariage sans que ne lui ait été justifié l'acte de mariage préalablement reçu par les officiers de l'état civil sera puni de six mois d'emprisonnement et de 7 500 euros d'amende. » Certains imams ont ainsi écopé de sanctions. Cette règle a pour but d'éviter la polygamie mais aussi d'éviter que des normes religieuses ne concurrencent la loi civile dans l'établissement des liens entre personnes. Or, il est en pratique très difficile d'identifier un « mariage » sous les traits de coutumes qui n'instituent pas exactement les mêmes choses.

La loi du 24 août 2021, confortant le respect des principes de la République, lutte contre la polygamie en refusant des titres de séjour et les pensions de réversion, et renforce la lutte contre les **mariages forcés**. En cas de suspicion, l'officier de l'état civil devra s'entretenir individuellement avec chaque futur époux. Si des doutes persistent, il devra saisir le parquet. Le texte prévoyait aussi qu'un titre de séjour pouvait être refusé ou retiré à un étranger s'il est établi qu'il a manifesté un rejet des principes de la République. Le Conseil constitutionnel a censuré cet article, en raison de son imprécision. De même, l**a délivrance de certificats de virginité est** punie

534. CC, 29 juin 2012, déc. nº 2012-260 QPC, *M. Roger D.*
535. CC, 20 nov. 2003, déc. nº 2003-484 DC.
536. CE, Ass., 18 janv. 1980, *Bargain*.
537. CEDH, 17 oct. 1986, *Rees c. RU* et 5 janv. 2010, *Frasik c. Pologne*.
538. CEDH, 11 juill. 2002, *Christine Goodwin c. RU* ; pour la CJCE, 7 janv. 2004, *KB c. RU*.
539. CEDH, 18 déc. 1986, *Johnston*.
540. CEDH, 5 sept. 2019, *Theodorou et Tsotsorou c. Grèce*, req. nº 57854/15.
541. Art. 144, C. civ. : « L'homme et la femme ne peuvent contracter mariage avant dix-huit ans révolus ».

d'un an de prison et de 15 000 euros d'amende, de même pour le fait de contraindre une personne à se soumettre à un tel certificat.

Enfin, le 14 octobre 2010, la France a ratifié la **convention des Nations unies sur le consentement au mariage**, l'âge minimum du mariage et l'enregistrement des mariages du 7 novembre 1962 qui exige le libre et plein consentement des deux parties, ce consentement devant être exprimé par elles en personne, en présence de l'autorité compétente pour célébrer le mariage et de témoins, après une publicité suffisante, conformément aux dispositions de la loi.

1010 **Homosexualité – Liberté du mariage.** – Aux yeux de la CEDH[542] « en garantissant le droit de se marier l'article 12 (art. 12) vise le mariage traditionnel entre deux personnes de sexe biologique différent. Son libellé le confirme : il en ressort que le but poursuivi consiste essentiellement à protéger le mariage en tant que fondement de la famille. [...] Les limitations en résultant ne doivent pas le restreindre ou réduire d'une manière ou à un degré qui l'atteindraient dans sa substance même, mais on ne saurait attribuer un tel effet à l'empêchement apporté, au Royaume-Uni, au mariage de personnes n'appartenant pas à des sexes biologiques différents ». La CEDH a eu l'occasion de se prononcer directement dans le cadre du droit autrichien[543]. La Cour constate que **du point de vue de la vie privée, un couple d'homosexuels qui vit une liaison stable relève de la notion de « vie familiale »**, au même titre que la relation d'un couple de sexes opposés dans la même situation mais qu'aucun consensus ne se dégage parmi les États membres du Conseil de l'Europe. Cela laisse à chaque État membre le soin de décider dans son ordre juridique, comme le fait d'ailleurs la Charte de l'Union européenne. Si la Convention doit être interprétée comme un tout, l'article 14 en combinaison avec l'article 8 ne crée pas une situation de discrimination. En droit interne, le **13 mars 2007, la première chambre civile de la Cour de cassation a estimé « qu'en l'état de la loi française actuelle, le mariage n'est possible qu'entre un homme et une femme ». Cela ne méconnaît pas la Convention EDH** (articles 8, 12 et 14 prohibant les discriminations notamment fondées sur le sexe) ni la CDFUE. **Le Conseil constitutionnel n'a pas jugé la réserve du mariage pour les couples de sexe différent contraire au principe d'égalité** (le grief tiré de ce que le dernier alinéa de l'article 75 du Code civil et l'article 144 du même code méconnaissent le principe d'égalité devant la loi doit être écarté)[544]. Là encore, la France se situe dans la moyenne des solutions. La décision n° 2010-92 QPC ne voit pas dans le droit à une vie de famille normale le fondement d'un droit au mariage des couples de même sexe, comme l'ont jugé la Cour allemande et la Cour italienne[545]. Le Conseil refuse de donner « sa » lecture de la liberté du mariage. Au contraire, à l'occasion d'un recours contre la loi limitant le remboursement des frais occasionnés par une procédure d'assistance médicale à la procréation, la Cour de Karlsruhe a pu légitimer le fait que la loi traite différemment les couples mariés et les autres. N'étant pas un traitement thérapeutique mais le moyen de fonder une famille, il n'est pas incongru de se fonder sur la stabilité du mariage comme critère de distinction[546]. **Le Parlement français a consacré la liberté du mariage des couples de même sexe par la loi du 17 mai 2013**[547]. La loi ouvre également la voie de l'adoption à ces couples mariés. Ce texte reconnaît par ailleurs les mariages entre deux personnes du même sexe célébrés à l'étranger avant l'entrée en vigueur de la loi. Il rend aussi possible la célébration du mariage en France lorsque les futurs époux, dont l'un au moins a la nationalité française, vivent dans un pays qui n'autorise pas le mariage entre deux personnes de même sexe. Confrontés à des conventions

542. CEDH, 17 oct. 1990, *Rees c. RU*.

543. CEDH, 24 juin 2010, Schalk et Kopf c. Autriche.

544. CC, 28 janv. 2011, déc. n° 2010-92 QPC.

545. Certes, le Conseil juge que le dernier alinéa de l'article 75 et l'article 144 du Code civil ne font pas obstacle à la liberté des couples de même sexe de vivre en concubinage ou de bénéficier du cadre juridique du pacte civil de solidarité, ce qui écarte l'atteinte au droit de mener une vie familiale normale, mais ce même droit n'implique pas le droit de se marier pour les couples de même sexe. On objectera que la Cour italienne a rendu la même solution (la Cour pose que le libre développement de la personnalité n'impose pas positivement de reconnaître le mariage homosexuel), mais ce serait occulter les longs raisonnements que les juges italiens ont consacré à la nécessité de fournir un cadre juridique aux couples homosexuels, sans exclure qu'il s'agisse du mariage (déc. n° 138, 14 avr. 2010, *AIJC* 2010, p. 708).

546. CCF, 28 févr. 2007, 1re ch., 1, BvL 5/03, *BVerFGE*, tome 117, p. 316, *AIJC* 2008, p. 605.

547. Loi n° 2013-404 du 17 mai 2013 ouvrant le mariage aux couples de personnes de même sexe et modifiant diverses dispositions relatives à l'état civil et au Code de procédure civile, le décret n° 2013-429 du 24 mai 2013 et l'arrêté du même jour fixant le modèle de livret de famille ainsi que la circulaire du 29 mai 2013 de présentation de la loi ouvrant le mariage aux couples de personnes de même sexe.

internationales qui privilégient la loi personnelle d'un étranger dont le pays est hostile au mariage entre personnes du même sexe, les juges autorisent le mariage, parfois contre l'avis du ministère public[548]. Dans cette même affaire, en référé-liberté, **le Conseil d'État a même estimé que le refus du titre de séjour pour pouvoir se marier (entre un Sénégalais et un Français vivant au Maroc) est une atteinte à la liberté du mariage** comme liberté fondamentale[549]. De la même manière, **selon la CJUE, un État ne peut refuser d'admettre sur son territoire le conjoint de même sexe d'un de ses ressortissants qui s'est marié légalement dans un autre État membre**[550].

3. Le droit à une vie familiale normale

1011 Notion. – Alors que le droit français n'a pas pour coutume de séparer les deux notions de vie privée et de vie familiale[551], le texte et l'esprit de la Convention EDH tendent à créer une différence inclusive : **chacun a sa vie privée qui exige de pouvoir mener une vie de famille normale, c'est-à-dire de la fonder et de vivre avec elle**. La famille s'appréhende ici subjectivement comme le lieu d'élection des liens personnels alors même qu'elle est aussi l'objet de politiques publiques qui promeuvent globalement un modèle de famille et de vie familiale « normale ». **Cela permet notamment d'interdire la polygamie** après l'avoir tolérée sur certains territoires comme Mayotte. Les restrictions apportées par la loi au regroupement familial des polygames et les sanctions dont celles-ci sont assorties ne sont pas contraires à la Constitution[552]. Le fait, pour une personne engagée dans les liens du mariage, d'en contracter un autre avant la dissolution du précédent, est puni d'un an d'emprisonnement et de 45 000 euros d'amende (art. 147 CC et art. 433-20 CP).

1012 Sources. – Elles sont essentiellement européennes même si **l'alinéa 10 du préambule de 1946** dispose que « La Nation assure à l'individu et à la famille les conditions nécessaires à leur développement ». Le principe de protection de la famille en découle[553], et l'institution de nouvelles formes de solidarité des personnes, comme le pacte civil de solidarité, n'y porte pas atteinte[554].

Les Pactes des Nations unies le reconnaissent (**art. 1er PIDESC ; art. 17 PIDCP**) comme la Convention relative aux droits de l'enfant. L'article 9 de la CDFUE consacre également le droit de se marier et le droit de fonder une famille. Les juges français l'ont consacré sous forme de **principe général du droit ou de principe constitutionnel à propos des étrangers**[555]. Pour l'essentiel, **l'article 8 de la Convention EDH** fournit la base des solutions internes[556].

1013 La fondation de la famille (voir aussi les développements relatifs au droit à une filiation). – Le droit à une vie familiale normale de l'article 8 **ne signifie pas le droit de fonder une famille. L'adoption n'est ainsi pas un droit**[557]. L'arrêt *S. H. et autres c. Autriche*[558] a été l'occasion pour la CEDH de censurer une interdiction de recourir au don de gamètes pour une fécondation *in vitro*. L'État prétendait pourtant que le recours aux ovules d'une donneuse créerait des relations familiales inhabituelles. La Cour lui répond que les relations familiales ne s'inscrivent pas dans le schéma classique parent-enfant reposant sur un lien biologique direct, qu'elles existent depuis l'institution de l'adoption. Mais dans son arrêt de Grande chambre, la Cour accorde une marge

548. CA Chambéry, 22 oct. 2013, *D.* 2013, 2464.
549. CE, ord., 9 juill. 2014, n° 382145.
550. CJUE, 5 juin 2018, Coman c. Inspectoratul General pentru Imigrari, aff. C-673/16.
551. Faisant de la vie de chaque membre de la famille la vie privée de tous : TGI Nanterre, 10 nov. 1999, *Charlotte et Pierre C.*
552. CE, Ass., 11 juillet 1980, *Montcho*, Lebon, p. 315 ; CC, 13 août 1993, 93-325 DC, cons. 77.
553. CC, 29 décembre 2013, 2013-685 DC, cons. 5 et 6.
554. CC, 9 novembre 1999, 99-419 DC, cons. 77, 78, 81 et 82.
555. CE, Ass., 8 déc. 1978, *Gisti* ; CC, 13 août 1993, déc. n° 93-325 DC.
556. CE, 18 janv. 1991, *Beldjoudi* et CEDH, 26 mars 1992, *Beldjoudi c. France*.
557. CEDH, 26 févr. 2002, *Fretté c. France*.
558. CEDH, 1er avr. 2010.

d'appréciation suffisante pour admettre des restrictions au sujet de la création de rapports caractérisés par une discordance entre la réalité sociale et la réalité biologique[559]. Concernant le recours à l'assistance médicale à la procréation on renverra aux développements qui y sont consacrés.

1014 Une vie familiale « recomposée ». - La famille que la CEDH protège se définit très subjectivement, suivant en cela l'évolution de la société. Elle n'est pas liée au mariage mais **tient compte de la nécessité pour les enfants de conserver des liens avec leurs parents et pour les parents d'entretenir des relations avec les enfants dont ils assument, ou ont assumé, l'éducation**. Elle peut englober d'autres liens « familiaux » *de facto* lorsque les parties cohabitent en dehors du mariage[560]. Une relation qui dura deux ans et dont un enfant est né se place donc sous le sceau de la vie familiale et se juge comme pour un couple légalement marié et dans une situation comparable[561]. À ce titre, la Cour impose **une stricte égalité des filiations naturelles et légitimes**, y compris en matière de successions[562], égalité consacrée en droit français depuis la loi du 3 décembre 2001[563]. La vie familiale implique « l'existence d'éléments supplémentaires de dépendance, autres que les liens affectifs normaux »[564]. La jurisprudence de la CEDH se montre particulièrement favorable à **l'établissement de tous les liens familiaux susceptibles de promouvoir l'épanouissement personnel ou le rejet de liens non souhaités**. Ainsi, les relations entre enfant adopté et parent adoptif entrent dans la vie familiale[565] mais aussi la tradition marocaine de la *kefala* (sorte d'adoption simple)[566]. De même, dans un arrêt *Kroon et autres c. Pays-Bas* du 27 octobre 1994, la Cour a reconnu le droit fondamental d'un père naturel à combattre la présomption de paternité légitime. Dans l'affaire *Pascaud c. France*, la Cour a condamné la France dans le cas d'un individu n'ayant pu **faire établir sa filiation biologique véritable** car son père a été placé sous sauvegarde de justice puis est décédé. Ces éléments n'auraient pas dû empêcher l'expertise génétique[567]. La Cour refuse néanmoins de faire de l'accès aux tests génétiques un vrai droit. Lors d'une affaire concernant un homme contestant sa paternité[568], la Cour « rappelle avoir déjà jugé que la nécessité de protéger les tiers peut exclure la possibilité de les contraindre à se soumettre à quelque analyse médicale que ce soit, notamment à des tests ». Le refus judiciaire d'ordonner un test ADN n'a pas rompu le juste équilibre devant exister entre les intérêts en présence. Pour la CEDH il n'y a pas violation des articles 6 et 8 de la Convention EDH.

Cependant, **dans le cadre du transsexualisme, la Cour se montre plus réservée** : elle admet que l'État refuse qu'une personne transgenre puisse être enregistrée comme le père de l'enfant de sa compagne issu d'une insémination artificielle avec donneur[569]. De même, la Cour a rejeté l'existence d'une vie « familiale », dans le cas d'un père qui n'avait jamais vécu avec son fils et n'avait eu avec celui-ci que des contacts sporadiques[570].

1015 Le droit de vivre avec sa famille - CEDH. - La CEDH contrôle la proportionnalité des ingérences que constituent **les placements d'enfants lors des enquêtes pour maltraitance** des parents envers les enfants. L'État doit mettre en œuvre les mesures les moins intrusives possible notamment en permettant toujours les contacts entre parents et enfants tant que la culpabilité n'est pas établie[571]. La liste des limites possibles à ce droit est longue mais

559. CEDH, Cr. ch., 3 nov. 2011, *S.H. et autres c. Autriche*, n° 57813/00.
560. CEDH, 18 déc. 1986, Johnston et autres c. Irlande.
561. CEDH, 26 mai 1994, *Keegan c. Irlande*.
562. CEDH, 13 juin 1979, *Marckx c. Belgique*.
563. Cette égalité a été imposée par la Cour européenne, malgré les réticences de la Cour de cassation qui refusait de considérer comme contraire à l'article 8 les dispositions de l'article 760 du Code civil qui établissaient une inégalité successorale au détriment de l'enfant adultérin (*CEDH, 1er févr. 2000, aff. 34406/97, Mazurek c/France*). Voir aussi CEDH, 21 juill. 2011, n° 16574/08, *Fabris c. France* et CEDH, Gr. Ch., 7 févr. 2013, n° 16574/08, *Fabris c. France*.
564. CEDH, 7 nov. 2000, Kwakye-Nti et Dufie c. Pays-Bas (déc.).
565. CEDH, 22 juin 2004, *Pini et Bertani et a. c. Roumanie*.
566. CE, 24 mars 2004, Min. Aff. soc. c. B.
567. CEDH, 16 juin 2011, n° 19535/08.
568. CEDH, 6 déc. 2011, n° 2899/05, *yilik c. Turquie*.
569. CEDH, 22 avr. 1997, X., Y., Z., c. Royaume-Uni.
570. CEDH, 28 oct. 1998, *Söderbäck c. Suède*.
571. CEDH, 23 mars 2010, *M.A.K. et R.K. c. RU*.

la CEDH vérifie surtout la nécessité et la proportionnalité de l'ingérence[572]. L'égalité des droits entre époux implique l'égalité des droits respectifs des parents envers leurs enfants[573]. La Cour européenne peut ainsi condamner le placement puis la déclaration d'abandon d'une enfant en famille d'accueil par les services sociaux contre la volonté de sa mère, une ouvrière agricole en état d'indigence extrême alors qu'elles vivaient ensemble au sein d'une cellule familiale élargie et malgré les procédures d'opposition initiées par la mère contre la déclaration d'abandon et la suspension des visites[574]. **L'État peut être tenu de prendre des mesures positives comme le fait de permettre les visites des parents à leurs enfants placés dans un foyer d'accueil**[575]. À l'inverse, le retour, après neuf ans auprès d'une mère d'accueil, d'un enfant auprès de ses parents est conforme à la Convention dans la mesure où tous les éléments ont été pesés, mais pas le refus automatique d'un droit de visite à sa famille d'accueil[576].

CEDH, [GC], 10 septembre 2019, *Strand Lobben et autres c. Norvège*, req. n° 37283/13

En 2008, à la naissance de l'enfant, les services de protection de l'enfance avaient estimé que la mère avait besoin d'assistance pour s'en occuper : d'abord placés dans un centre familial puis très vite séparés, l'enfant est confié à une famille d'accueil, puis en 2011, le bureau d'aide sociale délivra une ordonnance aux fins de déchoir la mère de ses droits parentaux et d'autoriser les parents de la famille d'accueil à adopter l'enfant. Pour l'État, c'était avec ses parents d'accueil que l'enfant avait noué des liens fondamentaux, ayant vécu avec eux pratiquement depuis sa naissance. Dans son arrêt de chambre, du 30 novembre 2017, la Cour a conclu à la non-violation de l'article 8, compte tenu de l'absence d'amélioration de l'aptitude maternelle de la requérante lors de ses visites à l'enfant. Mais la Grande chambre a renversé cette lecture car **les autorités internes n'ont pas cherché à se livrer à un véritable exercice de mise en balance entre les intérêts de l'enfant et ceux de sa famille biologique, mais se sont concentrées sur les intérêts de l'enfant au lieu de s'efforcer de concilier les deux** ensembles d'intérêts en jeu, et que de surcroît, elles n'ont pas sérieusement envisagé la possibilité d'une réunion de l'enfant et de sa famille biologique. La requérante s'était mariée et avait eu un second enfant, mais le tribunal de district n'avait pas jugé cet élément décisif. La mère au fond n'avait jamais eu sa chance.

1016 **Le droit de vivre avec sa famille – Constitution. –** L'article 352 du Code civil s'oppose à toute reconnaissance d'un enfant à compter de son placement en vue de l'adoption, pose problème pour une reconnaissance paternelle d'un enfant né sous X. En effet, dès lors que le placement de l'enfant peut intervenir dès l'expiration d'un délai de deux mois après son recueil par le service de l'aide sociale à l'enfance, le père de naissance, lorsqu'il ignore les date et lieu de naissance de l'enfant, peut être dans l'impossibilité de le reconnaître avant son placement en vue de l'adoption et donc d'en solliciter la restitution. Par ailleurs, en s'opposant à toute reconnaissance de l'enfant dès son placement en vue de l'adoption, **ces dispositions privilégieraient la filiation adoptive en méconnaissance de la filiation biologique et du droit de l'enfant à être élevé par ses géniteurs et du père d'élever son enfant**. Le Conseil constitutionnel[577], à ce propos, a rappelé que l'intérêt supérieur de l'enfant découle des dixième et onzième alinéas du préambule de la Constitution de 1946 et estime que le code entend lui assurer une vie familiale stable. Quant au père, la Cour de cassation juge qu'il peut agir même s'il ignore les

572. CEDH, 24 mars 1988, *Olsson* : à propos de l'intervention de services sociaux.
573. CEDH, Gr. ch., 8 juill. 2003, *Sahin c. Allemagne*.
574. CEDH, 18 juin 2013, n° 28775/12, *R.M.S. c. Espagne*.
575. CEDH, 22 juin 1989, *Eriksson c. Suède*.
576. CEDH, 9 avr. 2019, *V.D. et autres c. Russie*, req. n° 72931/10.
577. CC, 7 févr. 2020, n° 2019-826 QPC, *M. Justin A.* [Placement en vue de l'adoption d'un enfant né d'un accouchement sous le secret].

détails de la naissance et dès avant celle-ci et même après lorsque l'enfant n'est précisément identifié qu'après son placement. Cette conciliation n'est pas manifestement déséquilibrée.

1017 Le droit de vivre avec sa famille – Union européenne. – La Cour de justice de Luxembourg œuvre elle aussi en faveur de la vie familiale des ressortissants de l'Union en interprétant la **directive n° 2004/38 relative au droit des citoyens de l'Union et des membres de leur famille de circuler et de séjourner librement sur le territoire d'un autre État** membre comme s'appliquant aux tiers à l'Union conjoints des citoyens de l'Union, privant les États de la possibilité de dresser des barrières[578].

1018 Homoparentalité (avant 2008). – L'homoparentalité se trouve en effet au cœur des débats. S'agissant de **l'adoption d'un enfant par un couple homosexuel, le Code civil réserve la possibilité de l'adoption aux couples mariés depuis plus de deux ans, ou âgés l'un et l'autre de plus de 28 ans, ou à toute personne célibataire âgée de plus de 28 ans** (art. 343 et 343-1, C. civ.). Or, dans les faits, il était difficile à une personne homosexuelle d'obtenir l'agrément préalable à l'adoption, et la jurisprudence administrative justifiait les refus d'agrément prononcés pour ce motif par les autorités du département[579].

1019 Homoparentalité. CEDH. – Dans l'arrêt *Fretté c. France* **du 26 février 2002**, la CEDH juge qu'un refus d'agrément à l'adoption opposé à un homosexuel ne relève ni de la « vie familiale » ni de la « vie privée », mais que, néanmoins, le grief de discrimination en raison de l'orientation sexuelle tombe sous l'empire de l'article 8 par le droit d'accès à l'adoption reconnu en droit interne. L'absence de consensus entre les États européens conduisait la CEDH à laisser aux autorités nationales le soin de choisir leur pratique en ce domaine[580], jusqu'à un arrêt *E.B. c. France* **du 22 janvier 2008**[581], par lequel la CEDH a condamné la France en estimant que le refus d'un agrément d'adoption, demandé par une jeune femme homosexuelle, même s'il n'était pas fondé sur ce choix mais sur l'absence de référent masculin dans l'entourage, était implicitement discriminatoire à son égard (violation des articles 8 et 14 combinés). Le juge administratif semble désormais s'aligner sur cette position. La Cour européenne met d'ailleurs les couples homosexuels et les autres sur un pied d'égalité s'agissant d'adoption[582].

CEDH, 30 juin 2016, *Taddeucci et McCall c. Italie*, n° 51362/09

L'affaire concerne l'impossibilité faite en Italie à un couple homosexuel d'obtenir un permis de séjour pour raison familiale. Ne pouvant pas se marier ou, à l'époque des faits, obtenir un autre mode de reconnaissance juridique de leur union en Italie, ils ne pouvaient être qualifiés « d'époux » par le droit national. **En décidant de traiter les couples homosexuels de la même manière que les couples hétérosexuels n'ayant pas régularisé leur situation, l'État a enfreint le droit des requérants de ne pas subir de discrimination** fondée sur l'orientation sexuelle dans la jouissance de leurs droits au regard de l'article 8 de la Convention.

1020 Homoparentalité. Droit interne. – En droit civil, **la Cour de cassation a cassé les décisions du fond refusant d'accorder l'exequatur d'un jugement d'adoption américain accordant l'autorité parentale à la compagne de la mère d'une petite fille en qualité de « parente »**, estimant que « le refus d'exequatur fondé sur la contrariété à l'ordre public international français de la décision étrangère suppose que celle-ci comporte

578. CJUE, 12 mars 2014, aff. C-456/12 et C-457/12, O., B., S. et G. / Minister voor Immigratie, Integratie en Asiel.
579. CAA Nancy, 21 déc. 2000, *Mlle B.*
580. CEDH, 26 févr. 2002, *Fretté c. France*.
581. CEDH, Gr. ch., 22 janv. 2008, *E.B. c. France*, n° 43546/02.
582. CEDH, 19 févr. 2013, n° 19010/07, *X et autres c. Autriche*.

des dispositions qui heurtent des principes essentiels du droit français ; qu'il n'en est pas ainsi de la décision qui partage l'autorité parentale entre la mère et l'adoptante d'un enfant »[583]. Mais le même jour, elle rappelle que si l'article 377, alinéa 1er, du Code civil ne s'oppose pas à ce qu'une mère seule titulaire de l'autorité parentale en délègue tout ou partie de l'exercice à la femme avec laquelle elle vit en union stable et continue, c'est à la condition que les circonstances l'exigent et que la mesure soit conforme à l'intérêt supérieur de l'enfant. S'agissant de l'adoption simple, **la Cour de cassation juge, depuis 2007, que l'adoption simple n'est pas conforme à l'intérêt de l'enfant dès lors que la mère biologique entend continuer à élever cet enfant.** Il en résulte que l'adoption d'un enfant mineur au sein du couple n'est possible que si le couple est marié. Cette interprétation est jugée conforme à la Constitution[584] : la différence de situation entre les couples mariés et ceux qui ne le sont pas justifiés, dans l'intérêt de l'enfant, une différence de traitement quant à l'établissement de la filiation adoptive à l'égard des enfants mineurs. Par deux avis du 22 septembre 2014[585], la Cour de cassation a estimé que « le recours à l'assistance médicale à la procréation, sous la forme d'une insémination artificielle avec donneur anonyme à l'étranger, ne fait pas obstacle au prononcé de l'adoption, par l'épouse de la mère, de l'enfant né de cette procréation, dès lors que les conditions légales de l'adoption sont réunies et qu'elle est conforme à l'intérêt de l'enfant ». Il n'y a donc pas fraude à la loi.

Néanmoins, **l'autorité parentale peut se partager**. En 2011[586], saisie des demandes d'adoption « croisée » de deux concubines vivant ensemble depuis 2000 ayant chacune un enfant né par insémination artificielle, la Cour de cassation rejette au motif que d'une part, la mère de l'enfant perdrait son autorité parentale en cas d'adoption de son enfant alors qu'elle présente toute aptitude à exercer cette autorité et ne manifeste aucun rejet à son égard, et que d'autre part, **l'article 365 du Code civil ne prévoit le partage de l'autorité parentale que dans le cas de l'adoption de l'enfant du conjoint**, et qu'en l'état de la législation française, les conjoints sont des personnes unies par les liens du mariage. Admise par le Conseil constitutionnel[587], cette solution est également conforme aux exigences européennes car l'intérêt de l'enfant demeure une limite admise. Dans **l'affaire** *Gas et Dubois*[588], deux femmes vivant en concubinage depuis 1989, ont, en 2002, conclu un PACS. En 2000, l'une d'elles a donné naissance en France à une fille conçue en Belgique par procréation médicalement assistée avec donneur anonyme. Sa partenaire forma en 2006 une requête en adoption simple de l'enfant, rejetée par les tribunaux français. La Cour conclut qu'il n'y a pas eu en l'espèce de violation de l'article 14 de la Convention car les conséquences du transfert de l'autorité parentale à la partenaire, entraînant la perte de l'autorité parentale de la mère, auraient été contraires à l'intérêt de l'enfant.

Depuis **la loi du 17 mai 2013** ouvrant le mariage aux couples de personnes de même sexe, selon le nouvel article 6-1 du Code civil, « **le mariage et la filiation adoptive emportent les mêmes effets, droits et obligations reconnus par les lois, à l'exclusion de ceux prévus au titre VII du livre 1er du présent code, que les époux ou les parents soient de sexe différent ou de même sexe** ». Désormais, l'enfant précédemment adopté par une seule personne, en la forme simple ou plénière, peut l'être une seconde fois, par le conjoint de cette dernière, en la forme simple. L'adoption plénière de l'enfant du conjoint est permise lorsque l'enfant a fait l'objet d'une adoption plénière par ce seul conjoint et n'a de filiation établie qu'à son égard. La Cour de cassation[589] a **écarté l'adoption plénière d'un enfant par la concubine de la mère biologique car l'adoption plénière d'un enfant confère à l'adopté une filiation se substituant à la filiation d'origine.** Elle précise toutefois que l'adoption plénière de l'enfant du conjoint est permise notamment lorsque l'enfant n'a de filiation légalement établie qu'à l'égard de ce conjoint. En l'espèce, la demanderesse était la concubine de la mère. Elle ne disposait pas du statut légal de conjoint. Comme l'avait admis la Cour européenne, l'adoption ne conduit plus nécessairement à l'effacement des premiers liens de filiation[590]. Avant la loi, la jurisprudence accordait une délégation-partage de

583. Cass. 1re civ., 8 juill. 2010.
584. CC, 6 oct. 2010, déc. n° 2010-39 QPC.
585. Cass., Avis, 22 sept. 2014, n° 15010 et 15011.
586. Cass. 1re civ., 9 mars 2011, n° 10-10385.
587. CC, 6 oct. 2010 QPC, n° 2010-39.
588. CEDH, 15 mars 2012, n° 25951/07, *Gas et Dubois c. France*.
589. Cass. 1re civ., 28 févr. 2018, n° 17-11069.
590. CEDH, 13 déc. 2007, *Emonet et autres c. Suisse*, *JCP G* 2008. I. 110, n° 9 obs. F. Sudre, *RTD civ.* 2008, p. 255.

l'autorité parentale, mais refusait l'adoption simple de l'enfant du partenaire de même sexe pour des motifs tirés de règles de l'autorité parentale. Néanmoins, pour la Cour, le droit au respect de la vie privée et familiale garanti à l'article 8 de la Convention de sauvegarde des droits de l'homme et des libertés fondamentales n'impose pas de consacrer, par une adoption, tous les liens d'affection, fussent-ils anciens et établis.

La CEDH impose des obligations positives pour la réalisation de la vie familiale ; mais elle n'impose pas l'adoption plénière d'un enfant par l'ancienne compagne de sa mère biologique ou d'un acte de notoriété établissant la filiation, par possession d'état, entre un enfant et l'ancienne compagne de sa mère biologique[591]. À condition qu'il existe d'autres instruments permettant d'obtenir une reconnaissance de la relation entre un enfant et un adulte (partage de l'exercice de l'autorité parentale avec sa compagne ou son ex-compagne) et d'ainsi exercer à son égard des droits et des devoirs qui se rattachent à la parentalité et aboutit ainsi, dans une certaine mesure, à une reconnaissance en droit de leur relation. En l'espèce, les intéressés avaient mené une vie familiale comparable à celle de la plupart des familles après la séparation du couple parental. La Cour en a conclu qu'eu égard à la marge d'appréciation dont disposait l'État défendeur, fût-elle réduite lorsque les intérêts supérieurs d'enfants mineurs sont en cause, il n'y avait pas eu manquement de l'État défendeur à son obligation de garantir le respect effectif de la vie privée des intéressés.

1021 Homoparentalité. Accès à l'assistance médicale à la procréation (voir les développements spécifiques à l'AMP). – Par ailleurs, jusqu'en 2021, l'accès à la procréation médicalement assistée était réservé aux couples hétérosexuels sans que l'on puisse, là encore, parler de discrimination faute d'un « droit à l'enfant » qui en serait le support.

Depuis la publication de la **loi du 2 août 2021**, relative à la bioéthique, l'article L. 2141-2 dispose que « l'assistance médicale à la procréation est destinée à répondre à un projet parental. **Tout couple formé d'un homme et d'une femme, ou de deux femmes, ou toute femme non mariée ont accès à l'assistance médicale à la procréation,** après les entretiens particuliers des demandeurs avec les membres de l'équipe médicale clinicobiologique pluridisciplinaire effectués selon les modalités prévues à l'article L. 2141-10. Cet accès ne peut faire l'objet d'aucune différence de traitement, notamment au regard du statut matrimonial ou de l'orientation sexuelle des demandeurs ». De ce fait, la Cour européenne[592] a relevé que les couples de femmes qui ont eu recours à une assistance médicale à la procréation (AMP) à l'étranger avant le 4 août 2021 ont, pendant trois ans, la possibilité de reconnaître conjointement l'enfant dont la filiation n'est établie qu'à l'égard de la femme qui a accouché, ce qui a pour effet d'établir également la filiation à l'égard de l'autre femme, et qu'une telle option était ouverte dans une des deux affaires. Elle a également constaté que, dans l'autre affaire, l'enfant étant aujourd'hui majeur, son adoption simple par la requérante était envisageable.

1022 Cas des étrangers. – Le **droit à une vie familiale normale bénéficie aussi aux étrangers** mais avec des restrictions nécessaires et admissibles dans une société démocratique[593]. Le Conseil d'État[594] consacre **l'extension de la qualité de réfugié aux membres de la famille immédiate** selon un principe général du droit déduit de l'unité de la famille. Le 22 août 1996, le Conseil d'État a rendu un avis conseillant d'accorder la régularisation des étrangers si la vie familiale en dépend. La jurisprudence développe essentiellement la garantie européenne : les mesures d'éloignement des étrangers ne peuvent excéder ce qui est nécessaire à l'ordre public et ne sauraient remettre en cause le droit aux relations personnelles dans le cadre familial. Le même type de décision se fonde, **concernant le droit des enfants, sur la convention de New York,** dont l'applicabilité se trouve par ailleurs très contestée. Le Conseil d'État a ainsi décidé qu'était illégale la décision d'un préfet de renvoyer en Turquie un enfant que sa mère avait introduit irrégulièrement en France alors que cet enfant n'avait pas

591. CEDH, 24 mars 2022, *C.E. et autres c. France*, n° 29775/18 et 29693/19.
592. CEDH, 24 mars 2022, *C.E. et autres c. France*, préc.
593. Les États conservent le droit de contrôler l'entrée des non-nationaux : CEDH, 21 déc. 2001, *S. c. Pays-Bas*.
594. CE, 2 déc. 1994, *A*.

d'attache familiale en Turquie[595]. Le Conseil d'État a également renoncé à expulser un ressortissant algérien pourtant condamné à douze ans de réclusion criminelle en raison de son absence d'attache avec l'Algérie et de la présence d'un enfant en France[596]. La **polygamie peut cependant exclure l'application de l'article 8 de la Convention EDH au profit d'une des épouses**[597]. Pour autant, les critères d'appréciation de la vie familiale dans le contexte d'une expulsion sont nombreux : nature et gravité de l'infraction commise, durée du séjour, période écoulée entre l'infraction et la mesure d'éloignement et conduite de l'intéressé durant cette période, nationalité des diverses personnes concernées, caractère effectif de la vie familiale, de la naissance d'enfants et de leur âge ou encore de la gravité des difficultés que risque de connaître le conjoint dans le pays d'origine de l'intéressé, intérêt et bien-être des enfants en raison de la gravité des difficultés qu'ils pourraient rencontrer dans le pays de destination, solidarité des liens sociaux, culturels et familiaux dans le pays hôte et le pays de destination[598]. La **Cour recherche si les personnes vivent effectivement ensemble et s'il existe entre elles un rapport de dépendance, notamment pécuniaire**, y compris pour des personnes homosexuelles[599]. La vie familiale peut être future, un enfant étant à naître[600]. Le droit au regroupement familial concrétise aussi bien des aspects[601].

Le droit des réfugiés au regroupement familial implique que l'administration enregistre la demande de visa de leurs conjoints et enfants dans un délai raisonnable. En l'absence de convocation dans les deux mois, les intéressés peuvent saisir le juge du référé-suspension[602].

Ce **droit au regroupement familial** doit se concilier (difficilement) avec l'infraction d'aide au séjour irrégulier. Dans le cas d'un ressortissant marocain hébergeant le père du bébé que sa fille attend, en situation irrégulière, mais en attente d'une décision de regroupement familial, la Cour a pu conclure que la condamnation était justifiée mais que si l'article 8 ne se trouve pas violé ce n'est que parce que les juridictions françaises ont décidé de ne pas procéder à l'exécution de la peine[603]. La Cour européenne peut fonder sur l'interdit de la discrimination une condamnation de l'interprétation restrictive de la notion de « membre de la famille » pour les couples homosexuels quand cela fait obstacle à l'octroi du permis de séjour pour raison familiale[604].

1023 **Cas des détenus. –** La **Cour condamne les peines accessoires qui privent les détenus de relations avec leurs enfants**[605]. Dès lors, **les détenus doivent pouvoir entretenir des relations avec leur famille**, ce qui amène désormais le Conseil d'État à faire sortir de la catégorie des mesures d'ordre intérieur les décisions de déplacement des détenus dont la vie de famille serait compromise[606]. Dans son arrêt *Lavents c. Lettonie* du 28 novembre 2002[607], la CEDH relève qu'il y a ingérence dans le droit du requérant au respect de sa vie familiale en raison de l'interdiction, sur simple arrêté ministériel, faite à son épouse et sa fille mineure de lui rendre visite pendant qu'il se trouvait en prison : la mesure critiquée n'était donc pas « prévue par la loi ». Par ailleurs, la Cour relève que l'épouse et la fille n'ont pas été autorisées à lui rendre visite pendant plusieurs périodes allant jusqu'à près d'un an et sept mois ce qui n'était pas « nécessaire dans une société démocratique ». La Cour européenne n'a pas désavoué les autorités françaises qui avaient refusé à une détenue, pour infractions graves liées au terrorisme, de se recueillir sur la dépouille de son père sous escorte en raison de ses antécédents, du contexte

595. CE, 22 sept. 1997, *C.*
596. CE, 31 juill. 1996, *K.*
597. CE, 2 oct 1996, Préfet du Calvados c. L.
598. CEDH, 18 oct. 2006, *Ü. c. Pays-Bas.*
599. CEDH, 22 avr. 1997, X, Y et Z c. Royaume-Uni.
600. CE, 28 sept. 2001, *Préfet du Cher c. C.*
601. Décret du 29 avr. 1976 ; CE, 8 déc. 1978, *Gisti, CFDT et CGT* ; préambule de 1946 ; CC, 13 août 1993, déc. n° 93-325 DC.
602. CE, 9 juin 2022, n° 457936 et 455754.
603. CEDH, 10 nov. 2011, *Mallah c. France.*
604. CEDH, 30 juin 2016, *Taddeucci et McCall c. Italie*, n° 51362/09.
605. CEDH, 28 sept. 2004, *Sabou et Pircalab c. Roumanie* : l'intérêt de l'enfant doit passer avant toute considération et seul un comportement particulièrement indigne peut autoriser qu'une personne soit privée de ses droits parentaux dans l'intérêt supérieur de l'enfant.
606. CE, Ass., 14 déc. 2007, *Payet, et a contrario* CE, ord. réf., 9 avr. 2008, *Rogier.*
607. N° 58442/00.

de sortie difficilement organisable et du fait que la détenue bénéficiait régulièrement de visites de ses proches[608].

Le Conseil constitutionnel[609] a ainsi censuré l'article 434-35 du Code pénal qui réprimait la communication, par tout moyen, avec une personne détenue et laissait au pouvoir réglementaire le soin de poser des exceptions, sans les encadrer. La loi a méconnu les exigences découlant du principe de légalité des délits et des peines.

La loi doit-elle imposer, pour déterminer le lieu d'exécution de la détention provisoire, de tenir compte du domicile du détenu ou des membres de sa famille ? Pas nécessairement, pour le Conseil constitutionnel[610] : ce lieu est déterminé afin d'assurer une proximité avec celui où siège la juridiction d'instruction, devant laquelle la personne mise en examen est appelée à comparaître au cours de l'information judiciaire pour faciliter l'extraction. Ensuite, la détention provisoire ne peut excéder une durée raisonnable, au regard de la gravité des faits reprochés à la personne mise en examen et de la complexité des investigations nécessaires, sans excéder des durées maximales. Enfin, au cours de l'instruction, les détenus peuvent bénéficier de visites au moins trois fois par semaine. L'effectivité de cette garantie peut varier en fonction de la distance, mais d'autres dispositions (visite trimestrielle dans une unité de vie familiale ou un parloir familial, dont la durée est fixée « en tenant compte de l'éloignement du visiteur » ; droit de téléphoner et de correspondre par écrit) visent à permettre le maintien des liens familiaux.

608. CEDH, 11 avril 2019, *Guimon c/France*, n° 48798/14.
609. CC, 24 janvier 2017, *Mme Audrey J.*, n° 2016-608 QPC [Délit de communication irrégulière avec un détenu].
610. CC, 21 janvier 2021, 2020-874/875/876/877 QPC, paragr. 6 à 13.

EXERCICE D'AUTOÉVALUATION

1. Sur quelles sources s'appuie la liberté corporelle ?
2. La prostitution est-elle une liberté ?
3. Est-il discriminatoire de ne pas ouvrir l'assistance médicale à la procréation à tous ?
4. Peut-on imposer une intervention chirurgicale avant d'autoriser le changement de sexe à l'état civil ?
5. Qu'est-ce qu'un domicile ?
6. Les « personnages publics » ont-ils encore une vie privée ?
7. À quelles conditions un site internet peut-il placer des « cookies » dans un terminal informatique ?
8. Les États peuvent-ils mettre en place une surveillance généralisée des communications ?
9. Un établissement scolaire peut-il installer des caméras de reconnaissance faciale et des caméras thermiques ?
10. Quelle protection pour les données personnelles de santé ?

RÉPONSES

1. Cela dépend des systèmes. Si le concept général est l'autonomie personnelle, elle relève en droit constitutionnel des articles 2 et 4 de la DDHC, la liberté personnelle, implicitement reconnue par la décision du Conseil constitutionnel relative à l'IVG en 1975 et plus explicitement rattachée en 2000. En droit de la Convention européenne, est visé l'article 8, le droit à la vie privée, devenu droit à l'autonomie avec l'arrêt *Diane Pretty c. RU*, en 2001, qui fonde l'idée de pouvoir disposer de soi, au risque d'en souffrir ou d'en mourir. Le droit de l'Union européenne a consacré un tel droit avec le droit à la vie privée et rattache les choix de vie soit à la non-discrimination, soit à la libre circulation.

2. Souvent perçu par le grand public comme une simple « tolérance », le fait d'être rémunéré pour des rapports sexuels que le droit de l'Union assimile à une prestation de service (comme le Conseil d'État qui l'a intégré en 1917 à la liberté du commerce et de l'industrie), peut aussi se fonder sur le droit au respect de la vie privée et la liberté corporelle. Cela explique que dans certains pays cette activité soit instituée et réglementée comme toute autre, dans d'autres librement exercée et toujours taxée. Cependant, le risque d'exploitation, toujours avéré et internationalisé, conduit à réprimer le bénéfice des tiers et, en France, sanctionner les clients. La police administrative générale peut aussi en interdire la pratique dans certains lieux et à certains moments si elle génère des troubles du voisinage. Il s'agit donc d'une liberté, à plusieurs titres et d'une liberté dont il est difficile de s'assurer dans les faits qu'elle est choisie et sans risque. Des conventions internationales veillent ainsi à ce qu'elle ne dégénère pas en traite des êtres humains, ce qu'elle est le plus souvent.

3. On a vu que la notion de discrimination se distingue du principe d'égalité devant la loi. Cependant, selon la jurisprudence, et contre un sentiment général, aucun des deux n'impose que les techniques procréatives soient accessibles à tous ; ni ne s'y opposent, au contraire. En effet, il faut d'abord établir l'existence d'un droit ou d'une liberté à accéder à ces techniques. Ce que certains appellent le « droit à l'enfant ». Un tel droit n'est pas explicitement consacré, et dans les faits, on ne sait pas encore imaginer que l'État soit contraint de fournir un enfant à chacun. La Cour européenne a cependant considéré que, même sur le fondement du droit au respect de la vie privée, on ne peut considérer l'adoption comme un droit. Tout juste, lorsque l'État créé une procédure d'adoption, pour donner des parents à un enfant, et non l'inverse, aucune

discrimination ne doit frapper le demandeur (ni l'orientation sexuelle, ni l'âge ou le sexe, les origines...). Néanmoins, les juges ont été interrogés sur le droit d'accéder aux techniques procréatives et donc à un droit de tenter d'avoir artificiellement un enfant. La Cour européenne, comme le Conseil constitutionnel ou le Conseil d'État ont posé qu'il n'y a pas rupture d'égalité entre des couples hétérosexuels d'un côté et des couples homosexuels ou des célibataires de l'autre (et bientôt du « trouple »), dans la mesure où l'objet de la loi est de pallier une infertilité physique qui n'est envisagée par la loi que dans le cadre du couple hétérosexuel. L'objet de la différence est en rapport avec celui de la loi. Cette différenciation est-elle discriminatoire, directement ou indirectement ? Elle le serait si un authentique droit à ces techniques existait ; ce que la Cour européenne n'est pas loin de reconnaître sur le fondement de la vie privée, si elle ne ménageait pas la marge d'appréciation de l'État dans un contexte européen encore très hétérogène. Passant outre ses arguties juridiques, le législateur français est en passe de consacrer un égal accès de tous à ces techniques, avec le financement de l'assurance maladie, comme s'il se fût agi donc d'une thérapie... sauf pour les couples d'hommes et les hommes célibataires qui devraient, sinon, requérir la liberté de recourir à une gestatrice tierce. Peu de choses les empêchent de le faire à l'étranger et d'établir la filiation à l'égard de l'enfant biologique au moins.

4. Ce n'est plus aujourd'hui nécessaire en droit français, depuis 2016. Dans l'arrêt *A. P., Nicot et Garçon c. France* (CEDH, 6 avril 2017, *A. P., Nicot et Garçon c. France*), la Cour européenne, a jugé qu'on ne saurait subordonner le changement de la mention du sexe à l'état civil à une stérilisation préalable. La loi du 18 novembre 2016 de modernisation de la justice du XXIe siècle introduit au sein du Code civil une nouvelle section consacrée à « la modification de la mention du sexe à l'état-civil » (C. civ., art. 61-5 à 61-8). Elle octroie, par le truchement du juge, le changement de sexe à toute personne « majeure ou mineure émancipée [...] qui démontre par une réunion suffisante de faits que la mention relative à son sexe ne correspond pas à celui dans lequel elle se présente et dans lequel elle est connue peut en obtenir modification ».

5. Le lieu où l'on peut se sentir « chez soi » en y exerçant ses activités intimes et donc en décidant d'y admettre ou non quelqu'un. Le domicile n'entretient donc pas de lien direct avec le droit de propriété, comme l'a longtemps considéré notre droit. Le domicile des droits fondamentaux n'est donc pas celui du droit fiscal ou commercial même s'il n'est pas toujours étranger à la protection des professions comme dans le cas de l'avocat dont le domicile est protégé comme son cabinet. Ces dernières années, le domicile est de mieux en mieux protégé tout en étant de plus en plus menacé par les législations antiterroristes.

6. Cette notion est d'origine prétorienne (on la doit à la CEDH) et elle concrétise la conciliation entre la liberté d'expression et la vie privée. La première requiert un « droit » du public à l'information sur un débat d'intérêt général, l'autre que chacun puisse, quel que soit son engagement public, préserver son intimité et ses proches. Lorsque c'est l'individu lui-même qui renonce à sa vie privée en faisant profession de son étalage (ce que l'on résume par le terme anglais de people), il paraît normal d'acter de ce recul de la frontière entre sphère publique et sphère privée. À l'inverse, faute d'intérêt général, les artistes ou « célébrités » qui ne livrent pas leurs secrets peuvent les conserver. Mais les personnels politiques ou les personnes exposées par l'actualité doivent au pluralisme une forme de transparence dans la mesure nécessaire à la formation de l'opinion publique sur les points de vie privée intéressant la sphère publique. La frontière est donc fluctuante selon l'actualité et les rôles publics. Ainsi d'une princesse de Monaco qui généralement, faute de fonction officielle, dispose d'une vie privée, mais la perd en partie quand les projecteurs se tournent vers le Rocher en raison du décès de son père.

7. Le principe est celui du consentement au traitement des données. Le cookie est un fichier qui opère un tel traitement, soit pour fournir à l'internaute le service qu'il recherche, soit pour lui permettre d'y revenir plus tard, soit pour recueillir des données sans lien avec cette fourniture de service. Le consentement doit donc être informé par l'indication de ces finalités et express pour chacune ainsi que de la durée de conservation. En pratique, pour les cookies nécessaires au service le consentement est supposé acquis.

8. C'est un des grands enjeux des libertés, particulièrement en raison de la lutte contre le terrorisme. Les États sont tentés de multiplier les dispositifs de captation des données et métadonnées de

communications internet ou téléphoniques mais les droits européens défendent aussi le droit à la vie privée. Du point de vue du droit de l'Union, l'enjeu porte sur l'interprétation de la directive du 15 mars 2006, dite directive *e-Privacy*, qui, pour lutter contre le terrorisme, permet la conservation de toutes les données relatives au trafic en matière de téléphonie fixe et mobile, d'accès à internet, de courrier électronique et de téléphonie via internet. Une interprétation large rassurerait les États mais le CJUE a opté à plusieurs reprises pour des limitations : contre l'absence de lien entre la gravité de l'acte et la quantité de données recueillies (CJUE, Gr. ch., 8 avril 2014, *Digital Rights Ireland*), contre la captation de données non adéquates et transférées à l'étranger (CJUE, gr. ch., 21 déc. 2016, aff. jtes, C-203/15 et C-698/15, *Tele2 Sverige AB*), l'absence de proportionnalité de l'atteinte à la vie privée avec la gravité des faits poursuivis (CJUE, 2 oct. 2018, *Ministerio Fiscal*, C-207/16). La Cour de Strasbourg vérifie cette proportionnalité : durée, divulgation, information de la personne, garanties de recours, clarté du dispositif... (CEDH, 13 sept 2018, *Big Brother Watch et autres c. Royaume-Uni*).

9. La CNIL s'y oppose traditionnellement et le Conseil d'État la suit sur ce terrain. Car, si en soi la biométrie peut être nécessaire à l'authentification et l'identification d'une personne ou d'un document, mais c'est à condition de respecter la proportionnalité entre la finalité et la vie privée. Or, l'identification des élèves à la cantine ne justifie pas un tel traitement de données sensibles par définition, celles du corps. Les caméras thermiques peuvent être utilisées pour des raisons de sécurité, comme pour identifier une personne qui chuterait dans une rivière, ou en cas de pandémie. Mais la finalité ne suffit pas, il faut encore respecter les exigences procédurales du RGPD tenant au consentement, à l'étude d'impact, à la restriction d'accès des personnels aux données (CE, ord., 26 juin 2020, Ligue des droits de l'homme).

10. Les données de santé sont largement définies comme tout ce qui indique, directement ou non, l'état de santé physique ou mentale : les informations collectées lors de contacts avec les services de soins de santé ou lors de la prestation de ces services, les informations obtenues lors du test ou de l'examen d'une partie du corps ou d'une substance corporelle, y compris à partir des données génétiques et d'échantillons biologiques mais aussi les informations concernant une maladie, un handicap, un risque de maladie, les antécédents médicaux, un traitement clinique ou l'état physiologique ou biomédical de la personne concernée. Ces informations peuvent venir du croisement avec d'autres données qui ne touchent pas à la santé au départ (croisement d'une mesure de poids avec d'autres données comme l'activité physique ou les apports caloriques...), ou le devenir par la finalité médicale. Ces données sont sensibles mais connaissent différents régimes selon les usages. Mais doivent être garantis le secret, la nécessité, la légitimité, la sécurité du stockage des données, l'information spéciale des personnes fichées, la durée de conservation... Un statut spécial des hébergeurs de données de santé implique une certification. C'est l'un des derniers terrains du régime d'autorisation sous la coupe de la CNIL. Les normes de sécurité sont renforcées.

CONSEILS DE LECTURE

A. Basdevant, J.-P. Mignard, L'empire des données : essai sur la société, les algorithmes et la loi, Don Quichotte éditions, 2018.

J.-R. Binet, Droit de la bioéthique, LGDJ, Lextenso 2017 (Manuel).

X. Bioy, La liberté personnelle : une autre conception de la liberté ?, Actes du colloque de Toulouse de mai 2005, (codirigé par H. Roussillon), préface de B. Genevois, synthèse de B. Mathieu, PUSST, 2006, 156 p.

X. Bioy, Biodroit : De la biopolitique au droit la bioéthique, LGDJ, coll. Systèmes, 2016, 175 p.

D. Borillo et D. Lochak (dir.), La liberté sexuelle, PUF, 2005.

J.-P. Branlard, Le sexe et l'état des personnes, LGDJ, Bibliothèque de droit privé, 1993.

V. Fauchoux [et al.], Le droit de l'internet, LexisNexis, 2017, 3e édition.

S. Ferrié, Le droit à l'autodétermination de la personne humaine : essai en faveur du renouvellement des pouvoirs de la personne sur son corps, IRJS Éditions, 2018.

O. de Schutter, « Fonction de juger et nouveaux aspects de la vie privée : la notion de « pleine reconnaissance » », in Homosexualités et droit. De la tolérance sociale à la reconnaissance juridique, D. Borillo (dir.), PUF, coll. Les voies du droit, 1998, p. 64.

P. Egea, L'homme et son corps : essai sur les libertés corporelles dans le champ du droit biomédical, thèse doctorat droit public, Paris V, 1997.

B. Feuillet-Ligier (dir.), Principes de protection du corps et Biomédecine : Approche internationale, Bruylant, 2015.

D. Gutmann, Le sentiment d'identité. Étude de droit des personnes et de la famille, LGDJ, Bibliothèque de droit privé, t. 327, 2000.

S. Hennette-Vauchez (dir.), Bioéthique, biopolitique et biodroit, LGDJ, coll. Droit et société, 2006

S. Hennette-Vauchez, Le droit de la bioéthique, La Découverte, coll. Repères Sciences politiques, 2009.

F. Krenc, M. Puéchavy (dir.), Le droit de la famille à l'épreuve de la Convention européenne des droits de l'homme, Actes du colloque organisé le 4 mai 2007 par l'Institut des droits de l'homme du barreau de Bruxelles et l'Institut des droits de l'homme du barreau de Paris, Bruylant, 2008.

J.-J. Lemouland et M. Luby (dir.), Le droit à une vie familiale, Actes du colloque du 30 juin 2006 à l'Université de Pau et des Pays de l'Adour, Dalloz, 2007.

O. Lecucq, La liberté fondamentale du mariage, Colloque du 6 juin 2008, Université de Pau et des Pays de l'Adour, PUAM, 2009.

M.-I. Malauzat, Le droit face aux pouvoirs des données génétiques, PUAM, 2000.

N. Martial, J. Rochfeld (Dir.), Droit des données personnelles – Les spécificités du droit français au regard du RGPD, Dalloz, 2019.

B. Mathieu, La bioéthique, Dalloz-Sirey, coll. Connaissance du droit, 2009.

C. Mecary, G. de la Pradelle, Les droits des homosexuels, PUF, 2003.

E. Millard, Famille et droit public, LGDJ, Bibliothèque de droit public, 1995.

D. Sicard, L'éthique médicale et la bioéthique, PUF, coll. Que sais-je ?, 2015.

F. Sudre (dir.), Le droit au respect de la vie privée au sens de la Convention européenne des droits de l'homme, Bruylant, coll. Droit et justice, 2005.

M. Sztulman, Biométrie et libertés : contribution à l'étude de l'identification des personnes, LGDJ, Bibl. de droit public, 2018.

M. Touzeil-Divina et M. Sweeney (Dir.), Droit(s) au(x) sexe(s), LGDJ, 2017.

N. Veron, Le contrôle de l'utilisation des données biométriques au regard du droit au respect de la vie privée, L'Harmattan 2017 (Bibliothèques de droit).

CHAPITRE 4
La liberté d'expression

1024 Une liberté fondamentale. – La liberté d'expression occupe une place à part dans le paysage des libertés car son rôle ne se limite pas à conférer des prérogatives à l'individu. Il **s'agit aussi d'un droit objectif, d'un principe général qui conditionne l'existence de la démocratie et de l'ensemble des droits fondamentaux**. Le droit de **s'exprimer et celui de recevoir des informations** conditionnent toute vie sociale et politique. Cette liberté rapproche les deux rives du fleuve des droits : celle des droits des anciens, des droits politiques et celle des modernes, des droits civils subjectifs. La liberté d'expression relève donc de la « fondamentalité logique » ou « systémique » comme clef des droits fondamentaux. Le **Conseil constitutionnel en a fait ainsi « une liberté fondamentale, d'autant plus précieuse que son exercice est l'une des garanties essentielles du respect des autres droits et libertés et de la souveraineté nationale »**[1]. Du point de vue de la CEDH, **la liberté d'expression joue un rôle matriciel consacré par l'arrêt du 7 décembre 1976** ***Handyside c. Royaume-Uni*** **qui lui confère une portée très large puisque toutes les formes d'expression se trouvent protégées**.

Cass. crim., 22 septembre 2021, nº 20.85-434, décrocheurs de portraits du président de la République

Dans une affaire singulière, la **Cour de cassation**[2] **estime que la commission d'une infraction peut être un mode d'expression** : plusieurs groupes de militants de la cause écologique se sont introduits dans différentes mairies afin de dérober le portrait officiel du président de la République et, dans certains cas, y substituer une pancarte sur laquelle était inscrite une formule telle que « Urgence sociale et climatique, où est Macron ? ». Pour les condamner, la cour d'appel a affirmé que la liberté d'expression ne peut jamais justifier la commission d'une infraction. Mais, pour la Cour de cassation, dans certaines circonstances particulières, le fait d'incriminer et de punir le comportement d'un

1. Décision des 10 et 11 oct. 1984 relative à la loi visant à limiter la concentration et à assurer la transparence financière et le pluralisme des entreprises de presse.
2. Cass. crim., 22 septembre 2021, nº 20.85-434.

individu peut porter une atteinte excessive à la liberté d'expression garantie par la Convention européenne des droits de l'homme. Il faut examiner de façon concrète l'argument des requérants et évaluer la nécessité d'une condamnation pénale dans une société démocratique.

1025 Liberté plurielle. - Elle dépasse ainsi la liberté d'opinion ou de conscience qui ne s'intéresse qu'au contenu exprimé pour protéger également la forme de la communication selon le type de support, le moment de la communication, les types d'émetteurs et de récepteurs. Cela explique aussi pourquoi **la liberté d'expression se divise en différentes libertés**, en différents régimes attachés à préciser les conditions de l'expression selon qu'il s'agit d'écrit, d'image, d'oral, de support numérique, voire... de messages subliminaux. Les libertés de pensée, de conscience et de religion ont fait pourtant l'objet d'un article à part dans la Convention EDH, l'article 9, dont l'essentiel de la jurisprudence concerne la religion. Il n'en demeure pas moins que la CEDH a affirmé que la liberté de conscience et de penser « représente l'une des assises d'une société démocratique »[3].

Il convient donc de commencer par la consécration de la liberté d'expression, pour approfondir les aspects tenant au soutien que l'État apporte à cette liberté puis les limites que le droit admet.

1026 Proclamation. - Comme l'écrit Philippe Geluck : « La liberté d'expression se mesure à ceci : tant que les journalistes peuvent dire que tout va mal, c'est le signe que tout va bien[4] ». Elle n'a pas été, comme la vie privée par exemple, une liberté que le droit a reconnue après qu'elle se soit inscrite dans les mœurs ; elle n'a pu réellement s'épanouir qu'avec sa consécration juridique. **Les gouvernements autoritaires que la France a connus se sont toujours méfiés de la presse, et les Français ont gardé quelque chose de l'ordre de l'autocensure** et non de la liberté ; il a fallu la proclamer, l'aménager, l'aider.

Section 1
Les sources

1027 Les sources européennes ont aujourd'hui une influence déterminante sur les normes internes.

I. Sources supranationales

A. Le Pacte sur les droits civils et politiques

1028 **L'article 19 stipule que « 1. Nul ne peut être inquiété pour ses opinions. 2. Toute personne a droit à la liberté d'expression ; ce droit comprend la liberté de rechercher, de recevoir et de répandre des informations et des idées de toute espèce, sans considération de frontières, sous une forme orale, écrite, imprimée ou artistique, ou par tout autre moyen de son choix.** 3. L'exercice des libertés prévues au paragraphe 2 du présent article comporte des devoirs spéciaux et des responsabilités spéciales. Il peut en conséquence être soumis à certaines restrictions qui doivent toutefois être expressément fixées par la loi et qui sont nécessaires : a) Au respect des droits ou de la réputation d'autrui ; b) À la sauvegarde de la sécurité nationale, de l'ordre public, de la santé ou de la moralité publiques ». Le Pacte protège ainsi tout à la fois le droit d'exprimer toutes opinions et le pouvoir d'accéder aux opinions d'autrui comme valeur essentielle[5]. Selon le Comité des droits de l'homme :

3. CEDH, 25 mai 1993, *Kokkinakis c. Grèce*, n° 14307/88.
4. Ph. Geluck, *Oh toi le Belge, ta gueule !*, Casterman, 2006.
5. CIDH, Communications n° 1173/2003, *Benhadj* c. *Algérie*, constatations adoptées le 20 juillet 2007.

« Le champ d'application du paragraphe 2 s'étend même à l'expression qui peut être considérée comme profondément offensante, encore que cette expression puisse être restreinte conformément aux dispositions du paragraphe 3 de l'article 19 et de l'article 20[6] ».

B. CEDH

1029 Il ressort de ces premiers éléments que deux conceptions s'opposent entre lesquelles existent des paliers. D'un côté, le système américain suspecte toute limite à la liberté d'expression ; de l'autre, l'Europe et la France particulièrement, entendent préserver l'espace public de tout conflit ou ostracisme.

1. Comparaison avec les États-Unis

1030 **Le marché des opinions.** – La liberté d'expression reste pour le peuple américain une des valeurs les plus élevées de l'Union. Chaque mode d'expression a fait l'objet d'une protection constitutionnelle qui mène à pouvoir (presque) tout dire. **L'idée maîtresse réside dans le libre marché des idées (doctrine défendue par le juge Holmes**[7], juge à la Cour suprême au début du XXe siècle, et aujourd'hui largement admise) : chacun doit pouvoir proposer ses idées et entendre toutes les autres, la raison et la vérité triomphant d'elles-mêmes sans encadrement public. Il n'en demeure pas moins une forte autolimitation des professions des médias ou de l'art qui se dotent de mécanismes corporatistes de censure (exemple du cinéma). **Le Premier amendement pose, par exemple, pour la Cour suprême, une présomption d'inconstitutionnalité à l'égard de tout régime préventif** (*prior restraint*), à l'exception de la communication audiovisuelle[8] en dépit du *Communication Act* de 1934 qui proclame la liberté de communication. Ce principe est d'ailleurs repris pour l'internet[9]. L'État ne peut donc intervenir que pour assurer la survie de la libre concurrence.

1031 **Expression et vie privée aux États-Unis.** – Les rapports qu'entretiennent aux États-Unis la liberté d'expression et la vie privée se pensent un peu différemment du système européen. Outre-atlantique, **le droit à l'information l'emporte sur la sphère intime qui n'est plus nécessairement privée dès lors que l'individu exerce des responsabilités collectives.** La qualité du choix des différents acteurs de la société dépend de leur transparence quant à leur mode de vie, leurs convictions, leur passé. Si le droit de propriété et la *privacy* sont sacrés, ce n'est que pour celui qui n'y renonce pas en s'investissant dans la sphère collective.

1032 **La conception européenne.** – Elle est caractérisée par l'encadrement public et la possibilité de maintenir ponctuellement des régimes préventifs. **L'esprit européen repose davantage sur la notion d'espace public.** C'est au XVIIIe siècle, selon J. Habermas, avec le capitalisme, qu'apparaît le « principe de publicité » pour protéger la société civile et sa pratique du secret contre l'État et imposer la discussion des choix politiques. L'espace public est le lieu de médiation entre la société civile et l'État. Les études d'Habermas sur cette notion éclairent à la fois l'idée de démocratie et le principe d'une intervention volontaire de l'État pour organiser et aménager les procédures de débat public et d'information. **L'État limite la liberté d'expression pour en assurer à tous une jouissance apaisée et efficace.** Si la liberté d'expression est fortement protégée quand il est question de débat politique, cela ne saurait se faire au bénéfice de la haine raciale[10].

---

6. Comité des droits de l'homme, 102e session, Genève, 11-29 juillet 2011, Observation générale n° 34 – Article 19 : Liberté d'opinion et liberté d'expression : « 3. La liberté d'expression est une condition nécessaire pour la réalisation des principes de transparence et d'obligation de responsabilité qui sont eux-mêmes essentiels à la promotion et la protection des droits de l'homme. »
7. Voir son opinion séparée sous *Abraham v. United States*, 205 US 616 (1919).
8. Cour suprême des États-Unis, *Near v. Minnesota*, 283 US 697, 713 (1931).
9. Telecommunication Act, 8 févr. 1996.
10. CEDH, 16 juill. 2009, *Féret c. Belgique*.

1033 **En France, la tolérance aux limitations de la liberté d'expression paraît comparativement plus forte.** Les idées de République et de lien social, dont l'État a été le bâtisseur au fil des siècles, impliquent de limiter ce qui pourrait monter les Français les uns contre les autres.

1034 **La loi** n° 2018-1202 du 22 décembre 2018, relative à la **lutte contre la manipulation de l'information** (dite anti « *fake news* »), entend lutter contre des campagnes massives de diffusion de fausses informations destinées à modifier le cours normal du processus électoral par l'intermédiaire des services de communication en ligne en introduisant une **nouvelle action en référé** devant le juge civil dont la mise en œuvre est limitée **aux périodes pré-électorale et électorale**, en vue d'obtenir sous quarante-huit heures (si ces fausses informations sont diffusées « de manière artificielle ou automatisée » et « massive ») des mesures visant à faire cesser la diffusion de fausses informations par des tiers tels que les hébergeurs, plateformes et fournisseurs d'accès à internet, et ce indépendamment de toute mise en cause de leur responsabilité. De même, **l'ARCOM (ex-CSA) peut empêcher la diffusion de services de télévision contrôlés par un État étranger et qui portent atteinte aux intérêts fondamentaux de la Nation ou participent à une entreprise de déstabilisation de ses institutions et suspendre la diffusion d'un service conventionné, en période électorale**. Les hébergeurs internet sont soumis à l'obligation de mettre en place un dispositif facilement accessible et visible permettant à toute personne de porter à leur connaissance des contenus constitutifs de fausses informations, d'une part, et de relayer promptement auprès des autorités publiques compétentes les signalements relatifs à ces contenus transmis par les internautes, d'autre part. Les plates-formes numériques (Facebook, Twitter, etc.) sont soumises à des obligations de transparence lorsqu'elles diffusent des contenus contre rémunération. Celles qui dépassent un certain volume de connexions par jour doivent avoir un représentant légal en France et rendre publics leurs algorithmes. Dans sa décision du 20 décembre 2018[11], le Conseil constitutionnel a précisé, pour concilier le principe constitutionnel de sincérité du scrutin et la liberté constitutionnelle d'expression et de communication, que **le juge ne pouvait faire cesser la diffusion d'une information que si le caractère inexact ou trompeur de l'information était manifeste et que le risque d'altération de la sincérité du scrutin** était également manifeste.

En 2021[12], pour lutter contre la désinformation, est institué le fichier de vigilance et de protection contre les ingérences numériques étrangères, aux mains du secrétaire général de la défense et de la sécurité nationale.

> Le 16 décembre 2020[13], le Conseil a mis en demeure RMC Story pour l'émission Les grandes gueules, consacrée ce jour-là à la pandémie de Covid-19, durant laquelle l'invité du « grand oral » de l'émission s'est exprimé à plusieurs reprises sur cette pandémie (qui selon lui régressait et n'était pas plus qu'un rhume), mais aussi sur la maladie de Lyme (qui aurait été créée en laboratoire par l'armée américaine) et le paludisme de façon extrêmement péremptoire, sans que les thèses avancées (ayant au demeurant donné publiquement lieu à de nombreux débats publics) n'aient été véritablement discutées. Les déclarations de l'invité sur le recul de l'épidémie et de la mortalité ne reflétaient manifestement pas, en l'état des informations alors disponibles, la situation épidémique en France et dans le monde. Or, d'une part, cet invité était le seul membre du corps médical présent en plateau et, d'autre part, ces déclarations n'ont pas fait l'objet d'une contradiction suffisante par les autres participants, ni par les journalistes. Cette situation caractérise un manquement de l'éditeur aux stipulations de la convention passée avec le CSA et aux dispositions de l'article 1 er de la délibération du 18 avril 2018, auxquelles il renvoie.

11. CC, 20 déc. 2018, n° 2018-773 DC.

12. Décret n° 2021-1587 du 7 décembre 2021 portant autorisation d'un traitement automatisé de données à caractère personnel dans le but d'identifier les ingérences numériques étrangères.

13. Déc. 2020-974.

Le CSA est également intervenu auprès de C8, après la diffusion le 6 avril 2020, dans l'émission *Ce soir chez Baba*, d'une séquence au cours de laquelle l'animateur a communiqué le contenu d'une fausse carte de sortie de confinement, circulant sur le web et qu'il n'a pas songé à vérifier. L'image a ensuite été relayée par d'autres. Le CSA a estimé que cette séquence contrevenait aux obligations de la chaîne en matière d'honnêteté et de rigueur dans la présentation et le traitement de l'information.

2. L'article 10 de la Convention EDH

1035 **Champ.** – Selon le premier paragraphe de **l'article 10, repris à l'article 11 de la CDFUE**, « toute personne a droit à la liberté d'expression ». Ce droit comprend la liberté d'opinion et la liberté de recevoir ou de communiquer des informations ou des idées sans qu'il puisse y avoir ingérence d'autorités publiques et sans considération de frontière. Le présent article n'empêche pas les États de soumettre les entreprises de radiodiffusion, de cinéma ou de télévision à un régime d'autorisations. L'expression consiste donc autant à **exprimer un message qu'à le recevoir** sans que la société ne s'en mêle hormis pour de sérieuses raisons. Il couvre tous les aspects de la communication humaine **jusqu'à la publicité commerciale**[14]. **Tous les supports** sont concernés, même les plus insolites. Dans une affaire jugée le 3 février 2009, était en cause un navire affrété par des associations favorables à la dépénalisation de l'avortement que le gouvernement portugais a refusé de laisser entrer dans ses eaux territoriales (navire militaire à l'appui). Pour la CEDH, ceux qui souhaitent organiser ce type de manifestation « doivent être en mesure de pouvoir choisir, sans interférence déraisonnable des autorités, le mode qu'ils estiment le plus efficace pour atteindre un maximum de personnes »[15]. L'exhibition par une femme de sa poitrine entre dans les prévisions de l'article 222-32 du Code pénal incriminant l'exhibition sexuelle imposée à la vue d'autrui dans un lieu public ou accessible au regard du public, mais, dans le cas des Femen, ce serait une ingérence disproportionnée dans l'exercice de sa liberté d'expression telle que garantie par l'article 10[16]. **L'article 10 protège même l'échange de fichiers piratés sur internet**. La CEDH, dans une décision d'irrecevabilité[17], rejette la requête de deux des cofondateurs de « The Pirate Bay », l'un des plus grands sites internet au monde permettant l'échange de fichiers torrents, qui se plaignaient de leur condamnation pour complicité d'infraction à la loi sur le copyright. La Cour dit en effet que le partage, ou le fait de faciliter le partage, de ce type de fichiers sur internet, même de données protégées par le copyright et à des fins lucratives, relève du droit « de recevoir ou de communiquer des informations » (liberté d'expression). Toutefois, elle estime que les juridictions internes ont procédé à une juste mise en balance du droit de communiquer et la nécessité de protéger la propriété intellectuelle. De même, **l'abstention des juridictions nationales d'engager la responsabilité civile de l'hébergeur d'un forum sur internet après la publication, à propos d'une avocate réputée, de propos anonymes et vulgaires** qu'elle qualifiait de « harcèlement sexuel » n'est pas contraire à l'article 8 si le travail des juges permet de ménager un équilibre entre, d'une part, la vie privée, d'autre part, le droit à la liberté d'expression[18] en tenant compte de la réactivité de l'hébergeur aux signalements, à l'exacte qualification des faits.

La Russie a **violé la liberté d'expression par sa politique de blocage des sites internet**, y compris le blocage « collatéral » (lorsque l'adresse IP bloquée était partagée par plusieurs sites, y compris l'adresse ciblée) ; le blocage « excessif » (lorsque l'ensemble du site a été bloqué en raison d'une seule page ou fichier), et blocage « en gros » (trois médias en ligne ont été bloqués par le procureur général pour leur couverture de certaines informations)[19].

Les personnes morales de droit privé, particulièrement les entreprises, disposent de la liberté d'expression, dans le domaine de la publicité plus particulièrement (CEDH, 20 nov. 1989, *Markt Intern Verlag*). Une société propriétaire d'un portail internet d'informations peut venir se plaindre, au nom de sa propre liberté d'expression,

14. CEDH, 22 mai 1990, *Autronic AG c. Suisse*, à propos d'une antenne parabolique permettant de capter les émissions diffusées par un satellite.
15. CEDH, 3 févr. 2009, *Women on waves c. Portugal*, § 38.
16. Cass. crim., 26 févr. 2020, n° 19-81827.
17. CEDH, 13 avr. 2013, *Neij et Sunde Kolmisoppi c. Suède* (req. n° 40397/12).
18. CEDH, 19 mars 2019, *Høiness c. Norvège*, req. n° 43624/14.
19. CEDH, 23 juin 2020, *Vladimir Kharitonov c. Russie*, req. n° 10795/14.

d'une condamnation pour des injures à l'égard de tiers, mais la Cour européenne a considéré que, pour protéger les droits et intérêts des individus et de la société dans son ensemble, les États contractants pouvaient être fondés à juger des portails d'actualités sur internet responsables sans que cela n'emporte violation de l'article 10 de la Convention, si ces portails ne prennent pas de mesures pour retirer les commentaires clairement illicites, sans délai après leur publication, et ce même en l'absence de notification par la victime alléguée ou par des tiers[20].

L'article 10 peut également, au titre de sa composante « droit à l'information » imposer à l'État **d'informer les usagers de l'administration**, ainsi de communiquer la liste des avocats commis d'office à une ONG qui n'était pas partie à une procédure[21] (voir les développements relatifs à la communication d'actes administratifs).

1036 **Effet horizontal.** – La Cour développe également l'effet horizontal de l'article 10 en **sanctionnant les États qui n'assurent par la liberté de communication lorsque l'atteinte provient des personnes privées**, à condition que le droit interne implique l'action de l'État[22]. C'est le cas, par exemple, de menaces envers des journalistes que l'État doit protéger[23].

II. Les sources nationales

1037 Paradoxalement, l'assise législative est bien antérieure au bloc de constitutionnalité qui s'en inspire. Remettant la hiérarchie à l'endroit, on commencera ici par les sources constitutionnelles.

A. Sources constitutionnelles

1038 **Constitution. – L'article 11 de la Déclaration de 1789 proclame que « la libre communication des pensées et des opinions est un des droits les plus précieux de l'Homme** : tout Citoyen peut donc parler, écrire, imprimer librement, sauf à répondre de l'abus de cette liberté dans les cas déterminés par la loi ». Le Conseil constitutionnel évoque également « le droit d'expression collective des idées et des opinions »[24].

1039 **Protection constitutionnelle.** – Le Conseil constitutionnel veille à ce **qu'aucun régime approchant de l'autorisation ne vienne perturber la liberté de la presse** ; par exemple une loi permettant à la Commission pour la transparence et le pluralisme de la presse d'adresser aux entreprises des mises en demeure et de prescrire les mesures nécessaires au rétablissement du pluralisme[25]. La révision constitutionnelle du 23 juillet 2008 a ajouté à l'article 34 un alinéa qui **attribue à la loi le soin de fixer les règles concernant « la liberté, le pluralisme et l'indépendance des médias »**.

1040 **Conciliation.** – Le Conseil constitutionnel emboîte le pas à la CEDH. À l'occasion d'une question prioritaire de constitutionnalité, après avoir rappelé l'article 10 de la Déclaration de 1789, le Conseil précise que « les atteintes portées à l'exercice de cette liberté doivent être nécessaires, adaptées et proportionnées à l'objectif poursuivi »[26]. **L'exercice de la liberté de communication se concilie avec les contraintes inhérentes aux moyens de la communication audiovisuelle et les objectifs de valeur constitutionnelle** (ordre public, liberté d'autrui). Cela

20. CEDH, 16 juin 2016, n° 64569/09, *Delfi As c. Estonie.*
21. CEDH, 8 novembre 2016, Gr. ch., *Magyar Helsinki Bizottsaq c. Hongrie*, n° 18030/11.
22. CEDH, 29 févr. 2000, *Fuentes Bobo c. Espagne.*
23. CEDH, 16 mars 2000, *Özgür Gündem c. Turquie.*
24. CC, 18 janv. 1995, déc. n° 94-352 DC, cons. 21.
25. CC, 11 oct. 1984.
26. CC, 28 mai 2010, déc. n° 2010-3 QPC, cons. 6.

dépend donc de l'état de la maîtrise des techniques et des nécessités économiques d'intérêt général[27]. Cette conciliation dépend de la loi. Selon la Cour de cassation « la liberté d'expression est un droit dont l'exercice ne revêt un caractère abusif que dans les cas spécialement déterminés par la loi », ce qui implique que les juges ne peuvent qualifier de fautifs des contenus mensongers qui ne sont pas diffamatoires[28]. **La liberté d'expression semble exclure toute répression qui serait par trop dissuasive et nuirait à l'information du public, particulièrement en cas de campagne électorale**. Le Conseil constitutionnel a donc censuré le nouvel article 131-26-2 du Code pénal introduisait une peine complémentaire obligatoire prévoit que l'inéligibilité est obligatoirement prononcée pour certains délits de presse punis d'une peine d'emprisonnement. Or, la liberté d'expression revêt une importance particulière dans le débat politique et dans les campagnes électorales. Dès lors, pour le Conseil « pour condamnables que soient les abus dans la liberté d'expression visés par ces dispositions, en prévoyant l'inéligibilité obligatoire de leur auteur, le législateur a porté à la liberté d'expression une atteinte disproportionnée »[29].

B. La loi de 1881 et ses développements

1041 La loi sur la liberté de la presse constitue le socle, le modèle de portée générale, de l'ensemble des autres supports de communication. La liberté d'expression autant que ses limitations ont été pensées, pour la plupart, pour et avec la presse écrite. Depuis, les normes qui ont pu être étendues aux autres médias et supports de communication l'ont été, les autres adaptées. La toile de fond demeure l'intervention de l'État pour assurer le pluralisme et éviter les abus.

1. La liberté de la presse écrite

1042 **La consécration.** – L'article 1er de **la loi du 29 juillet 1881** proclame que « **l'imprimerie et la librairie sont libres** ». La liberté de la presse écrite constitue le berceau de l'ensemble des régimes qui concrétisent la liberté d'expression à propos des différents supports. **Elle s'applique à tout propos rendu public, qu'il soit écrit ou non, et diffusé en France**[30]. Cette liberté connaît le même type de garantie et de contrôle, mais aussi des problèmes récurrents tenant notamment à la situation monopolistique de certains distributeurs et de certains syndicats comme celui du livre.

1043 **La loi.** – La loi de 1881 est divisée en **cinq chapitres** : le premier est relatif à la librairie et à l'imprimerie ; le deuxième est lié au régime administratif de la presse (obligation de déclaration, formalités de dépôt des publications, droit de rectification au profit des autorités publiques, droit de réponse) ; le troisième traite de l'affichage public et électoral ; le quatrième liste les incriminations (provocation aux crimes et délits, les délits contre la chose publique et ceux contre les personnes) ; le dernier chapitre établit un régime de responsabilité pénale.

1044 **Statut.** – En dépit de la liberté de principe, la liberté de la presse n'en est pas moins très encadrée juridiquement. Un décret du 31 décembre 1993 **a institué une déclaration auprès du parquet** pour tout nouveau titre paraissant, ainsi que le dépôt de quelques exemplaires.

---

27. CC, 11 juill. 2001, déc. n° 2001-450 DC, cons. 16.
28. Cass. 1re civ., 10 avr. 2013, n° 12-10177.
29. CC, 8 septembre 2017, n° 2017-752 DC, Loi pour la confiance dans la vie politique.
30. L'individu qui s'exprime dans un lieu privé devant des journalistes qu'il a conviés à une conférence de presse tient des propos publics au seul motif « qu'il avait intentionnellement convié des journalistes afin que ses propos fussent publiés », Cass. crim., 23 juin 2009.

2. L'affichage

1045 **Affichage.** – La loi de 1881, révisée sur ce point bien des fois, notamment par celle du 9 décembre 2004, régit également l'affichage ; elle posait dans son article 68 **un principe général de liberté de l'affichage. L'article 15 précise que la police d'affichage est assurée par le maire qui désigne les lieux exclusivement destinés à recevoir les affiches** de nature publique, lesquelles doivent être sur fond blanc. Le même texte régit l'affichage électoral. Pour le reste, l'article L. 581-1 du Code de l'environnement affirme solennellement que « chacun a le droit d'exprimer et de diffuser informations et idées, quelle qu'en soit la nature, par le moyen de la publicité, d'enseignes et de pré-enseignes, conformément aux lois et règlements [...] ». Elle se trouve pourtant particulièrement restreinte, notamment par les dispositions du Code de l'environnement et par le décret du 30 janvier 2012[31]. Elle n'est forte que **doublée par la liberté du commerce et de l'industrie qui protège la publicité**. La loi du 29 décembre 1979 a ainsi consacré une sorte de « **droit à l'enseigne** » (l'article L. 581-7 du Code de l'environnement interdit tout de même la publicité « en dehors des lieux qualifiés d'« agglomération » par les règlements relatifs à la sécurité routière » ainsi que les sites historiques, plantations, domaine public...) et encadre « l'affichage sauvage » c'est-à-dire apposé sans l'autorisation du propriétaire, de manière anonyme, voire sans entretien ultérieur. Néanmoins, les régimes d'autorisation en matière de publicités et d'enseignes constituent des exceptions, réservés à des lieux sensibles ou à des procédés spécifiques. **La publicité doit en principe faire l'objet d'une déclaration préalable auprès du maire et du préfet** mais certains requièrent une autorisation (publicité lumineuse par exemple). Après constat d'infraction, les agents de police administrative (les procédures pénales sont rarissimes) émettent une mise en demeure et peuvent parfois enlever d'office l'affichage.

Section 2
Le soutien de l'État à la liberté d'expression

1046 L'État ne se contente pas de laisser dire, il agit positivement pour que tous puissent s'exprimer ; mieux il institue le pluralisme des opinions, socle de la démocratie et régule ses supports, ses médias.

I. La liberté d'opinion (le fond de l'expression)

1047 Ainsi que l'exprime l'article 2 de la DUDH ou l'article 9 de la Convention EDH, la liberté d'expression se divise en deux fondements et implique la même autonomie dans la forme, **le support**, le moyen de communiquer, que dans le fond, **le contenu**, le message émis. La liberté d'opinion constitue donc le second aspect, inhérent au premier. **L'absence de délit d'opinion se double de la nécessité (et l'obligation juridique) pour l'État d'agir pour assurer la neutralité de son action vis-à-vis des moyens de communication**.

A. L'absence de délit d'opinion

1048 **Notion de liberté d'opinion.** – Il peut paraître paradoxal de parler en droit d'une liberté « d'opinion ». En effet qu'irait faire le droit dans un domaine relevant du for intérieur ? Plus encore, la conscience, la faculté de formuler des opinions, constitue la marque de fabrique de l'esprit des Lumières, l'un des fondements philosophiques forts des droits de l'homme. **Le 5e alinéa du préambule de 1946 précise ainsi nettement que « tout être**

31. Décret n° 2012-118 du 30 janv. 2012 relatif à la publicité extérieure, aux enseignes et aux préenseignes, qui précise le type de publicité possible selon le lieu.

humain, sans distinction de race, de religion ni de croyance possède des droits inaliénables et sacrés. Nul ne peut être lésé en raison de ses origines, de ses opinions ou de ses croyances». L'opinion de tel ou tel ne saurait ainsi fonder une discrimination le privant de droits fondamentaux. Si le fond de la pensée ne peut s'exprimer dans l'espace social, il n'est point de liberté. Il faut entendre en fait par cette expression que l'on peut exprimer ce que l'on pense sans craindre une censure collective. Cette liberté de conscience a d'ailleurs pour origine une protection de l'espace public lui-même : affirmer que l'État ne peut être livré à des convictions privées et ne peut donc se prononcer à leur sujet, autorise des opinions privées sur lesquelles il n'a plus prise. L'Édit de Nantes de 1598 en matière de liberté de religion peut s'interpréter ainsi. La liberté d'opinion se spécifie dans la question religieuse où l'opinion se fait conviction métaphysique. La liberté d'opinion se distingue pourtant peu à peu nettement de la religion pour abriter toute forme de conviction. **Pour mériter protection, les opinions doivent revêtir une importance certaine pour l'individu. Il doit s'agir de convictions, c'est-à-dire d'éléments constitutifs de l'individu, auxquels est accordé « un certain degré de force, de sérieux, de cohérence et d'importance » à condition de respecter la personne humaine**[32].

1049 **Constitution.** – C'est cette idée que consacre **l'article 10 de la DDHC** qui dispose que « nul ne doit être inquiété pour ses opinions mêmes religieuses pourvu que leur manifestation ne trouble pas l'ordre public établi par la loi ». On notera d'emblée que la liberté d'opinion n'y est pas pensée comme absolue, trouvant sa limite dans l'ordre public et la volonté législative. Ce prisme de la loi, si caractéristique de la Déclaration de 1789, explique aussi le fait que dans la jurisprudence du Conseil constitutionnel la liberté de conscience et d'opinion soit un principe fondamental reconnu par les lois de la République[33]. Le même principe est à l'œuvre pour les fonctions d'enseignement et de recherche qui exigent, dans l'intérêt même du service, la libre expression et l'indépendance des enseignants-chercheurs[34].

1050 **Constitutionnalité du délit d'entrave à l'IVG par désinformation.** – Néanmoins, il semble que l'expression des opinions ne puisse nuire à l'exercice de certains droits, par exemple le recours à l'IVG. Une loi du 20 mars 2017, relative à l'extension du délit d'entrave à l'interruption volontaire de grossesse, a étendu ce délit d'entrave à l'IVG aux hypothèses de « désinformation » de sites internet qui dissuaderaient de recourir à l'IVG. **L'article L. 2223-2 du Code de la santé publique punit le fait d'empêcher ou de tenter d'empêcher de pratiquer ou de s'informer sur une interruption volontaire de grossesse ou les actes préalables, y compris par voie électronique ou en ligne, notamment par la diffusion ou la transmission d'allégations ou d'indications de nature à induire intentionnellement en erreur, dans un but dissuasif, sur les caractéristiques ou les conséquences médicales d'une interruption volontaire de grossesse.** S'agissant d'une limite à la liberté d'expression, le Conseil constitutionnel a jugé proportionnée l'atteinte à cette liberté[35]. Cependant, des réserves permettent de la sauvegarder : la seule diffusion d'informations à destination d'un public indéterminé sur tout support, notamment sur un site de communication au public en ligne, ne saurait être regardée comme constitutive de pressions, menaces ou actes d'intimidation au sens des dispositions contestées. Le délit d'entrave, lorsqu'il réprime des pressions morales et psychologiques, des menaces ou tout acte d'intimidation à l'encontre des personnes cherchant à s'informer sur une IVG, ne saurait être constitué qu'à deux conditions : que soit sollicitée une information, et non une opinion ; que cette information porte sur les conditions dans lesquelles une IVG est pratiquée ou sur ses conséquences et qu'elle soit donnée par une personne détenant ou prétendant détenir une compétence en la matière.

32. CEDH, 25 févr. 1982, *Campbell et Cosans c. RU*, à propos des châtiments corporels.
33. CC, 23 nov. 1977, déc. n° 77-87 DC : les maîtres des établissements privés liés à l'État par un contrat d'association doivent respecter le caractère propre de l'établissement, cela ne saurait être interprété comme permettant qu'il soit porté atteinte à leur liberté de conscience.
34. CC, 28 juill. 1993, déc. n° 93-322 DC, cons. 7.
35. Décision n° 2017-747 DC du 16 mars 2017.

CE, 10 novembre 2016, n° 384691, 384692, 394107,
Inès de Pracomtal et autres

Dans une affaire complexe, portée devant la Cour européenne, le Conseil d'État a validé le raisonnement (contestable) du CSA en matière de spot informatif relatif aux personnes porteuses de trisomies 21 et pouvant être compris comme une pression sur les femmes enceintes tentées par le recours à l'interruption de grossesse en raison du diagnostic de trisomie sur leur bébé. Voici les faits : lors de la journée mondiale de la trisomie 21, une association catholique a diffusé sur trois chaînes un film de deux minutes environ de sensibilisation qui met en scène des enfants, adolescents et jeunes adultes trisomiques heureux de vivre. Il s'adresse à « la future maman ». L'association requérante a contribué à son financement et la requérante figure parmi les jeunes personnes qui s'expriment.

Saisi de deux plaintes de téléspectateurs, le CSA a demandé de cesser la diffusion au motif que ce message ne relève pas de la publicité, et qu'en raison de sa tonalité relativement persuasive et du fait qu'il s'adresse à une future mère, une certaine ambiguïté apparaît sur sa finalité qui ne suscite pas une adhésion spontanée et consensuelle. Ainsi, il ne peut pas non plus être considéré comme un message d'intérêt général, bien qu'ayant été diffusé à titre gracieux, et de fait, ne pouvait être inséré au sein des écrans publicitaires. S'inscrivant dans une démarche de lutte contre la stigmatisation des personnes handicapée, le conseil estime que ce message aurait pu être valorisé à l'occasion de la journée mondiale de la trisomie, par une diffusion mieux encadrée et contextualisée, au sein d'émissions notamment. Il n'a jamais pu être rediffusé, les chaînes le refusant.

Le Conseil d'État, saisi pour indemniser les associations, a néanmoins retenu que la présentation d'un point de vue positif sur la vie personnelle et sociale des jeunes atteints de trisomie répond à un objectif d'intérêt général, mais qu'il était « susceptible de troubler en conscience des femmes qui, dans le respect de la loi, avaient fait des choix de vie personnelle différents » et ne pouvait être regardé comme un « message d'intérêt général » au sens des dispositions de l'article 14 du décret du 27 mars 1992, et que, « s'il n'entendait nullement gêner sa diffusion à la télévision, le choix d'une insertion au sein d'écrans publicitaires était inapproprié ». Il semblerait donc qu'un message non consensuel, mais légal, ne puisse être d'intérêt général, dès qu'il entend informer en lien avec la liberté de l'avortement, laquelle n'aurait pas besoin d'être éclairée pour s'exercer. L'article 10 de la Convention implique pourtant de pouvoir diffuser des opinions qui heurtent ou choquent ou inquiètent. Le message positif de la vidéo ne conduit pas d'ailleurs à cela. On pourra juger la précaution (« susceptible de troubler en conscience ») excessive.

B. La neutralité de l'État

1051 **Indifférence positive.** – La neutralité de l'État, qui peut s'envisager très largement comme l'absence d'opinion ou de vérité d'État, entretient avec la liberté d'expression des liens évidents. L'État s'attache donc à respecter une certaine indifférence envers les opinions véhiculées dans la société et, mieux, à créer les conditions positives de leur épanouissement. On peut en effet estimer que la liberté d'expression est inversement proportionnelle à l'affirmation par l'État de valeurs, d'interdits, de croyances… **Voilà pourquoi la liberté et le pluralisme des opinions apparaissent à plusieurs reprises dans les sources constitutionnelles et conventionnelles**. L'État garantit ainsi l'expression des opinions politiques afin de faire vivre la démocratie. Cette conception d'un État qui fournit la forme de la liberté d'expression sans en imposer le contenu est celle que développe particulièrement la CEDH. C'est sans doute pour cela que la France s'est vue de nombreuses fois condamnée, elle qui a conçu un arsenal de limites et de cadres au contenu de l'expression comme système nourri de sanctions pénales interdisant les propos négationnistes, homophobes, antisémites, attentatoires à l'image de l'État… toutes formes de protection du lien social instituées à grands frais depuis la Révolution française et même au-delà.

Mieux encore, **la neutralité implique un esprit d'ouverture favorable à la démocratie. Ainsi que le souhaite la CEDH, la démocratie doit se fonder sur « le pluralisme, la tolérance et l'esprit d'ouverture sans lesquels il n'est pas de société démocratique »**. L'État doit ainsi faire montre d'une même neutralité envers les idées qui ont cours, celles qui font consensus, qui sont inoffensives ou indifférentes mais aussi celles qui selon la Cour « heurtent, choquent ou inquiètent l'État ou une fraction quelconque de la population »[36], sous réserve de propos tendant à exclure et à briser les liens sociaux.

1052 Neutralité et agents publics. – Cette **liberté d'opinion se mesure également à l'indifférence que l'État doit manifester à l'égard des convictions de ses fonctionnaires**. Dès 1976, le Conseil constitutionnel pose que l'absence de mention des opinions politiques, religieuses ou philosophiques dans les dossiers des agents publics permet de garantir l'égalité au sens de l'article 6 de la Déclaration des droits : « Tous les citoyens, étant égaux à ses yeux, sont également admissibles à toutes dignités, places et emplois publics, selon leur capacité et sans autre distinction que celle de leurs vertus et de leurs talents »[37]. Pour autant, les fonctionnaires se doivent d'être à leur tour loyaux et tenus à un devoir de réserve dans l'intérêt de la bonne marche du service public. Le devoir de neutralité politique interdit à l'agent de se livrer, dans le cadre de son service, à des activités de propagande politique ou d'utiliser ses fonctions et ses moyens dans ce but[38]. La Cour européenne a refusé d'examiner la requête d'un professeur de religion islamique dans des établissements d'enseignement de la Communauté française de Belgique. Il avait communiqué à la presse une lettre ouverte dans laquelle il s'exprimait au sujet de troubles qu'il aurait causés au sein de son établissement, dans le contexte qui suivit les attentats terroristes de janvier 2015 à Paris, notamment contre le journal Charlie Hebdo. Il y soutenait des élèves agissant contre un autre professeur qui avait défendu Charlie Hebdo et par des agressions contre un élève qui avait refusé de signer une pétition contre ce professeur. Dans sa lettre ouverte, l'enseignant prenait position relativement aux attentats à Charlie Hebdo. Il s'exprimait également sur l'homosexualité, les médias, les responsables politiques et les autorités judiciaires. Il se référait aussi à un auteur condamné en France pour négationnisme qu'il présentait comme son « maître à penser ». Ces **propos étaient incompatibles avec le devoir de réserve** et, compte tenu de l'impact potentiel desdits propos sur ses élèves, la sanction de déplacement disciplinaire vers un autre établissement n'était pas disproportionnée[39]. **En contrepartie, l'administration assure une carrière à l'abri des changements politiques, sauf pour les hauts postes à responsabilité** « à la discrétion du gouvernement ou des exécutifs locaux ». Le devoir de réserve interdit de tenir, publiquement, des propos injurieux sur les supérieurs hiérarchiques ou plus largement dévalorisant le service[40]. L'obligation de neutralité a été étendue aux agents contractuels par une loi du 20 avril 2016. Dans un arrêt du 1er février 2017[41], la Cour de cassation juge nul le licenciement d'une salariée de la RATP, établissement public industriel et commercial chargée d'une mission de service public. Sans doute la neutralité ne s'applique-t-elle qu'à l'égard des usagers.

C. Les objections de conscience

1053 Objections de conscience. – Le mécanisme des diverses objections de conscience satisfait ainsi cette exigence qui veut que l'État n'impose pas toujours ses choix contre les convictions de chacun.

Il s'agit d'abord, bien sûr, du mécanisme des **objecteurs de conscience**, dispensés d'effectuer un service militaire armé par la **loi du 21 décembre 1963** (même si des décrets pris sous la Révolution et sous l'Empire avaient le même principe). La **loi du 8 juillet 1983** en avait assoupli les modalités, acceptant tout motif de conscience et permettant de réaliser des travaux ou missions d'utilité publique à la place du service armé, mais tout

36. CEDH, 7 déc. 1976, *Handyside*.
37. CC, 15 juill. 1976, déc. n° 76-67 DC, cons. 3.
38. CE, 8 déc. 1948, *Delle P.*
39. CEDH, 3 sept. 2020, *Mahi c. Belgique*, n° 57462/19.
40. Ce que la CEDH admet comme limite à leur liberté d'expression : 15 sept. 2009, *Matelly c. France*.
41. Cass. soc., 1er févr. 2017, n° 16-10459, *P + B : JurisData* n° 2017-001509.

en prévoyant qu'en cas de guerre les objecteurs de conscience pouvaient tout de même assurer des missions de service ou de secours. Ce mécanisme a été suspendu par la loi du 31 décembre 2002 qui rend facultatif le service militaire. **La CEDH a d'ailleurs eu l'occasion de juger que les États disposent d'une assez large marge d'appréciation dans le fait d'accorder de telles dispenses**, alors même que le requérant, témoin de Jéhovah qui acceptait par ailleurs un service civil, avait été condamné à dix mois de prison pour son refus. Elle considère qu'il faut lire ensemble l'article 9 et l'article 4 et que le service militaire ne constitue pas un travail forcé[42]. La Cour juge que lorsque l'opposition au service militaire est motivée par un conflit grave et insurmontable entre l'obligation de servir dans l'armée et la conscience d'une personne ou ses convictions sincères et profondes, de nature religieuse ou autre, au point d'établir une conviction atteignant un degré suffisant de force, de sérieux, de cohérence et d'importance, l'État doit rechercher des alternatives. En l'espèce, le requérant faisait partie des témoins de Jéhovah, et la Cour n'avait aucune raison de douter que l'objection du requérant au service militaire fût motivée par des convictions religieuses. Ainsi, violent l'article 9 les poursuites pénales et les condamnations des requérants en raison de leur refus d'effectuer pour des motifs religieux le service militaire faute d'un système de service de remplacement permettant de bénéficier du statut d'objecteur de conscience[43].

Le Conseil constitutionnel a été saisi[44] de la constitutionnalité des **dispositions qui excluaient du calcul de la retraite et de l'avancement, pour la prise en compte du temps de service accompli, les personnes ayant accompli leur service national en tant qu'objecteurs de conscience**. Faisant droit au grief de violation du principe d'égalité soulevé par les requérants, le Conseil constitutionnel a censuré les dispositions contestées.

Il s'agit ensuite par exemple de la législation sur **l'interruption de grossesse**. En vertu du 1er alinéa de l'article L. 2212-8 du Code de la santé publique, « un médecin n'est jamais tenu de pratiquer une interruption volontaire de grossesse ». Il ressort du 2e alinéa, qu'« aucune sage-femme, aucun infirmier ou infirmière, aucun auxiliaire médical, quel qu'il soit, n'est tenu de concourir à une interruption de grossesse ». **En 2001, le législateur a supprimé le droit du chef de service de s'opposer à ce que des IVG soient pratiquées** dans son service avec la bénédiction du Conseil constitutionnel[45]. Depuis la loi du 7 juillet 2011 (art. L. 2151-7-1 CSP), aucun chercheur, aucun ingénieur, technicien ou auxiliaire de recherche n'est tenu de participer à quelque titre que ce soit aux recherches sur des embryons humains ou sur des cellules souches embryonnaires. Il n'existe **pas de clause de conscience des pharmaciens**, lesquels se trouvent dans une situation différente des médecins au regard de l'IVG[46]. Bien que la Cour européenne n'ait reconnu aucun droit à l'avortement et que l'État n'apporte pas la preuve d'effets négatifs sur la liberté des femmes, la Cour déclare irrecevable une requête contre le refus d'embaucher des sages-femmes refusant de pratiquer des IVG[47].

Il peut s'agir encore de la clause de conscience des **journalistes**, prévue par l'article L. 7112-5 du Code du travail, qui leur permet de quitter un journal dans lequel ils vivent une situation de nature à porter atteinte à leur honneur, à leur réputation, à leurs intérêts moraux. Ce faisant il ne s'agit pas d'une démission mais d'un licenciement avec indemnités dont le contentieux relève de la commission arbitrale des journalistes.

Les **avocats** salariés ou commis d'office disposent enfin de ce type de clause de conscience afin de ne pas assurer la défense de clients quand cela heurterait leurs convictions[48]. Le bâtonnier appréciera les motifs d'excuses. Pour le Conseil constitutionnel[49], l'objectif constitutionnel de bonne administration de la justice, qui inclut celui du respect d'un délai raisonnable pour rendre un jugement, doit prévaloir sur la clause de conscience de l'avocat. Le président d'une cour d'assises qui a commis d'office un avocat peut donc être juge des motifs d'excuse ou d'empêchement présentés par cet avocat et les rejeter sans motivation et sans que sa décision puisse faire l'objet d'un recours direct.

---

42. CEDH, GC, 7 juillet 2011, *Bayatyan c/Arménie*, nº 23459/03 ; CEDH, GC, 7 juillet 2011, *Bayatyan c/Arménie*, nº 23459/03, 1044 ; CEDH, 07 juin 2022, *Teliatnikov c. Lituanie*, nº 51914/19, 1044.
43. CEDH, 17 oct. 2019, *Mushfig Mammadov et autres c. Azerbaïdjan*, req. nº 14604/08, 45823/11, 76127/13, 41792/15.
44. CC, 13 oct. 2011, déc. nº 2011-181 QPC, *M. Antoine C.*
45. CC, 27 juin 2001, déc. nº 2001-446 DC, cons. 13 à 15.
46. CE, 22 mai 2020, *Ass. Alliance Vita, Ass. Juristes pour l'enfance, Ass. Pharmac'ethique*, nº 440216, 440317.
47. CEDH, déc., 11 févr. 2020, *Grimmark et Steén c. Suède* (déc.) – 43726/17, nº 18724/05.
48. Article 6 alinéa 2 du décret du 12 juillet 2005 relatif à la déontologie des avocats.
49. CC, 4 mai 2018, nº 2018-704 QPC.

À l'inverse, le Conseil constitutionnel a refusé de voir dans la liberté de conscience un fondement à une forme d'objection **au profit des maires et adjoints qui souhaiteraient ne pas célébrer de mariages entre personnes de même sexe**[50].

D. L'usage de la langue

1054 Usage de la langue. – L'usage de la langue française a pu être imposé, alors même que **s'exprimer librement suppose en principe de choisir sa langue de communication ainsi que l'a admis le Conseil constitutionnel qui reconnaît « le droit pour chacun de choisir les termes jugés par lui les mieux appropriés à l'expression de sa pensée »**[51]. Puisque l'article 2 de la Constitution dispose : « **La langue de la République est le français », la loi peut imposer aux personnes morales chargées d'un service public, dans les lieux ouverts au public, dans les relations commerciales, de travail, dans l'enseignement, l'emploi de la langue française** et l'usage de termes ou expressions officiels approuvés par des arrêtés ministériels (par exemple lorsqu'il existe une expression ou un terme français). Elle peut aussi imposer des dispositifs de traduction lors de manifestations scientifiques utilisant les langues étrangères. Mais cela ne peut être le cas des services de radiodiffusion et de télévision ni des personnes n'étant pas chargées d'un service public. Cela ne doit pas non plus porter atteinte à la liberté de la recherche ou à l'indépendance des universitaires qui doivent pouvoir s'exprimer dans la langue de leur choix. De même, l'obligation d'usage du français n'interdit pas les traductions. Les aides publiques à des travaux d'enseignement et de recherche ne peuvent être subordonnées à leur publication en français.

1055 Langue et éducation. – La CEDH, dans l'affaire *Linguistique belge*, a établi que le droit à l'instruction ne signifie plus rien lorsque ceux auxquels s'adresse l'enseignement n'ont pas aussi **le droit de recevoir celui-ci dans leur langue nationale**, ou l'une des langues nationales s'il y en a plusieurs[52]. En France, environ 121 000 élèves apprennent les langues régionales dont 11,5 % (14 021 élèves) suivent un enseignement bilingue immersif (enseignement effectué pendant une grande partie du temps scolaire dans une langue autre que le français). La **loi du 21 mai 2021 relative à la protection patrimoniale des langues régionales et à leur promotion** entend promouvoir le « patrimoine immatériel » linguistique constitué de la langue française et des langues régionales en vue de leurs enseignements, diffusion et valorisation. La signalétique publique bilingue est ainsi désormais reconnue dans la loi. L'article L. 442-5-1 du Code de l'éducation impose aux communes de résidence, qui ne disposent pas d'écoles bilingues, de contribuer aux frais de scolarité des écoles privées sous contrat proposant un enseignement bilingue et la généralisation de l'enseignement des langues régionales comme matière facultative dans le cadre de l'horaire normal d'enseignement (de la maternelle au lycée).

À l'inverse, le Conseil constitutionnel met en avant l'article 2 de la Constitution contre l'immersion linguistique dans l'enseignement. D'abord contre l'intégration des « écoles Diwan » (breton) dans le service public : l'usage d'une langue autre que le français ne peut être imposé aux élèves des établissements de l'enseignement public, ni dans la vie de l'établissement, ni dans l'enseignement des disciplines autres que celles de la langue considérée[53] ; ensuite, contre le principe même de l'enseignement immersif[54], qui conduit à l'usage par les particuliers d'une autre langue que le français dans leurs relations avec l'administration. Enfin, l'article 75-1 de la Constitution (« Les langues régionales appartiennent au patrimoine de la France. ») n'institue pas un droit ou

50. CC, 18 oct. 2013, décision n° 2013-353 QPC, *M. Franck M. et autres*, même refus sur d'autres fondements : le droit de ne pas être lésé dans son travail ou son emploi en raison de ses opinions ou de ses croyances, le principe de pluralisme des courants d'idées et d'opinions et le principe de la libre administration des collectivités territoriales.

51. CC, 29 juill. 1994, cons. 6 à 10.

52. CEDH, 23 juill. 1968, *Affaire linguistique belge* : concernant certains aspects de la législation régissant les langues en usage dans l'enseignement belge.

53. CC, 27 déc. 2001, déc. n° 2001-456 DC.

54. CC, 21 mai 2021, n° 2021-818 DC.

une liberté que la Constitution garantit. Sa méconnaissance ne peut donc être invoquée à l'appui d'une question prioritaire de constitutionnalité sur le fondement de l'article 61-1 de la Constitution[55].

II. Le soutien de l'État au pluralisme

1056 **Pluralisme.** – Les juges contemporains établissent très nettement un lien indiscutable entre démocratie et liberté d'expression. La CEDH dans son arrêt du 10 octobre 2000, *Aksoy c. Turquie*, estime que « la démocratie se nourrit [...] **de la liberté d'expression » laquelle nécessite le pluralisme inhérent à une société démocratique**[56]. De même la position éminente occupée par le gouvernement doit l'amener à user avec parcimonie des moyens judiciaires dont il dispose pour répondre aux attaques de ses adversaires[57]. D'une manière générale, le pluralisme est une valeur fortement liée à l'idée de société démocratique. La CEDH considère ainsi que la liberté de choix des parents en matière d'éducation est une garantie essentielle du pluralisme lequel est jugé essentiel à la préservation de la société démocratique[58]. **Le pluralisme des quotidiens d'information politique et générale constitue en lui-même un objectif de valeur constitutionnelle.** Un nombre suffisant de publications de tendances et de caractères différents doit permettre aux lecteurs d'exercer leur libre choix « **sans que ni les intérêts privés ni les pouvoirs publics puissent y substituer leurs propres décisions ni qu'on puisse en faire l'objet d'un marché** »[59]. À cela s'ajoute « l'impératif d'honnêteté de l'information »[60]. Le Conseil constitutionnel estime que le législateur peut porter atteinte à une liberté en vue de satisfaire aux exigences d'un objectif de valeur constitutionnelle, lequel peut en outre être lui aussi la condition de cette même liberté ou d'autres. Inversement, dans le cas de la liberté d'expression, **est inconstitutionnelle une loi qui fait obligation à des entreprises de presse de se conformer pour la première fois au respect de plafonds de diffusion, faute d'être absolument nécessaire pour rétablir un pluralisme qui aurait disparu**[61]. La loi limitant la possession ou le contrôle de quotidiens à des plafonds de diffusion ne doit contrarier ni la création de nouveaux quotidiens ni le développement des quotidiens existants. Pour autant, en tant qu'objectif de valeur constitutionnelle de nature objective, le pluralisme des courants de pensées et d'opinions ne peut fonder en lui-même une question prioritaire de constitutionnalité[62]. Le juge administratif accepte pourtant d'y voir une liberté ouvrant une procédure de référé-sauvegarde[63].

A. Le domaine des médias

1057 **Usage des médias.** – La **CEDH a également l'occasion de dénoncer les pressions structurelles des gouvernements sur les organes de presse**. Dans l'affaire *Manole et a. c. Moldavie* du 17 septembre 2009, elle sanctionne le monopole de la télévision d'État aux mains du parti communiste. Lorsque l'État bénéficie d'un monopole sur l'audiovisuel, il lui appartient d'assurer au public la transmission des informations, exacte, équilibrée et pluraliste et d'éviter de mettre en place des mesures d'ingérence et de contrôle politique sur les émissions audiovisuelles ; de sorte que l'opposition s'exprime librement. De même, dans une affaire *Ürper et a. c. Turquie* du 20 octobre 2009, l'État se voit condamné pour la suspension systématique de la parution de certains quotidiens pour une période allant jusqu'à un mois au motif qu'ils faisaient la propagande d'un parti déclaré illégal, le parti des travailleurs du Kurdistan. S'agissant alors d'obligations positives à la charge de l'État, la violation de

55. CC, déc. 2011-130 du 20 mai 2011.
56. CEDH, 25 mai 1993, *Kokkinakis c. Grèce*, n° 14307/88 : violation de l'article 9 dans le cas d'un témoin de Jéhovah arrêté plus de soixante fois pour prosélytisme.
57. CEDH, 23 avr. 1992, *Castells c. Espagne*.
58. CEDH, 7 déc. 1976, *Kjeldsen, Busk Madsen et Pedersen c. Danemark*.
59. CC, 11 oct. 1984, cons. 38.
60. CC, 11 juill. 2001, déc. n° 2001-450 DC, cons. 15.
61. CC, 11 oct. 1984, cons. 47 à 51.
62. CC, 28 mai 2010, déc. n° 2010-3 QPC, cons. 8.
63. CE, ord. réf. 13 mai 2005, *Marie-Georges A.*

l'article 10 est constatée sans mettre en œuvre les critères habituels recherchant les buts légitimes, la proportionnalité et la nécessité dans une société démocratique.
Dans le cadre de la télévision analogique, au spectre de fréquences limité, l'État peut imposer des **obligations d'honnêteté ou de déontologie des journalistes**. Une chaîne fut ainsi sanctionnée à maintes reprises pour infraction à la législation relative à la protection du pluralisme, notamment aux obligations de neutralité et d'impartialité, dans le cadre de ses bulletins d'information (journaux orientés politiquement, favorisant le parti politique de l'opposition et déformation des faits). Ensuite, la chaîne de télévision se vit retirer sa licence de radiodiffusion après avoir à nouveau manqué à l'obligation de pluralisme. Elle estimait que c'était parce qu'elle s'était montrée trop critique à l'égard du gouvernement. Mais la Cour[64] n'a pas sanctionné, considérant que ces allégations ont été dûment examinées par les juridictions et qu'il n'a été présenté aucun élément concret propre à étayer la thèse selon laquelle l'État aurait cherché à empêcher d'exprimer des avis critiques à l'égard du gouvernement ; la mesure litigieuse n'a d'ailleurs pas empêché la société requérante d'user d'autres moyens pour diffuser ses bulletins d'information et autres programmes.

1058 **Contrôle des concentrations. –** Dans le domaine de l'audiovisuel, le respect du pluralisme s'impose aux groupes d'acquéreurs privés des médias et la désignation du groupe cessionnaire devra tenir compte de la nécessité de diversifier les opérateurs, d'assurer le pluralisme des opinions et d'éviter les abus de position dominante. Entre droit commun de la concurrence et dispositifs spécifiques, il revient à une autorité administrative indépendante de contrôler ces opérations (en France, l'Autorité de la concurrence et l'ARCOM). L'État se doit d'intervenir pour **éviter la constitution de monopoles sur les médias.** Face aux pratiques du gouvernement de Silvio Berlusconi[65], **la Cour européenne estime qu'il ne suffit pas de prévoir la possibilité théorique pour des opérateurs potentiels d'accéder au marché de l'audiovisuel. Encore faut-il leur permettre un accès effectif à ce marché, de façon à assurer dans le contenu des programmes considérés dans leur ensemble une diversité** qui reflète autant que possible la variété des courants d'opinion qui traversent la société. Si, au contraire, un groupe économique ou politique puissant était autorisé à dominer le marché des médias audiovisuels, qui ont le pouvoir de faire passer des messages ayant un effet immédiat, pareille position dominante serait de nature à porter atteinte à la liberté d'expression et à la liberté de communiquer.
Comme on le verra, le pluralisme se mesure essentiellement à l'évitement, par la voie du droit, des concentrations capitalistes autour des médias. **Dans le domaine de la liberté de la presse, ensuite étendu à l'audiovisuel, la loi du 23 octobre 1984 visait à éviter la concentration excessive des quotidiens de presse écrite en interdisant la possession par un même groupe de presse** de plus de 15 % des quotidiens nationaux, régionaux ou locaux ou de plus de 10 % d'une de ces catégories. À leur tour, **les lois des 1er août et 27 novembre 1986 ont dû alléger ces contraintes** dans la mesure où elles contrarient un mouvement naturel et salvateur économiquement des entreprises de presse vers la constitution de grands groupes. Des seuils de capital ou de population réceptrice, déterminés pour chaque type de média, limitent les risques de concentration. À l'heure des grandes plateformes numériques, ce système complexe semble nuire en réalité au pluralisme en limitant l'action des acteurs traditionnels. En février 2019, l'Autorité de la concurrence a demandé son abandon. Depuis plusieurs années un projet de réforme de l'audiovisuel est à l'étude et doit conduire à la modification et la transposition de la directive SMA (Services de médias audiovisuels, Directives 2010/13/UE et la directive 2018/1808/UE) qui vise à créer un marché unique des services de médias audiovisuels dans le pluralisme[66]. Pour garantir le pluralisme, l'Autorité a pu conditionner certaines opérations au maintien de rédactions séparées pour éviter que le lecteur n'ait plus accès qu'à un seul quotidien régional, comme lors de la prise de contrôle du groupe Est républicain par le Crédit mutuel en 2011[67]. Ce dernier s'est engagé à garantir « la diversité des contenus, le maintien des

64. CEDH, GC, 05 avril 2022, *NIT S.R.L. c. République de Moldova*, n° 28470/12.
65. CEDH, 7 juin 2012, n° 38433/09, *Centro Europa 7 S.R.L. et di Stefano c. Italie*.
66. Le Projet de loi relatif à la communication audiovisuelle et à la souveraineté culturelle à l'ère numérique, n° 2488, déposé le jeudi 5 décembre 2019, assouplira certains seuils de radio.
67. Décision 11-DCC-114 du 12 juillet 2011 relative à la prise de contrôle exclusif du groupe l'Est Républicain par la Banque fédérative du Crédit mutuel.

rédactions en chef dédiées et la garantie de la diffusion des titres de PQR rachetés dans les zones » où ceux-ci sont en concurrence.

1059 **Transparence.** – Le Conseil constitutionnel admet également l'existence d'un objectif de transparence financière au service de la liberté de la presse, car il tend à exiger que **soient connus du public les dirigeants réels des entreprises de presse, les conditions de financement des journaux, les transactions financières** dont ceux-ci peuvent faire l'objet, les intérêts en présence. Cela pour permettre aux lecteurs d'exercer leur choix de façon vraiment libre, faisant de la liberté d'opinion la matrice de l'expression.

B. Le domaine politique

1060 **Action dans le domaine politique.** – L'article 4 de la Constitution dispose ainsi que **« la loi garantit les expressions pluralistes des opinions et la participation équitable des partis et des groupements politiques à la vie démocratique de la Nation »**. L'État agira pour financer les partis et leurs campagnes. Pour la France, la loi du 11 mars 1988 organise le financement public des partis politiques sous la forme d'une aide publique directe inscrite dans la loi de finances annuelle et partagée en deux fractions (l'une destinée au financement des partis en fonction de leurs résultats aux élections législatives, l'autre pour les partis représentés au Parlement). Le gouvernement peut aussi organiser l'accès des partis aux médias en fonction de leur représentativité et en vue d'assurer l'expression des opinions[68]. **Dans le domaine de la communication politique la réglementation ne peut limiter conjoncturellement l'expression que dans le but d'assurer une représentation structurelle exempte de manipulations**[69]. Un premier exemple réside dans **le temps de présence dans les médias de service public.** Les dispositions longtemps applicables ont été censurées par le Conseil constitutionnel : elles distinguaient la situation des partis représentés à l'Assemblée nationale par un groupe parlementaire (qui bénéficiaient d'une durée totale d'émission de trois heures au premier tour et d'une heure trente au second tour) et les autres (qui pouvaient se voir attribuer des durées de sept minutes au premier tour et de cinq minutes au second tour). Le Conseil a accepté le critère de la composition de l'Assemblée nationale à renouveler mais la loi doit également déterminer des règles propres à donner aux autres partis des durées d'émission qui ne soient pas manifestement hors de proportion avec leur représentativité à l'Assemblée et tenir compte de ceux qui n'y sont pas encore représentés. En l'état, le Conseil constitutionnel a jugé que les dispositions contestées peuvent conduire à l'octroi de temps d'antenne sur le service public manifestement hors de proportion avec la participation à la vie démocratique de la Nation de ces partis et groupements politiques, ce qui est contraire à l'article 4 de la Constitution et affecte l'égalité devant le suffrage dans une mesure disproportionnée[70].

Un second exemple porte sur la **question de la diffusion des sondages durant les campagnes électorales**. La loi du 19 juillet 1977 relative à la publication et à la diffusion de certains sondages d'opinion interdisait la publication, la diffusion et le commentaire de tout sondage par quelque moyen que ce soit pendant la semaine qui précède chaque tour de scrutin ainsi que pendant le déroulement de celui-ci. Ce dispositif a été jugé compatible avec la Convention EDH par le juge administratif[71] contrairement à l'ordre judiciaire[72]. Cette divergence explique une nouvelle intervention du législateur. La loi du 19 février 2002 interdit de publier, de diffuser et de commenter tout sondage par quelque moyen que ce soit la veille et le jour du scrutin, sauf informations mises en ligne sur l'internet avant cette date.

Sur le terrain de l'action politique, **la rationalisation juridique des scrutins doit encore tenir compte du pluralisme des courants d'idées et d'opinions**. Il limite la faculté d'introduire des mesures tendant à inciter au

68. CC, 4 mai 2000, déc. n° 2000-428 DC, cons. 21.
69. Le Conseil d'État admet ainsi que la commission nationale de contrôle des campagnes électorales puisse interdire à un candidat de se présenter comme le « candidat des maires de France » (CE, ord. réf., 2 avr. 2007, *Gérard A.*).
70. CC, 31 mai 2017, *Association En marche !*, n° 2017-651 QPC [Durée des émissions de la campagne électorale en vue des élections législatives].
71. CE, Ass., 17 févr. 1995, *Meyet*.
72. Cass. crim., 4 sept 2001, *Amaury Philippe*.

regroupement des listes de candidats dans un scrutin local, en vue notamment de favoriser la constitution d'une majorité stable et cohérente mais sans méconnaître l'égalité entre électeurs ou candidats dans une mesure disproportionnée[73].

1061 **Les temps de parole politiques.** – Dans le but de garantir une certaine neutralité des médias audiovisuels sur la vie politique, **le principe d'égalité se voit concrétisé dans la régulation du temps d'expression des différents courants politiques**. Ainsi, suivant l'évolution du pouvoir présidentiel, a-t-on considéré que le temps de parole du président de la République devait être comptabilisé dans un camp, plutôt que d'être systématiquement considéré comme hors de toute bataille politique. Le CSA a ainsi adopté le 21 juillet 2009 deux délibérations permettant de rééquilibrer le décompte du temps de parole des personnalités politiques. Il existait une règle dite « des trois tiers » partageant le temps entre le gouvernement, la majorité parlementaire et l'opposition. Désormais la parole présidentielle qui s'inscrit dans le rôle du président défini à l'article 5 de la Constitution échappe au décompte. Mais pour le reste, elle est incluse dans le temps de parole de la majorité tandis que le partage se fait à 50 % pour l'opposition et 50 % pour la majorité. La décision de la société France Télévisions de ne pas inviter certaines personnalités politiques à un débat télévisé qu'elle organise hors période électorale ne porte pas une atteinte grave et manifestement illégale au principe du caractère pluraliste de l'expression des courants de pensée et d'opinion[74].

De son côté, la Cour européenne juge que la marginalisation d'une association politique qui n'a pas été invitée lors de plusieurs débats sur une chaîne de télévision publique de premier plan a violé sa liberté d'expression[75].

C. Le soutien à la fiabilité de l'information

1062 **L'accès aux données publiques.** – La loi 7 octobre 2016 pour une République numérique[76] n'a pas vocation à modifier le droit des données personnelles mais à permettre l'accès aux données détenues par les personnes publiques et qui peuvent être utiles à d'autres. **Elle renforce ainsi davantage le droit à l'information du public et donc la liberté d'expression**. La loi **oblige les administrations à publier en ligne les documents administratifs qu'elles détiennent et à les communiquer aux personnes qui en font la demande** (CRPA, art. L. 311-1), par courrier électronique si le format le permet (CRPA, art. L. 311-9). Elle leur impose, en outre, dès lors qu'ils sont disponibles sous format électronique, de publier en ligne les documents qui ont déjà fait l'objet d'une communication, ceux qui figurent au répertoire, mais aussi les bases de données et les données, mises à jour de façon régulière, dont la publication présente un intérêt économique, social, sanitaire ou environnemental (CRPA, art. L. 312-1-1). Aux exceptions classiques d'ordre public s'ajoutent les documents dont la communication à d'autres personnes qu'aux intéressés porterait atteinte à la vie privée, au secret médical et au secret en matière commerciale et industrielle, lequel comprend le secret des procédés, des informations économiques et financières et des stratégies commerciales ou industrielles et est apprécié en tenant compte, le cas échéant, du fait que la mission de service public de l'administration est soumise à la concurrence (CRPA, art. L. 311-6). **La loi institue ensuite le principe d'une réutilisation gratuite des données publiques** (CRPA, art. L. 321-1) en supprimant (en principe) la possibilité pour les administrations leurs droits de propriété intellectuelle sur leurs bases de données (sauf lorsque les administrations sont tenues de couvrir par des recettes propres une part substantielle des coûts liés à l'accomplissement de leurs missions de service public). Sous de (nombreuses) réserves, on assiste à l'*open data* des données d'intérêt général.

73. CC, 3 avr. 2003, déc. n° 2003-468 DC, cons. 12.
74. CE, 4 avr. 2019, *Société France Télévisions*, n°s 429370, 429373, 429374.
75. CEDH, 31 août 021, Associazione Politica Nazionale Lista Marco Pannella c. Italie, n° 66984/14.
76. *JO* du 8 octobre, texte n° 1.

III. La régulation des supports

1063 On le voit, l'État en France se trouve particulièrement impliqué dans l'établissement du pluralisme. Cela joue classiquement pour la presse écrite et l'audiovisuel. Moins évident pour internet, on voit poindre un régime spécifique.

A. Le statut de la presse écrite

1. L'entreprise de presse

1064 **Aides. – L'État aide massivement les entreprises de presse**[77] dans un pays où la presse écrite n'a pas le lectorat qu'elle peut avoir ailleurs et où la concurrence des journaux gratuits et de l'internet ne facilite pas la survie des périodiques et donc du pluralisme. Ces aides passent par le prisme de la Commission paritaire des publications et des agences de presse, une autorité administrative indépendante qui assure la représentation des entreprises et des agences de presse et comprend également 50 % d'agents de l'État. **Du point de vue de la liberté d'information, les entreprises de presse peuvent s'appuyer sur l'agence de leur choix**, mais la loi du 10 janvier 1957 a créé l'Agence France-Presse, présente dans 165 pays. L'État y est acteur tout à la fois parce qu'il en finance la moitié des besoins, mais également parce qu'il l'administre avec les personnels et les représentants de la presse. Les aides peuvent être directes, **sous forme d'abonnement de l'État à l'Agence France-Presse**, sous forme de remboursement des frais de transport ferroviaire ou de fonds comme le fonds d'aide à la modernisation de la presse quotidienne ; mais elles sont également massivement indirectes par des tarifs postaux préférentiels, par des allégements fiscaux (en particulier pour les publications présentant un caractère d'intérêt général dont le taux de TVA est réduit à 2,1 % sous le contrôle du Conseil d'État quant à cette qualification). **La loi du 12 juin 2009, favorisant la diffusion et la protection de la création sur internet, a créé le statut d'éditeur de presse en ligne** qui permet de bénéficier du régime fiscal des entreprises de presse écrite (TVA à 2,1 % au lieu des 19,6 % et exonération de la taxe professionnelle). Pour être reconnu comme tel, l'éditeur de presse en ligne doit publier un contenu en ligne original, essentiellement écrit, édité à titre professionnel, composé d'informations d'actualité, régulièrement renouvelées et datées, faisant l'objet d'un traitement journalistique, en matière de recherche, de vérification et de mise en forme des informations, ne constituant ni un outil de promotion ni l'accessoire d'une activité industrielle ou commerciale et produit par au moins un journaliste professionnel, s'il s'agit d'information politique et générale.

Sous l'autorité de l'ARCEP depuis la loi relative à la modernisation de la presse de 2019, l'aide s'élève à 118,1 millions d'euros dans la loi de finances 2021 pour l'aide à la diffusion (33 %) qui concerne le portage et le postage des magazines et journaux classés dans la catégorie de l'information politique et générale (IPG) ; l'aide au pluralisme (20 %) qui s'adresse aux quotidiens régionaux, départementaux et locaux IPG, à faibles ressources publicitaires et à faibles taux d'annonceurs ; l'aide à la modernisation (47 %), à destination de la presse quotidienne IPG englobant les secteurs de la distribution et de la diffusion, qui comprend également un fonds stratégique pour le développement de la presse, ainsi qu'un fonds de soutien à l'émergence et l'innovation de la presse. Depuis 2019 ces aides s'adressent également aux services de presse en ligne qui ont reçu moins de 10 % du total des aides versées en 2021.

La liberté de la presse est donc décidément fortement épaulée par l'État ce qui pose régulièrement de sérieux problèmes en termes de libre concurrence et de contrôle de l'Union européenne sur les aides d'État.

77. Notamment par : le Fonds de soutien à l'émergence et à l'innovation dans la presse, Le Fonds stratégique pour le développement de la presse (aides directes), Le Fonds de soutien aux médias d'information sociale de proximité, Les aides à la diffusion (aides directes), Les aides concourant au maintien du pluralisme (aides directes), Les aides indirectes sur le plan fiscal, Les aides indirectes sur le plan postal, Les aides indirectes sur le plan social.

2. La diffusion de la presse

1065 **Diffusion. – La loi du 2 avril 1947 relative au statut des entreprises de groupage et de distribution des journaux et publications périodiques, dite loi Bichet**, a mis en place un système coopératif de distribution de la presse. Ainsi, **les entreprises de presse ont le droit d'assurer par leurs propres moyens la diffusion de leurs publications**, mais en pratique le système français repose beaucoup sur les Nouvelles messageries de la presse parisienne (NMPP) dont la situation d'oligopole a pu être dénoncée par le Conseil de la concurrence (décision du 22 décembre 2003 qui évoque un abus de position dominante). Selon le juge judiciaire, le risque pesant sur la distribution tient dans le non-respect des principes de liberté, d'impartialité et d'égalité[78]. La loi du 20 juillet 2011 a commencé à réformer le système, mais depuis est intervenue **la loi nº 2019-1063 du 18 octobre 2019, relative à la modernisation de la distribution de la presse et aux nouveaux enjeux du secteur de la distribution de la presse**. Au nom de l'intérêt général qui s'attache à la sauvegarde du pluralisme de la presse d'information politique et générale en ligne, elle soumet les kiosques à des obligations de diffusion. Un protocole d'accord mettant en œuvre la réforme du transport postal de la presse a été signé le 14 février 2022 pour offrir davantage de liberté, de qualité et de prévisibilité aux éditeurs de presse en matière de distribution aux abonnés, mais aussi de garantir un service public de distribution postale de la presse à un tarif privilégié sur l'ensemble du territoire, tout en améliorant son équilibre économique.

Symboliquement, l'article 1er **étend à la presse en ligne le principe de liberté de la presse** et rappelle la liberté de toute entreprise de presse d'assurer elle-même la distribution de ses propres journaux et publications périodiques et que le système doit permettre à la presse d'information politique et générale une distribution selon des modalités permettant d'en garantir l'indépendance et le pluralisme ainsi que le libre choix des lecteurs. Les services de communication au public en ligne qui assurent la diffusion de titres d'au moins deux entreprises de presse, dont l'un au moins présente le caractère d'une publication d'information politique et générale, **ne peuvent refuser la diffusion d'un autre service de même nature ou de la version numérisée d'un tel titre, dès lors que celle-ci est faite dans des conditions raisonnables et non discriminatoires**. Par ailleurs, ces mêmes opérateurs devront respecter les obligations de transparence, et fournir des informations claires aux utilisateurs sur l'exploitation de leurs données personnelles dans le cadre du classement ou du référencement de ces contenus. Le statut de coopérative demeure obligatoire mais les sociétés qui assurent la distribution de la presse ne doivent plus avoir leur capital majoritairement détenu par les coopératives d'éditeurs et le nombre de parts pouvant être détenues par un actionnaire non européen (comme Amazon) est limité à 20 %. L'ouverture du marché à de nouveaux acteurs interviendra au plus tard le 1er janvier 2023. **Pour prévenir les situations de conflit d'intérêts, un système d'agrément des sociétés de distribution de presse avec cahier des charges s'effectue sur proposition de l'ARCEP** (l'Autorité de régulation des communications électroniques et des postes renommée « Autorité de régulation des communications électroniques, des postes et de la distribution de la presse ») qui succède aux deux instances actuelles : le Conseil supérieur des messageries de la presse (CSMP) et l'Autorité de régulation de distribution de la presse (ARDP).

B. L'encadrement de l'audiovisuel

1066 **Principe. –** La **loi du 29 juillet 1982 dispose que « la communication audiovisuelle est libre »**. Le secret des choix faits par les personnes parmi les services de communications électroniques et parmi les programmes offerts par ceux-ci ne peut être levé sans leur accord (art. 3 de la loi du 30 septembre 1986 relative à la liberté de communication). **La loi du 5 mars 2009 (modifiée en 2020) relative à la communication audiovisuelle et le nouveau service public de la télévision** a défini ce qu'il faut entendre par services audiovisuels et communication audiovisuelle.

Les services audiovisuels comprennent les services de communication audiovisuelle telle que définie à l'article 2 ainsi que l'ensemble des services mettant à disposition du public ou d'une catégorie de public des œuvres

78. Cass. com., 3 oct. 2000, Agostini contre messageries lyonnaises de presse.

audiovisuelles, cinématographiques ou sonores, quelles que soient les modalités techniques de cette mise à disposition. L'état actuel du droit ne se comprend vraiment que grâce à un aperçu historique.

On entend par communication audiovisuelle toute communication au public de services de radio ou de télévision, quelles que soient les modalités de mise à disposition auprès du public, toute communication au public par voie électronique de services autres que de radio et de télévision et ne relevant pas de la communication au public en ligne telle que définie à l'article 1er de la loi n° 2004-575 du 21 juin 2004 pour la confiance dans l'économie numérique, ainsi que toute communication au public de services de médias audiovisuels à la demande.

1. Historique

1067 Avant 1981. – **Jusqu'en 1981, le régime juridique de la radiodiffusion se caractérise par l'existence d'un monopole d'État** instauré dès 1903 pour la télégraphie sans fil. Cela s'explique notamment par la rareté des fréquences hertziennes, mais aussi par la volonté du pouvoir politique de contrôler les médias. Après guerre, la Radio-télévision française (RTF), créée par le décret du 9 février 1949 fonctionne comme un service administratif de l'État. L'ordonnance du 4 février 1959 le transforme en un établissement public d'État à caractère industriel et commercial monopolisant la programmation d'émissions et leur diffusion (sauf la production des programmes audiovisuels). En 1964 (loi du 27 juin), naît **l'Office de radiodiffusion-télévision Française (ORTF)** soumis à un pouvoir de tutelle visant à contrôler le respect par l'office des obligations de service public : satisfaire « aux besoins d'information et de culture, d'éducation et de distraction du public » (mission renforcée par la loi du 3 juillet 1972 par la participation à la diffusion de la culture française). Cet office doit également garantir la moralité et la qualité des programmes. Avec la loi du **7 août 1974, le monopole s'émousse et se répartit entre sept organismes indépendants** les uns des autres : deux établissements publics : Télédiffusion de France (TDF), l'Institut national de l'audiovisuel (INA) et quatre sociétés nationales pour la programmation, personnes morales de droit privé dont l'État est l'actionnaire unique (TF1, Antenne 2, FR3 et Radio France). Le gouvernement nomme alors les présidents de ces sociétés et des établissements publics et approuve les cahiers des charges dans les domaines de l'information, de la culture, de l'action extérieure, de la coopération, de la créativité, du renouvellement des programmes, de l'accès à l'antenne et de la publicité. Cet ensemble dépend d'un financement majoritairement public par le biais de la redevance répartie par la loi de finances. Sous la pression du développement des radios libres cependant, le monopole s'effrite bien qu'étant pénalement garanti (loi du 28 juillet 1978).

1068 **Loi de 1981.** – La loi du **9 novembre 1981**, si elle n'abroge pas le monopole d'État, prévoit un régime dérogatoire pour des **radios libres**, accordé par le ministre de la Communication après avis d'une commission consultative pour tenir compte des contraintes de fréquences et de la nécessité de préserver la qualité d'écoute des émissions du service public. Ces dérogations s'accompagnent d'un cahier des charges et de l'interdiction de la publicité. C'est la loi du **29 juillet 1982 qui marque la fin du monopole d'État, tant en matière de radiodiffusion que de télévision**. La tutelle y est remplacée par une autorité administrative indépendante : la Haute Autorité de la communication audiovisuelle. Composée de neuf membres nommés pour neuf ans, elle est chargée de veiller au respect des missions de service public, de garantir le pluralisme, de nommer les administrateurs des établissements publics et des sociétés de l'audiovisuel et de désigner, parmi eux, les présidents des sociétés nationales de programmes. Les ressources restent publiques, tout comme les cahiers des charges. Désormais, **seul le monopole de diffusion est conservé**. Une entreprise privée peut donc désormais avoir accès à la communication audiovisuelle (cas de Canal+, TV6, La Cinq), en radio comme en télévision, mais le gouvernement continue à accorder l'accès aux satellites et aux réseaux hertziens terrestres. L'État conserve un certain nombre de leviers, notamment par le contrôle financier. Il a fallu attendre 1998 et la cession des parts de l'État dans certains groupements pour que les radios soient totalement privatisées. On compte aujourd'hui un peu plus de 1 600 radios privées, nombre d'entre elles dépendent des grands groupes.

1069 **Loi de 1986.** – La **loi du 30 septembre 1986, de très nombreuses fois modifiée, renverse la logique pour libéraliser et introduire la concurrence** et l'existence de deux secteurs de l'audiovisuel, l'un public et l'autre privé, sous l'arbitrage de la Commission nationale de la communication et des libertés (CNCL), remplacée **en 1989 par le Conseil supérieur de l'audiovisuel** (CSA, aujourd'hui ARCOM), lui-même remplacé par l'Autorité de régulation de la communication audiovisuelle et numérique en 2022 (ARCOM). Le monopole de diffusion confié à TDF est supprimé (sauf pour les sociétés nationales de radio et de télévision) mais conserve la charge d'assurer la continuité du territoire en matière de diffusion, tant en métropole qu'avec l'outre-mer. TF1 est privatisée. Le système de la concession de service public est abrogé et les missions de service public du secteur public y apparaissent plutôt comme des limites à la liberté de communication.

1070 **Contrôles.** – Aujourd'hui encore, l'importance des médias audiovisuels amène les gouvernements à mettre en place des dispositifs de contrôle. Le 5 mars 2009 par exemple, deux lois sont venues confirmer ce phénomène : tout d'abord la **loi organique relative à la nomination des présidents des sociétés France Télévisions et Radio France**, ensuite **la loi relative à la communication audiovisuelle et au nouveau service public de la télévision**. La première, aujourd'hui abrogée, permettait au président de la République de nommer pour cinq ans les dirigeants de chaînes après avis conforme du Conseil supérieur de l'audiovisuel et accord des commissions parlementaires compétentes qui peuvent exercer un droit de veto à la majorité des trois cinquièmes des suffrages exprimés. Dans sa décision du 3 mars 2009, le Conseil constitutionnel a considéré que ce transfert de compétence du CSA vers le président n'était pas contraire à la Constitution, étant entouré de suffisamment de garanties (notamment l'avis conforme du CSA/ARCOM). Il a cependant supprimé le veto des parlementaires à une révocation décidée par le Président[79]. La seconde loi vient transposer une directive communautaire du 11 décembre 2007. Elle **fusionne les différentes entités juridiques du groupe France Télévisions en une seule et même entreprise dotée d'un unique cahier des charges** et supprime progressivement la ressource publicitaire au profit d'une subvention de l'État, ce qui n'est pas un gage supplémentaire d'indépendance. **L'ARCOM (CSA), chargée de garantir « l'indépendance et l'impartialité » du secteur**, ne méconnaît pas la loi en tenant compte notamment, pour mettre fin le mandat d'un dirigeant d'une société de l'audiovisuel public au motif que les conditions de sa mission ne sont pas remplies faute de bénéficier de la confiance des autorités de l'État même si ce seul motif ne justifie pas qu'il soit fin à son mandat[80].

1071 **L'intervention de l'État**, particulièrement par la voie législative, reste pourtant omniprésente dans le domaine de l'audiovisuel. **La loi du 5 mars 2007 par exemple**, relative à la modernisation de la diffusion audiovisuelle et à la télévision du futur, met en place la mutation de la télévision vers le tout numérique, aussi bien du point de vue des opérateurs que du point de vue des spectateurs. **L'intervention étatique doit ainsi compenser les préjudices que peuvent subir les chaînes de télévision en raison de la fin anticipée de la diffusion analogique**[81]. Pourtant, cet interventionnisme modernisateur a aussi pour effet d'ouvrir de nouveaux canaux à un nombre croissant d'entreprises de presse audiovisuelle. La même logique a présidé à l'action de l'État dans le domaine de l'équipement par câble et par satellite des téléspectateurs français. Le gouvernement a en effet mis en place à deux reprises, en 1980 et 1984, puis dans les années 1986-1990, le plan de développement **du câble** reposant tout à la fois sur un régime de conventions-cadres, dont la loi aménage le cahier des charges, et d'aides indirectes comme des servitudes de câblage sur les propriétés privées. De même l'encadrement des données techniques organise la liberté d'accéder à l'ensemble des services audiovisuels sous forme numérique. La loi du 1er février 1994 avait, par exemple, mis en place un service de normalisation de façon à ce que les téléspectateurs puissent accéder à la télévision payante à partir d'un seul décodeur. L'impulsion dans ce domaine vient également de l'Union européenne. Les services de médias audiovisuels à la demande (SMAD) regroupent les services de vidéos à la demande (SVOD) par abonnement, payants à l'acte ou gratuits, et les services de télévision de rattrapage font l'objet de la directive européenne sur les services de médias audiovisuels du

79. CC, 3 mars 2009, déc. n° 2009-577 DC.
80. CE, Assemblée, 14 déc. 2018, *M. G.*..., n° 419443.
81. Avis du Conseil d'État du 23 mai 2006.

14 novembre 2018 (directive SMA) et du décret SMAD nº 2021-793 du 22 juin 2021. Les SMAD établis en France, dont le chiffre d'affaires annuel est supérieur à un million d'euros, doivent conclure une convention avec le CSA. Les autres communiquent au CSA les informations relatives à leur activité en France et peuvent se voir notifiés, par le CSA, une information relative à leurs obligations de financement et des conditions d'accès. Les plus riches doivent consacrer entre 20 et 25 % de leur chiffre d'affaires annuel au financement de la production d'œuvres cinématographiques et audiovisuelles européennes ou d'expression originale française, voire inclure dans leur catalogue de films et d'œuvres audiovisuelles au moins 60 % d'œuvres européennes et 40 % d'œuvres françaises.

2. L'organisation de la radio et de la télévision

1072 **Spécificité de l'audiovisuel. –** L'audiovisuel dispose d'un régime spécifique sur lequel pèse la contrainte technique d'un réseau limité de fréquences, lesquelles appartiennent d'ailleurs, pour cette raison, au domaine public de l'État (l'utilisation des fréquences hertziennes s'opère sous la forme d'autorisations d'occupation du domaine public non révocables, article L. 32 du Code des postes et télécommunications électroniques). Le Conseil constitutionnel a ainsi pu admettre que **le législateur peut concilier l'exercice de la liberté de communication, avec, d'une part, les contraintes techniques inhérentes aux moyens de la communication audiovisuelle** et, d'autre part, les objectifs de valeur constitutionnelle que sont la sauvegarde de l'ordre public, le respect de la liberté d'autrui et la préservation du caractère pluraliste des courants d'expression socioculturels[82].

1073 **Limites à la liberté de communication audiovisuelle. –** La loi du 30 septembre 1986 a posé que **l'exercice de cette liberté ne peut être limité que dans la mesure requise par le respect de la dignité de la personne humaine, de la liberté et de la propriété d'autrui, du caractère pluraliste de l'expression des courants de pensée et d'opinion, par la sauvegarde de l'ordre public,** les besoins de la défense nationale, les exigences de service public, les contraintes techniques inhérentes aux moyens de communication ainsi que par la nécessité de développer une industrie nationale de production audiovisuelle.

1074 **Régime d'autorisation souple des chaînes privées. –**Comme les chaînes nationales, les chaînes locales se sont multipliées depuis les années 1980. Les chaînes dont le budget annuel est supérieur à 150 000 euros doivent être autorisées (conventionnées) par l'Autorité de régulation de la communication audiovisuelle et numérique (ARCOM, ex-CSA) et ne peuvent servir les chaînes nationales en diffusant leurs programmes à l'échelle locale[83]. Ces chaînes nationales sont liées à l'État par convention afin d'assurer le pluralisme des courants d'opinion en dépit d'un fort mouvement de concentration qui amène ces chaînes privées à se regrouper. La loi du 1er février 1994 prévoit le renouvellement presque automatique des autorisations d'émettre pour deux périodes de cinq ans.

1075 **Privatisation des structures et mission de service public. –** La société française de production et de création audiovisuelle (SFP), créée en 1974, est une société de droit privé à capital public, bénéficiant également de nombreuses aides d'État. Aujourd'hui dans le secteur concurrentiel, elle a été rachetée par un groupe privé comme la plupart des sociétés de production française en proie aujourd'hui à une forte concentration. Télédiffusion de France (TDF) a connu le même parcours passant d'un statut d'établissement public à celui de société anonyme. Elle est chargée de la diffusion et de la transmission des programmes des sociétés de l'audiovisuel public, de la diffusion radio et TNT, de la couverture Très Haut Débit mobile ou le déploiement de la fibre.

82. CC, 18 sept. 1986, cons. 8.
83. CE, 1er déc. 1995, Société métropole télévision.

3. Le rôle de l'Autorité de régulation de la communication audiovisuelle et numérique (ARCOM, ex-Conseil supérieur de l'audiovisuel)

1076 **Une AAI nécessaire.** – S'il est loisible au législateur de soumettre les différentes catégories de services de communication audiovisuelle à un régime d'autorisation administrative, il doit aussi charger une autorité administrative indépendante de veiller au respect des principes constitutionnels en matière de communication audiovisuelle[84]. **Le CSA (ARCOM aujourd'hui) représente aux yeux du Conseil constitutionnel une garantie pour la liberté de communication, notamment dans la transparence qu'il assure dans le processus de nomination des présidents de chaîne**[85]. Par exemple, la loi du 15 novembre 2013 a redonné au CSA (ARCOM) la mission de nommer les présidents des sociétés nationales de programme qu'une loi de 2009 avait attribué au président de la République. L'ARCOM nomme par ailleurs les membres des comités territoriaux de l'audiovisuel (CTA), antennes régionales du Conseil pour les radios et les télévisions locales.

1077 **Institution.** – Le CSA avait été institué par la **loi du 17 janvier 1989**. Depuis le **1er janvier 2022 et l'entrée en vigueur de la loi du 25 octobre 2021 relative à la régulation et à la protection de l'accès aux œuvres culturelles à l'ère numérique, le Conseil supérieur de l'audiovisuel est devenu l'Autorité de régulation de la communication audiovisuelle et numérique** (ARCOM) fusionnant avec l'Hadopi. Assez proche de l'ancien CSA, l'Autorité de régulation de la communication audiovisuelle et numérique comprend neuf membres nommés par décret en raison de leurs compétences en matière économique, juridique ou technique, ou de leur expérience professionnelle dans le domaine de la communication, notamment dans le secteur audiovisuel ou des communications électroniques. Le mandat est de six ans non renouvelable. Le président est nommé par le président de la République, après avis des commissions permanentes compétentes de l'Assemblée nationale et du Sénat. Trois membres sont désignés par le président de l'Assemblée nationale et trois membres par le président du Sénat sur avis conforme de la commission permanente chargée des affaires culturelles, statuant à bulletin secret à la majorité des trois cinquièmes des suffrages exprimés. Elle comprend aussi un conseiller d'État et un autre à la Cour de cassation désignés, respectivement, par le vice-président du Conseil d'État et le premier président de la Cour de cassation.

1078 **Missions.** – Emblématique des institutions de régulation, elle garantit l'indépendance et l'impartialité du secteur public de la communication audiovisuelle, tout en favorisant la libre concurrence et l'établissement de relations non discriminatoires entre éditeurs et distributeurs de services, quel que soit le réseau de communications électroniques utilisé. Elle veille à la qualité et à la diversité des programmes, au développement de la production et de la création audiovisuelles nationales, tout en assurant la promotion de la diversité musicale, l'illustration de la culture et du patrimoine linguistique national. Elle veille à l'accessibilité aux personnes en situation de handicap des programmes des services de télévision et de médias audiovisuels à la demande.

Elle attribue aux services de communication audiovisuelle diffusés par voie hertzienne terrestre un numéro logique, en veillant à l'intérêt du public, au respect du pluralisme de l'information et à l'équité entre les éditeurs, et peut, à cette fin, constituer des blocs définis selon la programmation des services qui les composent. Elle veille au respect de la numérotation logique s'agissant de la reprise des services nationaux de télévision en clair diffusés par voie hertzienne terrestre, et au caractère équitable, transparent, homogène et non discriminatoire de la numérotation des autres services de télévision dans les offres de programmes des distributeurs de services.

L'Autorité de régulation de la communication audiovisuelle et numérique garantit l'honnêteté, l'indépendance et le pluralisme de l'information et des programmes qui y concourent. Elle veille à ce que la diversité de la société française soit représentée dans les programmes des services de communication audiovisuelle et que cette

84. CC, 17 janv. 1989, déc. nº 88-248 DC, cons. 25 à 27.
85. CC, 27 juill. 2000, déc. nº 2000-433 DC, cons. 11 à 14.

représentation soit exempte de préjugés. Elle s'assure que les intérêts économiques des actionnaires des éditeurs de services de communication audiovisuelle et de leurs annonceurs ne portent aucune atteinte à ces principes.

Elle assure le respect des droits des femmes dans le domaine de la communication audiovisuelle par la juste représentation des femmes et des hommes dans les programmes. Elle doit se préoccuper de l'image des femmes, notamment en luttant contre les stéréotypes, les préjugés sexistes, les images dégradantes, les violences faites aux femmes et les violences commises au sein des couples.

1079 **Pouvoirs. –** Elle dispose d'une large gamme d'outils allant de la mission de conciliation aux sanctions. Elle est consultée sur les projets de loi ou d'accords internationaux dans son domaine.

Il lui revient d'abord **d'attribuer les autorisations d'émettre aux radios et aux télévisions par la signature d'une convention d'engagements** en contrepartie de l'autorisation d'usage de fréquences dans le cas d'un service diffusé par voie hertzienne terrestre[86] ou signature d'une convention ou simple déclaration dans le cas d'un service diffusé par un autre procédé, y compris les télévisions et les radios diffusées sur internet. De même **qu'elle peut modifier les spécifications techniques relatives à ces autorisations** pour le respect par les opérateurs de l'ensemble **des obligations incluses dans les conventions** qu'elle leur accorde, l'ARCOM « assure l'égalité de traitement ». Il revient aussi à l'ARCOM d'attribuer les créneaux créés par l'arrivée de la télévision numérique terrestre, comme le CSA le faisait déjà pour le secteur analogique, aidé dans cette mission par 16 comités techniques radiophoniques régionaux. Le Conseil constitutionnel a estimé que le développement de ces moyens allait renforcer la liberté d'expression à condition que la répartition respecte le pluralisme des courants d'opinion[87]. La loi du 1er août 2000 a eu pour effet de favoriser l'information quant à la composition du capital des sociétés candidates à l'attribution d'une fréquence. Une autre loi, celle du 9 juillet 2004, est venue encadrer davantage l'attribution des fréquences, à l'issue d'un appel d'offres géographique et par catégories de services. Le renouvellement des fréquences est présumé et peut faire l'objet d'un recours devant le Conseil d'État qui en vérifiera les conditions de forme et de procédures.

L'ARCOM dispose notamment du pouvoir d'édicter **des actes administratifs unilatéraux** individuels et d'un pouvoir réglementaire qui s'exerce dans les domaines des spécifications techniques, des émissions politiques et sociales sur les antennes du secteur public et des émissions électorales. En outre, le Conseil bénéficie de pouvoirs d'investigation et d'enquête.

Aux termes de l'article 17-1, elle **peut être saisie par un éditeur ou par un distributeur de services, un exploitant d'un système d'accès ou par un prestataire auquel ces personnes recourent, de tout différend relatif à la distribution d'un service de radio ou de télévision**, y compris aux conditions techniques et financières de mise à disposition du public de ce service, lorsque ce différend est susceptible de porter atteinte aux valeurs que l'ARCOM doit défendre.

L'ARCOM dispose bien sûr d'un vaste pouvoir de **sanctions** après mise en demeure. Il est prévu aux articles 42 et suivants de la loi. Ce pouvoir concerne les « éditeurs et distributeurs de services de radiodiffusion sonore ou de télévision » et sanctionne « le respect des obligations qui leur sont imposées par les textes législatifs et réglementaires et par les principes définis à l'article 1er de la présente loi ». Il peut s'agir d'une suspension de diffusion de programmes ou d'un retrait d'autorisation ou d'une sanction pécuniaire assortie éventuellement d'une suspension de l'édition ou de la distribution du ou des services ou d'une partie du programme pour les cas les plus graves tout à la fois liés à des écarts de programmes par rapport aux éléments législatifs ou conventionnels mais également en cas de changement dans la composition du capital pour protéger le pluralisme. **L'autorisation peut être retirée, sans mise en demeure préalable, en cas de modification substantielle des données au vu desquelles l'autorisation avait été délivrée**. L'ARCOM peut en outre saisir le parquet dans le but d'engager des poursuites pénales en cas de manquements plus graves et volontaires à la loi[88].

86. CE, 30 juin 2017, Ass. *Oxygène*, n° 396842.

87. CE, 1er déc. 1995, Société métropole télévision.

88. Voir les développements consacrés au principe de dignité.

Ex. Le Conseil d'État a validé la mise en demeure adressée par le CSA (ARCOM) à France Télévisions de respecter les obligations résultant de son cahier des charges à la suite de la diffusion sur France 2 d'un reportage centré sur des faits faisant l'objet d'un procès d'assises en cours[89].

Pour l'exercice de ses missions (principalement tout de même celles de l'ancienne Hadopi pour la protection de la propriété intellectuelle), l'ARCOM dispose d'agents publics assermentés devant l'autorité judiciaire et habilités à constater les faits susceptibles de constituer des infractions prévues aux articles L. 335-3 et L. 335-4, lorsqu'ils sont commis sur les réseaux de communications électroniques utilisés pour la fourniture de services de communication au public en ligne. Dans ce cadre, les agents habilités et assermentés de l'autorité peuvent, sans en être tenus pénalement responsables : 1° participer sous un pseudonyme à des échanges électroniques susceptibles de se rapporter à ces infractions ; 2° reproduire des œuvres ou des objets protégés sur les services de communication au public en ligne ; 3° extraire, acquérir ou conserver par ce moyen des éléments de preuve sur ces services aux fins de la caractérisation des faits susceptibles de constituer des infractions ; 4° acquérir et étudier les matériels et les logiciels propres à faciliter la commission d'actes de contrefaçon. Ses pouvoirs d'enquête lui permettent de recueillir auprès des autorités administratives, toutes les informations nécessaires à l'élaboration de ses avis, études et décisions et auprès de l'ensemble des acteurs du secteur, toutes les informations nécessaires pour s'assurer du respect des obligations qui sont imposées aux personnes soumises à la loi et, plus généralement, toutes les informations nécessaires à l'élaboration de ses avis, études et décisions.

4. L'encadrement des programmes

1080 **Plusieurs mécanismes ont été institués qui affectent le libre choix du contenu des programmes.** Certains ne visent que le secteur public de l'audiovisuel, d'autres affectent l'ensemble des opérateurs. Depuis la loi du 14 novembre 2016, le Conseil supérieur de l'audiovisuel (ARCOM depuis 2022) garantit l'honnêteté, l'indépendance et le pluralisme de l'information et des programmes. Il s'assure notamment que **les conventions conclues entre l'ARCOM et les éditeurs de services de télévision et de radio garantissent le droit du journaliste de refuser toute pression**, de refuser de divulguer ses sources et de refuser de signer un article, une émission, une partie d'émission ou une contribution dont la forme ou le contenu auraient été modifiés à son insu ou contre sa volonté. L'ARCOM promeut également la conclusion de codes de bonne conduite visant à réduire efficacement l'exposition des enfants aux communications commerciales audiovisuelles relatives à la « malbouffe » et aux produits mettant le climat en danger.

L'article 17-1 de la loi de 1986, issu de la loi du 25 octobre 2021, lui confie le soin de contribuer à la **lutte contre la diffusion de fausses informations susceptibles de troubler l'ordre public** ou de porter atteinte à la sincérité d'un des scrutins.

1081 **Secteur public. – Le secteur public a gardé un certain nombre d'obligations de service public.** Les articles 43-11 et suivants de la loi de 1986 développent les obligations des sociétés de service public audiovisuel (France Télévision et Radio France, Arte, chaînes parlementaires et société en charge de l'audiovisuel extérieur de la France), la plupart étant intégralement possédées par l'État. Elles offrent au public, pris dans toutes ses composantes, un ensemble de programmes et de services qui se caractérisent par leur diversité et leur pluralisme, leur exigence de qualité et d'innovation, le respect des droits de la personne et des principes démocratiques constitutionnellement définis.

La loi du 1er août 2000 a placé France Télévisions, comme *holding*, au cœur d'une politique de service public : elle doit définir les orientations stratégiques, coordonner et promouvoir les politiques de programmes de diffusion et de production et gérer les affaires communes des chaînes du groupe sous contrôle de l'État qui approuve le statut des sociétés nationales de programme. La même logique a présidé au choix de la loi du 5 mars 2009

89. CE, 13 mai 2019, *Société France Télévisions*, n° 421779.

supprimant progressivement la publicité sur France Télévisions et augmentant la redevance. La motivation réside officiellement dans l'idée d'améliorer le niveau culturel des programmes.

Depuis 2021, l'article 20-2 de la loi de 1986 impose que « les événements d'importance majeure » (déterminés par décret en Conseil d'État) ne puissent être retransmis en exclusivité d'une manière qui aboutit à priver une partie importante du public de la possibilité de les suivre en direct ou en différé sur un service de télévision à accès libre.

1082 **Neutralité et pluralisme.** – Une extension du principe général de neutralité de l'État trouve à se traduire plus particulièrement dans le cas des antennes de France Télévisions et de Radio France. Il y est question de laisser aux personnels, particulièrement les journalistes, une autonomie politique qui ne contraigne ni n'interdise les positions politiques. Inversement, **dans une sorte de « neutralité positive »**, le service public sert de support aux opinions philosophiques, politiques ou religieuses les plus représentatives de la population. Des émissions religieuses sont diffusées, les représentants syndicaux peuvent s'y exprimer, etc. Les émissions publicitaires à caractère politique sont interdites.

L'ARCOM assure le respect de l'expression pluraliste des courants de pensée et d'opinion dans les programmes des services de radio et de télévision, en particulier pour les émissions d'information politique et générale. Pour ce faire, les services de radio et de télévision transmettent les données relatives aux temps d'intervention des personnalités politiques dans les journaux et les bulletins d'information, les magazines et les autres émissions des programmes, et l'ARCOM informe chaque mois les présidents des chambres et les responsables des différents partis politiques représentés au Parlement, du relevé des temps d'intervention des personnalités politiques.

Depuis 2021, un comité relatif à l'honnêteté, à l'indépendance et au pluralisme de l'information et des programmes composé de personnalités indépendantes est institué auprès de toute personne morale éditrice d'un service de radio généraliste à vocation nationale ou de télévision qui diffuse, par voie hertzienne terrestre, des émissions d'information politique et générale. Il informe l'ARCOM de tout fait susceptible de contrevenir à ces principes.

1083 **Pour tous des quotas.** – Sur chaque chaîne de télévision, et pour chacune de ces deux catégories de programmes, **60 % des œuvres diffusées sur l'antenne doivent être d'origine européenne et 40 % des œuvres doivent être d'expression originale française**, c'est-à-dire tournées en français. Ces quotas doivent être respectés sur l'ensemble de la journée et aux heures de grande écoute. Mêmes quotas pour les œuvres proposées dans les catalogues de sites de vidéo à la demande. La loi « Carignon », adoptée le 1er février 1994, imposa aux radios privées, à partir de 1996, un quota de 40 % de chansons d'expression française, dont la moitié issue de nouveaux talents ou de nouvelles productions.

1084 **Le respect de la dignité.** – La loi du 30 septembre 1986, relative à la liberté de communication, dite loi Léotard, dispose d'un article 14 qui impose à l'ARCOM de contrôler « par tous moyens appropriés, sur l'objet, le contenu et les modalités de programmation des émissions publicitaires [...] et de veiller au respect de la dignité de toutes les personnes et à l'image des femmes qui apparaissent dans ces émissions publicitaires ». L'article 15 ajoute une veille relative à la protection de l'enfance et de l'adolescence et au respect de la dignité de la personne dans les programmes mis à disposition du public par un service de communication audiovisuelle. Elle s'assure que des programmes susceptibles de nuire à l'épanouissement physique, mental ou moral des mineurs ne soient pas mis à disposition du public par un service de communication audiovisuelle, sauf lorsqu'il est assuré, par le choix de l'heure de diffusion ou par tout procédé technique approprié, que des mineurs ne sont normalement pas susceptibles de les voir ou de les entendre. Il faut sinon un avertissement au public et que le programme soit identifié par la présence d'un symbole visuel tout au long de leur durée. Il veille enfin à ce que « les programmes ne contiennent aucune incitation à la haine ou à la violence pour des raisons de race, de sexe, de mœurs, de religion ou de nationalité ».

L'ARCOM s'assure enfin que les programmes mis à la disposition du public par un service de communication audiovisuelle ne contiennent ni incitation à la haine ou à la violence discriminatoire, particulièrement à raison de l'identité de genre, ni provocation publique à commettre des actes terroristes.

Cela donne lieu à des **recommandations** et des sanctions de l'ARCOM (ex-CSA), lesquelles peuvent être déférées au Conseil d'État. Quelques exemples suffiront. Le 1er juin 2010, le CSA a, par exemple, sanctionné la chaîne W9 qui, lors de l'émission *Dilemme* a diffusé une séquence au cours de laquelle une candidate, affublée d'un collier de chien et d'une laisse, a fait l'objet d'un traitement avilissant et dégradant. Quand bien même la candidate s'était prêtée librement à ce jeu, cela la conduisait à se rabaisser au rang d'animal et portait atteinte, par son objet même, au respect la dignité de la personne humaine. De même, le 24 juillet 2007, il a condamné les propos tenus à l'antenne d'un radio tendant à soutenir que les femmes de banlieue violées étaient en fait consentantes. Outre l'incitation à des pratiques ou comportements délinquants ou inciviques contraires à la sauvegarde de l'ordre public le CSA estime qu'ils portent atteinte à la dignité des personnes victimes de viols. En mai 2011, le CSA a mis en garde les chaînes de télévision contre la diffusion d'images de D. Strauss-Kahn entravé.

1085 Contrôle du juge (voir aussi les développements relatifs à la dignité). – Le **Conseil d'État peut à son tour être saisi de la légalité de la sanction** de l'ARCOM (ex-CSA). Il a ainsi rendu, le 20 mai 1996, l'arrêt *Société Vortex* relatif à des propos tenus au cours de l'émission « Les Monstres » (Skyrock). L'animateur de l'émission s'était réjoui à quatre reprises du décès d'un policier ; ce qui avait entraîné la suspension de l'autorisation d'émettre pour vingt-quatre heures. Le Conseil d'État a jugé que les propos constituent bien une « atteinte à la dignité de la personne humaine et à la sauvegarde de l'ordre public ». De même, pour des auditeurs, intervenant à l'antenne, qui ont, à plusieurs reprises, proféré des **propos racistes et antisémites**[90] ou pour les animateurs, informés par les auditeurs de la découverte des corps d'un enfant puis d'une femme dont les noms ont été révélés à l'antenne, qui ont incité les auditeurs à multiplier les témoignages sur l'état des cadavres découverts et n'avaient pas pour objectif l'information du public mais cherchaient à accroître l'audience de cette émission[91]. Il a également admis le 18 décembre 2009 que Canal+ devait renoncer à diffuser des combats de *free fight* qui ne sont reconnus par aucune fédération nationale et dont l'organisation avait fait l'objet d'interdictions par arrêté préfectoral. Le CSA a considéré que la retransmission de ce type de combat à la télévision portait atteinte à la dignité des participants et serait susceptible de nuire gravement à l'épanouissement physique, mental ou moral des mineurs et était contraire à la sauvegarde de l'ordre public.

Le CSA (ARCOM) doit veiller à la protection de la jeunesse, y compris à raison de la diffusion des messages publicitaires. Une association lui demandait ainsi de limiter la diffusion d'un spot de trente secondes se composant d'une succession d'images de jeunes femmes et de représentations suggérées ou métaphoriques du sexe féminin. Cependant, pour le Conseil d'État, si ces images comportent des allusions directes à l'intimité du corps féminin, elles sont en rapport avec les produits d'hygiène promus et ne présentent aucun caractère licencieux ou pornographique[92].

Au contraire, il peut conforter l'ARCOM lorsque celui-ci **entend protéger la réputation d'autrui ou la sérénité des débats judiciaires lorsque des journalistes** présentent à charge les éléments d'un procès en cours. Ainsi des victimes présumées d'un homme politique jugé pour harcèlement sexuel ; une chaîne de télévision a été mise en demeure de ne pas recommencer sous peine de sanction[93].

5. L'internationalisation de l'audiovisuel

1086 La liberté de recevoir des programmes internationaux. – La liberté dépasse les frontières, pas toujours les valeurs contraires. Ainsi que l'a rappelé la CEDH, **la liberté d'expression ou de communication audiovisuelle**

90. CE, 9 oct. 1996, Ass. Ici et maintenant.
91. CE, 30 août 2006, *Association FREE DOM*.
92. CE, 1er févr. 2022, *Ass. Pornostop*, n° 440154.
93. CE, 13 mai 2019, *Société France Télévisions*, n° 421779.

dépasse les frontières[94]. En outre, dans le cadre du Conseil de l'Europe, la Convention européenne sur la télévision transfrontière (signée le 5 mai 1989, ratifiée par la France en 1994 et entrée en vigueur en 2002) dispose (art. 4) que « les Parties assurent la liberté d'expression et d'information, conformément à l'article 10 de la Convention EDH et elles garantissent la liberté de réception et ne s'opposent pas à la retransmission sur leur territoire de services de programmes qui sont conformes aux dispositions de la présente Convention ».

Le **Conseil d'État** a d'ailleurs pu juger, à propos d'une convention passée en vue de la diffusion de M6 en Suisse entre le CSA et la chaîne[95] **qu'il n'appartient qu'aux autorités de l'État de transmission de veiller à ce que tous les services de programmes transmis par des organismes ou à l'aide de moyens techniques relevant de sa juridiction soient conformes à la Convention**, notamment le respect du pluralisme, le respect de la dignité de la personne humaine et des droits fondamentaux d'autrui, la protection de l'enfance et de l'adolescence, l'honnêteté de l'information et la libre formation des opinions, l'exercice du droit de réponse, l'accès du public à des événements majeurs, le soutien de la production européenne, la publicité et le parrainage.

De même, au sein de l'Union européenne, **la directive n° 89/552/CEE du Conseil du 3 octobre 1989** visant à la coordination des États membres relative à l'exercice d'activités de radiodiffusion télévisuelle (directive « TVSF » révisée par la directive n° 97/36/CE du 19 juin 1997 et remplacée par la directive 2007/65/CE, « Services de Médias Audiovisuels » (SMA), adoptée le 11 décembre 2007) s'applique aux activités télévisuelles, quel que soit leur vecteur de diffusion (hertzien, câble, satellite, ADSL, internet), sous forme analogique ou numérique. Dans ce cadre, **les États ne peuvent empêcher la réception sur leur territoire des programmes émis par les diffuseurs relevant de la compétence d'un autre État membre, sauf dans un cas très restrictif : lorsque le programme enfreint d'une manière manifeste, sérieuse et grave les règles relatives à la protection des mineurs et/ou au respect de l'ordre public**. Les programmes susceptibles de nuire gravement aux mineurs, notamment ceux comprenant des scènes de pornographie ou d'une extrême violence sont interdits ; la diffusion des autres programmes susceptibles de nuire aux mineurs est encadrée par le choix d'horaires de diffusion et de mesures techniques de protection. Les événements d'une importance majeure pour la société doivent être diffusés sur des chaînes en clair gratuites.

1087 **Programmes contraires à la loi de 1986. –** Une question désormais récurrente porte sur la diffusion des médias étrangers sur le sol français et la possible violation des interdits nationaux. Le cas des chaînes arabes diffusant **des programmes de nature antisémite a occupé parfois le CSA et le Conseil d'État. L'exemple d'Al Manar est édifiant.**

CE, 6 janvier 2006, n° 279596, *Lebanese communication group*

« La chaîne libanaise Al Manar ayant diffusé des fictions et informations résolument hostiles à la communauté juive et incitant à la violence et à la haine (apologie d'attentats), a fait l'objet de procédures de sanctions mises en œuvre par le Conseil supérieur de l'audiovisuel. Le CSA peut conclure avec les chaînes étrangères une convention qui conditionne l'octroi des autorisations de diffuser. Une telle convention n'a toutefois pas été respectée par la chaîne, laquelle a bafoué à plusieurs reprises les dispositions figurant à l'article 15 de la loi de 1986 sur la liberté d'expression. **La chaîne libanaise a renouvelé en effet les dérapages antisémites, ce qui entraîne la mise en œuvre d'une procédure de sanction à l'issue de laquelle le Conseil d'État, saisi par l'instance de régulation de l'audiovisuel, émet une ordonnance pour imposer à l'opérateur de satellite Eutelsat de cesser la diffusion de la chaîne libanaise** sous deux jours sous peine d'une astreinte de

94. CEDH, 22 mai 1990, *Autronic AG c. Suisse* : « la Cour estime que la réception de programmes télévisés au moyen d'une antenne – parabolique ou autre – relève du droit consacré par les deux premières phrases de l'article 10 § 1 (art. 10-1), sans qu'il faille rechercher pour quelle raison et dans quel but son titulaire entend s'en prévaloir ».

95. CE, 21 nov. 2003, Société Suisse de radiodiffusion et télévision.

5 000 euros par jour de retard. Ces sanctions suivent une gradation qui peut aboutir dans le cas le plus grave à un retrait de l'autorisation ou à la résiliation unilatérale de la convention.

« Considérant que ces propos ont été tenus à l'antenne d'une chaîne dont les programmes s'inscrivent dans une perspective militante qui comporte des connotations antisémites, ainsi que l'ont illustré certaines de ses émissions qui ont, avant comme après la signature de la convention du 19 novembre 2004, porté gravement atteinte aux principes mentionnés aux articles 1er, 3-1 ou 15 de la loi du 30 septembre 1986, en dépit des engagements réitérés de ses responsables de se conformer à leurs obligations ; que, dans ce contexte, le Conseil supérieur de l'audiovisuel n'a pas inexactement qualifié les faits en estimant que de tels propos, tenus lors d'un journal télévisé et venant après ceux diffusés à l'antenne le 23 novembre 2004, constituaient un manquement grave de la chaîne à l'exigence d'honnêteté de l'information et à l'obligation de traiter avec pondération et rigueur les sujets susceptibles d'alimenter ou d'entraîner, en France et en Europe, des tensions et des antagonismes envers certaines communautés ou certains pays, ainsi qu'une incitation à la haine ou à la violence pour des raisons de religion ou de nationalité. »

C. La spécificité de l'internet

1. Une liberté accrue

1088 **L'enjeu.** – Pour la Cour européenne : « **la possibilité pour les individus de s'exprimer sur internet constitue un outil sans précédent d'exercice de la liberté d'expression.** »[96] Mais, de fait, l'internet attire les partisans d'un contrôle accru des individus et offre aux dictatures (fussent-elles politiques ou économiques) les moyens d'une mainmise totale sur l'information, tout à la fois pour savoir qui dit quoi, qui lit quoi et sans doute bloquer l'accès à certains sites jugés indésirables (voir le cas de la Chine). Paradoxalement, l'outil a aussi ses travers lorsqu'ils s'allient avec ceux de l'humanité : la recherche paresseuse de l'information et l'achat de places prioritaires sur les principaux moteurs de recherche réduisent au silence les sources sérieuses et désargentées au profit d'entreprises fortunées ou de pseudo-encyclopédies en ligne.

1089 **Spécificité de l'internet.** – La **loi du 21 juin 2004 pour la confiance en l'économie numérique (LCEN) a confirmé le décrochage de l'internet par rapport à la liberté générale de la communication** audiovisuelle même si l'internet est aussi un support de la télévision et de la radio. Selon cette loi, il faut entendre **par internet toute « communication au public en ligne » c'est-à-dire toute transmission sur demande individuelle, de données numériques n'ayant pas un caractère de correspondance privée, par un procédé de communication électronique permettant un échange réciproque d'informations entre l'émetteur et le récepteur**. Le support n'affecte que peu le principe de la liberté d'expression (accès au contenant, liberté du contenu). L'article 1er de la loi du 21 juin 2004 dispose que « la communication au public par voie électronique est libre ». La création d'un site internet n'est plus soumise au régime de déclaration depuis la loi du 1er août 2000.

1090 **Message public ou privé.** – La distinction de la communication publique et de la correspondance privée permet de délimiter les obligations de chacun : **le message public tombe sous le coup de la loi de 1881 quand la correspondance autorise une liberté plus grande au titre de la vie privée** (secret des correspondances), ce qui ne rend pas la liberté absolue pour autant. La correspondance, classiquement, désigne un message adressé à une personne identifiée ou à un groupe restreint de telles personnes entre lesquelles existe une communauté d'intérêts[97]. Tel est le cas du courrier électronique défini comme « tout message, sous forme de texte, de voix, de

96. CEDH, 1er décembre 2015, *Cengiz et autres c. Turquie*, Req. nos 48226/10, §49.
97. T. corr. Paris, 2 nov. 2000, Françoise V. c. ministère public.

son ou d'images, envoyé par un réseau public de communication, stocké sur un serveur du réseau ou dans l'équipement terminal du destinataire, jusqu'à ce que ce dernier ne le récupère » (art. 1er, al. 5, LCEN).

1091 **Liberté de communication en ligne.** – Le **Conseil constitutionnel a ainsi naturellement transposé sa jurisprudence relative à l'article 11 de la Déclaration de 1789 à l'internet** : « [...] eu égard au développement généralisé des services de communication au public en ligne ainsi qu'à l'importance prise par ces services pour la participation à la vie démocratique et à l'expression des idées et des opinions, le droit de parler, écrire et imprimer librement, implique la liberté d'accéder à internet »[98]. Là encore l'expression peut se voir limitée par d'autres impératifs tels que l'objectif de lutte contre les pratiques de contrefaçon sur internet.

1092 **Une liberté aux moyens accrus.** – L'internet implique des activités de collecte, de stockage, de traitement et de diffusion, opérées de manière automatique systématique, de données et d'informations relatives aux personnes physiques. Le danger est donc tant dans les moyens que dans les finalités des informations qui circulent. **On retrouve pour l'internet les mêmes limites que pour la liberté de communication en général : le respect de la dignité de la personne humaine, la liberté et la propriété d'autrui, le caractère pluraliste de l'expression des courants de pensée et d'opinion et la sauvegarde de l'ordre public ; mais aussi l'idée d'abus de droit.** Les besoins de la défense nationale, les exigences du service public, les contraintes techniques inhérentes aux moyens de communication et développement de la production audiovisuelle apparaissent également dans le texte de la loi comme des objectifs concurrents.

1093 **Internationalisation du contexte.** – Ici le facteur international réduit considérablement la portée du droit national de la liberté d'expression. Dans une retentissante affaire jugée en 2000, la Ligue internationale contre le racisme et l'antisémitisme (LICRA) et d'autres groupes de défense contre les discriminations attaquaient **la société Yahoo ! Inc.**, établie aux États-Unis, en raison de **ventes aux enchères d'objets nazis** et la publication d'extraits de *Mein Kampf*. Par trois ordonnances de référé, le TGI de Paris (22 mai 2000) a estimé qu'il s'agissait en effet d'« une contravention à la loi française » et d'« une offense à la mémoire collective du pays » et a condamné la société à prendre toutes les mesures pour dissuader et empêcher les internautes français de consulter ces pages (sous astreinte de 100 000 F par jour). Yahoo ! décida alors de refuser l'accès à tout internaute mais la Cour fédérale du district de Californie du Nord a délié la compagnie de la solution française sur le fondement du 1er amendement à la Constitution (liberté d'expression) avant que la cour d'appel en 2006 ne revienne à la solution d'origine[99].

1094 **Le droit d'accéder à l'internet.** – Contrairement à l'audiovisuel, dont les données techniques affichent une « finitude » d'accès, le droit pour tous d'accéder à internet comme moyen d'expression n'apparaît pas techniquement, et donc juridiquement, comme insensé. **Le droit de l'Union, à travers le principe du service universel, fait obligation aux États de procurer à tous une connexion** (repris par la loi du 31 décembre 2003). Si on peut se demander à quoi cela sert de s'exprimer si personne n'écoute, chacun étant trop occupé à dispenser ses propres informations, la trace que laisse le net s'ajoute encore à l'intérêt de ce média pour la liberté d'expression.

La Russie a **violé la liberté d'expression par sa politique de blocage des sites internet**, y compris le blocage « collatéral » (lorsque l'adresse IP bloquée était partagée par plusieurs sites, y compris l'adresse ciblée) ; le blocage « excessif » (lorsque l'ensemble du site a été bloqué en raison d'une seule page ou fichier), et blocage « en gros » (trois médias en ligne ont été bloqués par le procureur général pour leur couverture de certaines informations)[100].

98. CC, 10 juin 2009, déc. n° 2009-580 DC, cons. 12.
99. US Court of Appeals for the 9th circuit, 12 janv. 2006, Yahoo ! Inc. v. la Ligue contre le racisme et l'antisémitisme.
100. CEDH, 23 juin 2020, *Vladimir Kharitonov c. Russie*, req. n° 10795/14.

1095 **Délits de consultation de sites prohibés.** – La loi interdit parfois de consulter des sites qui incitent à la commission d'infractions. **La consultation habituelle de site d'images pédopornographiques est punie par l'article 227-23 du Code pénal de deux ans d'emprisonnement et 30 000 euros d'amende**. La même chose était prévue pour la prévention du terrorisme mais le Conseil constitutionnel[101] a censuré les modalités du délit de consultation habituelle de sites internet terroristes (il avait déjà censuré une première rédaction par sa décision n° 2016-611 QPC du 10 février 2017). L'article 421-2-5-2 du Code pénal, dans cette nouvelle rédaction, sanctionne d'une peine de deux ans d'emprisonnement et de 30 000 euros d'amende **le fait de consulter de manière habituelle, sans motif légitime, un service de communication au public en ligne faisant l'apologie ou provoquant à la commission d'actes de terrorisme et comportant des images ou représentations d'atteintes volontaires à la vie.** La censure repose sur le principe de nécessité des peines. Selon le Conseil constitutionnel, les autorités administratives et judiciaires disposent déjà d'un ensemble important de procédures non seulement pour contrôler les services de communication au public en ligne provoquant au terrorisme ou en faisant l'apologie et pour réprimer leurs auteurs, mais aussi pour surveiller une personne consultant ces services et pour l'interpeller et la sanctionner lorsque cette consultation s'accompagne d'un comportement révélant une intention terroriste, avant même que ce projet soit entré dans sa phase d'exécution. Par ailleurs l'exemption de « motif légitime » apparaît trop floue et la peine (de deux ans d'emprisonnement) disproportionnée. D'où l'atteinte à l'exercice de la liberté de communication qui n'est pas nécessaire, adaptée et proportionnée.

1096 **Autorégulation.** – La marque de la régulation d'internet réside surtout dans son internalisation ; elle-même est liée à l'immense diversité des intervenants et des contenus dispensés sur le Net qui rend les cadres traditionnels de la responsabilité difficilement transposables quand émetteur et récepteur ne se distinguent pas aisément. **Les éditeurs sur internet ont multiplié les guides de bonnes pratiques, codes de déontologie, etc. Les organisations étatiques ont développé un cadre propice à la création d'une gouvernance dans un secteur très anarchique**[102].

1097 **Régulation européenne.** – La régulation juridique n'est pourtant pas absente, même si elle prend une dimension fortement européenne qui, par ces **directives déjà rencontrées de 1995, 2002 et 2006, a tenté une harmonisation des règles concernant la libre circulation des données informatiques**. Il s'agit tout d'abord du principe de l'équivalence des protections entre pays membres de l'Union et de l'Espace économique européen, mais aussi du champ d'application des directives concernant la protection des données personnelles. **La Cour de justice a par ailleurs rappelé qu'en elles-mêmes les directives relatives à la protection des données personnelles ne portaient pas atteinte à la liberté d'expression** mais qu'il appartenait aux autorités et aux juridictions des États membres d'assurer au cas par cas l'équilibre entre les droits individuels et les intérêts en cause.

1098 **Transfert international de données.** – La CJCE a d'ailleurs eu l'occasion **de préciser que les pages internet n'étaient pas couvertes par la notion de transfert de données vers un pays tiers**[103] (voir chapitre sur les données personnelles).

2. Responsabilités

1099 **Infractions.** – La loi relative à l'économie numérique de 2004 a confirmé que **la plupart des infractions de presse issues de la loi du 29 juillet 1881 sont applicables aux services de communication au public** en ligne à

101. CC, 15 décembre 2017, *M. David P.*, Décision n° 2017-682 QPC [Délit de consultation habituelle des sites internet terroristes II].

102. Sommet mondial sur la société de l'information [SMSI], déclaration de Genève du 12 décembre 2003.

103. CJCE, 6 nov. 2003, aff. C-101/01, *Bodil Lindqvist* : il s'agissait d'une page web, dans le cadre d'une communauté religieuse, qui donnait des informations sur les animateurs de la paroisse. Le responsable de la page estimait qu'il s'agissait d'une activité domestique, mais la cour a au contraire montré qu'une activité associative lui faisait perdre cette qualité en raison de l'accessibilité de la page et non de l'objet des données.

l'exclusion des sites qui ne sont consultables qu'à partir de correspondances privées[104]. Lorsque le discours des internautes porte atteinte à la réputation de personnes identifiées, il arrive que les juges puissent ordonner la suspension de cette publication en ligne sur le fondement de la loi du 6 janvier 1978. Ce fut le cas pour des professeurs que leurs élèves notaient sur le web[105]. De même, la loi du 5 mars 2007 incrimine le « *happy slapping* », c'est-à-dire le fait de diffuser les images de violence sur une personne.

Certaines spécificités existent cependant, notamment pour le droit de réponse qui se trouve facilité ; en effet toute personne nommée ou désignée dans un service de communication publique en ligne, sans pour autant avoir été désignée expressément, peut demander un droit de réponse que le directeur de publication doit insérer dans les trois jours. De même, le point de départ du délai de prescription de trois mois de l'action publique doit être fixé à la date à laquelle le message a été mis pour la première fois à la disposition des utilisateurs du réseau, date qui représente en fait le premier acte de publication[106].

Depuis la loi contre le terrorisme de novembre 2014, **un blocage administratif des sites internet incitant à des actes de terrorisme** ou en faisant l'apologie est autorisé. L'Office central de lutte contre la cybercriminalité (OCLCTIC), qui dépend de la Direction centrale de la police judiciaire, adresse une demande en ce sens aux fournisseurs d'accès à internet, qui disposent de vingt-quatre heures pour agir. L'Office peut également demander aux moteurs de recherche et aux annuaires de **cesser le référencement de ces sites**. Avec l'état d'urgence, le ministre de l'Intérieur peut aussi prendre toute mesure pour assurer l'interruption de tout service de communication au public en ligne incitant à la commission d'actes de terrorisme ou en faisant l'apologie.

1100 **Responsabilité. –** En cas de mise en œuvre de la responsabilité, **on recherchera celle du créateur du site, quel qu'en soit le gestionnaire effectif.** Elle a été modifiée en 2021. En principe, les fournisseurs d'accès comme les hébergeurs ne sont pas responsables des informations qu'ils transmettent ou stockent, et n'ont pas l'obligation de rechercher des faits ou des circonstances révélant des activités illicites sauf si une activité de surveillance ciblée et temporaire est demandée par l'autorité judiciaire (art. 6, I, 7, LCEN du 21 juin 2004). Toutefois, par leur obligation de traçabilité, il leur incombe de concourir à la lutte contre la diffusion de contenus relatifs à l'apologie des crimes contre l'humanité, à l'incitation à la haine raciale et à la pornographie enfantine. On trouve également quelques condamnations sur le fondement de **l'obligation qui incombe à l'hébergeur de retirer des contenus à caractère illicite**. Ainsi, le tribunal de grande instance de Paris a pu condamner Google qui a « participé à un trouble manifestement illicite » en ne « désindexant » pas les liens concernant une ancienne actrice de films pornographiques qui lui avait demandé d'effacer les traces de son activité[107].

La loi du 24 août 2021 confortant le respect des principes de la République permet à l'Office central de lutte contre la criminalité liée aux technologies de l'information et de la communication, qui gère la plateforme Pharos, de demander aux fournisseurs d'accès à internet et aux hébergeurs de bloquer l'accès ou de déréférencer les « sites miroirs » (la réminiscence sous un autre nom de sites internet déjà bloqués par la justice). Il fallait auparavant ouvrir une procédure pour faire fermer le site comme si c'était un nouveau.

Concernant **la lutte contre les sites miroirs**, lorsqu'une décision judiciaire passée en force de chose jugée ordonne une mesure propre à empêcher l'accès à un service de communication au public en ligne, l'ARCOM, saisie par un titulaire de droits partie à la décision judiciaire, peut demander à toute personne visée par cette décision, pour une durée ne pouvant excéder celle restant à courir pour les mesures ordonnées par le juge, d'empêcher l'accès à tout service de communication au public en ligne reprenant en totalité ou de manière substantielle le contenu du service mentionné par ladite décision. L'autorité peut également demander à tout exploitant de moteur de recherche, annuaire ou autre service de référencement de faire cesser le référencement des adresses électroniques donnant accès à ces services de communication au public en ligne. Pour faciliter

104. CA Toulouse, 5 sept. 2002 : il ne peut y avoir diffamation sur internet que si le site est accessible au public et non seulement à la personne diffamée.

105. TGI Paris, ord. réf., 3 mars 2008, *X. contre Note2be.com*.

106. Cass. crim., 30 janv. 2001.

107. TGI Paris, ord. réf., 15 févr. 2012.

l'exécution des décisions judiciaires, l'autorité adopte des modèles d'accord destinés aux ayants droit et à toute personne susceptible de contribuer à remédier aux atteintes aux droits d'auteur et droits voisins en ligne. L'accord détermine notamment les conditions d'information réciproque des parties sur l'existence de tout service de communication au public en ligne reprenant en totalité ou de manière substantielle le contenu du service visé par la décision.

La CJUE[108] estime que l'exploitant d'un moteur de recherche sur internet est responsable du traitement qu'il effectue des données à caractère personnel qui apparaissent sur des pages web publiées par des tiers (voir les éléments sur le déréférencement).

1101 Cybercriminalité. – La convention de lutte contre la cybercriminalité a été signée le 23 novembre 2001 au sein du Conseil de l'Europe. Elle est entrée en vigueur le 4 mars 2004. La loi du 23 janvier 2006 relative à la lutte contre le terrorisme lui fait jouer un certain nombre d'effets dans le domaine pénal. Par exemple, le règlement (UE) 2021/784 du 29 avril 2021, relatif à la lutte contre la diffusion des contenus à caractère terroriste en ligne, impose aux « fournisseurs de services d'hébergement » en ligne (y compris les réseaux sociaux) une obligation de retrait (ou blocage) en moins d'une heure, des contenus illicites présentant un caractère terroriste, après la réception d'une injonction adressée par l'autorité compétente d'un État membre. Cela exclut les contenus présentant un caractère éducatif, journalistique, artistique ou relevant d'une activité de recherche scientifique. Le protocole additionnel contre le racisme et la xénophobie impliquera lui aussi de criminaliser un certain nombre de comportements. En vue de la poursuite des infractions pénales, les opérateurs de communications électroniques doivent conserver les informations permettant d'identifier l'utilisateur, les données relatives aux équipements terminaux de communication utilisés, les caractéristiques techniques ainsi que la date, l'horaire et la durée de chaque communication, les données relatives aux services complémentaires demandés ou utilisés et à leurs fournisseurs et enfin les données permettant d'identifier le ou les destinataires de la communication. Mais ces données ne peuvent porter sur le contenu des correspondances échangées ou des informations consultées.

La loi du 24 août 2021 confortant le respect des principes de la République ajoute un **délit de mise en danger de la vie d'autrui** (premier alinéa de l'article 223-1-1 du Code pénal), par la divulgation intentionnelle d'informations permettant d'identifier ou de localiser une personne en vue de l'exposer ou les membres de sa famille à un risque direct d'atteinte à leur propre personne ou à leurs biens (trois ans d'emprisonnement et 45 000 euros d'amende). La peine est aggravée si la victime est un agent public, un élu ou un journaliste ou si elle est mineure.

La **comparution immédiate** est désormais prévue, depuis la loi du 24 août 2021, pour tenter de punir les auteurs sur les réseaux sociaux, concernant les délits de la loi du 29 juillet 1881 (sauf pour les contenus contrôlés par des directeurs de publication de presse). D'ailleurs, un nouveau **régime de modération des contenus illicites** (jusqu'à la fin 2023) s'applique aux plateformes en ligne (procédures de traitement des demandes judiciaires, information du public sur le dispositif de modération, évaluation des risques...) sous la tutelle de l'ARCOM (qui devra superviser les processus de modération et pourra prononcer des sanctions financières, jusqu'à vingt millions d'euros ou 6 % du chiffre d'affaires mondial).

Depuis la loi du 24 août 2021 relative aux principes de la République, pour la répression de l'apologie des crimes contre l'humanité, de la provocation à la commission d'actes de terrorisme et de leur apologie, de l'incitation à la haine raciale, à la haine à l'égard de personnes à raison de leur sexe, de leur orientation sexuelle, de leur identité de genre ou de leur handicap, ainsi que de la pornographie enfantine, de l'incitation à la violence, notamment l'incitation aux violences sexuelles et sexistes, ainsi que des atteintes à la dignité humaine, la plupart des opérateurs de plateforme (qui proposent un service de communication au public en ligne reposant sur le classement, le référencement ou le partage de contenus mis en ligne par des tiers et dont l'activité sur le territoire français dépasse un seuil de nombre de connexions déterminé par décret) doivent concourir à la lutte contre la diffusion de ces infractions. Pour ce faire, ils **doivent mettre en œuvre des procédures et des moyens humains,**

108. CJUE, Gr. ch., 13 mai 2014, aff. C-131/12, *Google Spain SL et Google Inc. c/Agencia Española de Protección de Datos (AEPD) et a.*

informer, dans les meilleurs délais, les autorités judiciaires ou administratives des actions qu'ils ont mises en œuvre à la suite des injonctions émises par ces autorités, accuser réception sans délai de leurs demandes tendant à la communication des données, d'informer ces autorités dans les meilleurs délais des suites données, de conserver temporairement les contenus, désigner un point de contact unique chargé de la communication avec les autorités publiques, de mettre à la disposition du public, de façon facilement accessible, les conditions générales d'utilisation du service, notamment l'interdiction de mettre en ligne les contenus illicites, de rendre compte au public des moyens mis en œuvre et des mesures adoptées, mettre en place un dispositif, aisément accessible et facile d'utilisation, permettant à toute personne de porter à leur connaissance, par voie électronique un contenu qu'elle considère illicite, avec traitement prioritaire des remontées de « tiers de confiance » (« entités qui disposent d'une expertise et de compétences particulières aux fins de la détection, de l'identification et du signalement des contenus illicites »).

1102 **Pédopornographie. -** L'internet permet aussi hélas le développement de criminalités nouvelles dans leur ampleur, facilitées par le pouvoir de l'image. On pense à la pédopornographie, en soi illicite sous la forme de consultation de données, qui suscite en outre, à une échelle inouïe, le trafic d'enfants en vue de fournir ces photos et vidéos[109]. **La Convention sur la cybercriminalité** précise que le terme « pornographie enfantine » « comprend toute matière pornographique représentant de manière visuelle : a) un mineur se livrant à un comportement sexuellement explicite ; b) une personne qui apparaît comme un mineur se livrant à un comportement sexuellement explicite ; c) des images réalistes représentant un mineur se livrant à un comportement sexuellement explicite » (art. 9 § 2).

En France, **l'article 227-23 du Code pénal punit** de cinq ans d'emprisonnement et de 75 000 euros d'amende le fait, en vue de sa diffusion, de **fixer, d'enregistrer ou de transmettre l'image ou la représentation d'un mineur qui présente un caractère pornographique** ainsi que le fait d'offrir, de rendre disponible ou de diffuser une telle image ou représentation, par quelque moyen que ce soit, de l'importer ou de l'exporter, de la faire importer ou de la faire exporter. Le cybercriminel encourt sept ans d'emprisonnement et jusqu'à 100 000 euros d'amende lorsqu'il a utilisé, pour la diffusion de l'image ou de la représentation du mineur à destination d'un public non déterminé, un réseau de communications électroniques. Il suffit pour cela que la personne représentée ait l'apparence d'un mineur même si son état civil confirme sa majorité. La **loi du 21 avril 2021** (visant à protéger les mineurs des crimes et délits sexuels et de l'inceste) crée un délit, **dit de « sextorsion »** (art. 227-23-1), punissant le fait pour un majeur de solliciter auprès d'un mineur la diffusion ou la transmission d'images, vidéos ou représentations à caractère pornographique dudit mineur, de sept ans d'emprisonnement et de 100 000 euros d'amende. Les peines sont alourdies lorsque les faits ont été commis à l'encontre d'un mineur de quinze ans ou lorsque les faits ont été commis en bande organisée.

Les éditeurs de contenu sur internet doivent en principe prendre toutes précautions utiles pour éviter que les mineurs ne soient confrontés à des contenus pornographiques. Il n'est d'ailleurs pas nécessaire, aux termes de l'article 227-24 du Code pénal, de rapporter la preuve qu'un mineur a vu ces contenus[110]. **La CEDH entend contraindre les États à faire prédominer la protection des mineurs sur le droit à la vie privée**, estimant qu'un opérateur internet ne peut refuser à la police l'accès aux données identifiantes concernant un individu ayant usurpé une identité pour mettre un enfant en rapport avec des adultes en vue de relations sexuelles[111].

1103 **Droits d'auteur (droit de propriété). -** L'internet accroît aussi les moyens de violer le droit de propriété sous la forme du droit d'auteur et autres droits voisins. Les lois Hadopi (protection pénale de la propriété littéraire et artistique sur internet), la première du 12 juin 2009 (partiellement censurée par le Conseil constitutionnel) et la

109. Voir les développements relatifs aux droits de l'enfant, supra n°s 390 et s. ; voir aussi D. Muir, La violence contre les enfants dans le cyberspace – Une contribution à l'Étude mondiale des Nations unies sur la violence à l'égard des enfants, ECPAT International, Bangkok, 2005.
110. CA Paris, 13e ch., 2 avr. 2002.
111. CEDH, 2 déc. 2008, *KU c. Finlande*.

seconde du 28 octobre 2009, ne sanctionnent pas celui qui porte directement atteinte au monopole de l'auteur, mais celui qui, par son comportement volontaire ou négligent, permet de réaliser de telles atteintes. **L'internaute fautif d'échange illégal de fichiers pourra recevoir de l'autorité administrative indépendante, l'Hadopi, sous forme de courrier électronique, une première recommandation** pour lui faire prendre conscience de la nécessité de surveiller son accès et de le sécuriser. Si, dans les six mois, il apparaît que ce même accès est encore utilisé pour télécharger illégalement, il recevra alors une seconde recommandation. Au-delà, il s'expose, s'il est à nouveau repéré, **à une peine complémentaire prononcée par le système de l'ordonnance pénale**, qui consiste à suspendre son accès internet pendant une durée maximale d'un mois (un an, à l'encontre de l'auteur de l'infraction de téléchargement illégal reconnu coupable du délit de contrefaçon).

Section 3
L'État contre la liberté d'expression

1104 Une grande partie des normes relatives à la liberté d'expression relèvent de la conciliation de cette liberté avec d'autres enjeux, notamment collectifs. Mais, **au-delà de la classique conciliation de l'ordre public avec la liberté de critiquer, le système se double d'un correctif spécifique** qui fixe des « limites aux limites » en sanctuarisant certains sujets ou certaines personnes qui bénéficient d'une protection renforcée, au nom justement de la fonction démocratique de l'expression.

1105 **Limites. –** L'essentiel de la jurisprudence porte sur la question des limites autorisées à la liberté d'expression. Ces limites doivent remplir trois conditions pour être « eurocompatibles » :

- **être portées par la « loi » au sens d'une norme accessible et prévisible**, c'est-à-dire d'une norme publiée est compréhensible. L'arrêt du 26 avril 1979, *Sunday Times c. Royaume-Uni*, indique que les destinataires doivent « être à même de prévoir, à un degré raisonnable dans les circonstances de la cause, les conséquences de nature à dériver d'un acte déterminé ». Les incriminations pénales doivent ainsi particulièrement respecter les principes de clarté et de précision permettant un contrôle efficace des juridictions[112] ;
- **répondre à un but légitime, compris dans la liste du deuxième paragraphe de l'article 10** : « L'exercice de ces libertés comportant des devoirs et des responsabilités peut être soumis à certaines formalités, conditions, restrictions ou sanctions prévues par la loi, qui constituent des mesures nécessaires, dans une société démocratique, à la sécurité nationale, à l'intégrité territoriale ou à la sûreté publique, à la défense de l'ordre et à la prévention du crime, à la protection de la santé ou de la morale, à la protection de la réputation ou des droits d'autrui, pour empêcher la divulgation d'informations confidentielles ou pour garantir l'autorité et l'impartialité du pouvoir judiciaire » ;
- **être nécessaires dans une société démocratique, répondre à un « besoin social impérieux »**[113] selon l'un des principaux standards de la Convention (la Cour sait jusqu'où traduire un consensus en obligation lorsqu'il s'agit d'un domaine essentiel comme l'autorité de la justice) qui impose aux États une action proportionnée au but poursuivi. Ainsi des journalistes ne peuvent légitimement intercepter les communications entre forces de l'ordre dans le but d'être informés d'une enquête. La défense de la sécurité nationale, de l'ordre et la prévention du crime rendent nécessaire leur condamnation[114].

---

112. CEDH, 17 juill. 2001, *Assoc. Ekin c. France*.
113. CEDH, 7 déc. 1976, *Handyside*, préc.
114. CEDH, 23 juin 2016, *Brambilla et autres c. Italie*, n° 22567/09.

1106 **Évolutions vers un standard. -** Au fil des décennies, la Cour se montre de plus en plus exigeante envers les États qui peinent désormais à justifier chaque atteinte à la liberté d'expression. **Toute information, tout débat, qui aurait un lien avec l'intérêt général ne saurait être limité qu'avec de très sérieuses raisons.** Sur de nombreux sujets, l'État doit assurer la circulation des idées et permettre l'intervention de toute personne susceptible de l'enrichir[115] qu'il s'agisse de débats historiques sur la Seconde Guerre mondiale[116], de politique locale[117], de santé publique[118], de logement[119], de l'organisation de la justice[120], de celle des médias[121], de politique de l'immigration[122], d'opérations d'aménagement du territoire[123], de la protection de l'environnement[124], ou de l'évolution de l'islamisme en France[125]. À l'inverse, lorsque l'intérêt public n'apparaît pas flagrant, la liberté d'expression peut être limitée par d'autres droits ou principes. Enfin, **si les limites tenant à la justice pénale, au maintien de l'ordre public matériel et à la protection de la santé font consensus, c'est moins le cas pour les hypothèses de protection de la morale et de la religion.**

I. Les limites possibles à la liberté d'expression

1107 **Notion d'infraction de presse. -** Ces **infractions visent à réprimer une forme d'abus de liberté**, quel qu'en soit le support « les discours, cris, menaces proférées dans des lieux ou réunions publics », les « écrits, imprimés, dessins, gravures, peintures, emblèmes, images ou tout autre support de l'écrit ou de la parole ou de l'image vendus ou distribués » dans le public et les « moyens de communication audiovisuelle » (art. 23 de la loi de 1881). Il s'agit de **concilier la liberté d'expression avec d'autres valeurs protégées par le droit**, des valeurs objectives comme l'ordre public ou les institutions publiques, mais il peut s'agir également de **protéger les droits d'autrui** de manière horizontale. Les infractions de presse ne sont d'ailleurs pas toutes réunies dans la loi sur la liberté de la presse mais peuvent se retrouver dans le Code pénal.

1108 **Responsabilité pénale. -** La loi établit un régime de **responsabilité pénale « en cascade »** avec une présomption de responsabilité pour le directeur de la publication ou l'éditeur, à défaut les auteurs, à défaut les imprimeurs, à défaut les vendeurs, les distributeurs et afficheurs. Ce mécanisme, s'il freine la liberté d'expression, n'en permet pas moins le contrôle régulier des limites tenant aux infractions de presse.

1109 **Responsabilité civile. -** Les abus de liberté d'expression tels que définis par la loi du 29 juillet 1881 ne peuvent être poursuivis sur le fondement de droit commun de l'article 1240 (ex. article 1382) du Code civil. Il s'agit **d'une responsabilité complémentaire et spécifique aux infractions de presse.** La réparation civile s'opère exclusivement en jonction avec la procédure tendant à reconnaître l'abus de liberté d'expression et non sur le fondement de l'article 1240[126].

1110 **Saisie de journaux. -** Chaque exemplaire de journal est un bien protégé. Cela n'exclut pas un double régime de saisie de ces journaux. La police administrative générale, pour protéger l'ordre public, permet la saisie de la totalité des exemplaires qui pourraient porter atteinte à l'ordre public ainsi que l'a relevé le Conseil d'État dans

115. CEDH, 25 mars 1985, *Barthold c. Allemagne*.
116. CEDH, 31 janv. 2006, *Giniewski c. France*.
117. CEDH, 6 mai 2003, *Appleby et a. c. Royaume-Uni*.
118. CEDH, 25 août 1998, *Hertel c. Suisse*.
119. CEDH, 19 avr. 2001, *Maronek c. Slovaquie*.
120. CEDH, 22 févr. 1989, *Barfod c. Danemark*.
121. CEDH, 29 févr. 2000, *Fuentes Bobo c. Espagne*, préc.
122. CEDH, 26 févr. 2002, *Unabhängige Initiative Informationsvielfalt c. Autriche*.
123. CEDH, 23 janv. 2007, *Almeida Azevedo c. Portugal*.
124. CEDH, 7 nov. 2006, *Mamère c. France*.
125. CEDH, 6 mai 2010, *B. L. et Lyon Mag c. France*.
126. Cass. ass. plén., 12 juill. 2000.

un arrêt de principe[127]. Le juge exige des circonstances graves et des mesures proportionnées pour échapper à la voie de fait[128]. **La Cour européenne[129] condamne la saisie de tous les exemplaires d'un magazine** publié par une association de gays et de lesbiennes. La Cour juge en particulier que le motif de protection de la morale publique, invoqué par les autorités, n'était pas suffisant pour justifier la mesure de saisie et de confiscation de tous les exemplaires pendant plus de cinq ans. Certes, **la protection de certains groupes (dont les mineurs) pouvait répondre à un besoin social impérieux** mais les autorités n'ont pas cherché à appliquer une mesure de prévention moins lourde que cette saisie. Dans le cadre d'une procédure judiciaire, diverses procédures permettent la saisie de quelques exemplaires à titre de preuve d'une infraction. Jusqu'en 1993, existait aussi une procédure permettant aux préfets de saisir la totalité d'une livraison en matière de crimes contre la sûreté de l'État. Le Conseil d'État avait d'ailleurs reconnu l'existence d'un détournement de procédure à propos d'arrêtés ordonnant des saisies de journaux pris sur ce fondement quand les conditions n'en étaient pas établies[130]. La saisie peut encore être légale dans le cadre de la protection de la vie privée comme on va le voir ci-après.

1111 Eurocompatibilité. – Pour la CEDH, la cabale contre les nus de Klimt se range au rayon des souvenirs et curiosités et le fait que le corps soit directement œuvre d'art n'y change rien. Les infractions de presse relèvent des limites à la liberté d'expression et doivent entrer dans la liste fournie par le paragraphe 2 de l'article 10 de la Convention EDH, « limites des limites ». **La première exigence de conventionnalité des limites apportées à la liberté d'expression tient à la prévisibilité de la limite**. Cependant, la Cour n'exige pas nécessairement de définition textuelle, même en matière pénale, une définition essentiellement jurisprudentielle suffisant[131].

A. La protection de l'ordre public

1. La protection des institutions publiques

1112 D'une manière générale, **il est interdit d'appeler à la commission d'une infraction**. De même, le fait de **provoquer au suicide** est puni de trois ans d'emprisonnement lorsque la provocation a été suivie du suicide ou d'une tentative de suicide (art. 223-13, C. pén.). Mais certaines valeurs sont spécifiquement protégées.

1113 La protection de la sûreté de l'État. – Le Code pénal entend prévenir les troubles qui pourraient être provoqués par voie de communication. Il peut s'agir tout simplement de la **provocation directe aux crimes et délits de droit commun** prévue à l'article 23, ou, comme le prévoit l'article 27 de la loi de 1881, de la **publication de fausses nouvelles susceptibles de troubler la paix publique,** d'ébranler la discipline des armées ou d'entraver un effort de guerre. Il peut s'agir sinon par exemple de la **provocation à s'armer contre l'autorité ou contre une partie de la population** (art. 412-8, C. pén.). Il en est de même pour des **propos tendant à nuire à la défense nationale ou à inviter des militaires à la trahi**son (art. 413-1, C. pén.), à la **provocation directe à la rébellion** (art. 433-10), à la **trahison ou l'espionnage** (art. 411-11).

1114 Offense au président de la République et aux autorités publiques. – L'article 26 de la loi du 29 juillet 1881 **punissait l'offense au président de la République**. Certes, en pratique, l'action était rarement mise en œuvre (utilisée six fois sous la IIIe République, davantage sous la présidence du général de Gaulle, elle ne l'a pas été depuis sous la Ve République), mais la Cour européenne a semblé mettre en cause cette incrimination dans le cas d'un manifestant brandissant sous les yeux du président de la République française une pancarte « Casse toi

127. CE, 23 nov. 1951, *Société nouvelle d'imprimerie, d'édition et de publicité*.
128. T. confl., 8 avr. 1935, *Action française* : même s'il serait aujourd'hui difficile de remplir la seconde condition tenant à l'absence de lien avec un pouvoir reconnu à l'administration.
129. CEDH, 22 novembre 2016, *Kaos GL c. Turquie*, n° 4982/07.
130. CE, 24 juin 1960, SARL *Le Monde et Sté Frampar*.
131. CEDH, 6 oct. 2011, *Soros c. France*, n° 50425/06.

pov'con »[132]. Une sanction pénale est en effet apparue disproportionnée, s'agissant d'une activité politique et caricaturale[133]. **La loi du 5 août 2013** portant diverses dispositions d'adaptation dans le domaine de la justice en application du droit de l'Union européenne et des engagements internationaux de la France supprime cette incrimination mais **ajoute le président de la République dans la liste des personnages politiques particulièrement protégés de la diffamation et de l'injure** (art. 31 de la loi de 1881 : membres du ministère, membres de l'une ou de l'autre Chambre, un fonctionnaire public, un dépositaire ou agent de l'autorité publique, un ministre de l'un des cultes salariés par l'État, un citoyen chargé d'un service ou d'un mandat public temporaire ou permanent, un juré ou un témoin) et porte la peine à 45 000 euros d'amende. Déjà, dans son arrêt *Colombani c. France* du 25 juin 2002, la CEDH a en effet considéré qu'un autre délit, celui **d'offense à un chef d'État étranger**, qui était inscrit à l'article 36 de la loi du 29 juillet 1881, était contraire à la Convention dans la mesure où elle ne permet pas aux requérants de prouver la véracité de leurs allégations. La France a finalement abrogé aussi ce dispositif. Certains États ont tenté de le ressusciter autrement. Le Maroc s'étant senti diffamé par des propos tenus sur BFM TV, a tenté d'étendre le champ d'article 32, alinéa 1er, de la loi du 29 juillet 1881 des particuliers vers un État étranger. En vain, car le juge[134] entend interpréter strictement cet article et n'entend pas l'argument conventionnel comme nécessitant de créer cette infraction : « il ne résulte pas de la jurisprudence de la Cour européenne des droits de l'homme que les organes de la Convention peuvent créer, par voie d'interprétation de son article 6, § 1, un droit matériel de caractère civil qui n'a aucune base légale dans l'État concerné ». La Cour européenne fait nettement prédominer la liberté d'expression sur la protection symbolique des institutions. On en veut pour preuve la condamnation de la Russie pour avoir sanctionné de quinze jours d'emprisonnement pour trouble à l'ordre public un opposant pour avoir craché sur un portrait du président Poutine, à la suite de la réélection de ce dernier. La Cour[135] se dit non « convaincue de l'existence des éléments constitutifs de l'infraction », à savoir le « trouble à l'ordre public manifestant un manque flagrant de respect pour la société ».

Un État n'est, par ailleurs, pas légitime à condamner pénalement, pour diffamation publique, un manifestant qui s'est enchaîné à un podium électoral et a hurlé que les élus étaient corrompus[136]. Néanmoins, **le Conseil constitutionnel a censuré une disposition de loi qui refusait aux « autorités publiques dotées de la personnalité morale autres que l'État » de pouvoir exercer elles-mêmes (sans le ministère public) un recours contre des propos diffamatoires ou injurieux**[137], preuve de la subjectivisation de ce contentieux.

1115 **Protection de la justice.** – La sérénité de la justice est elle-même protégée par un ensemble de dispositions comme l'article 434-16 du Code pénal qui **interdit « la publication, avant l'intervention de la décision juridictionnelle définitive, de commentaires tendant à exercer des pressions en vue d'influencer les déclarations des témoins ou les décisions des juridictions d'instruction ou de jugement »**. Le Conseil constitutionnel juge que le législateur a pu interdire l'emploi d'appareils photographiques ou d'enregistrement sonore ou audiovisuel au cours des audiences des juridictions administratives ou judiciaires même si la liberté d'expression et de communication doit en souffrir car le législateur a, d'une part, entendu garantir la sérénité des débats, poursuivi l'objectif de valeur constitutionnelle de bonne administration de la justice et, d'autre part, prévenu les atteintes que la diffusion des images ou des enregistrements issus des audiences pourrait porter au droit au respect de la vie privée des parties au procès et des personnes participant aux débats, à la sécurité des acteurs judiciaires et, en matière pénale, à la présomption d'innocence de la personne poursuivie, sans priver le public et les journalistes de la possibilité de rendre compte des débats[138]. Cette lecture confirme celle de la Cour de cassation

---

132. Le tribunal correctionnel de Laval avait condamné à une amende de 30 euros en 2008.
133. CEDH, 14 mars 2013, *Eon c. France*, req. n° 26118/10.
134. Cass., ass. plén., 10 mai 2019, n° 18-82737.
135. CEDH, 18 janv. 2022, *Karuyev c. Russie*, n° 4161/13.
136. CEDH, 1er oct. 2013, *Cholakov c. Bulgarie*, n° 20147/06.
137. CC, 25 oct. 2013, n° 2013-350 QPC (cons. 7).
138. CC, 6 déc. 2019, n° 2019-817 QPC, *Mme Claire L.* [Interdiction générale de procéder à la captation ou à l'enregistrement des audiences des juridictions administratives ou judiciaires].

elle-même[139]. Plus **généralement c'est l'autorité de décisions de justice qui est protégée** par l'article 434-25. La liberté d'expression de l'avocat s'en trouve limitée et précisée par sa propre déontologie (voir ci-après liberté d'expression de l'avocat).

La Cour européenne désavoue en ce sens la condamnation d'une société d'édition d'un hebdomadaire pour diffamation envers la justice suite à un article sur un juge parce qu'il s'était rendu à une fête malgré un conflit d'intérêts potentiel et qu'il avait ordonné, sans justification selon l'article, la perquisition de ces locaux. **Il ne faut donc pas frapper d'interdiction absolue la critique de la justice car l'article portait sur une question d'intérêt public et, bien que caustique, il n'était pas insultant**[140].

2. Les discours de haine ou d'appel à la violence

1116 **La Cour européenne refuse de faire bénéficier de la protection de l'article 10 les auteurs de propos racistes**[141]**, incitant à la haine raciale**[142] **ou appelant à la violence, à la résistance armée**[143]. L'État doit permettre une contre-manifestation de groupes d'extrême droite sur le parcours d'une manifestation de démocrates sur des lieux de mémoire de la Seconde Guerre mondiale, à la condition que le comportement n'affiche aucune violence[144]. **Les discours politiques liés au religieux qui appellent à l'affrontement des religions peuvent ainsi faire l'objet d'une légitime condamnation**. Ce fut le cas de M. Erbakan, chef du Refah Partisi, parti dont la Cour avait déjà admis la dissolution. Il fut en effet condamné pour avoir qualifié « tous les partis, à l'exception du sien, de partis d'injustes, amoureux de l'infidèle, défendant le système prétendument basé sur l'intérêt », et prôné l'idée selon laquelle « ces partis-là avaient déclaré la guerre, selon le Coran, contre Allah ». La Cour, pour valider la condamnation, a tenu compte du fait qu'il a ainsi réduit la diversité, inhérente à toute société, en un simple clivage entre « croyants » et « non croyants », et lancé un appel dans le but de former une ligne politique sur la base de l'appartenance religieuse alors même que la population de la région avait été victime de plusieurs actes tragiques perpétrés par des mouvements fondamentalistes[145]. Dans le cas de la publication d'un ouvrage intitulé *La colonisation de l'Europe* et sous-titré *Discours vrai sur l'immigration et l'islam* qui entend « souligner particulièrement ce qu'il croit être l'incompatibilité de la civilisation européenne avec la civilisation islamique dans une aire géographique donnée », la Cour valide la condamnation pour délit de provocation à la haine et à la violence, les propos utilisés dans le livre ayant pour objet de provoquer chez les lecteurs un sentiment de rejet et d'antagonisme, accru par l'emprunt au langage militaire, à l'égard des communautés visées, désignées comme l'ennemi principal, et d'amener les lecteurs à partager la solution préconisée par l'auteur, celle d'une guerre de reconquête ethnique[146].

La France a légitimement condamné un homme qui a commandé et offert à son neveu de trois ans un tee-shirt sur lequel il a fait imprimer des inscriptions comme « Je suis une bombe » et « Jihad, né le 11 septembre ». Pour le juge interne, il y a apologie de crimes d'atteintes volontaires à la vie en raison des inscriptions sans pouvoir retenir le caractère humoristique. L'amende et la peine de prison avec sursis n'étaient pas disproportionnées[147]. De même, la Cour[148] admet la condamnation pénale d'un élu local, candidat aux élections législatives, pour provocation à la haine ou à la violence à l'égard d'un groupe de personnes ou une personne à raison d'une religion déterminée, faute pour lui d'avoir promptement supprimé la publication par des tiers de commentaires litigieux

139. Cass. crim., 24 mars 2020, n° 19-81769 : l'article 38 ter de la loi du 29 juillet 1881 sur la liberté de la presse, constitue une mesure nécessaire, dans une société démocratique, à garantir la sérénité et la sincérité des débats judiciaires, qui conditionnent la manifestation de la vérité et contribuent ainsi à l'autorité et à l'impartialité du pouvoir judiciaire.

140. CEDH, 8 nov. 2018, *Narodni List D.D. c. Croatie*, req. n° 2782/12.

141. Voir aussi CEDH, 24 juin 2003, *Garaudy c. France*.

142. CEDH, 16 juill. 2009, *Féret c. Belgique*.

143. CEDH, 25 nov. 1997, *Zana c. Turquie*.

144. CEDH, 24 juill. 2012, *Faber c. Hongrie*.

145. CEDH, 6 oct. 2006, n° 59405/00, *Erbakan c. Turquie*.

146. CEDH, 10 juill. 2008, n° 15948/03, *Soulas et autres c. France*.

147. CEDH, 2 septembre 2021, *Z.B. c. France*, n° 46883/15.

148. CEDH, 2 septembre 2021, *Sanchez c. France*, n° 45581/15.

sur le mur de son compte Facebook. Le requérant avait sciemment rendu public le mur et donc autorisé ses amis à y publier des commentaires. Il avait donc l'obligation de contrôler la teneur des propos publiés. Par ailleurs, le tribunal a souligné que le requérant ne pouvait ignorer le fait que son compte était de nature à attirer des commentaires ayant une teneur politique, par essence polémique, dont il devait assurer plus particulièrement encore la surveillance. La cour d'appel a légitimement considéré, dans le même sens, que sa qualité de personnage politique lui imposait une vigilance d'autant plus importante.

La Cour européenne[149] valide la **condamnation d'un blogueur qui a posté une photo de l'ex-SS Heinrich Himmler en uniforme SS** portant un brassard à croix gammée en dépit du fait que le requérant faisait notamment valoir que les tribunaux nationaux n'avaient pas pris en compte le fait que son blog dénonçait la discrimination à l'embauche et dans les écoles contre les enfants issus de l'immigration. La Cour a constaté que l'usage des symboles nazis visait à capter l'attention, ce que la législation nationale entendait légitimement réprimer. Sur un forum, un internaute a posté plusieurs messages dans lesquels il **décrivait l'action militaire qui pourrait être entreprise contre des villages serbes dans l'hypothèse d'une nouvelle guerre**. La Cour européenne a approuvé sa condamnation au motif que l'intéressé avait employé des expressions fortement injurieuses à l'égard des Serbes qui touchaient à la question très sensible des relations ethniques au sein de la société bosniaque de l'après-guerre. Sur la forme, l'application du droit interne n'a été ni arbitraire ni déraisonnable[150].

Cependant, il faut veiller à la mesure. La France[151] a violé l'article 10 dans le cas de Jean-Marc Rouillan, ancien membre du groupe terroriste Action directe, condamné à dix-huit mois d'emprisonnement pour complicité d'apologie publique d'actes de terrorisme, en raison de propos tenus lors d'une émission de radio en 2016, qui ont ensuite été publiés sur le site internet d'un journal. Si la Cour admet tout d'abord que les propos litigieux doivent être regardés comme une incitation indirecte à l'usage de la violence terroriste, elle juge que les autorités doivent faire preuve de retenue dans l'usage de la voie pénale, tout spécialement s'agissant du prononcé d'une peine d'emprisonnement, ici disproportionnée.

La CJUE partage cette analyse alors même que la directive « Services de médias audiovisuels » oblige les États membres à assurer la liberté de réception et à ne pas entraver la retransmission sur leur territoire d'émissions télévisées en provenance d'autres États membres. S'agissant d'une chaîne Russe, distribuée par un opérateur européen et diffusant des informations qui incitaient à l'hostilité et à la haine envers les peuples baltes, un État membre de l'UE peut, pour des motifs d'ordre public (les informations discréditaient l'État lituanien, menaçant sa qualité d'État) tels que la lutte contre l'incitation à la haine, imposer l'obligation de ne diffuser ou de ne retransmettre temporairement une chaîne de télévision en provenance d'un autre État membre que dans des bouquets payants. Les modalités de distribution d'une telle chaîne ne doivent cependant pas empêcher la retransmission[152].

1117 Protection du lien social. – La **loi du 27 janvier 2017 relative à l'égalité et à la citoyenneté, a étoffé les infractions de presse commises publiquement par des discours, cris ou menaces**, soit par des écrits, emblèmes, images ou tout autre support de l'écrit, de la parole ou de l'image, soit par tout moyen de communication au public par voie électronique.

Sont ainsi punis de cinq ans d'emprisonnement et de 45 000 euros d'amende :

- la **provocation** (dans le cas où cette provocation n'aurait pas été suivie d'effet, sinon il y a complicité), **à commettre l'une des infractions d'atteintes volontaires à la vie, à l'intégrité de la personne et les agressions sexuelles**, les vols, extorsions et destructions, volontaires dangereuses pour les personnes ;

149. CEDH, 5 avril 2018, *Nix c. Allemagne*, n° 35285/16.
150. CEDH, 8 février 2018, *Smaji c. Bosnie-Herzégovine*, n° 48657/16.
151. CEDH, 23 juin 2022, *Rouillan c. France*, n° 28000/19.
152. CJUE, 4 juill. 2019, *Baltic Media Alliance Ltd/Lietuvos radijo ir televizijos komisija*, C-622/17.

- l'**apologie des crimes de guerre, des crimes contre l'humanité, des crimes de réduction en esclavage** ou d'exploitation d'une personne réduite en esclavage ou des crimes et délits de collaboration avec l'ennemi, y compris si ces crimes n'ont pas donné lieu à la condamnation de leurs auteurs ;
- la **provocation à l'un des crimes et délits portant atteinte aux intérêts fondamentaux de la nation** ;
- la **provocation à la discrimination, à la haine ou à la violence à l'égard d'une personne ou d'un groupe de personnes à raison de leur origine ou de leur appartenance ou de leur non-appartenance à une ethnie,** une nation, une race ou une religion déterminée, à raison de leur sexe, de leur orientation sexuelle ou identité de genre ou de leur handicap ;
- la loi a souhaité **interdire la contestation d'un ou plusieurs crimes contre l'humanité** (au sens ou non du jugement de Nuremberg) ou la négation, la minoration ou la banalisation de façon outrancière de l'existence d'un crime de génocide, d'un crime de réduction en esclavage ou d'exploitation d'une personne réduite en esclavage ou d'un crime de guerre. **Mais le Conseil constitutionnel**[153] **a considéré que « ces actes ne peuvent constituer en eux-mêmes une incitation à la haine ou à la violence à caractère raciste ou religieux.** De tels actes ou propos ne constituent pas non plus, en eux-mêmes, une apologie de comportements réprimés par la loi pénale et ne sont donc pas des abus de l'exercice de la liberté d'expression et de communication portant atteinte à l'ordre public et aux droits des tiers. **Le législateur, en réprimant la négation, la minoration et la banalisation de certains crimes n'ayant fait l'objet d'aucune condamnation judiciaire préalable, a porté une atteinte à l'exercice de la liberté d'expression qui n'est ni nécessaire ni proportionnée.** » La liberté d'expression exige la prévisibilité des délits de presse, or, en l'occurrence, le fait d'intégrer la négation de supposés crimes qui n'ont pas fait encore l'objet d'une qualification juridictionnelle et le fait de réduire l'apologie à la seule négation de ces actes, était trop incertain quant à la réaction des juges. Le Conseil est donc revenu sur sa décision du 8 janvier 2016 (la QPC *Vincent R.*) et, ce faisant, a évité toute ambiguïté vis-à-vis de la Cour EDH ;
- la **provocation non publique à la discrimination, à la haine** ou à la violence à l'égard d'une personne ou d'un groupe de personnes à raison de leur origine ou de leur appartenance ou de leur non-appartenance, vraie ou supposée, à une ethnie, une nation, une race ou une religion déterminée est punie de l'amende prévue pour les contraventions de la 5e classe (art. R. 625-7, C. pén.). L'arrêt de la chambre criminelle du 12 juin 2009 dénie aux harkis la protection des articles 32 et 33 de la loi de 1881 « parce qu'ils ne constituent pas un groupe de personnes entrant dans l'une des catégories limitativement énumérées » ;
- depuis 2017, il existe un article **54-1 de la loi de 1881 qui autorise la juridiction pénale** saisie de poursuites pour des faits qualifiés soit de provocation à la discrimination, à la haine ou à la violence, soit de diffamation soit d'injures publiques, lorsqu'ils sont commis en raison de l'ethnie, de la race, de la nation ou de la religion, **à requalifier l'infraction sur le fondement de l'une des deux autres qualifications.** Il en est de même en cas de poursuites pour des faits de provocation à la discrimination, à la haine ou à la violence, de diffamation ou d'injure publiques, en raison du sexe, de l'orientation sexuelle ou de l'identité de genre. La même loi du 27 janvier 2017 relative à l'égalité et à la citoyenneté étend à l'ensemble des associations de défense des victimes de crimes de guerre ou de crimes contre l'humanité ainsi qu'aux associations de lutte contre les discriminations, l'action civile pour les différents délits d'apologie ou de discrimination, anciennement réservée aux seules associations de défense des résistants et des déportés.
- La **comparution immédiate** est désormais prévue, depuis la loi du 24 août 2021, pour les délits de la loi du 29 juillet 1881 (sauf pour les contenus contrôlés par des directeurs de publication de presse) pour tenter de punir les auteurs sur les réseaux sociaux.

153. N° 2016-745 DC du 26 janvier 2017 confirmé par n° 2018-706 QPC du 18 mai 2018 – M. Jean-Marc R. [Délit d'apologie d'actes de terrorisme].

1118 Contestation de crimes contre l'humanité. – La contestation de crimes contre l'humanité, introduite par la loi du 13 juillet 1990 (loi Gayssot, article 24 bis de la loi de 1881), punit des peines prévues pour la provocation à la haine raciale « ceux qui auront contesté [...] l'existence d'un ou plusieurs crimes contre l'humanité tels qu'ils sont définis par l'article 6 du statut du Tribunal militaire international annexé à l'accord de Londres du 8 août 1945 et qui ont été commis soit par des membres d'une organisation déclarée criminelle en application de l'article 9 dudit statut, soit par une personne reconnue coupable de tels crimes par une juridiction française ou internationale ». **La Cour de Strasbourg a elle-même relevé l'incompatibilité des propos négationnistes avec la Convention.** Dans l'arrêt *Lehideux et Isorni* du 29 septembre 1998, elle écrit que « la justification d'une politique pro-nazie ne saurait bénéficier de la protection de l'article 10 » et qu'il existe « une catégorie [de] faits historiques clairement établis – tels que l'Holocauste – dont la négation ou la révision se verrait soustraite par l'article 17 à la protection de l'article 10 ». De même, dans l'affaire *Garaudy c. France* du 24 juin 2003, elle souligne qu'« il ne fait aucun doute que contester la réalité de faits historiques clairement établis, tels que l'Holocauste, comme le fait le requérant dans son ouvrage, ne relève en aucune manière d'un travail de recherche historique s'apparentant à une quête de la vérité. L'objectif et l'aboutissement d'une telle démarche sont totalement différents, car il s'agit en fait de réhabiliter le régime national-socialiste, et, par voie de conséquence, d'accuser de falsification de l'histoire les victimes elles-mêmes. Ainsi, la contestation de crimes contre l'humanité apparaît comme l'une des formes les plus aiguës de diffamation raciale envers les Juifs et d'incitation à la haine à leur égard ». **La solution est la même pour le Comité des droits de l'homme[154] et le juge judiciaire[155].** Un député allemand a été condamné pour négationnisme pour avoir nié l'Holocauste au cours d'un discours devant le Parlement régional et diffamé les Juifs. Pour la Cour, pareilles déclarations ne bénéficient pas de la protection de l'article 10[156].

La CEDH[157] a approuvé la condamnation à 10 000 euros d'Alain Bonnet, alias Alain Soral, pour injure publique à caractère racial et de contestation de crime contre l'humanité. Il avait publié sur le net une page intitulée « Chutzpah Hebdo », parodiant la une de l'hebdomadaire Charlie Hebdo, contenant un encart indiquant « historiens déboussolés » et un dessin représentant le visage de Charlie Chaplin devant une étoile de David, qui posait la question « Shoah où t'es ? », à laquelle répondaient des bulles indiquant « ici », « là » et « et là aussi », placées devant des dessins figurant du savon, un abat-jour, une chaussure sans lacet et une perruque. Ces différents éléments visaient directement la communauté juive, sans contribuer à un quelconque débat, ce qui lui a valu, en première instance, trois mois d'emprisonnement, ainsi que le versement de dommages et intérêts aux parties civiles et la suppression du dessin et des propos incriminés du site, sous astreinte de 300 euros par jour de retard. « À supposer même que l'article 10 de la Convention trouve à s'appliquer », la Cour en conclut que l'ingérence dans l'exercice, par le requérant, de son droit à la liberté d'expression, était nécessaire dans une société démocratique, et rejette le grief comme manifestement mal fondé.

1119 Loi visant à lutter contre les contenus haineux sur internet (dite Loi Avia 2020). – Cette loi visait à renforcer la contribution des opérateurs numériques à la lutte contre certains contenus manifestement haineux en ligne. Mais les principales dispositions ont été censurées par le Conseil constitutionnel. Pour le Conseil constitutionnel[158], **la diffusion d'images pornographiques représentant des mineurs et la provocation à des actes de terrorisme ou l'apologie de tels actes constituent de graves abus de la liberté d'expression. Pour autant, la responsabilité des opérateurs sur internet ne saurait être illimitée quant au retrait des contenus à caractère haineux ou sexuel diffusés en ligne.** Il a censuré le pouvoir de l'autorité administrative de demander, dans un délai d'une heure, aux hébergeurs ou aux éditeurs d'un service de communication en ligne de retirer certains contenus à caractère terroriste ou pédopornographique et prévoyant, en cas de manquement de leur part à cette obligation, l'application d'une peine d'un an d'emprisonnement et de 250 000 euros d'amende

154. CDH, 8 nov. 1996, *Faurisson c. France*.
155. Cass. crim., 17 juin 1997 et CA Paris, 16 déc. 1998.
156. CEDH, 3 oct. 2019, *Pastörs c. Allemagne*, req. n° 55225/14.
157. CEDH, 24 févr. 2022, *Bonnet c. France*, n° 35364/19.
158. CC, 18 juin 2020, n° 2020-801 DC – Loi visant à lutter contre les contenus haineux sur internet (non-conformité partielle).

au motif que la détermination du caractère illicite des contenus en cause ne repose pas sur leur caractère manifeste et dépend donc de la seule appréciation de l'administration sans possibilité de recours suspensif.

Il a aussi censuré le dispositif imposant à certains opérateurs de plateforme en ligne, sous peine de sanction pénale, de retirer ou de rendre inaccessibles dans un délai de vingt-quatre heures des contenus manifestement illicites en raison de leur caractère haineux ou sexuel, sur simple demande d'une personne (précisant son identité, la localisation de ce contenu et les motifs légaux). Mais l'opérateur aurait dû examiner les contenus signalés au regard d'un ensemble d'infractions, alors même que les éléments constitutifs de certaines d'entre elles peuvent présenter une technicité juridique ou, s'agissant notamment de délits de presse, appeler une appréciation au regard du contexte d'énonciation ou de diffusion des contenus en cause. Le caractère irréaliste de cette mesure n'a pas échappé au juge et la seule cause d'exonération n'en était pas vraiment une et la peine était encourue à la première infraction.

Il reste la mission confiée à l'ARCOM de proposer des recommandations auxquelles les plateformes internet doivent se conformer. La loi du 25 octobre 2021 a développé les dispositions applicables aux plateformes en ligne en matière de lutte contre les contenus haineux. L'ARCOM doit recevoir toutes informations sur la mise en œuvre des éléments techniques permettant cette lutte. Lorsque l'opérateur ne se conforme pas à la mise en demeure qui lui est adressée, une sanction pécuniaire peut être prononcée, dont le montant prend en considération la gravité des manquements, ainsi que, le cas échéant, leur caractère réitéré, sans pouvoir excéder 20 millions d'euros ou 6 % du chiffre d'affaires annuel mondial total. Est aussi créé un observatoire de la haine en ligne chargé du suivi et de l'analyse de l'évolution des contenus haineux, en lien avec les opérateurs, associations et chercheurs concernés. Effet ou non de ce contexte légal, Youtube, détenu par Google, a annoncé en juin 2020 la suppression de la chaîne de Dieudonné et toutes ses vidéos.

1120 Homophobie. – Indirectement, la protection des minorités, notamment sexuelles, protège également les droits de chacun. Ainsi, par exemple, **l'interdiction de propos homophobes pénalement sanctionnée (art. 20 loi du 30 décembre 2004 relative à la lutte contre les discriminations)**. La Cour européenne de Strasbourg admet de limiter la liberté d'expression pour sanctionner des propos homophobes. Une légère peine d'emprisonnement ne lui paraît pas disproportionnée pour la distribution de tracts dans un lycée présentant l'homosexualité comme une « propension à la déviance sexuelle », comme ayant un « effet moralement destructeur » sur la société et comme étant responsable de l'extension du VIH et du sida[159].

Pour la CJUE, **des déclarations homophobes constituent une discrimination en matière d'emploi et de travail lorsqu'elles sont prononcées par une personne** (en l'espèce un avocat qui avait déclaré, lors d'un entretien réalisé au cours d'une émission radiophonique, ne pas vouloir recruter ni faire travailler de personnes homosexuelles dans son cabinet) qui a, ou peut être perçue comme ayant, une influence déterminante sur la politique de recrutement d'un employeur. Dans un tel cas, le droit national peut prévoir qu'une association a le droit d'agir en justice pour obtenir réparation des dommages, même si aucune personne lésée n'est identifiable[160].

CEDH, 14 janvier 2020, n° 41288/15, *Beizaras et Levickas c. Lituanie*

La Cour a pu condamner le refus du ministère public de poursuivre les auteurs de graves commentaires homophobes sur Facebook, y compris des appels non dissimulés à la violence, sans enquête effective préalable. Les requérants étaient deux jeunes hommes diffusant une photographie sur laquelle ils s'embrassaient, visant à susciter le débat sur les droits des personnes LGBT dans la société lituanienne. Cette publication connut une propagation retentissante et reçut des centaines

159. CEDH, 9 févr. 2012, n° 1813/07, *Vejdeland et autres c. Suède*.
160. CJUE, 23 avr. 2020, *NH/Associazione Avvocatura per i diritti LGBTI-Rete Lenford*, affaire C-507/18.

de commentaires virulents à caractère homophobe (contenant par exemple des appels à « castrer », « tuer » et « brûler » les intéressés).

Les juges nationaux ont pensé que la mise en ligne publique de cette photographie « excentrique » avait constitué de la part des requérants une provocation contraire au respect dû aux opinions d'autrui, compte tenu des « valeurs familiales traditionnelles » prégnantes en Lituanie, et que, d'autre part, les commentaires litigieux exprimaient l'opinion défavorable de leurs auteurs en des termes certes immoraux, obscènes ou mal choisis, mais ne présentaient cependant pas à ce seul titre les éléments matériel et moral de l'infraction litigieuse.

Mais, pour la Cour européenne, les requérants ont bien subi, sans justification valable, une discrimination à raison de leur orientation sexuelle, en raison de l'attitude sectaire envers ladite communauté, et l'état d'esprit discriminatoire s'est ensuite retrouvé au cœur du manquement des autorités à leur obligation positive d'enquête de manière effective. On ne saurait déduire une menace pour la paix publique de l'intention assumée des requérants d'alimenter le débat sur l'homosexualité. Tout au contraire, c'est bien par le débat franc et ouvert entre les tenants des différents points de vue que la cohésion sociale sera favorisée. La notion d'incitation à la haine n'implique pas nécessairement un appel à la violence ou à d'autres actes criminels : l'insulte, la moquerie ou le dénigrement peuvent suffire à faire pencher la balance en défaveur d'une liberté d'expression exercée de manière irresponsable. Certes, la voie de sanctions pénales n'a vocation à être mise en œuvre qu'à titre d'ultima ratio, y compris contre des individus responsables des expressions de haine les plus graves, incitant autrui à la violence ; il en va également ainsi pour les discours de haine portant sur l'orientation sexuelle et la vie sexuelle d'autrui. Cela étant, la présente affaire concerne des appels non dissimulés à porter atteinte à l'intégrité physique et mentale des requérants. Partant, une protection par le droit pénal s'imposait.

3. Les discours discriminatoires (voir aussi les développements relatifs à la dignité)

1121 Le droit de l'audiovisuel, à travers la loi de 1986, ne fait que préciser un élément de l'ordre public général : en principe, **les propos qui discriminent ou stigmatisent peuvent tomber sous le coup de la répression et non de la censure** *a priori*. Ainsi, le juge administratif n'a pas jugé nécessaire, au contraire, de suspendre l'exposition des « **silhouettes de femmes de Dannemarie** », en dépit des stéréotypes féminins[161]. De même, lorsqu'il contrôle a posteriori les sanctions disciplinaires infligées aux agents publics, le juge fait primer la dignité sur la liberté d'expression, comme ce fut le cas d'un universitaire ayant tenu en cours des propos déplacés à connotation sexuelle de nature à porter atteinte à la dignité des étudiants[162].

CE, 1er septembre 2017, *Commune de Dannemarie*, n° 413607 (communiqué du Conseil)

La commune de Dannemarie, qui a choisi de faire de 2017 l'année de la femme, a procédé au mois de juin 2017 à l'installation dans plusieurs espaces publics de cent vingt-cinq panneaux, dont soixante ont la forme d'accessoires (chapeaux, sacs, chaussures...) ou d'éléments du corps féminin et soixante-cinq représentent des silhouettes de femmes, à différents âges de la vie et dans différentes attitudes. Saisi par une association estimant que ces panneaux véhiculaient des stéréotypes sexistes et discriminatoires à l'égard des femmes, le juge des référés du tribunal administratif de Strasbourg a ordonné, dans le cadre de la procédure de référé-liberté, l'enlèvement des panneaux. Le Conseil

161. CE, 1er septembre 2017, *Commune de Dannemarie*, n° 413607.

162. CE, 21 juin 2019, *Université Grenoble-Alpes*, n° 424582.

d'État estime qu'en l'absence d'intention de discriminer de la part de la commune ou de restriction à une liberté fondamentale, la méconnaissance alléguée de l'égalité entre les hommes et les femmes ne constitue pas une atteinte grave et manifestement illégale à une liberté fondamentale, seule susceptible de justifier l'intervention du juge administratif des référés dans les très brefs délais de la procédure de référé-liberté. Il estime également que, **même si les panneaux peuvent être perçus comme véhiculant des stéréotypes dévalorisants pour les femmes, ou, pour quelques-uns d'entre eux, comme témoignant d'un goût douteux voire comme étant inutilement provocateurs, leur installation ne peut être regardée comme portant une atteinte grave et manifestement illégale au droit au respect de la dignité humaine.**

Mais une affaire fait exception :

1122 **Affaire Dieudonné.** – Créant une réelle polémique, le juge des référés du Conseil d'État, en 2014, revenant quelque peu sur les acquis de l'arrêt *Benjamin*, a confirmé une interdiction préfectorale d'un spectacle portant atteinte à la dignité de la personne humaine en raison de sa teneur antisémite[163] et annulé l'ordonnance du juge des référés du tribunal administratif de Nantes suspendant l'exécution de l'arrêté du préfet en ce que le risque de trouble à l'ordre public n'était pas avéré, ni même l'impossibilité de maintenir l'ordre. En effet, le Conseil a relevé que « **la réalité et la gravité des risques de troubles à l'ordre public mentionnés par l'arrêté du préfet étaient établies. Il a estimé que les allégations selon lesquelles les propos pénalement répréhensibles et de nature à mettre en cause la cohésion nationale relevés lors des séances du spectacle *Le Mur* tenues à Paris, ne seraient pas repris à Nantes ne suffisaient pas pour écarter le risque sérieux que soient de nouveau portées de graves atteintes au respect des valeurs et principes, notamment de dignité de la personne humaine, consacrés par la Déclaration des droits de l'homme et du citoyen et par la tradition républicaine** ». Pour l'ordonnance, il appartient en outre à l'autorité administrative de prendre les mesures de nature à éviter que des infractions pénales soient commises. Ce faisant, **le juge s'écarte de la jurisprudence** *Société les films Lutétia* **pour appliquer à la liberté d'expression la logique de l'arrêt** *Morsang-sur-Orge*. Il considère un discours comme étant en soi attentatoire à la dignité de la personne et à l'ordre public, en raison de sa condamnation pénale. On comparera avec la loi de 1986 relative à l'audiovisuel qui limite la liberté d'expression par la dignité mais n'admet qu'une action *a posteriori* de l'ARCOM. Le **référé-liberté devient ainsi un instrument de censure en étant l'accessoire de la répression pénale** : il anticipe sur la commission de l'infraction. Le Conseil d'État a réitéré cette solution à propos du même spectacle, en dépit de l'engagement de son auteur de ne plus tenir de propos pénalement répréhensibles[164].

1123 **Affaire Dieudonné. L'approche sous l'angle de la police administrative.** – Le 9 janvier 2014, à la demande du ministre de l'Intérieur, le préfet de la Loire-Atlantique a décidé d'interdire la tenue du spectacle *Le Mur*, précédemment interprété au théâtre de la Main d'Or à Paris. Se situant dans les conditions posées très anciennement par le fameux arrêt *Benjamin*[165], l'arrêté se fonde, d'abord, sur le fait que **le spectacle contient des propos antisémites, qui incitent à la haine raciale, et font, en méconnaissance de la dignité de la personne humaine, l'apologie des discriminations, persécutions et exterminations perpétrées au cours de la Seconde Guerre mondiale**. Ensuite, le préfet rappelle que M. Dieudonné M'Bala M'Bala a fait l'objet de neuf condamnations

163. CE, ord. réf., 9 janv. 2014, Ministre de l'Intérieur c. Société Les Productions de la Plume et M. Dieudonné M'Bala M'Bala, n° 374508.
164. CE, ord. réf., 11 janv. 2014, *Société Les Productions de la Plume et M. Dieudonné M'Bala M'Bala*, n° 374552 : les allégations selon lesquelles les propos pénalement répréhensibles, de nature à porter de graves atteintes au respect de valeurs et principes tels que la dignité de la personne humaine et à provoquer à la haine et la discrimination raciales, relevés lors des séances tenues à Paris, ne seraient pas repris à Orléans, ne suffisent pas pour écarter le risque sérieux que le spectacle prévu constitue lui-même une menace à l'ordre public. Le juge a aussi rejeté une question prioritaire de constitutionnalité (QPC) dirigée contre une décision du Conseil d'État du 27 oct. 1995, *Commune de Morsang-sur-Orge*.
165. CE, 19 mai 1933, n° 17413, Benjamin et Syndicat d'initiative de Nevers, Lebon, n° 541.

pénales pour des propos de même nature et enfin que les réactions à la tenue du spectacle font apparaître, dans un climat de vive tension, des risques sérieux de troubles à l'ordre public qu'il serait très difficile aux forces de police de maîtriser. Le même jour, le tribunal administratif de Nantes a annulé cet arrêté, estimant que seul l'argument du risque de troubles à l'ordre public matériel est recevable dans le cadre de la police administrative et que, en l'occurrence, il n'est pas établi que la police ne puisse réellement maintenir l'ordre. Cette solution, classique et attendue, a été pourtant désavouée en appel par le Conseil d'État[166], à l'étonnement général, tant en raison de la rapidité inédite de son procès en référé – sauvegarde, qu'eu égard à la restriction ainsi apportée à la liberté d'expression. Par la suite, deux autres ordonnances de ce même Conseil d'État ont confirmé ce choix en faisant évoluer légèrement leur motivation et en refusant qu'une question prioritaire de constitutionnalité puisse être posée à l'égard du régime jurisprudentiel du contrôle des limites apportées à la liberté de réunion.

Le fond du problème est bien celui de **la traduction juridique du conflit existant entre la liberté d'expression, qui se pare ici en outre des habits de l'humour et de la caricature et la protection des groupes qui font l'objet de cette caricature et qui sont protégés par ailleurs par des incriminations pénales**, des « infractions de presse, relatives à l'apologie de crime contre l'humanité, à l'appel à la violence ou à la haine raciale ». S'agissant d'un terrain régi par le droit pénal, la police administrative ne devrait pas avoir à intervenir. De manière assez inédite, le Conseil d'État affirme « qu'il **appartient en outre à l'autorité administrative de prendre les mesures de nature à éviter que des infractions pénales soient commises** ; qu'ainsi, en se fondant sur les risques que le spectacle projeté représentait pour l'ordre public et sur la méconnaissance des principes au respect desquels il incombe aux autorités de l'État de veiller, le préfet de la Loire-Atlantique n'a pas commis, dans l'exercice de ses pouvoirs de police administrative, d'illégalité grave et manifeste ». Or, la certitude de cette commission résulte de précédentes condamnations pénales. **Elle se base sur l'idée que celui qui a fauté fautera**. Certes, on aurait tendance à penser que toute infraction pénale, par définition, trouble l'ordre public et que la forte probabilité de sa répétition justifie l'action de la police administrative. Ce qu'elle fît, légitimement d'après le juge, en raison de l'inefficacité de la prévention que devraient normalement assurer l'existence d'une incrimination et les condamnations antérieures du spectacle.

La crise est d'autant plus forte que s'opposent ici deux valeurs particulièrement protégées par les droits fondamentaux : d'un côté, la liberté d'expression[167], dont le juge rappelle bien qu'elle « est une condition de la démocratie et l'une des garanties du respect des autres droits et libertés », de l'autre les « valeurs et principes, notamment de dignité de la personne humaine, consacrés par la Déclaration des droits de l'homme et du citoyen et par la tradition républicaine ». La dignité étant elle-même déjà admise comme liberté au titre du référé et comme élément de l'ordre public, sans qu'il soit nécessaire d'établir des circonstances locales particulières[168]. **L'acte préfectoral s'analyse donc comme une atteinte « grave » à une liberté fondamentale (c'est une des conditions du référé), mais cette atteinte peut être néanmoins justifiée si le juge ne constate finalement pas d'illégalité « manifeste »**. C'est le cas ici, ce qui ne signifie pas que le juge du fond, en excès de pouvoir approuverait le même équilibre. Car, en effet, de manière peu habituelle en référé, le juge apprécie directement si « les atteintes portées, pour des exigences d'ordre public, à l'exercice de ces libertés fondamentales doivent être nécessaires, adaptées et proportionnées ».

Le Conseil d'État a ainsi confirmé la légalité de la circulaire fondant les arrêtés d'interdiction du spectacle[169]. Il ne s'agit plus tant, pour lui, d'un spectacle que d'une réunion publique qui, elle-même, trouble l'ordre public en appelant à l'hostilité envers une partie de la population, « des propos et gestes, notamment ceux à caractère antisémite, incitant à la haine raciale et faisant l'apologie des discriminations, persécutions et

166. CE, ord. 9 janv. 2014, Ministre de l'Intérieur c/Société Les Productions de la Plume et M. Dieudonné M'Bala M'Bala, n° 374508 ; CE, ord., 10 janv. 2014, n° 374528, Les Productions de la plume (Sté)Dieudonné M'Bala M'Bala ; CE, 11 janv. 2014, n° 374552, idem.

167. Reconnue comme une liberté invocable en référé-sauvegarde par CE, 26 févr. 2010, n° 336837, *Commune d'Orvault*.

168. CE, ass., 27 oct. 1995, n° 136727, *Commune de Morsang-sur-Orge*, *Lebon* n° 372.

169. Circulaire du 6 janvier 2014 du ministre de l'Intérieur portant sur la lutte contre le racisme et l'antisémitisme – manifestations et réunions publiques – spectacles de M. M'Bala M'Bala : CE, 10e et 9e sous-sections réunies, 9 novembre 2015, *Association générale contre le racisme et pour le respect de l'identité française chrétienne (AGRIF)* et *Société les éditions de la plume c. M. M'Bala M'Bala*, n° 376107 à 376291.

exterminations perpétrées au cours de la Seconde Guerre mondiale, peuvent porter atteinte à la dignité de la personne humaine » (cons. 8 qui désigne aussi « les propos ou scènes »).

Il est important de ne pas perdre de vue qu'il s'agit ici d'une « censure », c'est-à-dire, non pas une sanction de propos déjà tenus, mais de l'interdiction de s'exprimer, basée sur la certitude (acquise par le juge), que des propos condamnables seront tenus. Le juge administratif a l'habitude de juger, mais *a posteriori*, des sanctions d'abus de la liberté d'expression. Il le fait après sanctions du Conseil supérieur de l'audiovisuel qui parfois, au nom de la dignité, s'indigne de certains propos[170], par exemple lorsque des auditeurs, intervenant à l'antenne, ont, à plusieurs reprises, proféré des propos racistes et antisémites[171].

Certains commentateurs ont la conviction que toute censure est nécessairement disproportionnée. D'autres pensent au contraire que les propos les plus haineux, qui brisent le lien social en excluant une minorité, ne doivent pas être tenus. Le Conseil d'État se rend sans hésiter à ce second avis alors même qu'ici, **contrairement à l'affaire du « lancer de nain », l'atteinte à la dignité n'est pas en acte mais en paroles**. Il ressort de l'ordonnance qu'en matière d'antisémitisme ou de racisme, « dire c'est faire ». Cela rappelle d'ailleurs que le Conseil d'État avait déjà permis, au nom de la dignité, que l'on interdise une soupe populaire qui revendiquait de n'offrir que du porc, de manière à écarter les musulmans[172]. C'est donc au nom des valeurs républicaines de non-stigmatisation des communautés victimes de crimes contre l'humanité que l'État a agi.

1124 Affaire Dieudonné. La validation constitutionnelle. – Le Conseil constitutionnel[173] avait mené un raisonnement semblable en admettant la constitutionnalité de la loi « Gayssot ». Cette loi du 13 juillet 1990 a créé l'article 24 *bis* de la loi du 29 juillet 1881 qui institue le délit de contestation d'un ou plusieurs crimes contre l'humanité, tels que les a définis l'article 6 du statut du tribunal militaire international annexé à l'accord de Londres du 8 août 1945 et qui ont été commis par les membres d'une organisation déclarée criminelle en application de l'article 9 dudit statut, soit par une personne reconnue coupable de tels crimes par une juridiction française ou internationale. Alors que le Conseil constitutionnel retenait que **les propos contestant l'existence de faits commis durant la Seconde Guerre mondiale qualifiés de crimes contre l'humanité et sanctionnés comme tels par une juridiction française ou internationale constituent en eux-mêmes une incitation au racisme et à l'antisémitisme**, il a estimé que pour qu'il y ait abus de la liberté d'expression, il faut plus que la négation ou la minoration mais des propos incitant à la haine ou à la violence[174]. La loi ne peut donc réprimer que l'abus de l'exercice de la liberté d'expression et de communication qui porte atteinte à l'ordre public et aux droits des tiers. Ce que le juge pénal a mis en exergue ici.

1125 Affaire Dieudonné. L'européanisation de l'approche. – Cette lecture française doit à présent être intégrée au contexte européen et à un standard très favorable à la liberté d'expression. L'État doit en effet tout faire pour permettre l'expression des opinions, même « celles qui heurtent, choquent ou inquiètent »[175], y compris lorsqu'il s'agit de se réunir[176]. **La Cour se montre si ouverte qu'elle juge que l'État doit permettre une contre-manifestation de groupes d'extrême droite, ne cachant pas leur antisémitisme, sur le parcours d'une manifestation de démocrates sur des lieux de mémoire** de la Seconde Guerre mondiale, à la condition que le comportement n'affiche aucune violence[177]. Dans le même sens, quelque temps avant l'affaire *Dieudonné*, la Cour européenne[178] a

170. La loi du 30 septembre 1986 relative à la liberté de communication (dite loi Léotard) dispose que le Conseil supérieur de l'audiovisuel « veille à la protection de l'enfance et de l'adolescence et au respect de la dignité de la personne dans les programmes mis à disposition du public ».
171. CE, 9 oct. 1996, Ass. Ici et maintenant.
172. CE, ord., 5 janv. 2007, n° 300311, Ministre d'État, ministre de l'intérieur et de l'aménagement du territoire c. Association Solidarité des Français, Lebon.
173. CC, 8 janv. 2016, n° 2015-512 QPC, *M. Vincent R.*
174. Décision n° 2016-745 DC du 26 janvier 2017.
175. CEDH, 26 nov. 1991, n° 13585/88, *Observer et Guardian c. Royaume-Uni*, série A, n° 216.
176. CEDH 21 juin 1988, Plattform « Arzte für das Leben » c/Autriche, série A, n° 139.
177. CEDH, 24 juill. 2012, *Faber c. Hongrie*.
178. CEDH, 17 déc. 2013, *Perinçek c. Suisse*, n° 27510/08.

condamné la Suisse pour avoir puni pour discrimination raciale un politicien turc qui niait l'existence du génocide arménien de 1917. La Cour estime en effet que **la qualification juridique de génocide nécessite un débat et que même les États qui l'ont reconnu dans le cas arménien** n'ont pas jugé nécessaire de réprimer les propos mettant en cause le point de vue officiel, conscients que l'un des buts principaux de la liberté d'expression est de protéger les points de vue minoritaires. Faute de qualification opérée par une juridiction internationale, il ne saurait y avoir de vérité nationale officielle sur ce point. **Mais cela se fait sous réserve qu'il n'y ait pas eu d'appel à la haine envers la communauté arménienne** (dont la preuve incombe à l'État).

Car voici la vraie limite, celle que l'on retrouve sous la plume du Conseil d'État : les discours incitant à la haine raciale. **L'article 17 de la Convention EDH prévoit d'ailleurs qu'« aucune des dispositions de la présente convention ne peut être interprétée comme impliquant, pour un État, un groupement ou un individu, un droit quelconque de se livrer à une activité ou d'accomplir un acte visant à la destruction des droits et libertés reconnus dans la présente convention ou à des limitations plus amples de ces droits et libertés que celles prévues par ladite convention »**. Ce que la Cour applique aux discours haineux envers les minorités[179]. Par exemple, dans l'affaire *Seurot c. France*[180], le gouvernement a eu raison d'exclure les propos racistes proférés par une enseignante de la protection de l'article 10. La Cour de Strasbourg a elle-même relevé l'incompatibilité des propos négationnistes avec la Convention[181]. **Dans l'affaire *Garaudy c. France* du 24 juin 2003, face à un discours minimisant l'Holocauste, elle souligne qu'« il ne fait aucun doute que contester la réalité de faits historiques clairement établis, tels que l'Holocauste, comme le fait le requérant dans son ouvrage, ne relève en aucune manière d'un travail de recherche historique s'apparentant à une quête de la vérité**. L'objectif et l'aboutissement d'une telle démarche sont totalement différents, car il s'agit en fait de réhabiliter le régime national-socialiste, et, par voie de conséquence, d'accuser de falsification de l'histoire les victimes elles-mêmes ». Sans en faire ici étalage, on peut sans difficulté interpréter certains passages du spectacle de Dieudonné comme se moquant de la Shoah. La conclusion du juge n'est donc pas étonnante.

Elle a été **validée indirectement par la Cour européenne elle-même**[182] **par une décision d'irrecevabilité du 10 novembre 2015 à propos d'une condamnation pénale d'un spectacle de Dieudonné**[183]. Assimilant les scènes caricaturales de Dieudonné aux propos négationnistes structurés d'un Garaudy ou d'un Faurisson, la Cour refuse d'examiner à quel point la liberté d'expression peut les couvrir. Elle met en œuvre l'article 17 et conclut que le spectacle de Dieudonné constitue un abus de droit contraire aux objectifs de la Convention. Dans le raisonnement de la Cour européenne, le critère de départition de ce qui relève du spectacle vivant et libre et de ce qui relève de la réunion politique réside dans le fond du discours, la volonté assumée de nuire à une partie de la population. Dans son considérant n° 35, la Cour européenne estime que « ce constat des juges internes est fondé sur une appréciation des faits qu'elle peut partager. En particulier, elle n'a aucun doute quant à la teneur fortement antisémite du passage litigieux du spectacle du requérant ». Plus loin la Cour souligne que « si l'article 17 de la Convention a en principe été jusqu'à présent appliqué à des propos explicites et directs, qui ne nécessitaient aucune interprétation, elle est convaincue qu'une prise de position haineuse et antisémite caractérisée, travestie sous l'apparence d'une production artistique, est aussi dangereuse qu'une attaque frontale et abrupte ».

1126 **Affaire Dieudonné. Suites et fin ?** – Les décisions subséquentes concernant d'autres interdictions de spectacles de Dieudonné montrent que **le juge administratif n'a pas abusé de la faculté donnée par la jurisprudence du 9 janvier 2014**. Les tribunaux administratifs ont retenu que la présomption d'atteinte à l'ordre public

179. CEDH, 23 sept. 1998, *Lehideux et Isorni c. France*, § 50, *Rec.* 1998-VII ; CEDH, Gr. ch., 6 janv. 2011, *Paksas c. Lituanie*, n° 34932/04, § 87-88.
180. CEDH, 18 mai 2004, n° 57383/00.
181. CEDH, 23 sept. 1994, *Jersild c. Danemark*, série A n° 298, p. 25, § 35.
182. CEDH, 10 nov. 2015, n° 25239/13, *Dieudonné M'bala M'bala c. France*.
183. Il s'agit d'un spectacle intitulé « J'ai fait l'con », au cours duquel Dieudonné fit venir sur scène Robert Faurisson pour lui décerner le « prix de l'infréquentabilité et de l'insolence » ; prix remis par un acteur revêtu d'un pyjama à carreaux sur lequel était cousue une étoile de David.

ne s'applique pas à une personne mais à un spectacle déterminé. Ce que le Conseil d'État a accepté, évitant la censure automatique de Dieudonné[184].

Conseil d'État, Juge des référés, 6 février 2015, n° 387726, *Cne De Cournon d'Auvergne, publié au Recueil Lebon*

« 6. Considérant toutefois qu'ainsi que l'a relevé le juge des référés du tribunal administratif de Clermont-Ferrand, il ne résulte ni des pièces du dossier ni des échanges tenus au cours de l'audience publique que le spectacle litigieux, programmé dès le mois de juin 2014 dans la salle du Zénith de Cournon d'Auvergne, qui a déjà été donné à plusieurs reprises notamment à Nantes en décembre, puis à Pau et Toulouse les 9 et 10 janvier derniers, y ait suscité en raison de son contenu, des troubles à l'ordre public, ni ait donné lieu, pour les mêmes raisons, à des plaintes ou des condamnations pénales ; qu'il ne résulte pas davantage de l'instruction qu'il comporterait les propos retenus par le maire dans les motifs de son arrêté ; que, pour les motifs énoncés par le juge des référés et qui ne sont pas sérieusement contestés en appel, **ni le contexte national, ni les éléments de contexte local relevés par le maire et rappelés ci-dessus, notamment pas les messages de soutien ou de protestation, principalement reçus à la suite de son arrêté et dont un seul évoque la possibilité d'une manifestation, ne sont, en l'espèce, de nature, par eux-mêmes, à créer de tels risques** ; que les diverses condamnations pénales de M. B... M'A... M'A... ou sa mise en cause devant le juge pénal pour d'autres faits ne l'établissent pas davantage ; que si la tenue d'un tel spectacle appelle certaines mesures de sécurité, la commune se borne à affirmer, sans apporter de précisions de nature à étayer son argumentation, que ces mesures ne pourraient être prises du fait de l'existence du plan « vigipirate » et du niveau d'alerte retenu et justifieraient ainsi son interdiction. »

4. Les lois mémorielles

1127 **Lois mémorielles**[185]. – Le principe de la liberté d'expression est mis à mal par le souhait du législateur de pénaliser les propos remettant en cause l'existence ou la qualification de faits historiques. On rencontre l'intervention du législateur dans l'établissement de la « vérité historique » à travers certaines **lois dites « mémorielles » qui utilisent la qualification juridique pour imposer une vérité historique**. Il arrive en effet que pour protéger certaines valeurs et les victimes de crimes inscrits dans l'histoire ou éviter leur répétition, la loi affirme par vérité légale que certains événements ont eu telle ou telle qualité et ont donc recouvert telle réalité. Le débat est très vif depuis quelques années entre ceux qui estiment que ces lois restreignent la liberté de la recherche et la liberté d'expression en amputant le champ de ce qui peut être dit et écrit, qu'elles attisent le communautarisme en servant d'étendard à des minorités, tout en étant inconstitutionnelles par leur caractère non prescriptif, et ceux qui au contraire estiment qu'il n'y a pas d'atteinte à la liberté d'expression lorsqu'il s'agit d'interdire de propager des contre-vérités notoires qui pourraient insulter la mémoire des morts et la dignité des vivants ; le législateur ne faisant que qualifier juridiquement des faits établis. **Ces lois ne sont guère nombreuses en définitive** :

– **La loi sur l'esclavage dite « loi Taubira » du 21 mai 2001** reconnaît comme crimes contre l'humanité la traite négrière et l'esclavage, perpétrés à partir du XVe siècle, aux Amériques et aux Caraïbes, dans l'océan Indien et en Europe contre les populations africaines, amérindiennes, malgaches et indiennes et impose aux programmes

184. CE, juge des référés, 6 févr. 2015, n° 387726, *Cne. De Cournon d'Auvergne*, publié au *Recueil Lebon* ; CE, Ord. 8 novembre 2017, *Cne. de Marseille*, n° 415400.

185. V. aussi *infra* n° 1088.

scolaires et aux programmes de recherche en histoire et en sciences humaines « d'accorder à la traite négrière et à l'esclavage la place conséquente qu'ils méritent ». **Toutefois, suivant en cela l'analyse du Conseil constitutionnel qui dénie toute force normative à ces dispositions, la Cour de cassation[186] casse un arrêt condamnant des propos établissant « les bons côtés de l'esclavage »**, au motif que « si la loi du 21 mai 2001 tend à la reconnaissance de la traite et de l'esclavage en tant que crime contre l'humanité, une telle disposition législative, ayant pour seul objet de reconnaître une infraction de cette nature, ne saurait être revêtue de la portée normative attachée à la loi et caractériser l'un des éléments constitutifs du délit d'apologie ».

– **La loi du 7 mars 2012 relative aux formations supplétives des forces armées a entendu reconnaître aux harkis la qualité de minorité protégée contre l'injure et la diffamation**[187]. Cela après qu'un arrêt du Conseil d'État[188] leur a refusé ce statut suite à l'abrogation de la loi sur la colonisation du 23 février 2005 portant reconnaissance de la Nation et contribution nationale en faveur des Français rapatriés. Cette loi posait que « La Nation exprime sa reconnaissance aux femmes et aux hommes qui ont participé à l'œuvre accomplie par la France dans les anciens départements français d'Algérie, au Maroc, en Tunisie et en Indochine ainsi que dans les territoires placés antérieurement sous la souveraineté française. **Elle reconnaît les souffrances éprouvées et les sacrifices endurés par les rapatriés**, les anciens membres des formations supplétives et assimilés, les disparus et les victimes civiles et militaires des événements liés au processus d'indépendance de ces anciens départements et territoires et leur rend, ainsi qu'à leurs familles, solennellement hommage ».

– Une **loi du 21 mai 2001 a reconnu l'existence d'un génocide en Arménie à partir de 1915. En 2012, une loi envisageait de réprimer sa négation**. Le Conseil constitutionnel, par sa décision nº 2012-647 DC du 28 février 2012, a censuré cette loi visant à réprimer plus généralement la contestation de l'existence des génocides reconnus par la loi. Sans se prononcer directement sur la loi qualifiant les actes de l'armée turque en Arménie de génocide, **le Conseil pose néanmoins qu'une disposition législative ayant pour objet de « reconnaître » un crime de génocide ne saurait, en elle-même, être revêtue de la portée normative qui s'attache à la loi**. Dans la décision, l'objet de l'article 1er de la loi déférée était de réprimer la contestation ou la minimisation de l'existence d'un ou plusieurs crimes de génocide « reconnus comme tels par la loi française ». Le Conseil a jugé qu'en réprimant la contestation de l'existence et de la qualification juridique de crimes qu'il aurait lui-même reconnus et qualifiés comme tels, le législateur a porté une atteinte inconstitutionnelle à l'exercice de la liberté d'expression et de communication. Par ailleurs, même si le Conseil ne retient pas cet argument, il s'agit aussi de protéger la séparation des pouvoirs car il n'appartient qu'au juge de qualifier tel ou tel conflit de génocide alors qu'il revient à la loi de donner la définition générale d'un génocide. Dans le même esprit, la Cour européenne[189] a condamné la Suisse pour avoir puni (pour discrimination raciale) un politicien turc qui qualifiait de « mensonge international » l'idée d'un génocide arménien. **La Cour estime que la qualification juridique de génocide nécessite un débat et que même les États qui l'ont reconnu dans le cas arménien n'ont pas jugé nécessaire de réprimer pénalement les discours mettant en cause le point de vue officiel**, conscients que l'un des buts principaux de la liberté d'expression est de protéger les points de vue minoritaires. Faute de qualification opérée par une juridiction internationale, il ne saurait y avoir de vérité nationale officielle sur ce point.

Une association a attaqué un arrêté portant sur les programmes scolaires qui mentionne le « génocide arménien ». Elle estimait que cela porte atteinte aux libertés d'expression, de conscience et d'opinion des élèves, ainsi qu'à la neutralité du service public de l'éducation, en raison de l'orientation que celui-ci confère à l'enseignement des faits en question. Pour le Conseil d'État, il s'agit d'une formulation courante, notamment de la part d'historiens, et d'ailleurs reprise par la loi nº 2001-70 du 29 janvier 2001 relative à la reconnaissance du génocide arménien, qui, par elle-même, n'est pas de nature à porter atteinte à ces principes car elle résulte d'une démarche critique, fondée sur la liberté de soumettre à débat toute connaissance[190].

---

186. Cass. crim., 5 févr. 2013, nº 11-85909.

187. « Pour l'application de l'article 30 de la loi du 29 juill. 1881 sur la liberté de la presse, les formations supplétives sont considérées comme faisant partie des forces armées. »

188. CE, 26 janv. 2012, *Comité Harkis et vérité*, nº 353067.

189. CEDH, 17 déc. 2013, nº 27510/08, *Perinçek c. Suisse*.

190. CE, 4 juill. 2018, *Association pour la neutralité de l'enseignement de l'histoire turque dans les programmes scolaires*, nos 392400 404850.

5. La protection des mineurs

1128 **Protection des mineurs.** – Elle demeure particulièrement importante en dépit d'une facilité déconcertante d'accès à des contenus équivalents dans bien d'autres situations. Un État doit s'assurer de la protection des mineurs ; par exemple, dans le cas de l'interview télévisée d'une fillette de onze ans[191], après le décès d'une camarade de classe sans le consentement de ses parents et sans mesures adéquates pour protéger son identité. Elle avait ensuite fait l'objet de brimades et subi un stress émotionnel. La Cour a jugé en particulier que les juridictions d'appel nationales n'avaient que superficiellement pesé le droit de la requérante à la vie privée et le droit du diffuseur à la liberté d'expression.

1129 **Exemple des messages contraires à la décence.** – On pense notamment à la protection des mineurs par **l'article 227-24 qui punit le fait de fabriquer, de transporter, de diffuser ou de faire commerce d'un message à caractère violent ou pornographique ou attentatoire à la dignité qui pourrait être perçu par un mineur**. Indiquons également que l'article R. 624-2, confirmé encore par le décret du 8 juin 2010, punit de l'amende prévue pour les contraventions de la 4e classe, **« le fait de diffuser sur la voie publique ou dans des lieux publics des messages contraires à la décence** et le fait, sans demande préalable du destinataire, d'envoyer ou de distribuer à domicile de tels messages ». Le terme « message » renvoie au contenu, à l'idée même diffusée quel qu'en soit le support. La jurisprudence sur ce point se fait rare. Un arrêt de la cour d'appel de Paris a jugé que le fait de diffuser des cartes publicitaires intitulées « Pénétrez le paroxysme de la jouissance avec le décod'X » et précisant le mode opératoire pour accéder à un sous-serveur pornographique, était contraire à la décence[192]. L'examen de la jurisprudence sanctionnant l'affichage avec photographie de nu révèle que la contravention est constituée si le sujet (le plus souvent en fait une femme) avait une attitude provocante ou lascive, ou si l'affiche comporte deux ou plusieurs personnages, de telle sorte que ce qui est incriminé est également l'idée d'attentat à la pudeur avec violence, ou bien de scène d'amour ou de débauche, ou encore plus simplement si le sexe n'est que légèrement masqué. Michel Polnareff avait en son (premier) temps exhibé son postérieur dénudé ce qui déplut au tribunal de police de Paris[193]. **La vacuité des tables de jurisprudence atteste désormais d'une certaine désuétude de l'infraction.** La compatibilité de cette réglementation avec la Convention EDH pose tout de même question.

En principe, l'article 227-24 du Code pénal permet de sanctionner les sites qui diffusent des images pornographies susceptibles d'être vues par un mineur. La peine encourue est de trois ans d'emprisonnement et de 75 000 euros d'amende. Mais en pratique, cet article n'est pas appliqué dans l'univers numérique, la justice renonçant à atteindre les éditeurs de ces sites. La loi n° 2020-936 du 30 juillet 2020 visant à protéger les victimes de violences conjugales (art. 23) et le décret n° 2021-1306 du 7 octobre 2021 ont institué une nouvelle procédure destinée à obliger les éditeurs de ces sites pornographiques à mettre en place un contrôle de l'âge de leurs clients : après mise en demeure, le président de l'ARCOM peut saisir le président du tribunal judiciaire de Paris aux fins d'ordonner, en la forme des référés, qu'il soit mis fin à l'accès à ce service. En mars 2022, après mise en demeure, l'ARCOM a mis en œuvre cette procédure à l'égard de cinq des sites les plus consultés. Pourtant, dans un avis du 3 juin 2021, la CNIL a mis en garde contre un système de vérification qui collecte des informations sur l'identité des internautes qui permettrait de lier orientation sexuelle et identité.

Si la protection contre l'indécence ne semble destinée qu'aux mineurs, le juge des référés de Toulouse[194] a ordonné, sans doute de manière discutable, l'enlèvement de fresques de 2 mètres sur 4, installées dans le réfectoire ouvert aux internes, usagers du réfectoire et agents publics du CHU du Purpan et présentant un caractère pornographique dès lors qu'elles portent « ouvertement atteinte à la dignité humaine de la femme et au demeurant à celle de l'homme [...]. Elle porte également atteinte à la dignité de ces personnes, femmes et hommes

191. CEDH, 1er mars 2022, *I.V. . c. Roumanie*, n° 35582/15.
192. CA Paris, 11e ch., Sect., B, 13 avr. 1995.
193. T. pol. Paris, 20 déc. 1972.
194. TA Toulouse, 7 déc.2021, n° 2106928.

prises en leur qualité d'agents publics ». Cela malgré le consentement écrit de six des personnages ainsi caricaturés.

1130 **Représentations de mineurs incitant au délit d'atteinte sexuelle.** – Deux types de contentieux soulèvent des difficultés quant à l'appréciation des apparences données dans la mesure où **l'article 227-23 du Code pénal interdit les représentations de mineurs incitant au délit d'atteinte sexuelle.** Il s'agit d'abord de films, donc de personnes réelles pour lesquelles il peut être prouvé que, en dépit des apparences, le présumé majeur était en fait mineur[195]. Il peut s'agir ensuite d'hypothèses où les juges se trouvent confrontés à des tentatives de contournement sous couvert de mangas mettant en scène des « personnages d'apparence juvénile ». Dans une affaire jugée en 2007[196], la chambre criminelle estime le délit constitué en ce que « **le personnage représenté sur la vidéo-cassette présente incontestablement les caractéristiques d'un jeune enfant**, compte tenu, notamment, de sa petite taille par rapport aux personnages adultes qui l'entourent, de l'absence de signes morphologiques laissant supposer qu'il pourrait s'agir d'un adulte et des traits de son visage le faisant au surplus apparaître comme un très jeune enfant ; que ce personnage a des relations sexuelles avec des femmes adultes ». Les requérants ont bien tenté d'argumenter sur le terrain de la représentation artistique, expliquant que le « héros » était un « SD » (comprendre « super déformé ») **comparable aux Schtroumpfs** eux aussi érotisés dans certains dessins animés. La Cour de cassation a ainsi pu comparer les apparences pour poser que les Schtroumpfs ne peuvent se confondre avec des enfants quand le « héros » de manga sème le trouble. En outre la confrontation spécifique des mineurs à ces contenus fait toujours l'objet d'une législation spécifique bien connue.

1131 **Les publications destinées aux mineurs.** – Aujourd'hui un peu anachronique, **subsiste la loi du 16 juillet 1949 relative aux publications destinées à la jeunesse** (toutes les publications périodiques ou non qui, par leur caractère, leur présentation cu leur objet, apparaissent comme principalement destinées aux enfants et adolescents, ainsi que tous les supports et produits complémentaires qui leur sont directement associés). Modifiée en 2011, elle prévoit des peines parfois sévères comme une peine d'emprisonnement d'un an si les publications comportent un contenu « présentant un danger pour la jeunesse en raison de son caractère pornographique ou lorsqu'il est susceptible d'inciter à la discrimination ou à la haine contre une personne déterminée ou un groupe de personnes, aux atteintes à la dignité humaine, à l'usage, à la détention ou au trafic de stupéfiants ou de substances psychotropes, à la violence ou à tous actes qualifiés de crimes ou de délits ou de nature à nuire à l'épanouissement physique, mental ou moral de l'enfance ou la jeunesse ».

Il s'agit aussi d'une police spéciale ouverte au ministre de l'Intérieur qui peut interdire, sur avis d'une commission spéciale, de vente aux mineurs, d'exposition ou de publicité ce type de publication. Le texte s'assure de la moralité des responsables de ces publications. Le contrôle du juge administratif se veut entier, même si les motivations restent très elliptiques. Par exemple, dans le cas d'un ouvrage qui fait une large place à l'évocation de relations incestueuses entre un père et ses filles, le juge estime que, faute de circonstance particulière, la diffusion ne présentait pas pour la jeunesse un danger d'une gravité telle que le ministre puisse l'interdire[197]. Plus récemment, après avoir justifié la compatibilité du dispositif français avec le second alinéa de l'article 10 de la Convention EDH[198], le **Conseil d'État a admis qu'une revue qui reproduit notamment de nombreuses photographies de cadavres mutilés, à la suite d'agressions ou d'accidents, destinées à choquer le lecteur par leur caractère violent**, ainsi que des photographies pornographiques, présente un danger pour la jeunesse[199].

---

195. Cass. crim., 1er mars 2006, n° 05-83949.
196. Cass. crim., 12 sept. 2007, n° 06-86763.
197. CE, 27 juin 2005, *Nicolas X.*
198. Voir aussi CE, 19 janv. 1990, *Sté française de revues.*
199. CE, 13 sept. 2006, *Société DF Presse.*

CE, 2 novembre 2011, *Ass. Promouvoir*, n° 341115

« En ce qui concerne l'ouvrage La philosophie dans le boudoir :

Considérant qu'il est constant que l'ouvrage en cause contient des passages qui décrivent des sévices et abus sexuels, font une large place à la violence et portent atteinte à la dignité des personnes, spécialement des femmes ; qu'il ressort toutefois des pièces du dossier que cet ouvrage est proposé à la vente, sous forme d'un supplément distinct du journal, dans un emballage ne permettant pas de le feuilleter avant l'acquisition, que sa couverture est neutre, et que rien dans les messages publicitaires conçus pour en promouvoir la vente n'est particulièrement destiné à retenir l'attention des mineurs ; qu'en outre les ouvrages de Sade sont couramment publiés et disponibles sans restriction d'aucune sorte aussi bien dans les bibliothèques publiques que dans les librairies, notamment dans des éditions de poche d'un prix équivalent à celui de la collection dont la diffusion est contestée ; que, par suite, la diffusion dans la collection Les grands classiques de la littérature libertine de ***La philosophie dans le boudoir, en supplément du journal Le Monde ne présente pas, pour la jeunesse, un danger d'une gravité telle que le ministre aurait commis une erreur manifeste d'appréciation*** *des circonstances de l'espèce en s'abstenant de faire usage des pouvoirs qu'il tient des dispositions citées de la loi du 16 juillet 1949.* »

6. L'ancienne protection de l'indépendance nationale

1132 **Les publications étrangères.** – La loi de 1880 avait prévu que la circulation des journaux ou écrits périodiques publiés à l'étranger pouvait être interdite par décision spéciale du Conseil des ministres ou, s'agissant d'un seul numéro, par le ministre de l'Intérieur. En 1895, toutes les publications en langue étrangère ont été visées. Le *décret-loi du 6 mai 1939, en vigueur jusqu'au 4 octobre 2004, créait alors une police spéciale au profit du ministre de l'Intérieur qui pouvait interdire « la circulation, la distribution et la mise en vente en France » de toutes publications en langue ou d'origine étrangère.* Le contrôle du juge administratif s'est fait petit à petit plus intense jusqu'à un contrôle normal[200] suscité par la censure de la CEDH par l'arrêt du 17 juillet 1997 *Association Ekin c. France.*

Dans cette affaire, l'association requérante avait publié dans plusieurs langues et dans plusieurs pays d'Europe un **livre intitulé *Euskadi en Guerre,*** *retraçant les aspects historiques, culturels, linguistiques et sociopolitiques du combat des basques. Un arrêté ministériel interdit la circulation, la distribution et la mise en vente du livre en France au motif qu'il encourageait le séparatisme, justifiait le recours à l'action violente et, dès lors, pouvait causer des dangers pour l'ordre public. Pour la CEDH, l'application de cette réglementation donne lieu à des résultats arbitraires, selon la langue dans laquelle la publication est écrite ou le lieu de provenance, lequel est mal défini. En outre, le contrôle juridictionnel intervient a posteriori et n'est pas automatique. Elle conclut qu'« il apparaît difficilement soutenable qu'un tel régime discriminatoire à l'encontre de ce type de publications soit toujours en vigueur ». Ce régime a donc été abrogé en 2004.*

200. CE, 9 juill. 1997, *Association Ekin.*

B. La protection de la vie privée

1133 Face à **des propos qui portent atteinte à l'honneur et la considération**, la victime doit pouvoir compter sur une ouverture généreuse du prétoire. Ainsi, dans une affaire[201] dans laquelle un survivant de l'Holocauste, alors âgé de 96 ans, se plaignait d'avoir été diffamé par un périodique employant les expressions « meurtriers en masse », « criminels » et « peste » pour qualifier les personnes qui, comme lui, avaient été libérées du camp de concentration de Mauthausen en 1945, la Cour européenne condamne l'État pour avoir rejeté le recours comme irrecevable faute de qualité pour les saisir au motif que le nombre de personnes libérées était si important qu'il ne pouvait pas être personnellement touché.

1. Cadre général

1134 **Article 9 du Code civil.** – Le respect de la vie privée est assuré spécifiquement par l'article 9 du Code civil dans la rédaction suivante : « **Chacun a droit au respect de sa vie privée. Les juges peuvent, sans préjudice de la réparation du dommage subi, prescrire toutes mesures, telles que séquestre, saisie et autres, propres à empêcher ou faire cesser une atteinte à l'intimité de la vie privée ; ces mesures peuvent, s'il y a lieu, être ordonnées en référé** ». À ce titre, dans l'affaire qui concernait la publication d'informations délivrées par le majordome de Mme L. Bettencourt sur les conversations qu'il avait enregistré et les visites qu'elle avait reçues, alors que la cour d'appel estimait que la nécessité d'informer le public couvrait la violation de la vie privée, la Cour de cassation[202] a posé qu'il n'en est rien car « **constitue une atteinte à l'intimité de la vie privée, que ne légitime pas l'information du public, la captation, l'enregistrement ou la transmission sans le consentement de leur auteur des paroles prononcées à titre privé ou confidentiel** ». L'État est donc légitime pour exiger qu'un contenu illicite soit retiré d'un site journalistique comme dans l'affaire Mediapart[203]. Ce site d'information d'actualités en ligne avait en effet publié des extraits d'enregistrements réalisés au domicile de Mme Bettencourt, qu'ils savaient réalisés à son insu. L'appartenance d'un individu à la catégorie des personnalités publiques ne saurait, *a fortiori* lorsqu'elles n'exercent pas de fonctions officielles, comme c'était le cas, autoriser les médias à transgresser les principes déontologiques et éthiques qui devraient s'imposer à eux ni légitimer des intrusions dans la vie privée. L'enregistrement d'une communication téléphonique à l'insu de la personne ne peut ainsi servir de preuve devant le juge[204]. La Cour de cassation apprécie elle-même l'équilibre qui peut être fait entre la vie privée et la liberté d'expression. Elle admet que les juridictions du fond condamnent une chaîne de télévision qui a diffusé une fiction très inspirée d'un vrai procès d'assises avec un débat sur internet permettant l'accès à un vrai-faux dossier judiciaire lui-même très proche de la réalité. Pour la Cour : « **attendu que le droit au respect de la vie privée, prévu par les articles 8 de la Convention de sauvegarde des droits de l'homme et des libertés fondamentales et 9 du Code civil, et le droit à la liberté d'expression, régi par l'article 10 de la Convention, ont la même valeur normative ; qu'il appartient au juge saisi de rechercher un équilibre entre ces droits et, le cas échéant, de privilégier la solution la plus protectrice de l'intérêt le plus légitime** [...] même si une partie des faits liés à la vie privée de ce dernier a été auparavant divulguée, ils ne peuvent être licitement repris, dès lors que le programme « Intime Conviction » est une œuvre de fiction et non un documentaire ni une émission d'information, et que, si la création audiovisuelle peut s'inspirer de faits réels et mettre en scène des personnages vivants, elle ne saurait, sans l'accord de ceux-ci, empiéter sur leur vie privée dès lors qu'elle ne présente pas clairement les éléments ressortant de celles-ci comme totalement fictifs »[205].

201. CEDH, 10 oct. 2019, *Lewit c. Autriche*, req. n° 4782/18.
202. Cass. 1re civ., 6 oct. 2011, 10-21822.
203. CEDH, 14 janvier 2021, *Société Éditrice de Mediapart et autres c. France*, n° 281/15 et n° 34445/15.
204. Cassant un arrêt de la cour d'appel de Paris à propos d'une sanction prononcée par le Conseil de la concurrence à l'écoute de conversations volées : Cass. Ass., 7 janv. 2011, n° 09-14316.
205. Cass. 1re civ., 30 sept. 2015, n° 14-16273.

1135 **Article 809 du Code de procédure civile.** – La procédure de l'article 809 du Code de procédure civile court-circuite les dispositions spécifiques à la vie privée. « **Le Président du TGI peut toujours, même en présence d'une contestation sérieuse, prescrire en référé les mesures conservatoires ou de remise en état qui s'imposent, soit pour prévenir un dommage imminent, soit pour faire cesser un trouble manifestement illicite.** Dans les cas où l'existence de l'obligation n'est pas sérieusement contestable, il peut accorder une provision au créancier, ou ordonner l'exécution de l'obligation même s'il s'agit d'une obligation de faire. » Sans s'embarrasser du problème de la définition de la vie privée la protection de cette procédure s'étend à tous les droits de la personnalité. La condition d'urgence y est en outre moins exigeante. La Cour de cassation a estimé que les pouvoirs du juge dépassent le sens strict de cet article : **il peut, par exemple, saisir la totalité d'un ouvrage et interdire sa vente ou encore exiger la suppression de scènes d'un film.** Il ne doit pas pour autant aboutir à permettre un contrôle préalable de la presse[206]. C'est pourquoi, depuis la loi du 15 juin 2000, en appel, en référé, il est possible de suspendre l'exécution provisoire des mesures qui auraient une incidence excessive sur la liberté d'expression.

1136 **L'affaire du « Grand secret ».** – Une affaire politiquement retentissante est née du comportement médiatique de l'ex-médecin de François Mitterrand qui révéla après le décès du président dans un ouvrage (*Le grand secret*) une partie de sa vie privée, particulièrement les questions de santé. **À la demande de la famille, le juge des référés interdit la diffusion, décision confirmée par la cour d'appel.** Sur le fond, les juridictions ont condamné la société d'édition en responsabilité civile, ce qui pour la CEDH constitue déjà une ingérence dans la liberté d'expression[207]. Cette ingérence était certes « prévue par la loi », car l'éditeur pouvait prévoir « à un degré raisonnable » les conséquences de cette publication qui contenait des révélations pouvant être couvertes par le secret médical. De même l'ingérence poursuivait bien un but légitime car les mesures tendaient à protéger l'honneur, la réputation et l'intimité de la vie privée du président défunt. Cependant, quant à la nécessité d'un « besoin social impérieux », la Cour note que la publication s'inscrivait dans un débat d'intérêt général relatif au droit des citoyens d'être informés sur l'aptitude d'un chef d'État, se sachant gravement malade, à exercer ses fonctions. Dès lors, la Cour estime que l'interdiction temporaire de la diffusion du « Grand secret » était « nécessaire dans une société démocratique », nonobstant la protection des droits du président Mitterrand et de ses ayants cause. **En revanche, le maintien, plus de neuf mois après la mort, de l'interdiction de la diffusion était disproportionné par rapport aux buts poursuivis.** La sauvegarde du secret médical ne pouvait plus constituer un impératif prépondérant.

1137 **L'affaire Érignac.** – L'arrêt *Hachette Filipacchi Associés c. France*, du 14 juin 2007, concernait la parution dans Paris-Match d'un article relatant l'assassinat du préfet Érignac, illustré par **une photographie du corps du préfet gisant sur la chaussée.** Sa veuve et ses enfants assignèrent en référé plusieurs sociétés, car, pour eux, la publication de la photographie du corps ensanglanté et mutilé de leur proche n'était, en aucune façon, utile à l'information du public mais répondait à des fins purement mercantiles, et constituait une atteinte au droit au respect de leur vie privée. **Le juge des référés, sur le fondement de l'article 809 du nouveau Code de procédure civile, condamna la société Hachette à publier un communiqué spécifiant que la photographie avait causé un trouble grave à la famille.** Cette solution a été confirmée en appel estimant qu'une telle photographie était attentatoire à la dignité humaine. Enfin, la Cour de cassation alla dans le même sens. De son côté la CEDH, relève l'ingérence et admet qu'elle poursuivait un but légitime, à savoir la protection des droits d'autrui dans le champ d'application de l'article 8 de la Convention garantissant le droit au respect de la vie privée et familiale. L'obligation de publier un communiqué, justifiée par des motifs à la fois « pertinents et suffisants », était donc proportionnée au but légitime qu'elle poursuivait et, partant, « nécessaire dans une société démocratique ».

206. CA Paris, 26 févr. 1992, *P. Touvier*.
207. CEDH, 18 mai 2004, Société Plon c. France.

1138 **La diffusion d'images dégradantes.** - Malgré l'éventuel intérêt du public pour ces informations, **la diffusion d'images de personnes anonymes qui ont été victimes, dans leur chair, des agissements d'autrui peut nuire à leur vie privée.**

La Cour de cassation a confirmé le 1er juillet 2010[208], que « **les proches d'une personne peuvent s'opposer à la reproduction de son image après son décès, dès lors qu'ils en éprouvent un préjudice personnel en raison d'une atteinte à la mémoire ou au respect dû aux morts** ; qu'à cet égard la cour d'appel énonce que la photographie litigieuse, dont il est constant qu'elle avait été prise par les tortionnaires de I... X... et adressée à sa famille pour appuyer une demande de rançon, a été publiée sans autorisation ; qu'elle ajoute que cette photographie qui montre I... X..., le visage entouré d'un ruban adhésif argenté laissant seulement apparaître son nez ensanglanté et tuméfié, l'ensemble du visage donnant l'impression d'être enflé sous le bandage de ruban adhésif, les poignets entravés par le même ruban adhésif, son trousseau de clefs glissé entre les doigts, un journal coincé sous la poitrine et un pistolet braqué à bout touchant sur la tempe par une main gantée, l'épaule gauche de son vêtement tiraillée vers le haut, suggère la soumission imposée et la torture ; qu'estimant que la publication de la photographie litigieuse, qui dénotait une recherche de sensationnel, n'était nullement justifiée par les nécessités de l'information, elle en a justement déduit que, contraire à la dignité humaine, elle constituait une atteinte à la mémoire ou au respect dû au mort et dès lors à la vie privée des proches, justifiant ainsi que soit apportée une telle restriction à la liberté d'expression et d'information ».

Dans cette même affaire[209], la Cour européenne des droits de l'homme pense de même que la liberté journalistique implique de pouvoir informer le public d'infractions graves mais **la condamnation par l'État de l'utilisation de photos sans le consentement de l'intéressé peut se justifier**. La Cour relève que la photographie, qui n'avait pas vocation à être présentée au public, malgré sa brève diffusion lors d'une émission de télévision, a été publiée sans l'autorisation des proches. La publication a constitué une atteinte grave au sentiment d'affliction de la famille du jeune homme. Il incombe aux journalistes de prendre en compte l'impact des informations et des images qu'ils publient, en particulier lorsqu'elles sont susceptibles d'affecter la vie privée et familiale d'autres personnes, que protège l'article 8 de la Convention. La Cour considère qu'en se limitant à ordonner l'occultation de la photographie, sans que le texte de l'enquête ni les autres photographies qui l'accompagnaient n'aient fait l'objet d'une quelconque mesure, la cour d'appel de Paris a veillé au respect de la publication dans son ensemble.

2. Particularité d'internet

1139 **Information contre données personnelles.** - **L'activité journalistique fait partie des exceptions qui passent outre les règles de diffusion de données à caractère personnel en raison de l'intérêt de l'information du public**. Dans une affaire jugée en 2008, la CJCE a eu à juger de l'activité d'une société finlandaise qui depuis plusieurs années collectait auprès des autorités fiscales un certain nombre de données concernant les fortunes et patrimoines des particuliers les plus en vue et qui a vendu son fichier à une compagnie de téléphonie mobile. Saisie pour violation de la vie privée, la Cour considère qu'il s'agit bien là de données à caractère personnel qui peuvent néanmoins faire l'objet d'une activité journalistique ou artistique relevant de la liberté d'expression[210]. Cependant, après que les juges nationaux ont appliqué ce standard tout en condamnant l'entreprise de diffusion, la Cour européenne a préféré admettre que cela ne nuisait pas de manière disproportionnée à

208. Cass. 1re civ., 1er juill. 2010, Sté de conception de presse et d'édition (SCPE).
209. CEDH, 25 févr. 2016, n° 4683/11, Sté de conception de presse et d'édition c. France.
210. CJCE, 16 déc. 2008, aff. C-73/07, Tiedosuojavaltuutettu c. Satakunnan Markkinatorssi Oy, Satamedia Oy.

la liberté d'expression[211]. La Cour souscrit à la conclusion des juridictions internes selon laquelle **la publication et la diffusion en masse des données fiscales en question n'avaient pas contribué à un débat d'intérêt général, et n'avaient pas été exercées aux seules fins de journalisme**. De son côté, le Conseil constitutionnel estime que la mention, dans un registre accessible au public, des personnes impliquées dans un trust[212], fournit des informations sur la manière dont une personne entend disposer de son patrimoine. C'est une atteinte la vie privée qui nécessite des justificatifs et des limites. Or, le législateur, n'a précisé ni la qualité ni les motifs justifiant la consultation du registre, ni limité le cercle des personnes ayant accès aux données de ce registre placé sous la responsabilité de l'administration fiscale[213].

1140 **Réseaux sociaux. –** Le problème de la vie privée repose pour l'essentiel sur un double phénomène que résume le modèle économique d'internet. La première dimension tient au fait que de nombreux sites ne vivent que des recettes publicitaires des annonceurs directs et indirects qui profitent de la seconde dimension : **la vente de données à caractère personnel librement livrées (la plupart du temps) par les internautes eux-mêmes, y compris lorsqu'ils mettent en ligne les photos et informations concernant autrui**[214]. Ces informations permettent aux annonceurs d'adapter leurs offres à chaque profil ainsi connu[215]. Les réseaux sociaux offrent en effet tout ce que les internautes livrent d'eux-mêmes à la captation des entreprises. Si l'on s'intéresse à l'un des plus connus, Facebook, on relève que l'article 10 des conditions d'utilisation indique clairement que les clients doivent autoriser l'utilisation du nom et de la photographie, en association avec le contenu commercial. Ils ne maîtrisent que le niveau de confidentialité (ami, amis des amis, tous). L'adhésion au site suppose donc de donner son autorisation à la revente de données personnelles ; lesquelles données sont conservées par le site après le désabonnement de ses membres qui n'ont plus aucune prise, encore moins sur les copies détenues pas des tiers. En vertu du régime des transferts internationaux, les données recueillies sur les réseaux sociaux, et qui font l'objet de ce transfert, devraient être contrôlées par l'État de l'internaute, du moins lorsque leur recueil n'a pas été consenti.

C. La protection de l'honneur et de la considération

1. La diffamation

1141 **Définition. –** La loi de 1881 (art. 29 al. 1) définit la diffamation comme **l'allégation ou l'imputation d'un fait qui porte atteinte à l'honneur ou à la considération de la personne ou du corps auquel le fait est imputé. La simple insinuation, même de manière ironique ou interrogative, tombe sous le coup de la diffamation**. Selon le contexte, ce qui peut apparaître comme une insulte ou un jugement de valeur général peut se révéler être l'imputation d'un fait[216].

211. CEDH, Gr. Ch., 26 juin 2017, *Satakunnan Markkinaporssi Oy et Satamedia Oy c. Finlande*, n° 931/13.

212. La propriété se divise entre *legal ownership* (propriété juridique, qui revient au *trustee*) et *equitable interest* (titre ou droit de propriété virtuel, propriété économique qui appartient au(x) bénéficiaire(s)). Selon la doctrine fiscale ; cf. http://bofip.impots.gouv.fr.

213. CC, 21 octobre 2016, *Mme Helen S.*, n° 2016-591 QPC [Registre public des trusts].

214. Au cours de sa délibération du 22 nov. 2005 (portant recommandation sur la mise en œuvre par des particuliers de sites Web collectant des données à caractère personnel dans le cadre d'une activité exclusivement personnelle), la CNIL prévoit tout de même que les intéressés doivent recueillir préalablement le consentement des personnes auxquelles les données se rapportent ainsi que celui des représentants légaux si la personne concernée est mineure. Ils doivent également informer les personnes concernées qui pourront exercer leur droit d'accès, de rectification et d'opposition.

215. Voir les mises en garde de l'avis 5/2009 du G. 29 sur les réseaux sociaux en ligne adopté le 12 juin 2009.

216. CEDH, 7 novembre 2017, *Egill Einarsson c. Islande*, n° 24703/15 : La Cour a condamné l'État qui n'a pas suffisamment pris la défense d'un blogueur victime d'un message sur Instagram (« va te faire foutre, sale violeur ») peu de temps après que le parquet ait abandonné les poursuites pour ce type de faits. La Cour considère en particulier que les juridictions internes n'ont pas suffisamment tenu compte du contexte et qu'elles ont insuffisamment motivé leur conclusion selon laquelle, dans le contexte de l'espèce, le mot « violeur » pouvait avoir été employé comme un jugement de valeur.

Le 25 juin 2010, l'Assemblée plénière de la Cour de cassation a insisté sur le fait que **l'absence d'imputation d'un fait précis exclut la qualification de diffamation (en l'occurrence envers une administration publique).** Dans cette affaire, le ministère public avait fait citer devant le tribunal correctionnel un rappeur auteur de propos publiés sous l'intitulé Insécurité sous la plume d'un barbare dans le livret promotionnel destiné à accompagner la sortie du premier album du groupe, ainsi que le dirigeant de la société éditrice du livret, en raison de passages mettant en cause la police nationale en ces termes : « Les rapports du ministre de l'Intérieur ne feront jamais état des centaines de nos frères abattus par les forces de police sans qu'aucun des assassins n'ait été inquiété ». Contestant la relaxe fondée sur le caractère outrancier des propos, le ministère public a vu son pourvoi rejeté au motif que « les écrits incriminés n'imputaient aucun fait précis, de nature à être, sans difficulté, l'objet d'une preuve ou d'un débat contradictoire, la cour d'appel en a déduit à bon droit que ces écrits, s'ils revêtaient un caractère injurieux, ne constituaient pas le délit de diffamation envers une administration publique ».

La Cour de cassation a admis de longue date qu'une image peut constituer une diffamation dans la mesure où elle impute un fait : « le fait de « faire circuler » la photographie de X. en uniforme de la LVF comporte l'imputation d'un fait précis qui constitue une diffamation »[217]. Ainsi, **constitue une diffamation la publication dans la presse, par erreur, de la photo d'un homme qui n'était pas le bon et qui était présenté comme activement recherché pour terrorisme**[218]. L'idée qui guide cette incrimination et de punir l'animosité qui amène un individu à calomnier son prochain. La diffamation ne saurait donc être non intentionnelle comme le pensaient des plaignants qui mettaient en cause les suggestions données par des moteurs de recherche qui associent un nom à « viol, condamné, sataniste, etc. »[219] **On punit donc autant l'intention malsaine que le mensonge éventuel.** Il faut s'appuyer sur un fait et sur une personne identifiable précisément et non seulement sur un groupe en général. Toutefois l'alinéa 2 de l'article 32 dispose que la diffamation envers une personne ou un groupe de personnes à raison de leur origine ou de leur appartenance ou de leur non-appartenance à une ethnie, une nation, une race ou une religion sera punie d'un emprisonnement d'un an. L'alinéa 3 fait de même pour les personnes ou groupes de personnes à raison de leur sexe, de leur orientation sexuelle ou de leur handicap. Les articles 30 et 31 protègent les cours et tribunaux, les armées et plus généralement les corps constitués des administrations publiques[220] ainsi que les jurés et témoins.

Pour la Cour de cassation[221], **l'atteinte à l'honneur ou à la considération ne peut résulter que « de la réprobation unanime qui s'attache, soit aux agissements constitutifs d'infractions pénales, soit aux comportements considérés comme contraires aux valeurs morales et sociales communément admises au jour où le juge statue »**. Ces notions s'apprécient donc au regard de considérations « objectives » et non en fonction de la sensibilité personnelle et subjective de la personne visée. Ainsi, l'affaire portait sur la révélation d'un adultère dans un journal « people ». Le juge du fond avait relevé que l'adultère était dépénalisé depuis quarante ans et retenu à bon droit que l'évolution des mœurs comme celle des conceptions morales ne permettaient plus de considérer que l'imputation d'une infidélité conjugale serait à elle seule de nature à porter atteinte à l'honneur ou à la considération.

1142 Régime. - Depuis 2017, la diffamation ou l'injure commises envers les particuliers est punie **d'une amende de 12 000 euros mais lorsqu'elle est commise envers une personne ou un groupe de personnes à raison de leur origine ou de leur appartenance ou de leur non-appartenance à une ethnie, une nation, une race ou**

217. Crim. 21 févr. 1967, n° 65-92347.

218. CA Versailles, 26 octobre 2017, n° 17/00437.

219. Cass. 1re civ., 19 févr. 2013, n° 12-12798.

220. Personnes qui accomplissent une mission d'intérêt général en exerçant des prérogatives de puissance publique : Cass., ch. réunies, 29 déc. 1998.

221. Cass. 1re civ., 17 décembre 2015, n° 11501461, *M. B.*

une religion déterminée, à raison de leur sexe, de leur orientation sexuelle ou identité de genre ou de leur handicap, la peine passe à un an d'emprisonnement et/ou de 45 000 euros d'amende.

Aux termes de la loi du 9 mars 2004 **la prescription de l'action en diffamation s'opère au bout de trois mois,** reportés à un an dans l'hypothèse d'une diffamation ou d'une injure à dimension raciste ou révisionniste.

La diffamation peut s'exercer à l'encontre des particuliers comme des personnes morales, voire des corps constitués. Le Conseil constitutionnel assure d'ailleurs l'égalité des armes entre elles en censurant la norme qui interdisait aux autorités publiques dotées de la personnalité morale autres que l'État d'obtenir la réparation de leur préjudice que lorsque l'action publique a été engagée par le ministère public, en se constituant partie civile à titre incident devant la juridiction pénale en ce qu'elles ne peuvent ni engager l'action publique devant les juridictions pénales ni agir devant les juridictions civiles. Cela viole les exigences de l'article 16 de la Déclaration de 1789 avec effet immédiat[222].

L'atteinte peut viser des groupes reconnus par la loi. Ainsi, la loi du 7 mars 2012 relative aux formations supplétives des forces armées a entendu reconnaître aux harkis la qualité de minorité protégée contre l'injure et la diffamation[223]. Cela après qu'un arrêt du Conseil d'État[224] leur a refusé ce statut suite à l'abrogation de la loi sur la colonisation du 23 février 2005 portant reconnaissance de la nation et contribution nationale en faveur des Français rapatriés.

La demande de réparation n'est pas soumise à la prescription de l'article 1240 (anc.1382) du Code civil. Selon l'article 65 de la loi du 29 juillet 1881, « l'action publique et l'action civile résultant des crimes, délits et contraventions prévus par la présente loi se prescriront après trois mois révolus, à compter du jour où ils auront été commis ou du jour du dernier acte d'instruction ou de poursuite s'il en a été fait ». Sur internet, le délai court à compter de la première mise en ligne de l'écrit diffamatoire ; délai allongé à un an dans le cas d'une discrimination spécialement interdite.

La diffamation ne peut être invoquée en même temps que l'injure. Dans le cas d'une patiente d'un médecin spécialisé en épilation laser qui a publié, sur un site internet, une plainte qualifiant le requérant de voleur et l'accusant de pratiques commerciales malhonnêtes, de publicité mensongère et d'abus de confiance, l'assemblée plénière de la Cour de cassation a jugé qu'une assignation retenant pour le même fait la double qualification d'injure et de diffamation est nulle. Le requérant invoque en particulier l'article 6 § 1 de la Convention, mais la Cour constate que le Conseil constitutionnel a imposé que la citation précise et qualifie le fait incriminé pour mettre le défendeur à même de préparer utilement sa défense dès la réception de la citation et, notamment, qu'il puisse, s'il est poursuivi pour diffamation, exercer le droit de formuler une offre de preuve dans le délai légal de dix jours à compter de la citation. Selon la Cour, il s'agit là assurément de buts légitimes au regard du droit d'accès à un tribunal que garantit l'article 6 § 1. Même si les juges internes auraient pu, plutôt que d'annuler l'assignation dans son intégralité, restreindre l'annulation aux propos doublement qualifiés, la Cour estime, étant donné l'ampleur de la marge d'appréciation dont disposait la France, qu'en annulant l'assignation en diffamation délivrée par le requérant au motif qu'elle qualifiait certains faits à la fois d'insulte et de diffamation, les juridictions internes n'ont pas limité son droit à un tribunal de manière disproportionnée[225].

1143 **Contrôle européen. –** L'affaire *Chauvy c. France*[226] illustre les **rapports problématiques de la liberté d'expression et des droits auxquels peuvent prétendre les personnes**. Gérard Chauvy, auteur du livre, qui traite des événements survenus dans la Résistance en 1943 autour de Raymond et Lucie Aubrac et de leur rôle dans l'arrestation du chef de la résistance, Jean Moulin, le 21 juin 1943, a été poursuivi par les époux Aubrac, ainsi que la société d'édition, pour délit de diffamation. Les époux Aubrac considérèrent en effet que l'ouvrage, en

222. CC, 25 oct. 2013, décision n° 2013-350 QPC, *Commune du Pré-Saint-Gervais*.

223. « Pour l'application de l'article 30 de la loi du 29 juill. 1881 sur la liberté de la presse, les formations supplétives sont considérées comme faisant partie des forces armées. »

224. CE, 26 janv. 2012, n° 353067, *Comité Harkis et vérité*.

225. CEDH, 2 mars 2017, *Debray c. France*, n° 52733/13.

226. CEDH, 8 juin 2004.

relatant des faits qui les accusent de trahison envers le mouvement de la Résistance et dont rien ne prouve la véracité, porte atteinte à leur honneur et à la leur considération. Le TGI de Paris, en raison du manque de rigueur du travail de recherche historique et de l'insinuation évidente tout au long du livre quant à la culpabilité de Raymond Aubrac, condamna le 2 avril 1998 l'auteur, ainsi que son éditeur et sa maison d'édition, pour délit de diffamation publique. La publication d'un communiqué dans cinq périodiques et l'insertion dans chaque exemplaire de l'ouvrage d'un avertissement reprenant les termes de ce communiqué ont été ordonnées. Si les requérants contestaient le fait que la loi qui leur est appliquée soit conforme aux exigences de qualité, de prévisibilité et d'accessibilité au sens de l'article 10 alinéa 2 de la Convention, la CEDH estime que, de par les fonctions des requérants, ceux-ci étaient dans des conditions qui leur permettaient de prévoir, « à un degré raisonnable », la sanction qui leur a été infligée. En ce qui concerne le montant des amendes et des dommages-intérêts prononcés, la Cour estime qu'ils paraissent relativement modérés au regard de l'atteinte portée au droit à la réputation des personnes. Les mesures prononcées n'apparaissent donc pas restrictives de la liberté d'expression, puisqu'elles étaient « prévues par la loi » grâce à la combinaison de deux lois et d'une jurisprudence suffisante et qu'elles étaient nécessaires afin de protéger les personnes incriminées dans l'ouvrage. **Les sanctions prononcées sont donc conformes à l'article 10 puisqu'elles ne portent pas atteinte aux formes de liberté d'expression qui respecteraient des impératifs déontologiques et qu'elles étaient prévisibles.** Les juridictions françaises n'ont donc pas entendu de manière trop restrictive la liberté d'expression.

La **solution est inverse dans l'affaire** *Roland Dumas c. France* **du 15 juillet 2010**. Dans le cadre de son procès pour abus de biens sociaux (affaire *ELF*), l'ancien ministre avait insulté le magistrat du parquet, puis s'était excusé. Ce n'est pourtant qu'après avoir relaté ces faits dans un ouvrage postérieur qu'il a été alors condamné pour diffamation. La CEDH condamne « le contrôle *a posteriori* de propos formulés dans le prétoire ».

Il ne saurait y avoir diffamation lors de propos satyriques à l'égard d'un homme politique relativement connu et qui par conséquent s'est inévitablement et consciemment exposé à un contrôle attentif de ses faits et gestes tant par la presse que par l'opinion publique en général[227]. La condamnation pour diffamation de la publication d'une lettre sous-entendant des malversations imputées à un homme politique décédé depuis plusieurs décennies est elle-même condamnable[228].

L'appréciation des conditions de la répression de la diffamation s'apprécie en fait dans chaque contexte, particulièrement en fonction de la vivacité du débat public et des précautions prises par l'intervenant. Dans l'affaire *Andreescu c. Roumanie*[229], le requérant fut l'un des promoteurs d'une loi qui confère à tout citoyen roumain le droit de prendre connaissance du dossier établi à son sujet par la Securitate (ex-services roumains de renseignements) et d'accéder à l'information d'intérêt public concernant la qualité d'agent ou de collaborateur de l'ancienne Securitate des personnes occupant des fonctions publiques. Il organisa une conférence de presse pour exprimer ses préoccupations quant à l'efficacité du recours offert par la loi en faisant part de ses soupçons quant aux relations avec l'ancien régime de membres de l'institution permettant d'accéder aux informations. **Il fut condamné en diffamation mais le juge de Strasbourg a estimé que l'intérêt du débat et la prudence employée par le requérant rendaient l'ingérence injustifiée.**

L'arrêt *Haguenauer c. France*[230] a de même condamné la France pour avoir considéré comme diffamatoires les propos tenus par une adjointe au maire de Lyon lors d'une cérémonie et dénonçant l'attitude des autorités de l'université Jean Moulin Lyon III à l'égard de professeurs mis en cause pour des thèses révisionnistes. Elle avait alors apostrophé un enseignant se disant juif et fier de son université par ces mots : « vous êtes la honte de la communauté ». Les juridictions l'ont compris comme une diffamation envers un fonctionnaire. Tenant compte du contexte oral, polémique et de l'intérêt national pour cette question, la Cour rappelle que les limites de la critique admissible sont plus larges à l'égard de fonctionnaires agissant dans l'exercice de leurs fonctions et que la requérante s'exprimait en sa qualité d'élue. Surtout, **la Cour estime primordial de resituer les propos dans le contexte de la polémique qui régnait à cette époque**. La lourdeur de la condamnation civile conduit à la

227. CEDH, 17 sept. 2013, *Welsh et Silva Canha c. Portugal*, n° 16812/11.
228. CEDH, 21 nov. 2011, n° 17320/10, *John Anthony Mizzi c. Malte*.
229. CEDH, 8 juin 2010.
230. CEDH, 22 avr. 2010.

violation l'article 10. Inversement, la France peut condamner une association de contribuables dénonçant par voie de presse des fautes professionnelles d'un agent du fisc sans enquête sérieuse, les fonctionnaires devant être protégés pour jouir de la confiance de l'opinion[231].

1144 **Civilisation.** – Rappelons que la réparation civile de la diffamation s'opère de façon spécifique, l'article 1240 du Code civil n'étant pas applicable, **la Cour estime que l'instrument pénal doit demeurer subsidiaire et absolument nécessaire.** Un État n'est ainsi pas légitime à condamner pénalement, pour diffamation publique, un manifestant qui s'est enchaîné à un podium électoral et a hurlé que les élus étaient corrompus[232]. Viole l'article 10 la condamnation pour diffamation d'un journaliste qui a été déclaré coupable de diffamation (amende et peine de prison commuée en assignation à résidence). Dans ces articles il avait rapporté à tort qu'une jeune fille de treize ans avait été contrainte par ses parents et par un juge des tutelles de subir un avortement alors que la presse avait, la veille de cette publication, précisé que l'intéressée avait souhaité cet avortement. Certes cela porte atteinte à l'honneur et au droit au respect de la vie privée de la jeune fille, de ses parents et du juge, mais que rien ne justifiait de lui imposer une peine de prison[233]. La commission présidée par le Recteur Serge Guinchard en 2008 a d'ailleurs **proposé de dépénaliser la diffamation pour éviter à la victime les embûches de la procédure pénale** : prescription à très court terme, intangibilité de la qualification, formalisme de l'administration de la preuve...

1145 **Exonération.** *Exceptio veritatis* – Le prévenu peut tenter d'être relaxé en prouvant **la vérité des faits allégués** dans un délai de dix jours après la signification (même en référé), afin de disposer du temps nécessaire à la formulation de l'offre de preuve tendant à établir la vérité des faits en cause. Ce délai assure ainsi une conciliation entre, d'une part, la liberté d'expression et de communication et les droits de la défense et, d'autre part, le droit à un recours juridictionnel effectif[234]. La loi de 1881 indiquait que cette *exceptio veritatis* n'était pas toujours possible : par exemple lorsqu'il s'agit de la vie privée d'une personne ou que les faits remontent à plus de dix années ou encore lorsque l'infraction est amnistiée. Pourtant, la CEDH estime que les difficultés à rapporter la preuve des faits sur lesquels se fonde le prévenu doivent être réduites[235]. De même, **le Conseil constitutionnel[236] a abrogé l'interdiction de rapporter la preuve de faits de plus de dix ans car cela remet en cause** « tous les propos ou écrits résultant de travaux historiques ou scientifiques ainsi que les imputations se référant à des événements dont le rappel ou le commentaire s'inscrivent dans un débat public d'intérêt général ». Le Conseil constitutionnel[237] a, ensuite, censuré l'article 35 de la loi du 29 juillet 1881 qui définit les cas dans lesquels une personne poursuivie pour diffamation peut s'exonérer de toute responsabilité en établissant la preuve du fait diffamatoire en ce qu'il interdit de rapporter la preuve des faits diffamatoires lorsque l'imputation se réfère à un fait constituant une infraction amnistiée ou prescrite. La restriction à la liberté d'expression visait en effet sans distinction tous les propos ou écrits résultant de travaux historiques ou scientifiques, ainsi que les imputations se référant à des événements dont le rappel ou le commentaire s'inscrivent dans un débat public d'intérêt général, porte une atteinte disproportionnée au but poursuivi. Il est plus gênant, dès lors, de constater que la première chambre civile refuse la preuve de la vérité quand il s'agit de faits amnistiés ; par exemple, un article de quotidien qui rappelait des faits délictueux que deux hommes politiques en vue avaient commis dans leur jeunesse. Il est sans doute dommage de confondre annulation de la peine et suppression des faits[238].

231. CEDH, 18 févr. 2010, Taffin et Contribuables Associés c. France.
232. CEDH, 1er oct. 2013, *Cholakov c. Bulgarie*, n° 20147/06.
233. CEDH, 7 mars 2019, *Sallusti c. Italie*, n° 22350/13.
234. CC, 13 novembre 2020, n° 2020-863 QPC, *Société Manpower France*.
235. CEDH, 25 juin 2002, *Colombani et a. c. France*, et 7 nov. 2006, *Mamère c. France*.
236. Décision n° 2011-131 QPC du 20 mai 2011, *Mme Térésa c. et autre*.
237. CC, 7 juin 2013, 2013-319 QPC, *M. Philippe B.* [Exception de vérité des faits diffamatoires constituant une infraction amnistiée ou prescrite, ou ayant donné lieu à une condamnation effacée par la réhabilitation ou la révision].
238. Cass. 1re civ., 16 mai 2013, n° de pourvoi : 12-19783.

Dans un autre contexte, la Cour européenne **estime compatible avec la vie privée, le fait pour des journalistes d'aller rechercher dans leurs archives des informations relatives à un ancien procès pénal qui avait intéressé le public à un moment donné**. La manière de traiter un sujet relève de la liberté journalistique et l'article 10 de la Convention laisse aux journalistes le soin de décider quels détails doivent être ou non publiés, sous la condition que ces choix répondent aux normes éthiques et déontologiques de la profession. L'inclusion dans un reportage d'éléments individualisés, tel le nom complet de la personne visée, constitue un aspect important du travail de la presse[239].

1146 Exonération. *Bonne foi* – Il est beaucoup plus aisé de tenter de **prouver la bonne foi** de manière à faire disparaître l'intention de nuire. Le prévenu peut apporter la preuve que le but qu'il poursuivait était légitime en précisant sa sincérité, sa prudence, son objectivité. Le juge apprécie ces éléments en fonction de la situation du prévenu. Un journaliste, en particulier, devra faire preuve d'un authentique souci d'exactitude et de tempérance. Il doit montrer par le ton utilisé, par l'enquête réalisée, que l'éthique professionnelle a été respectée sans passion personnelle. Un journaliste ne peut être condamné pour diffamation lorsqu'il sous-entend, sans agressivité, plusieurs années après le décès de l'intéressé, qu'un Premier ministre a permis la construction de logements sur un terrain jusque-là non constructible[240]. **La bonne foi s'apprécie au regard des diligences effectuées par l'auteur des propos.** À cet égard, les simples particuliers ne sont pas soumis aux mêmes exigences que les journalistes, *a fortiori* si cela se tient dans le cadre d'un débat d'intérêt général[241].

La dénonciation de faits d'agression sexistes ou sexuels, en l'absence de preuves suffisantes, bénéficie de la bonne foi en raison de la place accordée aux notions de « contribution à un débat d'intérêt général » ou de « sujet d'intérêt général », dans l'appréciation de la bonne foi du diffamateur. Une trop grande exigence quant à la démonstration d'une base factuelle conduirait en effet sinon à des condamnations systématiques. La Cour de cassation l'a jugé dans deux affaires relatives au mouvement #BalanceTonPorc ; une affaire dans laquelle l'intimé ne niait pas les faits mais leur portée le concernant, et une autre où les faits étaient contestés. Malgré cela, « les propos litigieux contribuaient à un débat d'intérêt général sur la dénonciation de comportements à connotation sexuelle non consentis de certains hommes vis-à-vis des femmes et de nature à porter atteinte à leur dignité »[242].

Quant aux obligations positives de l'État dans la prévention de la diffamation, elles bénéficient d'une bonne marge d'appréciation. L'État ne peut être tenu d'imposer la responsabilité d'un hébergeur pour les propos d'un internaute quand suffisamment de diligences existent comme les mesures appliquées par la société qui gère le site internet pour empêcher la publication de commentaires diffamatoires ou retirer ceux déjà publiés, la possibilité que les auteurs des commentaires soient tenus pour responsables plutôt que ladite société, et les conséquences de la procédure interne pour celle-ci[243].

2. L'injure

1147 Définition. – Elle se différencie de la diffamation au point que la Cour de cassation estime nulle l'assignation qui se fonderait sur les deux sources[244]. Telle que définie à l'article 29 alinéa 2 de la loi du 29 juillet 1881, **il s'agit d'une expression outrageante, en termes de mépris ou une invective ne renfermant l'imputation d'aucun fait**. Il peut s'agir d'injurier les corps constitués ou les personnes particulièrement protégées mais également les particuliers avec une aggravation en cas de caractère discriminatoire. L'injure ne se limite pas aux mots mais

239. CEDH, 28 juin 2018, *M. L. et W. W. c. Allemagne*, n° 60798/10 et 65599/10.

240. CEDH, 22 nov. 2011, n° 17320/10 *John Anthony Mizzi c. Malte*.

241. Cass. crim., 15 oct. 2019, n° 18-83255 (en l'occurrence des propos diffamatoires à l'égard d'un maire concernant sa gestion d'un EHPAD).

242. Cass. 1re civ., 11 mai 2022, n° 21-16.156 ; n° 21-16.497.

243. CEDH, 19 mars 2019, *Høiness c. Norvège*, req. n° 43624/14.

244. Cass., ass. plén., 15 févr. 2013, *Dominique X. c. Au féminin.com* ; ce double fondement ne permettrait pas de préparer utilement la défense.

peut concerner une image[245]. Le prévenu peut, là encore, excuser l'injure en prouvant la provocation de la victime et la proportionnalité de la réplique. **Il s'agit d'une question de contexte, le débat politique pouvant susciter et justifier l'invective**[246]. On sera plus étonné par le fait que l'art ne saurait atténuer le caractère injurieux quand un rappeur insulte « les femmes » en général et provoque ainsi, selon les juges[247], à la violence envers elles[248]. Il s'agit là d'une première condamnation pour une chanson qui pourrait apparaître comme une fiction, voire une caricature.

Si la Cour européenne suspecte toujours l'usage de l'instrument pénal, **la responsabilité de l'injure peut encore être celle d'une société propriétaire d'un portail internet d'informations qui a complaisamment laissé des insultes s'étaler sur son site, compte tenu notamment du caractère extrêmement insultant des messages incriminés**, du profit tiré par cette société des messages en question, de la garantie d'anonymat qu'elle offrait aux auteurs des messages en question et du caractère raisonnable de la condamnation infligée par les tribunaux[249].

Exemple d'injure à caractère racial[250] : l'affaire des caricatures de Christiane Taubira, TGI Cayenne, 8 juillet 2014, *Association Walwari c. Anne-Sophie L.*

« Attendu qu'il ressort des documents versés aux débats que dans le cadre de sa campagne électorale à l'élection municipale de mars 2014 à Rethel où elle représentait le Front national, elle a édité une page Facebook sur laquelle elle a diffusé un montage dans lequel figuraient **les photographies d'un jeune singe et de Mme Christiane T. avec pour légende les mots : « à 18 mois » et « maintenant »** ; qu'en outre, interrogée dans le cadre d'un reportage diffusé dans l'émission « Envoyé spécial » sur France2, elle a commenté ce montage en ajoutant ; « je préfère la voir dans un arbre après les branches qu'au gouvernement » ; Attendu que la matérialité des faits ne saurait être contestée, d'autant plus que le réseau Facebook sur internet est consultable dans le monde entier, et notamment sur l'ensemble du territoire national, et en particulier en Guyane française ; que dès lors la compétence territoriale du tribunal correctionnel de Cayenne, non contestée au demeurant, étant liée au lieu de commission de l'infraction, soit celui de réception des messages (cf. Cass. crim. 3 février 2009), est acquise, de même que l'est l'élément matériel des infractions ;

Attendu qu'en effet, **le fait d'assimiler une personne humaine, quelle qu'elle soit, à un animal, constitue une injure**, faite à l'humanité entière ; qu'en outre, le fait, confirmé par les propos tenus à la télévision, que cette injure concerne une personne de race noire, supposée arboricole, constitue de toute évidence une injure à caractère racial, mais aussi une provocation à la haine raciale, cette caricature n'étant que le paroxysme des réflexions racistes faites notamment dans le cadre du débat sur le « mariage pour tous » à l'encontre de Mme T. ;

Attendu que **l'élément intentionnel consistant en une volonté d'avilir la personne visée, et au-delà toutes les personnes mélanodermiques, en incitant à la haine ou à la discrimination contre elles, est parfaitement constitué** ; qu'il convient donc de retenir Madame L. dans les liens des deux préventions visées à la citation ;

Attendu qu'en répression, il y a lieu de considérer la gravité de l'infraction au regard de la peine maximale encourue ; **qu'en l'espèce, l'outrage à l'égard des personnes de race noire, mais au-delà à**

245. Ainsi une affiche publicitaire détournant la Cène de Léonard de Vinci, même si en l'espèce l'absence d'intention d'outrager les catholiques justifie la relaxe : Cass. 1re civ., 14 nov. 2006.

246. CEDH, 1er juill. 1997, *Oberschlick c. Autriche* : inconventionnalité de la répression d'une injure lors d'un débat entre politiques.

247. T. corr. Paris, 31 mai 2013.

248. Rappelons que l'article 24 de la loi du 29 juill. 1881 punit « ceux qui, par ces mêmes moyens, auront provoqué à la haine ou à la violence à l'égard d'une personne ou d'un groupe de personnes à raison de leur sexe ».

249. CEDH, 10 oct. 2013, nº 64569/09, *Delfi As c. Estonie*.

250. Voir aussi pour une rédaction très précise : Tribunal de grande instance de Paris (17e ch.), 13 octobre 2017.

toutes les races et donc à toute l'humanité, est particulièrement violent; qu'elle va bien au-delà des assimilations entre immigration et délinquance habituellement réprimées pour ce type d'infractions;
Attendu qu'en particulier dans un territoire comme la Guyane ayant été marqué par l'esclavage, caractérisé par l'assimilation par le Code noir des «nègres» à des biens meubles ou à du bétail, il est évident que ce type d'insinuation «justifiée» par une homochromie de la peau, ne peut que raviver la souffrance des descendants d'esclaves, et donc générer un préjudice important, bien plus que certaines atteintes aux biens, facilement réprimées par des peines d'emprisonnement;
Attendu en effet que **cette atteinte frontale à la dignité de l'homme justifie une sanction qui ne se limite pas à une punition financière, souvent appliquée en matière de délits de presse, mais qui s'attache aussi à la personne du délinquant, c'est pourquoi il sera appliqué une peine d'emprisonnement, sans sursis, et insusceptible de conversion, en l'occurrence de 9 mois,** qu'en outre une inéligibilité doit être décidée, les faits ayant été commis durant une campagne électorale et contre indiquant l'avènement de Madame L. comme élue de la République.»

1148 **Satire contre injure.** – Inversement, à la suite de la publication, dans le journal *Marianne* d'un texte intitulé «Un homme en solde», dans lequel l'auteur, critiquant la politique du ministre de l'Intérieur en matière d'immigration, **faisait référence à une élue en la qualifiant de «salope fascisante»**, celle-ci a déposé une plainte et s'est constituée partie civile, en faisant valoir qu'elle était injuriée. Mais pour la chambre criminelle, **les propos poursuivis, outrageants à l'égard de la partie civile, exprimaient l'opinion de leur auteur sur un mode satirique**, dans un contexte polémique, au sujet des idées prêtées au responsable d'un parti politique et ne dépassaient pas les limites admissibles de la liberté d'expression[251].

De même, la **liberté d'expression couvre aussi la diffusion, lors d'une émission de télévision, d'une affiche qui associe une personnalité politique, candidate à l'élection présidentielle, à un excrément**, dès lors que cette affiche, initialement publiée dans un journal revendiquant le droit à l'humour et à la satire, comporte une appréciation du positionnement politique de cette candidate à l'occasion de l'élection et a été montrée avec d'autres affiches parodiant chacun des candidats, dans la séquence d'une émission polémique s'apparentant à une revue de presse, mention étant expressément faite que ces affiches émanent d'un journal satirique et présentent elles-mêmes un caractère polémique[252].

Une élue, attribuant au Général De Gaulle, l'expression de «pays de race blanche» pour qualifier la France, l'hebdomadaire **Charlie Hebdo a publié un dessin représentant l'ancien chef de l'État portant dans ses bras une petite fille emmaillotée de langes sous les traits caricaturés de l'élue présentée comme «la fille trisomique cachée de De Gaulle»**. L'association Collectif contre l'handiphobie a fait citer le directeur de la publication des chefs d'injure publique envers une personne ou un groupe de personnes à raison de leur handicap et provocation à la haine ou à la violence à l'égard d'une personne ou d'un groupe de personnes à raison de leur handicap. Les juges l'ont débouté, ce que confirme la chambre criminelle[253] **aux motifs du caractère satirique** de la publication, du débat d'intérêt général, et du fait que ce dessin et son titre ne visaient pas les personnes atteintes de handicap, mais seulement l'élue et ses propos sans adopter un comportement de rejet à l'égard des personnes atteintes de trisomie 21 à raison de leur handicap.

3. La présomption d'innocence

1149 **L'article 9-1 du Code civil.** – La présomption d'innocence bénéficie de l'article 9-1 du Code civil qui permet à chacun, avant toute condamnation, de demander au juge, éventuellement en référé, de prescrire toutes mesures,

251. Cass. crim., 20 sept. 2016, n° 15-82944. En ce sens CEDH, 07 juin 2022, *Patrício Monteiro Telo de Abreu c. Portugal*, n° 42713/15.
252. Cass. ass. plén., 25 oct. 2019, n° 17-86605.
253. Cass. crim., 16 juin 2019, n° 18-80405.

telles que l'insertion d'une rectification ou la diffusion d'un communiqué, aux fins de faire cesser l'atteinte à la présomption d'innocence, c'est-à-dire **lorsque la personne est présentée publiquement comme étant coupable de faits faisant l'objet d'une enquête ou d'une instruction judiciaire**. L'alinéa 2 du même article accorde la même protection aux témoins, aux parties civiles ou aux personnes simplement mises en cause dans la presse. Par ailleurs, les personnes menottées ou placées en détention provisoire bénéficient d'une protection de leur image au nom de la dignité de la personne (art. 35 *ter* I, C. proc. pén.). **La Cour européenne des droits de l'homme protège aussi cette présomption via la notion de « protection de la personnalité »**. Ainsi l'État peut interdire la diffusion de l'image d'un accusé lors de son procès (ce qui n'empêche pas sa captation), dans la mesure où il n'est pas un personnage public, ce qui amènerait à mettre en balance l'innocence et le droit à l'information du public[254].

1150 Secret de l'instruction et secret professionnel. – L'article 11 CPP précise que la procédure au cours de l'enquête et de l'instruction est secrète. **Ce qui impose le secret à toute personne qui concourt à cette procédure (peines prévues aux articles 226-13 et 226-14 du Code pénal)**. Selon le juge constitutionnel, le législateur a entendu, d'une part, garantir le bon déroulement de l'enquête et de l'instruction, poursuivant ainsi les objectifs de valeur constitutionnelle de prévention des atteintes à l'ordre public et de recherche des auteurs d'infractions, tous deux nécessaires à la sauvegarde de droits et de principes de valeur constitutionnelle. Le législateur a entendu, d'autre part, protéger les personnes concernées par une enquête ou une instruction, afin de garantir le droit au respect de la vie privée et de la présomption d'innocence, qui résultent des articles 2 et 9 de la Déclaration de 1789[255]. Ces dispositions, telles qu'interprétées par la Cour de cassation, **interdisent toute présence d'un journaliste ou d'un tiers lors d'une perquisition, pour en capter le son ou l'image, même lorsque cette présence a été autorisée par l'autorité publique et par la personne concernée par la perquisition**. Toutefois, afin d'éviter la propagation d'informations parcellaires ou inexactes ou pour mettre fin à un trouble à l'ordre public, le procureur de la République peut rendre publics des éléments objectifs tirés de la procédure ne comportant aucune appréciation sur le bien-fondé des charges retenues contre les personnes mises en cause (loi du 15 juin 2000). **La Cour de cassation permet aussi aux journalistes poursuivis de produire les pièces de l'instruction sur lesquelles ils appuient leurs investigations**[256]. Comme on l'a déjà expliqué, la loi du 14 novembre 2016 dépénalise la détention de documents provenant du délit de violation du secret professionnel ou du secret de l'enquête ou de l'instruction ou du délit d'atteinte à l'intimité de la vie privée lorsque ces documents contiennent des informations dont « la diffusion au public constitue un but légitime dans une société démocratique ».

Le secret de l'instruction, qui protège la vie privée autant qu'il limite l'influence de l'opinion sur l'issue du procès, justifie aussi une amende à l'égard d'un journaliste et ce, même si la victime pouvait agir elle-même par des voies civiles[257].

4. Le droit de réponse

1151 Notion. – L'article 13 de la loi du 29 juillet 1881 et l'article 6 de la loi du 29 juillet 1982 sur la communication audiovisuelle instituent un droit de réponse. Pour la presse écrite, il est ouvert à « toute personne nommée ou désignée dans le journal ou écrit périodique » même sans mise en cause de la personnalité ni injure. Dans le domaine audiovisuel, toute personne victime d'imputations susceptibles de porter atteinte à son honneur ou à sa réputation, peut demander à répondre dans des conditions équivalentes. En cas de refus, elle peut saisir le TGI. La loi du 21 juin 2004 pour la confiance dans l'économie numérique l'a étendu à la communication en ligne.

254. CEDH, 21 sept. 2017, Axel Springer SE et RTL Television GmbH c. Allemagne (nº 51405/12).
255. CC, 2 mars 2018 – *Association de la presse judiciaire*, nº 2017-693 QPC [Présence des journalistes au cours d'une perquisition].
256. Cass. 2e civ., 11 juin 2002.
257. CEDH, Gr. ch., 29 mars 2016, *Bédat c. Suisse*, req. nº 56925/08, voir aussi CEDH 6 juin 2017, *Y c. Suisse* (req. nº 22998/13).

1152 **Modalités. – L'éditeur doit s'exécuter dans les trois jours** (trois mois pour l'audiovisuel) (parfois moins s'il y a un enjeu électoral), à la même place et en mêmes caractères que l'article d'origine, sans modification autre que celles que la loi implique. Il s'agit de garantir la véracité de l'information dispensée. Il ne s'agit pas moins d'une obligation pour les éditeurs et d'une ingérence dans leur liberté d'expression dont la compatibilité avec la Convention EDH pose question[258]. C'est pourquoi la jurisprudence revient peu à peu sur le caractère absolu de ce droit pour en éviter les abus[259].

D. Le secret des affaires

1153 **Protection du secret des affaires. –** Une proposition de loi, définitivement adoptée le 21 juin 2018, tend à **protéger le « secret des affaires » contre toute obtention, divulgation ou recel illégitime**. Le but est de ne pas déstabiliser des négociations en cours ou révéler des process qui fausseraient la concurrence. Il s'agit bien d'une nouvelle limite à la liberté d'expression, en particulier des journalistes économiques, qui se solderait par une amende civile d'un maximum de 60 000 euros et d'une réparation tenant compte des préjudices moraux et économiques subis et du bénéfice obtenu. La loi encadre donc le mécanisme. Selon l'article L. 151-1 : « est protégée au titre du secret des affaires toute information qui n'est pas, en elle-même ou dans la configuration et l'assemblage exacts de ses éléments, généralement connue ou aisément accessible pour les personnes familières de ce type d'informations en raison de leur secteur d'activité ; qui revêt une valeur commerciale, effective ou potentielle, du fait de son caractère secret et qui fait l'objet de la part de son détenteur légitime de mesures de protection raisonnables, compte tenu des circonstances, pour en conserver le caractère secret. » Se trouve **donc interdit l'accès non autorisé aux sources et « tout comportement déloyal et contraire aux usages en matière commerciale » qui permet l'obtention ou le recel**. La loi prévoit d'exclure de la répression (secret non opposable à l'instance), non seulement les lanceurs d'alerte mais aussi généralement « pour exercer le droit le droit à la liberté d'expression et de communication, y compris le respect de la liberté de la presse, et à la liberté d'information telle que proclamée dans la Charte des droits fondamentaux de l'Union européenne ou pour la protection d'un intérêt légitime reconnu par le droit de l'Union européenne ou le droit national. » L'action se prescrit d'ailleurs par cinq ans.

II. Les « limites aux limites » : le noyau dur de la liberté d'expression

1154 **Limites aux limites. –** La CEDH a, de fait, hiérarchisé un certain nombre de domaines particulièrement protégés. Cela commence par la sphère politique et le besoin d'information du public sur la vie sociale.

A. Les finalités « prioritaires »

1. La protection du débat public

1155 **Débat public. –** La liberté d'expression se trouve finalisée par l'alimentation du débat public. Une information peut donc être bonne à délivrer à un moment et moins à un autre. Les juges tiennent compte du contexte et de la nécessité d'informer le public. Mais l'actualité ne fait pas tout ; **les juges sont aussi sensibles au débat public**. En ce sens, une publicité en faveur de la **réhabilitation du maréchal Pétain** ne peut être condamnée pour apologie de crime de guerre, car la société doit pouvoir débattre ouvertement de son histoire[260]. De même, la Cour de cassation admet que l'on puisse **mettre en doute les propos d'un ancien combattant** alsacien qui

258. CEDH, 5 juill. 2005, *Melnytchouk c. Ukraine*.
259. Cass. crim., 16 juin 1998 : il faut que la réponse soit nécessaire et corrélée au propos d'origine.
260. CEDH, 23 sept. 1998, Lehideux et Isorni c. France.

affirmait que son enrôlement dans les forces nazies avait été forcé. Même si ce doute a pu choquer les « associations d'évadés et incorporés de force », l'objet de polémique fait partie de la liberté d'expression[261].

La Cour[262] a constaté **une violation de l'article 10 en raison de la condamnation pénale de militants de la cause palestinienne pour leur incitation à la discrimination économique**, en appelant à boycotter les produits importés d'Israël dans le cadre d'une campagne de presse. L'État y a vu un délit de provocation à la discrimination (la chambre criminelle de la Cour de cassation a relevé aussi les éléments constitutifs du délit prévu par l'article 24, alinéa 8, de la loi du 29 juillet 1881) ; mais la Cour y voit, en l'absence d'appel à la violence, à la haine ou à l'intolérance une expression politique et militante qui concernait un sujet d'intérêt général. Ces associations ont d'ailleurs été illégalement dissoutes par le gouvernement[263].

La Cour européenne[264] condamne aussi l'absence de motivation de la qualification dans le cas d'un fonctionnaire qui officie en qualité d'imam dans une mosquée, condamné pénalement pour propagande en faveur d'une organisation terroriste, en raison de deux publications faites sur son compte Facebook de photos représentant des membres du PKK et une foule qui manifestait dans une rue. Pour les juges turcs ces photos glorifient et encouragent les méthodes de contrainte, de violence et de menace terroriste, ce qui n'est pas établi aux yeux de la CEDH.

2. La critique des institutions

1156 **Le droit à la critique des institutions publiques. –** La Cour se montre exigeante envers les États membres pour éviter de les voir museler la presse au nom de l'ordre public quand il s'agit de dénoncer les agissements de la puissance publique. D'une manière générale, la Cour pose en principe que **la sanction pénale doit être un dernier recours et que son caractère dissuasif n'entrave pas l'expression**. Dans l'affaire *Ergin c. Turquie* du 4 mai 2006, un exemple parmi tant d'autres, le requérant était à l'époque des faits rédacteur en chef et éditeur d'un journal. Il a publié un article intitulé « les militaires ont encore incendié un village », dans lequel il décrit une intervention de l'armée turque dans un village, rapportant des faits déshonorants pour l'institution militaire. Pour cela, il a été condamné par la cour de sûreté de l'État à payer une amende et son journal a été suspendu de parution pendant un mois pour « incitation du peuple à la haine et à l'hostilité sur la base d'une distinction fondée sur l'appartenance à une race et à une religion ». Le requérant s'est pourvu en cassation, et la Cour de cassation confirma l'arrêt rendu en première instance. Selon la Cour, l'arrêt rendu par la juridiction turque n'était non seulement pas nécessaire dans une société démocratique, mais également disproportionné avec l'acte en question. **Elle considère que l'information litigieuse « comportait des allégations très graves » mais qu'elle « n'exhortait pas pour autant à l'usage de la violence ».** De plus, les faits décrits par le journaliste n'ont pas fait l'objet de démentis de la part du gouvernement, et n'ont pas été vérifiés : la Cour insiste sur le fait qu'une information doit être jugée sur son exactitude, et non pas sur son orientation politique pour être sujette à sanction. La Cour de cassation[265] mène le même raisonnement en invoquant la Convention, pour **relaxer la maire du septième arrondissement de Paris du chef de diffamation alors qu'elle avait ouvert une pétition contre une œuvre installée sur le Champ de Mars**. S'agissant d'un débat d'intérêt général, la critique peut prendre bien des formes.

L'État ne peut condamner des militants pour le seul fait qu'ils défendent une organisation politique interdite. Le juge doit précisément examiner la teneur des discours et ne sanctionner que les discours de haine ou appelant à la force ou au soulèvement[266]. L'Espagne[267] ne pouvait condamner à une peine d'un an de prison et sept ans de suspension du droit d'éligibilité, pour apologie du terrorisme, un politicien basque indépendantiste,

261. Cass. 1re civ., 16 oct. 2013, n° 12-35434.
262. CEDH, 11.06.2020, *Baldassi et autres c. France* (requête n° 15271/16, 15280/16, 15282/16, 15286/16, 15724/16, 15842/16 et 16207/16)
263. CE, ord., 29 avr. 2022, *Collectif Palestine vaincra, Association Comité action Palestine*, n° 462982.
264. CEDH, 31 août 2021, *Üçda c. Turquie*, n° 23314/19.
265. Cass. crim., 6 mai 2014, n° 12-87789.
266. CEDH, 19 mars 2019, *Mart et autres c. Turquie*, req. n° 57031/10.
267. CEDH, 22 juin 2021, *Erkizia Almandoz c. Espagne*, n° 5869/17.

en raison d'un hommage rendu à un ancien membre de l'organisation terroriste ETA. Le requérant, selon la Cour, n'a pas eu l'intention, ni dans le contenu de ses propos, ni dans la manière de les formuler, d'inciter à l'usage de la violence, ni de justifier ou de faire l'éloge du terrorisme.

L'affaire Otegi Mondragon c. Espagne (15 mars 2011, n° 2034/07) en est un bon exemple. Le requérant, porte-parole d'un groupe parlementaire de la gauche indépendantiste, décrivait le roi d'Espagne comme « le chef suprême de l'armée espagnole, c'est-à-dire le responsable des tortionnaires et celui qui protège la torture et qui impose son régime monarchique à notre peuple au moyen de la torture et de la violence » et avait été condamné à une peine d'emprisonnement pour délit d'injure grave au roi. La Cour a considéré qu'il y avait violation de l'article 10 **car les propos litigieux ne constituaient pas une atteinte personnelle contre la personne du roi**, et ne mettaient pas en cause sa vie privée ou son honneur, mais uniquement la responsabilité institutionnelle du roi et que, dès lors, le discours politique du requérant s'inscrivait dans le cadre d'un débat public plus large sur l'éventuelle pratique de la torture par les forces de sécurité espagnoles, dans le cadre de la lutte antiterroriste et qu'il soulevait donc une question d'intérêt public.

De même, le Tribunal de l'Union européenne[268] considère que **la liberté d'expression des parlementaires doit se voir accorder une protection accrue eu égard à l'importance fondamentale que le Parlement joue dans une société démocratique et annule une décision du bureau du Parlement européen infligeant des sanctions à un eurodéputé**. Le règlement interne d'un parlement ne peut prévoir la possibilité de sanctionner des propos tenus par les parlementaires que dans l'hypothèse où ceux-ci portent atteinte à son fonctionnement efficace ou représentent une forme de danger sérieux pour la société, tels que des appels à la violence ou à la haine raciale.

B. Les personnages « privilégiés »

1. Le journaliste

1157 **Protection renforcée.** – L'expulsion par la force, sans justification nécessaire, de journalistes hors de la galerie du Parlement national depuis laquelle ils couvraient un débat sur le vote du budget, a violé autant leur liberté d'expression que leur droit au procès équitable, car la Cour suprême n'a pas tenu une audience qui leur aurait permis de contester les faits litigieux[269]. Refuser l'accès d'un journaliste à un centre d'accueil de demandeurs d'asile était contraire à l'article 10. En l'empêchant ainsi de relater les conditions de vie dans ce lieu, l'État a privé la population de droit à l'information de première main sur un problème revêtant un intérêt public considérable, à savoir la crise des réfugiés en Hongrie[270].

Inconventionnalité de l'interdiction de la diffusion et de la publication d'informations relatives à une enquête parlementaire qui portait sur des allégations de corruption dirigées contre quatre anciens ministres. Alors que la Cour constitutionnelle avait dénié la qualité de victime à des journalistes, le juge européen[271] a admis que l'ingérence a manqué de « base légale » au sens de l'article 10 et n'a donc pas permis aux journalistes de jouir du degré suffisant de protection qu'exige la prééminence du droit dans une société démocratique.

Si l'exercice de la liberté d'expression peut motiver un référé-liberté comme condition de la démocratie et l'une des garanties du respect des autres droits et libertés et une des libertés fondamentales, cela n'interdit pas

268. Tribunal de l'Union européenne, 31 mai 2018, *Korwin-Mikke c. Parlement*, aff. T-770/16.
269. CEDH, 9 septembre 2017, *Selmani et autres c. l'ex-République yougoslave de Macédoine*, n° 67259/14.
270. CEDH, 8 oct. 2019, *Szurovecz c. Hongrie*, req. n° 15428/16.
271. CEDH, 4 mai 2021, *Akdeniz et autres c. Turquie*, n° 41139/15 et 41146/15.

l'instauration de périmètres de sécurité consistant à tenir éloignés les tiers dont les journalistes des opérations de police, par exemple l'évacuation d'un camp de migrants[272]. Mais les journalistes doivent alors pouvoir continuer d'exercer librement leur mission lors de la dispersion d'un attroupement, sans être tenus de quitter les lieux, dès lors qu'ils se placent de telle sorte qu'ils ne puissent être confondus avec les manifestants et ne fassent obstacle à l'action des forces de l'ordre. Il en va de même pour les « observateurs indépendants », diligentés par une ONG de droits de l'homme ou « journalistes » indépendants et sans carte, parfois suspectés de participer en réalité à la manifestation[273].

1158 **Profession et déontologie**. – Le journaliste est **une personne qui apporte une contribution intellectuelle ou de création à l'entreprise de presse, soit par la rédaction d'articles soit par la conception, la réalisation ou la présentation d'émissions d'information** (art. D. 7112-3 et s., C. trav.). Cela exclut les activités techniques ou d'exécution[274]. On entend par « journaliste » toute personne qui pratique, à titre régulier et rétribué, le recueil d'informations et leur diffusion au public, dans une ou plusieurs entreprises de presse, de communication au public en ligne, de communication audiovisuelle ou une ou plusieurs agences de presse (loi 1881). La CJUE[275] précise que les activités de journalisme ne sont pas réservées aux entreprises de médias et peuvent être liées à un but lucratif. **La directive relative aux données personnelles prévoyant une dérogation pour les traitements de fichier à des fins de journalisme**, il faut tenir compte de l'évolution et de la multiplication des moyens de communication et de diffusion d'informations comme la diffusion sur internet de données fiscales de particuliers (par ailleurs déjà publiques). En dépit de l'avis des juges internes, cela peut être qualifié d'« activités de journalisme », puisque **la seule finalité est la divulgation au public d'informations**, d'opinions ou d'idées.

L'accès à la profession de journaliste étant libre, la loi exige seulement que l'équipe rédactionnelle soit composée de personnes exerçant réellement les fonctions qui leur sont attribuées. Le journaliste doit disposer d'une carte d'identité de journaliste professionnel lorsqu'il a le journalisme pour occupation principale, régulière et rétribuée à titre principal. Les collaborateurs directs de la rédaction sont assimilés aux journalistes professionnels : rédacteurs-traducteurs, rédacteurs-réviseurs, reporters-dessinateurs, reporters-photographes... Ainsi, **une activité de communication pour un établissement d'animation scientifique par la publication d'un périodique ne constitue pas une activité de journaliste**[276]. C'est une commission composée de journalistes élus par leurs confrères et de directeurs de journaux qui alloue **la carte professionnelle**. En cas de refus une contestation est possible devant la commission supérieure qui comprend en plus des magistrats. Le Conseil d'État est compétent en cassation pour apprécier le bien-fondé de la jurisprudence. Pour bénéficier de la carte de presse, le « journaliste » doit être soumis au Code du travail **ce qui exclut par exemple un associé gérant unique d'une petite société de presse unipersonnelle**[277]. Les journalistes exerçant leur profession dans une ou plusieurs entreprises de communication audiovisuelle ont la qualité de journalistes au même titre que leurs confrères de la presse écrite. Une entreprise qui a pour activité la création d'œuvres audiovisuelles destinées à être diffusées dans le public doit être regardée comme une entreprise de presse[278]. Il reste un certain nombre de difficultés en suspens ; à commencer par la question de la reconnaissance juridique des équipes de rédaction en vue d'assurer leur autonomie face aux employeurs et aux actionnaires, élément d'indépendance et donc de garantie de l'information délivrée.

1159 **La déontologie des journalistes est également une exigence pour bénéficier de la protection de l'article 10**. Le paragraphe 2 de l'article 10 de la Convention souligne que l'exercice de la liberté d'expression comporte des « devoirs et responsabilités », qui valent aussi pour les médias. Dans l'arrêt *Colombani* la Cour

272. CE, Ord. Réf., 3 février 2021, *M. J... et autre*, n° 448721.
273. CE, 10 juin 2021, *Syndicat national des journalistes et autres*, n° 444849 *et a.*
274. CE, 20 avr. 2005, *Maurice X.*
275. CJUE, Gr. ch., 16 décembre 2008, *Tietosuojavaltuutettu c. Satakunnan Markkinapörssi Oy et Satamedia Oy*, affaire C-73/07, EU:C2008/727.
276. CE, 26 juill. 2007, *Alain A.*
277. CE, 15 nov. 2006, *Patrick A.*
278. CE, 5 avr. 2002, *Stéphane X.*

expose « qu'en raison des « devoirs et responsabilités » inhérents à l'exercice de la liberté d'expression la garantie que l'article 10 offre aux journalistes en ce qui concerne les comptes rendus sur des questions d'intérêt général est subordonnée à la condition que les intéressés agissent de bonne foi de manière à fournir des informations exactes et dignes de crédit dans le respect de la déontologie journalistique »[279]. Par exemple, Patrick de Carolis et une journaliste ont été déclarés coupables de diffamation publique envers le prince Turki Al Faysal, constitué partie civile, en raison d'un reportage de France 3 portant sur les plaintes des familles des victimes des attentats du 11 septembre 2001 et accusant le prince d'avoir financé Al Qaïda. **La Cour estime que la manière dont le sujet a été traité n'était pas contraire aux normes d'un journalisme responsable alors que les peines prononcées (amende pénale) constituent une ingérence disproportionnée.** La Cour européenne constate une violation de l'article 10 à l'égard d'un journaliste et d'un médecin qui avaient été condamnés, de manière disproportionnée, pour diffamation à l'encontre de personnalités politiques (près de 23 000 euros d'amende et indemnités), c'est-à-dire pour avoir communiqué des « jugements de valeur dénués de rapport avec la conduite » du ministre critiqué « dépassant les limites de ce que l'on peut considérer comme une critique objective »[280]. Même dans le cas d'un journaliste, déclaré coupable de diffamation, pour avoir rapporté à tort qu'une jeune fille de treize ans avait été contrainte par ses parents et par un juge des tutelles de subir un avortement, une peine de prison est disproportionnée[281].

La Cour européenne[282] admet, en revanche, **la condamnation à des peines privatives de liberté de trois journalistes ayant intercepté des radiocommunications échangées par des gendarmes** (dans le but de se rendre rapidement sur les lieux du crime et de relater les informations sur leur journal local) eu égard à la place primordiale à la défense de la sécurité nationale, de l'ordre et à la prévention du crime alors que l'information du public n'a pas été entravée. Un journaliste qui répercute des propos racistes ne peut être lui-même inquiété[283].

1160 **Le secret des sources journalistiques.** – L'article 109 § 2 du Code de procédure pénale permet à tout journaliste entendu comme témoin de ne pas révéler l'origine des informations qu'il a recueillies. Cependant, **ce silence peut être surmonté par l'article 56-2 qui autorise les perquisitions dans les locaux d'une entreprise de presse ou de communication sous la direction d'un magistrat qui veille à ne pas entraver l'activité des journalistes.** À l'issue de ces perquisitions, des procédures pour recel de violation du secret professionnel ou de violation du secret de l'instruction sont parfois ouvertes. Ces procédures sont jugées compatibles avec la Convention EDH par la Cour de cassation[284]. La loi du 4 janvier 1993 permettait des pressions de l'autorité judiciaire, notamment des perquisitions ou des poursuites pour recel du secret professionnel. **La France a été condamnée par la CEDH** pour violation de l'article 10 pour ce type de procédure[285]. L'affaire *Ressiot et autres c. France* du 28 juin 2012[286] concernait des investigations conduites dans les locaux des journaux *L'Équipe* et *Le Point*, ainsi qu'au domicile de journalistes accusés de violation du secret de l'instruction et de recel. Il s'agissait pour les autorités de découvrir l'origine de fuites ayant eu lieu au sujet d'une enquête portant sur un éventuel dopage de coureurs cyclistes. La condamnation de la France se fonde sur l'absence d'une balance équitable : les mesures litigieuses n'avaient pas représenté des moyens raisonnablement proportionnés à la poursuite des buts légitimes visés compte tenu de l'intérêt de la société démocratique à assurer et à maintenir la liberté de la presse.

La **loi du 4 janvier 2010** a introduit dans le Code de procédure pénale des dispositions permettant de protéger le secret des sources journalistiques devant l'ensemble des juridictions pénales. L'article 109 prévoit désormais une exception en faveur des journalistes quant à leur obligation de témoigner devant le juge d'instruction. **Le texte**

279. CEDH, 25 juin 2002, *Colombani c. France*, n° 51279/99, § 65.
280. CEDH, 24 sept. 2019, *Antunes Emídio c. Portugal et Soares Gomes da Cruz c. Portugal*, req. n° 75637/13 et 8114/14.
281. CEDH, 7 mars 2019, *Sallusti c. Italie*, req. n° 22350/13.
282. CEDH, 23 juin 2016, n° 22567/09, *Brambilla et autres c. Italie*.
283. CEDH, 23 sept. 1994, *Jersild c. Danemark*.
284. Cass. crim., 5 déc. 2000.
285. CEDH, 21 janv. 1999, Fressoz et Roire c. France et 14 juin 2007, Dupuis et autres contre France.
286. N° 15054/07, 15066/07.

prévoit que « tout journaliste entendu comme témoin sur des informations recueillies dans l'exercice de son activité, est libre de ne pas en révéler l'origine ». Cela n'empêche pas les perquisitions au domicile du journaliste ou à celui de son avocat, en présence d'un magistrat et n'exclut pas non plus de consulter le carnet d'adresses, le téléphone portable ou l'ordinateur. Les enquêteurs peuvent également recourir, dans le cadre d'une réquisition judiciaire, à une réquisition de documents à l'exception du lieu de travail des journalistes (lois du 9 mars 2004 et du 5 mars 2007). Or, il reste la **possibilité d'une atteinte au secret des sources dans l'hypothèse d'un impératif prépondérant d'intérêt public ou en raison de la particulière gravité du crime ou du délit qui la justifient.** Dans le cadre d'une procédure en diffamation la loi permet aux journalistes de produire pour leur défense des éléments qui pourraient être considérés comme une violation du secret de l'enquête de l'instruction s'ils n'étaient de nature à prouver leur bonne foi[287].

La **loi du 14 novembre 2016** visant à renforcer la liberté, l'indépendance et le pluralisme des médias a conforté l'indépendance des journalistes. Désormais l'article 2 bis de la loi du 29 juillet 1881 sur la liberté de la presse, dispose que « **tout journaliste a le droit de refuser toute pression, de refuser de divulguer ses sources et de refuser de signer un article, une émission, une partie d'émission ou une contribution dont la forme ou le contenu auraient été modifiés à son insu ou contre sa volonté**. Il ne peut être contraint à accepter un acte contraire à sa conviction professionnelle formée dans le respect de la charte déontologique de son entreprise ou de sa société éditrice » et cela sous peine de la suspension de tout ou partie des aides publiques, directes et indirectes. Désormais, les entreprises ou sociétés éditrices de presse ou audiovisuelles doivent se doter d'une charte déontologique. Un comité relatif à l'honnêteté, à l'indépendance et au pluralisme de l'information et des programmes composé de personnalités indépendantes est institué auprès de toute radio généraliste à vocation nationale ou de télévision qui diffuse par voie hertzienne terrestre.

Le Conseil constitutionnel a censuré le dispositif que la même loi créait quant au droit à la protection des sources pour toute personne qui, comme journaliste, pour le compte d'un média de presse écrite, audiovisuel ou internet recueille des informations et les diffuse au public mais aussi toute personne qui exerce des fonctions de direction de la publication ou de la rédaction ou le collaborateur de la rédaction. Il ne pouvait être porté atteinte au secret des sources qu'à titre exceptionnel pour prévenir ou réprimer certains crimes ou délits punis d'au moins sept ans d'emprisonnement. Le Conseil a constaté un déséquilibre dans la conciliation entre la liberté d'expression et de communication et le droit au respect de la vie privée, le secret des correspondances, la sauvegarde des intérêts fondamentaux de la Nation et la recherche des auteurs d'infractions[288].

Cependant, **cette même loi dépénalise la détention de documents provenant du délit de violation du secret professionnel ou du secret de l'enquête** ou de l'instruction ou du délit d'atteinte à l'intimité de la vie privée lorsque ces documents contiennent des informations dont « la diffusion au public constitue un but légitime dans une société démocratique ».

1161 Point de vue de la CEDH. – Pour la CEDH, les États doivent assurer la protection des sources journalistiques même en cas d'infraction pénale car il s'agit de « l'une des pierres angulaires de la liberté de la presse, [...]. L'absence d'une telle protection pourrait dissuader les sources journalistiques d'aider la presse à informer le public sur des questions d'intérêt général. En conséquence, la presse pourrait être moins à même de jouer son rôle indispensable de « chien de garde » et son aptitude à fournir des informations précises et fiables pourrait s'en trouver amoindrie. **Eu égard à l'importance que revêt la protection des sources journalistiques pour la liberté de la presse dans une société démocratique et à l'effet négatif sur l'exercice de cette liberté que risque de produire une ordonnance de divulgation, pareille mesure ne saurait se concilier avec l'article 10 de la Convention que si elle se justifie par un impératif prépondérant d'intérêt public** »[289]. De même, une juridiction ne peut exiger communication de documents permettant d'identifier l'auteur d'une fuite sauf en cas de

287. Voir aussi Cass. crim., 11 févr. 2003.

288. CC, 10 novembre 2016 – n° 2016-738 DC, Loi visant à renforcer la liberté, l'indépendance et le pluralisme des médias.

289. CEDH, 27 mars 1996, *Goodwin c. Royaume-Uni* : condamnation à propos d'une ordonnance enjoignant la levée du secret des sources concernant l'auteur d'un vol de documents d'une société, alors qu'il y allait de sa survie économique.

circonstances exceptionnelles[290]. Dans l'affaire *Dupuis c. France*[291], le directeur adjoint du cabinet du président François Mitterrand avait déposé plainte avec constitution de partie civile des chefs de recel de documents provenant d'une violation du secret professionnel, recel de violation du secret professionnel et recel de vol contre les auteurs d'un ouvrage intitulé *Les oreilles du Président* portant sur ce que l'on a appelé « les écoutes de l'Élysée ». Le TGI de Paris jugea que tant les fac-similés que les extraits de procès-verbaux provenaient du dossier d'instruction auquel ne pouvaient avoir accès que des personnes tenues au secret de l'instruction ou au secret professionnel et condamna l'éditeur. **La CEDH estime pourtant que la protection des informations, quoique couvertes par le secret de l'instruction, ne constituait pas un impératif prépondérant dans la mesure où la situation du directeur adjoint était connue de l'opinion publique et qu'il n'était plus nécessaire de préserver la présomption d'innocence**. De même, la Cour européenne a constaté la violation de l'article 10 dans le cas de perquisitions conduites dans les locaux des journaux *L'Équipe* et *Le Point*, ainsi qu'au domicile de journalistes accusés de violation du secret de l'instruction et de recel. Les mesures litigieuses ne représentaient pas des moyens raisonnablement proportionnés à la poursuite des buts légitimes visés compte tenu de l'intérêt de la société démocratique à assurer et à maintenir la liberté de la presse[292].

CEDH, 19 janvier 2016, n° 49085/07, *Görmü et autres c. Turquie*
Communiqué de presse

« L'affaire concerne trois domaines de la liberté d'expression, à savoir la protection des sources journalistiques, la diffusion d'informations confidentielles et la protection des donneurs d'alerte. La Cour juge que l'article publié par l'hebdomadaire Nokta, sur la base de documents militaires « confidentiels », portant sur un système de fichage des médias « favorables » ou « opposants » aux forces armées, était susceptible de contribuer au débat public. Soulignant l'importance de la liberté d'expression relativement aux questions d'intérêt général et de la nécessité de protéger les sources journalistiques, y compris lorsque ces sources sont des fonctionnaires signalant des pratiques contestables sur leur lieu de travail, la Cour constate que l'ingérence dans le droit à la liberté d'expression des journalistes, en particulier leur droit de communiquer des informations, n'était pas proportionnée au but légitime visé, ne répondait pas à un besoin social impérieux, et n'était dès lors pas nécessaire dans une société démocratique ; **cette ingérence ayant consisté en la perquisition, l'extraction et la conservation, par les autorités, de toutes les données informatiques de l'hebdomadaire, même sans lien avec les faits, en vue d'identifier les fonctionnaires donneurs d'alerte**. Enfin, la Cour estime que cette mesure était de nature à dissuader toutes les sources potentielles d'aider la presse à informer le public sur des questions d'intérêt général, y compris celles concernant les forces armées. »

2. Les lanceurs d'alerte

1162 Lanceurs d'alerte et information du public. - Le rôle que joue la notion de droit à l'information du public dans une société démocratique permet de comprendre pourquoi les personnels politiques, les journalistes, les artistes, les avocats jouissent en matière de liberté d'expression d'une protection renforcée qui leur attribue une fonction sociale objective qui les dépasse. On voit aussi s'organiser petit à petit la reconnaissance d'un statut pour ceux que l'on appelle des « lanceurs d'alerte », c'est-à-dire **des personnes qui, chercheurs ou experts, salariés, informent d'un risque pour la société dans un contexte où cette information, gênant les intérêts**

290. CEDH, 15 déc. 2009, Financial Times LTD c. RU.
291. CEDH, 7 juill. 2007, *Dupuis c. France*.
292. CEDH, 28 juin 2012, n° 15054/07 et 15066/07, *Ressiot et autres c. France*.

dominants, peut susciter l'hostilité et les menaces. Les *whistleblowers* (« ceux qui donnent un coup de sifflet ») américains sont plutôt ceux qui dénoncent des malversations. Les lanceurs d'alerte sont plutôt ceux qui s'inquiètent sincèrement sans qu'il n'y ait de dimension pénale aux agissements qu'ils désignent. Ils n'en prennent pas moins des risques et sont alors sujets à des plaintes en diffamation, violation du secret professionnel, etc. Une recommandation du Comité des ministres aux États membres du Conseil de l'Europe sur la protection des lanceurs d'alerte, adoptée le 30 avril 2014, définit le lanceur d'alerte comme « toute personne qui fait des signalements ou révèle des informations concernant des menaces ou un préjudice pour l'intérêt général dans le contexte de sa relation de travail, qu'elle soit dans le secteur public ou dans le secteur privé ». Le Conseil d'État, dans une étude du 13 avril 2016, propose de le désigner comme « **toute personne qui, confrontée à des faits constitutifs de manquement grave à la loi ou porteurs de risques graves, décide librement et en conscience de lancer une alerte dans l'intérêt général** ». Cela conduit à instituer diverses voies de communication (par la hiérarchie, par les comités d'éthique ou de qualité, les AAI, les ordres professionnels...) pour assurer la confidentialité de l'identité du lanceur et encadrer la diffusion au grand public. Le Conseil d'État préconise de pouvoir ainsi, cas par cas, lever différents secrets professionnels. Le **Défenseur des droits** est compétent pour prendre en charge une médiation.

1163 Lanceurs d'alerte (CEDH). – La Cour européenne protège parfois ceux qui dénoncent légitimement une éventuelle infraction pénale. Un État ne peut, sans violer la liberté d'expression, condamner pour diffamation une mère qui a exprimé auprès d'un agent des services de protection de l'enfance sa préoccupation quant à la possibilité que le père de sa fille aurait sexuellement abusé de celle-ci, alors que la police avait conclu à l'absence de tout indice d'infraction. Le caractère confidentiel de la discussion est contradictoire avec un « besoin social impérieux »[293]. La Cour protège ainsi ceux que l'on peut appeler les « lanceurs d'alerte », ces professionnels et experts qui dénoncent avant les autres des risques, notamment sanitaires. **Dans l'affaire *Sosinowska c. Pologne*[294], une spécialiste des maladies du poumon adressa à l'expert-conseil régional une lettre dans laquelle elle exprimait sa préoccupation au sujet de décisions prises par son supérieur et de la qualité des soins médicaux administrés aux patients de celui-ci. La Cour condamne la procédure disciplinaire qui aboutit à un blâme pour atteinte à l'honneur de son confrère, dans la mesure où les juridictions ordinales ont négligé la réalité des faits et sa bonne foi.** Les élus, par principe, doivent pouvoir s'exprimer en toute liberté et supporter en contrepartie les critiques les plus féroces. Pour la Cour européenne, les sanctions prises à l'encontre de salariés ayant critiqué le fonctionnement d'un service ou divulgué des conduites ou des actes illicites constatés sur leur lieu de travail constituent une violation à leur droit d'expression au sens de l'article 10-1 de la Convention EDH[295]. À propos d'un directeur du service de presse du parquet général de Moldova, qui avait été révoqué pour avoir fait parvenir deux lettres à la presse qui révélaient que le vice-président du Parlement avait fait pression, illégalement, sur le parquet général, **la Cour[296] a retenu que la divulgation à la presse de documents internes était, en l'espèce, protégée par l'article 10 de la Convention, qui garantit le droit à la liberté d'expression. Certes, il s'était mis en infraction par rapport au règlement interne du service de presse, mais il avait contribué à la lutte contre la corruption menée par le président.** Dans le même temps, le parquet avait donné l'impression d'avoir succombé aux pressions politiques.

Pour la Cour : « **la dénonciation, par des agents de la fonction publique, de conduites ou d'actes illicites constatés sur leur lieu de travail doit être protégée dans certaines circonstances. Pareille protection peut s'imposer lorsque l'employé ou le fonctionnaire concerné est seul à savoir – ou fait partie d'un petit groupe dont les membres sont seuls à savoir – ce qui se passe sur son lieu de travail et est donc le mieux placé pour agir dans l'intérêt général en avertissant son employeur ou l'opinion publique** »[297]. Toutefois, au regard du devoir de loyauté, de réserve et de discrétion auquel est tenu le salarié, ce n'est que lorsqu'il lui est

293. CEDH, 15 décembre 2016, *M.P. c. Finlande*, n° 36487/12.
294. 18 oct. 2011, n° 10247/09.
295. CEDH, 18 oct. 2011, n° 10247/09, *Sosinowska*.
296. CEDH, 12 fév. 2008, n° 14277/04, *Guja c/Moldavie*.
297. CEDH, 21 juill. 2011, n° 28274/08, *Heinisch c. Allemagne*, § 63.

impossible de dénoncer les faits allégués à un supérieur hiérarchique ou toute autre autorité compétente que la dénonciation publique peut être justifiée. La Cour européenne refuse le statut de lanceur d'alerte à celui qui, dans le cadre de l'affaire dite *Luxleaks*[298], a été condamné pour avoir divulgué des documents fiscaux des clients de son employeur. La divulgation des documents couverts par le secret professionnel causait en effet à l'employeur un préjudice supérieur à l'intérêt général, même si le « caractère désintéressé du geste » était admis et que la sanction était relativement modérée (1 000 euros), et ne produit pas un effet réellement dissuasif sur l'exercice de la liberté du requérant ni d'autres salariés.

À l'inverse, dans l'affaire M. Soares[299], un caporal-chef de la garde nationale portugaise a envoyé un courrier à l'Inspection générale de l'administration interne, dénonçant un détournement de fonds publics, **tout en admettant qu'il ne s'agissait que d'une rumeur**. Les enquêtes menées n'ont pas permis d'établir la véracité de ses allégations. M. Soares a été mis en accusation en juillet 2011 pour diffamation aggravée et, faute de pouvoir confirmer l'existence d'une rumeur, il a été établi qu'il n'avait pas agi de bonne foi. Il fallait donc vérifier si les autorités avaient ménagé un juste équilibre entre le droit à la liberté d'expression de M. Soares sur le fondement de l'article 10 et le droit à la protection de la réputation du commandant (protégée sur le fondement de l'article 8). En l'espèce, M. Soares n'a pas suffisamment étayé ses affirmations. Il disposait de recours hiérarchiques et l'ingérence des autorités n'était pas disproportionnée. La Cour[300] a eu à juger du cas d'un médecin qui avait fait naître des soupçons quant à l'existence de cas d'euthanasie dans l'hôpital où il exerçait. Ce faisant, il s'était écarté du mécanisme de plainte existant au sein de l'hôpital et avait déposé une plainte pénale. L'affaire fut très médiatisée et il fut licencié sans préavis. Cela n'a pas constitué une violation de l'article 10, car, même si le requérant n'a pas été animé par des motivations douteuses, il a fait preuve de négligence en ne vérifiant pas les informations. Son licenciement était donc justifié compte tenu des conséquences sur la réputation de l'hôpital et d'un autre membre du personnel.

1164 Lanceurs d'alerte (Droit de l'UE). – Une directive européenne de 2019[301], tend à *« renforcer l'application du droit et des politiques de l'Union dans des domaines spécifiques en établissant des normes minimales communes assurant un niveau élevé de protection des personnes signalant des violations du droit de l'Union »*, c'est-à-dire les actes ou omissions qui sont illicites ou vont à l'encontre de l'objet ou de la finalité des règles prévues dans les actes de l'Union et ses domaines. **Les lanceurs d'alerte disposent de différents canaux de signalement : interne, externe et public.** Les entreprises de plus de 50 employés et les villes d'au moins 10 000 habitants qui devront mettre en place des canaux de signalement effectifs et efficaces (confidentialité de l'identité de l'auteur, un accusé de réception dans les sept jours à compter de la réception, une personne ou un service impartial pour assurer le suivi des signalements et un délai raisonnable ne pouvant excéder trois mois pour fournir un retour d'informations). Les États devront donc établir des canaux de signalement externe *« indépendants et autonomes »* selon l'article 11, qui devront notamment accuser réception des signalements (oralement, par écrit ou les deux) dans un délai de sept jours, suivre les signalements et fournir un retour d'information dans un délai n'excédant pas trois mois, ou six mois dans certains cas. La divulgation publique sera subsidiaire ou si la violation présente un danger imminent ou manifeste pour l'intérêt public, s'il existe un risque de représailles ou un risque que la violation ne cesse en cas de signalement externe. **Les États membres doivent prendre toutes les mesures nécessaires pour interdire toute forme de représailles** et apporter des mesures de soutien (assistance juridique dans le cadre des procédures pénales et civiles, assistance financière) ; tout en sanctionnant ceux qui entravent ou tentent d'entraver le signalement.

1165 Lanceurs d'alerte (loi française). – Afin de trier les dénonciateurs malveillants d'authentiques inquiets, la loi française, à plusieurs reprises, a mis en place des mécanismes de protection par plusieurs lois sectorielles : ainsi,

298. CEDH, 11 mai 2021, *Halet c. Luxembourg*, n° 21884/18.
299. CEDH, 21 juin 2016, n° 79972/12, *Soares c. Portugal*.
300. CEDH, 16 février 2021, *Gawlik c. Liechtenstein*, n° 23922/19.
301. Directive (UE) 2019/1937 du Parlement européen et du Conseil du 23 octobre 2019 sur la protection des personnes qui signalent des violations du droit de l'Union.

la loi du 13 novembre 2007 relative à la lutte contre la corruption comportait un article sur la protection des salariés lanceurs d'alerte et la loi **16 avril 2013 relative à l'indépendance de l'expertise en matière de santé et d'environnement protégeait « toute personne physique ou morale » qui rend publique ou de diffuse de bonne foi une information concernant un fait**, une donnée ou une action, dès lors que la méconnaissance de ce fait, de cette donnée ou de cette action lui paraît faire peser un risque grave sur la santé publique ou sur l'environnement. Elle instituait une Commission nationale de la déontologie et des alertes en matière de santé publique et d'environnement chargée de veiller aux règles déontologiques s'appliquant à l'expertise scientifique et technique et aux procédures d'enregistrement des alertes. Elle crée un « droit d'alerte en matière de santé publique et d'environnement ». **La loi du 6 décembre 2013 relative à la lutte contre la fraude fiscale et la grande délinquance économique** et financière protégeait aussi les personnes qui témoignent de faits constitutifs d'un crime ou d'un délit.

Ces dispositions sectorielles de protection des lanceurs d'alerte (domaines environnemental, de sécurité sanitaire, de la corruption, des conflits d'intérêts) ont été abrogées, au profit d'un régime unique, par **une loi organique et une loi ordinaire du 9 décembre 2016, relatives à la transparence, à la lutte contre la corruption et à la modernisation de la vie économique (dite « Loi Sapin 2 »), complétées par la loi du 21 mars 2022** visant à améliorer la protection des lanceurs d'alerte qui a modifié la définition. Il s'agit de **« la personne physique qui signale ou divulgue, sans contrepartie financière directe et de bonne foi, des informations portant sur un crime, un délit, une menace ou un préjudice pour l'intérêt général, une violation ou une tentative de dissimulation d'une violation du droit international ou de l'Union européenne, de la loi ou du règlement. »**. Le secret de la défense nationale, le secret médical, le secret des délibérations judiciaires, le secret de l'enquête ou de l'instruction judiciaires ou le secret professionnel de l'avocat sont exclus du régime de l'alerte.

Ce statut commence par une dépénalisation : **le lanceur d'alerte n'est pas pénalement responsable lorsqu'il porte atteinte à un secret protégé par la loi, dès lors que « cette divulgation est nécessaire et proportionnée à la sauvegarde des intérêts en cause, qu'elle intervient dans le respect des procédures de signalement définies par la loi »**. Mais si sa mauvaise foi ou son intention de nuire sont établies, peuvent être engagées sa responsabilité civile du fait personnel (article 1240 du Code civil) ou sa responsabilité pénale relative à la dénonciation calomnieuse (article 226-10 du Code pénal).

Par rapport à 2016, l'exigence d'agir « de manière désintéressée » est remplacée par une absence de contrepartie financière. Il s'agit d'assouplir la recevabilité de l'alerte notamment dans les cas où le lanceur d'alerte est en conflit avec son employeur, sans pour autant permettre sa rémunération. De même, le lanceur d'alerte n'a plus besoin d'avoir « personnellement » connaissance des faits qu'il signale dans le contexte professionnel. Les faits dénoncés pourront porter sur « des informations » sur un crime, un délit ou des violations du droit mais aussi sur des « tentatives de dissimulation » de ces violations. La violation de la règle n'aura plus à être « grave et manifeste ».

La protection contre les représailles s'étend aux personnes physiques ou morales à but non lucratif (syndicats et associations) qui sont en lien avec le lanceur d'alerte : « 1° Facilitateurs, entendus comme toute personne physique ou toute personne morale de droit privé à but non lucratif qui aide un lanceur d'alerte à effectuer un signalement ou une divulgation ; « 2° Personnes physiques en lien avec un lanceur d'alerte, au sens des mêmes articles 6 et 8, qui risquent de faire l'objet de l'une des mesures de rétorsion dans le cadre de leurs activités professionnelles de la part de leur employeur, de leur client ou du destinataire de leurs services ; « 3° Entités juridiques contrôlées par un lanceur d'alerte au sens des articles 6 et 8 de la présente loi, pour lesquelles il travaille ou avec lesquelles il est en lien dans un contexte professionnel. ». Les personnes ayant vu leur identité révélée, comme les journalistes, peuvent ainsi obtenir le statut de lanceur d'alerte.

De même, **le régime des lanceurs d'alerte s'applique aux représentants syndicaux.** Le Conseil d'État[302] juge que lorsque les trois conditions sont réunies (les faits dénoncés sont susceptibles de recevoir la qualification de crime ou de délit, le salarié en a eu connaissance dans l'exercice de ses fonctions et a agi de bonne foi), il incombe à l'employeur de prouver que sa décision de licenciement pour faute (pour avoir signalé des faits

302. CE, 27 avril 2022, n° 437735.

pouvant recevoir la qualification de délit d'abus de biens sociaux) est justifiée par des éléments objectifs étrangers à la déclaration ou au témoignage de l'intéressé.

La procédure prévoit de mettre les autorités de l'entreprise ou de l'État à même de réagir. Quant aux canaux d'alerte, alors que la loi de 2016 proposait trois temps (un signalement interne par l'intéressé dans son entreprise ou son administration ; puis, après un certain temps (déterminé par décret, anciennement trois mois), un signalement externe à l'autorité administrative ou judiciaire ou à un ordre professionnel, enfin, et en dernier recours, une divulgation publique), la loi de 2022 permet de **choisir entre le signalement interne et le signalement externe** à l'autorité compétente, au Défenseur des droits, à la justice ou à un organe européen. La divulgation publique pourra intervenir en cas d'absence de traitement à la suite d'un signalement externe dans un certain délai ou de risque de représailles ou si le signalement n'a aucune chance d'aboutir ou encore en cas de « danger grave et imminent » ou, pour les informations obtenues dans un cadre professionnel, en cas de « danger imminent ou manifeste pour l'intérêt général ».

La loi oblige **l'ensemble des personnes morales de plus de cinquante salariés ou agents (et les communes de plus de 10 000 habitants ainsi que les établissements publics de coopération intercommunale à fiscalité propre) à créer des procédures internes** appropriées de recueil des signalements émis par leurs salariés ou par des collaborateurs extérieurs en garantissant la confidentialité de l'identité du lanceur d'alerte et celle de la personne visée par l'alerte. Car les informations anonymes ne peuvent pas servir de moyen de preuve devant juridictions mais, elle est de nature à permettre l'émergence de l'alerte à l'intérieur de la personne morale. De même manière, les faits de nature à identifier la personne mise en cause ne peuvent être divulgués que lorsque le bien-fondé de l'alerte est établi. Sinon, le fait de divulguer ces éléments couverts par la confidentialité est sanctionné d'une peine de deux ans d'emprisonnement et de 30 000 euros d'amende.

La loi interdit les représailles à l'égard du lanceur d'alerte : il ne peut pas être écarté d'une procédure de recrutement, d'une formation professionnelle, encore moins licencié, ou faire l'objet d'une mesure discriminatoire directe ou indirecte (rémunération, promotion...). La loi de 2021 complète aussi la liste des représailles interdites (intimidation, atteinte à la réputation notamment sur les réseaux sociaux, orientation abusive vers des soins, inscription sur une liste noire...). Le lanceur devra présenter les éléments de fait qui laissent présumer qu'il a signalé une alerte dans le respect de la loi pouvant expliquer l'attitude de l'employeur, lequel devra démontrer que sa décision est justifiée par d'autres éléments objectifs.

Par ailleurs, toute personne faisant obstacle, de quelque façon que ce soit, à la transmission d'un signalement encourt une peine d'un an d'emprisonnement et de 15 000 euros d'amende. Enfin, les peines encourues en cas de plainte abusive pour diffamation émanant de l'entreprise sont aggravées. Le Défenseur des droits peut assister et orienter le lanceur d'alerte dans ses démarches.

Enfin, en cas de procès, le juge pourra accorder une provision pour frais de justice au lanceur d'alerte (qu'il pourra éventuellement conserver même si il perd) qui conteste une mesure de représailles ou une procédure « bâillon » à son encontre (comme une plainte pour diffamation destinée à intimider et réduire au silence le lanceur d'alerte).

1166 **Lanceurs d'alerte – Jurisprudence**. – La chambre sociale de la Cour de cassation consacre la nullité du licenciement ou de toute mesure de rétorsion portant atteinte à une liberté fondamentale du salarié[303]. Dans une affaire ou un salarié engagé en qualité de directeur administratif et financier par une association ayant pour mission de gérer un centre d'examen de santé, partie intégrante du dispositif de santé publique en Guadeloupe, avait été licencié pour faute lourde, **après avoir dénoncé au procureur de la République les agissements d'un membre du conseil d'administration et du président de l'association susceptibles de constituer une escroquerie ou un détournement de fonds publics, elle juge qu'« en raison de l'atteinte qu'il porte à la liberté d'expression, en particulier au droit pour les salariés de signaler les conduites** ou actes illicites constatés par eux sur leur lieu de travail, le licenciement d'un salarié prononcé pour avoir relaté ou témoigné, de bonne foi, de faits dont il a eu

303. Cass. soc., 6 févr. 2013, nº 11-11740, *Bull. civ.* V, nº 27 ; 29 oct. 2013, nº 12-22447, *Bull. civ.* V, nº 252.

connaissance dans l'exercice de ses fonctions et qui, s'ils étaient établis, seraient de nature à caractériser des infractions pénales, est atteint de nullité »[304]. Plus récemment, le Conseil des Prud'hommes de Lyon[305] a appliqué la loi « Sapin II » (d'ailleurs rétroactivement en se plaçant à la date des représailles subies par le requérant) à un cadre du service des achats d'un établissement public. Il avait, de 2008 à 2012, constaté nombre d'irrégularités qui lui semblaient constitutives de délits de malversation, corruption, et trafic d'influence et en avait informé sa hiérarchie qui finit par le radier des cadres. Le juge établit la nullité de la mesure, ordonne sa réintégration sans délai et le paiement des salaires dus. La Cour de cassation considère en effet la loi de 2016 comme une nouvelle cause d'exonération du délit de recel et violation du secret professionnel, qui doit profiter rétroactivement à l'accusé (en l'espèce une inspectrice du travail)[306]. Aucun salarié ne peut être sanctionné, licencié ou faire l'objet d'une mesure discriminatoire, directe ou indirecte, pour avoir relaté ou témoigné, de bonne foi, de faits constitutifs d'un délit ou d'un crime. La mauvaise foi ne peut résulter que de la connaissance par le salarié de la fausseté des faits qu'il dénonce et non de la seule circonstance que les faits dénoncés ne sont pas établis[307]

De même, **le juge administratif exclut désormais toute sanction disciplinaire** à l'encontre d'un lanceur d'alerte. Ce fut le cas d'un agent public qui a dénoncé des faits qualifiables de « danger grave ou imminent » pour des enfants placés[308]. Encore faut-il que les conditions soient remplies : trois maîtres-nageurs ont dénoncé dans différents articles de la presse locale des taux élevés de chloramines dans l'eau de baignade de la piscine générant un risque sanitaire et un sous-effectif chronique de maîtres-nageurs sauveteurs générant des risques pour la sécurité des usagers, mais le juge ne constate en fait pas de danger imminent ou de risque de dommages irréversibles justifiant que le signalement soit directement rendu public[309].

3. L'avocat

1167 **Le cas de l'avocat.** – La liberté d'expression de l'avocat se trouve limitée et précisée par sa propre déontologie. **Si l'avocat peut toujours critiquer le fonctionnement de la justice, on distingue les propos tenus à l'audience, qui bénéficient d'une forme d'immunité[310], des autres, qui restent néanmoins soumis au devoir de modération et de délicatesse**. Ainsi, un avocat ne peut, après l'audience aux assises, tenir des propos à connotation raciale et jeter la suspicion sur la probité des jurés[311]. D'ailleurs, même emporté par les débats, il ne peut pas non plus manifester son animosité personnelle vis-à-vis d'un magistrat[312]. Dans l'affaire *Ottan c. France*[313], après l'acquittement d'un gendarme ayant tué un jeune homme issu d'une communauté d'origine étrangère, l'avocat du père de la victime déclare que la décision d'acquittement n'était pas une surprise au regard de l'origine ethnique des membres du jury exclusivement composé de « blancs ». L'avocat est sanctionné d'un avertissement par la cour d'appel pour manquement à ses obligations déontologiques de délicatesse et de modération. Cette décision est confirmée par la Cour de cassation qui juge « qu'en dehors du prétoire, l'avocat n'est pas protégé par l'immunité [judiciaire], et que les propos poursuivis présentaient une connotation raciale jetant l'opprobre sur les jurés et la suspicion sur leur probité, caractérisant ainsi un manquement aux devoirs de modération et de délicatesse ». Mais, **pour la Cour européenne, l'avocat peut, même en dehors du prétoire, dans certaines circonstances, continuer à défendre son client dans les médias**. Ses propos s'inscrivent alors ans une démarche critique pouvant contribuer à ce que le procureur général fasse appel de la décision. Par ailleurs, sans animosité personnelle de l'avocat à l'égard d'un

304. Cass. soc., 30 juin 2016, n° 15-10557, *M. Laurent X... c. Association Agrexam.*
305. Cons. prud'h. Lyon, Formation de référé, 17 avr. 2019, *M. X*, n° 1900087.
306. Cass. crim. 17 oct. 2018, n° 17-80485.
307. Cass. soc., 8 juill. 2020, n° 18-13593.
308. TA Bordeaux, 30 avr. 2019, n° 1704873.
309. CAA Nancy, 6 juin 2019, *Monsieur B. c. Communauté de communes de Suippes et Vesle*, n° 18NC01240.
310. Art. 41 de la loi du 29 juill. 1881, al. 3 : « Ne donneront lieu à aucune action en diffamation, injure ou outrage, ni le compte rendu fidèle fait de bonne foi des débats judiciaires, ni les discours prononcés ou les écrits produits devant les tribunaux ».
311. En déclarant que le verdict était sans surprise (acquittant un gendarme ayant tué un jeune cambrioleur) car le jury était composé de blancs et les débats étaient très orientés (Cass. 1re civ., 5 avr. 2012, n° 11-11044).
312. En traitant un avocat général de « traître génétique » (Cass. 1re civ., 4 mai 2012, n° 11-30193). Ce que la Cour européenne confirme (CEDH, 25 avr. 2018, *Szpiner c. France*, n° 2316/15).
313. CEDH, 19 avr. 2018, *Ottan c. France*, n° 41841/12.

juré précisément désigné ou d'un magistrat ces dires s'inscrivaient dans le droit-fil de débats nationaux relatifs au sort judiciaire réservé aux fonctionnaires de police impliqués dans des affaires criminelles et ils présentaient un lien suffisamment étroit avec les faits de l'espèce. Enfin, le verdict a été rendu dans un contexte agité et les faits ne permettent pas d'établir une atteinte à l'autorité et l'impartialité du pouvoir judiciaire suffisante pour justifier la condamnation du requérant. **Même si la sanction infligée était la plus faible possible (un simple avertissement), elle n'est pas neutre pour un avocat et constitue une ingérence disproportionnée dans le droit à la liberté d'expression de l'avocat.**

La Cour européenne[314] a eu à juger du cas d'une avocate qui a révélé la substance d'un rapport d'expertise remis à un juge d'instruction alors que la presse était déjà en possession de tout ou partie du texte. Elle a été déclarée coupable de violation du secret professionnel mais dispensée de peine. **Si l'avocat doit s'abstenir de communiquer, sauf à son client, et pour les besoins de sa défense, des renseignements extraits du dossier, la Cour estime que les déclarations de l'avocate à la presse s'inscrivaient dans le cadre d'un débat d'intérêt général, que les faits concernaient directement une question de santé publique, c'est-à-dire intéressant l'opinion publique elle-même.** La France a donc été condamnée pour violation de la liberté d'expression.

CEDH, 15 décembre 2015, requête n° 29024/11, *Bono c. France*

Il y a violation de l'article 10 dans le cas d'une sanction disciplinaire à l'encontre d'un avocat défenseur d'un supposé terroriste. Dans ses écrits consignés dans ses conclusions déposées devant le juge, **l'avocat affirmait que les magistrats instructeurs français avaient été complices d'actes de torture** commis à l'encontre de son client par les services secrets syriens, et demandait ainsi le rejet des pièces de procédure obtenues sous la torture.

La Cour relève que les propos litigieux, **par leur virulence, avaient un caractère outrageant pour les magistrats en charge de l'instruction. Ils ne les visaient cependant pas nommément mais portaient sur leurs choix procéduraux**. Ces écrits, qui reposaient sur une base factuelle, participaient également directement de la mission de défense du client de Me Bono et n'étaient pas sortis de la salle d'audience. Du fait que Me Bono avait déjà été invité au cours de l'audience devant la cour d'appel de Paris à mesurer ses propos, la Cour est d'avis que **la sanction disciplinaire infligée à Me Bono n'était pas proportionnée.** Une condamnation nationale ne doit pas avoir un effet inhibant qui porterait atteinte à la défense des intérêts de leurs clients.

De même, **deux avocats ne peuvent être condamnés pour diffamation** (lettre au Conseil supérieur de la magistrature se plaignant du comportement d'une juge durant une audience préliminaire et de certaines irrégularités dans la procédure et dénonçant « *une ambiance de grande intimité entre la juge et le représentant du défendeur* »), **et atteinte à l'honneur** (introduit une plainte pénale pour discrimination) de deux juges en raison d'écrits qu'ils avaient rédigés pourtant en leur qualité de représentants, en particulier parce que les sanctions étaient de nature à produire un effet dissuasif pour la profession d'avocat[315].

4. Les personnages politiques, les élus

1168 L'arrêt de principe pose ainsi que « **précieuse pour chacun, la liberté d'expression l'est tout particulièrement pour un élu du peuple ; il représente ses électeurs, signale leurs préoccupations et défend leurs intérêts.** Partant, des ingérences dans la liberté d'expression d'un parlementaire de l'opposition, tel le requérant,

314. CEDH, 15 févr. 2011, n° 28198/09, *Mor c. France*.
315. CEDH, 8 oct. 2019, *L.P. et Carvalho c. Portugal*, req. nos 24845/13 et 49103/15.

commandent à la Cour de se livrer à un contrôle des plus stricts »[316]. **Ainsi le personnel politique jouit d'une liberté d'expression majeure empêchant de censurer des propos qui seraient tenus dans d'autres contextes comme attentatoires à la personnalité d'autrui par exemple**. Les élus, porteurs de la démocratie et du débat public, leur liberté d'expression est davantage protégée que celle des autres. La Cour[317] pose ainsi que « précieuse pour chacun, la liberté d'expression l'est tout particulièrement pour un élu du peuple ; il représente ses électeurs, signale leurs préoccupations et défend leurs intérêts. Partant, des ingérences dans la liberté d'expression d'un parlementaire de l'opposition, tel le requérant, commandent à la Cour de se livrer à un contrôle des plus stricts ».

CEDH, 14.06.2022, n° 44652/18, *Ponta c. Roumanie*

Un ancien Premier ministre ne peut ainsi pas être condamné pour diffamation pour avoir publié des commentaires à l'endroit d'un autre ancien Premier ministre, sur sa page Facebook. Les juridictions internes n'ont pas établi de manière convaincante qu'il existait un besoin social impérieux de placer la protection des droits de la personne du plaignant, personnage public, au-dessus du droit à la liberté d'expression du requérant, et de l'intérêt général qu'il y a à défendre pareille liberté lorsque des questions d'intérêt général sont en jeu.

Dans cette ligne, un État ne peut mettre en œuvre une réforme institutionnelle qui n'avait d'autre but que de mettre fin de manière prématurée aux fonctions d'un élu opposant ou d'un juge critique (ici le président de la Cour suprême[318]). Les députés de l'opposition ne peuvent être empêchés de contester une sanction[319]. La Turquie a ainsi décidé, après les tentatives de coup d'État, de suspendre, par une révision constitutionnelle voulue par le Président turc, les immunités de 159 parlementaires et de poursuivre, rétroactivement, pour appel au terrorisme, les députés qui se sont prononcés sur ces évènements et supposés proches du PKK. Le député requérant a ainsi été incarcéré. Ces faits ont engagé la violation[320] du droit à des élections libres et la libre expression de l'opinion du peuple qui implique l'exercice du mandat, de l'article 10 en raison de la levée imprévisible de l'immunité du député et de l'article 18 car les restrictions poursuivaient un but non prévu : le but d'étouffer le pluralisme.

Les campagnes électorales constituent des moments encore plus privilégiés. Même les discours sécessionnistes ont alors droit de citer[321]. Pour un député indépendantiste kurde, la Cour note que le requérant s'exprimait en sa qualité d'homme politique, dans le cadre de son rôle d'acteur de la vie politique turque, n'incitant ni au recours à la violence ni à la résistance armée ni même au soulèvement et qu'il ne s'agit pas d'un discours de haine, ce qui est aux yeux de la Cour l'élément essentiel à prendre en considération.

Inversement, **le personnel politique, élu ou en campagne, doit accepter plus que d'autres à de légitimes critiques et ingérences dans leur vie privée. Il ne saurait y avoir diffamation lors de propos satyriques à l'égard d'un homme politique relativement connu et qui par conséquent s'est inévitablement et consciemment exposé à un contrôle attentif de ses faits et gestes tant par la presse que par l'opinion publique en général**[322]. Il doit, par conséquent, montrer une plus grande tolérance[323]. Ainsi, il ne peut y avoir diffamation lorsqu'un conseiller municipal en charge des finances parle en séance « d'escroquerie » à l'encontre du maire : la Cour considère qu'il accomplissait son mandat en alertant les autres membres du conseil municipal, les citoyens

316. CEDH, 23 avr. 1992, n° 11798/85, *Castells c. Espagne*.
317. CEDH 23 avr. 1992, *Castells c. Espagne*, req. 1798/85.
318. CEDH, gr. ch., 23 juin 2016, *Baka c. Hongrie*, req. n° 20261/12
319. CEDH, gr. ch., 17 mai 2016, *Karàcsony et autres c. Hongrie*, req. nos 42461/13 et 44357/13.
320. CEDH, 22 déc. 2020 [GC], *Selahattin Demirta c. Turquie (n° 2)*, n° 14305/17.
321. CEDH, 27 mai 2004, *Yurttas c. Turquie*, req. 25143/94.
322. CEDH, 17 sept. 2013, *Welsh et Silva Canha c. Portugal*, req. 16812/11.
323. CEDH, 8 juill. 1986, *Lingens c. Autriche*, req. 9815/82.

de sa commune et le préfet de ce qu'il pensait être des irrégularités affectant un marché public relatif à la sécurisation d'une route et pouvant avoir des conséquences non seulement sur le budget de la commune mais également sur la sécurité de ses concitoyens. Enfin, si les propos ont été tenus sur le ton de l'invective, ils étaient fondés sur une base factuelle suffisante[324].

Cass. crim., 12 novembre 2008, n° 07-83398 (homophobie d'un élu)

« Attendu qu'il ressort de l'arrêt attaqué et des pièces de la procédure que l'association Act Up Paris, le Syndicat national des entreprises gaies et l'association SOS Homophobie ont cité Christian X… devant le tribunal correctionnel du chef d'injures publiques envers un groupe de personnes en raison de leur orientation sexuelle, sur le fondement de l'article 33, alinéa 4, de la loi du 29 juillet 1881 modifié par la loi du 30 décembre 2004 ; que les citations ont visé un article publié le 26 janvier 2005 dans le journal La Voix du Nord, sous le titre « Indignation et mobilisation après les propos du député UMP sur l'homosexualité. Christian X… persiste et signe… », qui comportait ces passages : « Est-ce que j'ai appelé à une quelconque violence ? Mes propos ne sont pas discriminatoires car je ne m'en prends pas à une ethnie ou une race mais à un comportement. […] Simplement, je considère qu'ils ne forment ni un groupe ni une communauté. Ce sont des comportements individuels qui ne doivent pas jouir d'une reconnaissance à travers les termes intégrés de la loi. Je n'interdis rien, je ne demande aucune stigmatisation, aucune punition. Simplement que ça reste un comportement individuel, le plus discret possible… Je n'ai pas dit que l'homosexualité était dangereuse, j'ai dit qu'elle était inférieure à l'hétérosexualité. Si on la poussait à l'universel, ce serait dangereux pour l'humanité ».

« Attendu qu'en matière de presse, il appartient à la Cour de cassation d'exercer son contrôle sur le sens et la portée des propos poursuivis ; que les restrictions à la liberté d'expression sont d'interprétation étroite ;

Attendu que, **pour dire la prévention établie, l'arrêt retient que Christian X… a proféré des propos offensants et contraires à la dignité des personnes visées en ce qu'ils tendaient à souligner l'infériorité morale de l'homosexualité alors que les fondements philosophiques de ce jugement de valeur ne s'inscrivaient pas dans un débat de pensée ;**

Mais attendu qu'en statuant de la sorte, alors que, si les propos litigieux, qui avaient été tenus dans la suite des débats et du vote de la loi du 30 décembre 2004, ont pu heurter la sensibilité de certaines personnes homosexuelles, leur contenu ne dépasse pas les limites de la liberté d'expression, la cour d'appel a méconnu le sens et la portée des textes et principe ci-dessus susvisés […]. ».

5. Les artistes

1169 **Une modalité particulière d'expression.** – À l'exception de l'article 13 de la CDFUE qui vient d'être évoqué, l'art ne fait pas l'objet d'une protection particulière dans nos textes fondamentaux ; il **se présente comme un mode d'expression parmi d'autres tout en ayant les faveurs des juridictions qui lui accordent un degré de protection particulier en raison de l'importance que lui accordent nos sociétés, sa dimension libératoire, intime, créative, nécessaire au développement de la personnalité.**

Le Conseil d'État a reconnu en référé « la liberté de création artistique » et la « liberté d'accès aux œuvres culturelles »[325]. La nécessité d'accéder aux lieux de spectacle a ainsi été incluse, dans le cadre de la crise de

324. CEDH, 7 sept. 2017, *Lacroix* c. *France*, n° 41519/12.
325. CE, ord., 26 févr. 2021, *M. B et autres*, n° 449692.

Covid-19, dans la « santé mentale de la population » et donc prise en compte au titre des besoins dans le calcul de proportionnalité des restrictions d'accès.

Dans les faits, les menaces restent nombreuses sur les discours artistiques porteurs de revendications ou contestations politiques. Si la censure (comme privation d'expression absolue) a peu à peu disparu, des sanctions existent toujours *a posteriori* pour protéger certaines valeurs qui cimentent le lien politique. Si les juges européens se refusent à hiérarchiser les modes ou supports d'expression dans le domaine de l'art, le système français évolue lentement en ce sens alors que sa logique d'origine distingue les modes construits d'esthétique (arts nobles) et les « spectacles de curiosité » qui peuvent faire l'objet d'autorisation préalable.

1170 **Protection européenne.** – Cette valorisation de l'art sous diverses formes d'expression trouve sa source dans l'unité de jurisprudence de la **CEDH qui protège « ceux qui créent, interprètent, diffusent ou exposent une œuvre d'art, contribuent à l'échange d'idées et d'opinion, indispensable à une société démocratique »**[326] ; alors que les arts se trouvent parfois rapprochés des sciences et de la liberté de la recherche[327], ils se trouvent d'autres fois au contraire encadrés par un régime spécifique comme c'est le cas en France pour le cinéma ou le théâtre.

1171 **Excès légaux : l'art renforce la liberté d'expression.** – La peinture, la sculpture, la photographie et plus généralement tout objet d'exposition relèvent d'un art immédiat, c'est-à-dire d'un mode d'expression artistique qui se passe de la médiation d'un interprète, pour lequel la signification de l'œuvre relève du seul spectateur. Ces arts peuvent aussi **rencontrer les limites de la liberté d'expression, la responsabilité de l'artiste et de l'exposant pouvant être recherchée.** La CEDH a pourtant largement encadré cette mise en cause.

> Dans l'affaire Vereinigung Bildender Künstler c. Autriche du 25 janvier 2007, la CEDH a eu à connaître du cas d'une **peinture-collage exposée à Vienne, représentant 34 personnalités publiques (parmi lesquelles Mère Teresa, un cardinal autrichien et l'ancien chef de parti Jörg Haider), tous nus et s'adonnant à des activités sexuelles.** Les corps de ces personnages étaient peints, mais les têtes et les visages étaient des agrandissements de photos extraites de journaux. La cour d'appel de Vienne estima que le tableau revêtait un caractère dégradant pour l'un des protagonistes en sa qualité de personnage public et interdit à l'association requérante de montrer le tableau dans des expositions. La CEDH n'a pas accepté la thèse du gouvernement autrichien selon laquelle l'ingérence litigieuse poursuivait le but légitime de protéger la morale publique, car ni la loi invoquée (sur les droits d'auteur) ni les décisions judiciaires pertinentes n'évoquaient ce but. En ce qui concerne la nécessité de l'ingérence, la Cour relève que le tableau dépeignait en effet les personnages d'une manière quelque peu outrageante, mais que cela devait être compris comme des caricatures, une satire (forme d'expression artistique et de commentaire social qui, par l'exagération et la distorsion de la réalité, revêt un caractère délibérément provocateur). **Dans ces conditions, étant donné que l'interdiction n'était limitée ni dans le temps ni dans l'espace, la Cour conclut à la disproportion de l'action de l'État et à la violation de l'article 10.** Certes, ce n'est pas tant ici l'art que la caricature qui se voit protégée. Cela fait écho au droit français qui admet une sorte d'exception générale de caricature, comme manifestation de la liberté de critique, qui l'emporte sur la protection de la personnalité[328].

326. CEDH, 24 mai 1988, *Müller c. Suisse* : l'œuvre d'art entre dans le champ de l'article 10 en tant qu'informationOrd.
327. C'est le sens de l'article 13 de la CDFUE : « Les arts et la recherche scientifique sont libres. La liberté académique est respectée ».
328. CA Paris, 28 févr. 1995, *G. c. de C.*

La justice a, par exemple, relaxé le journal *Charlie Hebdo* qui, en février 2006, avait publié un numéro spécial sur l'islam et **les douze caricatures du Prophète**, dont trois étaient en cause. Celui en « une », réalisé par Cabu, représentait, sous le titre « Mahomet débordé par les intégristes », le Prophète soupirant : « C'est dur d'être aimé par des cons ». Le deuxième montrait le Prophète coiffé d'un turban sur lequel était inscrit le premier pilier de l'islam (« Il n'y a qu'un seul Dieu et Mahomet est son prophète ») et d'où sortait la mèche d'une bombe. Le troisième dessin représentait le Prophète sur un nuage accueillant des terroristes en leur disant : « Arrêtez, arrêtez, nous n'avons plus de vierges ». Dans son arrêt, **la cour d'appel de Paris a estimé que les trois caricatures ne visaient pas la communauté musulmane dans son ensemble, mais « certains de ses membres qui, au nom de l'islam, pratiquent des actes terroristes à répétition »**. « Aucun risque de confusion n'est créé entre les musulmans et les terroristes qui se réclament de l'islam pour perpétrer leurs crimes ». Le tribunal correctionnel avait en revanche estimé que l'un des croquis, représentant le Prophète coiffé d'une bombe, « apparaît en soi et pris isolément de nature à outrager l'ensemble des adeptes de cette foi [...] en ce qu'il les assimile sans distinction ni nuance à des fidèles d'un enseignement de la terreur ». Mais, **pour le juge, aussi choquant soit-il, il doit être apprécié dans le « contexte » de l'époque, marqué par des manifestations violentes**.

La chambre criminelle[329] estime toutefois que les juges doivent examiner attentivement le message induit, sous les apparences de l'art du rappeur. Ainsi, l'antisémitisme appert sur le site internet Égalité et Réconciliation qui diffusait différents propos et images extraits d'un clip musical du groupe « Rude Goy Bit ». Les chefs de provocation à la discrimination raciale, de diffamation et d'injure publiques raciales, peuvent en effet qualifier autant des photographies de personnalités juives jetées dans un brasier évocateur des fours crématoires utilisés par les nazis pour exterminer les Juifs, que les nombreuses références aux clichés antisémites figurant dans le texte et les images (telles la mise en cause de la banque Rothschild à l'exclusion de tout autre établissement et la mention de la seule chaîne israélienne i24).

1172 Liberté d'expression artistique et respect de la vie privée. – La restriction la plus souvent invoquée dans ce cadre reste le droit à la vie privée par le droit à l'image, si le modèle est reconnaissable et n'a pas donné son consentement[330]. **Des portraits pris sur le vif dans la rue** ou le métro sans l'autorisation des personnes représentées, exposés ensuite dans des galeries, se voient protégés eux aussi par le droit à l'information : **« l'exercice par un individu de son droit à l'image aurait pour effet de faire arbitrairement obstacle à la liberté de recevoir ou communiquer des idées qui s'expriment spécialement dans le travail d'un artiste »**[331]. Seules « la dignité de la personne représentée ou les conséquences d'une particulière gravité qu'entraînerait la publication des clichés pour le sujet » pourraient limiter la liberté d'expression artistique en matière d'art photographique et ouvrir droit à réparation[332]. Le droit à l'image plie devant « l'expression artistique, y compris par le biais de la diffusion d'une œuvre constituée de photographies dès lors que ces dernières respectent la dignité de la personne humaine »[333].

1173 Liberté d'expression artistique et intégrité corporelle. – Le phénomène du « *body art* » aurait pu susciter des réactions judiciairement réglées. Il n'en est apparemment rien. L'art par le corps renvoie à une extrême diversité dans ses manifestations qui vont du simple « morphage » par informatique, de la peinture sur corps ou peinture par des produits corporels, à la chirurgie lourde ou à l'automutilation pure et simple. Juridiquement le « *body art* » entre ainsi dans la problématique du droit à l'image, de la liberté d'expression, de la liberté artistique, de la représentation, mais aussi de la liberté corporelle pour la modification de l'apparence.

329. Cass. crim., 5 oct. 2021, n° 20-87163.

330. TGI Paris, 2 juin 1993, *L. c. Doisneau* : la célèbre photo de Doisneau *Le Baiser de l'Hôtel de Ville*, déboutant un couple qui prétendait avoir été photographié à son insu.

331. TGI Paris, 2 juin 2004, *B. S. c. D.*

332. TGI Paris, 25 juin 2007.

333. CA Paris, 5 oct. 2007, *Massard dite Heidi Klum c. La Martinière*.

1174 Le régime du théâtre – Source. – **L'ordonnance du 13 octobre 1945 relative aux spectacles opérait une classification des spectacles reléguant les « spectacles vivants »** dans une position attestant de leur caractère suspect pour le pouvoir en raison des passions qu'ils véhiculent. Cette même ordonnance a pourtant levé la censure qui pesait sur le théâtre. Depuis, la loi du 18 mars 1999 a unifié le régime **des arts nécessitant une « représentation »**, une interprétation[334].

1175 Le régime du théâtre – Liberté accrue. – Entre liberté de réunion et liberté de la presse, le théâtre, comme forme d'expression, relève de la protection de l'article 10 de la Convention EDH[335] et du régime de la liberté sans autorisation. Classiquement, le droit applicable reste celui de la police administrative générale. **En cas de risques de troubles que les forces de police ne suffiraient pas à endiguer, les autorités de police peuvent interdire une représentation**. Là encore, les moyens d'intervention de l'État relèvent davantage de la logique financière notamment par des politiques de financement, de lieu de service public et du subventionnement du théâtre privé. Il reste à renvoyer à la réglementation relevant de la police des établissements recevant du public. Fin 2011, à Toulouse, puis à Paris, une pièce de théâtre a été le lieu de manifestations de catholiques hostiles à la représentation. Selon eux, l'Évangile y était détourné au service de scènes obscènes contraires à la dignité de la personne et de blasphèmes insultants pour le christianisme (excréments recouvrant le visage du Christ) par exemple. Saisi en référé, le tribunal de grande instance de Paris[336] n'a pas ordonné de modification du spectacle ni la diffusion de messages d'information sur son contenu. Selon le juge : « l'auteur d'une telle création n'est tenu de se conformer à aucune opinion, foi, esthétique ou morale déterminée, et il n'est limité que par les obligations imposées par la loi ». Ainsi, le tribunal administratif de Paris, confirmé **par le Conseil d'État[337], a admis que les autorités de police n'ont pas à interdire une exposition-théâtre qui reproduit les « zoos humains » de la fin du XIXe siècle**, présentant des personnes de couleur dans des cages. En effet, le juge analyse la « présentation artistique » comme dénonçant sans ambiguïté le racisme et ne portant pas ainsi atteinte à la dignité des personnes (contrairement à ce qu'avaient perçu les requérants). Dans le cas contraire, le juge affirme « **qu'une représentation théâtrale ou manifestation artistique, au cours de laquelle sont proférés des propos de caractère raciste, qui incitent à la haine raciale, ou dont le parti pris ou la mise en scène tendent à faire l'apologie du racisme, en méconnaissance de la dignité de la personne humaine, peut, dans cette mesure, faire l'objet d'une interdiction si une telle mesure est seule de nature à préserver l'ordre public** ».

1176 Le régime du théâtre – Service public. – Aujourd'hui, selon les souhaits de Jean Vilar[338], le théâtre bénéficie d'un régime d'aides publiques important et surtout d'une dimension de service public[339] encore impensable au début du siècle dernier. Le commentaire de Maurice Hauriou sous l'arrêt du Conseil d'État *Astruc* du 7 avril 1916 se félicitait ainsi du refus de reconnaître le théâtre comme mission de service public : « Le théâtre représente l'inconvénient majeur d'exalter l'imagination, d'habituer les esprits à une vie factice et fictive et d'exalter les passions de l'amour, qui sont aussi dangereuses que celles du jeu et de l'intempérance ». Aussi le doyen Hauriou se félicite-t-il que le Conseil d'État « condamne la conception qui consisterait à l'ériger en service public, comme à la période de la décadence romaine, les jeux du cirque ».

1177 L'encadrement du cinéma. – À l'origine simple spectacle de curiosité, le cinéma est devenu aujourd'hui l'un des principaux modes d'expression à destination du grand public. Il n'en a pas moins gardé un régime fortement encadré et étatisé tant du point de vue de la production des films que de leur diffusion publique.

---

334. Art. 13 : « aux spectacles vivants produits ou diffusés par des personnes qui, en vue de la représentation en public d'une œuvre de l'esprit, s'assurent la présence physique d'au moins un artiste du spectacle percevant une rémunération ».
335. CEDH, 3 mai 2007, *Ulusoy c. Turquie*.
336. TGI Paris, 8 déc. 2011, AGRIF c. Théâtre du Rond-Point.
337. TA Paris, 9 déc. 2014, n° 1430123/9, Centre Dumas-Pouchkine des Diasporas et Cultures africaines et CE, ord. réf., 11 déc. 2014, Centre Dumas-Pouchkine des Diasporas et Cultures africaines, n° 386328.
338. J. Vilar, *Le théâtre, service public : et autres textes*, Gallimard, 1986.
339. CE, 12 juin 1959, Syndicat des exploitants de cinématographe de l'Oranie.

1178 **Aide à l'expression cinématographique. -** Le droit du cinéma a été rassemblé dans le **Code de l'industrie cinématographique**. Quatrième producteur mondial de films, la France a mis en place, notamment à l'initiative d'André Malraux, une politique de soutien institutionnel au cinéma au nom d'une « exception culturelle » française admise par l'Union européenne. Cela passe par des aides publiques abondées par le compte de soutien financier de l'industrie cinématographique et de l'industrie des programmes audiovisuels gérée par le **Centre national de la cinématographie** (décret du 16 juin et 30 décembre 1959 et décrets du 24 février 1999 et 2 octobre 2008). Cette politique est en partie financée par la taxe spéciale additionnelle prélevée sur le prix des billets d'entrée en salle et reversée aux producteurs de films français. Il existe **deux types de soutien**, l'un automatique et proportionnel aux recettes des films déjà en salle, l'autre, sélectif, ayant pour vocation d'aider les cinémas d'art et essai après un avis favorable d'une commission formée au sein du centre national de la cinématographie. Ce centre, établissement public administratif, dispose de pouvoirs importants, notamment réglementaire et coercitif lui permettant de mener une politique de régulation du cinéma. Il délivre en effet certains agréments des sociétés de programmation. Une partie des aides publiques va également à la diffusion des films.

1179 **Infractions. -** Tout d'abord, comme tout support d'expression, un film peut tomber sous le coup d'une **infraction de presse comme la diffamation, l'atteinte à la vie privée, l'atteinte à la sérénité ou à l'autorité de la justice, ou, autrefois, à l'outrage aux bonnes mœurs**. Les juges peuvent, en référé, exiger la coupure de certaines scènes pour faire cesser le trouble. Les juges se montrent aujourd'hui libéraux, estimant que nombre de ces infractions ont pour but de protéger la population dans son ensemble et non les spectateurs qui ont la volonté de visionner le film. La question du respect des convictions religieuses reste l'un des derniers terreaux de cette jurisprudence, même si la tendance n'est pas à accueillir cette plainte[340].

1180 **Police spéciale. -** Ensuite, le cinéma rencontre les polices administratives spéciale et générale : **protection de la jeunesse, de la moralité. D'où l'existence d'un régime d'autorisation qui flirte avec la notion de censure car, si l'interdiction totale n'est plus pratiquée depuis 1979**, elle n'en reste pas moins possible et un régime de classement qui rendrait le cinéma confidentiel produirait des effets semblables. En effet, pour toute diffusion en salle en France (cela ne vaut pas pour les autres supports), un visa d'exploitation est nécessaire. Il dépend du ministre de la Culture de l'accorder, après avis (presque toujours suivi) de la commission de classification qui compte 26 membres représentant à la fois des personnalités qualifiées, la jeunesse et les familles. La « jurisprudence » de cette commission suit l'évolution des mœurs selon les époques et dresse une classification adaptée aux différents publics, selon les âges et selon les types de films.

Article R. 211-11 du Code du cinéma et de l'image animée

« Le visa d'exploitation cinématographique vaut autorisation de représentation publique des œuvres ou documents sur tout le territoire de la France métropolitaine et des départements et régions d'outre-mer. [...] »

Article R. 211-12

« **Le visa d'exploitation cinématographique s'accompagne de l'une des mesures de classification suivantes :** /1° Autorisation de la représentation pour tous publics ; /2° Interdiction de la représentation aux mineurs de douze ans ; /3° Interdiction de la représentation aux mineurs de seize ans ; /4° Interdiction de la représentation aux mineurs de dix-huit ans sans inscription sur la liste prévue à l'article L. 311-2, lorsque l'œuvre ou le document comporte des scènes de sexe non simulées ou de très grande violence mais qui, par la manière dont elles sont filmées et la nature du thème traité, ne justifient pas une telle inscription ; /5° Interdiction de la représentation aux mineurs de dix-huit ans avec inscription de l'œuvre ou du document sur la liste prévue à l'article L. 311-2. »

340. Cass. 1re civ., 29 oct. 1990, Alliance générale contre le racisme et pour le respect de l'identité française et chrétienne c. S.

Enfin les films « classés X » (depuis la loi du 13 mai 1975) se définissent de la même façon mais à un degré tel que le film ne pourra être diffusé que dans des salles spécialisées et selon un régime fiscal dissuasif (l'idée reste de protéger les mineurs mais aussi de compliquer l'accès des autres). Le **Conseil d'État précise qu'il appartient au juge de rechercher s'il existe des scènes de très grande violence impliquant l'interdiction du film aux mineurs puis d'opter soit pour une simple interdiction aux mineurs soit pour le classement en X**[341]. La violence extrême peut néanmoins avoir des vertus pédagogiques que la commission de classification n'avait pas perçues. Ainsi le film *Salafistes* a-t-il pu être diffusé contre l'avis de classement[342].

La jurisprudence a marqué un tournant depuis 2015, d'une part, en précisant le critère conditionnant l'interdiction de représentation aux mineurs de 18 ans et, d'autre part, le caractère catégorique de cette interdiction[343]. La notion de « *scènes de sexe non simulées* », signifie des « *scènes qui présentent, sans aucune dissimulation, des pratiques à caractère sexuel* », en prenant en considération « *la manière, plus ou moins réaliste, dont elles sont filmées et l'effet qu'elles sont destinées à produire sur les spectateurs* ». **Ainsi, de la « simulation » à la « non-dissimulation », le juge élargit le critère et conclut à la nécessité d'un classement X.**

Le Conseil d'État a ainsi annulé le visa des films *Antichrist*[344] et *Nymphomaniac*[345] car « dès lors qu'(un film) comporte des scènes de sexe non simulées, le seul classement susceptible d'être retenu est celui correspondant (à une interdiction de la représentation aux mineurs de dix-huit ans) ». Mais, dans un arrêt rendu à propos du film *La vie d'Adèle*, les juges considèrent que, malgré la présence de scènes de sexe simulées, « elles sont, d'une part, exemptes de toute violence et, d'autre part, filmées sans intention dégradante (et qu'enfin) ces scènes s'insèrent de façon cohérente dans la trame narrative globale de l'œuvre, d'une durée totale de près de trois heures, dont l'ambition est de dépeindre le caractère passionné d'une relation amoureuse entre deux jeunes femmes »[346]. **La jurisprudence entend ainsi réduire le rôle du critère de la simulation ; elle a été suivie par les textes.**

La procédure est désormais fixée **par le décret du 8 février 2017** *relatif au visa d'exploitation Cinématographique* qui restreint le rôle éventuel du caractère simulé ou non de l'activité sexuelle. « Pour protéger les mineurs, la mesure de classification doit être proportionnée aux exigences tenant à la protection de l'enfance et de la jeunesse, au regard de la sensibilité et du développement de la personnalité propres à chaque âge, et au respect de la dignité humaine[347]. [...] Lorsque l'œuvre ou le document comporte des scènes de sexe ou de grande violence qui sont de nature, en particulier par leur accumulation, à troubler gravement la sensibilité des mineurs, à présenter la violence sous un jour favorable ou à la banaliser, le visa d'exploitation ne peut s'accompagner que de l'une des mesures prévues au 4° et au 5° du I. ». **Ce nouveau dispositif est jugé conforme aux exigences de l'article 227-24 du Code pénal qui interdisent la représentation aux moins de 18 ans de films pornographiques ou violents « de nature à troubler gravement leur sensibilité » et se montrent claires**[348]. Ce régime complexe persiste en dépit de son caractère aujourd'hui inefficace et anachronique. À l'heure de l'internet et du DVD, la dissuasion s'affaiblit.

1181 **Contrôle du juge. –** Le contrôle de la légalité du visa d'exploitation a été initié à propos du film de Jacques Rivette *La religieuse*[349]. **Le juge administratif exerce un contrôle normal (impliquant la qualification juridique**

---

341. CE, 1er juin 2015, n° 372057, *Association Promouvoir.*

342. TA Paris, 18 févr. 2016, n° 1601822/9, *Société Margo cinéma* : « lesdites scènes, par leur portée et la façon dont elles sont introduites dans le documentaire, participent à la dénonciation des exactions » et le film permet ainsi de « réfléchir sur la portée de ce documentaire et de prendre le recul nécessaire face aux images ou aux propos qui ont pu y être présentés ».

343. CE, 30 sept. 2015, n° 392461, *Ministère de la Culture et de la Communication et autres c. Association Promouvoir* (à propos du film *Love* de Gaspard Noé : le juge des référés du tribunal administratif de Paris a jugé, par une appréciation souveraine exempte de dénaturation, que le film *Love* comportait de nombreuses scènes de sexe non simulées).

344. CE, 13 janv. 2017, *Ministre de la Culture et de la Communication c. Assoc. Promouvoir*, n° 397819.

345. CE, 28 juill. 2017, n° 403445.

346. CE, 28 sept. 2016, *Assoc. Promouvoir*, n° 395535.

347. Article R. 211-12 Code du cinéma et de l'image animée.

348. CE, 28 déc. 2017, *Association Promouvoir*, n° 407840.

349. CE, 24 janv. 1975, *Ministre de l'information c. Société Rome-Paris Films, Lebon* 1975, p. 57.

des faits) sur la base de la motivation obligatoire[350]. Une affaire a provoqué en 2000 une belle polémique[351] en raison de l'annulation du classement du film *Baise moi* dans la catégorie de l'interdiction aux moins de 16 ans assortie d'un avertissement, au motif qu'il s'agissait d'un film devant être « classé X ». Cette décision a d'ailleurs suscité la modification de la classification rétablissant la catégorie des films interdits aux moins de 18 ans sans être classés « X ». Ce contrôle complet ouvre au Conseil d'État la possibilité de mener lui aussi une politique jurisprudentielle à propos de la conciliation de la liberté d'expression avec la morale dominante et les objectifs d'une éducation de la jeunesse.

Le juge administratif apprécie la proportionnalité du refus du visa d'exploitation sans le critère objectif relatif au caractère réel ou simulé des scènes de sexe et en privilégiant un critère subjectif qui met en œuvre un faisceau d'indices dont « *le parti pris esthétique ou le procédé narratif* ». Il s'agit d'apprécier l'impact que les scènes produisent sur le spectateur selon son âge. Ainsi, à propos du film *Cinquante nuances plus claires*, qui bénéficie d'une autorisation pour tous publics alors qu'il affiche des scènes de sadomasochisme comme les deux premiers épisodes qui, eux, avaient fait l'objet d'une interdiction de diffusion aux mineurs de moins de douze ans, le juge se prononce pour l'annulation du visa pour tous : « si ces scènes sont simulées et relativement brèves au regard de la durée du film, elles sont traitées avec complaisance et sont susceptibles d'être perçues par un très jeune public comme décrivant des pratiques banales dans le cadre d'une relation amoureuse »[352].

Le Conseil[353] confirme ainsi l'attribution au film « Bang Gang (une histoire d'amour moderne) » un visa d'exploitation comportant une interdiction limitée aux mineurs de douze ans car le sexe, quoique présent, n'apparaît que comme le moyen de parler du désœuvrement des personnages et se trouve traité de manière décalée. À l'inverse, l'absence de scènes de sexe réelles n'implique pas nécessairement que le film échappe à une mesure de classement visant à limiter sa diffusion aux mineurs de seize ou dix-huit ans.

1182 **Police générale. -** Le cinéma rencontre aussi **la police générale à travers la compétence du maire pour interdire, éventuellement, la projection du film dans sa commune soit en raison de risques de troubles matériels soit en raison du caractère immoral du film et de circonstances locales particulières** : ville de pèlerinage où règne la morale religieuse, ville où se sont déroulés les événements relatés par le film et pouvant raviver de douloureux souvenirs[354]. La jurisprudence, rare aujourd'hui, a eu tendance à se libéraliser, exigeant de réelles menaces matérielles à l'ordre public. La responsabilité de la commune se trouve, sinon, engagée.

1183 La désuétude des interdictions laisse survivre **le contentieux des affiches de cinéma,** lesquelles peuvent heurter les consciences, provoquer les passants dans leurs convictions sans qu'ils puissent se soustraire à cette exhibition. Le juge civil fait parfois droit à des revendications de ce style[355]. Mais les décisions récentes semblent prêter une oreille moins compatissante[356]. Les juges se montrent en effet sensibles à l'objectif de provocation mesurée à la fidélité de l'image au contenu du film.

6. Le chercheur

1184 **Fondement constitutionnel. -** Peu de textes fondamentaux consacrent la liberté de la recherche ou de la science au même rang que les droits fondamentaux. Elle est un démembrement de la liberté d'opinion et d'expression. On peut considérer que cette liberté a été consacrée par le **Conseil constitutionnel dans sa**

---

350. CE, 9 mai 1990, *De B.*
351. CE, sect., 30 juin 2000, *Ass. Promouvoir et Mme M.*
352. CAA Paris, 29 mai 2018, *Association Promouvoir*, n° 18PA00561.
353. CE, 26 janv. 2018, n° 408832, *Association Promouvoir et a.*
354. CE, sect., 18 déc. 1959, *Société Les films Lutétia.*
355. TGI Paris, réf., 23 oct. 1984 : à propos de l'affiche du film *Ave Maria* représentant une jeune femme dénudée attachée à une croix.
356. TGI Paris, 21 févr. 2002 : affiche du film *Amen* jugée non provocatrice.

décision du 20 janvier 1984[357] **à propos des enseignants-chercheurs**. À l'occasion de l'examen du projet de loi sur l'enseignement supérieur, le Conseil constitutionnel a consacré l'existence d'un principe de liberté d'expression et d'indépendance des enseignants-chercheurs et en particulier des professeurs. De même, la décision nº 94-345 DC à propos de l'usage du français dans les publications scientifiques a permis de poser que le législateur ne pouvait subordonner l'octroi d'aides à des travaux de recherche à l'engagement de diffuser ses travaux en français (principe de libre diffusion des travaux scientifiques fondé sur l'article 11 de la Déclaration de 1789). Le Conseil constitutionnel a, sur cette base, censuré la création par la loi d'un collège électoral unique rassemblant, pour la désignation de leurs représentants aux conseils d'administration des universités, professeurs et enseignants-chercheurs ayant une autre qualité[358]. **Le statut des établissements d'enseignement supérieur ne saurait limiter le droit à la libre communication des pensées et des opinions que dans la seule mesure des exigences du service public.** La loi Libertés et renouveau de l'université (LRU) ayant développé les pouvoirs des présidents d'université, un contentieux s'est noué. Le principe d'indépendance des enseignants-chercheurs s'oppose ainsi à ce que le président de l'université fonde son appréciation sur des motifs étrangers à l'administration de l'université et, en particulier, sur la qualification scientifique des candidats retenus à l'issue de la procédure de sélection. Cela n'impose pas pour autant que toutes les personnes intervenant dans la procédure de sélection soient elles-mêmes des enseignants-chercheurs d'un grade au moins égal à celui de l'emploi à pourvoir[359]. Le législateur peut aussi bien supprimer une procédure nationale de sélection au profit d'un recrutement purement local[360].

De même, le Conseil constitutionnel[361] a abrogé l'interdiction de rapporter la preuve de faits de plus de dix ans car cela remet en cause « tous les propos ou écrits résultant de travaux historiques ou scientifiques ainsi que les imputations se référant à des événements dont le rappel ou le commentaire s'inscrivent dans un débat public d'intérêt général ».

On attend une consécration générale (laquelle pourrait se fonder sur la liberté personnelle de l'article 4 de la Déclaration de 1789). Désormais **le Code de la recherche** (ordonnance du 11 juin 2004 codifiant à droit constant les textes législatifs et réglementaires épars) et le Code de l'éducation régissent la politique de la recherche : organisation, personnels, financement. Ils ne mentionnent pas la liberté de la recherche.

1185 **Fondements internationaux. –** Le Conseil d'État avait lui aussi été saisi de la conformité de la loi LRU aux droits et libertés conventionnellement protégés, sans y trouver à redire[362]. Les sources restent rares. Tout au plus peut-on citer l'article 27 de la DUDH qui dispose en son article 27 alinéa 1er : « Toute personne a le droit de prendre part librement à la vie culturelle de la communauté, de jouir des arts et de participer au progrès scientifique et aux bienfaits qui en résultent », ou la **CDFUE en son article 13 relatif à la liberté des arts et des sciences : « Les arts et la recherche scientifique sont libres. La liberté académique est respectée ».** Cette association de l'art et de la science atteste d'une prise en compte de l'expression d'une pensée, d'une opinion, d'une forme de vérité sur laquelle l'État ne doit pas avoir de prise directe, bien que l'on sache bien qu'en raison même de l'institutionnalisation de la connaissance par des structures et des financements publics la liberté de la science reste très dépendante des pouvoirs publics. La prise en charge de la politique de la recherche par les instances européennes[363] s'accompagne de la prise de conscience de la nécessité de son financement et d'un allègement des contrôles bureaucratiques.

---

357. CC, 20 janv. 1984, nº 83-165 DC.
358. CC, 20 janv. 1984, déc. nº 83-165 DC.
359. CC, 6 août 2010, déc. nº 2010-20/21 QPC.
360. CC, 21 déc. 2020, nº 2020-810 DC, *Loi de programmation de la recherche pour les années 2021 à 2030*.
361. CC, 20 mai 2011, déc. nº 2011-131 QPC, *Mme Térésa c. et autre*.
362. CE, 15 déc. 2010, nº 316927.
363. Décision du Conseil du 30 sept. 2002 arrêtant un programme spécifique de recherche, de développement technologique et de démonstration : *Structurer l'Espace européen de la recherche* (2002-2006).

1186 **Les chercheurs.** – La liberté de la recherche passe aussi par le statut de ceux qui s'y livrent. L'article 3 de la loi du 26 janvier 1984 relative à l'enseignement supérieur dispose que « le service public de l'enseignement supérieur est laïc et indépendant de toute emprise politique, économique, religieuse ou idéologique ; **il tend à l'objectivité du savoir, il respecte la diversité des opinions. Il doit garantir à l'enseignement et à la recherche leurs possibilités de libre développement scientifique** ». Elle dépend étroitement du domaine en cause, certaines disciplines pouvant davantage porter atteinte aux valeurs sociales, notamment par la possibilité de procéder à des expérimentations. Elle développe par exemple une dimension problématique dans le domaine biomédical[364].

1187 **Manifestations.** – La liberté de la recherche implique **de se procurer des sources (de pouvoir lever des secrets, consulter des archives et des fichiers), de créer des collections, d'expérimenter, de recevoir des fonds, mais également d'informer le public et de diffuser les résultats** de la manière la plus libre et indépendante. Le Conseil d'État a d'ailleurs fondé sur l'article 10 de la CEDH sa décision de contourner la législation actuelle sur les archives pour donner accès à un chercheur aux archives de la Présidence de la République (pour la période du génocide rwandais[365].

Dans son arrêt de chambre rendu le 27 mai 2014, dans l'affaire Mustafa Erdo an et autres c. Turquie (requête nº 346/04), la Cour européenne des droits de l'homme dit, à l'unanimité, qu'il y a eu **violation de l'article 10. Les requérants, un professeur de droit, un rédacteur en chef et un éditeur, avaient publié dans une revue trimestrielle de droit en 2001 un article relatif à la décision de dissoudre un parti politique.** Jugeant cet article injurieux, les juridictions turques les condamnèrent à verser des dommages et intérêts à trois juges de la Cour constitutionnelle. La Cour dit que, dans l'exercice de leurs fonctions, les juges doivent s'attendre à faire l'objet de critiques qui demeurent acceptables dans une limite plus large que pour les citoyens ordinaires. Elle juge que, dans la procédure en diffamation dirigée contre les requérants, les juges nationaux n'ont suffisamment tenu compte ni du contexte dans lequel l'article avait été écrit (un débat public virulent sur les arrêts de la Cour constitutionnelle) ni de la forme de la publication litigieuse (une revue quasi académique et non un journal populaire). Elle souligne l'importance de la liberté académique et, en particulier, de la possibilité pour les universitaires d'exprimer librement leurs opinions, fussent-elles polémiques ou impopulaires, dans les domaines relevant de leurs recherches, de leur expertise professionnelle et de leur compétence. En ce qui concerne la teneur de l'article, elle considère que, même si certains des commentaires qui y étaient faits étaient rudes, il s'agissait largement de jugements de valeur, **exprimés en termes généraux et reposant sur une base factuelle suffisante, que l'on ne saurait considérer comme des attaques personnelles gratuites contre les trois juges.**

1188 **Restrictions.** – La liberté de la recherche connaît aussi de nombreuses restrictions de poids ; certaines sont inhérentes à la liberté d'expression et d'autres davantage spécifiques notamment lorsqu'il est question d'expérimentation sur l'être humain, de risque pour la sécurité des personnes et des biens, etc. Hormis dans le domaine biomédical, la loi impose une limite de nature éthique à la recherche. L'article 2 de la Convention sur la biomédecine et les droits de l'homme du Conseil de l'Europe (dite « convention d'Oviedo » du 4 avril 1997), insiste : « l'intérêt et le bien-être humain doivent prévaloir sur le seul intérêt de la société ou de la science ». On s'en remet ici traditionnellement à l'éthique des chercheurs eux-mêmes, à leurs institutions ou à des mécanismes indirects comme ceux qui moralisent le dépôt de brevets (tant au niveau national qu'international, les inventions ne seront brevetées qu'en respectant, dans leur processus et leur résultat, la dignité de la personne et plus

364. On renverra ici aux développements consacrés à ce domaine, *supra* nos 346 et s.
365. CE, ass., 12 juin 2020, *M. Graner*, nº 422327.

généralement l'ordre public). Des principes généraux comme la précaution peuvent également se retourner contre la recherche (cas des organismes génétiquement modifiés).

EXERCICE D'AUTOÉVALUATION

1. Quel est le champ d'application de la liberté d'expression ?
2. Qu'est-ce que le pluralisme des courants d'expression ?
3. Pourquoi des « objections de conscience » ?
4. Que prévoit l'article 17 CEDH ?
5. Peut-on tout regarder sur internet ?
6. En quoi les lois « mémorielles » sont-elles un problème ?
7. Faut-il « civiliser » la diffamation ?
8. Peut-on concilier le secret des sources journalistiques avec la sûreté de l'État ?
9. Un avocat peut-il tout dire ?
10. « Débat public » ou « respect des institutions » ?

RÉPONSES

1. Pour être effective, la liberté d'expression doit couvrir le spectre le plus large d'activités « signifiantes », c'est-à-dire tout ce qui est susceptible d'être perçu comme la transmission d'une information. Il s'agit donc de tous les supports, les médias, qui permettent de recevoir et véhiculer une information, quelle qu'elle soit. Il est vrai que cette notion d'information est difficile à cerner et, en particulier, aujourd'hui, à distinguer de la notion de donnée, publique ou personnelle. Souvent, le régime de la protection des données personnelles vient perturber celui de la liberté d'expression car au fond il s'agit toujours de dire quelque chose sur quelqu'un. Reste à déterminer si cette personne est identifiable et si elle a permis la divulgation de cette donnée-information ou si elle peut légitimement s'y opposer. La jurisprudence semble néanmoins hiérarchiser les contenus communicables en protégeant *crescendo* les informations : plus elles ont d'intérêt pour le pluralisme, la transparence, le débat public et plus elles doivent pouvoir être émises et reçues. Sans doute les informations commerciales ou privées sont-elles moins protégées que les débats politiques, les écrits journalistiques ou les alertes des experts. À l'inverse, certaines infomations-opinions qui tendent à rompre la communication sociale en excluant des personnes, en appelant à la haine ou à la violence, n'entrent pas dans le champ de la liberté d'expression.

2. Il s'agit d'un objectif, d'une finalité générale, qui guide l'interprétation des normes en matière de liberté d'expression. Dans une société moderne, dont la caractéristique est de pouvoir échanger le maximum d'opinions et d'informations, il faut que l'État veille à ne pas imposer une opinion en particulier et permette de les exprimer toutes (dans la limite du pacte social). Le pluralisme est donc, juridiquement, un objectif de valeur constitutionnelle en France, et un concept lié à l'article 10 CEDH. Dans sa face négative, il impose à la fois au jeu du marché économique, dans le domaine des médias, des restrictions pour limiter les risques de concentration économique et donc le monopole de la diffusion des informations et, pour la puissance publique, l'interdiction d'un monopole sur les médias. De même quand les deux dimensions se confondent comme ce fut le cas de l'ère « Berlusconi » en Italie. D'où le contrôle des concentrations dans les médias et la réglementation de la communication politique (financement et temps de parole des partis, syndicats et candidats). Dans son côté positif, le pluralisme implique une action normative et financière de l'État en vue d'aider et de structurer l'émergence de médias de toutes tendances et de tous supports. L'État devra, par des autorités indépendantes des pressions du gouvernement, s'assurer que tous les groupes sociaux puissent communiquer et recevoir. En ce sens, des émissions religieuses, syndicales ou philosophiques sur des

chaînes de télévision de service public ne sont pas des entorses à la laïcité mais des exigences du pluralisme.

3. Le mécanisme de l'objection constitue une exception organisée par la règle elle-même pour certaines catégories de sujets lorsque l'application de la règle les contraindrait à renoncer à une conviction forte, alors même que par ailleurs ils sont prêts à être loyaux envers l'État. Techniquement, il s'agit donc de concilier deux droits fondamentaux : leur liberté personnelle de ne pas subir de la part d'autrui ou de l'État des contraintes fortes sur leur liberté de conscience, de l'autre les droits d'autrui (liberté corporelle pour l'IVG que le personnel médical peut refuser de pratiquer, les droits de la défense pour l'avocat qui peut refuser une affaire, la liberté d'entreprendre pour le journaliste qui refuse une ligne éditoriale, etc.) ou un objectif d'intérêt général pour le jeune qui aurait autrefois accompli son service militaire. L'idée est celle d'un « noyau dur » de la liberté de conscience qui s'exprime et qui ne rencontre pas en face le même noyau dur car d'autres individus assumeront l'acte ainsi refusé, ne privant ni l'État ni la personne de leur droit. D'un autre point de vue, l'objection de conscience constitue aussi la marque de l'absence de délit d'opinion, puisque l'État doit respecter les convictions qui s'opposent à la norme de droit commun et donc à l'opinion instituée collectivement. Pour la Cour européenne, l'État est tenu d'agir ainsi s'il le peut. Néanmoins, le cas des jeunes sages-femmes suédoises non recrutées en raison de leurs convictions *pro life*, écorne cette logique puisqu'en l'espèce la Cour n'a pas obligé l'État à prouver que cela lèse d'autres intérêts protégés par un droit fondamental équivalent (l'autonomie de la femme). Elle n'a pas non plus recherché si la norme était prévisible et si l'absence de recrutement après de longues études n'était pas plus pénalisante et donc disproportionnée (CEDH, déc., 11 févr. 2020, *Grimmark et Steén c. Suède* (déc.) – 43726/17, n° 18724/05).

4. Il s'intitule « Interdiction de l'abus de droit » : « Aucune des dispositions de la [...] Convention ne peut être interprétée comme impliquant pour un État, un groupement ou un individu, un droit quelconque de se livrer à une activité ou d'accomplir un acte visant à la destruction des droits ou libertés reconnus dans la [...] Convention ou à des limitations plus amples de ces droits et libertés que celles prévues à [la] Convention. » Le texte de l'article 17 s'inspire de l'article 30 de la Déclaration universelle des droits de l'homme (1948). On trouve également des dispositions équivalentes à l'article 17 dans le Pacte international relatif aux droits civils et politiques (1966), la Convention américaine relative aux droits de l'homme (1969) et la Charte des droits fondamentaux de l'Union européenne (2000). Il visait à éviter que des mouvements totalitaires, organisés sous la forme de partis politiques, ne mettent fin à la démocratie, après avoir prospéré sous le régime libéral. Cela rejoint la formule de Saint-Just : « pas de liberté pour les ennemis de la liberté » et adopte l'idée de l'abus, celle d'un détournement de finalité. Son application conduit, non pas à examiner l'abus sous l'angle de la proportionnalité, mais à l'irrecevabilité de la requête, c'est-à-dire l'absence même de droit à protéger parce que, manifestement, l'invocation de la Convention la détourne de ces fins : la protection des droits, la justice et la paix, un régime politique véritablement démocratique, le règlement pacifique des conflits internationaux et le caractère sacré de la vie humaine, la tolérance, la paix sociale et la non-discrimination, l'égalité entre les femmes et les hommes, la coexistence, au sein de la société, des membres qui la composent hors de toute ségrégation raciale. Si cet article ne concerne pas que la liberté d'expression, il y trouve son principal terrain pour discréditer les discours qui tendent à nier les valeurs de la CEDH en appelant à la haine, à la violence, à la discrimination comme valeurs supérieures. Cela ne dispense pas la Cour de qualifier les discours en question et d'établir leur vraie nature. Le juge national français ne dispose pas de ce mécanisme, faute de distinguer ingérence et violation : il se voit amené à admettre le recours et à disserter sur la disproportion, terrain moins facile. L'affaire Dieudonné en atteste (CEDH, 10 nov. 2015, n° 25239/13, *Dieudonné M'bala M'bala c. France*) : le Conseil d'État a dû échafauder un montage de police administrative prévenant la récidive pénale et proportionné au contenu du « spectacle », quand la Cour européenne s'est contentée d'écarter tout droit de la Convention du jeu judiciaire. Mais il est aussi opposable aux États qui ont cru bon d'étouffer les discours contraires à l'opinion dominante et

méconnaissent ainsi gravement le pluralisme, ou qui ont produit ou refusé de sanctionner horizontalement des discours de haine envers une communauté ou un individu.

5. La liberté d'expression inclut en principe le droit d'accéder, de recevoir et de rechercher une information, *a priori*, n'importe laquelle. Les États qui usent des systèmes de blocages de sites ou ferment radicalement l'accès à internet sont ainsi condamnés (encore en 2020 la Russie et la Turquie). Néanmoins ce droit n'est pas absolu si l'État justifie que certains contenus sont dangereux pour autrui ou pour l'État en ce qu'ils violent des secrets, abusent de la vulnérabilité ou préludent à des infractions graves. Alors *lire* est comme *dire* ou *faire*. C'est une forme d'abus de liberté d'expression. Ainsi la Cour européenne admet l'existence de délits qui répriment la consultation de certains sites comme la pédopornographie (la consultation habituelle de site d'images pédopornographiques est punie par l'article 227-23 du Code pénal de deux ans d'emprisonnement et 30 000 euros d'amende), l'apologie de terrorisme (cf. art. 421-2-5-2 du Code pénal, qui sanctionne d'une peine de deux ans d'emprisonnement et de 30 000 euros d'amende le fait de consulter de manière habituelle, sans motif légitime, un service de communication au public en ligne faisant l'apologie ou provoquant à la commission d'actes de terrorisme et comportant des images ou représentations d'atteintes volontaires à la vie) et, plus généralement le recel de secrets comme ceux qui protègent la défense ou la justice. Encore l'État devra-t-il prouver devant la Cour européenne que le contenu de ces sites est bien illégitime dans un souci impérieux de préserver une société pluraliste, car généralement, même les idées qui choquent ou inquiètent doivent pouvoir se faire entendre. Le Conseil constitutionnel a censuré certaines formules trop floues portant sur l'interdiction de consultation de sites prohibés.

6. Leur intention est souvent de reconnaître la qualité de victime aux personnes appartenant ou descendant d'un groupe victime d'un crime contre l'humanité, d'un génocide ou d'une injustice politique. Ou encore, plus simplement de stigmatiser un fait historique pour en prévenir l'apologie et la récidive. L'intention entre dans les buts du système de protection des droits quand il se tourne vers les victimes. Mais, outre qu'il institue des groupes dont l'existence n'est souvent plus d'actualité, le mécanisme des lois mémorielles confond norme et qualification des faits. Il conduit le législateur à faire de la qualification d'un fait historique une norme obligatoire en vue d'associer une autre norme : soit l'obligation de réparer, soit l'interdiction de nier, ou même simplement de discuter, de cette qualification. Non seulement le législateur se fait historien (c'est le moindre mal), mais surtout il se fait juge d'une situation donnée au regard de la notion qu'il lui associe de manière incontestable (génocide...). Les lois mémorielles ne sont pas seulement des limites de la liberté d'opinion, d'expression, de la recherche historique ou politique ; ce sont aussi des ennemies de la séparation des pouvoirs en privant le juge de son rôle dans la qualification de faits contingents sous une norme générale.

7. C'était l'opinion finale du rapport rendu par la Commission présidée par Serge Guinchard (*L'ambition raisonnée d'une justice apaisée*, en 2008). La diffamation et l'injure envers un particulier, publiques ou non, constituent des infractions dont la poursuite est subordonnée à une plainte de la victime, pour lesquelles seule une peine d'amende est encourue, par citations directes des parties civiles, qui ne font que rarement l'objet de réquisitions du ministère public, et qui répriment des atteintes à des droits de la personne pouvant être tout aussi bien protégés par des règles civiles. Mais à l'inverse, la symbolique de la peine et le coût de la procédure (sinon confiée à l'État) font pencher en France vers la répression même si, en pratique, le montant de l'amende est bien peu dissuasif. Et puis cela autorise un volet civil permettant d'espérer une réparation à la hauteur du préjudice subi. Pourtant, la Cour européenne semble tendanciellement favorable à l'abandon du cadre répressif pour la seule réparation. Elle estime que l'importance de la liberté d'expression est telle qu'il ne faut pas risquer de dissuader les contestataires de s'exprimer en encourant l'intrument pénal. Elle veille à ce que les recours ne soient pas abusifs et les peines dissuasives. Au fond, ce sont les traits de la justice civile, qui peut aussi tourner à la transaction.

8. En réalité, dans une affaire donnée, c'est impossible. Si le journaliste sait quelque chose que l'État veut savoir pour sa propre sécurité, on ne peut préserver l'un sans briser l'autre. La législation nationale et son cadre européen ne peuvent qu'adopter un équilibre abstrait et général qui laisse les juges seuls aptes à

qualifier et arbitrer le conflit (au risque de voir les intérêts de l'institution judiciaire être la *ratio decidendi*) : la priorité est le secret des sources, afin de préserver *in fine*, l'indépendance des lanceurs d'alertes et autres chiens de garde de la démocratie vis-à-vis du pouvoir ; mais exceptionnellement, lorsque sont en jeu des intérêts majeurs de l'État, dans la lutte contre le terrorisme par exemple, le journaliste qui a su se procurer une information que l'État n'a pas, peut être contraint de devenir son auxiliaire, pour un intérêt supérieur à la liberté de la presse : ces cas sont et doivent rester rarissimes. C'est ce que la Cour européenne vérifie aujourd'hui. La loi du 4 janvier 2010 pose que « tout journaliste entendu comme témoin sur des informations recueillies dans l'exercice de son activité, est libre de ne pas en révéler l'origine ». Cela n'empêche pas les perquisitions au domicile du journaliste ou à celui de son avocat, et la possibilité de lever le secret des sources dans l'hypothèse d'un impératif prépondérant d'intérêt public ou en raison de la particulière gravité du crime ou du délit qui la justifient. Le Conseil constitutionnel estime que ce serait proportionné pour prévenir ou réprimer certains crimes ou délits punis d'au moins sept ans d'emprisonnement.

9. Il le voudrait sans doute souvent car il remplit, outre son rôle conjoncturel de défenseur auprès du justiciable, un rôle structurel de conscience dans l'État de droit. Ce sont bien ces deux facettes qui guident la jurisprudence quant à l'étendue de la liberté d'expression de l'avocat. On peut distinguer ainsi deux moments et une zone grise entre les deux ménagée par la Cour européenne. Dans une première situation, celle de l'audience, l'avocat peut user de tous les discours, dénoncer et révéler, tout ce qui est nécessaire aux droits de la défense. Mais déjà la forme limite quelque peu car aucun outrage ou injure ne peut venir discréditer ou incommoder l'institution judiciaire. Dans une seconde situation, celle du chien de garde de l'État de droit, hors procès, l'avocat bénéficie de l'oreille de la presse et de l'opinion publique, il peut donc aussi, en craignant moins que d'autres les infractions de presse, dénoncer et juger les institutions et la société ; il agit comme expert et comme autorité morale. Mais la Cour estime que cette situation ne se départit pas toujours de la première parce qu'il s'agit toujours au fond de défendre les justiciables et, si l'avocat s'exprime généralement, mais à l'occasion d'une affaire, sa liberté n'en est que plus grande. Bien sûr, les autres garanties, comme l'inviolabilité relative de son cabinet et de son domicile, le protègent de pressions qui le confineraient au silence.

10. La vision idéale de la société et de l'État de droit véhiculé par la Cour européenne des droits de l'homme, exige une liberté de critique et de ton à l'égard des institutions en vue d'en corriger les abus et insuffisances et de les ramener à la vertu. La liberté d'expression remplit cette fonction de conservation de la modestie et de l'honnêteté des décideurs publics et privés. Toutes les opinions doivent ainsi pouvoir s'exprimer et se faire entendre, avec l'appui de l'État lui-même, *a fortiori* quand il est visé. Mais inversement, cette exigence d'intégrité peut conduire à l'irrespect des institutions et à la perte de leur autorité, autorité inhérente et nécessaire à leur légitimité fonctionnelle et organique et donc à leur efficacité. Sous prétexte de droit à la critique, on ne saurait déchirer leur titre à statuer. C'est pourquoi l'appréciation de la nécessité et de la proportionnalité des infractions de presse qui protègent les membres de l'exécutif, du législatif et de la juridiction, se fait en tenant compte de la forme des propos, de leur caractère mesuré et sincère, autant que de la crédibilité du contenu, obtenue par un travail d'enquête, de preuves, d'expertise et de précision qui implique la nuance et le sérieux. Le but doit être de restaurer et non de détruire. Une approche similaire guide aujourd'hui le statut des lanceurs d'alerte. « Débat public » et « respect des institutions ».

CONSEILS DE LECTURE

B. Beignier, B. de Lamy, E. Dreyer (dir.), Traité de droit de la presse et des médias, Litec, 2009.

D. Connil, J. Duvignau, Droit public et cinéma, L'Harmattan, 2012

P.-F. Docquir, Variables et variations de la liberté d'expression en Europe et aux États-Unis, Bruylant, 2007.

N. Drouin, Les limitations à la liberté d'expression dans la loi sur la presse du 29 juillet 1881 – Disparition, permanence et résurgence du délit d'opinion, LGDJ, 2011.

E. Forey, S. Monnier, G. Kulig, Droit de la culture. À jour de la loi du 15 juillet 2008 relative aux archives, Gualino, 2009.

A. Gelblat, M. Touzeil-Divina, Collectif L'unité du droit, Du droit chez Orelsan ?, Éditions l'Epitoge, 2022.

P. Kamina, Droit du cinéma, 4e éd., LexisNexis, 2022.

Kaufman et al., Liberté d'expression et protection des groupes vulnérables sur internet, L'Harmattan 2016 (Questions contemporaines).

S. Laacher, Crise du débat démocratique : la liberté d'expression et ses limites, L'avenir d'une désillusion, tome 4, Hermann, 2022.

F. Mattatia, Internet et les réseaux sociaux : que dit la loi ?, 4e éd., Eyrolles, Connectez-moi !, 2022.

G. Muhlmann, E. Zoller, E. Decaux, La liberté d'expression, Dalloz, 2015.

J. Roux, (dir.), La liberté d'expression : actes du colloque de l'école doctorale droit et science politique, Presses de la Faculté de droit et de science politique de Montpellier 2017 (Actes de colloque).

Ph. Segur (dir.), L'internet & la démocratie numérique, Presses universitaires de Perpignan, 2016 (Collection études).

M. Verpeaux, La liberté d'expression dans les jurisprudences constitutionnelles et conventionnelles internationales, Conseil de l'Europe, 2009.

E. Zoller, La liberté d'expression aux États-Unis et en Europe, 4e colloque du Centre de droit américain de l'Université Paris II, 18-19 janvier 2008, Paris, Dalloz, 2008.

TROISIÈME PARTIE

LES LIBERTÉS PUBLIQUES

1189 La notion de liberté publique a été définie en introduction. Elle est **l'une des formes juridiques des droits de l'homme comme prérogative individuelle consacrée par des sources supra législatives mais principalement aménagée par la loi car son contenu est moins relatif à l'existence même du sujet qu'à son action dans la société.** Au premier rang arrive la traditionnelle sûreté et son auxiliaire, la liberté d'aller et venir (Chapitre 8). Viennent ensuite les libertés collectives qui s'exercent en groupe et connaissent ainsi d'importants points communs, notamment d'ordre public (Chapitre 9). Enfin, les libertés économiques et sociales, qui impliquent aussi des prestations publiques appelées « droits sociaux », complètent le dispositif (Chapitre 10).

CHAPITRE 1

La liberté individuelle

1190 **Notion.** – La notion de liberté individuelle appelle quelques explications à défaut d'éclaircissements. En effet, si l'on parle de « liberté individuelle », on se place d'emblée dans le contexte du droit constitutionnel français et plus précisément sous les auspices de l'article 66 de la Constitution qui reprend une vieille tradition française, encore vivace aujourd'hui, qui amène juges et doctrine à de nombreuses contorsions intellectuelles. **Le terme de liberté individuelle ne s'emploie guère à l'étranger et pas dans les sources européennes ou internationales qui évoquent la sûreté, c'est-à-dire le droit de ne pas être arrêté ni détenu arbitrairement.** Le concept de liberté individuelle ramène à l'inconscient de l'*Habeas corpus* britannique, au droit à la liberté de mouvement, au droit de ne pas être entravé dans son activité physique, de pouvoir se soustraire au pouvoir, d'être propriétaire de soi et donc d'exiger que la puissance publique s'interdise toute emprise sur toute propriété individuelle où s'exerce l'autonomie individuelle. Ces aspects, quoique juridiquement distincts, ne font qu'un pour le XVIIIe siècle et s'appellent la sûreté. Dans l'esprit français révolutionnaire, « la Liberté » comme concept, c'est cela : « la liberté, la propriété, la sûreté, la résistance à l'oppression ». La Déclaration des droits de 1789, en ses articles Ier et 4, présente ainsi un concept large de liberté nourri de notions plus étroites comme la sûreté, la légalité des délits et des peines, la présomption d'innocence... autant de garanties de ne pas être enfermé injustement. Cette **conception assez large, synthétisée par la doctrine de la IIIe République, notamment par Esmein, nous est parvenue accompagnée d'une autre tradition, celle de la présence d'une « gardienne » dévouée : l'autorité judiciaire** (lois du 7 février 1933 et 31 décembre 1957). Son indépendance la fit apparaître en effet comme plus protectrice que le juge administratif. Voilà tout ce que l'article 66 de la Constitution amène avec lui, même si les travaux préparatoires du constituant semblent lui assigner une conception étroite résumée à la sûreté.

1191 **Distinction.** – La sûreté se comprend comme le droit de n'être pas arrêté, ni détenu arbitrairement, premier principe opposable à la puissance publique oppressive. **La sûreté est le terme retenu par l'article 5 de la Convention EDH.** Depuis la réduction de la notion juridique de liberté individuelle opérée par le Conseil constitutionnel, la sûreté est l'autre nom de « la » liberté individuelle. **Elle se distingue donc à la fois de la liberté personnelle sur laquelle elle est néanmoins fondée, et de la liberté d'aller et venir, elle aussi fondée sur la liberté personnelle, elle aussi relative à la privation de déplacement**, d'espace, mais qui ne se résume pas à l'enfermement et ne vise donc pas les situations pénales qui sont au cœur de la sûreté. On a déjà expliqué comment et pourquoi elle se distingue de la liberté personnelle dont elle est fille. **Mais il reste à élucider le contenu propre de la liberté individuelle** et particulièrement les rapports qu'elle entretient avec la liberté d'aller et venir et certains éléments intégrés dans le droit à la vie privée par le droit européen. Le droit européen des droits de l'homme et le droit constitutionnel distinguent ainsi la privation de liberté (qui met en cause la liberté individuelle) et la restriction de liberté (qui met en cause la liberté d'aller et venir). Les mesures privatives de liberté, qui ôtent toute possibilité de mouvement, sont généralement des mesures punitives qui s'accompagnent de restrictions à d'autres droits et libertés mais d'autres motifs interviennent comme la thérapie ou la prévention de la récidive. **Si le Conseil constitutionnel français s'attache à la distinction des peines des autres sources d'atteinte à la liberté[1], le droit européen envisage l'ensemble des limitations de liberté avec les mêmes exigences.** Notre droit distingue la simple « appréhension », qui consiste en la mainmise physique sur l'individu (que peut opérer toute personne sur l'auteur d'une infraction dont il a été témoin en vue de le présenter à un officier de police judiciaire), de l'arrestation qui en constitue l'aspect juridique et ne peut être le fait que de l'autorité compétente.

Le cœur de la liberté individuelle réside dans la sûreté (section 1). La liberté d'aller et venir en constitue l'antichambre (section 2).

Section 1
La sûreté

1192 **Proclamation.** – La **Déclaration des droits de 1789 place la sûreté dans le quatuor de tête des droits naturels et imprescriptibles. L'article 7 précise que « nul homme ne peut être accusé, arrêté ni détenu que dans les cas déterminés par la loi, et selon les formes qu'elle a prescrites ». L'article 66 de la Constitution de 1958 insiste quant à lui : « Nul ne peut être arbitrairement détenu. L'autorité judiciaire, gardienne de la liberté individuelle, assure le respect de ce principe dans les conditions prévues par la loi ».**

1193 **Un droit assiégé.** – Sa garantie juridique relève ainsi de multiples sources et de nombreux textes adaptés aux nombreuses situations dans lesquelles notre société accepte qu'un individu soit privé de sa liberté individuelle. Pour l'essentiel, **ces situations relèvent de la procédure pénale** et de l'application des peines ; la privation de liberté étant d'abord une punition. Mais le nombre de situations où l'atteinte à la liberté individuelle **répond à d'autres objectifs s'est multiplié : rétention de l'étranger pour s'assurer qu'il quitte le territoire, hospitalisation d'office de la personne atteinte de troubles mentaux, rétention de « l'homme dangereux » à l'issue de sa peine**. Le mot sûreté comme « droit individuel » glisse vers la sûreté comme principe de protection de la société. On rencontre alors une forte ambiguïté sémantique. Le droit utilise le terme de sûreté dès qu'il est question de sécuriser quelqu'un ou quelque chose, jusqu'aux sûretés « réelles » du droit des biens.

I. L'unification des sources

1194 **Dialogue des juges.** – La protection de l'individu contre le pouvoir de police de l'État, et contre l'enfermement qu'autrui pourrait mettre en œuvre, trouve son fondement dans **de multiples sources qui ne présentent pas les mêmes exigences.** Les différents juges s'efforcent d'harmoniser leurs interprétations.

1. CC, 21 févr. 2008, déc. n° 2008-562 DC.

A. L'article 5 de la Convention EDH

1195 **Texte.** – En son article 5 § 1, la Convention EDH stipule que « **toute personne a droit à la liberté et à la sûreté. Nul ne peut être privé de sa liberté, sauf dans les cas suivants et selon les voies légales** : s'il est détenu régulièrement après **condamnation** par un tribunal compétent ; s'il a fait l'objet d'une **arrestation ou d'une détention régulières** pour insoumission à une ordonnance rendue, conformément à la loi, par un tribunal ou en vue de **garantir l'exécution d'une obligation prescrite par la loi** ; s'il a été arrêté et **détenu en vue d'être conduit devant l'autorité judiciaire** compétente, lorsqu'il y a des **raisons plausibles de soupçonner qu'il a commis une infraction** ou qu'il y a des motifs raisonnables de croire à la nécessité de l'empêcher de commettre une infraction ou de s'enfuir après l'accomplissement de celle-ci ; s'il s'agit de la détention régulière d'un mineur, décidée pour son **éducation surveillée** ou de sa détention régulière, afin de le traduire devant l'autorité compétente ; s'il s'agit de la détention régulière d'une personne susceptible de propager une **maladie contagieuse**, d'un **aliéné**, d'un **alcoolique**, d'un **toxicomane ou d'un vagabond** ; s'il s'agit de l'arrestation ou de la détention régulières d'une personne pour l'empêcher de **pénétrer irrégulièrement dans le territoire, ou contre laquelle une procédure d'expulsion ou d'extradition** est en cours ».

1196 **Jurisprudence.** – La Cour européenne a développé une jurisprudence abondante, parfois contraire à la pratique française. Elle aussi entend protéger avant tout l'individu contre les arrestations et détentions arbitraires[2]. **La sûreté ne saurait faire l'objet d'un renoncement**, pas plus que le fait de se « constituer prisonnier » ne saurait justifier un enfermement arbitraire[3]. **La Cour distingue la privation de liberté de la simple restriction de liberté qui relève de l'article 2 du protocole n° 4 qui renvoie à la liberté d'aller et venir.** La privation de liberté doit répondre à une des exceptions prévues[4] et reposer sur une base légale remplissant les qualités requises par la sécurité juridique (le concept de confiance légitime n'est pas éloigné de certains arrêts qui sanctionnent l'usage de la ruse par l'administration pour procéder à des expulsions[5]). **La détention doit se révéler adéquate et proportionnée**[6]. Par exemple, le placement en garde à vue d'un supporter d'une équipe de football pour l'empêcher de prendre part à des actes de hooliganisme était justifié[7]. **Sa durée doit être prévisible**[8]. La Cour européenne[9] a constaté en revanche une violation de l'article 5 § 1 et de l'article 11 (liberté de réunion) de la Convention européenne lorsque les autorités russes ont retenu M. Kasparov (champion d'échecs mondialement connu et opposant au régime en place) pendant cinq heures au sujet de l'authenticité de son billet à l'aéroport de Moscou en mai 2007, ce qui l'a empêché de participer à une manifestation politique de l'opposition. Rien ne permettait de penser une telle infraction. **Viole l'article 5 § 1, ne poursuivait aucun des buts légitimes autorisés, pendant plus d'un jour, la privation de liberté d'un enfant de huit ans**, au commissariat suite à des perquisitions effectuées au domicile d'un voisin à qui sa mère l'avait confié[10].

Détention et conditions de détention sont également liées et examinées[11]. L'État doit assurer la sécurité des personnes privées de liberté et créer les voies de recours adaptées pour contrôler les privations et restrictions

2. CEDH, 1er juill. 1961, *Lawless c. Irlande*, arrestation de membres de l'IRA.
3. CEDH, 18 juin 1971, *De Wilde, Ooms et Versyp* : individus se présentant à la police et arrêtés pour vagabondage, pour lesquels la Cour estime que la « constitution volontaire » des requérants ne suffit pas à établir l'absence de violation de la Convention, laquelle est constituée en ce que les requérants n'ont pas disposé d'un recours auprès d'un tribunal contre les décisions ordonnant leur internement.
4. Buts légitimes dans une société démocratique, comme la condamnation régulière par un tribunal, pourvu que le lien soit direct : CEDH, 24 juin 1982, *Van Droogenbroeck c. Belgique*.
5. CEDH, 5 févr. 2002, *Conka c. Belgique*.
6. Dans le cas d'un mineur en détention provisoire dans un établissement pour adultes : CEDH, 16 mai 2002, *D.G. c. Irlande*.
7. CEDH, 7 mars 2013, *Ostendorf c. Allemagne* (req. n° 15598/08), confirmé par CEDH, 22 oct. 2018, *S., V. et A. c. Danemark*, req. nos 35553/12, 36678/12, et 36711/12.
8. Par ex. CEDH, 24 avr. 2012, *Mathloom c. Grèce* : faute de maximum légal, un Irakien est resté plus de deux ans en attente de son expulsion.
9. CEDH, 11 octobre 2016, *Kasparov c. Russie*, n° 53659/07.
10. CEDH, 9 avr. 2019, *Tarak et Depe c. Turquie*, req. n° 70472/12.
11. CEDH, 7 juill. 1989, *Soering c. RU*, Com. EDH, 15 mai 1980, *Mac Feely*, où le caractère malsain de ces conditions n'est pas imputable à l'État mais au détenu lui-même.

de liberté. L'intervention du juge doit ainsi s'opérer à bref délai[12]. Le droit à réparation en cas de détention irrégulière est également inhérent à l'article 5 et doit être proportionné à la privation de liberté[13].

Dans le cas d'un délinquant sexuel souffrant de troubles mentaux[14], maintenu en détention à durée indéterminée (depuis neuf ans) dans une aile psychiatrique d'une prison, sans thérapie adaptée à son état de santé mentale et sans perspective de réinsertion, la Cour juge également qu'est rompu le lien requis par l'article 5 § 1 e) de la Convention entre le but de la détention et les conditions dans lesquelles elle a lieu, relevant que **si W.D. est maintenu dans une aile psychiatrique d'une prison, c'est en raison d'un défaut structurel d'alternative.**

La France condamnée pour avoir malmené des pirates (CEDH, 4 décembre 2014, affaires *Ali Samatar et autres c. France et Hassan et autres c. France*)

Le 4 décembre 2014, la Cour européenne a condamné la France à l'occasion de l'arrestation de pirates somaliens qui avaient séquestré des passagers de croisière.
Dans un premier arrêt, Ali Samatar et autres c. France[15], la Cour sanctionne sur le fondement de l'article 5 § 3 au motif que les autorités judiciaires françaises avaient eu le temps de se préparer pendant l'acheminement (presque cinq jours) des pirates jusqu'en France : **était donc injustifié le placement en garde à vue pendant quarante-huit heures à leur arrivée en France au lieu de la présentation « sans délai » à une autorité judiciaire,** alors qu'ils avaient déjà été privés de liberté depuis quatre jours et une vingtaine d'heures.
Dans le second arrêt, Hassan et autres c. France[16], la Cour a constaté la violation de l'article 5 § 1. En effet, bien que la France ait agi sur le fondement de la résolution 1816 adoptée par le Conseil de sécurité des Nations unies le 2 juin 2008 qui autorisait, pendant six mois, les États à entrer dans les eaux territoriales de la Somalie, ce qui rendait les poursuites « prévisibles », **les pirates ne pouvaient connaître avec assez de précision les conditions de la privation de liberté susceptible de leur être ensuite imposée dans le but de les conduire devant l'autorité judiciaire compétente**. La jurisprudence de la Cour, selon laquelle un délai de deux ou trois jours avant la comparution devant un juge ne contrevient pas à l'exigence de promptitude posée par l'article 5 § 3, ne signifie pas que cette disposition vise à permettre aux autorités d'approfondir leur enquête en vue de la mise en examen des intéressés.

B. L'article 66 de la Constitution

1197 **Esprit de l'article 66.** – Si le terme n'y apparaît pas explicitement, la sûreté constitue bien l'objet même de l'article 66 de la Constitution qui réserve la protection de la liberté individuelle à l'autorité judiciaire. Dès lors, une limite acceptable de la liberté d'aller et venir peut être appréciée par le juge administratif quand une durée supérieure ne saurait être prononcée et contrôlée que par l'autorité judiciaire. Pourtant, les choses ne sont pas très claires d'un point de vue théorique. Historiquement, cette réserve judiciaire se justifie doublement, sans que l'on sache laquelle des deux branches emporte la conviction. D'un côté, **elle atteste de l'importance politique et symbolique de la sûreté qui ne saurait être confiée à un juge administratif toujours un peu suspect de**

12. CEDH, 29 nov. 1988, *Brogan c. RU.*
13. CEDH, 10 juill. 2018, *Vasilevskiy et Bogdanov c. Russie*, nos 52241/14 et 74222/14.
14. CEDH, 6 sept. 2016, *W.D. c. Belgique*, n° 73548/13.
15. CEDH, n° 17110/10 et 17301/10.
16. CEDH, n° 46695/10 et 54588/10.

connivence avec l'administration et dont le statut ne garantit pas autant l'indépendance ; de l'autre, la justification apportée réside souvent dans les garanties propres au juge du siège en oubliant quelque peu que notre droit, sous la notion commune « d'autorité judiciaire », lui adjoint en principe un ministère public n'offrant pas ces mêmes garanties. Ici encore la jurisprudence de la CEDH pousse nos autorités à préciser les choses et à protéger davantage l'individu.

1. Délimitation

1198 **Jurisprudence constitutionnelle. –** Le Conseil constitutionnel a bâti une jurisprudence complexe et évolutive qui ne permet pas, encore aujourd'hui, d'avoir une conception claire et certaine de la notion de liberté individuelle. Elle se déploie en deux temps.

1199 **Premier temps – La conception englobante de la liberté individuelle. –** Le Conseil constitutionnel disposait de différentes sources permettant de leur affecter des champs distincts. Pourtant, quand il a eu à poser une limite à la fouille des véhicules par les autorités de police, il **l'appela « liberté individuelle » et lui donna la forme d'un principe fondamental reconnu par les lois de la République que l'article 66 se contente de rappeler**[17]. Dans cette décision, l'imprécision qui entoure les réels pouvoirs de la police judiciaire affecte les « principes essentiels sur lesquels repose la protection de la liberté individuelle ». On retrouve toujours ce concept large de liberté individuelle dont l'article 66 n'est qu'un aspect, une espèce. Mais à partir de 1994, soucieux de textes et de fondements plus adéquats aux lois qui lui sont soumises, le Conseil se réfère davantage à l'article 66 lui-même et à la Déclaration de 1789. **Sur cette base, le Conseil, sans alors tenir compte des catégories européennes, s'ingénia à regrouper toutes les libertés de l'individu sous la coupe de la liberté individuelle explicitement ou implicitement fondée sur l'article 66 : la liberté d'aller et de venir**[18]**, l'inviolabilité du domicile**[19]**, la liberté du mariage**[20]**, la vie privée**[21]**, la liberté des correspondances, la sûreté**[22]. « La » liberté individuelle devenait ainsi le conglomérat « des libertés individuelles » orphelines de fondement propre dont elles seraient les « aspects »[23]. Cependant, un certain nombre de facteurs allaient entraîner une remise en cause de cette construction : les exigences propres à chaque liberté et la nécessité de s'adapter davantage, les différences de fondement en droit européen et surtout les risques de conflit avec les règles de compétence du juge administratif. **Ce dernier argument a d'ailleurs été déterminant. Si tout relève de la liberté individuelle, tout doit entrer dans le giron du juge judiciaire ; ce qui pose de sérieuses difficultés dans certains contentieux comme celui des mesures de police administrative**[24]. Il apparut nécessaire de revenir à une conception restrictive de la liberté individuelle et particulièrement de redonner à l'article 66 son champ de prédilection, celui que définit son 1er alinéa : la sûreté.

1200 **Second temps – Le reflux vers une conception recentrée de la liberté individuelle. – Le reflux s'est amorcé avec la décision *Bioéthique I*[25] qui affecte à la liberté corporelle le fondement de la DDHC. La liberté d'aller et venir a également été désolidarisée de l'article 66 C**[26] **avant d'être connectée à la liberté personnelle des articles 2 et 4 de la DDHC**[27]. Le **droit à la vie privée**, sous l'aspect de la **protection du domicile**,

17. CC, 12 janv. 1977, déc. n° 75 DC.
18. CC, 9 janv. 1980, déc. n° 79-109 DC.
19. CC, 29 déc. 1983, déc. n° 83-164 DC.
20. CC, 13 août 1993, déc. n° 93-325 DC.
21. CC, 28 mars 1995, déc. n° 95-352 DC.
22. CC, 9 janv. 1980, *op. cit.*
23. CC, 29 déc. 1983, *op. cit.*
24. Rappelons que depuis la décision *Conseil de la concurrence* du 23 janv. 1987, le juge administratif dispose d'une réserve de compétence qui entre en concurrence avec la réserve judiciaire relative à la liberté individuelle.
25. CC, 27 juill. 1994, déc. n° 94-343-344 DC.
26. CC, 16 juin 1999, déc. n° 99-411 DC, *Délit grande vitesse.*
27. CC, 13 mars 2003, déc. n° 2003-467 DC, *Loi pour la sécurité intérieure.*

des **correspondances et du mariage**, a suivi le même chemin[28]. Cette même décision développe le considérant de principe désormais récurrent : « Considérant qu'il incombe au législateur d'assurer la conciliation entre, d'une part, la prévention des atteintes à l'ordre public et la recherche des auteurs d'infractions, toutes deux nécessaires à la sauvegarde de droits et de principes de valeur constitutionnelle, et, d'autre part, l'exercice des libertés constitutionnellement garanties ; qu'au nombre de celles-ci figurent la liberté d'aller et venir, l'inviolabilité du domicile privé, le secret des correspondances et le respect de la vie privée, protégés par les articles 2 et 4 de la Déclaration de 1789, ainsi que la liberté individuelle, que l'article 66 de la Constitution place sous la surveillance de l'autorité judiciaire ».

1201 Situation actuelle. – Désormais, **« les libertés individuelles », hors « la liberté individuelle », relèvent concurremment des deux ordres juridictionnels, selon la répartition peu à peu définie par le Tribunal des conflits et par le Conseil constitutionnel** dans sa décision *Conseil de la concurrence*. Cette nouvelle construction, à nouveau confirmée en 2006[29], limite l'article 66 à la détention seule. Ainsi, **les perquisitions domiciliaires de nuit, autrefois rattachées à l'article 66[30], ne le sont plus**[31]. Comme le note le Conseil : « la liberté proclamée par l'article 2 de la Déclaration de 1789 implique le droit au respect de la vie privée et, en particulier, de l'inviolabilité du domicile »... **Le Conseil constitutionnel s'assure de l'absence d'interférence des autorités administratives dans le domaine de la liberté individuelle**. Ainsi, en subordonnant à l'avis favorable d'une commission administrative le pouvoir du tribunal de l'application des peines d'accorder la libération conditionnelle, l'article 12 de la loi relative à la rétention de sûreté et à la responsabilité pénale pour cause de trouble mental a méconnu l'indépendance de l'autorité judiciaire gardienne de la liberté individuelle qui résulte des articles 64 et 66 de la Constitution[32]. Il est à noter que le Conseil constitutionnel donne une certaine souplesse à cet article en considérant que « dans l'exercice de sa compétence, le législateur peut fixer des modalités d'intervention de l'autorité judiciaire différentes selon la nature et la portée des mesures affectant la liberté individuelle qu'il entend édicter »[33]. **Le moment de l'intervention et le partage des compétences avec le juge administratif varient en fonction de la durée et de la nature de la contrainte. Une mesure d'assignation à résidence, par exemple, dans le cadre de l'état d'urgence s'analyse comme une atteinte à la liberté d'aller et de venir et n'atteint pas le seuil de la liberté individuelle**[34]. Toutefois, les requérants devant le Conseil argumentent parfois encore sur le fondement de la liberté individuelle pour des mesures de police administrative qui comportent une ingérence dans la vie privée ; ce qui conduit le Conseil à rejeter l'argument sur le terrain de l'article 66[35].

1202 Effets. – La liberté individuelle a donc tendance à se rabattre sur la seule sûreté, sur les seules mesures tendant à s'assurer physiquement d'une personne et celles qui peuvent déboucher sur de telles mesures. L'effet de ces jurisprudences sur la compétence des juges ordinaires, pour être réelle, n'en est pas moins à nuancer. Le juge administratif, paradoxalement, a aussi à connaître de la liberté individuelle même s'il ne l'estime pas être (sauf exception) une des libertés protégées au titre du référé-sauvegarde de l'article 521-2 du Code de justice administrative[36]. **Il vérifie ainsi qu'un arrêté de reconduite à la frontière ne viole pas la liberté individuelle, de même qu'il estime que constitue l'urgence d'une suspension de l'exécution d'un décret d'extradition la formation d'un recours en cassation contre l'avis de la chambre de l'instruction. Il évoque alors parfois « les libertés individuelles » et en apprécie la violation.** Le Conseil d'État s'estime désormais compétent pour mettre en œuvre un référé-liberté même après avoir constaté une voie de fait « sous réserve que la condition d'urgence soit remplie, il appartient au juge

28. CC, 2 mars 2004, déc. n° 2004-492 DC, *Loi Perben II*.
29. CC, 19 janv. 2006, déc. n° 2005-532 DC.
30. CC, 2 mars 2004.
31. Décision n° 2013-679 DC du 4 décembre 2013 – Loi relative à la lutte contre la fraude fiscale et la grande délinquance économique et financière.
32. CC, 21 févr. 2008, déc. n° 2008-562 DC.
33. CC, 26 nov. 2010, déc. n° 2010-71 QPC, *Mlle Danielle S.*
34. CC, 22 déc. 2015, déc. n° 2015-527 QPC, *M. Cédric D.*
35. Par ex. décision n° 2015-713 DC du 23 juillet 2015, *Loi relative au renseignement*.
36. CE, 29 juill. 2003, *M. Eduart X.*

administratif des référés, saisi sur le fondement de l'article L. 521-2 du Code de justice administrative, d'enjoindre à l'administration de faire cesser une atteinte grave et manifestement illégale au droit de propriété, lequel a le caractère d'une liberté fondamentale, quand bien même cette atteinte aurait le caractère d'une voie de fait »[37]. Le droit européen ne s'embarrasse pas de ces questions doctrinales de fondement. **Le champ de l'article 5 et celui de l'article 8 de la Convention EDH ne se recoupent pas, même si les mêmes faits peuvent encourir une condamnation sur la base de ces deux articles.**

2. Rôle de l'autorité judiciaire

1203 **Exigence européenne. –** L'intervention d'un « juge » ou « autre magistrat » est, selon l'article 5 de la **Convention EDH, une exigence liée à toute privation de liberté avant jugement.** Certes, en droit français, le magistrat du ministère public assure un contrôle et peut ordonner la remise en liberté de la personne. **Mais la CEDH dénie souvent au ministère public les qualités d'indépendance et d'impartialité nécessaires**[38]. Concernant la France, dans une intéressante **affaire** *Medvedyev et autres c. France*[39], la CEDH a eu à apprécier des données particulières. Dans le cadre de la lutte internationale contre le trafic de stupéfiants, les autorités françaises apprirent ainsi qu'un navire cambodgien était susceptible de transporter des quantités importantes de drogue. Les autorités maritimes procédèrent, avec l'accord du Cambodge, à son interception en haute mer, puis à son détournement vers le port de Brest. Les requérants alléguaient avoir été victimes d'une privation arbitraire de liberté en raison de leur détention sur le navire durant 13 jours sous la surveillance des forces militaires françaises, puis lors de leur garde à vue. La Cour conclut que les requérants n'ont pas été privés de leur liberté selon les voies légales (violation de l'article 5 § 1). **Au passage, la protection par le ministère public n'apparaît plus suffisante au juge européen, remettant en cause la tradition française selon laquelle « l'autorité judiciaire qui, en vertu de l'article 66 de la Constitution, assure le respect de la liberté individuelle, comprend à la fois les magistrats du siège et ceux du parquet »**[40]. La CEDH a clairement réaffirmé la nécessaire évolution du droit français.

> ***L'arrêt Moulin c. France du 23 novembre 2010*** *(req. n° 37104/06) maintient une définition autonome de l'autorité qui doit intervenir pour garantir la liberté, que ne satisfait pas le droit français. Il s'agissait d'une avocate mise en cause dans le cadre d'une procédure relative à un trafic de stupéfiants, arrêtée sur commission rogatoire et placée en garde à vue prolongée par un juge d'instruction du tribunal de grande instance sans entendre personnellement la requérante. Si elle fut présentée au procureur adjoint du tribunal de grande instance deux jours après son arrestation, la Cour observe que les membres du ministère public sont placés sous la direction et le contrôle de leurs chefs hiérarchiques au sein du parquet, et sous l'autorité du garde des Sceaux. Dès lors, du fait de leur statut, les membres du ministère public, ne remplissent pas l'exigence d'indépendance à l'égard de l'exécutif. Ainsi, la garde à vue de Mme Moulin ne répondait pas aux exigences de l'article 5 § 3.*

1204 **Réaction française. –** La Cour de cassation[41] pose que « c'est à tort que la chambre de l'instruction a retenu que le ministère public est une autorité judiciaire au sens de l'article 5 § 3 de la Convention EDH, alors qu'il ne présente pas les garanties d'indépendance et d'impartialité requises par ce texte et qu'il est partie poursuivante ». Le système français se trouve ainsi fortement déstabilisé par la jurisprudence européenne. **Seul un magistrat du siège peut prononcer une peine privative de liberté ou une détention provisoire. Le parquet**

37. CE, ord. réf., 23 janv. 2013 *Commune de Chirongui*, req. n° 365262
38. CEDH, 23 oct. 1990, *Huber c. Suisse*.
39. CEDH, Gr. Ch., 29 mars 2010, n° 3394/03, *Medvedyev et autres c. France*.
40. CC, 11 août 1993, déc. n° 93-326 DC ; voir T.-S. Renoux, RFDC 1993, p. 848.
41. Cass. crim., 15 déc. 2010, n° 7177.

ne peut décider que pour des restrictions brèves, inférieures à quarante-huit heures en principe. Notons enfin qu'il ne s'agit en outre que d'un magistrat professionnel et non d'un juge de proximité[42]. Du point de vue du juge constitutionnel, l'intervention du magistrat doit être rapide[43] ; elle doit lui permettre d'examiner concrètement et effectivement la situation[44] ; elle doit enfin se traduire par un écrit[45].

La France a néanmoins été à nouveau condamnée dans une affaire dans laquelle la garde à vue, prolongée par le ministère public, a succédé à une période de dix-huit jours de privation de liberté à bord de leur navire : les requérants n'ont finalement comparu pour la première fois devant un juge des libertés qu'après un délai supplémentaire d'environ quarante-huit heures suivant leur arrivée au port, alors même que les circonstances de l'espèce ne pouvaient le justifier[46]. Et encore implicitement dans les affaires *Ali Samatar et autres c. France* et *Hassan et autres c. France* du 4 décembre 2014[47]. C'est pourquoi **la loi du 3 juin 2016 renforçant la lutte contre le crime organisé, le terrorisme et leur financement insiste sur la nécessité de présenter « dans les plus brefs délais »** devant le juge des libertés et de la détention ou le juge d'instruction une personne privée de sa liberté en mer. La Cour européenne n'a pas condamné pour un délai de comparution devant le juge d'instruction de presque quatre jours après que le requérant avait été remis aux autorités françaises[48].

Pour la Cour de justice, questionnée dans le cadre du dispositif du mandat d'arrêt européen, le parquet français présente des garanties d'indépendance suffisantes[49]. La notion d'autorité judiciaire figure en effet également à l'article 6 § 1 de la décision-cadre, comme notion autonome du droit de l'UE qui exclut un organe de l'exécutif[50]. **Seule une autorité indépendante peut émettre un mandat d'arrêt européen[51] mais il n'est pas exigé qu'il s'agisse d'une juridiction.**

1205 **Limites. -** Une limite à la compétence du juge judiciaire réside dans sa capacité à apprécier lui-même la légalité d'un acte administratif potentiellement attentatoire à la liberté individuelle. **Le juge pénal ne rencontre aucune difficulté puisque l'article 111-5 dispose que « les juridictions pénales sont compétentes pour interpréter les actes administratifs, réglementaires ou individuels et pour en apprécier la légalité lorsque, de cet examen, dépend la solution du procès pénal qui leur est soumis ».** Le juge civil en revanche suivant la jurisprudence *Septfonds*[52] devrait se contenter de l'interpréter. La réserve constitutionnelle relative à la liberté individuelle lui permet pourtant, dans de rares occasions, de passer outre cette diminution de ses pouvoirs (par exemple en matière d'hospitalisation psychiatrique). Le juge judiciaire se refusait à apprécier la légalité externe de tels actes jusqu'à ce que le législateur lui confie en 2011 l'entier contentieux des décisions d'hospitalisation sous contrainte. La théorie de la voie de fait va également dans le sens de préserver la compétence judiciaire.

II. Le cadre général de la répression pénale en France

1206 **Effet horizontal. -** Si la sûreté est traditionnellement conçue comme protégeant l'individu contre la puissance publique, **les États sont tenus de mettre en place des mesures contre l'entrave de la liberté individuelle opérée par d'autres particuliers.** Le Code pénal français comprend ainsi un chapitre réprimant les atteintes aux libertés de la personne : l'enlèvement et la séquestration (art. 224-1 à 224-5-2), le détournement d'aéronef, de navire ou de tout autre moyen de transport (art. 224-6 à 224-8-1). **Le fait, sans ordre des autorités**

---

42. CC, 29 août 2002, déc. n° 461 DC, *Loi de programmation pour la justice.*
43. CC, 9 janv. 1980, déc. n° 79-109 DC.
44. CC, 25 févr. 1992, déc. n° 92-305 DC.
45. CC, 2 mars 2004, déc. n° 2006-492 DC.
46. CEDH, 27 juin 2013, *Vassis et autres c. France* (req., n° 62736/09).
47. CEDH, n° 17110/10 et 17301/10 et n° 46695/10 et 54588/10.
48. CEDH, 10 nov. 2016, *Kiril Zlatkov Nikolov c. France*, n°s 70474/11 et 68038/12.
49. CJUE, 12 déc. 2019, *JR et YC*, aff. C-566/19 PPU et C-626/19 PPU.
50. CJUE, 10 nov. 2016, *KovalKovas*, aff. C-477/16 PPU.
51. CJUE, 27 mai 2019, *OG et PI*, aff. C-508/19, C-82/19.
52. T. confl., 16 juin 1923, *Septfonds*.

constituées et hors les cas prévus par la loi, d'arrêter, d'enlever, de détenir ou de séquestrer une personne est puni de vingt ans de réclusion criminelle. Sur ces bases, l'action répressive de l'État (police judiciaire, procédure pénale, détention) fait l'objet d'un strict encadrement.

A. Les principes de la police judiciaire

1207 Police judiciaire et police administrative. – Délimitation administrative. – Historiquement, la distinction est **née de la nécessité de déterminer** *ex post* **l'ordre de juridiction compétent pour juger de la réparation des dommages** issus d'une opération de police. Après hésitations, **le Tribunal des conflits a affiné un critère dit « finaliste », c'est-à-dire qui tient compte de la finalité de l'opération de police** : l'action (décision ou opération) est-elle en liaison avec une infraction pénale déterminée ? La police est-elle à la poursuite de délinquants où tend-elle à maintenir l'ordre pour prévenir la commission des infractions (y compris après qu'une telle infraction a été commise) ? Si l'action est relative, dans l'esprit des autorités de police, **à une infraction déterminée**, il y a opération de police judiciaire. L'infraction peut ne pas avoir été commise, elle relève tout de même de la police judiciaire si la police attend de présumés malfaiteurs ou suspecte quelqu'un de vouloir commettre une infraction : il s'agit de « répression » au sens large[53]. À l'inverse, la police reste administrative en cas de blessure d'une riveraine lors **d'opérations de contrôle et de surveillance** sans intervention des autorités judiciaires[54].

1208 Délimitation constitutionnelle. – Le Conseil constitutionnel a repris ces critères mais cette fois pour déterminer *ex ante* la nature de l'opération encadrée par la loi et donc la compétence juridictionnelle que le législateur a choisie. Par exemple, la décision du 19 janvier 2006[55], loi relative à la lutte contre le terrorisme et portant dispositions diverses relatives à la sécurité et aux contrôles frontaliers, pose que « **par sa nature même, la procédure de recueil automatisé de données relatives aux véhicules instituée par l'article 8 de la loi déférée ne saurait porter atteinte ni à la règle, posée par l'article 66 de la Constitution, selon laquelle nul ne peut être arbitrairement détenu, ni à la liberté d'aller et venir protégée par les articles 2 et 4 de la Déclaration de 1789** » (cons. 16). Cette même décision s'attache à étayer le partage de champ entre police administrative et police judiciaire. Ainsi, le dispositif de recueil automatisé de données relatives aux véhicules peut être utilisé tant pour des opérations de police administrative que pour des opérations de police judiciaire (sous le contrôle de l'autorité judiciaire alors) de façon à ne pas porter atteinte au principe de la séparation des pouvoirs.

1209 L'exemple de la garde à vue des étrangers en situation irrégulière. – Police administrative et police judiciaire ne se distinguent que sur un plan fonctionnel car, matériellement et du point de vue du personnel, les missions se confondent au risque d'une mauvaise protection des droits fondamentaux. C'est ce que montre le cas des étrangers en situation irrégulière dont notre droit considère la situation comme pénalement sanctionnable en plus d'être l'objet de la police spéciale préfectorale. **La rétention d'un étranger en attente d'élargissement (expulsion ou reconduite à la frontière) pouvait ainsi recouper une garde à vue pour séjour irrégulier**. Cette confusion a été sanctionnée par la Cour de justice de l'Union[56] puis par la Cour de cassation[57]. Côté européen, la « directive retour » établit les normes et procédures communes en vue de la mise en place d'une politique efficace d'éloignement et de rapatriement des personnes dans le respect de leurs droits fondamentaux et de leur dignité. **La « directive retour » s'oppose par exemple à ce qu'un ressortissant d'un pays non-membre de l'UE puisse, avant d'être soumis à la procédure de retour, être mis en prison au seul motif de son entrée**

53. CE, sect., 11 mai 1951, *Consorts Baud* : personne mortellement blessée à l'occasion d'opérations de police recherchant des malfaiteurs.
54. T. confl., 7 juin 1951, *Dame Noualek*.
55. CC, 19 janv. 2006, déc. n° 2005-532 DC.
56. CJUE, 28 avr. 2011, C-61/11 PPU, *Hassen El Dridi alias Soufi Karim* ; CJUE, Gr. Ch., 6 déc. 2011, aff. C329/11, *A. Achughbabian c. Préfet du Val de Marne*.
57. Cass. 1re civ., 5 juill. 2012, n° 11-30.371.

irrégulière sur le territoire d'un État membre via une frontière intérieure de l'espace Schengen[58]. Les États membres ne peuvent déroger à ces normes et procédures en appliquant des normes plus sévères. Les États membres ne sauraient prévoir une peine privative de liberté pour le seul motif qu'un ressortissant d'un pays tiers continue, après qu'un ordre de quitter le territoire national lui a été notifié et que le délai imparti dans cet ordre a expiré, de se trouver présent de manière irrégulière sur le territoire d'un État membre. Côté judiciaire, la Cour de cassation reprend les mêmes termes et ajoute qu'en cas de flagrant délit, le placement en garde à vue n'est possible (à l'époque) qu'à l'occasion d'enquêtes sur les délits punis d'emprisonnement. Le ressortissant d'un pays tiers, en séjour irrégulier en France (qui n'encourt pas l'emprisonnement prévu par l'article L. 621-1 du CESEDA lorsqu'il se trouve dans l'une ou l'autre situation exposée par la jurisprudence européenne), ne peut être placé en garde à vue à l'occasion d'une procédure de flagrant délit diligentée de ce seul chef. De son côté, le Conseil constitutionnel n'a pas sanctionné[59]. Au contraire, il a articulé les deux procédures : « lorsque l'étranger a été placé en rétention administrative à l'issue d'une mesure de garde à vue, la protection constitutionnelle de la liberté individuelle exige que la durée de la garde à vue soit prise en compte pour déterminer le délai avant l'expiration duquel une juridiction de l'ordre judiciaire doit intervenir »[60].

B. Les principes du droit pénal et de la procédure pénale

1210 **Rôle du juge constitutionnel. –** On a déjà vu que le Conseil constitutionnel a développé une jurisprudence nourrie dans le champ des garanties pénales. Au-delà du rôle du juge, certains **principes classiques ont valeur constitutionnelle comme la réserve de la loi, la légalité des délits et des peines qui implique aussi la clarté de la loi pénale, l'interprétation stricte de la loi pénale, la non-rétroactivité de la loi pénale, l'égalité procédurale, ou des principes relatifs à la peine comme la nécessité et la proportionnalité des peines, l'individualisation de la peine, l'adaptation aux mineurs de la justice, la présomption d'innocence**... L'impact de la question prioritaire de constitutionnalité est important. **Depuis sa décision relative à la garde à vue**[61]**, le Conseil détricote une part importante du droit de la procédure pénale.** Ainsi, dans sa décision QPC n° 2010-62, le Conseil constitutionnel a été saisi de la conformité à la Constitution de l'article 148 du Code de procédure pénale qui permet à toute personne en **détention provisoire** de demander à tout moment sa mise en liberté. Le Conseil constitutionnel a jugé que l'équilibre des droits des parties interdit que le juge des libertés et de la détention puisse rejeter la demande de mise en liberté sans que le demandeur, ou son avocat, ait pu avoir communication de l'avis du juge d'instruction et des réquisitions du ministère public. Le même jour, dans la décision QPC n° 2010-80, il estime que la rétention pendant vingt heures, dans les locaux du tribunal de grande instance (TGI), d'une personne dont la garde à vue a été levée en vue de son déferement devant un magistrat de ce tribunal (appelé le « petit dépôt ») n'est conforme à la Constitution que si le magistrat est informé sans délai de l'arrivée de la personne déférée dans les locaux de la juridiction en vue de porter une appréciation immédiate sur l'opportunité de cette rétention. Surtout, lorsque la garde à vue a été renouvelée par le procureur de la République, la personne retenue doit être effectivement présentée à un magistrat du siège avant l'expiration du délai de vingt heures. Une présentation à un parquetier dans ce délai conduisant à une comparution immédiate qui se tiendrait au-delà de ce délai n'est pas conforme à la Constitution. La décision QPC n° 2010-81, **censure une partie de l'article 207 du Code de procédure pénale en ce qu'il conduit à priver une personne mise en examen de l'application de certaines garanties** prévues par le même code, notamment le droit à un double degré de juridiction puisque la chambre de l'instruction pouvait se déclarer seule compétente pour statuer dans la suite de la procédure.

Pour un autre exemple, le Conseil a, dans ce sens, validé[62] l'article 78 du Code de procédure pénale qui permet à un officier de police judiciaire de convoquer et d'entendre toute personne pour les besoins de l'enquête (simples

58. CJUE, 7 juin 2016, aff. C-47/15, Affum.
59. CC, 3 févr. 2012, déc. n° 2011-217 QPC, *M. Mohammed Alki B.*
60. CC, 9 juin 2011, déc. n° 2011-631 DC, cons. 73.
61. CC, 30 juill. 2010, déc. n° 2010-14/22 QPC, *Daniel W. et autres*, voir *supra* n° 553.
62. CC, 18 juin 2012, déc. n° n° 2012-257 QPC, *Société Olano Carla et autre.*

témoins ou personnes soupçonnées). Le Conseil constitutionnel a relevé que, **avec l'autorisation préalable du procureur de la République, la loi équilibre correctement les normes en présence**. Cependant, la personne soupçonnée d'avoir commis ou tenté de commettre une infraction ne peut être entendue par les enquêteurs (en dehors du régime de la garde à vue) qu'à la condition de n'être pas maintenue à leur disposition sous la contrainte ou d'avoir été informée de la nature et de la date de l'infraction et de son droit de quitter à tout moment les locaux de police ou de gendarmerie.

1211 **Principe de la responsabilité pénale.** – L'idée même de culpabilité nécessite que l'auteur des faits puisse être « responsable », c'est-à-dire qu'il est libre et conscient de ses actes. L'autonomie est donc ce que les experts psychiatres évalueront en fonction des nomenclatures de la psychiatrie mais que l'opinion publique vengeresse tiendra pour sûr pour que le « coupable » soit jugé et non seulement soigné. Il n'est pas possible ici de développer ce que les ouvrages de criminologie et droit pénal abordent. L'alinéa premier de l'article 122-1 du Code pénal prévoit l'exonération totale de la responsabilité pénale de celui dont le discernement ou le contrôle de ses actes ont été abolis par un trouble psychique ou neuropsychique.

On évoquera ici la question de l'organisation, de la préparation, conscientes, d'une situation d'irresponsabilité. Depuis la loi n° 2022-52 du 24 janvier 2022 relative à la responsabilité pénale et à la sécurité intérieure, cette cause de non-imputabilité ne bénéficiera désormais plus à celui dont l'abolition temporaire du discernement ou du contrôle de ses actes résultera de la consommation, dans un temps très voisin de l'action, de substances psychoactives dans le but de commettre l'infraction ou d'en faciliter la commission (C. pén., art. 122-1-1). La circonstance aggravante de commission des faits en état d'ivresse ou sous l'emprise de stupéfiants est ainsi étendue au meurtre (C. pén., art. 221-4, 11°), aux tortures et actes de barbarie (C. pén., art. 222-3, 11°), aux violences volontaires ayant entraîné la mort sans intention de la donner (C. pén., art. 222-8, 11°) ou ayant entraîné une mutilation ou une infirmité permanente (C. pén., art. 222-10, 11°). Le chapitre relatif aux atteintes à la vie est désormais complété d'une section 1 bis intitulée « De l'atteinte à la vie résultant d'une intoxication volontaire » contenant trois nouveaux délits d'intoxication volontaire. Ces textes répriment « le fait pour une personne d'avoir consommé volontairement, de façon illicite ou manifestement excessive, des substances psychoactives en ayant connaissance du fait que cette consommation est susceptible de la conduire à mettre délibérément autrui en danger, lorsque cette consommation a entraîné un trouble psychique ou neuropsychique temporaire sous l'empire duquel elle a commis » soit un homicide volontaire (C. pén., art. 221-5-6), soit des tortures et actes de barbarie ou des violences volontaires (C. pén., art. 222-18-4), soit un viol (C. pén., art. 222-26-2).

1212 **Réserve de la loi.** – Issue de **l'article 34**, elle conduit à la rédaction du Code de procédure pénale dont l'article préliminaire (issu de la loi du 15 juin 2000) dispose que « les mesures de contraintes dont cette personne peut faire l'objet sont prises sur décision ou sous le contrôle effectif de l'autorité judiciaire. Elles doivent être strictement limitées aux nécessités de la procédure, proportionnées à la gravité de l'infraction reprochée et ne pas porter atteinte à la dignité de la personne ».

1213 **Présomption d'innocence.** – Selon **l'article 9 de la DDHC** : « Tout homme étant présumé innocent jusqu'à ce qu'il ait été déclaré coupable, s'il est jugé indispensable de l'arrêter, toute rigueur qui ne serait pas nécessaire pour s'assurer de sa personne doit être sévèrement réprimée par la loi ». Pour le Conseil constitutionnel[63], **cela ne fait pas obstacle à ce que l'autorité judiciaire soumette à des mesures restrictives ou privatives de liberté, avant toute déclaration de culpabilité, une personne à l'encontre de laquelle existent des indices suffisants** quant à sa participation à la commission d'un délit ou d'un crime, à la condition que ces mesures soient prononcées selon une procédure respectueuse des droits de la défense et apparaissent nécessaires à la manifestation de la vérité, au maintien de ladite personne à la disposition de la justice, à sa protection, à la protection des tiers ou à la sauvegarde de l'ordre public. Une difficulté nouvelle a été soulevée par la loi relative

63. CC, 29 août 2002, déc. n° 2002-461 DC.

au placement sous surveillance électronique d'une personne mise en examen dans le cadre d'un contrôle judiciaire (bracelet électronique). Le Conseil[64] a mis en valeur que dans certaines circonstances, **le bracelet permettra d'éviter la détention provisoire et qu'il ne présente pas une rigueur qui ne serait pas nécessaire.** La procédure du « **plaider-coupable** » a, elle aussi, été validée car « s'il découle de l'article 9 de la Déclaration de 1789 que nul n'est tenu de s'accuser, ni cette disposition ni aucune autre de la Constitution n'interdit à une personne de reconnaître librement sa culpabilité » sous réserve que le juge du siège ne soit pas lié, ni par la proposition du procureur, ni par son acceptation par la personne concernée[65]. S'il rend une ordonnance d'homologation, il devra relever que la personne, en présence de son avocat, reconnaît les faits qui lui sont reprochés et accepte en connaissance de cause la ou les peines proposées par le procureur de la République. À l'inverse, en cas de refus d'homologation, ni le ministère public, ni les parties ne peuvent se prévaloir de ce qui a été dit alors. L'article 9 de la Déclaration comprend le principe selon lequel nul n'est tenu de s'accuser, dont découle le droit de se taire. La procédure de présentation devant le juge des libertés et de la détention dans le cadre d'une comparution immédiate est contraire à la Constitution si elle ne prévoit pas l'information du prévenu sur ce droit. Jusqu'à l'entrée en vigueur d'une nouvelle loi, le juge des libertés et de la détention doit informer le prévenu[66].

La présomption d'innocence est aussi une **valeur portée par la Convention européenne (article 6 § 2)**. Ainsi, toute décision de justice ou élément de procédure[67] ou toute déclaration médiatique émanant de l'État ou de la presse[68], qui **traitent une personne comme coupable, avant qu'elle ait été jugée** définitivement viole la Convention. Cela **concerne toute la chaîne répressive**, y compris administrative et fiscale[69], y compris dans le traitement des données personnelles[70]. On ne peut être déclaré coupable de récidive concernant une infraction (en l'occurrence conduite sans permis) alors que son recours contre une première condamnation pour la même infraction était pendant.[71] Bien sûr, **l'article préliminaire du Code de procédure pénale** (« Toute personne suspectée ou poursuivie est présumée innocente tant que sa culpabilité n'a pas été établie. Les atteintes à sa présomption d'innocence sont prévenues, réparées et réprimées dans les conditions prévues par la loi... ») ainsi que la jurisprudence judiciaire l'appliquent. Par exemple, un journaliste ne peut pas affirmer que « de source policière » tel ou tel acte comportait de « nombreuses anomalies » ou que l'affaire repose sur « des faits troublants »[72] ; un médecin ne peut afficher une partie seulement de la condamnation de son ex-associé qui a fait appel de la décision[73].

1214 **La non-rétroactivité des lois répressives plus sévères** a été consacrée la première fois de manière positive au niveau constitutionnel à propos d'une **sanction fiscale**[74], mais elle joue, plus largement, pour les **sanctions administratives**[75] et, bien sûr, pour les **sanctions pénales**. Dans sa décision du 16 juillet 1996, par exemple, le Conseil constitutionnel en a tiré comme conséquence « que le principe de non-rétroactivité des lois en matière répressive énoncé par l'article 8 de la DDHC ne permet pas de fixer à la date susmentionnée l'entrée en vigueur de la loi dans les territoires d'Outre-mer »[76]. Dans le **cas particulier du bracelet électronique**[77], la loi prévoyait l'application de la surveillance judiciaire aux personnes condamnées à une peine privative de liberté pour des faits commis antérieurement à l'entrée en vigueur de la loi et dont le risque de récidive était constaté après celle-ci. La censure n'est cependant pas encourue car, pour le juge, la surveillance judiciaire constitue une

64. CC, 29 août 2002.
65. CC, 22 juill. 2005, déc. n° 2005-520.
66. CC, 4 mars 2021, n° 2020-886 QPC, *M. Oussama C.*
67. CEDH, 25 mars 1993, *Minelli c. Suisse*, n° 8660/79.
68. CEDH, 28 nov. 2002, *Lavents c. Lettonie*, n° 58442/00.
69. CE, 26 mars 2006, *SA Martell et Co*, n° 257330.
70. CEDH, Gr. Ch., 4 déc. 2008, *S et Marper c. Royaume-Uni*, n°s 30562/04 et 30566/04.
71. CEDH, 14 mars 2019, *Kangers c. Lettonie*, n° 35726/10.
72. Cass. 1re civ., 6 mars 1996, n° 93-20478.
73. Cass. 1re civ., 10 avr. 2013, n° 11-28406.
74. CC, 30 déc. 1982, déc. n° 82-155 DC.
75. CC, 5 janv. 1988, déc. n° 87-233 DC.
76. CC, 16 juill. 1996, déc. n° 96-377 DC, cons. 29.
77. CC, 8 déc. 2005, déc. n° 2005-527 DC.

modalité d'exécution de la peine qui a été prononcée par la juridiction de jugement et non une peine ou une sanction. Prenant en compte **la pleine mesure de la rétroactivité de sa propre jurisprudence**, le juge constitutionnel s'applique à lui-même cette exigence : lorsque l'abrogation s'impose il veille à ne pas maintenir ses effets même si cela s'opère au détriment de la répression et des victimes. Ainsi, le grand public a été choqué par l'abrogation « sèche » du délit de harcèlement sexuel[78].

La **Cour européenne** fait de même[79] sur la base de l'article 7 de la CEDH : « Nul ne peut être condamné pour une action ou une omission qui, au moment où elle a été commise, ne constituait pas une infraction d'après le droit national ou international ».

1215 Le principe de rétroactivité de la loi pénale plus douce (*in mitius*). – Posée dans la décision du Conseil constitutionnel « sécurité-liberté » de 1981, sur le fondement de la nécessité des peines, cette obligation d'appliquer la loi pénale plus douce a été confirmée par une décision du 21 février 1992 : « Considérant que [...] il est du pouvoir du législateur organique, sous réserve de l'application immédiate de mesures répressives plus douces, de fixer les règles d'entrée en vigueur des dispositions qu'il édicte »[80]. La **CEDH** a déduit de l'article 7 paragraphe 1 de la convention EDH l'existence de ce principe de rétroactivité de la loi plus douce lors de *l'affaire Scoppola c. Italie* du 17 septembre 2009[81]. Le requérant avait, lors d'une bagarre familiale, tué sa femme et blessé l'un de ses fils. Reconnu coupable de meurtre il a été condamné à la réclusion criminelle à perpétuité alors que les juridictions italiennes auraient dû appliquer à M. Scoppola la version de cette disposition qui lui était la plus favorable parmi toutes celles qui ont été en vigueur durant la période comprise entre la commission de l'infraction et l'adoption du jugement définitif : « l'article 7 § 1 de la Convention ne garantit pas seulement le principe de non-rétroactivité des lois pénales plus sévères, mais aussi, et implicitement, le principe de rétroactivité de la loi pénale plus douce ». La Cour confirme d'ailleurs qu'elle n'admet pas une peine accessoire plus lourde que la peine principale[82]. **De son côté la CJUE a également jugé que ce principe fait partie des traditions constitutionnelles communes des États membres**[83]. La Cour de justice de l'UE précise que le principe général du droit de la rétroactivité de la loi pénale plus douce n'est opposable que si le législateur a changé d'avis soit sur la qualification pénale des faits soit sur la peine à appliquer à une infraction. Cette appréciation s'effectue au regard de la motivation qui a été celle du législateur en matière pénale au moment de la modification du droit applicable et non seulement du changement postérieur de législation objet de la sanction pénale[84]. La rétroactivité *in mitius* est applicable aux sanctions administratives envers un employeur[85].

1216 La nécessité et la proportionnalité des peines. – De manière générale, **la sanction pénale est celle qui réagit à un comportement asocial d'une certaine gravité en restreignant les droits et libertés du coupable, jusqu'à la liberté individuelle au besoin. Elle est aussi la conséquence de la violation des droits d'autrui.** Mais l'équilibre qui est fait entre ces droits revient à l'État et ne fait pas naître un droit de la victime à voir le coupable puni (mais un droit à réparation). Le Conseil d'État a ainsi eu l'occasion d'affirmer « **qu'il ne résulte d'aucun engagement international de la France, d'aucune règle ni d'aucun principe que la victime d'un manquement à une interdiction posée par la loi disposerait d'un droit propre à l'incrimination pénale d'un tel manquement** »[86]. La nécessité de réprimer demeure donc un principe objectif remplaçant la vengeance privée et non un droit, ce qui explique aussi, en partie, le fait qu'elle soit peu exploitée par la jurisprudence qui y voit un enjeu hautement politique.

78. CC, 4 mai 2012, déc. n° 2012-240 QPC, *M. Gérard D.*
79. CEDH, 22 nov. 1995, *S. W. c. Royaume-Uni*, n° 20166/92 ; CEDH, 25 mai 1993, *Kokkinakis c. Grèce*, n° 14307/88.
80. CC, 21 févr. 1992, déc. n° 92-305 DC, cons. 112.
81. CEDH, gr. ch., 17 sept. 2009, *Scoppola c. Italie* (n° 2), n° 10249/03.
82. CEDH, 12 janv. 2016, *Gouarré Patte c. Andorre*, n° 33427/10.
83. CJCE, 3 mai 2005, *Berlusconi et autres*, C-387/02.
84. CJUE, 7 août 2018, *Administration des douanes et droits indirects c. Hubert Clergeau et autres*, aff. C-115/17.
85. CE, 11 février 2022, n° 448372.
86. CE, 24 oct. 2019, *Association Générations Mémoire Harkis et Boufhal*, n° 407932.

Enfin, le principe de nécessité des peines, protégé par l'article 8 de la Déclaration de 1789, et de la garantie des droits, proclamée par l'article 16 de la même déclaration, implique qu'en matière pénale, **il appartient au législateur, afin de tenir compte des conséquences attachées à l'écoulement du temps, de fixer des règles relatives à la prescription de l'action publique qui ne soient pas manifestement inadaptées à la nature ou à la gravité des infractions**[87]. Par exemple, le Conseil constitutionnel[88] juge que le délit de recel d'apologie d'actes de terrorisme (le fait de détenir, en toute connaissance de cause, des fichiers ou des documents caractérisant l'apologie d'actes de terrorisme, lorsque cette détention s'accompagne d'une adhésion à l'idéologie exprimée dans ces fichiers ou documents) porte à la liberté d'expression et de communication une atteinte qui n'est pas nécessaire, adaptée et proportionnée (cinq ans d'emprisonnement et de 375 000 euros d'amende). En effet, le Conseil estime que **les autorités administrative et judiciaire disposent, indépendamment du délit contesté, de nombreuses prérogatives**, non seulement pour lutter contre la diffusion publique d'apologies d'actes de terrorisme et réprimer leurs auteurs, mais aussi pour surveiller une personne consultant ou collectant ces messages et pour l'interpeller et la sanctionner lorsque cette consultation ou cette collection s'accompagne d'un comportement révélant une intention terroriste, avant même que ce projet soit entré dans sa phase d'exécution. La peine peut aller jusqu'à sept ou dix ans d'emprisonnement pour le seul fait de détenir des fichiers sans les diffuser et sans que soit retenue l'intention terroriste ou apologétique du receleur comme élément constitutif de l'infraction.

Selon le Conseil « si la nécessité des peines attachées aux infractions relève du pouvoir d'appréciation du législateur, **il incombe au Conseil constitutionnel de s'assurer de l'absence de disproportion manifeste entre l'infraction et la peine encourue**[89] ». Le législateur ne peut instaurer une sanction susceptible d'être sans rapport avec la gravité du manquement réprimé. Le principe s'applique en cas de disproportion manifeste à tout le champ répressif[90] y compris à la période de sûreté qui, bien que relative à l'exécution de la peine, n'en relève pas moins de la décision de la juridiction de jugement, mais également « à toute sanction ayant le caractère d'une punition même si le législateur a laissé le soin de la prononcer à une autorité de nature non judiciaire »[91] et aux incapacités qui y sont attachées du fait de la loi. **Ce principe se combine avec article 9 de la DDHC pour prohiber « toute rigueur qui ne serait pas nécessaire pour s'assurer d'une personne et introduire un contrôle de la nécessité de toutes formes de mesures restreignant la liberté individuelle »**. Le Conseil pose également en principe l'exclusion ou l'interdiction de peines « automatiques »[92]. **La proportionnalité des peines s'oppose aussi à tout mécanisme qui empêcherait tout aménagement de peine**, en particulier, les peines à perpétuité qui ne sauraient être incompressibles[93].

Le principe de proportionnalité qui en découle implique que, **lorsque plusieurs dispositions pénales sont susceptibles de fonder la condamnation d'un seul et même fait, les sanctions subies ne peuvent excéder le maximum légal le plus élevé**[94]. De même, en prévoyant une amende dont le montant, non plafonné, est fixé en proportion de la valeur des contrats non déclarés, pour un simple manquement à une obligation déclarative de ces contrats, y compris lorsque les revenus n'ont pas été soustraits à l'impôt, le législateur a instauré une sanction manifestement disproportionnée à la gravité des faits qu'il a entendu réprimer[95]. Ainsi, le Conseil constitutionnel censure les dispositions qui répriment l'absence de déclaration annuelle des comptes bancaires ouverts, utilisés ou clos à l'étranger alors que les sommes figurant sur ces comptes n'ont pas été soustraites

87. CC, 24 mai 2019, n° 2019-785 QPC.
88. CC, 19 juin 2020, *M. Théo S.*, n° 2020-845 QPC [Recel d'apologie du terrorisme].
89. CC, 4 mai 2018, *Société People and Baby* [Pénalité pour défaut d'accord collectif ou de plan d'action relatif à l'emploi des salariés âgés], n° 2018-703 QPC.
90. CC, 20 janv. 1993, déc. n° 92-316 DC.
91. CC, 30 déc. 1982, *op. cit.*
92. CC, 20 juill. 1993, déc. n° 93-321 DC.
93. CC, 6 sept. 2019, n° 2019-799/800 QPC, *Mme Alaitz A. et autre.*
94. Principe *non bis in idem* : CC, 12 janv. 2002, déc. n° 2001-455 DC.
95. CC, 27 octobre 2017, *M. Didier C.*, n° 2017-667 QPC [Amende proportionnelle pour défaut de déclaration des contrats de capitalisation souscrits à l'étranger].

frauduleusement à l'impôt[96]. **Même en matière de terrorisme, le législateur ne saurait, sans méconnaître le principe de nécessité des délits et des peines, réprimer la seule intention délictueuse ou criminelle**. Lorsqu'il s'agit de réprimer des actes préparatoires (ici à la commission d'une infraction à la personne humaine et s'inscrivant dans une volonté terroriste), il faut que la preuve de l'intention de l'auteur des faits dépasse les seuls faits matériels (ici le fait de « rechercher » des objets ou des substances de nature à créer un danger pour autrui pour corroborer l'intention qui doit être, par ailleurs, établie. Les actes ne matérialisent pas, en eux-mêmes, la volonté de préparer une infraction, la peine n'est donc pas nécessaire[97].

Plus récemment[98], il a censuré une amende proportionnelle non plafonnée pour un manquement à une obligation de signalement en matière de TVA. **La nécessité s'apprécie au regard de la finalité de la disposition de fond.** Par exemple, pour obtenir des actions de formation professionnelle continue, la loi institue contre l'employeur une amende d'un montant égal aux sommes non remboursées aux personnes devant se former. Mais cela ne doit pas conduire à sanctionner un défaut de remboursement lorsqu'il s'avère que les sommes ne sont pas dues parce que non réclamées[99].

Dans le cadre de l'état d'urgence sanitaire, la peine de six mois de prison et de 3 750 euros d'amende sanctionnant **la quatrième violation de l'interdiction de sortir pendant le confinement** (état d'urgence sanitaire) n'a pas paru disproportionnée au Conseil constitutionnel[100] eu égard au contexte de catastrophe sanitaire mettant en péril, par sa nature et sa gravité, la santé de la population.

La Cour européenne lie davantage la protection de certains droits, les plus fondamentaux (art. 2, 3, 8 quand il s'agit de protection contre les atteintes sexuelles) à l'existence d'une prévention des atteintes qui passerait par un dispositif dissuasif, notamment répressif. Cela ne vaut que pour les infractions intentionnelles, même si l'article 2 impose à l'État de mettre en place un système judiciaire effectif prévenant aussi la négligente mise en danger d'autrui. L'article 2 **ne garantit cependant pas en pratique un droit à obtenir une condamnation pénale à l'égard d'un tiers**. Dès lors que rien n'indique que les autorités n'aient pas procédé à un examen suffisamment approfondi des circonstances de l'accident, leur décision de ne pas poursuivre ne suffit pas à faire conclure à la responsabilité de l'État défendeur au titre de l'obligation procédurale découlant pour lui de l'article 2[101]. De même, le décès d'un coupable avant son procès, lequel a pu être tardif en raison du comportement de l'État, ne fait naître un préjudice propre de la victime[102].

1217 *Non bis in idem*. **Principe** – Le droit de ne pas être jugé et puni deux fois pour un même fait est prévu **par le PIDCP, la CDFUE et la convention américaine des droits de l'homme, et à l'article 4 du protocole n° 7 de la convention EDH**. Mais il n'apparaît pas expressément dans la Constitution française. Il signifie **l'interdiction de poursuivre ou de juger une personne pour une seconde infraction pour autant que celle-ci a pour origine des faits identiques ou des faits qui sont « en substance » les mêmes** que ceux ayant donné lieu à la première infraction. Cette garantie entre en jeu lorsque de nouvelles poursuites sont engagées et que la décision antérieure d'acquittement ou de condamnation est déjà passée en force de chose jugée. Ce principe doit être compris comme interdisant de poursuivre ou de juger une personne pour une seconde « infraction » pour autant que celle-ci a pour origine des faits identiques ou des faits qui sont en substance les mêmes[103].

96. CC, 22 juillet 2016, *M. Gilbert B.*, n° 2016-554 QPC [Amende pour défaut de déclaration de comptes bancaires ouverts, utilisés ou clos à l'étranger II].
97. CC, 7 avril 2017, *M. Amadou S.*, n° 2017-625 QPC [Entreprise individuelle terroriste].
98. CC, 29 décembre 2016, n° 2016-744 DC, *Loi de finances pour 2017*.
99. CC, 16 mars 2017, *Société Segula Matra Automotive*, n° 2016-619 QPC [Sanction du défaut de remboursement des fonds versés au profit d'actions de formation professionnelle continue].
100. CC, 26 juin 2020, *M. Oussman G. et autres*, n° 2020-846/847/848 QPC [Violations réitérées du confinement].
101. CEDH, Gr. ch., 25 juin 2019, *Nicolae Virgiliu T nase c. Roumanie*, req. n° 41720/13.
102. CE, Ass., 19 juill. 2011, *Begnis*, n° 335625.
103. CEDH, 10 févr. 2009, *Zolotoukhine c. Russie*, n° 14939/03.

1218 *Non bis in idem*. **Administratif** – Le principe joue également dans le champ administratif[104]. Pour le Conseil d'État en effet : « **il découle du principe général du droit selon lequel une autorité administrative ne peut sanctionner deux fois la même personne à raison des mêmes faits qu'une autorité administrative qui a pris une première décision définitive à l'égard d'une personne qui faisait l'objet de poursuites à raison de certains faits**, ne peut ensuite engager de nouvelles poursuites à raison des mêmes faits en vue d'infliger une sanction »[105]. Sur le fondement de l'article 8 de la DDHC, il estime à l'inverse que si une sanction administrative reposant sur plusieurs manquements doit être conforme au principe de proportionnalité, le principe du *non bis in idem* découlant du principe de nécessité des délits et des peines **ne fait pas obstacle à ce que, dans le cadre d'une même poursuite conduisant à une même décision de sanction, plusieurs manquements distincts puissent résulter de mêmes faits**[106].

1219 *Non bis in idem*. **Constitution** – Pour le Conseil constitutionnel, dont le texte de référence ne comporte pas de formulation comparable à celle des sources internationales ou européennes, selon une formulation datant de 2021 : « **Il découle du principe de nécessité des délits et des peines qu'une même personne ne peut faire l'objet de plusieurs poursuites tendant à réprimer de mêmes faits qualifiés de manière identique, par des sanctions de même nature, aux fins de protéger les mêmes intérêts sociaux. Si l'éventualité que deux procédures soient engagées peut conduire à un cumul de sanctions, le principe de proportionnalité implique qu'en tout état de cause le montant global des sanctions éventuellement prononcées ne dépasse pas le montant le plus élevé de l'une des sanctions encourues**[107] ». Il appartient donc aux autorités juridictionnelles et disciplinaires compétentes de veiller au respect de cette exigence et de tenir compte, lorsqu'elles se prononcent, des sanctions de même nature antérieurement infligées[108]. L'appréciation de l'identité de « nature » des sanctions est néanmoins fluctuante, notamment quant à la possibilité ou non d'une peine d'emprisonnement qui parfois est prise en compte[109] et parfois non[110]. **Il suffit donc que les mécanismes soient différents pour que le cumul soit possible.** Par exemple, le Conseil constitutionnel a jugé que le délit d'initié et le manquement d'initié devaient être regardés comme susceptibles de faire l'objet de sanctions de nature différente[111]. Ainsi, alors que le Code général des impôts permet d'infliger à la fois des sanctions pécuniaires aux contribuables en cas de manquement délibéré, d'abus de droit ou de manœuvres frauduleuses (fonction répressive) et des sanctions en cas de dissimulation frauduleuse d'éléments nécessaires à l'établissement de l'impôt (fonction préventive visant ainsi à garantir l'accomplissement volontaire par les contribuables de leurs obligations fiscales), le Conseil admet le cumul. **Visant ainsi des finalités différentes, elles seraient compatibles aux yeux du juge constitutionnel à condition que le cumul soit réservé, comme c'est le cas, aux cas les plus « graves »** (cette gravité « peut résulter du montant des droits fraudés, de la nature des agissements de la personne poursuivie ou des circonstances de leur intervention »)[112].

Autre exemple, **le cumul de sanctions dans le cas du travail d'étrangers en situation irrégulière**[113]. D'une part, l'article L. 8253-1 du Code du travail oblige l'employeur d'un étranger non autorisé à exercer une activité salariée en France à acquitter une contribution spéciale, dont le montant est, au plus, égal à 5 000 fois le taux horaire du

104. CE, 5 mars 1954, *Banque alsacienne privée et D*, publié au Recueil Lebon, p. 144.
105. CE, 30 décembre 2016, *ACNUS c. Société Darta*, n° 39568, publié au Recueil Lebon.
106. CE, 6 nov. 2019, *M. D... C...*, n° 418463, à propos d'une double sanction de l'AMF.
107. CC, 3 déc. 2021, 2021-953 QPC, § 6 pour la formule antérieure : « le principe de nécessité des délits et des peines ne fait pas obstacle à ce que les mêmes faits commis par une même personne puissent faire l'objet de poursuites différentes aux fins de sanctions de nature différentes en application de corps de règles distincts », CC, 30 mars 2017, n° 2016-621 QPC, *Société Clos Teddi et autres* [Cumul des poursuites pénales et administratives en cas d'emploi illégal d'un travailleur étranger] et CC, 18 mars 2015, n° 2014-453/454 QPC et n° 2015-462 QPC, *M. John L et autres*.
108. CC, 24 oct. 2014, n° 2014-423 QPC, *M. Stéphane R. et autres*.
109. Cons. const., décision n° 2016-621 QPC.
110. Cons. const. 18 mars 2015, précité, cons. 26.
111. CC, n° 2015-513/514/526 QPC du 14 janvier 2016 – *M. Alain D. et autres*.
112. CC, 24 juin 2016, n° 2016-546 QPC, *M. Jérôme C.*
113. CC, 30 mars 2017, *Société Clos Teddi et autre*, n° 2016-621 QPC [Cumul des poursuites pénales et administratives en cas d'emploi illégal d'un travailleur étranger].

salaire minimum garanti. D'autre part, l'article L. 8256-2 du Code du travail punit ces mêmes faits d'une peine d'emprisonnement de cinq ans et d'une amende de 15 000 euros et la peine peut être assortie de peines complémentaires, comme l'interdiction d'exercer pour une durée de cinq ans au plus. Globalement, les sanctions pécuniaires sont comparables dans leur montant. En revanche, le juge pénal peut condamner l'auteur d'une telle infraction à une peine d'emprisonnement ou, s'il s'agit d'une personne morale, à une peine de dissolution, ainsi qu'à plusieurs peines complémentaires. Pour le Conseil, les faits prévus et réprimés par les articles précités doivent être regardés comme susceptibles de faire l'objet de sanctions de nature différente et ne violent le principe de nécessité et de proportionnalité des peines.

Le Conseil constitutionnel a **censuré le fait qu'une même personne puisse faire l'objet, pour les mêmes faits, de poursuites devant le juge pénal pour le délit de diffusion de fausses informations et devant la commission des sanctions de l'Autorité des marchés financiers (AMF) pour le manquement de diffusion de fausses informations.** Le Conseil a formulé une réserve pour faire obstacle au mécanisme de double poursuite et de double sanction rendu possible par les dispositions contestées[114].

Le Conseil[115] a ainsi pu refuser le cumul des dispositions de l'article L. 450-8 du Code de commerce qui punit le fait pour quiconque de s'opposer à l'exercice des fonctions dont les agents de l'Autorité de la concurrence sont chargés et de l'article L. 464-2 du Code de commerce qui prévoit que cette autorité peut *décider de lui infliger une sanction pécuniaire* « lorsque l'entreprise a fait obstruction à l'investigation ou à l'instruction, notamment en fournissant des renseignements incomplets ou inexacts, ou en communiquant des pièces incomplètes ou dénaturées ». Ces dispositions permettent de sanctionner toute entrave intentionnelle aux mesures d'investigation ou d'instruction conduites par ces agents. Cela vise à assurer l'efficacité des enquêtes conduites par l'Autorité de la concurrence pour garantir le respect des règles de concurrence nécessaires à la sauvegarde de l'ordre public économique. Enfin, le montant des sanctions de part et d'autre est de même ordre. La répression administrative prévue par les dispositions contestées et la répression pénale organisée par l'article L. 450-8 du Code de commerce relèvent de corps de règles identiques protégeant les mêmes intérêts sociaux aux fins de sanctions de même nature. Les dispositions contestées méconnaissent donc le principe de nécessité et de proportionnalité des peines.

Mais, **sur la possibilité qu'offre le Code de commerce pour le juge pénal et pour le juge civil ou commercial de prononcer chacun** à l'encontre d'une même personne et pour les mêmes faits (mêmes manquements constitutifs du délit de banqueroute), le Conseil constitutionnel[116] a comparé les peines susceptibles d'être décidées par le juge pénal (peine d'emprisonnement et à une peine d'amende) et les mesures, qu'il a qualifiées de sanctions ayant le caractère de punition, que peut prononcer le juge civil ou commercial (faillite personnelle ou d'interdiction de gérer). Il en a déduit **que les faits prévus et réprimés doivent être regardés comme susceptibles de faire l'objet de sanctions de nature différente ce qui ne méconnaît pas le principe de nécessité et de proportionnalité des peines.**

Le Conseil constitutionnel[117] a rappelé que **la seule circonstance que plusieurs incriminations soient susceptibles de réprimer un même comportement ne peut caractériser une identité de faits** au sens des exigences résultant de l'article 8 de la Déclaration de 1789 que si ces derniers sont qualifiés de manière identique. Saisi de dispositions punissant les comptables de fait, alors que les requérants craignaient un cumul de poursuites pour gestion de fait, pour abus de confiance, concussion, corruption passive, détournement de fonds publics et abus de biens sociaux, le Conseil juge que, si ces incriminations sont susceptibles de réprimer des faits par lesquels une personne s'est rendue coupable de gestion de fait, elles ne se limitent pas, contrairement à cette dernière infraction, à cette seule circonstance. En effet, entrent dans les éléments constitutifs de ces premières infractions soit l'utilisation des fonds ou des valeurs, soit la mission ou les fonctions dont est investi celui qui les a

114. CC, 30 septembre 2016, *M. Gilles M. et autres*, n° 2016-572 QPC [Cumul des poursuites pénales pour le délit de diffusion de fausses informations avec des poursuites devant la commission des sanctions de l'AMF pour manquement à la bonne information du public].

115. CC, 26 mars 2021, n° 2021-892 QPC, Société Akka technologies et autres.

116. CC, 29 septembre 2016, *M. Lakhdar Y.*, n° 2016-573 QPC [Cumul des poursuites pénales pour banqueroute avec la procédure de redressement ou de liquidation judiciaire et cumul des mesures de faillite ou d'interdiction prononcées dans ces cadres].

117. CC, 7 mai 2020, n° 2020-838/839 QPC, *M. Jean-Guy C. et autre* [Cumul de poursuites et de sanctions en cas de gestion de fait].

maniés. Dès lors, ces infractions ne tendent pas à réprimer de mêmes faits, qualifiés de manière identique. En autorisant de tels cumuls de poursuites, les dispositions contestées ne méconnaissent pas le principe de nécessité des délits et des peines.

D'autre part, **depuis 2016, le Conseil constitutionnel aurait tendance aussi à indiquer positivement au législateur, comme obligation, que « [...] le principe de nécessité des délits et des peines, implique qu'une même personne ne puisse faire l'objet de poursuites différentes conduisant à des sanctions de même nature pour les mêmes faits, en application de corps de règles protégeant les mêmes intérêts sociaux »**[118]. Désormais donc, en cas d'un cumul de sanctions administratives et pénales, mais aussi pénales et disciplinaires, la loi doit respecter deux conditions : veiller à ce que soient prononcées des sanctions de nature différentes et à ce que chaque poursuite vise des « intérêts sociaux » différents.

Ainsi, la seule circonstance que plusieurs incriminations soient susceptibles de réprimer un même comportement ne peut caractériser une identité de faits au sens des exigences résultant de l'article 8 de la Déclaration de 1789 que si ces derniers sont qualifiés de manière identique. La répression du comportement de toute personne visant à faire obstacle à l'accomplissement par les agents de l'administration (ici fiscale) de leurs fonctions, ne peut se confondre avec la majoration d'impôts qui s'applique à un contribuable qui s'est opposé à un contrôle fiscal à la suite duquel l'administration établit qu'il a éludé des droits[119].

1220 *Non bis in idem*. **CEDH – Cette jurisprudence, qui permet en principe une double répression, a pu être contestée au regard de la lecture que la Cour européenne des droits de l'homme fait de l'article 4 du protocole n° 7 (CEDH, 10 février 2009, *Zolotoukhine c. Russie*).** Pour la Cour européenne, en effet, **on ne peut cumuler ni poursuite, ni jugement, ni sanction, même de natures distinctes (administratives ou pénales) qui s'appliqueraient à des faits en substance identiques**[120]. Certes, **la France a déposé une réserve, lors de la ratification de ce protocole**, aux termes de laquelle il ne peut s'appliquer qu'à la matière pénale au sens interne ; ce qui autorise le cumul des procédures pénales et administratives. Mais l'écart n'en existe pas moins parfois avec la jurisprudence européenne en ce que **le Conseil constitutionnel n'exclut le cumul de poursuites que lorsqu'il aboutit à l'application de sanctions disproportionnées et non en soi**.

L'arrêt *Grande Stevens contre Italie*[121] du 4 mars 2014 met en cause le recours aux sanctions prononcées par les autorités administratives indépendantes afin de sanctionner « un manquement » de manière plus forte que le juge pénal. Étant de nature pénale, ces sanctions ne peuvent se cumuler avec un jugement pénal. C'est à cet éclairage que le juge constitutionnel a réexaminé les dispositions du Code monétaire et financier pour déclarer contraire à la Constitution l'articulation des délits et manquements boursiers et que la loi du 21 juin 2016 a institué une compétence alternative et confié au procureur général près la cour d'appel de Paris le soin de relever d'éventuels conflits.

Ainsi, en 2019, la Cour[122] constate une violation de l'article 4 du Protocole n° 7 dans le cas d'un analyste financier qui fut sanctionné par l'Autorité des marchés financiers (AMF) pour une opération de manipulation du cours d'une action puis par les juridictions pénales pour délit d'entrave au fonctionnement régulier d'un marché financier de la même action. En effet, la Cour estime qu'il y a bien eu deux procédures ayant le même objet : tout d'abord il n'existait pas de lien matériel suffisamment étroit entre les deux procédures, compte tenu, d'une part, de l'identité des buts visés et, dans une certaine mesure, d'une répétition dans le recueil des éléments de preuve par différents services d'enquête ; d'autre part et surtout, de l'absence d'un lien temporel suffisamment étroit pour considérer les procédures comme s'inscrivant dans le mécanisme intégré de sanctions, prévu par le droit français.

118. CC, 1er juill. 2016, n° 2016-550 QPC.

119. CC, 8 avr. 2022, n° 2022-988 QPC, *M. Roland B.* [Cumul de poursuites et de sanctions en cas d'opposition à un contrôle fiscal].

120. CEDH, 27 nov. 2014, *Lucky Dev contre Suède*, requête n° 7356/10 : il n'a pas été mis un terme à la procédure fiscale dirigée contre elle et les pénalités fiscales qui lui avaient été infligées n'ont pas été annulées, alors même que la procédure pénale ouverte contre elle pour une infraction fiscale connexe s'était terminée par un jugement définitif.

121. CEDH, 4 mars 2014, *Grande Stevens et autres contre Italie*, requête n° 18640/10.

122. CEDH, 6 juin 2019, *Nodet c. France*, n° 47342/14.

Il y a encore méconnaissance de *non bis in idem* dans le **cas d'une femme qui a participé à un rassemblement interdit et a été condamnée le même jour dans deux jugements distincts**, l'un pour refus d'obéir à un ordre légal de la police qui l'aurait sommée de cesser de participer à un rassemblement illégal, et pour avoir refusé d'obtempérer à un ordre de la police[123]. Dans le cas d'un conducteur ayant refusé de se soumettre à un prélèvement de preuves biologiques lors d'un contrôle de police en vue de déterminer son taux d'alcoolémie, qui a fait l'objet d'une première procédure pénale lors de laquelle le parquet lui infligea une amende administrative puis fut quand même renvoyé en jugement par le parquet qui annula l'amende, l'État viole le principe *non bis in idem*[124].

L'internement d'un homme présentant des troubles psychiatriques graves, après avoir purgé une peine de vingt ans pour deux homicides, ordonné dans le cadre d'une procédure de révision au cours de laquelle aucun élément nouveau n'est apporté (concernant la nature de l'infraction ou l'étendue de la culpabilité), a violé à la fois le droit à la liberté et à la sûreté, la légalité des délits et des peines et le principe *non bis in idem*[125]. Néanmoins, d'une part la Cour européenne a semblé minorer ces exigences. Dans une affaire *A et B c. Norvège*[126], **la Cour a admis que des sanctions différentes puissent être imposées par deux autorités différentes (ici fraude fiscale), lors de procédures différentes (administrative et pénale)**, s'il existait néanmoins entre celles-ci un lien matériel et temporel (conduites concomitamment) suffisamment étroit pour les considérer comme s'inscrivant dans le mécanisme de sanctions unique (mais mixte) prévu par le droit norvégien. L'État peut donc traiter séparément l'élément de fraude, plus grave et plus répréhensible socialement, dans le cadre d'une procédure pénale plutôt que dans celui d'une procédure administrative si la sanction pénale a tenu compte de la majoration d'impôt. **À défaut d'un lien temporel et matériel, la Cour conclut à la violation de l'article 4 du Protocole n° 7**[127]. Parfois **la Cour**[128] **se montre moins stricte**. Elle admet qu'une procédure criminelle (complicité de tentatives d'assassinat) succède à une procédure correctionnelle (participé à une association formée ou à une entente établie en vue de la préparation caractérisée pour un ou plusieurs faits matériels d'un des actes de terrorisme), toutes deux liées à la préparation d'actes de terrorisme. La Cour rappelle qu'il est légitime que les États contractants fassent preuve d'une grande fermeté à l'égard de ceux qui contribuent à des actes de terrorisme qu'elle ne saurait en aucun cas cautionner, et que les crimes de complicité d'assassinat et de tentatives d'assassinat pour lesquels le requérant a été condamné constituent des violations graves des droits fondamentaux au regard de l'article 2 de la Convention.

1221 *Non bis in idem*. **CJUE** – Le droit de l'Union pourrait être le vecteur d'une évolution jurisprudentielle : **en 2013, la CJUE avait jugé qu'il n'était pas possible d'infliger à la fois une sanction administrative de nature répressive et une sanction pénale**[129] : « ce n'est que lorsque la sanction fiscale revêt un caractère pénal, au sens de l'article 50 de la Charte, et est devenue définitive que ladite disposition s'oppose à ce que des poursuites pénales pour les mêmes faits soient diligentées contre une même personne ». **Mais en 2018, elle assouplit sa position** dans le souci d'efficacité du droit de l'Union. **La CJUE précise qu'une réglementation nationale autorisant un cumul de poursuites et de sanctions de nature pénale doit** :

- **viser un objectif d'intérêt général** de nature à justifier un tel cumul de poursuites et de sanctions, ces poursuites et sanctions devant avoir des buts complémentaires ;
- **établir des règles claires et précises** permettant au justiciable de prévoir quels actes et omissions sont susceptibles de faire l'objet d'un tel cumul de poursuites et de sanctions ;
- **assurer que les procédures sont coordonnées entre elles** pour limiter au strict nécessaire la charge supplémentaire résultant, pour les personnes concernées, d'un cumul de procédures ;

123. CEDH, 8 oct. 2019, *Korneyeva c. Russie*, req. n° 72051/17.
124. CEDH, 8 juill. 2019, *Mihalache c. Roumanie*, req. n° 54012/10
125. CEDH, 2 nov. 2021, *W.A. c. Suisse*, n° 38958/16.
126. CEDH, 15 nov. 2016, n° 24130/11 et 29758/11, *A et B c. Norvège*.
127. CEDH, 18 mars 2017, Johannesson et autre contre Islande, 22007/11.
128. CEDH, 19 déc. 2017, *Ramda c. France*, n° 78477/11.
129. CJUE 26 févr. 2013, aff. C-617/10, *Aklagaren c. Hans Akerberg Fransson*.

- **assurer que la sévérité de l'ensemble des sanctions imposées est limitée** à ce qui est strictement nécessaire par rapport à la gravité de l'infraction concernée.

Dans son arrêt *Garlsson Real Estate e.a*[130], la Cour constate que **l'objectif de sauvegarder l'intégrité des marchés financiers de l'Union et la confiance du public dans les instruments financiers est de nature à justifier un cumul de poursuites et de sanctions de nature pénale.** Néanmoins, elle observe, sous réserve de vérification de la part du juge national, que la réglementation italienne sanctionnant les manipulations de marché ne semble pas respecter le principe de proportionnalité. En effet, cette réglementation nationale autorise la poursuite d'une procédure administrative de nature pénale pour les mêmes faits qui ont déjà fait l'objet d'une condamnation pénale. **Or, la sanction pénale semble être de nature à réprimer elle-même l'infraction de manière effective, proportionnée et dissuasive**. Dans ces conditions, la poursuite d'une procédure administrative de nature pénale pour les mêmes faits qui ont déjà fait l'objet d'une telle condamnation pénale excéderait ce qui est strictement nécessaire pour réaliser l'objectif de protection des marchés. En outre, cette réglementation ne semble pas assurer que l'ensemble des sanctions est proportionné à la gravité de l'infraction.

En droit de l'Union, le principe *non bis in idem*, lu à la lumière de l'article 50 de la Charte, s'applique bien sûr lorsque deux institutions d'un même État sanctionnent une même violation d'une exigence de l'Union **mais également aux poursuites qu'un État veut diligenter après qu'un autre État a adopté une décision définitive dans la même affaire.** Cela implique une confiance mutuelle entre deux États. Mais c'est à la condition que l'enquête ait été effectivement menée et que l'instruction réponde aux questions soulevées, le défaut d'audition de la victime et celui d'un éventuel témoin constituant un indice de l'absence d'une telle instruction[131].

1222 Individualisation de la peine. – Une jurisprudence du Conseil constitutionnel[132] reconnaît aussi **l'individualisation de la peine qui découle de l'article 8 de la DDHC de 1789**. Cela implique qu'une sanction pénale ne puisse être appliquée que si le juge l'a expressément prononcée, en tenant compte des circonstances propres à chaque espèce. Ces exigences constitutionnelles imposent la motivation des jugements et arrêts de condamnation, pour la culpabilité comme pour la peine. Ainsi, même les arrêts de Cour d'assises doivent motiver le choix de la peine (et ce en dépit d'une jurisprudence contraire de la Cour de cassation)[133]. **Selon la Cour de cassation, les juges doivent faire de même pour les peines correctionnelles et** non seulement prendre en compte les charges et ressources du prévenu mais encore s'expliquer spécialement sur le choix du montant de l'amende au regard « des circonstances de l'infraction, de la personnalité et de la situation personnelle de son auteur, en tenant compte de ses ressources et de ses charges »[134]. Ensuite le Conseil constitutionnel[135] a estimé que « **le principe d'individualisation [...] impos[e] la motivation des jugements et arrêts de condamnation, pour la culpabilité comme pour la peine** ». Ce qui a conduit la Cour de cassation à étendre l'exigence de motivation au prononcé des peines contraventionnelles[136]. Le principe d'individualisation des peines s'oppose encore à ce que le sursis assortissant une peine disciplinaire soit automatiquement et obligatoirement révoqué en cas de nouvelle peine disciplinaire prononcée dans un délai de cinq ans (ce que prévoit le statut de l'ordre des experts-comptables) et eu égard à la gravité de la peine de suspension temporaire d'exercice professionnel, sans que la juridiction disciplinaire puisse alors s'y opposer ou en moduler les effets[137].

Le Conseil a admis **la constitutionnalité de la mesure de sûreté de plein droit** (article 132-23 du Code pénal : « en cas de condamnation à une peine privative de liberté, non assortie du sursis, dont la durée est égale ou supérieure à dix ans, prononcée pour les infractions spécialement prévues par la loi, le condamné ne peut bénéficier, pendant une période de sûreté, des dispositions concernant la suspension ou le fractionnement de la

130. CJUE, 20 mars 2018, *Garlsson Real Estate SA e.a./Commissione Nazionale per le Società e la Borsa (Consob)*, C-537/16.
131. CJUE, 29 juin 2016, aff. C-486/14, *Piotr Kossowski*.
132. CC, 22 juill. 2005, déc. n° 2005-520 DC.
133. CC, 2 mars 2018, *M. Ousmane K. et autres*, n° 2017-694 QPC [Motivation de la peine dans les arrêts de cour d'assises].
134. Cass. crim., 1er févr. 2017, n° 15-83984.
135. Cons. const. 2 mars 2018, n° 2017-694 QPC, préc.
136. Cass. crim., 30 mai 2018, n° 16-85777.
137. CC, 29 nov. 2019, n° 2019-815 QPC, *Mme Carole L.* [Révocation du sursis à exécution d'une sanction disciplinaire].

peine, le placement à l'extérieur, les permissions de sortir, la semi-liberté et la libération conditionnelle ». Ces mesures, prononcées par le juge ne méconnaissent pas le principe d'individualisation de la peine[138].

1223 **Adaptation aux mineurs. – L'adaptation de la justice pénale aux mineurs constitue en outre un principe fondamental reconnu par les lois de la République**[139] : cela implique l'atténuation de la responsabilité pénale des mineurs en fonction de l'âge, comme la nécessité de rechercher le relèvement éducatif et moral des enfants délinquants par des mesures adaptées à leur âge et à leur personnalité, prononcées par une juridiction spécialisée ou selon des procédures appropriées. On notera ainsi que la loi du 10 août 2011 sur la participation des citoyens au fonctionnement de la justice pénale et le jugement des mineurs a créé le tribunal correctionnel pour mineurs (formation spécialisée du tribunal correctionnel composée de trois magistrats et de deux citoyens assesseurs). Il juge les mineurs de plus de seize ans poursuivis pour un ou plusieurs délits punis d'une peine d'emprisonnement égale ou supérieure à trois ans et commis en état de récidive légale. **Le Conseil constitutionnel a censuré**[140]**, sur le fondement des exigences constitutionnelles en matière de justice pénale des mineurs, la mesure par laquelle le tribunal pour enfants ordonne l'exécution provisoire d'une peine d'emprisonnement sans sursis prononcée à l'encontre d'un mineur**, alors que celui-ci comparaît libre, ce qui entraîne son incarcération immédiate à l'issue de l'audience y compris en cas d'appel. En effet, cela le prive du caractère suspensif du recours et d'une possibilité d'obtenir l'aménagement de sa peine avant le début d'exécution de sa condamnation. Enfin, ce principe a **conduit à abroger l'article 61-1 CPP (pourtant issu de la loi du 27 mai 2014 portant transposition de la directive 2012/13/UE) en ce qu'il n'adaptait pas au mineur le régime de l'audition libre d'une personne** à l'égard de laquelle il existe des raisons plausibles de soupçonner qu'elle a commis ou tenté de commettre une infraction. Les garanties prévues par le législateur (mais sans avocat) ne suffisent pas à assurer que le mineur consente de façon éclairée, ni à éviter qu'il opère des choix contraires à ses intérêts[141].

Le 30 septembre 2021, le Code de la justice pénale des mineurs est entré en vigueur, remplaçant l'ordonnance du 2 février 1945 relative à l'enfance délinquante et affirmant le principe de la primauté de l'éducation sur la répression. Il constitue une réforme profonde du droit pénal des mineurs délinquants, notamment la fixation du seuil de la responsabilité pénale à l'âge de 13 ans (même s'il s'agit d'une présomption simple). Ce code réorganise les mesures éducatives : l'avertissement judiciaire et la mesure éducative judiciaire. Cette dernière peut impliquer des interdictions et obligations et surtout des modules (d'insertion, de soin, de réparation, de placement) cumulables entre eux et avec les peines. S'agissant des délits et des contraventions de 5e classe, le juge des enfants perd la fonction d'instruction au profit d'une procédure de mise à l'épreuve éducative (disjonction de la culpabilité et de la sanction pour réaliser dans l'intervalle des investigations sur la personnalité, et pour appliquer une mesure éducative judiciaire provisoire et/ou des mesures de sûreté.

C. Les atteintes autorisées à la liberté individuelle

1224 Il existe **un délit d'atteinte arbitraire à la liberté individuelle par dépositaire de l'autorité publique**. Ainsi, des gendarmes qui ont maintenu à la brigade, pendant plusieurs heures, un syndicaliste, sans autre motif que d'éviter qu'il n'aille manifester lors d'une visite du président de la République dans leur ville ont été (légitimement selon la Cour de cassation[142]) condamnés.

1225 **La mise en « cellule de dégrisement ». –** L'article L. 3341-1 du Code de la santé publique prévoit qu'une personne trouvée en état d'ivresse dans les lieux publics est « conduite à ses frais dans le local de police ou de gendarmerie le plus voisin ou dans une chambre de sûreté, pour y être retenue jusqu'à ce qu'elle ait recouvré la

138. CC, 26 oct. 2018, n° 2018-742 QPC, *M. Husamettin M.* [Période de sûreté de plein droit].
139. CC, 29 août 2002, déc. n° 2002-461 DC.
140. CC, 9 décembre 2016, *M. Ibrahim B.*, n° 2016-601 QPC [Exécution provisoire des décisions prononcées à l'encontre des mineurs].
141. CC, 8 févr. 2019, n° 2018-762 QPC (Audition libre).
142. Cass. crim., 24 mai 2016, n° 15-80848.

raison ». **Cette limitation de liberté prélude à une éventuelle mesure de poursuite pour ivresse manifeste dans un lieu public**. Si on mesure le caractère suranné de l'incrimination, qui remonte à la loi du 23 janvier 1873, celle-ci n'en a pas moins été maintenue et actualisée en 2000 puis par la loi du 14 avril 2011. **Il s'agit d'une mesure de police administrative qui ne met pas en cause la liberté individuelle mais plutôt la liberté d'aller et venir**. Certes il ne s'agit que de retenir l'individu le temps de son retour à la raison et le texte de la loi précise qu'alors la garde à vue n'est pas obligatoire, mais cela n'emporte pas moins une privation ou une limitation de liberté pendant un temps indéterminé laissé à l'appréciation des forces de l'ordre, autant dans l'intérêt de l'individu que de celui de la paix sociale. Le Conseil a néanmoins validé le dispositif[143].

1226 Garde à vue - Notion. - La seconde atteinte à la sûreté dans le cadre de la procédure pénale réside dans la garde à vue (art. 62-1 et s., C. proc. pén.). **Au-delà du « délai de route » qui permet d'amener l'individu à interroger[144], il s'agit pour un officier de police judiciaire de garder à sa disposition « sous le contrôle de l'autorité judiciaire, une personne à l'encontre de laquelle il existe une ou plusieurs raisons plausibles de soupçonner qu'elle a commis ou tenté de commettre un crime ou un délit puni d'une peine d'emprisonnement »**. À l'inverse, les simples témoins ne peuvent être retenus que le temps nécessaire à leur audition. Les mineurs de dix à treize ans ne peuvent être retenus qu'en cas d'indices graves et concordants laissant présumer la commission d'une infraction punie d'au moins cinq ans d'emprisonnement. À la différence de la simple convocation, la garde à vue est contraignante. Cela signifie aussi que l'officier qui contraint une personne doit la placer juridiquement en garde à vue.

1227 Garde à vue - Feuilleton judiciaire. - L'actuel régime est issu de la loi n° 2011-392 du 14 avril 2011 relative à la garde à vue. À peine publiée au journal officiel, trois jours seulement après son adoption définitive par le Parlement, elle a été reconnue d'application immédiate par quatre arrêts de la Cour de cassation **confirmant la non-conformité aux droits fondamentaux de la procédure jusque-là pratiquée**[145]. En effet, cette loi est le fruit d'une **condamnation multiple du système antérieur**.

Dans sa **décision** *Salduz c. Turquie* **du 27 novembre 2008**, la CEDH a estimé que la Turquie avait violé l'article 6 de la Convention EDH dans une affaire où une personne avait été condamnée sur la base de ses seuls aveux obtenus en garde à vue sans l'assistance d'un avocat. Dans une autre affaire, la CEDH a condamné la France[146] car le requérant n'a pas été informé au début de son interrogatoire du droit de ne pas répondre aux questions posées et n'a pu être assisté d'un avocat que vingt heures après le début de la garde à vue. L'avocat n'a donc pas été en mesure de l'informer sur son droit à garder le silence.

Certains aspects ont même été abrogés par le Conseil constitutionnel[147]. Après avoir maintenu que « l'autorité judiciaire comprend à la fois les magistrats du siège et du parquet » (ce qui permet la constitutionnalité de la législation relative à la garde à vue qui voit l'intervention fréquente du ministère public), il estime que **la garde à vue et sa prolongation de vingt-quatre heures doivent être réservées à des infractions présentant une certaine gravité** sous peine de méconnaître l'article 9 et l'article 16 de la Déclaration de 1789. De même, le fait de ne pas bénéficier de l'assistance effective d'un avocat sans considération des circonstances particulières susceptibles de la justifier, et en l'absence de la notification de son droit de garder le silence, déséquilibre « la conciliation entre, d'une part, la prévention des atteintes à l'ordre public et la recherche des auteurs d'infractions et, d'autre part, l'exercice des libertés constitutionnellement garanties ne peut plus être regardée comme équilibrée ». Le Conseil constitutionnel[148] a ensuite été saisi de certaines dispositions de la loi du 14 avril 2011 qui avaient pour objet de remédier à l'inconstitutionnalité ainsi révélée. Les requérants faisaient valoir que ces

143. CC, 8 juin 2012, déc. n° 2012-253 QPC, *M. Mickaël D.*
144. Jusqu'à treize jours de bateau, Cass. crim., 15 janv. 2003.
145. Cass. ass. plén., 15 avr. 2011, n° 10-17049, n° P 10-17049, F 10-30313, J 10-3.316 et D 10-30242.
146. CEDH, 14 oct. 2010, *Brusco c. France*.
147. Dans sa décision CC, 30 juill. 2010, déc. n° 2010-14/22 QPC, *Daniel W. et autres*.
148. CC, 18 nov. 2011, déc. n° 2011-191/194/195/196/197 QPC, *Mme Élise A. et autres [Garde à vue II]*.

dispositions du Code de procédure pénale restreignaient **le rôle de l'avocat qui ne peut consulter que certaines pièces**, dont le procès-verbal de placement en garde à vue, et non l'ensemble du dossier. Pour le juge, ces dispositions n'ont pas pour objet de permettre la discussion de la légalité des actes d'enquête ou du bien-fondé des éléments de preuve rassemblés par les enquêteurs ni de permettre la discussion du bien-fondé de la mesure de garde à vue, dès lors l'équilibre législatif respecte la Constitution.

> Par **trois arrêts du 19 octobre 2010, la chambre criminelle de la Cour de cassation a jugé que certaines règles actuelles de la garde à vue ne satisfaisaient en effet pas aux exigences de l'article 6 de la Convention européenne des droits de l'homme telles qu'interprétées par la Cour européenne**. En premier lieu, la personne placée en garde à vue doit être effectivement assistée par un avocat dès le début de la mesure, quelle que soit la nature de l'infraction. L'application de l'article 706-88 du Code de procédure pénale, instituant un régime spécial à certaines infractions, doit répondre à l'exigence d'une raison impérieuse. Tenant compte de la précédente décision du Conseil constitutionnel sur cette question, la chambre criminelle a décidé que « ces règles de procédure ne peuvent s'appliquer immédiatement à une garde à vue conduite dans le respect des dispositions législatives en vigueur lors de sa mise en œuvre, sans porter atteinte au principe de sécurité juridique et à la bonne administration de la justice ». C'est pourquoi, dès publication de la nouvelle loi, sans attendre la date prévue du 1er juin 2011, la Cour de cassation l'a estimée applicable sans délai au remarquable motif que « les États adhérents à cette Convention sont tenus de respecter les décisions de la Cour européenne des droits de l'homme, sans attendre d'être attaqués devant elle ni d'avoir modifié leur législation »[149].

1228 **Garde à vue – Régime.** – Une mesure de garde à vue ne peut être ordonnée **que si elle constitue l'unique moyen de parvenir soit à permettre l'exécution des investigations** impliquant la présence ou la participation de la personne, soit à garantir la présentation de la personne devant le procureur de la République, soit à empêcher que la personne ne modifie les preuves ou indices matériels, ne fasse pression sur les témoins ou les victimes ainsi que sur leur famille ou leurs proches ou ne se concerte avec d'autres personnes susceptibles d'être ses coauteurs ou complices, soit enfin à garantir la mise en œuvre des mesures destinées à faire cesser le crime ou le délit. La durée de la garde à vue **ne peut excéder vingt-quatre heures mais elle peut être prolongée pour un nouveau délai de vingt-quatre heures au plus, sur autorisation écrite et motivée du procureur de la République, si l'infraction que la personne est soupçonnée d'avoir commise ou tenté de commettre est un crime ou un délit puni d'une peine d'emprisonnement supérieure ou égale à un an**. Depuis la loi du 5 mars 2007, les interrogatoires des personnes gardées à vues en matière criminelle sont filmés. **L'article 61-1 et de l'article 61-2 du Code de procédure pénale créent le statut des personnes suspectées lors de l'enquête qui pourront être entendues sans être placées en garde à vue**. Ces personnes doivent obligatoirement être informées de qualification des faits reprochés, de leur date et du lieu présumés de l'infraction, du droit de quitter à tout moment les locaux de police, de l'assistance possible d'un interprète, du droit de faire des déclarations, de répondre aux questions qui lui sont posées ou de se taire. Pour les infractions constitutives de crime ou délit puni d'une peine d'emprisonnement, la personne suspectée est informée du droit d'être assistée au cours de son audition ou de sa confrontation par un avocat choisi par elle ou, à sa demande, désigné d'office par le bâtonnier de l'ordre des avocats. Toute convocation écrite en vue de l'audition doit indiquer l'infraction et le droit d'être assisté par un avocat ainsi que les conditions d'accès à l'aide juridictionnelle, les modalités de désignation d'un avocat d'office.

149. Cass., ass. plén., 15 avr. 2011, n° 10-17.04.

1229 **Garde à vue - Droits du gardé à vue. -** Le Conseil constitutionnel a jugé que **le droit de se taire est constitutionnellement protégé** par le principe selon lequel nul n'est tenu de s'accuser (article 9 de la Déclaration des droits de l'homme et du citoyen de 1789)[150]. **La loi du 27 mai 2014 portant transposition de la directive 2012/13/UE** du Parlement européen et du Conseil, du 22 mai 2012, relative au droit à l'information dans le cadre des procédures pénales a créé de nouveaux droits. Les articles 63-1, 63-4-1, 65 et 706-88 du Code de de procédure pénale améliorent les droits des personnes gardées à vue qui seront plus **précisément informées de l'infraction reprochée ainsi que des motifs de la garde à vue et se voient remettre un document écrit énonçant leurs droits** ; elles auront accès aux mêmes pièces du dossier que l'avocat. Alors qu'il avait été question que l'avocat ait accès immédiatement à l'entier dossier, cela ne demeure possible qu'après la mise en examen ou après renvoi devant une formation de jugement.

1230 **Garde à vue - Droit à l'avocat** : En matière criminelle et correctionnelle, **aucune condamnation ne peut être prononcée contre une personne sur le seul fondement de déclarations qu'elle a faites sans avoir pu s'entretenir avec un avocat et être assistée par lui**. Selon l'article 63-1, la personne placée en garde à vue **est immédiatement informée**, dans une langue qu'elle comprend : de son placement en garde à vue ainsi que de la durée de la mesure, de la nature et de la date présumée de l'infraction dont on la soupçonne et de ses droits (de faire prévenir un proche et son employeur, d'être examinée par un médecin, d'être assistée par un avocat, et, lors des auditions, après avoir décliné son identité, de faire des déclarations, de répondre aux questions qui lui sont posées ou de se taire). Si elle n'est pas en mesure d'en désigner un ou si l'avocat choisi ne peut être contacté, elle peut demander qu'il lui en soit commis un d'office par le bâtonnier. L'avocat peut **communiquer avec la personne dans des conditions qui garantissent la confidentialité** de l'entretien lequel ne peut excéder trente minutes. L'avocat peut consulter le procès-verbal de notification ainsi que les procès-verbaux d'audition et prendre des notes. **La première audition ne peut débuter sans la présence de l'avocat avant l'expiration d'un délai de deux heures**. Toutefois, cette exigence cède lorsque les nécessités de l'enquête exigent une audition immédiate de la personne. Le procureur de la République peut autoriser, par décision écrite et motivée, sur demande de l'officier de police judiciaire, que l'audition débute sans attendre, voire le report (pour un maximum de douze heures) de la présence de l'avocat lors des auditions ou confrontations, si cette mesure apparaît indispensable pour des raisons impérieuses tenant aux circonstances particulières de l'enquête. Si la victime est confrontée avec une personne gardée à vue, elle peut demander à être également assistée par un avocat. **L'avocat peut poser des questions**. L'officier ou l'agent de police judiciaire ne peut s'y opposer que si celles-ci sont de nature à nuire au bon déroulement de l'enquête.

La loi du 23 mars 2019 de programmation 2018-2022 et de réforme pour la justice modifie les articles 63 et 63-4-3-1 du Code de procédure pénale notamment en **rendant facultative la présentation du gardé à vue au procureur en cas de prolongation, laquelle peut être autorisée en vue du seul déferrement** (sa présentation à un magistrat) même si la garde à vue n'est plus indispensable à l'enquête par référence à l'article 62-2 CPP. L'information de l'avocat lors du transport d'une personne en garde à vue se réduit aux seuls actes nécessitant sa présence (audition sur les lieux, perquisition).

1231 **Retenue douanière. -** Elle s'apparente à une garde à vue. C'est pourquoi le Conseil constitutionnel, reprenant sa jurisprudence sur la garde à vue, a jugé que le Code des douanes n'opère pas une conciliation équilibrée entre, d'une part, les préventions des atteintes à l'ordre public et la recherche des auteurs d'infractions et, d'autre part, l'exercice des libertés constitutionnellement garanties[151]. **La personne appréhendée par les douanes patiente le temps normal de l'examen de ses bagages. Au-delà, les douanes doivent pouvoir s'assurer de la présence de la personne pendant l'enquête**. Le régime de cette retenue a été revu par la loi du 14 avril 2011 et se rapproche de la garde à vue.

150. CC, 4 nov. 2016, *Mme Sylvie T.*, n° 2016-594 QPC [Absence de nullité en cas d'audition réalisée sous serment au cours d'une garde à vue].
151. CC, 22 sept. 2010, déc. n° 2010-32 QPC, *M. Samir M. et autres.*

Selon le Code des douanes (art. 323-1), les agents des douanes ne peuvent procéder à l'arrestation et au placement en retenue douanière d'une personne qu'en cas de flagrant délit douanier puni d'une peine d'emprisonnement et lorsque cette mesure est justifiée par les nécessités de l'enquête douanière. **Sa durée est de vingt-quatre heures, renouvelables une fois si c'est absolument nécessaire**. La retenue douanière s'exécute sous le contrôle du procureur de la République qui assure la sauvegarde des droits reconnus par la loi à la personne retenue. La personne placée en retenue douanière bénéficie du droit de faire prévenir un proche ou son curateur ou son tuteur, de faire prévenir son employeur, d'être examinée par un médecin et de l'assistance d'un avocat dans les mêmes conditions que la garde à vue. Lorsque la personne placée en retenue douanière est de nationalité étrangère, elle peut faire contacter les autorités consulaires de son pays.

1232 **La détention provisoire.** – À un degré nettement supérieur de contrainte se trouve la détention provisoire, c'est-à-dire **l'incarcération dans une maison d'arrêt**. Compromis entre la nécessité de s'assurer d'une personne faisant l'objet d'une enquête et le respect de la présomption d'innocence, la détention provisoire doit rester exceptionnelle. **Elle ne permet ainsi de retenir qu'une personne mise en examen (suspectée d'un crime ou d'un délit) pendant l'instruction ou, à l'issue de celle-ci, avant son jugement**. En matière correctionnelle, le placement en détention est possible si, dans le cadre d'une comparution immédiate, le tribunal ne peut se réunir immédiatement. C'est le juge de la détention et des libertés qui la prononce, la prolonge ou y met fin à l'occasion d'une demande de mise en liberté que peut également prononcer le juge d'instruction. Ce dernier pourra aussi s'abstenir de transmettre au juge des libertés la demande de détention faite par le ministère public. Le parquet pourra cependant saisir lui-même le juge de la détention en cas de crime si la peine encourue est supérieure à dix ans. De même, il pourra faire appel des ordonnances du juge devant la chambre de l'instruction. **La détention ne peut être bien sûr prononcée qu'après débat contradictoire et avec impartialité. Un référé devant le président de la chambre de l'instruction permet à ce dernier d'examiner la demande de mise en liberté en cas d'appel contre l'ordonnance de placement en détention**. Le parquet dispose aussi d'une action en référé contre l'éventuelle remise en liberté. Les différentes autorités disposent de délais imposés pour statuer sur la détention (par exemple trois jours pour le juge des libertés) ; leur dépassement entraîne la remise en liberté. **Le Conseil constitutionnel**[152] **a aussi censuré la disposition supprimant l'obligation de l'accord de l'intéressé pour le recours à une visioconférence** à propos de la prolongation d'une mesure de détention provisoire. Certes, la bonne administration de la justice et le bon usage des deniers publics y incitent mais l'importance de la garantie qui s'attache à la présentation physique de l'intéressé devant le magistrat et en l'absence de risque particulier d'évasion, il y a atteinte excessive aux droits de la défense.

Le Conseil refuse que le contexte pandémique justifie le maintien en détention, de manière automatique, de toutes les personnes dont la détention provisoire devait s'achever parce qu'elle avait atteint sa durée maximale ou que son éventuelle prolongation nécessitait une nouvelle décision du juge. Il faut que l'appréciation de la nécessité de ce maintien soit obligatoirement soumise, à bref délai, au contrôle du juge judiciaire[153].

De plus, **la détention provisoire reste subsidiaire** : le juge devra lui préférer si possible les mesures de contrôle judiciaire (art. 137, C. proc. pén.). Cela signifie que la détention peut être une sanction en cas de non-respect des obligations de contrôle judiciaire ou tout simplement une mesure de sûreté alternative s'il est **démontré qu'elle constitue l'unique moyen de parvenir à réaliser des objectifs légalement définis** (art. 144, C. proc. pén.) notamment de conserver des preuves, d'empêcher les pressions sur les témoins ou victimes ou leurs familles, d'éviter une concertation entre personnes mises en examen et complices, de protéger la personne mise en examen, d'éviter la commission d'une infraction ou, enfin, de mettre fin (sauf en matière correctionnelle) à un trouble persistant à l'ordre public[154]. L'article 5 de la convention EDH précise quant à lui que des indices de la culpabilité doivent exister pour justifier la détention. **La détention d'un majeur ne peut être prononcée que pour un crime ou un délit dont la peine est supérieure à trois ans d'emprisonnement ou encore en cas de**

152. CC, 21 mars 2019, n° 2019-778 DC, Loi de programmation 2018-2022 et de réforme pour la justice.
153. CC, 29 janv. 2021, n° 2020-878/879 QPC, *M. Ion Andronie R.*
154. Cet objectif s'effaçant au fil du temps ainsi que le constate la CEDH, 27 août 1992, n° 12850/87, *Tomasi c. France*.

soustraction au contrôle judiciaire. La détention des mineurs de moins de treize ans reste impossible ; au-delà, entre treize et seize ans la détention n'est possible qu'en cas de crime ; entre seize et dix-huit ans s'ajoutent les délits punis d'au moins trois années. En dessous de vingt et un ans le juge doit s'entourer de garanties sociales d'insertion. La détention provisoire s'achève, selon la Cour, à la décision qui statue sur le « bien-fondé d'une accusation en matière pénale ».

La durée de la détention provisoire demeure bien sûr la principale difficulté, particulièrement au regard de **l'article 5 de la convention EDH qui impose un « délai raisonnable ».** Le 10 juillet 2008[155], par exemple, la Cour estime que la durée d'une détention provisoire (quatre ans, six mois et 18 jours) est excessive et conclut à l'unanimité à la violation de l'article 5 § 3. Même si les motifs de la détention restent pertinents et suffisants tout au long de la procédure, une durée de six années en vue de préparer le procès est considérée comme une violation de l'article 5[156]. L'appréciation du caractère raisonnable prend en compte les données de chaque affaire, en particulier les indices de culpabilité et les risques de troubles à l'ordre public. **La France a été condamnée, par exemple, par la CEDH pour détention provisoire excessive**[157] de quatre ans et trois mois. L'ensemble des demandes de mises en liberté ont été rejetées. La CEDH estime que cet examen attentif n'a pas été effectué par la chambre de l'instruction qui, pour rejeter les demandes de mise en liberté du requérant, s'est bornée à invoquer constamment la gravité de l'infraction et le trouble d'ordre public sans apporter d'éléments concrets caractérisant le risque de fuite ou la réitération de l'infraction.

L'article 144-1 du Code de procédure pénale reprend cette notion en se fondant sur la gravité des faits et la complexité de l'enquête. Il prévoit en toute hypothèse un maximum de droit commun de quatre mois en matière correctionnelle. Ce minimum est ensuite prolongé ou écarté pour différentes raisons (récidive, avancement de l'enquête, types d'infractions). On donnera comme exemple qu'en matière d'association de malfaiteurs en vue d'actes terroristes, la durée peut être portée à trois ans. En matière criminelle, le plafond de droit commun passe à un an ou plus selon les peines encourues, jusqu'à quatre ans si la peine prévue est de vingt années et que les faits ont en partie été commis à l'étranger. Le juge peut également ajouter des périodes de quatre mois si la sécurité des personnes est gravement compromise. Une détention provisoire qui se solde par un non-lieu, une relaxe ou un acquittement entraîne, à la demande de l'intéressé, la réparation du préjudice subi selon un régime spécifique introduit par la loi du 17 juillet 1970. Il s'agit alors d'une détention injustifiée alors que la détention « irrégulière » peut se résoudre par une action en responsabilité de droit commun contre le service public judiciaire. Dans les six mois qui suivent la fin de la procédure, l'intéressé peut saisir la Commission nationale de réparation des détentions formée de magistrats de la Cour de cassation.

Les mesures d'incarcération lors de l'exécution d'un mandat d'arrêt européen sont encadrées dans le temps par le Code de procédure pénale. Cependant, le Conseil constitutionnel[158] a, dans le prolongement de sa décision n° 2016-561/562 QPC du 9 septembre 2016 rendue en matière d'extradition, émis deux réserves d'interprétation : il est toujours possible de laisser en liberté la personne visée par un mandat d'arrêt européen, sans mesure de contrôle, dès lors que celle-ci présente des garanties suffisantes de représentation et la personne présentée au magistrat du siège puisse être assistée par un avocat et avoir, le cas échéant, connaissance des réquisitions du procureur général. Ainsi sont sauvegardées les libertés individuelles et d'aller et venir ainsi que les droits de la défense.

1233 **La détention après condamnation. -** On doit encore mentionner que la principale privation de liberté réside tout de même dans une peine prononcée par une juridiction. Seule une autorité de jugement est compétente pour prononcer une « peine » privative de liberté. Il s'agit d'ailleurs de la première hypothèse conventionnelle de l'article 5 de la Convention EDH. **Une peine implique une dimension punitive, une dimension protectrice de la société et un objectif de réinsertion**. L'application des peines consiste à apprécier cette dernière

155. CEDH, 10 juill. 2008, n° 21148/02, *Garriguenc c. France*.
156. CEDH, 8 oct. 2009, *Naudo c. France*, n° 35469/06.
157. CEDH, 3 oct. 2013, n° 12430/11, *V. c. France*.
158. CC, 9 décembre 2016, *M. Patrick H.* n° 2016-602 QPC [Incarcération lors de l'exécution d'un mandat d'arrêt européen].

au-delà de la durée incompressible et mérite examen par une instance qui apporte toutes les garanties d'un juge. La question des longues peines suscite de nombreuses questions au regard des articles 5 et 3 de la convention EDH. La réclusion criminelle à perpétuité principalement. **Le droit européen pose la nécessité pour le détenu de pouvoir entretenir l'espoir raisonnable d'une sortie anticipée de prison**. Selon la Cour, la perpétuité implique nécessairement des « angoisses et incertitudes liées à la vie carcérale et, une fois libéré, aux mesures d'assistance et de contrôle et à la possibilité d'être réincarcéré ». Pour encourir une condamnation de l'État il faut cependant que le détenu ait vécu une « épreuve exceptionnelle ».

L'affaire Léger c. France intéresse particulièrement le cas français. M. Léger fut placé en liberté conditionnelle le 3 octobre 2005, après avoir passé plus de 41 ans en détention. Le requérant soutenait que son maintien en détention était devenu arbitraire particulièrement après le rejet de sa demande de libération conditionnelle en 2001. Par ailleurs, il allègue que son maintien en prison correspondait en réalité à une peine perpétuelle incompressible constitutive d'un traitement inhumain et dégradant. Par un arrêt de chambre du 11 avril 2006[159], la Cour a conclu, par cinq voix contre deux, à la **non-violation de l'article 5 § 1 a) et à la non-violation de l'article 3 de la Convention en raison de la gravité des faits et de l'absence d'amendement de l'intéressé.**

1234 **La nécessité de l'application des peines.** – La modulation de la peine et l'anticipation de la sortie dépendent du juge de l'application des peines dont les pouvoirs ont été encore davantage juridictionnalisés par les lois du 15 juin 2000, du 9 mars 2004 tandis que la loi du 12 décembre 2005 a créé de nouvelles juridictions de l'application des peines. **L'influence est forte du § 4 de l'article 5 de la convention EDH selon lequel « toute personne privée de sa liberté par arrestation ou détention a le droit d'introduire un recours devant un tribunal, afin qu'il statue à bref délai sur la légalité de sa détention et ordonne sa libération si la détention est illégale »**. Le juge de l'application des peines peut prononcer une **libération conditionnelle**, la refuser ou la révoquer selon qu'il constate au non « des efforts sérieux de réadaptation sociale » (art. 729, C. proc. pén.). La libération est accordée par le juge pour les peines inférieures à dix ans et pour lesquelles il reste moins de trois ans à accomplir, sinon par le tribunal de l'application des peines. Rappelons qu'il existe également un système de « crédit de réduction de peine » récompensant la bonne conduite du détenu (art. 721, C. proc. pén.). L'état de santé peut encore justifier qu'il soit moins porté atteinte à la liberté. **En application de la loi du 15 juin 2000, une libération conditionnelle peut être accordée à un détenu quand il y a « nécessité de subir un traitement »**. Par ailleurs, aux termes de la loi du 4 mars 2002 sur les droits des malades, une suspension de peine peut être prononcée à l'encontre des condamnés atteints de pathologies engageant le pronostic vital ou dont l'état de santé est durablement incompatible avec le maintien en détention. **Depuis la loi du 21 juillet 2016, une personne condamnée pour terrorisme ne pourra plus bénéficier de réduction de peine**, sauf celle manifestant « des efforts sérieux de réadaptation sociale, notamment en passant avec succès un examen scolaire, universitaire ou professionnel traduisant l'acquisition de connaissances nouvelles ».

III. Le régime des hospitalisations psychiatriques

1235 **Détention ou rétention.** – La **distinction entre détention et rétention se comprend davantage par ses effets que par ses critères**, lesquels reposent surtout sur la durée plus ou moins longue de l'atteinte à la liberté et l'intérêt de la personne (notre droit prévoit de pouvoir retenir une personne en état d'ébriété dans les locaux de police jusqu'à ce qu'elle retrouve la raison : art. L. 3341-1, CSP). **La détention ne peut être que le fait d'une**

159. 19324/02.

autorité judiciaire de répression, pour être effectuée dans un établissement pénitentiaire, alors que la rétention peut être prononcée par des autorités judiciaires, les douanes, ou des autorités administratives.

Il faut mettre à part les règles particulières applicables aux personnes hospitalisées après avoir commis des infractions pénales en état de trouble mental. **Leur irresponsabilité pénale justifie une autre forme de privation de liberté : l'internement psychiatrique.** Le caractère informel de la procédure qui implique que le juge judiciaire actionne le préfet à cette fin a été censuré par le Conseil constitutionnel[160]. Le Conseil a relevé que la transmission au préfet par l'autorité judiciaire s'opérait quelles que soient la gravité et la nature de l'infraction commise en état de trouble mental, et qu'aucune information préalable de la personne intéressée de cette transmission n'était envisagée.

1236 **Principes de l'hospitalisation psychiatrique.** – Elle a pour **but d'apporter des soins de santé mentale, le plus souvent à la demande même de l'intéressé mais aussi, parfois, sans son consentement ce qui implique une privation de liberté**. Rappelons que **l'article 5 de la CEDH permet la privation de liberté d'un « aliéné ».** Pour la Cour européenne, un individu ne peut passer pour « aliéné » et être privé de liberté à ce titre que si son aliénation est établie de manière probante, que le trouble revêt un caractère ou une ampleur légitimant l'internement et que ce dernier ne se prolonge pas au-delà de la durée du trouble. C'est le cas d'une personne souffrant d'une psychose et présentant un risque de suicide qui annonce vouloir tuer ses enfants[161].

Il s'agit alors d'une dérogation au principe de l'article L. 3211-1 du Code de la santé publique : « Une personne ne peut sans son consentement ou, le cas échéant, sans celui de son représentant légal, être hospitalisée ou maintenue en hospitalisation dans un établissement accueillant des malades atteints de troubles mentaux ». Ici, la préservation de la santé d'un seul individu semble justifier une atteinte à sa liberté personnelle. L'explication en est réaliste : **l'individu qui n'est plus en état de consentir se voit imposer un soin soit dans son intérêt objectivement constaté, soit dans l'intérêt d'autrui si la personne concernée est dangereuse pour elle ou pour autrui**. La santé mentale fait donc, par principe, exception au respect du refus de soin. Si le Conseil constitutionnel n'analyse pas la nécessité de la loi, il opère un contrôle de proportionnalité des mesures qu'elle prévoit. Le régime actuel, développé dans le Code de la santé publique (art. L. 3211-1 et s.) est issu d'une loi du 30 juin 1838 (dite loi Esquirol), modifiée à plusieurs reprises, notamment par la loi « Sécurité et liberté » du 2 février 1981, et par la **loi du 27 juin 1990**, qui porta un changement profond de philosophie en élevant l'« aliéné » d'autrefois à la dignité de « personne hospitalisée en raison de troubles mentaux ». **Ce régime a été censuré bien plus tard par le Conseil constitutionnel dont la décision n° 2010-71 QPC du 26 novembre 2010,** *Mlle Danielle S.*, censure la faiblesse de la garantie judiciaire au regard de la liberté individuelle, **le juge n'intervenant pas systématiquement avant quinze jours**. Cette réserve a été concrétisée par la loi n° 2011-803 du 5 juillet 2011. Depuis, ce sont sept QPC qui sont revenues sur le régime de l'hospitalisation psychiatrique et accusant la tendance à la judiciarisation[162].

Si l'article 66 de la Constitution exige que toute privation de liberté soit placée sous le contrôle de l'autorité judiciaire, il n'impose pas que cette dernière soit saisie préalablement à toute mesure de privation de liberté mais la liberté individuelle ne peut être tenue pour sauvegardée que si le juge intervient dans le plus court délai possible. Le Conseil constitutionnel[163] a ainsi abrogé (effet reporté au 31 décembre 2020) l'article L. 3222-5-1 en ce qu'il permettait le recours à l'isolement et à la contention certes par un psychiatre et pour une durée limitée, mais sans avoir fixé cette limite ni prévu les conditions dans lesquelles, au-delà d'une certaine durée, le maintien de ces mesures est soumis au contrôle du juge judiciaire. Un dispositif de contrôle juridictionnel de l'isolement et de la contention a finalement été adopté par le législateur le 22 janvier 2022, suite à trois censures de l'article L. 3222-5-1 du Code de la santé publique par le Conseil constitutionnel : en juin 2020, car il n'était pas prévu de contrôle des décisions d'isolement et de contention par un juge ; en juin 2021, car le texte

160. CC., 20 avr. 2012, déc. n° 2012-235 QPC.
161. CEDH, 26 juill. 2018, *Guelfucci c. France*, n° 31038/12.
162. Voir Chronique « Santé et Bioéthique », revue *Constitutions*, Dalloz.
163. CC, 19 juin 2020, n° 2020-844 QPC, *M. Éric G.* [Contrôle des mesures d'isolement ou de contention dans le cadre des soins psychiatriques sans consentement].

adopté à la suite de cette censure ne prévoyait pas un contrôle effectif, mais une simple information du juge, et enfin en décembre 2021, car le texte adopté l'avait été sous la forme d'un « cavalier législatif ».

1237 **Loi du 5 juillet 2011. –** Cette loi tranche en faveur de la notion de « soins » au lieu de celle « d'hospitalisation » et tente de rénover les conditions de la mise en cause de la liberté individuelle par les exigences de la sécurité. Le soin sous contrainte débute par une **« période d'observation initiale » qui prend la forme d'une hospitalisation complète, de courte durée**, au cours de laquelle la personne doit faire l'objet d'un examen somatique et qui donne lieu à un certificat médical établi par un psychiatre de l'établissement à propos de la nécessité ou non de soins sans consentement. Si le certificat est négatif, la levée de la mesure est immédiate pour les personnes admises sur demande d'un tiers ou sur demande du directeur de l'établissement. C'est ce qui les distingue de celles subissant une mesure de police les hospitalisant « d'office » ; le préfet restant provisoirement libre de les faire entrer dans l'établissement. **Dans les soixante-douze heures de l'admission, il importe au psychiatre de l'établissement de se prononcer sur la meilleure forme de prise en charge** : en hospitalisation « complète » en établissement ou en soins ambulatoires.

L'article 72 de la loi 26 janvier 2016 de modernisation de notre système de santé introduit au sein du Code de la santé publique, l'article L. 3 222-5-1 qui dispose que **l'isolement et la contention sont des pratiques devant être utilisées en dernier recours et énonce clairement un objectif d'encadrement et de réduction de ces pratiques**. Dans un arrêt concernant un patient isolé et contenu aux urgences, la Cour de cassation affirme la nature médicale de ces mesures[164], qui échappent au contrôle du JLD, y compris à l'occasion d'une hospitalisation sans consentement[165].

La contention et l'isolement (loi du 22 janvier 2022) ne peuvent être mis en œuvre que sur décision motivée d'un psychiatre, pour prévenir un dommage immédiat ou imminent pour le patient ou autrui, de manière adaptée, nécessaire et proportionnée au risque, après évaluation. Une surveillance stricte du patient doit être assurée, outre l'exigence de traçabilité de chaque mesure dans un registre spécial. Les changements concernent surtout les modalités de contrôle juridictionnel. Le directeur de l'établissement doit en informer le JLD au-delà de quarante-huit heures pour l'isolement et vingt-quatre heures pour la contention, sous peine de mainlevée. L'obligation d'informer « au moins un membre de la famille ou une personne susceptible d'agir dans l'intérêt du patient » pèse quant à elle sur le médecin.

A. L'hospitalisation sur demande d'un tiers

1238 **Action dans l'intérêt du patient. –** Le code précise qu'« **une personne atteinte de troubles mentaux ne peut être hospitalisée sans son consentement à la demande d'un tiers que si (1°) ses troubles rendent impossible son consentement ; (2°) son état mental impose soit des soins immédiats assortis d'une surveillance constante en milieu hospitalier soit d'une surveillance médicale régulière justifiant une prise en charge [...]** » (art. L. 3212-1). D'ailleurs, à titre exceptionnel, et en cas de péril imminent pour la santé du malade constaté par un médecin, l'admission peut être prononcée au vu d'un seul certificat médical. Le tiers visé est un membre de la famille du malade ou une « personne susceptible d'agir dans l'intérêt de celui-ci ». Selon le juge administratif « la décision d'hospitalisation sans son consentement d'une personne atteinte de troubles mentaux ne peut être prise sur demande d'un tiers que si celui-ci, à défaut de pouvoir faire état d'un lien de parenté avec le malade, est en mesure de justifier de l'existence de relations antérieures à la demande lui donnant qualité pour agir dans l'intérêt de celui-ci »[166]. Il écrit et signe la demande et y fait figurer son identité ainsi que le degré de parenté qui le lie au malade. La loi n'exige en revanche aucune motivation obligatoire. Il est en outre **nécessaire que l'état de santé rende impossible son consentement, et impose de plus des soins immédiats assortis d'une surveillance constante en milieu**

164. Cass., 1re civ., 7 nov. 2019, n° 19-18262.
165. Cass., 1re civ., 21 nov. 2019, n° 19-20513 ; Cass., 1re civ., 3 févr. 2020, n° 19-70020.
166. CE, 3 déc. 2003, n° 244867, *CHS Caen*.

hospitalier, sinon l'hospitalisation serait libre. Le consentement doit néanmoins être recherché. Dès l'admission, puis régulièrement, la personne est informée de sa situation juridique, de ses droits et des voies de recours qui lui sont ouvertes, ainsi que des décisions médicales la concernant et des raisons qui les motivent. Son avis est recherché et pris en considération dans la mesure du possible. **Le directeur peut aussi prononcer l'admission du patient, sans demande d'un tiers, en cas de péril imminent pour sa santé dûment constaté par un certificat médical** (CSP, art. L. 3212-1).

1239 **Procédure d'hospitalisation.** – La demande doit être accompagnée de **deux certificats médicaux « circonstanciés »** (un seul en cas de péril imminent pour la santé du malade dûment constaté par le médecin) datant de moins de quinze jours et délivrés par des médecins sans liens de parenté avec le patient (l'un d'eux au moins ne doit pas exercer dans le futur établissement d'accueil). Le directeur de l'établissement psychiatrique doit refuser le malade lorsque toutes ces conditions ne sont pas remplies et inversement. Il doit toujours y avoir un bulletin d'entrée. Le problème de l'hospitalisation dans une structure privée se trouve également posé. La loi du 21 juillet 2009 (portant réforme de l'hôpital et relative aux patients, à la santé et aux territoires dite « HPST ») a clairement choisi, avec l'aval du Conseil constitutionnel, d'associer les établissements privés à l'accomplissement de missions de service public, notamment la prise en charge des personnes hospitalisées sans leur consentement (art. L. 6112-1, 11°, CSP). **L'hospitalisation peut être « complète », en institution, où en ambulatoire**. Entre le cinquième et le huitième jour, un nouveau certificat analysant l'évolution du patient et de sa prise en charge permet, ou non, de confirmer la mesure.

1240 **Sortie.** – Elle peut être décidée par le psychiatre de l'établissement, ou en raison de sa négligence à établir l'un des certificats médicaux exigés, elle peut aussi être le fait du préfet, de sa propre initiative ou à la demande du tiers qui est à l'origine de l'hospitalisation (un membre de la famille peut toutefois s'y opposer, ce qui conduit à saisir le « conseil de famille »). **La Commission départementale des soins psychiatriques (CDSP)** (ancienne Codhopsy) peut elle aussi demander la sortie de l'hospitalisé. La sortie doit être signifiée dans les vingt-quatre heures au demandeur, au préfet, au procureur de la République, et à la Commission départementale des soins psychiatriques (CDSP). En cas de désaccord entre le préfet et le psychiatre, qui constate que l'hospitalisation complète n'est plus nécessaire, le directeur d'établissement fait examiner le patient par un deuxième psychiatre qui rend un avis dans les soixante-douze heures. Si ce second avis confirme le premier, le préfet doit suivre l'avis médical et ordonner soit la mainlevée de l'hospitalisation complète soit sa transformation en une autre mesure de soins. **Lorsque le préfet n'ordonne pas la levée d'une hospitalisation complète proposée par le psychiatre, le directeur de l'établissement d'accueil doit saisir le juge des libertés et de la détention (JLD) afin qu'il statue à bref délai.**

B. L'hospitalisation d'office (« Admission en soins psychiatriques sur décision du représentant de l'État »)

1241 **Mesure d'ordre public.** – L'hospitalisation d'office est décidée **par le préfet, par arrêté motivé et inscrit sur un registre spécial tenu par l'établissement psychiatrique**. Selon l'article L. 3213-1, il ne s'agit que « des personnes dont les troubles mentaux nécessitent des soins et compromettent la sûreté des personnes ou portent atteinte, de façon grave, à l'ordre public. » Les arrêtés préfectoraux sont motivés et énoncent avec précision les circonstances qui ont rendu l'admission en soins nécessaire. Le recours pour excès de pouvoir est ouvert contre lui sans limitation de temps faute de notification prévue. Sans prévoir pour autant d'audition préalable de l'intéressé la procédure prévoit que **le malade soit immédiatement informé des motifs de la mesure préfectorale**. Seul est requis un certificat médical circonstancié attestant que les troubles mentaux conduisent la personne qui en est atteinte à « compromettre l'ordre public ou la sûreté des personnes » (sous contrôle du juge judiciaire). Le maire (ou à Paris un commissaire de police) peut ordonner l'hospitalisation en cas de danger imminent pour la sûreté des personnes et doit avertir le préfet dans les vingt-quatre heures lequel prendra un arrêté d'hospitalisation d'office dans les quarante-huit heures. La Cour de cassation[167] estime que la mesure d'hospitalisation d'office à titre provisoire, doit indiquer dans sa décision les éléments de droit et de fait qui justifient cette mesure, sauf urgence absolue l'en ayant empêché, et que, si elle peut se limiter à se référer à un avis médical, « c'est à la condition de s'en approprier le contenu et de joindre cet avis à la décision ». Selon la même cour, le Code de la santé publique ne permet pas au préfet de différer la décision administrative imposant des soins psychiatriques sans consentement au-delà du temps strictement nécessaire à l'élaboration de l'acte[168].

1242 **Sortie.** – Elle intervient **sur décision du préfet** (lequel n'est pas tenu de suivre les avis médicaux), **de sa propre initiative ou sur proposition du psychiatre de l'établissement ou de la Commission départementale des soins psychiatriques**. La négligence du préfet à procéder à l'un des réexamens périodiques de la situation de l'hospitalisé peut conduire à une sortie automatique (toutefois, l'individu dangereux peut fait l'objet d'une réintégration dans les formes). À l'égard des hospitalisés qui ont été déclarés pénalement irresponsables par le juge judiciaire, deux psychiatres n'appartenant pas à l'établissement, choisis par le procureur de la République, peuvent également mettre fin à l'internement. Dans les vingt-quatre heures la sortie est signalée à la famille, au maire du domicile de l'intéressé (concerné dans la mesure où l'ordre public était en cause), au procureur de la République et à la Commission départementale des soins psychiatriques. Depuis la loi du 27 septembre 2013, si une sortie de longue durée, non accompagnée, doit intervenir, elle prendra la **forme d'un programme de soins** (mesure de soins sous une autre forme que l'hospitalisation complète) et impliquera, pour que la personne malade soit réintégrée en hospitalisation complète, l'intervention d'une nouvelle décision d'admission en soins sans consentement.

C. Les droits de la personne hospitalisée sans consentement

1243 **Les contrôles objectifs.** – Le préfet, le maire, le juge d'instance, le président du TGI, le procureur de la République, et la commission départementale des soins psychiatriques sont informés des hospitalisations sous contraintes et doivent contrôler la bonne marche de l'établissement. Le procureur de la République, doit opérer une visite par trimestre. **Les visites permettent de contrôler le correct établissement des actes de procédure et de recevoir les demandes des malades**. Le préfet doit réexaminer la situation des hospitalisés d'office à la fin de leur premier mois d'hospitalisation, puis trois mois plus tard, puis tous les six mois. **Les commissions départementales des soins psychiatriques** comprennent deux psychiatres (l'un désigné par le procureur général de la cour d'appel, l'autre par le préfet), un magistrat choisi par le premier président de la cour d'appel, deux représentants d'associations spécialisées, désignés par le préfet, et un médecin généraliste, lui aussi désigné par le préfet. Elles visitent les établissements d'hospitalisation sous contrainte et adressent un rapport annuel au préfet et au procureur de la République, et peuvent, en cas d'abus constaté, saisir une autorité compétente pour prononcer la sortie. Mais surtout, **depuis la loi du 5 juillet 2011, est institué un contrôle de plein droit du JLD**, lequel doit se prononcer dans les douze jours à compter de l'admission en hospitalisation complète et avant l'expiration de chaque période de six mois. Si le juge ordonne une expertise, le délai est prolongé de quatorze jours maximum. S'il n'a pas statué dans ces délais, la mainlevée est acquise. **Le juge entend le patient, en audience** (sauf obstacle d'ordre médical). Le juge des libertés devra statuer dans une salle d'audience située sur l'emprise de l'établissement de santé. La visioconférence ne sera envisagée qu'en cas de nécessité dans l'intérêt du patient (ce qui fût aussi le cas en période de pandémie), et l'audience pourra être tenue en chambre du conseil, sauf demande contraire de la personne en soins. **L'assistance d'un avocat est obligatoire**.

167. C. Cass. 1re civ., 29 septembre 2021, nº 20-14.611.
168. Cass., avis, 11 juill. 2016, nº 16008.

1244 **Les droits subjectifs.** – Si la personne en placement libre a tous les droits du patient (tout en tenant compte de la nécessité des soins et de sa vulnérabilité), l'hospitalisé sous contrainte subit des restrictions à l'exercice de ses libertés individuelles qui doivent être limitées à celles nécessitées par son état de santé et la mise en œuvre de son traitement. Sa dignité doit être respectée et sa réinsertion recherchée. L'article L. 3211-3 du Code de la santé publique en détermine la liste (modifiée le 23 février 2010) : **la personne doit être informée dès l'admission et par la suite, à sa demande, de sa situation juridique et de ses droits ; elle a le droit de communiquer avec les autorités susceptibles de la faire sortir** (le représentant de l'État dans le département, le directeur général de l'agence régionale de santé, le juge du tribunal d'instance, le président du tribunal de grande instance, le maire et le procureur de la République), de saisir la Commission départementale des hospitalisations psychiatriques est chargée d'examiner la situation des personnes hospitalisées en raison de troubles mentaux, **de prendre conseil d'un médecin ou d'un avocat de son choix, d'émettre ou de recevoir des courriers, de consulter le règlement intérieur** de l'établissement et de recevoir les explications qui s'y rapportent, d'exercer son droit de vote, de se livrer aux activités religieuses ou philosophiques de son choix. La plupart de ces droits, peuvent être exercés à leur demande par les parents ou les personnes susceptibles d'agir dans l'intérêt du malade. **La loi permet en principe des sorties de moins de douze heures accompagnées par un membre de la famille ou la personne de confiance**. La loi du 27 septembre 2013 réintroduit même la possibilité de sorties de courte durée non accompagnées qui avait été supprimée par la loi de 2011. L'autorité qui procède à l'hospitalisation sous contrainte a l'obligation d'informer le patient des motifs la justifiant, de ses droits et de sa situation ; cependant le défaut d'information n'atteint pas la légalité de la mesure[169].

1245 **Le contrôle médical.** – Le patient doit être examiné dans les vingt-quatre heures de son admission par un psychiatre de l'établissement, autre que l'auteur des certificats qui ont justifié l'hospitalisation forcée. **Dans un délai de trois jours francs suivant la réception du certificat médical, le représentant de l'État dans le département décide de la forme de prise en charge. La situation est ensuite réexaminée à l'issue du premier mois puis de trois mois et enfin tous les six mois.** Chacune de ces visites donne lieu à l'établissement d'un certificat, qui doit être aussitôt transmis au préfet et à la Commission départementale des soins psychiatriques (CDSP).

D. Le contrôle juridictionnel

1246 **Compétence juridictionnelle.** – À propos de l'hospitalisation sur demande d'un tiers le Conseil constitutionnel[170] pose que l'article 66 ne s'interprète pas comme réservant la privation de liberté à l'autorité judiciaire (décision ou contrôle de la décision). **Une autorité administrative peut légitimement restreindre la liberté d'aller et de venir, jusqu'à ce que la rétention entame la liberté individuelle.** Jusqu'à 2011 le juge administratif était compétent pour apprécier la régularité de la procédure et le juge judiciaire (JLD) pour apprécier la nécessité de la privation de liberté en cause et pour octroyer des dommages-intérêts pour réparer le préjudice subi du fait d'une hospitalisation illégale. **La loi du 5 juillet 2011 procède à cette unification du contentieux au profit du juge judiciaire.** Le juge de la liberté et de la détention devient seul compétent pour connaître de la régularité des décisions administratives fondant la mesure de soins psychiatriques sans consentement (CSP, art. L. 3216-1). Sur le fond, l'irrégularité d'une décision entraîne la mainlevée des soins « s'il en est résulté une atteinte aux droits de la personne qui en faisait l'objet ». L'octroi de dommages-intérêts résulte de l'illégalité de l'hospitalisation[171]. Désormais, **le JLD pourra être saisi de trois manières : la saisine facultative que le « patient » peut faire à tout moment afin de demander la mainlevée de la mesure ; la saisine obligatoire avant l'expiration de délais fixés par la loi en cas d'hospitalisation complète ; la saisine de plein droit lorsqu'il existe un désaccord entre le psychiatre et le préfet.** Tirant toutes les conséquences de la loi de 2011, le

169. Cass. 1re civ., 15 janv. 2015, n° 13-24361.
170. CC, 26 nov. 2010, déc. n° 2010-71 QPC, *Mlle Danielle S.*
171. Cass. 1re civ., 26 janv. 2011, n° 09-14905.

Conseil d'État estime que seul le juge judiciaire est désormais compétent pour apprécier la légalité des mesures affectant une personne hospitalisée sans son consentement y compris l'aménagement du séjour et le régime des sorties, même si cela n'entame pas la liberté individuelle[172].

Le Conseil d'État[173] a admis, dans le domaine de la santé mentale, **le recours au référé-sauvegarde pour la contestation formelle de la décision d'internement pouvant déboucher sur l'injonction de mise en liberté**, estimant donc implicitement, que durant les quarante-huit heures qui encadrent le recours en référé, la liberté individuelle n'est pas encore en cause. La CEDH avait aussi formulé différents doutes sur **les risques que la dualité de juridiction française pouvait faire peser plus particulièrement dans ce cadre sur le droit à un recours effectif**. Elle pose que « des garanties spéciales de procédure peuvent s'imposer pour protéger ceux qui, en raison de leurs troubles mentaux, ne sont pas entièrement capables d'agir pour leur propre compte »[174]. Étaient en cause, tout à la fois, l'incertitude de la répartition des compétences et les difficultés de mise en œuvre de procédures séparées pour une même situation et plus encore l'absence de délai imparti au juge pour traiter le dossier. La Cour est à nouveau parvenue à la conclusion que, « dans les circonstances très particulières de l'espèce, l'articulation entre la compétence du juge judiciaire et celle du juge administratif quant aux voies de recours offertes n'a pas permis au requérant d'obtenir une décision d'un tribunal pouvant statuer sur la légalité de sa détention et ordonner sa libération si la détention est illégale »[175].

1247 **Problèmes de délais. –** La CEDH a, **à plusieurs reprises, condamné la France pour des délais excessifs faisant perdre toute effectivité au recours contre une décision d'hospitalisation sous contrainte**[176]. L'article 5 § 4 implique en effet un « bref délai » pour chaque étape de la procédure permettant une sortie de l'établissement. Le 14 avril 2011, la Cour a à nouveau condamné la France, sur le fondement de l'article 5 § 4 au motif que le juge de la liberté et de la détention a mis plus de vingt jours à intervenir dans une procédure d'internement d'office[177]. Le décret n° 2010-526 du 20 mai 2010 relatif à la procédure de sortie immédiate des personnes hospitalisées sans leur consentement a d'ores et déjà aménagé un recours devant le juge de la liberté et de la détention. Il peut être saisi par un tiers ou la personne hospitalisée elle-même. À la suite de la communication de la demande au greffe, le juge fixe la date et l'heure de l'audience et diligente une expertise confiée à deux experts. L'expert remet son rapport dans les quinze jours qui suivent sa désignation. Le juge se prononce dans les douze jours par ordonnance susceptible d'appel devant le président de la cour d'appel qui se prononce dans les mêmes délais. Il devra être saisi dans les six jours suivant l'admission en soins sans consentement, par le préfet ou par le directeur de l'établissement (loi du 27 septembre 2013).

IV. La rétention de sûreté

1248 **Rétention de sûreté – Principe. –** Poursuivant la « lutte contre la récidive » (loi du 10 août 2007 renforçant la lutte contre la récidive des majeurs et des mineurs), **la loi du 25 février 2008, relative à la rétention dite « de sûreté »[178] permet le maintien en détention des personnes ayant purgé leur peine mais encore considérées comme dangereuses pour la société**. Il s'agit des personnes condamnées à plus de quinze ans de réclusion criminelle pour un certain nombre d'infractions très graves, notamment de nature sexuelle (art. L. 706-53-13, C. proc. pén. ; meurtre aggravé, de torture ou actes de barbarie aggravés, de viol aggravé, d'enlèvement ou de séquestration aggravé...). Leur **« particulière dangerosité » est « caractérisée par une probabilité très élevée**

172. CE, 16 juill. 2012, Centre hospitalier spécialisé Guillaume Régnier.
173. CE, ord. réf., 1er avr. 2010, *Charles A.*
174. CEDH, 12 mai 1992, n° 67175/01, *Megyeri c. Allemagne*, § 22 et CEDH, *Vaudelle c. France*, n° 35683/97, 30 janv. 2001, § 60.
175. CEDH, 18 nov. 2010, *Baudoin c. France*, n° 35935/03.
176. CEDH, 18 juin 2002, n° 43125/98, *Delbec c. France* ; CEDH, 27 juin 2002, n° 41376/98, *D.M. c. France* ; CEDH, 27 oct. 2005, n° 68673/01, *Mathieu c. France* et CEDH, 18 nov. 2010, n° 35935/03, *Baudoin c. France*.
177. CEDH, 14 avr. 2011, *Patoux c. France*, 35079/06.
178. Complétée par la loi n° 2010-242 du 10 mars 2010 tendant à amoindrir le risque de récidive criminelle. V. aussi CGLPL, avis, 5 oct. 2015, relatif à la rétention de sûreté : *JO* 5 nov. 2015, CGLPL, avis, 6 févr. 2014, relatif à la mise en œuvre de la rétention de sûreté : *JO*, 25 févr. 2014.

de récidive parce qu'elles souffrent d'un trouble grave de la personnalité ». La rétention de sûreté ne peut toutefois être prononcée que si la cour d'assises a expressément prévu dans sa décision de condamnation que la personne pourra faire l'objet à la fin de sa peine d'un réexamen de sa situation en vue d'une éventuelle rétention de sûreté. La rétention de sûreté consiste dans **le placement de la personne intéressée en centre socio-médico-judiciaire de sûreté**. Cette loi opère donc un mélange de répression pénale, par la détention en prolongement de la condamnation pénale, et de police administrative en estimant le délinquant comme intrinsèquement dangereux. La décision de rétention de sûreté est prise par la juridiction régionale de la rétention de sûreté. Cette juridiction est composée d'un président de chambre et de deux conseillers de la cour d'appel, désignés par le premier président de cette cour pour une durée de trois ans. Un décret du 4 novembre 2008 détermine les conditions d'application de cette loi et énumère les droits des personnes placées dans les Centres socio-médicaux-judiciaires de sûreté (droit à l'information, à l'avocat, droit de suivre des formations, droit d'exercer un emploi, droit de correspondance et de visite). Selon la chambre criminelle, la rétention de sûreté peut être appliquée à une personne, même condamnée avant l'entrée en vigueur de cette loi, qui méconnaît, après l'entrée en vigueur de cette loi, les obligations qui lui sont imposées dans le cadre de la surveillance de sûreté. La **juridiction régionale de la rétention de sûreté ne peut prononcer une mesure de rétention de sûreté qu'après avoir vérifié que la personne condamnée a effectivement été mise en mesure de bénéficier, pendant l'exécution de sa peine, d'une prise en charge médicale, sociale, et psychologique** adaptée au trouble de la personnalité dont elle souffre et elle doit spécialement motiver sur ce point[179].

1249 **Rétention de sûreté – Contrôle constitutionnel et européen.** – Cette confusion a naturellement conduit les détracteurs de la loi à dénoncer l'atteinte à la présomption d'innocence et à la sûreté. **La décision rendue par le Conseil constitutionnel[180] leur donne tort par une argumentation discutable. Le Conseil y estime en effet que la rétention de sûreté ne constitue pas une atteinte à la sûreté dans la mesure où son encadrement apparaît suffisant et sa nécessité effective**. Il pose cependant que, **bien que n'étant pas une peine, elle a le caractère d'une mesure privative de liberté et ne saurait dès lors comporter de caractère rétroactif**. En effet, les griefs tirés de la méconnaissance de l'article 8 de la Déclaration de 1789 sont inopérants, mais eu égard à sa nature privative de liberté, à la durée de cette privation, à son caractère renouvelable sans limite et au fait qu'elle est prononcée après une condamnation par une juridiction, elle ne saurait être appliquée à des personnes condamnées avant la publication de la loi ou faisant l'objet d'une condamnation postérieure à cette date pour des faits commis antérieurement ; ce qui conduit à la censure du caractère rétroactif. **La loi ne s'applique qu'aux détenus dont la condamnation est postérieure à elle**. Il a en outre assorti sa décision d'une réserve d'interprétation faisant de la rétention un **procédé subsidiaire ne pouvant être mis en œuvre qu'à la condition que soient impossibles d'autres mesures de prévention de la récidive** comme le bracelet électronique ou la surveillance électronique.

1250 **Rétention de sûreté – Contrôle européen.** – De son côté, **la CEDH estime que les États ne peuvent se fonder sur la protection de victimes potentielles pour porter atteinte à la sûreté**. À deux reprises elle a condamné l'Allemagne pour le maintien en détention d'individus dangereux, au-delà de la période de sûreté fixée par la condamnation d'origine[181]. L'article 5 précise en effet que la détention doit rester liée à la condamnation[182]. Depuis une loi du 10 mars 2010, lorsque le placement sous surveillance judiciaire a été prononcé à l'encontre d'une personne condamnée à une réclusion criminelle d'une durée égale ou supérieure à quinze ans, la juridiction régionale peut décider de prolonger tout ou partie des obligations auxquelles est astreinte la personne, au-delà de la limite prévue en la plaçant sous surveillance de sûreté pour une durée de deux ans. Cette succession de conditions ayant conduit à la rétention étant intervenue postérieurement à la condamnation et alors même que ces régimes n'existaient pas encore, la question du caractère rétroactif de ces mesures se pose, ainsi que le fait

179. Cass. crim., 28 mars 2018, 17-86938.
180. CC, 21 févr. 2008, déc. n° 2008-562 DC.
181. CEDH, 17 déc. 2009, n° 19359/04, *M. c. Allemagne* ; CEDH, 14 avr. 2011, n° 30060/04, *Jendrowiak c. Allemagne*.
182. Voir quatre arrêts du 13 janv. 2011, n° 6587/04, *Haidn, Schummer, Kallweit et Mautes c. Allemagne*.

un avis du Contrôleur général des lieux de privation de liberté[183]. En effet, la **CEDH[184] a condamné l'Espagne en raison d'un revirement de jurisprudence du Tribunal suprême ayant entraîné un report de près de neuf ans de la date de remise en liberté d'une terroriste de l'ETA.** La CEDH a dénoncé cette rétroactivité et exigé la remise en liberté immédiate de la requérante. Néanmoins, lorsque l'individu peut se révéler réellement dangereux et nécessiter une rétention, la Cour se montre plus compréhensive. Ainsi, dans le cas d'une personne atteinte de troubles mentaux, la détention n'est pas une peine et peut donc être prolongée rétroactivement[185].

Cependant, l'internement d'un homme présentant des troubles psychiatriques graves, après avoir purgé une peine de vingt ans pour deux homicides, ordonné dans le cadre d'une procédure de révision au cours de laquelle aucun élément nouveau n'a été apporté concernant la nature de l'infraction ou l'étendue de la culpabilité, a violé à la fois le droit à la liberté et à la sûreté, la légalité des délits et des peines et le principe *non bis in idem*[186].

V. La rétention de sûreté des auteurs d'infractions terroristes

1251 Rétention de sûreté à l'encontre des auteurs d'infractions terroristes. – En 2020, accentuant cette vision de l'« homme dangereux », le législateur a complété les possibilités de privation de liberté préventive en instaurant **des mesures de sûreté à l'encontre des auteurs d'infractions terroristes** à l'issue de leur peine. Selon le nouvel article 706-25-15 du Code de procédure pénale, lorsqu'une **personne a été condamnée à une peine privative de liberté d'une durée supérieure ou égale à cinq ans pour les infractions les plus graves liées au terrorisme**, ou d'une durée supérieure ou égale à trois ans lorsque l'infraction a été commise en état de récidive légale, dont il est établi, à l'issue d'un réexamen de sa situation intervenant **à la fin de l'exécution de sa peine**, qu'elle **présente une particulière dangerosité caractérisée par une probabilité très élevée de récidive et par une adhésion persistante à une idéologie ou à des thèses incitant à la commission d'actes de terrorisme**, la **juridiction régionale de la rétention de sûreté** de Paris peut, sur réquisition du procureur de la République antiterroriste s'appuyant sur des éléments actuels et circonstanciés, ordonner, aux seules fins de favoriser l'insertion ou la réinsertion de la personne et de prévenir la récidive, une mesure de **sûreté comportant une ou plusieurs des obligations** : répondre aux convocations du juge de l'application des peines ou du service pénitentiaire d'insertion et de probation ; recevoir les visites du service pénitentiaire d'insertion et de probation et lui communiquer les renseignements ou documents de nature à permettre le contrôle de ses moyens d'existence et de l'exécution de ses obligations, informer de ses changements d'emploi et de ses changements de résidence ou de tout déplacement dont la durée excéderait quinze jours et rendre compte de son retour, établir sa résidence en un lieu déterminé éventuellement avec l'autorisation préalable du juge de l'application des peines, de même pour tout déplacement à l'étranger, se présenter périodiquement aux services de police ou aux unités de gendarmerie, dans la limite de trois fois par semaine, ne pas entrer en relation avec certaines personnes, placement sous surveillance électronique mobile… La mise en œuvre **est assurée par le juge de l'application des peines** assisté du service pénitentiaire d'insertion et de probation pour une période d'une **durée maximale de deux ans**. À l'issue de cette période, la mesure de sûreté peut être renouvelée par la juridiction régionale de la rétention de sûreté de Paris, après avis de la commission pluridisciplinaire des mesures de sûreté, et pour la même durée dans la limite de cinq ans ou, lorsque le condamné est mineur, dans la limite de trois ans. Cette limite est **portée à dix ans lorsque les faits commis par le condamné constituent un crime ou un délit puni de dix ans d'emprisonnement** ou, lorsque le condamné est mineur, à cinq ans.

Dans **décision du 7 août 2020**[187], le Conseil constitutionnel, avant de censurer toute possibilité de rétention, a considéré que **cette mesure n'est ni une peine ni une sanction ayant le caractère d'une punition.** Les

183. CGLPL, avis, 6 févr. 2014, *JO* 25 févr. 2014.
184. CEDH, 21 oct. 2013, nº 42750/09, *Del Rio Prada c. Espagne*.
185. CEDH, 7 janv. 2016, nº 23279/14, *Bergmann c. Allemagne*.
186. CEDH, 2 nov. 2021, nº 38958/16, *W.A. c. Suisse*.
187. CC, 7 août 2020, nº 2020-805 DC, Loi instaurant des mesures de sûreté à l'encontre des auteurs d'infractions terroristes à l'issue de leur peine.

articles 2, 4 et 9 de la Déclaration de 1789, fondements de la liberté personnelle, ne sauraient être entravés par une rigueur qui ne soit nécessaire. Si le législateur a poursuivi l'objectif de valeur constitutionnelle de prévention des atteintes à l'ordre public en créant des mesures de sûreté fondées sur la particulière dangerosité, évaluée à partir d'éléments objectifs, de l'auteur d'un acte terroriste et visant à prévenir la récidive de telles infractions, **c'est à la condition qu'aucune mesure moins attentatoire aux droits et libertés constitutionnellement garantis ne soit suffisante pour prévenir la commission de ces actes et que les conditions de mise en œuvre de ces mesures et leur durée soient adaptées et proportionnées à l'objectif poursuivi**. Or, les mesures prévues contraignent de plusieurs manières la liberté d'aller et de venir, la vie privée et familiale et cela pour une durée pouvant aller jusqu'à 10 ans. Surtout, la proportionnalité s'apprécie aussi au regard de la peine d'origine qui peut être de trois mois avec un simple sursis, sans exigence de mesures de réinsertion pendant la peine. Enfin, tout renouvellement de la mesure devrait se fonder sur des faits nouveaux.

Finalement, la loi du 30 juillet 2021 relative à la prévention d'actes de terrorisme et au renseignement a créé une nouvelle mesure de sûreté, qui sera prononcée en fin de peine par le tribunal de l'application des peines de Paris sur réquisition du parquet national antiterroriste, en l'absence de mesure de suivi judiciaire. Dite « **mesure judiciaire de prévention de la récidive terroriste et de réinsertion** », avec obligation de prise en charge sanitaire, sociale, éducative, psychologique ou psychiatrique, elle concerne des individus particulièrement dangereux. Sa durée sera d'un an maximum, renouvelable dans la limite de cinq ans.

CNCDH, 23 juin 2020, Avis relatif à la proposition de loi instaurant des mesures de sûreté à l'encontre des auteurs d'infractions terroristes à l'issue de leur peine

La CNCDH rend un avis très critique sur la PPL, instaurant un nouveau régime de sûreté spécifique à l'encontre des personnes condamnées pour des actes de terrorisme.
Prenant acte de la sortie de prison imminente de plusieurs dizaines de personnes condamnées pour des actes de terrorisme, les députés vont prochainement adopter une PPL, instaurant un nouveau régime de sûreté à leur encontre : nécessité d'une autorisation pour changer d'emploi ou de résidence, obligation de pointer au commissariat plusieurs fois par semaine, prise en charge dans un centre d'accueil adapté éventuellement assortie d'une assignation à résidence, etc.
Si la CNCDH ne saurait trancher avec certitude la question de savoir si ces mesures de sûreté s'apparentent à des peines, auquel cas elles ne pourraient pas s'appliquer aux personnes condamnées pour des faits antérieurs à la loi, un certain nombre d'éléments lui paraissent néanmoins plaider en ce sens.
En tout état de cause, la CNCDH considère que ce nouveau dispositif de surveillance porte une atteinte ni nécessaire, ni adaptée, et disproportionnée aux droits et libertés fondamentaux des personnes qui ont exécuté leur peine, d'autant plus que l'ensemble de l'édifice sécuritaire ainsi mis en place repose sur le fondement incertain de la « dangerosité », source inévitable d'arbitraire.
La CNCDH rappelle une fois encore qu'il est essentiel de reconsidérer les modalités de prise en charge des détenus dits « radicalisés » afin de favoriser leur réinsertion.

Section 2
La liberté d'aller et venir

1252 **Notion. -** Le rapport de l'individu à l'espace, au territoire et au mouvement n'a jamais été ce qu'il est aujourd'hui, facile, fréquent et complexe. **La liberté de déplacement et d'établissement a rarement été aussi**

développée et autant réglementée. Les espaces nationaux et européens offrent de multiples possibilités aux Français même si des limites existent qui font l'objet de moins de contrôles que la sûreté elle-même dont la liberté d'aller et de venir se distingue mal. **La période de six semaines de confinement** de la population pendant la pandémie de la Covid-19 en 2020 a aussi fait prendre conscience de la facilité de mouvement et de la privation que sa suspension entraîne.

1253 **Distinction de la liberté individuelle et de liberté d'aller et de venir. –** Les sources internationales confirment **l'existence d'une liberté distincte de la liberté individuelle : l'article 12-2° du PIDCP précise : « quiconque se trouve légalement sur le territoire d'un État a le droit d'y circuler librement ».** Le paragraphe 4 de ce même article prévoit le droit de chacun de rentrer dans son propre pays ce qui implique d'y avoir des liens particuliers[188]. **La Convention EDH distingue aussi entre la privation de liberté (art. 5) et l'entrave de l'article 2-2° du protocole additionnel n° 4[189] à la Convention EDH. Le juge invite à apprécier** *in concreto* **la durée et les effets de la limitation de liberté**[190]. On pourra ainsi **établir une différence entre un confinement permanent à domicile qui relève de l'article 5[191] et l'assignation à résidence d'une personne surveillée par la police pour activités mafieuses qui relève du protocole n° 4**[192]. Mais c'est encore du côté du droit de l'Union européenne que se trouve la libre circulation des personnes. L'article 3 TUE confère directement la liberté de se rendre d'un État à un autre lorsqu'on est ressortissant de l'Union et dans le cadre des finalités du traité[193]. Ces dispositions ont effet direct pour tout citoyen[194] depuis l'autonomisation de la liberté de circulation professionnelle de la liberté de droit commun. Concrètement la directive du 29 avril 2004 détermine les modalités de déplacement et de séjour. La Charte confirme cette liberté et permet que les tiers à l'Union en bénéficient (art. 45). L'espace Schengen regroupe vingt-six États (la Bulgarie, la Roumanie, Chypre et la Croatie n'y participent pas encore ; l'Irlande et la Grande-Bretagne, seulement partiellement), quatre États sont associés (Norvège, Islande, Suisse et Liechtenstein). Il supprime les contrôles aux frontières internes.

Le droit de l'Union interdit en principe les contrôles aux frontières intérieures de l'espace Schengen. Toutefois, la réintroduction de contrôles peut se faire pour six mois en cas de menace nouvelle grave pour l'ordre public et la sécurité intérieure. La cour de justice de l'Union européenne, dans un arrêt du 26 avril 2022[195], a considéré qu'un État membre de l'espace Schengen ne pouvait réintroduire les contrôles au frontières, en cas de menace avérée, à la condition de justifier d'une nouvelle menace, distincte de la précédente. La France a choisi de le faire en novembre 2015, en raison des attentats de Paris, et pour la sécurité de la Cop 21, puis en raison de la pandémie de Covid-19 et encore pour une nouvelle période de six mois allant du 1er mai 2022 au 31 octobre 2022. Cette décision, attentatoire à la libre circulation, a été jugée fondée, par le Conseil d'Etat[196], sur les menaces liées au risque terroriste, à la pandémie de Covid-19, aux mouvements secondaires de migrants et aux risques générés par le conflit ukrainien sur le territoire français en matière de criminalité organisée et de trafic d'êtres humains, cette dernière menace étant nouvelle par sa nature…

188. CDH, Communication du 16 déc. 1996, *Stewart c. Canada.*

189. « 1. Quiconque se trouve régulièrement sur le territoire d'un État a le droit d'y circuler librement et d'y choisir librement sa résidence. 2. Toute personne est libre de quitter n'importe quel pays, y compris le sien. 3 L'exercice de ces droits ne peut faire l'objet d'autres restrictions que celles qui, prévues par la loi, constituent des mesures nécessaires, dans une société démocratique, à la sécurité nationale, à la sûreté publique, au maintien de l'ordre public, à la prévention des infractions pénales, à la protection de la santé ou de la morale, ou à la protection des droits et libertés d'autrui ».

190. CEDH, 6 nov. 1980, *Guzzardi c. Italie.*

191. CEDH, 28 nov. 2002, *Lavents c. Lettonie*, n° 58442/00.

192. CEDH, gr. ch., 6 avr. 2000, *Labita c. Italie* : après une détention elle-même non conforme à l'article 5, une limitation de la liberté de circuler pendant trois années viole la liberté d'aller et venir.

193. CJCE, 8 avr. 1976, aff. 48-75, *Royer.*

194. CJCE, 17 sept. 2002, aff. C-413/99, *Baumbast et T.*

195. CJUE, 26 avril 2022, *NW c/Landespolizeidirektion Steiermark et Bezirkshauptmannschaft Leibnitz*, affaires jointes C-368/20 et C-369/20.

196. CE, 27 juill. 2022, *Ass. nat. d'assistance aux frontières pour les étrangers et autres*, n° 463850.

1254 **Contiguïté de la liberté individuelle et de liberté d'aller et de venir. -** D'une certaine façon, la sûreté constitue le noyau dur de la liberté d'aller et venir, à ce point valorisé qu'il s'est autonomisé. Un **effet de seuil permet de déterminer la différence entre sûreté et liberté d'aller et venir**, compétence judiciaire et compétence partagée entre les deux ordres. La liberté de mouvement simplement encadrée obéit au régime de la liberté d'aller et venir quand sa privation totale suit les interdits et garanties de la sûreté. Le Conseil d'État avait déjà auparavant détaché la liberté d'aller et venir, à propos de la rétention d'un passeport qui n'est « prise ni en application des articles 335-1 *quater* du Code pénal et L. 627 du Code de la santé publique » et pour laquelle il est compétent pour la confronter directement à la CEDH[197]. **Cette distinction se révèle au détour des décisions du Conseil constitutionnel relatives à la police de la circulation**[198]. Lorsqu'il est question de fouille des véhicules le Conseil convoque autant la liberté individuelle que la liberté d'aller et venir[199], de même parfois en matière de contrôle d'identité[200].

1255 **Effets de seuils. -** Le Conseil constitutionnel considère aussi que par sa durée ou ses effets l'atteinte à la liberté d'aller et de venir dépasse un seuil qui l'amène à devoir la confronter à la liberté individuelle. Ainsi dans **sa décision du 25 février 1992, il considère « que le maintien d'un étranger en zone de transit, en raison de l'effet conjugué du degré de contrainte qu'il revêt et de sa durée, a néanmoins pour conséquence d'affecter la liberté individuelle de la personne qui en fait l'objet au sens de l'article 66 de la Constitution** ; que si la compétence pour décider du maintien peut être confiée par la loi à l'autorité administrative, le législateur doit prévoir, selon des modalités appropriées, l'intervention de l'autorité judiciaire pour que celle-ci exerce la responsabilité et le pouvoir de contrôle qui lui reviennent »[201]. L'autorité judiciaire doit d'ailleurs intervenir dans les plus brefs délais (cinq jours après le début de la rétention administrative d'un étranger selon la loi du 16 juin 2011, maximum quinze jours pour une hospitalisation psychiatrique selon la loi du 5 juillet 2011). **Les procédures de contrôle d'identité qui pourraient mener à une détention doivent aussi être appréciées par le juge judiciaire alors même qu'au départ il ne s'agit que d'une suspension de la liberté d'aller et venir.** Il n'en va pas de même de la procédure de recueil automatisé de données relatives aux véhicules qui « ne saurait porter atteinte ni à la règle, posée par l'article 66 de la Constitution, selon laquelle nul ne peut être arbitrairement détenu, ni à la liberté d'aller et venir protégée par les articles 2 et 4 de la Déclaration de 1789 »[202]. Le même type de partage s'opère dans le **domaine de l'application des peines** selon qu'il s'agit de contrôler l'administration pénitentiaire ou d'apprécier le prolongement de la peine. Le juge constitutionnel a ainsi émis, lors de l'examen de la loi relative à l'état d'urgence de 2015, une réserve qui fixe à douze heures le seuil des astreintes à domicile dans le cadre des assignations en deçà duquel une assignation à résidence demeure une mesure de police administrative, sous-entendant qu'au-delà la liberté individuelle serait touchée[203].

Ces seuils recoupent la distinction opérée par la CEDH entre privation de liberté et restriction de liberté. Opérer cette distinction implique de prendre en compte les données propres à l'affaire[204].

I. Le développement de la liberté d'aller et venir

1256 **Extension des territoires accessibles. -** Se déplacer et s'établir au lieu de son choix relèvent de la spontanéité et souvent du hasard. L'extrême balkanisation des territoires souverains au cours du Moyen Âge s'est poursuivie sous forme de frontières, de droits de péage et de passeports intérieurs pendant des siècles. Si **la**

197. CE, 8 avr. 1987, *Ministre de l'Intérieur et de la Décentralisation c. Peltier*, n° 55895.
198. CC, 16 juin 1999, déc. n° 99-411 DC.
199. CC, 13 mars 2003, déc. n° 467 DC.
200. CC, 20 janv. 1981, déc. n° 127 DC.
201. CC, 25 févr. 1992, déc. n° 92-307 DC cons. 15.
202. CC, 19 janv. 2006, déc. n° 2005-532 DC.
203. CC, 22 déc. 2015, n° 2015-527 QPC, *M. Cédric D.* [Assignations à résidence dans le cadre de l'état d'urgence], cons. 6.
204. CEDH, 6 nov. 1980, *Guzzardi c. Italie*.

Révolution a aboli ces contraintes en France, on doit à la construction européenne d'avoir effacé les frontières pratiques entre États, pour ses ressortissants.

A. Le principe interne

1257 Il est fondé sur des principes généraux de liberté et des restrictions justifiées par l'ordre public et la souveraineté territoriale.

1. Les sources

1258 **Constitution. –** Devenue principe à valeur constitutionnelle (lequel ne fait pas obstacle à l'institution d'une redevance pour l'usage d'ouvrages d'art et n'implique pas la gratuité de la circulation) par la **décision n° 79-107 DC du 12 juillet 1979, la liberté d'aller et venir est historiquement une des « libertés individuelles » rattachées à la liberté individuelle**. Le Conseil l'a **ensuite détachée de l'article 66 pour la fonder sur la liberté personnelle des articles 2 et 4 de la DDHC**[205]. Cependant, leur identité de nature fait que le lien n'est pas totalement coupé ; certaines formulations signifiant un *crescendo*. Les atteintes portées à l'exercice de cette liberté par l'institution d'une imposition doivent être justifiées par un motif d'intérêt général et proportionnées à l'objectif poursuivi[206].

1259 **Sources internationales. –** Les **articles 2 et 3 du protocole n° 4 à la Convention EDH** et **l'article 12 du PIDCP reconnaissent la liberté de circulation**. Le premier texte le retient de manière absolue et inconditionnelle pour les nationaux, le second au profit de tous ceux qui entretiennent avec le pays des relations telles qu'ils ne puissent être considérés comme des étrangers[207]. Pour autant il s'agit toujours, vis-à-vis des étrangers, d'un acte de souveraineté étatique sur lequel le contrôle demeure réservé[208]. Les États peuvent toujours arguer de motifs d'ordre public pour interdire une zone à un individu ou imposer des contrôles d'identité, à la condition de respecter une certaine proportionnalité[209]. **L'article 2 du Protocole n° 4 n'est applicable qu'à une personne qui se trouve régulièrement sur le territoire d'un État**. La non-discrimination ne peut donc être invoquée par un requérant en situation irrégulière[210].

> ***L'affaire Epple c. Allemagne du 24 mars 2005[211] montre que les craintes de troubles à l'ordre public justifient les limitations*** *: les autorités avaient interdit la tenue d'une manifestation appelée « journée du chaos », rassemblement de punks dont les précédents avaient entraîné de nombreux troubles. Les punks se mêlent alors au public d'un festival folklorique. 286 punks sont arrêtés. La CEDH ne condamne l'Allemagne que pour une durée excessive de la détention mais pas pour l'atteinte à la liberté d'aller et venir qui est pourtant bafouée uniquement sur le critère de l'apparence physique. Dans une autre affaire, la Cour condamne cependant l'obligation de signaler dans un délai très bref tout changement de son lieu de résidence[212].*

205. CC, 13 mars 2003, 2003-467 DC.
206. CC, 24 mai 2017, 2017-631 QPC.
207. CDH, 1er nov. 1966, *Steward c. Canada*.
208. CEDH, 26 avr. 1995, *Piermont c. France*.
209. CEDH, 23 mai 2001, *Deniczi c. Chypre* : obligation d'informer des déplacements vers la zone nord de l'île de Chypre en conflit.
210. CEDH, 8 févr. 2018, *Balta c. France*, n° 19462/12.
211. CEDH, 24 mars 2005, *Epple c. Allemagne*, n° 77909/01.
212. CEDH, 5 oct. 2006, *Bolat c. Russie*.

2. Le droit des nationaux à entrer et sortir de France

1260 **Liberté d'aller et venir du national.** – Pour le Conseil constitutionnel, « **la liberté d'aller et venir n'est pas limitée au territoire national mais comporte également le droit de le quitter** »[213]. De même, « toute personne a le droit de quitter tout pays, y compris le sien, et de revenir dans son pays » (art. 13 § 2, DUDH, 10 déc. 1948). Et « **Nul ne peut être arbitrairement privé du droit d'entrer dans son propre pays** » (art. 12 § 4, PIDCP). Enfin, « Nul ne peut être privé du droit d'entrer sur le territoire de l'État dont il est le ressortissant » (art. 3 § 2, prot. n° 4, Conv. EDH) mais aussi faire de même **vers le pays de son choix**[214].

L'état d'urgence sanitaire a donné l'occasion au Conseil d'État de réaffirmer la liberté d'aller et venir. Et d'abord, qu'« il ne peut être porté atteinte au droit fondamental qu'a tout Français de rejoindre le territoire national qu'en cas de nécessité impérieuse pour la sauvegarde de l'ordre public, notamment pour prévenir, de façon temporaire, un péril grave et imminent »[215]. La pandémie mondiale de la Covid-19 ne peut, par elle-même, justifier le décret du 30 janvier (prescrivant les mesures générales nécessaires pour faire face à l'épidémie de la Covid-19) qui **soumettait l'entrée sur le territoire métropolitain des ressortissants français présents dans un pays étranger (à quelques exceptions près) à la justification d'un motif impérieux d'ordre personnel ou familial, un motif de santé relevant de l'urgence ou un motif professionnel ne pouvant être différé**. Les restrictions de toute nature mises à l'embarquement de Français depuis l'étranger dans un moyen de transport à destination de la France, en vue de préserver la situation sanitaire sur le territoire national, ne peuvent être légalement prises que si le bénéfice, pour la protection de la santé publique, excède manifestement l'atteinte ainsi portée au droit fondamental en cause. Elles ne sauraient, en tout état de cause, avoir pour effet de faire durablement obstacle au retour d'un Français sur le territoire national, quitte à adopter des mesures de quarantaine. À l'inverse, ce type de restrictions peut être édicté à l'égard des déplacements de la métropole à l'outre-mer eu égard aux données épidémiologiques et au constat du non-respect des mesures d'isolement par les touristes[216].

Ensuite que la **prescription par décret de l'interdiction de sortie des résidents des EHPAD présentait un caractère général et absolu** qui ne pouvait manifestement pas être regardé comme une mesure nécessaire et adaptée et, ainsi, proportionnée à l'objectif de prévention de la diffusion du virus. En effet, le juge pose que les résidents vaccinés doivent pouvoir sortir, selon la décision du responsable de l'EHPAD et dans les conditions qu'il définit, en fonction de la taille de l'établissement, de la nature de la sortie envisagée, du taux de vaccination des résidents et des personnels ou encore de la proportion constatée des nouveaux variants, avec des mesures de protection renforcée lors du retour dans l'établissement[217].

La liberté bénéficie de plein droit à toute personne qui séjourne régulièrement sur le territoire y compris à la famille tierce à l'Union d'un ressortissant de l'Union (art. 5, directive du 29 avril 2004). Mais l'État garde parfois le contrôle de l'information relative à certains déplacements, autrefois les ouvriers à la recherche d'un travail, aujourd'hui certains « nomades ».

Plus généralement, les motifs d'ordre public permettent aisément d'interdire l'accès à certains lieux sensibles pour la défense nationale, la sécurité des personnes ou l'environnement. **La loi du 30 octobre 2017 renforçant la sécurité intérieure et la lutte contre le terrorisme** permet par exemple au préfet d'instituer **un périmètre de protection au sein duquel l'accès et la circulation des personnes sont réglementés** et cela afin « d'assurer la sécurité d'un lieu ou d'un événement exposé à un risque d'actes de terrorisme à raison de sa nature et de l'ampleur de sa fréquentation »[218]. L'accès au périmètre peut impliquer la visite des véhicules, avec le consentement du conducteur. Au sein du périmètre de protection, les forces de l'ordre pourront, avec le consentement des personnes faisant l'objet de ces vérifications, procéder à des palpations de sécurité ainsi

---

213. CC, 13 août 1993, déc. n° 93-325 DC.
214. CEDH, 22 mai 2001, *Baumann c. France*.
215. CE, 12 mars 2021, *Union des français de l'étranger*, n° 449743, n° 449830.
216. CE, 12 mars 2021, n° 449908, *Soc. Antillaise de location de véhicules automobiles*.
217. CE, 3 mars 2021, n° 449759, *Mme B. et autres*.
218. Art. L. 226-1 du Code de la sécurité intérieure.

qu'à l'inspection visuelle et à la fouille des bagages. En cas de refus, la personne ne pourra pas accéder au site. Ce dispositif est valable un mois, sauf si ses motifs d'instauration perdurent au-delà…

De même, le **nouvel article L. 228-1CSI cible ainsi « toute personne à l'égard de laquelle il existe des raisons sérieuses de penser que son comportement constitue une menace d'une particulière gravité pour la sécurité et l'ordre publics** et qui soit entre en relation de manière habituelle avec des personnes ou des organisations incitant, facilitant ou participant à des actes de terrorisme, soit soutient, diffuse, lorsque cette diffusion s'accompagne d'une manifestation d'adhésion à l'idéologie exprimée, ou adhère à des thèses incitant à la commission d'actes de terrorisme ou faisant l'apologie de tels actes peut se voir prescrire par le ministre de l'intérieur les obligations prévues au présent chapitre ». Ces personnes **pourront être privées par l'autorité administrative, de déplacement à l'extérieur d'un périmètre géographique déterminé** (au moins la commune d'habitation et sans léser la vie familiale et professionnelle ; il peut s'étendre au-delà). Elles devront se présenter périodiquement aux forces de l'ordre, dans la limite d'une fois par jour et déclarer son lieu d'habitation et tout changement de lieu d'habitation. Tout cela pour une durée maximale de **trois mois renouvelables une fois** et même jusqu'à un an en cas d'éléments nouveaux ou complémentaires. Tout cela sous le contrôle du juge administratif par référé-liberté ayant un caractère suspensif pour toute décision de renouvellement (le juge a deux mois pour statuer). Le ministre de l'Intérieur peut proposer à cette même personne l'alternative de la surveillance électronique mobile, après en avoir informé le procureur de la République.

1261 **Relevé, contrôle et vérification d'identité. –** La première atteinte à la liberté d'aller et venir réside dans **la vérification d'identité qui implique de pouvoir retenir la personne contre son gré**. Elle se distingue du relevé d'identité (on demande à la personne qui elle est, ce que peuvent faire les policiers municipaux) et du contrôle d'identité qui exige la consultation des papiers d'identité sur place. La vérification intervient lorsque l'individu ne veut, ou ne peut, prouver son identité. Le Conseil constitutionnel estime que de tels contrôles n**e sauraient être « généralisés et discrétionnaires » sans méconnaître la liberté individuelle**[219], **aujourd'hui la liberté personnelle.**

1262 **Contrôle d'identité. –** Le contrôle d'identité peut être administratif ou judiciaire et **permet à la personne de prouver son identité « par tout moyen »** (l'obligation du port d'un document d'identité sur soi n'existant pas).

Le *contrôle administratif* vise la prévention des troubles à l'ordre public lorsque le comportement d'une personne laisse entrevoir objectivement un tel trouble. Si le droit écrit n'indique rien de plus précis, la **jurisprudence constitutionnelle exige que l'autorité de police puisse justifier de la nécessité attachée aux circonstances**[220]. Selon le décret du 4 décembre 2013 (art. R. 434-16, C. séc. int.), pour éviter le « contrôle au facies », discriminatoire, le policier ou le gendarme qui opère les contrôles ne se fonde sur aucune caractéristique physique ou aucun signe distinctif pour déterminer les personnes à contrôler, sauf s'il dispose d'un signalement précis motivant le contrôle, et agit dans le respect de la dignité de la personne. **Sauf exception, le contrôleur doit être en uniforme, et sinon toujours identifiable par son numéro d'agent**[221].

Le *contrôle administratif des étrangers* connaît ses propres règles dans la mesure où ils doivent être en mesure de présenter leurs documents de séjour. La loi du 31 décembre 2012 limite les **contrôles à une durée de six heures consécutives dans un même lieu et interdit des contrôles systématiques aux frontières**. Elle crée un droit commun à l'ensemble des contrôles de titre de séjour, quel que soit leur lieu et impose aux forces de sécurité de rapporter « des éléments objectifs déduits de circonstances extérieures à la personne même de l'intéressé (faisant) apparaître sa qualité d'étranger ». La loi du 10 août 1993[222] indique que si les autorités établissent qu'il s'agit de prévenir une atteinte à l'ordre public, elles doivent alors être capables de donner cette justification de façon circonstanciée. La Cour de cassation a néanmoins limité les possibilités offertes par le CESEDA

219. CC, 5 août 1993, déc. n° 93-323 DC.
220. CC, 5 août 1993, déc. n° 93-323 DC.
221. Code de la sécurité intérieure : art. R. 434-15.
222. Qui tire les conséquences de Cass. crim., 25 avr. 1985, n° 85-91324, *Bogdan et Vukovic*.

en **déclarant inconventionnelle la faculté laissée aux policiers d'exiger la présentation des documents de séjour sur l'ensemble du territoire indépendamment du comportement de l'étranger** ou de circonstances particulières. Cela aurait sinon un effet équivalent à une vérification aux frontières[223]. Le Conseil d'État[224], quant à lui a écarté toute atteinte à la liberté d'aller et de venir des contrôles d'identité aux frontières (art. 78-2 du Code de procédure pénale), de même que l'atteinte à la vie privée, ou le droit au recours. La même loi de 1993 prévoit de tels contrôles pour vérifier les titres de séjour dans les lieux d'arrivée internationaux (gares ferroviaires, gares routières, aéroports, ports) et dans une zone de vingt kilomètres à l'intérieur des frontières. La limite s'étend à cinquante kilomètres pour les trains et autoroutes jusqu'au premier péage (loi du 19 janvier 2006). Ces contrôles « aux frontières » ne poursuivent qu'un but de lutte contre la criminalité ou pour la vérification des titres de séjour dans un maximum de six heures et sans contrôle systématique de façon à éviter de violer les exigences de la libre circulation des personnes[225].

Le *passage d'une procédure administrative à une procédure judiciaire* par la découverte d'une infraction autre que celle qui était recherchée ne constitue pas une cause de nullité. La personne faisant l'objet du contrôle doit être présentée immédiatement à un officier de police judiciaire, lequel indique qu'elle peut faire aviser le parquet et toute personne de son choix. Ces garanties sont obligatoires pour un mineur.

Le *contrôle judiciaire* **peut être effectué lorsqu'il existe une raison plausible de soupçonner qu'une personne se prépare à commettre, tente ou a commis une infraction, si elle est susceptible de fournir des renseignements pour une enquête ou si elle est elle-même recherchée** (art. 78-2, C. proc. pén.). Des contrôles sont également opérés sur réquisition du procureur dans le cadre d'opérations ciblées sur un territoire (pour le trafic de stupéfiant ou le terrorisme par exemple), pour une durée maximale de vingt-quatre heures. Le Conseil constitutionnel[226] a formulé deux réserves d'interprétation à ce propos. D'une part, le procureur de la République ne peut retenir des lieux et périodes sans lien avec la recherche des infractions visées dans ses réquisitions. D'autre part, le procureur de la République ne peut, en particulier par un cumul de réquisitions portant sur des lieux ou des périodes différents, autoriser la pratique de contrôles d'identité généralisés dans le temps ou dans l'espace.

La Cour de cassation[227] a jugé qu'un contrôle d'identité fondé sur des caractéristiques physiques associées à une origine réelle ou supposée (dit « au faciès »), **sans aucune justification objective préalable, est discriminatoire**. Il s'agit d'une faute lourde qui engage la responsabilité de l'État. Si la personne contrôlée apporte des éléments qui laissent présumer l'existence d'une discrimination, l'administration devra, pour s'exonérer, démontrer, soit l'absence de discrimination, soit une différence de traitement justifiée par des éléments objectifs.

1263 Relevé d'identité. – Le relevé d'identité est **nécessaire pour l'établissement d'une infraction**. Les agents de police et de gendarmerie, des douanes, de la RATP ou de la SNCF, de la police municipale qui dressent des PV nominatifs, peuvent ainsi relever l'identité des personnes (des contraventions aux arrêtés de police du maire ; des contraventions au Code de la route que la loi et les règlements les autorisent à verbaliser ; des contraventions qu'ils peuvent constater en vertu d'une disposition législative expresse). En cas de résistance, ils doivent en informer immédiatement un officier qui pourra passer à un contrôle d'identité. Cependant, **en cas de crime ou de délit flagrant puni d'une peine d'emprisonnement, les agents de police municipale peuvent, comme toute personne, appréhender par la force l'auteur d'un crime ou d'un délit flagrant, pour le conduire devant l'officier de police judiciaire** le plus proche, en application de l'article 73 du Code de procédure pénale.

223. Inconventionnalité de l'article L. 611-1, al. 1er CESEDA : Cass. 1re civ., 6 juin 2012, n° 10-2523, *M. Rigash 3* (s'appuyant sur CJUE, 22 juin 2010, aff. C-189/10, *S. Abdelli*).

224. CE, 13 juin 2016, n° 372721.

225. CJUE, 22 juin 2010, Aziz, Melki et Sélim Abdeli.

226. CC, 24 janvier 2017, *M. Ahmed M. et autre*, n° 2016-606/607 QPC [Contrôles d'identité sur réquisitions du procureur de la République].

227. Cass. 1re civ., 9 nov. 2016, n° 15-25210 et treize autres pourvois du même jour.

1264 **Vérification d'identité.** – Selon l'article 78-3 du Code de procédure pénale, elle peut s'opérer sur place ou au poste de police. La personne peut faire prévenir le parquet (obligatoire s'il s'agit d'un mineur) et toute personne de son choix (automatiquement le représentant légal pour le mineur). **Le contrôle ne peut durer que le temps nécessaire et au maximum quatre heures à compter du contrôle d'identité.** L'ensemble fait l'objet d'un procès-verbal qui relate le contrôle et les motifs ainsi que l'éventuelle nécessité du recueil d'une photographie et/ou d'empreintes digitales. La loi du 3 juin 2016 renforçant la lutte contre le crime organisé, le terrorisme et leur financement autorise désormais les forces de police à retenir une personne **le temps nécessaire à l'examen de sa situation en cas de raisons sérieuses de penser que son comportement est lié à des activités terroristes**. La vérification d'identité ne doit pas dépasser quatre heures depuis le début du contrôle (huit heures à Mayotte).

1265 **Vérification du titre de séjour.** – Elle obéit à un article spécifique du CESEDA (art. L. 813-1 ex. 611-1-1) qui prévoit **qu'un étranger qui n'est pas en mesure de justifier de son droit de circuler ou de séjourner en France peut être conduit dans un local de police** ou de gendarmerie et y être retenu par un officier de police judiciaire de la police nationale ou de la gendarmerie nationale aux fins de vérification de son droit de circulation ou de séjour sur le territoire français. Il peut être assisté d'un interprète, d'un avocat (éventuellement commis d'office), d'un médecin ; il peut prévenir la personne de son choix, etc. **La retenue est limitée à seize heures** maximum. Elle permet l'examen de la situation de l'étranger et, si nécessaire, une décision à son encontre d'une mesure d'éloignement, de placement en rétention ou d'assignation à résidence. Pendant cette durée, l'étranger ne peut être placé en cellule avec des personnes gardées à vue. **Lorsque la retenue a été précédée d'une vérification d'identité, la durée de cette vérification (quatre heures maximum) diminue d'autant la durée de la retenue pour vérification du séjour.**

1266 **L'interdiction des régimes d'autorisation et de déclaration.** – Quelques arrêts du Conseil d'État rappellent la **spontanéité de la liberté d'aller et venir** : annulation du refus d'abroger un arrêté de 1935 qui imposait à tout Français se rendant en Polynésie française de produire une liste de documents, et de déposer une garantie de rapatriement en ce qu'ils « apportent à la liberté de circulation des citoyens sur le territoire de la République des restrictions qui ne sont pas... justifiées par des nécessités propres à ce territoire d'outre-mer »[228] (garanties financières de rapatriement).

1267 **Limites liées à la lutte antiterroriste.** – La lutte contre le terrorisme a conduit à de multiples atteintes dans et en dehors de l'état d'urgence. L'article L. 225-2 du Code de la sécurité intérieure, créé par la loi du 3 juin 2016, **permet au ministre de l'Intérieur d'obliger, pendant deux mois, toute personne ayant quitté le territoire national, « et dont il existe des raisons sérieuses de penser que ce déplacement a pour but de rejoindre un théâtre d'opérations de groupements terroristes », de résider dans un périmètre géographique déterminé** (permettant toutefois à l'intéressé de poursuivre une vie familiale et professionnelle normale) et de l'astreindre à demeurer à son domicile ou, à défaut, dans un autre lieu à l'intérieur de ce périmètre, pendant une plage horaire fixée, dans la limite de huit heures par vingt-quatre heures, mais également de se présenter périodiquement aux services de police ou aux unités de gendarmerie, dans la limite de trois présentations par semaine.

L'article L. 228-2 du Code de la sécurité intérieure, issu de la loi n° 2017 1510 du 30 octobre 2017 renforçant la sécurité intérieure et la lutte contre le terrorisme, entrée en vigueur le 1er novembre 2017, autorise **le ministre de l'Intérieur à interdire à certaines personnes de se déplacer à l'extérieur d'un périmètre géographique déterminé. Cette assignation à résidence** peut être assortie d'une obligation de se présenter périodiquement aux services de police ou aux unités de gendarmerie et d'une obligation de déclarer son lieu d'habitation et tout changement de ce lieu. Il ne peut le faire qu'à la double condition, d'une part, d'établir qu'il existe des raisons sérieuses de penser que le comportement de la personne visée par la mesure constitue une menace

228. CE, Ass., 20 déc. 1995, *Vedel et Jannot*.

d'une particulière gravité pour la sécurité et l'ordre publics et, d'autre part, de **prouver soit que cette personne entre en relation de manière habituelle avec des personnes ou des « organisations incitant, facilitant ou participant à des actes de terrorisme »**, soit qu'elle soutient, diffuse, lorsque cette diffusion s'accompagne d'une manifestation d'adhésion à l'idéologie exprimée, ou adhère à des thèses incitant à la commission d'actes de terrorisme ou faisant l'apologie de tels actes. La mesure doit permettre à l'intéressé de poursuivre une vie familiale et professionnelle. L'obligation de présentation périodique aux services de police ou aux unités de gendarmerie ne peut excéder une présentation par jour. Elle ne peut être initialement prononcée ou renouvelée que pour une durée maximale de trois mois, chaque renouvellement étant subordonné, au-delà d'une durée cumulée de six mois, à la production par le ministre de l'Intérieur d'éléments nouveaux ou complémentaires. La durée totale cumulée de **ces obligations ne peut excéder douze mois**[229].

3. Le cadre juridique de la liberté de déplacement des « gens du voyage »

1268 **Mode de vie.** – La notion de « gens du voyage » est précisée par la loi du 5 juillet 2000 et désigne « les personnes dont l'habitat traditionnel est constitué de résidences mobiles ». Les nomades font face à un droit taillé pour les sédentaires. Qu'advient-il de la liberté d'aller et venir lorsqu'elle se confond avec le choix d'un mode de vie, quand elle s'unit avec la vie privée ? **Il en résulte du point de vue du juge européen des droits de l'homme une protection accrue. Dans son célèbre arrêt** *Chapman c. RU*[230], la CEDH analyse le voyage comme un mode de vie traditionnel « faisant partie intégrante de l'identité tzigane ». C'est pourquoi **le fait d'imposer un régime d'autorisation au stationnement des caravanes s'analyse en une ingérence dans la vie privée**, laquelle n'est pas forcément inconventionnelle si elle est prévue par la loi et poursuit un but légitime. L'État n'est pas condamné dans l'arrêt *Chapman* en raison des possibilités offertes aux requérants et la légitimité des limitations des choix de stationnement pour protéger les droits d'autrui et l'environnement. **La France a néanmoins été condamnée**[231] **dans le cas de familles qui habitaient sur un terrain depuis de nombreuses années et dont le juge décide l'expulsion sous astreinte.** Seules quatre familles ont été relogées en logements sociaux. La Cour insiste sur la nécessité de fournir un relogement. Les autorités nationales, en l'absence d'urgence, doivent tenir compte de l'appartenance des requérants à une minorité vulnérable, ce qui implique d'accorder une attention spéciale à leurs besoins et à leur mode de vie. Le 6 octobre 2021, la Défenseure des droits a publié un rapport dans lequel elle dénonce des « discriminations systémiques » à l'égard des gens du voyage. **Le Conseil constitutionnel admet quant à lui que l'habitat mobile établit une différence de situation objective** tout en refusant cette qualité au critère de l'existence de ressources financières qui justifiaient jusque-là différentes procédures de suivi (carnet et livret de déplacement)[232].

CE, 25 septembre 2020, *Union défense active des forains (UDAF) et France Liberté Voyage*, n° 437524

Le Conseil d'État rejette la demande d'annulation du décret du 10 septembre 1999 instituant une commission pour l'indemnisation des victimes de spoliation intervenues du fait des législations antisémites en vigueur pendant l'Occupation. Deux associations de Gens du voyage réclamaient l'abrogation de ce décret afin que le dispositif d'indemnisation ne soit pas réservé aux seules victimes des lois antisémites mais étendu aux Tsiganes, forains et membres de la communauté des Gens du voyage.

229. CC, 16 février 2018, *M. Farouk B.*, n° 2017-691 QPC [Mesure administrative d'assignation à résidence aux fins de lutte contre le terrorisme].
230. CEDH, 18 janv. 2001, *Chapman c. RU*, n° 27238/95.
231. CEDH, 17 oct. 2013, *Winterstein et autres c. France* (req. n° 27013/07).
232. CC, 5 oct. 2012, Décision n° 2012-279 QPC, *M. Jean-Claude P.*

1269 **Dérogation.** – L'État cherche à localiser les gens du voyage pour s'assurer de l'accomplissement des leurs obligations fiscales, scolaires, sanitaires, etc. De longue date, ils ont donc fait l'objet de mesures spécifiques. **Un régime d'exception avait été mis en place par la loi du 16 juillet 1912, créant notamment un carnet spécial,** anthropométrique, mentionnant « le pays d'origine, la hauteur de la taille, celle du buste, l'envergure, la longueur et la largeur de la tête, le diamètre bi-zygomatique, la longueur de l'oreille droite, la longueur des doigts, médius et auriculaire gauches, celle de la coudée gauche, celle du pied gauche et la couleur des yeux... ». Ce texte fut abrogé par la loi du 3 janvier 1969, encore en partie en vigueur aujourd'hui. Dans sa décision n° 2012-279 QPC du 5 octobre 2012, **le Conseil constitutionnel a déclaré contraire à la Constitution l'article 5 de la loi du 3 janvier 1969 relative à l'exercice des activités ambulantes et au régime applicable aux personnes circulant en France sans domicile ni résidence fixe.** La **loi du 31 mai 1990 (dite loi Besson) relative au droit au logement imposait le rattachement obligatoire des gens du voyage à une commune**, ce qui constituait une certaine incitation à la sédentarisation (le maire peut refuser le rattachement choisi). Cela permettait notamment de fixer le lieu des prestations de Sécurité sociale et d'obtenir l'inscription sur les listes électorales de la commune[233]. Mais la loi n° 2017-86 du **27 janvier 2017 relative à l'égalité et à la citoyenneté a abrogé les dispositions relatives aux titres de circulation** (livrets spéciaux de circulation et livrets de circulation) et à la commune de rattachement. Les gens du voyage n'ont plus à justifier de la possession de ces titres de circulation auprès de la police. À titre transitoire, les personnes précédemment rattachées à une commune et qui n'ont pas établi de domiciliation auprès d'un autre organisme sont de droit domiciliées auprès du centre communal d'action sociale de cette commune. De même, les livrets spéciaux de circulation et les livrets de circulation, délivrés antérieurement au 29 janvier 2017, sont acceptés comme pièces justificatives pour l'enregistrement au registre du commerce et des sociétés permettant l'exercice d'une activité ambulante.

Parfois demandeurs de sédentarisation, **les gens du voyage ne peuvent pour autant pas établir leurs caravanes sur des terrains non constructibles**[234]. Néanmoins, l'État doit tenir compte des spécificités de la situation. Les autorités ont violé la Convention pour ne pas avoir correctement pris en compte les conséquences de l'expulsion d'un campement de Roms. **Si l'évacuation forcée ne viole pas l'article 3, si les autorités avaient en principe le droit d'expulser les requérants qui occupaient un terrain communal illégalement, la Cour souligne que l'appartenance des requérants à un groupe socialement défavorisé et leurs besoins particuliers doivent être pris en compte dans l'examen de proportionnalité** que les autorités nationales sont tenues d'effectuer. Tel n'ayant pas été le cas en l'espèce, la Cour conclut que les modalités de l'expulsion des requérants ont entraîné la violation du droit au respect de leur vie privée et familiale. Enfin, la Cour constate qu'aucun examen juridictionnel des arguments des requérants sous l'angle des articles 3 et 8 de la Convention n'a eu lieu en première instance, ni au fond, ni en référé, contrairement aux exigences de l'article 13[235].

1270 **Obligation d'accueil.** – La loi Besson (**31 mai 1990**) a imposé aux communes de plus de 5 000 habitants l'aménagement d'aires de stationnement sur lesquelles le droit au stationnement est limité dans le temps. Les aires aménagées sont réparties entre les communes selon un schéma départemental. En contrepartie, les maires ont puisé dans ce texte le droit d'interdire par arrêté le stationnement des nomades sur le reste du territoire communal et de les faire expulser en cas de stationnement abusif ou illégal. **Quant aux communes de moins de 5 000 habitants, elles ne peuvent interdire totalement le stationnement des caravanes et, faute de disposer d'une aire aménagée, elles doivent tolérer le stationnement sur des terrains disposant d'un équipement minimum.** Depuis, la loi du 5 juillet 2000 relative à l'accueil et à l'habitat des gens du voyage tente de renforcer l'effectivité de ce droit en permettant aux communes d'adhérer à un schéma départemental d'accueil des gens du voyage permettant de s'associer à d'autres communes. Depuis 2004, le préfet peut se substituer à la commune pour réaliser les travaux aux frais de cette dernière. En contrepartie, l'État prend à sa charge 70 % des dépenses d'investissement ; les pouvoirs de police du maire en cas d'occupation illicite sont renforcés. **Dès lors que la commune aura satisfait aux obligations lui incombant, l'installation illicite sur un**

233. Le délai de trois années en vigueur jusque-là a été abrogé par la décision CC, 5 octobre 2012, Décision n° 2012-279 QPC, *M. Jean-Claude P.*
234. Cass. 3e civ., 17 déc. 2015, n° 14-22095.
235. CEDH, 14 mai 2020, *Hirtu et autres c. France*, req. n° 24720/13.

terrain communal ou privé pourra être pénalement sanctionnée (art. 53, loi sur la sécurité intérieure). **Le décret du 14 juin 2007 a instauré une procédure d'évacuation forcée des gens du voyage stationnant irrégulièrement** sur le territoire d'une commune en conformité avec la loi. Le préfet peut y procéder après mise en demeure.

La loi n° 2018-957 du **7 novembre 2018 relative à l'accueil des gens du voyage et à la lutte contre les installations illicites a clarifié les compétences des communes** (présence d'une aire ou d'un terrain d'accueil sur leur territoire et participation, le cas échéant, à leur financement) et des EPCI (aménagement, entretien et gestion de ces aires et terrains) (art 1er), supprimé la procédure de consignation des fonds à l'encontre des communes et EPCI ne respectant pas le schéma départemental d'accueil des gens du voyage et confié au préfet le pouvoir de police lors des grands rassemblements. Les représentants de groupes de gens du voyage devront d'ailleurs informer les autorités publiques en cas de grands rassemblements et de grands passages (groupe de plus de 150 caravanes). Cette loi explicite le droit d'une commune remplissant ses obligations en matière d'accueil des gens du voyage d'évacuer les campements illicites (art. 4) et renforce les sanctions pénales en cas d'occupation illicite d'un terrain. La Défenseure des droits, dans son rapport de 2021 *Gens du voyage : lever les entraves aux droits*, alerte sur les discriminations systémiques vécues par les gens du voyage et les insuffisances en matière d'aires d'accueil.

1271 Contrôle constitutionnel. – Le Conseil constitutionnel a rendu le 9 juillet 2010 une décision sur question prioritaire de constitutionnalité où était en cause la procédure simplifiée d'expulsion des gens du voyage en cas de stationnement illicite lorsque la commune s'est conformée aux obligations résultant du schéma départemental d'accueil ou pour les communes non inscrites à ce schéma. Pour le Conseil, **le législateur a assuré une conciliation conforme à la Constitution entre, d'une part, la prévention des atteintes à l'ordre public et, d'autre part, l'exercice des libertés constitutionnellement protégées, notamment la liberté d'aller et venir**. Ces dispositions ne méconnaissent pas le principe d'égalité car le législateur s'est fondé sur une différence de situation objective entre les personnes dont « l'habitat traditionnel est constitué de résidences mobiles » et celles qui vivent de manière sédentaire, cette distinction n'instituant aucune discrimination fondée sur une origine ethnique.

L'article 9 de la loi du 5 juillet 2000 détermine les conditions dans lesquelles un maire ou le président d'un EPCI, s'ils remplissent leurs obligations d'accueil, peuvent interdire le stationnement des résidences mobiles des gens du voyage sur leur territoire et, en cas de stationnement irrégulier, en obtenir l'évacuation forcée dont le principe demeure pendant sept jours. Alors que, devant le Conseil constitutionnel, **les requérants estimaient que ces dispositions violent le principe de fraternité, la liberté d'aller et venir et le droit à la vie familiale, le Conseil y voit au contraire une incitation à aménager des aires d'accueil.** Par contre, il identifie une violation du droit de propriété dans le cas des gens du voyage qui seraient propriétaires de leur terrain (exception existant dans un champ trop restreint)[236].

Déjà dénoncé par le Défenseur des droits, **le délai de trois années nécessaires au rattachement à une commune pour exercer le droit de vote a été abrogé** par le Conseil constitutionnel[237].

B. L'aménagement européen

1272 Le principe de libre circulation. – Depuis le traité de Maastricht, le traité sur l'Union européenne, dans sa version de Lisbonne, à l'article 3 (ex-article 2, TUE), annonce que « **l'Union offre à ses citoyens un espace de liberté, de sécurité et de justice sans frontières intérieures, au sein duquel est assurée la libre circulation des personnes, en liaison avec des mesures appropriées en matière de contrôle des frontières extérieures, d'asile, d'immigration ainsi que de prévention de la criminalité et de lutte contre ce phénomène** ». **L'article 45 de la Charte** protège le droit pour tout citoyen ou toute citoyenne de l'Union de circuler et de

236. CC, 27 sept. 2019, n° 2019-805 QPC, *Union de défense active des forains et autres*.
237. CC, 5 oct. 2012, Décision n° 2012-279 QPC, *M. Jean-Claude P.*

séjourner librement sur le territoire des États membres. **La liberté de circulation et de séjour peut être accordée aux ressortissants de pays tiers résidant légalement sur le territoire d'un État membre**. La directive n° 2004/38/CE du Parlement et du Conseil du 29 avril 2004, relative au droit des citoyens et des membres de leur famille de circuler et de séjourner librement sur le territoire des États membres, régit les modalités de cette libre circulation (transposée par la loi du 24 juillet 2006). Selon l'article 5, paragraphe 1, « les États membres admettent sur leur territoire le citoyen de l'Union ainsi que les membres de sa famille qui n'ont pas la nationalité d'un État membre ». Divers accords entre l'Union et différents États tiers (Turquie, Maroc, Suisse...) ont étendu dans une certaine mesure la libre circulation comme l'accessoire de l'accès à l'emploi. Tous les ressortissants, même non-actifs, en bénéficient désormais. L'individu doit pouvoir circuler comme il le veut.

1273 Les accords de Schengen. – En 1990, huit États signent, hors Communauté, la Convention d'application de **l'Accord de Schengen du 14 juin 1985, laquelle n'est entrée en vigueur que le 26 mars 1995.** Aujourd'hui, presque tous les pays continentaux de l'Union européenne sont liés par ces accords ; le Royaume-Uni et l'Irlande les refusent. L'institution d'un « espace de liberté, de sécurité et de justice » par le traité d'Amsterdam a permis à l'Union d'exercer une compétence importante et a posé le principe de l'absence de tout contrôle des personnes, y compris les ressortissants des pays tiers, lorsqu'elles franchissent les frontières intérieures. Les accords mettent en place une politique commune en ce qui concerne les visas et ont renforcé les contrôles aux frontières limitrophes de pays extérieurs à l'espace. Les citoyens étrangers qui disposent d'un visa de longue durée pour l'un des pays membres peuvent circuler librement à l'intérieur de la zone. **Bien qu'il n'y ait en théorie plus de contrôles aux frontières internes de l'espace Schengen, l'article 2.2 permet de rétablir de façon temporaire un contrôle des personnes à ses frontières ou dans certaines régions d'un pays pour des raisons d'ordre public ou de sécurité** (il faut une menace réelle et suffisamment grave touchant un intérêt fondamental du pays). Ce fût le cas à l'occasion de ce que les États ont appelé parfois la « crise migratoire » à partir de 2018, puis lors de la pandémie de Covid-19, en 2020. **Dans une décision du 29 juin 2021, le Conseil d'État a jugé que « les dispositions précitées de l'article L. 3131-15 du Code de la santé publique ne font pas obstacle à ce que des mesures visant à prévenir ou contenir la catastrophe sanitaire qui a justifié la déclaration de l'état d'urgence sanitaire,** et qui ne relèvent pas des domaines listés au I de cet article, soient également adoptées par les autorités dotées du pouvoir réglementaire sur d'autres fondements. Le Premier ministre pouvait ainsi, en vertu de ses pouvoirs propres, édicter des mesures de police applicables à l'ensemble du territoire afin de lutter contre la propagation du virus, et notamment prévoir des restrictions à l'accès au territoire français lors de déplacements internationaux »[238].

Ces restrictions ne peuvent concerner que des individus, et non des groupes d'individus, la nationalité ou l'origine du voyageur, travailleur ou migrant, ou son lieu d'entrée dans l'espace Schengen ne pouvant pas constituer une raison suffisante pour lui interdire un déplacement. **L'entrée dans l'espace Schengen ouvre un délai de trois mois pendant lequel le pays d'entrée peut prendre sa décision d'accepter ou refuser un individu**. Les autres pays signataires peuvent notifier leur appréciation au pays d'entrée qui déterminera si le signalement doit être inscrit et communiqué dans le système d'information Schengen aux autres pays de l'espace. À l'expiration des trois mois, la présence sur le territoire d'un pays de l'espace Schengen n'est plus autorisée. Les États membres de l'espace ont conçu des règles uniformes concernant les types de visas qui peuvent être émis pour un séjour de courte durée, n'excédant pas trois mois, sur le territoire de l'un, de plusieurs ou de l'ensemble de ces États. Les étrangers titulaires d'un visa Schengen peuvent circuler librement dans tout l'espace, pendant ces trois mois. La directive n° 2003/109/CE du 25 novembre 2003 relative au statut des ressortissants de pays tiers résidents de longue durée complète le dispositif. Le traité de Lisbonne nourrit davantage de la coopération policière et judiciaire et vise à une mise en commun des politiques de visas, d'asile et d'immigration par la méthode communautaire.

Il faut mettre à part **le « système Dublin » (convention de Dublin du 15 juin 1990 et règlement Dublin II adopté en 2003, jusqu'au règlement « Dublin III » du 26 juin 2013) qui détermine les compétences en matière d'asile**

238. CE, 29 juin 2021, n° 447872, *La Cimade, ADDE et a.*

entre chaque pays, et se substitue aux dispositions pertinentes de la convention d'application de l'Accord de Schengen[239].

II. Les restrictions

1274 **Ancrage constitutionnel. –** Si le législateur peut, s'agissant de l'entrée et du séjour des étrangers, prendre des dispositions spécifiques destinées notamment à assurer la sauvegarde de l'ordre public, qui constitue un objectif de valeur constitutionnelle, il lui appartient de concilier cet objectif avec le respect des libertés et droits fondamentaux reconnus à tous ceux qui résident sur le territoire de la République. Parmi ces droits et libertés figurent la liberté d'aller et venir, laquelle n'est pas limitée au territoire national mais comporte également le droit de le quitter[240].

A. Les restrictions à la liberté d'aller et venir concernant les nationaux

1275 **Nécessité des restrictions. –** Pour l'État, qui, au quotidien, doit assurer l'ordre public sous la forme d'un égal droit à se déplacer de tous, les limites sont inhérentes à la liberté d'aller et venir. Ainsi en a acté le Conseil constitutionnel : « La prévention d'atteintes à l'ordre public, notamment d'atteintes à la sécurité des personnes et des biens, et la recherche des auteurs d'infractions, sont nécessaires à la sauvegarde de principes et droits de valeur constitutionnelle ». Pour le Conseil d'État[241], la liberté d'aller et venir n'a pas un caractère général et absolu. En période de « circonstances exceptionnelles », elle est la première touchée.

CE, 22 janvier 2016, n° 396307,
Association nationale des supporters (ANS)

« Il résulte de l'instruction que des incidents violents sont survenus à plusieurs reprises, en marge de rencontres opposant les équipes de football de Nantes et de Bordeaux, en particulier les 29 mars et 13 décembre 2014 ; que, dans ces conditions, et compte tenu de l'inimitié particulière qui règne entre les supporters de ces deux clubs, **il ne résulte pas manifestement de l'instruction que les interdictions posées par l'arrêté litigieux ne seraient pas nécessaires à la préservation de l'ordre public** ; il ne résulte pas davantage manifestement de l'instruction que, dans les circonstances de l'espèce et eu égard au contexte caractérisé par la forte mobilisation des forces de l'ordre pour lutter contre la menace terroriste et parer au péril imminent ayant conduit à la déclaration de l'état d'urgence, ainsi que pour assurer la sécurité publique lors de la manifestation des opposants au projet d'aéroport du Grand Ouest devant se tenir à Nantes au cours de la journée du 23 janvier 2016, des mesures moins contraignantes que celles édictées par l'arrêté litigieux seraient de nature à éviter la survenance des troubles graves à l'ordre public qu'elles ont pour but de prévenir. »

1276 **Administration et rétention des papiers administratifs. –** Le Conseil d'État estime que la liberté d'aller et de venir « qui n'est pas limitée au territoire national, comporte le droit de le quitter ; qu'elle a pour corollaire que toute personne dont la nationalité française et l'identité sont établies, puisse, sous réserve de la sauvegarde de l'ordre public et du respect des décisions d'interdiction prises par l'autorité judiciaire, obtenir, à sa demande, un

239. Voir les développements relatifs au droit d'asile, n° 1272 et s.
240. CC, 22 avr. 1997, déc. n° 97-389 DC ; CC, 18 janv. 1995, déc. n° 94-352 DC ; CC, 25 mars 2014, 2014-693 DC, cons. 9 à 12.
241. CE, ord. réf., 29 juin 2006, *Moon*.

passeport »[242]. Le juge veille à ce qu'il soit remis même si le demandeur ne fournit pas de photo tête nue[243]. Le Conseil d'État avait également posé que le refus d'un passeport ne peut se fonder que sur le risque d'atteinte à l'ordre public si l'intéressé se rend à l'étranger[244]. **Le refus de renouvellement d'un passeport relève du juge administratif qui peut s'en saisir au titre du référé-liberté**[245]. Dans le même domaine **la rétention de documents d'identité porte atteinte tant à la liberté d'aller et venir qu'à la liberté personnelle**[246]. La question de la rétention du passeport par les autorités publiques agit comme révélateur. Le Conseil constitutionnel a pu indiquer, pour neutraliser, au nom de la liberté d'aller et venir, une disposition législative permettant cette rétention, « qu'à toute demande formulée par l'étranger de restitution du document retenu en vue d'un départ effectif du territoire national, celui-ci devra lui être remis sans délai au lieu où il quittera le territoire français [...] ; qu'enfin la retenue du passeport ou du document de voyage ne doit être opérée que pour une durée strictement proportionnée aux besoins de l'autorité administrative, sous le contrôle du juge administratif auquel il appartiendra, le cas échéant, de prononcer un sursis à exécution »[247]. Le célèbre arrêt *Eucat*[248] a été l'occasion de préciser que la Déclaration de 1789 sert de fondement à la liberté d'aller et venir pour les juges et de confirmer la compétence du juge judiciaire en cas de retrait du passeport constituant une voie de fait (dans la mesure où le retrait visait à éviter le départ d'un contribuable devant plusieurs millions de francs au fisc et où la liberté d'aller et venir implique de pouvoir quitter le territoire). Désormais, depuis 2013, **la qualification de voie de fait ne sera plus retenue dans ce cas**, le juge administratif pouvant agir en référé-liberté. Ainsi la rétention de papier est-elle au plus une illégalité qui dépend du juge administratif[249].

1277 L'interdiction de sortie du territoire. – La loi du 13 novembre 2014 renforçant les dispositions relatives à la lutte contre le terrorisme (art. L. 224-1 C. séc. int.) a institué une nouvelle mesure de police qui **entend lutter contre la radicalisation violente et les filières terroristes en interdisant à certaines personnes de quitter le territoire national lorsqu'il existe des raisons sérieuses de penser qu'elles projettent des déplacements à l'étranger ayant pour objet la participation à des opérations de groupements terroristes** dans des conditions de nature à les conduire à porter atteinte à la sécurité publique lors de son retour sur le territoire français. Cela peut s'appliquer aux mineurs, notamment à la demande des titulaires de l'autorité parentale. Le ministre de l'Intérieur notifie l'interdiction qui implique de restituer tous les papiers d'identité en échange d'un récépissé qui permettra la circulation sur le territoire national. **Des sanctions pénales allant jusqu'à trois ans d'emprisonnement sont applicables** en cas de méconnaissance de ces obligations. La mesure peut être prononcée pour six mois renouvelables sans limite depuis la loi du 21 juillet 2016. Le juge administratif est compétent pour ce qui n'est pas considéré comme une atteinte à la liberté individuelle mais à la liberté personnelle. Il peut être saisi au départ et à chaque décision de renouvellement ; il dispose de quatre mois pour rendre sa décision. Un référé-liberté est utilisable et le contentieux est relativement abondant depuis 2014. Le juge n'estime pas toujours l'urgence constituée faute pour la personne de prouver l'impérativité d'un départ imminent (raisons professionnelles ou familiales). Il apprécie aussi la menace que constitue le comportement de l'intéressé (il peut toujours demander à l'administration un complément d'information dans la limite des exigences liées à la sécurité nationale) et **s'en remet en partie aux « notes blanches »** du ministère de l'Intérieur à condition qu'elles puissent être débattues dans le cadre du contradictoire (si le requérant nie en bloc sans apporter d'éléments susceptibles de faire douter le juge, ce dernier admet les arguments de l'administration)[250]. La menace est évidente lorsque la

242. CE, ord. réf., 26 avr. 2005, n° 279842, *Préfet de la Seine Saint-Denis*.
243. CE, 9 juin 1999, *Bouayad*.
244. CE, ass., 8 avr. 1997, *Peltier*, le motif de risque de trafic de stupéfiant n'est pas suffisant.
245. CE, ord. réf., 9 janv. 2001, *Deperthes*.
246. CE, ord. réf., 2 avr. 2001, *Marcel*.
247. CC, 22 avr. 1997, déc. n° 389 DC.
248. T. confl., 9 juin 1986, *Eucat*.
249. TC, 12 février 2018, M. G., n° 4110.
250. TA Paris, 26 janv. 2016, n° 1515866 et CE, 3 mars 2003, n° 238662, *Ministre de l'Intérieur c. Rakhimov*.

personne a déjà tenté de se rendre en Syrie, mais le plus souvent le juge se forgera une opinion en fonction d'un faisceau d'indices, notamment la mauvaise foi du requérant[251].

L'État engage sa responsabilité pour négligence fautive faute pour la police de l'air d'avoir consulté ou correctement consulté le fichier des personnes recherchées, et ne s'être pas opposée à l'embarquement d'une mineure pour la Syrie, contrairement à ce que prescrit une circulaire du 20 novembre 2012[252].

1278 Police de la circulation. – La **faculté de se déplacer en utilisant un moyen de locomotion dont l'usage est autorisé**[253] **relève bien de la liberté d'aller et venir protégée en référé-liberté**... Mais la nécessité d'organiser la circulation automobile justifie aussi des limites à la liberté d'aller et venir. Le Conseil d'État estime d'ailleurs que **le retrait du permis de conduire n'y porte pas atteinte**[254]. Mais il s'agit pour les juges davantage de conciliation entre plusieurs libertés d'usagers différents. De même, le domaine public étant un lieu de circulation, le stationnement doit y être réglementé pour ne pas l'entraver, même si c'est au prix de l'immobilisation du véhicule en fourrière (dans le cadre de la police judiciaire). Le système du permis à points a davantage permis de menacer l'un des moyens de la liberté d'aller et venir (l'automobiliste devient un piéton). Toutefois, le retrait des points ne peut être le fait que du juge ou du conducteur qui reconnaît l'infraction par le paiement de l'amende. Le retrait de points est une sanction administrative suivant la constatation d'une infraction au Code de la route par les agents compétents (y compris la police municipale) relevant d'un régime spécial devant le ministre de l'Intérieur. Le Conseil d'État a estimé que le Code de la route n'impose pas d'indiquer à l'intéressé le nombre de points qu'il est susceptible de perdre lorsqu'une infraction est constatée selon le type de procédure (forfaitaire ou pénale)[255]. **La suspension du permis à la suite de ce retrait est une mesure de police administrative** (décidée par le préfet après consultation).

Un argument intéressant a porté sur **la légalité de l'interdiction faite aux véhicules polluants de pouvoir circuler ou stationner dans des zones de centre-ville lors des pics de pollution**. Il ne s'agit pas liberté d'aller et de venir à proprement parler mais les requérants ont invoqué l'article 5 de la Déclaration des droits de l'homme et du citoyen du 26 août 1789, aux termes duquel : « La loi n'a le droit de défendre que les actions nuisibles à la société ». Le Conseil d'État n'a pas retenu la contradiction[256].

1279 Arrêtés anti-mendicité ou d'occupation de l'espace public. – Pour ces arrêtés, le juge met en place **une grille classique de proportionnalité des mesures de police n'admettant leur légalité qu'en raison de circonstances particulières** comme un afflux massif de population en période estivale[257] et refusant les arrêtés trop généraux[258].

Le Conseil d'État[259] a annulé un arrêté municipal qui prohibait « toute occupation abusive et prolongée des rues et autres dépendances », comme « le regroupement de plus de deux chiens ou encore celui de plus de trois personnes diffusant de la musique ou émettant des éclats de voix audibles par les passants », de même que la consommation d'alcool sur la voie publique et la fouille des poubelles. Le juge lui reproche sa généralité : « Pour une durée de trois mois, sans aucune limitation de plage horaire et tous les jours de la semaine, dans un vaste périmètre géographique correspondant à l'ensemble du centre-ville de la commune », et donc une « une

251. TA Paris, 17 nov. 2015, n° 1513485.
252. CE, 26 avr. 2017, n° 394651.
253. CE, ord. réf., 30 avr. 2020, *Fédération française des usagers de la bicyclette*, n° 440179.
254. CE, ord. réf., 6 avr. 2001, *Djerra*.
255. CE, 31 janv. 2007, *Verdier*.
256. CE, 24 mai 2017, M. C... B..., n° 401153.
257. CE, 9 juill. 2003, *Lecomte*.
258. Par ex. CAA Bordeaux, 26 avr. 1999, *Commune de Tarbes* : le maire de Tarbes ne pouvait interdire de façon générale tous comportements constituant une atteinte au droit d'aller et venir d'autrui et perturbant l'ordre public, sans indiquer les circonstances précises susceptibles de caractériser de tels comportements ; que c'est à bon droit que les premiers juges ont estimé, qu'eu égard à la motivation de l'arrêté litigieux, ces interdictions formaient avec les autres dispositions de l'arrêté un ensemble indivisible.
259. CE, 16 juill. 2021, req. n° 434254.

atteinte à la liberté personnelle, en particulier à la liberté d'aller et venir, qui est disproportionnée au regard de l'objectif de sauvegarde de l'ordre public poursuivi ».

CE, 9 juillet 2003, n° 229618, *Association AC Conflent et autres*

« Considérant qu'en jugeant que l'arrêté du maire de Prades en date du 30 mai 1996 réglementant notamment la mendicité comportait des dispositions limitées à la période estivale et applicables seulement à certaines voies du centre de l'agglomération et aux abords de certaines grandes surfaces, que ces mesures n'excédaient pas celles que le maire pouvait légalement édicter pour assurer préventivement, en période d'afflux touristique, la sécurité, la commodité et la tranquillité nécessaires aux usagers des voies publiques et que les restrictions imposées, compte tenu de leur limitation dans le temps et dans l'espace, ne soumettent pas les personnes concernées à des contraintes excessives autres que celles qu'impose le respect des objectifs poursuivis, la cour a suffisamment motivé son arrêt ;

Considérant qu'en jugeant que l'arrêté du maire de Prades n'interdit les actes de mendicité que **durant la période estivale, du mardi au dimanche, de neuf heures à vingt heures, et dans une zone limitée au centre-ville et aux abords de deux grandes surfaces, la cour n'a pas dénaturé les termes de cet arrêté** ; qu'elle a pu en déduire, par une exacte qualification juridique des faits et sans erreur de droit, que le maire avait pris une mesure d'interdiction légalement justifiée par les nécessités de l'ordre public ;

Considérant que les requérants ne sont pas fondés à soutenir que la cour aurait méconnu les stipulations des articles 3 et 14 de la Convention européenne de sauvegarde des droits de l'homme et des libertés fondamentales. ».

1280 Couvre-feu. – La même logique anime la jurisprudence relative aux couvre-feux des mineurs dont le principe est accepté au nom de la protection des enfants de moins de treize ans à condition d'être sérieusement limité dans le temps et dans l'espace[260]. **La légalité de mesures restreignant à cette fin la liberté de circulation des mineurs est toutefois subordonnée à la double condition qu'elles soient justifiées par l'existence de risques particuliers dans les secteurs pour lesquels elles sont édictées et qu'elles soient adaptées par leur contenu à l'objectif de protection pris en compte**[261]. Ainsi, une telle mesure ne peut se justifier que si les mineurs sont particulièrement exposés à des risques ou s'ils causent eux-mêmes des troubles bien identifiés[262]. En 2019, le Conseil d'État a annulé un arrêté du maire de Béziers instituant un couvre-feu des mineurs de moins treize ans non accompagnés d'une personne majeure de 23h à 6h du matin, dans certains secteurs de la commune et pendant les week-ends et vacances faute d'apporter des éléments précis et circonstanciés de nature à étayer l'existence de risques particuliers relatifs aux mineurs. Il s'agit d'une mesure courante en période d'état d'urgence.

B. Les grandes lignes de la liberté d'aller et venir des étrangers

1281 Acte de souveraineté. – **Les conventions internationales interdisent de retenir un étranger contre son gré et de refuser la restitution du passeport**[263]. À l'inverse, **aucun État n'est tenu d'accepter l'entrée ou la**

260. CE, 22 août 2001, *Préfet du Vaucluse* ; CE, ord., 9 juill. 2001, *Préfet du Loiret* : pour contribuer à la protection des mineurs, le maire peut faire usage, en fonction de circonstances locales particulières, des pouvoirs de police générale.
261. CE, ord., 27 juill. 2001, *Ville d'Étampes*.
262. CE, 6 juin 2018, *Ligue des droits de l'homme c. commune de Béziers*, n° 410774.
263. CEDH, 22 mai 2001, *Baumann c. France*.

présence sur son territoire d'un individu qui n'est pas son national. Le CESEDA a été modifié par la loi du 20 novembre 2007, par la loi du 16 juin 2011 et une nouvelle fois par la loi n° 2016-274 du 7 mars 2016 relative au droit des étrangers en France.

1282 **Loi immigration asile 2018. -** La loi n° 2018-778 du 10 septembre 2018 « pour une immigration maîtrisée et un droit d'asile effectif » entend à nouveau refondre le système. Les étrangers arrivant en France ne disposent plus que de 90 jours à compter de leur arrivée pour déposer une demande d'asile (et non plus cent vingt), et quinze jours, au lieu d'un mois auparavant, pour faire appel des décisions de l'OFPRA sur l'octroi du statut de réfugié, auprès de la Cour nationale du droit d'asile. **Des restrictions sont apportées à l'asile** : faire appel de la décision d'asile ne permettra plus de suspendre une décision d'expulsion pour les personnes originaires de pays dit « sûrs » ; une assignation à domicile sera possible pendant le délai de recours accordé aux déboutés qui auront obligation de quitter le territoire. La durée maximale de la rétention sera allongée et les sanctions augmentées. **Inversement, les titres de séjour sont réformés pour faciliter la situation des apatrides, des femmes qui risquent l'excision et des victimes de violences conjugales** ainsi que pour accueillir les salariés d'entreprises innovantes, des étudiants et chercheurs.

1283 **Conditions. -** L'entrée sur le territoire d'un étranger, hors droit d'asile, obéit à un double objectif de police et de protection de l'étranger lui-même dont on doit s'assurer de la qualité de vie sur le territoire. **L'étranger doit produire un passeport, un visa, les garanties tenant aux moyens d'existence et d'hébergement, un titre de transport de retour. Une longue partie du CESEDA est consacrée aux différents titres de séjour et une grande partie de la jurisprudence administrative a trait à leur interprétation.** La loi du 7 mars 2016 relève le niveau des pénalités dues par les transporteurs qui ne respectent pas leurs obligations de contrôle.

Le règlement (UE) 2017/2226 (dispositif « frontières intelligentes ») crée l'EES, un système électronique commun qui enregistre et stocke la date, l'heure et le lieu d'entrée et de sortie des ressortissants de pays tiers qui franchissent les frontières de l'UE et calcule automatiquement la durée du séjour autorisé de ces ressortissants de pays tiers, et produit des signalements à l'intention des pays de l'UE lorsque le séjour autorisé a expiré. Le système entrée-sortie (EES) vise à garder une trace des passages aux frontières, à calculer la durée de séjour autorisée de chaque voyageur, et ainsi identifier toute personne qui aura dépassé la durée de son droit au séjour. À compter de fin 2022, les ressortissants de pays tiers, qui souhaitent voyager dans l'espace Schengen et qui n'ont pas besoin de visa, auront l'obligation de s'enregistrer et d'obtenir une autorisation avant leur déplacement (règlement European Travel Information and Authorisation System – ETIAS).

Des motifs d'ordre public sont toujours invocables. La Cour de cassation a néanmoins limité les possibilités offertes par le CESEDA en déclarant inconventionnelle la faculté laissée aux policiers d'exiger la présentation des documents de séjour sur l'ensemble du territoire indépendamment du comportement de l'étranger ou de circonstances particulières. Cela aurait sinon un effet équivalent à une vérification aux frontières[264].

1. La rétention de l'étranger en situation irrégulière

1284 **Mise en cause de la liberté individuelle. -** Le rattachement de la liberté d'aller et venir à l'article 66 n'empêchait pas la possibilité de rétention des étrangers en vue de leur sortie du territoire[265]. Son autonomisation n'a pas changé cet état du droit. Concernant les étrangers, le droit français opère une séparation entre ce qui relève de l'administration et de son juge naturel et ce qui concerne l'autorité judiciaire car portant atteinte à la liberté individuelle comme privation de la liberté de mouvement. De son côté, la **CEDH** estimait que **le maintien des requérants dans la zone de transit de l'aéroport de Paris-Orly peut être considéré comme une privation**

264. Inconventionnalité de l'article L. 611-1 al. 1er CESEDA : Cass. 1re civ., 6 juin 2012, n° 10-25233, *M. Rigash* (s'appuyant sur CJUE, 22 juin 2010, C-189/10, *S. Abdelli*).
265. CC, 3 sept. 1986, déc. n° 86-216 DC.

de liberté tombant sous le coup de l'article 5[266]. Mais la **régression du standard de protection est assez nette** dans la mesure où la Cour, sous la pression des États, se veut « réaliste » et « pragmatique » en matière d'immigration. Ainsi, dans l'affaire *Ilias et Ahmed c. Hongrie*[267], concernant deux demandeurs d'asile originaires du Bangladesh qui ont passé vingt-trois jours dans une zone de transit avant d'être expulsés vers la Serbie, la Grande chambre constate en effet violation de l'article 3 à raison de l'expulsion vers la Serbie qui ne protège effectivement pas l'asile (bien que signataire de la Convention de Genève), mais pas à raison des conditions de vie dans la zone de transit, pourtant difficiles et surtout **pas en fonction de l'article 5**, jugé, au prix d'un revirement inquiétant, inapplicable en l'espèce au motif qu'il n'y a pas eu privation de liberté de fait dans la zone de transit car « les requérants sont entrés dans la zone de transit de leur propre chef et qu'ils avaient, en pratique, la possibilité de retourner en Serbie »... ce qui apparaît contradictoire avec le premier constat. La différence avec l'ancien arrêt *Amuur* ou l'arrêt *Z.A. et autres c. Russie*[268], du même jour (qui constate lui la privation de liberté) serait dans le fait que la zone de rétention est frontalière et non pas celle d'un aéroport que l'on ne peut quitter. L'argument convainc peu.

L'Union européenne a imposé un certain nombre de règles **à travers la « directive retour »** (directive n° 2008/115/CE) qui est entrée en vigueur le 13 janvier 2009. Selon son article 15, la rétention d'un tiers à l'Union européenne ne peut intervenir que dans le cadre d'une procédure de retour (lorsqu'il existe un risque de fuite, lorsque le ressortissant empêche la procédure d'éloignement). Cette rétention doit être la plus brève possible et ordonnée par des autorités administratives ou judiciaires qui doivent motiver leurs décisions. Dans un arrêt du 30 novembre 2009[269], **la Cour a fait application de la règle du délai maximum de 18 mois de rétention** (délai exorbitant). Cette obligation de cessation de la rétention place les étrangers en situation de n'être ni expulsables ni intégrables faute de pouvoir se loger, subsister et faute de pouvoir bénéficier du statut de réfugié. La directive « retour » prévoit que **toute rétention de ressortissants de pays tiers en attente d'éloignement doit, en règle générale, se dérouler dans un centre spécialisé** et ne peut avoir lieu qu'à titre exceptionnel dans un établissement pénitentiaire, l'État membre devant alors garantir que le ressortissant étranger est séparé des prisonniers de droit commun[270].

1285 Maintien en zone d'attente. – L'administration peut décider de maintenir en zone d'attente l'étranger qui n'est pas autorisé à entrer sur le territoire français ainsi que l'étranger qui demande à entrer en France au titre de l'asile. Le maintien en zone d'attente est destiné à permettre à l'administration d'organiser le départ de l'étranger qui ne satisfait pas aux conditions d'entrée en France ou, dans le cas d'un étranger qui demande à entrer en France au titre de l'asile, de vérifier si l'examen de sa demande relève de la compétence d'un autre État membre ou si elle n'est pas irrecevable ou manifestement infondée. **L'étranger ne peut être maintenu en zone d'attente que pour le temps strictement nécessaire à l'accomplissement de ces diligences**. Le maintien en zone d'attente au-delà de quatre jours à compter de la décision initiale peut être autorisé, par le juge des libertés et de la détention statuant sur l'exercice effectif des droits reconnus à l'étranger, pour une durée qui ne peut être supérieure à huit jours ». **Le Conseil constitutionnel n'estime pas contraire à l'article 66 l'absence d'intervention du juge judiciaire avant ce quatrième jour**[271].

Le système s'applique également à l'étranger qui demande à entrer en France au titre de l'asile, le temps strictement nécessaire pour vérifier si l'examen de sa demande relève de la compétence d'un autre État en application du règlement (UE). **En 2019, la Cour de cassation**[272] **a estimé que treize jours d'attente entre l'acceptation du pays de renvoi et la décision de transfert étaient bien au-delà de ce standard.**

266. CEDH, 25 juin 1996, *Amuur c. France* : sur une longue période, les intéressés, qui se prévalaient de leur qualité de réfugié, se trouvèrent livrés à eux-mêmes : placés sous une surveillance policière stricte et constante, ils n'ont bénéficié d'aucune assistance juridique et sociale jusqu'à ce qu'une association humanitaire les mette en contact avec un avocat ni d'aucun contrôle judiciaire.
267. CEDH, 21 nov. 20119, *Ilias et Ahmed c. Hongrie*, req. n° 47287/15.
268. CEDH, gr. ch., 21 nov. 2019, *Z.A. et autres c. Russie*, req. n°s 61411/15, 61420/15, 61427/15 *et al.*
269. CJUE, Gr. Ch., 30 nov. 2009, C-357/09 PPU, *Kadzoev*.
270. CJUE, 17 juill. 2014, *Adala Bero et autres*, affaires jointes C-473/13 et C-514/13.
271. CC, 17 mars 2022, n° 2021-983 QPC, *M. X et autres* [Intervention du juge judiciaire en cas de maintien d'un étranger en zone d'attente].
272. Cass. 1re civ., 19 sept. 2019, n° 18-20297.

Lorsqu'il est manifeste qu'un groupe d'au moins dix étrangers vient d'arriver en France en dehors d'un point de passage frontalier, en un même lieu ou sur un ensemble de lieux distants d'au plus de dix kilomètres, la zone d'attente s'étend, pour une durée maximale de vingt-six jours, du ou des lieux de découverte des intéressés jusqu'au point de passage frontalier le plus proche.

L'étranger maintenu en zone d'attente est informé, dans les meilleurs délais, qu'il peut demander l'assistance d'un interprète et d'un médecin, communiquer avec un conseil ou toute personne de son choix et quitter à tout moment la zone d'attente pour toute destination située hors de France. Ces informations lui sont communiquées dans une langue qu'il comprend. Les mineurs seuls sont confiés à un administrateur *ad hoc*. Le maintien en zone d'attente au-delà de quatre jours à compter de la décision initiale peut être autorisé, par le juge des libertés et de la détention, pour une durée qui ne peut être supérieure à huit jours. La demande d'asile, même dans les derniers temps de la rétention, permet de proroger cette rétention.

Aux termes d'un contrôle très complet, **le juge administratif**[273] **s'assure que la police des étrangers ne saurait, à l'occasion de la rétention provisoire des étrangers appréhendés à la frontière franco-italienne, alors que la France a rétabli le contrôle aux frontières, se soustraire à l'obligation du respect des droits des intéressés à la sécurité et à la dignité.** Toutefois, dès lors que la mise à l'abri et la mise en rétention se confondent le plus souvent, il appartient à l'État de faire toute diligence pour s'assurer que cette atteinte à la liberté d'aller et venir, et ce alors même qu'une telle liberté ne peut être invoquée pour entrer illégalement sur le territoire, soit la plus réduite possible. Il lui incombe également de porter une attention particulière aux personnes vulnérables. Il lui appartient également de veiller à l'entretien très régulier et à l'hygiène des différents locaux utilisés par les personnes retenues, en particulier en période de pandémie. Il doit pourvoir de manière suffisante aux besoins en nourriture et en eau des personnes retenues. Une attention toute particulière doit être portée à l'aménagement des locaux en période nocturne et, à cette occasion, à une prise en charge adéquate des personnes en état de vulnérabilité manifeste. La sécurité et l'accès aux bagages et effets personnels doivent être assurés. Enfin, l'accès à un conseil et à une assistance, le droit de communiquer avec une personne de son choix, le droit d'effectuer un recours, doivent être garantis de manière adaptée, au cours de la période de la rétention.

1286 **La rétention.** – La rétention administrative consiste à maintenir dans un lieu fermé un étranger qui ne peut pas quitter immédiatement la France. **La rétention de l'étranger doit être nécessaire,** à défaut, selon le juge constitutionnel, elle devient attentatoire à la liberté individuelle et qualifiée comme telle par le juge pénal[274]. Elle doit également être proportionnée aux risques encourus du point de vue de l'ordre public (la rétention peut être plus longue lorsque l'éloignement du territoire comporte des difficultés particulières). La rétention peut intervenir en cas d'obligation de quitter la France (OQTF) de moins d'un an, d'interdiction administrative de retour du territoire français (IRTF), d'expulsion, d'interdiction judiciaire du territoire français (ITF), de mesure d'éloignement dans le cadre de l'Union européenne, de maintien sur le territoire sept jours après la fin d'un premier placement en rétention, ou de retour en France malgré une mesure d'éloignement. Indiquons encore que l'interpellation aux fins de placement en rétention est une mesure de police administrative[275]. De même, si la demande d'asile est manifestement dilatoire (en vue d'éviter son éloignement), le préfet peut maintenir la rétention par décision motivée[276].

Le placement en rétention ne se justifie qu'en l'absence d'un autre moyen de s'assurer de la présence d'un étranger. La loi n° 2016-274 du 7 mars 2016 relative au droit des étrangers en France fait ainsi de l'assignation à résidence la mesure de droit commun en matière de privation de liberté des étrangers. **On doit respecter les exigences des directives européennes qui limitent à six les motifs recevables :** pour vérifier les éléments

---

273. CE, 23 avr. 2021, *ANAFE*, n° 450879, n° 450987.
274. CC, 9 janv. 1980, déc. N° 79-109 DC.
275. Cass. 1re civ., 28 mars 2012, n° 11-30454, *Procureur général près la cour d'appel de Rouen*.
276. Art. 556-1 CESEDA et CE, ord. 13 juin 2017, n° 410812.

d'une demande d'asile, pour statuer sur le droit d'entrer, pour préparer son retour, en cas de menace pour l'ordre public ou pour le renvoyer vers l'État qui a instruit sa demande d'asile.

La loi n° 2018-187 du 20 mars 2018 « permettant une bonne application du régime d'asile européen » autorise l'administration à placer en rétention administrative les demandeurs d'asile lors de la procédure de détermination de l'État responsable de l'examen de la demande, seulement le temps d'établir l'État compétent et en cas de « risque de fuite » (douze critères permettent à l'administration d'établir ce risque notamment si l'étranger s'est déjà soustrait, dans un autre État membre, à la détermination de l'État responsable de l'examen de sa demande d'asile ou à l'exécution d'une décision de transfert ou s'il a été débouté de sa demande d'asile dans l'État membre responsable). À cette occasion, le Conseil constitutionnel a examiné un grief d'atteinte à la liberté individuelle. En effet, la rétention a lieu même en l'absence de menace pour l'ordre public ou de nécessité de bonne administration de la justice et sans mesure d'éloignement. Il n'est pas en situation irrégulière. Mais le Conseil constitutionnel relève, d'une part, que **le placement en rétention intervient à un stade de la procédure où l'autorité administrative dispose d'indices sérieux que l'examen de la demande d'asile échoit à un autre État** en application du règlement européen du 26 juin 2013 et d'autre part, le placement en rétention n'est susceptible d'intervenir qu'en dernier ressort, si une mesure d'assignation à résidence n'est pas suffisante pour parer au risque de fuite. L'atteinte portée à la liberté individuelle doit alors être regardée comme nécessaire, adaptée et proportionnée à l'objectif poursuivi par le législateur.

Durée de la rétention : L'étranger **ne peut pas être retenu en principe plus de quarante-huit heures.** Si l'éloignement n'a pas pu intervenir dans les quarante-huit heures après le placement en rétention, celle-ci peut être **prolongée une première fois** de vingt-huit jours francs mais le préfet doit alors saisir le JLD qui a quarante-huit heures pour statuer après audition et peut opter pour l'assignation à résidence. Si la rétention n'a pas pris fin après cette première prolongation, le préfet peut demander au JLD une **deuxième prolongation de trente jours francs**, dans trois cas : en cas d'urgence absolue (par ex. en cas de risque de fuite), en cas de menace particulière et grave pour l'ordre public, ou si le renvoi n'a toujours pas pu avoir lieu en raison d'obstacles mis par l'étranger lui-même (perte ou destruction volontaire de votre passeport, dissimulation d'identité ou d'obstruction à l'éloignement), ou parce que le consulat est défaillant. Enfin, le préfet peut demander au JLD une **nouvelle prolongation de quinze jours** francs si dans les quinze derniers jours de rétention, il est fait toujours obstruction à l'exécution d'office de la mesure d'éloignement, en raison de l'état de santé, une demande d'asile. **La rétention peut donc durer 90 jours au total** (ou jusqu'à 210 jours en cas d'activités terroristes).

1287 **Le contrôle de la rétention.** – La Cour de justice de l'Union, sur le fondement de la directive « retour » exige que le juge qui contrôle la rétention dispose du même pouvoir que l'autorité de placement : « *Le contrôle judiciaire d'une rétention prolongée doit permettre à l'autorité judiciaire compétente de substituer sa propre décision à celle de l'autorité ayant ordonné la rétention initiale d'un ressortissant d'un pays tiers en situation irrégulière* »[277]. Le droit de l'Union permet le placement en rétention d'un demandeur d'asile lorsque la protection de la sécurité nationale ou de l'ordre public l'exige[278]. En cas de décision de placement en rétention ou d'assignation à résidence, l'étranger peut demander au président du tribunal administratif l'annulation de cette décision dans les quarante-huit heures suivant sa notification (*idem* pour l'obligation de quitter le territoire français et contre la décision refusant un délai de départ volontaire)[279]. **Le président du tribunal administratif statue au plus tard soixante-douze heures à compter de sa saisine.** L'étranger peut demander au président du tribunal administratif ou au magistrat désigné à cette fin le concours d'un interprète et la communication du dossier contenant les pièces sur la base desquelles la décision contestée a été prise. L'audience est publique, mais sans conclusions du rapporteur public, en présence de l'intéressé.

277. CJUE, 5 juin 2014, aff. C-146/14 PPU, *Mahdi*.
278. CJUE, 15 févr. 2016, aff. C-601/15, *J.N. c. Staatssecretaris van Veiligheid en Justitie*.
279. Art. L. 512-1 CESEDA, III.

Le Tribunal des conflits[280] (certes avant la loi du 7 mars 2016 qui confirme la compétence administrative) a ouvert au juge des libertés et de la détention le contentieux de la légalité de l'éloignement et de la rétention des étrangers. Le JLD est seul compétent pour mettre fin à la rétention lorsqu'il l'a lui-même prolongée[281].

CEDH, 3 octobre 2019, *Kaak et autres c. Grèce* (requête n° 34215/16)

L'affaire concerne les conditions de détention de ressortissants syriens, afghans et palestiniens dans les hotspots de Vial et de Souda (Grèce) ainsi que la régularité de leur détention au sein de ceux-ci.
La Cour européenne des droits de l'homme dit, à l'unanimité, qu'il y a eu :
non-violation de l'article 3 :
La Cour considère que les autorités ont fait ce que l'on pouvait raisonnablement attendre d'elles au camp de Vial pour répondre à l'obligation de prise en charge et de protection des mineurs non accompagnés. Les autres requérants ont été immédiatement – ou dans les dix jours – transférés du camp de Vial au camp de Souda. La Cour juge aussi que les conditions de détention au camp de Souda ne constituaient pas un traitement inhumain ou dégradant.
non-violation de l'article 5 § 1 (droit à la liberté et à la sûreté)
La Cour rappelle avoir déjà considéré que le délai d'un mois de détention au camp de Vial ne devait être tenu pour excessif compte tenu de l'accomplissement des formalités administratives, nécessaires en la circonstance. En outre, la durée de détention des requérants, après qu'ils eurent exprimé leur souhait de déposer une demande d'asile, a été d'assez courte durée.
violation de l'article 5 § 4 (droit de faire statuer à bref délai sur la légalité de la détention)
En revanche, les requérants, n'étant pas assisté par un avocat, ne pouvaient comprendre le contenu de la brochure d'information, et en particulier tout ce qui avait trait aux différentes possibilités de recours qui étaient offertes par le droit interne.

1288 **La retenue des étrangers en situation irrégulière.** – Pour surmonter l'impossibilité de garder à vue des étrangers à la suite d'un contrôle d'identité, la loi du 31 décembre 2012 (**sans supprimer le délit d'entrée irrégulière en France**[282]) **a défini une nouvelle procédure destinée à retenir les intéressés pendant seize heures et seulement en cas de flagrance**. Est créé un délit de maintien irrégulier sur le territoire punissable d'un an de prison, d'une amende de 3 750 euros et d'une interdiction du territoire ne pouvant pas excéder trois ans. Indiquons encore que l'interpellation aux fins de placement en rétention est une mesure de police administrative[283]. La CEDH a condamné en 2016 la procédure française de recours contre un arrêté de placement en rétention car « le requérant qui ne peut faire examiner par le juge ses griefs relatifs à ses conditions de détention ne bénéficie pas d'un contrôle d'une ampleur suffisante pour satisfaire les exigences de l'article 5, § 43 ». Si « le juge administratif saisi d'un recours contre un arrêté de placement en rétention, a le pouvoir de vérifier la compétence de l'auteur de cette décision ainsi que la motivation de celle-ci, et de s'assurer de la nécessité du placement en rétention, il n'a, en revanche, pas compétence pour contrôler la régularité des actes accomplis avant la rétention et ayant mené à celle-ci [...]. Notamment, il ne peut contrôler les conditions dans lesquelles s'est déroulée l'interpellation de l'étranger »[284]. C'est pourquoi la loi du **7 mars 2016 a transféré au juge des libertés et de la détention la compétence exclusive pour statuer sur la légalité des mesures de placement en rétention et a fixé la liste des motifs de placement en rétention ou d'assignation à résidence**. La loi rappelle que la rétention est réservée à « l'étranger qui ne présente pas de garanties de représentation effectives propres à prévenir le

280. TC, 9 févr. 2015, n° 3986.
281. CE, ord. réf., 15 avr. 2016, n° 398550.
282. CESEDA, art. L. 621-2.
283. Cass. 1re civ., 28 mars 2012, n° 11-30454, *Procureur général près la cour d'appel de Rouen*.
284. CEDH, 12 juill. 2016, req. n° 56324/13, *A.M. c. France*.

risque » de fuite. Pour éviter qu'un étranger ne soit éloigné avant que le juge des libertés et de la détention ait pu se prononcer, **le juge de l'obligation de quitter le territoire ne peut se prononcer sur la légalité de l'arrêté de rétention (le JLD autorisera la prolongation au-delà de quarante-huit heures)**.

Il existe aussi la possibilité d'une **retenue pour vérification du droit de séjour** qui permet d'établir l'irrégularité du séjour après un contrôle d'identité, pouvant aller jusqu'à vingt-quatre heures (art. L. 813-1 ex. L. 611-1-1 CESEDA).

1289 **L'assignation à résidence des étrangers en situation irrégulière.** – La décision d'assignation, plus « douce » qu'une détention, peut être prise pour une durée illimitée soit lorsque l'étranger est sous le coup d'une interdiction de retour ou de circulation sur le territoire français ; soit lorsque l'étranger visé par un arrêté d'expulsion est dans l'impossibilité de quitter le territoire. Dans un avis du 11 avril 2018, le Conseil d'État définit de manière libérale cette mesure d'assignation à résidence comme « un périmètre que l'étranger ne peut quitter et au sein duquel il est autorisé à circuler », avec l'obligation pour l'intéressé de se présenter aux services de police ou aux unités de gendarmerie selon une périodicité déterminée[285]. **L'article L. 561-1 permet au préfet d'assigner à résidence, sans limite de durée, un étranger faisant l'objet d'une interdiction judiciaire du territoire ou d'un arrêté d'expulsion**, jusqu'à ce qu'existe une perspective raisonnable d'exécution de son obligation de quitter le territoire et de fixer en tout point du territoire les lieux d'assignation à résidence des étrangers en cause.

Le **Conseil constitutionnel** a été saisi de ces dispositions[286]. Pour lui, il est légitime d'éviter que puisse librement circuler sur le territoire national une personne non seulement dépourvue de droit au séjour, mais qui s'est également rendue coupable d'une infraction ou dont la présence constitue une menace grave pour l'ordre public, même sans durée maximale à l'assignation à résidence. En revanche, **la plage horaire d'une astreinte à domicile incluse dans une mesure d'assignation à résidence ne saurait dépasser douze heures par jour** sans que cette mesure soit alors regardée comme une mesure privative de liberté, contraire aux exigences de l'article 66 de la Constitution en l'absence de toute intervention du juge judiciaire. En revanche, l'administration doit être obligée de justifier de circonstances particulières imposant le maintien de l'assignation aux fins d'exécution de la décision d'interdiction du territoire. Le Conseil constitutionnel censure l'atteinte disproportionnée à la liberté d'aller et de venir.

2. Le maintien sur le territoire

1290 **Acte de souveraineté.** – Le Conseil constitutionnel a rappelé qu'« aucun principe ni aucune règle de valeur constitutionnelle n'assure aux étrangers des droits de caractère général et absolu d'accès et de séjour sur le territoire national » et que « les conditions de leur entrée et de leur séjour peuvent être restreintes par des mesures de police administrative conférant à l'autorité publique des pouvoirs étendus et reposant sur des règles spécifiques »[287]. La liberté de circuler à l'intérieur du territoire français et d'y choisir librement sa résidence est limitée par le droit qu'a le ministre de l'Intérieur d'interdire à un étranger de résider dans certains départements ou encore d'assigner à résidence celui qui a fait l'objet d'un arrêté d'expulsion ou d'une mesure de reconduite à la frontière. **Les étrangers, contrairement aux Français, sont tenus de déclarer aux autorités tout changement de résidence**. Ils peuvent **faire l'objet de contrôles d'identité** en dehors des conditions prévues par le Code de procédure pénale. Le Conseil constitutionnel[288] a formulé deux réserves d'interprétation à ce propos. D'une part, le procureur de la République ne peut retenir des lieux et périodes sans lien avec la recherche des infractions visées dans ses réquisitions. D'autre part, le procureur de la République ne peut, en particulier par un cumul de réquisitions portant sur des lieux ou des périodes différents, autoriser la pratique de contrôles

285. CE avis, 11 avr. 2018, n° 415174.

286. CC, 1er déc. 2017, *M. Kamel D.* n° 2017-674 QPC [Assignation à résidence de l'étranger faisant l'objet d'une interdiction du territoire ou d'un arrêté d'expulsion].

287. CC, 13 août 1993, déc. n° 93-325 DC.

288. CC, 24 janvier 2017, *M. Ahmed M. et autre*, n° 2016-606/607 QPC [Contrôles d'identité sur réquisitions du procureur de la République].

d'identité généralisés dans le temps ou dans l'espace. Dans le même sens, l'article 8 de la Convention EDH ne confère pas un droit absolu à la non-expulsion[289]. Néanmoins, la Cour européenne rappelle que dans tous les cas de regroupement familial déjà approuvé par les autorités préfectorales ou dans le cas de visas sollicités par des conjoints de français, les autorités consulaires et diplomatiques françaises doivent respecter des exigences procédurales d'information et de motivation accrues, faire preuve de souplesse dans l'appréciation des preuves, de célérité et d'effectivité. Ces garanties sont d'autant plus prégnantes lorsqu'il s'agit de personnes ayant obtenu le statut de réfugié ou d'enfants[290].

1291 **Droit au maintien.** - Cependant, la France accorde **un droit de séjour au-delà des trois mois que dure le visa touristique. Différents titres de séjour existent, chacun correspondant à un motif et des conditions propres** (carte « compétences et talents » créée par la loi du 24 juillet 2006, carte « retraité » pour le titulaire d'une pension de retraite versée par un organisme français, etc.). La carte de séjour temporaire permet de rester un an à condition de produire un visa de long séjour (supérieur à trois mois), par exemple pour raisons familiales, vie privée, étudiant, visiteur, activité professionnelle, conjoint de ressortissant français, parent d'un enfant français, malade, victime de traite des êtres humains, etc. **Au-delà d'un an, la carte de résident devient nécessaire.** Elle est accordée de plein droit dans certains cas comme le regroupement familial (nécessitant dix-huit mois de séjour continu) ou de façon discrétionnaire pour les résidents « privilégiés » d'une immigration choisie (scientifiques, artistes, malades). Seul le mariage avec un ressortissant de l'UE permet la délivrance automatique d'un titre de séjour[291]. C'est un cas où le Pacs n'est pas jugé équivalent au mariage même s'il constitue l'un des éléments d'appréciation des liens personnels en France, au sens du 7° de l'article 12 bis de l'ordonnance n° 45-2658 du 2 novembre 1945 relative aux conditions d'entrée et de séjour des étrangers en France, pour l'obtention d'un titre de séjour.

La loi du 10 septembre 2018 pour une immigration maîtrisée durcit les conditions d'attribution de certaines cartes de séjour, notamment celles destinées aux visiteurs et aux parents d'enfant français en précisant le niveau de ressources requis (au moins égal au SMIC net annuel hors prestations sociales et familiales). La carte de résident suppose la bonne intégration républicaine dans la société française que sanctionne la signature d'un contrat d'accueil et d'insertion (qui oblige à suivre une formation civique et, si nécessaire, linguistique). Ces cartes durent dix ans mais à leur expiration, leur renouvellement ouvre une période illimitée. Depuis la loi du 10 septembre 2018, en cas de condamnation définitive du conjoint, concubin ou pacsé pour violences sur l'étranger titulaire d'une carte de séjour temporaire vie privée et familiale, celui-ci ou celle-ci se voit délivrer de plein droit une carte de résident. De même, les **personnes victimes de la traite** ayant déposé plainte ou témoigné contre les auteurs d'infractions de proxénétisme ou de traite d'êtres humains pourront bénéficier d'une carte de résident après cinq années de présence en France. Un dispositif similaire existe pour les bénéficiaires de la protection subsidiaire.

1292 **Les ressortissants de l'Union.** - Ils peuvent se maintenir au-delà des trois mois des accords de Schengen pour exercer une activité économique, travailler, se former ou tout simplement résider à condition d'en avoir les moyens financiers et une assurance-maladie. Sauf troubles à l'ordre public, **au bout de cinq années de résidence le droit de séjour devient permanent** (renouvelable tous les dix ans). **La Cour de justice reconnaît ce droit aux tiers non ressortissants de l'Union mais membres de la famille d'un Européen**, ce qui peut conduire à un droit au séjour et au travail pour les parents d'un mineur européen[292]. Toutefois, depuis 2010, l'État entend réguler le séjour des ressortissants roumains ou bulgares de tradition nomade (Rom). Le ministre de l'Intérieur a adopté plusieurs circulaires tendant au démantèlement des camps illicites dont certaines furent annulées par le

289. CEDH, Gr. Ch., 18 oct. 2006, *Üner c. Pays-Bas*.
290. CEDH, 10 juill. 2014, Tanda-Muzinga, Mugenzi, Senigo Longue.
291. CE, 22 oct. 2018, *Ministre de l'intérieur*, n° 407687.
292. CJUE, Gr. Ch., 8 mars 2011, aff. C-34/09, *Zambrano* et CJUE, 5 mai 2011, aff. C 434/09, *McCarthy*.

Conseil d'État pour discrimination[293]. Pour la Commission européenne, la Directive 2004/38/CE relative au droit des citoyens de l'Union et des membres de leurs familles de circuler et de séjourner librement sur le territoire des États membres dispose que les citoyens européens ne remplissant pas les conditions de séjour légal (notamment l'exercice d'une activité économique ou des ressources suffisantes pour ne pas devenir une charge déraisonnable pour le système d'assistance sociale du pays d'accueil) peuvent faire l'objet d'une mesure d'éloignement, dans le respect des garanties procédurales posées par la directive. Néanmoins, **la loi du 16 juin 2011 prévoit l'éloignement en cas « d'abus du court séjour » (séjour de moins de trois mois) par la multiplication des allers et retours dans le but de se maintenir sur le territoire** ou bien « s'il constitue une charge déraisonnable pour le système d'assurance sociale ».

D'autres régimes spéciaux, privilégiés, concernent la Tunisie[294], l'Algérie[295], le Maroc[296] ou encore certains autres pays d'Afrique[297].

3. La sortie de territoire

1293 **Interdiction des expulsions collectives d'étrangers.** – Rappelons d'abord que **l'article 4 du Protocole n° 4 CEDH interdit les expulsions collectives d'étrangers, ce qui implique un examen cas par cas de la situation d'un étranger même si son refoulement à la frontière peut être rapide. La pratique constante de renvoi de demandeurs de protection internationale originaires de Tchétchénie sans réel examen de leurs situations constitue une expulsion collective d'étrangers prohibée par la Convention**[298]. La Cour européenne considère ainsi que la police slovaque n'a pas soumis des ressortissants afghans à une expulsion collective lorsqu'elle les a éloignés vers l'Ukraine car, en dépit de la brièveté des entretiens menés au poste de police, les requérants ont réellement eu la possibilité d'attirer l'attention des autorités sur tout élément qui aurait pu leur permettre d'obtenir un changement de statut et le droit de demeurer en Slovaquie[299]. L'Espagne a été ainsi condamnée pour le renvoi immédiat et forcé d'étrangers depuis une frontière terrestre, à la suite d'une tentative de la franchir de façon irrégulière et en masse par un nombre important de migrants dans ses enclaves d'Afrique du Nord[300].

1294 **OQTF. – Le séjour irrégulier est sanctionné par une « obligation de quitter le territoire français » (OQTF)** qui ouvre en principe un **délai de départ volontaire de trente jours** après lequel l'exécution d'office devient possible.

L'autorité administrative peut décider que l'étranger est obligé de **quitter sans délai le territoire français** en cas de refus de délivrance ou de renouvellement de son titre de séjour, de son récépissé de demande de carte de séjour ou de son autorisation provisoire de séjour au motif que sa demande était ou manifestement infondée ou frauduleuse, s'il existe un risque que l'étranger se soustraie à cette obligation.

Lorsque l'étranger justifie être dans l'impossibilité de quitter le territoire français ou ne peut ni regagner son pays d'origine ni se rendre dans aucun autre pays, l'autorité administrative peut, jusqu'à ce qu'existe une perspective raisonnable d'exécution de son obligation, **l'autoriser à se maintenir provisoirement sur le territoire**

293. CE, 7 avr. 2011, *Association SOS Racisme - Touche pas à mon pote* : le respect de la propriété et la prévention des atteintes à la salubrité n'autorisent pas à rompre l'égalité en « désignant spécialement certains de leurs occupants en raison de leur origine ethnique ».

294. Accord franco-tunisien du 17 mars 1988.

295. Accord franco-algérien du 27 décembre 1968 : absence d'exigence de visa de long séjour pour la délivrance de titres de séjour aux conjoints et parents de Français ; liberté d'établissement pour exercer une activité de commerçant ou une profession indépendante ; accession plus rapide que les ressortissants d'autres États à la délivrance d'un titre de séjour valable dix ans.

296. Accord franco-marocain du 9 octobre 1987.

297. Le Bénin, le Burkina Faso, le Cameroun, la République centrafricaine, le Congo (Brazzaville), la Côte d'Ivoire, le Mali, la Mauritanie, le Niger, le Sénégal et le Togo ont signé avec la France des accords relatifs à la circulation et au séjour des personnes.

298. CEDH, 23 juill. 2020, *M.K. e.a. c. Pologne*, n° 40503/17, 42902/17 et 43643/17.

299. CEDH, 24 mars 2020, *Asady et autres c. Slovaquie*, req. n° 24917/15.

300. CEDH, GC, 13 févr. 2020, n° 8675/15 et n° 8697/15, *N.D. et N.T. c. Espagne*.

français en l'assignant à résidence. **L'assignation à résidence, plutôt que de la rétention, est devenue la procédure de droit commun après une OQTF depuis la loi du 10 septembre 2018** pour une immigration maîtrisée, mais elle réduit en même temps le délai de départ volontaire de trente à sept jours. Dans certains cas cette assignation peut être remplacée par une surveillance électronique. La loi du 10 septembre 2018 pour une immigration maîtrisée crée un nouveau recours devant le juge administratif pour permettre au candidat à l'asile de solliciter l'effet suspensif à l'égard de la mesure de départ forcé, dans l'attente de la décision de la Cour nationale du droit d'asile.

Depuis la loi du 10 septembre 2018 pour une immigration maîtrisée, un étranger qui se soustrait à l'exécution d'un refus d'entrée, d'une interdiction administrative du territoire, d'une d'expulsion ou d'une obligation de quitter le territoire **s'exposera à trois ans de prison**. Cette peine sera applicable à l'étranger qui refuse de se soumettre aux modalités de transport ou qui, visé par l'une de ces mesures, pénètre de nouveau sans autorisation en France.

Le juge qui contrôle la mesure d'éloignement peut tenir compte d'éléments postérieurs à cette décision[301]. Le contrôle du juge administratif sur les OQTF assorties d'une mesure de surveillance a été modifié par la loi du 10 septembre 2018 relative à une immigration maîtrisée et le décret du 12 décembre 2018 qui porte à **quatre-vingt-seize heures le délai pour se prononcer sur la légalité** de la décision préfectorale à compter des cent quarante-quatre heures de délai de recours.

Même pour contrôler et arrêter un étranger qui avait fait l'objet d'un ordre de quitter le territoire assorti d'une décision de maintien dans un lieu déterminé, la police ne peut pénétrer dans le domicile de cette personne, même si celle-ci a ouvert la porte. La Cour[302] constate que le gouvernement ne fournit aucune base légale.

1295 Catégories protégées. – De nombreuses catégories d'étrangers sont plus ou moins protégées **contre la sortie du territoire** : l'étranger qui justifie par tout moyen résider habituellement en France depuis qu'il a atteint au plus l'âge de treize ans ; celui qui **réside régulièrement en France depuis plus de vingt ans** ; l'étranger résidant régulièrement en France depuis plus de dix ans, **marié soit avec un ressortissant français, soit avec un ressortissant étranger arrivé en France avant l'âge de treize ans**, à condition que le mariage ait au moins quatre ans d'existence et que la communauté de vie n'ait pas cessé depuis le mariage ; l'étranger résidant régulièrement en France depuis plus de dix ans, qui est **père ou mère d'un enfant français** mineur vivant en France, à condition d'établir qu'il contribue effectivement à l'entretien et à l'éducation de cet enfant depuis sa naissance ou depuis au moins un an ; l'étranger résidant habituellement en France dont l'état de santé nécessite une prise en charge médicale... Depuis la loi du 16 juin 2011, le titre de séjour « **étranger malade** » ne pourra désormais être accordé que si le traitement n'existe pas dans le pays d'origine, indépendamment des conditions d'accès plus ou moins assurées à ce traitement. Ceci alors que, par deux arrêts du 7 avril 2010[303], le Conseil d'État avait posé que lorsque le défaut de prise en charge risque d'avoir des conséquences d'une exceptionnelle gravité sur la santé de l'intéressé, l'autorité administrative ne peut légalement refuser le titre de séjour sollicité que s'il existe des possibilités de traitement approprié de l'affection en cause dans son pays d'origine. La loi n° 2016-274 du **7 mars 2016** relative au droit des étrangers en France a néanmoins assoupli à nouveau les conditions, **notamment en prenant en compte la capacité du système de soins du pays d'origine, pour faire bénéficier l'étranger du traitement que sa pathologie requiert.** Elle a par ailleurs modifié la politique d'entrée en créant notamment un « passeport talent » qui permet aux étrangers apportant une contribution significative au développement et au rayonnement de la France de disposer d'un titre de séjour de quatre ans dès la première admission. Dans le même temps, un titre de séjour pluriannuel *pour l'ensemble des étrangers, après un an de séjour en France*, évitera aussi les contraintes tenant au renouvellement annuel et qui était dissuasif pour ces étrangers venus apporter un savoir-faire.

---

301. CE, avis, 16 oct. 2019, n° 432147.

302. CEDH, 8 mars 2022, n° 53069/15, *Sabani c. Belgique*.

303. CE, 7 avr. 2010, n° 316625, Ministre de l'immigration, de l'intégration, de l'identité nationale et du développement solidaire.

1296 **Diversité.** – Pour les autres, plusieurs procédures existent pour faire quitter le territoire, correspondant à des motifs et des compétences différentes : obligation de quitter le territoire français, reconduite à la frontière, remise des étrangers arrivant irrégulièrement d'un État membre de l'Union européenne, reconduite d'office des étrangers ayant fait l'objet d'un signalement aux fins de non-admission au Système d'information Schengen (SIS), exécution d'une mesure d'éloignement prise par les autorités d'un autre État membre de l'Union européenne, expulsion, interdiction du territoire. On verra les principales. Il faut distinguer depuis 2006 l'éloignement, qui tient compte d'un refus de séjour, qui peut être assorti d'une obligation de quitter le territoire français (OQTF), qui devient exécutoire à l'expiration du délai d'un mois et peut alors donner lieu à une mesure d'éloignement et l'éloignement de l'étranger qui a séjourné régulièrement.

1297 **L'interdiction du territoire.** – L'obligation de quitter le territoire pourra être assortie d'une « **interdiction de retour sur l'ensemble du territoire européen** » **d'une durée maximale de cinq ans** en vertu de la transposition de la directive européenne « retour » par la loi du 16 juin 2011. L'interdiction de retour et sa durée sont décidées par l'autorité administrative en tenant compte de la durée de présence de l'étranger sur le territoire français, de la nature et de l'ancienneté de ses liens avec la France, de la circonstance qu'il a déjà fait l'objet ou non d'une mesure d'éloignement et de la menace pour l'ordre public que représente sa présence sur le territoire français. L'interdiction du territoire peut être **également prononcée à titre de peine complémentaire** ou, par substitution, comme peine principale. Le juge en détermine la durée. Elle peut être soit limitée dans le temps, soit définitive. Elle entraîne de plein droit la reconduite à la frontière de l'intéressé, le cas échéant après l'expiration de la peine d'emprisonnement. La **violation de l'interdiction entraîne une peine de trois ans d'emprisonnement et une nouvelle interdiction du territoire pouvant aller jusqu'à dix ans**. Un étranger peut faire l'objet d'une interdiction :

- soit à la **suite d'une infraction à la législation sur l'entrée**, le séjour et le travail des étrangers (à l'encontre de l'étranger qui facilite ou tente de faciliter l'entrée, la circulation ou le séjour irrégulier d'un étranger, à l'encontre de l'étranger qui fraude en contractant un mariage ou en reconnaissant un enfant aux seules fins d'obtenir ou de faire obtenir un titre de séjour, ou l'étranger qui ne fournit pas à l'administration les documents de voyage permettant à celle-ci de mettre en œuvre la mesure d'éloignement, ou enfin celui qui commet l'un des délits prévus par le Code du travail concernant l'emploi des étrangers pour hébergement collectif non déclaré) ;
- soit à la **suite d'un crime ou délit de droit commun** (crimes contre l'humanité, atteintes volontaires à la vie, atteintes à l'intégrité physique de la personne (violences aggravées, viols, agressions sexuelles)), délits liés aux stupéfiants, proxénétisme, vols aggravés, atteintes aux intérêts fondamentaux de la nation, crimes et délits relatifs aux actes de terrorisme, atteinte à l'action de la justice...

1298 **La reconduite à la frontière.** – La reconduite **frappe l'étranger entré irrégulièrement sur le territoire français ou qui s'y est maintenu au-delà de la durée de validité de son visa ou après l'expiration de son titre de séjour sans en demander le renouvellement ou encore l'individu sous le coup d'une interdiction du territoire**, si on lui a retiré son titre de séjour ou refusé de le lui renouveler en raison d'une menace à l'ordre public ou si, pendant la période de validité de son visa, son comportement a constitué une menace pour l'ordre public ou encore parce qu'il a exercé une activité professionnelle salariée sans autorisation. En outre, une **décision d'éloignement prise par un autre État de l'Union** permet aux autorités françaises de recourir sans autre justification à la reconduite à la frontière. L'étranger peut formuler un recours contre l'arrêté devant le président du tribunal administratif dans les quarante-huit heures qui suivent la notification ; le juge statuant dans les soixante-douze heures. Un appel est possible, cette fois non suspensif. En adoptant les dispositions contestées, le législateur a entendu assurer l'exécution des arrêtés préfectoraux de reconduite à la frontière et éviter la prolongation des mesures de rétention ou d'assignation à résidence imposées, le cas échéant, à l'étranger, afin de garantir la mise en œuvre de l'arrêté, sans méconnaître le droit au recours[304]. **La loi n° 2016-274 du 7 mars 2016 a créé une procédure spécifique pour les étrangers déboutés de la demande de droit d'asile** : soit ils sont en rétention et il reviendra au juge des libertés et de la détention d'examiner dans les quarante-huit heures la légalité de la décision de placement (alors que le juge administratif est compétent pour apprécier celle de l'OQTF) ; soit il n'y est pas et il dispose de quinze jours pour saisir le juge administratif de la légalité de l'OQTF (lequel doit statuer en six semaines).

1299 **L'expulsion. -** Un étranger (européen ou non européen) présent en France depuis moins de trois ans **peut être expulsé du territoire en cas de « menaces à l'ordre public »** (vol, « mendicité agressive » ou occupation illégale d'un terrain). Le fait que l'étranger commette plusieurs infractions peut d'ailleurs légitimement attester d'un défaut d'intégration qui peut justifier un refus de renouvellement d'un titre de séjour sans pour autant violer la vie privée (sous réserve que n'existent pas d'autres liens, familiaux par exemple)[305]. De plus elle est ordonnée après condamnation pénale, plus rarement pour des motifs politiques ou pour abus de la liberté d'expression en prouvant une nécessité impérieuse pour la sûreté de l'État ou la sécurité publique, une menace aux intérêts fondamentaux de l'État, du terrorisme ou, plus largement des actes de provocation explicite et délibérée à la discrimination, à la haine ou à la violence contre une personne déterminée ou un groupe de personnes[306]. **L'intéressé est convoqué, sauf urgence, devant la commission départementale d'expulsion,** composée de deux magistrats de l'ordre judiciaire et un conseiller du tribunal administratif qui rend un avis après avoir entendu la défense de l'étranger. Si nécessaire, l'étranger peut être assigné à résidence pendant un mois au plus. Exécutoire d'office immédiatement, l'arrêté d'expulsion peut faire l'objet d'un référé et vaut interdiction du territoire sans limite de temps. Le juge exerce un contrôle restreint, sauf si la mesure porte atteinte à la vie privée et familiale de l'intéressé[307]. Rappelons en effet que **la vie privée, dans la portée que lui donne l'article 8 de la Convention EDH, impose aux juges nationaux de ne pas éloigner un étranger qui aurait bâti toute sa vie dans l'État d'accueil,** pour lui-même, ou pour ses enfants (cas d'une mère en situation irrégulière dont les enfants ont été confiés au seul père en vue de son expulsion)[308]. Le droit à la vie privée et familiale n'est pas méconnu par l'expulsion d'un délinquant, bien qu'il ait résidé 20 ans dans le pays, au vu du parcours délictuel de l'intéressé, de l'usage courant de stupéfiants et de son apparente incapacité à s'intégrer dans le monde du travail, les autorités italiennes ont pu légitimement douter de la solidité de ses liens sociaux et culturels dans le pays hôte[309].

Toutefois, la Cour européenne demeure vigilante sur le fait que **le juge national doit précisément qualifier le danger que l'étranger représente pour l'ordre public**[310]. En cas d'urgence absolue (en cas de menace immédiate), l'autorité administrative est dispensée de ces obligations habituelles (personnes avisée et convoquée) et peut expulser immédiatement. Cela ne prive pas l'intéressé de la possibilité d'exercer un recours que le juge des référés peut rendre suspensif. Quant au choix du pays, le juge doit veiller au respect de l'interdiction de renvoyer un étranger « à destination d'un pays s'il établit que sa vie ou sa liberté y sont menacées ou qu'il y est exposé à des traitements contraires aux stipulations de l'article 3 de la Convention européenne de sauvegarde des droits de l'homme et des libertés fondamentales du 4 novembre 1950 »[311]. Depuis plusieurs années, quelques imams radicaux, appelant à la haine de « l'Occident » ont ainsi été expulsés.

1300 **L'extradition. -** L'extradition permet à un État d'éloigner un étranger vers un pays qui le requiert pour juger d'une infraction pénale. En principe **régie par des conventions générales comme celle du Conseil de l'Europe**

304. CC, 19 oct. 2018, n° 2018-741 QPC, *M. Belkacem B.* [Délai de recours contre les arrêtés préfectoraux de reconduite à la frontière].
305. CEDH, 14 févr. 2019, *Narjis c. Italie*, requête n° 57433/15.
306. CE, 4 oct. 2004, *Min. int. c. B* : dans le cas d'un imam intégriste.
307. CE, 19 avr. 1991, *B.*
308. CEDH, 28 juin 2011, n° 55597/09, *Nunez c. Norvège.*
309. CEDH, 14 févr. 2019, *Narjis c. Italie*, n° 57433/15.
310. CEDH, 17 mai 2018, Ljatifi c. « L'ex-République yougoslave de Macédoine », n° 19017/16.
311. CC, 5 octobre 2016, *M. Nabil F.*, n° 2016-580 QPC [Expulsion en urgence absolue].

(Convention européenne d'extradition du 13 décembre 1957, ratifiée par la France en 1986), à défaut par des conventions bilatérales, **l'extradition fait l'objet d'une application particulière avec le mandat d'arrêt européen au sein du droit de l'Union**, introduit par la loi « Perben II » du 9 mars 2004 (CPP, art. 695-11 s.). Dans l'espace européen la procédure est **totalement judiciaire,** alors que dans le droit commun extraditionnel (basé sur la loi du 10 mars 1927, art. 696 et s. CPP), qui régit les relations entre la France et tout État situé hors d'Europe, le gouvernement extrade, par décret, après avis favorable de la chambre de l'instruction.

L'article 696-2, alinéa 1er, du Code de procédure pénale (anc. L. du 10 mars 1927, art. 3, al. 1er), « **le gouvernement français peut remettre, sur leur demande, aux gouvernements étrangers toute personne n'ayant pas la nationalité française** qui, étant l'objet d'une poursuite intentée au nom de l'État requérant ou d'une condamnation prononcée par ses tribunaux, est trouvée sur le territoire de la République... ». Cela ne concerne ni les mineurs, ni les justiciables, ni les nationaux. Lorsque la France est l'État requis, « **en aucun cas l'extradition n'est accordée par le gouvernement français si le fait n'est pas puni par la loi française...** » et les faits doivent être punissables en France et « punis par la loi française et par la loi de l'État requérant d'une peine ou mesure de sûreté privative de liberté d'un maximum d'au moins deux ans ». Il faut en outre que soient réunies les conditions de mise en œuvre de l'action publique. L'extradition **ne sera pas accordée si la prescription de l'action ou de la peine est acquise d'après la législation soit de l'État requérant, soit de l'État requis** (sauf en droit l'UE)[312]. Pourtant, le Conseil d'État a validé l'extradition de Mario Sandoval (un franco-argentin poursuivi pour une disparition qualifiable de faits de torture, privation illégale de liberté aggravée et crimes contre l'humanité) vers l'Argentine en jugeant que le point de départ du délai de prescription du crime pour lequel son extradition a été demandée n'a pas couru pour une infraction continue (le décès de la victime n'étant pas certain) et qu'il pourra bénéficier d'un procès équitable devant un tribunal pénal argentin.

Les juges français appliquent le principe général du droit de l'extradition selon lequel **il n'appartient pas aux autorités françaises de vérifier si les faits pour lesquels l'extradition est demandée ont reçu, de la part des autorités de l'État requérant, une exacte qualification** juridique au regard de la loi pénale de cet État. Dès lors, le contrôle de l'exigence de double incrimination doit se borner à la vérification que les faits sont incriminés tant dans l'État requérant que dans l'État requis (CPP, art. 696-3)[313]. Par ailleurs, le principe selon lequel « **l'extradition ne sera pas accordée si l'infraction pour laquelle elle est demandée est considérée par la partie requise comme une infraction politique ou comme un fait connexe à une telle infraction** » (art. 3-1 de la Convention de 1927), est devenu un principe constitutionnel. Cela n'inclut pas les actes terroristes (lesquels ont souvent un caractère politique).

Avant même de recevoir la demande d'extradition complète, l'État requis **peut détenir provisoirement la personne réclamée** à la demande de l'État demandeur (maximum de dix-huit jours) ou procéder à une arrestation préventive dans le cadre d'Interpol. Le Conseil constitutionnel[314] a jugé que la mise sous écrous en vue de l'extradition peut demeurer optionnelle pour le magistrat du siège saisi aux fins d'incarcération dès lors qu'existent des garanties suffisantes de représentation. La personne doit aussi pouvoir être assistée par un avocat et avoir, le cas échéant, connaissance des réquisitions du procureur général. L'autorité judiciaire devra remettre en liberté lorsque la durée totale de la détention, dans le cadre de la procédure d'extradition, excède un délai raisonnable.

Dans les quarante-huit heures qui suivent la réception de la demande d'extradition, **la personne est présentée au procureur et mise sous écrous avant d'être présentée sous dix jours devant la chambre de l'instruction** qui donnera son avis sur la demande. Une libération peut alors être décidée ou une assignation à résidence. La personne réclamée peut accepter l'extradition, sinon le gouvernement adoptera un décret sur avis positif de la chambre de l'instruction. Ce décret peut faire l'objet d'un recours pour excès de pouvoir dans un délai d'un mois, en principe suspensif. Ce contentieux a donné lieu à une jurisprudence nourrie ayant reconnu des principes généraux du droit de l'extradition)[315] : par exemple, le principe selon lequel il est impossible d'extrader un

312. Cass. crim. 23 sept. 2015 n° 15-83991.
313. CE, 24 mai 1985, n° 65207 : Rec. CE 1985, n° 160 ; Cass. crim., 24 mai 2018, n° 17-86340.
314. CC, 9 sept. 2016, *M. Mukhtar A.*, n° 2016-561/562 QPC [Écrou extraditionnel].
315. CE, ass. 1er avr. 1988, *Bereciartua-Echarri*, p. 135.

individu lorsque le système judiciaire du pays requérant ne respecte pas les droits et les libertés fondamentaux de la personne[316]. **L'extradition peut être refusée si elle est susceptible d'avoir des conséquences d'une gravité exceptionnelle** pour la personne réclamée, notamment en raison de son âge et de son état de santé[317]. La personne extradée ne pourra être poursuivie ou punie pour une infraction antérieure à la remise à l'État étranger, autre que celle ayant motivé l'extradition (principe *spécialité* de l'extradition).

Ces éléments satisfont en principe les exigences de l'article 5 de la Convention EDH, même si la France a pu être condamnée pour un écrou extraditionnel de « longueur inhabituelle », c'est-à-dire dix mois entre la décision de la Cour et le décret d'extradition[318].

1301 **Mandat d'arrêt européen. -** Dans le cadre de l'UE, l'extradition n'intervient plus qu'à défaut de mandat d'arrêt européen (et encore de manière simplifiée) : loi du 9 mars 2004 (prise en application de la **décision-cadre n° 2002/584/JAI du Conseil, du 13 juin 2002, relative au mandat d'arrêt européen**) qui permet de rechercher tout délinquant à l'intérieur de l'Union européenne. Il instaure une forme de coopération fondée sur le principe de la reconnaissance mutuelle des décisions de justice, et donc tenues, si les conditions de la décision-cadre se trouvent remplies, d'exécuter le mandat d'arrêt. Le mandat est directement exécutoire et suffit, à lui seul, à l'arrestation et à la « remise » d'une personne recherchée pour l'exercice de poursuites pénales ou pour l'exécution d'une peine ou d'une mesure de sûreté privatives de liberté. **Le mandat d'arrêt européen est applicable lors d'une condamnation définitive à une peine d'emprisonnement ou d'une mesure de sûreté d'une durée minimale de quatre mois ou d'une infraction pour laquelle une peine d'emprisonnement ou une mesure de sûreté d'un minimum d'un an est prévue**.

Dans les quarante-huit heures qui suivent l'arrestation l'étranger est présenté au parquet qui ordonnera éventuellement l'incarcération. Le reste de la procédure est très proche du droit de l'extradition.

Le Conseil constitutionnel a décidé de saisir la Cour de justice de l'Union européenne d'une question préjudicielle à l'occasion d'une question prioritaire de constitutionnalité (QPC)[319] posée par un enseignant anglais arrêté en compagnie d'une collégienne de 15 ans pour faits d'activité sexuelle avec un enfant. Était en jeu une décision d'extension d'un mandat à des infractions commises avant la remise de la personne autres que celles qui ont motivé celle-ci. La loi française interdit tout recours contre cette extension. La demande du Conseil à la Cour de justice de l'Union européenne (CJUE) portait donc sur l'interprétation de l'accord-cadre pour savoir s'il autorise à la création d'un recours (de manière à respecter le droit en recours) alors que le mandat doit être exécuté en moins de trente jours. La CJUE a admis le principe du recours à condition de rester dans les délais impartis[320]. Pour la CJUE, la seule expiration des délais prévus à l'article 17 de la décision-cadre n'exempte pas l'État membre d'exécution de son obligation de poursuivre la procédure et d'adopter la décision sur l'exécution d'un mandat d'arrêt européen[321]. Pour elle encore[322], **si l'exécution du mandat d'arrêt fait courir un risque réel de traitement inhumain ou dégradant (art. 4 de la Charte), l'autorité judiciaire d'exécution doit reporter sa décision sur la remise de la personne concernée jusqu'à ce qu'elle obtienne les informations complémentaires lui permettant d'écarter l'existence d'un tel risque et éventuellement abandonner l'exécution**. Il faut recourir à des éléments objectifs, fiables, précis et dûment actualisés témoignant de l'existence de défaillances soit systémiques ou généralisées, soit touchant certains groupes de personnes, soit encore certains centres de détention en ce qui concerne les conditions de détention dans l'État membre d'émission.

---

316. CE, ass., 25 sept. 1984, *Lujambio Galdeano*, rec. p. 307.
317. CE, 13 oct. 2000, *Kozirev*.
318. CEDH, 22 mars 1995, *Quinn c. France*.
319. CC, 4 avr. 2013, n° 2013-314 QPC.
320. CJUE, 30 mai 2013, *Jeremy F. / Premier ministre*, aff. C-168/13 PPU.
321. CJUE, Gr. Ch., 16 juill. 2015, aff. C-237/15 PPU, *Minister for Justice and Equality c. contre Francis Lanigan*.
322. CJUE, Gr. Ch., 5 avr. 2016, aff. C-404/15, *Pál Aranyosi*, aff. C-659/15 PPU, *Robert C ld raru*.

C. Le droit d'asile

1302 **Faits.** – Le mot « asile » vient du grec *asulon*, c'est-à-dire un lieu religieux inviolable. L'Église a repris ce principe au Concile d'Orléans en l'étendant à tous les lieux ecclésiastiques avant d'entamer une régression quant aux bénéficiaires. **La Constitution de 1793 accorde « l'asile aux étrangers bannis de leur patrie pour la cause de la liberté. Il le refuse aux tyrans »**. Ce droit concerne aujourd'hui dans le monde dix à douze millions de personnes chaque année qui demandent à acquérir ce statut (actuellement surtout venant d'Afghanistan, du Soudan et de nombreux autres pays d'Afrique) et qui se rendent essentiellement au Pakistan, en Iran, en Allemagne, en Tanzanie, aux États-Unis. L'histoire du droit d'asile est celle de son universalisation et de son aboutissement comme droit fondamental de la personne et non plus comme seule concession de la souveraineté étatique.

En 2021, la France, deuxième pays européen le plus demandé après l'Allemagne, a reçu 103 000 demandes d'asile, mineurs inclus, soit une hausse de l'ordre de 7 % par rapport à l'année 2020 (hors procédure dite « Dublin » au motif que la France n'est pas responsable de leur examen). Le nombre de demandes introduites reste toutefois significativement inférieur à celui de l'avant-crise sanitaire (132 826 demandes en 2019). 89 000 étaient des premières demandes et 13 900 des demandes de réexamen. Les demandeurs viennent surtout d'Afghanistan, puis de la Guinée, de l'Albanie, de la Géorgie et du Bangladesh.

1303 **Asile constitutionnel.** – Le **4e alinéa de la Constitution de 1946 retient que « tout homme persécuté pour son action en faveur de la liberté a droit d'asile sur les territoires de la République »**. C'est ce que l'on appelle « l'asile constitutionnel ». Le Conseil[323] en a d'abord adopté une conception assez frileuse, le confondant avec le statut de réfugié prévu notamment par la convention de Genève. Progressivement toutefois, se dessine l'autonomie du droit consacré par le préambule de 1946[324], **imposant l'accueil de l'étranger et ses droits de la défense**. Cette décision a imposé la révision de la Constitution en vue de la ratification des accords de Schengen pour permettre l'instruction de la demande d'asile dans le premier pays contacté dont la décision pourra servir de fondement à un refus de la part de l'OFPRA[325]. Mais **les autorités françaises ont toujours la possibilité d'accorder tout de même l'asile à tout étranger persécuté en raison de son action en faveur de la liberté ou qui sollicite la protection de la France pour un autre motif**.

1304 **Asile conventionnel.** – **L'article 14 de la DUDH** pose que « devant la persécution, toute personne a le droit de chercher asile et de bénéficier de l'asile en d'autres pays ». Une résolution du 14 décembre 1950 crée le **Haut-Commissariat des Nations unies pour les réfugiés** en remplacement de l'Organisation internationale des réfugiés de 1946. **Le 28 juillet 1951, 26 États adoptent la convention de Genève complétée par le protocole de New York du 31 juillet 1967** qui étend l'application de la Convention aux événements qui lui sont postérieurs et aux territoires qui n'en dépendaient pas. Désormais 145 États sont parties à la Convention. Le **terme de « réfugié » s'applique à toute personne qui, « craignant avec raison d'être persécutée du fait de sa race, de sa religion, de sa nationalité et qui ne peut, ou du fait de cette crainte, ne veut, se réclamer de la protection de ce pays ; ou qui, si elle n'a pas de nationalité et se trouve hors du pays dans lequel elle avait sa résidence habituelle à la suite d'événements, ne peut ou, en raison de ladite crainte, ne veut y retourner »** (art. 1 A. 2). Le HCR a interprété largement les conditions en estimant que l'unité de la famille implique que la protection du réfugié s'applique à sa famille (laquelle s'entend différemment selon les cultures mais s'étend au moins au conjoint ou concubin de même nationalité et aux enfants). Il a également retenu la notion « d'asile interne », c'est-à-dire la possibilité pour un ressortissant de quitter durablement une région où il se trouve persécuté tout en restant dans le même État.

323. CC, 9 janv. 1980, déc. n° 79-109 DC.
324. CC, 13 août 1993, déc. n° 93-325 DC.
325. Voir *supra* n° 496 et *infra* n° 1276 et s.

1305 **Conditions de l'asile conventionnel.** - Cet asile conventionnel n'implique pas une action politique mais une persécution (sur cette notion voir conditions de l'asile ci-après) en raison des idées politiques. **La seule persécution des autorités ou d'autres groupes suffit à créer les conditions de l'asile.** La Convention **n'est pas applicable aux personnes soupçonnées d'avoir commis un crime de guerre ou un crime contre la paix ou un crime contre l'humanité, ni aux personnes bénéficiant déjà d'une protection des Nations unies autre que le HCR** (exemple des Palestiniens sous protection de l'UNRWA, United Nations Relief and Works Agency for Palestine Refugees in the Near East). Il y a, par exemple, des raisons sérieuses de penser qu'un demandeur d'asile ayant exercé des fonctions de commandement au sein d'une unité des forces armées impliquée dans le génocide rwandais se soit personnellement rendu coupable de complicité dans ce crime[326].

Le statut est également **refusé aux personnes ayant commis un crime grave de droit commun**[327] ou qui ont commis des actes contraires aux buts et aux principes des Nations unies (dignitaire du régime des Khmers rouges, garde du corps du président Mobutu, membres de milices du Congo). Ainsi, le recours de la veuve du président rwandais Juvénal Habyarimana a été écarté car il a été considéré que la requérante avait joué un rôle prépondérant, au sein du premier cercle du pouvoir, lors de la perpétration du génocide au Rwanda en 1994 (CNDA, 2007). De même qu'un visa pourra être refusé au conjoint impliqué dans un génocide[328]. La loi du 10 septembre 2018 sur le droit d'asile permet à l'État de refuser le statut de réfugié ou d'y mettre un terme en cas de condamnation pour des faits graves dans un autre pays de l'UE. Elle permet également d'assigner à résidence ou de placer en rétention des demandeurs d'asile présentant une menace pour l'ordre public.

Le statut de réfugié a un effet extraterritorial ; ce qui signifie que la personne protégée au titre de la convention de Genève peut demander protection à la France qui ne réexamine pas les conditions de ce statut. Le statut de réfugié se perd lorsque l'individu se place à nouveau sous la protection de l'État dont il a la nationalité (renoncement volontaire), ou si, bénéficiaire de la protection familiale, le lien familial est dissous.

1306 **Conditions de l'asile - CESEDA.** - Le risque de persécution s'apprécie *in concreto* selon le risque encouru personnellement par le demandeur, sachant qu'un certain degré doit être atteint, de simples intimidations ne suffisant pas[329]. **Depuis 2003, une liste de « pays sûrs » permet de refuser l'asile** : il s'agit de pays où « il n'y est jamais recouru à la persécution, ni à la torture, ni à des peines ou traitements inhumains ou dégradants et qu'il n'y a pas de menace en raison d'une violence qui peut s'étendre à des personnes sans considération de leur situation personnelle dans des situations de conflit armé international ou interne » (C. étrangers, art. L. 722-1). Le code concrétise les exigences de l'asile constitutionnel et conventionnel. Il précise ainsi à son article L. 713-2 que « les persécutions ou menaces de persécutions prises en compte dans la reconnaissance de la qualité de réfugié et les atteintes graves ou menaces d'atteintes graves pouvant donner lieu au bénéfice de la protection subsidiaire **peuvent être le fait des autorités de l'État, de partis ou d'organisations qui contrôlent l'État ou une partie substantielle du territoire de l'État, ou d'acteurs non étatiques dans les cas où les autorités définies à l'alinéa suivant refusent ou ne sont pas en mesure d'offrir une protection** ». On a parfois recours à la notion « d'autorité de fait » lorsque sur le terrain le chaos est tel qu'un groupe non officiel dirige les opérations ; mais cela nécessite tout de même d'attester une certaine organisation et une certaine continuité[330]. L'asile peut aussi être accordé aux membres de la même famille et le divorce peut conduire au retrait de cette protection en tenant compte de l'ensemble des circonstances[331].

La loi du 29 juillet 2015 (C. étrangers, art. L. 711-4, al. 1) a codifié **les causes qui mettent fin au statut de réfugié** : allégeance à l'égard des autorités de son pays ; demande de nationalité de son pays après en avoir été déchu ; acquisition d'une nouvelle nationalité ; retour dans le pays d'origine ; changement du climat politique

326. CNDA, 15 mai 2018, *M. N.*, n° 11013546 C.
327. Notamment les actes de terrorisme, CE, 18 avr. 1980, *Mac Nair*, à propos d'un membre des *blacks panters*.
328. CE, 11 avr. 2018, n° 409512.
329. CJUE, 5 sept. 2012, Bundesrepublik Deutshland c. Y et Z.
330. CE, 12 mai 1999, *Jaamac* : des bandes armées somaliennes ne sont pas des autorités de fait.
331. CE, 29 nov. 2019, n° 421523.

« suffisamment significatif et durable pour que les craintes du réfugié d'être persécuté ne puissent plus être considérées comme fondées ».

1307 **Notion de persécution.** – L'action en faveur de la liberté peut ne pas avoir un objet politique et fonctionner dans le cas d'un artiste torturé au Bangladesh en raison de ses œuvres[332]. **La notion de persécution implique un certain degré de gravité et non seulement des brimades** ou des tracasseries. La crainte de telles persécutions suffit mais des persécutions passées ne sont qu'un indice de cette crainte. **L'appartenance à une minorité nationale ou ethnique ou encore la confession religieuse entrent dans les conditions possibles** outre les déportations, mutilations, spoliation de terres, etc. Les entraves à liberté de religion sont aussi prises en compte par la Cour nationale du droit d'asile (anciennement Commission de recours des réfugiés – CRR), par exemple à l'occasion de persécutions consécutives à une conversion[333]. Cela implique aussi l'appartenance à un groupe social[334] minoritaire comme des femmes refusant la pratique de l'excision[335] ou les transsexuels dans un pays musulman[336]. Les femmes nigérianes, victimes d'un réseau de **traite des êtres humains à des fins d'exploitation sexuelle**, lorsqu'elles sont effectivement parvenues à s'extraire d'un tel réseau, constituent un groupe social au sens des stipulations du 2° du A de l'article 1er de la convention de Genève du 28 juillet 1951[337]. De même, un couple mixte Russe-Tchétchène ne pourra se soustraire aux persécutions sur aucun des territoires dépendants de la Communautés des États indépendants[338]. La qualité de réfugié a été reconnue à un requérant pour lequel les séquelles physiques d'un accident avaient été interprétées comme le signe d'un engagement dans la résistance[339], ainsi qu'à la veuve d'un combattant menacée en raison des convictions politiques de ce dernier[340]. En 2007, La Cour a reconnu pour la première fois **le risque de peine de mort** dans le cas d'une demanderesse, victime en Iran d'une procédure de répudiation pour adultère et susceptible, à ce titre, d'être condamnée à la lapidation, en cas de retour[341]. La CNDA reconnaît la qualité de réfugié à un ressortissant vénézuélien ayant été persécuté du fait de son **homosexualité** et craignant de l'être à nouveau en cas de retour dans son pays[342]. De même pour un ressortissant iranien converti au christianisme, passible du crime d'apostasie dans son pays[343].

Il faut encore noter que **tous les pays membres de l'Union sont considérés comme sûrs**. L'OFPRA commet donc une erreur de droit en appliquant en ce cas les critères normaux et non les seules entorses procédurales[344]. Cependant, les protections nationales octroyées dans un État membre de l'UE ne font pas obstacle à l'examen par la cour d'une demande d'asile vis-à-vis du pays d'origine du demandeur[345].

1308 **Droit de l'Union.** – Le droit de l'Union a peu à peu absorbé les aspects essentiels du droit des étrangers et notamment la politique de l'asile. Le Conseil européen de Tampere d'octobre 1999 a projeté de mettre en place une procédure d'asile commune et un statut uniforme et a créé un fonds européen pour les réfugiés en 2000. Une directive du 20 juillet 2001 a par exemple encadré la protection temporaire en en prévoyant le fonctionnement en cas d'afflux massif de population venant d'un pays tiers. **La directive n° 2005/85 du Conseil du**

332. CRR, 27 févr. 2003, *Nipu*.
333. CRR, 9 janv. 2004, R. : un iranien converti au christianisme.
334. CE, 21 déc. 2012, *Mme B A*, n° 332492 : pour le Conseil d'État un tel « groupe social » est « constitué de personnes partageant un caractère inné, une histoire commune ou une caractéristique essentielle à leur identité et à leur conscience, auxquels il ne peut leur être demandé de renoncer, ou une identité propre perçue comme étant différente par la société environnante ou par les institutions ».
335. CRR, 18 sept. 1991, *D*.
336. CE, 23 juin 1997, *O*.
337. CE, 16 oct. 2019, *Mme A...*, n° 418328.
338. CRR, SR, 5 déc. n° 1999, *Saadev*.
339. CRR, 5 juill. 2007, n° 544857, *Noukhaev*.
340. CRR, 1er juin 2007, n° 552629, *Mme Kamkoeva veuve Itaeva*.
341. CRR, 5 janv. 2007, *Mme E. ép. G*.
342. CNDA, 14 mai 2018 M. F. G. n° 17052687 C.
343. CNDA, 6 mars 2018 M. M n° 17012947 C.
344. CE, 30 déc. 2009, *OFPRA* : à propos de la Roumanie.
345. CNDA, 3 avril 2018 Mme B. n° 15033491 C.

1er décembre 2005 pose des normes minimales concernant la procédure d'octroi et de retrait du statut de réfugié. Désormais, l'article 18 de CDFUE expose que « le droit d'asile est garanti dans le respect des règles de la convention de Genève du 28 juillet 1951 et du protocole du 31 janvier 1967 relatifs au statut des réfugiés et conformément au traité instituant la Communauté européenne ». Le traitement des demandes d'asile a été largement encadré par l'Union européenne. Par exemple, la directive 2011/95/UE du Parlement européen et du Conseil, du 13 décembre 2011, exige des États membres qu'ils permettent aux personnes auxquelles ils ont octroyé le statut de bénéficiaire de la protection subsidiaire de circuler librement sur leur territoire dans les mêmes conditions que celles réservées aux autres personnes non citoyennes l'UE qui y résident légalement.

Une série de règlements dits « Dublin » établissent les critères et mécanismes de détermination de l'État membre responsable de l'examen d'une demande d'asile présentée dans l'un des États membres par un ressortissant d'un pays tiers ou un apatride jusqu'au règlement « Dublin III » du 26 juin 2013. En juin 2013, les directives « Accueil » et « Procédure » ont été refondues. La Cour de justice de l'Union européenne, en duo avec sa consœur de Strasbourg, était conduite à poser quelques solutions humanisant le système. Elle a précisé par exemple la notion de pays d'origine sûr[346] en suivant l'opinion de la CEDH[347]. Elle a aussi décidé d'écarter l'application du règlement « Dublin II » pour éviter le renvoi d'une famille vers le pays qui devait examiner leur demande alors même qu'elle entendait retirer celle-ci[348]. En septembre 2015, compte tenu de la situation d'urgence liée à l'arrivée des ressortissants de pays tiers en Grèce et en Italie, **le Conseil a adopté des « décisions de relocalisation » pour répartir la charge des demandes d'asile**. Les États membres ne peuvent invoquer ni leurs responsabilités en matière de maintien de l'ordre public et de sauvegarde de la sécurité intérieure, ni le prétendu dysfonctionnement du mécanisme de relocalisation pour se soustraire au mécanisme temporaire de relocalisation de demandeurs de protection internationale[349].

Par ailleurs, **plusieurs directives s'appliquent au cas des demandeurs de protection internationale** : directives 2008/1151 (dite « directive "retour" »), 2013/322 (dite « directive "procédures" ») et 2013/333 (dite « directive "accueil" »). **Elles amènent de nombreuses garanties que certains États feignent d'ignorer.** Ainsi la Hongrie dans le cas de ressortissants afghans et iraniens, arrivés en Hongrie par la Serbie, ont introduit des demandes d'asile depuis la zone de transit, située à la frontière serbo-hongroise. En application du droit hongrois, ces demandes ont été rejetées comme irrecevables et des décisions de retour vers la Serbie ont été adoptées. Toutefois, la Serbie a refusé la réadmission des intéressés sur son territoire, au motif que les conditions prévues par l'accord de réadmission conclu avec l'Union n'étaient pas réunies. À la suite de cette décision, les autorités hongroises n'ont pas procédé à l'examen au fond des demandes mais ont modifié le pays de destination mentionné dans les décisions de retour initiales, en le remplaçant par le pays d'origine des intéressés. Ils ont d'abord été tenus de séjourner dans le secteur réservé aux demandeurs d'asile, avant qu'il ne leur soit imposé, quelques mois plus tard, de séjourner dans le secteur réservé aux ressortissants de pays tiers dont la demande d'asile a été rejetée. **Au titre du droit des demandeurs de protection internationale (directives 2013/322, dite « directive "procédures" » et 2013/333, dite « directive "accueil" ») la Cour a d'abord jugé que le placement des intéressés dans cette zone de transit devait être considéré comme une mesure de rétention** (mesure coercitive qui suppose une privation, et non une simple restriction, de la liberté de mouvement de l'intéressé et l'isole du reste de la population, en lui imposant de demeurer en permanence dans un périmètre restreint et clos). Or, dans ce cadre, ni un demandeur de protection internationale ni un ressortissant de pays tiers faisant l'objet d'une décision de retour ne peuvent être placés en rétention au seul motif qu'ils ne peuvent pas subvenir à leurs besoins et sans décision motivée ordonnant ce placement examinant la nécessité et la proportionnalité d'une telle mesure. Par ailleurs, **l'article 43 de la directive « procédures », exige une décision en moins de quatre semaines et l'article 15 de la directive « retour » (2008/1151) interdit une rétention de**

346. CJCE, Gr. Ch., 6 mai 2008, aff. C-133/06, Parlement européen contre Conseil de l'Union européenne.

347. CEDH, Gr. Ch., 21 janv. 2011, n° 30696/09, *M.S.S. c. Belgique et Grèce*.

348. CJUE, 4e ch., 3 mai 2012, aff. C-620/10, *Kastrati*.

349. CJUE, 2 avr. 2020, *Commission/Pologne, Hongrie et République tchèque*, aff. jtes C-715/17, C-718/17 et C-719/17.

plus de dix-huit mois. Ici, faute de décision, la rétention ne pouvait excéder quatre semaines et devait déboucher sur les conditions matérielles d'accueil et l'examen de leurs recours par une juridiction[350].

Le 19 janvier 2022, l'Agence de l'Union européenne pour l'asile (AUEA) a remplacé le Bureau européen d'appui en matière d'asile (EASO)[351].

La Cour de Luxembourg[352], au nom de la « clause humanitaire » de l'article 15 du règlement, appelle les États membres à ne pas s'en tenir aux critères de détermination de l'État membre responsable de l'examen d'une demande d'asile car il leur « incombe [...] de ne pas transférer un demandeur d'asile vers l'« État membre responsable » lorsqu'ils ne peuvent ignorer que les défaillances systémiques de la procédure d'asile et des conditions d'accueil des demandeurs d'asile dans cet État membre constituent des motifs sérieux et avérés de croire que le demandeur courra un risque réel d'être soumis à des traitements inhumains ou dégradants au sens de l'article 4 de la charte ». Dans un arrêt du 6 novembre 2012[353], elle affirme en effet « qu'un État membre qui n'est pas responsable de l'examen d'une demande d'asile au regard des critères énoncés au chapitre III de ce règlement le devient » quand existe une situation de dépendance entre le demandeur d'asile et un membre de sa famille imposant de maintenir ces personnes ensemble. En revanche, le règlement Dublin III permet aux États membres d'envoyer un demandeur de protection internationale vers un pays tiers sûr, indépendamment du fait qu'il s'agisse de l'État membre responsable du traitement de la demande ou d'un autre État membre[354]. **Le nombre des étrangers « dublinés » a considérablement augmenté ces dernières années.** Les quotas de répartition des demandeurs d'asile divisent profondément les États membres. Un demandeur d'asile peut être transféré vers l'État membre qui est normalement responsable du traitement de sa demande ou qui lui a déjà accordé une protection subsidiaire à moins que les conditions de vie prévisibles des bénéficiaires d'une protection internationale l'y exposeraient à une situation de dénuement matériel extrême, contraire à l'interdiction des traitements inhumains ou dégradants[355]. De son côté, la Cour de Strasbourg a condamné pour mauvais traitement des États qui, selon les prescriptions de « Dublin II » se sont « renvoyés » un réfugié afghan qui s'est retrouvé livré à lui-même.

1309 **Entrée du demandeur d'asile.** – La demande d'asile est un droit, elle ne peut être perçue comme un moyen dilatoire[356]. Depuis 2004, la France s'est dotée d'un **Code de l'entrée et du séjour des étrangers et du droit d'asile**. La loi n° 2015-925 du **29 juillet 2015 a refondu la quasi-totalité du code en la matière**. La loi n° 2018-778 du 10 septembre 2018[357] a pour ambition de réduire de onze à six mois la durée moyenne de traitement des demandes d'asile. Ainsi, l'étranger ne dispose plus que de 90 jours au lieu des 120 jours fixés par la loi du 29 juillet 2015, pour déposer sa demande d'asile une fois arrivé en France. Le décret du 14 décembre 2018 organise le schéma national d'accueil des demandeurs d'asile (en répartissant les demandeurs et les réfugiés sur le territoire afin d'assurer au mieux leur hébergement).

350. CJUE, 14 mai 2020, *PPUFMS e.a./Országos Idegenrendeszeti F igazgatóság Dél-alföldi Regionálislgazgatóság et Országos Idegenrendeszeti F igazgatóság*, aff. jtes C-924/19 PPU et C-925/19.

351. Règlement (UE) n° 2021/2303 du Parlement européen et du Conseil du 15 décembre 2021 relatif à l'Agence de l'Union européenne pour l'asile et abrogeant le règlement (UE) n° 439/2010.

352. CJUE, Gr. Ch., 21 déc. 2011, N.S. *c. Secretary of State for the Home Department* & M.E. *et alii c. Refugee Applications Commissioner, Minister for Justice, Equality and Law Reform*, affaires jointes C-411/10 & C-493/10 ; CEDH, Gr. Ch., 21 janv. 2011, *M.S.S. c. Belgique et Grèce*, req. n° 30696/09.

353. CJUE, *K. c. Bundesasylamt* (C-245/11).

354. CJUE, 17 mars 2016, aff. C-695/15, *Mirza*.

355. CJUE, 19 mars 2019, *Jawo*, C-163/17, C-297/17, C-318/17, C-319/17, C-438/17.

356. Un étranger en situation irrégulière en France, a fait l'objet d'un arrêté de reconduite à la frontière et d'une décision de maintien en rétention renouvelée par le juge. Le premier président de la cour d'appel de Lyon a alors rendu une ordonnance de prolongation de la rétention pour une nouvelle période de quinze jours, au motif que la demande d'asile présentée apparaissait dilatoire et abusive, et qu'il s'agissait d'une obstruction volontaire faite à son éloignement. La Cour de cassation juge que le dépôt d'une demande d'asile est constitutif de l'exercice d'un droit de sorte qu'une telle demande ne peut jamais être regardée comme une obstruction volontaire faite par l'étranger à son éloignement rendant impossible l'exécution de cette mesure (Cass. 1re civ., 29 juin 2011, n° 10-21431).

357. Loi pour une immigration maîtrisée, un droit d'asile effectif et une intégration réussie et portant diverses dispositions relatives au séjour et à l'intégration des étrangers.

La première difficulté que règle le code réside dans l'accès au territoire. Du point de vue de la **CEDH, les États doivent s'abstenir d'empêcher des migrants de débarquer des bateaux pour éviter qu'ils ne déposent leur demande d'asile**[358]. Mais, depuis la loi du 10 septembre 2018 pour une immigration maîtrisée, **l'État s'autorise à refuser l'entrée sur le territoire national à des étrangers « sans papier »**. Les personnes ainsi interceptées sont refoulées immédiatement, sans pouvoir bénéficier du délai de rigueur d'un jour franc. La Cour européenne a d'ailleurs validé ce type d'attitude dans le cas de l'Espagne qui peut ainsi refouler immédiatement les migrants qui franchissent les clôtures d'enceinte de l'enclave de Melilla au Maroc[359].

Le préfet doit pourtant examiner la demande d'admission au séjour et remettre un dossier provisoire de séjour permettant de déposer sa demande d'asile auprès de l'OFPRA, lequel délivre une deuxième autorisation de séjour pour toute la durée de l'examen de la demande d'asile.

Il existe une procédure accélérée, dite « prioritaire » (si le demandeur provient d'un pays sûr ou a présenté une demande de réexamen qui n'est pas irrecevable ou, sur décision de l'OFPRA, si la demande est entachée d'une fraude, soulève « des questions sans pertinence » ou repose sur des « déclarations manifestement incohérentes et contradictoires, manifestement fausses ou peu plausibles »). Cette procédure peut conduire à un examen trop rapide ne permettant pas à l'intéressé de préparer sa demande, ce qui a pu conduire à une double condamnation ou mise en garde européenne[360].

L'accueil des demandeurs doit se faire en respectant les droits à la sûreté et à la dignité ainsi que l'interdiction des expulsions collectives[361]. Cependant, concernant cette notion, **un État n'est pas fautif si c'est le comportement même de l'étranger qui n'a pas permis de traiter individuellement une éventuelle demande.** Le demandeur d'asile, sur le fondement de la directive 2005/85/CE, doit être informé de son droit de contacter un représentant du Haut-Commissariat des Nations unies aux réfugiés (c'est à l'administration de le prouver)[362].

Pour faire face à **l'afflux de réfugiés venant d'Ukraine**, l'Union européenne a mis en œuvre, pour une période initiale d'un an (prolongée automatiquement par périodes de six mois pour une durée maximale d'un an), le mécanisme de la directive de 2001 « protection temporaire » pour la première fois depuis son adoption[363] au profit, entre autres, des ressortissants ukrainiens, des ressortissants de pays tiers ou des apatrides bénéficiant de la protection internationale en Ukraine et les membres de leurs familles.

1310 **Séjour du demandeur d'asile. -** Un État membre de l'Union doit accorder au demandeur d'asile des conditions minimales d'existence (Directive 2003/9/CE) même s'il estime qu'un autre État est responsable de l'examen de la demande[364]. **L'État doit, aussi longtemps que le réfugié est admis à se maintenir sur le territoire en qualité de demandeur d'asile, et quelle que soit la procédure d'examen de sa demande, lui assurer, selon ses besoins et ses ressources, des conditions d'accueil comprenant le logement, la nourriture et l'habillement, fournis en nature ou sous la forme d'allocations financières ou de bons**[365]. Selon l'article 20 de la directive 2013/33/UE du 26 juin 2013, les **conditions matérielles d'accueil à un demandeur d'asile peuvent être retirées dans des cas exceptionnels et justifiés après l'examen de la situation particulière de la personne**, la motivation du retrait, la possibilité pour l'intéressé de solliciter le rétablissement des conditions matérielles

358. CEDH, 12 janvier 2017, *Kebe et autres c. Ukraine*, n° 12552/12.
359. CEDH, Gr. ch., 13 févr. 2020, *N.D. et N.T. c. Espagne*, n° 8675/15 (arrêt contraire de la Chambre, 3 oct. 2017).
360. CJUE, 29 juill. 2011, aff. C-69/10, *Samba Diouf* et CEDH, 2 févr. 2012, n° 9152/09, *I. M. c. France* : si les recours exercés par le requérant étaient théoriquement disponibles, leur accessibilité en pratique a été limitée par le classement automatique de sa demande en procédure prioritaire, la brièveté des délais de recours et les difficultés matérielles et procédurales d'apporter des preuves alors qu'il était privé de liberté et qu'il s'agissait d'une première demande d'asile. Le recours du requérant a pâti des conditions dans lesquelles il a dû préparer sa demande, et de l'insuffisance de l'assistance juridique et linguistique à son égard. La Cour note également la brièveté de l'entretien devant l'OFPRA, qui a duré trente minutes, alors qu'il s'agissait d'une première demande complexe.
361. CEDH, 1er sept. 2015, n° 16483/12, *Khlaifia et autres c. Italie*. V. *supra* n° 419.
362. CE, 8 juin 2016, n° 386558.
363. Décision d'exécution (UE) 2022/382 du Conseil du 4 mars 2022 constatant l'existence d'un afflux massif de personnes déplacées en provenance d'Ukraine, au sens de l'article 5 de la directive 2001/55/CE, et ayant pour effet d'introduire une protection temporaire.
364. CJUE, 27 sept. 2012, *Cimade et GISTI*.
365. CE, réf., 17 sept. 2009, *Min. Immigration c. Salah*.

d'accueil si le retrait a été fondé sur l'abandon du lieu de résidence sans information préalable des conséquences. Faute du respect de ces garanties par la loi du 10 septembre 2018 pour une immigration maîtrisée qui a créé de nouveaux cas de retrait, le Conseil d'État a annulé une partie du décret du 28 décembre 2018[366]. Le fait pour un demandeur d'asile de se maintenir dans un lieu d'hébergement pour demandeurs d'asile alors qu'il ne bénéficie plus des conditions matérielles d'accueil, est un manquement grave au règlement du lieu d'hébergement justifiant que le juge des référés ordonne son expulsion[367].

L'OFPRA peut refuser ces conditions matérielles d'accueil, après examen de la situation particulière et par une décision motivée, si le demandeur qui a refusé le lieu d'hébergement proposé ou la région d'orientation ou quitté le lieu d'hébergement proposé ou la région d'orientation ou n'a pas respecté les exigences des autorités chargées de l'asile, notamment de se rendre aux entretiens, de se présenter aux autorités et de fournir les informations utiles afin de faciliter l'instruction des demandes[368]. **L'article 3 CEDH n'oblige d'ailleurs pas les États à garantir un droit au logement ou une assistance financière aux réfugiés pour leur permettre de maintenir un certain niveau de vie**, sauf si l'État organise lui-même leur dépendance en leur interdisant de travailler et que cela atteint le degré minimum de souffrance[369]. **En France, les demandeurs d'asile peuvent travailler à partir de six mois après leur entrée sur le territoire (loi du 10 septembre 2018 pour une immigration maîtrisée).**

Depuis le 1er janvier 2019, les demandeurs d'asile ne sont plus libres de fixer leur domicile ou de circuler sans l'autorisation de l'Office de l'immigration et de l'intégration sous peine de suspension des conditions matérielles d'accueil et d'interruption de l'instruction de la demande d'asile. L'asile est en outre refusé aux polygames.

1311 Rétention du demandeur d'asile. – Le droit de l'Union permet le placement en rétention d'un demandeur d'asile lorsque la protection de la sécurité nationale ou de l'ordre public l'exige[370]. La loi n° 2018-187 du 20 mars 2018 « permettant une bonne application du régime d'asile européen » **autorise l'administration à placer en rétention administrative les demandeurs d'asile lors de la procédure de détermination de l'État responsable de l'examen de la demande, seulement le temps d'établir l'État compétent et en cas de « risque de fuite »** (douze critères permettent à l'administration d'établir ce risque notamment si l'étranger s'est déjà soustrait, dans un autre État membre, à la détermination de l'État responsable de l'examen de sa demande d'asile ou à l'exécution d'une décision de transfert ou s'il a été débouté de sa demande d'asile dans l'État membre responsable). Le législateur donne ainsi satisfaction à l'Union européenne qui craignait que le demandeur n'échappe à son système de répartition[371]. Le placement en rétention ne peut être néanmoins décidé à l'occasion du premier rendez-vous au guichet unique et pas à l'égard des parents d'enfants mineurs. **Le demandeur peut également être assigné à résidence pour une durée de cent trente-cinq jours maximum.** Depuis la loi du 10 septembre 2018 pour une immigration maîtrisée, la durée de la rétention, un dispositif qui a vocation à permettre à l'administration d'organiser l'éloignement d'un étranger, est doublée et passe de 45 jours maximum à 90 jours.

1312 Recours. – La loi du 20 novembre 2007 avait mis en place un recours suspensif contre le refus d'entrée au titre de l'asile mais **la loi du 10 septembre 2018 pour une immigration maîtrisée implique que le demandeur d'asile demande au juge la suspension de l'obligation de quitter le territoire en attendant la décision éventuelle de la CNDA** (décret du 14 décembre 2018). Le demandeur dispose d'un mois à compter de la notification du refus pour quitter le territoire. Le juge administratif a développé une protection dans le sillage de la protection internationale, par exemple en refusant l'éloignement d'un réfugié en raison de ses liens familiaux[372] ou n'exigeant

366. CE, 31 juill. 2019, *CIMADE et autres*, n° 428530.
367. CE, 22 mars 2022, n° 450047.
368. CE, 31 juill. 2019, *Association La Cimade et autres*, n°s 428530, 428564.
369. CEDH, 2 juill. 2020, *NH et autres c. France*, n° 28820/13.
370. CJUE, 15 févr. 2016, aff. C-601/15, *J.N. c. Staatssecretaris van Veiligheid en Justitie*.
371. CJUE, 2e ch., *Al Chodor*, 15 mars 2017, aff. C-528/15.
372. CE, ass., 2 déc. 1994, *Agyepong*.

que des craintes de persécution du seul fait que le demandeur est considéré par les autorités de son pays comme un opposant au régime[373]. Depuis la loi du 10 septembre 2018, dans le cadre des audiences devant le juge administratif relatives aux refus d'entrée au titre de l'asile, ou devant le juge judiciaire en cas de maintien en zone d'attente, la vidéo-audience devient le principe sans possibilité pour l'étranger de s'y opposer. **Un recours peut aussi être exercé contre les décisions de transfert vers un autre État de l'Union et doit être exercé dans les sept jours** lorsque le demandeur ne fait l'objet d'aucune mesure de surveillance (C. étrangers, art. L. 742-4-I) et dans les quarante-huit heures après sa mise en rétention.

1313 **Rôle de l'OFPRA.** – L'OFPRA est chargé d'accorder ou refuser l'asile. **Il a l'obligation d'auditionner le candidat dans une langue qu'il comprend**[374]. Le demandeur peut alors être accompagné d'un avocat ou d'un représentant d'une association humanitaire qui pourront formuler des observations (loi du 29 juillet 2015). Comme établissement public placé sous la tutelle du ministère de l'Intérieur, de l'outre-mer, des collectivités territoriales et de l'immigration, son conseil d'administration détermine notamment la liste des pays considérés comme sûrs et dont les ressortissants auront du mal à faire admettre leur demande. La demande d'asile devrait être traitée par l'OFPRA dans les 6 mois mais en 2020 le délai médian atteignait 233 jours.

1314 **Cour nationale du droit d'asile.** – L'article 29 de la loi n° 2007-1631 du 20 novembre 2007 relative à la maîtrise de l'immigration, à l'intégration et à l'asile a modifié la dénomination de la Commission de recours des réfugiés qui s'appelle désormais « Cour nationale du droit d'asile ». La loi du 29 juillet 2015 a profondément remanié ses procédures. **Cette juridiction administrative spéciale statue sur les recours exercés à l'encontre des décisions de l'OFPRA et formule un avis sur les mesures d'éloignement des réfugiés**. Les décisions de la Cour peuvent faire l'objet d'un pourvoi en cassation devant le Conseil d'État. La procédure a été modifiée par le décret du 16 août 2013, entré en vigueur le 19 août 2013. Il existe une « grande formation » qui entend se prononcer sur les requêtes qui posent au fond une difficulté. Elle s'est, par exemple prononcée, au regard du droit de l'Union, sur l'obligation à la charge de l'OFPRA, d'accorder un réexamen et un entretien au demandeur d'asile déjà débouté de sa demande dans les cas où des éléments nouveaux sont apportés[375].

1315 **Cas particulier de la protection due aux agents étrangers de la France.** – La loi n° 83-634 du 13 juillet 1983 portant droits et obligations des fonctionnaires (dites « loi Le Pors »), modifiée par la loi du 10 août 2018, accorde aux fonctionnaires une « **protection fonctionnelle** » organisée par la collectivité publique employeur contre toute action exercée par un tiers à son encontre du fait de ses fonctions (plainte, diffamation, atteintes volontaires à l'intégrité de la personne, les violences, les agissements constitutifs de harcèlement, les menaces, les injures…). La personne publique est tenue de réparer, le cas échéant, le préjudice qui en est résulté. La protection peut être accordée, sur leur demande, aux membres de son entourage. Le Conseil d'État[376] a été ainsi saisi du **sort d'afghans ayant servi l'armée française en Afghanistan**, notamment comme interprètes, lors de l'intervention militaire entre 2001 à 2014, et qui ont pourtant fait l'objet de refus de visas pour se protéger en France des représailles réelles dont ils font l'objet sur place. Le juge a alors parfois censuré l'erreur manifeste d'appréciation de l'administration quant aux risques encourus par chaque requérant en cas de maintien dans son pays[377]. Incités à demander la protection fonctionnelle, ces afghans ont eu l'appui du juge qui a estimé que le

373. CE, 27 avr. 1998, *Beltaifa*.
374. CE, 22 juin 2017, n° 400366.
375. « Lorsque à la suite d'une décision de rejet d'une demande d'asile devenue définitive, l'étranger entend soumettre à l'office une demande de réexamen, celle-ci peut être rejetée sans entretien, en raison du caractère manifestement infondé des éléments fournis à l'appui de cette demande, si le demandeur n'invoque pas d'élément nouveau, s'il présente des éléments qu'il ne pouvait ignorer lors de sa précédente demande, si l'office établit que les faits nouveaux allégués reposent sur des éléments dépourvus de valeur probante ou ne se rattachent pas aux critères prévus pour la reconnaissance d'une protection ; qu'en dehors de ces cas, l'OFPRA est tenu de proposer un entretien à la personne qui sollicite le réexamen de sa demande », CNDA, Gde. formation, 11 avr. 2014, n° 13020725.
376. CE, 14 déc. 2018, n° 424847.
377. CE, 16 oct. 2017, n° 408374.

refus de protection fonctionnelle d'un requérant exposé au risque d'être tué ou blessé, portait une atteinte grave et manifestement illégale aux articles 2 et 3 CEDH. Il a reconnu ensuite que le « principe général du droit » de la « protection fonctionnelle » « s'étend aux agents non-titulaires de l'État recrutés à l'étranger, alors même que leur contrat est soumis au droit local » et qu'il « peut exceptionnellement conduire à la délivrance d'un visa ou d'un titre de séjour à l'intéressé et à sa famille », au cas où, dans des « circonstances très particulières », ce serait le « moyen le plus approprié pour assurer la sécurité d'un agent étranger employé par l'État »[378]. Cela s'accompagne d'une injonction de mettre en œuvre dans un délai de huit jours à compter de la notification de sa décision toute mesure de nature à assurer la mise en sécurité immédiate du requérant et de sa famille, par tout moyen approprié, tel que le financement d'un logement dans un quartier sécurisé de Kaboul. Si cela est nécessaire, comme le premier juge, on délivrera un visa ou instruira une demande d'asile.

1316 La protection subsidiaire.– La loi du 11 mai 1998 accorde une protection à tout étranger persécuté ne répondant pas aux critères de la Convention mais dont la vie est menacée ou pour laquelle il existe des motifs sérieux et avérés de croire qu'elle subit des traitements relevant de l'article 3 de la Convention EDH (article L. 512-1 du CESEDA) : soit la peine de mort ou une exécution ; soit la torture ou des peines ou traitements inhumains ou dégradants ; soit pour des civils, une menace grave et individuelle contre sa vie ou sa personne en raison d'une violence aveugle résultant d'une situation de conflit armé interne ou international. Les bénéficiaires de la protection subsidiaire sont alors placés sous la protection juridique et administrative de l'OFPRA, en vue de se voir délivrer une carte de séjour temporaire, pour un an renouvelable, « vie privée et familiale ».

1317 Statut de réfugié. – Tout réfugié peut se prévaloir d'un droit de séjour provisoire (CESEDA, art. L. 742-1 : les réfugiés et les protégés subsidiaires sont admis à souscrire de plein droit une demande de carte de résident pour les premiers et de carte de séjour pour les seconds ; les enfants mineurs, le conjoint et les ascendants directs au premier degré si le réfugié est un mineur non marié peuvent se prévaloir de ce droit de séjour) et des droits sociaux, comme le droit au logement, le temps de l'examen de la demande (les étrangers qui refusent une offre de prise en charge dans un centre d'hébergement perdent le bénéfice de toute aide matérielle pour l'avenir). Il peut voyager hors du territoire français.

D. Les restrictions judiciaires

1318 Mesures judiciaires. – Le **juge judiciaire peut limiter les déplacements d'individus pour s'assurer de leur présence dans une procédure pénale ou éviter le contact avec les victimes et les témoins** (pendant l'instruction, art. 138, C. proc. pén.) ou comme peine (interdiction de séjour, art. 131-31, C. pén.). Il peut **prononcer des peines complémentaires** (art. 131-31, C. pén.) comme l'interdiction de séjour qui prive d'accès à certains lieux déterminés ou l'interdiction de quitter le territoire.

1319 Le placement sous surveillance électronique. – Cette notion de placement sous surveillance électronique mobile (PSEM) recouvre techniquement différentes réalités qui n'ont pas exactement le même régime juridique. En effet, **la loi du 19 décembre 1997 a créé un placement fixe pour se substituer à de courtes peines alors que la loi du 12 décembre 2005 a institué le placement mobile comme mesure de sûreté pour prévenir la récidive**. Le bracelet mobile permet, par système GPS, de déterminer où se trouve l'individu et de vérifier qu'il ne s'approche pas de lieux interdits par la décision de justice (la vitesse de déplacement peut même être connue). Le placement fixe, lié à une ligne téléphonique où la personne peut être appelée à certaines heures, implique une sorte d'assignation à résidence. Entre modalité d'exécution de la peine et mesure de sûreté, le bracelet électronique porte toujours atteinte à la liberté individuelle et c'est de ce point de vue que son régime devrait être adapté et non seulement du point de vue de la seule orthodoxie des classifications du droit et de la procédure

378. CE, 1er févr. 2019, n° 421694.

pénale. La principale difficulté posée aux juges constitutionnel et administratif résidait dans la qualification ou non du PSEM comme peine. En effet, la nature de peine impliquerait de respecter le principe de non-rétroactivité alors même que le législateur souhaite la mise en place immédiate du bracelet électronique pour pallier la surpopulation carcérale. Les juridictions de jugement et le juge de l'application des peines peuvent recourir au PSEM dans le cadre d'un suivi socio-judiciaire, « à titre de mesure de sûreté ». Au stade de l'application des peines, seules les personnes ayant à accomplir moins d'une année de détention peuvent en bénéficier, la présence de l'avocat n'étant plus nécessaire depuis la loi du 9 mars 2004. **Le Conseil constitutionnel le qualifie de simple « modalité d'exécution de la peine »**[379]**, possiblement rétroactive, au grand dam d'une partie importante de la doctrine.** L'analyse du juge constitutionnel diffère en ce qu'il cherche à établir si l'atteinte portée à la liberté individuelle n'est pas moins contraignante que l'incarcération. Le raisonnement se veut comparatif. Néanmoins, se fondant sur la liberté personnelle et sur l'article 9 de la DDHC, le Conseil constitutionnel vérifie que le mécanisme n'entraîne pas une rigueur excessive notamment du fait que le consentement de l'individu a été recueilli et que la mesure tend à son amendement. Ce faisant il avalise un nouveau procédé de coercition. **Saisi à son tour d'un décret d'application, le Conseil d'État a confirmé que le bracelet ne saurait être une peine et n'encourt pas la sanction pour rétroactivité**[380]. Le juge administratif opère une sorte de bilan estimant que le bracelet électronique permet de mieux protéger la vie privée et familiale tout en satisfaisant la prévention de la récidive. La CNIL avait elle-même avalisé le procédé et les fichiers afférents (délibération du 24 mai 2007). Enfin, la loi n° 2017-258 du 28 février 2017 permet l'expérimentation d'un dispositif de protection électronique des **victimes de violences conjugales**, sur le modèle de celle prévue par une précédente loi du 9 juillet 2010.

379. CC, 8 déc. 2005, déc. n° 2005-527 DC.
380. CE, 12 sept. 2007, *SFOIP*.

EXERCICE D'AUTOÉVALUATION

1. Quelles différences faites-vous entre liberté individuelle et liberté d'aller et venir ?
2. Comment protège-t-on la présomption d'innocence ?
3. Peut-on cumuler des poursuites et des sanctions pénales et administratives pour un même comportement ?
4. L'application des peines joue-t-elle un rôle dans le domaine des droits fondamentaux ?
5. Notre droit connaît-il la notion d'« individu dangereux » ?
6. Les forces de l'ordre peuvent-elles immobiliser un individu au motif qu'il n'est pas en mesure d'établir son identité ?
7. Les « gens du voyage » peuvent-ils s'installer où ils le souhaitent ?
8. Pourquoi et quand immobiliser un étranger dans un centre de rétention ?
9. Les demandeurs d'asile sont-ils traités avec dignité ?

RÉPONSES

1. Du point de vue des prérogatives protégées il s'agit de la même liberté : laisser l'individu se déplacer où et comme bon lui semble. Mais aussi bien le droit européen des droits de l'homme que notre droit interne, a établi une différence de degrés parmi les entraves qui peuvent légitimement y être apportées pour aboutir à deux régimes distincts. Si l'individu est immobilisé de manière à ne plus pouvoir rien faire d'autre ou pour un temps qui va affecter sa vie personnelle, c'est-à-dire s'il est privé de sa liberté, alors la liste de ceux qui peuvent lui infliger cela doit être réduite et leurs qualités doivent être des garanties. Au contraire, s'il s'agit simplement de limiter le déplacement, temporairement ou dans ses modalités, il n'est pas nécessaire d'encadrer autant. Ainsi la liberté individuelle correspond à la privation et la liberté d'aller et venir à la limitation. Cette partition a été facilitée en France par la tradition qui accorde à l'autorité judiciaire l'exclusivité de la privation de liberté en lien avec la répression pénale. Le reste a suivi. Néanmoins, avec la réduction du champ de l'article 66 de la Constitution à la sûreté, seules les entraves les plus graves lui incombent. Le juge administratif s'occupe aujourd'hui beaucoup de liberté d'aller et venir, dans le cas des étrangers comme dans les régimes d'état d'urgence. Le Conseil constitutionnel et la Cour européenne apprécient les seuils de temps, les modalités et les finalités qui départagent les deux libertés. Ces seuils ont pu varier en matière de droit des étrangers par exemple. Puis le législateur a privilégié la bonne administration de la justice en attribuant des blocs de compétences indépendamment de la durée de la détention-rétention (cas des hospitalisations psychiatriques sous contrainte).

2. Par tous les moyens adaptés à sa mise en cause. Conformément à l'article 9 de la Déclaration de 1789, la présomption d'innocence vise à empêcher que ne se diffusent dans l'opinion publique des préjugés qui influenceraient ensuite les juges, trahiraient leur partialité et pénaliseraient le justiciable. Son exigence croît avec celle des médias et notamment d'internet (Loi n° 2000-516 du 15 juin 2000 renforçant la protection de la présomption d'innocence et les droits des victimes). Elle s'applique aussi après un acquittement en vue de la réinsertion de celui ou celle que l'opinion publique avait pu soupçonner (cf. l'article préliminaire du Code de procédure pénale). Elle protège donc tant l'individu que l'institution et donc l'État de droit. En tant que principe constitutionnel et conventionnel, la présomption d'innocence couvre tous les moments où elle peut être menacée, à cheval sur la liberté d'expression, qu'elle restreint, les principes du droit répressif et *in fine* de la liberté individuelle qu'elle contribue à garantir. Parfois même, dans certains États, le

gouvernement lui-même fait entendre la culpabilité de ses opposants. Son objet et donc de sanctionner quiconque affirmerait ou insinuerait que telle personne, non encore condamnée définitivement, est en réalité coupable : actes de procédure de police ou de justice, propos de journalistes ou simplement relayés par la presse, affichage d'informations judiciaires tronquées, image de personnes menottées, propos « mondains »... Pour cela, toute procédure est bonne : procédure pénale et droit de ne pas s'accuser soi-même, discipline déontologique des magistrats et avocats, infractions de presse, recours devant la Cour européenne, mais surtout le référé spécialement créé à cette intention à l'article 9-1 du Code civil. Mais comment ne pas la voir menacée dans des mécanismes certes marginaux mais bien là : la rétention de sûreté, qui pense que tout homme qui a fauté est dangereux et fautera, la censure de spectacles dont le juge a acquis la certitude d'un risque de réitération d'infraction (affaire Dieudonné) ou encore les déchaînements incontrôlés des médias ou des réseaux sociaux qui offrent aux victimes des caisses de résonance à la fois bienvenues et déséquilibrées.

3. Ce n'est pas impossible mais les droits fondamentaux encadrent cette configuration pour qu'elle ne conduise pas à punir deux fois (principe ne *bis in idem* ou *non bis in idem*). Ce principe de justice distributive, devenu règle de l'État de droit est aussi à présent un droit subjectif. Il vise aussi à conserver à la personne son unité et sa continuité mais se heurte au pluralisme des voies répressives qui poursuivent chacune des finalités propres au sein du maintien de l'ordre public d'un secteur donné. Toute institution génère son système de sanction et au sein de l'État ces différents champs se cumulent, parfois au détriment de la personne. Mais la règle connaît de nombreuses ambiguïtés. D'abord de valeur, car notre droit constitutionnel ne la consacre pas et qu'il revient au juge constitutionnel de la déduire du principe de nécessité des peines, alors que le droit conventionnel l'affirme clairement. Ensuite d'objet, car il porte tantôt et parfois ensemble sur le cumul de poursuites, de jugements, de peines. De finalité encore ; car le *bis in idem* vise tout aussi bien les procédures administratives qui protègent un ordre public sectoriel (fiscal, économique, ordinal) que global (celui du droit pénal lui-même pluriel). Enfin, d'intensité car il tend à se confondre avec la proportionnalité de la peine quand il s'agit simplement de s'assurer de ce que le cumul de sanctions ne dépasse pas la gravité nécessaire à la restauration de l'ordre public. Dès lors, la lecture constitutionnelle est moins exigeante que la lecture conventionnelle, car elle envisage le pluralisme et le cumul des finalités institutionnelles (le coupable a violé plusieurs types de valeurs dans plusieurs milieux sociaux) concrétisé par des procédures différentes offrant des garanties diverses. Le juge de Strasbourg, épousant toujours le point de vue de l'individu, y voit au contraire un acharnement de l'État sur le sujet de droit et prévient ainsi les abus politiques consistant à déclencher stratégiquement plusieurs poursuites et à distinguer plusieurs qualifications, exponentielles, pour un même comportement. Il refuse donc tout cumul et s'assure qu'un même fait n'est pas exagérément diffracté. La CJUE a opéré une forme de synthèse de ces deux approches, jouant sur la protection des institutions autant que sur les droits fondamentaux : si les sanctions administratives ne peuvent se cumuler entre elles, tout comme les sanctions pénales ou ordinales, le cumul de ces différentes catégories est possible à condition de rester mesuré globalement et que toute sanction précédente allège la suivante (exigence d'un objectif d'intérêt général de nature à justifier un tel cumul, de règles claires et précises, de coordination des procédures et de limitation de la sévérité de l'ensemble des sanctions.

4. Ici encore, les droits fondamentaux amènent à comprendre autrement des mécanismes institutionnels. L'application des peines consiste à aménager aussi bien le temps que les modalités de la détention pour accompagner le condamné vers sa réinsertion, l'inciter à adopter un comportement positif en ce sens au sein de l'établissement pénitentiaire, enfin de protéger encore la société comme une éventuelle récidive. L'application des peines se conjugue avec la gestion des conditions de détention avec laquelle la frontière est difficile à tracer car, du point de vue de l'individu, toute évolution de son mode de vie peut être perçue comme la récompense ou la sanction de son comportement, qu'elle émane de l'établissement pénitentiaire ou du juge de l'application des peines. C'est pourquoi la nature des décisions de ce dernier peut varier entre juridiction et administration et que les actes du directeur de l'établissement peuvent être justiciables et ne sont plus des mesures d'ordre intérieur depuis plus de vingt ans. La Cour européenne ne rentre pas

dans ces distinctions françaises. Elle regarde globalement comment l'individu peut comprendre et améliorer sa détention, lui donner du sens et en sortir. Elle fait même de l'application des peines une exigence en soi pour qu'aucune peine ne soit incompressible et sans perspective et que le détenu se sente responsable de son évolution. Cette philosophie de la peine peut se réclamer des Lumières.

5. Parente de « l'homme criminel » de la IIIe République, l'idée qu'un individu peut intrinsèquement être un danger pour la société, émane d'une tentative d'approche scientifique du crime, initiée par Cesare Lombroso et poursuivie par le panel des disciplines criminelles. À l'approche pseudoscientifique, ou simplement positiviste, des origines, biologisante, eugéniste, médicale, s'est ajouté, avec Alexandre Lacassagne, le volet des sciences sociales de la psychologie et de la sociologie. Toutes disciplines dont Foucault a rendu compte. La société moderne est préoccupée par la question de la récidive, hantée par la dégénérescence ; elle opère une lecture politique des intuitions scientistes et institutionnalise ses approches pour justifier ses lois. La politique de prévention appelle l'institution du caractère de dangerosité à travers la loi de 1885 sur la relégation des récidivistes. Dans un esprit comparable, nos dispositifs contemporains entendent isoler l'homme dangereux de ses victimes potentielles ; ainsi opèrent les dispositifs d'hospitalisation psychiatrique sous contrainte, à la demande d'un tiers ou du représentant de l'État (ici la détention est cachée sous l'intérêt de la santé mentale de l'individu lui-même) mais c'est aussi le cas de la Loi relative à la rétention de sûreté et à la déclaration d'irresponsabilité pénale pour cause de trouble mental du 25 février 2008, ou encore de la loi du 10 août 2007 renforçant la lutte contre la récidive des majeurs et des mineurs. Plus récemment, la rétention de sûreté des auteurs d'infractions terroristes réitère cette relégation de l'individu dangereux éventuellement jusqu'à dix ans. Placer l'individu en détention, sous contrôle judiciaire ou encore sous bracelet électronique, pour s'assurer de sa présence ou de son absence, concrétise ce souci de prévention et d'assimilation de la personne à ses actes passés… en attendant que les neurosciences ne renouvellent cette approche prédictive et ne transfigurent l'homme dangereux.

6. Notre État de droit admet que les exigences de protection de l'ordre public conduisent à pouvoir identifier les individus lors de leurs déplacements dans l'espace public. Si les nationaux ne sont en principe pas légalement tenus de produire immédiatement une pièce d'identité, les étrangers doivent eux être en mesure de le faire sans que les forces de l'ordre ne puissent tenir compte de l'apparence physique de la personne pour justifier de vérifier cette aptitude. Mais justement, ces exigences s'appréhendent par l'existence préalable de troubles à l'ordre public (accident, conflit, commission d'une infraction…) et par la proportionnalité de l'ingérence dans la vie privée que constitue cette identification au regard du trouble en question. Ce n'est donc qu'à cette double condition qu'un contrôle d'identité pourra être effectué, de manière brève et sans réelle limitation du déplacement. Mais à un second niveau, si le trouble à l'ordre est avéré, ou du simple fait que les forces de l'ordre ont un doute quant à cette identification (absence de papiers d'identité, doute quant à leur authenticité, refus du contrôle…) une immobilisation plus longue, voire un déplacement dans les locaux des forces de l'ordre, peut conduire à entamer la liberté d'aller et venir de manière sérieuse et nécessiter un contrôle administratif et juridictionnel de la proportionnalité de l'ingérence. Car si la demande de contrôle d'identité est légitime, le refus de s'y plier constitue un second trouble à l'ordre.

   Dans ce crescendo, le droit français distingue le relevé, le contrôle et la vérification d'identité ; il ajoute la vérification de la validité des titres de séjour des étrangers. Le contrôle d'identité consiste à demander à la personne qui elle est, ce que peuvent faire les policiers municipaux. Le Conseil constitutionnel estime que de tels contrôles ne sauraient être « généralisés et discrétionnaires » sans méconnaître la liberté personnelle et exige que l'autorité de police puisse justifier de la nécessité attachée aux circonstances (CC, 5 août 1993, déc. N° 93-323 DC). Selon le décret du 4 décembre 2013 (art. R. 434-16, CSI), pour éviter le « contrôle au facies », discriminatoire, le policier ou le gendarme qui opère les contrôles ne se fonde sur aucune caractéristique physique ou aucun signe distinctif. Le contrôle d'identité, administratif ou judiciaire, selon les finalités déterminantes de l'opération de police, qui exige la consultation des papiers d'identité sur place, peut exceptionnellement conduire à la vérification d'identité, qui implique de pouvoir retenir la personne contre son gré lorsqu'elle ne veut, ou ne peut, prouver son identité. La vérification d'identité ne doit pas dépasser quatre heures depuis le début du contrôle (huit heures à Mayotte). Le contrôle judiciaire peut être effectué lorsqu'il existe une raison plausible de soupçonner qu'une personne se prépare à commettre, tente ou a commis une infraction, si elle est susceptible de fournir des renseignements pour une enquête ou si elle est elle-même recherchée. Le relevé d'identité concerne l'établissement d'une infraction pour la rédaction du procès-verbal. En cas de résistance, les agents doivent en informer immédiatement un officier qui pourra passer à un contrôle d'identité. Les procédures de contrôle d'identité qui pourraient mener à une détention doivent aussi être appréciées par le juge judiciaire alors même qu'au départ il ne s'agit que d'une suspension de la liberté d'aller et venir.

7. Selon la loi du 5 juillet 2000 relative à l'accueil et à l'habitat des gens du voyage, modifiée par la loi du 7 novembre 2018, « les communes participent à l'accueil des personnes dites gens du voyage et dont l'habitat traditionnel est constitué de résidences mobiles installées sur des aires d'accueil ou des terrains prévus à cet effet ». Un schéma départemental prévoit les secteurs géographiques d'implantation en fonction des besoins et de l'offre existante (notamment de la fréquence et de la durée des séjours des gens du voyage, de l'évolution de leurs modes de vie et de leur ancrage, des possibilités de scolarisation des enfants, d'accès aux soins et d'exercice des activités économiques). Il conditionne la création d'aires permanentes d'accueil, ainsi que leur capacité et celle de terrains familiaux locatifs aménagés et des « aires de grand passage », pour l'occasion des rassemblements traditionnels ou occasionnels dont le bon déroulement est confié à l'État. Les communes de plus de 5 000 habitants ou les établissements de coopération intercommunale figurent obligatoirement au schéma départemental. Dans chaque département, une commission consultative, comprenant notamment des représentants des communes et des établissements publics de coopération intercommunale concernés, des représentants des gens du voyage et des associations intervenant auprès des gens du voyage, est associée à l'élaboration et à la mise en œuvre du schéma.

   Dans ce cadre, l'implantation des habitats mobiles n'est plus totalement libre. Lorsqu'existent des aires, elles doivent être utilisées. À l'inverse, les collectivités qui ne satisfont pas à leurs obligations peuvent subir une occupation certes illicite mais que le juge verra d'un œil tolérant en application du droit commun de la vie privée et des nécessités d'un mode de vie traditionnel (CEDH, 18 janvier 2001, *Chapman c. RU*, n° 27238/95). L'interdiction de stationner et l'éventuelle expulsion devront alors être proportionnées et nécessaires, en tenant compte des intérêts en conflit. Pour la CEDH (CEDH, 17 oct. 2013, *Winterstein et autres c. France*), dans le cas de familles qui habitaient sur un terrain depuis de nombreuses années et dont le juge décide l'expulsion sous astreinte, alors que seules quatre familles ont été relogées en logements sociaux, les autorités nationales, en l'absence d'urgence, doivent tenir compte de l'appartenance des requérants à une minorité vulnérable, ce qui implique d'accorder une attention spéciale à leurs besoins et à leur mode de vie. Le Conseil constitutionnel admet quant à lui que l'habitat mobile établit une différence de situation objective tout en refusant cette qualité au critère de l'existence de ressources financières qui justifiaient jusque-là différentes procédures de suivi (carnet et livret de déplacement) (CC, 5 oct. 2012, Décision n° 2012-279 QPC, *M. Jean-Claude P.*). Il reste que la notion même de « gens du voyage » peut abriter d'authentiques nomades et forains mais aussi des populations identifiées comme « Roms », peu mobiles mais qui rencontrent les mêmes difficultés d'insertion.

8. Un étranger qui ne dispose pas d'un titre de séjour quelconque peut être placé en zone d'attente avant son refoulement. Mais parfois une rétention est nécessaire, c'est-à-dire dans un lieu fermé pour une courte durée. Il ne s'agit pas d'une peine mais d'une mesure administrative, parfois d'une mesure de police judiciaire (on parle de retenue avant mise en garde à vue).

   La rétention de l'étranger doit d'abord être nécessaire, c'est-à-dire proportionnée aux risques encourus du point de vue de l'ordre public si l'étranger était laissé en liberté. On doit respecter les exigences des directives européennes qui limitent à six les motifs recevables : pour vérifier les éléments d'une demande d'asile, pour statuer sur le droit d'entrer, pour préparer son retour, en cas de menace pour l'ordre public ou pour le renvoyer vers l'État qui a instruit sa demande d'asile. La rétention peut intervenir en cas d'obligation de quitter la France (OQTF) de moins d'un an, d'interdiction administrative de retour du territoire français (IRTF), d'expulsion, d'interdiction judiciaire du territoire français (ITF), de mesure d'éloignement dans le cadre de l'Union européenne, de maintien sur le territoire sept jours après la fin d'un premier placement en rétention, ou de retour en France malgré une mesure d'éloignement.

Elle doit ensuite se justifier en l'absence d'un autre moyen de s'assurer de la présence d'un étranger pour son éloignement. La loi n° 2016-274 du 7 mars 2016 fait ainsi de l'assignation à résidence la mesure de droit commun en matière de privation de liberté des étrangers.

Dans le cas spécifique des demandeurs d'asile, la loi du 20 mars 2018 autorise l'administration à placer en rétention administrative lors de la procédure de détermination de l'État responsable de l'examen de la demande, seulement le temps d'établir l'État compétent et en cas de « risque de fuite ».

L'étranger ne peut pas être retenu en principe plus de quarante-huit heures. Si l'éloignement n'a pas pu intervenir dans les quarante-huit heures après le placement en rétention, celle-ci peut être prolongée une première fois de vingt-huit jours francs mais le préfet doit alors saisir le JLD qui a quarante-huit heures pour statuer après audition et peut opter pour l'assignation à résidence. Si la rétention n'a pas pris fin après cette première prolongation, le préfet peut demander au JLD une deuxième prolongation de trente jours francs, dans trois cas : en cas d'urgence absolue (exemple : risque de fuite), en cas de menace particulière grave pour l'ordre public, ou si le renvoi n'a toujours pas pu avoir lieu en raison d'obstacles mis par l'étranger (perte ou destruction volontaire de votre passeport, dissimulation d'identité ou d'obstruction à l'éloignement), ou parce que le consulat. Enfin, le préfet peut demander au JLD une nouvelle prolongation de quinze jours francs si dans les quinze derniers jours de rétention, il est fait toujours obstruction à l'exécution d'office de la mesure d'éloignement, en raison de l'état de santé, une demande d'asile. La rétention peut donc durer 90 jours au total (ou jusqu'à 210 jours en cas d'activités terroristes).

9. Juridiquement ils doivent l'être, comme toute personne, mais plus encore au regard des persécutions qu'ils invoquent à l'appui de leur demande de protection, sot au titre de l'asile constitutionnel, soit de l'asile conventionnel ou de la protection subsidiaire. En pratique, l'administration soupçonne tout demandeur de ne pas être la victime qu'il prétend être et de tenter de bénéficier du statut de demandeur pour rester en France au moins le temps de l'instruction de sa demande par l'OFPRA et des recours contre sa décision. Cela explique en partie pourquoi les demandeurs, toujours plus nombreux et faute de capacités d'accueil suffisantes, ne bénéficient pas en réalité des droits que la France leur accorde pour garantir leur dignité.

   L'Europe n'assure pas cette dignité. Une série de règlements dits « Dublin », partant d'une bonne intention de rationalisation pour une meilleure prise en charge, établit les critères et mécanismes de détermination de l'État membre responsable de l'examen d'une demande d'asile présentée dans l'un des États membres par un ressortissant d'un pays tiers ou un apatride. Mais l'afflux important et la mauvaise foi de certains États a conduit à des dérives inévitablement liées à la bureaucratie : en septembre 2015, compte tenu de la situation d'urgence liée à l'arrivée des ressortissants de pays tiers en Grèce et en Italie, le Conseil a adopté des « décisions de relocalisation » pour répartir la charge des demandes d'asile multipliant les déplacements et les placements dans cette zone de transit sous statut de mesure de rétention. Alors la directive « procédures » exige une décision en moins de quatre semaines mais la rétention peut durer de dix-huit mois avant que l'éloignement ou la libération n'aient lieu. Même si la Cour de Luxembourg, au nom de la « clause humanitaire » appelle les États membres à ne pas transférer un demandeur d'asile vers l'« État membre responsable » lorsqu'ils ne peuvent ignorer que les défaillances systémiques de la procédure d'asile et des conditions d'accueil des demandeurs d'asile dans cet État membre constituent des motifs sérieux et avérés de croire que le demandeur courra un risque réel d'être soumis à des traitements inhumains ou dégradants, on mesure les insuffisances.

Par ailleurs, un État membre de l'Union doit accorder au demandeur d'asile des conditions minimales d'existence (Directive 2003/9/CE) même s'il estime qu'un autre État est responsable de l'examen de la demande. L'État doit, aussi longtemps que le réfugié est admis à se maintenir sur le territoire en qualité de demandeur d'asile et quelle que soit la procédure d'examen de sa demande, lui assurer, selon ses besoins et ses ressources, des conditions d'accueil comprenant le logement, la nourriture et l'habillement, fournis en nature ou sous la forme d'allocations financières ou de bons. L'OFPRA peut refuser ou retirer ces conditions matérielles d'accueil, après examen de la situation particulière et par une décision motivée, si le demandeur a refusé le lieu d'hébergement proposé. L'article 3 CEDH n'oblige d'ailleurs pas les États à garantir un droit au logement ou une assistance financière aux réfugiés pour leur permettre de maintenir un certain niveau de vie, sauf si l'État organise lui-même leur dépendance en leur interdisant de travailler et que cela atteint le degré minimum de souffrance. En France, les demandeurs d'asile peuvent travailler à partir de six mois après leur entrée sur le territoire (loi du 10 septembre 2018 pour une immigration maîtrisée).

Depuis le 1er janvier 2019, les demandeurs d'asile ne sont plus libres de fixer leur domicile ou de circuler sans l'autorisation de l'Office de l'immigration et de l'intégration sous peine de suspension des conditions matérielles d'accueil et d'interruption de l'instruction de la demande d'asile. L'asile est en outre refusé aux polygames.

CONSEILS DE LECTURE

G. Armand, « Que reste-t-il de la protection constitutionnelle de la liberté individuelle ? », RFDC 2006, p. 37.

J.-M. Belorgey, Le droit d'asile, 2e éd., LGDJ, Systèmes, 2016.

X. Bioy, E. Debaets et J. Schmitz (dir.), Répartition des compétences juridictionnelles et protection des libertés, éd. Varenne, 2020.

A. Capello, La constitutionnalisation du droit pénal – Pour une étude du droit pénal constitutionnel, LGDJ, 2014.

J.-P. Céré, « La rétention de sûreté à l'épreuve de la Convention européenne des droits de l'homme », AJP 2008, p. 220.

M. Evans, « La loi n° 2008-174 du 25 février 2008 ou la mise à mort des « principes cardinaux » de notre droit », AJP 2008, p. 161.

A. Falgas, La voie de fait administrative – Recherche sur la justification d'une notion prétorienne, L'Harmattan, Le droit aujourd'hui, 2015.

J.-L. Gautier, Hospitalisation psychiatrique sous contrainte et droits fondamentaux, Thèse, Aix, 2013.

A. Pena-Soler, Les rapports entre la liberté individuelle et la liberté d'aller et venir dans la jurisprudence du Conseil constitutionnel, thèse dactylographiée, Aix-en-Provence, 1998.

I. Gravelais, La protection juridictionnelle de l'inviolabilité du domicile, Thèse Dijon, 2013.

F. Hourquebie (dir.), Droit constitutionnel et grands principes du droit pénal, Cujas, 2013.

M. Tandonnet, Droit des étrangers et de l'accès à la nationalité, 2e éd., Ellipses, 2019.

V. Tchen, Code de l'entrée et du séjour des étrangers et du droit d'asile, 17e éd., LexisNexis/Litec, 2022.

S. Théron, Les soins psychiatriques sans consentement, Législation, droits et libertés du patient, modalités de prise en charge du patient, responsabilité des intervenants, Dunod, 2017.

X. Vandendriessche, Le droit des étrangers, Dalloz – Connaissance du droit, 6e édition, 2018.

Voir également les manuels de procédure pénale.

Voir le site de la Cour nationale du droit d'asile (http://www.cnda.fr)

CHAPITRE 2

La liberté d'agir collectivement

1320 **Convergences.** – La volonté de rassembler ici un certain nombre de droits subjectifs qui ne demandent qu'à s'exprimer collectivement, et qui ont donc besoin du secours d'autrui pour se réaliser, tient aussi à l'idée qu'ils rencontrent juridiquement des problèmes communs. Au tout premier rang desquels on peut signaler **l'attention portée par l'État aux troubles que ces libertés pourraient porter à l'ordre public ou à l'intérêt général.** Tout phénomène collectif peut en effet troubler la paix sociale, quand le comportement isolé de chacun ne le ferait pas. De la même façon, ces libertés mettent en cause le comportement d'autrui en **rendant la liberté de chacun dépendante de la convergence de la liberté des autres.** Ainsi, l'intervention de l'État de droit a pour vocation complexe de concilier liberté et ordre public, conception de chacun et conception de tous, tout en préservant l'existence d'une sphère privée à laquelle appartient pleinement ici l'espace public. **Les libertés collectives se distinguent donc en principe des droits des groupes**[1] **même si les groupes usent et abusent parfois des libertés collectives** en vue de se donner des formes institutionnelles.

> « Si elles sont individuelles quant à leurs titulaires, puisqu'elles appartiennent, elles aussi, à chaque individu, leur exercice ne peut être que collectif : chacun ne peut user de son droit que si d'autres sont d'accord pour utiliser le leur dans le même sens. [...] Par là s'explique la spécificité des problèmes que pose la conciliation de leur exercice avec le maintien de l'ordre : tout groupe constitue par lui-même une force sans commune mesure avec celle de l'individu isolé. Un autre trait accroît l'homogénéité de la catégorie des libertés collectives : leur complémentarité. Distinctes en droit, elles se recoupent souvent en fait [...] »
>
> « Les libertés de l'action collective », Jean Rivero, extrait de Libertés publiques. Tome 2, le régime des principales libertés, Thémis, PUF, 5e éd., 1996, p. 363

1. Voir *supra* n° 425 et s.

1321 **Plan.** – On rassemblera ici la liberté de **religion, la liberté et le droit à l'éducation, la réunion et la manifestation, l'association, toutes libertés qui relèvent de la conscience et de l'opinion mais exigent une réalisation concrète dans l'espace public**. On s'arrêtera enfin sur un ensemble de droits et libertés qui rassemblent toutes ses dimensions, les droits politiques, héritage subjectif d'une garantie démocratique des libertés.

Section 1
La religion

1322 **Dimension individuelle et dimension collective.** – La liberté de religion désigne une des composantes de la liberté de **conscience** autant que la **liberté du culte**. Il s'agit donc de la **liberté de croire ou de ne pas croire**[2] **en une religion, de la liberté d'exprimer ses convictions et d'agir en conséquence notamment en se réunissant en privé ou en public, en construisant des lieux de culte, en publiant**. Étonnamment, la liberté de religion **n'a peut-être pas de contenu propre**. Dans ses manifestations elle emprunte aux libertés de conscience, d'expression, de réunion, d'enseignement, etc. Pour le Conseil d'État, « la liberté du culte a le caractère d'une liberté fondamentale ; telle qu'elle est régie par la loi, cette liberté ne se limite pas au droit de tout individu d'exprimer les convictions religieuses de son choix dans le respect de l'ordre public ; elle a également pour composante la libre disposition des biens nécessaires à l'exercice d'un culte »[3]. Elle a paradoxalement été autonomisée sous la pression sociale qui entend la différencier car elle est, pour les croyants, tout à fait fondamentale, et pour l'État, un enjeu réel de pouvoir.

1323 **État et religion.** – Liberté de conscience et de pensée, elle devient une autre liberté en raison de son exercice collectif, c'est-à-dire en raison de la liberté du culte. Mais surtout **les groupements religieux sont des lieux de pouvoir et d'influence** sur des ensembles de populations **que l'État entend souvent intégrer et rallier à ses propres fins**. Que la religion soit exclusive, dominante ou minoritaire **l'État doit la considérer pour cela et lui donner statut**, de droit commun (associatif par exemple) ou spécifique (établissement public pour une religion d'État). Les régimes concordataires que la France a connus, et connaît encore, attestent de cette **tendance à juridiciser spécifiquement ce phénomène social pour se l'incorporer et le maîtriser**.

L'État peut légitimement s'inquiéter de ce que les mouvements religieux tentent de rompre la paix sociale. Ainsi, la Cour européenne admet que soit écarté du pouvoir un parti islamiste dont la doctrine conduit à un « système multijuridique [qui] introduirait dans l'ensemble des rapports de droit une distinction entre les particuliers fondée sur la religion, les catégoriserait selon leur appartenance religieuse et leur reconnaîtrait des droits et libertés non pas en tant qu'individus, mais en fonction de leur appartenance à un mouvement religieux »[4].

1324 **Religion et laïcité.** – Selon notre droit, **l'État n'a pas de religion mais il les « reconnaît » toutes** ; la **République est laïque mais compose avec le religieux**. C'est ce paradoxe que le régime de la liberté des cultes permet de résoudre en partie. De ce point de vue, l'intervention de l'État est à la fois tout à fait déterminante pour sa réalisation et tout à fait étrangère à elle en raison de ce qui l'anime dans le cadre du principe de laïcité. La question la plus redoutable dans cet ensemble d'interrogations est sans doute la compétence, au sens académique du terme, des autorités de l'État pour apprécier ce qui relève du phénomène religieux et ce qui n'en relève pas. En effet, **dans une société où ne règne plus la religion d'État, l'État « ne sait plus » ce qu'est une religion, il doit se garder de définir ce qu'est une religion, alors qu'il doit en assurer l'existence**.

2. CEDH, 23 oct. 1990, *Darby*, censure de l'obligation faite par la Suède à l'un de ses ressortissants d'acquitter l'impôt ecclésial institué par cet État.
3. CE, 25 août 2005, *Commune de Massat*.
4. CEDH, Gr. Ch., 13 févr. 2003, *Refah Partisi c. Turquie*.

Les équilibres sont donc complexes et différents d'une religion à l'autre. Si la liberté du culte est partout affirmée, elle est également fréquemment menacée afin de permettre de faire coexister toutes les convictions et leurs manifestations. **À s'en remettre aux religieux eux-mêmes, le risque est de voir la religion dans chaque aspect de la vie sociale** ; à **s'en remettre à des experts issus de l'État et prétendument neutres, le risque est de briser le pacte laïc en faisant de l'État un coauteur du phénomène religieux.** La CEDH a ainsi sagement condamné l'État turc qui se pique parfois de définir officiellement ce qu'est l'Islam. Les cartes d'identité turques mentionnent en effet la religion. Contre un individu qui souhaitait mentionner « alévisme », l'État, après consultation de ses experts, pose qu'il ne s'agit que d'un élément de l'Islam. La Cour condamne cette méconnaissance de la neutralité de l'État et renforce le droit à ne pas divulguer sa religion, ce qui revient à enjoindre que la religion ne figure plus sur les documents officiels[5].

1325 **Définition.** – Ainsi les juges hésitent. **La Cour de cassation a semblé dénier toute capacité à une cour d'appel pour statuer sur la notion de religion**[6]. Il arrive cependant que les juges doivent fournir quelques éléments de définition, ne serait-ce que parce que le Code des impôts accorde certains avantages aux associations cultuelles (voir ci-après). Selon le Conseil d'État, **un culte consiste à rendre hommage à une divinité selon certains rites**[7]. Pour d'autres juges « **une religion peut se définir par la coïncidence de deux éléments, un élément objectif, l'existence d'une communauté même réduite, et un élément subjectif, une foi commune** »[8]. Le problème de la définition de ce qu'est la religion est d'autant plus aigu que la Cour de cassation exige des juridictions qu'elles prennent en compte la dimension religieuse des phénomènes à apprécier. Ainsi, dans le cas de personnes qui manifestaient contre la loi « anti-burqa » en dissimulant leur visage, le juge aurait dû relever le caractère religieux de cette dissimulation et juger sur le terrain de l'article 9 de la Convention EDH au lieu de se contenter de relever qu'une manifestation masquée (il est vrai proche du Palais de l'Élysée) porte en soi atteinte à l'ordre public[9].

1326 **Laïcité ouverte ou laïcité stricte.** – Le débat français relatif à la laïcité n'a cessé d'être vif depuis la Révolution. Il oscille entre **deux conceptions possibles**. Dans la **première, celle qui inspire la loi de 1905, l'État doit être indifférent à la religion de chacun et considère le phénomène religieux comme relevant exclusivement de la sphère privée.** Là serait la seule chance de sauver la République, car si l'État admet l'expression des religions dans l'espace public cela reviendra à le privatiser progressivement et à ne plus pouvoir définir ce qui reste commun. **La seconde conception part au contraire du principe que la personne est une quels que soient le moment et le lieu. La dimension religieuse ne saurait donc rester privée** sans trahir ce qu'elle signifie pour la personne et son identité. Croire et pratiquer son culte ne se comprend pas comme une activité comme une autre, effectuée à un moment donné et que l'on peut circonscrire, elle est un élément de la personnalité. En ce cas, la laïcité n'est plus indifférence mais connaissance et acceptation. **Elle implique que l'espace public tienne compte des choix religieux, finance des lieux de culte, aménage les services publics pour permettre prière et expression, etc.**

Si l'Église catholique, et plus généralement le christianisme, avait fini par accepter la première façon de voir les choses, selon les modalités retenues en 1905, c'est-à-dire de façon relative (persistaient la prise en charge des édifices, l'acceptation des fêtes religieuses, des aumôneries, de l'enseignement privé, des processions, de l'interdiction d'entrave au culte, etc.), la situation a évolué avec la montée de l'Islam et son refus de principe de toute séparation entre sphère publique et sphère privée quand il est question de religion et de morale. **L'idée de passer à une « laïcité ouverte » ou « positive », favorisant l'expression et la pratique des religions dans l'espace public, a été avancée** par les institutions représentatives des religions, par les représentants politiques

5. CEDH, 2 févr. 2010, *Isik c. Turquie*.
6. Cass. crim., 30 juin 1999, *Procureur général près la CA de Lyon* : « abstraction faite d'un motif inopérant mais surabondant, dépourvu en l'espèce de toute portée juridique, relatif à la qualité de religion prêtée à l'Église de scientologie ».
7. CE, 14 mai 1982, Association internationale pour la conscience de Krishna.
8. CA Lyon, 28 juill. 1997, *Proc. gén. CA Lyon c. X et a.*
9. Cass. crim., 15 mars 2013, n° 12-80891.

(jusqu'au président Nicolas Sarkozy lors du discours du Latran, le 20 décembre 2007), parfois même par les juges (les conclusions Kessler sur l'arrêt *Kherouaa* peuvent être perçues comme plaidant pour une laïcité ouverte). **La lecture de la jurisprudence de la CEDH y invitait également** avant qu'elle ne donne un *satisfecit* au système français devenu plus répressif par la loi du 15 mars 2004. L'oscillation entre les deux pôles devrait se poursuivre. D'un côté, avec l'interdiction de la burqa dans l'espace public, les perspectives de la laïcité se resserrent et la Cour européenne entend accorder une large marge d'appréciation[10]. De l'autre, les ambitions « concordataires » de l'État français qui tendent à financer la construction de lieux de culte et à instituer des représentants du culte musulman vont vers une version « positive ». **Pour le Conseil d'État, la laïcité n'implique pas en soi l'interdit de financer les cultes mais engage à veiller à « la neutralité de l'État et des collectivités territoriales de la République et au traitement égal des différents cultes »**[11].

Depuis, la loi du 24 août 2021 confortant le respect des principes de la République, le contrôle sur les actes des collectivités locales qui porteraient gravement atteinte à la laïcité ou à la neutralité dans un service public (cantines, équipements sportifs...) s'effectue par une déféré préfectoral demandant la suspension de l'acte au juge administratif qui aura quarante-huit heures pour statuer. De même, l'article 433-3-1 du Code pénal vise à réprimer le fait « d'user de menaces ou de violences ou de commettre tout autre acte d'intimidation à l'égard de toute personne participant à l'exécution d'une mission de service public, afin d'obtenir pour soi-même ou pour autrui une exemption totale ou partielle ou une application différenciée des règles qui régissent le fonctionnement dudit service ».

Le même texte impose que les associations ou fondations, doivent s'engager à respecter le caractère laïque et les principes de la République (égalité femme-homme, dignité humaine, fraternité...) dans un « contrat d'engagement républicain » qui conditionne l'obtention d'un agrément ou la reconnaissance d'utilité publique et l'octroi d'une subvention publique. Si elles violent cette obligation, la subvention devra être remboursée (à l'exclusion des périodes antérieures au manquement constaté selon l'interprétation neutralisante du Conseil constitutionnel[12]). Par une réserve d'interprétation[13], le Conseil constitutionnel juge que, dès lors, ce retrait ne saurait, sans porter une atteinte disproportionnée à la liberté d'association, conduire à la restitution d'avantages dont l'association a bénéficié avant la perte de sa qualité cultuelle.

CE, 10 mars 2022, *Ass. de Saône-et-Loire du Mouvement français pour le planning familial*, n° 462140

Le Conseil d'État a rapidement eu à appliquer ces nouvelles dispositions : un maire a retiré à une association (Le Planning familial 71) une autorisation d'occuper le domaine public en tenant un stand, avec du matériel gracieusement mis à sa disposition par la commune, sur la place de l'Hôtel de ville dans le cadre de la « Journée de la femme » afin de pouvoir diffuser des informations et organiser des animations sur le thème de l'égalité entre les hommes et les femmes. Le maire a retiré cette autorisation au motif que l'une des silhouettes féminines figurant sur le « visuel » utilisé pour annoncer l'installation de ce stand portait un voile.

Le juge estime néanmoins que, alors même que l'autorisation accordée entrerait dans le cadre du « contrat d'engagement républicain » des associations bénéficiant de subventions publiques signé par celle-ci, par lequel elle s'est engagée à ne pas remettre en cause le caractère laïque de la République et à respecter l'égalité de tous devant la loi, la commune n'est pas fondée à soutenir que l'association y aurait porté une quelconque atteinte par l'utilisation de ce « visuel », reflétant au

10. CEDH, Gr. Ch., 1er juill. 2014, n° 43835/11, *SAS c. France*.
11. CE, 16 mars 2005, *Ministre de l'Outre-mer* : légalité d'une subvention à l'Église évangélique de Polynésie pour la reconstruction d'un presbytère après passage d'un cyclone, que ce bâtiment jouait un rôle dans de nombreuses activités socio-éducatives notamment dans les îles éloignées.
12. CC, 13 août 2021, n° 2021-823 DC.
13. CC, 22 juill. 2022, n° 2022-1004 QPC, *Union des associations diocésaines de France et autres* [Régime des associations exerçant des activités cultuelles].

contraire la volonté de l'association, selon elle « dans un souci d'émancipation » de promouvoir l'égalité entre les hommes et les femmes indifféremment auprès de l'ensemble des femmes, y compris celles portant le voile et nonobstant donc les convictions que ce port, qui par ailleurs n'est pas prohibé dans l'espace public, pourrait refléter de leur part.

Les fonds de dotation, outil de financement du mécénat, seront mieux contrôlés par les préfets. Le contrôle par l'État des associations sportives et des fédérations sportives est renforcé. Les associations agréées seront aussi soumises au contrat d'engagement républicain. L'administration fiscale pourra vérifier que seules les associations qui remplissent les conditions prévues par la loi peuvent bénéficier de la générosité du public et délivrer des reçus fiscaux. Les financements étrangers reçus par les associations loi 1901 qui touchent plus de 153 000 euros de dons par an et par les fonds de dotation seront contrôlés. Dans une décision de juillet 2022[14], le Conseil constitutionnel précise que, si de telles obligations comptables sont nécessaires et adaptées à l'objectif poursuivi par le législateur, il appartiendra toutefois au pouvoir réglementaire de veiller, en fixant les modalités spécifiques de mise en œuvre de ces obligations, à respecter les principes constitutionnels de la liberté d'association et du libre exercice des cultes.

Cette même loi ajoute un motif de dissolution des associations qui pourront se voir imputer des agissements commis par leurs membres, agissant en cette qualité, ou des agissements directement liés à leurs activités. Le Conseil constitutionnel[15] a censuré la disposition permettant, en cas d'urgence, au ministre de l'Intérieur de prononcer la suspension d'une association, dans l'attente de sa dissolution. Ces dispositions, particulièrement celles qui interdisent de pratiquer un culte dans les lieux destinés à la pratique sportive, tendent à élargir la notion de laïcité vers les activités privées, s'éloignant du service public au sens strict et le confondant avec les actions d'intérêt général.

En juin 2021, à la fin du mandat de l'Observatoire de la laïcité, le gouvernement a décidé de constituer une administration chargée de la laïcité : **le Comité interministériel de la laïcité (CIL)** présidé par le Premier ministre et dont le secrétariat est assuré par le ministère de l'Intérieur via le Bureau des cultes (animation interministérielle des politiques relatives au principe de laïcité). Sa première mission est le déploiement des référents laïcité dans chaque administration d'État, territoriale et hospitalière ainsi que dans les établissements publics et de nommer un référent laïcité ministériel, chargé de coordonner l'action des référents désignés au sein des directions centrales et des services déconcentrés.

I. La liberté des cultes

1327 Reconnaissance et séparation. – Dans une société libérale qui se construit sur l'idéal républicain, la religion se reconnaît comme dimension de la vie privée, de la conscience, du for intérieur. Il faut attendre le droit du Conseil de l'Europe pour que la sphère publique soit amenée à intégrer la dimension religieuse comme liberté fondamentale. Une reconnaissance indirecte et « négative ». Il ne faut pas perdre de vue que **la liberté des cultes se trouve aussi protégée par d'autres qui portent sur les mêmes phénomènes : liberté de réunion, d'association, d'expression, droit à la personnalité juridique, droit au procès équitable.** La célèbre affaire des « *Saints monastères* » en constitue une illustration[16], comme l'affaire *Fener Rum Erkek Liseni Vakfi c. Turquie*[17].

14. CC, 22 juillet 2022, n° 2022-1004 QPC, *Union des associations diocésaines de France et autres* [Régime des associations exerçant des activités cultuelles].
15. CC, 13 août 2021, n° 2021-823 DC.
16. CEDH, 9 déc. 1994, n° 13092/87 ; 13984/88, *Les saints Monastères c. Grèce*.
17. CEDH, 9 janv. 2007, n° 34478/97 : la requérante est une fondation de droit turc qui a pour tâche d'assurer l'instruction dans le lycée grec de Fener, à Istanbul. Son statut est conforme aux dispositions du traité de Lausanne relatives à la protection des anciennes fondations qui effectuent des services publics pour les minorités religieuses. La loi lui accorde la personnalité morale et une déclaration spécifie ses buts et détaille ses biens immobiliers. Mais en 1992 ses titres de propriété sont annulés en se fondant sur l'incapacité juridique fondée sur une jurisprudence

Le culte n'a donc en fait pas, en droit, d'identité propre et souvent l'article 9 CEDH se trouve combiné avec d'autres.

1328 Sources internes. - En droit interne, la reconnaissance d'abord **constitutionnelle**, s'opère négativement, **par le principe de non-discrimination et par le principe de laïcité**. Cette reconnaissance indirecte est le fait de la Déclaration de 1789 évoquant le fait que « nul ne doit être inquiété pour ses opinions, même religieuses, pourvu que leur manifestation ne trouble pas l'ordre public établi par la loi ». De même, le préambule de 1946 dispose que « nul ne peut être lésé dans son travail ou son emploi en raison de ses croyances ». La Constitution de 1958 mentionne à plusieurs reprises le caractère laïc de la République, en particulier à l'article 1er. Le Conseil constitutionnel n'a pas consacré la liberté de religion et des cultes en tant que telle mais sous les traits de la liberté de conscience comme un principe fondamental reconnu par les lois de la République à propos de la liberté de l'enseignement[18] puis de l'objection de conscience des personnels médicaux[19]. **Ce n'est qu'en 2010 que la liberté religieuse est mentionnée explicitement par la décision relative à l'interdiction de la burqa**[20]. Cette absence de statut constitutionnel positif met en évidence le principe de **laïcité, élément pressenti de cette « identité constitutionnelle de la France »** que le Conseil constitutionnel[21] se réserve d'opposer aux normes européennes, davantage portées à reconnaître un héritage identitaire religieux[22]. Il est donc revenu d'abord à la jurisprudence administrative de poser les contours de l'exercice des cultes. **Le Conseil d'État se réfère aussi à la religion dans sa version constitutionnelle « liberté de religion protégée par les dispositions de l'article 10 de la DDHC à laquelle renvoie le préambule de la Constitution »**[23]. Enfin, **« La République assure la liberté de conscience. Elle garantit le libre exercice des cultes sous les seules restrictions édictées ci-après dans l'intérêt de l'ordre public » (art. 1er de la loi du 9 décembre 1905)**.

1329 Sources internationales. - Les textes internationaux qui reconnaissent la liberté de religion et d'exercices des cultes sont très nombreux. Il s'agit d'abord de **l'article 18 de la DUDH et de l'article 18 du PIDCP**. La Déclaration sur l'élimination de toutes les formes d'intolérance de discrimination fondée sur la religion, qui a été adoptée le 25 novembre 1981 par l'Assemblée générale des Nations unies, stipule que « toute personne a droit à la liberté de pensée, de conscience et de religion. Ce droit implique la liberté d'avoir une religion ou n'importe quelle conviction de son choix, ainsi que la liberté de manifester sa religion ou sa conviction, individuellement ou en commun, tant en public qu'en privé, par le culte et l'accomplissement des rites, les pratiques et l'enseignement. 2. Nul ne subira de contrainte pouvant porter atteinte à sa liberté d'avoir une religion ou une conviction de son choix [...] » (art. 1er). Il se trouve également consacré à l'égard des enfants par l'article 14 de la Convention internationale relative aux droits de l'enfant.

1330 Conseil de l'Europe - Textes. - **L'article 9 de la Convention EDH prévoit une double dimension : « Toute personne a droit à la liberté de pensée, de conscience et de religion ; ce droit implique la liberté de changer de religion ou de conviction, ainsi que la liberté de manifester sa religion ou sa conviction individuellement ou collectivement, en public ou en privé, par le culte, l'enseignement, les pratiques et l'accomplissement des rites.** 2. La liberté de manifester sa religion ou ses convictions ne peut faire l'objet d'autres restrictions que celles qui, prévues par la loi, constituent des mesures nécessaires, dans une société démocratique, à la sécurité publique, à la protection de l'ordre, de la santé ou de la morale publiques, ou à la protection des droits et libertés

des années 1990. La violation du droit au respect des biens est alors évidente. La Cour constate que les biens appartiennent aux instances religieuses en tant que personne morale, et non aux requérants.

18. CC, 23 nov. 1977, déc. n° 77-87 DC.

19. CC, 27 juin 2001, déc. n° 2001-446 DC.

20. CC, 7 oct. 2010, déc. n° 2010-613 DC : « l'interdiction de dissimuler son visage dans l'espace public ne saurait, sans porter une atteinte excessive à l'article 10 de la Déclaration de 1789, restreindre l'exercice de la liberté religieuse dans les lieux de culte ouverts au public ».

21. CC, 19 nov. 2004, déc. n° 2004-505 DC.

22. Voir le préambule de la CDFUE.

23. CE, 28 sept. 1998, Assoc. séfarade de Mulhouse.

d'autrui ». Cet article s'appuie à la fois sur le bras de l'article 14 relatif à l'interdiction des discriminations en fonction des convictions religieuses, et sur l'article 2 du protocole n° 1, qui évoque le respect des convictions religieuses et philosophiques à l'école.

CEDH, 2 décembre 2021,
***Hermina Geertruida De Wilde c. Pays-Bas*, n° 9476/19**

Une affaire a particulièrement testé les limites de la neutralité de l'État et de la Cour européenne dans son appréciation de la notion de religion : celle du « pastafarisme ».
En 2005, en réaction à la décision de l'État du Kansas d'accorder autant de temps d'enseignement au créationnisme qu'à la théorie de l'évolution, des citoyens décidèrent d'inventer le culte du pastafarisme, selon laquelle le monde fut créé, il y a cinq mille ans, en une journée par le Monstre en spaghettis volant, qui y créa une montagne, puis un arbre et enfin un nain. Cette religion obligerait, selon un « Ancien Pastament » et un « Nouveau Pastament », à porter sur la tête, en tout temps et partout sauf à la maison, une passoire ou un bol perforé.
L'État a rejeté la demande de la requérante d'exemption de l'obligation de découvrir la tête sur les photographies d'identité. Elle alléguait que le pastafarisme avait été disqualifié en tant que religion pour des motifs qui ne s'appliquaient pas à d'autres religions dans des situations similaires, et en l'absence de base légale en droit interne de l'exigence de la reconnaissance officielle d'une religion ou d'une conviction philosophique (art. 9 et 14).
D'un côté, le droit consacré à l'article 9 serait hautement théorique et illusoire, si le degré de discrétion accordé aux États leur permettait d'interpréter la notion de confession religieuse de manière si restrictive qu'elle priverait une forme non traditionnelle et minoritaire d'une religion de protection légale. D'un autre côté, la liberté de pensée, de conscience et de religion ne désigne que les opinions qui atteignent un certain niveau de force, de gravité, de cohésion et d'importance. En l'espèce, la Cour ne considère pas le pastafarisme comme une « religion » ou une « croyance » au sens de l'article 9 en examinant les motifs contestataires et parodiques du mouvement, ainsi que l'absence de cohérence du comportement de la requérante.

1331 **Conseil de l'Europe – Jurisprudence.** – L'article 9 de la Convention EDH a donné lieu à une jurisprudence abondante. Il convient tout d'abord de rappeler les termes de l'arrêt *Kokkinakis c. Grèce*[24] qui pose clairement le débat : « Telle que **la protège l'article 9, la liberté de pensée, de conscience de religion représente l'une des assises d'une « société démocratique » au sens de la Convention**. Elle figure, dans sa dimension religieuse, parmi les éléments les plus essentiels de l'identité des croyants et de leur conception de la vie, mais est aussi un bien précieux pour les athées, les agnostiques, les sceptiques ou les indifférents. Il y va du pluralisme consubstantiel à pareille société ». Cette pétition de principe a conduit en l'espèce la Cour à condamner la Grèce qui avait sanctionné un témoin de Jéhovah coupable de prosélytisme alors que la Cour n'écarte qu'un prosélytisme abusif. L'article 9 § 1 de la Convention européenne contient deux volets, relatifs, respectivement, au droit d'*avoir* une conviction et au droit de la *manifester*. L'article 9 énumère les diverses formes que peut prendre la manifestation d'une religion ou d'une conviction, à savoir le culte, l'enseignement, les pratiques et l'accomplissement des rites[25]. Pour **la Cour européenne de Strasbourg, l'article 9 est en quelque sorte « neutre » quant au « surplus religieux » ; il protège la liberté de conscience, toute la liberté de conscience, mais (malgré la mention du terme « religieuse ») seulement la liberté de conscience sans considération particulière, à l'intérieur du phénomène religieux** (sauf si la spécificité de l'organisation de l'État l'impose et conduit à renvoyer à sa

24. CEDH, 25 mai 1993, *Kokkinakis c.* Grèce, n° 14307/88.
25. V. CEDH, 13 déc. 2001, n° 45701/99, Église métropolitaine de Bessarabie et autres c. Moldova, § 114.

marge d'appréciation). La Cour entretient une certaine indifférence de l'article 9 pour la religion ; elle protège ainsi pareillement toutes les convictions, **le véganisme n'étant pas moins considéré que le christianisme**[26]. Dans des affaires jugées dans les années 1990 par la Commission ou 2010 par la Cour, le juge européen semble par exemple laisser ouverte la question de savoir si l'article 9 s'applique à une *activité* lucrative effectuée par une organisation religieuse[27], minorant ainsi la spécificité du religieux. Le prélèvement d'argent n'est pas contraire à l'article 9. Le droit allemand prévoit que certaines Églises et sociétés religieuses peuvent prélever une redevance ou un impôt ecclésial auprès des fidèles. Certains requérants reprochaient aussi aux impôts et redevances en cause d'être discriminatoires. Mais cela ne pose pas de problème, ni au regard de la liberté de religion, ni de la discrimination ou de la vie privée[28].

La protection européenne qu'offre l'article 9 de la Convention EDH est **ouverte autant aux particuliers qu'aux organes collectifs qui organisent le culte**[29]. Ce sont souvent les églises elles-mêmes qui attaquent l'État devant la Cour européenne en vue d'obtenir toutes formes d'institutionnalisation (pour les cultes dominants) ou refuser des discriminations (pour les autres). **L'État ne peut s'immiscer dans les questions de gouvernance des cultes** : viole l'article 9 la condamnation de deux pasteurs destitués par leur communauté mais qui avaient poursuivi l'exercice de leurs fonctions avec une minorité de fidèles. Le parquet rendit un non-lieu, mais il releva toutefois que la fonction de pasteur ne pouvait être exercée qu'avec l'accord des organisations religieuses et qu'en l'occurrence cet accord avait été retiré et lui infligea par conséquent une amende administrative[30]. **Il ne peut refuser les statuts juridiques qui permettent l'exercice des cultes**, ce qui constitue une forme de « reconnaissance »[31].

Il ne peut introduire de discrimination fondée sur la religion. Le 14 décembre 2010[32] la Cour a condamné la législation britannique qui prévoit des conditions particulières pour le mariage des étrangers lorsqu'ils ne se marient pas devant l'Église anglicane. Les autres religions que les religions d'État se trouvent donc discriminées. De même, la Cour européenne[33] constate la double violation de l'article 9 et de l'article 14 (interdiction de la discrimination) dans le cas de requérants de confession alévie qui contestent le refus de financer leur culte sous la forme d'un service public (reconnaissance et recrutement de ministres du culte alévis comme fonctionnaires, octroi du statut de lieu de culte aux *cemevis* et subventions de l'État), alors que celui-ci le fait pour les sunnites. La Cour juge en particulier que ce refus des autorités s'analyse en une non-reconnaissance du caractère cultuel de la confession alévie et de ses pratiques religieuses. La Cour constate également un déséquilibre excessif entre le statut accordé à la conception de la religion musulmane retenue par la Direction des affaires religieuses. Les alévis sont assimilés aux « ordres soufis (*tarikat*) » soumis à des interdictions importantes. Combinant les articles 9, 14 et 1 du Protocole n° 1, la CEDH[34] reconnait les droits de congrégations de témoins de Jéhovah qui se plaignent d'avoir été privés du bénéfice de l'exonération d'une taxe foncière sur les immeubles affectés à l'exercice public de leur culte en Région de Bruxelles, taxe réservée aux seules « religions reconnues » dont elles ne feraient pas partie. La reconnaissance préalable ne suit pas un régime n'offrant pas de garanties suffisantes et manque de justification objective et raisonnable (initiative du gouvernement et vote discrétionnaire du législateur).

Garder le secret de ses convictions fait donc partie de la liberté de conscience. Viole ainsi la liberté de conscience la présence sur un certificat de naissance d'une mention faisant état de la décision des parents de ne pas faire baptiser leur enfant[35]. Dans un tout autre contexte, une salariée stagiaire de la RATP devait être

---

26. Com. EDH, 10 févr. 1993, n° 18187/91, *W. c. Royaume-Uni* (déc.).
27. Com. EDH, 16 avr. 1998, n° 30260/96, *Association Sivananda de Yoga Vedanta c. France* (déc.) ; CEDH, 2 déc. 2014, n° 32093/10, *Cumhuriyetçi E itim ve Kültür Merkezi Vakfi c. Turquie*.
28. CEDH, 6 avril 2017, *Klein et autres c. Allemagne*, n°s 10138/11, 16687/11, 25359/11 and 28919/11.
29. CEDH, 27 juin 2000, *Cha'are Shalom ve Tsedek c. France*.
30. CEDH, 19 févr. 2019, *Tothpal et Szabo c. Roumanie*, req. n°s 28617/13 et 50919/13.
31. CEDH, 25 avril 2017, *Magyarországi Evangéliumi Testvérközösség c. Hongrie*, n° 54977/12.
32. CEDH, 14 déc. 2010, *O'Donoghue et autres c. le Royaume-Uni*.
33. CEDH, 26 avr. 2016, Gr. Ch., n° 62649/10, *zzettin Do an et autres c. Turquie*.
34. CEDH, 5 avr.2022, Assemblée chrétienne des témoins de Jéhovah d'Anderlecht et autres c. Belgique, n° 20165/20.
35. CEDH, 25 juin 2020, *Stavropoulos et autres c. Grèce*, n° 52484/18.

affectée dans un service d'agents de contrôle après avoir prêté le serment des agents en application de la loi du 15 juillet 1845 sur la police des chemins de fer. Cette loi ne détermine pas la formule du serment que doivent prononcer les agents mais l'usage est de recourir à la formule suivante : « Je jure et promets de bien et loyalement remplir mes fonctions et d'observer en tout les devoirs qu'elle m'impose ». La salariée a proposé une autre formule au motif que sa religion chrétienne lui interdisait de jurer ; cela a conduit à son licenciement. La Cour de cassation[36] juge que **le respect de la liberté de conscience et de religion impose de permettre à une personne qui prête serment de substituer à la formule « je le jure » une formule équivalente d'engagement solennel**. La Cour y applique la jurisprudence de la CEDH qui considère que les autorités de l'État ne peuvent s'enquérir des convictions religieuses d'une personne ou l'obliger à les manifester notamment à l'occasion d'une prestation de serment pour pouvoir exercer certaines fonctions.

1332 **Union européenne. –** Traditionnellement, l'Union se tient éloignée des questions de religion ou de liberté religieuse. **Les activités liées à la religion se traduisent dans les catégories habituelles de la libre prestation de service ou de la libre circulation**. Par exemple, si une personne appartenant à un monastère souhaite s'installer dans un autre pays de l'Union, il bénéficie des règles de libre circulation, à condition que sa communauté assure ses revenus[37]. De même, pour les besoins du droit de l'Union, la directive relative à la protection des données personnelles s'applique aux fichiers de catéchumènes mis en ligne par l'Église de Suède, alors que cette directive ne prévoyait pas son application aux organisations religieuses[38]. La religion vient aussi parfois comme élément et comme limite de la libre circulation et de la libre prestation de services. La Cour avait anciennement admis l'interdiction pour un étranger de travailler pour une organisation considérée comme un danger social, en l'occurrence l'Église de la scientologie[39]. Voulant éviter la discrimination, **la Cour estime que les instances de l'Union doivent tenir compte dans une mesure raisonnable des convictions religieuses des candidats aux concours** de recrutement de l'Union en adaptant les jours d'épreuves aux fêtes religieuses[40]. Alors que le règlement européen du 24 septembre 2009 et l'article 13 du TFUE sur la protection des animaux de boucherie font exception pour l'abattage rituel quant à l'étourdissement des animaux, la Cour de justice indique qu'un État peut imposer la règle commune au sacrifice rituel musulman[41].

Récemment, l'Union a mieux intégré la dimension religieuse de la société. La 11e déclaration annexée au traité d'Amsterdam relative au statut des églises et des organisations non confessionnelles prévoit, dès 1997, que « l'Union européenne respecte et ne préjuge pas du statut dont bénéficient, en vertu du droit national, les Églises et les associations ou communautés religieuses dans les États membres. L'Union européenne respecte également le statut des organisations philosophiques et non confessionnelles. » Enfin, **l'article 10 de la CDFUE proclame que : « 1. Toute personne a droit à la liberté de pensée, de conscience et de religion. Ce droit implique la liberté de changer de religion ou de conviction, ainsi que la liberté de manifester sa religion ou sa conviction individuellement ou collectivement, en public ou en privé, par le culte, l'enseignement, les pratiques et l'accomplissement des rites**. 2. Le droit à l'objection de conscience est reconnu selon les lois nationales qui en régissent l'exercice ». L'article 17 du traité relatif au fonctionnement de l'Union impose à l'Union le respect du statut des Églises, des associations et des communautés religieuses dans les États membres ainsi que du statut des organisations philosophiques et non confessionnelles. La CJUE intègre pleinement les persécutions pour motif religieux dans la politique d'asile commune[42].

On renverra au chapitre relatif à la non-discrimination et aux paragraphes qui suivent pour l'étude de l'exercice religieux en entreprise.

36. Cass. soc., 7 juill. 2021, n° 20-16206.
37. CJCE, 5 oct 1988, *Udo Steinmann contre Staatsecretaris van justitie*.
38. CJCE, 6 nov. 2003, aff. C-101/01, *Lindquist*.
39. CJCE, 4 déc. 1974, aff. 41-74, *Yvonne van Duyn contre Home Office*.
40. CJCE, 27 oct. 1976, aff. 130-75, Vivien Prais contre Conseil des Communautés européennes.
41. CJUE, Gr. ch., 29 mai 2018, *Liva van Moskeën en Islamitische Organisaties Provinvie Antwerper*, C-426/16.
42. CJUE, 5 sept. 2012, aff. C-71/11, *Bundesrepublik Deutschland contre Y*, aff. C-99/11, *Z*.

A. La séparation des Églises et de l'État.

1333 **Ambivalence.** – Elle résulte du choix français et l'incarne totalement, faisant de la religion un objet gênant, presque menaçant pour le ciment de la République. **Connu mais non reconnu, le culte implique tout de même des obligations positives de la part de l'État.** Car le principe de laïcité impose non seulement l'égalité de tous les citoyens devant la loi sans distinction de religion et le respect de toutes les croyances, mais aussi, que la République garantisse le libre exercice des cultes[43].

1. La séparation de l'Église et de l'État, gage de liberté

1334 **L'indifférence.** – **L'article 1er de la loi de 1905 dispose que « la République assure la liberté de conscience. Elle garantit le libre exercice des cultes sous les seules restrictions édictées ci-après dans l'intérêt de l'ordre public ».**

L'article 28 de la loi de 1905 interdit également « d'élever ou d'apposer aucun signe ou emblème religieux sur les monuments publics ou en quelque emplacement public que ce soit à l'exception des édifices servant au culte, des terrains de sépulture dans les cimetières, des monuments funéraires, ainsi que des musées ou expositions ». Un monument aux morts est considéré comme funéraire et peut comporter une croix[44]. En revanche, une commune ne peut ériger une croix chrétienne qui culmine à presque huit mètres au-dessus d'une statue de Jean-Paul II et d'une arche, car cette croix, et elle seule, doit être considérée comme un élément religieux[45]. De même, le **logotype du département de la Vendée qui comporte une croix** n'est pas considéré comme un emblème religieux, faute d'avoir été conçu dans cette intention[46]. Une salle de mariage ne peut conserver un crucifix apposé postérieurement à 1905[47]. Le juge administratif estime que cette interdiction de l'article 28 de la loi du 9 décembre 1905 s'applique aussi au domaine privé des personnes publiques et non seulement sur le domaine public[48]. Ainsi, le juge peut enjoindre à une commune de retirer une statue de la Vierge qui n'appartenait pourtant pas à la commune, mais à des personnes privées, car la commune, propriétaire de la parcelle, est devenue, en application des articles 552 et 555 du Code civil, propriétaire de la statue édifiée par des tiers sur celle-ci ; elle peut la déplacer elle-même ou requérir de ces tiers qu'ils la déplacent.

L'article 28 de la loi de 1905, ne limite qu'en partie **la possibilité d'installer des crèches de Noël dans les établissements publics.** En effet, le Conseil d'État[49] y voit une pluralité de significations, certaines ayant un caractère religieux mais sont aussi des éléments des décorations profanes installées pour les fêtes de fin d'année. Pour être légale, l'installation temporaire à l'initiative d'une personne publique, dans un emplacement public doit présenter un « caractère culturel, artistique ou festif » sinon elle exprime la reconnaissance d'un culte ou une préférence religieuse. Cela tient au contexte dans lequel a lieu l'installation, des conditions particulières de cette installation, de l'existence ou de l'absence d'usages locaux et du lieu de cette installation. Ainsi, sauf circonstances particulières, il ne peut y avoir de crèche dans les bâtiments publics, sièges d'une collectivité publique ou d'un service public. Dans les autres emplacements publics, compte tenu du caractère festif des installations liées aux fêtes de fin d'année, l'installation d'une crèche de Noël est légale, sauf si elle constitue un acte de prosélytisme ou de revendication d'une opinion religieuse. Ainsi dans l'affaire *Commune de Melun*, est illégale la crèche installée au siège de services publics, sans aucun usage local et sans environnement artistique, culturel ou festif.[50] Cette ligne donne lieu à des résultats contrastés car localisés : ainsi à Nantes, il s'agit

43. CC, 21 févr. 2013, décision n° 2012-297 QPC, *Association pour la promotion et l'expansion de la laïcité*.
44. CAA Lyon, 16 mars 2010, *M. Denis A.*
45. Conseil d'État, 25 octobre 2017, *Fédération morbihannaise de la Libre Pensée et autres*, n° 396990.
46. CAA Nantes, 11 mars 1999, *Association « Une Vendée pour tous les Vendéens »*.
47. CAA Nantes, 4 févr. 1999, *Association civique Joué Langueurs*.
48. CE, 11 mars 2022, n° 454076, n° 456932, *Cne de Saint-Pierre d'Alvey*.
49. CE, 9 novembre 2016, *Fédération départementale des libres penseurs de Seine-et-Marne*, n° 395122 et CE, 9 novembre 2016, *Fédération de la libre pensée de Vendée*, n° 395223.
50. CE, 14 février 2018, Fédération de la libre pensée de Vendée, n° 416348.

d'une tradition acceptée par le juge, tandis qu'à Lyon la crèche ne s'inscrit dans aucun contexte culturel[51]. De même, lorsqu'un prêtre a été invité à l'inauguration pour la bénir[52] !

1335 **L'interdiction de financements publics des cultes. –** L'article 2 de la loi de 1905 précise que **« la République ne reconnaît, ne salarie, ni ne subventionne aucun culte »**. L'interdiction du financement public des cultes s'appuie tout de même sur ce qu'il convient d'appeler une aide indirecte, à savoir l'appartenance au patrimoine des personnes publiques de la plupart des édifices cultuels. En effet, **les édifices servant l'exercice du culte sont pour la plupart propriété des personnes publiques. Cela vient de la loi de 1905** qui prévoyait leur attribution aux associations cultuelles, alors même que l'Église a refusé de les constituer. Les édifices existant à la date de la loi de 1905 sont donc revenus dans le patrimoine des personnes publiques. Plus précisément les édifices construits avant l'an 10 et le concordat de 1801 ont été nationalisées, puis affectées soit à l'État soit aux départements soit aux communes. Ceux qui ont été construits entre 1801 et 1905 ont été transférés aux communes, ceux qui sont sous le régime concordataire (Haut-Rhin, Bas-Rhin, Moselle) relèvent des établissements publics cultuels. Dans l'ensemble, ses biens qui figurent dans les inventaires dressés en 1906 relèvent donc du régime de la domanialité publique ainsi que les meubles qui y figuraient alors et sont affectés au culte. **Certains biens relèvent cependant du domaine privé des collectivités**, par exemple lorsqu'ils appartenaient à des personnes privées et ont été cédés ensuite à la personne publique. La loi de 1905 s'applique aux édifices religieux des religions reconnues en 1905 : Église catholique (près de 45 000 églises et 87 cathédrales, ainsi que les évêchés et presbytères), cultes israélite, protestant et orthodoxe. **Les édifices religieux construits par la suite, certains pour les cultes déjà reconnus, d'autres pour la religion musulmane, sont au contraire des biens privés** pour lesquels aucun financement ne peut être reçu. L'État finance une aide considérable par l'entretien et la restauration de ces édifices, rompant ainsi une forme d'égalité entre les cultes, laquelle ne cessera de s'approfondir.

L'article L. 2144-3 (CGCT) prévoit que « des locaux communaux peuvent être utilisés par les associations, syndicats ou partis politiques qui en font la demande ». Le Conseil d'État indique qu'il s'agit des locaux « affectés aux services publics communaux » et qu'une commune peut autoriser « l'utilisation pour l'exercice pour l'exercice d'un culte par une association d'un local communal [...] dès lors que les conditions financières de cette autorisation excluent toute libéralité et, par suite, toute aide à un culte », mais cela ne peut se faire « de façon exclusive et pérenne », puisque ceci aurait pour effet d'en faire un édifice cultuel, et serait donc contraire à la séparation des Églises et de l'État. Cependant, « les collectivités territoriales peuvent donner à bail, et ainsi pour un usage exclusif et pérenne, à une association cultuelle un local existant de leur domaine privé sans méconnaître les dispositions précitées de la loi du 9 décembre 1905 dès lors que les conditions, notamment financières, de cette location excluent toute libéralité ». Ainsi, les communes sont libres de gérer leur domaine privé, et peuvent même le louer en vue d'un usage d'édifice cultuel, à la condition toutefois de faire payer l'occupant, puisqu'une libéralité, même sur le domaine privé, reviendrait à financer les cultes et serait donc contraire aux principes de la loi de 1905[53].

Pour éviter ces écarts, le Conseil d'État **a assoupli sa jurisprudence par cinq arrêts de juillet 2011 qui lient activités cultuelles et culturelles pour admettre le financement public d'activités à caractère religieux**. Dans quatre affaires étaient contestées des décisions de collectivités territoriales qui, poursuivant un intérêt public local, avaient soutenu un projet lié à un culte. Le Conseil d'État a rappelé (art. 13 et 19 de la loi de 1905) que les collectivités publiques peuvent seulement financer les dépenses d'entretien et de conservation des édifices servant à l'exercice public d'un culte dont elles sont demeurées ou devenues propriétaires lors de la séparation des Églises et de l'État ou accorder des concours aux associations cultuelles pour des travaux de réparation d'édifices cultuels. Il leur est en revanche interdit d'apporter une aide à l'exercice d'un culte. Les collectivités territoriales ne peuvent donc financer des projets en rapport avec des édifices ou des pratiques

51. CAA Nantes, 6 oct. 2017, Dpt de la Vendée, n° 16NT03735 ; TA Lyon, 5 oct. 2017, Ligue française pour la défense des droits de l'homme et du citoyen, n° 1701752.
52. TA Marseille, 18 déc. 2018, *Fédération départementale de la libre pensée des Bouches-du-Rhône*, n° 1702359.
53. CE, 7 mars 2019, *Commune de Valbonne*, n° 417629.

cultuels que si elles répondent à un intérêt public local, qu'elles respectent le principe de neutralité à l'égard des cultes et le principe d'égalité et qu'elles excluent toute libéralité. Dans une affaire, l'intérêt public local justifie le **financement d'un orgue dans une église**[54]. De même, est légale l'attribution, par la commune de Lyon, d'une subvention en vue de la **réalisation d'un ascenseur** facilitant l'accès des personnes à mobilité réduite à la basilique de Fourvière (encore faut-il que soit garanti, par exemple par voie contractuelle, que cette participation ne soit pas versée à une association cultuelle et qu'elle soit exclusivement affectée au financement du projet)[55]. De façon moins évidente, l'intérêt public local justifie le **financement d'un équipement permettant l'exercice de l'abattage rituel**[56], afin de concilier le libre exercice des cultes et des impératifs se rattachant à l'ordre public, tels que la salubrité publique ou la santé publique. D'ailleurs, le Conseil d'État a été saisi d'un recours dirigé contre le refus du Premier ministre d'abroger les dispositions réglementaires qui admettent une exception à l'obligation d'étourdissement préalable des animaux avant l'abattage ou la mise à mort si cet étourdissement n'est pas compatible avec la pratique de l'abattage rituel. Il y estime que ces dispositions sont édictées dans le but de concilier les objectifs de police sanitaire et l'égal respect des croyances et traditions religieuses, et qu'elles ne portent pas atteinte au principe de laïcité.

Une commune peut, dans le respect des principes de neutralité et d'égalité, **permettre l'utilisation d'un local qui lui appartient pour l'exercice d'un culte si les conditions financières de cette autorisation excluent toute libéralité et, par suite, toute aide à un culte**. En revanche, la mise à disposition pérenne et exclusive d'une salle polyvalente en vue de son utilisation par une association pour l'exercice d'un culte a pour effet de conférer à ce local le caractère d'édifice cultuel et méconnaît les dispositions de la loi du 9 décembre 1905[57].

Dans une autre affaire[58], le Conseil admet la **conclusion d'un bail emphytéotique administratif en vue de la construction d'un édifice destiné à un culte**, en contrepartie d'une redevance modique et de l'intégration, au terme du bail, de l'édifice dans leur patrimoine. Il admet aussi que la région Rhône-Alpes finance la restauration d'une ancienne basilique en Algérie au titre d'une coopération culturelle[59].

Conseil d'État, 15 février 2013, *Grande confrérie de Saint Martial et autres*, n° 347049

« 1. Considérant qu'il ressort des pièces du dossier soumis aux juges du fond que, par treize délibérations de la commission permanente du conseil régional du 27 mars 2009, la région Limousin a accordé des subventions « pour l'organisation des manifestations liées aux ostensions septennales de l'année 2009 » à deux communes ainsi qu'à diverses associations, parmi lesquelles les associations Grande confrérie de Saint Martial, [...]

2. Considérant, en premier lieu, qu'il ressort des pièces du dossier soumis aux juges du fond que les ostensions septennales consistent en la présentation, dans certaines communes du Limousin, par des membres du clergé catholique, de reliques de saints qui ont vécu dans la région ou qui y sont particulièrement honorés ;

[...] l'article 2 de la loi du 9 décembre 1905 ne fait pas obstacle à ce que des subventions publiques soient attribuées à des manifestations culturelles, alors même que, comme dans l'espèce soumise à la cour administrative d'appel de Bordeaux, leurs organisateurs auraient par ailleurs des activités

54. CE, 19 juill. 2011, n° 308544, *Commune de Trélazé*.

55. CE, 19 juill. 2011, n° 308817, Fédération de la libre pensée et de l'action sociale du Rhône et M. P.

56. CE, 19 juill. 2011, n° 309161, Communauté urbaine du Mans – Le Mans Métropole.

57. CE, 19 juill. 2011, n° 313518, *Commune de Montpellier*.

58. CE, 19 juill. 2011, n° 320796, *Mme V.*

59. CE, 17 févr. 2016, n° 368342, *Région Rhône-Alpes* : « cons. 8. la basilique Saint-Augustin d'Hippone d'Annaba (Algérie) a été construite en 1881 sur les plans de l'architecte français Joseph Pougnet ; que, tout en constituant un lieu de culte pour un certain nombre de fidèles de la région, elle est aussi un important lieu de rendez-vous pour la population de la ville et un monument historique qui reçoit chaque année de très nombreux visiteurs ; qu'elle abrite une bibliothèque ouverte à tous et accueille de nombreuses manifestations culturelles ».

cultuelles ou que ces manifestations se dérouleraient à l'occasion de célébrations cultuelles ; qu'en outre, **la prohibition des subventions à l'exercice même d'un culte, lequel ne peut être assimilé à une pratique culturelle, poursuit depuis plus d'un siècle le but légitime de garantir, compte tenu de l'histoire des rapports entre les cultes et l'État en France, la neutralité des personnes publiques** à l'égard des cultes ; qu'ainsi, le moyen des associations requérantes doit être écarté ;

1336 Collaboration patrimoniale. – De même, l'ordonnance du 21 avril 2006, reprise du Code général de la propriété des personnes publiques (art. L. 2124-31), **organise une collaboration entre l'attributaire de l'édifice et le propriétaire** lorsqu'il s'agit de faire visiter au grand public des parties dévolues au culte de l'édifice. La cour administrative de Marseille a ainsi pu rappeler que l'on ne peut organiser des visites d'un édifice du culte sans l'accord du desservant. Il s'agissait d'accéder de façon payante à la terrasse de l'Église des Saintes-Maries-de-la-Mer. S'opposant à cela, le prêtre a eu gain de cause devant le juge[60]. Ainsi, l'autorité publique commet une illégalité manifeste en autorisant une manifestation dans un édifice affecté à l'exercice d'un culte sans l'accord du ministre du culte chargé d'en régler l'usage[61]. **L'indemnité de gardiennage versée par la commune au curé de la paroisse doit être considérée comme une indemnité accessoire et ne suffit pas à conférer à son bénéficiaire la qualité de salarié.** La personne publique propriétaire peut effectuer un certain nombre de travaux ou, au contraire, prononcer la fermeture de l'établissement pour des raisons de sécurité, mais cela se fait sous l'éventuel contrôle du juge d'un détournement de pouvoir qui tendrait à mettre fin à un conflit entre l'Église et l'État. La compétence juridictionnelle variera donc en fait selon que le bien appartient au domaine privé de la personne publique ou à son domaine public (sauf constatation d'une voie de fait). **La loi de 1905 prévoit en outre une procédure de désaffectation par décret en Conseil d'État** qui se fonde sur un certain nombre de critères, notamment le fait qu'aucun office n'ait été réalisé dans les six derniers mois.

2. La protection de l'exercice des cultes

1337 Ouverture et fermeture des lieux de culte. – La Cour européenne des droits de l'homme condamne les États qui entravent la liberté de religion en faisant fermer des lieux de culte pour des raisons inadaptées ou disproportionnées[62]. Selon le Conseil d'État, « la liberté du culte a le caractère d'une liberté fondamentale. Telle qu'elle est régie par la loi, cette liberté ne se limite pas au droit de tout individu d'exprimer les convictions religieuses de son choix dans le respect de l'ordre public mais a également pour composante la libre disposition des biens nécessaires à l'exercice d'un culte »[63]. Au-delà de la question des financements publics, **la création de lieux de culte est libre, mais étant des lieux d'accueil du public, les autorités administratives peuvent être amenées à refuser des autorisations d'ouverture**. Ainsi, le maire de Nice[64] ne pouvait pas s'y opposer. Le juge peut même enjoindre l'ouverture d'une mosquée illégalement refusée pour des motifs erronés[65].

À ce titre, **le juge administratif peut enjoindre en référé-liberté qu'un maire délivre l'attestation d'achèvement des travaux d'une mosquée** (dont le refus de permis de construire avait déjà été annulé) afin de pouvoir l'ouvrir au public[66] : « le refus persistant de permettre l'ouverture d'un lieu de culte achevé depuis plusieurs mois, en dépit d'une décision de justice ayant relevé l'illégalité du seul motif dont le maire se prévaut, alors que, ainsi que l'avait relevé l'ordonnance du 17 septembre 2015, les 650 personnes qui se réunissent chaque vendredi

60. CAA Marseille, 27 mai 2010, Abbé de Vergille et Association diocésaine de l'archidiocèse d'Aix-en-Provence.
61. CE, 25 août 2005, *Commune de Massat*.
62. CEDH, 24 mai 2016, n° 36915/10 et 8606/13, Association de solidarité avec les témoins de Jéhovah et autres c. Turquie.
63. CE, ord., 30 juin 2016, n° 400841, *Maire de la ville de Nice* : « 8. Lorsqu'il est saisi d'une demande d'ouverture au public d'un établissement, le maire ne peut la rejeter, au nom de l'État, sur le fondement de l'article R. 123-46 du Code de la construction et de l'habitation cité ci-dessus, que pour des motifs tenant à la sécurité contre les risques d'incendie et de panique ».
64. *Ibid.*
65. CE, ord., 19 janv. 2016, *Association musulmane El Fath*, n° 396003.
66. CE, ord., 9 nov. 2015, n° 394333, *Association musulmane El Fath et autres*.

devant la mosquée de Fréjus ne disposent d'aucun lieu de culte adapté à moins de quinze kilomètres de cette commune et que par ailleurs la commune, qui se borne à soutenir qu'elle ne l'a pas reçue, n'a donné aucune suite à la demande de l'association tendant à la mise à disposition d'une salle communale, crée une situation d'urgence particulière ». Le juge a fait de même pour un refus d'autorisation d'ouverture d'une mosquée à Nice, appartenant à l'Arabie saoudite ; il existe une situation d'urgence, car les lieux de prières existants ne permettent pas aux fidèles du culte musulman d'exercer leur culte dans des conditions normales de dignité et de sécurité, particulièrement en période de ramadan. Le maire, qui agit dans cette procédure au nom de l'État, ne peut légalement se fonder que sur des motifs de sécurité pour refuser une autorisation[67].

Cette liberté n'empêche pas les autorités de fermer des lieux de cultes pendant l'état d'urgence quand il existe de réels motifs d'y voir des lieux de radicalisation religieuse et d'appel au djihad[68]. Le juge distingue bien les **deux fondements possibles de fermeture des lieux de culte**. **D'un côté**, l'article 36-3 de la loi du 9 décembre 1905 qui permet une fermeture de deux mois maximum pour des propos ou des activités qui s'y déroulent et provoquent à la haine ou à la violence envers une personne ou un groupe de personnes ou tendent à justifier ou à encourager cette haine ou cette violence. **De l'autre**, l'article L. 227-1 du Code de la sécurité intérieure[69], qui limite « aux seules fins de prévenir la commission d'actes de terrorisme », la possibilité d'une fermeture pour six mois maximum lorsque les propos qui sont tenus, les idées ou théories qui sont diffusées ou les activités provoquent à la violence, à la haine ou à la discrimination, provoquent à la commission d'actes de terrorisme ou font l'apologie de tels actes. Ainsi, dans le cas d'une association gestionnaire d'un lieu de culte qui a diffusé sur son compte Facebook un message appelant à la prière pour refouler les juifs de Jérusalem et une publication qualifiant Israël d'État terroriste, ayant suscité un commentaire qui présentait un caractère ouvertement antisémite et incitait à la violence, le Conseil d'État estime que cela relève de la loi de 1905 mais pas du Code de la sécurité intérieure en raison du contexte et du caractère isolé[70]. Il le fait à la lumière de la décision nº 2017-695 QPC du 29 mars 2018 qui subordonne la mesure de fermeture à la finalité de prévention de la commission d'actes de terrorisme. De même, l'article L. 227-1 du Code de la sécurité intérieure, issu de la loi du 30 octobre 2017 renforçant la sécurité intérieure et la lutte contre le terrorisme permet au préfet « aux seules fins de prévenir la commission d'actes de terrorisme », de « prononcer la fermeture des lieux de culte dans lesquels les propos qui sont tenus, les idées ou théories qui sont diffusées ou les activités qui se déroulent provoquent à la violence, à la haine ou à la discrimination, provoquent à la commission d'actes de terrorisme ou font l'apologie de tels actes ». Proportionné aux circonstances qui l'ont motivé, **il ne peut excéder six mois.**

Fermeture de lieux de culte : CE, 26 avril 2022, *Ministre de l'Intérieur c. association « Rassemblement des Musulmans de Pessac »*, nº 462685

La préfète de la Gironde a prononcé la fermeture administrative, pour une durée de six mois, du lieu de culte dit « E... al Farouk de Pessac », sur le fondement des dispositions de l'article L. 227-1 du Code de la sécurité intérieure.

La motivation de cette fermeture reposait sur les faits suivants :

– il accueillerait depuis plusieurs années des imams connus pour leur appartenance à la mouvance islamiste, s'illustrant par des propos radicaux, et il diffuserait sur les réseaux sociaux, à travers les comptes de l'association gestionnaire du lieu de culte, de l'association « Les Alliés de la paix », de

67. CE, ord., 30 juin 2016, nº 400841, *Maire de la ville de Nice*.

68. CE, ord., 25 févr. 2016, *M. J... et autres*, nº 397153 : « l'association "Retour aux sources", créée et présidée par M. I... G..., a servi à ce dernier pour ses activités de prêche et d'enseignement en faveur d'un islamisme radical, prônant le rejet des valeurs de la République et de l'Occident, l'hostilité aux chrétiens et aux chiites et faisant l'apologie du djihad armé ainsi que de la mort en martyr ; que cette salle a également servi de lieu d'endoctrinement et de recrutement de combattants volontaires, dont plusieurs ont rejoint les rangs de Daech et ont combattu en Irak et en Syrie, où certains sont décédés ».

69. CE, 31 janv. 2018, *Association des musulmans du boulevard National*, nº 417332.

70. CE, 26 avr. 2022, Ministre de l'intérieur c. association « Rassemblement des Musulmans de Pessac », nº 462685.

leurs dirigeants et des principaux intervenants, des messages incitant au repli identitaire, à méconnaître les lois de la République présentées comme incompatibles avec l'islam et condamnant les musulmans ne partageant pas leur vision rigoriste ;
- par la dénonciation d'un acharnement à l'égard des musulmans, afin d'accréditer l'idée d'une islamophobie de la communauté nationale et de créer un ressentiment à l'encontre des institutions de la République et des forces de l'ordre, et par un parallèle fait entre la lutte contre le séparatisme islamique et les persécutions antisémites durant la seconde guerre mondiale ;
- par la diffusion, sous couvert d'un soutien au peuple palestinien, de publications antisémites et haineuses à l'encontre d'Israël ;
- par le soutien qu'apporterait l'association à des organisations ou des personnes promouvant un islam radical ;
- par la proximité idéologique de l'association gestionnaire avec des mouvements favorables à des actions terroristes.
Les faits qualifiables au titre de l'article L. 227-1,
- des propos tenus au sein du lieu de culte, propos exprimés, dans les médias ou sur les réseaux sociaux, par les responsables de l'association chargée de la gestion de ce lieu ou par les personnes en charge du culte qui y officient ;
- des propos émanant de tiers et diffusés dans les médias ou sur les réseaux sociaux relevant de la responsabilité de cette association ou de ces personnes en charge du culte ;
- la fréquentation du lieu de culte par des tiers prônant ces idées ;
- l'engagement en faveur de telles idées ou théories des responsables de l'association chargée de la gestion de ce lieu et des personnes en charge du culte qui y officient ou la présence, sur le lieu de culte ou dans des lieux contrôlés par l'association gestionnaire ou les officiants du culte, d'ouvrages ou de supports en faveur de ces idées ou théories ;
- la fermeture affecte à la fois la liberté du culte par le droit d'exprimer les convictions religieuses de son choix et le droit de participer collectivement à des cérémonies, en particulier dans les lieux de culte, mais aussi la libre disposition des biens nécessaires à l'exercice du culte, mais pas la liberté d'association.
En l'espèce, l'association gestionnaire du lieu de culte ou son président ont publié régulièrement sur leurs sites internet ou sur les réseaux sociaux des textes de tiers, aux thèses desquels ils se sont associés de manière évidente qui, adoptant une posture volontairement victimaire, rendent les institutions de la République, les responsables politiques, voire la société française dans son ensemble, responsables d'un prétendu climat d'islamophobie, incitent au repli identitaire et contestent le principe de laïcité. Il résulte également de l'instruction que l'association « Rassemblement des Musulmans de Pessac » a publié des messages, dans certaines de ses publications sur le réseau social Facebook, de soutien à des associations dissoutes ou à des organisations ou à des personnes promouvant un islam radical. Toutefois, ces publications ne présentent pas, compte tenu de leur teneur et dans les circonstances de l'espèce, un caractère de provocation à la violence, à la haine ou à la discrimination. Il résulte de tout ce qui précède que le ministre de l'Intérieur n'est pas fondé à soutenir que c'est à tort que, par l'ordonnance attaquée, le juge des référés du tribunal administratif de Bordeaux a fait droit à la demande de l'association « Rassemblement des Musulmans de Pessac ».

CE, 31 janvier 2018, *Association des musulmans du boulevard National*, n° 417332

Par un arrêté du 11 décembre 2017, le préfet de police des Bouches-du-Rhône a ordonné la fermeture, pour une durée de six mois, de la mosquée « As Sounna » située boulevard National à Marseille, sur le fondement de l'article L. 227-1 du Code de la sécurité intérieure.

Cet article autorise le préfet, afin de prévenir la commission d'actes de terrorisme, à prononcer pour une durée qui ne peut excéder six mois la fermeture des lieux de culte dans lesquels les propos qui sont tenus, les idées ou théories qui sont diffusées ou les activités qui se déroulent provoquent à la violence, à la haine ou à la discrimination, incitent à la commission d'actes de terrorisme ou font l'apologie de tels actes.

L'association craint pour la liberté de culte. Elle a en conséquence demandé au juge du référé-liberté du tribunal administratif de Marseille d'en suspendre l'exécution. Le juge du référé-liberté du tribunal administratif de Marseille a rejeté cette demande.

L'association a fait appel de cette décision devant et, en appel, le Conseil d'État confirme la légalité de la fermeture : ils constatent que :

- la mosquée « As Sounna » a diffusé, à travers les prêches de son imam, également président de l'association, dont certains sont publiés sur son site internet, des appels à la haine et à la violence contre les chrétiens, les juifs, les chiites et les personnes adultères, en des termes particulièrement explicites ;
- les prêches de cet imam légitiment et glorifient le « djihad » ;
- la mosquée prône un islamisme radical dont l'influence s'étend à l'ensemble de la vie locale, en particulier aux plus jeunes, et qu'au moins cinq fidèles sont partis rejoindre la zone irako-syrienne pour faire le « djihad ».

Au moment de la **crise sanitaire de la Covid-19**, le Conseil d'État a estimé que l'État ne pouvait traiter différemment les lieux de cultes d'autres lieux et que, si les conditions sanitaires de distanciation et de protection pouvaient être mises en œuvre, il ne pouvait maintenir l'interdiction de la reprise des cultes après la levée du confinement général de la population[71].

1338 **Protection des cultes par l'État contre les tiers.** – Hormis dans les **régions d'Alsace-Moselle, où le régime concordataire s'applique toujours et où les ministres du culte sont toujours des agents du service public, les ministres du culte n'ont aujourd'hui aucun statut particulier** vis-à-vis de l'État alors même qu'ils avaient pu bénéficier d'un certain nombre de privilèges auparavant. Cependant, diverses incriminations protègent objectivement les cultes. La loi de 1905 en ses articles 31 et 32 prévoit de **sanctionner l'entrave au libre exercice des cultes par « ceux qui, soit par voies de fait, violences ou menaces contre un individu**, soit en lui faisant craindre de perdre son emploi ou d'exposer à un dommage sa personne, sa famille ou sa fortune, l'auront déterminé à exercer ou à s'abstenir d'exercer un culte, à faire partie ou à cesser de faire partie d'une association cultuelle, à contribuer ou à s'abstenir de contribuer aux frais d'un culte ». De même, la loi de 1881 relative à la liberté de la presse **sanctionne les injures et diffamations publiques envers une personne ou un groupe de personnes à raison de leur appartenance à une religion** déterminée ainsi que les provocations à ce type de

71. CE, ord. réf., 18 mai 2020, *M. W... et autres*, n°s 440366, 440380, 440410, 440531, 440550, 440562, 440563, 440590 : Le juge des référés a relevé que des mesures d'encadrement moins strictes que l'interdiction de tout rassemblement dans les lieux de culte prévue par le décret sont possibles, notamment compte tenu de la tolérance des rassemblements de moins de 10 personnes dans d'autres lieux ouverts au public dans le même décret. Il juge donc que l'interdiction générale et absolue présente un caractère disproportionné au regard de l'objectif de préservation de la santé publique et constitue ainsi, eu égard au caractère essentiel de cette composante de la liberté de culte, une atteinte grave et manifestement illégale à cette liberté.

discrimination. Le Code pénal prévoit également une **aggravation du délit de violation de sépultures** lorsqu'il est établi que ce délit est lié à la religion du défunt. Au-delà de l'aspect pénal, les actions civiles peuvent être engagées par voie de référé pour trouble manifestement illicite à propos de manifestations religieuses par voie de presse au sens large (films, journaux, affiches de télévision, etc.).

Depuis **l'arrêt** ***Wingrove***[72], **la Cour entend privilégier la possibilité de critiquer les mouvements religieux au détriment de leur place institutionnelle** et éventuellement de la foi qu'ils véhiculent[73], sauf attaque injurieuse contre les croyants eux-mêmes[74]. Exceptionnellement, une approche concrète conduit donc à la solution inverse. Dans son arrêt du 20 septembre 1994, *Otto Preminger Institute c. Autriche*, **la CEDH a validé les limites apportées à la liberté d'expression cinématographique au nom de la protection des croyants dans leurs convictions**. Dans une affaire qui a fait grand bruit, la Cour européenne accepte que l'État condamne une élue, marquée à la droite radicale, pour dénigrement de doctrines religieuses, en insinuant que Mahomet avait des tendances pédophiles en raison de l'âge d'une de ses épouses. La Cour juge en particulier que les juridictions nationales ont apprécié de façon exhaustive le contexte général dans lequel la requérante a formulé les déclarations en cause, qu'elles ont soigneusement mises en balance le droit de celle-ci à la liberté d'expression et le droit des autres personnes à voir protéger leurs convictions religieuses, et qu'elles ont servi le but légitime consistant à préserver la paix religieuse en Autriche. En qualifiant les propos d'attaque abusive contre le prophète de l'islam risquant d'engendrer des préjugés et de menacer la paix religieuse, les juridictions nationales ont avancé des motifs pertinents et suffisants en dépit du droit de critique des religions[75].

Sa lecture a été entre-temps plus libérale : dans une affaire de pièce de théâtre à Chypre, censurée jusqu'à la Cour constitutionnelle qui refusait des **passages blasphématoires** et ceux qui dénigraient la dignité des femmes et des enfants ou glorifiaient la perversion sexuelle, lesquels l'emportaient sur tout autre objectif, la Cour sanctionne l'État[76]. **Des juges ne peuvent pas infliger une amende à une société fabricant des vêtements et ayant fait afficher à Vilnius et sur son site internet une série de publicités jugées contraires à la morale publique** (des mannequins et des phrases en légende : « Jésus, quels pantalons ! », « Chère Marie, quelle ! » et « Jésus [et] Marie, ce que vous portez ! »). Malgré plusieurs plaintes, les autorités nationales n'ont pas fourni de motifs suffisants démontrant que l'utilisation des symboles religieux en question était contraire à la morale publique[77]. De plus, en France, l'absence de religion dominante amène les juges à être moins exigeants[78].

1339 **Police du culte.** – L'une des meilleures garanties d'exercice des cultes n'est autre que la police des cultes, confiée indirectement au clergé, disons plus généralement à l'organisateur du culte[79]. Les réunions cultuelles sont en effet dispensées des conditions requises en général pour les réunions publiques, même si celles-ci sont de toute manière très légères. Concrètement, **seul le desservant affectataire de l'édifice cultuel dispose des clés et c'est avec lui que les autorités publiques** (qui souhaitent utiliser l'édifice qui leur appartient) doivent s'entendre pour y parvenir. Le desservant peut donc parfaitement s'opposer à la visite de l'édifice pendant les offices. Il pourra ainsi utiliser le « référé-sauvegarde » de l'article 521-2 du Code de justice administrative afin de défendre ses prérogatives, la liberté des cultes ayant été reconnue comme une liberté fondamentale au sens de l'article L. 521-2[80]. À l'inverse, **le desservant peut faire appel aux pouvoirs publics afin d'assurer la quiétude des offices**. Ce fut le cas dans l'affaire de l'occupation de l'église Saint-Bernard par des étrangers en situation irrégulière expulsés par la force avec l'aval du juge administratif[81].

---

72. CEDH, 25 nov. 1996, *Wingrove c. Royaume-Uni*, n° 17419/90.
73. CEDH, 13 sept. 2005, *I.A. c. Turquie*, n° 42571/98.
74. CEDH, 2 mai 2006, *Aydın Tatlav c. Turquie*, n° 50692/99.
75. CEDH, 25 oct. 2018, *E.S. c. Autriche*, req. n° 38450/12.
76. CEDH, 15 mai 2018, Unifaun Theatre Productions Limited et autres c. Malte (requête n° 37326/13).
77. CEDH, 30 janvier 2018, *Sekmadienis Ltd. c. Lituanie*, n° 69317/14.
78. TGI Paris, ord. réf., 20 févr. 1997, pas d'interdit pour une affiche de film parodiant le Christ.
79. CE, 3 mai 1918, *Abbé P.*
80. CE, ord. réf., 28 août 2005, *Commune de Massat*.
81. TA Évry, ord. réf., 5 oct. 2007.

La loi du 24 août 2021 confortant le respect des principes de la République, modifie aussi la loi du 9 décembre 1905 sur la police des cultes. La peine en cas de provocation à la discrimination, à la haine ou à la violence commise par un ministre des cultes, est portée à cinq ans de prison. La tenue de réunions politiques dans des lieux de culte est plus sévèrement sanctionnée. L'organisation d'opérations de vote pour des élections politiques françaises ou étrangères y est clairement prohibée, et aucun culte ne peut se tenir dans des locaux affectés au sport. Le juge pourra, par ailleurs, interdire à une personne coupable d'un délit à la police des cultes de paraître dans les lieux de cultes. Le préfet peut fermer provisoirement les lieux de culte en cas d'agissements provoquant à la haine ou à la violence.

1340 **Conciliation avec les exigences propres au culte.** – Il faut encore dire un mot de certaines prérogatives comme le secret de la confession, que l'État admet au titre du secret professionnel. Le secret de la confession est conçu comme une obligation professionnelle derrière laquelle le ministre du culte peut se replier. Mais les exigences de l'ordre public l'amènent à céder à l'égard d'actes criminels que le prêtre doit dénoncer à la justice[82]. Sur un plan très différent, l'État a aussi dû trouver un *modus vivendi* relatif à l'abattage rituel des animaux pour les fêtes religieuses. L'article 10 du décret du 1er octobre 1980 pris pour l'application de l'article 276 du Code rural prévoit que « l'abattage rituel ne peut être effectué que par des sacrificateurs habilités par les organismes religieux agréés sur proposition du ministre de l'Intérieur par le ministre de l'Agriculture ». Un contentieux existe autour de l'agrément de certains organismes auxquels le ministère dénie le caractère religieux[83].

Selon la Cour de justice[84], une réglementation nationale qui impose l'obligation d'étourdissement préalable de l'animal lors de l'abattage rituel, tout en prescrivant que cet étourdissement soit réversible et qu'il ne provoque pas la mort de l'animal, respecte le contenu essentiel de l'article 10 de la Charte, dès lors que l'ingérence résultant d'une telle réglementation se limite à un aspect de l'acte rituel spécifique que constitue ledit abattage, ce dernier n'étant en revanche pas prohibé en tant que tel. Le règlement sur la protection des animaux[85] au moment de leur mise à mort, lu à la lumière de l'article 13 TFUE et de l'article 10, paragraphe 1, de la charte des droits fondamentaux de l'Union européenne, doit donc être interprété en ce sens qu'il ne s'oppose pas à la réglementation d'un État membre qui impose, dans le cadre de l'abattage rituel, un procédé d'étourdissement réversible et insusceptible d'entraîner la mort de l'animal.

CE, 5 juillet 2013, n° 361441, *Œuvre d'assistance aux bêtes d'abattoirs*

2. Considérant qu'il appartient au Premier ministre, en vertu de ses pouvoirs propres conférés par l'article 37 de la Constitution, d'édicter des mesures de police applicables à l'ensemble du territoire et tendant à ce que l'abattage des animaux soit effectué dans des conditions conformes à l'ordre public, à la salubrité et au respect des libertés publiques ; que lorsque le législateur est intervenu dans ce domaine, il incombe au Premier ministre d'exercer son pouvoir de police générale sans méconnaître la loi ni en altérer la portée ; que relève ainsi du pouvoir réglementaire, contrairement à ce que soutient la requérante, tant l'obligation d'étourdissement dans les établissements d'abattage que les différents cas de dérogation à cette obligation ;
4. Considérant que s'il est soutenu que le recours au terme « d'abattage rituel » serait insuffisamment précis, ce moyen doit être écarté dès lors que la dérogation prévue au I de l'article R. 214-70 du Code rural et de la pêche maritime par les dispositions contestées repose sur un système d'habilitation préalable sous le contrôle du juge administratif ; que la dérogation ainsi encadrée ne peut davantage

82. TGI Caen, 4 sept. 2001 : à propos d'actes pédophiles non révélés par un évêque.
83. Pour une association n'assurant pas d'enseignement rabbinique, CE, 25 nov. 1994, *Association cultuelle israélite Cha'are Shalom Ve-Tsedek*.
84. CJUE, 17 déc. 2020, *Centraal Israëlitisch Consistorie van België e.a.*, et autres, C-336/19.
85. CE, 24 sept. 2009, n° 1099/2009.

être regardée comme autorisant « un mauvais traitement » au sens de l'article L. 214-3 du Code rural et de la pêche maritime ;
5. Considérant que la disposition contestée a été édictée dans le but de concilier les objectifs de police sanitaire et l'égal respect des croyances et traditions religieuses ; que, **s'il résulte du principe de laïcité que celui-ci impose l'égalité de tous les citoyens devant la loi sans distinction de religion et le respect de toutes les croyances, ce même principe impose que la République garantisse le libre exercice des cultes ; que, par suite, la possibilité de déroger à l'obligation d'étourdissement pour la pratique de l'abattage rituel ne porte pas atteinte au principe de laïcité** ; [...] que, par suite, l'association requérante n'est pas fondée à soutenir que les dispositions du 1° du I de l'article R. 214-70 du Code rural et de la pêche maritime seraient contraires à ce règlement.

1341 **Conciliation avec d'autres obligations de service public.** – L'État peut cependant exiger une neutralité nécessaire à la sauvegarde de la laïcité dans ses composantes essentielles comme l'armée[86]. Néanmoins de nouvelles difficultés apparaissent lorsque les convictions religieuses appellent des obligations positives à la charge de l'État dans le cadre même des services publics constitutionnels, voire contraints. Selon le Conseil d'État, il n'existe aucune obligation pour les collectivités territoriales gestionnaires d'un **service public de restauration scolaire de distribuer aux élèves des repas différenciés leur permettant de ne pas consommer des aliments proscrits par leurs convictions religieuses (menus confessionnels).** Le principe de laïcité, inscrit à l'article premier de la Constitution, interdit en effet à quiconque de se prévaloir de ses croyances religieuses pour s'affranchir des règles communes régissant les relations entre collectivités publiques et particuliers. Cependant, ni les principes de laïcité et de neutralité du service public, ni le principe d'égalité des usagers devant le service public n'interdisent aux collectivités de proposer de tels menus[87].

Ainsi, quant au **régime alimentaire des détenus**, la Cour européenne estime qu'une demande raisonnable, *a priori* liée à la religion, doit être satisfaite si cela n'entraîne pas des modifications disproportionnées[88]. Ce fut le cas d'un détenu qui se disait bouddhiste et de ce fait végétarien[89]. Quand le juge national n'impose pas la fourniture de repas cacher par la prison mais permet leur acheminement et leur conservation à ces frais, il n'y a pas atteinte à l'article 9[90]. En France, alors qu'un tribunal administratif[91] avait enjoint à un centre pénitentiaire, dans un délai de trois mois, « de proposer régulièrement aux détenus de confession musulmane des menus composés de viandes « halal » », le Conseil d'État, saisi en appel, a accordé le sursis à exécution de ce jugement au regard des évolutions majeures dans le fonctionnement du centre pénitentiaire et surtout du caractère sérieux des moyens tirés de l'atteinte au principe de laïcité et de l'incompatibilité de la mesure ordonnée avec les exigences de la détention[92]. Mais, au fond[93], la cour d'appel a annulé l'injonction de fournir des repas halal et le Conseil d'État a débouté le requérant. En effet, si, au sens de l'article 9 de la Convention EDH, **« l'observance de prescriptions alimentaires peut être regardée comme une manifestation directe de croyances et pratiques religieuses »** et si l'article R. 57-6-18 du Code de procédure pénale dispose que « chaque personne détenue reçoit une alimentation variée, bien préparée et présentée, répondant tant en ce qui concerne la qualité que la quantité aux règles de la diététique et de l'hygiène, compte tenu de son âge, de son état de santé, de la nature de son travail et, dans toute la mesure du possible, de ses convictions philosophiques ou religieuses », le juge estime que ces exigences demeurent des obligations de moyen et doivent rester raisonnables. Ainsi, en l'occurrence, l'administration a montré sa bonne volonté et le détenu n'est pas privé de sa

86. CEDH, 11 sept. 2001, *Tepeli c. Turquie*.
87. CE, 11 déc. 2020, *Ligue de défense judiciaire des musulmans*, n° 426483.
88. CEDH, 7 déc. 2010, n° 18429/06, *Jakóbski c. Pologne*.
89. CEDH, 17 déc. 2013, *Vartic c. Roumanie*, n° 2, n° 14150/08.
90. CEDH, 9 juin 2020, *Erlich et Kastro c. Roumanie*, req. n°s 23735/16 et 23740/16.
91. TA Grenoble, n° 1302502, 7 nov. 2013.
92. CE, 16 juill. 2014, *garde des Sceaux, ministre de la Justice c. M. B.*, n° 377145.
93. CE, 10 févr. 2016, n° 385929, *M. B.*.

possibilité de se procurer par lui-même une nourriture conforme, ce en quoi le pécule que lui accorde l'État peut aider. Il n'existe donc pas de rupture d'égalité entre les détenus ni d'atteinte à la liberté de conscience et de religion.

De même, l'administration pénitentiaire doit ménager un juste équilibre entre les intérêts en conflit dans une demande émanant d'un détenu qui souhaite organiser une prière collective, à savoir la sécurité et l'ordre au sein de la prison, et le droit du requérant à la liberté de culte en commun[94]. Il aurait fallu une appréciation individualisée du cas d'espèce, de manière à déterminer par exemple si le requérant était un détenu présentant un risque élevé ou si un rassemblement de détenus pour la prière du vendredi aurait présenté pour la sécurité un risque plus important qu'un rassemblement pour d'autres activités, et de manière à réfléchir à d'autres solutions pour ce qui est du lieu adéquat.

Inversement, un avocat de confession israélite ne saurait se plaindre du fait qu'il soit convoqué pour des audiences le jour des fêtes juives sans qu'un report ne lui soit accordé[95].

B. Les difficultés de la laïcité

1342 **Notion. -** On trouvera autant de définitions de la laïcité que d'interprètes. La notion oscille entre les concepts d'indifférence et de neutralité. Pour les uns, l'État doit être indifférent au fait religieux qui reste assimilé à la vie privée. Il ne peut donc même engendrer de droit qui s'adapte aux cultes ou opinions religieuses ni se mêler d'organisation religieuse[96]. Pour les autres, la neutralité permet de reconnaître les principes religieux et en tenir compte pour les traiter tous de la même façon. Il s'agit alors d'assurer le pluralisme à la fois entre religions et entre mouvements d'une même religion[97]. **L'ignorance voulue ou la reconnaissance indifférente constituent les deux faces, l'une dite « négative », l'autre dite « positive », d'un même concept.** Du point de vue de la liberté de chacun, une reconnaissance neutre semble plus accueillante mais du point de vue de la pérennité de la paix sociale un cantonnement des religions pourrait conditionner leur coexistence. Notre droit tente chacune de ces voies, acceptant l'expression publique de cultes mais refusant d'agir trop positivement en vue de leur exercice décomplexé.

1. L'expression publique des convictions religieuses

1343 **Les appels au culte. -** Certaines modalités d'expression des convictions religieuses dans l'espace public peuvent toujours poser problème. D'autant plus que la détermination de leur caractère religieux relève de l'interprétation de chacun. On pense par exemple **aux sonneries de cloche** qui rythment la vie des chrétiens pour un appel à la prière, l'indication d'une cérémonie particulière comme des obsèques ou un mariage. La loi de 1905, en son article 72, dispose que les sonneries de cloche sont réglées par édit municipal et son décret d'application que ces sonneries peuvent être utilisées à des fins civiles (secours, mobilisation, indication de l'heure). **S'en remettant ainsi aux usages locaux, le législateur a suscité un contentieux abondant au début du XXe siècle qui n'est pas nécessairement éteint en cas de troubles du voisinage** ; on pourra alors faire cesser les sonneries à certaines heures du jour et de la nuit. La construction de mosquées dans la plupart des villes grandes et moyennes devrait bientôt poser la question de l'appel à la prière. Faute d'être prévu dans la loi de 1905 comme manifestation religieuse, il sera sans doute fait application de la législation ordinaire sur les nuisances sonores et troubles de voisinage et la police du maire ne sera pas adaptée pour régler la question dans sa dimension religieuse[98].

---

94. CEDH, 14.06.2022, *Abdullah Yalçın (n° 2) c. Türkiye*, n° 34417/10.
95. CEDH, 3 avr. 2012, *Sessa c. Italie*, n° 28790/08.
96. CEDH, 26 oct. 2000, *Hassan et Tchaoutch c. Bulgarie* : une autorité publique ne peut prendre parti entre deux religieux revendiquant un titre.
97. CEDH, 4 déc. 1999, *Serif c. Grèce*.
98. Mai 2020 : https://nicepresse.com/nice-vardon-appels-priere-islamique/

1344 **Occupation de l'espace public. –** On compte d'autres manifestations des cultes comme les **processions, convois funèbres ou les carrés confessionnels des cimetières. Les cadres posés par la loi de 1905 permettent en effet aux processions religieuses traditionnelles** de s'exercer sur la voie publique sans formalité, à condition de ne pas troubler l'ordre public[99]. Toutefois, une manifestation inhabituelle doit être déclarée et les autorités de police peuvent réglementer et même interdire les manifestations extérieures lorsque celles-ci n'entrent pas dans les usages locaux et sont susceptibles de troubler l'ordre public[100]. C'est toute **la difficulté des prières de rue** auxquelles se livrent les musulmans, faute de mosquées. Elles ne sont légales qu'à la condition d'être autorisées de manière ponctuelle. Or dans les faits, dans certaines communes, elles sont autorisées tous les vendredis, ce qui relève d'un usage peu laïc de la liberté de manifestation. **Sans autorisation expresse, elles ne peuvent bénéficier de l'exception liée au caractère traditionnel des processions ou funérailles.** La loi du 15 novembre 1887 a consacré la liberté des funérailles et donc protégé leur caractère religieux. Quant au cimetière, la loi du 14 novembre 1881 refuse la création de nouveaux cimetières confessionnels et règle l'existence des cimetières municipaux sous le principe de laïcité tout en **acceptant l'apposition de signes religieux sur les tombes**. L'absence de cimetières confessionnels a incité le ministère de l'Intérieur, par une circulaire du 19 février 2008, à encourager la création de carrés confessionnels, musulmans et juifs. **Le Défenseur des droits a, par exemple, préconisé une réforme du droit funéraire** afin de tenir compte notamment de la différence des rites religieux (développement des « carrés confessionnels ») et de l'évolution de la notion de famille. En outre, les entraves à la circulation qui ont pour effet d'empêcher de se rendre dans un lieu de culte peuvent conduire à une condamnation de la part de la CEDH[101].

1345 **Le port des signes religieux sur les documents publics. – L'identification des personnes exige de dévoiler le visage**, en procédure pénale par exemple (art. 78-1, 78-2 et 78-6, C. proc. pén.). Par une ordonnance du 6 mars 2006, le juge des référés du Conseil d'État a autorisé l'application de la circulaire du 6 décembre 2005 par laquelle le ministre des Transports, de l'équipement, du tourisme et de la mer a prescrit que **la photographie, fournie lors d'une première demande ou d'un renouvellement de permis de conduire, doit représenter la personne concernée « tête nue** et de face ». Cela justifie de refuser à une personne de confession sikh enturbannée la délivrance d'un duplicata de son permis de conduire[102]. Le juge a relevé que les stipulations combinées des articles 9 et 14 de la Convention EDH prévoient elles-mêmes que les libertés qu'elles garantissent puissent faire l'objet de restrictions, notamment dans l'intérêt de la sécurité publique et de la protection de l'ordre. Il a relevé que la prescription contestée qui vise à limiter les risques de fraude et de falsification en permettant une identification par le document en cause aussi complète que possible des personnes qu'il représente ne paraît ni inadaptée, ni disproportionnée par rapport à cet objectif et a donc rejeté la requête qui lui était présentée. **On rappellera que par une décision du 11 janvier 2005, la CEDH a relevé que l'obligation de retirer son turban, imposée à un sikh dans le cadre des contrôles de sûreté applicables aux passagers dans les aéroports était une mesure de sécurité nécessaire** qui entrait dans les buts légitimes pouvant justifier une restriction à la liberté de religion garantie par l'article 9 de la Convention EDH. D'ailleurs, le Conseil d'État en 2001, a déjà eu l'occasion de juger que « la nécessité de procéder à une identification aussi complète et exacte que possible de la personne concernée par le document d'identité qui la représente, est un objectif légitime qui se rattache à la sécurité et justifie qu'une restriction puisse être apportée à la liberté de manifester ses convictions religieuses »[103].

1346 **Le port des signes religieux dans l'espace public. Dissimulation du visage dans l'espace public. –** Les pouvoirs de police permettent au maire et au préfet d'interdire la dissimulation du visage dans certains lieux publics exposés à des risques avérés pour l'ordre public, en fonction de circonstances locales particulières (art.

99. CE, 1er mai 1914, *Abbé D.*
100. CE, 21 janv. 1966, *L* et Com. EDH, 14 juill. 1987, *Chappell c. Royaume-Uni*.
101. CEDH, Gr. Ch., 10 mai 2001, *Chypre c. Turquie*.
102. CE, ord. réf., 6 mars 2006, Association United Sikhs et M. A.
103. CE, 27 juill. 2001, Fonds de défense des musulmans en justice (publ. Lebon).

L. 2212-2 et L. 2215-1, CGCT). La **loi du 11 octobre 2010 interdisant la dissimulation du visage dans l'espace public généralise ses possibilités et dispose que « nul ne peut, dans l'espace public, porter une tenue destinée à dissimuler son visage,** l'espace public est constitué des voies publiques ainsi que des lieux ouverts au public ou affectés à un service public ». Cette interdiction ne s'applique pas si la tenue est prescrite ou autorisée par des dispositions législatives ou réglementaires, si elle est justifiée par des raisons de santé ou des motifs professionnels, ou si elle s'inscrit dans le cadre de pratiques sportives, de fêtes ou de manifestations artistiques ou traditionnelles. Elle est punie de l'amende prévue pour les contraventions de la deuxième classe. Le Conseil constitutionnel a considéré « qu'eu égard aux objectifs qu'il s'est assignés et compte tenu de la nature de la peine instituée en cas de méconnaissance de la règle fixée par lui, le législateur a adopté des dispositions qui assurent, entre la sauvegarde de l'ordre public et la garantie des droits constitutionnellement protégés, **une conciliation qui n'est pas manifestement disproportionnée que, toutefois, l'interdiction de dissimuler son visage dans l'espace public ne saurait, sans porter une atteinte excessive à l'article 10 de la Déclaration de 1789, restreindre l'exercice de la liberté religieuse dans les lieux de culte ouverts au public** ; que, sous cette réserve, les articles 1er à 3 de la loi déférée ne sont pas contraires à la Constitution ». La réserve préserve donc la liberté de culte elle-même mais l'ensemble de la décision admet le choix législatif de limiter la liberté personnelle de l'article 4 de la DDHC. Le Conseil souligne même que la dissimulation du visage de la femme la place dans une position d'infériorité et d'exclusion contraire à la liberté et à l'égalité. Ce faisant il porte un jugement de valeur sur une pratique sociale, sans mentionner le principe de dignité, pourtant souvent évoqué dans le débat précédant la loi, et seul à même de réellement faire fléchir la liberté personnelle. La volonté des femmes est écartée. Celles qui voileront leur visage seront pénalement sanctionnées, par une amende ou par l'obligation d'accomplir un stage de citoyenneté. La conséquence réside aussi dans l'admission d'une nouvelle incrimination, **le délit d'incitation à dissimuler son visage puni d'un an d'emprisonnement et de 30 000 euros d'amende**.

1347 **Le port des signes religieux dans l'espace public. Affaires du « burkini ».** – Le Conseil d'État a été confronté en référé à des arrêtés municipaux tendant à interdire les vêtements de nature religieuse sur les plages publiques (première des affaires dites du « burkini »). Il a annulé ces actes au motif qu'aucun trouble à l'ordre public matériel ne justifie une interdiction de ce type, en application de la jurisprudence *Les films Lutétia*[104]. Cette apparente simplicité s'est commuée dans un raisonnement très complexe, lorsque le Conseil d'État a été confronté à l'inverse : une commune qui aménage le règlement interne d'une piscine municipale pour autoriser à porter une tenue de bain féminine qui ne correspond pas parfaitement aux exigences hygiéniques mais qui répond à des préceptes supposés religieux : le burkini. La commune n'a pas motivé au regard du motif religieux mais le Conseil le relève comme une évidence déduite de l'audience. Il apparaît que cette dérogation très ciblée répond en réalité au seul souhait de la commune de satisfaire à une demande d'une catégorie d'usagers et non pas, comme elle l'affirme, de tous les usagers. Dans le premier cas, le juge n'exclut pas, contre toute attente, qu'un motif religieux justifie une différence de traitement des usagers, sans l'imposer pour autant puisque le principe est la neutralité du service. Le Conseil d'État ouvre donc une brèche importante dans cette neutralité en décidant que « lorsqu'il prend en compte pour l'organisation du service public les convictions religieuses de certains usagers, le gestionnaire de ce service ne peut procéder à des adaptations qui porteraient atteinte à l'ordre public ou qui nuiraient au bon fonctionnement du service, notamment en ce que, par leur caractère fortement dérogatoire par rapport aux règles de droit commun et sans réelle justification, elles rendraient plus difficile le respect de ces règles par les usagers ne bénéficiant pas de la dérogation ou se traduiraient par une rupture caractérisée de l'égalité de traitement des usagers, et donc méconnaîtraient l'obligation de neutralité du service public. ». Et pourtant, en l'espèce, par son caractère « très ciblé et fortement dérogatoire à la règle commune », la dérogation pour le burkini semble « sans réelle justification et donc de nature à affecter tant le

104. CE, ord., 26 août 2016, n°s 402742, 402777, *Ligue des droits de l'homme et autres - association de défense des droits de l'homme collectif contre l'islamophobie en France*, « Il en résulte que les mesures de police que le maire d'une commune du littoral édicte en vue de réglementer l'accès à la plage et la pratique de la baignade doivent être adaptées, nécessaires et proportionnées au regard des seules nécessités de l'ordre public, telles qu'elles découlent des circonstances de temps et de lieu, et compte tenu des exigences qu'impliquent le bon accès au rivage, la sécurité de la baignade ainsi que l'hygiène et la décence sur la plage. Il n'appartient pas au maire de se fonder sur d'autres considérations et les restrictions qu'il apporte aux libertés doivent être justifiées par des risques avérés d'atteinte à l'ordre public ».

respect par les autres usagers de règles de droit commun trop différentes, et ainsi le bon fonctionnement du service public, que l'égalité de traitement des usagers ». On retiendra surtout que la laïcité et la neutralité n'exigent pas une totale indifférence aux motifs religieux mais qu'il faut le justifier et ne pas rompre l'égalité entre usagers[105].

1348 Le port des signes religieux dans l'espace public. CEDH. – La Cour européenne met davantage en avant la liberté de religion. La laïcité est perçue comme une restriction suspecte. Ainsi, des magistrats ne peuvent imposer à un témoin en justice de découvrir sa tête s'il estime le contraire nécessaire du point de vue de sa religion (il portait un chapeau typique de la communauté wahhabite/salafiste) et encore moins qualifier le refus d'outrage[106]. Néanmoins, bien justifiée et bien étayée par la marge nationale d'appréciation, elle peut être euro-compatible. Dans un arrêt du 23 février 2010, *Ahmet Arslan et autres c. Turquie*, celle-ci a jugé **qu'était injustifiée la condamnation par le gouvernement turc d'un groupe religieux pour le port de leur tenue** (saroual, tunique, bâton) dans un lieu public. Ils ont été condamnés pour infraction à la loi relative au « port du chapeau » et à la réglementation sur le port de certains vêtements, notamment religieux, dans les lieux publics en dehors des cérémonies religieuses. Les requérants ont été sanctionnés pour la tenue vestimentaire qu'ils portaient dans des lieux publics ouverts à tous comme les voies ou places publiques. Il ne s'agit donc pas de la réglementation du port de symboles religieux dans des établissements publics, dans lesquels le respect de la neutralité à l'égard de croyances peut primer le libre exercice du droit de manifester sa religion. Dans l'affaire française, pour la Cour européenne : « **la préservation des conditions du « vivre ensemble » était un objectif légitime à la restriction contestée et que, notamment au regard de l'ample marge d'appréciation dont l'État disposait sur cette question de politique générale suscitant de profondes divergences** »[107].

1349 Les signes religieux à l'école. CEDH. – Le port de signes religieux peut être **interdit, comme en France, pour les agents publics dans l'exercice de leurs fonctions en raison du principe de neutralité du service public**[108] et les usagers des établissements d'éducation du primaire et du secondaire s'y trouvent également soumis. Les locaux scolaires doivent être également neutres : la question du crucifix à l'école est également revenue **devant la CEDH dans l'affaire *Lautsi c. Italie* du 3 novembre 2009**. Elle admet que dans ce cas il ne s'agit pas d'une activité religieuse mais d'une simple exposition passive d'un symbole religieux ; elle n'en a pas moins dans un premier temps condamné l'Italie car cela favorise la religion dominante du pays avant que **la Grande chambre ne renverse la solution le 18 mars 2011**, relativisant l'impact de la présence du crucifix vu comme un élément culturel et non religieux. Selon elle **l'État doit s'abstenir d'imposer, même indirectement, des croyances, dans les lieux ou les personnes sont dépendantes de lui ou encore dans les endroits où elles sont particulièrement vulnérables comme c'est le cas dans les écoles.** La CEDH a estimé que la loi française qui interdit le port du voile est compatible avec la Convention[109].

CEDH, 26 novembre 2015, n° 64846/11, *Ebrahimian c. France*

La Cour[110] a donné tort à une assistante sociale française du centre d'accueil et de soins hospitaliers de Nanterre, qui contestait son licenciement prononcé en raison de son refus d'ôter son voile islamique, à l'unanimité des juges ; elle rappelle qu'« il ne lui appartient pas de se prononcer sur le modèle français » mais reconnaît que ces principes poursuivent « le but légitime qu'est la protection

105. CE, 21 juin 2022, *Commune de Grenoble*, n° 464648.
106. CEDH, 5 déc. 2017, *Hamidovi c. Bosnie-Herzégovine*, n° 57792/15.
107. CEDH, 1er juill. 2014, n° 43835/11, *SAS c. France*.
108. CE, avis, 3 mai 2000, *Marteaux* ; la conventionnalité de cet interdit est admise : CEDH, 15 févr. 2001, *Dalhab c. Suisse* y compris dans les universités turques : CEDH, 24 janv. 2006, *Kurtulmus c. Turquie*.
109. CEDH, 17 juill. 2009, Aktas et autres c. France.
110. CEDH, 26 nov. 2015, n° 64846/11, *Ebrahimian c. France*.

des droits et libertés d'autrui ». « **Les autorités nationales n'ont pas outrepassé leur marge d'appréciation en constatant l'absence de conciliation possible** entre les convictions religieuses de Mme Ebrahimian et l'obligation de s'abstenir de les manifester ».

1350 **Port de signes religieux à l'école. France.** – Le Conseil d'État a **posé le principe d'une certaine souplesse pour les élèves de l'enseignement public à la condition que les obligations scolaires soient respectées**[111]. Depuis la fin des années 1980, la question du voile porté par les musulmanes dans les établissements scolaires, quelles qu'en soient la longueur et la signification, a occupé la scène juridique. Il s'agissait au départ de concilier la liberté de conscience des élèves, leur liberté d'expression, avec la neutralité d'un service qui doit protéger les consciences. Puis les choses ont petit à petit pris une autre tournure avec l'introduction d'arguments tenant aux droits des femmes, à leur dignité, faisant de la laïcité le fer de lance de l'intégration. Lorsque les premiers conflits ont éclaté entre les différents établissements et les élèves, **le Conseil d'État a rendu un avis tout en nuances**[112]**. Selon lui, le port de signes religieux n'est pas en soi contraire à la laïcité, mais peut l'être au regard des obligations scolaires. Il conviendra, dans chaque établissement, de déterminer ce qui est jugé compatible et tenter de convaincre l'élève.** Après modification des règlements intérieurs des établissements en ce sens, le Conseil d'État s'est prononcé au contentieux. Il valida l'exclusion d'élèves lorsque l'administration établit des circonstances particulières liées au comportement de l'élève ou à l'établissement lui-même[113]. Selon le commissaire du gouvernement Kessler : « l'enseignement est laïc non parce qu'il interdit l'expression des différentes fois mais parce qu'il les tolère toutes ». L'interdiction est alors l'exception. **La CEDH a accepté cet état du droit**[114] : « il incombe aux autorités nationales de veiller avec une grande vigilance à ce que, dans le respect du pluralisme et de la liberté d'autrui, la manifestation par les élèves de leurs croyances religieuses à l'intérieur des établissements scolaires ne se transforme pas en un acte ostentatoire, qui constituerait une source de pression et d'exclusion ». La conclusion des autorités nationales selon laquelle le port d'un voile, tel le foulard islamique, n'est pas compatible avec la pratique du sport pour des raisons de sécurité ou d'hygiène, n'est pas déraisonnable. Le renversement de tendance de l'opinion publique et d'enseignants qui n'acceptaient pas la multiplication des « foulards », pourtant portés sans prosélytisme, a entraîné **la loi du 15 mars 2004** « encadrant, en application du principe de laïcité, le port de signes ou de tenues manifestant une appartenance religieuse dans les écoles, collèges et lycées publics ». Elle insère dans le Code de l'éducation un article L. 141-5-1 : « **Dans les écoles, les collèges et les lycées publics, le port de signes ou tenues par lesquels les élèves manifestent ostensiblement une appartenance religieuse est interdit. Le règlement intérieur rappelle que la mise en œuvre d'une procédure disciplinaire est précédée d'un dialogue avec l'élève** ». La circulaire Fillon du 18 mai 2004 renvoie toujours aux circonstances locales pour apprécier le caractère « ostensible de la manifestation de l'appartenance » mais elle précise que « les signes ou tenues qui sont interdits sont ceux dont le port conduit à se faire immédiatement reconnaître par son appartenance religieuse, tels que le voile islamique, quel que soit le nom qu'on lui donne, la kippa ou une croix de dimension manifestement excessive ». Elle rappelle que la liberté de porter des signes religieux discrets se fonde sur les articles 10 et 11 de la DDHC et l'article 9 de la Convention EDH. **La CEDH a en effet admis la limitation du port du foulard islamique si le port de celui-ci nuit à l'objectif de protection des droits et libertés d'autrui, de l'ordre et de la sécurité publique dans les établissements d'enseignement supérieur**[115]. Dès lors, le Conseil d'État peut juger que l'interdiction de porter un bandana ou un turban sikh ne constitue pas une atteinte excessive à la liberté de religion[116]. Saisi de la légalité de cette circulaire, le Conseil d'État l'a validée au regard des exigences de l'article 9 de la Convention EDH[117]. De

111. CE, 14 avr. 1995, *Consistoire central Israélites de France* et CE, 14 avr. 1995, *K.*, à propos des « colles » le samedi en classe préparatoire aux grandes écoles.
112. Avis du 27 nov. 1989.
113. CE, 2 nov. 1992, *Kherouaa*.
114. CEDH, 4 déc. 2008, *Dogru c. France et Kervanci c. France*.
115. CEDH, Gr. Ch., 10 nov. 2005, *Leyla Sahin c. Turquie*.
116. CE, 5 déc. 2007, *S.*
117. CE, 8 oct. 2004, *Union française pour la cohésion nationale*.

même, **la CEDH a estimé la nouvelle loi compatible avec la Convention**[118] : ce sont ces impératifs de protection des droits et libertés d'autrui et de l'ordre public qui ont motivé la décision d'exclusion, et non des objections aux convictions religieuses des élèves. Désormais, les signes religieux « non discrets » justifient en eux-mêmes l'exclusion de l'élève[119] mais aussi les signes non religieux en eux-mêmes, mais portés comme tels[120].

On ne peut interdire aux **élèves des instituts de formations paramédicaux** de manifester leurs convictions religieuses sans distinguer entre les situations dans lesquelles les élèves sont susceptibles de se trouver en tant qu'usagers du service public ou en tant que stagiaires dans un établissement de santé chargé d'une mission de service public[121]. De même, la direction d'un hôpital public ne peut exiger d'un interne en médecine qu'il se rase une barbe jugée ostentatoire et révélatrice de ses choix religieux. Faute d'apporter la preuve d'un comportement prosélyte, seuls des motifs sanitaires pourraient porter[122].

1351 **Les mères d'élèves accompagnatrices de sorties scolaires peuvent-elles porter le voile ?** – En octobre 2019, lors d'une séance du conseil régional de Bourgogne Franche-Comté, un élu a demandé qu'une accompagnatrice d'élèves en visite dans la salle avec les élèves, retire son foulard au nom du principe de neutralité. L'élu régional a implicitement estimé que le voile devrait être retiré s'agissant d'un lieu public, mieux, d'une enceinte politique. **Le principe de neutralité n'est pourtant pas strictement lié à une dimension territoriale, laquelle n'est souvent que l'indice de la nature de l'activité qui demeure le vrai critère**. Ainsi, dans le cadre du service public de la justice, ce n'est pas le palais de justice qui requiert de retirer le voile mais le fait d'intervenir dans la procédure judiciaire (CA Versailles, 18e ch., 2 mai 2018, n° 17/04172 et CEDH, 18 sept. 2018, *Lachiri c. Belgique*, req. n° 3413/09). Il peut néanmoins s'agir de maintenir l'ordre dans ces lieux pour y exercer sereinement la justice, la décision politique ou l'éducation. Ainsi, l'interdit s'applique si le signe religieux ne permet pas d'identifier la personne, ou s'il est porté de manière à faire pression (en complément d'un comportement revendicatif).

La loi du 15 mars 2004 a été alimentée par la circulaire (n° 2004-084 du 18 mai 2004) **qui excluait d'étendre l'interdit du voile aux parents,** puis par la circulaire « Chatel-Blanquer » (n° 2012-056 du 27 mars 2012) disant que le contraire est possible : « ces principes permettent notamment d'empêcher que les parents d'élèves ou tout autre intervenant manifestent, par leur tenue ou leurs propos, leurs convictions religieuses, politiques ou philosophiques lorsqu'ils accompagnent les élèves lors des sorties et voyages scolaires. », et par des jurisprudences contradictoires[123].

En 2013, le Conseil d'État a rendu une étude importante, à la demande du Défenseur des droits, Dominique Baudis, qui évoquait la possibilité de dissocier « service public » et « activités d'intérêt général » pour établir une sorte de statut du « participant au service public » qui ne soit pas le « collaborateur occasionnel » connu du seul droit de la responsabilité. Dans cet avis, il est indiqué que les accompagnants ne sont pas soumis au principe de neutralité au motif que : « entre l'agent et l'usager, la loi et la jurisprudence n'ont pas identifié de troisième catégorie de "collaborateurs" ou « participants » qui serait soumise en tant que telle à l'obligation religieuse ». Le point de vue est celui des droits fondamentaux de l'adulte. Mais cela l'assimile à un usager. L'argument est contradictoire : d'une part, cela révèle une conception trop large de l'usager (les familles d'usagers sont-elles elles aussi toujours des usagers ?), d'autre part, cela impliquerait au contraire qu'ils soient soumis à l'interdit de porter des signes ostensibles, comme leurs enfants eux-mêmes.

Les hésitations perdurent. **La CAA de Lyon**[124] **ainsi posé que « le principe de laïcité de l'enseignement public impose que, quelle que soit la qualité en laquelle elles interviennent, les personnes qui, à l'intérieur des**

118. CEDH, 17 juill. 2009, Aktas et autres c. France.
119. Cas d'un petit turban sikh de couleur sombre : CE, 5 déc. 2007, *Ranjit S.*
120. CE, 5 déc. 2007, n° 285394, *G.* : cas d'un bandana que la jeune fille ne veut pas retirer.
121. CE, 28 juillet 2017, *MME C... et autres*, n° 390740, 390741, 390742.
122. CE, 12 févr. 2020, n° 418299.
123. Not. Délibération du 17 mai 2007 de la HALDE : l'interdit est discriminatoire ; TA Montreuil, 22 nov. 2011, n° 1012015 qui s'appuie sur la « participation au service public » et TA Nice, 9 juin 2015, n° 1305386 pour lequel les parents sont assimilés aux enfants.
124. CAA Lyon, 23 juill. 2019, n° 17LY04351.

locaux scolaires, participent à des activités assimilables à celles des personnels enseignants, soient astreintes aux mêmes exigences de neutralité » ; ce qui conduit à admettre la légalité d'un règlement intérieur qui impose d'enlever le voile à l'intérieur de l'établissement.

Une fois réglée la question de l'application de la neutralité, éventuellement dans le sens de son application, il reste à le confronter à la double liberté de conscience et d'expression de l'accompagnateur. La conciliation entre les deux ne peut s'opérer qu'en prenant en compte les intérêts en présence, car le principe de neutralité constitue aussi la face objective de la liberté de conscience des élèves et des autres parents et personnels de l'éducation nationale.

À supposer que l'objectif du débat soit l'intérêt de l'enfant... Il n'est pas certain que l'enfant voie le monde comme les adultes et perçoive la différence entre un adulte (en charge du service public) et un autre (maman d'un camarade), tous deux qui l'accompagnent et l'éduquent par la parole et l'exemple, et qu'il s'évite ainsi de se poser des questions. **Une conception trop « organique » des individus et des rôles peut conduire à méconnaître les objectifs républicains de la norme autant que le droit à l'éducation des enfants et des parents**.

D'un côté, une conception, parfois dite « ouverte », consiste à penser qu'il serait bon de se confronter dès le plus jeune âge à la diversité des cultures, religions et points de vue sur le monde, laissant au pluralisme le soin de former les jeunes, de s'inscrire dans « sa » famille ou de prendre argument contre elle. De l'autre, l'interdiction du voile pour les enfants scolarisés et pour les agents publics a semble-t-il pour but de créer un « espace public » symbolique, quel qu'en soit le lieu réel (école, piscine, centre aéré, visites diverses...), qui n'amène pas le jeune esprit à s'interroger trop tôt sur son identité, son appartenance, ses différences, mais sur ce qui rassemble en termes d'apprentissages et de savoir-vivre : le « commun ». L'idée serait donc de ne pas autoriser de signes qui appellent ce type d'interrogations avant que le jeune ne grandisse et n'adopte ce qui lui appartient en propre, éventuellement par une communauté. Là est le projet républicain acté par la loi de 2004 : donner dans l'école la respiration et la possibilité du pluralisme que les communautés n'offrent pas.

Si tel est l'esprit de la loi, on comprend mieux pourquoi certains en appellent à un ajout dans la loi, **impliquant d'étendre la neutralité à tous les acteurs de la « communauté (là aussi), éducative »** (cf. article L. 111-1 du Code de l'éducation). L'ingérence dans les droits fondamentaux de l'adulte accompagnant ne serait sans aucun doute pas disproportionnée s'agissant d'une situation non obligatoire et ponctuelle, adéquate au regard de l'objectif de neutralité conçu comme conciliateur des droits de l'enfant et de ceux de l'adulte (la laïcité étant un fondement possible de QPC).

Ajoutons ici un dernier point concernant **les menus des cantines.** Nombre d'établissements proposent des menus « alternatifs » le jour où du porc est servi aux enfants. Lorsqu'un maire a décidé de supprimer cette possibilité et qu'il l'a fait au nom de la seule laïcité et à défaut d'autres arguments, le juge a rappelé que la laïcité ne s'oppose pas aux menus alternatifs (et en première instance, il a même été jugé qu'il y va de l'intérêt de l'enfant au sens de la CIDE de pouvoir respecter à l'école ses préceptes religieux)[125].

2. Laïcité et sphère privée

1352 **Laïcité et entreprise. -** En principe élément appartenant à la vie privée, la religion devrait pouvoir s'y exprimer sans entrave. **Néanmoins, à l'opposé de certaines institutions comme les « entreprises de tendance » (associations cultuelles, écoles privées...), les entreprises peuvent y être réfractaires et préfèrent la neutralité de leurs membres.** Les employeurs doivent s'efforcer de permettre l'exercice des cultes. Il en va de même des personnes publiques à l'égard de leurs agents qui doivent accorder des autorisations d'absence selon l'intérêt du service sans se limiter aux seules fêtes religieuses légales[126]. Le contentieux se noue concernant le port de signes religieux par les salariés. Selon **la Cour européenne, les États jouissent d'une marge importante dans l'appréciation des sacrifices que la liberté religieuse peut consentir face à d'autres**

125. CAA Lyon, 23 oct. 2018, *Cne de Chalon-sur-Saône*, n° 17LY03323.
126. CE, 12 févr. 1997, *H.*

impératifs. En l'absence de législation nationale, la Cour note, par exemple, que le port de vêtements ou de symboles religieux sur le lieu de travail n'emportait pas en soi violation du droit de manifester sa religion à condition de respecter un certain équilibre[127] : une compagnie aérienne ne peut interdire tout signe religieux contrairement au service de santé.

1353 **Affaire Baby-Loup et discrimination religieuse en entreprise.** – La France a été confrontée au licenciement d'une salariée d'une crèche qui refusait d'enlever son voile[128]. Très vite l'argument de l'association à une mission de service public a été avancé, sans réalité. La cour d'appel avait validé le licenciement au motif que la crèche doit assurer une neutralité du personnel dès lors qu'elle a pour vocation d'accueillir tous les enfants du quartier quelle que soit leur appartenance culturelle ou religieuse. Le règlement intérieur posait que « le principe de la liberté de conscience et de religion de chacun des membres du personnel ne peut faire obstacle au respect des principes de laïcité et de neutralité qui s'appliquent dans l'exercice de l'ensemble des activités ». **La Chambre sociale de la Cour de cassation a estimé dans un premier temps qu'il s'agissait d'une restriction générale et imprécise faisant du licenciement un acte discriminatoire. Puis l'Assemblée plénière[129] a admis néanmoins qu'une crèche puisse interdire à ses salariés le port de signes religieux**, par exception au principe de liberté de manifester ses convictions religieuses au travail. L'association Baby-Loup ne pouvait en effet être qualifiée d'entreprise de conviction, dès lors qu'elle avait pour objet, non de promouvoir et de défendre des convictions religieuses, politiques ou philosophiques, mais de développer une action orientée vers la petite enfance en milieu défavorisé et d'œuvrer pour l'insertion sociale et professionnelle des femmes, sans distinction d'opinion politique et confessionnelle.

CDH, 24 septembre 2018, Constatations adoptées par le Comité au titre de l'article 5 (par. 4) du Protocole facultatif, concernant la communication n° 2662/2015 (extraits)

Le Comité note que, selon l'auteure, la restriction qu'elle a subie n'était pas prévue par la loi puisque le Code du travail applicable ne permettrait pas l'adoption de clauses restrictives dans les règlements intérieurs telles que celle qui lui a été appliquée.

La question pour le Comité est donc de déterminer si la restriction subie par l'auteure peut être considérée comme « nécessaire à la protection de la sécurité, de l'ordre et de la santé publique, ou de la morale ou des libertés et droits fondamentaux d'autrui », conformément au paragraphe 3 de l'article 18 du Pacte. À cet égard, le Comité rappelle que, selon le paragraphe 8 de son observation générale n° 22, les restrictions « doivent être en rapport direct avec l'objectif spécifique qui les inspire et proportionnelles à celui-ci ».

Le Comité observe par ailleurs que l'État partie n'explique pas dans quelle mesure le port du foulard serait incompatible avec la stabilité sociale et l'accueil promus au sein de la crèche. Il observe aussi que les arguments présentés par l'État partie n'expliquent pas pourquoi le foulard

127. CEDH, 15 janv. 2013, n° 48420/10, *Eweida et autres c. Royaume-Uni*.

128. Cass. soc., 19 mars 2013, n° 11-28845, *Affaire dite « de la crèche Babyloup »*.

129. Cass., ass. plén., 25 juin 2014, n° 13-28369, *Mme X..., épouse Y...* : « attendu qu'il résulte de la combinaison des articles L. 1121-1 et L. 1321-3 du Code du travail que les restrictions à la liberté du salarié de manifester ses convictions religieuses doivent être justifiées par la nature de la tâche à accomplir et proportionnées au but recherché ; Attendu qu'ayant relevé que le règlement intérieur de l'association Baby-Loup, tel qu'amendé en 2003, disposait que "le principe de la liberté de conscience et de religion de chacun des membres du personnel ne peut faire obstacle au respect des principes de laïcité et de neutralité qui s'appliquent dans l'exercice de l'ensemble des activités développées, tant dans les locaux de la crèche ou ses annexes qu'en accompagnement extérieur des enfants confiés à la crèche", la cour d'appel a pu en déduire, appréciant de manière concrète les conditions de fonctionnement d'une association de dimension réduite, employant seulement dix-huit salariés, qui étaient ou pouvaient être en relation directe avec les enfants et leurs parents, que la restriction à la liberté de manifester sa religion édictée par le règlement intérieur ne présentait pas un caractère général, mais était suffisamment précise, justifiée par la nature des tâches accomplies par les salariés de l'association et proportionnée au but recherché ».

serait incompatible avec le but de l'association gérant la crèche de développer une action orientée vers la petite enfance en milieu défavorisé et, en même temps, d'œuvrer pour l'insertion sociale et professionnelle des femmes du quartier, d'autant que l'un des objectifs de l'association est de permettre l'insertion économique, sociale et culturelle des femmes sans distinction d'opinion politique ou confessionnelle.
Toutefois, le Comité note également que, selon l'auteure, qui avait utilisé un foulard depuis 1994, même au travail, la restriction qui lui a été imposée n'était pas proportionnée puisqu'elle a donné lieu, sans autre motif que son refus de retirer son foulard, à son licenciement pour « faute grave », qualification particulièrement stigmatisante et privative de toute indemnité de rupture. Il note que les informations fournies par l'État partie ne permettent pas de conclure que l'interdiction du port du foulard dans les circonstances du cas d'espèce pouvait contribuer aux objectifs de la crèche ou à ce qu'une communauté religieuse ne soit pas stigmatisée.
Le Comité conclut donc que le licenciement de l'auteure basé sur le règlement intérieur de la crèche, qui prévoit une obligation de neutralité du personnel dans l'exercice de ses tâches, et sur le Code du travail ne reposait pas sur un critère raisonnable et objectif et constitue donc une discrimination intersectionnelle basée sur le genre et la religion, en violation de l'article 26 du Pacte.

L'article L. 1321-2-1 introduit dans le Code du travail par la loi du 8 août 2016[130], prévoit que « le règlement intérieur peut contenir des dispositions inscrivant le principe de neutralité et restreignant la manifestation des convictions des salariés si ces restrictions sont justifiées par l'exercice d'autres libertés et droits fondamentaux ou par les nécessités du bon fonctionnement de l'entreprise et si elles sont proportionnées au but recherché ». Fort larges, ces dispositions devront être interprétées à la lumière du principe de non-discrimination pour n'être pas considérées comme indirectement discriminatoires à l'égard de manifestations ostentatoires des religions en opérant un strict contrôle de proportionnalité de la part du juge national[131].

La CJUE a donné le cap dans deux affaires aux configurations différentes. Dans une **première affaire**[132], belge mais très proche de Baby-Loup, Mme Achbita était employée comme réceptionniste. En raison de sa résolution persistante de porter un foulard islamique, elle a été licenciée en vertu du règlement de travail de cette société qui prévoit qu'« il est interdit aux travailleurs de porter sur le lieu de travail des signes visibles de leurs convictions politiques, philosophiques ou religieuses ou d'accomplir tout rite qui en découle ». Saisie de l'affaire, la Cour de cassation belge a saisi la CJUE d'une question préjudicielle, lui demandant si l'article 2, paragraphe 2, sous a), de la directive 2000/78/CE du 27 novembre 2000 doit « être interprété en ce sens que l'interdiction de porter un foulard en tant que musulmane sur le lieu de travail ne constitue pas une discrimination directe lorsque la règle en vigueur chez l'employeur interdit à tous les travailleurs de porter sur le lieu de travail des signes extérieurs de convictions politiques, philosophiques ou religieuses ». La Cour constate que la règle interne de l'entreprise se réfère au port de signes visibles de convictions politiques, philosophiques ou religieuses et vise donc indifféremment toute manifestation de telles convictions. Cette règle traite, dès lors, de manière identique tous les travailleurs de l'entreprise, en leur imposant notamment, de manière générale et indifférenciée, une neutralité vestimentaire. Il ne ressort pas des éléments du dossier dont dispose la Cour que cette règle interne a été appliquée différemment à Mme Achbita par rapport aux autres travailleurs. Par conséquent, une telle règle interne n'instaure pas de différence de traitement directement fondée sur la religion ou sur les convictions, au sens de

130. LOI n° 2016-1088 du 8 août 2016, art. 2.
131. *Ibid.*
132. CJUE, 31 mai 2016, aff. C-157/15, *Samira Achbita*, conclusions J. Kokott.

la directive. La Cour relève qu'il n'est toutefois pas exclu que le juge national puisse arriver à la conclusion que la règle interne instaure une différence de traitement indirectement fondée sur la religion ou sur les convictions, s'il était établi que l'obligation en apparence neutre qu'elle contient aboutit, en fait, à un désavantage particulier pour les personnes adhérant à une religion ou à des convictions données. Cependant, une telle différence de traitement ne serait pas constitutive d'une discrimination indirecte si elle était justifiée par un objectif légitime et si les moyens de réaliser cet objectif étaient appropriés et nécessaires.

Dans la seconde affaire[133], française cette fois, un peu différente, Mme Bougnaoui est employée en qualité d'ingénieur d'études par une société spécialisée dans le conseil informatique. Elle aussi a été licenciée au motif que son refus d'ôter son foulard rend impossible la poursuite de ses prestations chez des clients (suite à la demande de certains d'entre eux qu'elle l'enlève). Le Code du travail, à l'article L. 1133-1, dispose que l'on peut opérer des « différences de traitement, lorsqu'elles répondent à une exigence professionnelle essentielle et déterminante et pour autant que l'objectif soit légitime et l'exigence proportionnée ». Empêcher de porter un signe religieux est en principe discriminatoire. On est ici pourtant loin de Baby-Loup car il ne s'agit pas de petite enfance ni d'une entreprise qui affiche une éthique de conviction. **La Cour de cassation française a saisi la CJUE d'une question préjudicielle, lui demandant si l'interdiction de porter le foulard islamique lors de la fourniture de services de conseil informatique à des clients peut être considérée comme une « exigence professionnelle essentielle et déterminante » et échappe ainsi au principe de non-discrimination fondée sur la religion ou les convictions,** prévu à l'article 4, paragraphe 1 de la directive 78/2000/CE du 27 novembre 2000. **La Cour pense qu'il appartient à la Cour de cassation de vérifier si le licenciement a été fondé sur une règle interne prohibant le port visible de signes de convictions politiques, philosophiques ou religieuses.** Si tel est le cas, il lui revient de vérifier si la différence de traitement, découlant d'une règle interne d'apparence neutre risquant d'aboutir, en fait, à un désavantage particulier pour certaines personnes, est objectivement justifiée par la poursuite d'une politique de neutralité et si elle est appropriée et nécessaire. Sinon, il y aurait lieu de déterminer si la volonté d'un employeur de tenir compte du souhait d'un client de ne plus voir ses services fournis par une travailleuse qui porte un foulard islamique serait justifiée en raison d'une exigence professionnelle essentielle et déterminante, pour autant que l'objectif est légitime et que l'exigence est proportionnée.

On voit bien se dégager les lignes à induire de ces cas : **l'importance du discours que l'entreprise tient sur sa propre politique vis-à-vis de ses clients conditionne le caractère déterminant de l'interdit et seule sa disproportion permettra de protéger la conviction religieuse. Cette dernière n'a en définitive pas un poids décisif contrairement aux discours entendus qui font de la liberté de religion une liberté des plus fondamentales.**

La notion d'« exigence professionnelle essentielle et déterminante », au sens de l'article 4, § 1, de la directive 2000/78 du 27 novembre 2000, renvoie à une exigence objectivement dictée par la nature ou les conditions d'exercice de l'activité professionnelle en cause. Elle ne saurait, en revanche, couvrir des considérations subjectives, telles que la volonté de l'employeur de tenir compte des souhaits particuliers du client[134]. Les éléments pertinents afin d'identifier un tel besoin sont notamment les droits et les attentes légitimes des clients ou des usagers. La Cour[135] juge en outre que des dispositions nationales protégeant la liberté de religion peuvent être prises en compte, en tant que dispositions plus favorables, dans le cadre de l'examen du caractère approprié d'une différence de traitement indirectement fondée sur la religion ou les convictions. Le caractère approprié de la restriction appelle à tenir compte des différents droits et libertés en cause et qu'il appartient aux juridictions nationales de tenir compte des intérêts en présence et de limiter les restrictions aux libertés en cause au strict

133. CJUE, 13 juill. 2016, aff. C-188/15, *Bougnaoui*, conclusions E. Sharpston.
134. CJUE, 14 mars 2017, *Micropole Univers*, C-188/15.
135. CJUE, 15 juill. 2021, *Wabe et MH Müller Handel*, C-804/18 et C-341/19.

nécessaire. Le législateur de l'Union a néanmoins permis de tenir compte du contexte propre à chaque État membre et de reconnaître à chacun d'eux une marge d'appréciation dans le cadre de cette conciliation.

La Cour de cassation a, en conséquence, cassé[136] **l'arrêt qui a estimé le licenciement fondé sur une cause réelle et sérieuse,** en retenant qu'une entreprise doit tenir compte de la diversité des clients et de leurs convictions. **La cour d'appel aurait donc dû constater qu'aucune clause de neutralité n'était prévue dans le règlement intérieur de l'entreprise et que l'interdit ne résultait que d'un ordre oral et visant un signe religieux déterminé, ce dont il résultait l'existence d'une discrimination directement fondée sur les convictions religieuses.**

À cet égard, **la Cour rappelle que ce n'est que dans des conditions très limitées qu'une caractéristique liée, notamment, à la religion peut constituer une exigence professionnelle essentielle et déterminante**. En effet, cette notion renvoie à une exigence objectivement dictée par la nature ou les conditions d'exercice d'une activité professionnelle et ne couvre pas des considérations subjectives, telles que la volonté de l'employeur de tenir compte des souhaits particuliers du client. Par la suite, la Cour de cassation a admis la nullité du licenciement, faute pour l'employeur d'une attitude proportionnée car, d'une part, le règlement intérieur ne prévoyait rien (ce qui semble contraire à l'existence d'une « exigence professionnelle essentielle et déterminante ») et, d'autre part, il n'a pas été proposé un autre poste à la salariée, qui ne soit pas en lien avec le public[137].

Ainsi, un salarié, employé en qualité de consultant sûreté, statut cadre, qui assure des prestations de services dans le domaine de la sécurité et de la défense à des gouvernements, organisations internationales non gouvernementales ou entreprises privées, a été licencié pour faute grave en raison du port de la barbe, en tant qu'elle manifesterait des convictions religieuses et politiques. Mais la cour d'appel a justement relevé que l'employeur ne produit aucun règlement intérieur, ni aucune note de service, précisant la nature des restrictions qu'il entendait imposer au salarié en raison des impératifs de sécurité invoqués et conclut à l'existence d'une discrimination directement fondée sur les convictions religieuses et politiques du salarié[138].

La première chambre civile[139] s'est aussi trouvée saisie par une élève-avocat et un avocat en exercice de la légalité d'une nouvelle disposition du Règlement intérieur du barreau de Lille qui dispose que « l'avocat ne peut porter avec la robe ni décoration, ni signe manifestant ostensiblement une appartenance ou une opinion religieuse, philosophique, communautaire ou politique. ». La Cour valide cette exigence de neutralité, au motif que cette restriction de la liberté de conscience « était nécessaire afin de parvenir au but légitime poursuivi, à savoir protéger l'indépendance de l'avocat et assurer le droit à un procès équitable, mais était aussi, hors toute discrimination, adéquate et proportionnée à l'objectif recherché ». La neutralité de conviction de l'avocat devient donc un élément concret du droit au recours… La restriction de liberté ne concerne en effet que le moment où l'avocat revêt la robe, c'est-à-dire principalement ses fonctions auprès des institutions judiciaires.

II. L'institution des cultes

1354 Entre politiques concordataires, tendant à s'incorporer la religion, et politiques laïques, l'État n'a jamais renoncé à donner des structures juridiques aux acteurs et actions religieux. Rejetant tout financement[140], elle ne refuse pas toute régulation juridique. **Loin d'être étrangère au fait religieux, la République française l'a organisé** pour en maîtriser différents aspects et en refuser d'autres comme les congrégations.

136. Cass. soc., 22 nov. 2017, arrêt nº 2484 (nº 13-19855).
137. Cass. soc., 22 nov. 2017, nº 13-19855.
138. Cass. soc., 8 juill. 2020, nº 18-23743, publié au Bulletin.
139. Cass. ass. plén., 2 mars 2022, nº 20-20185, publié au Bulletin.
140. Art. 2 de la loi de 1905 : « La République ne reconnaît, ne salarie ni ne subventionne aucun culte » au point d'interdire toute subvention même masquée.

1355 **Lutte contre les congrégations religieuses.** – En dépit de son attachement à la laïcité, l'État n'a pas toujours reculé devant sa volonté d'encadrer le phénomène religieux tout en lui refusant droit de cité. Ainsi, **la loi du 4 décembre 1902 avait institué le délit d'ouverture ou de tenue d'un établissement congrégationniste** non autorisé et, de fait, avait refusé l'ouverture de telles congrégations afin d'éviter l'emprise des jésuites sur les esprits. L'article 13 de la loi de 1901 avait soumis la création des congrégations à un régime d'autorisation plus souple et permettant au chef de l'État, en Conseil des ministres, de dissoudre la congrégation. Il était par ailleurs fermement interdit aux membres de ces congrégations d'enseigner. **Deux lois de 1940 et 1942 ont rétabli les congrégations** (reconnues ou non par décret pour bénéficier de la personnalité morale avec une forme de reconnaissance d'utilité publique) et leur enseignement. Désormais, **seuls des laïcs peuvent enseigner dans l'enseignement public**.

A. Le statut particulier des cultes de 1905

1356 **Aumôneries de la loi de 1905.** – L'article 2 de la loi de 1905 admet que les budgets publics pourront prendre en charge les **dépenses relatives à des services d'aumônerie et destinées à assurer le libre exercice des cultes dans les établissements publics tels que lycées, collèges, écoles, « hospices », « asiles » et prisons.** L'aumônerie n'est légale qu'à la condition que le personnel interne n'ait pas la faculté de prendre part, au-dehors, aux exercices religieux. Le « service d'aumônerie » comprend non seulement l'accomplissement de certains actes religieux, ou l'administration des sacrements, mais aussi le service complet du culte. Les personnes publiques n'ont pas l'obligation de créer une aumônerie, mais dans l'hypothèse où elles en supprimeraient une, elles ne peuvent interdire la célébration de cérémonies religieuses à l'intérieur des établissements publics. Si la collectivité ne veut pas assurer la charge financière des services d'aumônerie, il appartient aux associations cultuelles d'y contribuer. **Les autorités hospitalières sont tenues de ne pas mettre obstacle à l'exercice du culte par les pensionnaires**[141]. L'exercice du culte en prison relève de l'article 9 de la Convention EDH[142]. Aux termes de l'article D. 433 du Code de procédure pénale, l'aumônier de prison est désigné par le ministre de la Justice. L'État commet une faute de nature à engager sa responsabilité en l'absence d'un aumônier ; l'insuffisance du nombre de détenus se revendiquant de la confession des témoins de Jéhovah ne justifie pas le refus d'une assistance spirituelle de la part d'un ministre de ce culte[143].

1357 **Aumôneries scolaires.** – **Les aumôneries scolaires**[144] **sont créées à la demande des parents d'élèves dans les établissements publics d'enseignement secondaire comportant ou non un internat.** La décision relève du recteur d'académie. En l'absence d'internat, l'instruction est donnée hors de l'établissement sauf si la santé et la sécurité des élèves justifient une dérogation. L'article L. 141-3 prévoit que « les écoles élémentaires publiques vaquent un jour par semaine en plus du dimanche, afin de permettre aux parents de faire donner, s'ils le désirent, à leurs enfants l'instruction religieuse, en dehors des édifices scolaires ». L'enseignement religieux ne peut être donné aux enfants inscrits dans les écoles publiques qu'en dehors des heures de classe. Un ministre n'excède pas ses pouvoirs en incluant, dans le programme de construction d'une cité scolaire, l'édification d'un pavillon destiné à la célébration des cultes, dont la construction devait être prise en charge par une association privée[145].

1358 **Aumôneries militaires.** – Un décret du 30 décembre 2008 relatif aux aumôniers militaires donne les éléments de leur statut. Les aumôniers militaires sont des militaires servant en vertu d'un contrat. Les aumôniers

141. CE, 28 janv. 1955, *A. et V.*
142. CEDH, 29 avr. 2003, *Poltoraski c. Ukraine*.
143. CE, 16 oct. 2013, *garde des Sceaux c. Fuentes*, n° 351115.
144. Loi du 31 déc. 1959 et décret n° 60-391 du 22 avr. 1960.
145. CE, sect., 7 mars 1969, *Ville de Lille*.

militaires assurent, au sein des armées et formations rattachées, le soutien religieux du personnel de la défense qui le souhaite.

1359 **Associations cultuelles et diocésaines.** – La **loi de 1905 a créé le statut d'association cultuelle pour permettre à quelques personnes (au moins 7 à 25 selon les lieux) de subvenir aux frais, à l'entretien et à l'exercice d'un culte** (définie par le Conseil d'État selon trois critères : la pratique d'un culte, le caractère exclusif de l'objet cultuel de l'association, le respect de l'ordre public). Elle est dotée d'une autonomie large et adaptée à l'action religieuse. Seuls les cultes israélite et protestant l'ont accepté. **Face au refus catholique, l'État proposa un statut négocié : l'association diocésaine dirigée par l'évêque qui en assure le recrutement et exclut que les associations se mêlent du clergé.** Elles doivent se contenter d'activités cultuelles (à l'exclusion de la vente d'objets, d'actions caritatives ou œuvres sociales). Ces associations bénéficient d'allégements fiscaux immobiliers et patrimoniaux, notamment sur les dons et legs désormais perçus sans plus passer par une autorisation administrative (loi du 28 juillet 2005). Poursuivant le mouvement, le décret du 20 avril 2010 relatif au régime de libéralités consenties aux associations, fondations, congrégations et établissements publics du culte a simplifié les procédures.

La loi du 24 août 2021 confortant le respect des principes de la République modifie les conditions de création et de gouvernance des associations gérant un lieu de culte prévues par la loi de 1905 (art. 18 à 24) afin de les protéger des prises de contrôle malveillantes par des groupes radicaux. Ces associations cultuelles doivent se déclarer auprès du préfet tous les cinq ans. Les dons étrangers de plus de 10 000 euros et la cession de lieux de culte à un État étranger devront être déclarés. Le préfet pourra s'y opposer lorsqu'un intérêt fondamental de la société est en jeu. En contrepartie, pour plus d'autonomie financière, ces associations pourront détenir et exploiter des immeubles de rapport acquis par legs ou don, dans la limite de 50 % des ressources annuelles. Les communes et départements devront informer préalablement le préfet, avant toute garantie publique pour un emprunt destiné à la construction d'un édifice cultuel, ou la conclusion d'un bail emphytéotique.

Pour les associations dites « mixtes », qui relèvent de la loi du 1er juillet 1901 et qui exercent un culte (statut le plus fréquent pour le culte musulman), leurs obligations, notamment administratives et comptables, sont alignées sur celles des associations cultuelles : certification dans certains cas de leurs comptes, distinction comptable de leurs activités cultuelles du reste de leurs activités, déclaration de l'argent provenant de l'étranger... Le préfet pourra enjoindre à une association dont l'objet est en réalité l'exercice d'un culte à se déclarer comme association cultuelle.

B. Les revendications des autres cultes

1360 Les **cultes non intégrés à la loi de 1905 occupent une place grandissante demandant parfois une forme juridique adéquate**. La liberté de religion s'exerce spontanément mais peut aussi conduire à l'exigence d'obligations positives de l'État. L'argument de l'égalité et de la discrimination ne tardera pas à rappeler cette exigence.

1. La recherche de partenariats publics par les religions

1361 **La représentativité.** – Le **souhait de l'État est d'instituer des interlocuteurs représentatifs des communautés de croyants afin de maîtriser le phénomène**. Il encourage par exemple les musulmans, contrairement à leurs traditions propres, exemptes de clergé, à se constituer en associations de la loi de 1901. Le dialogue se structure d'ailleurs avec la seconde religion de France autour du recteur de la mosquée de Paris, du « CORIF », le Conseil de réflexion sur l'islam et du Conseil représentatif des musulmans de France, toutes instances autoproclamées, de droit privé, mais encouragées par les gouvernements successifs, notamment par des accords avec les principales tendances de la communauté musulmane telle l'Union des organisations islamiques de France (UOIF). De même, se constituent des conseils régionaux des cultes musulmans, élus à partir des mosquées. Les adeptes du bouddhisme se sont généralement constitués sous forme d'association cultuelle ou de congrégation (décret du 10 janvier 1988).

1362 **Aides financières. –** Des **montages financiers comme les baux emphytéotiques (art. L. 1311-2, CGCT et ordonnance du 21 avril 2006), les garanties d'emprunt, des aides indirectes par des associations culturelles permettent aux collectivités territoriales de cofinancer des lieux de cultes** (à condition que le juge ne le perçoive pas comme une subvention déguisée) tandis que, transitoirement, une tolérance marquée permet l'exercice du culte sur la voie publique. Le Conseil d'État[146], admet la conclusion d'un bail emphytéotique administratif en vue de la construction d'un édifice destiné à un culte, en contrepartie d'une redevance modique et de l'intégration, au terme du bail, de l'édifice dans le patrimoine des collectivités.

2. Le problème des « sectes »

1363 **Notion. –** Certains, sur la base d'une définition large de la secte comme groupement de personnes en vue de partager des convictions de nature religieuse, défendent ces groupements sur la base de la liberté de conscience[147] et du principe de non-discrimination[148]. D'autres adoptent une définition restrictive, centrée sur l'idée d'escroquerie, où le mouvement se révèle moins spirituel que commercial ou financier et tourne surtout à l'exploitation de la vulnérabilité d'autrui en usant de manipulation et d'isolement[149]. **Le risque d'une définition large est de masquer ces « dérives sectaires » qui embrigadent l'individu et le privent d'autonomie. En ce sens, il est contestable d'affirmer qu'il ne peut y avoir de définition de ce qu'est une secte et qu'une religion serait une secte qui a réussi. Les sectes ont perdu de vue la dimension religieuse.** C'est à ce titre que l'État lutte contre elles.

La **circulaire du 25 février 2008** relative à la lutte contre les dérives sectaires a rappelé l'arsenal juridique disponible : « En l'absence de définition de ce qu'est un mouvement sectaire, **c'est donc la notion d'ordre public qui est centrale. La détermination des faits portant atteinte à l'ordre public, aux biens ou aux personnes, doit permettre de lutter contre les dérives sectaires** ». Les sectes se rendent fréquemment coupables de délits comme l'escroquerie, les infractions au Code du travail dans le domaine de la sécurité des salariés par exemple, l'agression sexuelle ou l'outrage aux bonnes mœurs, la séquestration, le prosélytisme abusif, la gestion de fichiers de données personnelles non déclarés, la non-représentation d'enfant, la non-assistance à personne en danger, l'abus de l'état de faiblesse, l'exercice illégal de la médecine, etc. La **loi du 12 juin 2001** tendant à renforcer la prévention et la répression des mouvements sectaires portant atteinte aux droits de l'homme et aux libertés fondamentales **a étendu également aux personnes morales un certain nombre d'infractions**. La même loi prévoit un cas de dissolution judiciaire de toute personne morale, quelle qu'en soit la forme juridique ou l'objet, qui poursuit des activités ayant pour but ou pour effet de créer, de maintenir ou d'exploiter la sujétion psychologique ou physique des personnes qui participent à ces activités, lorsqu'ont été prononcées, contre la personne morale elle-même ou ses dirigeants de droit ou de fait, des condamnations pénales définitives. Les parents membres de sectes peuvent être démis de leur autorité parentale en cas de déscolarisation ou de maltraitance.

L'État peut subventionner des campagnes d'information prévenant des risques encourus par les membres des sectes[150]. **Le Parlement s'est doté de commissions d'enquête** sur les sectes et le Premier ministre d'un observatoire interministériel sur les sectes (9 mai 1996) et de la circulaire du 29 février 1996 adressée aux magistrats

146. CE, 19 juill. 2011, n° 320796, *Mme V.*

147. « L'Église de scientologie peut revendiquer le titre de religion et développer en toute liberté, dans le cadre des lois existantes, ses activités, y compris ses activités missionnaires, voire de prosélytisme », CA Lyon, 28 juill. 1997, *Proc. gén. CA Lyon c. X et a* ; un préfet ne peut interdire aux adeptes du culte krisnaïte tout office religieux : CE, 14 févr. 1982, *Assoc. internat. pour conscience de Krishna*.

148. Pour la sanction du refus d'accorder une garde d'enfant refusée à une mère, témoin de Jéhovah dans l'intérêt des enfants : CEDH, 23 juin 1993, *Hoffmann c. Autriche*.

149. Com. EDH, 5 mai 1979, Church of scientology c. Suède.

150. CE, 17 févr. 1992, Église scientologie de Paris.

pour les sensibiliser. La tendance est à limiter l'accès des groupuscules ou groupes ayant des activités susceptibles de troubler l'ordre public à la forme associative, encore plus aux libéralités leur permettant de se développer. Même si, à l'inverse, toute association qui ne limite pas à ses seuls membres l'accès de ses locaux et organise des cérémonies de caractère religieux peut bénéficier de l'exonération de la taxe d'habitation sur ces locaux[151]. **Depuis la loi du 15 juin 2000, les associations de défense des victimes des sectes peuvent se porter partie civile** (art. 2-17, C. proc. pén.). Enfin **la Miviludes (la mission interministérielle de vigilance et de lutte contre les dérives sectaires) est une mission interministérielle instituée auprès du Premier ministre par décret présidentiel du 28 novembre 2002** qui mène une action d'observation et d'analyse du phénomène sectaire en vue de coordonner l'action préventive et répressive des pouvoirs publics à l'encontre des dérives sectaires et contribue à la formation et l'information de ses agents. Elle informe le public sur les risques auxquels il est exposé et facilite la mise en œuvre d'actions d'aide aux victimes de dérives sectaires. En 2019, le gouvernement a décidé de lui retirer son statut interministériel et de **l'intégrer au ministère de l'Intérieur**.

Bien sûr le débat se situe sur le terrain **des cas « difficiles » comme celui des grandes organisations**. Pour les groupuscules bénéficiant de moins d'audience les États et les juges se montrent moins protecteurs de leurs activités si le risque de manipulation des consciences appert. Ainsi, la Suisse a entendu interdire sur le domaine public les affiches publicitaires du mouvement raëlien (affiches signifiant l'origine extraterrestre des adeptes de la secte) avec l'accord de la Cour européenne[152].

1364 Cas des témoins de Jéhovah. – En quelques années en effet, les témoins de Jéhovah ont été confrontés à différentes décisions dont les contradictions s'expliquent notamment par le type de procédure utilisée et l'objet du litige. Presque concomitamment, le Conseil d'État et le juge judiciaire ont été amenés à se prononcer. **Le juge administratif a d'abord refusé d'annuler la décision de la Mission interministérielle de vigilance et de lutte contre les dérives sectaires (Miviludes) de mettre en ligne, sur son site internet, des passages d'un livre d'un ancien témoin de Jéhovah dénonçant des dérives dangereuses pour les individus au sein de ce mouvement.** Le Conseil d'État[153] estime que face « aux risques que peuvent présenter les pratiques de certains organismes susceptibles de conduire à des dérives sectaires, alors même que ces mouvements se présentent comme poursuivant un but religieux, [...] » la Mission « ne méconnaît, dans les circonstances de l'espèce, ni le principe de neutralité et de laïcité de la République, ni l'obligation d'impartialité qui s'impose à l'autorité administrative, ni le principe de liberté du culte », pas plus qu'elle ne viole la Convention EDH (art. 9 : liberté de manifester sa religion ou ses convictions) en discriminant les témoins de Jéhovah. Ce faisant **le juge administratif admet que l'État peut mettre en garde l'opinion publique contre ce mouvement** à condition que les propos ne soient pas diffamatoires, c'est-à-dire fallacieux. Cet arrêt s'inscrit dans une ligne où le juge administratif a hésité à reconnaître l'activité cultuelle des témoins. En 1985[154] il posait que « les activités menées par l'association chrétienne « Les témoins de Jéhovah de France » sur la base des stipulations de ses statuts en vigueur à la date du décret attaqué ne confèrent pas dans leur ensemble, à l'association, en raison de l'objet ou de la nature de certaines d'entre elles, le caractère d'une association cultuelle au sens de la loi du 9 décembre 1905 ». L'intérêt d'une telle reconnaissance est de bénéficier d'exonérations fiscales substantielles. Faisant suite à un avis d'Assemblée du 27 octobre 1997, qui pose l'exclusivité de l'activité cultuelle comme critère de la religion, un arrêt du 23 juin 2001[155] renvoie au juge du fond le soin d'apprécier, association par association, la réalité de son activité cultuelle sans reconnaître globalement son statut de religion, freinant une telle reconnaissance.

Dans le même temps **le tribunal correctionnel de Paris (11 juillet 2008) a jugé le vice-président du groupe d'étude sur les sectes à l'Assemblée nationale, dans un procès intenté contre lui par les témoins de Jéhovah, pour des propos par lesquels il les traitait de délinquants**. Le tribunal a estimé que ces paroles

151. CE, 13 janv. 1993, Min. Budget c. Congrégation chrétienne témoins de Jéhovah du Puy.

152. CEDH, 13 juill. 2012, n° 16354/06, *Mouvement raëlien suisse c. Suisse* : qui conclut à la non-violation de l'article 10 relatif à la liberté d'expression.

153. CE, 7 août 2008, *Fédération chrétienne des témoins de Jéhovah de France*.

154. CE, 1er févr. 1985, *Association chrétienne Les témoins de Jéhovah de France*.

155. CE, 23 juin 2000, *Association locale pour le culte des témoins de Jéhovah de Clamecy*.

étaient bien diffamatoires, mais il a relaxé le prévenu en lui accordant le bénéfice de la bonne foi. De nombreux autres procès en diffamation se soldent par la relaxe et alimentent un climat de refus de reconnaissance du statut de religion de plein exercice.

1365 **Européanisation.** – À l'inverse, et dans le même temps, **la CEDH**[156] **a conclu à la violation de l'article 9 (liberté de pensée, de conscience et de religion) de la Convention EDH en raison de l'important délai, c'est-à-dire une vingtaine d'années, pris par les autorités autrichiennes pour accorder la personnalité morale aux témoins de Jéhovah**, ce qui constitue une ingérence dans la liberté religieuse des requérants. Les juges strasbourgeois ont reconnu également la violation de l'article 14 (interdiction de discrimination) combiné à l'article 9, du fait notamment de la non-application du délai de dix ans à d'autres communautés religieuses. La Cour se montre ainsi intraitable avec les États qui reculent devant le traitement indifférencié de tout groupement à caractère religieux. Cependant, par son arrêt *Leela Förderkreis e.V. et a. C. Allemagne* du 6 novembre 2008, la CEDH met à la charge de l'État une obligation positive d'information dans le cas d'une campagne publique de mise en garde contre trois « associations religieuses », qui refusaient d'être nommées « sectes » ou « psycho-sectes ». Pour la Cour, la contribution de l'État à un débat sur une question d'intérêt général et le souci d'attirer l'attention sur les dangers présentés par certains groupes poursuit un but légitime de protection de la sécurité publique et de l'ordre public, ce qui justifie l'intervention de l'État. **La CEDH sanctionne aussi en 2010**[157] **la décision de juridictions russes de dissoudre la communauté des témoins de Jéhovah de Moscou** et d'interdire ses activités en ce qu'elle a eu pour effet de l'empêcher d'exercer son droit aux biens, d'avoir un compte bancaire, d'engager des employés et d'assurer sa protection juridique et celle de ses membres. Cette décision certes visait le but légitime de protéger la santé et les droits d'autrui au sens des articles 9 et 11 de la Convention, mais les juridictions internes n'ont pas avancé de motifs pertinents et suffisants pour montrer que la communauté requérante avait forcé des individus à rompre avec leur famille, qu'elle avait porté atteinte aux droits et libertés de ses membres ou de tiers, qu'elle avait incité ses adeptes à se suicider ou à refuser des soins, qu'elle avait porté atteinte aux droits des parents ne faisant pas partie de ses membres ou à leurs enfants, ou encore qu'elle avait encouragé ses membres à refuser de respecter une quelconque obligation légale.

La France s'est vue naturellement condamnée en 2011 dans une affaire qui résume assez bien la façon dont se pose la question des sectes[158]. Après avoir fait l'objet d'un contrôle fiscal et d'un redressement sur les dons manuels reçus (plus de 45 millions d'euros), alors que ceux-ci constituaient la source essentielle de son financement, une association de témoins de Jéhovah s'est portée devant la Cour. Celle-ci a considéré que, les ressources vitales ayant ainsi été coupées, l'association n'est plus en mesure d'assurer concrètement à ses fidèles le libre exercice de leur culte. Il y a donc bien eu une ingérence dans le droit de l'association requérante à la liberté de religion (art. 9, Conv. EDH). La Cour condamne alors la France car la rédaction du Code général des impôts ne permettait pas de prévoir son application aux témoins de Jéhovah.

CEDH, 24 mai 2016, n° 36915/10 et 8606/13, *Association de solidarité avec les témoins de Jéhovah et autres c. Turquie*

Sur la base d'une loi interdisant l'ouverture de lieux de culte dans des endroits non destinés à cet effet et imposant certaines conditions pour la construction des lieux de culte, les locaux privés utilisés jusqu'alors par les congrégations des témoins de Jéhovah de Mersin et d' zmir furent fermés par les autorités nationales et leurs demandes d'utiliser ces locaux en tant que lieux de culte furent rejetées. Les congrégations furent également informées que les plans locaux d'urbanisme ne

156. CEDH, 31 juill. 2008, *Religionsgemeinschaft der Zeugen Jehovas et autres c. Autriche*.
157. CEDH, 10 juin 2010, *Témoins de Jéhovah de Moscou c. Russie*.
158. CEDH, 30 juin 2011, n° 8916/05, *Ass. Les témoins de Jéhovah de France*.

prévoyaient aucun lieu pouvant servir de lieu de culte. Cette ingérence affecte si directement leur liberté de religion qu'elle n'est ni proportionnée au but légitime poursuivi, à savoir la protection de l'ordre public, ni nécessaire dans une société démocratique. En effet, la Cour estime que les juridictions internes n'ont aucunement pris en considération les besoins spécifiques d'une petite communauté de croyants et relève que la législation litigieuse est complètement muette concernant ce type de besoins, alors qu'au vu du nombre limité de leurs adeptes, les congrégations concernées avaient besoin non pas d'un bâtiment avec une architecture spécifique, mais d'une simple salle de réunion leur permettant de célébrer leur culte, de se réunir et d'enseigner leur croyance.

Section 2
L'éducation

1366 Autonomie du droit et de la liberté de l'éducation. – On retrouve ici, avec l'éducation, un corollaire de la liberté d'expression qui aurait pu être d'ailleurs traité avec elle si on ne tenait pas compte de ses **spécificités : une organisation collective primordiale, une reconnaissance spécifique de la part des textes fondateurs.** L'éducation passe en effet pour l'essentiel par l'enseignement qui dans nos sociétés contemporaines fait l'objet d'une concurrence entre parents et État. **Enseigner signifie transmettre des connaissances et des savoir-faire, et l'éducation consiste principalement à choisir les connaissances et les savoirs qu'il convient de transmettre.** Selon **l'article 13 du Pacte relatif aux droits économiques et sociaux** : « [...] l'éducation doit mettre toute personne en mesure de jouer un rôle utile dans une société libre, favoriser la compréhension, la tolérance et l'amitié entre toutes les Nations et tous les groupes raciaux, ethniques ou religieux et encourager le développement des activités des Nations unies pour le maintien de la paix ». L'ambition est extrême.

1367 Concurrence ou convergence des titulaires. – Si un consensus s'opère autour de la nécessité de reconnaître à l'enfant un droit à l'instruction, ce droit rencontre la responsabilité des parents envers l'enfant qui ne peut avoir comme fondement que la liberté de ces mêmes parents de transmettre ce en quoi ils croient. **La tendance internationale est donc à asseoir l'autonomie des parents dans le domaine de l'éducation dans la limite de l'ordre public et des nécessités de la vie sociale.** Cette conception peut se heurter à une tradition française attachée à la construction de la République autour d'un socle de valeurs communes que les enseignants de toutes époques ont reçu pour mission de transmettre de la part de l'État. On cite parfois en ce sens la volonté de Napoléon, créant l'Université impériale en vue d'instaurer un État politique fixe et renforcer ainsi la Nation. Mais on se souvient plus encore des fameux « hussards noirs » de la République, qui, sous la IIIe, ancraient dans les cœurs une société laïcisée, librement pensante. Michelet pouvait ainsi insister : « Quelle est la première partie de la politique ? L'éducation. La seconde ? L'éducation. Et la troisième ? L'éducation »[159].

1368 Public – privé. – C'est donc non sans un certain paradoxe qu'il est revenu à l'Église catholique de revendiquer la reconnaissance de la liberté de l'enseignement. En effet, **entre la Révolution et la IIIe République, l'État envisageait l'enseignement comme une œuvre commune entre l'État et l'Église.** La **loi du 28 juin 1833, dite loi Guizot**, ouvrait l'enseignement primaire à l'État et à l'Église, autorisant la libre fondation des écoles privées. De même la loi Falloux, du 15 mars 1850, opérait la libéralisation de l'enseignement secondaire sur le fondement de l'article 9 de la Constitution de 1848 qui disposait que « la liberté d'enseignement s'exerce selon les conditions de capacité et de moralité déterminée par les lois, et sous la surveillance de l'État ». Dans le cadre de la **loi Falloux**, l'enseignement privé a autant droit de cité que l'enseignement public et les collectivités communales

159. J. Michelet, *Le peuple*, Hachette et Paulin, 1846, rééd. Flammarion, 1992.

peuvent soutenir l'un comme l'autre. **Même le début de la IIIe République, à travers la loi du 28 mars 1882, qui rendit l'instruction primaire obligatoire et laïque, admettait que l'éducation puisse être transmise « soit dans les écoles publiques ou libres, soit dans les familles, par le père de famille lui-même ou par toute personne qu'il aura choisi »**. Mais sous couvert de cette liberté de principe, son exercice effectif passe par l'aide publique au financement qui va être considérablement encadrée au début du XXe siècle, quand il ne s'agit pas d'interdire purement et simplement l'activité d'enseignement à une frange de la population comme les congrégations religieuses (loi du 7 juillet 1904). Le droit de chacun à l'instruction a donc fait son retour dans la seconde moitié du XXe siècle.

I. Le droit de chacun à l'instruction

1369 **Sources internationales.** – Selon **le 1er alinéa de l'article 13 du PIDESC** : « Les États parties au présent Pacte reconnaissent le droit de toute personne à l'éducation. Ils conviennent que l'éducation doit viser le plein épanouissement de la personnalité humaine et du sens de sa dignité et renforcer le respect des droits de l'homme et des libertés fondamentales ». Il poursuit en indiquant ce que cela implique : « L'enseignement primaire doit être obligatoire et accessible gratuitement à tous ; l'enseignement secondaire, sous ses différentes formes, y compris l'enseignement secondaire technique et professionnel, doit être généralisé et rendu accessible à tous par tous les moyens appropriés et notamment par l'instauration progressive de la gratuité ; l'enseignement supérieur doit être rendu accessible à tous en pleine égalité, en fonction des capacités de chacun, par tous les moyens appropriés et notamment par l'instauration progressive de la gratuité ; l'éducation de base doit être encouragée ou intensifiée, dans toute la mesure possible, pour les personnes qui n'ont pas reçu d'instruction primaire ou qui ne l'ont pas reçu jusqu'à son terme ». Cela impose d'établir des moyens d'instruction et de les rendre accessibles, ce qui incombe à l'État, lequel a donc des obligations positives[160].

1370 **Fondement constitutionnel.** – Le **13e alinéa du préambule de la Constitution de 1946** expose que « la Nation garantit l'égal accès de l'enfant et de l'adulte à l'instruction, à la formation professionnelle et à la culture. L'organisation de l'enseignement public gratuit et laïque à tous les degrés est un devoir de l'État ». **Le principe d'égal accès à l'instruction a été réaffirmé dans sa valeur constitutionnelle par la décision no 2001-450 DC du 11 juillet 2001**. Cette disposition fonde l'obligation publique du service de l'enseignement mais également celui d'un droit d'accueil des enfants scolarisés dans les écoles maternelles ou élémentaires publiques ou privées sous contrat. Ce droit semble de plus en plus compris comme un droit seulement objectif, permettant à l'État d'imposer toujours plus de contraintes aux familles comme l'obligation de scolarisation dès trois ans[161] et l'obligation de le faire dans un collectif et non à domicile ou « en famille »[162].

Ce droit est distinct du service public de l'enseignement mais y est associé **car il contribue à sa continuité en permettant aux personnels enseignants de continuer à travailler[163]. S'il peut aider l'enseignement privé en vue de satisfaire le droit à l'instruction, l'État peut être amené à prendre en compte les difficultés et charges particulières de l'enseignement public pour lui donner la priorité**. Le Conseil constitutionnel l'a ainsi exprimé : « Il doit notamment prévoir les garanties nécessaires pour prémunir les établissements d'enseignement public contre des ruptures d'égalité à leur détriment au regard des obligations particulières que ces établissements assument »[164]. Le Conseil constitutionnel[165] a confronté le droit à l'instruction avec les dispositions de la *Loi relative à l'orientation et à la réussite des étudiants* qui instaure des différences de traitement en

160. Le Conseil d'État se réfère au principe de gratuité de l'enseignement public énoncé par le 13e alinéa du préambule de 1946, CE, 19 oct. 2001, *Université Aix-Marseille II*.
161. Article 11 de la loi Pour une École de la confiance du 26 juillet 2019 et CC, du 25 juillet 2019, no 2019-787 DC, Loi pour une école de la confiance.
162. Loi « principes de la République » et CC, 13 août 2021, no 2021-823 DC.
163. CC, 7 août 2008, déc. no 2008-569 DC.
164. CC, 13 janv. 1994, déc. no 93-329 DC.
165. CC, 8 mars 2018, no 2018-763 DC – Loi relative à l'orientation et à la réussite des étudiants.

conditionnant l'inscription à l'Université à « des dispositifs d'accompagnement pédagogique ou de parcours de formation personnalisés » selon les compétences de l'individu. Il n'y a pas vu de contradiction dans la mesure où il s'agissait de favoriser la réussite et de s'adapter aux candidats en situation de handicap. Le Conseil constitutionnel a aussi déduit du treizième alinéa du préambule de la Constitution du 27 octobre 1946 l'exigence **constitutionnelle de gratuité appliquée à l'enseignement supérieur public.** Cela n'empêche pas la perception de « droits d'inscription modiques perçus en tenant compte, le cas échéant, des capacités financières des étudiants »[166].

1371 **Fondement européen. – L'article 14 de la Charte de l'Union européenne admet le droit à l'éducation** « 1. Toute personne a droit à l'éducation, ainsi qu'à l'accès à la formation professionnelle et continue ». De même, **aux termes de l'article 2 du protocole n° 1 de la Convention EDH : « Nul ne peut se voir refuser le droit à l'instruction ».** Ce droit n'empêche pas la mise en place de *numerus clausus* et de concours à l'entrée des formations[167]. Le traité sur le fonctionnement de l'Union rappelle (depuis Maastricht) que l'éducation, la formation professionnelle, la jeunesse et le sport font partie des compétences de l'Union. Le titre XII est consacré à l'éducation. La politique européenne en la matière a notamment pour objectif de favoriser la mobilité des étudiants et des enseignants et de promouvoir la formation professionnelle. **La Cour de justice n'a eu de cesse de renforcer l'égalité entre nationaux et enfants des ressortissants de l'Union pour l'accès à l'éducation** à travers « non seulement les règles relatives à l'admission, mais également les mesures générales tendant à faciliter la fréquentation de l'enseignement »[168] ; cela vaut pour tous les enfants du travailleur, même s'ils ont plus de vingt et un ans ou ne sont plus à sa charge[169]. Un véritable statut de l'étudiant en mobilité lui donne des droits à l'enseignement et des aides sociales. Le juge européen se tourne aussi vers le PIDESC pour garantir le droit d'accès à l'enseignement supérieur[170]. Il reconnaît que le défaut d'aménagement de locaux universitaires pour une personne à mobilité réduite peut être condamné en combinant non-discrimination et droit à l'instruction[171].

1372 **Fondement législatif. – L'article L. 131-1 du Code de l'éducation issu de la loi du 26 juillet 2019 établit le caractère obligatoire de l'instruction au bénéfice de tout enfant âgé de 3 à 16 ans.** Celui qui le suit évoque quant à lui un droit qui « a pour objet de lui garantir, d'une part, l'acquisition des instruments fondamentaux du savoir, des connaissances de base, des éléments de la culture générale et, selon les choix, de la formation professionnelle et technique et, d'autre part, l'éducation lui permettant de développer sa personnalité, d'élever son niveau de formation initiale et continue, de s'insérer dans la vie sociale et professionnelle et d'exercer sa citoyenneté » (art. L. 131-1-1, loi du 23 avril 2005). **Le juge n'hésite pas à faire jouer des effets à ce droit. Un mouvement de ce genre se lit au travers de l'obligation faite à l'éducation nationale d'accueillir les enfants porteurs d'un handicap**[172], en suscitant un droit subjectif opposable, là où les politiques publiques avaient échoué.

166. CC, 11 oct. 2019, n° 2019-809 QPC, Union nationale des étudiants en droit, gestion, AES, sciences économiques, politiques et sociales et autres [Droits d'inscription pour l'accès aux établissements publics d'enseignement supérieur].
167. CEDH, 2 avr. 2013, *Tarantino et autres c. Italie* (req. n° 25851/09).
168. CJCE, 3 juill. 1974, *Casagrande*.
169. CJCE, 4 mai 1995, *Gaal*.
170. CJUE, 13 avr. 2010, *Nicolas Bressol et a.*
171. CEDH, 30 janvier 2018, *Enver ahin c. Turquie*, n° 23065/12 : l'aide d'accompagnement proposée par le rectorat n'a pas été faite au terme d'une évaluation réelle des besoins de M. ahin et d'une considération sincère de ses effets potentiels sur sa sécurité, sa dignité et son autonomie.
172. CE, 8 avr. 2009, *M. et Mme Laruelle*.

Conseil d'État, 8 avril 2009, nº 311434, *Laruelle*

« Des parents d'un enfant handicapé avaient considéré que ses obligations légales avaient été méconnues, leur enfant n'ayant pas eu accès à un institut médico-éducatif à partir de la rentrée 2003. Ils avaient alors recherché la responsabilité de l'État en raison de l'absence de scolarisation de cet enfant. Leur demande avait été rejetée en appel par la cour administrative d'appel.

Le Conseil d'État annule cette décision. Il juge que les difficultés particulières que rencontrent les enfants handicapés ne les privent pas du droit à l'éducation, qui est garanti à chacun, quelles que soient les différences de situation, et ne font pas obstacle au respect de l'obligation scolaire, qui s'applique à tous. **Il incombe ainsi à l'État, au titre de sa mission d'organisation générale du service public de l'éducation, de prendre l'ensemble des mesures et de mettre en œuvre les moyens nécessaires pour que le droit à l'éducation et l'obligation scolaire aient, pour les enfants handicapés, un caractère effectif.** Si tel n'est pas le cas, la carence de l'État constitue une faute de nature à engager sa responsabilité. L'administration ne peut pas, pour se soustraire à cette responsabilité, mettre en avant l'insuffisance des structures d'accueil existantes ou le fait que des allocations sont allouées aux parents d'enfants handicapés »[173].

Mais :

CE, 15 décembre 2010, nº 344729, *Ministre de l'Éducation nationale, de la Recherche et de la Vie associative*

Un enfant handicapé n'est plus assisté par une auxiliaire de vie scolaire (AVS). Il demeure scolarisé sans aide, ce qui rend difficile la vie en classe. Les parents ont saisi le juge des référés du tribunal administratif afin que soit enjoint à l'administration d'affecter un AVS à leur enfant. Le juge a fait droit à leur demande en considérant qu'il existait en l'espèce une atteinte grave et manifestement illégale à une liberté fondamentale. Le Conseil d'État, saisi par le ministre de l'Éducation nationale, annule l'ordonnance du juge des référés du tribunal administratif en considérant que les circonstances de l'espèce **ne caractérisent pas une atteinte grave et manifestement illégale à une liberté fondamentale même si l'administration doit prendre toutes les dispositions pour que l'enfant puisse bénéficier, en tenant compte de ses besoins propres, d'une scolarisation équivalente à celle de ses camarades.** Les faits que l'administration, avec les moyens dont elle disposait, ait cherché un remplaçant et que l'enfant n'ait pas l'âge de la scolarité obligatoire, expliquent en l'espèce qu'il n'y ait pas de caractère grave et manifestement illégal.

Les modalités particulières de prise en charge des enfants en situation de handicap sont déterminées par la Commission des droits et de l'autonomie des personnes handicapées (CDAPH). Avec prudence, de la loi du 26 juillet 2019, en vue d'une « école inclusive », élargit la notion de communauté éducative aux personnes aidant à la prise en charge individuelle des enfants en situation de handicap. De son côté, **le juge administratif estime qu'il incombe à l'État de financer les accompagnants d'élèves en situation de handicap pendant le temps périscolaire**[174].

173. Communiqué du Conseil d'État du 8 avr. 2009.

174. CE, 20 avr. 2011, *Ministre de l'éducation nationale*, nº 345434 et CAA, Nantes, 15 mai 2018, nº 16NT02951.

1373 **Encadrement étatique.** - On peut encore trouver une forme de protection des droits de l'enfant à l'instruction, à travers l'ensemble de la réglementation interne concernant la qualité de l'enseignement, tant public que privé. Afin d'éviter un certain nombre de dérives préjudiciables à l'enfant, notamment à l'intérieur de sectes, **l'enseignement privé, particulièrement à domicile, fait l'objet de contrôles de la part de l'État**. Avec la loi du 24 août 2021 confortant le respect des principes de la République, la scolarisation de tous les enfants dans un établissement scolaire devient obligatoire à la rentrée 2022 et l'instruction d'un enfant en famille devient dérogatoire, soumise à autorisation (et non plus seulement à déclaration) et accordée uniquement pour quatre motifs (état de santé ou handicap de l'enfant, pratique d'activités sportives ou artistiques intensives, itinérance de la famille, situation propre à l'enfant motivant le projet éducatif).

Décision 2017-236 du 3 novembre 2017 relative à la situation de six enfants quant à leur difficulté à obtenir une inscription scolaire en lien avec leur lieu de résidence sur une aire de campement.

Le Défenseur des droits a été saisi d'une réclamation relative à la situation de six enfants installés avec leurs parents sur une aire de grand passage quant à leurs difficultés à obtenir une inscription scolaire. Le maire n'a pas procédé à l'inscription scolaire des enfants malgré la demande faite en ce sens par les parents et les différents justificatifs fournis.

À l'issue de son instruction, **le Défenseur des droits conclut à l'existence d'une discrimination dans l'accès à l'éducation des enfants fondés sur leur origine et le lieu de résidence de leur famille, critères prohibés par la loi.** Le Défenseur des droits conclut, par suite, à l'existence d'une atteinte au droit à l'éducation et à l'intérêt supérieur des enfants.

La présente décision a fait l'objet d'une transmission au procureur de la République territorialement compétent afin qu'il apprécie les suites qu'il entend donner aux faits relatés.

II. Le droit des parents à l'éducation des enfants

1374 **Droit subjectif.** - La seconde face du droit à l'éducation concerne les parents de l'enfant dont la fonction objective de protection et d'éducation, responsabilité s'il en est, se double d'un droit subjectif à assurer eux-mêmes cette fonction ou à choisir qui peut l'accomplir. Face à ce droit, l'État oppose l'intérêt général qui consiste à tisser du lien social par le fait de dispenser une éducation commune à l'ensemble d'une classe d'âge et d'autre part le droit de l'enfant à bénéficier d'une éducation compatible avec son épanouissement.

A. Sources

1375 **ONU.** - Selon **l'article 26 § 3 de la DUDH : « les parents ont, par priorité, le droit de choisir le genre d'éducation à donner à leurs enfants »**. La même tonalité se retrouve dans les deux Pactes de 1966. L'article 13 § 3 PIDESC énonce que « les États parties au présent Pacte s'engagent à respecter la liberté des parents et, le cas échéant, des tuteurs légaux, de **choisir pour leurs enfants des établissements autres que ceux des pouvoirs publics**, mais conformes aux normes minimales qui peuvent être prescrites ou approuvées par l'État en matière d'éducation, et de faire assurer l'éducation religieuse et morale de leurs enfants conformément à leurs propres convictions », tandis que pour **le PIDCP cette liberté se cantonne à un champ plus restreint « les États [...] s'engagent à respecter la liberté des parents [...] de faire assurer l'éducation religieuse et morale de leurs enfants conformément à leurs propres convictions »** (art. 18 § 4). **L'article 5 de la CIDE** dispose lui aussi que « les États parties respectent la responsabilité, le droit et le devoir qu'ont les parents ou, le cas échéant, les membres de la famille élargie ou de la communauté, comme prévu par la coutume locale, les tuteurs ou autres personnes légalement responsables de l'enfant, de donner à celui-ci, d'une manière qui corresponde au développement de ses capacités, l'orientation et les conseils appropriés à l'exercice des droits que lui reconnaît la présente Convention ».

1376 **Droits européens.** – On retrouve le même esprit à l'article 14 de la Charte de l'Union européenne « 3. La liberté de créer des établissements d'enseignement dans le respect des principes démocratiques, ainsi que le droit des parents d'assurer l'éducation et l'enseignement de leurs enfants conformément à leurs convictions religieuses, philosophiques et pédagogiques, sont respectés selon les lois nationales qui en régissent l'exercice ». L'article 2 du protocole n° 1 de la Convention EDH dispose catégoriquement que « l'État, dans l'exercice des fonctions qu'il assumera dans le domaine de l'éducation et de l'enseignement, respectera le droit des parents d'assurer cette éducation et cet enseignement conformément à leurs convictions religieuses et philosophiques ». La CEDH a souligné qu'il fallait interpréter l'article 2 du protocole n° 1 à la lumière des articles 8 (droit à la vie privée), 9 (liberté de conscience et de religion) et 10 (liberté de recevoir l'information). Elle interprète ces dispositions comme devant garantir la possibilité d'un pluralisme éducatif auquel certains États sont plus attachés que d'autres. C'est le cas du « contentieux scandinave »[175]. **L'une des dispositions effectives qui peuvent être prises consiste par exemple à accorder des dérogations qui permettent aux enfants de ne pas suivre l'enseignement public sur certains sujets.** Le droit des parents concerne aussi les méthodes éducatives. Ainsi, le système grec de dispense de cours de religion à l'école a été jugé contraire à la Convention car il contraignait les parents à déclarer solennellement que leurs enfants ne sont pas chrétiens orthodoxes et était susceptible de dissuader des parents de faire une demande de dispense[176].

Dans l'affaire *Campbell et Cosans*[177], les requérantes, mères d'enfants scolarisés en Écosse, se plaignent du recours aux punitions corporelles comme mesure disciplinaire dans les écoles publiques. Pour des raisons à la fois financières et pratiques, elles n'avaient d'autre solution réaliste et acceptable que d'envoyer ceux-ci dans un tel établissement. La condamnation de ces pratiques se fonde sur « le devoir de respecter les convictions des parents en la matière et ne saurait s'effacer devant la prétendue nécessité de tenir la balance égale entre les doctrines antagonistes dont il s'agit ; pour s'en acquitter, il ne suffit pas davantage au gouvernement de mener sa politique d'abolition progressive des châtiments corporels ».

D'ailleurs, les États s'opposent aux convictions inverses des parents en abolissant les châtiments corporels sur les enfants (33 pays actuellement). En France, un père a été condamné à 500 euros d'amende pour une fessée et à 150 euros de dommages-intérêts à la mère[178]. Le Comité des droits sociaux du Conseil de l'Europe a estimé insuffisante la protection des droits des enfants contre les châtiments corporels : « le droit interne des États [doit contenir] des dispositions qui permettent d'interdire et de sanctionner toute forme de violence à l'encontre des enfants, c'est-à-dire tout acte ou comportement susceptible de porter atteinte à l'intégrité physique, à la dignité, au développement ou à l'épanouissement psychique de l'enfant. Ces dispositions doivent être suffisamment claires, contraignantes et précises pour ne pas laisser au juge la possibilité de refuser d'en faire application aux violences contre les enfants »[179].

---

175. CEDH, 7 déc. 1976, *Kjeldsen, Busk Madsen et Pedersen* : l'État, en s'acquittant des fonctions assumées par lui en matière d'éducation et d'enseignement, veille à ce que les informations ou connaissances figurant au programme soient diffusées de manière objective, critique et pluraliste. Il lui est interdit de poursuivre un but d'endoctrinement qui puisse être considéré comme ne respectant pas les convictions religieuses et philosophiques des parents.
176. CEDH, 31 oct. 2019, *Papageorgiou et autres c. Grèce*, req. n°s 4762/18 et 6140/18.
177. CEDH, 25 févr. 1982.
178. T. corr Limoges, oct. 2013.
179. CEDS, 4 mars 2015, réclamation n° 92/2013, Association pour la protection des enfants (APPROACH) c. France.

CEDH, 12 février 2013, requête n° 29617/07, *Vojnity c. Hongrie*

L'affaire concerne la suppression totale du droit de visite accordé à un père au motif que ses convictions religieuses (il est membre de la congrégation de la foi) étaient préjudiciables à l'éducation de son fils. **La Cour juge que les tribunaux hongrois n'ont pas prouvé qu'il était dans l'intérêt supérieur de l'enfant de voir supprimer tous ses liens avec son père**, lequel a dès lors subi une discrimination dans l'exercice de son droit au respect de sa vie familiale. De fait, nulle circonstance exceptionnelle ne justifiait de prendre une mesure aussi radicale que la suppression de toute forme de contact et de lien familial entre M. Vojnity et son fils. La Cour conclut à la violation de l'article 14 (interdiction de la discrimination) combiné avec l'article 8 (droit au respect de la vie privée et familiale).

1377 France. – Pour ce qui est de la France, **l'article 371-1 du Code civil reconnaît que les pères et mères ont une vocation première, naturelle, à assurer l'éducation de l'enfant par l'exercice de l'autorité parentale.** Le Conseil d'État n'en admet pas moins que certaines politiques publiques nécessitent une éducation qui passe outre les convictions des parents sous réserve d'être compatibles avec les exigences européennes. Il peut s'agir par exemple d'une campagne d'information relative à la contraception à destination des jeunes élèves du secondaire[180].

Le Défenseur des droits, dans son avis n° 18-28 du 19 novembre 2018, préconise que l'interdiction des châtiments corporels et traitements humiliants soit inscrite dans le Code de l'éducation et le Code de l'action sociale et des familles. Il importe que le législateur pose le principe, pour tout professionnel intervenant auprès d'enfants, de l'interdiction des châtiments corporels et des traitements humiliants. Il préconise d'utiliser le principe de précaution suspendre un professionnel au contact des enfants dès lors que les faits rapportés revêtent un caractère de vraisemblance et de gravité suffisant pour l'ordonner, la gravité devant s'apprécier notamment au regard du jeune âge des enfants pris en charge. Il souhaite aussi rendre obligatoire la consultation du bulletin n° 2 du casier judiciaire national et du Fichier judiciaire automatisé des auteurs d'infractions sexuelles ou violentes (FIJAISV) préalablement à tout recrutement. Le Comité des droits de l'enfant[181], avait déjà épinglé la situation française, tout comme le Comité des droits sociaux du Conseil de l'Europe[182]. **La loi n° 2019-721 du 10 juillet 2019 relative à l'interdiction des violences éducatives ordinaires a introduit dans le Code civil le principe selon lequel « l'autorité parentale s'exerce sans violences physiques ou psychologiques. »**

1378 **Limites – Assistance éducative.** – La limite du droit des parents se trouve bien sûr dans celle de l'enfant à recevoir une éducation épanouissante. Les parents jouissent d'une telle légitimité que **l'ingérence de l'État dans les choix éducatifs n'interviendra qu'en cas de risque majeur pour l'enfant, sa santé ou sa vie**[183]. Par ailleurs, les mesures d'assistance éducative doivent se conjuguer avec le maintien du lien familial[184]. Dès lors, paradoxalement, l'intervention des pouvoirs publics sera aussi extrême que subsidiaire puisqu'on aura généralement recours *in fine* au placement de l'enfant hors du foyer[185]. L'article 9 de la CIDE expose également que « les États parties veillent à ce que l'enfant ne soit pas séparé de ses parents contre leur gré, à moins que les autorités compétentes ne décident, sous réserve de révision judiciaire et conformément aux lois et procédures applicables, que cette séparation est nécessaire dans l'intérêt supérieur de l'enfant ». Dès lors, il est rare qu'il ne s'agisse que de question d'éducation. Pour des cas intermédiaires on renverra à la question des sectes qui mêle parfois une

180. CE, 6 oct. 2000, Association Promouvoir et autres.
181. Comité des droits de l'enfant, Observations finales concernant le cinquième rapport périodique de la France, 23 février 2016, CRC. C. FRA/CO/5.
182. CEDS, 12 septembre 2014, *Association pour la protection des enfants (APPROACH) c. France, réclamation*, n° 92/2013.
183. CEDH, 7 août 1996, *Johansen c. Norvège*.
184. CEDH, 22 juin 1989, *Eriksson c. Suède*.
185. CEDH, 13 janv. 2004, *Haas c. Pays-Bas*.

éducation domestique alors souvent atypique avec des risques pour la santé du mineur en raison du recours à des « médecines parallèles ».

B. L'enseignement hors système scolaire

1379 **Enseignement à distance et par les parents.** – Avant 2021, le droit des parents pouvait se concrétiser à domicile, par leurs soins ou par correspondance. Depuis la loi du 23 avril 2005 relative à l'avenir de l'école, l'article L. 131-2 du Code de l'éducation, disposait que, « l'instruction obligatoire peut être donnée soit dans les établissements ou écoles publics ou privés, soit dans les familles par les parents, ou l'un d'entre eux, ou toute personne de leur choix. **Un service public de l'enseignement à distance** est organisé notamment pour assurer l'instruction des enfants qui ne peuvent être scolarisés dans une école ou dans un établissement scolaire ». D'ailleurs, le Conseil d'État[186] avait effet cru bon d'affirmer que « le principe de la liberté de l'enseignement, qui figure au nombre des principes fondamentaux reconnus par les lois de la République, implique la possibilité de créer des établissements d'enseignement, y compris hors de tout contrat conclu avec l'État, tout comme le droit pour les parents de choisir, pour leurs enfants, des méthodes éducatives alternatives à celles proposées par le système scolaire public, y compris l'instruction au sein de la famille ». Puis, la loi du 26 juillet 2019 pour une école de la confiance avait renforcé le contrôle de l'instruction dans les familles : « l'autorité de l'État compétente en matière d'éducation doit au moins une fois par an (...) faire vérifier, d'une part, que l'instruction dispensée au même domicile l'est pour les enfants d'une seule famille et, d'autre part, que l'enseignement assuré est conforme au droit de l'enfant à l'instruction ». Et le Conseil d'État avait admis la conventionnalité de ces dispositions, tant du point de vue de la liberté de l'enseignement que de l'égalité[187].

Mais le lien entre instruction à domicile et liberté de l'enseignement a été rompu par le Conseil constitutionnel, sans que la liberté des parents ne soit refondée, à l'occasion de l'examen de la loi relative aux Principes de la République (21 août 2021) qui supprime l'instruction à domicile de convenance pour lutter contre la constitution d'écoles coraniques clandestines ou les mouvements sectaires. Le nouvel article L. 131-5 du Code de l'éducation prévoit que cette instruction peut également, par dérogation à celle des établissements, être dispensée en famille par les parents ou par toute personne de leur choix sur autorisation délivrée par l'autorité de l'État compétente en matière d'éducation, sans que puissent être invoquées d'autres raisons que l'intérêt supérieur de l'enfant suivant des motifs limités.

L'instruction à domicile ne peut se justifier que pour les motifs suivants : état de santé de l'enfant, situation de handicap, pratique d'activités sportives ou artistiques intensives de l'enfant, itinérance de la famille en France, éloignement géographique de tout établissement scolaire public, existence d'une situation propre à l'enfant motivant le projet éducatif, intégrité physique ou morale de l'enfant menacée dans son établissement scolaire. L'instruction dans la famille peut se faire dans un lieu différent du domicile de l'enfant. Cette autorisation est enfin accordée en raison de l'existence d'une situation propre à l'enfant motivant le projet éducatif.

Et le Conseil, pour ne pas rentrer dans un contrôle de proportionnalité aléatoire, d'énoncer négligemment : « en prévoyant que "l'instruction primaire est obligatoire [...] elle peut être donnée soit dans les établissements d'instruction primaire ou secondaire, soit dans les écoles publiques ou libres, soit dans les familles, par le père de famille lui-même ou par toute personne qu'il aura choisie", **l'article 4 de la loi du 28 mars 1882 mentionnée ci-dessus n'a fait de l'instruction en famille qu'une modalité de mise en œuvre de l'instruction obligatoire**. Il n'a ainsi pas fait de l'instruction en famille une composante du principe fondamental reconnu par les lois de la République de la liberté de l'enseignement »[188].

Pour satisfaire les besoins en enseignement à distance, des organismes privés peuvent être créés sur simple déclaration, à condition que les diplômes, titres et références des enseignants ne soient pas inférieurs à ceux qui sont requis dans les établissements publics d'enseignement. Un certain nombre d'incapacités, assez

186. CE, 19 juill. 2017, n° 406150, *Association Les Enfants d'Abord*.
187. CE, 2 avr. 2021, n° 435002, *Association Les Enfants A...*
188. CC, 13 août 2021, n° 2021-823 DC.

classiques, sont associées à ce dispositif qui reste sous le contrôle pédagogique, disciplinaire et financier de l'État. L'enseignement à distance peut également bénéficier de subventions des collectivités territoriales ou d'établissements publics.

C. La liberté de l'enseignement privé

1380 **Liberté.** - C'est surtout collectivement, par la création d'établissements privés d'enseignement, que s'exerce la liberté des parents. Si l'ouverture d'établissements privés reste la principale voie de concrétisation de la liberté de l'éducation des uns, elle est aussi la limite des autres puisque les **établissements privés ont le choix d'inscrire tel ou tel élève à partir du moment où cela ne tombe pas sous le coup d'une distinction d'origine, d'opinion ou de croyance**.

1. L'ouverture d'établissements privés

1381 **Sources internationales.** - On retrouve d'abord le Pacte sur les droits sociaux dont **l'article 13 § 4** spécifie qu'« aucune disposition du présent article ne doit être interprétée comme portant atteinte à la liberté des individus et des personnes morales de créer et de diriger des établissements d'enseignement, sous réserve que les principes énoncés au paragraphe 1 du présent article soient observés et que l'éducation donnée dans ces établissements doit conforme aux normes minimales qui peuvent être prescrites par l'État ».

1382 **Droit européen.** - Pour la CEDH, le droit à **l'éducation implique le droit d'accéder aux établissements d'enseignement existants et de tirer avantage de l'instruction dispensée, c'est-à-dire d'obtenir que les études qui ont été faites soient officiellement reconnues**[189]. Cependant cela peut se heurter à d'autres normes comme l'usage de la langue.

1383 **Langue et enseignement.** - La CEDH, **dans l'affaire** *Linguistique belge*, **a établi que le droit à l'instruction ne signifie plus rien lorsque ceux auxquels s'adresse l'enseignement n'ont pas aussi le droit de recevoir celui-ci dans leur langue nationale**, ou l'une des langues nationales. Le Comité des droits économiques, sociaux et culturels a aussi formulé des critiques à l'égard de l'enseignement à Maurice, ayant constaté que les deux seules langues que connaît la plus grande partie de la population ne sont pas des langues d'enseignement[190]. Il a également recommandé à la Roumanie de prendre systématiquement des mesures effectives pour mettre un terme à la situation des Tziganes qui restent en butte à une discrimination face à l'enseignement, et à encourager cette minorité à prendre part à la vie culturelle nationale et faire dûment bénéficier les enfants appartenant à cette communauté des activités se rapportant à l'éducation[191]. **Au contraire, pour refuser l'association des « écoles diwan » au service public, le Conseil constitutionnel a rappelé qu'il résulte des termes de l'article 2 de la Constitution** que l'usage d'une langue autre que le français ne peut être imposé aux élèves des établissements de l'enseignement public ni dans la vie de l'établissement, ni dans l'enseignement des disciplines autres que celles de la langue considérée. Sachant que la caractéristique de ces établissements est de pratiquer l'enseignement dit « par immersion linguistique », il a formulé une réserve à destination des autorités administratives lorsqu'elles se prononceront sur une demande d'intégration de ces écoles[192].

---

189. CEDH, 23 juill. 1968, *Affaire linguistique belge* : concernant certains aspects de la législation régissant les langues en usage dans l'enseignement belge.
190. Comité des droits économiques, sociaux et culturels, E/C.12/1994/8, § 16.
191. Comité des droits économiques, sociaux et culturels, E/C.12/1994/4, § 12, 15.
192. CC, 27 déc. 2001, déc. n° 2001-456 DC ; même solution pour le Conseil d'État : CE, 29 nov. 2002, *SNES*.

1384 **Source constitutionnelle.** – La **liberté de l'enseignement est aujourd'hui reconnue comme un principe fondamental reconnu par les lois de la République, rappelé, notamment, à l'article 91 de la loi de finances du 31 mars 1931,** depuis la décision du Conseil constitutionnel n° 77-87 DC du 23 novembre 1977. On notera au passage que la catégorie des principes fondamentaux reconnus par les lois de la République avait été spécialement imaginée, en 1946, pour cette liberté, par les membres du MRP qui se heurtaient par ailleurs à l'hostilité des communistes pour l'intégrer explicitement au préambule de la Constitution.

1385 **Vers un régime d'autorisation** – En 2016, le gouvernement a entamé une réflexion tendant à modifier le régime de création des établissements privés sans lien avec la puissance publique. **Inquiet de voir ouvrir des écoles coraniques qui ne suivent pas les programmes étatiques et porteuses de discours religieux peu compatibles avec l'intégration des jeunes dans la société française, le ministère de l'Éducation nationale souhaitait instaurer un régime d'autorisation**. Cette évolution semble compatible avec la Constitution car, si toute modification législative relative aux libertés peut être apportée à condition de maintenir un niveau de protection équivalent au système antérieur, cette difficulté peut néanmoins être dépassée par un motif d'intérêt général suffisant tenant à la nécessité d'assurer l'égalité des élèves devant la République et la prévention des dérives sectaires. **Néanmoins, le Conseil constitutionnel**[193] **a ainsi censuré la loi qui habilitait le gouvernement à prendre par ordonnance les mesures nécessaires pour remplacer, dans le Code de l'éducation,** les régimes de déclaration d'ouverture préalable des établissements privés d'enseignement scolaire par un régime d'autorisation. En raison de l'atteinte susceptible d'être portée à la liberté de l'enseignement par ce régime d'autorisation administrative, le législateur, en confiant au gouvernement sans autre indication le soin de préciser « les motifs pour lesquels les autorités compétentes peuvent refuser d'autoriser l'ouverture » de tels établissements, a insuffisamment précisé les finalités des mesures susceptibles d'être prises par voie d'ordonnance.

Avec la loi du 24 août 2021 confortant le respect des principes de la République, les écoles privées hors contrat devront répondre à de nouvelles obligations. Un régime de fermeture administrative des écoles non déclarées ou qui n'ont pas remédié aux défaillances constatées par l'administration est créé. Un directeur d'établissement privé accueillant des classes hors contrat ou son représentant légal, qui n'a pas pris les dispositions nécessaires pour remédier aux manquements relevés, est puni d'un an d'emprisonnement et de 15 000 euros d'amende. Lorsqu'il constate que des enfants sont accueillis aux fins de leur dispenser des enseignements scolaires sans déclaration préalable, le représentant de l'État dans le département prononce l'interruption de cet accueil et la fermeture des locaux utilisés et met en demeure les parents des enfants accueillis dans ces locaux d'inscrire leurs enfants dans un établissement d'enseignement scolaire.

Du point de vue européen, le droit à l'éducation dont disposent les parents protège le choix de l'établissement et la liberté de création d'établissements, cependant des limites peuvent y être apportées et la marge nationale d'appréciation est importante. Les États doivent veiller à l'instruction des enfants et encadrer le droit des parents à la choisir sans toucher au noyau dur qu'est le pluralisme éducatif. Le souci de protection contre l'endoctrinement religieux est jugé légitime[194].

1386 **Régime législatif.** – La **loi n° 2018-266 du 13 avril 2018 (dite loi Gatel)** et le décret n° 2018-407 du 29 mai 2018 visent à simplifier et mieux encadrer le régime d'ouverture et de contrôle des établissements d'enseignement scolaire privés hors contrat tout en modifiant les conditions issues de la IIIe République. La personne qui ouvre l'école et son directeur ne doivent pas avoir été l'objet de certaines condamnations, interdictions, révocations (listées à l'article L. 911-5, C. éduc.) et doit en principe être ressortissant de l'Union européenne ou, dérogatoirement, attester de sa maîtrise de la langue française. Le directeur doit avoir 21 ans au moins, avoir exercé pendant cinq ans au moins des fonctions de direction, d'enseignement ou de surveillance dans un établissement d'enseignement public ou privé européen et détenir un titre ou diplôme Bac +2. L'État dispose de trois mois pour s'opposer à l'ouverture de l'établissement dans l'intérêt de l'ordre public ou de la protection de l'enfance et de la

193. CC, 26 janv. 2017, n° 2016-745 DC – Loi relative à l'égalité et à la citoyenneté.
194. CEDH, 17 juin 2004, n° 71860/01, *Ciftçi c. Turquie*.

jeunesse, si la personne qui ouvre l'établissement ou la personne qui dirigera l'établissement ne remplit pas les conditions prévues, ou s'il ressort du projet de l'établissement que celui-ci n'a pas le caractère d'un établissement scolaire ou, le cas échéant, technique. **Les conditions requises pour enseigner dans le hors-contrat sont plus exigeantes qu'auparavant mais non rétroactives.** Elles ont par ailleurs été unifiées : elles sont dorénavant les mêmes quel que soit le degré d'enseignement (maternelle, élémentaire, collège, lycée) : absence des condamnations précitées, la nationalité européenne ou la maîtrise de la langue, avoir 18 ans (art L. 914-3 et art. R. 913-5) et détenir un titre ou diplôme Bac +2. Des dérogations existent.

1387 Opposition de l'État. – La déclaration nécessaire à l'ouverture d'un établissement privé s'apparente en fait à un régime d'autorisation car l'État peut s'opposer à l'ouverture déclarée pour des motifs en fait assez larges, même si le juge opère un contrôle normal. Bien que la compétence de l'autorité pour recevoir la déclaration varie d'un niveau à l'autre, le régime de l'opposition que l'État peut faire valoir est globalement le même.

Le contrôle des établissements est opéré par le Recteur mais aussi le Préfet (titres exigés des directeurs et des enseignants, obligation scolaire, instruction obligatoire, respect de l'ordre public, prévention sanitaire et sociale la protection de l'enfance et de la jeunesse, respect des normes minimales de connaissances requises par l'article L. 131-1-1[195] et que les élèves de ces classes ont accès au droit à l'éducation tel que celui-ci est défini par l'article L. 111-1 (préc.)). **Les établissements devront chaque année communiquer, au cours de la première quinzaine du mois de novembre, au recteur d'académie une liste des nom et prénoms des personnes exerçant des fonctions d'enseignement** dans les classes de l'établissement qui ne sont pas liées à l'État par contrat. La négligence de ces obligations appelle six mois d'emprisonnement et de 15 000 euros d'amende.

1388 Liberté de l'enseignement supérieur. – Enfin, la loi du 12 juillet 1875 proclame que « l'enseignement supérieur est libre » (codifié à l'art. L. 151-6, C. éduc.). L'article L. 731-1 du Code de l'éducation permet ainsi l'ouverture d'établissements privés d'enseignement supérieur par des particuliers ou des associations formées dans ce but, sur simple déclaration. L'enseignement supérieur est libre. De même que pour l'enseignement primaire et secondaire, le Code de l'éducation établit une distinction selon la nationalité de la personne désirant créer un établissement d'enseignement supérieur privé. **Les Français et les ressortissants des États membres de l'Union européenne ou de l'Espace économique européen sont libres de créer de tels établissements,** et doivent déposer une déclaration d'ouverture auprès du rectorat ou du représentant de l'État dans le département et du procureur de la République. Les étrangers non ressortissants de l'Union européenne ou de l'Espace économique européen doivent en revanche obtenir une autorisation. Actuellement, 18 % des étudiants sont inscrits dans des établissements d'enseignement supérieur privés (essentiellement des instituts confessionnels, des écoles d'ingénieurs ou de commerce dont certains peuvent être financés de façon variable par les pouvoirs publics).

De même, la loi du 25 juillet 1919 proclame la liberté de l'enseignement technique (actuel art. 151-5, C. éduc.).

1389 Autonomie de fonctionnement. – La liberté de l'établissement est en principe très forte (au-delà du minimum du « droit à l'éducation ») jusqu'à ce qu'il décide de s'associer de près ou de loin avec le service public de l'éducation. À partir de là, le libre choix des méthodes, des programmes et des livres devient conditionné par un moule commun. Il en va de même de la liberté de recrutement des enseignants. **L'autonomie s'amenuise d'ailleurs davantage de niveau en niveau, l'enseignement supérieur privé, aux termes de la loi du 18 mars 1881, ne pouvant en effet délivrer des diplômes qu'à partir d'un conventionnement avec les universités publiques qui conservent le monopole de la collation des grades**, les établissements privés ne pouvant prendre le titre « d'université ». Ainsi que le rappelle le juge : « l'article L. 613-1 du Code de l'éducation, éclairées par les travaux parlementaires ayant précédé l'adoption de la loi du 18 mars 1880 relative à la liberté de

195. Article L. 131-1-1 : « Le droit de l'enfant à l'instruction a pour objet de lui garantir, d'une part, l'acquisition des instruments fondamentaux du savoir, des connaissances de base, des éléments de la culture générale et, selon les choix, de la formation professionnelle et technique et, d'autre part, l'éducation lui permettant de développer sa personnalité, son sens moral et son esprit critique d'élever son niveau de formation initiale et continue, de s'insérer dans la vie sociale et professionnelle, de partager les valeurs de la République et d'exercer sa citoyenneté. »

l'enseignement supérieur et de la loi du 26 janvier 1984 sur l'enseignement supérieur dont elles sont issues, que le législateur a entendu exclure que des établissements d'enseignement supérieur privés puissent délivrer seuls des diplômes conduisant à l'obtention de grades ou de titres universitaires »[196].

L'autonomie conduit aussi à des différences de situations qui justifient des différences de traitement. Ainsi, pour un établissement hors contrat, le déroulement des épreuves du baccalauréat peut différer du cadre de principe sans violer le principe d'égalité[197].

2. L'aide financière de l'État

1390 **Un droit très partiellement aidé hors service public.** – Hors statut de participation à la politique nationale de l'éducation, **l'enseignement privé ne peut bénéficier d'aides financières qu'à partir du second degré et progressivement.** L'enseignement primaire ne peut faire l'objet d'aucune subvention, y compris sous forme de garanties d'emprunt. En revanche, aux termes de l'article L. 151-4, « les établissements d'enseignement général du second degré privés peuvent obtenir des communes, des départements, des régions ou de l'État des locaux et une subvention, **sans que cette subvention puisse excéder le dixième des dépenses annuelles de l'établissement.** Le conseil académique de l'éducation nationale donne son avis préalable sur l'opportunité de ces subventions ». Cette notion de subvention inclut les prêts à taux préférentiels mais exclut les garanties d'emprunt. L'enseignement technique peut, lui, être aidé, tout comme l'enseignement supérieur[198].

1391 **Aide conditionnée par l'association au service public.** – Le moyen de contourner ce cadre très restrictif d'aides publiques est de bénéficier d'un statut de participation au service public, sous contrat. Il s'agit d'une sorte d'obligation positive à la charge de l'État, en contrepartie de la liberté. Elle dépend tout de même de l'octroi d'un statut dont l'État a la maîtrise. **Pour le Conseil constitutionnel, il résulte de la liberté de l'enseignement « que le principe de laïcité ne fait pas obstacle à la possibilité pour le législateur de prévoir, sous réserve de fonder son appréciation sur des critères objectifs et rationnels, la participation des collectivités publiques au financement du fonctionnement des établissements d'enseignement privés sous contrat d'association selon la nature et l'importance de leur contribution à l'accomplissement de missions d'enseignement »**[199]. Cela justifie les dispositions législatives qui imposent aux communes de résidence de participer au financement du fonctionnement des écoles privées sous contrat situées dans une autre commune. Le législateur peut prévoir l'octroi d'une aide des collectivités publiques aux établissements d'enseignement privés selon la nature et l'importance de leur contribution à l'accomplissement de missions d'enseignement. Pour autant, même si le principe de libre administration des collectivités locales a valeur constitutionnelle, les dispositions que le législateur édicte ne sauraient conduire à ce que les conditions essentielles d'application d'une loi relative à l'exercice de la liberté de l'enseignement dépendent de décisions des collectivités territoriales et, ainsi, puissent ne pas être les mêmes sur l'ensemble du territoire. Les aides allouées par les collectivités locales doivent, pour être conformes aux principes d'égalité et de liberté, obéir à des critères objectifs[200].

1392 **Régimes contractuels.** – Aujourd'hui repris dans le Code de l'éducation, ces régimes ont été **posés par la loi Debré du 31 décembre 1959** (pour l'enseignement général) et **la loi Rocard du 31 décembre 1984** (pour l'enseignement agricole). Cela peut aller d'ailleurs jusqu'à l'intégration totale des écoles privées dans l'enseignement public à condition d'en respecter toutes les exigences, notamment l'usage du français[201]. **Deux niveaux de contrats existent, simple ou d'association.**

196. CE, 7 juin 2017, n° 389213, *Lebon*.
197. CE, 24 juill. 2019, *Fondation pour l'école et autres*, n° 424260.
198. CE, ass., 1er juill. 1956, *Canivez*.
199. CC, 22 oct. 2009, déc. n° 2009-591 DC.
200. CC, 13 janv. 1994, déc. n° 93-329 DC.
201. CE, 29 nov. 2002, *SNES* : cas des écoles Diwan.

1393 **Contrat simple.** - Les établissements d'enseignement privés du premier degré peuvent passer avec l'État un contrat simple suivant lequel les maîtres agréés reçoivent de l'État leur rémunération. Ils sont recrutés par l'établissement après agrément de l'autorité académique. Les collectivités territoriales peuvent alors participer au financement de ces établissements (sauf dépenses d'investissement des écoles primaires). Pour les classes sous contrat simple (un établissement peut placer une partie seulement de ses élèves sous ce statut), **l'enseignement des matières de base est organisé par référence aux programmes et aux règles générales relatives aux horaires de l'enseignement public.**

1394 **Contrat d'association.** - Les établissements d'enseignement privé du premier et du second degré peuvent demander un contrat d'association à la condition d'être ouverts depuis au moins cinq ans. Un certain nombre d'exigences sont fixées quant aux qualifications des directeurs et des enseignants et les classes devront respecter les programmes et règles appliqués dans l'enseignement public. L'État dispose d'un pouvoir discrétionnaire pour accepter cette association et doit apprécier si cela répond à un besoin scolaire reconnu, c'est-à-dire si l'effectif des élèves fréquentant l'établissement est suffisamment important et si cette demande relève d'un besoin spécifique d'enseignement privé. **Selon le Conseil constitutionnel, l'existence d'un « besoin scolaire reconnu » doit s'entendre comme comprenant des éléments quantitatifs et des éléments qualitatifs tels que la demande des familles et le caractère propre de l'établissement d'enseignement**[202]. Concrètement, cela se fait en tenant compte le cas échéant des schémas locaux[203]. La politique de l'État est aussi conditionnée par la part de financements octroyés à l'enseignement privé par la loi de finance (actuellement autour de 20 %). Le caractère limitatif des crédits affectés à la rémunération des personnels des établissements privés d'enseignement sous contrat ne porte pas atteinte à la liberté d'enseignement. Les aides accordées par les collectivités territoriales ou leurs établissements à l'enseignement privé doivent respecter l'égalité avec l'enseignement public et entre les établissements d'enseignement privé. De même, lorsque les collectivités territoriales adoptent des mesures d'aide sociale en faveur des élèves, elles doivent en faire bénéficier l'ensemble, sauf à le justifier par un motif d'intérêt général ou une différence objective de situation[204]. En cas de contrat d'association, **les enseignants peuvent être soit des enseignants fonctionnaires de l'État, soit des enseignants qui deviennent agents publics par contrat avec l'État bien qu'ils soient alors soumis en partie au Code du travail pour ce qui concerne la vie de l'établissement** (loi du 5 janvier 2005, devenue art. L. 442-5, C. éduc.). Le choix des enseignants est alors assuré conjointement par l'établissement et par l'État.

1395 **Caractère propre de l'établissement.** - Si le contrat d'association passé avec l'État doit **toujours respecter la liberté de conscience des enseignants et des élèves (notion de « caractère propre de l'établissement »), le principe même du contrat d'association est une insertion dans le service public.** Dès lors, l'État a la mainmise sur les modalités de l'enseignement. Si le chef d'établissement conserve la possibilité de s'opposer à un recrutement qu'il considérerait comme incompatible avec le caractère propre de l'établissement, si les enseignants ont un devoir de réserve dans le cadre de leur enseignement, le projet d'établissement qui fait l'objet du contrat d'association doit reprendre l'ensemble des canons publics (qualification des enseignants, contenu des programmes, volume horaire, absence de toute discrimination dans l'inscription des élèves, etc.). **Le caractère propre de l'établissement connaît ainsi quelques limites, comme l'obligation d'un cours d'éducation sexuelle dont le Conseil d'État a estimé qu'il ne portait pas atteinte au caractère propre des écoles d'enseignement catholique**[205]. La Cour de cassation leur a toutefois reconnu la liberté de choix quant à la décision d'autoriser ou d'interdire le port par les élèves de signes religieux[206].

---

202. CC, 18 janv. 1985, déc. n° 84-185 DC.
203. CE, 12 avr. 1991, *Syndicat national de l'enseignement chrétien CFTC*.
204. CE, 20 janv. 1982, *Dépt. Tarn et Garonne*.
205. CE, 18 oct. 2000, *Ass. Promouvoir*.
206. Cass. 1re civ., 21 juin 2005, *Fatima X. c. collège privé Charles de Foucault*.

III. La liberté de l'enseignant

1396 La situation est différente dans l'enseignement privé et public.

1397 **Le cadre juridique de l'enseignement privé.** – Les enseignants dans les classes sous contrat d'association ont l'obligation de **respecter le caractère propre de l'établissement** (art. 1er de la loi du 31 décembre 1959). Une telle obligation, si elle ne peut être interprétée comme permettant qu'il soit porté atteinte à la liberté de conscience des maîtres, qui a valeur constitutionnelle, impose à ces derniers d'observer dans leur enseignement un devoir de réserve[207], sans que cela n'affecte leur vie privée.

1398 **Respect de la conscience de l'élève.** – Les libertés des personnels relèvent dans l'ensemble du droit commun applicable aux personnels de la fonction publique et des agents publics non-fonctionnaires (la liberté syndicale, la liberté d'association, le droit de grève, la liberté de la presse, l'interdiction faite aux agents publics de porter des signes religieux)[208]. Les libertés qui pourraient avoir une influence sur les élèves, comme la liberté d'expression, peuvent être limitées. **Les enseignants du primaire et du secondaire ne doivent ainsi pas mettre en œuvre de propagande**[209].

1399 **Dans l'enseignement supérieur**[210]. – **L'indépendance des professeurs d'université publique est un principe de valeur constitutionnelle qui se déduit tant de l'article 11 de la Déclaration de 1789** que des principes fondamentaux reconnus par les lois de la République. Le collège électoral auquel ils participent pour la désignation du conseil d'administration d'une université ne peut ainsi comprendre que des professeurs des universités ce qui n'est pas nécessaire pour le conseil de la vie étudiante dont les attributions sont purement consultatives[211]. Néanmoins, depuis la loi du 22 juillet 2013 relative à l'enseignement supérieur, les deux conseils fusionnent en conseil académique qui prend les décisions.

Section 3
La liberté de réunion et la liberté de manifestation

1400 **Autonomie.** – Ces deux libertés publiques, des plus classiques, auraient pu être traitées avec la liberté d'expression. En effet, **faute de consécration explicite par les sources constitutionnelles et internationales, les juridictions suprêmes les ont raccrochées à la liberté d'expression**. Mais elles s'en distinguent pourtant, tant par leur traitement jurisprudentiel que par leur réglementation interne. **La réunion et la manifestation ont en effet ceci de spécifique qu'elles allient action collective et communication d'une pensée**. Dans les deux cas, il s'agit d'organiser le rassemblement physique d'un groupe de personnes et c'est cet aspect qui domine le régime juridique car le risque pour l'ordre public, voire le risque politique, a toujours suscité l'inquiétude du pouvoir. Comme le disait Benjamin Constant « On ne se réunit pas pour comploter, mais ceux qui se réunissent complotent toujours » !

207. CC, 18 janv. 1985, déc. n° 84-185 DC.
208. CE, avis, 3 mai 2000, *M.*
209. Pour le contentieux des signes religieux, voir *supra* n° 1247.
210. Sur ce point, voir *infra* n° 1083.
211. CC, 20 janv. 1984, déc. n° 83-165 DC.

I. La réunion dans un lieu clos

1401 **Libéralisme anachronique.** - Se réunir dans un lieu donné et pour un motif connu pourrait relever de la liberté personnelle, de la vie privée plus précisément. Or, le caractère politique ou social, au sens large, de ces réunions leur donne une portée différente que notre droit encadre donc spécifiquement. **La loi ne régit la liberté de réunion que lorsqu'il s'agit de réunions publiques, c'est-à-dire celles pour lesquelles l'accès est ouvert à tous sans caractère nominatif**. Les réunions privées suivent le régime de la vie privée. Le régime des réunions publiques se veut aussi libéral que possible même s'il laisse place à une certaine désuétude des contrôles créés sous la IIIe République, lesquels ont de quoi surprendre aujourd'hui à l'heure de l'internet.

A. Une liberté en principe complète

1402 **Sources internes.** - Reconnue par les constitutions de 1791, 1793 et 1848, la liberté de réunion n'a plus fait l'objet d'une consécration constitutionnelle depuis. Le fondement de la liberté de réunion reste donc, encore aujourd'hui, **la loi du 30 juin 1881 qui a mis fin au régime d'autorisation au profit d'un régime de déclaration préalable : « Les réunions publiques sont libres. Elles peuvent avoir lieu sans autorisation préalable, sur les conditions prescrites par les articles suivants »**. C'est ensuite **la loi du 28 mars 1907 qui passe à un régime de liberté absolue**, sauf à répondre d'une infraction pénale. Ce n'est que le 18 janvier 1995 que le Conseil constitutionnel consacre un « droit d'expression collective des idées et des opinions »[212]. L'essentiel de sa régulation dépend encore aujourd'hui du Conseil d'État qui a posé les bases de son contrôle dans le **célèbre arrêt** *Benjamin* **du 13 mai 1933**. Le Conseil refuse toute interdiction de la réunion tant que les autorités publiques n'ont pas tenté d'assurer le respect de l'ordre public par des mesures moins contraignantes pour les libertés. La réunion n'en est pas moins une liberté fondamentale au sens de l'article 521-2 du Code de la justice administrative, susceptible d'ouvrir un référé-sauvegarde[213].

1403 **Sources internationales.** - La même mésaventure prend la forme d'une reconnaissance par l'article 20 de la DUDH, dépourvue d'effectivité en droit français (« toute personne a droit à la liberté de réunion et d'associations pacifiques »). **Le PIDCP reconnaît à l'article 21 le droit de réunion pacifique, sans autre précision**. Le Comité des droits de l'homme des Nations unies a précisé que cela couvrait l'activité de groupes réunis intentionnellement, de manière temporaire, pour un motif précis. Sa protection n'est guère puissante : elle peut être soumise à déclaration pour des considérations de sécurité nationale, d'ordre public de santé publique et même de moralité publique, ou bien alors pour protéger les droits et libertés d'autrui[214].

1404 **Sources européennes.** - La CDFUE présente **un article 12 qui consacre que « toute personne a droit à la liberté de réunion pacifique et la liberté d'association à tous les niveaux, notamment les domaines politique, syndical et civique, ce qui implique le droit de toute personne de fonder avec d'autres des syndicats et de s'y affilier pour la défense des intérêts »**. L'article 11 § 1 de la Convention EDH dispose également que « toute personne a droit à la liberté de réunion pacifique et la liberté d'association ». Le paragraphe 2, classiquement, énonce nombre de motifs de restrictions : la sécurité nationale, la sûreté publique, la défense, la prévention du crime, la protection de la santé et de la morale, la protection des droits et libertés d'autrui. Ces restrictions peuvent être imposées pour les membres des forces armées, de la police ou de l'administration de l'État. La Commission, comme la CEDH, a toujours eu une jurisprudence assez libérale en faveur de la liberté de réunion. **Une des premières affaires a permis à la Commission de faire de la liberté de réunion un élément de la**

212. CC, 18 janv. 1995, déc. n° 94-352 DC.
213. Ex. d'une injonction pour un maire d'accueillir une réunion du Front National d'abord interdite : CE, ord. réf., 19 août 2002, *Front national et Institut de formation des élus locaux*.
214. CDH, 10 juin 1994, Auli Kivenmaa c. Finlande.

liberté d'expression tout à fait nécessaire dans le domaine politique pour la vie démocratique[215]. Comme toujours dans le cadre de la jurisprudence de la CEDH, ces ingérences de l'État dans la liberté de réunion doivent être prévues par la loi, nécessaires dans une société démocratique et proportionnées au but poursuivi. Sur ce fondement, la CEDH condamne le gouvernement turc pour avoir empêché systématiquement les Chypriotes de la partie turque de rencontrer des Chypriotes de la partie grecque[216]. À l'inverse, l'évacuation de sans-papiers d'une église est une ingérence justifiée par des objectifs d'ordre public[217].

1405 **Limites.** – Quelques infractions forment la limite de la liberté de réunion, comme celle qui punit les menaces proférées dans les lieux des réunions publiques ou par des écrits mis en évidence lors de ces réunions (art. 23, loi du 29 juillet 1881). **Il est également prohibé de porter une arme lors d'une réunion publique** (peine de trois ans d'emprisonnement et 45 000 euros d'amende). Mais le juge administratif n'accorde pas en référé-liberté l'injonction d'interdire une manifestation, même si elle promet d'être dérangeante. Ainsi[218] s'agissant d'un « camp d'été » réservé exclusivement « aux personnes subissant à titre personnel le racisme d'État en contexte français », le juge considère que les autorités investies du pouvoir de police, n'ont pas à réagir de leur propre initiative à une réunion annoncée en des termes aussi imprécis ne constitue pas une atteinte manifestement illégale à une liberté fondamentale qu'il lui appartiendrait de faire cesser.

B. Un contrôle de police proportionnel

1406 **Jurisprudence administrative – Régime de droit commun.** – À côté de cette répression pénale et hors circonstances exceptionnelles, le droit le plus classique de la police administrative s'applique au contrôle des mesures restrictives de la liberté de réunion. L'arrêt de principe, le célèbre **arrêt** *Benjamin* **du 19 mai 1933**, avait déjà posé de façon libérale que la réunion doit pouvoir se tenir sauf troubles majeurs à l'ordre public que les autorités de police ne pourraient endiguer autrement que par l'interdiction. Cette jurisprudence est pourtant issue d'une période troublée de la vie politique française, celle des années 1930, où la montée des mouvements de la droite radicale faisait craindre le pire pour la République. **Le Conseil d'État n'en a pas moins considéré que les réunions et banquets devaient pouvoir s'organiser à partir du moment où les maires disposaient des forces de police suffisantes pour maintenir l'ordre**[219]. Désormais, il revient à la loi du 27 février 2002 relative à la démocratie de proximité d'asseoir la liberté de réunion des partis politiques. L'article L. 2144-3 du Code général des collectivités territoriales dispose ainsi que « des locaux communaux peuvent être utilisés par les associations, syndicats et partis politiques qui en font la demande. Le maire détermine les conditions dans lesquelles ces locaux peuvent être utilisés, compte tenu des nécessités de l'administration des propriétés communales, du fonctionnement des services du maintien de l'ordre public ». **Il arrive pourtant que le juge admette qu'il n'était possible de maintenir l'ordre autrement qu'en interdisant la réunion ; ainsi dans l'hypothèse où une réunion du Front national se tient dans un bâtiment où doit également se tenir une réunion d'opposants au Front national**[220].

1407 **Jurisprudence administrative – Circonstances exceptionnelles.** – Les circonstances exceptionnelles pèsent particulièrement lourd face à la liberté de réunion. Dans l'hypothèse de la mise en œuvre de l'article 16 de la Constitution, les pleins pouvoirs peuvent intégrer l'interdiction des réunions et l'absence de contrôle du

215. Com. EDH, 10 oct. 1979, *Rassemblement jurassien c. Suisse* ; CEDH, 26 avr. 1991, *Ezelin c. France*.
216. CEDH, 20 févr. 2003, *Djavit An c. Turquie*.
217. CEDH, 9 avr. 2002, *Cissé c. France*.
218. CE, ord., 14 août 2017, *M. Dupont-Aignan*, req. n° 413354, 413355.
219. CE, 5 févr. 1937, *Bujadoux* : à propos d'un banquet invitant Charles Maurras à Lyon.
220. CAA Lyon, 30 mai 2006.

juge administratif sur cette décision considérée comme relevant de la loi[221]. **On peut de même en cas de mise en œuvre de l'état d'urgence (loi du 3 avril 1955) suspendre ou restreindre la liberté de réunion.**

1408 **Exceptions.** – Si le régime de droit commun est libéral, **certaines formes de réunion font encore l'objet d'un régime d'autorisation. C'est tout d'abord le cas des spectacles de curiosité tels que ceux prévus par l'ordonnance du 13 octobre 1945** qui souhaitait éviter les errements et les risques inhérents à des démonstrations attisant la curiosité du public. La loi du 18 mars 1999 a modifié cette ordonnance pour en simplifier la procédure d'autorisation et s'assurer désormais davantage du statut des personnes qui s'y prêtent. **La loi du 3 juin 2016 renforçant la lutte contre le crime organisé, le terrorisme et leur financement oblige désormais les organisateurs d'événements exposés à un risque exceptionnel de menace terroriste** à solliciter l'avis de l'autorité administrative avant ouverture au public.

II. La réunion sur la voie publique : la manifestation

1409 **Domaine public et libertés.** – Traditionnellement, tout usage du domaine public distinct de la liberté d'aller et venir apparaît suspect au pouvoir désireux d'ordre. **Le fait d'utiliser le domaine public pour exprimer une opinion est donc source de fragilité car le droit l'analyse comme une dérogation permettant un régime d'autorisation, devenu un régime de déclaration.** Mais, faute d'organisation garante de l'ordre, la réunion de fait sur la voie publique, l'attroupement, suscite une répression.

Selon la Cour de cassation, « constitue une manifestation, au sens et pour l'application des articles L. 211-1 du Code de la sécurité intérieure et 413-9 du Code pénal, tout rassemblement, statique ou mobile, sur la voie publique d'un groupe organisé de personnes aux fins d'exprimer collectivement et publiquement une opinion ou une volonté commune »[222].

A. Les « progrès » de la liberté de manifester sur la voie publique

1410 **Protection internationale et européenne.** – L'article 21 du pacte des Nations unies relatif aux droits civils et **l'article 11 de la Convention EDH sauvegardent également la liberté de manifestation en évoquant la liberté de réunion pacifique.** La manifestation n'y apparaît donc pas en tant que telle mais les juges ont pu l'appliquer à des manifestations. Le Comité des droits de l'homme des Nations unies a protégé le fait pour des opposants à un chef d'État étranger de déployer des banderoles dénonçant son activité contraire aux droits de l'homme[223]. De même, **la CEDH sanctionne le comportement des autorités administratives lorsqu'elles exigent des conditions d'organisation des manifestations non établies par la loi**[224] ou travestissent les faits en faisant passer une conférence de presse pour une manifestation pouvant être interdite[225]. Dans un arrêt particulièrement motivé, *Alekseyev c. Russie*[226], le juge européen sanctionne le maire de Moscou sur le fondement de l'article 11 et de l'article 14 pour avoir interdit trois années successivement l'organisation de la *Gay Pride*, arguant à la fois de motifs sécuritaires mal motivés et d'une hostilité explicite aux homosexuels. La Russie[227] a encore violé l'article 6 § 1 et l'article 11 en procédant à l'arrestation d'un groupe de personnes avant une manifestation antigouvernementale ainsi qu'à leur condamnation pour non-respect de la réglementation sur les manifestations, faute de proportionnalité de ces mesures aux nécessités du maintien de l'ordre public. De même, viole l'article 11 l'interdiction

221. CE, 2 mars 1961, *Rubin de Servens*.
222. Cass. crim., 9 févr. 2016, n° 14-82234.
223. CDH, 31 mars 1994, communic. n° 412/1990, *Mme Auli Kivenmaa c. Finlande*.
224. CEDH, 3 mai 2007, *Baczkowski c. Pologne*.
225. CEDH, 27 juin 2006, n° 61353/00, *Cetinkaya c. Turquie*.
226. CEDH, 21 oct. 2010.
227. CEDH, 3 oct. 2013, n° 21613/07, *Kasparov et autres c. Russie*.

d'une manifestation qui s'annonce pourtant violente au regard des tracts très vindicatifs et même si des drapeaux et des effigies de chefs d'État avaient été brûlés. **En effet, la police a pour rôle de s'interposer entre deux groupes de manifestants afin de faire respecter l'ordre public** ; or, par le passé, les manifestations organisées par le parti requérant s'étaient toujours déroulées dans le calme[228]. L'État doit permettre une contre-manifestation de groupes d'extrême droite sur le parcours d'une manifestation de démocrates sur des lieux de mémoire de la Seconde Guerre mondiale, à la condition que le comportement n'affiche aucune violence[229].

La liberté de réunion pacifique revêt une importance telle que la lutte contre la pandémie de Covid 19 ne saurait en entamer le noyau dur. La Cour[230] tient compte des thématiques et des valeurs que l'association requérante défend en vertu de ses statuts, du caractère général et de la durée considérablement longue de l'interdiction des manifestations publiques, de la lourdeur des sanctions (jusqu'à trois ans de prison) ainsi que de l'absence de contrôle effectif des juges internes.

1411 **Protection interne. –** Paradoxalement, la liberté de manifestation se trouve davantage protégée que la liberté de réunion ; tout d'abord, parce que **dans sa décision du 18 janvier 1995, le Conseil constitutionnel a rattaché la liberté de manifester sur la voie publique au droit d'expression collective** des idées et des opinions fondées sur l'article 11 de la DDHC[231] ; ensuite, parce que l'article 431-1 du Code pénal (loi du 19 septembre 2000) fournit les éléments d'un délit d'entrave à la liberté de manifestation qui se trouve punit de trois ans d'emprisonnement et de 45 000 euros d'amende. **Le Conseil constitutionnel a en outre censuré la possibilité pour l'autorité administrative de prononcer une interdiction de manifester à l'encontre d'une personne constituant une menace d'une particulière gravité pour l'ordre public**[232]. La loi prévoyait d'interdire à une personne de participer à une manifestation sur la voie publique et, dans certains cas, de prendre part à toute manifestation sur l'ensemble du territoire national pour une durée d'un mois mais le Conseil constitutionnel a notamment relevé que la menace d'une particulière gravité pour l'ordre public nécessaire au prononcé de l'interdiction de manifester devait résulter, selon les dispositions contestées, soit d'un « acte violent » soit d'« agissements » commis à l'occasion de manifestations au cours desquelles ont eu lieu des atteintes graves à l'intégrité physique des personnes ou des dommages importants aux biens. Ainsi, le législateur n'a pas imposé que le comportement en cause présente nécessairement un lien avec les atteintes graves à l'intégrité physique ou les dommages importants aux biens ayant eu lieu à l'occasion de cette manifestation. Il n'a pas davantage imposé que la manifestation visée par l'interdiction soit susceptible de donner lieu à de telles atteintes ou dommages. En outre, l'interdiction peut être prononcée sur le fondement de tout agissement, que celui-ci ait ou non un lien avec la commission de violences, sans encadrement dans le temps.

1412 **Déclaration. –** La manifestation est une réunion qui s'exerce sur la voie publique, il s'agit donc d'un groupement de personnes qui exprime sa volonté collective sur le domaine public. Elle se fonde elle aussi sur une source législative, **le décret-loi du 30 octobre 1935 qui institue une procédure de déclaration préalable en vue de prévenir les troubles à l'ordre public.** L'article L. 211-1 du Code de la sécurité intérieure (loi du 12 mars 2012) dispose que « sont soumis à l'obligation d'une déclaration préalable tous cortèges, défilés et rassemblements de personnes, et, d'une façon générale, toutes manifestations sur la voie publique. » Un des organisateurs de la manifestation doit en informer les autorités dans la quinzaine de jours qui précède la date et au minimum trois jours avant. Ils doivent indiquer l'objet, le lieu et l'itinéraire de la manifestation au maire qui en informe le

228. CEDH, 2 févr. 2010, *Parti populaire démocrate-chrétien c. Moldova*.
229. CEDH, 24 juill. 2012, *Faber c. Hongrie*.
230. CEDH, 15 mars 2022, nº 21881/20, *Communauté genevoise d'action syndicale (CGAS) c. Suisse*.
231. CC, 18 janv. 1995, déc. nº 94-352 DC : à propos de l'interdiction de manifester prévue par le législateur pour une durée maximum de trois ans et limitée à des lieux fixés par la décision de condamnation, il estime « qu'eu égard à la nature des infractions énumérées par l'article en cause, l'interdiction mentionnée ci-dessus ainsi que les peines sanctionnant sa méconnaissance ne portent pas atteinte au principe de proportionnalité des sanctions et ne sont pas non plus de nature à méconnaître les exigences de la liberté individuelle, de la liberté d'aller et venir et du droit d'expression collective des idées et des opinions ».
232. CC, 4 avr. 2019, nº 2019-780 DC, Loi visant à renforcer et garantir le maintien de l'ordre public lors des manifestations.

préfet, seule autorité de police spéciale des manifestations[233]. **Sont dispensées de cette déclaration les sorties sur la voie publique conformes aux usages locaux, c'est-à-dire pour l'essentiel les processions religieuses, quand bien même elles auraient été interrompues de longue date**. Selon le Conseil d'État : « le respect de la liberté de manifestation, qui a le caractère d'une liberté fondamentale, doit être concilié avec le maintien de l'ordre public et [...] il appartient à l'autorité investie du pouvoir de police, lorsqu'elle est saisie de la déclaration préalable prévue à l'article L. 211-1 du Code de la sécurité intérieure, d'apprécier le risque de troubles à l'ordre public et, sous le contrôle du juge administratif, de prendre les mesures de nature à prévenir de tels troubles dont, le cas échéant, l'interdiction de la manifestation si une telle mesure est seule de nature à préserver l'ordre public »[234].

1413 Limites. – Si l'autorité investie des pouvoirs de police estime que la manifestation projetée est de nature à troubler l'ordre public, elle l'interdit par un arrêté qu'elle notifie immédiatement aux signataires de la déclaration au domicile élu. En pratique, les observateurs témoignent du fait que ce régime de la liberté de manifestation permet en fait d'ouvrir une négociation avec les autorités publiques qui, sous prétexte d'éviter d'interdire la manifestation, influe sur son itinéraire, sa durée et son organisation. **C'est pourquoi le juge administratif se livre à un contrôle maximum des éventuelles interdictions afin d'en vérifier l'absolue nécessité**[235]. Le Conseil accepte même qu'une manifestation soit interdite avant même toute négociation avec le préfet si celui-ci dispose de suffisamment d'éléments : tel était le cas « après avoir relevé les troubles déjà provoqués lors de semblables rassemblements de l'association « SOS tout petits », qui avaient d'ailleurs valu à son président ou à certains de ses membres diverses condamnations pour délit d'entrave à l'interruption volontaire de grossesse, coups et blessures, ou manifestation sans déclaration, et avoir rappelé la nécessité de préserver la tranquillité publique aux abords immédiats d'un établissement hospitalier. Le préfet avait pris une mesure d'interdiction légalement justifiée par la nécessité du maintien de l'ordre public »[236]. De son côté, la CEDH admet qu'un routier se livrant à une « opération escargot » puisse être condamné pour entrave à la circulation[237].

1414 Répression. – Ce régime se double de certaines infractions pénales. **Le législateur a créé un nouveau délit de participation à un groupement en vue de commettre des violences, prévu par l'article 222-14-2 du Code pénal, avec l'aval du juge constitutionnel qui ne l'estime pas attentatoire au droit d'expression collective des idées et des opinions**[238]. De même, la loi prévoit qu'existe, à titre de peine complémentaire, l'interdiction de manifester pour une durée maximum de trois ans, limitée à des lieux fixés par la décision de condamnation. Il incombe ainsi au juge pénal de décider non seulement du principe de cette interdiction mais aussi de son champ d'application.

Avec l'adoption de la loi du 10 avril 2019 visant à renforcer et garantir le maintien de l'ordre public lors des manifestations (souvent dite « loi anticasseurs »), lors d'une manifestation, déclarée ou non, lorsqu'il existe un risque de troubles à l'ordre public, les **policiers peuvent sur les lieux de la manifestation, sur la voie publique et à ses abords immédiats, contrôler les effets personnels des passants** (contrôle visuel, ouverture et fouille des sacs et palpation de sécurité), **ainsi que les véhicules circulant ou stationnant** avant le début de la manifestation et jusqu'à dispersion. Ces opérations sont réalisées sous le contrôle d'un magistrat judiciaire. Le fait pour une personne, au sein ou aux abords immédiats d'une manifestation sur la voie publique, **de dissimuler volontairement, totalement ou partiellement, son visage** afin de ne pas être identifiée est considéré comme un délit puni d'un an d'emprisonnement et de 15 000 euros d'amende. **La peine d'interdiction de participer à des manifestations sur la voie publique, qui ne peut excéder une durée de trois ans, emporte défense de manifester sur la voie publique dans certains lieux déterminés par la juridiction**. Un **fichier des personnes**

233. Loi du 7 janv. 1983, CE, 23 juill. 1993, *Jacques Saldou*.
234. CE, ord. réf., 26 juill. 2014, *M. C... et autres*, nº 383091.
235. CE, 12 nov. 1997, *Min. Int. c. assoc. Communauté tibétaine en France et ses amis*.
236. CE, 25 juin 2003, *Assoc. SOS tout petits*.
237. CEDH, 5 mars 2009, *Barraco c. France*.
238. CC, 25 févr. 2010, déc. nº 2010-604 DC, cons. 4 et 9.

interdites de manifester est créé. Le fait, pour une personne condamnée à une peine d'interdiction de participer à des manifestations sur la voie publique, de participer à une manifestation en méconnaissance de cette interdiction est puni d'un an d'emprisonnement et de 15 000 euros d'amende. Le texte adopté par le Parlement prévoyait la possibilité pour le préfet d'interdire de manifester à une personne constituant une menace pour l'ordre public. Cette interdiction pouvait s'étendre à tout le territoire national. Le Conseil constitutionnel a censuré ces dispositions car il juge que « le législateur a porté au droit d'expression collective des idées et des opinions une atteinte qui n'est pas adaptée, nécessaire et proportionnée »[239].

Les manifestants illégaux peuvent être verbalisés. Un décret du 15 février 2022 prévoit que la violation des interdictions ou le manquement aux obligations édictées par les arrêtés de police sont punis de l'amende prévue pour les contraventions de la 2e classe (soit une amende jusqu'à 150 euros). Cependant, cela ne peut pas être pour le simple fait de participer à une manifestation non déclarée. C'est ce qu'a décidé la Cour de cassation[240] dans le cas de huit personnes qui, en pleine pandémie, ont participé à une « Chorale révolutionnaire », en pleine rue, pendant le confinement et ont été verbalisées (onze euros) sur le fondement d'un arrêté préfectoral interdisant tout regroupement sur la voie publique. Le tribunal de police a ensuite retenu la participation à une manifestation non déclarée. La loi ne permettant pas de faire appel d'une amende inférieure à 150 euros, ils se sont pourvus directement en cassation. La chambre criminelle a lu l'article 111-3 du Code pénal comme interdisant d'être puni pour une contravention dont les éléments ne sont pas définis par le règlement.

Lors des manifestations des Gilets jaunes (2018-2019) qui ont vu la violence monter de semaines en semaines avec les forces de l'ordre, le Conseil d'État[241] a confirmé la possibilité d'utiliser des lanceurs de balles de défense dans le cadre de la répression de manifestations illégales ainsi que le cadre réglementaire qui la fonde, tous deux jugés compatibles avec les articles 2, 3 et 18 de la Convention européenne.

B. Le régime des « attroupements »

1415 Notion. – Un attroupement est un regroupement de personnes sur la voie publique qui échappe au régime des manifestations ou de la réunion en ce que les participants ne se sont pas réunis dans un but commun, organisé et pacifique. **En raison des risques encourus pour l'ordre public il n'y a pas de tolérance envers les attroupements qui sont suspectés et immédiatement régis par le Code pénal**. Aux termes de l'article 431-3 du Code pénal : « constitue un attroupement tout rassemblement de personnes sur la voie publique dans un lieu public susceptible de troubler l'ordre public [...]. Un attroupement peut être dissipé par la force publique après deux sommations de se disperser demeurées sans effet ».

Dans un arrêt du 12 avril 2019[242], le Conseil d'État a refusé de renvoyer au juge constitutionnel une QPC portant sur l'article 431-3 du Code pénal (notion d'attroupement) et les articles L. 211-9 et L. 435-1 du Code de la sécurité intérieure (conditions d'usage des armes pour disperser l'attroupement ou se défendre contre une attaque directe des manifestants), au curieux motif que « les dispositions législatives contestées n'ont ni pour objet ni pour effet d'interdire le déroulement de manifestations pacifiques ou de restreindre le droit d'y prendre part ». Alors même que c'est la proximité entre attroupement et manifestation qu'il convenait d'examiner.

1416 Régime. – À l'inverse, ce qui ressemble à un attroupement peut bénéficier de cette protection si son exercice est pacifique[243]. **Cela explique aussi pourquoi l'essentiel du régime de l'attroupement se concentre sur les conditions d'indemnisation des dommages causés par ses attroupements par l'institution d'un régime de responsabilité de l'État (loi du 7 janvier 1983)**. L'État est civilement responsable des dégâts et dommages

239. CC, 4 avr. 2019, n° 2019-780 DC.
240. Cass. crim., 14 juin 2022, n° 21-81.078.
241. CE, 1er févr. 2019, *CGT*, n° 427390 ; CE, 24 juill. 2019, *Ligue des droits de l'Homme, Confédération générale du travail et autres*, nos 427638, 428895, 429621.
242. CE, 12 avr. 2019, *Ligue des droits de l'homme*, n° 427638.
243. Cas de la distribution d'une soupe populaire, CE, ord. réf., 5 janv. 2007, *Min. d'État, min. Int. et Aménagement territoire*.

résultant des crimes et délits commis à force ouverte par violence, par des attroupements ou rassemblements armés ou non, soit contre les personnes, soit contre les biens (actuel art. L. 2216-3, CGCT). L'État peut se retourner contre les auteurs des dégradations. Le décret du 30 juin 2011[244], rappelle que l'emploi de la force par les représentants de la force publique pour disperser les attroupements est soumis à l'absolue nécessité, et que la force déployée doit être proportionnée au trouble.

C. Les rave parties

1417 **Régime spécial.** – Rêve de liberté sans entrave, les rave parties ont pour principe la spontanéité et le non-respect des règles de propriété et de sécurité. Dans 90 % des cas elles se font sans avertir les autorités et sans l'accord des propriétaires des terrains, donc, sans responsabilité ni ordre. Le législateur est intervenu par **la loi du 15 novembre 2001, relative à la sécurité quotidienne, pour pallier les insuffisances du régime de la police des spectacles (compétence du maire ici insuffisante, régime de l'autorisation préalable inapplicable). Elle crée un régime spécial pour les rassemblements exclusivement festifs à caractère musical. Il s'applique si l'effectif prévisible dépasse cinq cents personnes**, s'il donne lieu à la diffusion de musique amplifiée et si l'annonce de ce rassemblement se fait au grand public, par voie de presse ou tout autre moyen de communication ou de télécommunication. Le décret du 3 mai 2002, modifié en 2006, impose une déclaration très précise de ce que les organisateurs entendent prévoir pour l'ordre public, l'hygiène et la protection des personnes contre les accidents, la gestion des déchets et la remise en état des lieux. Ce régime sera proche de celui d'un régime d'autorisation. Il a fait l'objet d'une contestation repoussée par le Conseil d'État qui l'estime proportionné est nécessaire[245]. L'État engage sa responsabilité en cas de troubles. Seuls les organisateurs encourent les peines prévues pour l'infraction d'organisation sans déclaration préalable, en particulier la saisie du matériel. La simple participation à l'événement n'est pas pénalement répréhensible, sauf à ce que le maire ou le préfet aient interdit le rassemblement (une contravention de deuxième classe peut être retenue, sans possibilité d'amende forfaitaire)[246].

Section 4
La liberté syndicale

1418 **Contours.** – La liberté syndicale présente les deux faces de toute liberté collective (elle s'apparente de ce point de vue à la liberté d'association) : d'un côté, le droit individuel et subjectif de créer et d'adhérer ou de ne pas adhérer à un syndicat et, d'un autre côté, le droit collectif, une fois le syndicat constitué, d'exercer les prérogatives attachées à cette liberté, la représentation de ses membres, la défense des intérêts catégoriels, l'expression et la négociation. **L'article L. 411-1 du Code du travail souligne que les syndicats « ont exclusivement pour objet l'étude et la défense des droits ainsi que des intérêts matériels et moraux, tant collectifs qu'individuels, des personnes visées par leurs statuts ».** En outre, **les salariés représentants syndicaux bénéficient de droits subjectifs particuliers**, contrepartie et garantie de l'exercice de la liberté syndicale elle-même. Les représentants du personnel bénéficient d'une protection accrue contre les mesures que l'employeur pourrait être tenté de prendre pour contrôler leur activité (licenciements, mutations, etc.). Ces décisions sont soumises à

244. Décret n° 2011-794 du 30 juin 2011 relatif à l'emploi de la force pour le maintien de l'ordre public.
245. CE, 30 avr. 2004, *Assoc. Technopol* : « le législateur n'a pas entendu créer un régime où le rassemblement pourrait se tenir légalement dès le dépôt de la déclaration ; qu'il a, au contraire, prévu que le préfet, saisi de la déclaration, doit vérifier le caractère suffisant des moyens qu'elle mentionne pour garantir le bon déroulement d'un rassemblement ; que, s'il estime que ces moyens sont insuffisants, le préfet doit organiser une concertation avec les organisateurs pour adapter les mesures envisagées et, le cas échéant, rechercher un terrain ou un local plus approprié ; qu'ainsi, pour la mise en œuvre de ces dispositions, le décret attaqué a pu légalement conférer au préfet, lorsqu'il estime que les mesures envisagées sont insuffisantes, le pouvoir de surseoir à la délivrance du récépissé de déclaration afin d'organiser la concertation prévue par la loi ».
246. Cass. crim., 17 mars 2020, n° 19-82.117.

autorisation préalable de l'inspecteur du travail sous peine de nullité et de réintégration du salarié dans l'entreprise.

1419 **Sources internationales.** – La **DUDH** (art. 23.4) énonce le droit pour toute personne « de fonder avec d'autres des syndicats et de s'affilier à des syndicats pour la défense de ses intérêts ». Le **PIDESC de 1966** (art. 8) stipule que « les États parties au présent Pacte s'engagent à assurer le droit qu'a toute personne de former avec d'autres des syndicats et de s'affilier au syndicat de son choix, sous la seule réserve des règles fixées par l'organisation intéressée, en vue de favoriser et de protéger ses intérêts économiques et sociaux » tandis que l'article **22 du Pacte sur les droits civils** réitère : « Toute personne a le droit de s'associer librement avec d'autres, y compris le droit de constituer des syndicats et d'y adhérer pour la protection de ses intérêts ».

1420 **Sources européennes.** – La **Charte sociale européenne** proclame que « tous les travailleurs et employeurs ont le droit de s'associer librement au sein d'organisations nationales ou internationales pour la protection de leurs intérêts économiques et sociaux ». La CDFUEet la **Convention EDH adoptent la même rédaction et reconnaissent que « toute personne a droit à la liberté de réunion pacifique et à la liberté d'association, y compris le droit de fonder avec d'autres des syndicats et de s'affilier à des syndicats pour la défense de ses intérêts » (art. 11).** La liberté syndicale y est donc une forme d'association et de réunion qui connaît les mêmes limitations, lesquelles peuvent être mises en œuvre par les forces armées, précision inquiétante. La CJCE reconnaît également la liberté syndicale transnationale à condition qu'elle n'entrave pas le libre établissement (sous forme de délocalisation intra-européenne). De même, le 18 décembre 2007[247], la Cour de justice a estimé disproportionnée une action collective syndicale engagée pour obliger un employeur, établi dans un autre État membre, à signer une convention collective afin de permettre l'ouverture de négociations collectives pour déterminer le salaire minimal.

> Dans un arrêt[248], elle intervient dans un litige opposant l'ITF, fédération internationale de syndicats d'ouvriers employés dans le secteur des transports, dont le siège se trouve à Londres et qui regroupe 600 syndicats établis dans 140 États différents, à Viking Line ABP, société de droit finlandais, opérateur important de transport par ferries. Les parties en présence s'opposaient au sujet d'une action collective destinée à dissuader Viking de changer le pavillon finlandais de l'un de ses navires et d'enregistrer celui-ci sous le pavillon d'un autre État membre afin de réduire ses coûts salariaux. **Selon la Cour, l'article 43 de la Convention EDH confère des droits à une entreprise privée susceptibles d'être opposés à un syndicat.** Les actions collectives contraignant une entreprise à conclure une convention collective dans un autre État membre constituent donc des restrictions qui ne peuvent être justifiées que par une raison impérieuse d'intérêt général, telle que la protection des travailleurs (ce qui n'est pas le cas en l'espèce).

1421 **Sources internes.** – Aux termes du **6e alinéa du préambule de la Constitution de 1946 : « Tout homme peut défendre ses droits et ses intérêts par l'action syndicale et adhérer au syndicat de son choix »**. Le Conseil lui a explicitement reconnu valeur constitutionnelle par sa décision du 23 octobre 1982[249] en la fondant sur l'alinéa 6 du préambule de la Constitution de 1946 : « Tout homme peut défendre ses droits et ses intérêts par l'action syndicale et adhérer au syndicat de son choix »[250]. Il revient au législateur de poser les principes fondamentaux du droit du travail et du droit syndical qui confère à des organisations syndicales des prérogatives

247. CJCE, Gr. Ch., 18 déc. 2007, *Laval un Partneri Ltd.*
248. CJCE, 11 déc. 2007, *Finnish Seamen's Union c. Viking Line ABP.*
249. CC, 23 oct. 1982, déc. n° déc. 82-144 DC.
250. CC, 25 juill. 1989, déc. n° 89-257 DC.

susceptibles d'être exercées en faveur aussi bien de leurs adhérents que des membres d'un groupe social dont un syndicat estime devoir assurer la défense.

Le Conseil constitutionnel y veille. La loi n° 2001-420 du 15 mai 2001, autorisait la Caisse des dépôts et consignations à déroger, par accord collectif, à certaines règles d'ordre public édictées par le législateur en matière de représentativité syndicale. Ces dispositions portaient atteinte au droit des travailleurs de participer à la détermination collective de leurs conditions de travail, portant sur les conditions de désignation des délégués syndicaux communs aux agents de droit public et aux salariés de droit privé et sur les compétences de ces délégués syndicaux communs, sans que le législateur ait déterminé l'étendue de ces dérogations[251].

I. Aspects subjectifs

1422 **La liberté de créer un syndicat.** – La **suppression du délit de coalition en 1864** (le Code pénal de 1810 punissait les coalitions patronales ou ouvrières) a précédé la loi du 21 mars 1884 dont l'article 2 proclame que « les syndicats ou associations professionnels [...] pourront se constituer librement sans l'autorisation du gouvernement ». Selon **l'article L. 2141-4 du Code du travail, l'exercice du droit syndical est reconnu dans toutes les entreprises dans le respect des droits et libertés garantis par la Constitution, en particulier de la liberté individuelle du travail**. Les syndicats professionnels peuvent s'organiser librement dans toutes les entreprises. La procédure de création reste simple et révèle un régime de déclaration[252] : dépôt en mairie des statuts et de l'identité des responsables. Le procureur de la République pourra le dissoudre (art. L. 2136-1, C. trav.) ce qui n'empêche pas toute personne y ayant intérêt de demander en justice la nullité de l'existence du syndicat pour objet illicite comme la promotion de la haine raciale[253]. Pour la Cour européenne, le refus d'autoriser les employés cléricaux et laïcs d'une communauté religieuse (« l'Église orthodoxe roumaine ») de se constituer en syndicat constitue une violation de l'article 11[254].

1423 **La liberté d'adhérer ou non à un syndicat.** – Positivement, selon **l'article L. 2141-1, « Tout salarié peut librement adhérer au syndicat professionnel de son choix »** et les personnes qui ont cessé d'exercer leur activité professionnelle peuvent adhérer ou continuer à adhérer à un syndicat professionnel de leur choix. L'article L. 2141-3 autorise son retrait. La CEDH met à la charge des États l'obligation positive de protéger, y compris par des voies judiciaires les personnels syndiqués contre toute forme de discrimination liée à cette appartenance syndicale[255]. Cette liberté vaut ainsi pour les fonctionnaires (à l'exclusion de rares corps comme les préfets) depuis le statut des fonctionnaires de 1946, l'article 8 de la loi du 13 juillet 1983 portant droits et obligations des fonctionnaires : « le droit syndical est reconnu aux fonctionnaires. Les intéressés peuvent librement créer des organisations syndicales, y adhérer et exercer leurs mandats ». La CEDH le leur garantit pleinement[256]. **Négativement, les Anglo-Saxons et les Scandinaves estiment que l'adhésion à un syndicat garantit sa représentativité** ; **ils n'hésitent donc pas à la rendre obligatoire**. À l'inverse, la tradition française se révèle, pour une fois, plus individualiste. Si la négociation que l'employeur doit engager avec les organisations syndicales porte sur la collecte des cotisations syndicales c'est sans que cela puisse imposer en quoi que ce soit l'adhésion ou le maintien des salariés à une organisation syndicale. Se trouve ainsi consacrée constitutionnellement la liberté de ne pas adhérer à un syndicat[257]. **La Cour de Strasbourg a particulièrement insisté sur le volet**

251. CC, 5 octobre 2016, *Caisse des dépôts et consignations*, n° 2016-579 QPC [Renvoi à un accord collectif pour la détermination des critères de représentation syndicale].
252. Cass. soc., 7 mai 1987.
253. Cass. soc., 10 avr. 1998.
254. CEDH, 31 janv. 2012, n° 2330/09, *Sindicatul 'Pastorul Cel Bun' c. Roumanie*.
255. CEDH, 30 juill. 2009, *Danilenkov et autres c. Fédération de Russie*.
256. CEDH, 21 févr. 2006, *Cinar c. Turquie* ; CEDH, Gr. Ch., 12 nov. 2008, *Demir et Baykara c. Turquie*.
257. CC, 19 et 20 juill. 1983, déc. n° 83-162 DC.

négatif de cette liberté contre des pays de tradition corporatiste[258] avant de le rattacher non pas à la liberté syndicale mais à l'autonomie personnelle[259]. Sans exclure tout à fait la conventionnalité des accords de monopole syndical conduisant à ces adhésions forcées, la Cour ne les estime plus légitimes. Enfin, l'État a l'obligation de « veiller à ce que les membres d'un syndicat puissent recourir librement à celui-ci pour qu'il les représente afin de s'efforcer de réguler leurs relations avec leurs employeurs »[260].

II. Aspects collectifs

1424 La représentativité. – L'efficacité de l'action syndicale repose sur l'audience des syndicats et donc sur leur représentativité qui conditionne leur action. Là couve la grande difficulté de la rupture d'égalité entre les syndicats. Le droit y reste complexe et très lié à une forme de pouvoir discrétionnaire de l'État dans le choix de ses interlocuteurs. Seuls certains syndicats peuvent négocier les conventions de branche ou accords professionnels, déclencher des grèves dans les entreprises publiques ou désigner des délégués syndicaux… **La loi organise cette représentativité (art. L. 133-2 et s., C. trav. qui en donnent les critères : les effectifs, l'indépendance, les cotisations, l'expérience et l'ancienneté du syndicat). Les autres syndicats devront s'affilier à ceux que le gouvernement reconnaît pour exister à leur tour.** Le Conseil constitutionnel admet ce fait du législateur qui peut se baser sur l'« audience électorale » pour établir la représentativité syndicale sans méconnaître la liberté syndicale[261]. Les questions de représentativité sont désormais l'objet de questions prioritaires de constitutionnalité. Le Conseil a ainsi validé un article issu de la loi HPST du 21 juillet 2009 relatif aux unions régionales des professionnels de santé qui réserve la qualité d'électeur aux professionnels de santé conventionnés et prévoie que seules certaines organisations syndicales peuvent présenter des listes aux élections aux unions régionales des professionnels de santé. Le Conseil constitutionnel l'estime conforme à la Constitution, considérant que les unions régionales assument des missions liées aux régimes d'assurance et que, dès lors, les professionnels conventionnés et non conventionnés se trouvent dans une situation différente[262]. Les seuils sont aussi validés au regard de la liberté syndicale même quand il s'agit de choisir, en priorité, le délégué syndical parmi les candidats ayant obtenu au moins 10 % des suffrages exprimés au premier tour des élections professionnelles[263].

La Cour de cassation[264] a créé une présomption de légitimité des normes issues de la négociation collective en raison du rôle qu'y jouent les syndicats : « Les différences de traitement entre catégories professionnelles ou entre des salariés [...] opérées par voie de convention ou d'accord collectifs, négociés et signés par les organisations syndicales représentatives, investies de la défense des droits et intérêts des salariés et à l'habilitation desquelles ces derniers participent directement par leur vote, sont présumées justifiées de sorte qu'il appartient à celui qui les conteste de démontrer qu'elles sont étrangères à toute considération de nature professionnelle. ».

L'article L. 2121-1 du Code du travail, **conditionne la représentativité des organisations syndicales notamment au respect des valeurs républicaines, l'indépendance, la transparence financière**. La Cour de cassation a jugé, dans un arrêt du 22 février 2017[265], qu'un syndicat non transparent ne peut donc pas valablement désigner un représentant de la section syndicale sauf à rapporter, par la suite, la preuve de sa transparence financière notamment par la production des documents comptables. Cette exigence de transparence ne méconnaît pourtant pas la liberté syndicale, ni le principe de participation des travailleurs à la détermination collective des conditions de travail, ni le principe d'égalité devant la loi ou le principe de séparation des pouvoirs, car le

258. Com. EDH, 7 mai 1990, *Johansson c. Suède* ; CEDH, 30 juin 1993, *Sigurdur A. Sigurjonsson c. Islande* et CEDH, 25 avr. 1996, *Gustafsson c. Suède*.
259. CEDH, 11 janv. 2006, *Sorensen et Rasmussen c. Danemark*.
260. CEDH, 2 juill. 2002, *Wilson et autres c. RU*.
261. CC, 14 déc. 2006, déc. nº 2006-544 DC.
262. CC, 19 nov. 2010, déc. nº 2010-68 QPC, *Syndicat des médecins d'Aix et région*.
263. CC, 12 nov. 2010, déc. nº 2010-63/64/65 QPC, Fédération nationale CFTC de syndicats de la métallurgie.
264. Cass. soc., 8 juin 2016, nº 15-11324, 15-11478 à 15-12021, *Caisse régionale de Crédit Agricole mutuel de Normandie-Seine*.
265. Cass. soc., 22 févr. 2017, nº 16-60123.

législateur a entendu ainsi permettre aux salariés de s'assurer de l'indépendance, notamment financière, des organisations susceptibles de porter leurs intérêts[266].

1425 **L'exercice des prérogatives syndicales. -** La principale prérogative des syndicats réside dans leur **monopole en matière de négociation des conventions et accords collectifs de travail** (art. L. 2132-2, C. trav.). Les moyens accordés aux syndicats sont protégés par leur capacité d'action devant les juridictions (notamment les droits réservés à la partie civile relativement aux faits portant un préjudice direct ou indirect à l'intérêt collectif qu'ils représentent). Les syndicats peuvent être **titulaires d'actions en justice** en vue de se substituer aux salariés qui deviennent bénéficiaires de la liberté syndicale. **Toutefois, la mise en œuvre de cette possibilité doit respecter la liberté personnelle du salarié.** La constitutionnalité de ces procédés est conditionnée par le fait que l'intéressé a été mis à même de donner son assentiment en pleine connaissance de cause et qu'il puisse conserver la liberté de conduire personnellement la défense de ses intérêts et de mettre un terme à cette action[267]. De même, le législateur peut confier à des organisations syndicales représentatives des prérogatives particulières relatives **au déclenchement de la grève (dépôt d'un préavis de grève)** car cela laisse entière la liberté de chaque salarié de se joindre personnellement à la grève[268]. Alors que, traditionnellement, la CEDH ne protégeait pas ces prérogatives au titre de l'article 11 de la Convention[269], elle en a déduit tout de même le droit d'un syndicat à participer à une négociation collective[270]. De plus, l'interdiction de participer à une journée de grève portée par une circulaire destinée aux fonctionnaires porte atteinte à leur liberté syndicale[271]. **La liberté d'expression des syndicats est renforcée ; elle n'est pour autant par totale**[272]. Elle fait l'objet de cadres législatifs, par exemple aux articles L. 2142-3 et suivants du Code du travail (distribution de tracts aux heures d'entrée et de sortie du travail). Au demeurant, même en l'absence d'accord en ce sens, un syndicat peut diffuser ses informations par courriels ciblés à quelques personnes[273]. Le Conseil constitutionnel a validé la constitutionnalité d'une disposition qui exige **l'accord du chef d'entreprise pour utiliser l'intranet de l'entreprise pour diffuser des informations syndicales**, estimant que les syndicats disposent d'autres moyens[274]. L'action syndicale ne saurait néanmoins justifier un abus de liberté d'expression concrétisé par des propos agressifs et irrespectueux de la direction[275].

1426 **La protection des représentants syndicaux. -** Selon le Conseil constitutionnel, **la protection des salariés pouvant être mandatés par des organisations syndicales représentatives afin de conclure des accords collectifs est instituée dans l'intérêt même des institutions représentatives.** Elle doit assurer la nécessaire indépendance du négociateur à l'égard de l'employeur[276]. L'activité syndicale, par définition, est publique et un syndicat de l'éducation nationale ne saurait refuser de communiquer au ministre la liste de ses représentants, par ailleurs déchargés de service pour cela[277] ! **L'article L. 2141-5 du Code du travail interdit « à tout employeur de prendre en considération l'appartenance syndicale ou l'exercice d'une activité syndicale pour arrêter ses décisions en ce qui concerne** notamment l'embauchage, la conduite et la répartition du travail, la formation professionnelle, l'avancement, la rémunération et l'octroi d'avantages sociaux, les mesures de discipline et de

266. CC, 30 avr. 2020, n° 2020-835 QPC, *M. Ferhat H. et autre* [Condition de transparence financière des organisations syndicales].
267. CC, 25 juill. 1989, déc. n° 89-257 DC.
268. CC, 16 août 2007, déc. n° 2007-556 DC.
269. CEDH, 13 août 1981, *Young, James et Webster c. RU.*
270. CEDH, 12 nov. 2008, *Demir et Baykara c. Turquie.*
271. CEDH, 21 avr. 2009, *Enerji Yapi-Yol Sen c. Turquie.*
272. CEDH, Gr. Ch., 12 sept. 2011, n° 28955/06, *Palomo Sánchez et autres c. Espagne* : caricature qui représentait deux collaborateurs de la société P. accordant une faveur sexuelle au directeur des ressources humaines. Ces deux personnes étaient critiquées dans deux articles, libellés en termes vulgaires, pour avoir témoigné en faveur de la société P. dans le cadre de la procédure engagée par les requérants.
273. Cass. soc., 10 janv. 2012, n° 10-18558, *M. F. c. Caisse régionale de Crédit mutuel de Bretagne-Normandie.*
274. CC, 27 sept. 2013, n° 2013-345 QP, *Syndicat national Groupe Air France CFTC.*
275. CE, 27 janv. 2020, n° 426569.
276. CC, 6 nov. 1996, déc. n° 96-383 DC.
277. CE, 14 nov. 2018, n° 406371.

congédiement ». La Cour de Cassation[278] en 2004 a considéré que, pour dire non établi le délit de discrimination syndicale envers des représentants du personnel, une juridiction ne peut pas se fonder seulement sur un procès-verbal de l'inspection du travail retenant que les intéressés ont bénéficié d'une promotion se situant dans la moyenne du tableau de comparaison par rapport à celle des autres salariés de l'entreprise, mais procéder à une étude comparative des salaires et coefficients des représentants du personnel et des autres salariés, à diplôme équivalent et même ancienneté (amende de 3 750 euros). La charge de la preuve de l'absence de discrimination pèse alors sur l'employeur[279]. La CEDH protège aussi les syndicalistes en combinant article 11 et article 14[280]. **Le Conseil d'État a adopté la même logique en censurant, en référé-liberté, la décision de priver de ses mandats un agent public représentant du personnel en outre interdit d'accéder aux locaux**[281]. Le juge administratif peut aussi condamner la commune qui ferme des locaux municipaux mis à disposition des syndicats parce que ceux-ci y hébergeaient des migrants ; ce trouble ayant cessé[282].

De même, le régime des lanceurs d'alerte s'y applique. Ainsi, dans le cas d'un salarié protégé qui a fait l'objet d'une autorisation administrative de licenciement pour faute pour avoir signalé des faits pouvant recevoir la qualification de délit d'abus de biens sociaux, le juge du fond juge que les accusations n'étaient étayées par aucun élément probant et mettaient en cause la probité des salariés et l'image de la société, le fait qu'elles eussent été formulées dans le cadre des fonctions syndicales de l'intéressé n'étant pas de nature à leur ôter leur caractère fautif. Mais, pour le Conseil d'État[283], lorsque les trois conditions sont réunies (les faits dénoncés sont susceptibles de recevoir la qualification de crime ou de délit, le salarié en a eu connaissance dans l'exercice de ses fonctions et a agi de bonne foi), il incombe à l'employeur de prouver que sa décision est justifiée par des éléments objectifs étrangers à la déclaration ou au témoignage de l'intéressé.

Un État ne peut pas laisser un employeur sanctionner puis licencier un délégué syndical pour des déclarations faites au sujet de la sécurité au nom du syndicat dans une lettre adressée aux agents de l'État qui exerçaient la tutelle de l'entreprise publique qui l'employait. De même que les juridictions internes n'ont pas justifié la nécessité de conduire la procédure civile à huis clos et de choisir de ne pas prononcer publiquement les décisions rendues ou de les rendre accessibles au public, malgré le besoin impérieux d'un contrôle public en l'espèce[284].

CEDH, 6 octobre 2011, nº 32820/09, *Vellutini et Michel c. France*

Les responsables de l'Union syndicale professionnelle des policiers municipaux (USPPM), en vue de soutenir une collègue dans un conflit qui l'opposait au maire de la commune qui l'emploie, distribuèrent à des habitants de la commune **un tract comportant, selon le maire, des propos clairement diffamatoires** qui le visaient en tant qu'élu, dans le but de le discréditer aux yeux de la population de sa commune. Condamnés pour diffamation ils trouvent à la CEDH un appui inespéré. **La Cour considère qu'il faut tenir compte du fait que les requérants ont fait leurs déclarations en qualité de responsables d'un syndicat et en rapport avec la situation professionnelle d'un de ses adhérents.** MM. Bernard Vellutini et Cédric Michel ne critiquent pas une politique municipale de manière générale, mais ils mettent en cause le rôle d'un élu en sa qualité d'employeur. La polémique dans laquelle s'inscrivent les propos litigieux a eu un impact important sur le maire et sur l'opinion publique de la commune. Le maire a lui-même donné une résonance particulière à cette affaire en l'évoquant à deux

278. Cass. crim., 9 novembre 2004, nº 04-81397.
279. Cass. soc., 28 mars 2000.
280. CEDH, 30 juill. 2009, *Danilenkov et autres c. Russie* : des membres de l'union des dockers, après une longue grève, ont été affectés à des équipes de travail spéciales, transférés sur des postes à temps partiel et pour finir déclarés en surnombre et licenciés pour cause de réorganisation structurelle de la société portuaire. Les autorités judiciaires internes ont refusé d'examiner les plaintes pour discrimination formulées par les requérants, au motif que la discrimination ne pouvait être établie que dans le cadre d'une procédure pénale.
281. CE, ord. réf., 5 févr. 2016, nº 396431.
282. TA Toulouse, ord. 28 mai 2019, Union départementale des syndicats CGT du Tarn et Garonne, nº 1902794.
283. CE, 27 avril 2022, nº 437735.
284. CE, 2 juin 2022, *Straume c. Lettonie*, nº 59402/14.

reprises dans le bulletin municipal et cette polémique a été relatée par la presse. Dès lors, la Cour note que ces propos litigieux trouvent leur place dans un débat d'intérêt public, domaine dans lequel la Convention ne laisse guère de place à des restrictions au droit à la liberté d'expression.

Section 5
L'association

1427 **Dimension politique.** – Selon Tocqueville, « une association politique, industrielle, commerciale ou même scientifique ou littéraire, est un citoyen éclairé et puissant qu'on ne saurait plier à volonté ni opprimer dans l'ombre, et qui, défendant ses droits particuliers contre les exigences du pouvoir, sauve les libertés communes »[285]. **S'associer pour agir ensemble, représenter et faire vivre une idée, se place au début de toute communauté.** Elle ne doit cependant pas échapper au libéralisme par une obligation d'adhésion. Elle reste une liberté individuelle car elle **présente un versant positif impliquant la liberté de fonder ou d'adhérer à une association et un versant négatif consistant à garantir la liberté de rester en dehors du groupe assemblé.**

1428 **Liberté connexe.** – Pour la **loi du 1er juillet 1901, l'association se définit comme une « convention par laquelle deux ou plusieurs personnes mettent en commun, de façon permanente, leurs connaissances ou leurs activités dans un but autre que de partager les bénéfices »**. Elle rejoint ainsi la liberté contractuelle et le droit des obligations. Si elle se distingue des sociétés de commerce, l'association est aussi conçue comme un instrument économique. **La loi n'exclut pas un objet commercial et l'association jouit de la liberté d'entreprendre et de produire des biens à des services mis sur le marché** (sans inscription possible au registre du commerce et avec quelques limites concernant le droit de propriété immobilière) à condition de ne pas partager les bénéfices entre les membres de l'association[286].

I. La liberté de s'associer

1429 Il faut en comprendre l'esprit pour en apprécier les avantages statutaires.

A. Les sources

1430 **Liberté historique.** – Comme toutes les autres libertés collectives, la liberté d'association a suscité les réserves des gouvernements français successifs. La Révolution l'avait d'abord admise (décret des 13 et 14 novembre 1790) avant que les décrets d'Allarde et la loi Le Chapelier ne viennent interdire divers groupements et que des textes de 1792 et de 1793 ne suppriment les confréries et les clubs politiques. Le Code Napoléon interdira les associations de plus de vingt personnes qui n'auraient pas été autorisées et organisées par le gouvernement. **La loi du 1er juillet 1901 marque ainsi un changement d'optique en supprimant toute autorisation préalable.** Seules les congrégations religieuses y échappent avant que la loi du 10 janvier 1936 ne permette la dissolution des groupes de combat et milices armées et qu'en 1939 les associations d'étrangers ne retournent à l'autorisation préalable.

285. A. de Tocqueville, *De la démocratie en Amérique*, Flammarion, 2010, présentation Ph. Raynaud.
286. CC, 25 juill. 1984.

1431 **Sources européennes.** – **L'article 11 de la Convention EDH** sert de fondement à une jurisprudence abondante. Il expose que « 1. Toute personne a droit à la liberté de réunion pacifique et à la liberté d'association, y compris le droit de fonder avec d'autres des syndicats et de s'affilier à des syndicats pour la défense de ses intérêts. 2. L'exercice de ces droits ne peut faire l'objet d'autres restrictions que celles qui, prévues par la loi, constituent des mesures nécessaires, dans une société démocratique, à la sécurité nationale, à la sûreté publique, à la défense de l'ordre et à la prévention du crime, à la protection de la santé ou de la morale, ou à la protection des droits et libertés d'autrui. Le présent article n'interdit pas que des restrictions légitimes soient imposées à l'exercice de ces droits par les membres des forces armées, de la police ou de l'administration de l'État ». La Cour combine aussi cet article avec le principe de non-discrimination[287].

CEDH, 14 juin 2022, n° 9988/13, *Ecodefence et autres c. Russie et 60 autres*

La Russie a été condamnée, sur la base de l'article 11, pour avoir soumis 73 organisations non gouvernementales, actives dans les domaines de la société civile, des droits de l'homme, de la protection de l'environnement etc... à l'enregistrement comme « agents étrangers » (« activités politiques » et bénéficiant de « financements étrangers »), afin de les soumettre à des contrôles (audit, déclaration, affichage) avec un risque de lourdes amendes. En conséquence de ces mesures, un grand nombre de ces organisations se sont trouvées soit contraintes de procéder à leur propre dissolution, soit liquidées.

1432 **Liberté constitutionnelle.** – La constitutionnalisation de cette liberté par la décision du 16 juillet 1971[288] a déjà été décrite au premier chapitre. **Le Conseil constitutionnel décide « qu'au nombre des principes fondamentaux reconnus par les lois de la République et solennellement reconnus par le préambule de la Constitution, il y a lieu de ranger le principe de la liberté d'association »**. On se contentera d'indiquer qu'elle converge avec l'interprétation que donnait le juge administratif[289] : la liberté d'association ne saurait s'accommoder d'une autorisation préalable (même déguisée sous les traits d'un contrôle préalable du juge)[290]. **Le principe de l'absence de régime d'autorisation ne vaut, au niveau constitutionnel, que pour les associations de droit commun de la loi de 1901**. Cette liberté implique de choisir sans contrainte l'objet de l'association, sous réserve de l'ordre public. La première chambre civile a ainsi dissous une association organisant un réseau de mères porteuses[291].

1433 **Liberté plurielle.** – La liberté d'association renvoie en réalité à une pluralité de régimes. À côté du droit commun, **de nombreuses associations particulières**, souvent suscitées par l'État lui-même et parfois par la loi, échappent aux exigences, pourtant minimes, de la loi de 1901, par exemple le dépôt des statuts en préfecture (associations de propriétaires, les associations cultuelles, les associations de chasse, etc.). Les associations peuvent être agréées pour percevoir certaines subventions et même être reconnue d'utilité publique et bénéficier de dons et legs et d'avantages fiscaux. Il faut encore mettre à part les **associations d'Alsace-Moselle** pour lesquelles sont maintenus en vigueur certains articles du Code civil local non abrogés par les changements

287. CEDH, 31 mais 2007, *Grande Oriente D'Italia di Palazzo Giustiniani c. Italie* : est contraire à la Convention une loi qui impose pour être candidat aux élections de déclarer son appartenance à une loge maçonnique ou toute autre association secrète, car cela discrimine entre associations et pourrait avoir un effet négatif pour l'image et la vie associative de la requérante.

288. CC, 16 juill. 1971, déc. n° 71-44 DC ; voir *supra* n° 195.

289. CE, ass., 11 juill. 1956, *Amicale des Annamites de Paris* : qui la reconnaît comme principe fondamental reconnu par les lois de la République ; CE, 24 janv. 1958, *Assoc. anciens combattants et victimes guerre dépt Oran* : qualifiant la liberté d'association de liberté constitutionnelle.

290. CE, 25 janv. 1971, *Dame de Beauvoir et Sieur Leiris* : un préfet ne peut refuser de délivrer le récépissé du dépôt des statuts.

291. Cass. 1re civ., 13 déc. 1989, *Association Alma mater.*

constitutionnels[292]. Ces associations, elles aussi séparées en deux catégories, bénéficient d'un régime plus libéral avec une capacité d'action accrue.

B. Le statut

1434 **Liberté de création.** – La création de l'association est libre **sous réserve de ne pas avoir un objet illicite sous peine de nullité** (atteinte aux bonnes mœurs, à l'intégrité du territoire, à la forme républicaine du gouvernement). La volonté de la puissance publique de recourir à la souplesse de gestion de l'association ou de s'adjoindre le volontarisme privé conduit à la création de nombreuses associations parapubliques dont certaines ne sont plus des associations dans l'esprit de la loi. De nombreux exemples existent aujourd'hui. Une affaire particulièrement explicite avait opposé la ville de Melun à ses administrés[293] où le juge a indiqué que, faute d'aucun élément d'origine authentiquement privée, une association n'était qu'un paravent et qu'il avait en réalité en face de lui la commune elle-même. Il lui a fait intégralement application du droit administratif[294]. À ce titre, la CEDH leur refuse également sa protection[295].

1435 **Liberté de fonctionnement.** – Du point de vue de son fonctionnement, la liberté de l'association est encore grande dans la mesure où l'existence de statuts n'est pas nécessaire (sauf en vue de la déclaration en préfecture). **Cette déclaration permet l'octroi, de droit, de la personnalité morale avec une capacité restreinte (nom, domicile, nationalité, patrimoine, capacité d'ester en justice et de contracter ainsi que d'entrer** dans le capital d'une autre personne). La capacité complète n'est octroyée que par décret en Conseil d'État selon un pouvoir discrétionnaire qui apprécie l'intérêt public. **Les associations non déclarées ne bénéficient pas de la personnalité morale mais le juge n'en estime pas moins qu'une certaine réalité juridique doit leur être reconnue au nom de la liberté qu'elles représentent. Elles peuvent ainsi agir en justice**[296].

La loi n° 2021-875 du 1er juillet 2021 visant à améliorer la trésorerie des associations, entre autres améliorations, autorise un organisme sans but lucratif (OSBL) à conserver « toute ou partie d'une subvention n'ayant pas été intégralement consommée ».

1436 **Liberté d'adhésion.** – Les aspects positifs restent les plus nombreux. **Chacun peut choisir et afficher son adhésion. Seuls quelques corps de fonctionnaires comme les militaires ne peuvent s'associer dans le cadre professionnel.** Les mineurs peuvent voir cette possibilité restreinte en dépit de la convention de New York dont l'article 15 demande aux États de leur reconnaître la liberté d'association et de réunion. Si en principe le mineur ne dispose pas de la liberté contractuelle, le droit français admet qu'il puisse adhérer à une association sans autorisation parentale comme acte de la vie courante si, selon les usages, cela ne lui fait courir aucun risque. **À l'opposé, une association a aussi la liberté de refuser la demande d'adhésion d'un candidat.** Le droit de chacun trouve sa limite dans l'objet et les statuts de la personne morale qui peut poser des conditions et s'assurer de leur respect sous réserve de ne pas commettre de discrimination en utilisant un critère prohibé (art. 225-2, C. pén.).

II. La liberté de ne pas s'associer

1437 La liberté d'association comporte un versant négatif et des limites tenant à l'ordre public notamment.

292. CE, Ass., 27 janv. 1988, *Association Les Cygognes*.
293. CE, 20 juill. 1990, Ville de Melun et Association Melun-Culture-Loisirs c. Vivien et autres.
294. Voir aussi CE, 21 mars 2007, n° 281796, *Commune de Boulogne-Billancourt*.
295. CEDH, 23 juin 1981, Le Compte, Van Leuven et De Meyere.
296. CE, Ass., 31 oct. 1969, Syndicat de défense des eaux de la Durance.

A. Le versant négatif

1438 **Liberté de ne pas adhérer.** – Sur le plan négatif, on constate la réaction du système à la tendance totalitaire des groupes. En effet, **il arrive que les adhésions soient « forcées ».** Cela commence par la nomination unilatérale et pas toujours acceptée de membres d'honneur, se poursuit par des dispositions législatives qui imposent des obligations liées à des prestations fournies par des associations (assurances, fédérations de chasse, de pêche, de tir...) et s'achève par des mécanismes contractuels beaucoup plus sérieux imposant préalablement à un avantage conventionnel l'adhésion à un groupe. **Si une association peut refuser ces avantages à un non-adhérent, elle ne peut imposer l'adhésion**[297]. Cela résulte d'une position assez ferme des juges internes et européens.

Cass. 1re civ., 6 avril 2016, nº 15-13736, *Société Ukl Arrée, société coopérative agricole*

Des cotisations professionnelles obligatoires à une association ne sont pas contraires à la liberté d'association.

« Mais attendu que l'arrêt constate, d'abord, que le CIDEF est une association reconnue en qualité d'organisation interprofessionnelle agricole, dans le secteur de la viande de dinde, par arrêté interministériel du 24 juin 1976, et qu'il est habilité, en application de l'article L. 632-6 du Code rural et de la pêche maritime, à prélever des cotisations résultant d'accords interprofessionnels étendus par arrêtés ministériels, sur tous les professionnels de la filière agroalimentaire de la viande de dinde représentés en son sein ; qu'il relève, ensuite, que les ressources du CIDEF proviennent non seulement de ces cotisations volontaires obligatoires, mais aussi des cotisations versées par ses adhérents ; qu'il constate, enfin, que tout opérateur économique agissant dans le secteur de la viande de dinde est libre de développer son activité dans ce secteur sans être tenu d'adhérer au CIDEF ; qu'ayant ainsi caractérisé le droit pour le CIDEF, dont la qualité d'association, au sens de l'article 11 de la Convention de sauvegarde des droits de l'homme et des libertés fondamentales, n'avait pas été contestée par les parties, de percevoir des créances de droit privé à caractère obligatoire, sans lien avec l'attribution de la qualité de membre aux seules organisations professionnelles ayant versé une cotisation d'adhésion, au nombre desquelles la société Ukl ne pouvait figurer dès lors qu'elle n'est pas une organisation professionnelle, **la cour d'appel en a exactement déduit que l'obligation au paiement de cotisations instituée par l'article L. 632-6, susmentionné, ne portait pas atteinte à la liberté des professionnels de la filière agroalimentaire** de la viande de dinde de ne pas être membre d'une association, telle qu'elle résulte de l'article 11 ; que le moyen n'est pas fondé. »

1439 **Liberté européenne.** – La CEDH[298] **a sanctionné l'obligation pesant sur le personnel des sociétés de chemin de fer d'adhérer à une association syndicale**. Dans le cadre du contentieux de la chasse, on se souvient que la loi Verdeille de 1964 imposait à certains propriétaires d'adhérer aux associations de chasse agréées. Après censure par la CEDH[299], la loi du 26 juillet 2000 a permis leur retrait en raison de leurs convictions. De même, dans son arrêt *Sorensen et Rasmussen c. Danemark*[300], le premier requérant se voit proposer un emploi d'été au sein d'une entreprise qui l'informe que ses conditions de travail seraient régies par un accord conclu entre elle et un syndicat affilié à la Confédération des syndicats danois et auquel il était tenu d'adhérer.

297. Cass. 1re civ., 17 sept. 2003, à propos de l'obligation des éditeurs d'adhérer à la SACEM pour bénéficier de sa protection.
298. CEDH, 13 août 1981, Young, James et Webster.
299. CEDH, 29 avr. 1999, *Chassagnou c. France*.
300. CEDH, Gr. Ch., 11 janv. 2006.

Il choisit pourtant d'adhérer à un autre syndicat et fut licencié. Le second requérant dû, pour obtenir un emploi, s'affilier à un syndicat qu'il avait auparavant quitté pour des raisons politiques. La Cour réaffirme que l'article 11 doit être considéré comme consacrant aussi un droit d'association négatif, autrement **dit un droit à ne pas être contraint de s'affilier à une association**. Elle n'exclut pas en principe que les aspects négatifs et les aspects positifs du droit consacré par l'article 11 doivent bénéficier du même niveau de protection. Dans l'affaire *Sigurdur A. Sigurjonsson*[301], il s'agissait de **l'obligation d'adhérer à un groupement pour pouvoir devenir chauffeur de taxi. Enfin, l'article 11 est encore violé lorsque l'État impose à une entreprise en bâtiment d'abonder à un fonds géré par une fédération d'industries**[302].

1440 **Cour de cassation.** – La **Cour de cassation refuse de longue date que l'adhésion à une association soit la condition d'accéder à la passation d'un contrat.** Un arrêt d'assemblée plénière du 9 février 2001 avait ainsi refusé les liens entre une association syndicale de copropriétaires et une association « loi 1901 ». De même, la première chambre civile[303] a censuré une cour d'appel qui, tout en refusant qu'un bail commercial soit subordonné à l'adhésion à une association de commerçants maintenait l'obligation de participer à son financement. Preuve s'il en est que le juge perçoit aussi l'utilité de ce type de structures. **Certaines associations tentent de justifier l'obligation de se maintenir dans une association en se fondant sur l'article 4 de la loi de 1901 pour lequel « tout membre d'une association qui n'est pas formée pour un temps déterminé peut s'en retirer en tout temps après paiement des cotisations échues et de l'année courante, nonobstant toute clause contraire »**. Prévoyant une date d'existence de plusieurs décennies, elles espèrent ainsi empêcher qu'un cocontractant n'adhère pour le contrat et ne quitte ensuite l'association. La Cour de cassation n'admet pas ce type de contrainte dolosive. Elle refuse ainsi qu'une association ne puisse pas unilatéralement se retirer d'une autre association formant un réseau[304].

1441 **Paradoxe.** – La liberté de ne pas adhérer à une association pourrait parfois mettre en péril la liberté d'association elle-même en fragilisant l'action des associations. Certains droits étrangers ne considèrent pas comme liberticide l'obligation d'adhérer quand cela garantit que des droits plus importants seront protégés par le groupement (ainsi des syndicats professionnels). **La Cour de cassation elle-même admet l'obligation des avocats d'abonder à la caisse nationale des barreaux français en vue d'assurer la mutualisation des risques**[305]. Dans le même esprit, l'État peut s'adjoindre les bienfaits d'associations utiles à l'intérêt général et en contrepartie leur octroyer des privilèges. Le Conseil constitutionnel admet que la loi opère cela[306]. Ainsi, seules les associations reconnues d'utilité publique, celles qui se consacrent à l'assistance ou la bienfaisance (après trois années de fonctionnement de probation), à la recherche scientifique ou médicale, peuvent bénéficier de dons et legs même si le préfet peut délivrer une autorisation implicite pour les autres (loi du 9 décembre 2004).

B. Les limites

1442 **Liberté collective.** – Un autre classique des libertés collectives réside dans les conflits qui opposent les membres à l'association. Si le parallèle avec le droit des sociétés peut se révéler pertinent, le caractère éminemment économique et professionnel des sociétés permet aux conflits de se régler selon les règles de la vie économique quand les associations menacent un spectre plus large de prérogatives individuelles, de la liberté de conscience à la liberté individuelle. **Un membre de l'association ou le ministère public pourront dénoncer une**

301. CEDH, 30 juin 1993.
302. CEDH, 27 avr. 2010, Vördur Ôlafsson c. Islande.
303. Cass. 1re civ., 20 mai 2010, *Sté Sorfoval c. SCI Secovalde*.
304. Cass. 1re civ., 11 mars 2014, n° 13-14341.
305. Cass. 1re civ., 19 juin 2001.
306. CC, 16 janv. 2002, déc. n° 439 DC.

association qui serait contraire à l'ordre public par ses dérives. La CEDH s'attache aussi à ce que le fonctionnement interne d'une association demeure libéral[307].

1443 Liberté limitée. – Les motifs d'ordre public peuvent conduire à la suspension de l'activité d'une association, comme dans le cas d'une association de supporters de football dont les membres se rendent coupables de violences et dégradations (hooliganisme)[308]. La Cour européenne des droits de l'homme a identifié l'abus de liberté d'association en contradiction avec les valeurs de tolérance, de paix sociale et de non-discrimination qui sous-tendent la Convention dans le cas de groupements radicaux d'extrême-droite[309].

Cela peut aller jusqu'à la dissolution de l'association. **La dissolution ne peut en principe être prononcée que par le juge judiciaire**, mais les groupements et milices de la loi de 1936 et les groupes de jeunesse de la loi de 1943 peuvent être dissous par décret du Premier ministre, comme c'est parfois le cas d'associations de supporters coupables d'actes de hooliganisme (la Cour européenne a eu l'occasion de valider ces dissolutions lorsque les agissements des supporters ont conduit à un décès[310]).

Le juge des référés du Conseil d'État approuve dissolution en Conseil des ministres, sur le fondement de l'article L. 212-1 du Code de la sécurité intérieure, de **l'association musulmane « Barakacity »** aux motifs, d'une part, des messages publiés sur les comptes des réseaux sociaux de l'association et de son président, ainsi que les commentaires qu'ils suscitaient qui incitent à la discrimination, à la haine ou à la violence ; d'autre part, des prises de position du président de l'association qui révélaient l'existence d'agissements en vue de provoquer des actes de terrorisme[311]. Inversement, les décrets de dissolution de **deux associations ayant appelé aux boycot d'Israël et de ses produits**, retenaient des prises de position (antisionisme), assimilées à des appels à « la haine, à la discrimination et à la violence envers des personnes en raison de leur origine juive » et au soutien à des groupes terroristes. Mais le Conseil d'Etat[312] ne retient pas le caractère discriminatoire et refuse la dissolution, faute d'agissements susceptibles de la justifier. De même, le juge[313] suspend le décret du 30 mars 2022 qui avait prononcé la dissolution du **groupement de fait Groupe antifasciste de Lyon** et environs (dit « la GALE ») au motif que si le groupement « a relayé sur les réseaux sociaux des messages appelant à des manifestations, dont certaines non déclarées et qui ont pu générer des troubles graves à l'ordre public notamment dans le cadre de la contestation dite "des Gilets jaunes" et contre le "passe sanitaire", il ne résulte pas de l'instruction qu'il ait été à l'origine de ces appels ni que les agissements violents commis à l'occasion de ces manifestations aient été directement liés aux activités de ce groupement ». Le fait que des membres ou sympathisants de la GALE aient participé à ces manifestations ne saurait suffire à lui imputer ces violences.

Des régimes dérogatoires limitent aussi la liberté de certaines associations considérées comme potentiellement déstabilisantes. **Ainsi en était-il des « associations étrangères » jusqu'en 1981. Est au contraire toujours en vigueur la loi du 10 janvier 1936 relative aux groupes de combat et milices privées dont la dissolution sera le fait du gouvernement après procédure contradictoire (sauf urgence ou motif tenant à la conduite des relations internationales).** La dissolution sanctionne des manifestations armées sur la voie publique qui auraient pour but de porter atteinte à l'intégrité du territoire ou à la forme républicaine du gouvernement[314], ou développerait des discours d'apologie du nazisme ou encore racistes. L'organisation militaire est un critère[315]. Par exemple, le Conseil d'État a validé un décret du 12 juillet 2013 du président de la République ayant pour objet de dissoudre l'association de trois groupements d'extrême droite sur le fondement des dispositions des 2° et 6° de l'article L. 212-1 du Code de la sécurité intérieure, qui autorisent la dissolution des associations ou groupements

---

307. CEDH, 13 août 1981, *Young, James et Webster*.
308. CE, 9 nov. 2011, n° 347359, *Association Butte Paillade*.
309. CEDH, 8 oct. 2020, n° 77400/14, n° 34532/15, n° 34550/15, *Ayoub et autres c. France*.
310. CEDH, 27 oct. 2016, , n° 4696/11, *Les Authentiks et Supras Auteuil 91 c. France*.
311. CE, ord., 25 nov. 2020, n° 445774 et n° 445984, *Association Barakacity*.
312. CE, ord., 29 avr. 2022, Collectif Palestine *vaincra*, *Association Comité action Palestine*, n° 462982.
313. CE 16 mai 2022, *GALE*, n° 462954.
314. CE, 16 oct. 1992, *Battesti*.
315. CE, 13 févr. 1985, n° 44910, *Pierre X*.

de fait qui présentent le caractère de groupes de combat ou de milices privés ou qui, soit provoquent à la discrimination, à la haine ou à la violence envers une personne ou un groupe de personnes à raison de leur origine ou de leur appartenance ou de leur non-appartenance à une ethnie, une nation, une race ou une religion déterminée, soit propagent des idées ou théories tendant à justifier ou encourager cette discrimination, cette haine ou cette violence[316]. **Le Conseil d'État a ainsi reconnu à deux groupements le caractère d'une milice privée au sens du 2° de l'article L. 212-1 du Code de la sécurité intérieure en ce qu'il s'agissait d'organisations hiérarchisées, rassemblées autour de leur chef, dont les membres sont recrutés selon des critères d'aptitude physique pour mener des actions de force et procèdent à des rassemblements sur la voie publique en uniformes et en cortèges d'aspect martial.** Mais le fait que ces milices se réunissent dans le local d'une association ne permet pas de dissoudre cette dernière pour atteinte à l'ordre public[317]. On peut aussi dissoudre les associations qui provoquent à la discrimination, à la haine ou à la violence envers un groupe de personnes en raison de leur non-appartenance à une religion, ainsi que les associations qui se livrent sur le territoire français à des agissements en vue de provoquer des actes de terrorisme en France ou à l'étranger (C. sécurité intérieure, art. L. 212-1). **Le Conseil d'État refuse ainsi la suspension du décret qui dissout une association musulmane qui sert d'incubateur à des volontaires pour la guerre sainte[318]. Des associations islamistes prêchant la haine des autres religions peuvent aussi être dissoutes**[319].

La loi du 24 août 2021 confortant le respect des principes de la République ajoute un motif de dissolution des associations qui pourront se voir imputer des agissements commis par leurs membres, agissant en cette qualité, ou des agissements directement liés à leurs activités. Le Conseil constitutionnel[320] a censuré la disposition permettant, en cas d'urgence, au ministre de l'Intérieur de prononcer la suspension d'une association, dans l'attente de sa dissolution.

L'objet de l'association doit être compatible avec la démocratie et ne doit pas soutenir le terrorisme, dès lors le gouvernement espagnol peut dissoudre une association politique proche de l'ETA[321]. La Cour européenne a admis la dissolution d'une association impliquée dans des rassemblements anti-Roms et des défilés paramilitaires de milices privées contre la « criminalité tsigane »[322]. À la suite d'un incident en décembre 2007 au cours duquel la police interdit le passage d'un défilé dans une rue habitée par des familles roms, les autorités firent dissoudre l'association. Si l'article 17 (abus de droit) ne semble pas en cause faute d'un acte visant à la destruction de droits et libertés reconnus dans la Convention ou une intention de la part du requérant de faire l'apologie ou la propagande de thèses totalitaires, **la Cour indique qu'on ne saurait exiger de l'État qu'il attende, avant d'intervenir, qu'un parti politique ait recours à la violence**. La formation paramilitaire rappelait le mouvement nazi hongrois (les Croix fléchées), responsable de l'extermination massive des Roms en Hongrie. Dès lors, les arguments exposés par les autorités hongroises étaient pertinents et suffisants pour démontrer que la dissolution répondait à un besoin social impérieux et la dissolution proportionnée, aucune sanction supplémentaire n'ayant été imposée à l'association ou au mouvement ou encore à ses membres, qui n'ont pas été empêchés de poursuivre des activités politiques sous d'autres formes, la Cour conclut que la dissolution n'était pas disproportionnée. **Un État peut enfin dissoudre une fondation qui poursuivait effectivement un objectif autre que ceux déclarés dans ses statuts – à savoir créer des établissements d'enseignement pour propager auprès des étudiants des idées opposées au régime démocratique pluraliste**[323].

316. CE, ord. réf., 23 juill. 2013, *Association Envie de rêver et M. C.*, n° 370305.
317. CE, 30 juill. 2014, n° 370306, 372180, *Association « Envie de rêver » et autres*.
318. CE, ord., 26 juill. 2016, n° 401379, *Association des musulmans de Lagny-sur-Marne*.
319. CE, 26 janvier 2018, *Ass. Fraternité musulmane Sanâbil – Les épis*, n° 407220.
320. CC, 13 août 2021, n° 2021-823 DC.
321. CEDH, 30 juin 2009, *Herri Batasuna et Batasuna c. Espagne*.
322. CEDH, 9 juill. 2013, *Vona c. Hongrie*, n° 35943/10.
323. CEDH, 10 juill. 2018, *Fondation Zehra et autres c. Turquie*, n° 51595/07.

Section 6
Le droit de participer à la vie politique

1444 **Droits subjectifs pour action collective.** – La liberté des anciens commençait avec la constitution et la participation au lien politique. La vie privée n'est venue que bien après. Les droits de l'homme ont intégré cet héritage jusqu'à consacrer des droits propres à la figure du citoyen et à réserver ce statut aux nationaux. **Là encore, se mêlent droit subjectif de l'individu à la participation politique et dimension collective de cet exercice qui implique de rationaliser et finaliser les modes d'action politique.** Relevant à la fois de la liberté d'association et de la liberté d'expression, les droits politiques n'en trouvent pas moins une forme d'autonomie par leur spécialisation autour de l'acquisition de la citoyenneté et des droits qui lui sont attachés, puis des droits inhérents à l'action collective par les groupements politiques.

> **« La démocratie, Messieurs, nous en parlons quelquefois avec un dédain qui s'explique par la constatation de certaines misères, de certaines vulgarités ; mais si vous allez au fond des choses, c'est une idée admirable d'avoir proclamé que, dans l'ordre politique et social d'aujourd'hui, il n'y a pas d'excommuniés, il n'y a pas de réprouvés, que toute personne humaine a son droit. »**
> **Jean Jaurès, Discours du 24 janvier 1898 devant la Chambre des députés**

I. La citoyenneté

1445 **Notion.** – L'idée même de ce qu'est un citoyen pose de redoutables difficultés qui livrent ensuite la clef des droits politiques. **Souvent confondue avec ses attributs et conséquences, la citoyenneté est avant tout un concept politique et juridique**. Être citoyen n'est au fond que la reconnaissance du fait que l'individu peut dépasser ses intérêts propres et penser le collectif. Le citoyen est celui qui pense et agit pour le groupe, universalise ses choix politiques, se présume capable de penser le groupe. Il détiendra ainsi les droits attachés à chaque niveau de collectivité : locale, nationale, européenne.

A. Droits attachés à la citoyenneté

1446 **Les droits politiques ne sont-ils pas fondamentaux ?** – La citoyenneté court-circuite donc l'humanité. Dans l'imaginaire politique, celui des révolutionnaires dans le cas français, les droits politiques ne sont pas ceux de l'homme mais ceux du citoyen, forme institutionnalisée de *l'homo politicus*. Loin d'estimer que les droits politiques sont des droits fondamentaux de tout homme qui peuvent subir des restrictions en fonction des intérêts nationaux, notre droit fait naître ces prérogatives une fois le statut de citoyen acquis. **Les droits politiques sont donc intrinsèquement des droits discriminants (et non discriminatoires parce qu'il n'est pas illégitime de retenir la citoyenneté comme condition des droits politiques) et c'est le droit à la citoyenneté qui devient un droit fondamental ne pouvant faire l'objet d'une discrimination**. Le principe de non-discrimination joue donc lors de l'acquisition de la citoyenneté puis dans l'exercice de ces droits par le citoyen, figure discriminante par principe. Par exemple, l'article 11 de la loi du 23 mars 2019 de programmation 2018-2022 et de réforme pour la justice abroge les dispositions de l'article L. 5 du Code électoral prévoyant que lorsqu'il ouvre ou renouvelle une mesure de tutelle, le juge statue sur le maintien ou la suppression du droit de vote de la personne protégée. **La Déclaration des droits réserve au citoyen le consentement à l'impôt et le droit de concourir à la formation de la loi.**

Étant donné que **l'article 3 du Protocole n° 1** n'est pas limité par une liste précise de « buts légitimes », tels que ceux qui sont énumérés aux articles 8 à 11 de la Convention, les États contractants peuvent donc librement se fonder sur un but qui ne figure pas dans cette liste pour justifier une restriction, sous réserve que la compatibilité de ce but avec le principe de la prééminence du droit et les objectifs généraux de la Convention soit démontrée dans les circonstances particulières d'une affaire donnée[324].

1447 **Le droit à des élections libres. –** Tous les textes internationaux se font l'écho de cette conception réservataire : droit de prendre part à la direction des affaires publiques, directement ou par l'intermédiaire de représentants librement choisis ; droit de vote et d'être élu dans le cadre d'élections libres au suffrage universel ; droit d'égal accès aux fonctions publiques de son pays. Selon **l'article 25 du PIDCP**, « tout citoyen a le droit et la possibilité, sans aucune des discriminations visées à l'article 2 et sans restrictions déraisonnables : de prendre part à la direction des affaires publiques, soit directement, soit par l'intermédiaire de représentants librement choisis ; de voter et d'être élu, au cours d'élections périodiques, honnêtes, au suffrage universel et égal et au scrutin secret, assurant l'expression libre de la volonté des électeurs ; d'accéder, dans des conditions générales d'égalité, aux fonctions publiques de son pays ». On peut aussi laisser voter et adopter un mode de scrutin qui conduise à écarter certains votes. **Pour le CEDH, chaque votant doit avoir la possibilité de voir son vote influer sur le processus électoral** et, en fin de compte, l'ordre démocratique lui-même ; même si les aménagements du scrutin ou le découpage de circonscriptions restent déterminés par des choix nationaux, ils n'emportent pas violation de l'article 3 du Protocole n° 1 s'ils n'affectent pas l'exactitude de la restitution de la volonté du peuple. L'article 13 permet aussi de sanctionner l'absence d'un recours effectif permettant de contester le résultat des élections et de demander un recomptage des voix[325].

Le Conseil constitutionnel dispose d'une jurisprudence établie sur ce point, notamment quant à l'absence de différence objective entre gens du voyage et autres citoyens[326]. Le Conseil a aussi mis en avant des objectifs politiques pour justifier certaines adaptations du droit de suffrage. Ainsi **pour la Nouvelle-Calédonie**, outre la discrimination instituée dans la Constitution qui fonde le droit de vote sur une longue durée de résidence sur l'île, l'objectif de « favoriser la participation la plus large possible à la consultation sur l'accession à la pleine souveraineté de la Nouvelle-Calédonie » justifie une inscription d'office sur la liste électorale du territoire de la Nouvelle-Calédonie en vigueur pour les consultations autres que celles qui sont propres au territoire[327].

1448 **L'article 3, protocole n° 1 de la Convention EDH. –** De même, l'article 3 du protocole n° 1 à la Convention EDH pose que « **les Hautes parties contractantes s'engagent à organiser, à des intervalles raisonnables, des élections libres au scrutin secret, dans les conditions qui assurent la libre expression de l'opinion du peuple sur le choix du corps législatif** ». Cet article 3 présente le droit de vote et le droit d'éligibilité[328]. Il s'agit pour la CEDH[329] d'un « principe caractéristique » d'un régime véritablement démocratique, « essentiel aussi bien pour la constitution des États que pour la garantie des droits et libertés individuels » qui implique le suffrage universel, la liberté d'être candidat et le droit de vote. La loi électorale doit donc être claire et les organes de contrôle impartiaux[330]. La Cour s'attache essentiellement à deux critères : **elle recherche d'une part s'il y a eu traitement arbitraire ou manque de proportionnalité, et d'autre part si la restriction a porté atteinte à la libre expression de l'opinion du peuple**.

---

324. CEDH, déc., 4 avr. 2006, *Bompard c. France*, n° 44081/02.
325. CEDH, GC, 10 juill. 2020, n° 310/15, *Mugemangango c. Belgique*.
326. CC, 5 oct. 2012, Décision n° 2012-279 QPC *M. Jean-Claude P.* : censure du délai de trois ans de rattachement ininterrompu dans la même commune avant de permettre aux personnes concernées de s'inscrire sur les listes électorales.
327. Décision n° 2018-764 DC du 19 avril 2018, loi organique relative à l'organisation de la consultation sur l'accession à la pleine souveraineté de la Nouvelle-Calédonie.
328. CEDH, 27 avr. 2010, *Tănase c. Moldova*.
329. CEDH, 2 mars 1987, *Mathieu-Mohin et Clerfayt c. Belgique*.
330. CEDH, 2 mars 2010, *Grosaru c. Roumanie*.

1449 **Droit de vote.** – Le droit de vote peut faire l'objet de restrictions. Par exemple, la Convention EDH n'impose pas de garantir le droit de vote aux élections législatives pour les électeurs expatriés ni pour les détenus, à condition d'avoir une raison légitime pour chaque cas[331]. Toutefois, **l'absence de concrétisation par voie législative du droit de vote pour les expatriés est susceptible de constituer un traitement inéquitable à leur égard**[332]. Selon l'alinéa 4 de l'article 3 de la Constitution « sont électeurs, dans les conditions déterminées par la loi, tous les nationaux français majeurs des deux sexes, jouissant de leurs droits civils et politiques ». La fixation des règles concernant les droits civiques relève du domaine de la loi (art. 34, Const. 4 oct. 1958). Le suffrage universel implique le droit de vote pour tous les nationaux. Le ressortissant Français naturalisé peut s'inscrire sur les listes électorales, du seul fait de sa naturalisation[333]. **La CEDH pose que l'interdiction du droit de vote pour un détenu pendant sa détention viole l'article 3 du protocole nº 1 lorsqu'elle constitue une « restriction automatique et indifférenciée à un droit consacré par la Convention »**. L'article 3 du Protocole nº 1 n'exclut donc pas que des restrictions aux droits électoraux soient infligées à un individu qui, par exemple, a commis de graves abus dans l'exercice de fonctions publiques ou dont le comportement a menacé de saper l'état de droit ou les fondements de la démocratie. Le principe de proportionnalité exige l'existence d'un lien discernable et suffisant entre la sanction et le comportement ainsi que la situation de la personne touchée et non de manière automatique comme le fait le Royaume-Uni à l'égard de 48 000 détenus[334]. La Cour[335] réaffirme que le droit de vote joue un rôle essentiel dans une démocratie véritable, mais que les États membres jouissent d'une grande latitude dans ce domaine. Ainsi, un État peut retirer le droit de vote à des individus ayant été déclarés juridiquement incapables.

Elle a considéré que la décision d'interdiction du droit de vote devait être prise par un juge et être dûment motivée[336] ; la loi devant moduler la privation du droit de vote en fonction de chaque situation, notamment la durée de la peine[337]. Toute discrimination en la matière doit être justifiée notamment vis-à-vis des gens du voyage[338].

CEDH, 17 septembre 2013, *Söyler c. Turquie* (requête nº 29411/07)

Un homme d'affaires, reconnu coupable d'établissement de chèques sans provision, se plaignait de ne pas avoir été autorisé à voter aux élections législatives turques de 2007 (année pendant laquelle il se trouvait en détention) ni à celles de 2011 (alors qu'il se trouvait en liberté conditionnelle). Le requérant arguait qu'il avait été condamné pour des chèques impayés et que cette infraction n'impliquait pas qu'il soit indigne d'exercer ses devoirs civiques.

La Cour européenne des droits de l'homme a conclu à la violation de l'article 3 (droit à des élections libres) du protocole nº 1 à la Convention européenne des droits de l'homme. La Cour observe en particulier que la **privation du droit de vote imposée en Turquie aux personnes condamnées à une peine de prison est automatique et indifférenciée et qu'elle ne tient pas compte de la nature ni de la gravité de leur infraction, de la durée de leur peine ni de leur conduite et de leur situation**. L'application de cette mesure portant atteinte à un droit protégé par la Convention d'importance fondamentale doit être considérée comme outrepassant toute latitude acceptable pour l'État de décider de questions telles que les droits électoraux des détenus condamnés.

331. CEDH, Gr. Ch., 18 janv. 2011, nº 126/05, *Scoppola c. Italie* (nº 3).
332. CEDH, 8 juill. 2010, *Sitaropoulos et autres c. Grèce*.
333. Cass. 2e civ., 20 juill. 1987.
334. CEDH, 6 oct. 2005, *Hirst c. RU* (nºs2), nº 74025/01.
335. CEDH, 2 févr. 2021, nº 25802/18 et nº 27338/18, *Strøbye et Rosenlind c. Danemark*.
336. CEDH, Gr. Ch., 6 oct. 2005, *Hirst c. Royaume-Uni* et CEDH, 18 janv. 2011, *Scoppola c. Italie*.
337. CEDH, 22 mai 2012, nº 126/05, *Scoppola c. Italie* (nº 3).
338. CC, 5 oct. 2012, déc. nº 2012-279 QPC, préc.

1450 **Droit d'éligibilité.** – L'éligibilité peut être restreinte pour des motifs légitimes donc non discriminatoires. Ainsi, s'il est possible d'exclure de la liste des candidats des personnes soupçonnées d'avoir collaboré avec les anciens services de sécurité de l'État, les contrôles doivent avoir lieu avant l'établissement des listes[339]. Mais une inéligibilité à vie est disproportionnée même si le motif qui la fonde est très sérieux[340]. Dans l'affaire *Sejdi et Finci c. Bosnie-Herzégovine* du 22 décembre 2009, la Cour juge contraire à l'article 14 combiné avec l'article 3 du protocole n° 1 le maintien de l'interdiction pour les requérants de se porter candidats aux élections à la chambre des peuples de Bosnie-Herzégovine car pour être éligible à la chambre des peuples, il faut que les candidats déclarent leur appartenance à l'un des « peuples constituants » de la Bosnie-Herzégovine, ce que les requérants ne souhaitent pas faire en raison de leurs origines rom et juive. De même, une liste ne peut être annulée dans son ensemble quand un seul des candidats n'a pas respecté l'exigence de produire une situation patrimoniale exacte[341]. Mais **une fois le mandat acquis une violation du protocole est encourue si des conditions très strictes ne sont pas posées à la déchéance du mandat parlementaire**[342]. Cet article joue pour les élections concernant le corps législatif, les instances parlementaires[343] comme les deux chambres du Parlement, les conseils régionaux ou encore le Congrès de la Nouvelle-Calédonie, c'est-à-dire des instances souveraines[344] ou supranationales comme le Parlement européen[345]. Ainsi, un requérant, a fait valoir une réclamation, susceptible de modifier la répartition des sièges dans différentes circonscriptions électorales, auprès du Parlement en vue de recompter les bulletins de vote déclarés blancs, nuls, ou contestés. Mais cet organe ne présentait pas les garanties d'impartialité d'où la violation de l'article 3 du Protocole n° 1 à la Convention et de l'article 13 de la Convention[346].

Cependant, l'effet direct de cet article pose parfois problème pour ne pas priver l'État de son autonomie politique. Si les juges français admettent qu'il s'agit de droits subjectifs, la CEDH se contente parfois de principes non directement justiciables[347]. Le caractère « libre », « secret » et « à des intervalles raisonnables » des élections suffit à la Cour qui n'impose pas d'autres exigences tenant au mode de scrutin par exemple. **La marge d'appréciation des États reste importante comme en témoigne l'admission des importances discriminations que le système néo-calédonien connaît grâce à la Constitution française. Les juges internationaux y reconnaissent les « nécessités locales »**[348]. En France, les inéligibilités ne peuvent résulter que d'une disposition expresse d'une loi[349]. L'article LO 133 du Code électoral empêche la candidature de dix-neuf catégories de personnes pour les élections législatives en vue d'éviter les conflits d'intérêts et la corruption (par exemple les magistrats, les membres des tribunaux administratifs, les officiers des armées exerçant un commandement territorial, les recteurs et inspecteurs d'académie, etc.). Une autre liste vise les élections locales avec le même type de prohibition.

CC, 22 juin 2018, A.N., *Essonne*, 1re circ., n° 2017-5282 AN

1. Il résulte de l'article L. 52-12 du Code électoral que chaque candidat aux élections législatives soumis au plafonnement prévu à l'article L. 52-11 du même code et qui a obtenu au moins 1 % des suffrages exprimés doit établir un compte de campagne retraçant, selon leur origine, l'ensemble des recettes

339. CEDH, 11 juill. 2009, Petkov et autres c. Bulgarie.
340. CEDH, 6 janv. 2011, *Paksas c. Lituanie*.
341. CEDH, 11 janv. 2007, Parti conservateur russe des entrepreneurs.
342. CEDH, 11 juin 2002, Sel M Sadak et autres c. Turquie.
343. CEDH, 2 sept. 2004, Boskoski c. l'ex-République yougoslave de Macédoine.
344. CEDH, 11 janv. 2005, *Py c. France*.
345. CEDH, 18 févr. 1999, *Matthews c. Royaume-Uni*.
346. CEDH, 10 juill. 2020, *Mugemangango c. Belgique* (Gr. Ch.), n° 310/15.
347. CEDH, 16 mars 2006, *Znadoka c. Lettonie*.
348. CEDH, *Py c. France*, préc. et CDH, 15 juill. 2002, *Gillot et al. c. France*.
349. CE, 8 déc. 1948, *Élections de Lalande sur Eure*.

perçues et, selon leur nature, l'ensemble des dépenses engagées ou effectuées en vue de l'élection. [...]
3. M. MBALA MBALA. a obtenu au moins 1 % des suffrages exprimés à l'issue du scrutin dont le premier tour s'est tenu le 11 juin 2017. Il n'a pas déposé de compte de campagne alors qu'il y était tenu.
4. Il ne résulte pas de l'instruction que des circonstances particulières étaient de nature à justifier la méconnaissance des obligations résultant de l'article L. 52-12. Dès lors, il y a lieu de prononcer l'inéligibilité de M. MBALA MBALA à tout mandat pour une durée de trois ans à compter de la présente décision.
LE CONSEIL CONSTITUTIONNEL DÉCIDE :
Article 1er. – M. Dieudonné MBALA MBALA est déclaré inéligible en application de l'article L.O. 136-1 du Code électoral pour une durée de trois ans à compter de la présente décision.

B. Acquisition et perte

1451 **Présomption de capacité.** – Dès lors, si la citoyenneté est une capacité attachée à chaque niveau territorial, les conditions d'acquisition de ces diverses citoyennetés devraient varier. Pourtant, l'attachement à la référence nationale, qui demeure incontournable, fait que ce n'est que dérogatoirement que l'on admet une citoyenneté locale spécifique (cas de la Nouvelle-Calédonie). **La citoyenneté locale n'est pas en France distincte de la citoyenneté nationale alors même que des étrangers vivant de façon stable et intégrée à la vie locale peuvent concevoir l'intérêt général de leur cité. Même la citoyenneté européenne ne s'acquiert en fait qu'à travers la citoyenneté nationale.** La nationalité, liée à la souveraineté qu'exerce le citoyen par son vote et sa participation, demeure l'ancrage. Cette conception n'a été dépassée qu'à la faveur de la construction européenne pour accepter le droit de vote aux élections municipales des ressortissants de l'Union européenne dont la citoyenneté supranationale a trouvé un effet local pour les élections sans enjeu de souveraineté. Une deuxième condition, capacitaire celle-là, s'ajoute, tenant à l'âge. Depuis la loi du 5 juillet 1974, l'âge requis pour être électeur a été abaissé de vingt et un à dix-huit ans. La majorité scelle la maturité et la capacité à dépasser son propre cas, faisant du jeune adulte un citoyen à part entière. La Cour de cassation a jugé que la majorité devait être acquise avant le jour du scrutin, et non au jour de celui-ci[350]. Le Code électoral ajoute des conditions tenant au domicile ou à la résidence et prévoit le cas des personnes sans domicile fixe (art. L. 15 et s.) : les mariniers ou les personnes vivant dans la rue, lesquels peuvent élire domicile dans un foyer d'accueil. **La loi française imposait par ailleurs, pour les gens du voyage, trois années d'affiliation continue à une commune pour pouvoir s'y inscrire comme électeur, avant que le Conseil constitutionnel ne censure**[351].

1452 **Perte du droit de vote.** – Lorsqu'il s'agit de déchoir une personne ou un groupe de personne du droit de vote, la Cour européenne exige un but légitime mais aussi une grande exigence de proportionnalité. **L'existence d'une condamnation pénale est légitime mais doit être liée à la méconnaissance avérée d'intérêts publics.** À la marge, dans l'affaire *Labita c. Italie*[352] était en question la déchéance temporaire automatique des droits civils en cas de suspicion d'appartenance à la mafia. La Cour a accepté qu'une telle mesure poursuivait un but légitime. Cependant, prenant en compte le fait que la mesure n'avait été appliquée qu'après l'acquittement du requérant, elle a considéré qu'il n'existait aucun élément concret permettant de le soupçonner d'appartenir à la mafia et que la mesure litigieuse était par conséquent disproportionnée.

La radiation de la liste électorale découle de la perte d'une condition (le plus souvent de résidence) de la qualité d'électeur ou à la suite d'une décision de justice, soit à titre principal, soit comme conséquence d'une sanction pénale. **Comme peine complémentaire, le juge pénal peut prononcer la déchéance, en cas de crime pour**

350. Cass. 2e civ., 19 mai 2005, T.
351. CC, 5 oct. 2012, déc. n° 2012-279 QPC, *M. Jean-Claude P.*
352. CEDH, Gr. ch., 6 avr. 2000, *Labita c. Italie*, n° 26772/95.

une durée maximale de dix ans, et en cas de délit pour une durée maximale de cinq ans : par exemple, en cas d'atteinte à la personne humaine (art. 222-45, C. pén.), d'extorsion ou de chantage (art. 312-13, C. pén.), de fabrication de fausse monnaie (art. 442-11, C. pén.), de corruption active ou d'usurpation de fonctions ou de titres (art. 433-22, C. pén.), de non-dénonciation de mauvais traitements sur mineurs ou de faux témoignage (art. 434-44, C. pén.), etc. La privation de droit de vote ou d'éligibilité découle mécaniquement d'une condamnation sans que le juge ait eu à les prononcer. L'article L. 7 du Code électoral dispose que : « **Ne doivent pas être inscrites sur la liste électorale, pendant un délai de cinq ans à compter de la date à laquelle la condamnation est devenue définitive, les personnes condamnées pour l'une des infractions [...] suivantes : concussion, corruption passive et trafic d'influence par des personnes exerçant une fonction publique, prise illégale d'intérêts, atteinte à la liberté d'accès et à l'égalité des candidats dans les marchés publics et les délégations de service public, soustraction et détournement de biens, corruption active et trafic d'influence** commis par les particuliers, menaces et actes d'intimidation commis contre les personnes exerçant une fonction publique, soustraction et détournement de biens contenus dans un dépôt public ».

II. L'organisation collective de l'action politique

1453 **Lien entre droits politiques et groupements politiques. –** Les droits politiques « englobent la liberté de se livrer individuellement ou dans le cadre de partis politiques à des activités politiques, la liberté de débattre des affaires publiques, et celle de critiquer le gouvernement et de publier des documents à teneur politique »[353]. Hors du groupement, les droits politiques se résument au droit de vote.

A. La consécration des partis politiques

1454 **Liberté et fonction politiques. –** Si la liberté politique implique la libre constitution des partis, l'article 4 de la Constitution consacre le rôle de ces partis politiques et leur intérêt public. Dès lors les contraintes sont nombreuses : respect de la démocratie, parité, financement... Il a donné lieu à une jurisprudence assez abondante du Conseil constitutionnel qui confirme l'importance d'une protection particulière. La liberté d'action des partis politiques s'appuie bien sûr sur d'autres libertés comme l'expression ou la réunion mais ils bénéficient d'un haut degré de protection : « **seuls des motifs convaincants et impérieux pourraient justifier des restrictions** »[354]. **Le financement des partis n'en est pas moins encadré,** d'une part, pour éviter la dérive inverse d'une corruption généralisée avec un État aux mains de partis instrumentalisés par les forces économiques et, d'autre part, pour assurer l'égalité des candidats aux élections. La loi et les juges admettent des limites importantes. Ainsi, une personne morale de droit étranger ne peut financer un parti français, en vue d'éviter une menace sur la souveraineté[355].

B. Vie des partis politiques

1455 **Liberté de constitution. –** Peu de pays consacrent encore le principe du parti unique. Le pluralisme et la liberté sont donc la norme. **En 1958, la liberté des partis politiques a été constitutionnalisée comme dans la plupart des pays européens**. La liberté d'association se trouve donc « sublimée » par une fonction constitutionnelle qui alimente la démocratie. Elle bénéficie au plan européen de l'article 11 de la Convention EDH avec une protection particulière en raison des liens entretenus avec le concept de société démocratique[356]. L'État qui envisage d'empêcher la formation d'un parti ou de le dissoudre doit avancer de solides arguments tenant à l'hostilité

353. CDH, déc. 12 juill. 1996, *Adimayo M. Aduayom*.
354. CEDH, 2 févr. 2010, *Parti populaire démocrate-chrétien c. Moldova*.
355. CE, 8 déc. 2000, Parti nationaliste basque ERI-PNB ; CEDH, 7 juin 2007, Parti nationaliste basque – Organisation régionale d'Iparralde c. France.
356. CEDH, 30 janv. 1988, Parti communiste unifié de Turquie.

du parti en question aux valeurs fondamentales d'une société démocratique[357]. La France peut ainsi maintenir l'interdiction de financement d'un parti par une personne morale étrangère[358].

1456 **Dissolution des partis.** – La CEDH a **semble-t-il baissé un peu sa garde vis-à-vis des États qui procèdent à la dissolution des partis politiques de forte opposition. Elle admet les arguments du gouvernement espagnol contre les partis indépendantistes basques** en raison de leur adhésion ouverte aux actes terroristes et le déploiement d'un projet violent, hostile aux droits fondamentaux[359]. La Cour estime que la dissolution des partis requérants s'analyse en une ingérence dans l'exercice de leur droit à la liberté d'association, qu'elle était « prévue par la loi » et poursuivait un « but légitime » car les juridictions internes sont parvenues à des conclusions raisonnables après une étude détaillée des éléments dont elles disposaient pour conclure à l'existence d'un lien entre les partis requérants et l'ETA. Compte tenu de la situation existant en Espagne depuis de nombreuses années concernant les attentats terroristes, ces liens peuvent être considérés objectivement comme une menace pour la démocratie. Cela entraîne la conformité à la Convention de l'annulation des candidatures des partisans de ces groupements électoraux litigieux qui voulaient continuer les activités des partis politiques déclarés illégaux préalablement[360]. **En France, l'exigence de respect de la démocratie a beau figurer dans la Constitution, nul organe constitutionnel ne peut prononcer explicitement la dissolution d'un parti.** La forme associative permet de leur appliquer les limites de droit commun mais il reste aussi la possibilité d'invoquer une interprétation large de la loi du 10 janvier 1936 relative aux milices privées.

CEDH, 6 novembre 2012, n° 47335/06, *Redfearn c. Royaume-Uni*

« Il incombe aux États de prendre des mesures raisonnables et appropriées pour **protéger les salariés d'un licenciement fondé sur leurs opinions ou leur affiliation politiques**, soit en créant une exception à la période minimale d'emploi prévue par la loi, soit en introduisant un recours exempt de conditions pour discrimination illégale fondée sur les opinions ou sur l'affiliation politiques. **Un système juridique qui permet de licencier un salarié uniquement en raison de son appartenance à un parti politique est potentiellement générateur d'abus et donc intrinsèquement déficient.** La Cour conclut à la violation de l'article 11 en l'espèce où il s'agissait d'un chauffeur amené fréquemment à transporter des personnes de différentes communautés alors qu'il milite au sein d'un parti qui développe un discours de haine à l'égard de ces communautés. »

357. CEDH, Gr. Ch., 13 févr. 2003 Refah Partisi et autres c. Turquie.

358. CEDH, 7 sept. 2007, *Parti national basque – Organisation régionale d'Iparralde c. France* : en l'espèce le parti indépendantiste basque espagnol ne peut financer sa branche française pour protéger notre souveraineté.

359. CEDH, 30 juin 2009, Herri Batasuna et Batasuna c. Espagne.

360. CEDH, 30 juin 2009, Etxeberría et autres c. Espagne.

EXERCICE D'AUTOÉVALUATION

1. La liberté de religion a-t-elle un contenu propre ?
2. Quand la liberté de culte est-elle devenue une norme constitutionnelle en France ?
3. Une collectivité territoriale peut-elle financer une mosquée ?
4. Un détenu a-t-il le droit de manger selon les préceptes de sa religion ?
5. La police peut-elle fermer un lieu de culte ?
6. N'importe qui peut-il ouvrir une école ?
7. Peut-on interdire à quelqu'un d'aller manifester ?
8. Ne faudrait-il pas imposer l'adhésion à un syndicat pour les salariés ?
9. Peut-on refuser une adhésion à une association ?
10. Priver du droit de vote ?

RÉPONSES

1. De nombreux arguments semblent plaider pour que le droit français abandonne l'usage de la notion de liberté de religion, sans que cela n'entame en réalité celle-ci. En effet, et d'abord, sur le plan du droit, la liberté de religion semble regrouper un certain nombre de prérogatives qui relèvent déjà d'autres libertés ; ensuite, sur le plan politique, notre État laïque prend un risque en invoquant ainsi le concept de religion lorsqu'il s'interdit de le définir et donc de le délimiter pour le maîtriser. Il en arrive à cette curieuse logique inclusive qui veut que la liberté des cultes soit une composante de la laïcité… Toujours dans les textes, la liberté de religion se présente comme la réunion de deux dimensions, celle de croire et celle de pratiquer, c'est-à-dire au fond la liberté de conscience d'un côté et les libertés publiques de se réunir, communiquer, manifester, éduquer, être propriétaire, exercer des recours et exiger l'égalité de traitement de l'autre. À aucun moment les textes ou les juges ne sont amenés, en France à tout le moins, à définir un noyau propre à la liberté de religion qui lui soit donc spécifique et mieux ou plus mal protégée qu'un autre. Cette autonomisation, qui se comprend sans doute dans des systèmes où la religion est intégrée à l'appareil d'État, interroge dans un cadre laïque, surtout lorsqu'elle conduit au fond à effacer largement la séparation des cultes et de l'État en justifiant des financements publics. Ainsi, la Cour européenne parvient-elle à admettre ou imposer des actions positives à l'État sur le fondement de l'article 9 sans protéger davantage la conscience religieuse des autres convictions, sauf à ce que l'État lui-même en fasse une exigence de son organisation propre et de sa marge d'appréciation.

2. Historiquement, dès la Déclaration des droits de l'homme, composante de la première constitution écrite en France, celle de 1791. La DDHC impose de n'inquiéter personne pour ses opinions religieuses. Certes, il ne s'agit encore que de tolérance et non d'instituer une action de la République au soutien du pluralisme religieux. Par la suite, la religion est toujours associée à l'organisation politique et constitutionnelle, jusqu'à la IIIe République, qui n'a pas, formellement, de constitution abordant ce point. L'article 7 de la Constitution de 1848 expose que « Chacun professe librement sa religion, et reçoit de l'État, pour l'exercice de son culte, une égale protection. – Les ministres, soit des cultes actuellement reconnus par la loi, soit de ceux qui seraient reconnus à l'avenir, ont le droit de recevoir un traitement de l'État ». Sous la IIIe, le Conseil d'État reconnaît les libertés de conscience et de culte comme des principes généraux du droit, faisant fonction, d'une certaine manière, de valeur constitutionnelle ; mais en principe la loi pouvait y déroger. La IVe n'expose à nouveau que l'interdit de la discrimination religieuse et constitutionnalise la laïcité, tout comme le fait le

texte de 1958. Il faut donc attendre la jurisprudence du Conseil constitutionnel pour retrouver une formulation en termes de « liberté ». Le Conseil constitutionnel n'a pas consacré la liberté de religion et des cultes en tant que telle mais sous les traits de la liberté de conscience comme un principe fondamental reconnu par les lois de la République à propos de la liberté de l'enseignement puis de l'objection de conscience des personnels médicaux. Ce n'est qu'en 2010 que la liberté religieuse est mentionnée explicitement par la décision relative à l'interdiction de la burqa.

3. Par « mosquée » on peut entendre à la fois un bâtiment dédié au culte ou un lieu polyvalent ponctuellement affecté au culte. Concernant la construction et l'entretien de lieux de culte, il existe le principe et ses contournements légaux. Le principe est celui de l'interdit de financement des cultes (incluant les lieux de culte) par la loi de 1905 (à l'exclusion des religions alors en place et désormais privilégiées). L'article 2 de la loi de 1905 précise que « la République ne reconnaît, ne salarie, ni ne subventionne aucun culte ». Mais l'interdiction du financement public des cultes s'appuie tout de même sur ce qu'il convient d'appeler une aide indirecte, à savoir l'appartenance au patrimoine des personnes publiques de la plupart des édifices cultuels. Pour les édifices postérieurs, quelles que soient les religions, seuls des financements privés, parfois significativement étrangers, sont admissibles. Néanmoins, on retrouve le réflexe de 1905 et les collectivités publiques abondent, plus ou moins marginalement, par des aides indirectes. Il s'agit d'abord d'accorder des facilités en aidant à l'emprunt ou d'accorder un bail emphytéotique sur des terrains municipaux. Le Conseil d'État l'admet si cela constitue une libéralité marginale. Mais il s'agit ensuite d'aides directes habillées des habits de la politique culturelle ou patrimoniale ou bien encore des nécessités de l'ordre public sanitaire. Certes cela concerne peu les mosquées. Concernant le prêt de salles, les collectivités peuvent recourir à leur domaine privé assez librement et des salles du domaine public à condition que ce soit ponctuel et que cela ne constitue pas une libéralité. En pratique, dans certaines communes, les choses sont parfois plus régulières et la municipalité ne rentre pas nécessairement dans ses frais. Par ailleurs, les prières de rue ont pu être ici ou là tolérées.

4. Dans « toute la mesure du possible », dit la loi pénitentiaire... L'article 26 de la loi du 24 novembre 2009, précise « Chaque personne détenue reçoit une alimentation variée, bien préparée et présentée, répondant tant en ce qui concerne la qualité que la quantité aux règles de la diététique et de l'hygiène, compte tenu de son âge, de son état de santé, de la nature de son travail et, dans toute la mesure du possible, de ses convictions philosophiques ou religieuses ». Dans deux affaires (CEDH, 7 déc. 2010, *Jakobski c. Pologne*, n° 18429/06 et *Vartic c. Roumanie* (n° 2), (n° 14150/08) du 17 décembre 2013), la Cour européenne a conclu à une violation de l'article 9 en raison du refus de l'administration pénitentiaire de fournir aux requérants, détenus de religion bouddhiste, des repas sans viande, alors qu'un tel arrangement n'aurait pas créé une charge exorbitante pour les prisons. La Cour examine *in concreto*, là encore, le caractère raisonnable des demandes, évoquant l'absence de préparation spécifique ; ce qui est une manière de montrer la mauvaise volonté des autorités. Quand le juge national n'impose pas la fourniture de repas *cacher* par la prison mais permet leur acheminement et leur conservation à ces frais, il n'y a pas atteinte à l'article 9. Selon le Conseil d'État, interprétant l'article 9 CEDH : « au sens de ces stipulations, l'observance de prescriptions alimentaires peut être regardée comme une manifestation directe de croyances et pratiques religieuses » (CE, 10 févr. 2016, n° 385929, M. B...). Pour lui : « il appartient à l'administration pénitentiaire, qui n'est pas tenue de garantir aux personnes détenues, en toutes circonstances, une alimentation respectant leurs convictions religieuses, de permettre, dans toute la mesure du possible eu égard aux contraintes matérielles propres à la gestion de ces établissements et dans le respect de l'objectif d'intérêt général du maintien du bon ordre des établissements pénitentiaires, l'observance des prescriptions alimentaires résultant des croyances et pratiques religieuses ».

5. En raison de l'atteinte directe que cela porte à la liberté de culte, elle ne peut le faire que pour des raisons graves et adaptées. D'ailleurs, dans les lieux de cultes, la police du culte relève du desservant lui-même en principe. Cette possibilité existe néanmoins au titre de la police administrative générale (il faudra alors qu'il n'y ait pas d'alternative et que la mesure soit strictement provisoire). Elle existe aussi dans la législation antiterroriste pour éviter la propagation d'un message d'appel à la haine ou à la violence. L'article L. 227-1 du

Code de la sécurité intérieure, issu de la loi du 30 octobre 2017 renforçant la sécurité intérieure et la lutte contre le terrorisme permet au préfet « aux seules fins de prévenir la commission d'actes de terrorisme », de « prononcer la fermeture des lieux de culte dans lesquels les propos qui sont tenus, les idées ou théories qui sont diffusées ou les activités qui se déroulent provoquent à la violence, à la haine ou à la discrimination, à la commission d'actes de terrorisme ou font l'apologie de tels actes ». Cela ne peut excéder six mois. Elle vise donc surtout le prédicateur à travers le lieu et si celui-là change, celui-ci peut rouvrir (CE, 31 janvier 2018, *Association des musulmans du boulevard National*, n° 417332). Elle existe enfin, de manière plus fréquente dans les législations d'exception, état d'urgence (pour des raisons similaires à la lutte antiterroriste) et dans l'état d'urgence sanitaire pour éviter les rassemblements dangereux en cas d'épidémie.

6. Si les conditions sont étonnamment peu exigeantes, elles n'en existent pas moins, à la fois pour s'assurer de la probité et de la compétence de la personne que pour éviter que des foyers antirépublicains n'abusent de la liberté de l'enseignement privé, aujourd'hui principe fondamental reconnu par les lois de la République. Il s'agit d'un simple régime de déclaration pour les ressortissants de l'Union européenne, permettant un contrôle (renforcé depuis 2018) sur les établissements hors contrat avec l'État. La personne qui ouvre l'école et son directeur ne doivent pas avoir été l'objet de certaines condamnations, interdictions, révocations (listées à l'article L. 911-5 C. éduc.) et doit en principe être ressortissant de l'Union européenne ou, dérogatoirement, attester de sa maîtrise de la langue française. Le directeur doit avoir 21 ans au moins, avoir exercé pendant cinq ans au moins des fonctions de direction, d'enseignement ou de surveillance dans un établissement d'enseignement public ou privé européen et détenir un titre ou diplôme Bac +2. Mais cela se transforme pour les autres en un régime d'autorisation dans la mesure où il faudra prouver les aptitudes présumées pour les autres.

7. La liberté de manifester étant devenue une liberté aussi importante que les autres, après avoir été plutôt une forme de tolérance aménagée, on ne peut exclure un individu, ponctuellement ou temporairement, que pour de graves raisons. Le régime général de la police administrative ne le permet pas en soi, même si les exigences du contrôle d'identité aux abords d'une manifestation peuvent être un moyen d'extraire un individu du défilé et de le garder un temps dans les locaux de la police. La police judiciaire le permet davantage lorsque la personne est présumée auteur d'une infraction qui permet sa retenue et éventuellement sa garde à vue. Mais l'essentiel n'est pas là et c'est aujourd'hui la loi qui permet cette interdiction, soit judiciaire, soit administrativement. Le cadre constitutionnel a été posé par la décision CC, 18 janv. 1995, déc. N° 94-352 DC, concernant les peines complémentaires que le juge judiciaire peut prononcer en cas de délit. La loi prévoit qu'existe, à titre de peine complémentaire, l'interdiction de manifester pour une durée maximum de trois ans, limitée à des lieux fixés par la décision de condamnation. Il incombe ainsi au juge pénal de décider non seulement du principe de cette interdiction mais aussi de son champ d'application. Le fait, pour une personne condamnée à une peine d'interdiction de participer à des manifestations sur la voie publique, de participer à une manifestation en méconnaissance de cette interdiction est puni d'un an d'emprisonnement et de 15 000 euros d'amende. La décision CC, 4 avril 2019, n° 2019-780 DC, Loi visant à renforcer et garantir le maintien de l'ordre public lors des manifestations pose des exigences plus strictes pour les interdictions administratives : l'interdiction ne peut que résulter d'actes violents antécédents ou de risques réels de telles violences. Le législateur avait porté au droit d'expression collective des idées et des opinions une atteinte qui n'est pas adaptée, nécessaire et proportionnée. Le législateur a créé un nouveau délit de participation à un groupement en vue de commettre des violences, prévu par l'article 222-14-2 du Code pénal, avec l'aval du juge constitutionnel qui ne l'estime pas attentatoire au droit d'expression collective des idées et des opinions.

8. La logique institutionnelle pourrait conduire à le préconiser. Les syndicats sont des « partenaires sociaux », c'est-à-dire des représentants aptes à discuter des conditions de travail et autres enjeux de l'entreprise ou de la fonction publique. Cela suppose leur représentativité effective et non seulement celle que la loi attribue à certains par rapport à d'autres. Avoir l'adhésion d'un maximum de salariés et d'agents, c'est, à la fois, avoir les moyens d'agir et la légitimité pour le faire. Cela protège donc à la fois le syndicat en tant qu'organisation et ses adhérents collectivement et parfois individuellement. L'obligation d'adhésion a donc

ses vertus. Néanmoins, la logique individualiste de notre droit contemporain pousse à l'inverse. Chacun est libre de ne pas se syndiquer, soit parce que l'existence même des syndicats ou son engagement propre posent problème, soit que l'on ne trouve pas le syndicat de son choix. Soit enfin parce qu'on ne souhaite pas afficher ses opinions ou que l'on craint la réaction de l'encadrement de l'entreprise. Les motifs sont divers. La Cour européenne a donc une jurisprudence constante sur ce point. Néanmoins, en droit interne, des allégeances professionnelles ou associatives peuvent faire de l'adhésion à un syndicat l'accessoire d'un contrat ou d'une autre adhésion lorsque c'est nécessaire à une solidarité (entre commerçants) ou au sein d'un ordre professionnel (cas des avocats).

9. La liberté d'association implique la liberté d'adhérer, ou de ne pas adhérer à l'association de son choix. Néanmoins, afin de préserver son objet et sa spécificité, une association a la possibilité de poser des conditions d'adhésion (âge, lieu d'habitation, fonction, qualité commune...) ou de procédure (paiement d'une cotisation et/ou à un droit d'entrée, parrainage par deux ou trois membres présents dans l'association depuis plusieurs années ou agrément par le bureau, conseil d'administration ou l'assemblée générale). La limite tient dans le caractère discriminatoire et donc non légitime. L'association pourra ainsi rejeter une adhésion sans avoir à se justifier ou sans avoir à engager sa responsabilité (Cour de cassation, 1re chambre civile, 9 juillet 2015, pourvoi n° 14-20158). Faute de conditions fixées dans les statuts et donnant expressément pouvoir à un organe de refuser, ou de ne pas renouveler un membre, la Cour de cassation considère qu'une telle décision ne peut être prise valablement.

10. Ici encore l'aspect objectif, lié à la nécessité de garantir un fonctionnement démocratique du pouvoir, et l'aspect subjectif, à savoir permettre au plus grand nombre d'y participer, s'appuient l'un l'autre. La tendance contemporaine, en France, est à élargir toujours plus le corps électoral, vers les jeunes, mais aussi en ignorant le handicap mental ou le placement sous mesure de sauvegarde. On y voit aujourd'hui davantage un élément d'insertion sociale que la garantie d'un vote mûri dans l'intérêt public. Par exemple, l'article 11 de la loi du 23 mars 2019 de programmation 2018-2022 et de réforme pour la justice abroge les dispositions de l'article L. 5 du Code électoral prévoyant que lorsqu'il ouvre ou renouvelle une mesure de tutelle, le juge statue sur le maintien ou la suppression du droit de vote de la personne protégée. Il restitue ainsi le droit de vote aux majeurs sous tutelle. La jurisprudence de la Cour européenne en est très nourrie, même si les États disposent en cette matière d'une marge d'appréciation plus large que pour d'autres droits. L'article 3 du protocole n° 1 à la Convention EDH pose que « les Hautes parties contractantes s'engagent à organiser, à des intervalles raisonnables, des élections libres au scrutin secret, dans les conditions qui assurent la libre expression de l'opinion du peuple sur le choix du corps législatif ». Cet article 3 présente le droit de vote et le droit d'éligibilité. Il ne peut être refusé ou retiré que selon des motifs non-discriminatoires, légitimes, adaptés et motivés de manière individuelle. Une fois les critères posés par la loi, le retrait individuel ne peut se faire qu'en raison de la condamnation de l'individu pour un motif avéré qui atteste de son mépris pour la chose publique. C'est pourquoi notre Code électoral prévoit seulement des peines complémentaires de privation du droit de vote ou d'éligibilité.

CONSEILS DE LECTURE

N. Bonbled, C. Romainville, M. Verdussen, S. Wattier, État et religions, Anthemis, 2018.

Colloque La liberté d'association et le droit, centenaire de la loi de 1901, Paris, Conseil constitutionnel, 29 et 30 juin 2001.

N. Ach, La liberté de l'enseignement face à l'intervention publique, thèse Metz, 2004.

G. Calvès, La laïcité, La Découverte, coll. Repères, 2022.

Collectif, Laïcité, Dalloz, Grand angle, 2019.

Collectif, État et religions, Anthemis, 2018.

Conseil d'État, Les associations et loi de 1901, cent ans après, Rapport public 2000, EDCE 2001, n° 51.

S. Damarey, Droit des associations, Gualino, Droit expert, 2017.

A. Damien, J. Tulard, (dir.), Histoire de la laïcité à la française, C.L.D., 2005.

M. Debène, F. Dupont-Marillia, Ch. De Gaudemont, Code de l'éducation commenté 2020, 14e éd., Dalloz.

F. De La Morena, Les frontières de la laïcité, LGDJ, Systèmes, 2016.

J.-Ph. Derosier (dir.), Les partis politiques, LexisNexis, Les Cahiers du ForInCIP, 2019.

L. Favoreu, « La reconnaissance par la loi de la République de la liberté de l'enseignement comme principe fondamental », RFDA 1985, p. 600.

G. Gonzalez (dir.), Laïcité, liberté de religion et Convention européenne des droits de l'homme, Actes du colloque organisé le 18 novembre 2005, Bruylant, 2006.

P. Lambert (dir.), Les partis liberticides et la Convention européenne des droits de l'homme, Actes du colloque du 8 octobre 2004 organisé par les Instituts des droits de l'homme des barreaux de Bordeaux, Bruxelles et Paris, Bruylant, 2005.

Y. Lecuyer, Les droits politiques dans la jurisprudence de la CEDH, Dalloz, coll. Bibliothèque parlementaire, 2009, 633 p.

H. Mouannès, (dir.), La laïcité à l'œuvre et à l'épreuve, Tome 31, Institut Fédératif de Recherche « Mutation des normes juridiques » – Université Toulouse I, Colloques de l'IFR, 2018.

F. Petit, Syndicalisme et droits syndicaux, LGDJ, Systèmes, 2019

B. Poucet, L'État et l'enseignement privé – L'application de la loi Debré (1959), Presses Universitaires de Rennes – P.U.R., Collection Histoire, 2011.

Th. Rambaud, Le principe de séparation des cultes et de l'État en droit public comparé – Analyse comparative des régimes français et allemand, LGDJ, 2004.

L. Touvet, Y.-M. Doublet, Droit des élections, 2e éd., Economica, 2014.

V. Zuber, La laïcité en débat – Au-delà des idées reçues, Le Cavalier Bleu, Coll. Idées reçues, 2017.

CHAPITRE 3

Les libertés économiques et les droits sociaux

1457 **Droits sociaux et libertés sociales.** – Les droits sociaux, **souvent qualifiés de « créances »**, trouvent leur fondement constitutionnel dans le **préambule de la Constitution de 1946** : l'alinéa 5 et le droit d'obtenir un emploi, le 10e et les **conditions nécessaires au développement de l'individu** et de la famille assurées par la Nation, le 11e et la **protection de la santé, la sécurité matérielle, le repos, les loisirs, le droit d'obtenir de la collectivité des moyens convenables d'existence**, l'alinéa 12 et les charges qui résultent de **calamités nationales** et enfin l'article 13 qui concerne l'égal **accès de l'enfant et de l'adulte à l'instruction, à la formation professionnelle et à la culture, à l'enseignement public**. Tous ont en commun d'exiger **une action positive de l'État et non une abstention**. Ils sont toutefois souvent confondus avec les libertés qui irriguent le droit social, c'est-à-dire les normes du monde du travail et de la protection sociale. Le préambule de 1946 développe en effet également **les droits du travailleur à participer à l'élaboration de ses conditions de travail**, à faire grève, à s'exprimer. Ces libertés elles-mêmes ne se différencient guère des libertés économiques qui permettent d'agir sur les marchés économiques.

1458 **Liens entre ces droits et ces libertés.** – On rassemble ici, contre toute logique juridique apparente, l'ensemble des droits relatifs à la sphère économique et patrimoniale. En effet, il est intéressant de mesurer que **la propriété, le contrat, l'entreprise, le travail et les prestations sociales se traduisent aussi par la forme de droits et libertés fondamentaux**, c'est-à-dire comme prérogative juridiquement protégée qui implique à la fois de l'autonomie, de la créance, un effet vertical autant qu'horizontal, objectif autant que subjectif. Ainsi, **chacun de ces droits fait « système » avec les autres**. Le droit de propriété porte sur un bien, comme l'enseignent les droits civil et administratif des biens, autant qu'il se résume à des prérogatives vis-à-vis d'autrui qui font l'objet de nombreuses limitations liées à la politique sociale et à la redistribution des richesses. La propriété sert de fondement à la liberté du commerce et de l'industrie qui s'entend autant comme une initiative spontanée que l'État doit seulement protéger et encadrer que comme le droit d'accéder à des aides et avantages. Il en est de même de la liberté contractuelle, récemment consacrée en tant que telle et qui relie la liberté de contracter (comme élément de la liberté personnelle et de la liberté d'entreprendre) et la sécurité juridique (sous l'angle de l'intangibilité des conventions par l'État et par autrui). **Ces droits ne se séparent pas de ceux qui régissent le travail et impliquent la liberté de travailler ou non, par le contrat ou non, de participer au travail et de s'y**

exprimer ou d'y agir. Les droits sociaux ont donc vu peu à peu disparaître leur handicap avec leur spécificité et gagné en justiciabilité. Les prestations sociales ont gardé leur dépendance à l'égard du vouloir politique mais, aujourd'hui fondées sur la dignité de la personne et épaulées par la non-discrimination, elles acquièrent une protection supérieure.

1459 **Diversité. –** L'idée communément admise est que non seulement les droits sociaux ne formeraient pas une catégorie cohérente et homogène, mais qu'en outre ils nécessiteraient absolument l'intervention des pouvoirs publics et ne seraient dès lors pas susceptibles d'une protection juridictionnelle. Il est vrai qu'il s'agit bien souvent de droits catégoriels relatifs au travailleur, la femme, l'enfant, la personne âgée, etc. et que de nombreuses formulations ne semblent pas conférer un accès direct aux droits sociaux. Par exemple **l'article 2 alinéa 1 du PIDESC dispose que « chacun des États parties au présent Pacte s'engage à agir, tant par son effort propre que par l'assistance et la coopération internationales, notamment sur les plans économique et technique, au maximum de ses ressources disponibles, en vue d'assurer progressivement le plein exercice des droits reconnus dans le présent Pacte par tous les moyens appropriés, y compris l'adoption de mesures législatives »**. L'affirmation répétée de ces droits, leur complémentarité avec les droits civils et politiques, et les mécanismes juridictionnels existants permettent aujourd'hui de leur conférer une dimension « d'opposabilité » de plus en plus affirmée. En témoigne l'existence depuis 1995, par le protocole additionnel à la Charte sociale européenne, d'une procédure de réclamation collective relative à ces droits.

1460 **Justiciabilité des droits sociaux. –** Les droits sociaux **restent l'instrument de politiques publiques animées par la solidarité et l'égalité. À ce titre, l'intervention du législateur demeure une caractéristique et une condition de ces droits**. Leur contentieux prend ainsi souvent les apparences d'un **contentieux objectif**, un contentieux de la légalité des actes gouvernementaux[1]. **Sauf usage du principe de non-discrimination, il n'est souvent pas possible de donner un aspect subjectif à ces droits si ce n'est la liberté d'y renoncer**. L'article L. 115-1 du Code de l'action sociale et de la famille expose que « la lutte contre la pauvreté et les exclusions est un impératif national fondé sur le respect de l'égale dignité de tous les êtres humains et une priorité de l'ensemble des politiques publiques de la nation. Elle tend à garantir sur l'ensemble du territoire l'accès effectif de tous aux droits fondamentaux dans les domaines de l'emploi, du logement, de la protection de la santé, de la justice, de l'éducation, de la formation et de la culture, de la protection de la famille et de l'enfance ». Cela dépend néanmoins de la volonté des juridictions et de la configuration de leur propre rôle. Guy Braibant distinguait la justiciabilité normative[2] (le juge identifie une violation en l'absence de mise en œuvre et fait respecter un certain niveau d'acquis) et la justiciabilité subjective (le bénéficiaire peut exiger une mise en œuvre)[3].

1461 **Effet direct des conventions relatives aux droits sociaux. – Le PIDESC et la Charte sociale européenne ne connaissent pas en principe d'effet direct. Cependant, les juges français admettent aujourd'hui bien plus que jadis l'effet direct des conventions internationales reconnaissant les droits sociaux**. Il en va ainsi particulièrement de la Cour de cassation à propos de la liberté du travail et du droit d'obtenir un emploi[4]. La même cour a censuré en partie le dispositif des « contrats première embauche » sur le fondement de la convention 158 de l'OIT[5]. Les juridictions européennes se tournent aussi vers le PIDESC pour garantir le droit d'accès à l'enseignement supérieur[6]. La CEDH admet depuis longtemps l'interdépendance des droits. La Cour de cassation[7] admet **également l'effet direct des directives de l'Union** européenne qui concrétisent la Charte de l'UE sous réserve qu'elles soient opposables à une personne privée, c'est-à-dire qu'elles gèrent une mission de service public.

1. CE, 30 avr. 1997, Synd. nat. masseurs-kinésithérapeutes rééducateurs.
2. Ce que l'on appelle souvent désormais le standstill (non-régression ou cliquet anti-retour).
3. G. Braibant, La Charte des droits fondamentaux de l'Union européenne, Le Seuil, coll. Points Essais, 2001.
4. Cass. soc., 1er déc. 2008, Eischenlaub c. Sté Axa France vie-Axa France IARD.
5. Cass. soc., 1er juill. 2008.
6. CJUE, 13 avr. 2010, *Nicolas Bressol et a.*
7. Cass. soc., 22 juin 2016, *Société Transdev Reims*, n° 15-20111.

1462 **Interdépendance.** - Les notions de dignité et de personne humaine unifient et alimentent le droit de l'action sociale. La solidarité, fille de la fraternité, trouve avec la dimension sociale de la personne un ancrage au cœur même du sujet de droit. **La loi du 29 juillet 1998 relative à la lutte contre les exclusions**, par exemple, bâtit son dispositif sur l'égal accès de tous aux droits fondamentaux et le fait sous le signe de la dignité de *l'être humain* requalifié en *personne humaine* par le Conseil constitutionnel. Rappelons que **la CEDH se fonde sur sa conception de l'indivisibilité des droits**[8] **selon laquelle « nulles cloisons étanches ne séparent la sphère des droits économiques et sociaux du domaine de la Convention »**. Doublé du principe de l'effet utile de la Convention, cela amène le juge à concrétiser les droits civils et politiques par des exigences relevant des droits économiques et sociaux. **La Cour se réfère à la Charte sociale européenne et à d'autres sources internationales pour donner plénitude aux droits de la Convention comme la liberté syndicale**[9]. La CEDH protège également indirectement les droits sociaux par des droits civils et politiques comme le droit au procès équitable qui inclut le champ des droits de caractère civil et peut s'appliquer dans le champ du droit du travail ou des prestations sociales[10]. De même, l'interdiction de **toute discrimination appliquée à la dimension patrimoniale permet d'étendre les droits sociaux**, comme ce fut le cas à propos du refus d'une allocation-chômage à un étranger jugé discriminatoire[11]. Cette même dimension patrimoniale se trouve aujourd'hui considérée par le Conseil d'État. Il justifie la création d'un service public de téléalarme qui peut concurrencer le secteur privé par le fait qu'il s'agit de permettre à des personnes dépendantes de pouvoir accéder à ce service sans considération de leurs ressources[12]. **Voir aussi les développements relatifs aux moyens minimum d'existence des étrangers (§ 422 ; 742).**

1463 **Plan.** - On progressera des libertés économiques (droit de propriété, liberté du commerce et de l'industrie, liberté contractuelle) vers les droits économiques et sociaux (ceux du travailleur et ceux que concrétisent les prestations sociales).

Section 1
La propriété comme liberté

1464 **Liberté.** - Le régime de la propriété tel que nous le connaissons est né de l'effondrement de l'ordre féodal et a changé le rapport à la terre. **L'idée de John Locke dominait alors selon laquelle la propriété est un prolongement de la personne.** Lorsque, dans le cadre de l'état de nature, il décrit l'acte de propriété comme étant celui qui arrache les biens à la friche naturelle, établissant par le lien du travail une relation entre la propriété sur les choses et la propriété de « sa propre personne », il en conclut qu'« il résulte à l'évidence de tout cela que les biens de la nature sont dispensés sous forme indivise, mais que l'homme néanmoins porte en lui-même la justification principale de la propriété, parce qu'il est son propre maître et le propriétaire de la personne, de ce qu'elle fait et du travail qu'elle accomplit »[13]. **La propriété étant un droit fondamental il revient exclusivement à la loi d'en dresser les limites. D'où l'annulation d'un article réglementaire du Code de procédure pénale qui permettait à l'administration pénitentiaire de confisquer certaines sommes litigieuses aux détenus**[14].

8. CEDH, 9 oct. 1979, *Airey c. Irlande*.
9. CEDH, Gr. Ch., 12 nov. 2008, *Demir et Baykara c. Turquie*.
10. Cas de licenciement d'un salarié : CEDH, 28 juin 1990, *Obermeier c. Autriche*.
11. CEDH, 16 sept. 1996, *Gaygusuz c. Autriche*.
12. CE, 3 mars 2010, Département de la Corrèze.
13. J. Locke, *Les Deux traités du gouvernement*, Vrin, coll. Textes philosophiques, 1997.
14. CE, 10 févr. 2016, *M. A... B...*, n° 375426.

1465 **Propriété et propriétés.** - On sait que le choix de parler de « la propriété » ou « des propriétés » change la portée des régimes juridiques. La propriété, et l'idée de droit de propriété qui la traduit, font en effet l'objet depuis bientôt deux décennies d'une redéfinition qui ne s'attache plus guère aux prérogatives conférées (définition en extension) mais se focalise sur son principe, celui d'un **rapport entre une personne, une chose et les autres personnes qui la revendiquent** (définition en compréhension, c'est-à-dire selon son principe même). La propriété sert alors de modèle à tout traitement juridique de la relation entre un sujet et un objet, son appropriation et son utilisation. La notion de propriété se recentre sur deux aspects : **être titulaire du droit de propriété et se servir de la chose : avoir à soi et gérer**. Pour parler de droit de l'homme, on n'utilisera pas le terme de propriété au sens qu'il acquiert au pluriel (« les propriétés »), c'est-à-dire la chose elle-même, mais au sens du pouvoir qui s'établit sur elle en fonction de la personne.

I. La consécration du droit de propriété comme droit de l'homme

1466 **Jouissance exclusive.** - « La propriété est le droit de jouir des choses de la manière la plus absolue, pourvu que l'on n'en fasse pas un usage prohibé par la loi ou par les règlements » : ainsi l'article 544 du Code civil définit-il le droit de propriété. Il est traditionnellement présenté comme un droit patrimonial ancré dans un bien (ce qui fait parler davantage « des » propriétés), qui se scinde en différentes prérogatives sous forme de « démembrements ». L'article 543 du Code civil indique en effet « on peut avoir sur les biens, ou un droit de propriété, ou un simple droit de jouissance, ou seulement des services fonciers à prendre ». Or, **ces prérogatives ne sont pas seulement des ersatz de propriété, mais bien un certain nombre de droits et de libertés que les individus peuvent exercer vis-à-vis des biens qui les entourent.** Ainsi se comprend l'article 2 de la DDHC qui présente la propriété comme un droit naturel et imprescriptible de l'homme. Dès lors, les textes relatifs aux droits de l'homme protègent le principe même de la jouissance d'un bien nécessaire à l'individu.

A. Le droit à la protection des biens

1467 **CEDH.** - Selon **l'article 1 du protocole additionnel** : « Toute personne physique ou morale a droit au respect de ses biens. Nul ne peut être privé de sa propriété que pour cause d'utilité publique et dans les conditions prévues par la loi et les principes généraux du droit international ». Même si le mot propriété n'apparaît pas, la Cour a reconnu qu'il s'agissait bien de cela dans l'arrêt, déjà rencontré, du **13 juin 1979**, *Marckx c. Belgique* **dans lequel elle précise par ailleurs que « le droit de disposer de ses biens constitue un élément traditionnel fondamental du droit de propriété »**. Le droit communautaire a également consacré, en tant que principe général du droit communautaire, la protection du droit de propriété[15]. Dans l'affaire *Herrmann c. Allemagne*[16], la Cour européenne a reconnu la violation du droit aux biens dans le cas d'un propriétaire foncier qui se plaignait d'être forcé de tolérer la pratique de la chasse sur ses terres alors qu'il était opposé à cette activité pour des raisons morales.

1468 **Protection constitutionnelle duale.** - Pour la France, **l'article 17 de la DDHC reconnaît que « la propriété étant un droit inviolable et sacré, nul ne peut en être privé si ce n'est lorsque la nécessité publique, légalement constatée, l'exige évidemment et sous la condition d'une juste et préalable indemnité »**.

Mais ce droit **est aussi mentionné par l'article 2 de la Déclaration des droits comme droit naturel et imprescriptible et, indirectement, par les nationalisations au préambule de 1946**. Ce dernier, est utilisé alors pour justifier l'acte de nationalisation des entreprises, ce qui définit la propriété en creux par les limites positives

15. CJCE, 13 déc. 1979, Hauer c. Land Rheinland-Pfalz.
16. CEDH, 26 juin 2012, n° 9300/07.

que peuvent y porter les politiques publiques et la nécessité d'une appropriation publique. Mais l'essentiel du contentieux constitutionnel porte au contraire sur la protection de la propriété privée à l'encontre des limitations, voire des privations. C'est ainsi que le Conseil constitutionnel engendre d'une jurisprudence abondante dont la structure a évolué au fil du temps.

Avant qu'ils ne puissent être saisis en question prioritaire de constitutionnalité, le Conseil constitutionnel semble distinguer assez clairement d'un côté les limitations de propriété qui était jugée sur le fondement de l'article 2 de la Déclaration des droits et qui se soldait par un contentieux de la proportionnalité de notre côté le contentieux de l'expropriation, de l'article 17 de la Déclaration des droits de l'homme, qui se juge sur le plan de la simple nécessité. Depuis 2010, il semble que le Conseil constitutionnel, tout en gardant en façade cette distinction, la considère plutôt comme un continuum, **faisant de la privation de propriété de l'article 17 l'expression de l'atteinte la plus importante portée aux droits de propriété**. En l'absence de privation du droit de propriété, il résulte néanmoins de l'article 2 de la Déclaration de 1789 que **les limites apportées à son exercice doivent être justifiées par un motif d'intérêt général et proportionnées à l'objectif poursuivi**[17].

La propriété a un caractère fondamental, aussi bien pour les propriétaires privés que publics, autant qu'il a consacré la nécessité de le concilier avec les objectifs sociaux de la République. La grande décision « nationalisations », énonce ainsi que **la propriété a « pleine valeur constitutionnelle tant en ce qui concerne le caractère fondamental du droit de propriété dont la conservation constitue l'un des buts de la société politique** et qui est mis au même rang que la liberté, la sûreté et la résistance à l'oppression, qu'en ce qui concerne les garanties données aux titulaires de ce droit et les prérogatives de la puissance publique »[18]. Selon l'article 34, il revient à la loi de déterminer les principes fondamentaux du régime de la propriété. Sur cette base, le Conseil constitutionnel considère que le législateur dispose d'une marge d'appréciation politique certaine mais que cela ne saurait lui permettre de méconnaître d'autres principes constitutionnels, comme la liberté d'entreprendre, ni d'ignorer des garanties procédurales[19]. Cela l'amène à vérifier par exemple que, en instaurant le paquet de cigarettes neutre, la loi n'a pas trop délégué au pouvoir réglementaire la régulation de l'atteinte à la marque[20].

1469 Protection constitutionnelle en QPC. – Le Conseil protège aussi la propriété dans le cadre de la procédure de question prioritaire de constitutionnalité[21]. D'abord dans l'hypothèse de dispositions du Code de l'urbanisme permettant de **mettre à la charge des bénéficiaires d'autorisation de construire une contribution aux dépenses d'équipements publics** sous forme de cession gratuite de terrain où il retient une incompétence négative : il reproche au législateur de n'avoir pas défini les usages publics auxquels doivent être affectés les terrains ainsi cédés portant ainsi atteinte à l'article 17 de la Déclaration de 1789. Par la suite, il affirme que **l'inscription d'un bien au titre des monuments historiques**, loin d'être une privation de propriété, ne porte pas à celle-ci une atteinte disproportionnée[22]. Le juge constitutionnel a déclaré contraire à la Constitution[23] le texte qui permet, en cas d'appel de l'ordonnance du juge fixant l'indemnité d'expropriation, l'expropriant à prendre possession des biens expropriés, moyennant le **versement d'une indemnité potentiellement inférieure à celle fixée par le juge** de première instance (art. L. 15-1 et L. 15-2 du Code de l'expropriation pour cause d'utilité publique) ; ce qui méconnaît l'exigence selon laquelle nul ne peut être privé de sa propriété que sous la condition d'une juste et préalable indemnité. Aucune exigence constitutionnelle n'impose que la collectivité expropriante soit tenue de réparer la douleur morale éprouvée par les propriétaires à raison de la perte des biens expropriés[24].

17. CC, 12 nov. 2010, déc. n° 2010-60 QPC, cons. 3.
18. CC, 16 janv. 1982, déc. n° 81-132 DC.
19. Dans le domaine des nationalisations comme dans celui de l'expropriation immobilière où les procédures de préemption, CC, 9 avr. 1996, 374 DC.
20. CC, 21 janv. 2016, déc. n° 2015-727 DC.
21. CC, 22 sept. 2010, déc. n° 2010-33 QPC.
22. CC, 16 déc. 2011, déc. n° 2011-207 QPC, *Soc. Grande Brasserie Patrie Schutzenberger*.
23. CC, 6 avr. 2012, déc. n° 2012-226 QPC, *Consorts T.*
24. CC, 21 janv. 2011, déc. n° 2010-87 QPC, *M. Jacques S.*

Le Conseil constitutionnel contrôle, au regard du droit de propriété, les dispositions de l'article L. 233-14 du Code de commerce qui prévoient **la suspension des droits de vote de l'actionnaire** en cas de dépassement non déclaré de certains seuils de participation dans le capital de l'entreprise[25].

En revanche, selon le Conseil[26], l'article 544 du Code civil ne méconnaît pas le droit au logement lorsqu'il conduit, dans le cadre de la procédure de référé prévue par l'article 809 du Code de procédure civile, à **l'expulsion d'occupants sans droit ni titre**. Le Conseil[27] a également constaté la constitutionnalité de L. 12-1 du Code de l'expropriation pour cause d'utilité publique qui adopte pour l'ordonnance d'expropriation une procédure non contradictoire. Le Conseil juge en effet que l'objet de l'ordonnance est restreint et que des recours existent. Il vérifie aussi que même les gens du voyage voient leur droit de propriété garanti par la possibilité d'établir leur habitat mobile sur leur terrain[28].

De même[29], il a validé le **mode de calcul de l'indemnité d'expropriation**, sous réserve que l'intéressé puisse toujours faire la preuve que l'estimation administrative ne prend pas correctement en compte l'évolution du marché immobilier. En revanche, afin de lutter contre la pénurie de logements destinés à la location, le législateur a permis à l'assemblée générale des copropriétaires d'un immeuble de décider, à la majorité des voix de tous les copropriétaires, de soumettre discrétionnairement à son accord préalable « toute demande d'autorisation de changement d'usage d'un local destiné à l'habitation faisant partie de la copropriété par un copropriétaire aux fins de le louer pour de courtes durées à une clientèle de passage ». Il a ainsi violé l'article 2 de la Déclaration de 1789, en permettant à l'assemblée générale des copropriétaires de porter une atteinte disproportionnée aux droits de chacun des copropriétaires[30].

La loi du 30 octobre 2017 renforçant la sécurité intérieure et la lutte contre le terrorisme permet aussi de nouveaux types de **perquisitions et saisies administratives** sous le contrôle du juge des libertés et de la détention du tribunal de grande instance de Paris. Le Conseil constitutionnel relève que les dispositions contestées permettent la saisie, au cours de la visite, non seulement de données et des systèmes informatiques et équipements terminaux qui en sont le support, mais aussi de « documents » et d'« objets ». Toutefois, à la différence du régime qu'il a défini pour les données et les supports, le législateur n'a fixé aucune règle encadrant l'exploitation, la conservation et la restitution des documents et objets saisis au cours de la visite. Il les a donc déclarées ces dispositions contraires au droit de propriété[31].

1470 **Particularité de la propriété publique.** – La **propriété publique fait obstacle à ce que le domaine public puisse être durablement grevé de droits réels sans contrepartie appropriée eu égard à la valeur réelle de ce patrimoine** comme aux missions de service public auxquelles il est affecté ; ce qui n'exclut pas de recourir au crédit-bail[32], ni à ce que le législateur procède au transfert gratuit de dépendances du domaine public entre personnes publiques[33]. La CEDH a d'ailleurs confirmé que **le droit aux biens peut céder devant la protection du domaine public**[34]. La maison des requérants était bâtie sur un terrain en bord de mer appartenant au domaine public maritime. À l'époque de l'acquisition, le terrain faisait l'objet d'une autorisation d'occupation du domaine public mais les arrêtés préfectoraux précisaient que l'administration se réservait la faculté de modifier ou retirer l'autorisation d'occupation du domaine public, pour quelque cause que ce soit, et sans indemnisation. Le préfet refusa de renouveler l'autorisation d'occupation du domaine public en raison de l'entrée en vigueur de la loi Littoral. Le Conseil d'État considéra que les requérants ne pouvaient se prévaloir d'aucun droit réel sur ces

25. CC, 28 févr. 2014, 2013-369 QPC, cons. 8 à 11.
26. CC, 30 sept. 2011, déc. n° 2011-169 QPC, *Consorts M. et autres*.
27. CC, 16 mai 2012, déc. n° 2012-247 QPC, *Consorts L.*
28. CC, 27 sept. 2019, n° 2019-805 QPC, *Union de défense active des forains et autres*.
29. CC, 20 avr. 2012, déc. n° 2012-236 QPC, *Mme Marie-Christine J.*
30. CC, 20 mars 2014, déc. n° 2014-691 DC, cons. 47
31. CC, 29 mars 2018, n° 2017-695 QPC, *M. Rouchdi B. et autre*.
32. CC, 5 août 2004, déc. n° 501 DC.
33. CC, 3 déc. 2009, déc. n° 2009-594 DC.
34. CEDH, Gr. Ch., 23 mars 2010, Depalle c. France, Brosset-Triboulet et autres c. France.

biens et que par conséquent l'obligation de remise en l'état sans indemnisation préalable ne constituait pas une mesure prohibée par l'article 1 du protocole n° 1 à la Convention EDH. Ce que confirme la Cour. De la même manière, le Conseil a été saisi de la **question du transfert de biens publics**[35]. La loi du 24 novembre 2009 apporte à l'Association nationale pour la formation professionnelle des adultes, à titre gratuit et en pleine propriété, les biens appartenant à l'État et mis à sa disposition dans le cadre de son activité. Or aucune disposition ne permettait de garantir que ces biens demeureraient affectés au service public. Dès lors, ces dispositions méconnaissaient la protection constitutionnelle des biens publics.

1471 **Droit de l'Union et droit de propriété.** – Le droit de propriété est consacré à **l'article 17 de la Charte des droits fondamentaux de l'Union européenne**[36]. La Cour de justice accorde une réelle importance à la fonction de ce droit dans la société pour **apprécier les limites** qui peuvent être apportées à son exercice. Il faut qu'elles **répondent effectivement à des objectifs d'intérêt général poursuivis par l'Union** et ne constituent pas, au regard du but recherché, une intervention démesurée et intolérable qui porterait atteinte à la substance même du droit.

Ainsi **les impératifs de santé publique** peuvent justifier la mise en quarantaine d'oiseaux importés et justifier des conditions particulières (règlements n° 318/2007 et n° 139/2013 adoptés en vue de conjurer le risque de propagation du virus de l'influenza aviaire). Si elles ne sont pas manifestement disproportionnées à cet effet, elles ne sauraient être considérées comme une intervention démesurée et intolérable qui aurait porté atteinte à la substance même des droits de propriété et de libre exercice d'une activité économique, même si elles engendrent une éventuelle baisse du chiffre d'affaires ou un éventuel manque à gagner liés à un différentiel de prix de revient[37].

La propriété supporte des restrictions quand il est question de lutter contre le terrorisme en gelant les avoirs financiers des entreprises suspectées de « blanchir » l'argent à ces fins[38]. Le règlement n° 881/2002 impose ainsi le gel de fonds et autres mesures restrictives spécifiques à l'encontre de certaines personnes et entités liées à Oussama ben Laden, au réseau Al-Qaida et aux talibans. Mais cela peut constituer une restriction injustifiée de son droit de propriété faute de fournir une garantie réelle permettant à ladite personne d'exposer sa cause aux autorités compétentes, et ce, dans une situation dans laquelle la restriction de son droit de propriété doit être qualifiée de considérable, eu égard à la portée générale et à la persistance des mesures de gel dont elle fait l'objet[39]. Il en va encore plus de même quand il s'agit d'embargo à l'égard des biens d'un pays mis à l'écart, au nom de la politique étrangère et de sécurité commune, par exemple en raison de risque de prolifération nucléaire (à cet égard une série de décisions concerne l'Iran[40]) ou en raison de sa situation politique (cas de la Syrie[41]).

C'est encore le cas de la protection de l'environnement.

CJUE, 18 septembre 2014, aff. T-317/12, *Holcim (Romania) c. Commission*

Les règles de confidentialité des quotas d'émissions de gaz à effet de serre, posées à l'article 10 du règlement n° 2216/2004, sont prévues par le règlement et la directive établissant un système

35. CC, 17 déc. 2010, déc. n° 2010-67/86 QPC, AFPA et Région Centre et région Poitou-Charentes.
36. « 1. Toute personne a le droit de jouir de la propriété des biens qu'elle a acquis légalement, de les utiliser, d'en disposer et de les léguer. Nul ne peut être privé de sa propriété, si ce n'est pour cause d'utilité publique, dans des cas et conditions prévus par une loi et moyennant en temps utile une juste indemnité pour sa perte. L'usage des biens peut être réglementé par la loi dans la mesure nécessaire à l'intérêt général. 2. La propriété intellectuelle est protégée. »
37. CJUE, 17 mars 2016, aff. T-817/14, *Zoofachhandel Züpke e.a. c. Commission*.
38. CJUE, 28 mai 2013, aff. T-187/11, *Trabelsi e.a. c. Conseil*.
39. CJUE, 30 sept. 2010, aff. T-85/09, *Kadi c. Commission*, *Rec.* p. II-5177.
40. CJUE, 12 févr. 2015, aff. T-579/11, *Akhras c. Conseil*, pts 143-153.
41. CJUE, 13 sept. 2013, aff. T-383/11, *Makhlouf c. Conseil*.

d'échange de quotas d'émission de gaz à effet de serre dans la Communauté. Ainsi, elles doivent être regardées comme étant prévues par la loi, au sens de l'article 52, paragraphe 1, de la Charte des droits fondamentaux de l'Union européenne. Ces règles répondent également au souci de préserver le secret des affaires, c'est-à-dire à un objectif d'intérêt général reconnu par l'Union. De plus, lesdites règles ne posent pas des exigences disproportionnées par rapport à l'objectif poursuivi. D'une part, elles ne portent pas atteinte au contenu essentiel du droit de propriété. D'autre part, elles ne dépassent pas les limites de ce qui est approprié et nécessaire à la réalisation dudit objectif. En effet, s'agissant d'un vol présumé de quotas d'émissions de gaz à effet de serre, le règlement n° 2216/2004 n'interdit pas à une autorité pénale de révéler des informations confidentielles nécessaires à l'identification des auteurs d'un délit ou d'un crime à une personne physique ou morale ayant la qualité de victime de l'infraction pénale présumée. Par ailleurs, ledit article 10 n'interdit pas à une telle personne d'entreprendre, sur la base des informations ainsi révélées, des démarches tendant à la récupération de ses quotas, ni ne rend indûment complexe cette tâche.

Le droit d'accès à l'information peut aussi justifier une entorse au droit de propriété. Par exemple, pour la diffusion télévisuelle de la phase finale de la Coupe du monde de football, l'interdiction d'un monopole de la retransmission par des organismes de radiodiffusion télévisuelle à péage porte une atteinte proportionnée au droit de propriété de la Fédération internationale de football (FIFA) ; atteinte justifiée par l'objectif visant à protéger le droit à l'information et à assurer un large accès du public aux retransmissions télévisées d'événements d'une importance majeure[42].

1472 Jurisprudence administrative. – Pour le Conseil d'État, **le droit de propriété peut être opposé à l'action de la puissance publique ne serait-ce que dans le cadre de la voie de fait ou des procédures d'expropriation.** Protecteur des propriétés publiques, le Conseil d'État est souvent exclu de celle de la propriété privée au profit du juge judiciaire[43]. Cependant, le juge administratif se veut indirectement en charge de la propriété privée ; par exemple en acceptant, contre la tradition, de faire détruire un « ouvrage public mal planté » sur une propriété privée[44]. **La propriété constitue une liberté au sens de l'article 521-2 du Code de justice administrative**, c'est-à-dire du référé-sauvegarde[45]. Plus encore « le droit de propriété a, comme son corollaire qu'est le droit pour le locataire de disposer librement des biens pris à bail, le caractère d'une liberté fondamentale au sens de l'article L. 521-2 précité du Code de justice administrative »[46]. L'effet horizontal de ce droit se trouve donc consacré.

1473 Droit au concours de la force publique pour la protection de la propriété. – Le droit de propriété se voit encore protégé par **l'obligation de prêter le concours de la force publique à l'exécution des décisions de justice**, elle-même instituée en vue de respecter la séparation des pouvoirs ou le droit au juge. Cette exigence constitutionnelle animait déjà l'arrêt *Couitéas*[47] dans un contexte de responsabilité sans faute. Elle connaît depuis 1991 une forme légale qui dépasse ce cadre. Le Conseil d'État, se fonde ainsi sur l'article 16 de la loi du 9 juillet 1991 portant réforme des procédures civiles d'exécution pour poser que « l'autorité administrative est normalement tenue d'accorder le concours de la force publique en vue de l'exécution d'une décision de justice revêtue de la formule exécutoire et rendue opposable à la partie adverse ». Il en va autrement dans le cas où l'exécution forcée comporterait un risque excessif de trouble à l'ordre public. **Un refus justifié par l'existence**

42. CJUE, 18 juill. 2013, aff. C-205/11 P, *FIFA c. Commission*.
43. T. confl., 11 juin 1940, *Schneider* ; CC, 13 déc. 1985, déc. n° 198 DC qui font de la « dépossession » le critère de compétence du juge judiciaire.
44. CE, 23 janv. 2003, Syndicat interdépartemental de l'électricité et du gaz des Alpes-Maritimes.
45. CE, ord. réf., 23 mars 2001, *Soc. Lidl*.
46. CE, 29 mars 2002, *SCI Stephaur* : donnant le statut de liberté au droit au bail au nom du droit de propriété.
47. CE, 30 nov. 1923, *Rec.* 789, *GAJA* n° 40 (17e éd., 2009).

d'un tel risque, quoique légal, engage la responsabilité de l'État à l'égard du bénéficiaire de la décision de justice[48]. Le propriétaire peut agir en référé-sauvegarde pour obtenir, en urgence, sous astreinte, l'aide de la police, sous réserve de troubles graves à l'ordre public. Le préfet n'a ainsi pas toute latitude : il doit motiver son refus.

Des considérations impérieuses tenant à la sauvegarde de l'ordre public ou à la survenance de circonstances postérieures à la décision judiciaire d'expulsion telles que l'exécution de celle-ci serait susceptible d'attenter à la dignité de la personne humaine, peuvent légalement justifier, sans qu'il soit porté atteinte au principe de la séparation des pouvoirs, le refus de prêter le concours de la force publique. S'agissant de l'expulsion de migrants occupant des terrains privés, le recours à la force publique peut être récurrent sans que le Préfet n'ait à donner son accord pour chaque opération[49].

CE, ord., 5 juillet 2016, n° 400820, *Association des chapelles catholiques et apostoliques et société Garibaldi (communiqué du Conseil d'État)*

« Une association propriétaire d'un terrain du 15e arrondissement de Paris, sur lequel est situé un immeuble dit « église Sainte-Rita », a décidé de construire sur ce terrain un ensemble de logements, dont elle a confié la réalisation à la société Garibaldi. Saisi à cette fin, le président du tribunal de grande instance de Paris a, le 6 janvier 2016, prescrit l'expulsion immédiate et sans délai de tous les occupants sans droit ni titre de l'immeuble.
Cette expulsion créant des difficultés, l'association et la société ont demandé au préfet de police de leur accorder le concours de la force publique. Celui-ci n'a pas donné suite à cette demande.
[...] Par l'ordonnance de ce jour, le juge des référés du Conseil d'État juge, contrairement à ce qu'a estimé le second juge des référés du TA de Paris, que l'occupant n'avait pas à être entendu dans la procédure : dès lors que les occupants sans droit ni titre de l'immeuble avaient refusé de décliner leur identité au cours de la procédure devant le TGI, il était matériellement impossible au juge des référés du TA de Paris de les inviter à prendre part à la procédure. Le juge des référés du Conseil d'État en déduit que cet occupant ne pouvait pas former une tierce opposition, et donc que la première ordonnance n'avait pas à être déclarée non avenue. Il annule donc la seconde ordonnance, du 6 juin 2016.
Il résulte de cette décision que la première ordonnance, du 27 mai 2016, qui enjoint au préfet de police d'accorder le concours de la force publique, trouve à nouveau à s'appliquer. Toutefois, le Code de justice administrative permet au préfet de police, s'il entend faire valoir des éléments nouveaux, tirés notamment de risques accrus de troubles à l'ordre public en cas d'expulsion, de saisir à nouveau le juge des référés du tribunal administratif de Paris afin qu'il modifie ou qu'il mette fin à cette injonction. »

1474 Responsabilité de l'État en cas de refus de concours de la force publique. – La CEDH a sanctionné la France pour sa carence à libérer des propriétés occupées en Corse par des indépendantistes[50]. La responsabilité de l'État peut ainsi être engagée à raison de son abstention, avant l'expiration du délai de deux mois, dans le cas où cette inaction est de nature à entraîner des effets d'une particulière gravité pour le propriétaire. L'arrêt *Couitéas* de 1923, impose l'idée que des exigences sérieuses d'ordre public (Hauriou parlait de « légitime défense de l'État » pour en montrer le caractère nécessairement extraordinaire) pouvaient servir de cause légale et légitime l'abstention à fournir au propriétaire l'aide de la force publique. Le degré de l'atteinte à l'ordre public, pouvant justifier la dérogation à la séparation des pouvoirs, entre ici en ligne de compte. Le Conseil constitutionnel avait

48. CE, 25 nov. 2009, *ministre de l'Intérieur, de l'Outre-mer et des Collectivités territoriales c. Société Orly Parc*.
49. CE, 21 juin 2019, *M. C... et autres*, n° 431115.
50. CEDH, 21 janv. 2010, *Barret et Sirjean c. France*.

indiqué en 1998 qu'il devait s'agir de « circonstances exceptionnelles tenant à la sauvegarde de l'ordre public », quand le Conseil d'État entend laisser au préfet une marge supérieure ne mentionnant que les « exigences de l'ordre public »[51]. Ces exigences demeurent donc celles de l'ordre public le plus classique, le plus matériel, à l'exclusion de la dignité, selon les termes de l'arrêt *Société anonyme des logements économiques*[52]. **Le juge dénie ainsi fermement aux maires la possibilité d'interdire les expulsions et saisies immobilières concernant des personnes précaires au nom de ce même ordre public.** Cependant, certaines juridictions administratives acceptent que la dignité, comme élément de l'ordre public, justifie l'abstention du préfet[53].

B. Le champ d'application du droit de propriété

1475 Constitution. - D'un point de vue constitutionnel, le champ de la protection n'a cessé de s'accroître car le Conseil a opté pour une interprétation vivante permettant d'intégrer de nouveaux objets : « **postérieurement à 1789 et jusqu'à nos jours, les finalités et les conditions d'exercice du droit de propriété ont subi une évolution caractérisée à la fois par une notable extension de son champ d'application à des domaines individuels nouveaux et par des limitations exigées par l'intérêt général** »[54]. Ce fut concrètement le cas, par exemple, pour le droit pour le propriétaire d'une **marque de fabrique, de commerce ou de service**, d'utiliser celle-ci et de la protéger dans le cadre défini par la loi et les engagements internationaux de la France[55]. De même, la lutte contre les pratiques de contrefaçon qui se développent sur internet répond à l'objectif de sauvegarde de la propriété intellectuelle[56]. En revanche, le Conseil n'a pas considéré comme disproportionnée l'extension de la **licence légale aux webradios non interactives**, c'est-à-dire l'impossibilité pour les artistes de s'opposer à la diffusion de leurs œuvres. Le Conseil retient le motif d'intérêt général d'une plus grande diffusion et pluralité d'œuvres[57]. Le Conseil estime également qu'il faut protéger selon d'autres règles la propriété publique[58]. Suivant en cela la CEDH, **le Conseil a intégré les créances certaines au droit de propriété**, en effet il a censuré les dispositions faisant obstacle au droit des créanciers de recouvrer leurs créances sur le patrimoine de leurs débiteurs[59].

1476 Notion de bien au sens de la Convention EDH. - La CEDH donne **une portée large à la notion de « bien ». On sait que les biens soumis à l'appropriation ne sont bien sûr plus seulement corporels mais aussi incorporels et parfois liés très fortement à la personnalité comme l'est le droit de propriété littéraire et artistique et dans une moindre mesure les parts sociales ou les créances**. La Cour protège ainsi les choses corporelles, meubles et immeubles, les biens incorporels[60] comme les intérêts économiques, les créances et même ce que la Cour appelle « l'espérance légitime » dès lors que l'individu avait une certitude suffisamment établie de recevoir un tel bien[61]. Pour la Cour, l'ensemble des « **intérêts économiques liés à la gestion** » constitue des

51. CE, 27 nov. 2008, *ministre de l'Intérieur*.
52. CE, 16 avr. 1946.
53. CAA Versailles, 21 sept. 2006, *Prévot et a.*
54. CC, 16 janv. 1982, déc. n° 81-132 DC.
55. CC, 8 janv. 1991, déc. n° 90-283 DC.
56. CC, 10 juin 2009, déc. n° 2009-580 DC.
57. CC, 4 août 2017, *Société civile des producteurs phonographiques et autre*, 2017-649 QPC [Extension de la licence légale aux services de radio par internet].
58. CC, 25 et 26 juin 1986, déc. n° 86-207 DC.
59. CC, 10 juin 2010, déc. n° 2010-607 DC.
60. CEDH, 13 avr. 2013, *Neij et Sunde Kolmisoppi c. Suède* (req. n° 40397/12) : La CEDH, dans une décision d'irrecevabilité, rejette la requête de deux des cofondateurs de « The Pirate Bay », l'un des plus grands sites internet au monde permettant l'échange de fichiers torrents, qui se plaignaient de leur condamnation pour complicité d'infraction à la loi sur le copyright. La Cour dit en effet que le partage, ou le fait de faciliter le partage, de ce type de fichiers sur internet, même de données protégées par le copyright et à des fins lucratives, relève du droit « de recevoir ou de communiquer des informations » (liberté d'expression). Toutefois, elle estime que les juridictions internes ont procédé à une juste mise en balance du droit de communiquer et la nécessité de protéger la propriété intellectuelle.
61. CEDH, 20 nov. 1995, Pressos Compania Novaria SA c. Belgique.

biens[62] comme **les autorisations d'exercice de certaines activités économiques**[63] ou les parts sociales ou actions des sociétés anonymes[64]. La Cour rappelle tout d'abord le principe selon lequel, « bien que l'article 1 du Protocole n° 1 ne vaille que pour les biens actuels et ne crée aucun droit d'en acquérir[65], dans certaines circonstances, **l'« espérance légitime »** d'obtenir une valeur patrimoniale peut également bénéficier de la protection de cette disposition ». Est ainsi reconnue victime une ressortissante hongroise bénéficiaire d'une pension d'invalidité ayant vu, par l'effet d'un changement législatif, son taux d'invalidité réduit de 67 % à 40 %, ainsi que l'allongement de la durée obligatoire de cotisation pour l'attribution d'une pension d'invalidité, ce qui entraînait rétroactivement la suppression de celle-ci[66]. De même, **le bénéfice d'un dispositif fiscal** comme celui des emplois aidés fait naître une espérance légitime constitutive d'un « bien » ; dès lors, sa suppression inopinée ne peut avoir d'effet sur les situations en cours[67]. L'augmentation du paiement de travaux liée à une loi de finances **qui élève le taux d'intérêt légal** constitue une ingérence justifiée par des motifs impérieux dans le droit aux biens[68]. C'est pourquoi le Conseil d'État a limité la portée de la loi du 17 janvier 2001 relative à l'archéologie préventive. Il l'estime inconventionnelle dans ses conséquences lorsqu'elle prive un propriétaire de tout droit sur les vestiges découverts sur son terrain[69].

1477 **Exemple de la loi du 4 mars 2002. –** Cette notion de créance légitimement attendue a, on s'en souvient, fait l'objet du **contentieux postérieur à la loi « anti-Perruche »** instaurant un mécanisme d'indemnisation par un fonds de solidarité allouant, dans la même hypothèse qui avait entraîné l'indemnisation de N. Perruche, des sommes très inférieures. La CEDH[70] avait conclu, pour les affaires en cours, contrairement au Conseil d'État[71], à la violation de la Convention EDH en raison de la rétroactivité de la loi entraînant la perte d'un bien (espérance légitime d'un bien, créance, au sens de l'art. 1, protocole n° 1). Le **Conseil constitutionnel a également censuré cette rétroactivité**[72]**, suivi en cela par la première chambre civile** qui écarte la loi[73] : « si une personne peut être privée d'un droit de créance en réparation d'une action en responsabilité, c'est à la condition que soit respecté le juste équilibre entre les exigences de l'intérêt général et les impératifs de sauvegarde du droit au respect des biens ; que tel n'est pas le cas en l'espèce, dès lors que l'article 1er-I, en prohibant l'action de l'enfant et en excluant du préjudice des parents les charges particulières découlant du handicap de l'enfant tout au long de la vie, a institué un mécanisme de compensation forfaitaire du handicap sans rapport raisonnable avec une créance de réparation intégrale, quand les époux Y… pouvaient, en l'état de la jurisprudence applicable avant l'entrée en vigueur de cette loi, légitimement espérer que leur fille serait indemnisée au titre du préjudice résultant de son handicap ; d'où il suit, ladite loi n'étant pas applicable au présent litige »[74].

La Cour européenne[75] a également sanctionné le rejet, par le juge administratif, des conclusions des parents demandant l'indemnisation des charges particulières résultant du handicap de leur enfant, non décelé lors de l'établissement du diagnostic prénatal et antérieurement à l'entrée en vigueur de la loi du 4 mars 2002. La Cour a considéré que les requérants pouvaient légitimement espérer pouvoir obtenir réparation de leur préjudice dès la survenance du dommage, à savoir la naissance de l'enfant. Or, le Conseil d'État a maintenu, appliquant de manière rétroactive l'interdit d'indemnisation, son interprétation première, malgré l'abrogation de la totalité du dispositif transitoire par la décision n° 2010-2 QPC du Conseil constitutionnel. Le juge européen en a déduit que

62. CEDH, 7 juill. 1989, *Tre Traktoren AB*.
63. CEDH, 15 juill. 1988, *Comm. CE c. France*.
64. Com. EDH, 12 oct. 1982, Bramelied et Malmström c. Suède.
65. CEDH, Gr. ch., 7 juill. 2011, n° 37452/02, *Stummer c. Autriche*, § 82.
66. CEDH, 13 déc. 2016, *Béláné Nagy c. Hongrie*, n° 55080/13.
67. CE, 9 mai 2012, n° 308996, *Ministre du Budget*.
68. CEDH, 11 févr. 2010, Sud parisienne de construction c. France.
69. CE, 24 avr. 2012, *Mathé-Dumaine*.
70. CEDH, 6 oct. 2005, Draon c. France ; Maurice c. France.
71. CE, avis, CE, déc. 2002, *Ép. D.*
72. CC, 11 juin 2010, déc. n° 2010-2 QPC, *Époux L.*
73. Cass. 1re civ., 24 janv. 2006.
74. Solution reconduite depuis : Cass. 1re civ., 15 déc. 2011, n° 10-27473.
75. CEDH, 3 févr. 2022, n° 66328/14, *N.M. et autres c. France*.

la légalité de l'ingérence ne pouvait trouver un fondement dans une jurisprudence constante et stabilisée des juridictions internes. L'atteinte rétroactive ainsi portée aux biens des requérants ne saurait donc être regardée comme ayant été « prévue par la loi ».

1478 **Image d'un bien.** - Pour les juges ordinaires d'autres aspects peuvent encore être protégés au titre de **la propriété comme l'image d'un bien**. La reproduction et la commercialisation d'une telle image peuvent porter atteinte au droit de propriété comme au droit d'auteur s'il s'agit d'une œuvre d'art. Toutefois, la photo d'un bien tel qu'il apparaît aux yeux de tous n'est protégée que contre un trouble anormal[76].

II. Les limites du droit de propriété

1479 **Un droit bien malmené.** - On rappellera pour mémoire les très vifs débats qui depuis la fin du XVIIIe siècle ont opposé les partisans d'un droit de propriété comme fondement de nombreux autres droits de l'homme à ceux qui considèrent que la propriété est le principal ennemi des droits de l'homme, celui qui permet à chacun d'accaparer l'ensemble des richesses au détriment des autres. Si le droit de propriété est bien un droit fondamental de l'homme, en ce qu'il lui permet d'espérer voir le fruit de son travail lui bénéficier, **la conception contemporaine en fait un droit orienté vers un usage social prioritairement réservé aux titulaires du bien mais qui doit pouvoir également bénéficier à l'ensemble de la collectivité**. C'est le sens donné par les juridictions tant nationales qu'internationales aux reconnaissances de ce droit.

A. Privations et limitations de propriété

1480 **Concurrence quant à l'usage de la chose.** - Si le titulaire de la chose est, le plus souvent, unique, d'autres personnes, y compris publiques, au nom de l'intérêt général, pourront avoir également des liens avec la chose dont le propriétaire est titulaire. C'est le sens que l'on peut déceler dans le compromis qui a fait l'objet de la rédaction de **l'article 17 de la DUDH pour lequel « toute personne, aussi bien seule qu'en collectivité, a droit à la propriété.** Nul ne peut être privé de sa propriété ». Ce texte semble admettre que la propriété puisse être collective et qu'il ne s'agisse donc pas d'un droit subjectif exclusif et absolu. Pour les sectateurs du droit de propriété comme pouvoir de jouir absolument et égoïstement de la chose, il s'agit d'une contradiction *in adjecto*. Pour les tenants d'un droit de propriété orienté vers le caractère social de l'État de la République, cela signifie au contraire une forme de concurrence et d'affectation des propriétés à l'intérêt de tous.

1481 **Distinction.** - Le droit de propriété peut donc légalement subir de nombreuses limites. On **distingue les limitations de propriété (régies par l'article 2 DDHC) et les privations de libertés (régies par l'article 17 DDHC).** Il peut s'agir de priver quelqu'un de sa propriété ou simplement d'en limiter l'usage ou la disposition. Selon un schéma classique, **ces atteintes doivent être fondées légalement, se révéler nécessaires et proportionnelles à l'objectif poursuivi. L'indemnisation des privations de propriété concrétise encore le droit de propriété, quand les simples limitations peuvent être imposées au nom des charges normales de l'intérêt général.** Dans l'hypothèse des limitations, il s'agit plus exactement de la liberté de propriété puisqu'il n'est pas question ici de remettre en cause le titre de propriété mais la liberté d'user du bien occupé par un locataire désormais sans titre[77].

1482 **CEDH.** - Selon l'article 1 § 2 du protocole additionnel n° 1 : « **Les dispositions précédentes ne portent pas atteinte au droit que possèdent les États de mettre en vigueur les lois qu'ils jugent nécessaires pour**

76. Cass. ass. plén., 7 mai 2004, *Sté Civ. Hôtel de Girancourt*.
77. Distinction retenue par l'arrêt CE, 27 nov. 2008, *Min. de l'Intérieur*.

réglementer l'usage des biens conformément à l'intérêt général ou pour assurer le paiement des impôts ou d'autres contributions ou des amendes ».

La CEDH considère que l'article 1er du protocole n° 1 peut-être méconnu dans trois hypothèses. La première évidemment est la **privation de propriété comme une expropriation ou une nationalisation** ; la deuxième résulte d'une **privation de fait liée à un comportement** qui conduit à prendre possession du bien de façon à en spolier le propriétaire de la totalité de ces prérogatives sans procédure adéquate ; enfin la jurisprudence reconnaît **l'atteinte à la substance de la propriété**, c'est-à-dire la perte des attributs de la propriété au point que le droit n'a plus guère de sens[78].

B. L'intérêt général

1483 Point de vue constitutionnel. – La propriété se conçoit aussi comme une liberté de disposer de la chose, laquelle peut être limitée par l'ordre public et l'intérêt général. L'intérêt général doit être bien pesé lorsqu'il s'agit d'atteindre le droit de propriété. **La loi ne saurait permettre aux forces de police de saisir des documents sans de solides garanties** ; il s'agirait sinon d'une atteinte à la propriété et à la liberté personnelle[79]. La sauvegarde de la **diversité commerciale des quartiers** « répond à un objectif d'intérêt général ; toutefois, en soumettant à une autorisation administrative tout changement de destination d'un local commercial ou artisanal entraînant une modification de la nature de l'activité, le législateur a apporté, en l'espèce, tant au droit de propriété qu'à la liberté d'entreprendre qui découle de l'article 4 de la Déclaration de 1789, une atteinte disproportionnée à l'objectif poursuivi »[80]. L'objectif à valeur constitutionnelle de **l'obtention d'un logement décent** peut aussi limiter le droit de propriété, notamment par les réquisitions qu'il justifie.

1484 Nationalisations. – Du point de vue constitutionnel, l'alinéa 9 du préambule de la Constitution de 1946, concrétisant la notion de nécessité publique légalement constatée, introduite par l'article 17 de la Déclaration de 1789, pose que « **tout bien, toute entreprise dont l'exploitation acquiert les caractères d'un service public national ou d'un monopole de fait doit devenir la propriété de la collectivité** ». Appliqué dans toutes ses dimensions par le Conseil constitutionnel, ce principe de nationalisation organise la mise à disposition des propriétés privées dans l'intérêt public. Les nationalisations ne sauraient, dès lors, restreindre le champ de la liberté d'entreprendre au point de méconnaître les dispositions de la Déclaration de 1789. L'appréciation portée par le législateur sur la nécessité des nationalisations décidées par la loi de nationalisation soumise à l'examen du Conseil constitutionnel **ne saurait, en l'absence d'erreur manifeste, être récusée** par celui-ci, dès lors qu'il n'est pas établi que les transferts de biens et d'entreprises opérés restreindraient le champ de la propriété privée et la liberté d'entreprendre au point de méconnaître la Déclaration de 1789. La juste indemnité est un élément nécessaire de la régularité d'une nationalisation au regard des règles constitutionnelles[81].

1485 Limites législatives. – La liste des limitations du droit de propriété justifiées par des motifs d'intérêt général est extrêmement nourrie. On peut simplement évoquer **l'ensemble des servitudes**, qu'elles soient imposées par le Code civil au profit du voisinage, ou qu'elles le soient par le Code de l'urbanisme au nom de l'aménagement urbain, des transmissions et de la distribution d'eau d'énergie d'électricité, etc. Bien des règles encore viennent limiter l'autonomie du propriétaire, comme les **restrictions qui encadrent la reconversion d'immeubles** de bureaux en immeubles d'habitation et qui requièrent une autorisation, la **multiplication des droits qui**

78. CEDH, 23 sept. 1982, *Sporrong et Lönnroth c. Suède* : « S'ils laissaient juridiquement intact le droit des intéressés à disposer et user de leurs biens, les permis d'exproprier n'en réduisaient pas moins dans une large mesure la possibilité pratique de l'exercer. Ils touchaient aussi à la substance même de la propriété en ce qu'ils reconnaissaient par avance la légalité d'une expropriation et autorisaient la ville de Stockholm à y procéder à tout moment qu'elle trouverait opportun. Le droit de propriété des requérants devenait ainsi précaire et révocable ».

79. CC, 20 janv. 1993, déc. n° 92-316 DC.

80. CC, 7 déc. 2000, déc. n° 2000-436 DC.

81. CC, 16 janv. 1982, déc. n° 81-132 DC.

protègent le locataire et lui permettent de se maintenir dans les lieux, etc. Le Conseil constitutionnel a censuré les dispositions qui interdisaient les libéralités envers les aides à domicile ou à la mobilité des personnes âgées ou handicapées. Bien que ces dispositions aient eu vocation à protéger la personne d'escroqueries, elles méconnaissent le droit de disposer librement de son patrimoine, attribut du droit de propriété[82].

Le droit de propriété implique aussi un volet procédural. Ainsi, l'article 225-25 du Code pénal prévoyait que les personnes physiques ou morales reconnues coupables d'une infraction relevant de la traite des êtres humains ou du proxénétisme pouvaient être condamnées à la peine complémentaire de confiscation de tout ou partie des biens, y compris ceux dont ces personnes ont seulement la libre disposition. Il faut donc qu'elles soient mises en mesure de présenter leurs observations[83].

1486 **CEDH.** – La CEDH admet, au fil de sa jurisprudence relative à l'article 1 du protocole n° 1, un **certain nombre d'ingérences de l'État** dans le droit de propriété au nom de l'intérêt général. Il a pu le faire notamment **au profit d'une politique du logement** tenant compte d'un certain nombre d'objectifs sociaux, comme le fait de considérer que le législateur peut favoriser le rachat de logements en encadrant les loyers[84] et en accordant des avantages aux locataires en vue de l'accession à la propriété de leur logement[85] ou encadrer le droit de résiliation des baux d'habitation[86]. Dans une affaire *Messana*, les requérants ont été privés de leur droit de propriété en raison de l'occupation illégale du terrain puis de son acquisition par l'administration par l'effet de l'expropriation indirecte, au mépris des règles régissant l'expropriation en bonne et due forme. Une indemnité au prix estimé du bien n'apparaît pas suffisante[87]. La Cour a conclu à la violation de l'article 1 dans l'affaire *Broniowski c. Pologne*, du 22 juin 2004, en raison de la « défaillance structurelle » résultant d'un « dysfonctionnement de la législation polonaise et d'une pratique administrative », faute de la mise en place d'un **système effectif de compensation, accessible aux quelque 80 000 personnes ayant été contraintes**, entre 1944 et 1953, d'abandonner les biens qu'elles possédaient dans les provinces orientales de la Pologne d'avant-guerre. L'arrêt enjoint l'État de mettre en place de telles compensations. Le droit de propriété peut encore être le prisme par lequel la Cour **garantit la conservation d'un niveau de vie économique**. Ainsi dans l'affaire *Lallement c. France* du 11 avril 2002 la Cour conclut à la violation de l'article 1 du protocole n° 1 dans le cas d'un agriculteur qui fait vivre sa mère, son frère, ainsi que les deux enfants de ce dernier des revenus laitiers de l'exploitation. Le juge de l'expropriation déclara expropriés 60 % de la surface affectée à la production laitière. La Cour admet que cette expropriation a entraîné la perte de son « outil de travail » et que les indemnités qui lui ont été allouées ne couvrent pas cette perte spécifique.

Le droit au bien connaît aussi **un volet procédural.** La Cour condamne l'Arménie s'agissant de personnes ayant été spoliés de leurs terrains à l'occasion d'un conflit armé dans le Haut-Karabakh et se trouvent privés de tout recours plus de vingt ans après l'accord de cessez-le-feu (faute de pouvoir revenir)[88].

La propriété se rapproche de la liberté du commerce et de l'industrie et de la liberté d'entreprendre.

82. CC, 12 mars 2021, n° 2020-888 QPC, *Mme Fouzia L.*
83. CC, 23 avr. 2021, n° 2021-899 QPC, *M. Henrik K. et autres.*
84. CEDH, 19 déc. 1989, *Mellacher c. Autriche.*
85. CEDH, 21 févr. 1986, James et autres c. Royaume-Uni.
86. CEDH, 21 nov. 1995, *Barreto c. Portugal.*
87. CEDH, 9 février 2017, *Messana c. Italie*, n° 26128/04.
88. CEDH, [GC], 16 juin 2015, *Chiragov et autres c. Arménie*, n° 13216/05.

Section 2
La liberté d'entreprendre, la liberté du commerce et de l'industrie

1487 **Contours indéfinis.** – Dans une économie toujours plus libérale et mondialisée, la liberté d'entreprendre **se voit protégée par l'ensemble des juridictions en dépit d'un certain silence des textes eux-mêmes.** Cela n'empêche pas le législateur français et parfois européen de mettre en œuvre des mécanismes de finalisation de cette liberté, ne lui accordant des aides et des supports qu'à la condition de s'inscrire dans une politique publique donnée. **L'objet de cette liberté est en fait multiple : liberté du commerce et de l'industrie, liberté professionnelle, d'établissement**... Les limitations relatives à l'ordre public demeurent elles aussi d'actualité.

I. Les sources

1488 **Consécration.** – La liberté d'entreprendre naît directement des **textes révolutionnaires**[89] **qui ouvrirent tout négoce, activité, art ou métier à tous afin de détruire le pouvoir des corporations**. Toute activité économique peut se réclamer de cette notion. Contrairement à d'autres libertés moins consensuelles, la liberté d'entreprendre et d'agir sur un marché se voit reconnue en ces termes par l'ensemble des sources et juridictions. Le **Conseil constitutionnel** a affirmé, dans sa décision relative aux nationalisations, que **« la liberté qui, aux termes de l'article 4 de la Déclaration, consiste à pouvoir faire tout ce qui ne nuit pas à autrui, ne saurait elle-même être préservée si des restrictions arbitraires ou abusives étaient apportées à la liberté d'entreprendre »**[90]. Le Conseil définit la liberté d'entreprendre comme « la liberté d'accéder à une profession ou à une activité économique mais également [comme] la liberté dans l'exercice de cette profession ou de cette activité »[91]. **La Cour de cassation s'y réfère comme « principe général de la liberté d'entreprendre »**[92]. Le Conseil d'État en a fait un **principe général du droit administratif**[93]. Si la **Charte de l'UE l'évoque (art. 16** : « La liberté d'entreprise est reconnue conformément au droit communautaire et aux législations et pratiques nationales »), **la Cour de justice l'avait devancée**[94].

II. Les objets

1489 **Liberté du commerce et de l'industrie.** – La liberté d'entreprendre apparaît comme un concept large qui abrite, au fil de la jurisprudence, d'autres notions plus précises. **La liberté du commerce et de l'industrie est un élément de la liberté d'entreprendre reconnu par le juge constitutionnel**[95], **le juge judiciaire**[96], **le juge communautaire**[97] **et le juge administratif**[98]. Cela implique de pouvoir créer une entreprise, c'est-à-dire **la liberté de choisir et de modifier l'objet de son entreprise et celle d'en maîtriser aussi la forme** (de s'y associer le cas

89. Loi des 2-17 mars 1791, dite « Décret d'Allarde » et Loi Le Chapelier des 14-17 juin 1791.
90. CC, 16 janv. 1982, déc. n° 81-132 DC.
91. CC, 30 nov. 2012, n° 2012-285 QPC, *M. Christian S* ; Conseil constitutionnel, Commentaire de la décision n° 2014-692 DC du 27 mars 2014, *Loi visant à reconquérir l'économie réelle*.
92. Cass. 3e civ., 26 mars 1996.
93. CE, 20 déc. 1935, *Éts Vézia* ; CE, Ass., 19 juin 1964, *Sté Pétroles Shell-Berre*.
94. CJCE, 22 avr. 1999, *Kernkraftwerke Lippe-Ems c. Commission*.
95. CC, 17 juill. 2003, déc. n° 2003-474 DC.
96. Cass. com., 22 oct. 1985.
97. CJCE, 14 mai 1974, *Nold c. Comm. CE*.
98. Pour un ex. récent, CE, 5 juill. 2010, *Syndicat National des agences de voyages*.

échéant), mais aussi la liberté d'en organiser la gouvernance[99] et de recruter, licencier, sanctionner les salariés dans le respect du droit social[100]. Dans ses décisions *Loi de modernisation sociale*[101] et *Loi visant à reconquérir l'économie réelle*[102], le Conseil constitutionnel semble également consacrer **la liberté de mettre fin à une activité économique**. La liberté de « cesser une activité » entre ainsi dans la liberté d'entreprendre comme son volet négatif[103].

1490 Liberté professionnelle en droit interne. – La liberté d'entreprendre protège également la **liberté de l'activité professionnelle** reconnue par le Conseil constitutionnel[104]. La loi qui réforme le mécanisme de « l'accès régulé à l'électricité nucléaire historique » augmente unilatéralement la quantité d'électricité que EDF peut être tenue d'offrir annuellement à la vente aux autres fournisseurs d'électricité à un prix déterminé par arrêté. **Le Conseil constitutionnel admet qu'elle porte atteinte à la liberté d'entreprendre d'EDF en raison de l'intérêt général lié au monopole de production** (éviter la situation où les fournisseurs, faute d'accéder au volume d'énergie nucléaire nécessaire pour fournir leurs clients, seraient contraints d'acquérir sur le marché une électricité plus chère). S'agissant des **règles de détermination du prix**, une réserve interdit aux ministres chargés de l'énergie et de l'économie d'arrêter un prix sans suffisamment tenir compte des conditions économiques de production[105].

Elle bénéficie **aux entreprises privées, aux travailleurs indépendants (activités libérales incluses), ainsi qu'à toute personne physique souhaitant acquérir, créer une entreprise ou accéder à des professions en indépendance d'exercice**. Cela vaut aussi pour le libre exercice de la profession médicale[106]. À propos du « lancer de nain », le Conseil d'État a d'ailleurs affirmé que « le respect du principe de la liberté du travail et de celui de la liberté du commerce et de l'industrie ne fait pas obstacle à ce que l'autorité investie du pouvoir de police municipale interdise une activité même licite si une telle mesure est seule de nature à prévenir ou faire cesser un trouble à l'ordre public », associant clairement les deux notions. **Le Conseil d'État reconnaît ainsi la liberté d'accéder à une profession sous la forme du « libre accès à l'exercice par les citoyens de toute activité professionnelle »**[107]. Le juge judiciaire protège la « liberté fondamentale consistant dans le droit d'exercer une activité professionnelle »[108] qui implique de pouvoir changer d'employeur[109].

1491 Liberté professionnelle en droit européen. – Selon **l'article 15 de la Charte de l'Union européenne : « Toute personne a le droit de travailler et d'exercer une profession librement choisie ou acceptée » ; ce que le juge communautaire admettait déjà**[110]. La jurisprudence de la **CEDH protège également indirectement la liberté professionnelle**. Si la Cour a conscience que le droit d'accès à une profession n'est pas garanti en tant que tel par la Convention, elle fait référence à l'article 8, le respect de la vie privée, qui implique de pouvoir choisir la profession que l'on souhaite exercer. Le droit d'exercer une activité professionnelle entre en effet dans le champ de la vie privée à propos de l'interdiction faite à d'anciens agents du KGB de travailler dans la fonction publique et dans divers domaines du secteur privé pendant une dizaine d'années[111]. Cela peut **se faire ensuite**

---

99. Implantation des appareils de pointage dans des hypermarchés : Cass. soc., 13 juill. 2004.
100. CE, 24 nov. 1944, Synd. filateurs et retordeurs coton Lille.
101. CC, 12 janv. 2002, n° 2001-455 DC, *Loi de modernisation sociale*
102. CC, 27 mars 2014, n° 2014-692 DC, *Loi visant à reconquérir l'économie réelle* : « qu'en permettant un refus de cession en cas d'offre de reprise sérieuse dans le seul cas où il est motivé par la "mise en péril de la poursuite de l'ensemble de l'activité de l'entreprise" cessionnaire, les dispositions contestées ont pour effet de priver l'entreprise de sa capacité d'anticiper des difficultés économiques et de procéder à des arbitrages économiques à un autre niveau que celui de l'ensemble de l'activité de l'entreprise ».
103. Rapport annuel de la Cour de cassation, « Le risque », 2011, p. 220 et s.
104. CC, 28 mai 1983, déc. n° 83-156 DC.
105. CC, 7 nov. 2019, n° 2019-791 DC, Loi relative à l'énergie et au climat.
106. CC, 22 janv. 1990, déc. n° 89-269 DC.
107. CE, Ass., 22 juin 1963, Synd. personnel soignant Guadeloupe.
108. Cass. 1re civ., 16 avr. 1996.
109. Cass. com., 8 janv. 1991.
110. CJCE, 27 sept. 1979, Eridiana c. min. Agriculture et Forêts.
111. CEDH, 27 juill. 2004, Sidabras et Dziautas c. Lituanie.

par le prisme de l'article 1 § 2 de la Charte sociale européenne qui mentionne le droit de gagner sa vie par un travail librement entrepris (tel qu'interprété par le Comité européen des droits sociaux qui lui-même avait considéré que les interdictions d'exercer un emploi portent atteinte au droit de nouer des relations personnelles). C'est également le cas de **diverses incompatibilités d'emplois pour les personnes condamnées au titre de certaines infractions**[112]. Cela se joue également par le prisme de l'article 14, couplé avec un autre droit de la Convention, par exemple le respect des convictions religieuses. Dans **l'arrêt** *Thlimmenos c. Grèce* **du 6 avril 2000, la Cour a ainsi censuré la législation qui interdit l'accès à la profession d'expert-comptable aux personnes ayant subi une condamnation pénale,** à propos d'un témoin de Jéhovah condamné pour avoir refusé de porter l'uniforme.

1492 **Libre concurrence.** – La liberté d'entreprendre implique aussi aujourd'hui « la libre concurrence » au sens de la liberté accordée à chaque acteur d'exercer son activité sur un marché. Ainsi, selon le Conseil constitutionnel, **le libre accès à la commande publique organisé par l'article 1er du Code des marchés publics**[113] n'est que la concrétisation des « principes qui découlent des articles 6 et 14 de la Déclaration de 1789 »[114]. Inversement, la liberté d'entreprendre peut impliquer une forme de secret des affaires qui s'inscrit dans une concurrence loyale. Le Conseil constitutionnel[115] a **censuré l'obligation faite à certaines sociétés de rendre publics des indicateurs économiques** et fiscaux pays par pays, étant de nature à permettre à l'ensemble des opérateurs qui interviennent sur les marchés où s'exercent ces activités, et en particulier à leurs concurrents, d'identifier des éléments essentiels de leur stratégie industrielle et commerciale, ce qui constitue une atteinte disproportionnée à la liberté d'entreprendre et sont ainsi contraires à la Constitution.

III. Les limites

1493 **Rôle de la loi.** – **Il revient au législateur (art. 34 Const.)** d'encadrer la liberté d'entreprendre[116]. Il en va de même des libertés des professions libérales[117]. Il est loisible au législateur d'y apporter des limitations exigées par l'intérêt général à la condition que celles-ci n'aient pas pour conséquence d'en dénaturer la portée ou d'avoir des effets disproportionnés au regard de l'objectif[118].

1494 **Jurisprudence administrative.** – Le juge administratif n'en a pas moins été saisi du respect de ces règles. **En leur absence, le principe général du droit prévaut, mais aussi la liberté fondamentale puisque la voie du référé-sauvegarde est ouverte**[119]. Les règles traditionnelles de la police administrative s'appliquent ici particulièrement. La limitation d'activité économique doit répondre à une évidente nécessité et à une proportionnalité pesée[120]. Le juge administratif[121] a ainsi admis qu'eu égard aux caractères géographiques et économiques du territoire de la Polynésie française, l'autorité territoriale compétente a pu légalement limiter à une seule île le lieu d'exercice de l'activité d'entrepreneur de taxi. En revanche, **en posant en principe que l'octroi d'une licence est attaché à la propriété d'un taxi et dans la limite d'une seule licence par personne et en interdisant également à l'exploitant de faire appel à des suppléants ou des salariés remplissant les qualifications requises, l'administration a porté une atteinte excessive à la liberté du commerce et de l'industrie.** Face à

112. CEDH, 23 mars 2006, *Campagno*.
113. « Les marchés publics respectent les principes de liberté d'accès à la commande publique, d'égalité de traitement des candidats et de transparence des procédures ».
114. CC, 26 juin 2003, déc. n° 2003-473 DC.
115. CC, 8 décembre 2016, n° 2016-741 DC, Loi relative à la transparence, à la lutte contre la corruption et à la modernisation de la vie économique.
116. CC, 16 janv. 1986, déc. n° 85-200 DC et CE, 28 oct. 1960, *Martial de Laboulaye*.
117. CE, 2 oct. 2006, Association contre-ordre – syndicat des avocats libres.
118. CC, 4 juill. 1989, déc. n° 89-254 DC.
119. CE, ord., 12 nov. 2001, *Cne Montreuil-Bellay* ; CE, ord., 1er mars 2002, Bonfils : pour la liberté professionnelle plus spécifiquement.
120. CE, Ass., 22 juin 1951, *Daudignac*.
121. CE, sect., 13 mai 1994, Prés. Ass. terr. Polynésie française.

une interdiction de **vente par colportage** pendant toute la durée de la saison balnéaire sur toutes les plages d'une commune, le Conseil d'État estime « qu'aucune disposition législative ne permettait au maire d'édicter une interdiction aussi générale et absolue, portant atteinte à la liberté du commerce et de l'industrie, alors qu'il ne ressort pas des pièces du dossier que la vente par colportage était susceptible de porter atteinte à la salubrité, à la sécurité et à la tranquillité publique à toutes les heures de la journée »[122].

1495 **Intérêt général et ordre public.** – En vue de protéger l'intérêt général, **la loi peut ainsi soumettre à autorisation la participation des personnes privées à l'exécution du service public de Sécurité sociale**[123]. Elle peut instituer la **prohibition de publicité ou de propagande au nom de la protection de la santé publique (tabac, alcool)** qui ont valeur constitutionnelle[124]. Tout comme elle définit valablement les critères au vu desquels est accordée l'homologation, par l'autorité administrative, des **tarifs conventionnels des établissements d'hospitalisation** privés en visant la maîtrise de l'évolution des dépenses de santé[125]. Le Conseil constitutionnel admet encore la constitutionnalité de l'article 225-10 du Code pénal qui réprime le fait, par quiconque, de vendre, de louer ou de tenir à la disposition d'une ou plusieurs personnes, **des véhicules de toute nature en sachant qu'elles s'y livreront à la prostitution**. La liberté d'entreprendre des vendeurs et loueurs de véhicules trouve sa limite dans le fait de contribuer, en toute connaissance de cause, à des activités illicites ou contraires à l'ordre public[126]. Enfin, il a concilié le principe de la liberté d'entreprendre et l'objectif de valeur constitutionnelle de sauvegarde de l'ordre public en **soumettant l'organisation de jeux en ligne à un régime d'agrément préalable** accordé par l'Autorité de régulation des jeux en ligne, chargée de contrôler le respect des obligations et de participer à la lutte contre les opérateurs illégaux[127]. En vue de protéger l'intérêt général, la loi peut encore instituer des droits exclusifs au profit d'un établissement public s'agissant de l'exécution des opérations de diagnostic et de fouilles d'archéologie préventive[128]. Elle peut accorder **un droit d'accès aux décodeurs** et aux guides électroniques de programmes au bénéfice des éditeurs de services de télévision au nom de l'intérêt général s'attachant à la diversification de l'offre de programmes et la liberté de choix des utilisateurs[129]. La **réduction du temps de travail légal à trente-cinq heures** ne porte pas une atteinte disproportionnée à la liberté d'entreprendre[130]. Le Conseil constitutionnel admet la constitutionnalité des dispositions du Code des transports qui limitent l'accès de certains véhicules à l'activité de taxi et impose un régime d'autorisation, tout en jugeant disproportionnée la peine encourue en cas de violation de cette interdiction[131]. Le législateur peut chercher à améliorer l'exécution effective et rapide des décisions de l'Autorité de la concurrence en matière de contrôle des opérations de concentration en donnant des pouvoirs d'adaptation au Président de cette AAI, la liberté d'entreprendre n'imposant pas que les décisions en cause soient prises par une autorité collégiale[132].

---

122. CE, 5 avr. 1991, *Daniel Auclair*.
123. CC, 27 nov. 2001, déc. n° 2001-451 DC.
124. CC, 8 janv. 1991, déc. n° 90-283 DC.
125. CC, 16 janv. 1991, déc. n° 90-287 DC.
126. CC, 13 mars 2003, déc. n° 2003-467 DC.
127. CC, 12 mai 2010, déc. n° 2010-605 DC.
128. CC, 16 janv. 2001, déc. n° 2000-439 DC.
129. CC, 1er juill. 2004, déc. n° 2004-497 DC.
130. CC, 10 juin 1998, déc. n° 98-401 DC.
131. CC, 7 juin 2013, n° 2013-318 QPC, *M. Mohamed T.* [Activité de transport public de personnes à motocyclette ou tricycle à moteur] : Le législateur a entendu que les véhicules de transport à deux ou trois roues ne puissent circuler ou stationner sur la voie publique en quête de clients en vue de leur transport, cette activité ne pouvant s'effectuer que dans le cadre réglementé de l'activité de taxi. Le Conseil constitutionnel a jugé qu'eu égard aux objectifs d'ordre public poursuivis, notamment de police de la circulation et du stationnement sur la voie publique, les dispositions contestées apportent à la liberté d'entreprendre des restrictions qui ne sont pas manifestement disproportionnées. Mais la peine complémentaire d'interdiction « pour une durée de cinq ans au plus, d'entrer et de séjourner dans l'enceinte d'une ou plusieurs infrastructures aéroportuaires ou portuaires, d'une gare ferroviaire ou routière, ou de leurs dépendances », est une peine manifestement disproportionnée.
132. CC, 20 avril 2018, *Société Fnac Darty*, Déc. n° 2018-702 QPC.

1496 **Point de vue judiciaire.** – Du point de vue judiciaire, il reste établi que **les contrats ne peuvent nuire à la liberté d'entreprendre qu'à la condition de le faire de manière limitée dans le temps et dans l'espace**[133]. Cela s'applique aux clauses de non-concurrence[134], d'exclusivité...

Section 3
La liberté contractuelle

1497 **Limiter la liberté par contrat et protéger le contrat par la liberté.** – Le mot contrat vient du latin *contractus*, lui-même issu de *contrahere* qui signifie « resserrer », « enfermer ». La liberté contractuelle ou conventionnelle implique donc de pouvoir se lier à autrui, en vue d'établir des obligations réciproques. **La liberté contractuelle présente schématiquement trois volets** : d'abord **entrer** dans une procédure contractuelle (décider de contracter, choisir son cocontractant, choisir le moment du contrat...), puis **choisir le contenu du contrat** (obligations en jeu, moment de l'exécution, éventuellement type de recours en cas de litige...), enfin **obtenir la protection de ce contrat contre autrui et contre la puissance publique**. En droit privé comme en droit public des contrats, chacun de ces trois aspects fait l'objet d'un encadrement juridique parfois très contraignant, qu'il n'est pas question de développer ici. Il est pourtant fort rare que cet encadrement se fonde explicitement sur la « liberté contractuelle ».

I. L'autonomisation

1498 **Vacuité des sources.** – **Aucune des sources internationales habituelles des droits fondamentaux n'évoque la liberté contractuelle** ; la CEDH n'en fait pas mention. Le même silence du Code civil amène la Cour de cassation à n'être pas coutumière de la référence à cette notion, même si elle a pu, ici ou là, y faire référence pour désigner l'autonomie des cocontractants[135]. En vertu de l'article 34 de la Constitution, qui évoque les « obligations civiles et commerciales », le **Conseil a admis le principe selon lequel la réglementation de la liberté contractuelle est normalement du ressort de la loi**[136]. La loi ne consacre pourtant pas la liberté contractuelle qui se présente donc davantage comme une notion constitutionnelle permettant de ramasser un certain nombre de notions courantes en droit des obligations (comme la cause ou les vices du consentement).

1499 **Consécration constitutionnelle.** – La jurisprudence constitutionnelle apparaît comme seule mère de la liberté contractuelle. Après avoir déclaré en 1997 que la liberté contractuelle ne bénéficiait pas en tant que telle d'une protection constitutionnelle, **le Conseil constitutionnel s'engage sur la voie d'une reconnaissance de cette liberté la faisant naître de l'article 4 de la DDHC, donc de la liberté personnelle**[137]. **Il estime alors que « le législateur ne saurait porter à l'économie des conventions et contrats légalement conclus une atteinte d'une gravité telle qu'elles méconnaissent manifestement la liberté découlant de l'article 4 »**. La décision du 13 janvier 2000 relative à la loi sur la réduction négociée du temps de travail[138] a permis au Conseil constitutionnel d'évoquer, sur le fondement de l'article 4 de la DDHC et du 8e alinéa de 1946, **le principe d'intangibilité des conventions en cours** en considérant que les accords relatifs au temps de travail ne pouvaient être remis en question par la loi sauf motif d'intérêt général suffisant.

133. Cass. 1re civ., 2 juill. 1900.
134. Cass. soc., 10 juill. 2002.
135. « Le système de rémunération ressortissait de la liberté contractuelle sous réserve de ne pas contrevenir aux dispositions légales ou réglementaires », Cass. soc., 10 déc. 2008.
136. CC, 4 juin 1984, déc. n° 84-137 DC.
137. CC, 10 juin 1998, déc. n° 98-401 DC.
138. CC, 13 janv. 2000, déc. n° 99-423 DC.

1500 **Portée.** – Depuis lors, le juge constitutionnel protège, contre la loi, le principe du libre recours au contrat et de sa libre formation : **l'article 1102 du Code civil dispose désormais que « chacun est libre de contracter ou de ne pas contracter, de choisir son cocontractant et de déterminer le contenu et la forme du contrat dans les limites fixées par la loi. La liberté contractuelle ne permet pas de déroger aux règles qui intéressent l'ordre public.** » Mais la jurisprudence constitutionnelle tient autant à assurer l'immunité de la vie du contrat vis-à-vis des variations des politiques législatives : cette idée n'est autre que celle de l'article 1103 « Les contrats légalement formés tiennent lieu de loi à ceux qui les ont faits ». L'article 6 du Code civil dispose également que « l'on ne peut déroger, par des conventions particulières, aux lois qui intéressent l'ordre public et les bonnes mœurs ». Pour autant, la liberté contractuelle n'impose pas de motiver la décision de l'employeur de mettre fin au « contrat première embauche »[139]. **Le Conseil constitutionnel a admis que la liberté contractuelle bénéficie aux personnes privées (physiques et morales) et aux personnes publiques (au moins en matière de formation du lien contractuel)** sur le fondement de l'article 4 de la Déclaration de 1789 et de l'article 72 de la Constitution relatif au principe de libre administration des collectivités territoriales[140]. Le **Conseil constitutionnel a admis que l'objectif constitutionnel d'un logement décent pour chacun permet au législateur de porter atteinte aux contrats en cours**[141].

II. Les limites

1501 Si l'existence juridique, l'effectivité d'une liberté, ne se mesure pas aux restrictions qui peuvent y être apportées, on réalise tout de même que la liberté contractuelle fait l'objet de nombreuses ingérences.

1502 **Intérêt général.** – La liberté contractuelle peut être limitée par des motifs d'intérêt général, par exemple la nécessité d'assurer la cohérence du réseau des concessions géré par Gaz de France et maintenir la péréquation des tarifs d'utilisation des réseaux publics de distribution[142], ou la nécessité de respecter les règles de la concurrence[143]. **Le Conseil apprécie la nécessité de porter atteinte aux conventions en cours.** Ainsi la résiliation des contrats d'assurance en cours est inhérente aux modifications du régime de protection sociale opérées par la loi et permet de choisir librement leur organisme assureur[144]. Pour admettre une ingérence dans la liberté contractuelle, le Conseil constitutionnel s'est d'abord contenté d'un motif d'intérêt général non caractérisé. **Il a ensuite renforcé son contrôle, notamment sous l'impulsion de la CEDH, en réclamant un intérêt général « suffisant »**[145]. Le Conseil admet, au titre de l'intérêt général, que la loi impose l'usage de contrats-types, définisse les délais, impose désire du contrat, etc.[146]

CC, 12 janvier 2018, *Fédération bancaire française, n° 2017-685 QPC, [Droit de résiliation annuel des contrats assurance-emprunteur] : Le législateur peut rétroactivement ouvrir une clause permettant à l'emprunteur de choisir son assureur.*

« En instituant un droit de résiliation annuel des contrats d'assurance de groupe au bénéfice des emprunteurs, le législateur a entendu renforcer la protection des consommateurs en assurant un

139. CC, 30 mars 2006, déc. n° 2006-535 DC.
140. CC, 30 nov. 2006, déc. n° 2006-543 DC.
141. CC, 18 mars 2009, déc. n° 2009-578 DC.
142. CC, 30 nov. 2006, déc. n° 2006-543 DC.
143. CC, 19 nov. 2009, déc. n° 2009-592 DC.
144. CC, 27 nov. 2001, déc. n° 2001-451 DC.
145. CC, 13 janv. 2003, déc. n° 2002-465 DC.
146. CC, 20 mars 2014, déc. n° 2014-691 DC, Loi pour l'accès au logement et un urbanisme rénové.

meilleur équilibre contractuel entre l'assuré emprunteur et les établissements bancaires et leurs partenaires assureurs. En appliquant ce droit de résiliation aux contrats en cours, il a voulu, compte tenu de la longue durée de ces contrats, que cette réforme puisse profiter au grand nombre des emprunteurs ayant déjà conclu un contrat d'assurance collectif. Il a ainsi poursuivi un objectif d'intérêt général. En outre, **les dispositions contestées n'ont pas pour effet d'entraîner directement la résiliation de contrats en cours, mais seulement d'ouvrir aux emprunteurs une faculté annuelle de résiliation.** Par ailleurs, l'organisme prêteur ne peut se voir imposer un contrat d'assurance ne présentant pas un niveau de garantie équivalent au contrat d'assurance de groupe conclu. Enfin, le législateur a prévu que cette faculté ne s'appliquera aux contrats en cours qu'à compter du 1er janvier 2018, laissant ainsi un délai entre le vote de la loi et son application pour permettre notamment aux assureurs de prendre en compte les effets de cette modification sur leurs contrats en cours. Pour l'ensemble de ces motifs, le Conseil constitutionnel écarte le grief tiré de l'atteinte aux contrats légalement conclus. »

1503 **Limites législatives. –** Comme au niveau constitutionnel, la liberté contractuelle subit des limitations législatives importantes, à commencer par les restrictions d'ordre public ou celles qui tendent à protéger les cocontractants contre eux-mêmes (obligations d'information du professionnel, vices du consentement, etc.). Ainsi, **par exemple, la liberté de contracter peut-être nulle quand on est légalement obligé de contracter** : c'est le cas de l'assurance automobile (loi du 27 février 1958), ou lorsque l'on n'a pas le choix du cocontractant (droit de préemption au droit du preneur à bail), ou lorsque la durée du contrat est contrainte (clause de non-concurrence, d'exclusivité), ou encore, plus généralement, en raison du fait que la liberté contractuelle doit respecter l'ensemble des droits fondamentaux[147], etc.

1504 **Limites réglementaires. –** L'encadrement par le pouvoir réglementaire n'en est pas moins réel, sur habilitation de la loi[148] ou pour des motifs d'ordre public[149]. La **liberté contractuelle relève d'ailleurs du référé-sauvegarde**[150].

1505 **Intérêt de la notion. –** La nécessité de recourir à cette notion de liberté contractuelle, c'est-à-dire son originalité, son apport propre, n'est peut-être pas évidente. Il apparaît d'ailleurs révélateur que la CEDH ne l'évoque pas ; en dépit du silence de la Convention elle-même, elle aurait pu en éprouver le besoin mais protège directement l'objet du contrat (propriété, association…). **La liberté de s'obliger contractuellement n'est au fond qu'un des aspects de la liberté de nouer des relations juridiques** (elle vaut aussi pour la liberté de s'engager par un acte unilatéral comme une donation, pour l'autonomie de la volonté en général), laquelle relève de la liberté personnelle (art. 2 et 4, DDHC) ou de la vie privée[151]. La protection des conventions légalement établies, dans leur durée, ou dans leur exécution, n'est peut-être pas tellement différente du principe général de sécurité juridique, notamment sous son aspect de confiance légitime, dans le fait que l'État ne remette pas en cause les situations juridiquement acquises. Quant à la liberté de déterminer le contenu du contrat, elle n'est guère originale par rapport à toute limitation d'ordre public, d'intérêt général ou de respect des droits d'autrui que l'on rencontre dans toute autre activité.

147. Illégalité d'une clause incluse dans un bail interdisant l'hébergement des proches : Cass. 3e civ., 6 mars 1996.
148. CE, 2 févr. 1983, Union des transports publics urbains et régionaux.
149. CE, 19 mars 2001, *Snipag*.
150. CE, 22 mai 2003, *Cne de Théoule-sur-Mer*.
151. CEDH, 1992, *Niemetz c. Allemagne* : droit de nouer des relations personnelles.

Section 4
Les droits relatifs au travail

Préambule de la Constitution du 27 octobre 1946

« [...] 5. Chacun a le devoir de travailler et le droit d'obtenir un emploi. Nul ne peut être lésé, dans son travail ou son emploi, en raison de ses origines, de ses opinions ou de ses croyances.
6. Tout homme peut défendre ses droits et ses intérêts par l'action syndicale et adhérer au syndicat de son choix.
7. Le droit de grève s'exerce dans le cadre des lois qui le réglementent.
8. Tout travailleur participe, par l'intermédiaire de ses délégués, à la détermination collective des conditions de travail ainsi qu'à la gestion des entreprises.
[...]
13. La Nation garantit l'égal accès de l'enfant et de l'adulte à l'instruction, à la formation professionnelle et à la culture. L'organisation de l'enseignement public gratuit et laïque à tous les degrés est un devoir de l'État [...]. »

1506 **Cadre constitutionnel.** – Le Conseil constitutionnel considère que les dispositions du préambule de 1946 fondent, plus qu'elles ne régissent véritablement, l'action du législateur. On a pu lire sous sa plume que « **l'article 34 de la Constitution range dans le domaine de la loi la détermination des principes fondamentaux du droit du travail, du droit syndical et de la Sécurité sociale** (et) qu'ainsi, c'est au législateur qu'il revient de déterminer, dans le respect de cette disposition à valeur constitutionnelle, les conditions et garanties de sa mise en œuvre »[152]. Selon le Conseil également, le législateur peut « après avoir défini les droits et obligations touchant aux conditions et aux relations de travail, laisser aux employeurs et aux salariés, ou à leurs organisations représentatives, le soin de préciser, notamment par la voie de la négociation collective, les modalités concrètes d'application des normes qu'il édicte ; le législateur peut en particulier laisser les partenaires sociaux déterminer, dans le cadre qu'il a défini, l'articulation entre les différentes conventions ou accords collectifs »[153]. En l'absence de convention collective, les modalités d'application de la loi sont déterminées par décret[154].

I. Les libertés du travailleur

1507 **Notion.** – La liberté du travail signifie qu'en **l'absence de toute contrainte légale ou pour un motif extérieur, il est possible de négocier sa force de travail de manière libre et volontaire**. La liberté de travailler implique ainsi le droit de contracter à propos de son activité professionnelle et la liberté de choisir son activité. **Cela n'empêche pas l'existence d'interdictions professionnelles fondées sur des motifs d'intérêt général ou celles qui peuvent accompagner une sanction pénale** principale, ou encore l'interdiction du cumul d'un emploi public avec un emploi privé (loi du 13 juillet 1983).

1508 **Sources internes.** – La liberté du travail n'est pas expressément proclamée par les textes constitutionnels. **Elle était déduite de l'article 7 du décret d'Allarde disposant qu'« il sera libre à toute personne de certains négoces, d'exercer telle profession, art ou métier qu'elle trouvera bon »**. Cette liberté du commerce et de

152. CC, 13 janv. 2000, déc. n° 99-423 DC, cons. 28.
153. CC, déc. n° 2004-494 DC, cons. 8.
154. CC, 9 déc. 2004, déc. n° 2004-507 DC.

l'industrie implique à son tour la liberté du travail. **Le Conseil constitutionnel n'a pas en tant que tel consacré cette liberté du travail et, une fois n'est pas coutume, c'est le juge judiciaire qui a révélé la source constitutionnelle par un arrêt de la chambre sociale du 19 novembre 1996 qui mentionne « la liberté du travail garantie par la Constitution ».** Si les clauses de non-concurrence ou d'exclusivité sont encadrées par le Code du travail (art. L. 1121-1), la Cour de cassation, sur le fondement du préambule de 1946, estime que « la clause par laquelle **le salarié s'engage à consacrer l'exclusivité de son activité à un employeur** porte atteinte à la liberté du travail et n'est valable que si elle est indispensable à la protection des intérêts légitimes de l'entreprise et justifiée par la nature de la tâche à accomplir et proportionnée au but recherché »[155]. Le juge exigera également une contrepartie financière à l'existence de ces clauses[156]. La loi peut déterminer les conditions des accords collectifs entre les employeurs et les salariés ou leurs organisations représentatives[157]. Les libertés naissent essentiellement des accords conclus entre partenaires sociaux, sectoriellement et territorialement, en dépit du refus du Conseil d'État de voir dans ces textes une obligation[158]. **Les conventions collectives ne sauraient pourtant se substituer au législateur, qui doit poser les principes fondamentaux du droit du travail**, du droit syndical et de la Sécurité sociale.

1509 **Sources internationales.** – Les textes sont nombreux, tant ici les ex-pays soviétiques et émergents ont valorisé les droits sociaux par rapport aux droits civils. Déjà, la DUDH (art. 23) indique que « toute personne a droit au travail, au libre choix de son travail, à des conditions équitables et satisfaisantes de travail et à la protection contre le chômage ». Ce que reprend **le PIDESC : « Les États parties au présent Pacte reconnaissent le droit au travail, qui comprend le droit à toute personne d'obtenir la possibilité de gagner sa vie par un travail librement choisi ou accepté, et prendront des mesures appropriées pour sauvegarder ce droit** [...] » (art. 6, al. 1) et la Convention de l'OIT n° C 143 sur les travailleurs migrants (dispositions complémentaires) du 23 juin 1975.

1510 **Conseil de l'Europe.** – La **Charte sociale européenne** du 3 mai 1996 expose un « Droit au travail » (art. 1) qui engage les États à « protéger de façon efficace le droit pour le travailleur de gagner sa vie par un travail librement entrepris ; [...] et le droit des travailleurs migrants et de leurs familles à la protection et à l'assistance » (art. 19). Rien de tel dans la Convention EDH, mais la Cour de Strasbourg, fidèle à sa politique jurisprudentielle active, **se fonde sur le droit à la protection des biens pour protéger les sources de revenus, dont le travail**. L'arrêt *Dogan et a. c Turquie* du 29 juin 2004, par exemple, expose que les requérants ont été expulsés de leur domicile dans un village du Kurdistan par les forces de sécurité et empêchés d'y retourner durant neuf ans. La Cour se fonde sur l'ensemble des activités économiques des requérants dans leur village pour juger que l'expulsion imposée les a privés des ressources dont ils tiraient leur subsistance et de l'usage de leurs biens durant plusieurs années et qu'ils ont eu à supporter une charge excessive.

1511 **Droit de l'Union.** – Selon **l'article 15 de la CDFUE, « toute personne a le droit de travailler et d'exercer une profession librement choisie ou acceptée. Tout citoyen ou toute citoyenne de l'Union a la liberté de chercher un emploi, de travailler, de s'établir ou de fournir des services dans tout État membre.** Les ressortissants des pays tiers qui sont autorisés à travailler sur le territoire des États membres ont droit à des conditions de travail équivalentes à celles dont bénéficient les citoyens ou citoyennes de l'Union ». La Cour de justice avait également, de manière plus évidente, protégé la liberté des travailleurs : « **Les notions de travailleur et d'activité salariée définissent le champ d'application d'une des libertés fondamentales garanties par le traité et à ce titre ne peuvent être interprétées restrictivement [...]. Les règles relatives à la libre circulation des travailleurs concernent également les personnes qui n'exercent ou ne souhaitent exercer qu'une activité salariée**

155. Cass. soc., 2 avr. 2003.
156. Cass. soc., 10 juill. 2002.
157. CC, 8 juill. 1966, déc. n° 66-39 L.
158. CE, 10 mai 1972, Fédération nationale des syndicats d'ingénieurs et des services sociaux de la CFDT.

à temps partiel [...] »[159]. D'après les données Eurostat, le **nombre de personnes résidant dans un État membre** de l'UE et **ayant la nationalité d'un pays tiers** au 1er janvier 2019, s'élevait à 21,8 millions, soit 4,9 % de la population de l'UE-27. Par ailleurs, 17 millions de citoyens européens vivent ou travaillent dans un autre pays de l'UE.

A. La liberté de travailler et le droit à l'emploi

1512 La liberté de travailler et le droit à l'emploi forment les deux faces d'une même médaille. Ils impliquent une absence d'entrave de la part de l'État et des particuliers mais également des obligations positives à la charge de l'État que le Conseil constitutionnel laisse néanmoins assez largement à l'appréciation du législateur. **Dans plusieurs arrêts, la Cour de cassation mentionne la « liberté constitutionnelle du travail »**[160].

1513 **Droit d'obtenir un emploi.** – Aux termes de **l'alinéa 5 du préambule de 1946 : « chacun a le devoir de travailler et le droit d'obtenir un emploi »**. Cet alinéa, loin de garantir un emploi à tous, s'interprète selon le Conseil constitutionnel[161] « comme une invitation pour le législateur à poser les règles propres à assurer au mieux ce droit en vue d'en permettre l'exercice au plus grand nombre ». L'interprétation qu'en donne le Conseil constitutionnel invite les pouvoirs publics à créer simplement les conditions pour que le plus grand nombre puisse y accéder[162]. Pour la doctrine dominante, **il ne s'agit pas d'un droit suffisamment subjectif mais bien d'un objectif de valeur constitutionnelle**. Il s'agit d'un droit généralement reconnu comme privé d'effet direct par le Conseil d'État en dépit de sa consécration par l'article 6 § 1 du PIDESC[163], alors que la Cour de cassation s'en saisit[164]. On peut cependant penser que cet alinéa inspire quelques jurisprudences par lesquelles la Cour de cassation fait obligation à l'employeur de former ses salariés en vue de leur adaptation à l'emploi et à l'évolution de l'emploi afin de pouvoir les reclasser[165]. D'autres obligations pèsent sur l'employeur en vue du maintien en activité de ses salariés comme la possibilité d'annulation des licenciements économiques en cas d'absence ou d'insuffisance d'un plan social[166]. À l'inverse cela permet également de limiter la liberté de l'employeur de licencier ses salariés[167]. Un travailleur intérimaire souhaitant se prévaloir d'un CDI suite à plusieurs irrégularités agit avant l'expiration de sa dernière mission. Il a invoqué son « droit à l'emploi » tel que consacré à l'alinéa 5 du préambule de la Constitution de 1946 pour « faire respecter sa liberté fondamentale au maintien du salarié dans l'emploi suite à la violation des dispositions relatives aux conditions restrictives de recours au travail temporaire ». Alors que la cour d'appel a fait droit à sa demande, la Cour de cassation estime **que le droit à l'emploi ne constitue pas une liberté fondamentale qui justifierait la poursuite du contrat de travail au-delà du terme de la mission de travail temporaire** en cas d'action en requalification en contrat à durée indéterminée[168]. Il semble, selon la note explicative qu'il revient à la loi d'opérer cette conciliation entre des droits de nature constitutionnelle.

Cela n'empêche pas que ledit législateur permette cet arbitrage au juge : **ainsi le plafonnement des indemnités pour licenciement injustifié**, institué par la loi « travail » du 22 septembre 2017, n'est pas applicable en cas de nullité constatée par le juge, en particulier en cas de « violation d'une liberté fondamentale » (L. 1235-3-1 C. trav.).

159. CJCE, 23 mars 1982, D.M. Levin c. secrétaire d'État à la justice.
160. Cass. soc., 19 nov. 1996.
161. CC, 28 mai 1983, déc. n° 156 DC.
162. CC, 28 mai 1983, déc. n° 83-156 DC.
163. CE, 26 janv. 2000, *Annad*.
164. Cass. com., 16 déc. 2008.
165. Cass. soc., 25 févr. 1992.
166. Cass. soc., 13 févr. 1997.
167. CC, 30 mars 2006, déc. n° 535 DC.
168. Cass. soc., 21 septembre 2017, n° 16-20270 et 16-20277.

Ce fondement justifie aussi que le législateur puisse interdire le cumul entre un emploi et une pension de retraite et fonde le régime de l'assurance-chômage[169]. En droit de l'Union, le droit d'obtenir un emploi se concrétise aussi par le droit de toute personne d'accéder à un service gratuit de placement (art. 29, CDFUE).

1514 **Le cadre de l'action étatique.** – Pour concrétiser le droit pour chacun d'obtenir un emploi, la loi peut limiter la liberté d'entreprendre[170]. Cette exigence constitutionnelle justifie l'exonération d'impôt sur le revenu et de charges sociales des heures supplémentaires et complémentaires, qui a pour but d'augmenter le nombre d'heures travaillées[171]. À l'inverse, **l'objectif de maintenir l'emploi ne peut justifier que la loi ne permette à l'entreprise de licencier que si sa pérennité est en cause**[172]. Le choix de la durée légale du travail effectif tient compte du droit d'obtenir un emploi et de l'alinéa 11 du préambule de la Constitution de 1946 selon lequel la Nation garantit à tous le repos et les loisirs[173]. **La loi n° 2018-771 du 5 septembre 2018 pour la liberté de choisir son avenir professionnel** entend nourrir cette liberté en réformant le **compte personnel de formation (CPF)** qui est désormais alimenté non plus en heures, mais en euros et en alimentant le droit à formation par le « compte d'engagement citoyen » qui valorise les activités participant d'un engagement citoyen. Les salariés démissionnaires qui bénéficieront des droits au chômage s'ils ont démissionné avec un projet, validé par une commission paritaire, de reconversion ou de création d'entreprise et s'ils ont travaillé pendant cinq années.

1515 **Refus de travail et allocation-chômage.** – L'interdiction du travail forcé, déjà rencontrée, peut fonder, par extension, **le droit de refuser un travail. Toute pression qui imposerait à une personne de travailler, de changer d'employeur, pourrait tomber sous le coup de cette interdiction du travail forcé.** En revanche, **le fait de percevoir une allocation de retour à l'emploi implique de chercher réellement cet emploi** ; ce qui peut autoriser l'État à mettre en œuvre des mécanismes de sanctions en cas de non-respect des engagements à rechercher un emploi. Le Code du travail prévoit ainsi que « la prestation du revenu de remplacement cesse lorsqu'un bénéficiaire, sans motif légitime, refuse un emploi, quelle que soit la durée du contrat de travail offert, compatible avec sa spécialité ou formations antérieures, ses possibilités de mobilité géographique, compte tenu de sa situation personnelle et familiale, et rétribué à un taux de salaire normalement pratiqué dans la profession et la région » (art. L. 5412-1). **Le préambule de 1946 affirme le devoir de travailler**. Comme souvent dans le domaine des devoirs proclamés, **il ne s'agit là que d'une déclaration platonique** dont les juges n'ont tiré aucune conséquence juridique.

1516 **Entrave au travail.** – L'article 431-1 du **Code pénal punit le fait d'entraver, de manière concertée et à l'aide de menaces, la liberté du travail**. Notre législation sanctionne civilement également l'entrave à la libre fourniture du travail lorsque celle-ci a pour effet une perte de salaire du salarié. En cas de grève ainsi, le blocage des moyens de production entraîne la responsabilité des grévistes fautifs et le salarié doit pouvoir se retourner contre eux[174]. À l'inverse, si c'est l'employeur qui ferme ses locaux en prévision d'une grève, il devra payer les salaires sauf cause extérieure.

1517 **Les contraintes pesant sur l'employeur.** – **Le droit au travail ne va cependant pas jusqu'à exiger une réintégration systématique du salarié après un licenciement abusif**. Plus encore, la liberté personnelle de l'employeur peut s'opposer à ce qu'on le contraigne à réintégrer des salariés protégés par leur activité syndicale, en cas de faute grave vis-à-vis de lui (séquestration, atteinte aux biens). Ainsi, pour le Conseil constitutionnel, **« les dispositions d'une loi d'amnistie qui prévoient la réintégration de salariés protégés licenciés risquent**

169. CC, 16 janv. 1986, déc. n° 86-200 DC.
170. CC, 13 janv. 2005.
171. CC, 16 août 2007, déc. n° 2007-555 DC.
172. CC, 12 janv. 2002, déc. n° 2001-455 DC.
173. CC, 13 janv. 2000, déc. n° 99-423 DC.
174. Cass. soc., 3 mars 1983.

de mettre en cause la liberté d'entreprendre de l'employeur [...] ; dans certains cas, elles peuvent également affecter la liberté personnelle de l'employeur et des salariés de l'entreprise en leur imposant la fréquentation, sur les lieux de travail, des auteurs d'actes dont ils ont été victimes »[175]. Cette décision poursuit d'ailleurs sur le même registre en considérant que la contrainte de la **réintégration des représentants du personnel et des responsables syndicaux**, coupables de fautes lourdes dans l'abus de fonctions « ferait peser sur l'employeur qui a été victime de cet abus, ou qui en tout cas, n'en serait pas responsable, une charge qui excéderait manifestement les sacrifices d'ordre personnel [...] qui peuvent être demandés aux individus dans l'intérêt général ».

1518 **Droit à une rémunération minimale.** – La liberté de travailler implique également le droit à une rémunération minimale. Déjà la **DUDH** indiquait que « quiconque travaille a droit à une rémunération équitable satisfaisante, lui assurant, ainsi qu'à sa famille, une existence conforme à la dignité humaine et compléter, s'il y a lieu, par tous autres moyens de protection sociale » (art. 23, al. 3). De même le **PIDESC**, établit que « les États parties au présent Pacte reconnaissent le droit qu'a toute personne de jouir de conditions de travail justes et favorables, qui assurent notamment la rémunération qui procure, au minimum, à tous les travailleurs [...] **une existence décente pour eux et leur famille** » (art. 7). La Charte communautaire des droits sociaux fondamentaux des travailleurs de 1989 dispose également dans son article 5 alinéa 2 que « tout emploi doit être justement rémunéré. Il convient à cet effet que, selon des modalités propres à chaque pays, soit assurée aux travailleurs une rémunération équitable, c'est-à-dire une rémunération suffisante pour leur permettre d'avoir un niveau de vie décent ». **L'article 4 de la Charte sociale européenne** expose un droit à une rémunération équitable. Le Conseil d'État semble lui donner effet direct en appréciant sa compatibilité avec la création d'une journée de solidarité prenant la forme d'une journée supplémentaire de travail non rémunérée qui ne méconnaît pas ces stipulations[176].

B. Les libertés dans l'entreprise

1519 **Cadres.** – Les libertés du salarié dans l'entreprise ont fait l'objet d'un souci constant du législateur et du juge depuis une trentaine d'années. La vie privée et la liberté personnelle du salarié et sa liberté de religion ont été déjà abordées ici[177], mais on peut préciser les cadres de cette autonomie et les droits fondamentaux relatifs aux conditions de travail. **Quelques décisions significatives du Conseil constitutionnel préfèrent ainsi se référer à la notion de liberté personnelle,** plutôt qu'à la liberté individuelle. Ce fut d'abord le cas dans la décision n° 88-244 DC du 20 juillet 1988 qui ouvre le champ des relations du travail à la notion de liberté personnelle. La décision n° 89-257 DC du 25 juillet 1989 a confirmé ce premier mouvement, dans le même domaine, estimant que la liberté syndicale avait comme corollaire la liberté de n'adhérer à aucun syndicat. Cette décision du 30 juillet 1988 dite *Loi d'amnistie* souligne le fait que la loi déférée présentait un article 15 prévoyant l'obligation pour un employeur de réintégrer des personnes amnistiées, certes, mais dont le contrat de travail a été légalement résilié, parfois par des décisions de justice. Ainsi, selon l'article 31 de la **Charte des droits de l'Union, tout travailleur a droit à des conditions de travail qui respectent sa santé, sa sécurité et sa dignité**, à une limitation de la durée maximale du travail et à des périodes de repos ainsi qu'à une période annuelle de congés payés.

1520 **Le contrôle des conventions collectives et règlements intérieurs d'entreprise.** – Les conventions collectives concrétisent les lois et peuvent contenir des dispositions plus favorables aux travailleurs ; il s'agit même d'un principe fondamental du droit du travail[178]. **Les conventions collectives bénéficient de la protection de la liberté contractuelle ; le législateur ne saurait y porter une atteinte qui ne soit justifiée par un motif**

175. CC, 20 juill. 1988, déc. n° 88-244 DC.
176. CE, 25 juill. 2007.
177. Voir *infra*, Vie privée et liberté de religion.
178. CC, 25 juill. 1989, déc. n° 89-257 DC.

d'intérêt général suffisant[179]. Les lois « Auroux » instituant le contrôle des règlements intérieurs de l'entreprise, le juge administratif a pu notamment estimer que les fouilles des salariés, autorisées, doivent cependant dans leurs modalités respecter la « dignité de la personne »[180]. Mais c'est surtout **l'arrêt** *Peintures Corona*[181] qui a permis au Conseil d'État de souligner que « **[...] le chef d'entreprise... ne peut apporter aux droits de la personne que les restrictions nécessaires pour atteindre le but recherché** »[182]. Le Conseil d'État a également jugé attentatoire aux libertés de la personne la disposition d'un règlement intérieur interdisant aux caissières d'un supermarché d'accepter le passage de membres de leur famille[183]. L'article L. 1321-3 du Code du travail dispose qu'un **règlement intérieur ne peut contenir des dispositions apportant aux droits des personnes et aux libertés individuelles et collectives des restrictions qui ne seraient pas justifiées par la nature de la tâche à accomplir ni proportionnées au but recherché ou des dispositions discriminant les salariés dans leur emploi ou leur travail**. Le juge vérifie que le contrôle pesant sur le salarié est justifié par la nature de la tâche accomplie et est proportionnée à l'objectif recherché. Il admet ainsi les contrôles tenant à la sécurité des personnes, mais seul un intérêt relatif à l'intégrité personnelle se place au-dessus de la liberté personnelle. Ainsi, **la fouille des vestiaires** dans les entreprises ne se justifie que pour des motifs de sécurité et d'hygiène[184]. Dans le cadre des relations de travail la liberté personnelle fait même l'objet d'une protection objective emportant une sorte d'indisponibilité de la liberté personnelle[185] ou limitant les investigations de l'entreprise lors du recrutement. Plus généralement, l'article 8 de la Convention EDH sert aussi de fondement à la censure de violations de la vie privée du salarié comme le libre choix du domicile[186].

1521 **Droit à l'information du salarié et à la vie privée. –** Le droit à l'information se trouve consacré notamment à l'article 27 de la Charte des droits de l'Union : « Les travailleurs ou leurs représentants doivent se voir garantir, aux niveaux appropriés, une information et une consultation en temps utile, dans les cas et conditions prévus par le droit communautaire et les législations et pratiques nationales ». **La Cour européenne a également consacré, sur le fondement du droit au respect de la vie privée, un droit à l'information du travailleur concernant les risques** que son travail fait courir pour sa santé[187]. Le droit à la vie privée trouve à s'appliquer dans l'entreprise. L'employeur ne peut apporter aux libertés individuelles ou collectives des salariés que des restrictions justifiées par la nature de la tâche à accomplir et proportionnées au but recherché.

L'employeur ne peut, sauf circonstances exceptionnelles, ouvrir les sacs appartenant aux salariés pour en vérifier le contenu qu'avec leur accord et à la condition de les avoir avertis de leur droit de s'y opposer et d'exiger la présence d'un témoin. Autrement dit, le seul consentement du salarié à l'ouverture de son sac est insuffisant. À défaut, la preuve ainsi irrégulièrement obtenue ne peut être utilisée à l'appui d'un licenciement. **La Cour de cassation estime également que les SMS reçus par le salarié sur son téléphone professionnel sont présumés être de nature professionnelle**, que l'employeur peut en prendre connaissance à la condition qu'ils ne soient pas mentionnés comme « personnels » et qu'ils sont recevables comme mode de preuve[188].

179. CC, 7 août 2008, déc. n° 2008-568 DC.
180. CE, 3 juin 1988, *SA Comptoir Lyon Alemand Louyot* et CE, 1er juin 1990, *Min. Aff. soc. c. Soc. Crédit Lyonnais*.
181. CE, 1er févr. 1980.
182. Voir également CE, 15 juill. 1990, *Ministre des Affaires sociales et de l'Emploi c. Syndicat CGT de la société Griffine-Maréchal*.
183. CE, 9 déc. 1994.
184. CE, 11 juill. 1990.
185. Cass. soc., 14 mai 1992.
186. *Ibid.*
187. CEDH, 5 déc. 2013, *Vilnes et autres c. Norvège*, req. n° 52806/09 et 22703/10.
188. Cass. com., 10 févr. 2015, n° 13-14779, *Société Newedge Group*.

CA Paris, pôle 6, 1re chambre, 24 février 2015, *J.-C. D. et La Closerie des Lilas c. Ministère public et J.-M. T.*

Dans le cadre d'un licenciement pour faute, l'employeur (restaurateur) a transmis deux photographies à l'avocat pour qu'elles soient utilisées dans le cadre de l'instance prud'homale en cours. Ces deux photographies incriminées sont issues du système de vidéoprotection de la société La Closerie des Lilas qui a été autorisé uniquement pour améliorer la sécurité de l'établissement, dissuader les tiers de se livrer à des dégradations et disposer d'images en cas d'intrusion de personnes non autorisées ; cette communication d'images à d'autres fins que celles pour lesquelles elles avaient été autorisées suffit à caractériser l'infraction de l'article L. 254-1 du Code de la sécurité intérieure qui réprime le fait d'installer un système de vidéoprotection ou de procéder à des enregistrements sans autorisation.

1522 La liberté de participation et d'expression du salarié. – Le **droit pour chaque salarié de participer à la vie de l'entreprise a fait l'objet d'une reconnaissance constitutionnelle fondée sur l'alinéa 8 du préambule de 1946** (la participation des travailleurs à la détermination collective des conditions de travail et à la gestion des entreprises). Cet alinéa justifie le recours massif aux conventions collectives pour l'organisation du travail. Cela concerne l'ensemble des travailleurs des secteurs public et privé confondus[189]. Aux termes de **l'article L. 2281-1 du Code du travail, les salariés bénéficient d'un droit à l'expression directe et collective** sur le contenu, les conditions d'exercice et l'organisation de leur travail en vue de définir les actions à mettre en œuvre pour améliorer leurs conditions de travail, l'organisation de l'activité et la qualité de la production dans l'unité de travail à laquelle ils appartiennent et dans l'entreprise. L'ordonnance du 22 septembre 2017 a d'ailleurs ajouté que l'accès de chacun au droit d'expression collective **peut être assuré par le recours aux outils numériques** sans que l'exercice de ce droit ne puisse méconnaître les droits et obligations des salariés dans l'entreprise.

Ce droit s'exerce **sur les lieux et pendant le temps de travail** rémunéré comme temps de travail. Les opinions que les salariés émettent dans l'exercice du droit d'expression ne peuvent motiver une sanction ou un licenciement (art. L. 2281-3). Ce droit s'exerce pour l'essentiel par la liberté syndicale déjà rencontrée mais aussi par les salariés désignés par la voie de l'élection. Pour ce faire notre droit instaure des délégués du personnel dans les entreprises de moins de dix salariés et des comités d'entreprise dans les entreprises d'au moins cinquante salariés et la loi doit au moins garantir l'indépendance des personnes conduites à conclure des accords collectifs[190]. Les règles édictées à cette fin peuvent soumettre à certaines limites les droits et libertés des employeurs. L'article 28 de la Charte de l'Union consacre également le droit de négociation et d'actions collectives.

Ce principe a également valeur constitutionnelle, fondé sur le préambule de 1946 (8e alinéa). Le Conseil constitutionnel[191] a été amené à **annuler des dispositions qui dispensaient l'employeur d'organiser des élections partielles afin de pourvoir les sièges vacants** au sein de la délégation du personnel du comité social et économique dans le cas où les vacances résultaient de l'annulation, par le juge, de l'élection de membres de ce comité en raison de la méconnaissance des règles tendant à une représentation équilibrée des femmes et des hommes. Le but de la loi était de faire pression sur les syndicats qui seraient à l'origine de cette méconnaissance de la parité. **Cependant, cela pouvait conduire à ce que le fonctionnement normal du comité social et économique soit affecté** dans des conditions remettant en cause le principe de participation des travailleurs.

189. CC, 28 déc. 2006, déc. n° 454 DC.

190. CC, 6 nov. 1996, déc. n° 96-383 DC.

191. CC, 21 mars 2018, n° 2018-761 DC, loi ratifiant diverses ordonnances prises sur le fondement de la loi n° 2017-1340 du 15 septembre 2017 d'habilitation à prendre par ordonnances les mesures pour le renforcement du dialogue social.

II. Le droit de grève

1523 Le droit de grève, avant de devenir un problème pour l'organisation du service public, a été perçu comme la solution à l'absence de culture française du dialogue social. **Il s'agit d'un conflit institutionnalisé qui consiste à cesser le travail pour provoquer une négociation**. Longtemps pénalisée puis traitée comme une rupture illicite du contrat de travail, il faut attendre le préambule de la Constitution de 1946 pour asseoir juridiquement la grève, non sans mal.

A. La consécration

1524 **Droit international.** – L'article 8 du PIDESC admet le droit de grève dans le cadre des législations nationales. Les organes de l'OIT le dérivent de la liberté syndicale (Convention n° 87 du 9 juillet 1946). Il faut souligner ici l'interprétation divergente du **Comité des droits de l'homme** qui estime que « **le droit de grève ne peut être considéré comme un élément implicite du droit de former des syndicats et de s'affilier à des syndicats** »[192].

1525 **Droits européens.** – La **Charte sociale européenne du 18 octobre 1961** a affilié la grève au droit à la négociation collective. De même, **la CEDH a déduit le droit de grève de la liberté syndicale de l'article 11** en bâtissant un raisonnement constructif selon lequel il permet aux syndicats de protéger les intérêts des salariés[193]. La Cour reconnaît que le droit de grève n'a pas de caractère absolu et peut être soumis à des conditions et restrictions mais pas au point d'en priver les agents des services publics en général[194]. Sa jurisprudence révèle une conception plutôt objective de la grève dont le vrai titulaire serait le syndicat. **Les formulations permettent aux employeurs de pratiquer aussi une forme du droit de grève qu'est le *lock-out***, la fermeture de l'entreprise pour peser sur l'opinion des salariés. **Le juge communautaire a également intégré le droit de grève dans la liste de ses Principes généraux du droit communautaire**[195] tout en admettant les restrictions les plus larges à ce principe pour sauvegarder la libre prestation de service et la liberté d'établissement. **L'article 28 de la CDFUE** reconnaît aussi le droit de négociation collective et le droit de recourir, en cas de conflits d'intérêts, à des actions collectives pour la défense de leurs intérêts, y compris la grève.

1526 **Consécration constitutionnelle.** – **L'alinéa 7 du préambule de 1946 dispose que « Le droit de grève s'exerce dans le cadre des lois qui le réglementent ».** Pour le Conseil constitutionnel, le législateur peut apporter au droit de grève les limitations nécessaires en vue d'assurer la continuité du service public qui, tout comme le droit de grève, a le caractère d'un principe de valeur constitutionnelle. Ces limitations peuvent aller jusqu'à l'interdiction du droit de grève aux agents dont la présence est indispensable pour assurer le fonctionnement des éléments du service dont l'interruption porterait atteinte aux besoins essentiels du pays. **Il est conforme à la répartition des compétences opérée par la Constitution que les modalités d'application de cette réglementation soient déterminées par un décret en Conseil d'État**[196]. Ainsi, la loi sur le dialogue social et la continuité du service public dans les transports terrestres réguliers de voyageurs prévoit qu'en l'absence d'accord-cadre ou d'accord de branche au 1er janvier 2008, un décret en Conseil d'État détermine alors, dans les conditions prévues par la loi, l'organisation et le déroulement de la procédure de prévention des conflits. Cet article fixe l'objet, encadre le contenu et précise les conditions de la mise en œuvre de ce décret, qui doit se

192. CDH, 18 juill. 1986, déc. n° 118/1982, *J. D. B. c. Canada*.
193. CEDH, 10 janv. 2002, *Unison c. Royaume-Uni*.
194. CEDH, 21 avr. 2009, Enerji Yapi-Yol Sen c. Turquie.
195. CJCE, Gr. Ch., 18 déc. 2007, *Laval un Partneri Ltd*.
196. CC, 25 juill. 1979, déc. n° 79-105 DC.

borner à prévoir les modalités d'application de la loi. Dès lors, le législateur n'a pas méconnu la compétence que lui confie l'article 34 de la Constitution[197].

Eu égard à la nature particulière du droit de grève, le législateur peut, comme il l'a déjà fait, confier à des organisations syndicales représentatives des prérogatives particulières relatives au déclenchement de la grève[198]. Le Conseil vérifie, par un contrôle de la disproportion manifeste, que **les lois qui régissent la grève dans certaines branches ne dissuadent pas les salariés, notamment l'obligation de déclarer quarante-huit heures à l'avance son intention de faire grève** dans la mesure où elle ne pèse que sur les seuls salariés dont la présence détermine directement l'offre de services[199]. Le Conseil a réitéré cette solution en confirmant la constitutionnalité de la loi relative à l'organisation du service et à l'information des passagers dans les entreprises de contrôle aérien, à propos de l'obligation de se déclarer gréviste quarante-huit heures à l'avance pour les personnels dont l'absence influe directement sur les vols[200]. Les exigences habituelles préalables à la grève ont été *a fortiori* jugées conformes dans le cadre de la fonction publique[201].

B. L'encadrement

1527 **Compétence. – Pour la Cour de cassation, il revient au législateur d'encadrer le droit de grève et non aux conventions collectives**[202]. Il n'en va pas de même dans la fonction publique où le juge administratif a très tôt admis que le silence de la loi ouvre au pouvoir réglementaire et aux chefs de service le champ de cette réglementation[203] tout en visant à assurer un « accès normal de l'usager ». Ainsi, il est légitime qu'un chef de service impose aux agents employés dans les équipements sportifs de la ville qui entendent exercer leur droit de grève de le faire à leur prise de service pour prévenir les risques de désordres de l'obligation d'évacuer de ces équipements le public qui y aurait déjà pénétré[204]. **Le Conseil d'État a jugé[205] que le principe de continuité n'imposait pas aux autorités gestionnaires d'un service de transport collectif de prévoir une réglementation du droit de grève.** À l'inverse, la loi sur le dialogue social et la continuité du service public dans les transports terrestres réguliers de voyageurs du 21 août 2007 tend à consacrer une telle obligation dans le cadre d'un « service minimum » dans les transports[206]. Il en est de même dans l'enseignement élémentaire et primaire avec l'organisation d'un service d'accueil lorsque les enseignements ne peuvent lui être délivrés pour cause d'absentéisme ou de grève (art. L. 133-1, C. éduc.) et la mise en place de mécanismes de prévention de la grève.

1528 **Règles. –** Concrètement, une grève reste en droit français un acte individuel qui permet à un salarié seul de faire grève lorsqu'il est le seul salarié. La cessation du travail n'a pas à faire l'objet d'un préavis même dans le secteur privé. **Les juges ne contrôlent pas la légitimité des cessations du travail.** Les jours de grèves entraînent une retenue sur salaire, mesure de portée comptable qui n'a pas par elle-même le caractère d'une pénalité financière et ne méconnaît pas le droit de grève[207]. Il en va différemment de la retenue de la journée complète de travail dans l'hypothèse d'une cessation inférieure[208]. Les modalités de grève visant à éviter ces retenues en se rendant au travail sans l'accomplir correctement ne sont pas couvertes par le droit de grève et constituent une faute du salarié alors que le droit de grève s'oppose à ce qu'une grève soit prise en compte

197. CC, 16 août 2007, déc. n° 2007-556 DC.
198. *Ibid.*
199. *Ibid.*
200. CC, 15 mars 2012, déc. n° 2012-650 DC.
201. CC, 1er août 2019, n° 2019-790 DC.
202. Cass. soc., 7 juin 1995.
203. CE, Ass., 7 juill. 1950, *Dehaene.*
204. CE, 6 juill. 2016, n° 390031, Syndicat CGT des cadres et techniciens parisiens des services publics territoriaux et autres.
205. CE, 8 mars 2006, *Onesto.*
206. Avec l'aval du Conseil constitutionnel, CC, 16 août 2007, déc. n° 2007-556 DC.
207. CC, 28 juill. 1987, déc. n° 87-230 DC.
208. CC, 28 juill. 1987, déc. n° 87-230 DC.

dans le cadre d'un licenciement. Pour autant, le Conseil d'État[209] n'a pas accepté que le service impose à chaque agent de se déclarer gréviste, non pas quarante-huit heures avant la date à laquelle il entend personnellement participer à un mouvement de grève, mais quarante-huit heures avant le début de la grève fixé dans le préavis. Ce sont des restrictions qui excèdent ce qui est nécessaire pour prévenir un usage abusif de la grève. **De son côté, l'employeur ne peut fermer l'entreprise que dans l'hypothèse où il ne pourrait plus assurer la sécurité ou, plus généralement, si le travail n'est plus possible**. La continuité du service public implique plus facilement de limiter le droit de grève (services de santé, de télévision) et de recourir à des réquisitions de personnel, voire de le supprimer pour les fonctions les plus régaliennes de l'État (service de transmission du ministère de l'Intérieur, armée) ; il s'agit alors moins de continuité du service que de continuité de l'État. Les syndicats représentatifs doivent donner un préavis cinq jours à l'avance afin d'ouvrir des négociations.

Section 5
Le droit au logement

1529 **Droit à l'hébergement. –** Le premier degré d'un « droit à un toit », réside dans la reconnaissance **d'un droit à l'hébergement qui se distingue du logement par son caractère urgent et provisoire.** Il s'agit de ne pas laisser les familles et les individus à la rue à la suite d'une expulsion ou de la destruction de leur logement. Le **Comité des droits sociaux du** Conseil de l'Europe a ainsi posé l'exigence d'un abri pour les enfants. Dans les arrêts *FIDH c. France* et *Défense des enfants international c. Pays-Bas*[210], le Comité estime que des enfants en situation irrégulière ont ce droit, alors même que la Charte sociale de 1961 ne s'applique que pour un individu en situation régulière.

La loi DALO prescrit aux communes d'accroître le parc d'hébergements tout en confiant aux commissions préfectorales le soin d'attribuer en priorité des places en structures de courts séjours. Mais c'est le Code de l'action sociale et des familles (loi du 25 mars 2009) qui fonde sur la dignité de la personne le droit d'accès à un hébergement pour « toute personne sans abri en situation de détresse médicale, psychique et sociale » (art. 345-2-2). **Le juge des référés du Conseil d'État lui donne la portée concrète qu'il doit avoir en déclarant qu'« il appartient aux autorités de l'État de mettre en œuvre le droit à l'hébergement d'urgence** [...] » et qu'une « **carence caractérisée dans l'accomplissement de cette tâche peut [...] faire apparaître [...] une atteinte grave et manifestement illégale à une liberté fondamentale lorsqu'elle entraîne des conséquences graves pour la personne intéressée** »[211]. Le juge exige ainsi que les services préfectoraux trouvent une solution d'accueil. Il revient en effet à l'État qui a la charge d'assurer à toute personne sans-abri et en situation de détresse médicale, psychique ou sociale, un hébergement d'urgence[212]. Aux termes des articles L. 345-2, L. 345-2-2, L. 345-2-3 et s. du Code de l'action sociale et des familles, il appartient aux autorités de l'État de mettre en œuvre le droit à l'hébergement d'urgence reconnu par la loi à toute personne sans abri qui se trouve en situation de détresse médicale, psychique ou sociale. Ce droit à l'hébergement d'urgence **s'applique aux ressortissants étrangers à l'exception de ceux qui font l'objet d'une mesure d'éloignement** (sauf circonstances exceptionnelles). Les demandeurs d'asile, quant à eux, doivent pouvoir bénéficier, en application des articles L. 744-1 et suivants du Code de l'entrée et du séjour des étrangers et du droit d'asile, de conditions matérielles décentes, lesquelles doivent comprendre outre le logement, la nourriture, l'habillement ainsi qu'une allocation journalière.

Le département, au titre de sa mission de protection de l'enfance, n'est susceptible d'intervenir que pour les femmes enceintes ou mères isolées avec un enfant de moins de trois ans et les familles sans-abri

209. CE, 6 juill. 2016, n° 390031, Syndicat CGT des cadres et techniciens parisiens des services publics territoriaux et autres.

210. Comité européen des droits sociaux, 8 sept. 2004 et 20 oct. 2009.

211. CE, ord. réf., 10 févr. 2012, n° 356456, *M. F. c. Préfet de la région Île-de-France*.

212. CE, 13 juill. 2016, n° 388317, *Département de la Seine-Saint-Denis* et CE, 13 juill. 2016, n° 400074, *Ministre des Affaires sociales et de la Santé*.

avec enfant (de manière subsidiaire au titre de l'aide à domicile ; le département peut d'ailleurs se retourner contre l'État s'il estime que sa prise en charge est due à une carence prolongée). Donc, si toute personne sans-abri peut saisir le juge du référé-liberté pour demander son hébergement d'urgence par l'État, le juge des référés ne peut ordonner au département de verser des aides (sauf mineurs placés auprès de l'aide sociale à l'enfance, des femmes enceintes et des mères isolées avec des enfants de moins de trois ans). Le juge apprécie les diligences accomplies par l'administration en tenant compte des moyens dont elle dispose ainsi que de l'âge, de l'état de la santé et de la situation de famille de la personne intéressée.

1530 **Sources. -** La **loi du 5 mars 2007 affichant « le droit au logement opposable » a semblé vouloir clore un débat sur la portée juridique du droit au logement**. Certes, l'exigence d'un logement décent pour tous avait déjà fait l'objet de nombreuses proclamations. La DUDH évoquait le droit de toute personne à un niveau de vie suffisant et l'article 11 du Pacte des Nations unies amenait les États à reconnaître le droit de toute personne à un logement suffisant comme corollaire de ce même droit à un niveau de vie convenable.

On aurait pu croire qu'avec le temps et sur un terreau européen, le droit au logement aurait acquis davantage de poids que ces formules vagues. Or la CDFUE du 18 décembre 2000 ne le consacre même plus ; sauf à trouver à l'article 34-3 le fait que l'Europe respecte « le droit à l'aide sociale et à l'aide au logement ». Seule la **Charte sociale européenne, dont la portée effective reste très en retrait, dispose dans son article 31 qu'« en vue d'assurer l'exercice effectif du droit au logement, les parties s'engagent à prendre les mesures destinées : à favoriser l'accès au logement d'un niveau suffisant, à prévenir et à réduire l'État de sans-abri en vue de son élimination progressive »**. La loi du 22 juin 1982 proclamait le droit à l'habitat comme un droit fondamental avant que la loi du 6 juillet 1989 ne le remplace par le droit au logement et que la loi du 31 mai 1990 ne s'y consacre entièrement. En 2009, la loi Boutin définit l'habitat indigne à son article 84 et établit la nécessité du « programme national de requalification des quartiers anciens dégradés » tendant ainsi à compléter la définition du logement qui fait l'objet du droit fondamental. **Le Conseil constitutionnel a admis que l'objectif constitutionnel d'un logement décent pour chacun permet au législateur de porter atteinte aux contrats en cours**[213]. De même, **la loi peut instaurer un régime d'autorisation de « mise en location »** dans des zones d'habitat dégradé en vue d'éviter la location de logements insalubres. Cette atteinte au droit de propriété contribue « à mettre en œuvre l'objectif de valeur constitutionnelle que constitue la possibilité pour toute personne de disposer d'un logement décent, le législateur n'a pas porté aux conditions d'exercice du droit de propriété une atteinte disproportionnée au regard du but recherché ni méconnu les exigences constitutionnelles découlant de l'article 4 de la Déclaration de 1789 dont résulte la liberté contractuelle »[214].

1531 **Situation comme droit fondamental. -** On le voit, ces formulations restent vagues, rendant difficile une subjectivisation de ce droit. C'est un droit qui s'inscrit dans deux dimensions distinctes : dans une dimension verticale, puisque les politiques du logement se doublent aujourd'hui d'un mécanisme d'exigibilité en urgence d'un logement à l'égard de l'État, mais aussi dans **un mécanisme de dimension horizontale, puisque l'on peut trouver à travers l'encadrement des relations entre bailleurs et preneurs**, mais également avec les règles du droit de la famille, des éléments de concrétisation de ce droit au logement. Ici encore le versant subjectif n'est pas parvenu à un point où l'on peut affirmer qu'il existe un droit au logement, car bien sûr rien n'oblige l'État ni un particulier à assurer un logement à tout individu qui le demanderait. La question du titulaire n'est pas étrangère au degré d'exigence de ce droit. De même, **le droit au logement des gens du voyage est méconnu par la législation française qui exclut les caravanes de la notion de domicile**, les privant d'aides au logement[215]. Cette qualité de droit fondamental permet d'exercer aussi le droit à la non-discrimination. Dans une affaire portée devant le Conseil d'État, les associations requérantes dénoncent la disposition de la loi DALO qui exige deux ans de résidence aux ressortissants non communautaires pour pouvoir saisir la Commission. Le rapporteur public a

213. CC, 18 mars 2009, déc. n° 2009-578 DC.
214. CC, 20 mars 2014, déc. n° 2014-691 DC, cons. 68 et 70 à 72.
215. Comité européen des droits sociaux, 19 oct. 2009, *Centre européen des droits des Roms c. France*.

admis que la Convention de l'OIT relative aux travailleurs migrants s'oppose à cette discrimination fondée sur la nationalité.

1532 **Objectif de valeur constitutionnelle.** – Ce droit dépend encore entièrement de la volonté politique, laquelle se voit tout de même toujours plus aiguillonnée depuis que la loi du 22 juin 1982 évoque un droit « à l'habitat ». Déjà, **le Conseil constitutionnel avait assuré en 1990, à propos de la loi du 6 juillet 1989 qui affichait « le droit au logement », que « la promotion du logement des personnes défavorisées répond à une exigence d'intérêt national »**[216] ; mais c'est avec la **décision du 19 janvier 1995**[217] **qu'il lui reconnaît le statut d'objectif à valeur constitutionnelle fondé sur la dignité de la personne humaine.** L'objectif constitutionnel du logement, s'il n'est pas opposable à l'administration en référé-liberté et ne saurait fonder un recours contre le refus de réquisition de logements inoccupés[218], n'en demeure pas moins un élément de la constitutionnalité de l'action publique. En 1998, le Conseil constitutionnel a ainsi considéré que « s'il appartient au législateur de mettre en œuvre l'objectif de valeur constitutionnelle que constitue la possibilité pour toute personne de disposer d'un logement décent, et s'il lui est loisible, à cette fin, d'apporter au droit de propriété les limitations qu'il estime nécessaires, c'est à la condition que celles-ci n'aient pas un caractère de gravité tel que le sens et la portée de ce droit en soient dénaturés »[219]. Cet objectif permet au législateur de fonder des limites au droit de propriété. Il a **pu justifier la création d'une taxe annuelle sur les logements vacants par la loi du 29 juillet 1998.** Cette même loi instaure une procédure de réquisition des logements appartenant à des personnes morales et vacants depuis plus de 18 mois dans les communes où existe un déséquilibre entre l'offre et la demande de logements au détriment des personnes à revenus modestes et de personnes défavorisées, ainsi qu'un régime fiscal moins favorable[220].

1533 **Priorisation de l'accession au logement social.** – Cependant une évolution marquante permet aujourd'hui d'employer l'expression « droit au logement » sans trop d'incongruité, puisque la loi parle aujourd'hui d'un droit « opposable ». **La loi du 31 mai 1990 proclame solennellement en son article 1er que « garantir le droit au logement constitue un devoir de solidarité pour l'ensemble de la Nation.** Toute personne ou famille éprouvant des difficultés particulières, en raison notamment de l'inadaptation de ses ressources ou de ses conditions d'existence, a droit à une aide de la collectivité, dans les conditions fixées par la présente loi, pour accéder à un logement décent et indépendant et s'y maintenir ». **Depuis la loi du 5 mars 2007, le droit au logement « est garanti par l'État à toute personne qui, résidant sur le territoire français de façon régulière et dans des conditions de permanence définies par décret en Conseil d'État, n'est pas en mesure d'y accéder par ses propres moyens ou de s'y maintenir » (art. 1er). La loi de 2007 dite « DALO » organise ainsi un mécanisme d'attribution prioritaire de logement en urgence** pour des personnes qualifiées ainsi par une des commissions de médiation organisées par l'article L. 441-2-3 du Code de la construction et de l'urbanisme sous la responsabilité des préfets. La régularité du séjour est une des conditions d'accès au DALO. Les commissions d'attribution doivent ainsi tenir compte de la régularité de la situation des personnes composant le foyer[221].

Le mécanisme est ouvert pour tous à compter de 2012 ; il l'est pour les plus défavorisés depuis 2008 Le droit au logement opposable implique de répondre à un ou plusieurs des 7 critères suivants (sachant qu'un seul critère suffit) :

- être sans domicile ;
- être menacé d'expulsion sans relogement ;

216. CC, 29 mai 1990, déc. n° 274 DC.
217. CC, 19 janv. 1995, déc. n° 359 DC.
218. CE, ord. réf., 3 mai 2002, *Association de réinsertion sociale du Limousin et autres* ; CE, 13 nov. 2009, *Ministre de l'Immigration*.
219. CC, 29 juill. 1998, déc. n° 98-403 DC.
220. CE, 18 janv. 2008, *Ministre de l'Économie, des Finances et de l'Industrie c. la région Île-de-France*.
221. CE, 26 nov. 2012, *M. Karia*.

- être hébergé dans une structure d'hébergement ou une résidence hôtelière à vocation sociale (RHVS) de façon continue depuis plus de 6 mois ou logé temporairement dans un logement de transition ou un logement-foyer depuis plus de 18 mois ;
- être logé dans des locaux impropres à l'habitation ou présentant un caractère insalubre ou dangereux ;
- être logé dans un logement ne présentant pas d'éléments d'équipement et de confort exigés (absence de chauffage, eau potable...) ; à condition d'avoir à charge un enfant mineur ou une personne handicapée ou de présenter soi-même un handicap ;
- être logé dans un logement dont la surface habitable n'est pas supérieure ou égale à 16 m^2 pour un ménage sans enfant ou 2 personnes, augmentée de 9 m2 par personne en plus dans la limite de 70 m^2 pour 8 personnes et plus, à condition d'avoir à charge au moins un enfant mineur ou une personne handicapée ou de présenter soi-même un handicap ;
- être demandeur d'un logement social depuis un délai supérieur au délai anormalement long (délai qui varie d'un département à un autre) sans avoir reçu de proposition adaptée aux besoins.

1534 La **loi du 27 janvier 2017** relative à l'égalité et à la citoyenneté **introduit la possibilité pour les bailleurs sociaux de différencier les loyers selon les secteurs ou au sein des immeubles pour favoriser la mixité sociale, l'obligation d'attribuer 25 % des logements sociaux en dehors des quartiers prioritaires de la politique de la ville (QPV) aux 25 % des ménages les plus pauvres ayant déposé une demande de logement.** Elle contraint aussi les bailleurs sociaux et l'ensemble des réservataires de logements sociaux à consacrer 25 % de leurs attributions aux publics prioritaires et impose aussi des obligations de transparence concernant les critères d'attribution de logements sociaux et complète la liste des critères de priorité pour accéder à un logement social (par ex. personnes sortant d'un appartement de coordination thérapeutique, personnes exposées à des situations d'habitat indigne, personnes ayant à leur charge un enfant mineur et habitant dans un logement suroccupé ou indécent, personnes menacées d'expulsion sans relogement, femmes menacées de mariage forcé sont ajoutées parmi les personnes victimes de violence conjugale...). Des Commissions d'attribution des logements sociaux (créées par chaque organisme HLM) sont chargées d'attribuer nominativement chaque logement en respectant le Droit au logement opposable (Dalo) et les critères de priorité de droit commun.

1535 DALO. - **Une fois sa situation reconnue comme prioritaire par la « commission DALO », le demandeur devra faire valoir sa situation auprès des différents bailleurs sociaux**. Le **préfet peut alors enjoindre à un bailleur social de loger dans son parc la personne concernée sur un quota qui lui est réservé**. À l'issue d'un délai fixé par voie réglementaire (trois à six mois pour un logement selon la taille de l'agglomération concernée), il peut saisir le juge administratif. Auparavant plus court (13 mois), il a été relevé sur demande des organismes HLM en raison du délai moyen d'attribution d'un logement social dans le département qui est approximativement de trois ans et demi (soit 42 mois). **Le recours contre l'État doit être effectué dans un délai de quatre mois** à compter de l'expiration des délais dont disposait le préfet pour attribuer au demandeur prioritaire un logement ou un hébergement. Il s'agit alors d'agir contre l'État ou son délégataire en vue de sa condamnation sous astreinte à un accueil adapté (l'astreinte étant reversée à un fond d'aménagement urbain). Le tribunal, qui bénéficie de pouvoirs élargis d'instruction et d'exécution, statue à juge unique dans les deux mois. Il n'est pas nécessaire de disposer du concours d'un avocat, on peut agir avec l'aide des services sociaux. Le juge opère un contrôle normal de la légalité des décisions en s'attachant précisément à l'examen des motifs ayant fondé la qualification retenue par la commission au regard des éléments portés à sa connaissance par le requérant. Le juge apprécie les faits à la date de la décision rendue par la commission. Selon un rapport sénatorial[222], les recours formés s'élèvent à 6 000 en moyenne chaque mois (l'Île-de-France représentant à elle seule 60 %). 80 % des contentieux devant le juge débouchent sur une décision favorable au demandeur mais l'injonction prononcée

222. *Le droit au logement opposable à l'épreuve des faits*, Commission sénatoriale pour le contrôle de l'application des lois, Rapport présenté par MM. Cl. Dilain et G. Roche, sénateurs, Rapport n° 621 (2011-2012).

par le juge est assortie d'une astreinte financière que l'État se verse à lui-même. Le faible nombre de liquidations d'astreintes devenues définitives atteste d'une efficacité très limitée. En outre, toutes les possibilités de relogement offertes par des logements sociaux pourtant disponibles au titre des contingents réservés ne sont pas exploitées en raison de dysfonctionnements dans les relations entre réservataires et bailleurs sociaux. **L'État a une obligation de résultat aux termes de la loi DALO. Il est donc reconnu responsable de l'absence de relogement d'un demandeur reconnu prioritaire et, de surcroît, de l'inexécution de l'injonction prononcée par le juge en ce sens**[223]. De même, même si un logement a été attribué, le juge estime que son inadéquation ou son insalubrité exigent que le demandeur soit toujours prioritaire pour une nouvelle attribution[224]. En 2017, le nombre de recours Dalo déposés repart à la hausse (90 095 recours Dalo logement déposés en 2017). Le nombre de ménages reconnu augmente également (27 723) ainsi que le taux de décisions favorables des Comed qui après une baisse importante remonte à 31,7 %. En revanche, les recours pour la reconnaissance au titre du droit à l'hébergement opposable sont en baisse (10 081 recours déposés en 2017). Il faut dire que le très faible niveau de proposition d'hébergements (seulement 630 en 2017 sur 6 974 ménages reconnus Daho) est dissuasif. Depuis la création en 2007 du droit au logement opposable (Dalo), près de 189 700 ménages ont pu accéder à un logement. Mais le Haut Comité pour le logement des personnes défavorisées se dit inquiet face à l'augmentation du nombre de familles à reloger en 2019.

La Cour européenne des droits de l'homme **a acté de la violation du droit au procès équitable dans le cas d'une famille qui avait obtenu d'un juge l'attribution d'un logement mais qui, trois ans après, n'avait toujours pas été relogée concrètement**[225].

1536 Protections indirectes – Droit du bail. – Une forme de protection indirecte et horizontale peut se trouver dans les termes de la loi du 17 janvier 2002 relative à la modernisation sociale qui interdit la discrimination dans l'accès au logement. Elle prévoit qu'« **aucune personne ne peut se voir refuser la location d'un logement en raison de son origine, son patronyme, son apparence physique, son sexe, sa situation de famille, son état de santé, son handicap, ses mœurs, son orientation sexuelle, ses opinions politiques, ses activités syndicales ou son appartenance ou sa non-appartenance vraie ou supposée à une ethnie, une nation, une race ou une religion déterminée** ». De même, sans pouvoir entrer dans le détail du droit des contrats spéciaux, on rappellera les nombreuses règles qui protègent le preneur à bail d'habitation, lequel bénéficie d'un droit à la conservation du logement, d'une priorité à son achat, etc. Le Code civil reconnaît de même, à l'article 215 al. 3, le principe de cotitularité du droit au bail des époux et de cogestion de leur bail. À la dissolution du mariage, l'attribution du logement familial se fait en considération des intérêts sociaux ou familiaux en cause.

1537 Expulsion du logement. – Il en est de même des règles qui président à la procédure d'expulsion d'un locataire. Traditionnellement, le juge judiciaire appréciait ainsi les « situations respectives du propriétaire et de l'occupant, notamment en ce qui concerne l'âge, l'état de santé, la qualité de sinistré par faits de guerre, la situation de famille ou de fortune de chacun d'eux, les circonstances atmosphériques, ainsi que [les] diligences que l'occupant justifie avoir faites en vue de son relogement »[226]. Depuis **2009, le nouvel article L. 613-1 du Code de la construction permet au juge de l'expulsion d'accorder, même d'office, des délais « chaque fois que le relogement des intéressés ne pourra avoir lieu dans des conditions normales, sans que lesdits occupants aient à justifier d'un titre à l'origine de l'occupation** ». De même, certains juges intègrent la dignité comme élément permettant aux préfets de refuser le concours de la force publique pour l'expulsion. La cour administrative d'appel de Versailles[227] déploie une distinction entre la dignité comme élément de l'ordre public (mobilisable) et la simple considération humanitaire (ne relevant pas de l'ordre public). Le Conseil d'État a intégré à l'ordre public la situation globale d'une famille et validé le refus de concours, motif pris de « l'état de santé des deux enfants [...] et à

223. CAA Paris, 20 sept. 2012, *Bel Hyad*.
224. CE, 27 juin 2016, n° 384492, Ministre du Logement, de l'Égalité des Territoires et de la Ruralité.
225. CEDH, 9 avr. 2015, n° 65829/12, *T. H. c. France*.
226. Article L. 613-2. Code de la construction et de l'habitation.
227. CAA Versailles, 21 sept. 2006, *Consorts Prévot et autres*.

l'absence de solution de relogement pour elle et ses deux enfants [...] **le Préfet de police a pu, sans illégalité grave et manifeste, regarder ces circonstances, suffisamment précises, comme un motif d'ordre public de nature à justifier légalement un refus d'expulsion** »[228]. Il a pu encore justifier le refus du concours de la force publique en raison de la composition de la famille à expulser, notamment si celle-ci comprend des personnes âgées ou handicapées[229]. Inversement, même une personne qui bénéficie du DALO peut être expulsée par la force publique si elle ne paie pas son loyer[230].

1538 Décence du logement. – La qualité du logement est évidemment un paramètre important de l'affirmation d'un droit au logement. Ce logement doit être décent. **Le Comité des Nations unies pour les droits économiques, sociaux et culturels a donné un certain nombre de critères** de façon à définir ce qu'est un logement adéquat. Il doit être tenu compte de la sécurité juridique attachée à l'habitation, à l'accès aux facilités essentielles pour la santé, la sécurité, le confort et l'alimentation, mais aussi du caractère financièrement abordable du logement, de l'habitabilité (espace, humidité, température) de l'accessibilité (particulièrement pour les personnes handicapées), de la localisation, de l'adéquation culturelle. La loi du 13 décembre 2000 octroie aux locataires d'un parc privé ou HLM l'exigence d'obtenir un logement décent, propre à l'usage d'habitation, c'est-à-dire sans risques pour la santé et la sécurité et pourvu d'un minimum de confort : chauffage, équipement sanitaire et électrique, éclairage naturel, accès à l'eau courante...

1539 Jurisprudence CEDH. – La jurisprudence récente de la CEDH s'oriente vers une lecture plus sociale de la dignité. En matière de logement, si le droit n'apparaît que dans la Charte sociale européenne, **la Cour, par une sorte de « ricochet » où le logement devient accessoire, a donné quelques directives garantissant l'effectivité d'autres droits par la garantie du maintien dans le logement**. Dans l'affaire *Marzari c. Italie* du 4 mai 1999, la Cour a pu considérer que l'article 8 exige des mesures positives pour le logement adapté d'une personne handicapée. En inversant les choses, la perspective s'éclaire. La Cour reconnaît que « les sociétés modernes considèrent le logement comme un besoin primordial dont on ne saurait entièrement abandonner la satisfaction aux forces du marché. **La marge d'appréciation va assez loin** pour englober une législation destinée à assurer en la matière plus de justice sociale, même quand pareille législation s'immisce dans des relations contractuelles entre particuliers et ne confère aucun avantage direct à l'État ni à la collectivité dans son ensemble »[231]. Ainsi, dans un contexte de crise du logement, **les gouvernements peuvent surseoir à l'exécution des expulsions pendant plusieurs années dans le but de « permettre aux locataires concernés de se reloger dans des conditions adéquates ou d'obtenir des logements sociaux. [...] Procéder simultanément à toutes les expulsions aurait sans nul doute entraîné d'importantes tensions sociales et mis en danger l'ordre public** »[232]. L'équilibre examiné par le juge administratif au plan individuel connaît ainsi une dimension collective qui relègue le droit de propriété au second plan derrière la dignité sociale. La CEDH a su aller fort loin en considérant que l'occupation d'un terrain vague public sur le site d'une décharge d'ordures par une famille, qui fut ensuite victime d'une explosion de gaz, s'analyse comme un droit de propriété, quoiqu'étant une occupation parfaitement illégale, et protège ainsi une forme de droit au logement[233].

---

228. CE, 24 juill. 2008, *Michèle B.*
229. CE, 26 oct. 1998, n° 156967, *Peultier.*
230. CAA Paris, 27 déc. 2017, n° 17PA01732.
231. CEDH, 21 févr. 1986, *James et autres c. RU.*
232. CEDH, 25 sept. 1985, *Spadea et Scalabrino c. Italie.*
233. CEDH, Gr. Ch., 30 nov. 2004, *Onëryildiz c. Turquie.*

CDH, 23 novembre 2021, communication n° 61/2018, *Lorne Joseph Walters c. Belgique, Constatations adoptées par le Comité en vertu du Protocole facultatif se rapportant au Pacte international relatif aux droits économiques, sociaux et culturels*

« Ainsi, pour qu'une expulsion soit décidée, il faut que les critères suivants soient remplis. Premièrement, la possibilité d'expulsion doit être prévue par la loi. Deuxièmement, elle doit favoriser le bien-être général dans une société démocratique. Troisièmement, elle doit être proportionnée au but légitime invoqué. Quatrièmement, elle doit être nécessaire, en ce que s'il existe plusieurs mesures permettant raisonnablement d'atteindre le même but, il faut utiliser celle qui est la moins restrictive pour le droit considéré. Enfin, la limitation sur le bien-être général doit avoir plus de bienfaits que de conséquences pour l'exercice du droit concerné. Plus les effets de la limitation sur les droits protégés par le Pacte sont importants, plus la justification de la mesure doit faire l'objet d'un examen scrupuleux. La possibilité de disposer d'un logement de remplacement convenable, la situation personnelle des occupants et de leurs personnes à charge, et leur coopération avec les autorités dans la recherche d'une solution qui leur soit adaptée constituent également des facteurs décisifs dans cet examen. Il est aussi indispensable d'opérer une distinction entre le bien immobilier d'une personne qui a besoin d'y vivre ou d'en tirer un revenu vital, et le bien d'entités financières ou de toute autre nature. Ainsi, l'État partie portera atteinte au droit à un logement convenable s'il dispose que la personne dont le contrat de bail est résilié doit être immédiatement expulsée, quelles que soient les circonstances dans lesquelles l'ordonnance d'expulsion serait exécutée. Cet examen de la proportionnalité de la mesure doit être effectué par une autorité judiciaire ou une autre autorité impartiale et indépendante ayant compétence pour faire cesser la violation et accorder un recours effectif. Cette autorité doit évaluer si l'expulsion est conforme au Pacte, y compris aux éléments de l'examen de la proportionnalité prévus à l'article 4 du Pacte.
Le Comité a constaté la violation du Pacte par l'expulsion d'un locataire en raison de l'insuffisance de solutions de relogement proposées à l'auteur et l'impact disproportionné que la résiliation du bail a eu sur lui, en tant que personne âgée aux revenus limités. ».

Section 6
Les prestations sociales

1540 En 2016, le juge administratif[234] a été **confronté à un arrêté municipal interdisant de fouiller dans les poubelles**. Il s'agit hélas pour beaucoup d'un moyen de subsistance essentiel qui pourrait être relié autant à la liberté personnelle qu'au droit à un minimum vital. **Le juge l'a entendu en bourgeois comme une activité insalubre, dangereuse et perturbatrice des services publics, contraire à l'ordre public**. Comme le note Mme de Montecler : « fouiller les poubelles n'est pas un droit de l'homme »[235]. Il faut donc que d'autres droits évitent d'y être contraint.

1541 **Le droit à des conditions dignes d'existence. –** L'alinéa 10 du préambule de 1946 prévoit que « la Nation assure à l'individu et à sa famille les conditions nécessaires à leur développement ». Il est complété par l'alinéa 11 qui dispose que « tout être humain qui, en raison de son âge, son état physique ou mental, de la situation

234. CAA Douai, 5 juill. 2016, n° 15DA01895, *Ligue française pour la défense des droits de l'homme*.
235. *AJDA* 2016, n° 26, p. 1420.

économique, se trouve dans l'impossibilité de travailler, a le droit d'obtenir de la collectivité des moyens convenables d'existence ». **Le Conseil d'État en fait une application directe à propos du Revenu minimum d'insertion ; il estime que la loi n'a « ni pour objet ni pour effet de porter atteinte aux garanties assurant le développement de la famille et au droit à obtenir des moyens convenables d'existence prévus respectivement aux alinéas 10 et 11 du préambule de la Constitution du 27 octobre 1946 »**[236]. De même, l'article 11 du PIDESC prescrit que l'État doit assurer un niveau de vie suffisant pour toute personne et sa famille, y compris nourriture, vêtements et un logement suffisant[237]. Il doit veiller également à l'amélioration des conditions d'existence. Le législateur comme les juges ont associé depuis la fin des années 1990 ces droits sociaux aux principes de dignité de la personne humaine, ce qui amène à étendre ces prestations aux étrangers en situation régulière. La référence à la dignité permet d'intégrer à la logique contentieuse des droits sociaux jusque-là concrétisés par les seules politiques publiques.

1542 Le droit à la solidarité nationale. – Le versant subjectif du principe de solidarité nationale concrétise une forme de droit à la solidarité. Il peut s'agir d'une solidarité devant les charges résultant des calamités nationales. La subjectivité d'un tel droit n'est pourtant qu'indirecte : elle doit passer par l'application législative (par une décision du 30 décembre 1987 le Conseil constitutionnel a accepté de reconnaître une effectivité à cette disposition, tout en renvoyant au législateur, dans le respect du principe d'égalité devant les charges publiques, de les mettre en œuvre). Si l'article 11 § 1 du PIDESC reconnaît le droit de toute personne à un niveau de vie suffisant, pour elle-même et sa famille, le juge administratif lui dénie effet direct[238]. **Le Conseil d'État consacre la solidarité comme fondement de la protection sociale[239] mais refuse l'invocabilité de la solidarité nationale dans le cadre d'une demande indemnitaire**. Il l'admet en excès de pouvoir contre un acte réglementaire organisant le service[240]. On peut aussi considérer que le préambule de 1946 fonde diverses prestations comme l'aide sociale à l'enfance, le revenu minimum d'insertion, l'allocation de solidarité spécifique, les allocations aux adultes handicapés, la solidarité aux personnes âgées, les allocations familiales et l'aide sociale aux familles. Rappelons en outre que ce même préambule garantit à l'enfant et à l'adulte l'accès à l'instruction, la formation professionnelle et la culture. **Les systèmes de retraite ont aussi un fondement constitutionnel.** Il appartient à la loi d'organiser la solidarité entre personnes en activité, personnes sans emploi et retraités et de maintenir l'équilibre financier permettant à l'ensemble des institutions de Sécurité sociale de remplir leur rôle. La loi peut avoir pour objet de permettre une contribution au financement de régimes de vieillesse défavorisés par la situation économique ou sociale[241].

1543 Le droit aux prestations de Sécurité sociale. – Maladie, vieillesse, famille relèvent de régimes d'aide sociale imposés par le préambule de 1946. Ces aides peuvent revêtir diverses formes : prestations générales ou spécifiques, directes ou indirectes, apportées aux familles tant par les organismes de Sécurité sociale que par les collectivités publiques y compris le mécanisme fiscal du quotient familial[242]. **Le Conseil constitutionnel en tient le plus grand compte et contrôle les modalités d'accès de l'individu à une prestation, les moyens alloués à la protection sociale, l'organisation du service public**. Il s'agit aussi d'un droit reconnu par le PIDESC mais que le juge prive d'effet direct[243], comme il le fait pour d'autres fondements comme la Convention des droits de l'enfant[244] ou, autrefois, **la Charte sociale européenne**[245]. **La Cour de cassation et le Conseil d'État semblent aller vers un effet direct**[246]. Selon l'article 34 de la Charte des droits de l'Union, « l'Union reconnaît et respecte

236. CE, 24 mars 2006, 274838, *M. Jean-Claude A.*
237. Mais la Cour de cassation ne lui reconnaît pas d'effet direct : Cass. com., 25 janv. 2005.
238. CE, 5 mai 2000, *Pinault*.
239. CE, 23 avr. 2007, *Catred et Gisti*.
240. CE, 29 nov. 1968, Tallagrand et CE, 5 juill. 2000, Association nationale de défense des rapatriés.
241. CC, 16 janv. 1986, déc. n° 85-200 DC.
242. CC, 18 déc. 1997.
243. CE, Ass., 5 mars 1999, *Rouquette* et CE, 18 juill. 2006, *Gisti*.
244. CE, 23 avr. 1997, *Gisti*.
245. CE, 15 mai 1995, *Raut*.
246. Cass. soc., 16 déc. 2008 pour le PIDESC et Cass. soc., 14 avr. 2010 et CE, 10 févr. 2014, n° 3672262, *SELARL Cabinet Henri Abecassis*.

le droit d'accès aux prestations de Sécurité sociale et aux services sociaux assurant une protection dans des cas tels que la maternité, la maladie, les accidents du travail, la dépendance ou la vieillesse, ainsi qu'en cas de perte d'emploi, selon les modalités établies par le droit communautaire et les législations et pratiques nationales ». **L'Union consacre l'égalité de traitement entre nationaux et non nationaux européens dans le cadre des régimes de Sécurité sociale**. Ce droit s'étend aux étrangers tiers à l'Union dès lors qu'ils résident de manière stable et régulière sur le territoire français[247].

1544 **Le droit aux prestations familiales. –** Le 11e alinéa du préambule de la Constitution de 1946 fonde le bénéfice des allocations familiales et n'empêche pas qu'elles soient subordonnées à une condition de ressources à condition de ne pas fixer les plafonds de ressources, compte tenu des autres formes d'aides aux familles[248].

247. CC, 13 août 1993, déc. n° 93-325 DC.
248. CC, 18 déc. 1997, déc. n° 97-393 DC.

EXERCICE D'AUTOÉVALUATION

1. Les droits sociaux sont-ils vraiment justiciables ?
2. Qu'est-ce que l'indivisibilité des droits ?
3. Qu'est-ce qu'un « bien » au sens de la CEDH ?
4. Le Conseil constitutionnel protège-t-il la liberté d'entreprendre ?
5. Comment se manifeste la liberté contractuelle ?
6. Le droit de grève est-il limité ?

RÉPONSES

1. Si on n'entend pas « justiciabilité » la possibilité légale d'ester en justice pour obtenir la concrétisation de ces droits, alors la réponse est positive car ces droits ne sont pas formellement différents des autres et rien n'empêche de les exiger devant le juge. Mais ce n'est pas en ce sens que ce mot est généralement utilisé. On dit que les droits « créance » (on ne traite pas ici des libertés du travailleur qui ne sont pas à proprement parler « sociaux » mais une application sectorielle des droits fondamentaux) ne sont aussi justiciables que les autres au sens où le juge des droits fondamentaux laisse à l'État le soin de la concrétiser et n'ose pas le condamner à payer un certain montant que le juge estimerait nécessaire. Alors que l'obligation exigible au titre des droits et libertés est généralement identifiable et circonscrite, les créances, qui appellent des prestations en nature ou des allocations financières ne seraient estimables que par l'administration. En outre, les créances imposeraient des dépenses publiques que seul le Parlement serait légitime à engager. En réalité, une fois la loi intervenue, les droits sociaux sont bien justiciables, mais il est vrai qu'en matière de contrôle de constitutionnalité ou de conventionnalité, les juges laissent à la puissance publique l'appréciation des prestations ou montants nécessaires, sauf erreur manifeste. Le Conseil constitutionnel rappelle qu'il ne dispose pas d'un pouvoir d'appréciation équivalent à celui du Parlement et la Cour européenne ouvre la marge d'appréciation. Sous cette réserve, toute relative, les droits sociaux sont bien « justiciables ».
2. Indivisibilité signifie que les droits proclamés, qu'ils soient civils ou politiques, ont besoin les uns des autres pour être chacun effectifs. Ainsi le dit la proclamation de Téhéran de l'ONU du 13 mai 1968 à l'article 13 : « Les droits de l'homme et les libertés fondamentales étant indivisibles, la jouissance complète des droits civils et politiques est impossible sans celle des droits économiques, sociaux et culturels ». Les droits civils et politiques appellent un minimum de services publics et de prestations sociales tandis que les droits créances exigent autonomie et participation. Même les corpus qui ne protègent que les uns, sans les autres, conduisent les organes d'application à leur adjoindre des prérogatives qui relèvent des autres (par ex. l'aide juridictionnelle pour assurer l'efficacité du droit au procès équitable). Dans son arrêt *Airey* du 9 octobre 1979, la Cour européenne a explicitement affirmé que si la Convention « énonce pour l'essentiel des droits civils et politiques, nombre d'entre eux ont des prolongements d'ordre économique et social », car « nulle cloison étanche » ne sépare la sphère des droits économiques et sociaux du domaine de la Convention : il s'agit de « protéger des droits non pas théoriques ou illusoires, mais concrets et effectifs ». Ce raisonnement a d'ailleurs engendré la généralisation d'« obligations positives », d'obligations d'agir à la charge des États signataires de la Convention. La chose est moins affirmée en droit constitutionnel mais le Conseil est tout de même appelé à s'assurer que des dispositifs législatifs sont accessibles à tous grâce à des financements publics ou privés. Le Conseil constitutionnel (décision n° 84-181 DC du 11 octobre 1984) a ainsi estimé que la liberté de communication inclut le droit à l'information du public, ce qui permet au

législateur de restreindre la liberté d'entreprise de manière à assurer le pluralisme des moyens d'information. Il s'agissait ainsi pour le Conseil de prendre en considération les conditions économiques d'exercice de la liberté de communication pour rendre cette dernière effective. Mais le plus souvent les droits sociaux sont admis comme dérogation aux droits et libertés.

3. La Cour interprète très largement le concept de « bien », dans la mesure où elle considère qu'il englobe non seulement le droit de propriété mais également des droits patrimoniaux tels que ceux attachés à des actions, des brevets, des sentences arbitrales, un droit établi à une retraite, le droit de percevoir un loyer et les droits associés à l'exercice d'une activité commerciale. Il s'agit donc autant de possession de biens immeubles ou meubles, mais aussi d'actions, de droits de propriété intellectuelle, du droit de percevoir un loyer en vertu d'un bail, de créances sur la récupération desquelles le requérant peut prétendre nourrir au moins une « espérance légitime » (qui doit revêtir un caractère plus concret qu'un simple espoir), mais aussi le droit à une pension ou à d'autres prestations de sécurité ou de prévoyance sociales (ce qui ne garantit pas un droit à percevoir une retraite ou d'autres prestations mais seulement de les obtenir si les conditions requises par la législation nationale sont remplies). L'article 1 du Protocole n° 1 ne reconnaît pas un droit à acquérir des biens mais considère comme un bien une valeur à laquelle on a droit.

   Par ailleurs, l'article 1 du Protocole n° 1 est le seul article de la Convention qui mentionne expressément les « personnes morales » ce qui le rend applicable aux entreprises et aux activités commerciales, ce qui étend la notion de bien à des valeurs incorporelles comme la clientèle ou la réputation.

4. Le Conseil constitutionnel a affirmé, dans sa décision relative aux nationalisations, que « la liberté qui, aux termes de l'article 4 de la Déclaration, consiste à pouvoir faire tout ce qui ne nuit pas à autrui, ne saurait elle-même être préservée si des restrictions arbitraires ou abusives étaient apportées à la liberté d'entreprendre ». Il la définit comme « la liberté d'accéder à une profession ou à une activité économique mais également [comme] la liberté dans l'exercice de cette profession ou de cette activité ». Elle apparaît comme un conglomérat de prérogatives plus précises : la liberté du commerce et de l'industrie, la liberté de mettre fin à une activité économique, la liberté de l'activité professionnelle.

   Comme le droit de propriété, elle doit s'accommoder de nombreuses conciliations et limites. Elle doit se concilier avec l'objectif de valeur constitutionnelle de la protection de l'environnement, patrimoine commun des êtres humains, peut faire obstacle à ce que des entreprises établies en France participent à la vente de produits phytopharmaceutiques contenant des substances actives non approuvées par l'Union européenne. Comme objectif constitutionnel, la santé permet de limiter la liberté d'entreprendre et le droit de propriété pour interdire la publicité pour le tabac et l'alcool. Pendant la crise de la Covid-19, il a accepté que l'État hygiéniste limite l'ouverture des entreprises aux besoins essentiels.

   Pour lutter contre le proxénétisme, le Conseil constitutionnel admet la répression du fait, par quiconque, de vendre, de louer ou de tenir à la disposition d'une ou plusieurs personnes, des véhicules de toute nature en sachant qu'elles s'y livreront à la prostitution. La liberté d'entreprendre des vendeurs et loueurs de véhicules trouve sa limite dans le fait de contribuer, en toute connaissance de cause, à des activités illicites ou contraires à l'ordre public.

   Elle doit supporter des normes étatiques qui régulent le marché instituant des régimes d'autorisation : ainsi de la loi du 6 août 2015 dite « loi Macron », qui a réformé certaines professions réglementées, notamment en encadrant les tarifs ou l'implantation territoriale et les monopoles. Le Conseil a considéré que l'équilibre avec la liberté d'entreprendre de ces professionnels n'était pas rompu, sans pour autant accorder la même importance à leurs avantages. De même, au nom de la sauvegarde de la diversité commerciale des quartiers sans pouvoir aller jusqu'à une autorisation administrative pour tout changement de destination d'un local commercial ou artisanal entraînant une modification de la nature de l'activité. Les nationalisations ne sauraient non plus restreindre le champ de la liberté d'entreprendre au point de méconnaître les dispositions de la Déclaration de 1789. Le Conseil constitutionnel admet enfin que la loi augmente unilatéralement la quantité d'électricité que EDF peut être tenue d'offrir annuellement à la vente aux autres fournisseurs d'électricité à un prix déterminé par arrêté en raison de l'intérêt général lié au monopole de production.

Enfin, il a concilié le principe de la liberté d'entreprendre et l'objectif de valeur constitutionnelle de sauvegarde de l'ordre public en soumettant l'organisation de jeux en ligne à un régime d'agrément préalable accordé par l'Autorité de régulation des jeux en ligne, chargée de contrôler le respect des obligations et de participer à la lutte contre les opérateurs illégaux. En vue de protéger l'intérêt général, la loi peut encore instituer des droits exclusifs au profit d'un établissement public s'agissant de l'exécution des opérations de diagnostic et de fouilles d'archéologie préventives. Elle peut accorder un droit d'accès aux décodeurs et aux guides électroniques de programmes au bénéfice des éditeurs de services de télévision au nom de l'intérêt général s'attachant à la diversification de l'offre de programmes et la liberté de choix des utilisateurs. La réduction du temps de travail légal à trente-cinq heures ne porte pas une atteinte disproportionnée à la liberté d'entreprendre.

5. Le Conseil constitutionnel a reconnu cette liberté, la faisant naître de l'article 4 de la DDHC, donc de la liberté personnelle, en 1998. Il estime alors que « le législateur ne saurait porter à l'économie des conventions et contrats légalement conclus une atteinte d'une gravité telle qu'elles méconnaissent manifestement la liberté découlant de l'article 4 ». Dans sa décision sur le PACS (9 nov. 1999, n° 99-419 DC) il explique que le contrat était « la loi commune des parties ». Depuis il l'applique à plusieurs situations synallagmatiques : contrats d'insertion professionnelle (18 déc. 2003, n° 2003-487 DC), à l'égard des partenaires sociaux (11 déc. 2003, n° 2003-486 DC), aux conventions conclues entre GDF et les collectivités territoriales (9 nov. 1999, n° 99-419 DC) et aux contrats administratifs en général (16 juill. 2009, n° 2009-584 DC), s'agissant de la participation des travailleurs à la détermination collective de leurs conditions de travail (19 nov. n° 2009-592 DC). La liberté contractuelle consiste d'abord à choisir le moment, le cocontractant, le contenu mais aussi, le « droit de ne plus contracter » (9 nov. 1999, n° 99-419 DC) bien que de nombreuses règles s'y opposent pour les nécessités de l'ordre public et l'intérêt des affaires. Elle cède devant une règle selon laquelle la cession du support matériel de l'œuvre emporte cession du droit de reproduction à moins que les parties décident d'y déroger par une stipulation contraire (21 nov. 2014, n° 2014-430 QPC). Mais elle entend surtout protéger les conventions en cours (décision « Aubry I » du 10 juin 1998 : « le législateur ne saurait porter à l'économie des conventions et contrats légalement conclus une atteinte d'une gravité telle qu'elle méconnaisse manifestement la liberté découlant de l'article 4 de la Déclaration » ce qui conduit à une interdiction constitutionnelle de l'application immédiate des lois nouvelles sauf à le justifier par un motif d'intérêt général (7 août 2008, n° 2008-568 DC et 7 déc. 2000, n° 2000-436 DC).

6. L'alinéa 7 du préambule de 1946 dispose que « le droit de grève s'exerce dans le cadre des lois qui le réglementent ». D'emblée, la norme constitutionnelle s'en remet à la loi. On sait que faute de loi, le Conseil d'État a dû poser lui-même les cadres de ce droit (CE, Ass., 7 juill. 1950, *Dehaene*). Puis vint la loi et le Conseil constitutionnel qui a tout de suite admis que le législateur peut apporter au droit de grève les limitations nécessaires en vue d'assurer la continuité du service public qui, tout comme le droit de grève, a le caractère d'un principe de valeur constitutionnelle. Ces limitations peuvent aller jusqu'à l'interdiction du droit de grève aux agents dont la présence est indispensable pour assurer le fonctionnement des éléments du service dont l'interruption porterait atteinte aux besoins essentiels du pays.

Le Code du travail régit la grève légale : par exemple, la cessation du travail doit être totale et ne peut être ni perlée, ni un sabotage ou une grève du zèle, etc. Elle ne peut être justifiée que par des revendications purement professionnelles qui doivent être connues de l'employeur car elle doit déboucher sur une négociation. Le temps de la grève est aussi codifié : les salariés peuvent décider d'entamer une grève à tout moment. Mais, dans le secteur public, les salariés doivent déposer leur préavis de grève cinq jours avant (article L. 2512-2 du Code du travail). Ils y doivent mentionner l'heure et la date exactes de départ mais peuvent poursuivre de manière illimitée. Dans le service public, les contraintes sont plus fortes pour la continuité : certains sont privés de droit de grève (justice, police, défense, administration pénitentiaire...) ; d'autres doivent assurer un service minimum. C'est ainsi le cas dans les écoles maternelles ou primaires ou dans les services hospitaliers dans lesquels l'administration peut réquisitionner certains grévistes dès lors que cette réquisition est nécessaire pour assurer la continuité du service public ou pour empêcher une atteinte grave à l'ordre public.

CONSEILS DE LECTURE

P. Adam, « Droits fondamentaux et droit du travail : derrière le brouillard... », Droit social 2019. 506, 22 juin 2019.

F. Benoît-Rohmer, « Chronique UE et droits fondamentaux – Socle européen des droits sociaux », Revue trimestrielle de droit européen, Dalloz, 2018.

A. Carillon, Les sources européennes des droits de l'homme salarié, Bruylant, 2006.

J.-P. Costa, « La Cour européenne des droits de l'homme et la protection des droits sociaux », RTDH, 2010, p. 211.

F. Crouzatier-Durand, N. Kada, Grève et droit public, Institut Fédératif de Recherche « Mutation des normes juridiques », Université Toulouse I, Colloques de l'IFR, 2017.

A. Duffy, « La constitutionnalisation de la liberté contractuelle », RDP 2006, p. 1569.

P.-Y. Gahdoun, La liberté contractuelle dans la jurisprudence du Conseil constitutionnel, Dalloz, 2008.

L. Gay, Les « droits-créances constitutionnels », Bruylant, coll. Droit public comparé et européen, 2007.

L. Gay, E. Mazuyer, D. Nazet-Allouche, Les droits sociaux fondamentaux : Entre droits nationaux et droit européen, Bruylant, coll. À la croisée des Droits, 2007, 289 p.

Gerjc-Ilf, Constitution et droits sociaux, Annuaire international de justice constitutionnelle, 2016.

C. Grewe et F. Benoît-Rohmer (dir.), Les droits sociaux ou la démolition de quelques poncifs, Strasbourg, PU de Strasbourg, 2003.

C.-M. Herrera, Les droits sociaux, PUF, coll. Que sais-je ?, 2009.

IDHAE, Institut des droits de l'homme des avocats européens, La protection du droit de propriété par la CEDH, Bruylant, 2005.

B. Maurer et al., « Le droit de disposer de conditions d'existence matérielle décentes », Cahiers de l'IDEDH 1996, n° 5, p. 54-209.

L. Milano, Convention européenne des droits de l'homme et droit de l'entreprise – L'influence des droits de l'homme dans les affaires, Volume 113, Anthemis, Collection : Droit & Justice.

S. Mouton, « Le renouveau du droit de propriété ? », Les Nouveaux Cahiers du Conseil constitutionnel, 2013/2 (n° 39).

C. Nivard, La justiciabilité des droits sociaux : étude de droit conventionnel européen, Bruxelles, Bruylant, 2012.

C. Péchu, Droit au logement, genèse et sociologie d'une mobilisation, Dalloz, Nouvelle Bibliothèque de Thèses, 2007.

D. Plas, Le droit au logement : vers la reconnaissance d'un droit fondamental de l'être humain, Bruylant, coll. Droit et justice, 2009, 148 p.

J. Porta, « Les transformations des droits sociaux dans la globalisation », Centre de recherches et d'études sur les droits fondamentaux, La Revue des droits de l'homme, 2019 (16).

D. Roman, « Droits des pauvres, pauvres droits ? », Recherches sur la justiciabilité des droits sociaux, Mission de recherche droit et justice, 2010.

D. Roman, Le droit public face à la pauvreté, LGDJ, 2002.

C. Roulhac, L'opposabilité des droits et libertés, Institut Universitaire Varenne, Thèses, 2018.

L. Sermet, La Convention européenne des droits de l'homme et le droit de propriété, Conseil de l'europe Éds, mars 2010.

V. Vannes, Le droit de grève, Larcier, 2e éd., 2014.

P.-Y. Verkindt, « L'appel aux droits fondamentaux en matière sociale », Droit social 22 juin 2019. 503.

Ph. Warin, Agir contre le non-recours aux droits sociaux : Scènes et enjeux politiques, Presses universitaires de Grenoble, coll. Libres cours Politique, 2019.

INDEX THÉMATIQUE DES JURISPRUDENCES

N.B.
- Les numéros renvoient aux paragraphes
- les numéros renvoient à toutes les citations de la décision et non seulement sur le thème
- Pour chaque thème, les décisions sont classées d'abord par juridiction puis par ordre chronologique.
- Ordre de classement des juridictions :
1. Conseil constitutionnel (CC)
2. Juridictions judiciaires (C. cass., CA, TGI, T ; Corr...)
3. Juridictions administratives (CE, CAA, TA, Commission de recours des réfugiés, Cour Nationale du Droit d'Asile...)
4. Cour européenne des droits de l'homme (CEDH)
5. Comité des droits sociaux (Conseil de l'Europe) (CEDS)
6. Cour de justice de l'Union européenne et Tribunal de l'Union (CJCE, CJUE, TPUE)
7. Juridictions internationales (CIJ, CPI, TPIY, Comité des droits de l'homme, Cour interaméricaine, Cour interafricaine...)
8. Juridictions constitutionnelles étrangères

A

B

D

E

F

H

I

J

L

N

O

Q

R

U

V

INDEX DES MATIÈRES

(Les numéros renvoient aux paragraphes ; le gras indique les développements principaux)

E

F

G

H

I

N

O

P

INDEX DES NOMS PROPRES

Les numéros renvoient aux paragraphes

T

V

W

TABLE DES MATIÈRES

PREMIÈRE PARTIE – LA JURIDICITÉ DES DROITS ET LIBERTÉS FONDAMENTAUX

Chapitre 1 – Des multiples sources

Chapitre 2 – Des systèmes de protection

DANS LA MÊME COLLECTION

Alleaume C., Craipeau N., *Propriété intellectuelle*, 2009.

Beignier B., Toricelli-Chrifi S., *Libéralités et successions*, 6e éd., 2022.

Beignier B., Toricelli-Chrifi S., *Droit des régimes matrimoniaux, du pacs et du concubinage*, 7e éd., 2021.

Beignier B., Binet J.-R., Thomat-Raynaud A.-L., *Introduction au droit*, 8e éd., 2022.

Berramdane A., Rossetto J., *Droit de l'Union européenne, Institutions et ordre juridique*, 3e éd., 2017.

Binet J.-R., *Droit des personnes et de la famille*, 5e éd., 2022.

Binet J.-R., *Droit médical*, 2010.

Bioy X., *Droits fondamentaux et libertés publiques*, 7e éd., 2022.

Bonfils P., Gallardo E., *Droit pénal des affaires*, 3e éd., 2021.

Bonfils P., Grégoire L., *Droit pénal spécial*, 2021.

Bossu B., Dumont F., Verkindt P.-Y., Droit du travail, 3e éd., 2011.

Castets-Renard C., *Droit de l'internet : droit français et européen*, 2e éd., 2012.

Cohendet M.-A., *Droit constitutionnel*, 5e éd., 2021.

Debat O., *Droit fiscal des affaires*, 4e éd., 2017.

Décima O., Detraz S., Verny E., *Droit pénal général*, 5e éd., 2022.

Dreyer E., Mouysset O., *Procédure pénale*, 2e éd., 2019.

Giacopelli M., Ponseille A., *Droit de la peine*, 2019.

Hourdeau-Bodin S., Laronde-Clérac C., de Luget A., *Méthodologie des épreuves écrites et orales, Examen d'accès au CRFPA, Concours*, 2014.

Julien J., Mendoza-Caminade A., *Droit commercial*, 3e éd., 2017.

Kenfack H., Ringler S., *Droit des contrats spéciaux*, 2017.

Laronde-Clérac C., de Luget A., Jaulin A., *Méthodologie des exercices juridiques*, 6e éd., 2021.

Mendoza-Caminade A., *Droit de la distribution*, 2011.

Mignot M., *Droit des sûretés et de la publicité foncière*, 3e éd., 2017.

Miniato L., *Procédures civiles d'exécution*, 2e éd., 2017.

Monsèrié-Bon M.-H., Grosclaude L., Bénard C., *Droit des sociétés et des groupements*, 3e éd., 2016.

Morand-Deviller J., Bourdon P., Poulet F., *Droit administratif*, 17e éd., 2021.

Morand-Deviller J., Bourdon P., Poulet F., *Droit administratif des biens*, 12e éd., 2022.

Poumarède M., *Droit des obligations*, 3e éd., 2014.

Strickler Y., *Droit des biens*, 2017.

Thomat-Raynaud A.-L., *Introduction au droit, Mémento*, 2e éd., 2020.

Voinot D., *Procédures collectives*, 2e éd., 2013.

PEFC
10-31-1316
Certifié PEFC
Ce produit est issu de forêts gérées durablement et de sources contrôlées

IMPRIM'VERT®

Imprimé en France sur des papiers provenant
exclusivement de l'Union européenne
et issus de forêts gérées durablement
par Dupliprint, 733 rue Saint-Léonard, 53100 Mayenne

Ce livre est imprimé sur un site sous management
environnemental certifié **AFAQ ISO 14001**

Achevé d'imprimer en septembre 2022
Numéro d'impression : 2976771E
Dépôt légal : septembre 2022